U0591273

中華人民共和國國務院批准的重大文化出版工程

國家文化發展規劃綱要的重點出版工程項目

新聞出版總署列為「十一五」國家重大工程出版規劃之首

國家出版基金重點支持項目

中華大典

法律典

西南師範大學出版社
巴蜀書社

《中華大典》工作委員會

主　任：柳斌傑
金人慶

副主任：李　彥　李東生　于永湛　鄔書林　張少春
李衛紅　周和平　陳金泉　李靜海

委　員：張小影　伍　傑　朱新均　吳尚之　孫　明
王家新　徐維凡　劉小琴　毛群安　遲　計
曹清堯　彭常新　王志勇　潘教峰　姜文明
王　正　石立英　安平秋　陳祖武　詹福瑞
戴龍基　宋煥起　孫　顒　陳　昕　魏同賢
王建輝　朱建綱　高紀言　莫世行　段志洪
湯漢清　何學惠　甄樹聲　馮俊科　譚　躍
羅小衛　王兆成

《中華大典》編纂委員會

總主編：任繼愈

副主編：席澤宗 程千帆 戴　逸 吳文俊 柯　俊
傅熹年

編　委：卞孝萱 任繼愈 李明富 余瀛鰲 林仲湘
郁賢皓 馬繼興 袁世碩 席澤宗 陳美東
黃永年 章培恒 張永言 張晉藩 葛劍雄
董治安 程千帆 傅世垣 曾棗莊 龐　樸
趙振鐸 劉家和 潘吉星 錢伯城 戴　逸
楊寄林 穆祥桐 吳文俊 金正耀 戴念祖
柯　俊 金維諾 白化文 汪子春 周少川
孫培青 朱祖延 傅熹年 李　申 郭書春
熊月之 柴劍虹 吳子勇 寧　可 江曉原
鄭國光 吳征鎰 尹偉倫 魏明孔

《中華大典》前言

《中華大典》是運用我國歷代漢文古籍編纂的一部大型工具書。其目的是爲學術界及願意瞭解中國古代珍貴文化典籍的人士提供準確詳實、便於檢索的漢文古籍分類資料。

中國是世界文明古國之一，幾千年來纂寫和聚集的文化典籍浩如烟海。我國歷代都有編纂類書的優良傳統，具有代表性的《永樂大典》等大多已佚失，現存《古今圖書集成》編就距今也已數百年。爲了適應今天和以後研究和檢索的需要，一九八八年海内外三百多位專家學者和各古籍出版社同仁倡議，在已有類書的基礎上，用現代科學方法編纂一部新的類書《中華大典》。

國務院在關於編纂《中華大典》問題的批覆中指出，編纂《中華大典》「是我國建國以來最大的一項文化出版工程」。本書所收漢文古籍上起先秦，下迄清末，約三萬種，達七億多字，分爲二十四個典，近百個分典，内容廣博，規模宏大，前所未有。

《中華大典》的編纂工作堅持科學態度和百花齊放、百家争鳴方針。儘量採用古精校精刻本，優先採用我國建國後文獻學和考古學的優秀成果。對傳統文化中重要的不同學派的資料，兼收並蓄。運用現代圖書分類的方法，對收集到的資料，精選、精編，力求便於檢索、準確可信。

這項工作從開始起就受到中共中央、國務院和有關部門的重視和支持。國家主席江澤民、國務院總理李鵬分别爲《中華大典》題詞。江澤民的題詞是：「同心同德群策群力認真編好中華大典爲建設有中國特色的社會主義服務」。李鵬的題詞是：「繼承和弘揚民族優秀傳統文化」。全國政協主席李瑞環、國務委員李鐵映也作了重要指示，要求抓緊辦理。一九九零年五月，國務院批准

《中華大典》爲國家重點古籍整理項目。一九九二年九月，正式成立了《中華大典》工作委員會和《中華大典》編纂委員會，召開了《中華大典》工作、編纂會議。自此，《中華大典》的編纂工作由試點轉入正式啓動，逐步鋪開。

編纂《中華大典》，學術性很强，工作量很大，工程十分艱巨，全賴廣大專家學者和全國各有關高等院校、科研院所、圖書館、出版單位的鼎力支持與積極參與。大家本着弘揚中華民族優秀文化的心願，發揚奉獻精神，克服各種困難，團結協作，給這部巨大類書的出版提供了根本保證。在此謹表示誠摯的謝意。

對本書批評與建議，我們將十分歡迎。

《中華大典》編纂委員會

一九九七年四月

二〇〇六年十一月修訂

《中華大典》編纂通則

一、性質：《中華大典》（以下簡稱《大典》）是對漢文古籍（含已翻譯成漢文的少數民族古籍）進行全面的、系統的、科學的分類整理和彙編總結的新型類書，是在繼承歷代類書優良傳統、攷慮漢文古籍固有特點的基礎上，借鑒和參照近代編纂百科全書的經驗和方法編纂而成。編纂《大典》的目的，是爲學術界及願意瞭解中國古代珍貴文化典籍的人士提供各種分門別類的、準確詳細的古代漢文專題資料。

二、規模和體例：《大典》所收古籍的時限，上自先秦，下迄辛亥革命。全書共收各類漢文古籍三萬餘種，七億多字。全書體例，着重汲取清代《古今圖書集成》所採用的經目和緯目相交織這一統一框架結構的模式，同時參照現代科學的學科、目録分類方法，並根據各類學科内容的實際情況，一般將每一大類學科輯爲一典，也有將幾個相關學科共輯爲一典的。對各典名稱，均以現代學科命名，對於所收入的各種古籍資料，亦儘可能納入現代科學分類體系之中。

三、經目：大典共分二十四個典，即哲學典、宗教典、政治典、軍事典、經濟典、法律典、教育典、語言文字典、文學典、藝術典、歷史典、歷史地理典、民俗典、數學典、物理化學典、天文典、地學典、生物學典、醫藥衛生典、農業典、林業典、工業典、交通運輸典、文獻目録典。典以下以分典、總部、部、分部分級，分部之下的標目根據各學科特點由各典自行擬定。

四、緯目：共設置九項緯目，用以包容各級經目的具體内容：

①題解：對有關學科的名稱、概念、涵義、特點等作總體介紹的資料。

②論説：有關理論部分的資料。

③綜述：有關學科或事物的系統性資料，凡有關學科或事物的性狀、制度、範疇、特點及學科地位、發展情況等具體内容均編入此緯目中。

④傳記：有關人物的傳記資料。

⑤紀事：有關學科或事物的具體活動或事例的資料。

⑥著録：重要人物或文獻的有關著作資料，如專集介紹、序跋、藏書題記，以及有關著作的成書經過、版本源流等。

⑦藝文：有關屬於文學欣賞性的散文或韻文。

⑧雜録：凡未收入以上各緯目，而又有較高參孜價值的資料，均入雜録。

⑨圖表：根據有關經目的内容需要，圖與表附於相關專題之下，或集中彙總於某級經目之後。

《大典》以内容分類安排各級緯目，各級緯目的正文，一般以原書爲單位，按時代順序排列。每一條資料前標明出處，包括書名或作者名、篇名或卷次，以利讀者核對原書。

五、書目：每分典後附有該分典所收書之書目，書目包括書名、作者、時（年）代、版本等内容。時代以成書時代爲準，成書時代不詳者，以作者主要活動時代爲準，並遵從歷史習慣。

六、版本：《大典》在選用版本時儘量採用古人的精校精刻本，亦採用學術界通用的近、現代整理圈點本及現代學者校點整理本。

七、校點：爲儘可能保存古籍原貌，《大典》祇對底本中明顯的脱、訛、衍、倒進行勘正。古本中的避諱字一般不作改動，祇對缺筆字補足筆畫。後人刻書時避當朝人諱而改動的字，據古本改回。《大典》採用新式標點法。

一九九六年八月

二〇〇六年十一月修訂

《中華大典·法律典》編纂委員會

主　編：張晉藩　馬建石

副主編：楊育棠　俞榮根　朱　勇

　　　　周安平　段志洪　蔣傳光

編　委：（按姓氏筆畫排列）

丁凌華　朱　勇　汪漢卿

周安平　段志洪　侯欣一

俞榮根　郭成偉　馬建石

張大元　張晉藩　楊永華

楊育棠　楊　堪　蔣傳光

錢大群　賴長揚　霍存福

《中華大典·法律典》序

中國是法制文明發達較早的國家之一，而且在四千餘年的發展過程中，從未中斷過，這是世界文明古國中所少有的。因此，中華法制文明的歷史具有發展的連貫性、傳承性和系統性。法文化的底蘊十分豐厚，遺留下的法制資料浩如烟海。

在精蕪雜存的法文化遺産中，不乏超越時空的民主性因素，它是中華民族偉大創造力的體現，也是理想思維的結果。

中國古代農本主義的經濟形態、宗法倫常關係的社會結構、專制主義的政治體制、儒家思想爲統治思想的文化政策，構成了中國古代特有的國情，並進而決定了中國古代法制文明的特點。諸如禮法結合，法、理、情三者的統一；倫理法占有重要的地位，重視人命、法律向社會弱勢群體傾斜的人本主義；法自君出、獄由君斷的專制主義法制環境，德禮爲政教之本，道德規範對法律規範的支撑等等。這些特點構成了獨樹一幟的中華法系，影響了周邊國家達數百年之久。

中國古代自夏商起，已有成文法。歷朝具有代表性的法典，自李悝《法經》至《大清律例》，其編纂體例均爲諸法合體、民刑不分。然就法律體系而言，由於社會關係的複雜性與多樣性，以及法律調整的針對性與適應性，使得中國古代的法律體系也爲對象不同、内容有别的部門法所構成，既有行政法律、刑事法律，也有民經法律、訴訟法律，是諸法並存、民刑有分的。

中國古代雖有極其豐厚的法文化資源，但較爲分散，缺乏必要的整理。爲了使這份寶貴的法文化史料更好地服務於法學研究，同時也爲了弘揚中國法律文化史料中的民主性精華，總結它所蘊藏的豐富的治國理政的經驗，我們在《中華大典》工作委員會和編纂委員會的領導下，根據《中華大典編纂通則》的要求，彙編了《中華大典·法律典》。這是一項系統整理中國法律文化史料的大規模的文化工程。

《中華大典·法律典》分類彙集中國古代法律史料，全面反映各個歷史時期法制情況，上起堯舜，下至晚清，凡有關律令詔敕、典章制度、格式條例、司法判牘、事件案例、鄉約族規、契約文書、思想學説、人物活動等法律史料，均在收録範圍之内。

根據中華古代法律體系諸法並存、民刑有分的實際狀況，《中華大典·法律典》分爲《法律理論分典》、《刑法分典》、《民法分典》、《經濟法分典》、《行政法分典》、《訴訟法分典》等六個分典。由於中國古人並不具備現代的部門法劃分的認識，因此法制史料大多是籠統的、交錯的、界限不清的，對此加以分類，顯然是一項艱難的科學研究性質的工作。但正如爲了觀星而將滿天繁星劃分爲星座一樣，我們把史料按部門法分類歸納，也是爲了查找和使用的方便。同時也借以證明古代中國法律體系内涵的豐富，以及刑法以外的各種部門法律規範的存在和發展狀況。

自一九九四年《法律典》開始正式工作以來，我們在前人的基礎上，廣泛查閲歷代典籍與建國以來的新發現，與此同時，對於史料的真僞、記事的虚實、文字的錯漏，進行了必要的鑒别、攷訂和校勘，力求凸顯《法律典》的珍稀價值和有用性。

「以古爲鑒，可知興替」。今天的中國是歷史中國的發展，今天的法律文化是歷史的法律文化的繼受和光大。編纂和出版《中華大典·法律典》，不僅爲法學、歷史學研究者和世界各國的法學研究者提供豐富可靠的物質資料，從而奠下法學新發展的基礎，它還雄辯地昭示中國悠久法文化所具有的世界地位，這將增强中華民族的自豪感和建設社會主義强國的自信心。

盛世修典，《中華大典·法律典》力爭無愧於盛世，也無愧於後人。

《中華大典·法律典》編纂至今，已歷時十六年，期間人事變動頗多，《行政法分典》原定主編汪漢卿教授業已過世。在《訴訟法分典》、《刑法分典》和《法律理論分典》即將出版之際，《法律典》全體同仁深表悼念之忱。令人欣喜的是，在十六年時間裏，參與大典工作的一代新人，已經崛起，他們不僅是完成大典强有力的後續力量，也是弘揚與發展中華法制文明的中堅力量，我們將在總結前十六年經驗教訓的基礎上，更好地安排力量，開展工作，使各個分典均能早日問世。

從事此項具有開創性的法史類書編纂工作，掛一漏萬之處在所難免，期待讀者提出批評建議，以爲再版時修改參攷。

張晉藩

二〇一〇年七月十八日

《中華大典·法律典》編纂説明

中國法制，萌芽于堯舜時期，濫觴于夏代，源遠流長，内容豐富。反映中國四千多年法制發展變化的史料，浩如烟海，載體形式多種多樣。挖掘整理這份文化遺産，用比較恰當的組織形式編纂起來，以便學術界更好地閲覽使用，是一項十分有意義的工作。

《中華大典·法律典》是分類彙集中國古代法制史料、全面反映各個歷史時期法制情況的一部新型專科類書。上起堯舜，下至清末，凡有關律令詔敕、典章制度、格式條例、司法判牘、事件案例、鄉約族規、契約文書、思想理論、人物活動等法律史料，都在收録範圍之内。

根據中國古代法律體系的實際情況及現代部門法的理論，《法律典》分設法律理論、刑法、民法、經濟法、行政法、訴訟法六個分典。分典之下，一般設總部、部、分部三級經目。緯目主要設在分部之下。大典原設緯目有九，各分典視其史料情況，可權宜處置。有則設之，無則闕如。分典卷首有説明，卷末附引用書目。

史料分類，以其能反映的社會關係進行劃分，判罪量刑可以作為參攷依據。如户籍管理入行政法，賦税徵收入經濟法，丁男入籍獲得行為能力入民法，官吏貪贓即使未受到刑事處分，仍歸入刑法。

同一史料，見于不同載體者，選録原始文獻（如檔案實録、契約文書）。如無原始文獻，則視其典籍的權威性程度或記載的詳略，從善選擇。甲骨金文、竹簡帛書，係珍稀史料，如有可取者，自當選録。

史料涉及不同内容而又難以分割者，就其主要内容劃分歸類。如一案例，刑法、訴訟法之内容兼而有之，既不能分割，亦不宜删减，按上述原則，側重前者的入刑法，側重後者的入訴訟法。

史料的排列順序，按其能反映的年代而定。後人記述前朝之事者，編入前朝。如是後人對前朝事實的評述，則編入後人所在的年代。

根據大典校點通則的要求，對明顯的脱漏、訛誤、增衍等文句的處理，其方法是：脱漏者、缺少者（原文没有記載，但須補入者，如詔令發佈之時間），查出補入，並括以方括號。錯誤、多餘的字句，一律用圓括號括起，不作删除，補入的正確字句，用方括號括起。史料中删去的内容，用「【略】」標明。

馬建石

二〇一〇年七月三十日

中華大典·法律典

行政法分典

《中華大典·法律典·行政法分典》編纂委員會

主　編：周安平　霍存福

編　委：（按姓氏筆畫排列）

王立民　王　健　王樹茂　吕　麗　朱　勇　任寶菊
李玉生　李秀清　李啟成　何勤華　汪世榮　武樹臣
范忠信　周少元　周安平　春　楊　侯欣一　俞榮根
袁永新　夏錦文　馬小紅　徐忠明　徐興旺　郭成偉
郭　建　孫光妍　陳金全　陳恩倫　陳景良　陳興立
閆曉君　張少瑜　張中秋　張仁善　張　文　張　生
張新中　童光政　曾代偉　楊一凡　楊　挺　趙曉耕
蔣後強　劉重來　霍存福　錢大群　龍大軒　戴建國
韓劍剛　蘇亦工

編　者：（按姓氏筆畫排列）

王潺遠　左　甫　任寶菊　李遠毅　宋開金　夏鳴鳩
孫鐵楠　陳恩倫　陳　慶　陳興立　張　文　張智萍
張曉皎　程　鵬　楊　挺　劉一名　劉森文　譚小軍

《中華大典·法律典·行政法分典》説明

中國古人每以「用人、行政」並提，這是極廣義的行政概念，即「行其政令」之意。而現代行政法，是指調整行政關係的規範和控制行政權的法律規範系統。因而，現代行政法的制度與觀念，在古代中國顯然不存在。作爲現代部門法之一的行政法，其内容、本質、形式與古代行政概念大異其趣，但這仍不妨我們對古代法律體系作些分解，抽取出相類似的法律規範，以供研究和分析使用。

以這樣一種理解來編纂古代的《行政法分典》，可以有多種思路。根據原《中華大典·法律典》編纂委員會擬定框架的精神，在徵求專家、學者意見的基礎上，我們最後采取了狹義行政法的框架體系。即選擇其中有關行政法的一般規定和核心的部門行政法爲範圍，以顯現古代行政法的基本面貌和主要存在狀態，而不去窮盡部門行政法的所有内容。這樣來選材，有關行政機關、行政監督及行政管理者的選任和考核等事項，最應入選。這也是當時的重事，關乎國家「吏治」好壞。而國家行政管理的其他領域，就應相應淡化。

基於此考慮的《中華大典·法律典·行政法分典》，在結構、具體思路、内容等方面，根據需要和可能，作了如下安排：

一、體例結構

《中華大典·法律典·行政法分典》的體例結構，在緯目上，依《中華大典》體例，各「分部」或「分部」子目下，必要時設「總叙」，其餘内容項，依次按論説、綜述、紀事排列，一依《大典》

體例。這裏，應强調的是經目方面的設置。

經目上的總部、部、分部劃分如下：

（一）按行政法律内容及其性質劃分「總部」，分行政組織法、職官管理法、行政程式法、監察法共四個「總部」；

（二）各「總部」之下，以歷史時期或主要朝代作爲「部」。分先秦、秦漢、魏晉南北朝、隋唐五代、宋朝、遼金元、明朝、清朝八個「部」；

（三）各「部」之下，根據不同情況，分若干「分部」。

1. 行政組織法總部之下的各部，先秦部按朝代或歷史時期設置分部，共夏朝、商朝、周朝、春秋戰國四個分部；秦漢至清七部，設朝廷分部、地方分部等兩個分部。

2. 職官管理法總部之下的各部，一般設銓選分部、考績分部、任用權限與迴避分部、官階與俸祿分部、假寧與致仕分部等五個分部。惟先秦部不設任用權限與迴避分部，明朝部、清朝部增考試分部。

3. 行政程式法總部之下的各部，下設公文、印信、書吏、程限、名諱五個分部。惟先秦部不設公文分部，秦漢部不設程限分部，宋朝部不設書吏分部。

4. 監察法總部之下的各部，下設監察系統、監察對象與内容、監察官員選任三個分部。惟先秦部按朝代或歷史時期設置分部，共設夏朝、商朝、周朝、春秋戰國四個分部。

二、具體思路

作爲分典的縱線，經目設置適應不同的需要，遵循了合理和方便原則。全面考慮《中華大典》各典及分典的專業分工狀況，突出一般行政法的主要内容。

（一）總部設置。采用狹義行政法的概念，突出行政機關的組成及職責（行政組織法總部），職官事務管理（職官管理法總部），基本行政程序（行政程式法總部），行政監督與法制監督（監察法總部），即一般行政法的内容，大多有關「吏治」範圍，而簡化或省略部門行政法的内容。具體考慮如下：

1. 突出一般行政法，聚焦於吏治法規

古人云「設官分職，各有司存」，行政機構的設置、職掌分工，是其核心。這部分所謂「官制」的法規，理應是一般行政法的内容。而機構的運轉靠職官，故機構運轉的一般程式，及職官選任、考績及監察（對機構和職官個人並行）等重事，乃至品階、俸禄、假寧、致仕等與官員個人利益密切聯繫的規定，也莫不構成「官本位」時代行政法的主要内容。故而，上述四個總部的設置，以官府、職官的一般性規定、通用性規則爲範圍。

2. 省略部門行政法，以避免交叉

因《中華大典·法律典·行政法分典》的内容，與《中華大典》另設的專門典如《政治典》、《哲學典》、《宗教典》、《經濟典》、《軍事典》、《教育典》、《工業典》、《交通運輸典》多存在互相包含的情形，故凡這些專門典必詳的内容，本分典即從略。有關這些典的内容，尤其是其中的經濟、軍事、教育、工業、交通、宗教及部分政治制度等，在類别上大多爲「部門行政法」，屬於「分類行政管理」範疇，即經濟行政、軍事行政、教育行政、工業行政、交通行政、宗教行政管理等，故本典將不含這些「部門行政法」的内容，而分别納入相應專門典之中。另外，有關皇帝制度等資料，涉及基本政治制度，會在《政治典》中有詳細反映，故本典秦漢以後從略。同時，考慮到中國古代國家行政的實際情況，爲突出全局性的國家機構運行的法規，故也不收録皇族事務管理的法規。

3. 簡化《中華大典·法律典》其他分典必詳録的内容，避免重複

緊扣行政法是國家有關行政管理的法律、法規的特徵，簡化《中華大典·法律典》其他分典必詳

録的内容。凡《中華大典·法律典》之《法律理論分典》、《刑法分典》、《訴訟法分典》、《民法分典》、《經濟法分典》必詳的内容，本分典均從略或完全捨去。比如，有關户籍的法規，因其與經濟制度聯繫更加密切，遂一併歸入《經濟法分典》之中；對於刑事、民事等有關實體法和程序法的内容，分别由《法律典》的《刑法分典》、《民法分典》、《訴訟法分典》承擔；對於經濟行政管理的部分内容，也由《法律典》的《經濟法分典》承擔；涉及行政法普遍原理和一般規則的内容，也有部分歸入《法律理論分典》。

（二）部的劃分。按歷史時期或主要朝代設置各部，是綜合考慮了下列因素：各朝遺存資料的多寡、制度發展演變的連續性、學界習慣的時代劃分等。故有單列部的宋、明、清三朝，有兩朝並列的秦漢部，數朝合併的魏晋南北朝部、隋唐五代部、遼金元部，以及综括的先秦部。

（三）分部設置。各分部的設立，更多地考慮了專案的内容，根據需要設置。

1. 突出行政機構組織與行政程式

行政組織法總部，突出行政機構設置的層級、分工及沿革歷史，在注重行政實體法的同時，兼顧程式法的内容。下設的朝廷分部、地方分部，反映行政層級、分工。

2. 全面反映職官管理法内容

職官管理法總部，全面反映職官管理的各層面。大至銓選、考績、考試、任用權限，小至任官迴避、品階、俸禄、休假、致仕等，類似當今人事行政法的相關法規，皆予收録。

3. 突出行政機構的行政程式

行政程式法總部，突出行政機構運轉的一般程式。溝通上下的各色公文、取信的印信、草寫抄發的書吏、大小事務處理程限，以及行文迴避帝后及上官名諱等，基本都在當時官府之間的聯繫渠道和方式——文書往來中有所反映。

4. 突出行政監督與法制監督內容

監察法總部，突出中國古代政治制度的獨特創造，下設各分部，意在全面介紹監察系統組織架構、監察對象、監察內容，並特別就監察官員的選任單獨設立分部予以反映。

由於歷朝具體制度有沿有革，多有不同，加上古籍資料遺存情況不一，書缺有間，故經目的設置及名稱，有時也略有變化。

《行政法分典》早先於二十世紀九十年代中期與《中華大典·法律典》的其他幾個分典同時啓動，不幸中綴無繼。二〇〇八年，受《中華大典》辦公室的催督和鼓動，西南師範大學出版社毅然承擔起包括《行政法分典》在內的五部分典的組織編纂和出版的工作。經申報，二〇一一年下半年，國家出版基金規劃管理辦公室核定《中華大典·法律典》爲國家資助的重大文化出版工程，使得《行政法分典》的編纂有了新的啓動契機，得以另起爐竈，重整旗鼓。在廣泛徵求各方家意見的基礎上，形成了全新的經緯目録。經重新組織的作者隊伍夜以繼日的努力工作，歷時兩年多，方成是典。

西南師範大學出版社《中華大典·法律典》編輯部的劉豔强、劉英、王仁霞、左全琴、翟金明、徐林平、李遠毅、黃璜、譚小軍等編輯，在本分典的編纂過程中一絲不苟、認真負責，付出了艱辛的勞動，保證了編纂工作的順暢和高品質地進行。同時，吉林大學法學院院長姚建宗教授、沈陽師範大學法學院院長賈海洋教授、黨委書記孫書光教授等也爲編纂工作提供了極大的支持，在此一併表示感謝。

周安平　霍存福

二〇一三年二月二十六日

總目

第三册

第四册

第一冊目錄

行政組織法總部

先秦部

夏朝分部

總叙

綜述

《尚書正義》卷一八《周書・周官》曰：唐虞稽古，建官惟百。內有百揆四岳，外有州牧侯伯。道堯舜考古以建百官，內置百揆四岳，象天之有五行，外置州牧十二及五國之長，上下相維，外內咸治。言有法。長，丁丈反，下官長、助長並同。庶政惟和，萬國咸寧。官職有序，故衆政惟和，萬國皆安，所以爲正治。夏商官倍，亦克用乂。禹湯建官二百，亦能用治。言不及唐虞之清要。明王立政，不惟其官，惟其人。言聖帝明王立政修教，不惟多其官，惟在得其人。

疏：曰唐虞至其人。正義曰：既言須立官之意，乃追述前代之法。止而復言，故更加一曰。唐堯虞舜考行古道，立官惟數止一百也。內有百揆四岳者，百揆，揆度百事，爲羣官之首，立一人也；四岳，內典四時之政，外主太岳之事，立四人也。外有州牧侯伯，牧，一州之長；侯伯，五國之長，各監其所部之國。外內置官，各有所掌，衆政惟以協和，萬邦所以皆安也。夏禹商湯立官倍多於唐虞，雖不及唐虞之清簡，亦能用以爲治。明王立其政教，不惟多其官，惟在得其人。言自古制法皆明開官司，求賢以處之也。傳道堯至有法。正義曰：百人無主，不散則亂，有父則有君也。君不獨治，必須輔佐，有君則有臣也。《易・序卦》云：有父子然後有君臣。則君臣之興，次父子之後，人民之始，則當有之，未知其所由來也。雖遠舉唐虞，復考古也。《説命》曰：明王奉若天道，建邦設都。則王者立官，皆象天爲之，故內置百揆四岳，象天之有五行也。五行佐天，羣臣佐主，以此爲象天爾。不必其數有五乃象五行，故以百揆四岳爲五行之象。《左傳》少昊立五鳩氏，顓頊已來立五行之官，其數亦有五，故置於五行矣。《舜典》云肇十有二州，此説虞事，知置州牧十二也。侯伯謂諸侯之長，《益稷》篇禹言治水時事云外薄四海，咸建五長，知侯伯是五國之長也。成王説此事者，言堯舜所制，上下相維，內外咸治，言有法也。此言建官惟百，夏商官倍，則唐虞一百，夏商二百。《禮記・明堂位》云有虞氏官五十，夏后氏官百者，《禮記》是後世之言，不與經典合也。

《禮記正義》卷三一《明堂位》有虞氏官五十，夏后氏官百，殷二百，周三百。周之六卿，其屬各六十，則周三百六十官也。此云三百者，記時《冬官》亡矣。《昏義》曰：天子立六官，三公九卿，二十七大夫，八十一元士，凡百二十。蓋謂夏時也。以夏、周推前後之差，有虞氏官宜六十，夏后氏宜百二十，殷宜二百四十，不得如此記也。

疏：有虞至三百。正義曰：此經明魯家兼有四代之官，然魯是諸侯。按《大宰職》，諸侯唯有三卿五大夫，故《公羊傳》司徒司空之下，各有二小卿，司馬之下一小卿，是三卿五大夫也。今魯雖被褒崇，何得備立四代之官？而備三百六十職者？當成王之時，褒崇於魯，四代官中，雜存官職名號，是使魯有之，非謂魯得盡備其數。但記者盛美於魯，因舉四代官之本數而言之。有虞氏官五十者，鄭差之，當爲六十。夏后氏官百者，鄭差之，當爲百二十。殷二百者，鄭差之，當爲二百四十。周三百者，鄭據《記》時《冬官》亡矣，故言三百。若兼《冬官》，則三百六十也。註周之至記也。正義曰：云周之六卿，其屬各六十者，《小宰》職文。云此云三百者，《記》時《冬官》亡矣者，以此經四代相對，各陳其官，宜舉實數，故云《冬官》亡矣。若文無所對，即舉其成數，故《禮器》經禮三百，《曲禮》三千。鄭《禮序》云舉大略小，闕其殘者，是與此經不同。引《昏義》者，欲證明夏官百二十，夏倍於虞，殷倍於夏。殷官既多，周不可倍之，故但加殷百二十耳。按《尚書・周官》云：唐虞稽古，建官惟百。夏商官倍，亦克用乂。與此數不同者，《禮》是記事之典，須委曲備言，《書》是疏通之教，故舉大略小。

《禮記正義》卷四八《祭義》昔者有虞氏貴德而尚齒，夏后氏貴爵而尚齒，殷人貴富而尚齒，周人貴親而尚齒。貴，謂燕賜有加於諸臣也。尚，謂有事尊之於其黨也。臣能世禄曰富。舜時多仁聖有德，後德則在小官。

疏：昔者至尚齒。正義曰：此前經明孝，以下至不敢犯，又兼明孝弟，故下云孝弟發諸朝廷，事兼孝弟也。各隨文解之。今此一經，論四代悌順尚齒之義。有虞氏貴德而尚齒者，虞氏帝德弘大，故貴德。德之中，年高者在前，是德中尚齒。夏后氏貴爵而尚齒者，夏后之世漸澆薄，不能貴德而尚功，功高則爵高。既貴其官爵，德雖下而爵高者則貴之，由道劣故也。故貴爵之中，年高者在前，故云尚齒。殷人貴富而尚齒者，殷人又劣於夏，但身有功，則與之重爵。殷家累世有功，世爵而富，乃貴之，故云貴富。亦年高者在前，故云尚齒。周人貴親而尚齒者，周人又劣於殷，敬愛彌狹。殷人疏而富者，猶貴之，周人於己有親乃貴之。就此之中，亦年高者在前，故云尚齒。註貴謂至小官。正義曰：鄭恐經云貴者，皆班序在上，故名之貴，謂燕賜有加於諸臣。凡四代朝位班序，皆以官爵爲次，悉皆重爵，而夏后氏貴者，但於爵高者加恩賜。云尚，謂有事尊之於其黨也者，謂德、爵、富、親各於其黨類之中而被尊也。云舜時多仁聖有德，後德則在小官者，鄭解虞氏貴德之意，以舜時仁聖者多，人皆有德，其德小先來者已居大官，其德大後來者則在小官，是小官而德尊者，故有虞氏貴之，所以燕賜加於大官，俗本後德多作小德者。

（唐）杜佑《通典》卷一九《職官·歷代官制總序》　虞舜有天下，以伯禹作司空，使宅百揆。禹代鯀爲崇伯，入爲天子司空，治洪水有成功，言可用之。棄作后稷，播百穀。契作司徒，敷五教。布五常之教。皋繇作士，正五刑。士，理獄官。垂作共工，利器用。垂，臣名。共謂供其百工職事。伯益作虞，育草木鳥獸。虞，掌山澤之官。伯夷秩宗，典三禮。秩，序。宗，尊也。三禮，天地人之禮。伯夷，臣名，姜姓。夔典樂，教胄子，胄，長也，謂元子以下至卿大夫子弟。以歌詩蹈之舞之，教長國子中和祗庸孝友。和神人。命夔使勉之。龍作納言，出納帝命。納言，喉舌之官。聽下言，納於上，受上言，宣於下，必以信。蓋亦爲六官，以主天地四時也。崔靈恩曰：自顓頊以來，命南正重司天，火正黎司地，故重、黎之後，世掌天地官，號曰羲、和。唐堯受之，乃置天地四時之官，命羲、和之後，使復舊職，而掌天地之事。又分命羲仲、羲叔、和仲、和叔，使主四時，爲六卿之任。及其末年，舜攝百揆，改地官爲司徒，秋官爲士，冬官爲司空，春官爲秩宗。故《尚書》曰乃命羲、和，欽若昊天，分命和仲、和叔等，使主四時之事。又云：百姓不親，五品不遜，契爲司徒，敬敷五教。地官之事也。皋繇作士，五刑有服，秋官之任也。禹作司空，以平水土，冬官之職也。伯夷爲秩宗，典朕三禮，此春官之所司也。又《周禮正義》曰：稷爲天官，羲、和爲夏官，共爲六官也。

夏后之制，亦置六卿。《甘誓》曰乃召六卿是也。其官名次，猶承虞制。《禮記》曰：夏后氏官百，天子有三公、九卿、二十七大夫、八十一元士。

夏王

綜述

《孟子注疏》卷九下《萬章章句上》　萬章問曰：人有言至於禹而德衰，不傳於賢而傳於子，有諸？問禹之德衰，不傳於賢而自傳於子，有之否乎？孟子曰：否，不然也。天與賢，則與賢；天與子，則與子。言隨天也。昔者舜薦禹於天，十有七年，舜崩。三年之喪畢，禹避舜之子於陽城，天下之民從之，若堯崩之後不從堯之子而從舜也。禹薦益於天，七年，禹崩。三年之喪畢，益避禹之子於箕山之陰，朝覲訟獄者不之益而之啓，曰：吾君之子也。謳歌者不謳歌益而謳歌啓，曰：吾君之子也。丹朱之不肖，舜之子亦不肖。舜之相堯，禹之相舜也，歷年多，施澤於民久。啓賢，能敬承繼禹之道。益之相禹也，歷年少，施澤於民未久。舜薦禹，禹薦益同也，以啓之賢，故天下歸之，益又未久故也。陽城，箕山之陰，皆嵩山下深谷之中以藏處也。舜、禹、益相去久遠，其子之賢不肖皆天也，非人之所能爲也。

《史記》卷二《夏本紀》　帝舜薦禹於天，爲嗣。十七年而帝舜崩。三年喪畢，禹辭辟舜之子商均於陽城。天下諸侯皆去商均而朝禹。禹於是遂即天子位，南面朝天下，國號曰夏后，姓姒氏。

帝禹立而舉皋陶薦之，且授政焉，而皋陶卒。封皋陶之後於英、六，或在許。而后舉益，任之政。

十年，帝禹東巡狩，至于會稽而崩。以天下授益。三年之喪畢，益讓帝禹之子啓，而辟居箕山之陽。禹子啓賢，天下屬意焉。及禹崩，雖授益，益之佐禹日淺，天下未洽。故諸侯皆去益而朝啓，曰吾君帝禹之子也。於是啓遂即天子之位，是爲夏后帝啓。

夏后帝啓，禹之子，其母塗山氏之女也。

有扈氏不服，啓伐之，大戰於甘。將戰，作《甘誓》，乃召六卿申之。啓曰：嗟，六事之人，予誓告女：有扈氏威侮五行，怠棄三正，天用勦絶其命。今予維共行天之罰。左不攻于左，右不攻于右，女不共命。御非其馬之政，女不共命。用命，賞于祖；不用命，僇于社，予則帑僇女。遂滅有扈氏。天下咸朝。

内服

綜述

（漢）班固《白虎通義・雜録》 夏稱后者，以揖讓受于君，故稱后。殷稱人者，以行仁義，人所歸往。

《尚書正義》卷七《夏書・胤征》 告于衆曰：嗟予有衆，誓勑之。聖有謨訓，明徵定保。徵，證。保，安也。聖人所謀之教訓，爲世明證，所以定國安家。先王克謹天戒，臣人克有常憲，言君能慎戒，臣能奉有常法。百官修輔，厥后惟明明。修職輔君，君臣俱明。每歲孟春，遒人以木鐸徇于路，遒人，宣令之官。木鐸，金鈴木舌，所以振文教。遒，在由反。鐸，待洛反。鈴音令。官師相規，工執藝事以諫。官衆，衆官。更相規闕，百工各執其所治技藝以諫，諫失常。藝，本又作埶。更音庚。技，其綺反。其或不恭，邦有常刑。言百官廢職，服大刑。

疏：告于至常刑。義曰：胤侯將征羲和，告于所部之衆曰：嗟乎，我所有之衆人，聖人有謨之訓，所以爲世之明證，可以定國安家。其所謀者，言先王能謹慎敬畏天戒，臣人者能奉先王常法，百官修常職輔其君，君臣相與如是，則君臣俱明，惟爲明君明臣。言君當謹慎以畏天，臣當守職以輔君也。先王恐其不然，大開諫争之路。每歲孟春，遒人之官以木鐸徇于道路，以號令臣下，使在官之衆更相規闕；百工雖賤，令執其藝能之事以諫上之失常。其有違諫不恭謹者，國家則有常刑。傳徵證至安家。義曰：成八年《左傳》稱晉殺趙括，欒、郤爲徵。徵是證驗之義，故爲證也。能自保守是安定之義，故爲安也。聖人將爲教訓，必謀而後行，故言所謀之教訓。聖人之言，必有其驗，故爲世之明證。用聖人之謨訓，必有成功，故所以定國安家。傳言君至常法。義曰：王者代天理官，故稱天戒。臣人奉主法令，故言常憲。君當奉天，臣當奉君，言君能戒慎天戒也，臣能奉有常法，奉行君法也。此謂大臣，下云百官修輔，謂衆臣。傳遒人至文教。義曰：以執木鐸徇于路，是宣令之事，故言宣令之官。《周禮》無此官，惟《小宰》云：正歲，帥理官之屬而觀治象之法，徇以木鐸曰：不用法者，國有常刑。宣令之事，略與此同。此似别置其官，非如周之小宰。名曰遒人，不知其意，蓋訓遒爲聚，聚人而令之，故以爲名也。《禮》有金鐸、木鐸，鐸是鈴也，其體以金爲之，明舌有金木之異，知木鐸是木舌也。《周禮》教鼓人以金鐸通鼓，大司馬教振旅，兩司馬執鐸，《明堂位》云振木鐸於朝，是武事振金鐸，文事振木鐸。今云木鐸，故云所以振文教也。傳官衆至失常。義曰：相規，相平等之辭，故官衆謂衆官，相規謂更相規闕。平等有闕，已尚相規，見上之過，諫之必矣。百工各執其所治技藝以諫，謂被遣作器，工有奢儉，若《月令》云無作淫巧，以蕩上心，見其淫巧不正，當執之以諫，諫失常也。百工之職，猶令進諫，則百工以上，不得不諫矣。傳言百至大刑。義曰：百官廢職，服大刑，《明堂位》文也。顧氏云：百官衆臣其有廢職懈怠不恭謹者，國家當有常刑。

《尚書正義》卷七《夏書・胤征》 惟時羲和，顛覆厥德，顛覆言反倒。將陳羲和所犯，故先舉孟春之令，犯令之誅。覆，芳服反。倒，丁老反。沈亂于酒，畔宫離次，沈謂醉冥。失次位也。離如字，又力智反。冥，莫定反，又亡丁反。俶擾天紀，遐棄厥司。俶，始。擾，亂。遐，遠也。紀謂時日。司，所主也。俶，本又作□，亦作叔，同尺六反。擾，而小反。乃季秋月朔，辰弗集于房，辰，日月所會。房，所舍之次。集，合也。不合即日食可知。瞽奏鼓、嗇夫馳，庶人走。凡日食，天子伐鼓於社，責上公。瞽，樂官，樂官進鼓則伐之。嗇夫，主幣之官，馳取幣禮天神。衆人走，供救日食之百役也。【略】

疏：惟時至無赦。正義曰：言不諫尚有刑，廢職懈怠，是爲大罪。惟是羲和，顛倒其奉上之德，而沈没昏亂於酒，違叛其所掌之官，離其所居位次，始亂天之紀綱，遠棄所主之事。乃季秋九月之朔，日月當合於辰。其日之辰，日月不合於舍，不得合辰，謂日被月食，日有食之。《禮》有救日之法，於是瞽人樂官進鼓而擊之，嗇夫馳騁而取幣以禮天神，庶人奔走供救日食之百役。

《春秋左傳正義》定公元年　薛宰曰：　薛之皇祖奚仲，居薛，以爲夏車正。皇，大也。奚仲爲夏禹掌車服大夫。

《春秋左傳正義》哀公元年　昔有過澆殺斟灌以伐斟鄩，澆，寒浞子，封於過者。二斟，夏同姓諸侯。襄四年傳曰：澆用師滅斟灌。鄩，普鄙反。員音云。去疾，起吕反，本又作去惡。過，古禾反，國名，註及下同。澆，五叫反，一音五報反，下同。斟，諸林反。灌，古亂反。鄩音尋。浞，仕捉反。夏，户雅反，下註皆同。

疏：　註澆寒至斟灌。正義曰：襄四年傳稱夏之衰也，有窮后羿因夏民以代夏政，而用寒浞。寒浞殺羿，因其室而生澆，處澆于過。是言澆是寒浞之子，封於過也。二斟，夏同姓諸侯，《夏本紀》文也。又襄四年傳云澆用師滅斟灌，此言殺斟灌者，王肅云：滅，殺也。古者滅、殺尊卑同名。其意言殺其君而滅其國，故二文各言其一也。賈逵云：夏后相依斟灌而國，故曰殺夏后相也。案下句别言滅夏后相，王解是也。

滅夏后相。夏后相，啓孫也。后相失國，依於二斟，復爲澆所滅。相，息亮反，註及下註同。復，扶又反。

疏：　註夏后至所滅。正義曰：《夏本紀》云：禹生啓，啓生大康。大康崩，弟仲康立。仲康崩，子相立。是相爲仲康之子，啓之孫也。《書・序》云：大康失邦，作《五子之歌》。其經云：大康尸位以逸豫，乃畋于有洛之表，十旬弗反。有窮后羿因民弗忍，距于河。則大康之時羿已權盛，能廢大康矣。《胤征》云：唯仲康肇位四海。孔安國云：羿廢大康，而立其弟仲康爲天子。仲康，羿之所立也。仲康崩，子相立，蓋亦羿立之矣。傳言羿因夏民以代夏政，蓋於相時羿始自立爲天子。相於是失國，依於二斟。及澆滅斟灌，相復爲澆所滅。

后緡方娠，逃出自竇，后緡，相妻。娠，懷身也。緡，亡巾反。娠音震，又音身。竇音豆。歸于有仍，后緡，有仍氏女。生少康焉。爲仍牧正，牧官之長。少，詩照反。長，丁丈反。惎澆能戒之。惎，毒也。戒，備也。惎音忌。澆使椒求之，椒，澆臣。逃奔有虞，爲之庖正，以除其害。虞舜後諸侯也。梁國有虞縣。庖正，掌膳羞之官。賴此以得除已害。庖，步交反。

疏：　註虞舜至已害。正義曰：《尚書・堯典》云：有鰥在下，曰虞舜。又曰：釐降二女于嬀汭，嬪于虞。皇甫謐云：嬪于虞，因以虞爲氏。虞，今河東大陽縣西山上虞城是也。然則舜有天下，其代號虞，因本河東大陽之虞。及周之興，封仲雍之後爲虞國，即彼地是也。但舜既禪禹，禹封舜後爲諸侯，雖取虞爲國名，未必封於河東虞地。而梁國有虞縣，其地以虞爲名，疑是夏時虞國。杜以地名言有者，皆是疑辭，言有以示不審也。庖正，當《周禮》之庖人。用之爲正，當當是食官之長，故爲掌膳羞之官也。賴此以得除已害，得在浞之世不被殺也。

《史記》卷二《夏本紀》　有扈氏不服，啓伐之，大戰於甘。將戰，作《甘誓》，乃召六卿申之。集解：孔安國曰：天子六軍，其將皆命卿也。

《史記》卷二《夏本紀》　太康崩，弟中康立，是爲帝中康。帝中康時，羲、和湎淫，廢時亂日。集解：孔安國曰：羲氏，和氏，掌天地四時之官。太康之後，沈湎于酒，廢天時，亂甲乙也。胤往征之，作《胤征》。

(唐)杜佑《通典》卷一九《職官・設官沿革》　夏：九卿。

(唐)杜佑《通典》卷二〇《職官・司徒》　司徒，古官。少皞祝鳩氏爲司徒。司，主也。徒，衆也。

堯時，舜爲司徒。

舜攝帝位，命卨爲司徒。

卨玄孫之子曰微，亦爲夏司徒。

(唐)杜佑《通典》卷二〇《職官・司空》　司空，古官。孔安國曰：司空，主空土以居人。空，穴也。古者穿土爲穴以居人。

少皞鳲鳩氏爲司空。

舜攝帝位，以禹爲司空。《周禮正義》曰：禹自司空總百揆，乃分司空之職爲共工。《虞書》曰垂作共工，益作朕虞是也。

卨玄孫之子曰冥，亦爲夏司空。

(唐)杜佑《通典》卷二一《職官・中書省・史官》　史官。肇自黄帝有之，自後顯著。夏太史終古，商太史高勢。

(唐)杜佑《通典》卷二五《職官・諸卿上・總論諸卿》　夏制九卿。《記》曰：夏后氏官百，天子有三公、九卿也。亦有六卿，殷周皆然。

外服

紀事

《春秋左傳正義》襄公四年　芒芒禹迹，畫爲九州，芒芒，遠貌。畫，分也。芒，莫郎反。畫，乎麥反。

疏：註芒芒至分也。正義曰：畫分者，言畫地分之，以爲竟也。《禹貢》唯冀州帝都不言竟界，以餘州所至，則冀州可知也。八州各言竟界，云：濟、河惟兖州，海、岱惟青州，海、岱及淮惟徐州，淮、海惟楊州，荊及衡陽惟荊州，荊、河惟豫州，華陽、黑水惟梁州，黑水、西河惟雍州。是禹所畫分也。

經啓九道。啓開九州之道。

疏：註啓開九州之道。正義曰：既分海内以爲九州，遂皆以九言之。《禹貢》云：九州攸同，九山刊旅，九川滌源，九澤既陂。故此亦言九道，言禹開通九州之道也。

《史記》卷二《夏本紀》　禹於是遂即天子位【略】封皋陶之後於英、六，集解：徐廣曰：《史記》皆作英字，而以英布是此苗裔。索隱：《地理志》六安國六縣，咎繇後偃姓所封國。英地闕，不知所在，以爲黥布是其後也。正義：英蓋蓼也。《括地志》云：光州固始縣，本春秋時蓼國。偃姓，皋陶之後也。《左傳》云子燮滅蓼。《太康地志》云蓼國先在南陽故縣，今豫州郾縣界故胡城是，後徙於此。《括地志》云：故六城在壽州安豐縣南一百三十二里。《春秋》文五年秋，楚成大心滅之。或在許。

《史記》卷二《夏本紀》　令天子之國以外五百里甸服：集解：孔安國曰：爲天子（之）服治田，去王城面五百里内。百里賦納緫，集解：孔安國曰：甸内近王城者。禾稾曰緫，供飼國馬也。索隱：《説文》云：緫，聚束草也。二百里納銍，集解：孔安國曰：所銍刈謂禾穗。索隱：《説文》云：銍，穫禾短鎌也。三百里納秸服，集解：孔安國曰：秸，稾也。服稾役。索隱：《禮・郊特牲》云蒲越稾秸之美，則秸是稾之類也。四百里粟，五百里米。集解：孔安國曰：所納精者少，麤者多。甸服外五百里侯服：集解：孔安國曰：侯，候也。斥候而服事也。百里采，集解：馬融曰：采，事也。各受王事者。二百里任國，集解：孔安國曰：任王事者。三百里諸侯。集解：孔安國曰：三百里同爲王者斥候，故合三爲一名。侯服外五百里綏服：集解：孔安國曰：綏，安也。服王者政教。三百里揆文教，集解：孔安國曰：揆，度也。度王者文教而行之，三百里皆同。二百里奮武衛。集解：孔安國曰：文教之外二百里奮武衛，天子所以安。綏服外五百里要服：集解：孔安國曰：要束以文教也。三百里夷，集解：孔安國曰：守平常之教，事王者而已。二百里蔡。集解：馬融曰：蔡，法。受王者刑法而已。要服外五百里荒服：集解：馬融曰：政教荒忽，因其故俗而治之。三百里蠻，集解：馬融曰：蠻，慢也。禮簡怠慢，來不距，去不禁。二百里流。集解：馬融曰：流行無城郭常居。

《史記》卷二《夏本紀》　湯乃踐天子位，代夏朝天下。湯封夏之後，至周封於杞也。

太史公曰：禹爲姒姓，其後分封，用國爲姓，故有夏后氏、有扈氏、有男氏、斟尋氏、彤城氏、褒氏、費氏、杞氏、繒氏、辛氏、冥氏、斟（氏）戈氏。孔子正夏時，學者多傳《夏小正》云。自虞、夏時，貢賦備矣。或言禹會諸侯江南，計功而崩，因葬焉，命曰會稽。會稽者，會計也。

《史記》卷三《殷本紀》　契長而佐禹治水有功。帝舜乃命契曰：百姓不親，五品不訓，汝爲司徒而敬敷五教，五教在寬。封于商，集解：鄭玄曰：商國在太華之陽。皇甫謐曰：今上洛商是也。索隱：堯封契於商，即《詩・商頌》云有娀方將，帝立子生商是也。正義：《括地志》云：商州東八十里商洛縣，本商邑，古之商國，帝嚳之子卨所封也。賜姓子氏。集解：《禮緯》曰：祖以玄鳥生子也。正義：《括地志》云：故子城在渭州華城縣東北八十里，蓋子姓之别邑。契興於唐、虞、大禹之際，功業著於百姓，百姓以平。

商朝分部

總敘

綜述

《尚書正義》卷一八《周書·周官》曰：唐虞稽古，建官惟百。內有百揆四岳，外有州牧侯伯。道堯舜考古以建百官，內置百揆四岳，象天之有五行，外置州牧十二及五國之長，上下相維，外內咸治。言有法。長，丁丈反，下官長、助長並同。庶政惟和，萬國咸寧。官職有序，故衆政惟和，萬國皆安，所以爲正治。夏商官倍，亦克用乂。禹湯建官二百，亦能用治。言不及唐虞之清要。明王立政，不惟其官，惟其人。言聖帝明王立政修教，不惟多其官，惟在得其人。

《禮記正義》卷四《曲禮下》天子建天官，先六大，曰大宰、大宗、大史、大祝、大士、大卜，典司六典。典，法也。此蓋殷時制也，周則大宰爲天官，大宗曰宗伯，宗伯爲春官，大史以下屬焉，大士以神仕者。天子之五官，曰司徒、司馬、司空、司士、司寇，典司五衆。衆，謂羣臣也。此亦殷時制也，周則司士屬司馬，大宰、司徒、宗伯、司馬、司寇、司空爲六官。天子之六府，曰司土、司木、司水、司草、司器、司貨，典司六職。府，主藏六物之稅者。此亦殷時制也，周則皆屬司徒。司土，土均也。司木，山虞也。司水，川衡也。司草，稻人也。司器，角人也。司貨，廾人也。廾，華猛反，又音虢猛反，徐故孟反。廾人掌金玉錫石未成器者。天子之六工，曰土工、金工、石工、木工、獸工、草工，典制六材。此亦殷時制也，周則皆屬司空。土工，陶、旊也。金工，築、冶、鳧、栗、鍛、桃也。石工，玉人、磬人也。木工，輪、輿、弓、廬、匠、車、梓也。獸工，函、鮑、韗、韋、裘也。唯草工職亡，蓋謂作萑葦之器。陶音桃，陶人爲瓦器也。旊，方往反，旊人爲簋簠之屬。築音竹，築氏爲書刀。冶音也，冶氏爲箭鏃。鳧音符，鳧氏爲鍾也。段，本又作鍛，多亂反，段氏爲錢鎛。函音含，函人爲甲鎧。韗況萬反，一音運，一音況運反，韗人爲鼓。萑音丸。五官致貢曰享。貢，功也。享，獻也。致其歲終之功於王謂之獻也。《周禮·大宰》：歲終，則令百官府各正其治，受其會，聽其致事，而詔王廢置。享，許兩反，舊許亮反，後皆放此，不復重出。治音直吏反。會古外反。

疏：天子建天官至致貢曰享。正義曰：此以下是殷禮，所明異於周法。案《甘誓》云：六事之人。鄭云：《周禮》六軍皆命卿，則三代同矣。案《甘誓》及鄭註，則三王同有六卿。又鄭註《大傳》：《夏書》云，所謂六卿者，后稷、司徒、秩宗、司馬、作士、共工也。而不說殷家六卿之名，今比《記》所言，上非夏法，下異周典，鄭唯指爲殷禮也。然天官以下，殷家六卿，何者？大宰、司徒、司馬、司空、司士、司寇是也。但周立六卿，放天地四時，而殷六卿所法，則有異也。殷以大宰爲一卿，以象天時，司徒以下五卿法於地事，故《鄭志》崇精問焦氏云：鄭云三王同六卿，殷應六卿，此云五官何也？焦氏答曰：殷立天官，與五行其取象異耳。是司徒以下法五行，并此大宰，即爲六官也。但大宰既尊，故先列大宰，并顯大宰之下隸屬大宰之官。既法於天，故同受大名，故云先六大，大宰一、大宗二、大史三、大祝四、大士五、大卜六也。典司六典者，結上也。上典是守典，下典是典則之典。言立此六官，以守主於六事之法。註此蓋至仕者。正義曰：知殷制者，以其上與夏官不同，下與《周禮》有異，故疑殷制也。知大士非司士及士師、卿士之等者，以其下別有司士、司寇，故知非士師、卿士也。與大祝、大卜相連，皆主神之士，故知神仕也。天子之五官者，嚮立六官，以法天之六氣，此又置五官，以象地之五行也。天地五行踐立，故復云天子，不云建，從天官也。又天官尊、陽，故一卿以攝衆，地官卑、陰，故五卿俱陳也。不云地者，與前互也。天尊故沒其數，地卑故明言其五也。司徒一、司馬二、司空三、司士四、司寇五也。典司五衆者，結上也。言用此上五官，使各守其所掌上之羣衆也。然此五官，亦各有所領羣，衆如大宰領大宗以下也，而不條出其人者，略也。天言六典，地言五衆者，互言也。但天尊，故云典，地卑，故云衆也。註衆謂至六官。正義曰：知此非是天下衆人，而爲羣臣也者，以經云五衆，明官各有所衆，如周六官之屬也。《周禮》大宰摠主六官之職。司徒主教，教其徒衆。宗伯者，伯，長也；宗，尊也；以主鬼神，故以尊爲名。司馬主征伐，馬是征伐所用。司寇主除賊寇。司空主土居民。司士主公卿以下版籍爵祿之等。特以司士爲名者，士是官之摠首，故《詩》云濟濟多士是也。諸官皆云司，而大宰、宗伯不云司者，司，主也，大宰摠主六官，不偏有所司，故不言司也。宗伯之官不言司者，以上天地鬼神之事，天地鬼神既尊，非人所司，故不云司也。天子至六職。殷六卿外，復別立此六官也。府者，藏物之處也。既法天地立官，天地應生萬物，故爲萬物立府也。曰司土，一也，於周爲土均也。均平地稅之政令也。土生萬物，故爲均也。司木，二也，於周則爲山虞也。虞，度也。主量度山之大小所生之物。司水，三也，於周則爲川衡。衡，平也。掌巡行川澤，平其禁令。司草，四也，於周爲稻人也。掌稼種下地及除草菜。司器，五也，於周爲角人也。掌以時徵齒角於山澤之農，供爲器用也。司貨，六也，於周爲廾人，言鑛器未成者也。掌金玉錫石之地，而爲之守禁，以時取之，以供器物。金玉曰貨，故稱貨人。典司六職者，結上立此六官，使各主其所掌職也。註府主至人也。正義曰：此皆與周不同，故云亦殷制也。司土，土均也。案《周禮》土均，上士二人。司木，山虞，每大山中士四人，中山下士六人，小山下士二人。不言林衡者，略舉山虞耳。司水於周爲川衡，川衡，每大川下士十有二人，中川下士六人，小川下士二人。不言澤虞者，亦略舉川衡耳。司草，稻人者，上士二人。《周禮》亦有草人。今以司草爲稻人者，二官俱主殺草，鄭舉稻人，欲見司草兼有二官也。司器，角人者，下士二人。司貨，廾人者，中士二人。天子至六材。工，能也，言能作器物者也。前既有六府之物，宜立六工以作之爲器物，故爲次也。亦有六者，依府以用事也。曰土工、金工、木工、石工、獸工、草工者，此六官於《周禮》並屬司空，而《司空職》散亡，漢購千金不得，今唯有《考工記》以代之。典制六材者，材謂材物，結上立此六工，使典制六府之材物。註土工至之器。正義曰：《考工記》陶人爲甗，實二鬴，又甑實二鬴，七穿。《旊人職》云：旊人爲簋。旊是放法，陶是陶冶，互文耳。但簋是祭器，故取放法之名也。云金工，謂築氏，掌爲削。削，書刀也。冶謂煎金石者，冶鑄爲之，冶氏掌爲戈戟，故因呼煎金爲冶。鳧氏世能爲鐘以供樂器，故因呼作鐘爲鳧氏也。㮚氏爲量器，爲豆、區、鬴、鍾之屬也，㮚氏世能爲之。段氏主作錢鑄田器。桃氏爲刃，刃謂刀劍之屬。云石工，玉人、磬人者，玉人謂作圭璧者，磬人作磬也。玉及磬同出於石，故謂石工也。云木工，輪、輿、弓、廬、匠、車、梓也者，此七物並用木，故曰木工也。輪，車輪也。輿，車牀也。車難，不能一人獨成，各有所善，故輪、輿不同也。弓，能作弓者也。廬，能作戈戟柲者也。匠，能作宮室之屬者。車謂能作大車及羊車也。梓謂杯勺爲筍虡之屬也。獸工，函、鮑、韗、韋、裘者，此物竝用獸皮，故曰獸工。函謂能作甲鎧者。鮑謂能治皮供作甲者。韗謂《考工記》韗人爲皐陶鼓木，謂能以皮冒鼓者。韋，熟皮爲衣及韎韐者。裘謂帶毛狐裘之屬者。《考工記》韋、裘二職存，唯草工職亡，《考工》無。蓋謂作萑葦之器，盛食之器及葦席之屬也。或言氏，或言人者，鄭註《考工記》云：其曰某人者，以其事名官也。其曰某氏者，官有世功，若族有世業者也。干寶云：凡言司者，摠其領也。凡言師者，訓其徒也。凡言職者，主其業也。凡言衡者，平其政也。凡言掌者，主其事也。凡言氏者，世其官也。凡言人者，終其身也。不氏不人，權其材也。通權其才者，既云不世，又不終身，隨其材而權暫用也。然案《周禮》建官列職，有司會之屬，是言司者也。有甸師之屬，是言師者也。有職內之屬，是言職者也。有川衡之屬，是言衡者也。有掌舍之屬，是言掌者也。有師氏之屬，是言師者也。有庖人之屬，是言人者也。有宮正、膳夫、外饔、內饔之屬，皆不氏不人者也。五官致貢曰享者，五官即前自后以下之五官，后一，天官二，地官三，六府四，六工五。貢，功也。享，獻也。歲終則此五官各考其屬一年之功，以獻於天子，故云致貢曰享也。王后之屬致蠶織之功，天官以下各獻其職之功。註貢功至廢置。正義曰：引《周禮》，證歲終百官各獻其功，以禮詔告也。周則冢宰至歲終受於百官之簿書所會之最，而考一年之功多少，以告天子也。若功少則廢黜其人，功多則遷置其職也。今謂五官，則上天子五官司徒以下，故下云五官之長曰伯，與此五官一也。但太宰摠攝羣職，摠受五官之貢，故不入其數也。若以五官爲后以下，則下云五官之長，豈有長於后乎？熊氏以爲五等諸侯。亦非也。

《禮記正義》卷三一《明堂位》　有虞氏官五十，夏后氏官百，殷二百，周三百。周之六卿，其屬各六十，則周三百六十官也。此云三百者，記時《冬官》亡矣。《昏義》曰：天子立六官，三公九卿，二十七大夫，八十一元士，凡百二十。蓋謂夏時也。以夏、周推前後之差，有虞氏官宜六十，夏后氏宜百二十，殷宜二百四十，不得如此記也。

《禮記正義》卷四八《祭義》 昔者有虞氏貴德而尚齒，夏后氏貴爵而尚齒，殷人貴富而尚齒，周人貴親而尚齒。貴，謂燕賜有加於諸臣也。尚，謂有事尊之於其黨也。臣能世禄曰富。舜時多仁聖有德，後德則在小官。

（唐）杜佑《通典》卷一九《職官·歷代官制總序》 殷制，天子建天官，先六太，曰太宰、太宗、太史、太祝、太士、太卜，典司六典。典，法也。此蓋殷時制也。周則太宰爲天官，太宗曰宗伯，宗伯爲春官，太史以下屬焉。太士，以神仕者。天子之五官，曰司徒、司馬、司空、司士、司寇，典司五衆。衆，謂群臣也。此亦殷時制也。周則司士屬司馬。太宰、司徒、宗伯、司馬、司寇、司空爲六官。天子之六府，曰司土、司木、司水、司草、司器、司貨，典司六職。府，主藏六物之税者。此亦殷時制也。周則皆屬司徒。司土，土均也。司木，山虞也。司水，川衡也。司草，稻人也。司器，角人也。司貨，丱人也。丱音華猛反。天子之六工，曰土工、金工、石工、木工、獸工、草工，典制六材。此亦殷時制也。周則皆屬司空。土工，陶旊也。金工，築、冶、鳧、㮚、鍛、桃也。石工，玉人、磬人也。木工，輪、輿、弓、廬、匠、車、梓也。獸工，函、鮑、韗、韋、裘也。唯草工職亡，蓋謂作萑葦之器。韗音吁援反。旊音方往反。五官致貢曰享。貢，功也。享，獻也。致其歲終之功於王，謂之獻也。太宰歲終則令百官府各正其治，受其會，聽其致事，而詔王廢置也。五官之長曰伯。謂爲三公也。《周禮》九命作伯。千里之内爲王畿，千里之外設方伯。五國以爲屬，屬有長。十國以爲連，連有帥。三十國以爲卒，卒有正。二百一十國以爲州，州有伯。屬、連、卒、州，猶聚也。伯、帥、正，亦長也。凡長，皆因賢侯爲之。殷之州長曰伯，虞、夏及周皆曰牧。八州八伯，五十六正，百六十八帥，三百三十六長。八伯各以其屬，屬於天子之老二人，分天下以爲左右，曰二伯。老，謂上公。

商王

綜述

《尚書正義》卷八《商書·湯誓》 王曰：格爾衆庶，悉聽朕言。契始封商，湯遂以爲天下號。湯稱王，則比桀於一夫。格，庚白反。非台小子，敢行稱亂。有夏多罪，天命殛之。稱，舉也。舉亂，以諸侯伐天子。非我小子敢行此事，桀有昏德，天命誅之，今順天。台，以之反，下同。殛，居力反。今爾有衆，汝曰：我后不恤我衆，舍我穡事，而割正夏。汝，汝有衆。我后，桀也。正，政也。言奪民農功而爲割剥之政。恤，荀律反。舍音捨，廢也。予惟聞汝衆言，不憂我衆之言。夏氏有罪，予畏上帝，不敢不正。不敢不正桀罪誅之。今汝其曰：夏罪其如台。今汝其復言桀惡，其亦如我所聞之言。復，扶又反。夏王率遏衆力，率割夏邑。言桀君臣相率爲勞役之事以絶衆力，謂廢農功。相率割剥夏之邑居，謂征賦重。遏，於葛反，徐音謁，馬云：止也。有衆率怠弗協，曰：時日曷喪？予及汝皆亡。衆下相率爲怠惰，不與上和合。比桀於日，曰：是日何時喪？我與汝俱亡。欲殺身以喪桀。喪，息浪反。惰，徒臥反。夏德若茲，今朕必往。凶德如此，我必往誅之。爾尚輔予一人，致天之罰，予其大賚汝。賚，與也。汝庶幾輔成我，我大與汝爵賞。罰音伐。賚，力代反，徐音來。爾無不信，朕不食言。食盡其言，僞不實。爾不從誓言，不用命。予則孥戮汝，罔有攸赦。古之用刑，父子兄弟罪不相及，今云孥戮汝，無有所赦，權以脅之，使勿犯。

疏：王曰至攸赦。正義曰：商王成湯將與桀戰，呼其將士曰：來，汝在軍之衆庶，悉聽我之誓言。我伐夏者，非我小子輒敢行此以臣伐君，舉爲亂事，乃由有夏君桀多有夏罪，上天命我誅之。桀既失君道，我非復桀臣，是以順天誅之，由其多罪故也。桀之罪狀，汝盡知之。今汝桀之所有之衆，即汝輩是也。汝等言曰：我君夏桀，不憂念我等衆人，舍廢我稼穡之事，奪我農功之業，而爲割剥之政於夏邑，斂我貨財。我惟聞汝衆言，夏氏既有此罪，上天命我誅，桀我畏上天之命，不敢不正桀罪而誅之。又質而審之，今汝衆人其必言曰：夏王之罪其實如我所言。夏王非徒如此，又與臣下相率遏絶衆力，使不得事農。又相率爲割剥之政於此夏邑，使不得安居。上下同惡，民困益甚，由是汝等相率怠惰，不與在上和協。比桀於日，曰：是日何時能喪？君其可喪，我與汝皆亡身殺之。寧殺身以亡桀，是其惡之甚。夏王惡德如此，今我必往誅之。汝庶幾輔成我一人，致行天之威罰，我其大賞賜汝。汝無得不信我語，我終不食盡其言，爲虚僞不實。汝若不從我之誓言，我則并殺汝子，以戮汝身，必無有所赦。勸使勉力，勿犯法也。庶亦衆也，古人有此重言，猶云艱難也。傳契始至一夫。正義曰：以湯於此稱王，故本其號商之意，契始封商，湯遂以商爲天下之號。鄭玄之説亦然。惟王肅云：相士居商丘，湯取商爲號。若取商丘爲號，何以不名商丘，而單名商也？若八遷，國名商不改，則此商猶是契商。非相士之商也。若八遷，遷即改名，則相士至湯改名多矣。相士既非始祖，又非受命，何故用其所居之地以爲天下號名？成湯之意，復何取乎？知其必不然也。湯取契封商，以商爲天下之號，周不取后稷封邰爲天下之號者，契後八遷，商名不改，成湯以商受命，故宜以商爲號；后稷之後，隨遷易名，公劉爲豳，大王爲周，文王以周受命，故當以周爲號。二代不同，理則然矣。《泰誓》云：獨夫受。此湯稱爲王，則比桀於一夫；桀既同於一夫，故湯可稱王矣。是言湯於伐桀之時始稱王也。《周書・泰誓》稱王，則亦伐紂之時始稱王也。鄭玄以文王生稱王，亦謬也。傳稱舉至順天。正義曰：稱，舉，《釋言》文。常法以臣伐君，則爲亂逆，故舉亂謂以諸侯伐天子。桀有昬德，宣三年《左傳》文。以有昬德，天命誅之，今乃順天行誅，非復臣伐君也。以此解衆人守常之意也。傳今汝至之言。正義曰：如我者，謂湯之自稱我也。湯謂其衆云：汝言桀之罪，如我誓言所述也。傳言桀至賦重。正義曰：此經與上舍我穡事，而割正夏其意一也。上言夏王之身，此言君臣相率，再言所以積桀之非也。力施於農，財供上賦，故以止絶衆力謂廢農功，割剥夏邑謂征賦重。言以農時勞役，又重歛其財，致使民困而怨深，賦歛重則民不安矣。傳衆下至喪桀。正義曰：上既馭之非道，下亦不供其命，故衆下相率爲怠惰，不與上和合，不肯每事順從也。比桀於日，曰：是日何時喪亡？欲令早喪桀命也。我與汝俱亡者，民相謂之辭，言並欲殺身以喪桀也。所以比桀於日者，以日無喪之理，猶云桀不可喪，言喪之難也。不避其難，與汝俱亡，欲殺身以喪桀，疾之甚也。鄭云：桀見民欲叛，乃自比於日，曰：是日何嘗喪乎？日若喪亡，我與汝亦皆喪亡。引不亡之徵以脅恐下民也。傳食盡至不實。正義曰：《釋詁》云：食，僞也。孫炎曰：食言之僞也。哀二十五年《左傳》云，孟武伯惡郭重，曰：何肥也？公曰：是食言多矣，能無肥乎？然則言而不行如食之消盡，後終不行前言爲僞，故通謂僞言爲食言，故《爾雅》訓食爲僞也。傳古之至勿犯。正義曰：昭二十年《左傳》引《康誥》曰：父子兄弟，罪不相及。是古之用刑如是也。既刑不相及，必不殺其子，權時以迫脅之，使勿犯刑法耳。不於《甘誓》解之者，以夏啓承舜、禹之後，刑罰尚寬，殷、周以後，其罪或相緣坐，恐其實有孥戮，故於此解之。鄭玄云：大罪不止其身，又孥戮其子孫。《周禮》云：其奴男子入于罪隸，女子入于舂槀。鄭意以爲實戮其子，故《周禮》註云：奴謂從坐而没入縣官者也。孔以孥戮爲權脅之辭，則《周禮》所云非從坐也。鄭衆云：謂坐爲盜賊而爲奴者，輸於罪隸。舂人、槀人之官引此孥戮汝。又引《論語》云：箕子爲之奴。或如衆言，别有没入，非緣坐者也。

《尚書正義》卷八《商書・湯誥》 王曰：嗟，爾萬方有衆，明聽予一人誥。天子自稱曰予一人，古今同義。惟皇上帝，降衷于下民。皇，天。上帝，天也。衷，善也。

疏：降衷于下民。正義曰：天生烝民，與之五常之性，使有仁義禮智信，是天降善於下民也。天既與善於民，君當順之，故下傳云，順人有常之性，則是爲君之道。

《尚書正義》卷九《商書・盤庚上》 相時憸民，猶胥顧于箴言，其發有逸口，矧予制乃短長之命？言憸利小民，尚相顧於箴誨，恐其發動有過口之患，况我制汝死生之命，而汝不相教從我，是不若小民。相時，相，息亮反，馬云：視王。徐息羊反。憸，息廉反，馬云：憸利，小小見事之人也。徐七漸反。汝曷弗告朕，而胥動以浮言，恐沈于衆。曷，何也。責其不請告上，而相恐欲以浮言，不徙，恐汝沈溺於衆，有禍害。曷，何末反。若火之燎于原，不可嚮邇，其猶可撲滅。火炎不可嚮近，尚可撲滅。浮言不可信用，尚可得遏絶之。燎，力召反，又力鳥反，又力紹反，嚮，許亮反。撲，普卜反。近，前近之近。則惟汝衆自作弗靖，非予有咎。我刑戮汝，非我咎也。靖，謀也。是汝自爲非謀所致。

疏：相時至有咎。正義曰：又責大臣不相教遷徙，是不如小民。我視彼憸利小民，猶尚相顧於箴規之言，恐其發舉有過口之患，故以言相規。患之小者尚知畏避，况我爲天子制汝短長之命？滅恩甚大，汝不相教從我，乃是汝不如小民。汝若不欲徙，何以不情告我，而輒相恐動以浮華之言？乃語民云：國不可徙，我恐汝自取沈溺於衆人，而身被刑戮之禍害。此浮言流行，若似火之燎於原野，炎熾不可嚮近，其猶可撲之使滅，以喻浮言不可止息，尚可刑戮使絶也。若以刑戮加汝，則是汝衆自爲非謀所致此耳，非我有咎過也。傳曷何至禍害。正義曰：曷，何同音，故曷爲何也。顧氏云：汝以浮言恐動不徙，更是無益。我恐汝自取沈溺於衆人，不免禍害也。傳我刑至所致。正義曰：我刑戮汝，汝自招之，非我咎也。靖，謀，《釋詁》文。告民不徙者，非善謀也。由此而被刑戮，是汝自爲非謀所致也。

《尚書正義》卷九《商書·盤庚上》　各長于厥居，勉出乃力，聽予一人之作猷。盤庚勑臣下各思長於其居，勉盡心出力，聽從遷徙之謀。長，丁丈反。

疏：傳盤庚至之謀。正義曰：於時羣臣難毀其居宅，惟見目前之利，不思長久之計。其臣非一，共爲此心。盤庚勑臣下各思長久於其居處，勉強盡心出力，聽從我遷徙之謀。自此已下皆是也。

《尚書正義》卷九《商書·盤庚上》　邦之臧，惟汝衆。有善則衆臣之功。臧，徐子郎反。邦之不臧，惟予一人有佚罰。佚，失也。是己失政之罰。罪己之義。佚音逸。凡爾衆，其惟致告：致我誠，告汝衆。自今至于後日，各恭爾事，齊乃位，度乃口。奉其職事，正齊其位，以法度居汝口，勿浮言。度，徐如字，亦作度。

疏：度乃口。正義曰：度，法度也，故傳言以法度居汝口也。

《毛詩正義》卷二〇《商頌·長發》　有娀方將，帝立子生商。有娀，契母也。將，大也。契生商也。箋云：帝，黑帝也。禹敷下土之時，有娀氏之國亦始廣大。有女簡狄，吞鳦卵而生契，堯封之於商，後湯王因以爲天下號，故云帝立子生商。

《毛詩正義》卷二〇《商頌·玄鳥》　天命玄鳥，降而生商，宅殷土芒芒。玄鳥，鳦也。春分，玄鳥降。湯之先祖有娀氏女簡狄配高辛氏帝，帝率與之祈于郊禖而生契，故本其爲天所命，以玄鳥至而生焉。芒芒，大貌。箋云：降，下也。天使鳦下而生商者，謂鳦遺卵，娀氏之女簡狄吞之而生契，爲堯司徒，有功，封商。堯知其後將興，又錫其姓焉。自契至湯，八遷始居亳之殷地而受命，國日以廣大芒芒然。湯之受命，由契之功，故本其天意。芒，莫剛反。後同。娀，夙忠反，契母之本國名。郊禖音梅，本亦作高禖。卵，力管反。亳，傍各反。地名。古帝命武湯，正域彼四方。方命厥后，奄有九有。正，長。域，有也。九有，九州也。箋云：古帝，天也。天帝命有威武之德者成湯，使之長有邦域，爲政於天下。方命其君，謂偏告諸侯也。湯有是德，故覆有九州，爲之王也。長，張丈反。下同。徧音遍。商之先后，受命不殆，在武丁孫子。武丁，高宗也。箋云：后，君也。商之先君受天命而行之不解殆者，在高宗之孫子。言高宗興湯之功，法度明也。解音懈。武丁孫子，武王靡不勝。龍旂十乘，大糦是承。勝，任也。箋云：交龍爲旂。糦，黍稷也。高宗之孫子有武功、有王德於天下者，無所不勝服。乃有諸侯建龍旂者十乘，奉承黍稷而進之者，亦言得諸侯之歡心。十乘者，二王後、八州之大國。武王，于況反，又如字。註同。勝，毛音升，鄭式證反。乘，繩證反。註同。糦，尺志反，《韓詩》云：大祭也。任音壬。下何任同。邦畿千里，維民所止，肇域彼四海。畿，疆也。箋云：止猶居也。肇，當作兆。王畿千里之內，其民居安，乃後兆域正天下之經界。言其爲政自內及外。疆，居良反。

《呂氏春秋·仲冬紀·當務》　紂之同母三人，其長曰微子啓，其次曰中衍，其次曰受德。受德乃紂也，甚少矣。紂母之生微子啓與中衍也尚爲妾，已而爲妻而生紂。紂之父、紂之母欲置微子啓以爲太子，太史據法而爭之曰：有妻之子，而不可置妾之子。紂故爲後。用法若此，不若無法。

《史記》卷三《殷本紀》　湯出，見野張網四面，祝曰：自天下四方皆入吾網。湯曰：嘻，盡之矣。乃去其三面，祝曰：欲左，左。欲右，右。不用命，乃入吾網。諸侯聞之，曰：湯德至矣，及禽獸。

當是時，夏桀爲虐政淫荒，而諸侯昆吾氏爲亂。湯乃興師率諸侯，伊尹從湯，湯自把鉞以伐昆吾，遂伐桀。湯曰：格女衆庶，來，女悉聽朕言。匪台小子敢行舉亂，有夏多罪，予維聞女衆言，夏氏有罪。予畏上帝，不敢不正。今夏多罪，天命殛之。今女有衆，女曰我君不恤我衆，舍我嗇事而割政。女其曰有罪，其柰何？夏王率止衆力，率奪夏國。有衆率怠不和，曰是日何時喪？予與女皆亡。夏德若茲，今朕必往。爾尚及予一人致天之罰，予其大理女。女毋不信，朕不食言。女不從誓言，予則帑僇女，無有攸赦。以告令師，作《湯誓》。於是湯曰吾甚武，號曰武王。

桀敗於有娀之虛，桀犇於鳴條，夏師敗績。湯遂伐三㚇，俘厥寶玉，義伯、仲伯作《典寶》。湯既勝夏，欲遷其社，不可，作《夏社》。伊尹報。於是諸侯畢服，湯乃踐天子位，平定海內。

《史記》卷三《殷本紀》　帝太甲既立三年，不明，暴虐，不遵湯法，亂德，於是伊尹放之於桐宮。三年，伊尹攝行政當國，以朝諸侯。帝太甲居桐宮三年，悔過自責，反善，於是伊尹迺迎帝太甲而授之政。帝太甲修德，諸侯咸歸殷，百姓以寧。伊尹嘉之，迺作《太甲訓》三篇，褒帝太甲，稱太宗。

《史記》卷三《殷本紀》　沃丁崩，弟太庚立，是爲帝太庚。帝太庚崩，子帝小甲立。帝小甲崩，弟雍己立，是爲帝雍己。殷道衰，諸侯或不至。帝雍己崩，弟太戊立，是爲帝太戊。帝太戊立伊陟爲相。亳有祥桑穀共生於朝，一暮大拱。帝太戊懼，問伊陟。伊陟曰：臣聞妖不勝德，帝之政其有闕與？帝其修德。太戊從之，而祥桑枯死而去。伊陟贊言于巫咸。巫咸治王家有成，作《咸艾》，作《太戊》。帝太戊贊伊陟于廟，言弗臣，伊陟讓，作《原命》。殷復興，諸侯歸之，故稱中宗。

中宗崩，子帝中丁立。帝中丁遷于隞。河亶甲居相。祖乙遷于邢。帝中丁崩，弟外壬立，是爲帝外壬。《仲丁》書闕不具。帝外壬崩，弟河亶甲立，是爲帝河亶甲。河亶甲時，殷復衰。

河亶甲崩，子帝祖乙立。帝祖乙立，殷復興。巫賢任職。

祖乙崩，子帝祖辛立。帝祖辛崩，弟沃甲立，是爲帝沃甲。帝沃甲崩，立沃甲兄祖辛之子祖丁，是爲帝祖丁。帝祖丁崩，立弟沃甲之子南庚，是爲帝南庚。帝南庚崩，立帝祖丁之子陽甲，是爲帝陽甲。帝陽甲之時，殷衰。

自中丁以來，廢適而更立諸弟子，弟子或争相代立，比九世亂，於是諸侯莫朝。

帝陽甲崩，弟盤庚立，是爲帝盤庚。帝盤庚之時，殷已都河北，盤庚渡河南，復居成湯之故居，迺五遷，無定處。殷民咨胥皆怨，不欲徙。盤庚乃告諭諸侯大臣曰：昔高后成湯與爾之先祖俱定天下，法則可修。舍而弗勉，何以成德。乃遂涉河南，治亳，行湯之政，然後百姓由寧，殷道復興。諸侯來朝，以其遵成湯之德也。

《史記》卷三《殷本紀》　帝乙長子曰微子啓，啓母賤，不得嗣。少子辛，辛母正后，辛爲嗣。

《史記》卷三《殷本紀》　西伯歸，乃陰修德行善，諸侯多叛紂而往歸西伯。西伯滋大，紂由是稍失權重。王子比干諫，弗聽。商容賢者，百姓愛之，紂廢之。及西伯伐飢國，滅之，紂之臣祖伊聞之而咎周，恐，奔告紂曰：天既訖我殷命，假人元龜，無敢知吉，非先王不相我後人，維王淫虐用自絶，故天弃我，不有安食，不虞知天性，不迪率典。今我民罔不欲喪，曰天曷不降威，大命胡不至？今王其柰何？紂曰：我生不有命在天乎。祖伊反，曰：紂不可諫矣。西伯既卒，周武王之東伐，至盟津，諸侯叛殷會周者八百。

内服

綜述

《尚書正義》卷八《商書·湯誓》　伊尹相湯，伐桀，升自陑，桀都安邑，湯升道從陑，出其不意。陑在河曲之南。相，息亮反。湯如字。馬云：俗儒以湯爲謚，或爲號。號者似非其意，言謚近之。然不在《謚法》，故無聞焉。及禹，俗儒以爲名，《帝系》禹名文命，《王侯世本》湯名天乙，推此言之，禹豈復非謚乎？亦不在《謚法》，故疑焉。桀，其列反，夏之末天子。升音昇。陑音而。遂與桀戰于鳴條之野，地在安邑之西，桀逆拒湯。作《湯誓》。

《尚書正義》卷八《商書·伊訓》　惟元祀十有二月乙丑，伊尹祠于先王。此湯崩踰月，太甲即位，奠殯而告。祀，年也。夏曰歲，商曰祀，周曰年，唐虞曰載。尹祠音辭，祭也。

疏：惟元祀。正義曰：伊尹祠于先王，謂祭湯也。奉嗣王祇見厥祖，謂見湯也。故傳解祠先王爲奠殯而告，見厥祖爲居位主喪，羣后咸在爲在位次，皆述在喪之事，是言祠是奠也。祠喪于殯，斂、祭皆名爲奠，虞祔卒哭始名爲祭。知祠非宗廟者，元祀即是初喪之時，未得祠廟，且湯之父祖不追爲王，所言先王惟有湯耳，故知祠實是奠，非祠宗廟也。祠之與奠有大小耳，祠則有主有尸，其禮大；奠則奠器而已，其禮小。奠、祠俱是享神，故可以祠言奠，亦由於時猶質，未有節文，周時則祠、奠有異，故傳解祠爲奠耳。傳此湯至而告。正義曰：《太甲》中篇云：三祀十有二月，伊尹以冕服奉嗣王。則是除喪即吉，明十二月服終。《禮記》稱：三年之喪，二十五月而畢。知此年十一月湯崩，此祠先王是湯崩踰月，太甲即位，奠殯而告也。此奠殯而告，亦如周康王受顧命尸於天子。春秋之世既有奠殯即位、踰年即位，此踰月即位當奠殯即位也。此言伊尹祠于先王，是特設祀也，嗣王祇見厥祖是始見祖也。特設祀禮而王始見祖，明是初即王位，告殯爲喪主也。

奉嗣王祗見厥祖，居位主喪。見，賢遍反。侯甸羣后咸在，在位次。甸，徒遍反。百官總己以聽冢宰。伊尹制百官，以三公攝冢宰。總音摠。伊尹乃明言烈祖之成德，以訓于王。湯有功烈之祖，故稱焉。

疏：傳湯有至稱焉。正義曰：湯有功烈之祖，《毛詩》傳文也。烈訓業也，湯有定天下之功業，爲商家一代之大祖，故以烈祖稱焉。

《尚書正義》卷八《商書・咸有一德》 伊陟相大戊，伊陟，伊尹子。太戊，沃丁弟之子。陟，張力反。相，息亮反。太戊，馬云：太甲子。亳有祥，桑穀共生于朝。祥，妖怪。二木合生，七日大拱，不恭之罰。桑，蘇臧反。穀，工木反，楮也。朝，直遥反。伊陟贊于巫咸，作《咸乂》四篇。贊，告也。巫咸，臣名。皆亡。巫咸，馬云：巫，男巫也，名咸，殷之巫也。

疏：伊陟至四篇。正義曰：伊陟輔相太戊，於亳都之內，有不善之祥，桑穀二木共生于朝。朝非生木之處，是爲不善之徵，伊陟以此桑穀之事告于巫咸。使録其事，作《咸乂》四篇。乂訓治也，言所以致妖，須治理之，故名篇爲《咸乂》也。伊陟不先告太戊而告巫咸者，《君奭》云：在太戊，時則有若巫咸乂王家。則咸是賢臣，能治王事，大臣見怪而懼，先共議論，而後以告君。下篇序云：太戊贊于伊陟。明先告於巫咸，而後告太戊。傳伊陟至之子。正義曰：伊陟，伊尹子，相傳爲然。《殷本紀》云：沃丁崩，弟太庚立。崩，子小甲立。崩，弟雍己立。崩，弟太戊立。是太戊爲小甲弟，太庚之子。傳祥妖至之罰。正義曰：《漢書・五行志》云：凡草物之類謂之妖，自外來謂之祥。祥是惡事先見之徵，故爲妖怪也。二木合生謂共處生也。七日大拱，伏生《書傳》有其文，或當別出餘書，則孔用之也。鄭玄註《書傳》云：兩手搤之曰揚。生七日而見其大滿兩手也。《殷本紀》云一暮大拱，言一夜即滿拱，所聞不同，故説異也。《五行傳》曰：貌之不恭，是謂不肅。時則有青眚之祥。《漢書・五行志》夏侯始昌、劉向筭説云：肅，敬也。內曰恭，外曰敬。人君行己，體貌不恭，怠慢驕蹇，則不能敬。木色青，故有青眚之祥。是言木之變怪，是貌不恭之罰。人君貌不恭，天將罰之，木怪見其徵也。皇甫謐云：太戊問於伊陟，伊陟曰：臣聞妖不勝德，帝之政事有闕。白帝修德。太戊退而占之曰：桑穀野木而不合生于朝，意者朝亡乎？太戊懼，修先王之政，明養老之禮，三年而遠方重譯而至七十六國。是言妖不勝德也。傳贊告至臣名。正義曰：禮有贊者，皆以言告人，故贊爲告也。《君奭》傳曰：巫，氏也。當以巫爲氏，名咸。此言臣名者，言是臣之名號也。鄭玄云巫咸謂之巫官者，案《君奭》咸子又稱，賢父子並爲大臣，必不世作巫官，故孔言巫，氏是也。

《尚書正義》卷一〇《商書・説命上》 爰立作相，王置諸其左右。於是禮命立以爲相，使在左右。命之曰：朝夕納誨，以輔台德。言常納諫誨直辭，以輔我德。朝，張遥反。若金，用汝作礪。鐵須礪以成利器。礪，力世反。若濟巨川，用汝作舟楫。渡大水待舟楫。楫音接，徐音集。若歲大旱，用汝作霖雨。霖，三日雨。霖以救旱。

《尚書正義》卷一四《周書・酒誥》 王曰：封，我聞惟曰，在昔殷先哲王，迪畏天，顯小民，聞之於古。殷先智王，謂湯蹈道畏天，明著小民。經德秉哲，自成湯咸至于帝乙，成王畏相。能常德持智，從湯至帝乙中間之王猶保成其王道，畏敬輔相之臣，不敢爲非。相，息亮反，下同。惟御事厥棐有恭，不敢自暇自逸，惟殷御治事之臣，其輔佐畏相之君，有恭敬之德，不敢自寬暇，自逸豫。暇，遐嫁反。矧曰其敢崇飲？崇，聚也。自假自逸猶不敢，況敢聚會飲酒乎？明無也。越在外服，侯、甸、男、衛邦伯，於在外國侯服、甸服、男服、衛服國伯諸侯之長。言皆化湯畏相之德。越在內服，百僚庶尹惟亞惟服宗工，於在內服治事百官衆正及次大夫服事尊官，亦不自逸。越百姓里居，於百官族姓及卿大夫致仕居田里者。罔敢湎于酒。不惟不敢，亦不暇。自外服至里居，皆無敢沈湎於酒。非徒不敢，志在助君敬法，亦不暇飲酒。湎，面善反。惟助成王德顯，越尹人祗辟。所以不暇飲酒，惟助其君成王道，明其德於正人之道，必正身敬法，其身正，不令而行。辟，扶亦反。

疏：王曰封我聞至祗辟。正義曰：以周受於殷，文王之前殷代也，今又衛居殷地，故舉殷代以酒興亡得失而爲戒。王命之曰：封，我聞於古，所聞惟曰，殷之先代智道之王成湯，於上蹈道以畏天威，於下明著加於小民，即能常德持智以爲政教。自成湯之後皆然，以至于帝乙，猶保成其王道，畏敬輔相之臣。其君既然，惟殷御治事之臣，其輔相於君，有恭敬之德，不敢自寬暇，自逸豫，況曰其敢聚會羣飲酒乎？於是在外之服侯、甸、男、衛、國君之長，於是在內之服治事百官衆正惟次大夫惟服事尊官，於百官族姓及致仕在田里而居者，皆無敢沈湎於酒。不惟不敢，亦自不暇飲。所以不暇者，惟以助其君成其王道，令德顯明；又於正人之道，必正身敬法，正身以化下，不令而行，故不暇飲。是亦可以爲法也。傳聞之至小民。正義曰：言聞之於古，是事明衆見也。下言自成湯，知此別道湯事也。王者上承天，下恤民，皆由蹈行於爲，畏天之罰已故也。又以道教民，故明德著小民。傳能常至爲非。正義曰：德在於身，智在於心，故能常德持智，即上迪畏天，顯小民，爲自湯後皆爾。傳惟殷至逸豫。正義曰：此事當公卿，故下別云越在内服百僚庶尹也。爲君畏相，故輔之。若寬暇與逸豫，則不恭敬，故不敢爲也。傳崇聚至明無。正義曰：《釋詁》云：崇，充也。充實則集聚，故崇爲聚也。飲必待暇逸，猶尚不敢暇逸，故言況敢聚集飲酒乎？明無也。傳於在至之德。正義曰：以公卿與國爲體，承君共事，故先言之，然後見廣，故自外及内，舉四者以摠六服，又因衛爲蕃衛，故不言采也。國謂國君，伯言長，連、屬、卒、牧皆是，見徧在外爲君，故言化湯畏相之德。傳於在至自逸。正義曰：畿外有服數，畿内無服數，故爲服治事也。言百官衆正，爲摠之文。但百官衆正除六卿亦有大夫及士，士亦有官首而爲政者。惟亞，傳云次大夫者，謂雖爲大夫不爲官首者，亞次官首，故云亞。舉大夫尊者爲言，其實士亦爲亞次之官。必知爲亞兼士者，以此經文上下更無别見士之文，故知兼之。惟服宗工，摠上百僚庶尹及惟亞，言服治職事尊官之故，亦不自逸。惟亞雖不爲官首，亦助上服治政事，或可非官首者服事在上之尊官，亦不自逸。傳於百至里者。正義曰：每言於者，繼上君與御事爲於。此不言在，從上内服故也。百官族姓謂其每官之族姓，而與里居爲摠，故云卿大夫致仕居田里者也。傳自外至飲酒。正義曰：自外服至里居，皆無敢沈湎，亦上御事，云亦不暇，不暇則不逸可知，助君敬法，逆探下經也。

《尚書正義》卷一六《周書・君奭》 公曰：君奭，我聞在昔成湯既受命，已放桀，受命爲天子。時則有若伊尹，格于皇天。尹摯佐湯，功至大夫。謂致太平。摯音至。在太甲，時則有若保衡。太甲繼湯，時則有如此伊尹爲保衡，言天下所取安，所取平。在太戊，太甲之孫。時則有若伊陟、臣扈，格于上帝，巫咸乂王家。伊陟、臣扈率伊尹之職，使其君不隕祖業，故至天之功不隕。巫咸治王家，言不及二臣。隕，于敏反。在祖乙，時則有若巫賢。祖乙，殷家亦祖其功，時賢臣有如此巫賢。賢，咸子。巫，氏。在武丁，時則有若甘盤。高宗即位，甘盤佐之，後有傳説。説音悦。

疏：公曰君奭至甘盤。正義曰：言時則有若者，言當其時有如此人也。指謂如此伊尹、甘盤，非謂别有如此人也。以湯是殷之始王，故言在昔、既受命，見其爲天子也。以下在太甲、在武丁，亦言其爲天子之時，有如此臣也。成湯未爲天子，已得伊尹，言既受命者，以功格皇天，在受命之後，故言既受命也。皇天之與上帝，俱是天也，變其文爾。其功至於天帝，謂致太平而天下和之也。保衡、伊尹，一人也。異時而别號。伊尹之下，已言格于皇天，保衡之下不言格于皇天，從可知也。伊陟、臣扈，言格于上帝，則其時亦致太平，故與伊尹文異而事同。巫咸、巫賢、甘盤蓋功劣於彼三人，故無格天之言。傳尹摯至太平。正義曰：伊尹名摯，諸子傳記多有其文。功至大天猶堯格于上下，知其謂致太平也。傳太甲至取平。正義曰：據《太甲》之篇及諸子傳記，太甲大臣惟有伊尹，知即保衡也。《説命》云：昔先正保衡，作我先王，佑我烈祖，格于皇天。《商頌・那》祀成湯稱爲烈祖，烈祖，湯之號，言保衡佐湯，明保衡即是伊尹也。《詩》稱實維阿衡，實左右商王，鄭玄云：阿，倚。衡，平也。伊尹湯所依倚而取平。至太甲改曰保衡，保，安也，言天下所取安，所取平。此皆三公之官，當時爲之號也。孔以《太甲》云嗣王不惠於阿衡，則《太甲》亦曰阿衡，與鄭異也。傳太甲之孫。正義曰：《史記・殷本紀》云，太甲崩，子沃丁立。崩，弟太庚立。崩，子小甲立。崩，弟雍己立。崩，弟太戊立。是太戊爲太甲之孫，太庚之子。《三代表》云，小甲，太庚弟；雍己、太戊又是小甲弟，則太戊亦是沃丁弟，太甲子。《本紀》、《世表》俱出馬遷，必有一誤。孔於《咸乂》序傳云太戊，沃丁弟之子，是太戊爲太甲之孫也。傳伊陟至二臣。正義曰：伊尹格于皇天，此伊陟、臣扈云格于上帝，其事既同，如此二臣能率循伊尹之職，輔佐其君，使其君不隕祖業，故至天之功亦不隕墜也。《夏社》序云：湯既勝夏，欲遷其社，不可。作《夏社》、《疑至》、《臣扈》。則湯初有臣扈，已爲大臣矣，不得至今仍在，與伊尹之子同時立功。蓋二人名同，或兩字一誤也。案《春秋》范武子光輔五君，或臣扈事湯而又事太戊也。格于上帝之下乃言巫咸乂王家，則巫咸亦是賢臣，俱能紹治王家之事而已，其功不得至天，言不及彼二臣。傳祖乙至巫氏。正義曰：《殷本紀》云，中宗崩，子仲丁立。崩，弟外壬立。崩，弟河亶甲立。崩，子祖乙立。則祖乙是太戊之孫也。孔以其人稱祖，故云殷家亦祖其功。賢是咸子，相傳云然。父子俱稱爲巫，知巫爲氏也。傳高宗至傅説。正義曰：《孔命》篇高宗云：台小子舊學于甘盤，既乃遯於荒野。高宗未立之前已有甘盤，免喪不言，乃求傅説，明其即位之初，有甘盤佐之，甘盤卒後有傅説。計傅説當有大功，此惟數六人，不言傅説者，周公意所不言，未知其故。

率惟茲有陳，保乂有殷，故殷禮陟配天，多歷年所。言伊尹至甘盤六臣佐其君，循惟此道，有陳列之功，以安治有殷，故殷禮能升配天，享國久長，多歷年所。天惟純佑命，則商實百姓。殷禮配天，惟天大佑助其王命，使商家百姓豐實，皆知禮節。

疏：率惟至百姓。正義曰：此伊尹、甘盤六臣等輔佐其君，率循此爲臣之道，有陳烈之功，以安治有殷，故殷有安上治民之禮，升配上天，享國多歷年之次所。天惟大佑助其爲王之命，則使商家富實百姓，爲令使商之百姓家給人足，皆知禮節也。傳言伊至年所。正義曰：率訓循也。説賢臣佐君云循惟此道，當謂循此爲臣之道。盡忠竭力以輔其君，故有陳烈於世，以安治有殷，使殷王得安治民。故殷得此安上治民之禮，能升配上天。天在人上，故謂之升。爲天之子，是配也。享國久長，多歷年所。傳殷禮至禮節。正義曰：殷能以禮配天，故天降福。天惟大佑助其王命，風雨以時，年穀豐稔，使商家百姓豐實，家給人足。管子曰：衣食足，知榮辱。倉廩實，知禮節。

《孟子注疏》卷九下《萬章章句上》 伊尹相湯以王於天下，湯崩，太丁未立，外丙二年，仲壬四年。太甲顛覆湯之典刑，伊尹放之於桐三年。太甲悔過，自怨自艾，於桐處仁遷義三年，以聽伊尹之訓已也，復歸于亳。太丁，湯之太子，未立而薨。外丙立二年，仲壬立四年，皆太丁之弟也。太甲，太丁子也，伊尹以其顛覆典刑，放之於桐邑。處，居也。遷，徙也。居仁徙義，自怨其惡行。艾，治也。治而改過，以聽伊尹之教訓已，故復得歸之於亳，反天子位也。

《晋書》卷二四《職官志》 伊尹曰：三公調陰陽，九卿通寒暑，大夫知人事，列士去其私。而成湯居亳，初置二相，以伊尹、仲虺爲之，凡厥樞會，仰承君命。

（唐）杜佑《通典》卷一九《職官・設官沿革》 商：太宰、晋、宋、齊、梁、陳改太師爲之。太宗、太史、太祝、太士、太卜、司士、司土、司木、司水、司草、司器、司貨、太子太師、太子太保、太子太傅、太子少傅、方伯。

（唐）杜佑《通典》卷一九《職官・三公》 夏、商以前，云天子無爵，三公無官。伊尹曰：三公調陰陽。

（唐）杜佑《通典》卷一九《職官・宰相》 殷湯有左右相。

（唐）杜佑《通典》卷二〇《職官・太師》 太師，古官。殷紂時，箕子爲之。

（唐）杜佑《通典》卷二〇《職官・太保》 太保，古官。殷太甲時，伊尹爲太保。

（唐）杜佑《通典》卷二〇《職官・太宰》 太宰，於殷爲六太，於周爲六卿，亦曰冢宰。

（唐）杜佑《通典》卷二〇《職官・司空》 殷湯以咎單爲司空。

（唐）杜佑《通典》卷二一《職官・宰相》 黄帝得六相而天地治，神明至。黄帝得蚩尤而明天道，得太常而察地理，得蒼龍而辨東方，得祝融而辨南方，得風后而辨西方，得后土而辨北方，謂之六相。虞舜臣堯，爲堯時臣。舉八愷，蒼舒、隤敳、檮戭、大臨、尨降、庭堅、仲容、叔達爲八愷，即垂、益、禹、皋陶之倫也。庭堅則皋陶字。隤，大回切。敳，午來切。使主后土，后土，地官也。以揆百事，莫不時叙，地平天成。揆，度。成，平也。舉八元，伯奮、仲堪、叔獻、季仲、伯虎、仲熊、叔豹、季貍爲八元。使布五教於四方，内平外成，内，諸夏。外，夷狄。謂之十六相。亦曰十六族。

及成湯居亳，初置二相，以伊尹、仲虺爲之。伊尹號爲阿衡。仲虺，臣名，爲湯左相。武丁得傅説，爰立作相，王置諸其左右。武丁，殷之高宗也。得賢相傅説，於是禮命立以爲佐相，使在左右也。

（唐）杜佑《通典》卷二一《職官・中書省・史官》 史官。肇自黄帝有之，自後顯著。夏太史終古，商太史高勢。

（唐）杜佑《通典》卷二二《職官・尚書上・尚書令》 殷湯制官有冢宰，伊尹制官，以三公攝冢宰。君薨，則百官總己以聽於冢宰。

（唐）杜佑《通典》卷二五《職官·諸卿上·總論諸卿》 殷亦九卿。伊尹曰：三公調陰陽，九卿通寒暑。

紀事

《戰國策·趙策三·秦圍趙之邯鄲》 魯仲連曰：固也，待吾言之。昔者，鬼侯之鄂侯、文王，紂之三公也。

《史記》卷三《殷本紀》 帝太戊立伊陟爲相。

《史記》卷三《殷本紀》 帝小乙崩，子帝武丁立。帝武丁即位，思復興殷，而未得其佐。三年不言，政事決定於冢宰，以觀國風。武丁夜夢得聖人，名曰說。以夢所見視羣臣百吏，皆非也。於是迺使百工營求之野，得説於傅險中。是時説爲胥靡，築於傅險。見於武丁，武丁曰是也。得而與之語，果聖人，舉以爲相，殷國大治。故遂以傅險姓之，號曰傅説。

《史記》卷三《殷本紀》 百姓怨望而諸侯有畔者，於是紂乃重刑辟，有炮格之法。以西伯昌、九侯、鄂侯爲三公。九侯有好女，入之紂。九侯女不憙淫，紂怒，殺之，而醢九侯。鄂侯争之彊，辨之疾，并脯鄂侯。西伯昌聞之，竊嘆。崇侯虎知之，以告紂，紂囚西伯羑里。西伯之臣閎夭之徒，求美女奇物善馬以獻紂，紂乃赦西伯。西伯出而獻洛西之地，以請除炮格之刑。紂乃許之，賜弓矢斧鉞，使得征伐，爲西伯。而用費中爲政。

《史記》卷三《殷本紀》 紂愈淫亂不止。微子數諫不聽，乃與大師、少師謀，遂去。比干曰：爲人臣者，不得不以死争。迺強諫紂。紂怒曰：吾聞聖人心有七竅。剖比干，觀其心。箕子懼，乃詳狂爲奴，紂又囚之。殷之大師、少師乃持其祭樂器奔周。

外服

綜述

《尚書正義》卷一四《周書·酒誥》 越在外服，侯、甸、男、衛邦伯，於在外國侯服、甸服、男服、衛服國伯諸侯之長。言皆化湯畏相之德。

（唐）杜佑《通典》卷三一《職官·歷代王侯封爵》 昔黄帝旁行天下，分建萬國。至於唐虞，别爲五等，曰公、侯、伯、子、男，則《虞書》所謂輯五瑞，脩五玉，是其制也。五瑞即公侯伯子男之瑞珪璧也。五玉亦五等諸侯執之玉也。夏與唐虞同。

殷制，天子之田方千里，公、侯百里，伯七十里，子、男五十里。不能五十里者，不合於天子，附於諸侯。鄭玄云：此地殷所因夏爵三等之制。凡四海之内九州，州方千里。州建百里之國三十，七十里之國六十，五十里之國百有二十，凡二百一十國。名山大澤不以封，其餘以爲附庸閒田。凡九州，千七百七十三國。千里之外設方伯。五國以爲屬，屬有長。十國爲連，連有帥。三十國爲卒，卒有正。二百一十國以爲州，州有伯。八州八伯，五十六正，百六十八帥，三百三十六長。八伯各以其屬，屬於天子之老二人，分天下以爲左右，曰二伯。千里之内曰甸，千里之外曰采。

周朝分部

總叙

綜述

《禮記正義》卷四《曲禮下》 天子建天官。先六大，曰大宰、大宗、大史、大祝、大士、大卜，典司六典。典，法也。此蓋殷時制也，周則大宰爲天官，大宗曰宗伯，宗伯爲春官，大史以下屬焉，大士以神仕者。天子之五官，曰司徒、司馬、司空、司士、司寇，典司五衆。衆，謂羣臣也。此亦殷時制也，周則司士屬司馬，大宰、司徒、宗伯、司馬、司寇、司空爲六官。天子之六府，曰司土、司木、司水、司草、司器、司貨，典司六職。府，主藏六物之税者。此亦殷時制也，周則皆屬司徒。司土，土均也。司木，山虞也。司水，川衡也。司草，稻人也。司器，角人也。司貨，卝人也。卝，華猛反，又音虢猛反，徐故孟反。卝人掌金玉錫石未成器者。天子之六工，曰土工、金工、石工、木工、獸工、草工，典制六材。此亦殷時制也，周則皆屬司空。土工，陶、旊也。金工，築、冶、鳧、栗、鍛、桃也。石工，玉人、磬人也。木工，輪、輿、弓、廬、匠、車、梓也。獸工，函、鮑、韗、韋、裘也。唯草工職亡，蓋謂作萑葦之器。陶音桃，陶人爲瓦器也。旊，方往反，旊人爲簋簠之屬。築音竹，築氏爲書刀。冶音也，冶氏爲箭鏃。鳧音符，鳧氏爲鍾也。段，本又作鍛，多亂反，段氏爲錢鎛。函音含，函人爲甲鎧。韗，況萬反，一音運，一音況運反，韗人爲鼓。萑音丸。五官致貢曰享。貢，功也。享，獻也。致其歲終之功於王謂之獻也。《周禮·大宰》：歲終，則令百官府各正其治，受其會，聽其致事，而詔王廢置。享，許兩反，舊許亮反，後皆放此，不復重出。治音直吏反。會古外反。

《漢書》卷一九上《百官公卿表》 夏、殷亡聞焉，周官則備矣。天官冢宰，地官司徒，春官宗伯，夏官司馬，秋官司寇，各官司空，是爲六卿，各有徒屬職分，用於百事。太師、太傅、太保，是爲三公，蓋參天子，坐而議政，無不總統，故不以一職爲官名。又立三少爲之副，少師、少傅、少保，是爲孤卿，與六卿爲九焉。記曰三公無官，言有其人然後充之，舜之於堯，伊尹於湯，周公、召公於周，是也。或説司馬主天，司徒主人，司空主土，是爲三公。四岳謂四方諸侯。自周衰，官失而百職亂，戰國並争，各變異。

《晉書》卷二四《職官志》 伊尹曰：三公調陰陽，九卿通寒暑，大夫知人事，列士去其私。而成湯居亳，初置二相，以伊尹、仲虺爲之，凡厥樞會，仰承君命。

（唐）杜佑《通典》卷一九《職官·歷代官制總序》 周成王既黜殷命，參改殷官，制爲周禮，以作天地四時之名，謂之六卿。改太宰爲天官冢宰，太宗爲春官宗伯，以司徒爲地官，司馬爲夏官，司寇爲秋官，司空爲冬官。立天官冢宰掌邦治，地官司徒掌邦教，春官宗伯掌邦禮，夏官司馬掌邦政，秋官司寇掌邦刑，冬官司空掌邦事。六官之職，皆總屬於冢宰。故《論語》曰：君薨，百官總己以聽於冢宰。《爾雅》曰：冢，大也。冢宰則太宰，於百官無所不主。各有徒屬，周於百事。崔靈恩曰：夫百王不同，各置官禮。爲禪讓相傳者亦不得不改，但所以改者少。非禪讓之世者變易必多，以革人視聽。所以禪讓不改多者，以禪讓道同，人未爲弊，故不改者多。非禪讓之世，須變人情，故必多改。故王者之興，必有改官之禮，此周禮所興之意也。歲終，天子齋戒受諫，諫當有所改爲。六卿以百官之成質於天子。質，猶平也，平其計要。百官齋戒受質，受平報也。然後休老勞農，饗食之也。成歲事，斷計要也。制國用。

周王

綜述

《尚書正義》卷一一《周書·泰誓中》 天視自我民視，天聽自我民聽。言天因民以視聽，民所惡者天誅之。惡，烏路反，一音如字。百姓有過，在予一人。己能無惡於民，民之有過，在我教不至。疏：百姓有過，在予一人。正義曰：言此者，以上云民之所惡，天必誅之，己今有善，不爲民之所惡，天必佑我。令教化百姓，若不教百姓，使有罪過，實在我一人之身。此百姓與下百姓懔懔，皆謂天下衆民也。

《尚書正義》卷一一《周書・泰誓下》 爾其孜孜，奉予一人，恭行天罰。孜孜，勸勉不怠。

《尚書正義》卷一二《周書・洪範》 曰皇極之敷言，是彝是訓，于帝其訓。曰者，大其義，言以大中之道布陳言教，不失其常，則人皆是順矣。天且其順，而況于人乎？ 凡厥庶民，極之敷言，是訓是行，以近天子之光。凡其衆民中心之所陳言，凡順是行之，則可以近益天子之光明。近，附近之近。 曰天子作民父母，以爲天下王。言天子布德惠之教，爲兆民之父母，是爲天下所歸往，不可不務。【略】

六，三德。一曰正直，能正人之曲直。二曰剛克，剛能立事。克，馬云：勝也。三曰柔克。和柔能治，三者皆德。 平康正直，世平安，用正直治之。 彊弗友剛克，友，順也。世彊禦不順，以剛能治之。禦，魚吕反。能治，直吏反。 燮友柔克。燮，和也。世和順，以柔能治之。燮，息協反。 沈潛剛克，沈潛謂地，雖柔亦有剛，能出金石。 高明柔克。高明謂天，言天爲剛德，亦有柔克，不干四時，喻臣當執剛以正君，君亦當執柔以納臣。 惟辟作福，惟辟作威，惟辟玉食。言惟君得專威福，爲美食。辟，徐補亦反。玉食，張晏註《漢書》云：玉食，珍食也。韋昭云：諸侯備珍異之食。 臣無有作福作威玉食。 臣之有作福作威玉食，其害于而家，凶于而國。 人用側頗僻，民用僭忒。在位不敦平，則下民僭差。頗，普多反。僻，匹亦反。僭，子念反。忒，他得反，馬云：惡也。

《尚書正義》卷一六《周書・多士》 王曰：猷告爾多士，予惟時其遷居西爾。以道告汝衆士，我惟汝未達德義，是以徙居西汝於洛邑，教誨汝。 非我一人奉德不康寧，時惟天命。我徙汝，非我天子奉德，不能使民安之，是惟天命宜然。 無違，朕不敢有後，無我怨。汝無違命，我亦不敢有後誅，汝無怨我。 惟爾知，惟殷先人，有册有典，殷革夏命。言汝所親知，殷先世有册書典籍，説殷改夏王命之意。 今爾又曰：夏迪簡在王庭，有服在百僚。簡，大也。今汝又曰：夏之衆士蹈道者，大在殷王庭，有服職在百官。言見任用。 予一人惟聽用德，肆予敢求爾于天邑商。言我周亦法殷家，惟聽用有德，故我敢求汝於天邑商，將任用之。 予惟率肆矜爾，非予罪，時惟天命。惟我循殷故事，憐愍汝，故徙教汝，非我罪咎，是惟天命。

《尚書正義》卷一八《周書・周官》 六年，五服一朝。五服，侯、甸、男、采、衛。六年一朝會京師。 又六年，王乃時巡，考制度于四岳。周制十二年一巡守，春東、夏南、秋西、冬北，故曰時巡。考正制度禮法于四岳之下，如虞帝巡守然。 諸侯各朝于方岳，大明黜陟。覲四方諸侯，各朝于方岳之下，大明考績黜陟之法。

《尚書正義》卷一八《周書・君陳》 惟民生厚，因物有遷。言人自然之性敦厚，因所見所習之物有遷變之道，故必慎所以示之。 違上所命，從厥攸好。人之於上，不從其令，從其所好，故人主不可不慎所好。好，呼報反。 爾克敬典在德，時乃罔不變。 允升于大猷。汝治人能敬常在道德，是乃無不變化，其政教則信升於大道。 惟予一人膺受多福，汝能升大道，則惟我一人亦當受其多福，無凶危。 其爾之休，終有辭於永世。非但我受多福而已，其汝之美名，亦終見稱誦於長世。言没而不朽。長如字。朽，許久反。

《禮記正義》卷四《曲禮下》 君天下曰天子，朝諸侯、分職、授政、任功，曰予一人。皆擯者辭也。天子，謂外及四海也。今漢於蠻夷稱天子，於王侯稱皇帝。《覲禮》曰：伯父實來，余一人嘉之。余、予古今字。分，方云反，徐扶問反。擯，必刃反。予一人，依字音羊汝反，鄭云余、予古今字，則同音餘。

《禮記正義》卷五《曲禮下》 天子當依而立，諸侯北面而見天子，曰覲。天子當宁而立，諸公東面，諸侯西面，曰朝。諸侯春見曰朝，受摯於朝，受享於廟，生氣文也。秋見曰覲，一受之於廟，殺氣質也。朝者，位於内朝而序進。覲者，位於廟門外而序入。王南面，立於依宁而受焉。

《禮記正義》卷一一《王制》 王者之制禄爵：公、侯、伯、子、男，凡五等。諸侯之上大夫卿、下大夫、上士、中士、下士，凡五等。二五，象五行剛柔十日。禄，所受食。爵，秩次也。上大夫曰卿。王者如字，徐于況反。十日，人一反。

疏：王者至五等。正義曰：此一經論爲王者之制禄爵，公、侯、卿大夫以下及士之法。【略】

天子之田方千里，象日月之大，亦取晷同也。此謂縣内，以禄公、卿、大夫、元士。晷音軌，日影。 公侯田方百里，伯七十里，子男五十里。不能五十里者，不合於天子，附於諸侯曰附庸。天子之三公之田視公侯，天子之卿視伯，天子之大夫視子男，天子之元士視附庸。皆象星辰之大小也。不合，謂不朝會也。小城曰附庸。附庸者，以國事附於大國，未能以其名通也。視猶比也。元，善也。善士謂命士也。此地，殷所因夏爵三等之制也。殷有鬼侯、梅伯，《春秋》變周之文，從殷之質，合伯、子、男以爲一，則殷爵三等者，公、侯、伯也。異畿內謂之子。周武王初定天下，更立五等之爵，增以子、男，而猶因殷之地，以九州之界尚狹也。周公攝政致大平，斥大九州之界，制禮成武王之意，封王者之後爲公，及有功之諸侯，大者地方五百里，其次侯四百里，其次伯三百里，其次子二百里，其次男百里。所因殷之諸侯，亦以功黜陟之，其不合者，皆益之地爲百里焉。是以周世有爵尊而國小，爵卑而國大者，唯天子畿內不增，以禄羣臣，不主爲治民。朝，直遥反，卷內皆同。畿，求衣反。狹音洽，後文同。太平音泰。斥，昌石反。黜陟，上丑律反；下竹力反。主爲，于僞反，下爲有，亦爲有同。【略】

凡四海之內九州。州方千里，州建百里之國三十，七十里之國六十，五十里之國百有二十，凡二百一十國。名山大澤不以封，其餘以爲附庸間田。八州，州二百一十國。建，立也。立大國三十，十三公也。立次國六十，十六卿也。立小國百二十，十二小卿也。名山大澤不以封者，其民同財，不得障管，亦賦稅之而已。此大界方三千里，三三而九，方千里者九也。其一爲縣內，餘八各立一州，此殷制也。周公制禮，九州大界方七千里，七七四十九，方千里者四十有九也。其一爲畿內，餘四十八。八州各有方千里者六，設法一州，封地方五百里者不過四，謂之大國。又封方四百里者不過六，又封方三百里者不過十一，謂之次國。又封方二百里者不過二十五，及餘方百里者，謂之小國。盈上四等之數，并四十九。一州二百一十國，則餘方百里者百六十四也。凡處地方千里者五，方百里者五十九，其餘方百里者四十一，附庸地也。間音閑，章，之尚反。【略】

天子之縣內，方百里之國九，七十里之國二十有一，五十里之國六十有三，凡九十三國。名山大澤不以朌，其餘以禄士，以爲間田。縣內，夏時天子所居州界名也。殷曰畿，《詩·殷頌》曰：邦畿千里，維民所止。周亦曰畿，畿內大國九者，三公之田三，爲有致仕者副之爲六也，其餘三，待封王之子弟。次國二十一者，卿之田六，亦爲有致仕者副之爲十二，又三爲三孤之田，其餘六，亦待封王之子弟。小國六十三，大夫之田二十七，亦爲有致仕者副之爲五十四，其餘九，亦以待封王之子弟。三孤之田不副者，以其無職，佐公論道耳，雖有致仕，猶可即而謀焉。朌讀爲班。朌音班，賦也。

疏：天子至間田。正義曰：此經明天子縣內之國數多少及禄士之法。【略】

凡九州，千七百七十三國。天子之元士，諸侯之附庸，不與。不與，不在數中也。《春秋傳》云：禹會諸侯於塗山，執玉帛者萬國。言執玉帛，則是惟謂中國耳。中國而言萬國，則是諸侯之地有方百里，有方七十里，有方五十里者，禹承堯舜而然矣。要服之內，地方七千里，乃能容之。夏末既衰，夷狄內侵，諸侯相并，土地減，國數少。殷湯承之，更制中國方三千里之界，亦分爲九州，而建此千七百七十三國焉。周公復唐虞之舊域，分其五服爲九，其要服之內，亦方七千里，而因殷諸侯之數廣其土，增其爵耳。《孝經説》曰：周千八百諸侯，布列五千里內。此文改周之法，關盛衰之中，三七之間以爲説也。終此説之意，五五二十五，方千里者二十五，其一爲畿內，餘二十四州，各有方千里者三，其餘諸侯之地，大小則未得而聞。與音預，註及下註不與同。塗音徒。要，一遥反，下要服皆同。并，必政反，又如字。減，古斬反。關盛衰，並讀如字。【略】

天子，百里之內以共官，千里之內以爲御。謂此地之田稅所給也。官謂其文書財用也。御謂衣食。共音恭。【略】

千里之外設方伯，五國以爲屬，屬有長。十國以爲連，連有帥。三十國以爲卒，卒有正。二百一十國以爲州，州有伯。屬、連、卒、州，猶聚也。伯、帥、正，亦長也。凡長皆因賢侯爲之。殷之州長曰伯，虞夏及周皆曰牧。帥，色類反，註及下同。卒，子忽反，下及註同。牧音木。八州八伯，五十六正，百六十八帥，三百三十六長。八伯各以其屬，屬於天子之老二人，分天下以爲左右，曰二伯。老謂上公。《周禮》曰：九命作伯。《春秋傳》曰：自陝以東，周公主之。自陝以西，召公主之。陝，失冉反，一音古洽反。召，詩照反。【略】

千里之內曰甸。服治田，出穀稅。甸，大薦反。千里之外曰采，九州之內地，取其美物，以當穀稅。采，蒼改反。當，丁浪反，又如字。曰流。謂九州之外也，夷狄流移，或貢或不。《禹貢》荒服之外，三百里蠻，二百里流。蠻，莫還反。【略】

天子三公、九卿、二十七大夫、八十一元士。此夏制也。《明堂位》曰夏后氏之官百，舉成數也。【略】

大國三卿，皆命於天子，下大夫五人，上士二十七人。次國三卿，二卿命於天子，一卿命於其君，下大夫五人，上士二十七人。小國二卿，皆命於其君，下大夫五人，上士二十七人。命於天子者，天子選用之，如今詔書除吏矣。小國亦三卿，一卿命於天子，二卿命於其君。此文似誤脱耳，或者欲見畿內之國二卿與？【略】

天子使其大夫爲三監，監於方伯之國，國三人。使佐方伯領諸侯。監，古暫反。監於，古銜反，卷末同。

疏：天子使其至三人。正義曰：此一節論天子遣大夫往監方伯之國，州別各置三人之事。【略】

天子之縣內諸侯，禄也。選賢置之於位，其國之禄如諸侯，不得位。【略】

外諸侯，嗣也。有功乃封之，使之世也。《冠禮記》曰：繼世以立諸侯，象賢也。冠，古亂反。【略】

諸侯之於天子也，比年一小聘，三年一大聘，五年一朝。比年，每歲也。小聘使大夫，大聘使卿，朝則君自行。然此大聘與朝，晉文霸時所制也。虞夏之制，諸侯歲朝。周之制，侯、甸、男、采、衛、要服六者，各以其服數來朝。一朝，直遥反。數，色角反，又所具反。天子五年一巡守。天子以海內爲家，時一巡省之。五年者，虞、夏之制也。周則十二歲一巡守。守，手又反，本又作狩，後巡守皆同。省，色景反。【略】

歲二月，東巡守，至于岱宗。岱宗，東嶽。岱音代。柴而望，祀山川。柴，祭天告至也。柴，仕佳反，依字作祡。覲諸侯，覲，見也。覲見，如字，舊賢遍反。問百年者就見之。就見老人。命大師陳詩，以觀民風。陳詩，謂采其詩而視之。大音泰，後大學、大祖、大子、大樂正、大史皆同。命市納賈，以觀民之所好惡，志淫好辟。市，典市者。賈，謂物貴賤厚薄也。質則用物貴，淫則侈物貴。民之志淫邪，則其所好者不正。賈音嫁，註同。好，呼報反，下及註同。惡，烏路反。辟，匹亦反，徐芳亦反。侈，昌氏反，又式氏反。邪，似嗟反。命典禮，考時月，定日，同律、禮、樂、制度、衣服，正之。同陰律也。山川神祇，有不舉者爲不敬，不敬者君削以地。舉猶祭也。削，息約反。宗廟有不順者爲不孝，不孝者君絀以爵。不順者，謂若逆昭穆。絀，丑律反，退也。昭，常遥反，凡言昭穆放此。變禮易樂者爲不從，不從者君流。流，放也。樂音岳。革制度衣服者爲畔，畔者君討。討，誅也。有功德於民者，加地進律。律，法也。五月南巡守，至于南嶽，如東巡守之禮。八月西巡守，至于西嶽，如南巡守之禮。十有一月北巡守，至于北嶽，如西巡守之禮。歸假于祖禰，用特。假，至也。特，特牛也。祖下及禰皆一牛。嶽音岳，下同。假，音格。禰乃禮反，父廟也。

《禮記正義》卷一二《王制》　天子將出，類乎上帝，宜乎社，造乎禰。諸侯將出，宜乎社，造乎禰。帝謂五德之帝，所祭於南郊者。類、宜、造，皆祭名，其禮亡。禷音類。造，七報反，下及註同。

疏：天子至乎禰。正義曰：此一經論天子巡守之禮也。【略】

天子無事，與諸侯相見曰朝。事謂征伐。與如字。朝，直遥反。考禮、正刑、一德，以尊于天子。天子賜諸侯樂，則以柷將之。賜伯子男樂，則以鼗將之。將，謂執以致命。柷、鼗皆所以節樂。柷，昌六反。樂音岳。鼗音桃，諸侯賜弓矢，然後征。賜鈇鉞，然後殺。賜圭瓚，然後爲鬯。未賜圭瓚，則資鬯於天子。得其器，乃敢爲其事。圭瓚，鬯爵也。鬯，秬酒也。鈇，方于反，又音斧。鉞音越。圭，字又作珪，按《說文》珪，古字；圭，今字。瓚，才旦反。鬯，勑亮反。秬音巨，黑黍也。

疏：天子至天子。正義曰：此一節論諸侯朝天子，天子賜之事。

《禮記正義》卷三〇《玉藻》　凡自稱，天子曰予一人，謙自别於人而已。别，彼列反，又如字。伯曰天子之力臣。伯，上公九命分陝者。陝，失冉反。諸侯之於天子，曰某土之守臣某；其在邊邑，曰某屏之臣某；其於敵以下，曰寡人。小國之君曰孤，擯者亦曰孤。邊邑，謂九州之外。大國之君自稱曰寡人，擯者曰寡君。守，手又反。

《禮記正義》卷五〇《經解》　天子者，與天地參，故德配天地，兼利萬物，與日月並明，明照四海而不遺微小。其在朝廷則道仁聖禮義之序，燕處則聽《雅》、《頌》之音，行步則有環佩之聲，升車則有鸞和之音。居處有禮，進退有度，百官得其宜，萬事得其序。《詩》云：淑人君子，其儀不忒。其儀不忒，正是四國。此之謂也。道，猶言也。環佩，佩環、佩玉也，所以爲行節也。《玉藻》曰：進則揖之，退則揚之。然後玉鏘鳴也。環取其無窮止，玉則比德焉。孔子佩象環，五寸。人君之環，其制未聞也。鸞、和，皆鈴也，所以爲車行節也。《韓詩內傳》曰：鸞在衡，和在軾。前升車則馬動，馬動則鸞鳴，鸞鳴則和應。居處，朝廷與燕也。進退，行步與升車也。淑，常六反。忒，吐得反。鎗，七羊反，本又作鏘。鈴音零。軾音式。應，應對之應。發號出令而民說，謂之和。上下相親，謂之仁。民不求其所欲而得之，謂之信。除去天地之害，謂之義。義與信，和與仁，霸王之器也。有治民之意而無其器，則不成。器，謂所操以作事者也。義、信和仁，皆存乎禮。說音悅。去，羌呂反，下同。王，徐于況反。操，七刀反。

紀事

《史記》卷三《殷本紀》　周武王於是遂率諸侯伐紂。紂亦發兵距之牧野。甲子日，紂兵敗。紂走，入登鹿臺，衣其寶玉衣，赴火而死。周武王遂斬紂頭，縣之〔大〕白旗。殺妲己。釋箕子之囚，封比干之墓，表商容之閭。封紂子武庚禄父，以續殷祀，令修行盤庚之政。殷民大說。於是周武王爲天子。其後世貶帝號，號爲王。而封殷後爲諸侯，屬周。

《史記》卷四《周本紀》 居二年，聞紂昏亂暴虐滋甚，殺王子比干，囚箕子。太師疵、少師彊抱其樂器而犇周。於是武王徧告諸侯曰：殷有重罪，不可以不畢伐。乃遵文王，遂率戎車三百乘，虎賁三千人，甲士四萬五千人，以東伐紂。十一年十二月戊午，師畢渡盟津，諸侯咸會。曰：孳孳無怠。武王乃作《太誓》，告于衆庶：今殷王紂乃用其婦人之言，自絶于天，毁壞其三正，離逷其王父母弟，乃斷弃其先祖之樂，乃爲淫聲，用變亂正聲，怡説婦人。故今予發維共行天罰。勉哉夫子，不可再，不可三。

《史記》卷四《周本紀》 成王將崩，懼太子釗之不任，乃命召公、畢公率諸侯以相太子而立之。成王既崩，二公率諸侯，以太子釗見於先王廟，申告以文王、武王之所以爲王業之不易，務在節儉，毋多欲，以篤信臨之，作《顧命》。太子釗遂立，是爲康王。康王即位，徧告諸侯，宣告以文武之業以申之，作《康誥》。故成康之際，天下安寧，刑錯四十餘年不用。康王命作策畢公分居里，成周郊，作《畢命》。

康王卒，子昭王瑕立。昭王之時，王道微缺。昭王南巡狩不返，卒於江上。其卒不赴告，諱之也。立昭王子滿，是爲穆王。穆王即位，春秋已五十矣。王道衰微，穆王閔文武之道缺，乃命伯臩申誡太僕國之政，作《臩命》。復寧。

《史記》卷四《周本紀》 共王崩，子懿王囏立。懿王之時，王室遂衰，詩人作刺。

《史記》卷四《周本紀》 召公、周公二相行政，號曰共和。共和十四年，厲王死于彘。太子静長於召公家，二相乃共立之爲王，是爲宣王。宣王即位，二相輔之，脩政，法文、武、成、康之遺風，諸侯復宗周。十二年，魯武公來朝。

宣王不脩籍於千畝，虢文公諫曰不可，王弗聽。三十九年，戰于千畝，王師敗績于姜氏之戎。

《史記》卷四《周本紀》 褒姒不好笑，幽王欲其笑萬方，故不笑。幽王爲烽燧大鼓，有寇至則舉烽。諸侯悉至，至而無寇，褒姒乃大笑。幽王説之，爲數舉烽。其後不信，諸侯益亦不至。

《史記》卷四《周本紀》 四十六年，宣王崩，子幽王宫涅立。幽王二年，西周三川皆震。伯陽甫曰：周將亡矣。夫天地之氣，不失其序；若過其序，民亂之也。陽伏而不能出，陰迫而不能蒸，於是有地震。今三川實震，是陽失其所而填陰也。陽失而在陰，原必塞；原塞，國必亡。夫水土演而民用也。土無所演，民乏財用，不亡何待。昔伊、洛竭而夏亡，河竭而商亡。今周德若二代之季矣，其川原又塞，塞必竭。夫國必依山川，山崩川竭，亡國之徵也。川竭必山崩。若國亡不過十年，數之紀也。天之所弃，不過其紀。是歲也，三川竭，岐山崩。

《史記》卷三三《魯周公世家》 武公九年春，武公與長子括，少子戲，西朝周宣王。宣王愛戲，欲立戲爲魯太子。周之樊仲山父諫宣王曰：廢長立少，不順；不順，必犯王命；犯王命，必誅之：故出令不可不順也。令之不行，政之不立；行而不順，民將弃上。夫下事上，少事長，所以爲順。今天子建諸侯，立其少，是教民逆也。若魯從之，諸侯效之，王命將有所壅；若弗從而誅之，是自誅王命也。誅之亦失，不誅亦失，王其圖之。宣王弗聽，卒立戲爲魯太子。夏，武公歸而卒，戲立，是爲懿公。

懿公九年，懿公兄括之子伯御與魯人攻弑懿公，而立伯御爲君。伯御即位十一年，周宣王伐魯，殺其君伯御，而問魯公子能道順諸侯者，以爲魯後。樊穆仲曰：魯懿公弟稱，肅恭明神，敬事耆老；賦事行刑，必問於遺訓而咨於固實；不干所問，不犯所（知）〔咨〕。宣王曰：然，能訓治其民矣。乃立稱於夷宫，是爲孝公。自是後，諸侯多畔王命。

《史記》卷四〇《楚世家》 熊繹當周成王之時，舉文、武勤勞之後嗣，而封熊繹於楚蠻，封以子男之田，姓羋氏，居丹陽。楚子熊繹與魯公伯禽、衛康叔子牟、晉侯燮、齊太公子吕伋俱事成王。

《史記》卷四〇《楚世家》 熊渠生子三年。當周夷王之時，王室微，諸侯或不朝，相伐。

内服

綜述

《尚書正義》卷一五《周書・召誥》 惟二月既望，周公攝政七年二月十五日，日月相望，因紀之。越六日乙未，王朝步自周，則至于豐。於已望後六日，二十一日，成王朝行從鎬京，則至于豐，以遷都之事告文王廟。告文王，則告武王可知，以祖見考。鎬，胡老反。見，賢遍反，下不見同。惟太保先周公相宅。太保，三公官名，召公也。召公於周公前相視洛居，周公後往。先，息薦反，又如字。越若來三月，惟丙午朏。越三日戊申，太保朝至于洛，卜宅。朏，明也，月三日明生之名。於順來三月丙午朏於朏三日，三月五日，召公早朝至於洛邑，相卜所居。朏，芳尾反，又普没反，徐又芳憒反。厥既得卜，則經營。其已得吉卜，則經營規度城郭郊廟朝市之位處。度，待洛反。朝，直遥反。處，昌慮反。越三日庚戌，太保乃以庶殷攻位于洛汭。越五日甲寅，位成。於戊申三日庚戌，以衆殷之民治都邑之位於洛水北，今河南城也。於庚戌五日，所治之位皆成。言衆殷，本其所由來。汭，如鋭反。

《尚書正義》卷一七《周書・蔡仲之命》 惟周公位冢宰，正百工，百官總己以聽冢宰，謂武王崩時。羣叔流言，乃致辟管叔于商；囚蔡叔于郭鄰，以車七乘；致法謂誅殺，囚謂制其出入。郭鄰，中國之外地名。從車七乘，言少。管、蔡，國名。辟，婢亦反，徐扶亦反。乘，繩證反。從，才用反。降霍叔于庶人，三年不齒。罪輕，故退爲衆人，三年之後乃齒録，封爲霍侯，子孫爲晋所滅。蔡仲克庸祗德，周公以爲卿士。蔡仲能用敬德，稱其賢也。明王之法，誅父用子，言又至公。周公，圻内諸侯，二卿治事。圻，巨依反，下同。叔卒，乃命諸王邦之蔡。叔之所封，圻内之蔡。仲之所封，淮汝之間。圻内之蔡名已滅，故取其名以名新國，欲其戒之。

疏：惟周至之蔡。正義曰：正百官之治，攝王政，治天下。

《尚書正義》卷一八《周書・周官》 今予小子，祗勤于德，夙夜不逮。今我小子敬勤於德，雖夙夜匪懈，不能及古人。言自有極。逮音代，一音大計反。懈，隹賣反。仰惟前代時若，訓迪厥官。言仰惟先代之法是順，訓蹈其所建官而則之，不敢自同堯舜之官，準擬夏殷而蹈之。立太師、太傅、太保，兹惟三公。論道經邦，燮理陰陽。師，天子所師法；傅，傅相天子；保，保安天子於德義者，此惟三公之任。佐王論道，以經緯國事，和理陰陽。言有德乃堪之。燮，素協反。相，息亮反。官不必備，惟其人。三公之官不必備員，惟其人有德乃處之。處，昌吕反。少師、少傅、少保，曰三孤。此三官名曰三孤。孤，特也。言卑於公，尊於卿，特置此三者。少，詩照反，下同。貳公弘化，寅亮天地，弼予一人。副貳三公，弘大道化，敬信天地之教，以輔我一人之治。冢宰掌邦治，統百官，均四海。《天官》卿稱太宰，主國政治，統理百官，均平四海之内邦國。言任大。司徒掌邦教，敷五典，擾兆民。《地官》卿，司徒主國教化，布五常之教，以安和天下衆民，使小大皆協睦。擾，而小反，徐音饒。宗伯掌邦禮，治神人，和上下。《春官》卿，宗廟官長，主國禮，治天地神祇人鬼之事，及國之吉、凶、賓、軍、嘉五禮，以和上下尊卑等列。司馬掌邦政，統六師，平邦國。《夏官》卿，主戎馬之事，掌國征伐，統正六軍，平治王邦四方國之亂者。司寇掌邦禁，詰姦慝，刑暴亂。《秋官》卿，主寇賊法禁，治姦惡，刑強暴作亂者。夏司馬討惡助長物，秋司寇刑姦順時殺。司空掌邦土，居四民，時地利。《冬官》卿，主國空土以居民，士農工商四人。使順天時，分地利，授之土。能吐生百穀，故曰土。六卿分職，各率其屬，以倡九牧，阜成兆民。六卿各率其屬官大夫士，治其所分之職，以倡道九州牧伯爲政，大成兆民之性命，皆能其官，則政治。倡，尺亮反，下同。阜音負。治，直吏反。

《周禮注疏》卷一《天官冢宰》 疏：天官冢宰。鄭《目録》云：象天所立之官。冢，大也。宰者，官也。天者統理萬物，天子立冢宰使掌邦治，亦所以揔御衆官，使不失職。不言司者，大宰揔御衆官，不主一官之事也。釋曰：鄭云象天者，周天有三百六十餘度，天官亦揔攝三百六十官，故云象天也。云官者，亦是管攝爲號，故題曰天官也。鄭又云冢，大。宰，官也者，下註對大宰則云冢者，大之上，此不對大宰，故云冢，大也。宰者，調和膳羞之名，此冢宰亦能調和衆官，故號大宰之官。鄭又云不言司者，大宰揔御衆官，不主一官之事者，此官不言司，對司徒、司馬、司寇、司空皆云司，以其各主一官，不兼羣職，故言司。此天官則兼攝羣職，故不言司也。若然，則春官亦不言司者，以其祭祀鬼神，鬼神非人所主，故亦不言司也。其地官，鄭云象地所立之官。彼言象地，實主地事；此天官言天，直取摠攝爲言，全無天事。天事又並入於春官者，言象天自取摠攝爲名，象地自取掌物爲號，各取一邊爲義理，無嫌也。第一者，第，次也，一者，數之始也。次第之中處一，故云第一也。鄭氏者，漢大司農，北海郡鄭冲之孫，名玄，字康成。註者，於經之下自註己意，使經義可申，故云註也。孔君、王肅之等則言傳，傳者，使可傳述。若然，或云註、或言傳不同者，立意有異，無義例也。

惟王建國，建，立也。周公居攝而作六典之職，謂之《周禮》。營邑於土中。七年，致政成王，以此禮授之，使居雒邑，治天下。《司徒職》曰：日至之景，尺有五寸，謂之地中，天地之所合也，四時之所交也，風雨之所會也，陰陽之所和也，然則百物阜安，乃建王國焉。王如字，干寶云：王，天子之號，三代所稱。雒，音洛，水名也，本作洛，後漢都洛之陽，改爲雒。景，京領反，下皆同。

疏：惟王建國。釋曰：自此以下至以爲民極五句，六官之首同此序者，以其建國設官爲民不異故也。王者臨統無邊，故首稱惟王，明事皆統之於王。王既位矣，當擇吉土以建國爲先，故次言建國。於中辯四方、正宫廟之位，復體國經野，自近及遠也。於是設官分職，助理天工，衆人取中以爲治體，列文先後次第應然。其實建國之初，豈未設官分職也？直以作序之意，主在設官分職，爲民極耳，故終言之。惟王建國者，言惟，謂若《尚書》云惟三月之類，皆辭，不爲義。建，立也。惟受命之王乃可立國城於地之中。【略】

辨方正位，辨，別也。鄭司農云：別四方，正君臣之位，君南面，臣北面之屬。玄謂《考工》：匠人建國，水地以縣，置槷以縣，視以景。爲規識日出之景與日入之景。晝參諸日中之景，夜考之極星，以正朝夕，是別四方。《召誥》曰：越三日戊申，太保朝至于雒，卜宅，厥既得卜，則經營。越三日庚戌，太保乃以庶殷攻位於雒汭。越五日甲寅，位成。正位謂此定宫廟。辨，本亦作辯，徐邈、劉昌宗皆方免反。一音平勉反。別，彼列反，下同。縣，音玄，下同。槷，魚列反，下同。召誥，上上詔反，下古報反。大，音泰。汭，人鋭反。

疏：辨方正位。釋曰：謂建國之時辨別也，先須視日景以別東、西、南、北四方，使有分別也。正位者，謂四方既有分別，又於中正宫室、朝廷之位，使得正也。【略】

體國經野，體猶分也。經謂爲之里數。鄭司農云：營國方九里，國中九經九緯，左祖右社，面朝後市；野則九夫爲井，四井爲邑之屬是也。體，鄭云：體猶分也。干寶云：體，形體。朝，直遥反。【略】

設官分職，鄭司農云：置冢宰、司徒、宗伯、司馬、司寇、司空，各有所職而百事舉。【略】

以爲民極。極，中也。令天下之人各得其中，不失其所。令，力皇反。【略】

乃立天官冢宰，使帥其屬而掌邦治，以佐王均邦國。掌，主也。邦治，王所以治邦國也。佐猶助也。鄭司農云：邦治，謂摠六官之職也。故《大宰職》曰掌建邦之六典，以佐王治邦國。六官皆摠屬於冢宰，故《論語》曰君薨，百官摠己以聽於冢宰，言冢宰於百官無所不主。《爾雅》曰：冢，大也。冢宰，大宰也。鄭云：宰，主也。干云：宰其清濁，和其剛柔，而納之中和曰宰。治，直吏反，註邦治、下治官皆同。大宰，音泰，註及後放此。

《周禮注疏》卷二《天官冢宰·大宰》大宰之職，掌建邦之六典，以佐王治邦國：一曰治典，以經邦國，以治官府，以紀萬民；二曰教典，以安邦國，以教官府，以擾萬民；三曰禮典，以和邦國，以統百官，以諧萬民；四曰政典，以平邦國，以正百官，以均萬民；五曰刑典，以詰邦國，以刑百官，以糾萬民；六曰事典，以富邦國，以任百官，以生萬民。大曰邦，小曰國，邦之所居亦曰國。典，常也，經也，灋也。王謂之禮經，常所秉以治天下也；邦國官府謂之禮灋，常所守以爲灋式也。常者，其上下通名。擾猶馴也。統猶合也。詰猶禁也，《書》曰度作詳刑，以詰四方。任猶傳也。生猶養也。鄭司農云：治典，冢宰之職，故立其官，曰使帥其屬而掌邦治，以佐王均邦國；教典，司徒之職，故立其官，曰使帥其屬而掌邦教，以佐王安擾邦國；禮典，宗伯之職，故立其官，曰使帥其屬而掌邦禮，以佐王和邦國；政典，司馬之職，故立其官，曰使帥其屬而掌邦政，以佐王平邦國；刑典，司寇之職，故立其官，曰使帥其屬而掌邦禁，以佐王刑邦國。此三時皆有官，唯冬無官，又無司空。以三隅反之，則事典，司空之職也。《司空》之篇亡，《小宰》職曰：六曰冬官，其屬六十，掌邦事。邦國，干云：國，天子諸侯所理也。邦，疆國之境。治典，直吏反。註下治典、邦治、治官、治職之治皆同。擾，而小反，鄭而昭反，徐、李尋倫反。諧，户皆反。詰，起一反，禁也。干云：彈正糾察也。馴，似倫反。度，待洛反。傳，側吏反，下同，猶立也。

以八灋治官府：一曰官屬，以舉邦治；二曰官職，以辨邦治；三曰官聯，以會官治；四曰官常，以聽官治；五曰官成，以經邦治；六曰官灋，以正邦治；七曰官刑，以糾邦治；八曰官計，以弊邦治。百官所居曰府。【略】

以八則治都鄙：一曰祭祀，以馭其神；二曰灋則，以馭其官；三曰廢置，以馭其吏；四曰禄位，以馭其士；五曰賦貢，以馭其用；六曰禮俗，以馭其民；七曰刑賞，以馭其威；八曰田役，以馭其衆。都之所居曰鄙。則，亦法也。典、法、則，所用異，異其名也。都鄙，公卿大夫之采邑，王子弟所食邑，周、召、毛、聃、畢、原之屬在畿内者。祭祀，其先君、社稷、五祀。法則，其官之制度。廢猶退也，退其不能者，舉賢而置之。禄，若今月奉也。位，爵次也。賦，口率出泉也。貢，功也，九職之功所税也。禮祀，昬姻、喪紀舊所行也。鄭司農云：士謂學士。馭，魚慮反。賦貢，干云：賦，上之所求於下；貢，下之所納於納於上。采，音菜。召，上照反。聃，乃甘反。奉，符用反，本或作俸。率，徐、劉音類，戚音律，一音所律反，下同。税，舒鋭反。【略】

以八柄詔王馭羣臣：一曰爵，以馭其貴；二曰禄，以馭其富；三曰予，以馭其幸；四曰置，以馭其行；五曰生，以馭其福；六曰奪，以馭其貧；七曰廢，以馭其罪；八曰誅，以馭其過。柄，所秉執以起事者也。詔，告也，助也。爵謂公、侯、伯、子、男、卿、大夫、士也。《詩》云誨爾序爵，言教王以賢否之第次也。班禄所以富臣下。《書》曰：凡厥正人，既富方穀。幸謂言行偶合於善，則有以賜予之，以勸後也。生猶養也。賢臣之老者，王有以養之。成王封伯禽於魯，曰生以養周公，死以爲周公後是也。五福，一曰壽。奪謂臣有大罪，没入家財者。六極，四曰貧。廢猶放也，舜殛鯀于羽山是也。誅，責讓也。《曲禮》曰齒路馬有誅。凡言馭者，所以敺之内之於善。柄，兵命反。行，下孟反，註同。殛，紀力反。鯀，古本反。敺，起俱反。【略】

以八統詔王馭萬民：一曰親親，二曰敬故，三曰進賢，四曰使能，五曰保庸，六曰尊貴，七曰達吏，八曰禮賓。統，所以合牽以等物也。親親，若堯親九族也。敬故，不慢舊也。晏平仲久而敬之。賢，有善行也。能，多才藝者。保庸，安有功者。尊貴，尊天下之貴者。《孟子》曰：天下之達尊者三：曰爵也，德也，齒也。《祭義》曰：先王之所以治天下者五：貴有德，貴貴，貴老，敬長，慈幼。達吏，察舉勤勞之小吏也。禮賓，賓客諸侯，所以示民親仁善鄰。【略】

以九職任萬民：一曰三農，生九穀；二曰園圃，毓草木；三曰虞衡，作山澤之材；四曰藪牧，養蕃鳥獸；五曰百工，飭化八材；六曰商賈，阜通貨賄；七曰嬪婦，化治絲枲；八曰臣妾，聚斂疏材；九曰閒民，無常職，轉移執事。【略】

以九賦斂財賄：一曰邦中之賦，二曰四郊之賦，三曰邦甸之賦，四曰家削之賦，五曰邦縣之賦，六曰邦都之賦，七曰關市之賦，八曰山澤之賦，九曰弊餘之賦。財，泉穀也。鄭司農云邦中之賦，二十而税一，各有差也。弊餘，百工之餘。玄謂賦，口率出泉也。今之筭泉，民或謂之賦，此其舊名與？鄉大夫以歲時登其夫家之衆寡，辨其可任者，國中自七尺以及六十，野自六尺以及六十有五，皆征之。《遂師》之職亦云以徵其財征，皆謂此賦也。邦中，在城郭者。四郊去國百里，邦甸二百里，家削三百里，邦縣四百里，邦都五百里。此平民也。關市、山澤謂占會百物，弊餘謂占賣國中之斥弊，皆末作當增賦者，若今賈人倍筭矣。自邦中以至弊餘，各入其所有穀物，以當賦泉之數。每處爲一書，所待異也。【略】

以九式均節財用：一曰祭祀之式，二曰賓客之式，三曰喪荒之式，四曰羞服之式，五曰工事之式，六曰幣帛之式，七曰芻秣之式，八曰匪頒之式，九曰好用之式。式謂用財之節度。荒，凶年也。羞，飲食之物也。工，作器物者。幣帛，所以贈勞賓客者。芻秣，養牛馬禾穀也。鄭司農云：匪，分也。頒讀爲班布之班，謂班賜也。玄謂王所分賜羣臣也。好用，燕好所賜予。羞服，干云羞，飲食也。服，車服也。服或作膳。芻，初俱反。頒，鄭音班，徐音墳。好，呼報反，註同。勞，力報反。【略】

以九貢致邦國之用：一曰祀貢，二曰嬪貢，三曰器貢，四曰幣貢，五曰材貢，六曰貨貢，七曰服貢，八曰斿貢，九曰物貢。嬪，故書作賓。鄭司農云祀貢，犧牲包茅之屬。賓貢，皮帛之屬。器貢，宗廟之器。幣貢，繡帛。材貢，木材也。貨貢，珠貝自然之物也。服貢，祭服。斿貢，羽毛。物貢，九州之外，各以其所貴爲摯。【略】

以九兩繫邦國之民：一曰牧，以地得民；二曰長，以貴得民；三曰師，以賢得民；四曰儒，以道得民；五曰宗，以族得民；六曰主，以利得民；七曰吏，以治得民；八曰友，以任得民；九曰藪，以富得民。兩猶耦也，所以協耦萬民。繫，聯綴也。牧，州長也。九州各有封域，以居民也。長，諸侯也，一邦之貴，民所仰也。師，諸侯師氏，有德行以教民者。儒，諸侯保氏，有六藝以教民者。宗，繼别爲大宗，收族者。鄭司農云：主謂公卿大夫，世世食采不絶，民税薄利之。玄謂：利，讀如上思利民之利，謂以政教利之。吏，小吏在鄉邑者。友謂同井相合耦耡作者。《孟子》曰：鄉田同井，出入相友，守望相助，疾病相扶持，則百姓親睦。藪亦有虞，掌其政令，爲之厲禁，使其地之民，守其材物。以時入于王府，頒其餘於萬民。富謂藪中材物。【略】

正月之吉，始和布治于邦國都鄙，乃縣治象之灋于象魏，使萬民觀治象，挾日而斂之。正月，周之正月。吉謂朔日。大宰以正月朔日，布王治之事於天下，至正歲，又書而縣于象魏，振木鐸以徇之，使萬民觀焉。小宰亦帥其屬而往，皆所以重治法、新王事也。凡治有故，言始和者，若改造云爾。鄭司農云：象魏，闕

也。故魯灾，季桓子御公立于象魏之外，命藏象魏，曰舊章不可忘。從甲至甲謂之挾日，凡十月。【略】

乃施典于邦國，而建其牧，立其監，設其參，傅其伍，陳其殷，置其輔。乃者，更申勑之。以侯伯有功德者，加命作州長，謂之牧，所謂八命作牧者。監謂公侯伯子男各監一國。《書》曰：王啓監，厥亂爲民。參謂卿三人，伍謂大夫五人。鄭司農云殷，治律。輔，爲民之平也。玄謂殷，衆也，謂衆士也。《王制》：諸侯上士二十七人，其中士、下士，各居其上之三分。輔，府史，庶人在官者。參，七南反。干云：三公也。傅，戚音附，徐方慕反。監，古銜反。爲，于僞反。平，音評。【略】

乃施則于都鄙，而建其長，立其兩，設其伍，陳其殷，置其輔。長，謂公卿大夫、王子弟食采邑者。兩謂兩卿，不言三卿者，不足于諸侯。鄭司農云：兩謂兩丞。【略】

乃施灋于官府，而建其正，立其貳，設其攷，陳其殷，置其輔。正謂冢宰、司徒、宗伯、司馬、司寇、司空也。貳謂小宰、小司徒、小宗伯、小司馬、小司寇、小司空也。考，成也，佐成事者，謂宰夫、鄉師、肆師、軍司馬、士師也。司空亡，未聞其考。【略】

凡治，以典待邦國之治，以則待都鄙之治，以灋待官府之治，以官成待萬民之治，以禮待賓客之治。成，八成。禮，賓禮也。【略】

凡邦之小治，則冢宰聽之。待四方之賓客之小治。大事決於王，小事冢宰傳平。疏：凡邦至聽之。釋曰：重出冢宰之名者，據百官摠焉，故特云冢宰也。

歲終，則令百官府各正其治，受其會，正，正處也。會，大計也。【略】

聽其致事，而詔王廢置。平其事來至者之功狀，而奏白王。疏：聽其至廢置。釋曰：百官致其治政功狀與冢宰，聽斷其所置之功狀文書，而詔告于王。有功者置之，進其爵；有罪者廢之，退其爵也。

三歲，則大計羣吏之治，而誅賞之。事夕則聽之：大無功，不徒廢，必罪之；大有功，不徒置，必賞之。鄭司農云：三載考績。

《周禮注疏》卷三《天官冢宰・小宰》 小宰之職，掌建邦之宮刑，以治王宮之政令，凡宮之糾禁。杜子春云：宮，皆當爲官。玄謂宮刑，在王宮中者之刑。建，明布告之。糾猶割也，察也，若今御史中丞。宮刑，鄭如字，干同。杜作官。【略】

掌邦之六典、八灋、八則之貳，以逆邦國、都鄙、官府之治。逆，迎受之。鄭司農云：貳，副也。治，直吏反，下及註皆同。【略】

執邦之九貢、九賦、九式之貳，以均財節邦用。【略】

以官府之六叙正羣吏：一曰以叙正其位，二曰以叙進其治，三曰以叙作其事，四曰以叙制其食，五曰以叙受其會，六曰以叙聽其情。叙，秩次也，謂先尊後卑也。治，功狀也。食，禄之多少。情，争訟之辭。争，争鬭之争。【略】

以官府之六屬舉邦治：一曰天官，其屬六十，掌邦治，大事則從其長，小事則專達；二曰地官，其屬六十，掌邦教，大事則從其長，小事則專達；三曰春官，其屬六十，掌邦禮，大事則從其長，小事則專達；四曰夏官，其屬六十，掌邦政，大事則從其長，小事則專達；五曰秋官，其屬六十，掌邦刑，大事則從其長，小事則專達；六曰冬官，其屬六十，掌邦事，大事則從其長，小事則專達。大事從其長，若庖人、内外饔與膳夫共王之食。小事專達，若宮人、掌舍各爲一官。六官之屬三百六十，象天地四時日月星辰之度數，天道備焉。前此者，成王作《周官》，其志有述天授位之義，故周公設官分職以法之。達，干云：達，决也。【略】

以官府之六職辨邦治：一曰治職，以平邦國，以均萬民，以節財用；二曰教職，以安邦國，以寧萬民，以懷賓客；三曰禮職，以和邦國，以諧萬民，以事鬼神；四曰政職，以服邦國，以正萬民，以聚百物；五曰刑職，以詰邦國，以糾萬民，以除盜賊；六曰事職，以富邦國，以養萬民，以生百物。懷亦安也。賓客來，共其委積，所以安之。聚百物者，司馬主九畿，職方制其貢，各以其所有。委，於僞反。下賙委同，積，子賜反。【略】

以官府之六聯合邦治：一曰祭祀之聯事，二曰賓客之聯事，三曰喪荒之聯事，四曰軍旅之聯事，五曰田役之聯事，六曰斂弛之聯事。凡小事皆有聯。鄭司農云：大祭祀，大宰贊玉幣，司徒奉牛牲，宗伯視滌濯、涖玉鬯、省牲鑊、奉玉齍，司馬羞魚牲、奉馬牲，司寇奉明水火；大喪，大宰贊贈玉、含玉，司徒帥六鄉之衆庶屬其六綍，宗伯爲上相，司馬平士大夫，司寇前王，此所謂官聯。杜子春弛讀爲施。玄謂荒政弛力役，及國中貴者、賢者、服公事者、老者、疾者皆舍，不以力役之事。奉牲者，其司空奉豕與？弛，户氏反，劉本作施，音弛，杜作施。涖，音利，又音類。鬯，勑亮反。鑊，户郭反。齍，音資。鄉，音香。屬其，音燭。綍，徐音胤，劉音引，本或作引。相，息亮反。豕與，音餘。【略】

以官府之八成經邦治：一曰聽政役以比居，二曰聽師田以簡稽，三曰聽閭里以版圖，四曰聽稱責以傅別，五曰聽禄位以禮命，六曰聽取予以

書契，七曰聽賣買以質劑，八曰聽出入以要會。【略】

以聽官府之六計，弊羣吏之治：一曰廉善，二曰廉能，三曰廉敬，四曰廉正，五曰廉灋，六曰廉辨。聽，平治也。平治官府之計有六事。弊，斷也。既斷以六事，又以廉爲本。善，善其事，有辭譽也。能，政令行也。敬，不解于位也。正，行無傾邪也。法，守法不失也。辨，辨然不疑惑也。杜子春云：廉辨或爲廉端。弊，必世反。治也，如字，下文治其弛舍同。斷，丁亂反，下同。解，佳賣反。邪，似嗟反。【略】

以灋掌祭祀、朝覲、會同、賓客之戒具，軍旅、田役、喪荒亦如之。法，謂其禮法也。戒具，戒官有事者所當共。七事者，令百官府共其財用，治其施舍，聽其治訟。七事，謂先四、如之者三也。施舍，不給役者。七事，故書爲小事。杜子春云當爲七事，書亦爲七事。共，音恭，禮本供字皆作共，可以意求之。【略】

凡祭祀，贊王幣爵之事，祼將之事。又從大宰助王也。將，送也。祼送，送祼，謂贊王酌鬱鬯以獻尸謂之祼。祼之言灌也，明不爲飲，主以祭祀。唯人道宗廟有祼，天地大神至尊不祼，莫稱焉。凡鬱鬯受，祭之，啐之，奠之。祼，古亂反。爲，于僞反。稱，尺證反。啐，寸對反。【略】

凡賓客，贊祼，凡受爵之事，凡受幣之事。唯祼助宗伯，其餘皆助大宰。王不酌賓客而有受酢。《大宗伯職》曰：大賓客則攝而載祼。【略】

喪荒，受其含襚幣玉之事。《春秋傳》曰：口實曰含，衣服曰襚。凶荒有幣玉者，賓客所賙委之禮。襚，音遂。賙，音周。【略】

月終，則以官府之叙受羣吏之要。主每月之小計。【略】

贊冢宰受歲會，歲終，則令羣吏致事。使齎歲盡文書來至，若今上計。齎，子兮反。上，時掌反，下同。【略】

正歲，帥治官之屬而觀治象之灋，徇以木鐸，曰：不用灋者，國有常刑。正歲，謂夏之正月。得四時之正，以出教令者，審也。古者將有新令，必奮木鐸以警衆，使明聽也。木鐸，木舌也。文事奮木鐸，武事奮金鐸。夏，户雅反，後放此。【略】

乃退，以宮刑憲禁于王宮。憲謂表縣之，若今新有法令云。

疏：註憲謂至令云。釋曰：凡刑禁皆出秋官。今云憲禁者，與布憲義同，故小宰得秋官刑禁文書，表而縣之於宮内也。

令于百官府曰：各脩乃職，攷乃灋，待乃事，以聽王命。其有不共，則國有大刑。乃猶女也。

《禮記正義》卷一二《王制》 冢宰制國用，必於歲之杪，五穀皆入，然後制國用。制國用，如今度支經用。杪，末也。杪，亡小反。度支，大各反，下音之。用地小大，視年之豐耗。小國大國，豐凶之年，各以歲之收入，制其用多少，多不過禮，少有所殺。耗，呼報反。殺，色戒反，又色别反。以三十年之通制國用，量入以爲出。通三十年之率，當有九年之蓄。出謂所當給爲。量音亮。率音律，又音類，本又作繂。之畜，勑六反，後皆同。祭用數之仂。筭今年一歲經用之數，用其什一。仂音勒，又音力。什音十。喪三年不祭，唯祭天地社稷，爲越紼而行事。不敢以卑廢尊。越猶躐也。紼，輴車索。紼音弗。躐，力輒反。輴，勑倫反。索，悉各反。喪用三年之仂，喪，大事，用三歲之什一。喪祭用不足曰暴，有餘曰浩。暴猶耗也。浩猶饒也。浩，胡老反。祭，豐年不奢，凶年不儉。常用數之仂。國無九年之畜曰不足，無六年之蓄曰急，無三年之蓄曰國非其國也。三年耕，必有一年之食。九年耕，必有三年之食。以三十年之通，雖有凶旱水溢，民無菜色，然後天子食，日舉以樂。菜色，食菜之色。民無食菜之飢色，天子乃日舉以樂以食。日，人一反，下同。

《尚書正義》卷一一《周書・牧誓》 王曰：嗟，我友邦冢君，同志爲友，言志同滅紂。御事司徒司馬司空，治事三卿，司徒主民，司馬主兵，司空主土，指誓戰者。

疏：傳治事至戰者。正義曰：孔以於時已稱王而有六師，亦應已置六卿。今呼治事惟三卿者，司徒主民，治徒庶之政令；司馬主兵，治軍旅之誓戒；司空主土，治壘壁以營軍；是指誓戰者，故不及太宰、大宗、司寇也。其時六卿具否，不可得知，但據此三卿爲説耳。此御事之文，指三卿而説，是不通於亞旅已下。

《尚書正義》卷一四《周書・梓材》 王曰：封，以厥庶民暨厥臣，達大家，言當用其衆人之賢者與其小臣之良者，以通達卿大夫及都家之政於國。暨，其器反。以厥臣達王，惟邦君。汝當信用其臣以通王教於民。言通民事於國，通王教於民，惟乃國君之道。汝若恒，越曰：我有師師。汝惟君道使順常，於是曰：我有典常之師可師法。司徒、司馬、司空、尹旅曰：予罔厲殺人。言國之三卿、正官衆大夫皆順典常，而曰：我無厲虐殺人之事。如此則善矣。亦厥君先敬勞，肆徂厥敬勞。亦其爲君之道，當先敬勞民，故汝往治民，必敬勞來之。勞，力報反，下同。來，力代反。肆往，姦宄殺人，歷人宥。以民當敬勞之故，汝往之國，又當詳察姦宄之人及殺人賊，所過歷之人，有所寬宥，亦所以敬勞之。宄音軌。肆亦見厥君事，戕敗人宥。聽訟折獄，當務從寬恕，故往治民，亦當見其爲君之事，察民以過誤殘敗人者，當寬宥之。見如字，徐賢遍反。戕敗，徐在羊反，又七良反，馬云：殘也。折，之舌反。

《尚書正義》卷一九《周書·君牙》 穆王命君牙爲周大司徒，穆王，康王孫，昭王子。穆王，名滿。君牙，或作君雅。作《君牙》。君牙，臣名。

《周禮注疏》卷九《地官司徒》 惟王建國，辨方正位，體國經野，設官分職，以爲民極。

疏：釋曰：六官皆有此叙者，欲見六官所主雖異，以爲民極是同故也。

乃立地官司徒，使帥其屬而掌邦教，以佐王安擾邦國。教所以親百姓，訓五品。有虞氏五，而周十有二焉。擾亦安也，言饒衍之。

《周禮注疏》卷一〇《地官司徒·大司徒》 大司徒之職，掌建邦之土地之圖與其人民之數，以佐王安擾邦國。土地之圖，若今司空郡國輿地圖。

【略】

以天下土地之圖，周知九州之地域廣輪之數，辨其山林、川澤、丘陵、墳衍、原隰之名物；周猶徧也。九州，揚、荊、豫、青、兗、雍、幽、冀、并也。輪，從也。積石曰山，竹木曰林，註瀆曰川，水鍾曰澤，土高曰丘，大阜曰陵，水崖曰墳，下平曰衍，高平曰原，下濕曰隰。名物者，十等之名與所生之物。廣，古曠反。墳，扶云反。原，本又作遼。徧，音遍。雍，於用反。從，子容反。【略】

而辨其邦國都鄙之數，制其畿疆而溝封之，設其社稷之壝而樹之田主，各以其野之所宜木，遂以名其社與其野。千里曰畿。疆猶界也。《春秋傳》曰：吾子疆理天下。溝，穿地爲阻固也。封，起土界也。社稷，后土及田正之神。壝，壇與堳埒也。田主，田神后土田正之所依也，詩人謂之田祖。所宜木，謂若松栢栗也。若以松爲社者，則名松社之野，以別方面。壝，維癸反。別，彼列反，下同。

【略】

因此五物者民之常，而施十有二教焉：一曰以祀禮教敬，則民不苟。二曰以陽禮教讓，則民不争。三曰以陰禮教親，則民不怨。四曰以樂禮教和，則民不乖。五曰以儀辨等，則民不越。六曰以俗教安，則民不偷。七曰以刑教中，則民不虣。八曰以誓教恤，則民不怠。九曰以度教節，則民知足。十曰以世事教能，則民不失職。十有一曰以賢制爵，則民慎德。十有二曰以庸制禄，則民興功。陽禮謂鄉射飲酒之禮也。陰禮謂男女之禮。昏姻以時，則男不曠女不怨。儀謂君南面臣北面、父坐子伏之屬。俗謂土地所生習也。愉謂朝不謀夕。恤謂災危相憂。民有凶患，憂之則民不解怠。度謂宫室車服之制。世事謂士農工商之事。少而習焉，其心安焉，因教以能，不易其業。慎德謂矜其善德，勸爲善也。庸，功也。爵以顯賢，禄以賞功。故書儀或爲義，杜子春讀爲儀，謂九儀。争，争鬭之争。愉，音偷，又音揄。虣，薄報反。解，佳賣反。少，詩照反。【略】

以土宜之灋辨十有二土之名物，以相民宅而知其利害，以阜人民，以蕃鳥獸，以毓草木，以任土事。十二土分野十二邦，上繫十二次，各有所宜也。相，占視也。阜，猶盛也。蕃，蕃息也。育，生也。任謂就地所生，因民所能。相，息亮反，註同。毓，音育。分，扶問反。【略】

辨十有二壤之物而知其種，以教稼穡樹蓺。壤亦土也，變言耳。以萬物自生焉則言土，土猶吐也。以人所耕而樹蓺焉則言壤，壤，和緩之貌。《詩》云：樹之榛栗。又曰：我蓺黍稷。蓺猶蒔也。種，章勇反。榛，則人反。蒔，時至反。【略】

以土均之灋辨五物九等，制天下之地征，以作民職，以令地貢，以斂財賦，以均齊天下之政。均，平也。五物，五地之物也。九等，騂剛、赤緹之屬。征，税也。民職，民九職也。地貢，貢地所生，謂九穀。財謂泉穀。賦謂九賦及軍賦。騂，雖營反。緹，音低。【略】

凡建邦國，以土圭土其地而制其域：諸公之地，封疆方五百里，其食者半；諸侯之地，封疆方四百里，其食者參之一；諸伯之地，封疆方三百里，其食者參之一；諸子之地，封疆方二百里，其食者四之一；諸男之地，封疆方百里，其食者四之一。土其地，猶言度其地。鄭司農云：土其地，但爲正四方耳。其食者半，公所食租税得其半耳，其半皆附庸小國也，屬天子。參之一者亦然。故《魯頌》曰：錫之山川，土地附庸。奄有龜蒙，遂荒大東，至于海邦。《論語》曰：季氏將伐顓臾，孔子曰：先王以爲東蒙主，且在邦域之中，是社稷之臣。此非七十里所能容，然則方五百里四百里合於《魯頌》、《論語》之言。諸男食者四之一，適方五十里，獨此與今五經家説合耳。玄謂其食者半、參之一、四之一者，土均均邦國地貢輕重之等。其率之也，公之地以一易，侯伯之地以再易，子男之地以三易，必足其國禮俗喪紀祭祀之用，乃貢其餘。若今度支經用，餘爲司農穀矣。大國貢重，正之也。小國貢輕，字之也。凡諸侯爲牧正帥長及有德者，乃有附庸，爲其有禄者當取焉。公無附庸，侯附庸九同，伯附庸七同，子附庸五同，男附庸三同。進則取焉，退則歸焉。魯於周法不得有附庸，故言錫之也。地方七百里者，包附庸，以大言之也。附庸二十四，言得兼此一等矣。【略】

凡造都鄙，制其地域而封溝之，以其室數制之。不易之地家百晦，一易之地家二百畮，再易之地家三百畮。都鄙，王子弟公卿大夫采地，其界曰都，鄙所居也。《王制》曰：天子之縣內，方百里之國九，七十里之國二十有一，五十里之國六十有三。此蓋夏時采地之數，周未聞矣。《春秋傳》曰：遷鄭焉而鄙留。城郭之宅曰室。《詩》云：嗟我婦子，曰爲改歲，入此室處。以其室數制之，謂制丘甸之屬。《王制》曰：凡居民，量地以制邑，度地以居民，地邑民居，必參相得。鄭司農云：不易之地歲種之，地美，故家百畮。一易之地休一歲乃復種，地薄，故家二百畮。再易之地休二歲乃復種，故家三百畮。畮，本亦作古畮字。甸，劉常証反。復，扶又反，下同。【略】

乃分地職、奠地守、制地貢而頒職事焉，以爲地灋而待政令。分地職，分其九職所宜也。定地守，謂衡麓虞候之屬。制地貢，謂九職所稅也。頒職事者，分命使各爲其所職之事。奠，劉音定。【略】

以荒政十有二聚萬民：一曰散利，二曰薄征，三曰緩刑，四曰弛力，五曰舍禁，六曰去幾，七曰眚禮，八曰殺哀，九曰蕃樂，十曰多昏，十有一曰索鬼神，十有二曰除盜賊。荒，凶年也。鄭司農云：救飢之政，十有二品。散利，貸種食也。薄征，輕租稅也。弛力，息繇役也。去幾，關市不幾也。眚禮，《掌客職》所謂凶荒殺禮者也。多昏，不備禮而娶，昏者多也。索鬼神，求廢祀而修之，《雲漢》之詩所謂靡神不舉，靡愛斯牲者也。除盜賊，急其刑以除之，飢饉則盜賊多，不可不除也。杜子春讀蕃樂爲藩樂，謂閉藏樂器而不作。玄謂去幾，去其稅耳。舍禁，若公無禁利。眚禮，謂殺吉禮也。殺哀，謂省凶禮。弛，式氏反。舍，音捨。殺，所界反，徐所例反，註同。蕃，方袁反。【略】

以保息六養萬民：一曰慈幼，二曰養老，三曰振窮，四曰恤貧，五曰寬疾，六曰安富。保息，謂安之使蕃息也。慈幼謂愛幼少也。產子三人與之母，二人與之餼，十四以下不從征。養老，七十養於鄉，五十異粻之屬。振窮，抍捄天民之窮者也。窮者有四，曰矜、曰寡、曰孤、曰獨。恤貧，貧無財業稟貸之。寬疾，若今癃不可事不筭卒，可事者半之也。安富，平其繇役，不專取。少，詩照反。抍，音拯。捄，音救，本亦作拯救。矜，古頑反。癃，音隆。卒，子忽反。【略】

以本俗六安萬民：一曰媺宮室，二曰族墳墓，三曰聯兄弟，四曰聯師儒，五曰聯朋友，六曰同衣服。本猶舊也。美，善也。謂約椓攻堅，風雨攸除，各有攸宇。族猶類也。同宗者，生相近，死相迫。連猶合也。兄弟，昏姻嫁娶也。師儒，鄉里教以道藝者。同師曰朋，同志曰友。同猶齊也。民雖有富者，衣服不得獨異。媺，音美。聯兄弟，一本作聚兄弟。椓，陟角反。【略】

正月之吉，始和布教于邦國都鄙。乃縣教象之灋于象魏，使萬民觀教象，挾日而斂之。乃施教灋于邦國都鄙，使之各以教其所治民。正月之吉，周正月朔日也。司徒以布五教，至正歲又書教法而縣焉。縣，音玄，註同。挾，于協反。【略】

令五家爲比，使之相保；五比爲閭，使之相受；四閭爲族，使之相葬；五族爲黨，使之相救；五黨爲州，使之相賙；五州爲鄉，使之相賓。此所以勸民者也。使之者，皆謂立其長而教令使之。保猶任也。救，救凶災也。賓，賓客其賢者。故書受爲授，杜子春云：當爲受，謂民移徙所到則受之，所去則出之。又云：賙當爲糾，謂糾其惡。玄謂受者，宅舍有故，相受寄託也。賙者，謂禮物不備，相給足也。閭二十五家，族百家，黨五百家，州二千五百家，鄉萬二千五百家。比，毗志反，下同。賙，音周。足，劉子喻反。【略】

頒職事十有二于邦國都鄙，使以登萬民：一曰稼穡，二曰樹蓺，三曰作材，四曰阜蕃，五曰飭材，六曰通財，七曰化材，八曰斂材，九曰生材，十曰學藝，十有一曰世事，十有二曰服事。鄭司農云：稼穡謂三農生九穀也。樹蓺謂園圃毓草木。作材謂虞衡作山澤之材。阜蕃謂藪牧養蕃鳥獸。飭材謂百工飭化八材。通財謂商賈阜通貨賄。化材謂嬪婦化治絲枲。斂材謂臣妾聚斂疏材。生材謂閒民無常職，轉移執事。學藝謂學道藝。世事謂以世事教能，則民不失職。服事謂爲公家服事者。玄謂生材，養竹木者。飭，音勑，註同。賈，音古。閒，音閑。【略】

以鄉三物教萬民而賓興之：一曰六德，知、仁、聖、義、忠、和；二曰六行，孝、友、睦、婣、任、恤；三曰六藝，禮、樂、射、御、書、數。物猶事也，興猶舉也。民三事教成，鄉大夫舉其賢者能者，以飲酒之禮賓客之，既則獻其書於王矣。知，明於事。仁，愛人以及物。聖，通而先識。義，能斷時宜。忠，言以中心。和，不剛不柔。善於父母爲孝，善於兄弟爲友。睦，親於九族。婣，親於外親。任，信於友道。恤，振憂貧者。禮，五禮之義。樂，六樂之歌舞。射，五射之法。御，五御之節。書，六書之品。數，九數之計。知，音智。行，下孟反。婣，音因。【略】

以鄉八刑糾萬民：一曰不孝之刑，二曰不睦之刑，三曰不婣之刑，四曰不弟之刑，五曰不任之刑，六曰不恤之刑，七曰造言之刑，八曰亂民之刑。糾猶割察也。不弟，不敬師長。造言，訛言惑衆。亂民，亂名改作，執左道以亂政也。鄭司農云：任謂朋友相任，恤謂相憂。弟，音悌，註同。

以五禮防萬民之僞，而教之中。禮所以節止民之侈僞，使其行得中。鄭司農云：五禮謂吉、凶、賓、軍、嘉。【略】

以六樂防萬民之情，而教之和。樂所以蕩正民之情思，使其心應和也。鄭司農云：六樂謂《雲門》、《咸池》、《大韶》、《大夏》、《大濩》、《大武》。思，悉吏反。應，應對之應。招，上朝反，本亦作韶。濩，音護，本亦作護。【略】

凡萬民之不服教而有獄訟者，與有地治者聽而斷之；其附于刑者歸于士。不服教，不厭服於十二教，貪冒者也。爭罪曰獄，爭財曰訟。有地治者，謂鄉州及治都鄙者也。附，麗也。士，司寇士師之屬。鄭司農云：與有地治者聽而斷之，與其地部界所屬吏共聽斷之。士謂主斷刑之官，《春秋傳》曰士榮爲大士。或謂歸于圜土，圜土謂獄也，獄城圜。治，直吏反，註及下正治并註同。斷，丁亂反，註同。厭，於涉反，或於驗反。

《周禮注疏》卷一一《地官司徒·小司徒》 小司徒之職，掌建邦之教灋，以稽國中及四郊都鄙之夫家九比之數，以辨其貴賤、老幼、廢疾，凡征役之施舍，與其祭祀、飲食、喪紀之禁令。稽猶考也。夫家猶言男女也。鄭司農云：九比謂九夫爲井。玄謂九比者，《冢宰職》出九賦者之人數也。貴謂爲卿大夫。賤謂占會販賣者。廢疾謂癃病也。施當爲弛。比，毗志反，註下皆同。施，式氏反。【略】

乃頒比灋于六鄉之大夫，使各登其鄉之衆寡、六畜、車輦，辨其物，以歲時入其數，以施政教，行徵令。登，成也，成猶定也。衆寡，民之多少。物，家中之財。歲時入其數，若今四時言事。畜，許六反，後六畜皆同。【略】

及三年，則大比，大比則受邦國之比要。大比，謂使天下更簡閲民數及其財物也。受邦國之比要，則亦受鄉遂矣。鄭司農云：五家爲比，故以比爲名，今時八月案比是也。要謂其簿。【略】

乃會萬民之卒伍而用之。五人爲伍，五伍爲兩，四兩爲卒，五卒爲旅，五旅爲師，五師爲軍。以起軍旅，以作田役，以比追胥，以令貢賦。用，謂使民事之。伍、兩、卒、旅、師、軍，皆衆之名。兩二十五人，卒百人，旅五百人，師二千五百人，軍萬二千五百人。此皆先王所因農事而定軍令者也。欲其恩足相恤，義足相救，服容相別，音聲相識。作，爲也。役，功力之事。追，逐寇也。《春秋》莊十八年夏，公追戎于濟西。胥，伺捕盜賊也。貢，嬪婦百工之物。賦，九賦也。鄉之田制與遂同。卒，子忽反，註及下皆同。別，彼列反。

乃均土地，以稽其人民而周知其數。上地家七人，可任也者家三人；中地家六人，可任也者二家五人；下地家五人，可任也者家二人。均，平也。周猶徧也。一家男女七人以上，則授之以上地，所養者衆也。男女五人以下，則授之以下地，所養者寡也。正以七人、六人、五人爲率者，有夫有婦然後爲家，自二人以至於十，爲九等，七六五者爲其中。可任，謂丁強任力役之事者。出老者一人，其餘男女強弱相半，其大數。徧，音遍。七人以上，時掌反。【略】

凡起徒役，毋過家一人，以其餘爲羨，唯田與追胥竭作。鄭司農云：羨，饒也。田謂獵也。追，追寇賊也。竭作，盡行。毋，音無。羨，錢面反。【略】

凡用衆庶，則掌其政教與其戒禁，聽其辭訟，施其賞罰，誅其犯命者。命，所以誓告之。【略】

凡國之大事，致民；大故，致餘子。大事謂戎事也，大故謂災寇也。鄭司農云：國有大事，當徵召會聚百姓，則小司徒召聚之。餘子謂羨也。玄謂餘子，卿大夫之子當守於王宮者也。【略】

乃經土地而井牧其田野，九夫爲井，四井爲邑，四邑爲丘，四丘爲甸，四甸爲縣，四縣爲都，以任地事而令貢賦，凡税斂之事。此謂造都鄙也。采地制井田，異於鄉遂，重立國。小司徒爲經之，立其五溝五塗之界，其制似井之字，因取名焉。《孟子》曰：夫仁政必自經界始。經界不正，井地不均，貢祿不平，是故暴君姦吏必慢其經界。經界既正，分田制祿可坐而定也。鄭司農云：井牧者，《春秋傳》所謂井衍沃、牧隰皐者也。玄謂隰皐之地，九夫爲牧，二牧而當一井。今造都鄙，授民田，有不易，有一易，有再易，通率二而當一，是之謂井牧。昔夏少康在虞思，有田一成，有衆一旅。一旅之衆而田一成，則井牧之法先古然矣。【略】

乃分地域而辨其守，施其職而平其政。分地域謂建邦國，造都鄙，制鄉遂也。辨其守謂衡虞之屬。職謂九職也。政，税也。政當作征。故書域爲邦，杜子春云：當爲域。政，依註音征。

《禮記正義》卷一三《王制》 司徒脩六禮以節民性，明七教以興民德，齊八政以防淫，一道德以同俗，養耆老以致孝，恤孤獨以逮不足，上賢以崇德，簡不肖以絀惡。司徒，地官卿，掌邦教者。逮，及也。簡，差擇也。防，本又作坊，音同。恤，辛律反。逮音代，又大計反。肖音笑。絀，勑律反。命鄉簡不帥教者以告。帥，循也。不循教，謂敖很不孝弟者，司徒使鄉簡擇以告者，鄉屬司徒。帥音率。循音巡。敖，本又作傲，同五報反。很，胡墾反。弟，大計反，本又作悌。耆老皆朝于庠，元日習射上功，習鄉上齒。大司徒帥國之俊士與執事焉。將習禮以化之，使之觀焉。耆老，致仕及鄉中老賢者。朝猶會也。此庠，謂鄉學也。鄉，謂飲酒也。鄉禮，春秋射，國蜡，而飲酒養老。朝，直遥反。庠音祥。與音預。蜡，仕詐反。不變，命國之右鄉，簡不帥教者移之左。命國之左鄉，簡不帥教者移之右，如初禮。中年考校，而又不變，使轉徙其居，覬其見新人，有所化也。亦復習禮於鄉學，使之觀焉。覬音冀。復，扶又反，下又復、復移、復與同。不變，移之郊，如初禮。郊，鄉界之外者也。稍出遠之，後中年又爲之習禮於郊學。爲，于僞反，下又爲、親爲、爲其大、亦爲皆同。不變，移之遂，如初禮。遠郊之外曰遂，遂大夫掌之。又中年復移之使居遂，又爲習禮於遂之學。不變，屏之遠方，終身不齒。遠方，九州之外。齒猶録也。命鄉論秀士，升之司徒，曰選士。移居於司徒也。秀士，鄉大夫所考，有德行道藝者。選，宣戀反，下皆同。行，下孟反。司徒論選士之秀者而升之學，曰俊士。可使習禮者。學，大學。升於司徒者不征於鄉，升於學者不征於司徒，曰造士。不征，不給其繇役。造，成也。能習禮，則爲成士。給音急。繇，本又作繇，音遥。樂正崇四術，立四教。樂正，樂官之長，掌國子之教。《虞書》曰：夔，命汝典樂，教胄子。崇，高也。高尚其術，以作教也。幼者教之於小學，長者教之於大學。《尚書傳》曰：年十五始入小學，十八入大學。樂音岳。長，丁丈反，下同。夔，求龜反。命女音汝。順先王《詩》、《書》、《禮》、《樂》以造士。順此四術，而教以成是士也。春秋教以《禮》、《樂》，冬夏教以《詩》、《書》。春夏，陽也。《詩》、《樂》者聲，聲亦陽也。秋冬，陰也。《書》、《禮》者事，事亦陰也。互言之者，皆以其術相成。夏，户嫁反，註及下註夏官同。王大子、王子、羣后之大子，卿大夫、元士之適子，國之俊選，皆造焉。皆以四術成之。王子，王之庶子也。羣后，公及諸侯。適，丁歷反，下註同。造，才早反，徐七到反。凡入學以齒。皆以長幼受學，不用尊卑。將出學，小胥、大胥、小樂正簡不帥教者，以告于大樂正，大樂正以告于王。此所簡者，謂王大子、王子、羣后之大子，卿大夫、元士之適子。大胥、小胥，皆樂官屬也。出學，謂九年大成學止也。胥，息餘反，又息吕反，下同。王命三公、九卿、大夫、元士皆入學。不變，王親視學。亦謂使習禮以化之。不變，王又親爲之臨視，重棄賢者子孫。此習禮皆於大學也。不變，王三日不舉。去食樂，重弃人。去，丘吕反。屏之遠方，西方曰棘，東方曰寄，終身不齒。棘當僰。僰之言偪，使之偪寄於夷戎。不屏於南北，爲其大遠。屏，必郢反。棘，依註音僰又作僰，蒲比反，偪也。偪，彼力反。大音太，舊他佐反。大樂正論造士之秀者，以告于王，而升諸司馬，曰進士。移名於司馬。司馬，夏官卿，掌邦政者。進士，可進受爵禄也。

疏：司徒至進士。正義曰：此一節論司徒脩禮明教，上賢絀惡，教學升進之事，各隨文解之。

《周禮注疏》卷一七《春官宗伯》 惟王建國，辨方正位，體國經野，設官分職，以爲民極。乃立春官宗伯，使帥其屬而掌邦禮，以佐王和邦國。禮謂曲禮五，吉、凶、賓、軍、嘉，其别三十有六。鄭司農云：宗伯，主禮之官，故《書·堯典》曰：帝曰：咨，四岳，有能典朕三禮？僉曰：伯夷。帝曰：俞，咨伯，汝作秩宗。宗官又主鬼神，故《國語》曰：使名姓之後，能知四時之生，犧牲之物，玉帛之類，采服之宜，彝器之量，次主之度，屏攝之位，壇場之所，上下之神祇，氏姓之所出，而率舊典者爲之宗。《春秋》禘于大廟，躋僖公，而《傳》曰：夏父弗忌爲宗人，又曰使宗人釁夏獻其禮。《禮·特性》曰：宗人升自西階，視壺濯及豆籩。然則唐虞歷三代，以宗官典國之禮與其祭祀，漢之大常是也。僉，七潛反，皆也。俞，羊朱反，然也。李一音由。女秩，音汝。氏姓，如字，劉音紙。大廟，音泰，下放此。躋，本又作躋，子兮反，升也。父，音甫。釁，虚覲反。

《周禮注疏》卷一八《春官宗伯·大宗伯》 大宗伯之職，掌建邦之天神、人鬼、地示之禮，以佐王建保邦國。建，立也。立天神地祇人鬼之禮者，謂祀之，祭之，享之。禮，吉禮是也。保，安也。所以佐王立安邦國者，主謂凶禮、賓禮、軍禮、嘉禮也。目吉禮於上，承以立安邦國者，互以相成，明尊鬼神，重人事。示，音祇，本或作祇，下神示、地示之例皆倣此，下卷亦然。佐，本或作左，音同。享，許丈反，又後不音者同。【略】

以吉禮事邦國之鬼神示，事，謂祀之，祭之，享之。故書吉或爲告，杜子春云：書爲告禮者，非是。當爲吉禮，書亦多爲吉禮。吉禮之别十有二。【略】

以凶禮哀邦國之憂，哀謂救患分裁。凶禮之别有五。【略】

以賓禮親邦國。親，謂使之相親附。賓禮之别有八。

疏：註親謂至有八。釋曰：經既云親邦國，故鄭還以使諸侯相親附解之，即下文相朝聘之義是也。【略】

以軍禮同邦國。同，謂威其不協僭差者。軍禮之别有五。僭，于念反，沈創林反。差，初佳反，沈初宜反。

疏：註同謂至有五。釋曰：既云同邦國，則使諸侯邦國和同，故鄭云同謂威其不協僭差者，使之和協不僭差。僭差，謂若《禮記·郊特牲》云宫縣、白牡、朱干、設錫之類，皆是諸侯之僭禮也。【略】

以嘉禮親萬民。嘉，善也。所以因人心所善者而爲之制。嘉禮之别有六。

《周禮注疏》卷一九《春官宗伯·小宗伯》 小宗伯之職，掌建國之神位，右社稷，左宗廟。庫門内、雉門外之左右。故書位作立。鄭司農云：立讀爲位，古者立、位同字。古文《春秋經》公即位爲公即立。

疏：小宗至宗廟。釋曰：建，立也。言立邦之神位者，從内向外，故據國中神位而言，對下經在四郊等爲外神也。言右社稷，左宗廟者，案：《匠人》亦云左宗廟，右社稷。彼掌其營作，此掌其成事位次耳。案《禮記·祭義》註云：周尚左。又案桓公二年，取郜大鼎，納於大廟。何休云：質家右宗廟，尚親親；文家右社稷，尚尊尊。若然，周人右社稷者，地道尊右，故社稷在右，是尚尊尊之義。此據外神在國中者，社稷爲尊。故鄭註《郊特牲》云：國中神莫大於社。《祭義》註周尚左者，據内神而言。若據衣服尊卑，先王衮冕，先公鷩冕，亦貴於社稷，故云周尚左。各有所對，故註不同也。註庫門至即立。釋曰：鄭知庫門内、雉門外者，後鄭義以雉門，爲中門周人外宗廟，故知雉門外、庫門内之左右也。先鄭云古者立、位同字者，是古者假借字同也。云古文《春秋》者，《藝文志》云《春秋》古經十二卷，是此古文經所藏之書。文帝除挾書之律，此本然後行於世，故稱古文。

《周禮注疏》卷二八《夏官司馬》 疏：鄭云：象夏所立之官。馬者，武也，言爲武者也。夏整齊萬物，天子立司馬，共掌邦政，政可以平諸侯，正天下，故曰統六師平邦國。

惟王建國，辨方正位，體國經野，設官分職，以爲民極。乃立夏官司馬，使帥其屬而掌邦政，以佐王平邦國。政，正也，政所以正不正者也。《孝經説》曰：政者，正也，正德名以行道。

《周禮注疏》卷二九《夏官司馬·大司馬》 大司馬之職，掌建邦國之九灋，以佐王平邦國。平，成也，正也。

疏：大司至邦國。釋曰：此九法已下，皆言邦國，則施於諸侯爲主，故云邦國也。云以佐王平邦國者，九法以糾察諸侯，使之成正，故以平言之也。但此九法，據殷同之時建之，故《大行人》云殷同以施天下之政，註云：政謂邦國之九法。則殷同之時，司馬明布告之，故云建也。

制畿封國以正邦國，封，謂立封於疆爲界。畿，音祈。

疏：制畿至邦國。釋曰：謂制諸侯五百、四百里之等，各有封疆，界分乃得正，故云以正邦國。

設儀辨位以等邦國，儀，謂諸侯及諸臣之儀。辨，别也，别尊卑之位。别，彼列反，下皆同。【略】

進賢興功以作邦國，興猶舉也。作，起也。起其勸善樂業之心，使不惰廢。樂業，如字，又音洛，一音五教反。

疏：進賢至邦國。釋曰：進賢，諸臣舊在位，有德行者，并草萊有德行未遇爵命者，進之，使稱才仕用。興，舉也。臣有功者，舉之亦使任用。作，起也。以臣有賢有功，舉之與官，則起邦國之内勸善樂業之心，使不惰廢善業也。

建牧立監以維邦國，牧，州牧也。監，監一國，謂君也。維猶連結也。監，古銜反。

疏：建牧至邦國。釋曰：二百一十國以爲州，州有牧，使維持諸侯。又一國立一監，以監察一國，上下相維，故云以維邦國也。此則《大宰》云建其牧，立其監，亦一也。

制軍詰禁以糾邦國，詰猶窮治也。糾猶正也。詰，去吉反。

疏：制軍至邦國。釋曰：按：上文大國三軍，次國二軍，小國一軍也。詰禁者，按《士師》有五禁，天子禮。此諸侯國，亦當有五禁以相窮治、相糾正，故云以糾邦國也。

施貢分職以任邦國，職謂職税也。任猶事也。事以其力之所堪。

疏：施貢至邦國。釋曰：施貢多少，據國地大小，故《地官》大國貢半，次國三之一，小國四之一，皆由天子施之。此《大宰》九貢，并《小行人》春令入貢，皆是歲之常貢，與《大行人》因朝而貢者異也。分職者，即《大宰》所云九職是也。彼據畿内，此據諸侯。諸侯邦國亦由天子分之，使民有職業，因使税之。所税者，市之以充貢。若然，言貢，據向天子而言。云税，據民所爲爲説。事相因，皆所以任邦國，故云以任邦國也。

簡稽鄉民以用邦國，簡謂比數之。稽猶計也。鄉，許亮反。

疏：簡稽至邦國。釋曰：註云簡謂比數之稽猶計也，謂比數計會鄉民而用之，故云以用邦國也。

均守平則以安邦國，諸侯有土地者均之，尊者守大，卑者守小。則，法也。

疏：均守至邦國。釋曰：言均守，謂五等諸侯有五等受地，五百里已下是均守也。平則者，則，法也，謂五等職貢之等皆有常法，邦國獲安，故云以安邦國。

比小事大以和邦國。比猶親。使大國親小國，小國事大國，相合和也。《易·比·象》曰：先王以建萬國，親諸侯。比，毗志反，註同。【略】

以九伐之灋正邦國，諸侯有違王命，則出兵以征伐之，所以正之也。諸侯之于國，如樹木之有根本，是以言伐云。伐，如字，劉扶發反。【略】

《周禮注疏》卷三〇《夏官司馬·小司馬》 小司馬之職掌，此下字脱滅，札爛文闕，漢興，求之不得，遂無識其數者。【略】

凡小祭祀、會同、饗射、師田、喪紀，掌其事，如大司馬之灋。

疏：凡小至之灋。釋曰：云小祭祀已下至喪紀，皆蒙此小字，對大司馬大祭祀之等。大司馬之小會同，謂諸侯使卿大夫來聘，王使卿大夫與之會同。言饗射、師田，皆是諸侯卿大夫來聘，王還使卿大夫與饗燕及射、師田之等也。小喪紀者，三夫人已下。云掌事，如大司馬之法，亦如大司馬羞魚牲授，其祭之等也。

《禮記正義》卷一三《王制》 司馬辨論官材，辨其論，官其材，觀其所長。其論如字，舊力困反。論進士之賢者，以告於王，而定其論。各署其所長。論定，然後官之。使之試守。任官，然後爵之。命之。任，而金反，下註同。位定，然後禄之。大夫廢其事，終身不仕，死以士禮葬之。以不任大夫也。有發，則命大司徒教士以車甲。乘兵車衣甲之儀。有發，謂有軍師發卒。衣，於既反。卒，子忽反。凡執技論力，適四方，臝股肱，决射御。謂擐衣出其臂脛，使之射御，决勝負，見勇力。技，其綺反，本或伎，後同。臝，本又作羸，力果反。肱，古弘反。擐，舊音患，今讀宜，音宣；依字作擐，《字林》云擐，擐臂也，先全反。脛，胡定反。見，賢遍反。凡執技以事上者，祝、史、射、御、醫、卜及百工。言技謂此七者。凡執技以事上者，不貳事，不移官，欲專其事，亦爲不德。出鄉不與士齒。賤也。於其鄉中則齒，親親也。仕於家者，出鄉不與士齒。亦賤。

《周禮注疏》卷三四《秋官司寇》 惟王建國，辨方正位，體國經野，設官分職，以爲民極。

疏：惟王至民極。釋曰：義已具在《天官》。

乃立秋官司寇，使帥其屬而掌邦禁，以佐王刑邦國。禁，所以防姦者也。刑，正人之法。《孝經説》曰：刑者侀也，過出罪施。侀音刑。

《周禮注疏》卷三四《秋官司寇·大司寇》 大司寇之職，掌建邦之三典，以佐王刑邦國，詰四方。典，法也。詰，謹也。《書》曰：王耗荒，度作詳刑，以詰四方。詰，起吉反。耗，莫報反。度，待洛反。【略】

一曰刑新國用輕典，新國者，新辟地立君之國。用輕法者，爲其民未習於教。爲，于僞反。【略】

二曰刑平國用中典，平國，承平守成之國也。用中典者，常行之法。【略】

三曰刑亂國用重典。亂國，篡弒叛逆之國。用重典者，以其化惡伐滅之。篡，初患反。殺，音試，本亦作弒。【略】

以五刑糾萬民：刑亦法也。糾猶察異之。

疏：註刑亦至異之。釋曰：此五刑，與尋常正五刑墨、劓之等别，刑亦法也。此五法者，或一刑之中而含五，或此五刑全不入五刑者。云糾猶察異之者，謂萬民犯五刑，察取與之罪，使别異善惡，則《尚書·畢命》云旌别淑慝，表厥宅里是也。

一曰野刑，上功糾力；功，農功。力，勤力。【略】

二曰軍刑，上命糾守；命，將命也。守，不失部伍。守，劉音狩，註同。將，子匠反。【略】

三曰鄉刑，上德糾孝；德，六德也。善父母爲孝。【略】

四曰官刑，上能糾職；能，能其事也。職，職事脩理。【略】

五曰國刑，上愿糾暴。愿，愨慎也。暴當爲恭字之誤也。愿，音願。劉，又音原。依註暴作恭。愨，苦角反。【略】

以圜土聚教罷民，圜土，獄城也。聚罷民其中，困苦以教之爲善也。民不愍作勞，有似於罷。罷，音皮，註下皆同。愍，音敏，劉亡覲反，《尚書》作愍，音敏，又作昬，皆訓强。【略】

凡害人者，寘之圜土而施職事焉，以明刑恥之。害人，謂爲邪惡已有過失麗於法者。以其不故犯法，寘之圜土，繫教之，庶其困悔而能改也。寘，置也。施職事，以所能役使之。明刑，書其罪惡於大方版，著其背。寘，之豉反，又音示。邪，似嗟反，下同。著，丁略反，一音直略反。【略】

其能改過，反于中國，不齒三年，反于中國，謂舍之還於故鄉里也。《司圜職》曰：上罪三年而舍，中罪二年而舍，下罪一年而舍。不齒者，不得以年次列於平民。【略】

其不能改而出圜土者，殺。出謂逃亡。

疏：其不至者殺。釋曰：云不能改，正謂不能伏思己過而出圜土也。

以兩造禁民訟，入束矢於朝，然後聽之。訟，謂以財貨相告者。造，至也。使訟者兩至，既兩至，使入束矢乃治之也。不至，不入束矢，則是自服不直者也。必入矢者，取其直也。《詩》曰其直如矢。古者一弓百矢，束矢其百个與？造，七報反，註同。个，古賀反。與，音餘。【略】

以兩劑禁民獄，入鈞金，三日乃致于朝，然後聽之。獄，謂相告以罪名者。劑，今券書也。使獄者各齎券書，既兩券書，使入鈞金，又三日乃治之，重刑也。不券書，不入金，則是亦自服不直者也。必入金者，取其堅也。三十斤曰鈞。兩劑，子隨反。【略】

以嘉石平罷民，嘉石，文石也。尌之外朝門左。平，成也。成之使善。文石，如字，劉音問。尌音樹。

《周禮注疏》卷三五《秋官司寇·小司寇》 小司寇之職，掌外朝之政，以致萬民而詢焉。一曰詢國危，二曰詢國遷，三曰詢立君。外朝，朝在雉門之外者也。國危，謂有兵寇之難。國遷，謂徙都改邑也。立君，謂無冢適選於庶也。鄭司農云：致萬民，聚萬民也。詢，謀也。《詩》曰詢于芻蕘，《書》曰謀及庶人。難，乃旦反。適，丁歷反。蕘，而招反。【略】

其位：王南鄉，三公及州長、百姓北面，羣臣西面，羣吏東面。羣臣，卿大夫士也。羣吏，府史也。其孤不見者，孤從羣臣。卿大夫在公後。鄉，許亮反。長，丁丈反。見，賢遍反。【略】

小司寇擯以敘進而問焉，以衆輔志而弊謀。擯，謂揖之使前也。敘，更也。輔志者，尊王賢明也。擯，兵刃反，註同。更，音庚。【略】

以五刑聽萬民之獄訟，附于刑，用情訊之。至于旬，乃弊之，讀書則用灋。附猶著也。故書附作付。訊，言也，用情理言之，冀有可以出之者。十日乃斷之。《王制》曰：刑者侀也，侀者成也，一成而不可變，故君子盡心焉。鄭司農云：讀書則用法，如今時讀鞫已乃論之。訊，音信。盡，津忍反。鞫，九六反。

《禮記正義》卷一三《王制》 司寇正刑明辟，以聽獄訟。司寇，秋官卿，掌刑者。辟，罪也。辟，婢亦反，註同。必三刺，以求民情，斷其獄訟之中：一曰訊羣臣，二曰訊羣吏，三曰訊萬民。制，七智反，殺也。斷，丁亂反，下制斷、斷計同。中如字，又丁仲反。有旨無簡，不聽。簡，誠也。有其意，無其誠者，不論以爲罪。附從輕，附，施刑也。求出之使從輕。赦從重。雖是罪可重，猶赦之。凡制五刑，必即天論，制，斷也。即，就也。必即天論，言與天意合。閔子曰：古之道不即人心。即或爲則，論或爲倫。論音倫，理也，註同。郵罰麗於事。郵，過也。麗，附也。過人、罰人，當各附於其事，不可假他以喜怒。郵音九，俗作郵。麗，郎計反。當，丁郎反。假，古雅反。凡聽五刑之訟，必原父子之親，立君臣之義，以權之。權，平也。意論輕重之序，慎測淺深之量，以別之。意，思念也。淺深，謂俱有罪，本心有善惡。量，徐音亮，後皆同。別，彼列反。悉其聰明，致其忠愛，以盡之。盡其情。疑獄，氾與衆共之。衆疑，赦之。必察小大之比以成之。小大猶輕重，已行故事曰比。氾，本又作汎，孚劒反。比，必利反，註同，例也。成獄辭，史以獄成告於正，正聽之。史，司寇吏也。正，於周鄉師之屬，今漢有平正丞，秦所置。平，彼命反。正以獄成告于大司寇，大司寇聽之棘木之下。《周禮》鄉師之屬，辨其獄訟，異其死刑之罪而要之，職聽於朝。司寇聽之。朝，王之外朝也。左九棘，孤卿大夫位焉。右九棘，公、侯、伯、子、男位焉。面三槐，三公位焉。棘，紀力反。要之，於妙反，謂要最，舊一遥反。槐，回、懷二音。大司寇以獄之成告於王，王命三公參聽之。王使三公復與司寇及正共平之，重刑也。《周禮》：王欲免之，乃命公會其期。三公以獄之成告於王，王三又，然後制刑。又當作宥。宥，寬也。一宥曰不識，再宥曰過失，三宥曰遺忘。又，義作宥。忘音妄。凡作刑罰，輕無赦。法雖輕，不赦之，爲人易犯。爲，于僞反。易，以豉反，後易犯同。刑者侀也，侀者成也。一成而不可變，故君子盡心焉。變，更也。侀音刑。析言破律，亂名改作，執左道以亂政，殺。析言破律，巧賣法令者也。亂名改作，謂變易官與物之名，更造法度。左道，若巫蠱及俗禁。析，思歷反。亂名如字，王肅作循名。巧，起教反，又如字。蠱音古。作淫聲、異服、奇技、奇器以疑衆，殺。淫聲，鄭、衛之屬也。異服，若聚鷸冠、瓊弁也。奇技、奇器，若公輸般請以機窆。鷸，伊必反，徐音述。弁，皮變反。般，百間反。行僞而堅，言僞而辯，學非而博，順非而澤以疑衆，殺。皆謂虛華捷給無誠者也。行，下孟反。華，户瓜反，又如字。假於鬼神、時日、卜筮以疑衆，殺。今時持喪葬、築蓋、嫁取、卜數文書，使民倍禮違制。日，入一反。此四誅者，不以聽。爲其爲害大，而辭不可習。凡執禁以齊衆，不赦過。亦爲人將易犯。有圭璧金璋，不粥於市。命服命車，不粥於市。宗廟之器，不粥於市。犧牲，不粥於市。戎器，不粥於市。尊物，非民所宜有。戎器，軍器也。粥，賣也。璋，之羊反。用器不中度，不粥於市。兵車不中度，不粥於市。布帛精麤不中數，幅廣狹不中量，不粥於市。姦色亂正色，不粥於市。凡以其不可用也。用器，弓矢、耒耜、飲食器也。度，丈尺也。數，升縷多少。中，丁仲反，下皆同。幅，方服反。耒耜，上力對反；下音似。錦文珠玉成器，不粥於市。衣服飲食，不粥於市。不示民以奢與貪也。成猶善也。五穀不時，果實未孰，不粥於市。物未成，不利人。木不中伐，不粥於市。伐之非時，不中用。《周禮》：仲冬斬陽木，仲夏斬陰木。夏，户嫁反，下春夏反。禽獸魚鼈不中殺，不粥於市。殺之非時，不中用。《月令》：季冬始漁。《周禮》：春獻鼈蜃。蜃，常忍反，雉化爲之。關執禁以譏，禁異服，識異言。關，竟上門。譏，呵察。竟音境。苛音何，又呼河反，本亦作呵。

《周禮注疏》卷三九《冬官考工記》 陸曰：鄭云：此篇司空之官也。司空篇亡，漢興，購千金，不得。此前世識其事者，記録以備大數爾。

疏：冬官考工記。釋曰：鄭《目録》云：象冬所立官也。是官名司空者，冬閉藏萬物，天子立司空，使掌邦事，亦所以富立家，使民無空者也。司空之篇亡，漢興，購求千金，不得。此前世識其事者，記録以備大數，《古周禮》六篇畢矣。《古周禮》六篇者，天子所專秉以治天下，諸侯不得用焉。六官之記可見者，堯育重黎之後，羲和及其仲叔四子，掌天地四時。《夏書》亦云乃召六卿。商周雖稍增改其職名，六官之數則同矣。釋曰：鄭義既然，今按《漢書·藝文志》云：經禮三百，威儀三千。及周之衰，諸侯將踰法度，惡其害己，皆滅去其籍，孔子時而多不具。故鄭註《鄉飲酒》云：後世衰微，幽厲尤甚，禮樂之書，稍稍廢棄。孔子曰：吾自衛反魯，然後樂正，雅頌各得其所。謂當時在者，而復重雜亂者也，惡能存其亡者乎？以此觀之，《冬官》一篇其亡已久，有人尊集舊典，録此三十工以爲《考工記》。雖不知其人，又不知作在何日，要知在於秦前，是以得遭秦滅焚典籍，《韋氏》、《裘氏》等闕也。故鄭云前世識其事者，記録以備大數耳。此記人所爲，雖不同《周禮》體例，亦爲序致首末相承，總有七段明義，從國有六職至謂之婦工，言百工事，重在六職之内也。從越無鎛至夫人而能爲弓車，言四國皆能其事，不須置國工也。從知者創物至此皆聖人所作，言聖人創物之意也。從天有時至此天時也，言材雖美，工又有巧，不得天時則不良也。從攻木之工至陶旊，言工之多少之數及工別所宜也。從有虞氏至周人上輿，論四代所尚不同之事也。從一器而工聚者，車爲多，言專據周家所尚之事也。

國有六職，百工與居一焉。百工，司空事官之屬。於天地四時之職，亦處其一也。司空，掌營城郭，建都邑，立社稷宗廟，造宮室車服器械，監百工者，唐虞已上曰共工。與，音預。監，古銜反。上，時掌反，凡言以上放此。共，音恭。【略】

或坐而論道，或作而行之，或審曲面執，以飭五材，以辨民器，或通四方之珍異以資之，或飭力以長地財，或治絲麻以成之。言人德能事業之不同者也。論道，謂謀慮治國之政令也。作，起也。辨猶具也。資，取也，操也。鄭司農云：審曲面執，審察五材曲直方面形執之宜以治之及陰陽之面背是也。《春秋傳》曰：天生五材，民並用之。謂金、木、水、火、土也。故書資作齊。杜子春云：齊當爲資，讀如冬資絺綌之資。玄謂此五材，金、木、皮、玉、土。執，音勢。飭，音勅，下同。辨，皮莧反，具也，註及下同。長，丁丈反，下同。操，七曹反。【略】

坐而論道，謂之王公。天子、諸侯。【略】

作而行之，謂之士大夫。親受其職，居其官也。【略】

審曲面執，以飭五材，以辨民器，謂之百工。五材各有工，言百，衆言之也。【略】

通四方之珍異以資之，謂之商旅。商旅，販賣之客也。《易》曰：至日商旅不行。販，甫萬反。【略】

飭力以長地財，謂之農夫。三農受夫田也。【略】

治絲麻以成之，謂之婦功。布帛，婦官之事。

《禮記正義》卷一二《王制》 司空執度度地。司空，冬官卿，掌邦事者。度，丈尺也。度度，上如字；下大洛反，量也。居民山川沮澤，時四時，觀寒煖燥濕。沮，謂萊沛。沮，將慮反，沮沮如也。煖，乃管反，又況袁反，下文同，萊音來，何胤云：草所生曰萊。庾云：草也。沛，蒲具反，何胤云：水所生曰沛。何休註《公羊傳》云：草棘曰沛。量地遠近，制邑井之處。處，昌慮反。興事任力。事，謂築邑、廬、宿、市也。任，而鴆反。築音竹。凡使民，任老者之事，食壯者之食。寬其力，饒其食。食壯音嗣，只如字；下側狀反。

《晋書》卷二四《職官志》 太宰、太傅、太保，周之三公官也。

（唐）杜佑《通典》卷一九《職官·設官沿革》 周：太傅、少師、少保、冢宰、後周加大。宗伯、後周加大。内史、秦置内史，治京師，如諸郡守。後周有内史中丞大夫。隋改中書爲内史監令。大唐亦嘗以中書爲内史。太僕正、至漢爲太僕。梁爲卿。大唐嘗爲司馭卿，又嘗爲司僕卿。大將軍、自戰國時楚置。前後左右將軍。周末置。

（唐）杜佑《通典》卷一九《職官·三公》 周以太師、太傅、太保曰三公。

（唐）杜佑《通典》卷一九《職官·宰相》 周成王有左右相。

（唐）杜佑《通典》卷二〇《職官・三公總叙》 《記》曰：虞夏商周有師、保，有疑、丞，設四輔及三公，《尚書大傳》曰：古者天子必有四鄰，前曰疑，後曰丞，左曰輔，右曰弼。天子有問無以對，責之疑；有志而不志，責之丞；可正而不正，責之輔；可揚而不揚，責之弼。其爵視卿，其禄視次國之君。《漢官儀》曰：倉頡作書，自環者謂之厶，背私者謂之公。韓子曰：背私曰公。鼎足三者，三光也。不必備，唯其人。語使能也。語，言也。得能則用之，無則已，不必備其官。小人處其位，不如且闕。故天子無爵，三公無官，參職天子，何官之稱？天文三台，以三公法焉。三台，星名。台，一作能。伊尹曰：三公調陰陽，九卿通寒暑，大夫知人事，列士去其私。周成王作《周官》，曰：立太師、太傅、太保，兹惟三公，論道經邦，燮理陰陽。師，天子所師法；傅，傅相天子；保，保安天子於德義者。此惟三公之任，佐王論道，以經緯國事，和理陰陽。少師、少傅、少保曰三孤。此三官名曰三孤。孤，特也。言卑於公，尊於卿，特置此三人。貳公弘化，寅亮天地，弼予一人。副貳三公，弘大道化，敬信天地之教，以輔我一人之治。則三太，周之三公也，故不以一職爲官名。公，八命也。九命則分陝爲二伯。又以三少爲孤卿，與六卿爲九焉。六卿，冢宰、司徒、宗伯、司馬、司寇、司空也。《周禮正義》曰：按《婚義》云三公九卿者，六卿并三孤而言九，其三公又下兼六卿。故《傳》云司徒公、司馬公、司空公，公各兼二卿。按《顧命》，太保領冢宰，畢公領司馬，毛公領司空，别有芮伯爲司徒，彤伯爲宗伯，衛侯爲司寇，則周時三公，各兼一卿之職，與古異矣。又《周禮》王畿有六卿，每二卿則公一人，蓋一公領二卿也。舜之於堯，伊尹於湯，周公、召公於周，是其任也。賈誼曰：天子不喻於前聖之德，不知君民之道，不見禮義之正，《詩》《書》無宗，學業不法，太師之責也，古者齊太公職之。天子不惠於庶民，不禮於大臣，不中於折獄，無經於百官，不哀於喪，不敬於祭，不誠不信，太傅之責也，古者周公職之。天子處位不端，受業不敬，言語不叙，音聲不中，進退升降不以禮，俯仰周旋無以節，此太保之責也，古者燕召公職之。天子燕業反其學，左右之習詭其師，答諸侯，過大臣，不知文雅之辭，此少師之責也。天子居處出入不以禮，衣服冠帶不以制，御器列側不以度，采服從好不以章，忿悦不以義，與奪不以節，此少傅之責也。天子居燕私，安而易，樂而耽，飲食不時，醉飽不節，寢起早晏無常，玩好器弄無制，此少保之責也。故《周禮》建外朝之法，左九棘，孤、卿、大夫位焉，群士在其後；右九棘，公、侯、伯、子、男位焉，群吏在其後；面三槐，三公位焉，州長衆庶在其後。樹棘以爲位者，取其赤心而外刺，象以赤心三刺也。槐，懷也，言懷來人於此，欲與之謀也。群吏，謂府史也。州長，鄉遂之官。三公一命衮，若有加則賜也，不過九命。三公八命矣，復加一命，則服衮龍，與王者之後同，多於此則賜也，非命服也。虞夏之制，天子有日月星辰。《周禮》曰：諸公之服，自衮冕而下，如王之服。春秋九命作伯，尊公曰宰，言於海内無不宰統焉。或説司馬主天，司徒主人，司空主土，是爲三公。《韓詩外傳》曰：故陰陽不和，四時不節，星辰失度，災變非常，則責之司馬；君臣不正，人道不和，國多盜賊，民怨其上，則責之司徒；山陵崩弛，川谷不通，五穀不殖，草木不茂，則責之司空。

（唐）杜佑《通典》卷二〇《職官・太師》 周武王時太公，成王時周公，並爲太師。周公薨，畢公代之。

（唐）杜佑《通典》卷二〇《職官・太傅》 太傅，古官。傅，傅之德義也。周成王時，畢公爲太傅。

（唐）杜佑《通典》卷二〇《職官・太保》 周成王時，召公爲太保。

（唐）杜佑《通典》卷二〇《職官・太宰》 太宰，於殷爲六太，於周爲六卿，亦曰冢宰。周武時，周公始居之，掌建邦之治。

（唐）杜佑《通典》卷二〇《職官・司徒》 周時，司徒爲地官，掌邦教。《毛詩・緇衣》，美鄭武公也。父子爲周司徒，善於其職。

（唐）杜佑《通典》卷二〇《職官・司空》 《周禮》，司空爲冬官，掌邦事。凡營城起邑、復溝洫、修墳防之事，則議其利，建其功。四方水土功課，歲盡則奏其殿最而行賞罰。凡國有大造大疑，諫諍，與太尉同。

（唐）杜佑《通典》卷二〇《職官・大司馬》 大司馬，古官也，掌武事。司，主也。馬，武也。少皞有鴡鳩氏爲司馬。鴡音睢堯時，棄爲后稷，兼掌司馬。周時，司馬爲夏官，掌邦政。

（唐）杜佑《通典》卷二一《職官・宰相》 周時，召公爲保，周公爲師，相成王，爲左右，亦其任也。

（唐）杜佑《通典》卷二一《職官・門下省・侍中》 侍中者，周公戒成王《立政》之篇所云常伯、常任以爲左右，即其任也。《漢官》曰：選於侯伯，轉補衮闕，言其道可常尊，故曰常伯。《周禮》有太僕，干寶注云：若漢侍中。

（唐）杜佑《通典》卷二一《職官・中書省・中書令》 舜攝位，命龍作納言，出入帝命。《周官》，内史掌王之八柄，爵、禄、廢、置、生、殺、與、奪，執國法及國令之貳，以考政事。蓋今中書之任。

（唐）杜佑《通典》卷二一《職官·中書省·史官》 史官。肇自黄帝有之，自後顯著。夏太史終古，商太史高勢。周則曰太史、小史、内史、外史。而諸侯之國，亦置其官。又《春秋》、《國語》引《周志》及《鄭書》，似當時記事，各有其職。

（唐）杜佑《通典》卷二二《職官·尚書上·尚書令》 周之冢宰爲天官，掌邦之理，六卿之職總屬焉，於百官無所不主。

（唐）杜佑《通典》卷二三《職官·尚書下·吏部尚書》 《周禮·天官》，太宰掌建邦之六典，以佐王理邦國。變冢言太者，進退異名也。百官總焉，則謂之冢宰；列職於王，則謂之太宰。宰，主也。建，立也。邦，理王所居之邦國。佐猶助也。周公居攝，而作六典之職，以佐王理邦國。漢成帝初，分尚書置四曹，蓋因事設員，以司其務，非擬於古制也。至光武，乃分爲六曹。迄於魏晉，或五或六，亦隨宜施制，無有常典。自宋齊以來，多定爲六曹，稍似《周禮》。至隋六部，其制益明。大唐武太后遂以吏部爲天官，户部爲地官，禮部爲春官，兵部爲夏官，刑部爲秋官，工部爲冬官，以承周六官之制。若參詳古今，徵考職任，則天官太宰當爲尚書令，非吏部之任。今吏部之始，宜出於《夏官》之司士云。又夏官之屬有司士下大夫二人，掌群臣之版，古書版爲班，班書或爲版。版，名籍也。歲登下其損益之數，謂用功過黜陟者。辨其年歲與其貴賤，年數多少，知其老少。周知邦國都家縣鄙之數，卿、大夫、士、庶子之數，以詔王理，告王所當進退。以德詔爵，有賢者之德，乃詔以爵。以功詔禄，理有功勳，後告以禄。以能詔事，以久奠食。能者事成乃食之。《王制》曰：論定然後官之，任官然後爵之，位定然後禄之。奠音定。

（唐）杜佑《通典》卷二三《職官·尚書下·户部尚書》 《周禮·地官》，大司徒之職，掌建邦之土地之圖，與其人民之數。按今户部之職與地官之任，雖亦頗同，若徵其承受，考其沿襲，則户部合出於度支。度支，主計算之官也。算計之任，本出於《周禮·天官》之司會云。又太宰之屬有司會，以九貢之法致邦國之財用，以九賦之法令田野之財用，以九功之法令民職之財用，以九式之法均節邦之財用，掌國之官府郊野縣都之百物財用，凡在書契版圖者之貳，以逆群吏之治，而聽其會計。逆謂受而鉤考之，可知得失多少。

（唐）杜佑《通典》卷二三《職官·尚書下·禮部尚書》 唐虞之時，秩宗典三禮。《周禮·春官》，大宗伯掌建邦之天神、人鬼、地祇之禮。

（唐）杜佑《通典》卷二三《職官·尚書下·兵部尚書》 《周禮·夏官》，大司馬之職，掌以九伐之法正邦國，制軍詰禁，以糾邦國。領校人、牧師、職方、司兵之屬，即今兵部之任也。

（唐）杜佑《通典》卷二三《職官·尚書下·刑部尚書》 唐虞之時，士官以正五刑。《周禮·秋官》，大司寇掌邦之三典，以佐王刑邦國，蓋其任也。

（唐）杜佑《通典》卷二三《職官·尚書下·工部尚書》 《周禮》，冬官其屬有考工，掌百工之事，曰國有六職，百工是其一焉。

（唐）杜佑《通典》卷二五《職官·諸卿上·總論諸卿》 周之九卿，即少師、少傅、少保、冢宰、司徒、宗伯、司馬、司寇、司空。三代諸卿雖名號不同，然其官職相沿，與周不異，説在《歷代官制篇》。

（唐）杜佑《通典》卷二五《職官·諸卿上·太常卿》 今太常者，亦唐虞伯夷爲秩宗兼夔典樂之任也。周時曰宗伯，爲春官，掌邦禮。

（唐）杜佑《通典》卷二五《職官·諸卿上·宗正卿》 《周官》，小宗伯掌三族之别，以辨其親疏。

（唐）杜佑《通典》卷二五《職官·諸卿上·太僕卿》 《周官》有太僕下大夫，掌正王之服位，出入王之大命，似今太僕之職。一云周穆王置太僕正，以伯冏爲之，冏，具永切。掌輿馬。

（唐）杜佑《通典》卷二五《職官·諸卿上·大理卿》 今大理者，亦舜攝帝位，臯繇作士，正五刑，周秋官之任。《韓詩外傳》曰：晉文公使李離爲大理，過聽殺人，自拘於廷，遂伏劍死。君子曰忠與仁。《新序》曰：楚昭王時，石奢爲理，有殺人者，奢追之，則其父也。奢曰：以父成政，不孝；不行君法，非忠。遂刎頸而死於廷。又《家語》曰：季羔爲衛士師，刖人之足。俄而衛有亂，季羔逃，刖者守門，謂羔曰：彼者缺。羔曰：君子不隧。又曰：此有室。季羔入焉。既罷，羔問曰：吾親刖子之足，而逃我，何也？刖者曰：曩者，君理人以法令，先君後臣，欲臣之免也，臣知之。臨當論刑，君愀然不樂，見於顔色，臣又知之。君豈私臣哉。天生君子，其道固然，此臣之所脱君也。孔子聞之曰：善哉，爲吏者用法，一思仁恕則樹德，如嚴暴則樹怨，公以行之，其子羔乎？

（唐）杜佑《通典》卷二六《職官·諸卿中·鴻臚卿》 《周官》大行人，掌大賓客之禮。《周禮》又有象胥。干寶注云：若晉鴻臚也。

（唐）杜佑《通典》卷二六《職官・諸卿中・司農卿》 少皞氏以九鳲爲九農正。鳲，鳥也。鳲有九種，以爲農號，各隨其宜，以教人事。舜攝帝位，命棄爲后稷。周則爲太府下大夫。

（唐）杜佑《通典》卷二六《職官・諸卿中・太府卿》 《周官》有太府下大夫，掌貢賦之貳，受其貨賄之入，頒其貨賄於受藏之府。歷代不置，然其職在司農、少府。

（唐）杜佑《通典》卷二六《職官・諸卿中・祕書監》 《周官》太史掌建邦之六典；又有外史，掌四方之志、三皇五帝之書。

紀事

《春秋左傳正義》襄公十四年 王使劉定公賜齊侯命，將昏於齊故也。定公，劉夏。位賤，以能而使之。傳稱謚，舉其終。曰：昔伯舅大公右我先王，股肱周室，師保萬民。世胙大師，以表東海。胙，報也。表，顯也。謂顯封東海以報大師之功。右音又。胙，才故反。

《春秋左傳正義》定公四年 若之何其使蔡先衛也？武王之母弟八人，周公爲太宰，康叔爲司寇，聃季爲司空，五叔無官，豈尚年哉？五叔，管叔鮮、蔡叔度、成叔武、霍叔處、毛叔聃也。

疏：母弟八人。正義曰：上言十人，而此云八者，伯邑考已死，不數武王，故八人。康叔爲司寇。正義曰：《尚書》：蘇公爲司寇。此言康叔者，爲蘇公出封爲國，康叔替之。註五叔。正義曰：《史記》云聃季載，杜云毛叔聃，又不數叔振鐸者，杜以振鐸非周公同母，故不數之。或杜別有所見，不以《管蔡世家》爲說。

《春秋公羊傳注疏》隱公五年九月 天子三公者何？天子之相也。相，助也。之相，息亮反，註及下同。

疏：天子三公者何。解云：正以《春秋》上下，無三公之文，故執不知問。

天子之相，則何以三？據經但有祭公、周公。

疏：註據經至周公。解云：即桓八年祭公來云云，僖九年公會宰周公是也。經但有二公，而傳言三公，故難之。

自陜而東者，周公主之；自陜而西者，召公主之；一相處乎內。陜者，蓋今弘農陜縣是也。禮，司馬主兵，司徒主教，司空主土。《春秋》撥亂世，以絀陟爲本，故舉絀陟以所主者言之。陜，失冉反，何云弘農陜縣也；一云當作郟，古洽反，王城郟鄏。召公，上照反，又作邵，音同。絀，勑律反。

《史記》卷四《周本紀》 武王即位，太公望爲師，周公旦爲輔，召公、畢公之徒左右王，師脩文王緒業。九年，武王上祭于畢。東觀兵，至于盟津。爲文王木主，載以車，中軍。武王自稱太子發，言奉文王以伐，不敢自專。乃告司馬、司徒、司空、諸節：齊栗，信哉。予無知，以先祖有德臣，小子受先功，畢立賞罰，以定其功。遂興師。師尚父號曰：總爾衆庶，與爾舟楫，後至者斬。武王渡河，中流，白魚躍入王舟中，武王俯取以祭。既渡，有火自上復于下，至于王屋，流爲烏，其色赤，其聲魄云。是時，諸侯不期而會盟津者八百諸侯。諸侯皆曰：紂可伐矣。武王曰：女未知天命，未可也。乃還師歸。

《史記》卷四《周本紀》 二月甲子昧爽，武王朝至于商郊牧野，乃誓。武王左杖黄鉞，右秉白旄，以麾。曰：遠矣西土之人。武王曰：嗟，我有國冢君，司徒、司馬、司空，亞旅、師氏，千夫長、百夫長，及庸、蜀、羌、髳、微、纑、彭、濮人，稱爾戈，比爾干，立爾矛，予其誓。

《史記》卷四《周本紀》 夷王崩，子厲王胡立。厲王即位三十年，好利，近榮夷公。大夫芮良夫諫厲王曰：王室其將卑乎？夫榮公好專利而不知大難。夫利，百物之所生也，天地之所載也，而有專之，其害多矣。天地百物皆將取焉，何可專也？所怒甚多，而不備大難。以是教王，王其能久乎？夫王人者，將導利而布之上下者也。使神人百物無不得極，猶日怵惕懼怨之來也。故《頌》曰：思文后稷，克配彼天，立我蒸民，莫匪爾極。《大雅》曰：陳錫載周。是不布利而懼難乎，故能載周以至于今。今王學專利，其可乎？匹夫專利，猶謂之盜，王而行之，其歸鮮矣。榮公若用，周必敗也。厲王不聽，卒以榮公爲卿士，用事。

王行暴虐侈傲，國人謗王。召公諫曰：民不堪命矣。王怒，得衛巫，使監謗者，以告則殺之。其謗鮮矣，諸侯不朝。三十四年，王益嚴，國人莫敢言，道路以目。厲王喜，告召公曰：吾能弭謗矣，乃不敢言。召公曰：是鄣之也。防民之口，甚於防水。水壅而潰，傷人必多，民亦如之。

是故爲水者決之使導，爲民者宣之使言。故天子聽政，使公卿至於列士獻詩，瞽獻曲，史獻書，師箴，瞍賦，矇誦，百工諫，庶人傳語，近臣盡規，親戚補察，瞽史教誨，耆艾脩之，而后王斟酌焉，是以事行而不悖。民之有口也，猶土之有山川也，財用於是乎出；猶其有原隰衍沃也，衣食於是乎生。口之宣言也，善敗於是乎興。行善而備敗，所以產財用衣食者也。夫民慮之於心而宣之於口，成而行之。若壅其口，其與能幾何？王不聽。於是國莫敢出言，三年，乃相與畔，襲厲王。厲王出奔於彘。

《漢書》卷四八《賈誼傳》 昔者成王幼在繈抱之中，召公爲太保，周公爲太傅，太公爲太師。保，保其身體；傅，傅之德（意）〔義〕；師，道之教訓：此三公之職也。

外服

論説

《荀子·儒效篇》 兼制天下，立七十一國，姬姓獨居五十三人，而天下不稱偏焉。

（漢）桓寬《鹽鐵論》卷四《地廣》 文學曰：古者，天子之立於天下之中，縣内方不過千里，諸侯列國，不及不食之地，《禹貢》至於五千里；民各供其君，諸侯各保其國，是以百姓均調，而繇役不勞也。

（清）孫詒讓《墨子閒詁》卷三《尚同上》 天子立，以其力爲未足，又選擇天下之賢可者，置立之以爲三公。天子三公既以立，以已通。以天下爲博大，遠國異土之民、是非利害之辯，不可一二而明知，故畫分萬國，畢云：《説文》云：畫，界也。立諸侯國君。

綜述

《毛詩正義》卷二〇《魯頌·閟宫》 王曰叔父，建爾元子，俾侯于魯。大啓爾宇，爲周室輔。王，成王也。元，首。宇，居也。箋云：叔父，謂周公也。成王告周公曰：叔父，我立女首子，使爲君於魯。謂欲封伯禽也。封魯公以爲周公後，故云大開女居，以爲我周家之輔。謂封以方七百里，欲其强於衆國。乃命魯公，俾侯于東，錫之山川，土田附庸。箋云：東，東藩，魯國也。既告周公以封伯禽之意，乃策命伯禽，使爲君於東，加賜之以山川、土田及附庸，令專統之。《王制》曰：名山大川不以封諸侯，附庸則不得專臣也。藩，方元反。策，初革反。令，力呈反。

《周禮注疏》卷一〇《地官司徒·大司徒》 凡建邦國，以土圭土其地而制其域：諸公之地，封疆方五百里，其食者半；諸侯之地，封疆方四百里，其食者參之一；諸伯之地，封疆方三百里，其食者參之一；諸子之地，封疆方二百里，其食者四之一；諸男之地，封疆方百里，其食者四之一。土其地，猶言度其地。鄭司農云：土其地，但爲正四方耳。其食者半，公所食租税得其半耳，其半皆附庸小國也，屬天子。參之一者亦然。故《魯頌》曰：錫之山川，土地附庸。奄有龜蒙，遂荒大東，至于海邦。《論語》曰：季氏將伐顓臾，孔子曰：先王以爲東蒙主，且在邦域之中，是社稷之臣。此非七十里所能容，然則方五百里四百里合於《魯頌》、《論語》之言。諸男食者四之一，適方五十里，獨此與今五經家説合耳。玄謂其食者半、參之一、四之一者，土均均邦國地貢輕重之等。其率之也，公之地以一易，侯伯之地以再易，子男之地以三易，必足其國禮俗喪紀祭祀之用，乃貢其餘。若今度支經用，餘爲司農穀矣。大國貢重，正之也。小國貢輕，字之也。凡諸侯爲牧正帥長及有德者，乃有附庸，爲其有禄者當取焉。公無附庸，侯附庸九同，伯附庸七同，子附庸五同，男附庸三同。進則取焉，退則歸焉。魯於周法不得有附庸，故言錫之也。地方七百里者，包附庸，以大言之也。附庸二十四，言得兼此一等矣。【略】

凡造都鄙，制其地域而封溝之，以其室數制之。不易之地家百晦，一易之地家二百晦，再易之地家三百晦。都鄙，王子弟公卿大夫采地，其界曰都，鄙所居也。《王制》曰：天子之縣内，方百里之國九，七十里之國二十有一，五十里之國六十有三。此蓋夏時采地之數，周未聞矣。《春秋傳》曰：遷鄭焉而鄙留。城郭之宅曰室。《詩》云：嗟我婦子，曰爲改歲，入此室處。以其室數制之，謂制丘甸之屬。《王制》曰：凡居民，量地以制邑，度地以居民，地邑民居，必參相得。鄭司農云：不易之地歲種之，地美，故家百晦。一易之地休一歲乃復種，地薄，故家二百晦。再易之地休二歲乃復種，故家三百晦。畝，本亦作古晦字。甸，劉常証反。復，扶又反，下同。

疏：凡造至百晦。釋曰：上言王畿及諸侯邦國，至此更言畿内都鄙三等采地。云凡造都鄙制其地域者，案《載師職》家邑任稍地，小都任縣地，大都任畺地，又下文《小司徒職》云：四丘爲甸，四甸爲縣，四縣爲都。家邑二十五里，小都五十里，大都百里，是造都鄙制其地域也。云而封溝之者，謂三等采地四境界上皆有溝，封而樹之，以爲阻固。云以其室數制之者，其室在都邑之內，而云制之者，依其城內室數，於四野之中制地與之，謂若九夫爲井、四井爲邑、四邑爲丘、四丘爲甸、四甸爲縣、四縣爲都之等是也。云不易之地家百畮者，此謂上地，年年佃之，故家百畮。云一易之地家二百畮者，謂年別佃百畮、廢百畮。云再易之地家三百畮者，以其地薄，年年佃百畮、廢二百畮，三年再易乃徧，故云再易也。

《周禮注疏》卷一二《地官司徒・封人》 封人，掌詔王之社壝，爲畿封而樹之。壝謂壇及堳埒也。畿上有封，若今時界矣。不言稷者，稷，社之細也。【略】

凡封國，設其社稷之壝，封其四疆。封國，建諸侯，立其國之封。

疏：凡封至四疆。釋曰：言凡封國者，封五等之國。非一，故云凡以廣之。云設其社稷之壝者，案《禹貢》，徐州貢五色土。孔註云：王者封五色土爲社，建諸侯則各割其方色土與之，使立社。燾以黃土，苴以白茅，茅取其潔，黃取王者覆四方。是封乎諸侯立社稷之法也。云封其四疆者，諸侯百里以上至五百里，四邊皆有封疆而樹之，故云封其四疆也。註封國至之封。釋曰：封國建諸侯者，若《典命》云：三公八命，其卿六命，大夫四命，其出封皆加一等。是建諸侯也。云立其國之封者，封則經云四疆是也。

造都邑之封域者亦如之。

疏：釋曰：云造都邑者，謂大都、小都、家邑三等采地，有百里、五十里、二十五里。皆有四邊封域，故云之封域也。云亦如之者，亦如上諸侯有四疆也。

令社稷之職。將祭之時，令諸有職事於社稷者也。《郊特牲》曰：唯爲社事單出里，唯爲社田國人畢作，唯爲社丘乘其粢盛，所以報本反始也。唯爲，于僞反，下同。單，音丹。乘，繩證反。

疏：令社稷之職。釋曰：春秋祭社，皆有職事。令之者，使各依職司而行，故須令之也。註將祭至始也。釋曰：言將祭之時者，春秋祭社，日皆用甲。未祭之前，令諸有職事于社稷者也。云唯爲社事單出理者，單，盡也。盡往助祭于州長。此據六卿之中。又云唯爲社田國人畢作者，畢亦盡也。國人盡行。鄭云非徒羨，謂在六遂之中，以下劑致甿，當家之內，一人爲正卒，一人爲羨卒，其餘爲餘夫。但田與追胥竭作，餘夫亦行，故云非徒羨也。云唯爲社丘乘其粢盛者，此據三等采地之中，故有丘甸井田之法。案《小司徒職》云：九夫爲井，四井爲邑，四邑爲丘，四丘爲甸。甸方八里，旁加一里則爲一成。成百井，九百夫。一井之地九夫，八家各治一夫，自入共治，一夫稅入於君，以共粢盛而祭社，故云丘乘共粢盛也。云所以報本反始也者，社稷爲土神，是民之本；句龍、后稷是民之始。反亦報也，命民共之者，所以報本反始也。引之者，證祭社各有職事。

《禮記正義》卷一一《王制》 天子之縣內，方百里之國九，七十里之國二十有一，五十里之國六十有三，凡九十三國。名山大澤不以朌，其餘以祿士，以爲閒田。縣內，夏時天子所居州界名也。殷曰畿，《詩・殷頌》曰：邦畿千里，維民所止。周亦曰畿，畿內大國九者，三公之田三，爲有致仕者副之爲六也，其餘三，待封王之子弟。次國二十一者，卿之田六，亦爲有致仕者副之爲十二，又三爲三孤之田，其餘六，亦待封王之子弟。小國六十三，大夫之田二十七，亦爲有致仕者副之爲五十四，其餘九，亦以待封王之子弟。三孤之田不副者，以其無職，佐公論道耳，雖有致仕，猶可即而謀焉。朌讀爲班。朌音班，賦也。【略】

凡九州，千七百七十三國。天子之元士，諸侯之附庸，不與。不與，不在數中也。《春秋傳》云：禹會諸侯於塗山，執玉帛者萬國。言執玉帛，則是惟謂中國耳。中國而言萬國，則是諸侯之地有方百里，有方七十里，有方五十里者，禹承堯舜而然矣。要服之內，地方七千里，乃能容之。夏末既衰，夷狄內侵，諸侯相并，土地減，國數少。殷湯承之，更制中國方三千里之界，亦分爲九州，而建此千七百七十三國焉。周公復唐虞之舊域，分其五服爲九，其要服之內，亦方七千里，而因殷諸侯之數廣其土，增其爵耳。《孝經説》曰：周千八百諸侯，布列五千里內。此文改周之法，關盛衰之中，三七之間以爲説也。終此説之意，五五二十五，方千里者二十五，其一爲畿內，餘二十四州，各有方千里者三，其餘諸侯之地，大小則未得而聞。【略】

千里之外設方伯，五國以爲屬，屬有長。十國以爲連，連有帥。三十國以爲卒，卒有正。二百一十國以爲州，州有伯。屬、連、卒、州，猶聚也。伯、帥、正，亦長也。凡長皆因賢侯爲之。殷之州長曰伯，虞夏及周皆曰牧。帥，色類反，註及下同。卒，子忽反，下及註同。牧音木。八州八伯，五十六正，百六十八帥，三百三十六長。八伯各以其屬，屬於天子之老二人，分天下以爲左右，曰二伯。老謂上公。《周禮》曰：九命作伯。《春秋傳》曰：自陝以東，周公主之。自陝以西，召公主之。陝，失冉反，一音古治反。召，詩照反。【略】

千里之內曰甸。服治田，出穀税。甸，大薦反。千里之外曰采，九州之內地，取其美物，以當穀税。采，蒼改反。當，丁浪反，又如字。曰流。謂九州之外也，夷狄流移，或貢或不。《禹貢》荒服之外，三百里蠻，二百里流。蠻，莫還反。

《國語·周語上》 夫先王之制：邦內甸服，邦內，謂天子畿內千里之地。《商頌》曰：邦畿千里，維民所止。《王制》曰：千里之內曰甸。京邑在其中央，故《夏書》曰五百里甸服，則古今同矣。甸，王田也。服，服其職業也。自商以前，并畿內爲五服。武王克殷，周公致太平，因禹所弼，除畿內更制天下爲九服。千里之內謂之王畿，王畿之外曰侯服，侯服之外曰甸服。今謀父諫穆王，稱先王之制猶以王畿爲甸服者，甸，古名，世俗所習也。故周襄王謂晉文公曰昔我先王之有天下也，規方千里，以爲甸服，是也。《周禮》亦以蠻服爲要服，足以相況也。邦外侯服，邦外，邦畿之外也。方五百里之地謂之侯服。侯服，侯圻也。言諸侯之近者，歲一來見也。侯、衛賓服，此總言之也。侯，侯圻也。衛，衛圻也。言自侯圻至衛圻，其間凡五圻，圻五百里，五五二千五百里，中國之界也。謂之賓服，常以服貢賓見於王也。五圻者，侯圻之外曰甸圻，甸圻之外曰男圻，男圻之外曰采圻，采圻之外曰衛圻。《周書·康誥》曰侯、甸、男、采、衛，是也。凡此服數，諸家之説皆紛錯不同，唯賈君近之。蠻、夷要服，蠻，蠻圻。夷，夷圻也。《周禮》，衛圻之外曰蠻圻，去王城三千五百里，九州之界也。夷圻去王城四千里。《周禮》行人職，衛圻之外謂之要服，此言蠻、夷要服，則夷圻朝貢或與蠻圻同也。要者，要結好信而服從也。戎、狄荒服。戎、狄，去王城四千五百里至五千里也。四千五百里爲鎮圻，五千里爲蕃圻，在九州之外荒裔之地，與戎、狄同俗，故謂之荒，荒忽無常之言也。

（唐）杜佑《通典》卷一九《職官·封爵》 黄帝，方制萬里，爲萬國，各百里。

唐虞夏，建國凡五等，曰公、侯、伯、子、男。

殷，公、侯、伯三等。公百里，侯七十里，伯五十里。

周，公、侯、伯、子、男五等。公、侯百里，伯七十里，子、男五十里。

周公居攝改制，大其封。公五百里，侯四百里，伯三百里，子二百里，男百里。

（唐）杜佑《通典》卷三一《職官·歷代王侯封爵》 周制，封王者後。凡有功之諸侯，大者地方五百里，侯四百里，伯三百里，子二百里，男百里。所因殷之諸侯，亦爲黜陟之。其小者皆益之地爲百里，是以周有爵尊而國小、爵卑而國大者。唯天子畿內不增。方千里曰王畿。其外方五百里曰侯服，又其外方五百里曰甸服，又其外方五百里曰男服，又其外方五百里曰采服，又其外方五百里曰衛服，又其外方五百里曰蠻服，又其外方五百里曰夷服，又其外方五百里曰鎮服，又其外方五百里曰藩服。周之初，列爵惟五，公、侯、伯、子、男，分土唯三，公侯方百里，伯方七十里，子男方五十里，並因殷制。至周公居攝，制禮作樂，列爵分土，皆五等焉。公五百里，侯四百里，伯三百里，子二百里，男百里。凡諸侯世子世國，繼世以諸侯，象賢。大夫不世爵，使人以德，爵以功。謂縣內及列國諸侯爲天子大夫者，不世爵而世禄，避賢。未賜爵，視天子之元士，以君其國。列國及縣內之國。諸侯有上大夫卿、下大夫、上士、中士、下士，凡五等。上大夫曰卿。諸侯之大夫，不世爵禄。周天王之女爲王姬，皆下嫁於諸侯。車服不繫其夫，下王后一等。公國孤一人。孔安國注《虞書》曰：公之孤執玄。《周禮》云：公之孤四命。《王制》曰：天子使其大夫監於方伯之國，國三人，是爲三監。使佐方伯，領諸侯，此殷禮也。其禄視諸侯之卿，其爵視次國之君，其禄取於方伯之地。蓋牧國則有之。故《儀禮·燕禮》云：若有諸公，則先卿獻之。《正義》曰：言諸者，通容牧三監，皆爲公也。大國三卿，皆命於天子；命於天子者，天子選用之，如今詔書除吏矣。次國三卿，二卿命於天子，一卿命於其君；《左傳》曰：管仲受下卿之禮，避天子之二守國、高故也。明國、高是天子之命卿也。小國三卿，一卿命於天子，二卿命於其君。《王制》曰：小國二卿，皆命於其君。鄭注云：誤也。《正義》曰：此兼夏殷禮也。夏之大國謂公侯也，殷大國謂公也。依周而言，謂立司徒兼冢宰之事，立司馬兼宗伯，立司空兼司寇也。故《左傳》云，魯季孫爲司徒，叔孫爲司馬，孟孫爲司空，此三卿也。以此推之，則知諸侯不立冢宰、宗伯、司寇。按崔氏云：魯已有孟、叔、季三卿爲政，而更有臧氏及孔子並爲司寇，則皆小司寇也。每國下大夫五人，上士二十七人。《周禮》五等國悉三卿、五大夫、二十七士，皆與此同。但公國長有四命孤一人，其卿三命，大夫再命，侯伯之卿大夫亦如之。子男之卿再命，其大夫一命，其士不命。大國之卿不過三命，下卿再命，小國之卿與大夫一命。不言次國者，以大國之下互明之也。此卿命則異。大夫皆同。《周禮》，公侯伯之卿三命，大夫再命；子男之卿再命，其大夫一命。次國之上卿位當大國之中，中當其下，下當其上大夫。小國之上卿位當大國之下卿，中當其上大夫，下當其下大夫。此諸侯使卿大夫覜聘並會之叙也。其位爵同，小國在下，爵異固在上耳。至於周衰，諸侯失制，號令自己，其名不一。於是正卿當國謂之相，而楚謂之令尹。其他異同，難悉數矣。孫卿子曰：孫叔敖曰：吾三相楚而心愈庳，每益禄而施愈博，位滋尊而禮愈恭。《史記》曰：楚民俗好卑車，王以爲不便馬，欲下令使高之。孫叔敖曰：令數下，民不知所從。王必欲高車，臣請教閭里使高其梱。王許之。居半載，民悉自高其車，此不教而民從其化。故三得相而不喜，知其才自得之。三去相而不悔，知非己之罪。《淮南子》曰：蘧伯玉爲相，子貢問：何以理國？曰：不理理之。又曰：子產爲鄭國相，一年，豎子不戲狎，斑白不提挈，僮子不犁畔；二年，市不先賈；三年，門不夜關，道不拾遺；四年，田器不歸；五年，士無尺籍。又，孔子攝行魯相事，有喜色，乃誅大夫亂政者少正卯，與聞國政三月，鬻羔豚者弗飾賈，男女行者別於塗，塗不拾遺。四方之客至乎邑者，不求有司，皆予之以歸。又，公儀休爲魯相，奉法循理，無所變更，百官自正。使食禄者不得與下民爭利，受大者不得取小。客有遺相魚者，不受。客曰：聞君嗜魚，何故不受？相曰：以嗜魚，故不受也。食茹而美，拔其園葵而棄之。見其家織布好，而逐出其婦，燔其機，曰：欲令農夫工女安所讎其貨乎？

《周禮注疏》卷九《地官司徒》 鄉老，二鄉則公一人。鄉大夫，每鄉卿一人。州長，每州中大夫一人。黨正，每黨下大夫一人。族師，每族上士一人。閭胥，每閭中士一人。比長，五家下士一人。老，尊稱也。王置六鄉，則公有三人也。三公者，內與王論道，中參六官之事，外與六鄉之教，其要爲民，是以屬之鄉焉。州、黨、族、閭、比，鄉之屬別。正、師、胥，皆長也。正之言政也。師之言帥也。胥，有才知之稱。《載師職》曰：以官田、牛田、賞田、牧田任遠郊之地。《司勳職》曰：掌六鄉之賞地。六鄉地在遠郊之內，則居四同。鄭司農云：百里內爲六鄉，外爲六遂。比，毗志反，徐扶二反，註下同。稱，尺證反，下同。爲民，于偽反。帥，所類反。【略】

縣師，上士二人，中士四人，府二人，史四人，胥八人，徒八十人。主天下土地人民已下之數，徵野賦貢也。名曰縣師者，自六鄉以至邦國，縣居中焉。鄭司農云：四百里曰縣。

疏：【略】郊外曰野，以其二百里外至邦國，以其地廣，縣師徵之，旅師斂之，徵斂別官。百里之內六鄉之中，閭師徵之，閭師斂之，以其地狹，徵斂同官。又云名曰縣師者，自六鄉以至邦國，縣居中焉，自百里以至邦國分爲五等，二百里曰甸，三百里曰稍，四百曰縣，五百曰都，畿外邦國，是其縣居中焉。以其徵外內之賦，舉中爲名。鄭雖言自六鄉，六鄉仍舊郊內，據六鄉已外而言。鄭司農云四百里曰縣者，據《載師職》小都任縣地，在四百里中，故云四百里曰縣。此縣師與閭師並在此者，以其徵斂地稅，故與載師連類在此。

《周禮注疏》卷九《地官司徒》 遂人，中大夫二人；遂師，下大夫四人。上士八人，中士十有六人，旅下士三十有二人。府四人，史十有二人，胥十有二人，徒百有二十人。遂人主六遂，若司徒之於六鄉也。六遂之地，自遠郊以達于畿，中有公邑、家邑、小都、大都焉。鄭司農云：遂謂王國百里外。

疏：遂人至十人。釋曰：遂人主六遂，如司徒主六鄉，但官卑校一節。司徒六命卿一人，小司徒中大夫二人，鄉師下大夫四人。此遂人中大夫二人，當小司徒處，遂師下大夫四人，當鄉師處，但無六命卿一人。以其六鄉爲正，六遂爲副，故尊卑不同。以主事相似故，上士已下其數與司徒同。自此已下至旅師，皆是地事，故在此。註遂人至里外。釋曰：鄭知遂人主六遂，若司徒之於六鄉者，既名遂人，下文承以遂大夫遂官之等，似若大司徒下即有鄉大夫鄉官之等，故知遂人主六遂若司徒之於六鄉也。云六遂之地自遠郊以達于畿者，案其職云遂人掌邦之野，下文以達于畿，是其義也。云中有公邑家邑小都大都焉，但六遂之地，只在二百里內亦有公邑，故《載師職》云公邑之田任甸地，其公邑，自二百里以出至五百里皆有焉。家邑，大夫采地，在稍地三百里。小都，卿之采地，在縣地四百里。大都，三公王子弟，在畺地五百里。故《載師職》云：家邑任稍地，小都任縣地，大都任畺地。遂人雖專六遂，以其言掌野，郊外曰野，大摠之言，以言達于畿，故知兼掌此等焉。鄭司農云遂謂王國百里外者，以其在一百里中，故知百里外。

遂大夫，每遂中大夫一人。縣正，每縣下大夫一人。鄙師，每鄙上士一人。酇長，每酇中士一人。酇，作管反。里宰，每里下士一人。鄰長，五家則一人。縣、鄙、酇、里、鄰，遂之別屬也。

《周禮注疏》卷一〇《地官司徒·大司徒》 令五家爲比，使之相保；五比爲閭，使之相受；四閭爲族，使之相葬；五族爲黨，使之相救；五黨爲州，使之相賙；五州爲鄉，使之相賓。此所以勸民者也。使之者，皆謂立其長而教令使之。保猶任也。救，救凶災也。賓，賓客其賢者。故書受爲授，杜子春云：當爲受，謂民移徙所到則受之，所去則出之。又云：賙當爲糾，謂糾其惡。玄謂受者，宅舍有故，相受寄託也。賙者，謂禮物不備，相給足也。閭二十五家，族百家，黨五百家，州二千五百家，鄉萬二千五百家。

《周禮注疏》卷一一《地官司徒·小司徒》 乃經土地而井牧其田野，九夫爲井，四井爲邑，四邑爲丘，四丘爲甸，四甸爲縣，四縣爲都，以任地事而令貢賦，凡稅斂之事。此謂造都鄙也。采地制井田，異於鄉遂，重立國。小司徒爲經之，立其五溝五塗之界，其制似井之字，因取名焉。《孟子》曰：夫仁政必自經界始。經界不正，井地不均，貢祿不平，是故暴君姦吏必慢其經界。經界既正，分田制祿可坐而定也。鄭司農云：井牧者，《春秋傳》所謂井衍沃、牧隰皋者也。玄謂隰皋之地，九夫爲牧，二牧而當一井。今造都鄙，授民田，有不易，有一易，有再易，通率二而當一，是之謂井牧。昔夏少康在虞思，有田一成，有衆一旅。一旅之衆而田一成，則井牧之法先古然矣。九夫爲井者，方一里，九夫所治之田也。此制小司徒經之，匠人爲之溝洫，相包乃成耳。邑丘之屬相連比，以出田稅。溝洫爲除水害。四井爲邑，方二里。四邑爲丘，方四里。四丘爲甸，甸之言乘也，讀如衷甸之甸。甸方八里，旁加一里，則方十里，爲一成。積百井，九百夫。其中六十四井，五百七十六夫，出田稅；三十六井，三百二十四夫，治洫。四甸爲縣，方二十里。四縣爲都，方四十里。四都方八十里，旁加十里，乃得方百里，爲一同也。積萬井，九萬夫。其四千九十六井，三萬六千八百六十四夫，出田稅；二千三百四井，二萬七百三十六夫，治洫；三千六百井，三萬二千四百夫，治澮。井田之法，備於一同。今止於都者，采地食者皆四之一。其制三等：百里之國凡四都，一都之田稅入於王；五十里之國凡四縣，一縣之田稅入於王；二十五里之國凡四甸，一甸之田稅入於王。地事謂農牧衡虞也，貢謂九穀山澤之材也，賦謂出車徒給繇役也。《司馬法》曰：六尺爲步，步百爲畮，畮百爲夫，夫三爲屋，屋三爲井，井十爲通。通爲匹馬，三十家，士一人，徒二人。通十爲成，成百井，三百家，革車一乘，士十人，徒二十人。十成爲終，終千井，三千家，革車十乘，士百人，徒二百人。十終爲同，同方百里，萬井，三萬家，革車百乘，士千人，徒二千人。甸，繩證反，出註，註同。夫仁，音扶。少康，詩照反。洫，況逼反。爲除，于偽反。乘，繩證反，下同。澮，古外反。

《周禮注疏》卷一一《地官司徒·鄉師》 鄉師之職，各掌其所治鄉之教，而聽其治。聽謂平察之。治，直吏反，下六鄉之治同。

疏：鄉師至其治。釋曰：云各掌其所治鄉之教者，鄉師四人，其鄉有六，二人共主三鄉，故言各掌其所治鄉之教也。云而聽其治者，自鄉大夫以下至伍長，各自聽斷其民。今鄉師又聽其治者，恐鄉官有濫失，審察之，故鄭云聽謂平察之。

《周禮注疏》卷一二《地官司徒·鄉大夫》 鄉大夫之職，各掌其鄉之政教禁令。鄭司農云：萬二千五百家爲鄉。

疏：鄉大至禁令。釋曰：六鄉大夫各掌其鄉之政令及十二教，與五禁號令皆掌之。註鄭司至爲鄉。釋曰：案上文五州爲鄉，故知萬二千五百家爲鄉。

正月之吉，受教灋于司徒，退而頒之于其鄉吏，使各以教其所治，以攷其德行，察其道藝。其鄉吏，州長以下。治，直吏反，下考治、下治所、治處同。行，下孟反，下及註德行之行、六行皆同。【略】

以歲時登其夫家之衆寡，辨其可任者。國中自七尺以及六十，野自六尺以及六十有五，皆征之。其舍者，國中貴者、賢者、能者、服公事者、老者、疾者皆舍。以歲時入其書。登，成也，定也。國中，城郭中也。晚賦稅而早免之，以其所居復多役少。野早賦稅而晚免之，以其復少役多。鄭司農云：征之者，給公上事也。舍者，謂有復除舍不收役事也。貴者，謂若今宗室及關內侯皆復也。服公事者，謂若今吏有復除也。老者，謂若今八十、九十復羡卒也。疾者，謂若今癃不可事者復之。玄謂入其書者，言於大司徒。復，音福，下同。【略】

三年則大比，攷其德行、道藝，而興賢者、能者，鄉老及鄉大夫帥其吏與其衆寡，以禮禮賓之。賢者，有德行者。能者，有道藝者。衆寡，謂鄉人之善者無多少也。鄭司農云：興賢者，謂若今舉孝廉。興能者，謂若今舉茂才。賓，敬也。敬所舉賢者、能者。玄謂變舉言興者，謂合衆而尊寵之，以鄉飲酒之禮，禮而賓之。【略】

歲終，則令六鄉之吏皆會政致事。會，計也。致事，言其歲盡文書。

疏：年終至致事。釋曰：年終將考其得失，則令六鄉之吏州長之官，皆計會教政之功狀，致其所掌之事於鄉大夫。鄉大夫以下，致與大司農，然後考之。

正歲，令羣吏攷灋于司徒，以退，各憲之於其所治之國。

疏：釋曰：正歲，建寅之月，鄉大夫令州長已下羣吏，令使考法於司徒，正謂受而考量行之，故云以退，各憲之於其所治。憲者，表縣之也。

大詢于衆庶，則各帥其鄉之衆寡而致於朝。大詢者，詢國危、詢國遷、詢立君。鄭司農云：大詢于衆庶，《洪範》所謂謀及庶民。

疏：大詢至於朝。釋曰：國有大事，必順於民心，故與衆庶詢謀。則六鄉大夫各帥其鄉之衆寡而致於朝，謂外朝三槐九棘之所，共詢謀之。註大詢至庶民。釋曰：知大詢，詢國危、詢國遷、詢立君者，案《小司寇職》云掌外朝之政，以致萬民而詢焉，一曰詢國危。巳安庶民，云國大詢于衆庶而致於朝，故知大詢者，詢國危之等。此三者皆是國之大事，故稱大詢。《小司寇》雖不云大，《大卜》云大貞，即此詢國危之等也。鄭司農云大詢於衆庶，引《洪範》所謂謀及庶民者，彼謀及庶民即大詢於衆庶，一也，故引爲證。

國有大故，則令民各守其閭，以待政令。使民皆聚於閭胥所治處。

疏：國有至政令。釋曰：大故，謂災變寇戎之等。警急須人，故鄉大夫令州長已下，使民各守其閭胥所治處，以待國之政令。註使民至治處。釋曰：二十五家爲閭，中士爲閭胥，則有治政之處以聚其民。

以旌節輔令，則達之。民雖以徵令行，其將之者無節，則不得通。

《周禮注疏》卷一二《地官司徒・州長》　州長，各掌其州之教治政令之灋。鄭司農云：二千五百家爲州。《論語》曰：雖州里行乎哉。《春秋傳》曰：鄉取一人焉以歸，謂之夏州。【略】

正月之吉，各屬其州之民而讀灋，以攷其德行道藝而勸之，以糾其過惡而戒之。屬猶合也，聚也。因聚衆而勸戒之者，欲其善。屬，音燭，註下皆同。【略】

若以歲時祭祀州社，則屬其民而讀灋，亦如之。春秋以禮會民而射于州序。序，州黨之學也。會民而射，所以正其志也。《射義》曰：射之爲言繹也。繹者，各繹己之志。【略】

凡州之大祭祀、大喪，皆涖其事。大祭祀，謂州社稷也。大喪，鄉老、鄉大夫於是卒者也。涖，臨也。【略】

若國作民而師田行役之事，則帥而致之，掌其戒令與其賞罰。致之，致之於司徒也。掌其戒令賞罰，則是於軍因爲師帥。【略】

歲終，則會其州之政令。正歲則讀教灋如初。雖以正月讀之，至正歲猶復讀之，因此四時之正重申之。重，直用反。【略】

三年大比，則大攷州里，以贊鄉大夫廢興。廢興，所廢退，所興進也。鄭司農云：贊，助也。

《周禮注疏》卷一二《地官司徒・黨正》　黨正，各掌其黨之政令教治。鄭司農云：五百家爲黨。《論語》曰孔子於鄉黨。又曰闕黨童子。治，直吏反，《族師》治令同。【略】

及四時之孟月吉日，則屬民而讀邦灋以糾戒之。以四孟之月朔日讀法者，彌親民者於教亦彌數。數，音所角反。【略】

春秋祭禜，亦如之。禜謂雩禜水旱之神，蓋亦爲壇位，如祭社稷云。禜，榮敬反。【略】

國索鬼神而祭祀，則以禮屬民，而飲酒于序以正齒位：壹命齒于鄉里，再命齒于父族，三命而不齒。國索鬼神而祭祀，謂歲十二月大蜡之時，建亥之月也。正齒位者，《鄉飲酒義》所謂六十者坐，五十者立侍。六十者三豆，七十者四豆，八十者五豆，九十者六豆是也。必正之者，爲民三時務農，將闕於禮，至此農隙而教之尊長養老，見孝悌之道也。黨正飲酒禮亡，以此事屬於鄉飲酒之義，微失少矣。凡射飲酒，此鄉民雖爲卿大夫，必來觀禮，《鄉飲酒》、《鄉射記》大夫樂作不入，士既旅不入是也。齒于鄉里者，以年與衆賓相次也。齒于父族者，父族有爲賓者，以年與之相次；異姓雖有老者，居於其上。不齒者，席于尊東，所謂遵。蜡，仕詐反，依字作䄍。爲，于僞反。隙，去逆反，本又作郤。弟，音悌，下同。

凡其黨之祭祀、喪紀、昏冠、飲酒，教其禮事，掌其戒禁。其黨之民。冠，古亂反。【略】

凡作民而師田行役，則以其灋治其政事。亦於軍因爲旅帥。【略】

歲終，則會其黨政，帥其吏而致事。【略】

正歲，屬民讀灋而書其德行道藝。書，記之。【略】

以歲時涖校比。涖，臨也。鄭司農云：校比，《族師職》所謂以時屬民，而校登其族之夫家、衆寡，辨其貴賤、老幼、廢疾可任者，及其六畜、車輦。如今小案比。【略】

及大比，亦如之。

《周禮注疏》卷一二《地官司徒・族師》　族師，各掌其族之戒令政事。政事，邦政之事。鄭司農云：百家爲族。【略】

月吉，則屬民而讀邦法，書其孝弟睦婣有學者。月吉，每月朔日也。故書上句或無事字。杜子春云：當爲正月吉。書亦或爲戒令政事，月吉則屬民而讀邦法。【略】

春秋祭酺，亦如之。酺者，爲人物烖害之神也。故書酺或爲步，杜子春云：當爲酺。玄謂《校人職》又有冬祭馬步，則未知此世所云蝝螟之酺與？人鬼之步與？蓋亦爲壇位如雩禜云。族長無飲酒之禮，因祭酺而與其民以長幼相獻酬焉。【略】

以邦比之灋，帥四閭之吏，以時屬民而校，登其族之夫家衆寡，辨其貴賤、老幼、癈疾可任者，及其六畜、車輦。登，成也，定也。【略】

五家爲比，十家爲聯；五人爲伍，十人爲聯；四閭爲族，八閭爲聯。使之相保相受，刑罰慶賞相及相共，以受邦職，以役國事，以相葬埋。相共，猶相救相賙。葬，如字，劉才郎反。埋，本或作貍，莫皆反。【略】

若作民而師田行役，則合其卒伍，簡其兵器，以鼓鐸、旗物帥而至，

掌其治令、戒禁、刑罰。亦於軍因爲卒長。【略】

歲終，則會政致事。

《周禮注疏》卷一二《地官司徒·閭胥》 閭胥，各掌其閭之徵令。鄭司農云：二十五家爲閭。【略】

以歲時各數其閭之衆寡，辨其施舍。凡春秋之祭祀、役政、喪紀之數，聚衆庶；既比，則讀灋，書其敬敏任恤者。祭祀，謂州社、黨禜、族酺也。役，田役也。政若州射黨飲酒也。喪紀，大喪之事也。四者及比，皆會聚衆民，因以讀法以勑戒之。故書既爲暨。杜子春讀政爲征，暨爲既。【略】

凡事，掌其比觵撻罰之事。觵撻者，失禮之罰也。觵用酒，其爵以兕角爲之。撻，扑也。故書或言觵撻之罰事，杜子春云：當言觵撻罰之事。觵，古横反。撻，吐達反。扑，普卜反。

《周禮注疏》卷一二《地官司徒·比長》 比長，各掌其比之治。五家相受，相和親，有辠奇衺則相及。衺猶惡也。治，直吏反。辠，本亦作罪。衺，似嗟反。【略】

徙于國中及郊，則從而授之。徙謂不便其居也，或國中之民出徙郊，或郊民入徙國中，皆從而付所處之吏，明無罪惡。便，婢面反。【略】

若徙于他，則爲之旌節而行之。徙于他，謂出居異鄉也。授之者有節乃達。【略】

若無授無節，則唯圜土內之。鄉中無授，出鄉無節，過所則呵問，繫之圜土，考辟之也。圜土者，獄城也。獄必圜者，規主仁，以仁心求其情，古之治獄，閔於出之。呵，呼何反，又音何。

《周禮注疏》卷一三《地官司徒·縣師》 縣師，掌邦國、都鄙、稍甸、郊里之地域，而辨其夫家、人民、田萊之數，及其六畜、車輦之稽。三年大比，則以攷羣吏，而以詔廢置。郊里，郊所居也。自邦國以及四郊之內，是所主數周天下也。萊，休不耕者。郊內謂之易，郊外謂之萊，善言近。比，毗志反，後放此。【略】

若將有軍旅、會同、田役之戒，則受灋于司馬，以作其衆庶及馬牛、車輦，會其車人之卒伍，使皆備旗鼓、兵器，以帥而至。受法於司馬者，知所當徵衆寡。卒，子忽反。【略】

凡造都邑，量其地，辨其物，而制其域。物謂地所有也。名山大澤不以封。量，音良。【略】

以歲時徵野之賦貢。野謂甸、稍、縣、都也。所徵賦貢與閭師同。

《周禮注疏》卷一五《地官司徒·遂人》 遂人，掌邦之野。郊外曰野。此野謂甸、稍、縣、都。【略】

以土地之圖經田野，造縣鄙形體之灋。五家爲鄰，五鄰爲里，四里爲酇，五酇爲鄙，五鄙爲縣，五縣爲遂，皆有地域，溝樹之。使各掌其政令刑禁，以歲時稽其人民，而授之田野，簡其兵器，教之稼穡。經，形體，皆謂制分界也。鄰、里、酇、鄙、縣、遂，猶郊內比、閭、族、黨、州、鄉也。鄭司農云：田野之居，其比伍之名，與國中異制，故五家爲鄰。玄謂異其名者，示相變耳。遂之軍法，追胥起徒役，如六鄉。酇，作管反，後同。分，扶問反，又如字，下分制同。比，毗志反，下同。追，如字，劉張類反。【略】

凡治野，以下劑致甿，以田里安甿，以樂昏擾甿，以土宜教甿稼穡，以興耡利甿，以時器勸甿，以彊予任甿，以土均平政。變民言甿，異外內也。甿猶懵，懵，無知貌也。致猶會也。民雖受上田、中田、下田，及會之，以下劑爲率，謂可任者家二人。樂昏，勸其昏姻，如媒氏會男女也。擾，順也。時器，鑄作耒耜錢鎛之屬。彊予，謂民有餘力，復予之田，若餘夫然。政讀爲征。土均掌均平其稅。鄭大夫讀耡爲藉。杜子春讀耡爲助，謂起民人，令相佐助。甿，亡耕反。耡，音助，李又音鉏。彊，其良反。懵，本又作儚，莫崩反，又音蒙，李武冰反。猶會，古外反，下一字同。率，音律，又音類。錢，音翦，劉音踐。鎛，音博。復，扶又反。【略】

辨其野之土，上地、中地、下地，以頒田里。上地，夫一廛，田百晦，萊五十晦，餘夫亦如之；中地，夫一廛，田百晦，萊百晦，餘夫亦如之；下地，夫一廛，田百晦，萊二百晦，餘夫亦如之。萊，謂休不耕者。鄭司農云：户計一夫一婦而賦之田，其一户有數口者，餘夫亦受此田也。廛，居也。揚子雲有田一廛，謂百晦之居也。玄謂廛，城邑之居，《孟子》所云五畮之宅，樹之以桑麻者也。六遂之民奇受一廛，雖上地猶有萊，皆所以饒遠也。王莽時，城郭中宅不樹者爲不毛，出三夫之布。令，力呈反。晦，音畝。萊，音來。數，色主反。奇，居宜反。【略】

凡治野，夫間有遂，遂上有徑；十夫有溝，溝上有畛；百夫有洫，洫上有涂；千夫有澮，澮上有道；萬夫有川，川上有路，以達于畿。十夫，二鄰之田。百夫，一酇之田。千夫，二鄙之田。萬夫，四縣之田。遂、溝、洫、澮，皆所以通水于川也。遂，廣深各二尺，溝倍之，洫倍溝。澮，廣二尋，深二仞。徑、畛、涂、道、路，皆所以通車徒於國都也。徑容牛馬，畛容大車，涂容乘車一軌，道容二軌，路容三軌。都之野涂與環涂同，可也。萬夫者，方三十三里少半里，九而方一同。以南畝圖之，則遂從溝橫，洫從澮橫，九澮而川，周其外焉。去山陵、林麓、川澤、溝瀆、城郭、宮室、涂巷三分之制，其餘如此，以至于畿，則中雖有都鄙，遂人盡主其地。【略】

以歲時登其夫家之衆寡及其六畜、車輦，辨其老幼、癈疾與其施舍者，以頒職作事，以令貢賦，以令師田，以起政役。登，成也，猶定也。夫家，猶言男女也。施讀爲弛。職，謂民九職也。分其農、牧、衡、虞之職，使民爲其事也。《載師職》云以物地事，授地職，互言矣。貢，九貢也。賦，九賦也。政役，出士徒役。【略】

若起野役，則令各帥其所治之民而至，以遂之大旗致之，其不用命者誅之。役，謂師田，若有功作也。遂之大旗，熊、虎。

《周禮注疏》卷一五《地官司徒・遂師》 遂師，各掌其遂之政令戒禁。以時登其夫家之衆寡、六畜、車輦，辨其施舍與其可任者。經牧其田野，辨其可食者，周知其數而任之，以徵財征。作役事則聽其治訟。施讀亦弛也。經牧，制田界與井也。可食，謂今年所當耕者也。財征，賦稅之事。【略】

巡其稼穡而移用其民，以救其時事。移用其民，使轉相助，救時急事也。四時耕耨斂艾芟，地之宜晚早不同，而有天期地澤風雨之急。耨，奴豆反。艾，音刈。

《周禮注疏》卷一五《地官司徒・遂大夫》 遂大夫，各掌其遂之政令。以歲時稽其夫家之衆寡、六畜、田野，辨其可任者與其可施舍者，以教稼穡，以稽功事。掌其政令、戒禁，聽其治訟。施讀亦爲弛。功事，九職之事，民所以爲功業。【略】

令爲邑者，歲終則會政致事。不言其遂之吏，而言爲邑者，容公邑及卿大夫王子弟之采邑政令、戒禁，遂大夫亦施焉。【略】

正歲簡稼器，脩稼政。簡猶閱也。稼器，耒耜、鎡基之屬。稼政，孟春之《月令》所云皆脩封疆，審端徑術，善相丘陵、阪險、原隰，土地所宜，五穀所殖，以教道民，必躬親之。術，音遂。相，息亮反。道，音導。【略】

三歲大比，則帥其吏而興甿，明其有功者，屬其地治者。興甿，舉民賢者能者，如六鄉之爲也。興猶舉也，屬猶聚也。又因舉吏治有功者，而聚勑其餘以職事。比，毗志反，下徵比及註同。屬，音燭，聚也，註同。治，直吏反。【略】

凡爲邑者，以四達戒其功事，而誅賞廢興之。四達者，治民之事，大通者有四：夫家衆寡也，六畜車輦也，稼穡耕耨也，旗鼓兵革也。

《周禮注疏》卷一五《地官司徒・縣正》 縣正，各掌其縣之政令徵比，以頒田里，以分職事，掌其治訟，趨其稼事而賞罰之。徵，徵召也。比，案比。趨，如字，李倉苟反，本又作趨，音促。【略】

若將用野民師田、行役、移執事，則帥而至，治其政令。移執事，移用其民。鄭司農云：謂轉相佐助。【略】

既役，則稽功會事而誅賞。

《周禮注疏》卷一五《地官司徒・鄙師》 鄙師，各掌其鄙之政令、祭祀。祭祀，祭禜也。禜，音詠。【略】

凡作民，則掌其戒令。作民，謂起役也。【略】

以時數其衆庶，而察其媺惡而誅賞。時，四時也。數，色主反，下同。媺，音美。【略】

歲終，則會其鄙之政而致事。

《周禮注疏》卷一五《地官司徒・酇長》 酇長各掌其酇之政令，以時校登其夫家，比其衆寡，以治其喪紀、祭祀之事。校猶數也。【略】

若作其民而用之，則以旗鼓、兵革帥而至。若歲時簡器，與有司數之。簡器，簡稼器也。兵器亦存焉。有司，遂大夫。【略】

凡歲時之戒令皆聽之，趨其耕耨，稽其女功。聽之，受而行之也。女功，絲枲之事。

《周禮注疏》卷一五《地官司徒・里宰》 里宰，掌比其邑之衆寡與其六畜、兵器，治其政令。邑猶里也。【略】

以歲時合耦于耡，以治稼穡，趨其耕耨，行其秩叙，以待有司之政令，而徵斂其財賦。《考工記》曰：耜廣五寸，二耜爲耦。此言兩人相助耦而耕也。鄭司農云：耡讀爲藉。杜子春云：耡讀爲助，謂相佐助也。玄謂耡者，里宰治處也，若今街彈之室。於此合耦，使相佐助，因放而爲名。季冬之《月令》：命農師計耦耕事，脩耒耜，具田器。是其歲時與？合人耦，則牛耦亦可知也。秩叙，受耦相佐助之次第。

《周禮注疏》卷一五《地官司徒・鄰長》 鄰長，掌相糾相受。相糾，相舉察。【略】

凡邑中之政相贊。長短使相補助。

疏：凡邑至相贊。釋曰：云邑中者，亦謂一里之內。有上政令徵求，則五鄰共相贊助。此則以長補短，故鄭云長短使相補助也。

徙于他邑，則從而授之。從猶隨也。授猶付也。

《周禮注疏》卷三五《秋官司寇・鄉士》　鄉士掌國中，鄭司農云：謂國中至百里郊也。玄謂其地則距王城百里內也。言掌國中，此主國中獄也，六鄉之獄在國中。

疏：鄉士掌國中。釋曰：鄉士主六鄉之獄。言掌國中者，獄居近，六鄉之獄皆在國中。鄭司至國中。釋曰：先鄭云謂國中至百里郊，後鄭不從者，六鄉地雖在百里郊內，要言國中者，指獄而言，非通百里爲國中，故不從也。是以謂其地則距王城百里內，言掌國中，此主國中獄也。云六鄉之獄在國中，對六遂之獄在四郊者也。

各掌其鄉之民數而糾戒之，鄉士八人，言各者，四人而分主三鄉。

疏：註鄉士至三鄉。釋曰：鄭以四人分主三鄉者，若以八人共主三鄉，不得言各。既言各，則有部分，故以四人分主三鄉解之也。

聽其獄訟，察其辭，察，審也。

疏：註察審也。釋曰：鄉士主治獄訟之事，故云聽其獄訟，察其辭。言審者，恐人枉濫也。

辯其獄訟，異其死刑之罪而要之，旬而職聽于朝。辯、異，謂殊其文書也。要之，爲其罪法之要辭，如今劾矣。十日，乃以職事治之於外朝，容其自反覆。劾，户代反。覆，芳服反，《方士職》註同。

《周禮注疏》卷三五《秋官司寇・遂士》　遂士掌四郊，鄭司農云：謂百里外至三百里也。玄謂其地則距王城百里以外，至二百里。言掌四郊者，此主四郊獄也。六遂之獄在四郊。

疏：註鄭司至四郊。釋曰：先鄭云百里外至三百里也者，見《縣士》云掌野，去王城四百里曰縣，故曰小都任縣地。《方士》云掌都家，謂去王城五百里。既以鄉士所掌爲去王城百里內，惟有二百里、三百里二處在，當是此遂士掌之，故爲此解。後鄭不從。玄謂其地則距王城百里以外，至二百里者，後鄭意，六遂之地則在二百里中，但獄則不在二百里中，當在百里四郊上置之，亦若六鄉地在王城外，獄則在城中然。故更云言掌四郊，此主四郊之獄。六遂之獄在四郊也。

各掌其遂之民數，而糾其戒令，遂士十二人，言各者，二人而分主一遂。

疏：註遂士至一遂。釋曰：遂士十二人，《序官》文。亦如鄉士，若摠掌不分，不得云各，既言各掌，十二人有六遂，是二人分主一遂可知。

聽其獄訟，察其辭，辨其獄訟，異其死刑之罪而要之，二旬而職聽于朝。司寇聽之，斷其獄、弊其訟于朝。羣士司刑皆在，各麗其灋以議獄訟。獄訟成，士師受中。協日就郊而刑殺，各於其遂，肆之三日。就郊而刑殺者，遂士也。遂士擇刑殺日，至其時往涖之，如鄉士爲之矣。言各於其遂者，四郊六遂，遂處不同。

《周禮注疏》卷三五《秋官司寇・縣士》　縣士掌野，鄭司農云：掌三百里至四百里，大夫所食。晉韓須爲公族大夫，食縣。玄謂地距王城二百里以外至三百里曰野，三百里以外至四百里曰縣，四百里以外至五百里曰都。都縣野之地，其邑非王子弟、公卿大夫之采地，則皆公邑也，謂之縣，縣士掌其獄焉。言掌野者，郊外曰野，大摠言之也。獄居近，野之縣獄在二百里上，縣之縣獄在三百里上，都之縣獄在四百里上。【略】

各掌其縣之民數，糾其戒令，而聽其獄訟，察其辭，辨其獄訟，異其死刑之罪而要之，三旬而職聽于朝。司寇聽之，斷其獄、弊其訟于朝。羣士司刑皆在，各麗其灋以議獄訟。獄訟成，士師受中。協日刑殺，各就其縣，肆之三日。刑殺各就其縣者，亦謂縣士也。

《周禮注疏》卷三五《秋官司寇・方士》　方士掌都家，鄭司農云：掌四百里至五百里，公所食，魯季氏食於都。玄謂都，王子弟及公卿之采地。家，大夫之采地。大都在畺地，小都在縣地，家邑在稍地。不言掌其民數，民不純屬王。畺，居良反。【略】

聽其獄訟之辭，辨其死刑之罪而要之，三月而上獄訟于國。三月乃上要者，又變朝言國，以其自有君，異之。上，時掌反。註下並同。

（唐）杜佑《通典》卷三三《職官・州郡下・縣令》　周官有縣正，四百里爲縣。各掌其縣之政令而賞罰之。

（唐）杜佑《通典》卷三三《職官・州郡下・鄉官》　《周禮》有鄉師、鄉老、鄉大夫之職，其任大矣。鄉老管萬二千五百家。次有州長、二千五百家爲州。黨正、五百家爲黨。族師、百家爲族，凡師者帥也。閭胥、二十五家爲閭。凡胥者，有才智之稱。鄙師、五酇爲鄙。酇長、四里爲酇。里宰、五鄰爲里。鄰長、五家爲鄰。皆不命之士爲之。皆鄉里之官也。大凡各掌其鄉黨州里之政理云。

紀事

《春秋左傳正義》僖公二十四年　昔周公弔二叔之不咸，故封建親戚以蕃屏周。弔，傷也。咸，同也。周公傷夏、殷之叔世，疏其親戚，以至滅亡，故廣封其兄弟。蕃，方元反。管、蔡、郕、霍、魯、衛、毛、聃、郜、雍、曹、滕、畢、原、酆、郇，文之昭也。十六國皆文王子也。管國在熒陽京縣東北。雍國在河內山陽縣西。畢國在長安縣西北。酆國在始平鄠縣東。郕音成。聃，乃甘反。雍，於用反，註同。酆音豐。郇音荀。邘、晉、應、韓，武之穆也。四國皆武王子。應國在襄陽城父縣西南。韓國在河東郡界。河內野王縣西北有邘城。邘音于。凡、蔣、邢、茅、胙、祭，周公之胤也。胤，嗣也。蔣在弋陽期思縣。高平昌邑縣西有茅鄉。東郡燕縣西南有胙亭。蔣，將丈反。茅，亡交反。胙，才故反，下註祭胙同。祭，則界反。

《春秋左傳正義》昭公二十八年 昔武王克商，光有天下，光，大也。其兄弟之國者十有五人，姬姓之國者四十人，皆舉親也。行，下孟反。夫舉無他，唯善所在，親疏一也。

疏：昔武至親也。正義曰：由武王克商得封建諸國，歸功於武王耳。此十五國或有在後封者，非武王之時盡得封也。《尚書·康誥》之篇，周公營洛之年，始封康叔于衛。《洛誥》之篇，周公致政之年，始封伯禽于魯。明知武王之時，兄弟未盡封也。僖二十四年傳稱周公弔二叔之不咸，故封建親戚以藩屏周。亦以周公爲制禮之主，故歸功於周公耳，非盡周公封也。九年傳曰文、武、成、康之封建母弟，則康王之世尚有封國，宣王方始封鄭，非獨武王、周公封諸國也。僖二十四年傳數文之昭也有十六國。此言武王兄弟之國十五人者，人異故說異耳，非武王封十五，周公始加一也。以魯、衛驗之，知周公所加非唯一耳。

《春秋左傳正義》定公四年 昔武王克商，成王定之，選建明德，以藩屏周。故周公相王室，以尹天下，尹，正也。蕃，方元反。相，息亮反。於周爲睦。睦，親厚也。以盛德見親厚。分魯公以大路、大旂，魯公，伯禽也。此大路，金路，錫同姓諸侯車也。交龍爲旂，《周禮》：同姓以封。分，扶問反，下並同。路，本亦作輅，音路，下皆同。旂，其依反。錫，星歷反。【略】封父之繁弱，封父，古諸侯也。繁弱，大弓名。父音甫，下武父同。封父，國名。繁，扶元反。殷民六族，條氏、徐氏、蕭氏、索氏、長勺氏、尾勺氏，使帥其宗氏，輯其分族，將其類醜，醜，衆也。索，素各反，下同。勺，市灼反，下同。輯音集，又七入反。以法則周公，用即命于周。即，就也。使六族就周，受周公之法制。是使之職事于魯，共魯公之職事。共恭，下文以共上職同。以昭周公之明德。昭，顯也。分之土田倍敦，陪，增也。敦，厚也。陪，本亦作倍，同，步回反。祝、宗、卜、史，大祝、宗人、大卜、大史，凡四官。備物、典策，典策，春秋之制。策，本又作册，亦作筴，或作箣，皆初革反。官司、彝器；官司，百官也。彝器，常用器。彝，羊之反。因商奄之民，商奄，國名也。與四國流言，或迸散在魯，皆令即屬魯懷柔之。迸，彼諍反。令，徐力呈反。命以伯禽伯禽，周公世子。時周公唯遣伯禽之國，故皆以付伯禽。而封於少皞之虛。少皞虛，曲阜也，在魯城內。少，詩照反，註及下同。皞，胡老反。虛，起居反，註及下皆同。分康叔康叔，衛之祖。以大路、少帛、綪茷、旃旌、少帛，雜帛也。綪茷，大赤，取染草名也。通帛爲旃，析羽爲旌。綪，七見反。茷，步具反，又音吠。旃，章然反。大吕，鐘名。殷民七族，陶氏、施氏、繁氏、錡氏、樊氏、饑氏、終葵氏；封畛土略，自武父以南，及圃田之北竟，畛，塗所徑也。略，界也。武父，衛北界。圃田，鄭藪名。陶，徒刀反。繁，步何反。錡，魚綺反。畛，之忍反，一音真。圃，布五反，本亦作甫，同。塗音徒。徑音經。藪，素口反。取於有閻之土，以共王職。有閻，衛所受朝宿邑，蓋近京畿。近，附近之近，下近戎同。取於相土之東都，以會王之東蒐。爲湯沐邑，王東巡守，以助祭泰山。相，息亮反。蒐，所求反。守，手又反。聃季授土，聃季，周公弟，司空。聃，乃甘反。陶叔授民，陶叔，司徒。命以《康誥》，而封於殷虛，《康誥》，《周書》。殷虛，朝歌也。皆啓以商政，疆以周索。皆，魯、衛也。啓，開也，居殷故地，因其風俗，開用其政，疆理土地以周法。索，法也。疆，居良反，註及下同。分唐叔唐叔，晉之祖。以大路、密須之鼓、密須，國名。闕鞏、甲名。鞏，九勇反。沽洗，鐘名。沽音孤。洗，息典反。懷姓九宗，職官五正。懷姓，唐之餘民。九宗，一姓爲九族。職官五正，五官之長。長，丁丈反，下文乃長衞同。命以《唐誥》，而封於夏虛，《唐誥》，誥命篇名也。夏虛，大夏，今大原晉陽也。啓以夏政，亦因夏風俗，開用其政。疆以戎索。大原近戎而寒，不與中國同，故自以戎法。三者皆叔也，而有令德，故昭之以分物。不然，文、武、成、康之伯猶多，而不獲是分也，唯不尚年也。

《史記》卷三《殷本紀》 封紂子武庚祿父，以續殷祀，令修行盤庚之政。殷民大說。於是周武王爲天子。其後世貶帝號，號爲王。而封殷後爲諸侯，屬周。

《史記》卷四《周本紀》 封諸侯，班賜宗彝，作《分殷之器物》。

武王追思先聖王，乃褒封神農之後於焦，黄帝之後於祝，帝堯之後於薊，帝舜之後於陳，大禹之後於杞。於是封功臣謀士，而師尚父爲首封。封尚父於營丘，曰齊。封弟周公旦於曲阜，曰魯。封召公奭於燕。封弟叔鮮於管，弟叔度於蔡。餘各以次受封。【略】

成王少，周初定天下，周公恐諸侯畔周，公乃攝行政當國。管叔、蔡叔羣弟疑周公，與武庚作亂，畔周。周公奉成王命，伐誅武庚、管叔，放蔡叔。以微子開代殷後，國於宋。頗收殷餘民，以封武王少弟封爲衛康叔。

《史記》卷四《周本紀》 考王封其弟于河南，正義：《帝王世紀》云：考哲王封弟揭於河南，續周公之官，是爲西周桓公。按：自敬王遷都成周，號東周也。桓公都王城，號西周桓公。是爲桓公，以續周公之官職。桓公卒，子威公代立。威公卒，子惠公代立，乃封其少子於鞏集解：徐廣曰：惠公之子也。正義：鞏音拱。郭緣生《述征記》鞏縣，周地，鞏伯邑。史記周顯王二年西周惠公封少子班於鞏，以奉王室，爲東周惠公也。子武公，爲秦所滅。以奉王，號東周惠公。索隱：考王封其弟于河南，爲桓公。卒，子威公立。卒，子惠公立。長子曰西周公。又封少子於鞏，乃襲父號曰東周惠公。於是有東西二周也。按：《系本》西周桓公名揭，居河南；東周惠公名班，居洛陽是也。

威烈王二十三年，九鼎震。命韓、魏、趙爲諸侯。

《史記》卷五《秦本紀》 七年春，周幽王用褒姒廢太子，立褒姒子爲適，數欺諸侯，諸侯叛之。西戎犬戎與申侯伐周，殺幽王酈山下。而秦襄公將兵救周，戰甚力，有功。周避犬戎難，東徙雒邑，襄公以兵送周平王。平王封襄公爲諸侯，賜之岐以西之地。曰：戎無道，侵奪我岐、豐之地，秦能攻逐戎，即有其地。與誓，封爵之。襄公於是始國。

春秋戰國分部

天子與諸侯

論說

《管子·幼官》一會諸侯，令曰：非玄帝之命，毋有一日之師役。再會諸侯，令曰：養孤老，食常疾，收孤寡。三會諸侯，令曰：田租百取五，市賦百取二，關賦百取一，毋乏耕織之器。四會諸侯，令曰：修道路，偕度量，一稱數。毋征藪澤，以時禁發之。五會諸侯，令曰：修春秋冬夏之常祭食，天壤山川之故祀必以時。六會諸侯，令曰：以爾壤生物共玄官，請四輔，將以祀上帝。七會諸侯，令曰：官處四體而無禮者，流之焉莠命。八會諸侯，令曰：立四義而毋議者，尚之于玄官，聽於三公。九會諸侯，令曰：以爾封內之財物，國之所有爲幣。九會，大令焉出，常至。千里之外，二千里之內，諸侯三年而朝，習命；二年，三卿使四輔；一年，正月朔日，令大夫來修，受命三公。二千里之外，三千里之內，諸侯五年而會，至，習命；三年，名卿請事；二年，大夫通吉凶；七年，重適入正禮義；五年，大夫請受變。三千里之外，諸侯世一至，置大夫以爲廷安，入共受命焉。

（漢）董仲舒《春秋繁露》卷八《爵國》 《春秋》曰：會宰周公。又曰：公會齊侯、宋公、鄭伯、許男、滕子。又曰：初獻六羽。《傳》曰：天子三公稱公，王者之後稱公，其餘大國稱侯，小國稱伯、子、男。凡五等，故周爵五等，士三品，文多而實少。《春秋》三等，合伯、子、男爲一爵，士二品，文少而實多。《春秋》曰：荊。《傳》曰：氏不若人，人不若名，名不若字。凡四等，命曰附庸，三代共之。

然則其地列奈何？曰：天子邦圻千里，公、侯百里，伯七十里，子、男五十里，附庸：字者方三十里，名者方二十里，人氏者方十五里。

《春秋》曰：宰周公。《傳》曰：天子三公。祭伯來。《傳》曰：天子大夫。宰渠伯糾。《傳》曰：下大夫。石尚。《傳》曰：天子之士也。王人。《傳》曰：微者，謂下士也。凡五等。《春秋》曰：作三軍。《傳》曰：何以書？譏。何譏爾？古者上卿、下卿，上士、下士。凡四等，小國之大夫與次國下卿同，次國大夫與大國下卿同，大國下大夫與天子下士同，二十四等，祿入等差。有大功德者受大爵土，功德小者受小爵土，大材者執大官位，小材者受小官位，如其能宣，治之主也。故萬人者曰英，千人者曰俊，百人者曰豪，十人者曰傑，豪傑俊英不相陵，故治天下如視諸掌上。

其數何法以然？曰：天子分左右五等，三百六十三人，法天一歲之數，五時色之象也。通佐十上卿與下卿，而二百二十人，天庭之象也，倍諸侯之數也。諸侯之外佐四等，百二十人，法四時六甲之數也。通佐五，與下而六十人，法日辰之數也。佐之必三三而相復何？曰：時三月而成，大辰三而成象。諸侯之爵或五何？法天地之數也，五官亦然。

然則立置有司，分指數奈何？曰：諸侯，大國四軍，古之制也。其一軍以奉公家也。凡口軍三者何？曰：大國十六萬口，而立口軍三。何以言之？曰：以井田數准之。方里而一井，一井而九百畝而立口，方里八家，一家百畝，以食五口。上農耕百畝，食九口，次八人，次七人，次六人，次五人。多寡相補，率百畝而三口，方里而二十四口。方里者十，得二百四十口。方十里爲方里者百，得二千四百口。方百里爲方里者萬，得二十四萬口，法三分而除其一。城池、郭邑、屋室、閭巷、街路市、官府、園圃、萎圈、臺沼、椽采，得良田方十里者六十六，與方里六十六，定率得十六萬口，三分之，則各五萬三千三百三十三口，爲大國口軍三。此公侯也。

天子地方千里，爲方百里者百。亦三分除其一，定得田方百里者六十六，與方十里者六十六，定率得千六百萬口。九分之，各得百七十七萬七千七百七十七口，爲京口軍九。三京口軍以奉王家。故天子立一后，一世夫人，中左右夫人，四姬，三良人，立一世子，三公，九卿，二十七大夫，八十一元士，二百四十三下士，有七上卿，二十一下卿，六十三元士，百八十九下士。王后置一大傅、大母，三伯中，三丞，世夫人，四姬，三良人，各有師傅。世子一人太傅、三傅，三率，三少。士入仕宿衛天子者，比下士，下士者如上士之下數。王后御衛者，上下御各五人。世夫人、中左右夫人、四姬，上下御各五人。三良人，各五人。世子妃姬及士衛者，如公侯之制。王后傅，上下史五人；三伯，上下史各五人；少伯，史各五人。世子太傅，上下史各五人；少傅，亦各五人；三率、三下率，亦各五人。三公，上下史各五人；卿，上下史各五人；大夫，上下史各五人；元士，上下史各五人；上下卿、上下士之史，上下亦各五人；卿，大夫、元士，臣各三人。

故公侯方百里，三分除其一，定得田方十里者六十六，與方里六十六，定率得十六萬口。三分之，爲大國口軍三，而立大國。一夫人，一世婦，左右婦，三姬，二良人。立一世子，三卿，九大夫，二十七上士，八十一下士，亦有五通大夫，立上下士。上卿位比天子之元士，今八百石，下卿六百石，上士四百石，下士三百石。夫人一傅母，三伯，三丞，世婦、左右婦、三姬、二良人，各有師保。世子一上傅、丞。士宿衛公者，比公者比上卿者，有三人。下卿六人，比上下士者，如上下之數。夫人衛御者，上下御各五人；世婦、左右婦，上下御各五人；二卿，御各五人；世子上傅，上下史各五人；丞，史各五人；三卿、九大夫、上士，史各五人；下士，史各五人；通大夫、士，上下史各五人；卿，臣二人。此公侯之制也。公侯賢者爲州方伯，錫斧鉞，置虎賁百人。

故伯七十里，七七四十九，三分除其一，定得田方十里者三十二，與方十里者六十六。定率得七萬八千三百八十四口，爲次國口軍三，而立次國。一夫人、世婦、左右婦、三良人、二孺子。立一世子、三卿、九大夫、二十七上士、八十一下士，與五通大夫、五上士、十五下士。其上卿位比大國之下卿，今六百石，下卿四百石，上士三百石，下士二百石。夫人一傅母，三伯、三丞、世婦、左右婦、三良人、二御人，各有師保。世子，一上下傅，士宿衛公者，比上卿者三人，下卿六人。比上下士，如上下之數。夫人御衛者，上下御各五人，世婦、左右婦，上下御各五人，二御，各五人。世子上傅，上下史各五人；丞，史各五人；三卿、九大夫，上下史各五人，下士史五人；通大夫，上下史各五人；卿，臣二人。

故子男方五十里，五五二十五，三分除其一，定得田爲方十里者十六，與方里者六十六，定率爲四萬口，爲小國口軍三，而立小國。一夫人、世婦、左右婦、三良人、二孺子。立一世子、三卿、九大夫、二十七上士、八十一下士，與五通大夫、五上士、十五下士，其上卿比次國之下卿，今四百石，下卿三百石，上士二百石，下士百石。夫人一傅母、三伯、三丞、世婦、左右婦、三良人、二御人，各有師保。世子一，上下傅。士宿衛公者，比上卿者三人，下卿六人。夫人御衛者，上下御各五人；世婦、左右婦，上下御各五人；二御人，各五人。世子上傅，上下史各五人；三卿、九大夫，上下史各五人；士，各五人；通大夫，上下史亦各五人；卿，臣二人，此周制也。

《春秋》合伯子男爲一等，故附庸字者地方三十里，三三而九，三分而除其一，定得田方十里者六，定率得一萬四千四百口，爲口師三，而立一宗婦、二妾、一世子、宰一、丞一、士一、秩士五人。宰視子男下卿，今三百石。宗婦有師保，御者三人，妾各二人。世子一傅，士宿衛君者比上卿，下卿一人，上下各如其數。世子傅、上下史各五人，下良五。稱名善者，地方半字君之地，九半，四分除其一，定得田方十里者三，定率得七千二百口。一世子宰，今二百石，下四半三半二十五。三分除其一，定得田方十里者一與方里者五，定率得三千六百口。一世子宰，今百石，史各五人，宗婦、仕衛、世子臣。

紀事

《春秋左傳正義》隱公十年 壬戌，公敗宋師于菅。庚午，鄭師入郜；辛未，歸于我。庚辰，鄭師入防；辛巳，歸于我。壬戌六月七日，庚午十五日，庚辰二十五日。鄭伯後期而公獨敗宋師，故鄭頻獨進兵以入郜、防。入而不有，命魯取之，推功上爵，讓以自替。不有其實，故經但書魯取，以成鄭志，善之也。君子謂鄭莊公於是乎可謂正矣，以王命討不庭，下之事上，皆成禮於庭中。不貪其土以勞王爵，正之體也。勞者，敘其勤以答之。諸侯相朝，逆之以饗餼，謂之郊勞。魯侯爵尊，鄭伯爵卑，故言以勞王爵。勞，力報反，註同。餼音許氣反。

《春秋左傳正義》莊公十四年 傳十四年，春，諸侯伐宋，齊請師于周。齊欲崇天子，故請師。假王命以示大順。經書人，傳言諸侯者，摠衆國之辭。

夏，單伯會之，取成于宋而還。鄭厲公自櫟侵鄭，厲公以桓十五年入櫟，遂居之。櫟音歷。及大陵，獲傅瑕。大陵，鄭地。傅瑕，鄭大夫。傅瑕曰：苟舍我，吾請納君。與之盟而赦之。六月，甲子，傅瑕殺鄭子及其二子，而納厲公。鄭子，莊四年稱伯，會諸侯。今見殺，不稱君，無謚者，微弱，臣子不以君禮成喪告諸侯。舍音捨。鄭子，子儀。初，內蛇與外蛇鬬於鄭南門中，內蛇死。六年而厲公入。

《春秋左傳正義》僖公四年 傳四年，春，齊侯以諸侯之師侵蔡。蔡潰，遂伐楚。楚子使與師言曰：君處北海，寡人處南海，唯是風馬牛不相及也，楚界猶未至南海，因齊處北海，遂稱所近。牛馬風逸，蓋末界之微事，故以取喻。近，附近之近。

不虞君之涉吾地也何故？管仲對曰：昔召康公命我先君大公，召康公，周大保召公奭也。大音泰，註同。奭音釋。曰：五侯九伯，女實征之，以夾輔周室。五等諸侯，九州之伯，皆得征討其罪。齊桓因此命以夸楚。女音汝。夾，古洽反。舊，古協反。夸，苦瓜反。賜我先君履，東至于海，西至于河，南至于穆陵，北至于無棣。穆陵、無棣，皆齊竟也。履，所踐履之界。齊桓又因以自言其盛。棣，大計反。竟音境，下皆同。爾貢包茅不入，王祭不共，無以縮酒，寡人是徵。包，裹束也。茅，菁茅也。束茅而灌之以酒爲縮酒。《尚書》：包匭菁茅。茅之爲異未審。共音恭，本亦作供，下及註同。縮，所六反。裹音果。菁，子丁反。苞，或作包。匭音軌，本或作軌。昭王南征而不復，寡人是問。昭王，成王之孫，南巡守，涉漢，船壞而溺。周人諱而不赴，諸侯不知其故，故問之。守，手又反。溺，乃歷反。

對曰：貢之不入，寡君之罪也，敢不共給。昭王之不復，君其問諸水濱。昭王時，漢非楚竟，故不受罪。濱音賓。

師進，次于陘。楚不服罪，故復進師。復，扶又反。夏，楚子使屈完如師。如陘之師，觀強弱。師退，次于召陵。完請盟故。齊侯陳諸侯之師，與屈完乘而觀之。乘，共載。乘，繩證反。註同。齊侯曰：豈不穀是爲？先君之好是繼。與不穀同好如何？言諸侯之附從非爲己，乃尋先君之好，謙而自廣，因求與楚同好。孤、寡、不穀，諸侯謙稱。是爲，于僞反，註同。好，呼報反，下及註同。稱，尺證反。對曰：君惠徼福於敝邑之社稷，辱收寡君，寡君之願也。齊侯曰：以此衆戰，誰能禦之？以此攻城，何城不克？對曰：君若以德綏諸侯，誰敢不服？君若以力，楚國方城以爲城，漢水以爲池，方城山在南陽葉縣南，以言竟土之遠。漢水出武都，至江夏南入江，言其險固以當城池。徼，古堯反，要也。漢以爲池，本或作漢水以爲池，水衍字。葉，始涉反。當，丁浪反。雖衆，無所用之。屈完及諸侯盟。

《春秋左傳正義》僖公二十八年 丁未，獻楚俘于王，駟介百乘，徒兵千。駟介，四馬被甲。徒兵，步卒。駟音四。介音界。被，皮義反。卒，子忽反。鄭伯傅王，用平禮也。傅，相也。以周平王享晉文侯仇之禮享晉侯。相，息亮反。己酉，王享醴，命晉侯宥。既饗，又命晉侯助以束帛，以將厚意。王命尹氏及王子虎、內史叔興父策命晉侯爲侯伯，以策書命晉侯爲伯也。《周禮》九命作伯。尹氏、王子虎，皆王卿士也。叔興父，大夫也。三官命之以寵晉。

《國語·齊語》 即位數年，東南多有淫亂者，萊、莒、徐夷、吳、越，一戰帥服三十一國。遂南征伐楚，濟汝，踰方城，望汶山，使貢絲於周而反。荊州諸侯莫敢不來服。遂北伐山戎，刜令支、斬孤竹而南歸。海濱諸侯莫敢不來服。與諸侯飾牲爲載，以約誓于上下庶神，與諸侯戮力同心。西征攘白狄之地，至於西河，方舟設泭，乘桴濟河，至于石枕。懸車束馬，踰太行與辟耳之谿拘夏，西服流沙、西吳。南城於周，反胙于絳。嶽濱諸侯莫敢不來服，而大朝諸侯於陽穀。兵車之屬六，乘車之會三，諸侯甲不解纍，兵不解翳，弢無弓，服無矢。隱武事，行文道，帥諸侯而朝天子。

《國語·齊語》 葵丘之會，天子使宰孔致胙於桓公，曰：余一人之命有事於文、武，使孔致胙。且有後命曰：以爾自卑勞，實謂爾伯舅，無下拜。桓公召管子而謀，管子對曰：爲君不君，爲臣不臣，亂之本也。桓公懼，出見客曰：天威不違顏咫尺，小白余敢承天子之命曰爾無下拜，恐隕越於下，以爲天子羞。遂下拜，升受命。賞服大輅，龍旗九旒，渠門赤旂，諸侯稱順焉。

《國語·鄭語》 幽王八年而桓公爲司徒，九年而王室始騷，十一年而斃。及平王之末，而秦、晉、齊、楚代興，秦景、襄於是乎取周土，晉文侯於是乎定天子，齊莊、僖於是乎小伯，楚蚡冒於是乎始啓濮。

《史記》卷四《周本紀》 幽王以虢石父爲卿，用事，國人皆怨。石父爲人佞巧善諛好利，王用之。又廢申后，去太子也。申侯怒，與繒、西夷犬戎攻幽王。幽王舉烽火徵兵，兵莫至。遂殺幽王驪山下，虜褒姒，盡取周賂而去。於是諸侯乃即申侯而共立故幽王太子宜臼，是爲平王，以奉周祀。

平王立，東遷于雒邑，辟戎寇。平王之時，周室衰微，諸侯彊并弱，齊、楚、秦、晋始大，政由方伯。

《史記》卷四《周本紀》 桓王三年，鄭莊公朝，桓王不禮。五年，鄭怨，與魯易許田。許田，天子之用事太山田也。八年，魯殺隱公，立桓公。十三年，伐鄭，鄭射傷桓王，桓王去歸。二十三年，桓王崩，子莊王佗立。莊王四年，周公黑肩欲殺莊王而立王子克。辛伯告王，王殺周公。王子克犇燕。十五年，莊王崩，子釐王胡齊立。釐王三年，齊桓公始霸。五年，釐王崩，子惠王閬立。惠王二年。初，莊王嬖姬姚，生子穨，穨有寵。及惠王即位，奪其大臣園以爲囿，故大夫邊伯等五人作亂，謀召燕、衛師，伐惠王。惠王犇温，已居鄭之櫟。立釐王弟穨爲王。樂及徧舞，鄭、虢君怒。四年，鄭與虢君伐殺王穨，復入惠王。惠王十年，賜齊桓公爲伯。

《史記》卷四《周本紀》 初，惠后欲立王子帶，故以黨開翟人，翟人遂入周。襄王出犇鄭，鄭居王于氾。子帶立爲王，取襄王所絀翟后與居温。十七年，襄王告急于晋，晋文公納王而誅叔帶。襄王乃賜晋文公珪鬯弓矢，爲伯，以河内地與晋。二十年，晋文公召襄王，襄王會之河陽、踐土，諸侯畢朝，書諱曰天王狩于河陽。

《史記》卷四《周本紀》 定王元年，楚莊王伐陸渾之戎，次洛，使人問九鼎。王使王孫滿應設以辭，楚兵乃去。十年，楚莊王圍鄭，鄭伯降，已而復之。十六年，楚莊王卒。

《史記》卷四《周本紀》 敬王元年，晋人入敬王，子朝自立，敬王不得入，居澤。四年，晋率諸侯入敬王于周，子朝爲臣，諸侯城周。十六年，子朝之徒復作亂，敬王犇于晋。十七年，晋定公遂入敬王于周。

《史記》卷四《周本紀》 顯王五年，賀秦獻公，獻公稱伯。九年，致文武胙於秦孝公。二十五年，秦會諸侯於周。二十六年，周致伯於秦孝公。三十三年，賀秦惠王。三十五年，致文武胙於秦惠王。四十四年，秦惠王稱王。其後諸侯皆爲王。

《史記》卷四《周本紀》 四十八年，顯王崩，子慎靚王定立。慎靚王立六年，崩，子赧王延立。王赧時東西周分治。王赧徙都西周。

《史記》卷四《周本紀》 東周與西周戰，韓救西周。或爲東周説韓王曰：西周故天子之國，多名器重寶。王案兵毋出，可以德東周，而西周之寶必可以盡矣。

《史記》卷四《周本紀》 周君、王赧卒，周民遂東亡。秦取九鼎寶器，而遷西周公於憚狐。後七歲，秦莊襄王滅東（西）周。東西周皆入于秦，周既不祀。

《史記》卷五《秦本紀》 〔繆公〕十四年，秦饑，請粟於晋。晋君謀之羣臣。虢射曰：因其饑伐之，可有大功。晋君從之。十五年，興兵將攻秦。繆公發兵，使丕豹將，自往擊之。九月壬戌，與晋惠公夷吾合戰於韓地。晋君弃其軍，與秦争利，還而馬騺。繆公與麾下馳追之，不能得晋君，反爲晋軍所圍。晋擊繆公，繆公傷。於是岐下食善馬者三百人馳冒晋軍，晋軍解圍，遂脱繆公而反生得晋君。初，繆公亡善馬，岐下野人共得而食之者三百餘人，吏逐得，欲法之。繆公曰：君子不以畜産害人。吾聞食善馬肉不飲酒，傷人。乃皆賜酒而赦之。三百人者聞秦擊晋，皆求從，從而見繆公窘，亦皆推鋒争死，以報食馬之德。於是繆公虜晋君以歸，令於國，齊宿，吾將以晋君祠上帝。周天子聞之，曰晋我同姓，爲請晋君。夷吾姊亦爲繆公夫人，夫人聞之，乃衰絰跣，曰：妾兄弟不能相救，以辱君命。繆公曰：我得晋君以爲功，今天子爲請，夫人是憂。乃與晋君盟，許歸之，更舍上舍，而饋之七牢。

《史記》卷五《秦本紀》 〔繆公二十二年〕其秋，周襄王弟帶以翟伐王，王出居鄭。二十五年，周王使人告難於晋、秦。秦繆公將兵助晋文公入襄王，殺王弟帶。

《史記》卷五《秦本紀》 〔孝公〕十九年，天子致伯。二十年，諸侯畢賀。秦使公子少官率師會諸侯逢澤，朝天子。

《史記》卷五《秦本紀》 西周君背秦，與諸侯約從，將天下鋭兵出伊闕攻秦，令秦毋得通陽城。於是秦使將軍摎攻西周。西周君走來自歸，頓首受罪，盡獻其邑三十六城，口三萬。秦王受獻，歸其君於周。五十二年，周民東亡，其器九鼎入秦。周初亡。

《史記》卷三二《齊太公世家》〔桓公〕二十三年，山戎伐燕，燕告急於齊。齊桓公救燕，遂伐山戎，至于孤竹而還。燕莊公遂送桓公入齊境。桓公曰：非天子，諸侯相送不出境，吾不可以無禮於燕。於是分溝割燕君所至與燕，命燕君復修召公之政，納貢于周，如成康之時。諸侯聞之，皆從齊。

《史記》卷三二《齊太公世家》〔桓公〕三十五年夏，會諸侯于葵丘。周襄王使宰孔賜桓公文武胙、彤弓矢、大路，命無拜。桓公欲許之，管仲曰不可，乃下拜受賜。秋，復會諸侯於葵丘，益有驕色。周使宰孔會。諸侯頗有叛者。晋侯病，後，遇宰孔。宰孔曰：齊侯驕矣，弟無行。從之。是歲，晋獻公卒，里克殺奚齊、卓子，秦穆公以夫人入公子夷吾爲晋君。桓公於是討晋亂，至高梁，使隰朋立晋君，還。

是時周室微，唯齊、楚、秦、晋爲彊。晋初與會，獻公死，國内亂。秦穆公辟遠，不與中國會盟。楚成王初收荊蠻有之，夷狄自置。唯獨齊爲中國會盟，而桓公能宣其德，故諸侯賓會。於是桓公稱曰：寡人南伐至召陵，望熊山；北伐山戎、離枝、孤竹；西伐大夏，涉流沙；束馬懸車登太行，至卑耳山而還。諸侯莫違寡人。寡人兵車之會三，乘車之會六，九合諸侯，一匡天下。昔三代受命，有何以異於此乎？吾欲封泰山，禪梁父。管仲固諫，不聽；乃説桓公以遠方珍怪物至乃得封，桓公乃止。三十八年，周襄王弟帶與戎、翟合謀伐周，齊使管仲平戎於周。周欲以上卿禮管仲，管仲頓首曰：臣陪臣，安敢！三讓，乃受下卿禮以見。三十九年，周襄王弟帶來奔齊。齊使仲孫請王，爲帶謝。襄王怒，弗聽。

《史記》卷三九《晋世家》〔文公五年〕五月丁未，獻楚俘於周，駟介百乘，徒兵千。天子使王子虎命晋侯爲伯，賜大輅，彤弓矢百，玈弓矢千，秬鬯一卣，珪瓚，虎賁三百人。晋侯三辭，然后稽首受之。周作《晋文侯命》：王若曰：父義和，丕顯文、武，能慎明德，昭登於上，布聞在下，維時上帝集厥命于文、武。恤朕身，繼予一人永其在位。於是晋文公稱伯。

《史記》卷四三《趙世家》〔武靈王〕八年，韓擊秦，不勝而去。五國相王，趙獨否，曰：無其實，敢處其名乎。令國人謂己曰君。

《史記》卷四四《魏世家》襄王元年，與諸侯會徐州，相王也。追尊父惠王爲王。

《史記》卷四六《田敬仲完世家》〔宣王〕七年，與魏王會平阿南。明年，復會甄。魏惠王卒。明年，與魏襄王會徐州，諸侯相王也。十年，楚圍我徐州。十一年，與魏伐趙，趙決河水灌齊、魏，兵罷。十八年，秦惠王稱王。

總敘

論説

《管子·君臣下》故其立相也，陳功而加之以德，論勞而昭之以法，參伍相德而周舉之，尊勢而明信之。是以下之人無諫死之諆而聚立者無鬱怨之心。如此則國平而民無慝矣。其選賢遂材也，舉德以就列，不類無德。舉能以就官，不類無能。以德弇勞，不以傷年。如此則上無困而民不幸生矣。

國之所以亂者四，其所以亡者二，内有疑妻之妾，此宮亂也。庶有疑適之子，此家亂也。朝有疑相之臣，此國亂也。任官無能，此衆亂也。四者無別，主失其體，群官朋黨以懷其私，則失族矣。國之幾臣，陰約閉謀以相待也，則失援矣。失族於内，失援於外，此二亡也。故妻必定，子必正，相必直立以聽，官必中信以敬。故曰：有宮中之亂，有兄弟之亂，有大臣之亂，有中民之亂，有小人之亂，五者一作，則爲人上者危矣。宮中亂曰妒紛，兄弟亂曰黨偏，大臣亂曰稱述，中民亂曰讐諄，小民亂曰財匱。財匱生薄，讐諄生慢，稱述、黨偏、妒紛生變。故正名稽疑，刑殺亟近，則内定矣。順大臣以功，順中民以行，順小民以務，則國豐矣。審天時，物地生，以輯民力。禁淫務，勸農功，以職其無事，則小民治矣。上稽之以數，下十伍以徵，近其罪伏，以固其意。鄉樹之師，以遂其學，官之以其能，及年而舉，則士反行矣。稱德度功，勸其所能，若稽之以衆風，若任以社稷之任，若此，則士反於情矣。

《管子·立政·首憲》 分國以爲五鄉，鄉爲之師。分鄉以爲五州，州爲之長。分州以爲十里，里爲之尉。分里以爲十游，游爲之宗。十家爲什，五家爲伍，什伍皆有長焉。築障塞匿，一道路，博出入，審閭閈，慎筦鍵。筦藏于里尉，置閭有司，以時開閉。閭有司觀出入者，以復于里尉。凡出入不時，衣服不中，圈屬群徒不順於常者，閭有司見之，復無時。若在長家子弟、臣妾、屬役、賓客，則里尉以譙于游宗，游宗以譙于什伍，什伍以譙于長家。譙敬而勿復，一再則宥，三則不赦。凡孝悌、忠信、賢良，儁材，若在長家子弟、臣妾、屬役、賓客，則什伍以復于游宗，游宗以復于里尉，里尉以復于州長，州長以計于鄉師，鄉師以著于士師。凡過黨，其在家屬，及于長家；其在長家，及于什伍之長；其在什伍之長，及于游宗；其在游宗，及于里尉；其在里尉，及于州長；其在州長，及于鄉師；其在鄉師，及于士師。三月一復，六月一計，十二月一著。凡上賢不過等，使能不兼官，罰有罪不獨及，賞有功不專與。

《管子·乘馬·地里》 上地方八十里，萬室之國一，千室之都四。中地方百里，萬室之國一，千室之都四。下地方百二十里，萬室之國一，千室之都四。以上地方八十里，與下地方百二十里，通於中地方百里。

《管子·小匡》 公曰：爲之柰何？管子對曰：昔者，聖王之治其民也，參其國而伍其鄙，定民之居，成民之事，以爲民紀，謹用其六柄，如是而民情可得，而百姓可御。桓公曰：六柄者何也？管子曰：殺生貴賤貧富，此六柄也。桓公曰：參國柰何？管子對曰：制國以爲二十一鄉，商工之鄉六，士農之鄉十五。公帥十一鄉，高子帥五鄉，國子帥五鄉，參國故爲三軍，公立三官之臣，市立三鄉，工立三族，澤立三虞，山立三衡。制五家爲軌，軌有長。十軌爲里，里有司。四里爲連，連有長。十連爲鄉，鄉有良人。三鄉一帥。桓公曰：五鄙柰何？管子對曰：制五家爲軌，軌有長。六軌爲邑，邑有司。十邑爲率，率有長。十率爲鄉，鄉有良人。三鄉爲屬，屬有帥。五屬一大夫，武政聽屬，文政聽鄉，各保而聽，毋有淫佚者。

《荀子·王制篇》 序官：宰爵知賓客、祭祀、饗食、犧牲之牢數，司徒知百宗、城郭、立器之數，司馬知師旅、甲兵、乘白之數。脩憲命，審詩商，禁淫聲，以時順脩，使夷俗邪音不敢亂雅，大師之事也。脩隄梁，通溝澮，行水潦，安水臧，以時決塞，歲雖凶敗水旱，使民有所耘艾，司空之事也。相高下，視肥墝，序五種，省農功，謹蓄藏，以時順脩，使農夫樸力而寡能，治田之事也。脩火憲，養山林藪澤草木魚鼈百索，以時禁發，使國家足用而財物不屈，虞師之事也。順州里，定廛宅，養六畜，閒樹藝，勸教化，趨孝弟，以時順修，使百姓順命，安樂處鄉，鄉師之事也。論百工，審時事，辨功苦，尚完利，便備用，使雕琢文采不敢專造於家，工師之事也。相陰陽，占祲兆，鑽龜陳卦，主攘擇五卜，知其吉凶妖祥，傴巫、跛擊之事也。脩採清，易道路，謹盜賊，平室律，以時順修，使賓旅安而貨財通，治市之事也。抃急禁悍，防淫除邪，戮之以五刑，使暴悍以變，姦邪不作，司寇之事也。本政教，正法則，兼聽而時稽之，度其功勞，論其慶賞，以時慎脩，使百吏免盡而衆庶不偷，冢宰之事也。論禮樂，正身行，廣教化，美風俗，兼覆而調一之，辟公之事也。全道德，致隆高，綦文理，一天下，振毫末，使天下莫不順比從服，天王之事也。故政事亂則冢宰之罪也；國家失俗則辟公之過也；天下不一，諸侯俗反，則天王非其人也。

《荀子·王霸篇》 主道治近不治遠，治明不治幽，治一不治二。主能治近則遠者理，主能治明則幽者化，主能當一則百事正。夫兼聽天下，日有餘而治不足者如此也，是治之極也。既能治近，又務治遠；既能治明，又務見幽；既能當一，又務正百：是過者也。過，猶不及也，辟之是猶立直木而求其景之枉也。不能治近，又務治遠；不能察明，又務見幽；不能當一，又務正百：是悖者也。辟之是猶立枉木而求其景之直也。故明主好要而闇主好詳。主好要則百事詳，主好詳則百事荒。君者，論一相，陳一法，明一指，以兼覆之，兼炤之，以觀其盛者也。相者，論列百官之長，要百事之聽，以飾朝廷臣下百吏之分，度其功勞，論其慶賞，歲終奉其成功以效於君。當則可，不當則廢，故君人勞於索之，而休於使之。

《荀子·彊國篇》 荀卿子説齊相曰：處勝人之埶，行勝人之道，天下莫忿，湯武是也。處勝人之埶，不以勝人之道，厚於有天下之埶，索爲匹夫不可得也，桀紂是也。然則得勝人之埶者，其不如勝人之道遠矣。夫主相者，勝人以埶也，是爲是，非爲非，能爲能，不能爲不能，併己之私欲，必以道夫公道通義之可以相兼容者，是勝人之道也。今相國上則得專主，下則得專國，相國之於勝人之埶亶有之矣。然則胡不敺此勝人之埶赴勝人之道，求仁厚明通之君子而託王焉，與之參國政，正是非？如是，則國孰敢不爲義矣？君臣上下，貴賤長少，至於庶人，莫不爲義，則天下孰不欲合義矣？賢士願相國之朝，能士願相國之官，好利之民莫不願以齊爲歸，是一天下也。相國舍是而不爲，案直爲是世俗之所以爲，則女主亂之宫，詐臣亂之朝，貪吏亂之官，衆庶百姓皆以貪利争奪爲俗，曷若是而可以持國乎？

（清）孫詒讓《墨子閒詁》卷三《尚同上》　是故里長者，里之仁人也。此里爲鄉之屬别，與《周禮·地官》六遂所屬里異。里長發政里之百姓，言曰：聞善而不善，必以告其鄉長。鄉長之所是，必皆是之，鄉長之所非，必皆非之。去若不善言，學鄉長之善言；去若不善行，學鄉長之善行，則鄉何説以亂哉？察鄉之所治者何也？所下，據下文當有以字。鄉長唯能壹同鄉之義，壹，中下篇并作一，字通。是以鄉治也。鄉長者，鄉之仁人也。

《吕氏春秋·離俗覽·舉難》　孟嘗君問於白圭曰：魏文侯名過桓公，而功不及五伯，何也？白圭對曰：文侯師子夏，友田子方，敬段干木，此名之所以過桓公也。卜相曰成與璜孰可？此功之所以不及五伯也。相也者，百官之長也。擇者欲其博也。今擇而不去二人，與用其讎亦遠矣。且師友也者，公可也；戚愛也者，私安也。以私勝公，衰國之政也。然而名號顯榮者，三士羽翼之也。

（清）顧炎武《日知録》卷八《鄉亭之職》　《漢書·百官表》，縣令、長皆秦官，掌治其縣。萬户以上爲令，秩千石至六百石，減萬户爲長，秩五百石至三百石。皆有丞尉，秩四百石至二百石。《宋書·百官志》：漢制：丞一人，尉，大縣二人，小縣一人。是爲長吏。百石以下，有斗食佐史之秩，是爲少吏。《武帝紀》：元光六年詔曰：少吏犯禁。《甯成傳》：爲少吏，必陵其長吏。大率十里一亭，亭有長。《宋書》：五家爲伍，伍長主之，二伍爲什，什長主之，十什爲里，里魁主之，十里爲亭，亭長主之。《史記·建元以來侯者年表》，張章父爲長安亭長失官。是亭長亦稱官也。十亭一鄉，鄉有三老、有秩、《張敞傳》注，師古曰：鄉有秩者，嗇夫之類也。嗇夫、游徼。《宋書》又有鄉佐。三老掌教化，嗇夫職聽訟，收賦稅，游徼徼循禁賊盜。《宋書》：鄉佐有秩，主賦稅，三老主教化，嗇夫主争訟，游徼主奸非。縣大率方百里，其民稠則減，稀則曠，鄉亭亦如之。皆秦制也。高帝紀：二年二月，令舉民年五十以上，有修行，能帥衆爲善，置以爲三老，鄉一人。擇鄉三老一人爲縣三老，與縣令丞尉以事相教，復勿繇戍。三老爲鄉官，故壺關三老茂得上書言太子。《黄霸傳》：使郵亭鄉官皆畜雞豚。此其制不始於秦漢也，自諸侯兼併之始，而管仲、蔿敖、子産之倫，所以治其國者莫不皆然。《管子書》曰：擇其賢民，使爲里君。而《周禮·地官》，自州長以下，有黨正、族師、閭胥、比長，自縣正以下，有鄙師、酇長、里宰、鄰長，則三代明王之治亦不越乎此也。

（清）顧炎武《日知録》卷二二《郡縣》　《漢書·地理志》言：秦并兼四海，以爲周制微弱，終爲諸侯所喪，故不立尺土之封，分天下爲郡縣，蕩滅前聖之苗裔，靡有孑遺。後之文人祖述其説，以爲廢封建、立郡縣，皆始皇之所爲也。以余觀之，殆不然。《左傳》僖公三十三年，晋襄公以再命命先茅之縣賞胥臣。宣公十一年，楚子縣陳。十二年，鄭伯逆楚子之辭曰：使改事君夷于九縣。注，楚滅諸小國，爲九縣。十五年，晋侯賞士伯以瓜衍之縣。成公六年，韓獻子曰：成師以出，而敗楚之二縣。襄公二十六年，蔡聲子曰：晋人將與之縣以比叔向。三十年，絳縣人或年長矣。昭公三年，二宣子曰：晋之别縣不惟州。五年，薳啓彊曰：韓賦七邑皆成縣也。注：成縣賦百乘也。又曰：因其十家九縣，其餘四十縣。十年，叔向曰：陳人聽命而遂縣之。二十八年，晋分祁氏之田以爲七縣，分羊舌氏之田以爲三縣。哀公十七年，子穀曰，彭仲爽，申俘也，文王以爲令尹，實縣申息。《晏子春秋》：昔我先君桓公，予管仲與穀，其縣十七。《説苑》：景公令吏致千家之縣一於晏子。《戰國策》：智過言於智伯曰：破趙則封二子者各萬家之縣一。《史記·秦本紀》：武公十年伐邽冀戎，初縣之。十一年初縣杜鄭。《吴世家》：王餘祭三年，予慶封朱方之縣。則當春秋之世，滅人之國者，固已爲縣矣。按昭二十九年傳，蔡墨言劉累遷于魯縣，則夏后氏已有縣之名。《周禮·小司徒》：四甸爲縣。《遂人》：五鄙爲縣。《縣士》注：距王城三百里以外至四百里曰縣，亦作寰。《國語》：管子制齊，三鄉爲寰，寰有寰帥。十寰爲屬，屬有大夫。顔師古曰：古書縣邑字皆作寰，以縣爲縣掛字。後人轉用爲州縣字，其縣挂之縣又加心以别之也。《史記》：吴王發九郡兵伐齊。范蜎對楚王曰：楚南塞厲門，而郡江東。甘茂謂秦王曰：宜陽大縣，名曰縣，其實郡也。春申君言於楚王曰：淮北地邊齊，其事急，請以爲郡便。《匈奴傳》言：趙武靈王置雲中、雁門、代郡，燕置上谷、漁陽、右北平、遼西、遼東郡以拒胡。又言魏有河西上郡以與戎界邊。則當七國之世，而固已有郡矣。哀公二年傳：趙簡子誓曰：剋敵者，上大夫受縣，下大夫受郡。杜氏引《周書·作洛篇》：千里百縣，縣有四郡。古時縣大而郡小。《説文》：周制：天子地方千里，分爲百縣，縣有四郡。至秦初置三十六郡，以監其縣。今按《史記》吴王及春申君之事，則郡之統縣固不始於秦也。吴起爲西河守，馮亭爲上黨守，李伯爲代郡守，西門豹爲鄴令，荀況爲蘭陵令，城渾説楚新城令，衛有蒲守，韓有南陽假守，魏有安邑令。蘇代曰：請以三萬户之都封太守，千户封縣令。趙封馮亭亦云。而齊威王朝諸縣令長七十二人。則六國之未入於秦，而固已先爲守令長矣。故史言樂毅下齊七十餘城，皆爲郡縣。而齊湣王遺楚懷王書曰，四國爭事秦，則楚爲郡縣矣。張儀説燕昭王曰：今時趙之於秦，猶郡縣也。安得謂至始皇而始罷侯置守邪？傳稱禹會諸侯，執玉帛者萬國，至周武王，僅千八百國；春秋時見於經傳者百四十餘國，又并而爲十二諸侯，又并而爲七國；此固其勢之所必至。秦雖欲復古之制，一一而封之，亦有所不能。而謂罷侯置守之始於秦，則儒生不通古今之見也。

（清）顧炎武《日知録》卷二二《都》

《詩》毛氏傳：下邑曰都。後人以爲人君所居，非也。《帝王世紀》：天子所宫曰都。《釋名》：都者，國君所居。考之經，則《書》之云大都小伯，《詩》之云在浚之都，作都于向者，皆下邑也。《左傳》曰：先王之制，大都不過參國之一，中五之一，小九之一。隱公元年。又曰：邑有宗廟，先君之主曰都，無曰邑。莊公二十八年。故晋二五言于獻公曰：狄之廣莫於晋爲都。謂蒲也、屈也。士伯謂叔孫昭子曰：將館子於都。謂箕也。公孫朝謂季平子曰：有都以衛國也。謂成也。仲由爲季氏宰，將墮三都。謂郈也、費也、成也。萊章曰：往歲剋敵，今又勝都。謂廩丘也。《孟子》：王之爲都者，臣知五人焉。謂平陸也。《韓子》：衛嗣君以一都買一胥靡。謂左氏也。《史記》趙良勸商君歸十五都，灌園於鄙。秦封鞅商十五邑。秦王謂藺相如召有司，案圖指從此以往十五都予趙。齊王令章子將五都之兵，因北地之衆以伐燕。張儀説楚王，請效萬家之都以爲湯沐之邑。而陳恢見沛公亦曰：宛，大郡之都也。其名始於《周禮·小司徒》：九夫爲井，四井爲邑，四邑爲丘，四丘爲甸，四甸爲縣，四縣爲都。注：四縣爲都，方四十里。而王之子弟所封，及公卿之采邑在焉。於是乎有都宗人、都司馬，其後乃爲大邑之稱耳。《縣士》注：距王城四百里以外至五百里曰都。故《詩》云：彼都人士。《禮記·月令》：命農勉作，毋休於都。而宰夫掌群都縣鄙之治。注：群都，諸采邑也。商子言：百都之尊爵厚禄。《史記》信陵君之諫魏王，謂所亡於秦者，大縣數十，名都數百。則皆小邑之稱也。三代以上，若湯居亳，太王居邠，并言居，不言都。至秦始皇始言：吾聞周文王都豐，武王都鎬。豐鎬之間，帝王之都也。而項羽分立諸侯王，遂各以其所居之地爲都。王莽下書言周有東都西都之居，而以洛陽爲新室東都，常安爲新室西都。莽改長安曰常安。後世因之，遂以古者下邑之名爲今代京師之號，蓋習而不察矣。

《史記·商君傳》：築冀闕宫庭於咸陽，秦自雍徙都之，而集小都鄉邑聚爲縣，置令丞，凡三十一縣。上都國都之都，下都都鄙之都。史文兼古今語。

《漢書·鼂錯傳》言：憂勞百姓，列侯就都。是以所封國邑爲都。《後漢書·安帝紀》：徙金城郡，都襄武。《龐參傳》：燒當羌種號多等皆降，始復得還都，令居。是以郡治爲都。而《食貨志》言：長安及五都，以洛陽、邯鄲、臨淄、宛、成都爲五都，而長安不與焉，此又所謂通邑大都居一方之會者也。如張衡《南都賦》、徐幹《齊都賦》，劉邵《趙都賦》，庾闡《揚都賦》。若後世國都之名，專於天子，而諸侯王不敢稱矣。

《史記》：孝景中三年，軍東都門外。此時未有東都，其曰東都門，猶言東郭門也。程大昌以爲自此出洛陽東都者非。《三輔黄圖》：長安城東出北頭第一門曰宣平門，民間所謂東都門。

（清）顧炎武《日知録》卷二四《相》

《管子》曰：黄帝得六相。《宋書·百官志》曰：殷湯以伊尹爲右相，仲虺爲左相。然其名不見於經，惟《書·説命》有爰立作相之文。而《左傳》定公元年，薛宰言：仲虺居薛，以爲湯左相。《禮記·月令》：命相布德和令。注：相謂三公，相王之事也。正義曰，案《公羊》隱五年傳曰：三公者何？

天子之相也。自陝而東者周公主之，自陝而西者召公主之，一相處乎內，是三公相王之事也。至六國時，一人知事者特謂之相，故《史記》稱穰侯、范雎、蔡澤皆爲秦相，後又爲丞相也。如魏文侯卜相于李克，儲子爲齊相，不必秦國有之。《史記》：秦武王二年，初置丞相。杜氏《通典》曰：黄帝六相，堯十六相爲之輔，相不必名官。是則三代之時言相者皆非官名，相者在王左右之人。《書》曰：相被冕服憑玉几。高宗立傅説爲相，而曰：王置諸其左右。亦此意也。如《孟子》言舜相堯，禹相舜，益相禹，伊尹相湯，周公相武王。《禮記·明堂位》周公相武王之類耳。《左傳》桓公二年，太宰督遂相宋公。莊公九年，鮑叔言于齊侯曰：管夷吾治于高傒，使相可也。昭公元年，祁午謂趙文子曰：子相晉國。按當時官名皆不謂之相。《荀子》言孫叔敖相楚，傳止言爲令尹。《淮南子》言子產爲鄭國相，傳止言執政。《左傳》羽父請殺桓公以求太宰，《史記》則云君以我爲相。哀公十七年，右領差車與左史老，皆相令尹司馬以伐陳。又是相二官，而非相楚王。《論語》：今由與求也相夫子。是相季氏而非相魯君。惟襄公二十五年，崔杼立景公而相之，慶封爲左相。則似真以相名官者。定公十年，公會齊侯于夾谷，孔丘相。杜氏解曰：相，會儀也。如顧爲小相焉之相。《史記·孔子世家》乃云孔子爲大司寇，攝相事。是誤以儐相之相爲相國之相，不知魯無相名，有司寇而無大司寇也。《禮記》正義引崔靈恩云：諸侯三卿，司徒兼冢宰，司馬兼宗伯，司空兼司寇。三卿之下有五大夫。五大夫者，司徒之下立二人，小宰、小司徒。司馬之下以其事省，立一人，爲小司馬兼宗伯之事。司空之下立二人，小司寇、小司空。今夫子爲司空者，爲小司空也，從小司空爲小司寇也。崔所以知然者，魯有孟、叔、季三卿爲政，又有臧氏爲司寇，故知孔子爲小司寇。按《左傳》隱二年司空無駭，杜氏注：魯司徒、司馬、司空，皆卿也，然則臧紇爲司寇，亦小司寇也。朱子《論語集註》引此，亦不覺其誤。

（清）顧炎武《日知録》卷二四《將軍》 《春秋傳》：晉獻公作二軍，公將上軍，太子申生將下軍。是已有將軍之文，而未以爲名也。至昭公二十八年，閻没女寬對魏獻子曰：豈將軍食之而有不足？正義曰：此以魏子將中軍，故謂之將軍。及六國以來，遂以將軍爲官名，蓋其元起於此。《公羊傳》：將軍子重諫曰。《穀梁傳》：使狐夜姑爲將軍。《孟子》：魯欲使慎子爲將軍。《墨子》：昔者晉有六將軍，而智伯莫爲強焉。《莊子》：今將軍兼此三者。《盗跖篇》。《淮南子》：趙文子問於叔向曰：晉六將軍，其孰先亡？張武爲智伯謀曰：晉六將軍。又曰：魯君召子貢，授之將軍之印。而《國語》亦曰：鄭人以詹伯爲將軍。又曰：吳王夫差黄池之會，十行一嬖大夫，十旌一將軍。《禮記·檀弓》：衛將軍文子之喪。《史記·司馬穰苴傳》：景公以爲將軍。《封禪書》：杜主者，故周之右將軍。《越世家》：范蠡稱上將軍。《魏世家》：令太子申爲上將軍。《戰國策》：梁王虛上位，以故相爲上將軍。《漢書·百官表》曰：前后左右將軍，皆周末官。《通典》曰：自戰國置大將軍，楚懷王與秦戰，秦敗楚，虜其大將軍屈丐。至漢則定以爲官名矣。

綜述

《逸周書》卷五《作雒解》 制郊甸，方六百里，國西土，爲方千里。分以百縣，縣有四郡，郡有四鄙。大縣城方王城三之一，小縣立城，方王城九之一。都鄙不過百室，以便野事。

（唐）杜佑《通典》卷三三《職官·州郡下·縣令》 春秋時，列國相滅，多以其地爲縣，則縣大而郡小。故傳云：上大夫受縣，下大夫受郡。《周書·作雒篇》曰：千里百縣，縣有四郡。縣邑之長曰宰，曰尹，曰公，曰大夫，晉謂之大夫，魯、衛謂之宰，楚謂之公、尹。其職一也。孔子爲中都宰一年，四方皆則之，由中都宰爲司空。又齊威王即位，召即墨大夫語之曰：子居即墨，毁日至，然吾使人視即墨，田野闢，民人給，官無留事，東方以寧，是子不事吾左右以求名也。封之萬家。召阿大夫語曰：自子之守阿，名日聞，然使視阿，田野不闢，民人貧苦，是子以幣厚吾左右以求名也。乃烹阿大夫，左右常稱者皆并烹之。遂起兵擊諸侯，諸侯震懼。人人不敢飾非，務盡其誠，齊國大治。又子產理鄭，人不能欺。宓子賤理單父，人不忍欺。西門豹理鄴，人不敢欺。至於戰國，則郡大而縣小矣。故甘茂謂秦武王曰：宜陽大縣，名曰縣，其實郡也。

（明）董説《七國考》卷一《秦職官·太守》 《風俗通》：秦昭王使陳冰爲蜀郡太守。《史記》：昭襄王十三年，任鄙爲漢中守。《漢書·百官表》云：郡守，秦官。

（明）董説《七國考》卷一《秦職官·縣官》 《史記》：秦王收穰侯之印，使歸陶，因使縣官給車牛以從。《玉海》云：《周官》有縣正。春秋時縣大而郡小，縣邑之長曰宰、曰尹、曰公、曰大夫，其職一也。戰國郡大而縣小矣。故甘茂謂秦武王曰：宜陽大縣。名曰縣，其實郡也。

（清）沈淑《左傳職官·總》 卿置側室。註：側室，衆子也。得立此一官。疏：卿之家臣其數多矣，獨言立此一官者，其餘諸官，事連於國，臨時選用，異姓皆得爲之，其側室一官必用同族。是卿蔭所及惟知宗事，故特言之。天子有日官，諸侯有日御。注：日官、日御，典歷數者。日官居卿。注：日官，天子掌歷者，不在六卿之數，而位從卿，故言居卿也。疏：《周禮》大史掌正歲年以序事，頒告朔于邦國。然則天子掌歷者謂大史也。大史，下大夫，非卿，故不在六卿之數。《傳》言居卿，則是尊之名卿耳。勳在王室，藏於盟府。注：司盟之官。疏：《周禮》司盟掌盟載之法。會同，則掌其盟約之載。既盟，則貳之。惟言會同之盟，不掌勳功之事，而得有號之勳。藏在盟府者，凡諸侯初受封爵必有盟誓之言。《檀弓》云：衛大史柳莊死，公與之邑裘氏，與縣藩氏，書而納諸棺。曰世世萬子孫毋變也。即盟誓之辭也。《漢書·功臣侯表》封爵之誓曰：使黄河如帶，泰山若礪。國以永存，爰及苗裔。其誓即盟之類。事必有因於古，明知以勳受封，必有盟要。其辭當藏於司盟之府也。曹暨侯孺。注：暨，掌通内外者。行李。注：使人。疏：襄八年《傳》云：一介行李。杜云：行李，行人也。昭十三年《傳》云：行理之命。杜云：行李，使人。李理字異，爲注則同。《周語》：行理以節逆之。賈逵云：理，吏也。小行人也。期思公復遂爲右司馬，子朱及文之無畏爲左司馬。注：將獵，張兩甄，故置二左司馬，然則右司馬一人當中央。候人。注謂伺候望敵者。行人。注通使之宜。疏：《周禮》：大行人掌大賓之禮、大客之儀。小行人掌使適四方協賓客之禮。諸侯行人當亦通掌此事。獸臣。注：虞人。僕夫。蔡司馬。舞師。注：樂師也。陳司徒。注：大夫。陪臣。注：諸侯之臣稱於天子曰陪臣。守臣。注：諸侯臣爲王所命曰守臣。蔡太師。司歷。圬人。塗者。僕人。巾車。主車。隸人牧圉。嬪嬙。疏：《周禮》有九嬪。嬪是婦官，知嬙亦婦官。哀元年《傳》説夫差宿有妃嬙嬪御焉。蓋周末婦官有此名。漢成帝時以掖庭王嬙賜匈奴，名因於古。三老。服云：工老、商老、農老。杜云：上中下壽。山人。虞官。縣人。遂屬。疏：《周禮》山虞，掌山林之政令。知山人虞官也。《周禮》五縣爲遂。是縣爲遂之屬也。行理。注：使人通聘問者。陳芋尹。

古

大岳。注：堯四岳。疏：四岳，官名，大岳也。主四岳之祭焉。遒人。注：行人之官。《書》孔傳云：宣令之官。嗇夫。疏：《書》孔傳云：嗇夫，主幣之官。鄭注：《覲禮》云：嗇夫，蓋司空之屬。雲師、火師、水師、龍師、鳥師，鳳鳥氏歷正，元鳥氏司分，注：燕春分來秋分去。伯趙氏司至，注：伯勞，夏至鳴冬至止。青鳥氏司啓，注：鶬鴳以立春鳴立夏止。丹鳥氏司閉，注：鷩雉，以立秋來立冬去。祝鳩氏司徒，注：鷦鳩孝。鴡鳩氏司馬，注：王鳩，鷙而有別。鳲鳩氏司空，注：鳲鳩均平。爽鳩氏司寇，注：鷹鷙。鶻鳩氏司事。注：鶻鵰，春來冬去。疏：司事，謂營造之事。於六官皆屬司空。此司空司事各爲一官者，古今代異，如《舜典》司空與共工各爲一官也。五雉爲五工正，注：西方鷷雉、東方鶅雉、南方翟雉、北方鵗雉、伊洛之南翬雉。九扈爲九農正，注：春扈鳻鶞，夏扈竊元，秋扈竊藍，冬扈竊黄，棘扈竊丹，行扈唶唶，宵扈嘖嘖，桑扈竊脂，老扈鷃鷃。樂正后夔，木正句芒，火正祝融，金正蓐收，水正元冥，土正后土，稷田正也，薛祖奚仲爲夏車正，注：爲夏禹掌車服大夫。仲虺爲湯左相，少康爲仍牧正。注：牧官之長。有虞庖正。疏：庖正，當《周禮》之庖人。

春秋列國官號甚雜，今分輯之載注疏之説與《周官》參校，略可以見侯國之差錯焉。雍正乙巳冬十月。季和父。

（清）程廷祚《春秋職官考略》卷上《數國共有之官·宰》 《周禮·天官》：卿曰太宰，其屬有小宰、宰夫等官。春秋諸國雖有此官，然其爵命未必相同，其職司亦未必盡與《周禮》合，今但以類相從云爾。

周

隱元年，宰咺，杜氏以爲天子大夫。疏引《宰夫職》曰：凡邦之弔事，掌其戒令與其幣器財用。謂既掌弔事，或即充使。咺蓋宰夫也。《周禮》：宰夫，下大夫也。桓四年，宰渠伯糾。僖九年，宰周公會諸侯。杜曰：天子三公。僖三十年，宰周公來聘。杜曰：天子三公兼冢宰也。

宋太宰　少宰

春秋，宋國職官備于他國，故今俱以宋爲首。

桓二年，宋殤公時華督爲太宰，已而督弑殤公，諸侯受其賂，遂相宋公。案此則太宰宋之相也。成十五年，向帶爲太宰，魚府爲少宰。襄九年，宋災，使西鉏吾庀府守。杜曰：鉏吾，太宰也。府六官之典。正義曰：鉏吾太宰。傳無其文，説本賈逵。襄十七年，皇國父爲太宰。

魯太宰 宰人

隱十一年，羽父請殺桓公，將以求太宰。案自是以後魯無太宰矣。哀三年，桓僖宮災，子服景伯命宰人出禮書以待命。杜曰：宰人，冢宰之屬。

齊

昭二十七年，齊侯飲魯昭公酒，使宰獻而請安。疏曰：燕禮者，公燕大夫之禮也。公雖親在，而別有主人。鄭元云：主人者，宰夫也。宰夫，太宰之屬。掌賓客之獻飲食者也。

鄭太宰

襄十一年，諸侯復伐鄭，鄭使良霄太宰石㚟如楚，告將服于晉。按石㚟爲良宵之介，則太宰之官非鄭所重矣。又昭元年，趙孟曰：武請于冢宰矣。杜曰：冢宰子皮，則鄭上卿又有冢宰之稱，猶之曰蔿敖爲宰也。

楚太宰 少宰

宣十二年，楚少宰如晉師。成十年，太宰子商。成十六年，太宰伯州犂。昭元年，薳啓彊。昭二十一年，太宰犯。

吳太宰

定四年，伯州犂之孫嚭爲吳太宰。

（清）程廷祚《春秋職官考略》卷上《數國共有之官·司徒》《周禮·地官》：卿曰大司徒，其屬有小司徒等官。

周

襄二十一年，晉欒盈奔楚，過周，王使司徒禁掠欒氏者，歸所取焉。昭二十二年，司徒醜。杜曰：悼王司徒也。

宋

文七年，鱗矔爲司徒。成十五年，華喜爲司徒。襄九年，宋災，使華臣具正徒。杜云：時爲司徒。疏引《周禮》：大司徒掌徒庶之政令，小司徒凡用衆庶則掌其政教，凡國之大事致民。昭二十二年，邊卬代華定爲大司徒。哀二十六年，皇懷爲司徒。

魯

昭四年，謂季孫爲司徒。

鄭

襄十年，子孔爲司徒。

衛

哀二十五年，司徒期。

楚

宣十一年，令尹蔿艾獵城沂，使封人慮事，以授司徒。

陳

襄十七年，司徒卬。昭八年，司徒招。哀十一年，初轅頗爲司徒。

（清）程廷祚《春秋職官考略》卷上《數國共有之官·司馬》《周禮·夏官》：卿曰大司馬。其屬有小司馬等官。

宋大司馬 少司馬

隱三年，大司馬孔父。僖二十二年，大司馬固。杜氏以爲公孫固。又司馬，杜氏以爲子魚。文七年，樂豫爲司馬旋，以讓公子卬。明年，宋殺大司馬公子卬。文十六年，華耦爲司馬。是年耦卒，蕩虺爲司馬。成十五年，蕩澤爲司馬。是年又使老佐爲司馬。襄六年，宋樂轡以弓梏華弱于朝。平公曰：司武而梏于朝，難以勝矣。杜曰：司武，司馬。時弱爲司馬，是年奔魯。襄九年，宋災，使皇鄖命校正出馬，工正出車，備甲兵，庀武守。皇鄖時爲司馬。昭二十一年，華貙爲少司馬。時貙之父華費遂爲大司馬。昭二十二年，宋使公孫忌爲大司馬。杜云：代華費遂。哀二十六年，皇非我爲大司馬。

魯家司馬附

昭四年，謂叔孫爲司馬。案昭二十五年，叔孫氏之司馬鬷戾。家臣亦有司馬之名。又襄二十三年，季氏以公鉏爲馬正。杜云：馬正，家司馬。案《周禮》家司馬屬夏官，主卿大夫采地之軍賦者，即使家臣爲之。

鄭

襄二年，子國爲司馬。襄十四年，司馬子蟜。

楚大司馬 左司馬 右司馬

僖二十六年，子西爲司馬。宣四年，子越爲司馬。已而蔿賈爲司馬。成十六年，鄢陵之戰司馬將中軍。時子反爲司馬。襄二年，楚殺右司馬公子申。襄三年，司馬公子何忌。襄十二年，司馬子庚。襄十五年，蔿子馮爲大司馬。公子櫜師爲右司馬，公子成爲左司馬。襄二十二年，公子齮爲司馬。襄二十五年，蔿掩爲司馬。昭十七年，司馬子魚。昭二十三年，司馬薳越。昭二十七年，左司馬沈尹戌。昭三十一年，右司馬稽。哀四年，左司馬眅。哀十八年，右司馬子國。

陳

襄二十五年，司馬桓子。

蔡

襄八年，司馬公子燮。

吴

哀十一年，艾陵之戰，吴子呼叔孫曰：而事何也。對曰：從司馬。杜曰：從吴司馬所命。

（清）程廷祚《春秋職官考略》卷上《數國共有之官·司寇》 《周禮·秋官》：卿曰大司寇。其屬有小司寇等官。

宋大司寇　少司寇

文七年，華御事爲司寇。文十六年，公子朝爲司寇。文十八年，樂呂爲司寇。成十五年，向爲人爲大司寇，鱗朱爲少司寇。是年二司寇出奔楚，樂裔爲司寇。襄九年，宋災，使樂遄庀刑器。杜曰：樂遄司寇。昭二十年，少司寇華牼。昭二十二年，樂輓爲大司寇。哀二十六年，樂朱鉏爲大司寇。

魯

文十八年，莒僕來奔，季文子使司寇出諸竟。宣十八年，臧宣叔逐東門氏。杜曰：時爲司寇。襄二十一年，臧武仲。定元年，孔子之爲司寇也。孔子爲司寇，在定公十年後。

晋

襄三年，魏絳曰：請歸死于司寇。案昭十四年，晋士景伯如楚，叔魚攝理，則晋之刑官，又有理之名矣。

齊

成十八年，慶佐爲司寇。

鄭野司寇附

昭十八年，鄭災，子産使司寇出新客，禁舊客。勿出于宫，又使野司寇各保其徼。杜曰：野司寇，縣士也。案《周禮》司寇之屬，有縣士掌野，各掌其縣之民數，而聽其獄訟。若邦有大役，聚衆庶，則各掌其縣之禁令。郊外曰野，縣士聽郊野之獄訟，故《傳》謂之野司寇。

衛

昭二十年，衛公孟縶奪齊豹司寇。哀二十五年，衛侯之入也，奪司寇亥政。

（清）程廷祚《春秋職官考略》卷上《數國共有之官·司空》 《周禮·大宰》以官府之六屬舉邦治，六曰冬官，即司空也。

魯

隱二年，司空無駭。杜曰：魯司徒司馬司空皆卿也。昭四年，孟孫爲司空以書勳。疏云：案《周禮》司勳屬夏官。今司空書勳者，又是春秋時諸侯之法，不可盡與禮同。

晋大司空

莊二十六年，晋士蔿爲大司空。杜曰：大司空，卿官。案此時晋猶未改諸卿之名，故杜云然。文二年，司空士穀。成十八年，右行辛爲司空。案文二年，杜曰：晋司空非卿也。襄十九年，有司馬司空在軍尉輿尉閒，爲六卿之屬，則非復從前所謂司空矣。疏云：雖則非卿，職掌不異。故《傳》曰：右行辛爲司空，使修士蔿之法。襄三十一年，司空以時平易道路。

鄭

襄十年，子耳爲司空。

司城

春秋宋無司空而有司城，所謂以武公廢司空也。

宋

文七年，公子蕩。文八年，蕩意諸。文十六年，母弟須。文十八年，公孫師。襄六年，子罕。昭二十二年，樂祁。哀二十六年，樂茷。

曹

哀七年，曹伯陽使公孫彊爲司城以聽政。案司城，宋官，曹不應有。蓋曹後衰弱，奉宋之政令已久。其見滅于宋，宜矣。

（清）程廷祚《春秋職官考略》卷上《數國共有之官·司敗》 楚

文十年，子西見成王曰：臣歸死于司敗。杜曰：楚名司寇爲司敗。

宣四年，若敖之亂，箴尹克黄使于齊，還歸復命，而自拘于司敗。

唐

唐亦有此官，見定三年。案《論語》陳亦有司敗，蓋唐陳皆近楚之國，設官或相慕效也。

（清）程廷祚《春秋職官考略》卷上《數國共有之官・師傅》　太師、太傅、太保，天子三公也。《周禮》典命，公之孤四命。鄭衆云：九命上公，得置孤卿一人。案此則上公之國，乃得置孤，侯國有之僭也。

晉太師　太傅

文六年，太師賈佗，太傅陽處父。案此則晉嘗置二孤矣。宣十六年，晉侯請于王，以黻冕命士會將中軍，且爲太傅。成十八年，士渥濁爲太傅。疏云：此大夫官，非孤卿也。羊舌肸亦然。襄十六年，羊舌肸爲傅。

衛少師

襄二十七年，衛侯以公孫免餘爲少師。

楚太傅

文元年，楚穆王以潘崇爲太師。哀十七年，太師子穀。

蔡太師

襄二十五年，太師子朝。

隨少師

桓六年，楚武王侵隨，隨使少師董成。

（清）程廷祚《春秋職官考略》卷上《數國共有之官・史》　《周禮》春官之屬，有太史、小史、內史、外史、御史等官。雖各有所職，大抵俱以典策爲重。

周太史　內史

桓十七年，天子有日官。杜曰：日官，天子掌厤者。疏云：《周禮》太史掌正歲年，以序事頒告朔于邦國。天子掌厤者，謂太史也。莊二十二年，周史有以《周易》見陳侯者。杜曰：史，周太史也。哀六年，楚子使問諸周太史。桓二年，周內史聞之。案內史掌王之八枋之法，以詔王治。又凡命諸侯及孤卿大夫，則策命之。莊三十二年，內史過。僖十六年，內史叔興。文元年，內史叔服。襄十年，晉滅偪陽，使周內史選其族嗣，納諸霍人。杜曰：內史掌爵禄廢置者。

號

莊三十二年，史嚚。杜曰：史，太史也。

魯太史　外史

文十八年，太史克。昭二年，晉韓宣子來聘，觀書于太史氏。昭十七年，夏六月甲戌朔，日有食之，太史答季平子。案桓十七年，諸侯有日御。杜曰：日御，典厤數者。蓋即太史也。哀十一年，太史固。襄二十三年，季孫召外史掌惡臣，而問盟首焉。孔穎達以諸侯無內史，不得有外史，此蓋史官身居在外，季孫從內召之，故曰外史，非官名也。不知是否。案《周禮》外史掌書，外令掌四方之志。

晉太史

宣二年，太史董狐。襄三十年，史趙。昭十五年，辛有之二子董之，晉于是乎有董史。杜曰：辛有，周人也。其二子適晉爲太史。昭二十九年，蔡史墨。哀九年，趙鞅卜救鄭。占諸史趙史墨史龜。案《周禮》太史之職，大祭祀與執事卜日。其所掌雖有此一條，而卜筮之事，自有太卜等官專掌也。春秋時如周之太史、晉之史趙等俱嘗以占卜見。殆其後又稍稍侵官耶。哀二十四年，晉饋臧石牛，太史謝之。

齊太史　南史

襄二十五年，太史書崔杼殺其君。又有南史。疏云：南史是佐太史者，蓋小史也，以其居在南謂之南史耳。昭二十年，史嚚。哀十四年，太史子餘。

鄭太史

襄三十年，使太史命伯石爲卿。案天子策命之事，內史所掌。今鄭以太史主之者，孔穎達謂諸侯兼官，無內史故也。昭元年，公孫黑彊與于盟，使大史書其名，且曰七子。

衛太史

閔二年，狄人囚史華龍滑與禮孔，以逐衛人。二人曰：我太史也，實掌其祭。

楚左史

昭十二年，左史倚相。疏引《禮・玉藻》云：動則左史書之。左史之義，蓋本于此。哀十七年，左史老。

（清）程廷祚《春秋職官考略》卷上《數國共有之官·祝》 案《周禮》有大祝，其屬有小祝，又有喪祝、甸祝、詛祝等官，皆統于宗伯。

宋

哀二十六年，祝襄。

虢

莊三十二年，祝應。杜曰：祝，大祝也。

魯祝史

昭十七年，日有食之，祝史請所用幣。祝史者，蓋兼祝史二官，或掌祝者謂之祝史，猶掌卜者謂之筮史也。

齊

昭二十年，祝固。

鄭

昭十六年，祝款。

衛祝史

定四年，祝鮀。哀二十五年，祝史揮義見魯。

（清）程廷祚《春秋職官考略》卷上《數國共有之官·宗》 虢

莊三十二年，宗區。杜曰：宗，宗人。案《周禮·春官》有都宗人，掌都祭祀之禮。家宗人，掌家祭祀之禮。此杜所謂宗人者。

魯宗伯　宗人

文二年，夏父弗忌爲宗伯。《周禮·春官》，卿曰大宗伯。其屬有小宗伯等官。哀二十六年，宗人釁夏。案宗伯爲典禮要職，而僅魯一見，則當時諸國之廢禮可知。其餘以祝宗並稱者，大抵皆宗人也。然哀公以立夫人大事，而使宗人獻其禮，則魯此時宗伯之官亦廢矣。可歎也。又案定四年，祝佗稱魯公之封，有祝宗卜史。杜氏解宗爲宗人，豈宗伯一官，本侯國所無，其有之者僭也，而宗人亦春秋時之僅存者歟。

（清）程廷祚《春秋職官考略》卷上《數國共有之官·掌卜之官》

《周禮·春官》有太卜、卜師、卜人、龜人、華氏、占人、筮人等官。

魯卜士　史

桓六年，子同生，公使卜士負之。案《禮·内則》曰：國君世子生三日，卜士負之。文十八年，卜楚邱。杜曰：魯掌卜大夫。襄九年，穆姜薨于東宮，始往而筮之，遇艮之八。史曰：是謂艮之隨。

晉筮史

閔元年，卜偃。杜曰：晉掌卜大夫。僖十五年，史蘇。杜曰：晉卜筮之史。案《周禮》卜筮之官初不名史，蓋因周制史占墨，而其後掌卜者亦名史也。僖二十八年，曹伯之豎侯獳貨筮史。成十六年，鄢陵之戰，公筮之，史曰吉。

齊史

襄二十五年，崔武子欲取棠姜，筮之，遇困之大過，史皆曰吉，

鄭

昭十八年，鄭災。使公孫登徙大龜。杜曰：登，開卜大夫。

衛

哀十七年，胥彌赦占之。杜曰：赦，筮史。

秦

僖十五年，卜徒父。杜曰：秦之掌龜卜者。

梁

僖十五年，卜招父。杜曰：梁大卜。

楚卜尹

昭十三年，平王使觀從爲卜尹。

鄭史

文十三年，邾文公卜遷于繹。史曰：利于民而不利于君。

（清）程廷祚《春秋職官考略》卷上《數國共有之官·掌樂之官》

《周禮》宗伯之屬，有大司樂、太師等官。

衛太師

襄十四年，公飲孫蒯酒，使太師歌巧言之卒章。

楚樂尹

定六年，昭王以鍾建爲樂尹。杜曰：樂尹，司樂大夫。

（清）程廷祚《春秋職官考略》卷上《數國共有之官·掌工之官》

案《周禮》缺冬官，後人以《考工記》補之。其實司空掌土，非掌材者也。觀宋魯俱有司空，而復有工正可知。愚意周人百工之事，已散見于六官之屬，而太宰司徒爲多，至司空所掌，今不可考，學者不必強爲之說。

宋工正

襄九年，宋災，命工正出車。疏云：《周禮·司馬》無主車之官，巾車車僕，職皆掌車，乃爲宗伯之屬。又據昭四年，司馬與工正書服，是諸侯之官有工正，屬司馬也。

魯工正

昭四年，司馬與工正書服。杜曰：車服之器，工正所書。正義云：工正掌作車服，故與司馬書服。□□□□，有郈工師駟赤家臣也。

齊工正

莊二十二年，陳公子完奔齊，桓公使爲工正。

楚工尹

文十年，楚子使子西爲工尹。杜曰：掌百工之官。

宣四年，蔿賈。

宣十二年，工尹齊。

成十六年，工尹襄。

昭十二年，工尹路。

昭十九年，工尹赤。

昭二十七年，工尹壽。

哀十八年，工尹蕳固。

（清）程廷祚《春秋職官考略》卷上《數國共有之官·行人》　案《周禮·秋官》有大行人，掌大賓之禮與大客之儀。小行人，掌使適四方協賓客之禮。案春秋所□，如鄭良霄、陳于徵、師魯、叔孫婼之類，乃一時奉使者，亦曰行人，然非專官，故不載。

周

襄二十一年，欒盈過周，亂于行人。

魯

文四年，使行人私焉。

晋

襄四年，子員。襄二十六年，子朱。

鄭

襄二十四年，公孫揮。

衛

哀十二年，子羽。

吳

成七年，楚狐庸爲吳行人。

定四年，伍員爲吳行人。

（清）程廷祚《春秋職官考略》卷上《數國共有之官·校正》　疏云：校正，當《周禮》校人。案《周禮·夏官》，校人掌馬政。

宋

襄九年，宋災，命校正出馬。杜曰：校正主馬。

魯校人

哀三年，桓僖宮災，命校人乘馬。

晋

成十八年，弁糾御戎，校正屬焉。

（清）程廷祚《春秋職官考略》卷上《數國共有之官·巾車》　《周禮·春官》：巾車掌公車之政令。

魯

哀三年，桓僖宮災，子服景伯命巾車脂轄。

晋

襄三十一年，巾車脂轄。

（清）程廷祚《春秋職官考略》卷上《數國共有之官·隧正》　《周禮》大司徒之屬，有遂人掌邦之野。鄰里酇鄙縣遂，使各掌其政令刑禁，以起政役。隧與遂同。杜曰：五縣爲遂。即《周禮》文也。

宋

襄九年，宋災，令隧正，納郊保，奔火所。正義曰：此隧正當天子之遂大夫。《周禮》：每遂中大夫一人，各掌其遂之政令。

魯正夫

襄七年，叔孫昭伯爲隧正。襄二十三年，臧孫使正夫助之。杜曰：正夫隧正。正義曰：隧正當屬司徒。臧孫，司寇也，而使之者，其時蓋兼掌之。

（清）程廷祚《春秋職官考略》卷上《數國共有之官·封人》　《周

禮・地官》：有封人，掌爲畿封而樹之。孔穎達云：封人職典封疆，居在邊邑。

宋

昭二十一年，吕封人華豹。

鄭

隱元年，潁考叔爲潁谷封人。桓十一年，祭封人仲足。

楚

宣十一年，令尹蔿艾獵城沂，使封人慮事。杜曰：封人其時主築城者。疏引《周禮・大司馬》大役與慮事。鄭云：慮事者，封人也。于有役司馬與之屬賦丈尺，與其用人數也，是封人主造城邑，故云其時主築城者。

蔡

昭十九年，楚子之在蔡也，鄖陽封人之女奔之，生太子建。

蕭

文十四年，宋高哀爲蕭封人。

(清) 程廷祚《春秋職官考略》卷上《數國共有之官・褚師》 杜曰：市官也。

宋

襄二十年，褚師段。哀八年，褚師子肥。

鄭

昭二年，公孫黑請以印爲褚師。

衛

昭二十年，褚師圃，褚師子申。哀十五年，褚師比。

(清) 程廷祚《春秋職官考略》卷上《數國共有之官・御士》 杜曰：《周禮》王之御士十二人。案大司馬之屬，有御僕下士十有二人。諸侯御士雖不知其數，亦附見焉。

周

僖二十四年，太叔攻王，王御士將禦之。襄三十年，單公子愆期爲靈王御士。

宋

昭二十一年，華多僚爲御士。杜曰：公御士。

魯御

昭四年，公御萊書。

晋僕人

襄三年，魏絳至，授僕人書。杜曰：僕人，晋侯御僕。

楚

襄二十二年，子南之子棄疾，爲王御士。

(清) 程廷祚《春秋職官考略》卷上《數國共有之官・膳夫》 《周禮》太宰之屬，有膳夫。

周

莊十九年，王收膳夫之秩。

晋膳宰

昭九年，膳宰屠蒯。案其時亦稱宰夫，見宣二年。

(清) 程廷祚《春秋職官考略》卷上《數國共有之官・饔人》 杜曰：饔人食官。案《周禮》天官之屬，有内饔外饔。

魯

昭二十五年，饔人檀。

齊

僖十五年，雍巫。杜曰：雍巫，雍人，名巫，即易牙也。雍饔字通用。襄二十八年，公膳日雙雞。饔人竊更之以鶩。

(清) 程廷祚《春秋職官考略》卷中《縣邑之官》 春秋縣邑之長皆大夫也。其別有公邑，有私邑。公邑屬于公朝，如趙衰之于原，狐溱之于温是也。私邑則國卿采地，如費、成、郈之于魯三家是也。公邑私邑雖分治于諸大夫，而皆以國卿總其成。

襄三十年，趙武問絳縣大夫，則其屬也。孔氏謂絳非趙武私邑，而武分掌之。又昭二十八年，魏戊不能斷梗陽之獄，上之獻子。是也。其時雖無監司守令之名，而大槩與後世亦復相似。縣邑之官，列國稱名不一，附載于左。

縣大夫

僖二十五年，晋趙衰爲原大夫，狐溱爲温大夫。

昭二十八年，晋魏獻子爲政，分祁氏之田，以爲七縣，分羊舌氏之田以爲三縣，各置大夫。案哀四年，陰地之命大夫士蔑，孔氏正義曰：命大夫乃特命大夫總監陰地者，以其去國遥遠，别爲置監，亦詹嘉處瑕之比。

守

僖二十五年，晋侯問原守于寺人勃鞮。昭二十二年，晋滅鼓，使涉佗守之。

宰

襄九年，魯費宰南遺。定八年，成宰公斂處父。定十年，郈宰公若。費、成、郈，魯三卿采邑也。宰本家臣之名，而亦不專爲家臣，故哀八年有王犯嘗爲武城宰。《論語》亦有武城及莒父宰。孔穎達謂公邑稱大夫，私邑稱宰。案昭二十六年，又有成大夫公孫朝，是私邑亦稱大夫，公邑亦稱宰也。正義之云非通論矣。

人

昭九年，周甘人，亦稱甘大夫。昭二十一年，宋廚人濮。文十五年，魯下人。襄十年，魯卿人紇。成二年，衛新築人仲叔于奚。昭二十六年，子猶之人高齮。家臣亦稱人也。

公

襄二十五年，齊棠公。楚有申公、息公、白公、葉公。宣十一年，諸侯縣公，皆慶寡人。

君

昭二十年，楚棠君尚。

縣尹

莊十八年初楚武王克權使鬭緡尹之。襄二十六年，穿封戌，方城外之縣尹也。

周

綜述

（清）沈淑《左傳職官・周》 盟府。注：司盟之官。疏：《周禮》司盟掌盟載之法。會同則掌其盟約之載。卜正。注：卜官之長。疏：《周禮・春官》：大卜，下大夫二人。膳夫，內史。注：周大夫。御士。疏：《周禮》無此官。惟《夏官》大僕之屬有御僕下士，掌王之燕令。三吏。注：三公也。尉氏。注：討姦之官。疏：《周禮》司寇之屬無此官。蓋周室既衰，官名改易，于時有此官耳。使司徒禁掠欒氏。疏：《周禮》司寇掌詰姦慝，刑暴亂。此使司徒者以司徒掌會萬民之卒伍，以起役徒，以比追胥，以此追寇盜，是其所掌。獲得罪人乃使司寇刑之。候。注：送迎賓客之官。陶正。宰旅。疏：《周禮》大宰之屬官，有旅下士三十二人。祈招。注：祈父，周司馬，世掌甲兵之職。招其名。

（清）程廷祚《春秋職官考略》卷中《一國自有之官・周》

三吏

杜曰：三吏者，三公也。《曲禮》云：五官之長曰伯，其擯于天子也，曰天子之吏。鄭云：謂三公也。成二年，王使委于三吏。

卿士

杜曰：卿士，王卿之執政者。《詩》：皇父卿士。《史記》：厲王以榮公爲卿士。又卿士一曰天子之老，見昭十三年。案哀十六年，楚白公謂石乞曰：王與二卿士。二卿士謂子西、子期也。楚既僭王，其執政者亦稱卿士。隱三年，鄭武公莊公爲平王卿士。隱八年，虢公忌父始作卿士于周。隱九年，鄭伯爲王左卿士。案鄭伯爲左卿士，則虢公林父右卿士也。鄭伯奪政之後，蓋周公黑肩代之，故桓五年伐鄭之役虢將右軍，周將左軍。襄十五年，王叔陳生犇晋，單靖公爲卿士，以相王室。

官師

官師，士也。疏引《禮・祭法》云：官師一廟。鄭云：官師，中士下士也。襄十五年，官師從單靖公逆王后于齊。

尉氏

杜曰：尉氏討姦之官。正義曰：《周禮》司寇之屬，無此官，蓋起于周衰。案秦設廷尉本此。襄二十一年，將歸，死于尉氏。

候

杜曰：候，送迎賓客之官。《周禮・夏官》有候人。襄二十一年，使候出諸轘轅。

紀事

《國語・周語上》先時九日，太史告稷曰：自今至于初吉，陽氣俱蒸，土膏其動。弗震弗渝，脉其滿眚，穀乃不殖。稷以告王曰：史帥陽官以命我司事曰：距今九日，土其俱動，王其祗祓，監農不易。王乃使司徒咸戒公卿、百吏、庶民，司空除壇于籍，命農大夫咸戒農用。

先時五日，瞽告有協風至，王即齋宮，百官御事，各即其齋三日。王乃淳濯饗醴，及期，鬱人薦鬯，犧人薦醴，王祼鬯，饗醴乃行，百吏、庶民畢從。及籍，后稷監之，膳夫、農正陳籍禮，太史贊王，王敬從之。王耕一墢，班三之，庶民終于千畝。其后稷省功，太史監之；司徒省民，太師監之；畢，宰夫陳饗，膳宰監之。膳夫贊王，王歆大牢，班嘗之，庶人終食。

是日也，瞽帥、音官以風土。廩于籍東南，鍾而藏之，而時布之于農。稷則徧誡百姓，紀農協功，曰：陰陽分布，震雷出滯。土不備墾，辟在司寇。乃命其旅曰：徇，農師一之，農正再之，后稷三之，司空四之，司徒五之，太保六之，太師七之，太史八之，宗伯九之，王則大徇，耨穫亦如之。民用莫不震動，恪恭于農，修其疆畔，日服其鎛，不解于時，財用不乏，民用和同。

《國語・周語上》宣王既喪南國之師，乃料民於太原。仲山父諫曰：民不可料也。夫古者不料民而知其少多，司民協孤終，司民，掌登萬民之數，自生齒已上皆書於版。協，合也。無父曰孤。終，死也。合其名籍，以登於王也。司商協民姓，司商，掌賜族受姓之官。商，金聲清。謂人始生，吹律合之，定其姓名也。司徒協旅，司徒，掌合師旅之衆也。司寇協姦，司寇，刑官，掌合姦民，以知死刑之數也。牧協職，《周禮》，牧人掌養犧牲，合其物色之數也。工協革，工，百工之官。革，更也，更制度者合其數。場協入，場人掌場圃，委積珍物，斂而藏之也。廩協出，廩人掌九穀出用之數也。是則少多、死生、出入、往來者皆可知也。於是乎又審之以事，王治農於籍，蒐于農隙，耨穫亦於籍，獮於既烝，狩於畢時，是皆習民數者也，又何料焉？不謂其少而大料之，是示少而惡事也。臨政示少，諸侯避之。治民惡事，無以賦令。且無故而料民，天之所惡也，害於政而妨於後嗣。王卒料之，及幽王乃廢滅。

《國語・周語上》襄王使太宰文公及內史興賜晉文公命，上卿逆於境，晉侯郊勞，館諸宗廟，饋九牢，設庭燎。及期，命于武宮，設桑主，布几筵，太宰莅之，晉侯端委以入。太宰以王命命冕服，內史贊之，三命而後即冕服。既畢，賓、饗、贈、餞如公命侯伯之禮，而加之以宴好。內史興歸，以告王曰：晉，不可不善也。其君必霸，逆王命敬，奉禮義成。敬王命，順之道也；成禮義，德之則也。則德以導諸侯，諸侯必歸之。且禮所以觀忠、信、仁、義也，忠所以分也，仁所以行也，信所以守也，義所以節也。忠分則均，仁行則報，信守則固，義節則度。分均無怨，行報無匱，守固不偷，節度不攜。若民不怨而財不匱，令不偷而動不攜，其何事不濟。中能應外，忠也；施三服義，仁也；守節不淫，信也；行禮不疚，義也。臣入晉境，四者不失，臣故曰：晉侯其能禮矣，王其善之。樹於有禮，艾人必豐。

《國語・周語中》周之《秩官》有之曰：敵國賓至，關尹以告，行理以節逆之，候人爲導，卿出郊勞，門尹除門，宗祝執祀，司里授館，司徒具徒，司空視塗，司寇詰姦，虞人入材，甸人積薪，火師監燎，水師監濯，膳宰致饔，廩人獻餼，司馬陳芻，工人展車，百官以物至，賓入如歸。是故小大莫不懷愛。其貴國之賓至，則以班加一等，益虔。至於王吏，則皆官正莅事，上卿監之。若王巡守，則君親監之。今雖朝也不才，有分族於周，承王命以爲過賓于陳，而司事莫至，是蔑先王之官也。

《國語・鄭語》桓公爲司徒，甚得周衆與東土之人，問於史伯曰：王室多故，余懼及焉，其何所可以逃死？史伯對曰：王室將卑，戎狄必昌，不可偪也。當成周者，南有荊、蠻、申、呂、應、鄧、陳、蔡、隨、唐；北有衛、燕、狄、鮮虞、潞、洛、泉、徐、蒲；西有虞、虢、晉、隗、霍、楊、魏、芮；東有齊、魯、曹、宋、滕、薛、鄒、莒；是非王之支子母弟甥舅也，則皆蠻、荊、戎、狄之人也。非親則頑，不可入也。其濟、洛、河、潁之間乎。是其子男之國，虢、鄶爲大，虢叔恃勢，鄶仲恃險，是皆有驕侈怠慢之心，而加之以貪冒。君若以周難之故，寄孥與賄焉，不敢不許。周亂而弊，是驕而貪，必將背君，君若以成周之衆，奉辭伐罪，無不克矣。若克二邑，鄔、弊、補、舟、衣、䵣、歷、華，君之土也。若前華後河，右洛左濟，主芣、騩而食溱、洧，修典刑以守之，是可以少固。

《戰國策・東周策・昭獻在陽翟》 昭獻在陽翟，周君將令相國往，相國將不欲。蘇厲爲之謂周君曰：楚王與魏王遇也，主君令陳封之楚，令向公之魏。楚、韓之遇也，主君令許公之楚，令向公之韓。今昭獻非人主也，而主君令相國往；若其王在陽翟，主君將令誰往？周君曰：善。乃止其行。

《戰國策・東周策・周相呂倉見客於周君》 周相呂倉見客於周君。前相工師藉恐客之傷己也，因令人謂周君曰：客者，辯士也，然而所以不可者，好毀人。

齊

綜　述

（明）董説《七國考》卷一《田齊職官》 相

《國策》：鄒忌爲齊相。

司馬

齊王建入朝于秦，雍門司馬前諫，見《國策》。余按：齊桓公時，置王子成爲大司馬。景公以穰苴爲司馬。蓋春秋列國，皆置司馬也。《通鑑》：孫臏以刑徒陰見，說齊使者。齊使者竊載與之齊，田忌善而客待之，進於威王。威王問兵法，遂以爲師。

傅

《呂氏春秋》：齊宣王使淳于髡傅太子。

太傅

《國策》：齊逐孟嘗君，梁使三反，孟嘗君固辭不往。王聞之，遣太傅賫黃金千斤、文車二駟、服劍一、封書謝孟嘗君。《注》：太傅本周官，當是齊之大臣。

御史

《史記》：齊威王置酒後宮，問淳于髡曰：先生能飲幾何而醉？對曰：賜酒大王之前，執法在前，御史在後，髡恐懼，不過一斗徑醉矣。按戰國並置御史。

太史

《史記》：淖齒殺閔王於鼓里，太子法章乃解衣免服逃去，爲太史家灌園。太史后氏女知其貴人也，善事之。《注》：后，姓也。太史，官名。以其姓后，不可曰后后，故曰君王后也。《左傳疏》云：天子則内史主之，外史佐之，諸侯亦不異。但春秋之時，不能依禮。諸侯史官多有廢闕，或不置内史，其策命之事，多是太史。

右師

王驩爲齊右師，見《孟子》。余按：趙有左師。古人吉禮尚左，唯喪禮、軍禮尚右。左陽右陰，故喪禮右也。人左臂力少，右臂力多，故軍禮右也。秦、漢及元代制度，丞相將軍以下官，俱先右而後左。秦於金石文及《本紀》稱右丞相去疾，左丞相斯，可證。

士師

劉向《孟子注》：士師，田齊獄官。余按：先齊景公時有士師，見《晏子春秋》。

祭酒

荀卿三爲齊祭酒，見劉向《目録》。按《史記注》云：三爲祭酒者，謂荀卿出入前後，三度處列大夫康莊之位，而皆爲其所尊，故云三爲祭酒。《漢書注》：應劭云：《禮》，飲酒必祭，示有先也，故稱祭酒，尊之也。如淳云：祭祠時，唯尊長者以酒沃酹。

《五經異義》曰：戰國時，齊置博士之官。班固亦云：六國時往往有博士，掌通古今。

卿

孟子爲卿於齊，淳于髡曰：夫子在三卿之中。

上卿

《説苑》：淳于髡立爲上卿。

客卿

《蘇秦傳》：蘇秦佯爲得罪於燕，而亡走齊，齊王以爲客卿。

大夫

《册府元龜》：魯謂之宰，仲尼爲中都宰是也。齊謂之大夫，齊威王封即墨大夫，烹阿大夫是也。

上大夫

齊宣王喜文學游説之士，如騶衍、淳于髡之徒七十六人，皆賜列第爲上大夫。見《史記》。劉向《荀子目録》曰：方齊威王之時，聚天下賢士于稷下，尊寵之，若鄒衍、田駢、淳于髡之屬甚衆，號曰列大夫，咸作書刺世。是時荀卿年十五，始來游學。至齊襄王時，荀卿最爲老師，齊尚修列大夫之缺。余按：列大夫，即賜列第爲上大夫也。或曰：齊有上大夫，又有列大夫。非。

中大夫

《韓子》云：齊中大夫有夷射者。

上將軍

《説苑》：田單爲齊上將軍。《史記》作將軍。

騶駕

《韓子》：造父爲齊王騶駕。

執法

詳見《御史》。

掌書

《吕氏春秋》：春子諫大室，宣王召掌書曰：書之。蓋史官也。劉向作召尚書書之。干寶《周禮注》曰：言司者總其柄，言師者訓其徒，言職者主其業，言衡者平其政，言掌者主其事，言氏者世其官，言人者終其身。

郎中

《韓子》：齊威王時有郎中。

諸侯主客

《滑稽傳》：齊王罷長夜之飲，以髡爲諸侯主客。《正義》曰：今鴻臚卿也。按：《周禮》有掌四方賓客。主即掌也。

謁者

《國策》：先生王斗造門欲見齊宣王，宣王使謁者延入。《注》：謁者，掌賓讚受事。延，引也。

五官

靖郭君謂齊王曰：五官之計，不可不日聽也，而數覽。見《國策》。鮑昭曰：《曲禮》：司徒、司馬、司空、司士、司寇，典司五衆，計其事之凡也。《正》曰：按《記·曾子問》：諸侯出，命國家五官而后行。高曰：五官，齊之計簿書者，或作五大夫，非也。按楚亦有五官。

守

《山東志》：盼子，戰國時人，齊威王使守高唐，趙人不敢東漁于河。

令

《雜事篇》云：齊田單爲即墨令。

（清）沈淑《左傳職官·齊》 工政，注：掌百工之官。寺人，注：内奄官。雍，注：雍人。疏：《周禮》掌食之官，有内雍外雍。二守，注：天子所命上卿也。鋭司徒，注：主鋭兵者。辟司徒，注：主壘壁者。少傅，左相，饔人，司馬，衡鹿，疏：《周禮》林衡，掌巡林麓之禁。舟鮫，疏：舟，行水之器。鮫，大魚之名。澤中有水有魚故以爲名。虞候，疏：《周禮》山澤之官皆名爲虞。虞，度也。藪，是少水之澤。立官使之候望，故以虞候爲名。祈望，疏：海水之大神，有時祈望祭之因以名，主海之官。虞人，注掌山澤。差車。注主車。疏：鮑氏臣。

（清）程廷祚《春秋職官考略》卷中《一國自有之官·齊》 二守

《王制》：次國三卿，二卿命于天子，一卿命于其君。命于天子者則曰王之守臣。其後諸侯之卿皆自命之，不聞有守臣矣。

僖十二年，有天子之二守國高在。

左相

襄二十五年，慶封爲左相。《史記》：崔杼爲右相。案相之名始于此。

士

成十八年，齊侯使士華免以戈殺國佐于內宮之朝。注：華免，齊大夫。疏曰：士者，爲士官也。官掌刑政，故使殺國佐。然則士蓋即士師之官，否則御士之屬，而杜誤解以爲大夫也。

衡鹿　舟鮫　虞候　祈望

昭二十年，山林之木衡鹿守之，澤之萑蒲舟鮫守之，藪之薪蒸虞候守之，海之鹽蜃祈望守之。正義曰：《周禮》司徒之屬，有林衡之官，掌巡林麓之禁。此置衡鹿以守山林，是也。舟所以行水，鮫大魚之名。澤中有水有魚，故以舟鮫爲官名也。《周禮》山澤之官皆名爲虞，又藪是少水之澤，立官使之候望，故以虞候爲名。海是水之大神，有時祈望祭之，因以祈望爲主海之官也。此皆齊自立名，故不與《周禮》盡同。案祈望，後世立鹽官之始。又襄二十五年，有申蒯侍漁者。杜曰：侍漁，監取魚之官。

鋭司徒　辟司徒

杜曰：鋭司徒，主鋭兵者。辟司徒，主壘壁者。並見成二年。

紀　事

《春秋左傳正義》僖公二十五年　齊桓公置射鉤而使管仲相，乾時之役，管仲射桓公，中帶鉤。射，食亦反，註同。相，息亮反。君若易之，何辱命焉？言若反齊桓，己將自去，不須辱君命。行者甚衆，豈唯刑臣。披，奄人，故稱刑臣。甚衆，一本甚作其。

疏：行者至刑臣。正義曰：公言女其行乎？欲使之出奔也。公若反齊桓，念舊惡，則出奔者甚衆多矣，豈唯刑臣一人乎？言畏罪者皆將去。

《春秋左傳正義》襄公二十五年　丁丑，崔杼立而相之，慶封爲左相。盟國人於大宮，大宮，大公廟。相，息亮反，下同。大音泰，註同。曰：所不與崔、慶者，晏子仰天歎曰：嬰所不唯忠於君、利社稷者是與，有如上帝。乃歃。盟書云，所不與崔、慶者，有如上帝。讀書未終，晏子抄荅易其辭，因自歃。曰所不與崔、慶者，本或此下有如此盟四字者，後人妄加。歃，所治反，又所甲反。辛巳，公與大夫及莒子盟。莒子朝齊，遇崔杼作亂，未去，故復與景公盟。復，扶又反。大史書曰：崔杼弑其君。崔子殺之。其弟嗣書，而死者二人。嗣，續也。并前有三人死。其弟又書，乃舍之。南史氏聞大史盡死，執簡以往。聞既書矣，乃還。傳言齊有直史，崔杼之罪所以聞。

《國語・齊語》　桓公自莒反於齊，使鮑叔爲宰，辭曰：臣，君之庸臣也。君加惠於臣，使不凍餒，則是君之賜也。若必治國家者，則非臣之所能也。若必治國家者，則其管夷吾乎。臣之所不若夷吾者五：寬惠柔民，弗若也；治國家不失其柄，弗若也；忠信可結於百姓，弗若也；制禮義可法於四方，弗若也；執枹鼓立於軍門，使百姓皆加勇焉，弗若也。桓公曰：夫管夷吾射寡人中鉤，是以濱於死。鮑叔對曰：夫爲其君動也。君若宥而反之，夫猶是也。桓公曰：若何？鮑子對曰：請諸魯。桓公曰：施伯，魯君之謀臣也，夫知吾將用之，必不予我矣。若之何？鮑子對曰：使人請諸魯，曰：寡君有不令之臣在君之國，欲以戮之於群臣，故請之。則予我矣。桓公使請諸魯，如鮑叔之言。

《國語・齊語》　桓公曰：定民之居若何？管子對曰：制國以爲二十一鄉。桓公曰：善。管子於是制國以爲二十一鄉：工商之鄉六；士鄉十五，公帥五鄉焉，國子帥五鄉焉，高子帥五鄉焉。參國起案，以爲三官，臣立三宰，工立三族，市立三鄉，澤立三虞，山立三衡。

《國語・齊語》　管子於是制國：五家爲軌，軌爲之長；十軌爲里，里有司；四里爲連，連爲之長；十連爲鄉，鄉有良人焉。以爲軍令：五家爲軌，故五人爲伍，軌長帥之；十軌爲里，故五十人爲小戎，里有司帥之；四里爲連，故二百人爲卒，連長帥之；十連爲鄉，故二千人爲旅，鄉良人帥之；五鄉一帥，故萬人爲一軍，五鄉之帥帥之。三軍，故有中軍之鼓，有國子之鼓，有高子之鼓。春以蒐振旅，秋以獮治兵。是故卒伍整於里，軍旅整於郊。內教既成，令勿使遷徙。伍之人祭祀同福，死喪同恤，禍災共之。人與人相疇，家與家相疇，世同居，少同游。故夜戰聲相聞，足以不乖；晝戰目相見，足以相識。其歡欣足以相死。居同樂，行同和，死同哀。是故守則同固，戰則同彊。君有此士也三萬人，以方行於天下，以誅無道，以屏周室，天下大國之君莫之能禦。

《戰國策・齊策四・齊人有馮諼者》　後期年，齊王謂孟嘗君曰：寡人不敢以先王之臣爲臣。孟嘗君就國於薛，未至百里，民扶老攜幼，迎君道中。孟嘗君顧謂馮諼：先生所爲文市義者，乃今日見之。馮諼曰：

狡免有三窟，僅得免其死耳。今君有一窟，未得高枕而臥也。請爲君復鑿二窟。孟嘗君予車五十乘，金五百斤，西遊於梁，謂惠王曰：齊放其大臣孟嘗君於諸侯，諸侯先迎之者，富而兵強。於是，梁王虛上位，以故相爲上將軍，遣使者，黄金千斤，車百乘，往聘孟嘗君。馮諼先驅誡孟嘗君曰：千金，重幣也；百乘，顯使也。齊其聞之矣。梁使三反，孟嘗君固辭不往也。齊王聞之，君臣恐懼，遣太傅齎黄金千斤，文車二駟，服劍一，封書謝孟嘗君曰：寡人不祥，被於宗廟之祟，沉於諂諛之臣，開罪於君，寡人不足爲也。願君顧先王之宗廟，姑反國統萬人乎？馮諼誡孟嘗君曰：願請先王之祭器，立宗廟於薛。廟成，還報孟嘗君曰：三窟已就，君姑高枕爲樂矣。

《史記》卷三二《齊太公世家》 景公立，以崔杼爲右相，慶封爲左相。二相恐亂起，乃與國人盟曰：不與崔慶者死。晏子仰天曰：嬰所不（獲）唯忠於君利社稷者是從，不肯盟。慶封欲殺晏子，崔杼曰：忠臣也，舍之。齊太史書曰崔杼弑莊公，崔杼殺之。其弟復書，崔杼復殺之。少弟復書，崔杼乃舍之。

《史記》卷四六《田敬仲完世家》 田常卒，子襄子盤代立，相齊。常謚爲成子。田襄子既相齊宣公，三晋殺知伯，分其地。襄子使其兄弟宗人盡爲齊都邑大夫，與三晋通使，且以有齊國。襄子卒，子莊子白立。田莊子相齊宣公。宣公四十三年，伐晋，毁黄城，圍陽狐。明年，伐魯、葛及安陵。明年，取魯之一城。莊子卒，子太公和立。田太公相齊宣公。宣公四十八年，取魯之郕。明年，宣公與鄭人會西城。伐衛，取毌丘。宣公五十一年卒，田會自廩丘反。

魯

綜述

（清）沈淑《左傳職官·魯》 司空，注：魯司徒、司馬、司空，皆卿也。羽父求大宰，疏：《周禮》天子六卿，諸侯則并六爲三，而兼職。魯三卿無大宰。羽父蓋欲魯特置其官以榮己，以後更無大宰，知魯竟不立之。卜士，圉人。疏：《周禮》圉人掌養馬芻牧之事。宗伯，注：掌宗廟昭穆之禮。疏：《周禮》大宗伯掌建邦之天神人鬼地祇之禮，小宗伯掌建國之神位，辨廟祧之昭穆。諸侯之官所掌亦當然。司寇，隧正，注：主徒役。疏：當《周禮》之遂人。季氏馬正。注：家司馬。左宰，孟氏御騶，疏：騶，掌馬之官，兼掌御事。正夫，注：隧正。疏：隧正當屬司徒，臧氏爲司寇，而借之於臧氏者，蓋當時兼掌之。外史，疏：《周禮》外史掌書。外令掌四方之志。季氏爲司徒，書名，叔孫爲司馬與工正，書服，孟孫爲司空，書勳。疏：《周禮》大司徒掌十有二教。十一曰以賢制爵，十二曰以庸制禄。故書名，定位號也。《夏官·司馬》其屬有司士，掌羣臣之政，以德詔爵，以功詔禄。工正雖不屬司馬，掌作車服，故與司馬書服。案：《周禮》司勳屬夏官。令司空書勳者，春秋之時，又諸侯之法不得盡與禮同。司宫，饔人，賈正，疏：如《周禮》之賈師。工師，注：掌工匠之官。周人，注司周書典籍之官。宰人，注：冢宰之屬。校人，巾車，宗人。注：禮官。

（清）程廷祚《春秋職官考略》卷中《一國自有之官·魯》 左宰

襄二十三年，公鉏自季氏出爲左宰。杜曰：自家臣仕于公也。至左宰爲何官不可詳矣。

周人

杜曰：周人，司周書典籍之官。哀三年，桓僖宫災，命周人出御書。《春秋後傳》云：晋之《乘》，楚之《檮杌》，魯之《春秋》，皆東遷之史也。古者諸侯無私史，有邦國之志，則小史掌之，而藏周室。魯人所謂周人御書，晋人所謂辛有之二子董之，晋于是有董史者也。是故費誓繫于周書，漢汝江沱至于譚大夫下國之詩皆編入于南雅，自三史作而國自爲史矣。其論最核，附識于此。

虞人

《周禮》地官之屬，有山虞澤虞等官。案昭四年，申豐論藏冰曰：山人取之。杜曰：山人，虞官。哀十四年，西狩于大野，叔孫氏之車子鉏商獲麟，以爲不祥，以賜虞人。

賈正

孔穎達曰：賈正，如《周禮》之賈師。

昭二十五年，臧會奔郈。郈魴候使爲賈正焉。

圉人

《周禮·夏官》有圉師圉人，掌養馬者。

莊三十二年，圉人犖。

紀事

《春秋左傳正義》隱公十一年 羽父請殺桓公，將以求大宰。大宰，官名。大音泰，註同。

疏：註大宰，官名。正義曰：《周禮》：天子六卿，天官爲大宰，諸侯則并六爲三而兼職焉。昭四年傳稱季孫爲司徒，叔孫爲司馬，孟孫爲司空。則魯之三卿無大宰也。羽父名見於經，已是卿矣，而復求大宰，蓋欲令魯特置此官以榮己耳。以後更無大宰，知魯竟不立之。

《春秋左傳正義》襄公七年 南遺爲費宰。費，季氏邑。叔仲昭伯爲隧正，隧正，主役徒。昭伯，叔仲惠伯之孫。

疏：註隧正至役徒。正義曰：九年註云：隧正，官名，五縣爲隧。則隧正當《周禮》之遂人也，掌諸遂之政令，徒役出諸遂之民，故爲主役徒者。

《春秋左傳正義》襄公十年 晉荀偃、士匄請伐偪陽，而封宋向戌焉。以宋常事晉，而向戌有賢行，故欲封之爲附庸。行，下孟反。荀罃曰：城小而固，勝之不武，弗勝爲笑。固請。丙寅，圍之，弗克。丙寅，四月九日。孟氏之臣秦堇父輦重如役。堇父，孟獻子家臣。步挽重車以從師。堇，徐音謹。挽音晚。

疏：輦重如役。正義曰：重者，車名也。載物必重，謂之重。人挽以行，謂之輦。軍行以載器物，止則以爲藩營。此人挽此重車，以從役也。宣十二年解已具之。

偪陽人啓門，諸侯之士門焉。見門開，故攻之。縣門發，郰人紇抉之，以出門者。門者，諸侯之士在門內者也。紇，郰邑大夫，仲尼父叔梁紇也。郰邑，魯縣東南莝城是也。言紇多力，抉舉縣門，出在內者。

《春秋左傳正義》襄公二十一年 於是魯多盜。季孫謂臧武仲曰：子盍詰盜？詰，治也。從，才用反，下同。盍，朝臘反，下盍反同。詰，起吉反。

疏：子盍。正義曰：鄭玄、服虔皆以盍爲何不也。

武仲曰：不可詰也。紇又不能。季孫曰：我有四封，而詰其盜，何故不可？子爲司寇，將盜是務去，若之何不能？武仲曰：子召外盜而大禮焉，何以止吾盜？吾，謂國中。去，起呂反，下皆同。子爲正卿，而來外盜；使紇去之，將何以能？庶其竊邑於邾以來，子以姬氏妻之，而與之邑，使食漆、閭丘。其從者皆有賜焉。若大盜，禮焉以君之姑姊與其大邑，其次皁牧輿馬，給其賤役，從皁至牧，凡八等之人。皁，在早反。凡八等之人，謂皁、輿、隸、僚、僕、臺、圉、牧也。

《春秋左傳正義》昭公四年 十二月，癸丑，叔孫不食。乙卯卒。三日絶糧。牛立昭子而相之。昭子，豹之庶子，叔孫婼也。相，息亮反。婼，敕畧反。公使杜洩葬叔孫。豎牛賂叔仲昭子與南遺，昭子，叔仲帶也。南遺，季氏家臣。賂音路。使惡杜洩於季孫而去之。憎洩不與己同志。惡，烏路反。杜洩將以路葬，且盡卿禮。路，王所賜叔孫車。南遺謂季孫曰：叔孫未乘路，葬焉用之？且冢卿無路，介卿以葬，不亦左乎？冢卿，謂季孫。介，次也。左，不便。葬焉，於虔反，下將焉用同。介音界。左，如字，註同，舊音佐。便，婢面反。季孫曰：然。使杜洩舍路。舍，置也。舍，式夜反，註同，或音捨。不可。曰：夫子受命於朝，而聘于王，在襄二十四年，夫子，謂叔孫。王思舊勳而賜之路，感其有禮，以念其先人。復命而致之君，豹不敢自乘。君不敢逆王命，而復賜之，使三官書之。吾子爲司徒，實書名。謂季孫也。書名，定位號。夫子爲司馬，與工正書服。謂叔孫也。服，車服之器，工正所書。孟孫爲司空，以書勳。勳，功也。

疏：吾子至書勳。正義曰：杜泄是叔孫家臣，故稱己君爲夫子。工正是司馬之屬官也。季、孟亦有屬官，共書其事。但季、孟身在，不假言屬。以叔孫已亡，取屬官爲徵，故兼言之。所以司徒書名者，《周禮》：大司徒掌十二教，十有一曰以賢制爵；十有二曰以庸制禄。故司徒書名，定位號也。司馬與工正書服者，《周禮·夏官·司馬》其屬有司士，掌羣臣之政，亦以德爵，以功詔禄。工正雖不屬司馬，掌作車服，故與司馬書服也。案：《周禮》，司勳屬夏官。今司空書勳者，春秋之時，又是諸侯之法，不可盡與禮同。

《春秋左傳正義》昭公四年 大雨雹，季武子問於申豐曰：雹可禦乎？禦，止也。申豐，魯大夫。對曰：聖人在上，無雹，雖有不爲災。古者，日在北陸而藏冰，【略】山人取之，縣人傳之，山人，虞官。縣人，遂屬。

疏：註山人至遂屬。正義曰：《周禮》山虞掌山林之政令，知山人虞官也。《周禮》五縣爲遂，是縣爲遂之屬也。

宋

綜述

（清）沈淑《左傳職官·宋》 大司馬，大司寇，少司寇，大宰，少宰，司武。注：司馬。宋以武公廢司空。廢爲司城。魚氏世爲左師。門官。注：守門者。疏：《周禮》虎賁氏掌先後王而趨，以卒伍軍旅會同亦如之。舍則守王閑，王在國則守王宮，國有大故則守王門。此門官蓋亦天子虎賁之類，故在國則守門，師行則在君左右。門尹般。注：宋大夫。右師、左師、司馬、司徒、司城、司寇，宋六卿。府人，蕭封人。帥甸。注：郊甸之帥。疏：《周禮·載師》云：以宅田、士田、賈田任近郊之地，以官田、牛田、賞田、牧田任遠郊之地，以公邑之田任甸地。彼從國都而出計遠近節級而別爲之名。諸侯與天子，境雖不同，亦當近國爲郊，郊外爲甸。天子之甸爲公邑之田，則諸侯之甸亦公邑也。帥甸者，甸地之帥，當是公邑之大夫也。獨言帥甸無以相明，故注舉類言之耳。司里。注：里宰。疏：《周禮》里宰五里，下士一人。謂六遂之内二十五家之長也。此司里謂司城内之民，若今城内之坊里也。里必有長，不知其官之名。《周禮》有里宰，故以宰言之，非是郊外二十五家之長也。隧正。注：官名也。五縣爲隧。校正。注：主馬。工正。注：主車。疏：《周禮》司馬之屬無主車之官。巾車、車僕職皆掌車，乃宗伯之屬。昭四年傳云：夫子爲司馬與工正書服。是謂諸侯之官，司馬之屬，有工正主車也。司宮，注：奄臣。巷伯。注：寺人，皆掌宮内之事。疏：《周禮》無司宮、巷伯之官，惟有内小臣、奄上士四人，掌王后之命，正其服位。奄人之官此最爲長，則司宮當天子之内小臣也。《周禮》又云：寺人，王之正内，五人。鄭云：正内，路寢也。巷者，宮内道名。伯，長也，是宮内門巷之長。《周禮》内小臣其次即有寺人，故知巷伯是寺人也。又以《詩》篇名《巷伯》，經云寺人孟子，知巷伯寺人一也。二師令，四鄉正。疏：《周禮》鄉大夫每鄉一人。天子六鄉，即以卿爲之長。此別立鄉正，非卿典之，但其所職掌當天子之鄉大夫耳。《周禮》鄉大夫各掌其鄉之政教。正月之吉受教法於司徒。則鄉正當屬司徒。此言二師命之者，上文右師討右、左師討左，則宋國之法二師分掌其方，左右各掌二鄉，故云二師令、四鄉正也。《費誓》云：魯人三郊、三遂，則魯立三鄉。此云令四鄉正，則宋立四鄉也。《周禮》鄉爲一軍，大國三軍，宋是大國而有四鄉者，當時所立非正法也。於時宋置六鄉，況四鄉乎。祝宗。注：大祝宗人。疏：《周禮》大祝掌六祝之辭以事鬼神祇。小宗伯掌建國之神位、特牲、少牢，士大夫之祭祀也，皆宗人掌其事。然則祝是祭神，言辭大祝掌之，禮儀宗人掌之，故皆祝宗同行。内師。疏：内師者身爲寺人之官，監知太子内事，爲在内人之長也。司馬置折俎。疏：《周禮·大司馬》云：大會同則帥士庶子而掌其政令，大祭祀饗食羞魚牲。是司馬掌會同薦羞之事，故宋令司馬置折俎也。少司馬。御士。注：公御士。褚師。注：大夫。迹人。疏：《周禮·地官》迹人掌邦田之政。凡田獵者受令焉。鄭元云：迹之言跡，知禽獸之處也。大尹。注：近官。

（清）程廷祚《春秋職官考略》卷中《一國自有之官·宋》 左師　右師

宋之六卿，左右二師、司馬、司徒、司城、司寇也，置二師爲卿，不知何時之制，他國無之。僖九年，使公子目夷爲左師，以聽政。文七年，公孫友爲左師，公子成爲右師。文十六年，華元爲右師。成十五年，魚石爲左師，又向戌爲左師。襄九年，宋災，使華閱討右官。杜曰：時爲右師。昭六年，華亥代華合比爲右師。昭二十二年，仲幾爲左師，樂大心爲右師。杜曰：仲幾代向寧，樂大心代華亥。哀十四年，向巢爲左師。哀十八年，宋殺右師皇瑗，復以皇緩爲右師。哀二十六年，靈不緩爲左師。

鄉正

杜曰：鄉正，鄉大夫也。案《周禮·地官》有鄉大夫，每鄉卿一人。襄九年，二師令四鄉正敬享。疏云：《周禮》六鄉即以卿爲之長。此云二師令四鄉正，則別立鄉正，非卿典之。但其所職掌，當天子之鄉大夫耳。至諸侯應立三鄉而宋有四鄉者，當時所立，非正法也。

司里

杜曰：里宰也。案《周禮·地官》有里宰，爲遂大夫之屬。《國語》：賓至司里授館。襄九年，使伯氏司里。疏云：《周禮》里宰謂六遂之内，二十五家之長也。此言司里謂司城内之民，若今城内之坊里也。

案此則司里似非宋之常官。

帥甸

杜曰：郊甸之帥。正義云：近國爲郊，郊外爲甸。《周禮・載師》掌任土之法。先近郊，次遠郊，次甸地。則帥甸者，正甸地之帥也。杜言郊甸，舉類言之耳。文十六年，宋昭公將田孟諸，未至，夫人王姬使帥甸攻而殺之。

迹人

杜曰：主迹禽獸者。案《周禮》有迹人，屬地官，掌邦田之地政。哀十四年，迹人來告。

門官

杜曰：門官，守門者。師行則在君左右。正義以爲蓋《周禮》虎賁氏之類。故在國則守門，師行則在君左右。僖二十二年，泓之敗，門官殲焉。

門尹

《周禮》司門屬地官，掌授管鍵，以啓閉國門。《國語》亦曰門尹。僖二十八年，門尹般。哀二十六年，門尹得。

大尹

杜曰：大尹，近臣有寵者。案此蓋亦奄寺之流。哀二十六年，六卿因大尹以達，大尹常不告，而以其欲，稱君命以令。

紀事

《**春秋左傳正義**》**桓公二年** 民不堪命。孔父嘉爲司馬，督爲大宰，故因民之不堪命，先宣言曰：司馬則然。言公之數戰，則司馬使爾。嘉，孔父字。大音泰。數音朔。已殺孔父而弑殤公，召莊公于鄭而立之以親鄭。莊公，公子馮也。隱三年出居于鄭。馮入宋，不書，不告也。馮，皮冰反，下同。以郜大鼎賂公，郜國所造器也，故繫名於郜。濟陰城武縣東南有北郜城。

《**春秋左傳正義**》**僖公二十二年** 楚人伐宋以救鄭。宋公將戰，大司馬固諫曰：天之弃商久矣，君將興之，弗可赦也已。大司馬固，莊公之孫公孫固也。言君興天所弃，必不可，不如赦楚，勿與戰。弗聽。冬，十一月己巳朔，宋公及楚人戰于泓。宋人既成列，楚人未既濟。未盡渡泓水。司馬曰：子魚也。彼衆我寡，及其未既濟也，請擊之。公曰：不可。既濟而未成列，又以告。公曰：未可。既陳而後擊之，宋師敗績。公傷股，門官殲焉。門官，守門者，師行則在君左右。殲，盡也。陳，直覲反。殲，子廉反。

疏：註門官至盡也。正義曰：《周禮》：虎賁氏掌先後王而趨以卒伍，軍旅、會同亦如之。舍則守王閑。王在國，則守王宫。國有大故，則守王門。諸侯之禮亡，其官屬不可得而知。此門官，蓋亦天子虎賁氏之類，故在國，則守門；師行，則在君左右。近公，故盡死也。殲，盡，《釋詁》文。舍人云：殲，衆之盡也。

《**春秋左傳正義**》**文公七年** 夏，四月，宋成公卒。於是公子成爲右師，莊公子。公孫友爲左師，目夷子。樂豫爲司馬，戴公玄孫。鱗矔爲司徒，桓公孫。矔，古亂反。

疏：註戴公玄孫。鱗矔，桓公孫。正義曰：《世本》戴公生樂甫術，術生碩甫澤，澤生季甫，甫生子僕伊與樂豫是也。《世本》又云桓公生公鱗，鱗生東鄉矔是也。

公子蕩爲司城，桓公子也。以武公名廢司空爲司城。華御事爲司寇。華元父也。傳言六卿皆公族。昭公不親信之，所以致亂。御，魚呂反，本又作禦，音同。昭公將去羣公子，樂豫曰：不可。公族，公室之枝葉也。若去之，則本根無所庇陰矣。葛藟猶能庇其本根，葛之能藟蔓繁滋者，以本枝廕庥之多。去，起呂反，下及註同。庇，必利反，又悲位反，下同。廕，本又作蔭，於鴆反藟本或作虆，力軌反。蔓音萬。庥，許求反，又作庇。虆，類龜反。故君子以爲比。謂詩人取以喻九族兄弟。比，必爾反。

《**春秋左傳正義**》**文公十六年** 於是華元爲右師，華元，督曾孫，代公子成。施，式豉反。

疏：註華元督曾孫。正義曰：《世本》云：華督生世子家，家生華孫御事，事生華元，右師是也。

公孫友爲左師，華耦爲司馬，代公子卬。鱗鱹爲司徒，蕩意諸爲司城，公子朝爲司寇。代華御事。鱹，古亂反。朝，如字。初，司城蕩卒，公孫壽辭司城，壽，蕩之子。請使意諸爲之。意諸，壽之子。既而告人曰：君無道，吾官近，懼及焉。禍及己。弃官，則族無所庇。子，身之貳也，姑紓死焉。

姑，且也。紓，緩也。庇，必利反又悲位反。紓音舒。雖亡子，猶不亡族。已在故也。既，夫人將使公田孟諸而殺之。公知之，盡以寶行。蕩意諸曰：盍適諸侯？公曰：不能其大夫，至于君祖母以及國人，君祖母，諸侯祖母之稱，謂襄夫人。盍，户臘反。稱，尺證反。

《春秋左傳正義》成公十五年　秋，八月，葬宋共公。於是華元爲右師，魚石爲左師，蕩澤爲司馬，蕩澤，公孫壽之孫。【略】

華喜爲司徒，華父，督之玄孫。公孫師爲司城，莊公孫。向爲人爲大司寇，鱗朱爲少司寇，鱗矔孫。少，詩照反，下同矔，古亂反。向帶爲大宰，魚府爲少宰。蕩澤弱公室，殺公子肥。輕公室以爲弱，故殺其枝黨。肥，文公子。帶音帶，本又作帶。大音泰。華元曰：我爲右師，君臣之訓，師所司也。今公室卑，而不能正，不能討蕩澤。吾罪大矣。不能治官，敢賴寵乎？乃出奔晉。二華，戴族也。華元、華喜。司城，莊族也。六官者，皆桓族也。魚石、蕩澤、向爲人、鱗朱、向帶、魚府皆出桓公。魚石將止華元。魚府曰：右師反，必討，是無桓氏也。恐華元還討蕩澤，并及六族。魚石曰：右師苟獲反，雖許之討，必不敢。言畏桓族強。且多大功，國人與之，不反，懼桓氏之無祀於宋也。華元大功，克合晉、楚之成，劫子反以免宋圍。右師討，猶有戌在，向戌，桓公曾孫。言其賢，華元必不討。戌音恤。桓氏雖亡，必偏。偏，不盡。魚石自止華元于河上。請討，許之，乃反。使華喜、公孫師帥國人攻蕩氏，殺子山。喜、師非桓族，故使攻之。書曰宋殺大夫山，言背其族也。蕩氏，宋公族。還害公室，故去族以示其罪。去，起吕反。魚石、向爲人、鱗朱、向帶、魚府出舍於睢上，睢，水名。五大夫畏同族罪及，將出奔。睢音雖；徐，許惟反，又音綏。華元使止之，不可。冬十月，華元自止之，不可，乃反。五子不止，華元還。魚府曰：今不從，不得入矣。不得復入宋。復，扶又反。右師視速而言疾，有異志焉。若不我納，今將馳矣。登丘而望之則馳，騁而從之，五子亦馳逐之。登丘而望之則馳，絶句。騁，勑景反。則決睢澨，澨，水涯。決，壞也。澨，市利反。涯，本又作崖，魚佳反，一音宜。壞音怪。閉門登陴矣。左師、二司寇、二宰遂出奔楚。四大夫不書，獨魚石告。陴，毗支反。

疏：　註四大至石告。正義曰：　襄元年傳謂此五人爲五大夫，故除去魚石，謂之四大夫也。彼四大夫所以不書者，宋人獨以魚石告，不以四人告也。服虔云：魚石，卿，故書。以爲四人非卿，故不書。杜不然者，案文七年傳云：宋成公卒。於是公子成爲右師，公孫友爲左師，樂豫爲司馬，鱗矔爲司徒，公子蕩爲司城，華御事爲司寇。六卿和公室。哀二十六年傳：宋景公無子，於是皇緩爲右師，皇非我爲大司馬，皇懷爲司徒，靈不緩爲左師，樂茷爲司城，樂朱鉏爲大司寇，六卿三族降聽政。據彼二文，則向爲人爲大司寇，亦是卿也。若五人皆告，爲卿則書，向爲人亦當書之，何以獨書魚石？杜言獨以魚石告，正爲向爲人不書故也。或少司寇、二宰等六卿之外，亦是卿官，合書名氏，猶如魯之三卿外，別有公孫嬰齊、臧孫許，但非如六卿等世掌國政也。

華元使向戌爲左師，老佐爲司馬，樂裔爲司寇，以靖國人。老佐，戴公五世孫。裔，以制反。

《春秋左傳正義》襄公九年　傳九年，春，宋災。樂喜爲司城以爲政。樂喜，子罕也，爲政卿，知將有火災，素戒爲備火之政。【略】

使伯氏司里。伯氏，宋大夫。司里，里宰。

疏：　註伯氏至里宰。正義曰：《釋言》氏：里，邑也。李巡云：里，居之邑也。是里爲邑居之名也。《周禮》，五鄰爲里。以五鄰必同居，故以里爲名。里長謂之宰。《周禮・里宰》，每里下士一人。謂六遂之内，二十五家之長也。此言司里，謂司城内之民，若今城内之坊里也。里必有長，不知其官之名。《周禮》有里宰。故以宰言之，非是郊外之民二十五家之長也。使伯氏司此城内諸里之長，令各率里内之民，表火道以來，皆使此伯氏率里民爲之。【略】

令隧正納郊保，奔火所。隧正官名也。五縣爲隧。納聚郊野保守之民，使隨火所起，往救之。隧音遂。【略】

二師令四鄉正敬享，二師，左右師也。鄉正，鄉大夫。享，祀也。

疏：　註二師至祀也。正義曰：《周禮・大司徒》云：五家爲比，五比爲閭，四閭爲族，五族爲黨，五黨爲州，五州爲鄉。鄉大夫，每鄉卿一人，天子六鄉，即以卿爲之長。此傳云二師命四鄉正，則別立鄉正，非卿典之，但其所職掌，當天子之鄉大夫耳。《周禮》：鄉大夫各掌其鄉之政教，正月之吉，受教法于司徒，退而頒之于其鄉。則鄉正當屬司徒。此傳言二師命之者，上文右師討右，左師討左，則宋國之法，二師分掌其方。左右各掌其二鄉，并言其事，故云二師命四鄉正也。《費誓》云魯人三郊三遂，則魯立三鄉。此云命四鄉正，則宋立四鄉也。《周禮》，鄉爲一軍，大國三軍。宋是大國，不過三軍，而有四鄉者，當時所立，非正法也。於是宋置六卿，況四鄉乎？

《春秋左傳正義》昭公二十二年　救宋而除其害，又何求？乃固請出之，宋人從之。己巳，宋華亥、向寧、華定、華貙、華登、皇奄傷、省臧、士平出奔楚。華貙已下五子不書，非卿。省，悉井反，又所景反。臧，子郎反。宋公使公孫忌爲大司馬，代華費遂。邊卬爲大司徒，卬，平公曾孫，代華定。卬，五郎反。樂祁爲司馬，祁，子罕孫樂祁犂。犂，力私反，又力兮反。仲幾爲左師，幾，仲左孫，代向寧。幾音基。樂大心爲右師，代華亥。樂輓爲大司寇，輓，子罕孫。輓音晚。以靖國人。終梓慎之言，三年而後弭。

晉

綜述

（清）沈淑《左傳職官・晉》　五正。疏：五行官之長。御戎。疏：《周禮》戎僕掌馭戎車。右。疏：《周禮》戎右掌戎車之兵革使。晉以僖侯廢司徒。注：廢爲中軍。大司空。注：卿官。疏：晉自文公以後卿以軍將爲名，司空非復卿官。故文二年司空士穀非卿也。寺人。七輿大夫。疏：《大行人》云：侯伯七命，貳車七乘，每車一大夫主之。中大夫。竪。注：左右小史。疏：《周禮》注未冠者之官名。元帥。注：中軍帥。執秩。注：主爵秩。筮史。司空。注：晉司空非卿也。中行、右行、左行。晉置上中下三軍，合復增置三行以避天子六軍之名。大傅、大師。疏：皆孤卿也。《周禮》上公之國孤一人。《王制》諸侯三卿，晉侯爵而有三軍、六卿，復有孤二人者，晉爲霸主多置羣官，其時所須，不能如禮。公族大夫，卿之適子爲之。餘子，適子之母弟爲之。公行。妾子爲之。疏：《詩・魏風》有公族、公行，其公族公行既同，公路當與公行爲一，以其主君路車謂之公路，主車行列謂之公行，其實止是一官。詩人變文以韻句耳。《周禮》無此三官之名。《夏官》有諸子下大夫二人，掌國子之倅，事與公族同也。《春官》有巾車下大夫二人掌王之五路，事與公行同也，無餘子同者，天子諸侯禮異耳。旄車之族。注：公行之官。疏：主公車行列謂之公行。車皆建旄，謂之旄車之族。司馬、司空、輿師、候正、亞旅。注：晉司馬司空皆大夫。輿師主兵車，候正主斥候，亞旅亦大夫。疏：司馬主兵甲，司空主營壘，故從軍行。僕大夫，注：大僕。疏：《大僕職》云：王視燕朝則正位掌擯相。甸人，注：主爲公田者。饋人，校正屬御戎。疏：《周禮》，大御，御官之長。別有戎僕掌御戎車。春秋征伐之世，以戎爲重。此御戎當是御之尊者。校正，當《周禮》校人，掌王馬之政。襄九年傳曰：命校正出馬。知是主馬官也。按《周禮》校人不屬大御。此蓋諸侯兼官，或是悼公新法。司士屬右。疏：《周禮》司士掌羣臣之版，以詔王治。其職非車右之類，不得屬車右也。《周禮》有司右，上士也。掌羣右之政，凡國之勇力之士能用五兵者屬焉。其下更有戎右中大夫、齊右下大夫、道右上士。此三右或官尊於司右，而司右掌其政令。春秋之世車右爲尊，此司士蓋司右之類，爲車右屬官。軍尉。省卿，戎御令軍尉攝御。中軍尉，候奄，上軍尉，六騶，屬乘馬御。注：乘馬御，乘車之僕也。六騶，六閑之騶。《周禮》諸侯有六閑馬。中軍司馬，鄫無賦於司馬。注：晉司馬又掌諸侯之賦。四軍，八卿，注：四軍謂上、中、下、新軍也。軍有二卿。六正。注：三軍之六卿。五吏。文職。三十帥。武職，皆軍卿之屬官。三軍之大夫，百官之正長。注：羣有司。師旅。小將帥。復陶。注：主衣服之官。縣師。注：掌地域，辨其夫家人民。疏：《周禮》縣師上士二人，掌邦國都鄙稍甸郊里之地域，而辨其夫家人民田畝之數及其六畜車輦之稽。凡造都邑，量其地而制其域，以歲時徵野之賦貢。天子之縣師掌此諸事，則諸侯之縣師亦當然。故桂略引《周禮》以解之。輿尉。服虔云：軍尉主發衆吏民。五卿八大夫。嬖大夫。注：下大夫。饍宰。理。疏：孔晁云：理官。司典。掌典籍。陰地之命大夫。注：命大夫，別縣監尹。

（清）程廷祚《春秋職官考略》卷中《一國自有之官・晉》　執秩

杜曰：主爵秩之官。僖二十七年，作執秩，以正其官。

公族大夫

卿之適子爲之。正義曰：公族之官，掌教公之子弟。孔晁註《國語》云：公族大夫，掌公族及卿大夫子弟之官。是卿之適子，屬公族也。宣二年，趙括。成十六年，郤犨將新軍，且爲公族大夫。成十八年，荀家、荀會、欒黶、韓無忌。襄十六年，祁奚、韓襄、欒盈、士鞅。

餘子

卿適子之母弟爲之。杜曰：亦治餘子之政。正義曰：餘子，主教卿大夫適妻之次子也。下文庶子既爲公行，則卿大夫之妾子，亦餘子之官教之矣。見宣二年。

公行

卿之庶子爲之，亦曰旄車之族。正義曰：主公車行列，謂之公行，車皆建旄，謂之旄車之族。見宣二年。孔穎達曰：公族、餘子、公行，《周禮》無此三官之名。《夏官》有諸子下大夫，掌國子之倅事，與公族同也。《春官》有巾車下大夫，掌王之五路事，與公行同也，惟無餘子耳。

僕大夫

杜曰：太僕也。《周禮》有太僕，屬《夏官》。成六年，韓獻子將新中軍，且爲僕大夫。

乘馬御

杜曰：乘車之僕。疏曰：當《周禮》齊僕。案《周禮》大司馬之屬，齊僕掌馭金路以賓，朝覲宗遇饗食，皆乘金路。《國語》曰贊僕。成十八年，程鄭。襄十六年，虞邱書。

司士

杜曰：車右之官。案此與《周禮·司士》不同。疏謂蓋司右之類。《周禮》戎右中大夫司右上士也。成十八年，荀賓爲右司士屬焉。

騶

成十八年，程鄭爲乘馬御，六騶屬焉，使訓羣騶知禮。杜曰：六騶，六閑之騶。《周禮》諸侯有六閑馬。疏曰：鄭元註《月令》七騶云謂趨馬主爲諸官駕説者。《周禮·夏官》趣馬掌駕説之頒。是騶爲主駕之官也。

輿帥

杜曰：主兵事者。見成二年。

七輿大夫

杜曰：侯伯七命，副車七乘，故有七輿大夫之官。僖十年，惠公殺七輿大夫七人。襄二十三年，七輿大夫與之。

復陶

杜曰：主衣服之官。疏云：復陶，衣冠之名。亦見昭十二年。義則未聞。襄三十年，使爲君復陶。

縣師

杜曰：縣師掌地域，辨其夫家人民。案此官屬《周禮·大司徒》。襄三十年，以爲絳縣師。

甸人

杜曰：主爲公田者。《周禮》太宰之屬有甸師，主耕耨王藉。《禮·文王世子》：公族有罪，致刑于甸人。成十年，甸人獻麥。

獸人

《周禮·天官》有獸人之職。宣十二年，子有軍事，獸人無乃不給于鮮。

紀事

《春秋左傳正義》莊公二十六年 傳二十六年，春，晉士蔿爲大司空。大司空，卿官。

疏：註大司空，卿官。正義曰：傳於比年以來説士蔿爲獻公設計，晉國以安。今又言大司空，明任以卿位也。直言司空者，是大夫即司空亞旅，皆受一命之服是也。晉自文公以後，世爲盟主，征伐諸國，卿以軍將爲名，司空非復卿官，故文二年司空士縠非卿也。雖則非卿，職掌不異，成十八年傳曰右行辛爲司空，使脩士蔿之法，是其典事同也。

夏，士蔿城絳，以深其宮。絳，晉所都也，今平陽絳邑縣。秋，虢人侵晉。冬，虢人又侵晉。爲傳明年晉將伐虢張本。此年經、傳各自言其事者，或經是直文，或策書雖存而簡牘散落，不究其本末，故傳不復申解，但言傳事而已。牘，徒木反。究音救。復，扶又反。解，居蟹反。

《春秋左傳正義》僖公二十八年 城濮之戰，晉中軍風于澤，牛馬因風而走，皆失之。

亡大旆之左旃。大旆，旗名。繫旐曰旆，通帛曰旃。旃，章然反，《爾雅》云：因章曰旃。

祁瞞奸命，掌此三事而不脩，爲奸軍令。瞞，莫干反。奸音干。司馬殺之，以徇于諸侯。使茅茷代之。師還。壬午，濟河。舟之僑先歸，士會攝右。權代舟之僑也。士會，隨武子，士蔿之孫。茷，扶廢反。僑，其驕反。秋，七月丙申，振旅，愷以入于晉。

《春秋左傳正義》文公六年　故黨於趙氏，且謂趙盾能，曰：使能，國之利也。是以上之。宣子於是乎始爲國政。宣，趙盾謚。制事典，典，常也。正法罪，輕重當。當，丁浪反。辟刑獄，辟猶理也。辟，婢亦反。後同者更不音。董逋逃，董，督也。逋，補吾反。由質要，由，用也。質要，券契也。治舊洿，治理洿穢。洿音烏，本又作汙，同。本秩禮，貴賤不失其本。續常職，修廢官。出滯淹。拔賢能也。既成，以授大傅陽子與大師賈佗，使行諸晉國，以爲常法。賈佗以公族從文公，而不在五人之數。大音泰，下同。佗，徒何反。從，才用反。

《春秋左傳正義》宣公十五年　晉侯賞桓子狄臣千室，千家。亦賞士伯以瓜衍之縣。士伯，士貞子。瓜，古華反。衍，以善反。曰：吾獲狄土，子之功也。微子，吾喪伯氏矣。伯，桓子字。邲之敗，晉侯將殺林父，士伯諫而止。喪，息浪反。

《春秋左傳正義》宣公十六年　傳十六年，春，晉士會帥師滅赤狄甲氏及留吁、鐸辰，鐸辰不書，留吁之屬。鐸，待洛反。三月，獻狄俘。獻于王也。晉侯請于王。戊申，以黻冕命士會將中軍，且爲大傅。代林父將中軍，且加以大傅之官。黻冕，命卿之服。大傅，孤卿。黻音弗。將，子匠反。大音泰，註同。

疏：註代林至孤卿。正義曰：晉之中軍之將，執政之上卿也。大傅又尊於上卿。且加大傅，以褒顯之禮命臣者，皆賜之以服，使服而受命。傳言以黻冕者，黻冕是命孤卿之服，故以之命士會也。《論語》稱禹惡衣服而致美乎黻冕，鄭玄云：黻，祭服之衣。冕，其冠也。此云黻冕，亦當然也。黻，蔽膝也。祭服謂之黻，其他服謂之韠，俱以韋爲之，制同而色異。韠，各從裳色。黻，則其色皆赤，尊卑以深淺爲異。天子純朱，諸侯黄朱，大夫赤而已。大夫以上，冕服悉皆有黻，故禹言黻冕，此亦云黻冕。但冕服自有尊卑耳。《周禮·司服》：孤之服，自希冕而下。此士會黻冕，當是希冕也。天子大傅，三公之官也。諸侯大傅，孤卿之官也。《周禮·典命》云：公之孤四命。鄭衆云：九命上公得置孤卿一人。春秋時晉爲霸，王侯亦置孤卿。文六年有大傅陽子，大師賈佗，則晉嘗置二孤。

《春秋左傳正義》成公十八年　使士渥濁爲大傅，使脩范武子之法；渥濁，士貞子。武子爲景公大傅。渥，於角反。

疏：使士渥至時使。正義曰：《晉語》云：君知士貞子之帥志博聞而宣惠於教也，使爲大傅。知右行辛之能以數宣物定功也，使爲司空。知欒糾之能御以和於政也，使爲戎御。知荀賓之有功力而不暴也，使爲戎右。是四人者，皆公知其能而使之耳。范武子爲大傅，孤也；士蔿爲司空，卿也，皆前世能者，其法可遵，故使二大夫居其官而脩其法也。二人皆是大夫，非孤、卿也。

《春秋左傳正義》襄公三年　臣之罪重，敢有不從，以怒君心？言不敢不從戮。請歸死於司寇。致尸於司寇，使戮之。公跣而出，曰：寡人之言，親愛也。吾子之討，軍禮也。寡人有弟，弗能教訓，使干大命，寡人之過也。子無重寡人之過，聽絳死爲重過。跣，先典反。重，直用反，註同。敢以爲請。請使無死。晉侯以魏絳爲能，以刑佐民矣。反役，與之禮食，使佐新軍。羣臣旅會，今欲顯絳，故特爲設禮食。食音嗣，註同，又如字。特爲，于僞反。

《春秋左傳正義》襄公三十年　三月，癸未，晉悼夫人食輿人之城杞者。輿，衆也。城杞在往年。食音似。輿音餘。絳縣人或年長矣，無子，而往與於食。有與疑年，使之年。使言其年。長，丁丈反。【略】

趙孟問其縣大夫，則其屬也。屬趙武。

疏：趙孟至屬也。正義曰：諸是守邑之長，公邑稱大夫，私邑則稱宰。此言問其縣大夫，問絳縣之大夫也。絳非趙武私邑，而云則其屬者，蓋諸是公邑，國卿分掌之，而此邑屬趙武也。

召之，而謝過焉，曰：武不才，任君之大事。以晉國之多虞，不能由吾子，由，用也。使吾子辱在泥塗久矣，武之罪也。敢謝不才。遂仕之，使助爲政。辭以老。與之田，使爲君復陶，復陶，主衣服之官。復，音服。【略】

以爲絳縣師，縣師，掌地域，辨其夫家人民。

疏：以爲絳縣師。正義曰：既使爲主衣服之官，又以爲絳邑之縣師也。《周禮》縣師上士二人，其職掌邦國都鄙稍甸郊里之地域，而辨其夫家人民田萊之數，及其六畜車輦之稽。凡造都邑，量其地而制其域，以歲時徵野之賦貢。天子之縣師掌此諸事，則諸侯之縣師亦當然。故杜略引《周禮》以解之。據如《周禮》，則縣師是王朝之官。而此言絳縣師者，絳是晉國所都之邑，蓋以居在絳邑，故繫絳以言之。

而廢其輿尉。以役孤老故。

疏：而廢其輿尉。正義曰：服虔云：輿尉、軍尉，主發衆使民於時。趙武將中軍，若是軍尉，當是中軍尉也。

《春秋左傳正義》昭公二十八年 秋，晉韓宣子卒，魏獻子爲政，獻子，魏舒。豿，本又作豿，同，仕皆反。喪，息浪反。分祁氏之田以爲七縣，七縣，鄔、祁、平陵、梗陽、塗水、馬首、盂也。梗，古杏反。盂，音于，下文同。分羊舌氏之田以爲三縣。銅鞮、平陽、楊氏。鞮，丁兮反。司馬彌牟爲鄔大夫，太原鄔縣。賈辛爲祁大夫，太原祁縣。司馬烏爲平陵大夫，魏戊爲梗陽大夫，戊魏舒庶子。梗陽，在太原晉陽縣南。戊音茂。知徐吾爲塗水大夫，徐吾，知盈孫。塗水，太原榆次縣。知音智。次，資利反，又如字。韓固爲馬首大夫，固韓起孫。孟丙爲盂大夫，太原盂縣。樂霄爲銅鞮大夫，上黨銅鞮縣。霄音消。趙朝爲平陽大夫，朝，趙勝曾孫。平陽，平陽縣。朝如字。僚安爲楊氏大夫。平陽楊氏縣。

《春秋左傳正義》哀公二年 簡子誓曰：范氏、中行氏反易天明，不事君也。

疏：反易天明。正義曰：天有尊卑，人有上下。下事上，臣事君，法則天之明道；臣不事君，是反易天之明道也。

斬艾百姓，欲擅晉國而滅其君。寡君恃鄭而保焉。今鄭爲不道，棄君助臣，二三子順天明，從君命，經德義，除詬恥，在此行也。克敵者，上大夫受縣，下大夫受郡，《周書·作雒篇》：千里百縣，縣有四郡。艾，魚廢反。擅，市戰反。而滅其君，滅或作戕，音殘。詬，呼豆反，又音苟。雒音洛。千里百縣，縣方百里；縣有四郡，郡方五十里。

《國語·晉語四》 元年春，公及夫人嬴氏至自王城。秦伯納衛三千人，實紀綱之僕。公屬百官，賦職任功。棄責薄斂，施舍分寡。救乏振滯，匡困資無。輕關易道，通商寬農。懋穡勸分，省用足財。利器明德，以厚民性。舉善援能，官方定物，正名育類。昭舊族，愛親戚，明賢良，尊貴寵，賞功勞，事耇老，禮賓旅，友故舊。胥、籍、狐、箕、欒、郤、柏、先、羊舌、董、韓，實掌近官。諸姬之良，掌其中官。異姓之能，掌其遠官。公食貢，大夫食邑，士食田，庶人食力，工商食官，皁隸食職，官宰食加。政平民阜，財用不匱。

《國語·晉語七》 辛巳，朝于武宮。定百事，立百官，育門子，選賢良，興舊族，出滯賞，畢故刑，赦囚繫，宥間罪，薦積德，逮鰥寡，振廢淹，養老幼，恤孤疾，年過七十，公親見之，稱曰王父，敢不承。

《國語·晉語七》 君知士貞子之帥志博聞而宣惠於教也，使爲太傅。知右行辛之能以數宣物定功也，使爲元司空。知欒糾之能御以和于政也，使爲戎御。知荀賓之有力而不暴也，使爲戎右。

欒伯請公族大夫，公曰：荀家惇惠，荀會文敏，黶也果敢，無忌鎮靜，使茲四人者爲之。夫膏粱之性難正也，故使惇惠者教之，使文敏者導之，使果敢者諗之，使鎮靜者修之。惇惠者教之，則遍而不倦；文敏者導之，則婉而入；果敢者諗之，則過不隱；鎮靜者修之，則壹。使茲四人者爲公族大夫。

公知祁奚之果而不淫也，使爲元尉。知羊舌職之聰敏肅給也，使佐之。知魏絳之勇而不亂也，使爲元司馬。知張老之智而不詐也，使爲元候。知鐸遏寇之恭敬而信強也，使爲輿尉。知籍偃之惇帥舊職而恭給也，使爲輿司馬。知程鄭端而不淫，且好諫而不隱也，使爲贊僕。

《國語·晉語七》 悼公使張老爲卿，辭曰：臣不如魏絳。夫絳之智能治大官，其仁可以利公室不忘，其勇不疚於刑，其學不廢其先人之職，若在卿位，外內必平。且雞丘之會，其官不犯而辭順，不可不賞也。公五命之，固辭，乃使爲司馬。使魏絳佐新軍。

《國語·晉語七》 悼公與司馬侯升臺而望曰：樂夫。對曰：臨下之樂則樂矣，德義之樂則未也。公曰：何謂德義？對曰：諸侯之爲，日在君側，以其善行，以其惡戒，可謂德義矣。公曰：孰能？對曰：羊舌肸習於春秋。乃召叔向使傅太子彪。

《國語·晉語八》 宣子問于訾祏，訾祏對曰：昔隰叔子違周難于晉國，生子輿爲理，以正於朝，朝無奸官；爲司空，以正於國，國無敗績。世及武子，佐文、襄爲諸侯，諸侯無二心。及爲卿，以輔成、景，軍無敗政。及爲成師，居太傅，端刑法，緝訓典，國無奸民，後之人可則，是以受隨、范。及文子成晉、荊之盟，豐兄弟之國，使無有間隙，是以受郇、櫟。今吾子嗣位，於朝無奸行，於國無邪民，於是無四方之患，而無外內之憂，賴三子之功而饗其禄位。今既無事矣，而非和，於是加寵，將何治爲？宣子說，乃益和田而與之和。

《國語·晉語八》秦景公使其弟鍼來求成，叔向命召行人子員，行人子朱曰：朱也在此。叔向曰：召子員。子朱曰：朱也當御。叔向曰：肸也欲子員之對客也。子朱怒曰：皆君之臣也，班爵同，何以黜朱也？撫劍就之。叔向曰：秦、晉不和久矣，今日之事幸而集，子孫饗之。不集，三軍之士暴骨。夫子員導賓主之言無私，子常易之。奸以事君者，吾所能禦也。拂衣從之，人救之。平公聞之曰：晉其庶乎，吾臣之所争者大。師曠侍，曰：公室懼卑，其臣不心競而力争。

《國語·晉語九》士景伯如楚，叔魚爲贊理。邢侯與雍子争田，雍子納其女於叔魚以求直。及斷獄之日，叔魚抑邢侯，邢侯殺叔魚與雍子於朝。韓宣子患之，叔向曰：三奸同罪，請殺其生者而戮其死者。宣子曰：若何？對曰：鮒也鬻獄，雍子賈之以其子，邢侯非其官也而干之。夫以回鬻國之中，與絶親以買直，與非司寇而擅殺，其罪一也。邢侯聞之，逃。遂施邢侯氏，而尸叔魚與雍子於市。

《國語·晉語九》鼓子之臣曰夙沙釐，以其孥行，軍吏執之，辭曰：我君是事，非事土也。名曰君臣，豈曰土臣？今君實遷，臣何賴於鼓？穆子召之，曰：鼓有君矣，爾心事君，吾定而禄爵。對曰：臣委質於狄之鼓，未委質於晉之鼓也。臣聞之，委質爲臣，無有二心，委質而策死，古之法也。君有烈名，臣無叛質。敢即私利以煩司寇而亂舊法，其若不虞何。穆子歎而謂其左右曰：吾何德之務而有是臣也？乃使行。既獻，言於公，與鼓子田於河陰，使夙沙釐相之。

《史記》卷三二《齊太公世家》〔頃公〕十一年，晉初置六卿，賞鞌之功。齊頃公朝晉，欲尊王晉景公，晉景公不敢受，乃歸。歸而頃公弛苑囿，薄賦斂，振孤問疾，虛積聚以救民，民亦大說。厚禮諸侯。竟頃公卒，百姓附，諸侯不犯。

《史記》卷一一九《循吏列傳》李離者，晉文公之理也。正義：理，獄官也。過聽殺人，自拘當死。文公曰：官有貴賤，罰有輕重。下吏有過，非子之罪也。李離曰：臣居官爲長，不與吏讓位；受禄爲多，不與下分利。今過聽殺人，傅其罪下吏，非所聞也。辭不受令。文公曰：子則自以爲有罪，寡人亦有罪邪？李離曰：理有法，失刑則刑，失死則死。公以臣能聽微決疑，索隱：言能聽察微理，以決疑獄。故《周禮》司寇以五聽察獄，詞氣色耳目也。又《尚書》曰服念五六日，至于旬時是也。故使爲理。今過聽殺人，罪當死。遂不受令，伏劍而死。

韓

綜述

（明）董説《七國考》卷一《韓職官》

相國

《國策》：謂韓相國曰：人之善扁鵲者，爲有臃腫也。《史記》：韓懿侯八年，申不害相韓，修術行道，國內以治，諸侯不來侵伐。

司空

《吕氏春秋》：韓氏城，期十五日而成，段喬爲司空。有一縣後二日，段喬執其吏而囚之。囚者之子走告封人子高曰：惟先生能活臣父之死。孔安國曰：司空主空土以居人。按空，穴也。古者穴居。一曰：司空，地官，雖空處皆得司也，言自地以上無不司。

太守

韓氏上黨守馮亭使者至，曰：願以上黨入之趙。趙使平原君往受地，以萬户都三，封其太守爲華陽君；以千户都三，封其縣令爲侯。見《通鑑》。《正義》曰：爾時未合言太守，至漢景帝時始置太守。此言太守，衍字也。余按：《國策》中太守數見，《正義》誤。

縣令

詳見《太守》。

封人

詳見《司空》。

客卿

客卿爲韓謂秦王，見《國策》。注云：韓重客卿，位在相國之下一等。

大夫

《琴經疏》：聶伯爲韓大夫，出使於秦，作《怨離之曲》，别老母、稚妻也。

中庶子

《國策》：韓公叔與幾瑟争國。中庶子强謂太子曰：不若及齊師未及，急擊公叔。

典冠

《韓非子》：韓昭侯醉而寢，典冠者見君之寒也，故加衣於君之上。覺而問左右曰：誰加衣者？左右對曰：典冠。君因罪典衣與典冠。其罪典衣，以爲失其事也；其罪典冠，以爲越其職也。

廩吏

《韓子》：韓昭侯之時，廩吏竊黍種。

紀事

《戰國策・韓策一・鄭彊之走張儀於秦》 鄭彊之走張儀於秦，曰儀之使者，必之楚矣。故謂大宰曰：公留儀之使者，彊請西圖儀於秦。故因而請秦王曰：張儀使人致上庸之地，故使使臣再拜謁秦王。秦王怒，張儀走。

《戰國策・韓策三・或謂韓相國》 或謂韓相國曰：人之所以善扁鵲者，爲有臃腫也；使善扁鵲而無臃腫也，則人莫之爲之也。今君以所事善平原君者，爲惡於秦也；而善平原君乃所以惡於秦也。願君之熟計之也。

《戰國策・韓策三・安邑之御史死》 安邑之御史死，其次恐不得也。輸人爲之謂安令曰：公孫綦爲人請御史於王，王曰：彼固有次乎？吾難敗其法。因遽置之。

《戰國策・韓策三・段產謂新城君》 段產謂新城君曰：夫宵行者能無爲姦，而不能令狗無吠己。今臣處郎中，能無議君於王，而不能令人毋議臣於君。願君察之也。

《史記》卷六三《老子韓非列傳》 申不害者，京人也，故鄭之賤臣。學術以干韓昭侯，昭侯用爲相。內脩政教，外應諸侯，十五年。終申子之身，國治兵彊，無侵韓者。申子之學本於黄老而主刑名。著書二篇，號曰申子。

趙

綜述

（明）董説《七國考》卷一《趙職官》 **丞相**

《國策》：希寫見建信君，建信君曰：秦使人來仕，僕官之丞相，爵五大夫。《注》：秦武王二年，初置丞相。秦爵五大夫第九。據此，則趙亦有之。戰國改置，遞相效也。按魏亦有丞相，見《魏職官》。

相國

趙武靈王傳國於少子何，肥義爲相國。見《趙世家》。應劭曰：相國之名始此，秦、漢因之。又趙惠文王以相國印授樂毅。

假相國

《廉頗傳》：趙以尉文封廉頗爲信平君，爲假相國。又《趙世家》：孝成王十七年，假相大將武襄君攻燕。《注》：假相，假名相也。余按：項羽斬宋義頭，自立爲假上將軍。韓信破齊，遣使立爲假王。其端有自起。

守相

《國策》：文信侯出走，與司空馬之趙。趙以爲守相。《注》：守，假官也。

代相

見後《官帥將》。

柱國

翟章從梁來，甚善趙王。王三延之以相，不受。田駟謂柱國韓向曰：臣請爲君刺之。《注》云：柱國，楚官，蓋趙亦有。

左師

《國策》：左師觸讋願見太后。《注》：春秋之時，宋有左右師，上卿也。趙以觸讋爲左師，宂散之官，以優老臣。齊有右師王驩。

師

《史記》：趙烈侯好音，將賜歌者田萬畝。相國公仲連乃進牛畜、荀欣、徐越。牛畜侍烈侯以仁義，約以王道。荀欣選練舉賢。徐越節財儉用。烈侯悅，使使謂相國曰：歌者之田且止。官牛畜爲師，荀欣爲中尉，徐越爲內史。或曰：師即右師之官也。

傅

《國策》：武靈王二十五年，使周袑爲王子傅。

司寇

公子成爲相，號安平君，李兑爲司寇。見《史記》。胡三省云：司寇，周六卿之一也。

左司馬

張孟談告趙襄子曰：左司馬見使於國家，安社稷不避死，以成其忠。《注》：左司馬，張子談自謂也。見《國策》。余按：趙必有左右司馬。

上卿

《韓詩外傳》：趙以孫子爲上卿。《史記》：趙惠文王十六年，廉頗爲趙將，伐齊，大破之，取晋陽，拜爲上卿。《藺相如傳》：趙王以相如功大，拜爲上卿，位在廉頗之右。王劭按董勛答禮曰：職高者名録在上，於人爲右，職卑者名録在下，於人爲左。

客卿

《春秋後語》：東里子，趙之客卿也。

大夫

《史記》：趙武靈王立何爲王，大夫悉爲臣。

上大夫

相如既歸，趙王以爲賢，大夫使不辱於諸侯，拜相如爲上大夫。見《史記》。

中大夫

《韓非子》：王登爲中牟令，上言於襄主曰：中牟有士曰中章胥已者，其身甚修，其學甚博。君何不舉之？主曰：子見之，我將爲中大夫。按《左傳》晋有中大夫。

五大夫

詳見《丞相》。

夢大夫

《占夢書》引《趙史記》云：趙簡子病，五日不知人。扁鵲視之，曰：不出三日，必寤，寤必有言也。居二日半，簡子寤，語大夫曰：我之帝所，甚樂。與百神游於鈞天，廣樂九奏萬舞，不類三代之樂，其聲動人心。有一熊一羆來，欲援我，帝命我射之死。帝賜我二笥，皆有副。吾見兒在帝側，帝屬我一翟犬曰：及而子之壯也以賜之！夢大夫董安于受言而書，藏之於府。按《趙世家》無夢大夫三字。

國尉

《史記》：趙以許歷爲國尉。

都尉

《新序》：秦趙戰於長平，趙不勝，亡一都尉。應劭曰：自上安下曰尉，武官悉以爲稱。胡三省《通鑑》注曰：戰國之時，有國尉，有都尉。

中尉

詳見《師》。

尉文

《史記》：孝成王十五年，以尉文封相國廉頗爲信平君。《注》：尉文，官名。謂以尉文所食之地以封廉頗也。或作邑名，又作尉官、文名，俱非是。

將軍

《史記》：幽繆王七年，秦人攻趙，趙大將李牧、將軍司馬尚擊之。

大將軍

《文選注》：李牧爲趙大將軍。又《史記》云：趙王與大將軍廉頗諸大臣謀。按《左傳》：晋閻没、女寬謂魏獻子曰：豈將軍食之而有不足？又《家語》：衛將軍文子問於子貢。自戰國置大將軍，周末又置前後左右將軍。

官帥將

《漢書·馮奉世傳》：馮奉世，字子明，上黨潞人也，徙杜陵。其先馮亭爲韓上黨守。秦攻上黨，絶太行道，韓不能守，馮亭乃入上黨城守於趙。趙封馮亭爲華陽君，與趙將括拒秦，戰死於長平。宗族繇是分散，或留潞，或在趙。在趙者爲官帥將。官帥將子爲代相。師古曰：帥，音所類反，字或作師。

中候

《趙奢傳》：軍中候有一人言急救武安，趙奢立斬之。

內史

詳見《師》。《漢書·百官表》云：少府、內史，周官，秦因之，掌治京師。

御史

張儀説趙王曰：敝邑秦王使臣獻書於大王御史。應劭曰：御史立於陛下者，猶云陛下。《舊注》：御史、周宗伯屬官，秦因之，趙亦有此官。《補》曰：御史，周官，以中士、下士爲之，特小臣之傳命者。余按《廉頗藺相如傳》：相如顧趙御史曰：某年某月，趙王使秦王鼓缶。是又紀事之官矣。

尹史

趙有尹史見月生齒，齕畢大星，占有兵變。詳見《災異考》。

筮史

《史記》：孝成王夢乘飛龍上天，不至而墜。明日，召筮史敢占之。《注》：筮史，官。敢，名也。《周禮》有簭人，古筮字。

代史

《竹書紀年》：慎靚王十三年，邯鄲命將軍、大夫、適子、代史皆貂服。代史不知何官，姑附於此。

郎中

《國策》：秦召春申君，因而留之。泄鈞謂文信侯曰：春平侯者，趙王甚愛之，而郎中妬之。應劭曰：郎中，趙官名。

中庶子

《詩傳》曰：扁鵲過趙，趙王太子暴疾而死，鵲造宮門曰：吾聞國中卒有壤土之事，得毋有急乎？中庶子之好言方者應之曰：然，王太子暴疾而死。按《扁鵲傳》作虢太子，不審孰是，姑存之。

行人

《國策》：馮忌請見趙王，行人見之。《注》：行人，趙官。又趙簡子時有行人燭過，見《韓非子》。

宰人

《莊子·説劍》云：宰人上食，王三環之。王者，趙文王也。又《史記》：趙襄子請代王，使廚人操銅斗以食代王及從者。行斟，陰令宰人各以斗擊殺代王。《注》：宰人，趙之卑官。余按：宰人即周庖人之類。

令

詳見《中大夫》。

家令

《古今注》云：羅敷爲邑人千乘王氏妻，王氏後爲趙王家令。家令，疑官名。

宦者令

杜氏《通典》云：天文有宦者四星，在帝座之西。《周官》有宮正、宮伯、宮人、內宰、閽人、寺人。戰國時有宦者令。《注》云：趙有宦者令，繆賢是也。

博聞師

《史記》：武靈王少，未能聽政，立博聞師三人，左右司過二人。應劭曰：博聞師，趙諫官。余按：司過乃諫官耳，博聞師當是備顧問者。

司過

詳見《博聞師》。按湯有司直之臣，《周禮》有司諫：中士二人、史二人、徒二十人。

司日

劉向《録》云：趙武靈王立司日，出納王命。余按《國語》：趙簡子田于螻，史黯聞之，以犬待于門。簡子見之曰：何爲？曰：有所得犬，欲試之茲囿。簡子曰：何爲不告？對曰：君行，臣不從不順。主將適螻，而麓不聞，臣敢煩當日。《注》：當日，簡子當日之官。武靈司日，疑即此官也。

太卜

《國策》：趙取周之祭地，周君患之，告於鄭朝。鄭朝曰：君勿患也，臣請以三十金復取之。周君予之。鄭朝獻之趙太卜，因告以祭地事。及王病，使卜之，太卜譴之曰：周之祭地爲祟。趙乃還之。

典門

《子華子》云：子華子違趙，趙簡子不悦。燭過典廣門之左，簡子召而語之以其故。余按：古有典門之官。《吕氏春秋》又云：趙簡子時，陽城胥渠處廣門之官。

黑衣

《國策》：左師觸讋曰：老臣賤息舒祺最少不肖，而臣衰，竊愛憐之。願得補黑衣之缺，以衛王宫。《注》：黑衣，衛士之服也。沈約《史記》注云：黑衣，趙官名。戰國時官制紛亂，如魏之犀首，齊之祭酒，皆緣事起名，不仍周舊。趙衛宫之官衣黑衣，遂名黑衣也。

驂乘

少室周爲趙襄王驂乘。見《孟子注》。

筆吏

《吕覽章句》：趙簡子以周舍爲筆吏。

津吏

《列女傳》：趙簡子南擊荊，至河津，津吏醉卧不能渡。

傳舍吏

《春秋後語》：秦急圍邯鄲，邯鄲且欲降。傳舍吏子李同説平原君曰：今邯鄲之民，析骨而炊，易子而食，可謂急矣，而君之後宫以百數，婢妾被綺縠，餘粱肉。而民敝衣不完，糟糠不厭，君器物鐘鼓自若。使秦破趙，安得而有此哉？

田部吏

《史記》：趙奢者，趙之田部吏也，收租税，而平原君家不肯出。趙奢以法治之。

紀事

《戰國策·趙策二·王立周紹為傳》王立周紹爲傳，曰：寡人始行縣，過番吾，當子爲子之時，踐石以上者皆道子之孝。故寡人問子以璧，遺子以酒食，而求見子。子謁病而辭。人有言子者曰：父之孝子，君之忠臣也。故寡人以子之知慮，爲辨足以道人，危足以持難，忠可以寫意，信可以遠期。《詩》云：服難以勇，治亂以知，事之計也。立傅以行，教少以學，義之經也。循計之事，失而累；訪議之行，窮而不憂。故寡人欲子之胡服以傅王乎。

周紹曰：王失論矣，非賤臣所敢任也。王曰：選子莫若父，論臣莫若君。君，寡人也。周紹曰：立傅之道六。王曰：六者何也？周紹曰：知慮不躁達於變，身行寬惠達於禮，威嚴不足以易於位，重利不足以變其心，恭於教而不快，和於下而不危。六者，傅之才，而臣無一焉。隱中不竭，臣之罪也。傅命僕官，以煩有司，吏之恥也。王請更論。

《戰國策·趙策二·張儀為秦連橫説趙王》張儀爲秦連横，説趙王曰：弊邑秦王使臣敢獻書於大王御史。大王收率天下以儐秦，秦兵不敢出函谷關十五年矣。大王之威，行於天下山東。弊邑恐懼懾伏，繕甲厲兵，飾車騎，習馳射，力田積粟，守四封之内，愁居懾處，不敢動摇，唯大王有意督過之也。今秦以大王之力，西舉巴蜀，并漢中，東收兩周而西遷九鼎，守白馬之津。秦雖辟遠，然而心忿悁含怒之日久矣。今宣君有微甲鈍兵，軍於澠池，願渡河踰漳，據番吾，迎戰邯鄲之下。願以甲子之日合戰，以正殷紂之事。敬使臣先以聞於左右。

《戰國策·趙策三·趙惠文王三十年》趙惠文王三十年，相都平君田單問趙奢曰：吾非不説將軍之兵法也，所以不服者，獨將軍之用衆。用衆者，使民不得耕作，糧食輓賃不可給也。此坐而自破之道也，非單之所爲也。單聞之，帝王之兵，所用者不過三萬，而天下服矣。今將軍必負十萬、二十萬之衆乃用之，此單之所不服也。

《戰國策·趙策三·希寫見建信君》希寫見建信君。建信君曰：文信侯之於僕也，甚無禮。秦使人來仕，僕官之丞相，爵五大夫。文信侯之於僕也，甚矣其無禮也。希寫曰：臣以爲今世用事者，不如商賈。建信君悖然曰：足下卑用事者而高商賈乎？曰：不然。夫良商不與人爭買賣之賈，而謹司時。時賤而買，雖貴已賤矣；時貴而賣，雖賤已貴矣。昔者，文王之拘於牖里，而武王羈於玉門，卒斷紂之頭而縣於太白者，是武王之功也。今君不能與文信侯相伉以權，而責文信侯少禮，臣竊爲君不取也。

《戰國策・趙策三・秦攻趙平原君使人請救於魏》 秦攻趙，平原君使人請救於魏。信陵君發兵至邯鄲城下，秦兵罷。虞卿爲平原君請益地，謂趙王曰：夫不鬥一卒，不頓一戟，而解二國患者，平原君之力也。用人之力，而忘人之功，不可。趙王曰：善。將益之地。公孫龍聞之，見平原君曰：君無覆軍殺將之功，而封以東武城。趙國豪傑之士，多在君之右，而君爲相國者以親故。夫君封以東武城不讓無功，佩趙國相印不辭無能，一解國患，欲求益地，是親戚受封，而國人計功也。爲君計者，不如勿受便。平原君曰：謹受令。乃不受封。

《史記》卷四三《趙世家》 烈侯好音，謂相國公仲連曰：寡人有愛，可以貴之乎？公仲曰：富之可，貴之則否。烈侯曰：然。夫鄭歌者槍、石二人，吾賜之田，人萬畝。公仲曰：諾。不與。居一月，烈侯從代來，問歌者田。公仲曰：求，未有可者。有頃，烈侯復問。公仲終不與，乃稱疾不朝。番吾君自代來，謂公仲曰：君實好善，而未知所持。今公仲相趙，於今四年，亦有進士乎？公仲曰：未也。番吾君曰：牛畜、荀欣、徐越皆可。公仲乃進三人。及朝，烈侯復問：歌者田何如？公仲曰：方使擇其善者。牛畜侍烈侯以仁義，約以王道，烈侯逌然。明日，荀欣侍，以選練舉賢，任官使能。明日，徐越侍，以節財儉用，察度功德。所與無不充，君說。烈侯使使謂相國曰：歌者之田且止。官牛畜爲師，荀欣爲中尉，徐越爲內史，賜相國衣二襲。

《史記》卷八一《廉頗藺相如列傳》 秦王使使者告趙王，欲與王爲好會於西河外澠池。趙王畏秦，欲毋行。廉頗、藺相如計曰：王不行，示趙弱且怯也。趙王遂行，相如從。廉頗送至境，與王訣曰：王行，度道里會遇之禮畢，還，不過三十日。三十日不還，則請立太子爲王。以絶秦望。王許之，遂與秦王會澠池。秦王飲酒酣，曰：寡人竊聞趙王好音，請奏瑟。趙王鼓瑟。秦御史前書曰某年月日，秦王與趙王會飲，令趙王鼓瑟。藺相如前曰：趙王竊聞秦王善爲秦聲，請奏盆缻秦王，以相娛樂。秦王怒，不許。於是相如前進缻，因跪請秦王。秦王不肯擊缻。相如曰：五步之內，相如請得以頸血濺大王矣。左右欲刃相如，相如張目叱之，左右皆靡。於是秦王不懌，爲一擊缻。相如顧召趙御史書曰某年月日，秦王爲趙王擊缻。秦之羣臣曰：請以趙十五城爲秦王壽。藺相如亦曰：請以秦之咸陽爲趙王壽。秦王竟酒，終不能加勝於趙。趙亦盛設兵以待秦，秦不敢動。

魏

綜　述

（明）董説《七國考》卷一《魏職官》　丞相

《史記》：蘇代曰：太子自相。三人者皆以太子爲非常相也，皆務以國事魏，欲得丞相璽也。《注》：魏置丞相。余按：太子自相，亦奇。

師

《通鑑》：魏文侯以卜子夏、田子方爲師。虞、夏、商皆有師保，疑丞師，古官也。

傅

《史記》：翟璜曰：君之子無傅，臣進屈侯鮒。胡三省云：傅者，傅之以德義，因以爲官名。

司徒

芒卯謂秦王曰：王能使臣爲魏之司徒，則臣能使魏獻長平、王屋、洛林之地也。見《國策》。按《左傳》：晋以僖侯廢司徒。《注》：僖侯名司徒，故廢司徒爲中軍。魏有司徒，知三晋之官，非晋舊也。

犀首

《春秋後語》：魏以犀首官公孫衍。劉向《别録》云：犀首、大梁官名。公孫衍嘗爲是官，因號犀首，蓋以官號也。司馬彪曰：犀首，魏官，若今虎牙將軍。

將軍

魏有將軍王敖，見劉向《孟子注》。

上將軍

《國策》：迎孟嘗君爲上將軍。《魏世家》：令太子申爲上將軍。《信陵君傳》：魏王以上將軍印授公子。

客將軍

《國策》：秦圍趙之邯鄲，魏安釐王使將軍晋鄙救趙。畏秦，止於蕩陰，不進。魏王使客將軍辛垣衍間入邯鄲。應劭曰：魏有客將軍官。

五乘將軍

《韓子》：秦、韓攻魏，昭卯西説而秦、韓罷；齊、荊攻魏，昭卯東説而齊、荊罷。魏襄王養之以五乘將軍，卯曰：伯夷以將軍葬於首陽山下，而天下曰：夫以伯夷之賢與其稱仁，而以將軍葬，是手足不掩也。按將軍，周末官，此言伯夷以將軍葬，無考。《注》：五乘將軍，謂養之以五乘爲將軍也。余謂《注》非也，當是五乘之將軍。古者兵車一乘，甲士三人，步卒七十二人。五乘，凡三百七十五人。

公乘

《説苑》：魏文侯時，有公乘不仁。公乘，疑官名，晋有公乘之官是也。

大夫

《孔叢子》：秦兵攻趙，魏大夫以爲於魏便。《國策》：魏武侯與諸大夫浮於西河。

上大夫

《尹文子》：魏王賜獻玉者千金，長食上大夫之禄。

中大夫

《史記》：魏人范雎從中大夫須賈使於齊。《注》：戰國之時仍周制，置上、中、下三大夫。《隋書·百官志》曰：周監二代，沿革不同，其道既文，置官彌廣。逮於戰國，戎馬交馳，雖時有變革，然猶仍周制。

國大夫

《韓非子》：吴起下令大夫曰：明日且攻亭，有能先登者，仕之國大夫，賜之上田宅。《吕氏春秋》云：吴起治西河，欲諭其信於民，夜日置表於南門之外，令於邑中曰：明日，有人僨南門之表者，仕長大夫。明日，日晏矣，莫有僨表者。民相謂曰：此必不信。有一人曰：試往僨表。來謁吴起，吴起自見而出，仕之長大夫。異文而同實也。

五大夫

《國策》：信陵君使人謂安陵君曰：君其遣縮高，吾將仕之以五大夫，使爲持節尉。或作執節尉。吕氏云：謂兼持節尉也。

關内侯

爲竇屢謂魏王曰：王不若與竇屢關内侯。見《國策》。

上卿

《新序》：魏文侯召翟黄入，復爲上卿。

持節尉

詳見《五大夫》。《注》：持節尉，尉之持節者。按《周禮》有掌節。

御史

《國策》：安邑之御史死。《注》：六國已遣御史監郡，不自秦始也。

守

魏文侯問於解狐曰：寡人將置西河之守。見《説苑》。又吴起爲西河守。

令

西門豹爲鄴令，見《淮南子》。

樂人

桓譚《新論》云：漢文帝得魏文侯時樂人竇公，百八十歲。文帝奇之，問：何服食而至此？對曰：年十三失明，父母教以鼓琴，日以爲常，無所服餌。

虞人

魏文侯與虞人期獵。見《國策》。《注》：虞人掌山澤之官。按《周禮》有山虞、澤虞。

舍人

《説苑》：魏文侯封太子擊於中山，三年使不往來。舍人趙倉奉使。

御庶子

《國策》：魏公叔痤病，惠王往問之曰：公叔病，即不可諱，將柰社稷何？痤對曰：痤有御庶子公孫鞅，願王以國事聽之也。《史記》作中庶子。《注》云：此公族官，別於國官及太子官。或以爲御庶子，痤之家臣，如甘羅爲文信侯少庶子也。《白帖》作公叔之少子，誤矣。《禮記》曰：古者周天子有庶子之官職，諸侯、卿大夫之庶子掌其戒令與其教理，別其等，正其位。胡三省曰：自戰國以來，大夫之家有中庶子舍人。《青絲編》曰：中庶子，魏官。時公叔痤相魏，中庶子其屬官也。故曰：痤有中庶子公孫鞅。

《漢書·賈山傳》：賈山，潁川人也。祖父祛，故魏王時博士弟子也。師古曰：六國時魏也。

主書

《吕氏春秋》：魏攻中山，樂羊將。已得中山還，反報文侯，有貴功之色。文侯知之，命主書曰：羣臣賓客所獻書者，操以進之。主書舉兩篋以進，令將軍視之。

紀事

《戰國策·魏策三·秦趙約而伐魏》 秦、趙約而伐魏，魏王患之。芒卯曰：王勿憂也。臣請發張倚使謂趙王曰，夫鄴，寡人固刑弗有也。今大王收秦而攻魏，寡人請以鄴事大王。趙王喜，召相國而命之曰：魏王請以鄴事寡人，使寡人絶秦。相國曰：收秦攻魏，利不過鄴。今不用兵而得鄴，請許魏。

《戰國策·魏策三·芒卯謂秦王》 芒卯謂秦王曰：王之士未有爲之中者也。臣聞明王不胥中而行。王之所欲於魏者，長羊、王屋、洛林之地也。王能使臣爲魏之司徒，則臣能使魏獻之。秦王曰：善。因任之以爲魏之司徒。

《戰國策·趙策三·秦圍趙之邯鄲》 秦圍趙之邯鄲。魏安釐王使將軍晋鄙救趙。畏秦，止於蕩陰，不進。魏王使客將軍新垣衍間入邯鄲，因平原君謂趙王曰：秦所以急圍趙者，前與齊湣王争強爲帝，已而復歸帝，以齊故。今齊湣王已益弱。方今唯秦雄天下，此非必貪邯鄲，其意欲求爲帝。趙誠發使尊秦昭王爲帝，秦必喜，罷兵去。平原君猶豫未有所決。

《戰國策·趙策四·虞卿請趙王》 虞卿請趙王曰：人之情，寧朝人乎？寧朝於人也？趙王曰：人亦寧朝人耳，何故寧朝於人？虞卿曰：夫魏爲從主，而違者范座也。今王能以百里之地，若萬户之都，請殺范座於魏。范座死，則從事可移於趙。趙王曰：善。乃使人以百里之地，請殺范座於魏。魏王許諾，使司徒執范座，而未殺也。

《史記》卷四四《魏世家》 〔襄王〕六年，與秦會應。秦取我汾陰、皮氏、焦。魏伐楚，敗之陘山。七年，魏盡入上郡于秦。

鄭

綜述

（清）沈淑《左傳職官·鄭》 潁谷封人。注：封人，典封疆者。疏：《周禮》封人掌爲畿封而樹之。鄭元云：畿上有封，若今時界也。天子封人職典封疆，知諸侯封人亦然。祭封人。執訊。注：通訊問之官。門子。注：卿之適子。疏：《周禮》小宗伯掌三族之別，以辨親疎。其正室皆謂之門子。鄭元云：將代父當門者也。司馬、司空、司徒，大宰，少正。注：鄭卿官。令正。注：主作辭令之政。上大夫。嬖大夫。褚師。注：市官。馬師。司墓。疏：《周禮》墓大夫掌凡邦墓之地域，爲之圖，令國民族葬。鄭之司墓亦當如之。外僕。注：掌次舍者。六卿。府人，庫人。疏：《周官》有大府、内府、外府、天府、玉府、泉府而無掌庫之官，蓋府庫通言，庫亦謂之府也。諸侯國異政殊，故府庫並言。野司寇。注：縣士。疏：《周禮》司寇屬官有縣士，各掌其縣之民數而聽其獄訟。若邦有大役，聚衆庶，則各掌其縣之禁令。諸侯縣士亦當然。郊人。疏：《周禮》鄉在郊内，遂在郊外。諸侯亦當然。郊人當謂郊内鄉之人也。

（清）程廷祚《春秋職官考略》卷中《一國自有之官·鄭》 少正

杜曰：少正，鄭卿官也。正義曰：十九年傳云：立子産爲卿。故知少正爲正卿官也。春秋之時官名變改，《周禮》無此名。襄二十二年，少正公孫僑。

令正

杜曰：主作辭令之正。襄二十六年，子太叔爲令正。案當時列國皆重辭命，而鄭人獨爲令正之官，則其尤知所重可見矣。孔子美之，有以夫。

執訊

杜曰：通訊問之官。文十七年，鄭子家使執訊而與之書，以告趙宣子。

馬師

襄三十年，馬師頡公孫鉏。昭七年，罕朔。

外僕

杜曰：外僕掌次舍大夫。案《周禮》掌舍掌次，俱屬太宰。見襄二十八年。昭十三年，子産命外僕速張于除。

府人　庫人

昭十八年，鄭火，使府人庫人各儆其事。疏云：《周官》有大府內府外府天府玉府泉府，而無掌庫之官。蓋府庫通言，庫亦謂之府也。諸侯國異政殊，故府庫並言也。

司墓

案《周禮》春官之屬有墓大夫。昭十二年。司墓之室。有當道者。杜曰。此掌公墓大夫徒屬之家也。

門子

杜曰：門子，卿之適子。案《周禮·小宗伯》掌三族之别，以辯親疎。其正室皆謂之門子。鄭云：正室適子也，將代父當門者也。襄九年，同盟于戲，鄭六卿及其大夫門子皆從鄭伯。襄十年，子孔爲載書，以爲序聽政辟，大夫諸司門子弗順。

紀事

《春秋左傳正義》襄公二年　秋，七月，庚辰，鄭伯睔卒。於是子罕當國，攝君事。

疏：子罕當國。正義曰：禮，君薨聽於冢宰，不須攝行君事。此令子罕當國者，鄭國間於晉、楚，國家多難，喪代之際，或致傾危。蓋成公顧命使之當國，非常法也。子駟爲政，已是正卿。知當國者，爲攝君事矣。沈氏云：魯襄四歲，國家無虞。今僖公年雖長大，爲偪於晉、楚，故令子罕當國也。子駟爲政，爲政卿。子國爲司馬。晉師侵衛，晉伐喪，非禮。諸大夫欲從晉。子駟曰：官命未改。成公未葬，嗣君未免喪，故言未改。不欲違先君意。

《春秋左傳正義》襄公十年　故五族聚羣不逞之人，因公子之徒以作亂。八年，子駟所殺公子嬰等之黨。嬰，許其反，本亦作熙，又音怡。於是子駟當國，攝君事也。子國爲司馬，子耳爲司空，子孔爲司徒。冬十月，戊辰，尉止、司臣、侯晉、堵女父、子師僕帥賊以入，晨攻執政于西宮之朝，公宫。殺子駟、子國、子耳，劫鄭伯以如北宫。子孔知之，故不死。子孔，公子嘉也。知難不告，利得其處也。爲十九年殺公子嘉傳。難，乃旦反。處，昌慮反。書曰盗，言無大夫焉。尉止等五人，皆士也。大夫，謂卿。子西聞盗，不儆而出，子西，公孫夏，子駟子。儆音景。夏，户雅反。尸而追盗。先臨尸而追盗。盗入於北宫，乃歸，授甲。臣妾多逃，器用多喪。子産聞盗，子國子。爲門者，置守門。庀羣司，具衆官。庀，匹婢反。閉府庫，慎閉藏，完守備，成列而後出，兵車十七乘，千二百七十五人。藏，才浪反，又如字。守，手又反。乘，繩證反。尸而攻盗於北宫，子蟜帥國人助之，殺尉止、子師僕，盗衆盡死。侯晉奔晉，堵女父、司臣、尉翩、司齊奔宋。尉翩，尉止子。司齊，司臣子。翩音篇。子孔當國，代子駟。爲載書，以位序，聽政辟。自羣卿諸司，各守其職位，以受執政之法，不得與朝政。辟，婢亦反。與音預，下魯不與同。

疏：註自羣至朝政。正義曰：於時鄭伯幼弱，政在諸卿，國事相與議之，不得一人獨決。子孔性好專權，自以身既當國，望其一聽於己。新經禍亂，與大夫設盟，爲盟載之書曰：自羣卿諸司以下，皆以位之次序，一聽執政之法。悉皆稟受成旨，不得干與朝政。令其權柄在己也。大夫、諸司、門子不順，子産謂之專欲難成，謂此也。服虔云：鄭舊世卿，父死子代。今子孔欲擅改之，使以次先爲士、大夫乃至卿也。若如服言，唯當門子恨耳，何由大夫諸司亦不順也？子孔若爲此法，即是自害其子。子孔之子，亦當恨，何獨他家門子乎？焚書倉門，則還依舊法。舊法若父死子代，子産即應代父，何由十九年始立爲卿？

《春秋左傳正義》襄公十一年　九月，諸侯悉師以復伐鄭。此夏諸侯皆復來，故曰悉師。復，扶又反，註同。鄭人使良霄、大宰石㚟如楚，告將服于晉，曰：孤以社稷之故，不能懷君。君若能以玉帛綏晉，不然，則武震以攝威之，孤之願也。楚人執之。書曰行人，言使人也。書行人，言非使人之罪。古者兵交，使在其間，所以通命示整。或執殺之，皆以爲譏也。既成而後告，故書在蕭魚下。石㚟爲介，故不書。㚟，勑略反。攝，如字，又之涉反。使，所吏反，註同。介音界。

《春秋左傳正義》襄公十四年　叔向退而具舟，魯人、莒人先濟。鄭子蟜見衛北宮懿子曰：與人而不固，取惡莫甚焉，若社稷何？懿子說。二子見諸侯之師而勸之濟，濟涇而次。傳言北宮括所以書於伐秦。說音悅。秦人毒涇上流，師人多死。飲毒水故。鄭司馬子蟜帥鄭師以進，師皆從之，至于棫林，棫林，秦地。棫，位逼反，徐于目反，一音於鞠反。不獲成焉。秦不服。

《春秋左傳正義》襄公二十五年　子展執縶而見，見陳侯。縶，陟立反。見，賢遍反。再拜稽首，承飲而進獻。承飲，奉觴。示不失臣敬。子美入，數俘而出。子美，子產也。但數其所獲人數，不將以歸。數俘，所主反，註但數同，下方夫反。祝祓社，司徒致民，司馬致節，司空致地，乃還。祓，除也。節，兵符。陳亂，故正其衆官，脩其所職，以安定之，乃還也。祓，方弗反，徐音沸。

《春秋左傳正義》襄公三十年　鄭子皮授子產政，伯有死，子皮知政，以子產賢，故讓之。辭曰：國小而偪，偪近大國。偪，彼力反。近，附近之近。族大寵多，不可爲也。爲猶治也。子皮曰：虎帥以聽，誰敢犯子？子善相之。國無小，言在治政。治，直吏反。小能事大，國乃寬。爲大所恤故也。子產爲政，有事伯石，賂與之邑。伯石，公孫段。有事，欲使之。子大叔曰：國皆其國也，奚獨賂焉？言鄭大夫共憂鄭國事，何爲獨賂之。子產曰：無欲實難。言人不能無欲。皆得其欲，以從其事，而要其成。非我有成，其在人乎？言成猶在我，非在他也。要，一遥反，下註同。何愛於邑，邑將焉往？言猶在國。焉，於虔反。子大叔曰：若四國何？恐爲四鄰所笑。子產曰：非相違也，而相從也。言賂以邑，欲爲和順。四國何尤焉？《鄭書》有之鄭國史書。曰：安定國家，必大焉先。先和大族，而後國家安。必大焉先，並如字。姑先安大，以待其所歸。要其成也。既伯石懼而歸邑，卒與之。卒，終也。伯有既死，使大史命伯石爲卿，辭。大史退，則請命焉。請大史更命己。復命之，又辭。如是三，乃受策入拜。子產是以惡其爲人也，惡其虛飾。復，扶又反。三，息暫反，又如字。策，初革反。惡，烏路反，註同。使次己位。畏其作亂，故寵之。子產使都鄙有章，國都及邊鄙車服尊卑，各有分部。分，扶運反。上下有服，公卿大夫，服不相踰。田有封洫，封，疆也。洫，溝也。洫，況域反。疆，居良反。廬井有伍。廬，舍也。九夫爲井。使五家相保。大人之忠儉者，謂卿大夫。大人之忠儉者，本或作大夫者，非。從而與之；泰侈者因而斃之。因其罪而斃踣之。踣，滿比反。豐卷將祭，請田焉。弗許，田，獵也。卷，眷勉反，徐居阮反。曰：唯君用鮮，鮮，野獸。衆給而已。衆臣祭，以芻豢爲足。芻，初俱反。豢音患。牛羊曰芻，犬豕曰豢。子張怒，子張，豐卷。退而徵役。召兵，欲攻子產。子產奔晋，子皮止之，而逐豐卷。豐卷奔晋。子產請其田里，請於公不役入。三年而復之，反其田里及其入焉。田里所收入。從政一年，輿人誦之曰：取我衣冠而褚之，褚，畜也。奢侈者畏法，故畜藏。褚，張吕反。畜，勑六反，又許六反，本又作稸，同。取我田疇而伍之。孰殺子產，吾其與之。並畔爲疇。並，蒲杏反，又蒲頂反。及三年，又誦之曰：我有子弟，子產誨之。我有田疇，子產殖之。殖，生也。殖，時力反，徐是吏反。此協下韻。子產而死，誰其嗣之？嗣，續也。傳言鄭所以興。

《春秋左傳正義》襄公三十一年　對曰：以敝邑褊小，介於大國，介，間也。誅求無時，誅，責也。是以不敢寧居，悉索敝賦，以來會時事。隨時來朝會。索，所白反，一音悉各反。逢執事之不間，而未得見，又不獲聞命，未知見時，不敢輸幣，亦不敢暴露。其輸之，則君之府實也。非薦陳之，不敢輸也。薦陳，猶獻見也。間音閑。見，賢遍反，下及註同。暴，步卜反，下同。其暴露之，則恐燥濕之不時而朽蠹，以重敝邑之罪。僑聞文公之爲盟主也，僑，子產名。文公，晋重耳。燥，素早反。蠹，丁故反，蟲敗也。以重，直用反，下重罪同。僑，其驕反。重耳，直龍反。宮室卑庳，無觀臺榭，以崇大諸侯之館。館如公寢，庫廄繕脩，司空以時平易道路，易，治也。庳音婢，亦音卑。觀，古亂反。榭音謝，本亦作謝。土高曰臺，有木曰榭。廄，九又反。易，以豉反，註同。圬人以時塓館宮室。圬人，塗者。塓，塗也。圬，本作污，同，音烏。塓，莫歷反。諸侯賓至甸設庭燎，庭燎，設火於庭。甸，徒遍反。燎，力妙反，徐力遥反，一音力弔反。庭燎，大燭。僕人巡宮。巡宮，行夜。行，下孟反，下巡行同。車馬有所，有所處。賓從有代，代客役。巾車脂轄，巾車，主車之官。巾車，如字，劉昌宗《周禮》音居覲反。轄，户瞎反。隸人牧圉，各瞻其事。瞻視客所當得。瞻，之廉反。百官之屬，各展其物。展，陳也。謂羣官各陳其物以待賓。公不留賓，而亦無廢事。賓得速去，則事不廢。憂樂同之，事則巡之。巡，行也。樂音洛。教其不知，而恤其不足。賓至如歸，無寧菑患？言見遇如此，寧當復有菑患邪？無寧，寧也。菑音災。復，扶又反。不畏寇盜，而亦不患燥濕。今銅鞮之宮數里，銅鞮，晉離宮。鞮，丁兮反，數，所主反。而諸侯舍於隸人。舍如隸人舍。門不容車，而不可踰越。門庭之内迫迮，又有牆垣之限。迮，側百反。盗賊公行，而夭厲不戒。厲猶災也。言水潦無時。潦音老。賓見無時，命不可知。若又勿壞，是無所藏幣以重罪也。敢請執事，將何以命之？問晉命己所止之宜。見，賢遍反。雖君之有魯喪，亦敝邑之憂也。言鄭與魯，亦有同姓之憂。若獲薦幣，薦，進也。脩垣而行，行，去也。君之惠也。敢憚勤勞，文伯復命。反命於晉君。趙文子曰：信。信如子産言。我實不德，而以隸人之垣以贏諸侯，贏，受也。贏音盈。

《春秋左傳正義》昭公十八年　火作，子産辭晉公子、公孫于東門。晉人新來，未入，故辭不使前也。使司寇出新客，新來聘者。禁舊客勿出於宮。爲其知國情，不欲令去。爲，于僞反。令，力呈反。使子寬、子上巡羣屏攝，至于大宮。二子，鄭大夫。屏攝，祭祀之位。大宮，鄭祖廟。巡行宗廟，不得使火及之。行，下孟反，下文行火、下註履行同。

衛

綜述

（清）沈淑《左傳職官・衛》　右宰。大士。疏：《周禮》獄官多以士爲名士、察也。少師。褚師。

（清）程廷祚《春秋職官考略》卷中《一國自有之官・衛》　右宰

隱四年，右宰醜。襄二十七年，右宰穀。

楚

綜述

（明）董説《七國考》卷一《楚職官》　**令尹**

《史記》：郟敖三年，以其季父康王弟圍爲令尹。考烈王以左徒爲令尹，封於吳，號春申君。應劭曰：令尹，楚相也。陳軫所謂國冠之上。又《國策》：陳軫曰：令尹貴矣，王非置兩令尹也。以此見楚令尹爵位最高，傅遜氏曰：春秋諸國，惟楚英賢最多，而爲令尹執國政者，皆其公族，少有僨事，旋即誅死。所以強大累世，而威略無下移，固其君之強明，亦其傳國用人之制獨善也。

小令尹

《國策》：爲公仲謂向壽曰：今公與楚解，中封小令尹以桂陽。一作杜陽。

柱國

《史記》：懷王六年，楚使柱國昭陽將兵攻魏。

上柱國

《國策》：楚國之法，破軍殺將者，其官爲上柱國，封上爵執珪。又：上柱國子良入見。《通典》云：柱國、上柱國，皆楚之寵官。《宛委餘編》云：上柱國，楚爲勳官，在令尹下，諸卿上。其後隋爲從一品階官。在唐則爲四品以後階官，皆不甚尊。

相國

《國策》：周共太子死，有五庶子，皆愛之而無適立也。司馬翦謂楚王曰：何不封公子咎而爲之請太子？左成謂司馬翦曰：周君不聽，是公之智困，而交絶於周也。不如謂周君曰：孰欲立也？微告翦，翦令王資之以地。公若欲爲太子，因令人謂相國御展子、廧夫空曰：王類欲令若爲之，此健士也，居中不便於相國。相國令之爲太子。《注》：相國，楚官。楚有相國、柱國。又楚置相璽。

將軍

《史記》：楚成王三十九年，伐宋。宋告急於晉，晉救宋，成王罷歸，將軍子玉請戰。楚共王十六年，共王召將軍子反。

上將軍

《說苑》：田忌去齊奔楚。楚郊迎至舍，問曰：楚萬乘之國也，齊亦萬乘之國也，常欲相并，爲之奈何？對曰：易知耳，齊使申繻將，則楚發五萬人，使上將軍將之，至禽將首而反耳。

大將軍

《史記》：楚懷王十七年，秦大敗我軍，斬甲士八萬，虜我大將軍屈匄、裨將軍逢侯丑等七十餘人。

裨將軍

詳上。

太宰

《左傳》：楚靈王即位，薳罷爲令尹，薳啓疆爲太宰。先是伯州犁爲太宰，被殺。

少宰

《左傳》：宣十二年，楚少宰如晉師。《注》：少宰，官名。

太師

《史記》：穆王以其太子宮予潘崇，使爲太師，掌國事

少師

《說苑》：楚莊王之時，太子車立於茅門之內，少師慶逐之。太子怒，入謁王曰：少師逐臣之車。王曰：舍之。老君在前而不踰，少君在後而不豫，是國之寶臣也。

太子太傅

《史記》：平王時，伍奢爲太子太傅，無忌爲少傅。《左傳》作奢爲太子建師，費無極爲少師。荀綽《晉百官表》曰：太子太傅，唐虞官。

太子少傅

詳上。

保

楚文王不治政，保申諫曰：先王卜以臣爲保，吉。云云，見《吕氏春秋》。又《楚語》：鍾儀曰：其爲太子也，師保奉之，以朝於嬰齊而夕於側也。

司馬

《史記》：楚靈王十二年，吴、越兵立子比爲王，公子子晳爲令尹，棄疾爲司馬。

大司馬

《國策》：遣昭常爲大司馬，令往守東地。又《左傳》：公子圍殺大司馬蔿掩而取其室，申無宇曰：王子必不免。善人，國之主也。王子相楚國，將善是封殖，而虐之，是禍國也。且司馬，令尹之偏，而王之四體也。

右司馬

《左傳》：楚公子申爲右司馬。

左司馬

《韓詩外傳》：楚使申鳴爲左司馬。又《國策》：齊、韓、魏共伐燕。燕使太子請救於楚，楚使景陽將而擊之。暮舍，使左右司馬各營壁地。又《左傳》載：楚子田孟諸，宋公爲右盂，鄭伯爲左盂，期思公復遂爲右司馬，子朱及文之無畏爲左司馬。

司徒

《左傳》：楚令尹蔿艾獵城沂，使封人慮事，以授司徒，量功命日。

司敗

《左傳》：子西曰：臣免於死，又有讒言，謂臣將逃，請歸死於司敗也。杜預云：陳、楚名司寇爲司敗。

司宫

《左傳》：楚子朝其大夫曰：晉，吾仇敵也，苟得志焉，無恤其他。今其來者上卿、大夫。若吾以韓起爲閽，以羊舌肸爲司宫，足以辱晉，我亦得志矣。《注》：司宫，謂加宫刑使爲司宫之官也。

莫敖

《左傳》有莫敖屈瑕。《注》：莫敖，楚官名。又《國策》：威王問於莫敖子華：自從先君文王以至不穀之身，亦有不爲爵勸，不爲禄勉，以憂社稷者乎？按楚改司空爲莫敖。

新造盩

《國策》：棼冒勃蘇曰：臣非異，楚使者新造盩。鮑昭曰：楚官。余案：戰國官號之奇者，如新造盩、犀首是也。姓名之奇者，如董之繁菁及苦成帝是也。

大夫

《登徒子好色賦》：大夫登徒子侍于楚王。又懷王時上官大夫。按《穀梁傳》云：楚無大夫。《疏》云：無大夫凡有三等之例。曹無大夫者，本非微國，後削小耳。莒則是東夷，本微國也。楚則蠻夷之國，僭號稱王，其卿不命於天子，故不得同中國之例也。《册府元龜》云：楚命大夫爲公。余意楚公尹之外，又有大夫之官，但列國大夫皆尊爵，楚不過備官耳。

上大夫

齊桓公七子奔楚，楚以爲上大夫。見《史記》。

五大夫

《吕氏春秋》：荊文王曰：莧嘻數犯我以義，違我以禮，與處則不安，曠之而不穀得焉。不以吾身爵之，後世有聖人，將以非不穀。於是爵之五大夫。

三閭大夫

《離騷注》：屈原名平，與楚同姓，仕於懷王，爲三閭大夫。三閭之職，掌王族三姓，曰昭、屈、景。屈原序其譜屬，率其賢良，以厲國士。入則與王圖議政事，決定嫌疑；出則監羣下，應對諸侯。按《戰國策》，楚有昭奚恤。《元和姓纂》云：楚武王子食采於屈，因氏焉。屈重、屈蕩、屈平、屈建並其後。又云：景氏有景差，至漢皆徙關中。

公

杜預曰：楚僭號，縣令皆稱公。葉公諸梁、申公鬭班之類是也。《册府元龜》云：魯謂之宰，齊謂之大夫，楚謂之尹，亦謂之公。公爵在侯、伯之上，楚僭天子之號，故命大夫爲公也。又《銅龍志》云：鄭公潭者乃楚之鄭鄉，守邑大夫僭稱公，故世以爲鄭公潭耳。《漢書》孟康注云：楚舊僭稱王，其縣宰爲公。陳涉爲楚王，沛公起應涉，故從楚制稱曰公。

卿

楚武王子瑕受屈爲卿，因以爲氏。見《離騷注》。

上卿

譙周《三巴記》云：周末，巴國有亂，巴國將軍蔓子請師於楚，許以三城，楚王與師。蔓子既平巴國，既而楚遣使請城。蔓子曰：吾城許予之君矣。持頭往謝楚王，城不可得。乃自刎，以頭與楚王。楚王曰：吾得臣若巴蔓子，何以城爲？乃以上卿禮葬蔓子頭。

執珪

《文選》注：楚爵功臣，賜以圭，謂之執圭，比附庸。《國策》注：楚國之法：破軍殺將，其官爲上柱國，封上爵執珪者，謂既爲上柱國之官，又虚受執珪之爵也。余按：上柱國、執珪，皆楚官名。封上爵執珪，即今尚書加宫保之比。《文選》注未明。《國策》：楚嘗與秦搆難，戰於漢中，通侯、執珪，死者七十餘人。《注》：通侯、執珪，皆楚官。又：楚襄王以執珪授莊辛。《淮南子》云：佽非爵爲執珪。又云：子發攻蔡，踰之。宣王郊迎，列田百頃，而封之執珪。又云：吴起爲楚減爵禄之令，而功臣畔矣。徐《注》：減爵，減執珪之類。

通侯

詳見《執珪》。

三旌

《莊子》：楚昭王涎屠羊説以三旌之位。《注》：三旌，三公位也。司馬本作三珪，謂諸侯之三卿皆執珪者。《韓詩外傳》作昭王請屠羊説爲三公。一官爾，或稱三公，或稱三旌，或稱三珪也。宋玉《招魂》：三珪重侯，聽類神只。王逸云：三珪，謂公、侯、伯也。

五官

《國策》：楚昭王反郢，五官失法。蒙穀獻典，五官得法。劉歆云：楚之五官者，五卿也。或云：如秦五大夫，一人官之者也。

太史

張華《感應類從志》云：有蒼雲圍軫，——軫、楚之分野，——是不善之徵。楚太史唐勒乃夜以葭灰遺於地，乃更滅拂之。其蒼雲爲之半滅。《春秋文耀鉤》作唐舉。詳見《災異考》。

左史

《國語》：左史倚相。王應麟《玉海》云：左史，楚之史官也。《韓詩外傳》：楚史援筆而書之於策。

左徒

《史記》：頃襄王二十七年，使左徒侍太子於秦。考烈王立，以左徒爲令尹，封於吴。蓋黄歇初爲左徒官也。又屈原爲懷王左徒。《正義》曰：蓋今左右拾遺之類。

右領

《左傳》：子穀曰：右領差車與左史老皆相令尹司馬以伐陳。《注》：右領，官名。

令

《史記》：楚以荀卿爲蘭陵令。又芊尹文爲江南令，見《春秋翼》。

典令

《國策》：史疾謂楚王曰：今王之國，有柱國、令尹、司馬、典令。其任官置吏，必曰：廉潔勝任。今盜賊公行，而弗能禁也，此烏不爲烏，鵲不爲鵲也。

市令

《史記》：莊王以爲弊輕，更以小爲大，百姓不悦。市令言之相，相言之王。

市長

《真仙通鑑》云：宋來子，楚莊公時市長。

尹

《左傳》：楚武王克權，使鬭緡尹之。以叛，圍而殺之。遷權於那處，使閻敖尹之。

亞尹

《亢倉子》：荊君熊圉問水旱理亂。亢倉子曰：水旱由天，理亂由人。若人事和理，雖有水旱，無能爲害，堯、湯是也。故周之《秩官》云：人强勝天。若人事壞亂，縱無水旱，日益崩離。且桀、紂之滅，豈惟水旱？荊君北面遵循稽首曰：天不棄不穀，及此言也。乃以和璧十朋，爲亢倉子壽。拜爲亞尹，曰：庶吾國有瘳乎。

王尹

《左傳》：楚莠尹然、王尹麇帥師救潛。孔穎達《疏》曰：楚官多以尹爲名。知二尹是官名耳。其莠、王之義，不可知也。服虔曰：王尹，主宫内之政。余按：今本王作工。然楚自有工尹，此當是王尹也。

右尹

《史記》：靈王聞太子禄之死，自投於車下曰：人之愛子，亦如是乎？侍者曰：甚是。王曰：余殺人之子多矣，能無及此乎？右尹曰：請待於郊，以聽國人。又《左傳》有右尹子辛、右尹子革。《通志氏族略》有右尹氏。

左尹

《左傳》：楚王尹郤宛、工尹壽帥師至於潛，吴師不能退。《通志》有左尹氏，云：楚左尹郤宛之後。《項羽本紀》云：楚左尹項伯者，項羽季父也。蓋仍楚舊。又：廣陵人召平矯陳王命，拜項梁爲楚王上柱國，懷王以吕青爲令尹。

工尹

見上。又《左傳》：工尹路請曰：君王命剥圭以爲鍼柲，敢請命。王入視之。析父謂子革：吾子，楚國之望也。今與王言如響，國其若之何？《檀弓》有工尹商陽。《注》：工尹，楚官名。

寢尹

《左傳注》：柏舉之役，寢尹由于以背受戈。

莠尹

《左傳》：楚莠尹然、王尹麇帥師救潛。杜預曰：二尹，楚官。然、麇其名。《通志》作季尹。

藍尹

《通志·氏族略》云：藍尹氏，楚大夫藍尹亹之後也。《楚書》云：藍尹、陵尹，分掌山澤，位在朝廷。

監馬尹

劉向云：楚有監馬尹、宮廄尹。楚有監馬尹大心。

宮廄尹

詳上。《左傳》：公子圍殺王，宮廄尹子皙出奔鄭。

中廄尹

《左傳》：楚郤宛之難，國言未已，進胙者莫不謗令尹。沈尹戌言於子常曰：夫左尹與中廄尹，莫知其罪，而子殺之，以興謗讟。杜預曰：左尹，郤宛也。中廄尹，陽令終。

芊尹

《史記》：靈王飢不能起，芊尹申無宇之子申亥曰：吾父再奸王命，王弗誅，恩孰大焉。乃求王，奉之以歸。

環列之尹

《左傳》：楚穆王立，以其爲太子之室與潘崇，使爲太師，且掌環列之尹。《注》：環列之尹，宫衛之官。

清尹

《通志》：楚有清尹弗忌。清尹，楚官號也。

陵尹

《通志·氏族略》：陵尹氏，楚大夫陵尹喜、陵尹招之後。陵尹，楚官。

箴尹

《左傳》有箴尹克黄。《玉海》云：楚有箴尹之官。又楚鍼尹固，見定公四年。箴一作鍼。

連尹

《左傳》：楚公子午爲令尹，公子罷戎爲右尹，蔿子馮爲大司馬，公子橐師爲右司馬，公子成爲左司馬，屈到爲莫敖，公子追舒爲箴尹，屈蕩爲連尹，養由基爲宫廄尹，以靖國人。君子謂楚於是乎能官人。又：楚連尹襄老。

縣尹

《左傳》：穿封戌囚皇頡，公子圍與之争之，正於伯州犁。伯州犁曰：請問於囚。乃立囚。伯州犁曰：所争君子也，其何不知？上其手曰：夫子爲王子圍，寡君之貴介弟也。下其手曰：此子爲穿封戌，方城外之縣尹也。誰獲子？

囂尹

《左傳》：楚子狩於州來，次於潁尾，使蕩侯、潘子、司馬督、囂尹午、陵尹喜帥師圍徐以懼吳。

郊尹

《左傳》：楚子奪成然邑，而使爲郊尹。許氏《説文》曰：邑外謂之郊，郊外謂之野，野外謂之林，林外謂之坰。

玉尹

《新序》：荊人卞和奉玉璞而獻之楚武王，武王使玉尹相之。玉尹，掌玉之官也。

卜尹

《史記》：楚平王謂觀從恣爾所欲。欲爲卜尹，王許之。賈逵曰：卜尹、卜師，大夫官。故卜尹亦曰卜大夫也。

樂尹

《左傳》：楚子入於鄖，將嫁季芊。季芊辭曰：所以爲女子，遠丈夫也。鍾建負我矣。以妻鍾建，以爲樂尹。楚子，昭王也。樂尹，樂大夫也。

門尹

《左傳》：石乞尹門。《注》：爲楚門尹也。

樂師

《左傳》：鄭文夫人芊氏、姜氏，勞楚子於柯澤，楚子使師縉示之俘馘。杜預曰：師縉，楚樂師也。又楚有樂師扈子，作《窮劫之曲》，見《吳越春秋》。

樂長

焦竑云：予得漢延熹中《碑》云：優孟，楚之樂長。《史記》所謂樂人優孟者也。

泠人

《左傳》晉侯觀於軍府，見鍾儀問之曰：南冠而縶者，誰也？有司對曰：鄭人所獻楚囚也。使税之。召而弔之，再拜稽首。問其族，曰：泠人也。《注》：泠人，樂官名。古泠氏世掌官，因以爲號。泠，音伶。

封人

詳見《司徒》。

鋗人

《史記》：楚靈王獨彷徨山中，野人莫敢入王。王行，遇其故鋗人。韋昭曰：今之中鋗。

工正

《左傳》：蔿賈爲工正。

軍正

《列子》：魯施氏之子好兵，楚王以爲軍正。

廷理

《韓詩外傳》：楚昭王有士曰石奢，其爲人也，公而好直。王使爲廷理。《説苑》：楚令尹子文之族有干法者，廷理拘之。聞其令尹之族也，而釋之。子文召廷理而責之曰：凡立廷理者，將以司犯王命而察觸國法也。或作廷尉。

郎中

《國策》：朱英謂春申君曰：君先仕臣爲郎中。君王崩，李園入，臣請爲君撞其胸，殺之。

正僕

《左傳》：昭十三年，陳、蔡入楚，蔡公使須務牟與史猈先入，因正僕人殺太子禄及公子罷敵。《注》：須務牟、史猈，楚大夫，蔡公之黨也。正僕，太子之近官。

謁者

《國策》：蘇秦謂楚王曰：謁者難得見如鬼，王難得見如帝。

閽

詳《司宫》。即司門之官也，職比大閽較卑。

大閽

《左傳》：巴人伐楚，楚子禦之，大敗於津。還，鬻拳弗納，遂伐黄，敗黄師於踖陵。還，及湫，有疾。夏六月庚申，卒。鬻拳葬諸夕室，亦自殺也，而葬於絰皇。初，鬻拳强諫楚子，楚子弗從。臨之以兵，懼而從之。鬻拳曰：吾懼君以兵，罪莫大焉。遂自刖也。楚人以爲大閽，謂之大伯。使其後掌之。杜預曰：大閽，若今城門校尉官。

御士

《左傳》：子南之子弃疾爲王御士。《注》云：御士，御王車者之官也。周亦有御士。

太官

《史記》：楚莊王有愛馬，衣以文繡，置華屋下，席以露牀，啗以棗脯。馬死，欲以大夫禮葬之。樂人優孟入殿門，大哭曰：請以君禮葬之。以雕玉爲棺，文梓爲槨，豫章爲題湊，發甲卒爲壙，老弱負土。諸侯聞之，皆知大王賤人而貴馬也。王曰：爲之奈何？請爲王言，六畜之葬，以籠竈爲之槨，銅鑼爲之棺，齊以薑桂，薦以木蘭，衣之以火光，葬人腹中。王乃以馬屬太官，無令天下知聞也。

銅官

《圖書記》云：楚設銅官，鑄錢洲上，遂名銅官。按《一統志》：銅官渚在湖廣長沙府城北六十里，有洲。舊傳楚鑄錢處。即銅官洲也。

太卜

屈原《卜居》云：屈原既放，三年不得復見。竭智盡忠，蔽鄣於讒，心煩慮亂，不知所從。乃往見太卜鄭詹尹曰：余有所疑，願因先生決之。《注》：太卜，楚掌卜者之官。按《周禮》有太卜。

嗇夫

楚有嗇夫空，詳見《相國》。

主酒吏

許慎《淮南注》：楚會諸侯，魯、趙皆獻酒於楚王。主酒吏求酒於趙，趙不與。吏怒，乃以趙厚酒易魯薄者，奏之。楚王以趙酒薄，遂圍邯鄲也。

庖宰　監食

《賈子》云：楚惠王食寒菹而得蛭，因遂吞之，腹有疾而不能食。令尹入問曰：王安得此疾？王曰：吾食寒菹而得蛭，念譴而不行其罪乎？是法廢而威不立也，非所聞也。譴而行誅，則庖宰監食者，法皆當死，心又不忍也。故吾恐蛭之見，遂吞之。

關吏

《吴越春秋》：子胥到昭關，關吏欲執之。伍員因詐曰：上所以索我者，美珠也。今我已亡矣，將去取之。關吏因舍之。按《周禮》有司門、司關。

（清）沈淑《左傳職官·楚》 莫敖。注：楚官名。大閽。注：若今城門校尉官。疏：《周禮·天官》閽人掌守王宫之中門之禁。秋官，掌戮墨者使守門，刖者使守囿，則閽不使刖，而鬻拳得爲閽者。地官之屬，有司門下大夫二人，掌授管鍵以啓閉國門。鄭元云：若今城門校尉，主王城十二門。此注亦云：若今城門校尉官，然則鬻拳爲大閽，當如地官之司門，非天官之閽人，亦主晨昏開閉，通以閽爲名焉。令尹。司馬。國老。疏：國之卿大夫士之致仕者。大師。環列之尹。注：宫衛之官，列兵而環王宫。司敗。注：陳楚名司寇爲司敗。工尹。掌百工之官。工正。箴尹。注：官名。封人。注：封人，其時主築城者。疏：《周禮》封人，凡封國，封其四疆，造都邑之封域者，亦如之。大司馬，大役與慮事，受其要以待考而賞誅。是封人主造城邑，計度人數也。司徒。注：司徒掌役。縣公。注：楚縣大夫，皆僭稱公。宰。注：令尹。内官。注：近官。少宰。泠人。注：樂官。右尹，大司馬，右司馬，左司馬，連尹。疏：服虔云：射官，言射相連屬也。若是主射，當使養由基爲之，何以使由基爲宫廄尹也。官名臨時所作，莫敖之徒，並不可解，故杜皆不解之。宫廄尹，司馬令尹之偏，大宰，芋尹。疏：芋，草名。哀十五年，陳有芋尹。蓋皆以草名官，不知其故。卜尹，師少師，郊尹，正僕人。注：太子近官。疏：太僕也。《周禮》下大夫二人。廄尹，莠尹，王尹。服虔云：王尹，主宫内之政。都君子。注：在都邑之士，有復除者。王馬之屬。王之養馬官，屬校人也。左尹，監馬尹，鍼尹，樂尹。注：司樂大夫。右領，左史。注：皆楚賤官。差車，寢尹。注：寢縣也。

（清）程廷祚《春秋職官考略》卷中《一國自有之官·楚》

令尹

莊四年，鬬祁。彭仲爽，申俘也，文王以爲令尹。見哀十七年。莊二十八年，子元。莊三十年，鬬穀於菟。僖二十三年，成得臣。僖二十八年，蔿吕臣。僖三十三年，子上。文十二年，楚令尹大孫伯卒，成嘉爲令尹。宣四年，鬬般，是年子越代之。宣十一年，蔿艾獵，傳曰：蔿敖爲宰。疏云：《周禮》六卿，大宰爲長，遂以宰爲上卿之號，楚臣令尹爲長，故從他國論之，謂令尹爲宰也。成二年，子重。襄五年，楚殺令尹子辛，子囊爲令尹。襄十五年，公子午。襄二十二年，楚殺令尹子南。以薳子馮爲令尹。襄二十五年，屈建。襄二十九年，王子圍爲令尹。昭元年，薳罷。昭十三年，子旗。昭十七年，陽匄。昭二十三年，囊瓦。定六年，子西。哀十六年，白公既死，沈諸梁兼二事，謂令尹與司馬也，後以子國爲令尹。

莫敖

桓十一年，屈瑕。莊四年，屈重。襄十五年，屈到。襄二十二年，屈建。襄二十五年，屈蕩。昭五年，楚子以屈申爲貳于吳，乃殺之，以屈生爲莫敖。

左尹

宣十一年，子重。昭十八年，王子勝。昭二十七年，郤宛。

右尹

成十六年，子辛。襄十五年，公子罷戎。襄十九年，鄭子革奔楚爲右尹。案子革自襄十九年奔楚爲右尹，至昭十二年仍爲此官，而中閒爲右尹者，又有子干，或楚此官不止一人，或子革先爲右尹，去任他職，而子干代之，及子干出奔，而子革仍爲右尹，皆未可知。襄二十七年，以齊人申鮮虞爲右尹。昭元年，子干。案子重、子辛，俱以貴介爲左右尹，出將重兵，其後並爲令尹，則左右尹蓋亦楚之尊官。襄公以後，漸用羈人，稍稍降矣。

箴尹

宣四年，箴尹克黄。昭四年，箴尹宜咎。定四年，鍼尹固。鍼即箴。

沈尹

宣十二年，沈尹將中軍。成七年，使沈尹與王子罷分子蕩之室。襄二十四年，沈尹壽。昭四年，沈尹射。昭五年，沈尹赤。昭十九年，沈尹戌。哀十七年，沈尹朱。杜云，沈或作寢。哀十八年有寢尹吴由于，蓋即沈尹也。

連尹

宣十二年，連尹襄老。襄十五年，屈蕩。昭二十七年，連尹奢。時伍奢已死。

清尹

成七年，清尹弗忌。

宫廄尹

襄十五年，養由基。昭元年，子皙。昭六年，棄疾。

揚豚尹

襄十八年，揚豚尹宜。

郻尹

昭十二年，蹶尹午。

陵尹

昭十二年，陵尹喜。

芋尹

昭七年，芋尹無宇。昭十三年，芋尹申亥。案陳亦有此官，哀十五年芋尹蓋。

郊尹

杜曰：郊竟大夫。昭十三年，楚子奪成然邑，而使爲郊尹。

莠尹

昭二十七年，莠尹然。

王尹

服虔云：王尹主宮内之政，疏謂王一作工。昭二十七年，王尹麇。

中廄尹

昭二十七年，陽令終。

監馬尹

昭三十年，大心。

藍尹

定五年，藍尹亹。

武城尹

哀十七年，公孫朝。案定四年有武城黑，蓋亦武城尹也。

環列之尹

杜曰：宮衛之官，列兵而環王宮。文元年，穆王使潘崇爲大師，且掌環列之尹。案楚之官，多以尹名者。然自箴尹以下，往往不得其命名之義，闕之可也。沈與武城，皆地名，豈即縣邑之長，如所謂縣尹者歟。正義曰：楚國名上卿爲令尹者。《釋詁》曰：令，善也。《釋言》云：尹，正也。言用善人正此官也，楚官多以尹爲名，皆取其正直也。案襄十五年，楚公子午爲令尹，公子罷戎爲右尹，蔿子馮爲大司馬，公子橐師爲右司馬，公子成爲左司馬，屈到爲莫敖，公子追舒爲箴尹，屈蕩爲連尹，養由基爲宮廄尹，此數官，皆楚之要職也。

右領

昭二十七年，右領鄢將師。哀十七年，右領差車。

司馬

昭二十年，城父司馬奮揚，此官蓋《周禮》之都司馬也。《夏官》有都司馬，掌都之軍賦者。

正僕

杜曰：正僕，大子之近官，孔穎達以《周禮》太僕當之。昭十三年，因正僕人殺太子祿。

大閽

杜曰：若今城門校尉官。《正義》謂亦《周禮》司門之類。莊十九年，鬻拳自刖，楚人以爲大閽。

紀事

《春秋左傳正義》桓公十一年　楚屈瑕將盟貳、軫。貳、軫，二國名。屈，居勿反。楚大夫氏。貳，音二；軫，之忍反；皆國名。鄖人軍於蒲騷，將與隨、絞、州、蓼伐楚師。【略】莫敖患之。莫敖，楚官名，即屈瑕。敖，五刀反。鬭廉曰：鄖人軍其郊，必不誡，且日虞四邑之至也。虞，度也。四邑：隨、絞、州、蓼也。邑亦國也。且日，人逸反。度，待洛反。

疏：註邑亦國也。正義曰：《書》云欲宅洛邑，傳每云敝邑是也。

君次於郊郢，以禦四邑。君謂屈瑕也。郊郢，楚地。郢，以井反，又以政反。

疏：註君謂屈瑕也。正義曰：《禮・坊記》云：禮，君不稱天，大夫不稱君，恐民之惑也。然則大夫不得稱君，此謂屈瑕爲君者，楚僭王號，縣尹稱公，故呼卿爲君。大夫正法當呼爲王。昭元年傳醫和謂趙文子曰主相晋國，是其事也。祁盈之臣謂祁盈爲君，伯有之臣謂伯有爲公，是家臣稱其主耳。

我以鋭師宵加於鄖。鄖有虞心，而恃其城，恃近其城。近，附近之近。

疏：鄖有虞心。正義曰：鄖人日虞四邑之至，冀其與己合勢，有虞度外援之心，而又自恃近城，故無鬭志。

莫有鬭志。若敗鄖師，四邑必離。莫敖曰：盍請濟師於王？盍，何不也。濟，益也。盍，户各反。濟，箋計反。對曰：師克在和，不在衆。商、周之不敵，君之所聞也。商，紂也。周武王也。傳曰：武王有亂臣十人。紂有億兆夷人。億，於力反。

《春秋左傳正義》莊公十八年 初，楚武王克權，使鬬緡尹之。權，國名，南郡當陽縣東南有權城。鬬緡，楚大夫。緡，亡巾反。

疏：鬬緡尹之。正義曰：尹訓正也。楚官多以尹爲名，此滅權爲邑，使緡爲長，故曰尹也。

以叛，圍而殺之。緡以權叛。以叛，絶句；本或作畔，俗字也。遷權於那處，那處，楚地，南郡編縣東南有那口城。那處，那又作鄀，同，乃多反；下昌呂反，又昌慮反。編，必綿反，一音步典反。使閻敖尹之。閻敖，楚大夫。

《春秋左傳正義》文公十年 初，楚范巫矞似矞似，范邑之巫。矞，尹必反。謂成王與子玉、子西曰：三君皆將強死。

疏：皆將強死。正義曰：強，健也。無病而死，謂被殺也。

城濮之役，王思之，故使止子玉曰：毋死。不及。止子西，子西縊而縣絶，在僖二十八年。強，其丈反。濮音卜。毋音無。縊，一豉反。縣音玄。王使適至，遂止之，使爲商公。商，楚邑，今上雒商縣。王使，所吏反。沿漢泝江，將入郢。沿，順流。泝，逆流。沿，悦專反。泝，息路反。郢，以井反，又以政反。【略】

王在渚宮，小洲曰渚。渚，章呂反。水中可居者曰洲。洲音州。下見之。懼而辭曰：臣免於死，又有讒言，謂臣將逃，臣歸死於司敗也。陳、楚名司寇爲司敗。子西畏讒言，不敢之商縣。

疏：註陳楚名司寇爲司敗。正義曰：言歸死於司敗，主刑之官司寇是也。《論語》有陳司敗，知陳、楚同此名也。

《春秋左傳正義》宣公十一年 傳十一年，春，楚子伐鄭，及櫟。子良曰：晉、楚不務德而兵争，與其來者可也。晉、楚無信，我焉得有信？乃從楚。夏，楚盟于辰陵，陳、鄭服也。傳言楚與晉狎主盟。櫟，力狄反。争，争鬬之争。焉，於虔反。夏楚盟，本或作楚子。楚左尹子重侵宋，子重，公子嬰齊，莊王弟。王待諸郔。郔，楚地。郔音延。令尹蔿艾獵城沂，艾獵，孫叔敖也。沂，楚邑。艾，五蓋反。獵，力涉反。沂，魚依反。使封人慮事，封人，其時主築城者，慮事，謀慮計功。慮，如字，一音力於反，《廣雅》云，無慮都邑也。以授司徒。司徒掌役。量功命日，命作日數。分財用，財用，築作具。平板榦，榦，楨也。榦，古旦反，亦作幹。楨音貞。稱畚築，量輕重。畚，盛土器。畚音本。盛音成。程土物，爲作程限。爲，于僞反，又如字。議遠邇，均勞逸。略基趾，趾，城足；略，行也。趾音止。行，下孟反。具餱糧，餱，乾食也。餱音侯。糧音良。乾食，如字，一音嗣；本或作乾飯。度有司。謀監主。度，待洛反。監，古銜反。事三旬而成，十日爲旬。不愆于素。不過素所慮之期也。傳言叔敖之能使民。愆，起虔反。

《春秋左傳正義》宣公十一年 冬，楚子爲陳夏氏亂故，伐陳。十年，夏徵舒弑君。爲，于僞反。謂陳人無動，將討於少西氏。少西，徵舒之祖子夏之名。少，詩照反。

疏：註少西至之名。正義曰：《禮》以王父字爲氏，徵舒以夏爲氏，知子夏是字，少西是名。言少西氏者，氏猶家也，言將討少西之家。

遂入陳，殺夏徵舒，轘諸栗門，轘，車裂也。栗門，陳城門。轘音患。因縣陳。滅陳以爲楚縣。陳侯在晉。靈公子成公午。申叔時使於齊反，復命而退。王使讓之，曰：夏徵舒爲不道，弑其君，寡人以諸侯討而戮之，諸侯、縣公皆慶寡人，楚縣大夫皆僭稱公。使，所吏反。僭，子念反。

疏：以諸侯討而戮之。正義曰：經無諸侯，而云以諸侯討之，諸侯皆慶者，時有楚之屬國從行也。十二年邲之戰，經不書唐，而傳云唐侯爲左拒。昭十七年長岸之戰，經不書隨，而傳言使隨人守舟。明此時亦有諸侯，但爲楚私屬，不以告耳。

女獨不慶寡人，何故？

《春秋左傳正義》成公十六年 子重使大宰伯州犁侍于王後。州犁，晉伯宗子，前年奔楚。大宰，音泰，官名，大者多同，以意求之。王曰：騁而左右，何也？騁，走也。曰：召軍吏也。皆聚於中軍矣。曰：合謀也。張幕矣。曰：虔卜於先君也。虔，敬也。幕音莫。徹幕矣。曰：將發命也。甚囂，且塵上矣。曰：將塞井夷竈而爲行也。夷，平也。上，時掌反。行，户郎反，下夾公行同。皆乘矣，左右執兵而下矣。曰：聽誓也。左，將帥。右，車右。乘，繩證反，下同。將，子匠反，下去將同。帥，所類反，下元帥同。疏：註左，將帥。右，車右。正義曰：兵車爲元帥在中，御者在左也；其餘將帥，皆御者在中，將帥在左也。左右執兵而下，唯御者持車不下耳。

《春秋左傳正義》襄公十五年 楚公子午爲令尹，代子囊。公子罷戎爲右尹，蔿子馮爲大司馬，子馮，叔敖從子。罷音皮，又户買反。蔿，于委反。馮，皮冰反。從，才用反。公子橐師爲右司馬，公子成爲左司馬，屈到爲莫敖，屈到，屈蕩子。橐音託。成音城。屈，居勿反。公子追舒爲箴尹，追舒，莊王子子南。箴，之林反。屈蕩爲連尹，養由基爲宮廄尹，以靖國人。君子謂：楚於是乎能官人。官人，國之急也。能官人，則民無覦心。無覬覦以求幸。廄，徐音救。覦，羊朱反，徐音喻。覬音冀。《詩》云：嗟我懷人，寘彼周行。能官人也。《詩·周南》也。寘，置也。行，列也。周，徧也。詩人嗟嘆，言我思得賢人，置之徧於列位。是后妃之志，以官人爲急。寘，之豉反，下同。行，户郎反，註及下同。徧音遍，下同。王及公、侯、伯、子、男、甸、采、衛、大夫，各居其列，所謂周行也。言自王以下，諸侯大夫各任其職，則是詩人周行之志也。甸、采、衛，五服之名也。天子所居，千里曰圻，其外曰侯服，次曰甸服，次曰男服，次曰采服，次曰衛服。五百里爲一服。不言侯、男，略舉也。任音壬。圻音祈。

《春秋左傳正義》襄公二十五年　楚薳子馮卒，屈建爲令尹。屈建，子木。屈蕩爲莫敖。代屈建。宣十二年邲之役，楚有屈蕩，爲左廣之右。《世本》，屈蕩，屈建之祖父。今此屈蕩與之同姓名。邲，扶必反。廣，古曠反。舒鳩人卒叛。前年辭不叛。楚令尹子木伐之，及離城。離城，舒鳩城。吴人救之，子木遽以右師先，先至舒鳩。遽，其據反。子彊、息桓、子捷、子駢、子盂帥左師以退。五人不及子木，與吴相遇而退。捷，在接反。駢，蒲賢反，又蒲丁反。盂音于。吴人居其間七日。居楚兩軍之間。子彊曰：久將墊隘，隘乃禽也。不如速戰。墊隘，慮水雨。墊，丁念反；《方言》云：下也。隘，於懈反。

《春秋左傳正義》襄公二十六年　楚子、秦人侵吴，及雩婁，聞吴有備而還。雩婁縣，今屬安豐郡。雩音于，徐況于反，如淳同。韋昭音虚，或一呼反。婁，如字，徐力俱反，如淳音樓。遂侵鄭。五月，至于城麇。鄭皇頡戍之。皇頡，鄭大夫，守城麇之邑。麇，九倫反。頡，户結反。出，與楚師戰，敗。穿封戌囚皇頡，公子圍與之争之。公子圍，共王子，靈王也。戌音恤。正於伯州犂。正曲直也。伯州犂曰：請問於囚。乃立囚。伯州犂曰：所争，君子也，其何不知？言王子圍及穿封戌皆非細人，易别識也。易，以豉反。别，彼列反。上其手，曰：夫子爲王子圍，寡君之貴介弟也。介，大也。上，時掌反，下註同。介音界。下其手，曰：此子爲穿封戌，方城外之縣尹也。誰獲子？上下手以道囚意。道音導。囚曰：頡遇王子，弱焉。弱，敗也。言爲王子所得。戌怒，抽戈逐王子圍，弗及。楚人以皇頡歸。印堇父與皇頡戍城麇，印堇父，鄭大夫。抽，勑留反。印，一刃反。堇音謹。楚人囚之，以獻於秦。鄭人取貨於印氏以請之，子大叔爲令正，主作辭令之正。以爲請。子產曰：不獲。謂大叔辭以貨請堇父，必不得。

《春秋左傳正義》昭公八年　冬，十一月，壬午，滅陳。【略】使穿封戌爲陳公，戌，楚大夫。滅陳爲縣，使戌爲縣公。

《春秋左傳正義》昭公十三年　有楚國者，其弃疾乎。君陳、蔡，城外屬焉。城，方城也。時穿封戌既死，弃疾并領陳事。

《春秋左傳正義》哀公十六年　其子曰勝，在吴。子西欲召之。葉公曰：吾聞勝也，詐而亂，無乃害乎？葉公子高，沈諸梁也。葉，始涉反。子西曰：吾聞勝也，信而勇，不爲不利，舍諸邊竟，使衛藩焉。使爲藩屏之衛。竟音境，下同。藩，方元反，註同。葉公曰：周仁之謂信，周，親也。率義之謂勇。率，行也。吾聞勝也，好復言，言之所許，必欲復行之，不顧道理。好，呼報反。而求死士，殆有私乎？私謀復讎。復言，非信也。期死，非勇也。期，必也。子必悔之。弗從。召之，使處吴竟，爲白公。白，楚邑也。汝陰褒信縣西南有白亭。

《春秋左傳正義》哀公十七年　楚子問帥於大師子穀與葉公諸梁。子穀曰：右領差車與左史老，皆相令尹、司馬以伐陳，其可使也。言此二人，皆嘗輔相子西、子期伐陳，今復可使。帥，所類反。相，息亮反，註及下而相國并註同。復，扶又反。子高曰：率賤，民慢之，懼不用命焉。右領、左史，皆楚賤官。率，所類反，本作帥師，下同。子穀曰：觀丁父，鄀俘也，武王以爲軍率，楚武王。鄀音若。俘，芳夫反。是以克州、蓼，服隨、唐，大啓羣蠻。彭仲爽，申俘也，文王以爲令尹，實縣申、息，楚文王滅申、息以爲縣。蓼，本又作鄝，音了。朝陳、蔡，封畛於汝。開封畛比至汝水。畛，之忍反，一音貞。唯其任也，何賤之有？子高曰：天命不謟。謟，疑也。謟，本又作滔，佗刀反。令尹有憾於陳，十五年，子西伐吴，陳使貞子弔吴，以此爲恨。憾，本又作感，户暗反。天若亡之，其必令尹之子是與，君盍舍焉？舍右領與左史。盍，户獵反。舍音捨，又音赦，註同。臣懼右領與左史有二俘之賤，而無其令德也。王卜之，武城尹吉。武城尹，子西子公孫朝。朝，如字。使帥師取陳麥。陳人御之，敗。遂圍陳。秋，七月，己卯，楚公孫朝帥師滅陳。

《國語・楚語上》　莊王使士亹傅太子箴，辭曰：臣不才，無能益焉。曰：賴子之善善之也。對曰：夫善在太子，太子欲善，善人將至；若不欲善，善則不用。故堯有丹朱，舜有商均，啓有五觀，湯有太甲，文王有管、蔡。是五王者，皆有元德也，而有奸子。夫豈不欲其善，不能故也。若民煩，可教訓。蠻、夷、戎、狄，其不賓也久矣，中國所不能用也。王卒使傅之。

《國語・楚語上》　左史倚相廷見申公子亹，子亹不出，左史謗之，舉伯以告。子亹怒而出，曰：女無亦謂我老耄而舍我，而又謗我。左史倚相曰：唯子老耄，故欲見以交儆子。若子方壯，能經營百事，倚相將奔走承序，於是不給，而何暇得見？昔衛武公年數九十有五矣，猶箴儆於國，曰：自卿以下至於師長士，苟在朝者，無謂我老耄而舍我，必恭恪於朝，朝夕以交戒我；聞一二之言，必誦志而納之，以訓導我。在輿有旅賁之規，位宁有官師之典，倚几有誦訓之諫，居寢有褻御之箴，臨事有瞽史之導，宴居有師工之誦。史不失書，矇不失誦，以訓御之，於是乎作《懿》戒以自儆也。及其没也，謂之睿聖武公。子實不睿聖，於倚相何害。《周書》曰：文王至於日中昃，不皇暇食。惠於小民，唯政之恭。文王猶不敢驕。今子老楚國而欲自安也，以禦數者，王將何爲？若常如此，楚其難哉。子亹懼，曰：老之過也。乃驟見左史。

《戰國策・楚策二・楚襄王爲太子之時》　太子歸，即位爲王。齊使車五十乘，來取東地於楚。楚王告慎子曰：齊使來求東地，爲之奈何？慎子曰：王明日朝群臣，皆令獻其計。

上柱國子良入見。王曰：寡人之得求反，王墳墓、復群臣、歸社稷也，以東地五百里許齊。齊令使來求地，爲之奈何？子良曰：王不可不與也。王身出玉聲，許強萬乘之齊而不與，則不信，後不可以約結諸侯。請與而復攻之。與之信，攻之武。臣故曰與之。

子良出，昭常入見。王曰：齊使來求東地五百里，爲之奈何？昭常曰：不可與也。萬乘者，以地大爲萬乘。今去東地五百里，是去戰國之半也，有萬乘之號而無千乘之用也，不可。臣故曰勿與。常請守之。

昭常出，景鯉入見。王曰：齊使來求東地五百里，爲之奈何？景鯉曰：不可與也。雖然，楚不能獨守。王身出玉聲，許萬乘之強齊也而不與，負不義於天下。楚亦不能獨守。臣請西索救於秦。

景鯉出，慎子入，王以三大夫計告慎子曰：子良見寡人曰：不可不與也，與而復攻之。常見寡人曰：不可與也，常請守之。鯉見寡人曰：不可與也，雖然楚不能獨守也，臣請索救於秦。寡人誰用於三子之計？慎子對曰：王皆用之。王怫然作色曰：何謂也？慎子曰：臣請效其説，而王且見其誠然也。王發上柱國子良車五十乘，而北獻地五百里於齊。發子良之明日，遣昭常爲大司馬，令往守東地。遣昭常之明日，遣景鯉車五十乘，西索救於秦。王曰：善。乃遣子良北獻地於齊。遣子良之明日，立昭常爲大司馬，使守東地。又遣景鯉西索救於秦。

《戰國策・楚策三・蘇子謂楚王》　蘇子謂楚王曰：仁人之於民也，愛之以心，事之以善言。孝子之於親也，愛之以心，事之以財。忠臣之於君也，必進賢人以輔之。今王之大臣父兄，好傷賢以爲資，厚賦斂諸臣百姓，使王見疾於民，非忠臣也。大臣播王之過於百姓，多賂諸侯以王之地，是故退王之所愛，亦非忠臣也，是以國危。臣願無聽群臣之相惡也，慎大臣父兄；用民之所善，節身之嗜欲，以百姓。人臣莫難於無妒而進賢。爲主死易，垂沙之事，死者以千數。爲主辱易，自令尹以下，事王者以千數。至於無妒而進賢，未見一人也。故明主之察其臣也，必知其無妒而進賢也。賢之事其主也，亦必無妒而進賢。夫進賢之難者，賢者用且使己廢，貴且使己賤，故人難之。

《史記》卷四〇《楚世家》　康王寵弟公子圍、子比、子晳、弃疾。郟敖三年，以其季父康王弟公子圍爲令尹，主兵事。四年，圍使鄭，道聞王疾而還。十二月己酉，圍入問王疾，絞而弑之，遂殺其子莫及平夏。使使赴於鄭。伍舉問曰：誰爲後？對曰：寡大夫圍。伍舉更曰：共王之子圍爲長。子比奔晋，而圍立，是爲靈王。

《史記》卷四〇《楚世家》　平王二年，使費無忌如秦爲太子建取婦。婦好，來，未至，無忌先歸，説平王曰：秦女好，可自娶，爲太子更求。平王聽之，卒自娶秦女，生熊珍。更爲太子娶。是時伍奢爲太子太傅，無忌爲少傅。無忌無寵於太子，常讒惡太子建。建時年十五矣，其母蔡女也，無寵於王，王稍益疏外建也。

《史記》卷四〇《楚世家》　懷王元年，張儀始相秦惠王。四年，秦惠王初稱王。六年，楚使柱國昭陽將兵而攻魏，破之於襄陵，得八邑。又移兵而攻齊，齊王患之。陳軫適爲秦使齊，齊王曰：爲之柰何？陳軫曰：王勿憂，請令罷之。即往見昭陽軍中，曰：願聞楚國之法，破軍殺將者何以貴之？昭陽曰：其官爲上柱國，封上爵執珪。陳軫曰：其有貴於此者乎？昭陽曰：令尹。陳軫曰：今君已爲令尹矣，此國冠之上。臣請得譬之。人有遺其舍人一巵酒者，舍人相謂曰：數人飲此，不足以徧，請遂畫地爲蛇，蛇先成者獨飲之。一人曰：吾蛇先成。舉酒而起，曰：吾能爲之足。及其爲之足，而後成人奪之酒而飲之，曰：蛇固無足，今爲之足，是非蛇也。今君相楚而攻魏，破軍殺將，功莫大焉，冠之上不可以加矣。今又移兵而攻齊，攻齊勝之，官爵不加於此；攻之不勝，身死爵奪，有毀於楚：此爲蛇爲足之説也。不若引兵而去以德齊，此持滿之術也。昭陽曰：善。引兵而去。

（漢）劉向《説苑》卷一四《至公》 楚令尹子文之族有干法者，廷理拘之，聞其令尹之族也而釋之。子文召廷理而責之曰：凡立廷理者將以司犯王令而察觸國法也。夫直士持法，柔而不撓，剛而不折。今棄法而背令而釋犯法者，是爲理不端，懷心不公也。豈吾營私之意也，何廷理之駮於法也。吾在上位以率士民，士民或怨，而吾不能免之於法。今吾族犯法甚明，而使廷理因緣吾心而釋之，是吾不公之心，明著於國也。執一國之柄而以私聞，與吾生不以義，不若吾死也。遂致其族人於廷理曰：不是刑也，吾將死。廷理懼，遂刑其族人。成王聞之，不及履而至于子文之室曰：寡人幼少，置理失其人，以違夫子之意。於是黜廷理而尊子文，使及内政。國人聞之，曰：若令尹之公也，吾黨何憂乎？乃相與作歌曰：子文之族，犯國法程，廷理釋之，子文不聽，恤顧怨萌，方正公平。

燕

綜述

（明）董説《七國考》卷一《燕職官》　相國

《國策》：秦客卿謂穰侯：君欲成之，何不使人謂燕相國？又《韓非子》：郢人有遺燕相國書。《史記》：蘇秦之在燕，與其相子之爲婚。又：燕王喜命相栗腹約歡趙。《趙世家》作燕王令丞相栗腹約歡。

上卿

蘇代説燕昭王，王曰：吾請拜子爲上卿。又太子丹尊荊軻爲上卿。並見《史記》。

亞卿

《樂毅傳》：樂毅爲魏昭王使於燕，燕王以客禮待之。樂毅辭讓，遂委質爲臣。燕昭王以爲亞卿。

大夫

王喜時有大夫將渠，詳見《兵制考》。

太傅

《史記》：燕太子丹質於秦，亡歸，見秦且滅六國，兵已臨易水。太子丹患之，謂其太傅鞠武曰：燕、秦不兩立。

將軍

《史記》：燕噲讓位子之，國大亂。將軍市被與太子平謀，將攻子之。

上將軍

《典略》：燕以樂毅爲上將軍。

御書

蘇代自齊獻書於燕王曰：臣之行也，固知有口事，故獻御書而行。應劭曰：御書猶尚書也。余按：趙亦有御史，蓋謁者之官。

右御

《韓非子》：右御冶工。見《外儲説》。

境吏

《國策》：張丑爲質於燕，燕王欲殺之，走且出境，境吏得丑。

豕宰

《符子》：朔人獻燕昭以大豕。曰：養奚若？使曰：豕也，非大圂不居，非人便不珍，今年百二十矣，人謂豕仙。王乃命豕宰養之，十五年，大如沙獖，足如不勝其本。王異之，命衡官橋而量之，折橋，豕不量。又命水官舟而量之，其重千斤，其巨無用。燕相謂王曰：奚不享子？王乃命宰夫膳之。

衡官

詳上。按《周禮》有林衡、川衡。

水官

詳《豕宰》。

宰夫

詳《豕宰》。周宰夫之職，掌治朝之法，以正王及三公六卿大夫羣吏之位，掌其禁令。燕之宰夫，乃膳人矣。自春秋以來皆然。

女伶官

《拾遺記》：燕昭王時，廣延國獻善舞者二人，容治妖麗，靡於鸞翔，而歌聲輕颺。酒使女伶代唱其曲。余按伶，樂官也。黄帝時樂師伶倫，世掌樂官，故後世號樂官曰伶官。女伶者，女樂官也。《周禮》有女祝、女史。後代有女尚書、女侍中、女學士、女博士之類，又有女將軍、女司樂。女司樂即女伶官也。

紀事

《戰國策・秦策三・秦客卿造謂穰侯》 秦客卿造謂穰侯曰：秦封君以陶，藉君天下數年矣。攻齊之事成，陶爲萬乘，長小國，率以朝天子，天下必聽，五伯之事也；攻齊不成，陶爲鄰恤，而莫之據也。故攻齊之於陶也，存亡之機也。

君欲成之，何不使人謂燕相國曰：聖人不能爲時，時至而弗失。舜雖賢，不遇堯也，不得爲天子；湯、武雖賢，不當桀、紂不王。故以舜、湯、武之賢，不遭時不得帝王。今攻齊，此君之大時也已。因天下之力，伐讎國之齊，報惠王之恥，成昭王之功，除萬世之害，此燕之長利，而君之大名也。《書》云：樹德莫如滋，除害莫如盡。吴不亡越，越故亡吴；齊不亡燕，燕故亡齊。齊亡於燕，吴亡於越，此除疾不盡也。以非此時也，成君之功，除君之害，秦卒有他事而從齊，齊、趙合，其讎君必深矣。挾君之讎以誅於燕，後雖悔之，不可得也已。君悉燕兵而疾僭之，天下之從君也，若報父子之仇。誠能亡齊，封君於河南，爲萬乘，達途於中國，南與陶爲鄰，世世無患。願君之專志於攻齊，而無他慮也。

《戰國策・燕策一・燕王噲既立》 子之三年，燕國大亂，百姓恫怨。將軍市被、太子平謀，將攻子之。儲子謂齊宣王：因而仆之，破燕必矣。王因令人謂太子平曰：寡人聞太子之義，將廢私而立公，飭君臣之義，正父子之位。寡人之國小，不足先後。雖然，則唯太子所以令之。

太子因數黨聚衆，將軍市被圍公宮，攻子之，不克；將軍市被及百姓乃反攻太子平。將軍市被死已殉，國構難數月，死者數萬衆，燕人恫怨，百姓離意。

《戰國策・燕策一・燕昭王收破燕後即位》 於是昭王爲隗築宮而師之。樂毅自魏往，鄒衍自齊往，劇辛自趙往，士争湊燕。燕王弔死問生，與百姓同其甘苦。二十八年，燕國殷富，士卒樂佚輕戰。於是遂以樂毅爲上將軍，與秦、楚、三晉合謀以伐齊。齊兵敗，閔王出走於外。燕兵獨追北入至臨淄，盡取齊寶，燒其宮室宗廟。齊城之不下者，唯獨莒、即墨。

《戰國策・燕策三・燕太子丹質於秦亡歸》 燕太子丹質於秦，亡歸。見秦且滅六國，兵以臨易水，恐其禍至。太子丹患之，謂其太傅鞠武曰：燕、秦不兩立，願太傅幸而圖之。武對曰：秦地遍天下，威脅韓、魏、趙氏，則易水以北，未有所定也。柰何以見陵之怨，欲排其逆鱗哉？太子曰：然則何由？太傅曰：請入，圖之。

秦

綜述

（明）董説《七國考》卷一《秦職官》 **相**

《國策》：衛鞅亡入秦，孝公以爲相。《史記》：惠文王十年，張儀相秦。更元七年，樂池相秦。案《禮》：諸侯有上大夫卿、下大夫、上士、中士、下士凡五等。諸侯之大夫，不世爵禄。公國孤一人，大國三卿，皆命于其君；次國三卿，二卿命于天子，一卿命于其君；小國三卿，一卿命于天子，二卿命于其君。每國下大夫五人，上士二十七人。大國之卿不過三命，下卿再命，小國之卿與大夫一命。次國之上卿，位當大國之中，中當其下，下當其上大夫。小國之上卿，位當大國之下卿，中當其上大夫，下當其下大夫。至于周衰，諸侯失制，號令自已，其名不一。正卿當國，皆謂之相。楚謂之相，亦謂之令尹。荀子曰：孫叔敖曰：吾三相而心愈卑。《淮南子》曰：蘧伯玉爲相。又：子産爲鄭國相。孔子攝行魯相事。公儀休爲魯相。戰國又不可勝數矣。

左右丞相

《史記》：秦武王二年，初置丞相。樗里疾、甘茂爲左、右丞相：茂爲左，疾爲右。莊襄王又以吕不韋爲丞相。按《物原》云：諸臣稱丞，自秦獻公置丞相始。是獻公之時已置丞相，武王特加左右之名耳。杜氏《通典》曰：丞相、相國，皆秦官。金印紫綬，掌丞天子助理萬幾曰丞相。荀悦曰：秦本次國，命卿止二人，是以置左、右丞相，無三公官。《漢官儀》云：相國、丞相，皆六國時官。余按：二世已誅李斯，乃拜趙高爲中丞相。是二世時又有中丞相矣。

相國

杜預曰：始皇始置相國。余按《范睢傳》：秦昭王加賜相國應侯食物，日益厚。是昭王時有相國。又莊襄王元年，東周君與諸侯謀秦，秦使相國吕不韋誅之。見《秦紀》。

師

《商君傳》：太子犯法，衛鞅曰：法之不行，自上犯之。將法太子，太子，君嗣也，不可施刑。刑其傅公子虔，黥其師公孫賈。

傅

詳見《師》。

上卿

《國策》：秦王大説，姚賈封千户以爲上卿。又秦封甘羅爲上卿。

亞卿

晋公子雍仕秦爲亞卿。見《左傳》。

客卿

《史記》：昭襄王三十六年，客卿竈攻齊，取剛壽。

上大夫

《虞氏春秋》：秦繆公贖百里奚于楚，欲爵之。百里奚曰：臣不及臣之友。臣之友曰蹇叔，是察於王道。於是繆公使人厚幣迎蹇叔以爲上大夫。

右大夫

《左傳》：楚子囊乞旅於秦，秦右大夫詹帥師從楚子。又秦右大夫説。

中大夫令

《史記》：秦始皇九年，中大夫令齊等二十人皆梟首。《正義》曰：中大夫令，秦官也。齊，名也。

五校大夫

秦昭王使五校大夫王陵將而伐趙。見《國策》。

將軍

《穰侯傳》：昭王以冉爲將軍。

護軍將軍

《漢書・百官公卿表》云：護軍將軍從秦官舍人李斯爲之。按《漢表》無此文。

國尉

《白起傳》：白起遷爲國尉。《正義》曰：言太尉。《通鑑》：秦尉錯伐魏襄城。注：尉，國尉也。《月令》云：立夏，命太尉贊桀俊。《注》：太尉，秦官。按《尚書中侯》：舜爲堯太尉。故《徐陵碑》云：

舜爲太尉，於是九澤載疏；禹作司空，然後百川咸導。

廷尉

《李斯傳》：秦王除逐客之令，復李斯官，卒用其計謀，官至廷尉，二十餘年，竟并天下。據此，秦并天下以前，有廷尉。

都尉

《通鑑》：秦始皇二十二年，楚大敗李信，入兩壁，殺七都尉。《注》：此郡都尉將兵從伐楚者也。又秦使都尉墨等從石牛首伐蜀。

中尉

《華陽國志》：蜀王伐苴侯，苴侯奔巴，求救於秦。秦惠王方欲謀楚，羣臣議曰：夫蜀西僻之國，戎、狄爲鄰，不如伐楚。司馬錯中尉田真黄曰：蜀有桀、紂之亂，其國富饒，得其布、帛、金、銀，足給軍用。水通于楚，有巴之勁卒，浮大舶船以東向楚，楚地可得。

軍尉

應劭《漢書注》云：秦惠文王置軍尉。又《國策》有尉。《注》：有尉，軍尉也。

衛尉

《史記》：秦始皇九年，衛尉竭、内史肆、佐弋竭、中大夫令齊等二十人，皆梟首。《漢書・百官表》曰：衛尉，秦官。

秩史

《史記》：秦襄公十三年，初有秩史以紀事。

御史

劉歆《七略》云：戰國秦、趙皆立御史。又秦御史見《廉頗藺相如傳》。按《周禮》有：御史，掌邦國都鄙及萬民之治令，以贊冢宰。凡治者受法令焉，掌贊書。

内史

《史記》：戎王使由余於秦，繆公退而問内史廖。《漢書・百官表》云：内吏，周官。又應侯謂昭王曰：其令邑中，自斗食以上至尉、内史，有非相國之人者乎？注：尉，内史，秦二官名。

長史

《李斯傳》：秦王拜斯爲長史。

大長造

《史記》：惠文王五年，陰晋人犀首爲大良造。昭襄王十五年，大良造白起攻魏。《國策》：右行秦謂大良造。《注》：秦官也。以良作梁。

庶長

《史記》：惠民文王更元七年，韓、趙、魏、燕、齊帥匈奴共攻秦，秦使庶長疾與戰修魚，虜其將申差。余按：秦爵二十等，有左庶長，右庶長。此庶長當别是一官，如有五大夫、官大夫，又有大夫也。《左傳》：秦庶長鮑、庶長武帥師伐晋以救鄭，又《亢倉子》：秦景主將晾强兵於天下，使庶長鮑、庶長武帥師侵晋。余按：春秋時有秦景公，即景主也。蓋秦在春秋時即有庶長之官。

太守

《風俗通》：秦昭王使李冰爲蜀郡太守。《史記》：昭襄王十三年，任鄙爲漢中守。《漢書・百官表》云：郡守，秦官。

縣官

《史記》：秦王收穰侯之印，使歸陶，因使縣官給車牛以從。《玉海》云：《周官》有縣正。春秋時縣大而郡小，縣邑之長曰宰、曰尹、曰公、曰大夫，其職一也。戰國郡大而縣小矣。故甘茂謂秦武王曰：宜陽大縣。名曰縣，其實郡也。

令

《商君傳》：秦集小都、鄉、邑、聚爲縣，置令、丞。

丞

詳見《令》。

常侍郎

《物原》云：諸官稱郎，自秦武王置常侍郎始。《李斯傳》：李斯求爲吕不韋舍人，不韋賢之，任以爲郎。

郎中

《國策》：段產謂新城君曰：今臣處郎中，能無議君於王，不能使人無議臣於君。《荊軻傳》：秦有郎中。又《韓非子》：秦惠王愛公孫衍，郎中皆曰：兵秋起攻韓，犀首爲將。於是日也，郎中盡知之。

執法

《國策》：秦自四境之內，執法以下。執法以，殿中法官。

謁者

《史記》：秦昭王使謁者王稽於魏。漢明帝詔曰：昔燕太子使荊軻劫始皇，變起兩楹之間，其後謁者持匕首劍刺腋。高祖偃武行文，故易之以板。

中車府令

《蒙恬傳》：趙高昆弟數人，皆生隱宫，其母被刑僇，世世卑賤。秦王聞高強力，通於獄法，舉以爲中車府令。傳言秦王，知未并天下之前也。

右行

《國策》：石行秦謂大梁造曰：欲决伯王之名，不如備兩周辨智之士。《注》：石行，一作右行；右行，秦官也。

佐弋

詳見《衛尉》。《漢書·百官表》曰：秦時少府有佐弋，漢武帝改爲佽飛，掌射弋者。

主簿

《風俗通》曰：秦昭王時，蜀守李冰與江神鬬，主簿刺殺江神。按《玉海》云：主簿，漢、晋有之。不言秦官，應麟失考也。

主魚吏

劉向《列仙傳》：赤須子，豐人也。豐中傳世見之，云：秦繆公時主魚吏也。

里正

《韓非子》：秦昭王有病，百姓里出一牛，而家爲禱。王訾其里正與伍老屯二甲。里正者，司鄉邑者也。

主鐵官

《司馬遷傳》：司馬蘄孫昌爲秦主鐵官。按楊升庵《外集》紀秦官名：有工官、鹽官、鐵官、銅官、錦官、服官、羞官、尊官、渴官、林官、疇官、湖官、陂官、樓船官、發弩官、均輸官、橘官、苑官、洭浦官，皆秦官名，而漢因之，雜見於諸《傳》。《百官表》不悉載者，微乎微者也。余意秦并天下之後所置，故鐵官外，不具録。

市官

《華陽國志》：張儀與張若城成都，置鹽鐵市官并長丞。

寺人

《秦風》：未見君子，寺人之令。《鄭箋》云：欲見國君者，先令寺人使傳告之。時秦仲又始有此官。《傳》云：寺人，内小臣也。正義曰：《天官·序官》云：内小臣，奄上士四人。寺人，王之正内五人。則天子之官，内小臣與寺人别官也。《燕禮》，諸侯之禮也。《經》云：獻左右正與内小臣。是諸侯之官有寺人也。

著人

《秦别紀》云：繆公享國三十九年，天子致伯，葬雍繆公學著人。《索隱》曰：著，音貯，又音宁。著即宁也，門屏之間曰宁。謂學於宁屏門之人。故《詩》云：俟我於著乎而。楊慎曰：三代之君，必學於耆德以爲師保，而繆公乃學於宁人。以刑餘爲周、召，以法律爲《詩》、《書》，又不待始皇、胡亥矣。則景監得以薦商鞅，趙高得以殺扶蘇，終於亡秦，著人之禍也。

侍醫

《史記》：荊軻逐秦王，而卒惶急無以擊軻，而以手共搏之。是時侍醫夏無且，以其所奉藥囊提荊軻也。

掌卜

《左傳》秦伯伐晋，卜徒父筮之，吉。杜預曰：徒父，秦之掌龜卜者。

大祝

《集仙傳注》：蕭史爲秦大祝。

宗祝

《秦詛楚文云》：又秦嗣王敢用吉玉瑄璧，使其宗祝邵鼛布愍告於不顯大沉久湫。按《周禮》有大祝、小祝、器祝、詛祝。宗祝，疑詛祝之類也。

舍人

《史記》：始皇初即位，李斯爲舍人。《注》：主廄内小吏名。或曰：侍從賓客，謂之舍人也。

行人

《道書注》：秦昭王時，行人張固至楚。按《左傳》：文公十二年，秦行人夜戒晋師。

中庶子

中庶子蒙嘉，秦王寵臣，見《刺客傳》。

少庶子

《國策》：甘羅爲文信侯少庶子。蓋家臣也。

徹侯二十

商君爲秦制爵二十等，以賞工勞，徹侯二十，關内侯十九，大庶長十八，駟車庶長十七，大上造十六，少上造十五，右更十四，中更十三，左更十二，右庶長十一，左庶長十，五大夫九，公乘八，公大夫七，官大夫六，大夫五，不更四，簪褭三，上造二，公士一，詳應劭《漢儀》。《後漢志》云：徹侯金印紫綬，功大者食縣，小者食鄉亭，得臣其所食吏也。後避漢武帝諱，改曰通侯，或曰列侯。

關内侯十九

顔師古曰：言有侯號而居京畿，無國邑也。荀綽《百官表註》曰：時六國未平，將相皆居關中，故以爲號。按《吕覽》：春秋齊景公時，已有關内侯。又《嬾真子》云：僕仕於關中，嘗見一方寸古印，印文云關外侯印。然疑古有關内侯，不聞有關外侯。後於《魏志》見之。建安二十三年，始置名位侯十二級，以賞軍功。關外侯乃其一也。

大庶長十八

劉昭曰：自左庶長以上至大庶長，即將軍也。所將庶人更卒，故以爲大庶長，即大將軍也。左右庶長，即左右偏裨也。

駟車庶長十七

言乘駟馬之前，而爲衆庶之長。

大上造十六

大上造、少上造，言皆主上造之士。

少上造十五

詳上。

右更十四

言主領更卒，部其役事。

中更十三

昭襄王三十八年，中更胡傷攻閼與。

左更十二

昭襄王時，有左更白起及左更錯。

書應長十一

言爲衆列之長。

左庶長十

孝公拜鞅爲左庶長，秦舊有此官。

五大夫九

五大夫，大夫之尊者也。劉昭曰：自公士至大夫，皆軍吏也。昭襄王十三年，五大夫禮出亡，奔魏。四十五年，五大夫賁攻韓，取十城四十八年，五大夫陵攻趙邯鄲。至始皇，封松爲五大夫。

公乘八

主得乘公家之車也。《傅子》云：臨戰得乘公車，故曰公乘。

公大夫七

《漢舊儀》云：公大夫領行伍兵。《漢書・高帝紀》曰：其七大夫以上，皆令食邑。師古注云：七大夫，公大夫也。爵第七，故謂之七大夫。

官大夫六

官大夫，亦謂之國大夫。

大夫五

《傅子》云：大夫者在車右也。《左傳》：楚人滅江，秦伯爲之降服出次，不舉過數，大夫諫。又《穀梁疏》云：秦無大夫，秦處西戎，罕接諸夏。繆公始有大夫。

不更四

不更者，言不預更率之事。《漢舊儀》云：不更主一車四馬。秦桓公時已有不更女父，見《左傳》。

簪褭三

以組帶馬曰褭。簪褭者，言飭此馬。《傅子》云：駕車馬者其形如簪，故曰簪褭。

上造二

造，成也。言有成命於上。

公士一

言有爵命，異於士卒。《史記》：始皇四年，百姓內粟千石，拜爵一級。按納粟拜爵始此。

（清）沈淑《左傳職官·秦》 行人。不更。疏：《漢書》稱商君爲法于秦，戰，斬一首者賜爵一級。其爵，一公士、二上造、三簪褭、四不更、五大夫、六公大夫、七官大夫、八公乘、九五大夫、十左庶長、十一右庶長、十二左更、十三中更、十四右更、十五少上造、十六大上造、十七駟車庶長、十八大車庶長、十九關內侯、二十徹侯。案傳，此有不更女父。襄十一年，有庶長鮑、庶長武。春秋之世已有此名。蓋後世以漸增之。商君定爲二十，非盡商君新作也。右大夫。庶長。

（清）程廷祚《春秋職官考略》卷中《一國自有之官·秦》 右大夫

成二年，右大夫說。襄十一年，右大夫詹。

庶長

杜曰：秦爵。襄十一年，庶長鮑、庶長武。襄十二年，庶長無地。

不更

杜曰：秦爵。成十三年，不更女父。疏引《漢書》稱棄商君之法，戰斬一首者，賜爵一級。其爵名有曰不更，有曰左右庶長者。但春秋之世，已有此名，則不盡始于商君矣。

紀事

《戰國策·秦策一·衛鞅亡魏入秦》 衛鞅亡魏入秦，孝公以爲相，封之於商，號曰商君。商君治秦，法令至行，公平無私，罰不諱強大，賞不私親近，法及太子，黥劓其傅。期年之後，道不拾遺，民不妄取，兵革大強，諸侯畏懼。然刻深寡恩，特以強服之耳。

《戰國策·秦策一·說秦王曰》 當是時，趙氏上下不相親也，貴賤不相信，然則是邯鄲不守，拔邯鄲，完河間，引軍而去，西攻脩武，踰羊腸，降代、上黨。代三十六縣，上黨十七縣，不用一領甲，不苦一民，皆秦之有也。

《戰國策·秦策三·范睢至秦》 秦王跽曰：先生不幸教寡人乎？范睢謝曰：非敢然也。臣聞始時吕尚之遇文王也，身爲漁父而釣於渭陽之濱耳。若是者，交疏也。已一說而立爲太師，載與俱歸者，其言深也。故文王果收功於吕尚，卒擅天下而身立爲帝王。即使文王疏吕望而弗與深言，是周無天子之德，而文、武無與成其王也。今臣，羈旅之臣也，交疏於王，而所願陳者，皆匡君之事，處人骨肉之間，願以陳臣之陋忠，而未知王心也，所以王三問而不對者是也。臣非有所畏而不敢言也，知今日言之於前，而明日伏誅於後，然臣弗敢畏也。大王信行臣之言，死不足以爲臣患，亡不足以爲臣憂，漆身而爲厲，被髮而爲狂，不足以爲臣恥。五帝之聖而死，三王之仁而死，五伯之賢而死，烏獲之力而死，奔、育之勇焉而死。死者，人之所必不免也。處必然之勢，可以少有補於秦，此臣之所大願也，臣何患乎？伍子胥橐載而出昭關，夜行而晝伏，至於蔆水，無以餌其口，坐行蒲服，乞食於吳市，卒興吳國，闔廬爲霸。使臣得進謀如伍子胥，加之以幽囚，終身不復見，是臣說之行也，臣何憂乎？箕子、接輿，漆身而爲厲，被髮而爲狂，無益於殷、楚。使臣得同行於箕子、接輿，漆身可以補所賢之主，是臣之大榮也，臣又何恥乎？臣之所恐者，獨恐臣死之後，天下見臣盡忠而身蹶也，是以杜口裹足，莫肯即秦耳。足下上畏太后之嚴，下惑姦臣之態；居深宮之中，不離保傅之手；終身闇惑，無與照姦；大者宗廟滅覆，小者身以孤危。此臣之所恐耳，若夫窮辱之事，死亡之患，臣弗敢畏也。臣死而秦治，賢於生也。

《戰國策·秦策五·濮陽人吕不韋賈於邯鄲》 子楚立，以不韋爲相，號曰文信侯，食藍田十二縣。王后爲華陽太后，諸侯皆致秦邑。

《戰國策·燕策三·燕太子丹質於秦亡歸》 秦王聞之，大喜。乃朝服，設九賓，見燕使者咸陽宮。荊軻奉樊於期頭函，而秦武陽奉地圖匣，以次進至陛下。秦武陽色變振恐，群臣怪之，荊軻顧笑武陽，前爲謝曰：北蠻夷之鄙人，未嘗見天子，故振慴，願大王少假借之，使畢使於前。秦王謂軻曰：起，取武陽所持圖。軻既取圖奉之，發圖，圖窮而匕首見。因左手把秦王之袖，而右手持匕首揕抗之。未至身，秦王驚，自引而起，絕袖。拔劍，劍長，摻其室。時怨急，劍堅，故不可立拔。荊軻逐秦王，秦王還柱而走。群臣驚愕，卒起不意，盡失其度。而秦法，群臣侍殿上者，不得持尺兵。諸郎中執兵，皆陳殿下，非有詔不得上。方急時，不及召下兵，以故荊軻逐秦王，而卒惶急無以擊軻，而乃以手共搏之。

《史記》卷五《秦本紀》〔孝公〕十年，衛鞅爲大良造，將兵圍魏安邑，降之。

《史記》卷五《秦本紀》〔孝公〕十二年，作爲咸陽，築冀闕，秦徙都之。并諸小鄉聚，集爲大縣，縣一令，四十一縣。

《史記》卷五《秦本紀》〔武公〕十年，伐邽、冀戎，初縣之。集解：《地理志》隴西有上邽縣。應劭曰：即邽戎邑也。冀縣屬天水郡。十一年，初縣杜、鄭。集解：《地理志》京兆有鄭縣、杜縣也。正義：《括地志》云：下杜故城在雍州長安縣東南九里，古杜伯國。華州鄭縣也。《毛詩譜》云鄭國者，周畿內之地。宣王封其弟於咸林之地，是爲鄭桓公。按：秦得皆縣之。

《史記》卷五《秦本紀》〔惠文君後〕三年，韓、魏太子來朝。張儀相魏。五年，王游至北河。七年，樂池相秦。韓、趙、魏、燕、齊帥匈奴共攻秦。秦使庶長疾與戰修魚，虜其將申差，敗趙公子渴、韓太子奐，斬首八萬二千。八年，張儀復相秦。

《史記》卷五《秦本紀》武王元年，與魏惠王會臨晉。誅蜀相壯。張儀、魏章皆東出之魏。伐義渠、丹、犂。二年，初置丞相，樗里疾、甘茂爲左右丞相。張儀死於魏。

《史記》卷五《秦本紀》莊襄王元年，大赦罪人，修先王功臣，施德厚骨肉而布惠於民。東周君與諸侯謀秦，秦使相國呂不韋誅之，盡入其國。

《史記》卷五《秦本紀》〔惠文王〕十三年，庶長章擊楚於丹陽，虜其將屈匄，斬首八萬；又攻楚漢中，取地六百里，置漢中郡。

《史記》卷五《秦本紀》〔昭襄王〕二十九年，大良造白起攻楚，取郢爲南郡，楚王走。周君來。王與楚王會襄陵。白起爲武安君。三十年，蜀守若伐楚，取巫郡，及江南爲黔中郡。三十一年，白起伐魏，取兩城。楚人反我江南。三十二年，相穰侯攻魏，至大梁，破暴鳶，斬首四萬，鳶走，魏入三縣請和。三十三年，客卿胡（傷）〔陽〕攻魏卷、蔡陽、長社，取之。擊芒卯華陽，破之，斬首十五萬。魏入南陽以和。三十四年，秦與魏、韓上庸地爲一郡，南陽免臣遷居之。三十五年，佐韓、魏、楚伐燕。初置南陽郡。【略】

〔莊襄王元年〕秦界至大梁，初置三川郡。【略】〔三年〕初置太原郡。

《史記》卷六《秦始皇本紀》長信侯毐作亂而覺，矯王御璽及太后璽以發縣卒及衛卒、官騎、戎翟君公、舍人，將欲攻蘄年宮爲亂。王知之，令相國昌平君、昌文君發卒攻毐。戰咸陽，斬首數百，皆拜爵，及宦者皆在戰中，亦拜爵一級。毐等敗走。即令國中：有生得毐，賜錢百萬；殺之，五十萬。盡得毐等。衛尉竭、內史肆、佐弋竭、中大夫令齊等二十人皆梟首。車裂以徇，滅其宗。及其舍人，輕者爲鬼薪。及奪爵遷蜀四千餘家，家房陵。

《史記》卷六八《商君列傳》令行於民朞年，秦民之國都言初令之不便者以千數。於是太子犯法。衛鞅曰：法之不行，自上犯之。將法太子。太子，君嗣也，不可施刑，刑其傅公子虔，黥其師公孫賈。

《史記》卷六八《商君列傳》於是以鞅爲大良造。【略】而集小（都）鄉邑聚爲縣，置令、丞，凡三十一縣。

《史記》卷七一《甘茂列傳》〔秦武王三年〕甘茂至，王問其故。對曰：宜陽，大縣也，上黨、南陽積之久矣。名曰縣，其實郡也。今王倍數險，行千里攻之，難。

《史記》卷七三《白起王翦列傳》白起者，郿人也。善用兵，事秦昭王。昭王十三年，而白起爲左庶長，將而擊韓之新城。是歲，穰侯相秦，舉任鄙以爲漢中守。其明年，白起爲左更，攻韓、魏於伊闕，斬首二十四萬，又虜其將公孫喜，拔五城。起遷爲國尉。

《史記》卷八七《李斯列傳》秦王乃除逐客之令，復李斯官，卒用其計謀。官至廷尉。二十餘年，竟并天下，尊主爲皇帝，以斯爲丞相。夷郡縣城，銷其兵刃，示不復用。使秦無尺土之封，不立子弟爲王，功臣爲諸侯者，使後無戰攻之患。

（唐）杜佑《通典》卷一九《職官・宰相》秦悼武王始置左右丞相，始皇又始置相國。

秦漢部

朝廷分部

秦朝·總叙

綜述

（唐）杜佑《通典》卷一九《職官·歷代官制總序》　自周衰，官失而百職亂，戰國並争，各有變易。暨秦兼天下，建皇帝之號，五帝自以德不及三皇，故自去其皇號。三王又以德不及五帝，自損稱王。秦自以德褒二代，故兼稱之。立百官之職，不師古。始罷侯置守，太尉主五兵，丞相總百揆。又置御史大夫，以貳於相。

（唐）杜佑《通典》卷一九《職官·設官沿革》　秦：　太尉。左右丞相、丞相、後周末加大。相國。侍中、本丞相史，隋改爲納言，又改爲侍内。大唐嘗爲納言，或爲左相，或爲黄門監。黄門侍郎，後周納言大夫。大唐爲鸞臺侍郎，又改爲門下侍郎。散騎常侍。魏加侍郎，又加員外，又加通直。大唐分爲左右。少府史，在殿中主發書，謂之尚書，四人。漢置五人，其一人爲僕射，四人分曹。後漢爲五曹。至晉有六曹。尚書令、僕射、漢置左右。大唐嘗改爲左右匡政，或爲左右丞相，武太后嘗爲文昌左右相。尚書丞。至漢置四人。後漢減二人，爲左右丞。大唐嘗爲左右肅機。御史大夫、大唐嘗爲大司憲，武太后又嘗改爲肅政，又分爲左右。奉常、漢改曰太常，後改曰奉常，又改爲太常。後漢爲奉常，自後爲太常。梁謂之卿。大唐嘗爲奉常卿，又嘗爲司禮卿。郎中令、漢爲光禄勳。後漢嘗爲郎中令。魏爲光禄勳。梁除勳字，謂之卿。大唐嘗爲司宰卿，又嘗爲司膳卿，又爲光禄卿。衛尉、漢嘗爲中大夫令。至梁，謂之卿。至大唐，嘗爲司衛卿。宗正、漢嘗改爲宗伯。至大唐，嘗爲司宗卿，又嘗爲司屬卿。治粟内史、漢改曰大農令，又改曰大司農。後漢末爲大農。魏爲司農。至梁謂之卿。後魏又加大。大唐嘗爲司稼卿。主爵中尉、漢以右扶風代之。廷尉、二漢、梁、北齊爲大理。梁謂之卿，徐代曰廷尉。大唐嘗爲詳刑卿，又爲大理卿。典客、漢改爲大鴻臚，又嘗曰大行。至梁，除大字，謂之卿。大唐爲同文卿，又嘗爲司賓卿，又爲鴻臚卿。典屬國、少府、至梁謂之卿。大唐嘗爲内府監，亦嘗爲尚方監，又爲少府監。將作少府、漢改爲大匠。梁爲大匠卿。隋爲將作大監，又改爲大匠。大唐亦嘗爲大匠，又嘗爲繕工監，又嘗爲營繕監，又爲將作監。中尉。漢武更名執金吾。中書謁者令、僕射。至漢嘗以宦者爲之。魏爲中書監令，專掌機務。隋爲内史監令，尋改爲内史，又改爲内書，又爲内史令。大唐復爲中書令，嘗爲右相，又爲内史，又爲紫薇令。詹事、大唐嘗改爲端尹，又嘗改爲宫尹，少詹事，並爲少尹。中庶子、庶子、晉改庶子爲左右。隋罷中。大唐嘗爲左右中護。太子家令、大唐嘗爲宫府大夫。率更令、大唐嘗爲司更大夫。僕。大唐嘗爲御僕大夫。率内史、理京師，漢分爲左右，又置京兆尹、左馮翊代之。郡守、漢改爲太守。後魏每部置三太守。隋置通守。魏之二守，隋之通守，並佐貳。大中二大夫。大唐並爲文散。

秦朝·皇帝

綜述

《史記》卷六《秦始皇本紀》　秦王初并天下，令丞相、御史曰：異日韓王納地效璽，請爲藩臣，已而倍約，與趙、魏合從畔秦，故興兵誅之，虜其王。寡人以爲善，庶幾息兵革。趙王使其相李牧來約盟，故歸其質子。已而倍盟，反我太原，故興兵誅之，得其王。趙公子嘉乃自立爲代王，故舉兵擊滅之。魏王始約服入秦，已而與韓、趙謀襲秦，秦兵吏誅，遂破之。荊王獻青陽以西，已而畔約，擊我南郡，故發兵誅，得其王，遂定其荊地。燕王昏亂，其太子丹乃陰令荊軻爲賊，兵吏誅，滅其國。齊王用后勝計，絶秦使，欲爲亂，兵吏誅，虜其王，平齊地。寡人以眇眇之身，興兵誅暴亂，賴宗廟之靈，六王咸伏其辜，天下大定。今名號不更，無以稱成功，傳後世。其議帝號。丞相綰、御史大夫劫、廷尉斯等皆曰：昔者五帝地方千里，其外侯服夷服，諸侯或朝或否，天子不能制。今陛下興義兵，誅殘賊，平定天下，海內爲郡縣，法令由一統，自上古以來未嘗有，五帝所不及。臣等謹與博士議曰：古有天皇，有地皇，有泰皇，泰皇最貴。臣等昧死上尊號，王爲泰皇。命爲制，令爲詔，天子自稱曰朕。王曰：去泰，著皇，采上古帝位號，號曰皇帝。他如議。制曰：可。追尊莊襄王爲太上皇。制曰：朕聞太古有號毋謚，中古有號，死而以行爲謚。如此，則子議父，臣議君也，甚無謂，朕弗取焉。自今已來，除謚法。朕爲始皇帝。後世以計數，二世三世至于萬世，傳之無窮。

《史記》卷六《秦始皇本紀》 二十八年，始皇東行郡縣，上鄒嶧山。立石，與魯諸儒生議，刻石頌秦德，議封禪望祭山川之事。乃遂上泰山，立石，封，祠祀。下，風雨暴至，休於樹下，因封其樹爲五大夫。禪梁父。刻所立石，其辭曰：

皇帝臨位，作制明法，臣下脩飭。二十有六年，初并天下，罔不賓服。親巡遠方黎民，登茲泰山，周覽東極。從臣思迹，本原事業，祗誦功德。治道運行，諸產得宜，皆有法式。大義休明，垂于後世，順承勿革。皇帝躬聖，既平天下，不懈於治。夙興夜寐，建設長利，專隆教誨。訓經宣達，遠近畢理，咸承聖志。貴賤分明，男女禮順，慎遵職事。昭隔內外，靡不清淨，施于後嗣。化及無窮，遵奉遺詔，永承重戒。

《史記》卷六《秦始皇本紀》 南登琅邪，大樂之，留三月。乃徙黔首三萬戶琅邪臺下，復十二歲。作琅邪臺，立石刻，頌秦德，明得意。曰：

維二十八年，皇帝作始。端平法度，萬物之紀。以明人事，合同父子。聖智仁義，顯白道理。東撫東土，以省卒士。事已大畢，乃臨于海。皇帝之功，勤勞本事。上農除末，黔首是富。普天之下，摶心揖志。器械一量，同書文字。日月所照，舟輿所載。皆終其命，莫不得意。應時動事，是維皇帝。匡飭異俗，陵水經地。憂恤黔首，朝夕不懈。除疑定法，咸知所辟。方伯分職，諸治經易。舉錯必當，莫不如畫。皇帝之明，臨察四方。尊卑貴賤，不踰次行。姦邪不容，皆務貞良。細大盡力，莫敢怠荒。遠邇辟隱，專務肅莊。端直敦忠，事業有常。皇帝之德，存定四極。誅亂除害，興利致福。節事以時，諸產繁殖。黔首安寧，不用兵革。六親相保，終無寇賊。驩欣奉教，盡知法式。六合之內，皇帝之土。西涉流沙，南盡北戶。東有東海，北過大夏。人迹所至，無不臣者。功蓋五帝，澤及牛馬。莫不受德，各安其宇。

維秦王兼有天下，立名爲皇帝，乃撫東土，至于琅邪。列侯武城侯王離、列侯通武侯王賁、倫侯建成侯趙亥、倫侯昌武侯成、倫侯武信侯馮毋擇、丞相隗林、丞相王綰、卿李斯、卿王戊、五大夫趙嬰、五大夫楊樛從，與議於海上。曰：古之帝者，地不過千里，諸侯各守其封域，或朝或否，相侵暴亂，殘伐不止，猶刻金石，以自爲紀。古之五帝三王，知教不同，法度不明，假威鬼神，以欺遠方，實不稱名，故不久長。其身未歿，諸侯倍叛，法令不行。今皇帝并一海內，以爲郡縣，天下和平。昭明宗廟，體道行德，尊號大成。羣臣相與誦皇帝功德，刻于金石，以爲表經。

《漢書》卷一九上《百官公卿表》 秦兼天下，建皇帝之號，立百官之職。

（唐）杜佑《通典》卷一〇八《禮·開元禮纂類·序例·雜制》 皇帝、天子，天下通稱。陛下，對揚咫尺，上表通稱也。至尊，臣下內外通稱。乘輿。服御所稱。車駕。行幸所稱。赴車駕所曰赴行在所也。皇太子以下，率土之內，於皇帝，皆稱臣。皇后以下，率土之內，於皇帝、太皇太后，皆稱妾。六宮以下，率土婦人，於皇后，同稱妾。百官上疏及對皇太子，皆曰殿下。百官自稱名，宮官自稱臣。

紀事

《史記》卷六《秦始皇本紀》 侯生、盧生相與謀曰：始皇爲人，天性剛戾自用，起諸侯，并天下，意得欲從，以爲自古莫及己。專任獄吏，獄吏得親幸。博士雖七十人，特備員弗用。丞相諸大臣皆受成事，倚辨於上。上樂以刑殺爲威，天下畏罪持祿，莫敢盡忠。上不聞過而日驕，下懾伏謾欺以取容。秦法，不得兼方，不驗，輒死。然候星氣者至三百人，皆良士，畏忌諱諛，不敢端言其過。天下之事無小大皆決於上，上至以衡石量書，日夜有呈，不中呈不得休息。貪於權勢至如此，未可爲求仙藥。於是乃亡去。

《史記》卷六《秦始皇本紀》　二世皇帝元年，年二十一。趙高爲郎中令，任用事。二世下詔，增始皇寢廟犧牲及山川百祀之禮。令羣臣議尊始皇廟。羣臣皆頓首言曰：古者天子七廟，諸侯五，大夫三，雖萬世世不軼毁。今始皇爲極廟，四海之内皆獻貢職，增犧牲，禮咸備，毋以加。先王廟或在西雍，或在咸陽。天子儀當獨奉酌祠始皇廟。自襄公已下軼毁。所置凡七廟。羣臣以禮進祠，以尊始皇廟爲帝者祖廟。皇帝復自稱朕。

《史記》卷六《秦始皇本紀》　二世與趙高謀曰：朕年少，初即位，黔首未集附。先帝巡行郡縣，以示彊，威服海内。今晏然不巡行，即見弱，毋以臣畜天下。春，二世東行郡縣，李斯從。到碣石，並海，南至會稽，而盡刻始皇所立刻石，石旁著大臣從者名，以章先帝成功盛德焉：

皇帝曰：金石刻盡始皇帝所爲也。今襲號而金石刻辭不稱始皇帝，其於久遠也如後嗣爲之者，不稱成功盛德。丞相臣斯、臣去疾、御史大夫臣德昧死言：臣請具刻詔書刻石，因明白矣。臣昧死請。制曰：可。

《史記》卷八七《李斯列傳》　李斯恐懼，重爵禄，不知所出，乃阿二世意，欲求容，以書對曰：

夫賢主者，必且能全道而行督責之術者也。督責之，則臣不敢不竭能以徇其主矣。此臣主之分定，上下之義明，則天下賢不肖莫敢不盡力竭任以徇其君矣。是故主獨制於天下而無所制也。能窮樂之極矣。賢明之主也，可不察焉。

故申子曰：有天下而不恣睢，命之曰以天下爲桎梏者，無他焉，不能督責，而顧以其身勞於天下之民，若堯、禹然，故謂之桎梏也。夫不能修申、韓之明術，行督責之道，專以天下自適也，而徒務苦形勞神，以身徇百姓，則是黔首之役，非畜天下者也，何足貴哉。夫以人徇己，則己貴而人賤；以己徇人，則己賤而人貴。故徇人者賤，而人所徇者貴，自古及今，未有不然者也。凡古之所爲尊賢者，爲其貴也；而所爲惡不肖者，爲其賤也。而堯、禹以身徇天下者也，因隨而尊之，則亦失所爲尊賢之心矣夫。可謂大繆矣。謂之爲桎梏，不亦宜乎？不能督責之過也。

故韓子曰：慈母有敗子而嚴家無格虜者，何也？則能罰之加焉必也。故商君之法，刑弃灰於道者。夫弃灰，薄罪也，而被刑，重罰也。彼唯明主爲能深督輕罪。夫罪輕且督深，而況有重罪乎？故民不敢犯也。是故韓子曰布帛尋常，庸人不釋，鑠金百溢，盗跖不搏者，非庸人之心重，尋常之利深，而盗跖之欲淺也；又不以盗跖之行，爲輕百鎰之重也。搏必隨手刑，則盗跖不搏百鎰；而罰不必行也，則庸人不釋尋常。是故城高五丈，而樓季不輕犯也；泰山之高百仞，而跛牂牧其上。夫樓季也而難五丈之限，豈跛牂也而易百仞之高哉？峭塹之勢異也。明主聖王之所以能久處尊位，長執重勢，而獨擅天下之利者，非有異道也，能獨斷而審督責，必深罰，故天下不敢犯也。今不務所以不犯，而事慈母之所以敗子也，則亦不察於聖人之論矣。夫不能行聖人之術，則舍爲天下役何事哉？可不哀邪。

且夫儉節仁義之人立於朝，則荒肆之樂輟矣；諫説論理之臣閒於側，則流漫之志詘矣；烈士死節之行顯於世，則淫康之虞廢矣。故明主能外此三者，而獨操主術以制聽從之臣，而修其明法，故身尊而勢重也。凡賢主者，必將能拂世磨俗，而廢其所惡，立其所欲，故生則有尊重之勢，死則有賢明之謚也。是以明君獨斷，故權不在臣也。然後能滅仁義之塗，掩馳説之口，困烈士之行，塞聰揜明，内獨視聽，故外不可傾以仁義烈士之行，而内不可奪以諫説忿争之辯。故能犖然獨行恣睢之心而莫之敢逆。若此然後可謂能明申、韓之術，而脩商君之法。法脩術明而天下亂者，未之聞也。故曰王道約而易操也。唯明主爲能行之。若此則謂督責之誠，則臣無邪，臣無邪則天下安，天下安則主嚴尊，主嚴尊則督責必，督責必則所求得，所求得則國家富，國家富則君樂豐。故督責之術設，則所欲無不得矣。羣臣百姓救過不給，何變之敢圖？若此則帝道備，而可謂能明君臣之術矣。雖申、韓復生，不能加也。

秦朝·三公

綜　述

《漢書》卷一九上《百官公卿表》　相國、丞相，皆秦官，金印紫綬，掌丞天子助理萬機。秦有左右。

（唐）杜佑《通典》卷一九《職官・宰相》秦悼武王始置左右丞相，始皇又始置相國。

（唐）杜佑《通典》卷二一《職官・宰相》秦悼武王二年，始置丞相官，以樗里疾、甘茂爲左右丞相。茂爲左，疾爲右。莊襄王又以呂不韋爲丞相。及始皇立，尊不韋爲相國，則相國、丞相皆秦官。又《漢官儀》云：皆六國時官。金印紫綬，掌丞天子，助理萬機。秦初有左右，荀悦曰：秦本次國，命卿二人，是以置左右丞相，無三公官。至二世，復有中丞相。二世已誅李斯，乃拜趙高爲中丞相，事無大小，皆決之。

《漢書》卷一九上《百官公卿表》太尉，秦官，金印紫綬，掌武事。

《漢書》卷一九上《百官公卿表》御史大夫，秦官，應劭曰：侍御史之率，故稱大夫云。臣瓚曰：《茂陵書》御史大夫秩中二千石。位上卿，銀印青綬，掌副丞相。有兩丞，秩千石。一曰中丞，在殿中蘭臺，掌圖籍祕書，外督部刺史，内領侍御史員十五人，受公卿奏事，舉劾按章。

（唐）杜佑《通典》卷二〇《職官・司空》秦無司空，置御史大夫。

紀事

《史記》卷八七《李斯列傳》於是二世乃使高案丞相獄，治罪，責斯與子由謀反狀，皆收捕宗族賓客。趙高治斯，榜掠千餘，不勝痛，自誣服。斯所以不死者，自負其辯，有功，實無反心，幸得上書自陳，幸二世之寤而赦之。李斯乃從獄中上書曰：臣爲丞相，治民三十餘年矣。逮秦地之陜隘。先王之時秦地不過千里，兵數十萬。臣盡薄材，謹奉法令，陰行謀臣，資之金玉，使游説諸侯，陰脩甲兵，飾政教，官鬬士，尊功臣，盛其爵禄，故終以脅韓弱魏，破燕、趙，夷齊、楚，卒兼六國，虜其王，立秦爲天子。罪一矣。地非不廣，又北逐胡、貉，南定百越，以見秦之彊。罪二矣。尊大臣，盛其爵位，以固其親。罪三矣。立社稷，脩宗廟，以明主之賢。罪四矣。更剋畫，平斗斛度量，文章布之天下，以樹秦之名。罪五矣。治馳道，興游觀，以見主之得意。罪六矣。緩刑罰，薄賦斂，以遂主得衆之心，萬民戴主，死而不忘。罪七矣。若斯之爲臣者，罪足以死固久矣。上幸盡其能力，乃得至今，願陛下察之。書上，趙高使吏弃去不奏，曰：囚安得上書。

秦朝・九卿

綜述

《漢書》卷一九上《百官公卿表》奉常，秦官，掌宗廟禮儀，有丞。

《漢書》卷一九上《百官公卿表》郎中令，秦官，掌宮殿掖門户，有丞。

（唐）杜佑《通典》卷二五《職官・諸卿上・光禄卿》秦有郎中令，主郎内諸官，故曰郎中令。掌宮殿掖門户，漢因之。

《漢書》卷一九上《百官公卿表》衛尉，秦官，掌宮門衛屯兵，有丞。

（唐）杜佑《通典》卷二五《職官・諸卿上・衛尉卿》衛尉，秦官，掌門衛屯兵。

《漢書》卷一九上《百官公卿表》太僕，秦官，掌輿馬，有兩丞。

（唐）杜佑《通典》卷二五《職官・諸卿上・太僕卿》秦因之，在《周官》則校人掌馬，巾車掌車，及置太僕，兼其任也。

《漢書》卷一九上《百官公卿表》廷尉，秦官，掌刑辟，有正、左右監，秩皆千石。

（唐）杜佑《通典》卷二五《職官・諸卿上・大理卿》秦爲廷尉，漢因之，掌刑辟，凡獄必質之朝廷，與衆共之義也。兵獄同制，故曰廷尉。

《漢書》卷一九上《百官公卿表》典客，秦官，掌諸歸義蠻夷，有丞。

（唐）杜佑《通典》卷二六《職官・諸卿中・鴻臚卿》秦官有典

客，掌諸侯及歸義蠻夷。《史記》曰：韓信亡楚歸漢，爲連敖。徐廣注云：連敖，典客。

《漢書》卷一九上《百官公卿表》 宗正，秦官，掌親屬，有丞。

（唐）杜佑《通典》卷二五《職官・諸卿上・宗正卿》 秦置宗正，掌親屬。

《漢書》卷一九上《百官公卿表》 治粟内史，秦官，掌穀貨，有兩丞。

（唐）杜佑《通典》卷二六《職官・諸卿中・司農卿》 秦爲理粟内史，掌穀貨。

《漢書》卷一九上《百官公卿表》 少府，秦官，掌山海池澤之税，以給共養，有六丞。屬官有尚書、符節、太醫、太官、湯官、導官、樂府、若盧、考工室、左弋、居室、甘泉居室、左右司空、東織、西織、東園匠十（二）〔六〕官令丞，又胞人、都水、均官三長丞，又上林中十池監，又中書謁者、黄門、鉤盾、尚方、御府、永巷、内者、宦者（七）〔八〕官令丞。諸僕射、署長、中黄門皆屬焉。

（唐）杜佑《通典》卷二二《職官・尚書上・尚書省》 秦時，少府遣吏四人在殿中，主發書，謂之尚書。尚猶主也。

《漢書》卷一九上《百官公卿表》 將作少府，秦官，掌治宫室，有兩丞、左右中候。

（唐）杜佑《通典》卷二七《職官・諸卿下・將作監》 秦有將作少府，掌治宫室。

漢朝・總叙

綜　述

《漢書》卷一九上《百官公卿表》 師古曰：漢制，三公號稱萬石，其俸月各三百五十斛穀。其稱中二千石者月各百八十斛，二千石者百二十斛，比二千石者百斛，千石者九十斛，比千石者八十斛，六百石者七十斛，比六百石者六十斛，四百石者五十斛，比四百石者四十五斛，三百石者四十斛，比三百石者三十七斛，二百石者三十斛，比二百石者二十七斛，一百石者十六斛。

《易》叙宓羲、神農、（皇）〔黄〕帝作教化民，而《傳》述其官，以爲宓羲龍師名官，神農火師火名，黄帝雲師雲名，少昊鳥師鳥名。自顓頊以來，爲民師而命以民事，有重黎、句芒、祝融、后土、蓐收、玄冥之官，然已上矣。《書》載唐虞之際，命羲和四子順天文，授民時；咨四岳，以舉賢材，揚側陋；十有二牧，柔遠能邇；禹作司空，平水土；棄作后稷，播百穀；卨作司徒，敷五教；咎繇作士，正五刑；垂作共工，利器用；𦳝作朕虞，育草木鳥獸；伯夷作秩宗，典三禮；夔典樂，和神人；龍作納言，出入帝命。夏、殷亡聞焉，周官則備矣。天官冢宰，地官司徒，春官宗伯，夏官司馬，秋官司寇，冬官司空，是爲六卿，各有徒屬職分，用於百事。太師、太傅、太保，是爲三公，蓋參天子，坐而議政，無不總統，故不以一職爲官名。又立三少爲之副，少師、少傅、少保，是爲孤卿，與六卿爲九焉。記曰三公無官，言有其人然後充之，舜之於堯，伊尹於湯，周公、召公於周，是也。或説司馬主天，司徒主人，司空主土，是爲三公。四岳謂四方諸侯。自周衰，官失而百職亂，戰國並爭，各變異。秦兼天下，建皇帝之號，立百官之職。漢因循而不革，明簡易，隨時宜也。其後頗有所改。王莽篡位，慕從古官，而吏民弗安，亦多虐政，遂以亂亡。故略表舉大分，以通古今，備温故知新之義云。

《漢書》卷九九中《王莽傳》 莽策羣司曰：歲星司肅，東（獄）〔嶽〕太師典致時雨，青煒登平，考景以晷。熒惑司悊，南嶽太傅典致時奥，赤煒頌平，考聲以律。太白司艾，西嶽國師典致時陽，白煒象平，考量以銓。辰星司謀，北嶽國將典致時寒，玄煒和平，考星以漏。月刑元股左，司馬典致武應，考方法矩，主司天文，欽若昊天，敬授民時，力來農事，以豐年穀。日德元厷右，司徒典致文瑞，考圜合規，主司人道，五教是輔，帥民承上，宣美風俗，五品乃訓。斗平元心中，司空典致物圖，考度以繩，主司地里，平治水土，掌名山川，衆殖鳥獸，蕃茂草木。各策命以其職，如典誥之文。

置大司馬司允，大司徒司直，大司空司若，位皆孤卿。更名大司農曰羲和，後更爲納言，大理曰作士，太常曰秩宗，大鴻臚曰典樂，少府曰共工，水衡都尉曰予虞，與三公司卿凡九卿，分屬三公。每一卿置大夫三人，一大夫置元士三人，凡二十七大夫，八十一元士，分主中都官諸職。更名光禄勳曰司中，太僕曰太御，衛尉曰太衛，執金吾曰奮武，中尉曰軍正，又置大贅官，主乘輿服御物，後又典兵秩，位皆上卿，號曰六監。改郡太守曰大尹，都尉曰太尉，縣令長曰宰，御史曰執法，公車司馬曰王路四門，長樂宫曰常樂室，未央宫曰壽成室，前殿曰王路堂，長安曰常安。更名秩百石曰庶士，三百石曰下士，四百石曰中士，五百石曰命士，六百石曰元士，千石曰下大夫，比二千石曰中大夫，二千石曰上大夫，中二千石曰卿。車服黻冕，各有差品。又置司恭、司徒、司明、司聰、司中大夫及誦詩工、徹膳宰，以司過。策曰：予聞上聖欲昭厥德，罔不慎修厥身，用綏于遠，是用建爾司于五事。毋隱尤，毋將虚，好惡不愆，立于厥中。於戲，勗哉，令王路設進善之旌，非謗之木，（欲）〔敢〕諫之鼓。諫大夫四人常坐王路門受言事者。

《後漢書》志二四《百官》　漢之初興，承繼大亂，兵不及戢，法度草創，略依秦制，後嗣因循。至景帝，感吴楚之難，始抑損諸侯王。及至武帝，多所改作，然而奢廣，民用匱乏。世祖中興，務從節約，并官省職，費減億計，所以補復殘缺，及身未改，而四海從風，中國安樂者也。

昔周公作《周官》，分職著明，法度相持，王室雖微，猶能久存。今其遺書，所以觀周室牧民之德既至，又其有益來事之範，殆未有所窮也。故新汲令王隆作《小學漢官篇》，諸文倜説，較略不究。唯班固著《百官公卿表》，記漢承秦置官本末，訖于王莽，差有條貫；然皆孝武奢廣之事，又職分未悉。世祖節約之制，宜爲常憲，故依其官簿，粗注職分，以爲《百官志》。凡置官之本，及中興所省，無因復見者，既在《漢書・百官表》，不復悉載。

（唐）杜佑《通典》卷一九《職官・歷代官制總序》　漢初因循而不革，隋時宜也，其後頗有所改。孟康注《漢書》曰：大司馬、左右前後將軍、侍中、常侍、散騎、諸吏爲中朝。丞相以下至六百石等爲外朝。王莽篡立，慕從古官，而吏民弗安，亦多虐政，遂以亂亡。至更始之時，官爵皆群小賈豎。語曰：竈下養，中郎將。爛羊胃，騎都尉。爛羊頭，關内侯。光武中興，務從節約，并官省職，費減億計。後漢建武六年詔曰：百姓遭難，户口耗少，而官吏尚繁。於是司隸、州牧條奏，并省四百餘縣，吏職減損，十置其一。廢丞相與御史大夫，而以三司綜理衆務。洎於叔世，事歸臺閣。論道之官，備員而已。

（唐）杜佑《通典》卷一九《職官・設官沿革》　漢：領尚書事、至後漢爲録尚書事。三公曹尚書。常侍曹尚書，主公卿事。後漢改爲吏曹，主選舉，又爲選部。魏爲吏部。宋嘗置兩員。大唐嘗改爲司列太常伯，又嘗爲天官。中書侍郎、東晉嘗爲通事郎。隋爲内史侍郎，又爲内師侍郎。大唐爲内史侍郎，又爲中書侍郎，又爲紫薇侍郎。御史中丞、後魏曰中尉。大唐改治書侍御史爲之，嘗爲司憲大夫。光禄大夫、優寵者則加銀章青綬。至魏晋則又加金章紫綬。齊嘗置左右。至隋爲散官。中散大夫。王莽置。大唐爲文散。太皇太后卿長信少府、太后以下卿，以至於陳，自後魏無。皇太后卿長信少府、皇后卿大長秋。隋有令。大唐改爲内侍。中常侍。大唐爲内常侍。都水使者。至宋嘗爲水衡令。梁曰大舟卿。隋嘗爲都水監。大唐嘗爲司津監，又嘗爲水衡都尉。驃騎、後漢加大將軍。大唐爲武散。游擊、大唐爲武散。衛、車騎、驍騎、梁置左右。伏波、上、騎、材官、輕車、樓船、横海、護軍、至大唐爲勳官。度遼、貳師、蒲類、强弩、戈船、奮威、建威、積射二十一將軍。奉車、騎、駙馬三都尉。至梁，尚主者爲之。司隸校尉、督察三輔。隋有司隸大夫。大唐京畿採訪使亦其職。刺史、刺舉郡縣。至隋治人。都護。京兆尹、左馮翊、右扶風。特進、大唐爲文散。諸加官。左右曹諸吏、散騎、中常侍、侍中爲之。

後漢：賊曹尚書。尚書侍郎三十六人。初稱尚書郎中，滿歲稱尚書郎，三歲稱侍郎，五歲遷大縣令。魏有尚書郎。晋又有郎中。隋初置三十六侍郎，後置員外郎一人，後又六曹各置侍郎，每曹有郎，有員外郎。大唐改曹郎爲郎中。祕書監。後又置令。大唐嘗爲蘭臺太史，少監爲侍郎，又嘗爲麟臺。武衛、至隋置左右。大唐爲左右鷹揚衛。輔國、晋加大。宋改爲輔師。大唐爲武散。四征、四鎮、四安、虎牙、征虜、捕虜、横野、鷹揚、討逆、討虜、破虜等將軍。四中郎將、都督。至晋加大。河南尹、留守。班同三司、前漢文帝以宋昌爲衛將軍，亞三司，未爲官也。儀同三司。魏有開府儀同三司。晋又有開府儀同三司。後魏有儀同三司。北齊有開府儀同三司，又有儀同三司。後周有開府儀同，又有上開府儀同大將軍。至隋爲散官，又諸衛各置開府一人。八座。

漢朝・皇帝

論説

（漢）劉安《淮南子》卷八《本經訓》　帝者體太一，王者法陰陽，霸者則四時，君者用六律。秉太一者，牢籠天地，彈壓山川，含吐陰陽，伸曳四時，紀綱八極，經緯六合，覆露照導，普氾無私，蠉飛蠕動，莫不仰德而生。陰陽者，承天地之和，形萬殊之體，含氣化物，以成埒類，贏縮卷舒，淪於不測，終始虛滿，轉於無原。四時者，春生夏長，秋收冬藏，取予有節，出入有時，開闔張歙，不失其叙，喜怒剛柔，不離其理。六律者，生之與殺也，賞之與罰也，予之與奪也，非此無道也，故謹於權衡準繩，審乎輕重，足以治其境內矣。是故體太一者，明於天地之情，通於道德之倫，聰明燿於日月，精神通於萬物，動静調於陰陽，喜怒和於四時，德澤施於方外，名聲傳于後世。法陰陽者，德與天地參，明與日月竝，精與鬼神總，戴圓履方，抱表懷繩，內能治身，外能得人，發號施令，天下莫不從風。則四時者，柔而不脆，剛而不鞼，寬而不肆，肅而不悖，優柔委從，以養群類，其德含愚而容不肖，無所私愛。用六律者，伐亂禁暴，進賢而退不肖，扶撥以爲正，壞險以爲平，矯枉以爲直，明於禁舍開閉之道，乘時因勢以服役人心也。帝者體陰陽則侵，王者法四時則削，霸者節六律則辱，君者失準繩則廢。故小而行大，則滔窕而不親；大而行小，則陿隘而不容。貴賤不失其體，而天下治矣。

（漢）董仲舒《春秋繁露》卷六《離合根》　天高其位而下其施，藏其形而見其光。高其位，所以爲尊也；下其施，所以爲仁也；藏其形，所以爲神；見其光，所以爲明。故位尊而施仁，藏神而見光者，天之行也。故爲人主者，法天之行，是故內深藏，所以爲神；外博觀，所以爲明也；任群賢，所以爲受成，乃不自勞於事，所以爲尊也；汎愛群生，不以喜怒賞罰，所以爲仁也。故爲人主者，以無爲爲道，以不私爲寶，立無爲之位而乘備具之官，足不自動而相者導進，口不自言而擯者贊辭，心不自慮而群臣效當，故莫見其爲之而功成矣。此人主所以法天之行也。爲人臣者法地之道，暴其形，出其情以示人，高下險易，堅耎剛柔，肥臞美惡，累可就財也，故其形宜不宜，可得而財也。爲人臣者比地貴信而悉見其情于主，主亦得而財之，故王道威而不失。爲人臣常竭情悉力而見其短長，使主上得而器使之，而猶地之竭竟其情也，故其形宜可得而財也。

（漢）董仲舒《春秋繁露》卷六《立元神》　君人者，國之元，發言動作，萬物之樞機。樞機之發，榮辱之端也。失之豪釐，駟不及追。故爲人君者，謹本詳始，敬小慎微，志如死灰，形如委衣，安精養神，寂寞無爲。休形無見影，揜聲無出響，虛心下士，觀來察往，謀於衆賢，考求衆人，得其心徧見其情，察其好惡，以參忠佞，考其往行，驗之於今，計其蓄積，受於先賢。釋其讎怨，視其所爭，差其黨族，所依爲臬，據位治人，用何爲名，累日積久，何功不成。可以內參外，可以小占大，必知其實，是謂開闔。君人者，國之本也。夫爲國，其化莫大於崇本，崇本則君化若神，不崇本則君無以兼人。無以兼人，雖峻刑重誅，而民不從，是所謂驅國而棄之者也，患孰甚焉。何謂本？曰：天地人，萬物之本也，天生之，地養之，人成之。天生之以孝悌，地養之以衣食，人成之以禮樂，三者相爲手足，合以成體，不可一無也。無孝悌則亡其所以生，無衣食則亡其所以養，無禮樂則亡其所以成也。三者皆亡，則民如麋鹿，各從其欲，家自爲俗。父不能使子，君不能使臣，雖有城郭，名曰虛邑，如此其君枕塊而僵，莫之危而自危，莫之喪而自亡，是謂自然之罰。自然之罰至，裹襲石室，分障險阻，猶不能逃之也。明主賢君必於其信，是故肅慎三本。郊祀致敬，共事祖禰，舉顯孝悌，表異孝行，所以奉天本也。秉耒躬耕，採桑親蠶，墾草殖穀，開闢以足衣食，所以奉地本也。立辟廱庠序，修孝悌敬讓，明以教化，感以禮樂，所以奉人本也。三者皆奉，則民如子弟，不敢自專，邦如父母，不待恩而愛，不須嚴而使，雖野居露宿，厚於宮室。如是者，其君安枕而臥，莫之助而自強，莫之綏而自安，是謂自然之賞。自然之賞至，雖退讓委國而去，百姓襁負其子隨而君之，君亦不得離也。故以德爲國者，甘於飴蜜，固於膠漆，是以聖賢勉而崇本而不敢失也，君人者，國之證也，不可先倡，感而後應，故居倡之位而不行倡之勢，不居和之職而以和爲德，常盡其下，故能爲之上也。

（漢）董仲舒《春秋繁露》卷七《堯舜不擅移湯武不專殺》　且天之

生民，非爲王也；而天立王以爲民也。故其德足以安樂民者，天予之，其惡足以賊害民者，天奪之。

（漢）董仲舒《春秋繁露》卷一〇《深察名號》 治天下之端，在審辨大。辨大之端，在深察名號。名者，大理之首章也。録其首章之意，以窺其中之事，則是非可知，逆順自著，其幾通於天地矣。是非之正，取之逆順；逆順之正，取之名號；名號之正，取之天地；天地爲名號之大義也。古之聖人，謞而效天地謂之號，鳴而施命謂之名。名之爲言，鳴與命也；號之爲言，謞而效也。謞而效天地者爲號，鳴而命者爲名。名號異聲而同本，皆鳴號而達天意者也。天不言，使人發其意；弗爲，使人行其中。名則聖人所發天意，不可不深觀也。受命之君，天意之所予也。故號爲天子者，宜視天爲父，事天以孝道也。號爲諸侯者，宜謹視所候奉之天子也。號爲大夫者，宜厚其忠信，敦其禮義，使善大於匹夫之義，足以化也。士者，事也；民者，瞑也。士不及化，可使守事從上而已。五號自讚，各有分。分中委曲，曲有名。名衆於號，號其大全。名也者，名其別離分散也。號凡而略，名詳而目。目者，徧辨其事也；凡者，獨舉其大也。享鬼神者號，一曰祭。祭之散名：春曰祠，夏曰礿，秋曰嘗，冬曰烝。獵禽獸者號，一曰田。田之散名：春苗，秋蒐，冬狩，夏獮。無有不皆中天意者。物莫不有凡號，號莫不有散名，如是。是故事各順於名，名各順於天。天人之際，合而爲一。同而通理，動而相益，順而相受，謂之德道。《詩》曰：維號斯言，有倫有跡。此之謂也。

深察王號之大意，其中有五科：皇科、方科、匡科、黄科、往科。合此五科，以一言謂之王。王者皇也，王者方也，王者匡也，王者黄也，王者往也。是故王意不普大而皇，則道不能正直而方；道不能正直而方，則德不能匡運周徧；德不能匡運周徧，則美不能黄；美不能黄，則四方不能往；四方不能往，則不全於王。故曰：天覆無外，地載兼愛，風行令而一其威，雨布施而均其德，王術之謂也。

深察君號之大意，其中亦有五科：元科、原科、權科、温科、群科。合此五科以一言，謂之君。君者元也，君者原也，君者權也，君者温也，君者群也。是故君意不比於元，則動而失本；動而失本，則所爲不立；所爲不立，則不效於原；不效於原，則自委舍；自委舍，則化不行。用權於變，則失中適之宜；失中適之宜，則道不平、德不温；道不平、德不温，則衆不親安；衆不親安，則離散不群；離散不群，則不全於君。

（漢）董仲舒《春秋繁露》卷一一《為人者天》 傳曰：唯天子受命於天，天下受命於天子，一國則受命於君。君命順，則民有順命；君命逆，則民有逆命。故曰：一人有慶，兆民賴之。此之謂也。

（漢）董仲舒《春秋繁露》卷一一《王道通三》 人主立於生殺之位，與天共持變化之勢，物莫不應天化。天地之化如四時，所好之風出，則爲暖氣而有生於俗；所惡之風出，則爲清氣而有殺於俗。喜則爲暑氣而有養長也，怒則爲寒氣而有閉塞也。人主以好惡喜怒變習俗，而天以暖清寒暑化草木。喜怒時而當則歲美，不時而妄則歲惡。天地人主一也。然則人主之好惡喜怒，乃天之暖清寒暑也，不可不審其處而出也。當暑而寒，當寒而暑，必爲惡歲矣。人主當喜而怒，當怒而喜，必爲亂世矣。

（漢）董仲舒《春秋繁露》卷一三《四時之副》 天之道，春暖以生，夏暑以養，秋清以殺，冬寒以藏。暖暑清寒，異氣而同功，皆天之所以成歲也。聖人副天之所行以爲政，故以慶副暖而當春，以賞副暑而當夏，以罰副清而當秋，以刑副寒而當冬。慶賞罰刑，異事而同功，皆王者之所以成德也。慶賞罰刑與春夏秋冬，以類相應也，如合符。故曰王者配天，謂其道。天有四時，王有四政，四政若四時，通類也，天人所同有也。慶爲春，賞爲夏，罰爲秋，刑爲冬。慶賞罰刑之不可不具也，如春夏秋冬不可不備也；慶賞罰刑，當其處不可不發，若暖暑清寒，當其時不可不出也。慶賞罰刑各有正處，如春夏秋冬各有時也。四政者，不可以相干也，猶四時不可相干也。四政者，不可以易處也，猶四時不可易處也。故慶賞罰刑有不行於其正處者，《春秋》譏也。

（漢）劉向《新序》卷一《雜事》 夫天生民而立之君，使司牧之，無使失性。良君將賞善而除民患，愛民如子，蓋之如天，容之若地。民奉其君，愛之如父母，仰之如日月，敬之如神明，畏之若雷霆。夫君，神之主也，而民之望也。天之愛民甚矣，豈使一人肆於民上，以縱其淫而棄天地之性乎？必不然矣。若困民之性，乏神之祀，百姓絶望，社稷無主，將焉用之？不去爲何？

（漢）班固《白虎通義·爵》 天子者，爵稱也。爵所以稱天子者何？王者父天母地，爲天之子也。故《援神契》曰：天覆地載，謂之天子，上法斗極。《鉤命決》曰：天子，爵稱也。帝王之德有優劣，所以俱稱天子者何？以其俱受命於天，而王治五千里内也。《尚書》曰：天子作民父母，以爲天下王。何以知帝亦稱天子也？以法天下也。《中候》曰：天子臣放勛。《書・亡逸篇》曰：厥兆天子爵。何以言皇亦稱天子也？以其言天覆地載，俱王天下也。故《易》曰：伏羲氏之王天下也。

（漢）班固《白虎通義・號》 帝王者何？號也。號者，功之表也。所以表功明德，號令臣下者也。德合天地者稱帝，仁義合者稱王，别優劣也。《禮記・謚法》曰：德象天地稱帝，仁義所生稱王。帝者天號，王者五行之稱也。皇者，何謂也？亦號也。皇，君也，美也，大也。天人之摠，美大之稱也。時質，故摠稱之也。號言爲帝者何？帝者，諦也。象可承也。王者，往也。天下所歸往。《鉤命決》曰：三皇步，五帝趨。三王馳，五伯騖。號之爲皇者，煌煌人莫違也。煩一夫，擾一士，以勞天下，不爲皇也。不擾匹夫匹婦，故爲皇。故黄金棄於山，珠玉捐於淵。巖居穴處，衣皮毛，飲泉液，吮露英，虚無廖廓，與天地通靈也。

或稱天子，或稱帝王何？以爲接上稱天子者，明以爵事天也；接下稱帝王者，明位號天下至尊之稱，以號令臣下也。故《尚書》曰：諮四岳。曰：裕汝衆。或稱一人。王者自謂一人者，謙也。欲言己材能當一人耳。故《論語》曰：百姓有過，在予一人。臣下謂之一人何？亦所以尊王者也。以天下之大，四海之内，所共尊者一人耳。故《尚書》曰：不施予一人。或稱朕何？亦王者之謙也。朕，我也。或稱予者，予亦我也。不以尊稱自也。但自我皆謙。

（漢）班固《白虎通義・三正》 王者受命必改朔何？明易姓，示不相襲也。明受之於天，不受之於人，所以變易民心，革其耳目，以助化也。故《大傳》曰：王者始起，改正朔，易服色，殊徽號，異器械，别衣服也。是以舜、禹雖繼太平，猶宜改以應天。王者改作，樂必得天應而後作何？重改制也。《春秋瑞應傳》曰：敬受瑞應，而王改正朔，易服色。《易》曰：湯武革命，順乎天而應乎民也。

《漢書》卷五六《董仲舒傳》 臣謹案《春秋》之文，求王道之端，得之於正。正次王，王次春。春者，天之所爲也；正者，王之所爲也。其意曰，上承天之所爲，而下以正其所爲，正王道之端云爾。然則王者欲有所爲，宜求其端於天。天道之大者在陰陽。陽爲德，陰爲刑；刑主殺而德主生。是故陽常居大夏，而以生育養長爲事；陰常居大冬，而積於空虚不用之處。以此見天之任德不任刑也。天使陽出布施於上而主歲功，使陰入伏於下而時出佐陽；陽不得陰之助，亦不能獨成歲。終陽以成歲爲名，此天意也。王者承天意以從事，故任德教而不任刑。刑者不可任以治世，猶陰之不可任以成歲也。爲政而任刑，不順於天，故先王莫之肯爲也。今廢先王德教之官，而獨任執法之吏治民，毋乃任刑之意與。孔子曰：不教而誅謂之虐。虐政用於下，而欲德教之被四海，故難成也。

（漢）馬融《忠經・聖君章》 惟君以聖德監於萬邦，鄭玄註：聖君在上，垂監於下。萬邦在下，觀行於上。自下至上，各有尊也。故王者上事於天，下事於地，中事於宗廟，以臨於人。鄭玄註：王者至重，猶有所尊，況其下乎？則人化之，天下盡忠以奉上也。鄭玄註：上行下化，理之自然。文王敬遜，虞芮遜畔是也。是以兢兢戒慎，日增其明。鄭玄註：日增一日，德益明也。禄賢官能，式敷大化。惠澤長久，黎民咸懷。鄭玄註：非懷不可以居禄，非化不可以懷人。任賢陳化，君之要也。故得皇猷丕丕，行於四方，揚於後代，以保社稷，以光祖考。鄭玄註：君聖臣賢，化行名播。以光祖考，以嚴配社稷於無疆者也。蓋聖君之忠也。鄭玄註：忠之爲道，無所不通也。《詩》云：昭事上帝，聿懷多福。鄭玄註：君以明德事天，天以多福與人君也。

（漢）蔡邕《獨斷》卷上 漢天子正號曰皇帝，自稱曰朕，臣民稱之曰陛下，其言曰制詔，史官記事曰上。車馬、衣服、器械百物曰乘輿，所在曰行在所，所居曰禁中，後曰省中。印曰璽，所至曰幸，所進曰御。其命令一曰策書，二曰制書，三曰詔書，四曰戒書。

皇帝、皇、王后、帝皆君也。上古天子庖犧氏、神農氏稱皇。堯、舜稱帝。夏、殷、周稱王。秦承周末，爲漢驅除，自以德兼三皇，功包五帝，故并以爲號。漢高祖受命，功德宜之，因而不改也。

王者至尊，四號之别名。

王，畿内之所稱，王有天下，故稱王。

天王，諸夏之所稱，天下之所歸往，故稱天王。

天子，夷狄之所稱，父天母地，故稱天子。

天家，百官小吏之所稱，天子無外，以天下爲家，故稱天家。

天子，正號之別名。

皇帝，至尊之稱。皇者，煌也，盛德煌煌，無所不照。帝者，諦也。能行天道，事天審諦，故稱皇帝。

朕，我也。古者尊卑共之，貴賤不嫌，則可同號之義也。堯曰朕，在位七十載。皋陶與帝舜言曰朕言惠可底行。屈原曰朕皇考，此其義也。至秦，天子獨以爲稱，漢因而不改也。

陛下者，陛階也，所由升堂也。天子必有近臣，執兵陳于陛側以戒不虞。謂之陛下者，群臣與天子言，不敢指斥天子，故呼在陛下者而告之，因卑達尊之意也。上書亦如之。及群臣士庶相與言曰殿下、閣下、執事之屬皆此類也。

上者，尊位所在也。太史令司馬遷記事，當言帝則依違但言上，不敢渫瀆言尊號，尊王之義也。

乘輿出于律。律曰敢盜乘輿、服御物。謂天子所服食者也。天子至尊，不敢渫瀆言之，故託之于乘輿。乘，猶載也，輿，猶車也。天子以天下爲家，不以京師宫室爲常處，則當乘車輿以行天下，故群臣託乘輿以言之。或謂之車駕。

天子自謂曰行在所，猶言今雖在京師，行所至耳。巡狩天下，所奏事處皆爲宫。在京師曰奏長安宫，在泰山則曰奏奉高宫。唯當時所在，或曰朝廷，亦依違尊者所都，連舉朝廷以言之也。親近侍從官稱曰大家，百官小吏稱曰天家。

禁中者，門户有禁，非侍御者不得入，故曰禁中。孝元皇后父大司馬陽平侯名禁，當時避之，故曰省中。今宜改，後遂無言之者。

璽者，印也。印者，信也。天子璽以玉螭虎紐。古者尊卑共之。《月令》曰：固封璽。《春秋左氏傳》曰：魯襄公在楚，季武子使公冶問，璽書追而與之。此諸侯大夫印稱璽者也。衛宏曰：秦以前，民皆以金玉爲印，龍虎紐，唯其所好，然則秦以來天子獨以印稱璽，又獨以玉，群臣莫敢用也。

幸者，宜幸也，世俗謂幸爲僥倖。車駕所至，民臣被其德澤以僥倖，故曰幸也。先帝故事，所至見長吏三老官屬，親臨軒，作樂，賜食皁帛越巾刀珮帶，民爵有級數，或賜田租之半，是故謂之幸，皆非其所當得而得之。王仲任曰：君子無幸而有不幸，小人有幸而無不幸。《春秋傳》曰：民之多幸，國之不幸也。言民之得所不當得，故謂之幸。然則人主必慎所幸也。御者，進也，凡衣服加于身，飲食入于口，妃妾接于寢，皆曰御。親愛者皆曰幸。幸説從上章。

策書，策者，簡也。《禮》曰：不滿百丈，不書于策。其制長二尺，短者半之，其次一長一短，兩編下附篆書，起年月日，稱皇帝曰，以命諸侯王三公，其諸侯王三公之薨于位者，亦以策書誄謚其行而賜之，如諸侯之策。三公以罪免，亦賜策文，體如上策，而隸書以一尺木兩行，唯此爲異者也。

制書，帝者制度之命也，其文曰制詔。三公赦令、贖令之屬是也。刺史太守相劾奏申下土遷書文亦如之，其徵爲九卿，若遷京師，近宫則言官具言姓名，其免若得罪無姓。凡制書有印使符下，遠近皆璽封，尚書令印重封，唯赦令、贖令召三公詣朝堂受制書，司徒印封露布下州郡。

詔書者，詔誥也，有三品。其文曰：告某官，官如故事，是爲詔書。群臣有所奏請，尚書令奏之，下有制曰：天子答之曰可。若下某官云云亦曰昭書。群臣有所奏請，無尚書令奏制之字，則答曰已奏，如書本官下所當至，亦曰詔。

戒書，戒敕刺史太守及三邊營官，被敕文曰有詔敕某官，是爲戒敕也。世皆名此爲策書，失之遠矣。

凡群臣上書于天子者有四名：一曰章，二曰奏，三曰表，四曰駮議。

章者，需頭，稱稽首上書謝恩、陳事詣闕通者也。

奏者，亦需頭，其京師官但言稽首，下言稽首以聞，其中有所請若罪法劾案公府，送御史臺；公卿校尉，送謁者臺也。

表者，不需頭，上言臣某言，下言臣某誠惶誠恐，稽首頓首，死罪死罪。左方下附曰某官臣某甲上，文多用編兩行，文少以五行，詣尚書通者也。公卿校尉諸將不言姓，大夫以下有同姓官別者言姓，章曰報聞，公卿使謁者將大夫以下至吏民尚書左丞奏聞報可，表文報已奏如書。凡章表皆啓封，其言密事，得帛囊盛。其有疑事，公卿百官會議，若臺閣有所正處而獨執異意者曰駮議。駮議曰某官某甲議以爲如是，下言臣愚戆議異，其非駮議，不言議異，其合于上意者，文報曰某官某甲議可。

漢承秦法，群臣上書皆言昧死言，王莽盗位，慕古法，去昧死，曰稽首。光武因而不改，朝臣曰稽首頓首，非朝臣曰稽首再拜，公卿、侍中、尚書衣帛而朝曰朝臣，諸營校尉將大夫以下亦爲朝臣。

王者臨撫之别名。

天子曰兆民，諸侯曰萬民，今之令長，古之諸侯。百乘之家曰百姓。百乘之家，子男之國也。

天子所都曰京師，京，水也。地下之衆者莫過于水，地上之衆者莫過于人。京，大。師，衆也。故曰京師也。

京師，天子之畿内千里，象日月，日月躔次千里。

天子命令之别名。

命。出君下臣名曰命。

令。奉而行之名曰令。

政。著之竹帛名曰政。

天子父事天，母事地，兄事日，姊事月，常以春分朝日于東門之外，示有所尊，訓人民事君之道也。秋夕夕朝月于西門之外，别陰陽之義也。

天子父事三老者，適成于天地人也。兄事五更者，訓于五品也。更者，長也，更相代至五也。能以善道改更己也。又三老，老謂久也、舊也、壽也，皆取首妻男女完具者。古者天子親袒割牲，執醬而饋，三公設几，九卿正履，使者安車輭輪送迎而至其家，天子獨拜于屏。其明旦三老詣闕謝，以其禮過厚故也。又五更或爲叟，叟，老稱，與三老同義也。

三代建正之别名。

夏以十三月爲正，十寸爲尺。律中大簇，言萬物始簇而生，故以爲正也。

殷以十二月爲正，九寸爲尺，律中大吕，言陰氣大勝，助黄鍾宣氣而萬物生，故以爲正也。

周以十一月爲正，八寸爲尺，律中黄鍾，言陽氣踵黄泉而出，故以爲正也。

三代年歲之别名。

唐虞曰載。載，歲也。言一歲莫不覆載，故曰載也。夏曰歲，一曰稔也。商曰祀，周曰年。

閏月者，所以補小月之減日，以正歲數，故三年一閏，五年再閏。

天子諸侯后妃夫人之别名。

天子之妃曰后，后之言後也。諸侯之妃曰夫人，夫人之言扶也。（夫人）〔大夫〕曰孺人，孺之言屬也。士曰婦人，婦之言服也。庶人曰妻，妻之言齊也。公侯有夫人、有世婦、有妻、有妾。皇后赤綬玉璽，貴人緺綟金印，緺綟色似緑。

天子后立六宫之别名。

三夫人，帝嚳有四妃以象后妃四星，其一明者爲正妃，三者爲次妃也。九嬪，夏后氏增以三三而九，合十二人。春秋天子取十二，夏制也，二十七世婦，殷人又增三九二十七，合三十九人。八十一御女，周人上法帝嚳正妃，又九九爲八十一，增之合百二十人也。天子一取十二女，象十二月，三夫人、九嬪。諸侯一取九女，象九州，一妻、八妾。卿大夫一妻，二妾，士一妻、一妾。

（宋）李昉等《太平御覽》卷七六《皇王部·叙皇王上》 應劭《漢官儀》曰：皇者，大也，言其煌煌盛美。帝者，德象天地，言其能行天道，舉措審諦，父天母地，爲天下主。《漢雜事》曰：漢有天下，號曰皇帝，自稱朕，人臣稱之曰陛下。其命令，制誥、衣冠、車馬、器械、百物曰乘輿，所在曰行在，所至曰幸，所居曰某禁中，所進曰御。天子至尊，不敢褻瀆之，故託於乘輿。天子以天下爲家，不以京師宫室爲常處，則當乘輿以行天下，猶調之車駕。今雖在京師，京師言行在所，巡狩天下所奏事處皆爲宫，在長安則曰長安宫，在泰山則曰奉商宫，唯當時所至。

紀事

《史記》卷一〇《孝文本紀》 正月，有司言曰：蚤建太子，所以尊宗廟。請立太子。上曰：朕既不德，上帝神明未歆享，天下人民未有嗛志。今縱不能博求天下賢聖有德之人而禪天下焉，而曰豫建太子，是重吾不德也。謂天下何？其安之。有司曰：豫建太子，所以重宗廟社稷，不忘天下也。上曰：楚王，季父也，春秋高，閱天下之義理多矣，明於國家之大體。吴王於朕，兄也，惠仁以好德。淮南王，弟也，秉德以陪朕。豈爲不豫哉，諸侯王宗室昆弟有功臣，多賢及有德義者，若舉有德以陪朕之不能終，是社稷之靈，天下之福也。今不選舉焉，而曰必子，人其以朕爲忘賢有德者而專於子，非所以憂天下也。朕甚不取也。有司皆固請曰：古者殷周有國，治安皆千餘歲，古之有天下者莫長焉，用此道也。立嗣必子，所從來遠矣。高帝親率士大夫，始平天下，建諸侯，爲帝者太祖。諸侯王及列侯始受國者皆亦爲其國祖。子孫繼嗣，世世弗絶，天下之大義也，故高帝設之以撫海内。今釋宜建而更選於諸侯及宗室，非高帝之志也。更議不宜。子某最長，純厚慈仁，請建以爲太子。上乃許之。因賜天下民當代父後者爵各一級。封將軍薄昭爲軹侯。

《史記》卷九九《叔孫通列傳》　漢五年，已并天下，諸侯共尊漢王爲皇帝於定陶，叔孫通就其儀號。高帝悉去秦苛儀法，爲簡易。羣臣飲酒争功，醉或妄呼，拔劍擊柱，高帝患之。叔孫通知上益厭之也，説上曰：夫儒者難與進取，可與守成。臣願徵魯諸生，與臣弟子共起朝儀。高帝曰：得無難乎？叔孫通曰：五帝異樂，三王不同禮。禮者，因時世人情爲之節文者也。故夏、殷、周之禮所因損益可知者，謂不相復也。臣願頗采古禮與秦儀雜就之。上曰：可試爲之，令易知，度吾所能行爲之。

於是叔孫通使徵魯諸生三十餘人。魯有兩生不肯行，曰：公所事者且十主，皆面諛以得親貴。今天下初定，死者未葬，傷者未起，又欲起禮樂。禮樂所由起，積德百年而後可興也。吾不忍爲公所爲。公所爲不合古，吾不行。公往矣，無汙我。叔孫通笑曰：若真鄙儒也，不知時變。遂與所徵三十人西，及上左右爲學者與其弟子百餘人爲緜蕞野外。習之月餘，叔孫通曰：上可試觀。上既觀，使行禮，曰：吾能爲此。迺令羣臣習肄，會十月。

漢七年，長樂宫成，諸侯羣臣皆朝十月。儀：先平明，謁者治禮，引以次入殿門，廷中陳車騎步卒衛宫，設兵張旗志。傳言趨。殿下郎中俠陛，陛數百人。功臣列侯諸將軍軍吏以次陳西方，東鄉；文官丞相以下陳東方，西鄉。大行設九賓，臚傳。於是皇帝輦出房，百官執職傳警，引諸侯王以下至吏六百石以次奉賀。自諸侯王以下莫不振恐肅敬。至禮畢，復置法酒。諸侍坐殿上皆伏抑首，以尊卑次起上壽。觴九行，謁者言罷酒。御史執法舉不如儀者輒引去。竟朝置酒，無敢讙譁失禮者。於是高帝曰：吾迺今日知爲皇帝之貴也。迺拜叔孫通爲太常，賜金五百斤。【略】

漢九年，高帝徙叔孫通爲太子太傅。漢十二年，高祖欲以趙王如意易太子，叔孫通諫上曰：昔者晋獻公以驪姬之故廢太子，立奚齊，晋國亂者數十年，爲天下笑。秦以不蚤定扶蘇，令趙高得以詐立胡亥，自使滅祀，此陛下所親見。今太子仁孝，天下皆聞之；吕后與陛下攻苦食啖，其可背哉。陛下必欲廢適而立少，臣願先伏誅，以頸血汙地。高帝曰：公罷矣，吾直戲耳。叔孫通曰：太子天下本，本一摇天下振動，柰何以天下爲戲。高帝曰：吾聽公言。及上置酒，見留侯所招客從太子入見，上迺遂無易太子志矣。

《漢書》卷一下《高帝紀》　於是諸侯上疏曰：楚王韓信、韓王信、淮南王英布、梁王彭越、故衡山王吴芮、趙王張敖、燕王臧荼昧死再拜言，大王陛下：先時秦爲亡道，天下誅之。大王先得秦王，定關中，於天下功最多。存亡定危，救敗繼絶，以安萬民，功盛德厚。又加惠於諸侯王有功者，使得立社稷。地分已定，而位號比儗，亡上下之分，大王功德之著，於後世不宣。昧死再拜上皇帝尊號。漢王曰：寡人聞帝者賢者有也，虚言亡實之名，非所取也。今諸侯王皆推高寡人，將何以處之哉？諸侯王皆曰：大王起於細微，滅亂秦，威動海内。又以辟陋之地，自漢中行威德，誅不義，立有功，平定海内，功臣皆受地食邑，非私之也。大王德施四海，諸侯王不足以道之，居帝位甚實宜，願大王以幸天下。漢王曰：諸侯王幸以爲便於天下之民，則可矣。於是諸侯王及太尉長安侯臣綰等三百人，與博士稷嗣君叔孫通謹擇良日二月甲午，上尊號。漢王即皇帝位于氾水之陽。尊王后曰皇后，太子曰皇太子，追尊先媪曰昭靈夫人。

《漢書》卷八《宣帝紀》〔本始二年〕夏五月，詔曰：朕以眇身奉承祖宗，夙夜惟念孝武皇帝躬履仁義，選明將，討不服，匈奴遠遁，平氐、羌、昆明、南越，百蠻鄉風，款塞來享；建太學，修郊祀，定正朔，協音律；封泰山，塞宣房，符瑞應，寶鼎出，白麟獲。功德茂盛，不能盡宣，而廟樂未稱，其議奏。有司奏請宜加尊號。六月庚午，尊孝武廟爲世宗廟，奏《盛德》、《文始》、《五行》之舞，天子世世獻。武帝巡狩所幸之郡國，皆立廟。賜民爵一級，女子百户牛酒。

《漢書》卷一一《哀帝紀》 待詔夏賀良等言赤精子之讖，漢家曆運中衰，當再受命，宜改元易號。詔曰：漢興二百載，曆數開元。皇天降非材之佑，漢國再獲受命之符，朕之不德，曷敢不通。夫基事之元命，必與天下自新，其大赦天下。以建平二年爲太初元將元年。號曰陳聖劉太平皇帝。漏刻以百二十爲度。

七月，以渭城西北原上永陵亭部爲初陵。勿徙郡國民，使得自安。

八月，詔曰：（時）〔待〕詔夏賀良等建言改元易號，增益漏刻，可以永安國家。朕過聽賀良等言，冀爲海内獲福，卒亡嘉應。皆違經背古，不合時宜。六月甲子制書，非赦令也，皆蠲除之。賀良等反道惑衆，下有司。皆伏辜。

《漢書》卷六〇《杜周傳》 周少言重遲，而内深次骨。宣爲左内史，周爲廷尉，其治大抵放張湯，而善候司。上所欲擠者，因而陷之；上所欲釋，久繫待問而微見其寃狀。客有謂周曰：君爲天下決平，不循三尺法，專以人主意指爲獄，獄者固如是乎？周曰：三尺安出哉？前主所是著爲律，後主所是疏爲令；當時爲是，何古之法乎。

《漢書》卷七二《鮑宣傳》 天下乃皇天之天下也，陛下上爲皇天子，下爲黎庶父母，爲天牧養元元，視之當如一，合《尸鳩》之詩。今貧民菜食不厭，衣又穿空，父子夫婦不能相保，誠可爲酸鼻。陛下不救，將安所歸命乎？奈何獨私養外親與幸臣董賢，多賞賜以大萬數，使奴從賓客漿酒霍肉，蒼頭廬兒皆用致富，非天意也。及汝昌侯傅商亡功而封。夫官爵非陛下之官爵，乃天下之官爵也。陛下取非其官，官非其人，而望天説民服，豈不難哉。

《漢書》卷七五《李尋傳》 初，成帝時，齊人甘忠可詐造《天官曆》、《包元太平經》十二卷，以言漢家逢天地之大終，當更受命於天，天帝使真人赤精子，下教我此道。忠可以教重平夏賀良、容丘丁廣世、東郡郭昌等，中壘校尉劉向奏忠可假鬼神罔上惑衆，下獄治服，未斷病死。賀良等坐挾學忠可書以不敬論，後賀良等復私以相教。哀帝初立，司隸校尉解光亦以明經通災異得幸，白賀良等所挾忠可書。事下奉車都尉劉歆，歆以爲不合《五經》，不可施行。而李尋亦好之。光曰：前歆父向奏忠可下獄，歆安肯通此道？時郭昌爲長安令，勸尋宜助賀良等。尋遂白賀良等皆待詔黄門，數召見，陳説漢曆中衰，當更受命。成帝不應天命，故絶嗣。今陛下久疾，變異屢數，天所以譴告人也。宜急改元易號，乃得延年益壽，皇子生，災異息矣。得道不得行，咎殃且亡，不有洪水將出，災火且起，滌盪（人民）〔民人〕。

哀帝久寢疾，幾其有益，遂從賀良等議。於是詔制丞相御史：蓋聞《尚書》五曰考終命，言大運壹終，更紀天元人元，考文正理，推曆定紀，數如甲子也。朕以眇身入繼太祖，承皇天，總百僚，子元元，未有應天心之效。即位出入三年，災變數降，日月失度，星辰錯謬，高下貿易，大異連仍，盜賊並起。朕甚懼焉，戰戰兢兢，唯恐陵夷。惟漢興至今二百載，曆紀開元，皇天降非材之右，漢國再獲受命之符，朕之不德，曷敢不通夫受天之元命，必與天下自新。其大赦天下，以建平二年爲太初（元將）元年，號曰陳聖劉太平皇帝。漏刻以百二十爲度。布告天下，使明知之。後月餘，上疾自若。賀良等復欲妄變政事，大臣争以爲不可許。賀良等奏言大臣皆不知天命，宜退丞相御史，以解光、李尋輔政。上以其言亡驗，遂下賀良等吏，而下詔曰：朕獲保宗廟，爲政不德，變異屢仍，恐懼戰栗，未知所繇。待詔賀良等建言改元易號，增益漏刻，可以永安國家。朕信道不篤，過聽其言，幾爲百姓獲福。卒無嘉應，久旱爲災。以問賀良等，對當復改制度，皆背經誼，違聖制，不合時宜。夫過而不改，是爲過矣。六月甲子詔書，非赦令也，皆蠲除之。賀良等反道惑衆，姦態當窮竟。皆下獄，光禄勳平當、光禄大夫毛莫如與御史中丞、廷尉雜治，當賀良等執左道，亂朝政，傾覆國家，誣罔主上，不道。賀良等皆伏誅。尋及解光減死一等，徙敦煌郡。

《漢書》卷八五《谷永傳》 陛下踐至尊之祚爲天下主，奉帝王之職以統羣生，方内之治亂，在陛下所執。誠留意於正身，勉強於力行，損燕私之間以勞天下，放去淫溺之樂，罷歸倡優之笑，絶卻不享之義，慎節游田之虞，起居有常，循禮而動，躬親政事，致行無倦，安服若性。經曰：繼自今嗣王，其毋淫于酒，毋逸于游田，惟正之共。未有身治正而臣下邪者也。【略】

臣聞天生蒸民，不能相治，爲立王者以統理之，方制海内非爲天子，列土封疆非爲諸侯，皆以爲民也。垂三統，列三正，去無道，開有德，不私一姓，明天下乃天下之天下，非一人之天下也。王者躬行道德，承順天地，博愛仁恕，恩及行葦，籍税取民不過常法，宮室車服不踰制度，事節財足，黎庶和睦，則卦氣理效，五徵時序，百姓壽考，庶屮蕃滋，符瑞並降，以昭保右。失道妄行，逆天暴物，窮奢極欲，湛湎荒淫，婦言是從，誅逐仁賢，離逖骨肉，羣小用事，峻刑重賦，百姓愁怨，則卦氣悖亂，咎徵著郵，上天震怒，災異婁降，日月薄食，五星失行，山崩川潰，水泉踊出，妖孽並見，茀星耀光，饑饉荐臻，百姓短折，萬物夭傷。終不改寤，惡洽變備，不復譴告，更命有德。《詩》云：乃眷西顧，此惟予宅。

《漢書》卷一〇〇上《敘傳》 囂問彪曰：往者周亡，戰國並争，天下分裂，數世然後乃定，其抑者從横之事復起於今乎？將承運迭興在於一人也？願先生論之。對曰：周之廢興與漢異。昔周立爵五等，諸侯從政，本根既微，枝葉強大，故其末流有從横之事，其勢然也。漢家承秦之制，並立郡縣，主有專己之威，臣無百年之柄。

漢朝·三公

綜　述

（漢）衛宏《漢舊儀》卷上 漢初置相國史，秩五百石。後罷，并爲丞相史。

丞相府司直一人，秩二千石，職無不監。武帝初置。曰馬直官，今省。案：馬直官當作司直官。

列侯爲丞相、相國，號君侯。案：《漢書·劉屈氂傳》如淳注、《文選·贈五官中郎將詩》注引無相國二字，又引號作稱。御史大夫爲丞相，更春乃封，故先賜爵關内侯。案：故先賜爵句，從《漢書·平當傳》如淳注引補。【略】

丞相初置，吏員十五人，皆六百石，分爲東、西曹。案：《北堂書鈔·設官部》引東西曹掾秩四百石。東曹九人，出督州爲刺史。西曹六人，其五人往來白事東廂爲侍中，一人留府曰西曹，領百官奏事。長安給騎亭長七十人，六月一更倉頭廬兒。出入大車駟馬，前後大車、駢車，中二千石屬官以次送從。【略】

武帝元狩六年，初置大司馬。

丞相司直、案直本訛作置，今改正。諫大夫秩六百石；丞相少史秩四百石，案：《漢書·昭帝紀》如淳注引丞相少史有武帝初置四字。次三百石、百石。書令史斗食，缺，試中二千書佐高第補，因爲騎史。武帝元狩六年，丞相吏員三百八十二人：史二十人，秩四百石；少史八十人，秩三百石；屬百人，秩二百石；屬史百六十二人，秩百石。皆從同秩補。以爲有權衡之量，不可欺以輕重；有丈尺之度，不可欺以長短。官事至重，古法雖聖猶試，故令丞相設四科之辟，以博選異德名士，稱才量能，不宜者還故官。第一科曰德行高妙，志節清白。二科曰學通行修，經中博士。三科曰明曉法令，足以決疑，能案章覆問，文中御史。四科曰剛毅多略，遭事不惑，明足以照姦，勇足以決斷，才任三輔劇令。案：劇字從《藝文類聚·職官部》引補。皆試以能，信然後官之。案：《藝文類聚》、《太平御覽·職官部》引無信字，又能上有其字。第一科補西曹南閣祭酒，二科補議曹，三科補四辭八奏，四科補賊決。案：《藝文類聚》引無賊字。其以詔使案事御史爲駕一封，行赦令駕二封，皆特自奏事，各以所職劾中二千石以下。選中二十書佐試補令史，令史皆斗食，遷補御史令史。其欲以秩留者，許之。歲舉秀才一人，廉吏六人。

丞相典天下誅討賜奪，吏勞職煩，故吏衆。

《漢書》卷一九上《百官公卿表》 相國、丞相，皆秦官，金印紫綬，掌丞天子助理萬機。秦有左右，高帝即位，置一丞相，十一年更名相國，緑綬。孝惠、高后置左右丞相，文帝二年復置一丞相。有兩長史，秩千石。哀帝元壽二年更名大司徒。武帝元狩五年初置司直，秩比二千石，掌佐丞相舉不法。

（漢）應劭《漢官儀》卷上 相國、丞相，皆六國時官。《通典·職官》。

丞相有疾，御史大夫三日一問起居，百官亦如之。案：《藝文類聚》引作百僚亦然。朝廷遣中使太醫高手，膳羞絡繹。及瘳視事，尚書令若光禄大夫，賜以養牛、上尊酒。《藝文類聚·職官部》、《太平御覽·職官部》。

丞相見免，乘駟馬自府歸。《説文・繫傳》十九。

武帝置丞相司直。元壽二年改丞相爲大司徒，司直仍舊。今省。《後漢書・光武紀》注。

司徒府掾屬三十一人，秩千石。令史及御屬三十六人。《後漢書・光武紀》注、《梁冀傳》注。

《後漢書》志二四《百官》　司徒，公一人。本注曰：掌人民事。凡教民孝悌、遜順、謙儉，養生送死之事，則議其制，建其度。凡四方民事功課，歲盡則奏其殿最而行賞罰。凡郊祀之事，掌省牲視濯，大喪則掌奉安梓宮。凡國有大疑大事，與太尉同。世祖即位，爲大司徒，《漢官儀》曰：王莽時，議以漢無司徒官，故定三公之號曰大司馬、大司徒、大司空。世祖即位，因而不改。蔡質《漢儀》曰：司徒府與蒼龍闕對，厭於尊者，不敢號府。應劭曰：此不然。丞相舊位在長安時，府有四出門，隨時聽事，明帝本欲依之，迫於太尉、司空，但爲東西門耳。國每有大議，天子車駕親幸其殿。殿西王侯以下更衣併存。每歲州郡聽採長吏臧否，民所疾苦，還條奏之，是爲之舉謠言者也。頃者舉謠言者，掾屬令史都會殿上，主者大言某州郡行狀云何，善者同聲稱之，不善者各爾銜枚。大較皆取無名勢，其中或有愛憎微裁黜陟之闇昧也。若乃中山祝恬，踐周、召之列，當軸處中，忘謇諤之節，憚首尾之譏，縣囊捉撮，無能清澄，其與申屠須責鄧通，王嘉封還詔書，邈矣乎。《周禮》有外朝，干寶注曰：《禮》，司徒府中有百官朝會殿，天子與丞相決大事，是外朝之存者。建武二十七年，去大。《漢舊儀》曰：哀帝元壽二年，以丞相爲大司徒。郡國守長史上計事竟，遣公出庭，上親問百姓所疾苦。記室掾史一人大音讀勅畢，遣勅曰：詔書殿下禁吏無苛暴。丞史歸告二千石，順民所疾苦。急去殘賊，審擇良吏，無任苛刻。治獄決訟，務得其中。明詔憂百姓困於衣食，二千石帥勸農桑，思稱厚恩，有以賑贍之，無煩撓奪民時。今日公卿以下，務飭儉恪，奢侈過制度以益甚，二千石身帥有以化之。民冗食者請謹以法，養視疾病，致醫藥務治之。詔書無飾廚養，至今未變，又更過度，甚不稱。歸告二千石，務省約如法。且案不改者，長吏以〔聞〕。官寺鄉亭漏敗，牆垣阤壞不治，無辦護者，不勝任，先自劾不應法。歸告二千石聽。十年，更名相國。案獻帝初，董卓自太尉進爲相國，而司徒不省。及建安末，曹公爲丞相，郗慮爲御史大夫，則罷三公官。荀綽《晋百官表注》曰：漢丞相府門無闌，不設鈴，不警鼓，言其深大闊遠，無節限也。

長史一人，千石。掾屬三十一人。令史及御屬三十六人。本注曰：世祖即位，以武帝故事，置司直，居丞相府，助督録諸州，建武十八年省也。（漢）《〔獻〕帝起居注》曰：建安八年十二月，復置司直，不屬司徒，掌督中都官，不領諸州。九年十一月，詔司直比司隸校尉，坐同席在上，假傳置，從事三人，書佐四人。

（唐）杜佑《通典》卷一九《職官・宰相》　漢置丞相，嘗置相國，或左右丞相，尋復舊。成帝改御史大夫爲司空，與大司馬、丞相是爲三公，皆宰相也。哀帝改丞相為大司徒，亦為宰相。後漢以太尉、司徒、司空為宰相，獻帝復置宰相。

（唐）杜佑《通典》卷二〇《職官・司徒》　秦置丞相，省司徒。漢初因之。至哀帝元壽二年，罷丞相，置大司徒。

後漢大司徒主徒衆，教以禮義。凡國有大疑大事，與太尉同。蔡質《漢儀》曰：司徒府與蒼龍闕對，厭於尊者，不敢號府。應劭曰：此不然。丞相舊位在長安時，府有四出門，隨時聽事。明帝本欲依之，迫於太尉、司空，但為東西門耳。每國有大議，天子車駕親幸其殿。建武二十七年，去大，為司徒公。鄧禹為大司徒，封侯，年二十四。靈帝賣官，廷尉崔烈入錢五百萬，以買司徒，其拜日，天子亦臨軒，時人謂烈為銅臭。建安末為相國。

（唐）杜佑《通典》卷二一《職官・宰相》　漢高帝即位，一丞相，綠綬，高帝二年，拜曹參為假左丞相，即漢初丞相當有左右，今言一丞相，或《漢書》之誤。以蕭何為之。及誅韓信，乃拜何為相國。何薨，以曹參為之。孝惠、高后置左右丞相。文帝二年，復置一丞相，丞相月俸錢六萬。初，陳平為左丞相。及誅諸呂，文帝初立，平乃謝病，以讓周勃，乃以勃為右丞相，位第一；平為左丞相，位第二。帝因朝問勃：天下一歲決獄幾何？勃謝不知。問：天下錢穀一歲出入幾何？勃又不能對，汗出洽背。及問平，平曰：有主者。宰相者，上佐天子理陰陽，順四時，下遂萬物之宜，外鎮撫四夷諸侯，內親附百姓，使卿大夫各任其職。頃之，勃謝病，請免相，平專為一丞相。成帝綏和元年，御史大夫何武建言：古者民謹事約，國之輔佐，必得賢聖，然猶則天三光，備三公官，三光，日、月、星。各有分職。今末俗之弊，政事煩多，宰相之才不能及古，而今丞相獨兼三公之事，所以大化久未洽也。宜建三公官，定卿大夫之任，分職授政，以考功效。於是上拜曲陽侯王根為大司馬，而何武自御史大夫改為大司空，皆金印紫綬，比丞相，則三公俱為宰相。漢御史大夫副丞相事，若今之同平章事及參知機務之類。所以《漢書》云薛、貢、韋、匡迭為宰相。薛宣、韋賢、匡衡則是丞相，而貢禹但為御史大夫。又蕭望之謂朱雲曰：吾備位將相。蕭嘗任御史大夫及前將軍。至哀帝，復罷大司空。大司空朱博奏曰：帝王之道，不必相襲。高祖置御史大夫，位次丞相，典正法度，以職相參。歷載二百，天下安寧。今更為大司空，與丞相同位。故事，選郡國守相高第為中二千石，選中二千石為御史大夫，任職者為丞相，位次有叙，所以尊聖德，重國相也。今中二千石未更御史而為丞相，非所以重國政也。今願罷大司空，以御史大夫為百寮師。哀帝從之。元壽二年，更名丞相為大司徒。初，漢制常以列侯為相，唯公孫弘布衣，數年登相位，武帝乃封為平津侯，其後為故事。至丞相而封，自弘始也。到光武絶不復侯，或自以際會授立見封。《漢儀注》曰：御史大夫為丞相，更春乃封，故先賜爵關內侯。李奇曰：以冬月非封侯，故且先賜爵關內侯。白事教令，稱曰君侯。亦謂丞相為上相，陸賈謂陳平曰足下位為上相是也。《春秋》之義，尊上公謂之宰，言海內無不統焉。故丞相進，天子御座為起，在輿為下。皇帝見丞相起，謁者贊稱曰：皇帝為丞相起。起立，乃坐。贊稱曰：敬謝行禮。皇帝在道，丞相某迎，謁者贊稱曰：皇帝為丞相下輿。下立，乃升車也。丞相有病，皇帝法駕親至問疾，從西門入。丞相有疾，御史大夫三朝問起居，百寮亦然。後漢三公疾，令中黃門問疾。魏晉即黃門郎，尤重者或侍中。及瘳視事，尚書令若光禄大夫賜以養牛、上尊酒。如淳曰：律，稻米一斗，得酒一斗，為上尊；稷米一斗，得酒一斗，為中尊；粟米一斗，得酒一斗，為下尊。顏師古曰：稷即粟也。中尊宜為黍米，不當言稷。且作酒，自有澆淳之異為上中下矣，非必繫於米也。蕭何為相國，將薨，舉曹參代。參無所變更，一遵蕭何約束。擇郡國吏，木訥於文辭、重厚長者，即召除丞相史。吏之言文刻深、欲務聲名者，輒斥之。不事事，日夜飲醇酒。及卒，百姓歌之曰：蕭何為法，顜若畫一。曹參代之，守而勿失。載其清淨，民以寧一。又田蚡為丞相，黜黃、老刑名百家之言，延文學儒者數百人，儒由是興。又車千秋無他才學功勞，特以一言寤主，旬月取宰相，封富人侯，前代未有也。又匡衡比十年之間不出長安城門，而至丞相。又宣帝時，丙吉字少卿，為丞相，尚寬大，好禮讓。掾吏有罪不稱職，與長休告，終無按驗。客或曰：君侯為漢相，姦吏成其私，然無所懲艾乎？吉曰：夫以三公之府，有按吏之名，吾竊陋焉。因為故事，公府不按吏，自吉始。於是官屬掾史，務掩過揚善。吉嘗出，逢群鬥者，死傷橫道，吉不問過之。又逢人逐牛，牛喘吐舌，止駐，使騎吏問逐牛行幾里。掾史怪之，問吉。吉曰：人鬥殺傷，長安令、京兆尹職所當禁。吾備宰相，不親小事。方春，少陽用事，未可以熱，恐牛近行，因省此時氣失節。三公典調陰陽，職所憂也。又韋賢字長孺，為丞相，年七十餘，乞罷歸私第。丞相致仕，自賢始也。又孔光將拜丞相，已刻侯印書贊，未拜，上暴崩。其夜，於大行前拜受丞相博山侯印綬。又薛宣為丞相，相府辭訟不滿萬錢不為移書，後遵用薛侯故事，然官屬譏其煩碎無大體，不稱賢相也。又王商為丞相，天子歎曰：此真漢相矣。有天地大變、天下大過，則以病聞。有天地大變、天下大過，皇帝使侍中持節，乘四白馬，賜上尊酒十斛，牛一頭，策告殃咎；使者去，半道，丞相追，上病。使者還來白事，尚書以丞相不起病聞。若丞相不勝任，使者策書，駕駱馬，即時布衣步出府，免為庶人。若丞相有他過，使者奉策書，駕騅騩馬，即時步出府，乘棧車牝馬，歸田里思過。騩，京媚切。凡丞相府，門無闌，不設鈴鼓，言其大開，無節限。

後漢廢丞相及御史大夫，而以三公綜理衆務，則三公復為宰相矣。前代丞相有蒼頭字宜禄。至漢代，有所關白，則叩閤呼宜禄，遂以為常。闌，魚列切。至於中年以後，事歸臺閣，則尚書官為機衡之任。至獻帝建安十三年，復置丞相，而以曹公居之。又有相國。【略】

丞相司直。漢武元狩五年置，掌佐丞相舉不法，位在司隷校尉上。翟方進為司直，旬歲閒免兩司隷。旬歲猶言滿歲，若十日之一周。後漢罷丞相，光武以武帝故事，置司徒司直，居司徒府，助司徒督録諸州郡所舉上奏，司直考察能否，以徵虛實。建武十一年省。獻帝建安八年，復置司直，不屬司徒，掌督中都官，不領諸州。九年，詔司直皆比司隷校尉，坐同席，在上，假傳置也，伏湛字惠公，光武以湛才任宰相，拜為司直，行大司徒事。後無。石勒置都部從事，各部一州，秩二千石，准丞相司直。

丞相長史。漢文帝二年置，一丞相有兩長史。《漢百官表》云丞相有兩長史。而《張湯傳》云：殺臣者三長史也。顏師古曰：兼有守者，非正員故耳。蓋衆史之長也，職無不監。田仁為丞相長史，上書言天下太守，皆下吏誅死。武帝悅，拜仁為丞相司直，威振天下。介幘，進賢一梁冠，朱衣，銅印黃綬。劉屈氂為左丞相，分丞相長史為兩府，以待天下遠方之選。待得賢人，當拜為右丞相。後漢建武中，省司直，有長史一人。魏武為丞相以來，置左右二長史而已。

（清）陳樹鏞《漢官答問》卷一《丞相》　丞相，高祖初名丞相，十一年名相國，孝惠復名丞相，哀帝元壽二年更名大司徒。初金印紫綬，高帝十一年更緑綬，秩萬石，月奉三百五十斛穀，錢六萬。秦有左右丞相，高祖置一丞相，高后置左右丞相，文帝二年復一丞相。掌丞天子，佐理萬機，用人行政，無所不統。有事，天子下其章於丞相，則丞相治之，下於御史大夫，則御史治之。二千石官則言其人於天子而用之，六百石以下，則丞相專除用之。□□□□□二千石屬官則二千石言於丞相而用之。大臣有罪，遣吏按之，不待奏請，或先斬之而後聞。丞相不得常見天子，天子五日一朝，若有政事，丞相具奏以聞，則引見之。天子不親政，則丞相代天子專決焉。歲舉質樸淳厚有行之士，刺史舉茂材移名丞相，丞相考召，取明經一科、明律一科、能治劇一科各一人，詔選諫大夫、議郎、博士、諸侯王傅、郎中令，取明經，選廷尉正監平案章，取明律令，選能治劇長安三輔令，取治劇皆試守，冠小冠，滿歲為真，以次遷奉，引則大冠。郡國斷獄不如法，則赴愬於丞相，丞相遣掾史按之。郡國有盜賊，則與御史大夫遣掾史逐捕。施政於郡國，則與御史大夫遣掾史往行事。天子駕，大駕則為天子引車。每歲郡使丞國使長史上計簿，丞相使主計吏領之，課其殿最而奏賞罰焉。上計事竟，丞史歸，丞相出坐庭上，親問民疾苦，戒勅而遣之。舉賢良茂材之至京師者，則詣丞相府署行義年。自武帝罷太尉，官屬丞相，而文武之權盡歸丞相矣。故丞相之體制最尊重。故事，選御史大夫為丞相，拜於前殿延登受策，左右前後將軍贊五官中郎將授印綬，丞相竭見天子，御坐為起，在輿為下。有疾天子往問，百官三日一問起居，朝廷遣中使太醫高手膳羞絡繹及瘳視事，尚書令若光禄大夫，賜以上尊牛酒。薨則車駕往弔，贈棺斂具，賜錢葬地，葬日百官咸會。漢初以列侯為丞相，號君侯，申屠嘉以關内侯拜封故安侯，及公孫宏以布衣升庸封侯，遂成故事。終漢之世，丞相無不侯矣。封侯在春時，時未當封，則先賜爵關内侯，然漢法嚴，丞相易獲罪下獄，誅及自殺及罪免者衆矣。有災異及政不治，則詔條責之，有天地大變天下大過，則賜免，其甚者則自殺。有過，使者奉策書至，即步出府，乘棧車歸里。丞相府有四門出，隨時聽事，府門無闌，不設鈴，不警鼓，奴傳漏以起居，臣下章奏上於尚書，尚書進於天子，天子下御史大夫，御史下丞相議之。武帝以後，則有待詔金馬門黄門宦者，署公車，初則待詔丞相府。

其屬官有司直、長史、徵事及諸曹史之屬。

丞相司直，武帝元狩五年置，秩比二千石，佐丞相舉不法，凡三輔及郡國職事皆得舉劾之。位在司隷校尉上，多以刺史遷，遷光禄大夫，外遷則為太守。

丞相長史，秩千石，衆吏之長，職無不監，介幘進賢，冠朱衣，銅印黄綬，佐丞相舉不法，物故則廷尉正監守，多以故二千石吏為之，長史二人。

丞相徵事，比六百石，皆故吏二千石不以臧罪免者為之，絳衣，奉朝賀正月。

丞相史，秩四百石，少史三百石，屬二百石，屬史百石，令史則斗食，初置十五人，武帝元狩六年更置史二十人，少史八十人，屬百人，屬史百六十人，分曹而治府事焉。其東西曹則四百石，史餘曹則三百石以下也。

東曹掾，領郡國事，出按事於郡國。

西曹掾，領百官奏事，主府中吏之功罪進退。

奏曹掾，蓋主章奏事。

議曹掾，主謀議。

集曹

賊曹，主盜賊事。

決曹，主罪法。

侍曹。

主簿。

從史，蓋治府外事。

大車屬，主丞相車。

馭吏，主馭丞相車。

書佐，蓋主書者。

《漢書》卷一九上《百官公卿表》　太尉，秦官，金印紫綬，掌武事。武帝建元二年省。元狩四年初置大司馬，以冠將軍之號。宣帝地節三年置大司馬，不冠將軍，亦無印綬官屬。成帝綏和元年初賜大司馬金印紫綬，置官屬，禄比丞相，去將軍。哀帝建平二年復去大司馬印綬、官屬，冠將軍如故。元壽二年復賜大司馬印綬，置官屬，去將軍，位在司徒上。有長史，秩千石。

（漢）蔡質《漢官典職儀式選用》　太尉，孝文三年置，七年省。武帝建元二年置，五年復省，更名大司馬。建武二十七年復置太尉。《太平御覽・職官部》。

（漢）應劭《漢官儀》卷上 太尉，秦官也，武帝更名大司馬。《後漢書·光武紀》注案：《通典·職官》云：應劭《漢官》謂太尉為周官，非也。與此異。

武帝元狩四年，置大司馬，以冠將軍之號，而無印綬。《北堂書鈔·設官部》。

元狩六年，罷太尉，法周制置司馬。時議者以為漢軍有官候、千人、司馬，故加大為大司馬，所以別異大小司馬之號。《續漢志補注》。

三司之職，司馬主兵。漢承秦曰太尉，武帝改曰大司馬，無印綬，官兼加而已。世祖改曰太尉。《太平御覽·職官部》案：引作《漢官序》。

張衡云：案：《太平御覽》引作河間相張衡説。明帝更司馬、司空府，欲復更太尉府。案：《太平御覽》引作明帝以為司徒、司空府已榮，欲更治太尉府。時公南陽趙憙也。案：《太平御覽》引有南陽二字。西曹掾安衆鄭均，素好名節，以為朝廷新造北宮，整飭官寺，旱魃為虐，民不堪命，曾無殷湯六事，周宣《雲漢》之辭。今府本館陶公主第舍，員職既少，自足相容。憙表陳之，即聽許。其冬，臨辟雍，歷二府，見皆壯麗，而太尉府獨卑陋。顯宗東顧歎息曰：椎牛縱酒，勿令乞兒為宰。時憙子世為侍中，驂乘，歸具白之，憙以為恨，頻譴責均，均自劾去，道發病亡。《續漢志補注》、《太平御覽·職官部》。

章帝詔曰：司空牟融，典職六年，勤勞不怠。其以融為太尉，録尚書事。《北堂書鈔·設官部》、《藝文類聚·職官部》兩引、《太平御覽·職官部》兩引。

殤帝策書曰：司徒徐防，以臺閣機密，施政牧守。其以防為太尉，録尚書事，百官總己以聽。《藝文類聚·職官部》。

太尉、司徒、司空長史，秩比千石，號為毗佐三台，助成鼎味。《太平御覽·職官部》。

《後漢書》志二四《百官》 太尉，公一人。應劭曰：自上安下曰尉，武官悉以為稱。《前書》曰秦官，鄭玄注《月令》亦曰秦官。《尚書中候》云舜為太尉，束晳據非秦官，以此追難玄焉。臣昭曰：緯候衆書，宗貴神詭，出没隱顯，動挾誕怪。該覈陰陽，徼迎起伏，或有先徵，時能後驗，故守寄構思，雜稱曉輔，通儒達好，時略文滯。公輸、益州，具於張衡之詰；無口漢輔，炳乎尹敏之諷。圖讖紛偽，其俗多矣。太尉官實司天，虞舜作宰，璇衡賦政，將是據後位以書前，非唐官之實號乎？太尉所職，即舜所掌，遂以同掌追稱太尉，乃《中候》之妄，蓋非官之為謬。康成淵博，自注《中候》，裁及注《禮》而忘舜位，豈其實哉。此是不發譏於《中候》，而正之於《月令》也。廣微之誚，未探碩意。《新論》曰昔堯試於大麓者，領録天子事，如今尚書官矣。《説苑》曰當堯之時，舜為司徒。《古史考》曰舜居百揆，總領百事。説者以百揆堯初別置，於周更名冢宰，斯其然矣。本注曰：掌四方兵事功課，歲盡即奏其殿最而行賞罰。凡郊祀之事，掌亞獻；大喪則告謚南郊。凡國有大造大疑，則與司徒、司空通而論之。國有過事，則與二公通諫争之。世祖即位，為大司馬。《漢官儀》曰：元狩六年罷太尉，法周制置司馬。時議者以為漢軍有官候、千人、司馬，故加大為大司馬，所以別異大小司馬之號。建武二十七年，改為太尉。

長史一人，千石。本注曰：署諸曹事。

掾史屬二十四人。本注曰：《漢舊注》東西曹掾比四百石，餘掾比三百石，屬比二百石，故曰公府掾，比古元士三命者也。或曰，漢初掾史辟，皆上言之，故有秩比命士。其所不言，則為百石屬。其後皆自辟除，故通為百石云。西曹主府史署用。東曹主二千石長吏遷除及軍吏。户曹主民户、祠祀、農桑。奏曹主奏議事。辭曹主辭訟事。法曹主郵驛科程事。尉曹主卒徒轉運事。賊曹主盜賊事。決曹主罪法事。兵曹主兵事。金曹主貨幣、鹽、鐵事。倉曹主倉穀事。黄閤主簿録省衆事。

令史及御屬二十三人。本注曰：《漢舊注》公令史百石，自中興以後，注不説石數。御屬主為公御。閤下令史主閤下威儀事。記室令史主上章表報書記。門令史主府門。其餘令史，各典曹文書。

（唐）杜佑《通典》卷二〇《職官·太尉》 太尉，秦官。《月令》曰：孟夏，太尉贊傑儁。自上安下曰尉，故武官咸以為號。

漢因之。應劭《漢官》謂太尉為周官，非也。鄭玄注《月令》亦曰秦官。《尚書中候》云舜為太尉。束晳據非秦官，以此追難玄焉。劉昭曰：《緯》《候》衆書，貴尚神詭，出没隱顯，動挾誕怪。太尉官實司天，虞舜作宰，璿衡賦政，當是據後位以書前職，非虞之實號也。太尉所職，即舜所掌，遂以同掌追稱太尉，乃《中候》之誤假，蓋非官之為謬。康成淵博，自注《中候》，裁及注《禮》而忘舜位，豈其實哉。此是不發譏於《中候》，而正之於《月令》也。廣微之誚，未探碩意。金印紫綬，掌武事。漢文三年省，景帝三年復置，其尊與丞相等。丞相衛綰病免。上議置丞相、太尉。藉福説田蚡曰：上以將軍為丞相，必讓竇嬰；嬰為相，將軍必為太尉。太尉、相尊等耳，又有讓賢名。蚡從之，皆如其謀。蚡音扶粉反。五年，又省。元狩四年，更名大司馬。大司馬說在本篇。

後漢建武二十七年，復舊名為太尉公。每帝初即位，多與太傅同録尚書事，府門無闕。論者云，王莽以大司馬簒盗神器，故貶其闕。掌四方兵事功課，歲盡，則奏其殿最而行賞罰。凡郊祀之事，掌亞獻；大喪則告謚南郊。凡國有大造大疑，則與司徒、司空通而論之。國有過事，與二公通諫諍之。靈帝末，以劉虞為大司馬，而太尉如故。自此則大司馬與太尉始並置矣。劉寵字祖榮，遷太尉，以日食免。又初第五倫為會稽太守，署鄭弘為督郵，舉孝廉。及弘為太尉，而倫為司空，位在下，每朝見，弘曲躬自卑。帝知其故，遂置雲母屏風，分隔其間，由此以為故事。又陳蕃拜太尉，臨朝歎曰：黄憲若在，不敢先佩印綬。後坐辟召非其人，策罷。

（唐）杜佑《通典》卷二〇《職官·大司馬》 漢初不置。武帝元狩四年，初罷太尉，置大司馬，以冠將軍之號。冠者，加於其上為一官也。霍光以大司馬大將軍輔政。武帝又令大將軍、驃騎將軍皆有大司馬之號。宣帝地節三年，置大司馬，不冠將軍，亦無印綬、官屬。霍禹為大司馬，冠小冠，無印綬。成帝綏和元年，初賜大司馬金印紫綬，置官屬，禄比丞相，去將軍。哀帝建平二年，復去大司馬印綬、官屬，冠軍如故。元壽二年，復賜大司馬印綬，置官屬，去將軍，位在司徒上。漢律：丞相、大司馬、大將軍，俸錢月六萬。始直云司馬，議者以漢有軍候千人司馬官，故加大。王莽居攝，以漢乃無小司徒，而定司馬、司徒、司空之號，並加大。

後漢光武建武二十七年，省大司馬，以太尉代之，故常與太尉迭置，不並列。吴漢為大司馬，封無陽侯。至靈帝末始置焉。

（漢）王隆《漢官解詁》 御史：建武以來，省御史大夫官屬入侍蘭臺。蘭臺有十五人，特置中丞一人以總之。此官得舉非官，案：《北堂書鈔》引作舉法，皆誤。當作舉非法。其權次尚書。《北堂書鈔·設官部》、《太平御覽·職官部》。惠帝三年，相國奏遣御史監三輔。《北堂書鈔·設官部》。孝宣感路温舒言，秋季後請讞。時帝幸宣室，齋居而決事，令侍御史二人治書，御史起此。案：當重有治書二字。後因别置，冠法冠，秩百石，案：百上當有六字。有印綬，與符節郎共平廷尉奏事，罪當輕重。《續漢志補注》。

（漢）衛宏《漢舊儀》卷上 御史，員案：《漢書·蕭望之傳》如淳注引作御史大夫史員。四十五人，皆六百石。案：《太平御覽·職官部》引皆下有是字。其十五人衣絳，給事殿中，為侍御史，宿廬在石渠門外。案：在石二字本訛作左右，從《通典·職官》、《太平御覽》引改。二人尚璽，〔四人〕持書給事，二人侍前，中丞一人領。案：前字從《通典》、《太平御覽》引補。餘三十人留寺，案：《蕭望之傳》注引餘上有其字，留寺作留守。理百官事也，案：事字從《太平御覽》引補。皆冠法冠。案：四字從《蕭望之傳》注引補。

（漢）衛宏《漢舊儀補遺》卷上 御史中丞，兩梁冠，秩千石。內掌蘭臺，〔外〕督諸州刺史，糾察百寮。《北堂書鈔·設官部》。

《漢書》卷一九上《百官公卿表》 御史大夫，秦官，應劭曰：侍御史之率，故稱大夫云。臣瓚曰：《茂陵書》御史大夫秩中二千石。位上卿，銀印青綬，掌副丞相。有兩丞，秩千石。一曰中丞，在殿中蘭臺，掌圖籍祕書，外督部刺史，內領侍御史員十五人，受公卿奏事，舉劾按章。成帝綏和元年更名大司空，金印紫綬，禄比丞相，置長史如中丞，官職如故。哀帝建平二年復為御史大夫，元壽二年復為大司空，御史中丞更名御史長史。侍御史有繡衣直指，出討姦猾，治大獄，武帝所制，不常置。

（漢）應劭《漢官儀》卷上 綏和元年，罷御史大夫官，法周制，初置司空。議者又以縣道官獄司空，故覆加大，為大司空，亦所以别大小之文。《續漢志補注》。

御史大夫、尚書令、司隸校尉，皆專席，號三獨坐。《後漢書·王常傳》注。

大司空朱博奏：高皇帝置御史大夫，位次丞相。《北堂書鈔·設官部》。

司空騎吏以下皁袴，因秦水行。今漢家火行，宜絳袴。《太平御覽·服章部》。

《後漢書》志二四《百官》 司空，公一人。本注曰：掌水土事。凡營城起邑、浚溝洫、修墳防之事，則議其利，建其功。凡四方水土功課，歲盡則奏其殿最而行賞罰。凡郊祀之事，掌掃除樂器，大喪則掌將校復土。凡國有大造大疑，諫争，與太尉同。《韓詩外傳》曰：三公之得者何？曰司馬、司空、司徒也。司馬主天，司空主土，司徒主人。故陰陽不和，四時不節，星辰失度，災變非常，則責之司馬。山陵崩阤，川谷不通，五穀不植，草木不茂，則責之司空。君臣不正，人道不和，國多盜賊，民怨其上，則責之司徒。故三公典其職，憂其分，舉其辨，明其得，此之謂三公之事。世祖即位，為大司空，應劭《漢官儀》曰：綏和元年，罷御史大夫官，法周制，初置司空。議者又以縣道官獄司空，故覆加大，為大司空，亦所以別大小之文。建武二十七年，去大。《漢舊儀》曰：御史大夫勑上計丞長史曰：詔書殿下布告郡國：臣下承宣無狀，多不究，百姓不蒙恩被化，守長史到郡，與二千石同力為民興利除害，務有以安之，稱詔書。郡國有茂才不顯者言［上］。殘民貪污煩擾之吏，百姓所苦，務勿任用。方察不稱者，刑罰務於得中，惡惡止其身。選舉民侈過度，務有以化之。問今歲善惡孰與往年，對上。問今年盜賊孰與往年，得無有羣輩大賊，對上。臣昭案：獻帝建安十三年，又罷司空，置御史大夫。御史大夫郗慮，慮免，不得補。荀綽《晋百官表注》曰：獻帝置御史大夫，職如司空，不領侍御史。

屬長史一人，千石。掾屬二十九人。令史及御屬四十二人。

（唐）杜佑《通典》卷二〇《職官·司空》 秦無司空，置御史大夫。漢初因之。至成帝綏和元年，始更名御史大夫曰大司空。初改為司空，議者又以縣道官獄有司空，故復加為大司空，亦所以別小大之文也。金印紫綬，禄比丞相。哀帝建平二年，復為御史大夫。元壽二年，復為大司空。何武字君卿，為司空。事後母不篤，詔以其舉措煩碎，不合衆心，孝聲不聞，惡名流行。其上大司空印綬。遂策免之。又彭宣字子佩，為大司空。而王莽為大司馬，專權。宣上書曰：三公鼎足承君，一足不任，則覆亂矣。臣老病，願上印綬。後漢初為大司空。建武二十七年，去大，為司空公。第五倫字伯魚，為司空。奉公不撓，言議果決，以貞白稱。又張敏字伯達，為司空。行大射禮，陪位頓仆，策免。又陳寵為司空，府故事，以計吏至，時自公以下督屬籍，不通賓客，以防交關。寵去籍通客，以明無所不受，論者大之。《荀氏家傳》曰：荀爽字慈明。董卓秉政，徵之，起巖穴，九十五日而為司空，時號為白衣登三公。獻帝建安十三年，又罷司空，置御史大夫。御史大夫郗慮免，不復補。荀綽《百官注》曰：獻帝置御史大夫，職如司空，不領侍御史。

紀事

《漢書》卷一一《哀帝紀》 〔元壽二年〕五月，正三公官分職。大司馬衛將軍董賢為大司馬，丞相孔光為大司徒，御史大夫彭宣為大司空，封長平侯。正司直、司隸，造司寇職，事未定。

《漢書》卷八三《朱博傳》 初，漢興襲秦官，置丞相、御史大夫、太尉。至武帝罷太尉，始置大司馬以冠將軍之號，非有印綬官屬也。及成帝時，何武為九卿，建言古者民樸事約，國之輔佐必得賢聖，然猶則天三光，備三公官，各有分職。今末俗（文）〔之〕弊，政事煩多，宰相之材不能及古，而丞相獨兼三公之事，所以久廢而不治也。宜建三公官，定卿大夫之任，分職授政，以考功效。其後上以問師安昌侯張禹，禹以為然。時曲陽侯王根為大司馬票騎將軍，而何武為御史大夫。於是上賜曲陽侯根大司馬印綬，置官屬，罷票騎將軍官，以御史大夫何武為大司空，封列侯，皆增奉如丞相，以備三公官焉。議者多以為古今異制，漢自天子之號下至佐史皆不同於古，而獨改三公，職事難分明，無益於治亂。是時御史府吏舍百餘區井水皆竭；又其府中列柏樹，常有野鳥數千棲宿其上，晨去暮來，號曰朝夕烏，烏去不來者數月，長老異之。後二歲餘，朱博為大司空，奏言帝王之道不必相襲，各繇時務。高皇帝以聖德受命，建立鴻業，置御史大夫，位次丞相，典正法度，以職相參，總領百官，上下相監臨，歷載二百年，天下安寧。今更為大司空，與丞相同位，未獲嘉祐。故事，選郡國守相高第為中二千石，選中二千石為御史大夫，任職者為丞相，位次有序，所以尊聖德，重國相也。今中二千石未更御史大夫而為丞相，權輕，非所以重國政也。臣愚以為大司空官可罷，復置御史大夫，遵奉舊制。臣願盡力，以御史大夫為百僚率。哀帝從之，乃更拜博為御史大夫。會大司馬喜免，以陽安侯丁明為大司馬衛將軍，置官屬，大司馬冠號如故事。後四歲，哀帝遂改丞相為大司徒，復置大司空、大司馬焉。

《史記》卷五六《陳丞相世家》 孝文帝立，以為太尉勃親以兵誅呂氏，功多；陳平欲讓勃尊位，乃謝病。孝文帝初立，怪平病，問之。平曰：高祖時，勃功不如臣平。及誅諸呂，臣功亦不如勃。願以右丞相讓勃。於是孝文帝乃以絳侯勃為右丞相，位次第一；平徙為左丞相，位次第二。賜平金千斤，益封三千户。

居頃之，孝文皇帝既益明習國家事，朝而問右丞相勃曰：天下一歲決獄幾何？勃謝曰：不知。問：天下一歲錢穀出入幾何？勃又謝不知，汗出沾背，愧不能對。於是上亦問左丞相平。平曰：有主者。上曰：主者謂誰？平曰：陛下即問決獄，責廷尉；問錢穀，責治粟内史。上曰：苟各有主者，而君所主者何事也？平謝曰：主臣，陛下不知其駑下，使待罪宰相。宰相者，上佐天子理陰陽，順四時，下育萬物之宜，外鎮撫四夷諸侯，内親附百姓，使卿大夫各得任其職焉。孝文帝乃稱善。右丞相大慙，出而讓陳平曰：君獨不素教我對。陳平笑曰：君居其位，不知其任邪？且陛下即問長安中盜賊數，君欲彊對邪？於是絳侯自知其能不如平遠矣。居頃之，絳侯謝病請免相，陳平專為一丞相。

《漢書》卷八九《循吏傳・黄霸》　又樂陵侯史高以外屬舊恩侍中貴重，霸薦高可太尉。天子使尚書召問霸：太尉官罷久矣，丞相兼之，所以偃武興文也。如國家不虞，邊境有事，左右之臣皆將率也。夫宣明教化，通達幽隱，使獄無冤刑，邑無盜賊，君之職也。將相之官，朕之任焉。侍中樂陵侯高帷幄近臣，朕之所自親，君何越職而舉之？尚書令受丞相對，霸免冠謝罪，數日乃決。自是後不敢復有所請。然自漢興，言治民吏，以霸為首。

漢朝・九卿

綜述

（唐）杜佑《通典》卷二五《職官・諸卿上・總論諸卿》　漢以太常、光禄勳、衛尉、太僕、廷尉、大鴻臚、宗正、大司農、少府謂之九寺大卿。後漢九卿而分屬三司，太常、光禄勳、衛尉三卿並太尉所部；太僕、廷尉、大鴻臚三卿並司徒所部；宗正、大司農、少府三卿並司空所部。多進為三公，各有署曹掾史，隨事為員。九卿有疾，使者臨問，加賜錢布。尚書令陳忠常欲褒崇大臣，故奏建此禮。

《漢書》卷一九上《百官公卿表》　奉常，秦官，掌宗廟禮儀，有丞。景帝中六年更名太常。屬官有太樂、太祝、太宰、太史、太卜、太醫六令丞，又均官、都水兩長丞，又諸廟寢園食官令長丞，有廱太宰、太祝令丞，五畤各一尉。又博士及諸陵縣皆屬焉。景帝中六年更名太祝為祠祀，武帝太初元年更曰廟祀，初置太卜。博士，秦官，掌通古今，秩比六百石，員多至數十人。武帝建元五年初置《五經》博士，宣帝黄龍元年稍增員十二人。元帝永光元年分諸陵邑屬三輔。王莽改太常曰秩宗。

（漢）佚名《漢官》　太常，員吏八十五人，其十二人四科，十五人佐，五人假佐，十三人百石，十五人騎吏，九人學事，十六人守學事。

太史待詔三十七人，其六人治曆，案：《唐六典》十引太史屬員有理曆六人，因避唐諱改。三人龜卜，三人廬宅，四人日時，三人《易》筮，二人典禳，九人籍氏、許氏、典昌氏，各三人，嘉法、請雨、解事各二人，醫二人。案：各本引此條俱作《漢官儀》。

太史，靈臺待詔四十一人，其十四人候星，二人候日，三人候風，十二人候氣，三人候晷景，七人候鍾律。一人舍人。案：《唐六典》十引《漢官》靈臺員吏十三人，靈臺待詔四十六人。

太祝，員吏四十一人，其二人百石，二人斗食，二十二人佐，二人學事，四人守學事，九人有秩。百五十人祝人，宰二百四十二人，屠者六十人。

太宰，明堂丞一人，二百石。員吏四十二人，其二人百石，二人斗食，二十三人佐，九人有秩，二人學事，四人守學事。宰二百四十二人，屠者七十三人，衛士一十五人。

太予樂令，員吏二十五人，其二人百石，一人斗食，七人佐，十人學事，四人守學事。樂人八佾舞三百八十人。

高廟，員吏四人，衛士一十五人。

世祖廟，員吏六人，衛士二十人。

先帝陵，每陵食監一人，秩六百石。監丞一人，三百石。中黄門八人，從官二人。

（漢）應劭《漢官儀》卷上　太常，古官也。《書》曰：伯夷，典朕三禮。帝曰：咨伯，汝作秩宗。《百官公卿表》云：太常，古官。云伯夷也。《北堂書鈔・設官部》。

太常，古官也。《書》曰伯夷。欲令國家盛大，社稷常存，故稱太常。以列侯為之，重宗廟也。《後漢書・光武紀》注、《北堂書鈔・設官部》。**【略】**

卿，彰也，明也。言當背邪向正，彰有道德。《北堂書鈔・設官部》。

太史令屬太常，案：《張衡傳》注引有此二字。秩六百石。掌天時星歷，凡歲奏新年歷；凡國祭祀喪娶之事，奏良日；國有瑞應災異，（掌）記之。《後漢書·張衡傳》注、《太平御覽·職官部》。案：《太平御覽》引作應劭曰。

太史令，秩六百石。望郎三十人，掌故三十人。昔在顓頊，南正重司天，火正黎司地。唐虞之際，分命羲和歷象日月星辰，敬授民時。至于夏后、殷、周，世序其官，皆精研術數，窮神知化。當春秋時，魯有梓慎，晋有卜偃，宋有子韋，鄭有裨竈，觀乎天文，以察時變，其言屢中，有備無害。漢興，甘石、唐都、司馬父子，抑亦次焉。末塗偷進，苟忝茲階，既闇候望，競飭邪偽，以凶為吉，莫之懲糾。《太平御覽·職官部》。案：引應劭曰。

《後漢書》志二五《百官》 太常，卿一人，中二千石。本注曰：掌禮儀祭祀，每祭祀，先奏其禮儀；及行事，常贊天子。《漢舊儀》曰：贊饗一人，秩六百石，掌贊天子。每選試博士，奏其能否。大射、養老、大喪，皆奏其禮儀。每月前晦，察行陵廟。《漢官》曰：員吏八十五人，其十二人四科，十五人佐，五人假佐，十三人百石，十五人騎吏，九人學事，十六人守學事。臣昭曰：凡《漢官》所載列職人數，今悉以注，雖頗為繁，蓋《周禮》列官，陳人役（放）〔於〕前，以為民極，寔觀國制，此則宏模不可闕者也。丞一人，比千石。本注曰：掌凡行禮及祭祀小事，總署曹事。其署曹掾史，隨事為員，諸卿皆然。

太史令一人，六百石。本注曰：掌天時、星曆。凡歲將終，奏新年曆。凡國祭祀、喪、娶之事，掌奏良日及時節禁忌。凡國有瑞應、災異，掌記之。丞一人。明堂及靈臺丞一人，二百石。本注曰：二丞，掌守明堂、靈臺。靈臺掌候日月星氣，皆屬太史。

博士祭酒一人，六百石。本僕射，中興轉為祭酒。博士十四人，比六百石。本注曰：《易》四，施、孟、梁丘、京氏。《尚書》三，歐陽、大小夏侯氏。《詩》三，魯、齊、韓氏。《禮》二，大小戴氏。《春秋》二，《公羊》嚴、顏氏。掌教弟子。國有疑事，掌承問對。本四百石，宣帝增秩。本紀桓帝延熹二年，置祕書監。

太祝令一人，六百石。本注曰：凡國祭祀，掌讀祝，及迎送神。丞一人。本注曰：掌祝小神事。

太宰令一人，六百石。本注曰：掌宰工鼎俎饌具之物。凡國祭祀，掌陳饌具。丞一人。

大（子）〔予〕樂令一人，六百石。本注曰：掌伎樂。凡國祭祀，掌請奏樂，及大饗用樂，掌其陳序。丞一人。

高廟令一人，六百石。本注曰：守廟，掌案行掃除。無丞。

世祖廟令一人，六百石。本注曰：如高廟。

先帝陵，每陵園令各一人，六百石。本注曰：掌守陵園，案行掃除。丞及校長各一人。本注曰：校長，主兵戎盜賊事。

先帝陵，每陵食官令各一人，六百石。本注曰：掌望晦時節祭祀。

右屬太常。本注曰：有祠祀令一人，後轉屬少府。有太卜令，六百石，後省并太史。

中興以來，省前凡十官。案《前書》，十官者，太宰、均官、都水、雍太祝、五時各一尉也。《東觀書》曰：章帝又置祀令、丞，延平元年省。

（唐）杜佑《通典》卷二五《職官·諸卿上·太常卿》 秦改曰奉常，漢初曰太常，欲令國家盛大常存，故稱太常。顏師古曰：太常者，王之旌也，畫日月焉。王者有大事則建以行，禮官主奉持之，故曰奉常，後改為太，尊大之義也。惠帝更名奉常，景帝六年，更名太常。惠帝時，叔孫通為太常，定宗廟儀法及定漢儀法，皆叔孫通所著論也。又任越為太常，坐太廟酒酸免。孔臧為太常，坐南陵橋壞免。王莽改太常卿為秩宗。後漢秩與漢同。每祭祀，前奏其禮儀；及行事，贊天子。每選試博士，奏其能否。大射、養老、大喪，皆奏其儀。每月前晦，察行陵廟。助祭則平冕七旒。漢舊常以列侯忠敬孝慎者居之；後漢不必侯也。舊制陵縣悉屬，歲舉孝廉，後漢則否。後漢周澤為太常，清絜脩行，臥疾齋宮，其妻窺問所苦，澤怒，以妻干齋禁，收送獄。時為之語曰：生世不諧，作太常妻。一歲三百六十日，三百五十九日齋。一日不齋醉如泥，既得作事復低迷。又桓榮及子郁皆為太常。初，榮受學章句，減其煩辭，後郁又刪定，由是有《桓君大小太常章句》。又劉愷為太常卿，論議常引大義，諸儒為之語曰：難經忼忼劉太常。忼，呼郎切。建安中為奉常。

（清）陳樹鏞《漢官答問》卷二《太常》 太常，惠帝改曰奉常，景帝中六年更名太常，秩中二千石，月奉百八十斛，銀印青綬，龜紐，其文曰章，選列侯忠孝敬慎者居之，掌宗廟禮儀。每祭祀先奏其禮儀及行事，掌贊天子。每選試博士奏其能否，大喪奏其禮儀，每月前晦察行園廟，歲舉孝廉，郡國舉賢良文學之士至京師，則詣太常對策，太常定其高下，奏天子而進退之，選舉不實則免。有祭事則齋，助祭則平冕旒元，上纁下華，蟲七章，掌社稷郊祀，事重職尊，故在九卿之首。職奉宗廟，煩劇多罪過，入廟不駕四馬，車騎至廟下則削爵，選子弟不以實、不繕園陵、犧牲不如令、風發廟瓦、夜郎飲失火盜、盜陵中物則免官，祭祀酒酸不收、赤側錢收行錢擅繇大樂令則削爵論罪。孔臧為太常，紀綱古訓禮賜如三公。

其屬官則有丞、贊饗、文學掌故、主簿、大樂以下十一令長及博士皆屬焉。

丞一人，秩千石，掌凡行禮及祭祀小事，總署曹事，其曹掾史隨事為員，諸卿皆然，職奉宗廟典諸陵邑。

贊饗一人，秩六百石，掌贊天子。

文學掌故，以文學禮義為官，博士弟子射策乙科者補之，射甲科而對不如令者亦補之。武帝時公孫宏等議詔書律令下者，文章爾疋，訓詞深厚，小吏淺聞，弗能究，宣亡以明布，諭下以治禮。掌故以文學禮義為官，遷留滯請選擇，其秩比二百石以上及吏百石通一藝以上補左右內史、大行卒史比百石以下補郡太守，卒史皆各二人，邊郡一人，先用誦多者，不足擇掌故補中二千石屬，文學掌故補郡屬備員，遂著為功令。兒寬以掌故補廷尉文學卒史，即此制也。

主簿一人，太常駕四馬，主簿前車八乘。

太樂令一人，丞一人，掌伎樂。凡國祭祀，掌請奏樂及大饗用樂，掌陳其序，宫商角徵羽掌焉。雅樂聲律制氏世掌之，河間獻王所獻樂則常肄之。

太祝令一人，丞一人，景帝中六年更名曰祠祀，武帝太初元年更曰廟祀，凡國祭祀迎送神掌祝小神事，廟祭則主席酒。漢初有祕祝之官，文帝十三年除之。

太宰令一人，丞一人，高帝召故秦祀官復置太宰，掌宰工鼎俎饌具之物，凡國祭祀陳其饌具，屠者七十二人，宰二百人。

太史令一人，秩六百石，丞二人，秩三百石，掌天文星歷。凡國家祭祀喪娶之事，奏良日及時節禁忌，國有瑞應災異則記之。冠一梁冠，初名太史公，位在丞相上。天下計書先上太史公，副上丞相，序事如古《春秋》，司馬遷死後，宣帝以其官為令，行太史文書而已。學僮諷《籀書》九千字乃得為史，又以八體試之。郡移太史并課最者以為尚書史，凡算皆掌之，其屬有掌故。

太卜令一人，丞一人，太初元年置，凡國有大事則使卜之而獻其兆，有太卜博士。

太醫令一人，秩六百石，丞一人，掌諸醫，有大醫監，有侍醫，大臣有病則遣臨治之。

均官長一人，丞一人，掌山陵上稾輸入官。

都水長一人，丞一人，掌治渠隄水門。

每寢廟令一人，丞一人，令秩六百石，守廟案，行掃除。有廟郎，有寢郎。

每園令一人，丞一人，六百石，給陵上祭祀事，有寢中郎，有園郎。天子即位一年而為陵，天下貢賦三分之一供宗廟，一供賓客，一充山陵。故事，天子崩，近臣皆隨園陵為郎，後宮女皆置於園，園瘞金錢財物鳥獸魚鱉牛馬虎豹生禽凡百九十物，園中各有寢便殿，寢日四上食，便殿歲四祠，人臣奉使還而上崩，則以一太牢告於園廟，諸陵縣初屬太常，高后二年秩長陵令二千石，元帝永光元年，分諸陵邑屬三輔。

廱太宰令丞各一人，太祝令丞各一人，五時各尉一人，博士員多至數十人。武帝建元五年初置五經博士，宣帝黄龍元年稍增員十二人，秩比六百石，太常差次有聰明威重者一人為祭酒，總領綱紀。孝文時博士七十餘人朝服元端章甫，武帝制博士朝賀，位次中郎，官吏稱先生，不得言君，弟子稱門人，掌通古今。國有疑事則承問，有大事則與中二千石會議。霍光廢昌邑王至舉博士之議為斷，則博士之重可知矣。中世以後，博士多加給事中，入中朝備顧問，稱為備腹心，上所折中定疑，時出使絶域及使行風俗，進良吏，劾貪汙，舉賢才，録寃獄。其選博士限年五十以上，取學通行修，博學多藝，曉古文《爾雅》能屬文章者為高第，時徵經明行修之士補之。或令丞相御史中二千石舉，或以議郎遷，博士選三科高第為尚書，次為刺史，不通政事。久次補諸侯太傅，或遷丞相司直，宣帝時選博士通政事者出補郡國守相。

高帝孝惠之世，博士蓋掌古今備議論而已，未有專門傳經之業也。文帝時，立《論語》《孝經》《孟子》《爾雅》博士諸子，傳説亦有立焉。武帝罷諸子，立五經，《書》則歐陽，《易》則施孟，《春秋》《公羊》《禮》后氏，至孝宣增大小夏侯《尚書》，梁邱《易》《穀梁春秋》。元帝又立《京氏易》，平帝立《左氏春秋》《毛詩》《逸禮》《古文尚書》，而專門經學大盛矣。

武帝時為博士置弟子五十人，復其身，昭帝增百人，宣帝倍之。元帝時通一經者皆復，數年以用度不足更為設員千人，成帝末增三千人，歲餘復故。平帝時增元士得受業如弟子勿為員。太常擇民年十八以上儀狀端正者，補博士弟子，郡國縣官有好文學、敬長上、肅政教、順鄉里、出入不悖令相長丞上屬所二千石，二千石謹察可者常與計偕，召至府而遣之，受業於博士。歲課射得甲科策者為郎，乙科策者為太子舍人，丙科策者為文學掌故，其射甲科策而對不如令者為掌故。太常籍奏有秀才異等以名聞，其不事學者，若下材不能通一藝，罷之。有父母之喪，與寍三年。

（漢）王隆《漢官解詁》 光禄勳：勳猶閽也，《易》曰為閽寺。〔宦寺〕主殿宮門户之職。《續漢志補注》。

光禄大夫，諫議大夫，揖讓群卿，四方則之。《北堂書鈔·設官部》。

光禄大夫，本為中大夫。武帝元狩五年，置諫大夫為光禄大夫。世祖中興，以為諫議大夫。又有太中、中散大夫。此四等於古皆為天子之下大夫，視列國之上卿。《續漢志補注》、《北堂書鈔·設官部》。

武帝以中大夫為光禄大夫，與博士俱以儒雅之選，異官通職，《周官》所謂官聯者也。《藝文類聚·職官部》、《太平御覽·職官部》。

温故知新，率由舊章，與參國體，稽合同異，案：《北堂書鈔》引有此二句。皆能分明古今，辨章舊聞。《北堂書鈔·設官部》、《藝文類聚·職官部》、《太平御覽·職官部》。案：《北堂書鈔》引此在視列國之上卿下。《藝文類聚》、《太平御覽》引此在所謂官聯者也下。但此與光禄大夫不相比附，疑本議郎之職。今改為正文，而不復別出。

《漢書》卷一九上《百官公卿表》 郎中令，秦官，掌宮殿掖門户，有丞。武帝太初元年更名光禄勳。屬官有大夫、郎、謁者，皆秦官。又期門、羽林皆屬焉。大夫掌論議，有太中大夫、中大夫、諫大夫，皆無員，多至數十人。武帝元狩五年初置諫大夫，秩比八百石，太初元年更名中大夫為光禄大夫，秩比二千石，太中大夫秩比千石如故。郎掌守門户，出充車騎，有議郎、中郎、侍郎、郎中，皆無員，多至千人。議郎、中郎秩比六百石，侍郎比四百石，郎中比三百石。中郎有五官、左、右三將，秩皆比二千石。郎中有車、户、騎三將，秩皆比千石。謁者掌賓讚受事，員七十人，秩比六百石，有僕射，秩比千石。期門掌執兵送從，武帝建元三年初置，比郎，無員，多至千人，有僕射，秩比千石。平帝元始元年更名虎賁郎，置中郎將，秩比二千石。羽林掌送從，次期門，武帝太初元年初置，名曰建章營騎，後更名羽林騎。又取從軍死事之子孫養羽林，官教以五兵，號曰羽林孤兒。羽林有令丞。宣帝令中郎將、騎都尉監羽林，秩比二千石。僕射，秦官，自侍中、尚書、博士、郎皆有。古者重武官，有主射以督課之，軍屯吏、騶、宰、永巷宮人皆有，取其領事之號。

（漢）佚名《漢官》 光禄勳，員吏四十四人，其十人四科，三人百石，二人斗食，二人佐，六人騎吏，八人學事，十三人守學事，一人官醫。衛士八十一人。

陛長，墨綬銅印。

孝廉郎作，主羽林九百人。二監官屬史吏，皆自出羽林中，有材者作。

奉車都尉，三人。

駙馬都尉，五人。

騎都尉，一十人。

光禄大夫，三人。

太中大夫，二十人，秩比二千石。

中散大夫，三十人，秩比二千石。

諫議大夫，三十人。

議郎，五十人，無常員。

謁者三十人，其二人公府掾，六百石持使也。

（漢）應劭《漢官儀》卷上 光，明也。禄，爵也。勳，功也。言光〔六〕〔禄〕典郎、謁、諸虎賁、羽林，舉不安得，賞不失勞，故曰光禄勳。《太平御覽·職官部》。

光禄勳有南北廬主事、三署主事。案：《後漢書·張霸傳》注：光禄勳主事，見《漢官儀》。於諸郎之中，察茂才高第者為之，秩四百石。次補尚書郎，出宰百里。《唐六典》一。

光祿有主簿。《唐六典》十五。

光祿舉敦厚、質樸、遜讓、節儉，此為四行。《後漢書·吳祐傳》注、《范滂傳》注。

五官中郎將，秦官也。秩比二千石，三署郎屬焉。《太平御覽·職官部》。

五官、左、右中郎將，秦官也。秩比二千石。凡郎官皆主更直，執戟宿衛。《北堂書鈔·設官部》。

郎中令，屬官有五官中郎將，左、右中郎將，曰三署。署中各有中郎、議郎、侍郎、郎中，皆無員。(外)多至千人，主執戟衛宮陛，及諸虎賁、羽林郎皆屬焉。謂之郎中令者，言領諸郎而為之長。《初學記·職官部》。案：《續漢志》無郎中令。

三署謂五官署也，左、右署。各置中郎將以司之。郡國舉孝廉以補三署郎，年五十以上屬五官，其次分在左、右署，凡有中郎、議郎、侍郎、郎中四等，無員。《後漢書·和帝紀》注。

建武二十四年，遣中郎將段郴迎單于於五原塞。《北堂書鈔·設官部》。

虎賁中郎將，古官也。《書》稱武王伐紂，戎車三百兩，虎賁八百人，擒紂於牧之野。言其猛怒如虎之奔赴也。孝武建元三年，初置期門。案：《順帝紀》注引有孝武以下十字。《北堂書鈔》引作孝武皇帝初置期門。平帝元始元年，更名虎賁郎。案：《白帖》七十五引更名虎賁中郎將。古有勇者孟賁，改奔為賁。中郎將冠兩鶡尾。案：《太平御覽·服章部》引冠下有插字。鶡，鷙鳥中之果勁者也，每所攫撮，應爪摧碎，鬥不死不止。案：《北堂書鈔》引有門下五字。鶡尾，上黨所貢也。《後漢書·順帝紀》注、《北堂書鈔·設官部》、《初學記·服食部》、《太平御覽·職官部》、《服章部》。

虎賁中郎將衣紗縠襌衣、虎文錦袴，餘郎亦然。《漢書·江充傳》注、《北堂書鈔·衣冠部》兩引、《初學記·寶器部》、《太平御覽·服章部》兩引、《布帛部》。

虎賁千五百人，戴鶡尾，屬虎賁中郎將。《後漢書·光武紀》注。

武帝太初元年，初置建章營騎，後更名羽林。以天有羽林之星，故取名焉。又取從軍死事之子孫養羽林官，教以五兵，號曰羽林孤兒。光武中興，以征伐之士勞苦者為之，故曰羽林士。《後漢書·順帝紀》注。

羽林者，言其為國羽翼，如林盛也。皆冠鶡冠。一名為嚴郎，言其禦侮嚴厲。其後簡取五營高才，別為左、右監。羽林父死子繼，與虎賁同。《廣韻》九麌注、《太平御覽·職官部》。

羽林郎出補三百石丞、尉自占。丞、尉小縣（丞、尉）三百石，其次四百石，比秩為真，皆所以優之。《後漢書·和帝紀》注。

羽林左、右監，屬光祿。《後漢書·來歷傳》注。

羽林左監主羽林八百人，右監主九百人。《後漢書·安帝紀》注。

羽林左騎，秩六百石，領羽林，屬光祿勳。《後漢書·曹褒傳》注。

光祿大夫，秩比二千石，不言屬光祿勳。案：《藝文類聚》引有此六字。光祿勳門外特施行馬，以旌別之。《藝文類聚·職官部》、《白帖》七十五。

成帝時，王延世以校尉領河隄。語曰：案：語當作詔。東郡決河，流漂二州，校尉延世隄防立塞。改為河平元年。惟延世長於計策，功費約省。以延世為光祿大夫，秩二千石。《北堂書鈔·政術部》。

天子二十七大夫，職在言議，毗亮九卿，無員，多至數十人。《北堂書鈔·設官部》。

登高能作賦，可以為大夫。感物造端，才知深美，可與國事，故舉為列大夫。古者諸侯、卿大夫交接鄰國，以微言相感，當揖讓之時，必稱時案：時當作詩。以喻其志，別賢不肖，而觀盛衰焉。《北堂書鈔·設官部》。

議郎、郎中，秦官也。議郎秩比六百石，特徵賢良方正敦朴有道。第公府掾，試博士者，拜郎中。《北堂書鈔·設官部》。

議郎十二人，秩比六百石，不屬署，不直事。侍御史遷補博士、諸侯王郎中令。《北堂書鈔·設官部》。

謁者僕射，秦官也。僕，主也。古者重武事，每官必有主射以督課之。《後漢書·光武紀》注、《北堂書鈔·設官部》。

孝明皇帝丁酉詔書曰：謁者，堯之尊官，所以試舜於四門。《北堂書鈔·設官部》。

明帝詔書：昔燕太子使荊軻劫始皇，變起兩楹之間。其後謁者之引客，持匕首劍刺腋。高祖偃武行文，故易之以版。《北堂書鈔·設官部》。

謁者皆著緗幘大冠、白絹單衣。《北堂書鈔·衣冠部》、《太平御覽·服章部》。

謁者三十人，秩四百石，掌報章奏事及喪弔祭享。《北堂書鈔·設官部》。

謁者三十五人，以郎中秩滿歲稱給事，未滿歲稱灌謁者。《後漢書·雷義傳》注。

舊河隄謁者居之。《水經注·濟水》。

《後漢書》志二五《百官》光禄勳，卿一人，中二千石。本注曰：掌宿衛宮殿門户，典謁署郎更直執戟，宿衛門户，考其德行而進退之。胡廣曰：勳猶閽也，《易》曰為閽寺。(官)〔宦〕寺，主殿宮門户之職。郊祀之事，掌三獻。丞一人，比千石。

五官中郎將一人，比二千石。本注曰：主五官郎。五官中郎，比六百石。本注曰：無員。五官侍郎，比四百石。本注曰：無員。五官郎中，比三百石。本注曰：無員。凡郎官皆主更直執戟，宿衛諸殿門，出充車騎。唯議郎不在直中。

左中郎將，比二千石。本注曰：主左署郎。中郎，比六百石。侍郎，比四百石。郎中，比三百石。本注曰：皆無員。

右中郎將，比二千石。本注曰：主右署郎。中郎，比六百石。侍郎，比四百石。郎中，比三百石。本注曰：皆無員。

虎賁中郎將，比二千石。本注曰：主虎賁宿衛。左右僕射、左右陛長各一人，比六百石。本注曰：僕射，主虎賁郎習射。陛長，主直虎賁，朝會在殿中。虎賁中郎，比六百石。虎賁侍郎，比四百石。虎賁郎中，比三百石。節從虎賁，比二百石。本注曰：皆無員。掌宿衛侍從。自節從虎賁久者轉遷，才能差高至中郎。

羽林中郎將，比二千石。本注曰：主羽林郎。羽林郎，比三百石。本注曰：無員。掌宿衛侍從。常選漢陽、隴西、安定、北地、上郡、西河凡六郡良家補。本武帝以便馬從獵，還宿殿陛巖下室中，故號巖郎。

羽林左監一人，六百石。本注曰：主羽林左騎。丞一人。

羽林右監一人，六百石。本注曰：主羽林右騎。丞一人。

奉車都尉，比二千石。本注曰：無員。掌御乘輿車。

駙馬都尉，比二千石。本注曰：無員。掌駙馬。

騎都尉，比二千石。本注曰：無員。本監羽林騎。

光禄大夫，比二千石。本注曰：無員。凡大夫、議郎皆掌顧問應對，無常事，唯詔令所使。凡諸國嗣之喪，則光禄大夫掌弔。

太中大夫，千石。本注曰：無員。

中散大夫，六百石。本注曰：無員。

諫議大夫，六百石。本注曰：無員。

議郎，六百石。本注曰：無員。

謁者僕射一人，比千石。本注曰：為謁者臺率，主謁者，天子出，奉引。古重習武，有主射以督録之，故曰僕射。常侍謁者五人，比六百石。本注曰：主殿上時節威儀。謁者三十人。其給事謁者，四百石。其灌謁者郎中，比三百石。本注曰：掌賓贊受事，及上章報問。將、大夫以下之喪，掌使弔。本員七十人，中興但三十人。初為灌謁者，滿歲為給事謁者。

右屬光禄勳。本注曰：職屬光禄者，自五官將至羽林右監，凡七署。自奉車都尉至謁者，以文屬焉。舊有左右曹，秩以二千石，上殿中，主受尚書奏事，平省之。世祖省，使小黄門郎受事，車駕出，給黄門郎兼。有請室令，車駕出，在前請所幸，徹車迎白，示重慎。中興但以郎兼，事訖罷，又省車、户、騎凡三將，及羽林令。

（唐）杜佑《通典》卷二五《職官·諸卿上·光禄卿》 秦有郎中令，主郎內諸官，故曰郎中令。掌宮殿掖門户，漢因之。石建為郎中令，奏事事已下，建省讀，驚曰：書馬者，與尾而五，今乃不足一，獲譴死矣。其謹慎如此。至武帝太初元年，更名光禄勳。應劭曰：光，明也；禄，爵也；勳，功也。如淳曰：勳之言閽也。閽，古主門之官。光禄主宮門故也。張安世為光禄勳，郎有醉，小便殿上，主事行法。安世曰：何以知其不覆水也？郎有淫官婢，婢兄自言，安世曰：奴以恚怒，誣污衣冠。告署擿奴，其隱人過失如此。王莽改光禄勳為司中。後漢曰光禄勳，所掌同，典三署郎更直執戟宿衛，考其德行而進退之。漢東京三署郎有德應四科者，歲舉茂才二人、四行二人。及三署郎罷省，光禄勳猶依舊舉四行衣冠子弟以充之。郊祀之事，掌三獻。光禄勳居禁中。如宋之殿中御史。有獄在殿門外，謂之光禄外部。兩漢自光禄、太中、中散、諫議等大夫，及謁者僕射、羽林郎、郎中、侍郎，五官、武賁、左右等中郎將，奉車、駙馬二都尉，車、户、騎三將，如淳曰：主車曰車郎，主户衛曰户郎。並屬光禄動。後漢張湛字子孝，拜光祿勳。光武臨朝，或有惰容，湛輒陳諫其失。常乘白馬，上後見湛，輒曰：白馬生且復諫矣。又杜林字伯山，為光祿勳，內供奉宿衛，外總三署，周密敬慎，選舉稱平。郎有好學者，輒見誘進，朝夕滿堂，士以此高而慕附。又荀爽為光祿勳，視事三日，册拜司空。建安末，復改光祿勳為郎中令。

（清）陳樹鏞《漢官答問》卷二《光祿勳》 光祿勳，初名郎中令，太初元年更名光祿勳，秩中二千石，掌宮殿掖門户，典三署郎更值執戟宿衛門户，考其德行而進退之。郊祀之事掌三獻，歲以質樸淳厚謙遜有行四科第郎官，歲都試郎羽林，統領從官。府在宮中，門外施行馬以旌別之，於九卿最為親近，稱為宿衛近臣。昭宣以來，多以將軍兼之，父為光祿勳，子為中郎將，亦不避也。

屬官有丞，大夫、郎、謁者，期門、羽林。

丞二人，多以博士議郎為之。

大夫掌議論，有中大夫，太中大夫，諫大夫，無員，多至數十人。

中大夫，太初元年更名光祿大大，秩比二千石，奉錢月萬二千，廪食大官，四時賞賜雜繒、綿絮、衣服、酒肉、諸果物，疾病侍醫臨治，與博士俱儒雅之選，異官通職。以明經絜行之儒為之，備顧問，職進諫，與大臣議論政事，出使絕域。諸王薨，則往襚祠賵視喪事，立嗣子，多兼他官。宣元以後愈為清貴，多居要地，于定國、張敞以光祿大夫平尚書事。周堪初為光祿勳，及受遺輔政，乃改光祿大夫。孔光以光祿大夫給事中，位次丞相。張禹以光祿大夫領尚書事。史丹以左將軍兼光祿大夫。哀帝幸董賢，其父乃自少府改光祿大夫，則地位之尊崇親近可知矣。《漢官儀》云光祿大夫不屬光祿勳，證以周堪事，似可信也。光祿大夫遷三輔、中郎將、少府、廷尉，出為太守、都尉。

太中大夫秩比千石，備顧問，議論政事，出則使絕域，使行風俗，列侯薨則往視喪事，因立嗣子，以博士御史遷。

諫大夫，秩比八百石，奉錢月九千二百，廪食大官，選經明行修之儒為之，以諫為職，以議郎、縣令、賢良方正對策高第遷，宣帝時選諫大夫通政事者補郡國守相，或遷司直，出為刺史。

五官中郎將，比二千石。

左中郎將，比二千石。

右中郎將，比二千石。

左右車郎將，主車郎，比千石。

左右户郎將，主户郎，比千石。

騎郎將，主騎郎，比千石。

中郎，比六百石。

侍郎，比四百石。

車郎中，比三百石。

户郎中，比三百石。

騎郎中，比三百石。

中郎將率諸中郎以衛宮，考郎之功罪請而進退之，天子出幸則從，時奉使絕域，或出為郡尉，以郎久次者遷。五官左右中郎將曰三署，中郎侍郎郎中皆無員，多至千人，主執戟衛宮，出充車騎郎。雖執戟之士，然劉敬為郎中，數召見與之謀畫。汲黯願為中郎將，得出入禁闥，拾遺左右。東方朔為中郎，辟戟而請斬董偃，則固親近之臣得進言納忠者。武帝時詞賦之士多居此官，從遊侍宴，受詔賦詩，若後世翰林侍詔之遊矣。郎中衣皂衣，有罪耐以上請，大朝會則夾陛，天子行幸則從，奉使絕域，出為西北邊馬苑馬監，門户失闌則免。三署郎見光祿勳執板拜，若見五官左右將執板不拜，諸公卿無敬。高材郎則選從經師講，又有輦郎，外郎所謂散郎也。其選郎以二千石任子，技藝、富貲，孝著、六郡良家子博士弟子射策甲科，獻賦上書獻策，舉孝廉，或由羽林遷。武帝時，入財入羊入奴婢株送徒皆得為郎，郎選衰矣。定令王國人不得為郎，而時不奉行也。

議郎，比六百石，凡郎皆更直執戟宿衛，惟議郎則否。國有大政大獄大禮則與中二千石博士會議，選明經之士為之，不屬署不直事，或由郎侍御史遷，補博士諸侯王郎中令。

謁者，秩比六百石，員七十人。僕射，秩比千石。為謁者臺，率主謁者，天子出則奉引，亦曰大謁者。謁者掌賓贊，執戟衛宮門，有大朝會則引群臣入殿門，上出幸則從，卿校有奏則送謁者臺轉達。群臣有罪則承制持節召之詣獄，使絕域，循行郡國，掌弔喪祭享，謁者僕射見尚書令，對揖無敬，謁者見執檢拜之。蕭望之為謁者，諸上書言事，宣帝輒下望之問狀。高者詣丞相御史，次中二千石，試事滿歲，以狀聞，下者報聞，此則異數，非謁者職掌也。有中謁者，閹人為之，灌嬰以列侯居其職，此則漢初之制也。謁者選中郎美鬚大音者補，功次當遷，欲留增秩者許遷縣令。期門，武帝建元三年置，武帝與侍中中常侍武騎及待詔隴西北地良家子能騎射者，期諸殿門，故有期門之號。比郎無員，多至千人，掌執兵送從，選有勇力者為之，其選則試弁，有僕射，秩比千石，平帝更名虎賁郎，置中郎將，選羽林為郎，選郎為期門。

羽林，武帝太初置名曰建章營騎，後更名羽林騎，比三百石。宣帝令中郎將騎都尉監羽林，秩比二千石。羽林掌宿衛送從，次期門，常選六郡良家子補。武帝以便馬從獵還宿殿陛巖下室中，故號巖郎。補郎中，出補三百石丞尉，武帝取從軍死士之子孫，養羽林官，教以五兵，號曰羽林孤兒。

（漢）王隆《漢官解詁》　衛尉：衛尉主宮闕之內，衛士于垣下為廬，案：《北堂書鈔·設官部》引作為區廬于垣下。各有員部。〔凡〕居宮中者，皆施籍于門，案其姓名。若有醫巫僦人當入者，本官長吏為封啓傳，案：當作本宮長史為封棨傳，見《續漢志》。審其印信，然後內之。人未定，又有籍，皆復有符。符用木，長二寸，以當所屬兩字為鐵印，亦太卿炙符，案：《續漢志補注》引作長可二寸，鐵印以符之。當出入者，案籍畢，復齒符，乃引內之也。其有官位得出入者，令執御者官，傳呼前後以相通。從昏至晨，分部行夜，夜有行者，輒前曰：誰，誰，若此不解，終歲更始，所以重慎宿衛也。《藝文類聚·職官部》。

諸門部各陳屯夾道，其旁當兵，以示威武，交戟，以遮妄出入者。《續漢志補注》。

《漢書》卷一九上《百官公卿表》　衛尉，秦官，掌宮門衛屯兵，有丞。景帝初更名中大夫令，後元年復為衛尉。屬官有公車司馬、衛士、旅賁三令丞。衛士三丞。又諸屯衛候、司馬二十二官皆屬焉。長樂、建章、甘泉衛尉皆掌其宮，職略同，不常置。

（漢）佚名《漢官》　衛尉，員吏四十一人，其九人四科，二人二百石，文學三人百石，十二人斗食，二人佐，十三人學事，一人官醫。衛士六十人。

南宮衛士，員吏九十五人，衛士五百三十七人。

北宮衛士，員吏七十二人，衛士四百七十二人。

右都侯員吏二十二人，衛士四百一十六人。左都侯員吏二十八人，衛士三百八十三人。案：侯皆當作候。

南宮南屯司馬，員吏九人，衛士百二人。

（北）宮門蒼龍司馬，員吏六人，衛士四十人。

玄武司馬，員吏二人，衛士三十八人。

北屯司馬，員吏二人，衛士三十八人。

北宮朱爵司馬，員吏四人，衛士百二十四人。

東明司馬，員吏十三人，衛士百八十人。

朔平司馬，員吏五人，衛士百一十七人。

員吏皆隊長佐。案：謂南屯司馬以下。

太常、光禄勳、衛尉。右三卿，太尉所部。案：此條引作《漢官目録》。

（漢）應劭《漢官儀》卷上　公車司馬令，周官也。秩六百石，冠一梁，掌殿司馬門，夜徼宮中，天下上事及闕下，案：《和帝紀》注引作諸上書詣闕下者，皆集奏之。凡所徵召，皆總領之。李郃以公車司馬入為侍中。《漢書·百官公卿表》注、《後漢書·光武紀》注、《和帝紀》注、《三輔黃圖》二、《北堂書鈔·設官部》、《太平御覽·職官部》。

北宮衛士令一人，秩六百石。《後漢書·譙玄傳》注。

凡居宮中，皆施籍於掖門，案姓名當入者，本官為封棨傳，審印信，然後受之。《後漢書·竇武傳》注。

崇賢門內德陽殿。《後漢書·順帝紀》注。

未央大廄、長樂、承華等廄令，案：《文選·東京賦》注引漢有承華廄。皆秩六百石。《後漢書·和帝紀》注、《三輔黃圖》六。

牧師諸苑三十六所，分置西北邊，分養馬三十萬頭。《漢書·百官公卿表》注、《後漢書·和帝紀》注。

《後漢書》志二五《百官》　衛尉，卿一人，中二千石。本注曰：掌宮門衛士，宮中徼循事。丞一人，比千石。

公車司馬令一人，六百石。本注曰：掌宮南闕門，凡吏民上章，四方貢獻，及徵詣公車者。丞、尉各一人。本注曰：丞選曉諱，掌知非法。尉主闕門兵禁，戒非常。

南宮衛士令一人，六百石。本注曰：掌南宮衛士。丞一人。

北宮衛士令一人，六百石，本注曰：掌北宮衛士。丞一人。

左右都候各一人，六百石。本注曰：主劍戟士，徼循宮，及天子有所收考。丞各一人。

宮掖門，每門司馬一人，比千石。本注曰：南宮南屯司馬，主平城門；（北）宮門蒼龍司馬，主東門；玄武司馬，主玄武門；北屯司馬，主北門；北宮朱爵司馬，主南掖門；東明司馬，主東門；朔平司馬，主北門：凡七門。凡居宮中者，皆有口籍於門之所屬。宮名兩字，為鐵印文符，案省符乃内之。若外人以事當入，本（宮）〔官〕長史為封棨傳；其有官位，出入令御者言其官。

右屬衛尉。本注曰：中興省旅賁令，衛士一人丞。

（唐）杜佑《通典》卷二五《職官・諸卿上・衛尉卿》 衛尉，秦官，掌門衛屯兵。漢因之。《漢舊儀》曰：衛尉寺在宮内。胡廣云：主宮闕之内衛士，於周垣下為區廬。區廬者，若今之仗宿屋。景帝初，更名中大夫令，後元年復為衛尉。又有長樂、建章、甘泉衛尉，皆掌其宮，其職略同，而不常置。顔師古曰：各隨所掌之宮，以為官名。後漢有衛尉卿一人，職與漢同。晋銀章青綬，五時朝服，武冠，佩水蒼玉，掌冶鑄，領冶令三十九。户五千三百五十。冶在江北，而江南唯有梅根及冶塘二冶，皆屬揚州，不屬衛尉。

（清）陳樹鏞《漢官答問》卷二《衛尉》 衛尉，景帝初更名中大夫令，後元元年復為衛尉，掌宮門屯衛，兵寺在宮内，或以後將軍兼之，長樂建章甘泉衛尉皆掌，其宮職略同，不常置。屬官有丞、公車、司馬、衛士、旅賁、三令丞，又諸屯衛候司馬皆屬焉。

衛尉丞一人，多以博士議郎為之。

公車司馬令一人，丞一人，掌殿司馬門，夜徼宮中，天下上書及闕凡所徵召皆總領之。凡上書者，待報於公車，上書見采者，則待詔於公車，以俟召見，有奉禄。諸出入殿門、司馬門皆下，不如令，公車令劾之，罰金四兩。朝臣有被劾者，則移司馬門止其入，從官給事官司馬中皆有門籍，又得為大父母，父母兄弟通籍，司馬案籍而出入之，除門籍者不得朝。長安甘泉未央宮四面皆有司馬門丞，選曉諱知非法者為之，有大誰長領卒主問非常之人，冠樊噲冠。衛士令一人，丞三人，諸屯衛候司馬二十二人，掌率衛士，宿衛宮有八屯，屯有衛候司馬一人，每面二屯。有大朝會則衛士設兵張旗志，天子出幸則衛司馬先出置衛上奏辭，衛司馬見衛尉及各衛官皆揖不拜謁，衛尉不得私使衛司馬，衛司馬出則詣宮府門上謁辭，民年二十三為衛士一歲，其轉置送迎，凡二萬人。自郡縣至長安，其往來錢用皆自給之。至京師隸衛士令，衛候司馬徼循宿衛宮中，於周垣下為區廬，各有分部。夜漏起宮中宮門擊柝擊刁斗傳五夜，百官徼直，符行衛士，周廬擊木柝傳呼備火。諸門部各陳屯兵，夾道其旁，掌兵以示威武，交戟以遮妄出入者。衛士初到，丞相到都門迎勞賜吏士，丞相月一行屯衛騎不以車，五月五日則大置酒饗衛士，歲盡則上臨饗衛卒，而罷之時以衛將軍領衛士。旅賁令一人，丞一人，蓋主衛士之驍勇者。

《漢書》卷一九上《百官公卿表》 太僕，秦官，掌輿馬，有兩丞。屬官有大厩、未央、家馬三令，各五丞一尉。又車府、路軨、騎馬、駿馬四令丞；又龍馬、閑駒、橐泉、騊駼、承華五監長丞；又邊郡六牧師菀令，各三丞；又牧橐、昆蹏令丞皆屬焉。中太僕掌皇太后輿馬，不常置也。武帝太初元年更名家馬為挏馬，初置路軨。

（漢）佚名《漢官》 太僕，員吏七十人，其七人四科，一人二百石，文學八人百石，六人斗食，七人佐，六人騎吏，三人假佐，三十一人學事，一人官醫。

考工，員吏百九人。

車府，員吏二十四人。

未央廄，員吏七十人，卒騶二十人。

長樂廄，員吏十五人，卒騶二十人，苜蓿苑官田所一人守之。

《後漢書》志二五《百官》 太僕，卿一人，中二千石。本注曰：掌車馬。天子每出，奏駕上鹵簿用；大駕則執馭。丞一人，比千石。

考工令一人，六百石。本注曰：主作兵器弓弩刀鎧之屬，成則傳執金吾入武庫，及主織綬諸雜工。左右丞各一人。

車府令一人，六百石。本注曰：主乘輿諸車。丞一人。

未央廄令一人，六百石。本注曰：主乘輿及廄中諸馬。長樂廄丞一人。

右屬太僕。本注曰：舊有六廄，皆六百石令，中興省約，但置一廄。

後置左駿令、廄，別主乘輿御馬，後或并省。又有牧師苑，皆令官，主養馬，分在河西六郡界中，中興皆省，唯漢陽有流馬苑，但以羽林郎監領。

【唐】杜佑《通典》卷二五《職官・諸卿上・太僕卿》　漢初，夏侯嬰常為之，《漢書》曰：夏侯嬰為沛公太僕，常奉車，自高帝至文帝，常為太僕。又石慶為太僕，御出，上問車中幾馬，慶以策數馬畢，曰：六馬。領五監、龍馬、閑駒、橐泉、騊駼、承華五監，各有長、丞。騊，徒刀切。駼，大胡切。六廄，皆有令。或曰，六廄謂未央、承華、騊駼、龍馬、輅軨、大廄也，馬皆萬匹。武帝承文、景蓄積，海內殷富，廄馬有四十萬匹。時匈奴數寇邊，遣衛青、霍去病發十萬騎，并負私從馬，凡十四萬匹，窮追，大破匈奴。漢馬死者十餘萬匹，匈奴雖病遠去，而漢亦馬少，無以復往。於是漢久不北擊匈奴。數歲，滅兩越。是時天子巡邊，親至朔方，勒兵十八萬騎，以見武節。王莽改太僕為太御。後漢太僕與漢同，亦掌車馬，天子每出，奏駕上鹵簿用，大駕則執馭。初，漢西京置六廄，東京約省，唯置一廄。趙岐字臺卿，為太僕，持節安慰天下。祭彤字次孫，為太僕。帝過孔子講堂，指子路室曰：此太僕之室也，太僕，吾之禦侮也。

【清】陳樹鏞《漢官答問》卷二《太僕》　太僕，秩中二千石，掌輿馬。天子出奉駕上鹵簿用，大駕則執馭。【略】

屬官有丞及太廄等十五令長。

太僕丞二人。

太廄令一人，丞五人，尉一人。

未央令一人，丞五人，主乘輿及庶諸馬。

家馬令一人，丞五人，尉一人，武帝太初元年，更名為挏馬主，供天子私用，非大祀戎事軍國所領。

車府令一人，丞二人，主乘輿路車。

路軨令一人，丞一人，武帝置，軨，小馬曲轅也。

騎馬令一人，乘一人，主天子騎馬。

駿馬令一人，丞一人。

龍馬監長一人，丞一人。

閑駒監長一人，丞一人。

橐泉監長一人，丞一人，橐泉廄在橐泉宮。

騊駼監長一人，丞一人。

承華監長一人，丞一人。

邊郡六牧師苑令各一人，丞三人，太僕牧師諸苑三十六所，分布北邊西邊，以郎為苑監，官奴婢三萬人，分養馬三十萬頭，擇取教習，給六廄牛羊無數，以給犧牲。

《漢書》卷一九上《百官公卿表》　廷尉，秦官，掌刑辟，有正、左右監，秩皆千石。景帝中六年更名大理，武帝建元四年復為廷尉。宣帝地節三年初置左右平，秩皆六百石。哀帝元壽二年復為大理。王莽改曰作士。

【漢】佚名《漢官》　廷尉，員吏百四十人，其十一人四科，十六人二百石廷吏，文學十六人百石，十三人獄史，二十七人佐，二十六人騎吏，三十人假佐，一人官醫。

【漢】應劭《漢官儀》卷上　廷尉責案上御史臺。《通典・職官》。光武時有以疑獄見廷尉曹史張禹，所問輒對，處當詳理。於是册免廷尉，以禹代之，雖越次而授，亦足以厲其臣節也。《通典・職官》、《太平御覽・職官部》。

《後漢書》志二五《百官》　廷尉，卿一人，中二千石。本注曰：掌平獄，奏當所應。凡郡國讞疑罪，皆處當以報。正、左監各一人。左平一人，六百石。本注曰：掌平決詔獄。

右屬廷尉。本注曰：孝武帝以下，置中都官獄二十六所，各令長名世祖中興皆省，唯廷尉及雒陽有詔獄。

【唐】杜佑《通典》卷二五《職官・諸卿上・大理卿》　秦為廷尉，漢因之，掌刑辟，凡獄必質之朝廷，與衆共之義也。兵獄同制，故曰廷尉。此應劭注也。顏師古曰：廷，平也。理獄貴平，故以為號。景帝中六年，更名大理，武帝建元四年，復為廷尉，哀帝元壽二年，復為大理。《漢書》云：張釋之字季，為廷尉。文帝出，嘗有人從渭橋下走，乘輿馬驚，捕之，屬廷尉。釋之奏其犯蹕，當罰金。上怒，釋之曰：法者，所與天下公共也。且以其時而立誅之則已，今既下廷尉，廷尉，天下之平也。今一傾，而天下用法皆為之輕重，民安所措其手足乎？後又有盜高廟座前玉環者，文帝欲族之，釋之奏當棄市。上大怒，釋之曰：法如是也。今盜宗廟器而族之，如令愚民取長陵一抔土，陛下何以加其法乎？衆皆呼為張廷尉。又張湯為廷尉，決大獄，欲傅古義，乃請博士弟子理《尚書》、《春秋》，補廷尉史，平亭疑法。奏讞疑事，必先為上分別其源，以揚主之明，言此自天子意，非由有司也。奏事有善則讓曰：監、掾、史某所為也。亭者，平也，均也。又杜周為廷尉，而善伺上所欲。客有讓周曰：君為天下決平，不循三尺法，專以人主意旨為獄，獄者固如是乎？周曰：三尺安出哉？前主所是者著為律，後主所是者疏為令。當時為是，何古之法乎？三尺者，以三尺竹簡書法律也。又于定國為廷尉，朝廷稱之曰：張釋之為廷尉，天下無冤民；于定國為廷尉，民自以為不冤。王莽時，改大理為作士矣。後漢廷尉卿，凡郡國讞疑，讞，質也。皆處當以報。傅賢為廷尉，每冬至斷獄，遲迴流涕。又盛吉為廷尉，每冬至節，罪囚當斷，夜省坐狀，其妻執燭，吉持丹筆，夫妻相向垂淚。又楊賜為廷尉，乃歎曰：昔三后成功，惟殷於民，而皋繇不與焉。蓋吝之也，遂以世非法家，固辭。《漢官儀》曰：光武時有疑獄，見廷尉，曹史張禹所問輒對，處當詳理，於是策免廷尉，以禹代之。雖越次而授，亦足以厲其臣節。皆以世家為之，而郭氏尤盛。郭躬為廷尉。躬家世掌法，務在寬平，乃條諸重文可從輕者四十一事奏之，事皆施行，著於令。建安中，復為大理。鍾繇以大理為相國。

（清）陳樹鏞《漢官答問》卷二《廷尉》 廷尉，景帝中六年更名大理，武帝建元四年復為廷尉，哀帝元壽二年復為大理，秩中二千石，掌邦國之刑辟，平獄奏當所應。凡縣道官獄疑者，各讞所屬二千石官，二千石官以其罪名當報之所不能決者，移廷尉，廷尉亦當報之，廷尉所不能決，謹具為奏，傅所當比律令以聞，軍法亦掌焉。邊郡有虜入則使史往案其失，亡而論之。凡獄，廷尉奏其罪於天子，天子報可遂行法。季秋後請讞，上幸宣室齋居而決事，丞相不與聞。天子有病，然後丞相代天子決獄。庶民有罪則刑於其鄉，官吏有罪則逮繫之長安，廷尉定其罪而刑焉。郡國有獄則廷尉遣史往按之。冬月録囚，春月不行刑，立春則行寃使者出，凡有寃者往訴焉。律令與禮儀臧於廷尉，分寸丈尺引皆掌之。廷尉有罪則使他官治，故縱死罪則棄市。屬官有正監平掾史，廷尉正一人，左右監各一人，秩皆千石，掌決獄，凡有獄，正監議其罪，廷尉以聞，冠法冠。

左右平四人，秩六百石，宣帝地節三年置，掌平決詔獄，宣帝以廷尉遣史與郡鞫獄，任重祿薄，乃置廷尉平以平之，冠法冠。

文學卒史掌平亭疑法奏讞疑，選太常掌故及博士弟子補之，凡十六人，秩二百石，分署諸曹而治府事焉。

奏讞掾。

奏曹掾。

書佐。

從事於諸掾為最卑，以不習事者署之，給事府中及役於外不治獄也。

《張湯傳》注引《漢舊儀》云中都官獄二十六所，《文獻通考》考得十三：

廷尉詔獄，上林詔獄，郡邸獄，掖庭祕獄，共工獄，若盧獄，都船獄，都司空獄，居室獄，保宮獄，內官獄，請室獄，道官獄，水司空獄，暴室獄。

今考得者七：

太子家獄，東市獄，西市獄，寺互，中尉獄，中壘獄，別火獄。

《漢書》卷一九上《百官公卿表》 典客，秦官，掌諸歸義蠻夷，有丞。景帝中六年更名大行令，武帝太初元年更名大鴻臚。屬官有行人、譯官、別火三令丞及郡邸長丞。武帝太初元年更名行人為大行令，初置別火。王莽改大鴻臚曰典樂。初，置郡國邸屬少府，中屬中尉，後屬大鴻臚。

（漢）佚名《漢官》 大鴻臚，員吏五十五人，其六人四科，二人二百石，文學六人百石，一人斗食，十四人佐，六人騎吏，十五人學事，五人官醫。

大行，員吏四十人。其四人四科，五人二百石，文學五人百石，九人斗食，六人佐，六人學事，十二人守學事。

太僕、廷尉、大鴻臚。右三官，司徒所部。案：此條引作《漢官目録》。

（漢）應劭《漢官儀》卷上 秦置典客，掌諸侯及歸義蠻夷。漢因之。景帝更名大行令，武帝改曰大鴻臚。《初學記·職官部》。

鴻臚，景帝置。《北堂書鈔·設官部》。

皇帝延諸侯王，賓王諸侯，皆屬大鴻臚。故其薨，奏其跡，賜與謚及哀策誄文。《通典·職官》。

昔唐、虞賓于四門，此則禮賓之制。〔與〕鴻臚之任亦同。《初學記·職官部》。

《後漢書》志二五《百官》 大鴻臚，卿一人，中二千石。本注曰：掌諸侯及四方歸義蠻夷。其郊廟行禮，贊導，請行事，既可，以命羣司。

諸王入朝，當郊迎，典其禮儀。及郡國上計，匡四方來，亦屬焉。皇子拜王，贊授印綬。及拜諸侯、諸侯嗣子及四方夷狄封者，臺下鴻臚召拜之。王薨則使弔之，及拜王嗣。丞一人，比千石。

大行令一人，六百石。本注曰：主諸郎。丞一人。治禮郎四十七人。

右屬大鴻臚。本注曰：承秦有典屬國，別主四方夷狄朝貢侍子，成帝時省并大鴻臚。中興省驛官、別火二令、丞，及郡邸長、丞，但令郎治郡邸。

（唐）杜佑《通典》卷二六《職官・諸卿中・鴻臚卿》　秦官有典客，掌諸侯及歸義蠻夷。《史記》曰：韓信亡楚歸漢，為連敖。徐廣注云：連敖，典客。漢改為鴻臚。應劭曰：郊廟行禮，贊導九賓。鴻，聲也；臚，傳也。所以傳聲贊導，故曰鴻臚。景帝中二年，令諸侯王薨，列侯初封及之國，大鴻臚奏謚、誄、策。應劭曰：皇帝延諸侯王，賓王諸侯，皆屬大鴻臚。故其薨，奏其行跡，賜與謚及哀策誄文。列侯薨及諸侯太傅初除之官，大行奏謚、誄、策。《周禮》有大行人、小行人，主謚官，故以名之。臣瓚曰：大行是官名，掌九儀之制，以賓諸侯者。顏師古曰：事之尊重者遣大鴻臚，而輕賤者遣大行人。中六年，改大鴻臚為大行令。武帝太初元年，更名大鴻臚，又更名其屬官行人為大行令。其屬官又有郡邸長丞，主諸郡之邸在京師者。至後漢省，但令郎理郡邸。秦時又有典屬國官，掌蠻夷降者。漢因之，成帝河平元年省之，并大鴻臚。王莽改曰典樂。後漢大鴻臚卿一人。諸王入朝，當郊迎，典其禮儀及郡國上計，餘職與漢同。凡皇子拜王，贊授印綬。及拜諸侯、諸侯嗣子及四方夷狄封者，臺下鴻臚召拜之。王薨，則使弔之及拜王嗣。郭況為大鴻臚，帝數賜金帛，京師號況家為金穴，言富實也。陳紀字元方，拜大鴻臚，卒官。父寔為太丘長，子群為三公。天下以為公慚卿，卿慚長。

（清）陳樹鏞《漢官答問》卷三《大鴻臚》　大鴻臚，初名典客，景帝中六年更名大行令，武帝太初元年更名大鴻臚，秩中二千石，掌邦國之禮儀，朝廷之列位等級。郊廟行禮請行事既可以命群司，讚九賓鴻聲臚傳之。大賓客掌禮，皇子封王贊授印綬，諸王入朝當郊迎，典其禮儀。封諸侯，則臺下鴻臚召拜之，諸王薨、列侯初封及之國奏謚策誄列侯之政皆掌之，郡國上計亦屬焉。四方歸義蠻夷及夷狄之封者，皆主其事。職權衡規矩準繩，以均平曲直齊一遠近。

屬官有丞及大行、譯官、別火、郡邸、文學、治禮、主客之屬。

鴻臚丞一人，秩千石。

大行令一人，丞一人，初名行人，武帝太初元年改掌列侯之政，列侯立嗣則掌之，列侯薨及列侯太傅初除之官奏謚策誄。

譯官令一人，丞一人，蓋主蠻夷之來通其言語者也，與屬國有九譯令，蠻夷初屬典屬國，成帝改并大鴻臚，鴻臚有譯官，蓋始此時矣。

別火令一人，丞二人，武帝太初元年置，主改火之事，有獄。

郡邸長一人，丞一人，天下郡國皆置邸於京師，故設長丞掌之，初屬少府，中屬中尉，後屬大鴻臚，郡國上計者掌焉，有獄。

文學。

治禮丞，主齋祀儐贊九賓，如謁者兼舉形貌。

主客，主胡客，以郎為之。

主簿。

（漢）王隆《漢官解詁》　宗正：又歲一治諸王世譜差序秩第。《續漢志補注》。

《漢書》卷一九上《百官公卿表》　宗正，秦官，掌親屬，有丞。平帝元始四年更名宗伯。屬官有都司空令丞，內官長丞。又諸公主家令、門尉皆屬焉。王莽并其官於秩宗。初，內官屬少府，中屬主爵，後屬宗正。

（漢）佚名《漢官》　宗正，員吏四十一人，其六人四科，一人二百石，四人百石，三人佐，六人騎吏，二人法家，十八人學事，一人官醫。諸公主，主簿一人，秩六百石。僕一人，秩六百石。私府長一人，秩六百石。家丞一人，三百石。直吏三人，從官三人。

（漢）應劭《漢官儀》卷上　宗正卿，秩中二千石。《後漢書・安帝紀》注。

長公主傅一人，私府長一人，食官一人，永巷長一人，家令一人，秩皆六百石，各有員吏。而鄉公主傅一人，秩六百石；僕一人，六百石；家丞一人，三百石。《後漢書・皇后紀》注。

長公主官屬，傅一人，員吏五人，騶僕射五人，私府〔長〕、食官〔長〕、永巷〔長〕令、家令各一人。《後漢書・鄧晨傳》注。

《後漢書》志二六《百官》　宗正，卿一人，中二千石。本注曰：掌序録王國嫡庶之次，及諸宗室親屬遠近，郡國歲因計上宗室名籍。若有犯法當髡以上，先上諸宗正，宗正以聞，乃報決。丞一人，比千石。

諸公主，每主家令一人，六百石。丞一人，三百石。本注曰：其餘屬吏增減無常。

右屬宗正。本注曰：中興省都司空令、丞。

（唐）杜佑《通典》卷二五《職官・諸卿上・宗正卿》 秦置宗正，掌親屬。漢因之，更以叙九族。平帝元始四年，更名宗伯。五年，又於郡國置宗師，以糾皇室親族世氏，致教訓焉，選有德義者為之。有冤失職者，宗師得因郵亭上書宗伯，請以聞。為書付郵亭，令送至宗伯。常以正月賜宗伯帛十疋。王莽併宗伯於秩宗。後漢曰宗正，卿一人，掌序録王國嫡庶之次，及諸皇室親屬遠近，郡國歲因計上皇族名籍。若有犯法當髡以上，先上諸宗正，宗正以聞，乃報決。胡廣曰：宗正又歲一理諸王世譜，差叙秩第。髡，口昆切。兩漢皆以皇族為之，不以他族。楚元王子郢客、劉辟彊、劉德等迭為此官。又《後漢書》曰：劉軼字君文，梁孝王之胤，為宗正，卒官，遂世掌焉。

（清）陳樹鏞《漢官答問》卷三《宗正》 宗正，高帝七年置，平帝元始四年更名宗伯，秩中二千石，掌親屬序録、王國嫡庶之次及諸宗室親屬遠近。郡國歲因上計上宗室名籍，若有犯法當髡以上，先上宗正，宗正以聞，乃報決。漢世宗室，自王侯而外皆無官職，與齊民同，惟宗正著其屬籍而已。其親者歲時朝請，宗正皆皇族為之，歲以諸王世譜差序秩第。平帝元始五年，令宗室自太上皇以來族親，各以世氏郡國置宗師以糾之，致教訓焉，二千石選有德義者以為宗師，考察不從教令有冤失職者，宗師得因郵亭書言宗伯請以聞，諸公主家令門尉皆屬宗正。

屬官有丞、都司空、內者。

丞一人。

都司空令一人，丞一人，主水及罪人，宗室有罪則逮治之，外戚大臣有罪亦繫焉，有獄。

都司空有左右。

內官長一人，丞一人，蓋主公主有獄，分寸丈尺掌焉，初屬少府，中屬主爵，後屬宗正。景帝中六年置左右內官，屬大內。

（漢）王隆《漢官解詁》 司農，調均報度，輸漕委輸。《續漢志補注》。

邊都諸官請調者，皆有調均報給之也。以水通輸曰漕。委，積也。郡國所積聚金帛貨賄，隨時輸送諸司農，曰委輸，以供國用。《續漢志補注》。

《漢書》卷一九上《百官公卿表》 治粟內史，秦官，掌穀貨，有兩丞。景帝後元年更名大農令，武帝太初元年更名大司農。屬官有太倉、均輸、平準、都內、籍田五令丞，斡官、鐵市兩長丞。又郡國諸倉農監、都水六十五官長丞皆屬焉。騪粟都尉，武帝軍官，不常置。王莽改大司農曰羲和，後更為納言。初，斡官屬少府，中屬主爵，後屬大司農。

（漢）佚名《漢官》 大司農，員吏百六十四人，其十八人四科，九人斗食，十六人二百石，文學二十人百石，二十五人佐，七十五人學事，一人官醫。

太倉，員吏九十九人。

平準，員吏百九十人。

導官，員吏百一十二人。

廩犧，丞一人，三百石。員吏四十人，其十一人斗食，十七人佐，七人學事，五人守學事，皆河南屬縣給吏者。

雒陽市，市長一人，秩四百石。丞一人，二百石，明法補。員吏三十六人，十三人百石嗇夫，十一人斗食，十二人佐。又有櫂櫂丞，三百石，別治中水官，主水渠，在馬市東，有員吏六人。

（漢）應劭《漢官儀》卷上 大司農，古官也。唐、虞分命羲、和四子，敬授民時。高祖受命，懲秦之弊，與民休息。逮至文、景，國家無事，家給人足。京師之錢，累一日巨萬，貫朽而不可校。太倉之粟，陳陳相因，充溢露積，腐敗而不可食。《北堂書鈔・設官部》、《藝文類聚・職官部》、《太平御覽・職官部》。

初秦置治粟內史，掌穀貨。漢因之。景帝更名大農令，武帝更名大司農，王莽改曰羲和，又改為納言。東漢復曰大司農。《初學記・職官部》、《白帖》七十五。

丞二千石。《續漢志補注》案：此條引作應劭《漢官秩》。

平準令一人，秩六百石。《後漢書・靈帝紀》注。

廩犧令一人，秩六百石。《後漢書・和帝紀》注、《董鈞傳》注。

《後漢書》志二六《百官》 大司農，卿一人，中二千石。本注曰：

掌諸錢穀金帛諸貨幣。郡國四時上月旦見錢穀簿，其逋未畢，各具別之。邊郡諸官請調度者，皆為報給，損多益寡，取相給足。丞一人，比千石。部丞一人，六百石。本注曰：部丞主帑藏。

太倉令一人，六百石。本注曰：主受郡國傳漕穀。丞一人。

平準令一人，六百石。本注曰：掌知物賈，主練染，作采色。丞一人。

導官令一人，六百石。本注曰：主舂御米，及作乾精。導，擇也。丞一人。

右屬大司農。本注曰：郡國鹽官、鐵官本屬司農，中興皆屬郡縣。又有廩犧令，六百石，掌祭祀犧牲鴈鶩之屬。及雒陽市長、滎陽敖倉官，中興皆屬河南尹。餘均輸等皆省。

（唐）杜佑《通典》卷二六《職官・諸卿中・司農卿》 秦為理粟内史，掌穀貨。漢景帝更名大農令，武帝太初初，更名大司農。掌九穀六畜之供膳羞者，見《宋志》。《漢書》曰主穀貨。凡郡國諸倉、農監、都水六十五官皆屬焉。毋將崇字君房，為執金吾。上發武庫兵送董賢及乳母，崇以為：武庫兵器，天下公用，繕修造作，皆度大司農錢。自乘輿不以給供養，勞賜一出少府，蓋不以本藏給末用，不以人力供私費也。王莽改曰羲和，後更為納言。後漢大司農掌諸錢穀金帛，鄭弘字巨君，遷大司農，在位一月，料遣諸徒，歲月已過，竟者七百餘人。弘舉吏黃固為尚書，謂弘曰：舊常一歲不能遣數百人，明府一月而遣且千人，何其多能也？弘曰：不應一人為多，宜遣萬人為少。又鄭玄為大司農，給安車一乘，卒官。又劉據為大司農，以職事被譴，靈帝召詣尚書，傳呼促步，將加捶撻。尚書令左雄奏曰：九卿位亞三公，行有佩玉之節，動有庠序之儀。孝明永平始加扑罰，非古典也。帝從之，九卿於此始免捶扑。又鄭衆字仲師，徵為大司農。是時，朝廷議欲改弊農田、鹽鐵事，衆諫以為不可，詔切責，至被舉劾，衆執之不移。郡國四時上月旦見錢穀簿，其逋未畢，各具別之。邊郡諸官請調度者，皆為給報，損多益寡，取相給足。初，郡國鹽官、鐵官並屬司農，中興皆屬郡縣。建安中為大農。

（清）陳樹鏞《漢官答問》卷三《大司農》 大司農，初名治粟都尉，景帝後元年更名大農令，武帝太初元年更名大司農，秩中二千石，掌錢穀金帛諸貨幣。郡國四時上月旦見錢簿，邊郡諸官請調度者，皆為報給。有兵役則轉穀往給之，損多益寡取相給足。國家征伐土木之事，皆給其費，出入之數，丞相不與聞，司農錢自乘輿不以給共養。屬官有丞及太倉以下七令長丞，又郡國諸倉農監都水六十五官長丞皆屬焉。

大司農丞二人，孔僅為大農丞，領鹽鐵事，元封元年桑宏羊請置大農部丞數十人，分主郡國，元始元年置部丞十三人，人部一州勸農桑。

太倉令一人，丞一人，受郡國漕。故事，漕山東粟四百萬斛於京師，用卒六萬人，耿壽昌請糴三輔宏農河東上黨太原郡穀，足供京師，可以省關東漕卒過半，漕運所過縣則令長領之，量識在太倉。

均輸令一人，丞一人，桑宏羊以諸官各自市相争，物以故騰躍，而天下賦輸或不償其僦費，乃請置大司農部丞數十人，分部主郡國，各往往置均輸鹽鐵官，令遠方各以其物如異時商賈所轉販者為賦而相灌輸。始元六年賢良言願罷鹽鐵，無與民争利。

《漢書》卷一九上《百官公卿表》 少府，秦官，掌山海池澤之税，以給共養，有六丞。屬官有尚書、符節、太醫、太官、湯官、導官、樂府、若盧、考工室、左弋、居室、甘泉居室、左右司空、東織、西織、東園匠十（二）〔六〕官令丞，又胞人、都水、均官三長丞，又上林中十池監，又中書謁者、黃門、鉤盾、尚方、御府、永巷、内者、宦者（七）〔八〕官令丞。諸僕射、署長、中黃門皆屬焉。武帝太初元年更名考工室為考工，左弋為佽飛，居室為保宫，甘泉居室為昆臺，永巷為掖廷。佽飛掌弋射，有九丞兩尉，太官七丞，昆臺五丞，樂府三丞，掖廷八丞，宦者七丞，鉤盾五丞兩尉。成帝建始四年更名中書謁者令為中謁者令，初置尚書，員五人，有四丞。河平元年省東織，更名西織為織室。綏和二年，哀帝省樂府。王莽改少府曰共工。

（漢）佚名《漢官》 少府，員吏三十四人，其一人四科，一人二百石，五人百石，四人斗食，三人佐，六人騎吏，十三人學事，一人官醫。

太醫，員醫二百九十三人，員吏十九人。

太官，員吏六十九人，衛士三十八人。

守宫，員吏六十九人。外官丞二百石，公府吏府也。

上林苑，員吏五十八人。

黄門，員吏十八人。

掖庭，吏從官百六十七人，待詔五人，員吏十人。

永巷，員吏六人，吏從官三十四人。右丞一人，暴室一人。

御府，員吏七人，吏從官三十人。右丞一人。

祠祀，從官吏八人，騶僕射一人，家巫八人。

鉤盾，吏從官四十人，員吏四十八人。又有署一人，胡熟監一人。

中藏府，員吏十三人，吏從官六人。

尚方，員吏十三人，吏從官六人。

內者，從官祿士一人，員吏十九人。

符節，當得明法律郎。

宗正、大司農、少府。右三卿，司空所部。案：此條引作《漢官目録》。

（漢）蔡質《漢官典職儀式選用》 尚書令主贊奏，總典綱紀，無所不統，秩千石，案：《藝文類聚》引作秩二千石。銅印墨綬。《北堂書鈔・設官部》、《藝文類聚・職官部》。

故公為之者，朝會（不）〔下〕陛奏事，增秩二千石，故自佩銅印墨綬。《續漢志補注》。

尚書奏事於明光殿，省中畫古烈士，重行書讚。《初學記・職官部》。

省中皆以胡粉塗壁，紫素界之，畫古烈士。《初學記・居處部》。

尚書僕射主開封，掌授廩給錢穀也。《北堂書鈔・設官部》。

僕射主封門，掌授廩假錢穀。凡三公、列卿、將、大夫、五營校尉行復道中，遇尚書僕射、左右丞郎、御史中丞、侍御史，皆避車豫相迴避。衛士傳不得迕臺官，〔臺官〕過後乃得去。《續漢志補注》。

尚書，典天下歲盡集課事。三公尚書二人，典三公文書。吏曹尚書典選舉齋祀，屬三公曹。靈帝末，梁鵠為選部尚書。《續漢志補注》。

常侍曹，主常侍、黄門、御史事，世祖改曰吏曹。《續漢志補注》。

二千石曹，掌中郎官水火、盜賊、辭訟、罪眚。《續漢志補注》。

民曹，典繕治功作，監池、苑、囿、盜賊事。《續漢志補注》。

客曹，天子出獵，駕，御府曹郎屬之。《續漢志補注》。

尚書左、右丞典臺事，繩糾無所不惣。《太平御覽・職官部》。

左、右丞對揖，稱左、右君也。《北堂書鈔・設官部》。

尚書左丞總典臺中綱紀，無所不統。《續漢志補注》、《初學記・職官部》。

右丞與僕射對掌授廩假錢穀，與左丞無所不統。凡中宮漏夜盡，鼓鳴則起，鐘鳴則息。衛士甲乙徼相傳，甲夜畢，傳乙夜，相傳盡五更。衛士傳言五更，未明三刻後，雞鳴，衛士踵丞郎趨嚴上臺，不畜宮中雞。汝南出《雞鳴》，衛士候朱雀門外，專傳《雞鳴》於宮中。《續漢志補注》。

（漢）應劭《漢官儀》卷上 少府掌山澤陂池之稅，名曰禁錢，以給私養，自別為藏。少者，小也，故稱少府。秩中二千石。大用由司農，小用由少府，故曰小藏。《北堂書鈔・設官部》。

少者，小也，小故稱少府。王者以租稅為公用，山澤陂池之稅以供王之私用。古皆作小府。《續漢志補注》。案：引作《漢官》。《太平御覽・職官部》引《漢官・辛尹》下曰：少府，言別為少藏，故曰少府。

田租，芻藁以給經用，凶年，山澤魚鹽市稅少府以給私用。《續漢志補注》。

太醫令，周官也。兩梁冠，秩千石，丞三百石。《北堂書鈔・設官部》、《太平御覽・職官部》。

太醫令一人，秩六百石。《後漢書・安帝紀》注。

太官令，兩梁冠，秩千石，丞四人。郡孝廉年五十，清修聰明者，光祿上名，迺召拜，比秩四百石。三歲為令，以供養勞苦遷。案：此下當有闕文。左丞有湯官丞，案：當云有左丞，有湯官丞。掌諸甘配。案：當云有甘丞，掌諸甘肥。皆見《續漢書志》及《補注》。有菓丞，掌菓瓜菜茹薪炭。《太平御覽・職官部》。

太官令，秩一千石。桓帝延熹元年，使太官令得補二千石，置四丞。《唐六典》十五。

太官，主膳羞也。《後漢書・皇后紀》注案：《光武紀》注引口實，膳羞之事也。

太官（菓）丞官別在外，掌瓜菜茹。《太平御覽・菜茹部》。

太官右監丞，秩比六百石。《後漢書・桓帝紀》注。

守宮令一人，秩六百石。《後漢書・桓帝紀》注。

鴻德苑令一人，秩六百石。《後漢書・桓帝紀》注。案：鴻德二字，從《桓帝紀》注以小字別之，下凡倣此。

侍中，周官也。案：《太平御覽》引連下金蟬一段。侍中便蕃左右，與帝升降，卒思案：《北堂書鈔》引作切問。近對，拾遺補闕，百寮之中，莫密於茲。《北堂書鈔・設官部》、《初學記・職官部》、《藝文類聚・職官部》、《白帖》七

十一、《太平御覽·職官部》。

侍中金蟬左貂。案：《藝文類聚》引作有貂，誤。金取堅剛，百鍊不耗。蟬居高食潔，案：《晉書·輿服志》引作飲清。目在腋下。案：《續漢志補注》引作口在腋下。貂內勁悍而溫潤。案：《晉書·輿服志》引溫潤作柔縟。貂蟬不見傳記者，因物論義。案：者上當有説字，論當作生。依《續漢志補注》引。予覽《戰國策》，乃知趙武靈王胡服也。其後秦始皇破趙，得其冠，以賜侍中。高祖滅秦，亦復如之。孝桓末，案：《北堂書鈔》引有孝桓二字。侍中皇權參乘。問貂蟬何法，不知其説。復問地震，云不為災。還宮，左遷議郎。《續漢志補注》、《晉書·輿服志》、《北堂書鈔·設官部》、《初學記·職官部》、《器物部》、《藝文類聚·職官部》、《太平御覽·職官部》、《服章部》。

侍中冠武弁大冠，亦曰惠文冠。加金璫，附蟬為文，貂尾為飾，謂之貂蟬。《初學記·職官部》。

侍中，左蟬右貂，本秦丞相史，往來殿中，故謂之侍中。分掌乘輿服物，下至褻器虎子之屬。武帝時，孔安國為侍中，以其儒者，特聽掌御（坐）唾壺，朝廷榮之。至東京時，屬少府，亦無員。駕出，則一人負傳國璽，操斬蛇劍乘。案：乘上當有參字，見《通典》。與中官俱止禁中。案：與當作興，見《通典》。《後漢書·獻帝紀》注、《太平御覽·職官部》。

侍中秩千石。《初學記·職官部》、《太平御覽·職官部》。案：《唐六典》八引作秩比二千石。《續漢志補注》引《漢官秩》千石。

侍中殿下稱制，出則參乘，佩璽抱劍。《北堂書鈔·設官部》、《文選·恩倖傳論》注、《太平御覽·職官部》。

漢成帝取明經者充為侍中，使辟百官公卿，參議可正止殿，行則負璽。舊高取一人為僕射，後改為祭酒。《北堂書鈔·設官部》。

史丹為侍中。元帝寢疾，丹以親密近臣得侍疾，候上閒獨寢時，丹直入臥內，頓首伏青蒲上。《初學記·職官部》、《太平御覽·職官部》。

桓帝時，侍中迺存案：《藝文類聚·人部》引作刁存。年老口臭，上出雞舌香與含之。雞舌香頗小，辛螫，不敢咀咽。自嫌有過，得賜毒藥，歸舍辭決，欲就便宜。家人哀注，不知其故。

賴寮友諸賢聞其愆失，求視其藥，出在口香，咸嗤笑之，更為吞食，其意遂解。存鄙儒，蔽于此耳。《北堂書鈔·設官部》、《初學記·職官部》、《藝文類聚·人部》、《太平御覽·人事部》、《職官部》、《香部》。

侍中，周官。號曰常伯，選於諸伯，言其道德可常尊也。《文選·陳太邱碑》注。

侍中，周成王常伯任侍中。殿中稱制，出即陪乘，佩璽抱劍。《文選·東京賦》注、《藉田賦》注、《安陸王碑》注。

《漢官表》曰：凡侍中、左右曹諸吏、散騎、中常侍，皆加官也。《通典·職官》。

漢因秦置侍中舍人。《北堂書鈔·設官部》。

中常侍，秦官也。漢興，或用士人，銀璫左貂。光武以後，專任宦者，右貂金璫。《後漢書·朱穆傳》注、《太平御覽·服章部》。

給事黃門侍郎，六百石，無員。掌侍從左右，給事中使，關通中外。《後漢書·獻帝紀》注。

給事黃門侍郎，案：《北堂書鈔》、《文選》注引無黃門二字，下同。位次侍中，侍從左右，關通內外，給事於中，故曰給事案：《太平御覽》引下有中字。黃門侍郎。獻帝置六員。《北堂書鈔·設官部》、《文選·恩倖傳論》注、《太平御覽·職官部》。

黃門侍郎，每日暮向青瑣門拜，謂之夕郎。《後漢書·獻帝紀》注。

給事中，秦官也。漢因之，無常員，皆為加官。《初學記·職官部》。

漢武元鼎三年，初置散騎，俱掌問應對。世祖省之。案漢初有散騎侍郎，掌侍省，皆為騎郎，貲滿五萬為常侍郎。張釋之以貲為常侍，蓋此官也。《北堂書鈔·設官部》。

秦及前漢置散騎及中常侍各一人。散騎騎馬並乘輿車，獻可替否。《北堂書鈔·設官部》、《藝文類聚·職官部》、《白帖》七十三、《太平御覽·職官部》、《初學記·職官部》。

秦置散騎，又置中常侍。漢因之，兼用士人，無〔常〕員，多以為加官。《初學記·職官部》。

黃門令，秩六百石。《後漢書·皇后紀》注。

黃門有畫室署，玉堂署，各有長一人。《初學記·職官部》、《太平御覽·職官部》。

黃門冗從僕射一人，秩六百石。《後漢書·桓帝紀》注。

黃門鼓吹百四十五人。《後漢書·安帝紀》注。

暴室在掖庭内，丞一人，主宫中婦人疾病者。其皇后、貴人有罪，亦就此室也。《後漢書·皇后紀》注。

永巷令一人，宦者為之，秩六百石，掌宫婢侍使。《後漢書·靈帝紀》注。

濯龍監，六百石。《續漢志補注》案：此條本引作應劭《漢官秩》。

中黄藏府，掌中幣帛金銀諸貨物也。《後漢書·桓帝紀》注。案：《續漢志》中藏府令一人，六百石。本注曰：掌中幣帛金銀諸貨物。此衍黄字。

内者，署名，令一人，秩六百石，屬少府。《後漢書·梁商傳》注。

内者，主帷帳。《後漢書·皇后紀》注。

朔平署司馬一人。《後漢書·桓帝紀》注。案：朔平署不見於《續漢志》。

尚書令主贊奏，總典綱紀，無所不統，秩千石。故公為之〔者〕，朝會不陛奏事，增秩二千石。天子所服五時衣賜尚書令。其三公、列卿、〔大夫〕、五營校尉行複道中，遇尚書〔令〕、僕射、左、右丞，皆迴車豫避。案：《初學記·職官部》又引尚書官出，百官寮皆迴車避也。衛士傳不得紆臺官，臺官過，乃得去。《唐六典》一、《太平御覽·職官部》。

尚書令、侍中上東、西寺及侍中寺。《初學記·職官部》。

尚書令，秦官，銅印墨綬。案：《初學記》一引作漢初並用士人為尚書令，秩二千石，與此異。又案：墨當作青，見《通典·職官》，與《後漢書·輿服志》合。每朝會，案：《唐六典》引有此三字。與司隸校尉、御史大夫中丞，案：《唐六典》、《太平御覽》引無大夫二字。皆專席坐，京師號曰三獨坐，言其尊重如此。《唐六典》一、《初學記·職官部》兩引、《藝文類聚·禮部》、《太平御覽·職官部》。

漢舊置中書官，領尚書事。《北堂書鈔·設官部》。

僕射秩六百石，公為之，加至二千石。《唐六典》一。

獻帝建安四年，始置左、右僕射，以執金吾營部為左僕射，衛臻為右僕射。《文選·王文憲集序》注。

尚書，唐、虞官也。《書》曰：龍作納言，朕命惟允。案：《藝文類聚》、《白帖》引俱有此四字。《詩》曰：惟仲山甫，王之喉舌。宣王以中興。秦改稱尚書。漢亦尊此官，典機密也。《北堂書鈔·設官部》、《藝文類聚·職官部》、《白帖》十七、《太平御覽·職官部》。

漢明帝詔曰：尚書蓋古之納言，出納朕命。機事不密則害成，可不慎歟。《北堂書鈔·設官部》、《藝文類聚·職官部》、《太平御覽·職官部》。

尚書四員，武帝置，成帝加一為五。有〔常〕侍曹尚書，主丞相御史事；二千石尚書，主刺史、二千石事；户曹尚書，主人庶上書事；主客尚書，主外國四夷事；成帝加三公尚書，主斷獄事。《後漢書·光武紀》注。

尚書秩五百石，次補二千石。《唐六典》二。

初秦代少府，遣吏四（一）〔人〕在殿中，主發書，故號尚書。尚猶主也。漢因秦置之。故尚書為中臺，謁者為外臺，御史為憲臺，謂之三臺。《初學記·職官部》、《文選》潘正叔《贈王元貺詩》注、《袁紹檄豫州》注。

尚書左丞、右丞，秩各四百石，遷刺史。《太平御覽·職官部》。

尚書令、左丞，總領綱紀，無所不統。僕射、右丞，掌廪假錢穀。《唐六典》一。

左、右丞久次郎補也。《北堂書鈔·設官部》。案：引作《侍臣》上注。

左、右曹受尚書事。前世文士，以中書在右，因謂中書為右曹，又稱西掖。《初學記·職官部》兩引，《太平御覽·職官部》。

尚書郎四人：一人主匈奴單于營部，一人主羌夷吏民，一人主案：吏民二字當在此下，見《通典》。天下户口土田墾作，一人主錢帛貢獻委輸。《北堂書鈔·設官部》、《太平御覽·職官部》。

尚書郎，初從三署郎選詣尚書臺試。每一郎缺，則試五人，先試箋奏。初入臺，稱郎中，滿歲稱侍郎。《初學記·職官部》。

尚書郎初上詣臺，稱守尚書郎。滿歲稱尚書郎中。三年稱侍郎。《太平御覽·職官部》。

郎以孝廉年未五十，先試牋奏。初上稱郎中，滿歲為侍郎。《北堂書鈔·設官部》。

尚書郎，初入臺為郎中，滿歲稱為侍郎，五歲遷太尉也。《北堂書鈔·設官部》。

能通《蒼頡》《史篇》，案：《通典》引作史籀。補蘭臺令史。滿歲補尚書令史。滿歲為尚書郎。出亦與郎同，宰百里。郎與令史分職受書。令史見僕射、尚書，執板拜；見丞、郎，執板揖。《唐六典》一、《通典·職官》、《太平御覽·職官部》。

尚書郎見左、右丞，對揖無敬。《北堂書鈔·禮儀部》。

丞、郎見令、僕射，執板拜，朝賀對揖。丞、郎見尚書，執板對揖，稱曰明時。案：當云執板揖，無對字，見《通典》。郎見左、右丞，對揖呼曰左、右君。《唐六典》一、《初學記・職官部》。

尚書郎主作文書起草，夜更直五日于建禮門內。《初學記・職官部》、《白帖》七十二、《太平御覽・職官部》。

尚書郎給青縑白綾被，以錦被，帷帳、氈褥、通中枕，太官供食，湯官供餅餌五熟果實，下天子一等。給尚書史二人，女侍史二人，案：《初學記》引作入直臺廨中，給女侍史二人。皆選端正。從直女侍執香爐燒薰從入臺護衣，奏事明光殿。省皆胡粉塗畫古賢人烈女。郎握蘭含香，趨走丹墀奏事。黃門郎與對揖。天子五時賜服。案：《北堂書鈔》引作賜珥，赤管大筆一雙，分墨一丸。若郎處曹二年，賜遷二千石、刺史。《北堂書鈔・設官部》、《初學記・職官部》、《太平御覽・職官部》。

尚書郎奏事明光殿，省中皆胡粉塗壁，其邊以丹漆地，故曰丹墀。尚書郎含雞舌香，伏其下奏事。黃門侍郎對揖跪受。《太平御覽・職官部》。案：引作《漢官》。尚書令、僕、丞、郎月給赤管大筆一雙，篆題曰北工作案：《太平御覽》引作一宮工作，無下文十一字。楷於頭上，象牙寸半著筆下。《藝文類聚・雜文部》、《太平御覽・文部》。

尚書令、僕、丞、郎月賜渝麋大墨一枚，小墨一枚。《初學記・文部》。

曹郎二人，掌天下歲盡集課。有尚書曹郎，有考功郎中一人。《唐六典》二。

明帝時，館陶公主為子乞郎，不許，賜錢千萬。上曰：夫郎上應列宿，出居百里，使非其人，民受其傷。故時稱明慎之至也。《北堂書鈔・設官部》。

漢制：八座丞郎初拜，竝集都座交禮，遷又解交。《唐六典》一、《初學記・職官部》、《太平御覽・職官部》。

《周禮》有典瑞掌節之士，蓋所以宣命重威，為國信者也。《北堂書鈔・設官部》。

御史中丞二人，本御史大夫之丞。其一別在殿中，兼典蘭臺秘書。外督部刺史，內領侍御史，受公卿章奏，糾察百寮。《後漢書・周紆傳》注、《初學記・職官部》、《太平御覽・職官部》。案：《周紆傳》注引寮作司。

御史，秦官也。案：周有御史，掌邦國都鄙，及萬民之治，令以贊冢宰。《北堂書鈔・設官部》、《太平御覽・職官部》。案：引皆曰《漢官儀・侍臣》下曰，蓋其篇名也。

侍御史，周官也，為柱下史，冠法冠。一曰柱後，以鐵為柱。或說古有獬豸獸，觸邪佞，故執憲者以其角形為冠耳。余覽奏事云：案：奏當作秦，見《通典》。始皇滅楚，以其君冠賜御史。漢興襲秦，因而不改。《後漢書・何敞傳》注、《初學記・職官部》、《服食部》、《太平御覽・職官部》、《服章部》。

柱史以鐵為冠。張武曰：當以柱史惠文冠治之。《錦繡・萬花谷》十一。

柱後冠，《左傳》南冠而縶，則楚冠也。秦滅楚，以其冠賜近臣，御史服之，即今獬豸冠也。古有獬廌獸，案：此豸、廌二字，皆當作廌。觸不直者。故執憲以其形用為冠，令觸人也。《左氏正義》成公。

柱下史，老聃為之。秦改為御史。柱下史一名柱後，史謂冠以鐵為柱，言其審案：當有固字。不橈也。《北堂書鈔・設官部》。

侍御史出督州郡賦稅，運漕軍糧。侍御史至後漢，復有護漕都尉官，建武七年省。《通典・職官》。

老子為周柱下史。張蒼秦時為御史，主柱下方書，侍御史之任也。《初學記・職官部》。

治書侍御史，宣帝嘗幸宣室，齋居而決獄事，令侍御史二人治書。後置，秩六百石，印綬與符璽郎共，平治廷尉奏事。《北堂書鈔・設官部》。

蘭臺令史六人，秩百石，掌書劾奏。《後漢書・班固傳》注。案：《續漢志》蘭臺令史秩六百石。

《後漢書》志二六《百官》 少府，卿一人，中二千石。本注曰：掌中服御諸物，衣服寶貨珍膳之屬。丞一人，比千石。

太醫令一人，六百石。〔本注曰〕：掌諸醫。藥丞、方丞各一人。本注曰：藥丞主藥。方丞主藥方。

太官令一人，六百石。本注曰：掌御飲食。左丞、甘丞、湯官丞、果丞各一人。本注曰：左丞主飲食。甘丞主膳具。湯官丞主酒。果丞主果。

守宮令一人，六百石。本注曰：主御紙筆墨，及尚書財用諸物及封泥。丞一人。

上林苑令一人，六百石。本注曰：主苑中禽獸。頗有民居，皆主之。捕得其獸送太官。丞、尉各一人。

侍中，比二千石。本注曰：無員。掌侍左右，贊導衆事，顧問應對。

法駕出，則多識者一人參乘，餘皆騎在乘輿車後。本有僕射一人，中興轉為祭酒，或置或否。

中常侍，千石。本注曰：宦者，無員。後增秩比二千石。掌侍左右，從入內宮，贊導內衆事，顧問應對給事。

黄門侍郎，六百石。本注曰：無員。掌侍從左右，給事中，關通中外。及諸王朝見於殿上，引王就坐。

小黄門，六百石。〔本注曰〕：宦者，無員。掌侍左右，受尚書事。上在內宮，關通中外，及中宫已下衆事。諸公主及王太妃等有疾苦，則使問之。

黄門令一人，六百石。本注曰：宦者。主省中諸宦者。丞、從丞各一人。本注曰：宦者。從丞主出入從。

黄門署長、畫室署長、玉堂署長各一人。丙署長七人。皆四百石，黄綬。本注曰：宦者。各主中宫別處。

中黄門冗從僕射一人，六百石。本注曰：宦者。主中黄門冗從。居則宿衛，直守門户；出則騎從，夾乘輿車。

中黄門，比百石。本注曰：宦者，無員。後增比三百石。掌給事禁中。

掖庭令一人，六百石。本注曰：宦者。掌後宫貴人采女事。左右丞、暴室丞各一人。本注曰：宦者。暴室丞主中婦人疾病者，就此室治；其皇后、貴人有罪，亦就此室。永巷令一人，六百石。本注曰：宦者。典官婢侍使。丞一人。本注曰：宦者。

御府令一人，六百石。本注曰：宦者。典官婢作中衣服及補浣之屬。丞、織室丞各一人。本注曰：宦者。

祠祀令一人，六百石。本注曰：典中諸小祠祀。丞一人。本注曰：宦者。

鉤盾令一人，六百石。本注曰：宦者。典諸近池苑囿遊觀之處。丞、永安丞各一人，三百石。本注曰：宦者。永安，北宫東北別小宫名，有園觀。苑中丞、果丞、鴻池丞、南園丞各一人，二百石。本注曰：苑中丞主苑中離宫。果丞主果園。鴻池，池名，在雒陽東二十里。南園在雒水南。濯龍監、直里監各一人，四百石。本注曰：濯龍亦園名，近北宫。直里亦園名也，在雒陽城西南角。

中藏府令一人，六百石。本注曰：掌中幣帛金銀諸貨物。丞一人。

內者令一人，六百石。本注曰：掌〔宫〕中布張諸〔衣〕〔褻〕物。左右丞各一人。

尚方令一人，六百石。本注曰：掌上手工作御刀劍諸好器物。丞一人。

尚書令一人，千石。本注曰：承秦所置，武帝用宦者，更為中書謁者令，成帝用士人，復故。掌凡選署及奏下尚書曹文書衆事。

尚書僕射一人，六百石。本注曰：署尚書事，令不在則奏下衆事。

尚書六人，六百石。本注曰：成帝初置尚書四人，分為四曹：常侍曹尚書主公卿事；二千石曹尚書主郡國二千石事；民曹尚書主凡吏上書事；客曹尚書主外國夷狄事。世祖承遵，後分二千石曹，又分客曹為南主客曹、北主客曹，凡六曹。左右丞各一人，四百石。本注曰：掌録文書期會。左丞主吏民章報及騶伯史。右丞假署印綬，及紙筆墨諸財用庫藏。侍郎三十六人，四百石。本注曰：一曹有六人，主作文書起草。令史十八人，二百石。本注曰：曹有三，主書。後增劇曹三人，合二十一人。

符節令一人，六百石。本注曰：為符節臺率，主符節事。凡遣使掌授節。尚符璽郎中四人。本注曰：舊二人在中，主璽及虎符、竹符之半者。符節令史，二百石。本注曰：掌書。

御史中丞一人，千石。本注曰：御史大夫之丞也。舊別監御史在殿中，密舉非法。及御史大夫轉為司空，因別留中，為御史臺率，後又屬少府。治書侍御史二人，六百石。本注曰：掌選明法律者為之。凡天下諸讞疑事，掌以法律當其是非。侍御史十五人，六百石。本注曰：掌察舉非法，受公卿羣吏奏事，有違失舉劾之。凡郊廟之祠及大朝會、大封拜，則（一）〔二〕人監威儀，有違失則劾奏。

蘭臺令史，六百石。本注曰：掌奏及印工文書。

右屬少府。本注曰：職屬少府者，自太醫、上林凡四官。自侍中至御史，皆以文屬焉。承秦，凡山澤陂池之稅，名曰禁錢，屬少府。世祖改屬司農，考工轉屬太僕，都水屬郡國。孝武帝初置水衡都尉，秩比二千石，別主上林苑有離宫燕休之處，世祖省之，并其職於少府。每立秋貙劉之日，輒暫置水衡都尉，事訖乃罷之。少府本六丞，省五。又省湯官、織室令，置丞。又省上林十池監，胞人長丞，宦者、昆臺、佽飛三令，二十一丞。又省水衡屬官令、長、丞、尉二十餘人。章和以下，中官稍廣，加嘗藥、太官、御者、鉤盾、尚方、考工、別作監，皆六百石，宦者為之，轉為兼副，或省，故録本官。

（唐）杜佑《通典》卷二二《職官·尚書上·尚書省》 秦時，少府遣吏四人在殿中，主發書，謂之尚書。尚猶主也。漢承秦置。及武帝遊宴後庭，始用宦者主中書，以司馬遷為之。中間遂罷其官以為中書之職。至成帝建始四年，罷中書宦者，又置尚書五人，一人為僕射，四人分為四曹，通掌圖書、祕記、章奏之事及封奏，宣示內外而已，其任猶輕。至後漢則為優重，出納王命，敷奏萬機，蓋政令之所由宣，選舉之所由定，罪賞之所由正。斯乃文昌天府，衆務淵藪，內外所折衷，遠近所稟仰。故李固云：陛下之有尚書，猶天之有北斗。斗為天喉舌，尚書亦為陛下喉舌。斗斟酌元氣，運平四時；尚書出納王命，賦政四海。賦，布也。令及左丞，總領綱紀，無所不統。僕射及右丞，分掌廩假錢穀。《隋志》曰：令總統之，僕射副令，又與尚書分領諸曹。漢初，尚書雖有曹名，不以為號。及靈帝以侍中梁鵠為選部尚書，於是始見曹名，總謂之尚書臺，亦謂之中臺。吴諸葛恪既定山越，孫權使尚書僕射薛綜勞軍，曰：故遣中臺近官，迎致犒賜之。大事八座連名，而有不合，得建異議。自順帝永建元年，初令三公、尚書入奏事。其八座，具《歷代尚書》中。二漢皆屬少府。蔡質《漢儀》曰：凡三公、列卿、將、大夫、五營校尉行複道中，遇尚書令、僕射、左右丞郎、御史中丞、侍御史，皆辟車先相迴避。衛士傳不得迕臺官，臺官過，乃得去。至晉宋以來，尚書官上朝及下，禁斷行人，猶其制也。

（唐）杜佑《通典》卷二二《職官·尚書上·録尚書》 漢武帝時，左右曹諸吏分平尚書奏事，知樞要者始領尚書事。張安世以車騎將軍、霍光以大將軍、王鳳以大司馬、師丹以左將軍，並領尚書事。張安世領尚書事，職典樞機，以謹慎周密自著。每言大政，已決，輒移病出。聞有詔令，乃驚，使吏之丞相府問焉。自朝廷大臣，莫知與議也。又，孔光字子夏，領尚書事，凡典樞機十餘年，守法度，修故事，不希指苟合。問温室省中樹皆何木也？光答以他語，其謹密如此。後漢章帝以太傅趙熹、太尉牟融並録尚書事。尚書有録名，蓋自熹、融始，亦西京領尚書之任，猶唐虞大麓之職也。和帝時，太尉鄧彪為太傅，録尚書事，位在三公上，漢制遂以為常。每少帝立，則置太傅録尚書事，猶古冢宰總己之義，薨輒罷之。鄧彪録尚書事，後以老病，上還樞機職。又，李固、張禹、張防並録尚書事。

（唐）杜佑《通典》卷二二《職官·尚書上·尚書令》 至秦，置尚書令。尚，主也。漢因之，銅印青綬。武帝用宦者，更為中書謁者令。成帝去中書謁者令官，更以士人為尚書令。時弘恭、石顯相繼為中書令，專權邪僻。前將軍蕭望之領尚書事，建言以為尚書百官之本，國家樞機，宜以通明公正處之。武帝遊宴後庭，故用宦者，非古制也。宜罷中書宦官。後漢衆務，悉歸尚書，三公但受成事而已。尚書令主贊奏事，總領紀綱，無所不統。與司隸校尉、御史中丞朝會皆專席而坐，京師號曰三獨坐。故公為令、僕射者，朝會不陛奏事。天子封禪，則尚書令奉玉牒檢兼藏封之禮。後漢光武以侯霸為尚書令，每春常下寬大之詔，奉四時之命，皆霸所建也。郭伋遷尚書令，處職機密，數納忠諫。陳忠為尚書令，前後所奏，悉條於南宮閣上，以為故事。鄭弘為尚書令，亦著於南宮，以為故事。郭賀字喬卿，為尚書令，百姓歌之曰：厥德仁明郭喬卿，忠正朝廷上下平。又，左雄字伯豪，為尚書令。自雄在尚書，天下不敢謬選，十餘年間，稱為得人。自雄掌納言，多所正肅。沈勳字異徵，詣南宮，賜酒，拜尚書令，持節臨辟雍，名冠百僚。荀彧字文若，為尚書令，居中持重，焚毁故案，奇策密謀，不得盡聞。又舉荀攸可以代己。後攸為尚書令，亦推賢進士。魏武帝曰：二荀令之論人，久而益信，没世不忘。

（唐）杜佑《通典》卷二二《職官·尚書上·僕射》 僕射：秦官。漢因之，自侍中、尚書、博士、郎皆有之。古者重武官，有主射以督課。古者重武官，以善射者掌事，故曰僕射。僕射者，僕役於射也。一云，僕，主也。軍屯吏、騶、宰、永巷宮人皆有，取其領事之號。凡此諸官，皆有僕射，隨所領之事以為號也。若軍屯吏則曰軍屯僕射，永巷則曰永巷僕射。成帝建始元年，初置尚書五人，以一人為僕射，主封門，掌授廩假錢穀。鄭崇字子游，為尚書僕射，數直諫諍。每見，曳革履，上笑曰：我識鄭尚書履聲。後為人所譖，上責崇曰：君門如市，何欲禁切主上？崇曰：臣門如市，臣心如水。上怒，下獄窮治，死獄中。後漢尚書僕射一人，署尚書事。令不在，則奏下衆事，印綬與令同。自漢以下，章服並與令同。獻帝建安四年，以執金吾榮邵為左僕射，衛臻為右僕射。僕射分置左右，蓋自此始。鍾離意字子游，拜尚書僕射。嘗賜胡侍子，當五十疋，尚書郎受詔，誤以三十疋。上怒，召郎，欲鞭之。意入曰：臣位大罪重，郎位小罪輕，臣當先坐，然後及郎。遂解衣當鞭。上釋之曰：非鍾離尚書，幾誤降威於此郎。又明帝作北宮，意諫止之，出為魯相。及德陽殿成，百官大會。上笑曰：鍾離尚書在，朕不得成此殿。鮑永字君長，拜僕射，將兵案河東。永好文德，雖行大將軍事，常白襜，路稱白衣尚書。

（唐）杜佑《通典》卷二二《職官・尚書上・左右丞》　左右丞：秦置尚書丞二人，屬少府。漢因之。至成帝建始四年，置丞四人。及後漢光武，始減其二，唯置左、右丞，佐令、僕之事，臺中紀綱，無所不總。左丞主吏民章報及騶伯史，黄香字文彊，拜左丞，功滿當遷，和帝留，增秩。後拜尚書，遷僕射。右丞與僕射皆掌授廩假錢穀，又假署印綬及紙筆墨諸財用庫藏。楊喬為右丞，行值太常辛柔，柔不避車，喬奏柔不敬，下廷尉。左、右丞闕，以次夕郎補之，三歲為刺史。漢御史中丞、侍御史行複道中，遇尚書及丞、郎，避車執版揖，丞、郎坐車，舉手禮之，車過遠，乃去。尚書言左、右丞，敢告知如詔書律令。郎見左、右丞，對揖無敬，稱曰左、右君。丞、郎見尚書，執版揖，稱曰明時。郎見令、僕，執版拜，朝賀對揖。

（唐）杜佑《通典》卷二二《職官・尚書上・歷代尚書》　秦尚書四人。不分曹名。漢成帝初置尚書五人，其一人為僕射，四人分為四曹：尚書曹名，自此而有。常侍曹，主公卿。二千石曹，主郡國二千石。民曹，主凡吏民上書。以人字改焉。自後歷代曹部皆同。客曹。主外國夷狄。後又置三公曹，主斷獄。是為五曹。後漢尚書五曹，六人，其三公曹尚書二人。掌天下歲盡集課州郡。吏曹、掌選舉、齊祠。《後漢志》謂之常侍曹，亦謂之選部。二千石曹、掌中都官、水火、盜賊、辭訟、罪法，亦謂之賊曹。民曹、掌繕理、功作、鹽池、苑囿。客曹，掌羌胡朝賀。法駕出，則護駕。後漢光武分二千石曹及客曹為南主客、北主客二曹。兩梁冠，納言幘。或說有六曹。按《後志》云分客曹為二，是六天曹也。又《晉志》云：以前漢五曹，更加中都官曹，為六曹也。按應劭《漢官》云：二千石曹，主中都官事。則不應更有中都官曹也。今依劭說，為五曹，六人。魏朗字少英，入為尚書，再升紫微，謇諤禁省，為百僚所服。又張陵字處沖，為尚書。歲朝，梁冀帶劍入省，陵叱令奪劍，劾冀，詔以歲俸贖罪。又鄭均字仲虞，為尚書，淡泊無為，以病罷還第，賜尚書禄，號為白衣尚書。

（唐）杜佑《通典》卷二二《職官・尚書上・歷代郎官》　尚書郎，漢置四人，分掌尚書事，一人主匈奴單于營部，一人主羌夷吏民，一人主户口墾田，一人主財帛委輸。後漢尚書侍郎三十六人，《後漢志》曰：尚書六曹，侍郎三十六人，一曹六人也。又，《漢官儀》尚書侍郎三十五人。又《晉志》曰：光武分尚書為六曹之後，合置三十四人。並未詳孰是。主作文書起草，取孝廉年未五十，先試牋奏，選有吏能者為之。更直五日於建禮門內。尚書郎初從三署詣臺試，初上臺稱守尚書郎中，歲滿稱尚書郎，三歲稱侍郎，五歲遷大縣。其遷為縣令，縣令秩滿自占縣，詔書賜錢三萬，與三臺租錢，餘官則否。吏部典劇，多超遷者。鄭弘為僕射，奏以臺職任尊而賞薄，人無樂者，請使郎補二千石，自此始也。八座受成事，決於郎，下筆為詔策，出言為詔命。後漢尚書陳忠上疏曰：尚書出納帝命，為王喉舌之官。臣等既愚闇，諸郎多文俗吏，鮮有雅才，每為詔文，宣示內外，轉相求請。其入直，官供青縑白綾被，或以錦緤為之。緤，私列反。緤，繫也。給帳帷、茵褥、通中枕。太官供食物，湯官供餅餌及五熟果實之屬，五日一美食，下天子一等。給尚書郎伯史一人，女侍史二人，皆選端正妖麗，執香爐，護衣服。奏事明光殿，因得侍省中，省中皆以胡粉塗壁，畫古賢烈士。以丹朱漆地，故謂之丹墀。尚書郎口含雞舌香，以其奏事答對，欲使氣息芬芳也。奏事則與黄門侍郎對揖。黄門侍郎稱已聞，乃出。丞、郎月賜赤管大筆一雙，隃麋墨一丸。後漢王譯為尚書侍郎，臺閣議奏，常依義據法，為三臺之表。又馮豹字仲文，為尚書郎。每奏事未報，常俯伏省閣下，或從昏至明。天子默使持被覆之，不驚也。日暮，諸郎下，豹每獨在後，帝嘉之。又《三輔決録》曰：陳重與其友雷義俱拜尚書郎，義以左黜，重見義去官，亦以病免。又徐防為尚書郎，職典樞機，周密畏慎。隃麋，今汧陽縣，出墨。

（唐）杜佑《通典》卷二二《職官・尚書上・歷代都事主事令史》

主事：二漢有之。漢光禄勳有南北庭主事、三署主事，於諸郎之中察茂才高第者為之。後漢范滂字孟博，自光禄四行遷光禄主事。時陳蕃為光禄勳，滂執公儀詣蕃，蕃亦不止，滂懷恨，投板棄官而去。郭泰聞之曰：若范孟博者，豈宜以公禮格之。蕃乃謝。又胡伯蕃、公沙穆並為之。【略】。

令史：漢官也。後漢尚書令史十八人，曹有三人主書，後增劇曹三人，合二十一人，皆選於蘭臺符節簡練有吏能者為之。《漢官儀》云：能通蒼頡《史籀篇》，補蘭臺令史，滿歲，補尚書令史，滿歲，為尚書郎。後漢韋彪字孟達，上疏曰：往時楚獄大起，故置令史以助郎職，而類多小人，好名姦利。今者務簡，可皆停省。其尚書郎初與令史皆主文簿，其職一也。郎缺，以令史久次者補之。光武始革用孝廉，孝廉恥焉。時故事，尚書郎缺，以令史久次補之。光武始改用孝廉為郎，而孝廉丁邯稱病不就。詔問：實病，羞為郎乎？對曰：臣實不病，恥以孝廉為令史職耳。帝怒，杖之數十。詔問：欲為郎否？邯曰：能殺臣者陛下，不能為郎者臣也。中詔遣出，竟不能為郎。又郎中袁著詣闕上書，訟梁冀驕暴，冀陰殺之。學生劉常，當代名儒，素善於著，冀召常補令史，以此辱之。舊制，尚書郎限滿補縣長，令史補丞尉。尚書令鄭弘奏曰：職尊賞薄，多無樂者，請郎補千石，令史為長。帝從之。《蜀志》：董厥為府令史，諸葛亮稱之曰：董令史，良士也。後遷至尚書令，平臺事。

（唐）杜佑《通典》卷二三《職官·尚書下·吏部尚書》 漢成帝初置尚書，有常侍曹，主公卿事。後漢改為吏曹，主選舉、祠祀，後又為選部。靈帝以梁鵠為選部尚書。

（唐）杜佑《通典》卷二七《職官·諸卿下·少府監》 少府，秦官。漢因之，是為九卿，掌山海池澤之稅，以給供養。應劭曰：山海池澤之稅，名曰禁錢，以給私養，自別為藏。少者，小也，故稱少府。顏師古曰：大司農供軍國之用，少府以養天子也。天子曰少府，諸侯曰私府，漢時官有私府長，掌禁錢。後光武改屬司農也。王莽曰共工。後漢少府卿一人，掌中服御之諸物，衣服、寶貨、珍膳之屬，朝賀則給璧。後漢東平王蒼為驃騎，正月朔朝，蒼當入賀。故事，少府給璧。時陰就為少府，貴傲不奉法，漏將盡，而求璧不得。蒼掾朱暉，遙見少府主簿持璧，乃往給曰：試請睹之。既得而馳奉之，就復以他璧朝。給，徒改反。凡中書謁者，尚書令、僕，侍中，中常侍，黃門，御史中丞以下皆屬焉。孔融字文舉，以將作大匠為少府。

（清）陳樹鏞《漢官答問》卷一《尚書》 漢初以丞相總天下事，尚書不過少府屬官，治文書而已。武帝時權稍重，臣下章奏上尚書，尚書進於天子，乃下丞相。有政事天子常與之議，於是尚書為親要之職。武帝游宴後庭，以尚書士人不得出入臥內，乃設中書官，以宦者為之。昭宣以來，乃有領尚書事，臣下奏事為二封，領尚書先發副封，不善不奏，用人行政領尚書者定於禁中，丞相奉行而已。權遂歸領尚書。霍氏敗後，魏丙為相，得舉其職。元帝時蕭望之等領尚書，而石顯以中書令干尚書，望之等皆為所制，則權又移於中書。成帝時罷中書，廣尚書為五人，自是終漢之世，權在領尚書矣。王商為丞相劾一太守，且為王鳳寢其奏，則當時事權所在可知也。然則景帝以前權在丞相，武帝時權在天子所親用之人。昭宣以後，則在領尚書事，班表於尚書，皆略而不言，今詳考昭宣以來領尚書者及尚書職掌，並正班氏之誤焉。【略】

尚書有令、有僕射、有丞，銅印青綬。初尚書四人為四曹，常侍曹尚書，主丞相御史事。二千石曹尚書，主刺史二千石事。户曹尚書，主庶人上書事。主客曹尚書，主外國事。成帝置五人，有三公曹尚書為百官本，臣下章奏皆上尚書，尚書上於天子，詔書皆藏於尚書，凡制書皆稱璽封尚書令重封。尚書令主贊奏封下書，僕射主封閉，丞主報上書者，兼顧財用火為食廚。大臣有罪則尚書劾之，天子責問大臣則尚書受辭，選第中二千石則使尚書定其高下，吏追捕有功則上名尚書，因録用之，刺史奏事京師則見尚書，尚書令朝會專席，或以尚書令領九卿，選尚書以郎、博士高第，尚書以久次遷，尚書遷僕射，僕射遷令，有令史選善書補之。

（清）陳樹鏞《漢官答問》卷三《少府》 少府，秩中二千石，掌山海池澤之稅以給共養及中服御諸物衣服寶貨珍膳之屬，天子飲食居處出入宮中之事皆掌焉。領諸宦者，或以後將軍兼，多以經師為之。列侯至飲酎則少府省金，正月朝會少府給璧。元帝時少府錢十八萬萬，少府錢曰禁錢，給天下私用，軍國之事不及也。

屬官有丞及尚書以下十七官，又胞人以下三長丞，又上林十池監，又中書謁者以下八官。

《漢書》卷一九上《百官公卿表》 中尉，秦官，掌徼循京師，有兩丞、候、司馬、千人。武帝太初元年更名執金吾。屬官有中壘、寺互、武庫、都船四令丞。都船、武庫有三丞，中壘兩尉。又式道左右中候、候丞及左右京輔都尉、尉丞兵卒皆屬焉。初，寺互屬少府，中屬主爵，後屬中尉。

自太常至執金吾，秩皆中二千石，丞皆千石。

（漢）佚名《漢官》 執金吾，員吏二十九人，其十人四科，一人二百石，文學三人百石，二人斗食，十三人佐學事，注緹騎。執金吾緹騎二百人，五百二十人。

《後漢書》志二七《百官》 執金吾一人，中二千石。本注曰：掌宮外戒司非常水火之事。月三繞行宮外，及主兵器。吾猶禦也。丞一人，比千石。緹騎二百人。本注曰：無秩，比吏食奉。

武庫令一人，六百石。本注曰：主兵器。丞一人。

右屬執金吾。本注曰：本有式道、左右中候三人，六百石。車駕出，掌在前清道，還持麾至宮門，宮門乃開。中興但一人，又不常置，每出，以郎兼式道候，事已罷，不復屬執金吾。又省中壘、寺互、都船令、丞、尉及左右京輔都尉。

《漢書》卷一九上《百官公卿表》 將作少府，秦官，掌治宮室，有兩丞、左右中候。景帝中六年更名將作大匠。屬官有石庫、東園主章、左右前後中校七令丞，又主章長丞。武帝太初元年更名東園主章為木工。成帝陽朔三年省中候及左右前後中校五丞。

《後漢書》志二七《百官》 將作大匠一人，二千石。本注曰：承秦，曰將作少府，景帝改為將作大匠。掌修作宗廟、路寢、宮室、陵園木土之功，并樹桐梓之類列于道側。丞一人，六百石。

左校令一人，六百石。本注曰：掌左工徒。丞一人。

右校令一人，六百石。本注曰：掌右工徒。丞一人。

右屬將作大匠。

（唐）杜佑《通典》卷二七《職官・諸卿下・將作監》 漢景帝中元六年，更名將作大匠。後漢位次河南尹，中元二年省，以謁者領之。章帝建初元年，復置。初以任隗為之，掌修作宗廟、路寢、宮室、陵園木土之功，并樹桐梓之類列於道側。《後漢志》注曰：古者制以表道。《續漢書》曰：李固字子堅，遷大匠，常推賢貢士。孔融以將作大匠遷少府。

（清）陳樹鏞《漢官答問》卷四《將作大匠》 將作大匠，初名將作少府，景帝中六年更名將作大匠，秩二千石，掌治宮室修作，宗廟、路寢、宮室、陵園木土之功，并樹桐梓之類列於道側。天子加恩大臣，於其死則令將作為之穿土。天子即位，明年，將作大匠營陵地。【略】

屬官有丞及石庫等四令丞。

將作丞二人。

石庫令一人，丞一人。

東園主章令一人，丞一人，主大村以供東園大匠，武帝太初元年更名木工。

左校令一人，丞一人。

右校令一人，丞一人。

前校令一人，丞一人。

後校令一人，丞一人。

中校令一人，丞一人。

五校令主工徒有大工役，則率其徒以往。

主章長一人，丞一人，掌凡大木。

《漢書》卷一九上《百官公卿表》 水衡都尉，武帝元鼎二年初置，掌上林苑，有五丞。屬官有上林、均輸、御羞、禁圃、輯濯、鍾官、技巧、六厩、辯銅九官令丞。又衡官、水司空、都水、農倉，又甘泉上林、都水七官長丞皆屬焉。上林有八丞十二尉，均輸四丞，御羞兩丞，都水三丞，禁圃兩尉，甘泉上林四丞。成帝建始二年省技巧、六厩官。王莽改水衡都尉曰予虞。初，御羞、上林、衡官及鑄錢皆屬少府。

（唐）杜佑《通典》卷二七《職官・諸卿下・都水使者》 漢武帝元鼎二年，初置水衡都尉，顔師古曰：山林之官曰衡。掌諸池苑，故稱水衡。張晏曰：主都水及上林苑，故曰水衡；主諸官，故曰都；有卒徒武事，故曰尉。衡，平也。主平其稅也。掌上林苑，漢趙充國以中郎為水衡都尉，主舡官也。蓋主上林離宮燕休之處。王莽改曰予虞。後漢光武省之，并其職於少府。每立秋貙劉之日，輒暫置水衡都尉，貙劉，將祭大獵之名。貙，敕俱反。事訖省。初，秦漢又有都水長丞，主陂池灌溉，保守河渠，自太常、少府及三輔等，皆有其官。漢武帝以都水官多，乃置左、右使者以領之。劉向為左都水使者是也。又《續漢・百官志》曰：劉向領三輔都水。至漢哀帝，省使者官。至東京，凡都水皆罷之，併置河隄謁者。漢之水衡都尉，本主上林苑，魏世主天下水軍舟船器械。

（清）陳樹鏞《漢官答問》卷四《水衡都尉》 水衡都尉，秩二千石，武帝元鼎二年，以大農幹鹽鐵官布多置水衡，欲以主鹽鐵，及楊可告緡，上林材物衆，乃令水衡主上林，平其稅入，典上林禁苑共張宮館為宗廟取牲，官職親近，或以後將軍兼之。武帝時，水衡置農官，往往即郡縣比沒入田田之，其沒入奴婢分諸苑養狗馬禽獸，水衡錢為天子私藏，孝元時水衡二十五萬萬。

屬官有丞及上林等九令丞，衡官等七長丞。

水衡都尉，丞五人。

上林令一人，丞八人，尉十三人，主苑中禽獸，頗有民居皆主之，捕得獸送大官，上獵則掌其事，有詔獄主治苑中禽獸宮館事，成帝建始元年罷。

均輸令一人，丞二人。
御羞令一人，丞四人，初屬少府。
禁圃令一人，丞一人，尉二人。
輯濯令一人，丞二人，船官刺船郎為黄頭郎。
鍾官令一人，丞二人，主鑄錢，初屬少府。
技巧令一人，丞一人，成帝元始二年省。
六廄令一人，丞一人，成帝元始二年省。
辯銅令一人，丞一人，主辯銅之種類。
衡官長一人，丞一人，初屬少府。
水司空長一人，丞一人，有獄主囚徒。
都水長一人，丞三人。
農倉長一人，丞一人。
又甘泉上林都水七官長丞。

《漢書》卷一九上《百官公卿表》 主爵中尉，秦官，掌列侯。景帝中六年更名都尉，武帝太初元年更名右扶風，治内史右地。屬官有掌畜令丞。又（有）〔右〕都水、鐵官、廄、廱廚四長丞皆屬焉。與左馮翊、京兆尹是為三輔，皆有兩丞。列侯更屬大鴻臚。元鼎四年更置（二）〔三〕輔都尉、都尉丞各一人。

地方分部

秦朝

論説

（清）顧炎武《日知録》卷二二《郡縣》　秦分天下為三十六郡，其中西河、上郡則因魏之故，雲中、雁門、代郡則趙武靈王所置，上谷、漁陽、右北平、遼西、遼東郡則燕所置。《史記》不志地理，而見之於匈奴之《傳》。孟堅《志》皆謂之秦置者，以漢之所承者秦，不言魏、趙、燕爾。

秦始皇議封建，實無其本。假使用淳于越之言而行封建，其所封者，不過如穰侯、涇陽、華陽、高陵君之屬而已，豈有建國長世之理。

（清）趙翼《陔餘叢考》卷一六《郡縣》　田汝成謂郡縣不始於秦，而引《左傳》晉分祁氏之田為七縣、羊舌氏之田為三縣，事在周敬王八年，以為秦未置郡縣以前之明證。此蓋據秦孝公用商鞅變法，集小鄉邑聚為縣，及秦并天下，置三十六郡，以為秦置郡縣之始故在敬王後也。不知四甸為縣，四縣為都及五鄙為縣之制，見於《周禮》，則置縣本自周始。蓋係王畿千里内之制，而未及於侯國。若侯國之置縣，則實自秦始，而非列國先有此制也。《史記》秦武公十年伐邽、冀戎，初縣之；十一年初縣杜、鄭。蓋因周制王畿内有縣，故仿之，每得一地，即置縣，以為畿内地。按秦武公十年乃周莊王九年、魯莊公六年，其事在敬王前一百七十八年。則列國之置縣莫先於此，安得以百七十餘年以後晉人置縣之事以為先於秦耶？惟《國語》管仲對齊桓有十鄉為縣之説，齊桓與秦武同時，則齊與秦之置縣未知孰先孰後。然考之《管子》書，但有軌里連鄉邑率之類，無所謂縣者，則《國語》所云十鄉為縣之説，或後人追記之訛，而齊桓時尚無縣制，《管子·山國篇》有某縣之田若干之語。則置縣之自秦武始，更不待辯也。《國語》晉惠公許賂秦穆公以河外列城五，曰：君實有郡縣。其時列國俱未有此名，而秦先有之，尤為明證。自後列國之有縣，蓋皆因秦制而仿之。秦楚相近，故楚之設縣亦最早。莊王伐鄭，鄭伯肉袒牽羊以逆，有夷于九縣之語。注謂莊十四年楚滅息，十六年滅鄭之類。又莊王滅陳殺夏徵舒，因縣陳。則秦武公置縣後不久楚亦設縣也。秦、晉相近，故晉之設縣亦較先，如分祁氏、羊舌氏之田為縣是也。然皆在秦武公後，則不得謂設縣不自秦始也。惟設郡之始，秦不經見。惠文君十三年，秦取漢中地，始置漢中郡。而惠文十年魏已納上郡，是魏有郡在前，秦有郡在後，故吴師道謂或者山東諸侯先變古制而秦效之。然據晉惠公所云君自有郡縣之語在魯僖九年，則有郡亦莫先於秦，不得謂設郡不自秦始也。惟古時縣大而郡小，戰國以後則郡大而縣小。《左傳》趙鞅與鄭戰，誓于衆曰：克敵者上大夫受縣，下大夫受郡。注引《周書·作雒篇》曰：千里百縣，縣有郡。此縣大于郡之證也。據此則郡亦周制。《國策》甘茂曰：宜陽大縣，名為縣，其實郡也。尉繚曰：秦之強諸侯，譬如郡縣之君。《史記》魏納上郡十五縣。此郡大於縣之證也。吕氏《大事記》亦云：春秋時郡屬于縣，戰國時縣屬于郡。此又郡縣大小不同之源流也。

綜述

《史記》卷六《秦始皇本紀》　丞相綰等言：諸侯初破，燕、齊、荊地遠，不為置王，毋以填之。請立諸子，唯上幸許。始皇下其議於羣臣，羣臣皆以為便。廷尉李斯議曰：周文武所封子弟同姓甚衆，然後屬疏遠，相攻擊如仇讎，諸侯更相誅伐，周天子弗能禁止。今海内賴陛下神靈一統，皆為郡縣，諸子功臣以公賦税重賞賜之，甚足易制。天下無異意，則安寧之術也。置諸侯不便。始皇曰：天下共苦戰鬭不休，以有侯王。賴宗廟，天下初定，又復立國，是樹兵也，而求其寧息，豈不難哉。廷尉議是。

分天下以為三十六郡，郡置守、尉、監。

《史記》卷一一三《南越列傳》　南越王正義：都廣州南海縣。尉佗者，索隱：尉他。尉，官也；他，名也；姓趙。他音徒河反。又《十三州記》云大郡曰守，小郡曰尉。真定人也，姓趙氏。秦時已并天下，略定楊越，置桂林、南海、象郡，以謫徙民，與越雜處十三歲。佗，秦時用為南海龍川令。至二世時，南海尉任囂病且死，召龍川令趙佗語曰：聞陳勝等作亂，秦為無道，天下苦之，項羽、劉季、陳勝、吴廣等州郡各共興軍聚衆，虎争天下，中國擾亂，未知所安，豪傑畔秦相立。南海僻遠，吾恐盜兵侵地至此，吾欲興兵絶新道，自備，待諸侯變，會病甚。且番禺負山險，阻南海，東西數千里，頗有中國人相輔，此亦一州之主也，可以立國。郡中長吏無足與言者，故召公告之。即被佗書，行南海尉事。

（漢）應劭《漢官儀》卷上　秦用李斯議，分天下為三十六郡。凡郡，或以列國，陳、魯、齊、吴是也；或以舊邑，長沙、丹陽是也；或以山陵，太山、山陽是也；或以川源，西河、河東是也；或以所出，金城城下有金，酒泉泉味如酒，案：《初學記·州郡部》、《藝文類聚·水部》、《太平御覽·地部》引酒泉城下有金泉，泉味如酒，故曰酒泉。豫章章樹生庭中，案：《水經注·贛水》、《太平御覽·木部》俱引此句。鴈門鴈之所育是也；或以號令，禹合諸侯，大計東冶之山，會稽是也。《水經注·河水》、《太平御覽·州郡部》【略】

都尉，秦官也。本名郡尉。掌佐太守，典其武職，秩比二千石。孝景時更名都尉。《後漢書·彭脩傳》注

秦郡有尉一人，典兵禁，補盜賊。

（漢）應劭《風俗通義佚文》　至秦始皇初，置三十六郡以監縣，縣，平也。

漢朝

論説

（漢）班固《白虎通義·封公侯》　州伯何謂也？伯，長也，選擇賢良，使長一州，故謂之伯也。《王制》曰：千里之外設方伯。五國以為屬，屬有長；十國以為連，連有率；三十國以為卒，卒有正；二百一十國以為州，州有伯。唐虞謂之牧何？尚質，使大夫往來牧諸侯，故謂之牧。旁立三人，凡十二人。《尚書》曰：咨十有二牧。何知堯時十有二州也？以《禹貢》言九州也。

王者所以有二伯者，分職而授政，欲其亟成也。《王制》曰：八伯各以其屬屬於天子之老。曰二伯。《詩》云：蔽芾甘棠，勿翦勿伐，邵伯所茇。《春秋公羊傳》曰：自陝已東，周公主之，自陝已西，召公主之。不分南北何？東方被聖人化日少，西方被聖人化日久，故分東西，使聖人主其難者，賢者主其易者，乃俱致太平也。又欲令同有陰陽寒暑之節，共法度也。所分陝者，是國中也，若言面，八百四十國矣。

諸侯有三卿者，分三事也。五大夫者，下天子。《王制》曰：大國三卿，皆命於天子。下大夫五人，上士二十七人；次國三卿，二卿命於天子，一卿命於其君；小國二卿，皆命於其君。大夫悉同。《禮·王度記》曰：子、男三卿，一卿命於天子。

諸侯封不過百里，象雷震百里，所潤雨同也。雷者，陰中之陽也，諸侯象也。諸侯比王者為陰，南面賞罰為陽，法雷也。七十里、五十里，差德功也。故《王制》曰：凡四海之内九州，州方千里，建百里之國三十，七十里之國六十，五十里之國百有二十。名山大澤不以封，其餘以為附庸閒田。天子所治方千里，此平土三千，並數邑居山川至五十里，名山大澤不以封者，與百姓共之，不使一國獨專也。山木之饒，水泉之利，千里相通，所均有無，贍其不足。制土三等何？因土地有高、下、中。

王者即位，先封賢者，憂人之急也。故列土為疆非為諸侯，張官設府非為卿大夫，皆為民也。《易》曰：利建侯。此言因所利故立之。《樂記》曰：武王克殷反商，下車封夏后氏之後於杞，殷人之後於宋，封王子比干之墓，釋箕子之囚。天下太平乃封親屬者，示不私也。即不私封之何？普天之下，莫非王土，率土之賓，莫非王臣。海内之衆已盡得使之，不忍使親屬無短足之居，一人使封之，親親之義也。以《尚書》封康叔據平安也。王者始起封諸父、昆弟，與已共財之義，故可與共土。一説諸父不得封諸侯二十國，厚有功象賢以為民也，賢者子孫類多賢。又卿不世位，為其不子愛百姓，各加一功，以虞樂其身也。受命不封子者，父子手足，無分離異財之義。至昆弟皮體有分別，故封之也。以舜封弟象有痺之

野也。

封諸侯以夏何？陽氣盛養，故封諸侯，盛養賢也。封立人君，陽德之盛者。《月令》曰：孟夏之月行賞，封諸侯，慶賜，無不欣悦。

何以言諸侯繼世以立？諸侯，象賢也。大夫不世位何？股肱之臣，任事者也，為其專權擅勢，傾覆國家。又曰孫首中，庸不任輔政，妨塞賢，故不世世。故《春秋公羊傳》曰：譏世世，非禮也。諸侯世位，大夫不世，安法？所以諸侯南面之君，體陽而行，陽道不絶；大夫人臣，北面，體陰而行，陰道絶。以男生内嚮，有留家之義；女生外向，有從夫之義。此陽不絶、陰有絶之效也。

《漢書》卷四八《賈誼傳》 誼復上疏曰：陛下即不定制，如今之勢，不過一傳再傳，諸侯猶且人恣而不制，豪植而大強，漢法不得行矣。陛下所以為蕃扞及皇太子之所恃者，唯淮陽、代二國耳。代北邊匈奴，與強敵為鄰。能自完則足矣。而淮陽之比大諸侯，厪如黑子之著面，適足以餌大國耳，不足以有所禁禦。方今制在陛下，制國而令子適足以為餌，豈可謂工哉，人主之行異布衣。布衣者，飾小行，競小廉，以自託於鄉黨，人主唯天下安社稷固不耳。高皇帝瓜分天下以王功臣，反者如蝟毛而起，以為不可，故蔪去不義諸侯而虚其國。擇良日，立諸子雒陽上東門之外，畢以為王，而天下安。故大人者，不牽小行，以成大功。

今淮南地遠者或數千里，越兩諸侯，而縣屬於漢。其吏民繇役往來長安者，自悉而補，中道衣敝，錢用諸費稱此，其苦屬漢而欲得王至甚，逋逃而歸諸侯者已不少矣。其勢不可久。臣之愚計，願舉淮南地以益淮陽，而為梁王立後，割淮陽北邊二三列城與東郡以益梁；不可者，可徙代王而都睢陽。梁起於新郪以北著之河，淮陽包陳以南揵之江，則大諸侯之有異心者，破膽而不敢謀。梁足以扞齊、趙，淮陽足以禁吴、楚，陛下高枕，終亡山東之憂矣，此二世之利也。當今恬然，適遇諸侯之皆少，數歲之後，陛下且見之矣。夫秦日夜苦心勞力以除六國之旤，今陛下力制天下，頤指如意，高拱以成六國之旤，難以言智。苟身亡事，畜亂宿旤，孰視而不定，萬年之後，傳之老母弱子，將使不寧，不可謂仁。臣聞聖主言問其臣而不自造事，故使人臣得畢其愚忠。唯陛下財幸。

（漢）王符《潛夫論》卷四《三式》 先王之制，繼體立諸侯，以象賢也。子孫雖有食舊德之義，然封疆立國，不為諸侯，張官置吏，不為大夫，必有功於民，乃得保位，故有考績黜刺九錫三削之義。《詩》云：彼君子兮，不素餐兮。由此觀之，未有得以無功而禄者也。當今列侯，率皆襲先人之爵，因祖考之位，其身無功於漢，無德於民，專國南面，卧食重禄，下殫百姓，富有國家，此素餐之甚者也。孝武皇帝患其如此，乃令酎金以黜之，而益多怨。

今列侯或有德宜子民，而道不得施；或有凶頑醜，不宜有國，而惡不上聞。且人情莫不以己為賢而效其能者，周公之戒，不使大臣怨乎不以。《詩》云：駕彼四牡，四牡項領。今列侯年世以來，宜皆試補長吏墨綬以上，關内侯補黄綬，以信其志，以旌其能。其有韓侯、邵虎之德，上有功於天子，下有益於百姓，則稍遷位益土，以彰有德。其懷姦藏惡尤無狀者，削土奪國，以明好惡。

且夫列侯皆剖符受策，國大臣也，雖身在外，而心在王室。宜助聰明與智賢愚，以佐天子。何得坐作奢僭，驕育負責，欺枉小民，淫恣酒色，職為亂階，以傷風化而已乎？詔書横選，猶乃特進，而不令列侯舉，此於主德大洽，列侯大達，非執術督責總覽獨斷御下方也。今雖未使典始治民，然有横選，當循王制，皆使貢士，不宜闕也。

是誠封三公以旌積德，試列侯以除素餐，上合建侯之義，下合黜刺之法。賢材任職，則上下蒙福，素餐委國，位無凶人。誠如此，則諸侯必内思制行而助國矣。今則不然，有功不賞，無德不削，甚非勸善懲惡，誘進忠賢，移風易俗之法術也。

昔先王撫世，選練明德，以統理民，建正封不過百，取法於震，以為賢人聰明不是過也；又欲德能優而所治纖，則職修理而民被澤矣。今之守相，制地千里，威權勢力，盛於列侯，材明德義，未必過古，而所治逾百里，此以所治多荒亂也。是故守相不可不審也。

（清）顧炎武《日知録》卷二二《漢侯國》 《漢書·地理志》，京兆尹、左馮翊、右扶風並無侯國，以在畿内故也。然《功臣侯表》有陽陵侯傅寬、高陵侯王虞人，《恩澤侯表》有高陵侯翟方進，並左馮翊縣名。《功臣侯表》，平陵侯蘇建、平陵侯范明友，右扶風縣名。而高陵下曰琅邪，二平陵下曰武當，則知此鄉名之同於縣者，而非三輔也。若後漢則新豐侯單超，新豐侯段熲，京兆縣。夏陽侯馮異，櫟陽侯景丹，臨晉侯楊賜，並左馮翊縣。好畤侯耿弇、槐里侯萬修，槐里侯竇武，槐里侯皇甫嵩，栒邑侯宋弘，鄠侯董卓，並右扶風縣。而《嵩傳》云：食槐里、美陽兩縣八千户。蓋東都之後，三輔同於郡國矣。《地理志》侯國有註有不注，殆不可曉。意者班史亦仍前人之文，止據其時之見在者而書之乎？

（清）顧炎武《日知録》卷二二《鄉里》 以縣統鄉，以鄉統里。備書之者：《史記》：老子，楚苦縣厲鄉曲仁里人。樗里子室在昭王廟西渭南陰鄉樗里。是也。書縣里而不言鄉：《史記》：高祖沛豐邑中陽里人。應劭曰：沛，縣也。豐，其鄉也。聶政，軹深井里人。淳于意師臨淄元里公乘陽慶。《漢書》：衛太子亡至湖泉鳩里。是也。亦有書鄉而不言里：《史記》：陳丞相平，陽武户牖鄉人。王翦，頻陽東鄉人。是也。

古時鄉亦有城。漢書朱邑傳，其子葬之桐鄉西郭外。

（清）顧炎武《日知録》卷二二《亭侯》 秦制，十里一亭，十亭一鄉。《風俗通》曰，漢家因秦，大率十里一亭。亭，留也。蓋行旅宿會之所。以今度之，蓋必有居舍，如今之公署。鄭康成《周禮·遺人》注曰：若今亭有室矣。故霸陵尉止李廣宿亭下。張禹奏請平陵肥牛亭部處，上以賜禹，徙亭它所。而《漢書》注云：亭有兩卒，一為亭父，掌開閉掃除；一為求盜，掌逐捕盜賊。任安先為求盜、亭父，後為亭長。是也。晉時有亭子。劉卞為縣小吏，功曹銜之，以他事補亭子。又必有城池，如今之村堡。今福建、廣東，凡巡司皆有城。《韓非子》：吴起為魏西河守。秦有小亭臨境，起攻亭，一朝而拔之。《漢書》：息夫躬歸國，未有第宅，守居丘亭。姦人以為侯家富，常夜守之。《匈奴傳》：見畜布野而無人牧者，怪之，乃攻亭。《後漢書·公孫瓚傳》：卒逢鮮卑數百騎，乃退入空亭。是也。減宣怒其吏成信，信亡，藏上林中。宣郿令將吏卒闌入上林中蠶室門，攻亭，格殺信。是上林中亦有亭也。又必有人民，如今之鎮集。漢封功臣有亭侯，是也。亦謂之下亭，《風俗通》：鮑宣州牧行部多宿下亭。是也。其都亭，則如今之關廂。司馬相如往臨邛，舍都亭。《史記》索隱曰：郭下之亭也。《漢書》注師古曰：臨邛所治都之亭。後漢陳寔嘗為都亭刺佐。嚴延年母止都亭，不肯入府。何竝斬王林卿奴頭，并所剝建鼓置都亭下。《後漢書》：陳王寵有強弩數千張，出軍都亭。會稽太守尹興，使陸續於都亭賦民饘粥。酒泉龐娥刺殺讐人於都亭。《吴志》：魏使邢貞拜權為吴王，權出都亭侯貞。是也。京師亦有都亭。《後漢書》：張綱埋其車輪於雒陽都亭。竇武召會北軍五校士屯都亭。何進率左右羽林五營士屯都亭。王喬為葉令，帝迎取其鼓置都亭下。是也。蔡質《漢儀》：雒陽二十四街，街一亭；十二城門，門一亭；人謂之旗亭。《史記·三代世表》：褚先生言：與方士考功會旗亭下。是也。《西京賦》曰：旗亭五重。薛綜注：旗亭，市門樓也，立旗於其上，故取名焉。後代則但有郵亭、驛亭之名，而失古者居民之義矣。《晉書·載記》：慕容垂請入鄴城拜廟，苻丕不許，乃潛服而入。亭吏禁之，垂怒，斬吏燒亭而去。是晉時尚有亭名。

（清）顧炎武《日知録》卷二二《亭侯》 《通典》：獻帝建安初，封曹操為費亭侯。亭侯之制，自此始也。恐不然。靈帝以解瀆亭侯入繼。《桓帝紀》：封單超等五人為縣侯，尹勳等七人為亭侯。《列傳》中為亭侯者甚多，大抵皆在章、和以後。丁琳言能薄功微，得鄉亭厚矣。樊宏願還壽張，食小鄉亭。則建武中似已有亭侯矣。《楚漢春秋》：高祖封許負為鳴雌亭侯。裴松之曰：高祖時，封皆列侯，未有鄉亭之爵，疑為不然。《蜀志》：中山靖王子貞，元狩六年，封涿縣陸城亭侯。按《漢書》作陸城侯，《志》文衍一亭字。《漢書·王莽傳》：改大郡，至分為五郡縣。以亭為名者，三百六十，以應符命文。

（清）趙翼《陔餘叢考》卷一六《漢初分郡之大》 漢初設郡，所重者中原之地，故布置密而幅員較小。自京兆、馮翊、扶風所統外，如河東、太原、上黨、雲中、雁門、代郡、定襄，則今之山西省也；河南、河内、陳留、潁川、汝南、南陽、魏郡，則今之河南省也；齊、燕之地亦做此。計今一省之地，漢時本有八九郡，兼有王侯國在其間，原不甚稀闊。若會稽郡，則幾及今之江、浙二省；南郡、江夏二郡，則即今之湖北一省；桂陽、武陵、零陵三郡，則今之湖南一省；廬江、九江、豫章三郡，則今之江西一省；南海、鬱林、蒼梧、合浦四郡，則今之廣東、西二省；遼東、遼西、玄菟、樂浪四郡，則今之關東及高麗一國。蓋其時蠻夷之地，甫經開闢，人户稀少，賦税訟獄亦皆輕減，故疏闊如此。《嬾真子録》亦云：漢郡之大，只以會稽一郡考之，縣二十有六，吴即蘇州也，烏傷即婺州也，毗陵即常州也，山陰即越州也，由拳即秀州也，太末即衢州也。烏程湖州也，余杭杭州也，鄞四明也。以此考之，即今浙東、西之地乃漢一郡耳。至三國時則漸分裂，如《吴志》孫策自領會稽太守，以朱治為吴郡太守，則漢時會稽一郡之地已分為二。又《夏侯玄傳》萬户之縣名之郡守，五千以上名之都尉，千户以上令長如故，則其地之小益可見矣。

綜述

《史記》卷一七《漢興以來諸侯王年表》 太史公曰：殷以前尚矣。周封五等：公，侯，伯，子，男。然封伯禽、康叔於魯、衛，地各四百里，親親之義，襃有德也；太公於齊，兼五侯地，尊勤勞也。武王、成、康所封數百，而同姓五十五，地上不過百里，下三十里，以輔衛王室。管、蔡、康叔、曹、鄭，或過或損。厲、幽之後，王室缺，侯伯彊國興焉，天子微，弗能正。非德不純，形勢弱也。

漢興，序二等。高祖末年，非劉氏而王者，若無功上所不置而侯者，天下共誅之。高祖子弟同姓為王者九國，唯獨長沙異姓，而功臣侯者百有餘人。自鴈門、太原以東至遼陽，為燕、代國；常山以南，大行左轉，度河、濟，阿、甄以東薄海，為齊、趙國；自陳以西，南至九疑，東帶江、淮、穀、泗，薄會稽，為梁、楚、淮南、長沙國：皆外接於胡、越。而內地北距山以東盡諸侯地，大者或五六郡，連城數十，置百官宮觀，僭於天子。漢獨有三河、東郡、潁川、南陽，自江陵以西至蜀，北自雲中至隴西，與內史凡十五郡，而公主列侯頗食邑其中。何者？天下初定，骨肉同姓少，故廣彊庶孽，以鎮撫四海，用承衛天子也。

漢定百年之閒，親屬益疏，諸侯或驕奢，忕邪臣計謀為淫亂，大者叛逆，小者不軌于法，以危其命，殞身亡國。天子觀於上古，然後加惠，使諸侯得推恩分子弟國邑，故齊分為七，趙分為六，梁分為五，淮南分三，及天子支庶子為王，王子支庶為侯，百有餘焉。吴楚時，前後諸侯或以適削地，是以燕、代無北邊郡，吴、淮南、長沙無南邊郡，齊、趙、梁、楚支郡名山陂海咸納於漢。諸侯稍微，大國不過十餘城，小侯不過數十里，上足以奉貢職，下足以供養祭祀，以蕃輔京師。而漢郡八九十，形錯諸侯閒，犬牙相臨，秉其阸塞地利，彊本幹，弱枝葉之勢，尊卑明而萬事各得其所矣。

臣遷謹記高祖以來至太初諸侯，譜其下益損之時，令後世得覽。形勢雖彊，要之以仁義為本。

（漢）王隆《漢官解詁》 諸王

諸王在長安，位次三公。《北堂書鈔·設官部》。

光武封諸子，各四縣也。《北堂書鈔·設官部》。

後漢妾數無限別，乃制設正適，曰妃，取小夫人不得過四十人。《續漢志補注》。

列侯

列侯金印紫綬，以賞其有功，功大者食縣邑，小者食鄉亭，得臣其所食吏民。案：《北堂書鈔·封爵部》引大小隨邑縣鄉所食，臣其吏民也。本為徹侯，避武帝諱曰通侯。舊時文書，或爵通侯也，後更曰列侯。今俗人或都言諸侯，乃王爾，非此也。《藝文類聚·封爵部》、《太平御覽·封建部》。

諸王受封，皆受茅土，歸立社稷。本朝為宮室，自有制度。至於列侯歸國者，不受茅土，不立宮室，各隨貧富，裁制黎庶，以守其寵。《續漢志補注》、《藝文類聚·封爵部》。

車駕巡狩幸其國，諸侯衣玄端之衣，冠九旒之冕，其盛法服以就位也。今列侯自不奉朝請侍祠祭者，不得服此，皆當三梁冠，皁單衣，其歸國流黄衣皁云。《續漢志補注》。

（漢）衛宏《漢官舊儀》卷下 帝子為王。王國置太傅、相、中尉各一人，秩二千石，以輔王。僕一人，秩千石。郎中令，秩六百石，置官如漢官官吏。郎、大夫、四百石以下自調除。國中漢置內史一人，秩二千石，治國如郡太守，都尉職事，調除吏屬。相、中尉、傅不得與國政，輔王而已。當有為，移書告內史。內史見傅、相、中尉，禮如都尉。太守、按：太守當作太傅。相置長史，中尉及內史令置丞一人，皆六百石。成帝時，大司空何武奏罷內史，相如太守，中尉如都尉，參職。是後相、中尉爭權，與王遞相奏，常不和。

《漢書》卷一下《高祖紀》 〔高祖十二年〕三月，詔曰：吾立為天子，帝有天下，十二年于今矣。與天下之豪士賢大夫共定天下，同安輯之。其有功者上致之王，次為列侯，下乃食邑。而重臣之親，或為列侯，皆令自置吏，得賦斂，女子公主。為列侯食邑者，皆佩之印，賜大第室。吏二千石，徙之長安，受小第室。入蜀漢定三秦者，皆世世復。吾於天下賢士功臣，可謂亡負矣。其有不義背天子擅起兵者，與天下共伐誅之。布告天下，使明知朕意。

《漢書》卷一四《諸侯王表·序》　漢興之初，海内新定，同姓寡少，懲戒亡秦孤立之敗，於是剖裂疆土，立二等之爵。功臣侯者百有餘邑，尊王子弟，大啓九國。自鴈門以東，盡遼陽，為燕、代。常山以南，太行左轉，度河、濟，漸于海，為齊、趙。穀、泗以往，奄有龜、蒙，為梁、楚。東帶江、湖，薄會稽，為荊吴。北界淮瀕，略廬、衡，為淮南。波漢之陽，亙九嶷，為長沙。諸侯（北）〔比〕境，周（市）〔帀〕三垂，外接胡越。天子自有三河、東郡、潁川、南陽，自江陵以西至巴蜀，北自雲中至隴西，與京師内史凡十五郡，公主、列侯頗邑其中。而藩國大者夸州兼郡，連城數十，宫室百官同制京師，可謂撟枉過其正矣。雖然，高祖創業，日不暇給，孝惠享國又淺，高后女主攝位，而海内晏如，亡狂狡之憂，卒折諸吕之難，成太宗之業者，亦賴之於諸侯也。

然諸侯原本以大，末流濫以致溢，小者淫荒越法，大者睽孤横逆，以害身喪國。故文帝采賈生之議分齊、趙，景帝用鼂錯之計削吴、楚。武帝施主父之册，下推恩之令，使諸侯王得分户邑以封子弟，不行黜陟，而藩國自析。自此以來，齊分為七，趙分為六，梁分為五，淮南分為三。皇子始立者，大國不過十餘城。長城、燕、代雖有舊名，皆亡南北邊矣。景遭七國之難，抑損諸侯，減黜其官。武有衡山、淮南之謀，作左官之律，設附益之法，諸侯惟得衣食税租，不與政事。

至於哀、平之際，皆繼體苗裔，親屬疏遠，生於帷牆之中，不為士民所尊，勢與富室亡異。而本朝短世，國統三絶，是故王莽知漢中外殫微，本末俱弱，亡所忌憚，生其姦心；因母后之權，假伊周之稱，顓作威福廟堂之上，不降階序而運天下。詐謀既成，遂據南面之尊，分遣五威之吏，馳傳天下，班行符命。漢諸侯王厥角䭬首，奉上璽韍，惟恐在後，或乃稱美頌德，以求容媚，豈不哀哉。是以究其終始彊弱之變，明監戒焉。

《漢書》卷一六《高惠高后文功臣表·序》　〔高祖〕五年東克項羽，即皇帝位，八載而天下乃平，始論功而定封。訖十二年，侯者百四十有三人。時大城名都民人散亡，户口可得而數裁什二三，是以大侯不過萬家，小者五六百户。封爵之誓曰：使黄河如帶，泰山若厲，國以永存，爰及苗裔。應劭曰：封爵之誓，國家欲使功臣傳祚無窮也。帶，衣帶也。厲，砥厲石也。河當何時如衣帶，山當何時如厲石，言如帶厲，國猶永存，以及後世之子孫也。於是申以丹書之信，重以白馬之盟，又作十八侯之位次。高后二年，復詔丞相陳平盡差列侯之功，録弟下竟，臧諸宗廟，副在有司。始未嘗不欲固根本，而枝葉稍落也。

故逮文、景四五世間，流民既歸，户口亦息，列侯大者至三四萬户，小國自倍，富厚如之。子孫驕逸，忘其先祖之艱難，多陷法禁，隕命亡國，（或）〔云〕〔亡〕子孫。訖於孝武後元之年，靡有孑遺，耗矣。

《漢書》卷一八《外戚恩澤侯表·序》　漢興，外戚與定天下，侯者二人。故誓曰：非劉氏不王，若有亡功非上所置而侯者，天下共誅之。

《漢書》卷一九上《百官公卿表》　諸侯王，高帝初置，金璽盭綬，掌治其國。有太傅輔王，内史治國民，中尉掌武職，丞相統衆官，羣卿大夫都官如漢朝。景帝中五年令諸侯王不得復治國，天子為置吏，改丞相曰相，省御史大夫、廷尉、少府、宗正、博士官，大夫、謁者、郎諸官長丞皆損其員。武帝改漢内史為京兆尹，中尉為執金吾，郎中令為光禄勳，故王國如故。損其郎中令，秩千石；改太僕曰僕，秩亦千石。成帝綏和元年省内史，更令相治民，如郡太守，中尉如郡都尉。

《漢書》卷三五《吴王濞傳》　及景帝即位，錯為御史大夫，説上曰：昔高帝初定天下，昆弟少，諸子弱，大封同姓，故孽子悼惠王王齊七十二城，庶弟元王王楚四十城，兄子王吴五十餘城。封三庶孽，分天下半。今吴王前有太子之隙，詐稱病不朝，於古法當誅。文帝不忍，因賜几杖，德至厚也。不改過自新，乃益驕恣，公即山鑄錢，煮海為鹽，誘天下亡人謀作亂逆。今削之亦反，不削亦反。削之，其反亟，禍小；不削之，其反遲，禍大。三年冬，楚王來朝，錯因言楚王戊往年為薄太后服，私姦服舍，請誅之。詔赦，削東海郡。及前二年，趙王有罪，削其常山郡。膠西王卬以賣爵事有姦，削其六縣。

（漢）應劭《漢官儀》卷上　諸侯功德優盛，朝廷所敬異者，賜位特進，在三公下；其次朝廷，案：廷當作侯。在九卿下；其次侍祠侯；其次下土小國侯，案：《續漢書・志》無此句。似當云無土關內侯。以肺腑親公主子孫，奉墳墓于京師，亦隨時朝見，是為隈諸侯。案：隈當作猥。《後漢書・和帝紀》注、《鄧禹傳》注。

皇后父兄，率為特進侯，朝會位次三公。故章帝啓馬太后曰：漢典：舅氏之封侯，猶皇子之為王。其功臣四姓為朝侯、侍祠侯，皆在卿校下。《通典・職官》。

《後漢書》志二八《百官》 皇子封王，其郡為國，每置傅一人，相一人，皆二千石。本注曰：傅主導王以善，禮如師，不臣也。相如太守。有長史，如郡丞。

漢初立諸王，因項羽所立諸王之制，地既廣大，且至千里。又其官職傅為太傅，相為丞相，又有御史大夫及諸卿，皆秩二千石，石官皆如朝廷。國家唯為置丞相，其御史大夫以下皆自置之。至景帝時，吴、楚七國恃其國大，遂以作亂，幾危漢室。及其誅滅，景帝懲之，遂令諸王不得治民，令內史主治民，改丞相曰相，省御史大夫、廷尉、少府、宗正、博士官。武帝改漢內史、中尉、郎中令之名，而王國如故，員職皆朝廷為署，不得自置。至（漢）成帝省內史治民，更令相治民，太傅但曰傅。【略】

列侯，所食縣為侯國。本注曰：承秦爵二十等，為徹侯，金印紫綬，以賞有功。功大者食縣，小者食鄉、亭，得臣其所食吏民。後避武帝諱，為列侯。武帝元朔二年，令諸王得推恩分衆子土，國家為封，亦為列侯。舊列侯奉朝請在長安者，位次三公。中興以來，唯以功德賜位特進者，次車騎將軍；賜位朝侯，次五校尉；賜位侍祠侯，次大夫。其餘以肺附及公主子孫奉墳墓於京都者，亦隨時見會，位在博士、議郎下。【略】

每國置相一人，其秩各如本縣。本注曰：主治民，如令、長，不臣也。但納租于侯，以户數為限。其家臣，置家丞、庶子各一人。本注曰：主侍侯，使理家事。列侯舊有行人、洗馬、門大夫，凡五官。中興以來，食邑千户已上置家丞、庶子各一人，不滿千户不置家丞，又悉省行人、洗馬、門大夫。

關內侯，承秦賜爵十九等，為關內侯，無土，寄食在所縣，民租多少，各有户數為限。

（唐）杜佑《通典》卷三一《職官・歷代王侯封爵》 漢興，設爵二等，曰王，曰侯。皇子而封為王者，其實古諸侯也，故謂之諸侯王。王子封為侯者，謂之諸侯。群臣異姓以功封者，謂之徹侯。大者不過萬家，小者五六百户，以為差降。古分土而無分民，自漢始分民，而諸王國皆連城數十，踰於古制。其諸侯功德優盛，朝廷所敬異，有賜特進者，其位在三公下。其次，列侯有功德，天子命為諸侯者，謂之朝侯，其位次九卿下。皆平冕文衣，侍祠郊廟。其稱侍祠侯者，但侍祠而無朝位。其非朝侯、侍祠，而以下土小國，或以肺腑宿親若公主子孫或奉先侯墳墓在京師者，亦隨時見會，謂之猥諸侯。

凡諸侯王，皆金璽盭綬，古者印璽通名，今則尊卑有別。《漢舊儀》云：諸侯王金印，黄金橐駝紐，文曰璽，謂刻曰某王之璽，赤地綬。列侯黄金印，龜紐，文曰某侯之印，紫綬。掌治其國。王常冠遠遊冠，綬五采而多朱。自稱曰寡人，教曰令。凡諸侯王官，其傅為太傅，相為丞相，又有御史大夫、諸卿，皆秩二千石，百官皆如漢朝。漢朝惟為置丞相，其御史大夫以下皆自置之。及七國作亂之後，景帝懲之，遂令諸侯王不得治民，令內史治之，改丞相曰相，省御史大夫、廷尉、少府、宗正、博士官。武帝改漢內史、中尉、郎中令之名，內史為京兆尹，中尉為執金吾，郎中令為光禄勳。而王國如故，員職皆不得自置。又令諸王得推恩封子弟為列侯，於是齊分為七，趙分為六，梁分為五，淮南分為三。又令諸侯十月獻酎金，不如法者，國除。其縣邑皆别屬他郡。千户置家丞，不欲者聽之。作左官之律，附益之法。自後諸侯王唯得衣食租税。至成帝綏和元年，省內史，更令相治民，大司空何武奏罷內史；相如太守，中尉如都尉，參職。是後中尉争權，與王相奏，常不和。太傅但曰傅。《史記》：梁孝王，景帝母弟，竇太后少子，築東苑方三百餘里，為複道，自宫連屬於平臺四十餘里。賜天子旌旗，千乘萬騎，擬於天子，出蹕入警。招延四方豪傑，山東遊士莫不至焉。又曰：河閒獻王，景帝子也。好儒學，被服造次，必於儒者。山東諸儒多從而遊。

漢初，論功封列侯者，凡百四十有三人。蕭何為冠。外戚與定天下，侯者二人。凡列侯，金印紫綬，大者食縣，小者食鄉、亭，得臣其所食吏民。

凡皇帝之女為公主，皆列侯尚之。周制，王姬下嫁於諸侯，以同姓諸侯主之。公者，諸侯之尊稱，故謂之公主。後漢荀爽上疏曰：漢承秦法，設尚主之儀，以妻制夫，以卑臨尊。悉宜改尚主之制，以稱乾坤之性。

王國有傅、掌輔導王，初曰太傅，後除太字。《史記》曰：賈誼為梁懷王太傅，王墮馬死，無後，賈生自傷為傅無狀，哭泣歲餘，亦死。相、本統衆官，後省內史，而相理民，如郡太守。《史記》曰：曹參相齊，聞膠西有蓋公，善理著黄老言，乃厚幣請之。蓋公曰：治道貴清淨，清淨民自定。參用其術，齊國安集。及入為漢相，屬其後相曰：以齊獄市為寄，慎勿擾也。夫獄市者，所并容也。今君擾之，姦人安所容乎。吾是以先之也。又曰：石慶為齊相，舉國皆慕其家行，不言而齊國大治，為立石相社也。內史、治國民。中尉、掌武事。郎中令、秩千石，墨綬。僕、本曰太僕，改曰僕，墨綬。文學、《宋志》云：前漢王國已置文學。大司農、衛士長、太倉長。齊善醫淳于意為之。列侯國亦有相，改所食國令長為之。漢初，諸侯王有丞相，兼有相國。按《史記》，周勃破燕王盧綰，得相國一人，丞相二人。景帝省之。餘略與王國同。公主有家令、門尉，其有賜重封者。張晏曰：重封，益禄也。臣瓚曰增封。顏師古曰：重封謂加二號耳。成帝鴻嘉三年，詔七大夫以上皆令食邑，秦本制，列侯乃得食邑。七大夫即公大夫。非七大夫以下，皆復其身及户勿事。一户之內，皆不徭賦。是歲，又令吏民得買爵，賈級千錢。賈讀曰價。

後漢爵亦二等。皇子封王，其郡為國。其列侯，雖鄧、寇元勳，所食不過四縣，為侯國。舊制，列侯奉朝請在長安者，皆位次三公。中興以來，唯以功德賜位特進者，次車騎將軍；賜位朝侯，次五校尉；賜位侍祠侯，次大夫。其餘以肺腑及公主子孫或奉墳墓，亦為猥諸侯。《漢官儀》曰：皇后父兄，率為特進侯，朝會位次三公。故章帝啓馬太后曰：漢典，舅氏之封侯，猶皇子之為王。其功臣四姓為朝侯、侍祠侯，皆在卿校下。明帝為四姓小侯開立學校，置《五經》師。外戚樊氏、郭氏、陰氏、馬氏諸子弟立學，號曰四姓小侯。以非列侯，故曰小侯。《禮記》曰庶方小侯，亦其義也。諸王封者，受茅土，歸以立社。胡廣曰：諸侯受封，皆受茅土，歸立社稷。本朝為宮室，自有制度。至於列侯歸國者，不受茅土，不立宮室，各隨貧富，裁制黎庶，以守其寵。罪侯歸國，不得臣吏民。《後漢書》曰：張安世自昭帝時封為富平侯，傳國至八代孫吉，無嗣國除。經歷篡亂，二百年閒，未嘗譴黜，封者莫以為比。至獻帝建安初，封曹操為費亭侯，亭侯之制，自此始也。二十年，曹公始置名號侯，至五大夫，與舊列侯、關內侯，凡六等，以賞軍功。

初漢制，皇女皆封縣公主，儀服同列侯。其尊崇者加號長公主，儀服同藩王。諸王女皆封鄉、亭翁主，儀服同鄉、亭侯。漢諸王女亦謂之翁主。《漢書》謂齊厲王姊為紀翁主，以紀氏所生，因以為號。章帝唯特封東平憲王蒼、瑯琊孝王京女為縣公主。其後，漢安帝姊妹亦封為長公主，同之皇女。蔡邕《獨斷》曰：漢帝子女曰公主，儀比諸侯。姊妹曰長公主，儀比諸侯王。其皇女封公主者，所生之子襲母封，為列侯，皆傳國於後。鄉、亭之封，則不傳襲。永初元年，鄧太后封清河孝王慶女十一人皆為鄉公主，分食邑俸。王國有傅、如師，不臣，二千石。相、秩二千石。刁韙字子榮，為魯相，行縣，三老執轡，學官處士皆乘牛馬隨後。所頓亭傳，輒講經。袁忠為沛相，乘葦車，以清亮稱。內史、如郡丞。中尉、郎中令、掌王大夫、郎中宿衛，官如光禄勳。僕、主車馬。持書、奉使至京都。謁者、禮樂長、衛士長、醫工長、永巷長、祠祀長、郎中。其紹封削絀者，中尉、內史官屬亦以率減。列侯國置相，其秩各如本縣主，治民如令長，不臣也。但納租於侯，以户數為限。其官隨國大小為增減。食邑千户以上，置家丞、庶子各一人。此家臣也，使理家事。不滿千户則不置家丞。舊置行人、洗馬、門大夫等官，又悉省。諸公主各置家令一人。《東觀書》曰：其主薨無子，置傅一人，守其家。

（漢）王隆《漢官解詁》

太守專郡，信理庶績，勸農賑貧，决訟斷辟，興利除害，檢察郡姦，舉善黜惡，誅討暴殘。《北堂書鈔・設官部》、《太平御覽・職官部》案：《太平御覽》引作誅殺殘暴。

秋冬歲盡，各計縣户口墾田，錢穀入出，盜賊多少，上其集簿。丞尉以下，歲詣郡，課校其功。功多尤為最者，於廷尉案：此當作慰勞勉之，以勸其後。負多尤為殿者，於後曹別責，以糾怠慢也。諸對辭窮尤困，收主者，掾史關白太守，使取法，丞尉縛責，以明下轉相督敕，為民除害也。明帝詔書不得僇辱黄綬，以別小人吏也。《續漢志補注》。

都尉將兵，副佐太守。《北堂書鈔・設官部》、《太平御覽・職官部》案：《北堂書鈔》引作都尉一人。

言與太守俱受銀印部符之任，為一郡副將，然俱主其武職，不預民事。舊時以八月都試，講習其射力，以備不虞。案：《太平御覽》引有備盜賊也四字。皆絳衣戎服，示揚威武，折衝厭難者也。《北堂書鈔・設官部》。

（漢）衛宏《漢官舊儀》卷下

漢承秦郡，置太守，治民斷獄。都尉治獄，都尉治盜賊甲卒兵馬。【略】

邊郡太守各將萬騎，行障塞烽火追虜。置長史一人，掌兵馬。丞一人，治民。當兵行，長史領。置部都尉、千人、司馬、候、農都尉，皆不治民，不給衛士。材官、樓船年五十六老衰，乃得免為民，就田里。民應令選為亭長。

《漢書》卷一九上《百官公卿表》 郡守，秦官，掌治其郡，秩二千石。有丞，邊郡又有長史，掌兵馬，秩皆六百石。景帝中二年更名太守。郡尉，秦官，掌佐守典武職甲卒，秩比二千石。有丞，秩皆六百石。景帝中二年更名都尉。

關都尉，秦官。農都尉、屬國都尉，皆武帝初置。

《漢書》卷九九中《王莽傳》 莽以《周官》、《王制》之文，置卒正、連率、大尹，職如太守；屬令、屬長，職如都尉。置州牧、部監二十五人。見禮如三公。監位上大夫，各主五郡。公氏作牧，侯氏卒正，伯氏連率，子氏屬令，男氏屬長，皆世其官，其無爵者為尹。分長安城旁六鄉，置帥各一人。分三輔為六尉郡，河東、河內、弘農、河南、潁川、南陽為六隊郡，置大夫，職如太守；屬正，職如都尉。更名河南大尹曰保忠信卿。益河南屬縣滿三十。置六郊州長各一人，人主五縣。及它官名悉改。大郡至分為五。郡縣以亭為名者三百六十，以應符命文也。緣邊又置竟尉，以男為之。諸侯國閒田，為黜陟增減云。莽下書曰：常安西都曰六鄉，衆縣曰六尉。義陽東都曰六州，衆縣曰六隊。粟米之內曰內郡，其外曰近郡。有鄣徼者曰邊郡。合百二十有五郡。九州之內，縣二千二百有三。公作甸服，是為惟城；諸在侯服，是為惟寧；在采、任諸侯，是為惟翰；在賓服，是為惟屏；在揆文教，奮武衛，是為惟垣；在九州之外，是為惟藩：各以其方為稱，總為萬國焉。其後，歲復變更，一郡至五易名，而還復其故。吏民不能紀，每下詔書，輒繫其故名，曰：制詔陳留大尹、太尉：其以益歲以南付新平。新平，故淮陽。以雍丘以東付陳定。陳定，故梁郡。以封丘以東付治亭。治亭，故東郡。以陳留以西付祈隧。祈隧，故滎陽。陳留已無復有郡矣。大尹、太尉，皆詣行在所。其號令變易，皆此類也。

（漢）應劭《漢官儀》卷上 大府秩二千石。丞一人，邊郡稱長史，皆六百石。丞者，丞也。長史，衆史之長。《北堂書鈔·設官部》。

都尉，秦官也。本名郡尉。掌佐太守，典其武職，秩比二千石。孝景時更名都尉。《後漢書·彭修傳》注。

秦郡有尉一人，典兵禁，補盜賊。案：補當作備，見《續漢書·志》。景帝更名都尉，建武（十）〔六〕年省，惟邊郡〔往往〕置都尉及屬國都尉。《後漢書·桓帝紀》注。

京兆虎牙、扶風都尉案：《耿恭傳》注引有郡比二千石五字。以涼州近羌，數犯三輔，將兵衛護園陵。扶風都尉居雍縣，故俗人稱雍營焉。

《後漢書》志二八《百官》 凡州所監都為京都，置尹一人，二千石，丞一人。每郡置太守一人，二千石，丞一人。郡當邊戍者，丞為長史。《古今注》曰：建武六年三月，令郡太守、諸侯相病，丞、長史行事。十四年，罷邊郡太守丞，長史領丞職。王國之相亦如之。每屬國置都尉一人，比二千石，丞一人。本注曰：凡郡國皆掌治民，進賢勸功，決訟檢姦。常以春行所主縣，勸民農桑，振救乏絕。秋冬遣無害吏案訊諸囚，平其罪法，論課殿最。案《律》有無害都吏，如今言公平吏。《漢書音義》曰：文無所枉害。蕭何以文無害為沛主吏掾。歲盡遣吏上計。盧植《禮注》曰：計斷九月，因秦以十月為正故。并舉孝廉，郡口二十萬舉一人。〔尉一人〕，典兵禁，備盜賊，景帝更名都尉。武帝又置三輔都尉各一人，譏出入。邊郡置農都尉，主屯田殖穀。又置屬國都尉，主蠻夷降者。中興建武六年，省諸郡都尉，并職太守，無都試之役。《古今注》曰：六年八月，省都尉官。應劭曰：每有劇（職）〔賊〕，郡臨時置都尉，事訖罷之。省關都尉，唯邊郡往往置都尉及屬國都尉，稍有分縣，治民比郡。安帝以羌犯法，三輔有陵園之守，乃復置右扶風都尉，京兆虎牙都尉。應劭《漢官》曰：蓋天生五材，民並用之，廢一不可，誰能去兵？兵之設尚矣。《易》稱弦木為弧，剡木為矢，弧矢之利，以威天下。《春秋》三時務農，一時講武。《詩》美公劉匪居匪康，入耕出戰，乃裹餱糧，干戈載（錫）〔揚〕，四方莫當。自郡國罷材官騎士之後，官無警備，實啓寇心。一方有難，三面救之，發興雷震，煙蒸電激，一切取辨，黔首囂然。不及講其射御，用其戒誓，一旦驅之以即強敵，猶鳩鵲捕鷹鸇，豚羊弋豺虎，是以每戰常負，王旅不振。張角懷挾妖偽，遐邇搖蕩，八州并發，煙炎絳天，牧守梟裂，流血成川。爾乃遠徵三邊殊俗之兵，非我族類，忿鷙縱橫，多僵良善，以為己功，財貨糞土。哀夫民氓遷流之咎，見出在茲，不教而戰，是謂棄之，跡其禍敗，豈虛也哉。春秋家不藏甲，所以一國威抑私力也。今雖四海殘壞，王命未洽，可折衝壓難，若指於掌，故置右扶風。皆置諸曹掾史。本注曰：諸曹略如公府曹，無東西曹。有功曹史，主選署功勞。有五官掾，署功曹及諸曹事。其監屬縣，有五部督郵，曹掾一人。正門有亭長一人。主記室史，主録記書，催期會。無令史。閤下及諸曹各有書佐，幹主文書。

屬官，每縣、邑、道，大者置令一人，千石；其次置長，四百石；小者置長，三百石；侯國之相，秩次亦如之。本注曰：皆掌治民，顯善勸義，禁姦罰惡，理訟平賊，恤民時務，秋冬集課，上計於所屬郡國。

（唐）杜佑《通典》卷三三《職官·州郡下·京尹》 周官有内史，秦因之，掌治京師。漢景帝二年，分置左右内史。武帝太初元年，更名右内史為京兆尹，絶高曰京，十億曰兆。大衆所聚，故曰京兆。更名左内史為左馮翊。馮，輔。翊，佐也。初秦官有主爵中尉，掌列侯。漢景帝中元六年，更名都尉。武帝太初元年，更名右扶風。扶，助。風，化也。與左馮翊、京兆尹是為三輔，治長安城中。《三輔黄圖》曰：長安以東為京兆，長陵以北為左馮翊，渭城以西為右扶風。皆治在城中。故趙廣漢歎曰：亂吾治者二輔也，誠得兼之，直差易耳。銀章青綬，進賢兩梁冠，絳朝服，佩水蒼玉。秩異凡州，所監郡為京師，置尹一人，丞二人。趙廣漢字子都，為京兆尹，以和顔接士，推功於掾吏，發於至誠。吏見者，皆輸寫心腹。廣漢天性精於吏事，尤善為鉤距，以得人情，其發姦擿伏如神。冬獄當斷，先為調棺，皆曰死無所恨。又張敞為尹，一日捕諸偷得數百人，由是枹鼓稀鳴，市無偷盜。又王尊、王章、王駿並為京兆，皆有名。京師稱曰：前有趙、張，後有三王。漢初，三輔治長安。後漢都洛陽，置河南尹，以三輔陵廟所在，不改其號，但減其秩，與太守同。後漢延篤字叔固，及邊鳳皆為京兆尹，並有雄名。語曰：前有趙、張，後有邊、延。趙張謂趙廣漢及張敞。後漢左馮翊、右扶風屬司隸，尋省。魏晋為京兆太守。後周都關中，又為京兆郡。【略】

河南尹，其地在周為王城。成王命君陳分正東郊成周，曰尹茲東郊。蓋今河南牧之任，亦留守之始。秦兼天下，置三川守。三川，河、洛、伊也。秦末李由為三川守。漢興，更名三川為河南，後增守為太守。王莽改太守為大尹，改河南大尹為保忠信卿。光武中興，徙都洛陽，改太守為尹，章綬服秩與京兆同。主京都，特奉朝請。李膺為河南尹。

（唐）杜佑《通典》卷三三《職官·州郡下·郡太守》 郡守，秦官。秦滅諸侯，以其地為郡，置守、丞、尉各一人。守治民，丞佐之，尉典兵。漢景帝中元二年，更名郡守為太守。凡在郡國，皆掌治民，進賢勸功，決訟檢姦。常以春行所主縣，秋冬遣無害吏按訊諸囚，平其罪法，論課殿最。按律有無害都吏，言如公平吏。《漢書》：蕭何以文無害，為沛主吏掾。并舉孝廉。漢制，歲盡，遣上計掾史各一人，條上郡内衆事，謂之計偕簿。郡為諸侯王國者，置内史以掌太守之任。宣帝以為太守，吏民之本，數變易則下不安，民知其將久不可欺罔，乃服從其教化。每拜刺史守相，輒親見問，觀其所繇，退而考察，以質其言。質，正。常稱曰：與我共理者，唯良二千石乎。是以漢世良吏，於是為盛，稱中興焉。汲黯為東海太守，治官好清静，擇丞史任之，責其大指而已。黯多病，卧閤内不出。歲餘，東海大治。召為淮陽守，而黯辭之。上曰：君薄淮陽耶？吾欲得君重，卧而治之。乃行。又王尊為東郡太守，河溢堤壞，尊執圭，請以身填金堤，而水稍卻。又馮立字聖卿，與弟野王相代為西河、上郡。人歌之曰：大馮君，小馮君，兄弟繼踵相因循，聰明賢智惠吏民，政如魯、衛德化均，周公、康叔猶二君。又召信臣字翁卿，為南陽，民號為召父。龔遂字少卿，為渤海，民有帶持刀劍者，使賣劍買牛，賣刀買犢，曰：何為帶牛而佩犢乎。又文翁為蜀郡，修起學宫，天下郡國皆立學校官，自文翁始也。又黄霸為潁川，以禮義教喻犯法者，諷曉令自殺，風化大行，以禮行尤異，增秩中二千石，徵為京兆尹，而至丞相，復以禮義為治。又《漢雜事》曰：蔣滿為上黨，其子萬為北地都尉，同詔徵見。宣帝曰：父子割符邪。即詔滿為淮陽相，萬為弘農守。《史記》曰：杜周為御史大夫，家兩子，夾河為守。又《循吏傳叙》曰：王成、黄霸、朱邑、龔遂、鄭弘、召信臣等，所居民富，所去見思，生有榮號，死見奉祠。元帝建昭二年，益三河大郡太守秩。凡户十二萬為大郡。帝又下制，令諸侯王相位在太守下。成帝綏和元年，省内史，以相治民，則相職為太守。哀帝初，御史大夫王嘉上疏曰：近日公卿以下，變易促急，數改更政事。吏或居官數月而退，送故迎新，交錯道路。二千石輕賤，吏人慢易，則有離叛之心。前山陽亡徒縱横，吏士臨難，莫肯伏節死義者，以守相威權素奪也。故成帝悔之，詔二千石不以故縱為罪，賜金以厚其意。誠以國家有急，取辦於二千石，二千石尊重難危，乃能使下。故尚書章文必有敢告之字乃下，所以丁寧告者之辭。今二千石、部刺史、三輔縣令有材任職者，若有過差，宜可闊略，令盡力者有所勸。此方今急務，國家之利也。王莽改太守曰大尹。

後漢亦重其任，寇恂字子翼，為潁川守，拜執金吾。後光武幸潁川，百姓遮道曰：願陛下復借寇君一年。乃留鎮之。又張堪字君遊，初去蜀郡，乘折轅車而已。後為漁陽，謠曰：桑無附枝，麥穗兩岐。張君為政，樂不可支。又宋均字叔庠，為九江，蝗蚩南到九江界，輒東西分。又廉范字叔度，為蜀郡，民歌曰：廉叔度，來何暮，平生無襦今五袴。又馮勤曾祖揚，宣帝時為弘農太守。生八男，皆典郡，趙魏間號為萬石。又鄭弘字巨君，為臨淮，天旱，隨車致雨，白鹿方道，夾轂而行。又魏朗為河內，以清嚴為治，為三河之表。又黃昌為蜀郡，未到時，蜀有童謠曰：兩日出，尺兵戢。又杜詩為南陽，人方之召信臣，語曰：前有召公，後有杜母。又孟嘗字伯周，為合浦，而珠還。又劉昆為弘農，虎負子渡河。又王堂字敬伯，為巴郡，民生為立祠。又何敞為汝南，疾文俗吏以苛刻求名稱，立春日，常召督郵還府，分遣儒術大吏按行屬縣，是以郡中無冤聲。或以尚書令、僕射出為郡守，鍾離意、黃香、桓榮、胡廣是也。或自郡守入為三公。虞延、第五倫、桓虞、鮑昱是也。劉寵字祖榮，為會稽太守，狗不夜吠。將去，山陰父老七八十人齎百錢送寵，寵為選受一大錢，故人號為取一錢。後入居九列，四登三事也。

（唐）杜佑《通典》卷三三《職官・州郡下・總論郡佐》 督郵：漢有之，掌監屬縣，有東西南北中部，謂之五部督郵也。故督郵，功曹之極位。漢尹翁歸為河東督郵。時太守田延年分河東二十八縣為兩部，閎孺部汾北，翁歸部汾南，舉法皆得其罪。屬縣長吏雖中傷，莫有怨者。又孫寶為京兆尹，以立秋日，署故吏侯文為東部督郵。敕之曰：今日鷹隼始擊，當順天氣取姦惡，以成嚴霜之誅。後漢歐陽歙為汝南太守，汝南舊俗，十月鄉會，百里內縣皆齎牛酒宴飲，臨饗禮畢，歙教曰：西部督郵繇延，天資忠貞，不嚴而治，宜顯之於朝。主簿讀教訖，功曹郅惲前曰：司正舉觥，以君之罪，造謝於天。按延資性貪邪，罔上害人。明府以惡為善，股肱以直從曲。臣惲敢再拜奉觥。歙慚，不知所言。門下掾鄭敬進曰：君明臣直，功曹切直，明府德也，可無受觥。歙曰：實歙之罪也，敬受觥。惲免冠謝，遂不宴而罷。又陳球為繁陽令，時魏郡守諷縣求賄，球不與，太守怒，撾督郵令逐球。督郵不肯，曰：魏郡十五城，獨繁陽有異政，今逐之，將致議於天下。太守乃止。

（唐）杜佑《通典》卷三三《職官・州郡下・總論郡佐》 郡尉：京輔屬國等都尉附。秦官有郡尉，掌佐守，典武職甲卒。漢凡郡口二十萬，舉一人典兵，禁備盜賊。景帝更名曰都尉。武帝元鼎四年，又置三輔都尉各二人，譏出入。邊郡置農都尉，主屯田殖穀。又置屬國都尉，主蠻夷降者。中興建武七年，省諸郡都尉，并職太守，無都試之役。《漢舊儀》曰：民年二十三為正，一歲以為衛士，一歲為材官騎士，習射御馳陣。八月，太守、都尉、令、長、相、丞、尉會都試，課殿最。水家為樓船，亦習戰射。年五十六老衰，乃得免為民，就田。今乃罷其役。每有劇賊，郡臨時置都尉，事訖罷。又省關都尉，唯邊郡往往置都尉及屬國都尉。《宋志》曰：光武省郡尉，後往往置東南西北四部都尉。稍有分縣，治民比郡。安帝以西羌盛，三輔有陵園之守，乃復置右扶風都尉於雍，京兆虎牙都尉於長安。自後無聞。

（清）陳樹鏞《漢官答問》卷五《太守》 太守，初名郡守，景帝中二年更名太守，秩二千石，印文曰章。掌治民，進賢勸功，決訟檢奸。常以春行所主縣勸民農桑，振救乏絕，秋冬遣無害吏訊諸囚，平其罪法。論課殿最，歲盡遣吏上計，有奏上丞相御史以聞。賦税之入受而藏之，用財物專之，不待奏請，四時上月旦見錢簿於大司農。凡論殺囚必待奏請得報，然亦時得專殺有辠。歲科第屬吏而殿最之，問屬縣令長職事則令詣後曹對，不得用它郡人為吏，不得課第千石吏，令長有罪移檄責之，令去更調守。縣令繁簡不稱職則以令奏換縣，歲以八月都試材官騎士，或以都尉兼太守。郡守得以本郡人為之。郡守有異政而未遷擢者則加秩，其不稱職而未退者則貶秩。邊郡守畏愞則棄市。郡中被害十四以上則免，殘賊免。其選舉或不實則貶秩。太守統一方之任，生殺賞罰，無所不統，其體甚尊，中世以後，刺史權重而太守輕矣。

（漢）衛宏《漢官舊儀》卷下 縣户口滿萬，置六百石令，多者千石。户口不滿萬，置四百石、三百石長。大縣兩尉，小縣一尉，丞一人。三百石丞、縣長黃綬，皆大冠。

《漢書》卷一九上《百官公卿表》 縣令、長，皆秦官，掌治其縣。萬户以上為令，秩千石至六百石。減萬户為長，秩五百石至三百石。皆有丞、尉，秩四百石至二百石，是為長吏。百石以下有斗食、佐史之秩，是為少吏。大率十里一亭，亭有長。十亭一鄉，鄉有三老、有秩、嗇夫、游徼。三老掌教化。嗇夫職聽訟，收賦税。游徼徼循禁賊盜。縣大率方百里，其民稠則減，稀則曠，鄉、亭亦如之，皆秦制也。列侯所食縣曰國，皇太后、皇后、公主所食曰邑，有蠻夷曰道。凡縣、道、國、邑千五百八十七，鄉六千六百二十二，亭二萬九千六百三十五。

《後漢書》志二八《百官》 凡縣主蠻夷曰道。公主所食湯沐曰(國)〔邑〕。縣萬户以上為令，不滿為長。侯國為相。皆秦制也。丞各一人。尉大縣二人，小縣一人。本注曰：丞署文書，典知倉獄。尉主盜賊。凡有賊發，主名不立，則推索行尋，案察姦宄，以起端緒。各署諸曹掾史。本注曰：諸曹略如郡員，五官為廷掾，監鄉五部，春夏為勸農掾，秋冬為制度掾。

（唐）杜佑《通典》卷三三《職官·州郡下·縣令》　漢制，列侯所食縣曰國，皇太后、公主所食曰邑，有蠻夷曰道。凡縣萬户以上為令，減萬户為長，侯國為相，秩次亦如之。皆秦制也，漢因之。《漢書》曰：凡縣大率方百里，民稠則減，稀則曠。成帝綏和元年，長、相墨綬。哀帝建平二年，復黄綬。秋冬集課，上計於屬郡國。胡廣云：秋冬歲盡，各計縣户口墾田，錢穀入出，盜賊多少，上集簿。丞尉以下歲詣郡，課校其功。功多尤為最者，於庭慰勞勉之，以勸其後。負多尤為殿者，於後曹對責，以糾怠慢也。卓茂為密令，勞心諄諄，視民如子，民不忍欺。光武初即位，詔曰：前密令卓茂，能為人所不能為。夫名冠天下，當受天下重賞。今以茂為太傅，封褒德侯，食邑二千户。以茂長子為太中大夫，次子為郎中。又魯恭字仲康，為中牟令，專以德為治，螟不犯境，雉馴其旁，童子有仁心，此三異也。恭官至司徒。又周榮字平孫，掌竇憲縱暴，榮常排奏之。及竇氏敗，榮自郾令擢為尚書令。又劉昆字桓公，為江陵令，縣連災火，昆輒向火叩頭，降雨止風。又戴封為西華令，大旱，祈禱無獲，乃積薪自焚，火起而雨大降。又王涣為洛陽令，人為立祠。及桓帝事黄老道，毀諸旁祠，唯特詔密縣留卓茂廟及涣祠也。又《漢官》曰：明帝臨觀，見洛陽令車騎，意河南尹，及至而非，尤其泰盛，敕去軒綬。時偃師長治有能名，以事詣臺，因取賜之，下縣遂以為故事。其郡有鹽官、鐵官、工官、都水官者，隨事廣狹，置令長及丞，秩次皆如縣。道無分土，給均吏。後漢凡郡縣，出鹽多者置鹽官，主鹽税；出鐵多者置鐵官，主鼓鑄；有工多者置工官，主税物；有水池及魚利多者，置水官，主平水，收漁税。所在諸縣均差吏更給之，署吏隨事，不具縣員。

（唐）杜佑《通典》卷三三《職官·州郡下·總論縣佐》　漢縣有丞、尉及諸曹掾。多以本郡人為之，三輔則兼用他郡。及隋氏革選，盡用他郡人。後縣諸曹略如郡員。橋玄為縣功曹，事具《部郡從事篇》。又升先泥和為縣功曹，縣令遣泥和拜檄謁巴郡太守。又五官為廷掾，監鄉五部，春夏為勸農掾，秋冬為制度掾。後漢爰延字季平，外黄令牛述禮請延為廷掾。范丹為功曹，濮陽潛為主簿，常共言談而已。【略】

丞：漢諸縣皆有，有兼主刑獄、囚徒。《史記》曰：詔捕淮南太子，淮南相怒壽春丞留太子建不遣。如淳注曰：丞主刑獄、囚徒，故責之。《漢書》曰：黄霸為潁川太守，務在成就，全安長吏。許丞老，病聾，督郵白欲逐之，霸曰：許丞廉吏，雖老，尚能拜起送迎，正頗重聽，何傷，且善助之，毋失賢者意。如淳曰：許縣丞也。後漢令、長、國相各置丞一人，署文書，典知倉獄，署諸曹掾史。凡諸縣署丞，皆銅印黄綬，進賢一梁冠。【略】

主簿：謂主諸簿目。漢有之。後漢繆肜字豫公，仕縣為主簿。時縣令被章見考，吏皆畏懼自誣，而肜獨證據，掠考苦毒，至乃體生蟲蛆，因轉換五獄，踰涉四年，令卒以自免。又寧陽主簿詣闕，訴其縣令之枉，積六七歲不省，乃復上書曰：臣為陛下子，陛下為臣父，臣章百上，終不見省，臣豈可北詣單于以告冤乎？帝大怒，劾以大逆。虞詡駁之曰：主簿所訟，君父之怨；百上不達，是有司之過。又仇覽字季智，一名香，初為薄亭長，有陳元者，母告其子不孝，覽為陳慈孝之道，卒成孝子。考城令王涣，政尚嚴猛，聞覽以德化人，署為主簿。謂覽曰：主簿聞陳元之過而不罪，得無少鷹鸇之志耶？覽曰：以為鷹鸇不若鸞鳳。涣謝曰：枳棘非鸞鳳所棲，百里非大賢之路。乃以月俸資遣，令入太學，其名大振。【略】

尉：漢諸縣皆有。長安有四尉，分為左右部。後漢令、長、國相亦皆有尉。大縣二人，小縣一人，主盜賊，案察姦宄。應劭《漢官》曰：大縣丞、左右尉，所謂命卿三人。小縣一丞一尉，命卿二人。署諸曹掾史。邊縣有障塞尉，掌禁備羌夷犯塞。洛陽有四尉，東南西北四部，曹公為北部尉是也。

（清）陳樹鏞《漢官答問》卷五《縣令長》　縣萬户以上為令，秩千石至六百石，減萬户為長，秩五百石至三百石，皆有丞尉，秩四百石至二百石，是為長史，百石以下有斗食佐史之秩，是為少吏，掌治其縣。其縣當漕者，則令長領漕而課其殿最，録囚則具獄上於府以待論報，而誅鋤豪強時亦得專殺，令亦得奏事。有材官騎士令長統之，歲八月率以赴太守都試。官寺鄉亭漏敗垣廧阤壞不治者不勝任，先自劾，殘賊則免，殺不辜免，縣長遷令，令高第遷劇令，丞相舉四科能治劇者遷劇令。

（漢）衛宏《漢官舊儀》卷下　亭長課射，游徼徼循。尉、游徼、亭長，皆習設備五兵。五兵：弓弩，戟，盾，刀劍，甲鎧。鼓武字衍。吏，赤幘大冠，行縢，帶劍佩刀，持盾被甲，設矛戟，習射。按：此文原本自甲鎧鼓以上為一條，而武吏赤幘大冠以下別為一條。今考《北堂書鈔》引此文云：亭長習設五兵，五兵言弩，戟，刀，劍，鎧也。其於五兵不數盾者，蓋傳寫脱漏，而並不及鼓，則鼓字自當屬下文讀。《續漢書·志》注引此亦作鼓吏赤幘云云，無武字。原本既分為兩條，又衍一武字，俱誤。

設十里一亭，亭長、亭候；五里一郵，郵間相去二里半，司姦盜。亭長持三尺板以劾賊，索繩以收執盜。

《後漢書》志二八《百官》　鄉置有秩、三老、游徼。本注曰：有秩，郡所署，秩百石，掌一鄉人；其鄉小者，縣置嗇夫一人。皆主知民善惡，為役先後，知民貧富，為賦多少，平其差品。三老掌教化。凡有孝子順孫，貞女義婦，讓財救患，及學士為民法式者，皆扁表其門，以興善行。游徼掌徼循，禁司姦盜。又有鄉佐，屬鄉，主民收賦税。

亭有亭長，以禁盜賊。本注曰：亭長，主求捕盜賊，承望都尉。

里有里魁，民有什伍，善惡以告。本注曰：里魁掌一里百家。什主十家，伍主五家，以相檢察。民有善事惡事，以告監官。

邊縣有障塞尉。本注曰：掌禁備羌夷犯塞。其郡有鹽官、鐵官、工官、都水官者，隨事廣狹置令、長及丞，秩次皆如縣、道，無分士，給均本吏。本注曰：凡郡縣出鹽多者置鹽官，主鹽税。出鐵多者置鐵官，主鼓鑄。有工多者置工官，主工税物。有水池及魚利多者置水官，主平水收漁税。在所諸縣均差吏更給之，置吏隨事，不具縣員。

（唐）杜佑《通典》卷三三《職官・州郡下・鄉官》 秦制，大率十里一亭，亭有長；十亭一鄉，鄉有三老、有秩、嗇夫、游徼。《風俗通》曰：有秩者，言其官裁有秩耳。嗇者，省也。夫，賦也。言當消息百姓，均其賦役。三老掌教化，嗇夫職聽訟，收賦税，游徼徼循禁盜賊。

漢鄉、亭及官皆依秦制也。縣大率方百里，其人稠則減，稀則曠，鄉、亭亦如之。高后元年，初置孝悌力田二千石者一人，特置孝悌力田官，而尊其秩，欲以勸厲天下，令敦行務本。後廢。至文帝十二年，又置三老及孝悌、力田，無常員。平帝又置外史、閭師官。

後漢鄉官與漢同。有秩，郡所署，秩百石，鄉户五千則置有秩。掌一鄉人。其鄉小者，縣置嗇夫一人。後漢爰延字季平，為鄉嗇夫，仁化大行，民但聞嗇夫，不知郡縣也。皆主知民善惡，為役先後，知民貧富，為賦多少，平其差品。三老掌教化，凡有孝子、順孫、貞女、義婦、讓財、救患及學士為民式者，皆扁表其門，以興善行。又有鄉佐，屬鄉，主民收賦税。亭有亭長，十里一亭，五里一郵，郵間相去二里半，司姦盜。亭長持二尺板以劾賊，索繩以收執賊。亭吏舊名亭負，後改為長，或為亭父也。主禁盜賊。後漢陳寔字仲弓，為西門亭長。又仇覽為薄亭長，説在《主簿篇》。又《先賢傳》曰：逢萌字子康，為縣亭長。時尉行過亭，萌候迎拜謁，既而擲盾歎曰：大丈夫安能為人役哉。遂去之。至王莽時，萌解冠掛東都門而遁。里有里魁，民有什伍，善惡以告。里魁掌一里百家，什主十家，伍主五家，以相檢察。民有善惡，以告監官。

《後漢書》卷四《孝和帝紀》 〔章和二年四月〕戊寅，詔曰：昔孝武皇帝致誅胡、越，故權收鹽鐵之利，以奉師旅之費。自中興以來，匈奴未賓，永平末年，復修征伐。先帝即位，務休力役，然猶深思遠慮，安不忘危，探觀舊典，復收鹽鐵，欲以防備不虞，寧安邊境。而吏多不良，動失其便，以違上意。先帝恨之，故遺戒郡國罷鹽鐵之禁，縱民煮鑄，入税縣官如故事。其申勑刺史、二千石，奉順聖旨，勉弘德化，布告天下，使明知朕意。【略】

〔永元〕十年春三月壬戌，詔曰：隄防溝渠，所以順助地理，通利壅塞。今廢慢懈弛，不以為負。刺史、二千石其隨宜疏導。勿因緣妄發，以為煩擾，將顯行其罰。

《後漢書》卷七五《劉焉傳》 時靈帝政化衰缺，四方兵寇，焉以為刺史威輕，既不能禁，且用非其人，輒增暴亂，乃建議改置牧伯，鎮安方夏，清選重臣，以居其任。焉乃陰求為交阯，以避時難。議未即行，會益州刺史郗儉在政煩擾，謠言遠聞，而并州刺史張懿、涼州刺史耿鄙並為寇賊所害，故焉議得用。出焉為監軍使者，領益州牧，太僕黄琬為豫州牧，宗正劉虞為幽州牧，皆以本秩居職。州任之重，自此而始。

（漢）應劭《漢官儀》卷上 西域都護，武皇帝始開通西域三十六國，其後稍分至五十餘國，置使者、校尉以領護之。宣帝神雀三年，改曰都護，秩二千石。平帝時省都護，令戊己（都護）〔校尉〕領之。《太平御覽・職官部》。

紀事

《史記》卷八《高祖本紀》 後十餘日，封韓信為淮陰侯，分其地為二國。高祖曰將軍劉賈數有功，以為荊王，王淮東。弟交為楚王，王淮西。子肥為齊王，王七十餘城，民能齊言者皆屬齊。乃論功，與諸列侯剖符行封。徙韓王信太原。

《史記》卷一一《孝景本紀》 中三年冬，罷諸侯御史中丞。

《史記》卷一一二《平津侯主父列傳》 偃説上曰：古者諸侯不過

百里，彊弱之形易制。今諸侯或連城數十，地方千里，緩則驕奢易為淫亂，急則阻其彊而合從以逆京師。今以法割削之，則逆節萌起，前日鼂錯是也。今諸侯子弟或十數，而適嗣代立，餘雖骨肉，無尺寸地封，則仁孝之道不宣。願陛下令諸侯得推恩分子弟，以地侯之。彼人人喜得所願，上以德施，實分其國，不削而稍弱矣。於是上從其計。

《後漢書》卷一上《光武帝紀》〔建武〕二年春正月甲子朔，日有食之。大司馬吴漢率九將軍擊檀鄉賊於鄴東，大破降之。庚辰，封功臣皆為列侯，大國四縣，餘各有差。下詔曰：人情得足，苦於放縱，快須臾之欲，忘慎罰之義。惟諸將業遠功大，誠欲傳於無窮，宜如臨深淵，如履薄冰，戰戰慄慄，日慎一日。其顯效未詶，名籍未立者，大鴻臚趣上，朕將差而録之。博士丁恭議曰：古帝王封諸侯不過百里，故利以建侯，取法於雷，強幹弱枝，所以為治也。今封諸侯四縣，不合法制。帝曰：古之亡國，皆以無道，未嘗聞功臣地多而滅亡者。乃遣謁者即授印綬，策曰：在上不驕，高而不危；制節謹度，滿而不溢。敬之戒之。傳爾子孫，長為漢藩。

（漢）衛宏《漢官舊儀》卷下 建始二年，按：《元帝紀》建昭二年三月，益三河大郡太守秩。成帝建始二年，並無益秩之文。建始當作建昭。益三河及大郡太守秩。本注曰：十二萬户以上為大郡太守，小郡守遷補大郡。

元朔三年，以上郡、西河為萬騎太守，月奉二萬。綏和元年，省大郡萬騎員秩，以二千石居。

魏晉南北朝部

朝廷分部

曹魏

綜述

（唐）杜佑《通典》卷二〇《職官・三公總叙》　魏初復置，與後漢同，有太傅、太尉、司徒、司空。然皆無事，不與朝政。高柔上疏云：今公輔之臣，民所具瞻。而置之三事，不使知政，非朝廷崇用大臣之義、大臣獻可替否之謂也。初封司空崔林爲安陽亭侯。三公封列侯，自林始也。林字德儒。裴松之曰：漢封丞相已爲荀悦所譏。魏封三公，其失同也。黄初二年，又分三公户邑，封子弟各一人爲列侯。末年增置太保。

（唐）杜佑《通典》卷二〇《職官・太尉》　魏亦有之。王祥字休徵，爲太尉。司馬文王進爵爲王，祥與司徒何曾、司空荀顗並詣王。顗曰：相王尊重，今可相率而拜。祥曰：相國勢位，誠爲尊貴。然要是魏之宰相，吾等魏之三公，公王相去，一階而已。班列大同，安有天子三公可輒拜人者耶？損魏朝之美，虧晉王之德，君子愛人以禮，吾不爲也。及入，何曾、荀顗遂拜，祥獨長揖。文王謂祥曰：今日然後知君見顧之重也。

（唐）杜佑《通典》卷二〇《職官・司徒》　魏黄初元年，改爲司徒。華歆字子魚，爲司徒，家無擔石之儲。詔曰司徒，國之儁老。今大官重膳，而司徒蔬食，甚無謂也。特賜歆及妻、男等衣服。

（唐）杜佑《通典》卷二〇《職官・司空》　魏初，又置司空，冠綬及郊廟之服與太尉同。鄭袤字林叔，爲司空。天子臨軒，遣就第拜授。袤謂使曰：魏以徐景山爲司空，徐公曰：三公當上應天心，苟非其人，實傷和氣。固辭，見許。袤，莫侯反。

（唐）杜佑《通典》卷二〇《職官・太傅》　魏初置太傅，以鍾繇爲之。鍾繇字元常，遷太傅，有疾。時華歆亦以高年病，朝見，皆使乘轝上殿就坐。是後三公有疾，遂以爲故事。

（唐）杜佑《通典》卷二〇《職官・太保》　魏初不置，末年始置太保，以鄭沖爲之。沖，字文和。位在三司上。

（唐）杜佑《通典》卷二〇《職官・大司馬》　魏文帝黄初二年，復置大司馬，以曹仁居之，而太尉如故。則太尉、大司馬、大將軍各自爲官，位在三司上。吴有左、右大司馬。

（唐）杜佑《通典》卷二〇《職官・總叙三師三公以下官屬》　魏置太傅、太保，而不見官屬。太尉、司徒、司空有長史、司馬、從事中郎、正行參軍。大司馬亦有正行參軍也。

（唐）杜佑《通典》卷二一《職官・宰相并官屬》　魏黄初元年，改爲司徒。吴有左、右丞相。而文帝復置中書監、令，並掌機密，自是中書多爲樞機之任。説在《中書令篇》。其後定制，置大丞相，第一品。後又有相國，齊王以司馬師爲之，晉景帝。高貴鄉公以司馬昭爲之。晉文帝。

（唐）杜佑《通典》卷二一《職官・門下省・給事中》　魏代復置，或爲加官，或爲正員。

（唐）杜佑《通典》卷二一《職官・門下省・散騎常侍》　魏文帝黄初初，置散騎，合於中常侍，謂之散騎常侍。後用士人，始以孟達補之，久次者爲祭酒。孟達字子度，自蜀降魏。魏文帝善達之姿才容觀，以爲散騎常侍。散騎常侍掌規諫，不典事。貂璫插右，騎而散從。又有員外者，因曰員外散騎常侍。晉泰始中，令員外散騎常侍二人與散騎常侍通員直，因曰通直散騎常侍，亦武冠，右貂，金蟬，絳朝服，佩水蒼玉。《山公啓事》曰：郄詵才志器局，當爲黄散。黄散謂黄門侍郎及散騎常侍。又曰散騎常侍缺，當取素行者補之，遂舉郄詵。又阮孚字遥集，爲散騎常侍，嘗以金貂换酒，爲所司彈糾，帝宥之。又曰賈充爲常侍，後改常侍爲侍中，未詳其義。散騎常侍、黄門侍郎，共平尚書奏事。雖隸門下，而别爲一省。潘岳云：寓直散騎省。

（唐）杜佑《通典》卷二一《職官・中書省》　中書之官舊矣，謂之中書省，自魏晉始焉。

（唐）杜佑《通典》卷二一《職官・中書省・中書令》　魏武帝爲魏王，置祕書令，典尚書奏事，又其任也。文帝黄初初，改爲中書令，又置監，以祕書左丞劉放爲中書監，右丞孫資爲中書令，並掌機密。中書監、令，始於此也。及明帝時，中書監、令，號爲專任，其權重矣。時中護軍蔣濟上疏諫曰：夫人臣太重者國危，左右太親者身蔽，古之至誡。權在下者，則衆心慢上，勢之常也。今外所言，輒云中書，實握事要，日在目前，儻因疲倦之間有所割制，衆臣見其能推移於事，即亦迴附向之。請分任衆官，不使聖明之朝有專吏之名也。

（唐）杜佑《通典》卷二一《職官・中書省・中書侍郎》　魏黄初初，中書既置監、令，又置通事郎，《魏志》曰：掌詔草，即漢尚書郎之位。次黄門郎。黄門郎已署事過，通事乃署名。已署奏以入，爲帝省讀，書可。後改通事郎爲中書侍郎。明帝詔舉中書郎，謂盧毓曰：得人與否，在盧生耳。又魏末張華遷長史，兼中書郎，朝議表奏，多見施用。

（唐）杜佑《通典》卷二一《職官・中書省・中書舍人》　魏置中書通事舍人，或曰舍人通事，各爲一職。魏明帝時，有通事劉泰。

（唐）杜佑《通典》卷二一《職官・中書省・通事舍人》　魏置僕射，掌大拜授及百官班次，統謁者十人。

（唐）杜佑《通典》卷二二《職官・尚書上・尚書省》　魏置中書省，有監、令，遂掌機衡之任，而尚書之權漸減矣。

（唐）杜佑《通典》卷二二《職官・尚書上・歷代尚書》　魏有吏部、左民、客曹、五兵、度支，凡五尚書。

（唐）杜佑《通典》卷二二《職官・尚書上・歷代郎官》　魏自黄初，改祕書爲中書，置通事郎，掌詔草。即今中書舍人之任。而尚書郎有二十三人，有殿中、吏部、駕部、金部、虞曹、比部、南主客、祠部、度支、庫部、農部、水部、儀曹、三公、倉部、民曹、二千石、中兵、外兵、都兵、别兵、考功、定課。非復漢時職任。青龍二年，尚書令陳矯奏置都官、騎兵，合凡二十五郎。每一郎缺，白試諸孝廉能結文案者五人，謹封奏其姓名以補之。魏韓宣爲尚書郎，嘗以職事當受罰，已縛，束杖未行，文帝輦過，聞而解之。

（唐）杜佑《通典》卷二三《職官・尚書下・吏部尚書》　魏改選部爲吏部，主選事。陳群爲尚書，延康元年，群始建九品官人之法，拜吏部尚書。又毛玠字孝先，爲吏部尚書，無敢好衣美食者。魏武嘆曰：孤之法不如毛尚書。吴暨豔字子休，爲選曹尚書，性峭厲，好清議。當時郎署混濁，多非其人，欲區别賢愚，彈射百寮，覈選三署，皆貶高就下，降減等數。其居位貪鄙、志節污卑者，皆以爲軍吏，置營府以處之。故惋憤聲積，競言豔用私情，愛憎不由公理，豔坐自殺。

（唐）杜佑《通典》卷二三《職官・尚書下・考功郎中》　魏尚書有考功、定課二曹。

（唐）杜佑《通典》卷二三《職官・尚書下・户部尚書》　至魏文帝，置度支尚書寺，專掌軍國支計。吴有户部，吴孫休初即位，户部尚書階下讀奏。

（唐）杜佑《通典》卷二三《職官・尚書下・户部郎中》　魏有民曹郎。

（唐）杜佑《通典》卷二三《職官・尚書下・金部郎中》　魏尚書有金部郎，其後歷代多有之。

（唐）杜佑《通典》卷二三《職官・尚書下・禮部尚書》　魏尚書有祠部曹。

（唐）杜佑《通典》卷二三《職官・尚書下・禮部郎中》　魏尚書有儀曹郎，掌吉凶禮制。歷代多有，例在《吏部篇》。

（唐）杜佑《通典》卷二三《職官・尚書下・祠部郎中》　魏尚書有祠部郎，歷代皆有。主禮制。

（唐）杜佑《通典》卷二三《職官・尚書下・主客郎中》　至魏，亦爲南主客。

（唐）杜佑《通典》卷二三《職官・尚書下・兵部尚書》　魏置五兵尚書，《周官》有司兵，掌五兵、五盾，各辨其物與其等，以待軍事。五兵之名，當出於此。鄭司農云：五兵者，戈、殳、戟、酋矛、夷矛也。五兵謂中兵、外兵、騎兵、别兵、都兵也。

（唐）杜佑《通典》卷二三《職官・尚書下・駕部郎中》　魏晋尚書有駕部郎。

（唐）杜佑《通典》卷二三《職官・尚書下・庫部郎中》　魏尚書有庫部郎，晋因之。

（唐）杜佑《通典》卷二三《職官・尚書下・刑部尚書》　魏青龍二年，置尚書都官郎，佐督軍事。

（唐）杜佑《通典》卷二三《職官・尚書下・刑部郎中》　魏有都官曹，皆掌刑法、獄訟之事。歷代沿革，具《尚書》中。或爲侍郎，或置郎中，例在《吏部郎中篇》。

（唐）杜佑《通典》卷二三《職官・尚書下・都官郎中》　魏青龍二

年，始置尚書都官郎，佐督軍事。

（唐）杜佑《通典》卷二三《職官・尚書下・比部郎中》 比部郎中一人。魏尚書有比部曹，晉因之。

（唐）杜佑《通典》卷二三《職官・尚書下・屯田郎中》 至魏，尚書有農部郎，又其職也。

（唐）杜佑《通典》卷二三《職官・尚書下・工部尚書》 魏置左民尚書，亦領其職。

（唐）杜佑《通典》卷二三《職官・尚書下・虞部郎中》 至魏，尚書有虞曹郎中，晉因之。

（唐）杜佑《通典》卷二三《職官・尚書下・水部郎中》 魏尚書有水部郎。歷代或置或否。

（唐）杜佑《通典》卷二五《職官・諸卿上・太常卿》 魏黄初元年改爲太常。魏晉皆銀章青綬，進賢兩梁冠，絳朝服，佩水蒼玉。魏夏侯玄爲太常，多所注改。晉王祥爲太常，高貴鄉公命爲三老。又鄭默字思元，爲太常。山濤欲舉一親爲博士，見默，語曰：卿似尹翁歸，令吾不敢言。柔而能整也。又蔡謨字道明，拜太常。咸康四年，臨軒，門下奏非祭祀宴饗則無設樂。奏宜金石，帝納焉。臨軒作樂自此始。

（唐）杜佑《通典》卷二五《職官・諸卿上・光禄卿》 魏黄初元年，復爲光禄勳。

（唐）杜佑《通典》卷二五《職官・諸卿上・大理卿》 魏黄初元年，改爲廷尉。鍾毓字稚叔，爲廷尉，聽君父亡没，臣子得爲理謗；及士爲侯，其妻不復改嫁，毓所制也。歷代皆爲廷尉。

（唐）杜佑《通典》卷二六《職官・諸卿中・鴻臚卿》 魏及晉初皆有之。魏韓宣字景然，爲大鴻臚。始，南陽韓暨以宿儒在宣前爲大鴻臚。及宣在官，亦稱職。故鴻臚中爲之語曰：大鴻臚，小鴻臚，前後理行曷相如。自東晉至於宋、齊，有事則權置兼官，畢則省。

（唐）杜佑《通典》卷二六《職官・諸卿中・司農卿》 魏黄初元年，又改爲司農。大司農桓範出奔，謂曹爽曰：大司農印在吾手，所在得開倉而食。範爲司農，以清省稱。

（唐）杜佑《通典》卷二六《職官・諸卿中・祕書監》 魏武帝又置祕書令，典尚書奏事。即中書令之任。文帝黄初初，乃置中書令，典尚書奏事，而祕書改令爲監，掌藝文圖籍之事。初屬少府，後乃不屬。自王肅爲監，乃不屬。其蘭臺亦藏書籍，而御史掌之。魏薛夏云：蘭臺爲外臺，祕書爲內閣。

（唐）杜佑《通典》卷二六《職官・諸卿中・殿中監》 魏置殿中監官，晉、宋並同。

（唐）杜佑《通典》卷二七《職官・諸卿下・內侍省》 魏改漢制，太后三卿在九卿下；晉復舊，在同號卿上，有后則置，無后則闕。

（唐）杜佑《通典》卷二七《職官・諸卿下・都水使者》 漢之水衡都尉，本主上林苑，魏世主天下水軍舟船器械。

紀事

《三國志》卷二《魏志・文帝紀》 黄初元年十一月癸酉，以河內之山陽邑萬户奉漢帝爲山陽公，行漢正朔，以天子之禮郊祭，上書不稱臣，京都有事于太廟，致胙；封公之四子爲列侯。追尊皇祖太王曰太皇帝，考武王曰武皇帝，尊王太后曰皇太后。賜男子爵人一級，爲父後及孝悌力田人二級。以漢諸侯王爲崇德侯，列侯爲關中侯。以潁陰之繁陽亭爲繁昌縣。封爵增位各有差。改相國爲司徒，御史大夫爲司空，奉常爲太常，郎中令爲光禄勳，大理爲廷尉，大農爲大司農。郡國縣邑，多所改易。

《三國志》卷四《魏志・三少帝紀》 齊王諱芳，字蘭卿。明帝無子，養王及秦王詢；宮省事祕，莫有知其所由來者。青龍三年，立爲齊王。景初三年正月丁亥朔，帝甚病，乃立爲皇太子。是日，即皇帝位，大赦。尊皇后曰皇太后。大將軍曹爽、太尉司馬宣王輔政。詔曰：朕以眇身，繼承鴻業，煢煢在疚，靡所控告。大將軍、太尉奉受末命，夾輔朕躬，司徒、司空、冢宰、元輔總率百寮，以寧社稷，其與羣卿大夫勉勖乃心，稱朕意焉。諸所興作宮室之役，皆以遺詔罷之。官奴婢六十已上，免爲良人。二月，西域重譯獻火浣布，詔大將軍、太尉臨試以示百寮。

丁丑詔曰：太尉體道正直，盡忠三世，南擒孟達，西破蜀虜，東滅公孫淵，功蓋海內。昔周成建保傅之官，近漢顯宗崇寵鄧禹，所以優隆雋乂，必有尊也。其以太尉爲太傅，持節統兵都督諸軍事如故。

圖表

（清）洪飴孫《三國職官表》卷上

魏。始於建安十八年。	蜀。始於建安二十四年。	吳。始於建安五年。
相國。上公一人，第一品。《通典》載魏官品，今分列各官下。掌丞天子，助理萬機。《漢書・百官表》。建安十八年，魏國初置丞相。二十一年，改爲相國。黃初元年，改爲司徒。甘露五年，復置相國。前後居是官者四人。	蜀曰丞相，章武元年置。建興元年，開府，軍國事無大小，皆聽裁決。諸葛亮薨，因闕。居是官者一人。	吳曰丞相，黃武初置。寶鼎元年，分置左右。建衡中復舊。居是官者十一人。
【略】	【略】	【略】
府屬。	府屬。	府屬。
中衛將軍一人，第四品。官品。咸熙元年，司馬昭爲相國，相國府始置是官。《宋志》。可攷者一人。	蜀無。	吳無。
【略】		
驍騎將軍一人，第四品。官品。咸熙元年，與中衛將軍同時置。《宋志》。	蜀無。	吳無。
軍師祭酒無員，第五品。官品。建安三年，武帝爲漢丞相時初置，《武紀》。後因之。《宋志》云。志避晉諱，但稱軍祭酒。案本書，又或稱軍謀祭酒。	蜀所置同。亦名軍祭酒。案係陳壽避晉諱所改。	吳無。
【略】		
中軍師二人，第五品。官品。	蜀置一人。	吳無。
【略】	【略】	
前軍師一人，《魏書》同上。第五品。	蜀所置同。	吳無。
【略】	【略】	

後軍師一人，第五品。官品。居是官者無攷。	蜀所置同。	吳無。
	【略】	
左軍師一人，同上。第五品。	蜀無攷。	吳所置同，不屬丞相。皆以三公領之。
【略】		【略】
右軍師一人，同上。第五品。	蜀無攷。	吳所置同，不屬丞相。皆以三公領之。
【略】		【略】
軍師無員，第五品。	蜀無攷。	吳置一人，不屬丞相。
【略】		【略】
		副軍師一人，吳所置，不屬丞相。
		【略】
司直一人，比二千石。魏官品無疑，黃初以後不置。太祖爲漢丞相時置。	蜀無攷。	吳同。
【略】		【略】
左右長史二人，千石第六品，署諸曹事。《漢志》。太祖爲漢丞相時，始置左右。《通典》。甘露中，因之。	蜀置一人。	吳置一人。
【略】	【略】	【略】
留府長史一人，丞相領兵出征，則統留事。太祖置。黃初以來不置。	蜀同。	吳無攷。
【略】	【略】	
行軍長史一人，太祖時置。後無。	蜀無攷。	吳無攷。
【略】		

左右司馬二人，千石第六品，主兵。《漢志》。太祖爲漢丞相時置，後因之。咸熙元年，增置左右。	蜀置一人。	吴無考。
【略】		
從事中郎二人，千石第六品，職參謀議。《漢志》。咸熙元年置。《宋志》。	蜀置一人。見免李平公文。	
【略】	【略】	
主簿祭酒一人，第七品，録省衆事。《漢志》。主簿久次者爲之。《通典》：魏常侍久次者爲祭酒，此亦當同。太祖爲漢丞相時置。後無。	蜀無。	吴無。
【略】		
主簿四人，第七品，録省衆事。太祖爲漢丞相時置。《賈逵傳》：有同僚三主簿，與逵爲四人。咸熙元年，因之。	蜀所置同。員數無攷。	吴無攷。
【略】	【略】	
參軍祭酒一人，第七品，參軍久次者爲之。同上。	蜀無。	吴無。
太祖爲漢丞相時置。後無。		
【略】		
參軍二十二人，第七品。太祖爲漢丞相時置。咸熙元年增置。《宋志》。	蜀所置同，無定員。	吴無攷。
【略】	【略】	
參戰十一人，品秩無攷。咸熙元年始置。《宋志》。		
西曹屬一人，《宋志》。二百石，第七品，典選舉。太祖因漢制置掾屬，建安二十二年省，《毛玠傳》。尋復。魏諷、丁儀，皆在二十二年以後。咸熙元年復置，無掾。《宋志》。令史附。	蜀制掾屬同置。員數無攷。	吴無攷，有掾韋曜，未知何曹。

魏	蜀	吳
【略】	【略】	
東曹掾一人，比四百石。屬一人，二百石。第七品，典選舉。《毛玠傳》又云：舊志西曹爲上，東曹爲下。《宋志》所列竝同。太祖因漢制置，咸熙元年復置。	蜀同。	吳無攷。
【略】	【略】	
户曹掾一人，比三百石。屬二人，二百石。第七品，主民户祠祀農桑。《漢志》。太祖因漢制置，咸熙元年復置。《宋志》。掾，衛臻。	蜀無攷。	吳無攷。
金曹掾一人，比三百石。屬一人，二百石。第七品，主貨幣鹽鐵事。《漢志》。咸熙元年始置。《宋志》。	蜀無攷。	吳無攷。
賊曹掾一人，比三百石。屬二人，二百石。第七品，主盜賊事。《漢志》。咸熙元年始置。《宋志》。	蜀無攷。	吳無攷。
兵曹掾一人，比三百石。屬一人，二百石。第七品，主兵事。《漢志》。太祖因漢制置，咸熙元年復置。《宋志》。	蜀無攷。	吳無攷。
【略】		
騎兵掾二人，比三百石。屬一人，二百石。第七品，《唐六典》：騎曹掌外府馬及雜畜。咸熙元年始置。《宋志》。	蜀無攷。	吳無攷。
【略】		
車曹掾二人，比三百石。屬一人，二百石。第七品，所主無攷。咸熙元年始置。《宋志》。	蜀無攷。	吳無攷。
鎧曹掾一人，比三百石。屬一人，二百石。第七品，《唐六典》：鎧曹，唐改胄曹，掌戎杖器械。咸熙元年始置。《宋志》。	蜀無攷。	吳無攷。

【略】		
水曹掾一人，比三百石。屬一人，二百石。第七品，所主無攷。咸熙元年始置。《宋志》。	蜀無攷。	吴無攷。
集曹掾一人，比三百石。屬一人，二百石。第七品。所主無攷。咸熙元年始置。《宋志》。	蜀無攷。	吴無攷。
【略】		
法曹掾一人，比三百石。屬一人，二百石。第七品，主郵驛科程事。《漢志》。太祖因漢制置。《志》。咸熙元年復置。	蜀無攷。	吴無攷。
【略】		
奏曹掾一人，比三百石。屬一人，二百石。第七品，主奏議事。《漢志》。咸熙元年始置。《宋志》。	蜀無攷。	吴無攷。
倉曹屬二人，二百石，第七品，主倉穀事。太祖因漢制置，同上。咸熙元年復置。《宋志》。	蜀置掾一人。	吴無攷。
【略】	【略】	
戎曹屬一人，二百石，第七品。所主無攷。咸熙元年始置。《宋志》。	蜀無攷。	吴無攷。
馬曹屬一人，二百石，第七品。所主無攷。咸熙元年始置。《宋志》。	蜀無攷。	吴無攷。
媒曹屬一人，二百石，第七品。所主無攷。咸熙元年始置。《宋志》。	蜀無攷。	吴無攷。
散屬九人，二百石，第七品。咸熙元年始置。《宋志》。	蜀無攷。	吴無攷。
案太祖爲漢丞相時，建安十五年，府中始置徵事二人，有邴原、王烈、《邴原傳》。崔琰，復有校		

事，後改爲撫軍都尉。見《太平御覽》。建安十九年，始置理曹掾屬典獄，選明達法理者爲之，有掾裴潛、高柔，復有軍謀掾賈洪、薛夏，竝《王肅傳》注引《魏略》。隗禧，同上。韓宣、令狐劭、《倉慈傳》注。荀緯、徐邈、沐竝、田豫、牽招，軍掾高堂隆，右刺姦掾丁儀，令史高柔，文學掾王觀、司馬懿，《晉紀》。士曹屬韓暨。延康以來，置否無攷。又太祖時掾有王粲、耿紀。《武紀》注，《三輔決録》。【略】

記室無員，第七品，太祖時置。後無攷。案太祖爲司空時有之，爲丞相時宜同。

門下督無員，品秩無攷。太祖時置。後無攷。

【略】

舍人十九人，第九品，主閤內事。《南齊志》。咸熙元年始置。《宋志》。

太傅上公一人，第一品，掌以善導，無常職。《漢志》。黄初七年始置，位在三司上，《本志》。《通典》：是年詔太傅鍾繇、太尉賈詡，竝以疾依漢田千秋故事，乘輿上殿。後三公有疾，多以爲準。不常設，前後居是官者三人。

【略】

府屬。

左右長史二人，千石，第六品，署諸曹事。本一人，嘉平二年，增置左右。《晉宣紀》。

司馬一人，千石，第六品，主兵。《通典》云：魏置太傅太保，而不見官屬官品。有公府長史司馬，則太傅府屬蓋同。

蜀亦有掾李郃、《廖立傳》。馬齊、姚伷，俱《輔臣贊》注。屬董恢、《允傳》注，《襄陽記》。楊戲，令史董厥，俱未知何曹。

蜀所置同。

霍弋。

蜀所置同。

【略】

蜀無。

蜀先主爲漢中王時，曾置是官，即位以後不置，居是官者一人。

【略】

府屬。章武前所置，不開府。

吴無。

吴無。

吴建興元年初置，居是官者一人。

【略】

府屬。

吴無攷。

吴同。

從事中郎二人，千石，第六品，職參謀議。《漢志》。		吳無攷。
【略】		
主簿一人，第七品，省録衆事。《王凌傳》，宣王承詔令主簿解縛。		吳無攷。
掾屬舍人十人，品秩同前。嘉平二年增置。《晋書·宣紀》又歲舉掾屬，任御史秀才各一人。		吳無攷。
太保上公一人，第一品，掌訓護人主，道以德義。《晋志》。景元四年始置，位在三司上，《本志》、《通典》。不常設。居是官者一人。案《通志·金石略》有魏太保任公神道碑，未詳何名。	蜀無。	吳無。
【略】		
府屬。		
長史一人，千石，第六品，署諸曹事。司馬一人，千石，第六品，主兵。		
從事中郎二人，千石，第六品，職參謀議。以上竝同太傅府下。		
掾屬舍人，員數無攷。		
大司馬上公一人，第一品，掌武事，司主也，馬武也。《宋志》。黄初二年始置，《本志》、《通典》。位在三司上，《御覽》引晋公卿禮秩。前後居是官者三人。案魏制，大司馬或屯合肥，見《曹仁傳》。或屯皖，見《明紀》，以備吳。曹植求自試表，若東屬大司馬，統偏師之任。即指此。	蜀同。延熙二年初置，居是官者一人。蜀先主先爲大司馬漢中王。案《董和傳》：和與諸葛亮，竝署大司馬府事。時先主出征故也。	吳同。韋昭辨《釋名》曰：大司馬者，武也，大總武事。訓馬爲武者，取其速行。《北堂書鈔》。黄武七年初置，赤烏九年，分置左右，建興中復舊。居是官者九人。
【略】	【略】	【略】
府屬。		

軍師一人，第五品。	蜀無。	吳無。
【略】		
長史一人，千石，第六品，署諸曹事。同上。案：公孫淵爲大司馬，有長史郭昕。見《淵傳》注，《魏書》。	蜀同。 【略】	吳無攷。
司馬一人，千石，第六品，主兵。同太保府。	蜀先主爲大司馬時，府中置前部後部司馬，復置營司馬。延熙初，惟置一人。	
從事中郎二人，千石，第六品，同上。職參謀議。《漢志》。 【略】	蜀無攷。	吳無攷。
參軍二人，《通典》分正行。第七品。案：公孫淵爲大司馬，有柳蒲爲參軍。傳注同上。	蜀無攷。	吳無攷。
主簿無攷。	蜀置一人，省録衆事。 【略】	
列曹掾屬，員數無攷。掾。 【略】	軍謀掾。員數無攷。 【略】 東曹掾一人。 【略】 又先主時，有屬殷純，《先主傳》。未知何曹。	吳無攷。
大將軍上公一人，第一品，掌征伐背叛。《漢志》。建安二十五年，魏國初置是官。黃初以來，因之。《本志》。班次在太尉上，司馬師爲大將軍，以叔父孚爲太尉，始奏改在太尉下。《晉·百官志》。《曹爽傳》注引《魏書》爽表曰：今臣虛闇，位冠朝首。又云：太尉懿，高明中正，臣抱空名，而處其右。是時爽正爲大將軍，則懿自大將軍而爲太尉，蓋非美遷。	蜀同。建興十三年初置，景耀初，復分置右大將軍，前後居是官者四人。 【略】	吳同。黃龍元年，初置上大將軍，又置大將軍，後皆竝設。韋昭辨《釋名》曰：大將軍位在三公上。《北堂書鈔》。前後居是官者十人。 【略】

且亦非魏常制。足證大將軍之在太尉上也。後還復舊。《宋志》。前後居是官者八人。案魏制：大將軍，每屯長安以備蜀。曹植求自試表，所謂西蜀大將軍是也。		
【略】		
府屬。		
軍師一人，第五品。	蜀無。	吴無。
【略】		
長史一人，千石，第六品，署諸曹事。同上。正元初，增置左右。《晋書·景紀》、《賈充》、《李熹傳》。	蜀無攷。	吴無攷。
【略】		
司馬二人，千石，第六品，主兵。《漢志》。本一人，景元四年增置。《晋紀》。	蜀置一人。【略】	吴無攷。
【略】		
從事中郎四人，六百石，第六品，職參謀議。《漢志》。本二人，景元四年增置。《晋紀》。	蜀無攷。	吴無攷。
【略】		
主簿一人，第七品，省録衆事。	蜀同。	吴無。
【略】	【略】	
參軍六人，《通典》分正行。第七品。	蜀同。員數無攷。	吴無攷。
【略】	【略】	
記室，員數無攷。第七品，主上章表報書記。《漢志》。【略】	蜀無攷。	吴無攷。

西曹掾一人，比四百石，第七品，主府吏署用事。《漢志》。以下十曹，皆司馬師爲大將軍時置。《宋志》，大祖爲大將軍時，有屬滿寵。	蜀無攷。	吳同。【略】
東曹掾一人，比四百石，第七品，主二千石長吏遷除事。《漢志》。	蜀同。【略】	吳無攷。
户曹掾一人，比三百石，第七品，主民户祠祀農桑事。《漢志》。	蜀無攷。	吳無攷。
倉曹掾一人，比三百石，第七品，主倉穀事。同上。	蜀無攷。	吳無攷。
賊曹掾一人，比三百石，第七品，主盜賊事。同上。	蜀無攷。	吳無攷。
金曹掾一人，比三百石，第七品，主貨幣鹽鐵事。《漢志》。	蜀無攷。	吳無攷。
水曹掾一人，比三百石，第七品。所主無攷。	蜀無攷。	吳無攷。
兵曹掾一人，比三百石，第七品，主兵事器械。	蜀無攷。	吳無攷。
騎兵掾一人，比三百石，第七品。《唐六典》掌外府馬及雜畜。	蜀無攷。	吳無攷。
鎧曹掾一人，比三百石，第七品。《唐六典》掌戎杖器械。案《宋志》騎下兵尚缺一曹。《通典》大將軍屬官有鎧曹，今取以補十曹之數。	蜀無攷。	吳無攷。
【略】		
營軍都督一人，第七品。《晉志》。	蜀無攷。下同。	吳無攷。下同。
刺姦都督一人，第七品。同上。		
帳下都督一人，第七品。《晉志》：諸公及開府位從公者，皆置此三官，又置都督令史各一人。《曹爽傳》注，《世語》爽妻劉出謂帳下守督曰，即其證也。		

【略】		
舍人十四人，第九品，主閤内事。《南齊志》。本四人，《晉志》。景元四年增置。《宋志》。	蜀無攷。	吳無攷。
【略】		
太尉公一人，第一品。魚豢曰：太尉掌武事，古者兵獄官，皆以尉爲稱。尉，罻也。言兵獄羅罻也，以兵獄羅罻姦非。《初學記》。延康元年初置，與司徒、司空爲三公。《本志》、《通典》。案黄初二年日食，奏免太尉賈詡。詔曰：天地之災害，罪在朕躬，勿貶三公。遂爲永制。前後居是官者十一人。	蜀同。章武三年，追謚昭烈皇后，丞相亮上言：請太尉告宗廟。不詳何人，蓋置而不常設。案《蜀志》惟丞相、大司馬、大將軍、司徒除免卒得書。丞相不常設，蓋以大司馬等爲三公。	吳同。與司徒、司空爲三公。《吳志》惟丞相、大司馬、大將軍、太尉、司徒、司空除免卒得書。與魏制略同。韋昭辨《釋名》曰：公，貢也，才德兼於人，人咸薦貢於王而用之也。辨云：公，猶取正直無私而用之也。故曰：公字從公。《北堂書鈔》。建衡三年置，前後居是官者四人。公，猶取正直無私而用之也。故曰：公字從公。《北堂書鈔》。建衡三年置，前後居是官者四人。
【略】	可攷者一人。	【略】
府屬。		
軍師一人，第五品。	蜀無。	吳無。
【略】		
長史二人，千石，第六品，署諸曹事。本一人，魏末增置左右。《晉書·鄭默傳》。	蜀無攷。	吳無攷。
【略】		
司馬一人，千石，第六品，主兵。	蜀無攷。	吳無攷。
【略】		
從事中郎二人，六百石，第六品，職參謀議。	蜀無攷。	吳無攷。
【略】		
主簿一人，第七品，省録衆事。	蜀無攷。	吳無攷。
參軍二人，《通典》分正行。第七品。	蜀無攷。	吳無攷。

列曹掾屬，員數無攷。有掾鄧艾、青龍中。阮籍、正始中。王彧、《王凌傳》。夏侯湛、范粲。俱《晉書》。屬朱誕，景初二年，《宋書·禮志》。俱未知何曹。		
營軍都督一人，第七品。	蜀無攷。	吳無攷。
刺姦都督一人，第七品。	蜀無攷。	吳無攷。
帳下都督一人，第七品。案《晉書·宣紀》有都督令史張靜，未知何都督下。	蜀無攷。	吳無攷。
舍人四人，第九品，主閤內事。	蜀無攷。	吳無攷。
【略】		
司徒公一人，第一品，主民事。《漢志》。魚豢曰：契爲司徒，百姓和親，夔主賓客，遠人畢至，是其職也。《藝文類聚》、《太平御覽》。黃初元年，改相國爲司徒，《本志》。與太尉、司空爲三公。《通典》。居是官者十一人。	蜀同。章武元年置，居是官者一人。 【略】	吳同。寶鼎三年置，居是官者三人。 【略】
【略】		
府屬。		
軍師一人，第五品。《劉劭傳》注。文章叙録，有司徒軍謀吏杜摯。軍謀，即軍師也。	蜀無。	吳無。
長史一人，千石，第六品，署諸曹事。	蜀無攷。	吳無攷。
【略】		
司馬一人，《通典》。千石，第六品，主兵。	蜀無攷。	吳無攷。
從事中郎二人，六百石，第六品，職參謀議。	蜀無攷。	吳無攷。
主簿一人，第七品，省録衆事。	蜀無攷。	吳無攷。
【略】		

參軍二人，《通典》分正行。第七品。	蜀無攷。	吳無攷。
西曹掾一人，比四百石，第七品，典選舉。同上。	蜀無攷。	吳無攷。
【略】		
軍議掾一人，比三百石，第七品。	蜀無攷。	吳無攷。
【略】		
諸曹掾屬無攷，有掾陳羣、司馬望。《晉書》。未知何曹。案《王朗傳》注，《魏略·儒宗傳》序。正始中，有詔議圜丘普延學士，是時郎官及司徒領吏二萬餘人，雖復分布，見在京師者尚萬人。又《王粲傳》：桓威爲司徒署吏。《高柔傳》：有司徒吏解宏。甘露三年，詔司徒署應余等吏。		
司空公一人，第一品，掌水土事。《漢志》。魚豢曰：禹爲司空，披九山，通九澤，次九州，使各以其職來貢，地方五千里，至於荒服，是其職也。《初學記》、《藝文類聚》。建安十八年，魏國初置御史大夫。黄初元年，改爲司空。《本志》。與太尉、司徒爲三公。《通典》。居是官者十八人。景初元年，崔林爲司空，封安陽亭侯。三公封侯列，自此始。	蜀無。	吳同。寶鼎三年置，居是官者三人。
		【略】
【略】		
府屬。		
【略】		
軍師祭酒一人，第五品。建安三年，太祖爲漢司空時置。案或稱軍祭酒，或稱軍謀祭酒，皆避晉諱。		吳無。
【略】		
軍師一人，第五品。建安三年，太祖爲漢司空時置。後因之。		

【略】 長史一人，千石，第六品，署諸曹事。太祖時置，後因之。		吴無攷。
【略】 司馬一人，《通典》。千石，第六品，主兵。太祖時置，後因之。		吴無攷。
【略】 從事中郎二人，《通典》。千石，第六品，職參謀議。		吴無攷。
主簿一人，第七品，省録衆事。太祖時置，後因之。		吴無攷。
【略】 參軍二人，《通典》分正行。第七品。太祖時置，後因之。		吴無攷。
【略】 西曹掾一人，比四百石。屬一人，二百石。第七品，典選舉。太祖時置，後因之。		吴無攷。
【略】 東曹掾一人，比四百石，第七品，典選舉。《毛玠傳》。太祖時置，後因之。		吴無攷。
【略】 户曹掾一人，比三百石，第七品，主田户祠祀農桑。太祖時置，後因之。		吴無攷。
【略】 倉曹掾一人，比三百石，第七品，主倉穀。太祖時置，後因之。		吴無攷。

【略】		
諸曹掾屬無攷。案太祖時，有軍謀掾孫禮、東閤祭酒邴原、刺姦主簿温恢，《孫禮傳》。司直杜畿、門下督陳琳、徐宣，受禪以後，置否無攷。又太祖時，掾田豫，《孫資別傳》。王修、邴原、邢顒，掾屬司馬朗、衛覬、陳矯、國淵、徐宣、趙儼、徐幹、徐奕、張紘，《吳志》本傳。未知何曹。王朗時掾，鄭袤、許允、魯芝，俱《晉書》。王基、陳羣時掾，傅嘏亦但云司空掾。太祖時，又有記室劉放、路粹、陳琳、阮瑀，後時置否，無攷。		
儀同三司無員，魏加官。景初三年初置，加是官者，皆以本官開府。《晉志》，魏以黃權爲車騎將軍，開府儀同三司，開府之名起于此。可攷者八人。	蜀無。	吳無。
【略】		
特進無員，魏加官。諸侯功德優異、朝廷所敬異者，賜位特進，在三公下，《漢志》。言以功德特進見也。《藝文類聚》引《齊職儀》。諸官加特進者，從本官供給，特進但爲班位而已，不別有吏卒車服。《宋志》。可攷者十四人。	蜀同。可攷者二人。	吳無。
【略】	【略】	
光祿大夫無員，比二千石，第三品，職掌言語，毗亮論道，獻可替否，贊揚德化。《百官表》注。諸公告老，皆家拜此位。及在朝顯職，復用加之。《通典》又云先掌弔問。魏氏以來，轉復優重，不復以爲使命之官。位次三公。《本志》。青龍中，分置左右，後還復舊。可攷者二十四人。案：漢屬光祿勳，魏時位次三公，則不當復屬。今依《晉志》，分列特進之後。	蜀同。可攷者二人。	吳同。可攷者三人。
	【略】	【略】

【略】 太常卿一人，中二千石，第三品，掌禮儀祭祀，及行事掌贊天子大射、養老、大喪，皆奏其禮儀。每月朔晦，察行陵廟，并選試博士，察其能否。《漢志》、《唐六典》。建安二十一年，魏國初置奉常。《武紀》注，《魏書》劉淵林《魏都賦》注。黄初元年，改爲太常。《本志》。可攷者二十二人。《通典》魏九卿秩次與漢同。《册府元龜》魏九卿竝與漢同。	蜀同。建安二十四年，先主爲漢中王時置，後因之，可攷者五人。 【略】	吳同。建安二十五年，權爲吳王置奉常。黄武四年，改爲太常。《顧雍傳》。可攷者十三人。 【略】
【略】		
丞一人，《通典》、《六典》。比千石，第七品，掌行禮及祭祀小事，總署曹事。《通典》。	蜀無攷。	吳無攷。
主簿一人，《通典》。第八品，省録衆事。	蜀無攷。	吳無攷。
博士四人，《通典》。比六百石，第六品，掌引導乘輿。	蜀無。	吳無。
王公已下應追謚者議定之。文帝初置。《晉志》。案《魏制》：以五經博士爲太學博士，而別復創置太常博士。案《晉志》、《通典》可見。		
【略】		
協律都尉一人，《晉志》、《通典》。第六品，掌舉麾節樂、調和律吕，監試樂人、典課。太祖定荊州得杜夔，始置是官。《通典》。	蜀無。	吳無。
【略】		
太學博士祭酒一人，六百石，第五品，以博士之聰明有威重者爲之，掌國子學。《漢表》，官品亦名國子祭酒。	蜀無攷。	吳所置同。 【略】

太學博士十九人，晉、宋《志》。比六百石，第五品，掌以五經教諸子弟。《通典》。《易》施、孟、梁邱、京氏，《尚書》歐陽、大小夏侯，《詩》魯、齊、韓，《禮》大小戴，《公羊》嚴顔。《後漢志》。凡十四博士。黄初五年，又置《春秋穀梁》博士。《本志》。及王朗《易》、《傳》王肅《尚書》、《詩》、《論語》、三《禮》、《左氏》解並列學宫。《王朗傳》。黄初五年四月，立太學，置五經課試之法。《文紀》。募學者，好誦太學爲門人，滿三年通一經者稱弟子。《北堂書鈔》引摯虞《決疑要注》。又《晉書・嵇康傳》康將刑東市，太學生三千人，請以爲師。太和四年，詔郎吏中學通一經，才任牧守者，博士課試，擢其高第者亟用。其浮華不務道本者，皆罷退之。《明紀》建安十九年注，獻帝起居注，魏遣博士侍送貴人，則此官蓋隨奉常設也。又《杜恕傳》注、《魏略・樂詳傳》，黄初中，太學初立，有博士十餘人，此則十九人之數，蓋又後時增置也。 【略】	蜀惟曰博士，先主定蜀時置，員數無攷。 【略】	吳惟曰博士，員數無攷。永安五年詔：案古置學官，立五經博士，核取應選，加其寵禄，科見吏之中，及將吏子弟有志好學者，各令就業。一歲課試，差其品第，加以位賞。 【略】
太史令一人，六百石，第六品，掌天時星厤。凡歲將終，奏新年厤。凡國祭祀嫁娶之事，掌奏良日，及時節禁忌。凡國有瑞應災異，掌記之。《漢志》。又有待詔三十七人，見《漢志》。員吏有監候郎二十人，候部吏十五人，掌候天文。見《册府元龜》。案《高堂隆傳》注，《魏略》有太史待詔駱禄。又《周宣傳》爲中郎屬太史。即是。 【略】	蜀所置同。景耀元年，史官言景星見，大赦改年。則有此官可知。《晉書・律厤志》：劉氏在蜀，仍漢四分厤。	吳所置同。《晉書・律厤志》中書令闞澤，受劉洪乾象法於東萊徐岳。又加解注。中常侍王蕃以洪術精妙用，推渾天之理，以制儀象及論。故孫氏用乾象厤至吳亡。又有太史郎陳苗，見《陸凱傳》。趙達，見本傳。 【略】
丞一人，二百石，第八品。 【略】	蜀無攷。	吳同。 【略】
靈臺丞一人，晉、宋《志》。二百石，第八品，主候望、《册府元龜》。頒厤。《六典》。 【略】	蜀無攷。	吳無攷。

太廟令一人，六百石，第七品，守廟、掌案行埽除。【略】	蜀志高廟令一人。《華陽國志》：章武元年四月，立宗廟，祫祭高皇帝以下。昭烈帝廟令一人，秩次同。【略】	吴同。《吴志》五鳳二年十二月，作太廟。太平元年傳注吴厤又曰：正月爲鍾立廟，稱太祖廟。孫皓追尊父和爲文皇帝，有司奏言：宜立廟京邑。寶鼎二年，使守大匠薛翊營立寢堂，號曰清廟。則亦宜有太廟令也。
齋郎，《宋志》二十四人，魏無攷。第八品，官品。		
行夜督郎，官品，員數無攷。第九品。		
太祝令一人，《通典》、《册府元龜》，祝誤作祀。六百石，第七品，凡國祭祀，掌讀祝及迎送神。《漢志》。	蜀無攷。	吴無攷。
丞一人，第九品，掌祝小神事。		
太樂令一人，《宋志》、《通典》。六百石，第七品，凡國祭祀，掌請奏樂及大饗用樂，掌其陳序。《漢志》、《曹爽傳》，擅取太樂樂器。【略】	蜀無攷。	吴無攷。
丞一人，《六典》、《通典》。第九品。【略】		
每陵園邑令一人，諸書不載，案《漢書·獻帝紀》，青龍二年，葬于禪陵，置園邑令丞。則魏諸陵可知，是武帝高陵，文帝首陽陵，明帝高平陵，文德甄皇后朝陽陵與禪陵凡五也。六百石，第七品，掌守陵園、案行埽除。《漢志》。	蜀同。昭烈帝葬惠陵，後主敬哀皇后葬南陵，皆應如漢制置令丞。	吴同。孫皓即阼，追尊父和爲文皇帝，改葬明陵，置園邑二百家，令丞奉守。據此，則諸陵可知，是孫權蔣陵，孫休定陵，與明陵凡三也。
丞一人。《六典》。第九品。		
右屬太常。		
光禄勳卿一人，中二千石，第三品，掌宿衛宮殿門戶。《漢志》。朝會則皆禁止，《通典》。及主諸郎之在殿中侍衛者。《初學記》引《齊職儀》。建安十八年，魏國初置郎中令。《魏都賦》注。黄初元年，改爲光禄勳。《本志》。案《武紀》，建安十八年，	蜀同。建安二十四年，先主爲漢中王時置，後因之，可攷者五人。【略】	吴同。初亦曰郎中令，權稱尊號，改爲光禄勳。《劉繇傳》。可攷者五人。【略】

始置六卿，蓋有郎中令、太僕、大理、大農、少府、中尉，凡六。其奉常、衛尉、大鴻臚、宗正，皆二十一年始置。延康元年《紀》注，即有九卿矣。可攷者十五人。《管寧傳》，太和二年，徵拜光祿勳不就。不在此數。 【略】		
丞一人，《六典》。比千石，第七品。		
五官中郎將一人，比二千石，第四品，主五官郎。《漢志》。漢建安十六年，文帝爲五官中郎將。時副丞相置官屬，有長史涼茂、邴原、吳質，《魏略》。文學徐幹、應瑒、《王粲傳》。劉廙、蘇林、《劉劭傳》。夏侯尚，司馬趙戩，《蜀志》注、《魏書》。門下賊曹盧毓、郭淮，功曹常林，踐阼以後不置。 【略】	蜀同。 【略】	吳同。 【略】
司馬一人，第八品。官品。 【略】		
中郎比六百石，侍郎比四百石，郎中比三百石，皆第八品，無員，主更直執戟，宿衛諸殿門，出充車騎。《漢志》。中郎可攷者九人，郎中可攷者二十五人，皆未知何署，附列於此。案《初學記》、《通典》皆云：魏晋以來，無三署郎。而本書有中郎郎中，官品復載之，則不應無三署郎也，或自晋以來始無之耳。 【略】	蜀同。中郎郎中可攷者五人，未知何署，附列於此。 【略】	吳同。又中郎可攷者一人，郎中可攷者八人，未知何署，附列於此。 【略】
左中郎將一人，比二千石，第四品。案《程昱傳》，昱以東中郎將領濟陰太守，都督兗州。《蔣濟傳》亦云：自相國長史出爲東中郎將，濟請留。帝曰：顧須良臣，以□邊境。則漢末及魏時，四中郎將已如晋制分駐，但未有定駐之地耳。今姑從前制，附列於此，左作東同。 【略】	蜀同。 【略】	吳同。 【略】

司馬一人，第七品。		
中郎比六百石，侍郎比四百石，郎中比三百石，皆無員，第八品。同上。	蜀同。	吳同。中郎。
右中郎將一人，比二千石，第四品。右或作西同。	蜀同。	吳同。居此官者無攷。然吳有三署郎，見《張溫傳》，則有右中郎將可知。
【略】	【略】	
司馬一人，第七品。		
中郎比六百石，侍郎比四百石，郎中比三百石，皆無員，第八品。同上。	蜀同。	吳同。
三署主事各一人，四百石，《唐六典》官品不載。主三署事。於諸郎之中察茂材者、高第者爲之，次補尚書郎，出宰百里。同上。引《漢官》。	蜀無攷。	吳無攷。
南中郎將一人，比二千石，第四品。建安二十四年始置。晉、宋《志》。《陳思王傳》。案南北二中郎將下疑無所屬。又其中郎等有無無攷。	蜀所置同。	吳無。
【略】	【略】	
司馬一人，第七品。		
北中郎將一人，比二千石，第四品，建安二十三年始置。	蜀所置同。案蜀有南中郎將，則此官疑與同置。	吳無攷。
司馬一人，第七品。		
【略】	【略】	【略】
太中大夫無員，千石，第七品。凡大夫議郎，皆掌顧問應對，無常事。《漢志》。	蜀同。	吳同。韋昭辨《釋名》曰：太中大夫，在中最高大也。《御覽》二百四十三。
【略】	【略】	【略】
中散大夫無員，六百石，第七品。	蜀同。	吳同。
【略】	【略】	【略】

諫議大夫無員，六百石，第七品。	蜀同。	吳無攷。
【略】	【略】	【略】
議郎無員，六百石，第七品。	蜀同。	吳同。
【略】	【略】	【略】
謁者僕射一人，比千石，第五品，掌大拜授及百官班次。《晉志》。爲謁者臺率，《漢志》。或監鹽官。《衛覬傳》、《晉·食貨志》。	蜀無攷。	吳無攷。
【略】		
謁者十人，《晉志》。四百石，第八品，掌小拜授及百官報章，《通典》。或監治。《本志》。	蜀同。員數無攷。	吳無攷。
【略】		
冗徒僕射一人，第五品，漢有中黄門冗從僕射，非其職也。魏因其名置是官，《宋志》。掌散從師射事。《北堂書鈔》、《晉志》此官屬光禄勳，蓋承魏制。	蜀無。	吳無。
【略】	【略】	【略】
衛尉卿一人，中二千石，第三品，掌宫門衛士、宫中徼循事。《漢志》。建安二十二年，魏國初置衛尉。《魏都賦》注、《武紀》注引《魏書》。黄初以來因之，可攷者十人。	蜀同。可攷者二人。	吳同。可攷者三人。
【略】		
丞一人，《六典》、《通典》。比千石，第七品。		
公車司馬令一人，《管寧傳》。案官品，無司馬二字。《通典》云：晉江左以來，始直云公車令耳。六百石，第六品，掌宫南闕門。凡吏民上章，四方貢獻，及徵詣公車者，《漢志》。案魏國初建，即置是官。見《陳思王傳》中。	蜀無攷。	吳無攷。
丞一人，二百石，第九品。		
衛士令一人，官品不見，漢、晉《志》皆有，魏不應無，特無南北宫耳。六百石，第七品，掌衛士。	蜀無攷。	吳無攷。

丞一人，二百石，第九品。		
左右都候各一人，官品。六百石，第七品，主劍戟士、徼循宮，及天子有所收攷。《漢志》。	蜀無攷。	吳無攷。
丞各一人，第九品。		
宮掖門，每門司馬一人，比千石，第七品，有承明門、《文志》。閶闔門、神虎門、雲龍門。皆見《水經注》。雲龍門，又見《晉書·楊駿傳》，明帝造。司馬門、《明紀》注、《魏略》。東止車門、西止車門、東掖門、西掖門、俱見《高貴鄉公紀》注。《魏書》，閶闔門。滿長武。《滿寵傳》注、《世語》。	蜀無攷。	吳無攷。
右屬衛尉。		
太僕卿一人，中二千石，第三品，掌車馬，天子每出，奏駕上鹵簿。用大駕，則執御。《漢志》。建安十八年，魏國始置太僕。《魏都賦》注。黃初以來因之，可攷者十四人。【略】	蜀同。可攷者一人。【略】	吳同。後主亮，永安二年，備九卿官。案吳前有太常、郎中令、衛尉、廷尉、宗正、少府、六卿，惟無太僕、大鴻臚、大司農，然則三卿皆此年所置，居是官者無可攷。
丞一人，《六典》、《通典》。千石，第七品。		
典虞都尉一人，第六品，官品。主田獵，魏所置。《漢志》無。案《晉志》，又有典虞丞。魏官品無，《后妃傳》明悼毛后父嘉。本典虞車工卒，即屬此。	蜀無。	吳無。
司馬一人，第八品。官品。		
左右中牧官都尉三人，《六典》、《通典》。官品。第六品，主邊郡苑馬。《通典》。魏所置。	蜀無。	吳無。
司馬各一人，第八品。		
考工令一人，《通典》。六百石，第七品，主作兵器弓弩刀鎧之屬。成則傳執金吾入武庫，及主織綬諸雜工。《漢志》。	蜀無攷。	吳無攷。

左右丞各一人，《通典》。第九品。		
車府令一人，《六典》、《通典》。六百石，第七品，主乘輿諸車。《漢志》。	蜀無攷。	吳無攷。
丞一人，第九品。		
典牧令一人，《通典》。六百石，第七品，主牧馬。	蜀無攷。	吳無攷。
丞一人，二百石，第九品。《晉志》，又有羊牧丞。魏無攷。		
乘黃廏令一人，《六典》、《通典》。六百石，第七品，漢有未央廏令、長樂廏丞。魏遂改爲乘黃廏。《六典》。乘黃，古之神馬，因以爲名。《通典》。主乘輿及廏中諸馬。《漢志》。案《魏都賦》注，鄴城西下，有乘黃廏。又《武紀》建安十九年注引《獻帝起居注》，魏遣乘黃廏令，侍送貴人。則此官，蓋建國時即置。	蜀無攷。	吳無攷。
丞一人，《六典》、《通典》。二百石，第九品。		
驊騮廏令一人，《六典》、《通典》。六百石，第七品，掌乘輿及廏中諸馬。《漢志》。魏所置。《六典》。	蜀無攷。	吳無攷。
丞一人，《通典》。二百石，第九品。		
右屬太僕。		
廷尉卿一人，中二千石，第三品，掌平獄，奏當所應。凡郡國讞疑，皆處當以報。《漢志》。建安十八年，魏國始置大理。《魏都賦》注。黃初元年，改爲廷尉。《本志》。可攷者十一人。	蜀同。居是官者無攷。案劉琰下獄，彭羕收付有司。秦宓下獄，後乃貸出。《華陽國志》作置之于理，則非無廷尉也。	吳初亦置大理，後改爲廷尉。《顧雍傳》。韋昭辨《釋名》曰：廷尉古官，以尉、尉民心也。《藝文類聚》、《御覽》。凡掌賊及司察之官，皆曰尉。尉，罰也，言以罪罰姦非也。《御覽》。可攷者五人。
【略】		【略】
正一人，《六典》、《通典》。六百石，第六品，掌平決詔獄。《漢志》。	蜀無攷。	吳無攷。
【略】		

監一人，《宋志》、《通典》、《六典》。六百石，第六品，掌平決詔獄。《漢志》。	蜀無攷。	吴同。
【略】		
平一人，《宋志》、《通典》、《六典》。六百石，第六品，掌平決詔獄。《漢志》。案正監平，謂之廷尉三官。《鮑勳傳》，收三官已下付刺姦。即此。	蜀無攷。	吴無攷。
律博士一人，《宋志》。六百石，第六品，掌科律。太和元年，尚書衛覬奏置。《本志》、《衛覬傳》。	蜀無。	吴無。
主簿一人，《六典》、《通典》。第八品，省録衆事。	蜀無攷。	吴無攷。
【略】		
諸獄丞各一人，第七品。官品。《晉志》有左右二人。右屬廷尉。	蜀無攷。	吴無攷。
大鴻臚卿一人，中二千石，第三品，掌諸侯及四方歸義蠻夷，其郊廟行禮贊導請行事，既可以命羣司。諸王入朝，當郊迎，典其禮儀。及郡國上計，匡四方來，亦屬焉。皇子拜王，贊授印綬，及拜諸侯、諸侯嗣子及四方夷狄封者，臺下鴻臚召拜之。王薨，則使弔之，及拜王嗣。《漢志》。案《陳思王傳》，景初中，詔黄初中諸侯，奏植罪狀，在大鴻臚者，皆削除之。又云：被鴻臚所發士息書。又中山王袞薨，使大鴻臚典護喪事。又楚王彪有罪，亦使大鴻臚持節賜彪璽書。皆可證也。建安二十一年，魏國始置大鴻臚，《武紀》注、《魏書》。黄初以來因之。居是官可攷者十人。	蜀同。可攷者三人。 【略】	吴同。韋昭辨《釋名》曰：腹前肥者曰臚，此主王侯及蕃國，言以京師爲心體，外國爲腹臚，以養之也。辨云：鴻臚，本故典客掌禮。鴻，大也。臚，序也，欲大以禮陳序賓客。《藝文類聚》。可攷者四人。 【略】
【略】		
丞一人，比千石，第七品。		
【略】		
客館令一人，《六典》、《通典》。六百石，第七品，本漢大行令，魏改今名。同上。主諸郎，《漢志》。治郡邸之在京師者。《漢表》注。	蜀無攷。	吴無攷。

右屬大鴻臚。		
宗正卿一人，中二千石，第三品，掌序録王國嫡庶之次及諸宗室親屬。《漢志》。建安二十一年，魏國始置宗正，《武紀》注、《魏書》。黄初以來因之，皆以皇族爲之，不以他族。《六典》、《通典》。可攷者三人。	蜀同。居是官者無攷。案蜀宗人見于史者，惟先主叔父子敬及元起德三人。然後主入洛，封侯至數十人，則天潢亦繁衍矣。宗正爲九寺大卿，蜀承漢制，不容概闕也。	吳同。可攷者二人。黄武四年傳注。《吳書》敕宗正妻陳化以宗室女。則吳宗正，蓋黄武初置。
【略】		【略】
丞一人，《六典》、《通典》。比千石，第七品。		
諸公主，每主家令一人，六百石，第八品，萬户以上者，第七品。家僕一人，六百石，第九品。萬户家丞一人，三百石，第九品。萬户以上者，第七品。行夜督郎，員數無攷。第九品。【略】	蜀無攷。【略】	吳無攷。【略】
右屬宗正。		
大司農卿一人，中二千石，第三品，掌諸錢穀金帛諸貨幣。郡國四月上月旦，見錢穀簿，其逋未畢，各具別之。邊郡諸官，請調度者，皆爲報給。損多益寡，取相給足。《漢志》。建安十八年，魏國初置大農。《魏都賦》注。黄初元年，改爲大司農。《宋志》、《通典》。可攷者十七人。	蜀同。可攷者二人。	吳初亦曰大農，後改爲大司農。可攷者三人。
【略】	【略】	【略】
丞一人，比千石，第七品。		
部丞一人，《六典》、《通典》。比千石，第七品，主帑藏。《漢志》。		
典農中郎將，郡縣有屯田者置，《册府元龜》。二千石，漢志注引《魏志》，今志無此言。志或略字之誤。第六品，主屯田。《册府元龜》。建安元年，太祖置。	蜀置督農，供繼軍糧，屯漢中。他郡無攷。	
	【略】	

【略】 典農校尉，郡縣有屯田者置，比二千石，《御覽》。第六品，所主如中郎將，部分别而少者，爲校尉丞。《漢志》注引《魏志》。案志字，乃書略二字之僞。太祖所置。《御覽》。	蜀無。	吳於諸郡有屯田者，亦置典農校尉，統諸縣如太守。《咸淳毘陵志》、《宋書·州郡志》、《元和郡縣志》。
司馬一人，第八品。同上。 【略】		
典農都尉，郡縣有屯田者置，秩六百石，或四百石，《漢志》注引《魏志》。第七品，主屯田。太祖置。《御覽》、《通鑑》。 【略】	蜀無。	吳同。 【略】
司馬一人，第八品，《晉·石苞傳》，縣召爲吏，給農司馬。是諸典農，皆有司馬也。		
度支中郎將一人，二千石，第六品，掌諸軍兵田。《北堂書鈔》。《御覽》引《魏略》曰：司農度支校尉，掌諸軍兵田。則度支中郎將都尉職亦應同，疑與典農之職相通，典農主屯田，度支主調遣，故其設官略同。 【略】	蜀無。	吳有節度一人，典掌軍糧，權爲吳王初置，《江表傳》。又《諸葛恪傳》，節度，掌軍糧文書繁猥。不屬司農。 【略】
度支校尉一人，比二千石，《北堂書鈔》引《魏略》，《御覽》同。第六品，掌諸軍兵田。黄初四年置。《魏略》同上。	蜀無。	吳無。
司馬一人，第八品。		
度支都尉一人，官品。六百石，第七品，官品與典農都尉相次，秩亦應同。掌諸軍兵田。説見度支中郎將下。	蜀無。	吳無。
司馬一人，第八品。		
太倉令一人，《六典》、《通典》。六百石，第七品，主受郡國，傳漕穀。《漢志》。《袁渙傳》，太祖以太倉	蜀無攷。	吳無攷。

穀千斛、垣下穀千斛，并賜其家。此則都鄴時，已有太倉令矣。		
丞一人，《六典》、《通典》。三百石，第九品。導官令一人，《六典》、《通典》。六百石，第七品，主舂御米，及作乾糒導擇也。《漢志》。丞一人，《六典》、《通典》。三百石，第九品。	蜀無攷。	吴無攷。
右屬大司農。		
少府卿一人，中二千石，第三品，掌中服御諸物衣服寶貨珍膳之屬。《漢志》。建安十八年，魏國初置少府。《魏都賦》注。黄初以來因之。《王觀傳》。少府統三尚方御府内藏玩弄之寶，是魏制與漢略同。可攷者十一人。	蜀同。建安二十四年，先主爲漢中王時置，後因之。可攷者二人。	吴同。可攷者四人。
【略】	【略】	【略】
丞一人，《六典》、《通典》。比千石，第七品。		
【略】		
材官校尉一人，比二千石，《北堂書鈔》。《御覽》引《魏略》。第六品，主天下材木。黄初中置。《魏略》。案魏左校于材官同上，則材官校尉兼主工徒也。	蜀無。	吴無。
【略】		
司馬一人，第八品。官品。		
太醫令一人，《六典》、《通典》。六百石，第七品，掌諸醫。《漢志》。藥丞一人，第九品，主藥。《六典》。	蜀無攷。	吴無攷。
大官令一人，《六典》、《通典》。《册府元龜》言屬光禄勳，蓋誤據晋制。六百石，第七品，掌御飲食。《漢志》。	蜀無攷。	吴無攷。
【略】		

左丞一人，《六典》。三百石，第九品，主飲食。《漢志》。		
甘丞一人，《六典》。三百石，第九品，主膳具。《漢志》。《漢志》注荀綽云：掌諸甘肥。		
湯官丞一人，《六典》。三百石，第九品，主酒。《漢志》。		
果丞一人，《六典》。三百石，第九品，主果。《漢志》。注引荀綽云：果丞，別在外諸果菜茹。		
上林苑令一人，《六典》、《通典》。案《東京賦》，大獵西園注云：即上林苑。是洛陽有上林苑也。又見明帝章帝二紀，疑魏因之。六百石，第七品，主苑中禽獸，頗有民居，皆主之。捕得其獸，送大官。	蜀無攷。	吴無攷。
丞一人，《六典》、《通典》。三百石，第九品。《漢志》。		
御府令一人，《六典》、《通典》。六百石，第七品，掌宦者典官婢作中衣服補浣之事。《漢志》。案《武紀》建安十九年注，《獻帝起居》注。魏遣御府人侍送貴人。則建國時已置此官。又正元元年，減尚方御府百工技巧靡麗無益之物。《楊阜傳》，阜爲少府，召御府吏，問後宫人數。吏守舊令對曰：禁密不得宣露。阜怒，杖吏一百。數之曰：國家不與九卿爲密，反與小吏爲密邪。是魏時所掌與漢同。	蜀無攷。	吴同。《蔣欽傳》：權敕御府，爲其母作錦被。則吴有御府令可知。
丞一人，《通典》。三百石，第九品。		
鉤盾令一人，《六典》。六百石，第七品，典諸近池苑囿游觀之處。《漢志》。	蜀無攷。	吴無攷。
丞一人，三百石，第九品。《六典》。		
永安丞一人，《六典》。三百石，第九品，永安、北宫東北別小宫名，有園觀。《漢志》。		

苑中丞一人，《六典》。二百石，第九品，主苑中離宮。《漢志》。		
鴻池丞一人，《六典》。二百石，第九品。鴻池，池名。在雒陽東二十里。《漢志》。案《晉志》，有鄴元武苑丞一人。《魏都賦》，苑以元武，劉淵林注，元武苑，在鄴城西苑中，有魚梁釣臺，竹園蒲陶諸果。魏以鄴爲五都，疑晉設苑丞，本承魏制也。		
靈芝園監一人，官品。案《漢志》，有濯龍監、直里監，皆屬鉤盾令。魏時有無，無攷。惟靈芝以下三監，魏所置，應亦如漢制，屬鉤盾令。四百石，第七品。洛陽宮有靈芝園。《御覽》、《玉海》引晉宮閣名。黄初三年十一月，穿靈芝池。《文紀》。池有鳴鶴舟，指南舟。《玉海》引晉宮閣名。		
總章監一人，官品。三百石，第九品。青龍三年三月，大治洛陽宮，築總章觀，高十餘丈，建翔鳳于上，《明紀》。閣凡十三間。《玉海》引《洛陽宮殿簿》。《御覽》引《輿地志》。又使八府才人及女尚書居之。		
戲馬監一人，官品。三百石，第九品。戲馬無攷，疑亦臺觀之名。		
中藏府令一人，《六典》、《通典》。六百石，第七品，掌中幣帛金銀諸貨物。《漢志》、《六典》、《冊府元龜》。	蜀無攷。	吳同。《後主亮傳》注，吳厤及《江表傳》皆有中藏吏，則有是官可知。
丞一人，《六典》、《通典》。三百石，第九品。		
中左右尚方令各一人，《六典》、《通典》。六百石，第七品，掌上手工作御刀劍諸好器物。《漢志》。案景初元年，任城王楷坐遣官屬詣中尚方作禁物，削縣户二千。己氏公瑶彭城王據同。又畢氏沅《中州金石志》載魏帳構銅銘文云：景初元年五月十日，中尚方造長一丈，廣六尺，澤漆平坐，帳上廣構銅，重二斤十兩。是	蜀無攷。	吳同。《何姬傳》注，《江表傳》，皓使尚方，以金作華燧、步搖、假髻，以千數。

魏制與漢同也。又《徐宣傳》：尚方令坐，猥見攷竟。宣上疏，陳威刑太過。《孫資別傳》鄉人楊豐子，後爲尚書吏。		
丞各一人，四百石，《六典》。第九品。官品。		
平準令一人，《通典》。案此官，後漢屬大司農，晉屬少府。《通典》謂此官魏氏已屬少府。六百石，第七品，掌知物價及主練染作采色。《漢志》。	蜀無攷。	吳同。韋昭辨《釋名》曰：平準，主平物價。使有依準。《六典》。平準令、主染有常平之法，故準而酌之。同上。
丞一人，《六典》。二百石，同上。第九品。		
右屬少府。		
執金吾卿一人，《六典》、《通典》。中二千石，第三品，掌宮外戒司非常水火之事，月三繞行宮外，及主兵器。吾，猶禦也。《漢志》。建安十八年，魏國初置中尉。《魏都賦》注。黃初元年，改爲執金吾。本志。可攷者九人。	蜀同。可攷者一人。 【略】	吳同。可攷者三人。 【略】
【略】		
丞一人，比千石，第七品。《六典》。		
武庫令一人，《六典》、《通典》。六百石，第七品，主兵器。《漢志》。案《曹爽傳》，擅取武庫禁兵。又司馬懿欲誅爽，部勒兵馬，先據武庫，皆可證也。	蜀無攷。	吳同。見孫休、孫綝《傳》。
丞一人，《六典》、《通典》。三百石，第九品。		
右屬執金吾。		

（清）洪飴孫《三國職官表》卷中

將作大匠一人，《六典》、《通典》。二千石，第三品，掌修作宗廟路寢宮室陵園土木之功并樹桐梓之類，列於道側。《漢志》	蜀無攷	吳同。可攷者一人 【略】
【略】		
丞一人，《六典》、《通典》。六百石，第七品。		
右校令一人，《宋志》、《六典》、《册府元龜》。六百石，第七品，掌右工徒。《漢志》。案左校掌營搆木作採材等事，右校掌營土作瓦泥、并燒石灰廁溷等事。見《通典》。故魏并左校于材官，而右校仍屬大匠。《隋·經籍志》，有左校令李登，當是未併時居是官。	蜀無攷。	吳無攷。
右屬將作大匠。		
大長秋一人，《本志》。官品。二千石，第三品，職掌奉宣中宮命。凡給賜宗親及宗親當謁見者，關通之，中宮出，則從。	蜀同。可攷者三人。	吳同。《滕夫人傳》，長秋官僚，備員而已。是吳有是官也。
【略】		
丞一人，六百石，第七品。		
右大長秋。		
【略】	【略】	【略】
侍中四人，别加官者則非數。《通典》、《初學記》。比二千石，第三品，掌儐贊。大駕出，則次直侍中護駕。正直者，侍中負璽陪乘。不帶劍，皆騎。從御登殿，與散騎侍郎對挾帝。侍中居左，常侍居右，備切問近對，拾遺補闕。《初學記》引《齊職儀》。建安十八年，魏國初置侍中，《魏都賦》注。功高者爲祭酒。《六典》。黄初以來因之。舊遷列曹尚書，美遷中領護吏部尚書。《通典》。出征則以行臺從。同上。魏討諸葛誕，散騎常侍裴秀、	蜀同。員數無攷。建安二十四年置，可攷者十二人。 【略】	吳同。員數無攷。可攷者二十人。 【略】

魏	蜀	吳
尚書僕射陳泰、黃門侍郎鍾會以行。臺從。可攷者六十五人。 【略】		
散騎常侍四人，比二千石，《宋志》。第三品，文帝延康元年置。《紀》。合散騎、中常侍爲一官，晉灼《漢百官表》注。除中字直曰散騎常侍，典章表詔命手筆之事。《初學記》引《齊職儀》。與侍中、黃門侍郎共平尚書奏事。《通典》。比于侍中，貂璫插右，出入侍從，《晉志》作騎而散從。與上談議，不典事，後遂以爲加官。《學記》引《魏略》。久次者，爲祭酒。《通典》。 【略】	蜀無。	吴曰散騎中常侍，惟《諸葛恪傳》脱中字。員數無攷。 【略】
員外散騎常侍無員，魏末是官又有在員外者，因名。晉、宋《志》、《通典》。 【略】	蜀無。	吴無。
中常侍無員，官品。比二千石，第三品，掌侍左右，從入内宮，贊導内衆事，顧問應對給事。《漢志》。	蜀同。 【略】	吴無攷。
給事中無員，《晉志》。第五品，或爲加官，或爲正員，《六典》。掌顧問應對，位次中常侍。《漢表》。 【略】	蜀無。	吴無。
給事黃門侍郎四人，六百石，《宋志》。第五品，掌侍從左右，關通中外，與侍中俱出入禁中，近侍帷幄，省尚書事。《六典》、《晉志》。與侍中俱管門下衆事。《初學記》引《齊職儀》同。又《鍾會傳》注、《王弼傳》，弼遂不得在門下，皆指黃門侍郎而言。《晉書·王沈傳》沈于魏時爲門下侍郎，亦即此官。後世稱侍中爲門下省，蓋始於此。	蜀同。 【略】	吴黃門郎十人，天紀二年置。 【略】

【略】		
散騎侍郎四人，《六典》。六百石，第五品，與侍中黃門侍郎共平尚書奏事。《宋志》、《六典》、《晉志》、《華歆傳》注《華嶠譜・序》。延康元年置。《志》。	蜀無。	吳同。
		【略】
【略】		
黃門冗從僕射一人，官品。六百石，第六品，主中黃門冗從，居則宿衛，直守門户；出則騎從，夾乘輿車。《漢志》。	蜀無攷。	吳無攷。
【略】		
小黃門，官品。無員，六百石，《漢志》。第七品，掌侍左右，受尚書事。上在内宮，關通中外及中宮已下衆事。諸公主及王太妃等有疾苦，則使問之。《漢志》。	蜀無攷。	吳曰中使。見嘉禾二年傳注，《吳書》。
【略】		【略】
黃門諸署長各一人，官品。四百石，第七品，各主中宮別處。《漢志》。	蜀無攷。	吳無攷。
黃門署丞一人，官品。第七品，主出入從。《漢志》。案此官與黃門令俱七品，則非黃門令之丞可知。	蜀曰黃門丞。見《董允傳》。	吳無攷。
	【略】	
中黃門無員，比三百石，第七品，主給事禁中。《漢志》。	蜀無攷。	吳同。見太平二年傳注吳厤。又《孫和傳》，和爲南陽王，妃使黃門陳遷之建業上疏中宮，則吳諸王亦有黃門也。
黃門從官員數無攷，見甘露四年《紀》注《魏氏春秋》。第八品	蜀無。	吳無。
【略】		
右屬侍中，案諸葛亮《出師表》曰：侍中、侍郎郭攸之、費禕、董允等，此皆良實，志慮忠純。愚以爲宮中之事，事無大小，悉以咨之。又《董允傳》，宦人黃皓，畏允不敢爲非，終允之世，皓位不過黃門丞。此當時宦		

魏	蜀	吳
官黄門屬侍中之證。魏晋以來，侍中之職轉復優重，二國疑皆與屬相同。		
録尚書事，無常員，公卿權重者爲之，職無不總。凡重號將軍刺史，皆得命曹授用，惟不得施除及加節。《宋志》、《通典》。又《宋志》引王肅《尚書注》曰：納於大麓，謂堯納舜於尊顯之官，大録萬機之政也。指此。【略】	蜀同。或曰平尚書事。諸葛瞻、董厥、馬忠《傳》。【略】	吳同。或曰領尚書事，《滕胤傳》。或曰平尚書事，顧雍、顧譚《傳》。或曰分平尚書事，劉繇子基傳。或曰省尚書事。《是儀傳》。【略】
尚書令一人，《宋志》、《六典》、《通典》。千石，第三品，建安十八年置。《武紀》。掌凡選署及奏下尚書文書衆事，《漢志》。總典綱紀，無所不統。《六典》引《漢官儀》。曹羲《九品議》曰：尚書，尊官也。龍作納言。《易》曰：樞機之發，榮辱之主。漢和帝時，南陽左雄爲尚書令，天下皆慎選舉，選舉所知，是其職也。《藝文類聚》。所居曰尚書臺。《初學記》引《齊職儀》。出征，則以行臺從。《通典》。漢猶隸少府，魏時政歸臺閣，則不復隸矣。《初學記》。案王昶攷課事曰：尚書侍中攷課：一曰掌建六材，以攷官人。二曰綜理萬機，以攷庶績。三曰進視惟允，以攷讜言。四曰出納王命，以攷典政。五曰罰法，以攷典刑。見《藝文類聚》。【略】	蜀同。建安二十四年置。【略】	吳同。【略】
尚書僕射二人，《晋志》、《通典》。六百石，《宋志》。第三品。建安十八年初置，《武紀》注《魏氏春秋》。主開封，掌授廩，假錢穀。《北堂書鈔》引《後漢典職》。署尚書事。令不在，則奏下衆事。《漢志》。置二，則爲左右僕射，或不兩置，但曰尚書僕射。令闕，則左爲省主。若左右並闕，則置尚書僕射，以主左事。《晋志》。或時領選曹事。《毛玠傳》、《晋書·荀顗傳》。	蜀同。但曰僕射，無左右。【略】	吳同。但曰僕射，無左右。【略】

【略】 尚書五人，《宋志》、《晉志》、《六典》、《通典》。六百石，《漢志》、《宋志》。第三品，建安十八年初置。《魏都賦》注，《武紀》。有吏部、左民、客曹、五兵、度支，凡五曹。《宋志》、《晉志》、《六典》、《通典》。吏部，主選事。左民，主繕修功作、鹽池園苑。客曹，主外國夷狄。五兵，主中兵、外兵、騎兵、別兵、都兵。度支，專掌軍國支計。《通典》。吏部曹職右于諸曹。尚書授此職者，或云吏部尚書。若授諸曹尚書，直云尚書。《初學記》引《齊職儀》。又以五曹尚書、二僕射、一令爲八座。《晉志》、《通典》，《初學記》同上。《晉書·劉寔傳》。此謂八尚書共選，時晉未受魏禪，所謂八尚書，即連令僕而言。	蜀同。諸曹無攷。蜀承漢制，疑亦置選部、民曹、三公曹、二千石曹、客曹，故有選部郎也。 【略】	吳同。有選曹、見顧譚、薛綜、張温《傳》。户曹、見《後主休傳》。左曹、見《濮陽興傳》。賊曹《薛綜傳》。四曹。《國山碑》云尚書昏、直、晃、昌，是吳尚書員，數止四人也。 【略】
【略】 尚書左右丞二人，《通典》、《六典》。四百石，第六品，《初學記》引《齊職儀》。左丞主臺內禁令，宗廟祠祀，朝儀禮制，選用置吏，糾諸不法，無所迴避。右丞掌庫藏廬舍，凡諸器用之物，刑獄兵器。《六典》。	蜀無攷。	吳無攷。
【略】 郎中二十五人，《宋志》、《晉志》、《初學記》、《通典》。四百石，第六品，主作文書起草。《漢志》。有殿中、吏部、駕部、金部、虞曹、比部、南北主客、祠部、度支、庫部、農部、水部、儀曹、三公、倉部、民曹、二千石、中兵、外兵、都兵、別兵、考功、定課，或作定科。二十三郎。青龍二年，尚書令陳矯奏置都官、騎兵，合凡二十五郎。每一郎闕，白試諸孝廉能結文案者五人，	蜀郎中，有吏部。羅憲。左選、鄧良。右選、楊戲。度支諸曹。餘曹無攷。 【略】	吳郎中，有選曹，見虞翻、張温《傳》。餘曹無攷。 【略】

魏	蜀	吳
謹封奏其姓名以補之，《宋志》、《晉志》、《通典》、《六典》。取年未五十者，使文筆真草，有材能謹慎，典曹治事，起草立義，又以艸呈示令僕訖，乃付令史書之。《御覽》引《魏書・選舉令》。【略】		
尚書諸曹典事，員數無攷，第七品。官品。	蜀無攷。	吳無攷。
尚書主書令史，員數無攷，第八品。官品。尚書郎以艸呈示令僕訖，乃付令史書之。書訖，共省讀之。內本來臺郎統之，令史不行知也。書之不好，令史坐之。《御覽》引《魏武集選舉令》。	蜀同。【略】	吳無攷。
右尚書臺。		
中書監一人，《宋志》、《晉志》、《初學記》、《六典》。千石，《六典》。第三品。太祖爲魏王時，置秘書令，典尚書奏事。此即中書之任也。黄初中，改秘書令爲中書令，又置監與令各一人，監右於令。《六典》。妙選文學通識之士爲之，《初學記》。掌贊詔命。記會時事，典作文書，《通典》。典尚書奏事。若密詔下州郡及邊將，則不由尚書。《六典》。【略】	蜀無。	
中書令一人，同上。千石，第三品。太祖爲魏王時，置秘書令，平尚書奏事。黄初初，據孫資、劉放《傳》，應在黄初二年。改爲中書令，與中書監並掌樞密。《通典》。【略】	蜀同。《諸葛亮傳》注引《襄陽記》，有中書郎向允。則準漢制置中書令可知。	吳同。或但云中書。【略】
		中書僕射，吳所置。元興元年後，職省爲侍中。《韋曜傳》。

中書侍郎四人，《晉志》。第五品，主詔誥。黃初，中書既置監令，又置通事郎，掌詔艸，次黃門郎。黃門郎已署過，通事乃署名，已署艸奏以入，爲帝省讀書可。後改爲中書侍郎。《初學記》，《通典》。案諸紀傳，亦稱中書郎。 【略】	蜀曰中書郎。 【略】	【略】 中書丞，吳所置。 吳同，亦或曰中書郎。 【略】
中書通事一人，《初學記》。第七品，掌呈奏。高貴鄉公改爲通事都尉，尋又改爲通事侍郎。《初學記》。案官品，有通事舍人，晉、宋《志》俱云。晉時始置。 【略】	蜀無。	吳無。
中書主書令史，員數無攷，第八品。 【略】		
著作郎一人，《六典》、《册府元龜》。第六品，專掌國史。太和中始置，隸中書省。《宋志》、《晉志》、《六典》、《初學記》。或爲兼官，《六典》。 【略】	蜀無。	吳置左右國史二人，掌修國史。見華覈、韋曜《傳》。 【略】
著作佐郎三人，《六典》、《册府元龜》。第七品，掌貳著作郎，修國史，太和中置，俱隸中書。《初學記》。 【略】		
著作主書令史，員數無攷，第八品。官品。		東觀令一人，左右丞二人，吳所置。 【略】
右中書省。		

祕書監一人，《宋志》、《通典》、《晉志》、《六典》。六百石，第三品。武帝初置祕書令，典尚書奏事，兼掌圖書祕記。黃初初，改爲中書令。而祕書改令爲監，掌藝文圖籍之事。《晉志》、《宋志》、《通典》、《初學記》、《六典》。自董卓之亂，獻帝西遷，圖書縑帛，軍人皆取爲帷囊。所收而西，猶七十餘載。兩京大亂，掃地皆盡。魏氏代漢，采掇遺忘，藏在祕書中外三閣。祕書郎鄭默，始制中經簿，删省舊文，除其浮穢。《隋書・經籍志》、《北堂書鈔》引王隱《晉書》。加題録焉。同上。祕書監，初屬少府，及王肅爲監，乃不復屬。《六典》、《御覽》載王肅《祕書不應屬少府表》曰：魏之祕書即漢之東觀，郡國稱敢言之士上東觀。且自大魏分祕書而爲中書以來，傳緒相繼于今，三監未有隷名于少府者也。今欲使臣編名于騶口，隷言于外府，不亦黷朝章而辱國典乎？太和之中，蘭臺祕書争議，三府奏議。祕書司先王之載籍，掌制書之典謨，與中書相亞，宜與中書爲官聯云云。

【略】

其蘭臺亦藏書籍，而御史掌之。《通典》、《王朗傳》注《魏略》、《薛夏傳》。蘭臺爲外臺，祕書爲內閣。

【略】

祕書左右丞二人，晉、宋《志》、《初學記》、《北堂書鈔》、《六典》、《通典》同。四百石，《北堂書鈔》引王肅表。第六品，武帝置。《御覽》引《魏志》。文帝建國，分祕書，立中書，以祕書左右丞劉放、資孫爲中書監令。《北堂書鈔》。自置丞一人，別掌文籍。《宋志》作掌藝文圖籍。多以祕書郎遷之。《初學記》。黃初中，以何楨爲祕書丞，而祕書先自有丞，其後遂有左右。《宋志》、《六典》、《通典》。

蜀置祕書令一人，六百石，掌校祕書。或以他官領之。《郤正傳》，官不過六百石。是蜀秩與漢制同也。季漢《輔臣贊注》，步兵校尉習隆掌校祕書。此以他官領之之證。

【略】

吳無。

【略】		
祕書郎四人，《北堂書鈔》引《晋太康起居注》。四百石，《册府元龜》。第六品，掌中外三閣經書，覆校殘缺，正定脱誤，《書鈔》引晋官令。武帝建國時置。《書鈔》引《魏志》。	蜀同。	吴有祕府郎，掌祕書。《韋曜傳》：曜所撰《洞記》等書，乞上祕府于外料取，呈内以聞。即此。
【略】		【略】
較書郎，《通典》、《册府元龜》。官品。員數無攷，第八品，典校祕書，魏始置。《通典》。		
【略】		
主書、主圖、主譜、令史，員數無攷，第八品。官品。尚書、中書、祕書、著作、主書、主圖、主譜令、史，俱第八品。然尚書中書，不當有圖譜。圖譜，蓋專指祕書言之。	蜀同。	
右祕書省。	【略】	
【略】		
御史中丞一人，千石，第四品，本御史大夫之丞。《漢志》。在殿中蘭臺，掌圖籍祕書，外督部刺史，内領侍御史，受公卿奏事，舉劾彈章。《漢表》。及御史大夫，轉爲司空，因别留中，爲御史臺率。《漢志》。黄初初，改爲宫正，復爲臺主，尋又改曰中丞。《初學記》引《齊職儀》。《六典》，《通典》，《鮑勛傳》。又置督軍御史中丞，黄初二年官省。《晋宣紀》。又《初學記》引《魏氏春秋》。故事，御史中丞與洛陽令相督，則分路行，以士王多逐捕，不欲稽留。	蜀同。 【略】	吴同。 【略】
【略】		
持書執法一人，晋、宋《志》、《六典》、《通典》。第六品，魏置，掌奏劾。晋、宋《志》、《通典》、《册府元龜》。	蜀無。	吴置中左右執法各一人。平諸官事。
【略】		【略】

督軍糧執法一人，出征則置，《杜襲傳》。第六品。【略】	蜀無。	吳無。
持書侍御史二人，志作治書。晉、宋《志》、《六典》、《通典》。六百石，第六品，魏置掌律令，《宋志》、《通典》、《册府元龜》。分掌侍御史，所掌諸曹，若尚書二丞。《宋志》。【略】	蜀無攷。	吳無攷。
侍御史八人，《宋志》、《六典》、《通典》。官品。名部曹御史。六百石，第七品，掌察舉非法，受公卿羣吏奏事。有違失者，舉劾之。《漢志》。所掌凡八部，有治書曹，掌度支。運課第曹，掌考課。不知其餘曹。《宋志》、《六典》。【略】	蜀無攷。	吳同。員數無攷。【略】
殿中侍御史二人，宋、晉《志》、《六典》、《通典》。六百石，第七品。魏初，蘭臺道二御史居殿中，同察非法，故曰殿中侍御史。同上。《初學記》。又《初學記》、《北堂書鈔》、《御覽》引《魏略》曰：帝嘗大會，殿中侍御史簪白筆，側堦而坐。上問左右：此爲何官、何主。左右不對。辛毗對曰：此謂御史，舊時簪筆以奏不法，今直備位，但珥筆耳。	蜀無。	吳無。
三臺五都侍御史各一人，第七品。官品。案《初學記》引《魏略》。魏以長安、譙、許都、鄴、洛陽爲五都。故《蜀志・魏延傳》注引《魏略》曰：夏侯楙鎮長安，亮於南鄭，與羣下計議。延曰：楙怯而無謀，今假延精兵，直從褒中出，不過十日，可到長安。楙聞延奄至，必乘船逃走。長安中，惟有御史及京兆太守耳。此即五都有御史分駐之證，即指此官。三臺，即指尚書符節諸臺。【略】	蜀無。	吳無。
督軍糧御史一人，第七品，出征則置。【略】	蜀無。	吳有監農御史一人。見《樓元傳》中。【略】

禁防御史，員數無攷，第七品，亦蘭臺之職。《册府元龜》。蘭臺令史，員數無攷，第九品，掌奏及印工文書。《漢志》。

右屬御史臺。

都水使者一人，《水經注》。第四品，主陂池灌溉，保守河渠。《晉志》。案晉、宋《志》皆云晉武帝始置都水使者，《通典》因之。而《水經注·穀水下》引《洛陽記》有太和五年，都水使者陳協，勒石，則非晉武時始置可知。《册府元龜》亦云：魏都水臺有都水使者一人。

【略】

水衡都尉，前、後、左、右、中五人。《册府元龜》。案晉、宋《志》俱云晉武帝省水衡。則《册府元龜》所載當是魏制。第六品，主天下水軍，舟船器械。《宋志》。

【略】

河陽謁者五人，《晉書·傅元傳》。魏初未留意于水事，先帝統百揆，分河隄爲四部，並本凡五，以水功至大，與農事並興。第七品，主陂池灌溉，保守河渠。《晉志》。

【略】

都水參軍二人，《册府元龜》。第七品。令史員數無攷，第八品。

右屬都水臺。

蜀無。

蜀無攷。

吳無。

吳無攷。

晋朝・總叙

綜述

《晋書》卷二四《職官志》 《書》曰：唐虞稽古，建官惟百。所以奬導民萌，裁成庶政。《易》曰：天垂象，聖人則之。執法在南宫之右，上相處端門之外，而鳥龍居位，雲火垂名，前史詳之，其以尚矣。黄帝置三公之秩，以親黎元，少昊配九扈之名，以爲農正，命重黎於天地，詔融冥於水火，則可得而言焉。伊尹曰：三公調陰陽，九卿通寒暑，大夫知人事，列士去其私。而成湯居亳，初置二相，以伊尹、仲虺爲之，凡厥樞會，仰承君命。總及周武下車，成康垂則，六卿分職，二公弘化，咸樹司存，各題標準，苟非其道，人弗虚榮。貽厥孫謀，其固本也如此。及秦變周官，漢遵嬴舊，或隨時適用，或因務遷革，霸王之典，義在於斯，既獲厥安，所謂得其時制者也。四征興於漢代，四安起於魏初，四鎮通於柔遠，四平止於喪亂，其渡遼、凌江，輕車、强弩，式揚遐外，用表攻伐，興而復毁，厥號彌繁。及當塗得志，克平諸夏，初有軍師祭酒，參掌戎律。建安十三年，罷漢台司，更置丞相，而以曹公居之，用兼端揆。孫吴、劉蜀，多依漢制，雖復臨時命氏，而無忝舊章。世祖武皇帝即位之初，以安平王孚爲太宰，鄭沖爲太傅，王祥爲太保，司馬望爲太尉，何曾爲司徒，荀顗爲司空，石苞爲大司馬，陳騫爲大將軍，世所謂八公同辰，攀雲附翼者也。若乃成乎棟宇，非一枝之勢；處乎經綸，稱萬夫之敵。或牽羊以叶於夢，或垂釣以申其道，或空桑以獻其術，或操版以啓其心。臥龍飛鴻，方金擬璧，秦奚、鄭產，楚材晋用，斯亦曩時之良具，其又昭彰者焉。宣王既誅曹爽，政由己出，網羅英俊，以備天官。及蘭卿受羈，貴公顯戮，雖復策名魏氏，而乃心皇晋。及文王纂業，初啓晋臺，始置二衛，有前驅養由之弩；及設三部，有熊渠佽飛之衆。是以武帝龍飛，乘兹奮翼，猶武王以周之十亂而理殷民者也。是以泰始盡於太康，喬柯茂葉，來居斯位；自太興訖于建元，南金北銑，用處兹秩。雖未擬乎夔拊龍言，天工人代，亦庶幾乎任官惟賢，涖事惟能者也。

（唐）杜佑《通典》卷一九《職官・歷代官制總序》 魏與吳蜀，多依漢制。

晋氏繼及，大抵略同。《山公啓事》曰：晋制，諸坐公事者，皆三年乃得叙用。其中多有好人，令逍遥無事。臣以爲略依左遷法，隨資才減之，亦足懲戒，而官不失其用。詔善之。又傅玄奏曰：諸官有病滿百日不差，宜令去職，優其禮秩。既差而復用。太元六年，改制減費，損吏士職員，凡七百人。時議省州郡縣半吏，以赴農功。荀勖議以爲：省吏不如省官，省官不如省事，省事不如清心。昔蕭曹相漢，載其清静，此清心也。漢文垂拱，幾致刑措，此省事也。光武并合吏員，縣官國邑，纔置十一，此省官也。魏太和中，遣王人四出，減天下吏員，正始中亦并合郡縣，此省吏也。今必欲求之於本，則宜以省事爲先。設官分職，委事責成。量能受任，思不出位。若欲省官，竊謂九寺可并於尚書，蘭臺宜省付三府。至東晋，桓温又表曰：愚謂門下三省、祕書、著作，通可減半。古以九卿綜事，不專尚書。今事歸内臺，則九卿爲虚設，皆宜省并。若郊廟籍田之屬，則臨時權兼，事訖省矣。

晋朝・八公

綜述

《晋書》卷二四《職官志》 丞相、相國，並秦官也。晋受魏禪，並不置，自惠帝以後，省置無恒。爲之者，趙王倫、梁王肜、成都王穎、南陽王保、王敦、王導之徒，皆非復尋常人臣之職。

太宰、太傅、太保，周之三公官也。魏初唯置太傅，以鍾繇爲之，末年又置太保，以鄭沖爲之。晋初以景帝諱故，又採《周官》官名，置太宰以代太師之任，秩增三司，與太傅太保皆爲上公，論道經邦，燮理陰陽，無其人則闕。以安平獻王孚居之。自渡江以後，其名不替，而居之者甚寡。

太尉、司徒、司空，並古官也。自漢歷魏，置以爲三公。及晋受命，迄江左，其官相承不替。

大司馬，古官也。漢制以冠大將軍、驃騎、車騎之上，以代太尉之職，故恒與太尉迭置，不並列。及魏有太尉，而大司馬、大將軍各自爲官，位在三司上。晉受魏禪，因其制，以安平王孚爲太宰，鄭沖爲太傅，王祥爲太保，義陽王望爲太尉，何曾爲司徒，荀顗爲司空，石苞爲大司馬，陳騫爲大將軍，凡八公同時並置，唯無丞相焉。自義陽王望爲大司馬之後，定令如舊，在三司上。

大將軍，古官也。漢武帝置，冠以大司馬名，爲崇重之職。及漢東京，大將軍不常置，爲之者皆擅朝權。至景帝爲大將軍，亦受非常之任。後以叔父孚爲太尉，奏改大將軍在太尉下。及晉受命，猶依其制，位次三司下，後復舊，在三司上。太康元年，琅邪王伷遷大將軍，復制在三司下，伷薨後如舊。

開府儀同三司，漢官也。殤帝延平元年，鄧騭爲車騎將軍，儀同三司；儀同之名，始自此也。及魏黄權以車騎將軍開府儀同三司；開府之名，起於此也。

驃騎、車騎、衛將軍、伏波、撫軍、都護、鎮軍、中軍、四征、四鎮、龍驤、典軍、上軍、輔國等大將軍，左右光禄、光禄三大夫，開府者皆爲位從公。

太宰、太傅、太保、司徒、司空、左右光禄大夫、光禄大夫，開府位從公者爲文官公，冠進賢三梁，黑介幘。

大司馬、大將軍、太尉、驃騎、車騎、衛將軍、諸大將軍，開府位從公者爲武官公，皆著武冠，平上黑幘。

文武官公，皆假金章紫綬，著五時服。其相國、丞相，皆衮冕，緑盭綬，所以殊於常公也。

（唐）杜佑《通典》卷二〇《職官・三公總叙》　晉武帝即位之初，以安平王孚爲太宰，鄭沖爲太傅，王祥爲太保，義陽王子初爲太尉，何曾爲司徒，荀顗爲司空，石苞爲大司馬，陳騫爲大將軍，凡八公，同時並置。唯無丞相焉，時所謂八公同辰，攀雲附翼者也。遂以太傅、太保爲上公，論道經邦，燮理陰陽。無其人則闕，蓋居者甚寡。諸公品第一，食俸日五斛。太康二年，又給絹，春百疋，秋二百疋，緜二百斤。元康元年，給菜田十頃，田騶十人。立夏以後不及田者，食俸一年。又給虎賁二十人，持班劍。給朝車駕，安車黑耳。其太尉、司徒、司空，自漢歷魏，皆爲三公。及晉迄於江左，相承不改。上公、三公之制不改。前代三公策拜，皆設小會，所以崇宰輔之制也。自魏末廢而不行。至晉，拜石鑒字林伯爲左光禄大夫，開府，領司徒，始有詔令會，遂以爲常。十六國姚泓僭號，受經於博士淳于岐。岐病，泓親省疾，拜於床下。自是公侯見師傅皆拜。

（唐）杜佑《通典》卷二〇《職官・太尉》　晉太尉進賢三梁冠，介幘，絳朝服，金章紫綬，佩山玄玉。若郊廟，冕服七旒，玄衣纁裳，七章。

（唐）杜佑《通典》卷二〇《職官・司徒》　晉司徒與丞相通職，更置迭廢，未嘗並立。至永嘉元年，始兩置焉。王衍爲司徒，東海王越爲丞相，始兩置也。陳騫爲司徒，仰理萬機，俯澄邦教。又王戎字濬沖，爲司徒，高選長吏西曹掾，委任責成，常得無爲。又蔡謨字道明，遷司徒，謨固讓曰：若我作司徒，將爲後世哂，義不敢拜。詔數十下，謨章表十餘上，陳以疾篤。帝臨軒，自旦至申，而徵不至。公卿以蔡公傲無人臣之禮，奏送謨廷尉。謨率子弟詣闕稽顙，詔免爲庶人。謨每歎曰：若使劉王喬得南渡，司徒之美選也。王喬名疇，少有重名。

（唐）杜佑《通典》卷二〇《職官・太師》　魏世不置。晉初置三上公，以景帝諱師，故置太宰，以代太師之名，《晉書》曰：惠帝太安元年，以齊王冏爲太師。當時撰述者之誤也。秩增三司。蜀李雄僭號，時范長生自西山乘素輿詣成都，雄拜長生爲天地太師，封西山侯。

（唐）杜佑《通典》卷二〇《職官・太傅》　晉宋金章紫綬，進賢三梁冠，介幘，絳朝服，佩山玄玉。

（唐）杜佑《通典》卷二〇《職官・太保》　晉武初踐祚，以王祥爲太保，進爵爲公，加置七官之職。太保，所以訓護人主、導以德義者也。汝南王亮爲太宰，録尚書事，與太保衛瓘對掌朝政。又衛瓘爲太保，以公就第，置長史、司馬、從事、中郎掾屬也。章綬佩服冠秩與太傅同。

（唐）杜佑《通典》卷二〇《職官・太宰》　晉初，依《周禮》，備置三公。三公之職，太師居首，以景帝名師，故置太宰以代之，而以安平獻王孚居焉。增掾屬十人，蓋爲太師之互名，非周冢宰之任也。何曾爲太宰，朝會乘輿入朝，劍履上殿，如蕭何、田千秋、鍾繇故事。又安帝以太宰瑯琊王德文不宜嬰拂事務，以紆論道之重，可衮冕之服，緑盭綬，羽葆鼓吹。盭音戾。盭，緑也，以緑爲質。盭，草名也，出瑯琊平昌縣，似艾，可染綬，因以爲綬名。

（唐）杜佑《通典》卷二〇《職官・大司馬》　晉定令，亦在三司上。《晉諸公贊》曰：義陽王爲太尉、大司馬時，父孚爲太宰，父子居上公，中代以來，未之有也。又汝南王亮爲大司馬，正旦大會，乘車入殿。又陳騫爲大司馬，賜袞冕之服。武冠，絳朝服，金章紫綬，佩山玄玉，與大將軍同。

（唐）杜佑《通典》卷二〇《職官・總叙三師三公以下官屬》　晋有太宰、太傅、太保。唯楊駿爲太傅，增祭酒爲四人，掾屬二十人，兵曹爲左右也。楊駿輔政，引潘岳爲太傅主簿。初，譙人公孫宏客於河陽，岳待之甚厚。及駿誅，宏爲楚王瑋長史，凡駿綱紀皆從坐，同署主簿已被戮。宏言於瑋，謂岳爲假吏，故得免。太宰、太保官屬不見。太尉、司徒、司空並有長史、司馬。太尉雖不加兵者，吏屬皆絳服。泰始三年，又置太尉軍參軍六人，騎司馬五人，官騎十人。而司徒加置左長史，掌差次九品，銓衡人倫，冠綬與丞相長史同。主簿、左右東西曹掾各一人，若有所循行者，增置掾屬十人。武帝時，司徒奏州郡農桑未有賞罰之制，宜遣掾屬循行。詔遂使司徒督察州郡播殖。若有所循者，增掾屬十人。又温嶠請司徒置田曹掾，州一人，勸課農桑。初，王渾字玄沖遷司徒，仍加兵。渾以司徒文官，主吏不持兵，持兵乃吏屬絳衣，自以非是舊典，皆令皁服，論者美其謙而識禮。司空府加置導橋掾一人，餘略同後漢。咸寧初，詔以前太尉府爲大司馬府，增置祭酒二人，帳下司馬、官騎、大車、鼓吹，左右光禄、光禄三大夫。開府者皆爲位從公，品秩、俸賜、儀制與諸公同。加兵者增置司馬一人，從事中郎二人，劉琨爲司空，以盧諶爲從事中郎。主簿、記室督各一人，舍人四人，兵、鎧、士曹，營軍、刺姦、帳下都督、外都督、令史各一人。主簿以下、令史以上皆絳服。司馬給吏卒如長史，從事中郎給侍二人，主簿、記室督各給侍一人。其餘臨時增崇者，則褒加各因其時爲節文，不爲定制。其祭酒掾屬，白蓋小車七乘，軺車施耳後户、皁輪犢車各一乘。自祭酒以下、令史以上皆皁零辟朝服。其爲持節都督者，增參軍爲六人，其餘如常加兵公制。孫楚字子荊，爲佐著作郎，參石苞驃騎軍事。楚既負其才氣，頗侮易苞。初至，揖曰：天子命我參卿軍事。初，參軍不敬府主，楚既輕苞，遂制施敬，自楚始也。

（唐）杜佑《通典》卷二一《職官・宰相并官屬》　晋惠帝永寧元年，罷丞相，復置司徒。永昌元年，罷司徒并丞相，則與司徒不並置矣。丞相與司徒，廢置非一。其後或有相國，或有丞相，省置無恒，而中書監、令常管機要，多爲宰相之任。自魏晋以來，相國、丞相多非尋常人臣之職。晋趙王倫、梁王肜、成都王穎、南陽王保並爲之。元帝渡江，以王敦爲丞相，轉司徒，荀組爲太尉，以司徒官屬并丞相爲留府，敦不受。成帝以王導爲丞相，罷司徒府以爲丞相府。導薨，罷丞相，復爲司徒府。相國、丞相，皆袞冕緑盭綬。盭音隸。

（唐）杜佑《通典》卷二一《職官・門下省・給事中》　晋無加官，亦無常員，在散騎常侍下，給事黄門侍郎上，武冠，絳朝服。

晋朝・尚書臺

綜述

《晋書》卷二四《職官志》　録尚書，案漢武時，左右曹諸吏分平尚書奏事，知樞要者始領尚書事。張安世以車騎將軍，霍光以大將軍，王鳳以大司馬，師丹以左將軍並領尚書事。後漢章帝以太傅趙憙、太尉牟融並録尚書事。尚書有録名，蓋自憙、融始，亦西京領尚書之任，猶唐虞大麓之職也。和帝時，太尉鄧彪爲太傅，録尚書事，位上公，在三公上，漢制遂以爲常，每少帝立則置太傅録尚書事，猶古冢宰總己之義，薨輒罷之。自魏晋以後，亦公卿權重者爲之。

尚書令，秩千石，假銅印墨綬，冠進賢兩梁冠，納言幘，五時朝服，佩水蒼玉，食奉月五十斛。受拜則策命之，以在端右故也。太康二年，始給賜絹，春三十匹，秋七十匹，緜七十斤。元康元年，始給菜田六頃，田騶六人，立夏後不及田者，食奉一年。始賈充爲尚書令，以目疾表置省事吏四人，省事蓋自此始。

僕射，服秩印綬與令同。案漢本置一人，至漢獻帝建安四年，以執金吾榮郃爲尚書左僕射，僕射分置左右，蓋自此始。經魏至晋，迄於江左，省置無恒，置二，則爲左右僕射，或不兩置，但曰尚書僕射。令闕，則左爲省主；若左右並闕，則置尚書僕射以主左事。

列曹尚書，案尚書本漢承秦置，及武帝遊宴後庭，始用宦者主中書，以司馬遷爲之，中間遂罷其官，以爲中書之職。至成帝建始四年，罷中書宦者，又置尚書五人，一人爲僕射，而四人分爲四曹，通掌圖書祕記章奏之事，各有其任。其一曰常侍曹，主丞相御史公卿事。其二曰二千石曹，主刺史郡國事。其三曰民曹，主吏民上書事。其四曰主客曹，主外國夷狄事。後成帝又置三公曹，主斷獄，是爲五曹。後漢光武以三公曹主歲盡考課諸州郡事，改常侍曹爲吏部曹，主選舉祠祀事，民曹主繕修功作鹽池園苑事，客曹主護駕羌胡朝賀事，二千石曹主辭訟事，中都官曹主水火盜賊事，合爲六曹。并令僕二人，謂之八座。尚書雖有曹名，不以爲號。靈帝以侍中梁鵠爲選部尚書，於此始見曹名。及魏改選部爲吏部，主選部事，又有左民、客曹、五兵、度支，凡五曹尚書、二僕射、一令爲八座。及晋置吏部、三公、客曹、駕部、屯田、度支六曹，而無五兵。咸寧二年，省駕部尚書。四年，省一僕射，又置駕部尚書。太康中，有吏部、殿中及五兵、田曹、度支、左民爲六曹尚書，又無駕部、三公、客曹。惠帝世又有右民尚書，止於六曹，不知此時省何曹也。及渡江，有吏部、祠部、五兵、左民、度支五尚書。祠部尚書常與右僕射通職，不恒置，以右僕射攝之，若右僕射闕，則以祠部尚書攝知右事。

左右丞，自漢武帝建始四年置尚書，而便置丞四人。及光武始減其二，唯置左右丞，左右丞蓋自此始也。自此至晋不改。晋左丞主臺內禁令，宗廟祠祀，朝儀禮制，選用署吏，急假；右丞掌臺內庫藏廬舍，凡諸器用之物，及廩振人租布，刑獄兵器，督録遠道文書章表奏事。八座郎初拜，皆沿漢舊制，並集都座交禮，遷職又解交焉。

尚書郎，西漢舊置四人，以分掌尚書。其一人主匈奴單于營部，一人主羌夷吏民，一人主户口墾田，一人主財帛委輸。及光武分尚書爲六曹之後，合置三十四人，秩四百石，并左右丞爲三十六人。郎主作文書起草，更直五日於建禮門內。尚書郎初從三署詣臺試守尚書郎，中歲滿稱尚書郎，三年稱侍郎，選有吏能者爲之。至魏，尚書郎有殿中、吏部、駕部、金部、虞曹、比部、南主客、祠部、度支、庫部、農部、水部、儀曹、三公、倉部、民曹、二千石、中兵、外兵、都兵、别兵、考功、定課，凡二十三郎。青龍二年，尚書陳矯奏置都官、騎兵，合凡二十五郎。每一郎缺，白試諸孝廉能結文案者五人，謹封奏其姓名以補之。及晋受命，武帝罷農部、定課，置直事、殿中、祠部、儀曹、吏部、三公、比部、金部、倉部、度支、都官、二千石、左民、右民、虞曹、屯田、起部、水部、左右主客、駕部、車部、庫部、左右中兵、左右外兵、别兵、都兵、騎兵、左右士、北主客、南主客，爲三十四曹郎。後又置運曹，凡三十五曹，置郎二十三人，更相統攝。及江左，無直事、右民、屯田、車部、别兵、都兵、騎兵、左右士、運曹十曹郎。康穆以後，又無虞曹、二千石二郎，但有殿中、祠部、吏部、儀曹、三公、比部、金部、倉部、度支、都官、左民、起部、水部、主客、駕部、庫部、中兵、外兵十八曹郎。後又省主客、起部、水部，餘十五曹云。

（唐）杜佑《通典》卷二二《職官・尚書上・尚書省并總論尚書》

晋以後，所掌略同，八座丞郎初拜，並集都省交禮，遷職又解交，本漢制也。至於晋、宋，唯八座解交，丞郎不復解交也。梁陸杲遷尚書殿中曹郎，拜日，八座丞郎並到上省交禮。而杲至晚，不及時刻，坐免官。

（唐）杜佑《通典》卷二二《職官・尚書上・録尚書》

自魏晋以後，亦公卿權重者爲之，職無不總。蜀蔣琬字公琰，爲録尚書事。時新喪諸葛亮，遠近悚懼。琬出類拔萃，處群寮之右，既無戚容，又無喜色，神守舉止，有如平日，由是衆情漸服。晋宗室會稽王道子及世子元顯，並録尚書事，時道子爲東録，元顯爲西録。晋康帝時，何充讓録表曰：咸康中分置三録，王導録其一，荀崧、陸曄各録一條事。晋江右有四録，則四人參録也。江右張華，江左庾亮，並經關上書七條。凡重號將軍刺史，皆得命曹授用，唯不得施陳及加節。

（唐）杜佑《通典》卷二二《職官・尚書上・尚書令》

魏晋印綬與漢同，冠進賢兩梁，納言幘，五時朝服，佩水蒼玉。受拜則策命之，以在端右故也。薨，於朝堂發哀。陳矯字季弼，爲尚書令。魏明帝卒至尚書門，矯跪問曰：陛下欲何之？帝曰：欲案行文書耳。矯曰：此臣職分，非陛下所宜臨也。若臣不稱職，則請就黜。帝慚，迴車。晋樂廣爲尚書令，無當時稱，爲後人所思。又太熙元年，詔曰：夫總百揆之得失，管王政之開塞者，端右之職也。是以自漢代以來，慎選其人。議郎王戎可爲尚書令。又，衛瓘字伯玉，拜尚書令，性嚴憚，以法御下，視尚書若參佐，尚書郎若掾屬。又熊遠啓曰：伏見吏部以太尉荀組爲尚書令，復領荊州牧。自三代以來，未聞以納言之官而出領牧伯者。王彪之字叔虎，爲尚書令，與謝安共掌朝政。安每稱曰：朝之大事，衆不能决者，諮之王公，無不得判之。魏晋以下，任總機衡，事無大小，咸歸令僕。宋孝建元年，詔曰：尚書，百官之元本，庶績之樞機。丞郎、列曹，局司有任。自頃事無巨細，悉歸令僕，非所以群能濟業也。可更明體制，責厥成也。

（唐）杜佑《通典》卷二二《職官・尚書上・僕射》　經魏至晉，迄於江左，省置無恒。魏徐宣字寶堅，爲左僕射，加侍中。車駕幸許昌，宣統留事。帝還，主者奏呈文書。詔曰：吾省與僕射何異？竟不視。又，時欲以賈詡爲僕射，詡辭曰：尚書僕射，官之師長，天下所屬，其柰於國朝何？置二，則爲左右僕射；或不兩置，但曰尚書僕射。荀顗字景倩，其外生陳泰，啓顗代己。泰薨，代泰爲僕射，領吏部，四辭而受。顗承泰後，加之淑慎，綜覈名實，風俗澄一。又武帝詔曰：中軍將軍羊祜，秉德清劭，經緯文武，雖處腹心之任，不處樞機之重，非垂拱無爲之意也。其以祜爲尚書左僕射。又司馬珪爲尚書右僕射，時年四十九，衆以爲美。又周顗爲左僕射，風德雖重，過江積年，恒飲酒，三日醒，時人謂爲三日僕射。謝安亦爲僕射。令闕，則左爲省主。若左右並闕，則置尚書僕射以主左事，置祠部尚書以掌右事，則尚書僕射、祠部尚書不恒置矣。若無令，則左僕射爲省主，與令同。若左右並闕，則直置僕射，在其中間，總左右事。

（唐）杜佑《通典》卷二二《職官・尚書上・左右丞》　魏晉左、右丞銅印，青黑綬，進賢一梁冠，介幘，絳朝服。左丞主臺内禁令，寢廟祠祀，朝儀禮制，選用署吏，急假兼糾彈之事；傅咸答辛曠詩序曰：尚書左丞，彈八座以下，居萬機之會，乃皇朝之司直，天臺之管轄。又郤詵爲左丞，奏推吏部尚書崔洪。洪曰：我舉郤丞，而還奏我，此挽弓自射之謂也。右丞掌臺内庫藏廬舍，凡諸器用之物及刑獄兵器，督録遠道文書章表奏事。

（唐）杜佑《通典》卷二二《職官・尚書上・歷代尚書》　晉初有吏部、三公、客曹、駕部、屯田、度支六曹。無五兵。太康有吏部、殿中、五兵、田曹、度支、左民，爲六曹尚書。無駕部、三公、客曹。及渡江，有吏部、祠部、五兵、左民、度支五尚書。皆銅印墨綬，進賢兩梁冠，納言幘，絳朝服，佩水蒼玉。乘軺車，皁輪，執笏負荷。加侍官者，武官左貂金蟬。

（唐）杜佑《通典》卷二二《職官・尚書上・歷代郎官》　晉尚書郎選極清美，號爲大臣之副。武帝時，有三十四曹。加魏直事、屯田、起部、左士、右士。其民曹、中兵、外兵分爲左右，主客又分爲左右南北。無農部、定課、考功。凡三十四曹。後又置運曹，爲三十五曹。置郎中二十三人，更相統攝。晉魏舒字陽元，爲尚書郎。時欲沙汰郎官，非其才者罷之。舒曰：吾即其人也。襆被而出，同寮無清論者，咸有媿色。又解參兄弟少連、叔連、稚連，俱歷太子洗馬、舍人、尚書郎，州里榮之。又賈充改定律令，以裴楷爲定科郎。或爲三十六曹。晉裴秀以尚書三十六曹統事，准例不明，宜使諸卿任職，未及奏而薨。當五王之難，其都官、中騎、三曹郎晝出督戰，夜還理事。嵇含言於長沙王乂曰：昔魏武每有軍事，增置掾屬。尚書令陳矯以有軍事，亦奏增郎。況今都官、中騎、三曹，晝出督戰，夜還理事，一人兩役，内外廢乏。含謂各有主帥，委之大將軍，不宜復令臺寮雜與其間。乂從之，乃增郎及令史。

東晉有十五曹，殿中、祠部、吏部、儀曹、三公、比部、金部、度支、都官、左民、起部、倉部、庫部、中兵、外兵。自過江之後，官資小減。王坦之字文度，選曹將擬爲尚書郎，坦之聞曰：自過江，尚書郎正用第二人，何得以此見擬？其子國寶好傾側，婦父謝安惡之，除尚書郎。國寶以爲中興膏腴之族，唯作吏部，不作餘曹郎，怨之，辭不拜。又宋江智淵改尚書庫部郎。時高流官序，不爲臺郎，智淵門孤援寡，獨有此選，意甚不悦，固辭不拜。梁王筠除尚書殿中郎。王氏過江以來，未有居郎署者。或勸不就，筠曰：陸平原東南之秀，王文度獨步江東，吾得比蹤昔人，何所多恨。乃忻然就職。桓玄僭位，改都官郎爲賊曹。

（唐）杜佑《通典》卷二三《職官・尚書下・吏部尚書》　晉與魏同。山濤爲吏部尚書，用人皆先密啓，然後公奏，舉無失才，凡所題目，終始如其言。唯用陸亮，尋以賄敗。《啓事》曰：臣欲以郤詵爲温令。詔可。尋又啓曰：訪聞詵喪母不時葬，遂於所居屋後假葬，有異同之議，請更選之。詔曰：君爲管人倫之職，此輩應爲清議，與不便當裁處之。江霦字思玄，三爲選官，始爲吏部郎，遷侍中、吏部尚書、僕射。《世説》曰：鍾會見王戎、裴楷總角，曰：裴楷清通，王戎簡要，後二十年，此二賢當爲吏部尚書，冀爾時天下無復滯才。劉聰僭號，省吏部，置左右選曹。石勒時，又置左右執法郎，典定士族，副選舉之任。霦音彬。

（唐）杜佑《通典》卷二三《職官・尚書下・吏部郎中》　郎中二人。漢魏以來，尚書屬或有侍郎，或有郎中，或曰尚書郎，或曰某曹郎，或則兩置，或爲互名，雖稱號不同，其職一也，皆今郎中之任。《山公啓事》曰：吏部郎主選舉，宜得能整風俗、理人倫者。又曰：吏部郎以碎事日夜相接，非但當正己而已，乃當能正人，不容穢雜也。乃以議郎杜默爲之。

（唐）杜佑《通典》卷二三《職官・尚書下・司封郎中》　晉尚書有左右主客曹。

（唐）杜佑《通典》卷二三《職官・尚書下・户部尚書》　而晉有度支，晉當陽侯杜元凱爲度支尚書，内以利民，外以救邊，備物置用，以濟當時之益者五十餘條。又張華爲度支尚書，量計運漕，決定廟算。皆主算也。

（唐）杜佑《通典》卷二三《職官・尚書下・户部郎中》　晉分爲左、右民曹。

（唐）杜佑《通典》卷二三《職官·尚書下·禮部尚書》　及晉江左，有祠部尚書，掌廟祧之禮。嵇含《臺中宴會詩》，其祠部云：仰承宗廟懷祗虔。常與右僕射通職，不常置，以右僕射攝之。歷代皆與右僕射通職。

（唐）杜佑《通典》卷二三《職官·尚書下·膳部郎中》　膳部郎中一人。膳部於《周官》即膳夫、凌人二職也。晉尚書有左士、右士曹。

（唐）杜佑《通典》卷二三《職官·尚書下·主客郎中》　至晉氏，分爲左右南北四主客，或單爲客曹。

（唐）杜佑《通典》卷二三《職官·尚書下·兵部尚書》　晉初無，太康中乃有五兵尚書，而又分中兵、外兵各爲左右。按晉雖分中兵、外兵爲左右，與舊五兵爲七曹，然尚書唯置五兵而已，無七兵尚書之名。至後魏始有七兵尚書耳。今諸家著述或謂晉太康中置七兵尚書，誤矣。

（唐）杜佑《通典》卷二三《職官·尚書下·刑部尚書》　晉復以三公尚書掌刑獄。

（唐）杜佑《通典》卷二三《職官·尚書下·都官郎中》　晉、宋尚書都官兼主刑獄。歷代事具《尚書》中，其官例在《吏部郎中》注。

晉朝·門下省

綜　述

《晉書》卷二四《職官志》　侍中，案黄帝時風后爲侍中，於周爲常伯之任，秦取古名置侍中，漢因之。秦漢俱無定員，以功高者一人爲僕射。魏晉以來置四人，別加官者則非數。掌儐贊威儀，大駕出則次直侍中護駕，正直侍中負璽陪乘，不帶劍，餘皆騎從。御登殿，與散騎常侍對扶，侍中居左，常侍居右。備切問近對，拾遺補闕。及江左哀帝興寧四年，桓温奏省二人，後復舊。

給事黄門侍郎，秦官也。漢已後並因之，與侍中俱管門下衆事，無員。及晉，置員四人。

散騎常侍，本秦官也。秦置散騎，又置中常侍，散騎騎從乘輿車後，中常侍得入禁中，皆無員，亦以爲加官。漢東京初，省散騎，而中常侍用宦者。魏文帝黄初初，置散騎，合之於中常侍，同掌規諫，不典事，貂璫插右，騎而散從，至晉不改。及元康中，惠帝始以宦者董猛爲中常侍，後遂止。常爲顯職。

給事中，秦官也。所加或大夫、博士、議郎，掌顧問應對，位次中常侍。漢因之。及漢東京省，魏世復置，至晉不改。在散騎常侍下，給事黄門侍郎上，無員。

通直散騎常侍，案魏末散騎常侍又有在員外者。泰始十年，武帝使二人與散騎常侍通員直，故謂之通直散騎常侍。江左置四人。

員外散騎常侍，魏末置，無員。

散騎侍郎四人，魏初與散騎常侍同置。自魏至晉，散騎常侍、侍郎與侍中、黄門侍郎共平尚書奏事，江左乃罷。

通直散騎侍郎四人。初，武帝置員外散騎侍郎，及太興元年，元帝使二人與散騎侍郎通員直，故謂之通直散騎侍郎，後增爲四人。

員外散騎侍郎，武帝置，無員。

奉朝請，本不爲官，無員。漢東京罷三公、外戚、宗室、諸侯多奉朝請。奉朝請者，奉朝會請召而已。武帝亦以宗室、外戚爲奉車、駙馬、騎三都尉而奉朝請焉。元帝爲晉王，以參軍爲奉車都尉，掾屬爲駙馬都尉，行參軍舍人爲騎都尉，皆奉朝請。後罷奉車、騎二都尉，唯留駙馬都尉奉朝請。諸尚公主者劉惔、桓温皆爲之。

（唐）杜佑《通典》卷二一《職官·門下省》　《晉志》曰：給事黄門侍郎與侍中，俱管門下衆事，或謂之門下省。

（唐）杜佑《通典》卷二一《職官·門下省·侍中》　魏晉以來置四人，別加官者則非數。辛毗字佐理，爲侍中。文帝欲徙冀州人家十萬户實河南，時連蝗，民饑，毗諫其不可。帝不答，起入内，毗隨而引其裾，帝奮衣不還。良久乃出，曰：佐理，卿持我何太急耶？遂徙其半。王粲爲侍中，《曹植集》贈粲詩曰：戴蟬珥貂，朱衣皓帶。入侍帷幄，出擁華蓋。御登樓，與散騎常侍扶，侍中居左，常侍居右，備切問近對，拾遺補闕。及江左興寧四年，桓温奏省二人。後復舊。晉武帝時，彭權爲侍中，帝問侍臣：髦頭之義何也？權曰：《秦紀》云：秦國有奇怪獸，觸山截波，無不崩潰，唯畏髦頭，故使持之以衛至尊也。又嵇紹字延祖，晉惠帝時爲侍中。王師敗績，左右皆奔散，唯紹儼然端冕，以身捍衛，遂遇害於帝側，血濺御服。及事定，左右欲浣之，帝曰：此是嵇侍中血，勿去之。又庾珉爲侍中，隨孝懷没胡在平陽。劉聰大會，使帝著青衣行酒，珉不勝悲憤，跪受號哭，聰殺之，後贈貞侯。又褚翜字謀遠，爲侍中。蘇峻作亂，王師敗績，火及宫室，手抱天子，登太極殿。峻兵入，叱翜令下，翜不動，曰：蘇冠軍來覲至尊，軍人豈得逼斥宫禁。於是兵士不敢上太極殿。峻執政，猶以爲侍中。時鍾雅亦爲侍中，謀奉天子出投義軍，事覺，爲峻所害。又王爽爲侍中，孝武崩，王國寶夜欲開門，入爲遺詔。爽拒之曰：皇帝晏駕，太子未至，輒入者斬。國寶懼，乃止。

侍中，漢代爲親近之職，魏晉選用，稍增華重，而大意不異。晉任愷字元褒，爲侍中，萬機大小，多管綜之。性中正，以社稷爲己任。惡賈充之爲人，不欲久執朝政。或爲充謀曰：愷總門下樞要，得與上親接，宜啓令典選，使得漸疏，此一都令史事耳。九流難精，間隙易乘。充因稱愷才能，宜在官人之職，即日以愷爲吏部尚書，由是侍覲轉稀。武冠，絳朝服，佩水蒼玉。舊遷列曹尚書，美遷中領護、吏部尚書。

（唐）杜佑《通典》卷二一《職官·門下者·門下侍郎》 魏晉以來，給事黃門侍郎並爲侍衛之官，員四人。魏杜君名恕，字務伯，爲黃門侍郎，每政有得失，常引綱維以正言。吳孫丞爲黃門侍郎，與顧榮俱爲侍臣。吳歸命詔曰：自今以後，用侍郎當如皇室丞、顧榮儔也。《山公啓事》曰：黃門侍郎和嶠，最有才，可爲吏部郎。詔曰：欲令在左右，更求其次。又曰：黃門侍郎荀彧，清和理正，動可觀採，真侍衛之美者。

（唐）杜佑《通典》卷二一《職官·門下者·散騎常侍》 自魏至晉，共平尚書奏事，東晉乃罷之，而以中書職入散騎省，故散騎亦掌表詔焉。鄭默字思元，爲散騎常侍。武帝出南郊，侍中以部陪乘，詔曰：使鄭常侍。謂默曰：卿知何以得參乘？昔州內舉卿也。爲十二郡中正舉也。又傅玄爲散騎常侍，與皇甫陶俱掌直諫。又華嶠字叔駿，加散騎常侍，班同中書。寺爲內臺，中書、散騎、著作及理禮音律，天文數術，南省文章，門下撰集，皆典掌統之。

晉朝·中書省

綜　述

《晉書》卷二四《職官志》 中書監及令，案漢武帝遊宴後庭，始使宦者典事尚書，謂之中書謁者，置令、僕射。成帝改中書謁者令曰中謁者令，罷僕射。漢東京省中謁者令，而有中官謁者令，非其職也。魏武帝爲魏王，置祕書令，典尚書奏事。文帝黃初初改爲中書，置監、令，以祕書左丞劉放爲中書監，右丞孫資爲中書令；監、令蓋自此始也。及晉因之，並置員一人。

中書侍郎，魏黃初初，中書既置監、令，又置通事郎，次黃門郎。黃門郎已署，事過通事乃署名。已署，奏以入，爲帝省讀，書可。及晉，改曰中書侍郎，員四人。中書侍郎蓋此始也。及江左初，改中書侍郎曰通事郎，尋復爲中書侍郎。

中書舍人，案晉初初置舍人、通事各一人，江左合舍人通事謂之通事舍人，掌呈奏案章。後省，而以中書侍郎一人直西省，又掌詔命。

祕書監，案漢桓帝延熹二年置祕書監，後省。魏武爲魏王，置祕書令、丞。及文帝黃初初，置中書令，典尚書奏事，而祕書改令爲監。後以何禎爲祕書丞，而祕書先自有丞，乃以禎爲祕書右丞。及晉受命，武帝以祕書并中書省，其祕書著作之局不廢。惠帝永平中，復置祕書監，其屬官有丞，有郎，并統著作省。

著作郎，周左史之任也。漢東京圖籍在東觀，故使名儒著作東觀，有其名，尚未有官。魏明帝太和中，詔置著作郎，於此始有其官，隸中書省。及晉受命，武帝以繆徵爲中書著作郎。元康二年，詔曰：著作舊屬中書。而祕書既典文籍，今改中書著作爲祕書著作。於是改隸祕書省。後別自置省而猶隸祕書。著作郎一人，謂之大著作郎，專掌史任，又置佐著作郎八人。著作郎始到職，必撰名臣傳一人。

（唐）杜佑《通典》卷二一《職官·中書省》 中書之官舊矣，謂之中書省，自魏晉始焉。

（唐）杜佑《通典》卷二一《職官·中書省·中書令》 晉因之，置監、令一人，始皆同車，後乃異焉。初，監、令常同車入朝。及和嶠爲令，荀勖爲監，嶠意抗，鄙荀巧佞，以意氣加之，專車而坐，自此監令乃使異車。魏晉以來，中書監、令掌贊詔命，記會時事，典作文書。司馬景王命中書令虞松作表，再呈，不可意。松竭思不能改正，鍾會視其草，爲定五字，松大悅服。又荀勖爲中書監，使子組草詔。傅祗爲監，病風，又使息暢爲啓。華廙爲監，時戎事多不洩，廙啓武帝，召授子晉草詔。前後相承，以子弟管之，自此始也。又王獻之爲中書令，啓瑯琊王爲中書監，表曰：中書職掌詔命，非輕才所能獨任。自晉建國，嘗命宰相參領。中興以來，益重其任，故能王言彌徽，德音四塞者也。又後魏孝文時，蠕蠕有國喪，帝遣高閭爲書與之，不叙凶事。時孝文謂曰：卿爲中書監，職典文辭，若情思不至，應謝所任。又曰，崔光爲中書令，敕光爲詔，逡巡不作。蓄，烏隊切。廙，余力切。蠕，如兗切。以其地在樞近，多承寵任，是以人固其位，謂之鳳凰池焉。荀勖守中書監，侍中，毗贊朝政。及遷尚書令，勖久在中書，專管機事，失之甚惱。人有賀者，勖怒曰：奪我鳳凰池，諸公何賀焉。晉制，銅印墨綬，進賢兩梁冠，絳朝服，佩水蒼玉，乘軺車。吴紀亮爲尚書令，其子騭爲中書令，每朝會，吴主以屏風隔其坐。《晉書》曰：張華爲監，裴楷爲令，共掌機密。又王洽字敬和，爲中書令，時年二十九。後洽子珉又爲中書令，時謂爲奕世令德。東晉嘗併其職入散騎省，尋復置之。

（唐）杜佑《通典》卷二一《職官・中書省・中書侍郎》　晉置四員，及江左初，又改爲通事郎，尋復爲中書侍郎。其職副掌王言，更入直省五日，從駕則正直從，次直守。張華兼中書郎，從駕征鍾會，掌書疏表檄。又《荀勖》集：泰始中，中書郎張華、王濟猶尚自起草，及後，遂失舊體。又嵇含字君道，爲中書郎，書檄雲集，含初不立草。又華廙爲人弘雅，加以名家子孫，以婦父盧毓典選，至三十五，爲中書通事郎。又王濛爲中書郎四年，無人對，以濛難比肩故也。

（唐）杜佑《通典》卷二一《職官・中書省・中書舍人》　晉江左乃合之，謂之通事舍人。武冠，絳朝服，掌呈奏案章。後省之，而以中書侍郎一人直西省，即侍郎兼其職，而掌其詔命。

（唐）杜佑《通典》卷二一《職官・中書省・通事舍人》　及晉武，省僕射，以謁者并蘭臺。江左復置僕射，後又省。

晉朝・九卿

綜述

《晉書》卷二四《職官志》　太常、光禄勳、衛尉、太僕、廷尉、大鴻臚、宗正、大司農、少府、將作大匠、太后三卿、大長秋，皆爲列卿，各置丞、功曹、主簿、五官等員。

（唐）杜佑《通典》卷二五《職官・諸卿上・總論諸卿少卿附》　魏九卿與漢同。九卿名數與漢同。

晉以太常等九卿即漢九卿。兼將作大匠、太后三卿、大長秋皆爲列卿，各置丞、功曹、主簿、五官等員。太康四年，增九卿禮秩。元帝以賀循爲太常，而散騎常侍如故。循以九卿舊不加官，唯拜太常而已。

《晉書》卷二四《職官志》　太常，有博士、協律校尉員，又統太學諸博士、祭酒及太史、太廟、太樂、鼓吹、陵等令，太史又別置靈臺丞。

太常博士，魏官也。魏文帝初置，晉因之。掌引導乘輿。王公已下應追謚者，則博士議定之。

協律校尉，漢協律都尉之職也，魏杜夔爲之。及晉，改爲協律校尉。

晉初承魏制，置博士十九人。及咸寧四年，武帝初立國子學，定置國子祭酒、博士各一人，助教十五人，以教生徒。博士皆取履行清淳，通明典義者，若散騎常侍、中書侍郎、太子中庶子以上，乃得召試。及江左初，減爲九人。元帝末，增《儀禮》、《春秋公羊》博士各一人，合爲十一人。後又增爲十六人，不復分掌《五經》，而謂之太學博士也。孝武太元十年，損國子助教員爲十人。

《晉書》卷二四《職官志》　光禄勳，統武賁中郎將、羽林郎將、冗從僕射、羽林左監、五官左右中郎將、東園匠、太官、御府、守宫、黄門、掖庭、清商、華林園、暴室等令。哀帝興寧二年，省光禄勳，并司徒。孝武寧康元年復置。

（唐）杜佑《通典》卷二五《職官・諸卿上・光禄卿》　東晉哀帝興寧二年，省光禄勳，併司徒。孝武寧康元年，復置。自魏晉以後，無復三署郎，而光禄不復居禁中，唯外官朝會，則以名到焉。二臺奏劾，則符光禄加禁止，解禁止亦如之。禁入殿省，光禄主殿門故也。其宫殿門户，至宋文猶屬焉。梁除勳字，謂之光禄卿。卿舊視列曹尚書，天監中，視中庶子，職與漢同。

《晉書》卷二四《職官志》　衛尉，統武庫、公車、衛士、諸冶等令，左右都候，南北東西督冶掾。及渡江，省衛尉。

（唐）杜佑《通典》卷二五《職官・諸卿上・衛尉卿》　晉銀章青

綬，五時朝服，武冠，佩水蒼玉，掌冶鑄，領冶令三十九。戶五千三百五十。治在江北；而江南唯有梅根及冶塘二冶，皆屬揚州，不屬衛尉。晉江左不置衛尉。

《晉書》卷二四《職官志》　太僕，統典農、典虞都尉，典虞丞，左右中典牧都尉，車府典牧，乘黃廄，驊騮廄，龍馬廄等令。典牧又別置羊牧丞。太僕，自元帝渡江之後或省或置。太僕省，故驊騮爲門下之職。

（唐）杜佑《通典》卷二五《職官·諸卿上·太僕卿》　晉初有之，銀章青綬，五時朝服，進賢兩梁冠，佩水蒼玉，領典牧、乘黃、驊騮、龍馬等廄令。自元帝過江之後，或置或省。太僕既省，故驊騮廄爲門下之職。潘尼字正叔，爲太僕，造《乘輿箴》。《晉諸公贊》云：郭展爲太僕，留心於養生，是以廄馬充多，征吳得以濟事。

《晉書》卷二四《職官志》　廷尉，主刑法獄訟，屬官有正、監、評，并有律博士員。

《晉書》卷二四《職官志》　大鴻臚，統大行、典客、園池、華林園、鈎盾等令，又有青宮列丞、鄴玄武苑丞。及江左，有事則權置，無事則省。

《晉書》卷二四《職官志》　宗正，統皇族宗人圖諜，又統太醫令史，又有司牧掾員。及渡江，哀帝省并太常，太醫以給門下省。

（唐）杜佑《通典》卷二五《職官·諸卿上·宗正卿》　魏亦然。晉兼以庶姓。《山公啓事》曰：羊祜忠篤寬厚，然不長理劇。宗正卿缺，不審可轉作否。咸寧三年，又置宗師，以扶風王亮爲之，使皇室戚屬奉率德義，所有施行，必令誥之。梁王肜亦爲宗師。東晉省之，屬太常。桓温奏省。

《晉書》卷二四《職官志》　大司農，統太倉、籍田、導官三令，襄國都水長，東西南北部護漕掾。及渡江，哀帝省并都水，孝武復置。

（唐）杜佑《通典》卷二六《職官·諸卿中·司農卿》　晉初因之，渡江，哀帝末，省司農并都水，孝武復置。

（唐）杜佑《通典》卷二六《職官·諸卿中·祕書監》　晉武帝以祕書併入中書省。其祕書著作之局不廢。惠帝永平中，復別置祕書監，并統著作局，掌三閣圖書。自是祕書之府，始居於外。其監，銅印墨綬，進賢兩梁冠，絳朝服，佩水蒼玉。華嶠爲祕書監，南省文章、門下撰集皆統之。嶠集謝祕書監表曰：劉向父子，世典史籍，馬融博通，三入東觀，非臣庸賤所敢投跡。華譚爲祕書監，自負宿名，意甚不快，曰：臣老矣，將待死祕閣。汲黯之言，復存於今日。上不悦。温嶠表曰：國史之興，將明得失，使一代之典，焕然可觀。今之祕書著作是也。

《晉書》卷二四《職官志》　少府，統材官校尉、中左右三尚方、中黄左右藏、左校、甄官、平準、奚官等令，左校坊、鄴中黄左右藏、油官等丞。及渡江，哀帝省并丹楊尹，孝武復置。自渡江唯置一尚方，又省御府。

（唐）杜佑《通典》卷二七《職官·諸卿下·少府監》　晉制，銀章青綬，五時朝服，進賢兩梁冠，絳朝服，佩水蒼玉。哀帝末，省并丹陽尹，孝武復置。

《晉書》卷二四《職官志》　將作大匠，有事則置，無事則罷。太后三卿，衛尉、少府、太僕，漢置，皆隨太后宫爲官號，在同名卿上，無太后則闕。魏改漢制，在九卿下。及晉復舊，在同號卿上。大長秋，皇后卿也，有后則置，無后則省。

晉朝·御史臺

綜　述

《晉書》卷二四《職官志》　御史中丞，本秦官也。秦時，御史大夫有二丞，其一御史丞，其一爲中丞。中丞外督部刺史，内領侍御史，受公卿奏事，舉劾案章。漢因之，及成帝綏和元年，更名御史大夫爲大司空，置長史，而中丞官職如故。哀帝建平二年，復爲御史大夫。元壽二年，又爲大司空，而中丞出外爲御史臺主。歷漢東京至晉因其制，以中丞爲臺主。

治書侍御史，案漢宣帝幸宣室，齋居而决事，令侍御史二人治書侍側，後因别置，謂之治書侍御史，蓋其始也。及魏，又置治書執法，掌奏劾，而治書侍御史掌律令，二官俱置。及晉，唯置治書侍御史，員四人。

泰始四年，又置黄沙獄治書侍御史一人，秩與中丞同，掌詔獄及廷尉不當者皆治之。後并河南，遂省黄沙治書侍御史。及太康中，又省治書侍御史二員。

侍御史，案二漢所掌凡有五曹：一曰令曹，掌律令；二曰印曹，掌刻印；三曰供曹，掌齋祠；四曰尉馬曹，掌厩馬；五曰乘曹，掌護駕。魏置八人。及晉，置員九人，品同治書，而有十三曹：吏曹、課第曹、直事曹、印曹、中都督曹、外都督曹、媒曹、符節曹、水曹、中壘曹、營軍曹、法曹、算曹。及江左初，省課第曹，置庫曹，掌厩牧牛馬市租，後分曹，置外左庫、内左庫云。

殿中侍御史，案魏蘭臺遣二御史居殿中，伺察非法，即其始也。及晉，置四人，江左置二人。又案魏晉官品令又有禁防御史第七品，孝武太元中有檢校御史吴琨，則此二職亦蘭臺之職也。

符節御史，秦符璽令之職也。漢因之，位次御史中丞。至魏，别爲一臺，位次御史中丞，掌授節、銅武符、竹使符。及泰始九年，武帝省并蘭臺，置符節御史掌其事焉。

（唐）杜佑《通典》卷二四《職官·中丞》 晉亦因漢，以中丞爲臺主，與司隷分督百僚。自皇太子以下，無所不糾。初不得糾尚書，後亦糾之。晉傅咸奏云：司隷、中丞得糾太子而不得糾尚書，臣所未譬。朝廷無以易之。又劉暾字長叔，兼中丞，奏免尚書僕射等十餘人，朝廷嘉之，遂以即真。晉元帝即尊號，省司直，置中丞，皇太子以下悉得糾劾之。中丞專糾行馬内，司隷專糾行馬外。雖制如是，然亦更奏衆官，實無其限。王恬字元愉，爲中丞。簡文初即位，未解嚴，大司馬桓温屯中堂，夜吹警角，恬奏劾温大不敬，請理罪。明日，温見奏事，歎曰：此兒乃敢彈我，真可畏也。【略】

〔御史中丞〕晉置四人，泰始四年，又置黄沙獄持書侍御史一人，秩與中丞同，掌詔獄及廷尉不當者皆理之，後并河南，遂省黄沙持書侍御史。及太康中，又省持書侍御史二員。魏晉以來，持書侍御史分掌侍御史所掌諸曹，若尚書二丞。

（唐）杜佑《通典》卷二四《職官·侍御史》 晉侍御史九人，頗用郡守爲之，《山公啓事》曰：舊侍御史頗用郡守，今散二千石有才能尚少者可用不？詔使八座詳之。毦音餌。品同持書，而有十三曹。十三曹者，謂吏曹、課第曹、直事曹、印曹、中都督曹、外都督曹、媒曹、符節曹、水曹、中壘曹、營軍曹、法曹、竿曹。及江左初，省課第曹，置庫曹，掌廄牧馬牛市租。後分庫曹，置左庫、外左庫二曹。

南朝·總叙

綜述

《宋書》卷三九《百官志》 太宰，一人。周武王時，周公旦始居之，掌邦治，爲六卿之首。秦、漢、魏不常置。晉初依《周禮》，備置三公。三公之職，太師居首，景帝名師，故置太宰以代之。太宰，蓋古之太師也。殷紂之時，箕子爲太師。周武王時，太公爲太師。周成王時，周公爲太師。周公薨，畢公代之。漢西京初不置，平帝始復置太師官，而孔光居焉。漢東京又廢。獻帝初，董卓爲太師，卓誅又廢。魏世不置。晉既因太師而置太宰，以安平王孚居焉。

太傅，一人。周成王時，畢公爲太傅。漢高后元年，初用王陵。

太保，一人。殷太甲時，伊尹爲太保。周武王時，召公爲太保。漢平帝元始元年，始用王舜。後漢至魏不置，晉初復置焉。自太師至太保，是爲三公。論道經邦，燮理陰陽，無其人則闕，所以訓護人主，導以德義者。

相國，一人。漢高帝十一年始置，以蕭何居之，罷丞相；何薨，曹參代之；參薨，罷。魏齊王以晉景帝爲相國。晉惠帝時趙王倫，愍帝時南陽王保，安帝時宋高祖，順帝時齊王，並爲相國。自魏、晉以來，非復人臣之位矣。

丞相，一人。殷湯以伊尹爲右相，仲虺爲左相。秦悼武王二年，始置丞相官。丞，奉。相，助也。悼武王子昭襄王始以樗里疾爲丞相，後又置左右丞相。漢高帝初，置一丞相，十一年，更名相國。孝惠、高后置左右丞相，文帝二年，復置一丞相。哀帝元壽二年，更名大司徒。漢東京不復置。至獻帝建安十三年，復置丞相，魏世及晉初又廢。惠帝世，趙王倫篡位，以梁王肜爲丞相。永興元年，以成都王穎爲丞相。愍帝建興元年，以琅邪王睿爲左丞相，南陽王保爲右丞相；三年，以保爲相國，睿爲丞相。元帝永昌元年，以王敦爲丞相，轉司徒荀組爲太尉，以司徒官屬并丞相爲留府，敦不受。成帝世，以王導爲丞相，罷司徒府以爲丞相府，導薨，罷丞相，復爲司徒府。宋世祖初，以南郡王義宣爲丞相，而司徒府如故。

太尉，一人。自上安下曰尉。掌兵事，郊祀掌亞獻，大喪則告謚南郊。堯時舜爲太尉官，漢因之。武帝建元二年省。光武建武二十七年，罷大司馬，置太尉以代之。靈帝末，以劉虞爲大司馬，而太尉如故。

司徒，一人。掌民事，郊祀掌省牲視濯，大喪安梓宫。少昊氏以鳥名官，而祝鳩氏爲司徒。堯時舜爲司徒。舜攝帝位，命契爲司徒。契玄孫之孫曰微，亦爲夏司徒。周時司徒爲地官，掌邦教。漢西京初不置。哀帝元壽二年，罷丞相，罷大司徒。光武建武二十七年，去大。

司空，一人。掌水土事，郊祀掌掃除陳樂器，大喪掌將校復土。舜攝帝位，以禹爲司空。契玄孫之子曰冥，亦爲夏司空。殷湯以咎單爲司空。周時司空爲冬官，掌邦事。漢西京初不置。成帝綏和元年，更名御史大夫爲大司空；哀帝建平二年，復爲御史大夫；元壽二年，復爲大司空；光武建武二十七年去大字。獻帝建安十三年，又罷司空，置御史大夫。御史大夫郗慮免，不復補。魏初又置司空。

大司馬，一人。掌武事。司，主也。馬，武也。堯時棄爲后稷，兼掌司馬。周時司馬爲夏官，掌邦政。項籍以曹無咎、周殷並爲大司馬。漢初不置。武帝元狩四年，初置大司馬。始直云司馬，議者以漢有軍候千人司馬官，故加大。及置司空，又以縣道官有獄司空，又加大。王莽居攝，以漢無小司徒，而定司馬、司徒、司空之號並加大。光武建武二十七年，省大司馬，以太尉代之。魏文帝黄初二年，復置大司馬，以曹仁居之，而太尉如故。

大將軍，一人。凡將軍皆掌征伐。周制，王立六軍。晉獻公作二軍，公將上軍。將軍之名，起於此也。楚懷王遣三將入關，宋義爲上將。漢高帝以韓信爲大將軍。漢西京以大司馬冠之。漢東京大將軍自爲官，位在三司上。魏明帝青龍三年，晉宣帝自大將軍爲太尉，然則大將軍在三司下矣。其後又在三司上。晉景帝爲大將軍，而景帝叔父孚爲太尉，奏改大將軍在太尉下，後還復舊。

晉武帝踐阼，安平王孚爲太宰，鄭沖爲太傅，王祥爲太保，義陽王望爲太尉，何曾爲司徒，荀顗爲司空，石苞爲大司馬，陳騫爲大將軍，凡八公同時並置，唯無丞相焉。

有蒼頭字宜禄。至漢，丞相府每有所關白，到閤輒傳呼宜禄，以此爲常。

丞相置三長史。丞相有疾，御史大夫率百僚三旦問起居，及瘳，詔遣尚書令若光禄大夫賜養牛，上尊酒。漢景帝三公病，遣中黄門問病。魏、晉則黄門郎，尤重者或侍中也。魏武爲丞相以來，置左右二長史而已。漢東京太傅府置掾、屬十人，御屬一人，令史十二人，不知皆何曹也。自太尉至大將軍、驃騎、車騎、衛將軍，皆有長史一人，將軍又各置司馬一人，太傅不置長史也。

太尉府置掾、屬二十四人，西曹主府吏署用事，東曹主二千石長吏遷除事，户曹主民户祠祀農桑事，奏曹主奏議事，辭曹主辭訟事，法曹主郵驛科程事，尉曹主卒徒轉運事，賊曹主盜賊事，決曹主罪法事，兵曹主兵事，金曹主貨幣鹽鐵事，倉曹主倉穀事，黄閤主簿省録衆事。御屬一人，令史二十二人。御屬主爲公御，令史則有閤下、記室、門下令史，其餘史闕。案掾、屬二十四人，自東西曹凡十二曹，然則曹各置掾、屬一人，合二十四人也。

司徒置掾、屬三十一人，御屬一人，令史三十五人。司空置掾二十九人，御屬一人，令史三十一人。司空別有道橋掾。其餘張減之號，史闕不可得知也。

《南齊書》卷一六《百官志》　建官設職，興自炎昊，方乎隆周之册，表乎盛漢之書。存改回沿，備於歷代，先賢往學，以之雕篆者衆矣。若夫胡廣《舊儀》，事惟簡撮，應劭《官典》，殆無遺恨。王朗奏議，屬霸國之初基；陳矯增曹，由軍事而補闕。今則有《魏氏官儀》、魚豢《中外官》也。山濤以意辯人，不□□□。荀勗欲去事煩，唯論并省。定制成文，本之《晉令》，後代承業，案爲前准。肇域官品，區別階資，蔚宗選簿梗概，欽明階次詳悉，虞通、劉寅因荀氏之作，矯舊增新，今古相校。齊受宋禪，事遵常典，既有司存，無所偏廢。其餘散在史注，多已筌拾，覽者易知，不重述也。諸臺府郎令史職吏以下，具見長水校尉王珪之《職儀》。

（國相）〔相國〕。

蕭、曹以來，爲人臣極位。宋孝建用南譙王義宣。至齊不用人，以爲贈，不列官。

太宰。

宋大明用江夏王義恭，以後無人。齊以爲贈。

太傅。

太師、太保、太傅，周舊官。漢末，董卓爲太師。晉惠帝初，衛瓘爲太保。自後無太師，而太保爲贈。齊唯置太傅。

大司馬。

大將軍。

宋元嘉用彭城王義康，後無人。齊以爲贈。

太尉。

司徒。

司空。

三公，舊爲通官。司徒府領天下州郡名數户口簿籍。雖無，常置左右長史，左西〔曹〕掾屬、主簿、祭酒、令史以下。晉世王導爲司徒，右長史干寶撰立官府《職儀》已具。

《隋書》卷二六《百官志》　梁武受命之初，官班多同宋、齊之舊，有丞相、太宰、太傅、太保、大將軍、大司馬、太尉、司徒、司空、開府儀同三司等官。諸公及位從公開府者，置官屬。有長史、司馬、諮議參軍，掾屬從事中郎、記室、主簿、列曹參軍、行參軍、舍人等官。其司徒則有左、右二長史，又增置左西掾一人，自餘僚佐，同於二府。有公則置，無則省。而司徒無公，唯省舍人，餘官常置。開府儀同三司，位次三公，諸將軍、左右光禄大夫，優者則加之，同三公，置官屬。

《隋書》卷二六《百官志》　陳承梁，皆循其制官，而又置相國，位列丞相上。并丞相、太宰、太傅、太保、大司馬、大將軍，並以爲贈官。定令，尚書置五員，郎二十一員。其餘並遵梁制，爲十八班，而官有清濁。自十二班以上並詔授，表啓不稱姓。從十一班至九班，禮數復爲一等。又流外有七班，此是寒微士人爲之。從此班者，方得進登第一班。其親王起家則爲侍中。若加將軍，方得有佐史，無將軍則無府，止有國官。皇太子冢嫡者，起家封王，依諸王起家。餘子並封公，起家中書郎。諸王子并諸侯世子，起家給事。三公子起家員外散騎侍郎，令僕子起家祕書郎。若員滿，亦爲板法曹，雖高半階，望終祕書郎下。次令僕子起家著作佐郎，亦爲板行參軍。此外有揚州主簿、太學博士、王國侍郎、奉朝請、嗣王行參軍，並起家官，未合發詔。諸王公參佐等官，仍爲清濁。或有選司補用，亦有府牒即授者，不拘年限，去留隨意。在府之日，唯賓遊宴賞，時復修參，更無餘事。若隨府王在州，其僚佐等，或亦得預催督。若其驅使，便有職務。其衣冠子弟，多自修立，非氣類者，唯利是求，暴物亂政，皆此之類。國之政事，並由中書省。有中書舍人五人，領主事十人，書吏二百人。書吏不足，并取助書。分掌二十一局事，各當尚書諸曹，並爲上司，總國内機要，而尚書唯聽受而已。被委此官，多擅威勢。其庶姓爲州，若無將軍者，謂之單車。郡縣官之任代下，有迎新送故之法，餉饋皆百姓出，並以定令。

（唐）杜佑《通典》卷一九《職官・歷代官制總序》　爰及宋齊，亦無改作。宋時新制，長史以父母疾去官，禁錮三年。山陰令沈叔任父疾去職，御史中丞鄭鮮之上議曰：所以爲其制者，涖官不久，則奔競互生，故杜其欲速之情，以申考績之實耳。今父母之疾，而加以罪名，損義疾理，莫此爲大。詔從之。於是自二品以上父母及爲祖父母後者，墳墓崩毁及疾病，族屬輒去，並不禁錮。又劉祗爲中書郎，江夏王義恭領中書監，服親不得相臨，表解職也。孝武詔曰：昔二王兩謝，俱至崇禮。自今三臺五省，悉同此例。又詔曰：方鎮所假禮白版郡縣，年限依臺除，食禄三分之一，不給送。官司有三臺、五省之號，三臺，蓋兩漢舊名。五省，謂尚書、中書、門下、祕書、集書省也。郡縣有三歲爲滿之期。宋州、郡、縣居職，以三周爲小滿。

梁武受終，多遵齊舊。然而定諸卿之位，分配四時，說在《列卿》中。置戎秩之官，百有餘號。武帝時，置百二十五號將軍，爲二十四班。陳遵梁制，不失舊物。陳依梁制，年未滿三十者，不得入仕。唯經學生策試得第，諸州迎主簿，西曹左奏及經爲挽郎得仕。其諸郡，唯正王任丹陽尹經迎得出身，庶姓尹不得。必有奇才、異行、殊勳，別降恩旨叙用者，不在常例。其相知表啓通舉者，每常有之。亦無年常考校黜陟之法。既不爲此式，所以勤惰無辨。凡選官無定期，隨闕即補，多更互遷官，未必即進班秩。其官唯論清濁。從濁官得微清，即勝於轉。若有遷授，或由別敕，但移轉一人爲官，則諸官多須改動。《陳書》曰：舊式，拜官皆在午後。唯拜蔡景歷爲度支尚書日，駕幸玄武觀，帝恐景歷是日不得預宴，特令早拜。

（唐）杜佑《通典》卷二〇《職官·三公總叙》 宋皆有八公之官，而不言爲八公也。《宋志》曰：三公黄閤，前史無其義。按《禮記》云：士韠與天子同，公侯、大夫則異。鄭玄注云：士賤，與君同，不嫌也。夫朱門洞啓，當陽之正色也。三公之與天子禮秩相亞，故黄其閤以示謙，不敢斥天子，宜是漢舊制也。韠音畢。

齊時，三公唯有太傅。

梁有丞相、太宰、太傅、太保、大司馬、大將軍、太尉、司徒、司空、開府儀同三司等官，諸公及位從公開府者，亦置官屬。

陳以丞相、太宰、太傅、太保、大司馬、大將軍並爲贈官。三公之制，開黄閤，廳事置鴟尾。

（唐）杜佑《通典》卷二〇《職官·總叙三師三公以下官屬》 宋有太傅、太保、太宰、太尉、司徒、司空、大司馬，諸府皆有長史一人，將軍一人。又各置司馬一人，而太傅不置。長史、掾屬亦與後漢略同。自江左以來，諸公置長史、倉曹掾、户曹屬、東西閤祭酒各一人，主簿、舍人二人，御屬二人，令史無定員。領兵者置司馬一人，從事中郎二人，參軍無定員；加崇者置左右長史、司馬、從事中郎四人，掾屬四人，則倉曹增置屬，户曹置掾。加崇極於此也。其司徒府若無公，唯省舍人，其府常置，其職僚異於餘府，有左、右長史，東、西曹掾屬，餘則同矣。餘府有公即置，無則省。

齊有太宰、大司馬，並爲贈官，無僚屬。太尉、司徒、司空，是爲三公。特進，位從公。諸開府儀同三司，位從公。開府儀同，如公。凡公督府置佐：長史、司馬各一人，諮議參軍二人。諸曹有録事，功曹，記室，户曹，倉曹，中、直兵，外兵，騎兵，長流，賊曹，城局，法曹，田曹，水曹，鎧曹，集曹，右户十八曹。城局曹以上署正參軍，法曹以下署行參軍，各一人。其行參軍無署者，爲長兼員。其公府佐史，則從事中郎二人，倉曹掾、户曹屬、東西閤祭酒各一人，主簿、舍人、御屬二人。加崇者，則左右長史四人，中郎、掾屬並增數。其未及開府，則置府亦有佐史，其數有減。小府無長流，置禁防參軍。初，晉令公府長史著朝服，自宋大明以來著朱衣。齊王儉爲司徒左長史，請依《晉令》復舊制，不著朱衣，時議不許。又曰：王秀之常云：位至司徒左長史，可以知止足矣。又陸慧曉爲司徒右長史，謝朏爲左長史，府公竟陵王子良謂王融曰：我府二上佐，前代誰可比？融曰：兩賢同時，未有前例。朏，滂佩反。

梁武受命之初，官班多同宋齊之舊。有丞相、太宰、太傅、太保、大司馬、太尉、司徒、司空、開府儀同三司等官。諸公及位從公開府者置官屬，有長史、司馬、諮議參軍、掾屬、從事中郎、記室，建安王爲雍州刺史，表求管記，乃以江革爲征北記室參軍。革弟觀又爲參軍兼記室。任昉曰：文房之任，總卿兄弟。故歷代皆爲文士之華選云。主簿、列曹參軍、行參軍、舍人等官。其司徒則有左、右二長史，褚球字仲寶，爲司徒右長史，加貂。台佐加貂，自球始也。又增置左西掾一人，自餘僚佐，同於二府。有公則置，無則省。而司徒無公，唯省舍人，餘官常置。開府儀同三司，位次三公，左右光禄大夫優者則加之，同三公，置官屬。

陳三師、二大並爲贈官，而無僚屬。其三公有府長史、司馬、諮議參軍、從事中郎、掾曹屬、主簿、祭酒、録事、記室、正參軍、板正參軍。

（唐）杜佑《通典》卷二一《職官·宰相并官屬》 宋孝武帝初，唯以南郡王義宣爲丞相，而司徒府始如故。亦有相國。丞相金章紫綬，進賢三梁冠，絳朝服，佩山玄玉，相國則緑盭綬也。齊丞相不用人，以爲贈官。梁罷相國，置丞相；罷丞相，置司徒。陳又置相國，位列丞相上，并丞相並爲贈官。

按：自魏晉以來，宰相但以他官參掌機密，或委知政事者則是矣，無有常官。其相國、丞相，或爲贈官，或則不置，自爲尊崇之位，多非人臣之職。其真爲宰相者，不必居此官。魏文帝以劉放、孫資爲中書監、令，並掌機密。晉武帝詔以荀勖爲中書監、侍中，毗贊朝政。張華爲中書令，侍中劉卞謂華曰：公居阿衡之地。東晉庾亮、庾冰相次爲中書監。先是，王導輔政，以寬和得衆，庾亮以法裁物，頗失人心。至冰，經綸時務，升擢後進，朝野注心，咸曰賢相。殷浩爲揚州刺史，參綜朝權。王敦爲大將軍、侍中，上表曰臣備位宰輔。謝安爲中書監，録尚書省事。宋文帝初，徐羡之爲司空，録尚書事。後以江湛、王僧綽俱爲侍中，任以機密。後又以殷景仁爲侍中、左衛將軍，與侍中、右衛將軍王華，侍中、左衛將軍王曇首，侍中劉湛四人俱居門下，皆以風力局幹，冠冕一時，同昇之美，近代莫及。

初，王弘爲江州刺史，加侍中，後徵輔政，以爲侍中、司徒，録尚書事。而弘弟曇首爲文帝所任，與華相埒。華常謂己力用不盡，每歎息云：宰相頓有數人，天下何由得理？湛母憂去職，後徵爲太子詹事，加給事中，與殷景仁並被任遇。湛常云：今代宰相何難？此正可當我南陽郡漢代功曹耳。沈演之爲侍中、右衛將軍，文帝謂之曰：侍中領衛，俱爲優重，此蓋宰相便坐，卿其勉之。齊王儉爲侍中、尚書令，常謂人曰：江左風流宰相，唯有謝安。蓋自況也。明帝顧命江祏兄弟及始安王遥光、尚書令徐孝嗣、領軍蕭坦之，更日帖敕，時呼爲六貴，皆宰相也。梁何敬容初爲吏部尚書、侍中。時徐勉爲僕射，參掌機事，以疾陳解，因舉敬容自代，故敬容遷爲僕射，掌選事，侍中如故，此並爲宰相。後敬容屢轉他官，而參掌如故。又王訓爲侍中，武帝問敬容曰：褚彦回年幾爲宰相？對曰：少過三十。帝曰：今之王訓，無謝彦回。彦回，宋明帝時爲侍中。又周捨卒後，朱异爲散騎常侍，代掌機密。北齊韓軌爲中書令，尋授司空，自以勳庸，歷登台鉉。按此則或掌機密，或録尚書，或綜機權，或管朝政，或單侍中，或給事中，或受顧命，皆爲宰相也。然侍中職任機務之司，不必他名，亦多爲宰相。其有侍中兼外官，若宋王弘；侍中兼内官，若沈演之，其例不少，則非宰相，蓋在當時委任而已。自晋宋已來，宰相皆文義自逸，何敬容獨勤庶務，爲代所嗤鄙。姚察曰：魏正始及晋之中朝，俗尚於玄虚，貴爲放誕。尚書丞郎以上，簿領文案，不復經懷，皆成於令史。逮乎江左，此道彌扇。唯卞壼以臺閣之務，頗欲綜理，阮孚謂之曰：卿常無閒暇，不乃勞乎？宋代王敬弘身居端右，未嘗省牒，風流相尚，其流遂遠。睹白署空，是稱清貴；恪勤匪懈，終滯鄙俗。是使朝經廢於上，衆職隳於下，小人道長，抑此之由。嗚呼，傷風敗俗，而使何國禮之識理見譏薄俗者哉。

南朝・尚書臺

綜述

《宋書》卷三九《百官志》　尚書，古官也。舜攝帝位，命龍作納言，即其任也。《周官》司會，鄭玄云，若今尚書矣。秦世少府遣吏四人在殿中主發書，故謂之尚書。尚猶主也。漢初有尚冠、尚衣、尚食、尚浴、尚席、尚書，謂之六尚。戰國時已有尚冠、尚衣之屬矣。秦時有尚書令、尚書僕射、尚書丞。至漢初並隸少府，漢東京猶文屬焉。古者重武官，以善射者掌事，故曰僕射。僕射者，僕役於射事也。秦世有左右曹諸吏，官無職事，將軍大夫以下皆得加此官。漢武帝世，使左右曹諸吏分平尚書奏事。昭帝即位，霍光領尚書事；成帝初，王鳳録尚書事。漢東京每帝即位，輒置太傅，録尚書事，薨輒省。晋康帝世，何充讓録表曰：咸康中，分置三録，王導録其一，荀崧、陸曄各録六條事。然則似有二十四條，若止有十二條，則荀、陸各録六條，導又何所司乎？若導總録，荀、陸分掌，則不得復云導録其一也。其後每置二録，輒云各掌六條事，又是止有十二條也。十二條者，不知悉何條。晋江右有四録，則四人參録也。江右張華、江左庾亮並經關尚書七條，則亦不知皆何事也。後何充解録，又參關尚書。録尚書職無不總，王肅注《尚書》納于大麓曰：堯納舜於尊顯之官，使大録萬機之政也。凡重號將軍刺史，皆得命曹授用，唯不得施除及加節。宋世祖孝建中，不欲威權外假，省録。大明末復置。此後或置或省。漢獻帝建安四年，以執金吾榮郃爲尚書左僕射，衛臻爲右僕射。二僕射分置，自此始也。漢成帝建始四年，初置尚書，員四人，增丞亦爲四人。曹尚書其一曰常侍曹，主公卿事；其二曰二千石曹，主郡國二千石事；其三曰民曹，主吏民上書事；其四曰客曹，主外國夷狄事。光武分二千石曹爲二，又分客曹爲南主客曹、北主客曹，改常侍曹爲吏曹，凡六尚書。減二丞，唯置左右二丞而已。應劭《漢官》云：尚書令、左丞，總領綱紀，無所不統。僕射、右丞，掌稟假錢穀。三公尚書二人，掌天下歲盡集課；吏曹掌選舉、齋祠；二千石曹掌水、火、盜賊、詞訟、罪法；客曹掌羌、胡朝會，法駕出，護駕；民曹掌繕治、功作、鹽池、苑囿。吏曹任要，多得超遷。則漢末曹名及職司又與光武時異也。魏世有吏部、左民、客曹、五兵、度支五曹尚書。晋初有吏部、三公、客曹、駕部、屯田、度支六曹尚書。武帝咸寧二年，省駕部尚書，四年又置。太康中，有吏部、殿中、五兵、田曹、度支、左民六尚書。惠帝世，又有右民尚書。尚書止於六曹，不知此時省何曹也。江左則有祠部、吏部、左民、度支、五兵，合爲五曹尚書。宋高祖初，又增都官尚書。若有右僕射，則不置祠部尚書。世祖大明二年，置二吏部尚書，而省五兵尚書，後還置一吏部尚書。順帝昇明元年，又置五兵尚書。

尚書令，任總機衡；僕射、尚書，分領諸曹。左僕射領殿中、主客二曹；吏部尚書領吏部、删定、三公、比部四曹；祠部尚書領祠部、儀曹二曹；度支尚書領度支、金部、倉部、起部四曹；左民尚書領左民、駕部二曹；都官尚書領都官、水部、庫部、功論四曹；五兵尚書領中兵、外兵二曹。昔有騎兵、別兵、都兵，故謂之五兵也。五尚書、二僕射、一令，謂之八坐。若營宗廟宮室，則置起部尚書，事畢省。

漢成帝之置四尚書也，無置郎之文。《漢儀》，尚書郎四人，一人主匈奴單于營部，一人主羌夷吏民，一人主户口墾田，一人主財帛委輸。匈奴單于，宣帝之世，保塞内附，成帝世，單于還北庭矣。一郎主匈奴單于營部，則置郎疑是光武時，所主匈奴，是南單于也。《漢官》云，置郎三十六人，不知是何帝增員。然則一尚書則領六郎也。主作文書，起立事草。初爲郎中，滿歲則爲侍郎。尚書寺居建禮門内。尚書郎入直，官供青縑白綾被，或以綿緤爲之。給帷帳、氈褥、通中枕，太官供食物，湯官供餅餌及五熟果實之屬，給尚書伯使一人，女侍二人，皆選端正妖麗，執香爐，護衣服，奏事明光殿。殿以胡粉塗壁，畫古賢烈士。以丹朱色地，謂之丹墀。尚書郎口含雞舌香，以其奏事答對，欲使氣息芬芳也。奏事則與黄門侍郎對揖。黄門侍郎稱已聞，乃出。天子所服五時衣以賜尚書令僕，而丞、郎月賜赤管大筆一雙，隃麋墨一丸。魏世有殿中、吏部、駕部、金部、虞曹、比部、南主客、祠部、度支、庫部、農部、水部、儀曹、三公、倉部、民曹、二千石、中兵、外兵、別兵、都兵、考功、定科，凡二十三郎。青龍二年有軍事，尚書令陳矯奏置都官、騎兵二曹郎，合爲二十五曹。晉西朝則直事、殿中、祠部、儀曹、吏部、三公、比部、金部、倉部、度支、都官、二千石、左民、右民、虞曹、屯田、起部、水部、左主客、右主客、駕部、車部、庫部、左中兵、右中兵、左外兵、右外兵、別兵、都兵、騎兵、左士、右士、北主客、南主客爲三十四曹郎；後又置運曹，凡三十五曹。晉江左初，無直事、右民、屯田、車部、別兵、都兵、騎兵、左士、右士、運曹十曹郎，而主客、中外兵各置一郎而已，所餘十七曹也。康、穆以來，又無虞曹、二千石二郎，猶有殿中、祠部、吏部、儀曹、三公、比部、金部、倉部、度支、都官、左民、起部、水部、主客、駕部、庫部、中兵、外兵十八曹郎。後又省主客、起部、水部，餘十五曹。宋高祖初，加置騎兵、主客、起部、水部四曹郎，合爲十九曹。太祖元嘉十年，又省儀曹、主客、比部、騎部四曹郎。十一年，又並置。十八年，增删定曹郎，次在左民曹上，蓋魏世之定科郎也。三十年，又置功論郎，次都官之下，在删定之上。太宗世，省騎兵。今凡二十曹郎。以三公、比部主法制。度支主算。支，派也。度，景也。都官主軍事刑獄。其餘曹所掌，各如其名。

漢制，公卿御史中丞以下，遇尚書令、僕、丞、郎，皆辟車豫相回避，臺官過，乃得去。今尚書官上朝及下，禁斷行人，猶其制也。漢又制，丞、郎見尚書，呼曰明時。郎見二丞，呼曰左君、右君。

郎以下則有都令史、令史、書令史、書吏幹。漢東京尚書令史十八人，晉初正令史百二十人，書令史百三十人。自晉至今，或減或益，難以定言。《漢儀》有丞相令史。令史蓋前漢官也。晉西朝有尚書都令史朱誕，則都令史其來久矣。分曹所掌如尚書也。

晉西朝八坐丞郎，朝晡詣都坐朝，江左唯旦朝而已。八坐丞郎初拜，並集都坐，交禮。遷，又解交。漢舊制也。今唯八坐解交，丞郎不復解交也。尚書令千石，僕射尚書六百石，丞郎四百石。

武庫令，一人。掌軍器。秦官。至二漢，屬執金吾。晉初罷執金吾，至今隸尚書庫部。

車府令，一人。丞一人。秦官也。二漢、魏、晉並隸太僕。太僕既省，隸尚書駕部。

上林令，一人。丞一人。漢西京上林中有八丞、十二尉、十池監。丞、尉屬水衡都尉。池監隸少府。漢東京曰上林苑令及丞各一人，隸少府。晉江左闕。宋世祖大明三年復置，隸尚書殿中曹及少府。

材官將軍，一人。司馬一人。主工匠土木之事。漢左右校令，其任也。魏右校又置材官校尉，主天下材木事。晉江左改材官校尉曰材官將軍，又罷左校令。今材官隸尚書起部及領軍。

《南齊書》卷一六《百官志》　録尚書。

尚書令。

總領尚書臺二十曹，爲内臺主。行遇諸王以下，皆禁駐。左右僕射分道。無令，左僕射爲臺主，與令同。

左僕射。

領殿中主客二曹事，諸曹郊廟、園陵、車駕行幸、朝儀、臺内非違、文官舉補滿叙疾假事，其諸吉慶瑞應衆賀、災異賊發衆變、臨軒崇拜、改號格制、莅官銓選，凡諸除署、功論、封爵、貶黜、八議、疑讞、通關案，則左僕射主，右僕射次經，維是黄案，左僕射右僕射署朱符見字，經都丞竟，右僕射横畫成目，左僕射畫，令畫。右官闕，則以次并畫。若無左右，則直置僕射在其中間，總左右事。

吏部尚書。

領吏部、刪定、三公、比部四曹。

度支尚書。

領度支、金部、倉部、起部四曹。

左民尚書。

領左民、駕部二曹。

都官尚書。

領都官、水部、庫部、功論四曹。

五兵尚書。

領中兵、外兵二曹。

祠部尚書。

右僕射通職，不俱置。

起部尚書。

興立宫廟權置，事畢省。

左丞一人。

掌宗廟郊祠、吉慶瑞應、災異、立作格制、諸案彈、選用除置、吏補滿除遣注職。

右丞一人。

掌兵士百工補役死叛考代年老疾病解遣、其内外諸庫藏穀帛、刑辠創業諍訟、田地船乘、稟拘兵工死叛、考剔討補、差分百役、兵器諸營署人領、州郡租布、（人）民户移徙、州郡縣併帖、城邑民户割屬、刺史二千石令長〔丞〕尉被收及免贈、文武諸犯削官事。白案，右丞上署，左丞次署。黄案，左丞上署，〔右丞次署〕。諸立格制及詳讞大事宗廟朝廷儀體，左丞上署，右丞次署。自令僕以下五尚書八座二十曹，各置郎中令史以下，又置都令史分領之。僕射掌朝軌，尚書掌讞奏，都丞任碎，在彈違諸曹緣常及外詳讞事。應須命議相值者，皆郎先立意，應奏黄案及關事，以立意官爲議主。凡辭訴有漫命者，曹緣諮如舊。若命有諮，則以立意者爲議主。

武庫令一人。

屬庫部。

車（將）〔府〕令一人，丞一人。

屬駕部。

公車令一人。

大官令一人，丞一人。

大醫令一人，丞一人。

内外殿中監各一人。

内外驊騮厩丞各一人。

材官將軍一人，司馬一人。

屬起部，亦屬領軍。

《隋書》卷二六《百官志》 尚書省，置令，左、右僕射各一人。又置吏部、祠部、度支、左户、都官、五兵等六尚書。左右丞各一人。吏部、刪定、三公、比部、祠部、儀曹、虞曹、主客、度支、殿中、金部、倉部、左户、駕部、起部、屯田、都官、水部、庫部、功論、中兵、外兵、騎兵等郎二十三人。令史百二十人，書令史百三十人。

尚書掌出納王命，敷奏萬機。令總統之。僕射副令，又與尚書分領諸曹。令闕，則左僕射爲主。其祠部尚書多不置，以右僕射主之。若左、右僕射並闕，則置尚書僕射以掌左事，置祠部尚書以掌右事。然則尚書僕射、祠部尚書不恒置矣。又有起部尚書，營宗廟宫室則權置之。事畢則省，以其事分屬都官、左户二尚書。左、右丞各一人，佐令、僕射知省事。左掌臺内分職儀、禁令、報人章，督録近道文書章表奏事，糾諸不法。右掌臺内藏及廬舍、凡諸器用之物，督録遠道文書章表奏事。凡諸尚書文書，詣中書省者，密事皆以挈囊盛之，封以左丞印。自晋以後，八座及郎中多不奏事。天監元年詔曰：自禮闈陵替，歷茲永久，郎署備員，無取職事。糠粃文案，貴尚虚閑，空有趨墀之名，了無握蘭之實。曹郎可依昔奏事。自是始奏事矣。三年，置侍郎，視通直郎。其郎中在職勤能，滿二歲者，轉之。又有五都令史，與左、右丞共知所司。舊用人常輕，九年詔曰：尚書五都，職參政要，非但總領衆局，亦乃方軌二丞。頃雖求才，未臻妙簡，可革用士流，每盡時彦，庶同持領，秉此羣目。於是以都令史視奉朝請。其年，以太學博士劉納兼殿中都，司空法曹參軍劉顯兼吏部都，太學博士孔虔孫兼金部都，司空法曹參軍蕭軌兼左户都，宣毅墨曹參軍王顒兼中兵都。五人並以才地兼美，首膺兹選矣。駕部又別領車府署，庫部領南、北武庫二署令丞。

（唐）杜佑《通典》卷二二《職官・尚書上・尚書省并總論尚書》

宋曰尚書寺，居建禮門內，亦曰尚書省，令若闕，則左僕射爲省主。亦謂之內臺。每八座以下入寺，門生隨入者各有差，不得雜以人士。凡尚書官，大罪則免，小罪遣出。遣出者百日無代人，聽還本職。宋顧琛爲庫部郎，以顧碩頭寄尚書張茂度門名，而碩頭與同席坐，琛坐此遣出。又《宋志》曰：今朝士詣三公，尚書丞郎詣令、僕射，尚書丞郎並門外下車履，度門閾，乃納履也。其令及二僕射出行分道之制，與中丞同。令、僕各給威儀十八人。說在《御史大夫篇》。

自晉以後，八座及郎中多不奏事。梁天監元年，詔曰：自禮闈陵替，歷兹永久，郎署備員，無取職事。糠粃文案，貴尚虛閑。空有趨墀之名，了無握蘭之實。曹郎可依昔奏事。自是始奏事矣。又詔：尚書中有疑事，先於朝堂參議，然後啓聞。舊尚書官不以爲贈，唯朱异卒，特贈右僕射，武帝寵之故也。故周捨問劉杳：尚書官著紫荷橐，相傳云挈囊，竟何所出？答曰：《張安世傳》云：持橐簪筆，事武帝數十年。注云：橐，囊也。近臣簪筆，以待顧問。

自魏晉重中書之官，居喉舌之任，則尚書之職，稍以疏遠。至梁陳，舉國機要，悉在中書，獻納之任，又歸門下，而尚書但聽命受事而已。

（唐）杜佑《通典》卷二二《職官・尚書上・録尚書》

宋孝武孝建中，不欲威權外假，省録。大明末復置，此後或置或省。齊世録尚書及尚書令，並總領尚書臺二十曹，爲內臺主，行遇諸王以下皆禁駐，號爲録公。齊明帝爲宣成王，録尚書。廢帝昭業思蒸魚，太官以無録公命，不與。高帝崩，遺詔以褚彦回録尚書事。江左以來，無單爲録者，有司擬立優策，王儉議宜有策書，乃從之。王儉議以爲：見居本官，別拜録，推理應有策書，而舊事不載。中朝以來，三公王侯，則優策並設，官品第二，策而不優。優者褒美，策者兼明委寄。尚書職居天官，政化之本。故尚書令品雖第三，拜必有策。録尚書品秩不見，而總任彌重，前代多與本官同拜，故不別有策。即事緣情，不容均之凡僚。宜有策書，用申重寄，既異王侯，不假優文。從之。

（唐）杜佑《通典》卷二二《職官・尚書上・尚書令》

齊梁舊用左僕射，美遷司空。謝朏字敬沖，徵爲司徒、尚書令。朏辭腳疾，不堪朝謁，乃角巾肩輿，詣雲龍門謝。既見，乘小車就席。梁陳並有之。

（唐）杜佑《通典》卷二二《職官・尚書上・僕射》

宋尚書僕射勝右減左，右居二者之閒。僕射職爲執法，置二則爲左右執法。王敬弘爲僕射，關署文案，初不省讀，嘗陪聽訟，文帝問以疑獄，敬弘不對。帝變色，問左右：何故不以訊牒副僕射？敬弘曰：臣乃得訊牒，正自不解。帝不悦，後遷尚書令。又與尚書分領諸曹，兼掌彈舉。王弘爲僕射，奏彈康樂縣公謝靈運：力人桂興淫其嬖妾，殺興江涘，請免官削爵，付大理。內臺舊體，不得用風聲舉彈。此事彰赫，暴之朝野，不敢拱默。武帝令免官而已。齊左右僕射行則分道，左僕射領殿中、主客二曹，掌諸曹郊廟園陵、車駕行幸、朝儀臺內非違、文官舉補滿叙疾假事。其諸吉慶、瑞應、衆賀、災異、賊發、衆變、臨軒策命、改號格制、莅官銓選，凡諸除署、功論、封爵、貶黜、八議、疑讞通關案，則左僕射主，右僕射次經之。右僕射領祠部、儀曹。掌諸曹庫藏穀帛，文武廩給，諸軍資差量人役百工，死病亡叛討捕，考剔非違，租布稅調，理船車兵器。其祠部郊廟喪贈，儀曹儀典禮學，武官除署，移井城邑，人户復除，家宅田地興工創架運寫，拘慮刑獄聽訟，百工免遣，通關及案奏事，則右僕射主，左僕射次經之。黄案，左僕射上署，右僕射次署。凡僕射掌朝軌，尚書掌讞奏，都丞任在彈違。諸詳讞事，應須命議相值者，皆郎先立意，應奏黄案及關事，以立意官爲議主。凡辭訴有慢命者，曹掾咨如舊。若命有咨，則以立意者爲議主。齊梁舊制，右僕射遷左僕射，左僕射美遷令，其僕射處於中。陳亦然。

（唐）杜佑《通典》卷二二《職官・尚書上・僕射・左右丞》

宋因之，而右丞亦主錢穀。虞玩之字茂瑤，宋元徽中爲右丞。齊高帝參政，與玩之書曰：今漕藏有闕，吾賢居右丞，已覺金粟可積矣。皆銅印黄綬。齊左丞掌寢廟郊祠、吉慶瑞應、災異、立作格制、諸案彈、選用除置、吏補滿除遣注職。任遐爲左丞，奏御史中丞陸澄不糾事，請免澄官。又建康令與秣陵令同乘行車，前導四卒。左丞沈昭略奏，凡有鹵簿官共乘，不得兼列騶道，請免其官。視中書郎遷黄門郎。右丞掌兵士百工補役死叛考代、年老疾病解遣，其内外諸庫藏穀帛，刑辠創業諍訟，田地船乘，稟拘兵工死叛，考剔討捕，差分百役，兵器諸營署人領，州郡租布，民户移徙，州郡縣併帖，城邑人户割屬，刺史二千石令長丞尉被收及免贈，文武諸犯削官事。白案則右丞上署，左丞次署。黄案則左丞上署，右丞次署。諸立格制及詳讞大事，郊廟朝廷儀體，亦左丞上署，右丞次署。梁皆銅印黄綬，一梁冠。左丞掌臺内分職儀、禁令、報人章，督録近道文書章表奏事，糾諸不灋。凡諸尚書文書詣中書省者，密事皆以契刀囊盛之，封以丞相印。劉洽字義瓘，爲左丞，準繩不避貴戚，尚書省賄賂莫敢通。右丞掌臺内藏及廬舍，凡諸器用之物，督録遠道文書章表之事。陳因之。

（唐）杜佑《通典》卷二二《職官·尚書上·歷代尚書》 宋有吏部、祠部、度支、左民、左民尚書統左民及駕部二曹。都官、五兵六尚書。尚書納言幘，進賢兩梁冠，佩水蒼玉。齊梁與宋同，侯景改梁五兵爲七兵尚書。又《職官録》曰：齊尚書品服悉與令同。亦别有起部，而不常置也。梁何胤字子季，爲左民尚書。後辭官，隱於若耶山雲門寺，敕給白衣尚書禄，胤固辭。又到洽爲御史中丞，兄溉爲左民尚書。舊中丞不得入尚書下舍。洽引服親不應有礙，刺省詳决。乃許入溉省，亦以其兄弟素篤，不能相别。陳與梁同。

（唐）杜佑《通典》卷二二《職官·尚書上·歷代郎官》 宋高祖時，有十九曹。元嘉以後，有二十曹郎。三公、比部主法制，度支主算，都官主軍事、刑獄。其餘曹所掌各如其名。宋武帝初，加置騎兵、主客、起部、水部四曹，并東晋舊十五曹，合爲十九曹。元嘉十八年，增删定曹郎，即魏世之定科郎也。三十年，又置功論郎，後又省騎兵，故爲二十曹。

齊依元嘉制，其拜吏部郎，亦有表讓之禮。齊謝朓遷尚書吏部郎，上表三讓。中書疑朓官未及讓，以問沈約。約曰：宋元嘉中，范曄讓吏部，朱循之讓黄門，蔡興宗讓中書，並三表詔答，其事宛然。近代小官不讓，遂成常俗，恐此有乖讓意。王藍田、劉安西並貴重，初自不讓，今豈可慕此不讓耶？孫興公、孔顗並讓記室，今豈可三署皆讓耶？謝吏部今授超階，讓别有意，豈關官之大小？

梁加三曹，爲二十三曹。加殿中、虞曹、屯田。其郎中舊用員外郎、正主簿、正佐有才地者爲之，遷通直郎。天監三年，復置侍郎，視通直郎，郎中遷爲之。梁到洽爲尚書殿中郎。洽兄弟群從，遞居此職，時人榮之。又殿中郎闕，武帝曰：此曹舊用文學，且居鴈行之首，宜詳擇其人。乃以張緬爲之。

陳有二十一曹。省梁二曹，不知何曹。

（唐）杜佑《通典》卷二三《職官·尚書下·吏部尚書》 宋時吏部尚書領吏部、删定、三公、比部四曹。孝武不欲威權在下，大明二年，分吏部尚書，置二人以輕其任，而省五兵，後還置一吏部尚書。順帝昇明元年，又置五兵尚書。晋宋以來，吏部尚書資位尤重。宋時，徵豫章太守蔡廓爲吏部尚書。廓至，謂左丞傅隆曰：選皆出我乎？隆言之執政。徐羨之曰：黄門以下，專以相委；過此則與衆參之。廓聞之曰：我不能爲徐羨之署紙尾。遂不就。選案黄紙，録尚書與吏部尚書連名，故云署紙尾。又庾炳之爲吏部尚書，通貨賄。吏部令史錢泰能琵琶，主客令史周伯齊善歌，詣炳之宅諮事，因留宿。尚書舊制，令史諮事，不得停外，雖有八座命亦不許。爲所司奏，免官。

梁陳亦然。梁蕭子顯爲吏部尚書，性凝簡，負才氣，見九流賓客，不與交言，但舉扇一揮而已，衣冠竊恨之。又謝覽字景滌，朏弟瀹之子，自祖至孫，三世居選部，時以爲榮。又王泰字仲通，爲都官尚書，能接人士，皆願其居選官。頃之，爲吏部尚書，衣冠傾屬。又謝舉字言揚，遷掌吏部。舉祖莊，宋代再典選。至舉又三爲此職，前代未有。

（唐）杜佑《通典》卷二三《職官·尚書下·吏部郎中》 齊謝朓爲吏部郎，上表三讓，説在《歷代郎官篇》。又王儉爲吏部郎，專斷曹事。又陸慧曉字叔明，爲吏部郎。吏部都令史歷政以來，咨執選事。慧曉任己獨行，未嘗與語。帝遣左右以事誚問之，慧曉曰：六十之年，不復能諮都令史爲吏部郎也。梁顧憲之字士思，爲吏部郎。初，其祖覬之嘗爲吏部，於庭植嘉樹，謂人曰：吾爲憲之種耳。至是，憲之果爲此官。然自過江，吏部郎不復典大選。又王亮字奉叔，爲吏部郎，銓序著稱。及後爲吏部尚書，拘資次而已，當代謂爲不能。又任昉爲吏部郎，參掌大選，居職不稱，轉御史中丞。又《職官録》曰：梁吏部郎舊視中丞，遷侍中。又陳吏部郎中秩六百石。

（唐）杜佑《通典》卷二三《職官·尚書下·考功郎中》 宋元嘉三十年，又置功論郎，並其任也。例在《吏部郎中》篇。

（唐）杜佑《通典》卷二三《職官·尚書下·户部尚書》 宋齊度支尚書領度支、金部、倉部、起部四曹。梁亦有之。

（唐）杜佑《通典》卷二三《職官·尚書下·户部郎中》 宋齊以

下，或爲左民，或爲左户。

（唐）杜佑《通典》卷二三《職官·尚書下·禮部尚書》 宋祠部尚書領祠部、儀曹二曹。齊梁陳皆有祠部尚書。

（唐）杜佑《通典》卷二三《職官·尚書下·禮部郎中》 宋、齊儀曹屬祠部。《梁書》曰：武帝謂徐勉云：今帝業初構，須一人有學藝、解朝儀者，爲尚書儀曹郎。勉曰：孔休源識具清通，詳練故事，自晉宋《起居注》，略誦上口。遂拜爲儀曹郎。後周依《周官》。

（唐）杜佑《通典》卷二三《職官·尚書下·主客郎中》 宋齊梁陳單有主客。

（唐）杜佑《通典》卷二三《職官·尚書下·兵部尚書》 宋五兵尚書唯領中兵、外兵二曹，餘則無矣。齊梁陳皆有之。

（唐）杜佑《通典》卷二三《職官·尚書下·駕部郎中》 宋時駕部屬左民尚書。齊亦有之。

（唐）杜佑《通典》卷二三《職官·尚書下·庫部郎中》 宋庫部主兵仗。文帝宴，會有荒服外歸化人，帝問尚書庫部郎顧琛曰：庫中仗有幾許？琛詭對曰：有十萬人仗。舊武庫仗多祕不言，帝既問失言，及琛詭對，善之。歷代或有或缺。

（唐）杜佑《通典》卷二三《職官·尚書下·刑部尚書》 宋三公、比部皆主法制，又置都官尚書，主軍事、刑獄，領都官、水部、庫部、功論四曹。齊梁陳並有都官尚書。

（唐）杜佑《通典》卷二三《職官·尚書下·比部郎中》 宋時比部主法制。齊梁陳皆有比部曹。後魏亦然。北齊掌詔書、律令、勾檢等事。

（唐）杜佑《通典》卷二三《職官·尚書下·工部尚書》 晉宋以來，有起部尚書而不常置，每營宗廟宮室則權置之，事畢則省，以其事分屬都官、左民二尚書。

（唐）杜佑《通典》卷二三《職官·尚書下·屯田郎中》 至晉始有屯田尚書。及太康中，謂之田曹，後復爲屯田。江左及宋齊則左民郎中兼知屯田事，梁、陳則曰侍郎。

南朝·中書省

綜述

《宋書》卷四〇《百官志》 中書令，一人。中書監，一人。中書侍郎，四人。中書通事舍人，四人。漢武帝游宴後廷，始使宦者典尚書事，謂之中書謁者，置令、僕射。元帝時，令弘恭，僕射石顯，秉勢用事，權傾內外。成帝改中書謁者令曰中謁者令，罷僕射。漢東京省中謁者令，而有中官謁者令，非其職也。魏武帝爲王，置祕書令，典尚書奏事，又其任也。文帝黄初初，改爲中書令，又置監，及通事郎，次黄門郎。黄門郎已署事過，通事乃奉以入，爲帝省讀書可。晉改曰中書侍郎，員四人。晉江左初，改中書侍郎曰通事郎，尋復爲中書侍郎。晉初置舍人一人，通事一人。江左初，合舍人通事謂之通事舍人，掌呈奏案章。後省通事，中書差侍郎一人直西省，又掌詔命。宋初又置通事舍人，而侍郎之任輕矣。舍人直閤內，隸中書。其下有主事，本用武官，宋改用文吏。

《南齊書》卷一六《百官志》 中書監一人，令一人，侍郎四人，通事舍人無員。

中書省職，置主書、令史、正書以下。

《隋書》卷二六《百官志》 中書省置監、令各一人，掌出內帝命。侍郎四人，功高者一人，主省內事。又有通事舍人、主事令史等員，及置令史，以承其事。通事舍人，舊入直閤內。梁用人殊重，簡以才能，不限資地，多以他官兼領。其後除通事，直曰中書舍人。

（唐）杜佑《通典》卷二一《職官·中書省·中書省》 梁陳時，凡國之政事，並由中書省。省有中書舍人五人，領主書十人，書吏二百人，書吏不足，并取助書。分掌二十一局事，各當尚書諸曹，並爲上司，總國內機要，而尚書唯聽受而已。被委此官，多擅威勢。

（唐）杜佑《通典》卷二一《職官·中書省·中書令》 宋冠佩印綬與晉同。梁中書監、令，清貴華重，大臣多領之。其令舊遷吏部尚書，才地俱美者爲之。陳因梁制。

（唐）杜佑《通典》卷二一《職官·中書省·中書侍郎》　宋中書侍郎，進賢一梁冠，介幘，絳朝服，用散騎常侍爲之。齊、梁皆四人，梁以功高者一人主省内事。陳因之。

（唐）杜佑《通典》卷二一《職官·中書省·中書舍人》　宋初，又置中書通事舍人四員，入直閣内，出宣詔命。凡有陳奏，皆舍人持入，參決於中，自是則中書侍郎之任輕矣。齊永明初，中書通事舍人四員，各住一省，時謂之四户，權傾天下，茹法亮久爲中書通事舍人，後出爲大司農。中書勢利之職，法亮戀之，垂涕而去。又熒惑入太微，太尉王儉謂武帝曰：天文乖誤，此由四户。帝納之而不改。與給事中爲一流。梁用人殊重，簡以才能，不限資地，多以他官兼領。後除通事字，直曰中書舍人，專掌詔誥，兼呈奏之事。裴子野以中書侍郎、鴻臚卿兼中書通事舍人，别敕知詔誥。自是詔誥之任，舍人專之。魏晋以來，詔誥並中書令及侍郎掌之，説在中書令篇。陳置五人。

（唐）杜佑《通典》卷二一《職官·中書省·通事舍人》　宋武帝大明中，復置僕射一人，職與魏同，亦領謁者十人，掌小拜授及百官報章。齊因之。梁謁者臺，僕射一人，掌朝覲賓饗之事；屬官謁者十人，掌奉詔出使拜假，朝會擯贊；功高者一人爲假史，掌差次謁者。陳亦有之。

南朝·門下省

綜　述

《宋書》卷三九《百官志》　侍中，四人。掌奏事，直侍左右，應對獻替。法駕出，則正直一人負璽陪乘。殿内門下衆事皆掌之。周公戒成王《立政》之篇所云常伯，即其任也。侍中本秦丞相史也，使五人往來殿内東廂奏事，故謂之侍中。漢西京無員，多至數十人，入侍禁中，分掌乘輿服物，下至褻器虎子之屬。武帝世，孔安國爲侍中，以其儒者，特聽掌御唾壺，朝廷榮之。久次者爲僕射。漢東京又屬少府，猶無員。掌侍左右，贊導衆事，顧問應答。法駕出，則多識者一人負傳國璽，操斬白蛇劍，參乘；餘皆騎，在乘輿車後。光武世，改僕射爲祭酒焉。漢世，與中官俱止禁中。武帝時，侍中莽何羅挾刃謀逆，由是侍中出禁外，有事乃入，事畢即出。王莽秉政，侍中復入，與中官共止。章帝元和中，侍中郭舉與後宫通，拔佩刀驚御，舉伏誅，侍中由是復出外。魏、晋以來，置四人，别加官不主數。秩比二千石。

《宋書》卷四〇《百官志》　給事黄門侍郎，四人。與侍中俱掌門下衆事。郊廟臨軒，則一人執麾。《漢百官表》秦曰給事黄門，無員，掌侍從左右，漢因之。漢東京曰給事黄門侍郎，亦無員，掌侍從左右，關通中外，諸王朝見，則引王就坐。應劭曰：每日莫向青瑣門拜，謂之夕郎。史臣按劉向與子歆書曰：黄門郎，顯處也。然則前漢世已爲黄門侍郎矣。董巴《漢書》曰：禁門曰黄闥，中人主之，故號曰黄門令。然則黄門郎給事黄闥之内，故曰黄門郎也。魏、晋以來員四人，秩六百石。

公車令，一人。掌受章奏。秦有公車司馬令，屬衛尉，漢因之，掌宫南闕門。凡吏民上章，四方貢獻，及徵詣公車者，皆掌之。晋江左以來，直云公車令。

太醫令，一人。丞一人。《周官》爲醫師，秦爲太醫令，至二漢屬少府。

太官令，一人。丞一人。《周官》爲膳夫，秦爲太官令，至漢屬少府。

驊騮厩丞，一人。漢西京爲龍馬長，漢東京爲未央厩令，魏爲驊騮令。自公車令至此，隸侍中。

散騎常侍，四人。掌侍左右。秦置散騎，又置中常侍，散騎並乘輿車後。中常侍得入禁中。皆無員，並爲加官。漢東京初省散騎，而中常侍因用宦者。魏文帝黄初初，置散騎，合於中常侍，謂之散騎常侍，始以孟達補之。久次者爲祭酒散騎常侍，秩比二千石。

通直散騎常侍，四人。魏末散騎常侍又有在員外者，晋武帝使二人與散騎常侍通直，故謂之通直散騎常侍。晋江左置五人。

員外散騎常侍，魏末置，無員。

散騎侍郎，四人。魏初與散騎常侍同置。魏、晋散騎常侍、侍郎，與侍中、黄門侍郎共平尚書奏事，江左乃罷。

通直散騎侍郎，四人。初晋武帝置員外散騎侍郎四人，元帝使二人與散騎侍郎通直，故謂之通直散騎侍郎，後增爲四人。

員外散騎侍郎，晉武帝置，無員。

給事中，無員。漢西京置。掌顧問應對，位次中常侍。漢東京省，魏世復置。

奉朝請，無員，亦不爲官。漢東京罷省三公、外戚、宗室、諸侯，多奉朝請。奉朝請者，奉朝會請召而已。晉武帝亦以宗室外戚爲奉車、駙馬、騎都尉，而奉朝請焉。元帝爲晉王，以參軍爲奉車都尉，掾、屬爲駙馬都尉，行參軍、舍人爲騎都尉，皆奉朝請。後省奉車、騎都尉，唯留駙馬都尉、奉朝請。永初已來，以奉朝請選雜，其尚主者唯拜駙馬都尉。三都尉並漢武帝置。孝建初，奉朝請省。駙馬都尉、三都尉秩比二千石。

《南齊書》卷一六《百官志》 侍中祭酒。高功者稱之。

侍中。

漢世爲親近之職。魏、晉選用，稍增華重，而大意不異。宋文帝元嘉中，王華、王曇首、殷景仁等，並爲侍中，情在親密，與帝接膝共語，貂拂帝手，拔貂置案上，語畢復手插之。孝武時，侍中何偃南郊陪乘，鑾輅過白門闥，偃將匐，帝乃接之曰：朕乃陪卿。齊世朝會，多以美姿容者兼官。永元三年，東昏南郊，不欲親朝士，以主璽陪乘，前代未嘗有也。侍中呼爲門下。亦置令史。領官如左：

給事黄門侍郎。

亦管知詔令，世呼爲小門下。

散騎常侍。通直散騎常侍。員外散騎〔常〕侍（郎）。

舊與侍中通官，其通直員外，用衰老人士，故其官漸替。宋大明雖華選比侍中，而人情久習，終不見重，尋復如初。

散騎侍郎。通直散騎侍郎。員外散騎侍郎。

給事中。

奉朝請。

駙馬都尉。

集書省職，置正書令史。朝散用衣冠之餘，人數猥積。永明中，奉朝請至六百餘人。

《隋書》卷二六《百官志》 門下省置侍中、給事黄門侍郎各四人，掌侍從左右，擯相威儀，盡規獻納，糾正違闕。監合嘗御藥，封璽書。侍郎中高功者，在職一年，詔加侍中祭酒，與侍郎高功者一人，對掌禁令，公車、太官、太醫等令，驊騮厩丞。

集書省置散騎常侍、通直散騎常侍各四人。員外散騎常侍無員，散騎侍郎、通直郎各四人。又有員外散騎侍郎、給事中、奉朝請、常侍侍郎，掌侍從左右，獻納得失，省諸奏聞文書。意異者，隨事爲駁。集録比詔比璽，爲諸優文策文，平處諸文章詩頌。常侍高功者一人爲祭酒，與侍郎高功者一人，對掌禁令，糾諸逋違。

駙馬、奉車、車騎三都尉，並無員。駙馬以加尚公主者，無班秩。

散騎常侍、通直散騎常侍、員外散騎常侍，舊並爲顯職，與侍中通官。宋代以來，或輕或雜，其官漸替。天監六年革選，詔曰：在昔晉初，仰惟盛化，常侍、侍中，並奏帷幄，員外常侍，特爲清顯。陵始名公之胤，位居納言，曲蒙優禮，方有斯授。可分門下二局，委散騎常侍尚書案奏，分曹入集書。通直常侍，本爲顯爵，員外之選，宜參舊准人數，依正員格。自是散騎視侍中，通直視中丞，員外視黄門郎。

〔唐〕杜佑《通典》卷二一《職官・門下省》 至齊，亦呼侍中爲門下，領給事黄門侍郎、公車、太學、太醫等令丞及内外殿中監、内外驊騮厩、散騎常侍、給事中、奉朝請、駙馬都尉等官。

梁門下省有侍中、給事黄門侍郎四人，掌侍從儐相，盡規獻納，糾正違闕，監合嘗御藥，封璽書。後魏尤重。

〔唐〕杜佑《通典》卷二一《職官・門下省・侍中》 宋文帝元嘉中，王華、王曇首、殷景仁等並爲侍中，情任親密。王華等每與帝接膝共語，貂拂帝手，拔貂置案上，語畢，復手插之。孝武時，侍中何偃南郊陪乘，鑾輅過白門闥，偃將匐，帝反手接之曰：朕反陪卿也。又宋孝武代，選侍中四人，並以風貌，王彧與謝莊爲一雙，阮韜與何偃爲一雙，常充兼假。又謝朏字敬沖，宋末爲侍中。及齊受禪之日，朏在直，百寮陪位。侍中當解帝璽，朏佯不知。傳詔曰：解璽授齊王。朏曰：齊自應有侍中。乃引枕臥。傳詔懼，使稱疾，朏曰：我無疾，何可道。遂朝服步出門，得車還宅。是日，遂以王儉爲侍中，解璽。齊高祖曰：我若誅之，令遂成名。乃廢於家。永明中，復爲侍中。至梁，亦爲侍中。

齊侍中高功者，稱侍中祭酒。其朝會，多以美姿容者兼官。欲以陸慧曉爲侍中，以形短小，乃止。永元三年，東昏南郊，不欲親朝士，以主璽陪乘，前代未嘗有。齊有主璽、主衣等官。

梁侍中高功者在職一年，詔加侍中祭酒，與散騎侍郎高功者一人對掌禁令，此頗爲宰相矣。王訓字懷範，遷侍中。既拜入見，武帝問何敬容曰：褚彦回年幾爲宰相？對曰：少過三十。上曰：今之王訓，不謝彦回。又曰：柳慶遠爲侍中，嘗失火，禁中驚懼。帝悉斂諸門鑰，問：柳侍中何在？既至，悉付之。又王峻與謝覽約，官至侍中，不復謀仕進。陳侍中亦如梁制。

（唐）杜佑《通典》卷二一《職官·門下省·門下侍郎》　宋制，武冠，絳朝服，多以中書侍郎爲之。齊亦管知詔令，呼爲小門下。梁增品第，與侍中同掌侍從，儐相威儀，盡規獻納，糾正違闕，監合嘗御藥，封璽書。陳制亦然。後魏亦有。崔光爲黄門侍郎，未嘗留心文案，唯從容論議，參贊大政。

（唐）杜佑《通典》卷二一《職官·門下省·給事中》　宋齊隸集書省。梁陳亦掌獻納，省諸聞奏。

（唐）杜佑《通典》卷二一《職官·門下省·散騎常侍》　宋置四人，屬集書省。齊散騎侍郎、通直散騎侍郎、員外散騎侍郎並爲集書省職，而散騎常侍爲東省官。其二衛、四軍、五校爲西省官，説在《將軍總叙篇》。周盤龍自平北將軍爲散騎常侍，武帝戲之曰：卿著貂蟬，何如兜鍪？對曰：此貂蟬從兜鍪中出耳。散騎常侍、通直散騎常侍、員外散騎常侍舊爲顯職，與侍中通官。其通直員外，用衰老人士，故其官漸替。宋大明中，雖革選比侍中，而人情久習，終不見重，尋復如初。

梁謂之散騎省，天監六年，詔又革之，六年，詔曰：在昔晋初，仰惟盛化，常侍、侍中，並參帷幄。員外常侍，特爲清顯。可分門下二局，委散騎常侍、侍中，並參帷幄，尚書案奏，分曹入集書。通直常侍，本爲顯爵，員外之選，宜參舊准人數，依正員格。自是散騎視中丞，通直視侍中，員外視黄門郎。然而常侍終非華胄所悦。常侍亦四人，功高者一人爲祭酒，與侍中高功者一人對掌禁令，糾諸逋違。陳因梁制。

南朝·秘書省

綜　述

《宋書》卷四〇《百官志》　祕書監，一人。祕書丞，一人。祕書郎，四人。漢桓帝延熹二年，置祕書監。皇甫規與張奂書云從兄祕書它何動静是也。應劭《漢官》曰：祕書監一人，六百石。後省。魏武帝爲魏王，置祕書令、祕書丞。祕書典尚書奏事。文帝黄初初，置中書令，典尚書奏事，而祕書改令爲監。後欲以何楨爲祕書丞，而祕書先自有丞，乃以楨爲祕書右丞。後省。掌藝文圖籍。《周官》外史掌四方之志、三皇五帝之書，即其任也。漢西京圖籍所藏，有天禄、石渠、蘭臺、石室、延閣、廣内之府是也。東京圖書在東觀。晋武帝以祕書并中書，省監，謂丞爲中書祕書丞。惠帝復置著作郎一人，佐郎八人，掌國史。周世左史記事，右史記言，即其任也。漢東京圖籍在東觀，故使名儒碩學，著作東觀，撰述國史。著作之名，自此始也。魏世隸中書。晋武世，繆徵爲中書著作郎。元康中，改隸祕書，後别自爲省，而猶隸祕書。著作郎謂之大著作，專掌史任。晋制，著作佐郎始到職，必撰名臣傳一人。宋氏初，國朝始建，未有合撰者，此制遂替矣。

《南齊書》卷一六《百官志》　祕書監一人，丞一人。郎。著作佐郎。

晋祕書閣有令史，掌衆書，見《晋令》，令亦置令史、正書及弟子，皆典教書畫。

《隋書》卷二六《百官志》　祕書省置監、丞各一人，郎四人，掌國之典籍圖書。著作郎一人，佐郎八人，掌國史，集注起居。著作郎謂之大著作，梁初周捨、裴子野，皆以他官領之。又有撰史學士，亦知史書。佐郎爲起家之選。

（唐）杜佑《通典》卷二六《職官·諸卿中·祕書監》　宋與晋同，梁曰祕書省。任昉字彦昇，爲祕書監。自齊永元以來，祕閣四部，篇卷紛雜，昉手自讐校，由是篇目定焉。陳因之。

南朝・諸卿

綜　述

《隋書》卷二六《百官志》　諸卿，梁初猶依宋、齊，皆無卿名。天監七年，以太常爲太常卿，加置宗正卿，以大司農爲司農卿，三卿是爲春卿。加置太府卿，以少府爲少府卿，加置太僕卿，三卿是爲夏卿。以衛尉爲衛尉卿，廷尉爲廷尉卿，將作大匠爲大匠卿，三卿是爲秋卿。以光禄勳爲光禄卿，大鴻臚爲鴻臚卿，都水使者爲太舟卿，三卿是爲冬卿。凡十二卿，皆置丞及功曹、主簿。而太常視金紫光禄大夫，統明堂、二廟、太史、太祝、廩犧、太樂、鼓吹、乘黄、北館、典客館等令丞，及陵監、國學等。又置協律校尉、總章校尉監、掌故、樂正之屬，以掌樂事。太樂又有清商署丞，太史别有靈臺丞。詔以爲陵監之名，不出前誥，且宗廟憲章，既備典禮，園寢職司，理不容異，諸正陵先立監者改爲令。於是陵置令矣。

國學，有祭酒一人，博士二人，助教十人，太學博士八人。又有限外博士員。天監四年，置五經博士各一人。舊國子學生，限以貴賤，帝欲招來後進，五館生皆引寒門俊才，不限人數。大同七年，國子祭酒到溉等，又表立正言博士一人，位視國子博士。置助教二人。

（唐）杜佑《通典》卷二五《職官・諸卿上・總論諸卿》　宋、齊及梁初，皆因舊制。宋卿、尹皆銀章青綬，進賢兩梁冠，佩水蒼玉，衛尉則武冠。晋服制以九卿皆文冠，乃進賢兩梁冠，非舊也。梁武帝天監七年，以太常爲太常卿，加置宗正卿，以大司農爲司農卿，三卿是爲春卿。加置太府卿，以少府爲少府卿，加置太僕卿，三卿是爲夏卿。以衛尉爲衛尉卿，廷尉爲廷尉卿，將作大匠爲大匠卿，三卿是爲秋卿。以光禄勳爲光禄卿，大鴻臚爲鴻臚卿，都水使者爲大舟卿，三卿是爲冬卿。凡十二卿，皆置丞及功曹、主簿。

《宋書》卷三九《百官志》　太常，一人。舜攝帝位，命伯夷作秩宗，掌三禮，即其任也。周時曰宗伯，是爲春官，掌邦禮。秦改曰奉常，漢因之。景帝中六年，更名曰太常。應劭曰：欲令國家盛大常存，故稱太常。前漢常以列侯忠孝敬慎者居之，後漢不必列侯也。

博士，班固云，秦官。史臣案，六國時往往有博士，掌通古今。漢武建元五年，初置《五經》博士。宣、成之世，《五經》家法稍增，經置博士一人。至東京凡十四人。《易》，施、孟、梁丘、京氏；《尚書》，歐陽、大小夏侯；《詩》，齊、魯、韓；《禮》，大小戴；《春秋》，嚴、顔：各一博士。而聰明有威重者一人爲祭酒。魏及晋西朝置十九人，江左初減爲九人，皆不知掌何經。元帝末，增《儀禮》、《春秋公羊》博士各一人，合爲十一人。後又增爲十六人，不復分掌《五經》，而謂之太學博士也。秩六百石。

國子祭酒一人，國子博士二人，國子助教十人。《周易》、《尚書》、《毛詩》、《禮記》、《周官》、《儀禮》、《春秋左氏傳》、《公羊》、《穀梁》各爲一經，《論語》、《孝經》爲一經，合十經。助教分掌。國子，周舊名，周有師氏之職，即今國子祭酒也。晋初復置國子學，以教生徒，而隸屬太學焉。晋初助教十五人，江左以來，損其員。自宋世若不置學，則助教唯置一人，而祭酒、博士常置也。

太廟令，一人。丞一人。並前漢置。西京曰長，東京曰令。領齋郎二十四人。

明堂令，一人。丞一人。丞，漢東京初置，令，宋世祖大明中置。

太祝令，一人。丞一人。掌祭祀讀祝迎送神。太祝，周舊官也。漢西京置太祝令、丞，武帝太初元年，更名曰廟祀。漢東京改曰太祝。

太史令，一人。丞一人。掌三辰時日祥瑞妖災，歲終則奏新曆。太史，三代舊官，周世掌建邦之六典，正歲年，以序事頒朔于邦國。又有馮相氏，掌天文次序；保章氏，掌天文。今之太史，則并周之太史、馮相、保章三職也。漢西京曰太史令。漢東京有二丞，其一在靈臺。

太樂令，一人。丞一人。掌凡諸樂事。周時爲大司樂。漢西京曰太樂令。漢東京曰大予樂令。魏復爲太樂令。

陵令，每陵各一人。漢舊官也。

乘黄令，一人。掌乘輿車及安車諸馬。魏世置。自博士至乘黄令，並屬太常。

《南齊書》卷一六《百官志》 太常。

府置丞一人，五官、功曹、主簿，九府九史皆然。領官如左：

博士，謂之太學博士。

國子祭酒一人。博士二人。助教十人。

建元四年，有司奏置國學，祭酒准諸曹尚書，博士准中書郎，助教准南臺御史。選經學爲先。若其人難備，給事中以還明經者，以本位領。其下典學二人，三品，准太常主簿；户曹、儀曹各二人，五品；白簿治禮吏八人，六品；保學醫二人；威儀二人。其夏，國諱廢學，有司奏省助教以下。永明三年，立學，尚書令王儉領祭酒。八年，國子博士何胤單爲祭酒，疑所服，陸澄等皆不能據，遂以玄服臨試。月餘日，博議定，乃服朱衣。

總明觀祭酒一人。

右泰始六年，以國學廢，初置總明觀，玄、儒、文、史四科，科置學士各十人，正令史一人，書令史二人，幹一人，門吏一人，典觀吏二人。建元中，掌治五禮。永明三年，國學建，省。

太廟令一人，丞一人。

明堂令一人，丞一人。

太祝令一人，丞一人。

太史令一人，丞一人。

廩犧令一人，丞一人。

置令丞以下皆有職吏。

太樂令一人，丞一人。

諸陵令。

永明末置，用二品三品勳。置主簿、户曹各一人，六品保舉。

（唐）杜佑《通典》卷二五《職官・諸卿上・太常卿》 宋、齊皆有之，舊用列曹尚書好遷選曹尚書領護。梁視金紫光禄大夫。陳因之。

《隋書》卷二六《百官志》 宗正卿，位視列曹尚書，主皇室外戚之籍。以宗室爲之。

（唐）杜佑《通典》卷二五《職官・諸卿上・宗正卿》 宋齊不置宗正。梁天監七年，復置之，視列曹尚書，主皇室外戚之籍，以皇族爲之。陳因之。

《宋書》卷三九《百官志》 光禄勳，一人。丞一人。光，明也。禄，爵也。勳，功也。秦曰郎中令，漢因之。漢武太初元年，更名光禄勳。掌三署郎，郎執戟衛宫殿門户。光禄勳居禁中如御史，有獄在殿門外，謂之光禄外部。光禄勳郊祀掌三獻。魏、晋以來，光禄勳不復居禁中，又無復三署郎，唯外宫朝會，則以名到焉。二臺奏劾，則符光禄加禁止，解禁止亦如之。禁止，身不得入殿省，光禄主殿門故也。宫殿門户至今猶屬。晋哀帝興寧二年，省光禄勳，并司徒。孝武寧康元年，復置。漢東京三署郎有行應四科者，歲舉茂才二人，四行二人，及三署郎罷省，光禄勳猶依舊舉四行，衣冠子弟充之。三署者，五官署、左署、右署也，各置中郎將以司之。郡舉孝廉以補三署郎，年五十以上，屬五官，其次分在左右署。凡有中郎、議郎、侍郎、郎中四等，無員，多至萬人。

左光禄大夫，右光禄大夫。二大夫，晋初置。光禄大夫，秦時爲中大夫，漢武太初元年，更名光禄大夫。晋初又置左右光禄大夫，而光禄大夫如故。光禄大夫銀章青綬，其重者加金章紫綬，則謂之金紫光禄大夫。舊秩比二千石。

中散大夫，王莽所置，後漢因之，前漢大夫皆無員，掌論議。後漢光禄大夫三人，中大夫二十人，中散大夫三十人。魏以來復無員。自左光禄大夫以下，養老疾，無職事。中散，六百石。

《南齊書》卷一六《百官志》 光禄勳。

府置丞一人。領官如左：

左右光禄大夫。

位從公，開府置佐史如公。

光禄大夫。

皆銀章青綬，詔加金章紫綬者，爲金紫光禄大夫。樂安任遐爲光禄，就王晏乞一片金，晏乃啓轉爲金紫，不行。

中散大夫。

太中大夫。

諸大夫官，皆處舊齒老年，重者加親信二十人。

《隋書》卷二六《百官志》 光禄卿，位視太子中庶子，掌宫殿門户。統守宮、黄門、華林園、暴室等令。又有左右光禄、金紫光禄、太中、中散等大夫，並無員，以養老疾。

《宋書》卷三九《百官志》　衛尉，一人。丞二人。掌宫門屯兵，秦官也。漢景初，改爲中大夫令。後元年，復爲衛尉。晉江右掌冶鑄，領冶令三十九，户五千三百五十，冶皆在江北，而江南唯有梅根及冶塘二冶，皆屬揚州，不屬衛尉。衛尉，江左不置，宋世祖孝建元年復置。舊一丞，世祖增置一丞。

《南齊書》卷一六《百官志》　衛尉。

府置丞一人。掌宫城管籥。張衡《西京賦》曰衛尉八屯，警夜巡晝。宫城諸却敵樓上本施鼓，持夜者以應更唱，太祖以鼓多驚眠，改以鐵磬云。

《隋書》卷二六《百官志》　衛尉卿，位視侍中，掌宫門屯兵。卿每月、丞每旬行宫徼，糾察不法。統武庫令、公車司馬令。又有弘訓衛尉，亦置屬官。

（唐）杜佑《通典》卷二五《職官・諸卿上・衛尉卿》　宋孝武復置。南齊掌宫城管籥。後漢張衡西京賦曰：衛尉八屯，警夜巡晝。南齊宫城諸卻敵樓上本施鼓，持夜者以應更唱，高帝以鼓多驚眠，遂改以鐵磬。梁衛尉卿位視侍中，職與漢同。卿每月、丞每旬行宫徼，糾察不法。陳因之。

《宋書》卷三九《百官志》　廷尉，一人。丞一人。掌刑辟。凡獄必質之朝廷，與衆共之之義。兵獄同制，故曰廷尉。舜攝帝位，咎繇作士，即其任也。周時大司寇爲秋官，掌邦刑。秦爲廷尉。漢景帝中六年，更名大理。武帝建元四年，復爲廷尉。哀帝元壽二年，復爲大理。漢東京初，復爲廷尉。

廷尉正，一人。廷尉監，一人。正、監並秦官。本有左右監，漢光武省右，猶云左監；魏、晉以來，直云監。廷尉評，一人。漢宣帝地節三年，初置左右評。漢光武省右，猶云左評。魏、晉以來，直云評。正、監、評並以下官禮敬廷尉卿。正、監秩千石，評六百石。廷尉律博士，一人。魏武初建魏國置。

《南齊書》卷一六《百官志》　廷尉。

府置丞一人，正一人，監一人，評一人，律博士一人。

《隋書》卷二六《百官志》　廷尉卿，梁國初建，曰大理，天監元年，復改爲廷尉。有正、監、平三人。元會，廷尉三官，與建康三官，皆法冠玄衣朝服，以監東、西、中華門。手執方木，長三尺，方一寸，謂之執方。四年，置胄子律博士，位視員外郎。

（唐）杜佑《通典》卷二五《職官・諸卿上・大理卿》　梁國初建，曰大理；天監元年，復改爲廷尉。舊用黄門、後視祕書監。有正、監、平三人。元會，廷尉三官與建康三官，皆法冠玄衣朝服，以監東、西、中華門，手執方木，長三尺，方一寸，謂之執方。天監元年，詔建康獄依廷尉三官置正、監、平，革選士流，視給事中，以尚書郎出爲之，冠服與廷尉三官同。陳因之。

《宋書》卷三九《百官志》　大司農，一人。丞一人。掌九穀六畜之供膳羞者。舜攝帝位，命棄爲后稷，即其任也。周則爲太府，秦治粟内史，漢景帝後元年，更名大農令，武帝太初元年，更名曰大司農。晉哀帝末，省并都水，孝武世復置。漢世丞二人，魏以來一人。

太倉令，一人。丞一人。秦官也。晉江左以來，又有東倉、石頭倉丞各一人。

䆃官令，一人。丞一人。掌舂御米。漢東京置。䆃，擇也。擇米令精也。司馬相如《封禪書》云，䆃一莖六穗於庖。

籍田令，一人。丞一人。掌耕宗廟社稷之田，於周爲甸師。漢文帝初立籍田，置令、丞各一人。漢東京及魏並不置。晉武泰始十年復置。江左省。宋太祖元嘉中又置。自太倉至籍田令，並屬司農。

《南齊書》卷一六《百官志》　大司農。

府置丞一人。領官如左：

太倉令一人，丞一人。

導官令一人，丞一人。

藉田令一人，丞一人。

《隋書》卷二六《百官志》　司農卿，位視散騎常侍，主農功倉廩。統太倉、導官、籍田、上林令，又管樂遊、北苑丞，左右中部三倉丞，荻庫、箬庫丞，湖西諸屯主。天監九年，又置勸農謁者，視殿中御史。

（唐）杜佑《通典》卷二六《職官・諸卿中・司農卿》　宋、齊皆有之。梁司農卿位視散騎常侍，主農功倉廩。陳因之。

《宋書》卷三九《百官志》　少府，一人。丞一人。掌中服御之物。秦官也，漢因之。掌禁錢以給私養，故曰少府。晉哀帝末，省并丹陽尹。孝武世復置。

左尚方令、丞各一人。右尚方令、丞各一人。並掌造軍器。秦官也，漢因之。於周則爲玉府。晉江右有中尚方、左尚方、右尚方，江左以來，唯一尚方。宋高祖踐阼，以相府作部配臺，謂之左尚方，而本署謂之右尚方焉。又以相府細作配臺，即其名置令一人，丞二人，隸門下。世祖大明中，改曰御府，置令一人，丞一人。御府，二漢世典官婢作褻衣服補浣之事，魏、晉猶置其職，江左乃省焉。後廢帝初，省御府，置中署，隸右尚方。漢東京太僕屬官有考工令，主兵器弓弩刀鎧之屬，成則傳執金吾入武庫，及主織綬諸雜工。尚方令唯主作御刀綬劍諸玩好器物而已。然則考工令如今尚方，尚方令如今中署矣。

東冶令，一人。丞一人。南冶令，一人。丞一人。漢有鐵官，晉置令，掌工徒鼓鑄，隸衛尉。江左以來，省衛尉，度隸少府。宋世雖置衛尉，冶隸少府如故。江南諸郡縣有鐵者或置冶令，或置丞，多是吴所置。

平准令，一人。丞一人。掌染。秦官也，漢因之。漢隸司農，不知何世隸少府。宋順帝即位，避帝諱，改曰染署。

《南齊書》卷一六《百官志》　少府。

府置丞一人。領官如左：

左右尚方令各一人，丞一人。

鍜署丞一人。永明三年省，四年復置。

御府令一人，丞一人。

東冶令一人，丞一人。

南冶令一人，丞一人。

平准令一人，丞一人。

上林令一人，丞一人。亦屬尚書殿中曹。

《隋書》卷二六《百官志》　少府卿，位視尚書左丞，置材官將軍、左中右尚方、甄官、平水署、南塘邸税庫、東西冶、中黄、細作、炭庫、紙官、柴署等令丞。

（唐）杜佑《通典》卷二七《職官・諸卿下・少府監》　宋少府領左右尚方、御府、東冶、南冶、平準等令、丞。齊又加領左右銀鍜署。梁少府爲夏卿，位視尚書左、右丞。陳因之。

《宋書》卷三九《百官志》　將作大匠，一人。丞一人。掌土木之役。秦世置將作少府，漢因之。景帝中六年，更名將作大匠。光武建武中元二年省，以謁者領之。章帝建初元年復置。晉氏以來，有事則置，無則省。

《南齊書》卷一六《百官志》　將作大匠。

太僕。

大鴻臚。

三卿不常置。將作掌宫廟土木。太僕掌郊禮執轡。鴻臚掌導護贊拜。有事權置兼官，畢乃省。

乘黄令一人。

掌五輅安車，大行凶器輼輬車。

客館令。

掌四方賓客。

《隋書》卷二六《百官志》　大匠卿，位視太僕，掌土木之工。統左、右校諸署。

（唐）杜佑《通典》卷二七《職官・諸卿下・將作監》　魏晉因之。江左至宋、齊，皆有事則置，無事則省。而梁改爲大匠卿，陳因之。後魏亦有之。

《宋書》卷三九《百官志》　大鴻臚，掌贊導拜授諸王。秦世爲典客，漢景帝中六年，更名大行令，武帝太初元年，更名大鴻臚。鴻，大也。臚，陳也。晉江左初省。有事則權置，事畢即省。

《隋書》卷二六《百官志》　鴻臚卿，位視尚書左丞，掌導護贊拜。

（唐）杜佑《通典》卷二六《職官・諸卿中・鴻臚卿》　梁除大字，但曰鴻臚卿，位視尚書左丞，常導護贊拜。《職官録》曰舊視散騎常侍，天監中，視中丞、吏部。

《宋書》卷三九《百官志》　太僕，掌輿馬。周穆王所置，秦因之。

《周官》則校人掌馬，巾車掌車，及置太僕，兼其任也。晉江左或置或省，宋以來不置。郊祀則權置太僕執轡，事畢即省。

太后三卿，各一人。應氏《漢官》曰：衛尉、少府，秦官；太僕，漢成帝置，皆隨太后宫爲號，在正卿上，無太后乃闕。魏改漢制，在九卿下。晉復舊，在同號卿上。

《隋書》卷二六《百官志》 太僕卿，位視黄門侍郎，統南馬牧、左右牧、龍厩、内外厩丞。又有弘訓太僕，亦置屬官。

（唐）杜佑《通典》卷二五《職官·諸卿上·太僕卿》 晉、宋以來，不常置，郊祀則權置太僕執轡，事畢則省。齊亦然。梁太僕卿位視黄門侍郎，統南牧、左右牧、龍廄、内外廄。陳因之。

《宋書》卷三九《百官志》 大長秋，皇后卿也。有后則置，無則省。秦時爲將行，漢景帝中六年，更名大長秋。韋曜曰：長秋者，以皇后陰官，秋者陰之始，取其終而長，欲其久也。自太常至長秋，皆置功曹、主簿、五官。漢東京諸郡有五官掾，因其名也。漢制卿尹秩皆中二千石，丞一千石。

《南齊書》卷一六《百官志》 大長秋。

鬱林立皇后置。

《隋書》卷二六《百官志》 大長秋，主諸宦者，以司宫闈之職。統黄門、中署、奚官、暴室、華林等署。

南朝·御史臺

綜述

《宋書》卷四〇《百官志》 御史中丞，一人。掌奏劾不法。秦時御史大夫有二丞，其一曰御史丞，其二曰御史中丞。殿中蘭臺祕書圖籍在焉，而中丞居之。外督部刺史，内領侍御史，受公卿奏事，舉劾按章。時中丞亦受奏事，然則分有所掌也。成帝綏和元年，更名御史大夫爲大司空，置長史，而中丞官職如故。哀帝建平二年，復爲御史大夫。元壽二年，復爲大司空。而中丞出外爲御史臺主，名御史長史。光武還曰中丞，又屬少府。獻帝時，更置御史大夫，自置長史一人，不復領中丞也。漢東京御史中丞遇尚書丞郎，則中丞止車執版揖，而丞郎坐車舉手禮之而已。不知此制何時省。中丞每月二十五日，繞行宫垣白壁。史臣按《漢志》執金吾每月三繞行宫城，疑是省金吾，以此事併中丞。中丞秩千石。

治書侍御史，掌舉劾官品第六已上。漢宣帝齋居決事，令御史二人治書，因謂之治書御史。漢東京使明法律者爲之，天下讞疑事，則以法律當其是非。魏、晉以來，則分掌侍御史所掌諸曹，若尚書二丞也。

侍御史，於周爲柱下史。《周官》有御史，掌治令，亦其任也。秦置侍御史，漢因之。二漢員並十五人。掌察舉非法，受公卿奏事，有違失者舉劾之。凡有五曹，一曰令曹，掌律令；二曰印曹，掌刻印；三曰供曹，掌齋祠；四曰尉馬曹，掌官厩馬；五曰乘曹，掌護駕。魏置御史八人，有治書曹，掌度支運；課第曹，掌考課，不知其餘曹也。晉西朝凡有吏曹、課第曹、直事曹、印曹、中都督曹、外都督曹、媒曹、符節曹、水曹、中壘曹、營軍曹、算曹、法曹，凡十三曹，而置御史九人。晉江左初，省課第曹，置庫曹，掌厩牧牛馬市租。後復分庫曹，置外左庫、内左庫二曹。宋太祖元嘉中，省外左庫，而内左庫直云左庫。世祖大明中，復置。廢帝景和元年又省。順帝初，省營軍併水曹，省算曹併法曹，吏曹不置御史，凡十御史焉。魏又有殿中侍御史二人，蓋是蘭臺遣二御史居殿内察非法也。晉西朝四人，江左二人。秦、漢有符節令，隸少府，領符璽郎、符節令史，蓋《周禮》典瑞、掌節之任也。漢至魏别爲一臺，位次御史中丞，掌授節、銅虎符、竹使符。晉武帝泰始九年，省并蘭臺，置符節御史掌其事焉。

《南齊書》卷一六《百官志》 御史中丞一人。

晉江左中丞司隸分督百僚，傳咸所云行馬内外是也。今中丞則職無不察，專道而行，騶輻禁呵，加以聲色，武將相逢，輒致侵犯，若有鹵簿，至相毆擊。宋孝建二年制，中丞與尚書令分道，雖丞郎下朝相值，亦得斷之，餘内外衆官，皆受停駐。

治書侍御史二人。

侍御史十人。

《隋書》卷二六《百官志》　御史臺，梁國初建，置大夫，天監元年，復曰中丞。置一人，掌督司百僚。皇太子已下，其在宮門行馬內違法者，皆糾彈之。雖在行馬外，而監司不糾，亦得奏之。專道而行，逢尚書丞郎，亦得停駐。其尚書令、僕、御史中丞，各給威儀十人。其八人武冠絳韝，執青儀囊在前。囊題云宜官吉，以受辭訴。一人緗衣，執鞭杖，依列行，七人唱呼入殿，引喤至階。一人執儀囊，不喤。屬官治書侍御史二人，掌舉劾官品第六已下，分統侍御史。侍御史九人，居曹，掌知其事，糾察不法。殿中御史四人，掌殿中禁衛內。又有符節令史員。

北朝・總叙

綜　述

《魏書》卷一一三《官氏志》　百姓不能以自治，故立君以司牧；元首不可以獨斷，乃命臣以佐之。然則安海內，正國家，非一人之力也。書契已外，其事蔑聞，至於羲、軒、昊、項之間，龍、火、鳥、人之職，頗可知矣。唐虞六十，夏商倍之，周過三百，是爲大備。而秦、漢、魏、晋代有加減，罷置盛衰，隨時適務。且國異政，家殊俗，設官命職，何常之有。帝王爲治，禮樂不相沿；海內作家，物色非一用。其由來尚矣。

魏氏世君玄朔，遠統□臣，掌事立司，各有號秩。及交好南夏，頗亦改創。昭成之即王位，已命燕鳳爲右長史，許謙爲郎中令矣。餘官雜號，多同於晋朝。建國二年，初置左右近侍之職，無常員，或至百數，侍直禁中，傳宣詔命。皆取諸部大人及豪族良家子弟儀貌端嚴，機辯才幹者應選。又置內侍長四人，主顧問，拾遺應對，若今之侍中、散騎常侍也。其諸方雜人來附者，總謂之烏丸，各以多少稱酋、庶長，分爲南北部，復置二部大人以統攝之。時帝弟觚監北部，子寔君監南部，分民而治，若古之二伯焉。太祖登國元年，因而不改，南北猶置大人，對治二部。是年置都統長，又置幢將及外朝大人官。其都統長領殿內之兵，直王宮；幢將員六人，主三郎衛士直宿禁中者，自侍中已下中散已上皆統之，外朝大人無常員，主受詔命外使，出入禁中，國有大喪大禮皆與參知，隨所典焉。

皇始元年，始建曹省，備置百官，封拜五等，外職則刺史、太守、令長已下有未備者，隨而置之。

天興元年十一月，詔吏部郎鄧淵典官制，立爵品。

十二月，置八部大夫、散騎常侍、待詔等官。其八部大夫於皇城四方四維面置一人，以擬八座，謂之八國。常侍、待詔侍直左右，出入王命。

二年三月，分尚書三十六曹及諸外署，凡置三百六十曹，令大夫主之。大夫各有屬官，其有文簿，當曹敷奏，欲以省彈駁之煩。初令《五經》諸書各置博士，國子學生員三十人。

三年十月，置受恩、蒙養、長德、訓士四官。受恩職比特進，無常員，有人則置，親貴器望者爲之。蒙養職比光祿大夫，無常員，取勤舊休閑者。長德職比中散大夫，無常員。訓士職比諫議大夫，規諷時政，匡刺非違。又置仙人博士官，典煮鍊百藥。

四年七月，罷匈奴中郎將官，令諸部護軍皆屬大將軍府。

九月，罷外蘭臺御史，總屬內省。

十二月，復尚書三十六曹，曹置代人令史一人，譯令史一人，書令史二人。

天賜元年八月，初置六謁官，準古六卿，其秩五品。屬官有大夫，秩六品。大夫屬官有元士，秩七品。元士屬官有署令長，秩八品。令長屬官有署丞，秩九品。

九月，減五等之爵，始分爲四，曰王、公、侯、子，除伯、男二號。皇子及異姓元功上勳者封王，宗室及始蕃王皆降爲公，諸公降爲侯，侯、子亦以此爲差。於是封王者十人，公者二十二人，侯者七十九人，子者一百三人。王封大郡，公封小郡，侯封大縣，子封小縣。王第一品，公第二品，侯第三品，子第四品。又制散官五等：五品散官比三都尉，六品散官比議郎，七品散官比太中、中散、諫議三大夫，八品散官比郎中，九品散官比舍人。文官五品已下，才能秀異者總比之造士，亦有五等。武官五品已下堪任將帥者，亦有五等。若百官有闕者，則於中擢以補之。

初，帝欲法古純質，每於制定官號，多不依周漢舊名，或取諸身，或取諸物，或以民事，皆擬遠古雲鳥之義。諸曹走使謂之鳬鴨，取飛之迅疾；以伺察者爲候官，謂之白鷺，取其延頸遠望。自餘之官，義皆類此，咸有比況。又制諸州各置都尉以領兵。

十一月，以八國姓族難分，故國立大師、小師，令辯其宗黨，品舉人才。自八國以外，郡各自立師，職分如八國，比今之中正也。宗室立宗師，亦如州郡八國之儀。

十二月，詔始賜王、公、侯、子國臣吏，大郡王二百人，次郡王、上郡公百人，次郡公五十人，侯二十五人，子十二人，皆立典師，職比家丞，總統羣隸。

二年二月，復罷尚書三十六曹，別置武歸、修勤二職。武歸比郎中，修勤比令史，分主省務。

二年正月，置內官員二十人，比侍中、常侍，迭直左右。

又制諸州置三刺史，刺史用品第六者，宗室一人，異姓二人，比古之上中下三大夫也。郡置三太守，用七品者。縣置三令長，八品者。刺史、令長各之州縣，以太守上有刺史，下有令長，雖置而未臨民。自前功臣爲州者徵還京師，以爵歸第。置散騎郎、獵郎、諸省令史、省事、典籤等。

四年五月，增置侍官，侍直左右，出內詔命，取八國良家，代郡、上谷、廣寧、雁門四郡民中年長有器望者充之。

永興元年十一月，置騏驎官四十人，宿直殿省，比常侍、侍郎。

神瑞元年春，置八大人官，大人下置三屬官，總理萬機，故世號八公云。

泰常二年夏，置六部大人官，有天部，地部，東、西、南、北部，皆以諸公爲之。大人置三屬官。

始光元年正月，置右民尚書。

神䴥元年三月，置左右僕射、左右丞、諸曹尚書十餘人，各居別寺。

七月，詔諸征鎮大將依品開府，以置佐吏。

延和元年三月，改代尹爲萬年尹，代令爲萬年令。後復。

真君五年正月，侍中、中書監、宜都王穆壽，司徒、東郡公崔浩，侍中、廣平公張黎輔政，置通事四人。又選諸曹良吏，給事東宮。

正平元年七月，以諸曹吏多，減其員。

興安二年正月，置駕部尚書、右士尚書。

太安三年五月，以諸部護軍各爲太守。

延興二年五月，詔曰：非功無以受爵，非能無以受禄，凡出外遷者皆引此奏聞，求乞假品。在職有效，聽下附正，若無殊稱，隨而削之。舊制諸鎮將，刺史假五等爵，及有所貢獻而得假爵者，皆不得世襲。

四年二月，置外牧官。

五年九月，置監御曹。

太和二年五月，減置候職四百人，司察非違。

四年，省二部內部幢將。

十一年八月，置散官員一百人，朝請員二百人。

十五年七月，置司儀官。

十二月，置侍中、黃門各四人，又置散騎常侍、侍郎，員各四人；通直散騎常侍、侍郎，員外散騎常侍、侍郎，各六人。又置司空、主客、太倉、庫部、都牧、太樂、虞曹、宮輿、覆育少卿官。又置光爵、驍游、五校、中大夫、散員士官。又置侍官一百二十人。改立諸局監羽林、虎賁。

《隋書》卷二七《百官志》 後齊制官，多循後魏，置太師、太傅、太保，是爲三師，擬古上公，非勳德崇者不居。次有大司馬、大將軍，是爲二大，並典司武事。次置太尉、司徒、司空，是爲三公。三師、二大、三公府，三門，當中開黃閤，設內屏。各置長史，司馬，諮議參軍，從事中郎，掾屬，主簿，録事，功曹，記室，户曹，金曹，中兵、外兵、騎兵、長流、城局、刑獄等參軍事，東西閤祭酒及參軍事，法、墨、田、水、鎧、集、士等曹行參軍，兼左户右户行參軍，長兼行參軍，參軍，督護等員。司徒則加有左右長史。三公下次有儀同三司。加開府者，亦置長史已下官屬，而減記室、倉、城局、田、水、鎧、士等七曹，各一人。其品亦每官下三府一階。三師、二大置佐史，則同太尉府。乾明中，又置丞相。河清中，分爲左右，亦各置府僚云。

《周書》卷二四《盧辯傳》 初，太祖欲行《周官》，命蘇綽專掌其事。未幾而綽卒，乃令辯成之。於是依《周禮》建六官，置公、卿、大夫、士，並撰次朝儀，車服器用，多依古禮，革漢、魏之法。事竝施行。今録辯所述六官著之於篇。天官府管冢宰等衆職，地官府領司徒等衆職，春官府領宗伯等衆職，夏官府領司馬等衆職，秋官府領司寇等衆職，冬官府領司空等衆職。史雖具載，文多不録。

辯所述六官，太祖以魏恭帝三年始命行之。自茲厥後，世有損益。宣帝嗣位，事不師古，官員班品，隨意變革。至如初置四輔官，及六府諸司復置中大夫，并御正、内史增置上大夫等，則載於外史。餘則朝出夕改，莫能詳録。于時雖行《周禮》，其内外衆職，又兼用秦漢等官。今略舉其名號及命數，附之於左。其紀傳内更有餘官而於此不載者，亦史闕文也。

《隋書》卷二七《百官志》　周太祖初據關内，官名未改魏號。及方隅粗定，改創章程，命尚書令盧辯，遠師周之建職，置三公三孤，以爲論道之官。次置六卿，以分司庶務。其所制班序：

内命，謂王朝之臣。三公九命，三孤八命，六卿七命，上大夫六命，中大夫五命，下大夫四命，上士三命，中士再命，下士一命。

外命，謂諸侯及其臣。諸公九命，諸侯八命，諸伯七命，諸子六命，諸男五命，諸公之孤卿四命，侯之孫卿、公之大夫三命，子男之孤卿，侯伯之大夫、公之上士再命，子男之大夫、公之中士、侯伯之上士一命，公之下士、侯伯之中士下士、子男之士不命。

其制禄秩，下士一百二十五石，中士已上，至於上大夫，各倍之。上大夫是爲四千石。卿二分，孤三分，公四分，各益其一。公因盈數爲一萬石。其九秩一百二十石，八秩至於七秩，每二秩六分而下各去其一，二秩一秩俱爲四十石。凡頒禄，視年之上下。畝至四釜爲上年，上年頒其正。三釜爲中年，中年頒其半。二釜爲下年，下年頒其一。無年爲凶荒，不頒禄。六官所制如此。

制度既畢，太祖以魏恭帝三年，始命行之。所設官名，訖於周末，多有改更。並具《盧傳》，不復重序云。

（唐）杜佑《通典》卷一九《職官·歷代官制總序》　後魏昭成之即王位，初置官司，分掌衆職。以燕鳳爲右長史，許謙爲郎中令。然而其制草創，名稱乖疏。皇始元年，道武平并州，始建臺省，置百官，封拜公侯、將軍、刺史、太守，尚書郎等官悉用文人。天興中，太史言天文錯亂，當改王易政，故官號數革。初，道武制官，皆擬遠古雲鳥之義，諸曹走使謂之鳧鴨，取飛之迅疾也。以伺察者爲候官，謂之白鷺，取其延頸遠視。他皆類此。至孝文太和中，王肅來奔，爲制官品，百司位號，皆準南朝，改次職令，以爲永制。凡守令以六年爲滿，後經六年乃叙。又作考格，以之黜陟。太和十八年，詔曰：古者三載考績，三考黜陟。朕今三載一考，考便黜陟，各令當司考其優劣爲三等。六品以下，尚書重問，五品以上，朕與公卿親論善惡。上上者遷之，下下者黜之，中中者守本位。又宣武帝行考陟之法，任事上中者，三年升一階，散官上第者，四載登一級。孝明以後，授受多濫。自明帝孝昌以後，天下多難，刺史、太守，皆爲當部都督，雖無兵事，並立佐僚，所在頗爲煩擾。及東魏静帝時，齊神武作相，高隆之表請自非實在邊要、見有兵馬者，悉皆斷之。又時諸朝貴多假常侍以取貂蟬之飾。隆之自表解侍中，并陳諸假侍服者，請亦罷之。又自軍國多事，冒竊官者不可勝數。隆之奏請檢括，得五萬餘人。而群小喧囂，隆之懼而止。

北齊創業，亦遵後魏，臺省位號，多類江東。以門下省掌獻納諫正，中書省管司王言，祕書省典司經籍，集書省掌從容諷議，中常侍省掌出入門閤，御史臺掌察糾彈劾。後主臨御，爵禄犬馬。御馬及犬，乃有儀同、郡君之號，藉以旃罽，食物十餘種。其宫婢、閹人、商人、胡户、雜户、歌舞人、見鬼人濫富貴者萬數。至末年，太宰、三師、大司馬、大將軍、三公等官，並增員而授，或兩或三，不可稱數。

後周之初據關中，猶依魏制。及平江陵之後，別立憲章，酌《周禮》之文，建六官之職，其他官亦兼用秦漢。他官，謂將軍、都督、刺史、太守之類。

（唐）杜佑《通典》卷二〇《職官·三公總叙》　後魏以太師、太傅、太保謂之三師，上公也。大司馬、大將軍謂之二大，太尉、司徒、司空謂之三公。

北齊皆有三師、二大、三公之官，並置府，其府三門，當中門黄閤，設内屏。三師、二大置佐吏，則同太尉府。

後周置六卿之外，又改三師官謂之三公，兼置三孤以貳之。少師、少傅、少保。而以司徒爲地官，大司馬爲夏官，司空爲冬官，如姬周之制，無復太尉、三師之號。宣帝又置四輔官。以大冢宰越王盛爲大前疑，蜀國公尉遲迥爲大右弼，申國公李穆爲大左輔，隋國公楊堅爲大後丞。

（唐）杜佑《通典》卷二〇《職官·太師》　後魏、北齊、後周、隋、大唐皆有之。

（唐）杜佑《通典》卷二〇《職官·太傅》　梁、後魏、北齊、後周及大唐皆有。

（唐）杜佑《通典》卷二〇《職官·太保》　梁、後魏、北齊、後周、隋及大唐皆有之。天寶以前，唯以其官贈竇季謀一人而已。

（唐）杜佑《通典》卷二〇《職官·太宰》　後魏初無。至孝莊時，以太尉上黨王天穆爲之，增置佐史。北齊無聞。

後周文帝又依《周禮》建六官，遂置天官大冢宰卿一人，掌邦治，以建邦之六典，佐皇帝治邦國。

（唐）杜佑《通典》卷二〇《職官·太尉》　後魏初，與大將軍不並置。正光之後，亦皆置焉。歷代唯後周無，其餘皆有，悉爲三公。

（唐）杜佑《通典》卷二〇《職官·司徒》　至後周，以司徒爲地官，謂之大司徒卿，掌邦教，職如《周禮》。

（唐）杜佑《通典》卷二〇《職官·司空》　歷代皆有之。至後周爲冬官，謂之大司空卿。掌邦事，以五材九範之徒，佐皇帝，富邦國。大祭祀行洒掃，廟社四望則奉豕牲。

（唐）杜佑《通典》卷二〇《職官·大司馬》　後魏、北齊與大將軍爲二大，位居三師之下，三公之上。

後周以爲夏官，謂之大司馬卿。掌邦政，以建邦國之九法，佐皇帝，平邦國，大祭祀掌其宿衛，廟社則奉羊牲。

（唐）杜佑《通典》卷二〇《職官·總叙三師三公以下官屬》　後魏三師無官屬。後又置太宰，以元天穆爲之，增置佐史。三公及二大並有長史，司馬，諮議參軍，從事中郎，掾屬，主簿，録事參軍，功曹，記室、户曹、中兵等參軍，諸曹行參軍，祭酒，參軍事，長兼行參軍，督護。其太尉、司徒與二大屬官階同。唯司空府官每降一階。

北齊三師、二大、三公各置長史，司馬，諮議參軍，從事中郎，掾屬，主簿，録事，功曹，記室、户曹、倉曹、中兵、外兵、騎兵、長流、城局、刑獄等參軍事，東西閤祭酒及參軍事，法、墨、田、水、鎧、集、士等曹行參軍，兼左户右户行參軍，長兼行參軍，參軍，督護等員。司徒則加左、右長史。長史、主吏。司馬、主將。舍人，主閤内事。皆自秦官也。從事中郎、從事中郎，漢末官也。陳湯爲大將軍王鳳從事中郎，在主簿上，所掌秩與長史同。掾屬、主諸曹事。主簿、所主與舍人同，祭酒所主亦同。令史，主諸曹文書。此皆自漢官也。陳湯爲大將軍王鳳從事中郎是也。御屬、參軍自後漢也。孫堅參驃騎軍事是也。參軍所主與掾屬同。其儀同三司加開府者，亦置長史以下官屬，而減記室、倉、城局、田、水、鎧、士等七曹，各一人。其品亦下三公府一階。其三師、二大佐史，則同太尉府也。

後周以太師、太傅、太保爲三公，而不見僚屬。

（唐）杜佑《通典》卷二一《職官·宰相》　後魏舊制，有大將軍，不置太尉；有丞相，不置司徒。自正光以後，始俱置之，神瑞元年，置八大人官，總理萬機，時號八公。然而尤重門下官，多以侍中輔政，則侍中爲樞密之任。説在《侍中篇》。

北齊乾明中，置丞相。河清中分爲左右，各置府僚。然而爲宰相秉持朝政者，亦多爲侍中。趙彦琛、元文遥、和士開同爲宰相，皆兼侍中。

後周大冢宰亦其任也，其後亦置左右丞相。大象二年，以楊堅爲大丞相，遂罷左右丞相官。

北朝·尚書臺

綜述

《隋書》卷二七《百官志》　尚書省，置令、僕射，吏部、殿中、祠部、五兵、都官、度支等六尚書。又有録尚書一人，位在令上，掌與令同，但不糾察。令則彈糾見事，與御史中丞更相廉察。僕射職爲執法，置二則爲左、右僕射，皆與令同。左糾彈，而右不糾彈。録、令、僕射，總理六尚書事，謂之都省。其屬官，左丞、掌吏部、考功、主爵、殿中、儀曹、三公、祠部、主客、左右中兵、左右外兵、都官、二千石、度支、左右户十七曹，并彈糾見事。又主管轄臺中，有違失者，兼糾駁之。右丞各一人。掌駕部、虞曹、屯田、起部、都兵、比部、水部、膳部、倉部、金部、庫部十一曹。亦管轄臺中。又主凡諸用度雜物、脂、燈、筆、墨、幃帳。唯不彈糾，餘悉與左同。并都令史八人，共掌其事。其六尚書，分統列曹。吏部統吏部、掌褒崇、選補等事。考功、掌考第及秀孝貢士等事。主爵掌封爵等事。三曹。殿中統殿中、掌駕行百官留守名帳，宮殿禁衛，供御衣倉等事。儀曹、掌吉凶禮制事。三公、掌五時讀時令，諸曹囚帳，斷罪，赦日建金雞等事。駕部掌車輿、牛馬廄牧等事。四曹。祠部統祠部、掌祠部醫藥，死喪贈賜等事。主客、掌諸蕃雜客等事。虞曹、掌地圖，山川遠近，園囿田獵，殺膳雜味等事。屯田、掌藉田、諸州屯田等事。起部掌諸興造工匠等事。五曹。祠部，無尚書則右僕射攝。五兵統左中兵、掌諸郡督告身、諸宿衛官等事。右中兵、掌畿內丁帳、事力、蕃兵等事。左外兵、掌河南及潼關已東諸州丁帳，及發召征兵等事。右外兵、掌河北及潼關已西諸州，所典與左外同。都兵掌鼓吹、太樂、雜户等事。五曹。都官統都官、掌畿內非違得失事。二千石、掌畿外得失等事。比部、掌詔書律令勾檢等事。水部、掌舟船、津梁，公私水事。膳部掌侍官百司禮食肴饌等事。五曹。度支統度支、掌計會，凡軍國損益、事役糧廩等事。倉部、掌諸倉帳出入等事。左户、掌天下計帳、户籍等事。右户、掌天下公私田宅租調等事。金部、掌權衡量度、外内諸庫藏文帳等事。庫部掌凡是戎仗器用所須事。六曹。凡二十八曹。吏部、三公，郎中各二人，餘並一人。凡三十郎中。吏部、儀曹、三公、虞曹、都官、二千石、比部、左户，各量事置掌故主事員。

（唐）杜佑《通典》卷二二《職官・尚書上・尚書省》 後魏天興元年，置八部大夫於皇城四方四維，面置一人，以擬八座，謂之八國常侍，各有屬官。分尚書三十六曹及諸外署，令大夫主之。崔玄伯通署三十六曹，如令僕統事。四年，又復尚書三十六曹。天賜元年，復罷尚書三十六曹，別置武歸、脩勤二職，分主省務。武歸比郎中，脩勤比令史。至神□元年，始置僕射、左右丞及諸曹尚書十餘人，各居別寺。舊例，尚書簿，諸曹須，即出借。任城王澄爲尚書時，公車署以理冤事重，奏請真案。澄執奏，以爲尚書政本，特宜遠慎，故凡所奏事，閣道通之，蓋以祕要之切，防其宣露。寧有古制所重，今反輕之？宜盡寫其事意，以付公車。詔從之。

北齊尚書省亦有録、令、僕射，總理六尚書事，謂之都省，亦謂之北省。後濟南王以太子監國，立大都督府，與尚書省分理衆事，仍開府置佐。顯祖特崇此官，以趙郡王守侍中，攝大都督府長史。

後周無尚書。

（唐）杜佑《通典》卷二二《職官・尚書上・録尚書》 北齊録尚書一人，位在令上，掌與令同，俱不糾察。

（唐）杜佑《通典》卷二二《職官・尚書上・尚書令》 後魏、北齊掌彈糾見事，與御史中丞更相廉察。

（唐）杜佑《通典》卷二二《職官・尚書上・僕射》 後魏二僕射，左居上，右居下。令、僕、中丞騶唱而入宫門，至於馬道。及郭祚爲僕射，以爲非盡敬之宜，乃奏請：御在太極，騶唱至止車門；御在朝堂，止司馬門。騶唱不入宫，自此始也。又尒朱仲遠爲行臺僕射，請准朝式，在軍鳴騶，廢帝笑而許之，其肆情若此。北齊僕射，職爲執法，置二則爲左右僕射，皆與令同，左糾彈而右不糾彈。

（唐）杜佑《通典》卷二二《職官・尚書上・左右丞》 後魏、北齊左丞爲上階，右丞爲下階。

北齊左丞掌吏部等十七曹，吏部、考功、主爵、殿中、儀曹、三公、祠部、主客、左右中兵、左右外兵、都官、二千石、度支、左右户。并糾彈見事，又主管轄臺中違失，並糾駁之。崔昂除左丞，兼度支尚書。左丞兼尚書，近代未有，唯昂爲冠首，朝野榮之。又酷吏宋遊道爲左丞，始依故事，於尚書省立門名，以記出入早晚，令僕以下皆側目。右丞掌駕部等十一曹，駕部、虞曹、屯田、起部、兵部、比部、水部、膳部、倉部、金部、庫部。亦管轄臺中，唯不彈糾，餘悉與左同。

（唐）杜佑《通典》卷二二《職官・尚書上・歷代尚書》 後魏初有殿中、掌殿內兵馬倉庫。樂部、掌伎樂及角使伍伯。駕部、掌牛馬驢騾。南部、掌南邊州郡。北部掌北邊州郡。五尚書。其後亦有吏部、初曰選部。兵部、都官、度支、七兵、祠部、民曹等尚書。又有金部、庫部、虞曹、儀曹、右民、宰官、元禔爲宰官尚書。都牧、元禎爲都牧尚書。牧曹、右曹、太倉、太官、祈曹、神都、儀同曹等尚書。自金部以下，但有尚書之名，而不詳職事。

北齊有吏部、殿中、殿中統殿中曹，主駕行百官留守名帳、宫殿禁衛，及儀曹、三公、駕部四曹。祠部、五兵、都官、度支六尚書。

後周無尚書。

（唐）杜佑《通典》卷二二《職官・尚書上・歷代郎官》 後魏三十六曹。史闕其文。至西魏十二年，改爲十二部。後周既改爲部，遂以柳慶爲計部郎中。又柳靖爲尚書度支郎，遷正員郎。今人或謂前代正員郎即今尚書郎中。按歷代所稱正員郎者，即散騎侍郎耳，謂非員外通直者，故謂之正員郎，則非尚書之職。自魏晋以後，尚書省自有郎中官，不應更置正員郎。

北齊有二十八曹。吏部、考功、主爵、殿中、儀曹、三公、駕部、祠部、主客、虞曹、屯田、起部、左中兵、右中兵、左外兵、右外兵、都兵、都官、二千石、比部、水部、膳部、度支、倉部、左民、右民、金部、庫部。其吏部、三公各二人，餘並一人，凡三十郎中。後魏、北齊唯置郎中。

(唐)杜佑《通典》卷二三《職官・尚書下・吏部尚書》 後魏、北齊吏部統吏部、掌褒崇、選補。考功、主爵三曹。自洛陽遷鄴以後，掌大選知名者數四。文襄帝少年高明，所蔽也疏；袁叔德沈密謹厚，所傷者細；楊愔風流辨給，取士失於浮華。唯辛術爲尚書，性尚貞明，擢士以才以器，循名責實，新舊參舉，管庫必擢，門閥不遺，前後銓衡，術最爲折衷，甚爲當時所稱。

後周有吏部中大夫一人，掌群臣及諸子之簿，辨其貴賤與其年歲，歲登下其損益之數。依六勳之賞，頒禄之差。小吏部下大夫一人，掌貳吏部之事。領司勳上士等官，屬大司馬。

(唐)杜佑《通典》卷二三《職官・尚書下・吏部郎中》 後魏孝文帝欲創革舊制，選置百官，謂群臣曰：爲朕舉一吏部郎，給卿三日假。尋曰：朕已得之矣。乃徵崔亮爲之。亮字敬儒，自參選事，垂將二十年，廉慎明決。尚書曰：非崔郎中，選事不辦。又曰：韋瑒爲吏部郎，性貪婪，鬻賣官吏，皆有定價。

(唐)杜佑《通典》卷二三《職官・尚書下・司封郎中》 北齊河清中，改爲主爵，置郎中一人，屬吏部，主封爵之事。

(唐)杜佑《通典》卷二三《職官・尚書下・司勳郎中》 至後周。吏部有司勳上士一人，掌六勳之賞，以等其功，如古之主爵。

(唐)杜佑《通典》卷二三《職官・尚書下・考功郎中》 後魏考功郎掌考第、孝秀。北齊考功郎中亦掌考第及孝秀貢士。

(唐)杜佑《通典》卷二三《職官・尚書下・户部尚書》 後魏度支亦掌支計。崔亮爲度支尚書，經營費用，歲減億計。北齊度支統度支、掌計會，凡軍國損益、供糧廩等事。倉部、左户、左户，掌天下計帳、户口。右户、掌天下公私田宅租課。金部、庫部六曹。後周置大司徒卿一人，如《周禮》之制。其屬有民部中大夫二人，掌承司徒教，以籍帳之法，贊計人民之衆寡。

(唐)杜佑《通典》卷二三《職官・尚書下・户部郎中》 後魏有户部郎。北齊有左、右民曹，例在《户部郎中篇》。

(唐)杜佑《通典》卷二三《職官・尚書下・金部郎中》 北齊金部主才量尺度、内外諸庫藏文帳。

(唐)杜佑《通典》卷二三《職官・尚書下・倉部郎中》 故《後魏書》曰：李訢爲太倉尚書，攝南部事，令千里之外，户別轉運，詣倉輸之，所在委積，延停歲月，大爲困弊。歷代多有倉部曹，皆掌倉廩之事。後周有地官屬司倉下大夫。

(唐)杜佑《通典》卷二三《職官・尚書下・禮部尚書》 後魏爲儀曹尚書。

北齊祠部尚書統祠部、掌祠部、醫藥、死喪、贈賻。主客、虞曹、屯田、起部五曹。又有儀曹，主吉凶禮制，屬殿中尚書。

後周置春官卿，又有禮部，而不言職事。後改禮部爲宗伯。又春官之屬有典命，掌内外九族之差及玉器衣服之令，沙門道士之法。後改典命爲大司禮，俄改大司禮復爲禮部，謂之禮部大夫。後周盧愷爲禮部大夫，充聘陳使。

(唐)杜佑《通典》卷二三《職官・尚書下・祠部郎中》 後魏裴修爲中大夫，兼祠部曹。祠部曹主禮樂，每有疑議，修斟酌故實，咸有條貫。後周有典祠中大夫。

(唐)杜佑《通典》卷二三《職官・尚書下・膳部郎中》 後魏都官尚書管左士郎。北齊改左士爲膳部郎，掌侍官百司禮食餚饌，屬都官尚書。後周有膳部大夫一人，亦掌飲食，屬大冢宰。

(唐)杜佑《通典》卷二三《職官・尚書下・主客郎中》 後魏吏部管南主客，祠部管左主客。北齊改左主客爲主爵，南主客爲主客。

(唐)杜佑《通典》卷二三《職官・尚書下・兵部尚書》 後魏爲七兵尚書。北齊爲五兵，統左中兵、掌諸都督告身、諸宿衛官。右中兵、掌畿内丁帳事、諸兵力士。左外兵、掌河南及潼關以東諸州丁帳及發召諸兵。右外兵、掌河北及潼關以西諸州，所典與左外兵同。都兵掌鼓吹、太樂、部小兵等事。五曹。

後周置大司馬，其屬又有兵部中大夫，小兵部下大夫，其職並缺。

(唐)杜佑《通典》卷二三《職官・尚書下・駕部郎中》 後魏與北齊並曰駕部郎中。後周有駕部中大夫，屬夏官。

(唐)杜佑《通典》卷二三《職官・尚書下・庫部郎中》 後魏、北齊庫部屬度支尚書，掌凡戎仗器用。後周有武藏中大夫。

(唐)杜佑《通典》卷二三《職官・尚書下・刑部尚書》 後魏亦有都官尚書。北齊都官統都官、掌畿内非違得失。二千石、掌畿外得失。比部、水部、膳部五曹。又有三公曹，掌諸曹囚帳、斷罪、赦日建金鷄等事，又掌五時讀時令。屬殿中尚書。後周有秋官大司寇卿，掌刑邦國；其屬官又有刑部中大夫，掌五刑之法。

（唐）杜佑《通典》卷二三《職官・尚書下・刑部郎中》 後周有小刑部下大夫，屬秋官府。

（唐）杜佑《通典》卷二三《職官・尚書下・都官郎中》 後周則曰司厲。

（唐）杜佑《通典》卷二三《職官・尚書下・比部郎中》 北齊掌詔書，律令、勾檢等事。後周曰計部中大夫，蓋其任也。

（唐）杜佑《通典》卷二三《職官・尚書下・工部尚書》 北齊起部亦掌工造，屬祠部尚書。後周有冬官大司空卿，掌五材九範之法；其屬工部中大夫二人，承司之事，掌百工之籍，而理其禁令。

（唐）杜佑《通典》卷二三《職官・尚書下・虞部郎中》 後魏、北齊虞曹掌地圖、山川、近遠園囿、田獵、雜味等，並屬虞部尚書。後周有虞部下大夫一人，掌山澤草木鳥獸而阜蕃之；又有小虞部，並屬大司馬。

（唐）杜佑《通典》卷二三《職官・尚書下・水部郎中》 後魏、北齊有水部，屬都官尚書，亦掌舟船津梁之事。後周有司水大夫。

北朝・中書省

綜述

《隋書》卷二七《百官志》 中書省，管司王言，及司進御之音樂。監、令各一人，侍郎四人。并司伶官西涼部直長、伶官西涼四部、伶官龜茲四部、伶官清商部直長、伶官清商四部。又領舍人省，掌署勑行下，宣旨勞問。中書舍人、主書各十人。

（唐）杜佑《通典》卷二一《職官・中書省》 後魏亦謂之西臺。宣武帝謂中書監崔光曰：卿是朕西臺大臣。北齊中書省管司王言，并司進御之樂及清商、龜茲諸部伶官。

（唐）杜佑《通典》卷二一《職官・中書省・中書令》 後魏亦有監、令。高允字伯恭，爲中書令。文帝重之，不名，呼爲令公。北齊因魏制。後周置內史中大夫二人，掌王言，亦其任也。

（唐）杜佑《通典》卷二一《職官・中書省・中書侍郎》 後魏、北齊置四員。

（唐）杜佑《通典》卷二一《職官・中書省・中書舍人》 後魏有舍人省，而不言其員。北齊舍人省掌署敕行下，宣旨勞問，領舍人十人。後周有小史上士二人，此其任也，屬春官。

（唐）杜佑《通典》卷二一《職官・中書省・通事舍人》 後魏、北齊謁者臺掌凡諸吉凶公事，導相禮儀。儀射二人，謁者三十人。隋煬帝增置謁者、司隸二臺，并御史爲三臺。謁者臺有大夫一人，掌受詔勞問，出使慰撫，持節策授及受冤枉而申奏之。駕出，對御史引駕，領議郎以下官。屬官有丞、主簿、録事等。尋詔門下、內史、御史、司隸、謁者五司監受表，以爲恒式，不復專謁者矣。初，魏置中書通事舍人官，其後歷代皆有，然非今任。

北朝・門下省

綜述

《隋書》卷二七《百官志》 集書省，掌諷議左右，從容獻納。散騎常侍、通直散騎常侍各六人，諫議大夫七人，散騎侍郎六人，員外散騎常侍二十人，通直散騎侍郎六人，給事中六人，員外散騎侍郎一百二十人，奉朝請二百四十人。又領起居省，散騎常侍、通直散騎常侍、散騎侍郎、通直散騎侍郎各一人，校書郎二人。中侍中省，掌出入門閤。中侍中二人，中常侍中、給事中各四人。又有中尚藥典御及丞，并中謁者僕射，各二人。中尚食局，典御、丞各二人，監四人。內謁者局，統、丞各一人。

（唐）杜佑《通典》卷二一《職官・門下省》 北齊門下省掌獻納諫

正及司進御之職，有侍中、給事黃門侍郎各六人，統左右局、左右局掌朱華閤內諸事。尚食、知御膳。尚藥、主御藥。尚衣、主御衣服。殿中，領殿中監，掌駕前奏引行事，制請修補。東耕則進耒耜事。隋改爲殿內。凡六局焉。

（唐）杜佑《通典》卷二一《職官・門下省・侍中》 後魏置六人，加官在其數。宜都王穆壽、廣平公張黎並以侍中輔政。北齊侍中亦六人。後周初，有御伯中大夫二人，掌出入侍從，屬天官府。保定四年。改御伯爲納言，斯侍中之職也。宣帝末，又別置侍中爲加官。

（唐）杜佑《通典》卷二一《職官・門下省・門下侍郎》 北齊置六人，所掌與侍中同。

後周天官府置御伯下大夫二人，武帝改爲納言下大夫。

（唐）杜佑《通典》卷二一《職官・門下省・給事中》 後魏無員。北齊亦屬集書省，凡六十人。後周天官之屬，有給事中士六十人，掌理六經，給事左右。其後別置給事中，在六官之外。

（唐）杜佑《通典》卷二一《職官・門下省・散騎常侍》 後魏、北齊皆爲集書省，掌諷議左右，從容獻納，領諸散騎常侍、侍郎及諫議大夫、給事中等官，兼以出入王命，位在中書之右，魏高祖謂散騎常侍元景曰：卿等自在集書，閤省逋墮，致使王言違滯，起居不修。又宋弁爲散騎常侍，遷右衛將軍，領黃門。弁屢讓，高祖曰：散騎位在中書之右，常侍者，黃門之庶兄，領軍者，二衛之假攝，不足空存推讓而棄大委者。其資叙爲第三清。明亮爲常侍，加勇武將軍，進曰：臣本官常侍，是第三清，今授勇武，其號至濁。北齊常侍定限八員，如金紫光禄大夫。

（唐）杜佑《通典》卷二一《職官・門下省・諫議大夫》 後魏亦曰諫議大夫，北齊有七人，屬集書省。後周地官府有保氏下大夫，規諫於天子，蓋比其任也。

北朝・諸卿

綜　述

《隋書》卷二七《百官志》 太常、光禄、衛尉、宗正、太僕、大理、鴻臚、司農、太府，是爲九寺。置卿、少卿、丞各一人。各有功曹、五官、主簿、録事等員。

（唐）杜佑《通典》卷二五《職官・諸卿上・總論諸卿》 後魏又以太常、光禄勳、衛尉謂之三卿。太僕、廷尉、大鴻臚、宗正、大司農、少府爲六卿，各有少卿。太和十五年，初置少卿，官掌同大卿。北齊以太常、光禄、衛尉、宗正、太僕、大理、鴻臚、司農、太府是爲九寺，晋荀勖曰：九寺可併於尚書。後魏亦有三府、九寺，則九卿稱寺久矣。然通其名，不連官號。其官寺連稱，自北齊始也。置卿、少卿、丞各一人，各有功曹、五官、主簿、録事等員。

《隋書》卷二七《百官志》 太常，掌陵廟羣祀、禮樂儀制，天文術數衣冠之屬。其屬官有博士、四人，掌禮制。協律郎、二人，掌監調律吕音樂。八書博士二人。等員。統諸陵、掌守衛山陵等事。太廟、掌郊廟社稷等事。太樂、掌諸樂及行禮節奏等事。衣冠、掌冠幘、舄履之屬等事。鼓吹、掌百戲、鼓吹樂人等事。太祝、掌郊廟贊祝，祭社衣服等事。太史、掌天文地動，風雲氣色，律曆卜筮等事。太醫、掌醫藥等事。廩犧、掌養犧牲，供祭羣祀等事。太宰掌諸神祀烹宰行禮事。等署令、丞。而太廟兼領郊祠、掌五郊羣神事。崇虚掌五岳四瀆神祀，在京及諸州道士簿帳等事。二局丞，太樂兼領清商部丞，掌清商音樂等事。鼓吹兼領黃户局丞，掌供樂人衣服。太史兼領靈臺、掌天文觀候。太卜掌諸卜筮。二局丞。

（唐）杜佑《通典》卷二五《職官・諸卿上・太常卿》 後魏爲上卿，兼置少卿官。《周禮》有小宗伯中大夫二人，即其任。北齊曰太常寺，置卿及少卿、丞各一人，掌陵廟、群祀、禮樂、儀制、天文、術數、衣冠之屬。後周建六官，置大宗伯卿一人，掌邦禮，以佐皇帝和邦國。是爲春官。

《隋書》卷二七《百官志》 光禄寺，掌諸膳食，帳幕器物，宮殿門户等事。統守宮、掌凡張設等事。太官、掌食膳事。宮門、主諸門籥事。供府、掌供御衣服玩弄之事。肴藏、掌器物鮭味等事。清漳、主酒，歲二萬石。春秋中半。華林掌禁籞林木等事。等署。宮門署，置僕射六人，以司其事。餘各有令、丞。又領東園局丞員。掌諸凶具。

（唐）杜佑《通典》卷二五《職官・諸卿上・光禄卿》 後魏又置少卿。北齊曰光禄寺，置卿、少卿，兼掌諸膳食、帳幕。

《隋書》卷二七《百官志》　衛尉寺，掌禁衛甲兵。統城門寺，置校尉二人，以司其職。掌宮殿城門，并諸倉庫管籥等事。又領公車、掌尚書所不理，有枉屈，經判奏聞。武庫、掌甲兵及吉凶儀仗。衛士掌京城及諸門士兵。等署令。武庫又有修故局丞。掌領匠修故甲等事。

（唐）杜佑《通典》卷二五《職官・諸卿上・衛尉卿》　後魏亦有之。北齊爲衛尉寺，有卿及少卿各一人。

《隋書》卷二七《百官志》　大宗正寺，掌宗室屬籍。統皇子王國、諸王國、諸長公主家。

（唐）杜佑《通典》卷二五《職官・諸卿上・宗正卿》　後魏有宗正卿、少卿。北齊亦然。後周有宗師中大夫，掌皇族，定世系，辨昭穆，訓以孝悌。屬大冢宰。

《隋書》卷二七《百官志》　太僕寺，掌諸車輦、馬、牛、畜産之屬。統驊騮、掌御馬及諸鞍乘。左右龍、左右牝、掌駝馬。駝牛、掌飼駝騾驢牛。司羊、掌諸羊。乘黄、掌諸輦輅。車府掌諸雜車。等署令、丞。驊騮署，又有奉承直長二人。左龍署，有左龍局。右龍署，有右龍局。左牝署，有左牝局。右牝署，有右牝局。駝牛署，有典駝、特牛、牸牛三局。司羊署，有特羊、牸羊局。諸局並有都尉。寺又領司訟、典腊、出入等三局丞。

（唐）杜佑《通典》卷二五《職官・諸卿上・太僕卿》　後魏兼置少卿。太武帝平統萬赫連昌，定隴右禿髮、沮渠等，河西水草善，乃以爲牧地，六畜滋息，馬三百餘萬匹，駞駝將半之，牛則無數。孝文帝遷洛陽之後，復以河陽爲牧場，恒置戎馬十萬匹，以擬京師軍警之備。每歲自河西徙牧於并州，漸南，欲其習水土而無死傷也，而河西之牧滋甚。北齊太僕寺統驊騮、左右龍、左右牝、乘黄、車府署，卿及少卿各一人。後周如古周。

《隋書》卷二七《百官志》　大理寺，掌決正刑獄。正、監、評各一人，律博士四人，明法掾二十四人，檻車督二人，掾十人，獄丞、掾各二人，司直、明法各十人。

（唐）杜佑《通典》卷二五《職官・諸卿上・大理卿》　後魏亦曰廷尉。北齊曰大理寺，置卿、少卿各一人。北齊宋世軌爲廷尉少卿，時大理正蘇珍之亦以平幹知名，寺中爲之語曰：決定嫌疑蘇珍之，視表見裏宋世軌。時人以爲寺中二絶。卒官，廷尉、御史諸囚皆哭曰：宋廷尉死，我等豈有生路。後周有刑部中大夫，掌五刑之法，附萬人之罪，屬大司寇，亦其任也。今刑部侍郎之任。

《隋書》卷二七《百官志》　鴻臚寺，掌蕃客朝會，吉凶弔祭。統典客、典寺、司儀等署令、丞。典客署，又有京邑薩甫二人，諸州薩甫一人。典寺署，有僧祇部丞一人。司儀署，又有奉禮郎三十人。

（唐）杜佑《通典》卷二六《職官・諸卿中・鴻臚卿》　後魏曰大鴻臚。北齊曰鴻臚寺，有卿、少卿各一人，亦掌蕃客朝及吉凶弔祭。後周司寇有蕃部中大夫，掌諸侯朝覲之叙；有賓部中大夫，掌大賓客之儀。

《隋書》卷二七《百官志》　司農寺，掌倉市薪菜，園池果實。統平準、太倉、鈎盾、典農、導官、梁州水次倉、石濟水次倉、藉田等署令、丞。而鈎盾又別領大囿、上林、遊獵、柴草、池藪、苜蓿等六部丞。典農署，又別領山陽、平頭、督亢等三部丞。導官署，又有御細部、麴麵部、典庫部等倉督員。

（唐）杜佑《通典》卷二六《職官・諸卿中・司農卿》　後魏曰大司農。北齊曰司農寺，有卿、少卿各一人，掌倉市薪米，園池果實。後周有司農上士一人，掌三農、九穀、稼穡之政令，屬大司徒。

《隋書》卷二七《百官志》　太府寺，掌金帛府庫，營造器物。統左、中、右三尚方，左藏，司染，諸冶東西道署，黄藏、右藏、細作、左校、甄官等署令、丞。左尚方，又別領別局、樂器、器作三局丞。中尚方，又別領別局、涇州絲局、雍州絲局、定州紬綾局四局丞。右尚方，又別領別局丞。司染署，又別領京坊、河東、信都三局丞。諸冶東道，又別領滏口、武安、白間三局丞。諸冶西道，又別領晉陽冶、泉部、大邘、原仇四局丞。甄官署，又別領石窟丞。

（唐）杜佑《通典》卷二六《職官・諸卿中・太府卿》　後魏太和中，改少府爲太府卿。兼有少卿，掌財物庫藏。王顯謂楊固曰：吾作太府卿，庫藏充實。固曰：減百官之禄及贓贖悉入京藏，以此充府，未足爲多。且有聚斂之臣，寧有盜臣。北齊曰太府寺，亦有卿、少卿各一人，又兼掌造器物。後周有太府中大夫，掌貢賦貨賄，以供國用，屬大冢宰。

《隋書》卷二七《百官志》　國子寺，掌訓教冑子。祭酒一人，亦置功曹、五官、主簿、録事員。領博士五人，助教十人，學生七十二人。太學博士十人，助教二十人，太學生二百人。四門學博士二十人，助教二十人，學生三百人。

（唐）杜佑《通典》卷二七《職官・諸卿下・國子監》 陳、後魏亦曰國子祭酒。其初定中原，先立太學，置《五經》博士。北齊國子寺有祭酒一人。

《隋書》卷二七《百官志》 長秋寺，掌諸宫閣。卿、中尹各一人，並用宦者。丞二人。亦有功曹、五官、主簿、録事員。領中黄門、掖庭、晋陽宫、中山宫、園池、中宫僕、奚官等署令、丞。又有暴室局丞。其中黄門，又有冗從僕射及博士四人。掖庭、晋陽、中山，各有宫教博士二人。中山署，又别有麵豆局丞。園池署，又别有桑園部丞。中宫僕署，又别有乘黄局教尉，細馬車都督、車府部丞。奚官署，又别有染局丞。

《隋書》卷二七《百官志》 將作寺，掌諸營建。大匠一人，丞四人。亦有功曹，主簿，録事員。若有營作，則立將、副將、長史、司馬、主簿、録事各一人。又領軍主，副，幢主、副等。

（唐）杜佑《通典》卷二七《職官・諸卿下・將作監》 北齊有將作寺，其官曰大匠。兼領功曹、主簿、長史、司馬等官屬。後周有匠師中大夫，掌城郭宫室之制；又有司木中大夫，掌木工之政令。

（唐）杜佑《通典》卷二七《職官・諸卿下・少府監》 後魏少府謂之六卿，以少府、宗正、太僕、廷尉、司農、鴻臚爲六卿。至孝文太和中，易制官品，遂改少府爲太府。北齊無少府，其尚方等署皆隸太府。

（唐）杜佑《通典》卷二七《職官・諸卿下・軍器監》 後周武帝四年，初置軍器監。

北朝・御史臺

綜　述

《隋書》卷二七《百官志》 〔後齊制官，多循後魏〕御史臺，掌察糾彈劾。中丞一人，治書侍御史二人，侍御史八人，殿中侍御史、檢校御史各十二人，録事四人。領符節署，令一人，符璽郎中四人。

（唐）杜佑《通典》卷二四《職官・御史臺》 梁及後魏、北齊或謂之南臺。北齊王高澄用崔暹爲御史中尉，宋遊道爲尚書左丞，謂之曰：卿一人處南臺，一人處北省，當使天下肅然。後魏之制，有公事，百官朝會，名簿自尚書令、僕以下，悉送南臺。後魏臨洮王舉哀，兼尚書左僕射元順不肯送名，又不送簿。中尉舉彈之。順奏曰：尚書百揆之本，令、僕納言之貴，不宜下隸中尉，送名御史。詔許之。後元子思爲御史中尉，朔朝，臺移尚書索應朝名帳。尚書郎裴獻伯移注云：按蔡氏《漢儀》，御史中尉逢臺郎於複道，中尉下避執版，郎中車上舉手禮之。以此而言，明非敵體。子思奏曰：臣按《漢書》，御史中丞爲獨坐。又按《魏書》曰：崔琰既爲中丞，百僚震恐。則中丞不揖省郎，亦已久矣。憲臺不屬都坐，亦非今日。又按孝文帝《職令》：朝會失時，則御史彈之。若不送名，到否何驗。獻伯等亂常變紀，請付法。詔曰：國異政，不可據以古事。檢孝文帝舊格以聞。尋從子思奏。後周曰司憲，屬秋官府。

地方分部

曹魏

論說

《三國志》卷二〇《魏志・武文世王公傳》評曰：魏氏王公，既徒有國土之名，而無社稷之實，又禁防壅隔，同於囹圄；位號靡定，大小歲易；骨肉之恩乖，《常棣》之義廢。爲法之弊，一至于此乎。《袁子》曰：魏興，承大亂之後，民人損減，不可則以古始。於是封建侯王，皆使寄地空名，而無其實。王國使有老兵百餘人，以衞其國。雖有王侯之號，而乃儕爲匹夫。縣隔千里之外，無朝聘之儀，鄰國無會同之制。諸侯游獵不得過三十里，又爲設防輔監國之官以伺察之。王侯皆思爲布衣而不能得。既違宗國藩屏之義，又虧親戚骨肉之恩。《魏氏春秋》載宗室曹冏上書曰：臣聞古之王者，必建同姓以明親親，必樹異姓以明賢賢。故《傳》曰庸勳親親，昵近尊賢；《書》曰克明俊德，以親九族；《詩》云懷德維寧，宗子維城。由是觀之，非賢無與興功，非親無與輔治。夫親親之道，專用則其漸也微弱；賢賢之道，偏任則其弊也劫奪。先聖知其然也，故博求親疏而並用之；近則有宗盟藩衞之固，遠則有仁賢輔弼之助，盛則有與共其治，衰則有與守其土，安則有與享其福，危則有與同其禍。夫然，故能有其國家，保其社稷，歷紀長久，本枝百世也。今魏尊尊之法雖明，親親之道未備。《詩》不云乎，鶺鴒在原，兄弟急難。以斯言之，明兄弟相救於喪亂之際，同心於憂禍之間，雖有鬩牆之忿，不忘禦侮之事。何則？憂患同也。今則不然，或任而不重，或釋而不任，一旦疆埸稱警，關門反拒，股肱不扶，胸心無衞。臣竊惟此，寢不安席，思獻丹誠，貢策朱闕。謹撰合所聞，叙論成敗。論曰：昔夏、殷、周歷世數十，而秦二世而亡。何則？三代之君，與天下共其民，故天下同其憂。秦王獨制其民，故傾危而莫救。夫與民共其樂者，人必憂其憂；與民同其安者，人必拯其危。先王知獨治之不能久也，故與人共治之；知獨守之不能固也，故與人共守之。兼親疏而兩用，參同異而並建。是以輕重足以相鎮，親疏足以相衞，并兼路塞，逆節不生。及其衰也，桓、文帥禮；苞茅不貢，齊師伐楚；宋不城周，晉戮其宰。王綱弛而復張，諸侯傲而復肅。二霸之後，浸以陵遲。吳、楚憑江，負固方城，雖心希九鼎，而畏迫宗姬，姦情散於胸懷，逆謀消於脣吻；斯豈非信重親戚，任用賢能，枝葉碩茂，本根賴之與？自此之後，轉相攻伐；吳并於越，晉分爲三，魯滅於楚，鄭兼於韓。暨于戰國，諸姬微矣，惟燕、衞獨存，然皆弱小，西迫彊秦，南畏齊、楚，憂懼滅亡，匪遑相恤。至於王赧，降爲庶人，猶枝幹相持，得居虛位，海內無主，四十餘年。秦據勢勝之地，騁譎詐之術，征伐關東，蠶食九國，至於始皇，乃定天位。曠日若彼，用力若此，豈非深固根蔕不拔之道乎？《易》曰：其亡其亡，繫于苞桑。周德其可謂當之矣。秦觀周之弊，以爲小弱見奪，於是廢五等之爵，立郡縣之官，棄禮樂之教，任苛刻之政；子弟無尺寸之封，功臣無立錐之地，內無宗子以自毗輔，外無諸侯以爲藩衞，仁心不加於親戚，惠澤不流於枝葉；譬猶芟刈股肱，獨任胸腹，浮舟江海，捐棄楫櫂，觀者爲之寒心，而始皇晏然自以爲關中之固，金城千里，子孫帝王萬世之業也，豈不悖哉。是時淳于越諫曰：臣聞殷、周之王，封子弟功臣千有餘（城）〔歲〕。今陛下君有海內而子弟爲匹夫，卒有田常六卿之臣，而無輔弼，何以相救？事不師古而能長久者，非所聞也。始皇聽李斯偏說而絀其議，至於身死之日，無所寄付，委天下之重於凡夫之手，託廢立之命於姦臣之口，至令趙高之徒，誅鉏宗室。胡亥少習刻薄之教，長遭凶父之業，不能改制易法，寵任兄弟，而乃師譚申、商，諮謀趙高；自幽深宮，委政讒賊，身殘望夷，求爲黔首，豈可得哉？遂乃郡國離心，衆庶潰叛，勝、廣倡之於前，劉、項弊之於後。向使始皇納淳于之策，抑李斯之論，割裂州國，分王子弟，封三代之後，報功臣之勞，士有常君，民有定主，枝葉相扶，首尾爲用，雖使子孫有失道之行，時人無湯、武之賢，姦謀未發，而身已屠戮，何區區之陳、項而復得措其手足哉？故漢祖奮三尺之劍，驅烏集之衆，五年之中，遂成帝業。自開闢以來，其興立功勳，未有若漢祖之易也。夫伐深根者難爲功，摧枯朽者易爲力，理勢然也。漢監秦之失，封殖子弟，及諸呂擅權，圖危劉氏，而天下所以不傾動，百姓所以不易心者，徒以諸侯彊大，盤石膠固，東牟、朱虛受命於內，齊、代、吳、楚作衞於外故也。向使高祖踵亡秦之法，忽先王之制，則天下已傳，非劉氏有也。然高祖封建，地過古制，大者跨州兼郡，小者連城數十，上下無別，權侔京室，故有吳、楚七國之患。賈誼曰：諸侯彊盛，長亂起姦。夫欲天下之治安，莫若衆建諸侯而少其力，令海內之勢，若身之使臂，臂之使指，則下無背叛之心，上無誅伐之事。文帝不從。至於孝景，猥用鼂錯之計，削黜諸侯，親者怨恨，疏者震恐，吳、楚倡謀，五國從風。兆發高帝，釁鍾文、景，由寬之過制，急之不漸故也。所謂末大必折，尾大難掉。尾同於體，猶或不從，況乎非體之尾，其可掉哉？武帝從主父之策，下推恩之令，自是之後，齊分爲七，趙分爲六，淮南三割，梁、代五分，遂以陵遲，子孫微弱，衣食租稅，不預政事，或以酎金免削，或以無後國除。至於成帝，王氏擅朝。劉向諫曰：臣聞公族者，國之枝葉；枝葉落則本根無所庇蔭。

方今同姓疏遠，母黨專政，排擯宗室，孤弱公族，非所以保守社稷，安固國嗣也。其言深切，多所稱引，成帝雖悲傷歎息而不能用。至於哀、平，異姓秉權，假周公之事，而爲田常之亂，高拱而竊天位，一朝而臣四海。漢宗室王侯，解印釋紱，貢奉社稷，猶懼不得爲臣妾，或乃爲之符命，頌莽恩德，豈不哀哉。由斯言之，非宗子獨忠孝於惠、文之間，而叛逆於哀、平之際也，徒權輕勢弱，不能有定耳。賴光武皇帝挺不世之姿，禽王莽於已成，紹漢嗣於既絶，斯豈非宗子之力也？而曾不監秦之失策，襲周之舊制，踵王國之法，而徼倖無疆之期。至於桓、靈，閹豎執衡，朝無死難之臣，外無同憂之國，君孤立於上，臣弄權於下，本末不能相御，身首不能相使。由是天下鼎沸，姦凶並争，宗廟焚爲灰燼，宫室變爲榛藪，居九州之地，而身無所安處，悲夫，魏太祖武皇帝躬聖明之資，兼神武之略，恥王綱之廢絶，愍漢室之傾覆，龍飛譙、沛，鳳翔兗、豫，掃除凶逆，翦滅鯨鯢，迎帝西京，定都潁邑，德動天地，義感人神。漢氏奉天，禪位大魏。大魏之興，于今二十有四年矣，觀五代之存亡而不用其長策，覩前車之傾覆而不改於轍迹；子弟王空虚之地，君有不使之民，宗室竄於閭閻，不聞邦國之政，權均匹夫，勢齊凡庶；內無深根不拔之固，外無盤石宗盟之助，非所以安社稷，爲萬世之業也。且今之州牧、郡守，古之方伯、諸侯，皆跨有千里之土，兼軍武之任，或比國數人，或兄弟並據；而宗室子弟曾無一人閒廁其閒，與相維持，非所以彊幹弱枝，備萬一之虞也。今之用賢，或超爲名都之主，或爲偏師之帥，而宗室有文者必限小縣之宰，有武者必置百人之上，使夫廉高之士，畢志於衡軛之內，才能之人，恥與非類爲伍，非所以勸進賢能褒異宗室之禮也。夫泉竭則流涸，根朽則葉枯；枝繁者蔭根，條落者本孤。故語曰百足之蟲，至死不殭，以扶之者衆也。此言雖小，可以譬大。且墉基不可倉卒而成，威名不可一朝而立，皆爲之有漸，建之有素。譬之種樹，久則深固其本根，茂盛其枝葉，若造次徙於山林之中，植於宫闕之下，雖壅之以黑墳，煖之以春日，猶不救於枯槁，而何暇繁育哉？夫樹猶親戚，土猶士民，建置不久，則輕下慢上，平居猶懼其離叛，危急將若之何？是以聖王安而不逸，以慮危也，存而設備，以懼亡也。故疾風卒至而無摧拔之憂，天下有變而無傾危之患矣。冏，中常侍兄叔興之後，少帝族祖也。是時天子幼稚，冏冀以此論感悟曹爽，爽不能納。

綜述

（唐）杜佑《通典》卷三一《職官・歷代王侯封爵》　魏黄初三年，初制，封王之庶子爲鄉公，嗣王庶子爲鄉侯，公之庶子爲亭伯。其後定制，凡國王、公、侯、伯、子、男六等，次縣侯，次鄉侯，次亭侯，次關內侯。又置名號侯爵十八級，關中侯爵十七級，皆金印紫綬。關外侯爵十六級，銅印龜紐，墨綬。五大夫十五級，銅印環紐，亦墨綬。自關內侯皆不食租，虚封爵。

自魏始而有保、傅、相、常侍、侍郎、郎中令、中尉、大農、文學、友、謁者大夫、諸雜署令、丞。公主有家令、僕、丞、行夜督郵。王太妃有家令、僕、丞。

（唐）杜佑《通典》卷三二《職官・州郡上・州牧刺史》　魏晉爲刺史，任重者爲使持節都督，輕者爲持節，皆銅印墨綬，進賢兩梁冠，絳朝服；領兵者武冠。而晉罷司隸校尉，置司州，江左則揚州刺史。魏賈逵字梁道，爲荊河州刺史，逵曰：州本監郡，謂察二千石以下。其狀皆言嚴能鷹揚有督察之才，不言安静寬仁有愷悌之德也。於是不如法者，皆奏免之。帝曰：逵真刺史也，布告天下，當以荊河州爲法。當陽侯杜元凱爲荊州，人號爲杜父。舊水道惟沔漢達江陵千數百里。君乃開陽口，起夏水，導洪洞，達巴陵，徑近千餘里。南土美而謡曰：後世無叛由杜翁，孰識智名與勇功。又，吴隱之召爲廣州，州界有貪泉，父老云：飲此水使廉士變貪。隱之先至水，酌而飲之，賦詩曰：古人云此水，一歃重千金。若使夷齊飲，終當不易心。自魏以來，庶姓爲州而無將軍者，謂之單車刺史。庶姓謂非帝族。凡單車刺史，加督進一品，都督進二品，不論持節、假節。

晉制，刺史三年一入奏。《甲午詔書》曰：刺史銜命，國之外臺，其非所部而在境者，刺史并糾之。

圖表

（清）洪貽孫《三國職官表》卷下

諸州刺史，六百石，第五品。官品，名州單車刺史。其或置牧，則二千石。曹休領揚州，夏侯尚領荊州，孫禮、桓範冀州，韋端涼州。魏分所屬爲十三洲，其一州屬司隸校尉，爲司州。見前。揚州統郡二，淮南、廬江。治壽春。治所並據《通典》、《宋志》。刺史有溫恢、王淩、孫禮、諸葛誕、文欽、樂綝、嚴象、劉馥。青州統郡國七，齊郡、濟南、樂安、北海、城陽、東萊、長廣，凡五郡二國。治臨淄。刺史有王淩、孫觀、程喜、鍾毓、臧艾、孫毓。徐州統郡國六，下邳、琅邪、東莞、廣陵四郡，彭城、東海二國。治下邳。據《魏略桓範傳》，刺史有呂虔、臧霸、鄭岐、王昶、胡奮、胡威諸人。兗州統郡國八，東郡、濟陰、山陽、泰山四郡，陳留、任城、東平、濟北四國。治廩邱。【略】	蜀得益州，或置牧，諸葛亮以丞相領。或置刺史，蔣琬、文立。統郡十五，蜀郡、犍爲、江陽、汶山、漢嘉、漢中、廣漢、梓潼、巴郡、巴西、巴東、涪陵、宕渠、武都、陰平。又設庲降都督，見前。統南中七郡。朱提、越嶲、牂柯、建寧、興古、永昌、雲南。一治成都，一治味。建興七年，與吳約參分天下。兗、冀、并、涼屬蜀，故四州亦置刺史遥領之。胡濟、鄧芝、宗預，領兗州。	吳得揚、荊、交、廣廣州，永安七年始置。四州，或置牧，呂範揚州，諸葛恪荊揚二州，陸遜、諸葛恪、陸凱、孫綝、陸抗、陶濬。荊州，陶璜、修允標州，滕循廣州。或置刺史。揚州統郡十四，丹陽、新都、蘄春、會稽、臨海、建安、東陽、吳郡、吳興、豫章、廬陵、鄱陽、臨川、安城。校尉、都尉，部二，毗陵典農校尉，廬陵南部都尉。治建業。別吏無攷。荊州統郡十六。
河南尹一人，二千石，第三品，主京都。《漢志》。丞一人，六百石，第七品。廩犧丞一人，《通典》。四百石，第八品，主藏穀，養牲，供祭祀。洛陽市長三人，《通典》，《晋書・地理志》，洛陽二市。大市，名金市，在大城西。南市，在大城南。馬市，在大城東。《水經注》引陸機《洛陽記》。丞三人，二百石，第九品。員吏七百人，有五官掾功曹史。見《司馬芝傳》。每郡太守一人，二千石，第五品，魏制：太守皆加將軍名號。掌治民、進賢、決訟、檢姦，《漢志》。并舉孝廉郡國口滿十萬者，歲察一人。其有秀異。無拘户口。統紀。丞一人，六百石，第八品。	蜀同。【略】	吳同。

河東衛固，宏農令狐華，長廣黄珍，河閒孫禮，部丞如淳。見《漢書叙例》。郡當邊戍者，丞爲長史。隴西馬顒。中正一人，第八品，延康元年所置，掌九品官人之法，選舉人材。馮翊有王嘉。見《常林傳》注。《魏略》。鉅鹿有時苗，以太官令領之。

每郡都尉一人，比二千石，第五品。廣陵衛彌。大郡或置二人，或爲東西部，或爲南北部，河南，有伊闕都尉張承。沛國，有南部都尉袁渙。陽平，有東部都尉常林。魏郡，有西部都尉鮑勛、陳矯。典兵禁，備盜賊。司馬一人，第八品。其徐州，置淮海津都尉。淮津都尉，在安豐。見《毌丘儉傳》。皆見官品。敦煌，置宜禾伊吾都尉。官品。竝第八品。

諸曹掾史。京尹、太守、都尉，略同。《漢志》。有功曹掾，河東衛固孫資、平陽劉毅、河内山濤、潁川庾峻、魯郡唐彬、廣陵陳矯、敦煌張恭、天水梁緒、南陽宗子卿、應余，江夏趙濯。五官掾，宏農孫弼。計曹掾。潁川庾峻、陳留西牧。上計掾，河内山濤、河東孫資、陳郡孫該、陳留衛臻、任成魏舒、遼東李胤、馮翊李義、扶風魯芝、北地傅元，又河内司馬望。門下掾。魯郡唐彬。文學掾，清河管輅。文學祭酒，河東。督郵，泰山高堂隆。主簿，河内山濤、郡張惲、魯唐彬、濟南劉節、天水尹賞、廬江吕習。主記、天水梁虔。門下書佐，齊國桓威。門下小吏，馮翊張既。綱紀、陳梁習、廣陵徐宣、陳矯。循行、見《漢》、《晉書》。幹鈴下伍百，見《魏略·劉類傳》。多者二百餘人。宏農吏，二百餘人。見《孟康傳》。郡當邊戍者，置塞曹掾。帶方張政。其有校尉。安定范陵，帶方建中校尉梯儁。參軍者，天水姜維、廬江董和。疑非常制。

蜀同。有蜀郡北部都尉。陳震、犍爲屬國都尉。鄧方，廣漢都尉。張嶷，而牂柯郡。復置五部都尉，見《華陽國志》。陰平郡，復置關尉。《華陽國志》。巴東郡，置江關都尉。《初學記》。

蜀郡職可攷者，有功曹掾，蜀郡常播、犍爲楊洪、永昌吕凱、廣漢古樸、李朝，巴西馬齊，無掾字者，史傳省文。功曹史，蜀郡杜軫。五官掾，永昌吕凱、廣漢秦宓。師友祭酒，廣漢秦宓。督軍從事，蜀郡何祇、廣漢王離。門下書佐，蜀郡何祇。主簿。蜀郡常播、楊玩。

吴同。【略】

吴郡職可攷者，有功曹掾，會稽虞翻、駱統。門下書佐，會稽朱育。門下循行。會稽胡綜。

諸縣大者，置令一人，千石，第六品。其次，六百石，第七品。小者，置長，三百石，第八品。千石者，丞一人，四百石，第八品。洛陽令丞三人。見《漢官》。魏應同。六百石以下者，丞一人，第九品。尉，大縣二人。洛陽有五部尉，見《晉．地理志》。二百石，第九品。小縣一人同。縣置諸鄉有秩三老，《漢官》。鄉户五千，則置有秩。百石，第八品。鄉小者，置有秩嗇夫，百石，第九品。

諸曹掾史，略如郡員，可攷者，有校官掾，建安七年，詔縣滿百户，置校官，選其鄉之俊造者，而教學之。見《武紀》。師友祭酒，決疑祭酒。見《袁涣傳》注。鐵官。在襄國縣。見《元和志》。

諸王國，各置相一人，二千石，第五品，職如太守。都尉一人，秩品與諸郡同。傅一人，第六品。平原王傅，高堂隆。保一人，第六品。友一人，第六品。郎中令一人，第七品。譙王郎中隗禧。中尉一人，第七品。大農一人，第七品。司馬一人，第七品。彭城王司馬董和。常侍無員，第八品。侍郎無員，第八品。家令一人，第八品。諸雜署令，第八品。謁者大夫及諸署長，第九品。

諸公國員，職如王國。官品。山陽公國，置督軍一人。晉武帝泰始二年，始罷除其禁制。

諸侯國，置相一人，三百石，第八品，職如縣令。家令一人，第七品。又有家丞、邢顒，爲平原侯家丞。傅，武德侯傅。鄭稱。監國謁者，灌均爲臨淄。庶子，平原劉楨、臨淄任嘏、武德吉茂。文學，毌丘儉、何曾爲平原文學，郭淮、徐幹、鄭袤爲臨淄文學。又有司馬孚、魯芝、高堂隆爲歷城文學。品秩無攷。

蜀同。

蜀無攷。都安縣，有堰官。《水經注》引《益州記》江至都安縣，堰其右，檢其左。諸葛亮以此堰農本。國之所資，以征丁千二百人主護之，有堰官。

吳同。

晉朝

論説

《晉書》卷七五《范甯傳》 凡荒郡之人，星居東西，遠者千餘，近者數百，而舉召役調，皆相資須，期會差違，輒致嚴坐，人不堪命，叛爲盜賊。是以山湖日積，刑獄愈滋。今荒小郡縣，皆宜并合，不滿五千户，不得爲郡，不滿千户，不得爲縣。守宰之任，宜得清平之人。頃者選舉，惟以卹貧爲先，雖制有六年，而富足便退。又郡守長吏，牽置無常，或兼臺職，或帶府官。夫府以統州，州以監郡，郡以莅縣，如令互相領帖，則是下官反爲上司，賦調役使無復節限。且牽曳百姓，營起廨舍，東西流遷，人人易處，文書簿籍，少有存者。先之室宇，皆爲私家，後來新官，復應修立。其爲弊也，胡可勝言。

綜述

（唐）杜佑《通典》卷三一《職官・歷代王侯封爵》 晉亦有王、公、侯、伯、子、男六等之封。《晉令》曰：有開國郡公、縣公、郡侯、縣侯、伯、子、男及鄉、亭、關中、關內外等侯之爵。唯安平郡公孚邑萬户，制度如魏諸王。其餘縣公，邑千八百户，地方七十五里。大國侯，邑千六百户，地方七十里。次國侯，邑千四百户，地方六十五里。大國伯，邑千二百户，地方六十里。次國伯，邑千户，地方五十里。大國子，邑八百户，地方五十里。次國子，邑六百户，地方四十里。男，邑四百户，地方四十里。

武帝受禪之初，泰始元年，封建子弟爲王二十餘人，以郡爲國。邑二萬户爲大國，置上中下三軍，兵五千人。邑萬户爲次國，置上軍下軍，兵三千人。邑五千户爲小國，置一軍，兵千五百人。王不之國，宫於京師。罷五等之制。公侯，邑萬户以上爲大國，五千以上爲次國，不滿五千户爲小國。初雖有封國，而王公皆在京都。

咸寧三年，詔徙諸王公皆歸國。時楊珧、荀勖以齊王攸有時名，懼惠帝有後難，乃追故司空裴秀立封建之旨，遂詔王公悉令歸國。更制户邑，皆中尉領兵。其平原、汝南、瑯琊、扶風、齊爲大國，梁、趙、樂安、燕、安平、義陽爲次國，其餘爲小國，皆制所近縣益滿萬户。又爲郡公制度如小國王，亦中尉領兵。郡侯如不滿五千户王，置一軍，千一百人，亦中尉領之。於時唯特增魯國公户邑，追進封故司空博陵公王沈爲郡公，鉅平侯羊祜爲南城郡侯。又南宫王承、隨王萬各於泰始中封爲縣王，邑千户，至是改正縣王增邑爲三千户，制度如郡侯，亦置一軍。自此非皇子不得爲王，而諸王之支庶，皆皇家之近屬至親，亦各以土推恩受封。其大國、次國，始封王之支子爲公，承封王之支子爲侯，繼承封王之支子爲伯。小國五千户以上，始封王之支子爲子，不滿五千户始封王之支子及始封公侯之支子皆爲男，非此皆不得封。其公之制度如五千户國，侯之制度如不滿五千户國，亦置一軍千人，中尉領之。伯子男以下各有差，而不置軍。大國始封之孫罷下軍，曾孫又罷上軍，次國始封之孫亦罷下軍。其餘皆以一軍爲常。大國中軍二千人，上下軍各千五百人。次國上軍二千人，下軍千人。其未之國者，大國置守士百人，次國八十人，小國六十人，郡侯、縣公亦如小國制度。既行，所增徙各如本奏。既遣就國，而諸公皆戀京師，涕泣而去。及吴平後，齊王攸遂之國。凡名山大澤不以封。鹽鐵金銀銅錫，始平之竹園，別都宫室園囿，皆不爲屬國。其仕在天朝者，與之國同，皆自選其文武官。晉齊王攸國相上長史缺，典書令請求差選。攸下令曰：官人叙才，皆朝廷之事，非國所宜裁也。其令自上請之。又當時王家人衣食皆出御府，攸乃表租秩足自供，遂求絶之。諸入作卿士而其世子年已壯者，皆遣莅國。其王公侯以下，茅社符璽，車旗命服，一如泰始故事。凡王，金印龜紐，練朱綬，遠遊三梁冠，絳紗朝服，佩山玄玉。開國郡公、縣公，金章皂朱紱綬，郡侯青朱綬，同進賢三梁冠，絳朝服，佩山玄玉。開國縣侯、伯、子、男，金章朱墨綬，冠玉亦同。

初武帝踐祚，封宣帝子伷爲東莞郡王，始置二卿。

侯以下置官屬，隨國大小無定制。諸侯並三分食一。

東晉元帝大興元年，始置九分食一。元帝以西陽王羕屬尊，元會特爲設牀。明帝以羕皇室元老，特爲之拜。成帝詔羕依安平獻王孚故事，設牀帳於殿上，帝親迎拜。王國有傅，傅即師也，以景帝諱故曰傅。武帝初置，亦謂之師。《山公啓事》曰：王楙爲燕王師。友、武帝初置一人，蓋因文王、仲尼四友之名。典書令丞、掌國教令。《職官録》曰：漢制本曰尚書，改爲持書，國諱又改爲典書。至晉武置典書令。文學，一人。郎中令、中尉、大農，此爲三卿。左右常侍，大國各二人，次國各一人，掌贊相獻替。內史、改太守爲內史。又《晉書》曰：改國相爲內史。將軍、大國上中下軍三將軍，次國上下二軍，將軍各一人，小國上軍而已。典祠、典衛、學官令、治書中尉、司馬、世子庶子、陵廟牧長、謁者、中大夫、舍人、典府等。其後省相及僕，省郎中，置侍郎二人。初，晉文帝輔魏政，阮籍常言於帝曰：平生曾遊東平，樂其風土。即拜爲東平相。籍乘驢到郡，壞府舍屏障，使內外相通，法令清簡，旬日而還。公侯以下國官屬遞減。《晉書》曰：詔以壽光公鄭沖及朗陵公何曾國皆置郎中令。又曰：元帝初渡江即晉王位，諸參軍、奉車都尉、掾屬者百餘人，時人謂之百六掾。

《晉書》卷二四《職官志》 州置刺史，別駕、治中從事、諸曹從事等員。所領中郡以上及江陽、朱提郡，郡各置部從事一人，小郡亦置一人。又有主簿，門亭長、録事、記室書佐、諸曹佐、守從事、武猛從事等。凡吏四十一人，卒二十人。諸州邊遠，或有山險，濱近寇賊羌夷者，又置弓馬從事五十餘人。徐州又置淮海，涼州置河津，諸州置都水從事各一人。涼、益州置吏八十五人，卒二十人。荊州又置監佃督一人。

郡皆置太守，河南郡京師所在，則曰尹。諸王國以內史掌太守之任，又置主簿、主記室、門下賊曹、議生、門下史、記室史、録事史、書佐、循行、幹、小史、五官掾、功曹史、功曹書佐、循行小史、五官掾等員。郡國户不滿五千者，置職吏五十人，散吏十三人；五千户以上，則職吏六十三人，散吏二十一人；萬户以上，職吏六十九人，散吏三十九人。郡國皆置文學掾一人。

（唐）杜佑《通典》卷三三《職官·州郡下·郡太守》 晉郡守皆加將軍，無者爲恥。王導，永嘉末，遷丹陽太守，加輔國將軍。導上牋曰：昔魏武，達政之主也，荀文若，功臣之最也，封不過亭侯。倉舒，愛子之寵，贈不過別部司馬。今者臨郡，不問賢愚，皆加重號，輒有鼓蓋。有不得者爲恥。導饕名竊位，取紊彝典。謹送鼓蓋加崇之物，請從導始。帝嘉而從之。初，泰始中，詔守相三載一巡屬縣，必以春，此古者所以述職省俗、宣風展義也。又《山公啓事》曰：晉制，春夏農月不還改長吏郡守縣令之屬，以其妨農事故也。晉宋守相、內史，並銀章青綬，進賢兩梁冠。梁謝朏字敬沖，齊時爲義興太守，加秩中二千石。不省雜事，悉付綱紀。曰：吾不能作主者吏，但能作太守耳。又任昉爲吴興太守，清潔。友人到溉與弟洽從昉爲山澤遊。被代而還，無衣，沈約遺裙迎也。

《晉書》卷二四《職官志》 縣大者置令，小者置長。有主簿、録事史、主記室史、門下書佐、幹、游徼、議生、循行功曹史、小史、廷掾、功曹史、小史書佐幹、户曹掾史幹、法曹門幹、金倉賊曹掾史、兵曹史、吏曹史、獄小史、獄門亭長、都亭長、賊捕掾等員。户不滿三百以下，職吏十八人，散吏四人；三百以上，職吏二十八人，散吏六人；五百以上，職吏四十人，散吏八人；千以上，職吏五十三人，散吏十二人；千五百以上，職吏六十八人，散吏一十八人；三千以上，職吏八十八人，散吏二十六人。

郡國及縣，農月皆隨所領户多少爲差，散吏爲勸農。又縣五百以上皆置鄉，三千以上置二鄉，五千以上置三鄉，萬以上置四鄉，鄉置嗇夫一人。鄉户不滿千以下，置治書史一人；千以上置史、佐各一人，正一人；五千五百以上，置史一人，佐二人。縣率百户置里吏一人，其土廣人稀，聽隨宜置里吏，限不得減五十户。户千以上，置校官掾一人。縣皆置方略吏四人。洛陽縣置六部尉。江左以後，建康亦置六部尉，餘大縣置二人，次縣、小縣各一人。鄴、長安置吏如三千户以上之制。

（唐）杜佑《通典》卷三三《職官·州郡下·縣令》 晉制，大縣令有治績，官報以大郡。《山公啓事》曰：温令許奇等，並見能名，雖在職日淺，宜顯報大郡，以勸天下。詔曰：按其資歷，悉自足爲郡守，各以在職日淺，則宜盡其政績，不宜速他轉也。不經宰縣，不得入爲臺郎。

南朝

綜述

（唐）杜佑《通典》卷三一《職官·歷代王侯封爵》 宋氏一用晉制，唯大小國皆有三軍。自明帝以後，皇子、皇弟雖非都督，亦置記室參軍。小號將軍爲大郡邊守置佐吏者，又不置長史，餘則同矣。凡王子爲侯者，食邑皆千户。諸王世子皆金印紫綬，進賢兩梁冠，佩山玄玉。

初，江夏王義恭爲孝武所忌，憂懼，故奏革諸侯廳事，不得南向坐；國官正冬不得跣登國殿及夾侍；障扇不得雉尾；劍不得鹿盧形；誕馬不得過二；諸侯常行車前後不得過六隊；（白直夾轂，不在其限。）刀不得過銀銅爲飾；諸王子繼體爲王者，婚葬吉凶，悉依諸國公侯之禮，不得同皇弟、皇子；諸王女封縣主，諸王子孫襲封之王妃及封侯者夫人，並不得鹵簿。詔可。

王國有師，（改傅爲之。）自内史、相、記室以下，官多與晋同。（孔覬字思遠，爲江夏内史，好酒多醉，而明曉政事。咸曰：一月二十九日醉，勝他人二十九日醒。又有辭記室參軍箋曰：記室之要，須通才敏思、性情綸密者爲之。）

凡郡縣内史、相，並於國主稱臣，去任便止。孝武孝建中，始革此制，不得追敬，不得稱臣，止宜云下官而已。（劉邕嗣封南康侯，河東王歆之嘗爲南康國相，素輕邕，後俱元會，邕性嗜酒，謂歆之曰：卿昔嘗見臣，今不能勸一盃酒乎？歆之效孫皓歌答之曰：昔爲汝作臣，今與汝比肩。既不勸汝酒，亦不願汝年。）**【略】**

齊封爵史闕。（齊竟陵王子良開西邸，延才俊以爲士林。自永明末，京邑士人盛爲文章談議，皆湊於西邸。）王國有師、（王琨爲武陵王師，時王儉爲宰相，屬琨用東海迎吏。琨謂信人曰：語郎，三臺五省皆是郎用人。外方小郡，當乞寒賤，省官何容復奪之。遂不果其事。）諮議、（張岱字景山，歷臨海、章郡、晋安三王府諮議。三王行事，事舉而情得。）文學等官。（齊永明元年，竟陵王子良表置文學官。）公侯置郎中令一人，卿，餘與晋、宋同。

梁封爵亦如晋宋之制。諸王皆假金獸符，第一至第五左，竹使符第一至第十左。諸公侯皆假銅獸符、竹使符，第一至第五。名山大澤不以封。鹽鐵金銀銅鐵錫及竹園、别都、宫室、園囿皆不以屬國。諸王言曰令，境内稱之曰殿下。公侯封郡縣者言曰教，境内稱之曰第下。自稱皆曰寡人。相以下公文上事，皆詣典書。世子主國，其文書表疏儀式如臣，而不稱臣。文書下群官，皆言告。諸王公侯國官皆稱臣，上於天朝皆稱陪臣，有所陳皆曰上疏。其公文曰言事。（梁南平元襄王偉，好學重士，四方遊士當世知名者，莫不畢至。齊世有清溪宫，改爲芳林苑，賜偉爲宅，穿築種植，與賓客遊其中，梁世藩邸之盛無過。）

五等諸公位視三公，班次之。開國諸侯位視孤卿、重號將軍、光禄大夫，班次之。開國諸伯位視九卿，班次之。開國諸子位視二千石，班次之。開國諸男位視比二千石，班次之。

王國置傅、相、（公以下則臺各爲選置之，皆掌知百姓事。）郎中令、將軍、常侍、典書令、典衛長。（伯、子無典衛。）典祠以下，自選備上。諸官多同前代。若王加將軍開府，則置長史、司馬及記室、掾屬、祭酒、主簿、録事等官屬。（張綰字孝卿，自中軍宣城王長史徙御史中丞。武帝使宣旨曰：爲國之急，唯在執憲直繩，用人本不限升降。晋宋代周閔、蔡廓並以侍中爲之，卿勿疑是左遷。時宣城王府資重，故有此旨。）嗣王則唯置郎中令、中尉、常侍、大農。藩王則無常侍，制與後漢同。

陳置九等，公主有家令之制。郡有王，嗣王，藩王，開國郡、縣公，開國縣侯，開國縣伯，開國縣子，開國縣男，沐食侯，鄉、亭侯，關内侯，關外侯。

鄱陽王之封也，遣度支尚書蕭睿持節兼太宰告於太廟、五岳，尚書王質持節兼太宰告於太社。

凡親王起家則爲侍中。若將軍方得有佐吏，無將軍則無府，止有國官。皇太子子，冢嫡者封王，依諸王起家，餘子並封公，起家中書郎。諸王子並諸侯代子，起家給事。（三公子起家員外散騎侍郎。令僕子起家祕書郎。若員滿，亦爲版法曹，雖高半階，資級祕書郎下。次令僕子起家著作佐郎，亦爲版行參軍。此外有揚州主簿、太學博士、國常侍、奉朝請、嗣王行參軍，並起家官，未合發詔。）

皇弟、皇子府置師、長史、司馬、從事中郎、諮議參軍、友、掾屬、記室等官。其嗣王、藩王府，則遞減之。王國置郎中令、將軍、常侍、典祠令、舍人等官。其嗣王、藩王，則遞減其員。（諸王公參佐等官，仍爲清濁，或爲選司補用，亦有府牒拜授者，不拘年限，去留隨意。在府之日，唯賓遊宴賞，時復循參，更無餘事。若隨府王在州，其僚佐等或亦得預催督。若其驅使，便有職務。其衣冠子弟，多自修立。非氣類者，惟利是求，暴物亂政，皆此之類。）

《隋書》卷二六《百官志》

州刺史二千石，受拜之明日，辭宫廟而行。州置別駕、治中從事各一人，主簿，西曹、議曹從事，祭酒從事，部傳從事，文學從事，各因其州之大小而置員。郡置太守，置丞。國曰内史。郡丞，三萬户以上，置佐一人。

（唐）杜佑《通典》卷三二《職官·州郡上·州牧刺史》

宋與魏同。梁刺史受拜之明日，辭宫廟而行，皆持節。（梁蔡道恭字懷儉，出爲使持節、右將軍、司州刺史。後魏圍司州，會道恭病篤，呼其兄弟及諸將曰：以死固節，無令吾没有遺恨。令取所持節曰：稟命出疆，憑此而已，既不還朝，欲與同逝，可與棺柩相隨也。又何胤字子季，爲建安太守，民不忍欺。伏臘放囚還家，及期而至。又，安成康王秀都督雍、梁、南北秦四州諸軍事，雍州刺史，有疾，百姓商賈咸爲請命。既薨，四州人裂裳爲白帽，哀哭送迎。又，夏侯亶字世龍，弟夔字季龍，並任荊河州刺史。州人歌曰：我之有州，任仍夏侯，前兄後弟，布政優優。

（唐）杜佑《通典》卷三三《職官・州郡下・縣令》 宋諸縣署令，銅印墨綬，進賢兩梁冠。自晋宋以後，令、長、國相皆如漢制。齊傅琰字季珪，爲山陰令，父僧祐，亦爲山陰令。父子並著奇績。世云諸傅有《治縣譜》，子孫相傳，不以示人。梁顧憲之字士思，爲建康令。京師飲酒得醇旨者，輒號爲顧建康，謂其清且美也。又何遠字義方，自武昌太守除名，後起爲武康令，愈勵廉節，除淫祀，武帝聞其能，擢爲宣城太守。自縣令爲近畿大郡，近代未有。又張稷字公喬，爲剡縣令，多爲山水遊。及山賊作亂，又保全縣境。又蕭景字子昭，爲永寧令。永嘉太守牓郡門曰：諸縣有疑滯，可就永寧令决之。

（宋）李昉等《太平御覽》卷二六九《職官部・縣尉》 宋武帝詔曰：百里之任總歸官長，縣尉實效甚微，其費不少，二品縣可置一尉而已，餘悉停省。

《隋書》卷二六《百官志》 縣爲國曰相，大縣爲令，小縣爲長，皆置丞、尉。郡縣置吏，亦各准州法，以大小而制員。郡縣吏有書僮，有武吏，有醫，有迎新、送故等員。亦各因其大小而置焉。

紀事

《宋書》卷三《武帝紀》 〔永初三年〕二月丁丑，詔曰：豫州南臨江滸，北接河、洛，民荒境曠，轉輸艱遠，撫莅之宜，各有其便。淮西諸郡，可立爲豫州；自淮以東，爲南豫州。以豫州刺史彭城王義康爲南豫州刺史，征虜將軍劉粹爲豫州刺史。又分荊州十郡還立湘州，左衛將軍張邵爲湘州刺史。戊寅，以徐州之梁，還屬豫州。

《宋書》卷六六《何尚之傳》 時欲分荊州置郢州，議其所居。江夏王義恭以爲宜在巴陵，尚之議曰：夏口在荊、江之中，正對沔口，通接雍、梁，實爲津要，由來舊鎮，根基不易。今分取江夏、武陵、天門、竟陵、隨五郡爲一州，鎮在夏口，既有見城，浦大容舫。竟陵出道取荊州，雖水路，與去江夏不異，諸郡至夏口皆從流，並爲利便。湘州所領十一郡，其巴陵邊帶長江，去夏口密邇，既分湘中，乃更成大，亦可割巴陵屬新州，於事爲允。上從其議。

《陳書》卷三《世祖紀》 〔天嘉元年三月〕甲子，分荊州之天門、義陽、南平，郢州之武陵四郡，置武州。其刺史督沅州，領武陵太守，治武陵郡。其都尉所部六縣爲沅州。别置通寧郡，以刺史領太守，治都尉城，省舊都尉。【略】

五月乙卯，改桂陽之汝城縣爲盧陽郡。分衡州之始興、安遠二郡，置東衡州。【略】

〔二年〕夏四月，分荊州之南平、宜都、羅、河東四郡，置南荊州，鎮河東郡。以安西將軍、武州刺史吴明徹爲南荊州刺史。庚寅，以安左將軍魯悉達爲安南將軍、吴州刺史。

北朝

綜述

（唐）杜佑《通典》卷三一《職官・歷代王侯封爵》 後魏道武皇始元年，始封五等。至天賜元年，減五等之爵，始分爲四，曰王、公、侯、子，除伯男之號。皇子及異姓元功上勳者封王。皇族及始藩王皆降爲公，諸公降爲侯，侯、子亦以此爲差。於是封王者十人，公者二十二人，侯者七十九人，子者百有三人。王封大郡，公封小郡，侯封大縣，子封小縣。其後復加伯男焉。

孝文太和十八年詔：凡王、公、侯、伯、子、男開國食邑者，王食半，公三分食一，侯伯四分食一，子男五分食一。

舊制，諸鎮將刺史假五等爵及有所貢獻而得假爵者，皆得世襲。延興二年，詔革此類，不得世襲。又舊制，諸以勳賜官爵者，子孫世襲并襲軍號。後改降五等，始革之，止襲爵而已。

凡公主皆嫁於賓附之國，朝臣子弟，雖名族美彦，不得尚焉。後魏道武帝因見《漢書》婁敬説高帝，欲以魯元公主妻匈奴，良久，故立此制。又江陽王女卒，靈太后詔贈鄉主。

諸王侯亦各有師、友、文學、侍郎、掾屬、舍人等官。時王國舍人應取八族及清修之門，咸陽王禧乃取任城王隸户爲之，深爲孝文所責。公主有家令丞。高平公主薨，欲使公主家令居廬制服。太常博士常景曰：婦人無專國之理。婦人爲君，男子爲臣，古禮所不載，則家令不得純臣，公主不得爲正君，明矣。乃寢。

北齊有王、公、侯、伯、子、男六等之爵。王位列大司馬上，非親王則在三公下，封内之調，盡以入臺，三分食一，公以下四分食一。王置師一人，餘官大抵與晉、宋、梁制不異。公主則置家令、丞等官。

後周制封爵，郡縣亦有公、侯、伯、子、男五等爵者，皆加開國。授柱國大將軍開府儀同者，並加使持節大都督。皇弟、皇子置友及學士等員外，餘吏闕聞。

（唐）杜佑《通典》卷三二《職官·州郡上·州牧刺史》　後魏天賜二年，又制，諸州置三刺史，皇室一人，異姓二人，比古之上中下三士也。郡置三太守，縣置三令長。孝文太和中，次職令。具《官品篇》。上黨王天穆世襲并州刺史。又，李崇爲并州，州舊多劫盗，崇乃村置一樓，樓懸一鼓，盗發則擊之，俄頃之間，聲布百里，遂多擒獲。諸州鼓樓自崇始。自後魏、北齊，則司州曰牧。而北齊制州爲上中下三等，每等又有上中下之差，自上上州至下下州凡九等。

後周則雍州曰牧。而制刺史初除，奉辭之日，備列鹵簿。凡總管刺史則加使持節諸軍事，以此爲常。及蘇綽爲六條之制，初文帝秉魏政，令百官誦習，其牧守令長非通六條及計帳者，不得居官。六條之制，其略曰：其一先治心，心不清淨則思慮妄生，見理不明，是以治民之要，在於清心而已。其二敦教化。其三盡地利。其四擢賢良。其五恤獄訟。其六均賦役。静帝大象元年，詔總管刺史及行兵者加持節，餘悉罷之。

（唐）杜佑《通典》卷三三《職官·州郡下·郡太守》　後魏初，郡置三太守。説在《刺史篇》。孝文初，二千石能静二郡至三郡者，遷爲刺史。説在《縣令篇》。太和中，次職令，郡太守、内史、相、縣令，並以六年爲限。

北齊制，郡爲上中下三等，每等又有上中下之差，自上上郡至下下郡凡九等。

後周郡太守各以户多少定品命。

（唐）杜佑《通典》卷三三《職官·州郡下·縣令》　後魏縣置三令長。説在《刺史篇》。孝文初制，縣令能静一縣劫盗者，兼理二縣，即食其禄；能静二縣者，兼理三縣，三年遷爲郡守。二千石能静二郡者，兼理，至三郡，亦如之，三年遷爲刺史。太和中，次職令，其禄甚厚。後魏孝文以北中府長史裴聿、中書侍郎崔亮並清貧，欲以俸禄優之，乃以亮帶野王令，聿帶温縣令，時人榮之。其後令長用人益雜，但選勤舊令史爲之，而縉紳之流恥居其位。

北齊制縣爲上中下三等，每等又有上中下之差，自上上縣至下下縣凡九等。然猶因循後魏，用人濫雜，至於士流恥居之。元文遥遂奏於武成帝，請革之，乃密令搜揚世胄子弟，恐其辭訴，總召集神武門，宣旨慰諭而遣。自此縣令始以士人爲之。

《魏書》卷四上《世祖紀》〔太延元年〕十有二月甲申，詔曰：操持六柄，王者所以統攝；平政理訟，公卿之所司存；勸農平賦，宰民之所專急；盡力三時，黔首之所克濟。各修其分，謂之有序，今更不然，何以爲治？越職侵局，有紊綱紀；上無定令，民知何從？自今以後，亡匿避難，羈旅他鄉，皆當歸還舊居，不問前罪。民相殺害，牧守依法平决，不聽私輒報復，敢有報者，誅及宗族；隣伍相助，與同罪。州郡縣不得妄遣吏卒，煩擾民庶。若有發調，縣宰集鄉邑三老計貲定課，裒多益寡，九品混通，不得縱富督貧，避强侵弱。太守覆檢能否，覈其殿最，列言屬州。刺史明考優劣，抑退姦吏，升進貞良，歲盡舉課上臺。牧守荷治民之任，當宣揚恩化，奉順憲典，與國同憂，直道正身，肅居官次，不亦善乎？

《魏書》卷一一三《官氏志》　百姓不能以自治，故立君以司牧；元首不可以獨斷，乃命臣以佐之。然則安海内，正國家，非一人之力也。書契已外，其事蔑聞，至於羲、軒、昊、頊之間，龍、火、鳥、人之職，頗可知矣。唐虞六十，夏商倍之，周過三百，是爲大備。而秦、漢、魏、晋代有加減，罷置盛衰，隨時適務。且國異政，家殊俗，設官命職，何常之有。帝王爲治，禮樂不相沿；海內作家，物色非一用。其由來尚矣。魏氏世君玄朔，遠統□臣，掌事立司，各有號秩。及交好南夏，頗亦改創。昭成之即王位，已命燕鳳爲右長史，許謙爲郎中令矣。餘官雜號，多同於晉朝。建國二年，初置左右近侍之職，無常員，或至百數，侍直禁中，傳宣詔命。皆取諸部大人及豪族良家子弟儀貌端嚴，機辯才幹者應選。又置內侍長四人，主顧問，拾遺應對，若今之侍中、散騎常侍也。其諸方雜人來附者，總謂之烏丸，各以多少稱酋、庶長，分爲南北部，復置二部大人以統攝之。時帝弟觚監北部，子寔君監南部，分民而治，若古之二伯焉。

太祖登國元年，因而不改，南北猶置大人，對治二部。是年置都統長，又置幢將及外朝大人官。其都統長，領殿內之兵，直王宮；幢將員六人，主三郎衛士直宿禁中者。自侍中已下，中散已上，皆統之外朝大人，無常員。主受詔命，外使，出入禁中，國有大喪大禮皆與參知，隨所典焉。【略】

〔天賜元年〕十一月，以八國姓族難分，故國立大師、小師，令辯其宗黨，品舉人才。自八國以外，郡各自立師，職分如八國，比今之中正也。宗室立宗師，亦如州郡八國之儀。【略】

二年正月，置內官員二十人，比侍中、常侍，迭直左右。又制諸州置三刺史，刺史用品第六者，宗室一人，異姓二人，比古之上中下三大夫也。郡置三太守，用七品者。縣置三令長，八品者。刺史、令長各之州縣，以太守上有刺史，下有令長，雖置而未臨民。自前功臣爲州者徵還京師，以爵歸第。置散騎郎、獵郎、諸省令史、省事、典籤等。

四年五月，增置侍官，侍直左右，出內詔命，取八國良家，代郡、上谷、廣寧、雁門四郡民中年長有器望者充之。【略】

〔正光元年〕十二月，罷諸州中正，郡縣定姓族，後復。

孝昌二年十月，詔宗士、庶子二官各增二百人。置望士隊四百人，取肺腑之族有武藝者。【略】

永安二年各詔復置司直十人，視五品，隸廷尉，覆治御史檢劾事。

普泰初，以尒朱世隆爲儀同三師，位次上公。又侍中、黃門、武衛將軍，並增置六人。

永安已後，遠近多事，置京畿大都督，復立州都督，俱總軍人。

天平四年夏，罷六州都督，悉隸京畿，其京畿大都督仍不改焉。立府置佐。

舊制：有大將軍，不置太尉；有丞相，不置司徒。自正光已後，天下多事，勳賢並軌，乃俱置之。

《隋書》卷二七《百官志》　司州，置牧。屬官有別駕從事史，治中從事史，州都，主簿，西曹書佐，記室，户曹，功曹，金曹，租曹，兵曹，騎曹，都官，法曹，部郡等從事員。主簿置史，西曹已下各置掾史。又領西、東市署令、丞，及統清都郡諸畿郡。

清都郡，置尹，丞，中正，功曹，主簿，督郵，五官，門下督，錄事，主記，議生，及功曹，記室，户，田，金，租，兵，騎，賊，法等曹掾，中部掾等員。

鄴、臨漳、成安三縣令，各置丞、中正、功曹、主簿、門下督、錄事、主記、議及功曹、記室、户、田、金、租、兵、騎、賊、法等曹掾員。鄴又領右部、南部、西部三尉，又領十二行經途尉。凡一百三十五里，里置正。臨漳又領左部、東部二尉，左部管九行經途尉。凡一百一十四里，里置正。成安又領後部、北部二尉，後部管十一行經途尉，七十四里，里置正。清都郡諸縣令已下官員，悉與上上縣同。諸畿郡太守已下，悉與上上郡同。

上上州刺史，置府。屬官有長史，司馬，錄事，功曹，倉曹，中兵等參軍事及掾史，主簿及掾，記室掾史，外兵、騎兵、長流、城局、刑獄等參軍事及掾史，參軍事及法、墨、田、鎧、集、士等曹行參軍及掾史，右户掾史，行參軍，長兼行參軍，督護，統府錄事，統府直兵，箱錄事等員。州屬官，有別駕從事史，治中從事史，州都光迎主簿，主簿，西曹書佐，市令及史，祭酒從事史，部郡從事，皁服從事，典籤及史，門下督，省事，都錄事及史，箱錄事及史，朝直，刺姦，記室掾，户曹，田曹，金曹，租曹，兵曹，左户等掾史等員。

上上州府，州屬官佐史，合三百九十三人。上中州減上上州十人。上下州減上中州十人。中上州減上下州五十一人。中中州減中上州十人。中下州減中中州十人。下上州減中下州五十人。下中州減下上州十人。下下州減下中州十人。

上上郡太守，屬官有丞，中正，光迎功曹，光迎主簿，功曹，主簿，五官，省事，録事，及西曹、户曹、金曹、租曹、兵曹、集曹等掾佐，太學博士，助教，太學生，市長，倉督等員。合屬官佐史二百一十二人。上中郡減上上郡五人。上下郡減上中郡五人。中上郡減上下郡四十五人。中中郡減中上郡五人。中下郡減中中郡五人。下上郡減中下郡四十人。下中郡減下上郡二人。下下郡減下中郡二人。

上上縣令，屬官有丞，中正，光迎功曹，光迎主簿，功曹，主簿，録事，及西曹、户曹、金曹、租曹、兵曹等掾，市長等員。合屬官佐史五十四人。上中縣減上上縣五人。上下縣減上中縣五人。中上縣減上下縣六人。中中縣減中上縣五人。中下縣減中中縣一人。下上縣減中下縣一人。下中縣減下上縣一人。下下縣減下中縣一人。

自州、郡、縣，各因其大小置白直，以供其役。

隋唐五代部

朝廷分部

隋朝·總叙

綜述

《隋書》卷二六《百官志》 《易》曰：天尊地卑，乾坤定矣，卑高既陳，貴賤位矣。是以聖人法乾坤以作則，因卑高以垂教，設官分職，錫珪胙土。由近以制遠，自中以統外，內則公卿大夫士，外則公侯伯子男。咸所以協和萬邦，平章百姓，允釐庶績，式叙彝倫。其由來尚矣。然古今異制，文質殊途，或以龍表官，或以雲紀職，放勛即分命四子，重華乃爰置九官，夏倍於虞，殷倍於夏，周監二代，沿革不同。其道既文，置官彌廣。逮于戰國，戎馬交馳，雖時有變革，然猶承周制。秦始皇廢先王之典，焚百家之言，創立朝儀，事不師古，始罷封侯之制，立郡縣之官。太尉主五兵，丞相總百揆，又置御史大夫，以貳於相。自餘衆職，各有司存。漢高祖除暴寧亂，輕刑約法，而職官之制，因於嬴氏。其間同異，抑亦可知。光武中興，聿遵前緒，唯廢丞相與御史大夫，而以三司綜理衆務。洎于叔世，事歸臺閣，論道之官，備員而已。魏、晉繼及，大抵略同，爰及宋、齊，亦無改作。梁武受終，多循齊舊。然而定諸卿之位，各配四時，置戎秩之官，百有餘號。陳氏繼梁，不失舊物。高齊創業，亦遵後魏，臺省位號，與江左稍殊，所有節文，備詳於志。有周創據關右，日不暇給，洎乎克清江、漢，爰議憲章。酌酆鎬之遺文，置六官以綜務，詳其典制，有可稱焉。高祖踐極，百度伊始，復廢周官，還依漢、魏。唯以中書爲內史，侍中爲納言，自餘庶僚，頗有損益。煬帝嗣位，意存稽古，建官分職，率由舊章。大業三年，始行新令。于時三川定鼎，萬國朝宗，衣冠文物，足爲壯觀。既而以人從欲，待下若讎，號令日改，官名月易。尋而南征不復，朝廷播遷，圖籍注記，多從散逸。今之存録者，不能詳備焉。

《隋書》卷二八《百官志》 〔開皇〕三年四月，詔尚書左僕射，掌判吏部、禮部、兵部三尚書事，御史糾不當者，兼糾彈之。尚書右僕射，掌判都官、度支、工部三尚書事，又知用度。餘皆依舊。尋改度支尚書爲户部尚書，都官尚書爲刑部尚書。諸曹侍郎及內史舍人，並加爲從五品。增置通事舍人十二員，通舊爲二十四員。廢光禄寺及都水臺入司農，廢衛尉入太常尚書省，廢鴻臚亦入太常。罷大理寺監、評及律博士員，加置正爲四人。罷郡，以州統縣，改別駕、贊務，以爲長史、司馬。舊周、齊州郡縣職，自州都、郡縣正已下，皆州郡將縣令至而調用，理時事。至是不知時事，直謂之鄉官。別置品官，皆吏部除授，每歲考殿最。刺史、縣令，三年一遷，佐官四年一遷。佐官以曹爲名者，並改爲司。六年，尚書省二十四司，各置員外郎一人，以司其曹之籍帳。侍郎闕，則釐其曹事。吏部又別置朝議、通議、朝請、朝散、給事、承奉、儒林、文林等八郎，武騎、屯騎、驍騎、游騎、飛騎、旅騎、雲騎、羽騎八尉。其品則正六品以下，從九品以上。上階爲郎，下階爲尉。散官番直，常出使監檢。罷門下省員外散騎常侍、奉朝請、通事令史員，及左右衛、殿內將軍，司馬督，武騎常侍等員。

十二年，復置光禄、衛尉、鴻臚等寺。諸州司以從事爲名者，改爲參軍。

十三年，復置都水臺。國子寺罷隸太常，又改寺爲學。

十四年，諸省各置主事令史員。改九等州縣爲上、中、中下、下，凡四等。

十五年，罷州縣、鄉官。

十六年，內侍省加置內主事員二十人，以承門閤。

十八年，置備身府。

二十年，改將作寺爲監，以大匠爲大監。初加置副監。

仁壽元年，改都水臺爲監，更名使者爲監。罷國子學，唯立太學一所，置博士五人，從五品，學生七十二人。

三年，監門府又置門候一百二十人。

煬帝即位，多所改革。三年定令，品自第一至于第九，唯置正從，而除上下階。罷諸總管，廢三師、特進官。分門下、太僕二司，取殿內監名，以爲殿內省，并尚書、門下、內史、祕書，以爲五省。增置謁者、司隸二臺，并御史爲三臺。分太府寺爲少府監。改內侍省爲長秋監，國子學爲國子監，將作寺爲將作監，并都水監，總爲五監。改左右衛爲左右翊衛，左右備身爲左右騎衛。左右武衛依舊名。改領軍爲左右屯衛，加置左右禦。改左右武候爲左右候衛。是爲十二衛。又改領左右府爲左右備身府，左右監門依舊名。凡十六府。其朝之班序，以品之高卑爲列。品同則以省府爲前後，省府同則以局署爲前後焉。

（唐）杜佑《通典》卷一九《職官・歷代官制總序》 隋文帝踐極，百度伊始，復廢周官，還依漢魏。其於庶僚，頗有損益，凡官以四考而代。又制，凡官以理去職，聽並執笏。至煬帝，意存稽古，多復舊章。百官不得計考增級，如有德行功能灼然顯著者，擢之。大業三年，始行新令，有三臺、五省、五監、十二衛、十六府。殿內、尚書、門下、內史、祕書，五省也。謁者、司隸、御史，三臺也。少府、長秋、國子、將作、都水，五監也。左右翊、左右驍、左右武、左右屯、左右禦、左右候，十二衛也。左右備身、左右監門等，凡十六府也。或是舊名，或是新置。諸省及左右衛、武候、領軍、監門府爲內官，自餘爲外官。於時天下繁富，四方無虞，衣冠文物爲盛矣。既而漸爲不道，百度方亂，號令日改，官名月易，圖籍散逸，不能詳備。

隋朝・五省

綜述

《隋書》卷二八《百官志》 高祖既受命，改周之六官，其所制名，多依前代之法。置三師、三公及尚書、門下、內史、祕書、內侍等省，御史、都水等臺，太常、光祿、衛尉、宗正、太僕、大理、鴻臚、司農、太府、國子、將作等寺，左右衛、左右武衛、左右武候、左右領、左右監門、左右領軍等府，分司統職焉。

三師，不主事，不置府僚，蓋與天子坐而論道者也。

三公，參議國之大事，依後齊置府僚。無其人則闕。祭祀則太尉亞獻，司徒奉俎，司空行掃除。其位多曠，皆攝行事。尋省府及僚佐，置公則坐於尚書都省。朝之衆務，總歸於臺閣。

尚書省，事無不總。置令、左右僕射各一人，總吏部、禮部、兵部、都官、度支、工部等六曹事，是爲八座。屬官左、右丞各一人，都事八人，分司管轄。吏部尚書統吏部侍郎二人，主爵侍郎一人，司勳侍郎二人，考功侍郎一人。禮部尚書統禮部、祠部侍郎各一人，主客、膳部侍郎各二人。兵部尚書統兵部、職方侍郎各二人，駕部、庫部侍郎各一人。都官尚書統都官侍郎二人，刑部、比部侍郎各一人，司門侍郎二人。度支尚書統度支、户部侍郎各二人，金部、倉部侍郎各一人。工部尚書統工部、屯田侍郎各二人，虞部、水部侍郎各一人。凡三十六侍郎，分司曹務，直宿禁省，如漢之制。

《隋書》卷二八《百官志》 行臺省，則有尚書令，僕射，左、右任置。兵部、兼吏部、禮部。度支兼都官、工部。尚書及丞左、右任置。各一人，都事四人。有考功、兼吏部、爵部、司勳。禮部、兼祠部、主客。膳部、兵部、兼職方。駕部、庫部、刑部、兼都官、司門。度支、兼倉部。户部、兼比部。金部、工部、屯田兼水部、虞部。侍郎，各一人。每行臺置食貨、農圃、武器，百工監、副監，各一人。各置丞、食貨四人，農圃六人，武器二人，百工四人。録事食貨、農圃、百工各二人，武器一人。等員。

《隋書》卷二八《百官志》 尚書省六曹，各侍郎一人，以貳尚書之職。又增左、右丞階，與六侍郎，並正四品。諸曹侍郎，並改爲郎。又改吏部爲選部郎，户部爲人部郎，禮部爲儀曹郎，兵部爲兵曹郎，刑部爲憲部郎，工部爲起部郎，以異六侍郎之名。

廢諸司員外郎，而每增置一曹郎，各爲二員。都司郎各一人，品同曹郎，掌都事之職。以都事爲正八品，分隸六尚書。諸司主事，並去令史之名。其令史隨曹閑劇而置。每十令史，置一主事，不滿十者，亦置一人。其餘四省三臺，亦皆曰令史，九寺五監諸衛府，則皆曰府史。後又改主客郎爲司蕃郎。尋又每減一郎，置承務郎一人，同員外之職。

（唐）杜佑《通典》卷二二《職官·尚書上·僕射》 隋文帝開皇三年，詔左右僕射從二品，左掌判吏部、禮部、兵部三尚書，御史糾不當者，兼糾彈之。右掌判都官、度支、工部三尚書，又知用度。餘並依舊。楊素爲右僕射，與高熲專掌朝政。後文帝漸疎忌素，詔曰：僕射，國之宰輔，不可躬親細務，但三五日一度向省，評論大事。外示崇重，實奪其權也。終仁壽之末，不復通判省事。

（唐）杜佑《通典》卷二二《職官·尚書上·左右丞》 隋左右丞掌分尚書諸司糾駁。元壽字長壽，爲尚書左丞。蕭摩訶妻患將死，奏令其子向江南收家產。壽奏劾之曰：摩訶遠念資財，近忘匹好，令其子捨危惙之母，爲聚斂之行。御史韓微之等見而不彈，請付大理。臣忝居左轄，無容寢默。

（唐）杜佑《通典》卷二二《職官·尚書上·左右司郎中》 隋煬帝三年，於尚書都省初置左、右司郎二人，品同諸曹郎，從五品，掌都省之職。

（唐）杜佑《通典》卷二三《職官·尚書下·吏部尚書》 隋吏部統吏部、主爵、司勳、考功四曹。牛弘爲吏部尚書，其選舉先德行而後文才，所進用多稱職。吏部侍郎高孝基，鑑賞機悟，清慎絶倫，然爽俊有餘，跡似輕薄，時宰多以此疑之，唯弘深識其真，推心委任，隋之選舉，於斯爲最。又曰：盧愷攝吏部尚書，何妥奏蘇威陰事，愷相連。勑司奏愷曰：房恭懿者，尉遲迥之黨，不當仕進。威、愷二人曲相薦達，累轉爲海州刺史。又吏部參選者甚多，愷不即授官，皆作色而遣。威有從父弟徹、肅二人，徵詣吏部，徹文狀後至而先任用，肅左足攣蹇，才用無算，愷以威之故，而授朝請郎。文帝怒曰：愷敢將天官爲私惠。乃除名爲庶民。自後周以降，選無清濁，及愷攝吏部，與薛道衡、陸彦師等甄別士流，故涉黨固之譖，遂及於此。

（唐）杜佑《通典》卷二三《職官·尚書下·户部尚書》 隋初，有度支尚書，則并後周民部之職。漢成帝初置尚書，有民曹，主凡吏民上書，悉經此曹理之。後漢光武改民曹主繕修功作、鹽池苑囿。魏置左民尚書，晉惠帝又加置右民尚書。至於宋齊梁陳，皆有左民尚書。而後魏有左民、右民等尚書，多領工官，非今户部之例。而梁陳兼掌户籍，此則略同。自周隋有民部，始當今户部之職。開皇三年，改度支爲民部，統度支、民部、金部、倉部四曹，國家修《隋志》，謂之户部，蓋以廟諱故也。煬帝時，韋沖爲民部尚書。又武德二年，隋民部尚書蕭瑀爲相府司録。

（唐）杜佑《通典》卷二三《職官·尚書下·禮部尚書》 至隋，置禮部尚書，統禮部、祠部、主客、膳部四曹，蓋因後周禮部之名，兼前代祠部、儀曹之職。

（唐）杜佑《通典》卷二三《職官·尚書下·兵部尚書》 至隋乃有兵部尚書，統兵部、職方、駕部、庫部四曹，蓋因後周兵部之名，兼前代五兵之職。

（唐）杜佑《通典》卷二三《職官·尚書下·刑部尚書》 隋初有都官尚書，開皇三年，改都官爲刑部尚書，統都官、刑部、比部、司門四曹，亦因後周之名。

（唐）杜佑《通典》卷二三《職官·尚書下·工部尚書》 至隋乃有工部尚書，統工部、屯田二曹，蓋因後周工部之名，兼前代起部之職。

《隋書》卷二八《百官志》 門下省，納言二人，給事黄門侍郎四人，録事、通事令史各六人。又有散騎常侍、通直散騎常侍各四人，諫議大夫七人，散騎侍郎四人，員外散騎常侍六人，通直散騎侍郎四人，並掌部從朝直。又有給事二十人，員外散騎侍郎二十人，奉朝請四十人，並掌同散騎常侍等，兼出使勞問。統城門、尚食、尚藥、符璽、御府、殿内等六局。城門局，校尉二人，直長四人。尚食局，典御二人，直長四人，食醫四人。尚藥局，典御二人，侍御醫、直長各四人，醫師四十人。符璽、御府、殿内局，監各二人，直長各四人。

（唐）杜佑《通典》卷二一《職官·門下省》 隋門下省有納言二人，給事黄門侍郎四人，煬帝減二人。及散騎常侍、諫議大夫等官，並掌陪從朝直，兼統六局。開皇三年，罷門下省員外散騎常侍員。煬帝即位，加給事員，廢常侍、諫議等官。又改殿内省隷門下省。

（唐）杜佑《通典》卷二一《職官·門下省·侍中》 隋又改侍中爲納言，置二人。煬帝大業十二年，又改納言爲侍内。隋氏諱忠，故凡中皆曰内。

（唐）杜佑《通典》卷二一《職官·門下省·門下侍郎》 隋六人，屬門下省。至煬帝，減二人，而去給事之名。煬帝初嗣位，猶以張衡爲給事黄門侍郎。初。劉行本爲黄門侍郎，文帝嘗怒一郎，於殿前笞之。行本進諫，帝不顧。行本乃正當上前，曰：陛下不以臣不肖，置臣左右，豈得輕臣而不顧？乃置笏於地而退。上謝之，而原所咎者。

（唐）杜佑《通典》卷二一《職官·門下省·給事中》　隋初無，至開皇六年，始詔吏部置給事郎。凡置八郎，説在《爵命篇》。煬帝乃移吏部給事郎爲門下之職，位次黄門下，置員四人，以省讀奏案。

《隋書》卷二八《百官志》　内史省，置監、令各一人。尋廢監。置令二人，侍郎四人，舍人八人，通事舍人十六人，主書十人，録事四人。

《隋書》卷二八《百官志》　内史省減侍郎員爲二人，減内史舍人員爲四人。加置起居舍人員二人，從六品。次舍人下。改通事舍人員爲謁者臺職。減主書員，置四人，加爲正八品。十二年，改内史爲内書。

（唐）杜佑《通典》卷二一《職官·宰相》　隋有内史、納言，即中書令、侍中。是爲宰相，亦有他官參與焉。柳述爲兵部尚書，參掌機事。又楊素爲右僕射，與高熲專掌朝政。

（唐）杜佑《通典》卷二一《職官·中書省》　隋初，改爲内史省，置令二人，侍郎四人，煬帝減侍郎二人。舍人八人，煬帝減去四人。通事舍人十六人。煬帝加起居舍人，而改通事舍人爲謁者臺職。

（唐）杜佑《通典》卷二一《職官·中書省·中書令》　隋初改中書爲内史，置監令各一人，尋廢監，置令二人。煬帝大業十二年，又改内史爲内書，後復爲内史令。

（唐）杜佑《通典》卷二一《職官·中書省·中書侍郎》　隋初，爲内史侍郎，亦四員。煬帝減二員，改爲内書侍郎。

（唐）杜佑《通典》卷二一《職官·中書省·中書舍人》　隋内史舍人八員，專掌詔誥。煬帝減四人，後改爲内書舍人。

《隋書》卷二八《百官志》　祕書省，監、丞各一人，郎四人，校書郎十二人，正字四人，録事二人。領著作、太史二曹。著作曹，置郎二人，佐郎八人，校書郎、正字各二人。太史曹，置令、丞各二人，司曆二人，監候四人。其曆、天文、漏刻、視祲，各有博士及生員。

《隋書》卷二八《百官志》　祕書省降監爲從二品，增置少監一人，從四品。增著作郎階爲正五品，減校書郎爲十人。改太史局爲監，進令階爲從五品，又減丞爲一人。置司辰師八人，增置監候爲十人。其後又改監、少監爲令、少令。增祕書郎爲從五品，加置佐郎四人，從六品。以貳郎之職。降著作郎階爲從五品。又置儒林郎十人，正七品。掌明經待問，唯詔所使。文林郎二十人，從八品。掌撰録文史，檢討舊事。此二郎皆上在藩已来直司學士。增校書郎員四十人，加置楷書郎員二十人，從九品。掌抄寫御書。

（唐）杜佑《通典》卷二六《職官·諸卿中·祕書監》　隋祕書省領著作、太史二曹。煬帝增置少監一人，後又改監、少監並爲令。

《隋書》卷二八《百官志》　内侍省，内侍、内常侍各二人，内給事四人，内謁者監六人，内寺伯二人，内謁者十二人，寺人六人，伺非八人。並用宦者。領内尚食、掖庭、宫闈、奚官、内僕、内府等局。尚食，置典御及丞各二人。餘各置令、丞，皆二人。其宫闈、内僕，則加置丞各一人。掖庭又有宫教博士二人。

（唐）杜佑《通典》卷二七《職官·諸卿下·内侍省》　隋曰内侍省，領内侍、内常侍等官。内侍即舊長秋也，内常侍即舊中常侍。煬帝改内侍省爲長秋監，置令一人，少令一人，丞二人，並用士人，餘用宦者，領掖庭、宫闈、奚官三署，亦參用士人。

《隋書》卷二八《百官志》　殿内省置監，正四品。少監，從四品。丞，從五品。各一人，掌諸供奉。又有奉車都尉十二人，掌進御輿馬。統尚食、尚藥、尚衣、尚舍、尚乘、尚輦等六局，各置奉御二人，正五品。皆置直長，以貳之。正七品。尚食直長六人，又有食醫員。尚藥直長四人，又有侍御醫、司醫、醫佐員。尚衣即舊御府也，改名之，有直長四人。尚舍即舊殿中局也，改名之，有直長八人。尚乘局置左右六閑：一左右飛黄閑，二左右吉良閑，三左右龍媒閑，四左右騊駼閑，五左右駃騠閑，六左右天苑閑。有直長十四人，又有奉乘十人。尚輦有直長四人，又有掌輦六人。城門置校尉一人，降爲正五品。後又改校尉爲城門郎，置員四人，從六品。自殿内省隸爲門下省官。

（唐）杜佑《通典》卷二六《職官·諸卿中·殿中監》　隋改爲殿内局，置監二人。大業三年，分門下、太僕二司，取殿内監名，以爲殿内省，有監、少監、丞各一人，掌諸供奉，領尚食、尚藥、尚衣、尚食即舊御府。尚舍、即舊殿中局。尚乘、領左右六閑及諸閑。尚輦等六局。漢儀注曰：省中有五尚，即尚食、尚冠、尚衣、尚帳、尚席。或云：秦置六尚，謂尚冠、尚衣、尚食、尚沐、尚席、尚書，若今殿中之任。每局各置奉御二人以總之，置直長以貳之，屬門下省。

隋朝·寺監

綜　述

《隋書》卷二八《百官志》　太常、光禄、衛尉、宗正、太僕、大理、鴻臚、司農、太府等九寺，並置卿、少卿各一人。太僕尋加少卿一人。各置丞，太常、衛尉、宗正、大理、鴻臚、將作二人，光禄、太僕各三人，司農五人，太府六人。主簿，太府四人，餘寺各二人。録事各二人。光禄則加至三人，司農、太府則各四人。等員。

太常寺又有博士四人，協律郎二人，奉禮郎十六人。統郊社、太廟、諸陵、太祝、衣冠、太樂、清商、鼓吹、太醫、太卜、廩犧等署。各置令，並一人。太樂、太醫則各加至二人。丞。各一人。郊社、太樂、鼓吹則各至二人。郊社署又有典瑞。四人。太祝署有太祝。二人。太樂署、清商署，各有樂師員。太樂八人，清商二人。鼓吹署有哄師。二人。太醫署有主藥、二人。醫師、二百人。藥園師、二人。醫博士、二人。助教、二人。按摩博士、二人。祝禁博士二人。等員。太卜署有卜師、二十人。相師、十人。男覡、十六人。女巫、八人。太卜博士、助教、各二人。相博士、助教各一人。等員。

光禄寺統太官、肴藏、良醞、掌醢等署。各置令、太官三人，肴藏、良醞各二人，掌醢一人。丞。太官八人，肴藏、掌醢各二人，良醞四人。太官又有監膳，十二人。良醞有掌醞，五十人。掌醢有掌醢十人。等員。

衛尉寺統公車、武庫、守宮等署。各置令、公車一人，武庫、守宮各二人。丞公車一人，武庫二人。等員。

宗正寺不統署。

太僕寺又有獸醫博士員。一百二十人。統驊騮、乘黄、龍廄、車府、典牧、牛羊等署。各置令、二人。乘黄、車府則各減一人。丞二人。乘黄則一人，典牧牛羊則各三人。等員。

大理寺，不統署。又有正、監、評，各一人。司直、十人。律博士、八人。明法、二十人。獄掾。八人。

鴻臚寺統典客、司儀、崇玄三署。各置令。二人。崇玄則惟置一人。典客署又有掌客，十人。司儀有掌儀二十人。等員。

司農寺統太倉、典農、平準、廩市、鉤盾、華林、上林、導官等署。各置令。二人。鉤盾、上林則加至三人，華林惟置一人。太倉又有米廩督、二人。穀倉督、四人。鹽倉督、二人。京市有肆長，四十人。導官有御細倉督、二人。麴麫倉督二人。等員。

太府寺統左藏、左尚方、内尚方、右尚方、司染、右藏、黄藏、掌冶、甄官等署。各置令、二人。左、右尚方則加至三人，黄藏則惟置一人。丞四人。左尚則八人，右尚則六人，黄藏則一人。等員。

國子寺元隸太常。祭酒，一人。屬官有主簿、録事。各一人。統國子、太學、四門、書算學，各置博士、國子、太學、四門各五人，書、算各二人。助教、國子、太學、四門各五人，書、算各二人。學生國子一百四十人，太學、四門各三百六十人，書四十人，算八十人。等員。

將作寺大匠、一人。丞、主簿、録事。各二人。統左右校署令、各二人。丞，左校四人，右校三人。各有監作左校十二人，右校八人。等員。

（唐）杜佑《通典》卷二五《職官·諸卿上·總論諸卿》　隋九寺與北齊同，自昔三代以上，分置六卿，比周百事。至秦及漢，雖事不師古，猶制度未繁。後漢有三公九卿，而尚書之任，又益重矣。魏晋以降，職制日增。後周依《周禮》置六官，而年代短促，人情相習已久，不能革其視聽。故隋氏復廢六官，多依北齊之制。官職重設，庶務煩滯，加六尚書似周之六卿，又更別立寺、監，則户部與太府分地官司徒職事，禮部與太常分春官宗伯職事，刑部與大理分秋官司寇職事，工部與將作分冬官司空職事。自餘百司之任，多類於斯，欲求理要，實在簡省。煬帝降光禄以下八寺卿階品於太常，而少卿各加置二人。始開皇中，諸司署唯典掌受納，至煬帝，署令爲判首，取二卿同判，丞唯知勾檢。令闕，丞判。

《隋書》卷二八《百官志》　光禄已下八寺卿，皆降爲從三品。少卿各加置二人，爲從四品。諸寺上署令，並增爲正六品，中署令爲從六品，下署令爲正七品。始開皇中，署司唯典掌受納，至是署令爲判首，取二卿判。丞唯知勾檢。令闕，丞判。五年，寺丞並增爲從五品。

（唐）杜佑《通典》卷二五《職官・諸卿上・光禄卿》　隋文帝開皇三年，廢光禄寺入司農，十二年復置。初有卿及少卿各一人，煬帝加置二少卿。雖取漢代舊名，而其職則别。

《隋書》卷二八《百官志》　太常寺罷太祝署，而留太祝員八人，屬寺。後又增爲十人。奉禮減置六人。太廟署又置陰室丞，守視陰室。改樂師爲樂正，置十人。太卜又省博士員，置太卜卜正二十人，以掌其事。太醫又置醫監五人，正十人。罷衣冠、清商二署。

（唐）杜佑《通典》卷二五《職官・諸卿上・太常卿》　隋曰太常，與北齊同。煬帝加置少卿二人。

（唐）杜佑《通典》卷二五《職官・諸卿上・衛尉卿》　隋文帝開皇三年，廢衛尉寺，入太常及尚書省。十三年復置，掌軍器、儀仗、帳幕之事，而以監門衛掌宫門屯兵。

《隋書》卷二八《百官志》　太僕減驊騮署入殿内尚乘局，改龍厩曰典厩署，有左、右駮阜二厩。加置主乘、司庫、司廩官。罷牛羊署。

（唐）杜佑《通典》卷二五《職官・諸卿上・太僕卿》　隋如北齊，煬帝加署少卿一人。

《隋書》卷二八《百官志》　大理寺丞改爲勾檢官，增正員爲六人，分判獄事。置司直十六人，降爲從六品，後加至二十人。又置評事四十八人，掌頗同司直，正九品。

（唐）杜佑《通典》卷二五《職官・諸卿上・大理卿》　隋初與北齊同，文帝時議置六卿，將除大理，盧思道奏曰：省有駕部，寺留太僕，省有刑部，寺除大理，斯則重畜産而賤刑名也。至煬帝，加置少卿二人。趙綽爲大理少卿，時有侍郎辛亶，常衣緋褌，俗云利官，文帝以爲厭蠱，將斬之。綽曰：據法不當死，臣不敢奉詔。上怒甚，令斬綽，綽解衣當斬。上使人問綽曰：竟如何？綽曰：執法一心，不敢惜死。上良久釋之。他日，又令斬二人，綽曰：此人坐當杖，殺之非法。上曰：不關卿事。綽曰：陛下置臣法司，欲誤殺人，豈得不關臣事？上曰：撼大木不動者，當退。綽曰：臣冀撼天心，何論撼木。上乃止。時薛冑爲大理卿，冑斷獄以情，而綽守法，俱爲稱職。

《隋書》卷二八《百官志》　鴻臚寺改典客署爲典蕃署。初煬帝置四方館於建國門外，以待四方使者，後罷之，有事則置，名隷鴻臚寺，量事繁簡，臨時損益。東方曰東夷使者，南方曰南蠻使者，西方曰西戎使者，北方曰北狄使者，各一人，掌其方國及互市事。每使者署，典護録事、叙職、叙儀、監府、監置、互市監及副，參軍各一人。録事主綱紀。叙職掌其貴賤立功合叙者。叙儀掌小大次序。監府掌其貢獻財貨。監置掌安置其駝馬船車，并糾察非違。互市監及副，掌互市。參軍事出入交易。

（唐）杜佑《通典》卷二六《職官・諸卿中・鴻臚卿》　隋文帝開皇三年，廢鴻臚寺入太常，十二年復置。領典客、司儀、崇玄三署。至煬帝，置少卿二人。

《隋書》卷二八《百官志》　司農但統上林、太倉、鉤盾、導官四署，罷典農、華林二署，而以平準、京市隷太府。

（唐）杜佑《通典》卷二六《職官・諸卿中・司農卿》　隋初與北齊同，煬帝置少卿二人。潁川太守趙元淑入朝，會司農不時納諸郡租穀，元淑奏之。煬帝曰：如卿意者，幾時當了？元淑曰：不過十日。即日，拜元淑爲司農卿，納天下租，如言而畢。

《隋書》卷二八《百官志》　太府寺既分爲少府監，而但管京都市五署及平準、左右藏等，凡八署。京師東市曰都會，西市曰利人。東都東市曰豐都，南市曰大同，北市曰通遠。及改諸令爲監，唯市署曰令。

（唐）杜佑《通典》卷二六《職官・諸卿中・太府卿》　隋初與北齊同，所掌左右藏及尚方、司染、甄官等署。煬帝置少卿二人，又分太府寺置少府監，管尚方、織染等署，而太府但管京都市及平準、左右藏。

《隋書》卷二八《百官志》　國子監依舊置祭酒，加置司業一人，從四品，丞三人，加爲從六品。并置主簿、録事各一人。國子學置博士，正五品，助教，從七品，員各一人。學生無常員。太學博士，助教各二人，學生五百人。先是仁壽元年，省國子祭酒、博士，置太學博士員五人，爲從五品，總知學事。至是太學博士降爲從六品。

（唐）杜佑《通典》卷二七《職官・諸卿下・國子監》　隋開皇十三年，國子寺罷隷太常，凡國學諸官，自漢以下，並屬太常，至隋始革之。又改寺爲學。仁壽元年，罷國子學，唯立太學一所，省國子祭酒、博士，置太學博士，總知學事。煬帝即位，改國子學爲國子監，依舊置祭酒。

《隋書》卷二八《百官志》　將作監改大監、少監爲大匠、少匠，丞加爲從六品。統左右校及甄官署。五年，又改大匠爲大監，正四品，少匠爲少監，正五品。十三年，又改監、少監爲令、少令。丞加品至從五品。

（唐）杜佑《通典》卷二七《職官·諸卿下·將作監》　隋與北齊同，至開皇二十年，改寺爲監，大匠爲大監，初加置副監。煬帝改大監、少監爲大匠、少匠。五年，又改爲大監、少監；十三年，又改大令、少令。

《隋書》卷二八《百官志》　少府監置監，從三品，少監，從四品，各一人。丞從五品，二人。統左尚、右尚、內尚、司織、司染、鎧甲、弓弩、掌治等署。復改監、少監爲令、少令。併司織、司染爲織染署，廢鎧甲、弓弩二署。

（唐）杜佑《通典》卷二七《職官·諸卿下·少府監》　至隋煬帝大業五年，又分太府爲少府監，置監及少監，復領尚方、織染等署，後又改監、少監並爲令。

《隋書》卷二八《百官志》　都水監改爲使者，增爲正五品，丞爲從七品。統舟楫、河渠二署。舟楫署每津置尉一人。五年，又改使者爲監，四品，加置少監，爲五品。後又改監、少監爲令，從三品，少令，從四品。

（唐）杜佑《通典》卷二七《職官·諸卿下·都水使者》　隋開皇三年，廢都水臺入司農，十三年，復置。仁壽元年，改臺爲監，更名使者亦爲監。煬帝又改爲使者，尋又爲監，加置少監，又改監及少監並爲令，領舟楫、河渠二署。

《隋書》卷二八《百官志》　長秋監置令一人，正四品，少令一人，從五品，丞二人，正七品。並用士人。改內常侍爲內承奉，置二人，正五品；給事爲內承直，置四人，從五品。並用宦者。罷內謁者官。領掖庭、宮闈、奚官等三署，並參用士人。後又置內謁者員。

隋朝·御史臺

綜　述

《隋書》卷二八《百官志》　御史臺，大夫一人，治書侍御史二人，侍御史八人，殿內侍御史、監察御史，各十二人，録事二人。後魏延昌中，王顯有寵於宣武，爲御史中尉，請革選御史。此後踵其事，每一中尉，則更置御史。自開皇後，始自吏部選用，仍依舊入直禁中。【略】

〔煬帝即位〕增置謁者、司隸二臺，并御史爲三臺。【略】

御史臺增治書侍御史爲正五品。省殿內御史員，增監察御史員十六人，加階爲從七品。開皇中，御史直宿禁中，至是罷其制。又置主簿、録事員各二人。五年，又降大夫階爲正四品，減治書侍御史爲從五品；增侍御史爲正七品，唯掌侍從糾察，其臺中簿領，皆治書侍御史主之。後又增置御史，從九品，尋又省。

（唐）杜佑《通典》卷三二《職官·州郡上·司隸校尉》　隋初有雍州牧。後煬帝置司隸臺，有大夫一人，掌諸巡察。薛道衡爲司隸大夫，別駕二人，分察畿內，一人按東都，一人按京師。後又罷司隸臺。裴蘊爲御史大夫，欲重己權，令虞世基奏罷司隸刺史以下官屬。而留司隸從事之名，不爲常員，臨時選京官清明者權攝以行。大唐無司隸校尉，而有京畿採訪使，亦其職也。

唐朝·總叙

綜　述

（唐）杜佑《通典》卷一九《職官·歷代官制總序》　大唐職員多因隋制，雖小有變革，而大較不異。高祖制：文官遭父母喪者，聽去職。貞觀六年，大省內官，凡文武定員，六百四十有三而已。顯慶元年初制：拜三師、三公、親王、尚書令、雍州牧、開府儀同三司、驃騎大將軍、左右僕射，並臨軒册授。太子三少、侍中、中書令、諸曹尚書、諸衛大將軍、特進、鎮軍、輔國大將軍、光禄大夫、太子詹事、太常卿、都督及上州刺史在京者，朝堂受册。又制：文武官五品以上老及病不因罪解者，並聽同致仕例。龍朔二年，又改京諸司及百官之名，改尚書省爲中臺，門下省爲東臺，中書省爲西臺，其餘官司悉改之。咸亨元年復舊。至於武太后，再易庶官，或從宜創號，改尚書省爲文昌臺，門下省爲鸞臺，中書省爲鳳閣，御史臺爲肅政臺及諸寺衛等名，又置控鶴府官員。或參用古典。改六尚書爲天地四時之官。天授二年，凡舉人，無賢不肖，咸加擢拜，大置試官以處之。試官蓋起於此也。試者，未爲正命。凡正官，皆稱行、守，其階高而官卑者稱行，階卑而官高者稱守，階官同者，並無行、守字。太后務收物情，其年二月，十道使舉人，并州石艾縣令王山耀等六十一人，並授拾遺、補闕。懷州録事參軍崔獻可等二十四人，並授侍御史。并州録事參軍徐昕等二十四人，並授著作郎。魏州内黄縣尉崔宣道等二十二人，並授衛佐、校書、御史等。故當時諺曰：補闕連車載，拾遺平斗量。杷推侍御史，椀脱校書郎。試官自此始也。於時擢人非次，刑網方密，雖驟歷榮貴，而敗輪繼軌。神功元年制曰：自今本色出身，解天文者進轉官不得過太史令，音樂者不得過太樂、鼓吹署令，醫術者不得過尚藥奉御，陰陽卜筮者不得過太卜令，解造食者不得過司膳寺諸署令。又制：其有從勳官、品子、流外、國官、參佐、視品等出身者，自今不得任京清顯要等官。若累階應至三品者，不須進階，每一階酬勳兩轉。如先有上柱國者，聽迴授期以上親。必有異行奇材別立殊效者，不拘此例。神龍初，官復舊號。凡武太后所改之官。二年三月，又置員外官二千餘人。國初，舊有員外官，至此大增，加兼超授諸閹官爲員外官者，亦千餘人。中書令李嶠，初自地官尚書貶通州刺史，至是召拜吏部侍郎。嶠志欲曲行私惠，求名悦衆，冀得重居相位，乃奏請大置員外官，多引用勢家親識。至是，嶠又自覺銓衡失序，官員倍多，府庫由是減耗也。於是遂有員外、員外官，其初但云員外。至永徽六年，以蔣孝璋爲尚藥奉御，員外特置，仍同正員。自是員外官復有同正員者，其加同正員者，唯不給職田耳，其禄俸賜與正官同。單言員外者，則俸禄減正官之半。檢校、試、攝、判、知之官。攝者，言敕攝，非州府版署之命。檢校者，云檢校某官。判官者，云判某官事。知者，云知某官事。皆是詔除，而非正命。逮乎景龍，官紀大紊，復有斜封無坐處之誦興焉。景龍中，有太平、安樂、長寧、宜城等諸公主及皇后陸氏妹郕國夫人、李氏妹崇國夫人并昭容上官氏與其母沛國夫人鄭氏、尚宮柴氏、賀婁氏、女巫隴西夫人趙氏，皆樹用親識，亦多猥濫。或出自臧獲，或由於屠販，多因賂貨，累居榮秩，咸能别於側門降墨敕斜封以授焉，故時人號爲斜封官。時既政出多門，遷除甚衆，自宰相至於内外員外官及左右臺御史，多者則數踰十倍，皆無廳事可以處之，故時人謂之三無坐處，謂宰相、御史及員外官也。先天以來，始懲其弊。玄宗御極，宰相姚元崇、宋璟兼吏部尚書，大革姦濫，十去其九。時有殿中侍御史崔涖、太子中允薛昭諷帝曰：先朝所授斜封官，恩命已布，而姚元崇、宋璟等沮先帝之明，歸怨陛下，道路謗讟，天下稱冤。奈何與萬人爲仇敵，恐有非常之變。上以爲然，乃下詔曰：諸緣斜封、别敕授官，先令停任，宜並量材叙用。監察御史柳澤又上疏，極言不可：其斜封官得免罪戾，已沐恩私。旬月之内，頻煩降旨，前敕令至冬處分，後敕又令替人卻停，將何以止姦邪？將何以懲風俗？至開元二十五年，刊定職次，著爲《格》《令》。此格皆武德、貞觀之舊制，永徽初已詳定之，至開元二十五年再删定焉。至二十八年，又省文武六品以下官三百餘員及諸流外、番官等。蓋尚書省以統會衆務，舉持繩目。門下省以侍從獻替，規駁非宜。中書省以獻納制册，敷揚宣勞。祕書省以監録圖書。殿中省以供修膳服。内侍省以承旨奉引。尚書、門下、中書、祕書、殿中、内侍，凡六省。御史臺以肅清僚庶。九寺、太常、光禄、衛尉、宗正、太僕、大理、鴻臚、司農、太府爲九寺。五監少府、將作、國子、軍器、都水爲五監。以分理群司。六軍、左右羽林、左右龍武、左右神武爲六軍。十六衛左右衛、左右驍衛、左右武、左右威、左右領軍、左右金吾、左右監門、左右千牛爲十六衛。以嚴其禁禦。一詹事府、二春坊、有左右春坊，又有内坊，掌閤内諸事。三寺、家令寺、率更寺、太僕寺。十率左右衛、左右司禦、左右清道、左右監門、左右内侍，凡十率府。俾乂儲宮。牧守督護，分臨畿服，京府置牧，餘府州置都督、都護、太守。設官以經之，置使以緯之。按察、採訪等使以理州縣。節度、團練等使以督府軍事。租庸、轉運、鹽鐵、青苗、營田等使以毓財貨。其餘細務因事置使者，不可悉數。其轉運以下諸使，無適所治，廢置不常，故不别列於篇。自六品以下，率由選曹，居官者以五歲爲限。於是百司具舉，庶績咸理，亦一代之制焉。一歲爲一考，四考有替則爲滿。若無替，則五考而罷。六品以下，吏部注擬，謂之旨授。五品以上，則皆敕除。自至德之後，天下多難，甄才録效，制敕特拜，繁於吏部，於是兼試、員外郎，倍多正員。至廣德以來，乃立制限，州縣員外，兼試等官，各有定額。並云：額内溢於限者，不得視職。其有身帶京官冗職，資名清美，兼州縣職者，云占闕焉，即如正員之例。官以三考而代，無替四考而罷，由是官有常序焉。

《舊唐書》卷四二《職官志》 高祖發迹太原，官名稱位，皆依隋舊。及登極之初，未遑改作，隨時署置，務從省便。武德七年定令：以太尉、司徒、司空爲三公；尚書、門下、中書、祕書、殿中、内侍爲六省；次御史臺；次太常、光禄、衛尉、宗正、太僕、大理、鴻臚、司農、太府爲九寺；次將作監；次國子學；次天策上將府；次左右衛、左右驍衛、左右武候、左右監門、左右屯、左右領爲十四衛府。東宫，置三師、三少、詹事府、門下典書兩坊；次内坊；次家令、率更、僕三寺；次左右衛率府、左右宗衛率府、左右虞候率府、左右監門率府、左右内率府爲十率府。王公以下置府佐國官。公主置邑司已下。並爲京職事官。州縣、鎮戍、岳瀆、關津爲外職事官。

又以開府儀同三司、從一品。特進、正二品。左光禄大夫、從一品。右光禄大夫、正二品。散騎常侍、從三品。太中大夫、正四品。通直散騎常侍、正四品。中大夫、從四品上。員外散騎常侍、從四品下。中散大夫、正五品上。散騎侍郎、正五品下。通直散騎侍郎、從五品上。員外散騎侍郎、從五品下。朝議郎、承議郎、正六品。通議郎、通直郎、從六品。朝請郎、宣德郎、正七品。朝散郎、宣義郎、從七品。給事郎、徵事郎、正八品。承奉郎、承務郎、從八品。儒林郎、登仕郎、正九品。文林郎、將仕郎，從九品。並爲文散官。

輔國、正二品。鎮軍從二品。二大將軍、冠軍、正三品。雲麾、從三品。忠武、壯武、宣威、明威、信遠、游騎、游擊自正四品上至從五品下。十將軍，爲散號將軍，以加武士之無職事者。改上開府儀同三司爲上輕車都尉，開府儀同三司爲輕車都尉，儀同三司爲騎都尉，秦王、齊王下統軍爲護軍，副統軍爲副護軍，上大都督爲驍騎尉，大都督爲飛騎尉，帥都督爲雲騎尉，都督爲武騎尉，車騎將軍爲游騎將軍。親衛驃騎將軍爲親衛中郎將，其勳衛驃騎準此。親衛車騎將軍爲親衛中郎將，其勳衛、翊衛車騎並準此。監門府郎將爲監門中郎將，領左右郎將準此。諸軍驃騎將軍爲統軍，其秦王、齊王下領三衛及庫直、驅咥直、車騎並準此。諸軍車騎將軍爲別將。其散官文騎尉爲承議郎，屯騎尉爲通直郎，雲騎尉爲登仕郎，羽騎尉爲將仕郎。

武德九年，罷天策上將府。

貞觀元年，改國子學爲國子監，分將作爲少府監，通將作爲三監。八年七月，始以雲麾將軍爲從三品階。九月，以統軍正四品下，別將正五品上。十一年，改令置太師、太傅、太保爲三師。其三公已下，六省、一臺、九寺、三監、十二衛、東宫諸司，並從舊定。又改以光禄大夫爲從二品，金紫光禄大夫爲正三品，銀青光禄大夫爲從三品，正議大夫爲正四品上，通議大夫爲正四品下，太中大夫爲從四品上，中大夫爲從四品下，中散大夫爲正五品上，朝議大夫爲正五品下，朝請大夫爲從五品上，朝散大夫爲從五品下。其六品下，唯改通議郎爲奉議郎，自餘依舊。更置驃騎大將軍，爲從一品武散官；輔國、鎮軍二大將軍，爲從二品武散官；冠軍將軍加大字；及雲麾已上，游擊已上，改爲五品已上武散官。又置昭武、振威、致果、翊麾、宣節、禦武、仁勇、陪戎八校尉副尉，自正六品至從九品，上階爲校尉，下階爲副尉。爲六品已下武散官。

凡九品已上職事，皆帶散位，謂之本品。職事則隨才録用，或從閑入劇，或去高就卑，遷徙出入，參差不定。散位則一切以門蔭結品，然後勞考進叙。《武德令》，職事高者解散官，欠一階不至爲兼，職事卑者，不解散官。《貞觀令》，以職事高者爲守，職事卑者爲行，仍各帶散位。其欠一階，依舊爲兼，與當階者，皆解散官。永徽已來，欠一階者，或爲兼，或帶散官，或爲守，參而用之。其兩職事者亦爲兼，頗相錯亂。其欠一階之兼，古念反。其兩職事之兼，古恬反。字同音異耳。咸亨二年，始一切爲守。

自高宗之後，官名品秩，屢有改易。今録永泰二年官品。其改易品秩者，注於官品之下。若改官名及職員有加減者，則各附之於本職云。

唐初因隋號，武德三年三月，改納言爲侍中，内史令爲中書令，給事郎爲給事中，内書省爲中書省。

貞觀二十三年六月，改民部尚書爲户部尚書。七月，改治書侍御史爲御史中丞，改諸州治中爲司馬，別駕爲長史，治禮郎爲奉禮郎。

顯慶元年，改户部尚書爲度支尚書，侍郎爲度支侍郎。又置驃騎大將軍員，從一品。

龍朔二年二月甲子，改百司及官名。改尚書省爲中臺，僕射爲匡政，左右丞爲肅機，左右司郎中爲丞務，吏部爲司列，主爵爲司封，考功爲司績，禮部爲司禮，祠部爲司禋，膳部爲司膳，主客爲司蕃，户部爲司元，度支爲司度，倉部爲司倉，金部爲司珍，兵部爲司戎，職方爲司域，駕部爲司輿，庫部爲司庫，刑部爲司刑，都官爲司僕，比部爲司計，工部爲司平，屯田爲司田，虞部爲司虞，水部爲司川，餘司依舊。尚書爲太常伯，侍郎爲少常伯，郎中爲大夫。中書門下爲東西臺。侍中爲左相，黄門侍郎爲東臺侍郎，給事中爲東臺舍人，散騎常侍爲左右侍極，諫議大夫爲正諫大夫。中書令爲右相，侍郎爲西臺侍郎，舍人爲西臺舍人。祕書省爲蘭臺，監爲太史，少監爲侍郎，丞爲大夫。著作郎爲司文郎，太史令爲祕閣郎中。御史臺爲憲臺，御史大夫爲大司憲，御史中丞爲司憲大夫。殿中省爲中御府，丞爲大夫。尚食爲奉膳，尚藥爲奉醫，尚衣爲奉冕，尚舍爲奉扆，尚乘爲奉駕，尚輦爲奉御，並爲大夫。内侍省爲内侍監。太常爲奉常，光禄爲司宰，衛尉爲司衛，宗正爲司宗，太僕爲司馭，大理爲詳刑，正爲大夫。鴻臚爲司文，司農爲司稼，太府爲外府，卿並爲正卿。少府監爲内府監。將作監爲繕工監，大匠爲大監，少匠爲少監。國子監爲司成館，國子祭酒爲大司成，司業爲少司成，博士爲宣業。都水爲司津監。左右衛府、左右驍衛府、左右武衛府，並除府字。左右屯衛府爲左右威衛，左右領軍衛爲左右戎衛，武候爲金吾衛，千牛爲奉宸衛，屯營爲羽林軍。詹事爲端尹府，門下、典書爲左右春坊，左右庶子爲左右中護，中允爲左贊善大夫，洗馬爲司經大夫，中舍人爲右贊善大夫。家令寺爲宫府寺，率更寺爲司更寺，僕寺爲馭僕寺，長官並爲大夫。左右衛率府爲典戎衛，左右宗衛率府爲司禦衛，左右虞候率府爲清道衛，監門率府爲崇掖衛，内率府爲奉裕衛。

七日，又制廢尚書令，改起居郎爲左史，起居舍人爲右史，著作佐郎爲司文郎，太史丞爲祕閣郎，左右千牛爲奉宸，司議郎爲左司議郎，太子舍人爲右司議郎。典膳、藥藏、内直監、宫門大夫，並改爲郎。太子千牛爲奉裕。

總章二年置司列、司戎少常伯各兩員。

咸亨元年十二月詔：龍朔二年新改尚書省百司及僕射已下官名，並依舊。其東宫十率府，有異上臺諸衛，各宜依舊爲率府。其左司議郎除左字。其左右金吾、左右威衛，依新改。

永淳元年七月，置州別駕。

光宅元年九月，改尚書省爲文昌臺，左右僕射爲文昌左右相，吏部爲天官，户部爲地官，禮部爲春官，兵部爲夏官，刑部爲秋官，工部爲冬官。門下省爲鸞臺，中書省爲鳳閣，侍中爲納言，中書令爲内史。太常爲司禮，鴻臚爲司賓，宗正爲司屬，光禄爲司膳，太府爲司府，太僕爲司僕，衛尉爲司衛，大理爲司刑，司農依舊。左右驍衛爲左右威衛，左右武衛爲左右鷹揚衛，左右威衛爲左右豹衛，左右領軍衛爲左右玉鈐衛，左右金吾衛依舊。御史臺改爲左肅政臺，專知京百官及監諸軍旅，并承詔出使。更置右肅政臺，專知諸州案察。

垂拱元年二月，改黄門侍郎爲鸞臺侍郎，文昌都省爲都臺，主爵爲司封，祕書省爲麟臺，内侍省爲司宫臺，少府監爲尚方監。其左右尚方兩署除方字。將作監爲營繕監，國子監爲成均監，都水監爲水衡監。其詹事府爲宫尹府，詹事爲太尹，少詹事爲少尹。左右内率府爲左右奉裕率府，千牛爲左右奉裕，左右監門率府爲左右控鶴禁率府，諸衛鎧曹改爲胄曹，司膳寺餚藏署改爲珍羞署。十月，增置天官侍郎二員。又置左右補闕、拾遺各二員。三年，加秋官侍郎一員。

永昌元年，置左右司員外郎各一員。

天授二年，增置左右補闕、拾遺各三員，通滿五員。

長壽二年，增夏官侍郎三員。

大足元年，加營繕少匠一員，左右羽林衛各增置將軍一員，洛、雍、并、荆、揚、益六州，置左右司馬各一員。

長安三年，增置司勳員外郎一員，地官依舊置侍郎一員，洛、并及三大都督府司馬宜依舊置一員。

神龍元年二月，臺閣官名，並依永淳已前故事。廢左右司員外郎，左右千牛衛各置大將軍一員。東都置太廟官吏，增置太常、大理少卿各一員。二年，又置員外官凡二千餘人。超授閹官七品已上員外者，又千餘人。十二月，復置左右司員外郎各一員。

景雲二年，復置太子左右諭德、太子左右贊善大夫各兩員。雍、洛及大都督府長史加爲三品階，別駕致敬，依前。

太極元年，光禄、大理、鴻臚、太府、衛尉、宗正，各增置少卿一員。祕書少監、國子司業、少府少監、將作少匠、左右臺中丞，各增置一員。雍、洛二州及益、并、荆、揚四大都督府，各增置司馬一員，分爲左右司馬。

開元元年十二月，改尚書左右僕射爲左右丞相，中書省爲紫微省，門下省爲黃門省，侍中爲監。雍州爲京兆府，洛州爲河南府。長史爲尹，司馬爲少尹，録事參軍爲司録參軍，餘司改司爲曹。五年九月，紫微省依舊爲中書省，黃門省爲門下省，黃門監爲侍中。二十四年九月，改主爵爲司封。

天寶元年二月，侍中改爲左相，中書令改爲右相，左右丞相依舊爲僕射，黃門侍郎爲門下侍郎。改州爲郡，刺史爲太守。十一載正月，改吏部爲文部，兵部爲武部，刑部爲憲部。其行内諸司有部者並改：改駕部爲司駕，改庫部爲司庫，金部爲司金，倉部爲司儲，比部爲司計，祠部爲司禋，膳部爲司膳，虞部爲司虞，水部爲司水。將作大匠爲監，少匠爲少監。

至德二載十二月敕：近日所改百司額及郡名并官名，一切依故事。於是侍中、中書令、兵吏部等並仍舊。罷郡爲州，復以太守爲刺史。

《新唐書》卷四六《百官志》 唐之官制，其名號禄秩雖因時增損，而大抵皆沿隋故。其官司之别，曰省、曰臺、曰寺、曰監、曰衛、曰府，各統其屬，以分職定位。其辯貴賤、叙勞能，則有品、有爵、有勳、有階，以時考覈而升降之，所以任羣材、治百事。其爲法則精而密，其施於事則簡而易行，所以然者，由職有常守，而位有常員也。方唐之盛時，其制如此。蓋其始未嘗不欲立制度、明紀綱爲萬世法，而常至於交侵紛亂者，由其時君不能慎守，而徇一切之苟且，故其事愈繁而官益冗，至失其職業而卒不能復。

初，太宗省内外官，定制爲七百三十員，曰：吾以此待天下賢材，足矣。然是時已有員外置，其後又有特置，同正員。至於檢校、兼、守、判、知之類，皆非本制。又有置使之名，或因事而置，事已則罷，或遂置而不廢。其名類繁多，莫能偏舉。自中世已後，盗起兵興，又有軍功之官，遂不勝其濫矣。故採其綱目條理可爲後法，及事雖非正後世遵用因仍而不能改者，著於篇。

唐朝・政事堂

綜　述

（唐）杜佑《通典》卷一九《職官・宰相》 大唐侍中、中書令爲真宰相，中間嘗改爲左右相。他官參者無定員，但加同中書門下三品及平章事、知政事、知機務、參與政事及平章國重事之名者，並爲宰相，亦漢行丞相事之例也。其同中書門下三品，自貞觀中以兵部尚書李勣始。

（唐）杜佑《通典》卷二一《職官・宰相》 大唐侍中、中書令是真宰相。尚書左右僕射亦嘗爲宰相。其間或改爲納言、内史、左相、右相、黃門監、紫微令等名，其本即侍中、中書令也。共有四員。其僕射貞觀末始加平章事，方爲宰相，具《僕射篇》。其餘以他官參掌者，無定員，但加同中書門下三品，貞觀十七年，以兵部尚書李勣同中書門下三品。同中書門下三品，自此始也。永崇、弘道之際，裴炎爲正議大夫，守侍中；崔知温爲正議大夫，守中書令；劉齊賢爲中大夫，守侍中：並同中書門下三品。按：此當以階卑官高，令所給禄秩同三品耳，當是權時之制。其後亦有階卑爲侍中、中書令者，即更不言。及平章事、知政事、參知機務、參與政事及平章軍國重事之名者，並爲宰相，貞觀二年，太宗謂侍臣曰：中書、門下，機要之司，擢才而居，委任實重。詔敕如有不便，皆須執論。比來唯覺阿旨順情，遂無一言諫諍者，豈是道理？若唯署敕行文而已，人誰不堪，何須簡擇，以相委付？自今以後，詔敕疑有不穩，必須執之。亦漢行丞相事之例也。韓安國爲御史大夫，行丞相事。《後漢書》曰：周澤行司徒事，如真。高宗永徽六年，召宰相議廢皇后王氏，立武昭儀爲后。褚遂良奏曰：先帝疾甚，執陛下手以語臣曰：我兒好新婦，今將付卿。皇后恐不可廢。遂置笏於殿陛，叩頭流血。上大怒，命引出之，遂良貶官。侍中韓瑗上疏理之，不納，表請歸田，不許，瑗又上疏切諫。來濟亦密表諫，不納。儀鳳元年四月，上以風疹，欲令武太后攝知國政，中書令郝處俊曰：臣聞禮經天子理陽政，后理陰道，則外内和順，國家以理。帝之與后，陰之與陽，各有所主，不相奪也。若失其序，上則謫見於天，下則禍成於人。昔魏文帝著令，雖有少主，尚不許皇后臨朝，所以追監成敗，杜其萌也。況天下者，高祖、太宗之天下，陛下正合謹慎宗廟，傳之子孫，誠不可持國與人，有私於后族。且曠古以來，未有此事，伏乞特賜詳審。武太后神功元年，嘗召陸元方問以外事，對：備位宰臣，有大事即奏，人間碎務，不敢以煩聖鑒。聖曆三年臘月，張易之兄弟貴寵踰分，懼不全，請計於宰相吉項。項曰：公兄弟承恩深矣，非有大功於天下，自古罕有全者。唯有一策，苟能行之，豈止全家，亦當享茆土之封耳。易之涕泣請之，項曰：天下思唐德久矣。主上春秋高，武氏諸王，殊非所屬意。公何不從容請廬陵、相王，以繼生人之願？易之乃承間屢言，太后納之。既知項之謀，乃詔問項。項對曰：廬陵、相王，皆陛下之子。高宗初託於陛下，當有所主。乃追中宗焉。睿宗登極，方發問，遂追贈爲御史大夫。制云：王命中絶，人謀未輯，首陳返政之議，克副祈天之本。中宗神龍元年二月，侍中桓彦範上疏曰：伏見陛下每臨朝政，皇后必施帷幔殿上，得聞政事。詳求往代帝王，有與婦人謀及政事者，莫不破國亡身，傾輈繼路。且以陰乘陽，違天也；以婦陵夫，違人也。違天不祥，違人不義。由是古人譬以牝雞之晨，惟家之索。《易》曰：無攸遂，在中饋。言婦人不得參於國政也。伏願皇后無往正殿干及外朝，專在中宮脩陰教，則坤儀式固，鼎命惟永。不納。景龍四年，中宗遺制：韋庶人輔少主，知政事，安國相王參謀輔政。中書令宗楚客謂韋温曰：今既皇太后臨朝，宜停相王輔政。且皇后於相王嫂叔不通問之地，甚難爲儀注，理全不可。宰相蘇瓌獨正色拒之，謂曰：遺制是先帝意。若可改，何名遺制。楚客大怒，竟削相王輔政而宣行。自先天之前，其員頗多。景龍中，至十餘人。開元以來，常以二人爲限，或多則三人。武太后聖曆三年四月敕：同中書門下三品平章事，賜會並同中書門下三品例。開元十年十一月敕：自今以後，中書門下宜共食實封三百户。二十二年十一月制：宰相兼官者，並兩給俸禄。天寶十五年之後，天下多難，勳賢並建，故備位者衆。然其秉鈞持衡，亦一二人而已。舊制，起居舍人及起居郎唯得對仗承旨。仗下之後，謀議不得聞。武太后時，文昌右丞姚璹以爲帝王謨訓不可無紀，若不宣自宰相，史官無從而知。表請仗下所言軍國政要，則宰相一人撰録，每月封送史館，謂之時政記。自璹始也。舊制：宰相常於門下省議事，謂之政事堂。至永淳二年七月，中書令裴炎以中書執政事筆，其政事堂合在中書，遂移在中書省。開元十一年，張説奏改政事堂爲中書門下，其政事印亦改爲中書門下之印。至德二載三月，宰相分直主政事筆，每一人知十日。貞元十年五月八日，又分每日一人執筆。

（宋）王溥《唐會要》卷五一《官號·中書令》 武德元年，爲內史令。三年，改爲中書令。龍朔二年，改爲西臺右相。至咸亨元年，改爲中書令。光宅二年，又爲內史。神龍元年，復爲中書令。開元元年，爲紫微令。五年，復爲中書令。天寶二年，改爲右相。至德二載，復爲中書令。

舊制：宰相常於門下省議事，謂之政事堂。故長孫无忌、魏徵、房元齡皆知門下事。至永淳三年七月，中書令裴炎以中書執政事筆，其政事堂合在中書，遂移在中書省。至開元十一年，張説奏改政事堂爲中書門下，其政事印亦改爲中書門下之印。至德二載三月，宰相分直主政事執筆，每一人知十日，至貞元十年五月八日，又分每日一人執筆。

《新唐書》卷四六《百官志》 宰相之職，佐天子總百官、治萬事，其任重矣。然自漢以來，位號不同，而唐世宰相，名尤不正。初，唐因隋制，以三省之長中書令、侍中、尚書令共議國政，此宰相職也。其後，以太宗嘗爲尚書令，臣下避不敢居其職，由是僕射爲尚書省長官，與侍中、中書令號爲宰相，其品位既崇，不欲輕以授人，故常以他官居宰相職，而假以他名。自太宗時，杜淹以吏部尚書參議朝政，魏徵以祕書監參預朝政，其後或曰參議得失、參知政事之類，其名非一，皆宰相職也。貞觀八年，僕射李靖以疾辭位，詔疾小瘳，三兩日一至中書門下平章事，而平章事之名蓋起於此。其後，李勣以太子詹事同中書門下三品，謂同侍中、中書令也，而同三品之名蓋起於此。然二名不專用，而佗官居職者猶假佗名如故。自高宗已後，爲宰相者必加同中書門下三品，雖品高者亦然；惟三公、三師、中書令則否。其後改易官名，而張文瓘以東臺侍郎同東西臺三品，同三品入銜，自文瓘始。永淳元年，以黄門侍郎郭待舉、兵部侍郎岑長倩等同中書門下平章事，平章事入銜，自待舉等始。自是以後，終唐之世不能改。

初，三省長官議事于門下省之政事堂，其後，裴炎自侍中遷中書令，乃徙政事堂於中書省。開元中，張説爲相，又改政事堂號中書門下，列五房于其後：一曰吏房，二曰樞機房，三曰兵房，四曰户房，五曰刑禮房，分曹以主衆務焉。

宰相事無不統，故不以一職名官，自開元以後，常以領他職，實欲重其事，而反輕宰相之體。故時方用兵，則爲節度使；時崇儒學，則爲大學士；時急財用，則爲鹽鐵轉運使，又其甚則爲延資庫使。至於國史、太清宫之類，其名頗多，皆不足取法，故不著其詳。

（清）嵇璜等《續通典》卷二五《職官·宰相并官屬》 唐肅宗至德後，或以藩鎮領宰相職，員數最多。是時劍南節度使崔圓、朔方節度使郭子儀、河東節度使李光弼並同中書門下平章事，憲部侍郎房琯、河西行軍司馬裴冕、文部侍郎韋見素、蜀郡守崔涣、憲部尚書李麟、侍御史張鎬並同中書門下平章事。

是時朝廷新復，百度未修，故備位者衆，然爲侍中者惟李光弼，中書令惟郭子儀而已。至代宗時，員數較少，而時政最急者率以宰相領其官，故元載以中書侍郎領句當轉運租庸度支使，又兼判元帥行軍司馬。杜鴻漸以平章事兼莊宅使，復持節山南西道、劍南、東川、西川、邛南、西山等道副元帥，王縉以侍中都統河南、淮南、淮西、山東道行營節度使。德宗興元以後，宰臣所領之官更多舛雜，其時同平章事盧翰加太微宮使，劉從一領集賢殿大學士，李勉加太清宮使，爲中書令者惟李晟然，又兼鳳翔隴右諸軍、涇原四鎮北庭行營兵馬元帥。憲宗元和以後，宰臣員數漸減，然多領鹽鐵及判度支。皇甫鎛、竇易直、裴度、李石、李紳、盧商、崔元式、周墀、崔龜從、蕭鄴、劉瑑、杜悰、曹確、蕭遘、張濬、韋貽範、獨孤損皆同平章事兼判度支，程異、王播、王涯、李固言、李石、楊嗣復、杜悰、馬植、裴休、夏侯孜、于琮、劉鄴、韋貽範皆同平章事兼鹽鐵轉運使。僖宗光啓後，宰臣易置不常，加司徒司空者極乎冗濫，制度尤日紊矣。

紀事

（唐）劉肅《大唐新語》卷一〇《釐革》 舊制，宰相臣嘗於門下省議事，謂之政事堂。故長孫無忌、魏徵、房玄齡等，以他官兼政事者，皆云知門下省事。弘道初，裴炎自侍中轉中書令，執朝政，始移政事堂於中書省，至今以爲故事。

（唐）劉肅《大唐新語》卷一〇《釐革》 高宗欲用郭待舉、岑長倩、郭正一、魏玄同等知政事，謂中書令崔知温曰：待舉等歷任尚淺，且令參聞政事，未可即卿等同名稱也。自是外司四品以下官知政事者，以平章爲名，自待舉始也。

（唐）劉肅《大唐新語》卷一〇《釐革》 自武德至長安四年已前，僕射並是正宰相。故太宗謂房玄齡等曰：公爲宰相，當大開耳目，求訪賢哲。即其事也。神龍初，豆盧欽望爲僕射，不帶同中書門下三品，不敢參議政事，後加知軍國事。韋安石爲僕射、東都留守，自後僕射不知政事矣。

（宋）宋敏求《春明退朝録》卷中 唐制，宰相不兼尚書左右丞，蓋僕射常爲宰相，而丞轄留省中令事。元和中，韋貫之爲右丞、平章事，不久而遷中書侍郎。又僕射、給諫，皆不爲致仕官，然楊於陵爲左僕射致仕。

唐朝・六省

論說

（唐）白居易《白居易集》六三《策林二・革吏部之弊》 問：吏部之弊，爲日久矣。今吏多於員，其故何因？官不得人，其由何在？奸僞日起，其計何生？馳騖日滋，其風何自？欲使吏與員而相得，名與實而相符；趨競巧濫之弊銷，公平政理之道長；姸蚩者不能欺於藻鏡，錙銖者不敢詐於銓衡：豈無良謀，以救其弊？

臣伏見吏部之弊，爲日久矣。時皆共病，不知其然。臣請備而言之。臣聞：古者計户以貢士，量官而署吏，故官不乏吏，士不乏官：士吏官員，必相參用。今則官倍於古，吏倍於官，入色者又倍於吏也。此由每歲假文武而筮仕者衆，冒資蔭而出身者多。故官不得人，員不充吏。是以争求日至，奸濫日生，斯乃爲弊之一端也。臣又聞：古者州郡之吏，牧守選而舉之；府寺之寮，公卿辟而署之；其餘者乃歸有司。有司所領既少，則所選必精：此前代所以得人也。今則内外之官，一命已上，歲羨千數，悉委吏曹。吏曹案資署官，猶懼不給，則何暇考察名實，區別否臧者乎？至使近代以來，寖而成弊，真僞争進，共徵循資之書；賢愚莫分，同限停年之格。才能者淹滯而不振，巧詐者因緣以成奸，此又爲弊之一端也。今若使内外師長者，各選其人，分署其吏，則庶乎官得其才矣。使諸色入仕者，量省其數，或間以年，則庶乎士不乏官矣。官得其才，則公平政理之道所由長也。士不乏官，則趨競巧濫之弊所由消也。矧又減銓衡之偏重，則力不撓而易平矣；分藻鏡之獨鑒，則照不疲而易明矣。與夫千品折於一面，百職斷於一心，功相萬也。得失相懸，豈不遠矣！臣以爲芟煩剗弊，莫尚於斯。

綜述

（唐）徐堅《初學記》卷一一《職官部・尚書令第三》敘事：尚書，秦置也。《尚書》曰：龍，命汝作納言。《詩》云：仲山甫出納王命，王之喉舌。並尚書之任也。《周官》有司會。鄭玄注：若今尚書耳。《天文志》：斗魁六星曰文昌宮。荀綽云：尚書是謂文昌天府也。蕭望之云：尚書，百官之本。後漢李固上書云：國家有尚書，猶天有北斗。主爲喉舌，斟酌元氣。《漢官》云：初，秦代少府，遣吏四人在殿中，主發書，故號尚書，尚猶主也。漢因秦置之。漢猶隸少府。魏晉以後，政歸臺閣，則不復隸矣。故尚書爲中臺，謁者爲外臺，御史爲憲臺，謂之三臺。《齊職儀》云：魏晉宋齊並曰尚書臺。《五代史志》云：梁、陳、後魏、北齊、隋則曰尚書省。唐龍朔二年，更名中臺；咸亨初復爲尚書省。光宅初，更名文昌臺；長安初，又爲中臺。神龍初，並復舊爲尚書省。案：尚書令，秦官，漢因之。《漢官》云：漢初並用士人爲尚書令，秩二千石。至漢武帝，别置謁者令，用宦者，遂省尚書官。成帝罷中書官，更以士人爲尚書令，而至爲臺主。主贊奏，典綱紀。又，東漢與司隸校尉、御史中丞皆專席坐，京師號曰三獨坐也。《晉公卿禮秩》云：尚書令拜則册命，薨則於朝堂發哀。《五代史・百官志》云：尚書令，至梁加秩中二千石。《漢官》云：尚書令秩千石，公爲之，增至二千石。秦漢秩有中二千石，真二千石，凡四等。比二千石，月得粟百石；二千石，月得粟百二十石；真二千石，月得粟百五十石。其下三等，雖號二千石，其數實不至也。唯中二千石，月得粟百八十石，率一歲得二千一百六十石。中猶滿也，言其滿二千石。然則古三石唯今一石耳。至陳，加品至第一，其後並因之而不改。自魏已來，尚書令品並第三。

（唐）徐堅《初學記》卷一一《職官部・僕射第四》敘事：僕射，秦官。僕，主也。古者重武，故官曹之長，主領其屬而習於射事也。《漢書・百官表》曰：自侍中、尚書、博士郎、軍屯吏、騶宰、永巷，皆有僕射，隨所領之事以爲號。若尚書，則名曰尚書僕射。漢因秦，本置一人。至獻帝，以執金吾榮邵爲尚書左僕射，分置左右，蓋始於此。秦漢秩六百石，公爲之，增至二千石。至梁，加秩中二千石。自魏以來品第三；至陳，加品第二。自魏晉以來，省置無恒，置二則左右僕射；或不兩置，曰尚書僕射。自東晉以來，祠部尚書多不置，以右僕射主之。若左右僕射並缺，則置尚書僕射，以掌主左事；置祠部尚書，以掌右事。然則尚書僕射與祠部尚書，不恒置矣。已上出《齊職儀》及《五代百官志》。唐龍朔二年改左右僕射曰左右匡政，咸亨初復舊。光宅初改爲左右相，神龍初復舊。開元初又改曰左右丞相。

（唐）徐堅《初學記》卷一一《職官部・諸曹尚書第五》敘事：諸曹尚書，秦官也。漢因之，並用士人。武帝改用宦者。成帝又改用士人，《漢書》云：武帝遊宴後庭，公卿不得入，故用宦者典尚書。置列曹尚書四員，通掌圖書章奏之事，各有其任。一曰常侍曹，二曰二千石曹，三曰民曹，四曰客曹。光武分爲六曹，分二千石曹爲二，分客曹爲二，改常侍曹爲吏部曹。並一令一僕射，謂之八座。魏有五曹與二僕射一令，謂之八座。魏有吏部、左民、客曹、五兵、度支，凡五曹尚書。晉有六曹，晉初置吏部、三公、客曹、駕部、屯田、度支六尚書，太康中有吏部、殿中、五兵、田曹、度支、左民六尚書，東晉有祠部、吏部、左民、度支、五兵五尚書。宋有六曹，宋加東都官尚書。齊梁陳六曹，齊曹名同宋氏。後魏、北齊六曹，後魏、北齊有吏部、殿中、祠部、七兵、都官、度支。後周依周禮，置六官尚書之任。隋氏六曹。隋有吏部、禮部、兵部、都官、度支、工部。開皇三年，改度支爲户部，都官爲刑部，是也。唐六曹。初置民部。餘同隋氏。貞觀末改民部爲度支，尋復改爲户部；龍朔二年改尚書爲太常伯；改吏部、禮部、户部、兵部、刑部、工部爲司列、司禮、司元、司戎、司刑、司平。則天后又依《周禮》六官也。初宋、齊、梁、陳四代復有起部尚書。營宗廟則權置，畢則省。已上並《漢官》、《齊職儀》及《五代史・百官志》。

《唐六典》卷一《尚書都省》尚書令一人，正二品。秦置尚書，有令、丞，屬少府。漢因之。武、昭後，其任稍重。《漢書》云：宣帝時任中尚書官。元帝時，弘恭、石顯相繼爲中書令；元帝被疾，不親政事，遂委任焉。及前將軍蕭望之領尚書事，知顯專權邪辟，建言以爲尚書，百官之本，國家樞機，宜以通明公正處之。武帝游燕後庭，故用宦者，非古制也。宜罷中尚書宦官。中尚書，謂中書及尚書也，中書典尚書奏事，故連言之。及光武親總吏職，權歸尚書，三公但受成事而已。《漢官儀》云：尚書令主贊奏事，總典綱紀，無所不統，秩千石；故公爲之者，朝會不陛奏事，增秩二千石。天子所服五時衣賜尚書令、僕射。其三公、列卿、將軍、大夫、五營校尉行複道中，遇尚書令、僕射、左右丞、郎，皆迴車預避。衛士傳呼，不得紆臺官；臺官過，乃得去。每朝會，尚書令、御史中丞、司隸校尉各獨座，故京師號曰三獨座。晉氏尚書令假銅印、墨綬，冠進賢兩梁，納言幘，五時朝服，佩水蒼玉；受拜則策命之，以在端右故也。及賈充爲尚書令，以目疾表置省事吏四人。自魏至晉、宋、齊，秩皆千石，品並第三。梁加秩中二千石，班第十六。陳加品至第一。後魏、北齊及隋品皆第二，皇朝因之。服鷩冕、八旒，七章，三梁冠。後漢以尚書令、僕射及六曹尚書爲八座。魏氏省爲五曹，則僕射有二；若僕射省一，則尚書有六，率以爲常。今則以二丞相、六尚書爲八座。然後漢尚書稱臺，魏、晉已來爲省，皇朝因之。龍朔二年改爲中臺，成亨元年復舊。光宅元年改爲文昌臺，長安三年又爲中臺，神龍初復舊。尚書令掌總領百官，儀形端揆。其屬有六尚書，法周之六卿，一曰吏部，二曰户部，三曰禮部，四曰兵部，五曰刑部，六曰工部，凡庶務皆會而決之。初，秦變周法，天下之事皆決丞相府，置尚書于禁中，有令、丞，掌通章奏而已。漢初因之。武、宣之後，稍以委任。及光武親總吏職，天下事皆上尚書，與人主參決，乃下三府，尚書令爲端揆之官。魏、晉已來，其任尤重。皇朝武德中，太宗初爲秦王，嘗親其職，自是闕不復置，其國政樞密皆委中書，八座之官但受其成事而已。自太師已下，皆古宰相之職，今不常置，故備敘之。

尚書左丞相一人，右丞相一人，並從二品。【略】左、右丞相掌總領六官，紀綱百揆，以貳令之職，今則專統焉。初亦宰相之職也。開元中，張説兼之，後罷知政，猶爲丞相。自此已後，遂不知國政。

左丞一人，正四品上，右丞一人，正四品下。【略】左、右丞掌管轄省事，糾舉憲章，以辨六官之儀制，而正百僚之文法，分而視焉。若左闕，則右兼知其事；右闕，則左亦如之。若御史有糾劾不當，兼得彈奏。

左司郎中一人，右司郎中一人，並從五品上；【略】左司員外郎一人，右司員外郎一人，並從六品上；天后永昌元年置。時，顧琮自侍御史除，元懷貞以洛州司户遷。神龍元年省，二年又置。其職務與郎中分掌。其朝服與諸司員外郎並爵弁，玄纓，簪導，青衣、纁裳，一梁冠。都事六人，從七品上。【略】左右司郎中、員外郎各掌付十有二司之事，以舉正稽違，省署符目；都事監而受焉。

凡都省掌舉諸司之綱紀與其百僚之程式，以正邦理，以宣邦教。凡上之所以逮下，其制有六，曰：制、敕、册、令、教、符。天子曰制，曰敕，曰册。皇太子曰令。親王、公主曰教。尚書省下於州，州下於縣，縣下於鄉，皆曰符。凡下之所以達上，其制亦有六，曰：表、狀、牋、啓、牒、辭。表上于天子，其近臣亦爲狀。牋、啓于皇太子，然于其長亦爲之，非公文所施。九品已上公文皆曰牒。庶人言曰辭。諸司自相質問，其義有三，曰：關、刺、移。關謂關通其事，刺謂刺舉之，移謂移其事于他司。移則通判之官皆連署。凡内外百司所受之事皆印其發日，爲之程限：一日受，二日報。其事速及送囚徒，隨至即付。小事五日，謂不須檢覆者。中事十日，謂須檢覆前案及有所勘問者。大事二十日，謂計算大簿帳及須諮詢者。獄案三十日，謂徒已上辨定須斷結者。其急務者不與焉。小事判勾經三人已下者給一日，四人已上給二日；中事，每經一人給二日；大事各加一日。内外諸司咸率此。若有事速及限内可了者，不在此例。其文書受、付日及訊囚徒，並不在程限。凡尚書省施行制、敕，案成則給程以鈔之；通計符、移、關、牒二百紙已下限二日。過此已往，每二百紙已上加二日，所加多者不得過五日。若軍務急速者，不出其日。若諸州計達于京師，量事之大小與多少以爲之節：二十條以上，二日；倍之，三日；又倍之，四日；又倍之，五日；雖多，不是過焉。凡制、敕施行，京師諸司有符、移、關、牒下諸州者，必由於都省以遣之。若在京差使者，令使人於都省受道次符、牒，然後發遣。若諸方使人欲還，亦令所由司先報尚書省，所有符、牒，並令受送。凡文案既成，勾司行朱訖，皆書其上端，記年、月、日，納諸庫。凡施行公文應印者，監印之官考其事目，無或差繆，然後印之；必書於曆，每月終納諸庫。其印，每至夜，在京諸司付直官掌；在外者，送當處長官掌。凡尚書省官，每日一人宿直，都司執直簿一轉以爲次。凡諸司長官應通判者及上佐、縣令皆不直也。凡内外百僚日出而視事，既午而退，有事則直官省之；其務繁，不在此例。凡天下制敕、計奏之數，省符、宣告之節，率以歲終爲斷。京師諸司，皆以四月一日納於都省。其天下諸州，則本司推校以授勾官，勾官審之，連署封印，附計帳使納於都省。常以六月一日都事集諸司令史對覆，若有隱漏、不同，皆附於考課焉。

主事六人，從九品上；【略】令史十八人，書令史三十六人。【略】亭長六人，【略】掌固十四人。

《唐六典》卷二《尚書吏部》　吏部尚書一人　侍郎二人

郎中二人　員外郎二人　主事四人　令史三十人

書令史六十人　亭長八人　掌固十三人

司封郎中一人

員外郎一人　主事二人　令史四人　書令史九人　掌固四人

司勳郎中一人

員外郎二人　主事四人　令史三十三人　書令史六十七人　掌固四人

考功郎中一人

員外郎一人　主事三人　令史十五人　書令史三十人　掌固四人

吏部尚書一人，正三品；【略】侍郎二人，正四品上。【略】吏部尚書、侍郎之職，掌天下官吏選授、勳封、考課之政令。凡職官銓綜之典，封爵策勳之制，權衡殿最之法，悉以咨之。其屬有四：一曰吏部，二曰司封，三曰司勳，四曰考功；尚書、侍郎總其職務而奉行其制命。凡中外百司之事，由於所屬，皆質正焉。凡選授之制，每歲孟冬，以三旬會其人：去王城五百里之內，集於上旬；千里之內，集於中旬；千里之外，集於下旬。以三銓分其選：一曰尚書銓，二曰中銓，三曰東銓。以四事擇其良：一曰身，二曰言，三曰書，四曰判。每試判之日，皆平明集於試場，識官親送，侍郎出問目，試判兩道。或有糊名，學士考爲等第。或有試雜文，以收其俊乂。以三類觀其異：一曰德行，二曰才用，三曰勞效。德鈞以才，才鈞以勞。其優者擢而升之，否則量以退焉。所以正權衡，明與奪，抑貪冒，進賢能也。然後據其狀以覈之，量其資以擬之。五品已上以名聞，送中書門下，聽制授焉。六品已下常參之官，量資註定；其才識頗高，可擢爲拾遺、補闕、監察御史者，亦以名送中書門下，聽敕授焉。其餘則各量資注擬。若都畿、清望，歷職三任，經十考已上者，得隔品授之。不然則否。謂監察御史、左右拾遺、大理評事、畿縣丞簿尉三任十考已上，有隔品授者。凡出身非清流者，不注清資之官。謂從流外及視品出身者。其中書主書、門下録事、尚書都事，歷任考詞，使狀有清幹及德行、言語，兼書、判、吏用，經十六考已上者，聽擬寺監丞、左右衛及金吾長史。凡注官皆對面唱示。若官、資未相當及以爲非便者，聽至三注。三注不伏注，至冬檢舊判注擬。凡伎術之官，皆本司銓注訖，吏部承以附甲焉。謂秘書、殿中、太僕寺等伎術之官，唯得本司遷轉，不得外叙。若本司無闕者，聽授散官，有闕先授。若再經考滿者，亦聽外叙。凡同事聯事及勾檢之官，皆不得注大功已上親。凡皇親及諸軍功，兼注員外官。其內外員外官及檢試官，本司長官量閑劇取資歷清正舊人分判曹事，自外則不判。若長官及別駕、長史、司馬等官，則不在此例。凡注官階卑而擬高則曰守，階高而擬卑則曰行。凡三銓注擬訖，皆當銓團甲以過左、右丞相。若中銓、東銓，則亦先過尚書訖，乃上門下省。給事中讀，黄門侍郎省，侍中審，然後進甲以聞。若尚書、丞相、門下批官不當者，則改注，亦有重執而上者。凡大選終季春之月。若有選人身在軍旅，則軍中試書、判，封送吏部而注擬。亦或春中不解而後集，謂之春選。若優勞人有敕即與處分及即與官者，並聽非時選，一百日内注擬畢。所以定九流之品格，補萬方之闕政，官人之道備焉。

郎中二人，從五品上；【略】員外郎二人，從六品上；【略】主事四人，從八品下。隋煬帝初置，爲從九品下。開元二十四年，升爲八品。郎中一人，掌考天下文吏之班、秩、品、命。【略】

司封郎中一人，從五品上；【略】員外郎一人，從六品上；【略】主事二人，從九品上。司封郎中、員外郎掌邦之封爵。【略】

司勳郎中一人，從五品上；【略】員外郎二人，從六品上；【略】主事四人，從九品上。司勳郎中、員外郎掌邦國官人之勳級。【略】

考功郎中一人，從五品上；【略】員外郎一人，從六品上；【略】主事三人，從九品上。考功郎中、員外郎之職，掌内外文武官吏之考課。

《唐六典》卷三《尚書户部》户部尚書一人　侍郎二人

郎中二人　員外郎二人　主事四人　令史十七人

書令史三十四人　計史一人　亭長六人　掌固十人

度支郎中一人

員外郎一人　主事二人　令史十六人　書令史三十三人　計史一人

掌固四人

金部郎中一人

員外郎一人　主事三人　令史十人　書令史二十一人　計史一人

掌固四人

倉部郎中一人

員外郎一人　主事三人　令史十二人　書令史二十三人　計史一人

掌固四人

户部尚書一人，正三品；【略】侍郎二人，正四品下。【略】户部尚書、侍郎之職，掌天下户口井田之政令。凡徭賦職貢之方，經費賙給之筭，藏貨贏儲之准，悉以咨之。其屬有四：一曰户部，二曰度支，三曰金部，四曰倉部；尚書、侍郎總其職務而奉行其制命。凡中外百司之事，由於所屬，皆質正焉。

郎中二人，從五品上；【略】員外郎二人，從六品上；【略】主事四人，從九品上。隋煬帝置。郎中、員外郎掌領天下州縣户口之事。【略】

度支郎中一人，從五品上；【略】員外郎一人，從六品上；【略】主事二人，從九品上。度支郎中、員外郎掌支度國用，租賦少多之數，物産豐約之宜，水陸道路之利，每歲計其所出而支其所用。【略】

金部郎中一人，從五品上；【略】員外郎一人，從六品上；【略】主事三人，從九品上。金部郎中、員外郎掌庫藏出納之節，金寶財貨之用，權衡度量之制，皆總其文籍而頒其節制。【略】

倉部郎中一人，從五品上；【略】員外郎一人，從六品上；【略】主事三人，從九品上。倉部郎中、員外郎掌國之倉庾，受納租税，出給禄廩之事。

《唐六典》卷四《尚書禮部》 禮部尚書一人 侍郎一人

郎中一人 員外郎一人 主事二人 令史五人 書令史一十人

亭長六人 掌固八人

祠部郎中一人

員外郎一人 主事二人 令史六人 書令史十三人 掌固四人

膳部郎中一人

員外郎一人 主事二人 令史四人 書令史九人 掌固四人

主客郎中一人

員外郎一人 主事二人 令史四人 書令史九人 掌固四人

禮部尚書一人，正三品；【略】侍郎一人，正四品下。【略】禮部尚書、侍郎之職，掌天下禮儀、祠祭、燕饗、貢舉之政令。其屬有四：一曰禮部，二曰祠部，三曰膳部，四曰主客；尚書、侍郎總其職務而奉行其制命。凡中外百司之事，由於所屬，皆質正焉。【略】

郎中一人，從五品上；【略】員外郎一人，從六品上；【略】主事二人，從八品下。禮部郎中、員外郎掌貳尚書、侍郎，舉其儀制而辨其名數。【略】

祠部郎中一人，從五品上；【略】員外郎一人，從六品上；【略】主事二人，從九品上。祠部郎中、員外郎掌祠祀享祭，天文漏刻，國忌廟諱，卜筮醫藥，道佛之事。【略】

膳部郎中一人，從五品上；【略】員外郎一人，從六品上；【略】主事二人，從九品上。膳部郎中、員外郎掌邦之牲豆、酒膳，辨其品數。【略】

主客郎中一人，從五品上；【略】員外郎一人，從六品上；【略】主事二人，從九品上。主客郎中、員外郎掌二王後及諸蕃朝聘之事。

《唐六典》卷五《尚書兵部》 兵部尚書一人 侍郎二人

郎中二人 員外郎二人 主事四人 令史三十七人 書令史六十人

制書令史十三人 甲庫令史十二人 亭長八人 掌固十二人

職方郎中一人

員外郎一人 主事二人 令史四人 書令史九人 掌固四人

駕部郎中一人

員外郎一人 主事三人 令史十人 書令史二十四人 掌固四人

庫部郎中一人

員外郎一人 主事二人 令史七人 書令史十五人 掌固四人

兵部尚書一人，正三品；【略】侍郎二人，正四品下。【略】兵部尚書、侍郎之職，掌天下軍衛武官選授之政令。凡軍師卒戍之籍，山川要害之圖，廄牧甲仗之數，悉以咨之。其屬有四：一曰兵部，二曰職方，三曰駕部，四曰庫部，尚書、侍郎惣其職務而奉行其制命。凡中外百司之事，由於所屬，咸質正焉。【略】

郎中二人，從五品上；【略】員外郎二人，從六品上；【略】主事四人，從八品下。【略】郎中一人，掌考武官之勳禄品命，以二十有九階承而叙焉。【略】

郎中一人掌判簿，以總軍戎差遣之名數。【略】

員外郎一人掌貢舉及諸雜請之事。【略】員外郎一人掌選院，謂之南曹。每歲，選人有解狀、簿書、資歷、考課，必由之以覈其實，乃上三銓，進甲則署焉。

職方郎中一人，從五品上；【略】員外郎一人，從六品上；【略】主事二人，從九品上。職方郎中、員外郎掌天下之地圖及城隍、鎮戍、烽候之數，辨其邦國、都鄙之遠邇及四夷之歸化者。【略】

駕部郎中一人，從五品上；【略】員外郎一人，從六品上；【略】主事三人，從九品上。駕部郎中、員外郎掌邦國之輿輦、車乘，及天下之傳、驛、廄、牧官私馬牛雜畜之簿籍，辨其出入闌逸之政令，司其名數。【略】

庫部郎中一人，從五品上；【略】員外郎一人，從六品上；主事二人，從九品上。庫部郎中、員外郎掌邦國軍州之戎器、儀仗，及冬至、元正之陳設，並祠祭、喪葬之羽儀，諸軍州之甲仗，皆辨其出入之數，量其繕造之功，以分給焉。

《唐六典》卷六《尚書刑部》 刑部尚書一人 侍郎一人

郎中二人 員外郎二人 主事四人 令史十九人

書令史三十八人 亭長六人 掌固十人

都官郎中一人

員外郎一人 主事二人 令史九人 書令史十二人 掌固四人

比部郎中一人

員外郎一人 主事四人 令史十四人 書令史二十七人 計史一人

掌固四人

司門郎中一人

員外郎一人 主事二人 令史六人 書令史十三人 掌固四人

刑部尚書一人，正三品，【略】侍郎一人，正四品下。【略】刑部尚書、侍郎之職，掌天下刑法及徒隸句覆、關禁之政令。其屬有四：一曰刑部，二曰都官，三曰比部，四曰司門；尚書、侍郎總其職務而奉行其制命。凡中外百司之事，由於所屬，咸質正焉。

郎中二人，從五品上；【略】員外郎二人，從六品上；【略】主事四人，從九品上。郎中、員外郎掌貳尚書、侍郎，舉其典憲而辨其輕重。【略】

都官郎中一人，從五品上；【略】員外郎一人，從六品上；【略】主事二人，從九品上。都官郎中、員外郎掌配沒隸，簿錄俘囚，以給衣糧、藥療，以理訴競、雪免，凡公私良賤必周知之。【略】

比部郎中一人，從五品上；【略】員外郎一人；從六品上；【略】主事四人，從九品上。比部郎中、員外郎掌句諸司百寮俸料、公廨、贓贖、調斂、徒役課程、逋懸數物，以周知內外之經費而總勾之。【略】

司門郎中一人，從五品上；【略】員外郎一人，從六品上；【略】主事二人，從九品上。司門郎中、員外郎掌天下諸門及關出入往來之籍賦，而審其政。

《唐六典》卷七《尚書工部》 工部尚書一人 侍郎一人

郎中一人 員外郎一人 主事三人 令史十二人 書令史二十一人

計史一人 亭長六人 掌固八人

屯田郎中一人

員外郎一人 主事二人 令史七人 書令史十二人 計史一人 掌固四人

虞部郎中一人

員外郎一人 主事二人 令史四人 書令史九人 掌固四人

水部郎中一人

員外郎一人 主事二人 令史四人 書令史九人 掌固四人

工部尚書一人，正三品；【略】侍郎一人，正四品下。【略】工部尚書、侍郎之職，掌天下百工、屯田、山澤之政令。其屬有四：一曰工部，二曰屯田，三曰虞部，四曰水部；尚書、侍郎總其職務而奉行其制命。凡中外百司之事，由於所屬，咸質正焉。

郎中一人，從五品上；【略】員外郎一人，從六品上；【略】主事三人，從九品上。郎中、員外郎掌經營興造之衆務，凡城池之修濬，土木之繕葺，工匠之程式，咸經度之。【略】

屯田郎中一人，從五品上；【略】員外郎一人，從六品上；【略】主事二人，從九品上。屯田郎中、員外郎掌天下屯田之政令。【略】

虞部郎中一人，從五品上；【略】員外郎一人，從六品上；【略】主事二人，從九品上。虞部郎中、員外郎掌天下虞衡、山澤之事，而辨其時禁。凡採捕、畋獵，必以其時。【略】

水部郎中一人，從五品上；【略】員外郎一人，從六品上；【略】主事二人，從九品上。水部郎中、員外郎掌天下川瀆、陂池之政令，以導達溝洫，堰決河渠。

（唐）杜佑《通典》卷二二《職官·尚書上·尚書省》 隋及大唐皆有，其制略同，凡尚書省事無不總。龍朔二年，改尚書省爲中臺，咸亨初復舊。光宅元年，改爲文昌臺。垂拱元年，又改爲都臺，長安三年又改爲中臺，神龍初復爲尚書省。亦謂之南省。都堂居中，左右分司。舊尚書令有大廳，當省之中，今謂之都堂。都堂之東，有吏部、户部、禮部三行，每行四司，左司統之。都堂之西，有兵部、刑部、工部三行，每行四司，右司統之。凡二十四司，分曹共理，而天下之事盡矣。故事，叔父兄弟不許同省爲郎官，格令不載，亦無正勑。貞觀二年十一月，韋叔謙除刑部員外郎；三年四月，韋季武除主爵郎中；其年七月，韋叔諧除庫部郎中。太宗謂曰：知卿兄弟並在尚書省，故授卿此官，欲成一家之美。無辭，稍屈階資。其後同省者甚多。近日非特恩除拜，即須相迴避，當以准令同司曹叛及勾檢之官，不得用大功以上親。若制勑授者，即申所司，從早改擬，遂同別省亦罷也。左右僕射各一人，總統省事。左丞一人，掌轄吏部、户部、禮部十二司事。右丞一人，掌轄兵部、刑部、工部十二司事。左右司郎中各一人，員外郎各一人，各掌付左右丞所管諸司事。尚書六人，吏、户、禮、兵、刑、工六部各一人。侍郎九人，吏部、户部、兵部各二人，餘各一人。郎中二十八人，吏部、户部、兵部、刑部各二人，餘各一人，并左右司，則三十人。員外郎二十九人，吏、户、兵、刑四部及司勳各二人，餘司各一人，并左右司，共三十一人。都事六人。以下各有差。

（唐）杜佑《通典》卷二二《職官·尚書上·僕射》　大唐左右二僕射因前代，本副尚書令。自尚書令廢闕，二僕射則爲宰相。故太宗謂房玄齡、杜如晦曰：公爲僕射，當洞開耳目，訪求才賢，是爲宰相弘益之道。今以決辭聽訟不暇，豈助朕求賢之意？乃令尚書細務悉委於兩丞。其冤濫大故，當奏聞者，則關於僕射。及貞觀末，除拜僕射，必加同中書門下平章事及參知機務等名，方爲宰相，不然則否。然爲僕射者，亦無不加焉。至開元以來，則罕有加者。自開元以來，始有單爲僕射，不兼宰相者。初，龍朔二年，改左、右僕射爲左、右匡政，咸亨元年復舊，官品第四。上元三年閏五月，制尚書省頒下諸州府，並宜用黄紙。武太后改二僕射爲文昌左右相，進階爲從二品，尋復本階。神龍初，復爲左右僕射。二年九月，勑門下及都省，宜日別録制勑，每三月一進。開元元年，改爲左右丞相，從二品，統理衆務，舉持綱目，總判省事。二年四月，勑在京有訴冤者，並於尚書省陳牒，所司爲理。若稽延致有屈滯者，委左右丞及御史臺訪察聞奏。如未經尚書省，不得輒於三司越訴。御史糾不當者，兼得彈之。至天寶元年復舊。

（唐）杜佑《通典》卷二二《職官·尚書上·左右丞》　大唐因隋制。龍朔二年，改爲左、右肅機，其年有宇文化及子孫論資廕，所司理之，至於勾當，右肅機楊昉未詳案狀，訴者自以道理已成，無復疑滯，教而逼昉。昉謂曰：適退朝，未食，食畢詳之。訴者曰：公云未食，亦知天下有累年羈旅者乎？昉遽命案，立判之曰：父弑隋主，子訴隋資，生者猶配遠方，死者無宜更叙。咸亨元年復舊。儀鳳四年，韋仁約除尚書左丞。約奏曰：陛下爲官擇人，無其人則闕。今不惜美錦，令臣製之，此陛下知之深矣，微臣盡命之日矣。仁約遂振舉綱目，略無留事，群曹肅然。左丞掌管轄諸司，糾正省内，勾吏部、户部、禮部等十二司，通判都省事。右丞掌管兵部、刑部、工部等十二司，餘與左丞同。

（唐）杜佑《通典》卷二二《職官·尚書上·左右司郎中》　大唐貞觀二年，改爲郎中。龍朔二年改爲左、右丞務，咸亨元年復舊。令掌副左右丞所管諸司事，省署鈔目，勘稽失，知省内宿直，判都省事。若右司不在，則左併行之；左司不在，右亦如之。

（唐）杜佑《通典》卷二二《職官·尚書上·員外郎》　武太后永昌元年置，與郎中分掌曹務。神龍元年省，二年復置。

（唐）杜佑《通典》卷二二《職官·尚書上·歷代尚書》　大唐尚書與隋同。龍朔二年，改尚書爲太常伯。咸亨初復舊。歷代吏部尚書及侍郎，品秩悉高於諸曹。

（唐）杜佑《通典》卷二三《職官·尚書下·吏部尚書》　大唐龍朔二年，改吏部尚書爲司列太常伯，咸亨初復舊。光宅元年，改吏部爲天官，神龍元年復舊。天寶十一年，改爲文部，至德初復舊。掌文官選舉，總判吏部、司封、司勳、考功四曹事。舊《令》班在侍中、中書令上，《開元令》移在侍中、中書令下。尚書六曹，吏部、兵部爲前行，户、刑爲中行，禮、工爲後行，其官屬自後行遷入二部者以爲美。自魏晋以來，凡吏部官屬，悉高於諸曹，其選舉皆尚書主之。自隋置侍郎，貳尚書之事，則六品以下銓補，多以歸之。大唐自貞觀以前，尚書掌五品選事。貞觀二十二年二月，文部侍郎盧承慶兼檢校兵部侍郎，仍知五品選事。承慶辭曰：五品選事，職在尚書，臣今掌之，便是越局。太宗不許，曰：朕今信卿，卿何不自信也。由此言之，即尚書兼知五品選事明矣。至景龍中，尚書掌七品以上選，侍郎掌八品以下選。至景雲元年，宋璟爲尚書，始通其選而分掌之，因爲常例。開元以前，諸司之官兼知政事者，午前議政於朝堂，午後理務於本司。自開元以來，宰相員少，資地崇高，又以兵吏尚書權位尤美，而宰臣多兼領之，但從容衡軸，不自銓綜，其選試之任皆侍郎專之，尚書通署而已，遂爲故事。或分領其事，則列爲三銓，四年六月敕，其員外郎、御史并餘供奉官，直進名敕授，自此不在吏部。尚書掌其一，侍郎分其二。尚書所掌，謂之尚書銓；侍郎所掌，其一爲中銓，其一爲東銓。各有印。

（唐）杜佑《通典》卷二三《職官・尚書下・户部尚書》　大唐永徽初，復改民部爲户部，廟諱故也。太宗在位，詔官號人名及公私文籍有世民兩字不相連者，並不諱。至高宗始諱之。顯慶元年，改户部爲度支。龍朔二年，改度支尚書爲司元太常伯。咸亨元年，復爲户部尚書。初，户部居禮部之後，武太后改置天地四時之官，以户部爲地官，由是遂居禮部前。神龍元年，復改地官爲户部，總判户部、度支、金部、倉部事。

（唐）杜佑《通典》卷二三《職官・尚書下・禮部尚書》　大唐龍朔二年，改禮部尚書爲司禮太常伯，咸亨元年復舊。光宅元年，改禮部爲春官，神龍元年復舊。總判祠部、禮部、膳部、主客事。

（唐）杜佑《通典》卷二三《職官・尚書下・兵部尚書》　大唐龍朔二年，改兵部尚書爲司戎太常伯，咸亨元年復舊。光宅元年，改爲夏官，神龍元年復舊。天寶十一年，改爲武部尚書。至德初復舊。掌武官選舉，總判兵部、職方、駕部、庫部事。其分領選舉，亦爲三銓，制如吏部。尚書所掌，謂之尚書銓。侍郎所掌，其一爲中銓，其一爲西銓。各有印。

（唐）杜佑《通典》卷二三《職官・尚書下・刑部尚書》　大唐因之。龍朔二年，改刑部尚書爲司刑太常伯，咸亨元年復舊。武太后改刑部爲秋官，神龍初復舊。天寶中改爲憲部，至德初復舊。總判刑部、都官、比部、司門事。

（唐）杜佑《通典》卷二三《職官・尚書下・工部尚書》　大唐龍朔二年，改工部尚書爲司平太常伯，咸亨元年復舊。武太后改工部爲冬官，神龍初復舊。總判工部、屯田、虞部、水部事。

《舊唐書》卷四三《職官志》　尚書都省龍朔二年，改爲中臺，光宅元年，改爲文昌臺。神龍初復。

尚書省領二十四司。六尚書，各分領四司。

尚書令一員。正二品。武德中，太宗爲之，自是闕而不置。令總領百官，儀刑端揆，其屬有六尚書：一曰吏部，二曰户部，三曰禮部，四曰兵部，五曰刑部，六曰工部。凡庶務，皆會而決之。

左右僕射各一員，從二品。龍朔二年，改爲左右匡政，光宅元年，改爲文昌左右相，開元元年，改爲左右丞相，天寶元年，復爲左右僕射。掌統理六官，綱紀庶務，以貳令之職。自不置令，僕射總判省事。御史糾劾不當，兼得彈之。

左右丞各一員。左丞，正四品上。右丞，正四品下。龍朔改爲左右肅機，咸亨復，永昌元年，升爲從三品也，如意元年，復四品也。左丞掌管轄諸司，糾正省内，勾吏部、户部、禮部十二司，通判都省事。若右丞闕，則併行之。右丞管兵部、刑部、工部十二司。若左丞闕，右丞兼知其事。御史有糾劾不當，兼得彈之。

左右司郎中各一員。並從五品上。隋置，武德初省。貞觀初，復置。龍朔二年，改爲左右丞務，咸亨復也。左司郎中，副左丞所管諸司事，省署鈔目，勘稽失，知省内宿直之事。若右司郎中闕，則併行之。左右司員外郎各一員。天后永昌元年，置左右司員外郎各一人。神龍初省，後復置。左右司郎中、員外郎各掌副十有二司之事，以舉正稽違，省署符目焉。

凡都省掌舉諸司之綱紀與百僚之程式，以正邦理，以宣邦教。凡上之所以逮下，其制有六，曰制、敕、冊、令、教、符。天子曰制，曰敕，曰冊。皇太子曰令。親王、公主曰教。尚書省下於州，州下縣，縣下鄉，皆曰符也。凡下之所以達上，其制亦有六，曰表、狀、牋、啓、辭、牒。表上於天子。其近臣亦爲狀。牋、啓上皇太子，然於其長亦爲之。非公文所施，有品已上公文，皆曰牒。庶人言曰辭也。諸司自相質問，其義有三：曰關、刺、移。關，謂關通其事；刺，謂刺舉之；移，謂移其事於他司。移則通判之官皆連署也。凡内外百司所受之事，皆印其發日，爲之程限。凡尚書省施行制敕，案成則給程以鈔之。若急速者，不出其日。若諸州計奏達于京師，量事之大小與多少，以爲之節。凡京師諸司，有符、移、關、牒下諸州者，必由於都省以遣之。凡文案既成，勾司行朱訖，皆書其上端，記年月日，納諸庫。凡施行公文應印者，監印之官考其事目無差，然後印之，必書於曆。每月終納諸庫。凡尚書省官，每日一人宿直。都司執直簿，轉以爲次。凡内外百僚，日出而視事，既午而退，有事則直官省之。其務繁，不在此例。凡天下制敕計奏之數，省符宣告之節，率以歲終爲斷。京師諸司，皆以四月一日納于都省。

其天下諸州，則本司推校，以授勾官。勾官審之，連署封印，附計帳，使納于都省。常以六月一日，都事集諸司令史對覆。若有隱漏不同，皆附于考課焉。

主事六人，從九品上。令史十八人，書令史三十六人，亭長六人，掌固十四人。凡令史掌案文簿，亭長、掌固檢校省門户倉庫廳事陳設之事也。

《舊唐書》卷四三《職官志》 吏部尚書一員，正三品。龍朔二年，改爲司列太常伯，光宅元年，改爲天官尚書，神龍復爲吏部尚書也。侍郎二員。正四品上。隋煬帝大業三年，尚書六曹，各置侍郎一人，以貳尚書之職，並正四品。國家定令，諸曹侍郎降爲正四品下，唯吏部侍郎爲正四品上。龍朔改爲司列少常伯，咸亨復。總章元年，吏部、兵部各增置侍郎一員也。尚書、侍郎之職，掌天下官吏選授、勳封、考課之政令。其屬有四：一曰吏部，二曰司封，三曰司勳，四曰考功。總其職務，而行其制命。凡中外百司之事，由於所屬，皆質正焉。凡選授之制，每歲集於孟冬。去王城五百里之内以上旬，千里之内以中旬，千里之外以下旬。尚書、侍郎，分爲三銓。尚書爲尚書銓，侍郎二人分爲中銓、東銓也。凡擇人以四才，校功以三實。四才，謂身、言、書、判。其優長者，有可取焉。三實，謂德行、才用、勞効，德均以才，才均以勞，勞必考其實而進退之。較之優劣，而定其留放，所以正權衡，明與奪，抑貪冒，進賢能。然後據其官資，量其注擬。五品已上，以名上中書門下，聽制授其官。六品已下，量資任定。其才職頗高，可擢爲拾遺、補闕、監察御史者，亦以名送中書門下，聽敕授。其有歷職清要，考第頗深者，得隔品授之，不然即否。凡出身非清流者，不注清資官。凡注官，若官資未相當，及以爲非便者，聽至三注。凡伎術之官，皆本司定，送吏部附甲。凡同司聯事勾檢之官，皆不得注大功已上親。凡皇親諸親及軍功，兼注員外郎。凡注擬，必先具官階團甲，送門下以聞。注官，階高擬卑曰行，階卑擬高曰守。三銓注擬訖，皆當銓團甲，過左右僕射。若中銓、東銓，則過尚書訖，乃上門下省。給事中讀，黄門侍郎省，侍中審，然後進甲以聞，聽旨授而施行焉。若左右僕射門下批官不當者，別改注，亦有重執而上者也。凡大選，終於季春之月，若選人有身在軍旅，則軍中試書判，封送吏部。亦有春中下解而後集，謂之春選。若優勞人，有敕則有處分及即與官者，並聽非時選，一百日内注擬之。所以定九流之品格，補萬方之闕政，官人之道備焉。

郎中二員，並從五品上。龍朔爲司列大夫，咸亨、光宅並隨曹改也。員外郎二員。並從六品上。令史三十人，書令史六十人，亭長八人，掌固十二人。郎中一人掌考天下文吏之班秩階品。

凡叙階二十有九，品在都序，自一品至九品，品有上下，凡散官四品已下，九品已上，並於吏部當番上下。其應當番四十五日。若都省須人送符，諸司須人者，並兵部、吏部散官上，經兩番已上，聽簡入選。不第者，依番名不過五六也。凡叙階之法，有以封爵，有以親戚，有以勳庸，有以資蔭，有以秀孝，有以勞考，有除免而復叙者，皆循法以申之，無或枉冒。凡應入三品五品者，皆待別制而進之，不然則否。凡文武百僚之班序，官同者先爵，爵同者先齒。凡京司有常參官，謂五品以上職事官、八品已上供奉官、員外郎、監察御史、太常博士。供奉官、兩省自侍中、中書令已下，盡名供奉官。諸司長官、清望官、四品已下八品已上清官。每日以六品已上清官兩人，待制於衙。供奉官、宿衛官不在此例。凡授四品已下清望官，才職相當，不應進讓。凡職事官應覲省及移疾，不得過程。年七十已上，應致仕，若齒力未衰，亦聽蒞務。凡官人身及同居大功已上親，自執工商，家專其業，及風疾、使酒，皆不得入仕。凡内外官有清白著聞，應以名薦，則中書門下改授。五品已上，量加升進，六品已下，有付吏部即量等第遷轉。若第二第三等人，五品已上，改日稍優之。六品已下，秩滿聽選，不在放限。其嶺南、黔中，三年一置選補使，號爲南選。凡天下官吏，各有常員。凡諸司置直，皆有定數，諸司諸色有品直官。内外官吏，則有假寧之節，行李之命。簿書景迹，功賞殿最，具員皆與員外郎分掌之。郎中一人掌小銓，亦分爲九品，通謂之行署。以其在九流之外，故謂之流外銓，亦謂之小選。其校試銓注，與流内銓略同。其吏部、兵部、禮部、考功、都省、御史臺、中書、門下，謂之前八司，其餘則曰後行。凡擇流外，取工書、計，兼頗曉時務。三事中，有一優長，則在叙限。每經三考轉選，量其才能而進之，不則從舊任。小銓，舊委郎中專知。開元二十五年，又敕銓試訖留放，皆尚書侍郎定之也。員外郎一人掌判南曹。曹在選曹之南，故謂之南曹。每歲選人，有解狀、簿書、資歷、考課，必由之以覈其實，乃上三銓。其三銓進甲則署焉。員外郎一人掌判曹務。凡預太廟齋郎帖試，如貢舉之制。

司封郎中一員，從五品上。隋曰主爵郎，武德因之。龍朔二年改爲司封大夫，光宅改司封郎中也。司封員外郎一員，從六品上。主事二人，從九品上。令史四人。書令史九人，掌固四人。司封郎中、員外郎之職，掌國之封爵，凡有九等。一曰王，正一品，食邑一萬户。二曰郡王，從一品，食邑五千户。三曰國公，從一品，食邑三千户。四曰郡公，正二品，食邑二千户。五曰縣公，從二品，食邑一千五百户。六曰縣侯，從三品，食邑一千户。七曰縣伯，正四品，食邑七百户。八曰縣子，正五品，食邑五百户。九曰縣男，從五品，食邑三百户。凡名山大川，及畿內諸縣，皆不以封。至郡公有餘爵，聽迴授子孫。其國公皆特封。凡天下觀有定數。每觀立三綱，以道德高者充。凡三元諸齋日，修金籙、明真等齋。凡道士、女道士簿籍，三年一造。凡外命婦之制，皇之姑，封大長公主，皇姊妹，封長公主，皇女，封公主，皆視正一品。皇太子之女，封郡主，視從一品。王之女，封縣主，視正二品。王母妻，爲妃。一品及國公母妻，爲國夫人。三品已上母妻，爲郡夫人。四品母妻，爲郡君。五品若勳官三品有封，母妻爲縣君。散官並同職事。勳官四品有封，母妻爲鄉君。其母邑號，皆加太字，各視其夫、子之品。若兩有官爵者，從其高。若內命婦，一品之母，爲正四品郡君；二品之母，爲從四品郡君；三品四品之母，並爲正五品縣君。凡婦人，不因夫及子而別加邑號，夫人云某品夫人，郡君爲某品郡君，縣君、鄉君亦然。凡庶子，有五品已上官，皆封嫡母。無嫡母，封所生母。凡二王後夫人，職事五品已上，散官三品已上，王及國公母妻，朝參各視其夫及子之禮。凡親王，孺人二人，視正五品，媵十人，視正六品。嗣王、郡王及一品，媵十人，視從六品。二品，媵八人，視正七品。三品及國公，媵六人，視從七品。四品，媵四人，視正八品。五品，媵三人，視從八品。降此外皆爲妾。凡皇家五等親，及諸親三等，存亡昇降，皆立簿書籍，每三年一造。除附之制，並載於宗正寺。

司勳郎中一員，從五品上。隋曰司勳郎，武德初乃加中字。龍朔改爲司勳大夫，咸亨復也。司勳員外郎二員，從六品上。主事四人，從九品上。令史三十三人，書令史六十人，掌固四人。郎中、員外郎之職，掌邦國官人之勳級。凡勳，十有二轉爲上柱國，比正二品。十一轉爲柱國，比從二品。十轉爲上護軍，比正三品。九轉爲護軍，比從三品。八轉爲上輕車都尉，比正四品。七轉爲輕車都尉，比從四品。六轉爲上騎都尉，比正五品。五轉爲騎都尉，比從五品。四轉爲驍騎尉，比正六品。三轉爲飛騎尉，比從六品。二轉爲雲騎尉，比正七品。一轉爲武騎尉，比從七品。凡有功効之人，合授勳官者，皆委之覆定，然後奏擬。

考功郎中一員，從五品上。龍朔二年改爲司績大夫，咸亨初乃復。考功員外郎一員，從六品上。龍朔改爲司績員外郎，咸亨復。主事三人，從八品上。令史十三人，書令史二十五人，掌固四人。郎中、員外郎之職，掌內外文武官吏之考課。凡應考之官家，具録當年功過行能，本司及本州長官對衆讀，議其優劣，定爲九等考第，各於所由司準額校定，然後送省。內外文武官，量遠近以程之有差，附朝集使送簿至省。每年別敕定京官位望高者二人，其一人校京官考，一人校外官考。又定給事中、中書舍人各一人，其一人監京官考，一人監外官考。郎中判京官考，員外判外官考。其檢覆同者，皆以功過上使。京官則集應考之人對讀注定，外官對朝集使注定。

《舊唐書》卷四三《職官志》 户部尚書一員，正三品。隋爲民部尚書，貞觀二十三年改爲户部。明慶元年改爲度支，龍朔二年改爲司元太常伯，光宅元年改爲地官尚書，神龍復爲户部。侍郎二員。正四品下。因隋已來改易名位，皆隨尚書也。尚書、侍郎之職，掌天下田户、均輸、錢穀之政令。其屬有四：一曰户部，二曰度支，三曰金部，四曰倉部。總其職務，而行其制命。凡中外百司之事，由於所屬，皆質正焉。

郎中二員，從五品上。員外郎二員，從六品上。郎中、員外，自隋已來，隨曹改易。主事四人，從九品上。令史十五人，書令史三十四人，亭長六人，掌固十人。郎中、員外郎之職，掌分理户口、井田之事。凡天下十道，任土所出，爲貢賦之差。凡天下之州府，三百一十有五，而羈縻之州，迨八百焉。四萬户已上爲上州，二萬户以上爲中州，不滿爲下州。凡三都之縣，在內曰京縣，城外曰畿，又望縣有八十五焉。其餘則六千户以上爲上縣，二千户已上爲中縣，一千户已上爲中下縣，不滿一千户皆爲下縣。凡天下之户，八百一萬八千七百一十，口四千六百一十八萬五千一百六十一。百户爲里，五里爲鄉。兩京及州縣之郭內，分爲坊，郊外爲村。里及坊村皆有正，以司督察。四家爲鄰，五鄰爲保。保有長，以相禁約。凡男女，始生爲黄，四歲爲小，十六爲中，二十有一爲丁，六十爲老。每一歲一造計帳，三年一造户籍。縣以籍成于州，州成于省，户部總而領焉。凡天下之户，量其資定爲九等，每定户以仲年，造籍以季年。州縣之籍，恆留五比，省籍留九比。凡户之兩貫者，先從邊州爲定，次從關內，次從軍府州。若俱者，各從其先貫焉。樂住之制：居狹鄉者，聽其從寬。居遠者，聽其從近。居輕役之地者，聽其從重。辨天下之四人，使各專其業。凡習學文武者爲士，肆力耕桑者爲農，巧作器用者爲工，屠沽興販者爲商。工商之家，不得預於士。食禄之人，不得奪下人之利。凡天下之田，五尺爲步，步二百有四十爲畝，畝百爲頃。度其肥瘠寬狹，以居其人。凡給田之制有差，園宅之地亦如之。凡給口分田，皆從便近。居城之人，本縣無田者，則隔縣給授。凡應收授之田，皆起十月，畢十二月。凡授田，先課後不課，先貧後富，先多後少。凡州縣界内所部，受田悉足者，爲寬鄉，不足者爲狹鄉。凡官人及勳，授永業田。凡天下諸州有公廨田，凡諸州及都護府官人有職分田。凡賦役之制有四：一曰租，二曰調，三曰役，四曰雜徭。課户每丁租粟二石。其調，隨鄉土所產綾絹絁各二丈，布加五分之一。輸綾絹絁者，綿三兩。輸布者，麻三斤。皆書印焉。凡丁，歲役二旬。無事則收其庸，每日三尺。有事而加役者，旬有五日免調，三旬則租調俱免。凡庸調之物，仲秋斂之，季秋發於州。租則準州土收穫早晚，量事而斂之。仲冬起輸，孟春而納畢。本州納者，季冬而畢。凡諸國蕃胡内附者，亦定爲九等。凡嶺南諸州税米，及天下諸州税錢，各有準常。凡丁户皆有優復蠲免之制。若孝子順孫、義夫節婦志行聞於鄉閭者，州縣申省奏聞，而表其門閭，同籍悉免課役。有精誠致應者，則加優賞焉。凡京司文武職事官，皆有防閤。凡州縣官僚，皆有白直。凡州縣官及在外監官，皆有執衣。凡諸親王府屬，並給士力，其品數如白直。凡有功之臣，賜實封者，皆以課户充。凡食封，皆傳于子孫。凡庶人年八十及篤疾，給侍丁一人，九十，給二人，百歲，三人。凡天下朝集使，皆以十月二十五日至京師，十一月一日户部引見訖，於尚書省與羣官禮見，然後集于考堂，應考績之事。元日，陳其貢篚於殿廷。凡京都諸縣令，每季一朝。

度支郎中一員，從五品上。龍朔改爲司度大夫，咸亨復。員外郎一員，從六品上。主事二人，從九品上。令史十六人，書令史三十三人，計史一人，掌固四人。郎中、員外郎之職，掌判天下租賦多少之數，物產豐約之宜，水陸道途之利。每歲計其所出而度其所用，轉運徵斂送納，皆準程而節其遲速。凡和糴和市，皆量其貴賤，均天下之貨，以利於人。凡金銀寶貨綾羅之屬，皆折庸調以造。凡天下舟車水陸載運，皆具爲脚直，輕重貴賤、平易險澀而爲之制。凡天下邊軍，有支度使，以計軍資糧仗之用。每歲所費，皆申度支會計，以長行旨爲準。

金部郎中一員，從五品上，龍朔爲司珍大夫，咸亨復。員外郎一員，從六品上。主事三人，從九品上。令史八人，書令史二十一人，計史一人，掌固四人。郎中、員外郎之職，掌判天下庫藏錢帛出納之事，頒其節制，而司其簿領。凡度，以北方秬黍中者一黍之廣爲分，十分爲寸，十寸爲尺，一尺二寸爲大尺，十尺爲丈。凡量，以秬黍中者容一千二百爲龠，二龠爲合，十合爲升，十升爲斗，三斗爲大斗，十斗爲斛。凡權衡，以秬黍中者百黍之重爲銖，二十四銖爲兩，三兩爲大兩，十六兩爲斤。凡積秬黍爲度量權衡，調鐘律，測晷景，合湯藥，及冠冕之制用之。内外官私，悉用大者。凡庫藏出納，皆行文牓，季終會之。若承命出納，則於中書、門下省覆而行之。百司應請月俸，符牒到，所由皆遞覆而行之，乃置木契，與應出物之司相合。凡官私互市，物數有制。凡縑帛之類，有長短、廣狹、端疋、屯綟之差。凡賜十段，其率絹三疋，布三端，綿三屯。若雜綵十段，則絲布二疋，紬二疋，綾二疋，縵四疋。若賜蕃客錦綵，率十段則錦一張，綾二疋，縵三疋，綿四屯。凡遣使覆囚，則給時服。若諸使經二年不還，亦如之。凡時服稱一具者，全給之。一副者，減給之。正冬之會，稱束帛有差者，皆賜絹，五品已上五疋，六品已下三疋，命婦視其夫、子。

倉部郎中一員，從五品上。龍朔爲司度大夫，咸亨復也。員外郎一員，從六品上。主事二人，從九品上。令史九人，書令史二十人，計史一人，掌固四人。郎中、員外郎之職，掌判天下倉儲，受納租税，出給禄廪之事。凡中外文武官，品秩有差，歲再給之。乃置木契一百枚，以與出給之司合。諸司官人及諸色人應給食者，皆給米。凡致仕之官，五品已上及解官充侍者，各給半禄。即遷官者，通計前禄，以充後數。凡都已東租納含嘉倉，自含嘉轉運以實京太倉。自洛至陝爲陸運，自陝至京爲水運，置使，以監充之。凡王公已下，每歲田苗，皆有簿書。凡義倉所以備歲不足，常平倉所以均貴賤也。

《舊唐書》卷四三《職官志》 禮部尚書一員，正三品。隋舊。龍朔改爲司禮太常伯，光宅改爲春官尚書，神龍復也。侍郎一員。正四品下。名因隨曹改易也。尚書、侍郎之職，掌天下禮儀、祭享、貢舉之政令。其屬有四：一曰禮部，二曰祠部，三曰膳部，四曰主客。總其職務，而行其制命。凡中外百司之事，由於所屬，皆質正焉。凡舉試之制，每歲仲冬，率與計偕。其科有六：一曰秀才，試方略策五條。此科取人稍峻，貞觀已後遂絶。二曰明經，三曰進士，四曰明法，五曰書，六曰算。凡此六科，求人之本，必取精究理實，而昇爲第。其有博綜兼學，須加甄獎，不得限以常科。其弘文、崇文館學生，雖同明經、進士，以其資蔭全高，試取粗通文義。其郊社齋郎簡試，如太廟齋郎。其國子監大成十二員，取明經及第人聰明灼然者，試日誦千言，幷口試，仍策所習業，十條通七，然後補充。各授散官，依舊令於學內習業，以通四經爲限。

郎中一員，從五品上。員外郎一員，從六品上。隋曰儀曹郎，武德改禮部郎中員外，龍朔爲司禮大夫司禮員外，咸亨復。主事二人，從八品上。令史五人，書令史十一人，亭長六人，掌固八人。郎中、員外郎之職，掌貳尚書、侍郎。舉其儀制，而辨其名數。凡五禮之儀，一百五十有二：一曰吉禮，其儀五十有五；二曰賓禮，其儀有六；三曰軍禮，其儀二十有三；四曰嘉禮，其儀五十；五曰凶禮，其儀一十有八。凡元日，大陳設於含元殿，服衮冕臨軒，展宮懸之樂，陳歷代寶玉輿輅，備黃麾仗，二王後及百官朝集使、皇親，並朝服陪位。大會之日，陳設如初。凡冬至，大陳設如元正之儀。其異者，無諸州表奏祥瑞貢獻。凡元正、冬至大會之明日，百官、朝集使等皆詣東宮慶賀。凡千秋節，御樓設九部之樂，百官袴褶陪位。凡京司文武職事，九品已上，每朔、望朝參。五品已上及供奉官、員外郎、監察御史、太常博士，每日參。凡諸蕃國來朝，皆設宮懸之樂及黃麾仗。若蕃國使，則減黃麾之半。凡册皇后、太子、太子妃、諸王、諸王妃、公主，並臨軒册命，陳設如冬、正之儀。訖，皆拜太廟。凡祥瑞，皆辨其名物。有大瑞、上瑞、中瑞，皆有等差。凡太陽虧，所司預奏，其日置五鼓五兵於太社，而不視事。百官各素服守本司，不聽事。過時乃罷。月蝕，則擊鼓於所司。若五嶽、四鎮、四瀆崩竭，皆不視事三日。凡二分之月，三公巡行山陵，則太常卿爲之副。凡百官拜禮，各有差。致敬之士，若非連屬，應敬之官相見，或自親戚者，各從其私禮。凡樂，有五聲、八音、六律、六呂，陳四懸之度，分二舞之節，以和人倫，以調節氣，以享鬼神，以序賓客。凡私家不得設鐘磬。三品已上，得備女樂。五品女樂不得過三人。居大功已上喪，受册及之官，雖有鼓樂，從而不作。凡太廟、太社及諸宮殿門，東宮及一品已下諸州，施戟有差。凡內外百官，皆給銅印，有魚符之制。並出於門下省。凡服飾尚黃，旗幟尚赤。天子、皇后、太子已下之服，事在《輿服志》也。凡百僚冠笏、繖幰、珂珮，各有差。常服亦如之。凡凶服，不入公門。凡授都督、刺史階未入五品者，並聽著緋珮魚，離任則停。凡文武官赴朝詣府，導從各有差。凡職事官薨卒，有賻贈、柳翣、碑碣，各有制度。

祠部郎中一員，從五品上。龍朔爲司禋大夫，咸亨復。員外郎一員，從六品上。主事二人，從九品上。令史五人，書令史十一人，亭長六人，掌固八人。郎中、員外郎之職，掌祠祀、享祭、天文、漏刻、國忌、廟諱、卜筮、醫藥、僧尼之事。凡祭祀之名有四：一曰祀天神，二曰祭地祇，三曰享人鬼，四曰釋奠于先聖先師。其差有三：若昊天上帝、皇地祇、神州、宗廟爲大祀。祀天地皆以祖宗配享。日月星辰、社稷、先代帝王、岳鎮海瀆、帝社、先蠶、孔宣父、齊太公、諸太子廟爲中祀。司中、司命、風師、雨師、衆星、山林、川澤、五龍祠等，及州縣社稷、釋奠爲小祀。大祀，皇帝親祭，則太尉爲亞獻，光禄卿爲終獻。若有司攝事，則太尉爲初獻，太常卿爲亞獻。凡大祀，散齋四日，致齋三日。大祀，齋官皆於散齋日平明，集尚書省，受誓誡。中祀，散齋三日，致齋二日。小祀，散齋二日，致齋一日。皆祀前習禮、沐浴，並給明衣。凡官爵二品已上，祠四廟。五品已上，祠三廟。六品已下達於庶人，祭祖禰而已。凡國有封禪之禮，則依圓丘方澤之神位。凡天下寺有定數。每寺立三綱，以行業高者充。諸州寺總五千三百五十八所，三千二百三十五所僧，二千一百二十二所尼。每寺上座一人，寺主一人，都維那一人。凡僧簿籍，三年一造。凡别敕設齋，應行道並官給料。凡國忌日，兩京大寺各二，以散齋僧尼。文武五品已上，清官七品已上皆集，行香而退。天下州府亦然。凡遠忌日，雖不廢務，然非軍務急切，亦不舉事。餘如常式。

膳部郎中一員，從五品上。龍朔爲司膳大夫，咸亨復也。員外郎一員，從六品上。主事二人，從九品上。令史四人。書令史九人，掌固四人。郎中、員外郎之職，掌邦之祭器、牲豆、酒膳，辨其品數，及藏冰食料之事。

主客郎中一員，從五品上。隋曰司蕃郎，武德改主客郎中，龍朔爲司蕃大夫，咸亨復。員外郎一員，從六品上。主事二人，從九品上。令史四人，書令史九人，掌固四人。郎中、員外郎之職，掌二王後及諸蕃朝聘之事。二王之後，酅公、介公。凡四蕃之國，經朝貢之後，自相誅絶，及有罪滅者，蓋三百餘國。今所存者，七十餘蕃。其朝貢之儀，享宴之數，高下之等，往來之命，皆載於鴻臚之職焉。

《舊唐書》卷四三《職官志》　兵部尚書一員，正三品。南朝謂之五兵尚書，隋曰兵部尚書。龍朔改爲司戎太常伯，咸亨復也。侍郎二員。正四品下。龍朔爲司戎少常伯，咸亨復。尚書、侍郎之職，掌天下武官選授及地圖與甲仗之政令。其屬有四：一曰兵部，二曰職方，三曰駕部，四曰庫部。總其職務，而行其制命。凡中外百官之事，由於所屬，咸質正焉。凡選授之制，每歲集於孟冬。去王城五百里以上旬，千里之內以中旬，千里之外以下旬。尚書、侍郎分爲三銓。尚書爲中銓，侍郎分東西。凡試能有五，五謂長垛、馬射、馬槍、步射、應對。互有優長，即可取之。較異有三。三謂驍勇、材藝及可爲統領之用也。審其功能，而定其留放，所以録才藝、備軍國、辨虛冒、叙勳勞也。然後據其資勞，量爲注擬。五品已上送中書門下，六品已下量資注定。其在軍鎮要籍，不得赴選，委節度使銓試其等第申省。凡官階注擬團甲進甲，皆如吏部之制。凡大選，終於季春之月，所以約資叙之淺深，審才略之優劣，軍國之用在焉。

郎中二員，從五品上。龍朔爲司戎大夫，咸亨復也。員外郎二人，從六品上。主事四人，從八品下。令史三十人，書令史六十人，亭長八人，掌固十二人。郎中一員掌判帳及天下武官之階品，衛府之名數。凡叙階有二十九。將軍之階。具於叙目。凡叙階之法，一如文散官之制。凡天下之府，五百九十有四，有上中下，並載於諸衛之職。凡應宿衛官，各從番第。凡千牛備身左右及太子千牛備身，皆取三品已上職事官子孫，四品清官子，儀容端正，武藝可稱者充。五考，本司隨文武簡試聽選。四品，謂諸司侍郎、左右庶子也。凡殿中省進馬，取左右衛三衛及高蔭，簡儀容可觀者補充，簡試同千牛例。僕寺進馬，亦如之。五品已下、七品已上，五年，多至八年，年滿簡送吏部。不第者，如初。無文，聽以武選。凡左右衛、親衛、勳衛、翊衛，及左右率府親勳翊衛，及諸衛之翊衛，通謂之三衛。擇其資蔭高者，爲親衛，其次者，爲勳衛及率府之親衛，又次者，爲翊衛及率府之勳衛，又次者，爲諸衛及率府之翊衛，又次者，爲親王府之執仗執乘。凡量遠邇以定其番第。應補之人，周親已上有犯刑戮者，配令兵部上下。凡諸衛及率府三衛，貫京兆、河南、蒲、同、華、岐、陝、懷、汝、鄭等州，皆令番上，餘州皆納資。凡左右衛之三衛，分爲五仗。凡王公已下，皆有親事帳內，限年十八已下，舉諸州率萬人以充之。皆限十周年，則聽其簡試。文理高者送吏部，其餘留本司，全下者退還本色。凡兵士隸衛，各有其名。左右衛曰驍騎，左右驍衛曰豹騎，左右武衛曰熊渠，左右威衛曰羽林，左右領軍衛曰射聲，左右金吾衛曰佽飛。東宮左右衛率府曰超乘，左右司禦率府曰旅賁，左右清道率府曰直蕩。總名曰衛士。皆取六品已下子孫，及白丁無職役者點充。凡三年一簡點，成丁而入，六十而免。量其遠邇，以定番第。凡衛士，各立名簿。其三年已來征防差遣，仍定優劣爲三第。每年正月十日送本府印記，仍録一道送本衛府。若有差行上番，折衝府據簿而發之。凡差衛士征戍鎮防，亦有團伍。其善弓馬者，爲越騎團，餘爲步兵團，主帥已下統領之。火十人，有六馱馬。若父兄子弟，不併遣之。若祖父母老疾，家無兼丁，免征行及番上。其居常則皆習射，唱大角歌。番集之日，府官率而課試。凡左右金吾衛，有角手，諸衛有弩手，左右羽林軍有飛騎及左右萬騎、彍騎。天下諸軍，有健兒，皆定其名籍，每季上中書、門下。凡關內，有團結兵，秦、成、岷、渭、河、蘭六州，有高麗羌兵。黎、雅、邛、翼、茂五州，有鎮防團結兵。天下諸州差兵，募取户殷丁多，人材驍勇，選前資官勳官部分強明堪統攝者，節級擢補主帥以領之。其義征者，別爲行伍，不入募人之營。凡軍行器物，皆於當州分給之。如不足，則令自備，貧富必以均焉。凡諸州軍府應行兵之名簿，器物之多少，皆申兵部。軍散之日，亦録其存亡多少，以申而勘會之。凡諸道迴兵糧糒之物，衣資之費，皆令所在州縣分而給之。郎中一人掌判簿，以總軍戎差遣之名數。凡天下節度使有八，若諸州在節度內者，皆受節度焉。其福州經略使，登州平海軍，則不在節度之內。節度名與所管軍鎮名，並見《地理志》也。凡親王總戎，曰元帥，文武官總統者，則曰總管。以奉使言之，則曰節度使，有大使、副使、判官。若大使加旌節以統軍，置木契以行。凡將帥出行，兵滿一萬人已上，置長史、司馬、倉曹兵曹胄曹等參軍各一人。五千人已上，減司馬。諸軍各置使一人，五千人已上置副使一人，一萬人已上置營田副使一人。每軍各有倉、兵、冑三參軍。其横海、高陽、唐興、恆陽、北平等五軍，皆本州刺史爲使。凡鎮，皆有使一人，副使一人。萬人已上，置司馬、倉兵二曹參軍。五千人已下，减司馬。凡諸軍鎮，每五百人置押官一人，千人置子總管一人，五千人置總管一人。凡諸軍鎮使、副使已上，皆四年一替；總管已下，二年一替；押官隨兵交替。凡諸軍鎮大使、副使已下，皆有傔人，別奏以從之。凡幸三京，即東都南北衙，皆置左右屯營，別立使以統之。若在都，則京城亦如之。凡大將出征，皆告廟授鉞，辭齊太公廟訖，不宿於家。臨軍對寇，士卒不用命，並得專行其罰。既捷，及軍未散，皆會衆而書勞與其費用，乃告太廟。元帥凱旋之日，皆使郊勞。有司先獻捷於太廟，又告齊太公廟。員外郎一人掌貢舉及雜請之事。凡貢舉，每歲孟春，亦與計偕。有二科：一曰平射，二曰武舉。凡科之優劣，勳獲之等級，皆審其實而受敘焉。員外郎一人掌判南曹。每歲選人，有解狀、簿書、資歷、考課。必由之以覈其實，乃上三銓。進甲則署焉。

職方郎中一員，從五品上。龍朔爲司域大夫也。員外郎一員，正六品上。主事二人，從九品上。令史四人，書令史九人，掌固四人。郎中、員外郎之職，掌天下地圖及城隍、鎮戍、烽堠之數，辨其邦國都鄙之遠近，及四夷之歸化。凡五方之區域，都邑之廢置，疆場之争訟者，舉而正之。凡天下上鎮二十，中鎮九十，下鎮一百三十五。上戍十有一，中戍八十六，下戍二百四十五。凡烽堠所置，大率相去三十里。其逼邊境者，築城置之。每烽置帥一人，副一人。凡州縣城門及倉庫門，須有備守。

駕部郎中一員，從五品上。龍朔爲司輿大夫也。員外郎一人，從六品上。主事三人，從九品上。令史十人，書令史二十人，掌固四人。郎中、員外郎之職，掌邦國輿輦、車乘、傳驛、廄牧、官私馬牛雜畜簿籍，辨其出入，司其名數。凡三十里一驛，天下驛凡一千六百三十九，而監牧六十有五，皆分使統之。若畜養之宜，孳生之數，皆載於太僕之職。凡諸衛有承直之馬，凡諸司有備運之牛，皆審其制，以定數焉。

庫部郎中一員，從五品上。龍朔爲司庫大夫也。員外郎一員，從六品上。主事二人，從九品上。令史七人，書令史十五人，掌固四人。郎中、員外郎之職，掌邦國軍州戎器、儀仗。凡元正、冬至陳設，幷祠祭喪葬所貢之物，皆辨其出入之數，量其繕造之功，以分給焉。

《舊唐書》卷四三《職官志》 刑部尚書一員，正三品。隋初改都官尚書，又改爲刑部。龍朔改爲司刑太常伯，光宅改爲秋官尚書，神龍復也。侍郎一員。正四品下。龍朔爲司刑少常伯。尚書、侍郎之職，掌天下刑法及徒隸、勾覆、關禁之政令。其屬有四：一曰刑部，二曰都官，三曰比部，四曰司門。總其職務，而行其制命。凡中外百司之事，由於所屬，咸質正焉。

郎中二員，從五品上。隋曰憲部郎，武德爲刑部郎中，龍朔改爲司刑大夫。員外郎二員，從六品上。主事四人，從九品上。令史十九人，書令史三十八人，亭長六人，掌固十人。郎中、員外郎之職，掌貳尚書、侍郎，舉其典憲，而辨其輕重。【略】

都官郎中一員，從五品上。龍朔改司僕大夫，咸亨復。員外郎一員，從六品上。主事二人，從九品上。令史九人，書令史十二人，掌固四人。郎中、員外郎之職，掌配役隸，簿録俘囚，以給衣糧藥療，以理訴競雪冤。凡公私良賤，必周知之。凡反逆相坐，沒其家爲官奴婢。一免爲蕃户，再免爲雜户，三免爲良民，皆因赦宥所及則免之。年六十及廢疾，雖赦令不該，亦並免爲蕃户，七十則免爲良人，任所樂處而編附之。凡初被沒有伎藝者，各從其能，而配諸司。婦人工巧者，入于掖庭。其餘無能，咸隸司農。

比部郎中一員，從五品上。龍朔爲司計大夫。員外郎一員，從六品上。主事二人，從九品上。令史十四人，書令史二十七人，計史一人，掌固四人。郎中、員外郎之職，掌勾諸司百僚俸料、公廨、贓贖、調斂、徒役、課程、逋懸數物，周知内外之經費，而總勾之。凡内外官料俸，以品第高下爲差。外官以州縣府之上中下爲差。凡税天下户錢，以充州縣官月料，皆分公廨本錢之利。羈縻州所補漢官，給以當土之物。關監之官，以品第爲差。其給以年支輕貨。鎮軍司馬、判官俸禄，同京官。鎮戍之官，以鎮戍上中下爲差。凡京師有別借食本，每季一申省，諸州歲終而申省，比部總勾覆之。凡倉庫、出内、營造、傭市、丁匠、功程、贓贖、賦斂、勳賞、賜與、軍資、器仗、和糴、屯牧，亦勾覆之。

司門郎中一員，從五品上。龍朔曰司門大夫。員外郎一員，從六品上。主事二人，從九品上。令史六人，書令史十三人，掌固四人。郎中、員外郎之職，掌天下諸門及關出入往來之籍賦，而審其政。凡關二十有六，爲上中下之差。京城四面關有驛道者，爲上關。餘關有驛道及四面無驛道者，爲中關。他皆爲下關。關所以限中外，隔華夷，設險作固，閑邪正禁者也。凡關呵而不征，司貨賄之出入，其犯禁者，舉其貨，罰其人。凡度關者，先經本部本司請過所，在京則省給之，在外則州給之。而雖非所部，有來文者，所在亦給。

《舊唐書》卷四三《職官志》　工部尚書一員，正三品。南朝謂之起部。有所營造，則置起部尚書，畢則省之。隋初改置工部尚書。龍朔爲司平太常伯，光宅改爲冬官尚書，神龍復舊也。侍郎一員。正四品下。龍朔爲司平少常伯。尚書、侍郎之職，掌天下百工、屯田、山澤之政令。其屬有四：一曰工部，二曰屯田，三曰虞部，四曰水部。總其職務，而行其制命。凡中外百司之事，由於所屬，咸質正焉。

郎中一員，從五品上。龍朔爲司平大夫也。員外郎一員，從六品上。主事二人，從九品上。令史十二人，書令史二十一人，亭長六人，掌固八人。郎中、員外郎之職，掌經營興造之衆務。凡城池之修濬，土木之繕葺，工匠之程式，咸經度之。凡京師、東都有營繕，則下少府、將作，以供其事。

屯田郎中一員，從五品上。龍朔爲司田大夫也。員外郎一員，從六品上。主事二人，從九品上。令史七人，書令史十二人，計史一人，掌固四人。郎中、員外郎之職，掌天下屯田之政令。凡邊防鎮守，轉運不給，則設屯田，以益軍儲。其水陸腴瘠，播種地宜，功庸煩省，收率等級，咸取決焉。諸屯田役力，各有程數。凡天下諸軍州管屯，總九百九十有二。大者五十頃，小者二十頃。凡當屯之中，地有良薄，歲有豐儉，各定爲三等。凡屯皆有屯官、屯副。凡京文武職事官，有職分田。京兆、河南府及京縣官，亦準此。凡在京諸司，有公廨田，皆視其品命而審其分給。

虞部郎中一員，從五品上。龍朔司虞大夫。員外郎一員，從六品上。主事二人，從九品上。令史四人，書令史九人，掌固四人。郎中、員外郎之職，掌京城街巷種植，山澤苑囿，草木薪炭，供頓田獵之事。凡採捕漁獵，必以其時。凡京兆、河南二都，其近爲四郊，三百里皆不得弋獵採捕。殿中、太僕所管閑廄馬，兩都皆五百里内供其芻藁。其關内、隴右、西使、南使諸牧監馬牛駝羊，皆貯藁及茭草。其柴炭木橦進内及供百官蕃客，並於農隙納之。

水部郎中一員，從五品上。龍朔爲司川大夫。員外郎一員，從六品上。主事二人，從九品上。令史四人，書令史九人，掌固四人。郎中、員外郎之職，掌天下川瀆陂池之政令，以導達溝洫，堰決河渠。凡舟楫溉灌之利，咸總而舉之。凡天下水泉，三億二萬三千五百五十九。其在遐荒絶域，殆不可得而知矣。其江、河，自西極達于東溟，中國之大川者也。其餘百三十五水，是爲中川。其又千二百五十二水，斯爲小川也。若渭、洛、汾、濟、漳、淇、淮、漢，皆亙達方域，通濟舳艫，從有之無，利於生人者也。凡天下造舟之梁四，河則蒲津、大陽、河陽，洛則孝義也。石柱之梁四，洛則天津、永濟、中橋，灞則灞橋。木柱之梁三，皆渭川，便橋、中渭橋、東渭橋也。巨梁十有一，皆國工修之。其餘皆所管州縣隨時營葺。其大津無梁，皆給船人，量其大小難易，以定其差。

《新唐書》卷四六《百官志》　尚書省

尚書令一人，正二品，掌典領百官。其屬有六尚書：一曰吏部，二曰户部，三曰禮部，四曰兵部，五曰刑部，六曰工部。六尚書：兵部、吏部爲前行，刑部、户部爲中行，工部、禮部爲後行；行總四司，以本行爲頭司，餘爲子司。庶務皆會決焉。凡上之逮下，其制有六：一曰制，二曰敕，三曰册，天子用之；四曰令，皇太子用之；五曰教，親王、公主用之；六曰符，省下於州，州下於縣，縣下於鄉。下之達上，其制有六：一曰表，二曰狀，三曰牋，四曰啓，五曰辭，六曰牒。諸司相質，其制有三：一曰關，二曰刺，三曰移。凡授内外百司之事，皆印其發日爲程，一曰受，二曰報。諸州計奏達京師，以事大小多少爲之節。凡符、移、關、牒，必遣於都省乃下。天下大事不決者，皆上尚書省。凡制敕計奏之數，省符宣告之節，以歲終爲斷。

龍朔二年，改尚書省曰中臺，廢尚書令；尚書曰太常伯，侍郎曰少常伯。光宅元年，改尚書省曰文昌臺，俄曰文昌都省。垂拱元年曰都臺，長安三年曰中臺。

左右僕射，各一人，從二品，掌統理六官，爲令之貳，令闕則總省事，劾御史糾不當者。

龍朔二年，改左右僕射曰左右匡政；光宅元年曰文昌左右相；開元元年曰左、右丞相；天寶元年復。

左丞一人，正四品上；右丞一人，正四品下。掌辯六官之儀，糾正省內，劾御史舉不當者。吏部、户部、禮部，左丞總焉；兵部、刑部、工部，右丞總焉。郎中各一人，從五品上；員外郎各一人，從六品上。掌付諸司之務，舉稽違，署符目，知宿直，爲丞之貳。以都事受事發辰、察稽失、監印、給紙筆；以主事、令史、書令史署覆文案，出符目；以亭長啓閉、傳禁約；以掌固守當倉庫及陳設。諸司皆如之。

隋尚書省諸司郎及承務郎各一人，而廢左右司。武德三年，改諸司郎爲郎中，承務郎爲員外郎。貞觀元年，復置左右司郎中。龍朔元年，改左右丞曰左右肅機，郎中曰左右承務，諸司郎中曰大夫。永昌元年，復置員外郎。神龍元年省，明年復置。初有䮉驛百人，掌乘傳送符，後廢。

都事各六人，從七品上；主事各六人，從八品下。吏部考功、禮部主書皆如之。諸司主事，從九品上。

有令史各十八人，書令史各三十六人，亭長各六人，掌固各十四人。

《新唐書》卷四六《百官志》　吏部

尚書一人，正三品；侍郎二人，正四品上；郎中二人，正五品上；員外郎二人，從六品上。掌文選、勳封、考課之政。以三銓之法官天下之材，以身、言、書、判，德行、才用、勞效較其優劣而定其留放，爲之注擬。五品以上，以名上而聽制授；六品以下，量資而任之。其屬有四：一曰吏部，二曰司封，三曰司勳，四曰考功。

吏部郎中，掌文官階品、朝集、禄賜，給其告身、假使，一人掌選補流外官。員外郎二人。從六品上，一人判南曹。皆爲尚書、侍郎之貳。凡文官九品，有正、有從，自正四品以下，有上、下，爲三十等。凡文散階二十九：【略】自四品，皆番上於吏部；不上者，歲輸資錢，三品以上六百，六品以下一千，水、旱、蟲、霜減半資。有文藝樂京上者，每州七人；六十不樂簡選者，罷輸。勳官亦如之。以征鎮功得護軍以上者，納資減三之一。凡流外九品，取其書、計、時務，其校試、銓注，與流內略同，謂之小選。

吏部主事四人，司封主事二人，司勳主事四人，考功主事三人。

武德五年改選部曰吏部，七年省侍郎。貞觀二年復置。龍朔元年改吏部曰司列，主爵曰司封，考功曰司績。武后光宅元年改吏部曰天官。垂拱元年改主爵曰司封。天寶十一載改吏部曰文部，至德二載復舊。有吏部令史三十人，書令史六十人；制書令史十四人；甲庫令史十三人，亭長八人，掌固十二人；司封令史四人，書令史九人，掌固四人；司勳令史三十三人，書令史六十七人，掌固四人；考功令史十五人，書令史三十人，掌固四人。

司封郎中一人，從五品上；員外郎一人，從六品上；諸郎中、員外郎品皆如之。掌封命、朝會、賜予之級。【略】

司勳郎中一人，員外郎二人，掌官吏勳級。【略】

考功郎中、員外郎，各一人，掌文武百官功過、善惡之考法及其行狀。若死而傳於史官、謚于太常，則以其行狀質其當不；其欲銘于碑者，則會百官議其宜述者以聞，報其家。

《新唐書》卷四六《百官志》　户部

尚書一人，正三品；侍郎二人，正四品下。掌天下土地、人民、錢穀之政、貢賦之差。其屬有四：一曰户部，二曰度支，三曰金部，四曰倉部。

户部郎中、員外郎，掌户口、土田、賦役、貢獻、蠲免、優復、姻婚、繼嗣之事，以男女之黄、小、中、丁、老爲之帳籍，以永業、口分、園宅均其土田，以租、庸、調斂其物，以九等定天下之户，以爲尚書、侍郎之貳。其後以諸行郎官判錢穀，而户部、度支郎官失其職矣。會昌二年著令：以本行郎官，分判錢穀。

户部巡官二人，主事四人；度支主事二人；金部主事三人；倉部主事三人。

高宗即位，改民部曰户部。龍朔二年，改户部曰司元，度支曰司度，金部曰司珍，倉部曰司庾。光宅元年，改户部曰地官。天寶十一載，改金部曰司金，倉部曰司儲。有户部令史十七人，書令史三十四人，計史一人，亭長六人，掌固十人；度支令史十六人，書令史三十三人，計史一人，掌固四人；金部令史十人，書令史二十一人，計史一人，掌固四人；倉部令史十二人，書令史二十三人，計史一人，掌固四人。

度支郎中、員外郎，各一人，掌天下租賦、物産豐約之宜、水陸道涂之利，歲計所出而支調之，以近及遠，與中書門下議定乃奏。

金部郎中、員外郎，各一人，掌天下庫藏出納、權衡度量之數，兩京市、互市、和市、宫市交易之事，百官、軍鎮、蕃客之賜，及給宫人、王妃、官奴婢衣服。

倉部郎中、員外郎，各一人，掌天下庫儲，出納租税、禄糧、倉廩之事。以木契百，合諸司出給之數，以義倉、常平倉備凶年，平穀價。

《新唐書》卷四六《百官志》　禮部

尚書一人，正三品；侍郎一人，正四品下。掌禮儀、祭享、貢舉之政。其屬有四：一曰禮部，二曰祠部，三曰膳部，四曰主客。

禮部郎中、員外郎，掌禮樂、學校、衣冠、符印、表疏、圖書、册命、祥瑞、鋪設，及百官、宫人喪葬贈賻之數，爲尚書、侍郎之貳。【略】

禮部主事二人，祠部主事二人，膳部主事二人，主客主事二人。

武德三年，改儀曹郎曰禮部郎中，司藩郎曰主客郎中。龍朔二年，改禮部曰司禮，祠部曰司禋，膳部曰司膳。光宅元年，改禮部曰春官。有禮部令史五人，書令史十一人，亭長六人，掌固八人；祠部令史六人，書令史十三人，掌固四人；主客令史四人，書令史九人，掌固四人。

祠部郎中、員外郎，各一人，掌祠祀、享祭、天文、漏刻、國忌、廟諱、卜筮、醫藥、僧尼之事。【略】

膳部郎中、員外郎，各一人，掌陵廟之牲豆酒膳。【略】

主客郎中、員外郎，各一人，掌二王後、諸蕃朝見之事。

《新唐書》卷四六《百官志》　兵部

尚書一人，正三品；侍郎二人，正四品下。掌武選、地圖、車馬、甲械之政。其屬有四：一曰兵部，二曰職方，三曰駕部，四曰庫部。凡將出征，告廟，授斧鉞；軍不從令，大將專決，還日，具上其罪。凡發兵，降敕書於尚書，尚書下文符。放十人，發十馬，軍器出十，皆不待敕。衛士番直，發一人以上，必覆奏。諸蕃首領至，則備威儀郊導。凡俘馘，酬以絹，人鈔之俘，歸於司農。

郎中一人判帳及武官階品、衛府衆寡、校考、給告身之事；一人判簿及軍戎調遣之名數，朝集、禄賜、假告之常。員外郎一人掌貢舉、雜請；一人判南曹，歲選解狀，則覈簿書、資歷、考課。皆爲尚書、侍郎之貳。【略】

兵部主事四人，職方主事二人，駕部主事二人，庫部主事二人。

龍朔二年，改兵部曰司戎，職方曰司城，駕部曰司輿，庫部曰司庫。光宅元年，改兵部曰夏官，天寶十一載曰武部，駕部曰司駕。有兵部令史三十人，書令史六十人，制書令史十三人，甲庫令史十二人，亭長八人，掌固十二人；職方令史四人，書令史九人，掌固四人；駕部令史十人，書令史二十四人，掌固四人；庫部令史七人，書令史十五人，掌固四人。

職方郎中、員外郎，各一人，掌地圖、城隍、鎮戍、烽候、防人道路之遠近及四夷歸化之事。凡圖經，非州縣增廢，五年乃脩，歲與版籍偕上。凡蕃客至，鴻臚訊其國山川、風土，爲圖奏之，副上於職方；殊俗入朝者，圖其容狀、衣服以聞。

駕部郎中、員外郎，各一人，掌輿輦、車乘、傳驛、廄牧馬牛雜畜之籍。【略】

庫部郎中、員外郎，各一人，掌戎器、鹵簿儀仗。

《新唐書》卷四六《百官志》　刑部

尚書一人，正三品；侍郎一人，正四品下。掌律令、刑法、徒隸、按覆讞禁之政。其屬有四：一曰刑部，二曰都官，三曰比部，四曰司門。

刑部郎中、員外郎，掌律法，按覆大理及天下奏讞，爲尚書、侍郎之貳。凡刑法之書有四：一曰律，二曰令，三曰格，四曰式。凡鞫大獄，以尚書侍郎與御史中丞、大理卿爲三司使。凡國有大赦，集囚徒于闕下以聽。

刑部主事四人，都官主事二人，比部主事四人，司門主事二人。

龍朔二年，改刑部曰司刑，都官曰司僕，比部曰司計，司門曰司關。光宅元年，改刑部曰秋官。天寶十一載，改刑部曰司憲，比部曰司計。有刑部令史十九人，書令史三十八人，亭長六人，掌固十人；都官令史九人，書令史十二人，掌固四人；比部令史十四人，書令史二十七人，計史一人，掌固四人；司門令史六人，書令史十三人，掌固四人。

都官郎中、員外郎，各一人，掌俘隸簿録，給衣糧醫藥，而理其訴免。【略】

比部郎中、員外郎，各一人，掌句會內外賦斂、經費、俸禄、公廨、勳賜、贓贖、徒役課程、逋欠之物，及軍資、械器、和糴、屯收所入。京師倉庫，三月一比，諸司、諸使、京都，四時句會於尚書省，以後季句前季；諸州，則歲終總句焉。

司門郎中、員外郎，各一人，掌門關出入之籍及闌遺之物。

《新唐書》卷四六《百官志》　工部

尚書一人，正三品；侍郎一人，正四品下。掌山澤、屯田、工匠、諸司公廨紙筆墨之事。其屬有四：一曰工部，二曰屯田，三曰虞部，四曰水部。

工部郎中、員外郎，各一人，掌城池土木之工役程式，爲尚書、侍郎之貳。凡京都營繕，皆下少府、將作共其用，役千功者先奏。凡工匠，以州縣爲團，五人爲火，五火置長一人。四月至七月爲長功，二月、三月、八月、九月爲中功，十月至正月爲短功。雇者，日爲絹三尺，內中尚巧匠，無作則納資。凡津梁道路，治以九月。

工部主事三人，屯田主事二人，虞部主事二人，水部主事二人。

武德三年，改起部曰工部，龍朔二年，曰司平，屯田曰司田，虞部曰司虞，水部曰司川。光宅元年，改工部曰冬官。天寶十一載，改虞部曰司虞，水部曰司水。工部有令史十二人，書令史二十一人，計史一人，亭長六人，掌固八人；屯田令史七人，書令史十二人，計史一人，掌固四人；虞部令史四人，書令史九人，掌固四人；水部令史四人，書令史九人，掌固四人。

屯田郎中、員外郎，各一人，掌天下屯田及京文武職田、諸司公廨田，以品給焉。

虞部郎中、員外郎，各一人，掌京都衢閧、苑囿、山澤草木及百官蕃客時蔬薪炭供頓、畋獵之事。每歲春，以户小兒、户婢仗內蒔種溉灌，冬則謹其蒙覆。凡郊祠神壇、五岳名山，樵採、芻牧皆有禁，距壝三十步外得耕種，春夏不伐木。京兆、河南府三百里內，正月、五月、九月禁弋獵。山澤有寶可供用者，以聞。

水部郎中、員外郎，各一人，掌津濟、船艫、渠梁、堤堰、溝洫、漁捕、運漕、碾磑之事。凡坑陷、井穴皆有標。京畿有渠長、斗門長。諸州堤堰，刺史、縣令以時檢行，而涖其決築。有埭，則以下户分牽，禁爭利者。

《唐六典》卷八《門下省》 侍中二人 黄門侍郎二人 給事中四人 録事主事各四人 令史十一人 書令史二十二人 甲庫令史七人 傳制八人 亭長六人 掌固十人 修補制敕匠五人

左散騎常侍二人

諫議大夫四人 左補闕二人 左拾遺二人 起居郎二人 令史三人

典儀二人 贊者十二人

城門郎四人

令史一人 書令史二人 門僕八百人

符寶郎四人

令史二人 書令史三人 主寶六人 主符三十人 主節十八人

弘文館學士無常員

校書郎二人 學生三十人 令史二人 楷書手二十五人 典書二人 搨書手三人 筆匠三人 熟紙裝潢匠九人 亭長二人 掌固四人

侍中二人，正三品。【略】侍中之職，掌出納帝命，緝熙皇極，總典吏職，贊相禮儀，以和萬邦，以弼庶務，所謂佐天子而統大政者也。凡軍國之務，與中書令參而總焉，坐而論之，舉而行之；此其大較也。凡下之通於上，其制有六：一曰奏抄，【略】二曰奏彈，【略】三曰露布，【略】四曰議，【略】五曰表，六曰狀；【略】皆審署申覆而施行焉。覆奏書可訖，留門下省爲案。更寫一通，侍中注制可，印縫，署送尚書施行。【略】

黄門侍郎二人，正四品上。【略】黄門侍郎掌貳侍中之職，凡政之弛張，事之與奪，皆參議焉。若大祭祀，則從升壇以陪禮；皇帝盥手，則奉巾以進；既帨，則奠巾於篚，奉匏爵以贊獻。凡元正、冬至天子視朝，則以天下祥瑞奏聞。

給事中四人，正五品上。【略】給事中掌侍奉左右，分判省事。凡百司奏抄，侍中審定，則先讀而署之，以駁正違失。凡制敕宣行，大事則稱揚德澤，褒美功業，覆奏而請施行；小事則署而頒之。凡國之大獄，三司詳決，若刑名不當，輕重或失，則援法例退而裁之。凡發驛遣使，則審其事宜，與黄門侍郎給之；其緩者給傳，即不應給，罷之。凡文武六品已下授職，所司奏擬，則校其仕歷深淺，功狀殿最，訪其德行，量其才藝；若官非其人，理失其事，則白侍中而退量焉。若文武進級至於三品、五品，則覆其入仕之階、考，會所由之狀而奏裁之。凡制敕文簿、授官甲曆，皆貯之於庫，監其檢覆，以出入焉。其弘文館圖書繕寫、讎校，亦課而察之。凡天下冤滯未申及官吏刻害者，必聽其訟，與御史及中書舍人同計其事宜而申理之。每日令御史一人共給事中、中書舍人受辭訟。若告言官人事害政者及抑屈者，奏聞；自外依常法。

録事四人，從七品上；【略】主事四人，從八品下；【略】甲庫令史七人；【略】傳制八人。【略】

左散騎常侍二人，從三品。【略】左散騎常侍掌侍奉規諷，備顧問應對。

諫議大夫四人，正五品上。【略】諫議大夫掌侍從贊相，規諫諷諭。凡諫有五：一曰諷諫，風之以言，謂之諷諫。孔子曰：諫有五，吾從風。《白虎通》曰：人懷五常之性，故有五諫也。二曰順諫，謂其所不可，不敢逆而諫之，則順其君之所欲，以微動之，若優旃之比。三曰規諫，謂陳其規而正其事。四曰致諫，謂致物以明其意。五曰直諫。謂直言君之過失，必不得已然後爲之者。

左補闕二人，從七品上；【略】左拾遺二人，從八品上。【略】左補闕、拾遺掌供奉諷諫，扈從乘輿。凡發令舉事有不便於時，不合於道，大則廷議，小則上封。若賢良之遺滯于下，忠孝之不聞於上，則條其事狀而薦言之。

（唐）杜佑《通典》卷二一《職官·門下省》 大唐龍朔二年，改門下省爲東臺。咸亨初，復舊。至武太后臨朝，光宅初，改爲鸞臺；神龍初，復舊。聖曆三年四月敕，别敕賜物中書門下省官，正三品准二品、五品准四品。開元七年八月初，敕中書門下廚雜料破用外，餘有宜分取。開元元年，改爲黄門省；五年，復舊。有侍中二人，黄門侍郎二人，給事中四人，左散騎常侍二人，諫議大夫四人，典儀二人，起居郎、左補闕、左拾遺各郎二人，城門郎四人，符寶郎四人，弘文館校書二人，其餘小吏各有差。

（唐）杜佑《通典》卷二一《職官·門下省·侍中》 大唐初，爲納言。武德四年，改爲侍中，亦置二人。龍朔二年，改爲左相，咸亨元年復舊。光宅元年，又改爲納言。神龍元年，復爲侍中。開元元年，又改爲黄門監；五年，復爲侍中。天寶元年，改爲左相。至德初，復爲侍中。自隋至今，皆爲宰相。舊班正三品，大曆二年，升爲從二品。按令文：掌侍從，負寶，獻替，贊相禮儀，審署奏抄，駁正違失，監封題，給驛券，監起居注，總判省事。

（唐）杜佑《通典》卷二一《職官·門下省·門下侍郎》 大唐龍朔二年，改黄門侍郎爲東臺侍郎，武德二年四月，温大雅爲黄門侍郎，弟彦博爲中書侍郎，居近侍。高祖謂曰：我起晉陽，爲卿一門耳。至五年五月，弟彦博又爲中書侍郎。高宗總章元年十月，東天竺烏徒國長年婆羅門盧伽逸多受詔合丹，上將餌之。東臺侍郎郝處俊諫曰：脩短有天命，未聞萬乘之主，輕服番夷之藥。昔貞觀末，先帝令婆羅門僧那羅爾婆婆寐依其本國仙方，合長年神藥。胡既有異術，徵求靈草祕石，歷年而成。先帝服之，竟無異效。大漸之際，名醫莫知所爲。欲歸罪於胡人，將伸大戮，又恐取笑夷狄，遂止。龜鏡若是，惟陛下深察。遂止。咸亨元年復舊。光宅元年，改爲鸞臺侍郎，神龍元年復舊。天寶元年，改爲門下侍郎，至德中復舊。舊制，正四品上。大曆三年，又改爲門下侍郎，升從三品。員二人，掌侍從，署奏抄，駁正違失，通判省事。若侍中闕，則監封題，給驛券。

（唐）杜佑《通典》卷二一《職官·門下省·給事中》 大唐武德三年，改給事郎爲給事中，後定爲四員。龍朔二年，改爲東臺舍人，咸亨元年復舊。常侍從，讀署奏抄，駁正違失，分判省事。若侍中、侍郎並闕，則監封題，給驛券。前代雖有給事中之名，非今任也。今之給事中，蓋因秦之名，用隋之職。

《舊唐書》卷四三《職官志》 門下省秦、漢初，置侍中，曾無臺省之名。自晉始置門下省，南、北朝皆因之。龍朔改爲東臺，光宅改爲鸞臺，神龍復。

侍中二員。隋曰納言，又名侍内。武德爲納言，又改爲侍中。龍朔改東臺左相，光宅元年改爲納言，神龍復爲侍中。開元元年改爲黄門監，五年復爲侍中。天寶二年改爲左相。至德二年復改爲侍中。武德定令，侍中正三品，大曆二年十一月九日，升爲正二品。舊制，宰相常於門下省議事，謂之政事堂。永淳二年七月，中書令裴炎以中書執政事筆，遂移政事堂於中書省。開元十一年，中書令張説改政事堂爲中書門下，其政事印，改爲中書門下之印也。侍中之職，掌出納帝命，緝熙皇極，總典吏職，贊相禮儀，以和萬邦，以弼庶務，所謂佐天子而統大政者也。凡軍國之務，與中書令參而總焉，坐而論之，舉而行之，此其大較也。凡下之通上，其制有六：一曰奏抄，二曰奏彈，三曰露布，四曰議，五曰表，六曰狀；皆審署申覆而施行焉。凡法駕行幸，則負寶而從。大朝會、大祭祀，則板奏中嚴外辦，以爲出入之節。輿駕還宮，則請解嚴，所以告禮成也。凡大祭祀，皇帝致齋，既朝，則請就齋室。將奠，則奉玉及幣以進。盥手，則取匜以沃。洗爵，則酌罍水以奉。及贊酌汎齊，進福酒以成其禮焉。若享宗廟，則進瓚而贊酌鬱酒以祼。既祼，則贊酌醴齊。其餘如饗神祇之禮。藉田，則奉耒以贊事。凡諸侯王及四夷之君長朝見，則承詔而勞問之。臨軒命使，冊后及太子，則承詔以命之。凡制敕慰問外方之臣及徵召者，則監其封題。若發驛遣使，則給其傳符，以通天下之信。凡官爵廢置，刑政損益，皆授之於記事之官。既書於策，則監其記注焉。凡文武職事六品已下，所司進擬，則量其階資，校其才用，以審定之。若擬職不當，隨其優屈，退而量焉。

門下侍郎二員。隋曰黄門侍郎。龍朔爲東臺侍郎，咸亨改爲黄門侍郎，垂拱改爲鸞臺侍郎，天寶二年改爲門下侍郎，乾元元年改爲黄門侍郎，大曆二年四月復爲門下侍郎。武德定令，中書門下侍郎，同尚書侍郎，正四品上。大曆二年九月敕升爲正三品也。門下侍郎掌貳侍中之職。凡政之弛張，事之與奪，皆參議焉。若大祭祀，則從升壇以陪禮。皇帝盥手，則奉巾以進。既帨，則奠巾于篚，奉瓠爵以贊獻。凡元正、冬至天子視朝，則以天下祥瑞奏聞。

給事中四員。正五品上。隋曰給事郎，置四員，位次門下侍郎。武德定令，曰給事中。龍朔改爲東臺舍人，咸亨復。給事中掌陪侍左右，分判省事。凡百司奏抄，侍中審定，則先讀而署之，以駁正違失。凡制敕宣行，大事則稱揚德澤，褒美功業，覆奏而請施行；小事則署而頒之。凡國之大獄，三司詳決，若刑名不當，輕重或失，則援法例退而裁之。凡發驛遣使，則審其事宜，與黄門侍郎給之；其緩者給傳，即不應給，罷之。凡文武六品已下授職官，所司奏擬，則校其仕歷淺深，功狀殿最，訪其德行，量其才藝；若官非其人，理失其事，則白侍中而退量焉。若弘文館圖書之繕寫、讎校，亦課而察之。凡天下寃滯未申及官吏刻害者，必聽其訟，與御史、中書舍人同計其事宜，而申理之。

録事四人，從七品上。主事四人，從八品下。令史十一人，書令史二十二人，甲庫令史七人，傳制八人，亭長六人，掌固十人，修補制敕匠五人。

左散騎常侍二人。從三品。魏、晋置散騎常侍、侍郎，與侍中、黄門侍郎共平尚書奏事。其後用人或雜，江左不重此官，或省或置。隋初省散騎侍郎，置常侍四人，從三品，掌陪從朝直。煬帝又省之。武德初，以爲加官。貞觀初，置常侍二人，隸門下省。明慶二年，又置二員，隸中書省，始有左右之號，並金蟬珥貂。左常侍與侍中左貂，右常侍與中書令右貂，謂之八貂。龍朔爲左侍極，咸亨復。廣德二年五月，昇爲正三品，加置四員。興元元年正月，左右各加一員。貞元四年正月敕，依舊四員也。常侍掌侍奉規諷，備顧問應對。寶應二年敕，左右散騎常侍各置參官兩人，令自揀擇聞奏，參典亦置兩人，後省。

諫議大夫四員。秦、漢曰諫大夫，光武加議字。隋於門下省置諫議大夫七員，從四品下。武德四年敕置四員，正五品上。龍朔改爲正諫大夫，神龍復。大曆四年敕只四員，正五品上。龍朔七年三月敕，其諫議四員，内供奉不得爲正員。至貞元四年五月十五日敕，諫議分爲左右，加置八員，四員隸門下爲左。會昌二年十一月中書奏：隋於門下省置諫議大夫七員，從四品下。今正五品上。自大曆二年門下中書侍郎升爲正三品，兩省遂闕四品官。其諫議大夫望升爲正四品下，分爲左右，以備兩省四品之闕。向後與丞郎出入迭用，以重其選。敕可之。諫議大夫掌侍從贊相，規諫諷諭。凡諫有五：一曰諷諫，二曰順諫，三曰規諫，四曰致諫，五曰直諫。

起居郎二員，從六品上。古無其名，隋始置起居舍人二員。貞觀二年省起居舍人，移其職於門下，置起居郎二員。明慶中又置起居舍人，始與起居郎分在左右。龍朔二年改爲左史，咸亨復。天授元年又改爲左史，神龍復也。楷書手三人。起居郎掌起居注，録天子之言動法度，以修記事之史。凡記事之制，以事繫日，以日繫月，以月繫時，以時繫年。必書其朔日甲乙，以紀曆數，典禮文物，以考制度，遷拜旌賞以勸善，誅伐黜免以懲惡。季終則授之國史焉。自漢獻帝後，歷代帝王有起居注，著作編之，每季爲卷，送史館也。

左補闕二員，從七品上。左拾遺二員。從八品上。古無此官名。天后垂拱元年二月二十九日敕：記言書事，每切於旁求；補闕拾遺，未弘於注選。瞻言共理，必藉衆才，寄以登賢，期之進善。宜置左右補闕各二員，從七品上，左右拾遺各二員，從八品上，掌供奉諷諫，行立次左右史之下。仍附于令。天授二年二月，加置三員，通前五員。大曆四年，補闕拾遺，各置内供奉兩員。七年五月十一日敕，補闕拾遺，宜各置兩員也。補闕、拾遺之職，掌供奉諷諫，扈從乘輿。凡發令舉事，有不便於時，不合于道，大則廷議，小則上封。若賢良之遺滯於下，忠孝之不聞于上，則條其事狀而薦言之。

典儀二員。從九品。南齊有典儀録事一員，梁有典儀之官，後省。皇朝又置典儀二人，隸門下省。初用人皆輕，貞觀末，李義府爲之，自是用士人爲之。贊者十二人。隋太常、鴻臚二寺，皆有贊者，皇朝因置之，隸門下省，掌贊唱，爲行事之節。分番上下，謂之番官。典儀掌殿上贊唱之節，及殿廷版位之次。凡國有大禮，侍中行事，及進中嚴外辦之版，皆贊相焉。

城門郎四員。從六品上。漢有城門校尉，掌京城諸門啓閉之節。隋改校尉爲城門郎，置四員，從六品，皇朝因之也。令史一人，書令史二人，門僕八百人。門僕，晋代有之。皇朝隸城門局，分番上下，掌送管鑰。城門郎掌京城皇城宮殿諸門啓閉之節，奉出納管鑰。開則先外而後内，闔則先内而後外，所以重中禁，尊皇居也。候其晨昏擊鼓之節而啓閉之。凡皇城宫城闔門之鑰，先酉而出，後戌而入；開門之鑰，後丑而出，夜盡而入。京城闔門之鑰，後申而出，先子而入；開門之鑰，後子而出，先卯而入。若非其時而有命啓閉，則詣閤覆奏。

符寶郎四員。從六品上。周有典瑞之職，秦有符璽令，漢曰符璽郎。兩漢得秦六璽及傳國璽，後代傳之。隋置符璽郎二員，從六品。天后惡璽字，改爲寶。其受命傳國等八璽文，並改彫寶字。神龍初，復爲符璽郎。開元初，又改爲符寶，從璽文也。令史二人，書令史三人，主寶六人，主符三十人，主節十八人。符寶郎掌天子八寶及國之符節，辨其所用。有事則請於內，既事則奉而藏之。八寶：一曰神寶，所以承百王，鎮萬國；二曰受命寶，所以修封禪，禮神祇；三曰皇帝行寶，答疏於王公則用之；四曰皇帝之寶，勞來勳賢則用之；五曰皇帝信寶，徵召臣下則用之；六曰天子行寶，答四夷書則用之；七曰天子之寶，慰撫蠻夷則用之；八曰天子信寶，發番國兵則用之。凡大朝會，則捧寶以進于御座。車駕行幸，則奉寶以從于黄鉞之內。凡國有大事，則出納符節，辨其左右之異，藏其左而班其右，以合中外之契焉。一曰銅魚符，所以起軍旅，易守長。二曰傳符，所以給郵驛，通制命。三曰隨身魚符，所以明貴賤，應徵召。四曰木契，所以重鎮守，慎出納。五曰旌節，所以委良能，假賞罰。魚符之制，王畿之內，左三右一；王畿之外，左五右一。左者在內，右者在外。行用之日，從第一爲首，後事須用，以次發之，周而復始。大事兼敕書，小事但降符，函封遣使合而行之。傳符之制，太子監國曰雙龍之符，左右各十。京都留守曰麟符，左二十，其右一十有九。東方曰青龍之符，西方曰騶虞之符，南方曰朱雀之符，北方曰玄武之符，左四右三。左者進內，右者付外。隨身魚符之制，左二右一，太子以玉，親王以金，庶官以銅，佩以爲飾。刻姓名者，去官而納焉；不刻者，傳而佩之。木契之制，太子監國，則王畿之內，左右各三；王畿之外，左右各五；庶官鎮守，則左右各十。旌節之制，命大將帥及遣使於四方，則請而佩之。旌以專賞，節以專殺。《周禮》之制，山國用虎節，土國用人節，澤國用龍節，皆金也。又云，道路用旌節，即漢使所持者是也。

弘文館：後漢有東觀，魏有崇文館，宋有玄、史二館，南齊有總明館，梁有士林館，北齊有文林館，後周有崇文館，皆著撰文史，鳩聚學徒之所也。武德初置修文館，後改爲弘文館。後避太子諱，改曰昭文館。開元七年，復爲弘文館，隸門下省。學士。學士無員數，自武德已來，皆妙簡賢良爲學士。故事，五品已上，稱學士，六品已下，爲直學士，又有文學直館學士，不定員數。館中有四部書及圖籍，自垂拱已後，皆宰相兼領，號爲館主，常令給事中一人判館事。學生三十人。校書郎二人，從九品上。令史二人，楷書手三十人，典書二人，搨書手三人，筆匠三人，熟紙裝潢匠九人，亭長二人，掌固四人。弘文館學士掌詳正圖籍，教授生徒。凡朝廷有制度沿革，禮儀輕重，得參議焉。校書郎掌校理典籍，刊正錯謬。其學生教授考試，如國子學之制焉。

《新唐書》卷四七《百官志》 門下省

侍中二人，正二品。掌出納帝命，相禮儀。凡國家之務，與中書令參總，而顓判省事。下之通上，其制有六：一曰奏鈔，以支度國用、授六品以下官、斷流以下罪及除免官用之；二曰奏彈；三曰露布；四曰議；五曰表；六曰狀。自露布以上乃審，其餘覆奏，畫制可而授尚書省。行幸，則負寶以從，版奏中嚴、外辦；還宫，則請降輅、解嚴。皇帝齋，則請就齋室；將奠，則奉玉、幣；盥，則奉匜、取盤，酌罍水，贊洗；酌泛齊，受虛爵，進福酒，皆左右其儀。饗宗廟，進瓚而贊酌鬱酒；既祼，贊酌醴齊。籍田，則奉耒。四夷朝見，則承詔勞問。臨軒命使册皇后、皇太子，則承詔降宣命。慰問、聘召，則涖封題。發驛遣使，則給魚符。凡官爵廢置、刑政損益，授之史官；既書，復涖其記注。職事官六品以下進擬，則審其稱否而進退之。

武德元年改侍內曰納言，三年曰侍中。龍朔二年改門下省曰東臺，侍中曰左相，武后光宅元年曰納言，垂拱元年改門下省曰鸞臺。開元元年曰黄門省，侍中曰監，天寶元年曰左相。

門下侍郎二人，正三品。掌貳侍中之職。大祭祀則從；盥則奉巾，既帨，奠巾；奉匏爵贊獻。元日、冬至，奏天下祥瑞。侍中闕，則涖封符券、給傳驛。

龍朔二年改黄門侍郎曰東臺侍郎，武后垂拱元年曰鸞臺侍郎，天寶元年曰門下侍郎，乾元元年曰黄門侍郎，大曆二年復舊。

左散騎常侍二人，正三品下。掌規諷過失，侍從顧問。

隋廢散騎常侍。貞觀元年復置，十七年爲職事官。顯慶二年，分左右，隸門下、中書省，皆金蟬、珥貂，左散騎與侍中爲左貂，右散騎與中書令爲右貂，謂之八貂。

龍朔二年曰侍極。

左諫議大夫四人，正四品下。掌諫諭得失，侍從贊相。武后垂拱二年，有魚保宗者，上書請置匭以受四方之書，乃鑄銅匭四，塗以方色，列于朝堂：青匭曰延恩，在東，告養人勸農之事者投之；丹匭曰招諫，在南，論時政得失者投之；白匭曰申冤，在西，陳抑屈者投之；黑匭曰通玄，在北，告天文、祕謀者投之。以諫議大夫、補闕、拾遺一人充使，知匭事；御史中丞、侍御史一人，爲理匭使。其後，同爲一匭。天寶九載，玄宗以匭聲近鬼，改理匭使爲獻納使，至德元年復舊。寶應元年，命中書門下擇正直清白官一人知匭，以給事中、中書舍人爲理匭使。建中二年，以御史中丞爲理匭使，諫議大夫一人爲知匭使；投匭者，使先驗副本。開成三年，知匭使李中敏以爲非所以廣聰明而慮幽枉也，乃奏罷驗副封。

武德元年置諫議大夫，龍朔二年曰正諫大夫，貞元四年分左右。

給事中四人，正五品上。掌侍左右，分判省事，察弘文館繕寫讎校之課。凡百司奏抄，侍中既審，則駁正違失。詔敕不便者，塗竄而奏還，謂之塗歸。季終，奏駁正之目。凡大事，覆奏；小事，署而頒之。三司詳決失中，則裁其輕重。發驛遣使，則與侍郎審其事宜。六品以下奏擬，則校功狀殿最、行藝，非其人，則白侍中而更焉。與御史、中書舍人聽天下冤滯而申理之。

門下省有録事四人，從七品上；主事四人，從八品下。

有令史二十二人，書令史四十三人，甲庫令史十三人，能書一人，傳制二人，亭長六人，掌固十四人，脩補制敕匠五人，裝潢一人。起居郎領令史三人，贊者六人。武德三年，改給事郎曰給事中。

左補闕六人，從七品上；左拾遺六人，從八品上。掌供奉諷諫，大事廷議，小則上封事。

武后垂拱元年，置補闕、拾遺，左右各二員。

起居郎二人，從六品上。掌録天子起居法度。天子御正殿，則郎居左，舍人居右。有命，俯陛以聽，退而書之，季終以授史官。貞觀初，以給事中、諫議大夫兼知起居注，或知起居事。每仗下，議政事，起居郎一人執筆記録于前，史官隨之。其後，復置起居舍人，分侍左右，秉筆隨宰相入殿；若仗在紫宸内閤，則夾香案分立殿下，直第二螭首，和墨濡筆，皆即坳處，時號螭頭。高宗臨朝不決事，有司所奏，唯辭見而已。許敬宗、李義府爲相，奏請多畏人之知也，命起居郎、舍人對仗承旨，仗下，與百官皆出，不復聞機務矣。長壽中，宰相姚璹建議：仗下後，宰相一人，録軍國政要，爲時政紀，月送史館。然率推美讓善，事非其實，未幾亦罷。而起居郎猶因制敕，稍稍筆削，以廣國史之闕。起居舍人本記言之職，唯編詔書，不及它事。開元初，復詔脩史官非供奉者，皆隨仗而入，位於起居郎、舍人之次。及李林甫專權，又廢。大和九年，詔入閤日，起居郎、舍人具紙筆立螭頭下，復貞觀故事。

有令史三人，贊者六人。貞觀三年置起居郎，廢舍人。龍朔二年曰左史，天授元年亦如之。

典儀二人，從九品下。掌贊唱及殿中版位之次，侍中版奏中嚴、外辦，亦贊焉。

隋謁者臺有典儀，武德五年復置，隸門下省。

城門郎四人，從六品上。掌京城、皇城、宮殿諸門開闔之節，奉管鑰而出納之。開則先外後內，闔則先內後外；啓閉有時，不以時則詣閤覆奏。

有令史二人，書令史二人。武德五年，置門僕八百人，番上送管鑰。

符寶郎四人，從六品上。掌天子八寶及國之符節。有事則請於內，既事則奉而藏之。大朝會，則奉寶進于御座；行幸，則奉以從焉。大事出符，則藏其左而班其右，以合中外之契，兼以敕書；小事則降符函封，使合而行之。凡命將、遣使，皆請旌、節，旌以顯賞，節以顯殺。

有令史二人，書令史三人，主寶二人，主符四人，主節四人。武后延載元年，改符璽郎曰符寶郎；開元元年，亦曰符寶郎。

弘文館 學士，掌詳正圖籍，教授生徒；朝廷制度沿革、禮儀輕重，皆參議焉。

武德四年，置修文館于門下省；九年，改曰弘文館。貞觀元年，詔京官職事五品已上子嗜書者二十四人，隸館習書，出禁中書法以授之。其後又置講經博士。儀鳳中，置詳正學士，校理圖籍。武德後，五品以上曰學士，六品已下曰直學士，又有文學直館，皆它官領之。武后垂拱後，以宰相兼領館務，號館主；給事中一人判館事。神龍元年，改弘文館曰昭文館，以避孝敬皇帝之名；二年曰脩文館。景龍二年，置大學士四人，以象四時；學士八人，以象八節；直學士十二人，以象十二時。景雲中，減其員數，復爲昭文館。開元七年曰弘文館，置校書郎，又有校理、讎校錯誤等官。長慶三年，與詳正學士、講經博士皆罷，顯以五品以上曰學士，六品以下曰直學士，未登朝爲直館。

校書郎二人，從九品上。掌校理典籍，刊正錯謬。凡學生教授、考試，如國子之制。有學生三十八人，令史二人，楷書十二人，供進筆二人，典書二人，搨書手三人，筆匠三人，熟紙裝潢匠八人，亭長二人，掌固四人。

《唐六典》卷九《中書省》　中書令二人　中書侍郎二人　中書舍人六人　主書四人　主事四人

令史二十五人　書令史五十人　傳制十人　亭長十八人　掌固二十四人

修補制敕匠五十人　掌函掌案各二十人

右散騎常侍二人

右補闕二人　右拾遺二人　起居舍人二人　通事舍人十六人

集賢殿書院

學士　直學士　侍講學士　修撰官　校理官　中使一人　孔目官一人

知書官八人　書直及寫御書一百人　搨書手六人　畫直八人　裝書直十四人　造筆直四人　典四人

史館

史官　亭長二人　掌固六人　熟紙匠六人

匭使院

知匭使一人　判官一人　典二人

中書令二人，正三品。【略】中書令之職，掌軍國之政令，緝熙帝載，統和天人。入則告之，出則奉之，以釐萬邦，以度百揆，蓋以佐天子而執大政者也。凡王言之制有七：一曰册書，立后建嫡，封樹藩屏，寵命尊賢，臨軒備禮則用之。二曰制書，行大賞罰，授大官爵，釐年舊政，赦宥降慮則用之。三曰慰勞制書，褒賛賢能，勸勉勤勞則用之。四曰發日敕，謂御畫發敕也。增減官員，廢置州縣，徵發兵馬，除免官爵，授六品已下官，處流已上罪，用庫物五百段、錢二百千、倉糧五百石、奴婢二十人、馬五十疋、牛五十頭、羊五百口已上則用之。五曰敕旨，謂百司承旨而爲程式，奏事請施行者。六曰論事敕書，慰諭公卿，誡約臣下則用之。七曰敕牒。隨事承旨，不易舊典則用之。皆宣署申覆而施行焉。【略】

中書侍郎二人，正四品上。【略】中書侍郎掌貳令之職，凡邦國之庶務，朝廷之大政，皆參議焉。凡臨軒册命大，令爲之使，則持册書以授之。若自內册，則以册書授使者。册后則奉琮、璽及綬，册太子則奉璽、綬，皆以授使者。凡四夷來朝，臨軒則受其表疏，升於西階而奏之；若獻贄幣則受之，以授于所司。

中書舍人六人，正五品上。【略】中書舍人掌侍奉進奏，參議表章。凡詔旨、制敕及璽書、册命，皆按典故起草進畫；既下，則署而行之。其禁有四：一曰漏泄，二曰稽緩，三曰違失，四曰忘誤，所以重王命也。制敕既行，有誤則奏而改正之。凡大朝會，諸方起居，則受其表狀而奏之；國有大事，若大克捷及大祥瑞，百寮表賀亦如之。凡册命大臣于朝，則使持節讀册命命之。凡將帥有功及有大賓客，皆使以勞問之。凡察天下冤滯，與給事中及御史三司鞫其事。凡有司奏議，文武考課，皆預裁焉。按：今中書舍人、給事中每年各一人監考內外官使。其中書舍人在省，以年深者爲閣老，兼判本省雜事；一人專掌畫，謂之知制誥，得食政事之食；餘但分署制敕。六人分押尚書六司，凡有章表皆商量，可否則與侍郎及令連署而進奏。其掌畫事繁，或以諸司官兼者，謂之兼制誥。

主書四人，從七品上；【略】主事四人，從八品下；【略】令史二十五人，書令史五十人。【略】

右散騎常侍二人，從三品。故事已詳于左省。顯慶二年置，龍朔二年改爲右侍極，咸亨元年復故。右散騎常侍掌如左散騎常侍之職。

右補闕二人，從七品上；廢置已詳門下省左補闕注。右拾遺二人，從八品上。已詳左拾遺注。右補闕、拾遺掌如左補闕、拾遺之職。

起居舍人二人，從六品上。【略】起居舍人掌修記言之史，録天子之制誥德音，如記事之制，以紀時政之損益。自永徽已後，起居唯得對仗承旨，仗下之後，謀議皆不得預聞。長壽元年，文昌左丞姚璹知政事，以爲帝王謨訓，不可遂無紀述，若不宣自宰相，史官無從得書，遂表請仗下所言軍國政要，即宰相一人專知撰録，號爲時政記，每月送史館。自後因循，録付兩省起居，使編録焉。季終，則授之於國史。

通事舍人十六人，從六品上。【略】通事舍人掌朝見引納及辭謝者於殿庭通奏。京官文武職事五品已上假、使，去皆奏辭，來皆奏見；其六品已下奉敕差使亦如之。外官五品已上假、使至京及經京過，若新授及駕行在三百里內過，並聽辭、見。凡近臣入侍，文武就列，則引以進退，而告其拜起出入之節。凡四方通表，華夷納貢，皆受而進之。若有大詔令，則承旨以宣示百僚。凡軍旅之出，則受命慰勞而遣之；既行，則每月存問將士之家，以視其疾苦；凱還，則郊迓之，皆復命。凡致仕之臣與邦之耋老，時巡問亦如之。

（唐）杜佑《通典》卷二一《職官·中書省》 大唐武德三年，復中書省。龍朔二年，改爲西臺，咸亨初復舊。光宅元年，改爲鳳閣，凡中書官，隨署名改。神龍初復舊。開元元年，改爲紫微省，五年復舊。時謂尚書省爲南省，門下中書爲北省，亦謂門下省爲左省，中書爲右省，或通謂之兩省。令二人，侍郎二人，舍人六人，右散騎常侍、起居舍人、右補闕、右拾遺各二人，通事舍人十六人，其餘小吏各有差。

（唐）杜佑《通典》卷二一《職官·中書省·中書令》 大唐武德初，爲內史令，常有敕而中書門下不時宣行，高祖責其遲由。內史令蕭瑀曰：臣大業之日，見內史宣敕，或前後相乖者，百司行之，不知何所承用。所謂易雖在前，難必在後。臣在中書日久，備見其事。今黄閣初構，事涉安危，若遠方有疑，恐失機會。比每受一敕，臣必審勘，使與前敕不相乖背者，始敢宣行。遲晚之愆，實由於此。上善之。三年，改爲中書令，亦置二人。龍朔二年，改爲右相。咸亨元年復舊。光宅二年，又爲內史。神龍元年，復爲中書令。開元元年，改爲紫微令。五年，復爲中書令。天寶元年，改爲右相。至德初，復爲中書令。自隋至今，皆爲宰相。舊班正三品，大曆三年陞爲從二品。按令文：掌侍從，獻替，制敕，册命，敷奏文表，授册，監起居注，總判省事。

（唐）杜佑《通典》卷二一《職官·中書省·中書侍郎》 大唐初，爲內史侍郎。武德三年，改爲中書侍郎。龍朔以後，隨省改號，而侍郎之名不易。舊制正四品上，大曆二年，陞從三品。員二人，掌侍從，獻替，制敕，册命，敷奏文表，通判省事。

（唐）杜佑《通典》卷二一《職官·中書省·中書舍人》 大唐初，爲內史舍人，至武德三年，改爲中書舍人，置六員。貞觀元年，中書舍人高季輔上封事曰：時已平矣，功已成矣，然而刑典未措者何哉？良由謀猷之臣，不弘簡易之政；臺閣之吏，昧於經遠之道。執憲者以深刻爲奉公，當官者以侵下爲益國，未有坦平恕之懷，副聖上之旨。伏願隨方訓誘，使各揚其職，敦朴素，革澆浮，使家識孝慈，人知廉恥，杜其利欲之心，載以清絜之化，自然家肥國富，禍亂何由而作？太宗善之，特賜鍾乳一劑，曰：卿進藥石之言，故以藥石相報。龍朔以後，隨省改號，而舍人之名不易。專掌詔誥，侍從，署敕，宣旨，勞問，授納訴訟，敷奏文表，分判省事。自永淳已來，天下文章道盛，臺閣髦彦，無不以文章達。故中書舍人爲文士之極任，朝廷之盛選，諸官莫比焉。按後漢章、和以後，尚書爲機衡之任。尚書郎含香握蘭，直宿於建禮門，太官供膳。奏事明光殿，下筆爲詔誥，出語爲誥令。曹公爲魏王，置祕書令，典尚書奏事，則祕書之職近密，尚書之職疏遠。魏文帝初，改祕書爲中書，自後歷代相沿，並管樞密。而後漢尚書郎，非今之尚書郎，乃中書舍人也。武太后臨朝，天授元年，壽春郡王成器兄弟五人初出閤，同日受册。有司撰儀注，忘載册文。及百寮在列，方知闕禮，宰臣相顧失色。中書舍人王勮，立召小吏五人，各令執筆，口授分寫同時，須臾俱畢，詞理典贍，時人歎服。景龍四年六月二日，初定內難，唯中書舍人蘇頲在太極殿後，文詔填委，動以萬計，手操口對，無毫釐差誤。主書韓禮、談子陽轉書詔草，屢謂頲曰：乞公稍遲，禮等書不及，恐手腕將廢。故事：舍人六員，各押尚書省一行，天下衆務，無不關決。開元二年十一月，紫微令姚崇奏：紫微舍人六員，無一頭商量事，諸舍人同押連署狀進説。凡事有是非，理均與奪，人心既異，所見不同者，望請別作商量。連狀同進，若狀語交互，恐煩聖思。臣既是官長，望於兩狀復略言二理優劣，奏聽進止，則人各盡能，官無留事。敕曰可。因是舍人唯知撰制，不復分知機務。既文書填委，遂令書録，委之堂後人，其權勢傾動天下，姚竟因主書趙誨贓犯所累罷相。姚誠多才，而隳政擅權，以成斯弊，可哀哉。

《舊唐書》卷四三《職官志》 中書省秦始置中書謁者，漢元帝去謁者二字。歷代但云中書。後周謂之內史省，隋因爲內史省，置內史監、令各一員。煬帝改爲內書省，武德復爲內史省，三年改爲中書省。龍朔改爲西臺，光宅改爲鳳閣，神龍復爲中書省。開元元年改爲紫微省，五年復舊。

中書令二員。漢、魏品卑而付重。魏置監、令各一員，歷南朝不改。隋省監，置令二人，正三品。隋文帝廢三公府僚，令中書令與侍中知政事，遂爲宰相之職。隋曰內書令，武德曰內史令，尋改爲中書令。龍朔爲西臺右相，咸亨復爲中書令。光宅爲鳳閣令，開元元年改爲紫微令，五年復爲中書令。天寶改爲右相，至德二年復爲中書令。本正三品，大曆二年十一月九日，與侍中同昇正二品，自後不改也。中書令之職，掌軍國之政令，緝熙帝載，統和天人。入則告之，出則奉之，以釐萬邦，以度百揆，蓋佐天子而執大政也。凡王言之制有七：一曰册書，二曰制書，三曰慰勞制書，四曰發敕，五曰敕旨，六曰論事敕書，七曰敕牒，皆宣署申覆而施行之。凡大祭祀羣神，則從升壇以相禮。享宗廟，則從升阼階。親征纂嚴，戒敕百僚，册命親賢，臨軒則使讀册。若命之于朝，則宣而授之。凡册太子，則授璽。凡制詔宣傳，文章獻納，皆授之於記事之官。武德、貞觀故事，以尚書省左右僕射各一人及侍中、中書令各二人，爲知政事官。其時以他官預議國政者，云與宰相參議朝政，或云平章國計，或云專典機密，或參議政事。貞觀十七年，李勣爲太子詹事，特詔同知政事，始謂同中書門下三品。自是，僕射常帶此稱。自餘非兩省長官預知政事者，亦皆以此爲名。永淳中，始詔郭正一、郭待舉、魏玄同等，與中書門下同承受進旨平章事。自天后已後，兩省長官及同中書門下三品并平章事，爲宰相。其僕射不帶同中書門下三品者，但釐尚書省而已。總章二年，東臺侍郎張文瓘，西臺侍郎戴至德等，始以同中書門下三品著之入銜。自是相承至今。永淳二年，黄門侍郎劉齊賢知政事，稱同中書門下平章事，自後兩省長官，及他官執政未至侍中書令者，皆稱同中書門下平章事也。

中書侍郎二員。漢置中書，掌密詔，有令、僕、丞、郎四官。魏曰中書郎，晉加侍字。隋置内書省，改爲内書侍郎，正四品。武德初爲内史侍郎，三年改爲中書侍郎。龍朔、光宅、開元，隨曹易號。至德復爲中書侍郎。武德定令，與尚書侍郎俱第四品。大曆二年九月，與門下侍郎共升爲正三品也。中書侍郎掌貳令之職。凡邦國之庶務，朝廷之大政，皆參議焉。凡臨軒册命大臣，令爲之使，則持册書以授之。凡四夷來朝，臨軒則受其表疏，升于西階而奏。若獻贄幣，則受之以授於所司。

中書舍人六員。正五品上。曹魏於中書置通事一人，掌呈奏按章。高貴鄉公於通事下加舍人二字。晉於中書置舍人、通事各一人。自魏、晉、齊、梁，詔誥皆出於中書令、中書侍郎，中書通事舍人但掌呈奏而已。或通事有文字者，别敕知詔誥。至梁武，制誥專令舍人掌之，兼去通事二字，但云中書舍人。隋曰内史舍人，置八員，掌制誥，品第六。尋升五品上。煬帝改内書舍人，置四員。武德初爲内史舍人，三年，改爲中書舍人。龍朔、光宅、開元，隨曹改易。

舍人掌侍奉進奏，參議表章。凡詔旨敕制，及璽書册命，皆按典故起草進畫；既下，則署而行之。其禁有四：一曰漏泄，二曰稽緩，三曰違失，四曰忘誤；所以重王命也。制敕既行，有誤則奏而正之。凡大朝會，諸方起居，則受其表狀而奏之。國有大事，若大克捷及大祥瑞，百僚表賀，亦如之。凡册命大臣于朝，則使持節讀册命之。凡將帥有功及有大賓客，皆使勞問之。凡察天下冤滯，與給事中及御史三司鞫其事。凡百司奏議，文武考課，皆預裁焉。

主書四人，從七品上。主事四人，從八品下。令史二十五人，書令史五十人，傳制十人，亭長十八人，修補敕匠五十人。

右散騎常侍二員，從三品。右補闕二員，從七品上。右拾遺二員，從八品上。起居舍人二員。從六品上。右常侍、補闕、拾遺，掌事同左省。起居舍人，掌修記言之史，録天子之制誥德音，如記事之制，以記時政損益。季終，則授之於國史。

通事舍人十六人。從六品上。通事舍人，秦謁者之官也。掌賓贊、贊受事，隸光禄勳。晉置舍人、通事各一人，隸中書。東晉曰通事舍人。隋因晉制，置十六人，從六品上，又爲通事謁者。武德初，廢謁者臺，改通事謁者爲通事舍人，隸四方館，屬中書省也。通事舍人掌朝見引納及辭謝者，於殿廷通奏。凡近臣入侍，文武就列，引以進退，而告其拜起出入之節。凡四方通表，華夷納貢，皆受而進之。凡軍旅之出，則命受慰勞而遣之。既行，則每月存問將士之家，以視其疾苦。凱旋，則郊迓之，皆復命。凡致仕之臣，與邦之耋老，時巡問亦如之。

令史十人，亭長十八人，掌固二十四人。

集賢殿書院：開元十三年置。漢、魏已來，職在祕書。梁於文德殿内藏羣書。北齊有文林館學士，後周有麟趾殿學士，皆掌著述。隋平陳之後，寫羣書正副二本，藏于宫中，其餘以實祕書外閣。煬帝於東都觀文殿東西廂貯書。自漢延熹至隋，皆祕書掌國籍，而禁中之書，時或有焉。及太宗在藩府時，有秦府學士十八人。其後弘文、崇文二館皆有，玄宗即位，大校羣書。開元五年，於乾元殿東廊下寫四部書，以充内庫，置校定官四人。七年，駕在東都，於麗正殿置修書使。十二年，駕在東都，十三年與學士張説等宴於集仙殿，因改名集賢，改修書使爲集賢書院學士。其大明宫所置書院，本命婦院，屋宇宏敞。永泰元年三月，詔僕射裴冕等十三人，每日於集賢書院待詔。集賢學士。初定制以五品已上官爲學士，六品已下爲直學士。每宰相爲學士者，爲知院事，常侍一人，爲副知院事。學士知院事一人，開元初，以褚无量、馬懷素、元行冲相次知乾元殿寫書，及在麗正，乃有使名。張説代元行冲，改院爲集賢，以説爲大學士，知院事，説懇讓大字，詔許之。自是，每以宰相一人知院事。副知院事一人，初宰相張説知院事，以左常侍徐堅爲副知院事，因爲故事。判院一人，初在乾元殿，刊正官一人判事，其後因之。押院中使一人。自乾元殿寫書，則置掌出入，宣進奏，兼領中官，監守院門，掌同宫禁。侍講學士，開元初，褚无量、馬懷素侍講禁中，名爲侍讀。其後康子元爲侍講學士。修撰官，校理官，並無常員，以官人兼之。侍制官，古之待詔金馬門是。留院官，檢討官。皆以學士别敕留之。

孔目官一人，專知御書典四人，並開元五年置。知書官八人，開元五年置，掌分四庫書。書直、寫御書一百人，搨書六人，書直八人，裝書直十四人，造筆直四人。並開元六年置。集賢學士之職，掌刊緝古今之經籍，以辨明邦國之大典。凡天下圖書之遺逸，賢才之隱滯，則承旨而徵求焉。其有籌策之可施於時，著述之可行於代者，較其才藝而考其學術，而申表之。凡承旨撰集文章，校理經籍，月終則進課于內，歲終則考最於外。

史館：歷代史官，隸祕書省著作局，皆著作郎掌修國史。武德因隋舊制。貞觀三年閏十二月，始移史館於禁中，在門下省北，宰相監修國史，自是著作郎始罷史職。及大明宮初成，置史館於門下省之南。館門下東西有棗樹七十四株，無雜樹。開元二十五年三月，右相李林甫以中書地切樞密，記事者官宜附近，史官尹愔奏移史館於中書省北，以舊尚藥院充館也。史官。古者天子諸侯，皆有史官，以紀言動、曆數之事。至後漢明帝，召當時名士入東觀，撰《光武紀》，而史官因以他官兼之。魏明帝始置著作郎，專掌國史，隸中書。晉改隸祕書省，因而不改。貞觀年修《五代史》，移史館於禁中。史官無常員，如有修撰大事，則用他官兼之，事畢日停。監修國史。貞觀已後，多以宰相監修國史，遂成故事也。修撰直館。天寶已後，他官兼領史職者，謂之史館修撰，初入爲直館也。元和六年，宰相裴垍奏：登朝官領史職者，並爲修撰，未登朝官入館者，並爲直館。修撰中以一人官高者判館事，其餘名目，並請不置。從之。楷書手二十五人，典書四人，亭長二人，掌固六人，裝潢直一人，熟紙匠六人。史官掌修國史，不虛美，不隱惡，直書其事。凡天地日月之祥，山川封域之分，昭穆繼代之序，禮樂師旅之事，誅賞廢興之政，皆本於起居注、時政記，以爲實録，然後立編年之體，爲褒貶焉。既終藏之于府。

知匭使。天后垂拱元年，置匭以達冤滯。其制，一房四面，各以方色，東曰延恩，西曰申冤，南曰招諫，北曰通玄，所以申天下之冤滯，達萬人之情狀。蓋古善旌、誹謗木之意也。天寶九年，改匭爲獻納。乾元元年，復名曰匭。垂拱已來，常以諫議大夫及補闕、拾遺一人充使，受納訴狀。每日暮進內，而晨出之也。

《新唐書》卷四七《百官志》 中書省

中書令二人，正二品。掌佐天子執大政，而總判省事。凡王言之制有七：一曰册書，立皇后、皇太子，封諸王，臨軒册命則用之；二曰制書，大賞罰、赦宥慮囚、大除授則用之；三曰慰勞制書，褒勉贊勞則用之；四曰發敕，廢置州縣、增減官吏、發兵、除免官爵、授六品以上官則用之；五曰敕旨，百官奏請施行則用之；六曰論事敕書，戒約臣下則用之；七曰敕牒，隨事承制，不易於舊則用之。皆宣署申覆，然後行焉。大祭祀，則相禮；親征纂嚴，則戒飭百官；臨軒册命，則讀册；若命於朝，則宣授而已；册太子，則授璽綬。凡制詔文章獻納，以授記事之官。

武德三年，改內書省曰中書省，內書令曰中書令。龍朔元年，改中書省曰西臺，中書令曰右相。光宅元年，改中書省曰鳳閣，中書令曰內史。開元元年，改中書省曰紫微省，中書令曰紫微令。天寶元年曰右相，至大曆五年，紫微侍郎乃復爲中書侍郎。

侍郎二人，正三品。掌貳令之職，朝廷大政參議焉。臨軒册命，爲使，則持册書授之。四夷來朝，則受其表疏而奏之；獻贄幣，則受以付有司。

舍人六人，正五品上。掌侍進奏，參議表章。凡詔旨制敕、璽書册命，皆起草進畫；既下，則署行。其禁有四：一曰漏洩，二曰稽緩，三曰違失，四曰忘誤。制敕既行，有誤則奏改之。大朝會，諸方起居，則受其表狀；大捷、祥瑞，百寮表賀亦如之。册命大臣，則使持節讀册命；將帥有功及大賓客，則勞問。與給事中及御史三司鞫冤滯。百司奏議考課，皆預裁焉。以久次者一人爲閣老，判本省雜事；又一人知制誥，顓進畫，給食于政事堂；其餘分署制敕。以六員分押尚書六曹，佐宰相判案，同署乃奏，唯樞密遷授不預。姚崇爲紫微令，奏：大事，舍人爲商量狀，與本狀皆下紫微令，判二狀之是否，然後乃奏。開元初，以它官掌詔敕策命，謂之兼知制誥。肅宗即位，又以它官知中書舍人事。兵興，急於權便，政去臺閣，決遣顓出宰相，自是舍人不復押六曹之奏。會昌末，宰相李德裕建議：臺閣常務、州縣奏請，復以舍人平處可否。先是，知制誥率用前行正郎，宣宗時，選尚書郎爲之。

主書四人，從七品上。主事四人，從八品下。

有令史二十五人，書令史五十人，能書四人，蕃書譯語十人，乘驛二十人，傳制十人，亭長十八人，掌固二十四人，裝制敕匠一人，脩補制敕匠五十人，掌函、掌案各二十人。

右散騎常侍二人，右諫議大夫四人，右補闕六人，右拾遺六人，掌如門下省。

起居舍人二人，從六品上。掌脩記言之史，録制誥德音，如記事之制，季終以授國史。

有楷書手四人，典二人。

通事舍人十六人，從六品上。掌朝見引納、殿庭通奏。凡近臣入侍、文武就列，則導其進退，而贊其拜起、出入之節。蠻夷納貢，皆受而進之。軍出，則受命勞遣；既行，則每月存問將士之家，視其疾苦；凱還，則郊迓。

有令史十人，典謁十人，亭長十八人，掌固二十四人。武德四年，廢謁者臺，改通事謁者曰通事舍人。

集賢殿書院　學士、直學士、侍讀學士、脩撰官，掌刊緝經籍。凡圖書遺逸、賢才隱滯，則承旨以求之。謀慮可施於時，著述可行於世者，考其學術以聞。凡承旨撰集文章、校理經籍，月終則進課於內，歲終則考最於外。

開元五年，乾元殿寫四部書，置乾元院使，有刊正官四人，以一人判事；押院中使一人，掌出入宣奏，領中官監守院門；知書官八人，分掌四庫書。六年，乾元院更號麗正脩書院，置使及檢校官，改脩書官爲麗正殿直學士。八年，加文學直，又加脩撰、校理、刊正、校勘官。十一年，置麗正院脩書學士；光順門外，亦置書院。十二年，東都明福門外亦置麗正書院。十三年，改麗正脩書院爲集賢殿書院，五品以上爲學士，六品以下爲直學士，宰相一人爲學士知院事，常侍一人爲副知院事，又置判院一人，押院中使一人。玄宗嘗選耆儒，日一人侍讀，以質史籍疑義，至是，置集賢院侍講學士、侍讀直學士。其後，又增脩撰官、校理官、待制官、留院官、知檢討官、文學直之員；募能書者爲書直及寫御書人，其後亦以前資、常選、三衛、散官五品以上子孫爲之；又置畫直。至十九年，以書直、畫直、搨書有官者爲直院。至德二年，置大學士。貞元初，置編録官；四年，罷大學士；八年，罷校理，置校書四人、正字二人。元和二年，復置集賢校理，罷校書、正字；四年，集賢御書院學士、直學士皆用五品，如開元故事，以學士一人年高者判院事，非登朝官者爲校理，餘皆罷。初，太宗即位，命京官五品以上，更宿中書、門下兩省，以備訪問。永徽中，命弘文館學士一人，日待制于武德殿西門。文明元年，詔京官五品以上清官，日一人待制于章善、明福門。先天末，又命朝集使六品以上二人，隨仗待制。永泰時，勳臣罷節制，無職事，皆待制于集賢門，凡十三人。崔祐甫爲相，建議文官一品以上更直待制。其後著令，正衙待制官日二人。

校書四人，正九品下。正字二人，從九品上。

有中使一人，孔目官一人，專知御書檢討八人，知書官八人，書直、寫御書手九十人，畫直六人，裝書直十四人，造筆直四人，搨書六人，典四人。

史館脩撰四人，掌脩國史。

貞觀三年，置史館於門下省，以他官兼領，或卑位有才者亦以直館稱，以宰相涖脩撰；又於中書省置祕書內省，脩五代史。開元二十年，李林甫以宰相監脩國史，建議以爲中書切密之地，史官記事隸門下省，疏遠。於是諫議大夫、史館脩撰尹愔奏徙于中書省。天寶後，他官兼史職者曰史館脩撰，初入爲直館。元和六年，宰相裴垍建議：登朝官領史職者爲脩撰，以官高一人判館事；未登朝官皆爲直館。大中八年，廢史館直館二員，增脩撰四人，分掌四季。有令史二人，楷書十二人，寫國史楷書十八人，楷書手二十五人，典書二人，亭長二人，掌固四人，熟紙匠六人。

《唐六典》卷一〇《秘書省》　監一人　少監二人　丞一人　秘書郎四人　校書郎八人　正字四人　主事一人　令史四人　書令史九人　典書八人　楷書手八十人　亭長六人　掌固八人　熟紙匠十人　裝潢匠十人　筆匠六人

著作局

著作郎二人　著作佐郎四人　書令史一人　書史二人　校書郎二人　正字二人　楷書手五人　掌固四人

太史局

令二人　丞二人　令史二人　書令史四人　楷書手二人　亭長四人　掌固四人　司曆二人　保章正一人　曆生三十六人　裝書曆生五人　監候五人　天文觀生九十人　靈臺郎二人　天文生六十人　挈壺正二人　司辰十九人　漏刻典事十六人　漏刻博士九人　漏刻生三百六十人　典鐘二百八十人　典鼓一百六十人

秘書省：監一人，從三品；【略】少監二人，從四品上；【略】丞一人，從五品上。【略】秘書監之職，掌邦國經籍圖書之事。有二局：一曰著作，二曰太史，皆率其屬而修其職；凡四部之書，必立三本，曰正本、副本、貯本，以供進内及賜人。凡敕賜人書，秘書無本，皆別寫給之。少監爲之貳焉。丞掌判省事。

秘書郎四人，從六品上；【略】校書郎八人，正九品上；【略】正字四人，正九品下；【略】令史四人，書令史九人，【略】典書八人，【略】楷書手八十人，隋煬帝秘書省置楷書郎，員二十人，從第九品，掌抄寫御書。皇朝所置，職同流外也。亭長六人，掌固八人，熟紙匠、裝潢匠各十人，筆匠六人。皇朝所定。秘書郎掌四部之圖籍，分庫以藏之，以甲、乙、景、丁爲之部目。【略】

著作局：著作郎二人，從五品上；【略】著作佐郎四人，從六品上；【略】書令史一人；【略】校書郎二人，正九品上；【略】正字二人，正九品下。【略】著作郎掌修撰碑誌、祝文、祭文，與佐郎分判局事。

太史局：令二人，從五品下；【略】丞二人，從七品下；【略】令史二人，書令史四人。【略】太史令掌觀察天文，稽定曆數。【略】

司曆二人，從九品上；【略】保章正一人，從八品上；【略】曆生三十六人，【略】裝書曆生五人。【略】司曆掌國之曆法，造曆以頒于四方。【略】

監候五人，從九品下；【略】天文觀生九十人。【略】

靈臺郎二人，正八品下；【略】天文生六十人。【略】靈臺郎掌觀天文之變而占候之。【略】

挈壺正二人，從八品下；【略】司辰十九人，正九品下；【略】漏刻典事十六人，【略】漏刻博士九人，【略】漏刻生三百六十人，【略】典鐘二百八十人，【略】典鼓一百六十人。【略】挈壺正、司辰掌知漏刻。

（唐）杜佑《通典》卷二六《職官・諸卿中・祕書監》 大唐武德初，復改爲監。龍朔二年，改祕書省爲蘭臺，改監爲太史，少監爲侍郎，咸亨初復舊。天授初，改祕書省爲麟臺，神龍初復舊。掌經籍圖書，監國史，領著作、太史二局。太極元年，增祕書少監爲二員，通判省事。其後國史、太史分爲別曹，而祕書省但主書寫勘校而已。漢初，御史中丞掌蘭臺祕書圖籍之事，至魏晉，其制猶存。故歷代營都邑，置府寺，必以祕書省及御史臺爲鄰。雖非要劇，然好學君子，亦求爲之。魏徵後爲祕書監，奏引學者校定四部書，自是祕府圖籍，粲然畢備。

《舊唐書》卷四三《職官志》 祕書省。隸中書之下。漢代藏書之所，有延閣、廣內、石渠之藏。又御史中丞，在殿內，掌蘭臺祕書圖籍。後漢桓帝延熹二年，始置祕書監，屬太常寺，掌禁中圖書祕文。後併入中書。至晉惠帝，別置祕書寺，掌中外二閣圖書。梁武改寺爲省。龍朔改爲蘭臺，光宅改爲麟臺，神龍復爲祕書省。

祕書監一員，從三品。監之名，後漢桓帝置，魏、晉不改。後周謂之外史下大夫。隋復爲祕書監，從第三品。煬帝改爲祕書令，武德復爲監。龍朔改爲蘭臺太史，天授改爲麟臺監，神龍復爲祕書監也。少監二員，從四品上。少監，隋煬帝置，龍朔改爲蘭臺侍郎。天授爲麟臺少監，神龍復爲祕書少監。比置一員，太極初增置一員也。丞一員。從五品上。魏武帝置，丞二人。隋置一人，正第五品也。祕書監之職，掌邦國經籍圖書之事。有二局：一曰著作，二曰太史，皆率其屬而修其職。少監爲之貳，丞掌判省事。

祕書郎四員。從六品上。校書郎八人，正九品上。正字四人，正九品下。主事一人，從九品上。令史四人，書令史九人，典書八人，楷書手八十人，亭長六人。掌固八人。祕書郎掌甲乙丙丁四部之圖籍，謂之四庫。經庫類十，史庫類十三，子庫類十四，集庫類三。事在《經籍志》。

著作局：龍朔爲司文局。著作郎二人，從五品上。龍朔爲司文郎中，咸亨復也。佐郎四人，從六品上。校書郎二人，正九品上。正字二人，正九品下。楷書手五人，掌固四人。著作郎、佐郎掌修撰碑志、祝文、祭文，與佐郎分判局事也。

司天臺：舊太史局，隸祕書監。龍朔二年改爲祕閣局。久視元年改爲渾儀監。景雲元年改爲太史監，復爲太史局，隸祕書。乾元元年三月十九日敕，改太史監爲司天臺，改置官屬。舊置於子城內祕書省西，今在永寧坊東南角也。監一人，從三品。本太史局令，從五品下。乾元元年改爲監，升從三品，一如殿中祕書品秩也。少監二人。本曰太史丞，從七品下。乾元升爲少監，與諸司少監卿同品也。太史令掌觀察天文，稽定曆數。凡日月星辰之變，風雲氣色之異，率其屬而占候之。其屬有司曆二人，掌造曆。保章正一人，掌教。曆生四十一人。監候五人，掌候天文。觀生九十人，掌晝夜司候天文氣色。靈臺郎二人，掌教習天文氣色。天文生六十人。挈壺正二人。掌知漏刻。司辰七十人，漏刻典事二十二人，漏刻博士九人，漏刻生三百六十人，典鐘一百一十二人，典鼓八十八人，楷書手二人，亭長、掌固各四人。自乾元元年別置司天臺。改置官吏，不同太史局舊數，今據司天職掌書之也。凡玄象器物、天文圖書，苟非其任，不得預焉。每季録所見災祥，送門下中書省，入起居注。歲終總録，封送史館。每年預造來年曆，頒于天下。五官正五員，正五品。乾元元年置五官，有春、夏、秋、冬、中五官之名。丞二員，正七品。主簿二員，正七品。定額直五人，五官靈臺郎五員，正七品。舊靈臺郎，正八品下，掌觀天文之變而占候之。凡二十八宿，分爲十二次，事具《天文志》也。五官保章正五員，正七品。五官司曆五員，正八品。舊司曆二人，從九品上，掌國之曆法，造曆以頒四方。其曆有《戊寅曆》、《麟德曆》、《神龍曆》、《大衍曆》。天下之測量之處，分至表準，其詳可載，故參考星度，稽驗晷影，各有典章。五官監候五員，正八品。五官挈壺正五員，正九品。五官司辰十五員。正九品。舊挈壺正二員，從八品下。司辰十七人，正九品下。皆掌知漏刻。孔壺爲漏，浮箭爲刻，以告中星昏明之候也。五官禮生十五人，五官楷書手五人，令史五人，漏刻博士二十人，漏刻之法，孔壺爲漏，浮箭爲刻。其箭四十有八，晝夜共百刻。冬夏之間，有長短。冬至之日，晝漏四十刻，夜漏六十刻。夏至，晝漏六十刻，夜漏四十刻。春分秋分之時，晝夜各五十刻。秋分之後，減晝益夜，凡九日加一刻。春分已後，減夜益晝，九日減一刻。二至前後，加減遲，用日多。二分之間，加減速，用日少。候夜以爲更點之節。每夜分爲五更，每更分爲五點。更以擊鼓爲節，點以擊鐘爲節也。典鐘、典鼓三百五十人，天文觀生九十人，天文生五十人，曆生五十五人，漏生四十人，視品十人。已上官吏，皆乾元元年隨監司新置也。

《新唐書》卷四七《百官志》 祕書省

監一人，從三品；少監二人，從四品上；丞一人，從五品上。監掌經籍圖書之事，領著作局，少監爲之貳。

武德四年，改少令曰少監。龍朔二年，改祕書省曰蘭臺，監曰太史，少監曰侍郎，丞曰大夫，祕書郎曰蘭臺郎。武后垂拱元年，祕書省曰麟臺；太極元年曰祕書省。有典書四人，楷書十人，令史四人，書令史九人，亭長六人，掌固八人，熟紙匠十人，裝潢匠十人，筆匠六人。

祕書郎三人，從六品上。掌四部圖籍。以甲乙丙丁爲部，皆有三本，一曰正，二曰副，三曰貯。凡課寫功程，皆分判。

校書郎十人，正九品上；正字四人，正九品下。掌讎校典籍，刊正文章。

著作局　郎二人，從五品上；著作佐郎二人，從六品上；校書郎二人，正九品上；正字二人，正九品下。著作郎掌撰碑誌、祝文、祭文，與佐郎分判局事。

武德四年，改著作曹曰局。龍朔二年，曰司文局；郎曰郎中，佐郎曰司文郎。有楷書五人，書令史一人，書吏二人，掌固四人。

司天臺　監一人，正三品；少監二人，正四品上；丞一人，正六品上；主簿二人，正七品上；主事一人，正八品下。監掌察天文，稽曆數。凡日月星辰、風雲氣色之異，率其屬而占。有通玄院，以藝學召至京師者居之。凡天文圖書、器物，非其任不得與焉。每季録祥眚送門下、中書省，紀于起居注，歲終上送史館。歲頒曆于天下。

武德四年，改太史監曰太史局，隸祕書省；七年，廢監候。龍朔二年，改太史局曰祕書閣局，令曰祕書閣郎中。武后光宅元年，改太史局曰渾天監，不隸麟臺；俄改曰渾儀監，置副監及丞、主簿，改司辰師曰司辰。長安二年，渾儀監復曰太史局，廢副監及丞，隸麟臺如故，改天文博士曰靈臺郎，曆博士曰保章正。景龍二年，改太史局曰太史監，不隸祕書省，復置丞。景雲元年，又爲局，隸祕書省，踰月爲監，歲中復爲局；二年，改曰渾儀監。開元二年，復曰太史監，改令爲監，置少監。十四年，太史監復爲局，以監爲令，而廢少監。天寶元年，太史局復爲監，自是不隸祕書省。乾元元年，曰司天臺。藝術人韓穎、劉烜建議改令爲監，置通玄院及主簿，置五官監候及五官禮生十五人，掌布諸壇神位，五官楷書手五人，掌寫御書。有令史五人，天文觀生九十人，天文生五十人，曆生五十五人。初，有天文博士二人，正八品下；曆博士一人，從八品上；司辰師五人，正九品下；裝書曆生。掌候天文，掌教習天文氣色，掌寫御曆，後皆省。

春官、夏官、秋官、冬官、中官正，各一人，正五品上；副正各一人，正六品上。掌司四時，各司其方之變異。冠加一星珠，以應五緯；衣從其方色。元日、冬至、朔望朝會及大禮，各奏方事，而服以朝見。乾元三年，置五官正及副正。

五官保章正二人，從七品上；五官監候三人，正八品下；五官司曆二人，從八品上。掌曆法及測景分至表準。

五官靈臺郎各一人，正七品下。掌候天文之變。五官挈壺正二人，正八品上；五官司辰八人，正九品上；漏刻博士六人，從九品下。掌知漏刻。凡孔壺爲漏，浮箭爲刻，以考中星昏明，更以擊鼓爲節，點以擊鐘爲節。

武后長安二年，置挈壺正。乾元元年，與靈臺郎、保章正、司曆、司辰，皆加五官之名。有漏刻生四十人，典鐘、典鼓三百五十人。初，有刻漏視品、刻漏典事，掌知刻漏、檢校刻漏，後皆省。

《唐六典》卷一一《殿中省》　監一人　少監二人　丞二人　主事二人

令史四人　書令史十二人

亭長八人　掌固八人

尚食局

奉御二人　直長五人　書令史二人　書吏四人　食醫八人　主食十六人　主膳七百人　掌固八人

尚藥局

奉御二人　直長四人　書令史二人　書吏四人　侍御醫四人　主藥十二人　藥童三十人　司醫四人　醫佐八人　按摩師四人　呪禁師四人　合口脂匠二人　掌固四人

尚衣局

奉御二人　直長四人　書令史三人　書吏四人　主衣十六人　掌固四人

尚舍局

奉御二人　直長六人　書令史三人　書吏七人　掌固十人　幕士八千人

尚乘局

奉御二人　直長十人　書令史六人　書吏十四人　奉乘十八人　習馭五百人　掌閑五千人　醫七十人　掌固四人

尚輦局

奉御二人　直長四人　書令史二人　書吏四人　掌扇六十人　掌翰三十人　掌輦二人　主輦四十二人　奉轝十五人　掌固六人

殿中省：監一人，從三品；【略】少監二人，從四品上；【略】丞二人，從五品上；【略】主事二人，從九品上。隋煬帝置，皇朝因之。殿中監掌乘輿服御之政令，總尚食、尚藥、尚衣、尚乘、尚舍、尚輦六局之官屬，舊屬官又有天藏府，開元二十三年省。備其禮物，而供其職事；少監爲之貳。凡聽朝，則率其屬執繖扇以列於左右。凡大祭祀，則進大珪、鎮珪於壝門之外；既事，受而藏之。凡行幸，則侍奉於仗內；若游燕、田閱，則驂乘以從焉。今內別置閑廄使，其務多分殿中及太僕之事。至於輿輦、車馬，則使掌其內，監知其外，游燕侍奉，皆不與焉。若元正、冬至大朝會，則跪而進爵。若和合御藥，則監視而嘗之。丞掌判監事，兼勾檢稽失，省署抄目。主事掌印及知受事發辰。

尚食局：奉御二人，正五品下；【略】直長五人，正七品上；【略】食醫八人，正九品下；【略】主食十六人。【略】尚食奉御掌供天子之常膳，隨四時之禁，適五味之宜，【略】當進食，必先嘗。凡天下諸州進甘滋珍異，皆辨其名數，而謹其儲供。直長爲之貳。凡元正、冬至大朝會饗百官，與光禄視其品秩，分其等差而供焉。其賜王公已下及外方賓客亦如之。若諸陵月享，則於陵所視膳而獻之。【略】食醫掌和齊所宜。主食掌率主膳以供其職。

尚藥局：奉御二人，正五品下；【略】直長四人，正七品上；【略】侍御醫四人，從六品上；【略】主藥十二人；藥童三十人；【略】司醫四人，正八品下；【略】醫佐八人，正九品下；【略】按摩师四人；【略】呪禁師四人；【略】合口脂匠二人。【略】尚藥奉御掌合和御藥及診候之事；直長爲之貳。【略】侍御醫掌診候調和。司醫、醫佐掌分療衆疾。主藥、藥童掌刮、削、擣、篩。按摩師、呪禁師所掌如太醫之職。

尚衣局：奉御二人，從五品上；【略】直長四人，正七品下；【略】主衣十六人。【略】尚衣奉御掌供天子衣服，詳其制度，辨其名數，而供其進御；直長爲之貳。【略】

尚舍局：奉御二人，從五品上；【略】直長六人，正七品下；【略】幕士八千人。【略】尚舍奉御掌殿庭張設，供其湯沐，而潔其灑掃；直長爲之貳。【略】

尚乘局：奉御二人，從五品上；【略】直長十人，正七品下；【略】奉乘十八人，正九品下；【略】習馭五百人；【略】掌閑五千人；【略】司庫一人，正九品下；【略】司稟二人，正九品下；【略】典事五人；【略】獸醫七十人。【略】尚乘奉御掌內外閑廄之馬，辨其麤良，而率其習馭；直長爲之貳。【略】

尚輦局：奉御二人，從五品上；【略】直長四人，正七品下；【略】掌輦二人，正九品下；【略】主輦四十二人，【略】奉轝十五人。【略】尚輦奉御掌輿輦、繖扇之事，分其次叙，而辨其名數；直長爲之貳。

（唐）杜佑《通典》卷二六《職官・諸卿中・殿中監》　大唐改爲殿中省，加置少監二人，丞亦二人。其官局職任，一如隋制，爲一司，不屬門下。龍朔二年，改殿中省爲中御府，改監爲中御大監、少監，改丞爲中御大夫，改尚食爲奉膳，尚藥爲奉醫，尚衣爲奉冕，尚舍爲奉扆，尚乘爲奉駕，尚輦爲奉輦，凡奉御皆改爲大夫。咸亨初復舊。

《舊唐書》卷四四《職官志》　殿中省魏初置殿中監，隋初改爲殿中局，煬帝改爲殿內省，武德改爲殿中省。龍朔改爲中御府，咸亨復爲殿中省。

監一員，從三品。魏初置，品第二。梁品第三。隋品第四。武德品第三也。少監二員，從四品上。丞二人，從五品上。主事二人，從九品上。令史四人，書令史十二人，亭長、掌固各八人。殿中監掌天子服御，總領尚食、尚藥、尚衣、尚舍、尚乘、尚輦六局之官屬，備其禮物，供其職事。少監爲之貳。凡聽朝，則率其屬執繖扇以列於左右。凡大祭祀，則進大珪、鎮珪於壝門之外。既事，受而藏之。凡行幸，則侍奉於仗內，驂乘以從。若元正、冬至大朝會，則有進爵之禮。丞掌副監事，兼勾檢稽失，省署抄目。主事掌印及知受事發辰。

尚食局：奉御二人，正五品下。隋初爲典御，又改爲奉御。直長五人，正七品上。食醫八人。正九品下。奉御掌謹其儲供，辨名數。直長爲之貳。若進御，必辨其時禁。春肝，夏心，秋肺，冬腎，四季之月脾王，皆不可食。當進，必先嘗。正、至大朝會饗宴，與光禄大夫視其品秩之差。其賜王公賓客，亦如之。諸陵月享，則視膳而獻之。食醫掌率主食王膳，以供其職。

尚藥局：奉御二人，正五品下。直長四人，正七品上。書吏四人。侍御醫四人，從六品上。主藥十二人，藥童三十人。司醫四人，正八品下。醫佐八人，正八品下。按摩師四人，咒禁師四人，合口脂匠四人，掌固四人。奉御掌合和御藥及診候方脈之事。直長爲之貳。凡藥有上、中、下三品，上藥爲君，中藥爲臣，下藥爲佐。合造之法，一君三臣九佐，別人五藏，分其五味，有湯丸膏散之用。診脈有寸、關、尺之三部，醫之大經。凡合和與監視其分劑，藥成嘗而進焉。侍御醫，掌診候調和。主藥、藥童，主刮削擣篩。

尚衣局：奉御二人，從五品上。直長四人，正七品下。書令史三人，書吏四人，主衣十六人，掌固四人。奉御掌衣服，詳其制度，辨其名數。直長爲之貳。凡天子之服冕十有三：一大裘冕，二衮冕，三鷩冕，四毳冕，五黻冕，六玄冕，七通天冠，八武弁，九弁服，十介幘，十一白紗帽，十二平巾幘，十三翼善冠。事具《輿服志》。凡天子之大珪，曰珽，長三尺。鎮珪，長尺有二寸。若有事於郊丘社稷，則出之於內。將享，至于中壝門，則奉鎮珪于監而進之。既事，受而藏之。凡大朝會，則設案，服畢而徹之。

尚舍局：奉御二人，從五品上。直長六人，正七品下。書令史三人，書吏七人，掌固十人，幕士八十人。奉御掌殿廷張設、湯沐、燈燭、灑掃之事。直長爲之貳。凡行幸，預設三部帳幕，有古帳、大帳、次帳、小次帳、小帳，凡五等之帳爲三部。其外置排城以爲蔽扞。排城，連板爲之，板上畫辟邪獸，表裏皆漆之。凡大祭祀，有事於郊壇，則先設行宮於壇之東南向，隨地之宜。將祀三日，則設大次於外壝東門之外道北，南向而設坐。若有事於明堂太廟，則設大次於東門，如郊壇之制。凡致齋，則設幄於正殿西序及室內，俱東向，張於楹下。凡元正、冬至大朝會，則設斧扆於正殿。施蹋席薰鑪。朔望受朝，則施幄於正殿，帳裙頂帶方闊一丈四尺也。

尚乘局：奉御二人，從五品上。直長一人，正七品下。奉乘十八人，正九品下。習馭五十人，掌閑五十人，獸醫七十人。進馬六人，七品下。司庫一人，正九品下。司廩二人，正九品下。書令史一人，書吏十四人。奉御掌內外閑廄之馬，辨其粗良，而率其習馭。直長爲之貳。一曰左右飛黄閑，二曰左右吉良閑，三曰左右龍媒閑，四曰左右騊駼閑，五曰左右駃騠閑，六曰左右天苑閑。開元時仗內六閑，曰飛龍、祥麟、鳳苑、鵷鸞、吉良、六羣等，號六廄馬。凡秣馬給料，以時爲差。凡外牧進良馬，印以三花飛風之字而爲志。奉乘掌率習馭、掌閑、駕士及秣飼之法。司庫掌鞍轡乘具。司廩掌藁秸出納。獸醫掌療馬病。初尚乘局掌六閑馬，後置內外閑廄使，專掌御馬。開元初，以尚乘局隸閑廄使，乃省尚乘，其左右六閑及局官，並隸閑廄使領之也。進馬舊儀，每日尚乘以廄馬八匹，分爲左右廂，立於正殿側宮門外，候仗下即散。若大陳設，即馬在樂懸之北，與大象相次。進馬二人，戎服執鞭，侍立於馬之左，隨馬進退。雖名管殿中，其實武職，用資蔭簡擇，一如千牛備身。天寶八載，李林甫用事，罷立仗馬，亦省進馬官。十二載，楊國忠當政，復立仗馬及進馬官，乾元復省，上元復置也。

尚輦局：奉御二人，從五品上。直長四人，正七品下。尚輦二人，正九品下。書令史二人，書吏四人，掌扇六人，掌翰二十四人，主輦三十二人，奉輿十二人，掌固四人。奉御掌輿輦，分其次序而辨其名數。直長爲之貳。凡大朝會，則陳于廷。大祭祀，則陳于廟。凡大朝會，則繖二翰一，陳之于廷。孔雀扇一百五十有六，分居左右。舊翟尾扇，開元年初改爲繡孔雀。若常聽朝，皆去扇，左右各留其三，以備常儀。

《新唐書》卷四七《百官志》　殿中省

監一人，從三品；少監二人，從四品上；丞二人，從五品上。監掌天子服御之事。其屬有六局，曰尚食、尚藥、尚衣、尚乘、尚舍、尚輦。少監爲之貳。凡聽朝，率屬執繖扇列于左右；大朝會、祭祀，則進爵；行幸，則侍奉仗內、驂乘，百司皆納印而藏之，大事聽焉，有行從百司之印。

左右仗廄，左曰奔星，右曰內駒。兩仗內又有六廄：一曰左飛，二曰右飛，三曰左萬，四曰右萬，五曰東南內，六曰西南內。園苑有官馬坊，每歲河隴羣牧進其良者以供御。六閑馬，以殿中監及尚乘主之。武后萬歲通天元年，置仗內六閑：一曰飛龍，二曰祥麟，三曰鳳苑，四曰鵷鸞，五曰吉良，六曰六羣，亦號六廄。以殿中丞檢校仗內閑廄，以中官爲內飛龍使。聖曆中，置閑廄使，以殿中監承恩遇者爲之，分領殿中、太僕之事，而專掌輿輦牛馬。自是，宴游供奉，殿中監皆不豫。開元初，閑廄馬至萬餘匹，駱駝、巨象皆養焉。以駝、馬隸閑廄，而尚乘局名存而已。閑廄使押五坊，以供時狩：一曰鵰坊，二曰鶻坊，三曰鷂坊，四曰鷹坊，五曰狗坊。侍御尚醫二人，正六品上；主事二人，從九品上。

武德元年，改殿內省曰殿中省。龍朔二年，曰中御府，監曰大監，丞曰大夫。有令史四人，書令史十二人，左右仗、千牛各十人，掌固、亭長各八人。舊有天藏府，開元二十三年省。

進馬五人，正七品上。掌大陳設，戎服執鞭，居立仗馬之左，視馬進退。

天寶八載，罷南衙立仗馬，因省進馬；十二載復置，乾元後又省，大曆十四年復。

尚食局　奉御二人，正五品下；直長五人，正七品上。諸奉御、直長，品皆如之。食醫八人，正九品下。奉御掌儲供，直長爲之貳。進御必辨時禁，先嘗之；饗百官賓客，則與光禄視品秩而供；凡諸陵月享，視膳乃獻。

龍朔二年，改尚食局曰奉膳局，諸局奉御皆曰大夫。有書令史二人，書吏五人，主食十六人，主膳八百四十人，掌固八人。

尚藥局　奉御二人，直長二人。掌和御藥、診視。凡藥供御，中書、門下長官及諸衞上將軍各一人，與監、奉御涖之。藥成，醫佐以上先嘗，疏本方，具歲月日，涖者署奏；餌日，奉御先嘗，殿中監次之，皇太子又次之，然後進御。太常每季閱送上藥，而還其朽腐者。左右羽林軍，給藥；飛騎、萬騎病者，頒焉。龍朔二年，改尚藥局曰奉醫局。有按摩師四人，呪禁師四人，書令史二人，書吏四人，直官十人，主藥十二人，藥童三十人，合口脂匠二人，掌固四人。

侍御醫四人，從六品上。掌供奉診候。司醫五人，正八品下；醫佐十人，正九品下。掌分療衆疾。

皆貞觀中置。

尚衣局　奉御二人，直長四人。掌供冕服、几案。祭祀，則奉鎮圭於監，而進于天子；大朝會，設案。

龍朔二年，改尚衣局曰奉冕局。有書令史三人，書吏四人，主衣十六人，掌固四人。

尚舍局　奉御二人，直長六人。掌殿庭祭祀張設、湯沐、燈燭、汛掃。行幸，則設三部帳幕，有古帳、大帳、次帳、小次帳、小帳凡五等，各三部；其外，則蔽以排城。大朝會，設黼扆，施躡席，薰鑪。朔望，設幄而已。

龍朔二年，改尚舍局曰奉扆局。有書令史三人，書吏七人，掌固十人，幕士八十人。舊有給使百二十人，掌供御湯沐、燈燭、雜使，貞觀中省。

尚乘局　奉御二人，直長十人，掌內外閑廄之馬。左右六閑：一曰飛黃，二曰吉良，三曰龍媒，四曰騊駼，五曰駃騠，六曰天苑。凡外牧歲進良馬，印以三花、飛鳳之字。飛龍廄日以八馬列宮門之外，號南衙立仗馬，仗下，乃退。大陳設，則居樂縣之北，與象相次。

龍朔二年，改尚乘局曰奉駕局。有書令史六人，書吏十四人，直官二十人，習馭五百人，掌閑五千人，典事五人，獸醫七十人，掌固四人。習馭，掌調六閑之馬；掌閑，掌飼六閑之馬，治其乘具鞍轡；典事，掌六閑芻粟。太宗置司廩，司庫；高宗置習馭、獸醫。

司廩、司庫各一人，正九品下。掌六閑藁秸出納。奉乘十八人，正九品下。掌飼習御馬。

尚輦局　奉御二人；直長三人；尚輦二人，正九品下。掌輿輦、繖扇，大朝會則陳于庭，大祭祀則陳于廟，皆繖二、翰一、扇一百五十有六，既事而藏之。常朝則去扇，左右留者三。

龍朔二年，改尚輦局曰奉輿局。有書令史二人，書吏四人，七輦主輦各六人，掌扇六十人，掌翰三十人，掌輦四十二人，奉輿十五人，掌固六人。掌扇、掌翰，掌執織扇、紙筆硯雜供奉之事；掌輦，掌率主輦以供其事。高宗置掌翰。

《唐六典》卷一二《内侍省》 内侍四人　内常侍六人　内給事八人
主事二人　令史八人　書令史十六人

内謁者

監六人　内謁者十二人　内典引十八人　内寺伯二人　寺人六人　亭長六人　掌固八人

掖庭局

令二人　丞三人　書令史四人　書吏八人　計史二人　宫教博士二人
監作四人　典事十人　掌固四人

宫闈局

令二人　丞二人　書令史三人　書吏六人　内閤人二十人　内掌扇十六人　内給使無常員　掌固四人

奚官局

令二人　丞二人　書令史三人　書吏六人　典事四人　掌固四人

内僕局

令二人　丞二人　書令史二人　書吏四人　駕士一百四十人　典事八人　掌固八人

内府局

令二人　丞二人　書令史二人　書吏四人　典事六人　掌固四人

内侍四人，從四品上；【略】内常侍六人，正五品下。【略】内侍之職，掌在内侍奉，出入宫掖，宣傳制令。惣掖庭、宫闈、奚官、内僕、内府五局之官屬。内常侍爲之貳。【略】

内給事八人，從五品下；【略】主事二人，從九品下。【略】内給事掌判省事。凡元正、冬至群官朝賀中宫，則出入宣傳。凡宫人之衣服、費用，則具其品秩，計其多少，春、秋二時，宣送中書。若用府藏物所造者，每月終，門司以其出入曆爲二簿聞奏。一簿留内，一簿出付尚書比部勾之。

内謁者，監六人，正六品下；内謁者十二人，從八品下；【略】内典引十八人。【略】内寺伯二人，正七品下；【略】寺人六人。【略】

内謁者監掌内宣傳。凡諸親命婦朝會，所司籍其人數，送内侍省。命婦下車，則引入朝堂，然後奏聞。内謁者掌諸親命婦朝集班位。内典引掌命婦朝參出入監引之事。内寺伯掌糾察諸不法之事。歲大儺，則監其出入。

（唐）杜佑《通典》卷二七《職官·諸卿下·内侍省》 大唐武德初，改爲内侍省，皆用宦者。龍朔二年，改爲内侍監，咸亨元年復舊。光宅元年，改爲司宫臺，神龍元年復舊。有内侍四人，掌知宫内供奉，中宫駕出則夾引，總判局事。舊二人，開元中加二人。貞元七年三月敕：内侍五品以上，許養一子，仍以同姓者，初養日不得過十歲。内常侍六人，通判省事。屬官有内給事八人，内謁者監六人，内寺伯二人，寺人六人，領掖庭、宫闈、奚官、内僕、内府等五局。神龍元年以後，始以中使出監諸軍兵馬。寶應元年五月，敕諸道州所承上命，須憑正敕可施行，不得懸便信中使宣敕即遵行。

《舊唐書》卷四四《職官志》 内侍省《星經》有宦者四星，在天市垣，帝坐之西。《周官》有巷伯、寺人之職，皆内官也。前漢宫官，多用士人，後漢始用宦者爲宫官。晋置大長秋卿爲後宫官，以宦者爲之。隋爲内侍省，煬帝改爲長秋監，武德復爲内侍。龍朔改爲内侍監，光宅改爲司宫臺，神龍復爲内侍省也。

内侍四員。從四品上。漢、魏曰長秋卿，梁曰大長秋，北齊曰中侍中，後周曰司内上士，隋曰内侍，置二人。煬帝曰長秋令，正四品。武德復爲中侍。中官之貴，極于此矣。若有殊勳懋績，則有拜大將軍者，仍兼内侍之官。德宗置左右神策、威遠等禁兵，命中官掌之。每軍置中尉一人，宦者爲之。自李輔國、魚朝恩之後，京師兵柄，歸於内官，號左右軍中尉。將兵於外者，謂之觀軍容使。而天下軍鎮節度使，皆内官一人監之，事具《宦者傳》也。内常侍六人。正五品下。漢代謂之中常侍。内侍之職，掌在内侍奉、出入宫掖宣傳之事，總掖廷、宫闈、奚官、内僕、内府五局之官屬。内常侍爲之貳。凡皇后祭先蠶，則相儀。后出，則爲之夾引。

内給事八人，從五品下。主事二人，從九品下。令史八人，書令史十六人。内給事掌判省事。凡元正、冬至羣臣朝賀中宫，則出入宣傳。凡宫人衣服費用，則具其品秩，計其多少，春秋二時，宣送中書。

内謁者監六人，正六品下。内謁者十二人，從八品下。内寺伯二人。正七品下。内謁者監掌内宣傳。凡諸親命婦朝會，所司籍其人數，送内侍省。内謁者掌諸親命婦朝集班位。内寺伯掌糾察諸不法之事。歲大儺，則監其出入。

掖廷局：令二人，從七品下。丞三人，從八品下。宫教博士二人，從九品下。監作四人，從九品下。令史四人，計史二人，書令史八人。掖廷令掌宮禁女工之事。凡宮人名籍，司其除附，公桑養蠶，會其課業。丞掌判局事。博士掌教習宮人書算衆藝。監作掌監當雜作。

宮闈局：令二人，從七品下。丞二人，從八品下。令史三人，書吏六人，内閽人二十人，内掌扇十六人，内給使無常員。宮闈局令掌侍奉宮闈，出入管鑰。凡大亨太廟，帥其屬詣于室，出皇后神主置於輿而登座焉。既事，納之。凡宮人無官品者，稱内給使。若有官及經解免應叙選者，得令長上，其小給使學生五十人，皆總其名籍，以給其糧廪。丞掌判局事。内給使掌諸門進物出納之曆。

奚官局：令二人，正八品下。丞二人，正九品下。書令史三人，書吏六人，藥童四人。奚官令掌奚隸工役、宮官品命。丞爲之貳。凡宮人有疾病，則供其醫藥，死亡則供其衣服，各視其品命。仍於隨近寺觀，爲之修福。雖無品，亦如之。凡内命婦五品已上亡，無親戚於墓側，三年内取同姓中男一人，以時主祭。無同姓，則所司春秋以少牢祭之。

内僕局：令二人，正八品下。丞二人，正九品下。書令史二人，書吏四人，駕士二百人。内僕令掌中宮車乘出入導引。丞爲之貳。凡中宮有出入則令居左，丞居右，而夾引之。凡皇后之車有六，事在《輿服》也。

内府局：令二人，正八品下。丞二人，正九品下。書令史二人，書吏四人。内府令掌中藏寶貨，給納名數。丞爲之貳。凡朝會五品已上，賜絹帛金銀器於殿廷者，並供之。諸將有功，并蕃酋辭還，亦如之。

（宋）王溥《唐會要》卷六五《内侍省》　龍朔二年，改爲内侍監。咸亨元年，改爲内侍省。光宅元年，改爲司宫臺。神龍元年，復爲内侍省。天寶十三載十一月二十八日，置内侍監二員，三品。貞元四年二月四日，内侍省内給事加二員，謁者監加四員，内侍伯加置四員。

内坊。開元二十七年四月二十八日敕：義方之訓，固在親承。太子既絶外朝，中官自通禁省，有何殊異。別立主司，其内坊宜復内侍省爲局。

護軍中尉監。貞元十二年六月六日置，以監勾當左右神策軍，以竇文場、霍仙鳴爲之。

中護軍監。同前日月置，以左右神威軍使張尚進、焦希望爲之。

監軍。垂拱三年十二月，停御史監軍事。在御史臺卷。神龍元年以後，始用中官爲之。

唐制，内侍省其官有内侍四人，内常侍六人，内謁者監六人，内給事十八人，謁者十二人，典引十八人，内侍伯二人，寺人六人。别有五局，掖廷局掌宮人簿籍；宮闈局掌宮内門禁，其屬有掌扇給使等員；奚官局掌宮人疾病死喪；内僕局掌宮中輿輦導從；内府局掌宮中供帳燈燭。五局有令丞，皆内官爲之。貞觀中，太宗定制，内侍省不置三品官。内侍是長官，階四品，其職但在閤門守禦、黄衣廪食而已。則天稱制二十年，差增員數。神龍中，宦官三千人，超授七品以上員外官者千餘人。元宗在位，中官稍稍稱旨者。即授三品左右監門將軍，得門施棨戟。及李輔國從幸靈武，程元振翼衛代宗，遂至守三公，封王爵，干預國政。郭子儀北伐，遂立觀軍容宣慰使，命魚朝恩爲之。然自有統帥，亦監領而已。貞元之後，天子爪牙之士，悉命統之。於是畜養假子，傳襲爵土，跋扈之兆，萌於兹矣。而中外黨錮，恣爲不法。雖朝廷之令，漸不能制。文宗即位，以仇士良等威福任己，思漸除之，卒有李訓之敗。公卿輔相，赤族受禍。曁武宣之際，閹豎輩嘗切齒于南衙官屬。光化中，昭宗授政于宰相崔允，尤忌宦官。於是左右軍容使劉季述、王仲先深不自安，幽帝於東内，册皇太子裕監國。崔允乃外協朱氏，密圖匡復。潛構護駕監州雄毅軍使孫德昭誅季述等。昭宗返正，改元天復。至三年，大懲其弊。收中官第五可範已下七百餘人，於内侍省同日誅之，諸道監軍使亦令勦戮。炎炎之勢，因斯息矣。

《新唐書》卷四七《百官志》　内侍省

監二人，從三品；少監二人，内侍四人，皆從四品上。監掌内侍奉，宣制令。其屬六局，曰掖庭、宮闈、奚官、内僕、内府、内坊。少監、内侍爲之貳。皇后親蠶，則升壇執儀；大駕出入，爲夾引。

武德四年，改長秋監曰内侍監，内承奉曰内常侍，内承直曰内給事。龍朔二年，改監爲省。武后垂拱元年，曰司宫臺。天寶十三載，置内侍監，改内侍曰少監；尋更置内侍。有高品一千六百九十六人，品官白身二千九百三十二人，令史八人，書令史十六人。

内常侍六人，正五品下，通判省事。

内給事十人，從五品下。掌承旨勞問，分判省事。凡元日、冬至，百官賀皇后，則出入宣傳；宮人衣服費用，則具品秩，計其多少，春秋宣送于中書。主事二人，從九品下。

內謁者監十人，正六品下。掌儀法、宣奏、承敕令及外命婦名帳。凡諸親命婦朝會者，籍其數上內侍省；命婦下車，則導至朝堂奏聞。

唐廢內謁者局，置內典引十八人，掌諸親命婦朝參，出入導引。有內亭長六人，掌固八人。

內謁者十二人，從八品下。掌諸親命婦朝集班位，分涖諸門。

內寺伯六人，正七品下。掌糾察宮內不法，歲儺則涖出入。

寺人六人，從七品下。掌皇后出入執御刀冗從。

掖庭局　令二人，從七品下；丞三人，從八品下。掌宮人簿帳、女工。凡宮人名籍，司其除附；公桑養蠶，會其課業；供奉物皆取焉。婦人以罪配沒，工縫巧者隸之，無技能者隸司農。諸司營作須女功者，取於户婢。

有書令史四人，書吏八人，計史二人，典事十人，掌固四人。計史掌料功程。

宮教博士二人，從九品下。掌教習宮人書、算、衆藝。

初，內文學館隸中書省，以儒學者一人爲學士，掌教宮人。武后如意元年，改曰習藝館，又改曰萬林內教坊，尋復舊。有內教博士十八人，經學五人，史、子、集綴文三人，楷書二人，《莊》《老》、太一、篆書、律令、吟詠、飛白書、算、碁各一人。開元末，館廢，以內教博士以下隸內侍省，中官爲之。

監作四人，從九品下。掌監涖雜作，典工役。

宮闈局　令二人，從七品下；丞二人，從八品下。掌侍宮闈，出入管籥。凡享太廟，皇后神主出入，則帥其屬輿之。總小給使學生之籍，給以糧稟。

有書令史三人，書吏六人，內閽史二十人，內掌扇十六人，內給使無常員，小給使學生五十人，掌固四人。凡無官品者，號曰內給使，掌諸門進物之曆；內閽史，掌承傳諸門，出納管鑰；內掌扇，掌中宮繖扇。

奚官局　令二人，正八品下；丞二人，正九品下。掌奚隸、工役、宮官之品。宮人病，則供醫藥；死，給衣服，各視其品。陪陵而葬者，將作給匠户，衛士營冢，三品葬給百人，四品八十人，五品六十人，六品、七品十人，八品、九品七人；無品者，斂以松棺五釘，葬以犢車，給三人。皆監門校尉、直長涖之。內命婦五品以上無親戚者，以近冢同姓中男一人主祭于墓；無同姓者，春、秋祠以少牢。

有書令史三人，書吏六人，典事、藥童、掌固各四人。

內僕局　令二人，正八品下；丞二人，正九品下。掌中宮車乘。皇后出，則令居左，丞居右，夾引。

有書令史二人，書吏四人，駕士百四十人，典事八人，掌固八人。駕士掌習御車輿、雜畜。

內府局　令二人，正八品下；丞二人，正九品下。掌中藏寶貨給納之數，及供燈燭、湯沐、張設。凡朝會，五品已上及有功將士、蕃酋辭還，皆賜於庭。

有書令史二人，書吏、典史、掌固各四人，典事六人。

太子內坊局　令二人，從五品下；丞二人，從七品下。掌東宮閤內及宮人糧稟。坊事五人，從八品下。

初，內坊隸東宮。開元二十七年，隸內侍省，爲局，改典內曰令，置丞。坊事及導客舍人六人，掌序導賓客；閤帥六人，掌帥閽人、內給使以供其事；內閽人八人，掌承諸門出入管鑰，內繖扇、燈燭；內廄尉二人，掌車乘。有録事一人，令史三人，書令史五人，典事二人，駕士三十人，亭長、掌固各一人。

典直四人，正九品下。掌宮內儀式導引，通傳勞問，糾劾非違，察出納。

紀事

（唐）白居易《白居易集》卷四八《中書制誥一·庾承宣可尚書右丞制》　勅：朝議大夫、守尚書刑部侍郎、驍騎尉庾承宣：昔我太宗文皇帝嘗謂，尚書丞百職綱維，事一失中，則天下有受其弊者。因命戴冑、魏徵及杜正倫、劉洎輩，繼領是職，分居左右；官修事理，人到於今稱之。故吾前命崔從持左綱，今命承宣操右轄：衆口籍籍，頗爲得人。況承宣端諒勤敏，周知典故，必能爲我紐有條之綱，柅妄動之輪。坐曹得出入郎官，立朝得奏彈御史，會政決要，扶樹理本；無俾戴、魏、劉、杜專美於貞觀中。可守尚書右丞，散官、勳如故。

（唐）白居易《白居易集》卷四八《中書制誥一·張平叔可户部侍郎判度支制》　勅：故事，君使臣其道不一，或先勞而後受賞，或先加寵而後責功；蓋宜使有後先，時事有緩急故耳。朝議大夫、守鴻臚卿、兼御史大夫、判度支、上柱國，賜紫金魚袋張平叔，國之材臣也。計能析秋毫，吏畏如夏日，司會逾月，綱條甚張。況師旅未息，調食方急，倚成取濟，非爾而誰？故自大鴻臚换居人部。造膝而授，不時而遷，其要無他，是欲急吾事而望倚爾功也。公卿以降，羣有司盈庭。然問曰：與吾坐而决事，丞相已下，不過四五，而主計之臣在焉。非智能則事不可成，非諒直則吾難近。噫！職局之外，得不思稱官望而厭我心乎？可守尚書户部侍郎，判度支。散官、勳、賜如故。時長慶二年三月制。

（唐）白居易《白居易集》卷四八《中書制誥一・柳公綽可吏部侍郎制》　敕：京兆尹兼御史大夫柳公綽：長吏數易，爲害甚多；邇來都畿，未免斯弊。或苛急而人重困，或軟弱而姦不息；得其中者，其公綽乎？細大必躬親，剛柔不吐茹，甚稱厥職，惜而不遷。然智者常憂，忠者常勞，亦非吾以平施御臣下之道也。尚書六職，天官首之：辯論官材，澄汰流品；比諸内史，選妙秩清；詢衆用能，無易公綽。爾宜飭躬承命，以裴、王、崔、毛爲心。苟副吾言，用稱乃職；而今而後，亦何往而不適哉？可尚書吏部侍郎。

（唐）白居易《白居易集》卷四八《中書制誥一・牛僧孺可户部侍郎制》　敕：户部侍郎，周之地官小司徒也。掌天下田户之圖，生齒之籍，賦役貨幣之政令，以待國用，而質歲成。元和以還，日益寵重；善其職者，多登大任；中兹選者，莫匪正人。誰其稱之？我有邦彦，朝議郎、守御史中丞、上柱國、賜紫金魚袋牛僧孺：自舉賢良，踐臺閣，秉潤色筆，提糾繆綱；而書命無繁詞，决事無留獄，受寵有憂色，納忠多苦言。朕心知之，何用不可？夫以人會之重如彼，僧孺之賢若此：俾居是職，不亦宜乎？可守尚書户部侍郎，散官、勳〔賜〕如故。

（唐）白居易《白居易集》卷四九《中書制誥二・韋貫之可工部尚書制》　敕：河南尹韋貫之：善馭者齊六轡，善理者正六官；六官成則百事舉。故吾選賢任舊，以次第補之。而六卿〔之〕材，吾已得五，闕一不可，待汝而成。貫之以正行明誠，爲先朝輔。始以直進，終以直退；道有消長，德無緇磷。及帥湘潭，尹河洛，而廉平清壹之政，繼聞於京師。名簡吾心，善入吾耳；宜置朝右，以之厚時風。況今之尚書，漢公卿也，言動可否，屬人耳目焉；固不專率四屬，程百工，備位於冬官而已。可工部尚書。

（唐）白居易《白居易集》卷五〇《中書制誥三・鄭絪可吏部尚書制》　敕：天官太宰，秩序常尊；自昔迄今，冠諸卿首。非位望崇盛者，不可以處之。而朕即位已來，凡命故相領者三矣。迨此而四，可不重乎？東都留守、防禦使、檢校刑部尚書、兼御史大夫、滎陽縣開國公鄭絪：有邴吉之寬裕，子産之恭惠，合而爲用，藩輔四朝；故事遺愛，留於官次。國之都府，半在東周；委以保釐，人安吏肅。重煩耆德，入領冢卿。昔魏用崔琰、毛玠典吏曹，一時之士，以廉節自勵。國朝以宋景、李乂掌選部，亦能遏絶訛僞，振張紀綱。官無古今，得人則理。吾言及此，欲爾繼之。可吏部尚書。

（宋）王溥《唐會要》卷五七《尚書省諸司上・尚書省》　武德元年，因隋舊制，爲尚書省。龍朔二年二月四日，改爲中臺。咸亨元年十二月二十三日，改爲尚書省。光宅元年九月五日，改爲文昌臺。垂拱元年二月二日，改爲都臺。咸亨初，復爲尚書省。長安三年閏四月十五日，又改爲中臺。神龍元年二月四日，改爲尚書省。【略】

永泰二年四月十五日制，周有六卿，分掌國柄，各率其屬，以宣王化。今之尚書省，即六官之位也，古稱會府，實曰政源，庶務所歸，比於喉舌，猶天之有北斗也。朕纂承丕緒，遭遇多難，典章故事，久未克舉。其尚書宜申明令式，一依故事，諸司諸使及天下州府，有事准令式各申省者，先申省司取裁，並所奏請，敕到省，有不便於事者，省司詳定聞奏，然後施行。自今以後，其郎官有闕，選擇多識前言，備諳故事，志業正直，文史兼優者，勿收虚名，務取實用。六行之内，衆務畢舉，事無巨細，皆中職司，酌於故實，遵我時憲，凡百在位，悉朕意焉。

（宋）王溥《唐會要》卷五七《尚書省諸司上・左右僕射》　龍朔二年二月四日，改爲左右匡政。咸亨元年十二月二十三日，改爲左右僕射。光宅元年九月五日，改爲文昌左右相。神龍元年二月四日，又改爲左右僕射。開元元年十二月一日，改爲左右丞相。天寶元年二月二十日，復改爲左右僕射。

尚書左右僕射，自武德至長安四年已前，並是正宰相。初，豆盧欽望自開府儀同三司拜左僕射，既不言同中書門下三品，不敢參議政事。數日後，始有詔加知軍國重事。至景雲二年十月，韋安石除左僕射，東都留守，不帶同三品。自後空除僕射，不是宰相，遂爲故事。

（宋）王溥《唐會要》卷五八《尚書省諸司中·左右丞》 武德元年，因隋舊制不改。至龍朔二年二月四日，改爲左右肅機。咸亨元年十二月二十三日，復爲左右丞。舊左丞正四品上，右丞正四品下。永昌元年三月二十日，敕曰：元閣會府，區揆實繁，都省勾曹，管轄綦重，還依仍舊之職，未協維新之政，其文昌左右丞，進爲從三品階。其盧獻、李景諶，並宜三品，依舊任。如意元年八月十六日，復爲四品，至今不改。

（宋）王溥《唐會要》卷五八《尚書省諸司中·左右司郎中》 隋朝但稱左右司郎，本朝加中字，武德元年八月省。貞觀二年正月十三日復置。龍朔二年二月四日，改爲左右丞務。咸亨元年十二月二十日，復爲左右司郎中。

（宋）王溥《唐會要》卷五八《尚書省諸司中·左右司員外郎》 永昌元年十月五日置，各一人，以侍御史顧宗爲左司員外郎，洛州司户參軍元懷貞爲右司員外郎。神龍元年三月初八日廢，二年十二月復置。

（宋）王溥《唐會要》卷五八《尚書省諸司中·吏部尚書》 武德元年，因隋舊制。龍朔二年，改爲司列太常伯。咸亨元年，復爲吏部尚書。光宅元年，改爲天官尚書。神龍二年，復爲吏部尚書。天寶二年三月二十七日，改爲文部尚書。至德二載十二月十五日，復爲吏部尚書，掌銓六品七品選，侍郎掌銓八品九品選。至景雲元年，宋璟爲吏部尚書，始相通與侍郎分知，因爲故事者也。

（宋）王溥《唐會要》卷五八《尚書省諸司中·吏部侍郎》 武德初，因隋舊制。至七年二月省。貞觀二年正月十日復置。龍朔二年，改爲司列少常伯。咸亨元年，改爲吏部侍郎。光宅元年，改爲天官侍郎。神龍二年，復爲吏部侍郎。天寶十一載三月二十七日，改爲文部侍郎。至德二載十二月十五日，復爲吏部侍郎。本一員，總章二年四月一日，加一員，以裴行儉爲之。本員爲中銓，新加員爲東銓。永昌元年三月二十一日，又加一員，以李景諶爲之，通前三員。聖歷二年五月八日，減一員。乾元二年八月二日，侍郎崔器以中銓闕，承前多貶降，遂奏改爲西銓，仍轉廳居之。其侍郎事跡，具在選部。

（宋）王溥《唐會要》卷五八《尚書省諸司中·吏部郎中》 武德元年，因隋舊號爲選部郎。三年，加中字。至五年六月一日，又改爲吏部郎中。七年廢侍郎，加郎中秩正四品上，掌流内選事。貞觀二年，復置侍郎，乃降依本秩，亦罷掌選事。龍朔二年，改爲司列大夫，已後並隨省改復。載初元年，加一員，以李元素爲之，通前三員。聖歷二年八月，卻減一員矣。

（宋）王溥《唐會要》卷五八《尚書省諸司中·吏部員外郎官名改復，與郎中同》 判廢置一員，判南曹一員。南曹起於總章二年，司列少常伯李敬元奏置。未置已前，銓中自勘責，故事兩轉廳。至建中元年，侍郎邵説奏：各挾闕替，南曹郎王鋗已後，遂不轉廳。貞元十一年閏八月一日，侍郎杜黄裳奏：當司郎官，判南曹廢置，請准舊例轉廳。敕旨：依奏。初，武太后延載元年，加一員，以周質爲之。聖歷二年八月省。開元十二年四月十六日，敕兵吏各專定兩人判南曹，以陳希烈、席豫爲之，尋卻一人判。貞元元年九月十六日，又以兩人判南曹，以庫部員外郎崔鋭、比部員外郎劉執經權判，事畢日停。至十二年閏八月二日，又卻以一員判也。

（宋）王溥《唐會要》卷五八《尚書省諸司中·司封郎中》 武德元年，因隋舊號爲主爵郎中。龍朔二年，改爲司封大夫。咸亨元年，改爲主爵郎中。垂拱元年二月二日，改爲司封郎中。神龍元年九月五日，改爲主爵郎中。開元二十四年九月二十六日復故。

（宋）王溥《唐會要》卷五八《尚書省諸司中·司勳郎中》 隋爲司勳郎，武德初，加中字。龍朔元年二月四日，改爲司勳大夫。咸亨二年，復改爲司勳郎中。

（宋）王溥《唐會要》卷五八《尚書省諸司中·考功郎中》 隋爲考功郎，武德初，加中字。龍朔二年，改爲司績大夫。咸亨元年，復爲考功郎中。舊郎中知貢舉，其外官考，貞觀以後，每年定諸司長官一人判校，京官即考功郎中自判。至貞元二年九月二十日停考使，其考課付所司准式授定，遂令員外校外官考。

（宋）王溥《唐會要》卷五八《尚書省諸司中·考功員外郎改復與郎中同》 考功員外郎，貞觀已後知貢舉，至開元二十四年三月十二日，以員外郎李昂爲舉人李權所訟，乃移貢舉於禮部也。

年，（宋）王溥《唐會要》卷五八《尚書省諸司中·户部尚書》 武德元年，因隋爲民部尚書。貞觀二十三年六月二十日，改爲户部尚書。顯慶元年七月二十一日，改爲度支尚書。龍朔二年，改爲司元太常伯。咸亨元年，復爲户部尚書。光宅元年，改爲地官尚書。神龍元年，復爲户部尚書。

（宋）王溥《唐會要》卷五八《尚書省諸司中·户部侍郎改復名號，與尚書同》 舊制本一員，垂拱四年四月十一日，加一員，以武攸寧爲之。

（宋）王溥《唐會要》卷五九《尚書省諸司下·户部郎中》 隋爲民部郎中，貞觀改户部郎中，自後改復名號，與侍郎中。

（宋）王溥《唐會要》卷五九《尚書省諸司下·度支郎中》 隋爲度支郎，武德初，加中字。龍朔二年，改爲司度大夫。咸亨元年，復爲度支郎中。

（宋）王溥《唐會要》卷五九《尚書省諸司下·金部郎中》 隋爲金部郎，武德三年，加中字。龍朔二年，改爲司珍大夫。咸亨元年復舊。天寶十一載三月七日，改爲司金郎中。至德二載十二月十五日復舊。

（宋）王溥《唐會要》卷五九《尚書省諸司下·倉部郎中》 隋爲倉部郎，武德三年，加中字。龍朔二年，改爲司庾大夫。咸亨元年復舊。天寶十一載三月七日，改爲司儲郎中。至德二載十二月十五日復舊。

（宋）王溥《唐會要》卷五九《尚書省諸司下·禮部尚書》 龍朔二年，改爲司禮太常伯。咸亨元年復舊。光宅元年，改爲春官尚書。神龍元年，復爲禮部尚書。

（宋）王溥《唐會要》卷五九《尚書省諸司下·禮部郎中》 隋號儀曹郎，武德初，因隋舊號不改。三年十月，改爲禮部郎中。龍朔二年，改爲司禮大夫。咸亨三年，復爲禮部郎中。光宅元年，改爲春官郎中。神龍元年，復爲禮部郎中。

（宋）王溥《唐會要》卷五九《尚書省諸司下·祠部郎中》 隋爲祠部郎，武德三年，加中字。龍朔二年，改爲司禋大夫。咸亨元年，復爲祠部郎中。

（宋）王溥《唐會要》卷五九《尚書省諸司下·膳部郎中》 隋爲膳部郎，武德三年，加中字。龍朔二年，改爲司膳大夫。咸亨元年，復爲膳部郎中。

（宋）王溥《唐會要》卷五九《尚書省諸司下·主客郎中》 隋爲司蕃郎，皇朝爲主客郎中。龍朔二年，改爲司蕃大夫。咸亨元年，復爲主客郎中。

（宋）王溥《唐會要》卷五九《尚書省諸司下·兵部尚書》 龍朔二年，改爲司戎太常伯。咸亨元年，復爲兵部尚書。光宅元年，改爲夏官尚書。神龍元年，復爲兵部尚書。天寶十一載二月二十八日，改爲武部尚書。至德二載三月五日，復爲兵部尚書。

（宋）王溥《唐會要》卷五九《尚書省諸司下·兵部郎中》 隋爲兵部郎，武德三年，加中字。龍朔二年，改爲司戎大夫。咸亨元年，復爲兵部郎中。

（宋）王溥《唐會要》卷五九《尚書省諸司下·兵部員外郎改復與郎中同》 本兩員，大足元年，更加一員，以趙履温爲之。

（宋）王溥《唐會要》卷五九《尚書省諸司下·職方郎中》 隋爲職方郎，武德三年，加中字。龍朔二年，改爲司城大夫。咸亨元年，復爲職方郎中。

（宋）王溥《唐會要》卷五九《尚書省諸司下·駕部郎中》 隋爲駕部郎，武德三年，加中字。龍朔中，改司輿大夫。咸亨元年，復爲駕部郎中。

（宋）王溥《唐會要》卷五九《尚書省諸司下·庫部郎中》 隋爲庫部郎，武德三年，加中字。龍朔二年，改爲司庫大夫。咸亨元年，復爲庫部郎中。

（宋）王溥《唐會要》卷五九《尚書省諸司下·刑部尚書》 龍朔二年，改爲司刑太常伯。咸亨元年，復爲刑部尚書。光宅元年，改爲秋官尚書。神龍元年，復爲刑部尚書。天寶十一載，改爲憲部尚書。至德二載，復爲刑部尚書。

（宋）王溥《唐會要》卷五九《尚書省諸司下·刑部郎中》 隋爲憲部郎，唐因之。武德三年，改刑部，加中字。龍朔二年，改爲司刑大夫。咸亨元年，復爲刑部郎中。

（宋）王溥《唐會要》卷五九《尚書省諸司下·都官郎中》 隋爲都

官郎，置二人，皇朝因之，置一人。武德三年，加中字。龍朔二年，改爲司僕大夫。咸亨元年，復爲都官郎中。

（宋）王溥《唐會要》卷五九《尚書省諸司下・比部郎中》　隋爲比部郎，唐因之。武德三年，加中字。龍朔二年，改爲司計大夫。咸亨元年，復爲比部郎中。

（宋）王溥《唐會要》卷五九《尚書省諸司下・司部郎中》　隋爲司部郎，武德三年，加中字。龍朔二年，改司門大夫。咸亨元年，復爲郎中。

（宋）王溥《唐會要》卷五九《尚書省諸司下・工部尚書》　隋爲起部尚書，武德元年，因而不改。三月，改爲工部尚書。龍朔二年，改爲司平太常伯。咸亨元年，復爲工部尚書。光宅元年，改爲冬官尚書。神龍元年，復爲工部尚書。大歷六年十二月十一日敕，京城内諸坊市宅舍，輒不得毁拆，有犯聞奏。

（宋）王溥《唐會要》卷五九《尚書省諸司下・工部郎中》　隋爲起部郎，武德三年，改工部郎中。龍朔二年，改司平大夫。咸亨元年，復爲工部郎中。

（宋）王溥《唐會要》卷五九《尚書省諸司下・屯田郎中》　隋爲屯田郎，武德三年，加中字。龍朔二年，改爲屯田大夫。咸亨元年，復爲屯田郎中。

（宋）王溥《唐會要》卷五九《尚書省諸司下・虞部郎中》　隋爲虞部郎，武德三年，加中字。龍朔二年，改司虞大夫。咸亨元年，復爲虞部郎中。

（宋）王溥《唐會要》卷五九《尚書省諸司下・水部郎中》　隋爲水部郎，武德三年，加中字。龍朔二年，改司川大夫。咸亨元年，復爲水部郎中。

（唐）白居易《白居易集》卷四八《中書制誥一・鄭覃可給事中制》

敕：給事中之職，凡制敕有不便於時者，得封奏之。刑獄有未合於理者，得駁正之。天下冤滯無告者，得與御史糾理之。有司選補不當者，得與侍中裁退之。率是而行，號爲稱職；固不專於掌侍奉，贊詔令而已。中大夫、行諫議大夫、雲騎尉、滎陽縣開國男、食邑三百户鄭覃，清節直行，正色寡言；先臣之風，藹然猶在。自居首諫，益勵謇諤；擢領是職，必有可觀。亦欲天下聞之，知吾獎骨鯁之臣，來諫諍之道也。可給事中。散官、勳如故。

（唐）白居易《白居易集》卷四八《中書制誥一・孔戣可右散騎常侍制》　敕：昔齊桓公心體懈怠，則隰朋侍；漢武帝親重儒術，則劉向從：今之常侍，是其選矣。稱其任者，唯正人乎？吏部侍郎孔戣，言行謹直，風操端莊，肅然禮容，清廟之器。始自筮仕，迄于天官，虚舟爲心，利刃在手，全才具美，時論多之。可使珥貂，立吾左右，從容侍從，以備顧問。隰朋、劉向，豈遠乎哉？可右散騎常侍。

（宋）王溥《唐會要》卷五四《省號上・門下省》　武德初，因隋舊制，爲門下省。龍朔二年二月四日，改爲東臺。咸亨元年十二月二十三日，改爲門下省。光宅元年九月，改爲鸞臺。神龍元年二月四日，改爲門下省。開元元年十二月一日，改爲黄門省。五年九月六日，仍改門下省。至今不改。

（宋）王溥《唐會要》卷五四《省號上・門下侍郎》　龍朔二年，改爲東臺侍郎。咸亨元年，改爲黄門侍郎。垂拱元年二月二日，改爲鸞臺侍郎。神龍元年，復爲黄門侍郎。天寶元年二月二十日，改爲門下侍郎。乾元元年，改爲黄門侍郎。大歷二年四月，復爲門下侍郎。其年九月，陞爲正三品，中書侍郎同門下之稱，至今不改。

（宋）王溥《唐會要》卷五四《省號上・給事中》　武德元年，因隋舊制爲給事郎。三年三月十日，改爲給事中。龍朔二年，改爲東臺舍人。咸亨元年，改爲給事中。

（唐）吴兢《貞觀政要》卷一《政體》　貞觀三年，太宗謂侍臣曰：中書、門下，機要之司，擢才而居，委任實重。詔敕如有不穩便，皆須執論。比來惟覺阿旨順情，唯唯苟過，遂無一言諫諍者，豈是道理？若惟署詔敕、行文書而已，人誰不堪？何煩簡擇，以相委付？自今詔敕疑有不穩便，必須執言，無得妄有畏懼，知而寢默。

（唐）吴兢《貞觀政要》卷一《政體》　貞觀元年，太宗謂黄門侍郎王珪曰：中書所出詔敕，頗有意見不同，或兼錯失而相正以否。元置中書、門下，本擬相防過誤。人之意見，每或不同，有所是非，本爲公事。

或有護己之短，忌聞其失，有是有非，銜以爲怨。或有苟避私隙，相惜顔面，知非政事，遂即施行。難違一官之小情，頓爲萬人之大弊。此實亡國之政，卿輩特須在意防也。隋日内外庶官，政以依違，而致禍亂，人多不能深思此理。當時皆謂禍不及身，面從背言，不以爲患。後至大亂一起，家國俱喪，雖有脱身之人，縱不遭刑戮，皆辛苦僅免，甚爲時論所貶黜。卿等特須滅私徇公，堅守直道，庶事相啓沃，勿上下雷同也。

（宋）王溥《唐會要》卷五一《官號・中書令》 武德元年，爲内史令。三年，改爲中書令。龍朔二年，改爲西臺右相。至咸亨元年，改爲中書令。光宅二年，又爲内史。神龍元年，復爲中書令。開元元年，爲紫微令。五年，復爲中書令。天寶二年，改爲右相。至德二載，復爲中書令。舊制：宰相常於門下省議事，謂之政事堂。故長孫无忌、魏徵、房元齡皆知門下事。至永淳二年七月，中書令裴炎以中書執政事筆，其政事堂合在中書，遂移在中書省。至開元十一年，張説奏改政事堂爲中書門下，其政事印亦改爲中書門下之印。至德二載三月，宰相分直主政事執筆，每一人知十日，至貞元十年五月八日，又分每日一人執筆。

（宋）王溥《唐會要》卷五四《省號上・中書省》 武德元年，因隋舊制，曰内書省。三年三月十日，改爲中書省。龍朔二年，改爲西臺。咸亨初，復爲中書省。光宅元年，改爲鳳閣。神龍中，復爲中書省。開元元年，改爲紫微省。五年，復爲中書省。

（清）趙翼《陔餘叢考》卷二六《中書》 中書之名，漢武初以宦者爲之，司馬遷被刑後，亦爲中書令，蓋主傳宣詔命者也。《成帝紀》罷中書宦官，註臣瓚曰：漢初中人有謁者令，孝武加中謁者令爲中書謁者令，置僕射。宣帝時，任中書官宏恭爲令，石顯爲僕射。元帝時，恭死，顯代爲中書令，專權用事。成帝時，因蕭望之言，乃罷其官，更名爲中謁者令云。自是以訖東漢，皆無中書之官。《後漢書・朱暉傳》漢家舊典，置侍中中常侍各一人，省尚書事，黄門侍郎一人，傳發書奏，皆用姓族士人。和熹太后以女主稱制，乃以閹人爲常侍小黄門通命，自此以來，權過人主，然則東漢雖無中書之官，侍中中常侍即其職也。曹操爲魏公，以劉放、孫資爲秘書郎。文帝即位，更秘書爲中書，以放爲監，資爲令，遂掌機密，明帝益任焉。《魏志》稱三祖詔令，皆放所爲，此中書參機務擬詔旨之始也。其時中書監令號爲重任，蔣濟諫曰，今外所言，輒云中書，雖使恭慎不敢外交，但有此名猶惑世俗，況實據事要，日在目前，倘因疲倦之間，有所革制，衆臣見其能推移於事，即亦因而向之。按資、放名臣，明帝令主，而濟已有此奏，可見權之所在，勢即隨之，故晋荀勖由中書監除尚書令，或賀之，而勖有奪我鳳池之嘆。至晋惠帝時，孫秀爲中書監，王威爲中書令，權傾中外，則更任之極重者矣。

唐初政事堂在門下省，長孫無忌以司空，房元齡以僕射，魏徵以太子太師，皆知門下省事，至裴炎以中書令執政事筆，乃徙政事堂於中書。

（宋）王溥《唐會要》卷六五《祕書省》 龍朔二年二月四日，改爲蘭臺，其監爲蘭臺太史，少監爲蘭臺侍郎，丞爲蘭臺大夫。咸亨元年十月二十三日，各復舊額。光宅元年九月五日，改爲麟臺，監等並隨名改。神龍元年二月五日，復改爲祕書監如舊。

少監，武德初，因隋舊制，號祕書少令，七年省。貞觀四年十一月，復置一員，以虞世南爲之。太極元年二月，加一員，以崔琳爲之。

祕書郎，本四員，開元二十八年減一員。

校書郎，本八員，開元二十六年正月二十八日省四員，天寶十三載正月十三日卻置。

正字，本二員，開元二十六年減一員，天寶十三載正月十三日卻置。貞元八年六月十三日割校書四員，正字兩員，屬集賢院。

著作局，龍朔二年，改爲司文局著作郎，咸亨元年卻依舊。

著作郎，本四員，開元二十六年正月二十八日減兩員，掌修史。貞觀二十三年閏十二月，置史館於門下省，宰臣監史，自是著作罷史任。

（宋）王溥《唐會要》卷六五《殿中省》 武德初，因隋舊制，爲殿内省。三年，改殿中省。龍朔二年，改爲中御府，監爲中御大監。咸亨元年復舊。

少監，上元元年八月加一員，以唐脩睦爲之。

丞，龍朔二年，改爲中御大夫，咸亨元年復舊。

尚膳局。龍朔年，改爲奉膳局，奉膳爲大夫，諸局並准此。咸亨年並復舊。天寶元年五月二十九日，唯留一員，其餘並停。

尚醫局。龍朔年改爲奉醫局。

尚衣局。准上改爲奉冕局。

尚舍局。准上改爲奉扆局。

尚輦局。准上改爲奉輦局。

尚乘局。准上改爲奉駕局。

開元二年，初以尚乘局隸閑廄使。

奉御，本二員，高宗加置四員，分掌六閑。一曰飛黄閑，二曰吉良閑，三曰龍媒閑，四曰騊駼閑，五曰駃騠閑，六曰天苑閑。

唐朝·翰林學士院

綜述

（唐）李肇《翰林志》　昔宋昌有言曰：所言公，公言之；所言私，王者無私。夫翰林爲樞機宥密之地，有所慎者，事之微也。若制置任用，則非王者之私。

漢制，尚書郎主作文書起草，更直於建禮門，內臺給青縑白綾，或以錦被，帷帳，氊褥，晝通中枕，大官供食，湯官供餅餌五熟果，五日一美食，下天子一等。建禮門內得神仙門，神仙門內得光明殿，神仙殿，自門下省、中書省，蓋比今翰林之制略同，而所掌輕也。

漢武帝時，嚴助、朱買臣、吾丘壽王、司馬相如、東方朔、枚皋之徒皆在左右。是時朝廷多事，中外論難，大臣數詘，亦其事也。

唐興，太宗始於秦王府開文學館，擢房玄齡、杜如晦一十八人，皆以本官兼學士，給五品珍膳，分爲三番更直，宿於閣下，討論墳典。時人謂之登瀛洲。

貞觀初，置弘文館學士，聽朝之隙，引入大內殿講論文義，商較時政，或夜分而罷。至玄宗，置麗正殿學士，名儒大臣皆在其中，後改爲集賢殿，亦草書詔。至翰林置學士，集賢書詔乃罷。

初，國朝修陳故事，有中書舍人六員專掌詔誥，雖曰禁省，猶非密切，故溫大雅、魏徵、李百藥、岑文本、褚遂良、許敬宗、上官儀時召草制，未有名號。乾封已後始曰北門學士，劉懿之、劉禕之、周思茂、元萬頃、范履冰爲之。則天朝，蘇味道、韋承慶，其後上官昭容獨掌其事。睿宗則薛稷、賈膺福、崔湜。玄宗改爲翰林待詔，張說、陸堅、張九齡、徐安貞相繼爲之，改爲翰林供奉。開元二十六年，劉光謙、張垍乃爲學士，始別建學士院于翰林院之南。又有韓翃、閻伯璵、孟匡朝、陳兼、李白、蔣鎮在舊翰林院，雖有其名，不職其事，至德宗已後，翰林始兼學士之名。

代宗初，李泌爲學士，而今壁記不列名氏，蓋以不職事之故也。

（唐）元稹《元氏長慶集》卷五一《記·翰林承旨學士記》　舊制，學士無得以承旨爲名者，應對顧問，參會旅次班第，以官爲上下。憲宗章武孝皇帝以永貞元年即大位，始命鄭公爲承旨學士，位在諸學士上，居在東第一閣，乘輿奉郊廟，輒得乘廄馬，自浴殿由內朝以從。揭雞竿，布大澤，則丹鳳之西南隅。外賓客進見於麟德，則止直禁中以俟。大凡大誥令、大廢置，丞相之密畫，內外之密奏，上之所甚注意者，莫不專對，他人無得而參，非自異也，法不當言。用是十七年間，由鄭至杜十一人，而九參大政，其不至者，衛公詔及門而返，事適然也。禁省中備傳其事。至於張，則弄相印以俟其病間者久之，卒不典命也已。若此，則安可以昧陋不肖之積，繼居九丞相二名卿之後乎。俛仰瞻睹，如遭大賓，每自誨其心曰：以若之不俊不明，而又使欲惡欹曲攻於內，且決事於冥冥之中，無暴揚報効之言，不忿行私易也。然而陰潛之神，必有記善惡之餘者，以君父之遇若如是，而猶舉枉措直，可乎哉。使若之心，忽而爲他人盡數若之所爲，而終不自愧，斯可矣。昔魯共王餘畫先賢於屋壁以自警，臨我以十一賢之名氏，豈直自警哉。由是謹其遷授，書於座隅，長慶元年八月十日記。

《舊唐書》卷四三《職官志》　翰林院。天子在大明宮，其院在右銀臺門內。在興慶宮，院在金明門內。若在西內，院在顯福門。若在東都、華清宮，皆有待詔之所。其待詔者，有詞學、經術、合鍊、僧道、卜祝、術藝、書奕，各別院以廩之，日晚而退。其所重者詞學。武德、貞觀時，有温大雅、魏徵、李百藥、岑文本、許敬宗、褚遂良。永徽後，有許敬宗、上官儀，皆召入禁中驅使，未有名目。乾封中，劉懿之劉禕之兄弟、周思茂、元萬頃、范履冰，皆以文詞召入待詔，常於北門候進止，時號北門學士。天后時，蘇味道、韋承慶，皆待詔禁中。中宗時，上官昭容獨當書詔之任。睿宗時，薛稷、賈膺福、崔湜，又代其任。玄宗即位，張説、陸堅、張九齡、徐安貞、張垍等，召入禁中，謂之翰林待詔。王者尊極，一日萬機，四方進奏、中外表疏批答，或詔從中出。宸翰所揮，亦資其檢討，謂之視草，故嘗簡當代士人，以備顧問。至德已後，天下用兵，軍國多務，深謀密詔，皆從中出。尤擇名士，翰林學士得充選者，文士爲榮。亦如中書舍人例置學士六人，内擇年深德重者一人爲承旨，所以獨承密命故也。德宗好文，尤難其選。貞元已後，爲學士承旨者，多至宰相焉。

（宋）王溥《唐會要》卷五七《翰林院》 開元初置，已前掌内文書。武德已後，有温大雅、魏徵、李百藥、岑文本、褚遂良、許敬宗、上官儀等，時召入草制，未有名目。乾封已後，始號北門學士。劉懿之禕之兄弟、周思茂、元萬頃、范履冰爲之。則天朝，以蘇味道、韋承慶等爲之。後上官昭容在中宗朝獨任其事。睿宗即位後，以薛稷、賈膺福、崔湜爲之。其院置在右銀臺門内。駕在興慶宮，院在金明門内。駕在大内，院在明福門内。

翰林院者，本在銀臺門内麟德殿西廂重廊之後，蓋天下以藝能技術見召者之所處也。學士院者，開元二十六年之所置，在翰林之南，別户東向。考視前代，即無舊名。貞觀中，祕書監虞世南等十八人，或秦府故僚，或當時才彦，皆以宏文館學士會於禁中，内參謀猷，延引講習。出侍輿輦，入陪宴私。十數年間，多至公輔。當時號爲十八學士。其後永徽中，故黄門侍郎顧悰復有麗正之稱。開元初，故中書令張説等又有集仙之比。日用討論親侍，未有典司。元宗以四隩大同，萬樞委積，詔敕文誥，悉由中書，或慮當劇而不周，務速而時滯，宜有編掌，列於宫中，承遵邇言，以通密命。由是始選朝官有詞藝學識者，入居翰林，供奉敕旨。於是中書舍人吕向、諫議大夫尹愔元充焉。雖有密近之殊，亦未定名。制詔書敕，猶或分在集賢。時中書舍人張九齡、中書侍郎徐安貞等叠居其職，皆被恩遇。至二十六年，始以翰林供奉改稱學士，由是别建學士院，俾掌内制。於是太常少卿張洎、起居舍人劉光謙等首居之。而集賢所掌，於是罷息。自後給事中張淑、中書舍人張漸、竇華等，相繼而入焉。其後有韓雄、閻伯璵、孟匡朝、陳兼、蔣鎮、李白等。舊在翰林中，但假其名，而無所職。至德已後，軍國務殷，其入直者，並以文詞，共掌詔敕。自此翰林院始有學士之名。其後又置東翰林院于金鑾殿之西，隨上所在，而選取其便穩，大抵召入者一二人，或三四人，或五六人，出於所命，蓋不定數。亦有以鴻儒碩學，經術優長，訪問質疑，爲人主之所禮者，頗列其中。初，自德宗建置已來，秩序未立，延覲之際，各趨本列。暨貞元元年九月，始別敕令，明預班列，與諸司官知制誥例同。故事，中書以黄白二麻爲綸命重輕之辨，近者所由，猶得用黄麻，其白麻皆在此院，自非國之重事拜授，於德音赦宥者，則不得由於斯矣。

《新唐書》卷四六《百官志》 學士之職，本以文學言語被顧問，出入侍從，因得參謀議，納諫諍，其禮尤寵；而翰林院者，待詔之所也。

唐制，乘輿所在，必有文詞、經學之士，下至卜、醫、伎術之流，皆直於別院，以備宴見；而文書詔令，則中書舍人掌之。自太宗時，名儒學士時時召以草制，然猶未有名號；乾封以後，始號北門學士。玄宗初，置翰林待詔，以張説、陸堅、張九齡等爲之，掌四方表疏批答、應和文章；既而又以中書務劇，文書多壅滯，乃選文學之士，號翰林供奉，與集賢院學士分掌制詔書敕。開元二十六年，又改翰林供奉爲學士，別置學士院，專掌内命。凡拜免將相、號令征伐，皆用白麻。其後，選用益重，而禮遇益親，至號爲内相，又以爲天子私人。凡充其職者無定員，自諸曹尚書下至校書郎，皆得與選。入院一歲，則遷知制誥，未知制誥者不作文書。班次各以其官，内宴則居宰相之下，一品之上。憲宗時，又置學士承旨。唐之學士，弘文、集賢分隸中書、門下省，而翰林學士獨無所屬，故附列於此云。

（元）馬端臨《文獻通考》卷五四《職官·學士院》 學士之職，本以文學言語被顧問，出入侍從，因得參謀議，納諫諍，其禮尤寵。而翰林院者，待詔之所也。唐制，乘輿所在，必有文辭、經學之士，下至卜、醫、技術之流，皆直於別院，以備宴見。而文書詔令，則中書舍人掌之。自太宗時，名儒學士時召以草制，然猶未有名號。乾封以後，始召文士元萬頃、范履冰等草諸文辭，常於北門候進止，時人謂之北門學士。中宗之世，上官昭容專其事。元宗初置翰林待詔，以張説、陸堅、張九齡等爲之，掌四方表疏批答、應和文章。既而又以中書務劇，文書多壅滯，乃選文學之士，號翰林供奉，與集賢院學士分掌制詔書敕。開元二十六年，又改翰林供奉爲學士，別置學士院，專掌内命。凡拜免將相、號令征伐，皆用白麻。其後選用益重，而禮遇益親，至號爲內相，又以爲天子私人。元充其職者無定員，自諸曹尚書下至校書郎，皆得與選。入院一歲則遷知制誥，未知制誥者不作文書。班次各以其官，內宴則居宰相之下、一品之上。憲宗時，又置學士承旨。唐之學士，弘文、集賢分隸中書、門下省，而翰林學士獨無所屬。

致堂胡氏曰：國家陟降多士，當出於中書。中書有私徇，小則詰責，大則黜削可也，不當疑其專而分其權。翰林初置，人才與雜流並處。其後雜流不入，職清而地禁，專以處忠賢、文章之士，然有天子私人之目，內相之稱，則非王政設官之體矣。王者無私，豈云私人？相無不統，豈云內相？是與大臣自設形跡爲異同也。進退輔弼，既與之謀，安知無請託之嫌？小人處之，附下罔上，安知無賣主之事？故君道公而已矣。或曰：文章之用至衆，中書、門下之職至重，勢有不得兼也，故必委之翰林，不可廢也。曰：自太宗、高宗時尚未有此，不聞乏事，武氏聚華藻輕薄之人於北門，而中宗以宮婢主文柄，是何足法者。不必遠稽兩漢，上法三王，直取則於貞觀，則於所損益可知矣。

石林葉氏曰：唐翰林院在銀臺之北。乾封以後，劉禕之、元萬頃之徒，時宣召草制其間，因名北門學士。今學士院在樞密院之後，腹背相倚，不可南向，故以其西廊西向爲院之正門，而後門北向，與集英相直，因榜曰北門。兩省、樞密院皆無後門，惟學士院有之。學士朝退入院，與禁中宣命往來，皆行北門，而正門行者無幾，不特取其便事，亦以存故事也。

又曰：唐翰林院本內供奉藝能、技術雜居之所，以辭臣侍書詔其間，乃藝能之一爾。開元以前，猶未有學士之稱，或曰翰林待詔，或曰翰林供奉，如李太白猶稱供奉。自張垍爲學士，始別建學士院於翰林院之南，則與翰林院分而爲二，然猶冒翰林之名。蓋唐有弘文館學士、麗正殿學士，故此特以翰林別之，其後遂以名官，訖不可改。然院名至今但云學士，而不冠以翰林，則亦自唐以來沿襲之舊也。

容齋洪氏《隨筆》曰：白樂天《渭村退居寄錢翰林詩》叙翰苑之親近云：曉從朝興慶，春陪宴柏梁。分庭皆命婦，對院即儲皇。貴主冠浮動，親王轡鬧裝。金鈿相照耀，朱紫間熒煌。毬簇桃花騎，歌巡竹葉觴。窪銀中貴帶，昂黛內人妝。賜禊東城下，頒酺曲水傍。樽罍分聖酒，妓樂借仙倡。蓋唐世宮禁與外庭不至相隔絕，故杜子美詩：戶外昭容紫袖垂，雙瞻御坐引朝儀。又云：舍人退食收封事，宮女開函近御筵。而學士獨稱內相，至於與命婦分庭，見貴主冠服、內人黛粧，假仙倡以佐酒，他司無此也。

（元）馬端臨《文獻通考》卷五四《職官·翰林學士承旨》　唐憲宗時始置。凡白麻制誥，皆內庭代言，命輔臣、除節將、恤災患、討不廷則用之，宰臣於正衙受付通事舍人。若命相之書，則通事舍人、承旨皆宣讀訖，始下有司。乾寧二年，陸扆以翰林學士承旨拜中書侍郎平章事。

（元）馬端臨《文獻通考》卷五四《職官·翰林學士》　唐玄宗開元二十六年置。初以中書務繁，乃選文學之士號翰林供奉，與集賢學士分掌制誥書命，至是改供奉爲學士，別建學士院專掌內命，以張垍、劉光謙首居之，而集賢所掌於是罷息。自後給事中張淑、中書舍人張漸、竇華等相繼而入焉。其後有韓雄、閻伯璵、孟匡朝、陳兼、蔣鎮、李白等，在舊翰林中，但假其名而無所職。至德已後，軍國務殷，其入直者，並以文辭共掌詔敕。自此北翰林院始有學士之名。其後又置東翰林院於金鑾殿之西，隨上之所在而遷，取其便穩。大抵召入者一二人，或三四人，或五六人，出於所命，蓋不言數。亦有以鴻生碩學、經術優長、訪問質疑，上之所禮者，頗列其中。初，自德宗建置以來，秩序未正，延觀之際，各超本列。暨貞元元年九月，始別敕令，明預班列與諸司官知制誥例同。故事，中書以黃、白二麻爲綸命重輕之辨，近者所出猶得用黃麻，其白麻皆在此院。自非國之重事拜授，於德音赦宥者，則不得由於斯矣。興元元年，翰林學士陸贄奏：學士私臣，玄宗初待詔內庭，止於應和詩賦文章而已。詔誥所出，本中書舍人之職，軍興之際，促迫應務，權令學士代之。今朝野乂寧，合歸職分，其命將相制詔，請付中書行遣。物議是之。敬宗以翰林學士崇重，不可褻狎，欲別置東頭學士，以備曲宴賦詩，事未行而帝崩。

唐朝・寺監

綜述

《唐六典》卷一四《太常寺》 卿一人 少卿二人 丞二人 主簿二人 録事二人 府十二人 史二十三人 博士四人 謁者十人 贊引二十人 太祝三人 祝史六人 奉禮郎二人 贊者十六人 協律郎二人 亭長八人 掌固十二人 太廟齋郎京都各一百三十人 太廟門僕京都各三十二人

兩京郊社署

令各一人 丞一人 府二人 史四人 典事三人 掌固五人 門僕八人 齋郎一百一十人

諸陵署

令各一人 丞一人 録事一人 府二人 史四人 主衣四人 主輦四人 主藥四人 典事三人 掌固二人 陵户

永康興寧二陵署

令各一人 丞一人 録事一人 府一人 史二人 典事二人 掌固二人 陵户各一百人

諸太子陵署

令各一人 丞一人 録事一人 府一人 史二人 典事二人 掌固一人 陵户各三十人

諸太子廟署

令各一人 丞一人 録事一人 府一人 史二人 典事二人 掌固一人

太樂署

令一人 丞一人 府三人 史六人 樂正八人 典事八人 掌固六人 文武二舞郎一百四十人

鼓吹署

令一人 丞一人 府三人 史六人 樂正四人 典事四人 掌固四人

太醫署

令二人 丞二人 府二人 史四人 主藥八人 藥童二十四人 醫監四人 醫正八人 藥園師二人 藥園生八人 掌固四人 醫博士一人 醫助教一人 醫師二十人 醫工一百人 醫生四十人 典學二人 鍼博士一人 鍼助教一人 鍼師十人 鍼工三十人 鍼生二十人 按摩博士一人 按摩師四人 按摩工十六人 按摩生十五人 咒禁博士一人 咒禁師二人 咒禁工八人 咒禁生十人

太卜署

令一人 丞二人 府一人 史二人 卜正二人 卜師二十人 巫師十五人 卜博士二人 助教二人 卜筮生四十五人 掌固二人

廪犧署

令一人 丞一人 府一人 史二人 典事二人 掌固二人

汾祠署

令一人 丞一人 府二人 史四人

兩京齊太公廟署

令各一人 丞一人 録事一人 府二人 史四人 廟幹二人 掌固四人 門僕八人

太常寺：卿一人，正三品；【略】少卿二人，正四品上。【略】太常卿之職，掌邦國禮樂、郊廟、社稷之事，以八署分而理焉：一曰郊社，二曰太廟，（開元二十四年，敕廢太廟署，令少卿一人知太廟事。）三曰諸陵，四曰太樂，五曰鼓吹，六曰太醫，七曰太卜，八曰廪犧，惣其官屬，行其政令；少卿爲之貳。【略】

丞二人，從五品上；【略】主簿二人，從七品上；【略】録事二人，從九品上。【略】丞掌判寺事。凡大享太廟，則修七祀於太廟西門之内；若祫享，則兼修配享功臣之禮。主簿掌印，勾檢稽失，省署抄目。録事掌受事發辰。

（唐）杜佑《通典》卷二五《職官・諸卿上・太常卿》 大唐因之，龍朔二年改太常爲奉常，（少卿及丞，隨寺名改。光禄以下諸寺準此。）咸亨元年復舊。光宅元年改太常爲司禮，神龍初復舊。卿一人，掌禮儀祭祀，總判寺事；少卿二人，通判。（餘寺少卿職並同。太常少卿本一員，神龍中加一員。）領丞一人，主簿二人，博士四人，太祝三人，奉禮郎，協律郎各二人，齋郎五百五十二人。（其餘小吏各有差。）郊社、太公廟、太樂、鼓吹、太醫、太卜、廩犧等署，各有令。其郊社及太公廟，兩京皆有。

《舊唐書》卷四四《職官志》 太常寺古曰秩宗，秦曰奉常，漢高改爲太常，梁加寺字，後代因之。

卿一員，正三品。梁置十二卿，太常卿爲一。周、隋品第三。龍朔二年改爲奉常，光宅改爲司禮卿，神龍復爲太常卿也。少卿二人。正四品。隋置少卿二人，從四品。武德置一人，貞觀加置一員。太常卿之職，掌邦國禮樂、郊廟、社稷之事，以八署分而理之：一曰郊社，二曰太廟，三曰諸陵，四曰太樂，五曰鼓吹，六曰太醫，七曰太卜，八曰廩犧。總其官屬，行其政令。少卿爲之貳。凡國有大禮，則贊相禮儀。有司攝事，則爲之亞獻。率太樂官屬，宿設樂懸，以供其事。讌會，亦如之。若三公行園陵，則爲之副，公服乘輅備鹵簿而奉其禮。若大祭祀，則先省牲器。凡太卜占國之大事及祭祀卜日，皆往涖之於太廟南門之外。凡仲春薦冰及四時品物甘滋新成者，皆薦焉。凡有事於宗廟，少卿帥太祝、齋郎入薦香燈，整拂神幄，出入神主。將享，則與良醞令實鐏罍。凡備大享之器服，有四院。一曰天府院，二曰御衣院，三曰樂懸院，四曰神厨院。

丞二人，從五品上。主簿二人，從七品上。録事二人，從九品下。府十二人，史二十三人。博士四人，從七品上。謁者十人，贊引二十人。太祝六人，正九品上。祝史六人。奉禮二人，從九品上。贊者十六人。協律郎二人，正八品上。亭長八人，掌固十二人，太廟齋郎，京、都各一百三十人。太廟門僕，京、都各三十人。丞掌判寺事。凡大饗太廟，則修七祀於太廟西門之內。若祫享，則兼修配享功臣之禮。主簿掌印，勾檢稽失，省署抄目。録事掌受事發辰。博士掌五禮之儀式。本先王之法制，適變隨時而損益焉。凡大祭祀及有大禮，則與卿導贊其儀。凡公已下擬謚，皆迹其功行，爲之褒貶。無爵稱子，養德邱園，聲實明著，則謚曰先生。大行大名，小行小名之。古有《周書·謚法》、《大戴禮·謚法》，漢劉熙《謚法》一卷，晉張靖《謚法》兩卷，又有《廣謚法》一卷，梁沈約總聚古今謚法，凡有一百六十五稱也。若大祭祀，卿省牲器，謁者爲之導。若小祀及公卿大夫有嘉禮，亦命謁者以贊之。太祝掌出納神主于太廟之九室，而奉享薦禘祫之儀。凡國有大祭祀，凡郊廟之祝版，先進取署，乃送祠所。將事，則跪讀祝文，以信于神；禮成而焚之。凡大祭祀，卿省牲而告充。凡祭天及日月星辰之玉帛，則焚之；祭地及社稷山岳，則瘞之；海瀆，則沉之。奉禮郎掌朝會祭祀君臣之版位。凡樽卣之制，十有四，祭則陳之。祭器之位，簠簋爲前，甄鉶次之，籩豆爲後。大凡祭祀朝會，在位者拜跪之節，皆贊導之，贊者承傳焉。又設牲牓之位，以成省牲之儀。凡春秋二仲，公卿巡陵，則主其威儀鼓吹之節而相禮焉。協律郎掌和六吕六律，辨四時之氣，八風五音之節。凡太樂，則監試之，爲之課限。若大祭祀饗宴奏于廷，則升堂執麾以爲之節制，舉麾工鼓柷而後樂作，偃麾戛敔而後止。

兩京郊社署：令各一人，從七品下。丞一人，從八品上。府二人，史四人，典事三人，掌固五人，門僕八人，齋郎一百一十人。郊社令掌五郊社稷明堂之位，祠祀祈禱之禮。丞爲之貳。凡大祭祀，則設神坐於壇上而別其位，立燎壇而先積柴。凡有合朔之變，則置五兵於太社，以朱絲縈之以俟變，過時而罷之。

諸陵署：令一人，從五品上。録事一人，府二人，史四人，主衣四人，主輦四人，主藥四人，典事三人，掌固二人。陵户，乾、橋、昭四百人，獻、定、恭三百人。陵令掌先帝山陵，率户守衛之。丞爲之貳。凡朔望、元正、冬至，皆修享於諸陵。凡功臣密戚陪葬者聽之，以文武分爲左右列。諸太子陵令各一人，從八品下。丞一人。從九品下。

太樂署：令一人，從七品下。丞一人，從八品下。府三人，史六人。樂正八人，從九品下。典事八人，掌固八人，文武二舞郎一百四十人。太樂令調合鐘律，以供邦國之祭祀享宴。丞爲之貳。凡天子宮懸鐘磬，凡三十六簴。鎛鐘十二，編鐘十二，編磬十二，共爲三十六架。東方西方，磬簴起北，鐘簴次之。南方北方，磬簴起西，鐘簴次之。鎛鐘在編鐘之間，各依辰位。四隅建鼓，左柷右敔。又設巢、竽、笛、簫、篪、塤，繫于編鐘之下。偶歌琴、瑟、筝、筑，繫于編磬之下。其在殿廷前，則加鼓吹十二案，於建鼓之外，羽葆之鼓、大鼓、金錞、歌簫、笳置於其上。又設登歌鐘、節鼓、瑟、琴、筝、笳於堂上，笙、和、簫、篪於堂下。太子之廷，陳軒懸，去其南面鎛鐘、編鐘、編磬各三，凡九簴，設于辰、丑、申之位。三建鼓亦如之。凡宮懸之作，則奏文武舞，事在《音樂志》也。凡大宴會，則設十部伎。凡大祭祀、朝會用樂，辨其曲度章服，而分始終之次。有事於太廟，每室酌獻各用舞。事具《音樂志》。凡祀昊天上帝及五方《大明》、《夜明》之樂，皆六成，祭皇地祇神州社稷之樂，皆八成，享宗廟之樂，皆九成。其餘祭祀，三成而已。五音有成數，觀其數而用之也。凡習樂，立師以教。每歲考其師之課業，爲上中下三等，申禮部，十年大校之，量優劣而黜陟焉。凡樂人及音聲人應教習，皆著簿籍，覈其名數，分番上下。

鼓吹署：令一人，從七品下。丞三人，從八品下。府三人，史六人。樂正四人，從九品下。典事四人，掌固四人。鼓吹令掌鼓吹施用調習之節，以備鹵簿之儀。丞爲之貳。凡大駕行幸，鹵簿則分前後二部以統之。法駕則三分減一，小駕則減大駕之半。皇太后、皇后出，則如小駕之例。皇太子鼓吹，亦有前後二部。親王已下各有差。凡大駕行幸，有夜警晨嚴之制。大駕夜警十二部，晨嚴三通。太子諸王公卿已下，警嚴有差。凡合朔之變，則率工人設五鼓於太社。大儺，則帥鼓角以助侲子唱之。

太醫署：令二人，從七品下。丞二人，從八品下。府二人，史四人，主藥八人，藥童二十四人。醫監四人，從八品下。醫正八人，從九品下。藥園師二人，藥園生八人，掌固四人。太醫令掌醫療之法。丞爲之貳。其屬有四，曰：醫師、針師、按摩師、禁咒師。皆有博士以教之。其考試登用，如國子之法。凡醫師、醫工、醫正療人疾病，以其全多少而書之以爲考課。藥園師，以時種蒔收采。

諸藥醫博士一人，正八品上。助教一人，從九品下。醫師二十人，醫工一百人，醫生四十人，典藥二人。博士掌以醫術教授諸生。醫術，謂習《本草》、《甲乙脈經》，分而爲業，一曰體療，二曰瘡腫，三曰少小，四曰耳目口齒，五曰角法也。

針博士一人，從八品下。針助教一人，從九品下。針師十人，針工二十人，針生二十人。針博士掌教針生以經脈孔穴，使識浮沉澀滑之候，又以九針爲補瀉之法。其針名有九，應病用之也。

按摩博士一人，從九品下。按摩師四人，按摩工十六人，按摩生十五人。按摩博士掌教按摩生消息導引之法。

咒禁博士一人，從九品下。咒禁師二人，咒禁工八人，咒禁生十人。咒禁博士掌教咒禁生以咒禁，除邪魅之爲厲者。

太卜署：令一人，從八品下。丞一人，正九品。卜正二人，從九品下。卜博士二人。從九品下。太卜令掌卜筮之法。丞爲之貳。其法有四：一龜，二五兆，三易，四式。皆辨其象數，通其消息，所以定吉凶焉。凡國有祭祀，則率卜正、占者，卜日於太廟南門之外。歲季冬之晦，帥侲子入宫中堂贈大儺。贈，送也，堂中舞侲子，以送不祥也。

廩犧署：令一人，正八品下。丞一人。正九品。廩犧令掌薦犧牲及粢盛之事。丞爲之貳。凡三祀之牲牢，各有名數。大祭祀，則與太祝以牲就牓位，太常卿省牲，則北面告腯，乃牽牲以授太官。

汾祠署：令一人，從七品下。丞一人。從八品上。汾祠令、丞，掌神祀、享祭、洒埽之制。

兩京齊太公廟署：令各一人，從七品下。丞各一人。從八品上。令、丞掌開闔、洒埽及春秋仲釋奠之禮。

《新唐書》卷四八《百官志》 太常寺

卿一人，正三品；少卿二人，正四品上。掌禮樂、郊廟、社稷之事，總郊社、太樂、鼓吹、太醫、太卜、廩犧、諸祠廟等署，少卿爲之貳。凡大禮，則贊引；有司攝事，則爲亞獻；三公行園陵，則爲副；大祭祀，省牲、器，則謁者爲之導；小祀及公卿嘉禮，命謁者贊相。凡巡幸、出師、克獲，皆擇日告太廟。

凡藏大享之器服，有四院：一曰天府院，藏瑞應及伐國所獲之寶，禘祫則陳于廟庭；二曰御衣院，藏天子祭服；三曰樂縣院，藏六樂之器；四曰神廚院，藏御廩及諸器官奴婢。

初，有衣冠署，令，正八品上；貞觀元年，署廢。高宗即位，改治禮郎曰奉禮郎，以避帝名；龍朔二年，改太常寺曰奉常寺，九寺卿皆曰正卿，少卿曰大夫。武后光宅元年，復改太常寺曰司禮寺。

丞二人，從五品下。掌判寺事。凡享太廟，則脩七祀于西門之內。主簿二人，從七品上。

博士四人，從七品上。掌辨五禮；按王公、三品以上功過善惡爲之謚；大禮，則贊卿導引。

太祝六人，正九品上。掌出納神主；祭祀則跪讀祝文；卿省牲則循牲告充，牽以授太官。

奉禮郎二人，從九品上。掌君臣版位，以奉朝會、祭祀之禮。宗廟則設皇帝位於庭，九廟子孫列焉，昭、穆異位，去爵從齒。凡樽、彝、勺、冪、篚、坫、簞、篚、登、鉶、籩、豆，皆辨其位。凡祭祀、朝會，在位拜跪之節，皆贊導之。公卿巡行諸陵，則主其威儀鼓吹，而相其禮。

協律郎二人，正八品上。掌和律吕。録事二人，從九品上；八寺録事品同。

有禮院修撰、檢討官各一人，府十二人，史二十三人，謁者十人，贊引二十人，贊者四人，祝史六人，贊者十六人。太常寺、禮院禮生各三十五人，亭長八人，掌固十二人。

兩京郊社署　令各一人，從七品下；丞各一人，從八品上。令掌五郊、社稷、明堂之位，與奉禮郎設樽、罍、篚、冪，而太官令實之。立燎壇，積柴。合朔有變，則巡察四門，以俟變過，明則罷。

有府二人，史四人，典事五人，掌固五人，門僕八人，齋郎百一十人。齋郎掌供郊廟之役。太廟九室，室有長三人，以主樽、罍、篚、冪、鎖鑰，又有罍洗二人；郊壇有掌坐二十四人，以主神御之物。皆禮部奏補。凡室長十年、掌座十二年，皆授官。祭饗而員少，兼取三館學生，皆絳衣絳幘。更一番者，户部下蠲符，歲一申考諸署所擇者，太常以十月申解於禮部，如貢舉法，帖《論語》及一大經。中第者，録奏，吏部注冬集散官，否者番上如初。六試而絀，授散官。唐初，以郊社、太樂、鼓吹、太醫、太官、左藏、乘黄、典廄、典客、上林、太倉、平準、常平、典牧、左尚、右尚爲上署，鉤盾、右藏、織染、掌冶爲中署，珍羞、良醞、掌醢、守宫、武器、車府、司儀、崇玄、導官、甄官、河渠、弩坊、甲坊、舟楫、太卜、廩犧、中校、左校、右校爲下署。

太樂署　令二人，從七品下；丞一人，從八品下；樂正八人，從九品下。令掌調鐘律，以供祭饗。

凡習樂，立師以教，而歲考其師之課業爲三等，以上禮部。十年大校，未成，則五年而校，以番上下。有故及不任供奉，則輸資錢，以充伎衣樂器之用。散樂，閏月人出資錢百六十，長上者復繇役，音聲人納資者歲錢二千。博士教之，功多者爲上第，功少者爲中第，不勤者爲下第，禮部覆之。十五年有五上考、七中考者，授散官，直本司，年滿考少者，不叙。教長上弟子四考，難色二人、次難色二人業成者，進考，得難曲五十以上任供奉者爲業成。習難色大部伎三年而成，次部二年而成，易色小部伎一年而成，皆入等第三爲業成。業成、行脩謹者，爲助教；博士缺，以次補之。長上及別教未得十曲，給資三之一；不成者隸鼓吹署。習大小横吹，難色四番而成，易色三番而成；不成者，博士有謫。内教博士及弟子長教者，給資錢而留之。

武德後，置内教坊于禁中。武后如意元年，改曰雲韶府，以中官爲使。開元二年，又置内教坊于蓬萊宫側，有音聲博士、第一曹博士、第二曹博士。京都置左右教坊，掌俳優雜技。自是不隸太常，以中官爲教坊使。

唐改太樂爲樂正，有府三人，史六人，典事八人，掌固六人，文武二舞郎一百四十人，散樂三百八十二人，仗内散樂一千人，音聲人一萬二十七人。有別教院。開成三年，改法曲所處院曰仙韶院。

鼓吹署　令二人，從七品下；丞二人，從八品下；樂正四人，從九品下。令掌鼓吹之節。合朔有變，則帥工人設五鼓于太社，執麾旒于四門之塾，置龍牀，有變則舉麾擊鼓，變復而止。馬射，設掆鼓金鉦，施龍牀。大儺，帥鼓角以助侲子之唱。

有府三人，史六人，典事四人，掌固四人。唐并清商、鼓吹爲一署，增令一人。

太醫署　令二人，從七品下；丞二人，醫監四人，并從八品下；醫正八人，從九品下。令掌醫療之法，其屬有四：一曰醫師，二曰針師，三曰按摩師，四曰咒禁師。皆教以博士，考試登用如國子監。醫師、醫正、醫工療病，書其全之多少爲考課。歲給藥以防民疾。凡陵寢廟皆儲以藥，尚藥、太常醫各一人受之。宫人患坊有藥庫，監門莅出給；醫師、醫監、醫正番别一人莅坊。凡課藥之州，置採藥師一人。京師以良田爲園，庶人十六以上爲藥園生，業成者爲師。凡藥，辨其所出，擇其良者進焉。

有府二人，史四人，主藥八人，藥童二十四人，藥園師二人，藥園生八人，掌固四人，醫師二十人，醫工百人，醫生四十人，典藥一人，針工二十人，針生二十人，按摩工五十六人，按摩生十五人，咒禁師二人，咒禁工八人，咒禁生十人。

醫博士一人，正八品上；助教一人，從九品上。掌教授諸生以《本草》、《甲乙》、《脈經》，分而爲業：一曰體療，二曰瘡腫，三曰少小，四曰耳目口齒，五曰角法。針博士一人，從八品上；助教一人，針師十人，並從九品下。掌教針生以經脈、孔穴，教如醫生。

按摩博士一人，按摩師四人，并從九品下。掌教導引之法以除疾，損傷折跌者，正之。

咒禁博士一人，從九品下。掌教咒禁祓除爲厲者，齋戒以受焉。

太卜署　令一人，從七品下；　丞二人，從八品下；　卜正、博士各二人，從九品下。掌卜筮之法：一曰龜，二曰五兆，三曰易，四曰式。祭祀、大事，率卜正卜日，示高於卿，退而命龜，既灼而占，先上旬，次中旬，次下旬。小祀、小事者，則卜正示高、命龜、作，而太卜令佐莅之。季冬，帥侲子堂贈大儺，天子六隊，太子二隊，方相氏右執戈、左執楯而導之，唱十二神名，以逐惡鬼，儺者出，磔雄鷄于宫門、城門。

有卜助教二人，卜師二十人，巫師十五人，卜筮生四十五人，府一人，史二人，掌固二人。

廩犧署　令一人，從八品下；　丞二人，正九品下。掌犧牲粢盛之事。祀用太牢者，三牲加酒、脯、醢，與太祝牽牲就牓位，卿省牲，則北面告腯，以授太官。籍田，則供耒于司農卿，卿以授侍中；籍田所收以供粢盛、五齊、三酒之用，以餘及稾飼犧牲。

有府一人，史二人，典事二人，掌固二人。

汾祠署　令一人，從七品下；　丞一人，從八品上。掌享祭灑掃之制。

有府二人，史四人，廟幹二人。開元二十一年置署。

三皇五帝以前帝王、三皇、五帝、周文王、周武王、漢高祖、兩京武成王廟　令一人，從六品下；　丞一人，正八品下。掌開闔、灑掃、釋奠之禮。

有録事一人，府二人，史四人，廟幹二人，掌固四人，門僕八人。神龍二年，兩京置齊太公廟署，其後廢；開元十九年復置。天寶三載，初置周文王廟署；六載，置三皇五帝廟署；七載，置三皇五帝以前帝王廟署；九載，置周武王漢高祖廟署。上元元年，改齊太公署爲武成王廟署，朱全忠曰武明。

《唐六典》卷一五《光禄寺》　卿一人　少卿二人　丞二人　主簿二人

録事二人　府十一人　史二十一人　亭長六人　掌固六人

太官署

令二人　丞四人　府四人　史八人　監膳十人　監膳史十五人　供膳二千四百人　掌固四人

珍羞署

令一人　丞二人　府三人　史六人　典事八人　錫匠五人　掌固四人

良醞署

令二人　丞二人　府三人　史六人　監事二人　掌醞二十人　酒匠十三人　奉觶一百二十人　掌固四人

掌醢署

令一人　丞二人　府二人　史四人　主醢十人　醬匠二十三人　酢匠十二人　豉匠十二人　菹醢匠八人　掌固四人

光禄寺：卿一人，從三品；【略】少卿二人，從四品上。【略】光禄卿之職，掌邦國酒醴膳羞之事，總太官、珍羞、良醞、掌醢四署之官屬，修其儲備，謹其出納；少卿爲之貳。凡國有大祭祀，則省牲、鑊，視濯、溉。若三公攝祭，則爲之終獻。朝會、燕饗，則節其等差，量其豐約以供焉。

丞二人，從六品上；【略】主簿二人，從七品上；【略】録事二人，從九品上。【略】丞掌判寺事。主簿掌印，勾檢稽失。録事掌受事發辰。

（唐）杜佑《通典》卷二五《職官・諸卿上・光禄卿》　大唐龍朔二年，改光禄寺爲司宰寺，咸亨初復舊。光宅元年爲司膳，神龍初復舊。卿一人，掌終獻行事；少卿二人，領太官、珍羞、良醞、掌醢等四署，署各有令、丞。

《舊唐書》卷四四《職官志》　光禄寺秦曰郎中令，漢曰光禄勳，掌宫殿門户。梁置十二卿，加寺字，除勳字，曰光禄卿，掌膳食，後因之。品第三。龍朔改爲司膳寺正卿，光宅改爲司膳寺卿，神龍復爲光禄寺也。

卿一員，從三品。少卿二人。從四品上。卿之職，掌邦國酒醴、膳羞之事，總太官、珍羞、良醞、掌醢之屬，修其儲備，謹其出納。少卿爲之貳。國有大祭祀，則省牲鑊，視濯溉。若三公攝祭，則爲之終獻。朝會宴享，則節其等差，量其豐約以供焉。

丞二人，從六品上。主簿二人，從七品上。録事二人，從九品上。府十二人，史二十一人，亭長六人，掌固六人。丞掌判寺事。主簿掌印，勾檢稽失。録事掌受事發辰。

太官署：令二人，從七品下。丞四人，從八品下。府四人，史八人。監膳十人，從九品下。主膳十五人，供膳二千四百人，掌固四人。太官令掌供膳食之事。丞爲之貳。凡祭之日，與卿詣廚省牲鑊，取明水於陰鑑，取明火於陽燧，帥宰人以鑾刀割牲，取其毛血，實之於豆，遂亨牲焉。又帥進饌者實簠簋，設於饌幕之內。凡朝會宴享，九品已上並供其膳食。凡供奉祭祀致齋之官，則視其品秩爲之差降。國子監釋奠，百官觀禮，亦如之。凡宿衛當上，及命婦朝參宴會者，亦如之。

珍羞署：令一人，正八品下。丞二人，正九品下。府三人，史六人，典書八人，餳匠五人，掌固四人。令掌庶羞之事，丞爲之貳，以實籩豆。陸產之品，曰榛栗脯修，水物之類，曰魚鹽菱芡，辨其名數，會其出入，以供祭祀朝會賓客之禮也。

良醞署：令二人，正八品下。丞二人，正九品下。府三人，史六人。監事二人，從九品下。掌醖三十人，酒匠十三人，奉觶一百二十人，掌固四人。令掌供奉邦國祭祀五齊三酒之事，丞爲之貳。五齊三酒，義見《周官》。郊祀之日，帥其屬以實罇罍。若享太廟，供其鬱鬯之酒，以實六彝。若應進者，則供春暴、秋清、酴醾、桑落等酒。

掌醢署：令一人，正八品下。丞二人，正九品下。府二人，史四人，主醢十人。令掌供醯醢之屬，而辨其名物。丞爲之貳。凡鹿、兔、羊、魚等四醢。凡祭神祇，享宗廟，用菹醢以實豆；宴賓客，會百官，醢醬以和羹。

《新唐書》卷四八《百官志》 光祿寺

卿一人，從三品；少卿二人，從四品上；丞二人，從六品上；主簿二人，從七品上。掌酒醴膳羞之政，總太官、珍羞、良醖、掌醢四署。凡祭祀，省牲鑊，濯溉；三公攝祭，則爲終獻。朝會宴享，則節其等差。録事二人。

龍朔二年，改光禄寺曰司宰寺。武后光宅元年，曰司膳寺。有府十一人，史二十一人，亭長六人，掌固六人。

太官署 令二人，從七品下；丞四人，從八品下。掌供祠宴朝會膳食。祭日，令白卿詣厨省牲鑊，取明水、明火，帥宰人割牲，取毛血實豆，遂烹。又實簠簋，設于饌幕之内。

有府四人，史八人，監膳十人，監膳史十五人，供膳二千四百人，掌固四人。

珍羞署 令一人，正八品下；丞二人，正九品下。掌供祭祀、朝會、賓客之庶羞，榛栗、脯脩、魚鹽、菱芡之名數。

武后垂拱元年，改肴藏署曰珍羞署，神龍元年復舊，開元元年又改。有府三人，史六人，典書八人，餳匠五人，掌固四人。

良醖署 令二人，正八品下；丞二人，正九品下。掌供五齊、三酒。享太廟，則供鬱鬯以實六彝；進御，則供春暴、秋清、酴醾、桑落之酒。

有府三人，史六人，監事二人，掌醖二十人，酒匠十三人，奉觶百二十人，掌固四人。

掌醢署 令一人，正八品下；丞二人，正九品下。掌供醢醯之物：一曰鹿醢，二曰兔醢，三曰羊醢，四曰魚醢。宗廟，用菹以實豆；賓客、百官，用醢醬以和羹。

有府二人，史二人，主醢十人，醬匠二十三人，酢匠十二人，豉匠十二人，菹醢匠八人，掌固四人。

《唐六典》卷一六《衛尉寺》 卿一人 少卿二人 丞二人 主簿二人 録事一人 府六人 史十一人 亭長四人 掌固六人

兩京武庫

令各一人 丞一人 府一人 史六人 監事一人 典事二人 掌固四人

武器署

令一人 丞二人 府二人 史六人 監事一人 典事二人 掌固四人

守宫署

令一人 丞二人 府二人 史四人 監事二人 掌設六人 幕士一千六百人 掌固四人

衛尉寺：卿一人，從三品；【略】少卿二人，從四品上。【略】衛尉卿之職，掌邦國器械、文物之政令，總武庫、武器、守宫三署之官屬；少卿爲之貳。凡天下兵器入京師者，皆籍其名數而藏之。凡大祭祀、大朝會，則供其羽儀、節鉞、金鼓、帷帟、茵席之屬。其應供宿衛者，每歲二時閱之，其有損弊者，則移於少府監及金吾修之。

丞二人，從六品上；【略】主簿二人，從七品上；【略】録事一人，從九品上。丞掌判寺事。凡器械出納之數，大事則承制敕，小事則由省司。主簿掌印，勾檢稽失。録事掌受事發辰。

（唐）杜佑《通典》卷二五《職官·諸卿上·衛尉卿》 大唐因之。龍朔二年，改衛尉爲司衛，咸亨初復舊。光宅元年又改爲司衛，神龍初復舊。卿一人，少卿二人。初，少卿一人，太極元年加一人。領武庫、武器、守宫三署，署各有令。

《舊唐書》卷四四《職官志》 衛尉寺秦置衛尉，掌宫門衛屯兵，屬官有公車司馬、衛士、旅賁三令。梁置十二卿，衛尉加寺字，官加卿字。龍朔改爲司衛寺，咸亨復也。

卿一員，從三品。少卿二人。從四品上。卿之職，掌邦國器械文物之事，總武庫、武器、守宮三署之官屬。少卿爲之貳。凡天下兵器入京師者，皆籍其名數而藏之。凡大祭祀大朝會，則供其羽儀、節鉞、金鼓、帷帟、茵席之屬。

丞二人，從六品上。主簿二人，從七品上。録事一人，從九品上。府六人，史十一人，亭長四人，掌固六人。丞掌判寺事，辨器械出納之數。主簿掌印，勾檢稽失。録事掌受事發辰。

武庫：令，兩京各一人，從六品下。丞二人，從八品下。府二人，史六人，監事一人，正九品上。典事二人，掌固五人。令掌藏邦國之兵仗、器械，辨其名數，以備國用。丞爲之貳。凡親征及大田巡狩，以羝羊、猳豬、雄雞釁鼓。若太子親征及大將出師，則用猳豘。凡有赦，則先建金雞，兼置鼓於宮城門之右。視大理及府縣囚徒至，則撾其鼓。

武器署：令一人，正八品下。丞二人，從九品下。府二人，史六人，監事一人，從九品下。典事二人，掌固四人。令掌在外戎器，辨其名物，會其出入。丞爲之貳。凡大祭祀大朝會及巡幸，則納於武庫，供其鹵簿。若王公百官婚葬之禮，應給鹵簿，亦供之。

守宮署：令一人，正八品下。丞二人，正九品下。府二人，史四人，監事二人，掌設六人，幕士一千六百人。令掌邦國供帳之屬，辨其名物，會其出入。丞爲之貳。凡大祭祀大朝會及巡幸，則設王公百官位於正殿南門外。

《新唐書》卷四八《百官志》 衛尉寺

卿一人，從三品；少卿二人，從四品上；丞二人，從六品上。掌器械文物，總武庫、武器、守宮三署。兵器入者，皆籍其名數。祭祀、朝會，則供羽儀、節鉞、金鼓、帷帟、茵席。凡供宮衛者，歲再閱，有敝則脩於少府。主簿二人，從七品上。録事一人。

龍朔二年，改曰司衛寺。武后光宅元年又改。有府六人，史十一人，亭長四人，掌固六人。

丞，掌判寺事，辨器械出納之數。大事承制敕，小事則聽於尚書省。

兩京武庫署　令各二人，從六品下；丞各二人，從八品下。掌藏兵械。有赦，建金雞，置鼓宮城門之右、大理及府縣囚徒至，則撾之。監事各一人，正九品上。諸署監事，品同。

有府各六人，史各六人，典事各二人，掌固各五人。開元二十五年，東都亦置署。

武器署　令一人，正八品下；丞二人，正九品下。掌外戎器。祭祀、巡幸，則納於武庫。給六品以上葬鹵簿、棨戟。凡戟，廟、社、宮、殿之門二十有四，東宮之門一十八，一品之門十六，二品及京兆河南太原尹、大都督、大都護之門十四，三品及上都督、中都督、上都護、上州之門十二，下都督、下都護、中州、下州之門各十。衣幡壞者，五歲一易之。薨卒者既葬，追還。監事二人。

有府二人，史六人，典事二人，掌固四人。貞觀中，東都亦置署。

守宮署　令一人，正八品下；丞二人，正九品下。掌供帳帟。祭祀、巡幸，則設王公百官之位。吏部、兵部、禮部試貢舉人，則供帷幕。王公婚禮，亦供帳具。京諸司長上官，以品給其牀罽。供蕃客帷帟，則題歲月。席壽三年，氈壽五年，褥壽七年；不及期而壞，有罰。監事二人。

有府二人，史四人，掌設六人，幕士八十人，掌固四人。

《唐六典》卷一六《宗正寺》　卿一人　少卿二人　丞二人　主簿二人　録事一人　府五人　史九人　亭長四人　掌固四人

崇玄署

令一人　丞一人　府二人　史三人　典事六人　掌固二人

宗正寺：卿一人，從三品；【略】少卿二人，從四品上；【略】丞二人，從六品上；【略】主簿二人，從七品上；【略】録事一人，從九品上。宗正卿之職，掌皇九族、六親之屬籍，以別昭穆之序，紀親疏之列，並領崇玄署；少卿爲之貳。【略】丞掌判寺事。主簿掌印及勾檢稽失。

（唐）杜佑《通典》卷二五《職官・諸卿上・宗正卿》　大唐龍朔二年，改爲司宗，咸亨元年復舊。光宅元年，改爲司屬，神龍初復舊。卿一人，少卿二人，初，少卿一人，太極元年，加置一人。掌皇族、外戚簿籍及邑司名帳，領崇玄署及諸陵太廟。開元二十五年制，宗正等寺官屬皆以皇族爲之。

《舊唐書》卷四四《職官志》　宗正寺《星經》有宗正星，在帝座之東南。

秦置宗正，掌宗屬。梁置十二卿，宗正爲一，署加寺字，隋品第二。光宅改爲司屬，神龍復之也。

卿一員，從三品上。少卿二員。從四品上。丞二人，從六品上。主簿一人，從七品上。録事一人，從九品上。府五人，史九人，亭長四人，掌固四人。卿之職，掌九族六親之屬籍，以別昭穆之序，并領崇玄署。少卿爲之貳。九廟之子孫，繼統爲宗，餘曰族。凡大祭祀及册命朝會之禮，皇親諸親應陪位預會者，則爲之簿書，以申司封。若皇親爲三公子孫應襲封者，亦如之。丞掌判寺事。主簿掌印及勾檢稽失。録事掌受事發辰。

崇玄署：令一人，正八品下。丞一人，正九品下。府二人，史三人，典事六人，掌固二人。令掌京都諸觀之名數、道士之帳籍，與其齋醮之事。丞爲之貳。

《新唐書》卷四八《百官志》 宗正寺

卿一人，從三品；少卿二人，從四品上；丞二人，從六品上。掌天子族親屬籍，以別昭穆；領陵臺、崇玄二署。凡親有五等，先定於司封：一曰皇帝周親、皇后父母，視三品；二曰皇帝大功親、小功尊屬，太皇太后、皇太后、皇后周親，視四品；三曰皇帝小功親、緦麻尊屬，太皇太后、皇太后、皇后大功親，視五品；四曰皇帝緦麻親、袒免尊屬，太皇太后、皇太后、皇后小功親；五曰皇帝袒免親，太皇太后小功卑屬，皇太后、皇后緦麻親，視六品。皇帝親之夫婦男女，降本親二等，餘親降三等，尊屬進一等，降而過五等者不爲親。諸王、大長公主、長公主親，本品；嗣王、郡王非三等親者，亦視五品；駙馬都尉，視諸親。祭祀、册命、朝會，陪位、襲封者皆以簿書上司封。主簿二人，從七品上。知圖譜官一人，脩玉牒官一人，知宗子表疏官一人，録事二人。

武德二年，置宗師一人，後省。龍朔二年，改宗正寺曰司宗寺。武后光宅元年曰司屬寺。有府五人，史五人，亭長四人，掌固四人。京都太廟齋郎各一百三十人，門僕各三十三人，主簿、録事各二人。

諸陵臺令各一人，從五品上；丞各一人，從七品下。建初、啓運、興寧、永康陵，令各一人，從七品下；丞各一人，從八品下。掌守衛山陵。凡陪葬，以文武分左右，子孫從父祖者亦如之；宮人陪葬，則陵户成墳。諸陵四至有封，禁民葬，唯故壙不毁。

開元二十四年，以宗廟所奉不可名以署，太常少卿韋縚奏廢太廟署，以少卿一人知太廟事。二十五年，濮陽王徹爲宗正卿，恩遇甚厚，建議以宗正司屬籍，乃請以陵寢、宗廟隸宗正。天寶十二載，駙馬都尉張垍爲太常卿，得幸，又以太廟諸陵署隸太常。十載，改獻、昭、乾、定、橋五陵署爲臺，升令品，永康、興寧二陵稱署如故。至德二年，復以陵廟隸宗正。永泰元年，太常卿姜慶初復奏以陵廟隸太常，大曆二年復舊。陵臺有録事各一人，府各二人，史各四人，主衣、主輦、主藥各四人，典事各三人，掌固各二人，陵户各三百人，昭陵、乾陵、橋陵增百人。諸陵有録事各一人，府各一人，史各二人，典事各二人，掌固各二人，陵户各百人。

諸太子廟令各一人，從八品上；丞各一人，正九品下；録事各一人。令掌灑掃開闔之節，四時享祭焉。

有府各一人，史各二人，典事各二人，掌固各一人。

諸太子陵令各一人，從八品下；丞各一人，從九品下；録事各一人。

有府各一人，史各二人，典事各二人，掌固各一人，陵户各三十人。太常舊有太廟署，令一人，從七品下；丞二人，從七品下；齋郎二十四人。

崇玄署令一人，正八品下；丞一人，正九品下。掌京都諸觀名數與道士帳籍、齋醮之事。新羅、日本僧入朝學問，九年不還者編諸籍。道士、女官、僧、尼，見天子必拜。凡止民家，不過三夜。出踰宿者，立案連署，不過七日，路遠者州縣給程。天下觀一千六百八十七，道士七百七十六，女官九百八十八；寺五千三百五十八，僧七萬五千五百二十四，尼五萬五百七十六。兩京度僧、尼、道士、女官，御史一人涖之。每三歲州、縣爲籍，一以留縣，一以留州；僧、尼，一以上祠部，道士、女官，一以上宗正，一以上司封。

有府二人，史三人，典事六人，掌固二人，崇玄學博士一人、學生百人。隋以署隸鴻臚，又有道場、玄壇。唐置諸寺觀監，隸鴻臚寺，每寺觀有監一人。貞觀中，廢寺觀監。上元二年，置漆園監，尋廢。開元二十五年，置崇玄學於玄元皇帝廟。天寶元年，兩京置博士、助教各一員，學生百人，每祠享，以學生代齋郎。二載，改崇玄學曰崇玄館，博士曰學士，助教曰直學士，置大學士一人，以宰相爲之，領兩京玄元宮及道院，改天下崇玄學爲通道學，博士曰道德博士，未幾而罷。寶應、永泰間，學生存者亡幾。大曆三年，復增至百人。初，天下僧、尼、道士、女官，皆隸鴻臚寺，武后延載元年，以僧、尼隸祠部。開元二十四年，道士、女官隸宗正寺，天寶二載，以道士隸司封。貞元四年，崇玄館罷大學士，後復置左右街大功德使、東都功德使、脩功德使，總僧、尼之籍及功役。元和二年，以道士、女官隸左右街功德使。會昌二年，以僧、尼隸主客，太清宮置玄元館，亦有學士，至六年廢，而僧、尼復隸兩街功德使。

《唐六典》卷一七《太僕寺》 卿一人 少卿二人 丞四人 主簿二人 録事二人 府十七人 史三十四人 獸醫六百人 獸醫博士一人 學生一百人 亭長四人 掌固六人

乘黄署

令一人 丞一人 府一人 史二人 典事八人 駕士一百四十人 羊車小史八人 掌固六人

典廄署

令二人 丞二人 府四人 史八人 主乘六人 典事八人 執馭一百人 駕士八百人 掌固六人

典牧署

令三人 丞四人 府四人 史八人 監事八人 典事十六人 主輅七十四人 駕士一百六十人 掌固四人

車府署

令一人 丞一人 府一人 史二人 典事四人 馭士一百七十五人 掌固六人

諸上牧監

監各一人 副監二人 丞二人 主簿一人 録事一人 府三人 史六人 典事八人 掌固四人

中牧監副監丞府各減一人史典事減二人

下牧監典事掌固減二人

沙苑監

監一人 副監一人 丞一人 主簿一人 録事一人 府三人 史六人 典事四人 掌固二人

太僕寺： 卿一人，從三品；【略】少卿二人，從四品上。【略】

太僕卿之職，掌邦國廄牧、車輿之政令，總乘黄、典廄、典牧、車府四署及諸監、牧之官屬，少卿爲之貳。凡國有大禮、大駕行幸，則供其五輅屬車之屬。凡監、牧所通羊、馬籍帳，則受而會之，以上于尚書駕部，以議其官吏之考課。凡四仲之月，祭馬祖、馬步、先牧、馬社。

丞四人，從六品上；【略】主簿二人，從七品上；【略】録事二人，從九品上。丞掌判寺事。凡補獸醫生皆以庶人之子，考試其業，成者補爲獸醫，業優長者，進爲博士。主簿掌印，勾檢稽失，省署抄目。録事掌受事發辰。

（唐）杜佑《通典》卷二五《職官・諸卿上・太僕卿》 大唐龍朔二年，改太僕爲司馭，咸亨初復舊。光宅元年改爲司僕，神龍初復舊。卿一人，掌馭五輅。少卿本一員，景雲元年加一員，領乘黄、典廄、典牧、車府等四署，署各有令。天下監牧置八使、五十六監。貞觀初，僅有牧牝三千匹，從赤岸澤徙之隴右。十五年，始令太僕卿張萬歲勾當群牧。至麟德四十年間，馬至七十萬六千匹。置八使，領六監，初置四十八監，跨蘭、渭、秦、原四州之地，猶爲隘狹，更析八監，布於河曲。其時天下以一縑易一馬。儀鳳三年，少卿李思文檢校隴右諸牧監，方稱使。爾後或戎狄外侵，或牧圉乖散，洎乎垂拱，潛耗太半。開元初，牧馬二十四萬匹，十三年，加至四十五萬匹。初有牛三萬五千頭，是年，有五萬頭。初有羊十一萬二千口，是年，有二十萬六千口，盛於垂拱。

《舊唐書》卷四四《職官志》 太僕寺太僕，古官。梁置十二卿，署加寺字，後因之。龍朔改爲司馭寺，光宅爲司僕寺，神龍復也。

卿一員。從三品。古有太僕正，即其名也。後無正字，唯名太僕。梁置爲列卿，隋品第三。龍朔爲司馭正卿，光宅曰司僕卿，神龍復也。少卿二人。從四品上。卿之職，掌邦國廄牧、車輿之政令，總乘黄、典廄、典牧、車府四署及諸監牧之官屬。少卿爲之貳。凡國有大禮及大駕行幸，則供其五輅屬車之屬。凡監牧羊馬所通籍帳，每歲則受而會之，以上尚書駕部，以議其官吏之考課。凡四仲之月，祭馬祖、馬步、先牧、馬社。

丞四人，從六品上。主簿二人，從七品上。録事二人，從九品上。府十七人，史三十四人，獸醫六百人，獸醫博士四人，學生一百人，亭長四人，掌固六人。丞掌判寺事。主簿掌印，勾檢稽失，省署抄目。録事掌受事發辰。

乘黄署： 令一人，從七品下。丞一人，從八品下。府一人，史二人，典事八人，駕士一百四十人，羊車小史十四人，掌固六人。令掌天子車輅，辨其名數與馴馭之法。丞爲之貳。凡乘輿五輅，事具《輿服志》也。皆有副車，又有十二車，曰指南車、曰記里鼓車、白鷺車、鑾旗車、辟惡車、皮軒車、耕根車、安車、四望車、羊車、黃鉞車、豹尾車，其車飾見輿服志也。屬車一十有二。古者屬車八十一乘，皇朝置十二乘也。乘輿有大駕、法駕、小駕，車服各有名數之差。若有大禮，則以所御之輅進內。既事，則受而藏之。凡將有事，先期四十日，尚乘供馬如輅色，率駕士預調習指南等十二車。

典廄署：令二人，從七品下。丞四人，從八品下。府二人，史六人。主乘六人，正九品下。典事八人，執馭一百人，駕士八百人，掌固六人。令掌繫飼馬牛，給養雜畜之事。丞爲之貳。

典牧署：令二人，正八品下。丞四人，正九品下。府四人，史八人，監事八人，典事十六人，從九品下。主酪五十人。令掌牧雜畜，造酥酪脯腊給納之事。丞爲之貳。凡羣牧所送羊犢，皆受之，而供廩犧、尚食之用。諸司合供者，亦如之。

車府署：令一人，正八品下。丞一人，正九品下。府一人，史二人，典事四人，掌固六人。令掌王公已下車輅，辨其名數及馴馭之法。丞爲之貳。凡公已下，四軺車。一象輅，二革軺，三木輅，四軺輅。視其品秩而給之，兼給馭士也。

上牧監一人，從五品下。牧監，皆皇朝置也。副監二人，正六品下。丞二人，正八品上。主簿一人，正八品下。録事一人，府三人，史六人，典事八人，掌固四人。

中牧監一人，正六品下。副監一人，從六品下。丞一人，從八品下。主簿一人，從九品下。録事一人，府二人，史四人，典事四人，掌固四人。

下牧監一人，從六品下。副監一人，正七品下。丞一人，正九品上。主簿一人。從九品下。諸牧監掌羣牧孳課之事。凡馬五千匹爲上監，三千匹已上爲中監，一千匹已上爲下監。凡馬之羣，有牧長尉。凡馬，有左右監，以別其粗良，以數紀名，著之簿籍。細馬稱左，粗馬稱右。凡諸羣牧，立南北東西四使以分統之。其馬皆印，每年終，監牧使巡按孳數，以功過相除，爲之考課。

沙苑監一人，從六品下。副監一人，正七品下。丞一人，正九品下。主簿二人，從九品下。録事一人，府三人，史六人，典事四人，掌固二人。沙苑監，掌牧養隴右諸牧牛羊，以供其宴會祭祀及尚食所用。每歲與典牧分月以供之。丞爲之貳。若百司應供者，則四時皆供。凡羊毛及雜畜毛皮角，皆具數申有司。

《新唐書》卷四八《百官志》 太僕寺

卿一人，從三品；少卿二人，從四品上；丞四人，從六品上；主簿二人，從七品上；録事二人。卿掌廄牧、輦輿之政，總乘黃、典廄、典牧、車府四署及諸監牧。行幸，供五路屬車。凡監牧籍帳，歲受而會之，上駕部以議考課。

永徽中，太僕寺曰司馭寺，武后光宅元年改曰司僕寺。有府十七人，史三十四人，獸醫六百人，獸醫博士四人，學生百人，亭長四人，掌固六人。

乘黃署 令一人，從七品下；丞一人，從八品下。掌供車路及馴馭之法。凡有事，前期四十日，率駕士調習，尚乘隨路色供馬；前期二十日，調習於內侍省。有府一人，史二人，駕士一百四十人，羊車小史十四人，掌固六人。

典廄署 令二人，從七品下；丞四人，從八品下。掌飼馬牛、給養雜畜。良馬一丁，中馬二丁，駑馬三丁，乳駒、乳犢十給一丁。有府四人，史八人，主乘六人，典事八人，執馭百人，駕士八百人，掌固六人。

典牧署 令三人，正八品上；丞六人，從九品上。掌諸牧雜畜給納及酥酪脯腊之事。羣牧所送羊犢，以供廩犧、尚食。監事八人。有府四人，史八人，典事十六人，主酪七十四人，駕士百六十人，掌固四人。

車府署 令一人，正八品下；丞一人，正九品下。掌王公以下車路及馴馭之法。從官三品以上婚、葬，給駕士。凡路車之馬牛，率馭士調習。有府一人，史二人，典書四人，馭士百七十五人，掌固六人。

諸牧監 上牧監：監各一人，從五品下；副監各二人，正六品下；丞各二人，正八品上；主簿各一人，正九品下。中牧監：監，正六品下；副監，從六品下；丞，從八品上；主簿，從九品上。下牧監：監，從六品下；副監，正七品下；丞，正九品上；主簿，從九品下。中牧監副監、丞，減上牧監一員。南使、西使，丞各三人，從七品下；録事各一人，從九品下。北使、鹽州使，丞各二人，從七品下。掌群牧孳課。

凡馬五千爲上監，三千爲中監，不及爲下監。馬牛之羣，有牧長，有尉。馬之駑、良，皆著籍，良馬稱左，駑馬稱右。每歲孟秋，羣牧使以諸監之籍合爲一，以仲秋上於寺，送細馬，則有牽夫、識馬小兒、獸醫等。凡馬游牝以三月，駒犢在牧者，三歲別羣。孳生過分有賞，死耗亦以率除之。歲終監牧使巡按，以功過相除爲考課。

上牧監，有録事各一人，府各三人，史各六人，典事各八人，掌固各四人。中牧監，減府一人，史、典事各減二人。下牧監，典事、掌固減二人。南使、西使，録事、史各一人，府各五人，史各九人；北使、鹽州使，録事以下員數及品，如南使。麟德中，置八使，分總監坊。秦、蘭、原、渭四州及河曲之地。凡監四十有八：南使有監十五，西使有監十六，北使有監七，鹽州使有監八，嵐州使有監二。自京師西屬隴右，有七馬坊，置隴右三使領之。又有沙苑、樓煩、天馬監。沙苑監掌畜隴右諸牧牛羊，給宴祭及尚食所用，每歲與典牧署供焉。自監以下，品數如下牧監。至開元二十三年，廢監。

東宮九牧監　丞二人，正八品上；録事一人，從九品下。掌牧養馬牛，以供皇太子之用。有録事史各一人，府三人，史六人。初，監有監、副監、丞、主簿、録事各一人，府二人，史四人，典事四人，掌固二人。自監以下，品同下牧監。又有馬牧使，有丞以下官。

《唐六典》卷一八《大理寺》　卿一人　少卿二人　正二人　丞六人　主簿二人　録事二人　府二十八人　史五十六人　獄丞四人　獄史六人　亭長四人　掌固十八人　問事一百人　司直六人　史十二人　評事十二人　史二十四人

大理寺：卿一人，從三品；【略】少卿二人，從四品上。【略】大理卿之職，掌邦國折獄詳刑之事。【略】

大理正二人，從五品下；【略】丞六人，從六品上；【略】主簿二人，從七品上；【略】録事二人，從九品上；獄丞四人，從九品下；【略】司直六人，從六品上；【略】評事十二人，從八品下。【略】大理正掌參議刑獄、詳正科條之事。【略】主簿掌印，省署抄目，勾檢稽失。【略】録事掌受事發辰。獄丞掌率獄吏，知囚徒。【略】司直掌承制出使推覆，若寺有疑獄，則參議之。評事掌出使推按。

（唐）杜佑《通典》卷二五《職官·諸卿上·大理卿》　大唐龍朔二年，改大理爲詳刑，咸亨元年復舊。光宅元年改爲司刑，神龍元年復舊。卿一人，咸亨三年十月，張文瓘兼大理卿，旬日決疑獄事四百條，莫不允當，皆無怨言。文瓘嘗有疾，繫囚相與齋禱，願其視事。上元二年改官，大理諸囚一時慟哭。開元二十一年七月，大理卿袁仁敬暴卒，繫囚聞之，皆慟哭，悲歌曰：天不恤冤人兮，何奪我慈親兮。有理無申兮，痛哉安許陳兮。掌鞫獄，定刑名，決諸疑讞。少卿二人，永徽六年，初置少卿一人。神龍元年，又加一員。正二人，丞六人，主簿二人，司直六人，評事十二人。

《舊唐書》卷四四《職官志》　大理寺古謂掌刑爲士，又曰理。漢景帝加大字，取天官貴人之牢曰大理之義。後漢後，改爲廷尉，魏復爲大理。南朝又名廷尉，梁改名秋卿，北齊、隋爲大理，加寺字。龍朔改爲詳刑寺，光宅爲司刑，神龍復改。

卿一員，從三品。古或名廷尉，北齊加寺字。隋品第三。龍朔爲詳刑正卿，光宅爲司刑卿，神龍復爲大理卿。少卿二員。從四品上。卿之職，掌邦國折獄詳刑之事。少卿爲之貳。凡犯至流死，皆詳而質之，以申刑部；仍於中書、門下詳覆。凡吏曹補署法官，則與刑部尚書、侍郎議其人可否，然後注擬。

正二人，從五品下。丞六人，從六品上。主簿二人，從七品上。録事二人，從九品上。府二十八人，史五十六人。正掌參議刑辟，詳正科條之事。凡六丞斷罪不當，則以法正之。丞掌分判寺事。主簿掌印，省署抄目，勾檢稽失。録事掌受事發辰。獄丞四人，掌率獄吏，檢校囚徒，及枷杖之事。獄史六人，亭長四人，掌固八人。問事一百四十八人，掌決罪人。司直六人，從六品上。評事十二人，從八品下。掌出使推覈。評事史十四人。其刑法科目，已載於刑部。

《新唐書》卷四八《百官志》　大理寺

卿一人，從三品；少卿二人，從五品下。掌折獄、詳刑。凡罪抵流、死，皆上刑部，覆於中書、門下。繫者五日一慮。龍朔二年，改曰詳刑寺；武后光宅元年，改曰司刑寺；中宗時廢獄丞，有府二十八人，史五十六人，司直史十二人，評事史二十四人，獄史六人，亭長四人，掌固十八人，問事百人。

正二人，從五品下。掌議獄，正科條。凡丞斷罪不當，則以法正之。五品以上論者，莅決。巡幸，則留總持寺事。

丞六人，從六品上。掌分判寺事，正刑之輕重。徒以上囚，則呼與家屬告罪，問其服否。

主簿二人，從七品上。掌印，省署鈔目，句檢稽失，凡官吏抵罪及雪免，皆立簿。私罪贖銅一斤，公罪二斤，皆爲一負；十負爲一殿。每歲，吏部、兵部牒覆選人殿負，録報焉。

獄丞二人，從九品下。掌率獄史，知囚徒。貴賤、男女異獄。五品以上月一沐，暑則置漿。禁紙筆、金刃、錢物、杵梃入者。囚病，給醫藥，重者脱械鎖，家人入侍。

司直六人，從六品上；評事八人，從八品下。掌出使推按。凡承制推訊長吏，當停務禁錮者，請魚書以往。録事二人。

《唐六典》卷一八《鴻臚寺》 卿一人 少卿二人 丞二人 主簿一人 録事二人 府五人 史十人 亭長四人 掌固六人

典客署

令一人 丞二人 掌客十五人 典客十三人 府四人 史八人 賓僕十八人 掌固二人

司儀署

令一人 丞一人 司儀六人 府二人 史四人 掌設十八人 齋郎三十三人 掌固四人 幕士六十人

鴻臚寺：卿一人，從三品；【略】少卿二人，從四品上。【略】鴻臚卿之職，掌賓客及凶儀之事，領典客、司儀二署，以率其官屬，而供其職務；少卿爲之貳。凡四方夷狄君長朝見者，辨其等位，以賓待之。凡二王之後及夷狄君長之子襲官爵者，皆辨其嫡庶，詳其可否，以上尚書。若諸蕃大酋渠有封建禮命，則受册而往其國。凡天下寺觀三綱及京都大德，皆取其道德高妙爲衆所推者補充，上尚書祠部。凡皇帝、皇太子爲五服之親及大臣發哀臨弔，則贊相焉。凡詔葬大臣，一品則卿護其喪事；二品則少卿；三品，丞一人往，皆命司儀，以示禮制也。

丞二人，從六品上；【略】主簿一人，從七品上；【略】録事二人，從九品上。丞掌判寺事。主簿掌印，勾檢稽失。録事掌受事發辰。

（唐）杜佑《通典》卷二六《職官·諸卿中·鴻臚卿》 大唐龍朔二年，改鴻臚爲同文，咸亨初復舊。光宅初改爲司賓，神龍初復舊。卿一人，掌賓客、凶儀之事及册諸蕃。少卿本一員，景雲二年加一員，領典客、司儀二署，署各有令。

《舊唐書》卷四四《職官志》 鴻臚寺周曰大行人，秦曰典客，漢景帝曰大行，武帝曰大鴻臚。梁置十二卿，鴻臚爲冬卿，去大字，署爲寺。後周曰賓部，隋曰鴻臚寺。龍朔改爲同文寺，光宅曰司賓寺，神龍復也。

卿一員，從三品。少卿二人。從四品上。卿之職，掌賓客及凶儀之事，領典客、司儀二署，以率其官屬，供其職務。少卿爲之貳。凡四方夷狄君長朝見者，辨其等位，以賓待之。凡二王後及夷狄君長之子襲官爵者，皆辨其嫡庶，詳其可否。若諸蕃人酋渠有封禮命，則受册而往其國。凡天下寺觀三綱，及京都大德，皆取其道德高妙，爲衆所推者補充，申尚書祠部。皇帝太子爲五服之親及大臣發哀臨弔，則贊相焉。凡詔葬大臣，一品則卿護其喪事，二品則少卿，三品丞一人往。皆命司儀，以示禮制。

丞二人，從六品上。主簿一人，從七品上。録事二人，從九品上。府五人，史十一人，亭長四人，掌固六人。丞掌判寺事。主簿掌印，勾檢稽失。録事掌受事發辰。

典客署：令一人，從七品下。丞二人，從八品下。掌客十五人，正九品上。典客十三人，府四人，史八人，賓僕十八人，掌固二人。典客令掌二王後之版籍及四夷歸化在蕃者之名數。丞爲之貳。凡朝貢、宴享、送迎，皆預焉。辨其等位，供其職事。凡酋渠首領朝見者，皆館供之。如疾病死喪，量事給之。還蕃，則佐其辭謝之節。

司儀署：令一人，正八品下。丞一人，正九品下。司儀六人，府二人，史四人，掌設十八人，齋郎三十三人，掌固四人，幕士六十人。司儀令掌凶禮之儀式及喪葬之具。丞爲之貳。凡京官職事三品已上、散官二品已上、京官四品已上，如遭喪薨卒，量品贈祭葬，皆供給之。

《新唐書》卷四八《百官志》 鴻臚寺

卿一人，從三品；少卿二人，從四品上；丞二人，從六品上。掌賓客及凶儀之事。領典客、司儀二署。凡四夷君長，以蕃望高下爲簿，朝見辨其等位，第三等居武官三品之下，第四等居五品之下，第五等居六品之下，有官者居本班。御史察食料。二王後、夷狄君長襲官爵者，辨嫡庶。諸蕃封命，則受册而往。海外諸蕃朝賀進貢使有下從，留其半於境；繇海路朝者，廣州擇首領一人、左右二人入朝；所獻之物，先上其數於鴻臚。凡客還，鴻臚籍衣齎賜物多少以報主客，給過所。蕃客奏事，具至日月及所奏之宜，方別爲狀，月一奏，爲簿，以副藏鴻臚。獻馬，則殿中、太僕寺涖閲，良者入殿中，駑病入太僕。獻藥者，鴻臚寺驗覆，少府監定價之高下。鷹、鶻、狗、豹無估，則鴻臚定所報輕重。凡獻物，皆客執以見，駝馬則陳于朝堂，不足進者州縣留之。皇帝、皇太子爲五服親及大臣發哀臨弔，則卿贊相。大臣一品葬，以卿護；二品，以少卿；三品，以丞。皆司儀示以禮制。

主簿一人，從七品上。録事二人。

龍朔二年，改鴻臚寺曰同文寺，武后光宅元年，改曰司賓寺。有府五人，史十人，亭長四人，掌固六人。

典客署　令一人，從七品下；丞三人，從八品下。掌二王後介公、酅公之版籍及四夷歸化在藩者，朝貢、宴享、送迎皆預焉。酋渠首領朝見者，給稟食；病，則遣醫給湯藥；喪，則給以所須；還蕃賜物，則佐其受領，教拜謝之節。

有典客十三人，府四人，史八人，掌固二人。

掌客十五人，正九品上。掌送迎蕃客，顓莅館舍。

司儀署　令一人，正八品下；丞一人，正九品下。掌凶禮喪葬之具。京官職事三品以上、散官二品以上祖父母、父母喪，職事散官五品以上、都督、刺史卒于京師，及五品死王事者，將葬，祭以少牢，率齋郎執俎豆以往。三品以上贈以束帛，黑一、纁二，一品加乘馬；既引，遣使贈於郭門之外，皆有束帛，一品加璧。五品以上葬，給營墓夫。

有司儀六人，府二人，史四人，掌設十八人，齋郎三十人，掌固四人，幕士六十人。

《唐六典》卷一九《司農寺》　卿一人　少卿二人　丞六人　主簿二人　録事二人　府三十八人　史七十六人　計史三人　亭長九人　掌固七人

上林署

令二人　丞四人　府七人　史十四人　監事十人　典事二十四人　掌固五人

太倉署

令三人　丞六人　府十人　史二十人　監事十人　典事二十四人　掌固八人

鉤盾署

令二人　丞四人　府七人　史十四人　監事十人　典事十九人　掌固五人

導官署

令二人　丞四人　府八人　史十六人　監事十人　典事二十四人　掌固五人

太原永豐倉

監一人　丞二人　録事一人　府三人　史六人　典事八人　掌固六人

龍門等諸倉

每倉監一人　丞二人　録事一人　府二人　史四人　典事六人　掌固四人

司竹監

監一人　副監一人　丞二人　録事一人　府二人　史四人　典事三十人　掌固四人

溫泉湯監

監一人　丞一人　録事一人　府一人　史二人　掌固四人

京都苑總監

監各一人　副監各一人　丞各二人　主簿各一人　録事各二人　府各八人　史各十六人　典事各六人　亭長各四人　掌固各六人

京都苑四面監

監各一人　副監各一人　丞各二人　録事各一人　府各三人　史各六人　典事各六人　掌固各六人

諸屯監

監一人　丞一人　録事一人　府一人　史二人　典事二人　掌固四人

每屯主一人　屯副一人

九成宮總監

監一人　副監一人　丞一人　主簿一人　録事一人　府三人　史五人

司農寺：卿一人，從三品；【略】少卿二人，從四品上。【略】

司農卿之職，掌邦國倉儲委積之政令；總上林、太倉、鉤盾、導官四署與諸監之官屬，舊屬官又有太和、玉山、九成宮農圃等三監，開元二十三年省。謹其出納而修其職務；少卿爲之貳。凡京、都百司官吏禄稟，皆仰給焉。【略】

丞六人，從六品上；【略】主簿二人，從七品上；【略】録事二人，從九品上。丞掌判寺事。【略】主簿掌印，省署抄目，勾檢稽失。凡置木契二十隻，應須出給，與署合之。十隻與太倉署合，十隻與導官署合，皆九雄、一雌。雄，主簿掌；雌，留署，勘然後出給。録事掌受事發辰。

（唐）杜佑《通典》卷二六《職官·諸卿中·司農卿》 大唐龍朔二年，改司農爲司稼，咸亨初復舊。卿一人，少卿二人。掌東耕供進耒耜及邦國倉儲之事，領上林、太倉、鉤盾、導官四署。署各有令、丞。

《舊唐書》卷四四《職官志》 司農寺漢初治粟内史，景帝改爲大農，武帝加司字。梁置十二卿，以署爲寺，以官爲卿。隋爲司農卿，龍朔二年改爲司稼卿，咸亨復也。

卿一員，從三品上。少卿二員。從四品上。卿之職，掌邦國倉儲委積之事，總上林、太倉、鉤盾、導官四署與諸監之官屬，謹其出納。少卿爲之貳。凡京百司官吏禄給及常料，皆仰給之。孟春藉田祭先農，則進耒耜，季冬藏冰，仲春頒冰，皆祭司寒。

丞六人，從六品上。主簿二人，從七品上。録事二人，從九品上。府二十八人，史七十六人，計史三人，亭長九人，掌固七人。丞掌判寺事。凡天下租及折造轉運于京都，皆閲而納之，以供國用，以禄百官。主簿掌印，署抄目，勾檢稽失。凡置木契二十隻，應須出納，與署合之。録事掌受事發辰。

上林署：令二人，從七品下。丞四人，從八品下。府七人，史十四人，監事十九人，典事二十四人，掌固五人。令掌苑囿園池之事。丞爲之貳。凡植果樹蔬，以供朝會祭祀。其尚食所進，及諸司常料，季冬藏冰，皆主之。

太倉署：令三人，從七品下。丞二人，從八品下。府十人，史二十人，監事十人。從九品下。令掌九穀廩藏。丞爲之貳。凡鑿窖置屋，皆銘甎爲庾斛之數，與其年月日，受領粟官吏姓名。又立牌如其銘。

鉤盾署：令二人，正八品上。丞四人，正九品上。府七人，史十四人，監事十人，從九品下。典事十九人，掌固五人。令掌供邦國薪芻之事。丞爲之貳。凡祭祀、朝會、賓客享宴，隨差降給之。

導官署：令二人，正八品上。丞四人，正九品上。府八人，史十六人，監事十人。從九品上。令掌導擇米麥之事。丞爲之貳。凡九穀之用，隨其精粗，差其耗損而供之。

太原、永豐、龍門諸倉：每倉監一人，正七品下。丞二人，從八品上。録事一人，典事六人，府二人，史四人，掌固四人。倉監掌倉窖儲積之事。丞爲之貳。凡出納帳紙，歲終上于寺司。

司竹監：監一人，正七品下。副監一人，正八品下。丞二人，從八品上。録事一人，府二人，史四人，典事三十人，掌固四人。司竹監掌植養園竹。副監爲之貳。歲終，以竹功之多少爲考課。

温泉監：泉在京兆府昭應縣之西。監一人，正七品下。丞一人，從八品上。録事一人，府二人，史二人，掌固四人。温泉監掌湯池宫禁之事。丞爲之貳。凡王公已下至于庶人，湯泉館有差，别有貴賤，而禁其踰越。凡近湯之地，潤澤所及，瓜果之屬先時而毓者，必苞匭而進之，以薦陵廟。

京、都苑總監：監各一人，從五品下。副監一人，從六品下。丞二人，從七品下。主簿一人，從九品上。録事各二人，府八人，史十六人，亭長四人，掌固六人。苑總監掌宫苑内館園池之事。副監爲之貳。凡禽魚果木，皆總而司之。凡給總監及苑内官屬，人畜出入，皆爲差降之數。

京、都苑四面監：監各一人，從六品下。副監一人，從七品下。丞二人，正八品下。録事一人，府三人，史三人，典事六人，掌固四人。四面監掌所管面苑内宫館園池，與其種植修葺之事。副監爲之貳。丞掌判監事。

諸屯：監一人，從七品下。丞二人。從八品下。諸屯監各掌其屯稼穡。丞爲之貳。凡每年定課有差。

九成宫總監：監一人，從五品下。副監一人，從六品下。丞一人，從七品下。主簿一人，從九品下。録事一人，府三人，史五人。宫監掌檢校宫樹，供進鍊餌之事。副監爲之貳。

《新唐書》卷四八《百官志》 司農寺

卿一人，從三品；少卿二人，從四品上。掌倉儲委積之事。總上林、太倉、鉤盾、㚖官四署及諸倉、司竹、諸湯、宫苑、鹽池、諸屯等監。凡京都百司官吏禄稟、朝會、祭祀所須，皆供焉。藉田，則進耒耜。

丞六人，從六品上。總判寺事。凡租及藁秸至京都者，閲而納焉。官户奴婢有技能者配諸司，婦人入掖庭，以類相偶，行宫監牧及賜王公、公主皆取之。凡孳生鷄彘，以户奴婢課養。俘口則配輕使，始至給稟食。

主簿二人，從七品上；録事二人。

龍朔二年，改司農寺曰司稼寺。有府三十八人，史七十六人，計史三人，亭長九人，掌固七人。

上林署　令二人，從七品下；丞四人，從八品下。掌苑囿園池。植果蔬，以供朝會、祭祀及尚食諸司常料。季冬，藏冰千段，先立春三日納之冰井，以黑牡、秬黍祭司寒，仲春啓冰亦如之。監事十人。

有府七人，史十四人，典事二十四人，掌固五人。

太倉署　令三人，從七品下；丞五人，從八品下；監事八人。掌廩藏之事。

有府十人，史二十人，典事二十四人，掌固八人。

鉤盾署　令二人，正八品上；丞四人，正九品上；監事十人。掌供薪炭、鵝鴨、蒲藺、陂池藪澤之物，以給祭祀、朝會、饗燕賓客。

有府七人，史十四人，典事十九人，掌固五人。

臭官署　令二人，正八品下；丞四人，正九品上；監事十人。掌臭擇米麥。凡九穀，皆隨精粗差其耗損而供焉。

有府八人，史十六人，典事二十四人，掌固五人。初有御細倉督、麴麫倉督，貞觀中省。

太原、永豐、龍門等倉　每倉，監一人，正七品下；丞二人，從八品上。掌倉廩儲積。凡出納帳籍，歲終上寺。

有録事一人，府三人，史六人，典事八人，掌固六人；龍門等倉，減府一人，史、典事、掌固各減二人。

司竹　監一人，從六品下；副監一人，正七品下；丞二人，正八品上。掌植竹、葦，供宫中百司簾篚之屬，歲以筍供尚食。

有録事一人，府二人，史四人，典事三十人，掌固四人，葦園匠一百人。

慶善、石門、温泉湯等監　每監，監一人，從六品下；丞一人，正七品下。掌湯池、宫禁、防堰及偫粟芻、脩調度，以備供奉。王公以下湯館，視貴賤爲差。凡近湯所潤瓜蔬，先時而熟者，以薦陵廟。

有録事一人，府一人，史二人，掌固四人。

京都諸宫苑總監　監各一人，從五品下；副監各一人，從六品下；丞各二人，從七品下；主簿各二人，從九品上。掌苑内宫館、園池、禽魚、果木。凡官屬人畜出入，皆有籍。

有録事各二人，府各八人，史各十六人，亭長各四人，掌固各六人，獸醫各五人。

京都諸園苑監、苑四面監　監各一人，從六品下；副監各一人，從七品下；丞各二人，正八品下。掌完葺苑面、宫館、園池與種蒔、蕃養六畜之事。

顯慶二年，改青城宫監曰東都苑北面監，明德宫監曰東都苑南面監，洛陽宫農圃監曰東都苑東面監，倉貨監曰東都苑西面監。有録事各一人，府各三人，史各六人，典事各六人，掌固各六人。

九成宫總監　監一人，從五品下；副監一人，從六品下；丞一人，從七品下；主簿一人，從九品上。掌脩完宫苑，供進鍊餌之事。

有録事一人，府三人，自監以下，品同宫苑。武德初，改隋仁壽宫監曰九成宫監。

諸鹽池監　監一人，正七品下，掌鹽功簿帳。

有録事一人，史二人。

諸屯　監一人，從七品下；丞一人，從八品下。掌營種屯田，句會功課及畜産簿帳，以水旱蟓蝗定課。屯主勸率營農，督斂地課。

有録事一人，府一人，史二人，典事二人，掌固四人。每屯主一人，屯副一人，主簿一人，録事一人，府三人，史五人。

《唐六典》卷二〇《太府寺》　卿一人　少卿二人　丞四人　主簿二人　録事二人　府二十五人　史五十人　計史四人　亭長七人　掌固七人

兩京諸市署

令各一人　丞二人　録事一人　府三人　史七人　典事二人　掌固一人

平準署

令二人　丞四人　録事一人　府六人　史十三人　監事六人　典事二人　價人十人　掌固二人

左藏署

令三人　丞五人　府九人　史十八人　監事八人　典事十二人　掌固八人

右藏署

令二人　丞三人　府五人　史十三人　監事四人　典事七人　掌固十人

常平署

令一人　丞二人　府四人　史八人　監事五人　典事五人　掌固六人

太府寺：卿一人，從三品；【略】少卿二人，從四品上。太府卿之職，掌邦國財貨之政令，總京都四市、平準、左右藏、常平八署之官屬，舉其綱目，修其職務；少卿爲之貳。【略】

丞四人，從六品上；【略】主簿二人，從七品上；【略】録事二人，從九品上。丞掌判寺事。【略】主簿掌印，省署抄目，勾檢稽失。【略】録事掌受事發辰。

（唐）杜佑《通典》卷二六《職官·諸卿中·太府卿》 大唐龍朔二年，改太府爲外府，咸亨元年復舊。光宅元年，改爲司府，神龍元年復舊。卿一人，少卿二人。龍朔元年，置少卿二人，分監兩都事。太極元年，又加一人。領兩京諸市、平準、左右藏、常平等九署，署各有令、丞。

《舊唐書》卷四四《職官志》 太府寺《周官》有太府下士，掌財賦。秦、漢已後，財賦屬司農少府。梁始置太府卿，掌帑藏。龍朔改爲外府，光宅改爲司府，神龍復爲太府寺也。

卿一員，從三品。即後周太府中大夫。少卿二員。從四品上。卿掌邦國財貨，總京師四市、平準、左右藏、常平八署之官屬，舉其綱目，修其職務。少卿爲之貳。以二法平物：一曰度量，二曰權衡。凡四方之貢賦，百官之俸秩，謹其出納，而爲之節制焉。凡祭祀，則供其幣。

丞四人，從六品上。主簿二人，從七品上。録事二人，從九品上。府十五人，史五十人，計史四人，亭長七人，掌固七人。丞掌判寺事。凡正、至大朝所貢方物，應陳於殿廷者，受而進之。

兩京都市署：京師有東西兩市，東都有南北兩市。令一人，從六品上。丞各二人，正八品上。録事一人，府三人，史七人，典事三人，掌固一人。京、都市令掌百族交易之事。丞爲之貳。凡建標立候，陳肆辨物，以二物平市，謂秤以格，斗以概。以三賈均市。賈有上、中、下之差。

平準署：令二人，從七品下。丞四人，從八品下。録事一人，府六人，史十三人，監事二人，從九品下。典事二人，價人十人，掌固十人。平準令掌供官市易之事。丞爲之貳。凡百司不任用之物，則以時出貨。其沒官物，亦如之。

左藏署：左右藏令，晋始有之，後代因之。皇家左藏，有東庫、西庫、朝堂庫，又有東都庫。各木契一，與太府主簿合也。令三人，從七品下。丞五人，從八品下。府九人，史十八人，監事九人，從九品下。典事一人，掌固八人。左藏令掌邦國庫藏。丞爲之貳。凡天下賦調，先於輸場簡其合尺度觔兩者，卿及御史監閲，然後納于庫藏，皆題以州縣年月，所以别粗良，辨新舊。凡出給，先勘木契，然後録其名數，請人姓名，署印送監門，乃聽出。若外給者，以墨印印之。凡藏院之內，禁人然火，及無故入院者。晝則外四面常持仗爲之防守，夜則擊柝，而分更以巡警之。

右藏署：令二人，正八品上。丞三人，正九品上。府五人，史十人，監事四人，從九品下。典事七人，掌固十人。右藏令掌國寶貨。丞爲之貳。凡四方所獻金玉、珠貝、玩好之物，皆藏之。出納禁令，如左藏。

常平署：漢宣帝時，始置常平倉，以平歲之凶穰。後漢改爲常滿倉，晋曰常平，後魏曰邸閣倉。隋於衛州置黎陽倉，洛州置河陽倉，陝州置常平倉，華州置廣運倉，轉相委輸，漕關東之粟，以給京師。國家垂拱初，兩京置常平署，天下州府亦置之。令一人，從七品下。丞二人，從八品下。府四人，史八人，監事五人，從九品下。典事五人，掌固六人。常平令掌倉儲之事。丞爲之貳也。

《新唐書》卷四八《百官志》 太府寺

卿一人，從三品；少卿二人，從四品上。掌財貨、廩藏、貿易，總京都四市、左右藏、常平七署。凡四方貢賦、百官俸秩，謹其出納。賦物任土所出，定精粗之差，祭祀幣帛皆供焉。

龍朔二年，改太府寺曰外府寺。武后光宅元年，改曰司府寺。中宗即位，復曰太府寺。有府二十五人，史五十人，計史四人，亭長七人，掌固七人。

丞四人，從六品上。掌判寺事。凡元日、冬至以方物陳于庭者，受而進之。會賜及別敕六品以下賜者，給於朝堂。以一人主左、右藏署帳，凡在署爲簿，在寺爲帳，三月一報金部。

主簿二人，從七品上。掌印，省鈔目，句檢稽失，平權衡度量，歲以八月印署，然後用之。録事二人。

兩京諸市署 令一人，從六品上；丞二人，正八品上。掌財貨交易、度量器物，辨其真僞輕重。市肆皆建標築土爲候，禁権固及參市自殖者。凡市，日中擊鼓三百以會衆，日入前七刻，擊鉦三百而散。有果毅巡迣。平貨物爲三等之直，十日爲簿。車駕行幸，則立市于頓側互市，有衞士五十人，以察非常。

有録事一人，府三人，史七人，典事三人，掌固一人。

左藏署　令三人，從七品下；丞五人，從八品下；監事八人。掌錢帛、雜綵。天下賦調，卿及御史監閱。

有府九人，史十八人，典事十二人，掌固八人。

右藏署　令二人，正八品上；丞三人，正九品上；監事四人。掌金玉、珠寶、銅鐵、骨角、齒毛、綵畫。

有府五人，史十二人，典事七人，掌固十人。

常平署　令一人，從七品上；丞二人，從八品下；監事五人。掌平糴、倉儲、出納。

有府四人，史八人，典事五人，掌固六人。顯慶三年，置署。武后時，東都亦置署。

《唐六典》卷二一《國子監》　祭酒一人　司業二人　丞一人　主簿一人　録事一人　府七人　史十三人　亭長六人　掌固八人

國子博士二人

助教二人　學生三百人　典學四人　廟幹二人　掌固四人

太學博士三人

助教三人　學生五百人　典學四人　掌固六人

四門博士三人

助教三人　學生五百人　俊士八百人　典學四人　掌固六人

國子直講四人

大成十人

律學博士一人

助教一人　學生五十人　典學二人

書學博士二人

學生三十人　典學二人

筭學博士二人

學生三十人　典學二人

國子監：祭酒一人，從三品；【略】司業二人，從四品下。【略】國子監祭酒、司業之職，掌邦國儒學訓導之政令，有六學焉：一曰國子，二曰太學，三曰四門，四曰律學，五曰書學，六曰筭學。【略】丞一人，從六品下；【略】主簿一人，從七品下；【略】録事一人，從九品下。【略】丞掌判監事。【略】主簿掌印，勾檢監事。【略】録事掌受事發辰。

國子博士二人，正五品上；【略】助教二人，從六品上。【略】國子博士掌教文武官三品已上及國公子孫、從二品已上曾孫之爲生者，五分其經以爲之業，習《周禮》、《儀禮》、《禮記》、《毛詩》、《春秋左氏傳》，每經各六十人，餘經亦兼習之。【略】

太學博士三人，正六品上；【略】助教三人，從七品上。【略】太學博士掌教文武官五品已上及郡縣公子孫、從三品曾孫之爲生者，五分其經以爲之業，每經各百人。其束修之禮，督課、試舉，如國子博士之法。助教已下並掌同國子。

四門博士三人，正七品上；【略】助教三人，從八品上。【略】四門博士掌教文武官七品已上及侯、伯、子、男子之爲生者，若庶人子爲俊士生者。【略】

直講四人。【略】直講掌佐博士、助教之職，專以經術講授而已。

大成十人。【略】大成通四經業成，上于尚書吏部試，登第者加一階放選，其不第則習業如初。每三年一試。若九年無成，則免大成，從常調。

律學博士一人，從八品下；【略】助教一人，從九品上。皇朝置之。律學博士掌教文武官八品已下及庶人子之爲生者，以《律》、《令》爲專業，《格》、《式》、《法例》亦兼習之。其束修之禮，督課、試舉，如三館博士之法。助教掌佐博士之職，如三館助教之法。

書學博士二人，從九品下。【略】書學博士掌教文武官八品已下及庶人子之爲生者，以《石經》、《説文》、《字林》爲專業，餘字書亦兼習之。石經三體書限三年業成，《説文》二年，《字林》一年。其束修之禮，督課、試舉，如三館博士之法。

筭學博士二人，從九品下。【略】筭學博士掌教文武官八品已下及庶人子之爲生者，二分其經以爲之業：習《九章》、《海島》、《孫子》、《五曹》、《張丘建》、《夏侯陽》、《周髀》十有五人，習《綴術》、《緝古》十有五人；其記遺三等數亦兼習之。

（唐）杜佑《通典》卷二七《職官·諸卿下·國子監》　大唐因之。

龍朔元年，東都亦置。龍朔二年，改爲司成館，又改祭酒爲大司成，咸亨初復舊。光宅元年，改國子監爲成均監，神龍元年復舊。領國子學、學生三百人。太學、學生五百人。四門、學生五百人，俊士八百人。律學、學生五十人。書學、學生三十人。算學，學生三十人。凡六學生徒二千二百一十人。每學各置博士，以總學事，及有助教等員。天寶九載，又於國子監置廣文館，領學生爲進士業者。置博士、助教各一人，品秩與太學同。置祭酒一人，掌監學之政。皇太子受業，則執經講説，皆以儒學優重者爲之。天寶九載，置廣文館學生進士。

《舊唐書》卷四四《職官志》

國子監國子之義，見《周官》。晉武始立國子學。北齊曰國子寺，隋初曰學，後改爲寺，大業三年改爲監。龍朔曰大司成，光宅曰成均，神龍復爲國子監也。

祭酒一員，從三品。《周官》曰師氏、保氏，漢始置祭酒博士，歷代因之。隋祭酒，品第三。龍朔、光宅，隨曹改易。司業二員。從四品下。隋大業三年，始置司業一人，從四品。官名隨曹改易。祭酒、司業之職，掌邦國儒學訓導之政令，有六學。一國子學、二太學、三四門、四律學、五書學、六算學也。凡春秋二分之月，上丁釋奠于孔宣父，祭以太牢，樂用登歌軒懸。祭酒爲初獻，司業爲亞獻。凡教授之經，以《周易》、《尚書》、《周禮》、《儀禮》、《禮記》、《毛詩》、《春秋左氏傳》、《公羊傳》、《穀梁傳》各爲一經，《孝經》、《論語》兼習之。每歲終，考其學官訓導功業之多少，爲之殿最。

丞一人，從六品下。主簿一人，從七品下。録事一人，從九品下。府七人，史十三人，亭長六人，掌固八人。丞掌判監事。凡六學生每歲有業成上于監者，以其業與祭酒、司業試所習業，上尚書禮部。

國子博士二人，正五品上。助教二人，從六品上。學生三百人，典學四人，廟幹二人，掌固四人。博士掌教文武官三品已上、國公子孫，二品已上曾孫爲生者。生初入，置束帛一篚，酒一壺，修一案。每歲生有能通兩經已上求出仕者，則上于監。堪秀才進士者，亦如之。典學掌抄録課業。廟幹掌灑掃學廟。

太學博士三人，正六品上。助教三人，從七品上。學生五百人。太學博士掌教文武五品已上及郡縣公子孫，從三品曾孫之爲生者。教法並如國子。

四門博士三人，正七品上。助教三人。從八品上。四門博士掌教文武七品已上及侯伯子男子之爲生者，若庶人子爲俊士生者，教法如太學。學生五百人。直講四人，掌佐博士助教之職。大成二十人。通四經業成，上於尚書吏部，試登第者，加階放選也。

律學博士一人，從八品下。太宗置。助教一人，從九品上。學生五十人。博士掌教文武官八品已下及庶人子爲生者。以律令爲專業，格式法例亦兼習之。

書學博士二人，從九品下。學生三十人。博士掌教文武官八品已下及庶人之子爲生者。以《石經》、《説文》、《字林》爲專業，餘字書兼習之。

算學博士二人，從九品下。學生三十人。博士掌教文武八品已下及庶人子爲生者。二分其經，以爲之業。習《九章》、《海島》、《孫子》、《五曹》、《張邱建》、《夏侯陽》、《周髀》十五人，習《綴術》、《緝古》十五人。其《紀遺》、《三等數》亦兼習之。

《五經》博士各一人。五品下。舊無《五經》學科，自貞元五年一月敕特置《三禮》《開元禮》科，長慶二年二月，始置《三傳》《三史》科，後又置《五經》博士。檢年月，未獲也。

廣文館博士二人。正六品上。天寶九載置，試附監修進士業者。置助教一人，至德後廢也。

《新唐書》卷四八《百官志》

國子監

祭酒一人，從三品；司業二人，從四品下。掌儒學訓導之政，總國子、太學、廣文、四門、律、書、算凡七學。天子視學，皇太子齒胄，則講義。釋奠，執經論議，奏京文武七品以上觀禮。凡授經，以《周易》、《尚書》、《周禮》、《儀禮》、《禮記》、《毛詩》、《春秋左氏傳》、《公羊傳》、《穀梁傳》各爲一經，兼習《孝經》、《論語》、《老子》，歲終，考學官訓導多少爲殿最。

丞一人，從六品下，掌判監事。每歲，七學生業成，與司業、祭酒莅試，登第者上於禮部。

主簿一人，從七品下。掌印，句督監事。七學生不率教者，舉而免之。

録事一人，從九品下。武德初，以國子監曰國子學，隸太常寺，貞觀二年復曰監。龍朔二年，改國子監曰司成館，祭酒曰大司成，司業曰少司成。咸亨元年復曰監。垂拱元年，改國子監曰成均監。有府七人，史十三人，亭長六人，掌固八人。

國子學　博士五人，正五品上。掌教三品以上及國公子孫、從二品以上曾孫爲生者。五分其經以爲業：《周禮》、《儀禮》、《禮記》、《毛詩》、《春秋左氏傳》各六十人，暇則習隸書、《國語》、《説文》、《字林》、《三倉》、《爾雅》。每歲通兩經。求仕者，上於監，秀才、進士亦如之。學生以長幼爲序，習正業之外，教吉、凶二禮，公私有事則相儀。龍朔二年，改博士曰宣業。有大成十人，學生八十人，典學四人，廟幹二人，掌固四人，東都學生十五人。

助教五人，從六品上。掌佐博士分經教授。

直講四人，掌佐博士、助教以經術講授。

五經博士各二人，正五品上。掌以其經之學教國子。《周易》、《尚書》、《毛詩》、《左氏春秋》、《禮記》爲五經，《論語》、《孝經》、《爾雅》不立學官，附中經而已。

太學　博士六人，正六品上；　助教六人，從七品上。掌教五品以上及郡縣公子孫、從三品曾孫爲生者，五分其經以爲業，每經百人。有學生七十人，典學四人，掌固六人，東都學生十五人。

廣文館　博士四人，助教二人。掌領國子學生業進士者。有學生六十人，東都十人。天寶九載，置廣文館，有知進士助教，後罷知進士之名。

四門館　博士六人，正七品上；　助教六人，從八品上；　直講四人。掌教七品以上、侯伯子男子爲生及庶人子爲俊士生者。有學生三百人，典學四人，掌固六人；東都學生五十人。

律學　博士三人，從八品下；　助教一人，從九品下。掌教八品以下及庶人子爲生者。律令爲顓業，兼習格式法例。隋，律學隸大理寺，博士八人。武德初，隸國子監，尋廢；貞觀六年復置，顯慶三年又廢，以博士以下隸大理寺；龍朔二年復置。有學生二十人，典學二人。元和初，東都置學生五人。

書學　博士二人，從九品下；　助教一人。掌教八品以下及庶人子爲生者。石經、《説文》、《字林》爲顓業，兼習餘書。武德初，廢書學，貞觀二年復置，顯慶三年又廢，以博士以下隸祕書省，龍朔二年復。有學生十人，典學二人，東都學生三人。

算學　博士二人，從九品下；　助教一人。掌教八品以下及庶人子爲生者。二分其經以爲業：《九章》、《海島》、《孫子》、《五曹》、《張丘建》、《夏侯陽》、《周髀》、《五經算》、《綴術》、《緝古》爲顓業，兼習《記遺》、《三等數》。

凡六學束脩之禮、督課、試舉，皆如國子學；助教以下所掌亦如之。唐廢算學，顯慶元年復置，三年又廢，以博士以下隸太史局。龍朔二年復。有學生十人，典學二人，東都學生二人。

《唐六典》卷二二《少府監》　監一人　少監二人　丞四人　主簿二人　録事二人　府二十七人　史十七人　計史三人　亭長八人　掌固六人

中尚署

令一人　丞四人　府九人　史十八人　監作四人　典事四人　掌固四人

左尚署

令一人　丞五人　府七人　史二十人　監作六人　典事十八人　掌固十四人

右尚署

令一人　丞四人　府七人　史二十人　監作六人　典事三人　掌固十人

織染署

令一人　丞二人　府六人　史十四人　監作六人　典事十一人　掌固五人

掌冶署

令一人　丞二人　府六人　史十二人　監作二人　典事二十三人　掌固四人

諸冶監

每冶監各一人　丞各一人　録事各一人　府各一人　史各二人　監作四人　典事二人　掌固四人

少府監：監一人，從三品；【略】少監二人，從四品下。【略】少府監之職，掌百工伎巧之政令，總中尚、左尚、右尚、織染、掌冶五署之官屬，庀其工徒，謹其繕作；少監爲之貳。凡天子之服御，百官之儀制，展采備物，率其屬以供焉。

丞四人，從六品下；【略】主簿二人，從七品下；【略】録事二人，從九品上。丞掌判監事。【略】主簿掌勾檢稽失。凡財物之出納，工人之繕造，簿帳之除附，各有程期；不如期者，舉而按之。録事掌受事發辰。

（唐）杜佑《通典》卷二七《職官・諸卿下・少府監》　大唐武德

初，置軍器監，廢少府監。貞觀元年五月，分太府中尚坊、織染坊、掌治坊署，置少府監。龍朔二年，改爲内府監，咸亨元年復舊。光宅元年，改爲尚方監，神龍元年復舊。監一人，總判。少監二人，通判。初少監一人，太極元年加一人。領中尚、左尚、右尚、織染、掌冶等五署。開元十年五月，於北都置軍器監，至二十六年五月廢。

《舊唐書》卷四四《職官志》 少府監秦置少府，掌山澤之稅。漢掌内府珍貨。梁始爲卿。歷代或置或省。隋大業五年，始分太府置少府監。龍朔改爲内府，光宅改爲尚方，神龍復爲少府監。

監一員，從三品。秦、漢有少府，梁始爲卿，隋改爲監，從三品，少監，從四品。煬帝改爲令，武德復爲監，龍朔、光宅，隨曹改易之。少監二員。從四品下。監之職，掌供百工伎巧之事，總中尚、左尚、右尚、織染、掌冶五署之官屬，庀其工徒，謹其繕作。少監爲之貳。凡天子之服御，百官之儀制，展采備物，皆率其屬以供之。

丞四人，從六品下。主簿二人，從七品下。録事二人，從九品上。府二十七人，史十七人，計史三人，亭長八人，掌固四人。丞掌判監事。凡五署所修之物，則申尚書省，下所司，以供給焉。

中尚署：令一人，從六品下。丞四人，從八品下。府九人，史十八人，監作四人，典事四人，掌固四人。中尚令，掌供郊祀之圭璧、器玩之物。中宫服飾，雕文錯綵之制，皆供之。丞爲之貳。其所用金玉齒革毛羽之屬，任土以時而供送之。

左尚署：令一人，正七品下。丞五人，從七品下。監作六人，從九品下。典事十八人，掌固四人。左尚令掌供天子之五輅、五副、七輦、三輿、十有二車、大小方圓華蓋一百五十有六，諸翟尾扇及小繖翰，辨其名數，而頒其制度。丞爲之貳。

右尚署：令一人，正七品下。丞四人，從八品下。監作六人，從九品下。典事十三人，掌固十人。右尚署令供天子十有二閑馬之鞍轡及五品三部之帳，備其材革，而修其制度。丞爲之貳。凡刀劍、斧鉞、甲冑、紙筆、茵席、履舄之物，靡不畢供。其用綾絹、金玉、毛革等，所出方土，以時支送。

織染署：令一人，正八品上。丞二人，正九品上。監作六人，從九品下。

典事十一人，掌固五人。織染令掌供天子太子羣臣之冠冕，辨其制度，而供其職。丞爲之貳。

掌冶署：令一人，正八品上。丞一人，從九品上。監作四人。從九品下。掌冶令掌鎔鑄銅鐵器物。丞爲之貳。凡天下出銅鐵州府，聽人私採，官收其稅。若白鑞，則官市之。其西北諸州，禁人無置鐵冶及採鐵。若器用所須，具名移於所由官供之。

諸冶：監一人，正七品下。丞二人，從八品下。録事一人，府一人，史二人，監作四人，從九品下。典事二人，掌固四人。諸冶監掌鑄銅鐵之事。

《新唐書》卷四八《百官志》 少府

監一人，從三品；少監二人，從四品下。掌百工技巧之政。總中尚、左尚、右尚、織染、掌冶五署及諸冶、鑄錢、互市等監。供天子器御、后妃服飾及郊廟圭玉、百官儀物。凡武庫袍襦，皆識其輕重乃藏之，冬至、元日以給衛士。諸州市牛皮角以供用，牧畜角筋腦革悉輸焉。鈿鏤之工，教以四年；車路樂器之工，三年；平漫刀矟之工，二年，矢鏃竹漆屈柳之工半焉；冠冕弁幘之工，九月。教作者傳家技，四季以令丞試之，歲終以監試之，皆物勒工名。

丞六人，從六品下。掌判監事。給五署所須金石、齒革、羽毛、竹木，所入之物，各以名數州土爲籍。工役衆寡難易有等差，而均其勞逸。

主簿二人，從七品下；録事二人，從九品上。

武德初，廢監，以諸署隸太府寺。貞觀元年復置。龍朔二年改曰内府監，武后垂拱元年曰尚方監。有府二十七人，史十七人，計史三人，亭長八人，掌固六人，短蕃匠五千二十九人，綾錦坊巧兒三百六十五人，内作使綾匠八十三人，掖庭綾匠百五十人，内作巧兒四十二人，配京都諸司諸使雜匠百二十五人。

中尚署 令一人，從七品下；丞二人，從八品下。掌供郊祀圭璧及天子器玩、后妃服飾彫文錯綵之制。凡金木齒革羽毛，任土以時而供。赦日，樹金雞於仗南，竿長七丈，有雞高四尺，黄金飾首，銜絳幡長七尺，承以綵盤，維以絳繩，將作監供焉。擊掆鼓千聲，集百官、父老、囚徒。坊小兒得雞首者官以錢購，或取絳幡而已。歲二月，獻牙尺。寒食，獻毬。五月，獻綬帶。夏至，獻雷車。七月，獻鈿針。臘日，獻口脂。唯筆、琴瑟絃，月獻。金銀暨紙，非旨不獻。製魚袋以給百官；蕃客賜實鈿帶魚袋，則授鴻臚寺丞、主簿。監作四人，從九品下。凡監作，皆同品。

有府九人，史十八人，典事四人，掌固四人。唐改内尚方署曰中尚方署。武后改少府監曰尚方監，而中左右尚方、織染方、掌冶方五署，皆去方以避監。自是不改矣。有金銀作坊院。

左尚署　令一人，從七品下；丞五人，從八品下。掌供翟扇、蓋繖、五路、五副、七輦、十二車，及皇太后、皇太子、公主、王妃、内外命婦、王公之車路。凡畫素刻鏤與宫中蠟炬雜作，皆領之。監作六人。

有府七人，史二十人，典事十八人，掌固十四人。

右尚署　令二人，從七品下；丞四人，從八品下。掌供十二閑馬之轡。每歲取於京兆、河南府，加飾乃進。凡五品三部之帳，刀劍、斧鉞、甲胄、紙筆、茵席、履舄，皆儗其用，皮毛之工亦領焉。監作六人。有府七人，史二十人，典事十三人，掌固十人。

織染署　令一人，正八品上；丞二人，正九品上。掌供冠冕、組綬及織紝、色染。錦、羅、紗、縠、綾、紬、絁、絹、布，皆廣尺有八寸，四丈爲匹。布五丈爲端，綿六兩爲屯，絲五兩爲絇，麻三斤爲綟。凡綾錦文織，禁示於外。高品一人專莅之，歲奏用度及所織。每掖庭經錦，則給酒羊。七月七日，祭杼。監作六人。

有府六人，史十四人，典事十一人，掌固五人。

掌冶署　令一人，正八品上；丞二人，正九品上。掌范鎔金銀銅鐵及塗飾琉璃玉作。銅鐵人得採，而官收以税，唯鑞官市。邊州不置鐵冶，器用所須，皆官供。凡諸冶成器，上數于少府監，然後給之。監作二人。

有府六人，史十二人，典事二十三人，掌固四人。

諸冶監　令各一人，正七品下；丞各一人，從八品上。掌鑄兵農之器，給軍士、屯田居民，唯興農冶顓供隴右監牧。監作四人。

有録事一人，府一人，史二人，典事二人，掌固四人。太原冶，減監作二人。

諸鑄錢監　監各一人，副監各二人，丞各一人。以所在都督、刺史判焉；副監，上佐；丞，以判司；監事以參軍及縣尉爲之。監事各一人。

有録事各一人，府各三人，史各四人，典事各五人。凡鑄錢有七監，會昌中，增至八監，每道置鑄錢坊一。大中初，三監廢。

互市監　每監，監一人，從六品下；丞一人，正八品下。掌蕃國交易之事。

隋以監隸四方館。唐隸少府。貞觀六年，改交市監曰互市監，副監曰丞，武后垂拱元年曰通市監。有録事一人，府二人，史四人，價人四人，掌固八人。

《唐六典》卷二二《北都軍器監》　監一人　少監一人　丞二人　主簿一人　録事一人　府十人　史十八人

典事四人　亭長二人　掌固四人

甲坊署

令一人　丞一人　府二人　史五人　監作二人　典事二人

弩坊署

令一人　丞一人　府二人　史五人　監作二人　典事二人

諸鑄錢監

監各一人　副監各一人　丞各一人　監事各一人　録事各一人　府各三人　史各四人　典事各五人

諸互市監

每市監一人　丞各一人　録事各一人　府各二人　史各四人　價人各四人　掌固八人

北都軍器監：監一人，正四品上；開元初令少府監置，十六年移向北部。少監一人，正五品上，丞二人，正七品上；主簿一人，正八品上；録事一人，正九品下。軍器監掌繕造甲弩之屬，辨其名物，審其制度，以時納於武庫；少監爲之貳焉。丞掌判監事。凡材革出納之數，工徒衆寡之役，皆督課焉。主簿掌印及勾檢稽失。録事掌受事發辰。

（唐）杜佑《通典》卷二七《職官・諸卿下・軍器監》　大唐武德初，置軍器監。貞觀元年，罷軍器大監，置少監，後省之，以其地隸少府監，爲甲弩坊。開元初，復以其地置軍器使。至三年，以使爲監，更置少監一員，丞二員，主簿一員，録事一員，及弩坊等署。十一年，悉罷之，復隸少府，爲甲弩坊。十六年，移其名於北都，置軍器監。亦嘗以太原尹兼領。天寶六載，復於舊所置軍器監，監一人，領甲坊、弩坊兩署。

《舊唐書》卷四四《職官志》　北都軍器監一人，正四品上。少監一人，正五品上。丞二人，正七品上。主簿一人，正八品上。録事一人，從九品上。府十人，史十八人，典事四人，亭長二人，掌固四人。軍器監掌繕造甲弩，以時納于武庫。

甲坊署：令一人，正八品下。丞一人，正九品下。府二人，史五人，監作二人，從九品下。典事二人。

弩坊署：令一人，正八品下。丞一人，正九品下。府二人，史五人，監作二人，從九品下。典事二人。

諸鑄錢監：絳州三十鑪，揚、宣、鄂、蔚四州各十鑪，益、鄧、郴三州各五鑪，洋州三鑪，定州一鑪也。諸鑄錢監以所在州府都督刺史判之。副監一人，上佐判之。丞一人，判司判之。監事一人，或參軍或縣尉知之。録事、府、史，士人爲之。

諸互市：監各一人，從六品下。丞一人。正八品下。諸互市監掌諸蕃交易馬駝驢牛之事。

《新唐書》卷四八《百官志》 軍器監

監一人，正四品上；丞一人，正七品上。掌繕甲弩，以時輸武庫。總署二：一曰弩坊，二曰甲坊。主簿一人，正八品下；録事一人，從九品下。

武德初，有武器監一人，正八品下。掌兵仗、廄牧。少監一人，丞二人，主簿一人。七年廢軍器監，八年復置，九年又廢。貞觀六年，廢武器監。開元以前，軍器皆出右尚署，三年置軍器監，十一年復廢爲甲弩坊，隸少府，十六年復爲監。有府八人，史十二人，亭長二人，掌固四人。

弩坊署 令一人，正八品下；丞一人，正九品下。掌出納矛矟、弓矢、排弩、刃鏃、雜作及工匠。監作二人。

有府二人，史五人，典事二人。貞觀六年，改弓弩署爲弩坊署，甲鎧署爲甲坊署。

甲坊署 令一人，正八品下；丞一人，正九品下。掌出納甲冑、綅繩、筋角、雜作及工匠。監作二人。有府二人，史五人，典事二人。

《唐六典》卷二三《將作監》 大匠一人 少匠二人 丞四人 主簿二人 録事二人 府十四人 史二十八人 計史三人 亭長四人 掌固六人

左校署

令二人 丞四人 府六人 史十二人 監作十人

右校署

令二人 丞三人 府五人 史十人 監作十人 典事二十四人

中校署

令一人 丞三人 府三人 史六人 監事四人 典事八人 掌固一人

甄官署

令一人 丞二人 府五人 史十人 監作四人 典事十八人

百工監

監一人 副監一人 丞一人 録事一人 府一人 史三人 監作四人 典事二十人

就谷監

監一人 副監一人 丞一人 録事一人 府一人 史三人 監作四人 典事二十人

庫谷監

監一人 副監一人 丞一人 録事一人 府一人 史三人 監作四人 典事二十人

太陰監

監一人 副監一人 丞一人 録事一人 府一人 史三人 監作四人 典事十人

伊陽監

監一人 副監一人 丞一人 録事一人 府一人 史三人 監作四人 典事十人

將作監：大匠一人，從三品；【略】少匠二人，從四品下。【略】將作大匠之職，掌供邦國修建土木工匠之政令，總四署、三監、百工之官屬，以供其職事；少匠貳焉。【略】

丞四人，從六品下；【略】主簿二人，從七品下；【略】録事二人，從九品上。丞掌判監事。【略】主簿掌印，勾檢稽失。凡官吏之申請糧料、俸食，務在、假使，必由之以發其事。若諸司之應供四署、三監之財物器用違闕，隨而舉焉。録事掌受事發辰。

（唐）杜佑《通典》卷二七《職官·諸卿下·將作監》 大唐復皆爲匠。龍朔二年，改將作爲繕工監，大匠、少匠隨監名改。咸亨元年復舊。光宅元年，改爲營繕監，神龍元年復舊。大匠一人，總判。少匠二人。通判。

初一人，太極元年加置一人。天寶中，改大匠爲大監，少匠爲少監，領左校、右校、甄官、中校四署。

《舊唐書》卷四四《職官志》 將作監秦置將作，掌營繕宮室，歷代不改。隋爲將作寺，龍朔改爲繕工監，光宅改爲營繕監，神龍復爲將作監也。

大匠一員，從三品。大匠之名，漢景帝置。梁置十二卿，將作爲一卿。後周曰匠師中大夫。隋初爲將作寺，置大匠一人，又改爲監，以大匠爲監。煬帝改爲令，武德改爲大匠。龍朔、光宅，隨曹改易也。少匠二員。從四品下。

大匠掌供邦國修建土木工匠之政令，總四署三監百工之官屬，以供其職事。凡兩京宮殿宗廟城郭諸臺省監寺廨宇樓臺橋道，謂之內外作，皆委焉。

丞四人，從六品下。主簿二人，從七品下。録事二人，從九品下。府十四人，史二十八人，計史三人，亭長四人，掌固六人。

左校署：令二人，從八品下。丞四人，正九品下。府六人，史十二人，監作十人。從九品下。左校令掌供營構梓匠。凡宮室樂懸簨虡，兵仗器械，喪葬所須，皆供之。

右校署：令二人，從八品下。丞三人，正九品下。府五人，史十人，監作十人，從九品下。典事十四人。右校令掌供版築、塗泥、丹雘之事。

中校署：令一人，從八品下。丞三人，正九品下。府三人，史六人，監事四人，從九品下。典事八人，掌固二人。中校令掌供舟車兵仗、廄牧雜作器用之事。凡行幸陳設供三梁竿柱，閑廄供剉碓行槽，祭祀供葛竹槧等。

甄官署：令一人，從八品下。丞二人，正九品下。府五人，史十人，監作四人，從九品下，典事十八人。甄官令掌供琢石陶土之事。凡石磬碑碣、石人獸馬、碾磑塼瓦、瓶缶之器、喪葬明器，皆供之。

百工、就谷、庫谷、斜谷、太陰、伊陽等監：百工監在陳倉，就谷監在王屋，庫谷監在鄠縣，太陰監在陸渾，伊陽監在伊陽，皆在出材之所。監各一人，從七品下。丞一人，正八品下。府各一人，史三人，典事各二十一人，録事各一人，監事四人。從九品下。百工等監掌採伐材木。

《新唐書》卷四八《百官志》 將作監

監一人，從三品；少監二人，從四品下。掌土木工匠之政，總左校、右校、中校、甄官等署，百工等監。大明、興慶、上陽宮，中書、門下、六軍仗舍、閑廄，謂之內作；郊廟、城門、省、寺、臺、監、十六衛、東宮、王府諸廨，謂之外作。自十月距二月，休冶功；自冬至距九月，休土功。凡治宮廟，太常擇日以聞。

丞四人，從六品下。掌判監事。凡外營繕，大事則聽制敕，小事則須省符。功有長短，役有輕重。自四月距七月，爲長功；二月、三月、八月、九月，爲中功；自十月距正月，爲短功。長上匠，州率資錢以酬雇。軍器則勒歲月與工姓名。

武德初，改令曰大匠，少令曰少匠。龍朔二年，改將作監曰繕工監，大匠曰大監，少匠曰少監。咸亨元年，繕工監曰營繕監。天寶十一載，改大匠曰大監，少匠曰少監。有府十四人，史二十八人，計史三人，亭長四人，掌固六人，短蕃匠一萬二千七百四十四人，明資匠二百六十人。

主簿二人，從七品下。掌官吏糧料、俸食，假使必由之。諸司供署監物有闕，舉焉。録事二人，從九品上。

左校署 令二人，從八品下；丞一人，正九品下。掌梓匠之事。樂縣、簨虡、兵械、喪葬儀物皆供焉。宮室之制，自天子至士庶有等差，官脩者左校爲之。監作十人。

有府六人，史十二人，監作十二人。

右校署 令二人，正八品下；丞三人，正九品下。掌版築、塗泥、丹堊、匽廁之事。有所須，則審其多少而市之。監作十人。

有府五人，史十人，典事二十四人。

中校署 令一人，從八品下；丞三人，正九品下。掌供舟車、兵械、雜器。行幸陳設則供竿柱，閑廄繫秣則供行槽，禱祀則供棘葛，內外營作所須皆取焉。監牧車牛，有年支芻豆，則受之以給車坊。監事四人。

武后時，改曰營繕署。垂拱元年復舊，尋廢。開元初復置。有府三人，史六人，典事八人，掌固二人。

甄官署 令一人，從八品下；丞二人，正九品下。掌琢石、陶土之事，供石磬、人、獸、碑、柱、碾、磑、瓶、缶之器，敕葬則供明器。監作四人。

有府五人，史十人，典事十八人。

百工、就谷、庫谷、斜谷、太陰、伊陽監 監各一人，正七品下；

副監一人，從七品下；丞一人，正八品上。掌采伐材木。監作四人。

武德初，置百工監，掌舟車及營造雜作，有監、少監各一人，丞四人，主簿一人。又置就谷、庫谷、斜谷、太陰、伊陽五監。貞觀中，廢百工監。高宗置百工署，掌東都土木瓦石之功。開元十五年爲監。有録事一人，府一人，史三人，典事二十人。

《唐六典》卷二三《都水監》　使者二人　丞二人　主簿一人　録事一人　府五人　史十人　亭長一人　掌固四人

舟楫署

令一人　丞二人　府三人　史四人　監漕四人　漕史二人　典事三人　掌固三人

河渠署

令一人　丞一人　府三人　史六人　河堤謁者六人　典事三人　掌固四人　長上魚師十人　短番魚師一百二十人　明資魚師一百二十人

諸津

每津令一人　丞一人　録事一人　府一人　史二人　典事三人　津吏五人

都水監：使者二人，正五品上。【略】都水使者掌川澤、津梁之政令，總舟楫、河渠二署之官屬，舟楫署開元二十三年省。辨其遠近，而歸其利害；凡漁捕之禁，衡虞之守，皆由其屬而總制之。【略】

丞二人，從七品上；【略】主簿一人，從八品下。【略】丞掌判監事。凡京畿諸水，禁人因灌溉而有費者，及引水不利而穿鑿者；其應入內諸水，有餘則任王公、公主、百官家節而用之。主簿掌印，勾檢稽失。凡運漕及漁捕之有程者，會其日月，而爲之糾舉。

（唐）杜佑《通典》卷二七《職官・諸卿下・都水使者》　大唐武德八年，置都水臺，後復爲都水署，置令，隸將作。貞觀中，復爲都水監，置使者。龍朔二年，改都水使者爲司津監丞，咸亨元年復舊。光宅元年，改都水監爲水衡，置都尉；神龍元年，復爲都水監，置使者二人，分總其事，不屬將作，領舟楫、河渠二署。

《舊唐書》卷四四《職官志》　都水監：使者二人，正五品上。漢官有都水長，屬主爵，掌諸池沼，後改爲使者，後漢改爲河隄謁者。晉復置都水臺，立使者一人，掌舟楫之事。梁改爲太舟卿，北齊亦曰都水臺。隋改爲都水監，大業復爲使者，尋又爲監，復改監爲令，品第三。武德復爲監，貞觀改爲使者，從六品。龍朔改爲司津監，光宅爲水衡都尉，神龍復爲使者，正五品上，仍隸將作監。丞二人，從七品上。主簿二人，從八品下。録事一人，府五人，史十人，掌固三人。使者掌川澤津梁之政令，總舟楫、河渠二署之官屬，凡虞衡之採捕，渠堰陂池之壞決，水田斗門灌溉，皆行其政令。

舟楫署：令一人，正八品下。丞二人。正九品下。舟楫署令掌公私舟船運漕之事。

河渠署：令一人，正八品下。丞一人，正九品上。府三人，史六人。河隄謁者六人，掌修補堤堰漁釣之事。典事三人，掌固四人，長上漁師十人，短番漁師一百二十人，明資漁師一百二十人。河渠令掌供川澤魚醢之事。祭祀則供魚醢。諸司供給魚及冬藏者，每歲支錢二十萬，送都水，命河渠以時價市供之。

諸津：令一人，正九品上。丞一人。從九品下。津令各掌其津濟渡舟梁之事。

《新唐書》卷四八《百官志》　都水監

使者二人，正五品上。掌川澤、津梁、渠堰、陂池之政，總河渠、諸津監署。凡漁捕有禁，溉田自遠始，先稻後陸，渠長、斗門長節其多少而均焉。府縣以官督察。

丞二人，從七品上。掌判監事。凡京畿諸水，因灌溉盜費者有禁。水入內之餘，則均王公百官。

主簿一人，從八品下。掌運漕、漁捕程，會而糾舉之。

武德初，廢都水監爲署。貞觀六年復爲監，改令曰使者。龍朔二年，改都水監曰司津監，使者曰監。武后垂拱元年，改都水監曰水衡監，使者曰都尉。開元二十五年，不隸將作監。有録事一人，府五人，史十人，亭長一人，掌固四人。初，貞觀六年，置舟楫署，有令一人，正八品下，掌舟楫、運漕；漕正一人，府三人，史六人，監漕一人，漕史二人，典事六人，掌固八人。上元二年，置丞二人，正九品下，掌運漕隱失。開元二十六年，署廢。

河渠署　令一人，正八品下；丞一人，正九品上。掌河渠、陂池、隄堰、魚醢之事。凡溝渠開塞，漁捕時禁，皆顓之。饗宗廟，則供魚鱐；祀昊天上帝，有司攝事，則供腥魚。日供尚食及給中書、門下，歲供諸司及東宮之冬藏。渭河三百里內漁釣者，五坊捕治之。供祠祀，則自便橋至東渭橋禁民漁。三元日，非供祠不採魚。

唐有河隄使者。貞觀初改曰河隄謁者。有府三人，史六人，典事三人，每渠及斗門有長一人，掌固三人，魚師十二人。初，有監漕十人，從九品上，大曆後省。興成、五門、六門、龍首、涇堰、滋隄，凡六堰，皆有丞一人，從九品下。府一人，史二人，典事二人，掌固二人。貞觀六年皆廢。

河隄謁者六人，正八品下。掌完隄堰、利溝瀆、漁捕之事。涇、渭、白渠，以京兆少尹一人督視。

諸津　令各一人，正九品上；丞二人，從九品下。掌天下津濟舟梁。灞橋、永濟橋，以勳官散官一人莅之；天津橋、中橋，則以衛士抍掃。凡舟渠之備，皆先儗其半，袽塞、竹厶，所在供焉。

唐改津尉曰令，有録事一人，府一人，史二人，典事三人，津吏五人，橋丁各三十人，匠各八人。京兆、河南諸津，隸都水監；便橋、渭橋、萬年三橋，有丞一人，從九品下；府一人，史十人，典事二人，掌固二人。貞觀中廢。

紀事

（宋）王溥《唐會要》卷六五《太常寺》　龍朔二年，改爲奉常正卿，咸亨元年復舊。光宅元年，改爲司禮寺。神龍元年，復爲太常卿。

少卿，神龍元年七月三十日加一員，徐彦伯爲之。

衣冠署，貞觀元年省。

太廟署，登封元年正月，改爲清廟臺。神龍元年，復爲太廟署。開元二十四年四月四日廢，以太常寺奉宗廟。

太公廟署，神龍二年，始分兩京置。

博士，本四員，開元二十七年省一員。乾元元年二月十五日，卿韋陟奏請依舊四員，一人分京留守。

丞，皇朝因隋舊制，置丞二人。

太祝，本每室一人，共六人。開元十年七月二日，加至九員。二十七年，減六員留三員。

奉禮，本名治禮，貞觀二十三年七月二十七日，改爲奉禮，本四員減兩員。

（宋）王溥《唐會要》卷六五《光禄寺》　龍朔元年，改爲司宰寺，卿爲正卿，咸亨年復舊名光禄寺。光宅年改爲司膳寺，卿隨寺改，神龍年復爲光禄寺。

少卿，本一員，景龍二年十一月四日加一員，以劉正爲之。

珍羞署，舊爲肴藏署，垂拱九年二月二日改。

（宋）王溥《唐會要》卷六五《衛尉寺》　龍朔二年，改爲司衛寺，卿爲正卿，咸亨元年復舊。光宅元年改爲司衛寺，神龍二年，復舊爲衛尉寺。

少卿，本一員，景雲二年十一月四日，加一員，以傅忠孝爲之。

武庫署，開元中分兩京置。

武器署，貞觀年中分東都置。

（宋）王溥《唐會要》卷六五《宗正寺》　龍朔元年，改爲司宗寺，卿爲宗正卿。咸亨元年，改爲宗正寺。光宅元年，爲司屬寺。天寶七載五月十一日，升同太常寺，少卿及丞准此。

少卿，本一員，景雲二年十一月四日，加一員，以姜晞爲之。

丞，開元二十五年二月八日，加一員。

崇元署，開元二十五年二月二日，宗正卿魯王道堅奏：今年正月七日敕，道士女冠，並隸宗正寺。其崇元署今既鴻臚不管，其署請屬宗正寺。敕旨：依奏。

（宋）王溥《唐會要》卷六六《太僕寺》　龍朔二年，改爲司馭寺，卿爲正卿。咸亨元年，復爲太僕寺。光宅元年，改爲司僕寺。神龍元年，復爲太僕寺。

少卿，景雲元年八月，加一員，韓思復爲之。

丞，大足元年三月六日，加一員。

（宋）王溥《唐會要》卷六六《大理寺》　龍朔二年，改爲詳刑寺，卿爲正卿。咸亨元年，復爲大理寺。光宅元年，改爲司刑寺。神龍元年，復爲大理寺。

少卿，本一員，永徽六年八月十二日，初置。神龍元年，加一員，以侯善業爲之。

正，龍朔二年，改爲詳刑大夫，咸亨年復舊。

丞，本八員，天冊三年十月二十八日，省兩員。

司直，武德初，因隋舊制，置六員。

評事，貞觀二十二年十二月九日，置十員，掌出使推覆，後加二員，爲十二員。

（宋）王溥《唐會要》卷六六《鴻臚寺》 龍朔二年，改爲司賓寺，卿爲正卿。咸亨元年，復爲鴻臚寺。光宅元年，改爲司賓寺。神龍元年，復爲鴻臚寺。

少卿，本一員，景雲二年十一月四日，加一員，以劉興爲之。

（宋）王溥《唐會要》卷六六《司農寺》 龍朔二年，改爲司稼寺，卿爲正卿。咸亨元年，改爲司農寺。

少卿，武德初四員，貞觀二年減兩員。

（宋）王溥《唐會要》卷六六《太府寺》 龍朔二年，改爲外府寺，卿爲正卿。咸亨元年，復爲太府寺。光宅元年，改爲司府寺。神龍元年，復爲太府寺。

少卿，武德初，置二人。貞觀元年，省兩員。龍朔二年正月十五日，加一員，以韋思齊爲之。太極元年十二月十八日，又加一員。分爲兩京檢校，以崔諤爲之。

丞，武德初五員，貞觀元年省一員。

常平署，顯慶三年十月三日置。

（宋）王溥《唐會要》卷六六《國子監》 武德初，爲國子學，隸太常寺。貞觀元年五月，改爲監。龍朔二年，改爲司成館。咸亨元年，復爲國子監。光宅元年，改爲成均監。神龍元年，復爲國子監。

（宋）王溥《唐會要》卷六六《東都國子監》 龍朔二年正月十八日置，學官學生，分於兩教授。

祭酒，龍朔二年，改爲大司成。咸亨元年，復爲祭酒。光宅元年，改爲成均祭酒。神龍元年，復爲祭酒。

貞觀中，孔穎達爲祭酒。准故事，上日，開講五經題。至天后朝，諸武駙馬爲祭酒，乃判祥瑞案三道，非舊典也。

司業，武德初省。貞觀六年二月二日，置一員。龍朔二年，改爲少司成。咸亨元年，復爲司業。本一員，太極元年二月十八日，加一員，以蕭憲爲之。

國子博士，龍朔二年，改爲司成宣業，咸亨元年復舊。

丞，武德初，省隋三員，置一員。

長安四年四月四日敕，國子監宜置直講四人，四考聽選。

（宋）王溥《唐會要》卷六六《少府監》 武德初，以兵革未定，置軍器監，廢少府監。貞觀元年正月，分太府中尚方、左尚方、右尚方、織染方，掌治方五署，置少府監，通將作國子爲三監。龍朔二年，改爲內府監。咸亨元年，復爲少府監。光宅元年，改爲尚方監。神龍元年，復爲少府監，其令少隨監名改復也。

少監，本一員，太極元年二月十八日，加一員，以孔仲思爲之。至開元十一年，罷軍器監，隸入少府監，爲甲弩坊，更置少監一員統之，以馮紹貞爲之。十四年八月二十八日，省一員。

中尚署，本中尚方，天后時去方字，避監號。開元已來，別置中尚使，以檢校進奉雜作，多以少府監及諸司高品爲之。

（宋）王溥《唐會要》卷六六《軍器監》 武德元年置，貞觀元年三月十日廢，併入少府監。開元三年十二月二十四日，以軍器使爲監，領弩甲二坊。十一年十月二十五日罷，隸入少府監，爲甲弩坊，加少監一員以統之。天寶六載五月二十八日，復置。

（宋）王溥《唐會要》卷六六《將作監》 龍朔二年，改爲繕工監。咸亨元年，復爲將作監。光宅元年，爲營繕監。神龍元年，復爲將作監。

大監，本爲大匠，龍朔二年爲大監，咸亨元年爲大匠，天寶十一載爲大監，依舊。

少監，本一員，大足元年二月六日，加一員，以楊務廉爲之。

中校署，開元二年置。

（宋）王溥《唐會要》卷六六《都水監》 武德八年置都水署，隸將作監。貞觀六年八月六日，置監，罷將作監。龍朔二年，改爲司津監。咸亨元年，復爲都水監。光宅元年二月，改爲水衡監。神龍元年，復爲都水監。

使者，武德初，爲都水令。貞觀六年，改爲使者。龍朔二年，改爲監。咸亨元年，改爲使者。光宅元年，改爲都水府。神龍元年，改爲使者。

諸津，在京兆河南府界者，隸都水監，外州者，隸當界州縣。

唐朝・御史臺

綜　述

（唐）杜佑《通典》卷二四《職官・御史臺》　隋及大唐皆曰御史臺。龍朔二年改爲憲臺，咸亨元年復舊。門北闢，主陰殺也。按北齊楊楞伽《鄴都故事》云：御史臺在宮闕西南，其門北開，取冬殺之義。斯事久矣。今東都臺門所以不北向者，蓋欲變古之制，或建造者不習故事耳。龍朔中，改司經局爲桂坊，置司直，爲東宮之憲府，亦開北門，以象御史臺，其例明矣。或云：隋初移長安城，造御史臺，時以兵部尚書李圓通檢校御史大夫，欲於尚書省近，故開北門。此説非也。故御史爲風霜之任，彈糾不法，百僚震恐，官之雄峻，莫之比焉。舊制但聞風彈事，提綱而已。舊例，御史臺不受訴訟。有通辭狀者，立於臺門，候御史，御史徑往門外收採。知可彈者，略其姓名，皆云風聞訪知。永徽中，崔義玄爲大夫，始定受事御史，人知一日，劾狀題告人姓名或訴訟之事。其鞫案禁繫，則委之大理。貞觀末，御史中丞李乾祐以囚自大理來往，滋其姦故，又案事入法，多爲大理所反，乃奏於臺中置東西二獄，以自繫劾。開元中，大夫崔隱甫復奏罷之。其後罕有聞風彈舉之事，多受辭訟，推覆理盡，然後彈之。將有彈奏，則先牒監門禁止，勿許其入。按《宋書》云二臺劾奏，符光禄加禁止，不得入殿省，是其先例。光禄主殿門。武太后時，改御史臺爲肅政臺，凡置左、右肅政二臺，別置大夫、中丞各一人，侍御史、殿中、監察各二十人，又置肅政臺使六人，受俸於本官，略與御史同，尋罷之。左以察朝廷，右以澄郡縣。時議以右多名流，左多寒刻，其遷登南省者，右殆倍焉，以其不陵朝貴故也。二臺迭相糾正，而左加敬憚。神龍以後去肅政之名，但爲左右御史臺。初置兩臺，每年春秋發使，春曰風俗，秋曰廉察。令地官尚書韋方質爲條例，删定爲四十八條，以察州縣。載初以後，奉勅乃巡，不每年出使也。睿宗即位，詔二臺並察京師，資位既等，競爲彈糾，百僚被察，殆不堪命。太極元年，以尚書省悉隸左臺。月餘，右臺復請分綰尚書西行事。左臺大夫竇懷貞乃表請依貞觀故事，遂廢右臺，而本御史臺官復舊，廢臺之官並隸焉。其左臺，本御史臺也。又別置右臺，右臺地即今太僕寺是也。本隋長秋監地，武太后改爲司宮臺，移於街北。遂以其地置右臺。右臺既廢，以其地爲御史臺使院。開元八年，移太僕寺於此。大夫一人，中丞二人，侍御史四人，殿中侍御史六人，監察御史十人，主簿一人。內供奉、裏行者各如正員之半。太宗朝，始有裏行之名。高宗時，方置內供奉及裏行官，皆非正官也。開元初，又置御史裏使及侍御史裏使、殿中裏使、監察裏使等官，並無定員，義與裏行同。穆思泰、元光謙、吕太一、翟章並爲裏使，尋省。建中三年九月，御史臺請置推官二人，常與本推御史同推覆，奉勅依。其臺憲故事，官資輕重，則杜易簡、韓琬注記詳焉。杜易簡撰《御史雜注》四卷，韓琬撰《御史臺記》十二卷。

《舊唐書》卷四四《職官志》　御史臺秦、漢曰御史府，後漢改爲憲臺，魏、晉、宋改爲蘭臺，梁、陳、北朝咸曰御史臺。武德因之。龍朔二年改名憲臺。咸亨復。光宅元年分臺爲左右，號曰左右肅政臺。左臺專知京百司，右臺按察諸州。神龍復爲左右御史臺。延和年廢右臺，先天二年復置，十月又廢也。

大夫一員，正三品。秦、漢之制，御史大夫，副丞相爲三公之官。魏、晉之後，多不置大夫，以中丞爲臺主。隋諱中，復大夫，降爲正四品。《武德令》改爲從三品。龍朔改爲大司憲，咸亨復爲大夫。光宅分臺爲左右，置左右臺大夫。及廢右臺，去左右字。本從三品，會昌二年十二月敕：大夫，秦爲正卿，漢爲副相，漢末改爲大司空，與丞相俱爲三公。掌邦國刑憲，肅正朝廷。其任既重，品秩宜峻。准六尚書例，昇爲正三品，著之於令。中丞二員。正四品下。漢御史臺有二丞，掌殿內祕書，謂之中丞。漢末改爲御史長史，後漢復爲中丞。後魏改爲中尉正，北齊復曰中丞。後周曰司憲中大夫。隋諱中，改爲持書御史，爲從五品。武德因之。貞觀末，避高宗名，改持書御史爲中丞，置二員。龍朔改爲司憲大夫，咸亨復爲中丞。本正五品上，會昌二年十二月敕：中丞爲大夫之貳，緣大夫秩崇，官不常置，中丞爲憲臺長。今九寺少卿及諸少監、國子司業、京兆少尹，並府寺省監之貳，皆爲四品，唯中丞官重，品秩未崇，可昇爲正四品下，與丞郎出入迭用，著之於令。大夫、中丞之職，掌持邦國刑憲典章，以肅正朝廷。中丞爲之貳。凡天下之人，有稱冤而無告者，與三司訊之。凡中外百僚之事，應彈劾者，御史言於大夫。大事則方幅奏彈之，小事則署名而已。若有制使覆囚徒，則與刑部尚書參擇之。凡國有大禮，則乘輅車以爲之導。

侍御史四員。從六品下。御史之名，《周官》有之，亦名柱下史。秦改爲侍御史。後周曰司憲中士，隋爲侍御史，品第七。武德品第六也。掌糾舉百僚，推鞫獄訟。侍御史年深者一人判臺事，知公廨雜事，次一人知西推，一人知東推也。凡有別付推者，則按其實狀以奏。若尋常之獄，推訖斷于大理。凡事非大夫、中丞所劾，而合彈奏者，則具其事爲狀，大夫、中丞押奏。大事則冠法冠，衣朱衣纁裳，白紗中單以彈之。小事常服而已。凡三司理事，則與給事中、中書舍人、更直直於朝堂受表。若三司所按而非其長官，則與刑部郎中員外、大理司直評事往訊之。

主簿一人，從七品下。録事二人。從九品下。主簿掌印及受事發辰，勾檢稽失。兼知官廚及黄卷。主事二人，令史十七人，書令史二十三人。

殿中侍御史六人，從七品下。令史八人，書令史十八人。殿中侍御史掌殿廷供奉之儀式。凡冬至、元正大朝會，則具服升殿。若郊祀、巡幸，則於鹵簿中糾察非違，具服從於旌門，視文物有所虧闕，則糾之。凡兩京城內，則分知左右巡，各察其所巡之內有不法之事。

監察御史十員。正八品上。貞觀初，馬周以布衣進用，太宗令於監察御史裏行。自此因置裏行之名。龍朔元年，以王本立爲監察裏行也。監察掌分察巡按郡縣、屯田、鑄錢、嶺南選補、知太府、司農出納，監决囚徒。監祭祀則閲牲牢，省器服，不敬則劾祭官。尚書省有會議，亦監其過謬。凡百官宴會、習射，亦如之。

五代

綜述

（宋）王溥《五代會要》卷一三《中書門下起請雜條附》 後唐天成四年八月敕：朝廷每有將相恩命，准往例，諸道節度使帶平章事、兼侍中、中書令，並列銜於敕牒後，側書使字。今兩浙節度使錢鏐是元帥、尚父，與使相名殊，承前列銜，久未改正。湖南節度使馬殷先兼中書令之時，理宜齒於相位，今守太師、尚書令，是南省官資，不合列署敕屬。今後每署將相敕牒，宜落下錢鏐、馬殷官位，仍永爲常式。

長興四年九月敕：馮贇有經邦之茂業，宜進位於公臺。但緣平章字犯其父名，不欲斥其家諱，可改同平章事爲同中書門下二品。

清泰元年五月，宰臣劉昫奏：中書以近敕祠祭行事官致齋內，唯祀事得行，其餘悉斷。

又宰臣行事致齋內，不押班，不赴內殿起居，不知印。臣緣制三司公事，其祀事、國忌、行香，伏乞特免。從之。

二年三月，宰臣張延朗奏：臣判三司事，每日內殿祇候，其合綴前班押班，伏乞特免。從之。

晉天福四年八月敕：皇圖革故，庶政惟新，宜設規程，以諧公共。其中書知印，祇委上位宰臣一員。

五年二月，升中書門下平章事爲正二品。其年三月敕：中書門下五品以上官，於兩省上事，宰臣押角之禮，宜廢之。

起請雜録

後唐同光二年五月，中書門下奏：凡有進狀乞官，及應諸州府奏請判官，薦舉前資，自詣中書求官等，所稱頭銜，多有逾越。中書既無舊案，除授何以爲憑？起今後凡有諸色前資，若合命官者，除近會任朝官，及有科第歷清資官爲衆所知外，並須追到前任告敕，中書點檢，方可進擬。從之。

中書舍人【略】

晉天福五年九月，詔曰：《六典》云：中書舍人掌侍奉進奏，參議表章。凡詔旨制敕、璽書策命，皆按故事起草進畫，既下則署而行之。其禁有四：一曰漏洩，二曰稽緩，三曰違失，四曰忘誤。所以重王命也。古昔已來，典實斯在，爰從近代，別創新名。今運屬興王，事宜師古，俾仍舊貫，以耀前規。其翰林學士院公事，宜並歸中書舍人。

開運元年六月詔：依舊置翰林學士院，其中書舍人公事，准舊日施行。

諫議大夫

晉天福五年二月，以左右諫議大夫爲清望正四品。

周顯德五年六月敕：諫議大夫宜依舊正五品上，仍班位在給事中之下。按《唐典》，諫議大夫四員，正五品上。皆隸門下省，班在給事中之下。至會昌二年十一月，中書門下奏升爲正四品下，仍分爲左右，以備兩省四品之闕，故其班亦升在給事中之上。近朝自諫議大夫拜給事中者，官雖序遷，位則降等，至是以其遷次不倫，故改正焉。

起居郎起居舍人

後唐天成四年十二月，尚書比部員外郎崔棁奏：請自今後每遇起居，令左、右史隨宰臣上殿，各齎紙筆，分侍冕旒，或階下發一德音，宰臣陳一時政，事無大小，皆令編録，季終即送史館。左、右史，古官也。唐朝改爲起居。舊制，每視朝，即左、右史兩員，以短卷牋紙，執筆趨立于聽政殿之螭首下，或聞君之言動，每舉必書之。洎莊宗中興，月朔入閣，左、右史夾香案對立，但不持紙筆。自後雖命其官，故事皆廢。

長興二年八月敕：准故事，應朝廷凡行制敕，並宜令起居院抄録，關送史館。【略】

翰林院

梁開平三年十二月，以前進士鄭致雍爲翰林學士，非常例也。

後唐同光元年四月，置護鑾書制學士，以尚書倉部員外郎趙鳳爲之。時莊宗初建號，故特立此名，非故事也。

二年七月，以侍省內給事楊彦珞充學士院使。其年八月，賜翰林學士承旨、户部尚書盧質論思匡佐功臣，非常例也。

天成三年八月二十九日敕：掌綸之任，擢材以居，或自初命而升，或自顯秩而授，蓋重厥職，靡繫其官。雖事任皆同，而行綴或異，誠由往日，未有定制。議官位則上下不常，論職次則後先未當，宜行顯命，以正近班。今後翰林學士入院，並以先後爲定准。承旨一員，出自朕意，不計官資先後，在學士之上，仍編入《翰林志》。【略】

長興元年二月，翰林學士劉昫奏：臣伏見本院書例，學士入院，除中書舍人即不試，餘官皆先試麻制、答蕃、批答各一道，詩、賦各一道，號曰五題。所試并于當日內了，便具呈納。從前雖有召試之名，而無考校之實，每遇召試新學士日，或有援者，皆頂出五題，潛令宿搆，無援者即日起草，罕能成功。去留皆係于梯媒，得失盡歸于偏黨。今後凡本院召試新學士，欲請權停試詩、賦，祇試麻制答，共三道，仍請內賜題目，兼定字數，付本院召試。從之。【略】

〔晉天福〕五年九月敕：廢翰林學士院，其公事並歸中書舍人。

開運元年六月敕：翰林學士與中書舍人，舊分爲兩制，各置六員。偶自近年，權停內署，況司詔命，必在深嚴，將使從宜，卻仍舊貫。宜復置翰林學士院。至三年正月，賜翰林學士院詔書金印一面。

（宋）王溥《五代會要》卷一四《尚書省》　尚書令

梁開平三年三月，升爲正一品。【略】

左右丞

梁開平二年四月，改爲左、右司侍郎。避廟諱也。至後唐同光元年十一月，復舊爲左、右丞。

後唐長興元年九月，升尚書右丞官品，與尚書左丞並爲正四品。【略】

司勛

後唐天成三年五月十九日敕：近代已來，文臣官階稍高，便授柱國，歲月未深，便轉上柱國；武資初官便授上柱國。官爵非無次第，階勛備有等差，宜自此時，重修舊制。今後加勛，先自武騎尉，經一十二轉方授上柱國，仍永爲常式。

清泰元年八月，尚書司勛郎李盈休奏：近日朝廷凡初叙勛，便至柱國。臣伏見本朝位至宰輔藩鎮，其勛皆自初叙，蓋欲示人歟歷功用之重也。勛格自武騎尉七品至柱國正二品，凡十二轉。今後羣官得叙封者，並請自武騎尉依次。從之。

（宋）王溥《五代會要》卷二四《樞密使》　梁開平元年五月，改樞密院爲崇政院。始命敬翔爲院使，仍置判官一人。自後不置判官，置副使一人。

二年十一月，置崇政院直學士二員，選有政術、文學者爲之。始以尚書吏部郎中吴藹、尚書兵部郎中李珽充選。其後又改爲直崇政院。

後唐同光元年十月，崇政院依舊爲樞密院。命宰臣郭崇韜兼樞密使，亦置院使一人。

晉天福四年四月，以樞密副使張從恩爲宣徽使，權廢樞密院故也。先是，上以宰相臣桑維翰兼樞密使，懇求免職，祇在中書，遂以宣徽使劉處讓代之，每有奏議，多不稱旨。及處讓丁內憂，乃以樞密院印付中書門下，故有是釐革。

開運元年六月，依舊置樞密院。其見在中書元係樞密院職司人吏，各勒仍舊。應合行公事，委本院奏取指揮，以宰臣桑維翰兼樞密院使。從中書門下奏請也。

周顯德六月，命司徒平章事范質、禮部尚書平章事王溥並參知樞密院事。

《舊五代史》卷一四九《職官志》　夫官非位無以分貴賤，位非品無以定高卑，是以歷代史官，咸有所紀，皆窮源而討本，期與世以作程。迨乎唐祚方隆，方隆，原本作方降，今據《職官分紀》改正。玄宗在宥，採累朝之故事，考衆職之遐源，申命才臣，著成《六典》，其勳階之等級，品秩之重輕，則已備載于其中矣。故今之所撰，不敢相沿，祖述五代之命官，以踵百王之垂範，或釐革升降，則謹而志之，俾後之爲天官卿者，得以觀焉。案：《薛史·職官志》，本《唐六典》而紀其釐革，故載同光、天成之改制，皆稱後唐，所以別于《六典》也。

梁開平三年三月，詔升尚書令爲正一品。按《唐六典》，尚書令正二品，是時以將授趙州王鎔此官，故升之。

後唐天成四年八月，詔曰：朝廷每有將相恩命，準往例，諸道節度使帶平章事、兼侍中、中書令，並列銜于勅牒後，側書使字。今兩浙節度使錢鏐是元帥、尚父，與使相名殊，承前列銜，久未改正。湖南節度使馬殷，先兼中書令之時，理宜齒于相位，今守太師、尚書令，是南省官資，不合列署勅尾。今後每署將相勅牒，宜落下錢鏐、馬殷官位，仍永爲常式。

梁開平二年四月，改左右丞爲左右司侍郎，避廟諱也。至後唐同光元年十月，復舊爲左右丞。

後唐長興元年九月，詔曰：臺轄之司，官資並設，左右貂素來相類，左右揆左右揆，原本作右撥，今從《五代會要》改正。不至相懸，以此比方，豈宜分別。自此宜升尚書右丞官品，與左丞並爲正四品。

右都省

後唐長興四年九月，勅：馮贇有經邦之茂業，宜進位于公臺，但緣平章事字犯其父名不欲斥其家諱，可改同平章事爲同中書門下二品。後至周顯德中，樞密使吳廷祚亦加同中書門下二品，避其諱也。

晉天福五年二月，勅：以門下侍郎、中書侍郎并爲清望正三品。

晉天福五年九月，詔曰：《六典》云：中書舍人掌侍奉進奏參議表章，凡詔旨制勅、璽書策命，皆按故事起草進畫，既下，則署而行之。其禁有四：一曰漏洩，二曰稽緩，三曰違失，四曰忘誤，案：《册府元龜》作失誤，考《五代會要》、《職官分紀》俱作忘，今仍其舊。《舊五代史考異》。所以重王命也。古昔已來，典實斯在，爰從近代，別創新名。今運屬興王，事從師古，俾仍舊貫，以耀前規。其翰林學士院公事，宜並歸中書舍人。

七年五月，中書門下上言：有司檢尋長興四年八月二十一日勅：準《官品令》，侍中、中書令正三品，按《會要》，大曆二年十一月陞爲正二品；左右常侍從三品，按《會要》，廣德二年五月陞爲正三品；門下中書侍郎正四品，大曆二年十一月陞爲正三品；諫議大夫正五品，按《續會要》，會昌二年十二月陞爲正四品，以備中書門下四品之闕；御史大夫從三品，會昌二年十二月陞爲正三品；御史中丞正五品，亦與大夫同時陞爲正四品。勅：宜各準元勅處分，仍添入令文，永爲定制。又詔：門下侍郎，班在常侍之下，俸禄同常侍。

周顯德五年六月，勅：諫議大夫宜依舊正五品上，仍班位在給事中之下。按《唐典》，諫議大夫四員，正五品上，皆隸門下省，班在給事中之下。至會昌二年十一月，中書門下奏，陞爲正四品下，仍分爲左右，以備兩省四品之闕，故其班亦陞在給事中之上。近朝自諫議大夫拜給事中者，官雖序遷，位則降等，至是以其遷次不倫，故改正焉。

右兩省

後唐清泰二年十一月，制：以前同州節度使、檢校太尉、同平章事馮道爲守司空。時議者曰：自隋、唐以來，三公無職事，自非親王不恆置，自非親王不恆置，據《職官分紀》云：親王加三公三師，多兼官使。是單置者，即親王亦不能得其寵任也。今附識于此。於宰臣爲加官，無單置者。道在相位時帶司空，及罷鎮，未命官，議者不練故事，率意行之。及制出，言議紛然，或云便可綜中書門下事，或云須册拜開府。及就列，無故事，乃不就朝堂叙班，臺官兩省官入就列，方入，宰臣退，踵後先退。劉昫又以罷相爲僕射，出入就列，一與馮道同，議者非之。及晉天福中，以李鏻爲司徒，周廣順初，以竇貞固爲司徒，蘇禹珪爲司空，遂以爲例，議者不復有云。

右三公

後唐天成元年夏六月，以李琪爲御史大夫，自後不復除。

其年冬十一月丙子，諸道進奏官上言：今月四日，中丞上事，臣等禮合至臺，比期不越前規，依舊傳語，忽蒙處分通出，尋則再取指揮，要明審的。又蒙問：大夫相公上事日如何？臣等訴云：大夫曾爲宰相，進奏官伏事中書，事體之間，實爲舊吏。若以別官除授，合云傳語勞來，又堅令通出。臣等出身藩府，不會朝儀，拒命則恐有奏聞，遵稟則全隳則例，伏恐此後到臺參賀，儀則不定者。詔曰：御史臺是大朝執憲之司，乃四海繩違之地，凡居中外，皆待整齊，藩侯尚展于公參，邸吏邸吏，原本作邸員，今考《五代會要》、《册府元龜》俱作吏，今改正。豈宜于抗禮。遽觀論列，可驗侮輕，但以喪亂孔多，紀綱隳紊，霜威掃地，風憲銷聲。今則景運惟新，皇圖重正，稍加提舉，漸止澆訛。宜令御史臺，凡關舊例，並須舉行，如不禀承，當行朝典。時盧文紀初拜中丞，領事於御史府，諸道進奏官來賀，文紀曰：事例如何？臺吏喬德威等言：朝廷在長安日，進奏官見大夫中丞，如胥吏見長官之禮。及梁氏將革命，本朝微弱，諸藩強據，人主大臣姑息邸吏，時中丞上事，邸吏雖至，皆於客次傳語，竟不相見。自經兵亂，便以爲常。以爲常，原本脱爲字，今從《職官分紀》增入。文紀令臺吏諭以舊儀相見，據案端簡，通名贊拜。邸吏輩既出，怒不自勝，相率于閤門求見，騰口喧訴。明宗謂趙鳳曰：進奏官比外何官？鳳對曰：府縣發遞祗候之流也。明宗曰：乃吏役耳，安得慢吾法官。乃下此詔。

晉天福五年二月，以御史中丞爲清望正四品。按《唐典》，御史中丞正五品上，今始陞之。

三年三月壬戌，御史臺奏：按《六典》，侍御史掌糾舉百僚，推鞫獄訟，居上者判臺，知公廨雜事，次知西推、贓贖、三司受事，次知東推、理匭。勅宜依舊制。遂以駕部員外郎兼侍御史知雜事劉皞爲河南少尹，自是無省郎知雜者。

開運二年八月，勅：御史臺準前朝故事，以郎中、員外郎一人兼侍御史知雜事，近年停罷，獨委年深御史知雜。振舉之間，紀綱未峻，宜遵舊事，庶叶通規。宜却于郎署中選清慎強幹者，兼侍御史知雜事。

右御史臺

昔唐朝擇中官一人爲樞密使，以出納帝命。案《職官分紀》：唐樞密使與兩軍中尉謂之四貴，天祐元年廢。項安世《家説》：唐於政事堂後列五房，有樞密房，以主曹務。則樞密之任，宰相主之，未始他付，其後寵任宦人，始以樞密歸之內侍。至梁開平元年五月，改樞密院爲崇政院，始命敬翔爲院使，仍置判官一人，自後改置副使一人。二年十一月，置崇政院直學士二員，選有政術文學者爲之，其後又改爲直崇政院。案：原本作直崇文院，今從《五代會要》改正。

後唐同光元年十月，崇政院依舊爲樞密院，命宰臣郭崇韜兼樞密使，亦置直院一人。案：《五代會要》作亦置院使一人。《石林燕語》作改爲樞密院直學士。

晉天福四年四月，以樞密副使張從恩爲宣徽使，權廢樞密院故也。先是，晉祖以宰臣桑維翰兼樞密使，懇求免職，只在中書，遂以宣徽使劉處讓代之，每有奏議，多不稱旨。其後處讓丁憂，乃以樞密印付中書門下，故有是釐改也。

開運元年六月，勅依舊置樞密院，以宰臣桑維翰兼樞密使，從中書門下奏請也。

周顯德六年六月，命司徒平章事范質、禮部尚書平章事王溥並參知樞密院事。

梁開平元年四月，始置建昌院，以博王友文判院事，以太祖在藩時，四鎮所管兵車賦税、諸色課利，按舊簿籍而主之。其年五月，中書門下奏請以判建昌院事爲建昌宮使，仍以東京太祖潛龍舊宅爲宮也。二年二月，以侍中案：原本有闕文，據《五代會要》，以侍中韓建判建昌宮事。判建昌宮事。至十月，以尚書兵部侍郎李皎爲建昌宮副使。三年九月，以門下侍郎平章事薛貽矩兼延資庫使，判建昌宮事。至四年十二月，以李振爲建昌宮副使。乾化二年五月，以門下侍郎平章事于兢兼延資庫使，判建昌宮事。其年六月，廢建昌宮，以河南尹魏王張宗奭爲國計使，凡天下金穀兵戎舊隸建昌宮者悉主之。至後唐同光四年二月，以吏部尚書李琪爲國計使。自後廢其名額不置。

後唐同光元年十一月，以左監門衛將軍、判內侍省李紹宏兼內勾，凡天下錢穀簿書，悉委裁遣。自是州縣供帳煩費，議者非之。又內勾之名，人以爲不祥之言。二年正月，勅鹽鐵、度支、户部三司，凡關錢物，並委租庸使管轄，踵梁之舊制也。天成元年四月，詔廢租庸院，依舊爲鹽鐵、户部、度支三司，委宰臣一人專判。長興元年八月，以許州節度使張延朗行工部尚書，充三司使，班在宣徽使之下。三司置使，自延朗始也。唐朝已來，户部、度支掌泉貨，鹽鐵時置使名，户部、度支則尚書省本司郎中、侍郎判其事。天寶中，楊慎矜、王鉷、楊國忠繼以聚貨之術，媚上受寵，然皆守户部、度支本官，別帶使額，亦無所改作。下及劉晏、第五琦亦如舊制。自後亦以宰臣各判一司，不置使額。乾符後，天下兵興，隨處置租庸使以主調發，兵罷則停。梁時乃置租庸使，專天下泉貨。莊宗中興，秉政者不閑典故，踵梁朝故事，復置租庸使，以魏博故吏孔謙專使務。斂怨於下，斲喪王室者，實租庸之弊故也。洎明宗嗣位，思革其弊，未及下車，乃詔削除使名，但命重臣一人判其事，曰判三司。至是，延朗自許州入再掌國計，白於樞密使，請置三司名。宣下中書議其事。宰臣以舊制覆奏，授延朗特進、行工部尚書，充諸道鹽鐵、轉運等使，兼判户部、度支事，從舊制也。明宗不從，竟以三司使爲名焉。

梁開平三年正月，改思政殿爲金鑾殿，至乾化元年五月，置大學士一員，始命崇政院使敬翔爲之。前朝因金巒坡以爲門名，與翰林院相接，故爲學士者稱金巒焉。金巒，《通鑑》作鸞，今考《五代會要》作巒，與《薛史》同，已於《梁書·敬翔傳》加案聲明。梁氏因之以爲殿名，仍改巒爲鑾，從美名也。大學士與三館大學士同。案《青箱雜記》：梁祖都汴，庶事草創，貞明中，始於今右長慶門東北，創小屋數十間爲三館，湫隘尤甚。又周廬徼道，咸出其間，衞士騶卒，朝夕喧雜，每受詔撰述，皆移他所。《舊五代史考異》。

後唐天成元年五月，勅翰林學士、尚書户部侍郎、知制誥馮道，翰林學士、中書舍人趙鳳，俱以本官充端明殿學士，非舊號也。時明宗登位，每四方書奏，多令樞密使安重誨讀之，不曉文義，於是孔循獻議，始置端明殿學士之名，命道等爲之。二年正月，勅：端明殿學士宜令班在翰林學士上，今後如有轉改，仍只於翰林學士内選任。初置端明殿學士，名目如三館之例，職在官下。趙鳳轉侍郎，遣人諷任圜移職在官上，至今爲例。案《職官分紀》：晋天福五年，廢端明殿學士，開運元年，桑維翰爲樞密使，復奏置學士。

同光元年四月，置護鑾書制學士，以尚書倉部員外郎趙鳳爲之。時莊宗初建號，故特立此名，非故事也。八月，賜翰林學士承旨、户部尚書盧質論思匡佐功臣，亦非常例也。

天成三年八月，勅：掌綸之任，擢才以居，或自初命而升，或自顯秩而授，蓋重厥職，靡繫其官，雖事分皆同，而行綴或異，誠由往日未有定規，議官位則上下不恒，論職次則後先未當，宜行顯命，以正近班。今後翰林學士入院，並以先後爲定，惟承旨一員，出自朕意，不計官資先後，在學士之上，仍編入《翰林志》。其年十一月，勅：新除翰林學士張昭遠，早踐綸闈，久司史筆，曾居憲府，累陟貳卿，今既擢在禁林，所宜別宣班序，其立位宜次崔棁。案《宋史·張昭傳》：晋天福二年，宰相桑維翰薦昭爲翰林學士。内署故事，以先後入爲次，不繫官序，特詔昭立位次承旨崔棁。據《宋史》則此勅當在晋天福中，《薛史》繫於唐天成三年後，疑原本有脱誤。《舊五代史考異》。

晋開運元年六月，勅：翰林學士與中書舍人，舊分爲兩制，各置六員，偶自近年，權停内署，況司詔命，必在深嚴，將使從宜，却仍舊貫，宜復置翰林學士院。

周顯德五年十一月，詔曰：翰林學士職係禁庭，地居親近，與班行而既異，在朝請以宜殊。起今後當直下直學士，並宜令逐日起居，其當直學士，仍赴晚朝。舊制，翰林院學士與常參官五日一度起居，時世宗欲令朝夕謁見，訪以時事，故有是詔。

右内職【略】

梁開平元年四月，詔：開封府司録參軍及六曹掾屬，宜各置一員，兩畿赤縣，置令、簿、尉各一員。二年十月，省諸道州府六曹掾屬，只留户曹一員，通判六曹。

後唐同光元年十一月，中書門下奏：諸寺監各請只置大卿監、祭酒、司業各一員，博士兩員，其餘官屬並請權停。惟太常寺事關大禮，大理寺事關刑法，除太常博士外，許更置丞一員。其王府及東宮官屬、司天五官正、奉御之類，凡不急司存，並請未議除授。其諸司郎中、員外郎，應有雙曹處，且署一員，左右散騎常侍、諫議大夫、給事中、起居郎、起居舍人、補闕、拾遺，各置一半。各置一半，原本作各貫一半，今從《五代會要》改正。三院侍御史仍委御史中丞條理申奏，即日停罷。朝官仍各録名氏，具罷任月日，留在中書，候見任官滿二十五箇月，並據資品却與除官。從之。

周顯德五年十二月，詔：兩京五府少尹、司録參軍，先各置兩員，起今後只置一員，六曹判司内只置户曹、法曹各一員，其餘及諸州支使、兩蕃判官並省。

右增減

梁開平元年五月，改御食使爲司膳使，小馬坊使爲天驥使，文思院使爲乾文院使，同和院使爲儀鸞院使。其年又改城門郎爲門局郎，避廟諱也。唐同光元年十一月，依舊爲城門郎。

後唐天成元年十一月，詔曰：雄武軍節度使官銜内，宜兼押蕃落使。案《職官分紀》：長興元年，分飛龍院爲左右院，以小馬坊爲右飛龍院。二年七月，詔曰：頃因本朝親王遥領方鎮，其在鎮者，遂云副大使知節度事，但年代已深，相沿未改。今天下侯伯並正節旄，惟東、西兩川未落副大使字，宜令今後只言節度使。

晋天福五年四月丙午，詔曰：承旨者，承時君之旨，非近侍重臣，無以稟朕命、宣予言。是以大朝會宰臣承旨，草制詔學士承旨，若無區别，何表等威。除翰林承旨外，殿前承旨宜改爲殿直，密院承旨宜改爲承宣，御史臺、三司、閤門、客省所有承旨，並令别定其名。

周廣順二年十二月，詔改左右威衛復爲屯衛，避御名也。

右改制

後唐同光二年三月，中書門下奏：糾轄之任，時謂外臺，宰字之官，宰字之官，原本作宰寧，今據《五代會要》改正。古稱列爵，如非朝命，是廢國章。近日諸道多是各列官銜，便指州縣，請朝廷之正授，樹藩鎮之私恩，頗亂規程，宜加條制。自今後大鎮節度使，管三州已上者，每年許奏管内官三人；如管三州以下者，許奏管内官二人。仍須有課績尤異，方得上聞。若止於檢慎無瑕，科徵及限，是守常道，只得書考旌嘉，不得特有薦奏。其防禦使每年只許奏一人，若無尤異，不得奏薦。刺史無奏薦之例，不得輒亂規程。其年八月，中書奏：偽庭之時，諸藩參佐，皆從除授。自今後諸道除節度副使、兩使判官除授外，其餘職員並諸州軍事判官，各任本處奏辟，其軍事判官仍不在奏官之限。所冀招延之禮，皆合于前規；簡辟之間，無聞於濫舉。從之。

長興二年十一月，詔曰：闕員有限，人數常多，須以高低，定其等級。起今後兩使判官罷任後，宜一年外與比擬；書記、支使、防禦團練判官等，二年外與比擬；推巡、防禦團練推官、軍事判官等，並三年後與比擬。仍每遇除授，量與改轉官資，或階勳，或職資。其有殊常勤績者，别議優陞。若有文學知術超邁羣倫，或爲衆所稱，或良知迴舉，察驗的實者，不拘年月之限。

清泰二年八月，中書門下上言：前大卿監、五品陞朝官、西班將軍，皆在任許滿二十五月，如衝替已經二十月，即别任用。少卿監，舊例三任四任方入大卿監，五品三任四任方入少卿監，今後並祇三任，逐任須月限滿無殿責者，便入此官。西班將軍，罷任一年許求官，舊例三任四任方入大將軍，今祇以三任爲限，三任大將軍方入上將軍，並須逐任滿月限，無殿責，或曾任金吾將軍、街使、藩鎮刺史，特勅並不拘此例。諸道除兩使判官外，書記已下任自辟請。應朝官除外任，罷任後一年方許陳乞。諸道賓席未曾陞朝者，若官兼三院御史，即除中下縣令；兼大夫、中丞、祕書少監、郎中、員外郎與清資。初任陞朝官，檢校官至尚書、常侍、祕書監、庶子，陞朝便與少卿監。諸州防禦、團練判、推官，並請本州辟請，中書不更除授。應出選門官帶三院御史供奉裏行及省銜，罷任後周年，許陳乞。諸州别駕，不除令録，仍守本官月限，得替後一年，許陳乞。長史、司馬，因攝奏正，未有官者送名。從之。

三年五月乙未，詔曰：近以内外臣僚，出入迭處，稍均勞逸，免滯轉遷，應兩司判官、畿赤令，取郎中、員外、補闕、拾遺、三丞、五博，少列宫僚，選擇擢任，一則俾藩方侯伯，别耀賓階；次則致朝列人臣，備諳時政。今後或有滿闕，便宜依此施行。

周廣順元年夏五月辛巳，詔：朝廷設爵命官，求賢取士，或以資叙進，或以科級陞。至有白首窮經，方諧一第，半生守選，始遂一官。是以國無幸民，士不濫進。近年州郡奏薦，多無出身、前官，或因權勢書題，或是衷私請託，既難阻意，便授真恩。遂使躁求僥倖之徒，争遊捷徑；辛苦孤寒之士，盡泣窮途。將期激濁揚清，所宜循名責實。今後州府不得奏薦無前官及無出身人，如有奇才異行，越衆超羣，亦許具名以聞，便可隨表赴闕，當令有司考試，朕亦親自披詳，斷其否臧，俾之陞黜，庶使人不謬舉，野無遺才。

顯德二年六月，詔：兩京諸道州府留守判官、兩使判官、少尹、防禦團練軍事判官，今後並不得奏薦；其防禦團練、刺史州各置推官一員。

右釐革

（元）馬端臨《文獻通考》卷五四《職官・學士院》 晋天福五年，詔翰林學士院公事宜並歸中書舍人，自是舍人晝直者當中書制，夜直者當內制。至開運元年，復詔翰林學士與中書舍人分爲兩制，各置五員。

（元）馬端臨《文獻通考》卷五四《職官・翰林學士承旨》 後唐天成三年敕：今後翰林學士入院，並以先後爲定。惟承旨一員，出自朕意，不計官資先後，在學士之上，仍編入《翰林志》。

（元）馬端臨《文獻通考》卷五四《職官・翰林學士》 梁開平三年，改思政殿爲金鑾殿，置大學士一員，以敬翔爲之。前朝因金鑾坡以爲門名，與翰林院相接，故爲學士者稱金鑾以美之。今以金鑾爲名，非典也。後唐同光初，又置護鑾書制學士，以趙鳳爲之。長興元年，翰林學士劉昫奏：舊例，學士入院，除中書舍人即不試，餘官皆先試麻制、批答、詩賦各一道，號曰五題。後來雖有召試之名，無考校之實。欲請今後召試新學士，權停詩、賦，祗試麻制、批答共三道，內賜題目，定字數，付本院召試。從之。晋天福五年，廢翰林學士院，其公事並歸中書舍人。開運元年，復學士院。周顯德五年詔：今後當直、下直學士，並宜令逐日起居，其當直學士仍赴晚朝。舊制，翰林學士與常參官，五日一度起居。世宗欲朝夕賜見，詢以時事，故有是詔。

（元）馬端臨《文獻通考》卷五八《職官・樞密院》 後梁革唐世宦官之弊，開平元年，改樞密院爲崇政院，命敬翔爲使，始更用士人。其備顧問、參謀議於中則有之，未始專行事於外也。唐莊宗同光元年，復以崇政院爲樞密院，命宰臣郭崇韜兼使，又置院使一人，然權侔宰相矣。晋天福中，以桑維翰知樞密院事；四年，廢樞密院。以劉處讓兼樞密，奏議多不稱旨，及處讓丁内憂，遂廢其院。開運元年復置，以宰臣桑維翰兼使。周顯德六年，范質、王溥並參知樞密院事。

（元）馬端臨《文獻通考》卷五八《職官・知樞密院》 晋天福初，桑維翰以翰林學士、尚書禮部侍郎知樞密院事，知院之名始此。

（清）嵇璜等《續通典》卷二三《職官・宰相》 後唐晋漢並因其舊，後唐復有行臺左丞相、右丞相，周以中書令及中書侍郎同中書門下平章事爲宰相。

（清）嵇璜等《續通典》卷二五《職官・宰相并官屬》 梁以中書門下兩侍郎及同中書門下平章事爲宰相，然是時，改樞密院爲崇政院，命敬翔知院事，以備顧問參謀，議承上旨，宣於宰相而行之宰相，非時奏請，皆因以聞，是亦相職也。後唐以門下侍郎及中書侍郎同中書門下平章事爲宰相，又置中門使、樞密使典領機密，權與宰相等。晋以中書侍郎同門下平章事爲宰相，是時宰相每兼樞密使，桑維翰、李崧皆同平章事兼樞密使。間有特拜中書令及侍中者。出帝開運二年，以趙瑩爲中書令，李崧守侍中。漢亦以中書侍郎同中書門下平章事爲宰相，周亦以中書侍郎同中書門下平章事爲宰相，亦有拜中書令者。太祖廣順元年，拜馮道中書令。五代時，日相征討，武臣用事，任宰相者多則一二年，少或數月，廢置不常，無可載焉。

（清）嵇璜等《續通典》卷二五《職官・中書令》 五代時，中書令之職常闕，非有大功勳者不授。後唐以安重誨、王晏球爲中書令，晋以桑維翰、趙瑩拜中書令，漢隱帝乾祐時，以趙在禮爲中書令，周以馮道爲中書令，皆宰臣之崇秩也。

地方分部

隋　朝

綜　述

（唐）杜佑《通典》卷三二《職官・州郡上・州牧刺史》　隋雍州置牧，餘州並置刺史，亦同北齊九等之制。總管刺史加使持節。至開皇三年，罷郡，以州統縣。自是刺史之名存而職廢。後雖有刺史，皆太守之互名，理一郡而已，非舊刺史之職。按魏置使持節，寵奉使官之任。隋氏廢郡，而以刺史牧人，既非使官，則合罷持節之稱。其時制置，不以名實相副爲意，仍舊存之。後改爲太守，亦復不省，所以使持節之名，及於邊遠小郡，乃不徵典故之失。刺史、縣令，三年一遷。諸有兵處，則刺史帶軍事以統之。煬帝乃别置都尉領兵，兵不屬郡。十四年，改九等州縣爲上、中、中下、下，凡四等。劉仁恩爲毛州刺史，治績號天下第一，擢拜刑部尚書。煬帝大業初，復罷州置郡。爲司隸臺，大夫一人巡察畿内，又有司隸刺史，房彦謙嘗爲之。其刺史十四人巡察畿外諸郡，亦有六條之制，與漢六條不同。從事四十人，副刺史巡察。每年二月乘軺巡郡縣，十月入奏。

（唐）杜佑《通典》卷三三《職官・州郡下・總論郡佐》　隋初以州爲郡，無復軍府，則州府之職，參爲郡官。故有長史，司馬，録事參軍，功、户、兵、法等七曹，稍與今制同。開皇三年，詔佐官以曹爲名者，並改爲司。十二年，諸州司從事爲名者，並改爲參軍。又制，刺史二佐每歲暮更入朝上考課。煬帝置通守，贊治，東西曹掾，主簿，司功、倉、户、兵、法、士等書佐，各因郡之大小而爲增減。改行參軍爲行書佐。【略】

郡丞【略】至隋開皇三年，改别駕、治中爲長史、司馬。至煬帝又罷長史、司馬，置贊治一人，後又改郡贊治爲丞，位在通守下。今郡丞廢矣，其職復分爲别駕、長史、司馬。説在本篇。自隋爲郡府之官，去從事史。隋趙軌爲齊州别駕，有能名，在州四年，考績連最。詔徵入朝，父老揮涕隨送曰：公清如水，請酌一杯水奉餞。軌受而飲之。

（唐）杜佑《通典》卷三三《職官・州郡下・郡太守》　隋郡太守如北齊九等之制。至開皇三年，罷天下諸郡，以州統縣。楊尚希上表曰：當今郡縣倍多於古，十羊九牧，人少官多，請存要去閑，并小爲大。帝嘉之，遂罷諸郡。大業三年，又改州爲郡，郡置太守。

（元）馬端臨《文獻通考》卷六三《職官考・郡丞別駕 長史 司馬 通判》　至隋改别駕、治中爲長史、司馬，蓋隋以州爲郡，無後軍府，則州府之職參爲郡官，故有長史、司馬。煬帝罷之，而置通守，又置郡贊治，後又改爲丞，位在通守下。

（唐）杜佑《通典》卷三三《職官・州郡下・縣令》　隋縣有令，有長。煬帝以大興、長安、河南、洛陽四縣令，並增正五品。諸縣皆以所管閒劇及衝要之處，以爲等級。開皇十三年，以臨潁令劉曠治政尤異，擢爲莒州刺史。又魏德深爲貴鄉長，轉館陶長，貴鄉民吏號泣請留，詔許之。貴鄉民吏歌呼滿道，館陶合境悲哭。

唐　朝

論　説

（宋）徐度《却掃編》卷上　唐之方鎮得專制一方，甲兵錢穀生殺予奪皆屬焉，權任之重自宰相之外它官蓋無與比。故其始拜也降麻告廷與宰相同，而賜節鑄印之理又爲特異，誠以其任重故寵之。本朝既削方鎮之權節度使不必赴鎮，但爲武官之秩，間以寵文臣之勳舊，内則爲宮觀使，外則别領州府而已。至宗室戚里又止於奉朝請無復職掌，而告廷賜節鑄印之禮猶踵故事至於今循之不革。諸路經略安撫使雖非唐方鎮之比，然亦大將之任也，而命之與列郡守臣畧等，間命宣撫使，蓋古之元帥也，直以勑授尤爲失之。

《歷代名賢確論》卷九二《武宗・藩鎮》　范祖禹論李德裕請討劉稹

宣慰河北三鎮，三鎮無不奉詔，曰自天寶以後河朔世爲唐患，憲宗雖得魏博，而穆宗復失之，是以朝廷惟事姑息，幸其不叛斯可矣，豈得而使之哉。至于武宗不惟使三鎮不敢助逆，又因以爲臂指之用，由德裕所以告之者，能服其心也。揚雄曰御得其道則天下狙詐咸作使，御失其道則天下狙詐咸作敵。人主威制天下，豈有不由一相者哉。又論德裕戒勵河北三鎮曰，《書》曰戒之用休，董之用威。古之明王天下，有不順者必諄諄而告教之，至于再至于三，告之不可然後征之，則其民知罪而用兵有辭矣。自唐之失河朔或討伐之或姑息之，不聞有文告之命，戒敕之辭也。是以兵加而不服，恩厚而愈驕，李德裕以一相而制御三鎮，如運諸掌，使武宗享國長久，天下豈有不平者乎。

温公論郭誼殺劉稹斬之曰：董重質之在淮西，郭誼之在昭義，吳元濟、劉稹如木偶人在技兒之手耳。彼二人者始則勸人爲亂，終則賣主規利，其死固有餘罪。然憲宗用之於前，武宗誅之於後，臣愚以爲皆失之。何則？賞奸非義也，殺降非信也。失義與信，何以爲國。昔漢光武待王郎劉盆子止於不死，知其非力竭則不降故也。樊崇徐宣王元牛邯之徒豈非助亂之人乎，而光武弗殺，蓋以既受其降則不可復誅故也。若既赦而復逃亡叛亂則其死固無辭矣，如誼等免死流之遠方，沒齒不還可矣，殺之非也。

子由論曰：李德裕制變遇事之方，裴度有所愧。然度之制變務出于中和，故事出而人不驚，事已而身安。德裕矜才而快意者也，故其所發足以悚動人之觀聽而後多悔。宦者劉承偕監劉悟軍，悟不堪其侮而言之朝，憲宗以其有寵於母后也，問計於度。度請殺之，又曰不能斬則流之。夫斬之則風采足以震動而於事也徒然，苟求生下足以厭悟意，上不傷太后心，流之亦足矣，何必求動人之視聽哉。此度過人者也。劉稹之叛計策出於郭誼爲多，稹勢已窮蹙，誼斬稹以降，此在誼爲可怒，在朝廷爲可賞。德裕以爲稹小子安知反，誼寔教之而終賣稹以求生，卒斬之。德裕之出此不過欲明大義立風聲以悚動視聽。若誼者置而不問斯可矣，何必求名而殺之邪。是時强藩叛鎮，力足以拒王命，而所深忌者左右之竊發也。誅誼而叛臣始安心於其下，其爲慮益已疎矣。德裕惡牛僧孺，其傾僧孺也曰：僧孺聞劉從諫滅而慨歎，又誣成其往來之迹。夫傾大臣惟有交反者罪爲無以加，人主之所不恕。僧孺由此遂竄德裕於復怨則快矣，而君子豈忍爲是哉。故一失勢，羣起而擠之，身沒南荒非偶然者也。

《歷代名賢確論》卷九四《僖宗·藩鎮》　范祖禹論朱全忠與李克用不和藩鎮互相吞噬無所稟畏，曰：天子所以制御天下者，賞善罰惡，辨是非枉直，使人各當其所物，各安其分而不相陵暴也。克用有復唐室之大功，而全忠輒欲殺之，蕃夷之人不敢專兵復讎而赴訴於朝廷，是諸侯猶有尊王室之心也。爲天子者宜詰其孰是孰非，直者佑之，不直者黜之，使征伐號令出於天子，則誅一鎮而天下莫敢不從矣。僖宗則不然，知其直者而不恤，置其不直者而不問，是猶一郡一縣之長不能聽訟而使民以其彊弱自相勝也。不惟全忠無所忌憚，而克用心亦不服，欲兩存之乃兩失之。自是以後藩鎮擅相攻伐不復稟命，以天子不足訴也。唐之政令不行於藩鎮實自此始，後雖復欲爲彊，其可得乎。《書》曰有罪無罪予曷敢有越厥志。刑罰者所以爲天討也，王者之於天下懲勸可不明哉。

孫之翰論李克用請討朱全忠曰：巢賊之平，李克用爲功臣之首，雖麤猛之人朝廷恩賞至厚，夙性雄豪不無感激，可一時倚賴矣。朱全忠出於巢黨力屈來降，都統王鐸崇獎過分，已授同華節帥，朝廷不因立功驟委宣武大鎮。克用追討巢賊還過其地，全忠邀之軍府，密謀叛害。克用既免，不舉兵報怨而奏討全忠甚得人臣之體。全忠降賊也，克用功臣也。降賊謀害功臣是賊心不悛，況帥宣武未久，兇勢未大，本無功名可以贖罪，從功臣之請討之正得事宜。若秉克用兵鋒，復詔近鎮助之，破全忠必矣。兇賊既除，克用感恩可以倚任，諸鎮觀之亦必未敢爲相噬之計，天下或未至横流矣。僖宗孱弱，宰輔暗懦，宦官暴横，一無經遠之計，失此機便卒致諸鎮交亂巨盜謀逆，三百年宗社喪於盜手矣。

《歷代名賢確論》卷九六《通論·藩鎮》　范文正公曰：李唐中微，天下多事，諸節度各聚州兵，據征賦以自支，故有尾大不掉之釁起矣。此非唐之本謀，但四方縱横撲滅不暇，故因其有功而分裂之，蓋不得已也云云。

張唐英論曰：唐之治由藩鎮之未專地也，唐之弱由藩鎮之彊盛也，唐之亡由藩鎮之削滅也。何以言之？唐自安史之亂天下之人耗減大半，大歷已後干戈粗定，事貴姑息，權柄倒置，彊臣驕將氣焰赫然。而於是李正己有青淄齊海登萊沂密德曹濮徐兖鄆十五州之地養兵十萬，李寶臣有常易深趙滄冀定七州之地養兵五萬，田承嗣有魏博相衛洺貝澶七州之地養兵五萬，梁崇義有襄鄧均房復郢六州之地養兵二萬。詔增一城必飛語怨刺，二十年間國家不敢興拳石撮土。代宗寬柔一切容之，德宗明察先誅劉文喜，次欲盡除羣盗，遂詔起關西兵以臨關東，而涇兵倒戈，朱泚乘人心之離遂肆不軌。然而欲與李懷光合勢，懷光不伏臣之故李晟之徒得以乘而滅之。又李寶臣信妖人之言謂有天分，而田承嗣玩以讖文不與同惡卒自暴死。又朱滔稔兇欲臣山東諸侯，而王武俊曰我豈能捨九葉天子而臣田舍漢，於是起兵攻滔。又李希烈已僭大號而諸侯異謀，劉稹堅據上黨而三鎮離心。以此觀之，則唐之藩鎮各萌問鼎之心者多矣，然而卒不能遂其逆謀者，蓋彼同則此異，左逆則右順，輕重相制小大相維，忽恭王命以効順，忽矜兵勢以相臨，所以然也。至于朱全忠遂墟唐祚者，非其才智過於安史朱泚之徒也，蓋是時藩鎮諸侯各已滅矣。時溥朱瑄秦宗權羅紹威王鎔之徒各已亡矣，全忠視天下之大不復有牽制之黨乃平揖神器若固有之。設使當全忠之時，朱滔在冀，田悦在魏，王武俊在趙，李納在齊，則全忠雖有曹馬之謀，亦焉能披大裘而稱制哉。故曰唐之亡由藩鎮之削滅也，豈非治亂興亡之鑒哉。

子由論德宗憲宗誅平藩鎮成敗不同曰：德宗憤藩鎮之彊，潛有鞭撻海内之志，竭其帑藏空其禁衛以從事於伐叛。然師出無功，兵連禍結，大盗竊發，身播國屯，滅亡之禍間不容髮，自是之後亂不得息。至於憲宗用一裴度決策出師淮西，既平山東河北，彊藩大鎮靡耳聽命，終憲宗之世海内略定。二帝於用兵伐叛則同而功烈何其相萬也。管子有言，攻堅則瑕者堅，攻瑕則堅者瑕。德宗始使馬璲李抱真討田悦魏鎮，自承嗣以來兵彊國富屹然大鎮非可易者也。二將之力斃於田悦，而王武俊朱泚相煽而起，内自魏至燕，數千里間莽爲戰場，而四方諸侯始輕京師。淮西雖叛然數郡之地也，暴取其財虚用其民爲日久矣危亡之機已見。而元濟昏童崛强其間，此特不欲取之耳，取之可以必得，豈與河朔諸鎮比也。憲宗乘其機察其時一舉而滅之，而李師道承宗之徒或誅或臣，而四方靡然効順矣。此無他，德宗先攻其堅，敵未亡而己之氣先索力先弊矣。已索之氣既弊之力人所易侮，此朱泚懷光所以陸梁不忌也。憲宗先攻其易，攻其巢穴戮其鯨鯢，兵雖未出而氣振於天下，師道承宗所以消沮而不能抗也。有扛鼎之力者使之負石而趨終日則必蹶，立談之間而礫嬰兒，則賁育在傍必悸，此攻瑕之論也。

綜述

《唐六典》卷三〇《三府督護州縣官吏》 上州，凡户滿四萬已上爲上州。刺史一人，從三品。【略】別駕一人，從四品下；長史一人，從五品上；司馬一人，從五品下。録事參軍事一人，從七品上；録事二人，從九品上；史三人。司功參軍事一人，從七品下；佐三人；史六人。司倉參軍事一人，從七品下；佐三人；史六人。司户參軍事二人，從七品下；佐三人；史七人；帳史一人。司兵參軍事一人，從七品下；佐三人；史六人。司法參軍事二人，從七品下；佐四人；史八人。司士參軍事一人，從七品下；佐三人；史六人。參軍事四人。執刀十五人。典獄十四人。問事八人。白直二十人。市令一人，從九品上；丞一人；佐一人；史二人；帥三人；倉督二人，史四人。經學博士一人，從八品下；助教二人；學生六十人。醫學博士一人，正九品下；助教一人；學生十五人。

中州，户二萬已上。刺史一人，正四品上。別駕一人，正五品下；長史一人，正六品上；司馬一人，正六品下。録事參軍事一人，正八品上；録事一人，從九品下；史二人。司功參軍事一人，正八品下；佐二人；史四人。司倉參軍事一人，正八品下；佐二人；史四人。司户參軍事一人，正八品下；佐三人；史五人；帳史一人。司兵參軍事一人，正八品下；佐三人；史四人。司法參軍事一人，正八品下；兼掌司士事。佐三人；史六人。參軍事三人，正九品下。執刀十人。典獄十二人。問事六人。白直十六人。市令一人；丞一人；佐一人；史二人；帥二人；倉督二人；史三人。經學博士一人，從九品下；助教一人；學生五十人。醫學博士一人，正九品上；助教一人；學生十二人。

下州，户不滿二萬者爲下州。刺史一人，正四品下。別駕一人，從五品上；司馬一人，從六品上。録事參軍事一人，從八品上；録事一人，從九品下；史二人。司倉參軍事一人，從八品下；兼掌司功事。佐二人；史四人。司户參軍事一人，從八品下；兼掌司兵事。佐三人；史五人；帳史一人。司法參軍事一人，從八品下；兼掌司士事。佐二人；史四人。參軍事二人，從九品下。執刀十人。典獄八人。問事四人。白直十六人。市令一人；佐一人；史一人；帥二人；倉督一人，史二人。經學博士一人，正九品下；助教一人；學生四十人。醫學博士一人，從九品下；學生一十人。

京兆、河南、太原牧及都督、刺史掌清肅邦畿，考覈官吏，宣布德化，撫和齊人，勸課農桑，敦諭五教。每歲一巡屬縣，觀風俗，問百姓，録囚徒，恤鰥寡，閲丁口，務知百姓之疾苦。部内有篤學異能聞於鄉閭者，舉而進之；有不孝悌，悖禮亂常，不率法令者，糺而繩之。其吏在官公廉正己清直守節者，必察之；其貪穢諂諛求名徇私者，亦謹而察之，皆附于考課，以爲褒貶。若善惡殊尤者，隨即奏聞。若獄訟之枉疑，兵甲之徵遣，興造之便宜，符瑞之尤異，亦以上聞。其常則申於尚書省而已。若孝子順孫，義夫節婦，志行聞於鄉閭者，亦隨實申奏，表其門閭；若精誠感通，則加優賞。其孝悌力田者，考使集日，具以名聞。其所部有須改更，得以便宜從事。若親王典州及邊州都督、刺史不可離州局者，應巡屬縣，皆委上佐行焉。

尹、少尹、別駕、長史、司馬掌貳府、州之事，以紀綱衆務，通判列曹；歲終則更入奏計。

司録、録事參軍掌付事勾稽，省署抄目。糺正非違，監守符印。若列曹事有異同，得以聞奏。

功曹、司功參軍掌官吏考課，假使、選舉、祭祀、禎祥、道佛、學校、表疏、書啓、醫藥、陳設之事。凡差使，先差州官；不充，取縣官，率一半已上；不充，取前資官。其上佐、録事參軍、縣令不得充使出境。凡州、縣及鎮倉督，縣博士、助教，中、下州市令及縣市令，嶽、瀆祝史，並州選，各四周而代。州、鎮倉督，州、縣市令，取勳官五品已上及職資九品者；若無，通取勳官六品已下，倉督取家口重大者爲之。州市令不得用本市内人，縣市令不得用當縣人。博士、助教部内無者，得於旁州通取。縣録事通取部内勳官五品已上；若無堪任者，並佐、史通取六品已下子及白丁充之。凡貢舉人有博識高才，强學待問，無失俊選者，爲秀才；通二經已上者，爲明經；明閑時務，精熟一經者，爲進士；通達律令者，爲明法。其人正直清修，名行孝義，旌表門閭，堪理時務，亦隨賓貢爲孝弟力田。凡貢人，上州歲貢三人，中州二人，下州一人。若有茂才異等，亦不抑以常數。凡貢人行鄉飲酒之禮，牲用少牢。若州縣春、秋二社及釋奠之禮，亦皆以少牢。凡諸州每年任土所出藥物可用者，隨時收採，以給人之疾患。皆預合傷寒、時氣、瘧、痢等藥，部内有疾患者，隨須給之。

倉曹、司倉參軍掌公廨、度量、庖廚、倉庫、租賦、徵收、田園、市肆之事。每歲據青苗徵税，畝别二升，以爲義倉，以備凶年；將爲賑貸，先申尚書，待報，然後分給。又，歲豐，則出錢加時價而糴之；不熟，則出粟減時價而糶之，謂之常平倉，常與正、義倉帳具本利申尚書省。

户曹、司户參軍掌户籍、計帳、道路、逆旅、田疇、六畜、過所、蠲符之事，而剖斷人之訴競。凡男女婚姻之合，必辨其族姓，以舉其違。凡井田利害之宜，必止其争訟，以從其順。凡官人不得於部内請射田地及造碾磑，與人争利。

兵曹、司兵參軍掌武官選舉，兵甲器仗，門户管鑰，烽候傳驛之事。凡驛馬以驛字印印左肘，以州名印印項左。每歲貢武舉人有智勇謀略强力悍材者，舉而送之。試長垛、馬槍、翹關、擎重，以爲等第之上下，爲之升黜，從文舉行鄉飲酒之禮，然後申送。

法曹、司法參軍掌律、令、格、式，鞫獄定刑，督捕盜賊，糺逖姦非之事，以究其情僞，而制其文法。赦從重而罰從輕，使人知所避而遷善遠罪。

士曹、司士參軍掌津梁、舟車、舍宅、百工衆藝之事。啓塞必從其時，役使不奪其力，通山澤之利以贍貧人。凡州界内有出銅、鐵處，官未採者，聽百姓私採。若鑄得銅及白鐵，官爲市取；如欲折充課役，亦聽之。其四邊，無問公私，不得置鐵冶及採銅。自餘山川藪澤之利，公私共之。致瓌異之貨以備國用，是以官無禁利，人無稽市。凡知山澤有異寶、異木及金、玉、銅、鐵、彩色雜物處堪供國用者，奏聞。

參軍事掌出使檢校及導引之事。

市令、丞掌市廛交易，禁斥非違之事。

經學博士以五經教授諸生。

醫學博士以百藥救療平人有疾者。下至執刀、白直、典獄、佐、史，各有其職。州、府之任備焉。

（唐）杜佑《通典》卷三二《職官・州郡上・州牧刺史》 大唐武德元年，罷郡置州，改太守爲刺史，而雍州置牧。至神龍二年二月，分天下爲十道，置巡察使二十人，一道二人。以左右臺及內外官五品以下堅明清勁者爲之。兼按郡縣，再期而代。至景雲二年，改置按察使，道各一人。開元十年省，十七年復置。二十二年，改置採訪處置使，其有戎旅之地，即置節度使，仍各置印。天寶九年三月敕：本置採訪使，令舉大綱，若大小必由，是一人兼理數郡。自今以後，採訪使但訪察善惡，舉其大綱，自餘郡務所有奏請，並委郡守，不須干及。治於所部之大郡。至德之後，改採訪使爲觀察，觀察皆并領都團練使。其僚屬隨事增置。分天下爲四十餘道，大者十餘州，小者二三州，各因其山川區域爲制。諸道增減不恆，使名沿革不一，舉其職例，則皆古之刺史云。

（唐）杜佑《通典》卷三二《職官・州郡上・總論州佐》 至隋以州爲郡，無復軍府，則州府之吏變爲郡官矣。大唐無州府之名，而有採訪使及節度使。節度使説在《都督篇》。採訪使有判官二人，分判尚書六行事及州縣簿書。支使二人，分使出入，職如節度使之隨軍。推官一人，推鞫獄訟。皆使自辟召，然後上聞。其未奉報者稱攝。其節度、防禦等使寮佐辟奏之例，亦如之。今舉州之舊職，以列於左。舊職謂隋以前官職。

別駕從事史一人，從刺史行部，別乘一乘傳車，故謂之別駕，漢制也。歷代皆有。後漢周景爲荊河州，辟陳蕃爲別駕，蕃不就，景題別駕輿曰陳仲舉座，不復更辟，蕃惶恐起視職。袁紹領冀州，以審配爲別駕，委以腹心，并總幕府。紹又以田豐爲別駕，豐勸迎天子，紹不納。及敗，曰：吾慚田別駕。晉王祥爲徐州別駕，以股肱之忠，糾合義衆，州境獲寧。人歌曰：海沂之康，實賴王祥。邦國不空，別駕之功。《烈士傳》曰：孔恂字巨卿，爲別駕，車舊有屏星，如刺史車，刺史因怒，欲去別駕車屏星。恂曰：徹去屏星，毀國舊儀，別駕可去，屏星不可省。乃止。《管寧集》辟文云：州民管誕，燕雀之賤，棲朝桐之華。別駕者，明君之羽翼，宜得英儒。《王丞相集》有教曰：顧和理識清敏，劭今端右，宜得其才，以爲別駕。《庾亮集・答郭豫書》云：別駕，舊與刺史別乘同流，宣王化於萬里，其任居刺史之半。梁時別駕官品，揚州視黄門郎，南徐州視散騎常侍。隋及大唐並爲郡官。説在《郡佐》後。

治中從事史一人，居中治事，主衆曹文書，漢制也。歷代皆有。蜀龐統以從事守耒陽令，不治，免官。魯肅遺先主書曰：龐士元非百里之才，使處治中、別駕之任，始當展其驥足耳。乃以爲治中。晉郗鑒爲治中。又，車胤爲桓温治中，有會不同，温輒云無車公不樂。梁眭襄字師卿，爲揚州治中，襄父終此官，乃固辭。武帝許聽，與府司馬換廨居之。隋爲郡官，大唐改爲司馬。説在《郡佐》後。

主簿一人，録門下衆事，省署文書，漢制也。歷代至隋皆有。晉習鑿齒字彦威，爲桓温荊州主簿，親遇深密。時語曰：徒三十年看儒書，不如一詣習主簿。

功曹書佐一人，主選用，漢制也。其司隸功曹從事史，兼録衆事。應劭《漢百官表》曰：司隸功曹從事即州治中從事也。晉以來，改功曹爲西曹書佐。宋有別駕西曹，主吏及選舉，即漢之功曹書佐也。

部郡國從事史，每郡國各一人，漢制也。主督促文書，舉非法。後漢喬玄字公祖，爲梁縣功曹。荊河州刺史周景行部到梁國，玄謁景，因伏地言陳相羊昌罪惡，乞爲部郡從事，窮理其罪。景壯玄意，即署遣之。玄到，具考贓罪。梁冀馳檄救之，景承旨召玄還。檄至不發，按之益急。昌坐檻車徵，玄由是著名。又，朱震字伯厚，爲州從事，奏濟陰太守單匡贓罪。三府諺曰：車如雞棲馬如狗，疾惡如風朱伯厚。

典郡書佐，每郡國各一人，漢制也。各主一郡文書，以郡吏補，歲滿一更。

祭酒從事史，漢魏以來置。宋世分掌諸曹兵、賊、倉、户、水、鎧之事。自江左揚州無祭酒，而以主簿治事。

中正，陳勝爲楚王，以朱房爲中正，而不言職事。兩漢無聞。魏司空陳群以天臺選用，不盡人才，擇州之才優有昭鑒者，除爲中正，自拔人才，銓定九品，州郡皆置。吳有太公平，亦其任也。吳習温爲荊州太公平。太公平即州都也。後潘祕爲尚書僕射，代温爲公平，甚得州里之稱。晉宣帝加置大中正，故有大小中正，其用人甚重。晉劉毅字仲雄，年七十已告老，後舉爲青州大中正。尚書以毅懸車致仕，不宜勞以碎務。孫尹表曰：司徒魏舒、司隸嚴詢與毅年齒相近，管四十萬户州，兼董司百寮，總攝機要。舒所統殷廣，兼執九品，銓十六州，議者不以爲劇。昔鄭武公年過八十，入爲司徒。毅志氣聰明，一州品第，不足勞其思慮。毅遂爲州都，銓正人流，清濁區別。其所彈貶，自親貴始。又干寶稱，晉宣帝除九品，置大中正。《晉令》曰：大小中正爲內官者，聽月三會議上東門外，設幔陳席。又劉毅上表：刺史初臨州，大中正選州里才業高者兼主簿從事，迎刺史。若吏部選用，猶下中正，問人事所在、父祖位狀。又《晉起居注》曰：僕射諸葛恢啓稱：州都大中正爲吏部尚書，及郎、司徒左長史掾屬皆爲中正。臣今領吏部，請解大中正。以爲都中正，職局司理，不宜兼也。齊、梁亦重焉。梁沈約遷侍中、光禄大夫，領太子詹事，揚州大中正，關尚書八條事。後魏有之。孝文云：中正之任必須得才業兼資者。太武帝時，崔浩爲冀州中正。北齊郡縣皆有，其本州中正以京官爲之。乾明中，邢劭爲中書監，同郡許惇與劭競本州中正，遂憑附宋欽道，出劭爲刺史。隋有州都，其任亦重。晉王廣爲雍州牧，司空楊雄、僕射高熲並爲州都。大唐無。

（唐）杜佑《通典》卷三三《職官・州郡下・京尹》　隋京兆郡置尹并佐史，合二百四十四人。大唐京兆府本爲雍州，置牧一人，以親王爲之。太宗爲秦王、中宗爲英王、睿宗爲相王時，並居其任，多以長史理人。開元元年，改雍州爲京兆府，置牧如故。掌宣風導俗，肅清所部。或以親王居閤而遥領焉。初雍州置别駕，以貳牧之事。永徽中，改别駕爲長史。開元初，改雍州長史爲京兆尹，總理衆務。凡前代帝王所都，皆曰尹。南朝曰丹陽尹，後魏初曰代尹，東魏曰魏尹，齊曰清都尹。

河南尹【略】隋初爲洛州刺史，復爲河南内史。樊子蓋檢校河南内史，屢有治績。文帝謂曰：今爲公别造玉麟符，以代銅獸。大業初，爲荊河州刺史，又爲河南太守，尋爲河南尹，與京兆同。大唐武德四年，置洛州都督。貞觀十七年，改爲刺史。顯慶二年，置東都，改刺史爲長史。而洛州本置牧一人，以親王爲之，中宗爲周王時，及衛王重俊實居其任，多以長史理人。至開元元年，改洛州爲河南府，改長史爲尹。其牧尹之制，一如京兆。諸曹僚佐亦如之。各有少尹二員，通判府事。京兆少尹，魏晉以來治中之任。隋文帝改爲司馬，煬帝又改爲贊治，後又改爲丞。武德初，復爲治中。永徽元年，以大皇帝諱改爲司馬。本一員，太極元年，雍、洛二州各加司馬一員，分爲左右。開元元年並改爲少尹。開元以後，增置太原府爲北京，官屬制置悉同兩京。初，武太后長壽元年，以并州后之故里，改爲北都，神龍初廢。開元十一年，又以并州高祖起義之始，復置太原府，號曰北京。初，開元元年正月，於蒲州置中都，改州爲河中府，至六月而罷。後上元元年，復置岐州爲鳳翔府，又以益州爲成都府。

留守，周之君陳，似其任也。此後無聞。後漢和帝南巡，祠園廟。張禹以太尉兼衛留守。晉張方劫惠帝幸長安，僕射荀藩等與其遺官在洛陽爲留臺，承制行事，號爲東西臺。至安帝時，劉裕置留臺，具百官。又後魏孝文南伐，以太尉元丕、廣陵王羽留守京帥，並加使持節。大唐留守之制，蓋因此也。高宗儀鳳元年，司農卿韋弘機爲東都留守。時有道士朱欽遂，爲中宫所使，至都，所爲横恣。機執而囚之，因奏曰：道士假稱中宫驅使，依倚形勢，臣恐虧損皇明，爲禍患之漸。高宗特發中使賜書慰諭，仍云不須漏泄。武太后臨朝，垂拱三年，文昌右丞相蘇良嗣爲京留守。時尚方監裴匪躬檢校京苑，將鬻苑中果菜，以收其利。良嗣駁之曰：昔公儀相魯，猶能拔葵去織，未聞萬乘之主鬻其果菜，以與下人争利。

（唐）杜佑《通典》卷三三《職官・州郡下・郡太守》　〔郡守，秦官〕大唐武德元年，改郡爲州，改太守爲刺史，加號持節。總管則加使持節。按魏晉制，有使持節、持節、假節。使持節得戮二千石以下，持節得戮無官人，若軍事得與使持節同，假節唯軍事得戮犯令者。皆是刺史兼總軍戎，若今採訪節度使也。自宋齊以降，雖天下分裂，其州郡漸衆。及隋開皇初，有州三百一十，郡五百八。以官煩人弊，遂廢郡，便以州親人，則刺史如太守之職。自後雖官名屢改，而職事不易。蓋制置之際，不詳源本，因習舊名，遂有持節諸軍之虚稱。其屬官别駕以下，録事、功、户諸曹參軍事，亦多漢晉之制，若今之節度採訪副使判官之任。本置别駕，乘一車行部，其參軍、録事皆佐戎旅，今並無其實，豈所謂必也正名者乎。又按加刺史持節軍事之名，以爲榮寵，則邊荒萬里三數百户小郡，亦同此號，又無以别遠近小大之差、輕重閑劇之異也。顯慶元年，都督府及上州各置執刀十五人，中州下州各置十人。後加號爲使持節諸軍事，而實無節，但頒銅魚符而已。天寶元年，改州爲郡，刺史爲太守。漢文帝二年，初與郡守爲銅虎符、竹使符，説在符寶郎篇。至隋開皇七年，又别頒青龍符於東方總管刺史，西方以騶虞，南方朱雀，北方玄武。九年，又頒木魚符於總管刺史，雌一雄三。至十年，悉頒木魚符於五品以上官。義寧二年，罷竹使符，頒銀兔符於諸郡。大唐武德元年，又改銀兔符爲銅魚符。自是州郡史守更相爲名，其實一也。太宗初理天下也，重親人之任，疏督守之名於屏，俯仰視焉，其人善惡，必書其下，是以州郡無不率理。貞觀中，賈敦實爲饒陽令，有能名。時制大功以上不得聯職。敦實兄敦頤復爲瀛州刺史，朝廷以其兄弟廉謹，許令同州，竟不遷替，時人榮之。敦實歷遷洛州長史。初敦頤爲洛州刺史，甚有惠政，百姓樹碑頌美。及敦實去職，又立頌於兄碑之傍，故人呼爲棠棣碑。逮貞觀之末，升平既久，群士多慕省閣，不樂外任。其折衝果毅有材力者，先入爲中郎、郎將，次補郡守，其輕也如是。武太后臨朝，垂拱二年，諸州都督刺史，並準京官帶魚。長安四年，納言李嶠、同平章事唐休璟奏曰：竊以物議重内官而輕外職，凡所出守，多因貶累，非所以澄風俗、安萬人。臣請擇才於臺閣省寺之中，分典大州，共康庶政。臣等請輟近侍，率先具僚。太后乃令書名採之，中者當行。於是鳳閣侍郎韋嗣立、御史大夫楊再思等二十人中之，皆以本官檢校刺史。後二十人内以政績可稱者，獨常州刺史薛光謙、徐州刺史司馬鍾二人而已。當時復有爲員外刺史者。永昌中，成王李千里歷遷襄州員外刺史。神龍初，以譙王重福之妃，張易之甥也，貶重福爲濮州員外刺史。皆不領州務。開元中，定天下州府，自京都及都督、都護府之外，以近畿之州爲四輔。同、華、岐、蒲四州謂之四輔。八年，都督刺史品卑者，借緋魚袋。按武德令，三萬户以上爲上州。永徽令，二萬户以上爲上州。顯慶元年九月敕，户滿三萬以上爲上州，二萬以上爲中州。先以爲上州、中州者，仍舊。至開元十八年三月敕，太平時久，户口日殷，宜以四萬户以上爲上州，二萬五千户爲中州，不漢二萬户爲下州。六千户以上爲上縣，三千户以上爲中縣，不滿二千户爲下縣。其餘爲六雄、鄭、陜、汴、絳、懷、魏六州爲六雄。十望、宋、亳、滑、許、汝、晉、洛、虢、衛、相十州爲十望。十緊、初有十緊州，後入緊者甚多，不復具列。及上中下之差。凡户四萬以上爲上州，二萬五千以上爲中州，不滿二萬爲下州。其亦有不約户口以別敕爲上州者。又謂近畿者爲畿内州，户雖不滿四萬，亦爲上州。其親王任中、下州刺史者，亦爲上州。王去任後，即依舊式。天寶中，通計天下凡上州一百九，中州二十九，下州一百八十九，總三百二十七州也。時南海太守劉巨麟，以贓罪，詔杖殺之。自至德之後，州縣凋弊，刺史之任，大爲精選。諸州始各有兵鎮，刺史皆加團練使，故其任重矣。

（唐）杜佑《通典》卷三三《職官・州郡下・總論郡佐》

大唐州府佐吏與隋制同，有別駕、長史、司馬一人，大都督府司馬有左右二員。凡別駕、長史、司馬，通謂之上佐。録事參軍，京府謂之司録參軍，置二人。餘並爲録事參軍。大府與上都督府亦二人，餘府州一人。司功、司倉、司户、司兵、司法、司士等六參軍。景龍三年，諸州加置司田，開元中省。乾元之後，又分司户置參軍一員，位在司户下。諸府則曰田曹，開元中省。乾元之後，又分司户置焉。以其廢置不恆，故不列於此。在府爲曹，在州爲司。府曰功曹、倉曹，州曰司功、司倉。大與上府置二員，州置一員，自司功以下，通謂之判司。參軍事各有差，京府參軍事有六員，餘府州或四或三。博士一員，醫博士一員，大凡以州府大小而爲增減。【略】

〔郡丞〕大唐永徽二年，改爲長史。前上元元年，復置別駕，多以皇族爲之。神龍中廢。開元初復置，始通用庶姓。天寶八載，以玄宗由潞州別駕入定内難，遂登大位，乃廢別駕官。至德中復置。諸府州各一人，而大都督府不置，通判其事，以貳都督刺史之職。【略】

〔長史〕至隋爲郡官。大唐初無。永徽二年，改別駕爲之。其後二職並置，府州各一人。王府長史理府事，餘府通判而已。【略】

〔司馬〕至隋廢州府之任，無復司馬，而有治中焉。治中，舊州職也，舊謂隋以前。州廢，遂爲郡官。説在州佐後《治中篇》。開皇三年，改治中爲司馬。隋房恭懿爲澤州司馬，有異績，遷德州司馬，理爲天下之最。文帝曰：此乃上天社稷之所祐，豈朕寡薄能致之乎？遷海州刺史。煬帝又改司馬及長史，併置贊治一人，尋又改贊治爲郡丞。大唐武德初，復爲治中。貞觀二十三年，高宗即位，遂改諸州治中並爲司馬。長安元年，洛、雍、并、荊、揚、益六州置左右司馬各一員。四年復舊。太極元年又制，四大都督府置左右司馬各一員。所職與長史同。【略】

〔録事參軍〕隋初以録事參軍爲郡官，則并州郡主簿之職矣。煬帝又置主簿。大唐武德元年，復爲録事參軍。開元初，改京尹屬官曰司録參軍，掌付事句稽，省署鈔目，糾彈部内非違，監印、給紙筆之事。乾元元年，加進一品，仍升一資。元年建寅月又制，凡縣令判司與録事異禮，尊其任也。【略】

〔中正〕隋初有，後罷而有州都。大唐並無此官。每歲貢士符書所關及鄉飲酒之禮，則司功參軍主其事。

通守：隋煬帝置，每郡各一人，位次太守，而京兆、河南謂之内史。大唐無。【略】

郡尉：【略】至隋煬帝時，別置都尉領兵，與郡不相知。又置京輔都尉，立府於潼關，主兵鎮。大唐無其制。

《舊唐書》卷四四《職官志》

上州：州之名，古也。舜置十二州，《禹貢》九州，漢置十三州。秦并六國，置三十六郡。漢則以州統郡。其後武德改郡爲州，改州爲郡，事見諸卷。國家制，户滿四萬以上爲上州。刺史一員，從三品。秦分天下爲三十六郡，郡置守、都尉各一人，仍以御史一人監郡。漢廢監郡御史，丞相遣掾吏分察諸郡。漢武元光五年，分天下置十三州，分統諸郡。每州遣使者一人，督察官吏清濁，謂之十三州刺史。後漢遂以名臣爲刺史，專州郡之政，仍置別駕、治中、諸曹掾屬，號曰外臺。魏、晉已後，因之不改，而郡置太守、丞尉、諸曹。隋初罷郡，並爲州。煬帝罷州爲郡，郡置通守。武德改郡爲州，州置刺史。天寶改州爲郡，置太守。乾元元年，改郡爲州，州置刺史。初，漢代奉使者皆持節，故刺史臨部，皆持節。至魏、晉，刺史任重者，爲使持節都督，輕者爲持節。後魏、北齊，總管、刺史，則加使持節諸軍事，以此爲常。隋開皇三年罷郡，以州統縣，刺史之名存而職廢。而於刺史太守官位中，不落持節之名，至今不改，有名無實也。至德之後，中原用兵，大將爲刺史者，兼治軍旅，遂依天寶邊將故事，加節度使之號，連制數郡。奉辭之日，賜雙旌雙節，如後魏、北齊故事。名目雖殊，得古刺史督郡之制也。別駕一人，從四品下。長史一人，從五品上。司馬一人，從五品下。録事參軍事一人，從七品上。録事三人，從九品上。司功、司倉、司户、司兵、司法、司士六曹參軍事各一人，並從七品下。參軍事四人，典獄十四人，問事八人，白直二十四人，市令一人，從九品上。丞一人，佐一人，史二人，帥三人，倉督二人。經學博士一人，從八品下。助教二人，學生六十人。醫學博士一人，正九品下。助教一人，學生十五人。

中州：户滿二萬户已上，爲中州。刺史一員，正四品上。別駕一人，正五品下。長史一人，正六品上。司馬一人，六品上。録事參軍事一人，正八品上。録事一人，從九品上。司功、司倉、司户、司法、司士六曹參軍事各一人，並正八品下。隨曹有佐史人數。參軍事三人，正九品上。執刀十人，典獄十二人，問事六人，白直十六人，市令一人，丞、佐各一人，史、帥、倉督各二人。經學博士一人，正九品上。助教一人，學生五十人。醫藥博士一人，從九品下。助教一人，學生十二人。

下州：户不滿二萬，爲下州也。刺史一員，正四品下。別駕一人，從五品上。司馬一人，從六品下。録事參軍事一人，從八品上。録事一人，從九品下。司倉、司户、司法三曹參軍事各一人，從八品下。隨曹有佐史人數。參軍事一人，從九品下。典獄八人，問事四人，白直十六人，市令一人，佐、史各一人，帥二人，倉督一人。經學博士一人，正九品下。助教一人，學生四十人。醫學博士一人，從九品下。學生十人。

京兆、河南、太原牧及都督、刺史掌清肅邦畿，考覈官吏，宣布德化，撫和齊人，勸課農桑，敦敷五教。每歲一巡屬縣，觀風俗，問百年，録囚徒，恤鰥寡，閲丁口，務知百姓之疾苦。部内有篤學異能聞於鄉閭者，舉而進之。有不孝悌，悖禮亂常，不率法令者，糾而繩之。其吏在官公廉正己，清直守節者，必謹而察之。其貪穢諂諛，求名徇私者，亦謹而察之。皆附於考課，以爲褒貶。若善惡殊尤者，隨即奏聞。若獄訟疑議，兵甲興造便宜，符瑞尤異，亦以上聞。其常則申於尚書省而已。若孝子順孫，義夫節婦，精誠感通，志行聞於鄉閭者，亦具以申奏，表其門閭。其孝悌力田，頗有詞學者，率與計偕。其所部有須改更，得以便宜從事。若親王典州，及邊州都督刺史不可離州局者，應巡屬縣，皆委上佐行焉。尹、少尹、別駕、長史、司馬掌貳府州之事，以綱紀衆務，通判列曹。歲終則更入奏計。司録、録事參軍掌勾稽，省署鈔目，監符印。功曹、司功掌官吏考課、祭祀、禎祥、道佛、學校、表疏、醫藥、陳設之事。倉曹、司倉掌公廨、度量、庖廚、倉庫、租賦、徵收、田園、市肆之事。户曹、司户掌户籍、計帳、道路、逆旅、婚田之事。兵曹、司兵掌武官選舉、兵甲器仗、門户管鑰、烽候傳驛之事。法曹、司法掌刑法。士曹、司士掌津梁、舟車、舍宅、百工衆藝之事。市令掌市廛交易、禁斥非違之事。經學博士掌《五經》教授諸生。醫藥博士以百藥救民疾病。下至執刀、白直、典獄、佐史，各有其職。州府之任備焉。

（宋）宋敏求《唐大詔令集》卷一〇〇《政事·官制上·揀擇刺史制》 朕聞彰善癉惡，有國之常典；糾寬濟猛，爲政之通規。朕以薄德謬膺明命，瞻言賞罰，未適時宜，致使億兆未安，賢良未進，小人未退，貪吏未懲，亡流者未歸，懷寃者未理，倉儲府庫未免其空，卿士大夫未任其職，在予之責，有愧良深。然不能致君於堯舜者亦羣公卿士之所耻也。今當勵精爲政，革弊創業，卿等將何以規補，致使咸亨，各以狀聞，朕當親覽。且共理天下者在良二千石，宜令中書門下於外内官内揀擇，必取才望兼優公清特著，可以宣風導俗者，具以名聞。但有司承寬共爲苟且，事多愆咎，無復紀綱，各令本司長官審善惡，有才職不相當，限十日進狀。景雲元年十一月。

（元）馬端臨《文獻通考》卷六三《職官考·郡丞別駕 長史 司馬 通判》

至唐而郡丞廢矣。武德元年，改丞爲別駕。十年，改雍州別駕曰長史。高宗即位，改別駕皆爲長史。別駕以皇族爲之，開元始通用庶姓，以貳都督、刺史之職。天寶八載，諸郡始廢別駕。玄宗由潞州別駕入定内難，登大位，乃廢別駕。下郡置長史一員。上元二年，諸郡復置別駕，別駕一人，從四品，《百官志》。德宗時復省。元和、長慶之際，兩河用兵，裨將有功者稱東宮王府官，久次當進及受代於京師者常數十人，訴宰相以求官。文宗世，宰相韋處厚建議復置兩輔、六雄、十望、十緊州別駕。

《唐六典》卷三〇《三府督護州縣官吏》 萬年、長安、河南、洛陽、奉先、太原、晋陽，令各一人，正五品上。殷、周已往，五等諸侯皆自理其人。及周衰，諸侯相并，大國則别置邑、縣、鄙，以君其人。齊、晋謂之大夫，魯、衛謂之宰，楚爲公，尹，秦曰令、長。《漢書》云：縣長皆掌理其縣。萬户已上爲令，秩千石至六百石；減萬户爲長，秩五百石至三百石。皆有丞、尉，秩四百石至二百石，是爲長吏。百石以下，有佐史之秩，爲少吏。漢京兆尹統長安令，後漢河南尹統洛陽令，魏、晋已後皆因之。隋初，兩京置四縣，增秩爲正五品，皇朝因之而不改。天后時，東都又置來庭、永昌二縣，以太原爲北都，尋亦罷。開元十一年置北都，以晋陽、太原爲京縣。十七年巡陵，又以奉先同京縣。丞二人，從七品上。漢氏縣丞、尉多以本郡人爲之，三輔縣則兼用他郡。及隋氏革選，盡用他郡之人。漢已下皆一人。皇朝置京縣丞二員，北京太原、晋陽各置一丞。主簿二人，從八品上。自漢以來，主簿皆令、長辟除。周、隋長安縣令、丞已下有功曹主簿，西曹，兵·倉·户·法·士等曹主簿。皇朝京縣置二人，太原、晋陽各一員。録事二人，從九品下；隋長安縣置録事二人。佐二人，史二人。尉六人，從八品下。漢氏長安有四尉，分爲左、右部：城東、南置廣部尉，是爲左部；城西、北置明部尉，是爲右部。並四百石，黄綬，大冠。主追捕盗賊，伺察姦非。後漢洛陽置四尉，皆孝廉作，有東部、南部、西部、北部尉。魏氏因之。晋洛陽置六部尉，過江，亦於建康置六部尉，宋、齊、梁、陳並因之。北齊鄴縣亦置三尉。隋氏長安無尉，有正；煬帝後置尉。皇朝武德初，始置尉六人。司功佐三人，史六人。司倉佐四人，史八人。司户佐五人，史十人。司兵佐三人，史六人。司法佐五人，史十人。司士佐四人，史八人。典獄十四人。問事八人。白直十八人。博士一人，助教一人，學生五十人。

京兆、河南、太原諸縣，令各一人，正六品上；丞一人，正八品下。主簿一人，正九品上。隋九等縣丞、尉已下皆有，以本縣人爲之，高宗始爲品官，令吏部選授。尉二人，正九品下。後漢置尉，大縣二人，小縣一人，主捕盗賊。三國、晋、宋之後並因之。隋氏九等縣則上縣二人，中、下縣一人；煬帝改爲縣正，又爲書佐。皇朝復爲縣尉，畿縣户不滿四千者亦置二人，萬户已上置三人。諸州上縣令從六品上；丞一人，從八品上；主簿一人，正九品下；尉二人，從九品上。中縣令一人，正七品上；丞一人，從八品下；主簿一人，從九品上；尉一人，從九品下，縣滿四千户增置一人。中下縣令一人，從七品上；丞一人，正九品上；主簿一人，從九品上；尉一人，從九品下。下縣令一人，從七品下；丞一人，正九品下；主簿一人，從九品上；尉一人，從九品下。丞一人，正八品下；注見上文。主簿一人，正九品上；隋九等縣丞、尉已下皆有光初功曹、光初主簿，功曹主簿，西曹，金·户·兵·法·士等曹佐及市令等員，正九品下，皆本縣人爲之。高宗始爲品官，令吏部選授。尉二人，正九品下；録事二人，史三人；司功佐三人，史五人，司倉佐四人，史七人；司户佐四人，史七人，帳史一人。萬户已上增置佐二人、史四人、帳史一人。司法佐四人，史八人；萬户已上增置佐一人、史二人。司士佐四人，史八人；典獄十人；問事四人；白直十人；市令一人，佐一人，史一人，帥二人；經學博士一人，助教一人，學生四十人。

諸州上縣，令一人，從六品上；丞一人，從八品下；主簿一人，正九品下；尉二人，從九品上；録事二人，史三人；司户佐四人，史七人，帳史一人；萬户已上增置二人、史四人、帳史一人。司法佐四人，史八人；萬户已上增置佐一人、史二人，餘同畿縣。典獄十人；問事四人；白直十人；市令一人，佐一人，史一人，帥二人，倉督二人；博士一人，助教一人，學生四十人。

諸州中縣，令一人，正七品上；丞一人，從八品下；主簿一人，從九品上；尉一人，從九品下；録事一人，史二人；司户佐三人，史五人，帳史一人；四千户增置佐一人、史二人、帳史一人。司法佐三人，史六人；四千户增置佐一人、史二人。典獄八人；問事四人；白直八人；市令一人，佐一人，史一人，帥二人，倉督一人；博士一人，助教一人，學生二十五人。

諸州中下縣，令一人，從七品上；丞一人，正九品上；主簿一人，從九品上；尉一人，從九品下；録事一人；司户佐二人，史四人，帳史一人；司法佐二人，史四人；典獄六人；問事四人；白直八人；市令一人，佐一人，史一人，帥二人；無市則闕。博士一人，助教一人，學生二十五人。

諸州下縣，令一人，從七品下；丞一人，正九品下；主簿一人，從九品上；尉一人，從九品下；録事一人；司户佐二人，史四人，帳史一人；司法佐二人，史四人；典獄六人；問事四人；白直八人；市令一人，史一人，帥二人；無市則闕。博士一人，助教一人，學生二十人。

京畿及天下諸縣令之職，皆掌導揚風化，撫字黎氓，敦四人之業，崇五土之利，養鰥寡，恤孤窮，審察冤屈，躬親獄訟，務知百姓之疾苦。所管之户，量其資產，類其強弱，定爲九等。其户皆三年一定，以入籍帳。若五九、謂十九、四十九、五十九、七十九、八十九。三疾謂殘疾、廢疾、篤疾。及中、丁多少，貧富強弱，蟲霜旱澇，年收耗實，過貌形狀及差科簿，皆親自註定，務均齊焉。若應收授之田，皆起十月，里正勘造簿曆；十一月，縣令親自給授，十二月內畢。至於課役之先後，訴訟之曲直，必盡其情理。每歲季冬之月，行鄉飲酒之禮，六十已上坐堂上，五十已下立侍於堂下，使人知尊卑長幼之節。若籍帳、傳驛、倉庫、盗賊、河隄、道路，雖有專當官，皆縣令兼綜焉。縣丞爲之貳。

主簿掌付事勾稽，省署抄目，糾正非違，監印，給紙筆、雜用之事。

録事掌受事發辰，句檢稽失。

縣尉親理庶務，分判衆曹，割斷追催。收率課調。

博士掌以經術教授諸生。二分之月，釋奠于先聖、先師。

（唐）杜佑《通典》卷三三《職官·州郡下·縣令》 大唐縣有赤、三府共有六縣。畿、八十二。望、七十八。緊、百一十一。上、四百四十六。中、二百九十六。下五百五十四。七等之差。京都所治爲赤縣，京之旁邑爲畿縣。其餘則以户口多少、資地美惡爲差。凡一千五百七十三縣，令各一人。天寶四載，柳升爲長安令，有贓罪，朝堂杖殺之。

（唐）杜佑《通典》卷三三《職官·州郡下·總論縣佐》 隋煬帝改縣尉爲縣正，尋改正爲户曹、法曹，分司以承郡之六司。其京四縣，則加置功曹爲三司，司各二人。大唐縣有令，而置七司，一如郡制。武德元年詔：京令五品，丞一人七品，正六人八品。畿令六品，丞一人七品，正四人八品。上縣令六品，丞一人八品，正四人九品。中下縣各有差。丞爲副貳，如州上佐。主簿上轄，如録事參軍，其曹謂之録事司，并司功以下六曹，總之爲七司。尉分理諸曹，如州判司。録事省受符歷，佐史行其簿書。

丞：【略】隋及大唐縣丞各一人，通判縣事。赤縣置二人。

主簿：【略】大唐赤縣置二人，他縣各一人，掌付事句稽，省署鈔目，糾正縣內非違，監印，給紙筆。

尉：【略】隋改爲正，後置尉，又分爲户曹、法曹。說在《縣佐篇》。大唐初，因隋制。武德元年，萬年縣法曹孫伏伽上表論事，後爲尚書右丞。武德中，復改爲正。七年三月，復改爲尉。赤縣置六員，他縣各有差，分判諸司事。上縣二員，萬户以上者增一員；中縣一員，四千户以上者增一員；中下縣一員。佐史以下各有差。

《舊唐書》卷四四《職官志》 縣令三代之制，五等諸侯，自理其人。周衰，諸侯相侵，大國分置郡邑縣鄙，以聚其人。齊、晋謂之大夫，魯、衛謂之宰，楚謂之公、尹，秦謂之令、長。秦制：萬户已上爲令，秩千石至六百石，減萬户爲長，秩五百石至三百石，皆有丞、尉，秩四百石至二百石也。

長安、萬年、河南、洛陽、太原、晋陽六縣，謂之京縣。令各一人，正五品上。丞二人，從七品。主簿二人，從八品上。録事二人，從九品下。佐二人，史四人，尉六人，從八品下。司功、佐三人，史六人。司倉、佐四人，史八人。司户、佐五人，史十人。司兵、佐三人，史六人。司法、佐五人，史十人。司士，佐四人，史八人。典獄十四人，問事八人，白直十八人。博士一人，助教一人，學生五十人。

《舊唐書》卷四四《職官志》 節度使：天寶中，緣邊禦戎之地，置八節度使。受命之日，賜之旌節，謂之節度使，得以專制軍事。行則建節符，樹六纛。外任之重，無比焉。至德已後，天下用兵，中原刺史亦循其例，受節度使之號。節度使一人，副使一人，行軍司馬一人，判官二人，掌書記一人，參謀，無員數也。隨軍四人。皆天寶後置。檢討未見品秩。

《新唐書》卷五〇《兵志》 夫所謂方鎮者，節度使之兵也。原其始，起於邊將之屯防者。唐初，兵之戍邊者，大曰軍，小曰守捉，曰城，曰鎮，而總之者曰道。【略】

其軍、城、鎮、守捉皆有使，而道有大將一人，曰大總管，已而更曰大都督。至太宗時，行軍征討曰大總管，在其本道曰大都督。自高宗永徽以後，都督帶使持節者，始謂之節度使，然猶未以名官。景雲二年，以賀拔延嗣爲涼州都督、河西節度使。自此而後，接乎開元，朔方、隴右、河東、河西諸鎮，皆置節度使。

及范陽節度使安禄山反，犯京師，天子之兵弱不能抗，遂陷兩京。肅宗起靈武，而諸鎮之兵共起誅賊。其後禄山子慶緒及史思明父子繼起，中國大亂，肅宗命李光弼等討之，號九節度之師。久之，大盗既滅，而武夫戰卒以功起行陣，列爲侯王者，皆除節度使。由是方鎮相望於內地，大者連州十餘，小者猶兼三四。故兵驕則逐帥，帥彊則叛上。或父死子握其兵而不肯代；或取捨由於士卒，往往自擇將吏，號爲留後，以邀命於朝。天子顧力不能制，則忍恥含垢，因而撫之，謂之姑息之政。蓋姑息起於兵驕，兵驕由於方鎮，姑息愈甚，而兵將愈俱驕。由是號令自出，以相侵擊，虜其將帥，并其土地，天子熟視不知所爲，反爲和解之，莫肯聽命。

始時爲朝廷患者，號河朔三鎮。及其末，朱全忠以梁兵、李克用以晋兵更犯京師，而李茂貞、韓建近據岐、華，妄一喜怒，兵已至於國門，天子爲殺大臣、罪己悔過，然後去。及昭宗用崔胤召梁兵以誅宦官，劫天子奔岐，梁兵圍之逾年。當此之時，天下之兵無復勤王者。嚮之所謂三鎮者，徒能始禍而已。其他大鎮，南則吴、浙、荊、湖、閩、廣，西則岐、蜀，北則燕、晋，而梁盜據其中，自國門以外，皆分裂於方鎮矣。

故兵之始重於外也，土地、民賦非天子有；既其盛也，號令、征伐非其有；又其甚也，至無尺土，而不能庇其妻子宗族，遂以亡滅。語曰：兵猶火也，弗戢將自焚。夫惡危亂而欲安全者，庸君常主之能知，至於措置之失，則所謂困天下以養亂也。唐之置兵，既外柄以授人，而末大本小，方區區自爲捍衛之計，可不哀哉。

《唐六典》卷三〇《三府督護州縣官吏》 京兆、河南、太原府：

牧各一人，從二品；昔舜分九州爲十二州，始置十二牧。大禹鑄鼎，貢金九牧。《周禮》八命作牧。秦分天下爲三十六郡，京爲內史，漢武帝改爲京兆尹，秩二千石。後漢都洛陽，爲河南尹，魏、晋因之。歷代所都皆爲尹：江左爲丹陽尹，北齊爲清都尹，後周及隋復爲京兆尹。始秦分天下，令御史監郡，漢省之，丞相遣史分刺諸州。武帝初置部刺史十三人，掌奉詔條察州，秩六百石，類今之十道使也；又置司隸校尉，部三輔、三河、弘農，類今之京畿按察使也。成帝更名刺史爲牧，秩二千石。後漢復爲刺史，後復爲牧。魏、晋已下皆爲刺史。晋武帝罷司隸校尉，置司州牧。江左爲揚州刺史，後魏、北齊皆爲司州牧。後周置雍州牧，隋因之。大業三年，罷州置郡，京兆、河南皆爲尹，則兼牧之任矣。皇朝又置雍州牧。洛州初爲都督府，及置都，亦爲牧。開元初，復爲京兆、河南尹。尹一人，從三品；漢京兆尹有都尉、丞，皆詔除。都尉比二千石，典武職；丞秩六百石。後漢省都尉，州又置别駕、治中，皆刺史自辟除。魏、晋已下皆因之。隋文帝罷郡，以州統縣，改别駕、治中爲長史、司馬。煬帝罷州置郡，罷長史、司馬，置贊治，後改爲丞；又置通守以貳太守，京兆、河南等爲內史。皇朝置雍州别駕，永徽中，改爲長史，正四品下。開元初，改長史爲尹，從三品。然親王爲牧，皆不知事，職務總歸於尹，亦漢氏京尹之任也。少尹二人，從四品下。魏、晋已下有治中，隋文帝改爲司馬，煬帝改爲贊治，後改爲丞。皇朝復曰治中，後避高宗諱，改曰司馬。開元初，改爲少尹，置二員。司録參軍事二人，正七品上；漢、魏已來及江左，郡有督郵、主簿，蓋録事參軍之任也，皆太守自辟除。後魏、北齊、後周、隋氏，州皆有録事參軍。及罷郡，以州統縣，皆吏部選除。煬帝罷州置郡，有東、西曹掾及主簿。皇朝省掾、主簿，置録事參軍。開元初，改爲司録參軍。録事四人，從九品上；隋置京兆録事四人，皇朝因之。府、史各二人。功曹參軍事二人，正七品下，漢、魏已下，司隸校尉及州、郡皆有功曹、户曹、賊曹、兵曹等員。北齊諸州有功曹、倉曹、中兵、外兵、甲曹、法曹、士曹、左户等參軍事。隋諸州有功曹、户曹、兵曹等參軍事，法曹、士曹行參軍；郡有西曹、金曹、户曹、兵曹、法曹、士曹等。及罷郡置州，以曹爲名者，改曰司。煬帝罷州置郡，改司功、司倉、司户、司兵、司法、司士等爲書佐。皇朝因其六司，而改書佐爲參軍事。開元初，爲功曹參軍。府六人，史十二人。倉曹參軍事二人，正七品下；北齊諸州有倉曹參軍事，隋文帝改爲司倉參軍，煬帝改爲司倉書佐，皇朝復爲倉曹參軍。府八人；史十六人。户曹參軍事二人，正七品下；漢、魏已來，州、郡皆有户曹掾，或爲左户。隋有户曹參軍，文帝改爲司户參軍，煬帝爲司户書佐，皇朝因爲司户參軍。開元初，爲户曹參軍。府十一人；史二十二人；帳史一人。景雲初置。兵曹參軍事二人，正七品下；漢、魏已下，諸州皆有兵曹，或爲中兵、外兵、騎兵。北齊已下，改復並與功曹同。府九人；史十八人。法曹參軍事二人，正七品下；漢、魏已下，州、郡有賊曹、决曹掾，或法曹，或墨曹。自隋已下，改復並與上同。府九人；史十八人。士曹參軍事二人，正七品下；北齊諸州有士曹行參軍。已下改復，並與上同。府七人；史十四人。參軍事六人，正八品下。注見王府參軍文下。執刀十五人。典獄十八人。問事十二人。白直二十四人。經學博士一人，從八品上；助教二人；魏、晋已下，郡、國並有文學，即博士、助教之任。並皇朝置。學生八十人。皇朝置。醫學博士一人；助教一人；開元初置。醫學生二十人。貞觀初置。

《唐六典》卷三〇《三府督護州縣官吏》 大都督府：都督一人，從二品。魏黄初二年，始置都督諸州軍事，或領鎮戍、總夷校尉；三年，上軍大將軍曹真都督中外諸軍事。司馬宣王征蜀，加號大都督。自此之後，歷代皆有。至隋，改爲總管府。皇朝武德四年，又改爲都督府。貞觀中，始改爲上、中、下都督府。長史一人，從三品；秦、漢邊郡有長史。魏、晉已來，諸州皆有別駕、治中。至北齊，八命、七命、六命州刺史各有長史，隋九等州亦有長史。開皇三年，改雍州別駕爲長史；煬帝罷州置郡，又改爲別駕，唯都督府則置長史。永徽中，始改別駕爲長史，大都督府長史仍舊正四品下，開元初始增其秩。司馬二人，從四品下。北齊及隋九等州各有司馬。開皇三年，改雍州贊治爲司馬。皇朝改郡爲州，各置治中一人，其都督府則置司馬。永徽中，改治中爲司馬。録事參軍事二人，正七品上；録事二人，從九品上；史四人。功曹參軍事一人，正七品下；府四人；史六人。倉曹參軍事二人，正七品下；府四人；史八人。户曹參軍事二人，正七品下；府五人；史十人；帳史一人。兵曹參軍事二人，正七品下；府四人；史八人。法曹參軍事二人，正七品下；府四人；史八人。士曹參軍事一人，正七品下；府四人；史八人。參軍事五人，正八品下。執刀十五人。典獄十六人。問事十人。白直二十二人。市令一人，從九品上；漢代諸郡、國皆有市長，晉、宋已後皆因之。隋氏始有市令。皇朝初，又加市丞。户四萬已上者，省補市令。丞一人；佐一人；史二人；帥三人；倉督二人，史四人。北齊九等州、縣各有倉督員，隋因之。經學博士一人，從八品上；助教二人；學生六十人。醫學博士一人，從八品下；助教一人；學生十五人。若中、下都督府户滿四萬已上者，官員同此，唯減司馬一人。

中都督府：都督一人，正三品。別駕一人，正四品下；漢司隸校尉有別駕從事，校尉一人行部則奉引，主録衆事。舊解以爲別乘傳車，故曰別駕。諸州刺史亦有之。元帝時，條州大小，爲設吏員，別駕、治中、諸部從事秩皆百石。後漢改曰別駕從事史，三國因之。晉代諸州各置別駕、治中從事史一人，宋、齊、梁、陳、後魏、周、隋因而不改，皇朝因之。永徽中，改別駕爲長史。垂拱初，又置別駕員，多以皇家宗枝爲之。神龍初罷，開元初復置，始通用庶姓焉。長史一人，正五品上；司馬一人，正五品下。録事參軍事一人，正七品下；録事二人，從九品上；史四人。功曹參軍事一人，從七品上；府三人；史六人。倉曹參軍事一人，從七品上；涼州加一人，仍加府一人、史二人。府三人；史六人。户曹參軍事一人，從七品上；府四人；史七人；帳史一人。兵曹參軍事二人，從七品上；府四人；史八人。若管内無軍團，雖有軍團唯管三州已下者，省兵曹一人。法曹參軍事一人，從七品上；府四人；史八人。士曹參軍事一人，從七品上；府三人；史六人。參軍事四人，從八品上。執刀十五人。典獄十四人。問事八人。白直二十人。市令一人，從九品上；丞一人；佐一人；史二人；帥三人；倉督二人，史四人。經學博士一人，從八品下；助教二人；學生六十人。醫學博士一人，正九品下；助教一人；學生十五人。下都督府户滿二萬已上者，官員亦准此。

下都督府：都督一人，從三品。户不滿二萬爲下都督。別駕一人，從四品下；長史一人，從五品上；司馬一人，從五品下。録事參軍事一人，從七品上；録事二人，從九品上；史三人。功曹參軍事一人，從七品下；府二人；史二人。州管户不滿一萬者，不置功曹，其事隸入倉曹。倉曹參軍事一人，從七品下，府三人；史六人。户曹參軍事一人，從七品下；府四人，史七人；帳史一人。兵曹參軍事一人，從七品下；府三人，史六人。法曹參軍事一人，從七品下；兼掌士曹事。府三人，史六人。參軍事三人，從八品下。管户不滿一萬者，省一人。執刀十五人。典獄十二人。問事六人。白直十六人。市令一人，從九品上；丞一人；佐一人；史二人；帥二人；倉督二人，史三人。經學博士一人，從八品下；助教一人；學生五十人。若邊遠僻小州不滿五千户者，四分減一。醫學博士一人；助教一人；學生十二人。

《唐六典》卷三〇《三府督護州縣官吏》　大都護府，大都護一人，從二品；副大都護一人，從三品；副都護二人，正四品上。漢武帝開西域，安其種落三十六國，置使者、校尉以領護之。宣帝時，鄭吉爲西域都護，始立幕府；都護之名，自吉始也。至章帝時，廢西域都護，令戊己校尉領之。魏、晉之間，有都護左·右軍、都護將軍之號，遂廢都護之名。皇朝永徽中，始置安南、安西大都護。景雲二年，又置單于都護。開元初，置北庭都護。今有單于副都護。長史一人，正五品上；漢宣帝置西域都護長史一人，自後不絶，今單于則不置。司馬一人，正五品下。漢武帝置護烏桓校尉、護羌校尉，各司馬二人；元帝置戊己校尉，亦置司馬一人，皆都護司馬之任也。録事參軍事一人，正七品上；録事二人，從九品上；史二人。功曹參軍事一人，正七品下；府二人；史二人。倉曹參軍事一人，正七品下；府二人；史二人。户曹參軍事一人，正七品下；府三人；史三人；帳史一人。兵曹參軍事一人，正七品下；府三人；史四人。法曹參軍事一人，正七品下；府三人；史四人。參軍事三人，正八品下。單于唯有兵曹、倉曹兩員。

上都護府，都護一人，正三品；副都護二人，從四品上。長史一人，正五品上；司馬一人，正五品下。録事參軍事一人，正七品下；録事二人；史三人。功曹參軍事一人，從七品上；府二人；史二人。倉曹參軍事一人，從七品上；府二人；史二人。户曹參軍事一人，從七品上；府三人；史三人；帳史一人。兵曹參軍事一人，從七品上；府三人；史四人。參軍事三人，從八品上。

都護、副都護之職，掌撫慰諸蕃，輯寧外寇，覘候姦譎，征討攜離；長史、司馬貳焉。諸曹如州、府之職。

《舊唐書》卷四四《職官志》 諸府隋置驃騎、鷹揚等府，凡天下守戍兵，不成軍曰牙，府有上中下也。

折衝都尉各一人，上府，都尉正四品上，中府，從四品下，下府，正五品下。武德中，採隋折衝、果毅郎將之名，改統軍爲折衝都尉，别將爲果毅都尉。左右果毅都尉各一人，上府，果毅從五品下，中府，正六品上，下府，從六品下。隋煬帝置果毅郎將，國家置折衝都尉。别將各一人，上府，别將正七品下，中府，從七品上，下府，從七品下。

長史一人，上府，正七品下，中府，從七品上，下府，從七品下。兵曹參軍一人，上府，從八品下，中府，正九品上，下府，從九品下也。録事一人，校尉五人。每校尉，旅帥二人，每旅帥，隊正、副隊正各二人。諸府折衝都尉掌領五校之屬，以備宿衛，以從師役，總其戎具、資糧、差點，教習之法令。凡衛士，三百人爲一團，以校尉領之，以便習騎射者爲越騎，餘爲步兵。其團，十人爲火，火備六馱之馬。每歲十一月，以衛士帳上尚書省天下兵馬之數以聞。凡兵馬在府，每歲季冬，折衝都尉率五校之屬以教其軍陣、戰鬭之法也。具有教習簿籍。

紀事

（唐）李華《李遐叔文集》卷四《杭州刺史廳壁記》 唐虞之代，四岳十二牧，分掌諸侯。宗周有方伯、連帥之職，秦有監郡，漢魏以還，初曰部刺史，後曰州牧。近代罷州牧，復爲郡太守。太守、刺史無恒其稱，職同九卿，假以符節。雖親如魯衛，貴若周召，任切安人，往往除拜。天寶中，朝廷以尚書郎人物之高選，二千石元元之性命，始以省郎臨大部。若密邇京師，或控壓衝會，萬商所聚，百貨所殖，將擇良吏，重難之。杭州東南名郡，後漢分會稽爲吴郡，錢塘，屬隋平陳，置此州，咽喉吴越，勢雄江海。國家阜成兆人，户口日益，增領九縣，所臨莅者，多當時名公。宋丞相、劉僕射、崔尚書訏謨大政，其間劉尚書、裴給事之盛德遠業，魏左丞、蘇吏部之公望遺愛在人，韋太原、崔河南、劉右丞、侯中丞節制方隅。有事已來，承制權假以相國元公。旬朔之間，生人受賜，由是望甲餘州，名士良將，遞臨此部。況郊海門，池浙江，三山動摇於掌端，靈濤歕激於城下。水牽卉服，陸控山夷，駢檣二十里，開肆三萬室。近歲灾沴繁興，寇盜連起，百戰之後，城池獨存。王師雷動，元惡授首，乳哺疲人，分命賢哲。詔以兵部郎中范陽盧公幼平爲之，公體仁而清，直方簡亮，文以輔德，武以静人，澄況有清江之姿，巍峨有秋山之狀。麾幢戾止，未逾三月，降者遷忠義，歸者喜生育，旌次讓利，轅門無聲，人咸曰休哉。以卿佐之才，遵王澤，敷德政，吾見其爲公爲侯，福履宜之，未見其極也。刺史冠服印綬，甲令載之，故不書。詞尚體要，古史之遺也。永泰元年七月二十五日記。

（唐）李華《李遐叔文集》卷四《衢州刺史廳壁記》 有漢已還，州統郡，郡或連十城，州或部十郡。江南多大郡，如會稽丹陽，鎮領遐濶，分置部都尉。自富春而南，太末一縣抵於建安今此州即古會稽西部之地也。雖官明吏修，如曠阻何，厥後相因，損益無恒，時更亂離，罷置紛糅。聖朝字育元元，納于大中。自衛公纍單于英公滅句麗，天下和平，户口繁衍。元聖溥《行葦》、《蓼蕭》之澤于下，廷延公卿，議割州邑。謂疆與府近，則易爲理；人與吏親，則易爲安。以婺州封畛爲廣，分置衢州，領六縣，猶爲大郡。近歲析玉山全邑洎須江南鄉益信州而不爲寡。去年江湖不登，兹境稍穰，故浙右流離，多就遺秉，凡增萬餘室而不爲衆。吴越地卑，而此方高厚，居者無疾，人斯永年。名山大川，既麗且清，俗尚文學，有古遺風。國朝不以州領郡，郡與州更相爲號，遷復從宜，事之當也，置觀察之司而董臨之。此州長史之選，甲於他部。忠貞之老，則武威公李僕射傑，親賢之望，則信安郡王禕。遺政行爲故事，名位光於屋壁。開元天寶中，始以尚書郎超拜名郡，賀蘭大夫爲之，李郎中爲之。自徽外悖天地之慈，犯雷霆之誅，賀蘭起北海之師，郎中佐浙東之幕，有文有武，家頌户歌。元惡天討，餘凶稔罪，聖恩示以鈇鉞之威，未即大刑，以爲不教人戰，是謂棄之。乃分諸州，置節度以鎮之。州有防禦軍，刺史爲之使，俾與夫持節某州諸軍事名實副焉。以此州密邇山陰，爰隸浙東。廳事馮高，戟户臨江，武文左右，麾幢成列。千夫長百夫長，上寮郡椽，屬邑官吏，進退無聲，趨拜風生。仕不登州，談不爲榮。凡爲州者，儒不毅勇則頓威，攻守所由敗也。勇不儒和則失人，邦國所由困也。故二千石之任，方今爲難。至尊垂憂勤于兆人，延俊乂於高位，以蘇州刺史陳郡殷公，文可以成政，武可以安人，明斷良謀，忠在王室，其理也寬不容息，嚴不拒情，清白貫於神明，簡易契於黃老，德必有隣，歌聲宜繼，由是命公典此邦也。至若建置城府之年月，升降品第之等差，風俗貢賦之宜，男女隄封之數，圖諜備矣，老幼傳之。今之所書，畧舉勳德也。元年建寅月二十一日，左補闕趙郡李華於江州附述。

（唐）白居易《白居易集》卷四八《中書制誥一・張聿可衢州刺史制》 敕：中散大夫、行尚書工部員外郎、上柱國、吴縣開國男、食邑三百户張聿：内外庶官，同歸共理。牧守之任，最親吾人。蓋弛張舉措由其心，賞罰威福懸其手。若一日失其職，一郡非其人，而未達於朝聽之間，爲害已甚矣。選授之際，得不慎也！以爾聿、前領建谿，有理行；次臨漵郡，著能名：用爾所張，副吾所急。宜輟郎署，往頒詔條。來暮之聲，佇入吾耳。可使持節衢州刺史，散官、勳如故。

（唐）白居易《白居易集》卷四九《中書制誥二・康日華贈坊州刺史制》 敕：漢令：軍中士有不幸死者，得以棺斂傳送；若是而已，猶四方歸心焉。矧吾褒贈以榮之，惻隱以將之；顯其忠，撫其後：亦所以激生者節，豈獨慰逝者魂乎？左神策軍赴行營正將，試太常卿康日華：領王師，死王事。軍書置奏，朕甚悼焉！可贈坊州刺史。

（唐）白居易《白居易集》卷四九《中書制誥二・周愿可衡州刺史，尉遲鋭可漢州刺史，薛鯤可河中少尹，三人同制》 敕：前復州刺史周愿等：夫勞者之思休息，病者之思救療，人之本情也。今兵戈甫定，物力未豐，如聞湘衡巴漢之間，人猶疲困；宜擇良二千石，俾休息而救療之。而愿、鋭、鯤等，前以符竹，分領三郡，皆有善政，達于朝廷，舉課考能，無愧是選。息勞救病，其有望於汝乎？河中、吾之股肱郡也，貳尹職而佐府事者，亦在得人：命鯤處之，無荒厥職。可依前件。

（唐）白居易《白居易集》卷四九《中書制誥二・高芳穎等四人各贈刺史制》 敕：故某官高芳穎等：昔文王葬枯骨，之無知也，但惻隱之心，不忍棄也；故天下皆歸仁焉。況捐軀之魂，死節之骨，見危併命，朕甚閔之！深州故十將高某等四人，皆從戰陣，連殁王事，褒贈之數，宜其有加。並命追榮，以光地下。可依前件。

（唐）白居易《白居易集》卷四九《中書制誥二・張平叔可京兆少尹、知府事制》 敕：商州刺史張平叔：爲人廉直，爲政簡惠，前後歷〔府〕掾、邑宰、郡守，而去思來暮之謠，繼聞於人聽焉。及副鹽鐵官，刺商雒部，會課報政，亦甲於他官。自貞元已來，用三科取士，奉詳明政術，可以理人之詔，而得其名有其實者，幾何人哉？平叔居其一也。能效若是，何用不臧？故事：内史缺、未補間，亞尹得行大京兆事；試可而即真者，往往有之。故其選任，日益難重。爾宜稱所舉，慎厥職，無墮大以勤小，無急弱以緩強。夕念朝行，遵吾約束。可京兆少尹，知府事。

（唐）白居易《白居易集》卷五一《中書制誥四・張嘉泰延州長史制》 敕：前丹州司馬張嘉泰：一從戎旅，多歷歲時，奉職有勞，率身無過。軍部長佐，資秩不卑；自丹轉延，頗爲優穩。題輿便道，往守乃官。可延州長史。

（唐）白居易《白居易集》卷五二《中書制誥五・王日簡可朝散大夫、德州刺史制》 敕：前代州刺史、代北軍使王日簡：吾聞任有才則事集，獎有勞則功勸。以日簡嘗爲代守，軍睦人安。旌效所能，可居要地。是用超登階級，遷領郡符。勵精壹意，其聽吾言！夫主憂則臣勞，時危則節見。今寇戎暴起，封域未寧，是忠臣奮奇謀，烈士展殊效之日也。朝立功而夕受賞，汝其念之哉！可德州刺史。

（唐）白居易《白居易集》卷五二《中書制誥五・王承林可安州刺史制》 敕：安陸、古郧國矣。介荊漢之間，承軍旅之後；宜得謹良長吏，以養理之也。前相州刺史王承林：比刺安陽，勤修其職；録勞獎善，故申命焉。況爾生勳伐之家，早階寵禄，宜自修立，以光大其門。爾當思勤儉以檢身，務廉平以臨下，率吏用禮，勸人歸農；勿慎勿佻，一遵吾之約束！可安州刺史。

（宋）王溥《唐會要》卷六八《刺史上》　武德元年六月十九日，改郡爲州，置刺史、别駕、治中各一人。天寶元年正月二十日，改州爲郡，改刺史爲太守。至德元載十二月十五日又改郡爲州，太守爲刺史。

貞觀三年，上謂侍臣曰：朕每夜恒思百姓，閲事或至夜半不寐，唯思都督刺史堪養百姓，所以前代帝王稱共治者惟良二千石耳。雖文武百僚各有所司，然治人之本，莫如刺史最重也。朕故屏風上録其姓名，坐卧常看。在官如有善惡事蹟，具列於名下，擬憑黜陟。縣令甚是親民要職。昔孔宣父以大聖之德，尚爲中都宰。至於升堂弟子七十二人，惟有言偃子路宓子賤，始得相繼爲此官。乃詔内外五品已上各舉堪爲縣令者，以名聞。

十一年八月，侍御史馬周上疏曰：治天下者以民爲本，欲令百姓安樂惟在刺史縣令。今縣令既衆，不能皆賢。若每州得良刺史，則境内蘇息。天下刺史，悉稱聖意，則陛下可端拱巖廊之上，百姓不慮不安。自古郡守縣令，皆妙選賢德，欲有擢升宰相，必先試以臨人。或有從二千石入爲丞相及司徒太尉者。今朝廷獨重内官，刺史縣令頗輕其選。刺史多是武夫勳人，或京官不稱職方始外出，邊遠之處，用人更輕，所以百姓未安，殆由於此。太宗因謂侍臣曰：刺史朕當自簡，縣令詔京官五品已上各舉一人。

垂拱元年，秘書省正字陳子昂上疏曰：臣竊惟刺史縣令之職，實陛下政教之首也。得其人則百姓家見而户聞，不得其人但委棄有司而掛壁耳。陛下欲使家傳禮讓，吏勖清勤，不重選刺史縣令，將何道以致之也。臣比在草茅，爲百姓久矣，刺史縣令之化，臣實悉知，國之興衰，莫不在此職也。何者，一州得賢明刺史，以至公循良爲政者，則十萬家賴其福；若得貪暴刺史，以徇私苛虐爲政者，則十萬家受其禍。一州禍福，猶且如是，況天下之衆，豈得勝道哉？故臣以爲陛下政化之首，國家興衰，在此職也。伏願深思妙選，以救此弊。

天授二年，獲嘉縣主簿劉知幾上疏曰：臣聞漢宣帝云：與我共治天下其良二千石乎。二千石者，今之刺史也。移風易俗，其寄不輕，求瘼字民，僉屬斯在。然則歷觀兩漢已降，迄乎魏晋之年，方伯岳牧，臨州按郡，或十年不易，或一紀仍留，莫不盡其化民之方，責以治人之術。既而日就月將，風加草靡，故能化行千里，恩漸百城。今之牧伯，有異於是，倏來忽往，蓬轉萍流，近則累月仍遷，遠則逾年必徙。將廳事爲逆旅，以下車爲傳舍。或云來歲入朝，必應改職，或道今兹會計，必是移藩。既懷苟且之謀，何假循良之績，用使百城千邑，無聞廉杜之歌；萬國九州，罕見趙張之政。臣望自今已後，刺史非三歲已上，不可遷官，仍以明察功過，精甄賞罰。冀宏共治之風，以贊垂衣之化。

長安四年三月，則天與宰相議及州縣官，納言李嶠等奏曰：安人之方，須擇刺史。竊見朝廷物議，莫不重内官輕外職，每除牧伯，皆再三披訴。比來所遣外任，多是貶累之人，風俗不澄，實由於此。今望於臺閣寺監，妙簡賢良，分典大州，共康庶績。臣等請輟近侍，率先具寮。則天曰：誰爲此行。鳳閣侍郎韋嗣立對曰：參知機務，非臣所堪，承乏外臺，庶當盡節，儻垂採録，臣願此行。於是以本官兼汴州刺史。

神龍元年正月，舉人趙冬曦上疏曰：臣聞古之擇牧宰者，皆出於臺郎御史，以爲榮遷。何者？以爲親民之職，人命所繫，故貴其位而重其人也。今則不然，京職之不稱者，乃左爲外任。大邑之負累者，乃降爲小邑。近官之不能者，乃遷爲遠官。夫常人之心，未可卒革，此之不稱，彼焉能治。率土之濱，莫非王臣，何必貴大邑而賤小邑，重近民而棄遠民耶。夫食君之禄，而冒君之榮，陛下賜之死可矣，流之邊可矣。於左遷貶降之例，惡足爲王者之政與。夫如是則上下相同，而官得其實，而天下治矣。

景龍二年，兵部尚書韋嗣立上疏曰：刺史縣令，治人之首，近年已來，不存簡擇，京官有犯罪聲望下者，方遣牧州。吏部選人，暮年無手筆者，方擬縣令。此風久扇，上下同知。將此治人，何以致化。今歲非豐稔，户口流亡，國用空虚，租調減削，陛下不以此留念，將何以治國乎。臣望下明制，共論前事，使有司改换簡擇，天下刺史縣令，皆取才能有稱望者充。自今已後，應有遷除諸曹侍郎，兩省兩臺，及五品已上清資望官，先於刺史内取。刺史無人，然後餘官中求。其御史員外郎等諸清要六品已上官，先於縣令中取，制中明言，如是則人争就刺史縣令矣。得刺史縣令，天下大治，萬姓欣然，豈非太平樂事哉。其年，御史中丞盧懷慎上疏曰：臣竊見比來州牧上佐等，在任多者一二年，少者三五月，遂即遷改，不論課最，争求冒進，不顧廉恥，亦何暇爲陛下宣風布化，求瘼恤民哉。户口所以流散，倉庫所以空虚，百姓所以凋弊，日更滋甚，職爲此也。昔漢宣帝時，黄霸增秩賜金，而不遷於潁川，可謂美政也。臣請望諸州都督刺史上佐等，在任未經四考已上，不許遷除。察其課效尤異者，或錫以車裘，或就加禄秩，或降使臨問，並璽書慰勉。若公卿有缺，則擢以勸能，其政績無聞，及犯貪暴者，放歸田里，則萬方之民，一變於道，致此之美，革彼之弊，易於反掌。陛下何惜而不行之哉。

其年十月十六日敕：内外之職，出入須均，更遞往來，始聞政治。京官中有才幹堪治人者，量與外官。外官中有清慎著稱者，量與京職。至開元六年敕，刺史兼於京官中簡擇歷任有善政者補署，其司農太府少府等司，既掌財物，已知次第，不在此限。

景雲元年十一月，諫議大夫甯原悌上疏曰：今天下諸州，良牧益寡，何者。古難其選，今侮其職也。然而世所重於京都，時見輕於州縣者何也。古者牧守政成，擢登三事，郎官特秀，光宰一同，誠願尚書曠職。必於方伯求材。郎位闕官，必須循材擢用，兹令若行，仁風扇矣。

開元八年六月二十八日敕：自今已後，諸司清望官闕，先於牧守内精擇，都督刺史等要人，兼向京官簡授。其臺郎下除改，亦於上佐縣令中通取，即宜銓擇，以副朕懷。

十二年六月二十四日敕：自今已後，三省侍郎有缺，先求曾任刺史者；郎官缺，先求曾任縣令者。

十九年七月十四日敕：嶺南及黔府管内諸州并蕃州，檢校及攝刺史，皆録奏，待敕到然後准式。其嶺南黔府蕃州等刺史在任，不得輒請宿衛。

二十二年八月敕：刺史到任，不得當年入考。縣令闕，不得差使。

二十四年五月，夷州刺史楊濬犯贓，詔令杖六十，配流古州。左丞相裴耀卿曰：臣以爲刺史縣令，與諸吏稍别，人之父母，風化所瞻，一爲本部長官，即令終身致敬。況本州刺史，百姓所崇，一朝對其吏人，即加杖屈，恐非敬官長勸風俗之意。伏望凡刺史縣令於本部决杖，特乞停減。

二十九年正月十五日，令百官於親屬之中舉牧宰。乃下制曰：昔祁奚之舉祁午，謝安之舉謝元，寧限嫌疑，致有拘忌。其内外官有親伯叔及兄弟子侄中，有材術異能，通閑政治，據資歷可任刺史縣令者，各以名聞。

天寶十一載十二月敕：牧宰字人，所寄尤重，至於禄料，頗亦優豐，自宜飭躬勵節，以肅官吏。如聞或犯贓私，深紊綱紀，今後刺史犯贓，宜加常式一等。

十二載九月敕：簡擇刺史，冀令撫字，諸使等或奏兼别職掌，政治有妨，既闕親人，仍乖本意。自今已後，更不得别奏請。

乾元二年九月敕：比來刺史之任，皆先奏州縣官屬。今後除帶使次判官外，一切不得奏改。官吏到任之後，察有罪累，及不稱職者，任具狀奏聞請，然後令所由與替。其刺史非兼節度，但有防禦使者，副使判官委於本州官中推擇，亦不得别奏人，並委中書門下。著爲常式。

永泰二年四月敕：郎中得任中州刺史，員外郎得任下州刺史，用崇岳牧之任，兼擇臺郎之能。

貞元二十年，贈故隋州刺史李惠登洪州都督。惠登少爲平盧軍裨將，安禄山反，遂從兵馬使董秦，涉海戰收滄棣等州。史思明反，復陷於賊，脱身投山南節度來瑱，瑱奏試金吾將軍。李希烈反，授惠登兵，令鎮隋州。貞元初，舉州歸順，隨授隋州刺史。時遭李希烈殲殘後，野曠無人。惠登樸質，不知書，率心爲政，皆與理順。二十年間，田疇辟，户口加，人歌謠之。時于頔爲山南東道節度，以其績上聞，加御史大夫，升其州爲上。及卒，故有是贈。

元和二年正月，制度支，如刺史於留州數内，妄有減削，及非理破使，委觀察使風聞按舉，必當料加量貶，以誡列城。如刺史不奉制敕，不得稱有公事，請赴本使。其録事參軍，亦不得擅離本州。

三年正月，許新除官及刺史等，假内於宣政門外謝訖進辭，便赴任。其日，授官於朝堂禮謝，並不須候假開。國朝舊制，凡命都督刺史，皆臨軒册命，特示恩禮。近歲雖無册拜，而牧守受命之後，便殿召對，仍賜衣服。蓋以親民之官，恩禮不可廢也。時新除河南尹裴復求速之任，適遇寒食休假。李吉甫，復求之甥也，特爲奏請，遂兼刺史有是命，非舊典也。

四年閏三月敕：如刺史不承使牒，擅於部内科率者，先加懲責，仍委御史臺出使郎官御史察訪聞奏。

其年十二月，嶺南觀察使楊於陵奏：貞元中，觀察使李復奏，南方事宜素異，地土之卑，上佐多是雜流，大半刺史見闕，請於判官中揀擇材史，令知州事。臣伏見近日諸道，差判官監領州務，朝廷以爲非宜。臣謂現今州縣凋殘，刺史闕員，動經數歲，至於上佐，悉是貶人。若遣知州，必致撓敗。伏緣李復所奏，降敕年月稍遠，懼違朝旨，伏乞天恩，許臣遵守當道所奏文，量才差擇，以便荒隅。敕旨：依奏。

九年十二月，袁州刺史李將順，坐掊斂擾人，貶道州司户參軍。時大寮有詣執政者，以爲刺史抵禁，不經按訊，遽貶官，恐不可，乃追詔。遣御史馳往推究。

十二年四月敕：自今已後，刺史如有利病可言，皆不限時節，任自上表聞奏，不須申報節度觀察使。本任得替後，遂於當處置百姓莊園舍宅，或因替代情弊，便破除正額兩税，不出差科。自今已後，此色並勒依元額輸税。

寶曆元年正月七日赦節文：刺史縣令，若無犯，非滿三年，不得替。如治行尤異，但議就加奬。其有才宜他職，灼然章著者，中書門下先具事由，及授上年月日，奏聽進止，滿歲遷代。無闕失者，即與進改。

其年九月，御史臺奏：近日新除刺史赴官，多違條限，請准舊制，不逾十日。如妄稱事故不發，常參官奏聽進止。敕旨：從之。

太和三年五月中書門下奏：增秩賜金，有故事，前史所載，得者甚希。近日方鎮所奏，人數漸多，自今已後，刺史在任，政績尤異，檢勘不虛者，觀察使具事狀及所差檢勘判官名銜同奏。若他時察勘不實，本判官量加削奪，觀察使奏聽進止。所陳善狀，並須指實而言。如增加户口，須云本若干户，在任增加若干户。如稱墾闢田疇，則云本墾田若干頃，在任已來，加若干頃。並須申所司，附入簿籍。如荒地及復業户自有年限，未合科配者，亦聽申奏，明言合至其年，並收租賦。如稱營田課則所效，須云本合得若干萬石，在任已來加若干萬石。其所加配斛斗便請准數落下，支所供本道本軍斛斗數。如不是供本軍本道斛斗，則申所司收管支遣，以憑考覆。不得虛爲文飾，謬有薦論。敕旨：依奏。

四年八月，御史臺奏：謹按大曆十二年五月一日敕，刺史有故及缺，使司不得差攝，但令上佐依次知州事。其上佐等，多非其才，亦望委外道使臣，精加銓擇。不勝任者，具以狀聞。昨者，宣州觀察使于敖所差周墀知池州，若據敕旨，便合奏劾。今勘其由長史司馬，並在上都守職，有録事參軍顧復元在任，若不重有條約，所在終難守文。伏請自今已後，刺史未至，上佐闕人，及别有句當處，許差録事參軍知州事。如録事參軍又闕，則任别差判官，仍具闕人事由，分析聞奏，並申中書門下御史臺，所冀詔旨必行，繩違有據。敕旨：依奏。

其年九月，比部奏：准太和三年十一月十日赦文，天下州府迴殘羡餘，准前後赦文，許充諸色公用。刺史每被舉按，即以公坐論贓，其應合用羨餘錢物，並令明立條件。散下州府者，謹具起請條件如後：應有城郭及公廨屋宇器械舟車什物等，合建立修理，須創置添换者；或有公私使客，兼遇徵拜朝官，送故迎新，舊例合有供應，宴餞贈貺者；或官屬將校所由等，有巡檢非違，追捕盗賊，須行賞勸，合給程糧者；或百姓貧窮，納税不逮，須有矜放，要添填元額者；或遇年豐穀熟，要收糴貯備，以防災歉者，並任用。當州所有諸色正額數内迴殘羡餘錢物等，如不依此色，即同贓犯。其所費用者，並須立文案，以憑勘驗。敕旨：宜依。仍委御史臺准此句當。

五年五月，御史臺奏：應諸州刺史謝官後，限發赴任日，准敕例，刺史謝官後，不計近遠，皆限十日内發。伏以刺史治民之官，分陛下憂，受命之後，固宜速行。或以道途稍遥，私室貧乏，限内不能辦集事宜，須假故淹留，虛懸促期，多不遵守。今請量其遠近，次第限日。應去京一千里内者，限十日。二千里内者，限十五日。三千里内，限二十日。三千里以外者，限二十五日。如限内遇延英不開，亦請准常例進狀候進止，便發。更有妄托事故逗留，伏請當時奏聞，量加懲責。其貶授刺史，即請准舊例發遣，不依此限。所冀事得中道，久而不隳。敕旨：宜依。

七年七月，中書門下奏：應諸州刺史除授序遷，須憑顯效，若非責實，無以勸人。近者受代歸朝，皆望超擢，在郡治績，無由盡知。或自陳制置事條，固難取信；或别求本道薦狀，多是徇情。將明憲章，在覈名實。伏請自今已後，刺史得替代，待去郡一個月後，委知州上佐及録事參軍各下諸縣，取耆老百姓等狀。如有興利除害，惠及生民，廉潔奉公，肅清風教者，各具事實，申本道觀察使檢勘得實，具以事條録奏，不得少爲文飾。其薦狀仍與觀察使判官連署。如事不可稱者，不在薦限，仍望委度支鹽鐵分巡院内官同訪察，各申報本使録奏。如除授後，訪知所舉不實，觀察判官分巡院官及知州上佐等，並停見任一二年，不得叙用。如緣在郡贓私事發，別議處分，其觀察使奏取進止。敕旨：依奏。

開成元年二月，中書門下奏：應諸州刺史、諸府少尹、次赤縣令州府五品以上官，並常參官等，在任之例，約是三載，命代之後，遽即到京。人數既多，員缺常少，稍經時月，則訴饑寒。伏准漢法，免罷郡守，自非詔徵，不得到京師。建中初，敕常參官及外五品以上，替後不得擅至京師。自今已後，請據舊章，刺史及五品以上常參官，在外應受替去任，非有徵詔，不得到京。宜委所在州府，取其由歷，每兩月一度，附驛申中書門下，其初狀仍具前任政績，受代日月，申中書門下，准前置具員，量人才據缺除授。其有家在上都，因自歸止者，正衙見後，仍令京兆府依外州府例與申。敕旨：依奏。

其年閏五月，中書門下奏：伏准舊例，刺史授官後，皆於限内待延英開日，候對奏發日，詳度朝旨。蓋重治人之官，欲陛下觀其去就，察其言語，亦所以杜塞宰相陳情。故除刺史，並往往進狀便辭，蓋恐對奏之時，錯失乖誤。自今已後，除刺史並望延英對了，奏發日，地近限促，不遇坐日，亦望許於臺司通狀，待延英開日，辭了進發。敕旨：依奏。

其年八月，中書門下奏：致治親民，屬在守宰。朝廷近日命官，頗加推擇，從今已後，望令諸觀察使每歲終具部内刺史縣令，司牧方策，政事工拙上奏。其有教化具修，人知敬讓，賊盜逃去，遺賂不行，刑獄無偏，賦税平允，撫綏孤弱，不虐幼賤，姦吏黠胥侵牟止絶，田疇墾闢，逃户歸復，道路平治，郵傳修節，府無留事，獄去繫囚，糾慝繩違，嫉惡樹善，以公滅私，絶去貨殖，夙興夜寐，宴戲省少，人無謗議，家有蓋藏，是謂循良之吏，愷悌君子。其能備此具美者，仰以其尤薦聞，朝廷特加褒賞，增秩改章，徵受顯重。如或數科之中，粗有提舉，勤恪不怠，處事無闕者，仰以次等薦聞，量加寵賞，借留未替，以候成績。其有昧此政經，所向無取，循資待録，無補於治，散材凡器，長在人上，亦仰以實奏聞，當請移於散秩。如有貪殘黷貨，枉法受贓，冤訴不伸，拷笞無罪，有一於此，具狀以聞，當加峻刑，投諸荒裔。賞善懲惡，期於必行。掾曹邑佐，善惡特異者，亦仰聞狀請，頒示四方。專委廉察，仍令兩都御史臺，並出使郎官御史及巡院法憲官，常加採訪，具以事狀奏申中書門下，都比較諸道觀察使承制勤怠之狀，每歲孟春，分析聞奏，因議懲獎。敕旨：依奏。【略】

其年五月，中書門下奏：舊制，刺史已除替人未到，依前管一應務，並給俸料，待替到交割，便聽東西。據山南道所奏，刺史得便令牒州停務，別差官知州事，待到交割，方可東西。臣以爲刺史禄俸固薄，留滯可矜。又嶺南諸管及福建黔府，皆是遠僻，須有商量。並請除到後未交割已前，據俸料雜給之中三分支一，以資其停費，惟戒所由，不可比例。制可。

四年三月，中書門下奏：嶺南小州，多是本道奏散試官及州縣官充司馬知州事，不三兩考便請正除，僥倖之門莫甚於此，須作定制令其得中，應奏授上佐知州事，起今已後，一周年在本任無破缺，即任奏請充權知刺史。宦途之内，猶甚徑捷，仍須事一周年考，不得將兩處相續。敕旨：依奏。

（宋）王溥《唐會要》卷六九《刺史下》 會昌元年正月制：刺史雖非假日，或有賓客，須申宴餞者，聽之。

四年八月，中書門下奏：比緣向外除授刺史，多經半年已上方至本任，或稱敕牒不到，或作故滯留。刺史未到前，知州官事，惟務因循，不急於治，百姓受弊，莫不由茲。臣等商量，自今已後，敕到南省，限兩日内牒本道，便令進奏院遞去，到本道後，委觀察使勾當。去任一千里内，限十日進發。二千里已上，限十五日。三千里已上，限二十日。仍並勒取便進發，不得托以事故，別取他路經過。刺史于先三十個月爲限，向後並望以任後計日，如有前刺史諸道居住未赴闕廷者，各委觀察使每季具管内有無申臺，或憂制及疾廢者，並須一一具言。臺司待諸處報，都申中書門下。所冀人皆守法，朝免遺才。敕旨：依奏。

六年五月敕：諸州刺史委中書門下切加選擇，非奉公潔己，素效彰著者，不得妄有除授。到官之後，理行事稱，未三周年勿使移改。如有才用堪拔擢驅使及無政績須替換者，不在此限。又刺史交代之時，非因災沴，大郡走失七百户以上，小郡走失五百户以上者，三年不得録用，兼不得更與治民官。增加一千户以上者，超資遷改，仍令觀察使審勘，詣實聞奏。如涉虛妄，本判官重加貶責。

大中元年正月敕：古者，郎官出爲邑宰，公卿外領郡符，以重治民之官，急爲政之才也。自澆風興扇，此道稍消，頡頏清途，便至顯貴，治民之術，未嘗經心。欲使究百姓之艱危，通天下之利病，不可得也。朕爲政之始，思厚時風，軒墀近臣，蓋備顧問。如不周知病苦，何以應朕訪求。自今以後，諫議大夫、給事中、中書門下舍人未嘗曾任刺史縣令，及在任有敗累者，並不在進擬之限。

三年二月中書門下奏：諸州刺史到郡，有條流須先申觀察使，與本判官商量利害，皎然分明，即許施行。如本是前政利物徇公事，不得輒許移改，不存勾當。踵前因循，判官重加殿責，觀察使聽進止。仍委出使郎官御史常切詢訪舉察。敕旨：依奏。

五年九月，中書門下奏：諸州刺史交割及初到任下擔，得替後資送裝事，應諸州刺史除替後，新人在遠者，動經三四個月不到任，從便近處亦或一兩個月不到。舊人在任，既不理務，又須一切州縣祇供，將吏依舊衙參祇候。守分者固難自處，多端者猶能害人。自今已後，望令應諸州刺史得替已除官者，即敕到後交割了便赴任。如未除官者，敕到後與知州官分明交割倉庫及諸色事。如不分明交割，便令舊刺史離本任，不要更待新刺史到。交割公事後，稱有小小異同，即令勘問知州官，並任行牒聽勘問，詰前刺史。如大段差謬，即委具事狀奏聞。其知州官別議推，罷郡刺史未別除官者，准會昌九年赦文，令所司在州縣供給。伏恐日月久深，不遵舊制，望令所在經過州縣，准舊節文處分，勿使羈旅，州許供三日，縣許供二日。應諸州刺史初到任，准例，皆有一擔什物，離任時亦例有資送，成例已久，州司各有定額。准乾元元年及至德二載，並會昌元年制敕，只禁科率所由，抑配人户。至於用州司公廨及雜利潤，天下州郡皆自有矩制，緣曾未有明敕處分，多被無良人吏百姓，便致詞告云是贓犯。自今已後，應諸州刺史下擔什物及除替送錢物，但不率斂官吏，不科配百姓，一任各守州郡舊規，亦不分外別有添置。若輒率斂科，故違敕條，當以入己贓犯法。餘望准前後敕處分。敕旨：宜依。仍編入格令，永爲常式。

六年五月，中書門下奏：嶺南、桂管、容管、黔中、安南等道刺史，自今已後，伏請於每年終，薦送各官，選擇校量資序，稍議遷奬。本道或知有才能，亦許論薦，仍須量資相送，歷任分明，更不在奏散試官充司馬權知州事限。敕旨：依奏。

其年十二月，中書門下奏：諸州刺史，仰到任後一季以來，尋訪凋瘵之由，搜求疾苦之本，兩季以後，可以周知。伏以古之報政，備在典章，後代因循，曾無實效。今請觀察使刺史到任一年，即悉具釐革制置諸色公事，逐件分析聞奏。並申中書門下，視其所司，真僞自分，才能可辨。事有可行者，著爲令典，使久遵守。既欲責其潔己，須令俸祿少充，以厚薄不同，等級無制，致使俸薄者無人願去，祿厚者終日爭先。應中下州司馬，與軍事俸料，共不滿一百千者，請添至一百千。其上中州不滿一百五十千者，請添至百五十千。其雄望州不滿二百千者，請添二百千。其先過者，仍舊。並於軍事雜錢中，方圓置本收利充給。如別帶使額者，並依舊，不在添限。其無明文，額外徵求，或送故迎新，廣爲率斂，或因徵發頓近，橫有破除，皆是貧户出錢，惟使姦人得計。其他侵擾，色目至多，不問公私，一切禁斷。其刺史爲政，必除其民瘼，在官必勵於公心，日限纔終，即議遷奬。其或不出常流，全無政績，須知事分，合守田園，不可得替求官，稍遲即興怨謗。自今已後，應諸刺史得替求官者，亦准前任年月爲限。滿者，即量才除授，使免饑寒。未滿者，任其東西，使營生計。其有課績殊異，廉使薦論，校勘不虛，誠可優升者，不在此限。若授任之後，聲實相乖，即是廉使別帶私情，或因權勢論説，上罔明主，下困齊民，所罪並歸舉主。敕旨：卿等所條流，廉問牧宰等，實繫生靈之慘舒化源之切務。並依所奏。

大中九年二月，除醴泉縣令李君奭爲懷州刺史，非常例也。初，上校獵渭上，見近縣父老於村寺設齋，爲君奭祈福，恐秩滿受代，上異之。踰年，宰相以懷州缺刺史上聞，御筆除之。

（宋）宋敏求《唐大詔令集》卷三五《諸王・除親王官・秦王兼涼州總管制》 京室殷阜，鈎陳嚴秘，肅遏警巡，職務尤重。然而玉門遐阻，控禦乖方，金城衝要，尉候攸屬，宣風作牧，親賢是寄。太尉尚書令雍州牧陝東道行臺右武候大將軍上柱國秦王某，地實藩枝，任惟心膂，職參三事，功著二南，識度優閑，性理濟治，典戎敷化，聲績備舉，宜攝九門，總司八校，撫蒞河右，允兼望實，可左武候大將軍使持節涼甘瓜鄯肅會蘭河廓九州諸軍事涼州總管。其太尉中書令雍州牧陝東道行臺右武候大將軍上柱國王如故。武德二年五月。

（宋）宋敏求《唐大詔令集》卷三五《諸王·除親王官·秦王益州道行臺制》 蜀郡沃野，田惟井絡，控馭邛笮，臨制巴渝，求瘼宣風，朝寄尤重。總司兵牧，是屬懿親。太尉尚書令陝東道行臺雍州牧左武候大將軍使持節涼訓總管上柱國秦王某，器宇沖深，體識明允，專征閫外，茂績克宣，敷政京畿，嘉聲已著，鎮撫岷漠，僉諭攸宜，可益州道行臺尚書令。武德三年四月。

（宋）宋敏求《唐大詔令集》卷三五《諸王·除親王官·相州都督魏王泰雍州牧制》 門下，牧伯之重，莫先畿甸。周衛之職，任切巡警。詳求今古，必俟賢戚。相州都督魏王泰，器業凝遠，文藻夙成，好學見稱，樂善不倦，入作卿士，抑有前規，重司文武，允膺僉議，可雍州牧。

（宋）宋敏求《唐大詔令集》卷三五《諸王·除親王官·鄧王元裕等刺史制》 門下，維翰之寄，允屬茂親，建旟之重，必資令望。鄧州刺史鄧王元裕，襟神韶令，理識清確，壽州刺史舒王元名，休業夷雅，志尚淹和，並夙膺朝寵，早蒞藩任，政績著於謠俗，嘉譽洽於搢紳，宜加榮命，允茲朝典。元裕可梁州刺史，元名可許州刺史，封並如故。

（宋）宋敏求《唐大詔令集》卷三五《諸王·除親王官·相王并州牧制》 鸞臺，神畿緝化，洛牧所難，天府屯兵，命將爲重，惟賢是擇，非親勿居。太子左千牛衛率安北都護相王旦，黄道承暉，紫庭趨訓，儀表環傑，識量虚明，資忠孝以立身，仗經書而致德，勇高衛霍，詞優楊史，必能外振威聲，內清戎政，宜膺夾輔之寄，兼司羽翼之重，可并州牧。餘如故。長安二年五月。

（宋）宋敏求《唐大詔令集》卷三五《諸王·除親王官·邠王守禮兼襄州刺史制》 黄門，樹于藩屏，莫非親屬，居以形勝，必任親賢。司空兼隴州刺史邠王守禮，德比間平，賢於魯衛，動不忘於仁恕，言必備於忠肅，入聯花萼，擁駟來朝，出剖竹符，憑熊往鎮，睠茲樊鄧，是稱漢沔。惟城池之枕倚，乃川陸之雄要，故鳴騶戒路，建隼爲邦，副朕陝東之美，更聞峴南之政，可使持節襄州諸軍事兼襄州刺史，司空動如故。至州日須稍優游，不可煩以細務，自非大事及奏事，餘並令上佐知，主者施行。開元三年十二月九日。

（宋）宋敏求《唐大詔令集》卷三五《諸王·除親王官·邠王守禮等兼晉州刺史制》 禮著睦親，書稱分命，鎮彼黎獻，莫如元弟。司空兼滑州刺史上柱國邠王守禮、開府儀同三司兼潭州刺史上柱國宋王憲、司徒兼虢州刺史上柱國申王撝、太子少師兼鄭州刺史上柱國岐王範、太子少保兼衛州刺史薛王業等朕之花萼，人之珪璋，文儒在躬，孝友成性，入踐朝列，望優桓武，出綜藩條，聲均魯衛，鳧在涇水，鸞鳴岐山，新田擬於晉汾，舊陝鄰於虢國，眷茲翰屏，密邇京都，宜扇百城之風，佇延九里之潤。守禮可使持節晉州諸軍事兼晉州刺史，憲可使持節涇州諸軍事涇州刺史，撝可使持節絳州諸軍事絳州刺史，範可使持節岐州諸軍事岐州刺史，業可使持節虢州諸軍事兼虢州刺史，餘各如故。務非灼然要重者，各令上佐知。開元元年十二月。

（唐）王方慶《魏鄭公諫録》卷一《諫科圍川縣官罪》 或奏云：右僕射李靖、侍中王珪，奉使九成宮，還，至圍川縣，有宮人先舍於令廳，靖等後至，乃移卻宮人，安置靖等。又，近有宮人使至始平縣，縣令已安置訖，右丞裴載家口後至，移動宮人，不加禮敬。太宗聞之大怒曰：此等官職都不由我，皆由李靖、王珪等乎？何見李靖王珪等如此見我宮人都不禮遇。始平官司空處約等決杖一百，解官，仍案驗圍川官人及李靖等。公進諫曰：李靖、王珪皆知禮法，必不許移動宮人自取好處，此或言者過誤，發陛下嗔怒；如其實然，亦可矜恕。何者？李靖等陛下心膂大臣；宮人，皇后掃除僕隸，其委付事理不同，較其輕重，全無等級。又，靖等出外，官人訪朝廷法式，歸得陛下問百姓疾苦，靖等自不可不與官人相見，官人等亦不得不參。至於宮人出使，不與州縣交涉，惟得供其飲食，自外何所參承，若以此罪責及官人，不益陛下德音，徒駭天下耳目。太宗曰：公言是也。乃釋州縣之罪，李靖等亦寢不問。

（唐）張九齡《曲江集》卷七《敕制·敕處分縣令》 敕新除河南府密縣令張稷等：令長之任，黎庶尤切，比嘗選衆，未盡得人。然而勇進之流乃非其好，矯弊之政豈無所革。今既各膺獎用，當盡良能，期月有成，聲能若著。所列清要，惟待賢才，既爾有聞，不患無位。各宜勉勵，以副朕心。

（唐）白居易《白居易集》卷四八《中書制誥一·李寘授咸陽令制》

勑：某官李寘：近者西夷犯塞，詔諸將出師。司計臣俊言寘有應辯才，可司饋餉。故自京府掾假臺郎憲職以命之。屬寇遁師旋，未展其用。況在公族，推有器幹。今授銅印，俾宰咸陽。夫庶官〔之理同歸，撫字〕之任爲急。西郊咫尺，佇爾能聲。可京兆府、咸陽縣令。

（唐）白居易《白居易集》卷四九《中書制誥二·崔咸可洛陽縣令制》　勑：度支員外郎崔咸：漢以四科辟士，求多略不惑，強明決斷者，任三輔令。故今四京令缺，亦擇尚書郎有才理者補之。而咸在郎署中，推爲利用；加以詞學，緣飾吏能，操割洛陽，必有餘刃。然宰大邑，如烹小鮮。人擾則疲，魚擾則餒，寬猛吐茹，其鑒于茲。可洛陽令。

（宋）王溥《唐會要》卷六九《縣令》　武德元年六月八日，大興長安二縣令改爲正五品，雍州諸縣令爲從五品。至天寶元年六月九日敕：長安萬年縣令，授任京劇，職在養人，有不躬親，甚妨緝理。況道路遥遠，往來淹滯時日，百姓披陳，未免停止。至於疏決，固在及時。自今已後，專令在縣理事，每五日聽一入朝。開元四年十一月敕：撫字之道，在於縣令，不許出使，多不得上考，每年選補，皆不就此官。若不優矜，何由獎勸。其縣令在任，户口增益，界內豐稔，清勤著稱，賦役均平者，先與上考，不在當州考額之限。

二十八年六月，淮南道採訪使李知柔奏：縣令考滿，准格交付户口食糧。臣近巡按諸州，多有考秩向終，替人未到，請假便去。望每至考滿年，州司不得給假，如有先請假未還，考滿者，勒到百日內卻赴任，准格交户口食糧，違者量殿三數選。敕旨：依奏。諸道亦宜准此。

二十九年七月敕：天下諸州縣望鄉，上縣不得過二十人，中縣不得過十五人，下縣不得過十人，仍委採訪使與州縣長官相知選，申中書門下。

天寶九載三月十二日敕：親民之官，莫過於縣令，比來選司取人，必限書判。且文學政事，本是異科，求備一人，百中無一，況古來良宰，豈必文人。自今已後，郎官御史，先於縣令中三考已上有政績者取。仍永爲常式。

其載十二月敕：郡縣官寮，共爲貨殖。竟交互放債侵人，互爲徵收，割剝黎庶。自今已後，更有此色，並追人影認一匹以上，其放債官先解見任，物仍納官。有賸利者，准法處分。

上元元年正月敕：丞簿等有犯贓私，連坐縣令，其罪減所犯官一等，便遞相管轄，不敢爲非。

乾元元年三月五日敕：縣令録事參軍，自今已後，選司所擬，宜准故事，過中書門下，更審詳擇。仍永爲常式。

廣德二年六月敕：諸州府録事參軍及縣令，其有帶職兼官判試權知檢校等官者，自今已後，吏部不在用缺之限。

永泰元年正月敕：諸州府縣，今後有才不稱職，及犯贓私，即任本使及州府奏人請替，餘並不在奏請。其所許奏人，仍須灼然公清，曾經驅使者，課效資歷當者，兼具歷任申授年月，並所替官合替事由同奏。

建中元年六月，中書門下省奏：録事參軍縣令，三考無上考，兩任共經五考以上，無三上考及不帶清白陟狀者，並請不重注令録。敕旨：依奏。

貞元二年二月，京兆尹鮑防奏狀，准廣德二年敕：中書門下及兩省官五品已上，尚書省四品以上，諸司正員三品已上官，諸王駙馬等周親已上親及女婿外甥等，自今已後不得任京兆府判司，及畿縣令，兩京縣丞簿尉等者。今咸陽縣令賈全是臣親外甥，恐須停罷。詔曰：功勞近臣，至親子弟，既處繁劇，或招過犯，寬容則撓法，恥責則虧恩。不令守官，誠爲至當。賈全等十人，昨緣畿內凋殘，親自選擇，事非常制，不合避嫌。

四年正月敕文：户口增加，刺史加階，縣令減選，優與處分。諸色中有清白政術，堪任刺史縣令者，常參官各舉所知，朕當親自策試。

其年十月，上召京兆府諸縣令對於延英殿，以人之疾苦，具慰誨之。各賜衣一襲。

八年八月敕：薦官今年新授縣令，宜准前後敕例，待人計日成四考後赴上。

元和二年正月敕：江淮大縣，每歲據闕，委三省御史臺諸司長官節度觀察使，各舉堪任縣令，不限選數，並許赴集臺司。省官及刺史赤縣令有闕，先於縣令中揀擇。如有能否，與元舉人同賞罰。

三年三月，吏部奏：應授三千里外縣，替年終缺人等，准元和二年五月十九日敕，量抽三千里外縣令，至元和三年終計日成四考闕，其新授三千里外縣令等，合用待舊人成四考後，至十二月二十五日赴。請准元和三年三月二十四日敕，其新授三千里外官人，請從甲下後，不計程限，但至十二月内赴上。如出十二月内，即違程例處分。如授替人續有故事，便請放授官人上，上不必待至十二月。仍請自今已後，每年若有替年終缺人。亦請准此。敕旨：依奏。

其年四月敕：元和三年敕書，所舉縣令，皆直言其事，不得妄有文飾。吏部舉其事狀，隨事檢勘者，令主司略勘資歷，未究人材。自今已後，宜委吏部精加考覈，必使詳實，不得同早選人例酧官。所冀舉不妄施，官無虚授。仍令四時注擬。其觀察使刺史所舉人，不得授以本州府縣令。到任後，有罪犯，其所舉主，准前敕貶罰。

四年正月，中書門下奏：伏准元和二年制書，舉薦縣令等前後敕文非一，有司難於遵守。今請中外所舉縣令，並隨表狀，十月三十日到省，省司精加磨勘，依平選人例，分入三銓注擬。平選人中，有資序事跡人才，與前舉縣令相類，即先注擬，時集望停。從之。【略】

六年十月，中書門下奏：准建中元年敕，每年授官人，令舉自代狀者。又臣聞周之群寮委於塚宰，漢之多士辟於有司。故凡稱大僚，皆得盡善。陛下念黎元之困，設令長之科，群僚舉知，天下蒙福，薦賢相繼，敦勸大行。苟或容私，則利害攸伏。伏請所舉縣令，到任刑罰冤濫及有贓犯者，其舉薦官削階，及停見任，書下考。並准元和三年敕處分，委御史臺諸道觀察使嚴加察訪，不得容貸。其諸道所舉官屬，及有狀論薦人，如有贓犯過惡，亦請具名聞奏，量加殿罰。所冀人知戒懼，不敢妄行，爲官擇人，得賢報國。從之。

七年四月敕：諸道州府有田户無桑處，每約一畝種桑兩根，勒縣令專勾當。每年終，委所在長史檢察，量其功課，具殿最聞奏。

十一年九月，中書門下奏：每舉薦縣令，字民之官，從官所重，遂許論薦，冀得循良。自今已後，舉人事跡與節文不同及檢勘無憑據，並到任後敕文雖有條約，比來銓不稱職，及有負犯事，並請量輕重，坐其舉主。輕則削奪，重則貶責。伏以前授敕文雖有條約，比來銓覆多務因循，今重申明所貴畫一。其所舉人到省後，所司檢勘，如節文不同，仰具事由並舉主名銜申中書門下。如有司鹵莽，使與判丞察知事狀，有所違越，則所司亦與舉主同坐。從之。

長慶元年五月敕：自今已後舉縣令宜停。

會昌元年三月制節文。如聞比者縱情杯酒之間，施刑喜怒之際，致使簿書停廢刑獄滯冤。其縣令每月非假日，不得輒會賓客遊宴。

六年五月敕：縣令員數至廣，朝廷難悉諳知，吏部注擬只繫資考。訪聞近日，多不得人。委觀察使刺史於前資官及承前攝官，曾有課績人中，精加選擇，具名聞奏。中書門下，勘資歷記，除本道縣令。如後犯贓違法，即連坐所舉人及判官，重加懲貶。其月又敕：自今已後，縣令非因災旱交割之時，失走二百户以上者殿一選，三百户已上者書下考，殿兩選。如增加二百户以上者，減一選。五百户以上者，書上考，減兩選。可減者優與進改。

大中元年正月敕：守宰親民，職當撫字，三載考職，著在格言。貞元之中，頻有明詔。縣令五考，方得改移。近者因循都不遵守，諸州縣令得三考，兩府畿亦罕及二年，以此字民，望成其化，簿書案牘，寧免姦欺。道路有迎送之勞，鄉里無蘇息之望。自今已後，刺史縣令除授後，一例滿三十六個月，方得更換。其責受遷擢，即不在此限。其替後，量其課績，作等聞奏。其在第一等，中書門下及吏部優與處分。第二等，依資改轉。第三等，量加降黜。其授替後，委刺史録事參軍比量等第，申觀察使，便與本判官勘覆，詣實申奏。以後因事考覆，有不如所奏，觀察判官録事參軍，據人數節級懲罰，觀察使奏聽進止。

二年二月，刑部起請節文，自今已後，縣令有贓犯，録事參軍不舉者，請減縣令二等結罪。其録事參軍有罪刺史不舉者，刺史有罪觀察使不舉者，並所司奏聽。敕旨：宜依。

三年九月，中書門下奏：兩府畿令及次赤令，伏以古者爲吏長子孫，蓋言其在官之久也，然後備諳風俗，政術可施。近日入仕門多，交替稍速。近以降手敕，續又面奉德音。應選擇者不得其人，欲使撫字者久安其任。臣等商量，自今已後，其兩府判司及縣丞尉，不帶敕額事及不知捕賊，不得非時奏請。如或政績尤異，朝廷別有獎拔及職事不修，須議替者，不在此限內。敕旨：依奏。其月，敕諸道所舉縣令宜直言事跡，不得妄飾虛詞。委吏部精加覈實，當有懲殿。兩畿令未成三考，不在此限。

四年正月敕節文：應天下縣令，有利於人而可舉行者，有害於物而可革去者，並委所在縣令，具列於刺史，刺史具列上聞，委中書門下據事下刺史，下觀察使，詳酌聞奏，當與改更。或在官因循不舉，必當重責罰，更不得授縣令。

（唐）吳兢《貞觀政要》卷三《封建》 中書舍人馬周又上疏曰：伏見詔書令宗室勳賢作鎮藩部，貽厥子孫，嗣守其政，非有大故，無或黜免。臣竊惟陛下封植之者，誠愛之重之，欲其緒裔承守，與國無疆。何則？以堯、舜之父，猶有朱、均之子？況下此以還，而欲以父取兒，恐失之遠矣。儻有孩童嗣職，萬一驕逸，則兆庶被其殃，而國家受其敗。政欲絶之也，則子文之治猶在；政欲留之也，而欒黶之惡已彰。與其毒害於見存之百姓，則寧使割恩於已亡之一臣，明矣。然則嚮之所謂愛之者，乃適所以傷之也。臣謂自賦以茅土，疇其户邑，必有材行，隨器方授，則翰翮非強，亦可以獲免尤累。昔漢光武不任功臣以吏事，所以終全其世者，良由得其術也。願陛下深思其宜，使夫得奉大恩，而子孫終其福禄也。

太宗並嘉納其言。於是竟罷子弟及功臣世襲刺史。

（唐）白居易《白居易集》卷五四《翰林院制誥一·邊鎮節度使起復制》 執親之喪三年，禮也；聖人不得已而奪之。金革之事無避，權也；忠臣不得已而從之。某官某，握我兵要，守在塞門：忠勇威惠，合以爲用。師人悦附，戎虜畏服；迨彼諸部，聞其姓名。況歲廣屯田，日討軍實，載陳遠略，方集大勳。自罹家艱，遽致公政；菇荼銜卹，已過旬時。而軍旅不可以無帥，疆埸不可以無主；且慮人慢，或生戎心。蓋臣節大於孝思，王事急於情禮：捨輕從重，徇公滅私；變而通之，正在於此。俾加戎秩，用護邊封。往服舊職，無違朕命！

（唐）白居易《白居易集》卷五四《翰林院制誥一·授吳少陽淮西節度留後制》 門下：議事以制，擇善而行，是適變通，庶臻康濟，此王者所以弘德而息人也。況閫外重寄，淮右成師；建有德以統藩方，擢有才以領留府：抑惟令典，今舉行之。彰義軍馬軍先鋒兵馬使、正議大夫、檢校右散騎常侍、使持節申州諸軍事、申州刺史兼御史大夫、會稽郡王吳少陽：忠勞許國，貴介承家；蓄武略於韜鈐，宣吏能於符竹。屬元戎既殁，謀帥其難。朕將選衆以升，試可而用；推掌戎務，已逾歲時。而能和輯師人，勤修土貢；布寬簡有恒之政，動悦人情；守恭順不踰之心，静俟君命。有嘉大節，可假中權。宜進列於貂蟬，俾增威於貔武。仍加勳秩，式茂寵章。嗚呼！重觀其能，我故委之留事；載佇其効，爾宜勉於後圖。敬思是言，往率乃職。可銀青光禄大夫、檢校左散騎常侍，依前兼御史大夫、使持節蔡州諸軍事、權知蔡州刺史、充彰義軍節度、管内支度營田、申光蔡等州觀察處置等使留後，仍賜上柱國，封如故。主者施行。

（唐）白居易《白居易集》卷五四《翰林院制誥一·除閭巨源充邠寧節度使制四年十月一日進**》** 門下：華夷要地，實衛藩漢；鈇鉞重柄，必授忠賢。況乎掎角諸軍，金湯中夏；有坐甲護邊之旅，任切於拊循；有引弓犯塞之虞，寄深於備禦。内作心腹，外張爪牙；苟非信臣，不在茲選。奉天定難功臣、開府儀同三司、檢校尚書右僕射兼羽林軍統軍、御史大夫、上柱國、定襄郡王、食邑一千三百户閭巨源：忠而能力，勇以好謀；誠諒著於艱危，勳績彰於事任。蓄是武略，鬱爲將才。洎出鎮朔陲，入司環衛，儻戎即叙，時乃之功；禁旅統和，時乃之訓。可謂備知虜態，明練兵符；永惟頗牧之能，宜授郇邠之寄。長南宫而遷左揆，壯西郊而委中權；既圖前勞，且佇來効。嗚呼！十聯之帥，可以觀政；萬夫之長，可以樹勳。勉弘令猷，副我休命。可檢校尚書左僕射、使持節邠州諸軍事兼邠州刺史、御史大夫、充邠寧慶等州節度、管内支度營田觀察處置等使，功臣、散官、勳、封並如故。主者施行。

（宋）宋敏求《唐大詔令集》卷三六《諸王·除親王官·虔王諒申光節度制》 門下：自昔哲王疆理天下必選時明德，樹之宗親，參制藩維，夾輔王室，賢戚並建，時惟欽哉。長淮之西厥壤千里人靡寧息，於茲歷年，朕夙夜永懷，慘若焚灼，思得良帥，代予安人，釋其危疑，彰以信惠，以親而授，其在於茲。開府儀同三司虔王諒，性本温恭，生知忠孝，祗服訓導，忠信不渝，言皆副誠，動必求當，端慎可以化俗，寬厚可以長人，庇綏一方，庶無憂厲。可申光隨蔡等州節度大使，兼充管内觀察使開府封如故。

（宋）宋敏求《唐大詔令集》卷三六《諸王·除親王官·嘉王運横海軍節度制陸贄》　門下：度土分疆，設官莅事，因時立制，期在理安。必順物宜，且從人欲。版圖既溢，則疏邑以制州；統攝或乖，則分部而建長。沿革之道亦何常哉。滄海之隅，地饒俗阜，隱然此土，寔曰雄藩，鎮撫之宜，是資賢戚。開府儀同三司嘉王運，氣本淳清，重承先訓，忠肅孝友，宣慈惠和，勤於服儒，樂在爲善，施於任事，必有可觀。舉不失親，至公斯在。欽率厥職，永孚於休，可横海軍節度大使滄景觀察處置開府如故。

（宋）宋敏求《唐大詔令集》卷三六《諸王·除親王官·遂王宥彰信軍節度制》　國家承周漢之制，疏子弟之封，雖典册載先而名實或異，故有從中統外授鉞臨戎，推公則然，所寄尤重。遂王宥學禮承訓，樂善知方，能遵六經之文，克慕三雍之對，有堅明可以莅衆，有惠和可以撫人。淮右列藩，地綿千里，比喪戎帥，慎擇能臣，裨佐之中，勤効可録。師徒知義勇之節，封部致肅清之安，朕嘉其誠懇，委以留府，尚乃休懿，宣於殿邦，威重遠資於撫臨，緝綏不勞於事任，副明德茂親之選，膺建侯樹屏之崇。爾惟欽哉，往踐厥職。可開府儀同三司彰信軍節度管内支度營田申光蔡等州觀察處置等使。元和五年二月。

（宋）宋敏求《唐大詔令集》卷三六《諸王·除親王官·濮王澤成德軍節度制》　門下：錫珪立社，疎戚有倫，畫野分疆，親賢並建，所以左右王室，保乂邦家。乃眷冀方，寔爲雄鎮，上垂昴宿，下接岳靈，控陘井之要衝，當邯鄲之故地。用是稽諸古訓，考以國章，俾崇尚德之規，式叶至公之選。濮王澤延慶金枝，衍流天派，資忠孝以植性，本仁義以立躬，文掇菁英，敏有逾於七步，學探旨要，對必詳於三雍，刻舟志邁於蒼舒，占雨識精於沛獻，而冲謙自處，矜伐不萌。所宜作我翰垣，副茲毗寄。爲臣之道，爾既克修，知子之言，予復何愧。築齋壇以命邦，杖武節以遥臨，爾其宏樽俎之嘉謀，令折衝之遠畧，寵膺十乘，位列三臺，勉服新恩，慎守厥職。可開府儀同三司守潁州大都督充成德軍節度鎮冀深趙等州觀察處置等使，封如故。大中九年正月二十四日。

（宋）宋敏求《唐大詔令集》卷三六《諸王·除親王官·昭王汭成德軍節度制》　門下：近制諸侯薨殁，朝廷或命其子弟嗣守爵土，且慮職卑望輕，未能彈壓軍行，乃詔親王爲帥，以統臨焉，葢尚體行權之旨也。昭王汭貞祥所聚，姿質幼茂，孝敬天授，温文日宣，寧勞保傅之規，自識君親之道，學禮不倦，發言有章，式光維城，宜假分閫。朕以趙地名服，常山奥區，人多忠樸，俗尚義勇，少長有禮，里閭自康。屬帥臣云亡，戎府無長，中權劇務，已委諸甥，上將崇名，允歸愛子。顧梁固以雄處，末漢節以遥臨。禍柱舊封，某土新命，歡不阻於膝下，詔榮宣於庭中，邦家有光，藩屏斯盛。九命俾尊於開府，一方遠奉於建才，實惟至公勉服丕訓。可開府儀同三司守鎮州大都督充成德軍節度鎮冀深趙等州觀察處置等使，封如故。主者施行。大中十一年八月二十日。

（宋）宋敏求《唐大詔令集》卷三六《諸王·除親王官·蜀王佶西川節度制》　自古聖帝明王莫不封建子弟錫以茅土，寵以珪符，俾藩屏王家，翰維天邑。朕每讀麟趾識詩人之意，念犬牙知漢祖之心，眷乃坤維，實維奥壤，甲車雄盛，貨殖形繁，鈐越雋則南詔惲嚴，鍵松維則西戎畏懼，是用授親賢而統制，命良將以經邦，緬彼遠方稱茲公共。蜀王佶宇量弘廣，風神粹和，承顔於日域之中，稟訓於大庭之内，弱不好弄，居無愠容，語言皆質於詩書，造次不離於孝敬。蟻封占雨，嗣沛獻之明規；象艦知斤，繼蒼舒之敏智。屬者南蠻入寇，西蜀纓兵，瘡痍生縣道之間，荊棘繫師徒之役。雖英儒鎮禦，火既撲於燎原，而權道改張，瑟難遵於膠柱。由是假爾英畧，光予翰垣，分玉葉之清陰，覆銅梁之重地，遥資筭畫，密受韜鈐，必使萬井歡聲，三軍懷德。致藩夷之稽顙，革蠻僰之非心，將陟永圖，在舉長策，對揚休命，爾其敬之。可開府儀同三司兼成都尹劍南西道節度副大使知節度使管内觀察處置統押近界諸蛮及西山八國雲南安撫等使。咸通十一年七月。

（宋）宋敏求《唐大詔令集》卷三六《諸王·除親王官·建王震魏博節度制》　門下：玉斗七星降作帝王之子，金枝百代生爲列聖之孫。冬夏教以詩書，春秋訓以禮樂，然後封其茅土，示以寵光。建王震天賦明哲，氣稟粹和，含日月之華英，緼山河之瑞秀，心懸壽鏡，腹貯學川，智燭不炳而自明，恵車非駕而引重。信逾剪葉，名掩刻舟，九苞之鳳翔赤霄，五色之麟行丹地。瑶池仙派，非百水之同流；銀漢靈原，自三天而別注。况幼稟師訓，生知義方，洊雷之象克明，元良之名益著，四德咸備，三善永全，喻葛藟之延長，表瓜瓞之昌熾。仁義道振，忠孝聲聞，似睹卿雲，如觀景宿，堪膺寵權。可賜爵封，列國之榮，暫領雄藩，宜遵故事。可授開府儀同三司守太保充魏博節度管内觀察處置軍使兼魏州大都督府長史，仍令所司擇禮册命。主者施行。中和二年二月。

（宋）洪邁《容齋續筆》卷一《唐藩鎮幕府》 唐世士人初登科或未仕者，多以從諸藩府辟置爲重。觀韓文公送石洪、温造二處士赴河陽幕序，可見禮節。然其職甚勞苦，故亦或不屑爲之。杜子美從劍南節度嚴武辟爲參謀，作詩二十韻呈嚴公，云：胡爲來幕下，只合在舟中。束縛酬知己，蹉跎效小忠。周防期稍稍，太簡遂忽忽。曉入朱扉啓，昏歸畫角終。不成尋別業，未敢息微躬。會希全物色，時放倚梧桐。而其題曰《遣悶》，意可知矣。韓文公從徐州張建封辟爲推官，有書上張公云：受牒之明日，使院小吏持故事節目十餘事來，其中不可者，自九月至二月，皆晨入夜歸，非有疾病事故，輒不許出，若此者非愈之所能也。若寬假之，使不失其性，寅而入，盡辰而退，申而入，終酉而退，率以爲常，亦不廢事。苟如此，則死於執事之門無悔也。杜、韓之旨，大略相似云。

五代

綜述

（宋）王溥《五代會要》卷一九《刺史》 後唐同光二年三月，中書門下奏：刺史、縣令，有政績尤異，爲衆所知；或招復户口，能增加賦税者；或辨雪冤獄，能全人命者；或去害物之積弊，立利世之新規，有益時政，爲衆所推者，即仰本處逐件分明聞奏，當議獎擢。或在任貪猥，誅戮生靈，公事不治，爲政怠惰，亦加懲罰。其州縣官任滿三者，即具關申送吏部，格式候敕除銓注，其本道不得差攝官替正授者。從之。

天成元年十二月十九日敕：尚書吏部侍郎裴皞所請刺史三考，方可替移，免有迎送之勞，若非歲月積深，無以彰明臧否。自此到任後政績有聞，即當就加渥澤，如或爲理乖謬，不計月限，便議替除。

三年五月敕：刺史以二十五月爲限，仍以到任日爲數。

四年六月，左散騎常侍蕭希甫奏請條流：縣令，凡死罪已下得專之。刺史部内有犯，死罪一人得專之。觀察使部内有犯，死罪五人已下得專之。敕：刺史既爲屬部，安可自專，案牘既成，須申廉使。餘依所奏。

應順元年三月二十日敕：刺史、縣令、丞尉得替，自今後如是見任官，將已分錢物資送得替人，即勿論。其或率斂吏民，以受所監臨財物論，加一等。如以威刑率斂，以枉法論，其去任受財人，減二等。

周廣順二年八月敕：今後刺史、縣令，顯有政能，觀察使審詳事狀，聞奏朝廷，當議獎擢。百姓、僧道不得舉請，一切止絶。

（宋）王溥《五代會要》卷一九《縣令上録事參軍附》 梁開平四年四月敕：天下諸州鎮使，官秩無高卑，在縣令之下。

乾化二年三月，詔曰：夫隆興邦國，必本於人民；惠養疲羸，尤資於令長。苟選求之踰濫，固撫理之乖違。如聞吏部擬官，中書除授，或緣親舊所請，或爲勢要所干，姑徇私情，靡求才實。念茲蠹弊，宜舉條章。今後應中書用人，及吏部注擬，並宜省藩身之才業，驗爲政之否臧，必有可觀，方可任用。如或尚行請説，猶假貨財，其所司人吏，必加推窮，重加懲斷。

後唐天成元年八月敕：中書先條奏州縣令、録，正衙謝後，合趨内殿謝辭者。如令、録是除授，宜令給事中引對；如是指授者，准舊例，委三銓尚書侍郎各自引對，仍須前一日閤門進狀。

二年九月十九日敕：近聞藩鎮幕職内，或有帶録事參軍，兼鄴都管内諸州録事參軍，從前並兼防禦判官。設官分職，激濁揚清，若網在綱，各司其局。督郵從事，兼處尤難，没階則賓主之道虧，下榻則軍州之禮失。須從改革，式振紀綱，宜令今後諸州府録事參軍，不得兼職。如或才堪佐幕，節度使須具聞奏，不得兼録事參軍。鄴都管内刺史州，不合有防禦判官之職，今後改爲軍事判官。如刺史帶防禦、團練使額，即得奏署防禦、團練判官，仍不得兼録事參軍。如此則珠履玳簪，全歸客禮，提綱振領，不紊公途。仍付所司。

三年二月二十三日，中書奏：應天下縣令，逐年夏秋兩税，徵科公事。伏以縣令之職，徵賦爲先。

若違限逋懸，自有罰責。如及期了畢，不謂功勞。況今無彊名之科徭，絶虛係之税額，百姓據見苗輸納，官中有指限程期，葢緣每級徵科，事歸煩擾，未容輸納，已切催驅。州郡則推勘吏人，縣邑則禁繫人户，雖云提舉，責在徵求，動涉旬時，固須妨事，縱及期限，倍困黎民。自今後請祇委主簿、縣令句當，不得更置監徵。

每一州之中，止限畢日委録事參軍磨勘，取最後逋欠縣分，具令佐名銜，申三司使舉奏，明行責罰。其所欠税額，如是本道長吏及判官衙内節級并形勢莊田，不伏縣司徵督者，縣令即須自經本州論列。如依前不納，便可直申三司，責罰之時，以定輕重。其縣令到官之初，須准近敕，交割户口帳籍。至受替之時，比較多少，如或增多，即量加酬奬，若致逋竄，則別示科刑。所冀賞罰不涉於過差，公務率歸於修舉。

其本判官、都孔目官、糧料使等，職固不在親人，公事止於提舉，每至徵科之日，皆須一例奬勸。或有徵督逋縣，令佐獨當之。伏請今後凡是徵科畢日，比較功過，只歸令佐。如是一郡之內，諸縣皆及期程，公事修舉，其録事參軍亦請量加甄奬；如管內諸縣，併有闕遺，其録事參軍亦請量加責罰。從之。其年八月二十五日及十月十五日敕：條流公事數內一件。縣令化洽一同，位居百里，在專勤課，撫育疲羸，苟或因循，是孤委任。宜令隨處州府長吏，逐縣每年考課，如增添得户税最多者，具名申奏，與加章服酬奬。如稍酷虐，輒恣誅求，減落税額者，並具奏聞，當行朝典。其縣令仍勒州司批給解由歷子之時，具初到任所交得户口，至得替增減數額，分時批鑿。將來除官及參選，委中書、門下併銓曹磨勘，宜令三京及諸道州府准此。

四年五月五日，户部奏：

三京、鄴都諸州府，逐年所徵夏秋税租，兼鹽麴折徵諸般錢穀，先定格流如後。

一、若限滿後，十分中係欠三分已上者，本判官罰五十直。録事參軍罰七十直，本曹官罰五十直。縣令罰一百直，勒停。簿尉罰七十直，移攝閒官。州縣押司、録事、本典及鄉里正、孔目，書手等各徒二年，仍配重役。本孔目、句押官典杖七十，都孔目官、句押官杖六十，並退職，衙前收管。

一、若限滿後，十分中係欠二分者，本判官罰三十直，録事參軍罰五十直，本曹官罰四十直。縣令罰七十直，移攝閒官，簿尉罰五十直。州縣押司、録事、本典及鄉里正、孔目、書手等杖八十，本孔目官、句押官典杖六十，都孔目官、句押官笞五十。

一、限滿後十分中只欠一分已下者，本判官罰二十直，録事參軍罰三十直，本曹官罰二十直，縣令罰五十直，簿尉罰四十直，州縣押司、録事、本典及鄉里正、孔目、書手等杖七十，本孔目、句押官典笞五十，都孔目、句押官各罰五十直。以上所立條件，若是本判官、録事參軍、本曹官、孔目、句押官典等，即取一州都徵額上比較，其縣令、簿尉及典押以下，即將本縣欠數比較。

一、所徵夏秋兩税，依省限了絶者，本判官申奏改轉官資，録事參軍、縣令申奏與量留一年，或界分已滿去即轉兼官。如一任之內，税賦不牽，即奏加章服。若是攝官，亦委本處長吏，更令攝任一年，如更立勞能，具狀申省，以憑申奏，必降真命；本曹判司簿尉，即申奏請減兩選。或一任之內，税租總了絶，或是攝官，委逐處申省點勘聞奏，別行奬酬。州府都孔目官、句押官，本孔目、句押官典等，以軍職轉遷。其都孔目官、句押官，如已至押衙職名，或舊有官資，亦議申奏奬酬。州司并逐縣徵科典押，每處與賞錢三十貫，均匀分俵。

長興元年七月敕：訪聞諸道州府縣官，自徇虛名，不惜人户，皆於省限前行帖催驅，須令人户貴買充納。此後徵科事辦，亦不酬勞，本處不得申奏。如違限稽慢，即准條流責罰。如添得廨宇，招得流民，無害於公私者，當以名聞，特行恩奬。

二年八月二十三日，諸道奏：薦州縣官前銜內，有賜紫金魚袋者。奉長興元年九月十七日敕：州縣官若循常例，十六考方得敘緋。倘或已佩金章，固難卻爲令録，必若藉其才器，則可別任職資，須協通規，免踰定制。宜令今後諸道州府，不得以著紫官員奏薦爲州縣官者。奉敕：文資官階銜內已有金紫，尚不許卻爲州縣官，其武職銀青階銜，亦宜條理。宜令諸道州府，自此詳文資賜紫例，不得更以帶武職銀青階銜奏薦爲州縣官員，仍付所司。

（宋）王溥《五代會要》卷二〇《縣令下録事參軍附》

晉天福五年

六月二十日，詳定院奏：准《刑法統類》大中二年正月三日敕：天下州府官吏犯贓，皆遞相蒙比，不肯發明，縱有申聞，百無一二。自今後，管内縣令有犯贓事發，州府不舉者，連坐録事參軍。録事參軍有贓犯事發，刺史不舉者，連坐刺史。刺史有贓犯事發，觀察使不舉者，連坐廉使。又准大中二年二月十七日刑部起請：今後縣令有贓犯，録事參軍不舉；録事參軍有贓犯，刺史不舉；刺史有贓犯，觀察使不舉：其所司奏聽敕旨。臣等參詳，設縣司本典知情，並同罪；告事人放三年租税差徭，仍將放免數卻配蓋藏罪。其録事參軍不舉者，請減縣令所犯罪二等。敕：起今後，如有縣令犯贓，録事參軍知而不舉者，宜准敕文處分，不知者不在此限。

八年三月十八日敕：

諸道州府令、佐，在任招攜户口，比初到任交領數目外，如出得百户以上，量添得租税者，縣令加一階，主簿減一選。出二百户以上，及添得租税者，縣令加兩階，主簿減兩選。出三百户以上，及添得租税者，縣令加兩階，減兩選，別與轉官。主簿加兩階，減一選。出四百户至五百户以上，及添得租税者，縣令加朝散大夫階，超轉官資，罷任後許非時參選，仍録名送中書；如已授朝散大夫，及已出選門者，即別議獎酬。主簿加三階。其出剩不及一百户者，據户口及添租税數，縣令加一階，參選日超一資注官。主簿加一階。如是一鄉收到三十或五十户以上，一村收到三户、五户以上者，其本鄉村節級等，與免本户二年諸雜差使科配。如果一鄉收到一百户以上，一村收到十户以上，本鄉村節級等，與免本户三年諸雜差徭。如願且充節級，所由未得差替，如願歸農，便與免放。仍仰本縣准敕，分明給與憑據。

自災沴已來，户口流散，如歸業者，切在撫安。其浮寄人户，有桑土者，仍收爲正户。其歸業户，天福五年已前逃移者，放一年夏秋租税，并二年諸雜差遣。天福七年已前逃移者，放一年夏秋一半租税，并放一年雜差遣。其創收户如先有租税，即依元額輸納；如元無租税，即據所營地畝，且收半税，並放二年差徭。如鄉村妄創户，及坐家破逃亡者，許人糾告，勘責不虚，其本府與鄉村所由，各决脊杖八十，刺面配本處牢城執役。縣司本典知情並同罪。告事人放三年租税差徭，仍將放免數卻配蓋藏創户及坐家破逃户、本鄉所由均分輸納。今後天下州縣，所收新添户口租税，限十二月二十日以前，申送户部點檢。如違限，本處判官、録事參軍罰五十直，仍削一級，孔目官、句押官、本案人吏杖七十，降一資。

周廣順元年二月敕：

今後應諸道州府録事參軍、判司、縣令、主簿等，宜令本州府以到任月日，旋具申奏及報吏部。此後中書及銓司，以到任月日用闕，永爲定制。其見在州縣官，限敕到即便具先到月日，一齊分申及報吏部。其有諸色事故及丁憂，并請假十旬滿闕，亦仰旋具申奏，兼報吏部。其新授官，准令式給程限外，如不到任參上，致本處無憑申奏到任月日，便仰吏部同違程不上收闕使用。其諸色見闕，亦不得差官權攝，輒便隱留。如違敕條，罪在本判官、録事參軍、孔目官以下。

其年八月敕：

起今後秋夏徵賦，省限滿後，十分係欠三分者，縣令、主簿罰一百直，勒停。録事參軍、本曹官罰七十直，殿兩選。孔目官罰七十直，降職次。本孔目官，句押官典決停，本判官罰七十直。若係欠三分以上，奏取進止。係欠三分以下者，等第科斷殿罰。其州縣徵科節級所由，委本州重行決責。其本判官、録事參軍、本曹官、孔目、句押官典，即取一州上比較，縣令、主簿即取本縣都徵上比較分數。應州縣令、録、佐官，在任徵科，依限了畢者，至參選日，四選已上者減一選，不及四選者即與轉官。

其年九月敕：

應州縣官所招添到户口課績，自今日已前罷任者，並准晋天福八年三月十日敕施行。其漢乾祐三年七月二十五日敕不行。起今後，罷任縣令、主簿招添到户口，其一千户以下縣，每增添滿二百户者，減一選；三千户以下縣，每三百户減一選；其四千户以下縣，每四百户減一選；萬户以下縣，每五百户減一選。並所有增添户口及租税，並須分明於歷子解由内録都數。若是減及三選以上，更有增添及户數者，縣令與改服色，已賜緋者與轉官。其主簿與加階轉官。

顯德五年十月詔：淮南諸縣令仍舊兼知鎮事。從江南之舊制也。

（宋）王溥《五代會要》卷二〇《簿尉》

周廣順三年十一月敕：

天下縣邑，素有等差，年代既深，增損不一。其中有户口雖衆，地望則卑，地望雖高，户口至少，每至調集，不便銓衡。宜立成規，庶協公共。應天下州府及縣，除赤縣、畿縣、次赤、次畿外，其餘三千户以上爲望縣，二千户以上爲緊縣，一千户以上爲上縣，五百户以上爲中縣，不滿五百户爲中下縣。選人資叙合入下縣者，許入中下縣。宜令所司據今年天下縣户口數，定望、緊、上、中、下次第聞奏。吏部格式：據户部今年諸州府所管縣户數目，合定爲望縣者六十四，緊縣七十，上縣一百二十四，中縣六十五，下縣九十七。欲依所定，移報銓曹。從之。

（宋）王溥《五代會要》卷二四《親王遥領節度使》　後唐清泰元年六月，以皇子重美遥領成德軍節度，鎮冀深趙等州觀察、處置、北面水陸轉運制置等使，兼河南尹，判六軍諸衛事。

晋天福八年二月，以皇弟重睿爲開封尹，充管内河堤使。時重睿以年幼未出閤，命左散騎常侍邊蔚權知府事，逐月支錢七十千，米麪傔千人；馬十駟草粟，别支公用米二十石，麥五十石，羊二十口，每年麪三千斤，錢四百千。

開運二年五月，又遥領雄武軍節度，秦階成等州觀察、處置、押蕃落、管内營田、制置等使。至三年正月，改領忠武軍節度，許蔡申等州觀察、處置使。

三年三月，以皇子延煦遥領鎮寧軍節度，澶相等州觀察、處置、管内河堤等使，至其年十一月，改領保義軍節度，陝虢等州觀察、處置等使。

漢乾祐元年六月，以皇弟勛領山南西道節度，管内觀察、處置等使，興元尹。

（宋）王溥《五代會要》卷二四《宰相遥領節度使》　後唐同光元年十月，以侍中、監修國史郭崇韜兼領成德軍節度，鎮冀深趙等州觀察、處置等使，真定尹。

（宋）王溥《五代會要》卷一九《諸府》　後唐長興三年四月，中書門下奏：案《十道圖》，以關内道爲上，遂以鳳翔爲首，河中、成都、江陵、興元爲次。中興初，升魏州爲興唐府，鎮州爲真定府，皆是創業興王之地。請升二府於五府之上，合爲七府。仍以興唐爲首，真定、鳳翔、成都、江陵、興元爲次。從之。

（宋）王溥《五代會要》卷一九《都督府》　梁貞明六年閏六月敕：宋州升爲大都督府。其年八月敕：升福州爲大都督府。

後唐長興三年四月，中書門下奏：天下舊有八大都督府，按《十道圖》，以靈州爲首，陝、幽、揚、潞、鎮、徐等州爲次。其魏鎮已升爲七府兼具員内。越、杭、福、潭等州，亦相次升爲都督府。望以十大都督府爲額，仍據升降次第，以陝爲首，餘依舊制。從之。

周廣順三年正月四日敕：頃者淮海陸梁，舉干戈而入寇；湖湘覆没，致黎庶之倒懸。惟彼武陵，素稱雄鎮，連營比屋，皆懷勇烈之心；戮力協謀，盡復江山之境。宜降褒崇之命，以升忠義之邦，俾列大藩，永率南夏。其郎州宜升爲大都督府，在潭、桂之上。

（宋）王溥《五代會要》卷二四《都護府》　後唐長興三年四月，中書門下奏：據《十道圖》，有大都護，除單于、北庭等府久不置外，今具員内，節度使中見有兩員外守安北都護、安東都護，今請祗以四大都護爲定額，仍以安東大都護爲首。奉敕：宜依。其安南大都護、安西大都護、安北大都護次之。

《舊五代史》卷一五〇《郡縣志》　梁開平元年，梁祖初開國，升汴州爲開封府，建名東京，元管開封、浚儀、陳留、雍丘、封丘、尉氏六縣，至是割滑州之酸棗、長垣，鄭州之中牟、陽武，宋州之襄邑，曹州之戴邑，案《歐陽史·職方考》：開平元年，割曹州之考城，更曰戴邑，隸開封，此祗云曹州之戴邑，未見分晰。許州之扶溝、鄢陵，陳州之太康九縣隸焉。後唐復降爲汴州，以宣武軍爲額，其陽武、長垣、扶溝、考城等四縣仍且隸汴州，其餘五縣却還本部。晋天福中，復升爲東京，復以前五縣隸之。漢、周並因之。單州本單父縣，梁爲輝州，後唐同光二年，復舊，隸宋州。周廣順中，割隸曹州。案：以上二條見《太平御覽》，其餘郡縣闕略不全。今考《薛史》諸志多本《五代會要》，謹采《五代會要》附載于後。

後唐長興三年四月，中書門下奏：據《十道圖》，舊制以王者所都之地爲上，本朝都長安，遂以關内道爲上。今宗廟宫闕皆在洛陽，請以河南道爲上，關内道爲二，河東道第三，河北道第四，劍南道第五，江南道第六，淮南道第七，山南道第八，隴右道第九，嶺南道第十。從之。

宋朝部

朝廷分部

總叙

綜述

（宋）王安石《臨川文集》卷六二《看詳雜議》　臣今月二日至中書，曾公亮傳聖旨以雜議一卷付臣看詳，臣謹具條奏如後。

議曰：官有定員，則進趣雖多，不能爲濫，宜定臺省監寺之員，須有闕然後用。

臣某曰：今之臺省監寺之官，雖名曰職事官，而實非前代之所謂職事官，而與前代刺史等所帶檢校官無以異。前代檢校官之類，亦不能定員，待有闕然後擬。前代所謂職事官，即今所謂差遣是也。今之差遣，固已有定員，須有闕然後用人矣。若欲令今所謂職事官亦有定員，則今職事官以差遣員數校之，幾至兩倍，而有功有考當陟者，又未有以禦之。欲有定員，所謂可言而不可行者也。

議曰：内外之官，正其名稱，出則正刺史縣令之名，入則還臺省之名。

臣某曰：前代有勳官，有散官，有檢校官，有職事官。勳官散官，當其有罪，則皆得議請減，而應免官則又可以當官。而檢校官與今行守之官無異，故朝廷與奪，皆足以爲人榮辱利害，今散官勳官檢校官既不足以爲人榮辱利害，爲人榮辱利害者，唯有職事官與差遣而已。今若令内外官正其名稱，出則正刺史縣令之名，入則還臺省之名，則是丞郎知州謂之刺史，京朝官知州亦謂之刺史，不知職事官之貴賤何以别乎。又其禄秩位次，不知當復如何。若同之則理不可行，若不同則與未名之時又何以異。臣以爲今州郡長吏謂之知州，非不正名，所領職事官乃與前代刺史等帶檢校官無異，何傷於正名而欲改之乎。且漢以丞相史刺察州郡，謂之刺史，今欲名州郡長吏爲刺史，則何得謂之正名。

議曰：罷官而止俸。

臣某曰：文王治岐，仕者世禄，武王克商，庶士倍禄。蓋人主於士大夫，能饒之以財，然後可責之以廉恥。方今士大夫所以鮮廉寡恥，其原亦多出於禄賜不足，又以官多員少之故，大抵罷官數年而後復得一官，若罷官而止俸，恐士大夫愈困窮而無廉恥。士大夫無廉恥，最人主所當憂，且邦財費省之大原，乃不在此。議者但知引據唐事，乃不知唐時官人俸厚，故罷爲前資，未至因乏，今官人俸薄，則與唐時事不得同。且不吝於與人以官，而欲吝於與官以禄，非計之得也。

議曰：以釐務實日併爲三年，以叙磨勘之法，以符考績之義。

臣某曰：今欲以釐務實日併爲三年，以叙磨勘之法，竊以爲不釐務者，非人情之所欲也，釐務者，非人情之所苦也。今等之無功，而釐務則計日得遷，等之無罪，而不釐務則不得計日而遷，恐未足以符考績之義，而適足以致不均之怨也。且黜陟之法，務在沮勸罪功，不知立法如此，有何沮勸。

議曰：置兵部審官院。

臣某曰：崇班以上置兵部審官院，此恐可議而行。然崇班以上差遣，盡付之兵部則不可行，當約文字之法，相度所任輕重緩急，有付之審官者，有屬之樞密者。至於磨勘，則官視卿監以下，皆付之兵部審官可也。

議曰：置兵部流内銓，以代三班及置南曹。

臣某曰：三班院無以異於兵部流内銓，何必以代三班乎。今三班自無闕事，而又增置南曹，則非省官之意。

議曰：廢江淮荊浙發運使。

臣某曰：江淮荊浙發運使嘗廢矣，未幾復置者，以不可廢故也。蓋發運使廢，則其本司職事必令淮南轉運使領之。淮南轉運所總州軍已多，地里已遠，而發運使據六路之會，以應接轉輸及他制置事亦不少，但以淮南轉運使領發運，則發運一司事多壅廢。此蓋其所以廢而復置也。臣比見許元爲發運使時，諸路有歲歉米貴，則令輸錢以當年額，而爲之就米賤路羅之，以足年額。諸路年額易辦，而發運司所收錢米常以有餘，或以其餘借助諸路闕乏，其所制置利便，多如此類。要在揀擇能吏以爲發運而已，廢之不爲便也。

議曰：廢都水監。

臣某曰：都水監亦恐不可廢。今議者以謂比三司判官主領之時，事日煩，費日廣，舉天下之役，其半在於河渠隄埽，故欲廢之。此臣之所未喻也。朝廷以爲天下水利領於三司，則三司事叢，不得專意，而河渠隄埽之類，有當經治，而力不暇給，故別置都水監，此所謂修廢官也。官修則事舉，事舉則雖煩何傷。財費則利興，利興則雖費何害。且所謂舉天下之役半在於河渠隄埽者，以爲不當役而役之乎，以爲當役而役之乎。以爲不當役而役之，則但當察官吏之不才，而不當廢監。以爲當役而役之，則役雖多，是乃因置監故吏得修其職而無廢事也，何可以廢監乎。且今水土之利，患在置官不多，而不患其冗也。

議曰：合三部句院。

臣某曰：三部句院臣未知其詳，然恐由近歲三司帳籍鉤考之法大壞而不舉，故三司句院有事簡處。若不然，則此三部句院，理不可合。

議曰：提舉百司不當用內制，但用如張師顏者。

臣某曰：提舉百司多用內制，而今患其與三司並行指揮，庫務異同難稟，臣以爲唯權均體敵，乃可以相檢制。事有異同，則理有枉直。近在闕門之外，則非理皆得上聞。庫務官司，亦何嫌於難稟，今若只用如張師顏者一人，與三司表裏綱紀細務，則恐與三司權不均，體不敵。雖足以綱紀細務，而三司措置，百司失理，莫能與之抗議。今使內制一人總其權以敵三司，又使如張師顏者一人躬親點檢細事，小既足以究察諸司姦弊，大又足以檢制三司，如此處置，未爲失也。若以爲費而當省，則提舉百司於內制，但爲兼職，廢之何所省乎。

議曰：廢宮觀使副都監。

臣某曰：宮觀置使提舉都監，誠爲冗散。然今所置，但爲兼職，其有特置，則朝廷禮當尊寵，而不以職事責之者也。廢與置，其爲利害亦不多。若議冗費，則宮觀之類，自有可議，非但置使提舉都監爲可省也。

議曰：外則并郡縣。

臣某曰：中國受命至今百餘年，無大兵革，生齒之衆，蓋自秦漢以來莫及。臣所見東南州縣，大抵患在戶口衆，而官少不足以治之。臣嘗奉使河北，疑其所置州縣太多，如雄莫二州，相去纔二十餘里。聞如此者甚衆，其民徭役固多，財力彫弊，恐亦因此。然臣不深知其利害，不敢有言。

議曰：詔執事之臣下逮有司，俾行審官銓選之職，稍稍寬假，使時有簡拔。

臣某曰：今朝廷使監司守倅及知雜以上，各以所知同罪薦舉人材，然尚患其所舉不如舉狀。今若令有司行審官銓選之職，時有簡拔，臣恐以一二人之耳目不足以盡天下之材，而所簡拔不足以塞士大夫之非議，又其所任或不免交私，則於時政徒有所損而已。

議曰：擇判司簿尉三考四考有兩紙三紙舉狀者引封，給筆札，條爲治目，不拘文辭，咸以事對。命官考驗，有理趣者，除縣令。三考績效有聞，委提刑轉運上其實狀，除京官。再入兩任知縣，如政績顯白，與減一任通判，便除知州。

臣某曰：議者以爲近世縣令最卑，有出身三考，無出身四考，不問其人材如何，但非贓犯，則以次而授焉，甚非重民安本之誼。臣以爲今有出身三考，無出身四考，皆有三人舉主，乃得爲縣令，非不問其人材如何而特以次授也。蓋近歲朝廷舉令之法最善，故近歲縣令亦稍勝於往時，但朝廷誘養之道未純，督察之方未盡。大抵人才難得，非特縣令乏人。今議者欲擇判司簿尉三考四考有兩紙三紙舉狀者引對，欲除以爲令，則與舉令之法無甚異也。若欲以筆札條對，求治民之材，臣恐不必得治材之實，但得能文辭談説者爾。又以爲績效有聞，則提刑轉運上其實狀，即除京官。若令提刑轉運舉者至於五人，而後與轉京官，則得轉京官者少，若但要提刑轉運舉狀，不必五人而後轉，則如此選擢之人，何以知其賢於舉令，而遽優異之如此。又以爲兩任知縣，政績顯白，與減一任通判，便除知州。不知政績如何而可以謂之顯白，若有殊尤可賞，則朝廷自當選擢及有升任指揮，若不足以致選擢及升任指揮，則其政績不爲甚異。政績無甚異，而更不用關陞之法，便減一任通判，與除知州，臣恐入知州者愈冗，而所除又未必賢。

右臣所聞淺陋，不足以知治體，謹具條奏，并元降雜議封上。取進止。

（宋）李燾《續資治通鑑長編》卷一八八《仁宗嘉祐三年》 翰林學士韓絳言：中書門下，宰相所職，而以他官判省，名不相稱，請更定其制。百司常務，多白二府，請詳其輕重，移付於下，使大臣不爲細故摎慮，得以專講政事。又章服所以別尊卑，今走吏與公卿不殊，請依唐制以品數爲等。其因年考及階品合服者，須未嘗犯徒罪乃聽。又臺閣省寺，典章所由出也，今獨存敕條文案而已。本朝故事，名臣遺範，無所傳録，請依《周禮》、《唐六典》著爲一書。詔翰林學士胡宿、知制誥劉敞詳定以聞。王安石《日録》可考。

敞等條上改正、裁損、申明十事：唐制雖以尚書、門下、中書三省長官爲宰相，然尚書、中書之名，本非宰相之實。即欲改正官制，仍須別立政事府，如丞相之類。唐制無樞密院，自五代用兵，始與中書對掌機務，名體不正，無甚於此。即欲改正官制，當廢院名，以曹事還中書。尚書二十四司既爲虛名，所以官冗員衆，蠹財害政。即欲改正官制，當罷三司，復二十四司及九卿官，使有定員，其郎官不在本省治職事者，並以前資及散官處之。文武散官及檢校、兼官、勳、爵、實封等，在開元以前頗有實事，於今唯散官猶叙服色，粗繫輕重，其餘悉皆虛名，無益治體。即欲改正官制，當例行省罷，此所謂改正者也。大理寺決天下獄，刑部覆之，于事已足，又加審刑院，則爲駢衍。即欲裁損官制，當廢審刑院。一吏部尚書、侍郎、郎中分領銓事，則當差次輕重，分別流品，今審官院掌京朝官磨勘，而尚書銓惟典州縣幕職官，體制不倫。即欲裁損官制，當罷審官院，以其職事歸尚書銓。羣牧司、提舉司、糾察司之類，皆古無此官。即欲裁損官制，悉當省罷，還屬尚書九卿，此所謂裁損者也。諫官、史官依唐制並當隨宰相入立仗下，今欲申明復此制。中書出制敕，唐制並經門下審覆，然後尚書出告身，經歷三省，比來唯于中書發敕，虛置三省官名，今欲申明復此制。唐制學士不領外職，所以重機密，舍人分判六曹事，所以謹政令，今欲申明復此制。所謂申明者也，略舉一隅，若于可行，即推類具正之。其後皆不果。

（宋）洪邁《容齋隨筆》卷一二《元豐官制》 元豐官制初成，欲以司馬公爲御史大夫，又將俟建儲時，以公及吕申公爲保傅。元祐初，起文潞公於既老，議處以侍中、中書令，爲言者所攻，乃改平章軍國重事。自後習以爲制，不復除此等官，以謂前無故事。其實不然也。紹興二十五年十月，中批右正言張扶除太常卿，執政言自來太常不置卿，遂改宗正，復言之，乃以爲國子祭酒。近歲，除莫濟祕書監，濟辭避累日，然後就職。已而李燾、陳騤、鄭丙皆爲之，均曰：職事官，何不可除之有。

《宋史》卷一六一《職官志》 昔武王克商，史臣紀其成功，有曰：列爵惟五，分土惟三，建官惟賢，位事惟能。後世曰爵，曰官，曰職，分而任之，其原蓋始乎此。然周初之制，已不可考。周公作六典，自天官冢宰而下，小大高下，各帥其屬以任其事，未聞建官而不任以事，位事而不命以官者；至於列爵分土，此封建諸侯之制也，亦未聞以爵以土，如後世虛稱以備恩數者也。秦、漢及魏、晉、南北朝，官制沿革不常，不可殫舉。後周復《周禮》六典官稱，而參用秦、漢。隋文帝廢《周禮》之制，惟用近代之法。唐承隋制，至天授中，始有試官之格，又有員外之置，尋爲檢校、試、攝、判、知之名。其初立法之意，未嘗不善。蓋欲以名器事功甄別能否，又使不肖者絶年勞序遷之覬覦。而世戚勳舊之家，寵之以禄，而不責以猷爲。其居位任事者，不限資格，使得自竭其所長，以爲治效。且黜陟進退之際，權歸於上，而有司若不得預。殊不知名實混殽，品秩貿亂之弊，亦起於是矣。

宋承唐制，抑又甚焉。三師、三公不常置，宰相不專任三省長官，尚書、門下並列于外，又別置中書禁中，是爲政事堂，與樞密對掌大政。天下財賦，内庭諸司，中外筦庫，悉隸三司。中書省但掌册文、覆奏、考帳；門下省主乘輿八寶，朝會板位，流外考較，諸司附奏挾名而已。臺、省、寺、監，官無定員，無專職，悉皆出入分涖庶務。故三省、六曹、二十四司，類以他官主判，雖有正官，非別敕不治本司事，事之所寄，十亡二三。故中書令、侍中、尚書令不預朝政，侍郎、給事不領省職，諫議無言責，起居不記注；中書常闕舍人，門下罕除常侍，司諫、正言非特旨供職亦不任諫諍。至於僕射、尚書、丞、郎、員外，居其官不知其職者，十常八九。其官人受授之別，則有官、有職、有差遣。官以寓禄秩、叙位著，職以待文學之選，而別爲差遣以治内外之事。其次又有階、有勳、有爵。故仕人以登臺閣、升禁從爲顯宦，而不以官之遲速爲榮滯；以差遣要劇爲貴途，而不以階、勳、爵邑有無爲輕重。時人語曰：寧登瀛，不爲卿；寧抱槧，不爲監。虚名不足以砥礪天下若此。外官，則懲五代藩鎮專恣，頗用文臣知州，復設通判以貳之。階官未行之先，州縣守令，多帶中朝職事官外補；階官既行之後，或帶或否，視是爲優劣。

大凡一品以下，謂之文武官；未常參者，謂之京官；樞密、宣徽、三司使副、學士、諸司而下，謂之内職；殿前都校以下，謂之軍職。外官則有親民、釐務二等，而監軍、巡警亦比親民。此其概也。故自真宗、仁宗以來，議者多以正名爲請。咸平中，楊億首言：文昌會府，有名無實，宜復其舊。既而言者相繼，乞復二十四司之制。至和中，吴育亦言：尚書省天下之大有司，而廢爲閑所，當漸復之。然朝論異同，未遑釐正。神宗即位，慨然欲更其制。熙寧末，始命館閣校《唐六典》。元豐三年，以摹本賜羣臣，乃置局中書，命翰林學士張璪等詳定。八月，下詔肇新官制，省、臺、寺、監領空名者一切罷去，而易之以階。九月，詳定所上《寄禄格》。會明堂禮成，近臣遷秩即用新制，而省、臺、寺、監之官，各還所職矣。五年，省、臺、寺、監法成。六年，尚書新省成，帝親臨幸，召六曹長貳以下，詢以職事，因誡敕焉。初，新階尚少，而轉行者易以混雜。及元祐初，於朝議大夫六階以上始分左右。既又以流品無别，乃詔寄禄官悉分左右，詞人爲左，餘人爲右。紹聖中罷之。崇寧初，以議者有請，自承直至將仕郎，凡换選人七階。大觀初，又增宣奉至奉直大夫四階。政和末，自從政至迪功郎，又改選人三階，於是文階始備。而武階亦詔易以新名：正使爲大夫，副使爲郎，而横班十二階使、副亦然。故有郎居大夫之上者。繼以新名未具，增置宣正履正大夫、郎，凡十階，通爲横班，而文武官制益加詳矣。

大抵自元祐以後，漸更元豐之制：二府不分班奏事，樞密加置簽書，户部則不令右曹專典常平而總於其長，起居郎、舍人則通記起居而不分言動，館職則增置校勘黄本。凡此，皆與元豐稍異也。其後蔡京當國，率意自用。然動以繼志爲言，首更開封守臣爲尹、牧，由是府分六曹，縣分六案。又内侍省職，悉倣機廷之號。已而修六尚局，建三衛郎，又更兩省之長爲左輔、右弼，易端揆之稱爲太宰、少宰。是時員既濫冗，名且紊雜。甚者走馬承受，升擁使華；黄冠道流，亦濫朝品。元豐之制，至此大壞。及宣和末，王黼用事，方且追咎元祐紛更，乃請設局，以修《官制格目》爲正名，亦何補矣。

建炎中興，參酌潤色，因吕頤浩之請，左右僕射並同中書門下平章事，兩省侍郎改爲參知政事，三省之政合乎一。乾道八年，又改左右僕射爲左右丞相，删去三省長官虚稱，道揆之名遂定。然維時多艱，政尚權宜。御營置使，國用置使，修政局置提舉，軍馬置都督，並以宰相兼之。總制司理財，同都督、督視理兵，並以執政兼之。因事創名，殊非經久。惟樞密本兵，與中書對掌機務，號東、西二府，命宰相兼知院事。建炎四年，實用慶曆故典。其後，兵興則兼樞密使，兵罷則免；至開禧初，始以宰臣兼樞密爲永制。

當多事時，諸部或長貳不並置，或併郎曹使相兼之，惟吏部、户部不省不併。兵休稍稍增置。其後，詔非曾任監司、守臣，不除郎官，著爲令。又增館閣員，廣環衛官。然紹興務行元祐故事，以左右二字分别流品，其後，以人言省去，寧清濁相涵，無絶人遷善之路。横班以郎居大夫之上，既釐而正之矣，而介胄之士與縉紳同稱，寧名號未正，毋示人以好武之機。陳傅良欲定史官遷次之序，衆論韙之，而未及行。洪邁欲改三衙軍官稱謂，當時嘉之，卒未暇講。考古之制，量今之宜，蓋自元祐以逮政和，已未嘗拘乎元豐之舊；中興若稽成憲，二者並行而不悖。故凡大而分政任事之臣，微而筦庫監局之官，沿襲不革者，皆先後所同便也。或始創而終罷，或欲革而猶因，則有各當其可者焉。類而書之，先後互見，作《職官志》。以至廪給、傔從，雖微必録，並從舊述云。

（清）徐松《宋會要輯稿·職官一·中書門下省》 《神宗正史·職官志》國朝建官，沿襲五代。太祖、太宗監藩鎮之弊，乃以尚書、郎、曹、卿等官出領外寄，三歲一易，坐銷外重分列之勢。故累朝因仍，無所改革。百有餘年，官（寢）〔寖〕失實，三省長官尚書、中書令、侍中不與政，僕射、尚書、侍郎、郎中、員外與九寺五監皆爲空官，特以寓禄秩、序位品而已。神宗初即位，慨然欲更張之。謂中書政事之本，首開制置中書條例司。設五房檢正官，以清中書之務。又置制置三司條例司，以理天下之財。置諸路提舉常平、廣惠、農田水利、差役官，隸於司農，以修農政。簡樞密武選而置審官西院，創民兵保甲法以歸兵部，作軍器監以除戎器，新大理寺以省滯獄，增國子監、太學官以大興庠序，復將作監以董百工。十數年之間，自國子、太學、司農、兵部、軍器、大理、將作各已略循古制，備置官屬，使修其職業。於是法度明，庠序興，農政修，武備飭，刑獄清，械器利，亹亹乎董正治官之實舉矣，然名未正也。熙寧末，上欲正官名，始命館閣校《唐六典》。元豐三年，以摹本賜群臣，遂下詔命官置局，以議制作。上自考求故實，間下手詔，或親臨決，以定其論。凡百司庶務，皆以類別。所分之職，所總之務，自位敘名分、憲令版圖、文移案牘、訟訴期會、總領循行、舉名鈎考，有革有因，有損有益，有舉諸此而施諸彼，有捨諸彼而受諸此，有當警於官，有當布於衆者。自一事以上，本末次第各區處而科條之。而察官府之治，有正而治之者，有旁而治之者，有統（而）而治之者。省曹寺監以長治屬，正而治之者也，故其爲法詳。御史非其長而以察爲官，旁而治之者也，故其爲法略。都省無所不總，統而治之者也，故其法當考其成。於是長吏察月，御史察季，都省察歲。五年，三省、六曹、御史臺、秘書省、九寺五監之法成，即宮城之西以營新省。省成，上親臨幸，召問以執事而訓戒之，省官遷秩有差。自是繼有增損，唯倉庫百司及武臣外官未暇釐正云。

宰相

論說

（宋）曾鞏《曾鞏集》卷二三《制誥擬詞·相制一》　天有寶命，集於朕躬。惟用乂民，罔以自逸。敷求良弼，作爲憑依。若圜就規，若正識墨。今朕得士，諗於在廷。某廣博静淵，密於世用。推其計畫，見於可行。考其事功，效於已試。爾爲爾守，宜立輔朕。茲用詔爾，位於東臺。嗚呼，自周衰以來千有餘歲，先王之道蔽而不明。振壞扶微，朕竊有志。尚懋朕佐，圖惟設施。參諸經訓而不違，質諸時宜而不謬。無崇小慧，以易大猷；無伐己能，以距衆善。惟賞刑在上，不可以偕；惟聰明在下，不可以咈。俾厥后克濟其任，則爾身永孚於休。其往起哉，以承我祖宗之丕烈。

（宋）曾鞏《曾鞏集》卷二三《制誥擬詞·相制二》　有爲之君，舉賢以自助；有志之士，遇主而後伸。兩常相須，而相濟者少；兩常相求，而相值者寡。朕觀前代君臣之際，聖賢相與之盛，慨然欣慕，願比迹焉。今得其人，詔於爾衆。某行無錙磷，學有本原。材諝智謀，淑問惟舊。納忠左右，匪懈夙宵。蔽自朕心，命爾予翼。列于右相，進貳西臺。嗚呼，自道術不明，而世敝滋久，法度多缺，而紀綱浸微。圖治者以古爲迂，錯事者以苟爲得。兵安於坐食而不合於農，士習於空言而不知爲吏。禮義廉恥，闕而不思，朋黨比周，靡然成俗。任之以學斆，而敗官以墨者方興；起之以赴功，而便文自營者滋出。伊欲黜漢唐之淺陋，追堯舜之高明，尚懋相予，予忱不貳。使千載之墜振於一朝，上下之間配於前烈，以揚我先后之光訓，亦纘爾舊服之顯庸。

（宋）曾鞏《曾鞏集》卷二三《制誥擬詞·相制三》　朕飭正三省，綱理萬事。號令所出，本諸西臺；閲審駁論，屬之黄閣；推而達之，則在會府。以其官之長貳，皆爲任政之臣。鼎足居中，各遵其職。分守則異，合謀惟一。時予俊乂，宜就茲列。某身篤學行，自幽而顯。宣力中外，績用彌邵。惟文昌政本，揆叙百度。介於左省，考慎朕命。圖濟厥服，爾其往哉。朕訓廸治官，順稽於古。使其體至大，而統之有要；其事至衆，而舉之有條。不惟其文惟其實，不惟其位惟其人。爾允念茲，以勤予翼。蓋先代之法存於籍者，既殘缺而難循；當今之宜殊於昔者，又舛違而易遠。酌是彝憲，成之甚艱。尚廸庶工，奉若維新之則；亦永來世，預有無窮之聞。

《歷代名賢確論》卷六七《責宰相求賢才》　范祖禹曰：太宗責宰相以求賢而不使之親細務，能任相以其職矣。《書》曰：惟説式克欽承，旁招俊乂，列于庶位，此相之職也。苟不務此而治簿書，期會百吏之事，豈所謂相乎。

《歷代名賢確論》卷九八《宰相兼度支》　東坡封制策曰：制策有周以冢宰制國用，唐以宰相兼度支，錢穀，大計也。兵師，大衆也。何陳平之對謂當責之內史，韋賢之言不宜兼於宰相。臣以爲宰相雖不親細務，至於錢穀兵師，固當制其贏虛利害。陳平所謂責之内史者，特以宰相不當治其簿書多少之數耳。昔唐之初以郎官領度支，而職事以治，及兵興之後，始立使額，參佐既衆，簿書益繁，百弊之源自此而始。其後裴延齡、皇甫鎛皆以剝下媚上，至於希世用事，以宰相兼之，誠得防姦之要，而韋賢之議特以其權過重歟，故李德裕以爲賤臣不當議令，臣常以爲有宰相之風矣。

綜　述

（宋）宋敏求《春明退朝録》卷上　唐制，宰相四人，首相爲太清宮使，次三相皆帶館職，洪正字犯宣祖廟諱。文館大學士、監修國史、集賢殿大學士，以此爲次序。本朝置二相，昭文、修史，首相領焉。集賢，次相領焉。三館職，惟修史有職事，而頗以昭文爲重。自次相遷首相乃得之。趙令初拜，止獨相，領集賢殿大學士，續兼修國史，久之，方遷昭文館。薛文惠與沈恭惠並相，薛自參政領監修，拜相仍舊，而沈領集賢。畢文簡與寇忠愍並相，而畢領監修，寇領集賢。王太尉獨相，亦止領集賢。近時王章惠、龐莊敏初拜及獨相，悉兼昭文、修史二職，非舊制也。文臣自使相除樞相，罷節而還舊官。景祐元年，王沂公自使相帶檢校官，復爲吏部尚書、同平章事，充樞密使。慶歷七年，夏鄭公自使相入樞，仍帶節度使，亦非舊制也。

（宋）佚名《宋大詔令集》卷一六三《政事·官制·新定三公輔弼御筆手詔政和二年九月二十五日》　所與共天下之政者，惟二三執政之臣，而官稱之名，位序之實，未足以垂于萬世。昔我神考，訓迪厥官，有司不能承奉，仰惟前代，而以僕臣之賤，充宰相之任，六卿之職，爲三公之官，有志改爲，或未遑暇。朕遹追來孝，若昔大猷，稽三代公孤之名，考左輔右弼之號，是正名實，惟古之師，分職率屬，期予于治。官不必備，而惟其人。祗于新書，克慎厥服，同底于道，以成烈考之志，豈不韙歟，故茲詔示，想宜知悉。

三公　　三師
新官　　舊官
太師　　太師
太傅　　太尉
太保　　太保

此古三公之官，爲宰相之任，今爲三師，古無三師之稱，合依三代爲三公，論道經邦，燮理陰陽，官不必備，惟其人，爲真相之任。

三少　　三公
新官　　舊官
少師　　太尉
少傅　　司徒
少保　　司空

太尉以下，舊爲三公，緣司徒司空，周六卿之官，非三公之任，乃今之六曹尚書是也。太尉秦官，居主兵之任，亦非三公。太尉司徒司空合罷，並依周制，立三孤之官，乃次輔之位。三孤貳公洪化，寅亮天地，或稱爲三少，爲次相之任。

尚書省
令太宗皇帝曾任令宰相之官，多不須置。
新官　　舊官
太宰　　左僕射
少宰　　右僕射

門下省
新官　　舊官
左輔　　侍中

中書省
新官　　舊官
右弼　　令

（宋）留正《皇宋中興兩朝聖政》卷五一《孝宗皇帝·正丞相官名》〔乾道八年〕二月乙巳，詔曰，朕惟帝王之世輔弼之臣，其名雖殊，而相之實一也。厥後位號定於漢而稱謂汩於唐，以僕臣而長百僚，朕所不取，且丞相者，道揆之任也；三省者，法守所自出也。今捨其大而舉其細，豈責實之議乎。肆朕稽古釐而正之，蓋名正則言順，言順則事成，爲政之先務也。其改尚書左右僕射同中書門下平章事爲左右丞相。

（宋）李心傳《建炎以來朝野雜記甲集》卷一〇《官制·丞相總論建隆至乾道相名更易》 丞相，秦官也，自漢末改爲大司徒，歷代不能正。國初循唐制，以三公至列曹侍郎、同平章事爲宰相。首相帶昭文館大學士，亞相帶監修國史，末相帶集賢殿大學士。神宗新官制，於三省置侍中、中書尚書二令，虚而不除，以尚書左、右僕射兼門下、中書侍郎爲兩相，然中書揆而議之，門下審而覆之，尚書承而行之，則是首相不復與朝廷議論矣。元祐初，司馬公相，乃請令三省合班奏事，分省治事。自紹聖以後皆因之。時議者謂，門下相凡事既同進呈，則不應自駁已行之命，是省審之職可廢也。政和中，蔡京以太師總領三省，號公相，乃廢尚書令，改侍中、中書令爲左輔、右弼，亦虚而不除。改左、右僕射爲太宰、少宰，仍兼兩省侍郎。靖康中，何文縝將拜相，夜夢人持弓矢射中其僕，乃先乞復太、少宰爲僕射。吴正仲當制，請更爲丞相。不從。建炎三年，吕元直初相，議者請併三省爲一，於是元直解中書侍郎，改同中書門下平章事。乾道八年，孝宗稽古，改左、右僕射爲左、右丞相，去侍中、兩令之名，遂爲定制。

（宋）李心傳《建炎以來朝野雜記甲集》卷一〇《官制·參知政事》 參知政事，自太祖朝始置。元豐官制，改爲門下、中書侍郎，尚書左、右丞。建炎三年，合三省之政，於是李漢老自尚書右丞改除參知政事，復舊制也。故事，丞相謁告，則參預政事之臣，例不得進擬差除；惟丞相罷，上未得人，則參知政事行相事，多不踰年，少者才旬月。獨淳熙初，葉夢錫罷相，龔實之行丞相事近三年。言者以爲懷私擅政，遂有英州之禍焉。

（宋）李心傳《建炎以來朝野雜記甲集》卷一〇《官制·制國用使同知國用事》 制國用使，舊未有。隆興初，言者請法有唐之制，命宰相兼領三司使職事，財穀出納之大綱，宰相領之於上，而户部治其詳。上是之，命祕書省討論來上。乾道二年冬，遂命宰相兼制國用使，參知政事同知國用事。五年二月戊申，罷國用司。八年，正丞相官名，夏四月，詔：丞相事無不統，所有兼制國用事，與參政更不入銜云。

（宋）李心傳《建炎以來朝野雜記乙集》卷一三《官制·平章軍國事》 平章軍國事，開禧元年初置，以命韓侂冑。國朝舊相，特命平章軍國事者，凡四人。天禧初，王文正公以首相告老，拜太尉兼侍中，五日一朝，遇軍國大事，不以時入參決，公懇辭不拜。慶曆初，吕文靖公亦以首相求罷，拜司空、平章軍國重事，公卒辭之。元祐初，文忠烈公自太師落致仕，除平章軍國重事。未幾，吕正獻公以右揆求去，亦除司空、同平章軍國事。潞公五日一朝，申公兩日一朝，非朝日不至都堂，蓋祖宗所以優待元勳重德之意，非他相比也。王、吕二公所平章重事之目，不可得而考。潞公所謂重事者，則大典禮、大刑政及進退侍從官、三京尹、三路帥臣已上，乃與聞之。比申公去重字，則政事無所不關，第省其常程細務而已。及侂冑將拜平章，儀曹蕭景伯討論典禮，乃請三日一朝，因至都堂議事，大率皆用申公故事而損益焉。其後邊事起，又命一日一朝，尚書省印亦納於其第。宰相僅比參知政事，不復知印矣。始時禮官議廣左丞相府以爲侂冑第，又議仍給節度使俸，侂冑引議控辭，有詔褒納而止。蓋侂冑繫銜比申公省同字，則其體尤尊，比潞公省重字，則其所與者廣，此當時討論之本意。

（宋）李心傳《建炎以來朝野雜記乙集》卷二〇《邊防·陳正獻公論外戚不可爲宰相》 陳正獻公爲吏部侍郎，因侍經筵，論外戚不可爲宰相。時錢處和以首參窺相位甚急，上納陳公言而止。錢憾之，風使求去，乃除知建寧府，乾道元年七月丙寅也。先是，吴明可尹臨安，權豪側目，執政亦不便之，乃徙爲吏部侍郎，俾之北使，而以龍大淵爲副。明可曰：是可與言行事邪？語聞，得罷行，而下遷禮部侍郎。明可力求去，六月丙申，除雜學士，奉祠。繼而王元龜入朝爲禮部尚書，首獻足用十事，其言有及免行錢者。程正言叔達劾罷之。後三日，而陳公補外。閻惠夫舍人封還録黄，言：芾、大寶、俊卿三人皆去，非國之福，臣竊爲陛下惜之。程復上章言：芾、俊卿之去，臣固不得而知。如大寶晚節末路錯繆若此，何足惜者。因劾惠夫詞命俚猥六事。八月庚辰，詔王大寶與致仕，閻安中罷見任，汀州居住。是時洪景伯初除簽書樞密院事，乞以未轉二官，回贈其高祖。處和許以大夫告第，惠夫繳黄，言執政而贈四世，僭也。上從之。其被論或亦以此。而晁子西乃謂景伯、惠夫皆附大淵者，未和何以云爾也。陳公去位之十九日，而玉帶事作，後八日，處和亦罷政。

（元）馬端臨《文獻通考》卷四九《職官考·宰相》 宋承唐制，以同平章事爲宰相之職，無常員；有二人，則分日知印。以丞郎以上至三師爲之。其上相爲昭文館大學士、監修國史，其次爲集賢殿大學士。或置三相，則昭文、集賢兩學士并監修國史並除焉。國初，范質昭文學士，王溥監修國史，魏仁浦集賢學士，此三相例也。唐以來，三大館皆宰相兼之。宋仍唐制。參知政事掌副宰相，毗大政，參庶務。其除授不宣制，不押班，不知印，不預奏事，不升政事堂，殿庭別設磚位於宰相後，及敕尾署銜降宰相一等。乾德二年，以趙普爲相，上欲爲普置副而難其名稱，問陶穀下丞相一等何官，穀引唐參知政事爲對。時薛居正爲樞密直學士，呂餘慶爲兵部侍郎，乃命二人以本官兼，不宣制押班。蓋未欲遽令與普齊也。史臣曰：按唐參預朝政、參知政事等職，皆宰相任也。高宗嘗欲用郭待舉參知政事，復以其資淺，止令同承受平章事，則平章亞於參政矣。穀言失之。至道元年，詔宰相與參政輪班知印，同升政事堂。二年，詔復如舊制。參政押敕齊銜、行並馬，自寇準始，至今不易。親王、樞密使、留守、節度使兼中書令、侍中、同平章事者，謂之使相。不預政事，不書敕，惟宣敕除授者，敕尾存其銜而已。乾德二年，范質等三相皆罷，以趙普同平章事，李崇矩爲樞密使。命下，無宰相書敕，使問翰林陶穀。穀謂：自昔輔相未嘗虛位，唯唐太和中甘露事數日無宰相，時左僕射令狐楚等奉行制書。今尚書亦南省長官，可以書敕。竇儀曰：穀所陳，非承平令典。今皇弟開封尹、同平章事，即宰相之任也，可書敕。上從之。神宗新官制，於三省置侍中、中書尚書二令，而不除人；而以尚書令之貳左、右僕射爲宰相；左僕射兼門下侍郎，以行侍中之職；右僕射兼中書侍郎，以行中書令之職；復別置中書門下侍郎、尚書左右丞，以代參知政事。中書揆而議之，門下審而覆之，尚書承而行之。獨中書取旨，而門下、尚書之官爲首相者，不復與朝廷議論。時王珪、蔡確俱爲宰相，確奏：三省長官位高，恐不須設。遂以兩僕射行三省事，而確爲次相專政，珪不復預。元祐初，司馬光乃請令三省合班奏事，分省治事。自紹興以後皆因之。時議者謂：門下相凡事既同進呈，則不應自駁已行之命，是省審之職可廢也。政和中，改左、右僕射爲太宰、少宰，仍兼兩省侍郎。靖康中，復爲左、右僕射焉。建炎三年，呂頤浩請參酌三省之制，舊尚書左僕射，今欲尚書左僕射、同中書門下平章事；舊尚書右僕射，今欲尚書右僕射、同中書門下平章事；門下、中書二侍郎，並改爲參知政事；廢尚書左、右丞。從之。至乾道八年，詔尚書左、右僕射可依漢制，改作左、右丞相。詳定敕令所言：近承詔旨，改左、右僕射爲左、右丞相，令删去侍中、中書尚書令，以左、右丞相充。緣舊左、右僕射非三省長官，故爲從一品。今左、右丞相係充侍中、中書尚書令之位，即合爲正一品。從之。丞相官以太中大夫以上充。參政以中大夫以上充，常除二員或一員。嘉泰三年，始除三員。故事，丞相謁告，參預不得進擬。惟丞相未除，則參預輪日當筆，多不踰年，少纔旬月。獨淳熙初，葉衡罷相，龔茂良行相事近三年，亦創見也。

按：以三省爲宰相之司存，以三省長官爲宰相之職任，其説肇於魏、晉以來，而其制定於唐。然中書、尚書之名，始於漢。《通典》言漢武帝游宴後庭，始令宦者典事尚書，爲之中書謁者。則中書、尚書只是一所。然考《霍光傳》，光薨，霍山以奉車都尉領尚書事。故事，諸上書者皆爲二封，署其一曰副，領尚書者先發之，所言不善，屏去不奏。魏相請去副封，以防壅蔽。而光夫人顯及禹、山、雲等言上書者益黠，盡奏封事，輒下中書令出取之，不關尚書。則其時中書、尚書似已分而爲二。蓋尚書在漢時乃御前管文書之所，故漢人上書言昧死上言尚書。如丞相、大將軍已下連名奏太后廢昌邑王，亦是尚書令讀奏。武帝雖令宦者典其事，然其末年以霍光出入禁闥，謹慎可屬大事，輔少主，則以光領之。光薨，而山繼領其事，蓋既以大臣之秉政者領之，則其事始在外庭矣。然則所謂上書者爲二封，意正本則徹中書而人主閲之，副封則徹尚書而大將軍閲之。自此始判而爲二，而有内外之分。此顯、禹所以有中書令出取之，不關尚書之説歟。霍氏既敗，張安世復以大司馬、車騎將軍領尚書事。史言安世職典樞機，謹慎周密，每定大政，已決，輒移病出，聞有詔令，乃驚，使使之丞相府問焉。蓋霍光領尚書之時，丞相乃蔡義、楊敞也；張安世領尚書時，丞相乃魏相、丙吉也。是時，尚書雖在外庭，以腹心重臣領之，然於宰相並無干預。此安世所以密議大政，及出詔令而佯爲不知，遣使問之丞相府。則丞相府，乃宣行尚書所議之政令耳，而尚書非丞相之司存也。漢丞相府有東曹、西曹，爲處掾屬、議政令之地，於尚書並無干預。至魏明帝，常卒至尚書門，陳矯爲尚書令，跪問欲何之，帝曰：欲案行文書。然則魏時尚書猶去禁中不遠。及唐初，始定制以三省爲宰相之司存，以三省長官爲宰相之職任。然省分爲三，各有所掌，而其官亦復不一。相職既尊，無所不統，則不容拘以一職，於是始有同中書門下三品、同平章事、參知機務、參預政事之名焉。諸名之中，所謂同平章事者，唐初雖以稱宰相，乃以處資淺之人，在參知政事之下。見前參政注。中世以後則獨爲真宰相之官，至宋元豐以前皆然。然宰相者，總百官，弼天子，既不當儕之他官，而其上則不當復有貴官矣。自唐開元以來，郭子儀、李光弼相繼以平章事爲節度使，謂之使相。而宰相之職儕於他官，自此始。自宋元祐以後，文潞公、吕申公相繼以平章軍國重事序宰臣上。而宰相之上復有貴官，自此始。然郭、李以勳臣名將爲之，宜也。自此例一開，於是田承嗣、李希烈之徒，俱以節鎮帶同平章事者非一人；極而至於王建、馬殷、錢鏐之輩蠭起盜地者皆欲效之。蓋鄙他官而不爲，而必欲儕於宰相，以自附於郭、李。則唐中葉以後，所謂平章者如此。文、吕以碩德老臣爲之，宜也。自此例一開，於是蔡京、王黼相繼以太師總知三省事，三日一朝，赴都堂治事；以至於韓侂胄、賈似道，擅權專政之久者，皆欲效之。蓋卑宰相而不屑爲，而必求加於相，以自附於文、吕。則宋中葉以後，所謂平章者如此。蓋平章之始立名也，本非甚尊之官，及其久也，則强藩之竊地者爲之，權臣之擅政者爲之。蓋雖官極尊，而居之者多非其人矣。

《宋史》卷一六一《職官志》　宰相之職：佐天子，總百官，平庶政，事無不統。宋承唐制，以同平章事爲真相之任，無常員；有二人，則分日知印。以丞、郎以上至三師爲之。其上相爲昭文館大學士、監修國史，其次爲集賢殿大學士。或置三相，則昭文、集賢二學士併監修國史，各除。唐以來，三大館皆宰臣兼，故仍其制。國初，范質昭文學士，王溥監修國史，魏仁浦集賢學士，此爲三相例也。神宗新官制，於三省置侍中、中書令、尚書令，以官高不除人，而以尚書令之貳左、右僕射爲宰相。左僕射兼門下侍郎，以行侍中之職；右僕射兼中書侍郎，以行中書令之職。政和中，改左、右僕射爲太宰、少宰，仍兼兩省侍郎。靖康中，復改爲左、右僕射。

建炎三年，吕頤浩請參酌三省之制，左、右僕射並加同中書門下平章事，門下、中書二侍郎並改爲參知政事，廢尚書左、右丞。從之。乾道八年，詔尚書左、右僕射可依漢制改爲左、右丞相。詳定敕令所言：近承詔旨，改左、右僕射爲左、右丞相，令删去侍中、中書、尚書令，以左、右丞相充。緣舊左、右僕射非三省長官，故爲從一品。今左、右丞相係充侍中、中書、尚書令之位，即合爲正一品。從之。丞相官以太中大夫以上充。

平章軍國重事　元祐中置，以文彦博太師、吕公著守司空相繼爲之，序宰臣上。所以處老臣碩德，特命以寵之也。故或稱平章軍國重事，或稱同平章軍國事。五日或兩日一朝，非朝日不至都堂。其後，蔡京、王黼以太師總三省事，三日一朝，赴都堂治事。開禧元年，韓侂胄拜平章，討論典禮，乃以平章軍國事爲名。蓋省重字則所預者廣，去同字則所任者專。邊事起，乃命一日一朝，省印亦歸其第，宰相不復知印。其後，賈似道專權，竊位日久，尊寵日隆，位皆在丞相上。

使相　親王、樞密使、留守、節度使兼侍中、中書令、同平章事者，皆謂之使相。不預政事，不書敕，惟宣敕除授者，敕尾存其銜而已。乾德二年，范質等三相皆罷，以趙普同平章事，李崇矩樞密使。命下，無宰相書敕，使問翰林陶穀。穀謂：自昔輔相未嘗虚位。惟唐太和中甘露事，數日無宰相，時左僕射令狐楚等奉行制書。今尚書亦南省長官，可以書敕。竇儀曰：穀之所陳，非承平令典。今皇弟開封尹、同平章事，即宰相之任也，可書敕。從之。

參知政事　掌副宰相，毗大政，參庶務。乾德二年置，以樞密直學士薛居正、兵部侍郎吕餘慶並本官參知政事。先是，已命趙普爲相，欲置之副，而難其名稱。以問翰林學士陶穀曰：下宰相一等有何官？對曰：唐有參知機務、參知政事。故以命之。仍令不押班，不知印，不升政事堂，殿廷別設磚位，敕尾著銜降宰相，月奉雜給半之，未欲與普齊也。開寶六年，始詔居正、餘慶於都堂與宰相同議政事。至道元年，詔宰相與參政輪班知印，同升政事堂。押敕齊銜，行則並馬，自寇準始，以後不易。

元豐新官制，廢參知政事，置門下、中書二侍郎，尚書左、右丞以代其任。建炎三年，復以門下、中書侍郎爲參知政事，而省左、右丞。乾道八年，改左、右僕射爲左、右丞相，其參知政事如故，以中大夫以上充。常除二員或一員。嘉泰三年，始除三員。故事，丞相謁告，參預不得進擬。惟丞相未除，則輪日當筆，然多不踰年，少僅旬月。淳熙初，葉衡罷相，龔茂良行相事近三年，亦創見也。

（清）徐松《宋會要輯稿·職官一·三省》《兩朝國史志》中書門下：中書令、侍中、同平章事、參知政事。中書令，國朝罕除。侍中，雖常除，亦罕預政事。同平章事是爲宰相之職，掌邦國之政令，弼庶務，和萬邦，佐天子，執大政。無常員，有二人則分日知印，以丞郎以上至三師爲之。其上相爲昭文館大學士、監修國史，亦有不帶昭文館大學士而爲監修國史者。其次爲集賢殿大學士。或置三相，則昭文、集賢兩學士並監修國史，並除焉。參知政事貳宰相，毗大政，參庶務，以中書舍人以上至尚書爲之。親王、樞密使、留守、節度使兼中書令、侍中、同平章事者謂之使相，不預政事，不書敕，惟宣制除授者敕尾存其銜而已。中書在朝堂西，是爲政事堂。其屬有舍人，專職誥命。闕則以他官知制誥，或直舍人院，院在中書之西南。舍人六員，與學士對掌内外制。朝廷有除拜，中書吏赴院納詞頭。其大除拜，亦有宰相召舍人面受詞頭者。凡大誥命，中書並敕進入，從中而下，餘則發敕官受而出之。其吏史則有堂後官、主事、録事、主書、守當官。其吏舍則曰制敕院。堂後官八人。舊制：自選人入爲堂後官，轉至五房提點始得佩魚。至和元年，詔：中書提點五房公事，自今雖無出身，亦聽佩魚。主事七人，録事十人，主書十四人，守當官二十人。分掌五房：一曰孔目房，二曰吏房，三曰户房，四曰兵房、禮房，五曰刑房。又有（生）（主）事、勾銷二房。其給使則有沿堂五院行首一人，副行首二人，通引官九人，堂門官七人，直省官十一人，發敕官五人，驅使官二十二人。其舍人院則有楷書二人，裝裁匠二人。自中興之初，循舊制，置尚書左、右僕射各一員，門下、中書侍郎各一員，尚書左、右丞各一員。凡除左、右僕射依序，或兼門下、中書侍郎。建炎四年，制以左、右僕射並加兼同中書門下平章事，改門下、中書侍郎爲參知政事，而廢左、右丞。又以左、右僕射兼樞密使，或兼知樞密院事。

《神宗正史·職官志》：中書門下在朝堂西，榜曰中書，爲宰相治事之所，印文行敕曰中書門下。尚書、中書令、侍中、丞郎以上帶同平章事，並爲宰相，而參知政事爲之貳，與樞密院通謂之執政。又有中書省、門下省者，存其名，列皇城外，兩廡官舍各數楹。中書省但掌册文、覆奏考帳。門下省主乘輿八寶、朝會位版、流外較考，諸司附奏挾名而已。中書令、侍中不任職。官制行，悉釐正之，遂以寔正名。廢中書、門下省舍之在皇城外者，併朝堂之西中書堂爲門下、中書兩省，以左、右僕射兼門下、中書侍郎，又以兩侍郎副之。

（清）徐松《宋會要輯稿·職官一·中書門下省》中書門下。國朝中書門下題榜止曰中書，印文行敕曰中書門下。中書令、侍中及丞、郎以上至三師、同中書門下平章事並爲正宰相，二員以上即分日知印。官至僕射以上，書敕中不著姓。緣唐制，領館職：昭文殿大學士、監修國史，首相領之；集賢殿大學士，次相領之。又嘗令首相領玉清昭應宫使，亦如唐領太清宫使也。後罷之。中書舍人以上至尚書爲參知政事，貳宰相之任也。

紀事

（宋）葉夢得《石林燕語》卷三 唐參議朝政、參議政事、參知機務。參知政事，皆宰相之任也。參知政事，蓋劉洎爲相時名。唐初，宰相未有定名，因人而命，皆出於臨時。其後高宗欲用郭待舉爲參知政事，以其資淺，故命于中書門下同受進止平章事。參知，非參佐也。蓋宰相非一人，猶言共知爾，而平章乃參佐之名。本朝太祖始以趙中令獨相，久欲拜薛文惠公等爲之副而難其名，召學士陶穀問：下丞相一等有何官？穀以唐有參知政事對，遂以命之。不知此名本自高於平章事，輕重失倫，後遂沿習莫能改云。

（宋）葉夢得《石林燕語》卷三 自兩漢以來，謂中書爲政本，蓋中書省出令，而門下省覆之。王命之重，莫大於此，故唐以後，以同中書門下平章事爲宰相者，此也。尚書省但受成事而行之耳。本朝沿習唐制，官制行始用《六典》，别尚書、門下、中書爲三省，各以其省長官爲宰相，則侍中、中書、尚書令是也。既又以秩高不除，故以尚書令之貳左右僕射爲宰相；而左僕射兼門下侍郎以行侍中之職，右僕射兼中書侍郎以行中書令之職，而别置侍郎以佐之，則三省互相兼矣。然左右僕射既爲宰相，則凡命令進擬，未有不由之出者，而左僕射又爲之長，則出命令之職，自己身行，尚何省而覆之乎？方其進對，執政無不同，則所謂門下侍郎者，亦預聞之矣。故批旨皆曰：三省同奉聖旨。既已奉之，而又審之，亦無是理。門下省事惟給事中封駁而已，未有左僕射與門下侍郎自駁已奉之命者，則侍中、侍郎所謂省審者，殆成虚文也。元祐間，議者以詔令稽留，吏員冗多，徒爲重複，因有並廢門下省之意。後雖不行，然事有當奏稟，左相必批送中書，左相將上而右相有不同，往往或持之不上，或退送不受，左相無如之何。侍郎無所用力，事權多在中書。自中書侍郎遷門下侍郎，雖名進，其實皆未必樂也。

（宋）葉夢得《石林燕語》卷四　唐制，節度使加中書門下平章事爲使相，自郭元振始，李光弼等繼之。蓋平章事，宰相之名，以節度使兼，故云爾也。國朝因之，元豐官制，罷平章事名，而以開府儀同三司易之，亦帶節度使，謂之使相。蓋以儀同爲相也。

（宋）王明清《揮麈録》後録卷二　祖宗以來，除拜二府，必遷六曹侍郎或諫大夫，當時爲寄禄官，在今皆太中大夫以上，是以從官入參機務也。登兩制，必左右正言前行郎中爲之，今承議郎以上，是以朝臣而論思獻納也。元豐官制行，裕陵考《唐六典》太宗用魏鄭公爲祕書監參知機務故事，易執政爲中大夫，王和父、蒲傳正是矣。而從臣易爲通直郎，猶曰朝官，舒亶、徐禧是也。已爲殺矣。近日錢師魏登政府，坐謬舉降三官，明清即以啓之，以謂自昔以來，未有朝請大夫而參知政事者，且大臣有過，當去位，不當降罰。不報。

（宋）李心傳《建炎以來朝野雜記甲集》卷九《故事·建隆至嘉泰宰相數》　國朝宰相，自建隆至嘉泰，凡一百有二人。前輩既自建隆元年至元祐五年，一百三十年，凡五十人。自元祐五年至紹興六年，四十六年，凡二十八人，以爲兩倍於前矣。自紹興七年至今嘉泰二年，六十六年，其間宰相或席不暇煖，而才二十有四人，蓋秦會之獨相十八年故也。

（宋）李心傳《建炎以來朝野雜記甲集》卷九《故事·高宗朝參政最多》　太祖乾德二年，始置參知政事，自是凡十三年，止四人而已。仁宗在位四十二年，參知政事凡三十七人。徽宗在位二十六年，凡三十四人。高宗在位三十六年，凡四十八人。孝宗在位二十八年，凡三十四人。以累朝較之，高宗朝除人最多，蓋秦丞相專權，不欲其久在位故耳。

（宋）李心傳《建炎以來朝野雜記乙集》卷一三《官制·參知政事併除三員》　參知政事，自乾德以來，止除二員或一員而已。嘉泰三年春，謝子肅初免相，許深甫爲參知政事，既命陳勉之以樞長兼權，俄又除袁起巖，蓋三員也。時朝廷未置相，故勉之以員外兼，此亦國朝所未有。嘉定初，又命雷季仲、婁彦發、樓大防亦三員，遂爲故事。

三省

論説

（宋）司馬光《司馬光奏議》卷四〇《乞合兩省為一札子元祐元年與三省同上》　臣等聞三王不相襲禮，五帝不相沿樂。況國家設官分職，張立治具，上下相維，修飭明備，何所愧於漢唐？何必事事循其陳迹，而失當今之宜也。謹按西漢以丞相總百官，而九卿分治天下之事。光武中興，身親庶務，事歸臺閣，尚書始重。而西漢公卿稍已失職矣。及魏武佐漢，初建魏國，置祕書令典尚書奏事。文帝受禪，改祕書爲中書，有令有監，而亦不廢尚書，然中書親近，而尚書疏外矣。東晉以後，天子以侍中常在左右，多與之議政事，不專任中書，於是又有門下，而中書權始分矣。降及南北朝，大抵皆循此制。唐初始合中書、門下之職，故有同中書門下三品，同中書門下平章事。其後又置政事堂，蓋以中書出詔令，門下掌封駁，日有爭論，紛紜不決。故使兩省先於政事堂議定，然後奏聞。開元中張説奏改政事堂爲中書門下，自是相承，至于國朝，莫之能改。非不欲分也，理勢不可復分也。故曏日所謂中書者，乃中書門下政事堂也。唐末諸司使皆内臣領之，樞密使參預朝政，始與宰相分權矣。降及五代，改用士人，樞密使皆天子腹心之臣，日與議軍國大事，其權重於宰相。太祖受命，以宰相專主文事，參知政事佐之；樞密使專掌武事，副使佐之。自是以來百有餘年，官師相承，中外安帖。百司長官及諸路監司、諸州長吏，皆得專達，或申奏朝廷，或止申中書、樞密院。事大則中書、樞密院進呈取旨降敕札宣命指揮；事小則批狀直下本司、本路、本州、本人。故文書簡徑，事無留滯。神宗皇帝以唐自中葉以後官職繁冗，名器紊亂，欲革而正之，誠爲至當。然但當據今日之事實，考前世之訛謬，删去重複，去其冗長。必有此事，乃置此官，不必一依唐之《六典》，分中書爲三省，令中書取旨，門下覆省，尚書施行。凡内降文書及諸處所上奏狀申狀至門下中書省者，大率皆送尚書省。尚書省下六曹，六曹付諸案勘當，檢尋文書，會問事節，近則寺監，遠則州縣，一切齊足，然後相度理事，定奪歸着申尚書省。尚書省送中書取旨，中書歸得旨送門下省覆奏畫可，然後翻録下尚書省，尚書省復下六曹，方得符下諸處。以此文字繁冗，行遣迂回，近者數月，遠者踰年，未能結絶。或四方急奏待報，或吏民辭訟求決，皆困於留滯。又本置門下省，欲以封駁，中書省録黄，樞密院録白，恐有未當，若令舉職，則須日月駁正，争論紛紜，執政大臣遂成不協。故自置門下省以來，駁議甚少。又門下不得直取旨行下，雖有駁議，必須卻送中書取旨。中書或不捨前見，復行改易。又内批文字及諸處奏請，多降付三省同共進呈，則門下之官已經商量奏決，若復有駁正，則爲反覆。又近日中書文字，有急速者往往更不送門下省，然而門下一官殆爲虚設，徒使吏員倍多，文字繁冗，無益於事。臣等今衆共商量，欲乞依舊令中書、門下通同職業，以都堂爲政事堂。每有政事差除及臺諫官章奏，已有聖旨三省同進呈外，其餘並令中書門下官同商議，簽書施行。事大則進呈取旨降敕札，事小則直批狀指揮，一如舊日中書門下故事。併兩省十二房吏人爲六房，同共點檢鈔狀，行遣文書。若有溢員，除揀選留住外，並特與減三年出職。不及三年應出職者，與減磨勘年限。若政事有關差失，委給事中封駁；差除有不當，委中書舍人封還詞頭。又兩省諫官，皆得論列，則號令之出，亦不爲不審慎矣。如此則政事歸一，吏員不冗，文理不繁，行遣徑直，於先帝所建之官，並無所變更，但於職業微有修改，欲令於事務時宜，差爲簡便。其委曲條目，並候得旨允許，續議條立。取進止。

月　日中書侍郎臣張某等札子

門下侍郎臣韓某

尚書右僕射兼中書侍郎臣某

尚書左僕射兼門下侍郎臣某

（宋）李燾《續資治通鑑長編》卷三七三《哲宗元祐元年》　右司諫蘇轍言：

臣竊見先帝改定官制，因唐之舊，布列三省，使出入相鉤較，文理密察，得古之遺法。然患有司推行不能盡如聖意，參考之益未見，而迂滯之害先著。見今三省文書，節次留礙，比官制未行以前，頗覺其弊。臣嘗問衆人，得其一二，意欲因見行之法，略加疏理，務令清通簡便。苟迂滯之病既除，事不至雜冗難治，官吏日有餘力，則參考之功可得而見也。謹條具如後：

一、凡事皆中書取旨，門下覆奏，尚書施行，所以爲重謹也。臣謂國之大事，及事之方議者，及事之已成者，依此施行則可；至于日生小事，一切依此，則迂緩之弊所從出也。假如百官給假，有司請給器用之類，此所謂日生小事也。臣僚陳請興革廢置，朝廷未究本末欲行勘當之類，此所謂事之方議者也。昔官制未行，如此等事皆執政批狀，直付有司，故徑而易行；自行官制，遂罷批狀，每有一事，輒經三省，謄寫之勞，既已過倍，勘當既上，小有差誤，重復施行，又經三省，循環往復，無由了絶。至于疆場機事，河防要務，一切如此，求事之速辦，不可得也。故臣乞復批狀之法，以便日生小事及事之方議者；惟國之大事及事之已成者，然後經歷三省，則事之失者過半矣。

一、三省文書，法許吏人互相點檢差誤，毫末之失，皆理爲賞罰。故被罰者畏避譴呵，巧作遷延，以求細密；被賞者希望勞績，吹毛求疵，務爲稽緩，因此文書無由速了。臣欲乞今後不以差誤爲賞罰，惟有所欺蔽，及雖係差誤而害事者，方行賞罰。

一、文書至尚書省，自省付諸部，自部付諸司，其開拆、呈覆、用印皆有日限，逐處且以五日爲率，凡十五日。其勘當于外，日數又多，幸而一出得備具者，自諸司申部、申省，其限日如前，則已一月餘日矣。不幸復有問難，又復一月，自此蓋有不可知者。費日雖久，而違限如法，雖欲加罪，終不可得。故臣欲乞以事之緩急減定日限，亦救弊之一端也。

一、古者因事設官，事不可已，然後置官。今官倣唐制，事本不須如此，而爲官生事者，往往而有。如應支錢物，尚書度支行遣，得旨許支，合下所管庫務支給者，必先由太府寺，本寺備録帖所管庫務，又經比部勾過，然後送庫務支給。臣謂太府寺未嘗可否一事，枉有經歷，宜令度支徑送比部勾過。又如諸路召募押綱合得酬奬，諸庫務已給朱鈔，先經太府寺印紙保明，指定合得酬奬，申尚書金部；金部再行勘驗詣實，關司勳勾覆，然後關吏部施行。臣謂太府、金部兩處勘驗保明，顯有煩重，宜裁減一處。又如在京職事官，合破白直併宣借剩員或替换宣借，昔未行官制已前，皆係所屬直下步軍司差撥；自行官制，並須經由尚書兵部，兵部但指揮步軍司依條施行。臣謂兵部别無可否，亦不須更令經歷。如此等事，數必不少，非臣所能盡知，乞下六曹及二十四司，各具有無似此重複之事，若能一切裁損，必大有所益。

右三省事務衆多，條約繁夥，非臣一人所能究悉。臣前件所陳四事，特其一二而已。欲乞陛下降付三省，推類講求，立法施行。或選擇臣僚精通明敏者一二人，俾專治其事，務令約而不遺，多而不亂。今三省胥吏比舊人數極多，皆由法不省便，枉費人力。若將來法制一清，此曹亦漸可減。事清吏簡，此最爲治之要。惟陛下留神省察。

（宋）曾鞏《曾鞏集》卷二三《制誥擬詞·尚書左右丞制》 本天下之政者，尚書也；本尚書之紀綱者，左右丞也。蓋衆職之治亂，萬事之廢舉，糾而正之，實其任焉。今朕董正治官，使尚書纘其舊服，以僕射爲任政之臣，而六卿各遵其職。至於綱轄之地，所以警官邪，繩謬戾。御史有不舉者，得并而治之。則其繫於體尤重，是以進其位叙，使得貳吾任政之臣。非望臨一時，朕豈虚授？某明允忠篤，通於古今。列於廟堂，以義陪朕。是用考擇，以爲選首。其尚體予所以處爾之重，勿苟勿隨。俾百工庶尹，知爾之不私於法，罔敢不正。稱朕所以作則垂憲、始今行後之意。爾可勉矣，朕有望焉。

（宋）曾鞏《曾鞏集》卷二三《制誥擬詞·左右司郎中制》 尚書天下政本，左右司紀綱之地，故郎選異於諸曹，非器幹望實，有聞於時，莫稱其任。某明敏強濟，通於世用，宜在此位，故以命汝。創制之初，舉墜興壞，所以彌綸庶務者，待汝有爲。其尚懋哉，以承厥叙。

（宋）曾鞏《曾鞏集》卷二三《制誥擬詞·門下侍郎尚書左右丞制》 尚書萬事所出，丞所以管其要；門下三省之首，侍郎所以貳其長。朕稽於古義，以正官號。故合是寵秩，以命吾共政之臣。非天下之材足以協朕之謀、繫人之望者，夫豈虚受？某莊毅忠篤，通於古今。列於廟堂，以義陪朕，是用考擇以爲選首。使文昌左轄之任舉，瑣闥參議之效明。六官紀綱，上之所以齊下者無所撓；四方奏列，下之所以通上者無所壅。以弼予一人，而亮成庶績。尚懋厥志，無忘訓詞。

（宋）曾鞏《曾鞏集》卷二三《制誥擬詞·門下中書侍郎尚書左右丞制》 尚書、中書、門下三省，本天下之務，而侍中、令、僕射，爲宰相之任，舊矣，自唐政不綱而失其守。

今朕董正治官，使三省之長皆復其任，而於尚書左丞、左右省侍郎，秩有升降，使貳吾任政之臣。夫居綱轄之地，與御史更相察舉，所以警官邪，明憲度。而侍郎於左右省，無不統理。則其所繫，於體尤重，非傑出之材，不在茲選。某官端方篤實，學有本源，預於政機，人望惟允。某強毅忠厚，通於古今，謀謨堂廟，休有令聞。是用命爾，以爲選首。其尚體余所以處爾之重，勿苟勿隨。使百工庶尹皆知爾之不私於法，罔敢不正，而政令之自上出者，罔不得宜。以稱朕所以作則垂法、始今行後之意。爾可勉矣，予有望焉。

（宋）曾鞏《曾鞏集》卷二三《制誥擬詞·門下侍郎制》 朕於天下之事，以稟承處决屬之中書，審閲駁正歸之門下，而使尚書推而行之，此三省所以異任而相成。故長令、僕射，皆宰相之任，而左右省侍郎，所以貳之。蓋謹其名者，固將循之以稽其實也。必使位無虚加，人無虚受，以修國家之務，然後稱朕意焉。某明允修潔，學通今古。以風力之敏，見於積用；以志行之篤，重於朝廷。擢自從臣，預國機政。多引大體，沃於朕心。維董正治官之初，介東臺管轄之寄。歷選在列，汝往惟允。夫堅一心以在王室，康萬事以亮天功，汝之任也，其尚勉哉。

（宋）曾鞏《曾鞏集》卷二三《制誥擬詞·侍中制》 舜中臯陶，若股肱之承元首；商咨傅説，如舟楫之濟巨川。蓋一體之相成，或兩求而莫值。肆朕纘極，寤寐隽良。果得異能，屬之大任。用揚孚號，明諭在廷。某行蹈中和，學通今古。從容應物，有適用之材；慷慨立朝，多據經之論。比回翔於禁闥，遂更踐於樞庭。閲歲已深，服勞惟舊。朕惟紀官之敝，久廢於正名；分職之殊，固難於核實。爲司存之定制，俾位號之無虞。乃眷宗工，宜加異數。東臺管轄之任，爰處於弼諧；南宮喉舌之司，仍躋於端右。體加隆之注意，當益懋於壯猷。嗚呼，秉國之均，天下之所取正；熙帝之載，朕心之所仰成。使萬物各遂其生，而一夫無失其所。以輔予治，往惟汝諧。

（宋）曾鞏《曾鞏集》卷二三《制誥擬詞・給事中制》　有事殿内之臣，職在於平奏述，詳命令，駁其違者而正之，覆其善者而行之。至於決獄官人，發驛遣使，申冤滯，察苛嬈，莫不總焉。其任可謂煩且重矣。朕董正治官之始，思得其人，以稱厥位。以爾具官某，忠篤強毅，明於理體，勞閲甚茂，朕惟汝嘉，列之東臺，公議所屬。惟精敏不懈，可以統治要劇；惟剛方不苟，可以辨白是非。爾其慎於厥修，朕方觀汝之效。

（宋）曾鞏《曾鞏集》卷二三《制誥擬詞・中書令制》　虞氏之咨四岳，惟亮天功；周家之建六官，以爲民極。朕參於古義，質以今宜。以右省典正於鈞衡，以中臺總持於綱紀。兼是重任，時惟宗臣。播告在廷，其聽新命。某敏於學術，優有時材。以經遠之謀，彌綸治具；以察微之智，練達事幾。由展采於禁林，遂升華於宰路。協宣勞力，積有歲時。朕惟授職以量能，宜循名而責實。稽先王之作則，以正百官；起多士之赴功，庶康萬務。眷言舊德，申以異恩。維化原實繫於内樞，俾首弼諧之任；維政本一歸於會府，仍躋端揆之崇。寵秩所加，委成彌重。豈獨儀刑於列位，固將叙正於彝倫。嗚呼，成一德以格皇天，輔予於治；釐百工而熙庶績，待汝有爲。其務迪於壯猷，尚思齊於前哲。體茲注意，維往懋哉。

（宋）曾鞏《曾鞏集》卷二三《制誥擬詞・中書舍人制》　朕稽于古以正百官，使循其名以效其實。惟舍人中書之屬，以典掌命令爲任。而況列於侍從，則又職在論思。方朕明紀綱，定憲度，以爲民極之初。非能見於文章，何以究宣朕志？非能通於世用，何以彌綸庶務？進在茲位，不其重歟。某官某，忠正仁篤，達於古今。其文足以代王言，其智足以謀治體。斷自朕意，以爲選首。其尚尊爾之學，以善於訓詞；奮爾之庸，以裨於政理。使爾能稱厥職，而朕預於知人。其惟勉哉，以祇厥服。

綜述

（宋）洪邁《容齋隨筆》卷一二《三省長官》　中書、尚書令在西漢時爲少府官屬，與大官、湯官、上林諸令品秩略等，侍中但爲加官，在東漢亦屬少府，而秩稍增，尚書令爲千石，然銅印墨綬，雖居幾要，而去公卿甚遠，至或出爲縣令。魏、晋以來，浸以華重，唐初遂爲三省長官，居真宰相之任，猶列三品。大曆中乃升正二品。入國朝，其位益尊，叙班至在太師之上，然只以爲親王及使相兼官，無單拜者。見任宰相帶侍中者才五人：范魯公質、趙韓王普、丁晋公謂、馮魏公拯、韓魏王琦。尚書令又最貴，除宗王外，不以假人。趙韓王、韓魏王始贈真令，韓公官止司徒，及贈尚書令，乃詔自今更不加贈，蓋不欲以三師之官，贅其稱也。政和初，蔡京改侍中、中書令爲左輔、右弼，而不置尚書令，以爲太宗皇帝曾任此官。殊不知乃唐之太宗爲之，故郭子儀不敢拜，非本朝也。

（宋）李心傳《建炎以來朝野雜記甲集》卷一〇《官制・三省樞密院賞功司》　建炎初，李伯紀爲政，始於三省、樞密院置賞功司。吕元直初相，遂省之。乃范覺民以宰相兼樞密，乃於密院置機速房。紹興二十九年，又罷。辛巳用兵，復置。逮乾道八年，始罷。凡錢糧事歸三省，邊防兵政歸密院焉。

（清）徐松《宋會要輯稿・職官一・三省》　〔熙寧五年六月〕五日，詔：自今事不以大小，並中書省取旨，門下省覆奏，尚書省施行。三省同得旨事，更不帶三省字（出行）〔行出〕。是日，輔臣有言：中書獨取旨，事體太重。上曰：三省體均，中書省揆而議之，門下省審而覆之，尚書省承而行之，苟有不當，自可論奏，不當緣此以亂體統也。先是，官制所雖倣舊三省之名，而莫能究其〔分〕省設官之意。乃釐舊中書門下爲三，各得取旨出命。既行，紛然無統紀。至是，上一言遂定〔體統也〕。十三日，詔尚書省六曹事應取旨者，皆尚書省檢具條例，上中書省。又詔門下中書省已得旨者，自今不〔得〕批劄行下，皆送尚書省施行。著爲令。十四日，詔六曹申尚書省、尚書省送中書及過門下省文字，皆隨事立日限。即尚書事應取旨者，皆日具件數，録目尾結後批日時，執政官書押，送中書省，各限一日，有故者聽展。若送中書省取旨，事已進呈不行者，每旬録報尚書省。皆著爲令。七月十四日，詔應臺察事並由尚書省取索，事小者先約法送中書省取旨。

（清）徐松《宋會要輯稿・職官一・中書門下省》 高宗紹興元年四月二十七日，詔中書、門下兩省已併爲中書門下省。其兩省合送給舍文字，今後更不分送，並送給事中、中書舍人。

（元）馬端臨《文獻通考》卷五〇《職官考・門下省》 宋制，門下省在正陽門外西面北廊，掌受天下之成事，審命令，駁正違失，受發通進奏狀，進請寶印。凡中書省畫黄、録黄，樞密院録白、畫旨，則留爲底。及尚書省六曹所上有法式事，皆奏覆審駁之。給事中讀，侍郎省，侍中審，進入被旨畫聞，則授之尚書省、樞密院。即有舛誤應舉駁者，大則論列，小則改正。凡文書自内降者，著之籍。章奏至，則受而通進，俟頒降，分送所隸官司。凡吏部擬六品以下職事官，則給事中校其仕歷、功狀，侍郎、侍中引驗審實，察非其人則論奏。凡遷改爵秩、加叙勳封、四選擬注奏鈔之事，有舛誤，退送尚書省。覆刑部、大理寺所斷獄案，審其輕重枉直，不當罪，則以法駁正之。國初循舊制，以中書門下平章事爲宰相之職，復用兩制官一員判門下省事。官制行，始釐正焉。凡官十有一：侍中、侍郎、左散騎常侍各一人，給事中四人，左諫議大夫、起居郎、左司諫、左正言各一人。

（元）馬端臨《文獻通考》卷五〇《職官考・侍郎》 宋制，侍郎掌二侍中之職，省中外出納之事。大祭祀則前導輿輅，詔進止。大朝會則授表以奏祥瑞。册后則奉節及寶位。與知樞密院、同知樞密院、中書侍郎、尚書左右丞爲執政官。元豐官制行，以尚書左僕射兼，復置門下侍郎一員以代參知政事。中興後，宰相罷兼，復改門下侍郎爲參知政事。

按：以宰相而兼他官，本非令典，唐制所謂反輕宰相之體是也。然時方用兵則兼節度使，崇儒學則爲大學士，急財用則爲鹽鐵、轉運使。蓋以國家方重其事，而以宰相提綱，則下不敢以泛泛之司存視之，猶有説也。至於三省，則俱爲政本之地，無所不統，長官則宰相，所謂中書門下同平章事是也，佐官則參知政事是也。今元豐改官制，既以中書門下同平章事爲左右僕射，參知政事爲中書門下侍郎、尚書左右丞矣，而復以左僕射兼門下侍郎，右僕射兼中書侍郎，則是既自有佐官，而復以長官兼之，贅尤甚矣。蓋神宗必欲復唐三省之職；而蔡確以有中書造命之説，已爲次相兼中書侍郎，王珪爲首相兼門下侍郎，實欲陰擯珪於門下，使不得與造命取旨之事，苟以便其專政之私，而不復顧體統名稱之不順也。

（元）馬端臨《文獻通考》卷五〇《職官考・給事中》 宋淳化四年，詔給事中，凡制敕有所不便，准故事封駁。九年，詔停給事中，始以封駁司隸銀臺。元豐官制行，給事中始正其職，而封駁司歸門下。又詔給事中許書畫黄，不書草，著爲令。元祐元年，門下、中書後省修成，所有省、曹、寺、監條貫，以門下、中書後省爲名。從之。六年，詔駁正事赴執政稟議。給事中韓忠彦言：朝廷之事，執政所行，職當封駁，則已與執政異，當求決於上，尚何稟議之有？詔從之。紹聖四年，葉祖洽言：兩省置給舍，廟堂設施得以更相驗。今使舍人兼封駁，則給事職廢。詔特旨書讀不回避，餘令互書。元符三年，曾肇言：門下駁正中書違失。近給事中封駁中書録黄，令舍人書讀，隳壞官制。宣和元年，張叔夜言：命令之出，中書宣奉，門下審讀，尚書頒行；而密院被旨，亦録付門下省，神宗制也。今急速文字不經三省，諸房以空黄先次書讀，則審讀殆成虛設，乞立法禁。從之。元豐寄禄爲通議大夫。建炎間，因舊制置門下後省，以給事中爲長官，四員爲額。紹興二年，韓世忠賞功文字，給事中賈安宅除工部侍郎，門下後省闕官，乃詔檢正李與權書讀。此事亦前所未有。

（元）馬端臨《文獻通考》卷五〇《職官考・諫議大夫》 宋承五代之弊，官失其守，官、職、差遣纔以定俸入而不親職。諫議大夫、司諫、正言，皆須别降敕，許赴諫院供職，方爲諫官，亦有領他職而不與諫諍。其由他官領者，帶知諫院，以兩省官充。掌供奉諫諍。凡朝廷闕失，大則廷議，小則上封。明道初，陳執中爲諫官，屢請置院，於是以門下省爲諫院，徙舊省於左掖之西。司馬光有《題名記》。真宗天禧元年，詔兩省置諫官六員，不兼職務。後復兼職如故。詔曰：朕大庇烝民，隆興至治。彌綸闕失，交屬於庶僚；寤寐忠規，屢頒於明詔。雖曾虛佇，未協翹思。夫惟諫諍之臣，迨於風憲之列。倘因循而自默，則獻納以曷觀？況朕躬覽萬機，日披封奏，詳延百執，素靡漏言。舉職徇公，有何所避？保身箝口，詎至於斯。將戒慢官，用申誕告，仍加優異，以勸傾輸。自今兩省置諫官六員，御史臺中丞、知雜、推直外，置侍御史以下六員，並不兼領職務，每月添支錢十五貫，三年内不得差出。其或詔令乖當、官曹涉私、措置失宜、刑賞逾制、賦斂繁暴、獄犴稽留，並令諫官奏論，憲臣彈舉。每月須一員奏事，或有急務，亦許非時入對。雖言有過當，必示曲全。若事難顯行，即令留内。但不得潛爲朋附，故作中傷。其諫官仍於諫院或兩省内選擇。廳事量置什器。候及三年，或屢有章疏，實能裨益，特越常例，别與升遷。苟或職業無聞，公言罔覿，移授散秩，仍遣監臨。載念古賢，不忘忠諫，雖逢暴怒，尚靡諂辭。今則沖人渴聞，讜論開懷，而待好爵。斯縻是爲不諱之朝，豈有犯顔之慮？黜陟之典，斷在於必行，語默之端，亟從於自擇，更資宰府宣布周行。慶曆初，詔除諫官毋得用見任輔臣所薦之人。元豐寄禄爲大中大夫，始正名左、右諫議大夫爲諫垣之長，專言責焉。左隸門下，右隸中書，同掌規諫。凡朝政闕失，大臣至百官任非其人，皆得諫正。靖康元年，詔宰執毋得薦舉臺諫，當出親擢，立爲定制。建炎三年，詔諫議大夫不隸兩省，别置局於後省之側，許與兩省官相見議事。以登聞檢、鼓院專隸焉。又詔臺諫言事官，係非時上殿，不合在輪對條具之數。紹興三年，曾統言：本朝多以諫議兼記注，且聽直前奏事。元豐始不任諫列，然亦許直前。頃者權臣用事，言路壅塞。詔依元豐舊制。

《容齋隨筆》論諫官與臺官舊不相見事。見《御史臺門》。

紹興間，致堂胡氏寄政府書曰：古者人臣皆得進諫於其君。後世專設一職，既已乖謬，居是職者又多以立異爲心，撓亂政事。人君難於盡從，故員多不備，難於盡廢，故姑設一二人，比諸餼羊，惟臺官亦然。方祖宗時，充臺諫之選者皆天下望士，或中外踐更已久，無所不知，故能有補。後世乃以新進利口爲之，宜其觀望喋喋，而莫可遏也。然事有隨時，官與世建。方漢光武、唐太宗馬上經營之日，與齊小白、秦苻堅專任一相以成霸業之時，未嘗聞有臺諫官喋喋於其旁，誠以三軍五兵之運，伐人制勝之謀，不可以告人，亦非人所能與故也。及夫平定之後，法制既立，則必設置臺臣，使糾違犯，開通諫諍，以補闕失，時勢當然耳。今宜以給事中兼諫大夫，中書舍人兼司諫，左、右史兼正言，政事下省，便可救正。諫員既廣，院額可廢，而御史臺只合彈擊官邪與夫壞敗已成憲度者。至於政事得失，專責大臣與諫者。若夫四方訴訟，自有州縣、監司、臺省節次；又不得直，則有登聞檢、鼓兩院存焉。憲臺亦非受訟之所也。如此，則治有體統，朝廷增重，國勢不摇，可以言治。

按：以立異爲心，以利口爲能，此諫官之所以使人厭也。況處多事之時，運籌決勝，其機貴密，其發貴果，尤不宜使好異利口者喋喋其間。然欲遂從而廢其官，則過矣。昔司馬温公言，凡擇言事官，當以三事爲先，第一不愛富貴，次則重惜名節，次則曉知治體。此乃名言。誠使爲諫官皆得如此之人，何至如致堂所言哉？

《宋史》卷一六一《職官志》　門下省　受天下之成事，審命令，駁正違失，受發通進奏狀，進請寶印。凡中書省畫黄、録黄，樞密院録白、畫旨，則留爲底。及尚書省六部所上有法式事，皆奏覆審駁之。給事中讀，侍郎省，侍中審，進入被旨畫聞，則授之尚書省、樞密院。即有舛誤應舉駁者，大則論列，小則改正。凡文書自内降者，著之籍。章奏至，則受而通進，俟頒降，分送所隸官司。凡吏部擬六品以下職事官，則給事中校其仕歷、功狀，侍郎、侍中引驗審察，非其人則論奏。凡遷改爵秩、加叙勳封、四選擬注奏鈔之事，有舛誤，退送尚書省。覆刑部大理寺所斷獄，審其輕重枉直，不當罪，則以法駁正之。

國初循舊制，以中書門下平章事爲宰相之職，復用兩制官一員，判門下省事。官制行，始釐正焉。凡官十有一：侍中、侍郎、左散騎常侍各一人，給事中四人，左諫議大夫、起居郎、左司諫、左正言各一人。先是，中書人吏分掌五房：曰孔目房、吏房、户房、兵禮房、刑房；又有主事、勾銷二房。至是，釐中書爲三省，分兵與禮爲六房，各因其省之事而增益之。門下凡分房十：曰吏房，曰户房，曰禮房，曰兵房，曰刑房，曰工房，皆視其房之名，而主行尚書省六曹二十四司所上之事；曰開拆房，曰章奏房，曰制敕庫房，亦皆視其名，而受遣文書、表狀，與供閲敕令格式、擬官爵封勳之類，惟班簿、本省雜務則歸吏房。吏四十有九：録事、主事各三人，令史六人，書令史十有八人，守當官十有九人。而外省吏十有九人：令史一人，書令史二人，守當官六人，守闕守當官十人。元豐八年，以門下、中書外省爲後省，門下外省復置催驅房。元祐三年，詔吏部注通判赴門下引驗，應省、臺、寺、監諸司人吏四分減一。復置點檢房。四年，又别立吏額。紹聖三年，守闕守當官，門下、中書省各以百人，尚書省百五十人爲額。四年，三省吏員並依元豐七年額。

侍中　掌佐天子議大政，審中外出納之事。大祭祀則版奏中嚴外辦，導輿輅，詔升降之節；皇帝齋則請就齋室。大朝會則承旨宣制、告成禮，祭祀亦如之。册后則奉寶以授司徒。國朝以秩高罕除。自建隆至熙寧，真拜侍中纔五人，雖有用他官兼領，而實不任其事。官制行，以左僕射兼門下侍郎行侍中職，别置侍郎以佐之。南渡後，置左、右丞相，省侍中不置。

侍郎　掌貳侍中之職，省中外出納之事。大祭祀則前導輿輅，詔進止。大朝賀則授表以奏祥瑞。册后則奉節及寶位。與知樞密院、同知樞密院、中書侍郎、尚書左右丞爲執政官。南渡後，復置參知政事，省門下侍郎不置。

左散騎常侍　左諫議大夫　左司諫　左正言　同掌規諫諷諭。凡朝政闕失，大臣至百官任非其人，三省至百司事有違失，皆得諫正。國初雖置諫院，知院官凡六人，以司諫、正言充職；而他官領者，謂之知諫院。正言、司諫亦有領他職而不預諫諍者。官制行，始皆正名。

元豐八年，諫議大夫孫覺言：據《官制格目》，諫官之職，凡發令舉事，有不便於時，不合於道，大則廷議，小則上封。若賢良之遺滯於下，忠孝之不聞於上，則以事狀論薦，乞依此以修舉職事。八月，門下省言：諫議大夫、司諫、正言合通爲一。詔並從之。十月，詔倣《六典》置諫官員。元祐元年二月，詔諫官雖不同省，許二人同上殿。後又從司諫虞策之請，如獨員，許與臺官同對。九月，左、右正言久闕，侍御史王巖叟言：國家倣近古之制，諫官六員，方之先王，已自爲少，望詔補足，無令久空職。十月，司諫王覿言：自今中書舍人闕，勿以諫官兼權。從之。十一月，巖叟又言：近降聖旨，兩省諫官各令出入異户，勿與給事中、中書舍人通。實欲限隔諫官，不使在政事之地，恐知本末，數論列爾。尋詔諫官直舍仍舊。八年，詔執政親戚不除諫官。建中靖國元年，言者謂諫官論事，惟憑詢訪，而百司之事，六曹所報外，皆不得其詳。遂詔諫官案許關臺察。

給事中　四人，分治六房，掌讀中外出納，及判後省之事。若政令有失當，除授非其人，則論奏而駁正之。凡章奏，日録目以進，考其稽違而糾治之。故事，詔旨皆付銀臺司封駁。官制行，給事中始正其職，而封駁司歸門下。

元豐五年五月，詔給事中許書畫黄，不書草，著爲令。六月，給事中陸佃言：三省、密院文字，已讀者尚令封駁，慮失之重複。詔罷封駁房。六年，詔駁正事赴執政稟議。七年，有旨，舉駁事，依中書舍人封還詞頭例。既而令稟議如初，給事中韓忠彦言：給、舍職位頗均，一則不稟白而聽封還，一則許舉駁而先稟議，於理未允。且朝廷之事執政所行，職當封駁則已與執政異，自當求決於上，尚何稟議之有？詔從之。紹聖四年，葉祖洽言：兩省置給、舍，使之互察。今中書舍人兼權封駁，則給事中之職遂廢。詔特旨書讀不迴避，餘互書判。元符三年，翰林學士曾肇言：門下之職，所以駁正中書違失。近日給事封駁中書録黄，乃令舍人書讀行下，隳壞官制，有損治體。願正紀綱，爲天下後世法。重和元年，給事中張叔夜言：凡命令之出，中書宣奉，門下審讀，然後付尚書頒行，而密院被旨者，亦録付門下，此神宗官制也。今急速文字，不經三省，而諸房以空黄先次書讀，則審讀殆成虚設矣，乞立法禁。從之。

凡分案五：曰上案，主寶禮及朝會所行事；曰下案，主受發文書；曰封駁案，主封駁及試吏，校其功過；曰諫官案，主關報文書；曰記注案，主録起居注。其雜務則所分案掌焉。紹興以後，止除二人或一人。

起居郎　一人，掌記天子言動。御殿則侍立，行幸則從，大朝會則與起居舍人對立於殿下螭首之側。凡朝廷命令赦宥、禮樂法度損益因革、賞罰勸懲、羣臣進對、文武臣除授及祭祀宴享、臨幸引見之事，四時氣候、四方符瑞、户口增減、州縣廢置，皆書以授著作官。

國朝舊置起居院，命三館校理以上修起居注。熙寧四年，詔諫官兼修注者，因後殿侍立，許奏事。元豐二年，兼修注王存乞復起居郎、舍人之職，使得盡聞明天子德音，退而書之。神宗亦謂：人臣奏對有頗僻讒慝者，若左右有史官書之，則無所肆其奸矣。然未果行。故事，左、右史雖日侍立，而欲奏事，必稟中書俟旨。存因對及之。八月，迺詔雖不兼諫職，許直前奏事。蓋存發之也。官制行，改修注爲郎、舍人。六年，詔左、右史分記言動；元祐元年，仍詔不分。七年，詔邇英閣講讀罷，有留身奏事者，許侍立。紹聖元年，中丞黄履言：所奏或干機密，難令旁立，仍依先朝故事。先是，御殿則左、右史分日侍立；崇寧三年，詔如前殿之儀，更不分日。大觀元年，詔事有足以勸善懲惡者，雖秩卑亦書之。紹興二十八年，用起居郎洪遵言，起居郎、舍人自今後許依講讀官奏事。隆興元年，用起居郎兼侍講胡銓言，前殿依後殿輪左、右史侍立。

符寶郎 二人，掌外廷符寶之事。禁中别有内符寶郎。官制行，未嘗除。大觀初，八寶成，詔依《唐六典》增置。靖康罷之。

通進司 隸給事中，掌受三省、樞密院、六曹、寺監百司奏牘，文武近臣表疏及章奏房所領天下章奏案牘，具事目進呈，而頒布於中外。

進奏院 隸給事中，掌受詔敕及三省、樞密院宣劄，六曹、寺監百司符牒，頒于諸路。凡章奏至，則具事目上門下省。若案牘及申稟文書，則分納諸官司。凡奏牘違戾法式者，貼説以進。

熙寧四年，詔：應朝廷擢用材能、賞功罰罪事可懲勸者，中書檢正、樞密院檢詳官月以事狀録付院，謄報天下。元祐初，罷之。紹聖元年，詔如熙寧舊條。靖康元年二月詔：諸道監司、帥守文字，應邊防機密急切事，許進奏院直赴通進司投進。

舊制，通進、銀臺司，知司官二人，兩制以上充。通進司，掌受銀臺司所領天下章奏案牘，及閤門在京百司奏牘、文武近臣表疏，以進御，然後頒布于外。銀臺司，掌受天下奏狀案牘，抄録其目進御，發付勾檢，糾其違失而督其淹緩。發敕司，掌受中書、樞密院宣敕，著籍以頒下之。

登聞檢院，隸諫議大夫；登聞鼓院，隸司諫、正言。掌受文武官及士民章奏表疏。凡言朝政得失、公私利害、軍期機密、陳乞恩賞、理雪寃濫，及奇方異術、改换文資、改正過名，無例通進者，先經鼓院進狀；或爲所抑，則詣檢院。並置局于闕門之前。

中興後，檢、鼓、糧、審計、官告、進奏，謂之六院。例以京官知縣有政績者充；亦有自郡守除者，繼即除郎。恩數略視職事官，而不入雜壓。紹興十一年，胡汝明以料院除監察御史，遂遷侍御史。乾道後，相繼入臺者數人，六院彌重，爲察官之儲。淳熙初，班寺監、丞之上。紹熙二年，詔六院官復入雜壓，在九寺簿之下，六院各隨所隸。

（清）徐松《宋會要輯稿·職官二·門下省》 門下省侍中、侍郎、給事中領本省事，闕則諫、舍權判。掌供御寶、大朝會位版，贊拜、拜表、宣黄、外官及流外較考、諸司附奏挾名、年滿齋郎轉補、選人過門押定、覆（奉）〔奏〕文武官（毋）〔母〕妻叙封、覆麻、請畫，則白院主之。受中書宣黄、畫敕及僧道賜紫衣師號，則畫院、甲庫主之。職掌有白院、畫院、甲庫令史、贊者、驅使官，又有典儀、城門符寶郎，皆大朝會遣官攝事。

《兩朝國史志》：門下省判省事一人，以給事中充，闕則諫議或學士、舍人權領焉。掌供御寶，寶院主之。親祀、大朝會設位版、贊拜、拜表、外官及流外較考、諸司覆奏挾名、年滿齋郎轉補、覆奏文武官（毋）〔母〕妻叙封、覆麻、請畫，並白院主之。受中書宣黄、畫敕及僧道賜紫衣〔師〕號，並畫院、甲庫主之。白院令使十二人，畫院令史三人，甲庫令史二人，贊者、驅使各四人，又有典儀城門符寶郎，皆朝會、親郊、行幸則遣官攝。元豐改制，官名則因舊，而職守與舊不侔矣。**【略】**

《神宗正史·職官志》：門下省受天下成事，凡中書省、樞密院所被旨，尚書省所上有法式事，皆奏覆審駁之。若制詔、宣誥下與奏鈔、斷案上，則給事中讀之，侍郎省之，侍中審之。中：原作郎，據《宋史》卷一六一《職官一》改。進入被旨畫聞，則授之尚書省、樞密院。即有舛誤應舉駁者，大事則論列，小事則改正。凡進奏院章奏至，則受而通進。俟其頒降，則分送所隸官司。凡尚書吏部所擬六品以下執事官，則給事中校其仕歷功狀，侍郎、侍中引驗審察，非其人則論奏而易之。國朝初循唐制，以中書門下平章事爲宰相之職，復用兩制以上官一員判門下省事。其通進、銀臺司及門下封駁事又離爲别司，而領於他官，名具實廢，散無統紀，至是始釐正焉。凡分房十：曰吏房，曰户房，曰禮房，曰兵房，曰刑房，曰工房，皆視其房之名，而分尚書省六曹、二十四司所上之事以主行之。惟班簿，本省雜務則歸吏房。曰開（折）〔拆〕房，主行受發生事。曰章奏房，主行受發通章奏事。曰制敕庫房，主行供檢編録敕令格式及擬官爵、封勳、黄甲與架閣庫。凡官十有一：侍中、侍郎、左散騎常侍各一人，給事中四人，左諫議大夫、起居郎、左司諫、左正言各一人。吏四十有九：録事、主事各三人，令史六人，書令史十有八人，守當官十有九人，而外省吏十有九人，令史一人，書令史二人，守當官六人，守闕守當官十人。《哲宗〔正史〕·職官志》：元祐四年别立吏額，録事四人，主事二人，令史五人，書令史十人，守當官一十四人，守闕主事一人，書令史四人。紹聖三年，守闕守當官門下、中書省各以百人，尚書省百五十人爲額。四年，增減三省都事、録事等吏員，並依元豐七年額。侍中正一品，掌佐天子議大政，審中外出納之事。大祭祀則版奏中嚴外辦，前導輿輅，詔升降之節。皇帝齋則請就齋室。大朝會則承旨宣制、告成禮，而祭祀亦如之。册后則奉寶以授司徒。與尚書、中書令、左右僕射爲宰相，以秩高未嘗除。雖國朝有用他官兼領，而實不任其事。官制行，以左僕射兼門下侍郎行侍中職，别置侍郎以佐之。侍郎正二品，掌（二）〔貳〕侍中，參議大政，省中外出納之事。大祭祀則前導輿輅，詔進止。大朝會則授表以奏祥瑞。册后則奉節及寶位。與知、同知樞密院、中書侍郎、尚書（在）〔左〕右丞爲執政官。兩省侍郎舊班在散騎常侍下。大中祥符元年，陞次尚書，以爲宰相兼官。及行官制，乃循名而正之。

（宋）李心傳《建炎以來朝野雜記甲集》卷九《故事・給舍不許列銜奏事》　自元豐分三省，中書舍人於制敕有誤，許其論奏，而給事中乃所以駁正中書違失。紹興以來，間有駁正，或給事中、中書舍人列銜同奏。乾道五年二月辛亥，中書舍人汪養源言：神宗官制，以中書爲出令之地，而門下審駁覆正，然後付之尚書。三省皆置官屬，以便相彌縫、可否，分守甚嚴，無礙侵越。今給舍列銜同奏，則是中書、門下混而爲一，非神宗所以明職分、防闕失之意。上以爲然，詔復從舊例。

（宋）李心傳《建炎以來朝野雜記乙集》卷一三《官制・直舍人院》

直舍人院，祖宗時有之。官制行，以中書舍人爲宰相屬官，號後省，故以他官兼攝者，但謂之權舍人而已。嘉泰四年，李季章以宗正少卿權中書舍人，而中字犯祖諱，季章辭。有旨，除公移外，權以直舍人院繫銜。季章乃受命。不知舍人院廢已久，蓋大臣失於討論也。

（元）馬端臨《文獻通考》卷五一《職官考・中書省》　宋制，中書省在左掖門外西面北廊，掌進擬庶務，宣奉命令，行臺諫章疏、群臣奏請興創改革，及中外無法式事應取旨者。凡除省、臺、寺、監寺貳以下，及侍從、職事官，外任監司、節鎮、知州軍、通判，武臣遥郡、横行以上除授皆掌之。凡命令之體有七：曰册書，立后妃，封親王、皇子、大長公主，拜三師、三公、三省長官，則用之。曰制書，處分軍國大事，頒赦宥德音，命尚書左右僕射、開府儀同三司、節度使，凡告廷除授，則用之。曰誥命，應文武官遷改職秩、内外命婦除授及封叙、贈典，應合命詞，則用之。曰詔書，賜待制、大卿監、中大夫、觀察使以上，則用之。曰敕書，賜少卿監、中散大夫、防禦使以下則用之。曰御札，布告登封、郊祀、宗祀及大號令則用之。曰敕榜，賜酺及戒勵百官、曉諭軍民則用之。皆承制畫旨以授門下省。令宣之，侍郎奉之，舍人行之。留其所得旨爲底：大事奏稟得旨者爲畫黄，小事擬進得旨者爲録黄。凡事干因革損益，而非法式所載者，論定而上之。諸司傳宣、特旨，承報審覆，然後行下。設官十有一：令、侍郎、右散騎常侍各一人，舍人四人，右諫議大夫、起居舍人、右司諫、右正言各一人。分房八：曰吏房，曰户房，曰兵禮房，曰刑房，曰工房，曰主事房，曰班簿房，曰制敕庫房。元祐以後，析兵、禮爲二，增催驅、點檢，分房十有一，又改主事房爲開拆。

（元）馬端臨《文獻通考》卷五一《職官考・中書舍人》　宋初，中書舍人爲所遷官，實不任職，復置知制誥及直舍人院。故事，入西閣，皆中書詔試制誥三篇。惟梁周翰不召試而授，其後楊億、陳堯佐、歐陽修亦如此例。富弼爲知制誥，封還劉從願妻封遂國夫人詞頭。唐制唯給事中得封還詔書。中書舍人繳詞，自弼始。元豐五年，詔中書舍人印爲中書後省之印。曾鞏、陸佃並試中書舍人，自是始正官名，遂以中書舍人判後省之事。分案五：曰上案，掌册禮及朝會所行事；曰下案，掌受付文書；曰制誥案，掌書記制詞，及試吏校其功過；曰諫官案，掌受諸司關報文書；曰記注案，掌録記注。其雜務則隨所分案掌之。元祐初，以蘇軾直舍人院，有司言：自官制行，舍人院廢，今爲中書後省。於是改爲權中書舍人，遂爲故事。後詔舍人各簽諸房文字，其命詞則輪日分草。中興置中書後省，以中書舍人爲長官，六員爲額，常除二員，一員領吏房左選及兵、工房，一員領吏房右選及禮、刑房。嘉泰四年，李季章璧以宗正少卿權中書舍人，而中字犯祖諱，季章辭，有旨權以直舍人院繫銜，乃受命，不知舍人院廢已久矣。蓋大臣失於討論也。紹興初，詔：中書、門下兩省已並爲中書門下省，其兩省合送給、舍文字，今後更不分送，並送給事中、中書舍人。其後又詔以他官兼攝者稱權直，資淺者爲直舍人院。

《宋史》卷一六一《職官志》　中書省　掌進擬庶務，宣奉命令，行臺諫章疏，羣臣奏請興創改革，及中外無法式事應取旨事。凡除省、臺、寺、監長貳以下，及侍從、職事官，外任監司、節鎮、知州軍、通判，武臣遥郡横行以上除授，皆掌之。

凡命令之體有七：曰册書，立后妃，封親王、皇子、大長公主，拜三師、三公、三省長官，則用之。曰制書，處分軍國大事，頒赦宥德音，命尚書左右僕射、開府儀同三司、節度使，凡告廷除授，則用之。曰誥命，應文武官遷改職秩、内外命婦除授及封叙、贈典，應合命詞，則用之。曰詔書，賜待制、大卿監、中大夫、觀察使以上，則用之。曰敕書，賜少卿監、中散大夫、防禦使以下，則用之。曰御札，布告登封、郊祀、宗祀及大號令，則用之。曰敕牓，賜酺及戒勵百官、曉諭軍民，則用之。皆承制畫旨以授門下省。令宣之，侍郎奉之，舍人行之。留其所得旨爲底：大事奏稟得旨者爲畫黄，小事擬進得旨者爲録黄。凡事干因革損益，而非法式所載者，論定而上之。諸司傳宣、特旨，承報審覆，然後行下。

設官十有一：令、侍郎、右散騎常侍各一人，舍人四人，右諫議大夫、起居舍人、右司諫、右正言各一人。

分房八：曰吏房，曰户房，曰兵禮房，曰刑房，曰工房，曰主事房，曰班簿房，曰制敕庫房。元祐以後，析兵、禮爲二，增催驅、點檢，分房十有一，後又改主事房爲開拆。凡吏房，掌行除授、考察、升黜、賞罰、廢置、薦舉、假故、一時差官文書。曰户房，掌行廢置升降郡縣，調發邊防軍須，給貸錢物。曰禮房，掌行郊祀陵廟典禮、后妃皇子公主大臣封册，科舉考官，外夷書詔。曰兵房，掌行除授諸蕃國王爵、官封。曰刑房，掌行赦宥及貶降、叙復。曰工房，掌行營造計度及河防修閉。凡尚書省所上奏請，臺諫所陳章疏，内外臣僚官司申請無法式應取旨者，六房各視其名而行之。曰主事房，掌行受發文書。曰班簿房，掌百官名籍具員。曰制敕庫房，掌編録供檢敕、令、格、式及架閣庫。曰催驅房，督趣稽違。曰點檢房，省察差失。吏四十有五：録事三人，主事四人，令史七人，書令史十有四人，守當官十有七人。而外省吏十有九人：令史二人，書令史二人，守當官六人，守闕守當官十人。

元豐八年，詔待制以上磨勘，本省進擬。元祐三年，詔應除授從中批付中書省者，並三省行。紹聖五年，詔臣僚上殿劄子，中書省進呈取旨；其承受傳宣、内降，非有司所可行者，申中書省或樞密院奏審。

令，掌佐天子議大政，授所行命令而宣之。祀大神祇則升壇，享宗廟則升阼階而相其禮。臨軒册命則讀册。建儲則升殿宣制，持册及璽綬以授太子。大朝會則詣御坐前奏方鎮表及祥瑞。國朝未嘗真拜，以他官兼領者不預政事，然止曹佾一人，餘皆贈官。官制行，以右僕射兼中書侍郎行令之職，别置侍郎以佐之。中興後，置左、右丞相，省令不置。

侍郎，掌貳令之職，參議大政，授所宣詔旨而奉之。凡大朝會則押表及祥瑞案。臨軒册命則押册引案，以所奏文及册書授令。四夷來朝則奏其表疏，以贄幣付有司。南渡後，復置參知政事，省中書侍郎不置。

舍人　四人，舊六人。掌行命令爲制詞，分治六房，隨房當制，事有失當及除授非其人，則論奏封還詞頭。國初，爲所遷官，實不任職，復置知制誥及直舍人院，主行詞命，與學士對掌内外制。凡有除拜，中書吏赴院納詞頭。其大除拜，亦有宰相召舍人面授詞頭者。若大誥命，中書并敕進入，從中而下，餘則發敕官受而出之。及修官制，遂以實正名，而判後省之事。分案五：曰上案，掌册禮及朝會所行事；曰下案，掌受付文書；曰制誥案，掌書録制詞及試吏，校其功過；曰諫官案，掌受諸司關報文書；曰記注案，掌録記注。其雜務則隨所分案掌之。

元豐六年，詔中書省置點檢房，令舍人通領。元祐元年，詔舍人各簽諸房文字，其命詞則輪日分草。九月，詔時暫闕官，依門下、尚書省例，送本省官兼權。紹聖四年，蹇序辰請自今命詞，以元行遣文書同檢送當制舍人。從之。建炎後同，他官兼攝者則稱權舍人，資淺者爲直舍人院。

起居舍人　一人，掌同門下省起居郎。侍立修注官，元豐前，以起居郎、舍人寄禄，而更命他官領其事，謂之同修起居注。官制行，以郎、舍人爲職任。淳熙十五年，羅點自户部員外郎爲起居舍人，避其祖諱，乃以爲太常少卿兼侍立修注官。其後兩史或闕而用資淺者，則降旨以某人權侍立修注官。

右散騎常侍　右諫議大夫　右司諫　右正言　與門下省同，但左屬門下，右屬中書，皆附兩省班籍，通謂之兩省官。元豐既新官制，職事官未有不經除授者，惟御史大夫、左右散騎常侍，始終未嘗一除人。蓋兩官爲臺諫之長，無有啓之者。中興初，詔諫院不隸兩省。紹興二年，詔並依舊赴三省元置局處。淳熙十五年，用林栗言，置左右補闕、拾遺，專任諫正，不任糾劾之事。踰年減罷。法司令史、書令史、守當官各一人，守闕守當官三人，乾道六年減二人。

檢正官　五房各一人，掌糾正省務。熙寧三年置，以京朝官充，選人即爲習學公事。官制行，罷之，而其職歸左右司。建炎三年，中書門下省言：軍興以來，天下多事，中書別無屬官。元豐以前，有檢正官，後因置左右司，遂不差，致朝廷及應報四方行移稽留，無檢舉催促。今欲差官兩員充中書門下省檢正諸房公事。內一員檢正吏、禮、兵房，一員檢正户、刑、工房。從之。至次年，詔並罷。紹興二年，詔中書門下省復置檢正官一員。

建炎三年指揮，中書門下省併爲一。中書省録事、主事、令史、書令史、守當官共四十三人；門下省録事、主事、令史、書令史、守當官共四十六人，依祖額以八十九人爲額。守闕守當官兩省各一百人，共存留一百五十人，中書省六分，門下省四分。

（清）徐松《宋會要輯稿·職官三·中書省》

《兩朝國史志》：中書省：判省事一人，以舍人充。掌供郊祀及皇帝册文、幕職州縣官較考、齋郎室長諸司人年滿覆奏，並受文官改賜服章、僧道紫衣師號、舉人出身、寺觀名額正宣之事。白院令史六人，甲庫令史二人，驅使官三人。玉册院鐫字官一人，玉册官一人，金（官）〔字〕官一人，彩畫官一人。元豐改制，官名則因舊，而職守與舊不侔矣。【略】

《神宗正史·職官志》：中書省掌承天子之詔旨及中外取旨之事，凡職事官，尚書省自員外郎，門下中書省自正言，御史臺自監察御史，秘書省自正字，自：原作字，據上下文意改。寺監自宗正、太常（承）〔丞〕、博士，國子監自正録，侍從官〔自〕待制，帶職官自直秘閣，寄禄官自中散大夫，宗室自防禦使，外任官自提舉官、藩鎮節鎮、知州，內命婦自掌計，東宮自庶子以上除授皆主之。立后妃、封親王、皇子、公主，拜三師、三公、侍中、中書、尚書令則用册，頒赦、降德音、命尚書左、右僕射、開府儀同三司、節度使則用制，應遷改官職命詞則用誥，非命詞則用敕牒，賜中大夫、觀察以上則用詔，布告大號令則用御札，賜脯及戒勵百官、曉諭軍民則用敕榜。皆承制畫旨，授門下省，令宣之，侍郎奉之，舍人行之，書其所得旨爲底。大事則奏稟，其底曰畫黃。小事則擬進，其底曰録黃。凡事干興革增損而非法式所載者，論定而上之。諸司傳宣特旨，承報審覆，然後行下。凡分房八：曰吏房，主行除授、考察、陞黜、賞罰、廢置、薦舉、假故、一時差官及本省雜務。《大觀格》：吏房左選主行三省、樞密院、臺省寺監、東宮、親王府、大晟府、監司、內外教官帶職人，及中散大夫以上牧尹、開府少尹，及應文臣差除、考察、陞陟、論薦、假告、事故、內命婦、宮嬪除授，官封廢置增減，文臣官吏降賜詔敕，尚書吏部內封考功所上，並特旨若起請、臺諫章奏、內外臣僚官司申請無法式應取旨之事。右選主行遥郡刺史已上管軍，諸衛將軍、橫行使副、入內侍兩省知省、同知省、僉書、同僉書殿中省六尚局，及應武臣差除、考察、陞陟、功賞、論薦、假告、事故，皇子賜名授官，宗室除改，宗室臣僚封爵，駙馬都尉除授，官封廢置增減，武臣官吏降賜詔敕，尚書吏部司勳所上，並特旨若起請、臺諫章奏、內外臣僚官司申請無法式應取旨之事。曰户房，主行廢置陞降郡縣，調發邊防軍須，給借錢物。《大觀格》：户房主行廢置陞降諸路州縣，調發應副邊防軍須，支借內藏及封樁錢穀，進納糧草，應尚書户部、度支、金部、倉部所上，並特旨若起請、臺諫章奏、內外臣僚官司申請無法式應取旨之事。曰兵、禮房，主行郊祀陵廟典禮、后妃皇子公主大臣封册、駙馬都尉、內命婦官封、科舉考官、外夷書詔。《大觀格》：禮房主行典禮郊祀、朝拜陵廟、后妃公主親王大臣册禮、差大禮五使、奉册太尉書撰册文、修書、學校凡大學宫學等公私試考試等官、奉使館伴接送引伴外國使人、臣僚召試、賜外國書、應尚書禮部、祠部、主客、膳部所上並特旨若起請、臺諫章奏、內外臣僚官司申請無法式應取旨之事。兵（部）〔房〕主行除授諸蕃國、應尚書兵部、職方、駕部、庫部所上、並特旨若起請、臺諫章奏、內外臣僚官司申請無法式應取旨之事。曰刑房，主行赦宥、契勘刑獄、除授官貶降叙復。《大觀格》：刑房主行赦宥、德音、制勘推官及命官諸色人公案、催促刑獄，差官編排罪人、災傷降下司敕、創修條法、下字上原衍一不字，已删。本省差除之官貶降責授牽復、應尚書刑部、都官、比部、司門所上並特旨若起請、臺諫章奏、內外臣僚官司申請無法式應取旨之事。曰工房，主行計度營造、開塞河防。《大觀格》：工房主行大營造應取旨計度及河防修閉、尚書工部、屯田、虞部、水部所上並特旨若起請、臺諫章奏、內外臣僚官司申請無法式應取旨之事。其尚書省所上奏請、臺諫所陳章疏，應被特旨及取裁之事，各視其房之名而主行之。曰生事房，主行受發文書。曰班簿房，主行具員。《大觀格》：班簿房主行百官名籍及具員之事。曰制敕庫房，主行編録供檢敕令格式及架閣庫。《大觀格》：制敕庫房，主行編録供檢條法及架閣之事。開拆房，主行受發（主）〔生〕事。催驅房，主行催驅在省諸房行遣文字稽違之事。點檢房，專點檢諸房文字差失之事。凡官十有一：令、侍郎、右散騎常侍各一人，舍人四人，右諫議大夫、起居舍人、右司諫、正言各一人。吏四十有五：録事三人，主事四人，令史七人，書令史十有四人，守當官十有七人。而外省吏十有九人：令史一人，書令史二人，守當官六人，守闕守當官十人。

《哲宗・職官志》分房十有一，增兵房，掌行除授諸蕃國爵命官封。催驅房，掌察文書稽違。點檢房，掌察文書差失，餘同《大觀格》。吏額：諸房録事六人，主事四人，内一名守闕。令史九人，書令史十人，守當官十四人。點檢房點檢文字二人，制敕庫房法司二人，貼司一人。架閣庫房（守）〔手〕分一名，提舉紙庫録事一員，管紙庫手分二人。諸房合編寫條例守當官或守闕守當官各一名，專寫入進及進呈文書守闕守當官吏房左選六人，右選五人，户房六人，禮房五人，兵房四人，刑房上房六人，下房七人，工房五人，知雜房一名。發録黄、畫黄並簽書呈納舍人文書守闕守當官四人，管抄寫修銷點檢催驅房文簿守闕守當官四人。令正一品，掌佐天子議大政，授所行命令而宣之。祀大神祇則陞壇，饗宗廟則陞阼階而相其禮，臨軒册命則讀册，建儲則陞殿宣制，持册及璽綬以授太子。大朝會則詣御坐前，奏方鎮表及祥瑞。自建隆以來未嘗除，惟親王、樞密、節度使兼領者謂之使相，不與政事。元豐釐正官制，以右僕射兼侍郎焉。侍郎正二品，掌貳令，參議大政，授所宣詔旨而奉之。凡大朝會，則押表及祥瑞案。册皇太子、公主、諸妃則押册及引册案，以所奏文及册書授令。四夷來朝，則奏其表疏，以贄（弊）〔幣〕付有司。

（宋）蘇轍《欒城集》卷二九《西掖告詞六十一首・王陟臣右司郎中》　敕，具官某。尚書萬幾所在，二丞總之。至於條目之煩，郎任其責。朕既欲得清流，以厭服多士；又欲得能吏，以肅齊庶政。爾名臣之後，學世其家。昔以藝文，膺上第之選；頃以強齊，爲天官之屬。都司之任，汝實宜之。往祇厥官，思稱朕命。可。

（宋）李心傳《建炎以來朝野雜記甲集》卷五《朝事・參政分治省事》　元豐官制，尚書左、右丞分治六曹，後以爲皆執政官，乃令通治省事。紹興四年，張魏公再入宥府，上諭魏公曰：朕於三、四大臣，皆當分委，張浚可專治軍旅，胡松年可專治戰艦，如財用亦須委一大臣。後魏公相，不果行。七年，魏公獨相。三月，詔尚書省常程事，權令參知政事分治。於是張全真治吏、禮、兵房，陳去非治户、刑、工房。九月，魏公免，復詔三省事令參知政事權輪日當筆，更不分治常程事。竢除相如故。自是參知政事復通治省事矣。

（元）馬端臨《文獻通考》卷五一《職官考・尚書省》　宋太平興國中，徙於利仁坊孟昶舊第，頗爲宏麗，中設都堂、左右司、左右丞、郎中員外郎廳，東西廊分設尚書侍郎廳事二，郎中員外廳事六。掌施行判命，舉省内綱紀程式，受付六曹文書，聽内外辭訴，奏御史失職，考百官府之治，以詔廢置、賞罰。曰吏部、曰户部、曰禮部、曰兵部、曰刑部、曰工部，皆隸焉。凡天下之務，六曹所不能與奪者，總而決之；應取裁者，隨所隸送中書省、樞密院。事有成法，則六曹准式具鈔，令、僕射、丞檢察簽書，送門下省畫聞。審察吏部注擬文武官及封爵承襲，賜勳定賞之事。朝廷有疑事，則集百官議其可否。凡更改申明敕令格式、一司條法，則議定以奏覆，太常、考功謚議亦如之。季終，具賞罰勸懲事付進奏院頒行於天下。大祭祀則誓戒執事官。設官九：尚書令、左右僕射、左右丞、左右司郎中、員外郎各一人。分房十：曰吏房，曰户房，曰禮房，曰兵房，曰刑房，曰工房，各視其名而行六曹諸司所上之事；曰開拆房，主受遣文書；曰都知雜房，主行進制敕目、班簿具員，考察都事以下功過遷補；曰催驅房，主考督文牘稽違；曰制敕庫房，主編檢敕、令、格、式，簡納架閣文書。紹聖二年，詔在京官司所受傳宣、内降，隨事申尚書省或樞密院覆奏。又詔尚書都省彈奏六曹御史，糾不當者。

（元）馬端臨《文獻通考》卷五一《職官考・尚書令》　宋淳化三年升在三師上。掌佐天子議大政，奉所出命令而行之。其屬有六曹，凡庶務皆會而決之。凡官府之紀綱程式，無不總焉。大事三省通議，則同執政官合班；小事尚書省獨議，則同僕射、丞分班輪奏。若事由中書、門下而有失當應奏者，亦如之。與三公、三師、侍中、中書令俱以册拜。自建隆以來不除，惟親王元佐、元儼以使相兼領，不與政。政和二年，詔：尚書令，太宗皇帝曾任，今宰相之官已多，不須置。然是時説者以謂爲令者唐太宗也，熙甯未嘗任此，蓋時相蔡京不學之過。宣和七年詔復置令，亦虚設而已。

《宋史》卷一六一《職官志》 尚書省 掌施行制命，舉省内綱紀程式，受付六曹文書，聽内外辭訴，奏御史失職，考百官庶府之治否，以詔廢置、賞罰。曰吏部，曰户部，曰禮部，曰兵部，曰刑部，曰工部，皆隸焉。凡天下之務，六曹所不能與奪者，總決之；應取裁者，隨所隸送中書省、樞密院。事有成法，則六曹準式具鈔，令、僕射、丞檢察簽書，送門下省畫聞。審察吏部注擬文武官及封爵承襲、賜勳定賞之事。朝廷有疑事，則集百官議其可否。凡更改申明敕令格式、一司條法，則議定以奏覆，太常、考功謚議亦如之。季終，具賞罰勸懲事付進奏院，頒行于天下。大祭祀則誓戒執事官。

設官九：尚書令、左右僕射、左右丞、左右司郎中、員外郎各一人。分房十：曰吏房，曰户房，曰禮房，曰兵房，曰刑房，曰工房，各視其名而行六曹諸司所上之事；曰開拆房，主受遣文書；曰都知雜房，主行進制敕目、班簿具員，考察都事以下功過遷補；曰催驅房，主考督文牘稽違；曰制敕庫房，主編檢敕、令、格、式，簡納架閣文書。置吏六十有四：都事三人，主事六人，令史十有四人，書令史三十有五人，守當官六人。元豐四年，詔尚書都省及六曹，各輪郎官一員宿直。五年，詔得旨行下並用劄子。紹聖元年，詔在京官司所受傳宣、内降，隨事申尚書省或樞密院覆奏。二月，詔尚書都省彈奏六察御史，糾不當者。

令 掌佐天子議大政，奉所出命令而行之。其屬有六曹，凡庶務皆會而決之。凡官府之紀綱程式，無不總焉。大事三省通議，則同執政官合班；小事尚書省獨議，則同僕射、丞分班論奏。若事由中書、門下而有失當應奏者，亦如之。與三師、三公、侍中、中書令俱以册拜。自建隆以來不除，惟親王元佐、元儼以使相兼領，不與政事。政和二年，詔：尚書令，太宗皇帝曾任，今宰相之官已多，不須置。然是時説者以謂爲令者唐太宗也，熙陵未嘗任此，蓋時相蔡京不學之過。宣和七年，詔復置令，亦虚設其名，無有除者。南渡後，並省不置。

左僕射 右僕射 掌佐天子議大政，貳令之職，與三省長官皆爲宰相之任。大祭祀則掌百官之誓戒，視滌濯告潔，贊玉幣爵祼之事。自官制行，不置侍中、中書令，以左僕射兼門下侍郎，右僕射兼中書侍郎，行侍中、中書令職事。政和中，詔曰：昔我神考，訓迪厥官，有司不能奉承，仰惟前代以僕臣之賤，充宰相之任，可改左僕射爲太宰，右僕射爲少宰。靖康元年，詔依元豐舊制，復爲左、右僕射。南渡後，置左、右丞相，省僕射不置。

左丞 右丞 掌參議大政，通治省事，以貳令、僕射之職。僕射輪日當筆，遇假故，則以丞權當筆、知印。大祭祀酌獻，薦饌進熟，則受爵酒以授僕射。舊班六曹尚書下，官制行，升其秩爲執政。元豐五年五月，詔左右僕射、丞合治省事。是月，御史言：左、右丞蒲宗孟王安禮於都堂下馬，違法犯分。安禮争論帝前，神宗是之。今左、右丞於都堂上下馬，自此始。南渡後，復置參知政事，省左、右丞不置。

左司郎中 右司郎中 左司員外郎 右司員外郎 各一人，掌受付六曹之事，而舉正文書之稽失，分治省事：左司治吏、户、禮、奏鈔、班簿房，右司治兵、刑、工、案鈔房，而開拆、制敕、御史、元豐六年，都司置御史房，主行彈糾御史案察失職。催驅、封樁、印房，則通治之，有稽滯，則以期限舉催。初，於都司置吏設案，而議者謂臺郎宰掾不當自爲官司。遂隨省房分治所領之事，惟置手分、書奏各四人，主行校定省吏都事以下功過及遷補之事。

元豐七年，都司御史房置簿，以書御史、六曹官糾察之多寡當否爲殿最，歲終取旨升黜。紹聖元年，詔都司以歲終點檢六曹稽違最多者，具郎官姓名上省取旨。二年，詔御史臺察六曹稽緩違失者，送左司籍記。宣和二年，左司員外郎王蕃奏：都司以彌綸省闥爲職，事無不預。今宰、丞入省，諸房文字填委，次第呈覆，自朝至于日中，或昏暮僅絶，其勢不暇一一檢閲細故，而省吏徑稟宰、丞請筆，以草檢令承從官賫赴郎官廳落日押字。謂宜遵守元豐及崇寧舊法，諸房各具簽帖，先都事自點檢，次郎官押訖，赴宰、丞請筆行下。於是詔曰：先帝肇正三省，詔給舍、都司以贊省務。今都司寖以曠官，緣省吏强悍，敢肆侵侮。自今違法事，其左右司官、尚書具事舉劾。

建炎三年，詔減左、右司郎官兩員，置中書門下省檢正諸房公事二員。至次年，檢正省罷，其左、右司郎官依舊四員。紹興三十二年，詔尚書省吏房、兵房，三省、樞密院機速房，尚書省刑房、户房、工房，三省、樞密院看詳賞功房，尚書省禮房，令左、右司郎官四員從上分房書擬。隆興元年，詔左、右司郎官各差一員。乾道六年，詔榷貨務都茶場依建炎三年指揮，委都司官提領措置。乾道七年，復添置右司郎官二人。

榷貨務都茶場都司提領。提轄官一員，京朝官充。監場官二員，京選通差。掌鹺、茗、香、礬鈔引之政令，以通商賈、佐國用。舊制，置務以通榷易。建炎中興，又置都茶場，給賣茶引，隨行在所榷貨務置場。雖分兩司，而提轄官、監官並通銜管幹。外置建康、鎮江務場，並冠以行在爲名，以都司提領，不係户部經費。建康、鎮江續分隸總領所。開禧初，以總領所侵用儲積錢，令徑隸提領所。乾道七年，提領所置幹辦官一員。

右提轄官與雜買務雜賣場、文思院、左藏東西庫提轄，並稱四轄。外補則爲州，内遷則爲寺、監丞簿，亦有徑爲雜監司，或入三館。乾道間，榷務王禋除市舶，左藏王揖除坑冶鑄錢司，淳熙間，熊克自文思除校書郎。紹熙以後，往往更遷六院官，或出爲添倅，有先後輕重之異焉。

左藏封椿庫都司提領。監官一員，監門官一員。淳熙九年，以都司提領。初創，非奉親與軍須不支。後或撥入内庫，或以供宫廷諸費，亦以備振恤之用。

提舉修敕令　自熙寧初，編修《三司令式》，命宰臣王安石提舉，是後，皆以宰執爲之。詳定官，以侍從之通法令者充，舊制二員；宣和中，增至七員；靖康初，減爲三員。删定官，無常員。先是，嘗别修一司敕命。大觀三年，詔六曹删定官併入詳定一司敕令所，爲一局。

制置三司條例司　掌經畫邦計，議變舊法以通天下之利。熙寧二年置，以知樞密院陳升之、參知政事王安石爲之，而蘇轍、程顥等亦皆爲屬官。未幾，升之相，乃言：條例者有司事爾，非宰相之職，宜罷之。帝欲併歸中書，安石請以樞密副使韓絳代升之焉。三年，判大名府韓琦言：條例司雖大臣所領，然止是定奪之所。今不關中書而徑自行下，則是中書之外又有一中書也。五月，罷歸中書。

三司會計司　熙寧七年，置於中書，以宰相韓絳提舉。先是，絳言總天下財賦，而無考較盈虚之法，乃置是司。既而事多濡滯，八年，絳坐此罷相，局亦尋廢。

編修條例司　熙寧初置。八年，罷。

經撫房　專治邊事。宣和四年，宰臣王黼主伐燕之議，置于三省，不復以關樞密院。六年，罷。

提舉講議司　崇寧元年七月，詔如熙寧條例司故事，都省置講議司。以宰相蔡京提舉，侍從爲詳定官，卿監爲參詳官；又置檢討官，凡宗室、冗官、國用、商旅、鹽鐵、賦調、尹牧，每一事各三人主之。時又分武備一房，别爲樞密院講議司。三年三月，知樞密院事蔡卞奏罷。三年四月結局。宣和六年，又於尚書省置講議司。十二月，命太師致仕蔡京兼領，聽就私第裁處，仍免簽書。

議禮局　大觀元年，詔於尚書省置，以執政兼領；詳議官二員，以兩制充。應凡禮制本末，皆議定取旨。政和三年，《五禮儀注》成，罷局。

禮制局　討論古今宫室、車服、器用、冠昏、喪祭沿革制度。政和二年，置於編類御筆所，有詳議、同詳議官，宣和二年，詔與大晟府製造所協聲律官並罷。

（清）徐松《宋會要輯稿·職官四·尚書省》　尚書都省。舊制：尚書令、左、右僕射、丞、左、右司郎中、員外郎主都省事。國朝以諸司三品以上官或學士一員權判。凡尚書諸司，悉他官主判。其事務至少者，但中書批狀，送印領判。都省總領省事，及集議、定謚、祠祭、受誓戒、在京文武官封贈、注甲、發付選人、出雪投狀、二十四司吏員遷補、納檢校官兑省禮錢、有議事注甲、白狀庫收造禮錢、公廨雜事。凡八案，二十四司，每季輪掌季帳，轉牒番宿。當季之司差人赴門下省承發制敕。省舊在興國坊，即梁太祖舊第。太平興國中，移於利仁坊孟昶舊第，頗宏敞。省中設都堂、左右丞、左右司郎中、員外廳事，東西廊分設尚書、侍郎廳事二，郎中、員外廳事六。職掌有都事、主事、令史、驅使官、散官五等。今尚書省尚書、侍郎至諸司郎中、員外止爲正官，以叙位禄，皆不職本司之事。【略】

《兩朝國史志》尚書都省：判省事一人，以諸司三品以上充，總轄二十四司及集議、定謚、文武官封贈、注甲、發付選人、出雪投狀之事。令史三人，驅使官三人，散官一人。本省官自令、僕至諸司郎中、員外郎止爲官名，以叙位禄，本司職守皆不與焉。元豐改制，官名則因其舊，而職守固不侔矣。

《神宗正史・職官志》：尚書省掌行天子之命令及受付中外之事。凡天下之務，六曹諸司所不能決、獄訟御史臺所不能直者，辨其是否而與奪之。應取裁者，隨所隸送中書省、樞密院。事有前比，則由六曹勘驗具鈔，令、僕、丞檢察無舛誤，書送門下省畫聞。朝廷有疑事，則集官議定以奏覆。考功所擬謚亦如之。糾正百官府之稽違，而考其故失輕重，以詔黜罰。季終具賞罰懲勸事付進奏院頒行。大祭祀，則執事官就受誓戒。凡分房十：曰吏房，曰户房，曰禮房，曰兵房，曰刑房，曰工房。各視其房之名，分掌六曹諸司所行之事。曰開拆房，主受發文書。曰都知雜房，主行進制敕目、班簿具員、賞功罰罪、都事以下功過遷補及在省雜務。曰催驅房，主行鉤考六曹稽失。曰制敕庫房，主行編類供檢敕、令、格、式，簡納架閣文書。《哲宗・職官志》同。《崇寧格》：吏房掌士之事，凡文武官轉官、循資、考課、避親、薦辟、考察、陞陟、恩賞、廢置、增減、致仕、假告、事故、分司、尋醫侍養、封贈、承襲、録用、磨勘、八路差官等，應吏部司封、司勳、考功所上之事。户房掌户税之事，凡土貢、孝義、繼嗣、券債、課入、支度應副邊防軍須、起發年額科買科撥、請給賞賜、寶貨漕運、市舶榷易、倉場儲積、支移折變、廢置陞降諸路州縣等，應户部度支、金部、倉部所上之事。禮房掌禮儀之事，凡道釋、祠祀、晏享、奉使、學校儀式制度、喪葬、醫藥、樂人等，應禮部祠部、主客、膳部所上之事。兵房掌軍政之事，凡民兵、武士、地圖、方域、城隍、烽候傳驛、厩牧、軍器、儀仗、接送、般家、禁軍闕額、請給等，應兵部職方、駕部、庫部所上之事。刑房掌刑獄賊盗之事，凡捕盗、理雪、叙復、移放、配隸、關津、道路、門鎖、幾察、驗屍、贓賞、申明條法等，應刑部都官、比部、司門所上之事。工房掌工作之事，凡營造、鼓鑄、屯田、塘濼、官莊、職田、山澤、畋獵、橋梁、舟車、川瀆、河渠、工匠等，應工部屯田、虞部、水部所上之事。奏鈔吏（部）〔房〕掌吏部奏擬官員、轉官、循資、差注、封贈、恩澤之事。案鈔刑房掌刑部擬斷案鈔之事。知雜房掌省官替上奏事，進制敕目，班簿具員，考察賞功罰罪、吏人功過，遷補宿直，凡在省雜務之事。開拆房掌受付文書並發遞之事。内降房掌受付内降之事。催驅房掌催驅在省文字，勾銷已未結絶事目，點檢諸房稽遲之事。點檢房掌專一點檢諸房差失之事。制敕庫房掌敕書編録供檢條法之事。架閣庫掌架閣文字之事。官九：令，左、右僕射，丞，左、右司郎中，員外郎，各一人。吏六十有四：都事三人，主事六人，令史十有四人，書令史三十有五人，守當官六人。《哲宗・職官志》同。《崇寧格》人額：都事七人，主事六人，内未名帶守闕字令史十四人，書令史三十一人，守當官十六人，守闕守當官一百五十人。今正一品，掌佐天子，議大政，奉所出命令而行之。大事三省通議，則同執政官合班。小事尚書省獨議，則同僕射、丞分班論奏。若事由中書、門下而有失當，應奏者亦如之。與三師、三公、侍中、中書令俱以册拜，國朝以來未嘗除。惟親王元佐、元儼以使相兼領，不與政，不置廳事之所。左僕射、右僕射從一品，掌貳令之職。大祭祀則掌誓戒，視滌濯告潔，奉玉幣進爵。國朝同中書門下平章事爲宰相，以僕射爲所遷官名。若罷平章事而官已至僕射者，仍舊領之。元豐中，釐正省、臺、寺、監職事，舊居此官者換授階官，爲特進。（今）〔令〕闕，則僕射爲宰相之任。左丞、右丞正二品，掌貳僕射之職。大祭祀酌獻，薦饌進熟，則受爵酒以授僕射。國朝以爲官名，班六曹尚書下。及官制行，升其職秩，遂爲執政官。

（清）徐松《宋會要輯稿・職官四・都司左右司》《神宗正史・職官志》：左司郎中、右司郎中各一人，正六品；左司員外郎、右司員外郎各一人，從六品。掌受付六曹諸司出納之事，而舉正其稽失，分治省事。左司治吏、户、禮、奏鈔、班簿房，右司治兵、刑、工、案鈔房，而開拆、制敕、御史、催驅、封樁、知雜、印房則通治之。凡文書至，注月日於牘背，付所隸房訖，擬所判赴僕射請筆，然後授之有司。初，於都司置吏設案，而議者謂臺郎宰掾不當自爲官司，遂隨尚書省諸房分治所領之事。惟置手分、書奏各四人，主行試補省吏及校定都事以下功過。

紀事

（宋）葉夢得《石林燕語》卷六 自官制行，以給事中、中書舍人爲兩省屬官，皆得預聞兩省之事。初，舍人既沿舊制，差除有未審當，皆得直封還詞頭；而給事中有所駁正，則先使諳執政，禀議有異同，然後繳奏以聞。韓儀公爲給事中，建言兩省事體均一，不應一得直行，一須禀議，遂詔如舍人。然舍人於中書事，皆得于檢後通書押，而給事中則但書録黄而已。舒通道爲給事中，復以爲言；王文恭爲相，時以白上。神宗曰：造令與行令不同，職分宜別，給事中不當書草。遂著爲令，迄今以爲定制也。

（宋）留正《皇宋中興兩朝聖政》卷五《高宗皇帝・合三省爲一》〔建炎三年夏四月〕庚申，尚書右僕射兼中書侍郎呂頤浩改同中書門下平章事，仍兼御營使，尚書右丞李邴改參知政事。時言者復引司馬光併三省狀，請舉行之。詔侍從臺諫議，御史中丞張守言光之所奏較然可行，若更集衆徒爲紛紛，既而頤浩召從官九人至都堂言委可行，悉無異論。頤浩乃請以尚書左右僕射並同中書門下平章事，門下中書侍郎並爲參知政事，尚書左右丞並減罷。自元豐改官制，肇建三省，凡軍國事，中書揆而議之，門下審而復之，尚書承而行之。三省皆不置官長，以左右僕射兼兩省侍郎，二相既分班進呈，自是首相不復與朝廷議論。宣仁垂簾，大臣覺其不便，始請三省合班奏事，分省治事。歷紹聖至崇寧，皆不能改。議者謂門下既相同進公事，則不應自駁已行之命，是東省之職可廢也。及是，上納頤浩等言，始合三省爲一，如祖宗之故，論者韙之。

（宋）留正《皇宋中興兩朝聖政》卷五《高宗皇帝・復置兩省檢正》〔建炎三年五月〕己亥，都省言自兵興以來，天下多事，四方文移增倍於前日，宰執精力疲耗於案牘，而邊防軍政所當急者反致稽緩，此無他，中書別無屬官故也。望用熙寧故事，復置中書門下省檢正官二員，分書六房事，省左右司郎官二員。從之。

（宋）李燾《續資治通鑑長編》卷三四五《神宗元豐七年》　戊子，三省言：工部郎中、權左司范子奇言：尚書左、右司獨創增吏額，分爲別司，非是。欲乞依門下、中書省例，每有判送文字，更不離房，事重者郎官親呈，事輕則擬定，令本房請判筆。從之，令左右司著爲令，其吏人遺歸逐處。

（宋）李燾《續資治通鑑長編》卷三七五《哲宗元祐元年》　三省言：中書省諸房承受到尚書省取旨文字，如有進呈訖，留俟呈後并不行文字，並限三日內報知尚書省。其勘會未圓、須合再行取會者，亦限半月一次，具見取會未絶事目報尚書省。諸房各置送中書省文字簿，候報到勾銷。從之。前此，尚書省言：令中書省諸房各置尚書送本省取旨簿，隨時緊慢，關會舉催。復有是請。

（宋）李燾《續資治通鑑長編》卷三七六《哲宗元祐元年》　劉摯言：伏見昨者朝廷改行官制，於尚書省六曹二十四司，置尚書、侍郎、郎中、員外郎；於寺監，置長、貳、丞、簿。隨官設吏，上下畢具，所以稽古立制，誠太平盛觀也。然職司有繁簡，而一向備官，官吏有勞佚，而一等制禄，臣於是疑其冗員而濫費也。今陛下施恩於天下，薄征斂，弛逋負，凡取於民者皆有道，而用之猶不以節，則非所謂量入以爲出也。臣嘗夙夜求其策，竊以謂汰冗官，裁冗吏，亦省事息費之一端也。臣欲乞特賜指揮，檢勘尚書二十四司之事職簡少者，及寺監之閑慢無益者，皆祖宗以來存其名、闕其人者，而今所置官吏，皆一切減罷，以其事付諸司，及事之所隸使領之。蓋自省曹寺監並置以來，離析事務，互相推移，各不任責，故文書壅滯，人被其患。今不有所損益，以便今之宜，而徒欲慕古，是所謂虛名受實弊者也。

三省言：尚書六曹職事閑劇不等，今欲減定員數，事至簡者以比司兼領。司封、司勳、倉部、祠部、駕部、比部、水部各減一員，以主客兼膳部，職方兼庫部，都官兼司門，屯田兼水部，定爲三十五員。從之。

（宋）李燾《續資治通鑑長編》卷四一九《哲宗元祐三年》　庚申，置六曹尚書權官，俸賜依六曹侍郎守法，敘班在試尚書之下，雜壓在左右常侍下，滿二年取旨。

六部

論説

（宋）曾鞏《曾鞏集》卷二四《制誥擬詞・吏部尚書制》　尚書政本，而吏部天官，所以考擇人材，以成天下之務。近世既失其職，但受成事而已。今朕既正官名，且將歸其屬任。立法之始，推行在人。其於程能議功，定勳頒爵，當率厥屬，謹循科條，非得周材，曷稱茲位。某忠厚仁篤，秉義守正。列於侍從，休有令名。是用選而授之，其務將明。使朕所以作則垂憲，不獨於今可行，方當施之後世。蓋汝有稱職之美，則朕有知人之明。尚其懋哉，無替厥服。

（宋）曾鞏《曾鞏集》卷二四《制誥擬詞·吏部侍郎制》 尚書本天下之務，而吏部典掌選舉，至於所屬之曹，有行封爵、議勳庸、稽功課之事，咸以咨焉。近世以來，職分於他司，而位爲虛器。今朕董正治官，使歸其名分，豈虛爲哉？固將循之以求其實。蓋明紀綱，定制度，以釐百工，熙庶績，此朕志也。侍郎實貳其長，非獨當修其官，且將推明新制，以行今而傳後。則其選授，豈不重哉？某文學行義，有聞於時。列於從官，獻納惟允。是用命爾，實首茲選。其體予所以擇而使爾之意，務祗厥服，使政舉法行，稱朕之意。惟爾亦永有稱於後世，可不勉歟。

（宋）吕陶《净德集》卷八《内外制·吏部郎中制》 敕。文昌六官，分董天下之務，而吏部最號要劇。蓋萬官之衆，流品有清濁，資格有先後，法不歸一。吏能爲姦，夫欲銓綜至當，而選授之路，不失于紛縟，則小宰之任，安可虛授其人哉。以爾具官某，學而從政，志尚不苟，更涉中外，風迹可稱。擢其規鑒之明，處以銓衡之貳。昔韋涉以嚴整稱職，孝本以清慎服人，勉蹈前修，無忝朕命。

（宋）曾鞏《曾鞏集》卷二四《制誥擬詞·户部尚書制》 户部之於中臺，爲周官司徒之職。掌財賦之調度，金穀之出入，以待邦國之用。歷唐五代，征斂煩興，而使名雜出。地官之職，蓋存虛號而已。今朕正名以定羣臣之位，辨位以責庶務之實。尚書政本，典領經費之司，所屬尤重。博求天下之士，以宜其官。某誠篤強敏，智慮精密。董煩治劇，材力有餘。民曹上卿，無以易汝。理財之術，待汝有爲。今歲入甚廣，而歲費所餘者無幾。使官用有節，而餘蓄可致；公藏贍足，而民賦可輕。在爾能知其方，庶幾承朕之志。尚懋爾守，以承厥叙。

（宋）曾鞏《曾鞏集》卷二四《制誥擬詞·户部侍郎制》 田疇生齒之籍，穀帛貨泉之計，下以制民之產，上以經國之用，地官之貳，實參總焉。朕方因能以用人，正名以授職，俾服予事，必惟其材。某頃以通敏之資，久更要劇之任。往副民部，孰如爾宜？夫知農之艱難而有以勸助，視財之豐匱而有以均節。使公藏贍足，而私蓄羨盈。朕將觀爾之能，爾其無懈於位。

（宋）蘇轍《欒城集》卷四〇《右司諫論時事十七首·論户部乞收諸路帳狀》 准尚書户部牒，元祐元年七月二十五日敕節文：

一、府界諸路州軍錢穀文帳，舊申三司，昨撥歸逐路轉運提刑司點磨，歲終刑部尚書點取勾訖帳勘覆。今上件諸州軍錢穀文帳，欲收歸户部點磨。

一、府界諸路州軍常平等錢穀文帳，舊申司農寺，昨撥歸逐路提舉司點磨，户部右曹歲取提舉司勾訖帳赴部點磨。今上件諸州軍錢穀文帳，欲收歸户部點磨者。

右臣竊聞熙寧以前，天下財賦文帳，皆以時上於三司。至熙寧五年，朝廷患其繁冗，始命曾布删定法式。布因上言：三部胥吏所行職事非一，不得專意點磨文帳。近歲因循不復省閱，乞於三司選吏二百人顓置一司，委以驅磨。是時朝廷因布之言，於三司取天下所上帳籍視之，至有到省三二十年不發其封者。蓋州郡所發文帳，隨帳皆有賄賂，各有常數，常數已足者皆不發封，一有不足即百端問難，要足而後已。朝廷以布言爲信，帳司之興，蓋始於此。張設官吏，費用錢物。至元豐三年，首尾七八年間，帳司所管吏僅六百人，用錢三十九萬貫，而所磨出失陷錢止一萬餘貫。朝廷知其無益，遂罷帳司，而使州郡應申省帳皆申轉運司。内錢帛、糧草、酒麴、商税、房園、夏秋税管額納畢，鹽帳、水脚、鑄錢、物料、稻糯帳，本司别造計帳申省。其驛料、作院、欠負、修造、竹木、雜物、舟船、柴炭、修河物料、施利橋船物料、車驢草料等帳勘勾訖架閣。蓋謂錢帛等帳，三司總領國計，須知其多少虛實，故帳雖歸轉運司，而又令别造計帳申省。至於驛料等帳，非三司國計虛贏所繫，故止令勘磨架閣。又諸路轉運司與本部州軍地里不遠，取索文字近而易得。兼本道文帳數目不多，易以詳悉。自是外内簡便，頗稱允當。今户部所請收天下諸帳，臣未委爲收錢帛等帳耶，爲并收驛料等帳耶？若盡收諸帳，爲依熙寧以前不置帳司，不添吏人耶？爲依熙寧以來復置帳司，復添吏人耶？若依熙寧以前，則三二十年不發封之弊行當復見；若依熙寧以來，則用吏六百人磨出失陷錢一萬餘貫，而費錢三十九萬貫之弊亦將復見。臣乞朝廷下户部，令子細分析聞奏。

然臣竊詳司馬光原奏，自改官制以來，舊日三司所掌事務，散在六曹及諸寺監，户部不得總天下財賦，帳籍不盡申户部，户部不能盡天下錢穀之數。欲乞令户部尚書兼領左右曹，其舊三司所管錢穀財用事有散在五曹及諸寺監者，並乞收歸户部。推其本意，蓋欲使天下財用出納舒卷之柄一歸户部，而户部周知其數而已。今户部既已專領財用，而元豐帳法，轉運司常以計帳申省，不爲不知其數也。雖更盡收諸帳，亦徒益紛紛，無補於事矣。臣謂帳法一切如舊甚便，乞下三省公議，然後下户部施行。謹録奏聞，伏候敕旨。

（宋）曾鞏《曾鞏集》卷二四《制誥擬詞·禮部尚書制》　昔舜命伯夷典禮，后夔典樂，至周並爲宗伯之官，今禮部尚書蓋其任也。威儀度數之詳，聲音律吕之別，莫不屬焉。精微之至，所以統和天人，順遂萬物，其體可謂大矣。矧今典領，實又考擇天下之材，夫能無曠其官，以充吾所以寄屬之意，歷選在位，今得其人。某明允直清，知經信道。制作之事，舊惟討論。春官古卿，是用授汝。朕承百王之敝，方欲作則垂憲，以成一代之典，使五禮之節同於天地，八音之和格於祖考，天下智謀材諝之士得而用之。待汝能稱其官，庶幾輔予於治。無懈於位，以副朕知。

（宋）曾鞏《曾鞏集》卷二四《制誥擬詞·禮部侍郎制》　夫禮之節文，樂之和聲，所以成三材而育萬物。典掌之任，秩亞春官。朕方考正百工之名，而大修法度之政，其於寄屬，必惟其人。某材出士倫，學通經術。宗伯之貳，爾往欽哉。其思先王制作之方，而務知治民易俗之要，其於禮體，非在於鐘鼓玉帛而已。尚稱厥職，以副予作則垂憲之心，可。

（宋）曾鞏《曾鞏集》卷二四《制誥擬詞·兵部尚書制》　中臺政事所出，兵部司馬之任，所以典總師徒，揚國威武。至於按圖辨地，駕乘庫兵，司存之事，莫不咨焉。今朕考古以正官儀，將使處其名者必效其實，由是以推朕之志，明紀綱、成法度焉。八座之貴，夫豈輕以屬人？某明達事機，好謀能斷。列於侍從，忠益居多。夏官古卿，是用顯授。朕患今之兵不與農合，故因保伍之法，修閱試之令。庶夫使民知兵，近於古義。夫究宣朕意，使吏能奉承而民皆嚮勸，以共武之服。時汝稱職，可不勉與。

（宋）曾鞏《曾鞏集》卷二四《制誥擬詞·兵部侍郎制》　夫兵天下之備，誰能去之？自士不出於井地，而將非六事之人，歷世以來，皆知古之宜復，而患夫勢之難行。朕獨慨然有志於是，故修保伍之令，明戰陣之教。先王之迹，庶或可幾。經營之勤，心亦至矣。惟是夏卿之亞，實參典領之司。方正官儀，尤慎推擇。其材敏忠篤，明習治體。圻父之貳，往惟汝諧。夫能獎誘務農之民，悦趨講武之政，馴致有漸，而彌綸不疏，惟無廢爾之勤，可以輔朕之志。尚思自勉，以服訓辭。

（宋）曾鞏《曾鞏集》卷二四《制誥擬詞·刑部尚書制》　昔舜命臯陶曰：汝作士，明於五刑，以弼五教。蓋刑者所以助治，而非致治之本也。其縱入輕重得失之際，人之舒慘繫焉，此古之聖王所以未有不先慎罰也。今朕悉心以正庶官之任，而中臺八座，典司邦禁，選用之體，得人惟艱。某明允通博，資以術學，服采於位，厥聲顯聞。秋官古卿，是用命汝。蓋前世之治，斫雕爲樸，破觚爲圜，而憲網疏，風俗美，朕甚慕焉。爾尚體朕之心，折民以恕，使辨訟自息，而王政寖明。可不勉歟，以輔台德。

（宋）曾鞏《曾鞏集》卷二四《制誥擬詞·刑部侍郎制》　刑者所以禁人爲非，而聖王之所尤慎。中臺總領之任，秩貳秋官之崇，朕方正名以稽羣吏之治，而大修制度之文，必惟其人，俾服予采。其慈恕忠篤，明習法令。參執邦典，莫如汝宜。夫能使民無冤，亦已善矣，推之可以至於使民無訟。爾尚勉哉，以承予綱紀四方之志。

（宋）曾鞏《曾鞏集》卷二四《制誥擬詞·工部尚書制》　昔舜咨於衆：疇若予工？羣臣薦垂，往祗厥叙。蓋繕修興造，程衆藝，飭五材，國家之務，不可以不屬之其人。今中臺起曹，實踐其任，矧屯田、虞衡、平水之職，莫不隸焉。正名之初，其選尤重。其材力強敏，周於計畫。更閲内外，時稱汝能。俾服冬官，蔽自朕志。夫詳明品式，以訓匠建事，使費省於國，力寬於人，至於墾地、山林、溝洫之政，莫不畢舉，皆汝守也。其尚懋哉，以率厥屬。

（宋）曾鞏《曾鞏集》卷二四《制誥擬詞·工部侍郎制》　夫飭五材，程匠事，國家之務所不可已也。故共工之貳，任屬非輕。朕方若稽舊章，財正官號，思得智能之士，以副采擇之詳。某開達敏強，明習典故。冬官寵列，俾介厥司。考究制度之文，紀綱修繕之政。在爾能舉其職，以稱吾經理萬事之心。其尚懋哉，往祗厥服。

綜 述

（宋）岳珂《愧郯録》卷四《尚書之名》　今世爲尚書者，尚字皆從平聲，都省之名亦然。珂嘗竊疑其義，有所未解，考之《宋書·百官志》而後知其訛。志之言曰：尚書，古官也。舜攝帝位，命龍作納言，即其任也。《周官·司會》鄭元云：若今尚書也。秦世少府遣吏四人在殿中主發書，故謂之尚書。尚猶主也，漢初有尚冠、尚衣、尚食、尚浴、尚席、尚書，謂之六尚。戰國時已有尚冠尚衣之屬矣，秦時有尚書令、尚書僕射、尚書丞，然則尚書之稱當從去聲而非平聲，亦既明甚。第鄭康成注《周禮·司會》曰司會計官之長，若今尚書。唐陸德明釋其音曰常，雖有此據，了不知其義之所繇取，此殆今世襲稱之始也。徽宗朝，復殿中省有六尚，今内省品秩猶有尚宫等謂稱，益無可疑云。

（宋）李燾《續資治通鑑長編》卷三三九《神宗元豐元年》　中書舍人趙彦若等言：六房公事，乞據舍人員數分領，以吏、户、禮、兵、刑、工爲次。其主事、班簿、制敕庫房並通領。從之。

（宋）留正《皇宋中興兩朝聖政》卷一九《高宗皇帝·論六部不任事》〔紹興六年〕五月戊辰朔，輔臣進呈殿中侍御史石公揆論六部不任責事。上曰：六部長貳侍從高選，自當一面裁處，豈有不能決斷一部事，而一旦爲執政便能決斷天下事耶。

（清）徐松《宋會要輯稿·職官一六·侍郎》　六部侍郎，宋以爲階官。至元豐官制行，始有職掌。元祐二年初置權侍郎，從四品。如未曆給事中、中書舍人及侍制以上者，並帶權字，禄賜比諫議大夫。崇寧罷權侍郎。建炎四年五月，詔六曹復置權侍郎，如元祐故事，滿二年爲（貞）〔正〕。

（宋）王栐《燕翼詒謀録》卷二《考課院更名》　皇朝吏銓，不曰尚書吏部，而曰考課院，其上著京朝官幕職州縣官以别之。淳化四年二月丙戌，詔改考課京朝官院爲審官院，考課幕職州縣官院爲考課院，而總謂之流内銓云。

（元）馬端臨《文獻通考》卷五二《職官考·吏部尚書》　宋朝典選之職，自分爲四：文選二，曰審官東院，太平興國六年命郭贄考京朝官課。淳化二年，置磨勘京朝官院，又以興國中所置差遣院併入，號磨勘差遣院，亦名考課院。淳化四年，以考課京朝官院爲審官院。而《涑水記聞》云太宗患中書權太重，向敏中時爲諫官，請分中書吏房置審官院，刑房置審刑院。熙寧間置審官西院，以主武選，於是改審官院爲審官東院焉。曰流内銓。《實録》：淳化四年，以幕職州縣考課院歸流内銓，命翰林學士蘇易簡領其事。自後命近臣主之。武選二，曰審官西院，《涑水記聞》云：王介甫與韓子華合謀，欲沮文潞公，且奪其權。一日發中旨置審官西院，樞密初不知也。曰三班院。《實録》：淳化三年詔置三班院，以崇儀副使蔚進掌之。先是，供奉官等悉隸宣徽院。至是，别置三班院以考殿最，自後多命近臣以主之。元豐定制，以審官東院爲尚書左選，審官西院爲尚書右選，流内銓爲侍郎左選，三班院爲侍郎右選。《道鄉集·蘇丞相行狀》：唐制，文選掌於吏部，武選則兵部主之。掌文武官選授、勳封、考課之政令。文臣寄禄官自朝議大夫、職事官自大理正以下，非中書省敕授者，歸尚書左選；武臣升朝官自皇城使、職事官自金吾衛仗司以下，非樞密院宣授者，歸尚書右選；自初仕至州縣幕職官，歸侍郎左選；自借差、監當至供奉官、軍使，歸侍郎右選。凡分職爲三，封爵、贈官之事則司封主之，賜功定省之事則司勳主之，官資、課最、名謚之事則考功主之。凡應注擬、升移、叙復、蔭補，及酬賞、封贈者，隨所分隸校勘法例，團甲以上尚書省，即法例可否不決應取裁者，亦如之。若中散大夫、閤門使以上，則列遷叙之狀上中書省、樞密院，得盡給告身，則通書尚書侍郎及所隸郎官。《續會要》。尚書左、右選凡十五案，左選：掌闕案，知闕案，六品案，七品案，八品案，九品、知雜上案、下案，甲庫案。右選：流擬案，大使臣案，小使臣案，甲庫案，掌注案，知雜案，告身案。侍郎左、右選凡十五案，左選：注擬、知闕案，補闕案，參軍上案、下案，主簿上案、下案，縣尉上案、下案，入宫案，甲庫案，格式案，過院案。右選：注擬上案、下案，供奉官案，殿直案，甲庫案，掌法案，知一案。而四選密矣。

尚書：從二品，掌文武之選事而奉行其制命。凡天下員闕具注諸籍，月取其應選者揭而書之，集官注擬，考其閥閲以定可否。凡選授、封爵、功賞、課最之事，皆所隸郎官驗實而後判成焉。若有疑不能決，則稟議於尚書省，即應論奏，與郎官同上殿。侍郎：從三品，掌文臣未改秩者。

凡始命或有殿負，皆試而後選。若應遷格則團甲，同郎官引見於便殿，稟奏改官。右選，掌武臣未升朝者。凡所任而試不中等，及已入官而未應選者，皆勿注正闕。若選路分都監、將官、閤門祇候、都總管司承受，皆以名上樞密院。視朝入閤，則執文武班簿對立。官制行，尚書、侍郎同治曹事，奏事則同班；惟吏選分領四選，有所論奏，則各以選事同所隸郎官上殿。元豐寄禄，吏部尚書爲金紫光禄大夫，六部侍郎爲正議大夫。南渡初，諸曹尚書、侍郎互置，惟吏部備官。紹興八年，依元祐制，六曹皆置權尚書，以處未應資格之人。建炎四年，六曹置權侍郎，如元祐制，滿二年爲真，補外者除待制，未滿除修撰。舊制，吏部除侍郎二員，分典左、右選，總稱吏部侍郎，間命官兼攝，惟稱左選侍郎或右選而已。紹熙三年，謝深甫、張叔椿兼攝，始有侍左侍郎、侍右侍郎之稱。既而自林大中、沈揆擢貳尚書，則侍左侍右徑入除目，相承不改。郎中：主管尚書左、右選；及侍郎左、右選各一員，參掌選事而分治之。凡郎官，並用知縣資序以上充，未及者爲員外郎。元豐寄禄爲朝請大夫。建炎四年，詔權攝、添差郎官並罷。初進擬，第云吏部郎官；及擬告身細銜，始具言吏部尚書郎中或員外郎，主管尚書某選，主管侍郎某選。紹興間，吕希常以監六部門兼權侍右侍郎。李端民正除尚右郎官，既而何俌、楊倓、費行之除吏部郎官，皆有侍左、侍右、尚左、尚右之稱。自此相承不改。乾道元年，詔：令後非曾任監司、守臣，不除郎官，著爲令。自是館學、寺監丞，拘礙資格，遷除不行。郎曹闕員，但得兼攝，旋即外補；間有不次擢用者，則自二著躐升二史，以至從列。其自外召至爲郎，則資級已高，曾不數月，即序進卿、少，而郎有正員者益少矣。司封：判司事一人，初以無職事朝官充。凡封爵之制，一出於中書，本司但掌定謚先期戒本部赴集而已。元豐官制行，始實行本司事，掌封爵、叙贈、奏蔭、承襲之事。寄禄爲朝請大夫。司勳：掌勳賞事。凡勳十有二級，自上柱國至武騎尉。自從七品推而上之至正三品，三歲一遷，必因其除授以加之。凡賞有格，若事應賞，從所隸之司考實以報，審核以上尚書省。寄禄爲朝請大夫。隆興初，詔省並司勳郎中，以司封郎中兼領。考功：判司事一人，以帶職朝官或無職事朝官充。凡考課之法分隸他司，或以他司專領，本司但掌覆太常擬謚及幕府州縣官流外較考之事。元豐官制行，郎中、員外郎始實行本司事。《續會要》。初除蔡峋、蔡京《職略》。掌文武遷叙、磨勘、資任、考課之政令。凡命官，隨所隸選，以其職事且注於曆，給之於其屬州若司，歲書其功過，應升遷選授者，驗曆按法而叙進之；有負殿，則正其罪罰。以七事考監司，以四善、三最考守令。凡改服色者，以年勞計之。應謚者，覆太常所定行狀，報尚書省官集議以聞。凡立碑碣名額之事掌之。舊置考課院，其定殿最皆有考辟，元豐悉罷。分案十有七。五品案、六品案、七品案、八品案、九品案、職官案、參軍案、令丞案、主簿案、縣尉案、使副案、供奉官案、資任案、校定案、法案、知雜案。元祐三年，詔：知州課法，吏部上其事於尚書省，送中書省收旨。縣令以下，本部專行。官告院：主管官二員。舊制，掌吏、兵、勳、封官告，以給妃嬪、王公、文武品官、內外命婦及封贈者。官制行，四選皆用吏部印，惟蕃官用兵部印。凡綾紙幅數標軸名色，皆視其品之高下，應奏鈔劃聞者給之。大觀並歸尚書省，政和仍歸吏部差主管官。

《宋史》卷一六三《職官志》　吏部　掌文武官吏選試、擬注、資任、遷叙、蔭補、考課之政令，封爵、策勳、賞罰、殿最之法。凡文階官之等三十，武選官之等五十有六，幕職、州縣官之等七，散官之等九，皆以左右高下分屬於四選。曰尚書左選，文臣京朝官以上及職任非中書省除授者悉掌之。曰尚書右選，武臣升朝官以上及職任非樞密院除授者悉掌之。自初任至幕職、州縣官，侍郎左選掌之。自副尉以上至從義郎，侍郎右選掌之。若文武官雖不隸左右選，而職任係中書省、樞密院除授者，其制命誥敕，皆本部奉行。凡應注擬、升移、叙復、蔭補及酬賞、封贈者，所隸審驗格法上尚書省，法例可否不決應取裁者，亦如之。若中散大夫、左右武大夫以上合命詞者，列其遷叙資級、歲月、功過上中書省、樞密院，畫旨給告，通書本部長貳及所隸郎官。其屬有曰司封，曰司勳，曰考功。凡官十有三：尚書一人，侍郎一人，郎中、員外郎，尚書選二人，侍郎選各一人，司封、司勳、考功各一人。

舊制有三司，尚書主其一，侍郎二員各主其一，分銓注擬事。其後，但存尚書銓，餘東西銓印存而事廢。淳化中，又置考課院，磨勘幕府、州縣功過，引對黜陟。至道二年，以其事歸流內銓。判流內銓事二人，以御史知雜以上充。掌節度判官以下州府判司、諸縣令佐擬注對揚、磨勘功過之事。判部事二人，以帶職京朝官或無職事朝官充。凡文吏班秩品命令一出於中書，而小選院既不復置，本曹但掌京朝官叙服章、申請攝官、訃吊祠祭，及幕府州縣官格式、闕簿、辭謝，拔萃舉人兼南曹甲庫之事。流外銓，掌考試附奏諸司人吏而已。南曹掌考驗選人殿最成狀而送流内銓，闕試、勾黄、給曆之事。甲庫掌受制敕黄，闕給籤符優牒，選人改名廢置之事。初，淳化三年，置磨勘京朝官院。四年，改。太平興國中，置差遣院，至是併入審官院。置知院二人，以御史知雜以上充。舊以朝官充。掌考校京朝官殿最，叙其爵秩而詔於朝，分擬内外任使而奏之。

元豐官制行，六曹尚書、侍郎爲長貳，郎官理郡守以上資任者爲郎中，通判以下資序者爲員外郎。除授皆視寄禄官，高一品以上者爲行，下一品者爲守，下二品以下者爲試，品同者不用行、守、試，餘職準此。元祐初，置權尚書，奉賜依守侍郎，班序在試尚書之下，雜壓在左、右常侍之下。又置權侍郎，如未歷給事中、中書舍人及待制以上者，並帶權字，禄賜比諫議大夫。郎官雖理知州資序，未曾實歷知州及監司、開封府推官者，止除員外郎。又詔，職事官除去行字一等。又以六曹職事閑劇不等，減定員數，事簡者他司兼領，司封、司勳各減郎官一員。紹聖初，詔元豐法以行、守、試制禄三等。元符元年，吏部言：元祐法，小使臣只降宣劄，但務從簡，於理未安，請自借職而上依元豐法給告。從之。崇寧元年，詔：大宗正丞，大理正，諸寺監丞，太學、武學、律學博士，太學正、録，諸宫院、諸州教授，堂除外，其吏部闕不許占差已授未赴及初到任人。二年，詔：十年不到部者，依《長定格》與降一官；二十年以上，則除其籍。靖康元年七月，詔以吏部四選逐曹條例編集板行。八月，臣僚言：祖宗時未有宗室參部之法，神宗時，始選擇差注一二。崇寧初，立法大優，宗室參選之日在本部名次之上，既歷年月深遠勞効顯著之人，復著名州大郡優便豐厚之處。議者頗欲懲革，不注郡守、縣令，與在部人通理名次。從之。

尚書　掌文武二選之法而奉行其制命。凡序位有品，寓禄有階，列爵有等，賜勳有給，分任有職，選官有格，考其功過，計其歲月，辨其位秩，而以序進之。凡文臣自京朝官，武臣自大使臣以上，舊内殿崇班以上。選授、封爵、功賞、課最之事，所隸官分掌其事，兼總於尚書，驗實而後判成。以天下職事員闕具注於籍，月取其應選者揭而書之，集官注擬，考閥閲以定其可否。若有疑不能決，小事則申請，大事則稟議於尚書省，應論奏者與郎官同請對。大祭祀則奉玉幣以授左僕射，執爵以授左丞。舊，尚書爲所遷官名，班左丞上。自釐正百司，吏部以金紫光禄大夫，户、禮、兵、刑、工部以銀青光禄大夫換授，而任六曹尚書者，始實領職事。左選分案八，置吏三十；右選分案六，置吏十有六。曰主事、令史，曰書令史，曰守當官。二十四司亦如之。南渡初，諸曹長貳互置，惟吏部備官。紹興八年，依元祐制，六曹皆置權尚書，以處未應資格之人。其屬有侍郎二人，分左、右選。尚書左、右選各置郎中一人，侍郎左、右選各置郎中一人，司封、司勳、考功各一人。郎官分掌其事，而兼總於尚書。左選，掌考校京朝官以上殿最，叙其爵秩，擬内外任使而奏授之。分案十二：曰六品，曰七品，曰八品，曰九品，曰注擬，曰名籍，曰掌闕，曰催驅，曰甲庫，曰檢法，曰知雜，曰奏薦賞功司。吏額，主事一人，令史二人，書令史九人，守當官一十一人，正貼司一十六人，私名一十二人，楷書二人，法司一人。官告院六部監門隸焉。右選，掌大使臣以上差注，材武人有格二十一，及破格出闕，較量功過，奏薦諸軍賞功。分案十：曰大夫，曰副使，曰修武，曰注擬掌闕，曰奏薦賞功，曰開拆，曰名籍，曰甲庫，曰法司，曰知雜。吏額，主事一人，令史二人，書令史九人，守當官一十二人，正貼司八人，私名一十人，法司一人。紹熙三年，左司諫謝源明言：乾道九年詔旨：六部應承三省、密院批送勘當文字，並令本部郎官、長貳按法裁決可否，申上朝廷施行。即不得持兩端。如或事有疑難，及生創無條例者，令長貳據所見申明將上取旨。乞明詔六曹遵守。從之。

侍郎　分左右選：左選，掌文臣之未改官者。凡始命而未應參部者，皆試而後選。若應格，則具歲月歷任功罪及所舉官員數，同郎官引見於便殿，稟奏改官。右選，掌武臣之未升朝者。舊自供奉官以上。其職任自親民官至部隊將、監當官，皆掌其選授注擬之法。凡初仕而試不中等，及已入官而未應選者，皆勿注正闕。官制行，尚書、侍郎通治曹事，奏事則同班，惟吏部分領四選。大祭祀則舉玉幣置諸案，薦饌則進摶黍，進熟則執匏爵以授右丞，飲福則奉爵，視朝則執文武班簿對立，以待顧問。左選分案十五，置吏四十有三，右選分案八，置吏四十有七。紹興四年，吏部侍郎葉祖洽言：侍郎左選，準元豐朝旨，類姓置簿。左右選理宜一體，右選亦乞置簿拘轄功過。從之。建炎四年五月，詔六曹復置權侍郎，如元祐故事，滿二年爲真。補外者除待制，未滿，除修撰。左選，掌承直郎以下擬注州府判司、諸縣令佐、監當及磨勘功過之事，分案十三。乾道裁減吏額，共置五十五人。右選，掌校副尉以上較試、擬官、行賞、換官，考其殿最，分案十五。乾道裁減吏額，共置四十八人。舊制，吏部除侍郎二員，分典左、右選，總稱吏部侍郎。間命官兼攝，惟稱左選侍郎或右選而已。紹熙三年，謝深甫、張叔椿兼攝，始有侍左侍郎、侍右侍郎之稱。既而林大中、沈揆擢貳尚書，則侍左侍右徑入除目，相承不改。

郎中　員外郎尚左　尚右　侍左　侍右　舊主判二人，以朝官充。元豐官制行，置吏部郎中，主管尚書左、右選及侍郎左、右選各一員，參掌選事而分治之。凡郎官，並用知府資序以上人充，未及者爲員外郎。建炎四年，詔權攝、添差郎官並罷。初進擬，第云吏部郎官；及擬告身細銜，始直書尚書吏部郎中或員外郎，主管尚書某選，主管侍郎某選。紹興八年，吕希常以監六部門兼權侍右郎官。紹興三十一年，李端明正除尚右郎官，既而何俌、楊倓、費行之除吏部郎官，皆有侍左、侍右、尚左、尚右之稱。自此相承不改。淳熙十六年，光宗即位，詔四選通差，用尚書顔師魯之請也。先是，乾道元年詔：今後非曾任監司、守臣，不除郎官，著爲令。自是館學、寺監臣，拘礙資格，遷除不行。郎曹闕員，但得兼攝，旋即外補；間有不次擢用者，則自二著躐升二史，以至從列。其自外召至爲郎，則資級已高，曾不數月，必序進卿、少，而郎有正員者益少矣。

司封郎中　員外郎　掌官封、叙贈、承襲之事。凡三師、三公以下至升朝官襃贈祖考、母妻，親王、郡王、内外命婦以下保任宗屬、封爵諸親，皆因其位叙而爲之等。凡宗室當賜名訓，具抄擬官。凡庶姓孔氏、柴氏、折氏之後應承襲者，辨其嫡庶。列爵九等：曰王，曰郡王，曰國公，曰郡公，曰縣公，曰侯，曰伯，曰子，曰男。分國三等：大國二十七，次國二十，小國二百二十。内命婦之品五：曰貴妃、淑妃、德妃、賢妃，曰大儀、貴儀、淑儀、淑容、順儀、順容、婉儀、婉容、昭儀、昭容、昭媛、修儀、修容、修媛、充儀、充容、充媛，曰婕妤，曰美人，曰才人、貴人。外内命婦之號十有四：曰大長公主，曰長公主，曰公主，曰郡主，曰縣主，曰國夫人，曰郡夫人，曰淑人，曰碩人，曰令人，曰恭人，曰宜人，曰安人，曰孺人。叙贈之制：三公、宰臣、執政、節度使三代，金紫、銀青光禄大夫二代，餘官一代，皆辨其位序以進之。加食邑實封，則視其品之高下，以爲户數多寡之節。凡事之可否，與司勳通決於長貳。分案三，設吏六。元祐元年，中書後省言：臣僚封贈父母，依舊制命詞，太中大夫、觀察使以上用專詞，餘用海詞。二年，詔：父及嫡母存，不得請所生母封贈。所生母未封，亦不許先及其妻。紹聖元年，詔：宗室換授文官身亡者，通直郎以上贈三官。元符元年，以元祐間封贈紊前制，詔並依元豐法。二年，詔：寺監官雜壓在通直郎之上者，雖係宣教郎，遇大禮封贈。政和二年，詔：封母則隨所封五等，謂如封南陽縣開國男，則隨其爵稱南陽縣男令人，封魏國公，則稱魏國公夫人之類。應婦人不因夫、子得封號，謂命官非升朝而母年九十以上，或士庶人婦女年百歲，并特旨若回授者。或因子孫得封贈，其夫至升朝或非升朝應封贈者，並孺人。宣和二年，臣僚言：近年有京官任校書郎、正字者得封贈，今則監丞未升朝者亦乞依例，蓋緣監丞雜壓在校書郎之上，故引以爲請，甚無謂也。不獨此爾，又有小使臣偶因薄勞或磨勘轉官，遂乞回授封贈父母，實爲太濫。望降旨，今後封贈並依舊法，敢有擅更陳乞紊亂典章者，寘之典刑，庶幾僥倖者息而名分正矣。從之。建炎以後並同。

司勳郎中　員外郎　參掌勳賞之事。凡勳級十有二：曰上柱國，正二品；曰柱國，從二品；曰上護軍，正三品；曰護軍，從三品；曰上輕車都尉，正四品；曰輕車都尉，從四品；曰上騎都尉，正五品；曰騎都尉，從五品；曰驍騎尉，正六品；曰飛騎尉，從六品；曰雲騎尉，正七品；曰武騎尉，從七品。率三歲一遷，必因其除授以加之。凡賞有格。若事應賞，從其所隸之司考實以報，則必審核其狀，以格覆之，謂之有法酬賞；非格所載，參酌輕重擬定，以上尚書省，謂之無法酬賞。若功賞未酬而賞格改易者，輕從舊格，重從新格。録用前代帝系及勳臣之後，則考其族系而奉行其制命。分案四，置吏十有九。

元祐元年，吏部言：諸色人援引徼求，入流太冗。應工匠伎藝之屬無法入官者，雖有勞績，並止比類支賜，未經酬奬者亦如之。紹聖二年，户部言：元豐官制，司勳覆有法式酬賞，無法式者定之。元祐中，有法式者止令所屬勘驗，自後應干錢穀，本部指定關司勳，則是户部兼司勳之職，請依舊制。從之。四年，應川峽人任本路差遣者，酬獎減半。政和四年，詔：司勳行下所屬，將一司一路條制，參照《酬奬格法》，類集參用。又詔以詳定國朝勳德臣僚職位姓名送吏部。用工部尚書鄭允中所編傳也。隆興元年省併，以司封郎官兼領。淳熙元年，復以司農寺丞范仲芭兼司勳，未幾改除，復省。裁減吏額，主事一人，令史一人，書令史四人，守當官三人，正貼司四人，私名三人。

考功郎中　員外郎　掌文武官選叙、磨勘、資任、考課之政令。凡命官，隨所隸遷，以其職事具注於曆，給之於其屬州若司，歲書其功過。應升遷授者，驗曆按法而叙進之；有負殿，則正其罪罰。以七事考監司：一曰舉官當否，二曰勸課農桑、增墾田疇，三曰户口增損，四曰興利除害，五曰事失案察，六曰較正刑獄，七曰盗賊多寡。以四善、三最考守令：德義有聞、清謹明著、公平可稱、恪勤匪懈爲四善；獄訟無寃、催科不擾爲治事之最，農桑墾殖、水利興修爲勸課之最，屏除姦盗、人獲安處、振恤困窮、不致流移爲撫養之最。通善、最分三等：五事爲上，二事爲中，餘爲下。若能否尤著，則别爲優劣，以詔黜陟。凡内外官，計在官之日，滿一歲爲一考，三考爲一任。

磨勘之法，文選官之等四：銀青光禄大夫至朝議大夫，進士理八年，非進士理十年；通直郎至太中大夫充諫議大夫、待制以上職任者，理三年；朝散大夫至承務郎，理四年。武選官之等六：遥郡團練使刺史、閤門舍人轉左武、右武郎，理十年；武功大夫以下，理七年；横行武德大夫以下至校尉，理五年；閤門祇候初補從義郎以下至承節郎、承信郎充隨行指使，理四年；承信郎以功補授及宗室觀察使以下祗應校尉，理三年；宗室承宣使以下祗應校尉，理二年。幕職、州縣官之等三：進士第一、第二、第三名及第者，一任回改京官；自留守、府判官至縣令，理六考；自軍巡判官至縣尉，理七考。率以法計其歷任歲月、功過而序遷之。凡改服色者以年勞計之。執政官、節度使、銀青光禄大夫以上應謚者，覆太常所定行狀，報尚書省官集議以聞。紹聖四年，河東提刑司徐君平奏：乞凡將集議，前期三日，持考功狀徧示當議之官，使先紬繹而後集于都堂以詢之，庶幾有所見者得以自申，以稱朝廷博謀盡下之意。從之。凡立碑碣名額之事，掌之。舊制，考課院其定殿最皆有考辭。元豐官制行，悉罷。分案十有七，置吏六十有八。

元祐三年，詔：知州考課法，吏部上其事于尚書省，送中書省取旨賞罰。劣等應罰而已衝降者，仍從衝降法。縣令以下，本部專行。六年，樞密院言：元豐末，堂除知州軍三年爲任，武任依此。元祐初，以成資爲任，武臣未曾立法。詔武臣任六等差遣，川廣成資，餘並三十箇月爲任。建炎以後並同。應文武臣磨勘、關升、資任、較考，定其殿最，别其優劣，以詔黜陟予奪；没則謚，審覆而參定之。凡特恩賜謚，命詞給告，餘給敕。分案十一：曰六品，曰七品，曰八品，曰曹掾，曰令丞，曰從義，曰成忠，曰資任，曰檢法，曰知雜，曰開拆。裁減吏額，主事二人，令史四人，書令史八人，守當官十三人，正貼司三人，私名一十人。淳熙十三年，再共減三人。

官告院　主管官一員，以京朝官充。舊制，提舉一人，以知制誥充；判院一人，以帶職京朝官充。掌吏、兵、勳、封官告，以給妃嬪、王公、文武品官、内外命婦及封贈者，各以本司告身印印之。文臣用吏部，武臣用兵部，王公及命婦用司封，加勳用司勳。官制行，四選皆用吏部印，惟蕃官則用兵部印記。凡綾紙幅數褾軸名色，皆視其品之高下，應奏鈔畫聞者給之。令史十五人。

元豐五年，官制所重定《制授敕授奏授告身式》。從之。紹聖元年，吏部言：元豐法，凡入品者給告身，無品者給黄牒。元祐中，以内外差遣幷職事官本等内改易或再任者，並給黄牒，乃與無品人等。詔：今後帥臣、監司、待制以上知州，並給告，餘依舊。三年，詔：職事官監察御史以上因事罷，並給告。元符元年，吏部言：元祐法，小使臣只降宣劄，乞自承信郎而上依舊給告。宣和元年，詔：官告院立條，凡製造告身法物，應用綾錦，私輒放效織造及買販服用者，立賞許告。

大抵官告之制，自乾德四年，詔定告身綾紙褾軸，其制闕略。咸平、景德中，兩加潤澤，至皇祐始備。神宗即位，循用皇祐舊格，逮元豐改制，名號雖異，品秩則同，故亦未遑别定。徽宗大觀初，乃著爲新格，凡褾帶、網軸等飾，始加詳矣。

凡文武官綾紙五種，分十二等：【略】

大觀併歸尚書省，政和仍歸吏部。差主管官。建炎元年，詔：文臣太中大夫、武臣正任觀察使及宗室南班官以上給告，以下並給敕。三年，詔逐等依舊給告。紹興二年，詔：四品以下官及職事官監察御史以上，官告並用錦褾外，其餘官并封贈權用纈羅代充。十四年，始盡用錦。其後，又詔内外命婦、郡夫人以上，乃得用網袋及銷金，其餘則否。至二十六年，詔内外文武臣僚告敕，並依大觀格式製造。裁減吏額，共置二十九人。淳熙十三年，又減五人。

（清）**徐松《宋會要輯稿・職官八・吏部》** 吏部舊有三銓，尚書主其一，侍郎二人各主其一，分銓注擬。其後，但存尚書銓，餘東、西銓印存而事廢。今但以朝官二人判流内銓，其吏部之職别以朝官二人主判，兼領南曹格式司。但主京朝官叙緋紫、申請祠祭差官攝事及拔萃舉人。格式司主幕職州縣官格式、闕簿、辭謝。流内銓主考試附奏京百司人吏。每年十月，諸司牒到承闕姓名，年終申奏，至春、夏差官考試。南曹主選人投下文字及過院判成、過銓選人受官出給曆子。甲庫主承受制敕、黄甲、給籤符優牒及選人廢置改名。以朝官一員主判。今録四司雜事，餘見銓選門。尚書一人，總七司之事。其屬則有侍郎二人，分左、右選。尚書左選郎中一人，尚書右選郎中一人，侍郎左選郎中一人，侍郎右選郎中一人，司封郎中一人，司勳郎中一人，考功郎中一人。【略】

《神宗正史・職官志》：舊制以審官東、西院、流内銓、三班院分治四選，復於尚書都省置司封、司勳、考功。商曹官自爲司，商：疑誤。職事不相聯屬。元豐中，酌古御今，名實始正。尚書從二品，侍郎從三品，郎中從六品，員外郎正七品，參掌選事而分治之。凡序位有品，選官有格，分任有職，寓禄有階，皆以事稽考，審核其狀，擬定可否，質成於尚書、侍郎，而後行焉。凡文階官之等二十有五，武選官之等五十有六，而幕職州縣官之等七。總爲品十有八：從一品曰開府儀同三司、特進。正二品曰金紫光禄大夫；從二品曰銀青光禄大夫，左、右金吾衛上將軍、節度使。正三品曰光禄大夫；從三品曰正議大夫。正四品曰通議大夫、諸衛大將軍、節度觀察留後；從四品曰太中大夫、諸衛將軍。正五品曰中大夫、觀察使；從五品曰中散大夫、防禦、團練使、刺史。正六品曰朝議大夫；從六品曰朝請、朝散、朝奉大夫。正七品曰朝請、朝散、朝奉郎，皇城諸司使；從七品曰承議郎，皇城諸司副使。正八品曰奉議、通直郎，内殿承制、崇班，京府判官，京畿縣令，兩赤縣丞；從八品曰宣德、宣義郎，東、西（路）〔頭〕供奉官，節度、觀察、防禦、團練、軍事、軍監推判官，節度掌書記，觀察支使，司録，司上原衍用字，已删。州司録事，京府諸曹參軍事，軍巡判官，縣令、丞，兩赤縣主簿，府諸曹節鎮，上州諸司參軍事。正九品曰承事、承奉郎，左、右侍禁，左、右班殿直，京畿、赤縣主簿；從九品曰承務郎，三班奉職、借職，州軍縣城寨主簿、尉率。考其功罪，辨其位秩，以序進之。尚書左選分案八，設吏三十；右選分案六，設吏十有六。侍郎左選分案十有五，設吏四十有三；右選分案八，設吏四十有七。曰主事，曰令（吏）〔史〕，曰書令史，曰守當官，而二十四司亦如之。《哲宗・職官志》同。

（清）**徐松《宋會要輯稿・職官九・司封部》** 司封主封爵，以朝官一人主判。【略】

《兩朝國史志》：司封判司事一人，以無職事朝官充。凡封爵之制，一出於中書，本司但掌定謚，先期戒本部赴集而已，餘司准此。令史二人。元豐官制行，郎中、員外郎始實行本司事。郎中一人，掌封爵、叙贈、奏廕、承襲。案（五）〔三〕：曰封爵，有三，曰知雜，曰檢法。吏額：主事一人，令史一人，書令史二人，守當官二人，正貼司四人，私名二人。【略】

《神宗正史・職官志》：司封郎中、員外郎參掌官封、叙贈之事。宗室賜名授官，親王、内外命婦以下封爵，諸親保任其宗屬，陞朝官褒贈其祖、考、妻，皆隸焉。列爵有九：曰王，曰郡王，曰國公，曰郡公，曰縣公，曰侯，曰伯，曰子，曰男。分國有三：曰大國，曰中國，曰小國。内命婦之品五：曰貴妃、淑妃、德妃、賢妃，曰大儀、貴儀、淑儀、淑容、順儀、順容、婉容、昭儀、昭容、昭媛、修儀、修容、修媛、充儀、充容、充媛，曰婕妤，曰美人，曰才人、貴人。外命婦之號九：曰大長公主，曰長公主，曰公主，曰郡主，曰縣主，曰國夫人，曰郡夫人，曰郡君，曰縣君。叙贈之制三：執政官、節度使三代，金紫、銀青光禄大夫二代，餘官一代，皆辨其位序以進之。加食邑、實封，則視其高下之品，以爲户數多寡之節。凡事之可否，與司勳通决於尚書侍郎。分案三，設吏六。

（清）徐松《宋會要輯稿・職官一〇・司勳部》 司勳官以朝官一人主判。《兩朝國史志》：司勳判司事一人，以無職事朝官充。凡勳（宫）〔官〕之賜，一出於中書，本司無所掌。史二人。元豐官制行，郎中、員外郎始實行本司事。郎中一人，掌功勳酬獎、審覆賞格。案十：曰功賞，有四；曰勳賞，有三；曰檢法，曰知雜，曰開拆。吏額：主事一人，令史一人，書令史六人，守當官四人，正貼司八人，私名五人。地腳原批：寄案：以上《大典》卷七千三百九同，注《續宋會要》。【略】

《神宗正史・職官志》司勳郎中、員外郎，參掌勳賞之事。凡勳級十有二：曰上柱國，曰柱國，曰上護軍，曰護軍，曰上輕車都尉，曰輕車都尉，曰上騎都尉，曰騎都尉，曰驍騎尉，曰飛騎尉，曰雲騎尉，曰武騎尉。《宋史・職官志》：上柱國，正二品；柱國，從二品；上護軍，正三品；護軍，從三品；上輕車都尉，正四品；輕車都尉，從四品；上騎都尉，正五品；騎都尉，從五品；驍騎尉，正六品；飛騎尉，從六品；雲騎尉，正七品；武騎尉，從七品。天頭原批：夾注不寫。自從七品推而上之至於正二品，三歲一遷，必因其除授以加之。凡賞有格，皆設於此，以逆其至焉。若事應賞，從其所隸之司考實以報，則審其狀，以格覆之。非格所載，則參酌重輕擬定，以上尚書省。録用前代帝系及勳臣之後，則考驗而奉行其制命。分案四，設吏十有九。

（清）徐松《宋會要輯稿・職官一〇・考功部》 考功掌幕職州縣流外官年終考帳，次年三月奏較給牒據。仍申關銓曹，以定減、殿選數及掌覆太常擬謚、都省集議之事。《兩朝國史志》：考功判司事一人，以帶職朝官或無職事朝官充。凡考課之法，分隸他司，或以他司專領，本司但掌覆太常擬謚及幕（府）〔職〕州縣官流外較考之事。令史五人。元豐官制行，郎中、員外郎始實行本司事。郎中一人，掌考課之法及應文武臣磨勘、關陞、資任、較考等事。案十二：曰六品，曰七品，曰八品，曰曹掾，曰令丞，曰從義，曰成忠，曰資任，曰檢法，曰校定，曰知雜，曰開拆。吏額：主事二人，書令史十人，守當官一十人，正貼司八人，私名一十人。

《神宗正史・職官志》考功郎中、員外郎，參掌考課及名謚、碑碣之事，隨文武選分治。凡命官，皆所隸選，選：《宋史》卷一六三《職官志》三作遷。以其職事具注於曆，給之統屬州若司，歲書其功過。應升遷選授者，驗曆按法而叙進之。有負殿，則正（具）〔其〕罪罰。凡考監司以七事，一曰勸農桑，治荒廢；二曰招荒亡，增户口；三曰興利除害；四曰劾有罪，平獄訟；五曰失案察；六曰屏盗賊；七曰舉廉能。考守令以善最，德義有聞，清慎明著，公平可稱，恪勤匪懈，爲四善。獄訟無冤，催科不擾，爲治事之最；農桑墾殖，水利興修，爲勸課之最；屏除姦盗，人獲安處，賑恤困窮，不致流移，爲撫養之最。通算分定三等：五事爲上，三事爲中，餘爲下。而擇其能否功過，著者别爲優劣，以詔黜陟焉。執政官、節度使、銀青光禄大夫以上若死而應謚，則覆太常所定行狀，考驗名實，報尚書集〔議〕以聞。舊置考課院，其定殿最，皆有考辭。至熙寧中及官制行，悉罷。分案十有七，設吏六十有八。《哲宗・職官志》同。

（清）徐松《宋會要輯稿・職官一一・審官東院》 淳化三年置磨勘京朝官院，四年改。又太平興國中置差遣院，至是併入。在宣德門外西北廊。掌考校京朝官之殿最，分擬内外之任而奏之。知院事二人，以朝官充。書令史七人，掌舍二人。熙寧三年，分東西院。《玉海》五月丁巳二十八日，詔：以審官院爲審官東院，置主簿二人。

（清）徐松《宋會要輯稿・職官一一・尚書左選》 尚書左選舊係審官東院，元豐五年改今名，其五年以前仍具載於此。《兩朝國史志》：審官院知院二人，以御史知雜以上充，掌考校京朝官殿最，叙其爵秩而詔於朝，分擬内外任吏而奏除之。書令史七人。

（清）徐松《宋會要輯稿・職官一一・郎中》 郎中一人，掌考校京朝官以下殿最，叙其爵秩，擬内外任使而奏除之。案十一：曰六品，曰七品，曰八品、九品，曰注擬，曰名籍，曰掌闕，曰催驅，曰（申）〔甲〕庫，曰檢法，曰知雜，曰奏薦賞功司。吏額主事一人，令史二人，書令史九人，守當官一十一人，正貼司一十六人，私名一十二人，楷書三人，法司一人，官告院六部監門隸焉，内六部監門通隸尚書左選，詳選下。

（清）徐松《宋會要輯稿・職官一一・審官西院》 神宗熙寧三年五

月二十八日，詔：國家以西樞內輔，贊翊本兵，任爲重矣。而狃於舊制，自右職陞朝以上，必兼擇而除授之，是以三公府而親有司之爲，非所以遇朕股肱之意也。今使臣增員至衆，非張官置吏以總其事，則不足以一文武之法而礪中外之才矣。宜以審官院爲審官東院，别置審官西院，差知院官兩員，專管閤門祇候以上諸司使磨勘常程差遣。應有合行事件，並仰知院官條例以聞。俾銓叙有常程，黜（涉）〔陟〕有常守，官修而紀律振，任專而考察精，庶熙治綱，咸體朕志。以天章閣待制齊恢爲知院，兵部郎中韓縝同知。詳院下。

（清）**徐松《宋會要輯稿·職官一一·尚書右選》** 尚書右選舊係審官西院，元豐五年改今名，其五年以前仍具載於此。郎中一人，掌大使臣以上差注，材武人格有二十一，及破格出闕，較量功過，奏薦諸軍賞功。案十：曰大夫，曰副使，曰敦修武，曰注擬掌闕，曰奏薦賞功，曰開拆，曰名籍，曰甲庫，曰法司，曰知雜。吏額主事一人，令史二人，書令史九人，守當官一十二人，正貼司八人，私名一十人，法司一人。

（清）**徐松《宋會要輯稿·職官一一·流内銓》** 流内銓本吏部尚書職。國初，張昭爲尚書，領選事，凡京官七品以下猶屬銓筦。自昭致仕，始用他官權判，頗變舊制，京官以上無選，並中書門下特除。又使府不許召置幕職，悉於銓授。今以選集者故止自節度判官以下，州府判司、諸縣令佐按資格注擬，號流内銓，其流外選人亦用焉。

（清）**徐松《宋會要輯稿·職官一一·侍郎左選》** 侍郎左選舊係吏部流内銓，元豐三年改今名，其三年以前事仍具載於此。《兩朝史志》：判流内銓事二人，以御史知雜以上充，掌節度判官以下、州府判司、諸縣令佐擬注對磨勘過之事。令史十一人，選院令史六人，驅使官三人。流外銓掌考試附奏諸司人吏而已，令史十二人。

侍郎一人，郎中一人，掌承直郎以下擬注州府判司、諸縣令佐、監當及磨勘功過之事。案十三：曰序丞，曰職官，曰入官，曰縣尉，曰格式，曰主簿上下，曰開拆，曰名籍，曰甲庫，曰知闕，曰注擬，曰知雜，曰法司。吏額主事二人，令史四人，書令史一十八人，守當官一十八人，正貼司二十人，私名十人，楷書十人。詳選下。

（清）**徐松《宋會要輯稿·職官一一·三班院》** 太宗太平興國六年二月，命御廚副使楊守素、供奉官（簿備）〔蔚進〕、韓令竇同檢點供奉官、殿直、承旨、三班公事。雍熙三年十二月，西上閤門使張平授（各）〔客〕省使，依前點檢三班公事。四年七月，詔置三班院，以崇儀副使蔚進掌其事。先是，供奉官、殿直、殿前承旨悉隸宣徽院。至是，以其衆多出使於外，有訴勞逸不均者，因命别置院考校殿最，引對便殿，定黜（涉）〔陟〕焉。

（清）**徐松《宋會要輯稿·職官一一·侍郎右選》** 侍郎右選舊（保）〔係〕三班院，元豐五年改今名，其五年以前仍具載於此。《兩朝國史志》：三班院勾當院官無常員，文臣以兩制以上、武臣諸司使以上充，常置籍以總使臣之名，均其出使勞務，定其任使遠近之等級，及考其殿最而上於朝，凡借職以上至供奉皆隸焉。勾押官一人，前行三人，押司官一人，後行十一人。侍郎一人，郎中一人，掌校副尉以上較試、擬官、行賞、換官，考其殿最。案十五：曰從義，曰忠訓，曰成忠，曰承節，曰承信，曰進武，曰差注，曰生事上、下，曰掌闕，曰資次，曰知雜，曰催驅，曰甲庫，曰法司，曰架閣。吏額：主事二人，令史四人，書令史一十五人，守當官一十八人，正貼司二十五人，私名七人，楷書一十人，法司一人。詳選下。

（清）**徐松《宋會要輯稿·職官一一·流外銓》** 真宗咸平元年十二月，詔：〔在〕京百司今後如額内闕人處，吏部每歲一次於十月内曉示諸司，於見祇應私名入仕三年已上依次牒送，比試補填，叙理資考。若抽在别處祇應與計勞考者，不更充在司額。留司祇應者，亦於見定額内抽那，不得别補。所有歸司、不歸司諸色事故並准長（安）〔定〕格，諸司内或從來有添展闕額詔敕，一聽逐司存留。凡門下省額二十五人，中書省十五人，起居院三人，諫院二人，尚書省五人，吏部十二人，銓二十人，南曹十人，甲庫四人，司封二人，司勳二人，考功五人，兵部十人，甲庫二人，職方三人，駕部二人，庫部二人，户部三人，度支二人，金部二人，倉庫二人，刑部八人加五人，都官二人，比部二人，司門二人，禮部三人，貢院八人，祠部四人，主客二人，膳部二人，工部二人，屯田四人，虞部二人，水部二人，御史臺二十五人，太常寺六人，禮院十三人，宗正寺十三人，光禄寺六人，衛尉寺十人，大理寺十二人加二十二人，太僕寺八人，鴻臚寺三人，司農寺五人，大府寺四人，祕書省七人，殿中省五人，國子監五人，少府監六人，將作監三人，司天監五人，四方館三人，左右金吾、左右街各三人。

（清）徐松《宋會要輯稿・職官一一・官告院》 兵、吏、司封、司勳、官告院，國初於右掖門東廊置院，四司告身案並集於此，以備中書除改，本司郎官各主其事。淳化五年，始專制官局於省內。凡官告各以本司告身印印之，文臣用吏部，武臣用兵部，王公命婦司封，加勳用司勳，掌文武官將校告身及封贈，以朝官一員主判，中書舍人一員提舉。餘綾紙庫入內侍一員管勾。

（宋）李燾《續資治通鑑長編》卷三八三《哲宗元祐元年》 又言：今諸曹寺監錢物悉收歸户部，獨府界錢穀舊係三司主管，今歸府界提點司，未曾釐正，亦請收歸本部。從之。

（宋）李燾《續資治通鑑長編》卷四一一《哲宗元祐三年》 户部言：三司事務分隸六曹、寺、監，昨雖將錢穀事收歸户部，緣止是出納。今來除左右曹、度支、倉部見今所主事務應緣公事並隨事勘斷外，他曹公事若皆承勘，於理未便。況今錢帛、糧草，除係本部諸案及部轄寺、監庫務外，別部所領，已係支付之物，如令推治，自當送開封府。從之。

（元）馬端臨《文獻通考》卷五二《職官考・户部尚書》 宋制，户部判部事一人，以兩制以上充。凡户口、田產、錢穀、食貨之政令，皆歸於三司，三司謂鹽鐵、户部、度支也。本曹但受天下之土貢，元會陳於庭而已。熙寧中，以知樞密院陳升之、參知政事王安石制置三司條例，建官設屬，取三司條例看詳，所行事付之。三年，罷歸中書。以常平、免役、農田、水利新法歸司農，以胄案歸軍器監，修造歸將作監，推勘公事歸大理寺，帳司、理欠司歸比部，衙司歸都官，坑冶歸虞部，而三司之權始分矣。元豐官制行，罷三司歸户部左、右曹，而三司之名始泯矣。舊三司使即今尚書，副使即今侍郎，權發遣副使即今權侍郎，三司判官、推官及判子司官即今郎中、員外郎之任也。建炎兵興，嘗以知樞密院張慤提領措置户部財用，後進中書侍郎，仍兼之。五年，復以參知政事孟庾提領措置。後罷，專委户部長貳。左曹分案三：曰户口，掌諸路州軍縣户口升降，民間立户分財，科差人丁，典賣屋業，陳告户絕，索取妻男之訟。曰農田，掌農田及田訟務限，奏豐稔，驗水旱蟲蝗，勸課農桑，請佃地土，令佐任滿賞罰，繳奏諸州雨雪，檢案災傷逃絕人户。曰檢法，掌凡本部檢法之事。設案有三：曰二稅，掌受納、驅磨、隱匿、支移、折變。曰房地，掌州縣樓店務房廊課利，僧道免丁錢及土貢獻物。曰課利，掌諸州軍酒課利，比較增虧，知、通等職位姓名，人户買撲鹽場、酒務祖額酒息，賣田投納牙契。外有開拆、知雜司。右曹分案有六：曰常平，掌常平、農田水利及義倉賑濟，户絕田產，居養鰥、寡、孤、獨之事。曰免役，曰坊場，曰平准，各隨其名而任其事。曰檢法。曰知雜。紹興二年，韓肖胄言：財賦舊悉隸三司，今户部正有上供之目。諸路窠名，户部不能悉知，漕司不能悉問，失一窠名則所入亦失矣。願詔諸路漕司，括州郡出入可並罷者，立定籍，使漕司總諸州，户部總諸路，則出入無陷矣。淳熙中，詔以左藏南庫撥隸户部。侍郎：掌治左、右曹職事。元豐官制，户部侍郎一人。中興初，只除長貳各一員，若止除尚書若侍郎一員。紹興四年，詔户部侍郎通治左、右曹，自此相承不改。郎中左曹、右曹：掌分曹治事。建炎三年詔省並郎曹，惟户部五司以職事煩劇不並，仍各置一員。淳熙九年，詔户部郎官兼主管左藏南庫，初置主管。度支郎中掌周知軍國財用，會其出入之數；凡上供有額，封樁有數，科買有期，皆掌之。有所漕運，則計程而給其直。凡內外支供及俸給、驛券，賞賜衣服錢帛，先期擬度，時而予之。金部：掌金帛貨寶之入，以待邦用。以年額拘催受給。建炎元年，詔常平司見管山澤、坑冶，並依舊撥隸金部。三年，詔罷太府寺，隸金部。倉部：掌倉芻粟出納之事。建炎三年，罷司農寺歸倉部。紹興四年，復置司農寺。

《宋史》卷一六三《職官志》 户部 國初以天下財計歸之三司，本部無職掌，止置判部事一人，以兩制以上充，以受天下上貢，元會陳于庭。元豐正官名，始並歸户部。掌天下人户、土地、錢穀之政令，貢賦、征役之事。以版籍考户口之登耗，以税賦持軍國之歲計，以土貢辨郡縣之物宜，以征榷抑兼并而佐調度，以孝義婚姻繼嗣之道和人心，以田務券責之理直民訟，凡此歸於左曹。以常平之法平豐凶、時斂散，以免役之法通貧富、均財力，以伍保之法聯比閭、察盜賊，以義倉振濟之法救饑饉、恤艱阨，以農田水利之政治荒廢、務稼穡，以坊場河渡之課酬勤勞、省科率，凡此歸於右曹。尚書置都拘轄司，總領内外財賦之數，凡錢穀帳籍，長貳選吏鈎考。其屬三：曰度支，曰金部，曰倉部。

熙寧中，以知樞密院陳升之、參知政事王安石制置條例，建官設屬，取三司條例看詳，具所行事付之。三年，罷歸中書，以常平、免役、農田、水利新法歸司農，以冑案歸軍器監，修造歸將作監，推勘公事歸大理寺，帳司、理欠司歸比部，衙司歸都官，坑冶歸虞部，而三司之權始分矣。元豐官制行，罷三司歸户部左、右曹，而三司之名始泯矣。凡官十有三：尚書一人，侍郎二人，郎中、員外郎，左右曹各二人，度支、金部、倉部各二人。

元祐初，門下侍郎司馬光言：天下錢穀之數，五曹各得支用，户部不知出納見在，無以量入爲出。乞令尚書兼領左、右曹，錢穀財用事有散在五曹、寺監者，並歸户部，使尚書周知其數，則利權歸一；若選用得人，則天下之財庶幾可理。詔尚書省立法。三年，三省言：大理寺右治獄並罷，依三司舊例，户部置推勘檢法官，治在京官司凡錢穀事，增置幹當公事二員。紹聖元年，罷户部幹當公事，置提舉管幹官，復行免役、義倉，釐正左、右曹職，依元定官制。三年，右曹令侍郎專領，尚書不與。建中靖國元年，復幹當公事官二員。政和二年五月，詔依神宗官制，委右曹侍郎專主行常平，自今許本部直達奏裁。又詔依熙、豐舊制，本部置都拘轄司，總領户、度、金、倉四部財賦。宣和六年，詔户部辟官依元豐法。

尚書　侍郎　掌軍國用度，以周知其出入盈虚之數。凡州縣廢置，户口登耗，則稽其版籍；若貢賦征税，斂散移用，則會其數而頒其政令焉。凡四司所治之事，侍郎爲之貳，郎中、員外郎參領之，獨右曹事專隸所掌侍郎。若事屬本曹，郡縣監司不能直者，受其訟焉。大饗祀薦饌，則尚書奉俎，飲福則徹之。朝會則奏貢物。左曹分案五，置吏四十；右曹分案五，置吏五十有六。建炎兵興，嘗以知樞密院張慤提領措置户部財用，後遷中書侍郎，仍兼之。五年，復以參知政事孟庾提領措置。後罷，專委户部長貳。左曹分案三：曰户口，掌凡諸路州縣户口升降，民間立户分財，科差人丁，典賣屋業，陳告户絶，索取妻男之訟。曰農田，掌農田及田訟，務限奏豐稔，驗水旱蟲蝗，勸課農桑，請佃地土，令佐任滿賞罰，繳奏諸州雨雪，檢按災傷逃絶人户。曰檢法，掌凡本部檢法之事，設科有三：曰二税，掌受納、驅磨、隱匿、支移、折變。曰房地，掌諸州樓店務房廊課利，僧道免丁錢及土貢獻物。曰課利，掌諸軍酒課，比較增虧，知、通等職位姓名，人户買撲鹽場酒務祖額酒息，賣田投納牙契。外有開拆、知雜司。右曹分案六：曰常平，掌常平、農田水利及義倉振濟，户絶田産，居養鰥、寡、孤、獨之事。曰免役，曰坊場，曰平準，各隨其名而任其事。曰檢法，曰知雜。裁減吏額，左曹四十人，右曹三十人。淳熙十年，詔左藏南庫撥隸户部。舊制，户部侍郎二人，中興初，止除長貳各一員，或止除尚書若侍郎一員。紹興四年七月，詔户部侍郎二員，通治左、右曹，自此相承不改。

郎中左曹　右曹　員外郎　掌分曹治事。建炎三年，詔省併郎曹，惟户部五司以職事煩劇不併，仍各置一員。紹興中，專置提舉帳司，總天下帳狀，以户部左曹郎官兼之。右曹歲具常平錢物總數，每秋季具册以聞。初置主管左、右曹，總稱户部郎官。紹興七年，閻彦昭以太府寺丞兼左曹郎官。紹興三十二年，徐康正除左曹郎官，自是相承不改。是年，又詔：户部事有可疑難裁決者，許長貳與衆郎官聚議，文字皆令連書，有定議，然後付本曹行遣。

度支郎中　員外郎　參掌計度軍國之用，量貢賦税租之入以爲出。凡軍須邊備，會其盈虚而通其有無。若中外禄賜及大禮賞給，皆前期以辦。歲終，則會諸路財用出入之數奏于上，而以其副申尚書省。凡小事則擬畫，大事諮其長貳；應申請更改舉行勘審者，則先檢詳供具。分案六，置吏五十有一。凡上供有額，封樁有數，科買有期，皆掌之。有所漕運，則計程而給其直。凡内外支供及奉給驛券，賞賜衣物錢帛，先期擬度，時而予之。分案五：曰度支，曰發運，曰支供，曰賞賜，曰知雜。乾道四年，置會稽都籍，度支掌之。裁減吏額，置五十人。淳熙十三年，又減四人。

金部郎中　員外郎　參掌天下給納之泉幣，計其歲之所輸，歸于受藏之府，以待邦國之用。勾考平準、市舶、榷易、商税、香茶、鹽礬之數，以周知其登耗，視歲額增虧而爲之賞罰。凡綱運濡滯及負折者，計程帳催理。凡造度、量、權、衡，則頒其法式。合同取索及奉給、時賜，審覆而供給之。分案六：曰左藏，曰右藏，曰錢帛，曰榷易，曰請給，曰知雜。

裁減吏額，共置六十人。淳熙十三年，又減四人。

倉部郎中　員外郎　參掌國之倉庾儲積及其給受之事。凡諸路收糴折納，以時舉行；漕運上供封樁，以時催理；應供輸中都而有登耗，則比較以聞。歲以應用芻粟前期報度支，均定支移、折變之數。其在河北、陝西、河東路者，書其所支歲月，季一會之。若内外倉場帳籍供申愆期，則以法究治。分案六，置吏二十有四。元祐元年四月，省郎官一員，十月復置。分案六：曰倉場，曰上供，曰糶糴，曰給納，曰知雜，曰開拆。建炎三年，罷司農寺歸倉部。紹興四年復舊。裁減吏額，共置二十五人，續又減二人。

（元）馬端臨《文獻通考》卷五二《職官考·禮部尚書》　宋禮部判部事二人，以兩制及帶職朝官以上充。凡禮儀之事，悉歸於太常禮院，而貢舉之政領於知貢舉官。本曹但掌制科舉人，補奏太廟郊社齋郎、室長、掌座，都省集議，百官謝賀表章，諸州申舉祥瑞，出納内外牌印之事，而兼領貢院。官制行，始正其職。凡天地、宗廟、陵園之祀，后妃、親王、將相封册之命，皇子加封，公主降嫁，稽其儀，以詔上下而舉行之。朝廷慶會宴樂，宗室冠、婚、喪、祭，蕃使去來宴賜，與夫經筵、史館賜書修書之禮，例皆同奉常講求參酌，而定其儀節。三歲貢舉、學校試補諸生，皆總其政。旌節章服之頒，祥瑞表奏之進，凡關於禮樂者，皆掌之。建炎三年，詔鴻臚、光禄寺並歸於禮部，太常、國子監亦隸之焉。分案五：曰禮樂，曰貢舉，曰宗正奉使帳，曰封册表，曰檢法。各隨其名而治其事。侍郎：貳尚書之事。南渡，諸曹長貳互置。紹興七年，禮部置侍郎二員。隆興初，詔尚書不常置，禮部侍郎置一員。郎中：參預禮樂、祭祀、朝會、宴享、學校、貢舉之事。有所損益，則審訂以次咨決。凡慶賀若謝，掌撰表文。與祠部、主客、膳部並列爲四。建炎四年，並省郎曹，禮部領主客，祠部領膳部。隆興初，復詔禮部、祠部一員兼領，自是並行四司之事矣。祠部：掌諸州宮觀僧尼、道士、童行、住持教門事務，祠祭奉安祈禱，神廟加封賜額並屬之。醫官磨勘、醫生試補，校其事而予奪之。主客掌諸蕃朝貢、宴設、賜予之事。膳部：掌祠寺奏告牲牢、禮料及宴設酒食果實之事，收冰、藏冰、賜冰以時無闕事。御廚翰林司牛羊司隸焉。

《宋史》卷一六三《職官志》　禮部　掌國之禮樂、祭祀、朝會、宴饗、學校、貢舉之政令。祭之名有三：天神曰祀，地祇曰祭，宗廟曰饗。又有大祀、中祀、小祀之別。幣玉、牲牢、器服，各從其等。凡雅樂，以六律、六同合陰陽之聲爲樂律，金、石、絲、竹、匏、土、革、木爲樂器，宮架八佾，特架六佾，分武文先後之序爲樂舞，其所歌爲樂章。若有事於南北郊、明堂，籍田、禘祫太廟，薦享景靈宮，酌獻陵園，及行朝貢、慶賀、宴樂之禮，前期飭有司辦具，閲所定儀注，以舊章參考其當否，上尚書省；册寶及封册命禮亦如之。凡禮樂制度有所損益，小事則同太常寺，大事則集侍從官、祕書省長貳或百官，議定以聞。凡天下選士，具注於籍，三歲貢舉，與夫學校試補三舍生。掌后妃、親王以下推恩，公主下嫁，宗室冠、婚、喪、葬之制，及賜旌節、章服、冠帔、門戟，旌表孝行之法。若印記、圖書、表疏之事，皆掌焉。大祥瑞，則朝參官以上詣閤門表賀，餘於歲終條奏。

舊屬禮儀院，判院一人，以樞密院使、參知政事充；知院，以諸司三品以上充。主吏無定數，擇三司京朝百司胥史充。禮部止設判部一人，掌科舉，補奏太廟郊社齋郎、室長、掌坐，都省集議，百官謝賀章表，諸州申祥瑞，出入内外牌印之事。兼領貢院，掌受諸州解發進士、諸科名籍及其家保狀、文卷，考驗户籍、舉數、年齒而藏之。若朝廷遣官知舉，則主判官罷，事畢，以知舉官卑者一員主判。元豐官制行，悉歸禮部。其屬三：曰祠部，曰主客，曰膳部。設官十：尚書、侍郎各一人，郎中、員外郎四司各一人。元祐初，省祠部郎官一員，以主客兼膳部。紹聖改元，主客、膳部互置郎官兼領。建炎以後並同。

尚書　掌禮樂、祭祀、朝會、宴享、學校、貢舉之政令，侍郎爲之貳，郎中、員外郎參領之。凡講議制度，損益儀物，則審覆有司所定之式，以次諮決，而質於尚書省。大祭祀則省牲，鼎鑊視滌濯，薦腥則奉籩豆、簠簋，及飲福徹之，祼則奉瓚臨鬯。凡天地、宗廟、陵園之祀，后妃、親王、將相封册之命，皇子加封，公主降嫁，稽其彝章以詔上下而舉行之。朝廷慶會宴樂，宗室冠、婚、喪、祭，蕃使去來宴賜，與夫經筵、史館、賜書、修書之禮，例皆同奉常講求參酌，而定其儀節。三歲貢舉，學校試補諸生，皆總其政。旌節章服之頒，祥瑞表奏之進，凡關於禮樂者，皆掌之。建炎三年，詔鴻臚、光禄寺併歸于禮部，太常、國子監亦隸焉。分案五：曰禮樂，曰貢舉，曰宗正奉使帳，曰封册表奏，曰檢法。各隨其名而治其事。裁減吏額，四十五人。續又減四人。

侍郎　奏中嚴外辦，同省牲及視饌腥熟之節；祼，受瓚奉槃。歲祀昊天上帝，祭皇地祇，與尚書迭爲亞獻。祭太社、太稷、神州地祇，則迭爲初獻。祀九宫貴神、五帝、感生帝、朝日、夕月、蜡祭東西方亦如之。大朝會，則尚書奏藩國貢物。凡慶賀若謝，則郎中、員外郎分撰表文。祠事，與太常少卿、祠部官迭爲終獻或亞獻。親郊，自景靈宫朝獻、太廟朝享至望燎禮畢，乘輿還内，皆奏解嚴。分案十，置吏三十有五。南渡，諸曹長貳互置。紹興七年，禮部置侍郎二員。隆興元年，詔：除尚書不常置外，禮部侍郎置一員。

郎中　員外郎　元豐，郎官、員外郎參領禮樂、祭祀、朝會、宴享、學校、貢舉之事。有所損益，則審訂以次諮決。凡慶會若謝，掌撰表文。與祠部、主客、膳部並列爲四。建炎三年，併省郎曹，禮部領主客，祠部領膳部。隆興元年，復詔禮部、祠部一員兼領，自是併行四司之事矣。通置吏五十四人。

祠部郎中　員外郎　掌天下祀典、道釋、祠廟、醫藥之政令。月奏祠祭、國忌、休暇之日。每歲大祀、忌日，大忌前一日，皆不坐。元日、冬至、寒食假各七日。天慶、先天、降聖節各五日。誕聖節、正七月望、夏至、臘各三日。天祺、天貺節、人日、中和、二社、上巳、端午、三伏、七夕、授衣、重九、四立、春秋分及每旬假各一日。若神祠封進爵號，則覆太常所定以上尚書省。凡宫觀、寺院道釋，籍其名額，應給度牒，若空名者毋越常數。初補醫生，令有司試藝業，歲終校全失而賞罰之。分案五，置吏二十有一。

主客郎中　員外郎　掌以賓禮待四夷之朝貢。凡郊勞、授館、宴設、賜予，辨其等而以式頒之。至則圖其衣冠，書其山川風俗。有封爵禮命，則承詔頒付。掌嵩、慶、懿陵祭享，崇義公承襲之事。分案四，置吏七。元祐六年七月，兵部言：《兵部格》，掌蕃夷官授官；《主客令》，蕃國進奉人陳乞轉授官職者取裁。即舊應除轉官者，報所屬看詳。舊來無例，創有陳乞，曹部職掌未一，久遠互失參驗，自今不以曾未貢及例有無，應緣進奉人陳乞，授官加恩，令主客關報兵部。從之。

膳部郎中　員外郎　掌牲牢、酒醴、膳羞之事。凡所用物，前期計度，以關度支。若祭祀、朝會、宴享，則同光禄寺官視其善否，酒成則嘗而後進。季冬命藏冰，春分啓之，以待供賜。分案七，置吏九。

（清）徐松《宋會要輯稿·職官一三·禮部》　主都省集議奏狀，百官名表，補奏太廟郊社齋郎，改補室長、掌坐，出給補牒，諸州奏祥瑞，出納内外牌印及制科舉人有名表印。出納：原誤作納納，據下文改正。每百官拜表用之，以朝官一員或二員主判。

《兩朝國史志》：禮部判部事二人，以兩制及帶職朝官充。凡禮儀之事，悉歸於太常禮院，而貢舉之政領於知貢舉官，本曹但掌制科舉人、補奏太廟郊社齋郎、室長、掌坐、都省集議、百官謝賀章表、諸州申舉祥瑞、出納内外牌印之事，而兼領貢院焉。令史三人。元豐改制，所掌具《職官志》。尚書一人，侍郎一人，郎官一人，通行四司事。分案有五：曰禮樂，掌五禮、大樂、鼓吹、晏樂、朝會、上壽、饗宴、上元張燈、祠祭、朝謁、朝拜、籍田、郊廟、陵園、壇域、蕃貢物，凡邦之禮樂制度、儀注、器服、牲牢、婚姻、喪葬賻贈皆屬之。曰貢舉，掌學校，凡經籍、科舉發解、省試及講筵史官賜書、修書皆屬之。曰宗正奉使帳案，掌皇后、皇子、公主、親王、諸妃以上聖節大禮恩澤、公主降嫁及宗室冠、葬、試經藝並圖書，奉使押賜外國事並點磨所轄官司文帳皆屬之。〔曰〕封册表奏寶印案，凡册寶及封册禮命、章服、冠帔、旌節及恩賜並奏，表章、製造表詞及圖書、祥瑞、旌表孝行之事及寶印、朱記、給賜、牌印、關借、請納等皆屬之。曰檢法，掌編類供檢禮、祠、主、膳四司條法。又有知雜開拆。吏額：主事一人，令史一人。禮、祠、主、膳四司書令史、守當官共二十七人，通稱曰守分。禮部十三人，貼司十二人，太常寺、國子監隸焉。【略】

《神宗正史·職官志》：尚書禮部掌禮樂、祭祀、朝會、燕饗、學校、貢舉、册寶、印記、圖書、表疏及祥瑞之事。凡禮樂有所損益，小事則同太常寺，大事則集侍從或百官議定以聞。若有事於南、北郊、明堂、籍田、禘祫、太廟、薦饗、景靈宫、酌獻、陵園及行朝貢、慶賀、宴樂之禮，則承詔舉其儀物，前期戒有司辦具。即上册寶及封册禮命亦如之。凡天下選士具注於籍，至三歲貢舉，則考驗無冒濫，乃聽預試。凡大禮、生辰，后妃、親王以下所推之恩，公主下嫁、宗室冠婚、喪葬之制，及賜旌節、章服、冠帔、旌表孝行之法，例皆主行之。大祥瑞則朝參官詣閤門表賀，朝：原作朔，據《宋史》卷一六三《職官志》三改。餘於歲終條奏。凡其屬有三：曰祠部，禮典、醫政、道釋、祠廟之事隸焉。曰主客，蕃國朝貢及契丹國信禮物之事隸焉。曰膳部，牲酒、膳羞、宴設、給賜之事隸焉。凡官十：尚書、侍郎各一人，四司郎中、員外郎各二人。《哲宗・職官志》同。尚書掌禮樂、祭享、貢舉之政令，而侍郎爲之貳，郎中、員外郎參領之。凡講議制度、損益儀物，則審覆有司所上之狀，以次諮決，而質於尚書省。祠、膳、主客所治事應上請者亦如之。大祀則尚書同省牲、視滌濯，薦饌則奉籩豆簠簋及飲福徹之，朝會則奏蕃國貢物。齋戒晨祼禮畢則侍郎奏中嚴外辦，進熟望燎則郎中奏解嚴。分案十，設吏三十有五。

（清）徐松《宋會要輯稿・職官一三・祠部》 祠部掌祠祭畫日、休假令、受諸州僧尼、道士、女冠、童行之籍，給剃度受戒文牒。以朝官一員主判。《兩朝國史志》：祠部判司事一人，以無職事朝官充。凡祠祀、享祭皆隸太常禮院，而天文、刻漏歸於司天監，本司但掌祠祭畫日、休假令、受諸州僧尼、道士、女冠、童行之籍，給剃度受戒文牒而已。（令）〔令〕史四人。元豐改（置）〔制〕，郎中、員外郎始實行本司事。提領度牒所附禮部郎中。通行四司。分案有二：曰道釋。凡臣僚陳乞墳寺，試撥經放，該遇聖節始賜紫衣師號，諸州宮觀、寺院、僧尼、道士、童行整會甲乙，十方住持教門事務，僧尼去失度牒改名回禮，僧道正、副遷補，拘收亡歿度牒，歸正換給，埋瘞等陣亡恩澤，陳乞比換紫衣師號，給降出賣書填翻改空名度牒等，皆屬之。曰詳定祠祭、太醫帳案。凡醫官磨勘八品駐泊差遣，太醫局生試補，祠祭奏告、奉安、祈禱，應道釋神祠加封賜額，諸色人陳乞廟令養老，侍從等除受奏舉醫人越試，宰執初除罷政遇大禮及知州帶安撫使、學士及管軍觀察使以上陳乞太醫助教等，拘催諸路僧道帳籍，皆屬之。又有製造（窠）〔案〕，掌製造、書寫、勘合綾紙度牒、紫衣師號及度牒庫官吏替上申請事。又有知雜、開拆司。吏額：主事一人，令史二人，手分九人，貼司七人。度牒庫隸焉。

（清）徐松《宋會要輯稿・職官一三・膳部》 《兩朝國史志》：膳部判司事一人，以無職事朝官充。凡供御之膳羞，內外饔餼隸御廚，以他官勾當。陵廟牲豆酒膳、諸司供奉口味、親王以下常食料，皆分領他司，無所掌。令史二人。元豐改制，郎中、員外郎始實行本司事，禮部郎官通行分掌。有二：曰祠祭生料知雜，掌祠祭奏告、牲牢禮（科）〔料〕及造乳酪、供進酒食、收藏冰段及牛羊司、翰林司官吏到署人兵開收應申請事件。吏額：主事一人，令史一人，手分三人，貼司一人，御廚翰林司、牛羊司隸焉。實味，及大金諸蕃國使人排辦供筵酒食、茶實、人使到闕及聖節齋筵入殿檢察酒，計度諸色食料及供賜冰並御廚官吏到罷、人兵開收應干申請事件及諸案文書。曰宴設館客供進給賜，掌宴設賜宴、設酒食。《神宗正史・職官志》：膳部郎中、員外郎參掌供進酒膳、祠祭牲牢、禮料凡本司所治之事，宴饗、筵設則同光禄寺官察視其善否，酒成則嘗而後敢進，敢字疑衍。《宋史》卷一六三《職官志》於膳部條下叙事即無。藏冰供賜則頒其禁令。應所用物，皆前期計度，以關度支。分案七，設吏九。

（清）徐松《宋會要輯稿・職官一三・主客部》 《兩朝國史志》：主客判司事一人，以無職事朝官充。凡諸蕃朝聘、貢奉隸客省，本司無所掌。令史一人，驅使官一人。元豐改制，郎中、員外郎始實行本司事，禮部郎官通行。設案有一，曰知雜封襲朝貢案，掌諸蕃國入貢並每年頒賜交趾國曆日及勘會柴氏襲封事。吏額：主事一人，本部人吏兼令史一人，手分二人，貼司二人。《神宗正史・職官志》：主客郎中、員外郎參掌諸蕃國朝貢。凡本司所治之事，契丹國遣使朝賀應接送館伴官所用儀物，皆預令有司爲之辦具。高麗亞契丹，其餘蕃國則按其等差以式給之。至則圖其形像，書其山川、風俗。若有封爵禮命之事，則承詔頒付。嵩、慶、懿陵祭享，崇（儀）〔義〕公承襲，率主行之。分案四，設吏七。

（宋）洪邁《容齋續筆》卷一一《兵部名存》 唐因隋制，尚書置六曹。吏部、兵部分掌銓選，文屬吏部，武屬兵部。自三品以上官册授，五品以上制授，六品以下敕授，皆委尚書省奏擬。兩部分列三銓。曰尚書銓，尚書主之。曰東銓，曰西銓，侍郎二人主之。吏居左，兵居右，是爲前行。故兵部班級在户、刑、禮之上。睿宗初政，以宋璟爲吏部尚書，李乂、盧從愿爲侍郎；姚元之爲兵部尚書，陸象先、盧懷慎爲侍郎。六人皆名臣，二選稱治。其後用人不能悉得賢，然兵部爲甚。其變而爲三班流外銓，不知自何時。元豐官制行，一切更改，凡選事，無論文武，悉以付吏部。蘇東坡當元祐中拜兵書，謝表云：恭惟先帝復六卿之名，本欲後人識三代之舊，古今殊制，閑劇異宜。武選隸於天官，兵政總於樞輔。故司馬之職，獨省文書。蓋紀其實也。今本曹所掌，惟諸州廂軍名籍，及每大禮，則書寫蕃官加恩告。雖有所轄司局，如金吾街仗司、騏驥車輅象院、法物庫、儀鸞司，不過每季郎官一往耳。名存實亡，一至於是。

（元）馬端臨《文獻通考》卷五二《職官考·兵部尚書》　宋兵部判部事一人。凡籍武官軍師卒戎之政令，悉歸於樞密院，其選授小者又歸三班。本曹但掌三駕儀仗、鹵簿字圖，釋奠武成王廟及武舉事，歲終以義勇、兵箭手、寨兵之數上於朝。元豐更制，惟民兵、馬政權隸樞密院，武官銓選並歸吏部。五年詔：應緣義勇保甲事並隸樞密院，其餘民兵悉隸兵部。以什伍之法教民爲兵，以選舉之法試武士，以鹵簿字圖分布儀衛，以郡縣之圖周知地域。凡廂軍、蕃兵剩員及金吾街仗司人兵，稽其數而振飭其藝。大將出征，告捷於廟，破賊露布以聞。臣僚之家宣借兵級，與夫蕃夷屬户授官、封襲之事，皆掌之。建炎三年，並衛尉寺隸焉。分案十：曰賞功，曰民兵衛，曰廂兵，曰人從看詳，曰帳籍告身，曰武舉，曰蕃官，曰開折，曰知雜，曰檢法。侍郎：南渡後，長貳互置，續侍郎二員，隆興常置一員。郎中：建炎三年，詔兵部兼職方，駕部兼庫部。隆興初，詔駕部、兵部郎官共一員兼領，自是四司合爲一矣。厥後間或並置，若從軍或將命於外，則假以爲寵。職方：掌天下地圖，以周知方域之廣及城隍堡塞烽候之事，蕃夷歸朝内附之事。駕部：掌輦路、車乘、廄牧、雜畜、乘具、傳驛之政令，辨其出入之數。建炎三年，詔並太僕寺隸焉。太僕有騏驥、車輅二院。左、右騏驥院監官二員，以武臣充。掌司國馬，總教駿四指揮之衆，以養餵諸馬。每一指揮百人爲額。車輅院掌供乘輿、法物。庫部：掌軍器、儀仗鹵簿法式、隨軍防城什物，及凡供帳之事。

《宋史》卷一六三《職官志》　兵部　掌兵衛、儀仗、鹵簿、武舉、民兵、廂軍、土軍、蕃軍，四夷官封承襲之事，輿馬、器械之政，天下地土之圖。凡儀衛，大朝會用黄麾大仗；文德殿視朝及册命王公大臣，用黄麾半仗；紫宸殿受外國使朝，用黄麾角仗；文德殿發册，用黄麾細仗。鹵簿有大駕、法駕、小駕，皆掌其數及行列先後之儀，爲圖以授有司。凡武選之制，倣貢舉之法。凡聯其什伍而教之以戰爲民兵，材不中禁衛而足以執役爲廂軍，就其鄉井募以禦盗爲土軍，以老疾而裁其功力之半爲剩員。團結以禦戎爲洞丁，爲義軍、弩手；屬羌分隸邊將爲蕃兵。籍其名數而頒其禁令。大將出征，奏捷則告于廟，破賊則露布以聞。凡招置廂、禁軍及州郡屯營，三衙遷補，守戍軍吏轉補，文武官白直、宣借，皆掌之。其屬三：曰職方，曰駕部，曰庫部。舊判部事一人，以兩制充。掌三駕儀仗、鹵簿圖、春秋釋奠武成王廟及武舉，歲終以義軍、弓箭手户數上于朝。國初，掌千牛備身，殿中省進馬籍。元豐設官十，尚書、侍郎各一，四司郎中、員外郎各一。元祐初，省駕部郎中一員，以職方兼庫部。紹興改元，詔職方、庫部互置郎官一員兼。

尚書　掌兵衛、武選、車輦、甲械、厩牧之政令。以天下郡縣之圖而周知其地域。凡陳鹵簿，設仗衛，飭官吏整肅，蕃夷除授，奉行其制命。凡軍兵以名籍統隸者，閲習按試，選募遷補，及武舉、校試之事，皆總之。侍郎爲之貳，郎中、員外郎參掌之。大禮，則尚書充鹵簿使；大祀，奉魚牲及俎；視朝，則侍郎執班簿對立；小祀，則郎中、員外郎薦俎幷徹。分案九，置吏四十有七。凡蕃夷屬户授官、封襲之事皆掌之。建炎三年，併衛尉寺隸焉。分案十：曰賞功，曰民兵衛，曰廂兵，曰人從看詳，曰帳籍告身，曰武舉，曰蕃官，曰開拆，曰知雜，曰檢法。乾道裁減吏額，共置三十人。續詔：將下班祇應幷進義校尉、守闕進義副尉、進武校尉、守闕進武副尉並隸兵部，許於殿前司抽差下班祇應，文字人吏六名，赴部行遣。

侍郎　掌貳尚書之事。南渡，長貳互置，續置侍郎二員，紹興常置一員。

郎中　員外郎　參掌本部長貳之事。建炎三年，詔兵部兼職方，駕部兼庫部。隆興元年，詔駕部、兵部郎官共一員兼領，自是四司合爲一矣。厥後間或並置，若從軍或將命于外，則假以爲寵焉。

職方郎中　員外郎　掌天下圖籍，以周知方域之廣袤，及郡邑、鎮砦道里之遠近。凡土地所産，風俗所尚，具古今興廢之因，州爲之籍，遇閏歲造圖以進。四夷歸附，則分隸諸州，度田屋錢糧之數以給之。分案三，置吏五。舊判司事一人，以無職事朝官充，掌受閏年圖經。國初，令天下每閏年造圖納儀鸞司。淳化四年，令再閏一造；咸平四年，令上職方。轉運畫本路諸州圖，十年一上。紹熙三年，職方、駕部吏額通入兵部、庫部，併作四十二人。

駕部郎中　員外郎　掌輿輦、車馬、驛置、厩牧之事。大禮，戒有司具五輅。凡奉使之官赴闕，視其職治給馬如格。官文書則量其遲速以附步馬急遞。總內外監牧，籍其租入多寡、孳產登耗。凡市馬於四夷者，溢歲額則賞之。分案六，置吏十有三。建炎三年，併太僕寺隸焉。

庫部郎中　員外郎　掌鹵簿、儀仗、戎器、供帳之事，國之武庫隸焉。凡內外甲仗器械，造作繕修，皆有法式。若御大慶、文德殿，應用鹵簿名數，前期以戒有司。祭祀、喪葬，則給以等差。總衛尉寺金吾仗司兵匠之數，考其功罪、歲月而以法升降之。分案四，置吏九。

（清）徐松《宋會要輯稿・職官一四・兵部》　兵部主車駕儀仗、鹵簿字圖及千牛備身、殿中省進馬名簿籍、春秋釋奠武成廟申請攝事官、禘祫儀仗。又天下（名）〔民〕兵奏籍皆上兵部，及武舉人名籍，又天下（名）〔民〕兵至武舉人名籍文字錯亂，疑當作又天下（名）〔民〕兵奏籍及武舉人名籍，皆上兵部。凡臣僚給卒供驅使者皆宣下。以京朝官二員主判。又有甲庫，主承受除拜武臣制敕。南曹國初廢，（白）〔北〕院、尚書銓、東西銓四司印有而無所掌。

《兩朝國史志》：兵部判部事一人，以兩制充。凡天下兵籍、武官選授及軍師卒戍之政令悉歸於樞密院，其選授小者又分領於三班，本曹但掌車駕儀仗、鹵簿字圖、春秋釋奠昭烈武成王廟及武人科舉之事，歲終以義勇、弓箭手、寨户之數上於朝。令史九人，甲庫令史二人，驅使官一人。元豐改制，具《職官志》。尚書二人，侍郎一人，郎官一人，兼職方。掌民兵、招置弓手、廂軍、蕃兵、剩員武士、校試武藝、金吾衛司人兵、大將出征、告廟、破賊露布、鹵簿、字圖及蕃夷屬户授官封襲之事。分案有十：曰賞功，曰民兵仗衛，曰廂兵，曰人從看詳，曰帳籍告身，曰武舉，曰蕃官，曰開拆，曰知雜，曰檢法。吏額：主事一人，令史一人，書令史六人，守當官十人，貼司二十人，私名五人，守闕習學九人。二十六年十一月，罷守闕習學，置手分一人。建炎二年，併衛尉寺隸焉。【略】

《神宗正史・職官志》：尚書兵部掌武舉、民兵、廂土軍、鹵簿及蕃夷官封承襲之事。凡聯其什伍而教之戰爲民兵，材不中禁衛而力足以充役爲廂軍，就其鄉井募以禦盜爲土軍，廂、禁、土軍因老疾而裁其功力之半爲剩員，羌戎附屬分隸邊將爲蕃兵，皆以名數置籍而頒行其禁令。文武官白直宣借兵則給以式，應排辦仗衛則分鹵簿、造字圖。凡武選之制倣貢舉法。若遣大將出征、露布奏捷必告於廟。凡其屬有三：曰職方，郡縣地圖、蕃夷歸附之事隸焉。曰駕部，輦路車乘、厩牧驛傳之事隸焉。曰庫部，軍器儀仗、鹵簿供帳之事隸焉。元豐中釐正職事，惟民兵、馬政權隸樞密院，以俟法成而歸之。凡官十：尚書、侍郎各一人，四司郎中、員外郎各二人。《哲宗・職官志》同。尚書掌〔武〕選、地圖、車輦、甲械之政令，而侍郎爲之貳。凡軍民以名籍統隸者，閱習按試、選募遷補及武學校定賞罰與本曹所治之事，則郎中、員外郎參掌之。應檢舉鉤稽者前期以告其長貳，大（理）〔禮〕則尚書充鹵簿使，大祀則奉魚牲及俎，俎：原作祖，據《宋史》卷一六三《職官志》三兵部條改。視朝則侍郎執班簿對立，小祀則郎中、員外郎薦徹俎。分案九，設吏四十有七。《哲宗・職官志》同。

（清）徐松《宋會要輯稿・職官一四・職方》　職方掌受諸州圖及圖經，以朝官一員主判。駕部、庫部二部皆無所掌，各以朝官一員主判。太宗太平興國二年閏七月，有司上諸州所貢《閏年圖》。故事每三年一令天下貢地圖與版籍上尚書省，以閏月爲限。至是吴、晉悉平，奉圖來獻者州郡幾四百卷。

（元）馬端臨《文獻通考》卷五二《職官考・刑部尚書》　宋刑部判部事二人，以御史知雜以上或朝官充。淳化二年，以刑部覆大辟案，增置審刑院，知院事一人，以郎官以上至兩省充，詳議官以京朝官充。掌詳讞大理所斷案牘而奏之。治所在右掖門。凡四方以刑獄來上，則讞於審刑院。大中祥符二年，置糾察在京刑獄司，糾察官二人，以兩制以上充。詳正駁奏在京刑禁徒以上罪者。元豐三年，並歸刑部。五年，官制行，刑部始專其官。侍郎：舊制，定奪、審復、除雪、叙復、移放，尚書專領之。若制勘、體量、奏讞、糾察、録問，長貳通治之。中興，長貳互置。隆興常置一員。淳熙依崇寧專法，奏獄及法令事，請大理寺官赴部共議。郎中：二人，分左右廳，掌詳覆、叙雪之事。建炎時，郎中二員，職無分異。紹興時，詔依元豐舊法，分廳治事，左以詳覆，右以叙雪，使官各有守，人各有見，參而任之。都官：掌在京百司吏職補換更替；或以功過展減磨勘，則依條制行之；諸路州軍編配羈管等人，置册以記其在亡。建炎三年，詔比部兼司門。隆興初，詔都官、比部各置一員。自此都官兼比部、司門之事。比部：掌句稽文帳，周知百司給費之多寡。凡諸倉場庫務收支，各隨所隸，以時具帳籍申上，比部驅磨審覆而會計其數。諸受文曆，每季終取索審覈事，故住支及贓罰欠債負則追索填納，無隱昧則句銷除破。司門：掌門關、津梁、道路之禁令；凡所過官吏、軍民、商販出入，稽其詐僞。

《宋史》卷一六三《職官志》　刑部　掌刑法、獄訟、奏讞、赦宥、叙復之事。凡斷獄本於律，律所不該，以敕、令、格、式定之。凡律之名十有二：曰名例，曰禁衛，曰職制，曰户婚，曰厩庫，曰擅興，曰盗賊，曰門訟，曰詐僞，曰雜律，曰捕亡，曰斷獄。禁於未然之謂令，施於已然之謂敕，設於此而使彼至之之謂格，設於此而使彼效之之謂式。其一司一路海行所不該者，折而爲專法。若情可矜憫而法不中情者讞之，皆閲其案狀，傳例擬進。應詔獄及案劾命官，追命姦盗，以程督之。審覆京都辟囚，在外已論決者，摘案檢察。凡大理、開封、殿前馬步司獄，糾正其當否；有辯訴，以情法與奪、赦宥、降放、叙雪。若命官牽復，則以朞數定之。其屬三：曰都官，曰比部，曰司門。設官十有三：尚書一人，侍郎二人；郎中、員外郎，刑部各二人，都官、比部、司門各一人。

國初，以刑部覆大辟案。淳化二年，增置審刑院，知院事一人，以郎官以上至兩省充，詳議官以京朝官充，掌詳讞大理所斷案牘而奏之。凡獄具上，先經大理，斷讞既定，報審刑，然後知院與詳議官定成文草，奏記上中書，中書以奏天子論决。大中祥符二年，置糾察刑獄司，糾察官二人，以兩制以上充。凡在京刑禁，徒以上即時以報；若理有未盡或置淹恤，追覆其案，詳正而駁奏之。凡大辟，皆録問。熙寧三年，詔：詳議、詳斷、詳覆官，初入以三年爲任，次以三十月爲任，欲出者聽前任滿半年指闕注官，滿三任者堂除。八年，罷詳議、詳斷官親書節案，止令節略付吏，仍減議官一、斷官二。元豐二年，知院安燾言：天下奏案，益多於往時。自熙寧八年減議官、斷官，力既不足，故事多疎謬。增詳議官一，刑部增詳斷官一。三年八月，詔：省審刑院歸刑部。以知院官判刑部，掌詳議、詳覆司事。刑部主判官爲同判刑部，掌詳斷司事，審刑議官爲刑部詳議官。官制行，悉罷歸刑部。

元祐元年，省比部郎官一員，以都官兼司門。五月，三省言：舊制，糾察在京刑獄以察違慢，自罷歸刑部，無復申明糾舉之制，請以御史臺刑察兼領。其御史臺刑獄，令尚書省右司糾察。從之。刑部舊有詳覆案，自官制行，歸諸路提刑司，至是復置。四年，併制勘、體量爲一案。紹聖元年，詔都官、司門互置郎官一員。崇寧二年十二月，詔：刑部尚書通治左右曹，侍郎一治左曹，一治右曹，如獨員，即通治，餘並依官制格令。

尚書　掌天下刑獄之政令。凡麗于法者，審其輕重，平其枉直，而侍郎爲之貳。應定奪、審覆、除雪、叙復、移放，則尚書專領之；制勘、體量、奏讞、糾察、録問，則長貳治之；而郎中、員外郎分掌其事。有司更定條法，則覆議其當否。凡聽訟獄或輕重失中，有能駁正，詔其賞罰。若頒赦宥，則糾官吏之稽違者；大祀，則尚書涖誓，薦熟則奉牲；大禮肆赦，則侍郎授赦書付有司宣讀，承旨釋囚。分案十二，置吏五十有二。紹興後，分案十三：曰制勘，掌凡根勘諸路公事；曰體量，掌凡體究之事；曰定奪，掌訴雪除落過名；曰舉叙，掌命官叙復；曰糾察，掌審問大辟；曰檢法，掌供檢條法；曰頒降，掌頒條法降赦；曰追毁，掌斷罰追毁宣敕；曰會問，掌批會過犯；曰詳覆，掌諸路大辟帳狀；曰捕盗；曰帳籍，掌行在庫務、理欠帳籍；曰進擬，掌進斷案刑名文書。裁減吏額，置三十五人。

侍郎　舊制，應定奪、審覆、除雪、叙復、移放，尚書專領之。若制勘、體量、奏讞、糾察、録問，長貳通治之。南渡，長貳互置。隆興常置一員。淳熙十六年，依崇寧專法，奏獄及法令事，請大理寺官赴部共議之，用侍郎吴博古之説也。

郎中　員外郎　各二人，分左右廳，掌詳覆、叙雪之事。建炎三年，刑部郎官以二員爲額，闕掌職事，初無分異。紹興二十六年，詔依元豐舊法，分廳治事。先是右司汪應辰言：刑部郎官分爲左右，左以詳覆，右以叙雪，同僚異事，祖宗有深意。倘初無分異，則有不當于理者，孰爲追改？乞遵用舊制，要使官各有守，人各有見，參而用之，以稱欽恤之意。從之，仍令今後倣此。

都官郎中　員外郎　掌徒流、配隸。凡天下役人與在京百司吏職皆有籍，以攷其役放及增損廢置之數。若定差副尉，舊爲軍大將。則計其所歷，而以役之輕重均其勞逸，給印紙書其功過，展減磨勘歲月。元祐八年，以綱運差使闕歸吏部，省副尉員三百。紹聖間，復其額，及元豐押綱法，歸都官。崇寧二年二月，復配隸案。先是，元豐中，都官有吏籍、配隸案，元祐中，罷之。因刑部有請，乃詔如舊。六月，侍郎劉賡奏：副尉差遣有立定優重等第，都官條雖特旨亦許執奏，乞申嚴其禁。從之。分案四，置吏十有八。建炎三年，詔比部兼司門。隆興元年，詔都官、比部共置二員。自此都官兼比部、司門之事。分案五：曰差次，曰磨勘，曰吏籍，曰配隸，曰知雜，各因其名而治其事。裁減吏額，置十二人。淳熙十三年，減三人。

比部郎中　員外郎　掌勾覆中外帳籍。凡場務、倉庫出納在官之物，皆月計、季考、歲會，從所隸監司檢察以上比部，至則審覆其多寡登耗之數，有陷失，則理納。鈎考百司經費，有隱昧，則會問同否而理其侵負。舊帳案隸三司，自治平中至熙寧初，凡四年帳未鈎考者已踰十有二萬，錢帛、芻粟積虧不可勝計。五年十一月，曾布奏，以四方財賦當有簿書文籍，以鈎考其給納登耗多寡。遂置提舉帳司，選人吏二百人，驅磨天下帳籍，并選官吏審覆。七年二月，詔帳司每歲具天下財用日出入數以聞。元豐初年，詔：諸路財賦出入，自今三年一供，著爲令。官制行，釐其事歸比部。元祐元年七月，用司馬光奏，悉總於户部。三年，釐正倉部，勾覆、理欠、憑由案及印發鈔引事歸比部。政和六年，詔：寺監先期檢舉，如庫務監官所造文帳委無未備，方許批書，違者御史臺奏劾。用郎官梅執禮之請也。分案五，置吏百有一。建炎以後，或以都官兼比部、司門之事。

司門郎中　員外郎　掌門關、津梁、道路之禁令，及其廢置移復之事。應官吏、軍民、輦道商販，譏察其冒僞違縱者。凡諸門啓閉之節及關梁餘禁，以時舉行。分案二，置吏五。

（清）徐松《宋會要輯稿·職官一五·刑部》　刑部主覆天下大辟已決公（按）〔案〕，旬奏獄狀，舉駁其不當者，及官員犯罪除免、經赦叙用，定奪雪理給牒，以朝官一員或二員主判。又有詳覆官，舊六員，亦京朝官充，淳化元年置，主定奪公事，分覆旬奏獄狀，後止三員。景德三年，别增一員，專舉駁大辟公案，共四員。又有法直官一員。

《兩朝國史志》：刑部判事二人，以御史知雜已上或朝官充。凡律令、刑法案覆讞禁之制令並存，掌覆天下大辟，舉其違失而駁正之，及詳定京朝官、三班幕（府）〔職〕州縣官員犯解免叙理出雪之事。詳覆官四人，法直官一人，並以選人充。令史十二人，驅使官一人。元豐改官制，舊審刑院、糾察在京刑獄司並歸刑部。尚書一人，侍郎一人，郎官一人，分左、右治事，左以詳覆，右以叙雪。吏額：主事一人，令史四人，書令史九人，守當官八人，貼司十八人，都官、比部、司門皆無所掌，各以朝官一員主判。【略】

《神宗正史·職官志》：凡其屬有三：曰都官，軍大將及徒隸名籍之事隸焉；曰比部，鈎考帳籍及贓罰、欠負之事隸焉；曰司門，津梁、道路及國門幾察之事隸焉。舊以刑部覆大辟案，而增置審刑院詳讞，其京百司刑禁則隸糾察司。官制正名，悉歸刑部。凡官十有三：尚書一人，侍郎二人，郎中、員外郎，刑部各二人，都官、比部、司門各一人。《哲宗·職官志》設官十有二，尚書、侍郎各一人，餘同。

尚書、侍郎、郎中、員外郎。尚書掌天下刑獄之政令，而侍郎、（郎）中、員外郎分治其事。凡制勘、（案）〔按〕劾、審録、奏讞、糾察，程督則隸左檢察定奪，除雪、叙復、移放則隸右。格不載者，同尚書通領。其都官、比部、司門事亦如之。若御史臺或詔獄録問辟（因）〔囚〕及三品以上官以侍郎，餘以郎官。大祀則尚書涖誓，薦熟則奉大牲，大禮肆赦，則侍郎授赦書，承旨釋囚。分案八，設吏五十有二。《哲宗·職官志》分案十二，置吏同。

（元）馬端臨《文獻通考》卷五二《職官考·工部尚書》　宋制，工部判部事一人，以兩制以上充。凡城池土木工役，皆隸三司修造案，本曹無所掌。元豐官制行，尚書工部掌天下城池、宫室、舟車、器械、符印、錢寶之事，百工、山澤、溝洫、屯田之政令。是時，尚書猶未除人。紹興三年，並少府監歸工部，以文思院屬焉。建炎並省將作、少府、軍器監並歸工部。是時，營繕未遑，惟戎器方急。紹興二年，詔於行在别置作院一所，專打造器甲，令工部長貳專一提點，郎官逐旬點檢。少府監既歸工部，文思院上下界監官並從本部辟差。又詔御前軍器所隸工部，自是營造稍廣。宰臣議：户部以給財爲務，工部以辦事爲能，誠非一體。欲令户部兼領其事。上雖然之，卒未能合。隆興以後，宮室、器甲之造寖稀，且各分職掌，而起部之務益簡，特提其綱要焉。分案六：曰工作，曰營造，曰材料，曰兵匠，曰檢法，曰知雜。又專立一案，以御前軍器案爲名。侍郎：南渡初，長貳互置，隆興詔各置一員。郎中：舊制，凡製作、營繕、計置、採伐材物，按程式以授有司，則郎中、員外郎參掌之。建炎三年，詔工部郎官兼虞部，屯田郎官兼水部。隆興元年，詔工部、屯田共一員兼領。自此四司合爲一矣。屯田：掌凡屯田、營田、職田、學田、官莊、稻田、塘濼、隄堰之事。虞部：掌凡山澤、苑囿、畋獵，取伐木石、薪炭、藥物之屬，屏絶猛獸、毒藥，及茶礬場、鹽池井、金銀銅鐵鉛錫坑冶廢置收採之事。水部：掌凡川瀆、河渠、津梁、舟楫、漕運、水碾磑。凡隄防疏瀹之政令，皆掌之。軍器所隸工部：提點官二員紹興三十二年，詔於邊臣內差。提轄、監造官各二員，幹辦、受給、監門官各一員。掌鳩工聚材，製造戎器之政令。舊就軍器監置，別差提舉官，以内侍領之。紹興中，改隸工部，罷提舉官，日輪工部郎官、軍器監官前去本所點檢監視，後復以中人典領。工部侍郎黄中以爲言，請復隸屬。從之。三十二年，孝宗即位，有旨增置提點官，以内省都知李綽爲之，改稱提舉，免隸工部。後以御史張震力争，復隸工部。後改隸步軍司，尋復舊。紹熙元年，減省員額，如上制。文思院隸工部：提轄官一員，監官三員，内一員文臣京朝官充。監門官一員。掌金銀、犀玉工巧及綵繪、裝鈿之飾。凡儀物、器仗、權量、輿服所以供尚方、給百司者，於是出焉。沿革附見榷貨務、都茶場提轄官。

《宋史》卷一六三《職官志》　工部　掌天下城郭、宮室、舟車、器械、符印、錢幣、山澤、苑囿、河渠之政。凡營繕，歲計所用財物，關度支和市；其工料，則飭少府、將作監檢計其所用多寡之數。凡百工，其役有程，而善否則有賞罰。兵匠有闕，則隨以緩急招募。籍坑冶歲入之數，若改用錢寶，先具模製進御請書。造度、量、權、衡則關金部。印記則關禮部。凡道路、津梁，以時修治。舊制，判部事一人，以兩制以上充。元豐並歸工部。其屬三：曰屯田，曰虞部，曰水部。設官十。尚書、侍郎各一人，工部、屯田、虞部、水部郎中員外郎各一人。元祐元年，省水部郎官一員。紹聖元年，詔屯田、虞部互置郎官一員兼領。

尚書　掌百工水土之政令，稽其功緒以詔賞罰。總四司之事，侍郎爲之貳。若制作、營繕、計置、採伐所用財物，按其程式以授有司，郎中、員外郎參掌之。應官吏、兵民緣本曹事有功賞罪罰，則審實以上尚書省。大祭祀，則尚書薦俎與徹。若諸監鼓鑄錢寶，按年額而課其數，因其登耗以詔賞罰。凡車輦、飭器、印記之造，則少府監、文思院隸焉。甲兵器械之制，則軍器所隸焉。有合支物料工價，則申于朝，以屬户部。建炎併將作、少府、軍器監並歸工部。是時，營繕未遑，惟戎器方急。紹興二年，詔於行在別置作院造器甲，令工部長貳提點，郎官逐旬點檢。少府監既歸工部，文思院上下界監官並從本部辟差。又詔御前軍器所隸工部，自是營造稍廣。宰臣議：户部以給財爲務，工部以辦事爲能，誠非一體。欲令户、工部兼領其事，卒未能合。隆興以後，宮室、器甲之造寖稀，且各分職掌，部務益簡，特提其綱要焉。分案六：曰工作，曰營造，曰材料，曰兵匠，曰檢法，曰知雜。又專立一案，以御前軍器案爲名。裁減吏額，共置四十二人。

侍郎　掌貳尚書之事。南渡初，長貳互置，隆興詔各置一員。

郎中　員外郎　舊制，凡制作、營繕、計置、採伐材物，按程式以授有司，則參掌之。建炎三年，詔：工部郎官兼虞部，屯田郎官兼水部。隆興元年，詔工部、屯田共一員兼領，自此四司合爲一矣。淳熙九年，以趙公廙爲屯田員外郎，自是不復省。

屯田郎中　員外郎　掌屯田、營田、職田、學田、官莊之政令，及其租入、種刈、興修、給納之事，以賞罰詔其長貳而行之。分案三，置吏八。

虞部郎中　員外郎　掌山澤、苑囿、場冶之事，辨其地產而爲之厲禁。凡金、銀、銅、鐵、鉛、錫、鹽、礬，皆計其所入登耗以詔賞罰。分案四，置吏七。

水部郎中　員外郎　掌溝洫、津梁、舟楫、漕運之事。凡堤防決溢，疏導壅底，以時約束而計度其歲用之物。修治不如法者，罰之；規畫措置爲民利者，賞之。分案六，置吏十有三。紹興累減吏額，四司通置三十三人。

軍器所隸工部。提點官二員，紹興三十二年，詔於邊臣內差。提轄、監造官各二員，幹辦、受給、監門官各一員。掌鳩工聚材、製造戎器之政令。舊就軍器監置，別差提舉官，以內侍領之。紹興中，改隸工部，罷提舉官，日輪工部郎官、軍器監官前去本所點驗監視；後復以中人典領。工部侍郎黃中以爲言，請復隸屬。從之。孝宗即位，有旨增置提點官，以內省都知李綽爲之，改稱提舉，免隸工部。後以御史張震力爭，復隸工部。後改隸步軍司，尋復舊。紹熙元年，減省員額，如上制。

文思院隸工部。提轄官一員，監官三員，內置一員，文臣京朝官充。監門官一員。掌金銀、犀玉工巧及采繪、裝鈿之飾。凡儀物、器仗、權量、輿服所以供上方、給百司者，於是出焉。沿革附見榷貨務、都茶場提轄官。

（清）徐松《宋會要輯稿・職官一六・屯田部員外郎》《兩朝國史志》：屯田判司事一人，以無職事朝官充。凡屯田之政令隸三司，本司無所掌。元豐改制，員外郎始實行本司事。

（清）徐松《宋會要輯稿・職官一六・虞部員外郎》《兩朝國史志》：虞部判司事一人，以無職事朝官充。凡虞衡之政令皆歸三司河渠案，後領於都水監，本司無所掌。元豐改制，員外郎始實行本司事。

《神宗正史・職官志》：虞部員外郎參掌山澤、苑囿、場冶之事，而舉行其禁令。若地產茶、鹽、礬及金、銀、銅、鐵、鉛、錫，則興置收採，以其課入歸於金部。猛獸毒藥能害人者，皆屏去之。《哲宗・職官志》同。

（清）徐松《宋會要輯稿・職官一六・水部員外郎》《兩朝國史志》：水部判司事一人，以無職事朝官充。凡川瀆、陂池、溝洫、河渠之政，國朝初隸三司河渠案，後領於水監，本司無所掌。元豐改制，員外郎始實行本司事。

《神宗正史・職官志》水部員外郎參掌溝洫、津梁、舟楫、漕運之事，凡水之政令，若江淮河瀆、汴洛隄防決溢疏導壅底之約束，以時檢行，而計度其歲用之物。應修固不如法者有罰，即因其規畫措置能爲民利則賞之。《哲宗・職官志》同。

寺監

論説

（宋）劉安世《盡言集》卷一《論寺監官冗》 臣伏見先皇帝考古職典，建置治官，天下之務，必總於三省，散隸於六曹。循名責實，大體雖善，而措置法度，未暇致詳。此議者所以論官冗之弊，而首及於寺監也。伏惟陛下即政之初，常賦之外，一切蠲復，所人有限，則國用有不足之慮。是以專置官局，裁節浮費，而膳部併於主客，虞部人於屯田，又量事之閑劇，以定員之多寡。六曹所減，凡十九員，而官無廢事，人無異議者，處之得其理也。臣嘗觀先帝時，寺監長貳，多不並置，亦有無少卿而丞簿行其事者。今太僕、衛尉、鴻臚、光禄、太府各二卿，軍器、將作、少府各二監，丞簿官屬，仍不預焉。省曹所減，止十餘員，而寺監所增，乃倍平昔。前日省官之詔，遂爲空文。損彼益此，何補於治。昔杜佑建議於唐，以謂皋陶作士，正五刑。今刑部尚書、大理卿，是二皋陶也。垂作共工，利器用。今工部尚書、將作監，是二垂也。伯夷秩宗，典邦禮。今禮部尚書、禮儀使，是二伯夷也。伯益作虞，掌山澤。今虞部郎中、都水使者，是二伯益也。舊名不廢，新職日加，空存虛稱，皆無實事。臣每愛其言，最爲切理。今百司申陳，必經寺監，而長貳鮮敢予奪，悉稟六曹。不惟虛煩文移，淹留旬月，而又省寺指揮，間多異同，內外有司，艱於遵奉。加以官吏猥衆，糜耗廩禄，非有釐革，將不勝弊。欲望聖慈，參酌典故，稽考名實，凡寺監之職，可以歸之六曹者，宜盡省之。或事務實繁，及政體所繫，不可罷者，亦宜裁爲定員，不使冗濫。庶幾官得其人，經費易給。

（宋）蘇轍《欒城集》卷四一《戶部侍郎論時事八首・轉對狀》 臣聞漢以九卿治事，唐以六曹爲政。漢非無尚書，而唐非無卿寺也，蓋事不在耳。先帝法唐之故，專任六曹，故雖兼置寺監，而職業無幾。量事設官，其間蓋有僅存者矣。頃元祐之初，患尚書省官多事少，始儀併省郎曹。所損纔一二耳，而寺監之官，如鴻臚、將作，舊不設卿丞者，紛紛列置，更多於舊。中外之議，以此疑惑，以爲朝廷爲人設官，非爲官擇人。

此言一出，爲損非細。其於治體，非臣所當議也。而至於京師廩給之厚，出於本部，故臣願明詔有司，減去寺監不急之官，以寬不貲之費而已。

（宋）曾鞏《曾鞏集》卷二五《制誥擬詞·太常丞制》　丞於奉常，參總禮樂之事、祠祝之儀。惟學古知方，乃能不失其守。尚務祗飭，以服官箴。

（宋）曾鞏《曾鞏集》卷二五《制誥擬詞·太宗正丞制》　司宗之於國族，門内之治也。然合遠近之屬而齊之，有不得專於愛者，其於斟酌緩急、恩義之際，信難處哉。故其屬有丞，以參聽其事，而交修其官。考擇爾能，俾在茲選。夫親九族以刑萬邦，此有國之先務也。其體朕心，往從而長。服茲辭訓，以欽厥司。

（宋）曾鞏《曾鞏集》卷二五《制誥擬詞·太僕卿制》　《書》曰：僕臣正，厥后克正。蓋親近左右，有輔導之義。矧車府廄馬牧監之政，莫不咨焉。非得其人，曷稱厥位？某材質敏明，久更器使。司馭之選，汝惟克諧。其祇厥官，以服朕命。

（宋）曾鞏《曾鞏集》卷二五《制誥擬詞·大理卿制》　折獄詳刑之事，朕所重也。典領之官，位在九列。正名之始，選用非輕。某明習吏治，通於法令。廷尉之任，僉曰汝諧。往其欽哉，以率厥屬。少云：參典之官，位茲九列。

（宋）曾鞏《曾鞏集》卷二五《制誥擬詞·國子祭酒司業制》　學校之法，雖使之通經術，治文字，然要其大致，則在於明上之教以導民，養人之材以成俗。故師氏之位，必惟其能。某質性粹沖，術業通博。訓誨之任，宜正寵名。夫行其所知，以先游學之士。使風化之出，自京師始。待爾稱職，可不懋哉。

（宋）曾鞏《曾鞏集》卷二五《制誥擬詞·軍器監制》　繕治戎械，訓工程作之任，置監典領，禮秩甚隆。正名之初，考擇惟慎。某明習吏事，勞閲有聞。選於在廷，俾踐厥位。尚其祗飭，以服訓詞。

綜述

（宋）佚名《宋大詔令集》卷一六〇《政事·官制·除少卿官詔淳化元年四月丁未》　九寺三監，國之羽儀。制度聲明，往往而在。各有副貳，率具司存。品秩素高，職任尤重。部吏遷授，斯爲舊章。比聞搢紳之流，頗以臺閣自許，目爲散地，甚無謂焉。朕特振之，自我而始。其以兵部郎中沈承恭爲太常少卿，户部郎中張洎爲太僕少卿，吕端爲大理少卿，魏庠爲衛尉少卿，臧丙爲司農少卿，袁廓爲鴻臚少卿，柴成務爲光禄少卿，工部郎中張雍爲太府少卿。

（宋）李燾《續資治通鑑長編》卷三二六《神宗元豐五年》　三省言，九寺、三監分隸六曹，欲申明行下。上曰：不可。一寺、一監職事故分屬諸曹，豈可專有所隸？宜曰九寺、三監於六曹隨事統屬，著爲令。

（宋）洪邁《容齋四筆》卷一一《寺監主簿》　自元豐官制行，九寺、五監各置主簿，專以掌鉤考簿書爲職，它不得預。紹聖初，韓粹彦爲光禄主簿，自言今輒預寺事，非先帝意也，請如元豐詔書。從之。如玉牒修書，主簿不預，見於《王定國雜録》，予猶及見。紹興中，太府寺公狀文移，惟卿丞繫銜，後來掌故之吏，昧於典章，遂一切與丞等。今百官庶府，背戾官制，非特此一事也。

（宋）岳珂《愧郯録》卷六《寺監簿職守》　南渡而後，官失其守，凡寺監主簿率多預尾書，與丞鴈行。珂爲扈簿日，固竊疑所職有常，非可越爼，盡削文移之繫銜者如故事，獨本寺常程文書猶間占位涉筆。先夫人一日見吏呈牘，謂珂曰，簿不預政，此元豐令文也，當謹視官制。珂唯謝，退而卻之。吏皆拱手不敢去，固卻乃從，殊費頰舌。後閲洪文敏邁《容齋四筆》有曰：自元豐官制行，九寺五監各置主簿，專以考簿書爲職，他不得預。紹聖初，韓粹彦爲光禄主簿，自言今輒預寺事，非先帝意也，請如元豐詔書。如玉牒修書主簿不預，見於《王定國雜録》。予猶及見紹興中太府寺公狀文移，惟卿丞繫銜，後來掌故之吏，昧於典章遂一切與丞等。今百司庶府皆戾官制，非特此一事也。珂再攷典故，元豐六年七月庚申，詔寺監主簿止是專掌簿書，其公事自當丞以下通議施行。今取問寺監，有令主簿簽書公事處，大理寺丞長貳正主簿八員，衛尉寺卿主簿二員，將作監少監丞主簿四員，都水監使者丞主簿四員，少府監少監丞主簿三員，司農寺少卿丞主簿四員，太常寺丞主簿二員，軍器監少監丞主簿四員，内長貳主簿可並降一官，正丞並展磨勘二年，各不以去官原，則初制信必之嚴蓋如此。《會要》亦具書禁令，顧今上下習故爲常，比比皆是，反於其所謂簿書迺無一可攷，是亦重可興嘆也。若平日扈寺文移簿固預書而申省與部，獨不列簿銜，蓋舊制僅存者，似頗與邁所見異，或見諸它官府云。

（元）馬端臨《文獻通考》卷五五《職官考·諸卿》 宋初雖有九卿，皆以爲命官之品秩而無職事。元豐正名，始有職掌。中興初，並省冗職，除太常寺、大理寺不罷外，宗正以太常兼，而衛尉、太僕並兵部，太府、司農並户部，光禄、鴻臚並禮部。紹興復置宗正、太府、司農，餘遂廢。

（宋）宋敏求《春明退朝録》卷上 太常寺，國初以來，皆禁林之長主判，而禮院自有判院，同院判。大中祥符中，符瑞繁縟，别建禮儀院，輔臣主判，而兩制爲知院。天禧末，罷知院。天聖中，省禮儀院。而寺與禮院事舊不相兼。康定元年，置判寺、同判寺，並兼禮儀事。近有至六七人者。按唐太常置卿一員，少卿二員，博士四員。祥符中，置博士二員，後加至四員。今若置判寺一員，同判寺二員，則合唐之卿數矣。

（元）馬端臨《文獻通考》卷五五《職官考·太常卿》 宋初，太常寺皆以禁林之長主判，《續會要》云：皆以兩制充。而禮院自有判院、同判院。祥符中，祥瑞繁縟，别建禮儀院，輔臣主判，而知制誥爲知院。天禧末罷知院，天聖中省禮儀院。而寺與禮院事，舊不相兼。康定元年，置判寺、同判寺，並兼禮儀事。元豐正名，始專其職焉。卿掌禮樂、郊廟、社稷、壇壝、陵寢之事。禮之名有五：吉、賓、軍、嘉、凶。皆掌其制度儀式。祭祀有大祠，有中祠，有小祠。其犧牲、幣玉、酒、薦獻、器服，各辨其等；掌樂律、樂舞、樂章。凡親祠及四孟月朝獻景靈宮、郊祀告享太廟，掌贊相禮儀升降之節。及朝會、燕享、上壽、封册之儀。若禮樂有損益，及祀典、神祇、爵號與封襲、繼嗣之事常考定者，擬上於禮部。凡太醫政令，以時頒行。元祐詔太常寺置長貳，餘寺、監長貳並互置。中興並省寺、監，獨存太常，又命太常兼宗正。紹興復。隆興元年，詔光禄寺並歸太常寺兼領。掌社稷及武成王廟諸壇齋官習樂之事。丞一員罷。卿，舊不除人。紹興二十五年除張扶，執政以爲言。遂改宗正，復言之，乃除祭酒。開禧間忽除陳讜，俄亦改秘書監。少卿，元祐初除吕純禮，御史論門蔭得官不可任奉常，於是外補。建炎初，並省冗職，詔太常少卿一員兼宗正少卿。國初，太常少卿、博士、寺丞俱爲寄禄官，少卿後來爲朝議大夫，博士丞議郎，丞奉議郎。

《宋史》卷一六四《職官志》 太常寺 卿 少卿 丞各一人 博士四人 主簿、協律郎、奉禮部、太祝各一人。卿掌禮樂、郊廟、社稷、壇壝、陵寢之事，少卿爲之貳，丞參領之。禮之名有五：曰吉禮，曰賓禮，曰軍禮，曰嘉禮，曰凶禮。皆掌其制度儀式。祭祀有大祠，有小祠。其犧牲、幣玉、酒醴、薦獻、器服各辨其等；掌樂律、樂舞、樂章以定宮架、特架之制，祭祀享則分樂而序之。凡親祠及四孟月朝獻景靈宮、郊祀告享太廟，掌贊相禮儀升降之節。歲時朝拜陵寢，則視法式辨具以授祠官。凡祠事，差官、卜日、齋戒皆檢舉以聞。初獻用執政官，則卿爲終獻；用卿，則少卿爲亞獻，博士爲終獻；闕則以次互攝。郊祀已，頒御札則撰儀以進。宮架、鼓吹、警場，率前期按閱即習。餘祀及朝會、宴享、上壽、封册之儀物亦如之。若禮樂有所損益，及祀典、神祇、爵號與封襲、繼嗣之事當考定者，擬上於禮部。凡太醫之政令，以時頒行。

宋初，舊置判寺無常員，以兩制以上充，丞一人，以禮官久次官高者充。别置太常禮院，雖隸本寺，其實專達。有判院、同知院四人，寺與禮院事不相兼。康定元年，置判寺、同判寺，始並兼禮院事。元豐正名，始專其職。分案五，置吏十有一。元祐三年，詔太常寺置長貳，他寺監則互置。紹聖中，復舊制。大觀元年，應太常寺所被旨及施行典禮事，季輪博士銓次成籍，以備討論。政和四年令，祠事監察御史闕，則以六曹郎官及館職攝充。宣和三年，令本寺因革禮五年一檢舉，接續編修。建炎初，併省冗職，惟太常、大理不能。詔太常少卿一員兼宗正少卿，罷丞、簿，惟置博士一員。紹興三年，復置丞。九年，臣僚言：元豐正名，太常主議論者博士四人，乞參稽舊典，添置博士，以稱朝廷蒐補闕軼、緝熙彌文之意。詔添博士一員。十年，置簿一員。十五年，詔太常討論置籍田令，續置太社令。隆興元年，併省博士一員、主簿一員，又以光禄寺併歸太常，罷丞。明年，詔丞、簿並依舊制。

分案九：曰禮儀，掌討論大慶典禮、神祠道釋、襲封定謚、檢舉忌辰。曰祠祭，掌大中小祠祀差行事官幷酒齊、幣帛、蠟燭、禮料。曰壇廟，掌行室壇、廟域、陵寢。曰大樂，掌大樂教習樂舞、鼓吹、警場。曰法物，掌給納朝、祭服。曰廩犧，掌歲中祠祭牲牢羊豕滌室。曰太醫，掌臣僚陳乞醫人，補充太醫助教等。曰掌法，曰知雜，並掌本寺條制雜務。裁減吏額，贊引使二人，正禮直官二人，副禮直官二人，正名贊者七人，守闕贊者七人，私名贊者七人，胥吏一人，胥佐四人，貼司一人，書表司一人，祠祭局供官十二人，祭器司供官十人，樂正三人，鼓吹令一人，本寺天樂祭器庫專知官一人、庫子二人，圓壇大樂禮器庫專知官一人、庫子一人。

博士，掌講定五禮儀式，有改革則據經審議。凡於法應謚者，考其行狀，撰定謚文。有祠事，則監視儀物，掌凡贊導之事。主簿，掌稽考簿書。協律郎，掌律、呂以和陰陽之聲，正宮架、特架樂舞之位。大祭祀享宴用樂，則執麾以詔作止之節，舉麾、鼓柷而樂作；偃麾、戛敔而樂止。凡樂，掌其序事。奉禮郎，掌奉幣帛授初獻官，大禮則設親祠板位。太祝，掌讀册辭，授搏黍以嘏告，飲福則進爵，酌酒受其虛爵。郊社令，掌巡視四郊及社稷壇壝，掌凡掃除之事，祭祀則省牲。太廟令，掌宗廟薦新七祀及功臣從享之禮。籍田令，掌帝籍耕耨出納之事，植五穀蔬果，藏冰以待用。宮闈令，率其屬以汛洒廟庭，凡修治潔除之事。

提點管幹郊廟祭器所　南郊太廟祭器庫　提點朝服法物庫所　朝服法物庫　南郊什物庫　太廟什物庫　掌藏其器服，以待祭祀、朝會之用。凡冠服，視其等而頒於執事之臣。

教坊及鈐轄教坊所　掌宴樂閱習，以待宴享之用，考其藝而進退之。

諸陵祠墳所　掌先世后妃之墳園而以時獻享。

太醫局　有丞，有教授，有九科醫生額三百人。歲終則會其全失而定其賞罰。太醫局，熙寧九年置，以知制誥熊本提舉，大理寺丞單驤管幹。後詔勿隸太常寺，置提舉一、判局二，判局選知醫事者爲之。科置教授一，選翰林醫官以下與上等學生及在外良醫爲之。學生常以春試，取合格者三百人爲額。太學、律學、武學生、諸營將士疾病，輪往治之。各給印紙，書其狀，歲終稽其功緒，爲三等第補之：上等月給錢十五千，毋過二十人；中等十千，毋過三十人；下等五千，毋過五十人。失多者罰黜之。受兵校錢物者，論如監臨強乞取法。三學生願預者聽受，而禁邀求者。又官制行，隸太常禮部，自政和以後，隸醫學，詳見《選舉志》。孝宗隆興元年，省併醫官而罷局生。續以虞允文請，依舊存留醫學科，逐舉附試省試別試所，更不置局，權令太常寺掌行。紹熙二年，復置太醫局，局生以百員爲額，餘並依未罷局前體例，仍隸太常寺。

大晟府　以大司樂爲長，典樂爲貳。次曰大樂令，秩比丞。次曰主簿、協律郎。又有按協聲律、製撰文字、運譜等官，以京朝官、選人或白衣士人通樂律者爲之。又以武臣監府門及大樂法物庫，以侍從及內省近侍官提舉。所典六案：曰大樂，曰鼓吹，曰宴樂，曰法物，曰知雜，曰掌法。國朝禮、樂掌于奉常。崇寧初，置局議大樂；樂成，置府建官以司之，禮、樂始分爲二。五年二月，因省冗員，併之禮官；九月，復舊。大觀四年，以官徒廩給繁厚，省樂令一員、監官二員，吏祿並視太常格。宣和二年，詔以大晟府近歲添置冗濫徼幸，並罷，不復再置。

（清）徐松《宋會要輯稿·職官二二·太常寺》　太常寺掌社稷及武成王廟，諸壇齋宮習樂之事。判寺官一人或二人，以諸司三品以上充。又有太祝、奉禮郎、掌奉祭祀郊社令、掌坐齋郎、協律郎。領大樂局、鼓吹等院。太常寺皆以禁林之長主判，皆以兩制（統）〔充〕。而禮院自有判院、同判院。禮院：原作花院，據《宋史》卷一六四《職官志》四改。祥符中，符瑞繁縟，別建禮儀院，輔臣主判，而知制誥爲知院。天禧末，罷知院。天聖中，省禮儀院，而寺與禮院事舊不相兼。相：原作用，據《宋史》卷一六四《職官志》四改。康定元年，置判寺、同判寺，並兼禮儀事。元豐正名，始專其職焉。職略。卿掌禮樂、郊廟、社稷、壇壝、陵寢之事。元祐，詔太常寺置長貳，餘寺監長貳並互置。中興，併省寺監，獨存太常。又命太常兼（中）〔宗〕正。紹興復。隆興元年，詔光祿寺併歸（大）〔太〕常寺兼領，丞二員罷，掌社稷及武成王廟、諸壇齋宮習樂之事。元祐元年，吕純禮爲少卿，御史論門廕得官不可任奉常，於是外補。中興建炎三年，詔太常少卿一員兼（中）宗〔正〕少卿。皇祐中，詔特差近上知禮官一員兼丞事，御史李泌之請也。職略。建炎三年省丞，紹興三年復置。三年：原作二年，據《宋史》卷一六四《職官志》四改。

（元）馬端臨《文獻通考》卷五五《職官考·宗正卿》　宋宗正寺，判寺事二人，以宗姓兩制以上充，闕則以宗姓朝官以上知丞事。掌奉宗廟諸陵薦享之事，司皇族之籍。大宗正司知司事二人，以皇親團練、觀察使以上充。掌敦睦皇族，教導宗子，受其陳請辯訟之事，及糾過失而達之朝廷。景祐三年始置司，以皇兄甯江軍節度使濮王知大宗正事，皇姪彰化軍節度觀察留後守節同知大宗正事。修玉牒官無定員。掌修皇帝玉牒，序宗派，紀族屬，歲撰宗子名以進。舊隸宗正寺。景祐中，言者以玉牒與國史相通，後以史官兼。又有睦親、廣親宅都大管句三人，以内侍充。元豐六年，詔宗正寺長、貳不專用國姓，蓋自有大宗正司以統皇族也。中興後，卿一人，不常置；少卿一人，以太常兼。三年，復置少卿一員。嘉定九年，詔以宗學改隸宗正寺，自此寺官又預考校之事。大宗正司知及同知官各一人，丞二人。官屬有記室一人。熙寧三年，始以異姓朝臣二員知丞事，置局於睦親、廣親宅。是歲，省管句睦親、廣親及提舉郡、縣主等宅官，以其事歸宗正。崇甯三年，置南外宗正司在南京，西外宗正司在西京，各置敦宗院。中興後，以位高屬尊者爲判大宗正事，其知及同知如舊制，以宗室團練以上有德望者充。又置知大宗正丞一員，以文人充，掌糾合宗室而檢防之，訓飭之。凡南班宗室磨勘、遷轉、襲封、請給，核其當否；嫁娶房奩、分析財產，酌厚薄多寡而訂其議。凡宗室除合該賜名外，皆大宗正定名而後報宗正寺。其餘遷授官資、支給錢米，考核以詔予奪。其不率教者，以法拘之，歲久知悔，則除其過名。分按六，署吏十有二。又有南外宗正司、西外宗正司以處宗室之在外者。各仍舊制，設敦宗院，皆設知宗，仍以所在通判職官兼丞、簿，其糾合、檢防、訓飭如大宗正司。西、南外兩司闕知宗，間令大宗正司選擇保明而後授之。又各置教授以課其行藝。初，建炎南幸，先徙宗室於江、淮，於是大宗正司移江甯，南外移鎮江，西外移揚州。其後屢徙，後西外止於福，南外止於泉；又有紹興府宗正司，蓋初隨其所寓而分管轄之。乾道七年，嘗欲移紹興府宗正司於蜀，不果，後歸併行在。嘉定間，用臣僚言，乞凡除授知宗，須擇老成更練之人。詔知宗、宗丞照百司例，每日入局所，以示增重宗盟之意。

《宋史》卷一六四《職官志》 宗正寺 卿 少卿 丞 主簿各一人。卿掌叙宗派屬籍，以別昭穆而定其親疏，少卿爲之貳，丞參領之。凡修纂牒、譜、圖、籍，其別有五：曰玉牒，以編年之體叙帝系而記其歷數，凡政令賞罰、封域户口、豐凶祥瑞之事載焉。曰屬籍，序同姓之親而第其服紀之戚疏遠近。曰宗藩慶系録，辨譜系之所自出，序其子孫而列其名位品秩。曰僊源積慶圖，考定世次枝分派別而系以本宗。曰僊源類譜，序男女宗婦族姓婚姻及官爵遷叙而著其功罪、生死。凡録以一歲，圖以三歲，牒、譜、籍以十歲修纂以進。宋初，舊置判寺事二人，以宗姓兩制以上充，闕則以宗姓朝官以上知丞事。掌奉諸廟諸陵薦享之事，司皇族之籍。主簿一員，以京官充。舊自丞、簿以上，皆宗姓爲之，通署寺事。初置卿、少，率命常參官判寺事。大中祥符八年，以兵部侍郎趙安易兼卿，判寺趙世長改爲知寺事。九年，始定丞、郎以上兼卿，給、舍以下兼少卿，郎中以下兼丞，京官兼主簿。其卿闕，則丞以下行寺事而無知、判之名。元豐官制行，詔宗正長貳不專用國姓，蓋自有大宗正司以統皇族也。渡江後，卿不常置，少卿一人，以太常兼。紹興三年，復置少卿一人。五年，復置丞；十年，置主簿；隆興元年併省。次年，詔丞、簿復舊制。嘉定九年，詔以宗學改隸宗正寺，自此寺官又預校試之事。分案二：曰屬籍，曰知雜。吏額，胥長一人，胥史一人，胥佐二人，楷書二人，貼書二人。

大宗正司　景祐三年始制司，以皇兄甯江軍節度使濮王知大宗正事，皇姪彰化軍節度觀察留後守節同知大宗正事。元豐正名，仍置知及同知官各一人，選宗室團練、觀察使以上有德望者充；丞二人，以文臣京朝官以上充。掌糾合族屬而訓之以德行、道藝，受其詞訟而糾正其愆違，有罪則先劾以聞；法例不能决者，同上殿取裁。若宮邸官因事出入，日書于籍，季終類奏。歲録存亡之數報宗正寺。凡宗室服屬遠近之數及其賞罰規式，皆總之。

官屬有記室一人，掌牋奏；講書、教授十有二人，分位講授，兼領小學之事。舊制，擇宗室賢者爲知大宗正事，次一人爲同知；其後，位高屬尊者爲判。熙寧三年，始以異姓朝臣二員知丞事，置局爲睦親、廣親宅。是歲省管幹睦親、廣親宅及提舉郡、縣主等宅官，以其事歸宗正。自熙寧中置丞，始以都官員外郎張稚圭爲之。神宗疑用異姓，王安石言：前代宗正固有用庶姓者，乃録春秋時公侯大夫事。神宗曰：此雖無前代故事，行之何害。安石曰：聖人創法，不必皆循前代所已行者。於是召稚圭對而命之。分案五，置吏十有一。元豐五年，詔大宗正司不隸六曹，其丞屬中書省奏差。元祐四年，詔宗室越本司訴事者罪之。六年，詔宗正按熙寧敕諸院建小學，自八歲至十四歲，首檢舉入學。紹聖元年，詔祖免外兩世孤遺貧乏者，驗實廩給之。四年，詔宗室若婦女自外還京，並報宗正。崇寧三年，詔大宗正及外宗正司將條貫事迹關宗正寺，修纂圖牒。政和三年，詔以知大宗正事仲忽提舉宗子學事。

崇寧三年，置南外宗正司于南京，西外宗正司于西京，各置敦宗院。初，講議司言：宗室疏屬願居兩京輔郡者，各置敦宗院，其兩京各置外宗正司。從之。仍詔各擇宗室之賢者一人爲知宗，掌外居宗室，詔復定宗學博士、正録員數。大觀四年罷，政和二年復舊。又詔敦宗院宗子有文藝、行實衆所共知者，許外宗正官考察以聞。

中興後，以位高屬尊者爲判大宗正事，其知及同知如舊制。又置知大宗正丞一員，以文臣充，掌糾合宗室而檢防訓飭之。凡南班宗室磨勘、遷轉、襲封、請給，覈其當否；嫁娶房奩，分析財產，酌厚薄多寡而訂其議。凡宗室除合該賜名外，皆大宗正定名而後報宗正寺。其餘遷授官資、支給錢米，考覈以詔予奪。其不率教者以法拘之，歲久知悔，則除其過名。復置南外宗正司、西外宗正司，以處宗室之在外者。各仍舊制設敦宗院，皆設知宗，所在通判職官兼丞、簿，其糾合、檢防、訓飭如大宗正司。西、南外兩司闕知宗，間令大宗正司選擇保明而後授之。又各置教授以課其行藝。南渡初，先徙宗室於江、淮，於是大宗正司移江寧，南外移鎮江，西外移揚州。其後屢徙，後西外止於福州，南外止於泉州；又置紹興府宗正司，蓋初隨其所寓而分管轄之。乾道七年，嘗欲移紹興府宗司於蜀，不果，後併歸行在。嘉定間，用臣僚言，乞凡除授知宗，須擇老成更練之人。詔知宗正丞照百司例每日入局所，以示增重宗盟之意。

玉牒所　淳化六年，始設局置官，詔以《皇宋玉牒》爲名，建玉牒殿。咸平初，命趙安易、梁周翰編屬籍，始創規制。大中祥符九年，以知制誥劉筠、夏竦爲修玉牒官，自後置一員或二員。元豐官制行，分隸宗正寺官。寺丞王鞏奏：玉牒十年一進，並以學士典領。自熙寧中范鎮進書之後，《神宗玉牒》至今未修。僊源類譜自慶曆中張方平修進之後，僅五十年，並無成書。乞別立法，其修玉牒及類譜官，每二年一具草繳進。從之。紹聖三年，應宗室賜名，三祖下各隨祖宗之支子而下，雖兄弟數多，並爲一字相連。南渡後，紹興十二年，始建玉牒所。提舉一人或二人，以宰相執政爲之，以侍從官一人兼修，宗正卿、少而下同修纂。先是，宗正寺丞邵大受奏：講求宗正寺舊掌之書，曰皇帝玉牒，曰仙源積慶圖，曰宗藩慶系録，曰宗支屬籍。南渡四書散失，今重加修纂《仙源慶系屬籍總要》，合圖、録、屬籍三者而一之，既無愧於昔矣；獨玉牒一書未修，宜搜訪討論，以正九族，以壯本支。於是始置官如舊制，分案五，置吏十。乾道八年，詔玉牒殿主管香火，差内侍三員、武臣一員充，並改作幹辦玉牒所殿。

（清）徐松《宋會要輯稿・職官二〇・宗正寺》　宗正寺，掌奉宗廟諸陵薦享，司宗室之籍。丞、簿以上通簽寺事。又有太廟、后廟宮闈令各一人，以内侍充。後改入内内侍充。

《兩朝國史志》：宗正寺判寺事二人，以宗姓兩制以上充，闕則以宗姓朝官以上知丞事。掌奉宗廟諸陵薦享之事，司皇族之籍。主簿一員，以京官充。（宗）〔室〕長、齋郎無（掌）〔定〕數。楷書四人，府史二人，驅使官九人，廟直官一人，太廟、后廟宮闈令三人，以入内内侍充。修玉牒官無定員，掌修皇帝玉牒，序宗派，紀族屬，歲撰宗室子名以進。典三人，楷書四人。陵臺令以京朝官一員知永安縣，無令事。又諸陵有副使、都監，以内臣充。元豐改制，所掌與舊略同，事具《職官志》。卿一人，秩正四品。少卿一人，秩從五品。丞一人，秩從七品。簿一人，秩從八品。掌凡宗室賜名立名、生亡嫁娶注籍，纂修三祖下宗藩慶系文字。紹興十二年，以修玉牒，別創玉牒所，凡修纂，卿、少、丞皆與焉。詳見玉牒所。設案二：曰屬籍，曰知雜。吏額：胥長一人，胥史一人，胥佐二人，貼書二人，楷書一人。楷書一人：《宋史》卷一六四《職官志》四宗正寺條作楷書二人。【略】

《神宗正史・職官志》：宗正卿，正四品；少卿，從五品；丞，從七品；主簿，從八品，各一人，掌修纂牒譜、圖籍之事。凡編年以紀帝系，而載其歷數，及朝廷政令之因革者，爲玉牒；序同姓之親，而第其五屬之戚疏者，爲屬籍；具其官爵、功罪、生死及宗婦族姓與男若女者，爲譜；推其所自出，至於子孫而列其名位者，爲宗藩慶系録；考定世次，枝分派別，而歸於本統者，爲仙源積慶圖。録一歲，圖三歲，牒、譜、籍十歲，皆修纂以進。凡宗子生應授官者，撰名以上司封。國朝置大宗正司，以統皇屬，故寺長貳不專以國姓，其典領職事止於如此。分案二，設吏六。《哲宗正史・職官志》同。

（元）馬端臨《文獻通考》卷五五《職官考・光祿卿》 宋光祿寺判寺事一人，以朝官以上充。古者其屬有太官、珍饈、良醞、掌醢四局，令分隸御廚、法酒庫。古者祭祀則省牲鑊濯溉，三公攝祭爲終獻，今並以他官攝。本寺但掌供祠祭酒醴、果實、醢醯、菹、薪炭及點饌進胙之事。卿、少卿、丞爲寄祿官，卿後來爲中奉大夫，少卿朝儀大夫，丞宣義郎。元豐官制行，置卿、少卿、丞、主簿各一人。元祐三年，詔長貳互置。政和六年，監察御史王桓等言：祭祀牲牢之具掌於光祿，而寺官未嘗臨視，請太祠以長貳，朔祭及中祠以丞、簿監視宰割，禮畢頒胙，有故及小祠，聽以其屬攝。從之。中興後廢光祿，併入禮部。

《宋史》卷一六四《職官志》 光祿寺 卿 少卿 丞 主簿各一人。卿掌祭祀、朝會、宴饗酒醴膳羞之事，修其儲備而謹其出納之政，少卿爲之貳，丞參領之。凡祭祀，共五齊、三酒、牲牢、鬱鬯及尊彝、籩豆、簠簋、鼎俎、鉶登之實，前期飭有司辦具牲鑊，視滌濯，奉牲則告充告備，共其明水火焉。禮畢，進胙于天子而頒于百執事之人。分案五，置吏十。元祐三年，詔長貳互置。政和六年二月，監察御史王桓奏：祭祀牢醴之具掌於光祿，而寺官未嘗臨視，請大祠以長貳、朔祭及中祠以丞簿監視宰割，禮畢頒胙，有故及小祠，聽以其屬攝。從之。舊置判寺事一人，以朝官以上充。光祿卿、少，皆爲寄祿。元豐制行，始歸本寺。中興後，廢併入禮部。

太官令 掌膳羞割烹之事。凡供進膳羞，則辨其名物，而視食之宜，謹其水火之齊。祭祀共明水、明火，割牲取毛血牲體，以爲鼎俎之實。朝會宴享，則供其酒膳。凡給賜，視其品秩而爲之等。元祐初，罷太官令。二年復置。崇寧三年，置尚食局，太官令惟掌祠事。

法酒庫 內酒坊 掌以式法授酒材，視其厚薄之齊，而謹其出納之政。若造酒以待供進及祭祀、給賜，則法酒庫掌之；凡祭祀，供五齊三酒，以實尊罍。內酒坊惟造酒，以待餘用。

太官物料庫 掌預備膳食薦羞之物，以供太官之用，辨其名數而會其出入。

翰林司 掌供果實及茶茗湯藥。

牛羊司、牛羊供應所 掌供大中小祀之牲牷及太官宴享膳羞之用。

乳酪院 掌供造酥酪。

油醋庫 掌供油及鹽截。

外物料庫 掌收儲米、鹽、雜物以待膳食之須。凡百司頒給者取具焉。

（清）徐松《宋會要輯稿・職官二一・光祿寺》 光祿寺：元豐以後，太官令、法酒庫、內酒坊、御廚、太官物料庫、太：原作大，據《宋史》卷一六四《職官志》四改。翰林司、牛羊司、牛羊供應所、乳酪院、油醋庫、外物料庫併（此入）〔入此〕門。餘見諸司庫務。

掌供祠祭酒醴、果實、脯醢、醯菹、薪炭及點饌進胙，以朝官一員判寺。

《兩朝國史志》：古者其屬有（大）〔太〕官、珍羞、良醞、掌醢四局，今分隸御廚、法酒庫。古者祭祀百神，則省牲鑊濯溉，三公攝祭爲終獻。今並以他官攝，本寺但掌供祠祭酒（祭）醴、果實、脯醢、醯菹、薪炭及點饌進胙之事。府史四人，驅使官二人，供官一十五人。元豐改制，具載《職官志》。【略】

《神宗正史・職官志》：光祿寺卿，從四品；少卿，正六品；丞，正八品；主簿，從八品；太官令，正九品。各一人。太官令掌供膳，主簿掌（鈞）〔鉤〕考簿書。凡供進之物，頒其禁令而檢察之。祭祀牲牢、酒齊、鬱鬯及榛栗、脯修、魚鹽、菱芡之名數，率前期戒有司辦具。若奉牲告充告備，及賞牲鑊、濯溉，取明水、明火，割牲實樽彝、籩豆、簠簋，皆太官令白卿，以時蒞其事。朝會、宴享，則察視而糾其闕失。應給賜酒食多寡以式。分案五，設吏十，總局八。《哲宗正史・職官志》：總局十，內有（大）〔太〕官令，掌膳羞割烹之事。凡供進膳羞，則辨其名物，視饍食之宜，而謹其水火之齊。祭祀則供明水、火，取毛血牲體，以爲鼎俎之實。朝會、宴享，則供其酒饍。凡給賜，視其品秩，以爲之等。元祐元年罷，二年復置。又有太官物料庫，掌預備饍食、薦羞之物，以供太官之用。辨其名數，而會其出入。造法酒以待進御，祠祭給賜，則歸法酒庫。《哲宗正史・職官志》云：掌以式法授酒材，視其厚薄之齊，而謹其出納之政。凡祭祀，供五齊、三酒，以寔罇罍。造常酒以待餘用，則歸內酒坊。《哲宗正史・職官志》同。供饍羞及內外饔餼，則歸御廚。《哲宗正史・職官志》不載御廚。供酒及茶果實，則歸翰林司。《哲宗正史·職官志》同。飼牛羊，則歸牛羊司。《哲宗正史·職官志》云：牛羊司、牛羊供應所，掌供大中小祀之牲牷，及太官宴饗膳羞之用。供造酥酪，則歸乳酪院。《哲宗正史·職官志》同。供造油醯□則歸油醋庫。《哲宗正史·職官志》同。頒給油鹽米麵，則歸外物料庫。《哲宗正史·職官志》云：掌收儲米鹽雜物，以待膳食之須。凡百司頒給者，取具焉。

（元）馬端臨《文獻通考》卷五五《職官考·衛尉卿》 宋衛尉寺，判寺事一人，以郎官以上充。凡武庫武器，並歸內庫及軍器庫，以他官及內侍典領，守宮歸儀鸞司，本寺無所掌。卿、少卿、丞皆爲寄禄官，卿後來爲中奉大夫，少卿奉直大夫，寺丞宣義郎。元豐官制行，置卿、少卿、丞、主簿各一人。卿掌儀衛、兵械、甲冑之政令，少卿爲之貳，丞參領之。凡內外作坊輸納兵器，則辨其名數，驗其良窳以歸於武庫，不如式者罰之。時其曝涼而封籍其數。若進御及頒給，則按籍而出之。每季委官檢視，歲終上計帳於兵部。掌凡幄帟之事，大禮設帷宮，張大次、小次，陳鹵簿儀仗。長貳晝夜巡徼，察其不如儀者。押仗官則前期稟差。凡仗衛，供羽儀、節鉞、金鼓、棨戟，朝會亦如之。宴享賓客，供幕帟、茵席，視其敝者移少府、軍器監修焉。分案四，置吏十。元祐三年，詔長貳互置。所隸官司十有三：內弓箭庫，南外庫，軍器衣甲庫，軍器弓槍之庫，軍器弩、劍、箭庫，掌藏兵仗、器械、甲冑，以備軍國之用。儀鸞司，掌供幕帟供帳之事。軍器什物庫、宣德樓什物庫，掌收貯什物，給用則按籍而頒之。左右金吾衛司、六軍儀仗司，掌清道、徼巡、排列，奉引儀仗，以肅禁衛。凡儀物以時修飾，選募人兵而校其遷補之事。政和五年，詔金吾衛仗司依格差武冀大夫以上。中興後廢衛尉，併入工部。

《宋史》卷一六四《職官志》 衛尉寺 卿 少卿 丞 主簿各一人。卿掌儀衛兵械、甲冑之政令，少卿爲之貳，丞參領之。凡內外作坊輸納兵器，則辨其名數、驗其良窳以歸于武庫，不如式者罰之。時其曝涼而封籍其數，若進御及頒給，則按籍而出之。每季委官檢視，歲終上計帳于兵部。掌凡幄帟之事，大禮設帷宮，張大次、小次，陳鹵簿儀仗。長貳晝夜巡徼，察其不如儀者。押仗官則前期稟差。凡仗衛，供羽儀、節鉞、金鼓、棨戟，朝宴亦如之。宴享賓客，供幕帟、茵席，視其敝者移少府、軍器監修焉。舊制，判寺事一人，以郎官以上充。凡武庫、武器歸內庫，守宮歸儀鸞司，本寺無所掌。元豐官制行，始歸本寺。分案四，置吏十。元祐三年，詔長貳互置。所隸官司十有三：內弓箭庫、南外庫、軍器弓槍庫、軍器弩劍箭庫，掌藏兵杖、器械、甲冑，以備軍國之用。儀鸞司，掌供幕帟供帳之事。軍器什物庫、宣德樓什物庫，掌收貯什物，給用則按籍而頒之。左右金吾街司、左右金吾仗司、六軍儀仗司，掌清道、徼巡、排列，奉引儀仗以肅禁衛。凡儀物以時修飭，選募人兵而校其遷補之事。

中興後，衛尉寺廢，併入工部。

（清）徐松《宋會要輯稿·職官二二·衛尉寺》 衛尉寺令無所掌，以朝官一員判寺事。《兩朝國史志》：衛尉寺判寺事一人，以郎官以上充。凡武庫、武器並歸內庫及軍器庫以它官及內寺典領，守宮歸儀鸞司，本寺無所掌。府史二人。元豐改制，事具《職官志》。神宗熙寧四年十二月一日，詔：衛尉寺行事京官並大禮押當祇應，並撥審官東院。

《神宗正史·職官志》：衛尉寺卿，從四品；少卿，正六品；丞，正八品；主簿，從八品；各一人。掌甲械儀物之事。凡內外作坊輸兵器，則辨其名數，驗其良窳，選納以歸七庫安置，曝涼有法。若進御頒給，則按籍而出之。供帳什物，率視（比）〔此〕驗察焉。大禮則設帷宮、帳次，陳鹵簿；宴享賓客，供幕帟、茵席；而祭祀朝會，則及其羽儀、節鉞、金鼓，必具以時。閱視有敝，則修於少府、軍器監。歲終上計帳於兵部。分案四，設吏十，總局十有三。儲甲械則歸內弓箭庫、南外庫、軍器五庫。《哲宗正史·職官志》云：內弓箭庫、南外庫、軍器衣甲庫、軍器弓槍庫、軍器弩劍箭庫。掌弓帳則歸儀鸞司。《哲宗正史·職官志》同。貯什物則歸軍器什物庫、宣德門什物庫、《哲宗正史·職官志》：軍器什物庫、宣德門什物庫，掌收貯什物，給用則按籍而頒之。大禮板木庫。《哲宗正史·職官志》不載大禮板木庫。選（幕）〔募〕吏卒以給用，則歸左右金吾街仗司、六軍儀仗司。《哲宗正史·職官志》稱左右金吾街司、左右金吾仗司，掌清道、徼巡、排列奉引儀仗，以肅禁衛。仗：原作伏，據《宋史》卷一六四《職官志》四改。凡儀物以時修飭，飭：原作飾，據《宋史》卷一六四《職官志》四改。選募人兵而校其遷補之事。

（元）馬端臨《文獻通考》卷五六《職官考·太僕卿》 宋太僕寺，判寺事一人，以朝官以上充。凡邦國廏牧、車輿之政令，分隸群牧司、騏驥院諸坊監，本寺但掌天子五輅、屬車，后妃、王公車輅，給大、中、小祀牛羊。元豐改官制，置卿、少卿、丞、主簿各一人。卿掌車輅、廄牧馬政之令，少卿爲之貳，丞參預之。元祐二年，詔：外監事，令本寺依群牧司舊法施行。應內外馬車專隸太僕，直達樞密院，更不經尚書及駕部。三年，詔省主簿一員。所隸官司十：車輅院，掌乘輅法物、輦。左右騏驥院，左、右天駟監，掌養國馬。鞍轡庫，掌御馬鞍轡，及給賜臣下。養象所，養馴所。駞坊，車營，致遠務，掌分養雜畜。上、下監。掌治療病馬。元豐末，廢畿內牧馬監。元祐初，置左右天廄坊，聽民間承佃牧地。紹聖初，置孳生監。中興後廢太僕，併入兵部。

《宋史》卷一六四《職官志》　太僕寺　卿　少卿　丞　主簿各一人。卿掌車輅、廄牧之令，少卿爲之貳，丞參領之。國有大禮，供其輦輅、屬車，前期戒有司教閱象馬。凡儀仗既陳，則巡視其行列。后妃、親王、公主、執政官應給車乘者，視品秩而頒之。總國之馬政，籍京都坊監、畿甸牧地畜馬之數，謹其飼養，察其治療，考蕃息損耗之實，而定其賞罰焉。死則斂其騣尾、筋革入于官府。凡閱馬，差次其高下，應給賜則如格。歲終鉤覆帳籍，以上駕部。若有事于南北郊，侍中請降輿升輅，則卿授綏。舊置判寺事一人，以朝官以上充。凡邦國廄牧、車輿之政令，分隸羣牧司、騏驥院諸坊監，本寺但掌天子五輅、屬車，后妃、王公車輅，給大中小祀羊。元豐官制行，始歸本寺。分案五，置吏十有八，總局十有二。元祐二年詔：外監事，令本寺依羣牧司舊法施行；應內外馬事專隸太僕，直達樞密院，更不經尚書及駕部。三年，詔省主簿一員。崇寧二年，詔太僕寺依舊制不治外事，歸尚書駕部；應馬事，上樞密院所隸官司。

車輅院　掌乘輿、法物，凡大駕、法駕、小駕供輦輅及奉引屬車，辨其名數與陳列先後之序。

左、右騏驥院　左、右天駟監　掌國馬，別其駑良以待軍國之用。

鞍轡庫　應奉御馬鞍勒，及以韉轡給賜臣下。

養象所　掌調御馴象。

駞坊　車營　致遠務　掌分養雜畜以供負載般運。

牧養上下監　掌治療病馬及申駒數，有耗失則送皮剝所。元豐末，廢畿內牧馬監。元祐初，置左右天廄坊，聽民間承佃牧地。紹聖元年，依元豐法置孳生監。

中興後，廢太僕寺，併入兵部。

羣牧司　制置使一人，景德四年置，以樞密使、副爲之。至道三年，罷而復置。使一人，咸平三年置，以兩省以上官充；副使一人，以閤門以上及內侍都知充。都監二人，以諸司使以上充。判官二人，以京朝官充。掌內外廄牧之事，周知國馬之政，而察其登耗焉。凡受宣詔、文牒，則以時下於院、監。大事則制置使同簽署，小事則專遣其副使。都監多不備置，判官、都監每歲更出諸州巡坊監，點印國馬之蕃息者。又有左右廂提點，隸本司。都勾押官一人，勾押官一人，押司官一人。

鞍轡庫　使　副使　監官二人，以諸司副使及三班使臣、內侍充。掌御馬金玉鞍勒，及給賜王公、羣臣、外國使并國信韉轡之名物。勾管一人，典五人，掌庫十四人。

元豐併入太僕寺。

（元）馬端臨《文獻通考》卷五六《職官考·大理卿》　宋大理寺，以朝官一員或二員判寺事，一員兼少卿事。建隆二年，以工部尚書竇儀判寺事。故事，臺省長官兼判公事，得言判某官事，如晉朝尚書左丞崔祝兼判太常卿事是也。若止言寺事，則其屬丞、正並可行之。竇儀兼判太常寺，又兼判大理寺事，皆新例也。凡獄訟之事，隨官司決劾，不復聽信，但掌斷天下奏獄，送審刑院詳訖，同書以上於朝。熙甯九年，神宗謂國初廢大理獄非是，以問孫洙，洙對合旨。於是下詔：以京師官寺，凡有獄皆繫開封府司録司及左、右軍巡三院，囚逮猥多，難於隔訊，又暑多瘐死，因緣留滯，動涉歲時。稽參故事，宜屬理官，可復置大理獄。天下奏案，刑部、審刑院詳斷。置卿一，少卿二，丞四。始命崔台符知卿事，蹇周輔、楊汲爲少卿，各舉丞及檢法官。凡官屬依御史臺例，謁有禁。官制行，左斷刑，右治獄，各五案，左廳斷刑，曰詳刑、詳讞、宣黃、分簿、奏表。右廳治獄，曰左推、右推、寺案、知雜、檢治。元祐間，因鮮于侁所請，廢大理獄，後復。卿掌折獄、詳刑、鞫獄之事。凡職務分左右：天下奏劾命官、將校，及大辟囚以下以疑請讞者，隸左斷刑，則司直、評事詳斷，丞議之，正審之；若在京百司事當推治，或特旨委勘及係官之物應追究者，隸右治獄，則丞專推鞫。蓋少卿分領其事，而卿總焉。建炎三年並省寺監，而大理如故，省卿而斷刑、治獄少卿各一員。寺正，神宗復置大理獄後置寺正。元豐五年，刑部乞分評事、司直與正爲斷司，丞與長貳爲議司，凡斷案，先上正看詳當否，論難改正，然後過議司覆議。建炎並省，斷治獄寺正各一員。寺丞，國初爲寄禄官，視後來宣教郎。神宗正官名，置獄丞四員，命卿、少舉官。元豐五年，命莫君陳等九人爲大理寺丞，始自朝廷差官也。舊制，斷刑寺丞六員，建炎三年減三員，治獄寺丞減二員。司直，元豐時命程嗣先等四人爲之。建炎元年，詔斷刑司直兼治獄司直，其治獄司直罷。評事，國初爲京官寄禄，視後來承事郎。元豐正官名，命張仲穎等十二人爲評事。隆興二年，詔評事以八員爲額，以雷、霆、號令、星、斗、文、章爲號。

《宋史》卷一六五《職官志》 大理寺 舊置判寺一人，兼少卿事一人。建隆二年，以工部尚書竇儀判寺事。凡獄訟之事，隨官司決劾，本寺不復聽訊，但掌斷天下奏獄，送審刑院詳讞，同署以上于朝。詳斷官八人，以京官充；國初，大理正、丞、評事皆有定員，分掌斷獄。其後，擇他官明法令者，若常參官則兼正，未常參則兼丞，謂之詳斷官。舊六人，後加至十一人，又去兼正、丞之名。咸平二年始定置。法直官二人，以幕府、州縣官充，改京官則爲檢法官。

元豐官制行，置卿一人，少卿二人，正二人，推丞四人，斷丞六人，司直六人，評事十有二人，主簿二人。卿掌折獄、詳刑、鞫讞之事。凡職務分左右：天下奏劾命官、將校及大辟囚以下以疑請讞者，隸左斷刑，則司直、評事詳斷，丞議之，正審之；若在京百司事當推治，或特旨委勘及係官之物應追究者，隸右治獄，則丞專推鞫。蓋少卿分領其事，而卿總焉。凡刑獄應審議者，上刑部；被旨推鞫及情犯重者，卿同所隸官請對奏裁。若獄空或斷絶，則御史按實以聞。分案十有一，置吏六十有九。

先是舊制，大理寺讞天下奏案而不治獄。熙寧五年，增詳斷官二爲十員。七年，置詳斷習學官十四，詳覆習學官六。九年，詔以京師官寺，凡有獄皆繫開封府司録司及左右軍巡三院，囚逮猥多，難於隔訊，又暑多瘐死，因緣流滯，動涉歲時。稽參故事，宜屬理官，可復置大理獄。始命崔台符爲知卿事，蹇周輔、楊汲爲少卿，各舉丞及檢法官。初，神宗謂國初廢大理獄非是，以問孫洙，洙對合旨，至是，命官起寺，十七日而成。元豐二年手詔：大理寺近舉墜典，俾治獄事，推輪規摹，皆以義起，不少寬假，必懷顧忌，稽留弊害，無異前日。宜依推制院及御史臺例，不供報糾察司。三年，詔依舊供報。凡官屬依御史臺例，謁有禁。又詔糾察司察訪本寺斷徒以上出入不當者，索案點檢。五年，詔毋以大理寺官爲試官。六年，又詔：凡斷公案，先上正看詳當否，論難改正，簽印注日，然後過議司覆議；如有批難，具記改正，長貳更加審定，然後判成録奏。又刑部言：應吏部補授大理寺左斷刑官，先與刑部、大理寺長貳同議可否，然後注擬。仍取經試得循資以上人充，正闕以丞補，丞闕以評事補。詔刑部、吏部同著爲令。八年，詔大理寺推斷事應奏及上尚書省者，更不先申本曹。

元祐元年，以右治獄勘斷公事全少，併左右兩推爲一司。三年，三省請罷右治獄，依三司舊例置推勘檢法官于户部，從之。又詔大理寺並置長貳。四年，從刑部請，改本寺條，任大理官失斷徒已上五人或死罪一人，不在選限。舊條，失斷徒已上三人或死罪一人。紹聖元年，詔斷刑獄官依元豐元年選試法。二年，復置右治獄，置官屬如元豐制。左右推事有飜異者互送，再有異者朝廷委官審問，或送御史臺治之。元符元年，應大理寺、開封府承受内降公事，不得奏請移送。又詔應奏斷公事，依開封府專條，不許諸處取索。

崇寧四年，詔大理寺官諸司輒奏辟者，以違制論。政和二年，詔法官任滿，擇職事修舉、人材可録者奏舉再任，仍許就任關升，理本等資序。五年，依熙、豐故事，復置習學公事四員，長、貳立課程，正、丞同指教。宣和七年，評事以上並差試中刑法人。又詔大理寺、開封府承受公事，依法斷遣，不得乞降特旨。中興併省官寺，惟大理寺不併。

紹興初，詔正與丞並堂除。評事闕，則委本寺長貳選擇應格人赴刑部議定，申朝廷差填；如無應格，即選諳習刑法人權充。又立比較法以懲差失。隆興二年，評事鞏衍言：評事檢斷，躬自節案，親書斷語，最爲勞苦。詔增置，以八員爲額。淳熙末，嚴寺官出謁之禁，以防請託、漏泄之弊。紹熙初，除試中刑法評事八員外，司直、主簿選用有出身曾歷任人，各兼評事繫銜。將八評事已擬斷文字，分兩廳點檢，或有未安，則述所見與長貳商量。慶元四年，定逐季仲月定日斷絶之法。嘉定八年，申嚴紹熙指揮，重司直、主簿之選，增選試取人數以勸法科。

左斷刑分案三：曰磨勘，掌批會吏部等處改官事；曰宣黄，掌凡斷訖命官指揮；曰分簿，掌行分探諸案文字。設司有四：曰表奏議，掌拘催詳斷案八房斷議獄案，兼旬申月奏；曰開拆；曰知雜；曰法司。又有詳斷案八房，專定斷諸路申奏獄案等。又有敕庫，掌收管架閣文書。吏額：胥長一人，胥史三人，胥佐三十人，貼書六人，楷書十四人。隆興共減七人。右治獄分案有四：曰左右寺案，掌斷訖公事案後收理追贓等；曰驅磨，掌驅磨兩推官錢、官物、文書；曰檢法，掌檢斷左右推獄案併供檢應用條法；曰知雜。又有開拆、表奏二司，有左右推，主鞫勘諸處送下公事及定奪等。吏額：前司胥史一人、胥佐九人，表奏司一人、貼書三人，左右推胥史二人、胥佐八人、般押推司四人、貼書四人。隆興共減五人。

（清）徐松《宋會要輯稿・職官二四・大理寺》 大理寺掌斷天下奏獄，以朝官一員或二員判寺事，一員權少卿事。國初，置正、丞、評事，皆有定員。其後擇常參官兼正，京官兼丞，謂之詳斷官。詳斷舊六人，後加至十二人。至：原無，據《宋史》卷一六五《職官志》五補。咸平二年又省去兼正、丞之名，別取幕職州縣官爲法直官二人，改京官即爲檢法官。自餘互見審刑院及見法官門。

《兩朝國史志》：大理寺判寺事一人，少卿一人，並以朝官以上充。凡獄訟之事，隨官司決劾，本寺不復聽訊，訊：原作計，據《宋史》卷一六五《職官志》五改。但掌斷天下奏獄，送審刑院詳訖，同書以上於朝。書：《宋史》卷一六五《職官志》五作署。詳斷官八人，以京官充。法直官二人，以幕府州縣官充，改京官則爲檢法官。府史承闕三十五人。元豐二年改制，及官制行因之。左斷刑：卿一人，秩從四品；少卿一人，秩正六品；正一人，從七品；丞二人，秩正八品；司直一人，秩正八品；評事八人，秩正八品；內卿、司直兼管右治獄事。紹興三十一年減（平）〔評〕事三人。右治獄：少卿一人，正一人，丞二人，監門二人。內一人係內侍，一人武臣充。檢法使臣一人，都轄使臣一人，並武臣小使臣充。

左斷刑分案有三：曰磨勘，掌批會吏部等處改官事；曰宣黄，掌宣單應干斷訖命官指揮；曰分簿，掌行分探諸案文字。設司有四：曰表奏議，掌拘（摧）〔催〕詳斷案八房斷議獄案，兼旬申月奏；曰開拆，掌收接應干投下文字；曰知雜，掌本司諸雜務事；曰法司，掌諸處批下參詳文字。又有詳斷案八房，專掌定斷諸路申奏獄案等。又有敕庫，掌收管架閣文書。吏額：胥長一人，胥史三人，胥佐二十人，二十人：《宋史》卷一六五《職官志》五作三十人。貼書六人，楷書十四人。右治獄分案有四：曰左右寺案，掌斷訖公事案後收理追贓等；曰驅磨，掌驅磨兩推官錢、官物、文書；曰檢法，掌檢斷左右推獄案並供檢應用條法；曰知雜，掌應干雜物之類。又有開拆司、表奏司、左右推，其左右推主鞫勘諸處送下公事及定奪等。及：原作又，據《宋史》卷一六五《職官志》五改。吏額：前司胥史一人、胥佐九人，表奏司一人、貼書三人，左右推胥史二人、胥佐八人，般押推司四人、貼書四人。

宋太祖建隆二年八月，以工部尚書竇儀兼判大理寺事。故事，臺省長官兼判公事，得言判某官事。如晉朝尚書左丞（催）〔崔〕杞兼判太常寺事是也。若止言寺事，則其屬丞、正並可行之。翰林學士竇儀兼判太常寺事，儀又兼判大理寺事，並新例也。

《神宗正史・職官志》：大理寺置卿一人，少卿二人，正二人，推丞四人，斷丞六人，司直六人，評事十有二人，主簿二人。卿掌刑獄、斷讞、推鞫之事。凡職務分左右：奏劾命官、將校及大辟囚以下，以疑請讞者，隸左斷刑，隸：原作者，據《宋史》卷一六五《職官志》五改。則司直、評事詳斷，丞議而正審之。若在京百司事當推治，或特旨委勘及係官之物應追究者，特：原作時，據《宋史》卷一六五《職官志》五改。隸右治獄，則丞專推鞫。少卿分領其事，而卿總焉。凡刑獄應稟議者，稟：據《宋史》卷一六五《職官志》五作審。請尚書省；請尚書省：《宋史》卷一六五《職官志》五作上刑部。即被旨推鞫及情犯重者，卿同所隸官上殿奏裁。若獄空或斷絕，則刑部驗實以聞。刑部：《宋史》卷一六五《職官志》五作御史。凡分案十有一，設吏六十有九。《哲宗正史・職官志》分案十一，餘同。

（元）馬端臨《文獻通考》卷五六《職官考・鴻臚卿》 宋鴻臚寺判寺事一人，以朝官以上充。凡四夷朝貢、宴享、送迎之事，分隸往來國信所、都亭懷遠驛、禮賓院。本寺但掌祭祀、朝會、前資致仕、蕃客進奉位，享拜周六廟三陵；公王、妃主以下喪葬，差官監護，給其所用鹵簿；文武官薨卒之事。往來國信所管句官二人，以都知、押班充。掌大遼使介交聘之事。都亭驛監官一人。西驛管句官二人，以諸司使、副以下至三班使臣充。掌河西蕃部貢奉之事。禮賓院監官二人，以閤門祗候以上及三班使臣充。掌蕃夷貢朝、互市之事。懷遠驛監官二人，以監外物料庫官兼。掌西南蕃、交州、龜茲、占城、注輦、大石、于闐、甘、沙、宗哥等貢奉之事。元豐官制行，置卿、少卿、丞、主簿各一人。卿掌四夷朝貢、宴勞、給賜、送迎之事，及國之凶儀、中都祠廟、道釋帳籍除附之禁令。少卿爲之貳，卿參領之。所隸官屬十有二：中泰一宮、建隆觀等各置提點所，掌殿宇齋宮器用儀物陳設、錢幣之事。在京寺務司及提點所，掌諸寺葺治之事。傳法院，掌譯經潤文。左、右街僧録司，掌寺院僧寺帳籍及僧官補授之事。同文館及管句所，掌高麗使命。都亭西驛、懷遠驛、禮賓院所掌見前。中興後廢鴻臚，併入禮部。

《宋史》卷一六五《職官志》 鴻臚寺 舊置判寺事一人，以朝官以上充。元豐官制行，置卿一人，少卿一人，丞、主簿各一人。卿掌四夷朝貢、宴勞、給賜、送迎之事，及國之凶儀、中都祠廟、道釋籍帳除附之禁令，少卿爲之貳，丞參領之。凡四夷君長、使价朝見，辨其等位，以賓禮待之，授以館舍而頒其見辭、賜予、宴設之式，戒有司先期辦具；有貢物，則具其數報四方館，引見以進。諸蕃封册，即行其禮命。若崇義公承襲，則辨其嫡庶，具名上尚書省。其周嵩、慶、懿陵廟，命官以時致享。若凶儀之節，宗室以服，臣僚以品，辨其喪紀而詔奠臨賻贈之制。禮應成服，則卿掌贊導之儀，葬則預戒有司具鹵簿儀物。分案四，置吏九。其官屬十有二：往來國信所，掌大遼使介交聘之事。都亭西驛及管幹所，掌河西蕃部貢奉之事。禮賓院，掌回鶻、吐蕃、党項、女真等國朝貢館設，及互市譯語之事。懷遠驛，掌南蕃交州，西蕃龜茲、大食、于闐、甘、沙、宗哥等國貢奉之事。中太一宮、建隆觀等各置提點所，掌殿宇齋宮、器用儀物、陳設錢幣之事。在京寺務司及提點所，掌諸寺葺治之事。傳法院，掌譯經潤文。左、右街僧録司，掌寺院僧尼帳籍及僧官補授之事。同文館及管勾所，掌高麗使命。已上並屬鴻臚寺。中興後，廢鴻臚不置，併入禮部。

（清）徐松《宋會要輯稿・職官二五・鴻臚寺》 《兩朝國史志》：鴻臚寺判寺事一人，以朝官以上充。凡四夷朝貢、宴享、送迎之事，分隸於往來國信所、都亭、懷遠驛、禮賓院。本寺但掌祭祀、朝會前資致仕、蕃客進奉官、僧道耆壽陪位，享拜周六廟三陵，公主妃主以下喪葬，差官監護，給其所用鹵簿，文武官薨卒賻贈之事。府史三人，驅使官一人。元豐改制，事具載《職官志》。【略】

《神宗正史・職官志》：鴻臚寺卿，從四品；少卿，正六品；丞，正八品；主簿，從八品。各一人，掌賓客及凶儀之事。凡諸蕃國使至，則視其禮命之等，授以館舍，而頒其見辭、宴設、給賜之式於主典之官，戒有司辦具。有貢物，則前期具數報四方館，預備押當吏卒以進。定崇義公封襲。嵩、慶、懿陵廟，則命官以時致享。凡凶儀之節，宗室以服，大臣以品，率辨其喪紀以詔奠臨葬送賻贈之制。應中都道釋祠廟及籍帳除附之禁令，皆隸屬焉。分案三，設吏九。總都亭西驛，同文館及管勾所，《哲宗正史・職官志》：都亭西驛，掌河西蕃部貢奉之事。貢奉之事：原無，據《宋史》卷一六五《職官志》五補。同文館，掌高麗使命，掌：原作堂，據《宋史》卷一六五《職官志》五改。各有管勾所。禮賓院，《哲宗正史・職官志》：掌回鶻、吐蕃、党項、女真等國朝貢館設，及互市譯語之事。懷遠驛，《哲宗正史・職官志》：掌南蕃交州、西蕃龜茲、大石、於闐、甘、沙、宗哥等國貢奉之事。貢奉之事：原無，據《宋史》卷一六五《職官志》五補。提點寺務司，《哲宗正史・職官志》：在京寺務司及提點所，掌諸寺殿宇、廟廡葺治之事。及建隆、醴泉、萬壽、奉慈、中太一、集禧觀、崇真、資聖宮院提點所，《哲宗正史・職官志》：中太一、建隆等宮觀，各置提點所，掌殿宇齋宮、器用儀物、陳設錢幣之事。凡拾有三。《哲宗正史・職官志》所隸官司十二，別出左右街僧録司，掌寺院僧尼帳籍及僧官補授之事；傳法院，掌譯經文。餘並同前志。

（元）馬端臨《文獻通考》卷五六《職官考・司農卿》 宋司農寺判寺事二人，以兩制或朝官以上充。熙甯二年，立常平斂散法。三年，詔以新法付司農寺；而農田水利、免役、保甲等法悉自司農講行。以呂惠卿、鄧綰判寺，胡宗愈、曾布同判。元豐官制行，寺、監不治外事，遂循唐典，正其職秩，司農舊職悉歸户部右曹。司農掌倉儲委積之政令，總苑囿庫務之事而謹其出納。京都官吏禄廩，諸路歲運至京師，悉掌焉。凡苑囿行幸排比及薦享進御、頒賜植藏之物與造麴蘖，給薪炭，皆戒有司以時辦具。天子親耕籍田，則奉耒耜。所隸官屬凡五十，倉二十有五，《續會要》總倉作二十四。草場十有二，《續會要》作十。排岸司四，園苑四。建炎三年，詔罷司農寺。紹興四年，復置司農寺，卿、少各特置一員。丞，熙寧新法行，吕惠卿請始置司農寺丞一員。五年，增置丞四員，仍與簿輪出，按察逐年保甲。又置句當公事官，以葉康直等四人爲之。九年，以句當公事官所至輒用喜怒，罷之。元豐四年，止留丞一員，餘並罷。中興後，置丞二員。主簿，治平中已置。熙寧新法行，詔增一員，後置六員。元豐四年，罷三員。建炎罷，紹興復置。

《宋史》卷一六五《職官志》 司農寺 舊置判寺事二人，以兩制、朝官以上充；主簿一人，以選人充。掌供籍田九種，大中小祀供豕及蔬果、明房油，與平糴、利農之事。

元豐官制行，始正職掌，置卿、少卿、丞、主簿各一人。卿掌倉儲委積之政令，總苑囿庫務之事而謹其出納，少卿爲之貳，丞參領之。凡京都官吏禄廩，辨其精粗而爲之等；諸路歲運至京師，遣官閲其名色而分納于倉庾，藁秸則歸諸場，歲具封樁、月具見存之數奏聞；給兵食則進呈糧樣，因出納而受賂刻取者，嚴其禁；有負失者，計其虧數上于倉部。凡諸路奏雨雪之闕與過多者，皆籍之。凡苑囿行幸排比及薦饗進御、頒賜植藏之物，戒有司先期辦具，造麴蘖、儲薪炭以待給用。天子親耕藉田，有事于先農，則卿奉耒耜，少卿率屬及庶人以終千畝。分案六，置吏十有八。

初，熙寧二年，置制置條例司，立常平斂散法，遣諸路提舉官推行之。三年五月，詔制置司均通天下之財，以常平新法付司農寺，增置丞、簿，而農田水利、免役、保甲等法，悉自司農講行。初以太子中允吕惠卿判司農寺，改同判寺胡宗愈爲兼判。四年，以御史知雜鄧綰判寺，曾布同判。詔諸路提舉常平官課績，田寺考校升絀，管幹官令提舉司保明，計功賞之。六年，以司農間遣屬官出視諸路，力有不給，乃置幹當公事官，以葉康直等四人爲之。七年，本寺言：所主行農田水利、免役、保甲之法，措置未盡，官吏推行多違法意，欲榜諭官私，使人陳述，有司違法，從寺按察。九年，以幹當公事官所至輒用喜怒，罷之，從熊本請也。元豐四年，減丞一，主簿三。官制行，寺監不治外事，司農事舊職務悉歸户部右曹。

元祐三年，詔司農寺置長貳。五年，以本寺主簿兼檢法。八年，復置提轄修倉所；紹聖元年，詔罷官屬，以其事歸將作監。四年，罷主簿，添丞一員。

政和六年，浙西諸州各置排岸一員，從兩浙運副應安道請也。所隸官屬凡五十：倉二十有五，掌九穀廩藏之事，以給官吏、軍兵禄食之用。凡綱運受納及封樁支用，月具數以報司農。草場十有二，掌受京畿芻秸，以給牧監飼秣。排岸司四，掌水運綱船輸納雇直之事。園苑四：玉津、瑞聖、宜春、瓊林苑，掌種植蔬蒔以待供進，修飭亭宇以備游幸宴設。下卸司，掌受納綱運。都麴院，掌造麴，以供内酒庫酒醴之用，及出鬻以收其直。水磨務，掌水磑磨麥，以供尚食及内外之用。内柴炭庫，掌諸薪炭，以給宫城及宿衛班直軍士薪炭席薦之物。炭場，掌儲炭以供百司之用。

建炎三年，罷司農寺，以事務併隸倉部。紹興三年，復置丞二員。凡有合行事務，申户部施行。四年，復置寺，仍置卿、少。十年，復置簿。隆興元年，併省主簿一員，明年，詔如舊制。乾道三年，詔糧綱有欠，從本寺斷遣監納，情理重者，大理寺推勘。分案五，南北省倉、草料場、和糴場隸焉。監倉官分上中下界，司其出納。諸場皆置監官。外有監門官，交量則有檢察斛面官，綱運下卸有排岸司官，各分其事以佐本寺。豐儲倉所，置監官二員，監門官一員。初，紹興以上供米餘數，樁管別廩，以爲水旱之助，後又增廣收糴。淳熙間，命右司爲之提領，後以屬檢正，非奉朝廷指揮不許支撥。別置赤曆，提領官結押，不許衮同司農寺收支經常米數。凡外州軍起到樁管米，從司農寺差官盤量，據納到數報本所樁管。監官、監門官遇考任滿，所屬批書外，仍于本所批書，視其有無欠折，以定其功過。在外，則鎮江、建康亦置倉焉。

（清）徐松《宋會要輯稿·職官二六·司農寺》 司農寺掌供籍田九種，及諸祀［供］豕及蔬果、明房油、平糴之事，止以常參官二人判寺事。熙寧三年，上以常平新法付寺，始重其任焉。

《兩朝國史志》：司農寺判寺事二人，以兩制或朝官以上充；主簿一人，以選人充。官制行，寺監不治外事。司農寺舊制悉歸户部右曹，府史一人，驅使官四人，常平案前行一人，後行八人。但掌籍田九種、大中小祀供豕及蔬果、明房油、平糴、利農之事。卿一人，秩從四品；少卿一人，秩從五品；丞一人，秩正八品；簿一人，秩從八品。設案有五，並掌上中下界户户和糴場收糴米斛、户户：疑誤。拘催諸州軍糴本錢銀並（入）〔人〕糧馬料、拘催糧草綱運及排岸司事務。內第五案仍兼知雜案。開拆司吏額：胥長一人，胥史一人，胥佐五人，貼司三人。【略】

《神宗正史·職官志》：司農寺卿，從四品；少卿，正六品；丞，正八品；主簿，從八品，各一人。掌倉儲委積、苑囿之事，掌倉儲：原作賞倉，據《宋史》卷一六五《職官志》五改補。惟主簿專典簿書，寺監亦如之。歲運糧至京都，遣官檢視名色，同前受而分納於倉廩，同前：疑誤。輸稿秸則戒所隸場閲而納之，歲具封樁、月具見存數以聞。給兵食則具樣進呈。若因出納而受賄盜欺刻取，揭其禁令，揭：《宋史》卷一六五《職官志》五作嚴，當是。聽人告，雖會赦不宥。有負失，則計其虧數以報倉部。凡苑囿遊幸排比及薦享進御、頒賜植藏之物，與造麴蘖、給薪炭，皆戒有司以時辦具。總倉二十有四。《哲宗正史·職官志》云：總倉二十有五，掌九穀廩藏之事，以給官吏、軍兵禄食之用。凡綱運、受納、及封樁支用，月具數以報司農。月：原無，據《宋史》卷一六五《職官志》五補。場十，《哲宗正史·職官志》云：草場十有二，掌京畿芻秸，以給內外飼秣。四排岸司，掌水運、舟船送納雇直之事。園苑四。玉津、瑞聖、宜春、瓊林，掌種蒞蔬蒔，以待供進，修飾亭宇，以備遊幸宴設。設：原作説，據《宋史》卷一六五《職官志》五改。舊以常平、廣惠倉隸司農寺，而置提點倉場司領中都儲積。及官制行，寺監不治外事，遂修唐典，正其職秩。分案六，設吏十有八，而下卸司、掌受納綱運。水磨務、掌水磑磨麥。都麴院，都：原無，據《宋史》卷一六五《職官志》五補。掌造麴，以供酒（澧）〔醴〕之用。內柴炭庫、掌儲薪炭，以給宮城及宿衛直班之賜予。炭場。掌儲炭，以供百司隸焉。

（元）馬端臨《文獻通考》卷五六《職官考·太府卿》　宋太府寺判寺事一人，以兩制或帶職朝官充。凡財貨廩藏貿易、四方貢賦、百官俸秩，皆隸三司，本寺但掌祠祭香、幣、帨巾、神位席，及造斗、秤、升、尺而已。元豐改制，始正職掌。《四朝志》：此據《續會要》。而《題名》乃云：國初省部寺監，惟以寄禄，寺則光禄、太常、宗正、衛尉、司農、大理，或以卿，或以貳，或以丞，各寓一階，別設主判之官以典事。惟太府則否，其職悉入三司諸案，故主判之任罕置。與《會要》或異，當考。卿掌財貨、出納、貿易之事。凡貢賦之輸於京師者，至則別而受之，供君之用；及待邊費，則歸於內藏，供國之用；及待經費，則歸於左藏。應禄賜，以法給曆，從有司檢察，書其名數，鉤覆而後給焉。供奉之物，則承旨以進，審奏得畫，乃聽除之。若頒畿內軍衣，則前期進樣，定其頒日。將校部營兵支請，月具數以聞。凡賈商之賦，小賈則門征之，大賈則輸於務。貨之不售，平其價鬻於平準，乘時賒貸以濟民用；若質取於官，則給用多寡各從其抵。歲以香、茶、鹽鈔，募人入豆穀實邊。即京都闕用物，預報度支。凡課入以盈虧定課最，行賞罰。大祭祀、祼則卿置幣，奠玉則入陳玉帛。元祐三年，詔太府寺置長貳，餘寺監長貳互置。建炎三年，詔罷太府寺，撥隸金部，獨以一丞治鹺茗之質劑。凡省五年，而後復置卿、少各一員。丞，元豐改制置二人，元符中增一員。崇寧中置藥局，添丞一員，宣和中省一員。紹興置二員，參預寺事。簿，元豐置二人，建炎罷，紹興復置。太府寺所隸官司二十有五：左藏東西庫，南北兩庫，掌受四方財賦之入，以待經費。內藏庫，受歲計之餘積，以待非常之用。奉宸庫，掌內庭金玉、珠寶、良貨。祗候庫，掌受錢帛雜物，以備傳詔頒給、賜予。元豐庫，神宗置。布庫，茶庫，雜物庫，糧料院，掌以法式批支諸司、諸軍之廩禄。審計司，掌審受給之數，驅磨當否。商税務，收京城商税。汴河上下鎖、蔡河上下鎖，掌收舟船木筏之征。都提舉市易司，掌提點貿易貨物。雜買務，雜賣場市易上界，掌斂市不售，貨滯於民用者，貿易平價。市易下界，掌飛錢給券，以通官糴。榷貨務，掌折博斛斗、金銀之屬。交引庫，掌給印出納引錢鈔之事。抵當所，掌以官錢聽民質取，濟其緩急。和濟惠民局，掌合藥出賣，以濟民疾苦。店宅務，掌管官屋邸店。石炭場，掌受納出賣石炭。香藥庫。中興後，惟有糧料院、審計司、編估局、打套局、二局係揀選市舶香藥、雜物。交引庫、祗候庫、左藏東西庫、和濟惠民局、寄樁庫。

《宋史》卷一六五《職官志》　太府寺　舊置判寺事一人，以兩制或帶職朝官充；同判寺一人，以京朝官充。凡廩藏貿易、四方貢賦、百官奉給，時皆隸三司，本寺但掌供祠祭香幣、帨巾、神席，及校造斗升衡尺而已。

元豐官制行，始正職掌，置卿、少卿各一人，丞、主簿各二人。卿掌邦國財貨之政令，及庫藏、出納、商税、平準、貿易之事，少卿爲之貳，丞參領之。凡四方貢賦之輸于京師者，辨其名物，視其多寡，别而受之。儲於内藏者，以待非常之用；頒于左藏者，以供經常之費。凡官吏、軍兵奉禄賜予，以法式頒之，先給曆，從有司檢察，書其名數，鈎覆而後給焉。供奉之物，則承旨以進，審奏得畫，乃聽除之。若春秋授軍衣，則前期進樣，定其頒日，畿内將校營兵支請，月具其數以聞。凡商賈之賦，小賈即門征之，大賈則輸於務。貨之不售者，平其價鬻於平準，乘時赊貸以濟民用；若質取於官，則給用多寡，各從其抵。歲以香、茶、鹽鈔募人入豆穀實邊。即京都闕用物，預報度支。凡課入，以盈虧定課最，行賞罰。大祀，晨祼則卿置幣，奠玉則入陳玉帛，餘祀供其帨巾。分案九，置吏六十有五。

元祐初，以倉部郎官印發文鈔，三年，復歸本寺。又詔太府置長貳。五年，令長貳每月分巡所轄庫務。元符元年，增置丞一員。三年，改市易案爲平準，其市易務亦如之。崇寧中，置藥局七所，添丞一員點檢。宣和三年減罷。靖康元年，詔内外官司局所，依熙寧法，錢物並納左藏庫，凡省一百五所。又詔户部、太府寺長貳當職官及本庫官吏俸錢，候在京官吏支散並足，方許支給，從户部尚書梅執禮之請也。

所隸官司二十有五：　左藏東西庫，掌受四方財賦之入，以待邦國之經費，給官吏、軍兵奉禄賜予。舊分南北兩庫，政和六年修建新庫，以東西庫爲名。西京、南京、北京各置左藏庫。　内藏庫，掌受歲計之餘積，以待邦國非常之用。　奉宸庫，掌供内庭，凡金玉、珠寶、良貨賄藏焉。　祗候庫，掌受錢帛、器皿、衣服，以備傳詔頒給及殿庭賜予。元豐庫，掌受諸路積剩及常平錢物，凡封樁者皆入焉。神宗常憤契丹倔彊，慨然有恢復幽燕之志，聚金帛内帑，自製四言詩一章，曰：五季失國，玁狁孔熾，藝祖造邦，思有懲艾。爰設内府，基以募士，曾孫保之，敢忘厥志。每庫以詩一字目之，儲積皆滿。又别置庫，賦詩二十字，分揭於庫，曰：每虔夕惕心，妄意遵遺業，顧予不武姿，何日成戎捷。徽宗朝，又有崇寧庫、大觀庫。　布庫，掌受諸道輸納之布，辨其名物以待給用。　茶庫，掌受江、浙、荆湖、建、劍茶茗，以給翰林諸司及賞賚、出鬻。　雜物庫，掌受内外雜輸之物，以備支用。　糧料院，掌以法式頒廩禄，凡文武百官、諸司、諸軍奉料，以券準給。　審計司，掌審其給受之數，以法式驅磨。　都商税務，掌收京城商旅之算，以輸于左藏。　汴河上下鎖、蔡河上下鎖，掌收舟船木筏之征。　都提舉市易司，掌提點貿易貨物，其上下界及諸州市易務、雜買務、雜賣場皆隸焉。　市易上界，掌斂市之不售、貨之滯於民用者，乘時貿易，以平百物之直。　市易下界，掌飛錢給券，以通邊糴。　雜買務，掌和市百物，凡宫禁、官府所需，以時供納。　雜賣場，掌受内外幣餘之物，計直以待出貨，或準折支用。　榷貨務，掌折博斛斗、金帛之屬。　交引庫，掌給印出納交引錢鈔之事。　抵當所，掌以官錢聽民質取而濟其緩急。　和劑局、惠民局，掌修合良藥，出賣以濟民疾。　店宅務，掌管官屋及邸店，計置出僦及修造之事。　石炭場，掌受納出賣石炭。　香藥庫，掌出納外國貢獻及市舶香藥、寶石之事。

建炎詔罷太府寺，以其所掌職務撥隸金部。紹興元年，復以章億守太府寺丞，措置印給茶鹽鈔引，續添置丞二員。四年，復置卿、少各一員。十年，復置主簿。十一年，詔交引庫書押鈔引寺丞兩員，遇合推賞，各與減磨勘二年。尋詔三丞一體行之。隆興元年，併省主簿一員，明年如舊制。設案七，以序次分管。監交案，隨逐丞簿赴左藏庫監交看驗綱運錢物。中興後，所隸惟有糧料院、審計司、左藏東西庫、交引庫、祗候庫、和劑局、惠民局如前制所置。　左藏南庫，係樁管御前激賞庫改。以侍從官提領，又置提轄檢察官一員。　編估局、打套局，二局係揀選市舶香藥雜物等第，會其直以待貿易。　寄樁庫，掌發賣香藥、匹帛，拘其直歸于左藏南庫。置監官提領二人。

（清）徐松《宋會要輯稿·職官二七·太府寺》　太府寺，掌供祠祭香幣、帨巾、祠位席，造斗秤升尺。以常參官一員判寺，别置同判寺或同管勾當官一員，領斗秤務監官二人，以三班或内侍充。

《兩朝國史志》：　太府寺判寺事一人，以兩制或帶職朝官充；　同判寺一人，以京朝官充。凡財貨廩藏貿易、四方貢賦、百官俸秩，今皆隸三司，本寺但掌供祠祭香幣、帨巾、神位席及造斗秤升尺而已。府史三人，驅使官一人，後行二人，監斗秤務官二人，以三班使臣充。法物都知二人。卿一人，秩從四品；少卿一人，秩正六品；丞三人，秩正八品；主簿一人，秩從八品。設案有七，第一、第二案掌批給官員請受文曆、宗室孤遺錢米，及諸司局所請給，四糧審院隷焉。第三、第四案掌支買三省、樞密院、六部等處所須錢物，雜買務、雜賣場、編估局、打套局、交引庫、祇候庫隷焉。第五、第六案掌拘催左（藏）〔藏〕庫交納浙東等處起發入臨安府門綱運錢物，逐路押綱官酬賞。左藏東、西庫隷焉。藥案掌催促點檢雜買務、收買藥材所、和劑局修和湯藥，應副諸局給賣。和劑局、雜買務、藥材所隷焉。又有監交案，掌隨逐丞、簿赴左藏庫監交看驗綱運錢物。吏額：胥長一人，胥史二人，胥佐一十七人，貼司四人，書狀司一人。【略】

《神宗正史·職官志》：太府寺卿，從四品；少卿，正六品，各一人。丞，正八品；主簿，從八品，各二人。掌財貨給納、貿易之事。凡貨賄輸京都者，至則别而受之。供君之用及待邊費，則歸於內藏；供國之用及待經費，則歸於左藏。應禄賜皆按法給曆，令以曆從有司檢察，書其名數，鉤覆而後給焉。供奉之物，則承旨以進，審奏得畫，乃聽除之。若頒畿內軍衣，則前期定日，遣將校部其營兵請跋，月具支費之數以聞。凡商賈之賦，小賈即門征之，大賈則輸於務。貨有不售，則平其價鬻於平準，乘時賒貸，以濟民用。若質取於官，則給用多寡，各從其抵。歲則以香、茶、鹽鈔募人入豆穀於邊州。即京都用物有闕，預報度支。凡課入，以盈虧定殿最，行賞罰。大祀，晨祼則卿置幣，奠玉則入陳玉帛。太府舊領祠祭香幣，帨巾、位席、造斞秤升尺而已，及官名正職事。此句疑有誤，似當作及官制行，始正職事。

《哲宗正史·職官志》云：所隷官司二十有四，內汴河上下、蔡河上下分四局。又有交引庫，掌給印出納交引錢鈔之事。受財賦之入，則歸左藏、內藏庫。左藏庫，受財賦之入，以待邦國之經費，供官吏、軍兵廩禄、賜予。內藏庫，掌受歲計之餘積，以待邦國非常之用。金玉、良貨賄，則歸奉宸庫。掌供奉內庭，凡金玉、珠寶、珠字原脱，據《宋史》卷一六五《職官志》五補。良貨賄藏焉。御在賜予，則歸祇候庫。掌受錢帛、器皿、衣服，以備傳詔頒給及殿庭賜予。蕃貢、市舶香藥、寶石，則歸香藥庫。諸道所輸布，則歸布庫。掌受諸道輸納之布，辨其名器，名器：《宋史》卷一六五《職官志》五作名物。以待給用。江、湖、淮、浙、建、劍茶，則歸茶庫。以給翰林諸司及賞賚出鬻。雜輸之物，則歸雜物庫。考其名數，以給禄賜，則歸糧料院。掌以法式頒廩禄。掌：原作宰，據《宋史》卷一六五《職官志》五改。凡文武百官、諸司、諸軍俸料，以券准給。復以法式鉤磨，則歸專句司。掌審其給受之數，以法式鉤磨。商賈之賦，則歸都商税務。掌京城商旅之算，以輸於左藏。船筏之征，則歸汴、蔡河鏁。時其貴賤，以平百貨，則歸市易上界。掌斂市之不售、貨之滯於民用者，乘時貿易，以平百物之價。飛錢給券，以通邊糴，則歸市易下界。聽民質取，以濟緩急，則歸抵當所。散其積滯，以藥拯病，則歸熟藥所。民居官（盧）〔廬〕，裁其僦直，則歸店宅務。掌官屋及邸店計直出僦及修造繕完之事。邸：原作抵，據《宋史》卷一六五《職官志》五改。因衆所利，資其不給，則歸石炭場。免民行役，官自和市，則歸雜買務。掌和市百物，凡宮禁、官府所須，宮：原作官，據《宋史》卷一六五《職官志》五改。以待供納。斥其餘幣，以利公私，則歸雜賣場。掌受內外幣餘之物，計直以待出貨，或准折支用。凡官吏籍帳及出納刑賞之事，皆隷焉。

（元）馬端臨《文獻通考》卷五七《職官考·國子監》　宋國子監判監事二人，以兩制或帶職朝官充，凡監事皆總之。直講八人，以京官、選人充，掌以經術教授諸生。丞一人，以京朝官或選人充，掌錢穀出納之事。主簿一人，以京官或選人充，掌文簿以句考其出納。監生無定員。元豐正官名，置祭酒、司業、丞、簿各一人，太學博士十人，舊係直講。正、録各五人，武學博士二人，律學博士、正各一人。祭酒掌國子、太學、武學、律學、小學之政令，司業爲之貳，丞參預監事。凡諸生之隷於太學者，立三舍法。見《學校門》。崇寧立辟廱，置大司成一人爲師儒之首，總辟廱、太學之政令，位諸曹侍郎上，宣和罷。中興初，並國子監歸禮部。紹興三年，置國子監；十二年，置祭酒；十三年，始復建太學。隆興並省司業，不與祭酒並除。乾道七年，乃並除如故。

《宋史》卷一六五《職官志》　國子監　舊置判監事二人，以兩制或帶職朝官充，凡監事皆總之。直講八人，以京官、選人充，掌以經術教授諸生。舊以講書爲名，無定員。淳化五年，判監李至奏爲直講，以京朝官充。其後，又有講書、説書之名，並以幕職、州縣官充。其熟於講説而秩滿者，稍遷京官。皇祐中，始以八人爲額，每員各專一經，並選擇進士并《九經》及第之人，相參薦舉。丞一人，以京朝官或選人充，掌錢穀出納之事。主簿一人，以京官或選人充，掌文簿以勾考其出納。舊制，祭酒闕，始置判監事。監生無定員。並有蔭及京畿人，初隷監授業，後補監生；或隨屬游官，以久離本貫，不克赴鄉薦，而文藝可稱，亦許隷補試。廣文教進士，太學教《九經》、《五經》、《三禮》、《三傳》學究，律學館教明律，餘不常置。元豐官制行，始置祭酒、司業、丞、主簿各一人，太學博士十人，舊係國子監直講，元豐三年，詔改爲太學博士，每經二人。正、録各五人，武學博士二人，律學博士、正各一人。

祭酒　掌國子、太學、武學、律學、小學之政令，司業爲之貳，丞參領監事。凡諸生之隷于太學者，分三舍。始入學，驗所隷州公據，以試補中者充外舍。齋長、諭月書其行藝于籍，行謂率教不戾規矩，藝謂治經程文。季終考于學諭，次學録，次學正，次博士，然後考于長貳。歲終校定，具注于籍以俟覆試，視其校定之數，參驗而序進之。凡私試，孟月經義，仲月論，季月策。公試，初場以經義，次場以論、策。試上舍如省試法。凡內舍行藝與所試之等俱優者，爲上舍上等，取旨命官；一優一平爲中，以俟殿試；一優一否或俱平爲下，以俟省試。唯國子生不預考選。凡課試、升黜、教導之事，長貳皆總焉。車駕幸學，則率官屬諸生班迎，即行在距學百步亦如之。凡釋奠于先聖、先師及武成王，則率官屬諸生共薦獻之禮。歲計所隷三舍生升降多寡之數，以爲學官之殿最賞罰。

博士，掌分經講授，考校程文，以德行道藝訓導學者。　正、録，掌舉行學規，凡諸生之戾規矩者，待以五等之罰，考校訓導如博士之職。職事學録五人，掌與正、録通掌學規。　學諭二十人，掌以所授經傳諭諸生。　直學四人，掌諸生之籍及幾察出入。　凡八十齋，齋置長、諭各一人，掌表率齋生，凡戾規矩者，糾以齋規五等之罰，仍月考齋生行藝，著于籍。　武學博士、學諭各二人，掌以兵書、弓馬、武藝訓誘學者。　律學博士二人，掌傳授法律及校試之事。　小學，置職事教諭二人，掌訓導及考校責罰。學長二人，掌序齒位、糾不如儀者。集正二人，掌籍諸生名氏，糾程課不逮者。

熙寧初，詔用經術取士，廣闢黌舍，分爲三學，增置生徒，總二千八百人。隷籍有數，給食有等，庫書有官，治疾有醫。分案八，置吏十。元豐三年，詔自今奏舉太學博士，先以所業進呈。五年，詔國子監官差承務郎以上，闕即差選人充正官，立行、守、試請奉法。八年，詔罷太學保任同罪法。

元祐元年，詔太學每歲公試，以司業、博士主之，如春秋補試法。左司諫王巖叟言：太學生補中人，乞並許應舉，罷一年之限。詔國子監立法。又詔給事中孫覺、祕書少監顧臨、崇政殿説書程頤，同國子監長貳看詳修立國子監條例。又詔置《春秋》博士一員。二年，增司業一員。又詔內外學官選年三十以上歷任人充。三年，詔國子監置長貳。四年，詔太學正、録依熙寧法，選上舍生充，闕則以內舍生。五年，殿中侍御史岑象求言：國子監無叩問師資之益，學官不以訓導爲己任，補試伺察不嚴，有假手之弊。詔禮部相度以聞。本部言：生員遇有請益，許見長貳。仍詔生員以所納齋課於講堂上指諭，并委博士逐月巡所隷齋，詢考生員所業。凡私試不鎖宿，欲令不罷講説。從之。

紹聖元年，監察御史劉拯言：太學復行元豐中三舍推恩注官、免省試、免解試之制。夫舊法欲行，必先嚴考察。請自今太學長貳、博士、正録，選學行純備、衆所推服者爲之，有弛慢不公，考察不實，則重加譴責；差職掌長諭改正如元豐舊制。從之。又詔：內外學官非制科、進士出身及上舍生入官者，並罷。又詔：太學正、録依元豐舊制，各置五人。又詔：太學三舍生並依元豐學制，重行考察，依舊條推恩。左司諫翟思言：元豐《太學令》訓迪糾禁亦具矣，今追復經義取士，乞令有司看詳，依舊頒行。詔送國子監。又詔：內外學官選進士出身及經明行修人。又詔學官並召試，國子監長貳、臺諫官、外監司皆許薦舉。三年，司業龔原言：公試依元豐舊制，以長貳監試，輪差博士五員考試，乞朝廷更差官五員參考。從之。元符元年，詔有官人許入太學充監生，毋過四十人。三年，復置《春秋》博士。崇寧元年省罷。

崇寧元年，宰臣蔡京言：有詔天下皆興學貢士，以三舍考選法遍行天下，聽每三年貢入太學。上舍試仍別爲考，分爲三等，若試中上等，補充太學上舍，試中中等、下等者，補充內舍，餘爲外舍生。仍建外學于國之南，待其歲考行藝，升之太學。其外學官屬：司業一人，丞一人，博士十人，學正五人，學録五人；職事人係學生充：學録五人，學諭十人，直學二人，齋長、齋諭各一人。外舍生三千人，太學上舍一百人，內舍三百人，候將來貢試到合格者，即上舍以二百人、內舍以六百人爲額。處上舍，內舍于太學，處外舍于外學。外學置齋一百，講堂四，每齋三十人。太學自訟齋移於外學。諸路貢士並入外學，候依法考選校試合格，升之太學爲上舍、內舍生。見爲太學外舍生，依舊在太學，候外學成日取旨。外學並依太學敕、令、格、式。從之。二年，罷《春秋》博士。三年，詔辟雍置司成，司業各一員。四年，詔：辟雍待四方貢士，在國之郊，太學教養上舍生，在王城之內，內外既殊，高下未倫；辟雍有司成在侍郎之次，國子有祭酒、司業列於卿、少，事體不順，合行釐正。改辟雍司成爲太學司成，總國子監及內外學事，凡學之事，皆許專達。仍立學官謁禁。

大觀元年，置國子博士四員，國子正、録各二員，太學、辟雍博士共置二十員，國子、太學每經一員，辟雍二員。從薛昂之請也。三年，詔諸路贍學餘錢並起發充在京學事支用。四年，詔省國子、辟雍博士五員，太學命官學録一員，辟雍二員，國子命官正、録及命官直學、國子監書庫官等官，並省罷，依紹聖格，毋用謄録。政和元年，詔兩學博士、正、録依舊制選試，朝廷除授。七年，新提舉河東路學事王格言：崇寧初，建辟雍于郊，以處貢士及外舍生，立太學于國，以處上舍、內舍。由州、郡而貢之辟雍，由辟雍而升之太學。法行之初，上、內舍之選未衆，故外舍有校定者留太學，無校定者出辟雍。比年上、內舍人日增，而太學又有國子隨行親及小學生，人數已多，居處迫隘，乞以外舍生有無校定，並居辟雍，升補上、內舍乃入太學。從之。八年，詔兩學博士、正、録并諸州教授兼用元豐試法，仍止試一經。吏部具到元豐法：進士第一甲，或省試十名內，或府、監發解五名內，或太學公、私試三名內，或季試兩次爲第一人，或上舍、內舍生，或曾充經諭以上職掌，或投所業乞試，並聽試，入上等注博士，中下等注正、録，即人多闕少，願注諸州教授者聽。

宣和三年，詔罷天下三舍，太學以三舍考選，開封府及諸路以科舉取士。州學未行三舍以前，應置學官及養士去處，依元豐舊制。太學生並撥填舊額，辟雍正額入太學者，撥入額外，依舊制遇闕填。諸內舍上等校定人願入太學者，與免補試。辟雍官屬並罷。又詔國子博士、正、録改充太學正、録。七年，臣僚言：熙、豐間，博士未嘗除代，近年以來，席未暖而代者已至，當從正、録第進。新除太學博士胡世將、周利建乞改除正、録，候將來升爲博士。從之。

靖康元年，諫議大夫馮澥言：朝廷罷元祐學術之禁，不專王氏之學，《六經》之旨，其説是者取之。今學校或主一偏之説，執一偏之見，願詔有司考校，敢私好惡去取，重行黜責。又詔太學博士替成資闕。

建炎三年，詔國子監併歸禮部。未幾，詔復養生徒，置博士。紹興十二年，置祭酒、司業各一人。十三年，太學成，增置博士、正、録。參用元祐、紹聖監學法，修立監學新法。詔國子博士、正、録通治諸齋。學官闕，從本監選舉。其後，監學博士、正、録增減不齊，兼攝並置不一。至隆興以後，正、録不兼權，祭酒、司業並置，復書庫官；又定國子博士一員，太學博士三員，正、録共四員，學官之制始定。淳熙四年，置監門官一員，兼管石經閣，以不釐務使臣充，以後相承不改。

武學　慶曆三年，詔置武學于武成王廟，以阮逸爲教授。八月，罷武學，以議者言古名將如諸葛亮、羊祜、杜預等，豈專學孫、吴故也。熙寧五年，樞密院言：古者出師受成於學，文武弛張，其道一也，乞復置武學。詔于武成王廟置學。元豐官制行，改教授爲博士。紹興十六年，詔修建武學，武博、武諭以兵書、弓馬、武藝誘誨學者。紹興二十六年，詔武學博士、學諭各置一員，內博士於文臣有出身或武舉出身曾預高選充，其學諭差武學人，後又除文臣之有出身者。

宗學　元豐六年，宗室令鑠乞建宗學，詔從之，既而中輟，建中靖國元年復置。崇寧初，立月書、季考法。南渡初，建學。嘉定更新置四齋，後再增三齋。宗學博士，舊諸王宮大小學教授也。至道元年，太宗將爲皇姪等置師傅，執政謂環衛之官非親王比，當有降，乃以教授爲名。咸平初，遂命諸王府官分兼南、北宅教授。南宫者，太祖、太宗諸王之子孫處之，所謂睦親宅也。崇寧五年，又改稱某王宮宗子博士，位國子博士之上。靖康之亂，宗學遂廢。紹興四年，始復置諸王宮大小學教授二員，隆興省其一。嘉定九年十二月，始復置宗學，改教授爲博士，又置宗學諭一員，並隸宗正寺，在太常博士之下，諭在國子正之上，奉給、賞典依國子博士及正例，於是宗室疏遠者皆得就學。旋有旨復存諸王宮大小學教授一員。

書庫官　淳化五年，判國子監李志言：國子監舊有印書錢物所，名爲近俗，乞改爲國子監書庫官。始置書庫監官，以京朝官充。掌印經史羣書，以備朝廷宣索賜予之用，及出鬻而收其直以上於官。元豐三年省。中興後，併國子監入禮部。紹興十三年，復置一員；三十一年，罷。隆興初，詔主簿兼書庫。乾道七年，復置一員。

（清）徐松《宋會要輯稿・職官二八・國子監》　國子監掌經術教授、薦送之事，闕祭酒、司業則以朝官判監事。祭酒一人，秩從四品；司業一〔人〕，秩正六品；丞一人，秩正八品；主簿一人，秩從八品；太學博士三人，秩從八品；學正一人，秩正九品；學録一人，秩正九品。元豐。元豐下當有脱文，下句二十六年乃指紹興二十六年。〔紹興〕二十六年，增正、録各一人。三十一年，減博士一人、正、録各一人。國子博士一人，秩從八品；正、録各一人，秩正九品；書庫官一人。三十一年，減罷武學博士一人，秩從八品；教諭一人，秩正九品。案有三：曰廚庫，掌太學錢糧及頒降書籍條册；曰學案，掌文武學公私補試、上舍發解試，升補考選行藝；曰知雜，掌監學雜務等。吏額：胥長一人，胥史一人，胥佐六人，貼書六人。二十六年，罷胥史一人，胥佐一人，減貼書二人。【略】

《神宗正史・職官志》：國子監祭酒，從四品；司業，正六品；丞，正八品；主簿，從八品，各一人。太學博士十有二人。博士十人，舊係國子監直講。元豐三年，詔改爲太學博士，每經二人。正、録各五人，武學博士二人，律學博士、正各一人。博士，從八品；正、録，並正九品。而太學録五人，武學正、録各一人，選學生無視品。祭酒、司業，掌三學之教法政令而監之。事則丞與正；分經講授，審覆行藝，則博士主之；舉行學規，以次考選，則正主之；糾不如規者，論選士以告於正，則録主之。凡入學，先驗所隸州公據，歲於孟月〔試〕中，則補充外舍。月書行藝，季論其可選者，取歲終校定，具注於籍。春秋補內舍，間歲補上舍，則命官覆試，視其校定之數，參驗而叙進之。之：原作人，據《宋史》卷一六五《職官志》五改。若學諭、直學及齋長諭闕，則選校正生充。凡試，以文武習業考藝，以齋學規罰考行，皆通取以較定陞補。歲計所隸齋生陞降多寡爲殿最，加賞罰。惟律學試以議刑（繼）〔斷〕獄，無較定法，雖已仕者聽肄習焉。車駕幸學，則官屬率諸生班迎，即行在距學百步亦如之。舊有判、同判、管勾監及直講官，其程督課試，率多文具。熙寧初，詔用經術取士，廣闢黌舍，分爲二學，增置生徒，總二千八百人。日給以食，皆有賜錢充費，而刊印給納書籍有官，療治疾苦有醫。朝廷育才，於斯爲盛。及元豐中，復正官名，分案八，設吏十。十：原無，據《宋史》卷一六五《職官志》五補。

《哲宗正史・職官志》：國子監祭酒、司業、丞、主簿各一人。祭酒掌國子監、太學、武學、律學、小學之政令，司業爲之貳，丞參領監事。凡諸生之隸於太學者，分三舍。齋長諭月書其行藝於籍，行謂率教不戾規矩，藝謂治經程文。季終考於學諭，十日考於學録，二十日考於學正，三十日考於博士，又三十日考於長貳。歲終取外舍生百人，內舍三十人，校定奏聞，以定覆試。視其校定之數，參驗而叙進之。凡私試，孟月經義，仲月論，季月策。公試，初場以經義，次場以論、策。試上舍如省試法。凡內舍行藝與所試之等俱優者，爲上舍上等，取旨命以官；一優一平爲中，留俟殿試；一優一否或俱平爲下，留俟省試。惟國子生不預考選。凡課試、升黜、教導之事，長貳皆總焉。車駕幸學，則率官屬率諸生班迎，即行在距學百步亦如之。凡釋奠於先聖先師及武成王，則率官屬諸生共薦獻之禮。歲計所隸三舍生升降多寡之數，以爲學官之殿最賞罰。官屬：（大）〔太〕學博士十人，掌分經講授，考校程文，以德行道藝訓導學者。學正五人，掌舉行學規，凡諸生之戾規矩者，待以五等之罰。學録五人，掌佐學正糾不如規者。職事學録五人，事：原作士，據《宋史》卷一六五《職官志》五改。掌與正、録通掌學規。學諭二十人，掌以所授經傳諭諸生，及專講《論語》、《孟子》。直學四人，掌諸生之籍及幾察出入。每齋置長一人，掌表率齋生。凡戾規矩者，糾以齋規五等之罰。其在外有顯過而證驗明者，亦聽糾之，不許以自首赦恩原免。月考齋生行藝，著於籍。諭一人，掌（左）〔佐〕齋長道諭諸生。武學博士二人，學諭二人，掌以兵法、七書、弓馬、武藝訓誘學者。律學博士二人，掌傳授法律及校試之事。小學置職事教諭二人，掌訓導及考校責罰。學長二人，長：原作掌，據《宋史》卷一六五《職官志》五改。掌序齒位、糾不如儀者。集正二人，掌籍諸生名氏，籍：原作集，據《宋史》卷一六五《職官志》五改。糾程課不逮者。凡諸學生徒皆有定數，元祐初，置《春秋》博士，三年罷命官正、録，止以上、內舍生充選。後復置命官學正二員，博士兼行規矩職事，添置掌儀以糾之。減學諭、直學員數及律學博士一員。紹聖改元，復元豐學制，命官學職悉仍舊云。

（元）馬端臨《文獻通考》卷五七《職官考・少府監》　宋少府監判監事一人，以朝官充。凡天子器玩、后妃服飾、雕文錯彩工巧之事，分隸於文思院、後苑造作所。本監但掌造門戟、神衣、旌節，郊廟諸壇祭玉、法物，鑄牌印朱記，百官拜表案、褥之事。諸州鑄錢監，並屬少府，監官各一人，以京朝官及三班使臣充。元豐正官制，置監、少監、丞、主簿各一人，掌百工伎巧之政令。所隸官屬五：文思院掌造金銀、犀玉工巧之物，金綵、繪素裝鈿之飾，以供輿輦、册寶、法物及凡器服之用。監官文臣一員，武臣二員。綾錦院掌織紝錦繡，以供乘輿及凡服飾之用。監官三人，以京朝官諸司使副及內侍充。染院掌染絲枲幣帛。監官二人，以京朝官及內侍充。裁造院掌裁造服飾。監官二人，以京朝官及內侍充。文繡院掌纂繡，以供乘輿服御及賓客祭祀之用。建炎初，以將作、少府監並歸工部，紹興三年復置將作監，少府事總焉。寄禄官少府監後爲中散大夫。

《宋史》卷一六五《職官志》　少府監　舊制，判監事一人，以朝官充。凡進御器玩、后妃服飾、雕文錯綵工巧之事，分隸文思院、後苑造作所，本監但掌造門戟、神衣、旌節，郊廟諸壇祭玉、法物，鑄牌印朱記，百官拜表案、褥之事。凡祭祀，則供祭器、爵、瓚、照燭。

元豐官制行，始置監、少監、丞、主簿各一人。監掌百工伎巧之政令，少監爲之貳，丞參領之。凡乘輿服御、寶册、符印、旌節、度量權衡之制，與夫祭祀、朝會展采備物，皆率其屬以供焉。庀其工徒，察其程課、作止勞逸及寒暑早晚之節，視將作匠法，物勒工名，以法式察其良窳。凡金玉、犀象、羽毛、齒革、膠漆、材竹，辨其名物而攷其制度，事當損益，則審其可否，議定以聞。少府所掌，舊有主名，其工作之事，則監自親之。

熙寧中，已釐歸有司，官制行，皆復舊。元豐元年，工部言：文思院上下界諸作工料條格，該說不盡，功限例各寬剩，乞委官檢照前後料例功限，編爲定式。從之。又詔：文思監官除內侍外，令工部、少府監同議選差。崇寧三年詔：文思院兩界監官，立定文臣一員、武臣二員，並朝廷選差，其內侍幹當官並罷。

分案四，置吏八。所隸官屬五：文思院，掌造金銀、犀玉工巧之物，金采、繪素裝鈿之飾，以供輿輦、册寶、法物凡器服之用。綾錦院，掌織紝錦繡，以供乘輿凡服飾之用。染院，掌染絲枲幣帛。裁造院，掌裁製服飾。文繡院，掌纂繡，以供乘輿服御及賓客祭祀之用。崇寧三年置，招繡工三百人。以上並屬少府監。

舊置南郊祭器庫監官二人，太廟祭器法物庫監官二人，掌祠祭器服之名物，各有專典。旌節官二人，鑄印篆文官二人。諸州鑄錢監監官各一人。以上並屬少府監。

（元）馬端臨《文獻通考》卷五七《職官考・將作監》　宋將作監判監事一人，以朝官以上充。凡土木匠工之政隸三司修造案，本監但掌祠祀供省牲牌、鎮石、炷香、焚版幣之事。元豐正官名，置監、少監各一人，丞、主簿各一人，掌宮室、城郭、舟車營繕之事。凡出納籍帳，歲受而會之，上於工部。所隸官屬十：修內司，掌宮城、太廟繕修之事，監官二人，以朝官及內侍充。東西八作司，掌京城內外繕修之事，句當官各三人，以京朝官、諸司使副充。竹木務，掌受諸路水運材植，抽算商販竹，以經營造，句當官一人，以京朝官充。事材場，掌計度財物，前期樸斲，以經營造，監官二人，以京朝官、三班使臣充。麥䴬場，掌受京畿諸縣夏租䴬，以給圬墁，監官一人，以三班使臣充。窯務，掌陶土爲磚瓦，以給繕營及缾缶之用，監官三人，諸司使副充。丹粉所，掌燒變丹粉，以供繪飾，監官一人，內侍充。作坊物料庫，掌儲積財物，以備給用，監官三人，以京朝官及內侍三班使臣充。退材場，掌受京城內外退棄材木，掄其長短曲直，中度者以給營造及薪爨，監官一人，以京朝官充。箔場，掌抽算竹木，以供簾箔之用，監官二人，以京朝官充。建炎初，與少府俱並歸工部。紹興三年，置將作監，少府事總焉。隆興初，宮室無所營繕，職務簡省，百工器用屬之文思院上下界，隸工部，本監惟置丞一員，餘官虛而不除。乾道以後，人才盛多，監、少、丞、簿無闕，凡臺省久次與郡邑之有聲者，悉借徑於此，號爲儲才之地，而營繕之事，多俾府尹、畿漕分任其責。寄祿官將作監丞後爲宣議郎，主簿後爲承務郎。

《宋史》卷一六五《職官志》　將作監　舊制，判監事一人，以朝官以上充。凡土木工匠之政、京都繕修隸三司修造案；本監但掌祠祀供省牲牌、鎮石、炷香、盥手、焚版幣之事。

元豐官制行，始正職掌。置監、少監各一人，丞、主簿各二人。監掌宫室、城郭、橋梁、舟車營繕之事，少監爲之貳，丞參領之。凡土木工匠板築造作之政令總焉。辨其才幹器物之所須，乘時儲積以待給用，庀其工徒而授以法式；寒暑蚤暮，均其勞逸作止之節。凡營造有計帳，則委官覆視，定其名數，驗實以給之。歲以二月治溝渠，通壅塞。乘輿行幸，則預戒有司潔除，均布黄道。凡出納籍帳，歲受而會之，上于工部。熙寧初，以嘉慶院爲監，其官屬職事，稽用舊典，已而盡追復之。元祐七年，詔攽《將作監修成營造法式》。八年，又詔本監營造檢計畢，長貳隨事給限，丞、簿覆檢。元符元年，三省言：將作監主簿二員，乞將先到任一員改充幹當公事，候成資替罷。從之。崇寧五年，詔將作監，應承受前後特旨應副外，路并府、監修造差撥人工物料，遵執元豐條格，不得應副。宣和五年，詔罷營繕所歸將作監。

分案五，置吏二十有七。所隸官屬十：　修内司，掌宫城、太廟繕修之事。　東西八作司，掌京城内外繕修之事。　竹木務，掌修諸路水運材植及抽算諸河商販竹木，以給内外營造之用。　事材場，掌計度材物，前期樸斲，以給内外營造之用。　麥䴬場，掌受京畿諸縣夏租䴬麫，以給圬墁之用。　窑務，掌陶爲塼瓦，以給繕營及缾缶之器。　丹粉所，掌燒變丹粉，以供繪飾。　作坊物料庫第三界，掌儲積材物，以備給用。　退材場，掌受京城内外退棄材木，掄其長短有差，其曲直中度者以給營造，餘備薪爨。　簾箔場，掌抽算竹木、蒲葦，以供簾箔内外之用。

建炎三年，詔將作監併歸工部。紹興三年，復置丞，仍兼總少府之事。十年，置主簿一員。十一年，詔依司農、太府寺，置長貳一員。隆興初，宫室無所營繕，職務簡省，百工器用屬之文思院，以隸工部；本監惟置丞一員，餘官虚而不除。乾道以後，人材甚多，監、少、丞、簿無闕，凡臺省之久次與郡邑之有聲者，悉寄徑于此，自是號爲儲才之地，而營繕之事，多俾府尹、畿漕分任其責焉。

（元）馬端臨《文獻通考》卷五七《職官考・軍器監》　宋軍器初領於三司胄案，官無專職。熙寧六年，廢胄案，乃按唐令置監，擇從官總判。元豐正名，分案五，所隸官屬四。東西作坊，掌造兵器、旗幟、戎帳行物，辨其名色，監官二人，以京朝官及三班使臣充。作坊物料庫，掌收鐵錫、羽箭、油漆之類。皮角場，掌收皮革、筋骨，以供作坊之用，置官與東西作坊同。建炎並歸工部。紹興復置長貳各一員。隆興初，詔軍器所已隸工部，本監惟置丞一員。乾道後置監、少監及簿。淳熙初，詔戎器非進入毋輒出所，由是呈驗寖省。嘉定以後，事最稀簡，特爲儲才之所。

《宋史》卷一六五《職官志》　軍器監　國初，戎器之職領于三司胄案，官無專職。熙寧六年，廢胄案，乃按唐令置監，以從官總判。元豐正名，始置監、少監各一人，丞二人，主簿一人。監掌監督繕治兵器什物，以給軍國之用，少監爲之貳，丞參領之。凡利器以法式授工徒，其弓矢、干戈、甲胄、劍戟戰守之具，因其能而分任之，量用給材，旬會其數以考課百工造作，勞逸必均，歲終閲其良否多寡之數，以詔賞罰。器成則進呈便殿，俟閲試而頒其樣式于諸道。即要會州建都作院分造器械，從本監比較而進退其官吏焉。元祐三年，省丞一員，紹聖中復置。政和三年，應御前軍器監所頒降軍器樣製，非長貳當職官不得省閲，及傳寫漏洩，論以違制。

分案五，置吏十有三。所隸官屬四：　東西作坊，掌造兵器、旗幟、戎帳、什物，辨其名色，謹其繕作，以輸于受藏之府。兵校工匠，其役有程，視精麤利鈍以爲之賞罰。　作坊物料庫，掌收鐵錫、羽箭、油漆之屬。　皮角場，掌收皮革、筋角，以供作坊之用。　南渡置御前軍器所。建炎三年，詔軍器監併歸工部，東西作坊、都作院併入軍器所。紹興三年，復置丞一員，令工部相度合管職事歸之。十一年，詔復置長貳各一員。十四年，以朝奉大夫趙子厚守軍器監，宗室爲寺監長貳自此始。

隆興初，詔置造軍器，已有軍器所隸工部，本監惟置丞一員。乾道五年，復置少監及簿。　六年，以少監韓玉往建康點檢物馬，以奉使軍器少監爲名。是年，復置監一員。淳熙初元，詔戎器非進入毋輒出所，由是呈驗寖省。二年，錢良臣以少監總領淮東財賦；八年，沈揆復以監長行。

諸監長貳自是始許總餉外帶，然二人實初兼版曹職事。嘉定十四年，岳珂獨以軍器監總餉淮東。是後，戎所、作坊已備官于下，宥府、起部並提綱于上，監居其間，事務稀簡，特爲儲才之所焉。

（元）馬端臨《文獻通考》卷五七《職官考·都水使者》　宋都水監，判監事一人，以員外郎以上充；同判監一人，以朝官以上充；丞二人，主簿一人，並以京朝官充。掌內外河渠隄堰之事。舊例三司河渠案。嘉祐三年，始專置監以領之。輪遣丞一人出外治河埽之事，或一歲再歲而罷，其間有諳知水政，或至三年者。置局於澶州，號曰外監寺司，押司官一人。元豐八年，詔提舉汴河隄岸司隸本監。先是，導洛入汴，專置隄岸司；至是，歸之都水司。元祐時，詔南、北外都水丞並以三年爲任。七年，方議回河流，乃詔河北、京西漕臣及開封府界提點，各兼南、北外都水事。宣和三年，詔罷南、北外都水丞司，依元豐法，通差文武官一員。四年，臣僚言：都水監，因恩州修河，舉辟文武官至百二十餘員，授牒家居，不省所領何事，皆乘傳給券，第功希賞。詔除正官十一員外，餘並罷。所隸有東、西四排岸司監官，各以京朝官、閤門祇候以上及三班使臣充，掌水運綱船輸納顧直之事。汴河上下鎖、蔡河上下鎖各監官一人，以三班使臣充，掌筭舟船木筏之事。天下堰總二十一，監官各一人；渡總六十五，監官各一人，皆以京朝官、三班使臣充，亦有以本處監當兼掌者。

《宋史》卷一六五《職官志》　都水監　舊隸三司河渠案，嘉祐三年，始專置監以領之。判監事一人，以員外郎以上充；同判監事一人，以朝官以上充；丞二人，主簿一人，並以京朝官充。輪遣丞一人出外治河埽之事，或一歲再歲而罷，其有諳知水政，或至三年。置局于澶州，號曰外監。

元豐正名，置使者一人，丞二人，主簿一人。使者掌中外川澤、河渠、津梁、堤堰疏鑿浚治之事，丞參領之。凡治水之法，以防止水，以溝蕩水，以澮寫水，以陂池瀦水。凡江、河、淮、海所經郡邑，皆頒其禁令。視汴、洛水勢漲涸增損而調節之。凡河防謹其法禁，歲計茭揵之數，前期儲積，以時頒用，各隨其所治地而任其責。興役以後月至十月止，民功則隨其先後毋過一月。若導水溉田及疏治壅積爲民利者，定其賞罰。凡修堤岸、植榆柳，則視其勤惰多寡以爲殿最。南、北外都水丞各一人，都提舉官八人，監埽官百三十有五人，皆分職涖事；即干機速，非外丞所能治，則使者行視河渠事。

元豐八年，詔提舉汴河堤岸司隸本監。先是，導洛入汴，專置堤岸司；至是，亦歸之有司。元祐四年，復置外都水使者。五年，詔南、北外都水丞並以三年爲任。七年，方議回河東流，乃詔河北、京西漕臣及開封府界提點，各兼南、北外都水事；紹聖元年罷。元符三年，詔罷北外都水丞，以河事委之漕臣；三年，復置。重和元年，工部尚書王詔言，乞選差曾任水官諳練者爲南、北兩外丞，從之。宣和三年，詔罷南、北外都水丞司，依元豐法，通差文武官一員。

分案七，置吏三十有七。所隸有：街道司，掌轄治道路人兵，若車駕行幸，則前期修治，有積水則疏導之。

建炎三年，詔都水監置使者一員。紹興九年，復置南、北外都水丞各一員，南丞于應天府，北丞于東京置司。十年，詔都水事歸于工部，不復置官。

紀事

（宋）留正《皇宋中興兩朝聖政》卷一四《高宗皇帝·復寺監丞》〔紹興三年十月〕庚戌，復置宗正少卿一員，太府司農寺、軍器將作監各復置丞一員，太府寺大理左斷刑、右治獄各復增丞二員，始用常同請也。

（宋）李燾《續資治通鑑長編》卷一二九《仁宗康定元年》　乙丑，以判太常寺、翰林侍讀學士、兼龍圖閣學士李仲容兼禮儀事判太常禮院知制誥吴育、天章閣待制宋祁並同判太常寺、兼禮儀事。先是，謝絳判禮院，建言：太常寺本禮樂之司，今寺事皆本院行之，於禮非便。請改判院爲判寺，兼禮儀事。其同知院凡事先申判寺，然後施行，其關報及奏請檢狀，即與判寺通簽。於是，始從絳言也。

（宋）王栐《燕翼詒謀録》卷四《創大宗正司》　國初宗室尚少，隸宗正寺。仁宗景祐三年，以宗室衆多，特置大宗正司，以皇兄寧江軍節度使允讓知大宗正事。仍詔自今於祖宗後各擇一人爲之，尚賢而不以齒，糾正違失。凡宗室奏陳，先委詳酌而後聞，不得專達。其後又以宗室出居外州，於西京置西外宗正司，南京置南外宗正司矣。

（宋）王明清《揮麈録》前録卷二　官制後，惟光禄大夫及中散、朝議二大夫分左右，增磨勘而已，初非以科第也。元祐間，范忠宣當國，始帶左右。紹聖初罷去。事見常希古奏疏。大觀二年，又置中奉、奉直二大夫，徹中散、朝議左右字。紹興初，樞密院編修官楊愿啓請再分左右，自是以出身爲重。

（宋）李燾《續資治通鑑長編》卷四九九《哲宗元符元年》　太常寺言，諸光禄寺官，今後每遇祠祭，大祠已受誓戒後，及中小祠散齋日分，其約束事件，並從祀儀禁止，郊社令亦乞依此。從之。

（宋）李燾《續資治通鑑長編》卷三二七《神宗元豐五年》　詳定官制所言：御輦院乞依舊隸太僕寺，其輿輦及應供奉事隸殿中省；牛羊司隸光禄寺，其養牛、乳牛兵匠入牛羊司。從之，惟御輦院不隸省寺。

（宋）李燾《續資治通鑑長編》卷二九六《神宗元豐二年》　丁酉，置大理寺勾當公事官二員，以大小使臣充。

（宋）李燾《續資治通鑑長編》卷三〇九《神宗元豐三年》　甲申，侍御史知雜事何正臣言：大理寺法，本寺官不許看謁，仍不得接見賓客。府司、軍巡兩院，推勘公事不減大理，而休務日乃得看謁，亦或非時造詣稟白，不惟妨廢職事，亦恐未免觀望請託之弊。欲乞並依大理寺條施行。從之。

（宋）李燾《續資治通鑑長編》卷四五七《哲宗元祐六年》　司農寺言：請依太府寺令官司不許抽差本寺人吏，雖奉特旨及不許執奏留，亦聽執奏不發遣。從之。

（宋）李燾《續資治通鑑長編》卷二九九《神宗元豐二年》　復八作司爲東西兩司，各置監官文臣一員，武臣二員，遇大禮及大興造，即同管勾。八作司舊分東西，後合爲一，將作監以爲非使，故復之。

樞密院

綜述

（宋）宋敏求《春明退朝録》卷上　本朝置樞密使、副，或置知樞密院、同知院，然使與知院不並置也。熙寧元年，文潞公、吕宣徽爲使，而潤州陳丞相自越州召爲知院，前一歲，陳丞相爲副使，位在吕公之上故也。【略】

文臣爲樞密使，皆帶檢校太尉、太傅兼本官。乾興元年，錢文僖以兵部尚書爲樞密使，不帶檢校官，有司之失也。

（宋）洪邁《容齋三筆》卷四《樞密稱呼》　樞密使之名起於唐，本以宦者爲之，蓋内諸司之貴者耳。五代始以士大夫居其職，遂與宰相等。自此接于本朝，又有副使、知院事、同知院事、簽書、同簽書之别，雖品秩有高下，然均稱爲樞密。明道中，王沂公自故相召爲檢校太師、樞密使，李文定公爲集賢相，以書迎之於國門，稱曰樞密太師相公予家藏此帖。紹興五年，高宗車駕幸平江，過秀州，執政從行者四人。有前者傳呼宰相，趙忠簡也。次呼樞密，張魏公也，時爲知院事；次呼參政，沈必先也，最後又呼樞密，則簽書權朝美云。予爲檢詳時，葉審言、黄繼道爲長貳，亦同一稱。而二三十年以來，遂有知院、同知之目，初出於典謁、街卒之口，久而朝士亦然，名不雅古，莫此爲甚。

（宋）洪邁《容齋三筆》卷五《樞密名稱更易》　國朝樞密之名，其長爲使，則其貳爲副使；其長爲知院，則其貳爲同知院。如柴禹錫知院，向敏中同知，及曹彬爲使，則敏中改副使。王繼英知院，王旦同知，繼馮拯、陳堯叟亦同知，及繼英爲使，拯、堯叟乃改簽書院事，而恩例同副使。王欽若、陳堯叟知院，馬知節簽書，及王、陳爲使，知節遷副使，其後知節知院，則任中正、周起同知。惟熙寧初，文彦博、吕公弼已爲使，而陳升之過闕，留，王安石以升之曾再入樞府，遂除知院。知院與使並置，非故事也，安石之意以沮彦博耳。紹興以來，唯韓世忠、張俊爲使，兵飛爲副使。此後除使固多，而其貳只爲同知，亦非故事也。又使班視宰相，而乾道職制雜壓，令副使反在同知院之下，尤爲未然。

（宋）洪邁《容齋三筆》卷九《樞密兩長官》　趙汝愚初拜相，陳騤自參加政事除知樞密院。趙辭不受相印，乃改樞密使，而陳已供職累日。朝論謂兩樞長，又名稱不同，爲無故典。案，熙寧元年觀文殿學士、新知大名府陳升之過闕，留知樞密院。故事，樞密使與知院事不並置。時文彦博、吕公弼既爲使，神宗以升之三輔政，欲稱異其禮，且王安石意在抑彦博，故特命之。然則自有故事也。

（宋）李心傳《建炎以來朝野雜記甲集》卷一〇《官制·樞密參用文武張説本末》　自建炎以來，樞密使、副參用文武。仁宗親政以後，但除夏守斌、王貽永、王德用、狄青數人。英宗朝，郭逵一人而已。元豐改官制，武臣不爲二府。政和末，始命童貫簽書河西、北面兩房事，後遂領院事焉。靖康用兵，乃除种忠憲師道。建炎中，復除王襄愍淵，時苗傅等不平，遂有明受之變。自是武臣不復典樞密矣。紹興十一年，奏丞相將罷三大將兵柄，乃以樞密使、副授之。蓋自童貫後，皆因事用人，非常典也。乾道七年，張説爲明州觀察使、樞密都承旨。説娶壽聖皇后女弟，上厚眷之。時爲政乃除説簽書樞密院事。制下，朝論鬨然。説辭。不果拜，遂以安慶軍節度使還第焉。踰年，復以是命之，説亦不辭。又踰年，遂進知樞密院事。淳熙元年秋，罷爲太尉，尋降觀察使，居撫州。三年冬，許自便。七年秋，卒。上念之，詔復承宣使。陳給事峴封還録黄，乃止。説子薦，文州刺史。説敗，亦貶郴州。蕺，明州觀察使。

（宋）李心傳《建炎以來朝野雜記甲集》卷一〇《官制·簽書樞密院事》　簽書樞密院事，太平興國四年置。是時石元懿公以兵部員外郎充樞密直學士，止用本官職簽書。自是初除皆帶密直，及罷政乃拜端明殿學士焉。太宗至真宗朝，文臣簽樞才五人，其四人遷樞副，張文定以本官罷。至神宗時，曾公綽以憂去，免喪乃除端明。元祐後，王彦霖、劉仲馮皆以端明罷，遂爲故事。元豐官制，廢簽書。其後，童貫以使相爲之。上以貫官至三司，乃更爲領院事。靖康初，李參政回首拜延康殿學士、簽書。延康今爲端明。自是遂爲故事。

（宋）李心傳《建炎以來朝野雜記甲集》卷一〇《官制·樞密副使》　祖宗故事，樞府置使則除副使，置知院則除同知院。淳化二年，太宗既以張遜知密院，於是寇忠愍、溫恭肅皆自副使改同知院事。康定元年，仁宗用晏元獻公爲樞密使，於是王鄧公、杜正獻、鄭天休皆自同知改除副使，自後皆然。元豐末，廢副使。渡江後，秦申王首復除樞密使，王敏節副之。既而張、韓二大將並除樞密使，岳武穆副之，合故典矣。近歲張魏公、汪明遠、虞并父、王公明、王季海、周洪道、王謙仲、趙子直繼除樞密使，而其副止稱同知，蓋相承之誤。

（宋）李心傳《建炎以來朝野雜記甲集》卷一〇《官制·知樞密院事》　知樞密院事，太宗淳化二年始置，以張遜爲之，然使與知院未嘗並除。熙寧元年，文潞公、吕宣徽爲使，陳秀公自會稽召爲知院，非故事也。元豐官制行，廢樞密使，故政和末，鄧莘公官至少保，猶止爲知院焉。其後，鄭居中、蔡攸、童貫之徒，既位三公，乃更領樞密院事。紹興七年，秦申王爲使，沈忠敏自同知遷知院事，蓋張魏公既薦秦相，未欲其與己並，又以故相不可除他官，乃先白高宗降旨，以本兵之地事權宜重，依祖宗故事置樞密使，而知院、同知院亦皆仍舊。由是並除，自後則否。

（宋）李心傳《建炎以來朝野雜記甲集》卷一〇《官制·樞密使》　樞密使，自唐以來率二員，周末魏仁浦、吴延祚並爲之。國初仁浦拜集賢相，自是止除一使。至太平興國初，曹武惠彬、楚景襄昭輔始復並除，後未有繼之者。及真宗中年，以王文穆、陳文忠並爲樞密使，由是遂爲故事，迄仁宗不改。英宗治平四年，文忠烈、吕惠穆，神宗熙寧五年，文忠烈、陳秀公並使樞密，用此故事。高宗紹興十一年，張循王、韓蘄王世忠既罷兵，乃並除樞密使。十二年，張循王猶在位，時以孟信安王忠厚爲山陵使，乃亦暫拜樞密使焉。渡江後，元樞並除，蓋有所爲也。

（宋）李心傳《建炎以來朝野雜記甲集》卷一〇《官制·樞密院屬官》　樞密院屬官，舊有都、副承旨，以武臣爲之；編修官二員，以文臣爲之。熙寧中，始以文臣爲都承旨。元祐後，又詔恩數如權侍郎。紹聖初，廢。高宗在會稽，武臣辛道宗爲都承旨，頗用事。紹興初，道宗既免，乃詔用兩制爲之。元年十二月丙寅。然但間除一、二人而已。淳熙中，王抃用事久，孝宗惡焉，遂復用士人。今上初立，薛象先以户部侍郎兼都承旨，何自然以爲非祖宗成憲，斥去之。建炎中，又用元豐故事，置檢詳一員，禄賜與都司外郎等。三年六月庚午。時御營司既廢，密院置幹辦官四員，既而以其名不雅馴，改爲計議官，在編修官之上。建炎四年十一月乙卯。紹興十一年，始省。四月庚寅。

（宋）李心傳《建炎以來朝野雜記甲集》卷一二《官制·省部樞密院吏額》 尚書省吏額二百四人。正額：都事、主事、令史、書令史、守當官，共七十四人。守闕一百三十人。分房十有四。中書、門下省吏額二百三十八人。正額：録事已下八十八人。守闕一百五十人，中書六分，門下省四分。分房十有三。樞密院吏額三百二十七人。副承旨、主事、令史、書令史，共一百二十七人，守闕、貼房二百人。尚書六曹吏額九百二十人。主事、令史、書令史、守當官四等，共四百九十五人。正貼司、私名、楷書、法司四等，共四百二十五人。吏部七司三百五十九人，户部五司二百八十八人，禮部四司五十六人，兵部四司一百三十五人，刑部四司六十三人，工部四司一十九人。建炎初，上幸淮甸，三省吏至揚州者二百五十八人而已，詔皆遷一官。其後滋益多，三年，乃命有司立額。

（宋）王林《燕翼詒謀録》卷四《樞密使罷不草制》 樞密使拜罷，與宰臣恩數等。皇祐五年，高若訥爲樞密使罷政，仁宗惡其奸邪，特令舍人草詞罷，以示貶黜，其後皆以前宰臣爲之，皆帶平章事，罷政宣麻如故。而自執政拜使者罷政，不復宣麻，踵若訥故事也。

（元）馬端臨《文獻通考》卷五八《職官考·樞密院》 宋朝樞密院與中書對持文武二柄，號爲二府。院在中書之北，印有東院、西院之文，而共爲一院，但行東院印。建隆元年，以魏仁浦、吳興祚爲樞密使，趙普爲副使，周末闕副使，至是始置。太平興國四年，以石熙載爲樞密直學士，以簽書院事，直學士六人，備顧問應對，然未嘗盡除，簽書之名始此。淳化三年，以張遜知院事，温仲舒、寇準同知院事，同知院之名始此。治平中，以郭逵同簽書院事，同簽書之名始此。舊制，樞密院有使則置副使，有知院則置同知。如置知院，則當爲副使者皆改同知；若置使，則同知復改爲副使。熙甯元年，文彦博、吕公弼爲使，韓絳、邵亢爲副使。時陳升之三至樞府，神宗欲稍異其禮，乃以爲知院，於是知院與使、副並置矣。元豐改官制，議者欲廢密院歸兵部。神宗曰：祖宗不以兵柄歸有司，故專命官統之，互相維制。不從。然以密院聯職輔弼，非出使之名，乃定置知院、同知院二人，餘悉置。職事多所釐正，細務分隸六曹，專以兵機軍政爲職，而契丹、國信、民兵、牧馬猶總領焉。中興初，有知院、同知院、簽樞、同簽樞，不置樞密使、副使。紹興七年，張魏公既薦秦檜，未欲其與己並，又以故相不可除他官，乃先白高宗降旨，以本兵之地事權宜重，特除樞密使，王敏節副之；既而張、劉二將並除樞密使，岳飛副之，合典故矣。近歲張俊、汪徹、虞允文、王炎、王淮、周必大、王藺、趙汝愚繼除樞使，其副止稱同知，蓋相承之誤。

石林葉氏曰：梁改樞密院爲崇政院，唐莊宗復舊名，遂改爲樞密院直學士。至明宗時，安重誨爲樞密使。明宗既不知書，而重誨又武人，故孔循始議置端明殿學士二人，專備顧問，以馮道、趙鳳爲之，班翰林學士上，蓋樞密院職事官也。本朝樞密院官既備，學士之職寢廢，然猶會食樞密院。每文德殿視朝，則升殿侍立，亦不多除人。官制行，乃與職事皆爲職名，爲直學士之冠，不隸樞密院，升殿侍立，爲樞密都承旨之任。每吏部尚書補外，除龍圖閣學士；户部以下五曹，則除樞密直學士，相呼謂之密學。

（元）馬端臨《文獻通考》卷五八《職官考·樞密使》 五代置樞密使。宋朝國初因之。詳見樞密院門。建隆二年，以樞密副使、兵部侍郎趙普爲檢校太保充樞密使，不帶正官自普始也。又以宣徽北院使李處榮爲南院使兼樞密副使。自五代以來，凡樞密院官皆文武參用，大中祥符七年，以王嗣宗、曹利用並爲檢校太保、充樞密副使，亦不帶正官。開寶九年，以曹彬爲樞密使，領忠武軍節度使，帶節度自此始也。至道三年，以鎮國軍節度曹彬兼侍中充樞密使，彬自節鎮入罷旄鉞。太平興國六年，以樞密副使石熙載爲户部尚書、充樞密使，以文資正官充使，自此始也。大中祥符五年，以知樞密院王欽若、陳堯叟同中書門下平章事、充樞密使，儒臣爲樞使、兼使相，自此始也。皇祐五年制，以樞密使高若訥爲尚書左丞、觀文殿學士兼翰林侍讀學士、同群牧制置使。故事，罷樞密使當學士降麻，及若訥罷，但令舍人草詞，遂以爲例。元豐官制行，罷使、副。紹興七年，詔：樞密，本兵之地，事權宜重。可依故事置樞密使、副使。閏月，詔宰臣兼使；同月，詔樞使立班序立依宰相例。乾道五年，以虞允文爲樞密使，立班、恩數並依宰臣。

（元）馬端臨《文獻通考》卷五八《職官考·宰相兼樞密使》 樞密

使帶相印爲樞相，自後唐始。

宋初，魏仁浦以宰相兼樞密使，後罷。慶曆二年，二邊用兵，富弼言：邊事係國安危。國初，范質、王溥以宰相兼知樞密事。今兵興，宜令宰相兼領。仁宗然之，令中書同議樞密院事。吕夷簡爲首相，曰：恐樞密謂臣奪權。時諫官亦論宰相宜知兵事，遂降制以宰相判樞密院。或曰二府體均，判字太重，乃改爲兼樞密使。建炎初，置御營司，以宰相爲之使。四年罷之，以其事歸樞密院機速房，以宰相范宗尹兼知樞密院。自慶曆後宰相不兼樞密者八十餘年，其兼自此始。紹興七年，令宰臣張浚兼樞密使，趙鼎、秦檜亦以左、右僕射兼。紹興二十五年，秦檜死，乃詔依祖宗故事，更不兼領。其後或兼或否，至開禧而宰臣兼使爲永制矣。

（元）馬端臨《文獻通考》卷五八《職官考·知樞密院》　晉天福初，桑維翰以翰林學士、尚書禮部侍郎知樞密院事，知院之名始此。

宋初不置，淳化二年，樞使王顯出鎮，始以張遜知樞密院事。知樞密院、同知院，並正二品。知院掌佐天子執兵政，而同知院爲之副。凡邊防軍務，常與三省分院稟奏，事干體要，則宰相、執政官合奏。《神宗正史·職官志》。元豐官制行，廢樞密使。政和末，鄧莘公官至少保，猶止爲知院焉。中興初，宰相兼樞密只兼知院。

《宋史》卷一六二《職官志》　樞密院　掌軍國機務、兵防、邊備、戎馬之政令，出納密命，以佐邦治。凡侍衛諸班直、內外禁兵招募、閱試、遷補、屯戍、賞罰之事，皆掌之。以升揀、廢置揭帖兵籍；有調發更戍，則遣使給降兵符。除授內侍省官及武選官，將領路分都監、緣邊都巡檢使以上。大事則稟奏，其付授者用宣；小事則擬進，其付授者用劄。先具所得旨，關門下省審覆。面得旨者爲録白，批奏得畫者爲畫旨，並留爲底。惟以白紙録送，皆候報施行。其被御寶批旨者，即送門下省繳覆。應給誥者，關中書省命詞。即事干大計，造作、支移軍器，及除都副承旨、三衙管軍、三路沿邊帥臣、太僕寺官，文臣換右職，仍同三省取旨。

宋初，循唐、五代之制，置樞密院，與中書對持文武二柄，號爲二府。院在中書之北，印有東院、西院之文，共爲一院，但行東院印。而職事條目頗多。神宗初政，迺省其務之細者歸之有司，而增置審官西院，專領閤門祗候以上至諸司使差遣。官制行，隨事分隸六曹，專以本兵爲職，而國信、民兵、牧馬總領，仍舊隸焉。舊分四房，曰兵，曰吏，曰户，曰禮，至是釐正，凡分房十；其後，又增支馬、小吏二房。

凡房十有二：曰北面房，掌行河北、河東路吏卒，北界邊防、國信事。曰河西房，掌行陝西路、麟府豐嵐石隰州、保德軍吏卒，西界邊防、蕃官。曰支差房，掌行調發軍，湖北路邊防及京東、京西、江、淮、廣南東路吏卒，遷補殿侍，選親事官。曰在京房，掌行殿前步軍司事，支移兵器，川陝路邊防及畿內、福建路吏卒，軍頭、皇城司衛兵。曰教閱房，掌行中外校習，封樁闕額請給，催督驛遞及湖南路邊防。曰廣西房，掌行招軍捕盜賞罰，廣南西路邊防及兩浙路吏卒。而禁軍轉員，則各隨其房之所領兵額治之。曰兵籍房，掌行諸路將官差發禁兵，選補衛軍文書。曰民兵房，掌行三路保甲、弓箭手。曰吏房，掌行差將領武臣知州軍、路分都監以上及差內侍官文書。曰知雜房，掌行雜務。曰支馬房，掌行內外馬政并坊院監牧吏卒、牧馬、租課。曰小吏房，掌行兩省內臣磨勘功過叙用，大使臣已上歷任事狀及校尉以上改轉遷遣。吏三十有八：逐房副承旨三人，主事五人，守闕主事二人，令史十三人，書令史十五人。元祐既創支馬、小吏二房，增令史爲十四人，書令史十九人，創正名貼房十八人。大觀增逐房副承旨爲五人，創守闕書令史三人，增正名二十八人。

中書、密院既稱二府，每朝奏事，與中書先後上殿。慶曆中，二邊用兵，知制誥富弼建言，邊事係國安危，不當專委樞密。仁宗以爲然，即詔中書同議。諫官張方平亦言中書宜知兵事，乃以宰相吕夷簡、章得象並兼樞密使。熙寧初，滕甫言：中書、密院議邊事，多不合。趙明與西人戰，中書賞功，而密院降約束；郭逵修堡柵，密院方詰之，而中書以下褒詔。願大臣凡戰守、除帥，議同而後下。神宗善之。元祐四年，知樞密院安燾以母憂去職，樞密院官偶獨員。諫議大夫梁燾、司諫劉安世言：國朝革五代之弊，文武二柄，未嘗專付一人，乞依故事命大臣兼領。靖康元年，知樞密院事李綱言：在祖宗之時，樞密掌兵籍、虎符，三衙管諸軍，率臣主兵柄，各有分守，所以維持軍政，萬世不易之法。自童貫以領樞密院事爲宣撫使，既主兵權，又掌兵籍、虎符，今日不可不戒。乞將團結到勤王正兵並付制置使，行營司兵付三衙。從之。

樞密使　知院事　同知院事　樞密副使　簽書院事　同簽書院事　樞

密使、知院事，佐天子執兵政，而同知、副使、簽書爲之貳。凡邊防軍旅之常務，與三省分班稟奏；事干國體，則宰相、執政官合奏；大祭祀則迭爲獻官。

國初，官無定制，有使則置副，有知院則置同知院，資淺則用直學士簽書院事。熙寧元年，文彦博、吕公弼爲使，韓維、邵亢爲副使。時陳升之三至樞府，神宗欲稍異其禮，乃以爲知院事。於是知院與使、副並置。元豐五年，將改官制，議者欲廢密院歸兵部。帝曰：祖宗不以兵柄歸有司，故專命官以統之，互相維制，何可廢也？於是得不廢。帝又以樞密聯職輔弼，非出使之官，乃定置知院、同知院二人，使、副悉罷。元祐初，復置簽書院事，仍以樞密直學士充。同簽書樞密院事，治平末，以殿前都虞候郭逵爲之，又以逵判渭州。帝初即位，中丞王陶、御史吕景等皆言之。逵歸，改除宣徽南院使、知鄆州，自是不復置。政和六年，以内侍童貫權簽書樞密院河西、北面房事。七年，貫宣撫陝西、河東北三路，帶同簽書樞密院。既而詔元豐官制即無同簽書樞密院事，改爲權領樞密院。然簽書院事，元豐亦未嘗置。宣和元年，詔童貫領樞密院事，後復以鄭居中爲之。

建炎初，置御營司，以宰相爲之使。四年，罷，以其事歸樞密院機速房，命宰相范宗尹兼知樞密院。紹興七年詔：樞密，本兵之地，事權宜重。可依故事置樞密使，以宰相張浚兼之。又詔立班序立依宰相例。其後或兼或否。至開禧，以宰臣兼使，遂爲永制。使與知院、同知、副使，亦或並除，其簽書、同簽書並爲端明殿學士，恩數特依執政；或以武臣爲之。亦異典也。

都承旨　副都承旨　掌承宣旨命，通領院務。若便殿侍立，閲試禁衛兵校，則隨事敷奏，承所得旨以授有司；蕃國入見亦如之。檢察主事以下功過及遷補之事。都承旨，舊用院吏遞遷。熙寧三年，始以東上閤門使李評爲之，又以皇城使李綬爲之副，更用士人自評、綬始。是月，詔都承旨、副都承旨見樞密使、副如閤門使禮。五年，以同修起居注曾孝寬兼都承旨，參用儒臣自孝寬始。元豐四年，客省使張誠一爲都承旨。都承旨復用武臣，自誠一始。元祐初，復以文臣爲都承旨，其後以待制充。元符三年，王師約爲都承旨，左司諫陳瓘言：神考以文臣爲都承旨，其副則參求外戚武臣之可用者。今師約未歷邊任，擢置樞屬掾文臣之位，甚非神考設官之意。至崇寧以後，專用武臣。

建炎四年，高宗在會稽，以武臣辛道宗爲都承旨，頗用事。紹興元年，道宗既免，乃詔依元祐職制，都承旨以兩制爲之。如未曾任侍從之人，即依權侍郎法，又或加學士、待制、修撰貼職。乾道初，再用武臣，自張説始。淳熙九年，都承旨復用士人，自蕭燧始。副都承旨文武通除。

檢詳官　熙寧四年置，視中書檢正官。元豐初，定以三員；及改官制，罷之。建炎三年，復置檢詳兩員，敘位在左右司之下。紹興二年減一員。

計議官　四員。建炎四年，罷御營使司，併歸樞密院爲機速房。隨司減罷屬官，置幹辦官四員，詔並改爲計議官。至紹興十一年減罷。

編修官　隨事置，無定員，以本院官兼者，不入銜。熙寧三年，以王存、顧臨等同編修《經武要略》，兼删定諸房例册。初擬都、副承旨提舉，神宗謂存等皆館職，不欲令承旨提舉，詔改爲管幹。紹聖四年，編修刑部、軍馬司事，令都、副承旨兼領。政和七年，編修《北邊條例》，又别置詳覆官。

講議司　崇寧元年，以尚書省講議武備房歸樞密院置，以知院蔡卞提舉。三年，卞奏武備本院諸房可行，不必專局，乃罷之。紹興置編修官二員。

監三省、樞密院門　舊係差小使臣及内侍官充。嘉定六年，詔以曾經作縣、通判資序人充。小使臣省罷，内侍官改以三省、樞密院門機察官繫銜。

主管三省、樞密院架閣文字　一員，嘉定八年置，以選人、京朝官通差。

三省、樞密院激賞庫　三省、樞密院激賞酒庫　監官各二人。初以武臣，嘉泰末，始易以選人。二庫並因紹興用兵，創以備邊；後兵罷，專以備堂、東兩廚應干宰執支遣。若朝廷軍期急速錢物金帶，以備激犒；諸軍將帥告命綾紙，以備科撥調遣等用；省院府吏胥之給，亦取具焉。

御營使　提舉修政局　制國用使　都督諸路軍馬　中興多以宰相兼領兵政、財用之事，而執政同預焉。因事創名，未久遄罷，可以不書，以其關宰相設施，因記其名稱本末附見焉。

建炎元年，置御營司，以宰相爲之使，仍以執政官兼副使。其屬有參贊軍事，以侍從官兼；提舉一行事務，以大將兼。其將佐有都統制及五軍統制以下官。初以總齊行在軍中之政。三年，詔御營使司止管行在五軍營砦事務，其餘應干邊防措置等事，釐正歸三省、樞密院。四年，詔自今宰相兼知樞密院事，罷御營使。時臣僚言：宰相之職，無所不統。本朝沿五代之制，政事分爲兩府，兵權付於樞密，比年又置御營使，是政出於三也。請罷御營司，以兵權付之密院，而以宰相兼知，庶幾可以漸議兵政。故罷使及官屬，以其事歸密院，爲機速房。至紹興二十九年九月，詔：祖宗舊制，樞密院即無機速房，合行減罷。紹興三十一年，金主亮來攻，帝將臨江視師。其冬，以和義郡王楊存中爲御營宿衛使，兵罷復免。明年，孝宗即位，又以御營使命之。然但自名一司，掌殿前忠勇等軍，非復建炎之比，未幾而罷。存中非宰執，附見于此。

紹興二年，詔置修政局，令百官條具修車馬、備器械，命右相秦檜提舉，參知政事同領之。其下有參詳官一人，侍從爲之；參議官二人，檢討官四人，卿、郎爲之；如講議司故事。三月而罷局。

乾道二年，詔：理財之要，裕財爲重，自今宰相可帶兼制國用使，參政可同知國用事。先是，臣僚言：近以宰相兼樞密使，蓋欲使宰相知兵也。宰相今雖知兵，而財谷出入之原，宰相猶未知也。望法李唐之制，委宰相兼領三司使職事，財谷出納之大綱，宰相領之於上，而户部治其凡。故有是命。五年二月，罷國用司。八年，詔：官制已定，丞相事無不統，所有國用一司，與參知政事並不兼帶。嘉泰四年，詔遵孝宗典故，宰相兼國用使，參知政事同知國用事，仍於侍從、卿監中擇二人充屬官。右丞相陳自強兼國用使，參知政事費士寅、參知政事張巖兼同知國用事。以兵部侍郎薛叔似兼參計官，太府卿陳景思同參計官。先是，臣僚言：今日財計，非錢穀不足可憂，而滲漏日滋之爲可慮者。周家以冢宰制國用，而唐亦以宰相兼領度支，是知財賦國家之大計，其出入之數有餘、不足，爲大臣者皆所當知，庶可節以制度，關防欺隱。宜略倣祖宗遺意，命大臣兼提領天下財賦。從之。陳自強罷，亦廢。

紹興五年，制以左通議大夫、尚書左僕射、同中書門下平章事兼知樞密院事趙鼎，左政奉大夫、尚書右僕射、同中書門下平章事兼知樞密院事張浚都督諸路軍馬。未幾，浚暫往江上措置邊防，至七年秋廢罷。其餘宰臣、執政開府于外者，別載于篇。

編修敕令所　提舉宰相兼。同提舉執政兼。詳定侍從官兼。删定官就職事官内差兼。掌裒集詔旨，纂類成書。紹興十二年罷。乾道六年，復置詳定一司敕令所，以右丞相虞允文提舉，參知政事梁克家同提舉。淳熙十五年省罷，紹熙二年復置局。慶元二年，復置提舉，以右丞相余端禮兼，同提舉以參知政事京鏜兼，仍以編修敕令所爲名。

（清）徐松《宋會要輯稿·職官六·樞密院承旨司》　樞密院承旨司，有樞密都承旨、副都承旨，又有樞密院副承旨之名，皆不備置，常以一、二員通書諸房公事。五代有承旨、副承旨，以諸衛將軍充。每崇政殿臨決庶務，則侍立殿前。侍衛司奏事，則受而讀之。又別置兵房副承旨二人，吏房、户房、禮房副承旨各一人，主事八人，主事已上並帶諸衛將軍同。正令史二十五人，書令史三十四人，兵房掌兵馬名籍及卒校遷補、築城壘、防戍、戰守之事。主事二人，令史十三人，書令史二十人，分掌之。吏房掌閤門祇候以上遷補之名籍、三公將帥迎受恩命及賊盜之事。主事一人，令史三人，書令史五人，分掌之。户房掌金穀芻糧出納之事。主事一人，令史、書令史各五人，分掌之。禮房掌禮儀國信之事。主事一人，令史三人，書令史二人，分掌之。別置兵馬司，擇副承旨主事以下專掌之。主事以下初命者，隸銀臺司。其給使則左、右押衙、左、右副知客各一人，承引官行首一人，副行首一人，承引官四人，軍將十人，至左押衙五周年，補供奉官。大程官百人，有都頭、十將、副將之名。東、西二廚食手二十八人。

太宗太平興國七年四月，以翰林副使、管勾供奉官、殿直文班承制公事楊守一爲西上閤門使，充樞密都承旨。樞密承旨加都字，自守一始也。【略】

《神宗正史·職官志》：都承旨從五品，副都承旨正六品，通領院務及承旨司之事，檢察主事已下功過而陞黜之。凡御崇政、延和殿，則陞以侍立。若禁衛兵校試技藝及蕃國入見，則隨事敷奏，承所得旨以授有司。

《哲宗·職官志》：元祐以文臣帶待制充都承旨。

（清）徐松《宋會要輯稿·職官六·樞密院承旨司》　〔乾道〕三年五月十一日，詔：樞密院各司三十人，永爲定額。其合減人且令依舊，將來遇闕，更不遷補。願比換出職者聽。同日，詔：樞密院大程官以七十人爲額，溢額人且令依舊，今後宰執初除，更不用恩例收補。其外借七分大程官，依舊四十人爲額。

紀事

（宋）葉夢得《石林燕語》卷四　樞密使，《唐書》、《五代史》皆不載其創始之因，蓋在唐本宦者之職。唐中世後，宦人使名如是者多，殆不勝記，本不繫職官重輕，而五代特因唐名而增大之，故史官皆不暇詳考。據《續事始》云：代宗永泰中，以中人董秀管樞密，因置內樞密使，《續事始》爲蜀馮鑒所作也。

（宋）葉夢得《石林燕語》卷五　樞密院既專總兵柄，宰相非兼領殆不復預聞。慶曆初，元昊用兵，富公爲諫官，乃請宰相如故事兼院事。時吕文靖爲相，不欲兼，富公争之力，遂兼樞密使。自是相繼爲相者，初授除皆帶兼使。八年，文潞公自參知政事相，始不帶兼使。於是皇祐初，宋莒公、龐潁公相，皆不兼，蓋元昊已納款故也。神宗初更官制，王荊公諸人皆欲罷樞密院，神宗難之。其後遂定官制，論者終以宰相不預兵政爲嫌，使如故事復兼，則非正名之意，乃詔釐其事大小：大事，三省與樞密同議進呈，畫旨稱三省樞密院同奉聖旨，三省官皆簽書，付樞密院行之；小事，樞密院獨取旨，行訖關三省，每朝三省、樞密院先同對，樞密院退待於殿廬，三省始留進呈，三省事退，樞密院再上進呈，獨取旨，遂爲定制。

（宋）王明清《揮麈録》前録卷二　樞密院舊皆武臣，如都承旨亦然。國初二曹俱嘗爲之。熙寧中，王荊公怒李評，罷去，命曾令綽爲都承旨，自是方文武互用矣。

（宋）留正《皇宋中興兩朝聖政》卷五《高宗皇帝・置樞密編修官》〔建炎三年六月〕癸酉，樞密院言自兵興至今，軍政事務倍於平時，欲依祖宗朝置檢詳官兩員，序位在左右司之下，編修官四員，止存一員，依舊看詳條法。從之。

（宋）留正《皇宋中興兩朝聖政》卷一七《高宗皇帝・政府樞府合為一》〔紹興五年閏二月〕乙卯，御筆參知政事孟庾沈與求並權樞密院事，輔臣進呈，上顧趙鼎曰：已與卿議定，參知政事並兼權樞密院矣。鼎曰：樞密非古也，自五代時以郭崇韜爲使，國朝因而不改，故三省樞密院分爲二途。仁宗朝富弼作諫官，時陝西用兵，弼建議乞令宰相兼樞密院事。宰相吕夷簡辭之再三，後卒從弼議。宰相兼樞密院自夷簡始也。臣既以宰相兼治院事，而參加政事之臣並令兼權，則事歸一體，前人謂樞密院調發軍馬，而三省不知，三省財用已竭，而樞密院用兵不止，此誠至論。上曰：往時三省樞密院不同班進呈，是以事多不相關白，然朝廷議論，豈有帷幄二三大臣不與聞者。

翰林學士院

綜述

（宋）葉夢得《石林燕語》卷四　咸平中，以侍讀、侍講班秩未崇，乃命楊徽之爲翰林侍讀學士，邢昺爲侍講學士，班翰林學士下。講讀置學士自此始。其後昺以老請補外，真宗以其久在講席，使以本職知曹州；而張文節公罷參知政事知天雄軍，改翰林侍讀學士。於是講讀學士始爲兼職，得外任。慶曆後，凡自翰林學士出者，例皆换侍讀學士，遂爲故事。

（宋）葉夢得《石林燕語》卷七　唐翰林院，本內供奉藝能技術雜居之所，以詞臣侍書詔其間，乃藝能之一爾。開元以前，猶未有學士之稱，或曰翰林待詔，或曰翰林供奉，如李太白猶稱供奉。自張垍爲學士，始别建學士院于翰林院之南，則與翰林院分而爲二，然猶冒翰林之名。蓋唐有弘文館學士、麗正殿學士，故此特以翰林别之。其後遂以名官，訖不可改。然院名至今但云學士而不冠以翰林，則亦自唐以來沿襲之舊也。

（宋）李心傳《建炎以來朝野雜記乙集》卷一三《官制・翰林權直學士院權直》　翰林權直，學士院權直，皆自崔大雅敦詩始。故事，直院必以侍從，若左、右史爲之，其間沈虛中以少司成，莫子齊、王經伯、王季海以宗正、太常少卿兼權直院，蓋殊命也。乾道九年十二月，孝宗初命大雅以祕書省正字兼翰林權直，踰年以憂去。淳熙五年九月，復召爲樞密院編修官，始議以翰林乃書藝應奉者所居，非專指詞臣也，遂改兼學士院權直。自是葛楚輔、趙大本、熊子復皆以學士院權直爲名。十六年正月，倪正甫始復兼翰林權直。紹熙後，或稱學士院，或稱翰林，蓋不常云。

（元）馬端臨《文獻通考》卷五四《職官考·翰林學士》 宋翰林學士無定員。凡他官入院未除學士，謂之直院。學士俱闕，他官暫行文書，謂之權直。凡奏事用榜子，關白三省樞密院用諮報，不名。凡初命爲學士，皆遣使就第宣詔旨召入院。上日，敕設會從官，侑以樂。元豐中，始命佩魚，自蒲宗孟始也。凡執政議事則繫鞋，蓋與侍從異禮也。政和三年，強淵明請以前後所被旨及案例，修爲本院敕、令、格、式。五年，御書摛文堂榜賜學士院。靖康元年，吴幵等奏：大禮鎖院，麻三道以上，係雙宣學士宿直分撰，乞依故事。從之。承旨不常置，以學士久次者爲之。闕員，則以他官兼直院或權直。自國初至行官制，百司事失其實，多所釐正，獨學士院承唐舊典，遵而不改。乾道九年，崔惇詩初以秘書省正字兼翰林權直。淳熙五年，惇詩再入院，議者以翰林乃應奉之所，非專掌制誥之地，更爲學士院權直。後復爲翰林權直，然亦互除二員。紹興間嘗除權與正官至三人。

《宋史》卷一六二《職官志》 翰林學士院 翰林學士承旨 翰林學士 知制誥 直學士院 翰林權直 學士院權直 掌制、誥、詔、令撰述之事。凡立后妃，封親王，拜宰相、樞密使、三公、三少，除開府儀同三司、節度使，加封，加檢校官，並用制；賜大臣太中大夫、觀察使以上，用批答及詔書；餘官用敕書；布大號令用御札；戒勵百官、曉諭軍民用敕牓；遣使勞問臣下，口宣。凡降大赦、曲赦、德音，則先進草；大詔命及外國書，則具本取旨，得畫亦如之。

凡拜宰相及事重者，晚漏上，天子御内東門小殿，宣召面諭，給筆札書所得旨。稟奏歸院，内侍鎖院門，禁止出入。夜漏盡，具詞進入；遲明，白麻出，閤門使引授中書，中書授舍人宣讀。其餘除授并御札，但用御寶封，遣内侍送學士院鎖門而已。至於赦書、德音，則中書遣吏持送本院，内侍鎖院如除授焉。凡撰述皆寫畫進入，請印署而出，中書省熟狀亦如之。若已畫旨而未盡及舛誤，則論奏貼正。凡宫禁所用文詞皆掌之。乘輿行幸，則侍從以備顧問，有獻納則請對，仍不隔班。凡奏事用榜子，關白三省、樞密院用諮報，不名。

凡初命爲學士，皆遣使就第宣詔旨召入院。上日，敕設會從官，宥以樂。元豐中，始命佩魚，自蒲宗孟始。見執政議事則繫鞵，蓋與侍從異禮也。政和三年，強淵明請以前後所被旨及案例，修爲本院敕、令、格、式。五年，御書摛文堂榜賜學士院。靖康元年，吴幵等奏：大禮鎖院，麻三道以上，係雙學士宿直分撰，乞依故事。從之。

承旨 不常置，以學士久次者爲之。凡他官入院未除學士，謂之直院；學士俱闕，他官暫行院中文書，謂之權直。自國初至元豐官制行，百司事失其實，多所釐正，獨學士院承唐舊典不改。乾道九年，崔敦詩初以秘書省正字兼翰林權直。淳熙五年，敦詩再入院，議者以翰林乃應奉之所，非專掌制誥之地，更爲學士院權直。後復稱翰林權直，然亦互除不廢，權、正或至三人。

翰林侍讀學士 太宗初，以著作佐郎吕文仲爲侍讀。真宗咸平二年，以楊徽之、夏侯嶠並爲翰林侍讀學士，始建學士之職。其後，馮元爲翰林侍讀，不帶學士；又以高若訥爲侍讀，不加别名，但供職而已。天禧三年，張知白爲刑部侍郎，充翰林侍讀學士、知天雄軍府，侍讀學士外使自知白始。元豐官制，廢翰林侍讀、侍講學士不置，但以爲兼官。然必侍從以上，乃得兼之，其秩卑資淺則爲説書。歲春二月至端午日，秋八月至長至日，遇隻日入侍邇英閣，輪官講讀。元祐七年，復增學士之號，元符元年省去。建炎元年，詔可特差侍從官四員充講讀官，遇萬機之暇，令三省取旨，就内殿講讀。

充宫觀兼侍讀 元豐八年五月，資政殿大學士吕公著兼侍讀，提舉中太乙宫兼集禧觀公事。七月，韓維兼侍讀，提舉中太乙宫。元祐元年，端明殿學士范鎮致仕，提舉中太乙宫兼集禧觀公事，兼侍讀，不赴。六年，馮京兼侍讀，充太乙宫使。未幾，乞致仕，不允，仍免經筵進讀。中興以來，如朱勝非、張浚、謝克家、趙鼎、万俟卨並以萬壽觀使兼侍讀。隆興元年，張燾以萬壽觀、湯思退以醴泉觀並侍讀。乾道五年，劉章以佑神觀兼焉。

臺諫兼侍讀 自慶曆以來，臺丞多兼侍讀，諫長未有兼者。紹興十二年春，万俟卨以中丞、羅汝楫以諫議始兼侍讀，自後每除言路，必兼經筵矣。

翰林侍講學士 咸平二年，國子祭酒邢昺爲侍講學士。其後，又以馬宗元爲侍講，不加別名，但供職而已。景德四年，以翰林侍講學士邢昺知曹州，侍講學士外使自昺始。故事，自兩省、臺端以上兼侍講，元祐中，司馬康以著作佐郎兼侍講，時朝議以文正公之賢，故特有是命。紹興五年，范沖以宗卿、朱震以祕少並兼，蓋殊命也。乾道六年，張栻始以吏部員外郎兼。蓋中興後，庶官兼侍講者，惟此三人。若紹興二十五年張扶以祭酒、隆興二年王佐以檢正、乾道七年林憲以宗卿入經筵，亦兼侍講者。蓋扶本以言路兼説書就升其秩，佐時攝版曹，憲嘗爲右史且有舊例，故稍優之。

臺諫兼侍講　慶曆二年，召御史中丞賈昌朝侍講邇英閣。故事，臺丞無在經筵者，仁宗以昌朝長於講説，特召之。神宗用吕正獻，亦止命時赴講筵，去學士職。中興後，王賓爲御史中丞，見請復開經筵，遂命兼講。自後十五年間，繼之者惟王唐、徐俯二人，皆出上意。紹興十二年，則万俟卨、羅汝楫，紹興二十五年，則正言王珉、殿中侍御史董德元，並兼侍講。非臺丞、諫長而以侍講爲稱，又自此始。其後，猶或兼説書，臺官自尹穡，隆興二年五月；諫官自詹元宗，乾道九年十二月。後並以侍講爲稱，不復兼説書矣。

宫觀兼侍講　國初自元豐以來，多以宫觀兼侍讀。乾道七年，寶文待制胡銓除提舉佑神觀兼侍講。是日，以宰執進呈，虞允文奏曰：胡銓早歲一節甚高，不宜令其遠去朝廷。帝曰：銓固非他人比，且除在京宫觀，留侍經筵。故有是命。

（清）徐松《宋會要輯稿·職官六·翰林院》　凡學士院，置待詔十人。國初承舊制，翰林待詔六人，寫書詔。舊制月俸止九千，春冬給衣。又有隸書待詔六人，寫簽題封角。月俸止六千，謂之東頭待詔。雍熙四年，廢隸書待詔，增翰林待詔十人，並兼御（史）〔書〕院祇候。録事一人。【略】

《兩朝國史志》學士院：翰林學士承旨、翰林學士、翰林侍讀、侍講學士承旨不常置，以院中久次者一人充。學士六員，掌大詔命。凡國有大除拜，晚漏上，天子御内東門小殿，遣内侍召學士賜對，親諭秘旨。對訖，學士歸院，内侍鏁院門，禁止出入。夜漏盡，寫制進入。遲明，白麻出，閤門使引授中書，中書授舍人宣讀。其餘除授並御劄，天子不御小殿，不宣學士，但用御寶，封中書熟狀，遣内侍送學士院，鏁院門而已。至於赦書德音，則中書遣吏持送本院，而内侍鎖院如除授焉。院在宣徽院北，凡他官入院未除學士，謂之直院。學士俱闕，他官暫行院中文書，謂之權直。其侍讀、侍講春秋二時開延義、邇英閣，則執經史以侍講侍讀，常日則侍奉，以備顧問應對。其掌寫書詔、麻制，則待詔三人。其吏史則有録事一人，孔目官六人，表奏官八人。其給使則有驅使官二十人。承旨，唐置，以學士第一人充，今不常置。學士無定員。【略】

《神宗正史·職官志》：學士院掌制誥、赦敕、國書及宫禁所用之文詞。凡后妃、親王、公主、宰相、節度使除拜，則學士草詞，授待詔書訖以進。赦降、德音則先進草。大詔命及外國書，則具本稟奏。得畫亦如之。凡奏事用牓子，關白三省、樞密院用諮報，不名。自國初至行官制，百司事失其實，多所釐正，而承唐舊典，遵用不改者，獨學士院而已。官學士二人，待詔三人。吏録事一人，孔目官六人，表奏官八人，驅使官二十人，守闕驅使官十有二人。學士正三品，凡拜宰相或事重者，宣召面諭旨，則給筆劄，書所得旨，稟奏歸院，具詞以進。餘遣内侍授中書省熟狀亦如之。若已畫旨而有未盡，或舛誤，則論奏貼正。乘輿行幸，則侍從以備顧問。有所獻納，則請對或奏對。凡初命爲學士，皆遣使就第，宣詔旨召入院。上日，敕設會從官，侑以樂。平時詣三省、樞密院議事，則履見宰相、執政官。自國朝以來，待遇之禮率循故事。舊無常員，及元豐中始裁定，間選久次者爲承旨。《哲宗·職官志》同。按故事，學士止六員。至和元年，王洙爲學士，係第七員，當時號員外學士。此云無常員，誤也。【略】

《神宗正史·職官志》：侍讀、侍講正七品，崇政殿説書從七品，掌講讀經史，以學士或侍從職事官有學術者充。其秩卑資淺，則爲説書。歲春二月至端午日、秋八月至長至日，遇隻日入侍邇英閣，輪官講讀。始至，率以履見，列墩，命之坐，賜茶。（議）〔講〕讀畢，賜湯，乃退。咸平二年皆置學士，至元豐五年省去學士之號。《哲宗職官志》：元祐七年復增學士之號，元符元年省去。

秘書省

論說

(宋)曾鞏《曾鞏集》卷二五《制誥擬詞・秘書監制》 帝王之治，必有圖籍之藏，又擇當世聰明拔出之士，聚於期間，使得漸磨文學之益，獎成其材，以待國家之用。故書省之設，吾不計近功，而要於廣畜德，所以厚其禮秩，而艱於用人，庶以明朕好古樂善之勤，而勵學士大夫之行也。某多職博聞，操守純篤，諸儒所尚，令聞惟書，延處茲位，蔽自朕知。夫尊其所聞而行之不倦，使輔於世教而其效可言，非獨優游册府而已。在爾自強，以承朕志。

(宋)曾鞏《曾鞏集》卷二五《制誥擬詞・秘書郎制》 秘藏四部之圖籍，郎所守也。職清秩美，必也屬之其人。爾以材稱，俾服茲選。尚惟敏於畜德，朕方觀汝之能。

綜述

(宋)程俱《麟臺故事》卷一《沿革》 國初循前代之制，以昭文館、史館、集賢院爲三館，通名之曰崇文院。直館至校勘通謂之館職，必試而後命；不試而命者，皆異恩與功伐，或省府監司之久次者。元豐官制行，盡以三館職事歸祕書省，省官自監少至正字皆爲職事官。至元祐中，又舉試學士院入等者，命以爲校理、校勘，供職祕書省；若祕書省官，則不試而命。至于進擢之異，待遇之渥，資任之優，選除之遴，簡書之略，蓋不與他司等也。

(宋)程俱《麟臺故事》卷二《職掌》 祕書省在光化坊，隸京百司。判省事一人；如監闕，以判祕書省官兼充。景德四年，詔祕閣書籍內臣同提舉。掌祭祀版，《正辭録》外，有常例祭者，竝著作局分撰；或在京闕著作局官，亦有祕書丞、郎撰者。舊制，常祀祝文祕書省嶽瀆竝進書，學士院惟五嶽進書，四瀆則否；至咸平六年十二月，詔四瀆祝文竝進書。大中祥符二年，更令兩制、龍圖閣待制與太常禮院取祕書省、學士院祝版，據《正辭録》重定，付逐司遵用。景德初，詔祕書省揀能書人寫祝版，委祕書監躬親點檢，謹楷不錯，方得進書。省有監、少監、丞、郎、校書郎、正字、著作郎、佐郎，是時皆以爲官，常帶出入，亦猶尚書省寺監丞郎、卿少、郎官、丞簿等，皆爲官也。即官至祕書監有特令供職者，或以他官兼監，至道中宋白以翰林學士承旨兼祕書監，淳化中李至自前執政以吏部侍郎兼祕書監、大中祥符九年楊億以祕書監判祕閣兼祕書省事是也。然議者以爲億正爲祕書監矣，不當更言判省閣，蓋有司之誤也。自後兩省五品以上官不兼監者止云判，其秘書省事亦掌爲之。祕書監之領祕閣、省事，猶著作佐郎在三館則修日曆，正言、司諫供職本院或在從班則行諫諍之職，侍御史、監察御史供職本臺則行糾彈之職也。太平興國中，左拾遺田錫上疏，以爲今三館之中有集賢院書籍而無集賢院職官，雖有祕書省職官而無祕書省圖籍。然至淳化元年，始以太子中允和嶹直集賢院。若祕書省，則所掌祠祭祝版而已，書籍實在三館祕閣；而所謂職官者，猶今寄禄官耳，則雖無書籍可也。【略】

元豐官制行，祕書省分四案：曰國史案，掌編修日曆事；曰太史案，掌太史天文渾儀等事；曰經籍案，掌典籍之事；曰知雜案，掌本省雜事。大槩如此。政和中，增置道教案。

《宋史》卷一六四《職官志》 秘書省 監 少監 丞各一人，監掌古今經籍圖書、國史實録、天文曆數之事，少監爲之貳，而丞參領之。其屬有五：著作郎一人，著作佐郎二人，掌修纂日曆；秘書郎二人，掌集賢院、史館、昭文館、秘閣圖籍，以甲、乙、丙、丁爲部，各分其類；校書郎四人，正字二人，掌校讐典籍，判正訛謬，各以其職隸於長貳。惟日曆非編修官不預。歲於仲夏曝書，則給酒食費，尚書、學士、侍郎、待制、兩省諫官、御史並赴。遇庚伏，則前期遣中使諭旨，聽以早歸。大典禮，則長貳預集議。所以待遇儒臣，非他司比。宴設錫予，率循故事。

宋初，置三館長慶門北，謂之西館。太平興國初，於昇龍門東北，創立三館書院。三年，賜名崇文院，遷西館書貯焉。東廊爲集賢書庫，西廊分四部，爲史館書庫。大中祥符八年，創外院於右掖門外。天禧初，令以三館爲額，置檢討、校勘等員。檢討以京朝官充，校勘自京朝、幕職至選人皆得備選。以内侍二人爲勾當官，通掌三館圖籍事，孔目官、表奏官、掌舍各一人。又有監書庫内侍一人，兼監秘閣圖籍孔目官一人。

秘閣　係端拱元年就崇文院中堂建閣，以三館書籍真本并内出古畫墨迹等藏之。淳化元年，詔次三館置直閣、以朝官充。校理，以京朝官充。以諸司三品、兩省五品以上官一人判閣事。直閣、校理通掌閣事，掌繕寫秘閣所藏。供御人、裝裁匠十二人。元豐五年，職事官貼職悉罷，以崇文院爲秘書省官屬，始立爲定員，分案四，置吏八。崇文院，太平興國三年置。端拱元年，建秘閣於院中。昭文館、史館、集賢院皆沿唐制立名，但有書庫寓於崇文院廡下。三館、秘閣、崇文院各置貼職官。又有集賢殿修撰、直龍圖閣、校勘，通謂之館職。初，英宗謂輔臣曰：館閣所以育儁材，比選數人出使，無可者，豈乏材耶？歐陽脩曰：今取材路狹，館閣止用選人編校書籍，故進用稍遲。上曰：卿等各舉數人，雖親戚世家勿避。於是宰相琦、公亮，參加政事脩、槩各薦五人，未及試，神宗登極，先召十人試以詩賦，而開封府界提點陳汝義别以奏對稱旨預試。於是御史吴申言：試館職者請策以經史及世務，毋用辭賦。遂詔：自今試館職專用策論。熙寧二年，置崇文校書，始除河南府永安主簿邢恕。乃詔自今應選舉可用人並除校書，候二年取旨除館職官。五年，以隸秘書省。

元祐初，復置直集賢院、校理。自校理而上，職有六等，内外官並許帶，恩數仍舊。又立試中人館職法，選人除正字，京官除校書郎。校書郎供職二年，除集賢校理。秘書郎、著作佐郎比集賢校理。著作郎比直集賢院、直秘閣。丞及三年除秘閣校理。三年二月，詔御試唱名日，秘書丞至正字升殿侍立。九月，復試賢良于閣下。五年，置集賢院學士并校對黄本書籍官員。紹聖初，罷校對，以編修日曆選本省，易集賢院學士爲殿修撰，直院爲直秘閣，集賢校理爲秘書校理。十二月，詔禮部，本省長貳定校讐之課，月終具奏。入伏午時減半，過渡伏依舊，從蘇軾之請。又罷本省官任滿除館職法。元符二年，詔職事官罷帶館職，悉復元豐官制。崇寧五年，詔館閣並除進士出身人。政和五年四月，詔秘書省殿以右文爲名，改集賢殿修撰爲右文殿修撰。是月，駕詣景靈宫朝獻，還幸秘書省。詔曰：延見多士，歷覽藏書之府，祖宗遺文在焉，屋室淺狹，甚非稱太平右文之盛，宜重行修展。八月，詔秘書省移於新左藏庫，以其地爲堂。七年，詔類集所訪遺書，名曰《秘書總目》。宣和二年，立定秘書省員額：監、少監、丞並依元豐舊制，著作郎以四員爲額，校書郎二員，正字四員。

渡江後，制作未遑。紹興元年，始詔置秘書省，權以秘監或少監一員，丞、著作郎佐各一員，校書、正字各二員爲額。續又參酌舊制，校書郎、正字召試學士院而後命之。自是採求闕文，補綴漏逸，四庫書略備。即秘書省復建史館，以修《神宗》、《哲宗實録》，選本省官兼檢討，校勘，以侍從官充修撰。五年，傚唐人十八學士之制，監、少、丞外，置著作郎佐、秘書郎各二人，校書郎、正字通十二人。又移史館於省之側，别爲一所，以增重其事。九年，詔著作局惟修日曆，遇修國史則開國史院，遇修實録則開實録院，以正名實。十三年，詔復每歲曝書會。是冬，新省成，少監游操援政和故事，乞置提舉官，遂以授禮部侍郎秦熺，令掌求遺書，仍鑄印以賜。置編定書籍官二人，以校書郎、正字充。

孝宗即位，詔館職儲養人才，不可定員。乾道九年，正字止六員；淳熙二年，監、少並置，皆前所未有。除少監、丞外，以七員爲額，尋復詔不立額。紹熙二年，館職闕人，上令召試二員，謹加審擇，取學問議論平正之人。自是，監、少、丞外，多止除二員。是時，陳傅良上言：請以右文、秘閣修撰并舊館閣校勘三等爲史官。自校勘供職，稍遷秘閣修撰，又遷右文，在院三五年，如有勞績，就遷次對，庶幾有專官之効，無冷局之嫌。時論韙之，然不果行。中興分案四：曰經籍，曰祝版，曰知雜，曰太史。吏額：都、副孔目官二人，四庫書直官二人，表奏官、書庫官各一人，守當官二人，正名楷書五人，守闕一人，正貼司及守闕各六人，監門官一人以武臣充，專知官一人。

日曆所　隸秘書省，以著作郎、著作佐郎掌之。以宰執時政記、左右史起居注所書會集修撰，爲一代之典。舊於門下省置編修院，專掌國史、實録，修纂日曆。元豐元年詔：宣徽院等供報修注事，自今更不供起居院，直供編修院日曆所。四年十一月，廢編修院歸史館。官制行，屬秘書省國史案。六年，詔秘書省長貳毋得預著作修纂日曆事，進書即繫銜，以防漏洩，如舊編修院法焉。八年，詔史部郎中曾肇、禮部郎中林希兼著作。職事官兼職自此始。

元祐五年，移國史案置局，專掌國史、實録，編修日曆，以國史院爲名，隸門下省，更不隸秘書省。紹聖二年，詔日曆還秘書省。宣和二年，詔罷在京修書諸局，惟秘書省日曆所係元豐國史案，除著作郎官專管修纂日曆之事無定員外，其分案編修日曆書庫官吏，並依元豐法。紹興元年，初修皇帝日曆，詔以修日曆所爲名，本省長貳通行修纂。三年，詔宰臣提舉，侍從官修撰。十一月，詔以修國史日曆所爲名。四年，詔以史館爲名。十年，詔依舊制併歸秘書省國史案，以著作郎、佐修纂，舊史館官罷歸元官。尋復詔以國史日曆所爲名，續併修《神宗》、《哲宗實訓》。隆興元年，詔編類聖政所併歸日曆所，依舊宰臣提領，仍令日曆所吏充行遣。

會要所 以省官通任其事。紹興九年，詔秘書省官讐校《國朝會要》，逐官添給茶湯錢。乾道四年，詔尚書右僕射陳俊卿兼提舉編修《國朝會要》，每遇提舉官開院過局，就本省道山堂聚呈文字，提舉諸司官、承受官、主管諸司官，並令國史日曆所官兼。五年，令本省再加删定，以續修《國朝會要》爲名。九年，秘書少監陳騤言：編類建炎以後會要成書，以《中興會要》爲名。並從之。其後接續修纂，並隸秘書省。

國史實録院 提舉國史 監修國史 提舉實録院 修國史 同修國史 史館修撰、同修撰 實録院修撰、同修撰 直史館 編修官 檢討官 校勘、檢閲、校正、編校官。初，紹興三年，詔置國史院，重修《神宗》、《哲宗實録》，以從官充修撰，續以左僕射吕頤浩提舉國史，右僕射朱勝非監修國史。四年，置直史館及檢討、校勘各一員。五年，置修撰官二員，校勘官無定員。是時，國史、實録皆寓史館，未有置此廢彼之分。九年，修《徽宗實録》，詔以實録院爲名，仍以宰臣提舉，以從官充修撰、同修撰，餘官充檢討，無定員。明年，以未修正史，詔罷史館官吏併歸實録院。二十八年，實録書成，詔修《三朝正史》，復置國史院，以宰臣監修，侍從官兼同修，餘官充編修。明年，詔國史院以宰臣提舉，置修國史、同修國史共二員，編修官二員，又置都大提舉諸司官、承受官、諸司官各一員，以内侍省官充。隆興元年，以編類聖政所併歸國史院，命起居郎胡銓同修國史。二年，參政錢端禮權監修國史；乾道元年，參政虞允文權提舉國史：皆前所未有。二年，詔置實録院，修《欽宗實録》，基修撰、檢討官以史院官兼領。四年，實録告成，詔修《欽宗正史》。以右僕射蔣芾提舉《四朝國史》，詔增置編修官二員，續又增置三員。淳熙三年，特命李燾以秘書監權同修國史、權實録院同修撰。四年，罷實録院，專置史院。十五年，《四朝國史》成書，詔罷史院，復開實録院修《高宗實録》。慶元元年，開實録院修纂《孝宗實録》。六年，詔實録院同修撰以四員、檢討官以六員爲額。嘉泰元年，開實録院修纂《光宗實録》。二年，復開國史院，自是國史與實録院並置矣。實録院吏兼行國史院事，點檢文字一人，書庫官八人，楷書四人。

太史局 掌測驗天文，考定曆法。凡日月、星辰、風雲、氣候、祥眚之事，日具所占以聞。歲頒曆于天下，則預造進呈。祭祀、冠昏及大典禮，則選所用日。其官有令，有正，有春官，夏官、中官、秋官、冬官正，有丞，有直長，有靈臺郎，有保章正。其判局及同判，則選五官正以上業優考深者充。保章正五年、直長至令十年一遷，惟靈臺郎試中乃遷，而挈壺正無遷法。其別局有天文院、測驗渾儀刻漏所，掌渾儀臺晝夜測驗辰象。鐘鼓院，掌文德殿鐘鼓樓刻漏進牌之事。印曆所，掌雕印曆書。南渡後，並同隸秘書省，長、貳、丞、郎輪季點檢。

算學 元豐七年，詔四選命官通算學者，許于吏部就試，其合格者，上等除博士，中次爲學諭。元祐元年初，議者謂：本監雖準朝旨造算學，元未興工，其試選學官亦未有應格。竊慮徒有煩費，乞罷修建。崇寧三年，遂將元豐算學條制修成敕令。五年，罷算學，令附於國子監。十一月，從薛昂請，復置算學。大觀三年，太常寺考究，以黄帝爲先師，自常先、力牧至周王朴以上從祀，凡七十人。四年，以算學生併入太史局。宣和二年，詔並罷官吏。

（清）徐松《宋會要輯稿・職官一八・祕書省》 祕書省掌常祀祝板。監闕，即以朝官判祕閣官兼充。

《兩朝國史志》：祕書省判省事一人，以判祕閣官兼。凡邦國經籍圖書悉歸祕閣，本省惟掌常祭祀祝板而已。書令史一人，楷書六人。太平興國二年，始建崇文院、昭文館、史館、集賢院，皆總爲崇文院。及建祕閣，亦在崇文院中。元豐五年，初以崇文院爲祕書省，事具《職官志》。舊建於禁中。紹興初復置，權寓臨安府法惠寺，洎十四年創新省於天井巷之左。掌凡邦國經籍圖書、常祭祝板之事。監一人，秩正四品；少監一人，秩從五品；丞一人，秩從七品；著作郎一人，秩從七品；著作佐郎一人，秩正八品；校書郎、正字各二人，秩從八品。又參酌舊制，校書郎、正字召試學士院而後命之。自是採求闕文，補綴漏逸，而四庫書

（箱）〔籍〕略備。即祕書省復建史館，以修神宗、哲宗兩朝實録，選本省官兼檢討、校勘，以侍從官充修撰。十五年，倣唐十八學士之制，監、少、丞外，置著作郎、佐、祕書郎各二人，校書郎、正字通十二人，立爲定額。又移史館於省之側，别爲一所，以增重其事。至九年修《徽宗實録》，乃即史館開實録院。事具實録院。分案有四：曰經籍，曰祝板，曰知雜，曰太史。吏額：都孔目官一人，孔目官一人，四庫書直官一人，書直官一人，表奏官一人，書庫官一人，守當官二人，正名楷書五人，守闕一人，正係名六人，守闕係名六人，監門官一人，以武臣充，專知官一人，太史局、文德殿鐘鼓院、測驗渾儀刻漏所並皆隸焉。【略】

《神宗正史・職官志》：祕書省監，正四品，少監，從五品；丞，從七品，各一人。監掌書籍、國史、天文、曆數之事，少監爲之貳，而丞參領之。凡其屬有五：著作郎一人，從七品；祕書郎、著作佐郎各二人，正八品；校書郎四人，正字二人，從八品。開修時政記、起居注、修纂日曆、祭祀祝辭，則著作郎、佐郎主之；刊寫分貯集賢院、史館、昭文館、祕閣經籍圖書，則祕書郎主之；編緝校定，正其脱悮，則祕書郎、正字主之，各以其職隸於長貳，惟日曆非編修官不預。歲於仲夏曝書，則給酒食費。諫官、御史及待制以上官畢赴，遇庚伏則前期，遣中使喻旨，聽以早歸。大典禮則長貳預集議。國朝待遇儒臣非他司比，宴設賜予率循故事。三館、祕閣有學士判直，或修撰、校理、檢討官多領他司，寓直其中。

元豐五年，職事官貼職悉罷。及官制行，立爲定員，釐正其事。分案四，設吏八，太史局隸焉。《哲宗正史・職官志》同。

三司

綜述

（宋）宋敏求《春明退朝録》卷上 咸平六年，併三部爲三司使，官輕則爲權使公事。慶歷中，葉翰林道卿再總計，止云權使，蓋中書誤也。其後遂分權使與使公事爲兩等。

（宋）蘇轍《欒城集》卷二一《書一首・上皇帝書》 舉四海之大，而一毫之用必會于三司，故三司者案牘之委也。案牘既積，則吏不得不多；案牘積而吏多，則欺之者衆，雖有大利害不能察也。夫天下之財，下自郡縣而至於轉運，轉相鈎較，足以爲不失矣。然世當以轉運使爲不可獨信，故必至於三司而後已。夫苟轉運使之不可獨信，而必三司之可任，則三司未有不責成於吏者，豈三司之吏則重於轉運使歟？故臣以爲天下之財，其詳可分於轉運使，而使三司歲攬其綱目。既使之得優游以治財貨之源，又可頗損其吏，以絶亂法之弊。苟三司猶可損也，而百司可見矣。

（宋）葉夢得《石林燕語》卷六 唐制，户部、度支各以本司郎中、侍郎判其事。蓋户部掌納，度支掌出，謂常賦常用也。又别置鹽鐵轉運使，以掌山澤之入，與督漕挽之事。中世用兵，因以宰相領其職；乾符後，改置租庸使以總之。至後唐，孔謙暴斂，明宗誅謙，遂罷使額，以鹽鐵、户部、度支分爲三司，而以大臣一人總判，號曰判三司。未幾，張延明復請置三司使，乃就命延朗，班宣徽使之下。本朝因其名，故三司使權常亞宰相。

（宋）佚名《宋大詔令集》卷一六〇《政事・官制・置三司推官詔乾德四年正月丙戌》 國家慎擇時才，參掌邦計，貨泉所聚，職務尤繁，方冀得人，各俾陳力。雖思不出位，勿侵長官之權，而知無不爲，共濟公家之物。其或條綱有所未正，利害有所未明，臨涖者既不周知，揚歷者必能通究，不可緘言而自守，所期聞善以相規。儻功過咸分，則黜陟斯舉。宜行條制，以革因循。應三司鹽鐵度支户部判官等，除各行本司公事外，自今應有改移、制置、支撥、折秤、增減條例、轉輸、供備，凡干起請，並繫商量，切在從長，務令允當。若或事未諳詳，理須詢訪，即宜關牒，以問别司。才受公文，便須盡理回報。具明可否，方得施行。苟涉稽違，當行黜責。若或因而更改，頗協便宜，仍具奏聞，並充課績。若在省編曾預咨謀，事猶未決，即許牒諸路轉運司使，問其利害。其轉運司承受公文，亦准前應報，或當軍期，不在此例。應三司使或有行遣未當，本司判官，並須執諮。如事理顯明，不肯依據，即許面取進止。或有事已經敷揚，稱奉旨施行者，若未通便，亦許指陳。或本司判官，避事不言，仍許别部判官及逐路轉運使直具利害聞奏。賞罰之典，斷在必行。應逐司判官，各批書課績，與判官通置，每至年終，當議考校。無勞者退黜，有功者甄酬。或明知利害之事顯然，循默不言，便當舉行，不須終歲。應三司令各置推官一員，令總斷逐司公事，兼專管勾司公事，仍別給印。應三司事如點檢得判官等起請改正條件，亦仰置厤批書。諸道轉運使者，如見三司行下公事有不便於民者，許直具事狀以聞，不得隱避。其所行公事、及申奏起請、改正條件，亦仰置厤批上，逐一進呈，以憑校定考第，明行黜陟。夫致理之本，責實爲先。所宜上下同功，中外協力，各修乃職，咸聽朕言，勉施盡瘁之勞，以副責成之意。

（宋）佚名《宋大詔令集》卷一六〇《政事·官制·置三司使詔淳化四年五月戊申》 國家擇公幹之臣，掌財賦之任。俸入甚厚，柄用非輕。必當畫興利除害之謀，成家給人足之美。使廩庾之內，常有餘糧；山澤之間，悉無遺利。率土共臻於富庶，小民不起於怨咨，斯謂得人，方爲稱職。夫何群吏，未副所懷。設官屬以雖多，舉綱條而靡當。空令聽覽，日有勞煩，用責盡公，務求實效，各共勤於職分，仍併省於吏員，黜幽陟明，國有彝典。自今只置三司使一員，判官六員，推官三員。三部勾院只置判勾一員，判官一員，其三部屬吏仍舊貫，三司使只於按檢署字，外處符牒，只令判官通置頒行。

（宋）佚名《宋大詔令集》卷一六〇《政事·官制·復置三司使詔咸平六年六月丁亥》 國家按九州之圖籍，提四海之封疆。租庸有金穀之饒，筦榷有銅鹽之富。爲我邦計，在茲地征，總而治之，是曰會府。自頃並建三司，各領一司，既統攝之不同，亦因循而漸理，罕資費用，但益煩苛。均有無則局分相違，定出納則簿書交錯。綱條失序，言論盈庭，空紊曲常，殊無體要。用圖經久，特議更張，僉擇能臣，俾之兼領。仍設副貳，分佐事權。勉思盡忠，副我注意。

（宋）李燾《續資治通鑑長編》卷五五《真宗咸平元年》 先是，三司各置使局，不相總統，彼此自求充濟，以促辦爲務，至于出納移用，均會有無，則專吝封執，動相違戾，或交摭利病，以邀功希進。譁言日聞于上，頗煩親決，文符互出，莫知適從。丁亥，始并鹽鐵、度支、户部爲一使，命刑部侍郎、權知開封府寇準爲兵部侍郎、充三司使。復置鹽鐵、度支、户部副使，《會要》云：真宗即位，三司副使遷他職，遂不復置。及是，乃復置也。以刑部員外郎卞衮領鹽鐵，工部員外郎查道領度支，祠部員外郎林特領户部。判使非奏事及有所更張，則止署按檢，餘皆本部副使、判官主之。三司副使自是始預內朝。

《宋史》卷一六二《職官志》 三司使 使 副使 判官 鹽鐵使 度支使 户部使 三部副使 三部判官

三司之職，國初沿五代之制，置使以總國計，應四方貢賦之入，朝廷不預，一歸三司。通管鹽鐵、度支、户部，號曰計省，位亞執政，目爲計相。其恩數廩祿，與參、樞同。太平興國八年，分置三使。淳化四年，復置使一員，總領三部。又分天下爲十道：曰河南，河東，關西，劍南，淮南，江南東、西，兩浙，廣南。在京東曰左計，京西曰右計，置使二員分掌。俄又置總計使判左、右計事，左、右計使判十道事，凡干涉計度者，三使通議之。五年，罷十道左右計使，復置三部使。咸平六年，罷三部使，復置三司一員。闕正使，則以給、諫以上權使事。

使 一人，以兩省五品以上及知制誥、雜學士、學士充。亦有輔臣罷政出外，召還充使者。使闕，則有權使事；又闕，則有權發遣公事。掌邦國財用之大計，總鹽鐵、度支、户部之事，以經天下財賦而均其出入焉。凡奏事及大事悉置案，奏牒常事止署案。太平興國初，以賈琰爲三司副使，七年，以侯陟、王明同判三司，遂省副使。鹽鐵，掌天下山澤之貨，關市、河渠、軍器之事，以資邦國之用。度支，掌天下財賦之數，每歲均其有無，制其出入，以計邦國之用。户部，掌天下户口、税賦之籍，榷酒、工作、衣儲之事，以供邦國之用。

副使 以員外郎以上歷三路轉運及六路發運使充。

判官 以朝官以上曾歷諸路轉運使、提點刑獄充。

三部副使 各一人，通簽逐部之事。舊以員外郎以上充。端拱初，省。淳化三年復置，又省。至道初，又置。真宗即位，副使遷官，遂罷之。咸平六年復置。

三部判官 各三人，分掌逐案之事。舊以朝官充。國初承舊制，每部判官一人。乾德四年，三部各置推官一人。太平興國三年，諸案置推官或巡官，以朝官充。四年，三司止置判官一人，推官三人。及分十道，二計各置判官一人。五年，廢十道，三部各置判官二人。三部各有孔目官一人，都勾押官一人，勾覆官四人。

鹽鐵分掌七案：一曰兵案，掌衙司軍將、大將、四排岸司兵卒之名籍，及庫務月帳，吉凶儀制，官吏宿直，諸州衙吏，胥史之遷補，本司官吏功過，三部胥吏之名帳及刑獄，造船、捕盜、亡逃絶户資産、禁錢。景德二年，併度支案爲刑案。二曰冑案，掌修護河渠，給造軍器之名物，及軍器作坊、弓弩院諸務諸季料籍。三曰商税案，四曰都鹽案，五曰茶案，六曰鐵案，掌金、銀、銅、鐵、朱砂、白礬、緑礬、石炭、錫、鼓鑄。七曰設案。掌旬設、節料、齋錢、餐錢、羊豕、米麪、薪炭、陶器等物。

度支分掌八案：一曰賞給案，掌諸給賜，賻贈：例物、口食、内外春冬衣、時服，綾、羅、紗、縠、綿、布、鞋、席、紙、染料，市舶、榷物務，三府公吏。二曰錢帛案，掌軍中春冬衣、百官奉禄，左藏錢帛、香藥榷易。三曰糧料案，掌三軍糧料，諸州芻粟給受，諸軍校口食，御河漕運，商人飛錢。四曰常平案，掌諸州平糴。大中祥符七年，置主吏七人。五曰發運案，掌汴河廣濟蔡河漕運、橋梁、折斛、三税。六曰騎案，掌諸坊監院務飼養牛羊、馬畜及市馬等。七曰斛斗案，掌兩京倉廪廥積，計度東京糧料、百官禄粟廚料。八曰百官案。掌京朝幕職官奉料、祠祭禮物、諸州驛料。

户部分掌五案：一曰户税案，掌夏税。二曰上供案，掌諸州上供錢帛。三曰修造案，掌京城工作及陶瓦八作、排岸作坊、諸庫簿帳，勾校諸州營壘、官廨、橋梁、竹木、簰筏。四曰麴案，掌榷酤、官麴。五曰衣糧案。掌勾校百官諸軍諸司奉料、春冬衣、禄粟、茶、鹽、鞵、醬、傔糧等。三部諸案，並與本部都孔目官以下分掌。

三部勾院判官各一人，以朝官充。掌勾稽天下所申三部金穀百物出納帳籍，以察其差殊而關防之。鹽鐵院、度支院、户部院勾覆官各一人。

都磨勘司，端拱九年置。判司官一人，以朝官充。掌覆勾三部帳籍，以驗出入之數。

都主轄支收司，淳化三年置。判司官以判磨勘司官兼。掌官物已支未除之數，候至所受之處，附籍報所由司而對除之。天下上供物至京，即日奏之，納畢，取其鈔以還本州。

拘收司，咸平四年置。以判磨勘司兼掌。凡支收財利未結絶者，籍其名件而督之。

都理欠司，雍熙二年，三部各置理欠，有勾簿司，景德四年廢。判司官一人，以朝官充。掌理在京及天下欠負官物之籍，皆立限以促之。

都憑由司，以判都理欠司官兼，掌在京官物支破之事。凡部支官物，皆覆視無虚謬，則印署而還之，支訖，復據數送勾而銷破之。

開拆司，判司官一人，以朝官充。掌受宣敕及諸州申牒之籍，發放以付三部，兼掌發放、勾鑿、催驅、受事。

發放司，掌受三司帖牒而下之。太平興國年中置。

勾鑿司，掌勾校三部公事簿帳。

催驅司，掌督京城諸司庫務末帳，京畿倉場庫務月帳憑由送勾，及三部支訖内外奉禄之事。

受事司，掌諸處解送諸色名籍，以發付三部。

衙司管轄官二人，以判開拆司官及内侍都知、押班充。掌大將、軍將名籍，第其勞而均其使。

勾當公事官二員，以朝官充。掌分左右廂檢計、定奪、點檢、覆驗、估剗之事。

三司推勘公事一人，以京朝官充。掌推劾諸部公事。

勾當諸司、馬步軍糧料院官各一人，以京朝官充。掌文武官諸司、諸軍給受奉料，批書券曆，諸倉庫案驗而廩賦之。

勾當馬步軍專勾司官一人，以京朝官充。舊以三班。掌諸軍兵馬逃亡收併之籍，諸司庫務給受之數，審校其欺詐，批曆以送糧料院。

以上並屬三司使。元豐官制行，罷三司使並歸户部。

御史臺

綜述

《宋史》卷一六四《職官志》 御史臺 掌糾察官邪，肅正綱紀。大事則廷辨，小事則奏彈。其屬有三院：一曰臺院，侍御史隸焉；二曰殿院，殿中侍御史隸焉；三曰察院，監察御史隸焉。凡祭祀、朝會，則率其屬正百官之班序。咸平四年，以御史二人充左右巡使，分糾不如法者。

文官，右巡主之，武官，左巡主之；分其職掌，糾其違失，常參班簿、禄料、假告皆主之。祭祀則兼監祭使，掌受誓戒致齋，檢視糾劾。又有廊下使，專掌入閣監食；又有監香使，掌國忌行香，二使臨時充。通稱曰五使。元豐正官名，於是使名悉罷。

御史大夫　宋初不除正員，止爲加官。檢校官帶憲銜，有至檢校御史大夫者。元豐官制行，亦並除去。

中丞　一人，爲臺長，舊兼理檢使。凡除中丞而官未至者，皆除右諫議大夫權。熙寧五年，以知雜御史鄧綰爲中丞，初除諫議大夫，王安石言礙近制，止以綰爲龍圖閣待制權，御史中丞不遷諫議大夫自綰始。九年，鄧潤甫自正言知制誥爲中丞，以宰相屬官不可長憲府，於是復遷右諫議大夫權。元豐五年，以承議郎徐禧爲知制誥權中丞。禧言：中丞糾彈之任，赴舍人院行詞，疑若未安。會官制行，罷知制誥職，乃以本官試中丞。南渡初除官最多，隆興後被擢寖少。淳熙十年，始除黄洽，又三年再除蔣繼周。臺諫例不兼講讀，神宗命吕正獻，亦止命時赴講筵。中興兼者三人，万俟卨、羅汝楫皆以秦檜意。慶元後，司諫以上無不預經筵者矣。

侍御史　一人，掌貳臺政。

殿中侍御史　二人，掌以儀法糾百官之失。凡大朝會及朔望、六參，則東西對立，彈其失儀者。

監察御史　六人，掌分察六曹及百司之事，糾其謬誤，大事則奏劾，小事則舉正。迭監祠祭。歲詣三省、樞密院以下輪治。凡六察之事，稽其多寡當否，歲終條具殿最，以詔黜陟。百官應赴臺參謝辭者，以拜跪、書札體驗其老疾。凡事經郡縣、監司、省曹不能直者，直牒閤門，上殿論奏。官卑而入殿中監察御史者，謂之裏行。治平四年，中丞王陶言：奉詔舉臺官，而才行可舉者多以資淺不應格。乃詔舉三任以上知縣爲裏行。熙寧二年詔：御史闕，委中丞奏舉，毋拘官職高下兼權。三年，孫覺薦秀州軍事推官李定，對稱旨，爲太子中允權監察御史裏行，由選人爲御史自定始。於是知制誥宋敏求、蘇頌、李大臨以定資淺，封還詞頭，不草制，相繼罷去。

元豐八年，裁減察官兩員，餘許盡兼言事。紹聖二年復置。元祐元年，詔臺諫官許二人同上殿。又令六曹差除更改事，晝黄到，即報臺。又改六察旬奏爲季奏。四年，詔：應臺察事已彈舉而稽違踰月者，遇赦不得原減。元符二年詔吏部：守令課績最優者關臺考察，不實者重行黜責。崇寧二年，都省申明：臺官職在繩愆糾謬，自宰臣至百官，三省至百司，不循法守，有罪當劾，皆得糾正。政和六年，詔在京職事官與外任按察官，雖未升朝，並赴臺參謝辭。七年，中丞王安石奏：以本臺覺察彈奏事刊爲一書，殿中侍御史以上録本給付。從之。

靖康元年，監察御史胡舜陟言：監察御史自唐至本朝，皆論政事、擊官邪，元豐、紹聖著于甲令，崇寧大臣欲其便己，遂更成憲。乞令本臺增入監察御史言事之文。詔依祖宗法。又詔宰執不得薦舉臺諫官。舊《臺令》，御史上下半年分詣三省、樞密院點檢諸房文字，輪詣尚書六曹按察；奉行稽違，付受差失，咸得彈糾。渡江後，稍闊不舉。紹興三年，始復其舊。是年十一月，殿中侍御史常同言：元豐始置六察，上自諸部、寺監，下至廩庫、場務，無不分隸，以詔廢置。而乃有寅緣申請，乞不隸臺察者，恐非法意，宜遵舊制。從之。乾道二年詔：自今非曾經兩任縣令，不得除監察御史。慶元二年，侍御史黄黼言：監察御史高宗時嘗置六員，孝宗時置三員，今分按之任止二人，乞增置一員。自後常置三員。

檢法一人，掌檢詳法律。主簿一人，掌受事發辰，勾稽簿書。宋初置推直官二人，專治獄事。凡推直有四：曰臺一推，曰臺二推，曰殿一推，曰殿二推。咸平中，置推勘官十員。元豐官制行，定員分職，裏行、推直等官悉罷。紹興初，詔檢法、主簿特令殿中侍御史奏辟。紹熙中，侍御史林大中以論事不合去，所奏辟檢法官李謙、主簿彭龜年亦乞同罷。嘉定元年，劉榘除檢法官，范之柔除主簿，以後二職皆闕。乾道併省吏額，前司主管班次二人，正副引贊官二人，入品知班三人，知班五人，書令史四人，驅使官四人，法司二人，六察書吏九人，貼司五人，通引官三人。

三京留司御史臺　管勾臺事各一人，舊曰判臺。以朝官以上充。掌拜表行香，糾舉違失。令史二人，知班、驅使官、書吏各一人，中興以後不置。

（清）徐松《宋會要輯稿·職官一七·御史臺》《兩朝國史志》：御史臺：大夫、中丞、侍御史知雜事、侍御史、殿中侍御史、監察御史、殿中侍御史裏行、監察御史裏行、主簿。大夫國朝未嘗除，以中丞爲臺長。凡中丞無正員，則以兩省給諫權。自中丞以下，掌糾繩內外百官姦慝，肅清朝廷紀綱，大事則廷辯，小事則奏彈。以郎中、員外兼侍御史知雜事爲之貳。其屬有三院：一曰臺院，侍御史隸焉。二曰殿院，殿中侍御史隸焉。三曰察院，監察御史隸焉。凡祭祀、朝會則率其屬正百官之班序，以御史二人充左、右巡使，分糾不如法者。文官違失，右巡主之；武官違失，左巡主之。凡祭祀則兼監祭使。三院御史四人。官卑而入殿中侍御史、監察御史者謂之裏行，景祐元年置，以三丞以上嘗歷知縣人充。慶曆三年，以兩人爲額。凡文武（嘗）〔常〕參班簿、禄料、假告皆巡使分掌。又别置推直官二人，專治獄事。凡推直有四推，曰臺一推、臺二推、殿一推、殿二推。主簿一人，掌受事發辰、勾檢稽失，兼簿書、錢穀之事。主事一人，令史十六人，主推四人，書吏四人，朝堂引贊官一人，副引贊官一人，知班三人，引事司一人，驅使官六人，四園驅使官五人。中丞一人，秩從三品，總判臺事。侍御史一人，秩從六品。殿中侍御史二人，秩從七品，分糾朝班。殿中而上言事。監察御史六人，秩從七品，分領六察，隨事糾正，及監祭、定謚皆屬之。檢法官一人，秩從八品。主簿一人，秩從八品。檢掌凡刑法、錢穀各一人，從八品。掌凡簿書及架閣吏額。前司主管班次三人，引贊官兼令史一人，副引贊官兼令史一人，知班驅使官兼書令史五人，驅使官兼書令史五人，守闕驅使官五人，四推、主推各一人，書吏共三人。六察户察書吏四人，貼司三人；刑察書吏二人，貼司二人；吏、禮察書吏各二人，貼司各一人；兵、工察書吏、貼司各一人。

〔紹興〕二十六年十二月，詔六察貼司共存留六人、知雜司法司各一人，後減六察書吏，共以八人爲額。以上《中興會要》。

《神宗正史·職官志》御史臺大夫，從二品；中丞，從三品；侍御史，從六品，各一人。大夫掌肅正朝廷綱紀及以儀法糾治百官之罪失，而中丞、侍御史爲之貳。凡其屬有四：殿中侍御史二人，正七品，掌言事，分糾大朝會及朔望六參官班序。監察御史六人，從七品，掌以吏、户、禮、兵、刑、工之事，分京百司而察其謬誤，及監祠祭、定謚。檢法官掌檢詳法律，主簿掌鉤考簿書，各一人，從八品。歲遣御史詣三省、樞密院檢察付受稽失，其應彈治事聽長貳或言事官論奏，非吏察官司亦如之。應狀牒並參議連書，惟彈章則否，無所（開）〔闕〕白。凡察事，小事則舉正，大事則糾劾，各籍記其多寡、當否，歲終條具殿最，以詔黜陟。大禮儀仗則中丞爲使，中都推鞫命官或重繫，旬以囚由報臺，有詔獄則言、察官輪治。文武官卿監、防禦使以下到闕，授任之官應參謝辭者引見，御史體驗老疾，則試以拜起、書劄。凡事經州縣、監司、寺監、省曹不能直者，受其訟焉。舊以中丞兼理檢使，侍御史兼知雜事，殿中侍御史兼左、右巡使，監察御史兼監祭使。及行官制，定員分職，實領其事，而使名悉罷。分案十有一，設吏四十有四。以上《續國朝會要》。

三京留守司御史臺：西京於分司官內差一員權闕，或特差官權判掌；南京止令留守、通判權掌；後北京置臺，專差官領。今則三京皆有正官領之。以上《國朝會要》。

（清）徐松《宋會要輯稿·職官一七·監察御史》 宋初，御史多出外任，風憲之職以他官領之。太平興國三年，詔本司自薦屬官，俾正名舉職，用太常博士張巽爲監察御史。天禧元年，詔别置御史六員，不兼他職，月須一員奏事，專任彈舉，有急務聽非時入對，以殿中丞劉平爲監察御史，用新詔也。《長編》云：平爲鹽鐵判官，復兼省職。天聖元年，上封者以爲言，仍用鞠詠、王軫爲察官。（嘉祐）〔元豐〕四年，中丞韓絳請置裏行。從之。嘉祐五年，詔秘書、殿中、內侍省不隸六察。如有違慢，委言事御史彈奏。七年，大正官名，以言事官爲殿中侍御史，六察官爲監察御史，掌吏、户、禮、兵、刑、工之事，在京百司，而察其謬誤。八年，詔監察御史兼言事，殿中侍御史兼察事。徽宗時，如辟雍、大（成）〔晟〕府等學、太官局、翰林、儀鸞司、東、西上（閣）〔閤〕門、客省、引進、四方館，皆不隸臺察。崇寧間，大臣欲其便（已）〔己〕，而南臺御史亦有不言事者。自大觀臣僚申請，而殿中六尚、辟雍、大晟府等學、太官局、翰林、儀鸞司皆隸六察。自餘應求有言，而東、西上（閣）〔閤〕門、客省、引進、四方館復隸御史。

宣徽院

綜　述

（元）馬端臨《文獻通考》卷五八《職官考・宣徽院》　宋熙寧四年，詔位參知政事、樞密副使、同知樞密院下，著爲令。九年，詔：今後遇以職事侍殿，或中書、樞密院合班問聖體及非次慶賀，並特叙二府班。官制行，罷宣徽院，以職事分隸省、寺，而使號猶存。初，王拱辰治平中知宣徽院，神宗即位，拜太子少保，明年檢校太傅，改宣徽北院使，尋遷南院，立班序位視簽樞。元豐六年，拱辰除安武軍節度使，再任，自此遂罷使名不復除，獨太子少師張方平許依舊領南院使致仕。哲宗即位，始遷太子太保而罷使名。元祐三年，復置南、北院使，儀品恩數如舊制，在京人從視簽樞。六年，以馮京爲南院使，而張方平亦復使名。中書舍人韓川言：祖宗設此官，禮均二府，以待勳舊，未嘗帶以致仕。且宣徽，武官也；宮保，文官也，不宜混並。不聽。方平亦固辭不拜。七年，馮京亦以使致仕。紹聖三年，議者言官名雖復，而無所治之事，乃罷之。

按：樞密、宣徽院皆始於唐，然唐之《職官志》及《會要》略不言建置本末。蓋因肅、代以後，特設此官以處宦者，其初亦無甚司存職業，故史所不載。及其後宦者之勢日盛，則此二官日尊。及五代以來，至於宋朝，則皆以大臣爲之。然樞密既專掌兵，事繁任重，故其官不可一日廢，而副貳屬官亦不容不備。宣徽位尊而事簡，故常以樞密院官兼之，或以待勳舊大臣之罷政者。及官制行，而事各有所隸，則愈覺贅疣，故遂廢罷云。

《宋史》卷一六二《職官志》　宣徽院　宣徽南院使　北院使　掌總領內諸司及三班內侍之籍，郊祀、朝會、宴饗供帳之儀，應內外進奉，悉檢視其名物。舊制，以檢校爲使，或領節度及兩使留後，闕，則樞密副使一人兼領二使，亦有兼樞密副使、簽書樞密院者。南院資望比北院頗優，然皆通掌，止用南院印，二使共院而各設廳事。其吏史則有都勾押官、勾押官各一人，前行三人，後行十二人，分掌四案：一曰兵案，二曰騎案，主賜羣臣新史，及掌諸司使至崇班、內侍供奉官、諸司工匠兵卒之名籍，及三班而下遷補、假故、鞫劾之事。三曰倉案，掌春秋及聖節大宴、節度使迎授恩賜、上元張燈、四時祠祭及契丹朝貢、內廷學士赴上，並督其供帳，內外進奉視其名物，教坊伶人歲給衣帶，專其奏覆。四曰胄案。掌郊祀、御殿、朝謁聖容、賜酺、國忌供帳之事，諸司使副、三班使臣別籍分產，司其條制，頒諸司工匠休假之□。故事，與參知政事、樞密副使、同知樞密院事以先後入叙位。熙寧四年，詔位參政、樞副、同知下，著爲令。九年，詔：今後遇以職事侍殿上，或中書、樞密院合班問聖體，及非次慶賀，並特序二府班。官制行，罷宣徽院，以職事分隸省、寺，而使號猶存。

初，吏部尚書王拱辰治平中知大名府，神宗即位，拜太子少保；明年，檢校太傅，改宣徽北院使，尋遷南院，立班序位視簽樞。元豐六年，拱辰除武安軍節度使，再任，自此遂罷使名不復除。獨太子少師張方平許依舊領南院使致仕。哲宗即位，始遷太子太保而罷使名。元祐三年，復置南、北院使，儀品恩數如舊制。六年，以馮京爲南院使，而方平亦復使名。中書舍人韓川言：祖宗設此官，禮均二府，以待勳舊，未嘗帶以致仕。且宣徽，武官也；宮保，文官也，不宜混幷。不聽。方平亦固辭不拜。七年，馮京亦以使致仕。紹聖三年，議者言官名雖復，而無所治之事，乃罷之。南渡以後，不復再置。

（清）徐松《宋會要輯稿・職官六・宣徽院》　《神宗正史・職官志》：宣徽院置使，皇祐三年著令毋過二員。後富弼以宣徽使判並州，已有二員，詔以邊任權增。熙寧三年郭逵、王拱辰在院，用弼例，以觀文殿學士歐陽修爲南院使，判太原府。然修卒以疾辭。故事，宣徽使與參知政事、樞密副使同知院事，以先後入叙位。每除二府，即宣徽使辭，乞位其下，然後降詔。從之。二字疑衍。

（清）徐松《宋會要輯稿・職官六・宣徽院》　〔元豐〕四年十一月二十一日，罷宣徽院。見任宣徽使依舊，自今更不除人。

（清）徐松《宋會要輯稿・職官六・宣徽院》　哲宗元祐三年十月二十三日，詔復置南、北院宣徽使，儀品恩數如舊制，在京人從視簽書樞密院。

（清）徐松《宋會要輯稿・職官六・宣徽院》　紹聖三年四月二日，詳定重修敕令所言：宣徽使因官制廢罷，以事分隸省寺。元祐三年復置，並無所治之事。詔罷之。

地方分部

道路

論説

（宋）包拯《孝肅包公奏議》卷三《請廣南添差職官》 第一章

臣先曾上言廣南東西兩路諸州，元無職官處，各令置一員，闕掌郡事。尋蒙降指揮下銓司，至今未聞有人注擬。雖該赦恩放選，又例注家便及次遠，以嶺外遐僻，憚其地遠。兼訪聞兩路闕員甚多，其十數年無正官處，並差土人充攝官。緣近年蠻賊侵擾，民力困竭，全藉廉幹官吏多方綏撫。今來銓司若候合入遠選人及情願者，竊恐卒未差除得人，深屬不便。竊見頃年以來，廣南闕官，遂於江浙就移兩任四考已上簿尉，充彼處縣令，自後因循不行。欲乞特降指揮，令銓司檢詳舊例，於江浙荊湖等處近便路分諸州簿尉中，選無公私罪犯，兩任五考已上就除權職官，四考已上就除縣令，便令赴任。如此，則遠官無由倖免，異俗得以輯寧。

第二章

臣昨上言，以廣南諸州迄今後應奏蔭京朝官，合該往彼知州，並於次任知縣内選有治迹乃舉主者，方得差移，并乞勘會東西兩路，元無職官處，各選置一員。至今多日，未蒙朝廷施行。竊緣嶺服之表，地最遐僻，俗性獷悍，易動難安。今又蠻賊猖狂，郡縣搔擾，長吏之任，尤在得人。況童孺之年，未嘗學政，不當輕授，重困遠民。且近地牧守，尚有通判職官，更相裨贊；而嶺外遠郡，乃令此輩獨員管句，民罹其害，無所控告，甚非朝廷求治之本意也。兼訪聞所闕職官，祇二十餘州，每州各置一員，事理至便，所貴掌郡，務以安異俗。伏望聖慈令檢會臣先進劄子，速賜施行。

（宋）曾鞏《曾鞏集》卷二五《制誥擬詞・陝西轉運使制》 分部而使，兼地數千里。治兵與民，與夫征賦之出入。自陝以右，則又與疆埸之事。其於寄屬，必惟其人。察於在廷，無以易爾。夫使督課明而政事舉，經畫當而財用足，吏與士皆悦而勸，兵與民皆贍而靖，爾之任也。其尚起哉。

（宋）曾鞏《曾鞏集》卷二五《制誥擬詞・提舉常平制一》 朕憫農之不易，故擇材諝之臣，分部四出，以平其政令，而佐其衣食之業。爾以能聞，當是任屬。其務知朕之意在於惠民，往慎厥司，慰彼黎庶。

（宋）曾鞏《曾鞏集》卷二五《制誥擬詞・蜀轉運判官制》 西南之地，延袤數千里，外臨殊俗，内雜溪谷諸蠻。列州成縣，以保安吾民，境大人衆，故蜀部爲四，而利居其一，最遠且險。參於使事，其選甚高。求於在廷，是用屬爾。夫保民以仁，而懷遠以德，茲朕所嚮，其往欽哉。

綜述

（宋）蘇轍《欒城集》卷二七《西掖告詞六十一首・謝卿材河北轉運使》 敕：三路之重一也。關中夏秋豐穰，羌人款附。而河朔大水，人民流離，北顧之憂，於是爲急。具官某，強敏而惠，靖重而文。風節之厚，追配古人。踐歷之久，號稱循吏。今河决西流，而堤防未立，民棲丘隴，而播種未期。爾能相壅决之宜，通有無之積，以寬民力，而紓吾憂，此朕所以用爾於北方之意也。可。

（宋）蘇轍《欒城集》卷二八《西掖告詞六十一首・吴革江西運判》 敕：具官某。江西地薄民貧，嶮而好訟。頃者有司失計，以鹽賦民，愁嘆無聊，困弊愈甚。朕雖已弛其峻密，復其故常，而瘡痍未平，念之未嘗忘也。爾以才敏，擢守盧陵。知其吏民之艱，究其本末之變。往佐漕事，思所以安而養之，以稱朕意。可。

（宋）佚名《宋大詔令集》卷一六一《政事・官制・置諸路提刑詔景德四年七月辛卯》 朕勤恤臨人，勵精致治，惟寰區之至廣，念獄犴之實繁。且訊鞫之初，寧無枉撓，而處斷之際，豈盡平反。苟致沉冤，必傷和氣，方資審克，用副哀矜。今擇官諸路提點刑獄公事，具官云云，所至專察視囚禁，審詳案牘，州郡不得迎送聚會。所部，每旬具囚繫犯由、訊鞫次第申報。常檢舉催督，有繫淹久者即馳往案問，出入人罪者移牒覆勘劾官吏以聞。諸色詞訟逐州斷遣不當已經轉運司披斷未允者，並收接施行。官吏貪濁弛慢者，具名以聞，有庇匿並當加罪仍借緋紫以三年爲任，增給緡錢如轉運使之數，內出御前印紙麻書績効，中書樞密院籍其名代還考課議功行賞。如刑獄枉濫不能擿舉，官吏曠弛不能彈奏，務畏避者，寘以深罪。

（宋）佚名《宋大詔令集》卷一六一《政事·官制·廢提刑詔天聖六年正月戊午》 國家憂勤萬寓欽恤群黎，爰分命於使車，冀平反於犴獄，而歲序斯久官局爲煩，仍聞按察之間或致滋彰之弊，載詢公議深軫予懷，思協便宜式從廢罷。矧惟均漕之任，實分綏撫之權。俾復舊規委之專領，當副省官之旨，竚旌舉職之勞，宜令逐路提點刑獄朝臣限勑命到日將本職公事及應承受到宣勑諸般文字等交割與轉運使副管勾訖，發來赴闕。其本司合行省去事件，委轉運司指揮訖奏。所有公人，並發遣歸元差來處，不得占留。

（宋）佚名《宋大詔令集》卷一六一《政事·官制·復提刑詔明道二年十月二十八日》 惟三尺之法守一成之文，頃在先朝常頒明詔，慎柬端良之士，俾分提振之權，蓋慮囹圄滯淹尚多無告，官吏能否或所未知，爰稽按行之勤庶洽治平之化。邇後事任斯久漸致滋章，州郡之間或聞苛擾，尋罷厥職，頗曠攸司。今以區城之中獄犴斯廣，轉漕之吏廉按難周，恐有失於詳明，思復遵於規制，減吏員之冗數，絶迎送之重勞，務敦簡易之風，用符欽恤之旨，布告中外，當體朕懷。

（宋）李心傳《建炎以來朝野雜記甲集》卷一一《官制·宣撫使》

宣撫使，祖宗時不常置，有軍旅大事則命執政大臣爲之。累朝但除向文簡、范文正、富文忠、文忠烈、韓獻肅五人。仁宗征儂智高，以狄青爲宣撫使，武臣爲宣撫自此始。熙寧末，神宗命郭逵討交趾，逵前執政，然但以招討使爲名，惜之也。建炎三年，張魏公以知樞密院事爲宣撫處置使。其後杜丞相、周仲弼、孟富文、趙元鎮、虞并甫、王公明、鄭仲一、沈德之輩，皆自二府出爲之。虞公始以元樞除資政殿大學士矣。上恐未足爲重，後二日，乃復帶知樞密院事焉。若前宰相爲宣撫者，則自渡江以後，亦止除李伯紀、吕元直、朱藏一三人。紹興元年，劉光世以使相宣撫淮南，武臣非執政而爲宣撫使自此始。二年，李泰發以端明殿學士爲壽春等州宣撫使，文臣非執政而爲宣撫使自此始。然自紹興至嘉泰，武臣止劉光世、韓世忠、張俊、吴玠、岳飛、吴璘六人，從官止李泰發、王伯召二人，蓋重之也。紹興末，詔以楊存中爲江、淮宣撫使，劉恭父不書録黄，遂寢其命。時又詔虞并甫以兵部尚書爲湖北、京西宣撫副使，會存中命格，於是復改川、陝宣諭使，而存中措置兩淮焉。

（宋）李心傳《建炎以來朝野雜記甲集》卷一一《官制·宣撫處置使》 宣撫處置使，舊無有，張魏公始爲之，其行移於六曹、寺監、帥司，皆用劄子，而六曹於宣司用申狀。紹興四年，趙忠簡使川、陝；六年，韓忠武使京東、淮東，皆帶處置字入銜。然忠簡後不行，而韓在山陽特降其名而已，非魏公處置之比也。故事，大臣爲宣撫使者，於三省、樞密院皆用申狀，若建都督府，則止用關而已。隆興初，魏公以少傅爲江、淮宣撫使，頃之，拜樞密使，都督江、淮軍馬。及符離師潰，內外紛然，公上表待罪。上曰：罷樞密使。宰相陳魯公曰：如此則是罷政。乃降特進，復爲宣撫使。陳正獻公時參贊軍事，言於孝宗曰：降官示罰，自古所有，今雖張浚自請，然人情觀望，徒使號令不行，請復正其名。上不從。周元持時爲侍御史，亦言：官爵者，人臣一己之私，其人有罪，隨即貶降可也。若都督之名，則國家用人之權柄，豈得亦行遞減。上納其言，遂復督府之名矣。凡前兩府及從官爲宣撫使，於六部用申狀，總領所用公牒，監、帥司及所部郡縣得用劄子云。魏公爲江、淮宣撫使，申明行移，除三省、樞密院外，並用劄子，蓋以少傅劄六部也。

（宋）李心傳《建炎以來朝野雜記甲集》卷一一《官制·宣撫副使》

宣撫副使，舊無有。建炎三年，周仲弼宣撫兩浙，以郭太尉仲荀副之，武臣爲宣副自此始。其後，福建韓世忠、川、陝吴玠皆有此授。紹興二年，張忠獻既被譏，將召歸，先爲置副，命王伯召、盧立之爲之，文臣爲宣副自此始。其後，邵澤民踵爲之，然但帶權字。紹興中，胡承公、鄭亨仲在川、陝，岳鵬舉在荊、襄，楊存中在淮北，皆不置宣撫使，而數人者第以副使爲名，蓋靳之也。久之，鵬舉落副字，其餘則否。

（宋）李心傳《建炎以來朝野雜記甲集》卷一一《官制·宣撫判官》

宣撫判官者，熙寧初，韓康公使陝，李邦直以知制誥爲判官，實上幕也。紹興中，劉彦沖嘗受張魏公便宜之命爲宣判。其後，張宗元、吕祉亦爲之。十年，楊和王以太尉爲淮北宣撫副使，劉信叔以節度使爲判官，二帥禮抗權均，猶轉運副使、判官之比，非復熙寧之制矣。

（宋）李心傳《建炎以來朝野雜記甲集》卷一一《官制・宣撫使官屬》 宣撫使官屬者，張魏公出使，張通夫深以端明殿學士，程純老唐以寶文閣學士，王子尚庶以龍圖閣待制，並爲謀議官；劉彦沖子羽以徽猷閣待制爲參贊軍事，趙應祥開以祕閣修撰爲隨軍轉運使，傅彦濟雱、馮元通康國以尚書郎幹辦公事，皆非常制也。紹興四年，始著令：參謀視提點刑獄，參議視轉運判官，機幹在諸州通判之上。至今不改。

（宋）李心傳《建炎以來朝野雜記甲集》卷一一《官制・招撫使招撫處置使》 招撫使，古無有。淳化末，李順據成都，趙景肅昌言以參知政事爲川、陝招撫使，後不復置。建炎初，李伯紀奏以張龍圖所爲河北招撫使。所，益都人，嘗爲監察御史，喜言兵，汪廷俊等惡之，未及出師，而所廢。紹興十年，虜復取河南地，制以劉雍公光世爲三京招撫處置使，以援劉錡。會兀朮已敗，乃駐軍太平州，踰年復罷。三十二年，孝宗即位，以成閔、張子蓋、李顯忠三大將爲湖北、京西、淮東西招撫使。子蓋死，劉寶代之。逮和議成，乃罷。

（宋）李心傳《建炎以來朝野雜記甲集》卷一一《官制・宣諭制置使》 宣諭制置使，舊無有。紹興元年，上以江、湖寇盜多，貢賦不繼，乃命孟富文以户部尚書充江東西、湖東宣諭制置使，理財治盜。富文未行而秉政，遂以爲福建宣撫使焉。

（宋）李心傳《建炎以來朝野雜記甲集》卷一一《官制・鎮撫使》 鎮撫使，舊無有。建炎四年，上自海道還會稽，時江、湖、荊、浙皆爲金人所蹂，而羣盜連衡以據州郡，大者至十餘萬，朝廷不能制。范覺民爲參知政事，謂此皆烏合之衆，急之則併死以拒官軍，莫若析地以處之，盜有所歸，則可以漸制。乃言於上，請稍復藩鎮之制，少與之地，而專付以權，擇人久任，以屏王室。羣臣多以爲不可。覺民曰：今諸郡爲盜據者已十數，曷若朝廷爲之，使恩有所歸。上亦決意行之。其五月，覺民爲右僕射。是月甲子，覺民請以京畿、淮南、京東西、湖北諸路，並分爲鎮，除茶、鹽之利仍歸朝廷置官提舉外，它監司並罷。上供財賦權免三年，餘聽帥臣移用，更不從朝廷應付。遇軍興，聽從便宜，仍許世襲。上曰：使令世襲恐太重，當俟其別立大功，然後許之。時劇盜李成在舒、蘄，桑仲在襄、鄧，郭仲威在維揚，薛慶在高郵，皆即以爲鎮撫使。其後河南翟興、山陽趙立、歷陽劉莅、東海李彦先與薛慶皆戰死，而淮寧馮長寧以地降劉豫。紹興初，諸鎮或亡或死，遂不復除。久之，但餘荊南解潛而已。五年，趙元鎮相，召潛主管馬軍，遂罷鎮撫使。蓋鎮撫使之有聲者，文臣惟陳規，武臣惟岳飛、王彦、解潛、李横耳。

（宋）李心傳《建炎以來朝野雜記甲集》卷一一《官制・發運使》 發運使，祖宗盛時有之，置司真州，歲漕江、湖粟六百萬斛，以贍中都。渡江後，江、湖寇盜多，發運司第職糴買而已。紹興二年三月，遂罷發運司，以其錢帛赴行在。八年，起居舍人句龍如淵建言：户部非生財之地，請置諸路水陸度支、轉運等使，置司蘇、杭。户部侍郎李彌遜因請復置發運司，别給糴本錢數百萬緡，廣行儲積，分毫不得取供近用，以待恢復之須。徽猷閣待制程邁爲江、淮、荊、浙、閩、廣經制發運使，專掌糴事。邁入辭，上疏言：唐劉晏爲九使，財賦悉歸於一。國朝始分爲二，而三司使居中，發運使居外，相爲表裏。今租庸分於轉運司，常平分於提舉司，鹽鐵分於茶鹽司，以至鼓鑄則有阬冶司，平準則有市易司，總之以户部，而發運使徒有其名。固辭不行，上不許。已而，右諫議大夫李誼請令檢察營田、市易等事，俾總六路而制其盈虚，亦不行，第令和糴而已。其冬，李泰發秉政，以爲虚縻廪禄，請罷發運而復常平。九年正月，遂廢發運使，以户部侍郎梁汝嘉爲經制使。乾道六年，虞丞相當國，三月，奏復發運司，以户部侍郎史正志爲江、浙、京、湖、淮、廣、福建等路都大發運使。朝論不以爲宜，汪聖錫、黄通老二尚書言之尤力，執政皆不之聽。然正志實無能爲，但峻督諸司，州郡多取羨財而已。其年十二月，正志以奏課誕謾貶，乃復廢發運使焉。

（宋）李心傳《建炎以來朝野雜記甲集》卷一一《官制・經制使》 經制使者，宣和間，陳亨伯資政始以大漕兼之。亨伯創比較酒務及以公家出納錢糧取其贏，以佐用度。其後，翁端朝中丞繼爲之。紹興初，與發運俱罷。九年正月，復置，以户部侍郎梁汝嘉爲使，司農少卿霍蠡爲判官，以檢察内外失陷錢物，舉催未到綱運，措置糴買，總領常平爲職。未幾，曾諫議統言其無益而多費，遂省之。十三年八月，上諭大臣曰：今漕司各掌一路，有無不能相通，可倣發運，置都轉運使一員，通掌諸路糴糶，選從官中曉財穀者爲之。上雖有是言，然亦不克久也。紹興中，又有總制司，以執政官領其事。先是，經制司既廢，諸路貢賦或不時至，五年閏二月，孟富文以參知政事提領措置財用。富文請以總制司爲名。許之。其職略視經制司。七月，富文罷，詔沈忠敏與求權領。六年二月，忠敏罷政，詔總制司官候除執政日取旨，既而不除。後二年，乃復置經制發運使。凡二司金穀本末，語在財賦事中。建炎初，又以馬忠爲河北經制使，王瓊、傅亮爲河東經制使、副，名雖同，然實掌兵事云。

（宋）李心傳《建炎以來朝野雜記甲集》卷一一《官制·都轉運使》 都轉運使，渡江後惟四川有之。明受元年三月，始以黃右司槩爲四川水陸制置發運使，置司遂寧府，未行而反正，遂除兵部侍郎。明年，張魏公出使川、陝，遂以趙應祥爲隨軍轉運使，專一總領財賦。應祥言：總領財賦，於四路漕計或不相關，當正其名，使知有所統屬。張公是之。紹興六年冬，遂除應祥都轉運使，後又置副使或判官。十五年，省都轉運使，以其事歸宣撫司，用鄭亨仲請也。其年十月，汪侍御勃言：制軍給食，通而爲一，雖密院、户部不得而專。於是復置總領矣。紹興二年十月，嘗置江、湖等九路都轉運使，置司湖州。未幾，即廢之。

（宋）李心傳《建炎以來朝野雜記甲集》卷一一《官制·總領諸路財賦》 總領財賦，古無其名。靖康末，高宗以大元帥駐軍濟州，命隨軍轉運使梁揚祖總領措置財用，然未以名官也。建炎末，張魏公用趙應祥總領四川財賦，始置所繫銜，總領之官自此始。其後大軍在江上，間遣版曹或太府、司農卿、少，調其錢糧，皆暫以總領爲名，而四川改置都轉運司，故總領又廢。紹興十一年，諸將既罷兵，乃置三總領，以朝臣爲之，皆帶專一報發御前軍馬文字，蓋又使之與聞軍政，不獨職饋餉而已。凡鎮江諸軍錢糧，隸淮東總領，治鎮江。建康、池州諸軍錢糧，隸淮西總領，治建康。鄂州、荊南、江州諸軍錢糧，隸湖廣總領，治鄂州。其序位在轉運副使之上。十五年，復置四川總領，治利州，天下凡四總領矣。乾道七年，併淮東總領所入淮西，以有發運使故也。未幾復舊。然東南三總領皆仰朝廷科撥，獨四川總領專制利源，即有軍興，朝廷亦不問，故趙應祥榷鹽酒，而王瞻叔括白契，以佐軍需云。

（宋）李心傳《建炎以來朝野雜記甲集》卷一一《官制·館職爲總領》 諸路總領，故事皆帶在内金穀官，若太府，司農卿、少、丞，户部列曹郎中、員外郎之類。淳熙中，趙溫叔用宇文郎中子震爲淮東總領，時宇文尚爲館職，以未歷郡不可除郎，乃命以著作郎兼權金部郎官爲之。以館職領錢糧，非舊典也，當時皆不以爲是。

（宋）李心傳《建炎以來朝野雜記甲集》卷一一《官制·提點鑄錢》 提點阬冶鑄錢公事，自咸平初有之。渡江後，屢罷屢復，語在《財賦》事中。乾道六年，併其事於發運司；發運司罷，遂復之。淳熙五年，又加都大二字於提點之上，以倣川、秦茶馬。後又置提點江、淮鐵冶鑄錢公事，以淮西漕臣兼之。

（宋）李心傳《建炎以來朝野雜記甲集》卷一一《官制·提舉常平茶鹽》 提舉常平官，自熙寧初置，元祐、紹聖間，罷復不常。建炎元年五月，復罷。二年八月，復諸道常平官，還其糴本，自青苗錢不散外，常平、免役之政皆掌之。紹興九年，置經制司，改常平官爲經制某路幹辦常平等公事。未幾，經制司罷，復爲常平官。久之，復置提舉，東南以茶鹽司兼領，四川、廣西以提刑司兼領，仍別置官吏，及歲舉升改員。然常平錢皆取以贍軍，今特掌義倉及水利、役法、振濟等事而已，無復平糶之政矣。

（宋）李心傳《建炎以來朝野雜記乙集》卷一四《官制·川秦茶馬二司分合》 川、秦榷牧，自元豐以來，雖各有兩司，秦司榷茶，秦司買馬。川司榷茶，川司買馬。然大抵川、秦皆止除一使，蓋摘山市駿非相通不可也。紹興初，陝西失守，李子公爲使，乃奏合四司爲一司，以省官吏，如是者六十八年矣。有吳揔者，武順之第四子，初補京秩，乾道中，自都官郎官易帶御器械，年三十餘爲池州都統制，每妄殺人。孝宗知之，復命易文。淳熙中，以敷文閣待制提舉茶馬，坐黎州變故，降爲集英殿修撰，奉祠。久之，復命出守，稍遷寶文閣待制，知瀘州。慶元、嘉泰之間，揔食祠禄，居漢中，而從子曦爲殿副，二人不相能。揔每丐任使，曦數陰沮之，揔無以爲策。時胡直閣大成爲茶馬司，盡核諸場額外之茶，且損蕃商中馬之直。舊例，買馬必四尺四寸以上，及大成損馬直，而馬至益希，所市四尺一寸而已。其至軍中，甃者復衆。朝廷苦之。摠一日與殿司取馬，統制官彭輅謀納賂于蘇師旦，且說之曰：馬政之積弊，此非西人諳其利病者不能更張，莫若復委吳次對。師旦然之。命下，後省駁之。乃詔摠與郡。朝論方難其選。一日，輅與師旦語，因及之。輅自言世西人，今西蕃多善馬，特著司損其直，故以駑駘入市，誠以善價招之，當可得。師旦喜曰：無踰公者矣。翌日，召輅至韓府，平原見之，立語少頃。又翌日，遂有分司之命。大略以爲茶馬司所發綱馬全不及格，積弊極深，宜有更革。自今差文、武臣各一員，令三省、樞密院條具來上。嘉泰三年八月丁未也。後四日，遂命直祕閣、知瀘州王大過與輅分領之。大過置司成都，輅置司興元府。方摠之受堂帖也，即日以秦司屬官印視事于其宅。又以迓吏稍緩，私遣御前軍二人至成都府捕胥長以來。自紹熙末，茶使視事皆申知制司，摠以身爲從官，用故事，不復關白。謝用光怒，會得邸吏罷報，即追還迓人，械所遣二卒還軍中。摠大沮，然猶得知注潼川府云。時義烈廟初成，摠身至興元，以謁廟爲名，與曦樂飲，結歡而去。輅至司，所市馬終不及格，則以深蕃道梗，難以猝致爲詞焉。輅，果之子，後爲殿巖。

《宋史》卷一六七《職官志》　制置使　不常置，掌經畫邊鄙軍旅之事。政和中，熙、秦用兵，以內侍童貫爲之，仍兼經略使。靖康初，會諸路兵解太原之圍，姚古、解潛相繼爲河東、河北制置使，皆無功而罷。中興以後，置使，掌本路諸州軍馬屯防扞禦，多以安撫大使兼之，亦以統兵馬官充；地重秩高者加制置大使，位宣撫副使上。紹興三年，趙鼎始爲江西制置大使。其後，席益帥潭，李綱帥江西，呂頤浩帥湖南，皆領制置大使。開禧，丘崈、何澹亦然。或置副使以貳之。呂頤浩充江、浙制置使，陳彥文、程千秋副使。胡舜陟除沿江都制置使，王義叔副使。趙鼎爲江西制置大使，岳飛爲制置使，每事會議，或急速則施行，許報大使照應。

初，建炎元年，詔令安撫使、發運、監司、州軍官，並聽制置司節制。其後，議者以守臣既帶安撫，又兼制置，及許便宜，權之要重，擬於朝廷，於是詔止許便宜制置軍事，其他刑獄、財賦付提刑、轉運。後又詔諸路帥臣並罷制置使之名，惟統兵官如故。隆興以後，或置或省。開禧間，江、淮、四川並置大使。休兵後，獨成都守臣帶四川安撫、制置使，掌節制御前軍馬、官員升改放散、類省試舉人、銓量郡守、舉辟邊州守貳，其權略視宣撫司，惟財計、茶馬不預。又有沿海制置使，以明州守臣領之，然其職止肅清海道，節制水軍，非四川比。大使置屬參謀、參議、主管機宜、書寫文字各一員，幹辦公事三員，準備將領、差遣、差使各五員，餘隨時勢輕重而增損焉。

宣諭使　掌宣諭德意，不預他事，歸即結罷。紹興元年，詔祕書少監傅崧卿充淮南東路宣諭使，此其始也。二年，分遣御史五人，宣諭東南諸路，戒其興獄，責其不當，督捕盜賊，皆欲事一布惠以爲民。其後，右司范直方宣諭川、陝，察院方庭實宣諭三京，均此意。及新復陝西，樓炤以簽書樞密院事往永興宣諭，就令招撫盜賊，鄭剛中爲川、陝宣諭使，許按察官吏，汪澈爲湖北、京西宣諭使，仍節制兩路軍馬，自是使權益重，而使事始不專。三十二年，虞允文、王之望相繼充川、陝宣諭使，皆預軍政，其權任殆亞於宣撫。其後，錢端禮、吳芾皆以侍從出膺斯寄，事畢結局；官屬軍兵，視其所任事之輕重，爲賞之厚薄焉。開禧間，薛叔似、鄧友龍、吳獵皆因饑荒盜賊及平逆亂後，往敷德意，亦並以從官行。

宣撫使　不常置，掌宣布威靈、撫綏邊境及統護將帥、督視軍旅之事，以二府大臣充。治平末，命同簽書樞密院郭逵宣撫陝西。三年，夏兵犯順，以參知政事韓絳爲陝西宣撫使，繼即軍中拜相，仍舊領使。政和中，遣內侍童貫爲陝西、河東宣撫使，又兼河北。宣和三年，睦寇方臘作亂，移貫宣撫淮、浙，賊平依舊。靖康初，种師道提兵入衛京城，爲京畿、河東北宣撫使，凡勤王之師屬焉。及會諸道兵救太原，又以知樞密院李綱宣撫河東、北兩路。中興初，張浚以知樞密院事、孟庾以參知政事、李綱以前宰相，皆出宣撫，浚又加處置二字入銜。時爲川、陝、京西、湖北路。

紹興元年，詔以淮南守臣多闕，百姓未能復業，分命呂頤浩、朱勝非、劉光世皆以安撫大使兼宣撫使。武臣非執政而爲宣撫使，實自光世始。二年，李光又以吏部尚書加端明殿學士，爲壽春等州宣撫使。自是韓世忠、張俊、吳玠、岳飛、吳璘皆以武臣充使，王似亦以從官由副使而升正使焉。三十二年，張浚復以少傅依前觀文殿大學士充江淮東、西路宣撫使。乾道三年，虞允文依舊知樞密院事充四川宣撫使。五年，王炎除四川宣撫使，依舊參知政事。開禧間，以從官出宣撫江、淮、湖北、京西等處不一。其屬有參謀官，係知州資序人，與提刑敘官；參議官，係知州資序人，與轉運判官敘官；機宜幹辦公事，並依發運司主管文字敘官。凡宰執帶三省、樞密院事出使，行移文字劄六部，六部行移即具申狀。如從官任使、副，合申六部，六部行移即用公牒。

宣撫副使　不常置，掌貳使事。宣和末，王師伐燕，命少保蔡攸充。靖康初，會兵救太原，又以資政殿學士劉韐爲之。建炎三年，周望宣撫兩浙，以太尉郭仲荀副之。其後，福建韓世忠、川陝吴玠皆有此授。紹興間，張浚宣撫川、陝，將召歸，命從臣王似、盧法原爲之副；王似除使，盧法原仍副之。亦有不置使而置副，如胡世將之於川、陝，岳飛之於荊、襄，楊沂中之於淮北，皆止以副使爲名。飛後以功始落副字。亦有身爲正使兼領副使，如開禧三年，安丙充利州西路宣撫使兼四川宣撫副使。

宣撫判官　不常置，掌贊使務。熙寧中，命直舍人呂大防爲之，實上幕也。紹興中，張浚初以便宜命劉子羽爲副，其後張宗元、呂祉亦爲之。十年，楊沂中以太尉爲淮北宣撫副使，劉琦以節度使爲判官，禮抗權均，猶轉運使、副、判官之比。詔行移文字同其繫銜，宣判之名同，而先後輕重異焉。

總領　四人。掌措置移運應辦諸軍錢糧，以朝臣充，仍帶幹階、户部等官。朝廷科撥州軍上供錢米，則以時拘催，歲較諸州所納之盈虧，以聞于上而賞罰之。初，建炎間，張浚出使川、陝，用趙開總領四川財賦，置所繫銜，總領名官自此始。其後大軍在江上，間遣版曹或太府、司農卿少卿調其錢糧，皆以總領爲名。

紹興十一年，收諸帥之兵改爲御前軍，分屯諸處，乃置三總領，以朝臣爲之，仍帶專一報發御前軍馬文字。蓋又使之預聞軍政，不獨職餉餽而已。其序位在轉運副使之上。鎮江諸軍錢糧，淮東總領掌之；鄂州、荊南、江州諸軍錢糧，湖廣總領掌之；建康、池州諸軍錢糧，淮西總領掌之。十五年，復置四川總領，凡興元、興州、金州諸軍錢糧，四川總領掌之。其官屬有幹辦公事、準備差遣。四川又有主管文二員。淮東西有分差糧料院、審計司、審計以通判權。榷貨務、都茶場、御前封樁甲仗庫、大軍倉、大軍庫、贍軍酒庫、市易抵當庫、惠民藥局。湖廣有給納場、屬官兼。分差糧料院、審計院、通判兼。御前封樁甲仗庫、大軍倉庫、贍軍酒庫。四川有分差糧料院、審計院、屬官兼。大軍倉庫、撥發船運官、贖藥庫、糴買場。

淳熙元年，詔委諸路州軍通判，專一主管拘催逐州錢米，起發赴所，本所每半年比較，以行賞罰。紹熙二年，以淮西總領所言，定知州、通判展減磨勘法：十分欠二展二年，數足減二年。吏額：淮東九人，淮西、湖廣十八人，四川二十人。

留守　副留守　舊制，天子巡守、親征，則命親王或大臣總留守事。建隆元年，親征澤、潞，以樞密使吴廷祚爲東京留守，其西、南、北京留守各一人，以知府兼之。西京河南，南京應天，北京大名。留司管掌宫鑰及京城守衛、修葺、彈壓之事，畿內錢穀、兵民之政皆屬焉。政和三年，資政殿大學士鄧洵武言：河南、應天、大名府號陪京，乞依開封制，正尹、少之名。從之。宣和三年，詔河南、大名少尹依熙寧舊制，分左右廳治事；應天少尹一員，及三京司録，通管府事。南渡初，其東京、北京並置留守，以開封、大名知府兼，又以掌兵官爲副留守。其後，河南復，南京、西京置留守。紹興四年，帝將親征，以參知政事孟庾爲行宫留守，奏差主管書寫機宜文字官一員，幹辦官二員，準備差遣、差使各三員，使臣五十員，又置留司臺官一員。五年，罷局。其後，秦檜爲行宫留守，援例置官。

經略安撫司　經略安撫使一人，以直祕閣以上充，掌一路兵民之事；皆帥其屬而聽其獄訟，頒其禁令，定其賞罰，稽其錢穀、甲械出納之名籍而行以法。若事難專決，則具可否具奏；即干機速、邊防及士卒抵罪者，聽以便宜裁斷。帥臣任河東、陝西、嶺南路，職在綏御戎夷，則爲經略安撫使兼都總管以統制軍旅，有屬官典領要密文書，奏達機事。河北及近地，則使事止於安撫而已，其屬有幹當公事、主管機宜文字、準備將領、準備差使。

元祐元年，詔陝西河東經略安撫、都總管司，自元豐四年後，應緣軍興添置官屬並罷。又詔罷經略安撫司幹當官。二年，詔沿邊臣僚奏請事，並先赴經略司詳度以聞。元符元年，詔經略司遇軍興差發軍馬，具數關報走馬承受。崇寧二年，熙河蘭會經略王厚奏：溪哥城乃古積石軍，今當爲州，乞以李忠爲守，置河南安撫司。從之。四年，置河東、陝西諸路招納司，並隸經略司。五年，詔河東同管幹沿邊安撫司公事，許歲赴闕奏事一次。政和四年，詔移京西路安撫於河南府，京東路安撫於應天府。宣和二年，詔瀘州守臣帶潼川府、夔州路兵馬都鈐轄、瀘南沿邊路兵馬都鈐轄、瀘南沿邊安撫使。又詔罷置輔郡內潁昌府帶京西路安撫使。三年，詔杭越州、江寧府、洪州守臣並帶安撫使。六年，詔瀘州止帶主管瀘南沿邊安撫司公事，仍差守臣。七年，詔河陽、開德守臣並帶管內安撫使。

舊制，安撫總一路兵政，以知州兼充，太中大夫以上，或曾歷侍從乃得之，品卑者止稱主管某路安撫司公事。中興以後，職名稍高者出守，皆可兼使，如係二品以上，即稱安撫大使。廣東西、荊南、襄陽仍舊制加經略二字。凡帥府皆帶馬步軍都總管。建炎初，李綱請於沿河、沿淮、沿江置帥府，以文臣爲安撫使帶馬步軍都總管，武臣一員爲之副，許便宜行事，辟置僚屬、將佐，措置調發，惟轉輸屬之漕使。其後，沿江三大使司辟置過多，邊報稍寧，詔加裁定。參謀、參議官、主管機宜文字、主管書寫機宜文字各一員，幹辦公事二員，文臣準備差遣、武臣準備差使、準備將領各以五員爲額，其餘諸路或隨地輕重而損益焉。餘從省罷。後以諸路申請，或置或省不一。

淳熙二年，詔揚州、廬州、荊南、襄陽、金州、興元、興州分爲七路，每路委文臣一員充安撫使以治民，武臣一人充都總管以治兵，其逐路都總管職事，且令帥臣依舊帶行，候正官到日交割。慶元二年，詔利州西路安撫司於興州置司，令都統制兼。五年，臣僚言：遴選帥才，除嘗任執政外，兩制從官必曾經作郡、庶官必曾任憲漕實有治績者。從之。惟廣南東、西兩路則帶經略、安撫使。紹興五年，令襄陽守臣、湖北帥司各帶經略、安撫使，後罷，惟二廣如故。

走馬承受　諸路各一員，隸經略安撫總管司，無事歲一入奏，有邊警則不時馳驛上聞。然居是職者惡有所隸，乃潛去總管司字，冀以擅權。熙寧五年，帝命正其名，鑄銅記給之，仍收還所用奉使印。崇寧中，始詔不隸帥司而輒預邊事，則論以違制。大觀中，詔許風聞言事。政和五年詔：諸路走馬承受體均使華，邇來皆貪賄賂，類不舉職，是豈設官之意？其各自勵，以稱任使，或蹈前失，罰不汝赦。明年七月，改爲廉訪使者。宣和五年詔：近者諸路廉訪官，循習違越，附下罔上，凡邊機皆先申後奏，且侵監司，凌州縣而預軍旅、刑獄之事，復彊買民物，不償其直，招權怙勢，至與監司表裏爲惡。自今猶爾，必加貶竄。靖康初，罷之，依祖宗舊制，復爲走馬承受。

發運使　副　判官　掌經度山澤財貨之源，漕淮、浙、江、湖六路儲廩以輸中都，而兼制茶鹽、泉寶之政，及專舉刺官吏之事。熙寧初，輔臣陳升之、王安石領制置三司條例，建言：發運使實總六路之出入，宜假以錢貨，繼其用之不給，使周知六路之有無而移用之。凡上供之物，皆得徙貴就賤，用近易遠，令預知在京倉庫之數所當辦者，得以便宜蓄買以待上令，稍收輕重斂散之權歸於公上，則國用可足，民財不匱矣。從之。既又詔六路轉運使弗協力者宜改擇，且許發運使薛向自辟其屬。又令舉真、楚、泗守臣及兼提舉九路坑冶、市舶之事。元祐中，詔發運使兼制置茶事。至崇寧三年，始別差官提舉茶鹽。

政和二年，罷轉般倉，六路上供米徑從本路直達中都，以發運司所拘綱船均給六路。宣和初，詔：發運司視六路豐歉和糴上供，乃祖宗舊制，曩緣姦吏侵用糴本，遂壞良法。自今每歲加糴一百萬石，同年額輸京。三年，方臘初平，江、浙諸郡皆未有常賦，乃詔陳亨伯以大漕之職經制七路財賦，許得移用，監司聽其按察。於是亨伯收民間印契及鬻糟醋之類爲錢凡七色，是後州縣有所謂經制錢，自亨伯始。

六年，詔復轉般倉，命發運判官盧宗原措置，尋以靖康之難，迄不能復。渡江後，惟領給降糴本，收糴米斛，廣行儲積，以備國用。紹興二年，用臣僚言省罷，以其職事分委漕臣。八年，户部復言廣糴儲積之便，再置經制發運使，併理經制司財賦，故名。以徽猷閣待制程邁充使，專掌糴事。邁上疏，以租庸、常平、鹽鐵、鼓鑄各分于諸司而總於户部，發運使無所用之，固辭不行。九年，遂廢發運司，以户部侍郎梁汝嘉爲經制使，檢察中外失陷錢物，與催未到綱運、措置糴買，總領常平爲職。未幾，復以臣僚言，分其責於逐路監司。乾道六年復置，以户部侍郎史正志爲兩浙、京、湖、淮、廣、福建等路都大發運使。是冬，以奏課誕謾貶，併廢其職。

都轉運使　轉運使　副使　判官　掌經度一路財賦，而察其登耗有無，以足上供及郡縣之費；歲行所部，檢察儲積，稽考帳籍，凡吏蠹民瘼，悉條以上達，及專舉刺官吏之事。熙寧初，詔河東、河北、陝西三路漕臣許乘傳赴闕，留毋過浹日。既又詔三路漕臣，令自辟屬各二員，以京朝官曾歷知縣者爲之。二年，詔川、陝、閩、廣七路除堂選守臣外，委轉運司依四選例立格就注，免赴選，具爲令。元豐初，詔河北、淮南、京東、京西及陝右雖各析爲兩路，許依未析時通治兩路之事，錢穀聽其移用。元祐初，司馬光請漕臣除三路外，餘路毋得過二員，其屬官溢員亦省之。紹聖中，詔淮、浙、江、湖六路上供米，計其近遠分三限，自季冬至明年八月，以次輸足。大觀中，陝西漕臣以四員爲額。政和中，又詔陝西以三員，熙、秦兩路各二員。宣和初，又詔陝西以都漕兩員總治于長安，而漕臣三員分領六路。

中興後，置官掌一路財賦之入，按歲額錢物斛斗之多寡，而察其稽違，督其欠負，以供于上；間詣所部，則財用之豐欠，民情之休戚，官吏之勤惰，皆訪問而奏陳之；有軍旅之事，則供餽錢糧，或令本官隨軍移運，或別置隨軍轉運使一員，或諸路事體當合一，則置都轉運使以總之。江東、西路分置三帥，置都轉運使一員，張公濟爲江、浙、荆湖、廣南、福建都運，趙開爲四川都運。隨軍及都運廢置不常，而正使不廢。若副使，若判官，皆隨資之淺深稱焉。其屬有主管文字、幹辦官各一員，文臣準備差遣、武臣準備差使，員多寡不一。

招討使　掌收招討殺盜賊之事，不常置。建炎四年，以檢校少保、定江昭慶軍節度使張俊充江南路招討使，定位在宣撫使之下、制置使之上，著爲定制。軍中急速事宜，待報不及，許以便宜行事。差隨軍轉運使一員，參議官一員，幹辦官三員，隨軍幹辦官四員，書寫機宜文字一員，並聽奏辟。紹興五年，岳飛爲湖北、襄陽招討使，請州縣不法害民者，許一面對移，或放罷以聞。從之。十年，金人犯三京，以韓世忠、岳飛、張俊並兼河南、北招討使以禦之。三十一年，陝西、河東北、京東西等路皆置招討使，蓋又特遥領其地而已。

招撫使　不常置。建炎初，李綱秉政，以張所爲河北招撫使，未及出師而廢。紹興十年，劉光世爲三京招撫使，踰年而罷。三十二年，孝宗即位，以成閔、張子蓋、李顯忠三大將爲湖北、京西、淮東西招撫使。子蓋死，劉寶代之，未幾結局，官吏並罷。開禧二年，山東及京東西北路並置使招撫，後皆罷之。

撫諭使　掌慰安存問，採民之利病，條奏而罷行之，亦不常置。建炎元年，帝謂輔臣曰：京城士庶，自金人退師，人情未安，可差官撫諭。於是以路允迪、耿延禧爲京城撫諭使，此置使初意也。是年八月，又令學士院降詔，且命江端友等奉詔撫諭諸路。其後，李正民以中書舍人爲江、浙、湖南撫諭使，且令按察官吏，伸民冤抑。傅崧卿以吏部侍郎爲淮東撫諭使，採訪民間利病，及措置營田等事。或不以使名，則稱撫諭官，所至以某州撫諭司爲名，具宣恩言，俾民知德意，初無二致。乾道元年，知閤門事龍大淵差充兩淮撫諭軍馬，回日結局，是又特爲軍馬出云。

鎮撫使　舊所無有，中興，假權宜以收羣盜。初，建炎四年，范宗尹爲參知政事，議：羣盜併力以拒官軍，莫若析地以處之，盜有所歸，則可漸制。乃請稍復藩鎮之制。是年五月，宗尹爲右僕射，於是請以淮南、京東西、湖南北諸路並分爲鎮，除茶鹽之利仍歸朝廷置官提舉外，他監司並罷。上供財賦權免三年，餘聽帥臣移用，更不從朝廷應副，軍興聽從便宜。時劇盜李成在舒、蘄，桑仲在襄、鄧，郭仲威在揚州，薛慶在高郵，皆即以爲鎮撫使，其餘或以處歸朝之人，分畫不一，許以能扞禦外寇，顯立大功，特與世襲。官屬有參議官、書寫機宜文字各一員，幹辦公事二員，並聽奏辟。久之，諸鎮或戰死，或北降，但餘荆南解潛。及趙鼎爲相，召潛主管馬軍，遂罷弗置焉。

提點刑獄公事　掌察所部之獄訟而平其曲直，所至審問囚徒，詳覆案牘，凡禁繫淹延而不決，盜竊逋竄而不獲，皆劾以聞，及舉刺官吏之事。舊制，參用武臣。熙寧初，神宗以武臣不足以察所部人材，罷之。六年，置諸路提刑司檢法官。紹聖初，以提刑兼坑冶事。宣和初，詔江西、廣東增置武提刑一員，然遇闕帥，不許武憲兼攝。中興，以盜賊未衰，諸路無武臣提刑處，權添置一員；建炎四年罷。紹興初，兩浙路以疆封闊遠，差提刑二員，淮南東路罷提刑，令提舉茶鹽官兼領，蓋因事之煩簡而損益焉。乾道六年，詔諸路分置武臣提刑一員，須選差公廉曉習法令、民事之人，如無聽闕。其後稍横，遂不復除。八年，用臣僚言，諸路經總制錢併委提點刑獄官督責。嘉定十五年，臣僚言：廣西所部州軍最多，提刑合照元降指揮，分上下半年，就鬱林州與静江府兩處置司，無使僻地貧民有寃莫吐。從之。其屬有檢法官、幹辦官。

提舉常平司　掌常平、義倉、免役、市易、坊場、河渡、水利之法，視歲之豐歉而爲之斂散，以惠農民。凡役錢，產有厚薄則輸有多寡；及給吏祿，亦視其執役之重輕難易以爲之等。商有滯貨，則官爲斂之，復售於民，以平物價。皆總其政令，仍專舉刺官吏之事。熙寧初，先遣官提舉河北、陝西路常平。未幾，諸路悉置提舉官。元祐初罷之，併其職于提點刑獄司。紹聖初復置，元符以後因之。

提舉茶鹽司　掌摘山煮海之利，以佐國用。皆有鈔法，視其歲額之登損，以詔賞罰。凡給之不如期，鬻之不如式，與州縣之不加恤者，皆劾以聞。政和改元，詔江、淮、荊、浙六路共置一員，既而諸路皆置。中興後，通置提舉常平茶鹽司，掌常平、義倉、免役之政令。凡官田產及坊場、河渡之入，按額拘納；收糴儲積，時其斂散以便民；視產高下以平其役。建炎元年，常平職事併歸提刑司，錢歸行在。二年，始復置常平官，還其糴本，未幾復罷。紹興二年，復置主管。係提刑司，委通判或幕職官充。其後，置經制司，改常平官爲經制某路幹辦常平等公事。未幾，經制司罷，復爲常平官。十五年，户部侍郎王鈇言：「常平之設，科條實繁，其利不一，豈一主管官能勝其任？」乃詔諸路提舉茶鹽官改充提舉常平茶鹽公事。如四川無茶鹽去處，仍以提刑兼充，主管官改充常平司幹辦公事。是年冬，詔提舉官依舊法爲監司，與轉運判官敘官，歲舉升改，官員有不職，則按以聞。其後，常平錢多取以贍軍，所掌特義倉、水利、役法、振濟之事。茶鹽司置官提舉，本以給賣鈔引，通商阜財，時詣所部州縣巡歷覺察，禁止私販，按劾不法。其屬有幹辦官，既與常平合一，遂並行兩司之事焉。

都大提舉茶馬司　掌榷茶之利，以佐邦用。凡市馬於四夷，率以茶易之。應產茶及市馬之處，官屬許自辟置，視其數之登耗，以詔賞罰。舊制，於原、渭、德順三郡市馬。熙寧七年，初復熙、河，經略使王韶言：「西人頗以善馬至邊，其所嗜唯茶，而乏茶與之爲市，請趣買茶司買之。」乃命三司幹當公事李杞運蜀茶至熙、河，置買馬場六，而原、渭、德順更不買馬，於是杞言：「買茶買馬，一事也，乞同提舉買馬。」杞遂兼馬政，然分合不常。至元豐六年，羣牧判官提舉買馬郭茂恂又言：「茶司既不兼買馬，遂立法以害馬政，恐悮國事，乞併茶場買馬爲一司。」從之。先是，市馬于邊，有司倖賞，率以駑充數。紹聖中，都大茶馬程之邵始精揀汰，仍以八月至四月爲限，又以羨茶轉入熙、秦市戰騎，故馬多而茶息厚，二法著爲令。元符末，程之邵召對，徽宗詢以馬政，之邵言：「戎俗食肉飲酪，故貴茶，而病於難得，願禁沿邊鬻茶，專以蜀產易上乘。」詔可。未幾，獲馬萬匹。宣和中，以茶馬兩司吏員猥衆，於是朝奉大夫何漸請遵豐、熙成憲，稱其事之繁簡而定以員數，從之。紹興四年，初命四川宣撫司支茶博馬。七年，復置茶馬官，凡買馬州縣黎、文、敘、長寧、南平、珍皆與知州、通判同措置任責。通判許茶馬司辟置，視買馬額數之盈虧而賞罰之。歲發馬綱應副屯駐諸軍及三衙之用。舊有主管茶馬、同提舉茶馬、都大提舉茶馬，皆考其資歷授之。乾道初，用臣僚言省罷，委各郡知州、通判、監押任責；尋復置。紹熙三年，茶馬司拖欠馬數過多，詔將本年分馬綱錢價，責茶馬司撥付湖廣總領所，勞付軍官自買土馬。嘉泰三年，以所發綱馬不及格式，詔茶馬官各差一員，遂分爲兩司。文臣成都主茶，武臣興元主馬。其屬共有幹辦公事四員、準備差使二員。

提舉坑冶司　掌收山澤之所產及鑄泉貨，以給邦國之用。歲有定數，視其登耗而賞罰之。舊制一員，元豐初，以其通領九路，歲不能周歷所部，始增爲二員，分置兩司：在饒者領江東、淮、浙、福建等路，在虔者領江西、湖、廣等路。至元祐，復併爲一員。紹興五年，以責任不專，職任廢弛，詔將饒州司官吏除留屬官一員外，並減罷，併歸虔州司，又加都大二字於提點之上。或病其事權太重，省併歸逐路轉運司措置，仍置提領諸路鑄錢官一員於行在，以侍從官充，自此或復或罷不一。乾道六年，併歸發運司；發運司罷，復置提點兩司如初。淳熙二年，併贛歸饒，復加都大二字，與提刑序官。其屬有幹辦公事二員，檢踏官六員，稱銅官、催綱官各一員。

（清）徐松《宋會要輯稿・職官四一・走馬承受公事》　宋制，河北、河東、陝西、川峽皆有之，以三班或內侍二人或三人充。

太宗至道元年九月，供奉官宋元度等五人分往鎮、定、并等州及高陽關承受公事，當言上者馳傳以聞。【略】

真宗咸平五年八月九日，帝宣諭：「寄班使臣即畏避不敢公言，早歲靈州巡檢王承序境內磔人，序：原無，據《長編》卷五二補。承受使臣都不

以聞，遂決杖降職，自是無敢隱蔽。因降詔戒飭之。【略】

慶曆三年八月，詔諸路走馬承受非本職不得輒言他事。【略】

〔政和〕五年十二月十五日，詔：諸路走馬承受耳目之寄，實司按察，均體使華，而邇來類皆貪賄，交通郡邑，商較饋送，置土物以事權要。其不職者已行澄汰，宜務首公，以稱任使。【略】

〔七年五月〕十四日德音：比（夾）〔來〕監司、郡守全然失職，坐視贓汙，並不舉按。州縣姦贓汙吏因緣公事，乞取民財，率斂錢物，不可勝計。至或驅役良民應副私事，不顧公法。公人、吏人相與爲市，不無彰露，監司、郡守己不廉潔，懼不敢發，遂使吾民陰受其弊。可令廉訪使者廣布耳目覺察，密具以聞，重行編配。仍坐此敕文出榜，許人不須更歷監司、郡守，徑赴尚書省陳訴，許令衆户坐一名齎狀赴省，當差御史按治。

六月十五日，詔：利州廉訪使者丁弼侵撓帥權，干預邊事，方行招降，遽便進討，虧損威信，傷陷官兵，兼奏報不實，可特除名勒停，永不收叙，送永州編管，仍差大使臣管押前去。【略】

〔八月〕二十五日，樞密院言：陝西、河東、河北路宣撫使司申：勘會諸路廉訪使者之職，一路事無巨細，皆所按刺，朝廷耳目之任，寄委非輕。今序位悉在通判之上，緣其間有任横行之人，若非泛奉使，依條序官在發運、監司之上，其武翼大夫以上與發運、監司序官。今來提舉木栰、坑冶、茶鹽官皆比附監司序位，内有官係宣教郎之類，並在廉訪使者之上，不惟理有未順，即未副朝廷委寄耳目之重。本司今欲乞諸路廉訪使者序位在轉運使副、判官、提點刑獄、提舉學（士）〔事〕常平官之下；内係横行或内侍者帶直睿思殿，許與提舉弓箭手序官；如廉訪使者係武功大夫已下，即與提舉木栰、坑冶、茶鹽序官；無提舉弓箭手、坑冶、茶鹽官路分，比類施行。庶事理順而品序正，以副朝廷耳目之任。從之。

八年正月二十八日，詔：諸路廉訪使者序位在通判之上，其職由接送人並依通判例。仍歲支公使錢三百貫文，以係省錢充，置籍支使。今後本所應用動使陳設什物之類，不得於他處關借，違者以違制論。【略】

閏九月十九日，臣僚上言：竊以朝廷更置廉訪使者，選委甚重，俾廉訪一路，全賴監司，若不優假體貌則無以表儀郡縣。唯每歲使押賜衣襖，至於計會户部請領，沿路使押，近乎押綱使臣，竊恐非朝廷以使者呼之之意。又每到（關）〔闕〕伺候户部製造，致有留滯累月，實恐（治）〔沿〕邊不測出入，有（關）〔闕〕監軍。欲望朝廷畫降指揮，今後衣襖乞下吏部差使臣管押，赴逐路廉訪所交割，委廉訪使者親詣逐處監散。所貴事體增崇，俾逐路知朝廷遣使之重。詔依臣僚所言，餘路依此。

宣和元年八月十八日，詔：廉訪使者不許收接詞狀，已有著令。若事涉要害，或論訴他司違法之類，豈容不舉？但不許予决，即不爲侵官。可參酌立法，取旨施行。

紀事

（宋）李燾《續資治通鑑長編》卷一九《太宗太平興國三年》 乙亥，初置諸道轉運判官。

（宋）李燾《續資治通鑑長編》卷一三三《仁宗慶曆元年》 辛巳，中書言，近令淮南等路添差弓手督捕盗賊，慮縣尉或有貪濁昏耄不堪其任者，乞令流内銓選歷任無贓罪、年未六十者注授，仍體量見在任不堪者對换。從之。

（宋）李燾《續資治通鑑長編》卷一三五《仁宗慶曆二年》 徙涇原鈐轄、知鎮戎軍、崇儀使朱觀爲商陽關鈐轄，尋改鄜延路，又改并代路鈐轄，專管勾麟府路軍馬事。

（宋）李燾《續資治通鑑長編》卷一三六《仁宗慶曆二年》 庚申，置京東兩路安撫使，以知青州陳執中兼青、淄、濰等州安撫使，知鄆州張觀兼鄆、齊、濮等州安撫使，並兼提舉兵馬巡檢盗賊事。時契丹雖通使，而所徵兵始大集於幽州，故河北、京東益爲守備也。

（宋）李燾《續資治通鑑長編》卷一三七《仁宗慶曆二年》 壬子，置福建、廣南東西路諸州教閲澄海軍各兩指揮。

（宋）李燾《續資治通鑑長編》卷一五二《仁宗慶曆四年》 壬申，參知政事賈昌朝言：用兵以來，天下民力頗困，請下諸路轉運司，毋得承例折變科率物色，其須科折者，並奏聽裁。即雖有宣敕及三司移文而於民不便者，亦以聞。從之。

（宋）李燾《續資治通鑑長編》卷一九一《仁宗嘉祐五年》 乙未，

罷滄州路嵐石都巡檢司、代州駐泊司走馬承受公事；減高陽關路廣信等軍都巡檢司、麟府路成都府路利州路走馬承受使臣一員。滄州巡檢使當與治平二年十一月相參。

（宋）李燾《續資治通鑑長編》卷一九二《仁宗嘉祐五年》 乙酉，罷諸路同提點刑獄使臣，置江南東西、荆湖南北、廣南東西、福建、成都、梓、利、夔路轉運判官。先是，同提點刑獄使臣或有竊公用銀器及樂倡首飾者，議者因言使臣多不習法令、民事，不可爲監司，故罷之。十一路舊止一轉運使，至是各增置判官，以三年爲一任。第二任知州人爲判官滿一任，與提點刑獄。初任知州若第二任通判爲判官滿兩任，亦如之。

（宋）李燾《續資治通鑑長編》卷二一六《神宗熙寧三年》 絳又言：今將義勇分爲七路：鄜、延、丹、坊爲一路，邠、寧、環、慶爲一路，涇、原、儀、渭爲一路，秦、隴爲一路，陝解同、河中府爲一路，階成鳳州、鳳翔府爲一路，乾耀華、永興軍爲一路。逐年將一州之數，分爲四番，緣邊四路十四州，每年秋冬各用一番屯戍，近裏三路十二州軍，即令依此立定番次。未得逐年差發，遇本處闕少正兵，即得勾抽或那往次邊守戍。從之。當秋季者自八月一日，當冬季者自十月下旬，各須滿三個月日放迴，周則復始，仍將季分底换差發。時以西賊作過多在春、秋，當冬季者改作春季，自正月十五日至三月終放迴。

（宋）李燾《續資治通鑑長編》卷三〇三《神宗元豐三年》 上批：穆珣乞移梓夔路鈐轄司於資州，應接夷事頗爲近便。但轉運、鈐轄兩司皆不欲徙，故言者雖衆，議卒不行。宜依珣奏直處分，仍專委轉運司高秉處畫。自今委中書選人知資州，管勾梓、夔兩路兵馬司事。尋詔遂州罷兼管本路兵馬。

（宋）李燾《續資治通鑑長編》卷三一五《神宗元豐四年》 戊午，王中正言：乞行遣麟府路文字，以措置麟府路軍馬司事爲名；行遣鄜延等三路文字，以照管鄜延、環慶、涇原三路軍馬司爲名。從之。

（宋）李燾《續資治通鑑長編》卷三三〇《神宗元豐五年》 提舉河北路保甲司言：見任巡檢多不曉教閱新法，欲望許本司選差人代。其十三場監教使臣，候案閱罷，權留本司，遇有不得力巡檢，補填訖奏。從之。

（宋）李燾《續資治通鑑長編》卷三三〇《神宗元豐五年》 河北路提舉保甲司言：所統百七縣，團教場五千五百，止有勾當公事官二員，乞更選差大使臣二員。又言：教罷第二番都教頭，當發赴闕，如蒙擢授三班使臣，乞令本司指名抽差充本路巡檢。並從之。

（宋）李燾《續資治通鑑長編》卷三三一《神宗元豐五年》 己亥，陝西轉運副使李察言：本路五都作院，未分路時，專差監司一員檢點。今諸處急闕軍器，全籍都作院應副，欲令華州應副鄜延路，鳳翔府環慶路，秦州秦鳳路，渭州涇原路，永興軍永興軍路，各委監司提舉。其永興軍都作院，乞委提點刑獄一員提舉。從之。

（宋）李燾《續資治通鑑長編》卷三三四《神宗元豐六年》 河北路緣邊安撫司許歲舉大使臣及承務郎以上，安撫使七員，副使、都監五員。

（宋）李燾《續資治通鑑長編》卷三三八《神宗元豐六年》 提舉經度制置牧馬司言：已遣官往諸路選買牝壯馬上京，乞逐路專責監司一員提舉。從之，令諸路差提點刑獄官，開封府界差提點官。

（宋）李燾《續資治通鑑長編》卷三三九《神宗元豐六年》 熙河蘭會路經略制置司乞以見在蘭州駐劄、秦鳳路駐劄東兵兩指揮隸熙河蘭會。從之。

（宋）李燾《續資治通鑑長編》卷三三九《神宗元豐六年》 權發遣鄜延路安撫司公事劉昌祚言：本路部將，并城寨主、監押，堡鋪把截、監押，堡鋪橋巡檢等使臣，並當極邊，不可暫闕。昨因陣亡，并移任過滿員闕處，未嘗填差，乞於自京差來及本路所選擇使臣，並差令填闕。從之。

（宋）李燾《續資治通鑑長編》卷三六五《哲宗元祐元年》 樞密院言：非將官駐劄處軍馬，欲乞府界、京東西路差本處都監或監押一員充訓練官，依將敕施行；仍選留押隊一員，餘並減罷。遇全將差發，許本將指名奏差小使臣二人權充，歸營日罷。從之。

（宋）李燾《續資治通鑑長編》卷四〇八《哲宗元祐三年》 河東路經略使曾布請河外復置都同巡檢五員。從之。

（宋）李燾《續資治通鑑長編》卷四一一《哲宗元祐三年》 樞密院言：諸路鈐轄、都監應管轄本路不係將兵屯駐泊就糧禁軍，應駐劄處歲首揀選及排連、轉補公事，並與知州等共議，兼提舉本處所管諸軍教閱。若與鈐轄司同在一州者，應行遣軍馬公事，並簽書同行；不同行者，亦繫銜書在某處。路分兵官兼將者依此。如因巡教、揀選兵將，所至有管轄不係將兵，亦令巡按、教閱、點檢、差遣。及每年春秋，許安撫、鈐轄司相度，有不係將兵兩指揮以上、無兼將兵官巡教州軍，輪定三兩處，牒差不兼將路分兵官一員，至本處巡按、教閱及檢點差遣，仍與隨處長吏同共商量措置，務勞逸均平。給遞馬二匹、遞鋪兵士五人。本路遇有盜賊警刦，已差將官捉殺，若賊黨稍盛，力不能制，許安撫、鈐轄司相度賊勢，更差不兼本路分兵官帶領兵甲，與在彼將兵官、都同巡檢使臣會合捉殺，即水火危急亦依此。其路分兵官，舊有專條管勾甲兵賊盜公事之類，並依舊法。從之。

（宋）李燾《續資治通鑑長編》卷四三一《哲宗元祐四年》　己亥，改熙河蘭會路爲熙河蘭岷路；蘭州知州見兼管勾蘭會路緣邊安撫司，改爲蘭州緣邊安撫司。

（宋）李燾《續資治通鑑長編》卷四五五《哲宗元祐六年》　户部言：請諸路轉運司管當帳司兼管當本司文字官，職事繁冗。乞比類選人充提刑司檢法官、州學教授及監當場務，給驛料。從之。

（宋）李燾《續資治通鑑長編》卷四五七《哲宗元祐六年》　尚書省言：官員合得支賜，多乞下京西路請領。據京西路係應副陵園、河防支費已重，請自今官員支賜，非因京西路差遣而得者，不許於京西路請。從之。

（宋）李燾《續資治通鑑長編》卷四七〇《哲宗元祐七年》　己巳，樞密院言：近涇原、環慶路經略司以邊事未寧，乞增置部、隊將。已降指揮，每將權各增一員，部將令經略司奏差，隊將令吏部選差，邊事息日罷。從之。鄜延、秦鳳、熙河蘭岷路準此。

（宋）李燾《續資治通鑑長編》卷四七一《哲宗元祐七年》　兵部狀：準都省白劄子，臣僚上言：諸路將兵器，乞逐路委提點刑獄官一員專一提舉。每季從提舉官於本州京朝官之間，精選公强了事之人點檢，使安置如法，暴磨以時，應修者别修，應别作措置以久遠保全者，必稟於朝廷，及時應措置。本部檢準敕兵部狀，契勘河北大名府、澶、定三州并河東太原府，各有編排椿管二十將軍器什物，乞從本部每半年一次，下鄰路選差文武朝臣以上官，每處各一員，詣逐路點檢，奉聖旨依。本部勘當除河北三州并河東太原府二十將封椿軍器什物已有上項朝旨外，其諸路諸將下兵器，欲乞依今來申請事理施行。從之。

（宋）李燾《續資治通鑑長編》卷四九四《哲宗元符元年》　辛巳，權吏部尚書邢恕言，乞八路知州、通判員闕，除廣南東、西兩路，并其他路有煙瘴，及邊界蠻夷合得酬獎處依舊外，餘並收還本部注擬。從之。

（宋）李燾《續資治通鑑長編》卷四九九《哲宗元符元年》　吏部言：八路令使員闕，除兩廣已仍舊在任射闕外，四路勘當，欲將本路令使員闕，並仍舊制，許在任指射。其應干事理，亦請依熙寧、元豐舊法，並見行約束施行。其已修夔州路差官條，仍乞重行改定。從之。

（宋）李燾《續資治通鑑長編》卷五〇三《哲宗元符元年》　秦鳳路走馬承受鄭楫言，乞自今本路兵馬出界别路，萬人以上，走馬承受一員，隨軍照管本路人馬。從之。環慶路準此。

（宋）留正《皇宋中興兩朝聖政》卷一《高宗皇帝·乞置招撫經制司》〔建炎六年六月〕甲子，李綱兼御營使時，河東北所失纔十餘郡，餘皆爲朝廷固守。綱言：今日中興規模有先後之序，當修軍政，變士風，裕邦財，寬民力，改敝法，省冗費，誠號令，信賞罰，擇帥臣，選監司，使吾政事已修，然後可議興師。而所急者，當先理河北河東，蓋兩路國之屏蔽，河北惟失真定等四郡，河東惟失太原等六郡，其餘皆在。且推其土豪爲首，多者數萬少者數千，謂宜於河北置招撫司，河東置經制司，擇有才者爲使，以宣陛下德意。有能保一郡者寵以使名，如唐之方鎮，俾自爲守，則無北顧之憂矣。上曰誰可任此者。綱請詢訪其人以奏，上許之。

（宋）王栐《燕翼詒謀録》卷四《淮南轉運使》　淮南轉運使，舊有二員，皆在楚州。明道元年七月甲戌，詔徙一員於廬州。南渡以後，廢江淮發運使，而治楚州者移治真州，治廬州者移治舒州，其後又自舒州移治無爲軍矣。

（清）徐松《宋會要輯稿·職官四一·總領所》　先是，嘗命朝臣總領都督府、宣撫司財賦，其後收諸帥之兵以爲御前軍，屯駐諸處，皆置總領，亦以朝臣爲之，仍帶專一報發御前軍馬文字，蓋又使之與聞軍政，不獨職餉餽而已。其序位在轉運副使之上。鎮江諸軍錢糧，淮東總領掌之；建康、池州諸軍錢糧，淮西總領掌之；鄂州、荊南、江州諸軍錢糧，湖廣總領掌之；興元、興州、金州諸軍錢糧，四川總領掌之。其官屬有幹辦公事、准備差遣。四川又有主管文字二員。淮東、淮西有分差糧料院、審計司、審計以通判權。榷貨務、都茶場、御前封樁甲仗庫、大軍倉、大軍庫、贍軍酒庫、市易抵當庫、惠民藥局，湖廣有給納場、屬官兼。分差糧料院、審計院、審計以屬官兼。御前封樁、甲仗庫、大軍倉、大軍庫、（贍）〔贍〕軍酒庫，四川有分差糧料院、審計院、審計以屬官兼。大軍倉、大軍庫、撥發船運官、贖藥庫、糴買場。吏額：淮東九人，淮西、湖廣十人，四川二十人。

府州軍監

論說

（宋）曾鞏《曾鞏集》卷二五《制誥擬詞·節度使制》 有地千里，治兵與民，內衛京師，外捍疆埸。非文武器幹，望臨一時，朕所寵嘉，不在茲選。某溫良能斷，沉静善謀。直道著於當官，周材見於經務。承流宣化，善政有聞。綏遠折衝，壯猷彌顯。是用錫之土宇，授以節旄。生齒實繁，屬爾以安輯；師屯甚衆，諉爾以訓齊。以作朕股肱之良，以爲國藩輔之重。無忘忠力，庶訖外庸。惟亮天工，待汝守四方之效；無輕民事，副予安百姓之心。尚體眷懷，豈煩多訓。

（宋）曾鞏《曾鞏集》卷二五《制誥擬詞·節度加宣徽制》 維昔牧伯長師之官，有土與民，共於外服，所以爲國藩輔。今方鎮之任，連數十城之地，籍兵與衆而授之，建旄立纛，殿於大邦，以作衛王室，亦惟用稽於古，非文武之特，才擅一時，孰能稱茲選哉？厥有顯庸，宜加寵命，乃揚乎號，以告庶位。某莊毅足以任重，肅括足以禔身。有能斷大事之明，有克勤小物之慎。考於僉議，付以成師。宣化承流，實俾治體。折衝綏遠，克暢武經。故能紓朕之憂，副人之望。夫德茂者其賞異，功隆者其報殊。是疇其底績之勤，錫以宣猷之號。揆於常典，非朕爾私。蓋位重者其憂深，禄富者其責厚。名數禮秩，朕既無忘爾勞，功實事爲，爾尚協朕之志。矧夫填臨塞路，總領兵防，班籍聯於輔臣，謀畫參於國論。其思勉勵，以副眷懷。

（宋）洪邁《容齋四筆》卷一二《州陞府而不為鎮》 州郡之名，莫重於府，雖節鎮不及焉，固未有稱府而不爲節度者。比年以來，陞蜀州爲崇慶府，劍州爲隆慶府，恭州爲重慶府，嘉州爲嘉定府，秀州爲嘉興府，英州爲英德府，蜀、劍既有崇慶、普安軍之額，而恭、嘉以下獨未然，故幕職官仍云某府軍事判官、推官，大與府不相稱，皆有司之失也。信陽軍一小壘耳，而司户參軍銜內帶兼節推，尤爲可笑。頃在中都時，每爲天官主者言之，云亦不必白朝廷，只本案檢舉改正申知足矣。乃曰：久例如此。竟相承到今。文安公嘗爲左選侍郎，是時，未知此也。

（宋）岳珂《愧郯録》卷六《真徽沔三州》 大中祥符六年五月，詔升建安軍爲真州，宣和三年五月改歙州爲徽州，開禧三年四月改興州爲沔州，六月改順正縣爲略陽縣。珂按：三州皆複名，真州在唐號昭德郡，天寶五載分臨翼郡置，乾元元年改州名。徽州在唐號利州，武德四年置，貞觀十一年改州名。沔州在唐號漢陽縣，武德四年分沔陽郡置州，建中二年廢爲縣，四年復州名，寶歷二年又廢。夫真州隸劍南道，西南之陲也，今複其名於淮南。徽州隸羈縻州，蠻夷之境也，今用其名於江東。沔州隸江南道，沔水之衝也，今徙其名於關外。取儀真以稱，蓋以範鎔三祖玉皇之像，而表其瑞，反累之僻陋之故。名易徽美之號，蓋以翦滅方臘篁竹之妖，而示其革，反同之椎辮之巢穴。摭谷水之源，蓋以蕩滌逆曦洿瀦之跡，而大其戒，乃紊之下流之別邑。數百載而下，方履之士尚論職方名混，而訛地隨以異焉，知其無千里之謬乎。順政本漢沮縣地，攷之《寰宇記》，後魏太武帝嘗到此僑立略陽郡耳。今遂即僑寓之名以名縣，尤爲失實，其初更定稱謂要皆未嘗旁攷也。州名之所在，珂蓋即李吉甫《元和郡國圖志》、《樂史》、《太平寰宇記》、劉昫《舊唐史》、歐陽文忠修《新唐史》參書之真州之置，惟《元和圖志》以爲直州縣名真符亦謂之直符，徽州在《新唐史》又以爲徽州且號西利，沔州在《寰宇記》先紀隋大業初嘗建州，蓋以沔水爲名尋改。闕。

（明）張四維《名公書判清明集》卷一《官吏門·申儆·諭州縣官僚真西山》 某昨者叨帥長沙，嘗以四事勸勉同僚，曰律己以廉，撫民以仁，存心以公，涖事以勤。而某區區，實身率之，以是二年之間，爲潭人興利除害者粗有可紀。今者蒙恩起廢，再撫是邦，竊伏惟念所以答上恩而慰民望者，亦無出前之四事而已，故願與同僚勉之。蓋泉之爲州，蠻貊聚焉，犀珠寶貨，見者興羨，而豪民巨室有所訟愬，志在求勝，不吝揮金，苟非好修自愛之士，未有不爲污染者。不思廉者，士之美節，污者，士之醜行。士而不廉，猶女之不潔，不潔之女，雖功容絶人，不足自贖，不廉之士，縱有他美，何足道哉。昔人有懷四知之畏而卻暮夜之金者，蓋隱微之際，最爲顯著，聖賢之教，謹獨是先。故願同僚力修冰蘗之規，各勵玉雪之操，使士民起敬，稱爲廉吏，可珍可貴，孰有踰此，其所當勉者一也。先儒有云：一命之士，苟存心於愛物，於人必有所濟。且以簿、尉言之，簿勤於勾稽，使人無重疊追催之害，尉勤於警捕，使人無穿窬攻劫之擾，則其所濟亦豈少哉。等而上之，其位愈高，繫民之休戚者愈大。發一殘忍心，斯民立遭荼毒之害，發一掊尅心，斯民立被誅剝之殃。盍亦反己而思之，針芒刺手，茨棘傷足，舉體凜然，謂之痛楚，刑威之慘，百倍於此，其可以喜怒施之乎？虎豹在前，坑穽在後，號呼求救，惟恐不免，獄犴之苦，何異于此，其可使無辜者坐之乎？己欲安居，則不當擾民之居也，欲豐財，則不當朘民之財也。故曰：己所不欲，勿施於人。其在聖門，名之曰恕。強勉而行，可以致仁。矧當斯民憔悴之時，撫摩愛育，尤不可緩。故願同僚各以哀矜惻怛爲心，而以殘忍、掊尅爲戒，則此邦之人其有瘳乎。此所當勉者二也。公事在官，是非有理，輕重有法，不可以己私而拂公理，亦不可骫公法以狥人情。諸葛公有言：吾心有秤，不能爲人作輕重。此有位之士所當視以爲法也。然人之情每以私勝公者，蓋狥貨賄則不能公，任喜怒則不能公，黨親戚，畏豪強，顧禍福，計利害，則皆不能公。殊不思是非之不可易者，天理也，輕重之不可踰者，國法也。以是爲非，以非爲是，則逆乎天理矣。以輕爲重，以重爲輕，則違乎國法矣。居官臨民，而逆天理，違國法，于心安乎？雷霆鬼神之誅，金科玉條之禁，其可忽乎？故願同僚以公心持公道，而不汩於私情，不撓於私請，庶幾枉直適宜，而無寃抑不平之歎，此所謂當勉者三也。民生在勤，勤則不匱，則爲民者不可以不勤；業精于勤，荒于嬉，則爲士者不可以不勤。況爲命吏，所受者朝廷之爵位，所享者下民之膏脂，一或不勤，則職業隳弛，豈不上孤朝寄，而下負民望乎？今之居官者，或以酣詠遨遊爲高，以勤強謹恪爲俗，此前世衰弊之風也。盛明之時，豈宜有此。陶威公有言；大禹聖者，猶惜寸陰，至于衆人，當惜分陰。故賓佐有以蒱博廢事者，則取而投之於江。今願同僚共體此意，職思其憂，非休澣毋聚飲，非節序毋出游，朝夕孜孜，惟民事是力，庶幾政平訟理，田里得安其生，此所當勉者四也。某雖不敏，請以身先，毫髮少渝，望加規警。在此官僚之間，或於四者未能無愧，願自今始洗心自新。在昔聖賢，許人改過，故曰改而止。儻猶玩視而不改焉，誠恐物議沸騰，在某亦不容苟止也。涖事之初，敢以誠告，幸垂察焉。

綜述

（宋）宋敏求《春明退朝録》卷上 唐官有定員，闕則補之。後唐長興二年，詔諸州得替節度、防禦團練使刺史，並令隨常朝官逐日立班。二年敕免常朝令，五日赴起居。國初尚多前資官，令閤門儀制尚有見任前任節度防禦團練使。太宗時始置磨勘差遣院，後改爲審官。

（宋）蘇轍《欒城集》卷二七《西掖告詞六十一首·王安禮知揚州》 敕：淮南天下之重鎮也，俗本剽輕，習吴楚之舊；歲仍水旱，有流亡之憂。朕深念其民，尤慎所付。思得朝廷之舊，以殿東南之衝。具官某，吏治有餘，儒雅足用。昔爲京兆，休有治功。其發擿姦伏，明而不苛；其推行惠術，寬而中理。遂領臺轄，以秉國成。方先帝厲精求治之秋，有大臣進賢退姦之助。久於外服，稍易近邦。其克爲朕舉荒政以惠民，謹追胥以助治，寬我南顧，康此兇年。可。

（宋）蘇轍《欒城集》卷二七《西掖告詞六十一首·李梃知唐州》 敕：具官某。異時爲郡，清心潔己，平政理訟，斯爲賢太守矣。朕方變役法之弊，新故紛然，民意未定。京西俗寠役勞，治之尤難。以爾嘗試爲郡，條教不煩，往宣朕意，勤察貪吏，使民忘繇事之勤，此朕所望於二千石也。可。

（宋）蘇轍《欒城集》卷二九《西掖告詞六十一首・張之諫知德順軍》 敕：具官某。守土之臣，皆欲久於其事。矧夫邊吏，内撫軍旅之政，外御夷狄之情，非習其故，何以能稱？爾以材勇謀略，出入邊鄙，安定之治，綽有令聞。是用就易符竹，往施舊政。蓋所以安静疆埸，非獨便爾私也。可。

（宋）蘇轍《欒城集》卷三〇《西掖告詞五十九首・黄裪知賓州錢師孟知横州》 敕：具官某等。嶺南諸郡，土曠民稀，而密爾夷落，以疆埸之政爲重。故守土之吏，常選於右府。以爾裪，仕至通籍，而帥臣任以軍政。以爾師孟，雖爲勇爵，而習於文法之治。安城、寧浦有民有兵，其先爲安靖，以待外侮，知予所以命爾之意。可。

（宋）佚名《宋大詔令集》卷一五九《政事・建易州縣・升密州爲節鎮詔開寶五年閏二月庚戌》 高密古封、諸城劇郡，擅耕桑之美利，居海嶽之上游，宜升節制之權，用壯藩維之寄。其密州宜升爲節鎮，以安化軍爲名。

（宋）佚名《宋大詔令集》卷一五九《政事・建易州縣・升宿州爲節鎮詔開寶五年八月癸卯》 睠惟宿國，實處要衝，接淮水之上游，乃符離之故地，俾升節制，用壯軍城，其宿州宜升爲節鎮，以保静軍爲名。

（宋）佚名《宋大詔令集》卷一五九《政事・建易州縣・以榆次縣爲并州詔太平興國四年五月丁亥》 乃睠太原，本爲巨屏，蓋以山川險固，城壘高深，故狐兔憑而爲姦，蜂蟻聚而肆毒，蹈我比屋，聿爲匪人，惡木之陰，君子所以不息，亡國之社，先王用之垂戒。宜遷爽塏，式變兇墟，俾因易地之方，庶就革音之善。其太原舊城内，已令廢毀，依舊爲平晋縣，以榆次縣爲并州，其太原城内歸順將校等，並優與賞給。其舊城内尼僧道士，並遣使護送西京，官給寺觀處之。官吏及高貲户，並於河南府賜田宅，便爲永業。其他民户，悉移於新州，仍令長吏倍加存撫。

（宋）佚名《宋大詔令集》卷一五九《政事・建易州縣・升宋州爲應天府詔景德三年二月甲申》 睢陽奥區，平臺舊壤，兩漢之盛，並建於戚藩。五代以還，薦升於節制，地望雄於征鎮，疆理接於神州，實都畿近輔之邦，乃帝業肇基之地。恭維聖祖，誕啓鴻圖，爰於歷試之初，兼領元戎之寄，謳歌所集，符命薦臻，殆兹累朝，俯同列郡，式昭茂烈，宜錫崇名，用彰神武之功，具表興王之盛。宋州宜升爲應天府，宋城縣爲次赤，寧陵楚邱柘城下邑穀熟虞城等縣並爲次畿。

（宋）佚名《宋大詔令集》卷一五九《政事・建易州縣・升象州爲防禦州詔景德四年十月丁未》 象州素爲名郡，克壯炎荒，地控百蠻，疆連五嶺，屬狂妖之竊發，當走集之奔衝，而能壯彼軍聲，堅其城守，咸輸武勇，式遏寇攘，宜加禦侮之名，用表盡忠之效，可升爲防禦州。

（宋）佚名《宋大詔令集》卷一五九《政事・建易州縣・升兖州爲大都督府詔大中祥符元年十月丁巳》 龜蒙奥壤，洙泗名邦，列禹貢之舊封，被孔堂之遺教，勒封云畢，弭節所臨，爰覩省於民風，遂詢求於地志，矧喬嶽在望，乃兹土之式瞻，而清蹕所經，益連甍之相慶，式增府號，以慰輿情，兖州宜升爲大都督府。

（宋）佚名《宋大詔令集》卷一五九《政事・建易州縣・建昇州爲建康軍江寧府詔天禧二年二月戊辰》 勑：朕以祇畏昊穹，保寧基構，荷鴻禧之總集，祐丕緒之綿昌，眷予宗藩，實惟元嗣，聰和植性，務時習以相資，孝友惇方，尤夙成而有裕，爰稽輿頌，式舉彝章，載增壽土之封，彌固維城之業，表兹南紀，允謂奥區，式示壯猷，特崇巨屏，宜建昇州爲建康軍江寧府。

（宋）佚名《宋大詔令集》卷一五九《政事・建易州縣・升鄭州爲節鎮詔景祐元年十二月丁丑》 周禮九畿，益尊寰内，漢設二部，實陪京師。自相宅浚郊，夾右滎圃，爰稽扶翊之義，參領防遏之兵，肆先聖之時巡，嘉馳道之所出。留燕耋老，省觀風謡，比覽侍臣之章，請增戎鎮之號。矧車傳旁五，民廬阜藩，固可以充奉寢園，輔寧都甸，式循廣武之舊，且寵建牙之威，鄭州宜升爲節鎮，以奉寧爲額，仍以大兩省知州。

（宋）佚名《宋大詔令集》卷一六〇《政事・官制・置河堤判官詔開寶五年二月丙子》 朕每念河堤潰决，頗爲民災，故嘗置使以專掌之，思設僚佐，共濟其事。自今開封府天雄軍鄆澶滄滑孟濮懷鄭齊□德博淄衛濱十七處各置河堤判官一員，即以逐州通判充，如闕通判，委本州判官兼領之。

（宋）佚名《宋大詔令集》卷一九〇《政事・誡飭・州縣官吏當直人詔》 張官置吏，國有舊章，過限役人，律存明禁。如聞近日，頗紊規程，宜示新條，合令遵守。自今應天下州縣所置當直雜職手力廳子等，每縣不滿千户已上，令三十人，主簿十五人；四千户及五千户，令三十五人，主簿十七人；六千户已上，令四十人，主簿二十人；八千户及萬户已上，令五十人，主簿二十人。每州不滿五千户，録事參軍二十人，司户司法各三人；萬户以上，録事參軍三十人，司户司法各四人；三萬户以上，録事參軍三十五人，司户司法各五人；五萬户以上，録事參軍四十人，司户司法各五人。

（宋）佚名《宋大詔令集》卷一九〇《政事·誡飭·誡約通判與長吏叶和詔》 朝廷求理，務在叶和，郡國效官，所宜輯睦。苟用心之相盭，則從政以何施。朕比於諸州，改置通判，本期共治，必冀分憂，而聞與長吏互執事權，罔思公共，或循私而爲黨，或專欲而自強，多致忿争，動成踰越，自今應諸道州府，事無巨細，須長吏通判僉議連署，則州郡僚屬，方許稟行。凡爾職官，當體予意。

（宋）李心傳《建炎以來朝野雜記甲集》卷一二《官制·文臣節度使》 節度使，祖宗時非近屬及有大功者不除。宣和末，節度使至六十人，議者以爲濫。親王、皇子二十六人，宗室十一人，前宰執二人，大將四人，外戚十人，宦者恩澤七人。靖康初，因中丞陳賓王言，九人换授，梁師成、朱勔、梁方平以罪死，而宗室以覃恩建節者十有四人，將帥特拜者二人，凡六十有二人。以月奉及歲賜計之，是一年費緡錢七十萬也。渡江後，節度使率不過十許人，自建炎至嘉泰，宰相特拜者六人，吕忠穆、張忠獻、虞忠肅皆以勳，史會稽王以舊，趙衛公、葛文定以恩。執政一人，葉右丞夢得。從官二人而已。張端明澄、楊敷學倓。

（宋）李心傳《建炎以來朝野雜記乙集》卷一三《官制·寧國府明州長史司馬》 諸王府長史、司馬，唐有之，本朝不置，以親王不領事故也。乾道七年二月，魏惠憲王出鎮宣城，始置寧國府長史、司馬，序位依兩省官奉使法。淳熙元年十月，移四明，亦如之。初議長史得治民、舉吏如郡守，司馬如通判。於是長史沈度請本府公事並經長史决遣畢，具名件申魏王照會，長史、司馬五日一詣王稟事。許之。後半月，王言：如此則是長史欲處臣於無用之地，何以謂之判寧國府事乎？望只委長史、司馬分治財穀之司，依舊令臣引押吏民詞狀。奏可。前旨七年四月壬戌，後旨五月庚辰。後移明州，王又請置制置司，得自舉吏。淳熙二年四月癸亥，許之，仍免給朝典云。

（宋）李心傳《建炎以來朝野雜記乙集》卷一三《官制·臨安少尹判官推官》 臨安少尹，乾道七年五月置，用敷文閣直學士晃子止爲之，以東宮領尹故也。子止既罷，沈德之、姚令則輩皆以權侍郎繼爲之。九年五月，東宮解尹事，復置帥守如故。始置少尹，又置判官一員，推官三員。判官李秀叔以起居舍人兼，劉文潛以國子司業兼。推官則正除金部員外郎陸之望、將作少監馬希言、朝奉郎錢佃。判官依兩省官奉使法，推官序位在諸州知州之上，任滿理爲知州一任。五月十二日丙戌降旨。初命刑獄公事，皆決於少尹，皇太子止就東宮裁决。少尹日受民詞，以白太子，間日率寮屬詣東宮稟事。惟命官犯罪及餘人流配已上，則具事聽東宮裁決。凡文書應奏者，太子繫銜，朝省臺部則少尹以下連申，寺監及本路監司並令移牒。舊兩通判職務，令第一、第二員推官主管。簽判職官職務，令第三員推官主管。俄有旨，少尹比倣知府，判官比通判，推官比幕職官，其統臨職分，並照從來條例施行。六月二日乙巳降旨。用太子請也。或謂子止所建明，由是與文潛不叶而罷。明年，佃除吏部郎中，又請以三推官分治三獄。從之。九月丁亥降旨。

（宋）李心傳《建炎以來朝野雜記乙集》卷一四《官制·紹興至開禧督府廢置本末》 國朝故事，大臣統兵者率稱宣撫使，韓子華爲首相猶然。渡江後，諸大將官既高，皆爲宣撫使，使名益輕，于是宰相統兵則稱都督，自吕元直始也。元直始以都督江、淮、兩浙、荊湖軍事爲名，開府江上，過平江，而守臣席大光有所關白，始覺爲右相秦會之所傾。其後軍潰，引疾求去，乃命還朝遥領。而孟富文以參知政事、權同都督治軍建康，久之，去權字，同都督之名，自富文始也。元直、富文繼罷，朱藏一獨相，以元樞趙元鎮有人望，忌之，乃奏除川、陝宣撫處置使。元鎮以與吴玠同使名爲嫌，遂改都督川陝、荊襄諸軍事。既而張德遠以敗劉猊之功同相，乃並兼都督諸路軍馬。元鎮尋去位，德遠以淮西軍潰而貶，併其府罷之。德遠先以行府爲名，往來視師。及上幸建康，則督府在內。德遠貶，元鎮、會之復相，共議還臨安，而兵亦寢矣。逮虜亮闚江，諸將皆敗，始議以右相朱漢章爲都督，漢章辭，乃命葉審言以元樞督視江、淮軍馬，督視之名，自審言始也。孝宗即位，德遠以樞密使爲江、淮都督，汪明遠以參知政事爲荊、襄督視。方城失守，明遠得罪，德遠併督之。符離失律，德遠罷歸。而虜又寇江，乃以左相湯進之爲都督。進之憚行，遂命故將楊存中同都督軍馬，用富文故事也。既而兩淮皆陷，進之益懼，乃除存中都督，而命王瞻叔以參知政事爲督視。瞻叔亦固辭。上大怒，遂與進之相繼而罷。開禧用兵，鄧伯允、薛象先以宣撫使抵罪，乃外除丘宗卿簽樞、督視軍馬。宗卿與侂胄不協，再閱月而免。張肖翁以元樞代之，不勝任，奉祠去。數月，吴曦反，復命李季章以參知政事督視四川軍馬，既而有裂土之議，又罷行。自是不復除都督矣。

（元）馬端臨《文獻通考》卷六三《職官考・郡太守》　宋太祖開基，革五季之患，召諸鎮會於京師，賜第以留之，分命朝臣出守列郡，號權知軍州事，軍謂兵，州謂民政焉。其後，文武官參爲知州軍事，二品以上及帶中書、樞密院、宣徽使職事稱判。掌總理郡政，宣佈條教，導民以善而糾其姦慝；歲時勸課農桑，旌別孝悌；其賦役、錢穀、獄訟之事，兵民之政皆總焉。凡法令條制，悉意孝行，以率所屬；有赦宥則以時宣讀，而頒告於治境；舉行祀典，察郡吏德義材能而保任之，若疲軟不任事或姦貪冒法，則按劾以聞；遇水旱，以法振濟，安集流亡，無使失所。若河南、應天、大名府則兼留守司公事。太原府、延安府、慶州、渭州、熙州、秦州則兼經略安撫使、馬步軍都總管。定州、真定府、瀛州、大名府、京兆府則兼安撫使、馬步軍都總管。瀘州、潭州、廣州、桂州、雄州則兼安撫使、兵馬鈐轄。潁昌府、青州、鄆州、許州、鄧州則兼安撫使、兵馬巡檢。其餘大蕃府或沿邊州郡，或當一道衝要者，并兼兵馬鈐轄、巡檢、都監，或帶沿邊安撫、提轄兵甲、沿邊谿峒都巡檢。餘州、軍則否。其屬官有無及員數多寡，皆視其地望之高下與職務之繁簡而置之。建炎元年，詔河北、京東西路除帥臣外，舊差文臣知州去處，許通差武臣一次。後詔要郡帶本路兵馬鈐轄，次要郡帶本路兵馬都監，紹興三年罷。元年七月，詔要郡文臣帶本路兵馬鈐轄，武臣副之，次要郡文臣帶本路兵馬都監，武臣副之，令逐州改正稱呼。至紹興三年，臣僚言：既與異時沿邊事體不同，又於今日諸州統制無補，徒著名位，以成虛文。詔並罷之。五年，令郡守除授、罷，並令上殿。六年，詔控扼去處守臣，並以三年爲任。九年，罷令郡守並帶提舉學事。九月，禮部言：知建昌軍李長民奏，宣和以前，應知、通、令、佐階銜並帶主管學事，自軍興以來中輟。今欲郡縣依舊法給銜，從官以上知郡係帶提舉學事，餘郡知、通，縣令、佐並帶主管學事給銜。從之。孝宗乾道三年令，不任守臣不爲郎。中書門下省言：勘會已降指揮，非曾任守臣及監司不得除郎官，著入條令。淳熙中，令郡守罷帶主管學事。

（元）馬端臨《文獻通考》卷六三《職官考・郡尉京輔屬國等都尉附》　郡尉。秦官有郡尉，掌佐守典武職甲卒。漢凡郡口二十萬，舉一人典兵，禁備盜賊。景帝更名曰都尉。武帝元鼎四年，又置三輔都尉各一人，譏出入。邊郡置農都尉，主屯田殖穀。又置屬國都尉，主蠻夷降者。中興，建武七年，省諸郡尉，並職太守，無都試之役。《漢舊儀》曰：民年二十三爲正，一歲以爲衛士，一歲爲材官騎士，習射御馳陣。八月，太守、都尉、令、長、相、丞、尉會都試，課殿最。水軍爲樓船，亦習戰射。年五十六老衰，乃得免爲民就田。今乃罷其役焉。每有劇賊，郡臨時置都尉，事訖罷。又省關都尉，唯邊郡往往置都尉及屬國都尉。《宋志》曰：光武省郡尉，後往往置東、南、西、北四部都尉。稍有分縣，治民北郡。安帝以西羌盛，三輔有陵園之守，乃復置右扶風都尉於雍，京兆虎牙都尉於長安。自後無聞。至隋煬帝時，別置都尉領兵，與郡不相知；又置京輔都尉，立府於潼關，主兵鎮。唐無其制。

按：自秦置三十六郡，而郡官有守，有尉，有丞。然考之《西漢百官表》稱，郡守掌治郡，秩二千石，有丞，秩六百石；郡尉掌佐守典武職，秩比二千石，有丞，秩亦六百石。是守、尉皆二千石，而俱有丞以佐之。尉之尊蓋與守等，非丞掾以下可擬也。《酷吏傳》言周陽由爲守，視都尉如令；爲都尉，陵太守，奪之治。明守不可卑視尉也。然武帝欲以甯成爲郡守，公孫弘言：成爲濟南都尉，其治如狼牧羊，不可令治民。又帝拜吾丘壽王爲東郡都尉。帝以壽王故，不復置太守。是時軍旅數發，年歲不熟，多盜，乃賜壽王璽書曰：子在朕前之時，知略輻凑，以爲天下少雙。及至連十餘城之守，任四千石之重，守、尉皆二千石，壽王兼二任，故云四千石也。職事並廢，盜賊縱横，甚不稱前時。壽王謝罪。又翟義爲南陽都尉行太守事，行縣至宛，以事按宛令下之獄，威震南陽。則知漢時都尉，蓋不特典軍，而未嘗不行太守之事也。魏、晉以後，無都尉之官，然晉郡守皆加將軍之號。唐郡守曰使持節諸軍事。宋朝則大郡皆兼兵馬總管、兵馬鈐轄，而小壘亦曰軍州事，或帶節制軍馬。則秦、漢所謂都尉之職，歷代以太守兼任之，亦以一郡掌兵權之官，不可下於太守，故不別置官而守就治其事，循宰相之兼元樞是也。《通典》叙都尉，而以置之郡佐之末，非是，故今以次郡守。

（元）馬端臨《文獻通考》卷六三《職官考·郡丞別駕　長史　司馬　通判》

宋藝祖懲五代藩鎮之弊，乾德初下湖南，始置諸州通判，命刑部郎中賈玭等充。建隆四年，詔知府公事並須長史、通判簽議連書，方許行下。時大郡置兩員，西京、南京、天雄、成德、益、杭、並、晉、荊南、潭、廣、秦、定等州。餘置一員，州不及萬户不置。廣南小州有試秩充通判兼知州者。正刺史以上及諸司使、副知州者，雖小郡亦特置。天聖三年，中書門下言：新授虢州團練使田敏知隰州。自來防、團、刺史赴本任及知州無同判處，權置同判，候差朝臣及內職知州，即行省罷。掌倅貳郡政，與長史均禮。凡兵民、錢穀、户口、賦役、獄訟聽斷之事，可否裁決，與守通簽。所部官有善否及職事修廢，得刺舉以聞。至景德，宋興三十四年，户口浸息，解州以滿萬户，置通判，自是諸郡多滿萬户矣。宣和二年，詔諸州茶、鹽、香、礬並委通判。此事據《續會要》。但通判掌常平、水利、免役等錢，《續會要》既不載，而中興以後通判掌經制、總制錢，《會要》亦不載，當考。建炎初，諸州通判二員減一員。紹興五年以後，旋行申請添置，帥府通判並以兩員爲額。

司馬本主武之官。自魏、晉以後，刺史多帶將軍，開府者則置府僚。司馬爲軍府之官，理軍事。晉謝奕字無奕，桓温辟爲安西司馬，在温座，岸幘嘯詠如常。温曰：我方外司馬也。宋制，司馬銅印墨綬，絳朝服，武冠。至隋，廢州府之任，無復司馬，而有治中焉。治中舊州職也。舊謂隋以前。州廢遂爲郡官。說在《州佐》後《治中篇》。開皇三年，改治中爲司馬。隋房恭懿爲澤州司馬，有異績，遷德州司馬，理爲天下之最。文帝曰：此乃上天社稷之所祐，豈朕寡薄能致之乎？遷海州刺史。煬帝又改司馬及長史，併置贊治一人，尋又改贊治爲郡丞。唐武德初，復爲治中。貞觀二十三年，高宗即位，遂改諸州治中並爲司馬。長安元年，洛、雍、并、荊、揚、益六州置左右司馬各一員，四年復舊。太極元年，又置四大都督府，置左右司馬各一員。所職與長史同。

白居易《江州司馬廳記》：自武德以來，庶官以便宜制事，大攝小，重侵輕。郡守之職，總於諸侯帥；郡佐之職，移於部從事。故自五大都督府至於上、中、下郡，司馬之事盡去，惟員舉奉在。凡內外文武官左遷右移者遞居之。凡執役事上與給事於省寺軍府者遥署之。凡仕久資高，耄昏懦弱不任事，而時不忍棄者實蒞之。蒞之者，進不課其能，退不殿其不能，才不才，一也。若有人蓄器貯用急於兼濟者居之，雖一日不樂。若有養志忘名安於獨善者處之，雖終身無悶。官不官，係乎時也；適不適，在乎人也。江州左匡廬，右江湖，土高氣清，富有佳境。刺史，守土臣，不可遠觀游；群吏，執事官，不敢自暇佚。惟司馬綽綽可從容於山水詩酒間。由是郡南樓山、北樓水、湓亭、百花亭、風篁、石巖、瀑布、廬宮、源潭洞、東西二林寺、泉石松雪，司馬盡有之矣。苟有志於吏隱者，舍此官何求焉？按《唐六典》，上州司馬，秩五品，歲廩數百石，月奉六七萬。官足以亢身，食足以給家。州民康，非司馬功；郡政壞，非司馬罪。無言責，無事憂。噫，爲國謀，則尸素之尤蠹者；爲身謀，則禄仕之優穩者。予佐是郡，行四年矣，其心休休如一日二日，何哉？識時知命而已。又安知後之司馬，不有與吾同志者乎？因書所得，以告來者。

按：漢所置郡佐，只丞及長史而已，其後又有治中、別駕。至魏、晉間，始有司馬，本主武之官。自後長史、司馬與治中、別駕迭爲廢復，然歷代皆並設二員。至唐而司馬多以處遷謫，蓋視爲冗員。故宋只設通判一官佐郡守，不仍前代之舊云。

容齋洪氏《隨筆》曰：今世士大夫既貴，不可復賤。淳化中，北戎入寇，以殿前都虞候曹璨知定州。時趙安易官宗正少卿，已知州，遂就徙通判。同時有羅延吉者，既知彭、祁、絳三州而除通判，廣州滕中正知興元府而通判河南。袁郭知楚、鄆二州，會秦王廷美遷置房州，詔崇儀副使閻彦進知州，而以郭通判州事。范正辭既知戎、淄二州而通判棣、深。又陳若拙歷知單州、殿中侍御史、西川轉運使召歸，會李至守洛，乃表爲通判。久之，柴禹錫鎮涇州，復表爲通判。連下遷而皆非貶降，近不復有矣。

按：藝祖之設通判，本欲懲五季藩鎮專擅之弊，而以儒臣臨制之，號稱監州。蓋其官雖郡佐，而其人間有出於朝廷之特命，不以官資之崇卑論，如野處所言是也。其與後來之沨沨以半刺稱者不侔矣。

《宋史》卷一六七《職官志》 府州軍監 宋初革五季之患，召諸鎮節度會于京師，賜第以留之，分命朝臣出守列郡，號權知軍州事，軍謂兵，州謂民政焉。其後，文武官參爲知州軍事，二品以上及帶中書、樞密院、宣徽使職事，稱判某府、州、軍、監。諸府置知府事一人，州、軍、監亦如之。掌總理郡政，宣布條教，導民以善而糾其姦慝；歲時勸課農桑，旌別孝悌；其賦役、錢穀、獄訟之事，兵民之政皆總焉。凡法令條制，悉意奉行，以率所屬；有赦宥則以時宣讀，而班告于治境；舉行祀典；察郡吏德義材能而保任之，若疲軟不任事，或姦貪冒法，則按劾以聞；遇水旱，以法振濟，安集流亡，無使失所。若河南、應天、大名府則兼留守司公事。太原府、延安府、慶州、渭州、熙州、秦州則兼經略安撫使、馬步軍都總管。定州、真定府、瀛州、大名府、京兆府則兼安撫使、馬步軍都總管。瀘州、潭州、廣州、桂州、雄州則兼安撫使、兵馬鈐轄。潁昌府、青州、鄆州、許州、鄧州則兼安撫使、兵馬巡檢。其餘大藩府或沿邊州郡，或當一道衝要者，並兼兵馬鈐轄、巡檢，或帶沿邊安撫，提轄兵甲、沿邊溪洞都巡檢。餘州、軍，則別其地望之高下與職務之繁簡而置之。分曹以理之，而總其綱要。凡屬縣之事皆統焉。

建炎初，詔：河北、京東西路除帥司外，舊差文臣知州去處，許通差武臣一次。又：要郡文臣一員帶本路兵馬鈐轄，武臣一員充副鈐轄；次要郡文臣一員帶本路兵馬都監，武臣一員充副都監。紹興三年，詔守臣帶路分鈐轄、都監去處並罷。五年，帝以守、令皆帶勸農公事，多不奉職，自今有治效顯著者，可令中書省籍記姓名，特加擢用。凡從官出知郡者，特許不避本貫。初，除授見闕及自外罷任赴闕，並令引見上殿。九年，詔應守臣以二年爲任。又以武臣作郡，往往不曉民事，且多恣横，詔新復州郡只差文臣。續因臣僚言，極邊控扼去處，仍差武臣；其不係極邊，文武臣通差。詔：守臣到任半年以上，具民間利病，或邊防五條聞奏，委都司看詳，有便於民者，即與施行。續又詔不拘五條之數。十三年，詔依舊制帶提舉或主管學事。從官以上稱提舉，餘知、通主管，淳熙中罷。乾道二年，令非曾任守臣不得爲郎官，諸郡合文武臣通差去處，並依舊制。

通判 宋初懲五代藩鎮之弊，乾德初，下湖南，始置諸州通判，命刑部郎中賈玭等充。建隆四年，詔知府公事並須長吏、通判簽議連書，方許行下。時大郡置二員，餘置一員，州不及萬户不置，武臣知州，小郡亦特置焉。其廣南小州，有試秩通判兼知州者。職掌倅貳郡政，凡兵民、錢穀、户口、賦役、獄訟聽斷之事，可否裁決，與守臣通簽書施行。所部官有善否及職事修廢，得刺舉以聞。元祐元年，詔知州係帥臣，其將下公事不許通判同管。元符元年，詔通判、幕職官，令日赴長官廳議事及都廳簽書文檄。

南渡後，設官如舊，入則貳政，出則按縣；有軍旅之事，則專任錢糧之責，經制、總制錢額，與本郡協力拘催，以入于户部。既而諸州通判有兩員處減一員，凡軍監之小者不置。又詔更不添差。其後，或以廢事請，或以控扼去處請。紹興五年以後旋添置之。除潭廣洪州、鎮江建康成都府見係兩員外，凡帥府通判並以兩員爲額，餘置一員。乾道元年，詔買馬州、軍通判，令茶馬司依舊法奏辟，餘堂除差人。淳熙十四年，利州路提刑言：關外四州通判，乞自制置司奏辟，所有金、洋、興、利、文、龍等州通判，乞送轉運司擬差。並從之。

紀事

(宋)徐度《却掃編》卷上 唐節度使，初皆領一道，故以本道爲名，若河西河南劍南關内之類是也。厥後分鎮寖多，所領不能盡有一道，則以其地爲名，若安西朔方渭北隴右之類是也。又有合數州以爲名者，若魏博淄青澤潞徐泗之類是也。或因其有功，則錫軍號以旌之，若振武鎮國天雄定難之類，不可悉數。由五代之還至於國朝，所錫益多，凡曰節鎮皆曰某軍某軍，而孟州曰河陽三城，襄陽府曰山南東道，太原府曰河東，鳳翔府曰鳳翔，揚州曰淮南，江陵府曰荊南，成都府曰劍南西川，潼川府曰劍南東川，興元府曰山南西道，總九州府，獨因舊以爲名，亦出於偶然，本不以地望有所輕重。然凡建節者，反以是數州爲重，非親王尊屬與勳望重臣莫或得之，故韓魏公以司徒領淮南，曾魯公以司空領河陽三城，文潞公以太師領河東，皆以爲重也。

（宋）徐度《却掃編》卷上　本朝節度使，雖不赴鎮，然亦別降勅書，宣諭本鎮軍民，而爲節度使者，亦自給牓本鎮，謂之布政牓，親王亦翰苑爲之，近不復見矣。

（宋）李燾《續資治通鑑長編》卷一《太祖建隆元年》　己酉，復置安遠軍於安州，鎮國軍於華州，泰寧軍於兖州。

（宋）李燾《續資治通鑑長編》卷一九《太宗太平興國三年》　己亥，改杭州衣錦軍爲順化軍。

（宋）李燾《續資治通鑑長編》卷一四一《仁宗慶曆三年》　戊午，置順安軍、安肅軍巡檢各一員。

（宋）李燾《續資治通鑑長編》卷一四四《仁宗慶曆三年》　增置鄧州幕職官一員。初，本州言舊幕職官四員，後省其二，頗見廢事，故復增置之。

（宋）李燾《續資治通鑑長編》卷一四五《仁宗慶曆三年》　置陝州監軍資庫京朝官一員。

（宋）李燾《續資治通鑑長編》卷一四九《仁宗慶曆四年》　置金州通判一員，省幕職官一員。

（宋）李燾《續資治通鑑長編》卷一五〇《仁宗慶曆四年》　置均、房州通判各一員。

（宋）李燾《續資治通鑑長編》卷一九〇《仁宗嘉祐四年》　復以益州爲成都府，并州爲太原府。

（宋）李燾《續資治通鑑長編》卷一九一《仁宗嘉祐五年》　丙寅，禮部貢院請增江、浙、福建、川、廣諸州軍解額凡一百三十五人。從之。

（宋）李燾《續資治通鑑長編》卷二九七《神宗元豐二年》　丙辰，廣南西路經略司言：順安州、貢峒等舊隸邕州，昨宣撫司因收復廣源，分隸順州，乞還舊隸。從之。

（宋）李燾《續資治通鑑長編》卷三〇〇《神宗元豐二年》　夔州路轉運司奏：南平軍止有通判一員，無職官。本軍兩縣、一鎮、六寨堡，事務繁多，欲乞依嘉州例，置職官一員，兼監鑄錢監。從之。

（宋）李燾《續資治通鑑長編》卷三一一《神宗元豐四年》　燕達言諸軍都教頭欲立行倉法，從之。

（宋）李燾《續資治通鑑長編》卷三六五《哲宗元祐元年》　復成都府導江縣爲永康軍。

（宋）李燾《續資治通鑑長編》卷三七〇《哲宗元祐元年》　户部言乞罷諸州常平管勾。從之。

（宋）李燾《續資治通鑑長編》卷三七五《哲宗元祐元年》　復曹州定陶縣爲廣濟軍，揚州高郵縣爲高郵軍。

（宋）李燾《續資治通鑑長編》卷四〇三《哲宗元祐二年》　改誠州爲渠陽軍，從荊湖北路都鈐轄、轉運、提刑司請也。

（宋）李燾《續資治通鑑長編》卷四二九《哲宗元祐四年》　湖北轉運司言：荊南長林縣今已復爲荊門軍，其諸軍指揮人額并差撥屯駐人數，並合如舊。從之。

（宋）李心傳《建炎以來朝野雜記甲集》卷五《朝事·淳熙臧否郡守》　孝宗留意治民，紹興三十二年十一月丙申，首詔諸路帥臣、監司，每日悉具部内知州治行臧否，連銜聞奏。後以多事不克行。淳熙八年閏三月辛巳，復命監司、帥臣，歲以所屬郡守臧否以上，皆著事實，即考察不公者，御史劾之。十年四月丙申，詔新知歸州湯鶚罷所除官。己酉，以知普州范仲圭爲利州路轉運判官，知瓊州韓璧提舉廣東常平茶鹽公事，知復州、閤門祗候王去惡爲右領軍衛中郎將，皆用監司奏臧否也。十二年六月丁丑，浙東安撫使鄭丙、提舉常平等事句昌泰，皆坐奏臧否稽緩降官。趙衛公時判江陵，奏言當舉劾而不必臧否之。不從。趙公因具文以報，事乃已。七月乙巳，詔漳、汀州見任守臣，令監、帥司精加臧否來上，已除者，竢闕到，令都堂審察。既而，漳守黄啓首以臧聞，遂除直祕閣，再任。十三年除。未幾，又遷廣東轉運判官。九月乙巳，侍御史陳賈奏言：諸路臧否既上，而黜陟未行，請令諸州見任守臣，係監司所否之人，許令自陳，並與宫觀，違者御史糾之，使臧者益勸，否者知勉。又言：諸路臧否，外間多不聞知，請劄下給舍、臺諫，其不公不實者，許繳駁論奏。從之。十月癸亥，又詔今後諸路守臣臧否限次年二月終，川、廣五月終聞奏。時青神蒲杲知忠州，爲監司所否。杲代還入見，上問之，杲曰：臣得罪於監司，不得罪於百姓。翌日，上諭輔臣曰：蒲杲誠直可取。十三年，潼川路漕臣岳霖奏知瀘州眉山史皋爲否。皋，帥臣也。五月壬辰，詔罷皋。時趙昌裔者守全州，帥臣林栗，監司宋若水、張栻、管鑑，連年以爲否。六月癸丑，詔昌裔奉祠。右諫議大夫陳賈言非所以示懲。七月己丑，遂寢其命。十四年六月癸未，江西提刑馬大同坐臧否稽緩降秩。時夔州路安撫楊輔所奏亦久不至，己丑，詔詰之，尋貶秩。上既留意黜陟之政，由是諸道皆奉承之。然行之十餘年，或不免有徇私之弊。上亦疑其不可盡信，嘗以諭輔臣，要在精擇部使者，而以臺諫考察之，庶乎可也。上語在十五年七月丙午，事具宣諭聖語。

（宋）王栐《燕翼詒謀録》卷一《置司理參軍》　今之司理參軍，五代之馬步軍都虞候判官也，以牙校爲之，州鎮專殺，而司獄事者輕視人命。太祖皇帝開寶六年七月壬子詔，州府並置司寇參軍，以新及第九經五經及選人資序相當者充。其後改爲司理參軍。

（宋）王栐《燕翼詒謀録》卷三《州長吏親決徒罪》　州長吏不親監決，中唐以來爲然，遇引斷皆牙校監決於門外。太宗恤刑，慮有冤濫，至道元年六月己亥，詔諸州長吏凡決徒罪並須親臨，因太常博士王枤有請也。今州郡杖罪，悉委職幕官，而徒罪必自監決，帥府則以徒罪委通判，聖朝謹嚴於用刑，蓋以人命爲重也。

（宋）王栐《燕翼詒謀録》卷四《嚴奏辟之令》　國初州郡官屬，皆長吏自行奏辟，姓名未聞於朝，已先莅職，洎至命下，則已莅月日皆爲考任大抵皆其宗族親戚也。太宗雍熙四年八月乙未，詔曰：諸處奏薦，多是親黨，既傷公道，徒啓倖門。今後如有員闕處當以狀聞。自後奏辟不敢私於親戚，或犯此令者人得而指擿之，稍知所畏忌矣。

縣

綜述

（宋）佚名《宋大詔令集》卷一六〇《政事·官制·置縣尉詔建隆三年十二月》　盜賊鬭訟，其獄實繁，逮捕多在於鄉閭，聽決合行於令佐。頃因兵革，遂委鎮員，漸屬理平，合還舊制，宜令諸道州府，今後應鄉閭盜賊鬭訟公事，仍舊卻屬縣司，委令尉勾當。其一萬户已上縣差弓手五十人，七千户以上四十人，五千户以上三十人，三千户以上二十五人，二千户以上二十人，一千户以上一十五人，不滿千户一十人，合要節級，即以舊鎮司節級充，其餘人並仰停廢，歸縣司免役。其弓手亦以舊弓手充，如有盜賊，仰縣尉躬親部領收捉送本縣。若是群賊，仰盡時申本屬州府及捉賊使臣，委節度防禦團練使刺史盡時選差清幹人員，將領廳頭小底兵士管押及使臣根尋捕逐，務要斷除賊寇，肅靜鄉川，不得接便攪擾。其鎮將都虞候，只許依舊勾當鎮郭下煙火盜賊爭競公事。仍委中書門下，每縣置尉一員，在主簿下，俸禄與主簿同。

（宋）佚名《宋大詔令集》卷一六〇《政事·官制·省吏詔開寶五年正月壬寅》　州縣之内，官吏實繁，官既冗而吏不省，甚非所宜也。應諸道州縣吏及當直人力，令等第減省。

（宋）李心傳《建炎以來朝野雜記甲集》卷一二《官制·州縣吏額》　紹興末，州縣吏額猥多。二十六年八月，湯中丞鵬舉請省之，以寬民力。事下諸路常平司，時浙東七州吏額四千人，提舉官趙公稱首奏損其半，它路率做此。然今州縣吏額雖減，而私名往往十倍於正數，民甚苦之。

（宋）李心傳《建炎以來朝野雜記乙集》卷一四《官制·諸縣推法司》　舊制，諸縣不置推法司，吏受賕鬻獄，得以自肆。紹熙間，議者始請萬户以下縣，各置刑案推吏兩名，五千户以下一名，專一承勘公事，不許差出及兼他案，仍免諸色科敷事件，月給視州推吏減三之一，委令、佐選擇有行止、無過犯、諳曉勘鞫人充，以一年爲界，即因鞫勘受財，並行重法。元年七月庚午敕。然諸縣多不奉行，朝廷聞之，乃勒令請領重禄，如不受者，勒停。所屬不幫支者，從例受制書而違，抵罪。四年二月己亥都省批狀。慶元初，又詔諸縣編録司亦行重禄，仍令縣主吏舉有行止、不犯贓私罪小吏三兩人，就司習學。遇闕，縣聞州，委官試習學人斷案一道，刑名五件，取稍通者充。及三年檢斷並無差失，升一等名次，主吏有闕，得先補之。著爲令。元年五月戊戌，降敕。自降旨後，及今近二十年矣，未嘗有行之者。

（元）馬端臨《文獻通考》卷一一《户口考·歷代户口丁中賦役》

〔開寶九年〕詔更定縣望，以户四千以上爲望，次爲緊、爲上、爲中、爲中下，凡五等。

（元）馬端臨《文獻通考》卷六三《職官考·縣令》 宋朝建隆元年，應天下諸縣除赤、畿外，有望、緊、上、中、下。四千户爲望，三千户以上爲緊，二千户以上爲上，千户以上爲中，不滿千户爲中下，五百户以下爲下也。掌總治民政，勸課農桑。凡户口、賦役、錢穀、振濟、給納之事皆掌之。有孝悌行義聞於鄉閭者，申州激勸，以勵風俗。有戎兵則兼兵馬都監或監押。三年，始以朝臣爲知縣，其間復參用京官或幕職爲之。朝臣知縣自大理正奚嶼、監察御史王祐等始。天聖間，天下多缺官，而令選尤猥下，貪庸耄懦，爲清流所不與，而久不得調乃爲縣令。人數言其病民，乃詔：爲舉法，以重令選。凡知州、轉運使歲舉見任判、司、簿、尉，有罪非贓私、有出身三考、無出身四考，堪爲令者一人或二人。自是人重爲令，令選稍精。慶曆間，詔天下知縣，非鞫獄，毋得差出。政和二年，詔縣令以十二事勸課農桑，宜各遵行，上副朝廷。一曰敦本業，二曰興地利，三曰戒游手，四曰謹時候，五曰戒苟簡，六曰厚蓄積，七曰備水旱，八曰戒宰牛，九曰置農器，十曰廣栽植，十一曰恤苗户，十二曰无妄訟。自政和以來，太平盛時，人皆重內輕外，士大夫皆輕縣令之選，吏部兩選不注者甚多，然後議所以增重激勸之法。宣和五年，縣令止差六十以下人。從利運判王敏之之請也。靖康初，詔初改官必爲縣。七月，詔三省申明舊制，今後不以堂除吏部人，凡初改官未曾實歷知縣者，不許別除差遣。紹興七年，詔將寺監丞、簿等任滿已改官人未歷民事者，各與堂除知縣一次，並借緋章服。九年，詔吏部，自後縣令差文臣。臣僚奏建炎以來始注武臣，爲害甚衆故也。乾道元年，詔京官知縣以二年爲任。二年，詔吏部依四川專法施行，以三十個月爲任，從吏部陳之茂請。三年，詔依舊以三年爲任。九年，復以二年爲任，從吏部李彦穎請。淳熙三年，復以三年爲任，從王師愈之請也。二年，御筆：今後非兩任縣令，不除監察御史。初改官人必作令，謂之須人。紹興初，數申嚴之，後或廢。孝宗在位，持之甚嚴。慶元初，復詔除殿試上三名省元外，並作邑。五年，又令試大理評事官已改官未歷縣人，并親民一次，著爲令；舊捕盜改官人，並試邑。自後雖宰相子殿試科甲人，無不宰邑者矣。

（元）馬端臨《文獻通考》卷六三《職官考·縣丞主簿　縣尉》 宋初不置丞，天聖中因蘇耆請，開封兩縣始各置丞一員，在簿、尉之上，仍於有出身幕職、令録內選充。時兩赤縣簿、尉多差出外，本縣闕官，故耆有此請。皇祐中，詔赤縣丞並除新改官人。熙寧四年，編修條例所言：諸路州、軍繁劇縣，令户二萬已上增置縣丞一員，以幕職官或縣令人充。元祐元年，詔：應因給納常平、免役置丞，並行省罷。如委是事務繁劇，難以省罷處，令轉運司存留。崇寧二年，宰臣蔡京言：熙寧之初，修水土之政，行市易之法，興山澤之利，皆王政之大。請縣並置丞一員，以掌其事。《國史外補》云：縣丞昔大邑有之，至是不以邑之大小，皆得置丞，使主管常平、坑冶、農田、水利。大觀三年，詔：昨增置縣丞內，除舊額及萬户以上縣令委是事務繁冗，並雖非萬户實有山澤、坑冶之利可以興修去處，依舊存留外，餘皆減罷。建炎元年，詔縣丞係嘉祐以前員闕並萬户處存留一員，餘並罷。紹興三年，以淮東累經兵火，權罷縣丞。十八年，置海陵丞一員。嘉定後，小邑不置丞，以簿兼。

主簿【略】宋朝開寶三年，詔諸縣千户以上置令、簿、尉；四百户以上置令、尉，令知主簿事；四百户以下置簿、尉，主簿兼知縣事。咸平四年，王欽若言：川峽縣五千户以上請並置簿，自餘仍舊以尉兼之。天禧五年，劍州梓、潼等各增主簿。皇祐五年，詔南川縣置主簿。嘉祐五年，婺州義烏、永康、武義、浦江四縣置主簿。熙寧四年，陝西、河東沿邊城寨置主簿。

縣尉【略】宋朝建隆三年，始每縣復置尉一員，在主簿之下，奉賜與主簿同。其鎮將只許句當鎮下烟火、争競公事。至和二年，開封、祥符兩縣增置一員。元豐五年，詔重立法地縣尉並差使臣。元祐元年，蘇轍言：舊法縣尉皆用選人，近歲並用武臣。自改法已來，未聞盜賊爲之衰息，請復舊法。詔除沿邊縣尉依舊外，餘並差選人。崇寧元年，詔重立法地縣尉舊差武臣處，並依元豐法。

按：後之稱縣佐曰丞、簿、尉，然而《漢書·百官志》所載只丞、尉而已。簿雖起於漢，而《志》無之。又丞、尉雖皆縣佐，而各有印綬，簿獨無。蓋古者官府皆有主簿一官，上自三公及御史府，下至九寺、五監以至州、郡、縣皆有之，所職者簿書，蓋曹掾之流耳。漢人所謂高士不爲者，御史府之主簿也。《容齋隨筆》言元豐令文，寺、監主簿專以鈎考簿書爲職，不得與卿丞聯署文書。然則主簿之官雖在雄要之司，猶爲卑賤，而況縣乎？後漢繆肜爲縣主簿，縣令被章見考，吏皆畏懼自誣，而肜獨證其枉，考掠苦毒，換五獄，閱四年，令卒自免。又寧陽縣主簿詣闕訴其縣令之枉，積七八歲不省。虞詡言，主簿所訟乃君父之怨，百上不達，是有司之過。仇覽爲蒲亭長，考城令王涣聞其以德化人，署爲主簿。以是觀之，則主簿之在漢，其視縣令猶掾史之視使。長安得與丞、尉等。後來以簿先於尉，非古義也。

《宋史》卷一六七《職官志》 縣令 建隆元年，令天下諸縣除赤、畿外，有望、緊、上、中、下。掌總治民政、勸課農桑、平决獄訟，有德澤禁令，則宣布于治境。凡户口、賦役、錢穀、振濟、給納之事皆掌之，以時造户版及催理二税。有水旱則有災傷之訴，以分數蠲免；民以水旱流亡，則撫存安集之，無使失業。有孝悌行義聞于鄉閭者，具事實上于州，激勸以勵風俗。若京、朝、幕官則爲知縣事，有戍兵則兼兵馬都監或監押。宣教郎以下帶監押。

初，建炎多差武臣，紹興詔專用文臣，然沿邊溪洞處，仍許武臣指射。邑大事煩則堂除，仍借緋、章服，嚴差出之禁，任滿有政績，則與升擢。乾道以後，定以三年爲任，仍非兩任不除監察御史。初改官人必作縣，謂之須入。十六年，詔知縣在任不成兩考，即不合理爲實歷。嘉定十二年詔：兩經作令滿替者，實歷九考、有政聲無過犯、舉員及格，改官人特免再作知縣，許受簽判或幹官，以當知縣履歷。

縣丞 初不置，天聖中因蘇耆請，開封兩縣始各置丞一員，在簿、尉之上，仍於有出身幕職、令録内選充。皇祐中，詔赤縣丞並除新改官人。熙寧四年，編修條例所言：諸路州、軍繁劇縣，令户二萬已上增置丞一員，以幕職官或縣令人充。元祐元年詔：應因給納常平、免役置丞，並行省罷；如委事務繁劇難以省罷處，令轉運司存留。崇寧二年，宰相蔡京言：熙寧之初，修水土之政，行市易之法，興山澤之利，皆王政之大。請縣並置丞一員，以掌其事。大觀三年，詔：昨增置縣丞内，除舊額及萬户以上縣事務繁冗，及雖非萬户實有山澤、坑冶之利可以修興去處，依舊存留外，餘皆减罷。建炎元年，詔縣丞係嘉祐以前員闕并萬户處存留一員，餘並罷。紹興三年，以淮東累經兵火，權罷縣丞。十八年，置海陵丞一員。嘉定後，小邑不置丞，以簿兼。

主簿 開寶三年，詔諸縣千户以上置令、簿、尉；四百户以上置令、尉，令知主簿事；四百户以下置簿、尉，以主簿兼知縣事。咸平四年，王欽若言：川峽縣五千户以上請並置簿，自餘仍以尉兼。從之。自後川蜀及江南諸縣，各增置主簿。中興後，置簿掌出納官物、銷注簿書，凡縣不置丞，則簿兼丞之事。凡批銷必親書押，不許用手記，仍不許差出，以防銷注。

尉建隆三年，每縣置尉一員，在主簿之下，奉賜並同。至和二年，開封、祥符兩縣各增置一員，掌閲習弓手，戢姦禁暴。凡縣不置簿，則尉兼之。中興，沿邊諸縣間以武臣爲尉，並帶兼巡捉私茶、鹽、礬，亦或文武通差。隆興，詔不許差癃老疾病年六十以上之人。邑大事煩則置二尉。紹熙中，詔恩科人年及六十不差。嘉定十三年，詔極邊縣尉，獲盗酬賞班改，歲以二員爲額。

（明）張四維《名公書判清明集》卷一《官吏門・禁戢・不許縣官寨官擅自押人下寨吴雨巖》 柳都寨非公家之寨，乃豪家之土牢；玉山縣非公家之縣，乃豪家之杖直。自今以始，所望縣官稍自植立，仍冀豪家痛自收斂，未欲遽作施行。所有韓逢泰、韓順孫，知縣勘杖而不行引斷，想必心知其非。況不引斷而分押下尉寨，又是心有所狥。殊不思法有明禁，赦有明條，除監司、州郡外，諸縣不得擅自押人下寨，違者從提刑司案劾。縣官、寨官不顧法理，而寧畏豪家，是自求案劾也。今後如再違犯，斷不但已。韓逢泰存亡既未可知，責在本縣，限十日根索，解赴本司審問因依。如過限不到，追管事人，次及寨官。韓順孫若果於牛無分，而輒分牛錢，貧餒若此，豈復有錢可監，放自便。榜縣及寨，仍帖取知委申。

（明）張四維《名公書判清明集》卷一《官吏門・禁戢・約束州縣屬官不許違法用刑胡石壁》 訪聞判官廳每每違法用刑，决撻之類動以百計。照得在法笞杖自有定數，笞至五十而止，杖至一百而止，實决二十下，未嘗有累及百數者。惟軍中用重典，則有法外之行，然必是其罪合減死一等，始有决小杖一百者，亦豈可常也。今州縣屬者非軍將，吏卒所犯非軍令，不應輒行軍法，以作淫虐。此皆由郡政不綱之故，合行約束。準令，諸見任官、本廳或本司所轄兵級、公吏犯杖以下罪，聽申長吏，借杖勘決。朝廷立法曲盡至此，其恤刑之意可見矣。今後各廳吏卒決二十以下，聽從便遣決，杖以上照條申借，不得仍前任意專決外，知縣係是長吏，職兼軍政，巡、尉係轄弓手、土兵，與掌軍事體一同，合聽斟酌輕重施行。

（明）張四維《名公書判清明集》卷二《官吏門・澄汰・縣令老繆別委官暫權胡石壁》　縣令之職，最爲勞人，自非材具優長，智識明敏者鮮能勝任。王知縣年齡已暮，精力已衰，而乃投身於繁劇之地，其以不職得罪此郡也宜矣。觀權府所判，則其爲人大略已可概見。當職到任之初，正藉同僚相與協濟，而有令如此，將何賴焉。若遽去之，又非尊老之意，請劉司法特暫權管縣事兩月，急更繆政，疾戢吏姦，王知縣且燕居琴堂，坐享廩禄，弗煩以事，惟適之安，豈不美歟。劉司法以俊才結知臺閫，必能副拳拳之望。仍申諸司，併牒權府照會。

紀　事

（宋）李燾《續資治通鑑長編》卷二一四《神宗熙寧三年》　提舉河北路常平等事王廣廉言：一縣之事，不以繁簡，惟令佐二員，而主簿、縣尉所職各異。苟事有謬誤，非所職者，雖坐視其敝而莫得救止。欲令主簿專管勾稽簿書，尉專管捕盜依舊外，縣事並令能管。從之。

（宋）李燾《續資治通鑑長編》卷三〇三《神宗元豐三年》　庚辰，復置晋州趙城縣。初，熙寧中，廢入洪洞縣爲鎮，至是，知州王説言：百姓輸納，詞訴回遠，歲輸税課不便。兼竊考趙氏之先，季勝生孟增，孟增生衡父，衡父生造父。周繆王賜造父以趙城，今趙城是也，由此爲趙氏。乃是國家得姓始封之地，不與他縣邑比。故復之。

（宋）李燾《續資治通鑑長編》卷三三八《神宗元豐六年》　陝西轉運司言：同州韓城縣山鐵礦苗脈深厚，可置錢監；及渭州華亭縣博濟監因循廢罷，欲於黄石河鑄冶務復置監，廢秦、隴州鐵監。從之。

（宋）李燾《續資治通鑑長編》卷三六四《哲宗元祐元年》　戊午，復瀛州束城鎮爲縣。

（宋）李燾《續資治通鑑長編》卷三六五《哲宗元祐元年》　復晋州和川鎮爲縣。

（宋）李燾《續資治通鑑長編》卷三七五《哲宗元祐元年》　復西京福昌鎮爲福昌縣。

（宋）李燾《續資治通鑑長編》卷三八〇《哲宗元祐元年》　己酉，復汝州龍興鎮、桂州永寧場爲縣。

（宋）李燾《續資治通鑑長編》卷四〇二《哲宗元祐元年》　辛卯，緦又言：近制，疎決，朝廷差臺官催促諸縣禁囚。慮諸縣懼見點檢，以不圓公事便行申解，遂差推、判官一員將帶人吏及法司一名，與府界提刑分詣諸縣催促決遣。本府每遇非次疎決，并盛暑嚴寒，在京差官催促結絶。畿内諸縣禁繫人數不多，兼近者朝廷添置提刑與提點司係監司，兩員逐時巡按，不容留滯。今本府事多，推、判官每季差出，委有妨闕。欲請凡遇疎決，如不差御史，即本府轉差下縣如故。從之。

（宋）李燾《續資治通鑑長編》卷四〇三《哲宗元祐二年》　復洺州臨洺鎮爲縣。

（宋）李燾《續資治通鑑長編》卷四四九《哲宗元祐三年》　三省言：通遠軍申乞添置倚郭一縣，以隴西爲名，差選人充尉兼令、簿。從之。

（宋）李燾《續資治通鑑長編》卷四九八《哲宗元符元年》　樞密院言：諸縣冬教，委提舉保甲司于本州通判職官内選差，分定縣分，躬親提舉監教及同共拍試揀選，不得過兩縣。如拍試揀選日數相妨，聽計會逐縣展縮，不過兩日。如縣分數多，聽于以次官内選差。其倚郭縣，上委知州同當職官，依此提舉拍試揀選。仍逐次具所選差官職位姓名及分定縣分，申樞密院。即所選非其人，致教閲拍試揀選有不如法，并元選差官司取勘施行。從之。

（宋）李燾《續資治通鑑長編》卷五〇〇《哲宗元符元年》　福建路提點刑獄司言：汀州管下，乞添置清流一縣。從之。

（宋）王林《燕翼詒謀録》卷一《復置縣尉》　五代時尉職以軍校爲之，大爲民患。建隆三年十二月癸巳，詔諸縣置尉一員，在主簿之下，俸與主簿同，始令初賜第人爲之，從趙普之請也。

（宋）真德秀《西山政訓・禁苛擾》　一、前在任日曾坐條行下諸縣應文引，只付保司，不許差人下鄉。如諸色公吏，輒帶家人下鄉搔擾者，並從條收坐。自後犯者，懲治非一。又鄉書等人，每遇鄉民收割，輒至鄉村乞麥乞穀，因人户有訴，即將犯者編配。及尉司弓手，不因捕盜而多帶家丁，擾害鄉村，人户亦屢曾懲治，是時田里間無一吏迹。今聞數年以來，此弊復作，官司未有一事，便輒差人下鄉，縱横旁午，爲害最甚。仰諸縣截自日下更不許仍循前弊，兼本州既不專人下縣，則縣邑亦豈應專人下鄉。若公吏非承縣引而私往鄉村乞覓，委知佐嚴加覺察，務令盡絶。

一、昨曾行下在州官及諸縣知佐，不許出引令，公吏保司買物，及因南安丞廳出引付保司募役人買布，因而妄行科配，致人陳訴，已將犯斷罪刺環，及將縣丞取問。今來訪聞諸縣仍有此弊，仰知佐廳日下一切杜絶，不許責令公吏保司買物，以致科擾人户。

一、前在任日，曾有約束聖節錫宴在近，竊慮諸縣循習成例，或於行舖科買物件，不依時價支錢給還，妄行科派錢物，并貸借器皿幕帟之屬，因而乾没，或妄追鄉村農民充藥社祇應，或勒令良民婦女拘入妓籍。如違，許人陳訴。後因惠安人户陳訴縣吏令妝束喬鼓祇應筵會，已將犯人重斷勒罷。又因永春人户陳訴縣吏因上元放燈，科買燈油，不還價錢，亦將犯人重斷錮身監還。并牒諸縣今後上元放燈，不許白科舖户油燭等物。今來並照前來約束，如有犯者，並從重坐。

一、昨因晋江縣爲造軍期船，敷買人户桐油赤藤等物，不還價錢，遂將承吏斷配，仍約束自今不許並緣軍期，輒有科配。今來訪聞諸縣，因本州抛下赤藤麻皮等物，輒科保正副收買，更不依時直還錢，甚者分文不支，致令保正陪錢，買納入納之時，公吏又有需乞，爲保正者，其何以堪。仰諸縣今後遇有軍期行下官，從長區處，務令不勞而辦，毋容縣吏並緣廣行科配，及令保司陪備。

一、昨因晋江重修縣衙，出引監諸寺院納修造錢，其承引人輒將三植院佃户打縛取乞，已將犯人斷刺。仍帖縣鎮，自今非甚不獲已，毋輒興土木之工，其不急興修，並仰住罷，所有合修去處，須管以見錢置場，依時價召人申買，不許出引敷率。今恐屬縣，或因修造，輒有敷配，仰日下除罷。

一、昨曾約束民間争訟，官司所當明辨是非，如果冒犯刑名，自合依條收坐。今聞屬縣，乃有專事科罰者，遂使富民有罪，得以幸免，貧者被罰，其苦甚於遭刑。日下各仰除罷。今恐屬縣有因公事而科罰民財者，截自日下，並令除罷。

一、昨來約束人户分析，當從其便，訪聞諸縣乃有專置司局，勒令開户者，但知利其醋錢，不顧有傷風教，自今唯法應分析，經官陳情者，即與給印分書，不許輒有抑勒。今聞諸縣，仍復有此，甚者差吏下鄉，勒令開析，豈有此理，仰截自日下，並行住罷。

一、昨嘗約束保正長，以編民執役，官司所宜存恤。訪聞諸縣知佐，科率多端，公吏取乞尤甚，致令破蕩財産。自今除本役外，不許妄有苛擾。其初參得替繳引展限之需，官員到任滿，替供應陪補之費，並與除免。今聞諸縣循習前弊，又復甚焉，非當管幹之事，勒令管幹，不當令出錢者，勒令出錢，其害不可勝計。由此畏避不肯充承，寧賂吏輩求免，是致都分有無保正去處，仰知佐諸廳自今於保正長等人，務加寬恤，除煙火盜賊，及合受文引外，不許稍有苛擾。如官司已存恤保正長，而保正長卻寡破落過犯人代役，在鄉搔擾，即當究治施行。

一、昨來約束寺院，乃良民之保障，所當寬養其力，訪聞諸縣科率頗繁，致令重困，浸成不濟。自今除依法供輸外，自餘非泛需索，並與除免。今聞諸縣視前加甚，若使管下寺院不濟者多，則均敷之害必及人户，仰自今照上項約束，毋致違戾。

右開具在前，照得廉仁公勤四者，乃爲政之本領，而崇風教、清獄犴、平賦税、禁苛擾乃其條目，當職於此，不敢不勉。亦願諸縣知佐以前四事及今四條揭之坐右，務在力行，勿爲文具。其逐縣公吏，有犯上項約束，致招民詞，當擇其尤者，懲治一二外，餘並許之自新，人户亦不必論愬。自今約束下日爲始，少有分毫違背，斷不相容，黥流斷刺，必無輕恕。帖諸縣知佐石井監鎮知委，并榜本州及七縣市曹曉示。

以上知泉州日諭州縣官僚。

遼金元部

朝廷分部

遼朝·總叙

綜述

（宋）葉隆禮《契丹國志》卷二三《併合部落》　初契丹有八部，族之大者曰大賀氏。後分爲八部，部之長號大人，而常推一人爲王，建旗鼓，以統八部。每三年則以次相代，或其部有災疾而畜牧衰，則八部聚議，以旗鼓立其次而代之。被代者以爲元約如此，不敢爭。及阿保機，乃曰中國之主無代立者。由是阿保機益以威制諸國，不肯代。其立九年，諸部共責誚之。阿保機不得已，傳其旗鼓，而謂諸部曰：吾立九年，所得漢人多矣。吾欲別自爲一部以治漢城，可乎？諸部將許之。漢城在炭山東南灤河上，有鹽鐵之利，乃後魏滑鹽縣也。其地可植五穀，阿保機率漢人耕種，爲治城郭邑屋廛市如幽州制，漢人安之，不復思歸。阿保機知衆可用，用其妻述律策，使人告諸部大人曰：我有鹽池之利，諸部所食。然諸部知食鹽之利，而不知鹽有主人，可乎？當來犒我。諸部以爲然，共以牛酒會鹽池。阿保機伏兵有旁，酒酣伏發，盡殺諸部大人，復併爲一國，東北諸夷皆畏服之。

（宋）葉隆禮《契丹國志》卷二三《建官制度》　賤他姓，貴耶律、蕭氏二姓。其官有契丹樞密院及行宮都總管司，謂之北面，以其在牙帳之北，以主蕃事；又有漢人樞密院、中書省、行宮都總管司，謂之南面，以其在牙帳之南，以主漢事。其惕隱，宗正寺也。夷離畢，參知政事也。林牙，翰林學士也。夷離巾，刺史也。內外官多倣中國者。其下佐史，則有敞史、木古思奴古、都奴古、徒奴古。分領兵馬，則有統軍、侍衛、控鶴司，南王、北王、奚王府五帳分，提失哥東西都省太師兵。又有國舅、鈐轄、遥輦、常袞諸司，南北皮室，二十部族節度，頻必里、九克、漢人、渤海、女真五節度，五治大師一百、六百、九百家奚。凡民年十五以上，五十以下，皆籍爲兵。將舉兵，必殺灰牛、白馬，祠天地日及木葉山神。鑄金魚符，調發兵馬。其捉馬及傳命，有銀牌二百。軍所舍，有遠探欄子馬，以夜聽人馬之聲。每其主立，聚所得人户、馬牛、金帛及其下所獻生口，或犯罪没入者，别爲行宮領之，建州縣，置官屬。既死，則設大穹廬，鑄金爲像，朔、望、節、辰、忌日輒致祭，築臺高丈餘，以盆焚食，謂之燒飯。

《遼史》卷四五《百官志》　官生於職，職沿於事，而名加之。後世沿名，不究其實。吏部一太宰也，爲大司徒，爲尚書，爲中書，爲門下。兵部一司馬也，爲大司馬，爲太尉，爲樞密使。沿古官名，分今之職事以配之，於是先王統理天下之法，如治絲而棼，名實淆矣。

契丹舊俗，事簡職專，官制朴實，不以名亂之，其興也勃焉。太祖神册六年，詔正班爵。至于太宗，兼制中國，官分南、北，以國制治契丹，以漢制待漢人。國制簡朴，漢制則沿名之風固存也。遼國官制，分北、南院。北面治宮帳、部族、屬國之政，南面治漢人州縣、租賦、軍馬之事。因俗而治，得其宜矣。

初，太祖分迭剌夷離菫爲北、南二大王，謂之北、南院。宰相、樞密、宣徽、林牙，下至郎君、護衛，皆分北、南，其實所治皆北面之事。語遼官制者不可不辨。

凡遼朝官，北樞密視兵部，南樞密視吏部，北、南二王視户部，夷離畢視刑部，宣徽視工部，敵烈麻都視禮部，北、南府宰相總之。惕隱治宗族，林牙修文告，于越坐而論議以象公師。朝廷之上，事簡職專，此遼所以興也。

《遼史》卷四七《百官志·南面》　契丹國自唐太宗置都督、刺史，武后加以王封，玄宗置經略使，始有唐官爵矣。其後習聞河北藩鎮受唐官名，於是太師、太保、司徒、司空施于部族。太祖因之。大同元年，世宗始置北院樞密使。明年，世宗以高勳爲南院樞密。則樞密之設，蓋自太宗入汴始矣。天禄四年，建政事省。於是南面官僚可得而書。

其始，漢人樞密院兼尚書省，吏、兵刑有承旨，户、工有主事，中書省兼禮部，別有户部使司。以營州之地加幽、冀之半，用是適足矣。

中葉彌文，耶律楊六爲太傅，知有三師矣。忽古質爲太尉，知有三公矣。於斡古得爲常侍，劉涇爲禮部尚書，知有門下、尚書省矣。庫部、虞部、倉部員外出使，則知備郎官列宿之員。室昉監修，則知國史有院。程翥舍人，則知起居有注。邢抱朴承旨，王言敷學士，則知有翰林内制。張幹政事舍人，則知有中書外制。大理、司農有卿，國子、少府有監，九卿、列監見矣。金吾、千牛有大將，十六列衛見矣。太子上有師保，下有府率，東宮備官也。節度、觀察、防禦、團練、刺史，咸在方州，如唐制也。

（明）楊循吉《遼小史》　遼，故契丹部族。契丹之君痕德堇可汗時，權歸于越耶律億。耶律億者，迭剌部夷離堇也，爲契丹于越，總知軍國事，字阿保機，小字啜里只，身長九尺，豐上鋭下，目光射人，關弓三百斤。嘗以騎兵七萬會李克用於雲州，易袍、馬，約爲兄弟，爲克用破劉仁恭，而中國畏之。唐天復四年，痕德堇可汗死，國人立以爲皇帝，制如中國，是爲遼太祖。時當五代之始，與中國聘問往來不絶。其都有五京，自太原以東，至高麗，有中國之地，帶數千里，而沙漠以北所統諸君國皆入貢籍。其官有北、南面大王，北面治國人，南面治漢人。又有北、南府宰相，北兵南民，分治之。而大抵因唐舊兼用國制，惟于越最貴。太祖立其將二十一人，各有所擬，而耶律曷魯爲心，蕭敵魯爲手，敵魯之弟阿古只爲耳。

（明）楊循吉《遼小史》　甲申年詔國中曰：三年之後，歲在丙戌，時值初秋，必有歸處。然未終兩事，豈負天意？聞者皆驚，莫識謂何也。即日大舉征吐渾、黨項、阻卜諸部，既以次就俘，於是又詔曰：所謂兩事，一事已畢，惟渤海世讐未雪，豈宜安駐？乃親征渤海大諲譔，圍忽汗城。諲譔力屈，素服稾索牽羊，率僚屬三百餘人出降。三日復叛，破之。駕幸城中，以兵衛諲譔及族屬以出，改渤海爲東丹國，而立太子倍爲人皇王以主之，仍賜天子冠服，置左、右、大、次四相及百官，一用漢法。

（清）嵇璜等《續通典》卷二三《職官》　遼初建國，事簡職專。神冊六年，詔正班爵，因習聞河北藩鎮，受唐官名，故太師、太保、司徒、司空、樞密使之名施於部族，其伊勒希巴、多囉倫穆騰、特哩袞、林牙、裕悦之類則從其初號也。既得燕代十六州，乃用唐制，立三省、六部、臺、院、寺、監、諸衛、東宮之官，名曰南面官，以治漢人。

（清）嵇璜等《續通典》卷二三《職官·歷代官制要略·宰相》　遼有北宰相府，左右宰相。南宰相府，左右宰相。南面官有東京、中京、南京左右宰相，左右平章政事。

（清）嵇璜等《續通典》卷二五《職官·宰相并官屬》　遼北宰相府有左右宰相，掌佐理軍國之大政，皇族四帳世預其選。南宰相府有左右宰相，掌佐理軍國之大政，國舅五帳世預其選。太祖天顯元年，大東丹國置中臺省，有左大相、右大相、左次相、右次相，其屬部設有某部左宰相、某部右宰相。位在大王下。屬國設有某國左相、某國右相。位在大王裕悦下。命其酋長與遼人區別而用之，恩威兼制，此皆北面宰相之制。聖宗統和二十一年七月，召北府宰相蕭塔喇葛、宰相漢王貼不及等賜坐，論古今至道，倣古制也。其南面官則於中書省設大丞相、左丞相、右丞相、同中書門下平章事、參知政事。尚書省有左僕射、右僕射，其三京宰相府遼有五京，上京爲皇都，朝官京官皆有之。四京隨宜制官，爲制不一。西京多邊防官，南京、中京多財賦官。三京謂東京、中京、南京也。有左相、右相、左平章事、右平章事，蓋既得燕代後，倣唐制也。

（清）嵇璜等《續通典》卷二七《職官·尚書下·吏部尚書》　遼北面官有南樞密院掌文銓，視吏部，而部族丁賦之政亦與焉。南面官吏部有尚書侍郎、郎中、員外郎。

（清）嵇璜等《續通典》卷二七《職官·尚書下·户部尚書》　遼北面官有北南大王二院，掌部族軍民之政，視户部。南面官有户部尚書、侍郎、郎中、員外郎，並同吏部。

（清）嵇璜等《續通典》卷二七《職官·尚書下·禮部尚書》　遼北面官以多囉倫穆騰司掌禮儀，視禮部。南面官有禮部尚書、侍郎、郎中、員外郎。

（清）嵇璜等《續通典》卷二七《職官·尚書下·兵部尚書》　遼北面官有北樞密院，掌兵機、武銓、群牧之政，視兵部。南面官有兵部尚書、侍郎、郎中、員外郎。

（清）嵇璜等《續通典》卷二七《職官・尚書下・刑部尚書》 遼北面官有伊勒希巴院，掌刑獄事，視刑部。南面官有刑部尚書、侍郎、郎中、員外郎等官。

（清）嵇璜等《續通典》卷二七《職官・尚書下・工部尚書》 遼北面官有宣徽北南二院，掌御前祗應之事，視工部。南面官有工部尚書、侍郎、郎中、員外郎等官。

遼朝・北面官

綜 述

《遼史》卷四五《百官志・北面・北面朝官》 契丹北樞密院。掌兵機、武銓、羣牧之政，凡契丹軍馬皆屬焉。以其牙帳居大內帳殿之北，故名北院。元好問所謂北衙不理民是也。

北院樞密使。

知北院樞密使事。

知樞密院事。

北院樞密副使。

知北院樞密副使事。

同知北院樞密使事。

簽書北樞密院事。

北院都承旨。

北院副承旨。

北院林牙。

知北院貼黄。

給事北院知聖旨頭子事。

掌北院頭子。

北樞密院敞史。

北院郎君。

北樞密院通事。

北院掾史。

北樞密院中丞司。

北南樞密院點檢中丞司事。

總知中丞司事。

北院左中丞。

北院右中丞。

同知中丞司事。

北院侍御。

契丹南樞密院。掌文銓、部族、丁賦之政，凡契丹人民皆屬焉。以其牙帳居大內之南，故名南院。元好問所謂南衙不主兵是也。

南院樞密使。

知南院樞密使事。

知南院樞密事。

南院樞密副使。

知南院樞密副使事。

同知南院樞密使事。

簽書南樞密院事。

南院都承旨。

南院副承旨。

南院林牙。

知南院貼黄。

給事南院知聖旨頭子事。

掌南院頭子。

南樞密院敞史。

南院郎君。

南樞密院通事。

南院掾史。

南樞密院中丞司。

北南樞密院點檢中丞司事。
總知中丞司事。
南院左中丞。
南院右中丞。
同知中丞司事。
南院侍御。

《遼史》卷四五《百官志·北面·北面朝官》 北宰相府。掌佐理軍國之大政，皇族四帳世預其選。

北府左宰相。
北府右宰相。
總知軍國事。
知國事。
南宰相府。掌佐理軍國之大政，國舅五帳世預其選。
南府左宰相。
南府右宰相。
總知軍國事。
知國事。

《遼史》卷四五《百官志·北面·北面朝官》 北大王院。分掌部族軍民之政。

北院大王。初名迭剌部夷離菫，太祖分北、南院，太宗會同元年改夷離菫爲大王。
知北院大王事。
北院太師。
北院太保。
北院司徒。
北院司空。
北院郎君。
北院都統軍司。掌北院從軍之政令。
北院統軍使。
北院副統軍使。
北院統軍都監。
北院詳穩司。掌北院部族軍馬之政令。
北院詳穩。
北院都監。
北院將軍。
北院小將軍。
北院都部署司。掌北院部族軍民之事。
北院都部署。
北院副部署。
南大王院。分掌部族軍民之政。
南院大王。
知南院大王事。
南院太師。
南院太保。天慶八年，省南院太保。
南院司徒。
南院司空。
南院郎君。
南院都統軍司。掌南院從軍之政令。
南院統軍使。
南院副統軍使。
南院統軍都監。
南院詳穩司。掌南院部族軍馬之政令。
南院詳穩。
南院都監。
南院將軍。
南院小將軍。
南院都部署司。掌南院部族軍民之事。
南院都部署。
南院副部署。

《遼史》卷四五《百官志·北面·北面朝官》 宣徽北院。太宗會同元年置，掌北院御前祗應之事。

北院宣徽使。

知北院宣徽事。

北院宣徽副使。

同知北院宣徽事。

宣徽南院。會同元年置，掌南院御前祗應之事。

南院宣徽使。

知南院宣徽事。

南院宣徽副使。

同知南院宣徽事。

《遼史》卷四五《百官志・北面・北面朝官》 大于越府。無職掌，班百僚之上，非有大功德者不授，遼國尊官，猶南面之有三公。太祖以遥輦氏于越受禪。終遼之世，以于越得重名者三人：耶律曷魯、屋質、仁先，謂之三于越。

大于越。

《遼史》卷四五《百官志・北面・北面朝官》 大惕隱司。太祖置，掌皇族之政教。興宗重熙二十一年，耶律義先拜惕隱，戒族人曰：國家三父房最爲貴族，凡天下風化之所自出，不孝不義，雖小不可爲。其妻晋國長公主之女，每見中表，必具禮服。義先以身率先，國族化之。遼國設官之實，於此可見。太祖有國，首設此官，其後百官擇人，必先宗姓。

惕隱。亦曰梯里已。

知惕隱司事。

惕隱都監。

《遼史》卷四五《百官志・北面・北面朝官》 夷離畢院。掌刑獄。

夷離畢。

左夷離畢。

右夷離畢。

知左夷離畢事。

知右夷離畢事。

敞史。

選底。掌獄。

《遼史》卷四五《百官志・北面・北面朝官》 大林牙院。掌文翰之事。

北面都林牙。

北面林牙承旨。

北面林牙。

左林牙。

右林牙。

《遼史》卷四五《百官志・北面・北面朝官》 敵烈麻都司。掌禮儀。

敵烈麻都。

總知朝廷禮儀。

總禮儀事。

（清）嵇璜等《續通典》卷二五《職官・宰相并官屬》 遼北面官北宰相府宰相下有總知軍國事、知國事等官，南宰相府亦有總知軍國事、知國事等官。南面官中書省有堂後官、主事、守當官，尚書省有左右司郎中、左右司員外郎。

（清）嵇璜等《續通典》卷二六《職官・尚書上・樞密院》 遼北樞密院掌兵機、武銓、群牧之政。有北院樞密使。南樞密院掌文銓部屬丁賦之政，同吏部亦有樞密使。南面官樞密院有樞密使。太宗大同元年，以李崧爲樞密使。

（清）嵇璜等《續通典》卷二六《職官・尚書上・樞密院》 遼北面官有知北院樞密使事、知北院樞密院事，南樞密院亦有知南院樞密使事、知南院樞密院事。南面官有知樞密使事、知樞密院事。

（清）嵇璜等《續通典》卷二六《職官・尚書上・樞密院》 遼北面官北樞密院有同知北院樞密使事，南樞密院亦有同知南院樞密使事。南面官樞密院有同知樞密院事。聖宗太平六年，以耶律迷離已同知樞密院事。

（清）嵇璜等《續通典》卷二六《職官・尚書上・樞密院》 遼北面官北樞密院有北院樞密副使、知北院樞密副使事，南樞密院有南院樞密副使、知南院樞密副使事。南面官樞密院有樞密副使、知樞密副使事。興宗重熙十二年，以楊晳知樞密院副使事。

（清）嵇璜等《續通典》卷二六《職官・尚書上・樞密院》　遼北面官北樞密院有簽書北樞密院事。南樞密院有簽書南樞密院事。南面官有樞密直學士。聖宗統和二年，郭嘏爲樞密直學士。

（清）嵇璜等《續通典》卷二六《職官・尚書上・樞密院》　遼北面官北樞密院有北院都承旨，南樞密院亦有南院都承旨。南面官樞密院有都承旨。聖宗開泰九年，以韓紹芳爲樞密院都承旨。

（清）嵇璜等《續通典》卷二六《職官・尚書上・樞密院》　遼北面官北樞密院有北院副承旨，南樞密院有南院副承旨。南面官樞密院有副承旨。重熙中，以楊遵勗爲副承旨。

（清）嵇璜等《續通典》卷二六《職官・尚書上・樞密院》　遼無檢詳官。其北面官北樞密院有北南樞密院檢點中丞司事、總知中丞司事、左右中丞、同知中丞司事、侍御等官，南院亦如之。南面官樞密院有吏兵户廳四房承旨。

遼朝・南面官

綜　述

《遼史》卷四七《百官志・南面・南面朝官》　遼有北面朝官矣，既得燕、代十有六州，乃用唐制，復設南面三省、六部、臺、院、寺、監、諸衛、東宫之官。誠有志帝王之盛制，亦以招徠中國之人也。三師府。本名三公，漢以丞相、太尉、御史大夫爲三公，故稱三師。

太師。穆宗應曆三年見太師唐骨德。

太傅。太宗會同元年命馮道守太傅。

太保。會同元年劉昫守太保。

少師。《耶律資忠傳》見少師蕭把哥。

少傅。

少保。

掌印。耶律乙辛，重熙中掌太保印。

《遼史》卷四七《百官志・南面・南面朝官》　三公府。先漢丞相、太尉、御史大夫，後漢更名大司徒、大司馬、大司空，唐太尉、司徒、司空，又名三司。

太尉。太宗天顯十一年見太尉趙思温。

司徒。世宗天禄元年見司徒劃設。

司空。聖宗統和三十年見司空邢抱質。

《遼史》卷四七《百官志・南面・南面朝官》　漢人樞密院。本兵部之職，在周爲大司馬，漢爲太尉。唐季宦官用事，內置樞密院，後改用士人。晋天福中廢，開運元年復置。太祖初有漢兒司，韓知古總知漢兒司事。太宗入汴，因晋置樞密院，掌漢人兵馬之政，初兼尚書省。

樞密使。太宗大同元年見樞密使李崧。

知樞密使事。

知樞密院事。

樞密副使。楊遵勗，咸雍中爲樞密副使。

同知樞密院事。聖宗太平六年見同知樞密院事耶律迷離已。

知樞密院副使事。楊晳，興宗重熙十二年知樞密院副使事。

樞密直學士。聖宗統和二年見樞密直學士郭嘏。

樞密都承旨。聖宗開泰九年見樞密都承旨韓紹芳。

樞密副承旨。楊遵勗，重熙中爲樞密副承旨。

吏房承旨。

兵刑房承旨。

户房主事。

廳房即工部主事。

《遼史》卷四七《百官志・南面・南面朝官》　中書省。初名政事省。太祖置官，世宗天禄四年建政事省，興宗重熙十三年改中書省。

中書令。韓延徽，太祖時爲政事令；韓知古，天顯初爲中書令；會同五年又見政事令趙延壽。

大丞相。太宗大同元年見大丞相趙延壽。

左丞相。聖宗太平四年見左丞相張儉。

右丞相。聖宗開泰元年見右丞相馬保忠。
知中書省事。蕭孝友，興宗重熙十年知中書省事。
中書侍郎。韓資讓，壽隆初爲中書侍郎。
同中書門下平章事。太祖加王郁同政事門下平章事，太宗大同元年見平章事張礪。
參知政事。聖宗統和十二年見參知政事邢抱朴。
堂後官。太平二年見堂後官張克恭。
主事。
守當官。並見耶律儼《建官制度》。
令史。耶律儼，道宗咸雍三年爲中書省令史。
中書舍人院。
中書舍人。室昉，景宗保寧間爲政事舍人；道宗咸雍三年見中書舍人馬鉉。
右諫院。
右諫議大夫。聖宗統和七年見諫議大夫馬得臣。
右補闕。
右拾遺。劉景，穆宗應曆初爲右拾遺。

《遼史》卷四七《百官志・南面・南面朝官》　門下省。
侍中。趙思忠，太宗會同中爲侍中。
常侍。興宗重熙十四年見常侍韓古得。
散騎常侍。馬人望，天祚乾統中爲左散騎常侍。
給事中。聖宗統和二年見給事中郭嘏。
門下侍郎。楊皙，清寧初爲門下侍郎。
起居舍人院。
起居舍人。聖宗開泰五年見起居舍人程翥。
知起居注。耶律敵烈，重熙末知起居注。
起居郎。杜防，開泰中爲起居郎。
左諫院。
左諫議大夫。
左補闕。
左拾遺。統和三年見左拾遺劉景。
通事舍人院。
通事舍人。統和七年見通事舍人李琬。
符寶司。
符寶郎。耶律玦，重熙初爲符寶郎。
東上閤門司。太宗會同元年置。
東上閤門使。《韓延徽傳》見東上閤門使鄭延豐。
東上閤門副使。
西上閤門司。
西上閤門使。統和二十一年見西上閤門使丁振。
西上閤門副使。
東頭承奉班。
東頭承奉官。韓德讓，景宗時爲東頭承奉官。
西頭承奉班。
西頭承奉官。
通進司。
左通進。
右通進。耶律瑤質，景宗時爲右通進。
登聞鼓院。
登聞鼓使。
匭院。
知匭院使。太平三年見知匭院事杜防。
誥院。
誥院給事。耶律鐸斡，重熙末爲誥院給事。

《遼史》卷四七《百官志・南面・南面朝官》　尚書省。太祖嘗置左右尚書。
尚書令。蕭思温，景宗保寧初爲尚書令。
左僕射。太祖初康默記爲左尚書，三年見左僕射韓知古。
右僕射。太宗會同元年見右僕射烈束。
左丞。武白爲尚書左丞。

右丞。

左司郎中。

右司郎中。

左司員外郎。

右司員外郎。

六部職名總目：

某部。

某部尚書。聖宗開泰元年見吏部尚書劉績。

某部侍郎。王觀，興宗重熙中爲兵部侍郎；李澣，穆宗朝累遷工部侍郎。

某部郎中。劉輝，道宗大安末爲禮部郎中。

某部員外郎。開泰五年見禮部員外郎王景運。

某部郎中。聖宗統和九年見虞部郎中崔祐。諸曹郎官未詳。

《遼史》卷四七《百官志・南面・南面朝官》 御史臺。太宗會同元年置。

御史大夫。會同九年見御史大夫耶律解里。

御史中丞。

侍御。重熙七年見南面侍御壯骨里。

《遼史》卷四七《百官志・南面・南面朝官》 翰林院。掌天子文翰之事。

翰林都林牙。興宗重熙十三年見翰林都林牙耶律庶成。

南面林牙。耶律磨魯古，聖宗統和初爲南面林牙。

翰林學士承旨。《趙延壽傳》見翰林學士承旨張礪。

翰林學士。太宗大同元年見和凝爲翰林學士。

翰林祭酒。韓德崇，景宗保寧初爲翰林祭酒。

知制誥。室昉，太宗入汴，詔知制誥。

翰林畫院。

翰林畫待詔。聖宗開泰七年見翰林畫待詔陳升。

翰林醫官。天祚保大二年見提舉翰林醫官李奭。

《遼史》卷四七《百官志・南面・南面朝官》 國史院。

監修國史。聖宗統和九年見監修國史室昉。

史館學士。景宗保寧八年見史館學士。

史館修撰。劉輝，大安末爲史館修撰。

修國史。耶律玦，重熙初修國史。

《遼史》卷四七《百官志・南面・南面朝官》 宣徽院。太宗會同元年置。

宣徽使。

知宣徽院事。馬得臣，統和初知宣徽院事。

宣徽副使。

同知宣徽使事。

同知宣徽院事。

《遼史》卷四七《百官志・南面・南面朝官》 寺官職名總目：

某卿。興宗景福元年見崇祿卿李可封。

某少卿。耶律儼子處貞爲太常少卿。

某丞。

某主簿。

太常寺。有博士、贊引、太祝、奉禮郎、協律郎。

諸署職名總目：

某署令。

某署丞。

太樂署。

鼓吹署。

法物庫。《遼朝雜禮》有法物庫所掌圖籍。

法物庫使。

法物庫副使。

崇祿寺。本光祿寺，避太宗諱改。

衛尉寺。

宗正寺。職在大惕隱司。

太僕寺。有乘黃署。

大理寺。有提點大理寺，有大理正，聖宗統和十二年置。

鴻臚寺。

司農寺。

《遼史》卷四七《百官志·南面·南面朝官》 諸監職名總目：

某太監。興宗景福元年見少府監馬憚。

某少監。興宗重熙十七年見將作少監王企。

某監丞。

某監主簿。

祕書監。有祕書郎，祕書郎正字。

著作局。

著作郎。

著作佐郎。楊晳，聖宗太平十一年爲著作佐郎。

校書郎。楊佶，統和中爲校書郎。

正字。開泰元年見正字李萬。

司天監。有太史令，有司曆，靈臺郎，挈壺正，五官正，丞，主簿，五官靈臺郎、保章正、司曆、監候、挈壺正、司辰，刻漏博士，典鐘，典鼓。

國子監。上京國子監，太祖置。

祭酒。

司業。

監丞。

主簿。

國子學。

博士。武白爲上京國子博士。

助教。

太府監。

少府監。

將作監。

都水監。

已上文官。

（清）嵇璜等《續通典》卷二五《職官·中書省》 遼太祖始置政事省，建設官屬。重熙十三年，改爲中書省，置中書令、大丞相、左右丞相、知中書省事、中書侍郎、同中書門下平章事、參知政事、堂後官、主事、守當官、令史、中書舍人、右諫議大夫、補闕拾遺等官。

（清）嵇璜等《續通典》卷二六《職官·尚書上·尚書省》 遼南面官尚書省有尚書令、左右僕射、左右丞、左右司郎中、員外郎等官。

（清）嵇璜等《續通典》卷二六《職官·尚書上·尚書令》 遼尚書省有尚書令，景宗保寧中以蕭思温爲尚書令。

（清）嵇璜等《續通典》卷二六《職官·尚書上·僕射》 遼尚書省置左右僕射。太祖神册三年，以韓知古爲左僕射。太宗會同元年，以烈束爲右僕射。太祖初，以康默記爲左尚書。

（清）嵇璜等《續通典》卷二六《職官·尚書上·左右丞》 遼尚書省置左丞、右丞。

（清）嵇璜等《續通典》卷二六《職官·尚書上·左右司郎中 左右司員外郎》 遼尚書省置左右司郎中、左右司員外郎。

（清）嵇璜等《續通典》卷二六《職官·尚書上·歷代尚書》 遼南面官六部各有尚書，員數不可考。按《遼史·百官志》紀六部職名總目祇載開泰元年見吏部尚書劉績，他部俱不詳載。是時六部爲南面之官，其職分皆倣唐制，大約六部皆置尚書，而史僅載某部尚書某人以實之者，殆修《遼史》時已無可考也。

（清）嵇璜等《續通典》卷二六《職官·尚書上·歷代郎官》 遼南面官尚書省有左右司郎中、左右司員外郎。按：遼南面官六部當皆有郎中、員外郎，而史未詳。就所載者，劉輝道於大安時爲禮部郎中，王景運於開泰時爲禮部員外郎，崔祐於統和時爲虞部郎中，則知六部之皆設是官矣。

（清）嵇璜等《續通典》卷二九《職官·諸卿上·總論諸卿》 遼南面官太常、光禄、後改爲崇禄以避太宗諱也衛尉、宗正、太僕、大理、鴻臚、司農八寺與唐宋同，各置卿、少卿，惟改太府爲監，置太監、少監等官。

（清）嵇璜等《續通典》卷二九《職官·諸卿上·太常寺》 遼南面官有太常寺卿、少卿，掌祭祀之事。

（清）嵇璜等《續通典》卷二九《職官·諸卿上·光禄卿》 遼南面官初設光禄寺，後改爲崇禄寺，有卿、少卿、丞、主簿等官。

（清）嵇璜等《續通典》卷二九《職官·諸卿上·衛尉卿》 遼北面官有北面御帳官、侍衛司、近侍詳衮司、北護衛府、南護衛府、宿衛司官屬，掌巡徼御帳。南面官亦有衛尉寺。

（清）嵇璜等《續通典》卷二九《職官·諸卿上·宗正卿》　遼太祖神册二年，置大特哩袞司，掌皇族之政令，設官曰特哩袞，又名德爾吉。知特哩袞司事、特哩袞司事。興宗重熙中，耶律義先拜特哩袞戒族人曰：國家三父房最爲貴族，凡天下風化之所自出，不孝不義，雖小不可爲。其妻晋國長公主之女，每見中表，必具禮服。義先以身率先，國人化之。南面官有宗正寺，屬大特哩袞司。

（清）嵇璜等《續通典》卷二九《職官·諸卿上·太僕卿》　遼北面官有尚廄使、尚廄副使、飛龍使、飛龍副使，總領内外廄馬等官。南面官亦設太僕寺。

（清）嵇璜等《續通典》卷二九《職官·諸卿上·大理卿》　遼聖宗統和十二年，南面官置大理寺，有提點大理寺、大理正等官。

（清）嵇璜等《續通典》卷三〇《職官·諸卿中·鴻臚寺》　遼北面官有客省局使、副使等官，南面官客省有都客省、興宗重熙十年，以回鶻祟格爲都客省。客省使、太宗會同五年，以耶律華格爲客省使。左客省使、穆宗應曆中，以蕭和斯爲左客省使。右客省使、客省副使等官。南面鴻臚寺亦置卿、少卿。

（清）嵇璜等《續通典》卷三〇《職官·諸卿中·司農卿》　遼南面官有司農寺，置卿、少卿等官。

（清）嵇璜等《續通典》卷三〇《職官·諸卿中·太府卿》　遼南面官置太府監，有太監、少監、監丞、主簿等官。

（清）嵇璜等《續通典》卷三〇《職官·諸卿中·秘書監》　遼南面祕書監有大監、少監。

（清）嵇璜等《續通典》卷三一《職官·諸卿下·少府監》　遼南面官亦有少府監。

（清）嵇璜等《續通典》卷三一《職官·諸卿下·國子監》　遼南面上京國子監太祖置。有祭酒，中京亦有國子監，設官與上京同。

金朝·總叙

綜述

（宋）宇文懋昭《大金國志》卷九《紀年九》　陞所居曰會寧府，建爲上京，仍改官制。初，宋使宇文虛中留其國，至是受北朝官，爲之參定其制。

以太師、太傅、太保爲三師，太尉、司徒、司空爲三公。

尚書省置令一人。次左右丞相，皆平章事。左右丞，皆參知政事。侍中、中書令，皆居丞相之下爲兼職。

元帥府置都元帥，左右副元帥，左右監軍，左右都監。

樞密院置使、副，簽書院事。

大宗正府置判，同簽書。

宣徽院置左右使，同知、簽書使。

六部初置吏、户、禮三侍郎，後置三尚書，仍兼兵、刑、工。既而六曹皆置尚書、郎官，左右司及諸曹皆備。

國史院置監修，以宰相兼領。次修史，同修史。

御史臺置大夫、中丞、侍御史以下，而大夫不除。中丞〔推〕〔惟〕掌訟牒及斷獄會法。

諫院置左右諫議大夫，補闕、拾遺，竝以他官兼之，與臺官皆充員而已。

翰林學士院置承旨學士，侍讀、侍講學士，直學士，待制，修撰，而承旨不除。

殿前司置都點檢，左、右副點檢，左、右衛軍。

勸農司置（副）使〔副〕。

記注院置修注。

太常寺置卿、少。

秘書省置監、少，以下皆備。

國子〔監〕官不設。

外道〔置〕轉運使而不刺舉，故官吏無所憚，都事、令史用登進士第者（須）〔預〕其選。官無磨勘之法，每一任轉一官，此其大略也。

封左副元帥粘罕晉國王、領三省事，除元帥府（左）〔右〕監軍兀室尚書左丞相。

二帥乃金主所忌，故以相位易兵柄。是時劉豫有侵江之請，窩里嗢行，則二帥兵柄已去矣。

封太宗長子宗盤爲宋國王、領三省事，冀王窩里嗢、魯王撻懶，正除左右副元帥。故宗盤雖得三公之位，失望儲貳之除，以至謀畔，蓋始于此也。未幾，窩里嗢死，以撻懶代之，進除左監軍，兀朮爲右副元帥。除知燕京樞院事韓企先尚書右丞相，西京留守高慶裔尚書左丞，蕭慶尚書右丞。三人皆粘罕腹心，故不欲用之于外。

（宋）洪皓《松漠紀聞續》 天眷二年，奏請定官制劄子：竊以設官分職，創制立法者，乃帝王之能事而不可闕者也。在昔致治之主，靡不皆然。及世之衰也，侵冒放紛，官無常守，事與言戾，實由名喪，至於不可復振。逮聖人之作也，剗弊救失，乘時變通，致治之具，然後煥然一新，九變復貫，知言之選，其此之謂矣。太祖皇帝聖武經略，文物度數，曾不遑暇。太宗皇帝嗣位之十二載也，威德暢洽，萬里同風，聰明自民，不凝於物。始下明詔，建官正名，欲垂範於將來，以爲民極。聖謨弘遠，可舉而行，克成厥終，正在今日。伏惟皇帝陛下，天性孝德，欽奉先猷，爰命有司，用精詳訂。臣等謹按：當唐之治朝，品位爵秩，考覈選舉，其法號爲精密。尚慮拘牽，故遠自開元所記，降及遼宋之傳，參用講求。有便於今者，不必泥古，取正於法者，亦無徇習。今先定到官號品次職守，上進御府，以塵乙覽。恭俟聖斷，曲加是正。言順事成，名賓實舉，興化阜民，於是乎在。凡新書未載，並乞姑仍舊貫。徐用討論，繼此奏請。臣等顧惟虛薄，講究不能及遠，以塞明命是懼。倘涓埃有取，伏乞先賜頒降施行。答詔曰：朕聞可則循，否則革，事不憚於改。爲言之易，行之難，政或譏於欲速。審以後舉，示將不刊。爰自先皇，已頒明命；順考古道，作新斯人。欲端本於朝廷，首建官於臺省。豈止百司之職守，必也正名；是將一代之典章，無乎不在。能事未畢，眇躬嗣承。懼墜先猷，惕增夕厲，勉圖繼述，申命講求。雖曰法唐，宜後先之一揆；至於因夏，固損益之殊途。務折衷以適時，肆於今而累歲。庶同乃繹，僅至有成，掇所先行，用敷衆聽。作室肯構，第遵底法之良；若網在綱，庶弭有條之紊。自餘款備，繼此施陳。已革乃孚，行取四時之信；所由適治，揭爲萬世之常。凡在見聞，共思遵守。翰林學士韓昉撰詔書曰：皇祖有訓，非繼體者所敢忘；聖人無心，每立事於不得已。朕丕承洪緒，一紀於茲；祇遹先猷，百爲不越。故在朝廷之上，其猶草昧之初。比以大臣力陳懇奏，謂綱紀之未舉，在國家以何觀。且名可言，而言可行，所由集事；蓋變則通，而通則久，故用裕民。宜法古官，以開政府。正號以責實效，著儀而辨等威。天有雷風，辭命安得不作；人皆顔閔，印符然後可捐。凡此數條，皆今急務。禮樂之備，源流在茲，祈以必行，斷宜有定。仰惟先帝，亦鑒微衷。神豈可誣，方在天而對越；時由偶異，若易地則皆然。是用載惟，殆非相反。何必改作，蓋嘗三復於斯言，皆曰可行，庶將一變而至道。乃從所議，用創新規。維茲故土之風，頗尚先民之質。性成於習，遽易爲難；政有所因，姑宜仍舊。漸祈胥效，翕致大同。凡在邇遐，當體朕意。其所改創事件，宜令尚書省就便從宜施行。

（宋）洪遵《松漠紀聞補遺》 虜中中丞唯掌訟牒，若斷獄會法。或春山秋水，謂去國數百里，逐水草而居處。從駕在外，衛兵物故，則掌其骸骼，至國則歸其家。諫官並以他官兼之，與臺官皆備員，不彈擊。外道雖有漕使，亦不刺舉，故官吏贓穢，略無所憚。

《金史》卷五五《百官志》 金自景祖始建官屬，統諸部以專征伐，嶷然自爲一國。其官長，皆稱曰勃極烈，故太祖以都勃極烈嗣位，太宗以諳版勃極烈居守。諳版，尊大之稱也。其次曰國論忽魯勃極烈，國論言貴，忽魯猶總帥也。又有國論勃極烈，或左右置，所謂國相也。其次諸勃極烈之上，則有國論、乙室、忽魯、移賚、阿買、阿舍、昊、迭之號，以爲陛拜宗室功臣之序焉。其部長曰孛堇，統數部者曰忽魯。凡此，至熙宗定官制皆廢。

其後惟鎮撫邊民之官曰秃里，烏魯骨之下有掃穩脱朵，詳穩之下有麼忽、習尼昆，此則具於官制而不廢，皆踵遼官名也。

漢官之制，自平州人不樂爲猛安謀克之官，始置長吏以下。天輔七年以左企弓行樞密院於廣寧，尚踵遼南院之舊。天會四年，建尚書省，遂有三省之制。至熙宗頒新官制及換官格，除拜内外官，始定勳封食邑人銜，而後其制定。然大率皆循遼、宋之舊。海陵庶人正隆元年罷中書門下省，止置尚書省。自省而下官司之別，曰院、曰臺、曰府、曰司、曰寺、曰監、曰局、曰署、曰所，各統其屬以修其職。職有定位，員有常數，紀綱明，庶務舉，是以終金之世守而不敢變焉。

大定二十八年，在仕官一萬九千七百員，四季赴選者千餘，歲數監差者三千。明昌四年奏，周歲，官死及事故者六百七十，新入仕者五百一十，見在官萬一千四百九十九，内女直四千七百五員，漢人六千七百九十四員。至泰和七年，在仕官四萬七千餘，四季部擬授者千七百，監官到部者九千二百九十餘，則三倍世宗之時矣。

若宣宗之招賢所、經略司，義宗之益政院，雖危亡之政亦必列於其次，以著一時之事云。

（明）楊循吉《金小史》卷四　蓋豫立六年而吴乞買死，吴乞買初立時，凡事皆因女真舊俗而已，及得燕京，用左企弓等，始學中國，置中書省、樞密院于廣寧府，而國中宰相自用女真，官號所謂勃極烈者是也，或三人，或四人，無定員，蓋蕃漢制並用。其後省移平州，又並燕京，謂之漢宰相，專治漢地，凡選授調發租税，皆得自決。時則有漢人劉彦宗、時立愛知樞密院事，彦宗死，韓企先代，三人皆遼臣也。彦宗有治劇才，亦嘗總戎南伐。而企先號通經史，吴乞買尤特任之。企先乃爲吴乞買斟酌前代故事，立制度，而女真從是有文章、禮樂矣。吴乞買之既執遼君也，遂建乾元殿於上京，受朝，上京即海古之地，金之舊土也。國言金，曰按出虎，以按出虎水源於此，故名金源。建國之號，蓋取諸此。初興，稱爲内地，其山有長白山、青嶺、馬紀嶺、完都魯山，水有按出虎水、混同江、來流河、宋瓦江、鴨子河。北爲國本，高麗在其東南，凡去高麗二千三百里。金襲遼制，建五京置十四總管府，是爲十九路。所謂五京者：一曰上京，在會寧府，今女真之地；二曰東京，在遼陽府，即遼故城；三曰北京，在大定府，即古高麗三韓之地；四曰西京，在大同府，即雲中；五曰南京，即燕山。又有得於遼者曰咸平路，亦故高麗銅山，而吴乞買南攻宋，後得河北東路、河北西路、山東東路、山東西路、大名府路、河東北路、河東南路、京兆府路、鳳翔路、鄜延路、慶原路、臨洮路凡十三路。其間惟河北自取，餘皆以封楚，楚滅封齊，而大略皆屬金，據金之所得合五京十三路，共十九路。蓋上京一路，是女真故地。東京、北京、西京、燕京、咸平五路得於遼，自汴京以下十三路得于宋，此金建國之大略也，其餘所統部族尤多。

（明）楊循吉《金小史》卷四　〔天會十三年〕是年四月，宋太上皇崩于五國城，年五十有四。始改女真官皆爲漢官，立三省、樞密院，餘皆同中國，而革去勃極烈不用。亶初忌粘罕、兀室二人握兵權重，吴乞買有長子曰宗磐，阿骨打有庶長子曰斡本，皆有欲封譖班心，於是皆以爲領三省事，以奪其兵權，而絶其覬立之心。由是諸人大失望，高慶裔、蕭慶皆在軍中，俱粘罕腹心也，乃悉罷爲三省官，而用撻懶、兀术爲元帥。

（清）嵇璜等《續通典》卷二三《職官》　金自景祖始建官屬，其官皆踵遼之舊，類多國語。天會四年，建尚書省，遂有三省之制。至熙宗始頒官制，及改易官格，除拜内外官，始以勳封食邑入銜，而後其制定，自省而下爲院爲臺爲府爲司爲寺爲監爲局爲署爲所，各統所屬，以修其職，事員簡而不濫，職定而不移，終金之世未嘗稍改。

金朝・尚書省

綜　述

《金史》卷五五《百官志・尚書省》　尚書省。尚書令一員，正一品，總領紀綱，儀刑端揆。

左丞相、右丞相各一員，從一品，平章政事二員，從一品，爲宰相，掌丞天子，平章萬機。

左丞、右丞各一員，正二品，參知政事二員，從二品，爲執政官，爲宰相之貳，佐治省事。

左司

郎中一員，正五品，國初置左、右司侍郎，天眷三年始更今名。舊凡視朝，執政官親執奏目，天德二年詔以付左、右司官，爲定制。員外郎一員，正六品，掌本司奏事，總察吏、户、禮三部受事付事，兼帶修起居注官，迴避其間記述之事。每月朔朝，則先集是月秩滿者爲簿，名曰闕本，及行止簿、貼黄簿、并官制同進呈，御覽畢則受而藏之。每有除拜，凡尚書省所不敢擬注者，則一闕具二三人以聽制授焉。都事二員，正七品，貞元二年，左右司官、宫中出身、并進士、令史三色人内通選。三年，以監察御史相應人取次稟奏，不復擬注。掌本司受事付事，檢勾稽失，省署文牘，兼知省内宿直，檢校架閣等事。右司所掌同。

右司

郎中一員，正五品，員外郎一員，正六品，掌本司奏事，總察兵、刑、工三部受事付事，兼帶修注官，迴避其間記述之事。都事二員，正七品。

尚書省祗候郎君管勾官，從七品，掌祗候郎君，謹其出入及差遣之事。承安二年以前，走馬郎君擬注。《泰和令》，以左右女直都事兼。正大間，改用親從人。

架閣庫大定二十一年六月設，仍以都事提控之。

管勾，舊二員，正大省一員。正八品，同管勾，舊二員，正大省一員。從八品，掌總察左右司大程官追付文牘，并提控小都監給受紙筆，餘管勾同。女直省令史三十五人，左二十人，右十五人。大定二十四年爲三十人，進士十人，宰執子、宗室子十人，密院臺部統軍司令史十人。漢令史三十五人，左二十一人、右十四人。省譯史十四人，左右各七人。女直譯史同。通事八人，左右各四人。高麗、夏國、回紇譯史四人，左右各二人。諸部通事六人。曳剌二十人。走馬郎君五十人。

提點歲賜所

左右司郎中、員外郎兼之，掌提點歲賜出入錢幣之事。

堂食公使酒庫

使一員，從八品，掌受給歲賜錢，總領庫事。

副一員，正九品，掌貳使事。

直省局

局長，從八品，掌都堂之禮及官員參謝之儀。

副局長，正九品，掌貳局長。

管勾尚書省樂工，從九品。

行臺之制。熙宗天會十五年，罷劉豫，置行臺尚書省於汴。天眷元年，以河南地與宋，遂改燕京樞密爲行臺尚書省。天眷三年，復移置於汴京。皇統二年，定行臺官品皆下中臺一等。

（清）嵇璜等《續通典》卷二五《職官·宰相并官屬》　金左丞相、右丞相各一員，平章政事二員，從一品，金鍍銀印，鍍金三字，爲宰相。左右丞各一員，正二品。參知政事二員，從二品。印與郡王及一品官同。金制，二品官金鍍銅印，惟宰相與親王一品同。爲執政官，爲宰相之貳，俱列於尚書省，位在尚書令下。熙宗時，率以宗室王公除拜丞相平章政事或參知政事，往往帶元帥銜，出則統軍，入則佐政，禮遇亦極優焉。海陵正隆元年，罷平章政事。時平章政事張暉罷，遂不置平章政事官。至世宗大定元年，始復置，以移剌充之。世宗即位，重任宰臣，屢加飭諭。大定元年，諭宰臣曰：進賢退不肖，宰臣之職。二年，又諭宰臣當參民間利害及時事之可否以時陳奏。四年，諭宰臣奏事當以治國安民爲要。五年，又諭宰臣盡公舉薦。六年，又諭宰臣當知人才優劣，舉實才爲國用。八年，又諭宰臣當輔不逮，毋阿順取容。十年，諭宰臣：朕居深宫不知外事，卿等當注意。大定二十四年，制外任官曾爲宰執者，凡吏牘上省部，依親王例免書名。二十五年，以宰臣年老，艱於久立，命左右置小榻廊下，使少休息。章宗明昌元年，幸宰臣圖克坦克寧第視疾，賜銀一千五百兩，絹二千疋。詔尚書省曰：太傅年高，每趨朝而又赴省，恐不易。自今旬休外四日一居休，庶得調攝，常事他相理問，惟大事白之可也。六年，賜宰臣手詔，以風俗不淳，官令苟且責之。承安三年，詔有司：宰相遇雨可循廊廡出入。五年，上與宰臣論置相，曰：圖克坦鑑，朕志先定，賈鉉如何。皆曰：知延安府事孫即康可。平章政事張萬公亦曰：即康及第先鉉一榜。上曰：至此安問榜次，特以賈才可用耳。其所以慎擇宰臣者如此。泰和元年，諭刑部官：凡上書人言及宰相者不得申省。是時平章政事張萬公乞致仕，已三四次矣。優詔不許。宣宗興定三年，以天暑，詔宰相四日一奏事。又詔宰相執政以下不得召部寺官。

（清）嵇璜等《續通典》卷二五《職官·門下省》　金太宗天會四年有三省之制，至海陵正隆元年，罷門下省，以太師領三省事。是初置而旋廢，故官屬多不可考。《金史·帝紀》、《列傳》、《百官志》中皆不載。

（清）嵇璜等《續通典》卷二五《職官·中書省》　金太宗天會四年，詔循宋遼之舊，建三省之制，未幾，至海陵正隆元年，即罷中書省，止置尚書省。

（清）嵇璜等《續通典》卷二六《職官・尚書上・尚書省》 金尚書省總領六部，尚書爲端揆首席。自正隆元年，罷中書門下兩省，政務專歸尚書省，職隆權重，幾同於古之尚書省矣。設官十五，尚書令一員，左右丞相二員，平章政事二員，參知政事二員，左右司郎中二員，左右司員外郎二員，都事四員。其官屬有尚書省祗候郎君，架閣庫管句、同管句，堂食公使酒庫使、副使，直省局局長、副局長，管句尚書省樂工等官。又設行臺尚書省，凡官品皆下中臺一等。始自太宗天會元年，封劉豫爲蜀王，置行臺尚書省於汴，以後大名路撫州、北京，婆速路上京、益都、陝西、河北、東平、平陽、邳州、京兆、衛州、鞏昌闋鄉，京東路陝州、京東，山東路鄧州、徐州、陳州皆置行省焉。因事設官，官不必備。

（清）嵇璜等《續通典》卷二六《職官・尚書上・尚書令》 金尚書令爲最尊之官，總領紀綱，儀刑端揆，統屬六部，尚書金印駞紐。世宗大定九年，除拜李石爲尚書令。詔曰：太后兄弟惟卿一人，故命令尚書事，軍國大事涉於利害議其可否，細務不煩卿也。是時，尚書令不輕授，張浩以舊官，完顔守道以功，徒單克寧以顧命，他罕有授者。

（清）嵇璜等《續通典》卷二六《職官・尚書上・僕射》 金尚書省不設僕射，置左丞相、右丞相各一員，平章政事二員，即爲丞相，掌輔天子，平章萬機，佐尚書令統領庶政，職與古之僕射同。

（清）嵇璜等《續通典》卷二六《職官・尚書上・左右丞》 金尚書省置左丞、右丞各一員，參知政事二員，爲執政官，爲宰相之貳，佐治省事。

（清）嵇璜等《續通典》卷二六《職官・尚書上・左右司郎中　左右司員外郎》 金尚書省左右司郎中各一員，左右司員外郎各一員。

（清）嵇璜等《續通典》卷二六《職官・尚書上・歷代尚書》 金制，吏部、户部、禮部、兵部、刑部、工部爲六部，各置尚書一人，共六人。

（清）嵇璜等《續通典》卷二六《職官・尚書上・歷代郎官》 金尚書省左右司郎中、左右司員外郎。詳見前六曹郎中八人，員外郎增損不一。海陵貞元二年，定左右司郎官宫中出身、進士、内史三色人内通選。三年，又定以監察御史相應人取次稟奏，不復擬注。

金朝・六部

綜　述

（宋）洪皓《松漠紀聞續》 省部有令史，以進士及第者爲之。又有譯史，或以練事，或以關節。凡遞勑或除州太守，告令史、譯史送之，大州三數百千，帥府千緡。若兀朮諸貴人除授，則令宰執子弟送之，獲數萬緡。

《金史》卷五五《百官志・六部》 六部，國初與左、右司通署，天眷三年始分治。

吏部

尚書一員，正三品。

侍郎一員，正四品。

郎中二員，從五品。天德二年，增作四員，後省。

員外郎，從六品。天德二年，增作四員，後省。

掌文武選授、勳封、考課、出給制誥之政。以才行勞效，比仕者之賢否；以行止、文册、貼黄簿，制名闕之機要。正七品以上，以名上省，聽制授。從七品以下，每至季月則循資格而擬注，自八品以上則奏，以下則否。侍郎以下，皆爲尚書之貳。郎中掌文武選、流外遷用、官吏差使、行止名簿、封爵制誥。一員掌勳級酬賞、承襲用廕、循遷、致仕、考課、議謚之事。員外郎分判曹務及參議事，所掌與郎中同。【略】

凡内外官之政績，所歷之資考，更代之期，去就之故，秩滿皆備陳於解由，吏部據以定能否。又撮解由之要，於銓擬時讀之，謂之銓頭。又會歷任銓頭，而書於行止簿。行止簿者，以姓爲類，而書各人平日所歷之資考功過者也。又爲簿，列百司官名，有所更代，則以小黄綾書更代之期，及所以去就之故，而制其銓擬之要領焉。

凡縣令，則省除、部除者通書而各疏之。

泰和四年，定考課法，准唐令，作四善、十七最之制。四善之一曰德義有聞，二曰清慎明著，三曰公平可稱，四曰勤恪匪懈。十七最之一曰禮樂興行，肅清所部，爲政教之最。二曰賦役均平，田野加闢，爲牧民之最。三曰決斷不滯，與奪當理，爲判事之最。四曰鈐束吏卒，姦盗不滋，爲嚴明之最。五曰案簿分明，評擬均當，爲檢校之最。以上皆謂縣令、丞簿、警巡使副、録事、司候、判官也。六曰詳斷合宜，咨執當理，爲幕職之最。七曰盗賊消弭，使人安静，爲巡捕之最。八曰明於出納，物無損失，爲倉庫之最。九曰訓導有方，生徒充業，爲學官之最。十曰檢察有方，行旅無滯，爲關津之最。十一曰隄防堅固，備禦無虞，爲河防之最。十二曰出納明敏，數無濫失，爲監督之最。十三曰謹察禁囚，輕重無怨，爲獄官之最。十四曰物價得實，姦濫不行，爲市司之最，謂市令也。十五曰戎器完肅，扞守有方，爲邊防之最，謂正副部隊將、鎮防官也。十六曰議獄得情，處斷公平，爲法官之最。十七曰差役均平，盗賊止息，爲軍職之最，謂都軍、軍轄也。

凡縣令以下，三最以上有四善或三善者爲上，陞一等；三最以上有二善者爲中，減兩資歷；二最以上有一善爲下，減一資歷。節度判官、防禦判官、軍判以下，一最而有四善或三善爲上，減一資歷；一最而有二善爲中，陞爲榜首；一最而有一善爲下，陞本等首。又以明昌四年所定，軍民俱稱爲廉能者是爲廉能官之制，參於其間而定其甄擢焉。

宣宗興定元年，行辟舉縣令法，以六事考之，一曰田野闢，二曰户口增，三曰賦役平，四曰盗賊息，五曰軍民和，六曰詞訟簡。六事俱備爲上等，升職一等；兼四事者爲中等，減二資歷；其次爲下等，減一資歷；否則爲不稱職，罷而降之，平常者依本格。【略】

皇統五年，以古官曰牧、曰長，各有總名，今庶官不分類爲名，於文移不便。遂定京府尹牧、留守、知州、縣令、詳穩、羣牧爲長官，同知、簽院、副使、少尹、通判、丞曰佐貳官，判官、推官、掌書記、主簿、縣尉爲幕職官，兵馬司及它司軍者曰軍職官，警巡、市令、録事、司候、諸參軍、知律、勘事、勘判爲釐務官，應管倉庫院務者曰監當官，監當官出大定制。知事孔目以下行文書者爲吏。

凡除拜，尚書令、左右丞相以下，品不同者，則帶守字。左右丞則帶行守字。凡臺官、御史、部官、京尹、少尹、守令、丞、簿、尉、録事、諸卿少至協律、評事、諫官、國子監學官、諸監至丞郎、符寶郎、東宫詹事、率府、僕正副、令丞、王府官、散官高於職事者帶行字，職事高於散官一品者帶守字，二品者帶試字，品同者皆否。

猛安、謀克、翰林待制、修撰、判、推、勘事官、都事、典事、知事、内承奉、押班、通事舍人、通進、編修、勾當、頓舍、部役、廨官、受給管勾、巡河官、直省直院長副、諸檢法、知法、司正、教授、司獄、司候、東宫諭德、贊善、掌寶、典儀以下，王府文學、記事參軍，並帶充字。樞密、宣徽、勸農、諸軍都指揮、統軍、轉運使、招討、提刑、節度、羣牧、防禦、客省、引進、四方館、閤門、太醫、教坊、鷹坊、警巡、巡檢、諸司局倉庫務使副，皆帶充字及知某事。

凡帶知、判、簽書字者，則不帶行、守、試字。以上所帶字，品同者則否。

自三師、三公、平章政事、元帥以下至監軍、東宫三師、三少、點檢至振肅、承旨、學士、王傅、副統、招討，及前所不載者，皆不帶行、守、試、知、充字。

主事四員，從七品，掌知管差除、校勘行止，分掌封勳資考之事，惟選事則通署，及掌受事付事、檢勾稽失省署文牘，兼知本部宿直、檢校架閣。餘部主事，自受事付事以下，所掌並同此。皇統四年，六部主事始用漢士人。大定三年，用進士，非特旨不得擬吏人，如宰執保奏人材，不入常例。承安五年，增女直主事一員。令史六十九人，内女直二十九人。譯史五人，通事二人，與令史同。泰和八年，令史增十人。

架閣庫大定二十一年六月設，仍以主事提控之。

管勾，正八品，掌吏、兵兩部架閣，兼檢校吏部行止。以識女直、契丹、漢字人充，如無，擬識女直、漢字人充。

同管勾一員。

官誥院

提舉二員，掌署院事。以吏部郎中、翰林修撰各一人充。

《金史》卷五五《百官志・六部》户部

尚書一員，正三品。

侍郎二員，正四品。泰和八年減一員，大安二年復增。

郎中三員，從五品。天德二年置五員，泰和省作二員，又作四員，貞祐四年置八員，五年作六員。

員外郎三員，從六品。

郎中而下，皆以一員掌户籍、物力、婚姻、繼嗣、田宅、財業、鹽鐵、酒麴、香茶、礬錫、丹粉、坑冶、榷場、市易等事，一員掌度支、國用、俸禄、恩賜、錢帛、寶貨、貢賦、租税、府庫、倉廩、積貯、權衡、度量、法式、給授職田、拘收官物、并照磨計帳等事。《泰和令》作二員，後增一員，貞祐四年作六員，又作八員，五年作四員。

主事五員，從七品，女直司二員，通掌户度金倉等事，漢人司三員，同員外郎分掌曹事，泰和八年減一員，貞祐四年作八員，五年六員。兼提控編附條格、管勾架閣等事。令史七十二人，内女直十七人。譯史五人，通事二人。泰和八年增八人。

架閣庫

管勾一員，正八品，掌户、禮兩部架閣。大安三年以主事各兼之。

同管勾，從八品。

檢法，從八品。

勾當官五員，正八品。

貞元二年，設幹辦官十員，從七品。三年，置四員，尋罷之。四年，更設爲勾當官，專提控支納、管勾勘覆、經歷交鈔及香、茶、鹽引、照磨文帳等事。承安二年作四員，貞祐四年作十五員，五年作十員，興定元年五員，二年復作十員。

（清）嵇璜等《續通典》卷二七《職官・尚書下・户部尚書》 金户部尚書一人，掌土田財賦之事。世宗大定以後，重理財官，是時命伊喇道爲户部尚書。帝曰：朕初即位，卿爲户部員外郎，聞孳孳爲善，進卿郎中，果有可稱。及貳京尹，亦能善治。户部經理國用，卿其勉之。道頓首謝。又馬琪拜户部尚書，帝稱之曰：琪不肯欺官，亦不肯害民，真可用也。泰和中，高汝礪拜户部尚書，時鈔法不能流轉，汝礪隨事上言，多所更定，帝皆從其議，民甚便之。

侍郎二人，爲尚書之貳。章宗泰和七年，減一人。承安二年，復置二人。郎中二人，海陵天德二年，置五人。泰和中，省一人，又增至四人。宣宗貞祐四年，增至八人。五年，減至六人。後定爲二人，一人掌户籍、物力、婚姻、繼嗣、田宅、財産、鹽鐵、酒麴、香茶、礬錫、丹粉、坑冶、榷場、市易等事，一人掌度支、國用、俸禄、恩賜、錢帛、寶貨、貢賦、租税、府庫、倉廩、積貯、權衡、度量、法式、給授職田、拘收官物并照磨計帳等事。

員外郎三人，佐郎中分掌曹事。泰和中，置二人，後增一人。貞祐四年，增置八人。五年，減四人，後定爲三人。

《金史》卷五五《百官志・六部》 禮部

尚書一員，正三品。

侍郎一員，正四品。

郎中一員，從五品。

員外郎一員，從六品。

掌凡禮樂、祭祀、燕享、學校、貢舉、儀式、制度、符印、表疏、圖書、册命、祥瑞、天文、漏刻、國忌、廟諱、醫卜、釋道、四方使客、諸國進貢、犒勞張設之事。凡試僧、尼、道、女冠，三年一次，限度八十人，差京府幕職或節鎮防禦佐貳官二員，僧官二人、道官一人，司吏一名，從人各一人，厨子二人，把門官一名，雜役三人。僧童能讀《法華》、《心地觀》、《金光明》、《報恩》、《華嚴》等經共五部，計八帙。華嚴經分爲四帙。每帙取二卷，卷舉四題，讀百字爲限。尼童試經半部，與僧童同。道士、女冠童行念《道德》、《救苦》、《玉京山》、《消災》、《靈寶度人》等經，皆以誦成句、依音釋爲通。中選者試官給據，以名報有司。凡僧尼官見管人及八十、道士女冠及三十人者放度一名，死者令監壇以度牒申部毁之。

主事二員，從七品。令史十五人，内女直五人。譯史二人，通事一人。

左三部檢法司

司正二員，正八品，掌披詳法狀。興定二年，右部額外設檢，知法及掌法，四年罷。

檢法二十二員，從八品，掌檢斷各司取法文字。

右三部檢法職事同。元受劄付，大定三年命給勅。

（清）嵇璜等《續通典》卷二七《職官・尚書下・禮部尚書》 金禮部尚書一人，掌凡禮樂、祭祀、燕享、學校、貢舉、儀式、制度、符印、表疏、圖書、册命、祥瑞、天文、漏刻、國忌、廟諱、醫卜、釋道、四方使客、諸國進貢犒勞、張設之事。熙宗天眷中，以張浩爲禮部尚書，田穀事起，臺省一空，浩行六部事。簿書叢委，決遣無留，人服其才。侍郎一人，郎中一人，員外郎一人。

《金史》卷五五《百官志・六部》 兵部

尚書一員，正三品。

侍郎一員，正四品。

郎中一員，從五品。

員外郎二員，從六品。

掌兵籍、軍器、城隍、鎮戍、厩牧、鋪驛、車輅、儀仗、郡邑圖志、險阻、障塞、遠方歸化之事。凡給馬者，從一品以上，從八人，馬十疋，食錢三貫十四文。從二品以上，從五人，馬七疋，食錢二貫九十八文。從三品以上，從三人，馬五疋，錢一貫五百十一文。從五品以上，從二人，馬四疋，錢九百六十八文。從七品以上，從一人，馬三疋，錢六百十七文。從九品以上，從一人，馬二疋，錢四百六十四文。無從人，減七十八文。御前差無官者，視從五品。省差若有官者，人支錢四百五十一文，有從人加六十八文。走馬人支錢百五十七文。赦書日行五百里。此《天興近鑑》所載之制也。泰和六年置遞鋪，其制，該軍馬路十里一鋪，鋪設四人，内鋪頭一人，鋪兵三人，以所轄軍射糧軍内差充，腰鈴日行三百里。凡元帥府、六部文移，以勅遞、省遞牌子，入鋪轉送。

主事二員，從七品。貞祐五年以承發司管勾兼漢人主事。令史二十七人，内女直十二人。譯史三人，通事二人。

《金史》卷五五《百官志·六部》　刑部

尚書一員，正三品。

侍郎一員，正四品。

郎中一員，從五品。

員外郎二員，從六品，一員掌律令格式、審定刑名、關津譏察、赦詔勘鞫、追徵給没等事，一員掌監户、官户、配隸、訴良賤、城門啓閉、官吏改正、功賞捕亡等事。

主事二員，從七品。令史五十一人，内女直二十二人。譯史五人，通事二人。

架閣庫

管勾一員，正八品，掌刑、工兩部架閣。大安二年以主事各兼。

同管勾一員，從八品。

（清）嵇璜等《續通典》卷二七《職官·尚書下·刑部尚書》　金刑部尚書一人。侍郎一人。郎中一人。員外郎二人，一人掌律令格式、審定刑名、關津譏察、赦詔勘鞫、追徵給没等事，一人掌監户、官户、配隸、訴良賤、城門啓閉、官吏改正、功賞捕亡等事。大定中，賈少沖爲刑部郎中，往北京決獄，奏誅首惡，誤牽連其中者，皆釋不問，全活凡千人。以本職攝右司員外郎，嘗執奏刑名甚堅。帝謂侍臣曰：少沖居下位，有守如此。

《金史》卷五五《百官志·六部》　工部

尚書一員，正三品。

侍郎一員，正四品。

郎中一員，從五品。

掌修造營建法式、諸作工匠、屯田、山林川澤之禁、江河隄岸、道路橋梁之事。

員外郎一員，從六品。貞祐五年，兼覆實司官。天德三年，增二員。

主事二員，從七品。令史十八人，内女直四人。譯史二人，通事一人。

覆實司

管勾一員，從七品，隸户、工部，掌覆實營造材物、工匠價直等事。大安元年，隸三司、工部，罷同管勾。貞祐五年併罷之，以二部主事兼。興定四年復設，從省擬，不令户、工部舉。

右三部檢法司

司正二員，正八品。

檢法，從八品，二十二員。

《金史》卷五六《百官志·六部所轄諸司》　榷貨務在京諸税係中運司，見錢皆權於本務收。

使，從六品。副使，從七品。掌發賣給隨路香茶鹽鈔引。

交鈔庫

使，舊正八品，後陞從七品，貞祐復。掌諸路交鈔及檢勘錢鈔、换易收支之事。

副使，從八品，掌書押印合同。

判官，正九品。貞祐二年作從九品。

都監，二員。見《泰和令》。

印造鈔引庫大安二年兼抄紙坊。

使，從八品。副，正九品。判，正九品。掌監視印造勘覆諸路交鈔、鹽引，兼提控抄造鈔引紙。承安四年，罷四小庫，併罷庫判四員。至寧元年設二員。貞祐二年作從九品。

抄紙坊大安二年以印造鈔引庫兼。貞祐二年復置，仍設小都監二員。

使，從八品。貞祐二年同隨朝。

副使，正九品。

判，從九品。

交鈔庫物料場至寧元年置。

場官，舊正八品，後作正九品。掌收支交鈔物料。

隨處交鈔庫抄紙坊

使，從八品。貞祐二年，設於上京、西京、北京、東平、大名、益都、咸平、真定、河間、平陽、太原、京兆、平涼、廣寧等府，瑞、蔚、平、清、通、順、薊等州，貞祐三年罷之。

平準務元光二年五月設，十月罷。

使，從六品。

副使，從七品。

右自榷貨務以下，皆屬尚書户部。

惠民司

勾當官六員。

令，從六品，掌修合發賣湯藥。舊又設丞一員。大定三年，有司言，惠民歲入息錢不償官吏俸，上曰：設此本欲濟民，官非人，怠於監視藥物，財費何足計哉，可減員而已。

直長，正八品。

都監，正九品。

右屬尚書禮部。

四方館

使，正五品。副使，從六品，掌提控諸路驛舍驛馬幷陳設器皿等事。

法物庫元兼管大樂，貞元二年改付太常寺。

使，從六品。副使，從七品。掌鹵簿儀仗車輅法服等事。

直長，正八品。泰和三年省。

承發司

管勾，從七品。同管勾，從八品。掌受發省部及外路文字。

右屬尚書兵部。

萬寧宫提舉司舊太寧宫，更名壽安宫，又更今名。

提舉，從六品。同提舉，從七品。掌守護宫城殿位。本把十五人。

慶寧宫提舉司

提舉，正七品，兼龍門縣令。

同提舉，正八品，兼儀鸞監。

右屬尚書刑部。

修内司大定七年設。

使，從五品。副使，從六品。掌宫中營造事。兵匠一千六十五人，兵夫二千人，仍命少府監長官提控。

直長二員，正八品。部役官四員，正八品。掌監督工役。

受給官二員，正八品，掌支納諸物。

都城所

提舉，從六品。同提舉，從七品。掌修完廟社及城隍門鑰、百司公廨、係官舍屋幷栽植樹木工役等事。

左右廂官各二員，正八品，掌監督工役。

受給官二員，正八品，掌支納諸物及埏埴等事。

祗應司

提點，從五品。令，從六品。丞，從七品。掌給宫中諸色工作。

直長，正八品。

收支庫都監、同監。泰和元年置。

甄官署

令，從六品。丞，從七品。直長，正八品。掌劖石及埏埴之事。

上林署

提點，從五品。泰和八年創，大安二年省。令，從六品。掌諸苑園池沼、種植花木果蔬及承奉行幸舟船事。

丞，從七品。大定七年，增一員，分司南京，以勾判兼之。大安三年復省一員。

直長二員，正八品。

花木局都監、同監。舊設接手官四人，泰和元年罷，復以諸司人内置都監、同監二員。貞祐三年罷都、同監，以同樂園管勾兼。

熙春園都監、同監三員。泰和四年置，貞祐三年省。

同樂園管勾二員，每年額辦課程，隸南運司。宣宗南遷，罷課，改爲隨朝職，正八品。

右皆屬尚書工部。

金朝·諸寺監院

綜述

《金史》卷五六《百官志·諫院》 左諫議大夫、右諫議大夫，皆正四品。

左司諫、右司諫，皆從五品。

左補闕、右補闕正七品。

左拾遺、右拾遺正七品。

《金史》卷五六《百官志·登聞鼓院》 知登聞鼓院，從五品。同知登聞鼓院事，正六品。掌奏進告御史臺、登聞檢院理斷不當事，承安二年以諫官兼。

知法二員，從八品。女直、漢人各一員。

《金史》卷五六《百官志·登聞檢院》 知登聞檢院，從五品。同知登聞檢院，正六品。掌奏御進告尚書省、御史臺理斷不當事。

知法，從八品。女直、漢人各一員。

《金史》卷五五《百官志·都元帥府樞密院》 都元帥府掌征討之事，兵罷則省。天會二年，伐宋始置。泰和八年，復改爲樞密院。

都元帥一員，從一品。

左副元帥一員，正二品。

右副元帥一員，正二品。

元帥左監軍一員，正三品。

元帥右監軍一員，正三品。

左都監一員，從三品。

右都監一員，從三品。

經歷一員，都事一員，知事一員，見興定三年。正七品。

檢法一員，從八品。元帥府女直令史十二人，承安二年十六人，漢人令史六人。譯史三人，女直譯史一人，承安二年二人。通事，女直三人，後作六人，承安二年復作三人，漢人二人。

正隆六年，海陵南伐，立三道都統制府及左右領軍大都督，將三十二總管，有神策、神威、神捷、神銳、神毅、神翼、神勇、神果、神略、神鋒、武勝、武定、武威、武安、武捷、武平、武成、武毅、武銳、武揚、武翼、武震、威定、威信、威勝、威捷、威烈、威毅、威震、威略、威果、威勇之號。

泰和六年伐宋，權設平南撫軍上將軍，正三品，至殄寇果毅都尉，從六品，凡九階，曰平南撫軍上將軍、平南冠軍大將軍、平南龍驤將軍、平南虎威將軍、平南盪江將軍、殄寇中郎將、殄寇郎將、殄寇折衝都尉、殄寇果毅都尉，軍還罷。置令譯史八十人，正三十三人，餘四十七人從本府選擢。

元光間，招義軍，置總領使，從五品。副使，從六品。訓練官，從八品。正大二年，更總領名都尉，陞秩爲四品。四年，又陞爲從三品，有建威、折衝、振武、盪寇、果毅、殄寇、虎賁、鷹揚、破虜之名。

樞密院天輔七年，始置於廣寧府。天會三年下燕山，初以左企弓爲使，後以劉彦宗。初猶如遼南院之制，後則否。泰和六年嘗改爲元帥府。

樞密使一員，從一品，掌凡武備機密之事。

樞密副使一員，從二品。泰和四年置二人，後不爲例。

簽書樞密院事一員，正三品。

同簽樞密院事一員，正四品。大定十七年增一員，尋罷。明昌初，復增一員，尋又省。三年九月復增一員。

經歷一員，從五品。興定三年見。

都事一員，正七品，掌受事付事、檢勾稽失省署文牘、兼知宿直之事。

架閣庫管勾一員，正八品。

知法二員，從八品，掌檢斷各司取法之事。餘檢法同。

樞密院令史，女直十二人，漢人六人，三品官子弟四人，吏員轉補二人。譯史三人，通事三人，回紇譯史一人，曳剌十五人。

（清）嵇璜等《續通典》卷二六《職官·尚書上·樞密院》 金樞密院有樞密使一人，掌武備機密之事。章宗泰和六年，嘗改爲元帥府，後復爲樞密院。

（清）嵇璜等《續通典》卷二六《職官·尚書上·樞密院》 金樞密

副使一人。泰和四年，增一人，後即罷。

（清）嵇璜等《續通典》卷二六《職官・尚書上・樞密院》 金置簽書樞密院事一人。

（清）嵇璜等《續通典》卷二六《職官・尚書上・樞密院》 金同簽樞密院事一人。大定十七年，增一人，尋罷。章宗明昌初，復增一人，尋又罷。三年九月，復增一人。

（清）嵇璜等《續通典》卷二六《職官・尚書上・樞密院》 金置經歷一人，都事一人，掌受事、付事、檢句、稽失省署文牘，兼知宿直之事。即宋檢詳之直。

（清）嵇璜等《續通典》卷二六《職官・尚書上・樞密院》 金置知法二人，掌檢斷各司取法之事，職與編修官略同。

《金史》卷五五《百官志・大宗正府》 大宗正府。泰和六年避睿宗諱，改爲大睦親府。

判大宗正事一員，從一品，以皇族中屬親者充，掌敦睦糾率宗屬欽奉王命，泰和六年改爲判大睦親事。

同判大宗正事一員，從二品，泰和六年改爲同判大睦親事。

同簽大宗正事一員，正三品，宗室充，大定元年置。泰和六年改同簽大睦親事。

大宗正丞二員，從四品，一員於宗室中選能幹者充，一員不限親疏，分司上京長貳、兼管治臨潢以東六司屬，泰和六年改爲大睦親丞。

知事一員，從七品。

檢法，從八品。

諸宗室將軍，正七品。上京、東温忒二處皆有之。世宗時始命遷官，其户凡百二十。明昌二年更名曰司屬，設令、丞。承安二年以令同隨朝司令，正七品，丞正八品，中都、上京、扎里瓜、合古西南、梅堅寨、蒲與、臨潢、泰州、金山等處置，屬大宗正府。

《金史》卷五五《百官志・勸農使司》 勸農使司。泰和八年罷，貞祐間復置。興定六年罷勸農司，改立司農司。

使一員，正三品。

副使一員，正五品。

掌勸課天下力田之事。

《金史》卷五五《百官志・司農司》 司農司。興定六年置，兼採訪公事。

大司農一員，正二品

卿三員，正四品。

少卿三員，正五品。

知事二員，正七品。

興定六年，陝西幷河南三路置行司農司，設官五員。正大元年，歸德、許州、河南、陝西各置，作三員。卿一員，正四品。少卿一員，正五品。丞一員，正六品。卿以下迭出巡案，察官吏臧否而陞黜之。使節所過，姦吏屏息，十年之間民政修舉，實賴其力。

《金史》卷五五《百官志・三司》 三司。泰和八年，省户部官員置三司，謂兼勸農、鹽鐵、度支，户部三科也。貞祐罷之。

使一員，從二品。

副使一員，正三品。

簽三司事一員，正四品。

同簽三司事一員，正五品。

掌勸農、鹽鐵、度支。

判官三員，從六品，本參幹官，大安元年更參議。

規措審計官三員，正七品，掌同參幹官。

知事二員，從七品。以識女直、漢字人充。

勾當官二員，正八品。大安元年置三員，照磨吏員七人。

管勾架閣庫一員，正八品。三司令史五十人，內女直十人，漢人四十人。大安元年增八人。譯史二人，大安元年增一人。通事二人。

知法三員，從八品。女直知法一員，大安元年增二員。

《金史》卷五五《百官志・國史院》 國史院先嘗以諫官兼其職，明昌元年詔諫官不得兼，恐於其奏章私溢己美故也。

監修國史，掌監修國史事。

修國史，掌修國史，判院事。

同修國史二員。女直人、漢人各一員。承安四年更擬女直一員，罷契丹同修國史。

編修官，正八品，女直、漢人各四員。明昌二年罷契丹編修三員，添女直一員。大定十八年用書寫出職人。

檢閲官，從九品。書寫，女直、漢人各五人。

修《遼史》刊修官一員，編修官三員。

《金史》卷五五《百官志·翰林學士院》　翰林學士院天德三年，命翰林學士院自侍讀學士至應奉文字，通設漢人十員，女直、契丹各七員。

翰林學士承旨，正三品，掌制撰詞命。凡應奉文字，銜内帶知制誥。直學士以上同。貞祐三年陞從二品。

翰林學士，正三品。

翰林侍讀學士，從三品。

翰林侍講學士，從三品。

翰林直學士，從四品，不限員。

翰林待制，正五品，不限員，分掌詞命文字，分判院事，銜内不帶知制誥。

翰林修撰，從六品，不限員，掌與待制同。

應奉翰林文字，從七品。

《金史》卷五五《百官志·審官院》　審官院承安四年設，大安二年罷之，若注擬失當，止令御史臺官論列。

知院一員，從三品，掌奏駁除授失當事。隨朝六品、外路五品以上官除授，並送本院審之。補闕、拾遺、監察雖七品，亦送本院。或御批亦送稟，惟部除不送。

同知審官院事一員，從四品。

掌書四人。女直、漢人各二人，以御史臺終場舉人辟充。

《金史》卷五五《百官志·太常寺》　太常寺。皇統三年正月始置。太廟、廩犧、郊社、諸陵、大樂等署隸焉。

卿一員，從三品。

少卿一員，正五品。

丞一員，正六品。

掌禮樂、郊廟、社稷、祠祀之事。

博士二員，正七品，掌檢討典禮。

檢閲官一員，從九品，掌同博士。泰和元年置，四年罷。

檢討二員，從九品。明昌元年置，以品官子孫及終場舉人，同國史院漢人書寫例，試補。

太祝，從八品，掌奉祀神主。

奉禮郎，從八品，掌設版位，執儀行事。

協律郎，從八品，掌以麾節樂，調和律吕，監視音調。

太廟署。皇統八年太廟成，設署，署令丞，仍兼提舉慶元、明德、永祚三宫。

令一員，從六品，掌太廟、衍慶、坤寧宫殿神御諸物，及提控諸門關鍵，掃除、守衛，兼廩犧令事。

丞一員，從七品，兼廩犧署丞。

直長，明昌三年罷。

廩犧署。令、丞，以太廟令、丞兼，掌薦犧牲及養飼等事。

郊社署承安三年設祝史、齋郎百六十人，作班祗僕使，周年一替。大安元年，奏兼武成王廟署。

令一員，從六品。

丞一員，從七品。

掌社稷、祠祀、祈禱幷廳舍祭器等物。

直長，明昌三年廢。

武成王廟署。大安元年置。

令，從六品。

丞，從七品。

掌春秋祀享，以郊社令、丞兼。

諸陵署大安四年同隨朝。

提點山陵，正五品，涿州刺史兼。

令，從六品。丞一員，從七品。掌守山陵。

直長，正八品。

園陵署

令，宛平縣丞兼。貞祐二年以園陵遷大興縣境，遂以大興縣令、丞兼。

大樂署，兼鼓吹署。樂工百人。

令一員，從六品。丞，從七品。掌調和律吕，教習音聲幷施用之法。

樂工部籍直長一員，正八品。

大樂正，從九品，掌祠祀及行禮陳設樂縣。

大樂副正，從九品。

右屬太常寺。

（清）嵇璜等《續通典》卷二九《職官・諸卿上・總論諸卿》 金惟太常寺、大理寺設卿、少卿等官。

（清）嵇璜等《續通典》卷二九《職官・諸卿上・太常寺》 金熙宗皇統三年，始置太常寺，凡太廟、廩犧、郊社、諸陵、大樂等署隸焉。設卿一人，少卿一人，掌禮樂、郊廟、社稷、祠祀之事。

《金史》卷五六《百官志・宣徽院》 左宣徽使，正三品。

右宣徽使，正三品。

同知宣徽院事，正四品。

同簽宣徽院事，正五品。

宣徽判官，從六品。

掌朝會、燕享，凡殿庭禮儀及監知御膳。所隸弩手、傘子二百三十九人，控鶴二百人。

拱衛直使司，威捷軍隸焉。舊名龍翔軍，正隆二年更爲神衛軍，大定二年更名爲拱衛司。

都指揮使，從四品。舊曰使。副都指揮使，從五品，舊曰副使。掌總統本直，謹嚴儀衛。大定五年，詔以使爲都指揮使，副使爲副都指揮使。

什將。

長行。

威捷軍承安二年，簽弩手千人。泰和四年，以之備邊事。鈐轄，正六品。都轄，從九品。不奏。

客省

使，正五品。副使，從六品。掌接伴人使見辭之事。

引進司

使，正五品。副使，從六品。掌進外方人使貢獻禮物事。

閤門明昌五年，閤門官以次排轉除授。

東上閤門使二員，正五品。明昌六年省一員，作從五品。西同。副使二員，正六品。明昌六年，省一員，西同。簽事一員，從六品，掌簽判閤門事。西同。明昌六年，以減副使置。

西上閤門使二員，正五品。副使二員，正六品。簽事一員，從六品，掌贊導殿庭禮儀。西閤門餘副貳同。

閤門祗候二十五人。正大間三十二人。

閤門通事舍人二員，從七品，掌通班贊唱、承奏勞問之事。

承奉班都知，正七品，掌總率本班承奉之事。舊置判官，後罷。

內承奉班押班，正七品，掌總率本班承奉之事。

御院通進四員，從七品，掌諸進獻禮物及薦享編次位序。

尚衣局

提點，正五品。使，從五品。副使，從六品。掌御用衣服、冠帶等事。

都監，正九品。舊設，後罷。

直長，正八品。

同監，從九品。

儀鸞局泰和四年，或以少府監官兼，或兼少府監官。

提點，正五品。使，從五品。副使，從六品。掌殿庭鋪設、帳幕、香燭等事。

直長四員，正八品。《泰和令》三員。

收支都監，正九品，二員，一員掌給受鋪陳諸物，一員掌萬寧宮收支庫。大定七年置，明昌二年增一員。

同監二員，從九品。司吏二人，如內藏庫知書例。

尚食局元光二年，參用近侍、奉御、奉職。

提點，正五品。使，從五品。副使，從六品。掌總知御膳、進食先嘗、兼管從官食。

直長一員，正八品。不限資考。

都監三員，正九品。不限資考。

生料庫都監、同監各一員，掌給受生料物色。

收支庫都監、同監各一員，掌給受金銀裹諸色器皿。以外路差除人内選充。

尚藥局

提點，正五品。使，從五品。出職官内選除。副使，從六品。掌進湯藥茶果。

直長，正八品。

都監，正九品。

果子都監、同監各一員，掌給受進御果子。本局本把四人。

太醫院

提點，正五品。使，從五品。副使，從六品。判官，從八品，掌諸醫藥，總判院事。

管勾，從九品，隨科至十人設一員，以術精者充。如不至十人併至十人置。不限資考。

正奉上太醫，一百二十月升除。副奉上太醫，不算月日。長行太醫，不算月日。十科額五十人。

御藥院

提點，從五品。直長，正八品，掌進御湯藥。明昌五年設，以親信内侍人充。

都監，正九品。不限員，《泰和令》四員。

同監，從九品。不常除，《泰和令》無。

教坊

提點，正五品。使，從五品。副使，從六品。判官，從八品。掌殿庭音樂，總判院事。

諧音郎，從九品。不限資考、員數。

内藏庫大定二年，分爲四庫。

使，從五品。副使，從六品。掌内府珍寶財物，率隨庫都監等供奉其事。

直長一員。承安三年增。

頭面庫

都監，正九品。

同監，從九品。本把七人，大定二年定出身，依不入寢殿小底例。

段匹庫

都監，正九品。

同監，從九品。本把十二人。

金銀庫

都監，正九品。本把八人。

雜物庫

都監，正九品。

同監，從九品。本把八人。每庫知書各二人。

宫闈局舊名宫闈司，大定二年改爲局，舊設令、丞，改爲使、副。

提點，正五品。使，從五品。副使，從六品。掌宫中閤門之禁，率隨位都監、同監及内直各給其事。

直長，正八品，内直一百七十人。後作百七十九人。

内侍局

令二員，從八品。興定五年，陞作從六品。丞二員，從九品。興定五年，陞從七品。掌正位閤門之禁，率殿位都監、同監及御直各給其事。

局長二員，從九品，興定五年陞正八品。御直、内直共六十四人。明昌元年，分宫闈局正位内直置，初隸宫闈局。【略】

典衛司大定二十九年，世宗才人、寶林位各設。泰和五年閏八月，以崇妃薨罷。興定元年復設。世宗妃、才人、寶林位各設防衛軍導從人。

令，正七品。

丞，從七品。

直長。見《士民須知》。

孝靖宫章宗五妃位。大安元年以有監同、無總領者，故設。

令，從八品。

丞，正九品。

端妃位同監。真妃徒單氏。

慧妃位同監。麗妃徒單氏。

貞妃位同監。柔妃唐括氏。

靚儀位同監。昭儀夾谷氏。

才媛位同監。修儀吾古論氏。

懿安家貞祐三年，爲莊獻太子設。

令，從八品。

丞，正九品。

宮苑司

令，從六品。丞，從七品。掌宮庭修飭灑掃、啓閉門户、鋪設氈席之事。

直長，正八品一員。《泰和令》二員。

都監、同監二員。泰和元年設。泰和四年罷同監。

尚醖署

令，從六品。丞，從七品。掌進御酒醴。

直長，正八品，二員。

典客署

令，從六品。

丞，從七品。

直長，後罷。書表十八人。

侍儀司舊名擎執局，大定元年改爲侍儀局，大定五年陞局爲司。

令，從六品。舊曰局使。掌侍奉朝儀，率捧案、擎執、奉輦各給其事。

直長，正七品。舊設局副，品從七。

右屬宣徽院。

（清）嵇璜等《續通典》卷二九《職官・諸卿上・光禄卿》 金宣徽院監知御膳，太府監掌造酒醴，無光禄寺。

《金史》卷五六《百官志・秘書監》 秘書監。著作局、筆硯局、書畫局、司天臺隸焉。

監一員，從三品。

少監一員，正五品。

丞一員，正六品。

秘書郎二員，正七品。泰和元年定爲二員。

通掌經籍圖書。

校書郎一員，從七品，承安五年二員。泰和五年以翰林院官兼，大安二年省一員。專掌校勘在監文籍。

著作局

著作郎一員，從六品。著作佐郎一員，正七品。掌修日曆。皇統六年，著作局設著作郎、佐郎各二員，編修日曆，以學士院兼領之。

筆硯局

直長二員，正八品，掌御用筆墨硯等事。泰和七年以女直應奉兼。舊名筆硯令史，大定三年改爲筆硯供奉，以避諱改爲承奉。

書畫局

直長一員，正八品，掌御用書畫紙札。

都監，正九品，二員或一員。

司天臺

提點，正五品。監，從五品，掌天文曆數、風雲氣色，密以奏聞。

少監，從六品。

判官，從八品。

教授，舊設二員，正大初省一員。係籍學生七十六人，漢人五十人，女直二十六人，試補長行。

司天管勾，從九品。不限資考、員數，隨科十人設一員，以藝業尤精者充。

長行人五十人。未授職事者，試補管勾。

天文科，女直、漢人各六人。

筭曆科，八人。

三式科，四人。

測驗科，八人。

漏刻科，二十五人。

銅儀法物舊在法物庫，貞元二年始付本臺。

右屬秘書監。

《金史》卷五六《百官志・國子監》 國子監。國子學、太學隸焉。

祭酒，正四品。司業，正五品，掌學校。

丞二員，從六品，明昌二年增一員，兼提控女直學。

國子學

博士二員，正七品，分掌教授生員、考藝業。太學同。明昌二年添女直一員，泰和四年減，大安二年並罷。

助教二員，正八品。女直、漢人各一員。教授四員，正八品。分掌教誨諸生。明昌二年，小學各添二員，承安五年一員不除。

國子校勘，從八品，掌校勘文字。

國子書寫官，從八品，掌書寫實録。

太學

博士四員，正七品。大安二年減二員。

助教四員，正八品。明昌二年不除一員，大安二年減二員。

右屬國子監。

《金史》卷五六《百官志・太府監》　太府監。左右藏、支應所、太倉、酒坊、典給署、市買司隸焉。

監，正四品。

少監，從五品。

丞二員，從六品。

掌出納邦國財用錢穀之事。

左藏庫

使，從六品。副使，從七品。興定三年增一員。掌金銀珠玉、寶貨錢幣。本把四人。

右藏庫

使，從六品。副使，從七品。興定三年添一員。掌錦帛絲綿毛褐、諸道常課諸色雜物。本把四人。

支應所又作支承所。

都監二員，正九品，掌宮中出入、御前支賜金銀幣帛。大安三年省。

太倉

使，從六品，掌九穀廩藏、出納之事。預除人。

副使，從七品。

酒坊部除。

使，從八品。副使，正九品。掌醞造御酒及支用諸色酒醴。

典給署，本鈎盾署，明昌三年更。

令，從六品，舊曰鈎盾使。丞，從七品，舊曰鈎盾副使。掌宮中所用薪炭冰燭、并管官户。

直長一員，正八品。

市買司，天德二年更爲市買局。

使，從八品。副使，正九品。掌收買宮中所用果實生料諸物。

右屬太府監。

《金史》卷五六《百官志・少府監》　少府監。尚方、織染、文思、裁造、文繡等署隸焉。泰和四年，選能幹官兼儀鸞局近上官。

監，正四品。

少監，從五品。

丞二員，從六品。大定十一年省，二十一年復置。

掌邦國百工營造之事。

尚方署

令，從六品。丞，從七品。掌造金銀器物、亭帳、車輿、牀榻、簾席、鞍轡、傘扇及裝釘之事。大定二十年，令不專除人，令人兼。

直長，正八品。

圖畫署明昌七年，省入祗應司。

令，從六品。丞，從七品。掌圖畫縷金匠。

直長，正八品。明昌三年罷。

裁造署

令，從六品。丞，從七品。掌造龍鳳車具、亭帳、鋪陳諸物，宮中隨位牀榻、屏風、簾額、絛結等，及陵廟諸物并省臺部內所用物。泰和令有畫繪之事。

直長，從八品。明昌三年省。裁造匠六人，針工婦人三十七人。

文繡署

令，從六品。丞，從七品。掌繡造御用并妃嬪等服飾、及燭籠照道花卉。貞祐二年，止設官一員。

直長，正八品。繡工一人，都繡頭一人，副繡頭四人，女四百九十六人，內上等七十人，次等凡四百二十六人。

織染署

令，從六品。丞，從七品。直長，正八品。掌織紝、色染諸供御及宫中錦綺幣帛紗縠。

文思署明昌七年，省入祗應司。

令，從六品。丞，從七品。掌造内外局分印合、傘浮圖金銀等尚輦儀鸞局車具亭帳之物并三國生日等禮物，織染文繡兩署金線。

直長，正八品。明昌三年省去。

右屬少府監。

《金史》卷五六《百官志・軍器監》 軍器監。承安二年設，泰和四年罷，復併甲坊、利器兩署爲軍器署，置令、丞、直長，直隸兵部。至寧元年復爲軍器監，軍器庫、利器署隸焉。舊轄甲坊、利器兩署。

監，從五品。少監，從六品。丞，從七品。掌修治邦國戎器之事。

直長，正八品。《泰和令》無，《總格》有。

軍器庫，至寧元年隸大興府，貞祐三年來屬。

使，正八品。副使，正九品。省擬，不奏。掌收支河南一路并在京所造常課横添和買軍器。大定五年設。

甲坊署，泰和四年廢，舊置令、丞、直長。

利器署，本都作院，興定二年更今名，同隨朝來屬。

令，從六品。丞，從七品。掌修弓弩刀槊之屬。

直長，正八品。

右屬軍器監。

《金史》卷五六《百官志・都水監》 都水監： 街道司隸焉。分治監，專規措黄、沁河，衛州置司。

監，正四品，掌川澤、津梁、舟楫、河渠之事。興定五年兼管勾沿河漕運事，作從五品，少監正六品以下皆同兼漕事。

少監，從五品。明昌二年增一員，衛州分治。

丞二員，正七品，内一員外監分治。貞元元年置。

掾，正八品，掌與丞同，外監分治。大定二十七年添一員，明昌五年併罷之，六年復置二員。

勾當官四員，準備分治監差委。明昌五年以罷掾設二員，興定五年設四員。

街道司

管勾，正九品，掌灑掃街道、修治溝渠。舊南京街道司，隸都水外監，貞元二年罷歸京城所。

都巡河官，從七品，掌巡視河道、修完堤堰、栽植榆柳、凡河防之事。分治監巡河官同此。

其瀘溝、崇福上下埽都巡河兼石橋使，通濟河節巡官兼建春宫地分河道。諸都巡河官，掌提控諸埽巡河官、明昌五年設，以合得縣令人年六十者選充。大定二年設滹沱河巡河官二員。散巡河官。於諸局及丞簿廉舉人，并見勾當人六十以下者充。【略】

諸埽物料場官，掌受給本場物料。分治監物料場官同此。惟崇福上、下埽物料場官與當界官通管收支。

南京延津渡河橋官，兼譏察事。

管勾一員，同管勾一員，掌橋船渡口譏察濟渡、給受本橋諸物等事，内譏察事隸留守司。餘浮橋官同此。

右屬都水監。皇統三年四月，懷州置黄沁河堤大管勾司，未詳何年罷。正大二年，外監東置於歸德，西置於河陰。

《金史》卷五六《百官志・大理寺》 天德二年置。自少卿至評事，漢人通設六員，女直、契丹各四員。

卿，正四品。少卿，從五品。正，正六品。丞，從六品。掌審斷天下奏案、詳讞疑獄。

司直四員，正七品，掌參議疑獄、披詳法狀。舊有契丹司直一員，明昌二年罷。

評事三員，正八品，掌同司直。明昌二年省契丹評事一員，大安二年省漢人一員。

知法十一員，從八品，女直司五員，漢人司六員。掌檢斷刑名事。

明法二員，從八品，興定二年置，同流外，四年罷之。

《金史》卷五六《百官志・弘文院》 知院，從五品。同知弘文院事，從六品。校理，正八品。掌校譯經史。

《金史》卷五六《百官志・衛尉司》 衛尉司大安元年，擬隆慶宫人數定之。

中衛尉，從三品，掌總中宫事務。

副尉，從四品。

左常侍，從五品。掌周護導從儀仗之事。

右常侍，從五品。

常侍官：護衛三十人，同東宮。奉引八十人，同控鶴。傘子四人，同控鶴。執旗二人。同儀鸞。

給事局

使，正七品。

副使，正八品。

內謁者兼司寶二員，從六品。內直充。

奉閣二十人。同東宮入殿小底。

閤直二十人。同宮闈局內直。

掖庭局

令，正九品，內直充。掌皇后宮事務。

丞，從九品。內直充。

宮令。宮苑司、儀鸞局兼。

食官。尚食局兼。

飲官。尚醞署兼。

醫官。尚藥局、太醫院兼。

主藏。內藏、典給署兼。

主廩。太倉兼。

右屬衛尉司。

金朝・御史臺

綜述

《金史》卷五五《百官志・御史臺》 御史臺。登聞檢院隸焉。見《士民須知》。《總格》、《泰和令》皆不載。

御史大夫，從二品，舊正三品，大定十二年陞。掌糾察朝儀、彈劾官邪、勘鞫官府公事。凡內外刑獄所屬理斷不當，有陳訴者付臺治之。

御史中丞，從三品，貳大夫。

侍御史二員，從五品。以上官品皆大定十二年遞陞。掌奏事、判臺事。

治書侍御史二員，從六品，掌同侍御史。

殿中侍御史二員，正七品，每遇朝對立於龍墀之下，專劾朝者儀矩，凡百僚假告事具奏目進呈。

監察御史十二員，正七品，掌糾察內外非違、刷磨諸司察帳并監祭禮及出使之事。參注諸色人，大定二年八員，承安四年十員，承安五年兩司各添十二員。

典事二員，從七品。

架閣庫管勾一員，從八品。

檢法四員，從八品。

獄丞一員，從九品。

御史臺令史，女直十三人，內班內祗六人，終場舉人七人。漢人十五人，內班內祗七人，終場舉人八人。譯史四人，內班內祗二人，終場舉人二人。通事三人。

元朝・總叙

綜述

（元）馬祖常《馬石田文集》卷七《章疏・建白十五事》 竊惟古者建立言事之官，非徒擿拾百官短長，照刷諸司文案，蓋亦拾遺補闕，振舉綱維，上有關於社稷，下有係乎民人。禮文風俗，治體所存；名爵謚贈，政理斯在。教化有方，則善惡自別；設施有法，則緩急自明。重穀則農自勸，定制則官自守，修武則先恤兵，嚴事則可勸吏。事欲究其本末，言似涉於繁蕪，統論難悉，條析易陳。所有建白一十五件，逐一開具如左。合行具呈憲臺照詳，伏請聞奏施行。【略】

一、中書省、樞密院、御史臺三府掾史，雖職掌文書，亦日佐大臣決理政務。伏請聞奏，設立律學、算學博士，命隨朝二品三品正流衙門吏人，欲求轉補三府掾史者，就其所業，於律學、算學博士之前應試，依科舉，差監察御史監試，吏、禮部官知舉。每一周歲試舉一次，則三府有得人之實，下無躁進營求之私。試中之人，不必限以出身之高下。不中者，發下本役，考滿不得過從七品。仍預照會施行，則立賢無方，公道不偏。

一、諸道宣慰司，除吐蕃、南詔、兩廣、福建外，如淮東、浙東、荊南、山東四道，并爲無用，徒月費俸廩坐養官吏而已。如依准前代之制，就令一道重鎮路分總管達魯花赤，帶受本道宣慰使等職名，鈐轄數路，上不煩朝廷虚設職官人吏，下不使數路官府牽制煩複，無益於事。

一、諸翼軍官自萬户下至百户子弟，承襲父兄之職者，合參酌古今之宜，設立武舉，并須習學兵法武藝。如蒙古、色目人，只試以武藝，如願試兵法，中者陞階。漢人兼試兵法武藝，中式者方許承襲。如布衣之士，願試及中者，於各翼或不叙或户絶等歇空相因名闕内擢用。如此，庶使武備不弛，軍政稍嚴。保大定功之事，爲體不輕，必若今日難於更張，則四方宣力老將既已病死，承襲驕脆子弟，但知酒色裘馬爲華好，一旦真欲冒矢石、報干戈以犯勍敵，不惟本人自取肝腦塗地，從軍將吏死復何辜？卑職歷觀前古之，其禍患弊病未有不生於太平之世。竊慮及此，伏乞施行。

一、司徒、司空，皆古三公之流，人臣名爵無與此位比者。聖上踐祚之初，沙汰冗濫，尤慎此官。近歲屢有雜人等如沈宗攝、汪元昌輩亦受司空、司徒，竊慮天下後世傳爲口實，非便。

一、親民之官，守令爲急。然守令者，緣係朝廷遷除之人，才或不良，心亦知懼。而行省所差，府、州、司、縣提控案牘、都吏、吏目、典史之徒，往往恃其名役之細微，縱其奸猾，舞文弄法，操制官長，傾詐庶民。蓋此徒出自貼書小吏，數十年間，轉充是役，卑職頃居田畝，嘗聞此等言曰：我等身無品級，孑無蔭叙。原此初心，謂之無賴。而今竊弄府、州、司、縣之權，剝刻單弱，以肥其孥，良可憫嘆。如蒙聞奏，命中書省除各路存留流官、經歷、知事、照磨外，其餘革去。請參酌古制，令各州判官、僉書、州事，各縣主簿，勾稽本縣文簿。實爲官制不紊，體統稍均，人既有名，事自不苟，爲係於民不細，伏乞施行。

（元）蘇天爵《元文類》卷九李謙《詔敕・清冗職詔至元二十三年七月》 惟我祖肇造區夏，雖中書已嘗建立，而官制未暇舉行。迨予國大以宅中，思欲繼志而述事。集儒臣之公議，法前代之彝章。爰立省、部、院、臺，以正朝廷綱紀。自疆土極照臨之遠，而省臺有内外之分。日益月增，官冗人濫。嘗敕有司而澄汰，意能舊制之遵承。比聞近侍之言，謂益曩時之弊，彼不勝重任，有壅上聞。苟尚蹈匪彝，時惟予咎。其清冗職，用復前規。於戲，官不必備，惟其得人。朕恪守已成之憲，爾尚克勤于乃事，卿永肩圖報之心。

《元史》卷八五《百官志》 王者南面以聽天下之治，建邦啓土，設官分職，其制尚矣。漢、唐以來，雖沿革不同，恒因周、秦之故，以爲損益，亦無大相遠。大要欲得賢才用之，以佐天子、理萬民也。

元太祖起自朔土，統有其衆，部落野處，非有城郭之制，國俗淳厚，非有庶事之繁，惟以萬户統軍旅，以斷事官治政刑，任用者不過一二親貴重臣耳。及取中原，太宗始立十路宣課司，選儒臣用之。金人來歸者，因其故官，若行省，若元帥，則以行省、元帥授之。草創之初，固未暇爲經久之規矣。

世祖即位，登用老成，大新制作，立朝儀，造都邑，遂命劉秉忠、許衡酌古今之宜，定内外之官。其總政務者曰中書省，秉兵柄者曰樞密院，司黜陟者曰御史臺。體統既立，其次在内者，則有寺，有監，有衛，有府；在外者，則有行省，有行臺，有宣慰司，有廉訪司。其牧民者，則曰路，曰府，曰州，曰縣。官有常職，位有常員，其長則蒙古人爲之，而漢人、南人貳焉。於是一代之制始備，百年之間，子孫有所憑藉矣。

大德以後，承平日久，彌文之習勝，而質簡之意微，僥倖之門多，而方正之路塞。官冗於上，吏肆於下，言事者屢疏論列，而朝廷訖莫正之，勢固然也。

大抵元之建官，繁簡因乎時，得失係乎人，故取其簡牘所載，而論次之。若其因事而置，事已則罷，與夫異教雜流世襲之屬，名類實繁，亦姑舉其大概。作《百官志。》

（清）嵇璜等《續通典》卷二三《職官》 元自世祖即位，命劉秉忠、許衡酌古今之宜，定内外之官。總政務者，中書省；秉兵柄者，樞密院；司黜陟者，御史臺。在内者，有寺監衛府；在外者，有行省、行臺、宣慰、廉訪諸司，及路府州縣官。而一代之制始備。若其因事而置，事已則罷，與夫異教雜流世襲之屬名類實繁，雖正史亦略而不載。至正兵興，增設之官，不循舊制，平章有添設之號，樞密有行院之稱，紀律紊而官益濫矣。

元朝·中書省

論說

（元）許衡《許文正公遺書》卷七《奏疏·時務五事》 中書大要

中書管天下之務，固不勝其煩也，然其大要在用人、立法二者而已。近而譬之，髮之在頭，不以手理而以櫛理，食之在器，不以手取而以匕取，手雖不能自爲，而能用夫櫛與匕焉，是即手之爲也。上之用人，何以異此。不先有司，直欲躬役庶務，將見日勤日苦而日愈不暇矣。古人謂得士者昌，自用則小，意正如此。夫賢者識治之體，知事之要，與庸人相懸，蓋十百而千萬也；布之周行，百職具舉，宰職總其要而臨之，不煩不勞，此所謂省也。然人之賢否，未能灼知其詳，固不敢輕用。或已知其孰爲君子，孰爲小人，復畏首畏尾，患得患失，坐視其弊而不敢進退之，徒曰知人，而實不能用人，亦何益哉。

人莫不飲食也，獨膳夫爲能致氣味之美；莫不睹日月也，獨術者爲能步虧食之數。得法與不得法，固難一律論也。有馬不能習，必使廄人乘之；有玉不能治，必求玉人雕琢之。小物尚爾，況堂堂天下神器之重，可使不得法者爲之耶？古人謂爲山必因丘陵，爲下必因川澤，意正如此。夫治人者法也，守法者人也，人法相維，上安下順，而宰執優游廊廟之上，不煩不勞，此所謂省也。里巷之談，動以古爲詬戲，不知今日口之所食，身之所衣，皆古人遺法而不可違者，豈天下之大，國家之重，而古成法反可違耶？其亦弗思甚矣。用人立法，今雖未能遽如古昔，然已仕者便當頒降俸給，使可養廉，未仕者且當寬立條格，俾就叙用，則失職之怨少可舒矣。外設監司，糾察污濫，內專吏部，考定資歷，則非分之求漸可息矣。再任三任，抑高而舉下，則人才爵位略可平矣。舍此則堆積壅塞，參差謬戾，苟延歲月，莫知所期也。俸給之數，叙用之格，監司之條例，先當擬定。至於貴家世襲，品官任子，驅良抄數之便宜，續當議之，亦不可緩也。此其大凡。要須深探古人所以用人立法之意，推而衍之，則何難見之有？若夫得行與不得行，在上之委任者何如，而能行與不能行，又在執政者得人不得人爾，此非臣之所能及也。

（元）魏初《青崖集》卷四《奏議》 〔至元八年〕四月二十四日。竊見聖主即位以來，經理天下，中書省以總朝綱，尚書省以決庶務，樞密院以典兵，御史臺以糾彈非違，其統而一之，能分陛下之憂者，聖慮固已定矣。竊見燕王嘗欽奉聖旨守中書令兼樞密使，名雖如是，實則未聞。當今之計，宜妙選天下賢而有德業者輔翼燕王，欽依已降聖旨領中書省，凡軍馬、刑殺、大除拜、大錢穀及應合聞奏之事，須先啓白燕王處決，然後入奏。如是則政柄歸一，聖慮少安，而天下國家之大本定矣。

（元）王惲《秋澗集》卷八六《烏臺筆補·論宰相兼判兩部事狀》

今者吏、刑二部，官備吏具，專一分治，是朝廷委任既專且重。竊見比年以來，選法不定，刑名無章，黜陟遠近，多徇私情，輕重死生，致傷和氣。宜考定新制，使宰相兼判兩部，以責成效。

（元）程文海《雪樓集》卷一〇《奏議存稾·論時相》 臣聞天子之職莫大於擇相，宰相之職莫大於進賢。苟不以進賢爲急，而惟以殖貨爲心，非爲上爲德，爲下爲民之意也。昔漢文帝以決獄、錢穀問之丞相，周勃不能對，陳平對曰：陛下問決獄，責廷尉；問錢穀，責治粟內史。宰相上佐天子理陰陽，下遂萬物之宜，外鎮撫四夷，內親附百姓。觀其所言，可謂知宰相之職矣。今權姦用事，立尚書省，以鈎考錢穀，剝割生民爲務，所委任者皆貪饕徼利之徒。四方盜賊竊發，良以此也。臣竊以爲清尚書之政，損行省之權，罷言利之官，行恤民之典，於國爲便。謹冒昧以聞，伏取聖旨。

（元）劉敏中《中庵集》卷七《奏議·奉使宣撫回奏疏》 一曰重省臺。天育萬物，不能自理，傳之天子。天子理萬物，不能獨爲，責之中書。中書所以行天子之令，而裁制天下者也，其事權不可不專，猶慮有闕焉。於是，置御史臺以法繩之。繩之者，所以成之也，其紀綱不可不振。苟中書之事權不分，憲臺之紀綱不沮，天下無難事矣。曩者，近侍諸衙門往往奏事干預朝政，省臺未免沮抑，事致紛龐。近欽奉聖旨節該，諸衙門不得奏人做官。開讀之日，人情大悦。愚見以爲都省宜與御史臺同議聞奏。更乞頒降聖旨，戒飭近侍及諸衙門，除本管職務外，凡關係有司一切合行政事，毋得干預陳奏。必有事須奏者，亦須奏乞宣傳中書省或御史臺，照依札撒施行，仍許省臺詳事可否回奏。不由省臺而輒奏行者，有罪。如此，則事權歸一而紀綱振，萬幾之務不勞而理矣。

二曰明相職。凡諸司守職者，皆不可私，而宰相爲甚。諸司之私，不過敗一事，損一民，廢一職，殃一郡而已，宰相之私，小則害天下，大則誤國家矣，相可私乎？宰相之私，大率有四，而貨賄不與焉。或恃勢以臨下，或固寵以媚上，或苟安而不爲，或畏禍而不言。恃勢以臨下，則權必歸己，請託行而朋黨分矣。固寵以媚上，則道不由公，諛諂進而小人肆矣。苟安而不爲，則百職不舉而庶政隳矣。畏禍而不言，則忠告不聞，人罹其害而國事殆矣。凡此四私，不可一朝有也。爰自至元乙亥之後，老奸巨蠹，繼踵用事，所謂四私者極矣。一二十年之間，居官爲吏者，惟知賄賂關節可以進身，憸佞薄刻可以得名，正直者指以爲狂，謹守者嗤以爲愚，不知有禮義廉耻也。即今吏弊，連根株民，病成膏肓，實由宰相之私有以使之耳。必欲痛懲斯弊，莫如昭示無私。宜下令曰：凡有傳稱諸相鈞旨，及假倚門下威福，脅制諸司，屬託公事者，該管官吏隨時赴省稟首究治。仍許諸人察舉，御史糾彈。若所管官吏不即稟首，與屬託者同罪。輒已施行，違法者加等。蓋身正則令從，上行則下效，將見百司悚畏，善政流行，風俗革而相職得矣。

三曰清省務。中書省，宰相之府，所以臨百司，統萬幾，定謀畫，出政令，佐天子以安天下者也，其地不爲不崇，其責不爲不重，然居崇有容，任重有要。容宜肅，要宜簡。蓋肅者衆所嚴，而簡者繁之制也。能簡而肅，則所謂定謀畫、出政令，佐天子以安天下者，可得而言矣。至元初年，丞相到省，諸人無故不敢入外門。外門不敢入，得入省房者少矣。不敢入省房，得入都堂者絶少矣。是時，諸房省掾所掌，惟一鈞旨簿，控制六曹，而天下之事井井皆辦。省中廓然，望如神明，得簡肅之道也。厥後一二十年之間，巨奸繼作，相踵一途。群小乘時，蟻聚蠅附，莫不苟緣公事以濟私權。如胥吏管庫之免除，匹帛斤絲之出内，皆須瑣碎呈稟，駁勘往來，競以生事爲能，號稱用心出力，文隨事具，日積日繁。由是檢舉困於兩司，判署疲於八府。終日倥傯，特一繁劇大有司耳。雖有夔、稷、伊、傅之賢，其於贊襄調變之功，蓋有所不暇矣，玆可謂簡乎？又每旦諸相入省，例引門下親信數輩，諸人混入，森立滿堂，或僞或真，互不相辨，内隱奸慝，亦莫可知。使郎吏啓覆於喧雜之中，執政可否於廝役之後，不惟泄漏政事，實爲虧損尊嚴，玆可謂肅乎？詳此二事，初若甚微，久而相仍，其弊實大。宜令六部各具所掌事務名件，及施行禮判，委官分間。凡有定例，及涉細碎重複不必呈稟者，悉皆削去，一取至元十年以前典故，遵依施行。仍禁約諸人，無故不得入省門。每日諸大夫聚會，親隨不許入後堂。令有職役者一人輪值，聽候命令。知印、通事、省掾出入，恒不過四五人。如議事，皆令迴避。即有諸投下即諸衙門以事稟説者，令客省使分間，亦不過一二人得入。如此，省體肅而愈尊，相職清而多暇。其所以佐天下安天下者，徐爾圖之，宜無不辦。

四曰正六官。按《周禮》，六官以配天地四時。蓋六官得其職，則天地四時之氣可得而正也，今之六部是已。六部果得其職乎？略舉而言之。吏部實爲天官，掌别淑慝，平銓衡，使賢者進，不肖者退，乃其職也。今其法惟以日月爲功，不以能否爲斷。衙門欲併而不果，冗員方汰而遽停。賢者果能進乎？不肖者果能退乎？則天官未得其職矣。刑部實爲秋官，掌司威罰，平獄訟，使惡者詘，而善者伸，乃其職也。今律令未見施行，所掌分於宗正，或乃不分輕重，指名脱放罪囚。惡者果詘乎？善者果伸乎？則秋官未得其職矣。又如禮部之禮制無所定，科舉未能設；兵部之軍役不得均，驛政不得間；則春夏二官未得其職矣。詳數事，餘可類推。天地四時之氣有所未正者，或果出於此乎？《易》曰：后以裁成天地之道，輔相天地之宜，以左右民。宜令六部條具所掌得失，參酌古制，定奪聞奏，頒定新規，刮去舊轍，使之各得其職，責以必成，實裁成輔相左右萬民之大端也。

（元）張養浩《為政忠告・廟堂忠告・調燮第五》 人皆曰燮理陰陽爲宰相事，然舉世第能道其辭，迄不知陰陽何術可以燮理。按《書・周官》：三公論道經邦，燮理陰陽。蓋周之三公即今宰輔。而漢丞相平亦曰：宰相上佐天子，理陰陽，順四時。厥後又有災異免三公之制。世俗所云，蓋本諸此。切嘗即是以思，宰相所以調燮者，非能旱焉而使之雨，雨焉而使之暘，要不越盡人事以來天地之和而已矣。夫天之與人若判然，而實相表裏。蓋政事順則民心順，民心順則天地之氣順，天地之氣順則陰陽從而序矣。若廼怙勢立威，挾權縱欲，惡人異己，諂佞是親，於所言者不言，於所救者不救，上下相蒙，惟務從命，如此欲望民心順、陰陽之氣和，難矣。大抵天道之災祥視民心之苦樂，民心之苦樂視政事之失得，政事之失得視宰相之賢與不賢。昔丙吉舍死人問牛喘，自以爲得體，殊不知天道逆順當於政事觀之，固不在區區一牛之喘與否也。晉庾冰爲相，或謂天文錯度宜盡消禦之道，冰曰：玄象豈吾所測，正當勤盡人事。冰之此言，可謂簡明切要，深得宰相之體者矣。苟政事修整，雖陰陽之和不應，乃天道之變也，又何慊焉？苟政事龐焉棼焉而不理，雖禎祥集而風雨時，若顧敢以爲治乎？嗚呼，凡爲相者，誠能以是求之，則天人之理瞭然矣。

（元）蘇天爵《滋溪文稿》卷二《記・中書參議府左右司題名記》

先王之巡守也，蓋省觀民風，設施政教，非以縱游田而事宴樂也。昔我世祖皇帝肇作兩京，歲時巡幸，振民布政，發號出令。遠則邊徼咸畏其威，近則臣庶不知其勞，是亦先王巡省之遺意歟。元統三年夏五月，駕幸上京，百官分司從行。秋八月南還，乃録參議府左右司官僚姓名于壁。

嗚呼，中書政本也，天下之事屬焉。相臣挈其綱於上，參佐理其務於下，勝其任者蓋亦難矣。昔者君臣交修，百職興舉，內正身心以端其本，外修刑政以輔其民，故治日新而天下化矣。國家自中統建元，始立中書，修明憲度，垂八十年。列聖傳序，保守治平。今天子聰明仁聖，嗣大歷服。萬機之暇，時召儒臣侍講六經禁中，輔弼之臣又皆先朝勳舊。吾儕幸生斯時，待罪宰屬，孰不欲攄其素藴，樹功於世，以報明時之萬一哉。夫爵禄所以勸賢也，苟非賢材，寧私授乎。錢穀所以經費也，苟非國用，寧濫出乎。至於刑罰之當罪，興作之以時，皆思止邪而禁暴，節用以裕民，如是，庶幾克勝其任矣夫。然而君心之正，元化之和，禮樂之隆，風俗之厚，則惟大人君子所能致也。方今朝廷政化更新，致治之機蓋不可緩。不然，將見行身者以緘默保位爲能，任事者以便私適已爲務，國家何賴焉。

夫以上京山川都邑之盛，宫室車服之美，從臣多爲文詞以頌美之，是不庸贅也。謹述古者巡守之事，及輔相參佐之責，俾來者有所觀感焉。

（元）蘇天爵《滋溪文稿》卷二六《章疏・建白時政五事》

欽惟國家建置臺憲，務求言責，克廣聰明。若或緘默而不言，有負朝廷之任使。卑職猥以非才，備員六察，粗有聞見，謹用敷陳。蓋畏天變者所以盡事天之誠，享宗廟者所以隆孝治之道，輔聖德者所以建太平之基，敬大臣者所以求贊襄之益，恤黎民者所以固邦家之本。匪欲徒爲空言，惟務切於時政。尚憑采擇，伏希奏聞。【略】一、帝王之職，在任宰相。宰相者，所以輔佐天子，撫綏兆民，燮和陰陽，贊襄政治而已。故人主躬親庶政，體貌大臣，常於進見之閒，俾盡論思之道。洪惟天朝，富有四海，列聖臨御，保守治平，遇臣下者既盡其禮，大臣碩輔，獻納謀猷，事君上者亦盡其忠，君明臣良，千載一時也。欽惟聖天子聖德寬仁，臨乎臣民之上，天下之大，萬機之繁，朝夕都俞，共圖爲治者，二三大臣而已。然而古昔人君待遇其臣，亦未嘗不至也，故燕饗所以通上下之情，嵬田所以習武備之禮；命之爵禄以求其用，賜之居第以安其身，蓋皆昭儉而合禮，未始踰制以厲民。今朝廷政化更新，中外望治，樞機之臣固宜尊寵，是以爵禄之貴，居室之盛，宴享田獵之樂，可謂至矣。伏惟二三大臣，同心一德，勉圖報稱，雍容廊廟，夙夜贊襄，俾公卿得人，風雨時若，紀綱正而朝廷尊，賞罰公而民心服，不亦至盛矣乎。

（元）蘇天爵《元文類》卷一四陳祐《奏議・三本書》〔至元五年十月上〕嘉議大夫衛輝路總管臣陳祐，謹齋沐百拜，獻書于皇帝陛下。臣今越職言事，事曰三本，皆國家大計，非不知獲罪于時也。【略】

其二曰：中書政本，責成之任宜專。臣伏見陛下勵精爲治，頻年以來，建官分職，綱理衆務，可謂備矣。曰中書，曰御史，曰樞密，曰制國用，曰左右部。夫承命宣制，奉行文書，銓叙流品，編齊户口，均賦役，平獄訟，此左右部之責也。通漕運，謹出納，充府庫，實倉廩，百姓富饒，國用豐備，此制國用之職也。修軍政，嚴武備，闢疆埸，肅號令，謹先事之防，銷未形之患，士馬精強，敵人畏服，此樞密之任也。若夫屏貴近，退姦邪，絶臣下之威福，強公室，杜私門，糾劾非違，肅清朝野，非御史不能也。如斗之承天，斟酌元氣，運行四時，條舉綱維，著明紀律，總百揆，平萬機，求賢審官，獻可替否，內親同姓，外撫四夷，綏之以利，鎮之以靜，涵養人材，變化風俗，立經國之遠圖，建長世之大議，孜孜奉國，知無不爲，作新太平之化，非中書不可也。皇天以億兆之命懸之於陛下之手，陛下父事上天，子愛下民，其道無他，要在慎擇宰相，委任責成而已。欽惟陛下元首之尊也，中書股肱之任也，御史耳目之司也。方今之宜，非中書則無以尊上，非御史則無以肅下。下不肅則内慢，上不尊則外侮。内慢外侮，亂之始也；上尊下肅，治之基也。故《虞書》載明良之歌，賈生設堂陛之論，其旨豈不深且遠哉。凡今之所以未臻於至治者，良由法無定體，人無定分，政出多門，不相統一故也。臣謂諸外路軍民錢穀之官，宜悉委中書通行遷轉，其賞罰黜陟，一聽於中書，其善惡能否，一審於御史，如此則官有定名之實，法有畫一之規矣。又大臣貴和不貴同，和於義則公道昭明，有揖讓之治；同於利則私怨萌生，起忿争之亂，此必然之效也。誠能中外戮力，將相同心，和若鹽梅，固如金石，各慕相如、寇恂相下之義，夾輔王室，協贊聖猷，陛下臨之以日月之明，懷之以天地之量，操威福之權，執文武之柄，俾法有定體，人有定分，上之使下如身之運臂，臂之任指，下之事上如使足之承身，身之尊首，各勤厥職，各盡乃心，夫如是，天下何憂不理，國勢何憂不振乎。雖西北諸子未覲天顔，東南一隅未霑聖化，其來庭之議，稱藩之奏，可尅日而待，不足爲陛下憂也。所可憂者，大臣未和，大政未通，群小流言，熒惑聖聽，干撓庶政，虧損國威，摧壯士之心，箝直臣之口，至使人情以緘默爲賢，以盡節爲愚，以告訐爲忠，以直言爲諱，是皆姦人敵國之幸，非陛下之福也。臣恐此弊不已，習以成風，將見私門萬啓於下，公道孤立於上，雖有夔皋爲臣，伊周作輔，亦不能善治矣。陛下有垂成太平之功，而復有小人基亂之釁，此臣所以爲陛下惜也。今大臣設有姦邪不忠、竊弄威柄者，御史自當言之，乃其職也，百官自當論之，乃其分也，烏在無賴小人不爲鄉黨所齒者，驟興攻訐之風於朝廷之上乎。臣知國家承平吉祥之言，必不出於若輩之口也，惟陛下遠之，則天下幸甚。

（明）楊士奇等《歷代名臣奏議》卷七三《儲嗣·論東宫不當領中書樞密之職》　時東平趙天麟上策曰：臣聞未宜輕舉者，四海之宗，不可常空者，三台之位。是以貞臣守道，虞人違析羽之招；明主防微，漢帝拒郎官之請。斯皆小節，尚貫大經，矧此國基，係乎太子。方其幼也，但可齒學而振風，及其長也，但可安心而行孝，奚暇乎他事哉。今國家鋪張治具，整頓條綱，内焉三公九卿，外焉庶畺諸尹，例皆舉賢推德，使宅高下之員，揆務分司，嚴糾傾邪之類。蓋欲有生皆樂，無物不安，旁推惻隱之心，迓續文明之治。至於中書一令，樞密一使，嘗使東宫領之，連旬累月，望儲闈銅輦之來臨；虚榭空帷，設銀粲金墀之太坐；事專歸於副相，政並決於同僚。臣以爲中書者，機務之關津，天門之鎖鑰，挈四海蒼生之命，掌萬眷皇闕之家，任之而當，則奠枕磐石，任之未當，則瘝官病政，此實國家股肱心膂之臣也。樞密者，疆場之守衛，熊虎之維綱，武臣效力而有所歸依，强寇寒心而潛消變故，良才司令，則坐撫塵清，昧者持衡，則多生僻事，此實國家爪牙統領之臣也。由此觀之，軍民二柄，治亂所關，具其員而非其才，尚恐難行，設其位而曠其員，云何可治？且太子正名之後，雖諸王莫得而同，有三師三少之徒，立詹事屬官之院。凡在臣民而咸仰，但惟父母之常尊。君行則守，有守則從，從曰撫軍，守曰監國。爲天子之元子，其貴無以尚矣；任天下之副君，其盛蔑以加矣。又何須銀章玉帶，耀一品之華階，宥府都堂，占大臣之上位，名爲重之，適所以輕之也。東宫之領此職，非臣之所獲知。若謂藉其重以鎮之，則朝臣政事無不奏聞，是天威已鎮之矣，何須太子鎮之哉？若爲他人不可爲此職邪，則太師、太保，國王暨劉公爲之矣，太傅、司徒亦有爲之者矣，觀彼四職不下於此，皆令異姓爲之，何獨人不敢爲此職哉？况耶律公已嘗作中書令乎。太子之道，春誦夏絃，秋習禮，冬讀書，研磨往古之攸行，爰證當今之可務；龍樓問寢，慇懃於内豎之前，甲觀尊師，懇惻於春官之側；以徽柔爲本，以仁孝爲先。及其既冠，則有記過之史，徹膳之宰，進善之旌，敢諫之鼓；習與智長，故切而不媿，化與心成，故中道若性。三代之胤祚長久者，輔翼太子有此具也。太子之善，在於早諭教，教得而左右正，左右正則太子正矣，太子正而天下定矣。此所以周公示法於成王，賈子忠告於漢文也。以陛下之聖，猶立保傅，在太子以奚疑。伏望陛下慎選碩人，輔導太子，無令降居臣職，以輕其身，當使益增其明，以成其孝。如此則乾符永握，黔黎知大本之安，震德惟新，天地有長男之美。更望陛下近擇宗室，旁及岩穴，舉大賢充令、使之官，即聖主錫軍民之福也。愚臣妄議，實係亂言，但以詔文許陳朝廷得失，故冒死以言之爾。

綜述

《元典章》卷四《朝綱·政紀·奏事經由中書省》　大德六年二月二十二日，江西廉訪司承奉行臺劄付，准御史臺，承奉中書省劄付，大德五年十月二十二日奏過事内一件，陝西省官人每文書裏説將來：責赤裏愛你小名的人，着延安府屯田有。收拾贖身、放良、不蘭奚等户者。麽道，將的御寶聖旨來有。教收拾那，怎生。麽道，與將文書來。奏呵，怎生商量來？聖旨有呵，回奏：濫收拾户計的，自前禁約来。因着那的，取要錢物，擾害百姓也者。拘收了聖旨呵，怎生。麽道，奏呵，那般者。拘收了者。麽道，聖旨有呵，因着這的，題奏一句言語。麽道，商量來，是與不是呵。腹裏、江南等處州城裏的百姓每，委付着俺有。民户的差發、税糧、課程等事，似這般勾當，有體例無體例，怕俺分間，外枝兒教人奏過，要了聖旨，不經由俺行將出去有。那言語轉來俺根底呵，有體例呵，依着行，却無體例的，委付着俺的其間，怎生？不題説的，題説的，頻煩上位，更阻當了先的言語有。外處百姓每聽得呵，也不宜的一般。似這般干礙俺的勾當，不揀誰奏呵，教行的時分，俺在根底有。俺根底商量了教行呵，展轉的不頻煩上位。可憐見呵，這言語必闍赤每根底説與呵，怎生。奏呵，奉聖旨：索甚麽那般説？必闍赤每根底説了，各枝兒裏官人每根底都説與者。但凡這般合干礙您的勾當，他每休奏者。只教您奏者。欽此。

《元典章》卷四《朝綱·政紀·省部減繁格例》　皇慶二年五月，江西行省准中書省咨，皇慶元年十二月二十六日奏過事内一件，中書省管的勾當，出納上命，進退百官，總挈綱維。六部諸衙門分掌庶務，路府州縣親臨裁決。選賢使能，責其成功，俾上下各得任其職。如此，則百職具舉，宰執總其要而臨之，不煩不勞，乃所謂省也。世祖皇帝中統建元，至今五十餘年，典章文物悉皆具備。近年以來，行省、六部諸衙門，應處決而不處決，往往作疑咨呈都省，以致文繁事弊，前省也屢嘗減削繁冗文字。俺衆人商量得：如今委左右司、六部等衙門文資官、首領官，一件件分揀，合咨呈者、合更改者，定擬格式奏了，遍行文書整治呵，怎生？奏呵，薛禪皇帝初立中書省時分，是這般行來。恁商量了，新年裏便行者。麽道，聖旨了也。欽此。劄付左右司、六部等，欽依分揀定擬到行省、各部諸衙門合減各各名件，於皇慶二年二月二十一日，章閭平章、張平章、兀伯都剌右丞、不花參議、欽察郎中等官奏：前者，爲省家繁細文書多妨着政事的上頭，俺商量了，一件件分揀定，遍行整治呵，怎生？奏呵，恁商量了，便行者。麽道，聖旨有來。俺衆省官、首領、六部官，一同分揀定，内外各衙門除合與俺文書的外，他每自合行的裏頭，似這各處罪囚，在先聖旨體例，五十七司、縣斷決，八十七散府、州軍斷決，一百七宣慰司、總管府斷決。又大小告争詞訟，自下而上，不得越訴。如今行省、宣慰司、路府州縣合與決的勾當，自下而上，必要結絶了。若州縣理斷不當呵，赴路府、宣慰司、行省陳告，即便改正，將元行官吏究治。如依前推調着不與決絶，或是違着體例、理斷不當，致令百姓省部陳告呵，他每根前要罪過。又常課段疋，今後工部家成造，辨驗，庫裏收了，分付與户部收支。更各投下阿哈探馬兒、江南鈔、歲賜銀段疋軍器等物，并腹裏城子裏撥與倒换的鈔本，更各衙門倒鑄平乏了的印信，似這般着例的勾當，不索與俺文書的，通有一百餘件。如今俺明白奏了，與他每文書交行，更有該載未盡合減省的，俺接續商量，依這體例減省。這般行了之後，行省、六部、内外諸衙門，有體例合處決的勾當，推調着不肯結絶，作疑咨呈，雖已結絶了，理斷不當，教百姓每生受，更違着舊體例，徑直行移文書的。别了今番奏定的體例呵，三品以上衙門判署正官，别議責罰，首領官吏并四品以下衙門正官、首領官吏，量事輕重要罪過。更教監察御史、廉訪司隨事糾治，内外諸衙門，也教倣這例減繁呵，怎生？奏呵，奉聖旨：恁説的是有。聽得在前省裏文書好生少來。依着您這商量來的行者。各處遍行文書者。麽道，聖旨了也。欽此。都省咨請遍行合屬，欽依施行。

一、行省所咨考滿匠官，都省判送吏部比對勘合，移關工部定擬，似涉文繁。今後行省别置匠官勘合文簿，發付工部收掌，就行判送，比對完備，定擬窠闕，移關吏部，依例施行。

一、各處行省并所轄衙門令譯史、怯里馬赤、知印、宣使、奏差、典吏人等，須要照依元定通例，於相應人内補用，不須一一咨禀准設。其或補用違例不應者，行省從監察御史，宣慰司等衙門從廉訪司，取具應設人數，各各歷仕脚色，依例照刷。但有不應之人，截日革去，追徵支過俸給，其或糾察未盡，雖考滿到部，依例行移追俸，役過月日並不准算。

一、各處囚徒杖罪以下，不行决遣，作疑申禀，及重刑結案不完等事。照得至元二十八年六月奏准《至元新格》内一款節該：諸杖罪五十七以下，並聽司、縣斷决，八十七（下）以下，散府、州軍斷决，一百七以下，宣慰司、總管府斷决。欽此。又一款，諸應申上司定奪之事，皆自下而上，用心檢校。但有不實不盡，其所由官司即須疏駁，必要照勘完備，議擬相應，方許申呈。若事有未完，例或不當，不即疏駁而輒准申呈者，各將當該首領官吏究治，駁而不盡，至於再三，故延其事者，又如之。欽此。又大德五年八月欽奉聖旨條畫内一款節該：諸處罪囚，仰肅政廉訪司官分行審理，輕者决之，冤者辨之，滯者糾之。有禁繫累年疑不决者，另具始末及其疑狀申御史臺，呈省詳讞，在江南者，經由行御史臺。仍自今後所至審囚，永爲定例。欽此。議得，今後諸處罪囚所犯，事例明白，應斷决者，並聽合干上司依例决遣。即應與决而不與决，或故延其事，作疑申禀，及結案重囚雖經廉訪司審録無冤，中間却有漏落情節，追勘不完，必致再行駁問，淹禁囚徒，不能與决。今後各路重刑結案，須要追勘一切完備，牒呈本道廉訪司子細參詳始末文案，如中間但有不完可疑情節，盡情駁問，如無不盡不實，再三審復無冤，開寫備細審狀，回牒有司，追勘一切完備，方許結案。行省委文資正官并首領官吏，依上用心參照，別無不完、可疑情節，擬罪咨省。首領官、吏對讀無差，標寫姓名，不許抄連備咨，如結案。但有照出追勘不完、失問事理，當該正官、首領官、吏亦行究治。其獲賊功賞、平反冤獄，若不依例保勘完備，亂行咨申者，拘該正官、首領官、吏，量事輕重斷罪。果有情犯不同，事干通例，必合咨禀者，議擬咨呈。

一、諸鬭訟之人，往往直赴省部陳告，照得至大三年六月初八日承奉中書省劄付：先欽奉聖旨條畫：諸告人罪者，皆須明注年月，指陳實事，不得稱疑。誣告者抵罪反坐。及不得越訴。經官告事越本管官司者，笞五十。若本處官司理斷偏屈及應合回避者，合赴上司陳告。欽此。又至元十四年七月欽奉聖旨條畫内一款：訴訟人先從本管官司，自下而上，依理陳告。若理斷不當，許赴提刑按察司陳訴。又誣告者，亦仰治罪。欽此。除欽遵外，議得，政貴有常，事當歸本，内外庶務，各有攸司，苟肯盡公，事無不理。設立宣慰司、路、府、州、縣，任專撫字，本期政簡民安。臺察、廉訪司職居撫劾，固當繩愆糾謬。況復外分行省，内列六部，都省總其宏綱，提挈振舉，期於不紊而已。近年以來，上下官府因循苟且，凡民間争訟，不爲用心裁决，變亂是非。風憲之官失於檢察，宣慰司、廉訪司莫爲伸理。致使告人不問事之大小、途之遠近，往復赴都省陳訴，中間亦豈盡無實詞？責其自下而上拒之，恐負屈莫伸；受之，慮挾奸欺罔。若不立法關防，終恐弊源難塞。今後内外官府，依例於籍記人吏内遴選諳練官事、循良無過之人，給付條印，書寫詞狀。諸訴訟人等應告一切公事，欽依累降聖旨條畫，自上而上陳告。若指陳不明，及不應告言而書寫者，將書狀人嚴行斷罪。事若應受，所在官司須要照例疾早歸斷，或理斷不當，許經所屬上司以次陳告，亦仰依上斷决。毋使虚調文移。如事應接受，或循私妄生枝節，不爲受理，縱受理，不即從公與决，故延其事，日久不行結絶，許赴本管上司陳訴，量事立限歸結。違者，在外行臺、廉訪司，在内監察御史糾察究治。已告公事，各處見問未畢，指以偏向爲詞，不得輒赴上司陳告。若聽斷已定而告者，詳其詞理未盡、情有可疑，即當接受，取元斷始末緣由，如已斷公當，別無枉屈，准擬施行。其所告不應，不得受理，將退狀明白標寫合退緣故，當該人吏書名畫字，退付告人。仍須置簿，將退受文狀依上附寫，每月一次署押。監察御史、廉訪司常加照刷，但有退受不應，即將判署正官、首領官隨事究問。如告人所執退狀別無批寫緣由，雖稱已曾陳告，並難憑准。仍將朦朧妄告之人，依越訴例斷决發還，以絶欺詐繁冗之弊。行省、行臺、廉訪司一體施行，仍多出榜文曉示。

一、各處行省應付各投下歲賜段疋、軍器物料等，每歲咨禀都省，送部照擬回咨。今後似此各位下就於行省取索，本省照勘年額相同，別無增減，就便依例應付，年終通行照算。

又

皇慶二年五月，江西廉訪司奉江南行臺劄付：准御史臺咨：承奉中書省劄付：奏過減繁事內：

一、臺察照刷出一切稽遲并官吏不公，往往呈省，送部定擬，照得至元十四年七月欽奉立行御史臺聖旨條畫內一款：凡可興利除害，一切不便於事，必當更張者，咨臺呈省聞奏。其餘該載不盡應合糾彈事理，比附已降條例，斟酌彼中事宜，就便施行。又至元二十八年九月立廉訪司分治條畫內一款：廉訪司官委任既重，却不得苛細生事，闊於大體。違者同不稱職。欽此。臺察之設，于今有年，凡行事務，俱有條例，監察御史、廉訪司今後照刷諸司文案，追問一切稽遲并官吏不公等事，欽依已降聖旨事意，斟酌就便施行。果有無例不能與決者，申臺呈省，送部照擬。庶免往復文繁。

一、官吏俸鈔，已有支給通例。今後各衙門添設令、譯史人等，如經都省許准，已有俸例，自吏部准補月日爲始支付。受宣敕人員，都省憑准奏定頒降宣敕者，自禮任月日支付。如經都省復奏或改授者，自都省奏准月日放支。

《元典章》卷四《朝綱・政紀・減繁新例》 延祐六年正月□日，江浙行省：准中書省咨：御史臺〔呈〕：備監察御史呈：會驗奏准《至元新格》：諸公事明白，例應處決，而在下官府故作有疑申審，若事合申稟，而〔所〕在〔上〕官司不即依理與決者，各隨其事究治。仍從監察御史、肅政廉訪司糾彈。欽此。近照刷河南江北等處行中書省文卷數內，各道宣慰司、路、府、運司等衙門應有申稟公事，當該掾史或受請求及避照例，多不明白立案，披詳與決。又不引用條例，縱恣所爲，止押行檢，朦朧回下，〔仰〕依例或照驗施行，故令中間事情支離，難於處置。時輩皆以可上可下，謂之把猾，使在下官府承文束手，莫知適從，以致案牘愈繁，事多壅滯，日就月將，不勝其弊。今後凡有申稟公事，該吏即將元來事頭公廳署押，必合照議之事，先行請判，然後明立案驗。所申文解已加議論者，可准即云准申，果若所見不同，有例引用其例，無例從公擬決，明白區處，回下所司。如有違犯，從風憲依例糾問。庶奸吏之弊稍除，有司之務得辦，而政事抑亦簡矣。倘是其言，具呈中書省，遍行照會相應。具呈照詳。得此。本臺看詳，如准監察御史所言，遍行照會相應。具呈照詳。得此。送據刑部呈，議得：各處行省所轄司屬衙門應有申稟公事，合准監察御史所言，明白區處，庶革奸弊，如蒙准呈，遍行照會相應。具呈照詳。得此。都省准擬，除外，咨請依上施行。省府除外，仰依上施行。延祐五年十一月二十日，掾史劉世傑承行。十二月十四日，杭州路吏蔡凱承。

《元典章新集至治條例・朝綱・中書省・紀綱・不許隔越中書省奏啓》 至治二年五月□日抄白。延祐六年三月二十八日，御史臺承奉中書省劄付：

御史臺呈：准江南行臺咨：據監察御史咬住奉直、大思都承務、郝志善將仕、段輔徵事呈：切惟國家命令，所以宣揚政化，敷布紀綱，爲法於當時，重憲於後世，蓋非爲國爲民，不可輕易發也。《書》曰：謹乃出令，令出惟行，不惟反。古之王者，其於發號施令，重慎如此。王言一出，天下莫不廓然丕變，各得所欲，雖山川草木，亦皆觀光動色。故曰聖人感人心而天下和平，良以此也。昔唐以中書奏事，門下繳駁，尚書奉行，亦謹號令之意。伏惟聖朝，奄四海以爲家，立中天而建極。祖宗以來，凡出號令，必與大臣協謀精究，然後敷之天下，是以億兆承聽，莫不聳動。故自中統建元以來詔令，至今遂爲定制。切見比年所降命令，非但煩數，間亦未孚。且皇元立制，政柄總歸中書。雖屢誡諸司不得隔越奏事，然諸司奉行不至，旋即背違，凡有陳請，輒自朦朧奏行。或有經由中書，而政府事務繁冗，不暇詰難可否。故添樂人氣力者有之，斷民間家私者有之，或爲僧道護持，或與權豪執把。冗徵細事，動輒宗示中外，變易紛紜，法無所守。且以近年杭州等處開讀者言之，如旌德集慶等寺護持、杭州馬剌忽女孩兒荅剌看等執把，似此之類，豈煩君命？翰林院譯寫，明該：馬剌忽女孩兒荅剌看交奏。似此，誠非所以取信於四方、爲百姓之觀瞻也，其於昭代之累甚矣。迹其所由，蓋因挾權撓法之臣不惜國體，越職犯分，各私其所爲而致然也。又如帝師法旨，護持杭州路明慶等寺，亦明宣示，其始終辭理，甚與綸音相類。求之禮分，實有悖戾。且發號施令，人君之大柄，非帝師之所宜行也。伏乞聞奏，取自聖裁。所謂隔越奏事一端，朝廷戒飭之法不爲不嚴。紀綱之倫不爲不備。然而朝出暮更，且行且違者，無他，賞罰不信故也。管見宜將此隔越中書已行聖旨取勘，盡數拘收，仍明白擅自奏事科斷之條，以示必罰，不宜但以今後爲禁，以長僥倖之風。欽惟朝廷詔誥，既皆經由國史翰林，其承旨、學士等員皆帶知制誥階銜，又有根腳大臣習知國朝典政者首領院事。欲乞今後應干綸綍，專命掌之，凡有奏行布告之事，並從中書省送本院詳定可否。其或措置失宜、有損治道者，則繳駁封回敷奏。其可行者，則加潤飾，呈中書詳驗，仍備行翰林院譯寫施行。則亦唐中書、尚書、門下之制也。誠如此，庶不致辱君命於寰宇，取譏議於將來。卑職等忝膺言責深恩，切慮損於治體，不度暗劣，輒進瞽言。今抄連節次開讀聖旨、法旨在前，具呈照詳。得此。本臺看詳，若號令總歸中書，則無多門以干政。然隔越之罪未嘗譴責，唯恐紀綱紊亂，關繫非輕。如准監察御史所言，允合公道。咨請照詳。准此。具呈照詳。得此。延祐五年十二月三十日奏過事內一件：御史〔臺〕備着南臺監察御史文書裏說將來：國家命令要取信天下，不可不謹。自祖宗世祖皇帝中統建元以來，凡有詔令，天下宣諭了呵，不輕更改有。皇帝登寶位，行了詔書，應有大小勾當，都經由中書省。不揀甚么衙門，隔越着中書省奏事呵，依着別了聖旨體例裏，要罪過。如今不依着行了的詔書、聖旨，凡有民間細碎的勾當，輒便朦朧奏奉聖旨，各處開讀有。與樂人添氣力的也有，斷百姓家私的也有，爲僧道護持、權豪執把的也有。如近年杭州等處開讀，爲集慶等寺護持、又馬剌忽的女孩兒答剌看家私的上頭教奏執把的聖旨，這般的細事，不宜頒降聖旨，四方百姓也失觀聽。因這般朦朧隔越奏事的人每不曾戒約呵，展轉多了也。又帝師法旨護持各處寺院，便似聖旨一般開讀有。合應有隔越着中書、朦朧奏過行了的聖旨，取勘盡數拘收了。但有擅自奏事的，定立科罪之條。必然這般行呵，人不敢僥倖。又翰林院凡譯寫開讀的聖旨，若有干礙着體例的，呈與省家藁檢商量。似這般呵，於治有益。題說有。俺商量來，在先爲不交隔越奏事的詔書裏，並累次奏奉聖旨，遍行文書來。翰林院譯寫聖旨呵，呈省共議藁檢的，也奏過，行文書來。如今臺官人每題說的是的上頭，明白上位根底奏知，除寺觀護持聖旨外，但是家私、錢債、婚姻、地土等爭訟勾當，並關礙中書省一切政務，隔越着奏來的聖旨，教各衙門照勘，合拘收的拘收將來。若拘收不盡的，監察御史、廉訪司體察。今後翰林院譯寫聖旨呵，但凡干礙着體例，依已行來的例，將藁檢呈省。若是隔越着奏事，並徑直行的，俺依着已行的詔書聖旨禁約，不教行。又帝師法旨，只依着在先行的體例裏教行呵，怎生？奏呵，奉聖旨：那般者。聖旨了也。欽此。除外，都省合下，仰照驗，遍行欽依施行。

又

至治元年五月□日，江浙行省准中書省咨：

蒙古文字譯該：中書省官人每根底，翰林院官人每言語：特奉聖旨：除中書省、樞密院、御史臺、宣政院官人每外，不揀那個衙門，各投下官人每不揀是誰，隔越翰林院官人每，聖旨的勾當休奏者。將在前與來的聖旨倒換者。麼道，恁省官每根底說着，交隨處行文書者。麼道，聖旨了也。猴兒年三月二十二日。欽此。都省咨請欽依施行。

《元史》卷八五《百官志》 中書令一員，銀印。典領百官會決庶務。太宗以相臣爲之，世祖以皇太子兼之。至元十年，立皇太子，行中書令。大德十一年，以皇太子領中書令。延祐三年，復以皇太子行中書令。置屬，監印二人。

右丞相、左丞相各一員，正一品，銀印。統六官，率百司，居令之次。令缺，則總省事，佐天子，理萬機。國初，職名未創。太宗始置右丞相一員、左丞相一員。世祖中統元年，置丞相一員。二年，復置右丞相二員、左丞相二員。至元二年，增置丞相五員。七年，立尚書省，置丞相三員。八年，罷尚書省，乃置丞相二員。二十四年，復立尚書省，其中書省丞相二員如故。二十九年，以尚書再罷，專任一相。武宗至大二年，復置尚書省，丞相二員。中書丞相二員。四年，尚書省仍歸中書，丞相凡二員，自後因之不易。文宗至順元年，專任右相，其一或置或不置。

平章政事四員，從一品。掌機務，貳丞相，凡軍國重事，無不由之。世祖中統元年，置平章二員。二年，置平章四員。至元七年，置尚書省，設尚書平章二員。八年，尚書併入中書，平章復設三員。二十三年，詔清冗職，平章汰爲二員。二十四年，復尚書省，中書、尚書兩省平章各二員。二十九年，罷尚書省，增中書平章爲五員，而一員爲商議省事。三十年，又增平章爲六員。成宗元貞元年，改商議省事爲平章軍國重事。武宗至大二年，再立尚書省，平章三員。中書五員。四年，罷尚書省歸中書，平章仍五員。文宗至順元年，定置四員，自後因之。

右丞一員，正二品。左丞一員，正二品。副宰相裁成庶務，號左右轄。世祖中統二年，置左、右丞各一員。三年，增爲四員。至元七年，立尚書省，中書右丞、左丞仍四員。八年，尚書併入中書省，右、左丞各一員。二十三年，汰冗職，右、左丞如故。二十四年，復立尚書省，右、左丞各一，而中書省缺員。二十八年，復罷尚書省。三十年，設右丞二員，而一員爲商議省事。成宗元貞元年，右丞商議省事者，又以昭文大學士與中書省事。武宗至大二年，復立尚書省，右、左丞二員。中書右、左丞五員。四年，罷尚書右、左丞，中書右、左丞止設四員。文宗至順元年，定置右丞一員、左丞一員，而由是不復增損。

參政二員，從二品。副宰相以參大政，而其職亞於右、左丞。世祖中統元年，始置參政一員。二年，增爲二員。至元七年，立尚書省，參政三員。八年，尚書併入中書，參政二員。二十三年，汰冗職，參政二員如故。二十四年，復立尚書省，參政二員。中書參政二員。二十八年，罷尚書省參政。武宗至大二年，復置尚書省，參政二員。中書參政二員。四年，併尚書省入中書，參政三員。文宗至順元年，定參政爲二員，自後因之。

參議中書省事，秩正四品。典左右司文牘，爲六曹之管轄，軍國重事咸預決焉。中統元年，始置一員。至元二十二年，累增至六員。大德元年，止置四員，後遂爲定額。其治曰參議府，令史二人。

左司，郎中二員，正五品；員外郎二員，正六品；都事二員，正七品。中統元年，置左右司。至元十五年，分置兩司。左司所掌：吏禮房之科有九，一曰南吏，二曰北吏，三曰貼黄，四曰保舉，五曰禮，六曰時政記，七曰封贈，八曰牌印，九曰好事。知除房之科有五，一曰資品，二曰常選，三曰臺院選，四曰見闕選，五曰别里哥選。户雜房之科有七，一曰定俸，二曰衣裝，三曰羊馬，四曰置計，五曰田土，六曰太府監，七曰會總。科糧房之科有六，一曰海運，二曰儹運，三曰邊遠，四曰賑濟，五曰事故，六曰軍匠。銀鈔房之科有二，一曰鈔法，二曰課程。應辦房之科有二，一曰飲膳，二曰草料。令史二人，蒙古書寫二十人，回回書寫一人，漢人書寫七人，典吏十五人。

右司，郎中二員，正五品；員外郎二員，正六品；都事二員，正七品。中統元年，置左右司。至元十五年，分置兩司。右司所掌：兵房之科有五，一曰邊關，二曰站赤，三曰鋪馬，四曰屯田，五曰牧地。刑房之科有六，一曰法令，二曰弭盗，三曰功賞，四曰禁治，五曰枉勘，六曰鬭訟。工房之科有六，一曰横造軍器，二曰常課段匹，三曰歲賜，四曰營造，五曰應辦，六曰河道。令史二人，蒙古書寫三人，回回書寫一人，漢人書寫一人，典吏五人。

中書省掾屬：

監印二人，掌監視省印，有中書令則置。

知印四人，掌執用省印。

怯里馬赤四人。

蒙古必闍赤二十二人，左司十六人，右司六人。

漢人省掾六十人，左司三十九人，右司二十一人。

回回省掾十四人，左司九人，右司五人。

宣使五十人。

省醫三人。

玉典赤四十一人。

斷事官，秩〔正〕三品。掌刑政之屬。國初，嘗以相臣任之。其名甚重，其員數增損不常，其人則皆御位下及中宫、東宫、諸王各投下怯薛丹等人爲之。中統元年，一十六位下置三十一員。至元六年，十七位下置三十四員。七年，十八位下置三十五員。八年，始給印。二十七年，分立兩省，而斷事官隨省並置。二十八年，十八位下置三十六員，併入中書。三十一年，增二員。後定置，自御位下及諸王位下共置四十一員。首領官：經歷一員，知事一員。吏屬：蒙古必闍赤二人，令史一十二人，回回令史一人，怯里馬赤二人，知印二人，奏差八人，典吏一人。

客省使，秩正五品。使四員，正五品；副使二員，正六品。令史二人。掌直省舍人、宣使等員選舉差遣之事。至元九年，置使二員，一員兼通事，一員不兼。大德元年，增置四員，副二員。直省舍人二員，至元七年始置，後增至三十三員。掌奏事給使差遣之役。

檢校官四員，正七品。掌檢校左右司、六部公事程期、文牘稽失之事。書吏六人。大德元年置。

照磨一員，正八品。掌磨勘左右司錢穀出納、營繕料例，凡數計、文牘、簿籍之事。中統元年，置二員。至元八年，省爲一員。典吏八人。

管勾一員，正八品。掌出納四方文移緘縢啓拆之事。郵遞之程期，曹屬之承受，兼主之。中統元年，置二員。至元三年，定爲一員。典吏八人。

架閣庫管勾二員，正八品。掌庋藏省府籍帳案牘，凡備稽考之文，即掌故之任。至元三年，始置三員，其後增置員數不一。至順初，定爲二員。典吏十人。蒙古架閣庫兼管勾一員，典吏二人。回回架閣庫管勾一員，典吏二人。

《元史》卷九二《百官志》 元之官制，其大要具見于前。自元統、至元以來，頗有沿革增損之異。至正兵興，四郊多壘，中書、樞密，俱有分省、分院；而行中書省、行樞密院增置之外，亦有分省、分院。自省院以及郡縣，又各有添設之員。而各處總兵官以便宜行事者，承制擬授，具姓名以軍功奏聞，則宣命敕牒隨所索而給之，無有考覈其實者。於是名爵日濫，紀綱日紊，疆宇日蹙，而遂至于亡矣。惜其掌故之文，缺軼不完，今據有司所送上者，緝而載之，以附前志，庶覽者得以參考其得失治亂之概云。

中書省。元統三年七月，中書省奏請自今不置左丞相。十月，命伯顔獨長台司，詔天下。至元五年十月，加右丞相伯顔爲大丞相。六年十月，命脱脱爲右丞相，復置左丞相。至正七年，置議事平章四人。十二年二月，以賈魯爲添設左丞。三月，以悟良哈台爲添設參知政事。七月，又以杜秉彝爲添設參政。八月，以哈麻爲添設右丞。十三年六月，命皇太子領中書令，如舊制。十四年九月，以吕思誠爲添設左丞。二十七年八月，以樞密知院蠻子爲添設第三平章，以太尉帖里帖木兒爲添設左丞相。

中書分省。至正十一年，置中書分省于濟寧，以松壽爲參知政事。十二年二月，中書右丞玉樞虎兒吐華、左丞韓大雅開分省于彰德。十四年，升濟寧分省參政帖里帖木兒爲平章政事，是後嘗置右丞以守禦焉。十五年四月，彰德分省除右丞、左丞各一員。十七年七月，以平章答蘭、參政俺普、崔敬分省陵州。十一月，平章臧卜分省冀寧。十八年三月，掃地王、沙劉陷冀寧，臧卜遁。五月，王、劉北行，總兵官察罕帖木兒遣瑣住院判來冀寧鎮守，臧卜復回。十九年，臧卜卒。二十年正月，以右丞不花、參政王時分省冀寧。三月，鐵甲韓至，分省官皆遁。二十一年，以平章答蘭鎮守。二十二年，答蘭還京師，以左丞剌馬乞剌、參政脱禾兒領分省事。二十三年三月，又以平章愛不花鎮之。八月，擴廓帖木兒兵至，冀寧分省遂罷。二十七年八月，以添設平章蠻子兼知院，分省保定。九月，命太保、(左)［右］丞相也速統領軍馬，分省山東；沙藍答里仍中書左丞相、知樞密院，分省大同。以哈剌那海爲大同分省平章，阿剌不花爲參知政事。又置分省于冀寧，陞冀寧總管爲參政，鑄印與之，凡事必咨大同分省而後行之。十月，又置分省于真定。

（清）嵇璜等《續通典》卷二三《職官·宰相》 元以中書令、左丞相、右丞相、平章政事爲宰相。

（清）嵇璜等《續通典》卷二五《職官·宰相并官屬》 元之相職較前代獨多，曰中書令、曰左右丞相、曰平章政事、曰左右丞、曰參政，雖分長貳，皆佐天子出令。太祖嘗以相臣爲中書令，典領百官，會決庶務。元制中書令，位在丞相上，往往以皇太子兼領。右丞相、左丞相各一員，統六官，率百司，居令之次。令缺則總省事，佐天子理萬幾。國初職名未創，太宗始置右丞相一員，左丞相一員。世祖中統元年，置丞相一員。二年，復置右丞相二員，左丞相二員。至元二年，增至五員。七年，立尚書省，置丞相三員。八年，罷尚書省，乃置丞相二員。二十四年，復立尚書省，其中書省丞相二員如故。二十九年，以尚書省再罷，專任一相。武宗至大二年，復置尚書省，丞相二員，中書省丞相一員。四年，尚書省仍歸中書，丞相凡二員，自後因之不易。文宗至順元年，專任右相，其一或置或不置。以上丞相。

平章政事掌機務，貳丞相，凡軍國重事無不由之。世祖中統二年，置平章二員，三年，置平章四員。至元七年，置尚書省，設尚書平章二員。八年，尚書併入中書，平章復設三員。二十三年，詔清冗職，平章汰爲二員。二十四年，復尚書省，中書尚書兩省平章各二員。二十九年，罷尚書省，增中書平章爲五員，而一員爲商議省事。三十年，又增平章爲六員。成宗元貞元年，改商議省事爲平章軍國重事。武宗至大二年，再立尚書省，平章三員，中書省平章五員。四年，罷尚書省歸中書，平章仍五員。文宗至順元年，定置四員，自後因之。以上平章政事。

右丞、左丞，副宰相，裁成庶務，號左右轄。世祖中統二年，置左右丞各一員。三年，增爲四員。至元七年，立尚書省，中書右丞左丞仍四員。八年，尚書併入中書，左右丞各一員。二十三年，汰冗職，右左丞如故。二十四年，復立尚書省，左右丞各一員，而中書省闕員。二十八年，復罷尚書省。三十年，設右丞二員，而一員爲商議省事。成宗元貞元年，右丞商議省事罷，又以昭文大學士與中書省事。武宗至大二年，復立尚書省，右左丞二員，中書右左丞五員。四年，罷尚書右左丞，中書右左丞止設四員。文宗至順元年，定置右丞一員，左丞一員，以後不復增損。以上右左丞。

參政，副宰相，以參大政，而其職亞於右左丞。世祖中統元年，始置參政一員。二年，增爲二員。至元七年，立尚書省，參政三員。八年，尚書省併入中書，參政二員。二十三年，汰冗職，參政二員如故。二十四年，復立尚書省，參政二員，中書參政二員。二十八年，罷尚書省參政。武宗至大二年，復置尚書省，參政二員，中書參政二員。四年，併尚書省入中書，參政三員。文宗至順元年，定參政爲二員，自後亦不復增損焉。以上參政。

至順帝時，法度不常，紀綱日紊，置宰臣輒更祖制。元統三年七月，中書省奏請自今不置左丞相。十月，命巴延獨掌台司。至元五年十月，復加巴延爲大丞相。六年十月，命托克托爲右丞相，復置左丞相。至正七年，置議事平章四人。十二年二月，以賈魯爲添設左丞。三月，以悟良哈台爲添設參知政事。七月，又以杜秉彝爲添設參政。八月，以哈瑪爾爲添設右丞。十四年九月，以呂思誠爲添設左丞。二十七年八月，以樞密知院曼濟爲添設第三平章，以太尉特哩特穆爾爲添設左丞相，以添設爲銜名，亦古所未見也。

（清）嵇璜等《續通典》卷二五《職官・宰相并官屬》 元中書省有參議中書省事、典左右司文牘，爲六曹之管轄，軍國重事咸預決焉。中統元年，始置一員。至元三十二年，累增至六員。成宗大德元年，止置四員，遂爲定額。左司郎中二員，員外郎二員，都事二員。

（清）嵇璜等《續通典》卷二五《職官・中書省》 元中書省有中書令一員，左右丞相各一員，居令之次。平章政事四員，貳於丞相，以理政務。左右丞各一員，參政二員，皆副丞相者。其屬有參議左右司郎中等官。又置行中書省，掌國庶務，統郡縣，鎮邊鄙，與都省爲表裏。國初有征伐之役，分任軍民之事，皆稱行省，未有定制。中統至元間，始分立行中書省，因事設官，官不必備，皆以省官出領其事。其丞相，皆以宰執行某處省事繫銜。其後嫌於外重，改爲某處行中書省。凡錢糧、兵甲、屯種、漕運、軍國重事無不領之。每省丞相一員，平章二員，右丞一員，左丞一員，參知政事二員，所屬有郎中、員外郎、都事等官。其丞相或置或不置，尤慎於擇人。至正十一年，置中書分省於濟寧。十二年，置中書分省於彰德，率以中書省官出掌之。

紀事

《元史》卷二《太宗紀》 〔三年〕秋八月，幸雲中。始立中書省，改侍從官名。以耶律楚材爲中書令，粘合重山爲左丞相，鎮海爲右丞相。

《元史》卷五《世祖紀》 〔至元元年十一月〕壬辰，罷領中書左右部，併入中書省。以領中書省左右部兼諸路都轉運使、知太府監事阿合馬爲平章政事，領中書省左右部兼諸路都轉運使阿里爲中書右丞。

《元史》卷六《世祖紀》 〔至元四年三月〕壬寅，安童言：比者省官員數，平章、左丞各一員，今丞相五人，素無此例。臣等議擬設二丞相，臣等蒙古人三員，惟陛下所命。詔以安童爲長，史天澤次之，其餘蒙古、漢人參用，勿令員數過多。又詔宜用老成人如姚樞等一二員同議省事。

《元史》卷六《世祖紀》 〔至元五年冬十月〕己卯，敕中書省、樞密院，凡有事與御史臺官同奏。

《元史》卷七《世祖紀》 〔至元九年春正月〕甲子，併尚書省入中書省，平章尚書省事阿合馬、同平章尚書省事張易並中書平章政事，參知尚書省事張惠爲中書左丞，參知尚書省事李堯咨、麥术丁並參知中書政事。罷給事中、中書舍人、檢正等官，仍設左右司，省六部爲四，改稱中書。

《元史》卷一三《世祖紀》 〔至元二十一年秋七月〕中書省臣言：

宰相之名，不宜輕授。今占城省臣已及七人，宜汰之。詔軍官勿帶相銜。

《元史》卷一四《世祖紀》〔至元二十三年秋七月〕癸巳，銓定省、院、臺、部官，詔諭中外：中書省，除中書令外，左、右丞相並二員，平章政事二員，左、右丞並一員，參知政事二員；行中書省，平章政事二員，左、右丞並一員，參知政事、僉行省事並二員；樞密院，除樞密院使外，同知樞密院事一員，樞密院副使、僉樞密院事並二員，樞密院判一員；御史臺，御史大夫一員，中丞、侍御史、治書侍御史並二員；行臺同；六部，尚書、侍郎、郎中、員外郎並二員。其餘諸衙門，並委中書省斟酌裁減。

《元史》卷一六《世祖紀》〔至元二十八年八月〕己巳，置中書省檢校二員，秩正七品，俾考覈户、工部文案疏緩者。

《元史》卷一八《成宗紀》〔至元三十一年六月〕辛巳，御史臺臣言：名分之重，無踰宰相，惟事業顯著者可以當之，不可輕授。廉訪司官歲以五月分按所屬，次年正月還司。職官犯贓，敕授者聽總司議，宣授者上聞。其本司聲跡不佳者代之，受賂者依舊例比諸人加重。帝曰：其與中書同議。

《元史》卷一九《成宗紀》〔大德二年秋七月〕壬寅，詔諸王、駙馬及諸近侍，自今奏事不經中書，輒傳旨付外者，罪之。

《元史》卷一九《成宗紀》〔大德七年二月〕壬申，詔：樞密院、宗正府等，自今每事與中書共議，然後奏聞；諸司不得擅奏遷調；官員雖經特旨用之，而於例未允者，亦聽覆奏。【略】詔中書省設官自左右丞相以下，平章二員，左右丞各一員，參知政事二員，定爲八府。【略】丁亥，詔自今除樞密院、御史臺、宣政院依舊奏選，諸司毋得擅奏，其舉用人員，並經中書省。

《元史》卷三八《順帝紀》〔至元元年三月癸未朔〕御史臺臣言：丞相已領軍國重事，省、院、臺官，俱不得兼領各衙。從之。

《元史》卷一五七《劉秉忠傳》 世祖在潛邸，海雲禪師被召，過雲中，聞其博學多材藝，邀與俱行。既入見，應對稱旨，屢承顧問。秉忠於書無所不讀，尤邃於《易》及邵氏《經世書》，至於天文、地理、律曆、三式六壬遁甲之屬，無不精通。論天下事如指諸掌。世祖大愛之，海雲南還，秉忠遂留藩邸。後數歲，奔父喪，賜金百兩爲葬具，仍遣使送至邢州。服除，復被召，奉旨還和林。上書數千百言，其略曰：【略】

君之所任，在内莫大乎相，相以領百官，化萬民；在外莫大乎將，將以統三軍，安四域。内外相濟，國之急務，必先之也。然天下之大，非一人之可及；萬事之細，非一心之可察。當擇開國功臣之子孫，分爲京府州郡監守，督責舊官，以遵王法；仍差按察官守，治者升，否者黜。天下不勞力而定也。

《元史》卷一五七《張文謙傳》〔中統〕三年，阿合馬領左右部，總司財用，欲專奏請，不關白中書，詔廷臣議之，文謙曰：分制財用，古有是理，中書不預，無是理也。若中書弗問，天子將親蒞之乎？帝曰：仲謙言是也。

《元史》卷一六〇《高鳴傳》〔至元〕七年，議立三省，鳴上封事曰：臣聞三省，設自近古，其法由中書出政，移門下，議不合，則有駁正，或封還詔書；議合，則還移中書；中書移尚書，尚書乃下六部、郡國。方今天下大於古，而事益繁，取決一省，猶曰有壅，況三省乎。且多置官者，求免失政也，但使賢俊萃于一堂，連署參决，自免失政，豈必别官異坐，而後無失政乎。故曰：政貴得人，不貴多官。不如一省便。世祖深然之，議遂罷。川、陝盜起，省臣患之，請專戮其尤者以止盜，朝議將從之，鳴諫曰：制令天下上死囚，必待論報，所以重用刑，惜民生也。今從其請，是開天下擅殺之路，害仁政甚大。世祖曰善，令速止之。

元朝·尚書六部

論說

〔元〕元好問《元好問全集》卷三三《記·吏部掾屬題名記》 吏部爲六曹之冠。自前世號爲前行，官屬府史，由中後行而進者，皆以爲榮焉。國朝故事：掾屬之分有左右選，右選之在吏曹者，往往至公卿達官，然不能終更者亦時有之。古人以爲吏猶賈然。賈有賢有愚。賢賈之取廉，日計不足，月計有餘；愚賈之求無紀極，舉身以徇貨，反爲所累者多矣，此最善喻者。自風俗之壞，上之人以徒隸遇佐史，甚者先以機詐待之。廉恥之節廢，苟且之心生，頑鈍之習成，實坐於此。夫以天下銓綜之繫，與夫公卿達官之所自出，乃今以徒隸自居，身辱而不辭，名敗而不悔；甚矣，人之不自重也，乃録南幸以來名姓凡若干人，刻之石。孰善孰惡、孰由此而達、孰由此而敗，觀者當自知之得以監焉。正大二年五月、日，儒林郎、權國史院編修官元某記。

（元）魏初《青崖集》卷四《奏議》〔至元九年〕七月十三日。竊見天下之事具在於省，省之事責之六部；六部之事，其呈覆出納，在於各科分令史。由是言之，部令史名雖卑，其掌行爲最要，其所係爲最重，得其人則庶事流通，無所壅塞，不得其人則叢脞隳墮，詐偽百出。若近者，插補撿目冒用中書户部印信，及扯毁關檢等事，推是心以往，將何所不至？望其政平訟理，恐未能也。目今各部正補吏員如無過犯，能以廉勤自律，有幹局者，不必追其既往。若科分果有繁劇，令史闕少，亦合約量收補。如更不知警懼，敢爲欺誑者，當隨事黜罰，則能否有别矣。方其資考未滿則掌握機柄，既滿則臨治州縣，苟非其人，將何以堪之。擬合定立格法，如歲貢之例，守一不變，不輕以他道入補，則人無覬覦，知所勸戒，奔競之門塞矣。六部諸路表率，若不先爲振肅，四方將何所則效？方今之急，是亦其一節也。

（元）王惲《秋澗集》卷八七《烏臺筆補·舉李户部稱職合特加寵數事狀》竊惟財賦，天下之大計；民部，六卿之劇曹。昔李唐一代，以調度見稱者，裴、劉二公而已。竊見户部尚書李德輝，資稟忠純，精詳政體，夙夜在公，克盡所事，而又疾邪持正，吏不敢欺，爰自歷職以來，實爲允稱，可謂蹇蹇匪躬，盡瘁於國者也。近聞尚書省亦以喉舌得人，不許改充别職，誠然。照得唐例，如裴、劉諸人，於度支、鹽鐵本職上帶中書門下兼同之稱。據尚書李德輝官資禄秩，理宜特加寵數，顯異良能，以慰中外之望，而當國者且復塞進賢之責矣。

（元）王惲《秋澗集》卷八九《烏臺筆補·論六部職掌繁簡事狀》伏見朝廷設立六部，其官吏品秩相同而職掌繁簡有異。如禮、兵二部，禮以祭祀爲大而有太常寺，兵以軍旅爲重而有樞密院。今者錢穀造作一切等事，盡歸户、工，至甚繁劇，若曹務不有所分，則緩急難於辦集。合無酌量繁簡，令兵、禮二部，將可分之事一以兼管，似爲便當，又且職掌均一，使兩部官吏免尸素之責。不然，繁者愈繁而簡者日簡矣。據此合行舉呈。

（元）蘇天爵《滋溪文稿》卷二《記·禮部題名記》官署題名，其制舊矣。我國家自世祖皇帝始建中書，統左右部。未幾，分部爲四，又分爲六，蓋遵成周六官之制焉。而禮部實春官也，秩清而任重，朝廷常以勳舊之裔、儒學之士膺其選，然皆未有文字以誌名氏。至順元年，尚書馬公祖常始取禮樂合天地之化者名其廳事曰合化，刻石記其事。又三年，尚書宋公本復記其同官。凡官曹之典掌，僚寀之契分，二公序述悉矣。今又七年，能無紀載以續前修而爲後鑒乎。嘗聞之，天地奠位，人列其中，事務至殷，分官以治。夫官制莫備于成周，而春官之任獨曰治神人，和上下。爲人臣者，惟能敬以直内，則郊社宗廟之事治，而無僭妄諂佞之瀆；惟能奉法不撓，則尊卑上下之分定，而無陵犯乖争之失。其任不亦重歟。嗚呼，凡我同列可不知所勵哉。至元四年戊寅五月己酉，太中大夫禮部侍郎蘇天爵記。

綜　述

（元）徐元瑞《吏學指南·六曹》吏：《周禮》所謂天官冢宰也。户：地官司徒也。禮：春官宗伯也。兵：夏官司馬也。刑：秋官司寇也。工：冬官司空也。

《告狀新式·六案所隸》吏案掌隸：官吏名籍、選舉蔭叙、考察廉能、假故差役。

禮案掌隸：禮儀音樂、儒醫道釋、祭祀禎祥、進拜章表、學校貢舉、供奉陳設等事。

户案掌隸：官吏俸給、户籍貢賦、權衡度量、歲計支用、錢帛實貨、倉庫徵收租税。

兵案掌隸：兵籍軍器、郡邑圖志、站赤鋪驛、烽堠鎮戍、打捕飛放等事。

工案掌隸：百工造作、橋梁道路、公廨船隻、關渡城池、啓塞役使等事。

刑案掌隸：刑法獄訟、姦贓盜博、糾察非違、奴婢配隸、人口頭足、門户鎖鑰等事。

《元史》卷九二《百官志》六部。至元三年十二月，伯顏太師等奏准，吏部考功郎中、員外郎、主事各設一員。至正元年四月，吏部置司績一員，正七品，掌百官行止，以憑叙用廕襲。六月，中書奏准，户部事繁，見設司計四員，宜依前至元二十八年例，添設二員。十一月，吏、禮、兵、刑分爲二庫，户、工二部分二庫，各設管勾一員。十二年正月，刑部添設尚書、侍郎、郎中、員外郎各一員。十五年十月，濟寧分省置兵、刑、工、户四部。

（清）嵇璜等《續通典》卷二六《職官・尚書上・尚書省》　元尚書省罷而復置，置而旋罷。自世祖至元七年，罷制國用使，遂立尚書省，以阿合馬麥朮丁等爲之。舊制銓選各官，吏部按資品呈尚書省，由尚書省咨中書省，然後聞奏。是時不由部擬，不關白中書，以尚書省奏定條畫頒天下，尋併入中書省。二十四年，仍立尚書省，以僧格特穆爾爲平章等官。詔天下除行省與中書議行，餘並聽尚書省從便以聞。向宣敕尚由中書，至是併歸尚書省，其權至重。二十八年，罷之。成宗大德十一年，詔復立尚書省，分理財用。仍令自舉官屬，政務皆從宜處置。併敕尚書省事務繁重，諸司有才識明達者，併從尚書省選任，樞密院、御史臺及諸有司毋輒奏用。是時中書省與樞密院皆無權職焉。仁宗即位，即罷之。

（清）嵇璜等《續通典》卷二六《職官・尚書上・尚書令》　元尚書省置罷不常，其置省時，設丞相二人，平章二人，參政二人。武宗至大二年，立尚書省，詔太子兼尚書令，飭百官有司振紀綱，重名器，夙夜以赴事功。至四年即罷。

（清）嵇璜等《續通典》卷二六《職官・尚書上・歷代尚書》　元制，吏部、户部、禮部、兵部、刑部、工部爲六部，每部置尚書三人，共十八人，較前代爲獨多。自中統迨至元中，增損不一。中統元年，以吏户禮爲左三部，置尚書二人；兵刑工爲右三部，置尚書二人。至元元年，以吏部自爲一部，置尚書三人。分立户部，置尚書三人。以兵刑自爲一部，置尚書四人。分立工部，置尚書四人。五年，又合爲吏禮部尚書，仍二人。分立户部尚書一人，合兵刑部，置尚書二人，其工部如舊。十三年，分置吏部，置尚書七人。户部增尚書一人。别立禮部，置尚書一人。别立兵部，置尚書一人。刑部置尚書一人，工部置尚書二人。十九年，裁吏部尚書二人。二十八年，定六部尚書員額各二人，繼即加增一人。自後每部各置三人，遂爲定制，以後不易。

（清）嵇璜等《續通典》卷二六《職官・尚書上・歷代郎官》　元尚書省左右司郎中各二人，左右司員外郎各二人，六曹郎中十二人，員外郎共十三人。

《元史》卷八五《百官志》　吏部，尚書三員，正三品；侍郎二員，正四品；郎中二員，從五品；員外郎二員，從六品。掌天下官吏選授之政令。凡職官銓綜之典，吏員調補之格，勳封爵邑之制，考課殿最之法，悉以任之。世祖中統元年，以吏、户、禮爲左三部。尚書二員，侍郎二員，郎中四員，員外郎六員。至元元年，以吏禮自爲一部。尚書三員，侍郎仍二員，郎中仍四員，員外郎三員。三年，復爲左三部。五年，又合爲吏禮部。尚書仍二員，侍郎、郎中、員外郎各一員。七年，始列尚書六部。吏部尚書一員，侍郎一員，郎中二員，員外郎二員。八年，仍爲吏禮部。尚書、侍郎、郎中各二員，員外郎仍二員。十三年，分置吏部，尚書增置七員，侍郎三員，郎中二員，員外郎四員。十九年，尚書裁爲二員，侍郎一員，郎中一員，員外郎二員。二十一年，尚書三員，侍郎一員，郎中、員外郎如故。二十三年，定六部尚書、侍郎、郎中、員外郎員額各二員。二十八年，增尚書爲三員。主事三員，蒙古必闍赤三人，令史二十五人，回回令史二人，怯里馬赤一人，知印二人，奏差六人，蒙古書寫二人，銓寫五人，典吏一十九人。

（清）嵇璜等《續通典》卷二七《職官・尚書下・吏部尚書》　元吏部尚書三人，掌天下官吏選授之政令，凡職官銓綜之典，吏員調補之格，勳封爵邑之制，考課殿最之法，悉以任之。世祖中統元年，以吏户禮爲左三部，尚書二人。至元元年，以吏禮自爲一部，尚書三人。三年，復爲左三部。五年，又合爲吏禮部，尚書仍二人。七年，始專立吏部尚書一人。

八年，仍爲吏禮部尚書一人。十三年，又專立吏部尚書，增至七人。十九年，減爲二人。二十八年，增尚書爲三人，遂爲定制。皇慶延祐中，由進士入官者僅百之一，由吏致位顯要者常十之九。泰定帝欲以中書參議傳巖起爲吏部尚書，御史韓鏞上言：吏部掌天下銓衡，巖起於法不可用。詔從之。

侍郎二人，爲尚書之貳。中統元年，設左三部，侍郎二人。至元元年，以吏禮自爲一部，侍郎仍二人。五年，又合爲吏禮部，侍郎一人。七年，專立吏部侍郎一人。八年，仍合爲吏禮部，侍郎一人。十三年，專立吏部，侍郎三人。十九年，定侍郎爲一人，遂爲永制。

郎中二人，員外郎二人。中統元年，設左三部，郎中四人，員外郎六人。五年，合爲吏禮部，郎中、員外郎各一人。七年，專置吏部，郎中二人，員外郎二人。十三年，員外郎置四人。十九年，裁置郎中一人，員外郎二人。二十三年，定郎中、員外郎各二人，遂爲永制。考功郎中一人，員外郎一人。元初無是職，順帝至正元年，巴延等奏請置吏部考功郎官。詔從之。

《元史》卷八五《百官志》 户部，尚書三員，正三品；侍郎二員，正四品；郎中二員，從五品；員外郎三員，從六品。掌天下户口、錢糧、田土之政令。凡貢賦出納之經，金幣轉通之法，府藏委積之實，物貨貴賤之直，斂散准駁之宜，悉以任之。中統元年，以吏、户、禮爲左三部。尚書二員，侍郎二員，郎中四員，員外郎六員。至元元年，分立户部。尚書三員，侍郎、郎中四員，員外郎省爲三員。三年，復爲左三部。五年，復分爲户部。尚書一員，侍郎、郎中各一員，員外郎又省爲二員。七年，始列尚書六部。尚書一員，侍郎二員，郎中二員，員外郎如故。十三年，尚書增置一員，侍郎、郎中、員外郎如故。十九年，郎中、員外郎俱增至四員。二十三年，六部尚書、侍郎、郎中定以二員爲額。明年，以户部所掌，視他部特爲繁劇，增置二員。成宗大德五年，省尚書一員，員外郎亦省一員，各設三員。主事八員，蒙古必闍赤七人，令史六十一人，回回令史六人，怯里馬赤一人，知印二人，奏差三十二人，蒙古書寫一人，典吏二十二人，司計官四員。其屬附見于後：

都提舉萬億寶源庫，掌寶鈔、玉器。至元二十五年始置。都提舉一員，正四品；提舉一員，正五品；同提舉一員，從五品；副提舉一員，從六品；知事一員，從八品。提控案牘一員，司吏二十三人，譯史二人，司庫四十六人，内以色目二人參之。

都提舉萬億廣源庫，掌香藥、紙劄諸物。設置同上。提控案牘二員，司吏一十二人，譯史一人，司庫一十三人。

都提舉萬億綺源庫，掌諸色段匹。設置並同上，而副提舉則增一員。提控案牘設三員，後省二員。司吏二十二人，譯史一人，司庫二十六人，内參用色目二人。

都提舉萬億賦源庫，掌絲綿、布帛諸物。設置並同上。提控案牘二員，其後省一員。司吏一十七人，譯史一人，司庫一十五人，内參用色目二人。

四庫照磨兼架閣庫，管勾一員，從九品。世祖至元二十八年，以四庫錢帛事繁，始置一員，仍給印。

提舉富寧庫，至元二十七年始創。提舉一員，從五品；同提舉一員，從六品；副提舉一員，從七品。分掌萬億寶源庫出納金銀之事。吏目一人，其後司吏增至六人，譯史一人，司庫八人。

諸路寶鈔〔都〕提舉司，達魯花赤一員，正四品；都提舉一員，正四品；副達魯花赤一員，正五品；提舉一員，正五品；同提舉二員，從五品；副提舉二員，從六品；知事一員，從八品；照磨一員，從九品。國初，户部兼領交鈔公事。世祖至元，始設交鈔提舉司，秩正五品。二十四年，改諸路寶鈔都提舉司，陞正四品，增副達魯花赤、提控案牘各一員。其後定置已上官員，提控案牘又增一員。設司吏十二人，蒙古必闍赤一人，回回令史一人，奏差七人。

寶鈔總庫，達魯花赤一員，從五品；大使一員，從五品；副使三員，正七品。世祖至元二十五年，改元寶庫爲寶鈔〔總〕庫，秩正六品。二十六年，陞從五品，增大使、副使，設司庫。其後遂定置已上官員。司吏七人，譯史一人，司庫五十人。

印造寶鈔庫，達魯花赤一員，正七品；大使二員，從七品；副使二員，正八品。中統四年始置，秩從八品。至元二十四年，陞從七品，增達魯花赤一人。其後遂定置已上官員。

燒鈔東西二庫，達魯花赤一員，正八品；大使一員，從八品；副使一員，從九品。至元元年，始置昏鈔庫，用正九品印，置監燒昏鈔官。二十四年，分立燒鈔東西二庫，秩從八品，各置達魯花赤、大使、副使等員。

行用六庫。中統元年，初立中都行用庫，秩從七品。提領一員，從七品；大使一員，從八品；副使一員，從九品。至元二十四年，京師改置庫者三：曰光熙，曰文明，曰順承。因城門之名爲額。二十六年，又置三庫：曰健德，曰和義，曰崇仁。並因城門以爲名。

大都宣課提舉司，掌諸色課程，併領京城各市。提舉二員，從五品；同提舉一員，從六品；副提舉一員，從七品。提控案牘一員，司吏六人。世祖至元十九年，併大都舊城兩税務爲大都税課提舉司。至武宗至大元年，改宣課提舉司。其屬四：

馬市、猪羊市，秩從七品。提領一員，從七品；大使一員，從八品；副使一員，從九品。世祖至元三十年始置。

牛驢市、果木市，品秩、設官同上。

魚蟹市，大使一員，副使一員。至大元年始置。

煤木所，提領一員，從八品；大使一員，從九品；副使一員。至元二十二年始置。

大都酒課提舉司，掌酒醋榷酤之事。至元十九年始置。提舉一員，從五品；同提舉二員，從六品；副提舉二員，從七品。提控案牘二員，司吏五人。二十八年，省同提舉一員、副提舉一員，餘如故。

抄紙坊，提領一員，正八品；大使一員，從八品；副使二員，從九品。中統四年始置，用九品印，止設大使、副使各一員。至元二十七年，陞正八品，增置提領、副使各一員。

印造鹽茶等引局，大使一員，副使一員。至元二十四年置。掌印造腹裏、行省鹽、茶、礬、鐵等引。仍置攢典、庫子各一人。

右以上屬户部。其萬億四庫，國初以太府掌内帑之出納，既設左藏等庫，而國計之領在户部，仍置萬億等庫，爲收藏之府。中統元年，置庫官六員，而未有品秩俸給。至元十六年，始爲提舉萬億庫，秩正五品。二十四年，改陞都提舉萬億庫，秩正四品。二十五年，分立四庫，以分掌出納。至二十七年，又別立富寧庫焉。

《元史》卷八五《百官志》　禮部，尚書三員，正三品；侍郎二員，正四品；郎中二員，從五品；員外郎二員，從六品。掌天下禮樂、祭祀、朝會、燕享、貢舉之政令。凡儀制損益之文，符印簡册之信，神人封謚之法，忠孝貞義之褒，送迎聘好之節，文學僧道之事，婚姻繼續之辨，音藝膳供之物，悉以任之。世祖中統元年，以吏、户、禮爲左三部，置尚書二員，侍郎二員，郎中四員，員外郎六員，總領三部之事。至元元年，分立爲吏禮部。尚書三員，侍郎仍二員，郎中仍四員，員外郎四員。七年，別立禮部。尚書一員，侍郎一員，郎中二員，員外郎如舊。明年，又合爲吏禮部。十三年，又別爲禮部。二十三年，六部尚書、侍郎、郎中、員外郎定以二員爲額。成宗元貞元年，復增尚書一員，領會同舘事。主事二員，蒙古必闍赤二人，令史一十九人，回回令史二人，怯里馬赤一人，知印二人，奏差十二人，典吏三人。其屬附見：

左三部照磨所，秩正八品。照磨一員，掌吏、户、禮三部錢穀計帳之事。典吏八人。

侍儀司，秩正四品。掌凡朝會、即位、册后、建儲、奉上尊號及外國朝覲之禮。至元八年始置。左右侍儀奉御二員，禮部侍郎知侍儀事一員，引進使知侍儀事一員，左右侍儀使二員，左右直侍儀使二員，左右侍儀副使二員，左右侍儀僉事二員，引進副使、侍儀令、承奉班都知、尚衣局大使各一員。十二年，省左侍儀奉御，通曰左右侍儀。省引進副使及侍儀令、尚衣使等員，改置通事舍人十四員。三十年，減通事舍人七員爲侍儀舍人。大德十一年，陞秩正三品。至大二年，置典簿一員。延祐七年，定置侍儀史四員。至治元年，增置通事舍人六員、侍儀舍人四員。其後定置侍儀使四員，正三品；引進使知侍儀事二員，正四品。首領官：典簿一員，從七品。屬官：承奉班都知一員，正七品；通事舍人一十六員，從七品；侍儀舍人十四員，從九品。吏屬：令史二人，譯史一人，通事一人，知印一人。其屬法物庫，秩五品。掌大禮法物。提點一員，從五品；大使一員，從六品；副使一員，從七品；直長二員，正八品。

拱衛直都指揮使司，秩從四品。掌控鶴六百餘户，及儀衛之事。至元三年始置。都指揮使一員，副使一員，鈐轄一員，提控案牘一員。十六年，陞正三品，降虎符，增置達魯花赤一員，隸宣徽院。二十年，復爲從四品。二十五年，歸隸禮部。元貞元年，復陞正三品。皇慶元年，置經歷一員。二年，改鈐轄爲僉事。至順二年，撥隸侍正府，定置達魯花赤一員，正三品；都指揮使四員，正三品；副指揮使二員，從三品；僉事二員，正四品。首領官：經歷一員，從七品；知事一員，從八品。吏屬：令史四人，譯史一人，通事、知印各一人，奏差二人。其屬控鶴百户所，秩從七品。色目百户一十三員，漢人百户一十三員。總十三所。

儀從庫，秩從七品。掌收儀衛器仗。大使一員，從七品；副使一員，從八品。

儀鳳司，秩正四品。掌樂工、供奉、祭饗之事。至元八年，立玉宸院，置樂長一員，樂副一員，樂判一員。二十年，改置儀鳳司，隸宣徽院。置大使、副使各一員，判官三員。二十五年，歸隸禮部，省判官三員。三十一年，置達魯花赤一員，副使一員。大德十一年，改陞玉宸樂院，秩從二品。置院使、副使、僉事、同僉、院判。至大四年，復爲儀鳳司，秩正三品。延祐七年，降從三品。定置大使五員，從三品；副使四員，從四品。首領官：經歷一員，從七品；知事一員，從八品。吏屬：令史二人，譯史、通事、知印各一人。其屬五：

雲和署，秩正七品。掌樂工調音律及部籍更番之事。至元十二年始置。至大二年，撥隸玉宸樂院。皇慶元年，陞正六品。二年，陞從五品。署令二員，署丞二員，管勾二員，協音一員，協律一員，書史二人，書吏四人，教師二人，提控四人。

安和署，秩正七品。職掌與雲和同。至元十三年始置。皇慶二年，陞從五品。署令二員，署丞二員，管勾二員，協音一員，協律一員，書史二人，書吏四人，教師二人，提控四人。

常和署，初名管勾司，秩正九品。管領回回樂人。皇慶元年初置。延祐三年，陞從六品。署令一員，署丞二員，管勾三員，教師二人，提控二人。

天樂署，初名昭和署，秩從六品。管領河西樂人。至元十七年始置。大德十一年，陞正六品。至大四年，改爲天樂署。皇慶元年，陞從五品。署令二員，署丞二員，管勾二員，協音一員，協律一員，書史二人，書吏四人，教師二人，提控四人。

廣樂庫，秩從九品。掌樂器等物。大使一員，副使一員。皇慶元年始置。

教坊司，秩從五品。掌承應樂人及管領興和等署五百户。中統二年始置。至元十二年，陞正五品。十七年，改提點教坊司，隸宣徽院，秩正四品。二十五年，隸禮部。大德八年，陞正三品。延祐七年，復正四品。達魯花赤一員，正四品；大使三員，正四品；副使四員，正五品；知事一員，從八品。令史四人，譯史、知印、奏差各二人，通事一人。其屬三：

興和署，秩從六品。署令二員，署丞二員，管勾二員。

祥和署，秩從六品。署令一員，署丞一員，管勾一員。

廣樂庫，秩從九品。大使一員，副使一員。

會同舘，秩從四品。掌接伴引見諸番蠻夷峒官之來朝貢者。至元十三年始置。二十五年罷之。二十九年復置。元貞元年，以禮部尚書領舘事，遂爲定制。禮部尚書領會同舘事一員，正三品；大使二員，（正）〔從〕四品；副使二員，從六品。提控案牘一員，掌書四人，蒙古必闍赤一人，典給官八人。其屬有收支諸物庫，秩從九品。大使一員，副使一員。至元二十九年，以四賓庫改置。

鑄印局，秩正八品。掌凡刻印銷印之事。大使一員，副使一員，直長一員。至元五年始置。

白紙坊，秩從八品。掌造詔旨宣敕紙劄。大使一員，副使一員。至元九年始置。

掌薪司，秩正七品。司令一員，正七品；司丞二員，正八品。典吏一人。

《元史》卷八五《百官志》 兵部，尚書三員，正三品；侍郎二員，正四品；郎中二員，從五品；員外郎二員，從六品。掌天下郡邑郵驛屯牧之政令。凡城池廢置之故，山川險易之圖，兵站屯田之籍，遠方歸化之人，官私芻牧之地，駞馬、牛羊、鷹隼、羽毛、皮革之徵，驛乘、郵運、祗應、公廨、皂隸之制，悉以任之。世祖中統元年，以兵、刑、工爲右三部，置尚書二員，侍郎二員，郎中五員，員外郎五員，總領三部之事。至元元年，別置工部，以兵刑自爲一部。尚書四員，侍郎三員，郎中如舊，員外郎五員。三年，併爲右三部。五年，復爲兵刑部。尚書二員，省侍郎二員，郎中如故，員外郎一員。七年，始列六部。尚書一員，侍郎仍舊，郎中一員，員外郎仍一員。明年，又合爲兵刑部。十三年，復析兵部。二十三年，定尚書、侍郎、郎中、員外郎以二員爲額。至治三年，增尚書一員。主事二員，蒙古必闍赤二人，令史十四人，回回令史一人，怯里馬赤一人，知印二人，奏差八人，典吏三人。其屬附見：

大都陸運提舉司，秩從五品。掌兩都陸運糧斛之事。至元十六年，始置運糧提舉司。延祐四年，改今名。提舉一員，從五品；副提舉一員，從七品。吏目一員，司吏六人，委差一十人。海王莊、七里莊、魏家莊、臘八莊四所，各設提領一人，用從九品印。

管領隨路打捕鷹房民匠總管府，秩從三品。達魯花赤一員，總管一員，副總管二員，經歷、知事各一員，提控案牘一員，吏屬令史六人，初，太祖以隨路打捕鷹房民户七千餘户撥隸旭烈大王位下。中統二年始置。至元十二年，阿八合大王遣使奏歸朝廷，隸兵部。

管領本投下大都等路打捕鷹房諸色人匠都總管府，秩正三品。掌哈贊大王位下事。大德八年始置，官吏皆王選用。至大四年，省併衙門，以哈兒班答大王遠鎮一隅，別無官屬，存設不廢。定置府官，達魯花赤二員，總管一員，同知一員，副總管一員，知事一員，提控案牘一員，令史四人，譯史二人，奏差二人，典吏一人。其屬東局織染提舉司，秩從五品。達魯花赤一員，提舉一員，副達魯花赤一員，副提舉一員，提控案牘一員，司吏二人。

隨路諸色民匠打捕鷹房等户都總管府，秩從三品。達魯花赤一員，總管一員，同知一員，經歷一員，知事一員，提控案牘兼照磨一員，令史六人，譯史一人，知印通事一人，奏差二人。掌別吉大營盤事及管領大都路打捕鷹房等户。至元三十年置。延祐四年，陞正三品。

管領本位下打捕鷹房民匠等户都總管府，秩正三品。達魯花赤一員，總管一員，副達魯花赤一員，同知一員，副總管一員，判官一員，經歷一員，知事一員，提控案牘兼照磨一員，令史六人，譯史、通事、知印各一人。掌別吉大營盤城池阿哈探馬兒一應差發、薛徹干定王位下事。泰定元年始置。

《元史》卷八五《百官志》 刑部，尚書三員，正三品；侍郎二員，正四品；郎中二員，從五品；員外郎二員，從六品。掌天下刑名法律之政令。凡大辟之按覆，繫囚之詳讞，孥收產没之籍，捕獲功賞之式，寃訟疑罪之辨，獄具之制度，律令之擬議，悉以任之。世祖中統元年，以兵、刑、工爲右三部，置尚書二員，侍郎二員，郎中五員，員外郎五員。以郎中、員外郎各一員，專署刑部。至元元年，析置工部，而兵刑仍爲一部。尚書四員，侍郎仍二員，郎中四員，員外郎置五員。三年，復爲右三部。七年，始別置刑部。尚書一員，侍郎一員，郎中一員，員外郎二員。八年，改爲兵刑部。十三年，又爲刑部。二十三年，六部尚書、侍郎、郎中、員外郎定以二員爲額。大德四年，尚書增置一員。其首領官則主事三員。吏屬則蒙古必闍赤四人，令史三十人，回回令史二人，怯里馬赤一人，知印二人，奏差十人，書寫三人，典吏七人。其屬附見：

司獄司，司獄一員，正八品；獄丞一員，正九品。獄典一人。初以右三部照磨兼刑部繫獄之任，大德七年始置專官。部醫一人，掌調視病囚。

司籍所，提領一員，同提領一員。至元二十年，改大都等路斷没提領所爲司籍所，隸刑部。

《元史》卷八五《百官志》 工部，尚書三員，正三品；侍郎二員，正四品；郎中二員，從五品；員外郎二員，從六品。掌天下營造百工之政令。凡城池之修濬，土木之繕葺，材物之給受，工匠之程式，銓注局院司匠之官，悉以任之。世祖中統元年，右三部置尚書二員，侍郎二員，郎中五員，員外郎五員，内二員專署工部事。至元元年，始分立工部。尚書四員，侍郎三員，郎中四員，員外郎五員。三年，復合爲右三部。七年，仍自爲工部。尚書二員，侍郎仍二員，郎中三員，員外郎如舊。二十三年，定尚書、侍郎、郎中、員外郎各以二員爲額。明年，以曹務繁冗，增尚書二員。二十八年，省尚書一員。首領官：主事五員。蒙古必闍赤六人，令史四十二人，回回令史四人，怯里馬赤一人，知印一人，奏差三十人，蒙古書寫一人，典吏七人。又司程官四員，右三部照磨一員，典吏七人。其屬附見：

左右部架閣庫，秩正八品。管勾二員，典吏十二人。掌六部文卷簿籍架閣之事。中統元年，左右部各置。二十三年，併爲左右部架閣庫。

諸色人匠總管府，秩正三品。掌百工之技藝。至元十二年始置，總管、同知、副總管各一員。十六年，置達魯花赤一員，增同知、副總管各一員。二十八年，省同知一員。三十年，省副總管一員。後定置達魯花赤一員，總管一員，同知二員，副總管二員，經歷一員，知事一員，提控案牘一員，令史五人，譯史一人，奏差四人。其屬十有一：【略】

諸司局人匠總管府，秩正三品。達魯花赤一員，總管一員，副達魯花赤一員，同知一員，副總管一員，經歷一員，知事一員，提控案牘一員，令史四人。領兩都金銀器盒及符牌等一十四局事。至元十四年置。二十四年，以八局改隸工部及金玉府，止領五局一庫，掌氈毯等事。

紀事

《元史》卷七《世祖紀》〔至元二年二月〕癸亥，并六部爲四，以麥朮丁爲吏禮部尚書，馬亨户部尚書，嚴忠範兵刑部尚書，別魯丁工部尚書。

《元史》卷七《世祖紀》〔至元七年春正月〕丙午，耶律鑄、廉希憲罷。立尚書省，罷制國用使司。以平章政事忽都答兒爲中書左丞相，國子祭酒許衡爲中書左丞，制國用使阿合馬平章尚書省事，同知制國用使司事張易同平章尚書省事，制國用使司副使張惠、僉制國用使司事李堯咨、麥朮丁並參知尚書省事。

《元史》卷七《世祖紀》〔至元八年〕六月甲午，敕樞密院：凡軍事徑奏，不必經由尚書省，其干錢糧者議之。

《元史》卷一四《世祖紀》〔至元二十四年閏二月乙丑〕麥朮丁言：自制國用使司改尚書省，頗有成效，今仍分兩省爲便。詔從之，各設官六員。【略】辛未，以復置尚書省詔天下。除行省與中書議行，餘並聽尚書省從便以聞。設國子監，立國學監官：祭酒一員，司業二員，監丞一員，學官博士二員，助教四員，生員百二十人，蒙古、漢人各半，官給紙劄、飲食，仍隸集賢院。【略】改行中書省爲行尚書省，六部爲尚書六部，以吏部尚書忻都爲尚書省參知政事。

《元史》卷一五《世祖紀》〔至元二十五年九月〕尚書省臣言：自立尚書省，凡倉庫諸司無不鉤考，宜置徵理司，秩正三品，專治合追財穀，以甘肅等處行尚書省參政禿烈羊呵、僉省吴誠並爲徵理使。從之。

《元史》卷二三《武宗紀》〔至大二年〕九月庚辰朔，以尚書省條畫詔天下，改各行中書省爲行尚書省。【略】癸未，尚書省臣言：古者設官分職，各有攸司。方今地大民衆，事益繁冗，若使省臣總挈綱領，庶官各盡厥職，其事豈有不治。頃歲省務壅塞，朝夕惟署押文案，事皆廢弛。天災民困，職此之由。自今以始，省部一切，皆令從宜處置，大事或須上請，得旨即行，用成至治，上順天道，下安民心。又言：國家地廣民衆，古所未有。累朝格例前後不一，執法之吏輕重任意，請自太祖以來所行政令九千餘條，删除繁冗，使歸於一，編爲定制。並從之。【略】

又言：中書之務，乞以盡歸臣等。至元二十四年，凡宣敕亦尚書省掌之。今臣等議，乞從尚書省任人，而以宣敕散官委之中書。從之。

《元史》卷二三《武宗紀》〔至大三年冬十月〕庚申，敕：尚書省事繁重，諸司有才識明達者，並從尚書省選任，樞密院、御史臺及諸有司毋輒奏用，違者論罪。其或私意請托，罷之不叙。

《元史》卷二三《武宗紀》〔至大二年冬十月〕尚書省以錢穀繁劇，增户部侍郎、員外郎各一員；又增禮部侍郎、郎中各一員，凡言時政者屬之。

元朝·樞密院

論説

〔元〕許衡《許文正公遺書》卷七《奏疏·論樞密不宜併中書疏》

兵之於國，在古已重，在後世爲尤重。故樞密之設，特與中書對峙，號爲二府，兵興則宰相主之，事寧則樞密任事。蓋宰相平章軍國，兵事可知也，而兵之籍則不與；樞密兼總兵馬，兵籍可掌也，而兵之符則不在。爲體統相維，無有偏失，制雖近代，而意實倣古。或者謂樞密併於中書，爲合古冢宰總百官之意，殊不知古者冢宰止一人，而今之爲宰輔者，動輒十數人，此而不古，而謂樞密者獨可以古邪？國家切務，止在得人，人苟未得，徒紛更於此，無益也。

（元）王惲《秋澗集》卷八六《烏臺筆補·論〔樞〕密院置學士事狀》 樞密院宜取唐故事，置學士一員，選六十以上、通達古今、曉暢軍事及明時務、知地理儒者充之，以備顧問、參謀議。或有可否，許以專達。

綜 述

《元史》卷八六《百官志》 樞密院，秩從一品。掌天下兵甲機密之務。凡宮禁宿衛，邊庭軍翼，征討戍守，簡閱差遣，舉功轉官，節制調度，無不由之。世祖中統四年，置樞密副使二員、僉書樞密事一員。至元七年，置同知樞密院事一員、院判一員。二十八年，始置知院一員，增院判一員，又以中書平章商量院事。大德十年，增置知院二員、同知五員、副樞五員、僉院五員、同僉三員、院判三員。至大三年，知院七員，同知二員，副樞二員，僉院一員，同僉一員，院判二員，革去議事平章。延祐四年，以分鎮北邊，增知院一員。五年，增同知一員。後定置知院六員，從一品；同知四員，正二品；副樞二員，從二品；僉院二員，正三品；同僉二員，正四品；院判二員，正五品；參議二員，正五品；經歷二員，從五品；都事四員，正七品；承發兼照磨二員，正八品；架閣庫管勾一員，正九品；同管勾一員，從九品；掾史二十四人，譯史一十四人，通事三人，司印二人，宣使一十九人，銓寫二人，蒙古書寫二人，典吏一十七人，院醫二人。

客省使，秩從五品。大使二員，副使二員。至元十四年，置大使一員。十六年，增一員。二十一年，置副使一員。延祐五年，增一員。天曆元年，又增一員。尋定置大使二員，從五品；副使二員，從六品；令史二人。

斷事官，秩正三品。掌處決軍府之獄訟。至元元年，始置斷事官二員。八年，增二員。十九年，又增一員。二十年，又增二員。大德十一年，又增四員。皇慶元年，省二員。後定置斷事官八員，正三品；經歷一員，從七品；令史六人，譯史二人，通事、知印、奏差、典吏各一人。

行樞密院。國初有征伐之事，則置行樞密院。大征伐，則止曰行院。爲一方一事而設，則稱某處行樞密院，或與行省代設，事已則罷。

西川行樞密院，中統四年始置，設官二員，管四川軍民課税交鈔、打捕鷹房人匠，及各投下應管公事，節制官吏諸色人等，并軍官遷授征進等事。始置於成都。至元十年，又於重慶別置東川行樞密院，設官一員。十三年，併爲一院，尋復分東川行院。十六年，罷兩川行院。二十八年，復立四川行院於成都。

江南行樞密院。至元十年，罷河南省統軍司、漢軍都元帥、山東行院，置荆湖等路行院，設官三員；淮西行院，設官二員。掌調度軍馬之事。十二年，罷行院。十九年，詔於揚州、岳州俱立行院，各設官五員。二十一年，立沿江行院。二十二年，立江西行院，馬軍戍江州，步軍戍撫州。二十八年，徙岳州行院於鄂州，徙江淮行院於建康，其後行院悉併歸行省。

甘肅行樞密院。至大四年，置行院於甘州，爲甘肅等處行樞密院，設官四員，提調西路軍馬。後以甘肅省丞相提調，遂罷行院。

河南行樞密院，致和元年分置，專管調遣之事。天曆元年罷。

嶺北行樞密院，天曆二年置。知院一員，同知二員，副樞一員，僉院二員，同僉一員，院判二員，經歷一員，都事二員，蒙古必闍赤四人，掾史二人，怯里馬赤一人，知印一人，宣使四人。掌邊庭軍務，凡大小事宜，悉從裁決。

右衛，秩正三品。中統三年，初置武衛。至元元年，改爲侍衛。八年，改爲左、右、中三衛。掌宿衛扈從，兼屯田。國有大事，則調度之。二十年，增都指揮使一員、副都指揮使一員。二十一年，置僉事二員。大德十一年，增都指揮使二員、副都指揮使一員。至大元年，增都指揮使三員、副都指揮使一員。四年，省都指揮使五員、副都指揮使二員。後定置都指揮使三員，正三品；副都指揮使二員，從三品；僉事二員，正四品；經歷二員，從七品；知事二員，照磨一員，俱從八品；令史七人，譯史、通事、知印各一人。又其屬十有五：

鎮撫所，鎮撫二員。

行軍千户所十，秩正五品。達魯花赤十員，副達魯花赤十員，千户十員，副千户十員，彈壓二十員，百户二百員，知事十員。

弩軍千户所一，秩正五品。達魯花赤一員，千户一員，彈壓二員，百户十員。

屯田左右千户所二，秩正五品。達魯花赤二員，千户二員，彈壓二員，百户四十員。

教官二，蒙古字教授一員，儒學教授一員。掌諸屯衛行伍耕戰之暇，使之習學國字，通曉書記。初由樞府選舉，後歸吏部。

左衛，秩正三品。至元八年，以侍衛改置。掌宿衛扈從，兼屯田。國有大事，則調度之。是年，增副指揮使一員。十六年，增副都指揮使一員。二十年，置僉事一員。二十二年，增僉事一員。二十四年，省都指揮使、副都指揮使一員。大德十一年，增都指揮使五員、副都指揮使二員、僉事二員。至大四年，省都指揮使六員、副都指揮使二員。其後定制，衛官：都指揮使三員，正三品；副都指揮使二員，從三品；僉事二員，正四品；經歷二員，從七品；知事二員，照磨一員，俱從八品；令史七人，譯史、通事、知印各一人。其屬十有五：

鎮府所，鎮撫二員。

行軍千户所凡十，秩正五品。達魯花赤十員，副達魯花赤十員，千户十員，副千户十員，彈壓二十員，百户二百員，知事十員。

弩軍千户所一，秩正五品。達魯花赤一員，千户一員，彈壓二員，百户十員。

屯田左右千户所二，秩正五品。達魯花赤一員，千户二員，彈壓二員，百户四十員。教官二，蒙古字教授一員，儒學教授一員。

中衛，秩正三品。至元八年，以侍衛改置。掌宿衛扈從，兼營屯田。國有大事，則調度之。是年，置都指揮使一員、副都指揮使一員。二十年，增副都指揮使一員。二十一年，置僉事二員。二十三年，增都指揮使一員。大德十一年，增都指揮使二員、副使三員。至大元年，增都指揮使一員。四年，省都指揮使三員、副都指揮使三員。其後定置都指揮使三員，正三品；副都指揮使二員，從三品；僉事二員，正四品；經歷二員，從七品；知事二員，承發架閣照磨一員，俱從八品；令史七人，譯史、通事、知印各一人。其屬十有五：

鎮撫所，鎮撫二員。

行軍千户所十，秩正五品。達魯花赤十員，副達魯花赤十員，千户十員，副千户十員，彈壓二十員，百户二百員，知事十員。

弩軍千户一，秩正五品。達魯花赤一員，千户一員，彈壓二員，百户十員。

屯田左右千户所二，秩正五品。達魯花赤二員，千户二員，彈壓二員，百户四十員。

教官二，蒙古字教授一員，儒學教授一員。

前衛，秩正三品。至元十六年，以侍衛親軍創置前、後二衛。掌宿衛扈從，兼營屯田。國有大事，則調度之。是年，置都指揮使一員、副都指揮使二員。十八年，增都指揮使二員。二十年，置僉事一員。大德十一年，增都指揮使五員、副都指揮使一員、僉事三員。至大四年，省都指揮使五員、副都指揮使一員、僉事三員。後定置衛官，都指揮使三員，正三品；副都指揮使二員，從三品；僉事二員，正四品；經歷二員，從七品；知事二員，承發架閣照磨一員，俱從八品；令史七人，譯史、通事、知印各一人。又其屬十有七：

鎮撫所，鎮撫二員。

行軍千户所十，秩正五品。達魯花赤十員，副達魯花赤十員，千户十員，副千户十員，彈壓二十員，百户二百員。

弩軍千户一，秩正五品。達魯花赤一員，千户一員，（壓彈）〔彈壓〕二員，百户十員。

屯田千户所二，秩正五品。達魯花赤二員，千户二員，彈壓二員，百户四十員。

門尉二，平則門尉一員，順承門尉一員。

教官二，蒙古字教授一員，儒學教授一員。

後衛，秩正三品。至元十六年，以侍衛親軍創置。掌宿衛扈從，兼營屯田。國有大事，則調度之。是年，置都指揮使二員、副都指揮使二員，後增設副都指揮使一員。十八年，增都指揮使二員。二十年，置僉事二員。大德十一年，增都指揮使五員、副都指揮使一員、僉事二員。至大四年，省都指揮使五員，副指揮使二員，僉事二員。後定置都指揮使三員，正三品；副都指揮使二員，從三品；僉事二員，正四品；經歷二員，從七品；知事二員，照磨一員，俱從八品；令史七人，譯史二人，知印一人，通事二人。其屬十有四：

鎮撫所，鎮撫二員。

行軍千户所十，秩正五品。達魯花赤十員，副達魯花赤十員，千户十員，副千户十員，彈壓二十員，百户二百員。

弩軍千户所一，秩正五品。達魯花赤一員，千户一員，彈壓二員，百户十員。

屯田千户所一，秩正五品。達魯花赤一員，千户二員，彈壓二員，百户四十員。

教官二，蒙古字教授一員，儒學教授一員。

《元史》卷九二《百官志》 樞密院。至正七年，知樞密院阿吉剌奏：樞密院故事，亦設議事平章二人。有旨令復置。言十三年六月，令皇太子領樞密使，如舊制。十五年四月，添設僉院一員、院判二員。

樞密分院。至正十五年三月，置樞密分院于衛輝。四月，彰德分院添設同知、副樞各一員，都事一員。直沽分院添設副樞一員、都事一員。十六年，又置分樞密院于沂州，以指揮使司隸焉。

（清）嵇璜等《續通典》卷二六《職官·尚書上·樞密院》 元樞密院掌天下兵甲機密之務，不置樞密使，以知院領之。又有行樞密院，有大征伐則置，專爲一方一事而設，官無定員。中統四年，置西川成都行樞密院，設官二員。至元十年，又於重慶别置行樞密院，設官一員。十三年，并爲一院，尋復分東川行院。十六年，罷兩川行院。二十八年，復立四川行院於成都。江南行樞密院，山東行院，揚州、岳州行院，松江行院，江西行院，江淮行院，俱於至元二十八年罷歸行省。甘肅行院至大四年置，後遂罷。河南行院泰定帝致和元年置，文宗天曆元年罷。二年置嶺北行樞密院，掌邊廷軍務，故不罷。

紀 事

《元史》卷二三《武宗紀》 〔至大三年〕三月己卯朔，樞密院臣言：國家設官分職，都省治金穀，樞密治軍旅，各有定制。邇者尚書省弗遵成憲，易置本院官，令依大德十年員數聞奏。臣等議，以鐵木兒不花、脱而赤顔、床兀兒、也速、脱脱、也兒吉尼、脱不花、大都知樞密院事，撒的迷失、史弼同知樞密院事，吴元珪樞密副使，塔海姑令爲副樞。有旨，令樞密院如舊制設官十七員。乙酉，以知樞密院事只兒合郎爲陝西行尚書省平章政事。

元朝·蒙古翰林院

綜 述

《元史》卷八七《百官志》 蒙古翰林院，秩從二品。掌譯寫一切文字，及頒降璽書，並用蒙古新字，仍各以其國字副之。至元八年，始立新字學士於國史院。十二年，別立翰林院，置承旨一員、直學士一員、待制二員、修撰一員、應奉四員、寫聖旨必闍赤十有一人、令史一人、知印一人。十八年，增承旨一員、學士三員，省漢兒令史，置蒙古必闍赤四人。二十九年，增承旨一員、侍讀學士一員、知印一人。三十年，增管勾一員。大德五年，陞正二品。九年，置司直一員、都事一員。皇慶元年，改定置承旨七員、學士二員、侍讀學士二員、侍講學士二員、直學士二員、待制四員、修撰二員、應奉五員、經歷一員、都事一員，品秩並同翰林國史院。承發架閣庫管勾一員，正九品；必闍赤一十四人，掾史三人，通事一人，譯史一人，知印二人，書寫一人，典史三人。

蒙古國子監，秩從三品。至元十四年始立，置司業一員。二十九年，准漢人國學例，置祭酒、司業、監丞。延祐四年，陞正三品。七年，復降爲從三品。後定置祭酒一員，從三品；司業二員，正五品；監丞一員，正六品；令史一人，必闍赤一人，知印一人。

蒙古國子學，秩正七品。博士二員，助教二員，教授二員，學正、學録各二員。掌教習諸生。於隨朝百官、怯薛台、蒙古、漢兒官員家，選子弟俊秀者入學。至元八年，置官五員。後以每歲從駕上都，教習事繁，設官員少，增學正二員、學録二員。三十一年，增助教一員、典給一人。後定置博士二員，正七品；助教二員，教授二員，並正八品；學正、學録各二員，典書一人，典給一人。

內八府宰相，掌諸王朝覲儐介之事。遇有詔令，則與蒙古翰林院官同譯寫而潤色之。謂之宰相云者，其貴似侍中，其近似門下，故特寵之以是名。雖有是名，而無授受宣命，品秩則視二品焉。大德九年，以滅怯秃等八人爲之。天曆元年，爲內八府宰之職，故附見于此云。

元朝・諸府院寺監

綜述

（清）嵇璜等《續通典》卷二九《職官・諸卿上・總論諸卿》　元太常、光禄、太僕、大理、司農五寺與唐宋同，各置卿、少卿。初設太常寺卿一人，少卿五人，後改爲院，改置院使、同知等官。光禄寺卿、少卿各一人，太僕寺卿、少卿各二人，大理寺置後即廢，司農寺卿、少卿各二人。其外如掌謁司卿四人，少卿四人。掌醫監卿四人，太卿五人。群牧監卿三人，太卿、少卿各二人。武備寺卿四人，少卿四人。尚乘寺卿四人，少卿二人。長信寺卿四人，少卿二人。長秋寺卿五人，少卿二人。承徽寺卿五人，少卿二人。長寧寺卿六人，少卿二人。長慶寺卿六人，少卿二人，寧徽寺卿六人，少卿四人。太府監太卿六人。中尚監卿八人。章佩監卿五人。經正監太卿一人。祕書監卿四人。皆前代之所無。其大宗正府之扎爾古齊，大司農司之達嚕噶齊，同知宣政院、宣徽院、大禧宗禋院、太常禮儀院、典瑞院、太史院、太醫院、將作院、通政院、中政院、儲政院之院使、同知、副使、同僉、僉院、院判等官，皆前代之卿職。至少府監掌織染技巧之事，將作監掌土木工匠之政，累朝職掌略同。元改少府監爲大都留守，其官司與將作院所掌互相替易，亦一代變制也。

《元史》卷八七《百官志》　大宗正府，秩從一品。國初未有官制，首置斷事官，曰札魯忽赤，會決庶務。凡諸王駙馬投下蒙古、色目人等，應犯一切公事，及漢人姦盜詐僞、蠱毒厭魅、誘掠逃驅、輕重罪囚，及邊遠出征官吏、每歲從駕分司上都存留住冬諸事，悉掌之。至元二年，置十員。三年，置八員。九年，降從一品銀印，止理蒙古公事。以諸王爲府長，餘悉御位下及諸王之有國封者。又有怯薛人員，奉旨署事，別無頒受宣命。十四年，置十四員。十五年，置十三員。二十一年，置二十一員。二十二年，增至三十四員。二十八年，增至四十六員。大德四年，省五員。十一年，四十一員。皇慶元年，省二員，以漢人刑名歸刑部。泰定元年，復命兼理，置札魯忽赤四十二員，令史改爲掾史。致和元年，以上都、大都所屬蒙古人并怯薛軍站色目與漢人相犯者，歸宗正府處斷，其餘路府州縣漢人、蒙古、色目詞訟，悉歸有司刑部掌管。正官札魯忽赤四十二員，從一品；郎中二員，從五品；員外郎二員，從六品；都事二員，從七品；承發架閣庫管勾一員，從八品；掾史十人，蒙古必闍赤十三人，通事、知印各三人，宣使十人，蒙古書寫一人，典吏三人，庫子一人，醫人一人，司獄二員。

《元史》卷八七《百官志》　大司農司，秩正二品。凡農桑、水利、學校、饑荒之事，悉掌之。至元七年始立，置官五員。十四年罷，以按察司兼領勸農事。十八年，改立農政院，置官六員。二十年，又改立務農司，秩從三品，置達魯花赤一員、務農使一員、同知二員。是年，又改司農寺，達魯花赤一員，司農卿二員，司丞一員。二十三年，仍爲大司農司，秩仍正二品。大德元年，增領大司農事一員。皇慶二年，陞從一品，增大司農一員。定置大司農四員，從一品；大司農卿二員，正二品；少卿二員，從二品；大司農丞二員，從三品；經歷一員，從五品；都事二員，從七品；架閣庫管勾一員，照磨一員，並正八品；掾史十二人，蒙古必闍赤二人，回回掾史一人，知印二人，通事一人，宣使八人，典吏五人。

籍田署，秩從六品。掌耕種籍田，以奉宗廟祭祀。至元七年始立，隸大司農。十四年，罷司農，隸太常寺。二十三年，復立大司農司，仍隸焉。署令一員，從六品；署丞一員，從七品；司吏一人。

供膳司，秩從五品。掌供給應需，貨買百色生料，并桑哥籍入貲產。至元二十二年始置，隸司農。置達魯花赤一員，提點一員，並從五品；

司令一員，正六品；丞一員，正七品；吏一人。

輔用庫，秩正九品。掌規運息錢，以給供需。大使一員，副使一員。

興中州等處油户提領户，秩從九品。提領一員，大使一員，副使一員。歲辦油十萬斤，以供内庖。至元二十九年始置。

蔚州麵户提領所，提領一員，副使一員。掌辦白麵葱菜，以給應辦，歲計十餘萬斤。

右屬供膳。

永平屯田總管府，秩從三品。達魯花赤一員，總管一員，同知一員，知事一員，司吏四人。至元二十四年，始立於永平路南馬城縣，以北京採木三千人隸之。所轄昌國、濟民、豐贍三署，各置署令一員、署丞一員、直長一人、吏目二人、吏二人。

（清）嵇璜等《續通典》卷三〇《職官・諸卿中・司農卿》　元至元七年，始置大司農司，設官五人。凡農桑、水利、學校、饑荒之事悉掌之。十四年，罷，以按察司兼領勸農事。十八年，立農政院，置官六人。二十年，又改立務農司，置達嚕噶齊一人，務農使一人，同知二人。是年，又改爲司農寺，達嚕噶齊一人，司農卿二人。二十三年，仍改爲大司農司。成宗大德元年，增領大司農寺一人。仁宗皇慶二年，增大司農一人，繼又定置四人。大司農卿二人，少卿二人。至元中，張文謙拜大司農卿，奏立諸道勸農使，巡行勸課，請開籍田祭先農先蠶。時阿哈瑪特專政，議拘民間鐵官鑄農器，高其價以配民。文謙於帝前極論罷之。又董文用爲大司農時，欲以民田爲屯田，文用固争乃止。至正十三年，置分司農司，命中書右丞烏蘭哈達及左丞烏克遜良楨兼大司農卿，給分司農印。西自西山、南至保定河間、北至檀順州、東至遷民鎮，凡係官地及元管各處屯田，悉從分司農司立法募民耕種。

《元史》卷八七《百官志》　宣政院，秩從一品。掌釋教僧徒及吐蕃之境而隸治之。遇吐蕃有事，則爲分院往鎮，亦别有印。如大征伐，則會樞府議。其用人則自爲選。其爲選則軍民通攝，僧俗並用。至元初，立總制院，而領以國師。二十五年，因唐制吐蕃來朝見於宣政殿之故，更名宣政院。置院使二員、同知二員、副使二員、參議二員、經歷二員、都事四員、管勾一員、照磨一員。二十六年，置斷事官四員。二十八年，增僉院、同僉各一員。元貞元年，增院判一員。大德四年，罷斷事官。至大初，省院使一員。至治三年，置院使六員。天曆二年，罷功德使司歸宣政，定置院使一十員，從一品；同知二員，正二品；副使二員，從二品；僉院二員，正三品；同僉三員，正四品；院判三員，正五品；參議二員，正五品；經歷二員，從五品；都事三員，從七品；照磨一員，管勾一員，並正八品；掾史十五人，蒙古必闍赤二人，回回掾史二人，怯里馬赤四人，知印二人，宣使十五人，典吏有差。

斷事官四員，從三品。經歷、知事各一員，令史五人，知印、奏差、譯史、通事各一人。至元二十五年始置。

客省使，秩從五品。大使二員，副使一員。至元二十五年置。

《元史》卷八七《百官志》　宣徽院，秩正三品。掌供玉食。凡稻粱牲牢酒醴蔬菓庶品之物，燕享宗戚賓客之事，及諸王宿衛、怯憐口糧食，蒙古萬户、千户合納差發，係官抽分，牧養孳畜，歲支芻草粟菽，羊馬價直，收受闌遺等事，與尚食、尚藥、尚醖三局，皆隸焉。所轄内外司屬，用人則自爲選。至元十五年置院使一員，同知、同僉各二員，主事二員，照磨一員。二十年，陞從二品，增院使一員，置經歷二員、典簿三員。二十三年，陞正二品，置院判二品，省典簿，置都事三員。三十一年，院使四員。大德二年，增同知二員。三年，陞從一品。四年，置副使二員。皇慶元年，增院使三員，始定怯薛丹一萬人，本院掌其給授。後定置院使六員，從一品；同知二員，正二品；副使二員，從二品；僉院二員，正三品；同僉二員，正四品；院判二員，正五品；經歷二員，從五品；都事三員，從七品；照磨一員，承發架閣庫一員，並正八品；掾史二十人，蒙古必闍赤六人，回回掾史二人，怯里馬赤二人，知印二人，典吏六人，蒙古書寫二人。其屬附見：

光禄寺，秩正三品。掌起運米麯諸事，領尚飲、尚醖局，沿路酒坊，各路布種事。至元十五年，罷都提點，置寺。設卿一員、少卿三員、主事一員、照磨一員、管勾一員。二十年，改尚醖監，正四品。二十三年，復爲光禄寺，卿二員，少卿、丞各一員。二十四年，增少卿一員。二十五年，撥隸省部。三十一年，復隸宣徽。延祐七年，降從三品。後復正三品。定置卿四員，正三品；少卿二員，從四品；丞二員，從五品；主事二員，從七品；令史八人，譯史、知印各二人，通事一人，奏差二十四人，典吏三人，蒙古書寫一人。

（清）嵇璜等《續通典》卷二九《職官·諸卿上·光禄卿》　元至元十五年，設光禄寺，卿一人，少卿一人。二十三年，增卿一人。二十四年，增少卿一人，隸宣徽院。二十五年，撥隸省部。三十一年，復隸宣徽院，定置卿四人，少卿二人。

《元史》卷八八《百官志》　太常禮儀院，秩正二品。掌大禮樂、祭享宗廟社稷、封贈謚號等事。中統元年，中都立太常寺，設寺丞一員。至元二年，翰林兼攝太常寺。九年，立太常寺，設卿一員，正三品；少卿以下五員，品秩有差。十三年，省併衙門，以侍儀司併入太常寺。十四年，增博士一員。十六年，又增法物庫子，掌公服法服之藏。二十年，陞正三品，別置侍儀司。至大元年，改陞院，設官十二員，正二品。四年，復爲太常寺，正三品。延祐元年，復改陞院，正二品，以大司徒領之。七年，降從二品。天曆二年，復陞正二品。定置院使二員，正二品；同知二員，正三品；僉院二員，從三品；同僉二員，正四品；院判二員，正五品；經歷一員，從五品；都事一員，從七品；照磨兼管勾承發架閣一員，正八品。屬官：博士二員，正七品；奉禮郎二員，奉禮兼檢討一員，並從八品；協律郎二員，從八品；太祝十員，從八品；禮直管勾一員，從九品。令史四人，通事、知印、譯史各二人，宣使四人，典吏三人。

太廟署，秩從六品。掌宗廟行禮，兼廩犧署事。至元三年始置。令二員，從六品；丞一員，從七品。

郊祀署，秩從六品。大德九年始置。掌郊祀行禮，兼廩犧署事。令二員，從六品；丞二員，從七品。

社稷署，秩從六品。大德元年始置。令二員，從六品；丞一員，從七品。

大樂署，秩從六品。中統五年始置。令二員，從六品；丞一員，從七品。掌管禮生樂工四百七十九户。

（清）嵇璜等《續通典》卷二九《職官·諸卿上·太常寺》　元設太常禮儀院，掌大禮樂、祭祀、宗廟、社稷、封贈謚號等事。凡太廟、郊祀、廩犧、社稷大樂等署隸焉。世宗中統元年，中都立太常寺，止設寺丞一人。至元二年，翰林兼攝太常寺。九年，立太常寺，設卿一人，少卿以下五人。十三年，以侍儀司省併太常寺。至二十年，又别置侍儀司。十六年，又增法物庫子，掌公服法服之藏。武宗至大元年，改升爲院，設官十二員。四年，復爲太常寺。仁宗延祐元年，復改陞院，以大司徒領之。文宗天曆二年，定置院使二人，同知二人，僉院二人，同僉二人，院判二人。又置大禧宗禋院，設院使都典制神御殿事六人，同知兼佐儀神御殿事二人，副使兼奉贊神御殿事二人，僉院兼祗承神御殿事二人，同僉兼肅治神御殿事二人，院判供應神御殿事二人，參議二人，掌朔望歲時諱忌日辰禋享禮典。

《元史》卷八八《百官志》　典瑞院，秩正二品。掌寶璽、金銀符牌。中統元年，始置符寶郎二員。至元十六年，立符寶局，給六品印。十七年，陞正五品。十八年，改典瑞監，秩正三品。二十年，降爲正四品，省卿二員。二十九年，復正三品，仍置監卿二員。大德十一年，陞典瑞院，正二品。置院使四員，正二品；同知二員，正三品；僉院二員，從三品；同僉二員，正四品；院判二員，正五品；經歷二員，從五品；都事二員，從七品；照磨兼管勾承發架閣庫一員，正八品；令史四人，譯史四人，知印、通事各一人，宣使四人，典吏三人。

《元史》卷八八《百官志》　太史院，秩正二品。掌天文曆數之事。至元十五年，始立院，置太史令等官七員。至大元年，陞從一品，設官十員。延祐三年，陞正二品，設官十五員。後定置院使五員，正二品；同知二員，正三品；僉院二員，從三品；同僉二員，正四品；院判二員，正五品；經歷一員，從五品；都事一員，從七品；管勾一員，從九品；令史三人，譯史一人，知印二人，通事一人，宣使二人，典吏二人。

春官正兼夏官正一員，正五品。

秋官正兼冬官〔正〕中官正一員，正五品。

保章正五員，正七品。

保章副五員，正八品。

掌曆二員，正八品。

腹裏印曆管勾一員，從九品。

各省司曆十二員，正九品。

印曆管勾二員，從九品。

靈臺郎一員，正七品。

監候六員，從八品。

副監候六員，正九品。

星曆生四十四員。

挈壺正一員，從八品。

司辰郎二員，正九品。

燈漏直長一人。

教授一員，從八品。

學正一員，從九品。

校書郎二員，正八品。

《元史》卷八八《百官志》　太醫院，秩正二品。掌醫事，製奉御藥物，領各屬醫職。中統元年，置宣差，提點太醫院事，給銀印。〔至元〕二十年，改爲尚醫監，秩正四品。二十二年，復爲太醫院，給銀印，置提點四員，院使、副使、判官各二員。大德五年，陞正二品，設官十六員。十一年，增院使二員。皇慶元年，增院使一員。二年，增院使一員。至治二年，定置院使一十二員，正二品；同知二員，正三品；僉院二員，從三品；同僉二員，正四品；院判二員，正五品；經歷二員，從七品；都事二員，從七品；照磨兼承發架閣庫一員，正八品；令史八人，譯史二人，知印二人，通事二人，宣使七人。

廣惠司，秩正三品。掌修製御用回回藥物及和劑，以療諸宿衛士及在京孤寒者。至元七年，始置提舉二員。十七年，增置提舉一員。延祐六年，陞正三品。七年，仍正五品。至治二年，復爲正三品，置卿四員，少卿、丞各二員。後定置司卿四員，少卿二員，司丞二員，經歷、知事、照磨各一員。

大都、上都回回藥物院二，秩從五品。掌回回藥事。至元二十九年始置。至治二年，撥隸廣惠司。定置達魯花赤一員、大使二員、副使一員。

御藥院，秩從五品。掌受各路鄉貢、諸蕃進獻珍貴藥品，修造湯煎。至元六年始置。達魯花赤一員，從五品；大使二員，從五品；副使三員，正七品；直長一員，都監二員。

御藥局，秩從五品。掌兩都行篋藥餌。至元十年始置。大德九年，分立行御藥局，掌行篋藥物。本局但掌上都藥倉之事。定置達魯花赤一員，從五品；局使二員，從五品；副使二員，正七品。

行御藥局，秩從五品。達魯花赤一員，大使二員，副使三員，品秩同上。掌行篋藥餌。大德九年始置。

御香局，秩從五品。提點一員，司令一員。掌修合御用諸香。至大元年始置。

大都惠民局，秩從五品。掌收官錢，經營出息，市藥修劑，以惠貧民。中統二年始置，受太醫院劄。至元十四年，定從六品秩。二十一年，陞從五品。

上都惠民司，提點一員，司令一員。中統四年始置。品秩並同上。

醫學提舉司，秩從五品。至元九年始置。十三年罷，十四年復置。掌考較諸路醫生課義，試驗太醫教官，校勘名醫撰述文字，辨驗藥材，訓誨太醫子弟，領各處醫學。提舉一員，副提舉一員。

官醫提舉司，秩從五品。掌醫户差役、詞訟。至元二十五年置。

大都、保定、彰德、東平四路，設提舉、同提舉、副提舉各一員。

河間、大名、晉寧、大同、濟寧、廣平、冀寧、濟南、遼陽、興和十路，設提舉、副提舉各一員。

衛輝、懷慶、大寧，設提舉一員。

《元史》卷八八《百官志》　藝文監，秩從三品。天曆二年置。專以國語敷譯儒書，及儒書之合校讎者俾兼治之。太監檢校書籍事二員，從三品；少監同檢校書籍〔事〕二員，從四品；監丞參檢校書籍事二員，從五品；典簿一員，照磨一員，令史四人，譯史一人，怯里馬赤一人，奏差二人，典吏三人。

監書博士，秩正五品。天曆二年始置。品定書畫，擇朝臣之博識者爲之。博士二員，正五品；書吏一人。

藝林庫，秩從六品。提點一員，從六品；大使一員，副使一員，正七品；庫子二人，本把二人。掌藏貯書籍。天曆二年始置。

廣成局，秩七品。掌傳刻經籍，及印造之事。天曆二年始置。大使一員，從七品；副使一員，正八品；直長二人，正九品；司吏二人。

《元史》卷八八《百官志》 侍正府，秩正二品。至順二年置。侍正一十四員，正二品；同知二員，正三品；僉府二員，從三品；侍判二員，正四品；經歷一員，從六品；都事一員，從七品；照磨一員，從八品。掌內廷近侍之事，領速古兒赤四百人、奉御二十四員，拱衛直都指揮使司爲其屬。掾史八人，譯史四人，通事、知印各二人，宣使八人，典吏五人。

奉御二十四員，秩五品。尚冠奉御二員，從五品；尚冠副奉御二員，從六品；尚衣奉御二員，從五品；尚衣副奉御二員，從六品；尚輦奉御二員，從五品；尚輦副奉御二員，從六品；尚沐奉御二員，從五品；尚沐副奉御二員，從六品；尚飾兼尚輦奉御二員，正六品；尚飾兼尚輦副奉御二員，正七品；奉御掌簿四員，從七品。天曆初置，以四怯薛之速古兒赤爲之。

給事中，秩正四品。至元六年，始置起居注、左右補闕，掌隨朝省、臺、院、諸司凡奏聞之事，悉紀録之，如古左右史。十五年，改陞給事中兼修起居注，左右補闕改爲左右侍儀奉御兼修起居注。皇慶元年，陞正三品。延祐七年，仍〔正〕四品。後定置給事中兼修起居注二員、右侍儀奉御同修起居注一員、左侍儀奉御同修起居注一員，令史一人，譯史四人，通事兼知印一人。

《元史》卷八八《百官志》 將作院，秩正二品。掌成造金玉珠翠犀象寶貝冠佩器皿，織造刺繡段匹紗羅，異樣百色造作。至元三十年始置。院使一員，經歷、都事各一員。三十一年，增院使二員。元貞元年，又增二員。延祐七年，省院使二員。後定置院使七員，正二品；同知二員，正三品；同僉二員，正四品；院判二員，正五品；經歷一員，從五品；都事一員，從七品；照磨管勾一員，正八品；令史六人，譯史、知印各二人，宣使四人。

《元史》卷八八《百官志》 通政院，秩從二品。國初，置驛以給使傳，設脱脱禾孫以辨奸僞。至元七年，初立諸站都統領使司以總之，設官六員。十三年，改通政院。十四年，分置大都、上都兩院；二十九年，又置江南分院；大德七年罷。至大元年，陞正二品。四年罷，以其事歸兵部。是年，兩都仍置，止管達達站赤。延祐七年，復從二品，仍兼領漢人站赤。大都院使四員，從二品；同知二員，正三品；副使二員，從三品；僉院一員，正四品；同僉一員，從四品；院判一員，正五品；經歷一員，從五品；都事一員，從七品；照磨兼管勾承發架閣一員，正八品；令史十三人，通事一人，知印二人，宣使十人。上都院使、同知、副使、僉院、判官各一員，經歷、都事各一員，品秩並同大都；令史四人，譯史三人，通事一人，知印一人，宣使十人。

廩給司，秩從七品。掌諸王諸蕃各省四方邊遠使客飲食供張等事。至元十九年置。提領、司令、司丞各一員。

（清）嵇璜等《續通典》卷三〇《職官·諸卿中·鴻臚寺》 元不設鴻臚寺，有侍儀司、會同館，屬禮部。廩給司，屬通政院。其侍儀司掌外國朝覲之禮。世祖至元八年，始置左右侍儀奉御二人，禮部侍郎知侍儀事一人，引進使知侍儀事一人，左右侍儀使二人，左右直侍儀使二人，左右侍儀副使二人，左右侍儀僉事二人，引進副使、侍儀令各一人，以後增損不一。英宗至治元年，定置侍儀司四人，引進使知侍儀事二人，通事舍人十六人，侍儀舍人十四人。會同館領館事一人，大使二人，副使二人，掌接伴引見諸番蠻方峒官之來朝貢者。成宗元貞元年，以禮部尚書領館事，遂爲定制。廩給司提領一人，司令一人，司丞一人，掌諸王、諸番、各省四方邊遠使客飲食供帳等事。

《元史》卷八八《百官志》 中政院，秩正二品。院使七員，正二品；同知二員，正三品；僉院二員，從三品；同僉二員，正四品；院判二員，正五品。掌中宮財賦營造供給，并番衛之士，湯沐之邑。元貞二年，始置中御府，秩正三品。大德四年，陞中（正）〔政〕院，秩正二品。至大三年，陞從一品，院使七員，同知、僉院、同僉、院判各二員。四年，省併入典內院。皇慶二年，復爲中政院，設官如舊。其幕職則司議二員，從五品；長史二員，正六品；照磨兼管勾承發架閣一員，正八品。吏屬：蒙古必闍赤四人，掾史十二人，回回掾史二人，怯里馬赤二人，知印二人，宣使十人。

《元史》卷八九《百官志》 儲（正）〔政〕院，秩正二品。至元十九年，立詹事院，備左右輔翼皇太子之任。置左、右詹事各一員，副詹事、詹事丞、院判各二員，吏屬六十有二人。別置宫臣賓客二員，左右諭德、左右贊善各一員，校書郎二員，中庶子、中允各一員。三十一年，太子裕宗既薨，乃以院之錢糧選法工役，悉歸太后位下，改爲徽政院以掌之。大德九年，復立詹事院，尋罷。十一年，更置詹事院，秩從一品，設官十二員。至大四年罷。延祐四年復立，七年罷。泰定元年，罷徽政院，改立詹事如前。天曆元年，改詹事院爲儲慶使司。二年罷，復立詹事院。未幾，改儲政院。院使六員，正二品；同知二員，正三品；僉院二員，從三品；同僉二員，正四品；院判二員，正五品；司議二員，從五品；長史二員，正六品；照磨二員，管勾二員，俱正八品；掾史一十二人，譯史四人，回回掾史二人，通事、知印各二人，宣使十人，典吏六人。

《元史》卷九〇《百官志》　大都留守司，秩正二品。掌守衛宫闕都城，調度本路供億諸務，兼理營繕内府諸邸、都宫原廟、尚方車服、殿廡供帳、内苑花木，及行幸湯沐宴游之所，門禁關鑰啓閉之事。留守五員，正二品；同知二員，正三品；副留守二員，正四品；判官二員，正五品；經歷一員，從六品；都事二員，從七品；管勾承發架閣庫一員，正八品；照磨兼覆料官一員，部役官兼壕寨一員，令史十八人，宣使十七人，典吏五人，知印二人，蒙古必闍赤三人，回回令史一人，通事一人。至元十九年，罷宫殿府行工部，置大都留守司，兼本路都總管，知少府監事。二十一年，別置大都路都總管府治民事，并少府監歸留守司。皇慶元年，別置少府監。延祐七年，罷少府監，復以留守兼監事。

《元史》卷九〇《百官志》　武備寺，秩正三品。掌繕治戎器，兼典受給。卿四員，正三品；同判六員，從三品；少卿四員，從四品；丞四員，從五品；經歷、知事各一員，照磨兼提控案牘一員，承發架閣庫管勾一員，辨驗弓官二員，辨驗筋角翎毛等官二員，令史十有三人。至元五年，始立軍器監，秩四品。十九年，陞正三品。二十年，立衛尉院。改軍器監爲武備監，秩正四品，隸衛尉院。二十一年，改監爲寺，與衛尉並立。大德十一年，陞爲院。至大四年，復爲寺，設官如舊。其所轄屬官，則自爲選擇其匠户之能者任之。

（清）嵇璜等《續通典》卷二九《職官·諸卿上·衛尉卿》　元至元二十年，立衛尉院，改軍器監爲武備監，隸衛尉院。二十一年，改監爲寺，與衛尉院並立。二十四年，罷衛尉院，專置武備寺，卿四人，同判六人，少卿四人，丞四人，掌繕治戎器，兼典受給。

《元史》卷九〇《百官志》　太僕寺，秩從二品。掌阿塔思馬匹，受給造作鞍轡之事。中統四年，設羣牧所。至元十六年，改尚牧監。十九年，又改太僕院。二十年，改衛尉院。二十四年，罷院，立太僕寺。又別置尚乘寺以管鞍轡，而本寺止管阿塔思馬匹。二十五年，隸中書，置提調官二員。大德十一年，復改太僕院。至大四年，仍爲寺。卿二員，從二品；少卿二員，從四品；丞二員，從五品；經歷、知事、照磨、管勾各一員，令史七人，譯史、知印、通事各二人，奏差四人，回回令史一人，典吏二人。

《元史》卷九〇《百官志》　尚乘寺，秩（從）〔正〕三品。掌上御鞍轡輿輦，阿塔思羣牧騸馬驢騾，及領隨路局院鞍轡等造作，收支行省歲造鞍轡，理四怯薛阿塔赤詞訟，起取南北遠方馬匹等事。卿四員，正三品；少卿二員，從四品；丞二員，從五品；經歷、知事、照磨、管勾各一員，令史六人，譯史二人，知印二人，通事二人，奏差五人，典吏二人。至元二十四年，罷衛尉院，始設尚乘寺，領資乘庫。大德十一年，陞爲院，秩從二品。至大四年，復爲寺。延祐七年，降從三品。

資乘庫，秩從五品。提點四員，從五品；大使三員，正六品；副使四員，正七品；庫子四人。

掌收支鞍轡等物。至元十三年置。二十年，隸衛尉。二十四年，隸尚乘寺。

《元史》卷九〇《百官志》　長信寺，秩正三品。領大斡耳朶怯憐口諸事。卿四員，正三品；少卿二員，從四品；寺丞二員，從五品；經歷、知事各一員，令史六人，譯史、知印各二人，通事一人，奏差四人。大德五年置。至大元年，改陞爲院。四年，仍爲寺，卿五員，增少卿一員，以宦者爲之。延祐七年，省寺卿、少卿各一員，定置如上。

《元史》卷九〇《百官志》　長秋寺，秩正三品。掌武宗五斡耳朶户口錢糧營繕諸事。寺卿五員，正三品；少卿二員，從四品；寺丞二員，從五品；經歷、知事各一員，令史六人，譯史、知印各二人，通事一人，奏差四人。皇慶二年置。其屬二：

怯憐口諸色人匠提舉司，秩從五品。掌正宮造作之役。達魯花赤一員，同提舉、副提舉各一員，吏目一人，司吏四人。至大元年，斡耳朵三位下撥到人匠五百九十三户，始置提舉司，隸中政院，後屬長信寺。

怯憐口諸色人匠提舉司，秩從五品。掌領武宗軍上北來人匠。達魯花赤一員，提舉一員，同提舉、副提舉各一員，吏目一人，司吏二人。至大元年置。

《元史》卷九〇《百官志》 承徽寺，秩正三品。掌答兒麻失里皇后位下錢糧營繕等事。寺卿五員，正三品；少卿二員，從四品；寺丞二員，從五品；經歷、知事各一員，令史六人，譯史、知印各二人，通事一人，奏差四人。至治元年置。其屬二：

怯憐口諸色人匠提舉司二，秩正五品。各設達魯花赤一員，提舉、同提舉、副提舉各一員，吏目一人，司吏三人。至治三年置。

《元史》卷九〇《百官志》 長寧寺，秩正三品。掌英宗速哥八剌皇后位下户口錢糧營繕等事。寺卿六員，正三品；少卿二員，從四品；寺丞二員，從五品；經歷、知事各一員，吏屬令史六人，譯史、知印各二人，怯里馬赤一人，奏差四人。至治三年置。

《元史》卷九〇《百官志》 長慶寺，秩正三品。掌成宗斡耳朵及常歲營辦禾失房子、行幸怯薛台人等衣糧之事。寺卿六員，少卿二員，寺丞二員，品秩同長寧寺；經歷、知事各一員，令史六人，譯史、知印各二人，怯里馬赤一人，奏差四人。泰定元年置。

《元史》卷九〇《百官志》 寧徽寺，秩正三品。隸八不沙皇后位下。寺卿六員，少卿四員，丞二員，品秩同長慶寺；經歷、知事各一員。天曆二年置。

《元史》卷九〇《百官志》 太府監，秩正三品。領左、右藏等庫，掌錢帛出納之數。太卿六員，正三品；太監六員，從三品；少監五員，從四品；丞五員，正五品；經歷、知事、照磨各一員，令史八人，譯史三人，通事、知印各一人，奏差四人。中統四年置。至元四年，爲宣徽太府監，凡內府藏庫悉隸焉。八年，陞正（二）〔三〕品。大德九年，改爲院，秩從二品，院判參用宦者。至大四年，復爲監，定置如上。

內藏庫，秩從五品。掌出納御用諸王段匹納失失紗羅絨錦南綿香貨諸物。提點四員，從五品；大使二員，正六品；副使二員，正七品。至元二年，置署上都。十九年，始署大都，以宦者領之。復有行內藏，二十八年省之，止存內藏及左右二庫。

右藏，提點四員，大使二員，副使二員，品秩同上。掌收支金銀寶鈔、只孫段匹、水晶瑪瑙玉璞諸物。至元十九年置。

左藏，提點四員，大使二員，副使二員，品秩同上。掌收支常課和買紗羅布絹絲綿絨錦木綿鋪陳衣服諸物。至元十九年置。

〔清〕嵇璜等《續通典》卷三〇《職官·諸卿中·太府卿》 元太府監太卿六人，太監六人，少監五人，掌錢穀出納之數。至元四年，爲宣徽太府監，凡內府藏庫悉隸焉。大德九年，改爲院。武宗至大四年，始定爲太府監。

《元史》卷九〇《百官志》 度支監，秩正三品。掌給馬駝芻粟。卿三員，正三品；太監二員，從三品；少監三員，從四品；監丞二員，從五品；經歷二員，知事一員，提控案牘一員，照磨兼管勾一員，令史十四人，譯史四人，通事、知印三人，奏差四人，典吏五人。國初，置孛可孫。至元八年，以重臣領之。十三年，省孛可孫，以宣徽兼其任。至大二年，改立度支院。四年，改爲監。

《元史》卷九〇《百官志》 利用監，秩正三品。掌出納皮貨衣物之事。監卿八員，正三品；太監五員，從三品；少監五員，從四品；監丞四員，正五品；經歷、知事、照磨、管勾各一員，令史八人，譯史二人，通事、知印各一人，奏差六人，典吏三人。至元十年置。二十年罷，二十六年復置。大德十一年，改爲院。至大四年，復爲監。

《元史》卷九〇《百官志》 中尚監，秩正三品。掌大斡耳朵位下怯憐口諸務，及領資成庫氈作，供內府陳設帳房帘幕車輿雨衣之用。監卿八員，正三品；太監二員，從三品；少監二員，從四品；監丞二員，正五品；經歷、知事、照磨各一員，令史七人，譯史三人，通事二人，知印二人，奏差五人。至元十五年，置尚用監。二十年罷。二十四年，改置中尚監。三十年，分置兩都灤河三庫怯憐口雜造等九司局而總領之。至大元年，陞爲院。四年，復爲監，參用宦者三人。

資成庫，秩從五品。掌造氈貨。提點三員，從五品；大使三員，正六品；副使三員，正七品。至元二年置，隸太府。二十三年，始歸于監。

《元史》卷九〇《百官志》 章佩監，秩正三品。掌宦者速古兒赤所收御服寶帶。監卿五員，正三品；太監四員，從三品；少監二員，從四品；監丞二員，正五品；經歷、知事、照磨各一員，令史七人，譯史二人，通事二人，奏差四人。至元二十二年置。至大元年，陞爲院，秩從二品。四年，復爲監，定置如上。

《元史》卷九〇《百官志》 經正監，秩正三品。掌營盤納鉢及標撥投下草地，有詞訟則治之。太卿一員，正三品；太監二員，從三品；少監二員，從四品；監丞二員，正五品；經歷、知事各一員，令史八人，譯史四人。至大四年置。監卿、太監、少監並奴都赤爲之，監丞流官爲之。

（元）蘇天爵《元文類》卷三一宋本《都水監事記》 都水監丞張君子元致其長颯八耳君之言曰：吾職古爲澤衡，元制秩三品，所以列朝著者，有典掌，有屬，有事功，而廢置有沿革。然設官四十一年矣，嘗蒞是者無慮百餘人，其勤勞職業豈少哉。曹署老吏日以亡，簿書歲畀掌故日以蠹爛，有所征考則茫然昧所向，殆非所以謹官常、備遺忘也。幸文以紀其概，將刻石聽事爲方來益，敢最其事于牘以溷。

予讀之，則知監始以至元二十八年丞相完澤奏置于京師，監、少監、丞各二員。歲以官一、令史二、奏差二、壕寨官二分監于汴，理決河。又分監壽張，領會通河，官屬如汴監，皆歲滿更易。泰定二年，改汴監爲行監，設官與內監等。天曆二年罷，以事歸有司，岸河郡邑守令結銜知河防事。而壽張監至今不廢。此其沿革。

大都河道提舉司官三、幕官一，通惠河閘官二十又八，會通河閘官三十又三，此其屬。

通惠、金水、盧溝、白溝、御、清會通七河，通惠之廣源、會川、朝宗、澄清、文明、惠和、慶豐、平津、溥濟、通流、廣利，會通之會通、土壩、李海、周店、七級、阿城、京門、壽張、土山、三叉、安山、開河、岡城、兗州、濟州、趙村、石佛、新店、師莊、棗林、孟陽泊、金溝、沽頭五十閘，阜通之千斯、常慶、西陽、郭村、鄭村、王村、深溝七壩，都城外內百五十六橋，皇城西之積水潭隸焉。凡河若壩填淤則測以平而浚之閘，橋之木朽蠹裂則加理，閘置則水至，至則啓，以制其涸溢。潭之冰供尚食，金水入大內，敢有浴者、浣衣者、棄土石瓴甋其中、驅馬牛往飲者，皆執而笞之。屋于岸道因以陋病牽舟者，則毀其屋。碾磑金水上游者，亦撤之。或言某水可渠、可塘、可捍以奪其地，或某水墊民田廬，則受命往視而決其議，禦其患。大率南至河，東至淮，西泊北盡燕晋朔漠水之致，皆歸之，此其典掌。

至元二十九年，鑿通惠河，由京師東北昌平之白浮村導神山泉以西，轉而南，會一畝、馬眼二泉，繞出甕山後，匯爲七里濼，東入西水門，貫積水潭，又東至月橋，環大內之左，與金水合，南出東水門，又東至于潞陽，南會白河，又南會沽水入海，凡二百里。立閘二十四，役工二百八十五萬，費以鈔計百五十二萬、米三萬八千七百石、木十六萬三千八百章、銅鐵二十萬斤、灰油藁稱是。八月經始，三十年七月畢事，以便公私。至治二年七月，石麗正門南之第一又南第二橋，以壯郊祀御道。蓋京師橋閘舊皆木，宰相謂不可以久，嘗奏命監漸易以石。今閘之石者已九，橋之石者八十又九，餘將次第及之。役之用洎勞，蓋可臆度，茲略不書。泰定元年七月，釦積水潭之南岸以石，袤千二百五十尺，繚以赤闌，風雨湍浪，不崩不淖，以利往來。至治元年七月，大霖雨，盧溝決金口，勢俯王城，補筑堤百七十步，崇四十尺，水以不及天邑。此其事功。

嗚呼，明典掌，建事功，在位者事也。若曹署之廢置，屬之衆寡，則亦當究知。繼官是監者，能惓惓于此，則無負數君子意矣。我世祖以上聖膺開物之運，建邦設都，樹官府國中，與列聖之文致太平，更植疊立，使佩印綬，食奉錢廩稍，秩三品及過而上者將數十百所，詎皆無沿革、典掌與屬與事功哉。未聞出意見求搢紳先生紀之者，則數君子敬事以近文，可知矣。矧徒有典掌，有屬，而無事功，稽其沿革以不能道者哉。

抑水之利害在天下可言者甚夥，姑論今王畿古燕趙之壤。吾嘗行雄、莫、鎮、定間，求所謂督亢陂者則固已廢，何承矩之塘堰亦漫不可跡，漁陽、燕郡之戾陵諸堨則又並其名未聞，豪杰之意有作以興廢補弊者，恒慨惜之。或又謂瀰之沽口田下可勝以稻，亦未有舉者。數君子能職思其憂若是，是殆濟矣，故以是卒記之。

監者潭側北西皆水，聽事三楹，曰善利堂，東西屋以栖吏。堂右少退曰雙清亭，則幕官所集之地。堂後爲大沼，漸潭水以入，植夫渠、荷芰。夏春之際，天日融朗，無文書可治，罷食啓窗牖，委蛇騁望，則水光千頃，西山如空青，環潭民居、佛屋、龍祠，金碧黝堊，横直如繪畫，而宫垣之內，廣寒、儀天、瀛洲諸殿，皆巋然得瞻仰，是又它府寺所無。至順三年三月宋本記。

《元史》卷九〇《百官志》 都水監，秩從三品。掌治河渠并隄防水利橋梁牐堰之事。都水監二員，從三品；少監一員，正五品；監丞二員，正六品；經歷、知事各一員，令史十人，蒙古必闍赤一人，回回令史一人，通事、知印各一人，奏差十人，壕寨十六人，典吏二人。至元二十八年置。二十九年，領河道提舉司。大德六年，陞正三品。延祐七年，仍從三品。

大都河道提舉司，秩從五品。提舉一員，從五品；同提舉一員，從六品；副提舉一員，從七品。

（元）王士點《秘書監志》卷一《職制》 世皇觀天文以制曆授時，觀人文以尊經化民，迺立秘書監，儲圖史，正儀度，頒經籍。設官有員，郎吏承授，以至司天興文之隸屬，廢置增損之歲月。録其故，俾來者攷。

（元）王士點《秘書監志》卷一《職制・立監》 至元九年十一月，太保劉秉忠、大司農孛羅奉聖旨，設立秘書監，從三品級。

官四員：監二員，從三品。少監二員。正五品。吏屬六人：令史二人，典書二人，奏差二人。

《元史》卷九〇《百官志》 祕書監，秩正三品。掌歷代圖籍并陰陽禁書。卿四員，正三品；太監二員，從三品；少監二員，從四品；監丞二員，從五品；典簿一員，從七品；令史三人，知印、奏差各二人，譯史、通事各一人，典書二人，典吏一人。屬官：著作郎二員，從六品；著作佐郎二員，正七品；祕書郎二員，正七品；校書郎二員，正八品；辨驗書畫直長一員，正八品。至元九年置。其監丞皆用大臣奏薦，選世家名臣子弟爲之。大德九年，陞正三品，給銀印。延祐元年，定置卿四員，參用宦者二人。

《元史》卷九〇《百官志》 司天監，秩正四品。掌凡曆象之事。提點一員，正四品；司天監三員，正四品；少監五員，正五品；丞四員，正六品；知事一員，令史二人，譯史一人，通事兼知印一人。屬官：提學二員，教授二員，並從九品；學正二員，天文科管勾二員，算曆科管勾二員，三式科管勾二員，測驗科管勾二員，漏刻科管勾二員，並從九品；陰陽管勾一員，押宿官二員，司辰官八員，天文生七十五人。中統元年，因金人舊制，立司天臺，設官屬。至元八年，以上都承應闕官，增置行司天監。十五年，別置太史院，與臺並立，頒曆之政歸院，學校之設隸臺。二十三年，置行監。二十七年，又立行少監。皇慶元年，陞正四品。延祐元年，特陞正三品。七年，仍正四品。

《元史》卷九〇《百官志》 回回司天監，秩正四品。掌觀象衍曆。提點一員，司天監三員，少監二員，監丞二員，品秩同上；知事一員，令史二員，通事兼知印一人，奏差一人。屬官：教授一員，天文科管勾一員，算曆科管勾一員，三式科管勾一員，測驗科管勾一員，漏刻科管勾一員，陰陽人一十八人。世祖在潛邸時，有旨徵回回爲星學者，札馬剌丁等以其藝進，未有官署。至元八年，始置司天臺，秩從五品。十七年，置行監。皇慶元年，改爲監，秩正四品。延祐元年，陞正三品，置司天監。二年，命祕書卿提調監事。四年，復正四品。

紀事

《元史》卷四《世祖紀》 〔中統二年秋七月〕癸亥，初立翰林國史院。王鶚請修遼、金二史，又言：唐太宗置弘文館，宋太宗設內外學士院。今宜除拜學士院官，作養人才。乞以右丞相史天澤監修國史，左丞相耶律鑄、平章政事王文統監修《遼》、《金史》，仍採訪遺事。並從之。

《元史》卷七《世祖紀》 〔至元七年五月〕改宣徽院爲光禄司，秩正三品，以宣徽使線真爲光禄使。

《元史》卷一七《世祖紀》 〔至元二十九年春正月〕己亥，命太史令郭守敬兼領都水監事，仍置都水監少監、丞、經歷、知事凡八員。八作司官舊制六員，今分爲左右二司，增官二員。

元朝·御史臺

綜述

《元史》卷八六《百官志》 御史臺，秩從一品。大夫二員，從一品；中丞二員，正二品；侍御史二員，從二品；治書侍御史二員，（從二）〔正三〕品。掌糾察百官善惡、政治得失。至元五年，始立臺建官，設官七員。大夫從二品，中丞從三品，侍御史從五品，治書侍御史從六品，典事從七品，檢法二員，獄丞一員。七年，改典事爲都事。十九年，罷檢法、獄丞。二十一年，陞大夫爲從一品，中丞爲正三品，侍御史爲正五品，治書爲正六品。二十七年，大夫以下品從各陞一等，始置〔蒙古〕經歷一員。大德十一年，陞中丞爲正二品，侍御史爲從二品，治書侍御史爲正三品。皇慶元年，增中丞爲三員。二年，減一員。至治二年，大夫一員。後定置御史大夫二員、中丞二員、侍御史二員、治書侍御史二員，品秩如上。經歷一員，從五品；都事二員，正七品；照磨一員，正八品；承發管勾兼獄丞一員，正八品；架閣庫管勾兼承發一員，正九品；掾史一十五人，譯史四人，知印二人，通事二人，宣使十人，臺醫二人，蒙古書寫二人，典吏六人，庫子二人。其屬有二：

殿中司，殿中侍御史二員，正四品。至元五年始置，秩正七品，後陞正四品。凡大朝會，百官班序，其失儀失列，則糾罰之；在京百官到任假告事故，出三日不報者，則糾舉之；大臣入內奏事，則隨以入，凡不可與聞之人，則糾避之。知班四人，通事、譯史各一人。

察院，秩正七品。監察御史三十二員。司耳目之寄，任刺舉之事。至元五年，始置御史十（一）〔二〕員，悉以漢人爲之。八年，增置六員。至十九年，增置一十六員，始參用蒙古人爲之。至二十二年，參用南儒二人。書吏三十二人。

地方分部

遼朝

綜述

《遼史》卷三二《營衛志·部族上》：部落曰部，氏族曰族。契丹故俗，分地而居，合族而處。有族而部者，五院、六院之類是也；有部而族者，奚王、室韋之類是也；有部而不族者，特里特勉、稍瓦、曷朮之類是也；有族而不部者，遥輦九帳、皇族三父房是也。

奇首八部爲高麗、蠕蠕所侵，僅以萬口附于元魏。生聚未幾，北齊見侵，掠男女十萬餘口。繼爲突厥所逼，寄處高麗，不過萬家。部落離散，非復古八部矣。別部有臣附突厥者，内附於隋者，依紇臣水而居。部落漸衆，分爲十部，有地遼西五百餘里。唐世大賀氏仍爲八部，而松漠、玄州別出，亦十部也。遥輦氏承萬榮、可突于散敗之餘，更爲八部；然遥輦、迭刺別出，又十部也。阻午可汗析爲二十部，契丹始大。至于遼太祖，析九帳、三房之族，更列二十部。聖宗之世，分置十有六，增置十有八，并舊爲五十四部；内有拔里、乙室已國舅族，外有附庸十部，盛矣。

其氏族可知者，略具《皇族》、《外戚》二表。餘五院、六院、乙室部止見益古、撒里本，涅剌、烏古部止見撒里卜、涅勒，突吕不、突舉部止見塔古里、航斡，皆兄弟也。奚王府部時瑟、哲里，則臣主也。品部有拏女，楮特部有洼。其餘世系名字，皆漫無所考矣。

舊《志》曰：契丹之初，草居野次，靡有定所。至涅里始制部族，各有分地。太祖之興，以迭刺部強熾，析爲五院、六院。奚六部以下，多因俘降而置。勝兵甲者即著軍籍，分隸諸路詳穩、統軍、招討司。番居内地者，歲時田牧平莽間。邊防糺户，生生之資，仰給畜牧，績毛飲湩，以爲衣食。各安舊風，狃習勞事，不見紛華異物而遷。故家給人足，戎備整完。卒之虎視四方，強朝弱附，東逾蟠木，西越流沙，莫不率服。部族實爲之爪牙云。

古八部：

悉萬丹部。

何大何部。

伏弗郁部。

羽陵部。

日連部。

匹絜部。

黎部。

吐六于部。

契丹之先，曰奇首可汗，生八子。其後族屬漸盛，分爲八部，居松漠之間。今永州木葉山有契丹始祖廟，奇首可汗、可敦并八子像在焉。潢河之西，土河之北，奇首可汗故壤也。

隋契丹十部：

元魏末，莫弗賀勿于畏高麗、蠕蠕侵逼，率車三千乘、衆萬口内附，乃去奇首可汗故壤，居白狼水東。北齊文宣帝自平州三道來侵，虜男女十餘萬口，分置諸州。又爲突厥所逼，以萬家寄處高麗境内。隋開皇四年，諸莫弗賀悉衆款塞，聽居白狼故地。又別部寄處高麗者曰出伏等，率衆内附，詔置獨奚那頡之北。又別部臣附突厥者四千餘户來降，詔給糧遣還，固辭不去，部落漸衆，徙逐水草，依紇臣水而居。在遼西正北二百里，其地東西亙五百里，南北三百里。分爲十部，逸其名。

唐大賀氏八部：

達稽部，峭落州。

紇便部，彈汗州。

獨活部，無逢州。

芬問部，羽陵州。

突便部，日連州。

芮奚部，徒河州。

墜斤部，萬丹州。

伏部，州二：匹黎、赤山。

唐太宗置玄州，以契丹大帥據曲爲刺史。又置松漠都督府，以窟哥爲都督，分八部，并玄州爲十州。則十部在其中矣。

遥輦氏八部：

旦利皆部。

乙室活部。

實活部。

納尾部。

頻没部。

納會雞部。

集解部。

奚嗢部。

當唐開元、天寶間，大賀氏既微，遼始祖涅里立迪輦祖里爲阻午可汗。時契丹因萬榮之敗，部落凋散，即故有族衆分爲八部。涅里所統迭剌部自爲別部，不與其列。并遥輦、迭剌亦十部也。

遥輦阻午可汗二十部：

耶律七部。

審密五部。

八部。

涅里相阻午可汗，分三耶律爲七，二審密爲五，并前八部爲二十部。三耶律：一曰大賀，二曰遥輦，三曰世里，即皇族也。二審密：一曰乙室已，二曰拔里，即國舅也。其分部皆未詳；可知者曰迭剌，曰乙室，曰品，曰楮特，曰烏隗，曰突吕不，曰捏剌，曰突舉，又有右大部、左大部，凡十，逸其二。大賀、遥輦析爲六，而世里合爲一，茲所以迭剌部終遥輦之世，強不可制云。

《遼史》卷三三《營衛志・部族下》 遼起松漠，經營撫納，竟有唐、晋帝王之器，典章文物施及潢海之區，作史者尚可以故俗語耶？舊史有《部族志》，歷代之所無也。古者，巡守于方岳，五服之君各述其職，遼之部族實似之。故以部族置宮衛、行營之後云。

遼內四部族：

遥輦九帳族。

横帳三父房族。

國舅帳拔里、乙室已族。

國舅別部。

太祖二十部，二國舅升帳分，止十八部。

五院部。其先曰益古，凡六營。阻午可汗時，與弟撒里本領之，曰迭剌部。傳至太祖，以夷離菫即位。天贊元年，以強大難制，析五石烈爲五院，六爪爲六院，各置夷離菫。會同元年，更夷離菫爲大王。部隸北府，以鎮南境。大王及都監春夏居五院部之側，秋冬居羊門甸。石烈四：

大蔑孤石烈。

小蔑孤石烈。

甌昆石烈。太宗會同二年，以烏古之地水草豐美，命居之。三年，益以海勒水之地爲農田。

乙習本石烈。會同二年，命以烏古之地。

六院部。隸北府，以鎮南境。其大王及都監春夏居泰德泉之北，秋冬居獨盧金。石烈四：

轄懶石烈。

阿速石烈。

斡納撥石烈。

斡納阿剌石烈。會同二年，命居烏古。三年，益以海勒水地。

乙室部。其先曰撒里本，阻午可汗之世，與其兄益古分營而領之，曰乙室部。會同二年，更夷離菫爲大王。隸南府，其大王及都監鎮駐西南之境，司徒居鴛鴦泊，閘撒狘居車軸山。石烈二：

阿里答石烈。

欲主石烈。

品部。其先曰拏女，阻午可汗以其營爲部。太祖更諸部夷離菫爲令穩。統和中，又改節度使。隸北府，屬西北路招討司，司徒居太子墳。凡戍軍隸節度使，留後户隸司徒。石烈二：

北哲里只石烈。

南轄懶石烈。

楮特部。其先曰洼，阻午可汗以其營爲部。隸南府，節度使屬西北路招討司，司徒居柏坡山及鏵山之側。石烈二：

北石烈。

南石烈。

烏隗部。其先曰撒里卜，與其兄涅勒同營，阻午可汗析爲二：撒里卜爲烏隗部，涅勒爲涅剌部。俱隸北府，烏隗部節度使屬東北路招討司，司徒居徐母山、郝里河之側。石烈二：

北石烈。

南石烈。

涅剌部。其先曰涅勒，阻午可汗分其營爲部。節度使屬西南路招討司，居黑山北，司徒居郝里河側。石烈二：

北塌里石烈。

南察里石烈。

突吕不部。其先曰塔古里，領三營。阻午可汗命分其一與弟航斡爲突舉部；塔古里得其二，更爲突吕不部。隸北府，節度使屬西北路招討司，司徒居長春州西。石烈二：

北托不石烈。

南須石烈。

突舉部。其先曰航斡，阻午可汗分營置部。隸南府，戍於隗烏古部，司徒居冗泉側。石烈二：

北石烈。

南石烈。

奚王府六部五帳分。其先曰時瑟，事東遥里十帳部主哲里。後逐哲里，自立爲奚王。卒，弟吐勒斯立。遥輦鮮質可汗討之，俘其拒敵者七百户，摭其降者。以時瑟鄰睦之故，止俘部曲之半，餘悉留焉。奚勢由是衰矣。初爲五部：曰遥里，曰伯德，曰奥里，曰梅只，曰楚里。太祖盡降之，號五部奚。天贊二年，有東扒里厮胡損者，恃險堅壁於箭笴山以拒命，揶揄曰：大軍何能爲，我當飲墮瑰門下矣。太祖滅之，以奚府給役户，併括諸部隱丁，收合流散，置墮瑰部，因墮瑰門之語爲名，遂號六部奚。命勃魯恩主之，仍號奚王。太宗即位，置宰相、常袞各二員。聖宗合奥里、梅只、墮瑰三部爲一；特置二剋部以足六部之數。奚王和朔奴討兀惹，敗績，籍六部隸北府。

突吕不室韋部。本名大、小二黄室韋户。太祖爲達馬狘沙里，以計降之，乃置爲二部。隸北府，節度使屬東北路統軍司，戍泰州東北。

涅剌拏古部。與突吕不室韋部同。節度使戍泰州東。

迭剌迭達部。本鮮質可汗所俘奚七百户，太祖即位，以爲十四石烈，置爲部。隸南府，節度使屬西南路招討司，戍黑山北，部民居慶州南。

乙室奥隗部。神册六年，太祖以所俘奚户置。隸南府，節度使屬東北路兵馬司。

楮特奥隗部。太祖以奚户置。隸南府，節度使屬東京都部署司。

品達魯虢部。太祖以所俘達魯虢部置。隸南府，節度使屬西南路招討司，戍黑山北。

烏古涅剌部。亦曰涅離部。太祖取于骨里户六千，神册六年，析爲烏古涅剌及圖魯二部。俱隸北府，節度使屬西南路招討司。

圖魯部。節度使屬東北路統軍司。

已上太祖以遥輦氏舊部族分置者凡十部，增置者八。

聖宗三十四部：

撒里葛部。奚有三營：曰撒里葛，曰窈爪，曰耨盌爪。太祖伐奚，乞降，願爲著帳子弟，籍于宫分，皆設夷離菫。聖宗各置爲部，改設節度使，皆隸南府，以備畋獵之役。居澤州東。

窈爪部。與撒里葛部同。居潭州南。

耨盌爪部。節度使屬東京都部署司。

訛僕括部。與撒里葛三部同。居望雲縣東。

特里特勉部。初於八部各析二十户以戍奚，偵候落馬河及速魯河側，置二十詳穩。聖宗以户口蕃息，置爲部，設節度使。隸南府，戍倒塌嶺，居橐駝岡。

稍瓦部。初，取諸宫及横帳大族奴隸置稍瓦石烈，稍瓦，鷹坊也，居遼水東，掌羅捕飛鳥。聖宗以户口蕃息置部。節度使屬東京都部署司。

曷朮部。初，取諸宫及横帳大族奴隸置曷朮石烈，曷朮，鐵也，以冶于海濱柳濕河、三黜古斯、手山。聖宗以户口蕃息置部。屬東京都部署司。

遥里部。居潭、利二州間。石烈三：

撒里必石烈。

北石烈。

帖魯石烈。

伯德部。松山、平州之間，太師、太保居中京西。石烈六：

啜勒石烈。

速古石烈。

腆你石烈。

迭里石烈。

旭特石烈。

悦里石烈。

楚里部。居潭州北。

奥里部。統和十二年，以與梅只、墮瑰三部民籍數寡，合爲一部。并上三部，本屬奚王府，聖宗分置。

南剋部。

北剋部。統和十二年，以奚府二剋分置二部。

隗衍突厥部。聖宗析四闢沙、四頗憊户置，以鎮東北女直之境。開泰九年，節度使奏請置石烈。隸北府，屬黄龍府都部署司。

奥衍突厥部。與隗衍突厥同。

涅剌越兀部。以涅剌室韋户置。隸北府，節度使屬西南面招討司，戍黑山北。

奥衍女直部。聖宗以女直户置。隸北府，節度使屬西北路招討司，戍鎮州境。自此至河西部，皆俘獲諸國之民。初隸諸宫，户口蕃息置部。訖於五國，皆有節度使。

乙典女直部。聖宗以女直户置。隸南府，居高州北。

斡突盌烏古部。聖宗以烏古户置。隸南府，節度使屬西南面招討司，戍黑山北。

迭魯敵烈部。聖宗以敵烈户置。隸北府，節度使屬烏古敵烈統軍司。

室韋部。聖宗以室韋户置。隸北府，節度使屬西北路招討司。

朮哲達魯虢部。聖宗以達魯虢户置。隸北府，節度使屬東北路統軍司，戍境内，居境外。

梅古悉部。聖宗以唐古户置。隸北府，節度使屬西南面招討司。

頡的部。聖宗以唐古户置。隸北府，節度使屬西南面招討司。

北敵烈部。聖宗以敵烈户置。戍隗烏古部。

匿訖唐古部。聖宗置。隸北府，節度使屬西南面招討司。

北唐古部。聖宗以唐古户置。隸北府，節度使屬黄龍府都部署司，戍府南。

南唐古部。聖宗置。隸北府。

鶻剌唐古部。與南唐古同。節度使屬西南面招討司。

河西部。聖宗置。隸北府，節度使屬東北路統軍司。

薛特部。開泰四年，以回鶻户置。隸北府，居慈仁縣北。

伯斯鼻骨德部。本鼻骨德户。初隸諸宫，聖宗以户口蕃息置部。隸北府，節度使屬東北路統軍司，戍境内，居境外。

達馬鼻骨德部。聖宗以鼻骨德户置。隸南府，節度使屬東北路統軍司。

五國部。剖阿里國、盆奴里國、奥里米國、越里篤國、越里吉國，聖宗時來附，命居本土，以鎮東北境，屬黄龍府都部署司。重熙六年，以越里吉國人尚海等訴酋帥渾敞貪污，罷五國酋帥，設節度使以領之。

已上聖宗以舊部族置者十六，增置十八。

遼國外十部：

烏古部。

敵烈八部。

隗古部。

回跋部。

嵓母部。

吾秃婉部。

迭剌葛部。

回鶻部。

長白山部。

蒲盧毛朶部。

右十部不能成國，附庸於遼，時叛時服，各有職貢，猶唐人之有羈縻州也。

設官之制具如左。

《遼史》卷四六《百官志·北面部族官》 部族，詳見《營衛志》。

部族職名總目：

大部族。

某部大王。本名夷離菫。

某部太師。

某部右宰相。

某部左宰相。

某部太保。

某部太尉。

某部司徒。本名惕隱。

某部節度使司。

某部節度使。

某部節度副使。

某部節度判官。

某部族詳穩司。

某部族詳穩。

某部族都監。

某部族將軍。

某部族小將軍。

某石烈。

某石烈夷離菫。

某石烈麻普。亦曰馬步，本名石烈達剌干。

某石烈牙書。

某彌里。彌里，鄉也。

辛袞。本曰馬特本。

小部族。

某部族司徒府。

某部族司徒。

某部族司空。

某部族節度使司。

某部族詳穩司。

某石烈。

令穩。

麻普。

牙書。

某彌里。

辛袞。

五院部。有知五院事，在朝曰北大王院。

六院部。有知六院事，在朝曰南大王院。

乙室部。在朝曰乙室王府。有乙室府迪骨里節度使司。

奚六部。在朝曰奚王府。有二常袞，有二宰相，又有吐里太尉，有奚六部漢軍詳穩，有奚拽剌詳穩，有先離撻覽官。

已上四大王府，爲大部族。

品部。

楮特部。

烏隗部。

突吕不部。

突舉部。

涅剌部。

遥里部。

伯德部。

墮瑰部。

楚里部。

奥里部。

南剋部。

北剋部。

突呂不室韋部。
涅剌拏古部。
迭剌迭達部。
乙室奧隗部。
楮特奧隗部。
品達魯虢部。
烏古涅剌部。
圖魯部。
撒里葛部。
窈爪部。
耨盌爪部。
訛僕括部。
特里特勉部。
稍瓦部。
曷朮部。
隗衍突厥部。
奧衍突厥部。
涅剌越兀部。
奧衍女直部。
乙典女直部。
斡突盌烏古部。
迭魯敵烈部。
大黄室韋部。
小黄室韋部。二黄室韋闥林，改爲僕射。
朮哲達魯虢部。
梅古悉部。
頡的部。
匿訖唐古部。
北唐古部。
南唐古部。
鶻剌唐古部。
河西部。
北敵烈部。
薛特部。
伯斯鼻骨部。
達馬鼻骨部。
五國部。

已上四十九節度，爲小部族。

《遼史》卷四八《百官志・南面・南面方州官》 遼東、西，燕、秦、漢、唐已置郡縣，設官職矣。高麗、渤海因之。至遼，五京列峙，包括燕、代，悉爲畿甸。二百餘年，城郭相望，田野益闢。冠以節度，承以觀察、防禦、團練等使，分以刺史、縣令，大略採用唐制。其間宗室、外戚、大臣之家築城賜額，謂之頭下州軍；唯節度使朝廷命之，後往往皆歸王府。不能州者謂之軍，不能縣者謂之城，不能城者謂之堡。其設官則未詳云。

節度使職名總目：
某州某軍節度使。
某州某軍節度副使。
同知節度使事。耶律玦，重熙中同知遼興軍節度使事。
行軍司馬。
軍事判官。
掌書記。劉伸，重熙五年爲彰武軍節度使掌書記。
衙官。
某馬步軍都指揮使司。
都指揮使。
副指揮使。
某馬軍指揮使司。
指揮使。
副指揮使。
某步軍指揮使司。

指揮使。

副指揮使。

上京道：懷州奉陵軍節度使司。慶州玄寧軍節度使司。泰州德昌軍節度使司。長春州韶陽軍節度使司。儀坤州啓聖軍節度使司。龍化州興國軍節度使司。饒州匡義軍節度使司。徽州宣德軍節度使司。成州長慶軍節度使司。懿州廣順軍節度使司。渭州高陽軍節度使司。鎮州建安軍節度使司。

東京道：開州鎮國軍節度使司。保州宣義軍節度使司。辰州奉國軍節度使司。興州中興軍節度使司。海州南海軍節度使司。淥州鴨淥軍節度使司。顯州奉先軍節度使司。乾州廣德軍節度使司。貴德州寧遠軍節度使司。瀋州昭德軍節度使司。遼州始平軍節度使司。通州安遠軍節度使司。雙州保安軍節度使司。同州鎮安軍節度使司。咸州安東軍節度使司。信州彰聖軍節度使司。賓州懷化軍節度使司。懿州寧昌軍節度使司。蘇州安復軍節度使司。復州懷德軍節度使司。祥州瑞聖軍節度使司。

中京道：成州興府軍節度使司。興中府彰武軍節度使司。宜州崇義軍節度使司。錦州臨海軍節度使司。川州長寧軍節度使司。建州保静軍節度使司。來州歸德軍節度使司。

南京道：幽州盧龍軍節度使司。平州遼興軍節度使司。

西京道：雲中大同軍節度使司。雲内州開遠軍節度使司。奉聖州武定軍節度使司。蔚州忠順軍節度使司。應州彰國軍節度使司。朔州順義軍節度使司。

觀察使職名總目：某州軍觀察使。某州軍觀察副使。某州軍觀察判官。王鼎，清寧五年爲易州觀察判官。

州學。

博士。

助教。

中京道：高州觀察使司。武安州觀察使司。利州觀察使司。

東京道：益州觀察使司。寧州觀察使司。歸州觀察使司。寧江州混同軍觀察使司。

上京道：永州永昌軍觀察使司。静州觀察使司。

團練使司職名總目：

某州團練使。

某州團練副使。

某州團練判官。

州學。

博士。

助教。

東京道：安州團練使。

防禦使司職名總目：

某州防禦使。

某州防禦副使。

某州防禦判官。

州學。

博士。

助教。

東京道：

廣州防禦使司。

鎮海府防禦使司。

冀州防禦使司。

衍州安廣軍防禦使司。

州刺史職名總目：

某州刺史。

某州同知州事。耶律獨攧，重熙中同知金肅軍事。

某州録事參軍。世宗天禄五年，詔州録事參軍委政事省差注。

州學。

博士。

助教。

上京道五州：烏、降聖、維、防、招。

東京道三十七州：穆、賀、盧、鐵、崇、耀、嬪、遼西、康、宗、海北、巖、集、祺、遂、韓、銀、安遠、威、清、雍、湖、渤、郢、銅、

涑、率賓、定理、鐵利、吉、麓、荊、勝、順化、連、肅、烏、

中京道十三州：恩、惠、榆、澤、北安、潭、松山、安德、黔、嚴、隰、遷、潤。

南京道八州：順、檀、涿、易、薊、景、灤、營。

西京道八州：弘、德、寧邊、歸化、可汗、儒、武、東勝。

縣職名總目：

某縣令。

某縣丞。

某縣主簿。世宗天禄五年，詔縣主簿委政事省差注。

某縣尉。

縣學。大公鼎爲良鄉縣尹，建孔子廟。

博士。

助教。

五京諸州屬縣，見《地理志》。縣有驛遞、馬牛、旗鼓、鄉正、廳隸、倉司等役。有破產不能給者，良民患之。馬人望設法，使民出錢免役，官自募人，倉司給使以公使充，人以爲便。

金朝

綜述

《金史》卷五七《百官志・大興府》　尹一員，正三品，掌宣風導俗，肅清所部，總判府事。餘府尹同。兼領本路兵馬都總管府事。車駕巡幸，則置留守同知、少尹、判官。惟留判不别置，以總判兼之。

同知一員，從四品，掌通判府事。餘府同知同此。

少尹一員，正五品，掌同同知。

總管判官一員，從五品，掌紀綱總府衆務，分判兵案之事。

府判一員，從五品，掌諮議參佐，糾正非違，紀綱衆務，分判吏、禮、工案事。

推官二員，從六品，掌同府判，分判户、刑案事，内户推掌通檢推排簿籍。舊一員，大定五年增一員。

知事，正八品，掌付事勾稽省署文牘，總録諸案之事。

都孔目官，女直司一員，漢人司一員，職同知事，掌監印，監受案牘。餘都孔目官同此。不常置，省則吏目攝。六案司吏七十五人，内女直十五人，漢人六十人。司吏分掌六案，各置孔目官一員，掌呈覆糾正本案文書。餘分前後行，其他處應設十人以下、六人以上者，置孔目官三人，及置提點所處仍舊。女直司吏若十二人以上，分設六案，不及者設三案，五人以下設一案，通掌六案事。以上名充孔目官。知法三員，從八品，女直一員，漢人二員，掌律令格式，審斷刑名。抄事一人，掌抄事目，寫法狀，以前後行吏人選。公使百人。

女直教授一員。

東京、北京、上京、河東東西路、山東東西路、大名、咸平、臨潢、陝西統軍司、西南招討司、西北路招討司、婆速路、曷懶路、速頻、蒲與、胡里改、隆州、泰州、蓋州並同此。皆置醫院，醫正一人，醫工八人。

諸京留守司

留守一員，正三品，帶本府尹兼本路兵馬都總管。

同知留守事一員，正四品，帶同知本府尹兼本路兵馬都總管。

副留守一員，從四品，帶本府少尹兼本路兵馬副都總管。

留守判官一員，從五品。都總管判官一員，從五品。掌紀綱總府衆務、分判兵案之事。

推官一員，從六品，掌同府判，分判刑案之事，上京兼管林木事。

司獄一員，正八品。司吏。女直司吏，上京二十人，北京十三人，東京十人，南京、西京各五人。漢人司吏，三十萬户以上六十人，二十五萬户五十五人，十萬户以上四十人，七萬户以上三十五人，五萬户以上三十人，三萬户以上二十四人，不及萬户十人。譯人，上京、北京各三人，東京、西京、南京各二人，通事二人。

知法，女直、漢人各一員，南京漢人二員。抄事一人，掌抄録事目、書寫法狀。公事百人。【略】

按察司　本提刑司，承安三年以上京、東京等提刑司併爲一提刑使，兼宣撫使勸農採訪事，爲官稱。副使、判官以兼宣撫副使、判官爲名。復

改宣撫爲安撫，各設安撫判官一員，提刑一員，通四員。安撫司，掌鎮撫人民，譏察邊防軍旅，審録重刑事。安撫判官則銜内不帶勸農採訪事，令專管千户謀克。安撫使副内，差一員於咸平，一員於上京分司。承安四年罷咸平分司，使在上京，副在東京，各設簽事一員。承安四年改按察司，貞祐三年罷，止委監察採訪。

使一員，正三品，掌審察刑獄，照刷案牘，糾察濫官汙吏豪猾之人、私鹽酒麴並應禁之事，兼勸農桑，與副使、簽事更出巡案。

副使，正四品，兼勸農事。

簽按察司事，正五品，承安四年設。

判官二員，從六品，大定二十九年設。明昌元年以陝西地濶，添一員。

知事，正八品。

承安三年，上京者兼經歷安撫司使。泰和八年十一月，省議以轉運司權輕，州縣不畏，不能規措錢穀，遂詔中都轉運，依舊專管錢穀事，自餘諸路按察使並兼轉運使，副使兼同知，簽按察並兼轉運副，添按察判官一員，爲從六品。中都、西京路按察司官止兼西京路轉運司事。遼東路惟上京按察安撫使及簽事依舊署本司事。遼東轉運使兼按察副使，同知轉運使兼簽按察司事，轉運副使兼按察判官，添知事一員。

知法二員，從八品。書史四人，書吏十人，抄事一人，公使四十人。

右中都、西京並依此置。陝西、上京兩路設簽按察司事二員，上京簽安撫司事。

上京、東京等路按察司幷安撫司使，正三品，鎮撫人民，譏察邊防軍旅之事，仍專管猛安謀克，教習武藝及令本土純願風俗不致改易。

副使二員，正四品。

簽安撫司事，正五品。

簽按察司事，正五品。

知事兼安撫司事，正八品。

知法四員，從八品。書史四人。上京、東京書吏十八人，女直十二人、漢人六人。中都、西京，女直五人、漢人五人。北京、臨潢，女直三人、漢人五人。南京，女直二人、漢人七人。山東，女直三人、漢人七人。大名，女直三人、漢人六人。抄事一人，公使十人也。

右按察使於上京，副使於東京各路設簽事一員，分司勾當。惟安撫司不帶勸農字，内知事於上京，自餘並於兩處分減存設。

諸總管府謂府尹兼領者。

都總管一員，正三品，掌統諸城隍兵馬甲仗，總判府事。

同知都總管一員，從四品，掌通判府事，惟婆速路同知都總管兼來遠軍事兵馬。

副都總管一員，正五品，所掌與同知同。

總管判官一員，從六品，掌紀綱總府衆務，分判兵案之事。

府判一員，從六品，掌紀綱衆務，分判户、禮案，仍掌通檢推排簿籍。

推官一員，正七品，掌同府判，分判工、刑案事。

知法一員。司吏，女直，山東西路十五人，大名十四人，山東東路、咸平府、臨潢府各十二人，曷懶路、河北西路各十人，婆速路十一人，河北東路八人，河東南北路、京兆、慶陽、臨洮、鳳翔、延安各四人。漢人，户十八萬以上四十二人，十五萬以上四十人，十三萬以上三十八人，十萬以上三十五人，七萬以上三十二人，五萬以上二十八人，三萬以上二十二人，不及三萬户二十人，婆速路、曷懶路各二人。譯人，咸平三人，河北東西、山東東西、曷懶、大名、臨潢各二人，餘各一人。通事，婆速、曷懶路高麗通事一人，臨潢北部通事一人，部落通事一人、小部落通事二人，慶陽府通事一人。抄事一人。公使八十人。臨潢別置移剌十五人。凡諸府置員並同，惟曷懶路無府事。

諸府謂非兼總管府事者。

尹一員，正三品。同知一員，正四品。少尹一員，正五品。

府判一員，從六品，掌紀綱衆務，分判吏、户、禮案事，專掌通檢推排簿籍。

推官一員，正七品，掌同府判，分判兵、刑、工案事。

府教授一員。

知法一員。司吏，女直皆三人，漢人，若管十六萬户四十人，十四萬以上三十八人，十二萬以上三十五人，十萬以上三十二人，七萬以上三十人，五萬以上二十五人，三萬户以上二十人，不及三萬户十七人。譯人一人，通事一人，抄事一人，公使七十人。

諸節鎮

節度使一員，從三品，掌鎮撫諸軍防刺，總判本鎮兵馬之事，兼本州管内觀察使事。其觀察使所掌，並同府尹兼軍州事管内觀察使。

同知節度使一員，正五品。通判節度使事，兼州事者仍帶同知管内觀察使。

副使一員，從五品。

節度判官一員，正七品，掌紀綱節鎮衆務，僉判兵馬之事，兼判兵、刑、工案事。

觀察判官一員，正七品，掌紀綱觀察衆務，分判吏、户、禮案事，通檢推排簿籍。

知法一員，州教授一員，司獄一員，正八品。司吏，女直，隆州十四人，蓋州十二人，泰州十一人，速頻、胡里改各十人，蒲與八人，平、宗、懿、定、衛、萊、密、滄、冀、邢、同、雄、保、兗、邠、涇、朔、奉聖、豐、雲内、許、徐、鄧、鞏、鄜、全、肇各三人，餘各二人。漢人，依府尹數例。譯人一人，通事二人，抄事一人。公使人，上鎮七十、中六十五、下六十人，惟蒲與、胡里改、速頻各二十人。曷速館路、蒲與路、胡里改路、速頻路四節鎮，省觀察判官而無州事。

諸防禦州

防禦使一員，從四品，掌防捍不虞、禦制盜賊，餘同府尹。

同知防禦使事一員，正六品，掌通判防禦使事。

判官一員，正八品，掌簽判州事，專掌通檢推排簿籍。

知法，從九品。

州教授一員。

司軍，從九品。

軍轄兼巡捕使，從九品。司吏，女直一人，漢人管户五萬以上二十人，以率而減。譯人一人，通事一人，抄事一人。公使，上州六十人、中五十五人、下五十人。

諸刺史州

刺史一員，正五品，掌同府尹兼治州事。

同知一員，正七品，通判州事。

判官一員，從八品，簽判州事，專掌通檢推排簿籍。

司軍，從九品。

知法一員。

軍轄兼巡捕使，從九品。司吏，女直，韓，慶、信、灤、薊、通、澄、復、瀋、貴德、涿、利、建州、來遠軍各二人，餘各一人。抄事一人。公使，上州五十、中四十五、下四十。惟來遠軍同下州，省同知。凡諸州以上知印，並於孔目官内輪差，運司押司官並同。無孔目官，以上名司吏充，司、縣同此。

諸京警巡院

使一員，正六品，掌平理獄訟、警察別部，總判院事。

副一員，從七品，掌警巡之事。

判官二員，正九品，掌檢稽失，簽判院事。司吏，女直，中都三人，上、東、西三京各二人，餘各一人。漢人，中都十五人，南京九人，西京八人，東京六人，北京五人，上京四人。惟東、西、北、上京無副使。

諸府節鎮録事司

録事一員，正八品，判官一員，正九品。掌同警巡使。司吏，户萬以上設六人，以下爲率減之。凡府鎮二千户以上則依此置，以下則止設録事一員，不及百户者並省。

諸防刺州司候司

司候一員，正九品。

司判一員，從九品。司吏、公使七人。然亦驗户口置。

赤縣謂大興、宛平縣。

令一員，從六品，掌養百姓，按察所部，宣導風化，勸課農桑，平理獄訟，捕除盜賊，禁止游惰，兼管常平倉及通檢推排簿籍，總判縣事。丞一員，正八品，掌貳縣事。

主簿一員，正九品，掌同縣丞。

尉四員，正八品，專巡捕盜賊。餘縣置四尉者同此。司吏十人，内一名取識女直、漢字者充。公使十人。

次赤縣又曰劇縣

令一員，正七品。

丞一員，正九品。

主簿一員，正九品。

尉一員，正九品。

諸縣

令一員，從七品。

丞一員，正九品。

主簿一員，正九品。

尉一員，正九品。

凡縣二萬五千户以上爲次赤、爲劇，二萬以上爲次劇，在諸京倚郭者曰京縣。自京縣而下，以萬户以上爲上，三千户以上爲中，不滿三千爲下。中縣而下不置丞，以主薄與尉通領巡捕事。下縣則不置尉，以主簿兼之。中縣司吏八人，下縣司吏六人，公使皆十人。

諸知鎮、知城、知堡、知寨，皆從七品。其設公使皆與縣同，惟驗户口置司吏。【略】

都轉運司

使，正三品，掌稅賦錢穀、倉庫出納、權衡度量之制。

同知，從四品。

副使，正五品。

都勾判官，從六品，紀綱衆務、分判勾案，惟南京勾判兼上林署丞。

户籍判官二員，從六品，舊止一員，承安四年增置一員，不許別差，專管拘收徵剋等事。

支度判官二員，從六品，掌勾判、分判支度案事。

鹽鐵判官一員，從六品。

都孔目官二員，勾稽文牘。

知法二員，從八品。

都勾案、户籍案、鹽鐵案、支度案、開拆案司吏，女直八人，漢人九十人。抄事一人，譯史三人，通事一人，押遞五十人，監運諸物公使八十人。惟中都路置都轉運司，餘置轉運司，省户、度判官各一員。南京、西京、北京、遼東、山東西路、河北東路則置女直知法、漢知法各一員。山東東路、河東南路北路、河北西路、陝西東西路則置漢知法一員。餘官皆同中都置。女直司，司吏，遼東路十人，西京、北京、山東西路各五人，餘路皆四人。譯史，遼東路三人，餘各二人。通事各一人。漢人司，司吏，課額一百八十萬貫以上者五十人，百五十萬貫以上四十五人，百二十萬貫以上四十人，九十萬貫以上三十五人，六十萬貫以上三十人，三十萬貫以上二十五人，不及三十萬貫二十人。公使人，各七十人。押遞，南京、山東東西路、河東南路、河北西路各五十人，西京、河東北路、河北東路各四十人，餘路各三十人。

《金史》卷四四《兵志》　金興，用兵如神，戰勝攻取，無敵當世，曾未十年遂定大業。原其成功之速，俗本鷙勁，人多沉雄，兄弟子姓才皆良將，部落保伍技皆鋭兵。加之地狹產薄，無事苦耕可給衣食，有事苦戰可致俘獲，勞其筋骨以能寒暑，徵發調遣事同一家。是故將勇而志一，兵精而力齊，一旦奮起，變弱爲強，以寡制衆，用是道也。

及其得志中國，自顧其宗族國人尚少，乃割土地、崇位號以假漢人，使爲之效力而守之。猛安謀克雜厠漢地，聽與契丹、漢人昏因以相固結。迨夫國勢寖盛，則歸土地、削位號，罷遼東渤海、漢人之襲猛安謀克者，漸以兵柄歸其內族。然樞府簽軍募軍兼采漢制，伐宋之役參用漢軍及諸部族而統以國人，非不知制勝長策在於以志一之將、用力齊之兵也，第以土宇既廣，豈得盡任其所親哉。馴致極盛，乃自患其宗族國人之多，積其猜疑，卒自戕賊，遂致強本刊落，醇風鍥薄，將帥携離，兵士驕惰。迄其亡也，忠孝等軍構難于內，糺軍雜人召禍于外，向之所謂志一而力齊者，不見可恃之勢焉。豈非自壞其家法而致是歟，抑是道也可用於新造之邦，不可以保長久之天下歟。

金以兵得國，奉詔作《金史》，故於金之《兵志》考其興亡得失之跡，特著於斯。兵制、馬政、養兵等法載諸舊史者，昈列于篇。

《金史》卷四四《兵志・兵制》　金之初年，諸部之民無它徭役，壯者皆兵，平居則聽以佃漁射獵習爲勞事，有警則下令部內，及遣使詣諸孛堇徵兵，凡步騎之仗糗皆取備焉。其部長曰孛堇，行兵則稱曰猛安、謀克，從其多寡以爲號，猛安者千夫長也，謀克者百夫長也。謀克之副曰蒲里衍，士卒之副從曰阿里喜。

部卒之數，初無定制，至太祖即位之二年，既以二千五百破耶律謝十，始命以三百户爲謀克，謀克十爲猛安。繼而諸部來降，率用猛安、謀克之名以授其首領而部伍其人。出河之戰兵始滿萬，而遼莫敵矣。及來流、鴨水、鐵驪、鱉古之民皆附，東京既平，山西繼定，內收遼、漢之降卒，外籍部族之健士。嘗用遼人訛里野以北部百三十户爲一謀克，漢人王六兒以諸州漢人六十五户爲一謀克，王伯龍及高從祐等並領所部爲一猛安。

至天會二年，平州既平，宗望恐風俗揉雜民情弗便，乃罷是制，諸部降人但置長吏，以下從漢官之號。四年，伐宋之役，調燕山、雲中、中京、上京、東京、遼東、平州、遼西、長春八路民兵，隸諸萬户，其間萬户亦有專統漢軍者。熙宗皇統五年，又罷遼東漢人、渤海猛安謀克承襲之制，浸移兵柄於其國人，乃分猛安謀克爲上中下三等，宗室爲上，餘次之。

至海陵庶人天德二年，省併中京、東京、臨潢、咸平、泰州等路節鎮及猛安謀克，削上中下之名，但稱爲諸猛安謀克，循舊制間年一徵發，以補老疾死亡之數。

貞元遷都，遂徙上京路太祖、遼王宗幹、秦王宗翰之猛安，併爲合扎猛安，及右諫議烏里補猛安，太師勗、宗正宗敏之族，處之中都。斡論、和尚、胡剌三國公，太保昂，詹事烏里野，輔國勃魯骨，定遠許烈，故杲國公勃迭八猛安處之山東。阿魯之族處之北京。按達族屬處之河間。正隆二年，命兵部尚書蕭恭等，與舊軍皆分隸諸總管府、節度使，授田牛使之耕食，以蕃衛京國。

六年，南伐，立三道都統制府及左右領軍大都督，將三十二軍，以神策、神威、神捷、神鋭、神毅、神翼、神勇、神果、神略、神鋒、武勝、武定、武威、武安、武捷、武平、武成、武毅、武鋭、武揚、武翼、武震、威定、威信、威勝、威捷、威烈、威毅、威震、威略、威果、威勇爲名，軍置都總管、副總管及巡察使、副各一員。而沿邊契丹恐妻孥被鄰寇鈔掠，不可盡行，遂皆背叛。而大名續授甲之士還迎立世宗于東京。

及大定之初，窩斡既平，乃散契丹隸諸猛安謀克。

至三年，詔河北、山東等路所簽軍，有父兄俱已充甲軍，子弟又爲阿里喜，恐其家更無丁男，有誤農種，與免一丁，以驅丁充阿里喜，無驅丁者於本猛安謀克内驗富強有驅丁者簽充。

十三年，徙東北等戍邊漢軍於内地。

十五年十月，遣吏部郎中蒲察兀虎等十人分行天下，再定猛安謀克户，每謀克户不過三百，七謀克至十謀克置一猛安。

十七年，又以西南、西北招討司契丹餘黨心素狠戾，復恐生事，它時或有邊隙，不爲我用，令遷之於烏古里石壘部及上京之地。上謂宰臣曰：北邊番戍之人，歲冒寒暑往來千里，甚爲勞苦。縱有一二馬牛，一往則無還理，且奪其農時不得耕種。故嘗命卿等議，以何術得罷其役，使安于田里，不知卿議何如也？左丞相良弼對曰：北邊之地，不堪耕種，不能長戍，故須番戍耳。上曰：朕一日萬幾，安能徧及，卿等既爲宰相，以此急務反以爲末事，竟無一言，甚勞朕慮。往者參政宗叙屢爲朕言，若以貧户永屯邊境，使之耕種，官給糧廩，則貧者得濟，富户免於更代之勞，使之得勤農務。若宗叙者可謂盡心爲國矣。朕嘗思之，宜以兩路招討司及烏古里石壘部族、臨潢府、泰州等路分定保戍，具數以聞，朕親覽焉。

十八年，命部族、乣分番守邊。

二十年，以祖宗平定天下以來，所建立猛安謀克，因循既久，其間有户口繁簡，地里遠近不同，又自正隆之後所授無度，及大定間亦有功多未酬者，遂更定以詔天下。復命新授者並令就封，其謀克人内有六品以下職及諸局承應人，皆爲遷之。三從以上族人願從行者，猛安不得過十户，謀克不得過六户。詔戍邊軍士年五十五以上，許以其子及同居弟姪承替，以奴代者罪之。

二十一年三月，詔遣大興尹完顔迪古速遷河北東路兩猛安，上曰：朕始令移此，欲令與女直户相錯，安置久則自相姻親，不生異意，此長久之利也。今者移馬河猛安相錯以居，甚符朕意，而遥落河猛安不如此，可再遣兵部尚書張那也按視其地以雜居之。

二十二年，以山東屯田户鄰之於邊鄙，命聚之一處，俾協力蠶種。右丞相烏古論元忠曰：彼方之人以所得之地爲家，雖兄弟不同處，故貧者衆。參政粘割斡特剌曰：舊時兄弟雖析猶相聚種，今則不然，宜令約束之。又以猛安謀克舊籍不明，遇簽軍與諸差役及賑濟，增減不以實，命括其口，以實籍之。

二十三年，遣刑部尚書移剌慥還山東東路八謀克處之河間，其棄地以山東東路忒黑河猛安下蘸答謀克，移里閔斡魯渾猛安下翕浦謀克、什母温山謀克九村人户徙於劉僧、安和二謀克之舊地。其未徙者之地皆薄惡且鄰寇，遣使詢願徙者，相可居之地，圖以進。

上嘗以速頻、胡里改人驍勇可用，海陵嘗欲徙之而未能，二十四年以上京率、胡剌温之地廣而腴，遂遣刑部尚書烏里也出府庫錢以濟行資牛畜，遷速頻一猛安、胡里改二猛安二十四謀克以實之。蓋欲上京兵多，它日可爲緩急之備也。

當是時，多易置河北、山東所屯之舊，括民地而爲之業，户頒牛而使之耕，畜甲兵而爲之備。乃大重其權，授諸王以猛安之號，或新置者特賜之名。制其奢靡，禁其飲酒，習其騎射，儲其糧糗，其備至嚴也。

是時宗室户百七十，猛安二百二，謀克千八百七十八，户六十一萬五千六百二十四。東北路部族乣軍曰迭剌部，承安三年改爲土魯渾札石合節度使。曰唐古部，承安三年改爲部魯火札石合節度使。二部五乣，户五千五百八十五。其它若助魯部族、烏魯古部族、石壘部族、萌骨部族、計魯部族、孛特本部族數皆稱是。西北、西南二路之乣軍十，曰蘇謨典乣，曰耶剌都乣，曰骨典乣、唐古乣、霞馬乣、木典乣、萌骨乣、咩乣、胡都乣凡九，其諸路曰曷懶，曰蒲與，曰婆速，曰恤頻，曰胡里改，曰移懶，移懶後廢，皆在上京之鄙，或置總管府，或置節度使。

（明）楊循吉《金小史》卷二　旻初起，其兵不滿千人，然皆沉雄驚悍，無不一當百。蓋女真諸部之人，大抵皆兵也，平居無他役，悉聽以佃漁爲業，有警則遣人詣諸孛堇徵兵，凡步騎之仗糗皆取備焉。其部長曰孛堇，行兵則稱曰猛安謀克，從其多寡以爲號。猛安者千人長也，謀克者百人長也。謀克之副曰蒲里衍，士卒之副曰阿里喜。凡用兵以伐爲前行，號曰破軍。人馬皆金甲，非在五十步内不射，弓不過七斗，前鏃至六七寸。其法，什、五、百皆有長，伍長執柝，什長執旗，百長挾鼓，千人長則旗幟金鼓悉備。伍長戰死四人皆斬，什長戰死伍長皆斬，百長戰死什長皆斬。能負同伍戰殁之屍以歸者，則得其家貲。凡將自執旗，衆視旗所向而趨之，自主將至步卒皆自馭，無從者。以粟粥燔肉爲食，上下無異品。國有大事適野環坐，畫灰而議，自卑者始。議畢即漫滅之，不聞人聲。軍將行，大會而飲，使人獻策，主帥聽而擇其中者，即爲特將，任其事。師還必大會，問有功者隨高下與之金，舉以示衆，以爲薄復增之。其官皆號勃極烈，勃極烈女真之尊官也，有都勃極烈，總治官名，猶漢官冢宰。諳班勃極烈，官之尊且貴者。國論勃極烈，尊禮優崇得自由者。胡魯勃極烈，統領官之稱。移賚勃極烈，位第三。阿買勃極烈，治城邑者。乙室勃極烈，迎迓之官。劄室哈勃極烈，守官署之稱。昃勃極烈，陰陽之官。迭勃極烈。倅貳之號。又有諸乣詳穩，邊戍之官。諸移里堇，部落墟砦之首領。諸禿里，掌部落詞訟，察非違者。諸烏魯古，牧圉之官。凡官府治事之所，皆曰斡里朶。凡宗室皆謂之郎君，事無大小必以郎君總之，雖所謂國相亦拜於馬前，郎君不爲禮，役使如奴隷焉。其軍中符驗則有金牌、銀牌、木牌之制。金牌以授萬户，銀牌以授猛安，木牌則謀克、蒲輦所佩者也，謂之曰信牌，軍中傳遞以爲信。

元朝

論説

（元）胡祗遹《紫山大全集》卷二三《雜著・縣政要式》　署軍民站匠諸色户計各鄉保村莊丁口産業鼠尾簿一扇，各户留空紙一面于後，凡丁口死亡，或成丁，或産業孳畜增添消乏，社長隨即報官，于各户下，令掌簿吏人即便標注。凡遇差發、絲銀、税糧、夫役、車牛、造作、起發當軍，檢點簿籍，照各家即目增損氣力分數科攤，不偏枯，不重併，使姦吏不能欺謾。至于土田、婚姻、驅良、頭匹、債負，一切詞訟，一一憑籍照勘。此籍如一縣之大圓明鏡，物來即應，妍醜莫逃。續有分房析居，復業還俗，于驅爲良等户，亦依上標附。又置交參、分外來寄居、别投下諸雜户計簿一扇，以備互相争訟。二簿一一從實，無得漏落包套，隣佑、主首、社長互相保結，不實者罪之。各村荒閑官地及牧馬營盤，亦仰于各村下標注。此籍既定，别寫一扇申州申府頓放，互相照勘。

事君敬其事而後其食，此人臣之常分也。主爾忘身，公爾忘私，國爾忘家，志在于立功樹名，富貴不萌于心，此人臣之常職也。即今觀之，上自執政，下及州縣，以掊克聚斂爲通才，以苞苴邀結爲得計，不究己之才不才，甫霑一命，即望台司，金玉滿堂，愈懷貪冒。出憂國之一言，衆指以爲妖訛；舉愛民之一事，咸疾以爲狂妄。虚文具于督責，實效墮于杳茫。敗事者無罪，成算者無功。廉公謹敕者反謂之好名，贓污賊蠹者反謂之才幹。駔儈曳青紫，倡優佩章印。奪攘矯虔布滿中外，長舌利口變是爲非，婢媵奴顔進階增秩。甚至鬻女而貨妻，奚啻吮癰而舐痔。言語煦煦相取下，而戈戟伏于中心；同仕數年再相遇，則白眼若不相識。小人同惡相濟，結爲朋黨，此千古之常情也。今則不然，相誓指天日非誠也，刺血爲盟言非誠也，握手出肺肝非誠也，出妻見子非誠也，升堂拜父母非誠也，通才納賄非誠也。面譽而背非，朝諾而夕畔。雖蛇蝎虎狼不食其類，乃甘心而忍爲；雖鬼域優倡不欺其徒，乃面謾而無恥。詭譎不測，變詐無窮，人心之惡，一至于此，內外同風，不以爲怪。不惟僚屬友朋之若是，子焉而訐其父，弟焉而訴其兄，妻妾訟夫主，奴隸誣長上，天道人倫悖逆斲喪，瀰漫壞爛，一至于此。于所厚者薄，有此理歟？有識者坐視而不可救，固當緘口結舌，亦安得不爲之寒心哉。

聖人知民生之有欲，不可不爲之防，故因其性之固有，使仁且壽，禮樂教化之功也。聖人身行正，人倫亦正，恐遠方遐域不能見聞，立五服公侯伯子男，設痒序學校以訓誨教養之，薰陶以詩書禮樂，以成德焉。教而不從，董之以威，刑政是也。刑者，救惡于已然。兵亦刑也，誅其長惡不悛者也。後世救時宰相謀不及此，事至而不爲之備，患生而不爲之防；不能積九年之蓄，而爲救荒開廩勸糶之法，不能使比屋可封，故嚴立不孝不悌不睦之刑；不能使風俗樸素，樂于務本，故有抑游惰，重商税，賤倡優雜類之政；不能定立田制，一夫百畝，故有限公私田之制；不能使民不爲非，故有警夜巡捕之禁；不能使死徙無出鄉，重祖先邱隴，故有招誘捕捉殃及親戚隣里之刑。陵夷至于近世，苟且弊政又不能行，事至物來，專以刻薄督責爲言，逼迫威虐爲務，示己之才，陷人於罪，歸功於己，嫁禍于人，欺天罔上，具文無實，交結權貴，增秩遷官，諂媚士夫，沽名釣譽，民困瘁而不恤，憂私財之不足，致紊亂而反喜，得縱恣而爲姦。加之常憲寬弛，惡不必罰，善不必褒，以不公之毀譽，定人才之黜陟，以風聞之是非，爲功過之實跡，苟且滅裂，貪污日甚一日。具曰予聖，孰知烏之雌雄，正謂今日。

移牒本司遍行所屬照條畫節文，百姓不得越訴，諸衙門各有分限，不得受越訴。推原立法本意，司縣者親民之官，日與小民相親，情僞易見，不能欺蔽，責任不可不專。不專則怠惰推遞，紛亂繁冗，久不能決。故罪有五十、七十以下，司縣決之。小民所爭訟，不過婚姻、債負、良賤、土田、房舍、牛畜、鬬毆而已，所犯若無重罪，司縣皆當取決，不合申州申府，申總府，申提刑司。即今司縣官吏貪邪，每遇上項本職合斷事理，于元告人，被論人處兩下受訖賄賂，或瞻徇囑託，或畏避形勢，欲從正歸結，則恐倒錢告訐，欲從邪處斷，則恐提刑司照刷，兼負冤者不肯准服，所以申州申府，一解釋怨謗，二洗雪己過，嫁是非于州府。爲州府得此，復效司縣所爲，嫁是非于總府。總府復效州縣，貪求厭足，調發于州縣。以致或爭地一畝，價錢不直數貫，上下前後官吏行求，費鈔數百貫，逗遛七年十年，不能杜絶。中間兩家隨衙，諸干連人隨衙，妨廢農功生業，不可計數。隨衙之間，呼喚不著，小吏獄卒，百端凌辱。小心畏法者以致饑飽勞役，輕則因而成疾，重則致命者往往有之。家有疾病死亡之憂，而不敢離衙門者有之。如此怨苦，皆原于妄申妄受，當決不決。擬合遍下照依條畫，司縣當決而不決，妄行作疑，申州申府者，初犯品官罰俸，司吏杖罷，再犯三犯，則品官解任。州、府、總府妄申妄受者亦如之。合行移牒請照驗申臺照詳，乞賜明降，遵依施行。

（元）胡祗遹《紫山大全集》卷二三《雜著・論併州縣》 州縣何爲而併也？户口寡而官吏繁，民力不足以供掊克，十羊不足以容九牧也。併州縣則其便有三：減禄食，舒民力，一也；每縣胥吏、鄉司、里正之徒五六十人，並祗候、弓手、足解不下百餘人，每家歲用衣食鈔百貫舉取足於民；今皆廢罷，而民免蠹食之苦，二也；每縣又得五六十家務本趨農，昔爲蠹民之害，而今爲納差之户，三也。其不便者二：縣併則辭訟賦税遥遠，一也；巡盗賊尉司勞苦，二也。二者不難治。平解紛糾，警察寇盗，則委商酒務主之，無致生發，無令起訟。賦税遥遠，則抑本縣當絲銀徵納之際，各就本土置官收受，無令百姓勞苦。如此則省併州縣實爲善政，不必多論。俟其户口增息，政繁事冗，則量宜復置。外户口鮮少，不宜立總管府者，亦當合併，衛輝等處是也。宜立總管府者，復當合而爲一，東平是也。

難者必曰：併之則頭項有言。是大不然。土地城邑仍舊，户口差撥仍舊，各頭項所設達嚕噶齊仍舊，官制禮儀既定，爲總府者不敢無故呼召凌辱州縣，然則何苦而不願也？兼自天恩列土以來，衆統寡，大臨小，行之到今五六十年而無一言，何獨至於今日而有言哉？其實一縣也，一州也，強名之爲一路，是蒙虚名而受實費也。

難者必曰：併之則總府權重。是又不然。往日諸侯世官擅生殺禍福、取斂封植之權，故一方愚民不知有朝廷之尊，而知有諸侯也。今之總管府有如是之權歟？常賦之外，不敢擅一錢；流罪以上之刑，一一申部；五十月而遷徙；何重權之有，何過慮之甚也。

難者必曰：鄉民之情，升縣爲州則喜，降州爲縣則慘然不樂。是又不然。民可使由之，不可使知之。得虛美而受實禍，小民之言何足恤哉。

難者必曰：往年辯者以減併州縣促削封疆，恐爲外人所笑。是何理之言也？夫所謂之促削者，千里之地爲他人得其九，今也爲百里；百里之地爲他人得其五，今爲五十里；毁千雉之城爲百雉，是所爲促削也。土地如舊，城郭如舊，何謂促削哉？使田野不闢，户口不增，雖升縣爲郡，升州爲京，張夸名而無實用，然則何益矣，不知反爲後人之大笑也。此皆一時蒙昧便佞之空言，今已不辯而自明，亦不足恤。

（元）胡祗遹《紫山大全集》卷二三《雜著・論府州縣官》 府州縣官不合一例俱年老或年幼，俱識字或不識字。每補一人，宜照已任者何人，宜老幼、文武。間有不合，勿止問此人合作刺史，止有某州刺史闕，便令補上。不問見任諸員何人，又用此人爲同僚，無乃偏枯否？按察司最急，當舉府州縣，定功過。朝廷既有五責，辦集者不辦集者俱一律遷轉，何以懲有過勸有功，而合《周官》六計弊吏之旨哉？

（元）胡祗遹《紫山大全集》卷二三《雜著・試典史策問》 即今司縣司吏起身寒微，素無祖考遺留言產業貲財，本身不會士農工商，止仰月俸養廉，然而食則粱肉，衣則羅紈，鞍馬奴僕，與品官無異，妻妾首飾金珠，衣服金錦文繡，與命妻富室無異，所居之室高堂華屋，不知所得從何而來。假有編民游手好閑，頻飲酒食肉，必爲鄰人、弓手、里正所疑；此人不務實作活，每日如此受用，伺候刺探得錢因由，必得其姦。司縣司吏奢華如此，略無一人窮究詰問，反致當路權要保舉廉慎。未委虛的，仰一一答問。

古今設官置吏，選取人才。爲官者必須通曉政事，長於判斷推勘刑名詞訟，使民無冤抑，推排差役賦税，貧富均平，六事皆辦，百務具舉，斯爲稱職。爲吏者案牘明敏，刑名嫻熟，無稽遲，無違錯，斯爲稱職。不稱職則自有彈舉之有司，不才者合退罷則退罷。今皆不受，一舉而四得之，何苦不爲？而令久闕其員，虛滯其人而注守官，何膠柱鼓瑟之甚也。

一、循資格而無黜陟，東移之於西，南徙之於北，功過無别，賢不肖混淆，若是則使一吏主之亦可以辦，然則尚書、侍郎、諸郎官何爲而設也？有銓調而無黜陟，英偉之才老死下僚，庸庸之徒不失其資級。即今司縣或三員或四員，而有俱不識一字者，一縣之政欲求不出於胥吏之手，亦難矣。憲臺既立，宜令監察輩分路糾察守令功過，吏部得以憑黜陟，庶幾絶素餐尸位之僥倖。

一、牧養小民，培植根本，縣令之任也。即今縣令率皆庸流，又貴賤相遇之禮未有定制，州尹、府尹、本路總管得以喜怒詈辱捶扑之，故有志有爲之士皆賤之而不欲得。前代省掾外除，復注縣令，今皆恥爲之，良以此也。此弊不可不革，宜有定禮。

士之進身，與古殊異。三代興學養士，鄉舉里選，未聞鬻技售能以求仕也。士不求仕，則其自持也重，不苟就，不詭隨，不以富貴易其守。有國有天下者惟恐賢才之不我即，國無仁賢則國如空虛，吾誰與守？故有就見者焉，有幣聘者焉。論其位則君尊，語其德藉其才則士重。自射策決科之法行，士求食於上而自輕，爲上者不以得士失士爲重輕，持貴人富人之權而奔走羣才，曰：我不汝賴，汝必吾依。上之輕士也日驕，士之媚上也日卑，日屈日諂，惟恐不善逢迎，以致乎齟齬而不能入。爲士者曰：苟能富我貴我，惟君欲之隨。枉尋而不直尺，庸何傷哉。是以治少亂多，身名俱辱。今日爲吏部者亦難矣，德行、才能、勳勞、歲月四者皆不以守，何以爲吏部哉？前人有言，銓調之法止以日月而移徙之，一胥吏足以辦之。今併廢是，雖有皋陶九德知人之明，將安用之？以似有實無、不自信、不自守之薄法，而進退遷除巧宦曲結、怙寵恃勢、貪欲無厭之小人，惟斂怨聚謗、辨短論長、較是證非之不暇，又安能爲國得人哉？

（元）王惲《秋澗集》卷八四《烏臺筆補・論河南分作四路事狀》 竊見河南係邊防重地，耕戰之大本所在。今國家用兵江漢，開置屯田，示其久駐，非特取襄陽而已。爲今之計，宜分治撫養，以實河南根本爲急。照得河南地方寬闊，東西二千、南北一千餘里，跨州連郡，大小七十餘城，軍民一十八萬户，雖不及往時，實亡金一國也。今止設總府一道使都轄於上，府治又處北偏，東南州郡半與南界犬牙交入，如唐、鄧、徐、邳、亳、潁等州，去京近者五六百里，少有緩急，其簿書期會，往返交錯，首尾相應，動輒月餘，不惟辦集生受，其實難以控制。兼平時與多故事勢不同，自攻守襄陽以來，轉輸調度百色所須，取辦有司，急於星火。今而亦同止轄三兩州者張官置吏一體勾當，縱彼人才，固難負荷，此特官府之難易耳。所可慮者，迤南屯田大復壞散，往往避役至有舉屯全空者，其患在不隸州府，衆人躭誤，無有專任責者故也。又值蝗旱連年，軍民困苦，譬猶群羊數萬，被擾不安，雖居牧地，且乏水草，又令一人看管放牧，未見其安且便也。以惲愚見，合無將河南地面分作四路：以歸德爲一路，而徐、邳、宿、亳隸之；以蔡州爲一路，而陳、潁、睢、息隸之；以鄧州爲一路，而申、裕、唐隸之；以南京爲一路，而鈞、許、嵩、汝、鄭、延隸之。其選任官吏，比之常調增加品秩，庶勉勸事功，人争效用。外據所該屯田地面，其府官令兼帶營田使職名於上提點勾當外，三路所有屯田户主，常加存恤，將彼此事情互相照料，撫養其生業，休息其困乏，使一方軍民及居者、屯者兩不失所，方爲稱職。然後限以歲年，責其成效，以憑考較，別議陞降。如此庶得軍民兩安，政成化理，事無曠慢。邊防之重地既安，耕戰之大本又立，以攻以守，投之所向，無不如意。若貪外虛內，置已有而不恤，圖必争之要害，是猶荒膏腴之土不爲耕稼，而求不可治之石田，（恐切）〔竊恐〕爲鄰人之輕且笑也。外據真定、平陽兩路，亦宜標撥州縣，另立散府，使直隸省部管領，其於官民亦爲兩便，且免夫尾大不掉之虞，得強幹弱枝之道矣。據此合行具呈。

（元）王惲《秋澗集》卷八九《烏臺筆補·論州縣官經斷罰事狀》

竊惟禮義廉恥，國之四維。諺又云：無瑕者，可以戮人。今竊見仕途之間，廉恥道喪，贓濫公行。自立部以來，州縣職官往往贓濫不公，經值斷罰者，每選不下數人，例皆遷叙，不過降等邊遠而已。參詳爵禄者，礪世磨鈍之具，據見行降遠格例，係亡金敝法，固非懲惡勸善之道，似不足取。兼州縣字民之官，務要宣明教化，禮義興行乃所任責。彼身經斷罰，處民之上，豈惟内懷慚德，先不自安，部内之民將何化服？欲望四善具，五事備，難矣。照得唐例，職官任終，驗所犯輕重，有數年停勒之法。合無依倣定奪，如贓濫不公，罪應罰俸至幾貫以上及經斷及若干者，今後盡行停殿。庶幾懲一勸百，遠去甚者，不致敗群，使士興廉恥之風，俗被肅清之化，四維張皇，内外之職修矣。

（元）王惲《秋澗集》卷八九《烏臺筆補·論順天清苑縣尉石昌璞繫獄事狀》 竊見隨路州縣官如縣尉人員，職小責重，最爲不易。其合捕盜賊，有任終不獲，至經年累月停罰俸給者。幸有一二強幹肅清所部，宜加遷賞，以勵其餘。或事有窒誤，情實可恕。今體訪得：順天路清苑縣尉石昌璞，強幹有爲，巡捕得法，察賊推情，遂破窟穴。自到任以來，甫及一年，擒捕強竊及印造僞鈔知名劇賊郝榮、楊留兒等凡一十七起，計賊黨九十八名，俱係積年作過，流毒數州，所在官府皆不能制，所謂不待教而誅者也。致使保州方數百里間道途清寧，稱頌在路，誠消弭安静，巡捕之最者也。今止爲郝榮等事被問到部，本部即行枷收，同重囚繫獄，實爲未當。參詳據已結案強賊郝榮等，反獄殺人，情理深重。舊例，劫死囚殺人者，無首從皆處絞斬。彼郝榮拘執死囚，已成得劫；況石昌璞依奉府命，摧拉兇威，誤有折傷，因之損死，度其情節，誠可恕原。蓋公心除害之理多，私計故殺之意無。據所犯設若抵罪，理合照依舊例，量情施行，似爲相應。兼本官前後敗獲賊數，合得未給賞賚甚多，將功贖過，亦不至此。不然，恐當斯職者遠近聞之，因以解體。使賊輩潛知，幸快禍心，且長其剽劫侵牟之勢，深爲未便。據此合行申理。至元八年六月初三日，尚書省陳敕訖。

（元）王惲《秋澗集》卷八九《烏臺筆補·論復立博野縣事狀》 照得至元三年欽奉聖旨節該：州城畸零去處，不滿千户者斟酌改併，民户多者從長定奪，更當衝要驛程，不須改併。欽此。今體知得：自去年新抄户後，隨路州縣往往有至三四千户者，至今依舊合併管領，極有不便當者。略舉順天路祁州博野縣併入蒲陰縣分是也。其博野縣即目諸色人户二千八百餘户，中間百姓事不便當者非一。如科著船户補闕蒲陰縣弓兵，故將本處上户商堅等六户取充；及撥降一切差役，往往偏向不均。至於送納賦税，勾攝聚集詞訟等事，不惟往復遠窎，其沙、溏、磁三河，經值秋夏水發，瀰漫相接，抵祁州迤東，一概流行，阻滯人難。又兼本縣蠡州南至安平界首，相去七十餘里，正當衝要驛程，爰自合併以來，節次失過盜賊截劫詐官民財物、致傷人命者，無慮十數。就問得本處人户賈佐等，與所察相同。參詳博野正縣，理合依舊復立縣事，深爲安便。外據隨路見併州縣，如新抄户後數滿千户之上者，亦合從長定奪，復立舊治爲當。至於隨路在先曾合併縣分，爲中間百姓不便，已有復立去處，如上都縉山、平灤、撫寧、真定、贊皇、太原、樂平，俱係三五百户縣道。又如無城邑者亦復設立，如河間無棣縣於八湖口置司，延州延津縣於史迴店置司，順德廣宗〔縣〕止於本鎮置司是也。據此合行舉呈。

（元）王惲《秋澗集》卷九〇《便民三十五事・併州縣省官吏》伏見方今州而爲府，縣而作州，復有不必縣而縣者。此蓋王進建言，欲務爲誇大，以示外方意也。以至增置人員，添給俸禄，無有虛歲。彼所臨户口，曾不加多，差税轉成虛耗，所謂十羊九牧，爲政大弊也。今四海一家，郡縣、版籍何止數倍，誇大之名，將何所用？不若依舊使將當省者省，可併者併，豈惟事簡官清，不致國家緣虛名而受實費。既省其官，據禄薄者亦宜增而厚之。蓋清其吏而不厚其禄，則飾詐而不廉；知厚其禄而不省其官，則財費而不足；知省其官而不知選其能，則事壅而不理。此三者迭爲表裏，相須而成者也。又江淮興兵以來，諸道使府一切把軍官員權宜而置職，及見設提舉司官，及因聚斂妄立官府者多矣，亦宜減削，使職有常員，事不繁冗，則人無紛擾之勞矣。

（元）程文海《雪樓集》卷一〇《奏議存稾・民間利病・論行省》竊謂省者，古來宮禁之別名，宰相常議事其中，故後來宰相治事之地謂之省。今天下疎遠去處亦列置行省，此何義也？當初只爲巴延丞相等帶省中相銜出平江南，因借此名以鎮壓遠地，止是權宜之制。今江南平定已十五餘年，尚自因循不改，名稱太過，威權太重，凡去行省者皆以宰相自負，驕倨縱横，無敢誰何。所以容易生諸姦弊，錢粮羨溢則百端欺隱如同己物，盜賊生發則各保界分不相接應，甚而把握兵權伸縮由己，然則有省何益無省何損。又其地長短不均，江淮一省管兩淮、兩浙、江東，延袤萬里，都是繁劇要會去處，而他省有所不及其五分之一，如此偏枯，難爲永制。今欲正名分，省冗官，宜罷諸處行省，立宣撫司，一浙東西，二江東西，三淮東西，四福建，五廣東西，六湖南北，自江淮以南止并爲六箇宣撫司。其爲宣撫使者，許帶舊日相銜。外如諸道宣慰司，今日止是過道衙門，有無不加損益，宜盡行革罷，歸其權於宣撫司。凡舊日行省、宣慰司職事，皆於宣撫司責辦。其江淮諸道軍馬分立六箇元帥府，但是有宣撫司處，便有一箇元帥府，管諸萬户以下軍官，專一討滅盜賊。如此軍民之事有何乖誤，何必令外面權臣借大名分，竊大威權，以恣横於東南哉？

（元）柳貫《待制集》卷一七《江浙行省左右司題名序》行省得畫地統民，其職制眎内中書而合左右曹爲一司，官號宰屬，署郎中員外郎員四，都事員三，率用省臺名臣。凡外廷之謀議，庶府之稟承，兵民之號令，財賦之簡稽，左右司實贊其決，而宰相質其成焉。重其任故隆其選也。

（元）虞集《虞集文集》卷三四《撫州路總管府經歷司政紀堂記》近古以來，中外大小官府，各有廨署，以治其事，優於仕者，輒能繕飾之。其間好事雅德之士，必託諸文辭，以識其歲月，以見久遠。表其職事以相與勉勗，代者以次至，則又題名其後，使人得以考其賢否，而所行之善不善，因得以見焉。其有關於民事之重，而或忘之，又因此有所考見而興舉焉。使其治道有所係如此，是以君子不廢也。求諸前人之記述，往往可見焉。國家之制，列郡各置總管府，以統其州縣。府有經歷司，總轄其文墨之會，而出納教令焉。除吏之際，銓擇尤慎，是以常得其人。故居官有所營作，必得其緩急先後之宜者矣。撫州郡治之奠於斯也，蓋三百有餘年。既内附國朝，守臣更新之。至順庚午三月，大風。郡治南門之重屋毁，始更葺之，三年而後備。經歷司在府治左，前經歷劉亨，作於大德戊戌之歲。至是四十年。初本草創，因循枝梧，浸以圮壞，不稱名郡幕府之體。今經歷與其同寅，出俸金，節冗費，緝餘力而更作之，不以病民。既成，以予之歸老在其屬縣之山中也，以書來告曰：昔僉憲薩公，以至治二年行郡，常表其堂曰政紀，今不敢易也。請得一言，以申薩公之意，以告來者云。夫治民，猶治絲也。治絲而棼之，其所以爲理也。約衆縷而綜之，其合爲紀而紀之，大者其綱也。郡府上統於行省，而經歷所以承乎府者也。故薩公以紀言之，政事之綜理，經帶包絡，結括微密，實在一司。然後散諸其下，條分緒析，至於豪末不亂，實自此起焉。夫政者，正也。正己，則物正矣。是以己正，則政得其紀。然正與不正，實係於己。存諸心者正，立乎身者正，施諸事也正，出其言也正。在其上也，素有以孚而感之，則凡總其紀之大者，孰有不從其正者乎？自是而推之，屬邑之奉承，整乎其不紊。自源徂流，自本達末，自始而至終，孰敢疵纇錯謬於其間乎？然則上無累於政事，下不害於民庶。使其錧轄喉衿也，薩公之所謂政紀，實爲此矣。薩公以此治民，以此持憲，以此有譽於中外。卓爲名卿，遂參政務，老於論思，蓋以己之所能而教人者也。或者不察，幾二十年。今諸君子始有思於其言，而問於予，豈徒謂官舍之新成而已哉？經歷前進士河南汪君英，予考試南宮時所得士也。有文學識量，爲政知方。前知事太原蕭君從龍，謹愿儒者。今知事河南邵君遠，經官久，通練時務。照磨河南馬君炳，從事風憲，積勞除此官，明敏有守。同僚之間，志尚相合，故能同感於薩公之言，有以推而行之，薩公豈不可繼乎？

（元）虞集《虞集文集》卷三四《榷茶運司記》 昔在世祖皇帝，既一江南，至元十二年，江州之人，即獻茶利。明年，收其征入中統鈔千餘錠。自是，天下人安，列聖相繼，德澤涵煦，民無重擾。生息日繁，食用滋廣，茗飲之利，衣被遠邇。至于今六十年，而課賦之增，乃至二十八萬。其設官，則十七年，始立江西等處榷茶都轉運使司。二十五年，去榷茶字，兼領宣課。二十八年，復榷茶名。官所統出茶之地，則江西、湖廣、河南、江浙四行省之所部，而其治在江州。分布提舉官，其遠者分司以涖之。臨按之司，有助無撓。郡縣奉行，信約惟謹。其委任，可謂專且重矣。天曆詔書省運司，而以其分屬列郡。歲侵民困，採造懋遷，觀望疑沮，徵斂失節，公私交病。守令不勝其責，具言復立運司爲便。朝廷遣使周詢，不遺山谷。數月復命，以爲宜，從所言。元統二年，復設運司於江州。總治之規，率如故事，而用人益慎重矣。於是以脱脱木兒與薛公某爲之使，萬家訥爲同知，魏君某爲之副，某人爲判官，其幕府則經歷某，知事某，照磨某也。或以風憲清強之舊，或輟朝省侍從之貴，或以操守之素，或以材智之優。是以皆能清心而省事，奉法而循理。不亟不徐，有嚴有恕。府史僚屬，各知雅飭。外絶苛横之使，庭無誣訐之訟。期年之間，利入時足，民庶之家，至於官府，類首供億，心絶他虞，若不知有重立大府者。然治政之美，卓冠往時。而公署久弊弗治，出令受事，弗稱崇顯。文書貨幣，蓋藏疏闊，乃請于朝而更作焉。命未下，自使以次出俸金爲之。以是年某月經始，廳事府庫具。會秦公某自中書出守郡，多所勸相，而賜幣凡二千緡。又至得以增置吏舍門垣。以某月某日告成，別賜鈔五萬緡，使貸收子錢，以具公膳。朝廷所以示廉靖勤敏之報也。乃爲書幣，命其史謝秀實，至臨川山中，屬予記之。噫，集向在國史，執筆書事，固其職也。今老病才退，恐不堪事。史曰：秀實之來，吾使命之曰：吾於公有同朝之好，必不我靳也。然則其何敢辭，乃具記歲月行事如上，而爲之言曰：夫有土有民，出財用以供公上，固其分也，而東南民力竭矣。今法制之講已詳盡而無失，賦入之數已成定而無餘。若數君子之安行無事，如期而集，所以保息吾民，以厚國家生財之根本，豈不深遠矣乎？彼以聚斂掊克爲能者，作威煽毒，黷貨殖私。上爲國家斂怨，菑逮其身而不悔，亦獨何心也哉？敢重言之，以告來者，使視夫楷則而有所警發云。

（元）黄溍《文獻集》卷七上《江浙行中書省左右司題名記》 中書之有行省，行省之有左右司，國朝之制也。蓋自唐分三省肇置都司爲尚書丞轄之貳，以天下之大百官之衆而任是職者止於一人，其選不輕矣。考之六典則其所掌付諸司之事，舉正稽違，省署符目，執直簿以知省内宿直等僅僅數事而已，位有常員職有常守也。今政本一歸於中書，而以左右兩司爲元僚，小大之事罔不與聞。列曹掾有所關白，得執文墨議論相可否，僉議既定，乃以聽都堂之裁決而署行之。較之往昔，事權輕重，固大不侔。其在行省曰郎中，曰員外郎，曰都事，官稱命秩悉視中朝宰士，而恩數無内外之異，合左右爲一司以兼總乎六曹，而分守無彼此之殊，位序已崇而職務尤劇，委任之重夐絶前比，非清方敦實，閎敏周通之材，莫宜居之。由是而歷從班登政地者踵武相望，號爲宰相之儲，誠要官之高選也。

（元）貢師泰《玩齋集》卷七《福建行省檢校官題名記》 福建行省檢校官既創治事之廳，請予記諸壁間矣。問復聯謁曰凡官署必刻石題名，今石已礱而文未具，甚幸先生終惠焉。予於檢校多相善，且其意又甚勤能，無一言以爲勉乎。切惟中書總天下之務，行省分中書之治，諸曹掾皆宰相親所選擇，以待用於他日者。其所治文書自莫府上之堂，反覆論辨，比完署宜無有過差矣。今檢校以七品屬職，迺使復閲其牘，舉其稽愆而繩糾之，何哉？蓋中書機務萬變不齊，藩屏之寄尤爲重繁，諸曹掾於一時迎奉，唯畫之際，欲盡當其輕重是非可否，亦寧免一失於千萬也。況羣小使役於下者，無斗粟一錢之給，徒操數寸之管，竊弄文法以思贍其家爾，又安能盡必其無弊耶？此檢校之設所以不得不重也。且御史歲一視案，遇小過輒有讓，與其讓於御史，曷若補其闕遺使無讓哉。然則檢校獨非諸曹御史乎，諸曹以御史待檢校，則檢校益當知所以自重矣。載其姓名於石豈徒紀歲月，論官資，以夸於人而已，庶幾較得失辨賢否者有所徵焉。

（元）許有壬《圭塘小藁》卷七《陝西行中書省題名記》 世皇宏規

遠模，立中書省總于中，分省釐於外，行省遵成憲以治所屬，決大獄、質疑事皆中書報可而後行。

（元）許有壬《圭塘小藁》卷八《河南省左右贊治堂記》　世皇一區宇，河南地大民夥，闢宣慰司於汴，至元壬辰改行中書省。國制中書總庶政，是爲都省，幅員際天，幾務日繁，相天下重地，立行省而分治焉。若稽古制，魏晉有行臺，齊隋所管置外州稱行臺尚書省，唐以諸道事繁准齊分置，今行省其遺制也。官有平章政事、左右丞、參知政事，丞相則設置不常。佐幕有左右司，都省分爲二，行省則合爲一，設郎中員外郎都事各二員，一省贊畫賴焉。左右司名昉乎隋，唐改郎中爲左右承務，趙宋尤重董正六曹彌綸省闥紀綱百司舉正文書之稽失，非昔知臺閣故事不在兹選。

（元）楊維楨《東維子集》卷四《送理問所知事馬公序》　行中書省，古之藩國方伯連率之寄也。地大任重，故其法揆嚴，體統峻，宣布政條于百司庶府，惟大綱是張是主。凡細之務不至于執政之堂，乃署理問所于垣內，若法曹議府焉，所以發奸伏、伸抑枉、平允治法也。官其所者，非才且賢莫勝其任，而幕府之員，又議法之所起也。東平馬公某爲江浙行省理問所幕府官，剛毅有爲，善持法才，每詳刑決政，上其議於相府六曹，莫不韙之，而百司庶府仰之以爲準。由是知所官之才且賢，又莫急於幕府員之才且賢也。予唶代之居高位、享厚禄者，率多世勛中貴之曹，奴隸其部屬，牛羊其人民，以好惡決是非，以喜怒行賞罰，頤指奔走，孰敢少拂其情？爲其部屬，而又執筆居幕府員，獨能持議不屈，與巍巍赫赫者相抗，而求歸於口是，若馬公者，予所謂才且賢者，非歟？公之所以持平曹取重政府者，决非聲音笑貌之所得也。蓋公自公卿子弟練習朝章，起身憲府吏，爲大郡從事，遂以廉能擢相府掾，由掾爲今職，其能明庶事、決大議者可知已。秩滿，上名春官，明天子方急法則之臣以理天下之幽枉，必有以處之矣。於其行也，敘以爲别。

綜述

（元）徐元瑞《吏學指南·郡邑》　京師：《公羊傳》云：京，大也；師，衆也；天子所都，必以衆大者也。又蔡邕《獨斷》曰：天子所都曰京師。

大都：《帝王世紀》曰：天子所居宫曰都，又曰會。言其師衆都會之所也。

京畿：《文選》注：天子居千里曰京畿。

各道：《爾雅》曰：一達謂之道。至唐併州郡爲道。

路：《字寶》曰：道行之道曰路。宋分各道爲十八路，今以大郡爲之。

府：《蘇氏演義》曰：府者，聚也。言聚所在圖籍簿書之處。《風俗通》曰：公卿牧守通德之所聚也。唐始以州郡爲府。

州：《説文》曰：酬也。民居相生，以酬爲州。黄帝以十師爲州。

縣：《釋名》曰：懸也。縣係於郡也。楚莊王滅陳爲縣，名自始。

鎮：安也。凡民聚爲市者曰鎮。始於宇文周代。

鄉：《釋名》：萬二千五百家曰鄉。又，向也，衆所向也。

都：干旄注曰：下邑曰都。

保：《國語》注：小城曰保。

里：《國語》曰：五家爲軌，十軌爲里。又曰：在田曰廬，在邑曰里。

社：土地之主也。《左傳》二十五家爲社。今五十家爲社。

城郭：管子曰：内謂之城，外謂之郭。

坊村：唐武德制，鄉保鄰里在邑曰坊，田野曰村。

《元典章》卷四《朝綱·政紀·外省不許泛濫咨稟》　大德九年七月，湖廣行省准中書省咨：伏覩聖朝地土廣大，政事繁多，建都省以總宏綱，置行省以分庶務，法度章程具有明典。今行省不詳事體輕重，無問巨細，往往作疑咨稟，以致文繁事弊，甚非所宜。爲此，已經移咨各省去訖。比年以來，各處咨稟，多係碎事，又復紊煩，深爲未便。都省咨請，今後除重事并創支錢糧必合咨稟者議擬咨來，其餘公事，應合與决者，隨即從公依例與決，毋得似前泛咨。若不應咨而咨者，定將當該首領官、吏取招治罪施行。

《元典章》卷四《朝綱·政紀·省部減繁格例》　皇慶二年五月，江西行省准中書省咨：皇慶元年十二月二十六日奏過事内一件：中書省管的勾當，出納上命，進退百官，總挈綱維。六部諸衙門分掌庶務，路府州縣親臨裁決。選賢使能，責其成功，俾上下各得任其職。如此，則百職具舉，宰執總其要而臨之，不煩不勞，乃所謂省也。世祖皇帝中統建元，至今五十餘年，典章文物悉皆具備。近年以來，行省、六部諸衙門，應處决而不處決，往往作疑咨呈都省，以致文繁事弊，前省也屢嘗減削繁冗文字。俺衆人商量得：如今委左右司、六部等衙門文資官、首領官，一件件分揀，合咨呈者、合更改者，定擬格式奏了，遍行文書整治呵，怎生？奏呵，薛禪皇帝初立中書省時分，是這般行來。恁商量了，新年裏便行者。麼道，聖旨了也。欽此。劄付左右司、六部等，欽依分揀定擬到行省、各部諸衙門合減各各名件，於皇慶二年二月二十一日，章閭平章、張平章、兀伯都剌右丞、不花參議、欽察郎中等官奏：前者，爲省家繁細文書多，妨着政事的上頭，俺商量了，一件件分揀定，遍行整治呵，怎生？奏呵，恁商量了，便行者。麼道，聖旨有來。俺衆省官、首領、六部官，一同分揀定，内外各衙門除合與俺文書的外，他每自合行的裏頭，似這各處罪囚，在先聖旨體例，五十七司、縣斷決，八十七散府、州軍斷決，一百七宣慰司、總管府斷決。又大小告争詞訟，自下而上，不得越訴。如今，他每往往地推調着不肯與決，作疑呈稟，致使百姓赴上陳告文繁。今後，行省、宣慰司、路府州縣合與決的勾當，自下而上，必要結絶了。若州縣理斷不當呵，赴路府、宣慰司、行省陳告，即便改正，將元行官吏究治。如依前推調着不與決絶，或是違着體例、理斷不當，致令百姓省部陳告呵，他每根前要罪過。又常課段疋，今後工部家成造，辨驗，庫裏收了，分付與户部收支。更各投下阿哈探馬兒、江南鈔、歲賜銀段疋軍器等物，并腹裏城子裏，撥與倒换的鈔本，更各衙門倒鑄平乏了的印信，似這般着例的勾當，不索與俺文書的，通有一百餘件。如今俺明白奏了，與他每文書交行。更有該載未盡合減省的，俺接續商量，依這體例減省。這般行了之後，行省、六部、内外諸衙門，有體例合處決的勾當，推調着不肯結絶，作疑咨呈，雖已結絶了，理斷不當，教百姓每生受，更違着舊體例，徑直行移文書的，别了今番奏定的體例呵，三品以上衙門判署正官，别議責罰，首領官吏并四品以下衙門正官、首領官吏，量事輕重要罪過。更教監察御史、廉訪司隨事糾治。内外諸衙門，也教傚這例減繁呵，怎生？奏呵，奉聖旨：恁説的是有。聽得在前省裏文書好生少來。依着恁這商量來的行者。各處遍行文書者。麼道，聖旨了也。欽此。都省咨請遍行合屬，欽依施行。

《元史》卷九一《百官志》 行中書省，凡十〔一〕，秩從一品。掌國庶務，統郡縣，鎮邊鄙，與都省爲表裏。國初，有征伐之役，分任軍民之事，皆稱行省，未有定制。中統、至元間，始分立行中書省，因事設官，官不必備，皆以省官出領其事。其丞相，皆以宰執行某處省事繫銜。其後嫌於外重，改爲某處行中書省。凡錢糧、兵甲、屯種、漕運、軍國重事，無不領之。至元二十四年，改行尚書省，尋復如舊。至大二年，又改行尚書省，二年復如舊。每省丞相一員，從一品；平章二員，從一品；右丞一員，左丞一員，正二品；參知政事二員，從二品。甘肅、嶺北二省各減一員；郎中二員，從五品；員外郎二員，從六品；都事二員，從七品；掾史、蒙古必闍赤、回回令史、通事、知印、宣使，各省設員有差。舊制參政之下，有僉省、有同僉之屬，後罷不置。丞相或置或不置，尤慎於擇人，故往往缺焉。

河南江北等處行中書省。至元五年，罷隨路奧魯官，詔參政阿里僉行省事，于河南等路立省。二十八年，以河南、江北係要衝之地，又新入版圖，宜於汴梁立省以控治之，遂署其地，統有河南十二路、七府。

江浙等處行中書省。至元十三年，初置江淮行省，治揚州。二十一年，以地理民事非便，遷于杭州。二十二年，割江北諸郡隸河南，改曰江浙行省，統有三十路、一府。

江西等處行中書省，至元十四年置。十五年，併入福建行省。十七年，仍置省于龍興府，而福建自爲行省，治泉州。二十二年，以福建行省併入江西。二十三年，又以福建省併入江浙。本省統有十八路。

湖廣等處行中書省。至元十一年，右丞相伯顔伐宋，行中書省事于襄陽，尋以别將分省鄂州，爲荊湖等路行中書省。十三年，取潭州即署省治之。十八年，復徙置鄂州，統有三十路、三府。

陝西等處行中書省。中統元年，以商挺領秦蜀五路四川行省事。三年，改立陝西四川行中書省，治京兆。至元三年，移治利州。十七年，復還京兆。十八年，分省四川，尋改立四川宣慰司。二十一年，仍合爲陝西四川行省。二十三年，四川立行樞密院。本省所轄之地，惟陝西四路、五府。

四川等處行中書省。國初，其地總于陝西。至元十八年，以陝西行中書分省四川。二十三年，始置四川行省，署成都，統有九路、五府。

遼陽等處行中書省，至元二十四年置，治遼陽路，統有七路、一府。

甘肅等處行中書省。中統二年，立行省于中興。〔至元〕十年，罷之。十八年復立。二十二年復罷，改立宣慰司。二十三年，徙置中興省于甘州，立甘肅行省。三十一年，分省按治寧夏，尋併歸之。本省治甘州路，統有七路、二州。

嶺北等處行中書省。國初，太祖定都于哈剌和林河之西，因名其城曰和林，立元昌路。中統元年，世祖遷都中興，始置宣慰司都元帥府。大德十一年，改立和林等處行中書省，右丞相、左丞相各一員。至大四年，省右丞相。皇慶元年，改嶺北等處行中書省，設官如上，治和寧路，統有北邊等處。

雲南等處行中書省，即古南詔之地。初，世祖征取以爲郡縣，嘗封建宗王鎮撫其軍民。至元十一年，始置行省，治中慶路，統有三十七路、五府。

征東等處行中書省。至元二十年，以征日本國，命高麗王置省，典軍興之務，師還而罷。大德三年，復立行省，以中國之法治之。既而王言其非便，詔罷行省，從其國俗。至治元年復置，以高麗王兼領丞相，得自奏選屬官，治瀋陽，統有二府、一司、五道。

各省屬官：

檢校所，檢校一員，從七品；書吏二人。

照磨所，照磨一員，正八品。

架閣庫，管勾一員，正八品。

理問所，理問二員，正四品；副理問二員，從五品；知事一員，提控案牘一員。

都鎮撫司，都鎮撫二員，副都鎮撫一員。

（清）嵇璜等《續通典》卷二六《職官・尚書上・行臺省》 唐元宗開元二年置按察採訪處置使，有判官兼判尚書行事，即行臺遺制。天寶末又兼黜陟，肅宗乾元元年，改曰觀察處置史。宋遼無行省。金天會十五年罷劉豫置行臺尚書省於汴。熙宗天眷元年，以河南地與宋，遂改燕京樞密爲行臺尚書省，三年復移置於汴京。皇統二年，定行臺官品皆下中臺一等。承安二年，命户部侍郎温昉行六部尚書於撫州，以胥持寗爲樞密副使行省於北京。貞祐二年，置大名府路行尚書省。三年，以左丞相僕散端兼都元帥行省於陝西，以侯摯爲叅知政事行省於河北。宣宗興定元年，以完顏阿里不孫爲叅知政事，行尚書省元帥府於婆速路，蒲察五斤權叅知政事，行尚書省元帥府於上京。哀宗正大二年，以胥鼎平章政事行省於衛州，至天興中行省四出而朝置暮廢紛不可紀矣。元初設行中書省，至元二十四年，改行中書省爲行尚書省。至大二年，以尚書省條畫詔天下立行工部，領行工部三人，行工部尚書二人，後即廢罷。明不設行省。

《元史》卷九一《百官志》 宣慰司，掌軍民之務，分道以總郡縣，行省有政令則布于下，郡縣有請則爲達于省。有邊陲軍旅之事，則兼都元帥府，其次則止爲元帥府。其在遠服，又有招討、安撫、宣撫等使，品秩員數，各有差等。

宣慰使司，秩從二品。每司宣慰使三員，從二品；同知一員，從三品；副使一員，正四品；經歷一員，從六品；都事一員，從七品；照磨兼架閣管勾一員，正九品。凡六道：山東東西道，益都路置。河東山西道，大同路置。淮東道，揚州置。浙東道，慶元路〔置〕。荊湖北道，中興路置。湖南道。天臨〔路〕置。

宣慰使司都元帥府，秩從二品。使三員，同知二員，副使二員，經歷二員，知事二員，照磨兼架閣管勾一員。

廣東道，廣州置。大理金齒等處，蒙慶等處。

右二府，設官如上。唯蒙慶一府，使二員，同知、副使各一員，經歷、都事亦減一員。

廣西兩江道，静江路置。海北海南道，福建道，八番順元等處，察罕腦兒等。

右五府，宣慰使都元帥三員，副都元帥、僉都元帥事各二員，餘同上。

宣慰使兼管軍萬户府，每府宣慰使三員，同知、副使各一員，經歷一員，都事二員，照磨兼管勾一員。

曲靖等路，羅羅斯，臨安廣西道元江等處。

都元帥府，都元帥二員，副元帥二員，經歷、知事各一員。

北庭，隸土番宣慰司。曲先塔林，都元帥三員。蒙古軍，征東。二府，都元帥各一員，副一員。

元帥府，秩正三品。達魯花赤一員，元帥一員，經歷、知事各一員。

李店文州，帖城河里洋脱，朵甘思，(當)〔常〕陽，岷州，積石州，洮州路，脱思馬路，十八族。

右九府，唯李店文州增置同知、副元帥各一員；其餘八府，隸土蕃宣慰司，設官並同。

宣撫司，秩正三品。每司達魯花赤一員，宣撫一員，同知、副使各二員，僉事一員，計議、經歷、知事各一員，提控案牘架閣一員。損益不同者，各附見于後。

廣南西道，不置副使、僉事。麗江路，以上隸雲南省。順元等處，播州，思州，以上隸湖廣省。敘南等處。隸四川行省，不置僉事、計議。

安撫司，秩正三品。每司達魯花赤一員，安撫使一員，同知、副使、僉事各一員，經歷、知事各一員。損益不同者，各附見于後。

師壁洞，不置達魯花赤。永順等處，散毛洞，以上隸四川省。羅番遏蠻軍，不置達魯花赤。程番武盛軍，金石番太平軍，臥龍番南寧州，小龍番靜蠻軍，不置同知、副使。大龍番應天府，洪番永盛軍，方番河中府，盧番靜海軍，不置知事。新添葛蠻。以上隸湖廣省。

招討司，秩正三品。達魯花赤一員，招討使一員，經歷一員。

土番，剌馬剛等處，天全，係不思，沿邊溪洞，以下各置副使一員，無達魯花赤。浚尼，諸番，征沔，長河西裏管軍，檜裏管軍，脱思馬田地。

諸路萬户府：

上萬户府，管軍七千之上。達魯花赤一員，萬户一員，俱正三品，虎符；副萬户一員，從三品，虎符。

中萬户府，管軍五千之上。達魯花赤一員，萬户一員，俱從三品，虎符；副萬户一員，正四品，金牌。

下萬户府，管軍三千之上。達魯花赤一員，萬户一員，俱從三品，虎符；副萬户一員，從四品，金牌。其官皆世襲，有功則陞之。每府設經歷一員，從七品；知事一員，從八品；提控案牘一員。

鎮撫司，鎮撫二員，蒙古、漢人參用。【略】

兩淮都轉運鹽使司，秩正三品。國初，兩淮內附，以提舉馬里范章專掌鹽課之事。至元十四年，始置司于揚州。使二員，正三品；同知二員，正四品；副使一員，正五品；運判二員，正六品；經歷一員，從七品；知事一員，從八品；照磨一員，從九品。三十年，悉罷所轄鹽司，以其屬置場官。大德四年，復置批驗所于真州、采石等處。

鹽場二十九所，每場司令一員，從七品；司丞一員，從八品；管勾一員，從九品。辦鹽各有差。【略】

兩浙都轉運鹽使司，秩正三品。使二員，同知二員，運判二員，經歷、知事各一員，照磨一員。至元十四年，置司杭州。大德三年，定其產鹽之地，立場有差，仍於杭州、嘉興、紹興、温、台等處，設檢校四所，專驗鹽袋，毋過常度。

鹽場三十四所，每所司令一員，從七品；司丞一員，從八品；管勾一員，從九品。【略】

福建等處都轉運鹽使司，秩正三品。使二員，同知二員，運判二員，經歷、知事各一員，照磨一員。至元十四年，始置市舶司，領煎鹽徵課之事。二十四年，改立鹽運司。二十九年罷，立提舉司。大德四年，復爲運司。九年復罷，併入元帥府兼掌之。十年，復立都提舉司。至大四年，復陞運司，徑隸行省。【略】

廣東鹽課提舉司。至元十三年，始從廣州煎辦鹽課。十六年，隸江西鹽鐵茶都轉運司。二十二年，併入宣慰司。二十三年，置市舶提舉司。大德四年，改廣東鹽課提舉司。提舉一員，從五品；同提舉一員，從六品；副提舉一員，從七品。【略】

四川茶鹽轉運司。成都鹽井九十五處，散在諸郡山中。至元二年，置興元四川轉運司，專掌煎熬辦課之事。八年罷之。十六年，復立轉運司。十八年，併入四道宣慰司。十九年，復立陝西四川轉運司，通轄諸課程事。二十二年，置四川茶鹽運司，秩從三品。使一員，同知、副使、運判各一員，經歷、知事、照磨各一員。【略】

廣海鹽課提舉司，至元三十一年置。專職鹽課。秩正四品。都提舉二員，從四品；同提舉二員，從五品；副提舉二員，從六品；知事一員，提控案牘一員。

市舶提舉司。至元二十三年，立鹽課市舶提舉司，隸廣東宣慰司。三十年，立海南博易提舉司。至大四年罷之，禁下番船隻。延祐元年，弛其禁，改立泉州、廣東、慶元三市舶提舉司。每司提舉二員，從五品；同提舉二員，從六品；副提舉二員，從七品；知事一員。

海道運糧萬户府，至元二十年置。秩正三品。掌每歲海道運糧供給大都。達魯花赤一員，萬户一員，並正三品；副萬户四員，從三品；經歷一員，從七品；知事二員，從八品；照磨一員，從九品；鎮撫二員，正五品。

《元史》卷六《世祖紀》〔至元二年二月〕甲子，以蒙古人充各路達魯花赤，漢人充總管，回回人充同知，永爲定制。

《元史》卷五八《地理志》 唐以前以郡領縣而已，元則有路、府、州、縣四等。大率以路領州、領縣，而腹裏或有以路領府、府領州、州領縣者，其府與州又有不隸路而直隸省者，具載于篇；而其沿革則泝唐而止焉。作《地理志》。凡路，低於省一字。府與州直隸省者，亦低於省一字。其有宣慰司、廉訪司，亦止低於省一字。各路録事司與路所親領之縣與府、州之隸路者，低於路一字。府與州所領之縣，低於府與州一字。府領州、州又領縣者，又低於縣一字。路所親領之縣若府若州，曰領縣若干、府若干、州若干；府與州所領之縣，則曰若干縣，所以別之也。

《元史》卷九一《百官志》 諸路總管府，至元初置。二十年，定十萬户之上者爲上路，十萬户之下者爲下路。當衝要者，雖不及十萬户亦爲上路。上路秩正三品。達魯花赤一員，總管一員，並正三品，兼管勸農事，江北則兼諸軍奥魯。同知、治中、判官各一員。下路秩從三品，不置治中員，而同知如治中之秩，餘悉同上。至元二十三年，置推官二員，專治刑獄，下路一員。經歷一員，知事一員或二員，照磨兼承發架閣一員，司吏無定制，隨事繁簡以爲多寡之額；譯史、通事各一人。【略】

録事司，秩正八品。凡路府所治，置一司，以掌城中户民之事。中統二年，詔驗民户，定爲員數。二千户以上，設録事、司候、判官各一員；二千户以下，省判官不置。至元二十年，置達魯花赤一員，省司候，以判官兼捕盗之事，典史一員。若城市民少，則不置司，歸之倚郭縣。在兩京，則爲警巡院。獨杭州置四司，後省爲左、右兩司。

《元史》卷九一《百官志》 散府，秩正四品。達魯花赤一員，知府或府尹一員。領勸農奥魯與路同。同知一員，判官一員，推官一員，知事一員，提控案牘一員。所在有隸諸路及宣慰司行省者，有直隸省部者，有統州縣者，有不統縣者，其制各有差等。

（元）劉孟琛《南臺備要·守令》 至正十一年三月二十六日，准御史臺咨：承奉中書省劄付：吏部呈：照得近奉省判，至正八年四月初九日奏准選舉守令内一款：選舉守令，已嘗定制，（今）〔令〕六部、宣慰司、廉訪司每歲舉才堪守令者一人。後以天下郡縣之廣，所舉者不足充數，復令内外三品以上流官依上歲舉。近考所舉之人，多涉未精，若憑一概除擢，誠恐轉爲民病。今後在内六部、司農司、集賢、翰林國史、太常禮儀院、秘書、崇文、國子、都水監、侍儀司，在外宣慰司、廉訪司並各路、府達魯花赤、總管、知府，到任三月以裏，各舉才堪守令者一人。州以下達魯花赤、州尹、知州、縣尹、録事，到任亦限三月以裏，各舉一人自代，從中書斟酌注用。投下不與。所舉守令，每季類報，腹裏、江南、陝西不過次季仲月，兩廣、四川、甘肅、福建不過次季，季月以裏，須要咨申省、部。各官任滿，仍於解由内開寫所舉姓名。或憚於連及，過期不舉者，三品以上罰俸標附風憲，合罰俸給，移文御史臺一體施行；以下人員於再除之際，削降散官一等。若舉年近致仕、素有痼疾、不應入流及見任守令度朝廷必不准用之人，量事輕重，黜罰應舉。守令官員禮任之日，即將到任日期各申所屬上司轉達。省、部考覈黜陟之法，並依至正四年定制。欽此。除欽遵外，照得先爲此事累經遍行各處，應舉守令並自代官員，多不依期舉保。本部議得：除腹裏路分、各道宣慰司另行外，上項事理，宜從都省移咨各省，劄付御史臺，催督欽依施行。具呈照詳。得此。除外，都省合下仰照驗，欽依施行。承此。咨請照驗，欽依施行。

（元）佚名《詞狀新式·六案掌管》 吏案：掌官吏名籍、選舉、考課、假使等事。

户案：掌户籍、土田、婚姻、族姓、禄廩、支用、權衡、度量、倉庫、租税、差科、徵役、米粟等事。

禮案：掌禮儀、音樂、祭祀、禎祥、學校、貢舉、醫卜、釋道、表疏、陳設等事。

兵案：掌兵籍、軍器、郡邑圖志、鋪驛、烽堠、鎮戍、險要等事。

刑案：掌鞠獄刑法，督捕盜賊，糾察非違，財估没入，奴婢死隸，門户管籥等事。

工案：掌百工衆藝，啓塞役使，公廨、碾磑、山澤、津梁等事。

《元史》卷九一《百官志》 諸州。中統五年，併立州縣，未有等差。至元三年，定一萬五千户之上者爲上州，六千户之上者爲中州，六千户之下者爲下州。江南既平，二十年，又定其地五萬户之上者爲上州，三萬户之上者爲中州，不及三萬户者爲下州。於是陞縣爲州者四十有四。縣户雖多，附路府者不改。上州：達魯花赤、州尹秩從四品，同知秩正六品，判官秩正七品。中州：達魯花赤、知州並正五品，同知從六品，判官從七品。下州：達魯花赤、知州並從五品，同知正七品，判官正八品，兼捕盗之事。參佐官：上州，知事、提控案牘各一員；中州，吏目、提控案牘各一員；下州，吏目一員或二員。

諸縣。至元三年，合併江北州縣。六千户之上者爲上縣，二千户之上者爲中縣，不及二千户者爲下縣。二十年，又定江淮以南，三萬户之上者爲上縣，一萬户之上者爲中縣，一萬户之下者爲下縣。上縣，秩從六品。達魯花赤一員，尹一員，丞一員，簿一員，尉一員，典史二員。中縣，秩正七品。不置丞，餘悉如上縣之制。下縣，秩從七品。置官如中縣，民少事簡之地，則以簿兼尉。後又别置尉，尉主捕盗之事，别有印。典史一員。巡檢司，秩九品。巡檢一員。

（清）嵇璜等《續通典》卷三六《職官·州郡上·州牧刺史》 州牧刺史漢以後皆爲監郡大臣或統領軍事，其職在按治，所部官吏權位綦重。唐高祖武德以後罷郡置州，改太守爲刺史，官名雖存，職非其舊，故唐之採訪處置使理於所部之大郡。天寶末兼理黜陟，即古之州牧刺史也。互見司隸校尉。乾元元年改曰觀察處置使，其東都西都北都置牧各一人，掌宣德化，歲巡屬員觀風俗録囚恤鰥寡。

宋開封府河南應天府皆置牧，次府亦置牧，而觀察使及諸州刺史皆無定員。又置提點刑獄公事，掌察所部獄訟，兼舉刺官吏之事。遼南面方州官無牧有某州刺史。金諸州置刺史一人，其刺史紀綱一州之衆務，其上京東京等處置按察司糾察貪官汚吏豪猾之人，並勸農桑，職與唐之採訪處置使同。

元至元三年，定一萬五千户之上者爲上州，六千户之上爲中州，六千户之下爲下州。二十年既平宋，又定其地五萬户之上者爲上州，三萬户之上者爲中州，不及三萬户者爲下州，每州置達嚕噶齊無刺史。其江南諸道行御史臺，陝西諸道行御史臺及各道肅政廉訪司職掌監臨諸省統制各道憲司，詳載御史臺門內。亦唐採訪使之遺制也。

紀事

（元）王惲《秋澗集》卷八五《烏臺筆補·為運司併入總管府選添官吏事狀》 照得隨路總管府，自至元元年止是管領民訟差税而已，以故總府州縣，往往員數不備，其或闕員去處，多不補差。今者已將運司所管酒税、醋税、倉庫院務、工匠造作、鷹房打捕、金銀銅鐵、丹粉、錫碌、茶場、窑冶、鹽、竹等課並奥魯諸軍。盡行併入各路總管府通行節制管領，比之在先職掌事務，其煩冗增劇，豈止數倍之上，所賴用得其人，員設必備，方可辦集。不然，將來事有失誤，不惟官吏枉被罪戾，且以員數不敷爲辭。至於都轄上司歲終考課，倘無成效，竊恐不得獨免言責。以某愚見，即目注擬總管官員，理合精選材望素重、强幹有聞、清慎明著之人，使之統紀於上。其衰老、罷輭、不職、素無政績者，亦合體究得實，量加黜罰。外據總管、同知、州同、府尹以下官員，驗部分大小、事務繁簡，照依舊例，添設員數，如總府之治中，散府之推官，上中州之觀察、節判，（赤）〔並〕劇縣之特設丞簿是也。其府州司縣首領官吏，亦合添設員數，分掌案牘，〔無致遺〕失。依上勾當，如此庶望上下分職，各率其屬〔以治〕其政，則民安事辦，不致內外庶務有所曠闕。據〔此合行〕具呈。

《元史》卷五《世祖紀》 〔至元元年八月〕乙巳，立〔山東〕諸路行中書省，以中書左丞相耶律鑄、參知政事張惠等行省事。詔新立條格：省併州縣，定官吏員數，分品從官職，給俸禄，頒公田，計月日以考殿最；均賦役，招流移；禁勿擅用官物，勿以官物進獻，勿借易官錢；勿擅科差役；凡軍馬不得停泊村坊，詞訟不得隔越陳訴；恤鰥寡，勸農桑，驗雨澤，平物價；具盜賊、囚徒起數，月申省部。又頒陝西四川、西夏中興、北京三處行中書條格。定立諸王使臣驛傳税賦差發，不許擅招民户，不得以銀與非投下人爲斡脱，禁口傳敕旨及追呼省臣官屬。

《元史》卷八《世祖紀》〔至元十一年八月〕丁未，史天澤言：今大師方興，荊湖、淮西各置行省，勢位既不相下，號令必不能一，後當敗事。帝是其言，復改淮西行中書省爲行樞密院。

《元史》卷一〇《世祖紀》〔至元十五年六月〕甲戌，詔汰江南冗官。江南元設淮東、湖南、隆興、福建四省，以隆興併入福建。其宣慰司十一道，除額設員數外，餘並罷去。仍削去各官舊帶相銜。罷茶運司及營田司，以其事隸本道宣慰司。罷漕運司，以其事隸行中書省。各路總管府依驗户數多寡，以上中下三等設官。宋故官應入仕者，付吏部録用。以史塔剌渾、唐兀帶驟陞執政，忙古帶任無爲軍達魯花赤，復遥領黄州宣慰使，並罷之。時淮西宣慰使昂吉兒入覲，言江南官吏太冗，故有是命。

《元史》卷一三《世祖紀》〔至元二十二年春正月〕盧世榮請罷福建行中書省，立宣慰司，隸江西行中書省。又言：江南行中書省事繁，恐致壅滯，今隨行省立行樞密院總兵，以分其務爲便。帝曰：行院之事，前日已言，由阿合馬欲其子忽辛兼兵柄而止，今議行之。

《元史》卷一四《世祖紀》〔至元二十三年十二月〕乙卯，諸道宣慰司，在内地者設官四員，江南者六員。

《元史》卷一五《世祖紀》〔至元二十五年春正月〕辛卯，尚書省臣言：初以行省置丞相與内省無别，罷之。今江淮省平章政事忙兀帶所統，地廣事繁，乞依前爲丞相。詔以忙兀帶爲（右）〔左〕丞相。

《元史》卷一六《世祖紀》〔至元二十八年夏四月〕甲戌，詔各路府、州、司、縣長次官兼管諸軍奥魯。以地震故，免侍衛兵籍武平者今歲徭役。增置欽察衛經歷一員，用漢人爲之，餘不得爲例。

《元史》卷一八《成宗紀》〔至元三十一年夏四月〕己酉，雲南行省以所定路、府、州、縣來上：上路二，下路十一，下州四十九，中縣一，下縣五十。以金齒歸附官阿魯爲孟定路總管，佩虎符。

《元史》卷一八《成宗紀》〔至元三十一年十一月〕壬子，詔以軍民不相統壹，罷湖廣、江西行樞密院，併入行省。

《元史》卷一八《成宗紀》〔元貞元年春正月〕以行樞密院既罷，賜行中書省長官虎符，領其軍。

《元史》卷一八《成宗紀》〔元貞元年五月〕陞江南平陽等縣爲州。以户爲差，户至四萬五萬者爲下州，五萬至十萬者爲中州。下州官五員，中州六員。凡爲中州者二十八，下州者十五。又以户不及額，降連州路爲連州。

《元史》卷一二七《伯顔傳》江南三省累請罷行樞密院，成宗問于伯顔，時已屬疾，張目對曰：内而省、院各置爲宜，外而軍、民分隸不便。成宗是之，三院遂罷。

《元史》卷一四六《耶律楚材傳》太祖之世，歲有事西域，未暇經理中原，官吏多聚斂自私，貲至鉅萬，而官無儲偫。近臣别迭等言：漢人無補於國，可悉空其人以爲牧地。楚材曰：陛下將南伐，軍需宜有所資，誠均定中原地税、商税、鹽、酒、鐵冶、山澤之利，歲可得銀五十萬兩、帛八萬匹、粟四十餘萬石，足以供給，何謂無補哉？帝曰：卿試爲朕行之。乃奏立燕京等十路徵收課税使，凡長貳悉用士人，如陳時可、趙昉等皆寬厚長者，極天下之選，參佐皆用省部舊人。辛卯秋，帝至雲中，十路咸進廩籍及金帛陳于廷中。

（清）孫承澤《元朝典故編年考》卷四《燕京路總管》至元二十七年，立燕京路總管，改大都路都總管府，置達魯花赤二人，都總管二人，秩正三品，即京尹之職也。副達魯花赤、同知、治中判官、推官各二人，經歷知事各二人，提控案牘各四人，照磨兼管勾一人，領府一州十一。凡本府官吏，惟達魯花赤一人及總管推官專治路政，餘皆分任供需之事，故又號曰供需府。

明朝部

朝廷分部

總叙

論説

《皇明詔令》卷七《仁宗昭皇帝·諭中外臣僚修職敕洪熙元年正月初四日》 朕惟天地以生物爲德，人君以安民爲任，設官分職，簡賢任能，所以相承其功。朕祇紹鴻圖，仰惟祖宗之創業，守成之艱難，夙夜惓惓，法天爲治。嗣位之初，蠲逋負，赦有罪，不急之務，一切停罷。慎選賢良，共圖維新之治，期與天下安於太平。今天下庶事未盡理，生民未盡安。斯朕之責，亦爾文武群臣之責，尚勉思之。咨爾文臣，六卿掌國庶務，布政司受任方隅，守令典群邑，大小庶官，各有攸司，其竭忠殫慮，以安黎庶。銓選必擇人，賦税必有常，禮教必修明，兵政必振舉，刑罰必平恕，營繕必樽節。凡百政令，必勤審度，以存恤爲心，内外相承，興利除害。休息以蕃其生，勸課以厚其本，興學勸士，以正其俗，以成其才。必使吾民衣食充足，禮讓成風，匹夫匹婦咸得其所，斯爲稱職。咨爾武臣，都府掌國之軍政，都司控制一方衛所，邊圉各有信地，其悉力衛國家。簡閲訓練，必公必勤；紀律部伍，必嚴必肅；器械必堅利，城堡必修繕；糧芻儲峙，必足於用；巡邏瞭望，必謹必備。使姦宄屏跡，吾民安於無事。其要以撫養軍士爲本，恤其饑寒，念其疾苦，用之於萬全，斯爲稱職。至於風憲，爲朕耳目，朝政缺典，吏治得失，軍民利害，百官有司孰賢與否，悉宜廉察。必使官得其人，政無不舉，人咸樂生，斯爲稱職。夫君臣一體，上下相須，朕勉於修德，爾尚勵於忠貞，弼成治化，以躋斯民於雍熙太和之盛，不其偉歟。朕代天子民，恪存戒飭，不以小人備任使，不以浮費傷財力，不以刑罰先教化，不以貪黷勞士卒。爾尚體予至意，以副職任。惟忠足以事君，惟仁足以恤人，惟勤則庶事集，惟廉則公道存。乃若驕盈縱恣，朋比用事，貪暴掊尅，漁獵吾民；或阿諛務爲容悦，庸庸保位，無補於時，黜陟之明，賞罰之公，典章俱在。爾其欽哉。故諭。

《明宣宗寶訓》卷三《任官》 宣德五年正月乙丑，行在吏部奏選官退，上因與侍臣論前代官制。上曰：省官安民之道，唐虞建官惟百，夏商官倍，秦漢以下視夏商官益增多，何也？侍臣對曰：時世不同也。上曰：唐虞三代事簡民淳，不可比擬。唐太宗定内外官七百三十員，去古未遠，亦足爲法。侍臣對曰：然必由君心静則事可簡，事簡則官可省，官省則民安矣。若國家多事，政務煩雜，小人倖進，冗食者多，欲百姓免於煩擾難矣。上曰：此誠確論，清心者省事之本。

綜述

（明）何棟如《皇祖四大法》卷五《治法》（洪武十三年春正月）癸卯，罷中書省，陞六部，改大都督府爲五軍都督府。布告天下，詔曰：朕膺天命，君主華夷。當即位之初，會集群臣講求官制，遠稽漢唐，略加損益，亦參以宋朝之典，所以内制中書省、都督府、御史臺、六部，外列都指揮使司、承宣布政使司、都轉運鹽使司、提刑按察司及府州縣，綱維庶務，以安兆民。朕嘗發號施令，責任中書，使刑賞務當。不期任非其人，丞相汪廣洋、御史大夫陳寧晝夜昏淫，酣歌肆樂，各不率職，坐視廢興，以致胡惟庸私搆群小，夤緣爲奸。或枉法以惠罪，或撓政以誣賢。因是發露，人各伏誅。特詔天下罷中書，廣都府，陞六部，使知更官之制。行移各有所歸，庶不紊煩。於戲，周職六卿，康庶民於宇内。漢命蕭曹，肇四百年之洪業。今命五府六部詳審其事，務稱厥職，故茲詔諭。

（清）查繼佐《罪惟録》志卷二七《職官志總論》 明設官，開國數年一再更定，内外無偏重，大小兼制，緩急繁減，咸克互濟，可爲盡善。獨是罷丞相而尊尚書，事難畫一，緩急不辦，以此得，亦以此失，勢有然也。即以遜國更張，意在復古，幾於叛祖，何當實裨？廷臣非不持理過堅，而當國迄無獨是，古所爲十羊九牧之喻也。永樂中諸司猶存南京二字，雖由遵訓，亦便遥控，顧此其淺者。若夫皇太子監國，早爲後世再造計，而惜也不能果行之。事不載《祖訓》而責通其義有如此者。

（清）查繼佐《罪惟録》志卷二七《職官志·初制文職》　中書省左右相國，正一品。洪武元年，改左右丞相平章政事，各一人，左右丞各一人，左右參知政事二人，總領錢糧、禮儀、刑名、營造四部。其屬參議左右司郎中各一人，員外郎各一人，都事各一人，中書舍人二十人。尋益四部爲六，正三品。十三年，革中書省，罷丞相，惟存中書舍人。《祖訓》載：後世有敢建言請復者，罪至族。禁六部不得關白中書。

三公府，國初設，正一品。已而府罷，或以丞相兼太師太傅。以上公贈太保。

四輔官，均職四季，每人番直上中下三旬，驗雨暘時若，兼太子賓客，班列公侯都督之次，尚書之上。

大宗正院，正一品。洪武二十二年，改爲宗人府。初親王領之，後勳戚大臣兼攝，不備官。

殿閣學士，洪武十五年置，有華蓋殿、武英殿、文華殿及東閣、文淵閣，皆大學士。或以吏部尚書、翰林院學士、檢討、典籍爲之，侍左右，備顧問，未典機務。有閣門使，主傳旨，革。

六部：初設三局，曰律局、禮局、誥局。尋以六部屬中書省。省罷，陞六部正二品，設官百五人，分領中書之政。户部分五司，刑部四司，工部四司。洪武二十九年，六部屬皆稱清吏司。吏部司四：曰選，曰司封、曰司勳，曰考功。户部司四：曰民，曰度支，曰金，曰倉，後改十二司。以雲南隸陝西。禮部司四：曰儀，曰祠，曰膳，曰主客。兵部司四：曰司馬，曰職方，曰駕，曰庫。刑部司四：曰憲，曰比，曰司門，曰都官，尋改十二司，如户部。工部司四：曰營，曰虞，曰水，曰屯。又改將作司爲營繕所，隸工部。初有正副營田使，尋革。

御史臺：洪武初設御史大夫、御史中丞、治中侍御史，又爲都諫官。十五年，改爲都察院，正七品，設監察都御史八人。又分設十二道雲南貴州不預，正九品，鑄印文曰繩愆糾謬。十六年，陞正三品，設司務。十七年，陞正二品。

察言司：設司令，尋革。洪武十年，始置通政使。

大理寺：吴元年置，設卿、少卿、丞、評事。洪武元年革。十四年，復置，設審刑司，屬寺。寺復置磨勘司，司有令，有左右丞。十七年，改建刑部都察院、大理寺、審刑司、五軍斷事官署于太平門外，署曰貫城。尋罷審刑司。二十三年，陞寺正三品，與六部、都察院、通政使並。二十九年復革，案牘盡移後湖。

太常司，正三品。洪武二年置神牲所，設廩犧令大使副使。四年，革神牲所。十二年，置神樂觀。二十四年，設各祠祭署，署有奉祠祠丞。三十年，改司爲寺。

宣徽院，吴元年置，置尚禮、尚食二局，設院使、同知、院判、典簿，以統二局。旋改光禄寺，正四品，移太常司供需庫隸之。洪武四年，置法酒庫，設内酒房大使副使。八年，改寺爲司，從三品，設四署，署有令。又設孳牧所，前局庫俱革。又改孳牧所爲司牧局。

羣牧所，國初京師置，即北平行太僕寺。洪武六年，移滁州。

詹事院，即國初大本堂、文華堂，延諸儒教太子者，有知院，有同知，有副詹事、左右詹事、詹事丞、左右率更令、率府使、副使、同知、左右率府事、諭德、贊善、文學、中舍、正字、侍正、洗馬、庶子，皆勳舊文臣兼之。已又改贊善爲贊善大夫，設贊讀。洪武十年，置通事司，設司令司丞。十四年，設左右司直郎、左右清紀郎。十五年，置左右春坊，各設大學士。又置司經局，設洗馬、較書、正字。二十二年，以官聯無統，始置詹事院。二十五年，改院爲府。或曰東宫孤公亦初蒞詹事。

國子學，正四品，設博士、助教、學正、學録、典樂、典書、典膳。吴元年，添設祭酒、司業、典簿，改典膳爲掌饌。洪武八年，又置中都國子學。十五年，始改爲監，車駕往往臨視。後監官遂不中廳坐中門行。二十六年，革中都國子學。

北平府：洪武二年以爲行省。已改行省爲布政司，北平爲會府。永樂四年，改知府爲府尹。

侍儀司，從六品。洪武九年，改爲殿廷儀禮司，設使、副使、承奉、鳴贊、序班。十三年，革承奉，增司儀。

十九年，更使爲司正副，爲左右司副。三十年，始改鴻臚寺，外彝通事亦隸之。

翰林國史院，吴元年置。初爲翰林院使、學士，正三品，改設學士承旨、學士侍講、學士侍讀、學士、直學士、典簿、待制、脩撰、應奉、編脩、典籍、檢校。洪武十四年，改翰林院正五品，革承旨、直學士、待制、應奉、檢校、典簿，設孔目、五經博士、侍書、待詔、檢討。十八年，又有秘書監、弘文館及起居注等官，未幾皆革。又中書、六科庶吉士，及承勅監，尋革。

符璽郎，正七品，洪武元年置。後改尚寶司，正三品。

給事中，甲辰年統設一人，正五品。洪武四年，改正七品。六年，始分爲六科給事中，從七品。十年，隸承勅監。十二年，改隸通政司。十三年，置諫院，左右司監各一人，左右正言各二人。時給事中數適符元士，改爲元士。又改爲士源，未幾，復舊。二十四年，科增都給事中一人，正八品，以下品殺。又侍禮郎、引進使、天門待詔、尚賓大使、左右拾遺、左右監院、正言司諫、觀察使、考功監令、監丞、侍儀使、通贊舍人，尋革。

中書舍人，係國初罷中書而存者。洪武七年，置省直舍人，從八品。九年，改中書舍人，正七品。十年，隸承勅監，監革，改從七品。

醫學提舉使，國初改太醫監，置御藥局。尋改監爲院，設院使、同知、典簿。尋又設令丞、吏目、御醫，如文職，授散官。醫官進用，中書省印記。

太史監：國初設太史令、通判、僉判、校事郎、五官正，後改爲院，設院使、同知、院判、五官正、典簿、雨暘司、時序紀候郎。洪武元年，改爲司天監，設監令、少監、監丞、主簿、主事、五官正、副、監候、司晨、刻漏博士。又置回回司天監，設監令、少監、監丞。三年，始改爲欽天監。明年，改監令爲政儀大夫，少監分朔大夫，五官正司玄大夫，監丞靈臺郎，五官保章正平秩郎，五官靈臺郎，司正郎，挈壺正挈壺郎諸散官。十四年，再定品員給授，如文官。三十一年，革回回監，回回曆法隸欽天。

行人司，洪武十九年置，正九品，設行人、左右行人。尋改行人爲司正，左右行人爲司副，更設行人三百四十五員。

上林苑：洪武中有司以圖上，上曰妨民業，止之。

兵馬指揮司：國初設都指揮、副都指揮、知事。尋改去都字。尋又革知事，後分五城。

行中書省或分中書省：六部尚書往往出爲參知政事。參政入爲尚書。洪武九年，詔改浙江等十二行省爲承宣布政司，正二品。十二年，改正三品。十五年，置雲南布政司。二十二年，改從二品。

肅政廉訪使：甲辰，改置按察使于湖廣道，正三品，設僉事。洪武十年，改正四品。十三年，罷各道按察使，復定各道按察分司，以儒士五百三十一人爲試僉事，人按二縣，諭以官吏賢否軍民利病皆得糾舉。二十年，改按察分司爲四十一道，尋復正三品。三十年，始置雲南按察使司。

都轉運鹽使司，初置于兩淮。吴元年，置于兩浙。洪武二年，置于河東、陝西、河間、長蘆、福建。五年，置四川納溪、白渡二鹽運司及四川茶鹽都轉運司，旋革。十三年，定都轉運司正四品，後改從三品。鹽課提舉司自國初增置。

行太僕寺，洪武三十年，置于山西、北平、陝西、遼東。

苑馬寺，永樂四年置于陝西、甘肅；六年入置于北平，十六年並入行太僕寺。遼東亦有苑馬寺。

司農開治所，卿一員，少卿二員，丞四員，主簿録事二員，管開墾事。

府：洪武六年定爲三等，賦二十萬石以上爲上府，從三品；二十萬石以下爲中府，正四品；十萬石以下爲下府，從四品。後一概正四品。

縣：吴元年定爲三等，賦十萬石以下爲上縣，從六品；六萬石以下爲中縣，正七品；三萬石以下爲下縣，從七品。從一概正七品，獨京縣正六品。

市舶提舉司：洪武初，設太倉黄渡市舶司，尋罷。又設于福建、浙江、廣東，七年罷，後復設。

巡檢司：洪武中每裁減，後寖多。

驛遞：洪武元年，設水馬站及遞運所，尋改站爲驛。

河泊所：歲課五千石以上，官三人；千石以上一人。

(清)查繼佐《罪惟録》志卷二七《職官志·初制武職》 駙馬都尉：國初或典兵，封侯。

樞密院：爲總管萬户，又爲都護統軍。國初稱統軍大元帥府。甲辰，革樞密總管萬户，定爲指揮千百户，總小旗。又革都護統軍元帥府。辛丑，立大都督府，正一品，節制中外諸軍事。又設左右都督、都督同知、都督僉事及斷事官。洪武十三年，始分五軍，正二品，尋復正一品。又設左右斷事。十五年，置五軍十衛參軍府。二十三年，置五軍斷事司，曰稽仁、稽義、稽智、稽禮、稽信。

大將軍而下，有左右副將軍，又有左右副副將軍。後或以參將代副副將軍。

都鎮撫司：國初總領禁衛，復改爲留守五衛，專巡察守衛。

儀鑾司：國初設，尋改拱衛司，領較衛，隸都督府。尋改拱衛指揮使司，又改都尉司。洪武二年，定爲親軍都尉府，統五衛軍士，而儀鑾司隸焉。十五年，罷府及司，置錦衣衛親軍指揮使司。其鎮撫使理衛一概刑名，如列衛，而專管軍匠。

行樞密院：國初爲翼元帥府，又改爲行都督府。省城或稱都衛都鎮撫司。八年，改都衛及行都督府爲都指揮使司。

（清）查繼佐《罪惟録》志卷二七《職官志·吏制文職》　建文中，陞六部尚書正一品，設左右侍中各一人，正二品，位侍郎上。司官去清吏二字。改户部四司爲民、度支、金帛、倉庾。改刑部四司爲詳憲、比議、職門、都官。工部增照磨所，兵部革典牧所，户部革贓罰庫。罷左右都御史，設都御史，副僉都各一人。復改爲御史府，設御史大夫，正二品。革十二道爲左右兩院正御史二十八人，尋改諸御史爲拾遺補闕。改通政司爲寺，通政司使爲通政卿，通政參議爲少卿，寺丞增置左右補缺左右拾遺各一人。改大理寺爲司卿，爲大理卿，改左右寺正爲都評事，寺副爲副都評事，司務爲都典簿。改太常寺卿爲太常卿，少卿寺丞分左右，增典禮郎二人，太祝一人。諸祠祭署，天壇改爲南郊，泗州改爲泗濟，宿州改爲新豐。置鍾山祠祭署及司圃所。增神樂觀知觀一人。改光禄寺卿爲光禄卿，少卿寺丞分左右，陞少卿從四品。增司圃所，改司牲司爲孳生所，省署丞二人，增監事二人。改太僕寺卿爲太僕卿，陞五品，增録事。典廄、典牧二署設驍騎十五羣，遂生三羣，分隸二署。滁陽等八牧監，龍山等九十二羣。增詹事府少卿、府丞各一人，賓客二人。又置資德院資德一人，資善二人。其屬贊讀、贊書、著作郎各二人，掌籍、典簿各一人。國子監陞監丞爲堂上官，增司業爲二人，省博士、學正、學録，增助教十七人。改鴻臚寺卿爲鴻臚卿，分少卿寺丞爲左右，品皆陞一級。革司賓、司儀二署，鳴贊序班各陞品一級。增翰林院學士承旨一人，學士一人，文學博士二人，省侍讀、侍講、學士，置文翰、文史二館。文翰館設侍書，即中書舍人。文史館設修撰、編修、檢討。改孔目爲典簿。改謹身殿爲正心殿，設學士一人。罷文華、武英、文淵殿閣大學士，但設學士各一人，待詔無定員。文淵設典籍一人。革六科左右給事中並行人司于鴻臚寺。陞國子監丞爲堂上官。改五城兵馬司指揮、副指揮爲兵馬、副兵馬。始置京衛武學教授一人，啓忠等十齋各訓導二人，以錦衣衛帶管武學教授。革左右布政使，設布政使一人。堂上官各陞一級。改提刑按察司爲十三道肅政廉訪使。改廣東鹽課司爲都轉運鹽使司，又有煎鹽提舉司。革儒學，惟河東有之，制如府。罷北平、山東、河南、山西、陝西及江北學校貢士。增親王官賓輔二人，正三品，伴講、伴讀、伴書各一人，長史一人，左右長史各一人。審理、典膳、奉祠、良醫、典寶五正，革去正字，五副，加官上。郡王賓友二人，正四品，教授一人，記室二人，直史一人，左右直史各一人，吏目一人。典印、典祠、典禮、典饌、典藥五署官各一人，典儀二人，引禮舍人二人，儀仗司吏目一人。賓輔三伴、賓友、教授，進對侍坐，稱名不稱臣，見禮如賓師。

永樂初，盡革建文中官制，罷三公三孤官。洪熙中，復簡翰林待詔、編修、修撰、檢討，皆得入内閣。改户部北平司爲北京司，後十九年革北京司，隨增雲南、貴州、交趾三司。巡撫之名，始于懿文太子往陝西，取巡守撫軍之義。是時，尚書、侍郎、通政、參議、少卿、寺丞皆得奉勅行巡撫事。至景泰以後，凡巡撫總督，雖尚書侍郎，必兼都御史。改鍾山祠祭署爲孝陵祠祭署，南郊爲郊壇，已又改爲天地壇祠祭署。改北平行太僕寺爲北京行太僕寺，又設北京苑馬寺，領六監二十四苑。十六年，革馬歸北京行太僕寺，分牧民間，獨遼東苑馬寺尚存。改北平府爲順天府，陞正三品，如應天稱府尹。庶吉士除承勅監，定爲翰林庶吉士，選進士教習之，無定員。五年，置交趾布按兩司。十一年，置貴州布政司。始置上林苑，設監正、其屬良牧、蕃育、嘉蔬、林衡、川衡、冰衡、典察左右前後，凡十署，各設典署、署丞、録事。洪熙元年，復稱北京爲行在。宣德中革行部。正統六年，復除行在字，爲定制。

宣德中，革户部交趾司，以後添設，列朝不一，尋革。

正統中，復設京衛武學。

景泰中，詔都給事中及左右，坐銜御史上。

嘉靖中，改太醫院爲聖濟殿，尋復舊，添置户部侍郎一員，總理西苑農事，後裁。

（清）查繼佐《罪惟録》志卷二七《職官志・分制文武職》 永樂元年，陞北平爲北京。十八年，定都北京，仍存開國衙門，加南京二字。

南京宗人府經歷司經歷一人。

南京吏部：尚書一人，右侍郎一人，四司郎中各一人，主事四人。後驗封、稽勳二主事革，司務一人。

南京户部：尚書一人，右侍郎一人，十三司郎中各一人，員外郎九人。其河南、山東、四川、貴州不設。十三司主事惟江西、廣西、山西、雲南增一人，共十七人，司務一人，照磨一人。所屬寶鈔提舉司提舉一人，後革。廣稽承贓罰廣惠七庫，及甲乙丙丁戊字庫、軍儲倉、龍江鹽倉，檢校批驗所，各有大使一人，四門倉各副使一人。

南京禮部：尚書一人，右侍郎一人，四司郎中各一人，儀制，祠祭主事各一人，司務一人，所屬行人司左司副一人，鑄印局副使一人，教坊司右韶舞一人，左右司樂各一人。

南京兵部：尚書一人，右侍郎一人，四司郎中四人，職方車駕員外郎二人，主事五人，司務一人，所屬典牧所提領一人，會同館大勝關各大使一人。

南京刑部：尚書一人，右侍郎一人，十三司郎中各一人，浙江、江西、廣東、河南、陝西員外郎五人，後止存廣東一人。十三司主事廣東增一人，後革。四川、雲南、貴州三司主事止十二人，司務一人，照磨一人，司獄二人。

南京工部：尚書一人，右侍郎一人，四司郎中四人，營繕都水員外郎二人，四司主事各二人，司務一人，所屬營繕所所正一人，所副一人，所丞一人，龍江清江二提舉司提舉各一人，寶源軍器及兩竹木共四局各大使一人，織繕所大使一人。

南京都察院：右都御史一人，右副都御史一人，右僉都御史一人，十三道監察御史三十人，浙江、江西、河南、山東、山西、陝西、四川、雲南、貴州九道各二人，福建、湖廣、廣東、廣西四道各三人。經歷一人，都事一人。革司務一人，照磨一人，司獄二人。凡御史刷卷清軍，皆從北京都察院進本點差。

南京通政使司：右通政一人，右參議一人，經歷一人。

南京大理寺：卿一人，右寺丞一人，左右寺正各一人，左右評事各三人，後減一，司務一人。

南京詹事府：堂上官不設，主簿一人。

南京太常寺：卿一人，少卿一人，典簿一人，博士一人，協律郎二人，贊禮郎七人，司樂二人，天地壇、山川壇、藉田、祖陵、皇陵、孝陵、揚王墳、徐王墳七祠祭奉祀，惟皇陵多一人，共奉祀八人，皇陵祀丞二人，孝陵祀丞一人。舊天地壇祖陵皆有祀丞，後革。神樂觀提點一人，舊有知觀一人，革。

南京光禄寺：卿一人，少卿一人，典簿一人，四署署正四人，署丞四人，後止存大官一丞。

南京太僕寺：卿一人，少卿二人，後革一。寺丞二人，後革一。主簿一人。寺在滁州。

南京國子監：祭酒一人，司業一人，監丞一人，典簿一人，博士三人，後革一，助教六人，後革二，學正五人，後革一，學録二人，典籍一人，學饌一人。

南京應天府：府尹一人，府丞一人，治中一人，通判二人，推官一人，所屬經歷、知事、炤磨、檢校各一人，上元、江寧二縣知縣、縣丞、主簿、典史各一人，儒學教授一人，訓導六人，陰陽學正術一人，醫學正科一人，司獄一人，廣積庫副使一人，都税使大使一人，龍江税課局大使一人，後併，龍江聚寶門江東太平門四宣課使各大使一人，聚寶分司副使一人，龍江、江東、江寧、大勝四驛各驛丞一人，遞運茶引二所各大使一人，龍江河泊所所官一人，江東、江淮、秣陵鎮、淳化鎮四巡檢司各巡檢一人，石灰、龍江二關大使二人，常平倉大使一人。

南京鴻臚寺：卿一人，主簿一人，署丞二人，鳴贊四人，序班九人，後增三人，司儀、司賓二署各署丞一人。

南京翰林院：學士或侍講讀，或春坊庶子諭德中允一人，署掌孔目一人。

南京尚寶司：卿一人。

南京六科給事中六人，户科管後湖黄册給事中又一人。

南京太醫院：院判一人，吏目一人，惠民藥局生藥庫各大使一人。

南京欽天監：監正一人，監副一人，革，主簿一人，五官正各一人，五官靈臺郎一人，五官監候一人，五官司曆一人。

南京行人司司副一人。

南京守備參贊機務，大率戚畹勳舊爲之，或内遣尚書及南京兵部尚書，所在中府兼任。

南京五城兵馬司吏目五人。

南京五軍都督府及錦衣衛各衛各經歷一人，共經歷五十人，都督都事一人，錦衣知事一人，各衛倉副使一人。

南京京衛武學：教授一人，訓導三人，後止存一人。

南京留守通濟、聚寶、石城、金川、高橋、佛寧、牧馬七千户所吏目各一人。

南京僧録道録與北京同。

（清）查繼佐《罪惟録》志卷二七《職官志·附列朝職官沿革雜例》

三公、三孤，不輕授。景泰後，以公孤帶尚書、都察院、大理寺、通政使、侍郎、詹事府，一時嘗二三十人。崇禎初遵舊制，文臣非正卿，武臣非勳爵，不得加保傅銜。

内閣位進三孤，自洪熙元年始。加太子少保，自建文中陳迪始。加太子少師，自永樂姚廣孝始。景泰中，遂有滿朝保傅之謠矣。閣臣初不得兼掌部院，自楊士奇、蹇義領三官，而王文領四官，陳循、高穀領五官，後遂爲首輔故事。輔臣歷官至一品，自士奇始。一品入内閣，自王文始。正德中焦芳欲以内閣兼吏部，同官李東陽止之。

按東陽語監瑾：吏部擬陞調，聽閣臣可否，豈宜一人爲之？又吏部例廷跪承旨，内閣侍班立聽。今將何從？或部有錯誤，小則回話認罪，大則罰俸，閣與部分謗，勢有難行。瑾語塞。後竟通行。

例内閣不得出爲外官，永樂中解縉出參議廣西，胡儼改國子祭酒，宣德中張瑛改南禮部，陳山降職教内監書，景泰中江淵出爲户部尚書，成化中詔翰林會内閣自覈其官屬。

文淵閣爲翰林院内署，非衙門比，中不設南面座，避至尊也。官不論尊卑，有入閣旨稱直閣，始預機務。其文淵閣印，惟封上詔草題奏揭帖用之，下諸司止用翰林院印，或稱會同翰林院。初不以内閣行、後徐有貞稱掌文淵閣印非制，最後直稱會同内閣大臣，並不及翰林，益非制。按義門鄭詠，國初由典籍陞檢討，仍掌文淵閣事，以專管書籍而設，則似有貞非擅。宣德中，凡中書更直，謄副繕正，處閣之西小房，謂之西制勅房。諸學士居閣之東五楹，專管誥勅。稿定正於閣臣，乃付中書繕寫以進，謂之東誥勅房。而得帶知制誥銜，則惟大學士暨諸學士，中書不與。每賜饌，中書亦不與。正統九年後，學士不復會食，悉聽中書序班譯字等官。諸學士舊坐祭酒上，後漸更。天順中，劉益、以列參議，内補祭酒，示謙，乃得復舊制。弘治中，復專管誥勅房，李東陽爲之，奏薦布衣潘辰代筆。

按：文淵閣在奉天殿東廡之東，文華殿之前，深嚴禁密，例不得舉火。宣廟特許内庖，遂有烹膳處。

上偶閣臣對奕無子聲，曰：楮爲之。遂賜象牙碁。存閣中，不許攜外。

殿閣教士，洪武五年在文華殿。永樂三年在文淵閣。正統十二年在東閣。

文銜柱國以上，不許請授。其制戴諸司職掌。成化末，萬安破例請，得給。尹旻吏部因之，屠滽以吏部亦因之，時遂定例内閣與吏部尚書得請。後馬文升以兵部復因之，張志淳歎曰：幾無法守矣。

宗人府署印，舊例國戚爲之。若安遠侯柳景嘗署府事，非制。祖訓宗室才堪文武者量授職。

按：靖江王守謙，初出爲東平州知州，此係祖訓以前偶試以事。

又按：藩邸之戚，初無轉京官之禁。弘治十二年，詔修問刑條例，時吏部尚書屠鏞，與大理少卿王輔有隙，因言輔係儀賓之弟，不當車輦

下，遂增一款，後遂遵行。嘉靖中，王論亦係儀賓，以知兵，破例特恩爲兵部主事。【略】

六部，洪武中，奏准浙江、江西、蘇州籍不許填户部。崇禎中，倪元璐破例爲尚書。永樂中，嘗遣部屬二十六人巡行天下，撫安軍民。後列朝無遺者。宣德中，始有一部兩尚書治事，後遂有添設名色。弘治中，京師口號：禮部六尚書，翰林十學士。王恕以太子太保吏部尚書考滿，越請柱國勳階。張信以兵部尚書左遷錦衣衛指揮使。刑部廣東司分轄錦衣衛，後漸曲狥，似爲其所屬承行而已。部有郎中凳，以六部正官公坐郎中得預故。

吏部選法，有大選、急選、遠選、邊選、就教選、類選、考選、揀選、乞恩選，其例不等，至傳奉而弊拯。至于入官，有署職、試職、實授，有借除、截替、改俸、併省、徵召、薦起、授納、帶俸、添註、遥授，其例亦不等。

明官内外大小出身，初由薦辟，改由科目。于是有進士、鄉貢士、歲貢士。此外有官生、恩生、例貢生、監生、積分吏員、三考。其欽天監、太醫院，以其習，不由出身。

尚書久任，永樂至正統，蹇義爲吏部，夏原吉爲禮部，皆二十七年。黄福尚書兩京，三十九年，在交南十有九年。胡濙爲禮部三十二年，周忱巡撫江南二十二年。【略】

太常、鴻臚官自别途出身者，至少卿而止。洪武中，或有太常卿告改本府教授，許之。萬曆中，不許道流冒濫，太常准禮部選定，送吏部奏除。

中書舍人正選外，間有廕授，或從纂修例，舉人考授，仍許會試一次，監生試授。

巡按御史，嘉靖中，禁在任不許作威，挫辱守令官。知府相見，不許行跪禮。

兩衙門，初准進士年三十以上纔得考選給事中，後不拘舉貢及監生，至有改授者。其考選御史，例于中行平博及行取知推中，歷朝獨不許部屬改用。永樂中，上偶指刑科爲工科，後逐易其署，工科在刑科之上。

《明史》卷七二《職官志》 明官制，沿漢、唐之舊而損益之。自洪武十三年罷丞相不設，析中書省之政歸六部，以尚書任天下事，侍郎貳之。而殿閣大學士衹備顧問，帝方自操威柄，學士鮮所參决。其糾劾則責之都察院，章奏則達之通政司，平反則參之大理寺，是亦漢九卿之遺意也。分大都督府爲五，而征調隸於兵部。外設都、布、按三司，分隸兵刑錢穀，其考核則聽於府部。是時吏、户、兵三部之權爲重。

迨仁、宣朝，大學士以太子經師恩，累加至三孤，望益尊。而宣宗内柄無大小，悉下大學士楊士奇等參可否。雖吏部蹇義、户部夏原吉時召見，得預各部事，然希闊不敵士奇等親。自是，内閣權日重，即有一二吏、兵之長與執持是非，輒以敗。

至世宗中葉，夏言、嚴嵩迭用事，遂赫然爲真宰相，壓制六卿矣。然内閣之擬票，不得不决於内監之批紅，而相權轉歸之寺人。於是朝廷之紀綱，賢士大夫之進退，悉顛倒於其手。伴食者承意指之不暇，間有賢輔，卒蒿目而不能救。

初，領五都督府者，皆元勳宿將，軍制肅然。永樂間，設内監監其事，猶不敢縱。沿習數代，勳戚紈袴司軍紀，日以惰毁。既而内監添置益多，邊塞皆有巡視，四方大征伐皆有監軍，而疆事遂致大壞，明祚不可支矣。跡其興亡治亂之由，豈不在用人之得失哉。

至於設官分職，體統相維，品式具備，詳列後簡。覽者可考而知也。

《明史》卷七五《職官志》 南京官，自永樂四年成祖往北京，置行部尚書，備行在九卿印以從。是時，皇太子監國，大小庶務悉以委之。惟封爵、大辟、除拜三品以上文武職，則六科都給事中以聞，政本故在南也。十八年，官屬悉移而北，南京六部所存惟禮、刑、工三部，各一侍郎，在南之官加南京字於職銜上。仁宗時補設官屬，除南京字。正統六年定制復如永樂時。

紀事

（明）何楝如《皇祖四大法》卷五《治法》 〔洪武十三年春正月〕己亥，胡惟庸等既伏誅。上諭文武百官曰：朕自臨御以來垂有三年矣，中間圖任大臣，期於輔弼，以臻至治。故立中書省以總天下之文治，都督府以統天下之兵政，御史臺以振朝廷之紀綱。豈意奸臣竊持國柄，枉法誣賢，操不軌之心，肆奸欺之蔽。嘉言結於衆舌，朋比逞於群邪。蠹害政治，謀危社稷。譬隄防之將決，烈火之將然，有滔天燎原之勢。賴神發其奸，皆就殄滅。朕欲革去中書省，陞六部，倣古六卿之制，俾之各司所事。更置五軍都督府以分領軍衛，如此則權不專於一司，事不留於壅蔽。卿等以爲何如？監察御史許士廉等對曰：歷朝制度皆取時宜，況創制立法，天子之事，既出聖裁，實爲典要。但慮陛下日應萬幾，勞神太過，臣愚以爲宜設三公府，以勳舊大臣爲太師、太傅、太保，總率百僚庶務，其大政如封建、發兵、銓選、制禮、作樂之類，則奏請裁决。其餘常事，循制奉行。庶幾臣下絶奸權之患，主上無煩劇之勞。上然之。【略】

〔洪武十三年〕九月戊子朔丙午，始置四輔官。告太廟，以王本、杜佑、龔斆爲春官，杜斆、趙民望、吳源爲夏官。勑曰：昔之耕莘者爲政，社稷永安。築巖者在朝，君仁民康。二臣繼出於殷商，致君六百年之大業。是賢者雖處同出異，其忠君濟民之道則一。朕政有未周，化有未洽，訪近臣而求士，故召爾等來朝，命爲四輔官，兼太子賓客，位列公侯都督之次，必欲德合天人，均調四時，以臻至治，其敬慎之。初召本等至，上以敕諭之。既而上坐武英殿西廡，召見諸儒，使各言其志。本等對曰：爲士者貴幼學而壯行，然求之往昔，懷致君澤民之志而不遇明主，道不行功不立，徒湮没於世。如此人者，豈不惜哉。今臣等草野愚陋，學不足以明道，才不足以經世。誤蒙聖上以儒臣名，與圖治道。臣等遭遇恩榮，誠千載一時，慶幸何如。若不思報稱，是自棄於明時，何以稱士。上悅。故授以是職，告於太廟。

《明實録》洪武三十五年秋七月〔甲申〕吏部言：建文中改舊官制。如六部尚書舊正二品，陞正一品。又增設侍中二員，正二品。所屬諸司舊有清吏二字皆除去。户刑二部屬舊十二司改爲四司，工部增設照磨所，兵部舊設典牧所，户部設贓罰庫皆革罷。都察院改爲御史府，舊設十二道改爲左右兩院，御史止設二十八員。改通政使司爲通政寺，舊設通政使左右通政、左右參議改爲卿少卿丞。翰林院官舊設學士及侍讀學士、侍講學士，其侍讀、侍講、五經博士、典籍、侍書、侍詔爲屬官，脩撰、編脩、檢討爲史官，孔目爲首領官，中書舍人舊在内府，別有印信，于翰林非統屬。建文于翰林增設正官學士承旨一員，在學士之上，又改侍讀學士、侍講學士俱爲文學博士。設文翰、文史二館，文翰館以居侍講侍讀侍書五經博士典籍侍詔，其侍書陞正七品。文史館以居脩撰編脩檢討，改孔目爲典籍，創置典簿廳條記，而革中書舍人，改爲侍書以隸翰林。又增設文淵閣待詔及拾遺補闕，增設五軍斷事、五軍制禄倉。革罷大理寺左右寺寺正寺副，增置本寺首領官典簿及太常寺贊禮郎二員、太祝一員。光禄寺少卿舊五品，陞四品。寺丞舊六品，陞五品。又增設監事及司圃所，改司牲司爲孳牲所，陞其品級。太僕寺寺丞舊六品，陞五品。又改其首領官職名而陞其品級。又增設録事及典廄、典牧二署，驌驦等十八羣，滁陽等八牧監，龍山等九十二羣官。鴻臚寺少卿舊從五品，陞正五品。寺丞舊從六品，陞正六品。又改其首領官職名，亦陞品級。革罷司儀、司賓二署，而陞其鳴贊序班品級。行人司舊別有衙門印信，于鴻臚寺非統屬。革罷行人司，而以行人隸鴻臚寺。陞國子監丞爲堂上官，革罷學正學録。增設欽天監五官監候，增設選士院及應天府知候所。改五城兵馬司指揮、副指揮爲兵馬、副兵馬。陞各衛經歷品級，又增設知事，增設旗手等四十四衛武學，及置錦衣衛帶管優給武學所教授，增置各王府賓輔伴講伴書。各布政司布政使舊從二品，陞正二品。參政舊從三品，陞正三品。參議舊從四品，陞正四品。改各處提刑按察司爲肅政按察司，凡中外大小衙門有創革陞降官員額數有增減者及所更改文武散官並合遵復舊制。上曰：如切係軍民利害者，可因時損益。既于軍民利害無所關涉，何用更改。況前人創立制度皆有深意，今行之既久，無弊輒改，□爲此其所以敗亡也。俱速改復舊制。

《明史》卷一《太祖紀》〔至正〕二十四年春正月丙寅朔，李善長等率羣臣勸進，不允。固請，乃即吳王位。建百官。以善長爲右相國，徐達爲左相國，常遇春、俞通海爲平章政事，諭之曰：立國之初，當先正紀綱。元氏闇弱，威福下移，馴至於亂，今宜鑒之。立子標爲世子。二月乙未，復自將征武昌，陳理降，漢、沔、荆、岳皆下。三月乙丑，還應天。丁卯，置起居注。庚午，罷諸翼元帥府，置十七衛親軍指揮使司，命中書省辟文武人材。

宗人府

綜　述

《大明會典》卷二《宗人府》 國初，置大宗正院，秩正一品。洪武二十二年，改爲宗人府，設宗人令、左右宗正、左右宗人，掌皇九族之屬籍，以時修其玉牒，書宗室子女嫡庶名封生卒婚嫁謚葬之事。

凡宗室有所陳請，即爲上聞，聽天子命。初以親王領之，後但以勳戚大臣攝府事，不備官。

凡東宫親王位下各擬名二十字，日後生子及孫，即以上聞，付宗人府。所立雙名，每一世取一字以爲上字，其下一字臨時隨意選擇，編入玉牒。至二十世後，照例續添，永爲定式。下字俱用五行偏傍者，以火土金水木爲序。惟靖江王府不拘。

凡郡王子孫有文武才能堪任用者，大宗正院具以名聞。朝廷考驗，換授官職，其陞轉如常選法。如或有犯，宗正院取問明白，具實聞奏。輕則量罪降等，重則黜爲庶人。但明賞罰，不加刑責。

凡各王府有新生子女，具生年月日，并分嫡庶，及生母姓氏奏報本府，抄出，附注宗支簿籍。遇該禮部行查仍驗各府造報玉牒文册相同，回報施行。

凡各王府親王郡王將軍中尉請名封襲封及出閣新封郡主縣主郡君縣君鄉君，并薨故等項，奏報本府。抄出，亦各附注宗支簿籍。

凡親王未之國，除授長史等官，吏部行本府轉行各府長史司取具到任日期及啓王知會。

凡各王府奏請禄米，户部行本府查勘相同，回報施行。

凡親王出府，兵部奏撥儀衛司羣牧所等衙門官軍旗校人等隨侍。行本府轉送各長史司，啓王知會。在外無行。

凡各王府有郡王將軍中尉及郡主縣主郡君縣君鄉君出閣起造房屋，奏行工部，轉行本府，查勘相同，回報施行。

凡纂修玉牒，十年一次。宣德三年奏准，用翰林院官一員同本府經歷於史館内附寫。嘉靖十七年奏准：吏部撥監生十名，承差六名，辦事官八員，吏十二名，工部撥工匠辦卓凳，事完之日，監生人等，仍留在府，書寫年終御覽揭帖，并辦理一應公務，滿日更替。二十四年題准：玉牒總圖做古史世表之法以横格分代數，列書其名氏。而各派所出之子孫，則遞書於各派之下，仍餘下方，以俟續書。其圖以帝系爲統，有雖係長出而在藩封，及國初追封爲王者，俱不以加於帝系之前。有長出而殤追授封號者，惟册内載之，不以列於圖。

凡附注宗支，弘治十年奏准：吏部撥辦事吏三名。

凡玉牒紙劄，永樂二十二年奏准：於司禮監關領，表背匠，工部取用。洪熙元年奏准：行司禮監別造紙劄。嘉靖十七年，令順天府辦紙劄筆墨等物公用。

凡本府印信，於承差内選補知印一名。

凡本府合用紙劄，弘治十年奏准：於刑部關領印色順天府買辦。正德十三年，令紙劄於刑部都察院分季關領。

南京宗人府

永樂十八年，改本府爲南京宗人府，不復降印。

惟改降經歷司印，與南京各衙門行移。

（明）李日華《官制備考》卷上《宗人府》 《周禮》少宗伯掌三族之别，以辯其親疏。漢因秦制，置宗正以叙九族，以皇族爲之。唐龍朔改爲司宗，光宅改爲司屬，後竟復舊。宋有知大宗正，同知大宗正，以皇兄皇□爲之。元豐中詔宗正貳長，不專用國姓。蓋自有大宗正司以統皇族也，有玉牒無設局，置官始于淳化中，倣唐制也。故事以首相領之，自後相府有闕，則以首參兼領。

皇朝特立宗人府，居六部之上，其秩一品，以親王充之。已而以勳戚大臣，構府事，不備官，宗人令一人，掌皇九族六親之屬籍，以時修其玉牒，書宗室子女適庶名封，生卒婚嫁謚葬。凡宗室陳請爲聞上，達材能録罪過。左右宗正各一人，宗人各一人，爲之貳。經歷一人，典出納文移。

（明）徐石麒《官爵志》卷二《宗人府》 周有宗正，漢置官以序九族。國初置大宗正院。洪武二十二年改院爲府，設宗人令、左右宗正、左右宗人，俱正一品。首領官經歷司經歷正五品，職專玉牒譜系之事，初以親王領府事，後但以勳戚大臣掌之，而不備官。

（清）查繼佐《罪惟録》志卷二七《職官志·初制文職》 大宗正院，正一品。洪武二十二年，改爲宗人府。初親王領之，後勳戚大臣兼攝，不備官。

《明史》卷七二《職官志》 宗人府。宗人令一人，左、右宗正各一人，左、右宗人各一人，並正一品。掌皇九族之屬籍，以時修其玉牒，書宗室子女適庶、名封、嗣襲、生卒、婚嫁、謚葬之事。凡宗室陳請，爲聞於上，達材能，録罪過。初，洪武三年置大宗正院。二十二年改爲宗人府，並以親王領之。秦王樉爲令，晉王棡、燕王棣爲左、右宗正，周王橚、楚王楨爲左、右宗人。其後，以勳戚大臣攝府事，不備官，而所領亦盡移之禮部。其屬，經歷司，經歷一人，正五品，典出納文移。

《明史》卷七五《職官志》 南京宗人府。經歷司，經歷一人。南京官品秩，俱同北京。

紀事

（明）卜世昌《皇明通紀述遺》卷三《太祖高皇帝》 洪武二十二年正月，改大宗正院爲宗人府，以秦王爲宗人令，晉王爲左宗正，燕王爲右宗正，周王爲左宗人，楚王爲右宗人。

《明英宗寶訓》卷一《重宗支》 天順二年閏二月丁卯，勅宗人府曰：朕惟玉牒所以紀載宗支，乃朝廷重事。經年久遠，未及增修，爾宗人府即會同禮部查照各王府自正統六年以後，凡有薨逝襲封及男女新生亡故等項逐一明白開寫。中間如有未備，仍行各王府取勘回報以續修。爾其欽承毋忽。

《明史》卷三《太祖紀》 二十二年春正月丙戌，改大宗正院曰宗人府，以秦王樉爲宗人令，晉王棡、燕王棣爲左、右宗正，周王橚、楚王楨爲左、右宗人。

內閣

論說

（明）黄訓《名臣經濟録》卷一五《內閣·論內閣官制王瓊》 朱子著《中庸》，或問至敬大臣章有云：使大臣而賢也則可，如其不賢，則所謂偏聽生奸，獨任成亂，禦下蔽上以成其私，而主不覺悟者亦安得而不慮也。曰：彼其所以至此正坐，不知九經之義而然耳。使其能明此義，則必以正心修身爲本而得其人以任之矣。不幸而有趙高虞昪李林甫之徒，則亦亟求人以易之矣。苟爲不然，吾恐君上之權不在大臣而移於左右，其爲國家之禍可勝言哉。朱子此説是欲君聖臣賢兩得其人也。然自古以來，雖有賢君而爲奸臣蒙蔽，亂政亡國者多，豈能君臣皆得其人哉。惟我太祖垂訓立法高出千古，罷丞相任六卿，無偏聽獨任之弊。此法能世守之，朝政悉付六卿，如有違枉，臺諫得糾正論劾，朝廷端拱以照臨於上，萬世無弊矣。嘗見紀國初事蹟者，內載洪武間設有殿閣大學士，其職不過代草辭令，然每有犯輒罪黜。凡制誥碑文祭文，多出御製。如今天下各衙門表箋祝文祭文，雖臣下所用亦出御製，至于武臣誥命皆組織之不書。其每日羣臣奏事面奏取旨畢，各衙門將奉旨意批寫本後送該科類寫奉到旨意覆奏，豈有大學士學士敢自爲口旨送內批于本面發出之事乎。永樂始建內閣於東門內，命解縉、黄淮、胡廣、胡儼、楊榮、金幼孜、楊士奇七人在閣辦事，尋陞侍講。仁宗皇帝正位東宮，皆轉春坊官。凡草制纂修等事，惟翰林院掌之，無內閣掌管之説也。如永樂十三年纂修《性理大全》，書成，翰林院學士兼左春坊大學士奉政大夫胡廣、奉政大夫右春坊右庶子兼翰林院侍講楊榮、奉直大夫右春坊右諭德兼翰林院侍講金幼孜上表進呈。蓋雖春坊官必須兼翰林院職銜方得預纂修之事，未有殿閣大學士而獨專纂修之事者也。況永樂間胡廣所兼不過春坊大學士，則是時殿閣大學士不設已久矣。今雖尚書在內閣辦事，六部請勅手本只云合用手本前去翰林院寫勅施行，則舊意猶存可攷也。終永樂之世，二楊官止五品，蓋爲衙門所拘，初未有衙門小官大之例也。仁宗登極始以東宮舊臣陞士奇爲禮部侍郎，尋陞少保轉少傅兼華蓋殿大學士。楊榮爲太常卿，進太子少傅兼謹身殿大學士，又陞工部尚書在閣辦事。楊溥永樂間繫獄十年至是釋出擢翰林院學士，尋陞太常卿兼學士内閣辦事。此三人皆以龍飛超陞委任不可以例論也。後楊溥丁憂起復不入閣，宣德間因九年三品職滿方陞禮部尚書學士如故，英宗即位復命入閣。正統四年，修宣廟實録成，進少保。楊士奇、楊榮俱進少師，號三楊。初楊榮陞尚書不過工部則不敢兼官，歷六卿之意可見。然自此官制一變，其後遂使雜流出身在内閣書辦年久者亦得陞至尚書，至于序班道士亦以年資陞至尚書，掌鴻臚寺太常寺事，皆三楊開其端也。由是内閣之權漸重，無異宰相之設，六部之權漸輕，凡事多稟受内閣風旨而後行，卒使祖宗官制額定之員得以增置，而日久因襲，遂不可復改矣。

（明）何良俊《四友齋叢説》卷七《史三》　太祖自誅胡汪之後遂不設丞相，而朝廷之事皆分布六部，閣下諸臣但以備顧問而已。故解縉與胡廣諸人，皆以講讀入閣辦事，楊文定亦但以太常少卿入，不兼部臣，亦無散官，故其權甚輕。然各衙門章奏皆送閣下票旨，事權所在，其勢不得不重。後三楊在閣既久，漸兼尚書，其後散官加至保傅，雖無宰相之名而有宰相之實矣。

（明）何良俊《四友齋叢説》卷七《史三》　唐時以舍人年深者謂之閣老，今直以宰相爲閣老，亦傳襲之誤也。

（明）王世貞《弇州史料後集》卷三一《國朝叢記·入閣聖旨輕重有異》　内閣其始不過掌典制誥、備顧問、司圖籍，如古中書舍人學士秘書監職，以故入閣者止云同某辦事而已。最重者，嘉靖末旨云：大宗伯煒陞太子太保户部尚書武英殿大學士，入内閣輔政。時分宜爲首輔，上極重之，而不之及。又云輔政蓋推隆袁公故也。最輕者，萬曆中旨吏部左侍郎兼翰林院學士張四維陞禮部尚書兼東閣大學士，隨着元輔辦事，又太子少保禮部尚書馬自强陞太子太保文淵閣大學士尚書如故，吏部左侍郎申時行兼東閣大學士隨着元輔辦事。元輔者張江陵居正也，不稱名云隨着者皆以重江陵故也。其懸絶如此。又推内閣必由廷推或徑出聖簡，今皆江陵擬上，至馬公之加太保，亦出疏擬，尤爲可駭。

綜述

《皇明詔令》卷二《太祖高皇帝中·命左右相詔洪武四年正月初一日》

奉天承運皇帝詔曰：朕聞自周至今，凡有天下創業之君，其能保全功臣，使得安養而至老者，惟漢之光武，後世稱之。朕今天下已定，有功文武，各受爵封，雖有遐荒之夷必欲征進，不煩上將之勞。况大將軍收戈解甲於武備之庫，息馬家庭，從善樂遊，功名兩全，古何過哉。中書左丞相李善長事朕以來，朝寅而至，暮戌而歸，今十有八年，勤勞多矣。朕見其年高驅馳，侍立，心懷不忍，三載於茲。今因上表告乞致政，朕已許之，使遂其志，亦功名兩全，漢之河、參過於此乎。然中書出納百僚庶務，不可一時缺人，今命中書右丞相汪廣洋爲中書左丞相，參知政事胡惟庸爲中書右丞相，總理軍國重事。於戲，任賢使能，乃前王之明哲；除讒去佞，係歷代之英君。朕雖不敏，必使施爲而後見。故茲詔示，咸使聞知。

（明）王世貞《弇州史料後集》卷三八《筆記·殿閣事例》　洪武末設華蓋謹身文華武英諸殿，文淵東閣大學士俱正五品。華蓋以劉仲質邵質，文華以全思誠鮑恂余銓張長年，武英以吴伯宗，文淵以朱善宋訥，東閣以吴沈爲之，而無所領，惟從容備顧問而已。其後罷不設。建文中，革大學士，止設學士，而以謹身爲正心，然亦竟無授官。永樂始以胡廣楊榮金幼孜爲文淵閣大學士，領閣務。洪熙進楊士奇華蓋，楊榮兼謹身，黄淮金幼孜兼武英，獨以光禄署丞權謹爲文華殿大學士，無兼官亦不預閣務。謹去後文華至今不設大學士，得非以皇太子講讀之所故耶。此殊不可曉。嘉靖末，以華蓋殿爲中極殿，謹身殿爲建極殿，首以徐階袁煒充建極殿大學士，而中極自隆慶初始補李春芳。

洪武初，設弘文館學士，不言品秩。劉基危素睢稼胡鉉王大中羅復仁爲之，尋革。至洪熙元年，章皇帝復建弘文閣於思善門右，以儲經史備顧問。翰林學士楊溥掌閣印，帝手授之。侍讀王璡、五經博士陳繼、吏科給事中王榮參其事。不久併閣務入文淵閣，溥亦辦文淵閣事。

左右春坊大學士與正學士同品。洪武中無任之者，當亦以爲衍耳。建文以任董倫，永樂立東宮李至剛爲左，解縉胡廣楊士奇因之。解縉爲右，黄淮因之。洪熙曾棨爲左，王英爲右。景泰商輅爲左，彭時吕原倪謙因之，劉儼爲右，劉定之因之。逾五十年，而弘治癸亥《會典》成，以左坊學兼讀學，遷中允楊廷和。上疑而問之内閣，具實對乃已，廷和竟遷不設。贊善大夫正五品，宋濂嘗爲之，後止爲贊善，從六品，司直以下亦不常設。

殿閣大學士不預閣務者，陳山宣德四年出教内豎，張瑛宣德四年丁憂，服除，掌南禮部。

預閣務不與閣臣職者，宣德中，詔少師吏部尚書蹇義，少保太子太傅户部尚書夏原吉輟部事，朝夕侍左右顧問，賜珊瑚筆格玉硯條旨，然不與閣臣職。

内閣臣不由甲第者，楊文貞以薦辟，胡若思陳汝静張廷玉以鄉舉。其初不由翰林者，黄文簡以中書舍人，文貞以審理副，胡若思以桐城知縣，金文敏以給事中，俞綱以審理正，王毅愍薛文清俱以御史，李文達以吏部主事，劉宇曹元俱以知縣，袁榮襄以長史，張文忠以南刑部主事，桂文襄以知縣，方文襄以禮部主事，夏文愍以行人。其入閣之先不帶翰林銜者，王毅愍以左都御史，江世用以刑部左侍郎，俞綱以兵部右侍郎，徐元玉以左副都御史，許道中以太常卿，薛文清以大理卿，尹文和以兵部左侍郎，焦孟陽以吏部尚書，王文恪以右侍郎，楊文忠以南京户部尚書，楊文襄許文簡俱以吏部尚書入。若毅愍、文清、文襄、文貞終始不由翰林，尤爲特異。俞綱劉至大僅一履任而已，解大紳出爲廣西右參議，張子玉出理南部，猶帶殿銜。俞綱出佐兵部，以南禮部終。江世用出爲工部，尚書許道中出爲陝西參政，以南禮侍致仕。徐元玉出爲福建參政，尋就逮戍。岳文肅出爲欽州同知，成以興化知府致仕。自岳後無下遷者矣。

按内閣臣職在司内外制而已，未有所謂調旨也，自宣德中大學士二楊公與尚書蹇夏始有調旨之説。而二楊公復以位尊惡煩特奏以少詹事兼講讀學士，曾棨王直王英專知誥勑，然内閣實總之。後棨卒直英遷禮部侍郎，仍司内制。直出理部事，遷吏書，英出理部事而以侍講學士陳循馬愉侍講曹鼐代之，尋革，併入内閣。弘治甲寅，復奏以學士李東陽兼禮部右侍郎掌誥勑，説者以爲爲李公入閣地也，李入閣，太常卿程敏政代。敏政以禮侍致仕，禮侍傅瀚代。瀚遷尚書，吏侍吴寬代，以尚書卒，太常卿張元禎代。元禎以吏侍卒，詹事楊廷和代。廷和改南京户部左侍郎，吏部尚書梁儲代。儲改南京吏部尚書，劉忠代。忠入閣，禮部尚書白鉞代。鉞卒，吏部侍郎靳貴代。貴以禮書入閣，吏部侍郎蔣冕代。冕遷禮書入閣，禮部尚書毛紀代。紀入閣，禮部尚書劉春代。春卒，禮部尚書李遜學代。遜學卒，吏部尚書石珤代。珤入閣，吏部侍郎賈詠代。詠入閣，禮部尚書吴一鵬代。鵬出理部事，吏部侍郎温仁和代，以憂歸。自是大學士張桂等密疏不宜設，而旨罷矣。

按東閣在左順門廊接史館，雖有大學士官，其職在文淵閣，而司誥勑官多坐東閣爲待從之長。故揔謂之閣老，然非參預政務，非真權。嘉靖末，内閣以其兩制官不文，始奏設翰林講讀史官，分掌外制，而武臣誥勑仍用其屬之能文者理之。若詔赦勑草之類，仍用閣臣，翰林諸臣不得與。初在内閣不以首次輕重弘正，以後居首者始秉筆地望與次相懸絶矣。

（明）沈德符《萬曆野獲編》卷七《丞相》 秦官以丞相爲第一，主國柄，漢因之。唐以尚書令爲真相，而左右僕射佐之，皆宰相職也。武后改僕射爲文昌左右相，中宗返正復舊名，至玄宗又改兩僕射爲左右丞相，可謂名位俱正矣。然是時，以同中書門下平章事爲宰相，以故李適之、張九齡去相位，俱拜左右丞相，罷政事，歸本班，則紊甚矣。趙家以僕射爲真相，似合唐初之制。至徽宗改爲太宰少宰，最爲不經。南渡始復僕射之名，爲真相，如初制。迨孝宗復改爲左右丞相，以虞允文、梁克家雙拜。古來丞相之名，至是始正。本朝以大臣入閣預機務，此平章事之遺，而銜稱殿閣大學士，則宋昭文右相，集賢左右之遺也。

（明）李日華《官制備考》卷上《殿閣學士》 自黄帝得六相而天下治，自後如舜相堯，禹相舜，益相禹，伊尹相湯，説相高宗，所從來矣。《周官》始以太師太傅太保爲三公，少師少傅少保爲三孤，三公任宰相，三孤任次輔，而相道始備。秦漢以後，置廢不常，在秦爲丞相，漢初唯有太傅太尉，爲相國，而所謂三公者，丞相太尉御史大夫也。孝惠時爲左右丞相，成帝加置太師太保大司徒大司空，哀帝定三公之號曰大司馬大司徒大司空。魏黄初改大丞相。晉罷司徒，置中書監令，並掌機務。唐武德初，以太尉司徒司空爲三公，尚書省門下省中書省爲三省。貞觀中復本周官，以三太爲三師，繼是有同中書門下，三品之名，有平章政事之名。開元中置左右丞相。宋承唐制，以太師太傅太保爲三師，太尉司徒司空爲三公，後以三師古無此名，仍考周制，立三公三孤，亦稱三少，爲次相之任，同平章事、參知政事。元豐間罷平章政事、參知政事，獨設中書門下尚書三省。又爲尚書左右僕射。建炎中復改置同中書門下平章事，改中書門下侍郎，復爲參知政事，皆是職也。

國朝洪武初，因前代中書省設左右丞相。十五年，罷中書省六部分領中書之政，倣宋制，置殿閣大學士，侍左右備顧問，然不得平章軍國事。永樂初，罷三孤官，簡待詔解縉等七人，入内閣直文淵，凡六部大政，咸共平章，閣學預機務自此始。洪熙復設三公三孤官。嘉靖中又名奉天殿爲皇極，文華殿爲中極，謹身殿爲建極。而大學士名官如其初兼領吏部尚書事。

（明）徐石麒《官爵志》卷二《大學士》 學士無大稱，唐中宗欲以崇寵大臣乃有大學士之名。唐至五代有文明殿大學士，爲宰相兼職。宋真宗寵王欽若罷政特置資政殿學士，班在翰林上。今設華蓋殿、武英殿、文華殿、文淵閣、東閣大學士，俱正五品，班在本院學士上。永樂初，簡命編脩等官于文淵閣參預機務謂之内閣，漸陞至學士等官。洪熙元年，以輔導任重，加陞至師保及各部尚書侍郎職銜，仍兼學士大學士，又添設謹身殿大學士，以後或由他官入閣辦事者，皆兼學士大學士。唐末有閤門使，今閣門使正六品，武英殿承天門右順門待詔從九品。

（明）徐石麒《官爵志》卷二《内閣權重》 《瑣綴録》有云：國朝初不設宰相，永樂初年乃設内閣，選翰林院六七臣居之，職知制誥，日備顧對參決政機，隱然相職，而官不過學士。洪熙初始陞孤卿，皆潛邸舊人。

（清）查繼佐《罪惟録》志卷二七《職官志·初制文職》 殿閣學士，洪武十五年置，有華蓋殿、武英殿、文華殿及東閣、文淵閣，皆大學士。或以吏部尚書、翰林院學士、檢討、典籍爲之，侍左右，備顧問，未典機務。有閣門使，主傳旨，革。

《明史》卷七二《職官志》 中極殿大學士，舊名華蓋殿，建極殿大學士，舊名謹身殿，文華殿大學士，武英殿大學士，文淵閣大學士，東閣大學士，並正五品，掌獻替可否，奉陳規誨，點檢題奏，票擬批答，以平允庶政。凡上之達下，曰詔，曰誥，曰制，曰册文，曰諭，曰書，曰符，曰令，曰檄，皆起草進畫，以下之諸司。下之達上，曰題，曰奏，曰表，曰講章，曰書狀，曰文册，曰揭帖，曰制對，曰露布，曰譯，皆審署申覆而修畫焉，平允乃行之。凡車駕郊祀、巡幸則扈從。御經筵，則知經筵或同知經筵事。東宮出閣講讀，則領其事，敘其官，而授之職業。冠婚，則充賓贊及納徵等使。修實録、史志諸書，則充總裁官。春秋上丁釋奠先師，則攝行祭事。會試充考試官，殿試充讀卷官。進士題名，則大學士一人撰文，立石於太學。大典禮、大政事，九卿、科道官會議已定，則按典制，相機宜，裁量其可否，斟酌入告。頒詔則捧授禮部。會敕則稽其由狀以請。宗室請名、請封，諸臣請謚，並擬上。以其授餐大內，常侍天子殿閣之下，避宰相之名，又名内閣。

先是，太祖承前制，設中書省，置左、右丞相，正一品。甲辰正月，初置左、右相國，以李善長爲右相國，徐達爲左相國。吳元年命百官禮儀俱尚左，改右相國爲左相國，左相國爲右相國。洪武元年改爲左、右丞相。平章政事，從一品，左、右丞，正二品，參知政事，從二品，以統領衆職。置屬官，左、右司，郎中，正五品，員外郎，正六品，都事、檢校，正七品，照磨、管勾，從七品。參議府，參議，正三品，參軍、斷事官，從三品，斷事、經歷，正七品，知事，正八品。都鎮撫司，都鎮撫，正五品。考功所，考功郎，正七品。甲辰十月以都鎮撫司隸大都督府。吳元年革參議府。洪武元年革考功所。二年革照磨、檢校所、斷事官。七年設直省舍人十人，尋改中書舍人。洪武九年汰平章政事、參知政事。十三年正月誅丞相胡惟庸，遂罷中書省。其官屬盡革，惟存中書舍人。九月置四輔官，以儒士王本等爲之。置四輔官，告太廟，以王本、杜祐、龔斆爲春官，杜斆、趙民望、吳源爲夏官，兼太子賓客。秋、冬官缺，以本等攝之。一月内分司上中下三旬。位列公、侯、都督之次。尋亦罷。十五年倣宋制，置華蓋殿、武英殿、文淵閣、東閣諸大學士，禮部尚書邵質爲華蓋，檢討吳伯宗爲武英，翰林學士宋訥爲文淵，典籍吳沉爲東閣。又置文華殿大學士，徵耆儒鮑恂、余詮、張長年等爲之，以輔導太子。秩皆正五品。二十八年敕諭羣臣：國家罷丞相，設府、部、院、寺以分理庶務，立法至爲詳善。以後嗣君，其毋得議置丞相。臣下有奏請設立者，論以極刑。當是時，以翰林、春坊詳看諸司奏啓，兼司平駁。大學士特侍左右，備顧問而已。建文中，改大學士爲學士。悉罷諸大學士，各設學士一人。又改謹身殿爲正心殿，設正心殿學士。

成祖即位，特簡解縉、胡廣、楊榮等直文淵閣，參預機務。閣臣之預務自此始。然其時，入内閣者皆編、檢、講讀之官，不置官屬，不得專制諸司。諸司奏事，亦不得相關白。

仁宗以楊士奇、楊榮東宫舊臣，陞士奇爲禮部侍郎兼華蓋殿大學士，榮爲太常卿兼謹身殿大學士，謹身殿大學士，仁宗始置。閣職漸崇。其後士奇、榮等皆遷尚書職，雖居内閣，官必以尚書爲尊。景泰中，王文始以左都御史進吏部尚書，入内閣。自後，誥敕房、制敕房俱設中書舍人，六部承奉意旨，靡所不領，而閣權益重。世宗時，三殿成，改華蓋爲中極，謹身爲建極，閣銜因之。嘉靖以後，朝位班次，俱列六部之上。

紀事

（明）沈德符《萬曆野獲編》卷七《閣部列銜》　國初閣部大臣惟以部次及宫銜之大小爲次第，不獨重閣臣也。如景泰元年辛未科廷試讀卷，工部尚書石璞居工部尚書兼翰林學士直内閣高穀之前。時兩人俱不帶宫銜，璞又以乙科起家，非詞林前輩，蓋以坐部爲尊，故抑戴銜於後也。至成化五年己丑科讀卷，則兵部尚書兼翰林學士直内閣商輅，居吏部尚書崔恭之前。時兩人俱不帶宫銜，亦宜以部序爲次，而位置如此，則以閣體重也。其時去景泰初元將廿年，時事已大不同矣。至十一年乙未科讀卷，商淳安以户書學士，萬眉州以禮書學士，俱列吏部尚書尹旻之前，則揆地之勢已大定。自此循爲故事矣。其後弘治四年辛亥，邱文莊以禮書入爲文淵大學士，時王端毅爲太宰，與邱同加太子太保，遂用往例，班行中壓邱之上，爲邱所憎，被謗以去，亦可謂不知時變矣。

（明）沈德符《萬曆野獲編》卷七《文華殿大學士》　内府諸殿閣，俱有大學士，今爲輔臣兼職，獨文華殿無之，豈以主上日御講讀之所，故不設此官耶。惟永樂二十二年，徐州人權謹者，以賢良保科舉，筮仕爲山西壽陽縣丞，坐事謫戍，再以薦爲樂安知縣轉光禄署丞，遂入爲文華殿大學士，侍皇太子監國。宣德元年，以病乞歸優進通政司右參議致仕。蓋是時殿閣大學士止備侍從顧問，未預機政也，此後是官不復除，直至萬曆三十五年十月，朱山陰以首揆武英殿太子少保滿一品考晋少保兼太子太保。文華殿大學士則自永樂甲辰至今丁未已一百八十餘年矣。明興，除是官者僅見此二人，朱次年即終是官。

（明）沈德符《萬曆野獲編》卷七《雜學士》　宋有龍圖天章等諸閣，以藏累朝御集，閣必有學士，命曰雜學，以别於翰林。本朝無此，唯洪武三年置弘文館學士，以胡鉉、劉基等爲之，至元年廢不復置。洪熙元年復建弘文閣，本年宣宗登極輔臣楊士奇等以印繳進各官俱還原任矣。若殿閣及兩坊之有大學士，乃宋昭文、集賢、觀文、資政諸大學士比，非雜學也。

（明）沈德符《萬曆野獲編》卷八《宰相讞獄之始》　慮囚雖大事，然刑部大理寺乃專責也。朝審主以冢宰，熱審主以中官，已屬侵越，若宰相則不問決獄，自古已然。惟洪熙元年，曾命内閣學士同公侯伯府部堂上官會審重囚，至成化初元而罷之。時李文達當國，其保相體多矣。又至嘉靖十五年冬，上特命少傅大學士李時、夏言，同武定侯郭勛，審刑部重囚，釋放應死者，凡六十八人，時以爲太縱。然此舉因改獻皇廟號，及恭上章聖太后徽號，大霈宇内。其時赦書中未行，即有刑部具題，請敕大臣會法司審卹之條矣。以故特遣賜敕行事，本係一時曠蕩之恩。比至竣事之後，三臣再請遍行天下，遵照京師，一體審恤，上允其議。其事在閏十二月。弇州誤記作是年三月熱審，因以爲不遣内臣之證，則失實甚矣。此後惟隆慶四年，兼掌吏部大學士高拱自以意請朝審主筆，蓋專爲王金一案，借以陷徐華亭。既非故事，亦非上意屬之也。

《明實録》弘治六年四月〔丁酉〕兵科給事中涂旦言：永樂甲申間，命學士解縉選進士曾棨等二十九人，俾讀書文淵閣，自後相陳，遂爲故事。我朝人才之盛多由于此，乞循祖宗舊制，合今禮部所取進士掄選之，改爲庶吉士，入翰林院讀書。掄送之法在精采擇以抑其濫進，嚴考試以探其心術，限年歲以責其進學。禮部覆奏，謂選擇教養之法，累朝已有成規，惟在敕内閣大臣參酌歷科事例舉行耳。從之。

《明憲宗寶訓》卷一《遵舊制》　天順八年八月辛卯，大學士李賢等言：近科道官言舉官須會内閣計議，但先帝有旨，保官審囚不必會同翰林院，遵行已久，宜仍不預爲是。上曰：內閣儒臣所以輔朕裁處萬幾者，如舉官論獄亦令參與，事有可否，誰更商確。卿等言是，先帝著令宜永遵守。

《明世宗實訓》卷六《裁冗員》〔嘉靖六年〕十月庚戌，東閣掌誥勅員缺，上諭輔臣楊一清曰：朕思近年以來有東閣掌誥勅官一員，雖太祖時設有東閣大學士，未有掌誥之命，後來或設或革。又近來此官之設多爲倖進之人，前後附和無益於事。以朕論之，此官革去不必，仍復制誥之文翰林本等職業。今後一應制詔誥勅著翰林撰，卿等看潤而行。又翰林官似多可選文學淵深的五員，一陞本院學士，二侍讀學士，二侍講學士，專管撰稿，不必在誥勅房，本房見在內閣禁地，恐泄事機，未知可否。又諭張璁曰：祖宗舊制無東閣官，後來添設不知始自何年，不如革之便。一清等各對言：此官實係冗員，聖意欲革之，甚當。遂罷不設。

《明史》卷三《太祖紀》〔洪武二十八年夏六月〕又曰：朕罷丞相，設府、部、都察院分理庶政，事權歸於朝廷。嗣君不許復立丞相。臣下敢以請者置重典。皇親惟謀逆不赦。餘罪，宗親會議取上裁。法司祇許舉奏，毋得擅逮。勒諸典章，永爲遵守。

《明史》卷八《仁宗紀》〔永樂二十二年八月〕復設三公、三孤官，以公、侯、伯、尚書兼之。

三　省

論　說

（明）何良俊《四友齋叢說》卷七《史三》　唐詩云三省官僚揖者稀，蓋唐宋設官並置三省，三省皆宰相也。一曰中書省，二曰門下省，三曰尚書省。中書省則置中書令，而中書侍郎左丞右丞左右司郎中中書舍人，皆其屬也。門下省則古唐虞納言之官，今之通政司是也。省中則置僕射，侍中門下侍郎中常侍武騎常侍散騎常侍給事中皆其屬也。尚書省則置尚書，而六曹皆設子部，其屬則選部考功儀部駕部金部倉部比部虞衡水部之類，皆設郎中員外郎是也。凡朝廷有大政令，則由門下省奏上，發中書省看詳，仍發門下省下尚書省施行。今給事中每日在六科廊接本，猶古之遺意也。給事中原非諫官，掌在封駁，中書省看詳未當，雖詔旨已下，皆得封上，苟事體未妥，雖十反不已也。故尚書拜相則曰同中書門下平章事者是也。當時政體互相鈐轄，事權常分，使門下尚書二省堅持官守，不相阿縱，則宰相之權，初亦甚輕。但看詳由於中書，則主張庶事皆由其手。若給事中不能封駁，尚書奉行唯謹，其權安得不日漸隆重哉。故唐宋時即有宰相如元載盧杞秦檜賈似道者，蓋由此也。今各部之事，皆聽命於閣下，所不待言。雖選曹有員缺，亦送揭帖與閣下看過，然後注選，此不知胡汪當國時有此事否。夫威權日盛，則謗議日積，謗議日積，則禍患日深。故自世宗以來，宰相未有能保全身名而去者，豈亦其威權太盛致然耶。

綜　述

《皇明詔令》卷二《太祖高皇帝中・罷中書省及都府詔洪武十三年正月》　皇帝詔曰：朕膺天命，君主華夷，當即位之初，會集群臣，立綱陳紀，法體漢、唐，略加增減，亦參以宋朝之典。所以內設中書省、都督府、御史臺、六部，外列都指揮使司、承宣布政使司、指揮使司、都轉鹽運使司、提刑按察使司及府州縣，綱維庶務，以安兆民。朕嘗發號施令，責任中書，使刑賞務當。不期任非其人，致有丞相汪廣洋、御史大夫陳寧，晝夜淫昏，酣歌肆樂，各不率職，坐視興廢。以致丞相胡惟庸結構群小，夤緣爲奸，或枉法以惠民，或撓正以誣賢。因事發露，人各伏誅。特詔天下，罷中書及都府，使知更官定制，行移各有所歸，庶不紊度。今將合行事宜，條列於後：

一、改大都督府爲五軍都督府。

一、左軍都督府統屬：

在京

驍騎右衛　水軍左衛　留守左衛　龍虎衛　英武衛

在外

山東都司并所轄衛分，遼東都司并所轄衛分，浙江都司并所轄衛分，廣西都司并所轄衛分。

一、右軍都督府統屬：

在京

虎賁右衛　水軍右衛　留守右衛　武德衛　廣武衛

在外

陝西都司并所轄衛分，四川都司并所轄衛分，江西都司并所轄衛分。

一、中軍都督府統屬：

在京

神策衛　廣洋衛　留守中衛　應天衛　和陽衛

在外

皇陵衛　蘇州衛　太倉衛　鎮海衛　揚州衛　高郵衛　大河衛　淮安衛　沂州衛　鳳陽左衛　長淮衛　鳳陽右衛　鳳陽中衛　懷遠衛　留守中衛　留守衛　徐州衛　滁州千户所　徽州千户所　六安州千户所　廬州千户所　鎮江千户所　安豐千户所　信陽千户所　宿州千户所　洪塘千户所

河南都司并所轄衛分。

一、前軍都督府統屬：

在京

天策衛　龍驤衛　龍江衛　豹韜衛　飛熊衛

在外

湖廣都司并所轄衛分，福建都司并所轄衛分，福建行都司所轄衛分，廣東都司衛分并所轄衛分。

一、後軍都督府統屬：

在京

鷹揚衛　江陰衛　興武衛　横海衛　蒙古左衛　蒙古右衛

在外

北平都司并所轄衛分，山西都司并所轄衛分，山西行都司并所轄衛分。

一、罷中省，陞六部，天下諸司，直行事務。

於戲，周職六卿，康兆民於宇內；漢命蕭、曹，肇四百年之洪業。命五府、六部詳審其事，務稱厥職。故兹詔示，咸使聞知。

（明）沈德符《萬曆野獲編》卷二〇《門下省》　唐宋三省之制，本朝不復行，然其職掌自在。如中書省爲政本，則閣臣操其大柄，而仍留舍人之名，但降四品爲七品，以司誥敕之事。尚書省雖不設令與僕射，而列曹如故，但陞三品爲二品，而事寄較重，以分中書之權。若通政司則全是門下省，其長官，有使，有左右通政，左右參議，即侍中，與散騎常侍、諫議大夫之職。其屬給事中四人，今特分六科，增至五十員，以封駁兼補闕拾遺之責，視前代獨加重焉。但六科今自爲内府清華之選，不復肯屬通政。而左右參議又以讀本故，必繇遴選而授，班行厭薄之不肯就，鸞臺重地，積輕已非一日。竊謂鴻臚既司引奏，吐納殿廷，何不即以讀本屬之。或以章奏非其攸司，則以鴻臚堂官久次者改充。庶彼既樂就，而清流無避事之嫌，似亦可行。

（明）李日華《官制備考》卷上《中書》　《周官》内史掌王之八柄，掌書王命也。兩漢中書謁者令丞屬少府，與大官上林諸令，品秩相等，其職尚微。魏黄初改秘書令，典尚書奏事，爲中書令。又置監。晋監令秩千石，掌贊誥命，記會時事，典作文書。中書省漸爲華要，而荀勗有奪我鳳凰池之語矣。故中書令與侍郎在唐宋居真宰相之位，而班列太師之上也。所領中書舍人，考之通注，即漢尚書郎。直宿建禮門，奏事明光殿，下筆爲詔法，出語爲詔令者，即其任也。魏置中通事舍人，宋齊因之。梁直曰中書舍人，後魏有舍人省，後周有小史，上士二人。隋改爲内史舍人，唐因之，尋改爲中書舍人，後改爲西臺舍人，又改爲鳳閣舍人，紫薇舍人。宋置知制誥，及直舍人院。元豐官制行，遂以中書舍人判後省之事。國初罷中書省，止存舍人二十餘員，無正貳，資深者署印。主書誥勅册符鐵券，書請翰林院實請内府權輕甚，而官屬内閣爲清銜，文華武英内閣恩廕寄禄者，則無常員也。

（明）徐石麒《官爵志》卷二《中書科》　秦始置中書謁者，漢元帝去謁者字，魏文帝改秘書省爲中書省，令爲中書令，置通事郎，後改爲中書侍郎。隋文帝中書令與侍中知政事爲宰相。舍人本周官，掌乎宮中之政，晋初置中書舍人。國初中書省設置省舍人，後革省爲科，定中書舍人，從七品，職專書寫誥勅册等事。

（清）查繼佐《罪惟録》志卷二七《職官志·初制文職》　中書省左

右相國，正一品。洪武元年，改左右丞相平章政事，各一人，左右丞各一人，左右參知政事二人，總領錢糧、禮儀、刑名、營造四部。其屬參議左右司郎中各一人，員外郎各一人，都事各一人，中書舍人二十人。尋益四部爲六，正三品。十三年，革中書省，罷丞相，惟存中書舍人。《祖訓》載：後世有敢建言請復者，罪至族。禁六部不得關白中書。【略】

中書舍人，係國初罷中書而存者。洪武七年，置省直舍人，從八品。九年，改中書舍人，正七品。十年，隸承勑監，監革，改從七品。

《明史》卷二《太祖紀》〔洪武十三年春正月〕罷中書省，廢丞相等官，更定六部官秩，改大都督府爲中、左、右、前、後五軍都督府。

《明史》卷七四《職官志》 中書科。中書舍人二十人，從七品。直文華殿東房中書舍人，直武英殿西房中書舍人，內閣誥敕房中書舍人，制敕房中書舍人，並從七品，無定員。

中書科舍人掌書寫誥敕、制詔、銀册、鐵券等事。凡草請諸翰林，寶請諸內府，左券及勘籍，歸諸古今通集庫。誥敕，公侯伯及一品至五品誥命，六品至九品敕命。勘合籍，初用二十八宿，後用《急就章》爲號。誥敕之號，曰仁、義、禮、智，公、侯、伯、蕃王、一品、二品用之；曰十二支，曰文、行、忠、信，文官三品以下用之；曰千字文，武官、續誥用之。皆以千號爲滿，滿則復始。王府及駙馬都尉不編號，土官以文武類編。凡大朝會，則侍班。東宮令節朝賀，則導駕侍班於文華殿。册封宗室，則充副使。其鄉試、會試、殿試，間有差遣，充授並如科員。大祀南郊，則隨駕而供事。員無正貳，印用年深者掌之。文華殿舍人，職掌奉旨書寫書籍。武英殿舍人，職掌奉旨篆寫册寶、圖書、册頁。內閣誥敕房舍人，掌書辦文官誥敕，番譯敕書，并外國文書、揭帖，兵部紀功、勘合底簿。制敕房舍人，掌書辦制敕、詔書、誥命、册表、寶文、玉牒、講章、碑額、題奏、揭帖一應機密文書，各王府敕符底簿。

洪武七年初設直省舍人十人，秩從八品，隸中書省。九年爲中書舍人，改正七品，尋又改從七品。十年，與給事中皆隸承敕監。建文中，革中書舍人，改爲侍書，陞正七品，入文翰館，隸翰林院。成祖復舊制。尋設中書科署於午門外，定設中書舍人二十人。其恩廕帶俸者，不在額內。宣德間，內閣置誥敕、制敕兩房，皆設中書舍人。嘉靖二十年選各部主事，大理寺評事，帶原銜直誥敕、制敕兩房。四十四年，兩房員缺，令吏部考選舉人爲中書舍人。隆慶元年令兩房辦事官不得陞列九卿。

按洪武間，置承敕監、洪武九年置，設令一人，正六品，丞二人，從六品。尋改令正七品，丞正八品。十年改令、丞爲承敕郎，設二人，從七品。給事中、中書舍人咸隸焉。後罷。司文監、洪武九年置，設令一人，正六品，丞二人，從六品。尋改令正七品，丞正八品。十年罷。考功監，洪武八年置，設令、丞。九年定設令一人，正六品，丞二人，從六品。尋改令正七品，丞正八品。十八年罷。參掌給授誥敕之事。永樂初，命內閣學士典機務，詔册、制誥皆屬之。而謄副、繕正皆中書舍人入辦，事竣輒出。宣德初，始選能書者處於閣之西小房，謂之西制敕房。而諸學士掌誥敕者居閣東，具稿付中書繕進，謂之東誥敕房。此係辦事。若知制誥銜，惟大學士與諸學士可帶。正統後，學士不能視誥敕，內閣悉委於中書、序班、譯字等官，於是內閣又有東誥敕房。因劉鉉不與輔臣會食始。嘉靖末，復以翰林史官掌外制，而武官誥敕仍自其屬爲之。若詔赦、敕革之類，必由閣臣，翰林諸臣不得預。其直文華、武英兩殿供御筆札者，初爲內官職，繼以中書分直，後亦專舉能書者。大約舍人有兩途，由進士部選者，得遷科道部屬，其直兩殿、兩房舍人，不必由部選，自甲科、監生、生儒、布衣能書者，俱可爲之。不由科甲者，初授序班，及試中書舍人，不得遷科道部屬，後雖加銜九列，仍帶銜辦事。楷書出身者，或加太常卿銜，沈度、沈粲、潘辰等有加至翰林學士、禮部尚書者。洪武初，又有承天門待詔一人，閣門使四人，觀察使十人，後俱革。

（清）趙翼《陔餘叢考》卷二六《尚書》 尚書本秦官少府之屬，在內掌文書者。漢因之。武帝增用宦官爲中書謁者令，於是尚書與中書職事多相連。其時中書如唐之樞密使，明之司禮監。而尚書通章奏，出詔命，參決衆事，如唐之中書門下，明之內閣也。宣帝時，又有中尚書，見蓋寬饒及石顯《傳》則并用宦者兼之。元帝時，石顯爲中書令，五鹿充宗爲尚書令。成帝之初，蕭望之領尚書事，嫉顯等姦邪，乃奏以爲尚書百官之本，國家樞機，宜以通明公正處之，乃定置尚書員，常侍曹尚書主公卿事，二千石曹尚書主郡國二千石事，民曹尚書主吏民上書事，客曹尚書主外國事。光武分二千石曹爲二，又分客曹爲二。其所不掌者，惟刑罰有廷尉，禮儀有太常，軍馬有大司馬，賦稅有大司農，糾劾有御史而已，而尤以職掌樞機爲清切。《霍光傳》光死之後，其家恣横事漸露，霍山猶領尚書，宣帝乃命吏民上書者不關尚書，輒使中書令取之。《魏相傳》霍光時諸上書者皆爲二封，署其一曰副，領尚書者先發副封，所言不善則屏去不奏，相因請去副封，以防壅蔽，宣帝從之。《董賢傳》賢雖爲三公，常給事中領尚書事，百官皆因賢奏事。《王莽傳》莽懼臣下擅權，凡吏民上封事，令宦官左右開發，尚書不得知，此可見平時章奏，必經尚書也。《竇武傳》武謀誅宦官，事泄，中官曹德請帝出德陽殿，召尚書官屬，脅以白刃，使作詔版，可見詔命亦自尚書出。《文心雕龍》所謂兩漢詔命出自尚書也。王允以宦官誅後，侍中等出入禁近，機事頗泄，乃奏尚書不得出入及通賓客，又可見尚書職在禁近，故秩不高，而權甚重。王暢爲尚書令，後拜南陽太守，以尚書令本千石秩也，而所掌皆機事，故李固疏曰：陛下之有尚書，猶天之有北斗。斗爲喉舌，尚書爲陛下喉舌。斗斟酌元氣，運平四時，尚書出納王命，賦政四海也。《陳忠傳》三公任輕，機事專委尚書，而災眚變咎，輒策免三公，時論不平。又孔光爲尚書令，凡典樞機十餘年，徐防補尚書郎，職典樞機，周密畏慎，可見漢時尚書之職之清要。及魏晋以來有中書省，而尚書之權遂移。尚書職務皆承中書下流，元時猶然。惟桑哥得政，以尚書擅權，遂駕中書省之上。桑哥敗後，仍復舊。明初承之，《明史·陳修傳》六部之設，始於洪武元年，初尚屬於中書省，權輕多仰承丞相意旨，至十三年革中書省，而部權乃專，此古今尚書沿革之大略也。

古來尚書衹是一省，凡吏户兵刑之類同在此一省中，各分職務，非如今之分爲六署也。唐楊嗣復遷禮部員外郎，因父於陵爲户部侍郎，乃請避同省，以禮户雖分，而省則同也。龐元英《文昌雜録》宋制尚書省凡六曹，除告身帳目外，一百六十八案，吏額一千四百十三人，總五月六月文書十二萬三千五百餘件，天下事莫不上於尚書。是曹雖六，而省則仍一，其分爲六署，亦自明祖始。

紀事

（明）何棟如《皇祖四大法》卷三《治法》 洪武元年春正月壬申朔戊寅，自舊内遷新官，上諭中書省臣曰：成周之時，治掌于冢宰，教掌于司徒，禮掌于宗伯，政掌于司馬，刑掌于司寇，工掌于司空，故天子總六官，六官總百執事，大小相維，各有攸屬，是以事簡而政不繁，故治。秦用商鞅變更古制，法如牛毛，暴其民甚，而民不從，故亂。卿等任居宰輔，宜振舉大綱，以率百僚，贊朕爲治。

（明）何棟如《皇祖四大法》卷四《治法》〔洪武二年二月〕乙酉，上手勅諭中書省臣曰：中書法度之本，百司之所禀承。凡朝廷命令政教，皆由斯出。事有不然，當直言改正，苟阿意曲從，言既出矣，追悔何及。《書》云：股肱惟人，良臣惟聖。自今事有未當，卿等即以來言，求歸至當，毋徒苟順而已。

（清）谷應泰《明史紀事本末》卷五四《嚴嵩用事》〔嘉靖三十二年春正月〕臣敢以嵩之專政、叛君十大罪，爲陛下陳之：

我太祖高皇帝詔罷中書丞相，而立五府、九卿，分理庶政。殿閣之臣，唯備顧問、視制草，故載諸訓有曰：建言設立丞相者，本人凌遲，全家處死。及嵩爲輔臣，儼然以丞相自居。挾一人之權，侵百司之事。凡府部題覆，先面禀而後敢啓禀。嵩之直房，百官奔走如市；府部堂司，嵩指使絡繹不絶。一或少違，顯禍立見。及至失事，又嫁罪於人。是嵩無丞相之名，而有丞相之權；有丞相之權，而無丞相之責。壞祖宗之成法，一大罪也。

圖表

（明）王光魯《古今官制沿革圖·尚書省官屬》

尚書省官屬
録公　漢以大將軍録尚書事，東漢以太傅録尚書總統百官，位在尚書令上。晉宋以三公録尚書者謂之録公，分曹而録者謂之録尚書幾條事。
尚書令　歷代爲尚書長官，後以唐太宗曾爲此官，終唐之世遂不敢置。宋亦因之。□□□王加贈之官惟南北朝尚書不與令僕統攝。
左右僕射　無令則僕射爲省長，唐宋大臣俱稱僕射。唐高宗改立政，武后改左右相。
左右丞　南北朝僕丞皆主糾彈，唐高宗改肅機。
左右司郎中　員外郎　二官隋始設
諸部尚書　統於令僕，故稱尚書某部，如吏部曰尚書吏部。國朝始分部，無所屬。高宗改太常伯，武後改六卿。
侍郎　郎中　員外郎　主書
主事

（明）王光魯《古今官制沿革圖·中書省官屬》

中書省官屬
中書監令　侍郎　舍人　通事舍人
監修國史　唐宋爲宰相
門下省官屬　兩省所□皆政府要官，其餘別有職掌者，雜見他考。
侍中　侍郎　給事中　散騎常侍侍郎
通直員外郎　昭文館　集賢殿大學士　宋爲宰相
樞密院官屬
樞密使　副使　樞密學士　即簽書　都副承旨
詳簡文字　編修

六部

論説

《皇明詔令》卷八《宣宗章皇帝上·諭吏部敕宣德三年三月初四日》

皇帝敕諭吏部：朕惟人君主宰天下生民之衆，政務之繁，必簡賢才與之，共理其銓選之法。殿最之方，必屬有司，以盡至公。我祖宗稽古建官，選任賢良，厥有成憲。朕嗣大歷服，率由典章，不以私昵干名爵，不以小人間君子，招徠善類，以安兆民，庶幾輔成之效，比隆前古。咨爾吏部，實典銓衡。夫官不必備，貴在得人。諸司官員舊有定額，今事不加多而額外添註紛紛，倖位苟禄偷安，其可不革正乎？吏員出身，雖有定格，往時選用嚴慎，受官者少。比年吏典考滿者，歲以千計，不分淑慝，一概收用，廉能幾何，貪鄙塞路，其可不精擇乎？數詔求賢，期得實才，與共治理。而各司所舉不論才德，或以親故，或以貨利，徇私濫保，假公濟欲，其可不覈實乎？官之考滿，績最者陞。有貪污無恥，罷軟無能，苟積歲月，均得超用，何以辨清濁？職之大小，必量才稱任。或以權貴之言，或緣親舊之故，不量所能，悉授美職，何以別賢否？惟公惟明，用人之道。《書》曰：舉能其官，惟爾之能；稱匪其人，惟爾不任。爾其懋哉。蓋庶官之賢否，係政治之盛衰，關生民之休戚。朕既付爾以銓選之任，所選者君子，斯庶政乂安，民受其福，有利於國家；所選者小人，則庶事隳廢，民受其殃斂，怨於朝廷，爾其慎哉，君以得賢爲本，臣以進賢爲忠，敬之，敬之，庶幾明良相與，共致太平之盛。故諭。

《皇明詔令》卷八《宣宗章皇帝上·諭户部敕宣德三年三月初四日》

皇帝敕諭户部：朕惟國以民爲本，以財爲用。地官，卿實掌之。夫民衣食，實本乎農業。種藝以時，則地無遺利；遊食有禁，則務本者多。庶家給人足，禮教可興。比者野不加闢，民或流亡，爾當明夫休養生息之道。財賦資國之用，出入有節，則國不致於空匱。調度有方，則民不疲於轉輸。京師充實，足以馭四方。郡邑充實，足以備荒歉。邊境充實，足以禦外侮。比年遠近困於轉運，而京師不足，爾當審夫措置之宜。倉廩所儲，爲奸盜竊，常數萬計，豈無關防之術？爾宜審之。遣官催糧，往往在外貪濁，豈無廉公可使？爾宜審之。商販之徒，阻滯鈔法，累累禁約，或通或塞，而斂散之方，何者爲宜？爾宜審之。朕嗣大統，董正治官，富民足國，尤爲切要。《書》曰：政在養民。《傳》曰：生之者衆，食之者寡，爲之者疾，用之者舒，則財恆足。爾當謹率其屬，以昌民牧，俾吾民家有餘資，人尚廉恥，以弼予雍熙之治，庶幾明良相成之美。欽哉，故諭。

《皇明詔令》卷八《宣宗章皇帝上・諭禮部敕宣德三年三月初四日》

皇帝敕諭禮部：朕惟聖人興禮樂，以昭神化，以正民彝，故致治之道，於斯爲盛。朕以菲德，承祖宗付畀之重，主典神人，表正萬邦，而禮樂尤爲切要。尚體予懷，以諧爾職。至敬可以格天地、享鬼神，爾弼成之。天下國家之本在正身，正心以正朝廷，正朝廷以正百官，正百官以正萬民，爾弼成之。期於明德致君，洞達幽明，天地以位，萬物以育，九有寧謐，四夷咸賓，則我國家隆興萬世，亦有聞於永久。至若學校之政，所以立教興賢，必求其實效。旌表孝節，所以敦勸明俗，必求其實行。尚率乃屬，夙夜匪懈，用圖成績，以昭我國家文明之盛。毋循習故弊，廢事瘝官，以負朕委任之意。欽哉。故諭。

《皇明詔令》卷八《宣宗章皇帝上・諭工部敕宣德三年三月初四日》

皇帝敕諭工部：朕惟工部，掌天下百工山澤之政令，度民力，因地利，順天時，以成國家之務。夫天地生人，雖有貴賤之分，而好逸惡勞，情無不同。過用人力則不堪命，惟以身體人，用人之力如己力，斯民不病焉。國家用度，皆出於民，過用於上，必過取於下。財匱民貧，何以爲國？惟以身體國，用民之財如己出，斯財不竭焉。凡所興作，審度緩急，爲之節制，以息民力，以紓國用，斯爲良哉。古者，役民於農隙，當思用之以時。古者，山林川澤厲禁，當思取之有制。今天下工匠，數倍祖宗之世，而畏避死亡者日多，當思撫綏愛養之道。至若屯田水利之政，皆有成法。比年因循廢弛，罔聞實效，當思舉興作養之方。爾其懋哉，夫侈用傷財，掊剋之端；厲民徇欲，斂怨之階。《書》曰：民惟邦本，本固邦寧。節財所以愛民，愛民所以治國。大臣之職，以道事君，尚率爾屬，惟公惟清，輔于予治，庶幾明良相成之美。爾惟欽哉，故諭。

綜述

（明）涂山《明政統宗》附卷《官制考》 今六部彷古周官之舊，獨户部兼冢宰制國用之職而宗兼司徒掌邦教之職矣。繁簡劑量，頗亦得宜。秋官之外復設都察院、大理寺，夏官之外復設五軍都督府。雖兵刑爲重，亦後世不得已之意耳。

（明）李日華《官制備考》卷上《六部尚書》 尚書昉于秦，少府遣吏殿中主發書，故謂之尚書。漢初尚書雖有曹名，不以爲號。及靈帝以侍中梁鵠爲選部尚書，始以曹號爲名，謂尚書臺，亦謂中臺。宋設在建禮門內，曰尚書寺，亦曰尚書省。北齊尚書省謂之都省，唐龍朔改爲中臺，光宅改爲文昌臺，垂拱改爲都臺，長安復爲中臺，神龍復爲尚書省，亦爲內省。都堂居中，左右分司。都堂之東有吏部户部禮部三行，每行四司，左司統之。都堂之西有兵部刑部工部三行，每行四司，右司統之。宋置尚省，胡元亦參古制，有尚書省。是省爲尚書之總，部爲尚書之分。總則統，分則屬，自有尚書以來爲然。此外有録尚書與尚書令左右僕射，則古宰相之職，而特借尚書之名號也。其左右丞爲古宰相副，而參知政事者也。其郎中都事等即唐宋宰相屬也。

明興，覽古三公論道，六卿分職，鑒秦始建丞相專恣之禍，罷中書府，以五府、六部、都察院、通政司、大理寺分理庶政，而統于一尊。倣太尉樞密院置五府，倣六官置六卿，列六部于九卿，是法周之六卿也。侍郎之名，漢已有之。而今侍郎之任，則自隋始，非徒擁其名也。郎中之名，漢亦有之。而今郎中之任，則自唐始，非徒備員無取職事也。員外之名，古亦有之。而今員外之官，則自隋置，與承務郎同職也。主事之職，漢亦有之。而今主事之官，則自唐置，非竝用流外也。

（明）徐石麒《官爵志》卷二《六部》 國初因元制，置中書省，設左右丞相等官，天下政事皆由之而出。其屬有四部，分治錢穀、禮儀、刑名、營造之務。洪武元年，始定吏户禮兵刑工六部，俱正三品衙門，仍屬中書省。十三年，中書省革，陞六部尚書爲正二品，左右侍郎二員，正三品。首領官、司務廳司務從九品。屬官郎中一員，正五品。員外郎一員，從五品。主事正六品。按秦少府遣吏四人在殿中主發書，謂之尚書。漢光武始分尚書爲六曹。秦以郎爲内侍，故曰侍郎。隋煬帝于六曹各置侍郎一人，秦以郎侍衛居中，故曰郎中。隋文帝于尚書二十四司各置員外郎一人，謂本員之外復置郎也。後魏于尚書諸司置主事令史，隋煬帝但曰主事，皆吏長之名也。

《諸司職掌·吏户部職掌·吏部》尚書、侍郎之職，掌天下官吏選授、勛封、考課之政令，其屬有四，曰：選部、司封、司勛、考功。

選部

郎中、員外郎、主事，掌天下官吏班、秩、品、命。

選官

作缺

凡内外官員考滿、侍親、致仕、丁憂、殘疾、極刑，考功、司勛來付，案呈本部，立案作缺，類寫缺本，赴内府銓注。如遇本科遷、調、改、降及内外衙門開到爲事提問等項官員，本部立案作缺，仍連送選部，移付司勛，照勘明白，開附轉續貼黄，考功附寫行止。如事故不明，難以作缺者，本科自行照勘。回報明白者，一體作缺，開附貼黄行止。

類選

凡考功付到考滿官，司勛付到起復官，及内外衙門送到降用、裁減、截替，别用官員，就憑來文附簿立案。起復、考滿官止憑來付，案呈本部，審實相同，比例無差，就便謄録選本引選。本科該管裁減、改降、截替並爲事釋放、罷閑、起取官員，隨令備供歷任脚色，開寫公私過名，赴堂題判，送司勛，考功查對貼黄紀録，明白類奏，照例選用。如有公過差錯，就行引問取招，移付考功記録通問，如隱匿的决及贓私等項過名，及改换出身有害於事者，具奏送問。進士、監生、通經、秀才、人材、孝廉、賢良、方正等項，俱憑來文附簿，責供年籍、住址、出身、名色、丁產、營生、過名，分成等第，然後引奏選用。陰陽醫術，行移太醫院、欽天監考試，如果勘用，照例具奏引選。不勘用者，將原舉官吏依貢舉非其人律，付考功記録，本人放回，仍督令别舉。僧道亦憑僧道録司考試堪用，申送本部，俱該類奏引選。其應選官員人等，除僧道、陰陽、醫士就除原籍，其餘俱各照例避貫銓注。如無相應見缺借除，在京在外者皆仍支合得俸給，通理月日。凡在京初入仕者試職。其在京實授、試職官員，凡有陞除，即與實授。量才授職，比與前任品級，降等者，亦實授。外任官員果有才德，薦舉陞除在京者，亦實授。若因朝覲、給由等項到部，遇有缺員就便對品改除者，實授。陞除者試職，如遇特旨陞降及與實授者不在此限。在京已入流倉官，不須試職。未入流品官員，俱與實授。舉人出身：第一甲三名，第一名從六品，第二名、第三名正七品，賜進士及第；第二甲從七品，賜進士出身；第三甲正八品，賜同進士出身。在外承差有缺，於能幹人員内取用。考滿者准考功來付，於行人内用。起復者准司勛來付，於五府、六部知印内用。五府、六部知印有缺，具奏於識字人材内取用。

抄選

凡内府除授官員，令主事抄寫處所，到部呈堂，具本覆奏附選。京官就令赴任，行移在京各衙門。在外官員關領劄付，其布政司正佐官員關領照會，俱定限到任。仍行取到任月日，候回報立案，送司勛附黄。如遇特旨陞、改、降、除官員，皆要具本覆奏附選，一體行移。其在外官員，赴任一千五百里之外者，移咨兵部，應付脚力。

衙門

凡内外開設、裁革、減併一應衙門，欽奉聖旨，或據准各處來文開到各項緣由。若係開設、復設衙門，定擬衙門品級，合設官員數目，具奏附寫官制，照例除官設吏。若係裁革、減併衙門，具奏銷除官制，現任官吏取回，移付該科别用。俱咨禮部，鑄銷印信。仍立案連送，付司勛貼黄，缺科作缺，司封行移設吏。

官制

凡内外各司府州縣衙門，並合屬倉庫河泊所、税課司局、驛遞閘壩、僧道醫術，大小衙門合設官員，及五軍都督府並各衛所軍職文官制度，並令典名數，務要周知。

官

在京

宗人府

正官：宗人令，左右宗人正，左右宗人。

首領官：經歷一員。

吏部

正官：尚書一員，左、右侍郎各一員。

屬官：選部、司封、司勛、考功四部，郎中各一員，員外郎各一員。

首領官：選部等四部，主事各一員、司務四員。

户部

正官：尚書一員，左、右侍郎各一員。

屬官：浙江等十二部，郎中各一員。員外郎各一員。

首領官：浙江等十二部，主事各二員，内北平部四員。

照磨所：照磨一員，檢校一員。司務四員。

所屬衙門

寶鈔提舉司：提舉一員，副提舉一員，典史一員。

抄紙局：大使一員，副使一員。

印鈔局：大使一員，副使一員。

寶鈔廣惠庫：大使一員，副使一員。

廣積庫：大使一員，副使一員。典史一員，副使二員。

贓罰庫：大使一員，副使二員。

外承運庫：大使一員，副使一員。

甲乙丙丁戊字庫：大使各一員，副使六員。丙丁字庫二員。

軍儲倉：大使一員，副使一員。

龍江鹽倉檢校批驗所：大使一員，副使一員。

禮部

正官：尚書一員，左、右侍郎各一員。

屬官：儀部、祠部、主客部、膳部，郎中各一員，員外郎各一員。

首領官：儀部等四部，主事各一員、司務四員。

所屬衙門

儀禮司：司正一員，左右司副二員，左右司丞四員，鳴贊四員，序班四十四員。

行人司：司正一員，左右司副二員，行人三百四十五員。

鑄印局：大使一員，副使一員。

教坊司：奉鑾一員，左右韶舞二員，左右司樂一員。

兵部

正官：尚書一員，左、右侍郎各一員。

屬官：司馬、職方、駕部、庫部，郎中各一員，員外郎各一員。

首領官：司馬等四部，主事各二員、司務四員。

所屬衙門

典牧所：提領一員，大使一員，副使一員，典史一員。

會同館：大使一員，副使一員。

大勝關：大使一員，副使一員。

刑部

正官：尚書一員，左、右侍郎各一員。

屬官：浙江等十二部，郎中各一員，員外郎各一員。

首領官：浙江等十二部，主事各一員。

照磨所：照磨一員，檢校一員。司務四員。

司獄員：司獄六員。

工部

正官：尚書一員，左、右侍郎各一員。

屬官：營、虞、水、屯四部，郎中各一員，員外郎各一員。

首領官：營部等四部，主事各二員、司務四員。

所屬衙門

文思院：大使一員，副使二員。

巾帽局：大使一員，副使一員。

針工局：大使一員，副使一員。

營膳所：所正二員，所副二員，所丞二員。

皮作局：大使一員，副使二員。

顏料局：大使一員。

寶源局：大使一員，副使一員。

鞍轡局：大使一員，副使一員。

軍器局：大使一員，副使二員。

龍江提舉司：提舉一員，副提舉二員，典史一員。

龍江抽分竹木局：大使一員，副使四員。

大勝港抽分竹木局：大使一員，副使二員。

都察院

正官：左、右都御史二員，左、右副都御史二員，左、右僉都御史四員。

首領官：經歷一員，都事一員。

屬官：浙江等十二道，監察御史六十員。司務四員。

司獄司：司獄六員。

通政使司

正官：通政使一員，左、右通政二員，左、右參議二員。

首領官：經歷一員，知事一員。

中書舍人：二十員。

吏科：都給事中一員，左、右給事中二員，給事中四員。

户科：都給事中一員，左、右給事中二員，給事中八員。

禮科：都給事中一員，左、右給事中二員，給事中六員。

兵科：都給事中一員，左、右給事中二員，給事中十員。

刑科：都給事中一員，左、右給事中二員，給事中八員。

工科：都給事中一員，左、右給事中二員，給事中四員。

天門待詔：一員。

閤門使：四員。

觀察使：十員。

太常寺

正官：卿一員，少卿二員，寺丞二員。

首領官：典簿二員。

屬官：博士二員，協律郎二員，贊禮郎六員，司樂二員。

天地壇祠祭署：奉祀一員，祀丞一員。

山川壇籍田祠祭署：奉祀一員，祀丞一員。

祖陵祠祭署：奉祀一員，祀丞一員。

皇陵祠祭署：奉祀一員，祀丞一員。

楊王墳祠祭署：奉祀一員，祀丞一員。

徐王墳祠祭署：奉祀一員，祀丞一員。

大理寺

正官：卿一員，左、右少卿二員，左右寺丞二員。

屬官：左、右二寺：左、右寺正二員，左、右寺副四員，左評事四員，右評事八員。司務二員。

應天府

正官：府尹一員，府丞一員，治中一員，通判一員，推官一員。

首領官：經歷一員，知事一員。

所屬衙門

上元、江寧二縣：知縣各一員，縣丞各一員，主簿各一員，典史各一員。

儒學：教授一員。

陰陽學：正術一員。

醫學：正科一員。

司獄司：司獄一員。

江東巡檢司：巡檢一員。

都税司：大使一員，副使一員。

龍江宣課司：大使一員，副使四員。

聚寶門宣課司：大使一員，副使二員。

太平門税課司：大使一員，副使一員。

秣陵鎮巡檢司：巡檢一員。

織染局：大使一員，副使一員。

龍江税課局：大使一員，副使一員。

龍潭税課局：大使一員，副使一員。

大勝驛丞一員。

江東驛丞一員。

龍江水馬驛丞一員。

龍江遞運所：大使一員，副使一員。

批驗茶引所大使一員。

龍江裏外河泊所官二員。

石灰關：大使一員，副使一員。

龍江關：大使一員，副使四員。

光禄司

正官：卿一員，少卿三員，司丞三員。

首領官：典簿二員，録事一員。

屬官：大官、珍羞、良醞、掌醢四署，署正各一員，署丞各四員，監事各四員。司牲司大使一員，副使一員。

太僕寺

正官：卿一員，少卿二員，寺丞四員。

首領官：主簿一員。

所屬衙門

各牧監：監正各一員，監副各一員，録事各一員。

各羣：羣長各一員。

國子監

本監：祭酒一員，司業一員，監丞二員，典簿一員。

屬官：博士五員，助教二十五員，學正一十員，學録七員，典籍一員，掌饌二員。

中都國子監

本監：祭酒一員，司業一員，監丞一員，典簿一員。

屬官：博士三員，助教三員，學正一員，學録一員，掌饌一員。

華蓋殿大學士

武英殿大學士

文華殿大學士

文淵閣大學士

東閣大學士

左右春坊

大學士各一員，左右庶子各一員，左右諭德各一員，左右中允各二員，左右贊善各二員，左右司直郎各二員。

司經局

洗馬二員，校書二員，正字二員。

翰林院

正官：學士一員，侍讀學士二員，侍講學士二員。

首領官：孔目一員。

屬官：侍讀二員，侍講二員，博士五員，典籍二員，侍書二員，待詔六員。

史官：修撰三員，編修四員，檢討四員。

尚寶司

卿一員，少卿一員，司丞三員。

欽天監回回監

正官：監正各一員，監副各一員。

首領官：主簿各一員。

屬官：春、夏、中、秋、冬官各一員，五官靈臺郎各八員，五官保章正各二員，五官挈壺正各三員，五官監候各三員，五官司曆各二員，五官司辰各八員，漏刻博士各六員。

太醫院

正官：院使一員，院判二員。

首領官：吏目一員。

屬官：御醫四員。

所屬衙門

惠民局：大使一員，副使一員。

生藥庫：大使一員，副使一員。

左右中前後五軍都督府經歷司

經歷各一員，都事各一員。

五軍都督府斷事官

正官：斷事官一員，左右斷事官二員。

首領官：提控案牘二員，司務二員。

司獄司：司獄一員。

屬官：左、右、中、前、後五司：稽仁各一員，稽義各一員，稽禮各一員，稽智各一員，稽信各一員。

中東西南北城五兵馬指揮司

正官：指揮各一員，副指揮各四員。

首領官：吏目各一員。

各衛

經歷司：知事各一員。

倉：副使。

留守中等衛各門千户所：吏目各一員。

牧馬千户所：吏目一員。

僧録司：左右善世二員，左右闡教二員，左右講經二員，左右覺義二員。

道録司：左右正一二員，左右演法二員，左右至靈二員，左右玄義二員。

神樂觀：提點一員，知觀一員。

在外

各布政使司

正官：左、右布政使各一員，左、右參政各一員，左、右參議各一員。

首領官：經歷各一員，都事各一員。

照磨所：照磨一員。

理問所：理問各一員，副理問各一員，提控案牘各一員。

所屬衙門

庫、雜造、軍器、寶泉、織染局：大使各一員，副使各一員。

陝西、四川茶馬司：大使各一員，副使各一員。

廣西裕民司，雲南滇池魚課司：大使各一員，副使各一員。

各府

正官：知府各一員，同知各一員，通判各一員。推官各一員。

首領官：經歷各一員，知事各一員。

所屬衙門

司獄司：司獄各一員。

儒學：教授各一員。

倉稅課司雜造織染局稅課分司：大使，副使。

府州縣巡檢司：巡檢各一員。

陰陽學：正術各一員。

醫學：正科各一員。

僧綱司：都綱各一員，副都綱各一員。

道紀司：都紀各一員，副都紀各一員。

府州縣水馬驛：驛丞。

府州縣遞運所：大使。

府州縣河泊所：所官。

各州若不及三十里長，有所屬縣分者，裁減同知。無所屬縣分者，裁減同知判官。

正官：知州各一員，同知各一員，判官各一員。

首領官：吏目各一員。

所屬衙門

儒學：學正各一員。

陰陽學：典術各一員。

醫學：典科各一員。

各處稅課局茶課司：大使，副使。

長淮、廣濟二關：大使各一員，副使各二員。

各處鐵冶批驗茶鹽引所：大使。

各處閘壩：閘官，壩官。

州縣倉：大使，副使。

僧正司：僧正各一員。

道正司：道正各一員。

各縣若不及二十里長者，裁減縣丞、主簿。

正官：知縣各一員，縣丞各一員，主簿各一員。

首領官：典史各一員。

所屬衙門

儒學：教諭各一員。

陰陽學：訓術各一員。

醫學：訓科各一員。

僧會司：僧會各一員。
道會司：道會各一員。
四川阜民司、福建銀屏山銀場局：大使各一員，副使各二員。
陝西司竹局：大使一員。

各按察司

正官：按察使各一員，副使各二員，僉事員數不等。
首領官：經歷各一員，知事各一員。
司獄司：司獄各一員。

各鹽運使司

正官：運使各一員，同知各一員，副使各一員，判官員數不等。
首領官：經歷各一員，知事各一員。

各鹽課提舉司

正官：提舉各一員，同提舉各一員，副提舉員數不等。
首領官：吏目各一員。

煎鹽提舉司

正官：提舉一員，同提舉一員，副提舉二員。
首領官：典史一員。

各鹽運司、提舉司所屬鹽課司倉庫：大使，副使。

中都留守司並各都指揮使司經歷司

經歷各一員，都事各一員。

中都留守司並各都指揮使司斷事司

斷事各一員，副斷事各一員，吏目各一員。

各衛經歷司

知事各一員。

各守禦千户所

吏目各一員。

王府官

長史司
正官：左右長史各一員。
首領官：典簿各一員。

屬官
審理所：審理正各一員，審理副各一員。
典膳所：典膳正各一員，典膳副各一員。
奉祠所：奉祠正各一員，奉祠副各一員，典樂各一員。
典寶所：典寶正各一員，典寶副各一員。
紀善所：紀善各二員。
良醫所：良醫正各一員，良醫副各一員。
典儀所：典儀正各一員，典儀副各一員，引禮舍人各三員。
各倉庫：大使各一員，副使各一員。

宣慰使司

正官：宣慰使各一員，同知各一員，副使各一員，僉事各一員。
經歷司：經歷各一員，都事各一員。

宣撫司

正官：宣撫各一員，同知各一員，副使各一員，僉事各一員。
經歷司：經歷各一員，知事各一員。

安撫司

正官：安撫各一員，同知各一員，副使各一員，僉事各一員。
首領官：知事各一員。

招討司

正官：招討，副招討。
首領官：吏目。

長官司

正官：長官，副長官。
首領官：吏目。

蠻夷長官司

長官，副長官。
蠻夷官
苗民官
千夫長：千夫長，副千夫長。
百夫長。

軍民萬户府經歷司

經歷一員，知事一員。

吏

在京衙門該設吏典

宗人府：提控，典吏。

中軍都督府：提控，掾史，典吏，門吏，承發，架閣庫典吏，掌關防文簿典吏。

左右前後軍都督府：提控，掾史，典吏，承發，架閣庫典吏，掌關防文簿典吏。

吏、禮、兵、工部：都吏，令史，典吏，承發，架閣庫典吏。

户部：都吏，令史，典吏，承發，架閣庫典吏。照磨所：司吏，典吏。

刑部：都吏，令史，典吏，承發，架閣庫典吏，掌簿籍典吏。照磨所：司吏，典吏。

都察院：都吏，令史，典吏，看奏本典吏，承發，巡按書吏；十三道書吏、典吏、承發。

通政使司：令史，典吏。

大理寺：胥史，典吏，承發，架閣庫典吏。

五軍都督府斷事官：司吏，典吏，承發，架閣庫典吏；五司司吏、典吏。

太常司：司吏，典吏。祀祭署：司吏。

國子監：司吏，典吏。典簿廳：典吏。

光禄司：令史，典吏。大官等署：司吏，典吏。司牲司：司吏。

王府典膳所：司吏。

太醫院：司吏，典吏。惠民局：司吏。生藥庫：司吏。

欽天監：司吏，典吏。五官司曆司吏。

翰林院：司吏。

儀禮司：司吏。

會同館：司吏。

行人司：司吏。

鑄印司：司吏。

太僕寺：令史，典吏。各牧監：司吏。各群：司吏。

應天府：令史，典吏，承發，經歷司典吏，司獄司獄典。上元縣：司吏，典吏，鋪長。江寧縣：司吏，典吏，承發，書狀，鋪長。本府儒學司吏。

顏料局：司吏。

龍江遞運所：司吏，典吏。

龍江、龍潭税課局：司吏，攢典。

都税司：司吏，典吏。

聚寶門龍江宣課司：司吏，攢典。

太平門税課司：司吏、攢典。

織染司：司吏，典吏。

秣陵鎮等巡檢司：司吏。

東陽等驛：驛吏。

龍江石灰山大勝關：司吏。

東西南北城中兵馬司：司吏，典吏。

甲乙丙丁戊字贓罰、廣惠、承運、廣積庫：司吏，攢典。

寶鈔提舉司：司吏，典吏。

抄紙印鈔司：司吏，典吏。

軍儲倉：攢典。

龍江鹽倉批驗所批驗茶引所：攢典。

典牧所：司吏。

司牧司：司吏。

牧馬千户所、金駝群養馬看山百户所：司吏。

午門、端門、承天門、東上門、東中門、東安門、西上門、西中門、西安門、北上門、北中門、北安門：門吏。軍器局：司吏。

龍江提舉司：司吏。

營繕所文思院：司吏，典吏。

巾帽針工局：攢典。

龍江大勝港抽分竹木局：司吏。

寶源皮作鞍轡局：司吏，典吏。

錦衣衛：令史，典吏，承發。

千户所百户所：司吏。

鎮撫司：司吏，典吏，倉攢。

鞍轡火藥局：司吏。

草場柴場所：司吏。

王府儀衛司：司吏。

金吾前衛：令史，典吏。衛鎮撫司：司吏。所鎮撫司：司吏。千户所撥守大理等旗軍所場所：司吏。羽林左右、府軍左右前後、旗手、神策、驍騎右、鎮南、虎賁右、水軍右、龍驤、天策、豹韜、興武、鷹揚、江陰前十九衛：令史，典吏。留守中千户所：司吏。鎮撫司：司吏。倉：攢典。柴草場：司吏。

虎賁左、廣洋三衛：令史，典吏。千户所：司吏。衛鎮撫司：司吏。所鎮撫司：司吏。倉：攢典。

應天、和陽，留守左右、水軍左、龍虎、武德、横海、龍江九衛：令史，典吏。千户所：司吏。鎮撫司：司吏。倉：攢典。

瀋陽左右留守前後、英武、蒙古右六衛：令史，典吏。千户所：司吏。鎮撫司：司吏。

廣武衛：令史，典吏。千户所：司吏。倉：攢典。

飛熊衛：令史，典吏。千户所：司吏。

蒙古左衛：令史，典吏。千、百户所：司吏。鎮撫司：司吏。倉：攢典。

在外衙門該設吏典

各布政司：通吏，令史，典吏，承發，架閣庫典吏，庫攢典。

經歷司：典吏。

理問所：司吏，典吏。

各府：司吏，典吏，承發。

經歷司：典吏，司獄司：獄典。

各州縣：司吏，典吏，承發。

各府州縣儒學：司吏。

各府州縣税課司局：司吏，攢典。

各府州縣倉：攢典。各府庫攢典。

各遞運所：司吏，典吏。

各水馬驛：驛吏。

各巡檢司：司吏。

按察司：書吏，典吏，承發。經歷司典吏，司獄司典吏，架閣庫典吏。

鹽運司：書吏，典吏，承發。經歷司典吏，鹽倉攢典，批驗所攢典，庫攢典。

鹽課提舉司：司吏，典吏。

鹽課司：司吏。

各都指揮使司：令史，典吏，承發，經歷司典吏，架閣庫典吏，斷事司司吏，典吏。

各衛：令史，典吏，千户所司吏，鎮撫司司吏，各守禦千户所司吏。

還職役官吏人材生員

凡在京各衙門送到還職官員，俱憑來文，隨即附籍。查對缺册，如未作缺者，立案類寫手本，赴吏科給憑。已作缺未除官者，立案給憑，就連送付缺科銷缺，司勛續黄作缺。已除官者，現送官員若照欽定事例戴罪還職者，立案給憑赴任，仍將新官類奏取回，或就彼調用。若不係戴罪還職先已除官代替者，不必發回，就令備供腳色、過名，查考類選别用。但有過名記録的決並戴罪者，俱付考功紀録，司勛附黄。還役吏送赴司封轉發。還役人材生員人等，咨發原該衙門收管辦事。

給假

凡内外官吏給假省親遷葬者，須要具奏。俱量地遠近，附簿定限，行移應天府給引照回，仍行體勘，至期各還職役，不在作缺之數。如違限日久不到者，就行提問。

司封部

郎中、員外郎、主事掌邦之封爵。

封爵

現封

一、凡公、侯、伯、子、男現職授封者，必須隨即奏請封號，爵禄等級。駙馬婚禮俱用具奏，給授誥命，劄付翰林院撰文，具手本送中書舍人書寫，尚寶司用寶完備，擇日具奏頒降。

一、凡功臣殁後加封，公追封爲王，侯追封爲公。合封三代者，照依追贈封爵一體追封。其襲爵子孫，非建立奇功異能，生死只依本爵。

一、凡命婦，因子孫官爵封母並祖母者，並加太字，追封則不用。

一、凡封贈公、侯、伯、子、男者，其公、侯夫人各從爵。伯、子、男夫人止封夫人，不須用爵。

一、凡功臣封號，如開國、輔運、守正文臣之類，非特奉聖旨不與。

一、凡現封公、侯、伯、子、男，封贈三代並妻室，合依欽定事例，各依見授名爵照例封贈。

封贈三代【略】

封贈加贈【略】

廕敘

一、凡用廕者，以嫡長子。若嫡長子有廢疾，立嫡長子之子孫。曾玄同。如無，立嫡長子同母弟。曾玄同。如無，立繼室所生。如無，立次室所生。如絶嗣者，傍廕其親兄弟，各及子孫。如無，傍廕伯叔及其子孫。

一、凡用廕者，孫降子，曾孫降孫。及傍廕者，皆於合敘品從降一等。

一、凡職官子孫廕敘，正一品子，正五品敘。從一品子，從五品敘。正二品子，正六品敘。從二品子，從六品敘。正三品子，正七品敘。從三品子，從七品敘。正四品子，正八品敘。從四品子，從八品敘。正五品子，正九品敘。從五品子，從九品敘。正六品子，於未入流品相應上等職事内敘。從六品子，於未入流品中等職事内敘。正七品子，於未入流品下等職事内敘。

一、凡職官用廕，各止一名。年及二十五以上，須試本經或《四書》，能通大義。其有不通者，發還習學再試。

一、凡廕官，各具父祖歷仕緣由，去任身故歲月，並所授誥敕，彩畫宗支，指實該承廕人姓名、年甲，本處官司體勘房親揭照籍册，別無詐冒，及無廢疾過犯等事，上司審驗相同，保結申覆，令親賫文解赴部。

一、凡廕敘，其遠方地面官員，宜照原籍於附近布政司所轄去處銓用。

誥敕兼册封鐵券之事

一、公侯一品至五品，皆授以敕命。婦人誥敕同夫品級。

一、公、侯誥用玉軸，一品官同。伯、子、男誥用犀軸，二品官同。三品、四品官用抹金軸，五品以下用角軸。

一、在京官四品以上試職實授，頒給誥命，取自上裁。五品以下官初任，試職一年後考覈。堪用者，與實授，頒給誥敕。已入流倉官不須試職，後一年任滿，給與敕命。守支未入流品官員俱與實授，不給敕命。任外官員三年爲一考，稱職者頒給誥敕。陞除官員合與實授者，於本任内歷事一年後，方可出給誥敕。若有才能卓異之人，出自特恩者，不拘此例。欽天監、翰林院、太醫院正官，頒給誥敕，取自上裁。本部遇有應給誥敕官員，具本奏聞，仍具印信手本，開寫合授散官，並年籍腳色，送中書舍人，候書寫完備，本部具印信手本，送尚寶司於御前用寶訖，具奏御前頒給。其有追奪爲事官員誥敕，具本奏繳内府，會同吏科給事中、中書舍人，於勘合底簿内，附寫爲事緣由，眼同燒毁。

散官

一、自榮禄大夫至將仕佐郎凡九等十八級，所除官員合得散官，照依定制奏聞給授。及選部付到在京各衙門實授官員，及考功考過，試職一年堪用並三年稱職官，合得初授陞授散官，具奏行移該衙門轉行給授。

一、凡白身人入仕，並雜職人等初入流者，與對品初授散官。任内歷俸三年，初考稱職與陞授散官。又歷俸三年，再考功蹟顯著，方與加授散官。若考覈平常者，止與初授。其任内未經初考遷調改除者，仍照現授職事，與初授散官。已經初考合得陞授遷調改除，仍係本等品級者，照現授職事，與陞授散官。若陞等者，止與對品初授。或有已得陞授未經再考遷調改除，仍係本等品級者，照現授職事，與陞授散官。已經再考合得加授遷調改除，仍係本等品級者，與加授散官。若陞等者，止與對品初授。其有先曾歷仕二品、三品等職，今次降用，若係有罪及闒茸不稱職貶降者，照依現授職事，與初授散官。若量材任使不係貶降，但今授職事比與原授降等，其原授散官誥敕仍舊者，亦照見授職事，與對品初授散官。俱於三年之後照例陞授。其加贈一節，考驗本人生前功蹟，合得加授者，照例給與。

正一品：初授特進榮禄大夫，陞授特進光禄大夫。
從一品：初授榮禄大夫，陞授光禄大夫。
正二品：初授資善大夫，陞授資政大夫，加授資德大夫。
從二品：初授中奉大夫，陞授通奉大夫，加授正奉大夫。
正三品：初授嘉議大夫，陞授通議大夫，加授正議大夫。
從三品：初授亞中大夫，陞授中大夫，加授大中大夫。
正四品：初授中順大夫，陞授中憲大夫，加授中議大夫。
從四品：初授朝列大夫，陞授朝議大夫，加授朝請大夫。
正五品：初授奉議大夫，陞授奉政大夫。
從五品：初授奉訓大夫，陞授奉直大夫。
正六品：初授承直郎，陞授承德郎。
從六品：初授承務郎，陞授儒林郎，儒出身；宣德郎，吏才幹出身。
正七品：初授承事郎，陞授文林郎，儒出身；宣義郎，吏才幹出身。
從七品：初授從仕郎，陞授徵仕郎。
正八品：初授迪功郎，陞授修職郎。
從八品：初授迪功佐郎，陞授修職佐郎。
正九品：初授將仕郎，陞授登仕郎。
從九品：初授將仕佐郎，陞授登仕佐郎。

吏役【略】

勘合【略】

皂隸【略】

到任須知

凡除授官員，於吏科給憑，就行關領到任須知，前去本衙門到任。務要照依須知内條款事例，逐一遵守施行，毋得視爲文具。

司勳部

郎中、員外郎、主事掌邦國官人之勳級。

勳級

文勳

凡文職官員一品至五品應合授勳者，照依散官定擬，奏聞給授。

正一品：左柱國、右柱國。　從一品：柱國。
正二品：正治上卿。　從二品：正治卿。
正三品：資治尹。　從三品：資治少尹。
正四品：贊治尹。　從四品：贊治少尹。
正五品：修正庶尹。　從五品：協正庶尹。

武勳

凡武職官員一品至六品應合授勳者，照依散官定擬，奏聞給授。

正一品：左柱國、右柱國。　從一品：柱國。
正二品：上護軍。　從二品：護軍。
正三品：上輕車都尉。　從三品：輕車都尉。
正四品：上騎都尉。　從四品：騎都尉。
正五品：驍騎尉。　從五品：飛騎尉。
正六品：雲騎尉。　從六品：武騎尉。

資格

官

正一品：宗人府宗人令，左、右宗正，左、右宗人。
正二品：六部尚書，都察院左、右都御史。
襲封衍聖公，真人。
從二品：左、右布政司。
正三品：六部侍郎，左、右副都御史，通政使、大理寺卿，太常司卿，應天府尹，按察使。
從三品：光禄司卿，太僕寺卿，鹽運司，布政司左、右參政，宣慰使。
正四品：左、右僉都御史，大理寺少卿，左、右通政，太常司少卿，太僕寺少卿，應天府丞，宣慰司同知，按察司副使，各府知府。
從四品：國子監祭酒，中都國子監祭酒，布政司左、右參議，鹽運司同知，宣慰司副使，宣撫司宣撫。

正五品：翰林院學士，左、右春坊大學士，尚寶司卿，華蓋殿大學士，六部郎中，應天府治中，武英殿大學士，欽天監回回監正，左右春坊左、右庶子，文淵閣大學士，通政司左、右參議，光禄司少卿，東閣大學士，太醫院使，大理寺左、右寺丞，文華殿大學士，五軍都督府斷事官，各府同知，王府長史司左、右長史，宗人府經歷，按察司僉事，宣慰司僉事，宣撫司同知。

從五品：五軍都督府經歷，左、右斷事官，左右春坊左、右諭德，六部員外郎，尚寶司少卿，翰林院侍讀學士，侍講學士，司經局洗馬，各州知州，鹽運司副使，鹽課提舉司提舉，招討司招討，宣撫司副使，安撫司安撫。

正六品：尚寶司丞，六部主事，太常司丞，欽天監回回監副，太僕寺丞，京縣知縣，太醫院判，閤門使，兵馬司指揮，王府審理正，翰林院侍讀，侍講，國子監司業，中都國子監司業，欽天監回回監五官正，大理寺左、右寺正，左右春坊左、右中允，都察院經歷，神樂觀提點，僧録司左、右善世，道録司左、右正一，中都留守司經歷，斷事，各府通判，都司經歷，斷事，長官司長官，副招討，宣撫司僉事，安撫司同知，應天府通判。

從六品：大理寺左、右寺副，左右春坊左、右贊善，左右春坊左、右司直郎，翰林院修撰，光禄司丞，應天府推官，光禄司各署正，僧録司左、右闡教，道録司左、右演法，鹽運司判官，布政司經歷，理問所理問，各州同知，鹽課提舉司同提舉，安撫司副使，長官司副長官。

正七品：五軍都督府都事，監察御史，太常司博士、典簿，京縣丞，通政司經歷，大理寺左、右評事，兵馬副指揮，都察院都事，營繕所正，翰林院編修，按察司經歷，五軍斷事官，五司稽仁、稽義、稽禮、稽智、稽信，王府審理副，煎鹽提舉司，都司都事，都司副斷事，各府推官，各縣知縣，中都留守司都事副斷事，安撫司僉事，蠻夷官司長官。

從七品：中書舍人，太僕寺主簿，應天府經歷，光禄司典簿，各署丞，翰林院檢討，太常司各處祠祭等署奉祀，各州判官，欽天監回回監五官靈臺郎，鹽運司經歷，鹽課提舉司副提舉，布政司都事，宣慰司經歷，理問所副理問，蠻夷長官司副長官。

正八品：六科都給事中，各衛知事，通政司知事，京縣主簿，國子監丞，户刑部照磨，中都國子監丞，寶鈔龍江提舉司提舉，欽天監回回監主簿，五官保章正，太常司協律郎，典牧所提領，太醫院御醫，僧録司左、右講經，道録司左、右至靈，翰林院五經博士，煎鹽提舉司同提舉，王府典寶正、奉祀正、良醫正、典膳正、紀善，元符宫崇真宫靈官，營膳所副，各府經歷，各縣丞，按察司知事，宣慰司都事。

從八品：六科左、右給事中，鹽運司並應天府知事，欽天監回回監五官挈壺正，光禄司禄事各署監事，儀禮司正，翰林院典籍，神樂觀知觀，僧録司左、右覺義，道録司左、右玄義，王府典膳副、奉祀副、典寶副、良醫副，國子監助教、典簿、博士，宣撫司經歷，太常司各祠祭等署祀丞，布政司照磨，崇真宫副靈官。

正九品：六科給事中，儀禮司左右司副、左右司丞，太常司贊禮郎，各府知事，各縣主簿，國子監學正，行人司正，户、刑部檢校，司經局校書，典牧所大使，各牧監正，欽天監回回監五官司曆，龍江寶鈔提舉司副提舉，王府長史司典簿、典儀正，奉祀所典樂，會同館大使，欽天監回回監五官監候，茶鹽馬司大使，承運庫大使，翰林侍書，寶鈔、廣惠、廣積、贓罰甲乙丙丁戊字庫大使，皮作、鞍轡、寶源、顔料局大使，應天府織染局大使，文思院大使，煎鹽提舉司副提舉，教坊司奉鑾，宣撫司、安撫司知事。營膳所丞。

從九品：都税司大使，國子監學録、典籍，司經局正字，欽天監五官司辰漏刻博士，各牧監副，儀禮司鳴贊、序班，軍儲倉大使，茶鹽馬司副使，寶鈔、廣惠、廣積、贓罰甲乙丙丁戊字庫副使，宣課司大使，太常司樂，典牧所副使，府學教授，行人司副，會同館副使，府倉大使，各府税課司大使，軍器局大使，布政司庫、寶泉、雜造、織染、軍器局大使，王府典儀副，司牲司大使，承運庫副使，皮作、鞍轡、寶源局副使，各府織染雜造局大使，翰林院待詔，觀察使，文思院副使，承天門待詔，太醫院吏目，各州吏目，五軍斷事官提控案牘，巡檢，司獄，千户所吏目，陰陽學正術，醫學正科，僧綱司都綱、道紀司都紀，鹽課提舉司吏目，太平門税課司大使，教坊司左、右韶舞，左右司樂。應天府織染局大使，杭州府城南税課司大使。

未入流：司務阜民大使、副使，遞運所大使，河泊所官，闗大使、副使，各州學正，各縣典史、教諭，閘壩官，行人司行人、驛丞、群長，國子監掌饌，軍儲倉副使，牧監録事，府倉副使，州縣衛倉大使、副使，税課司副使，税課分司大使、副使，醫學典科、訓科，陰陽學典術、訓術，翰林院孔目，王府引禮舍人，僧綱司副都綱，道紀司副都紀，僧正司僧正，道正司道正，僧會司僧會，道會司道會，斷事司吏目，司牧司副使，都税司副使，宣課司副使，茶鹽課司大使、副使，鹽運司衛府州庫大使，布政司寶泉、軍器，織染、雜造局副使，廣西慶遠裕民司大使、副使，布政司理問所提控案牘，茶鹽批驗所大使、副使，長史司倉庫大使、副使，巾帽針工二局大使、副使，布政司庫副使，司竹局大使，兵馬指揮司吏目，鐵冶所大使，各府織染、雜造局副使，長官司吏目，太平門税課司副使，京衛倉副使，河州衛軍民指揮使司，税課司大使，工部軍器局副使，遼陽税課司大使，揚州府邵伯瓜洲税課司大使、副使，青州府樂安税課司大使，杭州府城南税課司副使，鹽倉大使、副使，税課局大使、副使，抄紙局大使、副使，印鈔局大使、副使，鑄印局大使、副使、抽分竹木局大使、副使，生藥庫大使、副使，惠民局大使、副使，銀場局大使、副使。

吏

在京未入流品衙門吏攢滿日，於九品衙門吏員内用。

九品衙門吏攢滿日，於八品衙門司吏、七品衙門典吏内用。

八品衙門司吏、七品衙門典吏滿日，於七品衙門書吏、六品衙門典吏内用。

七品衙門書吏滿日，於五品衙門司吏内用。

六品衙門司吏滿日，於五品衙門司吏内用。

五品衙門典吏滿日，於五品衙門司吏、四品衙門典吏内用。

五品衙門司吏滿日，於四品衙門司吏、三品衙門典吏内用。

四品衙門典吏滿日，於四品衙門司吏、三品衙門典吏内用。

四品衙門司吏滿日，於三品衙門令史、胥史，二品衙門典吏内用。

三品衙門典吏滿日，於三品衙門令史、二品衙門典吏内用。

三品衙門令史、胥史滿日，於二品衙門令史、一品衙門典吏内用。

二品衙門典吏滿日，於二品衙門令史、一品衙門典吏内用。

二品衙門令史滿日，於一品衙門掾史、對品衙門都吏内用。都吏滿日，於一品衙門提控内用。

一品衙門典吏滿日，於對品衙門掾史内用。掾史滿日，於對品衙門提控内用。在外大小衙門吏典不許陞轉。三十六月考滿給由，赴京聽用。

貼黄

凡除授過官員，開寫年籍、鄉貫、住址、脚色，貼黄通類具奏，赴内府用寶附貼。如有陞調改降官員，續附轉貼，及本部選部考功付，並各衙門開到官員事故明白下落緣由，通類具奏開揭，如無的確下落，行移該問及原任衙門照勘明白，以憑施行。

實寫

凡事故官員，照依揭下貼黄，於事故册内，類姓開寫年籍、脚色、鄉貫、住址，歷仕俸月，過名及事故下落緣由，以憑存照。

丁憂

凡内外官吏人等例合丁憂者，務要經由本部。京官具奏，闗給内府孝字號勘合。吏典人等劄付應天府給引照回。在外官吏人等，移文知會所在官司給引回還。除祖父母、父母承重丁憂外，期年喪服，不許守制。及移文原籍官司體勘明白，開寫是否承重祖父母及嫡親父母，取具官吏里老人等結罪文狀回報。如有詐冒，就便解部。仍以聞喪月日爲始，不計閏，二十七月服滿起復。若有過期不行，移文催取到部，果無事故在家遷延者，咨送法司問罪。

致仕

凡官員年七十以上，若果精神昏倦，許令親身赴京面奏。如准，本部查照相同，方許去官離職。

侍親

凡官員父母年七十之上，許令移親就禄侍養。如果父母老疾，去官路遠，户内别無以次人丁者，方許親身赴京面奏，揭籍定奪。及吏員人等，父母年老，别無人丁者，務要經由本部移文體勘是實，明白奏准，方令離役。俱候親終服滿起復，赴部聽用。

更名復姓

凡官吏人等，或年幼過房乞養，欲復本姓者，經由本部移文原籍，官司體勘是實，及官幼名改諱，具奏改正貼黄，仍行知會移咨户部，改附籍册。吏員人等幼名改諱者，移文本部准改。

雜行

官吏俸給

凡本部官吏人等俸給，每月初間明白立案，及帶支衙內，將實支官吏姓名，同該支米數造册赴部，劄付該部官員放支，仍將實支米數回呈立案。

印色

凡本部合用印色，支銷盡絶，移咨工部，轉行該庫放支。

紙劄

凡本部合用紙劄，移咨刑部，於贓罰鈔內關支價鈔買用，明白立案開銷，以憑稽考。

考功部

郎中、員外郎、主事掌文職官吏之考課。

考覈

官

一、凡在京六部、太常司、光禄司、通政司、大理寺、國子監、太僕寺、欽天監、翰林院、太醫院、儀禮司屬官，五軍都督府、各衛軍職文官，應天府首領官並所屬上元、江寧二縣官，俱從本衙門正官考覈。應天府五品以下官，監察御史從都御史考覈，給事中從都給事中考覈。

東宫官、王府官，尚寶司、中書舍人、都給事中、儀禮司、行人司正官，從本衙門將該考官員行過事蹟，並應有過犯備細開寫，送本部考覈。欽天監、翰林院、太醫院正官，都御史試職實授，頒給誥敕，取自上裁。其有特恩實授給與誥敕者，不拘此例。

一、凡在京官，初入仕者，俱令試職。一年後考覈，堪用者與實授，不堪用降黜，量才録用。其在任未經考覈試職官遇有調除，仍於本衙門及别衙門本等職事內用，通理月日。降除及對品改除者，止理見任月日，俱候一年照例考覈。或有爲事釋免，再任除授者，試職照例考覈。

一、凡六部五品以下官，太常司、光禄司、通政司、大理寺、國子監、太僕寺、欽天監、翰林院、太醫院、儀禮司屬官，歷任三年，聽於本衙門正官，察其行能，驗其勤惰，從公考覈，明白開寫稱職、平常、不稱職詞語，送監察御史考覈，本部覆考。其在京軍職文官，俱從監察御史考覈。各以九年通考。其四品以上官員任滿，黜陟取自上裁。其在外有司官員，三年考滿給由，到京考覈。平常、稱職者，遇缺借除。京官亦以九年通考。若行人司行人，以一年爲滿，從本司正官考覈，分豁稱職、不稱職，呈送禮部，轉送本部覈考。稱職者於從九品內陞用，不稱職者於未入流品官內叙用，有過罰差一年。儀禮司序班，在職一年，本司考覈堪用不堪用，送禮部，轉行本部覆考。堪用請旨實授，不堪用黜降。若三年考滿，俱發監察御史考覈，送本部覆考。但係一應京官，三年考滿具奏，俱於在京對品內調用。

一、凡通政司、光禄司、翰林院、尚寶司、給事中、中書舍人、東宫官，俱係近侍官員，監察御史係耳目風紀之司，太醫院、欽天監及王府官，不係常選，任滿黜陟取自上裁。

一、凡在京五品以下官，俱令試職。候一年後考覈定奪。比先除授已經試職一年、二年之上，及已實授一年、二年之上者，一例考覈，試職堪任用者，與實授。及已實授堪任用者，俱給與誥敕。三年考滿，許請封贈。其試職及已實授而不堪任用者，一體黜降。其有經考滿復任者，不必再考，頒給誥敕，聽請封贈。已入流倉官，不須試職，候一年任滿，給與敕命。守支未入流品官員，俱與實授，不給敕命。以上付本司封具奏，頒給施行。

一、凡在外有司府州縣官，三年考滿，先行呈部，移付選部作缺，銓注司勛開黄，仍令給由。其現任官，將本官任內行過事蹟保勘覆實明白，出給紙牌，攢造事蹟功業文册，紀功文簿，稱臣僉名，交付本官，親賫給由。如縣官給由到州，州官當面察其言行，辦事勤惰，從實考覈稱職、平常、不稱職詞語。州官給由到府，府官給由到布政司，考覈如之。以上俱從按察司官覆考，仍將考覈、覆考詞語呈部。直隸府州縣官考覈如前。其府官給由，送監察御史考覈，本部覆考，類奏。以上三年考滿給由，考覈平常、稱職者，於對品內別用。不稱職正官、佐貳官黜降，首領官發充吏役。俱以九年通考黜陟。其雲南有司官員任滿給由，一體考覈。不稱職者黜降。緣係邊方，具奏復任，九年通考。

一、凡各處布政司、按察司、鹽運司首領官、屬官，從本衙門正官考覈。按察司首領官從監察御史考覈。其餘衙門，並從本道按察司覆考。其茶馬司、鹽馬司、鹽課提舉司正官至首領官，並在外軍職文官任滿，俱送本處布政司正官考覈。仍送本處按察司覆考。布政司官四品以上，按察司、鹽運司五品以上，俱係正官、佐貳官，三年考滿給由進牌，別無考覈衙門，從都察院考覈，本部覆考。具奏，黜陟取自上裁。

一、凡內外雜職官，三年給由，無私過，未入流陞從九品，從九品陞正九品。稅課司局及河泊所倉庫官，先於户部查理糧課。軍器、織染、雜造等局官，送工部查理造作花銷，明白送部，通類具奏。其倉官收糧不及千石者，本等用；虧折賠納足備者，照依品級降用。其有私笞者，本等用。但犯贓私，並私罪曾經杖斷，未入流，降邊遠；從九品，降未入流；不識字者，本等用。如有學無成效及罷閑生員除授雜職者，犯贓私杖罪，發在京衙門書寫。

一、凡各處府州縣學訓導，與教官一體歷俸，九年考滿給由。其訓導給由，到部出題考試，將所試文字送翰林院批考。通經者於縣學教諭內叙用，若不通經旨，本處復充訓導。自來不通經者，量才別用。教官考覈稱職陞一等，平常者本等用，不稱職者黜降。不通經者別用，若承差考滿，無私過，於行人內用。其犯私笞、杖罪，發行人司聽差。一年無過，陞用。有贓私者，發在京衙門充吏。其五軍都督府知印，三年考滿，於從八品內陞用。六部知印，三年考滿，於正九品內陞用。

一、凡內外入流並雜職應考官員，任滿給由赴京，本部從實考較才能優劣，依例黜陟。果有殊功異能超邁等倫者，取自上裁。

繁而稱職無過，陞二等。有私笞公過，陞一等。有紀録徒流罪，一次本等用，二次降一等，三次降二等，四次降三等，五次以上雜職內用。

繁而平常無過，陞一等。有私笞公過，本等用。有紀録徒流罪，一次降一等，二次降二等，三次降三等，四次以上雜職內用。

簡而稱職與繁而平常同。

簡而平常無過，本等用。有私笞公過，降一等。有紀録徒流罪，一次降二等，二次雜職內用，三次以上黜降。

考覈不稱職，初考：繁處降二等，簡處降三等。若有紀録徒流罪者，俱於雜職內用。

一、凡九年之內：二考稱職、一考平常從稱職。二考稱職、一考不稱職，或二考平常、一考稱職，或稱職、平常、不稱職各一考者，俱從平常。二考平常、一考不稱職從不稱職。

一、繁簡則例

在外，府以田糧十五萬石以上，州以七萬石以上，縣以三萬石以上，或親臨王府、都司、布政司、按察司，並有軍馬守禦，路當驛道、邊方、衝要、供給去處，俱爲事繁。府、州、縣，田糧在十五萬、七萬、三萬石之下，僻静去處，俱爲事簡。在京衙門俱從繁例。

吏

凡在京大小衙門，及在外布政司，並直隸府州縣吏典，各以三年考滿給由。其倉攢典以周歲爲滿，除稅課司庫局攢典考滿之日，隨即交割明白給由，府州縣倉攢典將經收糧斛支銷盡絶，方許給由。應有府州縣吏典考滿，當即給由。如布政司、府、州、縣過違一年，直隸並在京過違半年，給由到部，俱送法司取問。如不過違者，隨付司封，照依資格撥用。

事故

極刑

凡在京衙門，及在外布政司，並直隸府州縣官吏，果有家屬干犯極刑，除緦麻、疏遠異姓親屬不准外，其小功以上親，例合迴避。務要開寫爲因何事，得何罪名，係何衙門取問、處決實蹟，親身赴京陳告。以憑行移原籍及任所，並原取問衙門照勘，取具原籍官吏里隣結狀，並宗支圖支，及任所官吏保結明白，以憑定擬奏准，方許去官離職。

老疾

凡在京衙門，及在外布政司，並直隸府州縣官吏，具告老病殘疾，劄付太醫院，轉行惠民局，委官相視明白，果成篤廢殘痼疾病，分豁堪與不堪醫治，明白具奏，取自上裁。

行止

凡在京及在外府州縣官員，除授之時，投報供狀，當即於簿內附寫歷任脚色始末緣由，或任內調除。如有事故，開附行止，以憑稽考。

紀録

凡有在京衙門，及在外布政司，並直隸府州縣見任官員，但係兵、刑等部，都察院等衙門，或因事提問等項，問過應有的決紀録，公私過名，開咨本部，於紀録文册内明白附寫，候九年通考，以憑黜陟。其有司官員三年考滿，給由到部，供報任内公私過名，於册内比查。除上司未行知會紀録罪名，另行抄録外，有已行知會任内公私過名隱匿不報者，議擬具奏，法司問罪。

貢舉

凡各府州縣，每歲於所轄隅厢鄉都内，拔選容止端謹無過人材一名，申送布政司考覈，轉行按察司覆考，堪充歲貢，開坐考過詞語，差人送部。應有賢良方正，及山林巖穴隱逸之士，並通曉經書儒士、秀才、孝廉，俱各訪求到官，審無過犯違礙，不拘名數，差人伴送到部。或内外官員人等，薦舉人材秀才，即便行移原籍官司，起取赴部，如儒士秀才，出題考試果否通經。賢良、隱逸等項人材，量其才能，定其高下。仍取本户丁糧數目，作何營生，及户内有無雜役事故，供結明白，然後開發選部選用。如將鄙陋不堪之人，一概朦朧濫舉，原舉官吏依《貢舉非其人》律問罪。

朝覲

凡在外官員，三年遍行朝覲。其各布政司、按察司、鹽運司、府、州、縣，及土官衙門，流官等衙門官員，帶首領官吏各一員名，理問所官一員，照依到任須知，依式對款攢造文册，及將原領敕諭、諸司職掌内事蹟文簿，具本親賫奏繳，以憑考覈。各衙門先儘正官，正官到任日淺，佐貳官到任日久，必先佐貳官來。若係裁革未及五十里長州縣，止設正官、首領官各一員去處，只令首領官吏來朝。其程途遠近，各量里路，比照行人馳驛日期起程。本衙門速將起程月日申部。遠者不許過期，近者不許預先離職，俱限當年十二月二十五日到京。其來朝官員服色，各照品級花樣，及欽依今定樣製，務要新鮮潔净。俱各自備脚力，不許馳驛，及指此爲由科擾於民。

諸司職掌

凡諸司置立文簿，將行過事蹟逐件從實開寫，承行、發落緣由務要簡當，每季輪差典吏一名，依期賫赴本管上司查考。布政司考府，府考州，州考縣，務從實效。除將敕諭事理，令諸司進課官吏賫擎前去，及行移布政司，並直隸府州縣，照依敕諭事理，各置紅油木牌，刊寫青字於本衙門公廳上，常川懸掛，永爲遵守。每歲進課之時，將考過事蹟，各賫赴京奏繳，以憑通考。若遇三年朝覲，來朝官吏先將舊年春夏秋三季來考。冬季事蹟未完，許於次年進課之時，令該吏進呈。毋得誑惑繁文，因而生事科擾。

《大明會典》卷二《吏部》 尚書、左右侍郎掌天下官吏選授、勳封、考課之政令。其屬初有四子部：曰總部，曰司封，曰司勳，曰考功。後改總部爲選部，又改選部爲文選，司封爲驗封，司勳爲稽勳，考功仍舊，俱稱清吏司。建置沿革，詳見官制。

文選清吏司

郎中、員外郎、主事掌天下官吏班秩品命。凡銓綜選授之典，注擬黜陟之法，各參伍而分理之。

官制一

國朝建官，初置中書省，設左右丞相等官。其屬有四部，分治錢穀、禮儀、刑名、營造之務。洪武元年，始置吏户禮兵刑工六部，秩正三品，設尚書侍郎等官，仍屬中書省。十三年，革中書省，罷丞相。戒後世嗣君毋得復設丞相。有敢建言請復者，罪至族。語具《祖訓》中。乃陞六部爲正二品衙門，自是中書之政分於六部，彼此頡頏，不敢相壓，事皆朝廷總之。其餘院司府寺監等官莫不體統相維，品式具備。革除年稍有變更。永樂初，悉復舊。因陞北平爲北京，總置行部。後遷都分置，各稱行在。十八年，定都北京，除行在字。其舊在南京者加南京字。洪熙元年，復稱行在。宣德三年，革行部。正統六年，復除行在字，遂爲定制。嗣後兩京各衙門官職並置，繁簡隨宜，間或因事損益，然建置皆本祖宗之舊。具列於後。

京官

太師、太傅、太保。少師、少傅、少保。國初置三公府，後不設官，不專授，但爲大臣加官及贈官。

太子太師、太子太傅、太子太保。太子少師、太子少傅、太子少保。

太子賓客。以上皆東宮官，不專授，但爲大臣兼官及贈官。

中極殿大學士，舊爲華蓋殿大學士。建極殿大學士，舊爲謹身殿大學士，洪熙年初設。文華殿大學士，武英殿大學士，文淵閣大學士，東閣大學士。以上初專設，後皆以師保尚書等官兼任。

宗人府

正官

宗人令，左右宗正，左右宗人。以上後俱不設，止以勳戚大臣掌府事。

首領官

經歷一員。

吏部

正官

尚書一員，左右侍郎各一員。

首領官

國初設主事司務各四員，爲首領官，有主事印。洪武二十九年，改主事爲司官，革主事印，而司務亦止設二員，各部皆同。

司務二員。

屬官

國初設子部四：曰總部、司封、司勳、考功，設郎中、員外郎各一員。洪武二十九年，改四部爲文選、驗封、稽勳、考功四清吏司，以主事爲司官。三十一年，添設文選司主事一員。正統十一年，添設考功司主事一員。

文選清吏司

郎中一員，員外郎一員，主事二員。

驗封清吏司

郎中一員，員外郎一員，主事一員。

稽勳清吏司

郎中一員，員外郎一員，主事一員。

考功清吏司

郎中一員，員外郎一員，主事二員。

户部

正官

尚書一員，左右侍郎各一員，嘉靖中，内一員總理西苑農事，後裁。

總督倉場一員。宣德五年，添設本部尚書一員，專督倉場，後或用侍郎，無定銜，俱不治部事。嘉靖中，令兼理西苑農事。隆慶初，罷兼理。萬曆九年，裁革。命本部左侍郎分理之。十一年復設。

首領官

司務二員。

照磨所

照磨一員，檢校一員。

屬官

國初設子部四：曰民部，度支部，金部，倉部。設郎中、員外郎各一員。洪武二十三年，改爲十二部：曰浙江、江西、湖廣、陝西、廣東、山東、福建、北平、河南、山西、四川、廣西，每部仍分民度金倉四科。二十九年，改十二部爲十二清吏司，改首領官主事爲司官，每司各二員。永樂元年，改北平清吏司爲北京清吏司。十九年，革北京清吏司，增雲南、貴州、交阯三清吏司。宣德元年，添設山西司主事一員，於承運庫辦事，後不設。七年，添設四川、雲南二司員外郎各一員，後俱革。十年，革交阯司，定爲十三司。正統以後，添設河南、四川二司郎中各一員，後俱革。又添設山東司郎中一員，山西司郎中三員，主事一員，陝西司郎中二員，管理邊儲。又因管倉、管關、管廠、管庫等項，陸續添設雲南司主事八員，陝西司主事四員，浙江、江西、湖廣三司主事各三員，福建、河南、山東、山西、四川、貴州六司主事各二員，廣東、廣西二司主事各三員，後革二員，與各司員外郎遇缺差用。嘉靖三十八年，添設雲南司郎中一員，管理糧運。貴州司郎中一員，總理密雲糧儲。四十三年，添設貴州司郎中一員，總理永平糧儲。隆慶六年，添設雲南司郎中一員，東官廳收放錢糧。萬曆九年，裁革浙江、福建、湖廣、河南、廣東、廣西六司主事各一員，江西、山東、山西、四川、雲南、貴州六司主事各二員，陝西司主事三員。十一年，復設浙江、江西、福建、山東、山西、河南、四川、陝西、雲南、貴州十司主事各一員。

浙江清吏司

郎中一員，員外郎一員，主事四員。
江西清吏司
郎中一員，員外郎一員，主事四員。
湖廣清吏司
郎中一員，員外郎一員，主事四員。內三員管通州大運等倉。
陝西清吏司
郎中三員，內一員總理甘肅錢糧，一員駐劄花馬池，整理客兵糧草。隆慶四年，改駐延綏鎮城。員外郎一員，主事四員。
廣東清吏司
郎中一員，員外郎一員，主事二員。
山東清吏司
郎中二員，內一員總理遼東糧儲。員外郎一員，主事三員。
福建清吏司
郎中一員，員外郎一員，主事四員。
河南清吏司
郎中一員，員外郎一員，主事四員。
山西清吏司
郎中四員，內一員總理宣府糧儲，一員總理大同糧儲，一員提督蘇州等處糧草。員外郎一員，主事四員。內一員寧武關管糧。
四川清吏司
郎中一員，員外郎一員，主事三員。
廣西清吏司
郎中一員，員外郎一員，主事二員。
雲南清吏司
郎中三員，內一員通州管理糧儲，一員東官廳監收放錢糧。員外郎一員，主事九員。內六員管舊太倉。
貴州清吏司
郎中三員，內一員總理密雲糧餉，一員總理永平糧餉。員外郎一員，主事三員。
所屬衙門
寶鈔提舉司
提舉一員。舊有副提舉一員，典史一員，後俱革。
抄紙局
大使一員。舊有副使一員，後不設。
印鈔局舊有大使副使各一員，後俱革。
廣盈庫
大使一員。舊有副使二員，嘉靖三十六年革。
寶鈔廣惠庫
大使一員。舊有副使一員，嘉靖三十六年革。
廣積庫
大使一員。舊有副使典史各一員，嘉靖三十六年革。
贓罰庫
大使一員。舊有副使二員，嘉靖三十六年革。
外承運庫後革。舊有大使副使各二員，俱革。
承運庫
大使一員。舊有副使一員，嘉靖三十六年革。
行用庫後革。舊有大使副使各一員，俱革。
甲字庫
大使一員，副使一員。
乙字庫
大使一員。舊有副使一員，嘉靖三十六年革。
丙字庫
大使一員，副使一員。
丁字庫
大使一員，副使一員。
戊字庫
大使一員，副使一員。舊二員，嘉靖三十六年革一員。
大使一員，舊有副使一員，嘉靖三十六年革。
御馬倉
大使一員，副使一員。
太倉銀庫

大使一員，舊有副使一員，嘉靖三十六年革。

軍儲倉後革。舊有大使副使各一員。俱革。

長安、西安、北安門倉

副使各一員。

東安門倉

副使一員。舊二員，萬曆八年革一員。

張家灣鹽倉檢校批驗所舊有大使副使各一員，隆慶六年俱革。

禮部

正官

尚書一員，左右侍郎各一員。

首領官

司務二員。

屬官

國初設子部四：曰儀部、祠部、主客部、膳部。設郎中、員外郎各一員。洪武二十九年，改四部爲儀制、祠祭、主客、精膳四清吏司，改首領官主事爲司官，司各一員。正統六年，添設儀制、祠祭二司主事各一員，協理司事。正統後，添設主客司主事一員，提督會同館。萬曆九年，裁革儀制、祠祭、主客三司主事各一員。十一年復設。

儀制清吏司

郎中一員，員外郎一員，主事二員。如遇選駙馬，則添設本司主事一員教習。

祠祭清吏司

郎中一員，員外郎一員，主事二員。

主客清吏司

郎中一員，員外郎一員，主事二員。內一員提督會同館。

精膳清吏司

郎中一員，員外郎一員，主事一員。

所屬衙門

行人司

司正一員，左右司副各一員，萬曆九年，革左司副一員，十一年復。行人三十二員。舊三百四十五員，嘉靖中存三十七員，萬曆九年革五員。

鑄印局

大使一員，副使一員。舊二員，萬曆九年革。

教坊司

奉鑾一員，左右韶舞各一員，左右司樂各一員，協同官十五員。

兵部

正官

尚書一員，左右侍郎各一員，隆慶四年，添設協理部事侍郎一員，尋罷。協理京營戎政一員。正統十四年，始設提督團營，以兵部尚書或左都御史兼領之。嘉靖二十年，添設兵部尚書一員專督。二十九年，改設兵部侍郎一員協理京營戎政。萬曆九年裁革，十一年復設，或尚書或侍郎或右都御史任。

首領官

司務二員。

屬官

國初設子部四：曰司馬、職方、駕部、庫部。設郎中、員外郎各一員。後改爲武選、職方、車駕、武庫四清吏司，改首領官主事爲司官，司各二員。洪武宣德間，添設武選司主事三員，職方司主事四員。正統十年，添設武選、職方二司郎中各一員，協管司事，武選司員外郎一員。十四年，添設車駕、武庫二司主事各一員。成化三年，添設車駕司郎中一員，點閘皇城守衛官軍。弘治九年，添設武庫司員外郎一員。嘉靖十二年，添設職方司員外郎一員，其添設武選、武庫員外郎及車駕主事，後俱革。隆慶三年，革武庫司主事一員。萬曆九年，革武選、職方、車駕協司郎中及主事各一員，武庫司主事一員。十一年復主事，又復設車駕司主事一員。

武選清吏司

郎中一員，員外郎一員，主事五員。內一員清理軍職貼黃，一員續黃，一員管新官襲替，一員管舊官襲替，一員管優給優養官舍。

職方清吏司

郎中一員，員外郎二員，主事六員。內一員管山海關，一員管清解軍丁，四員輪管驗軍、巡捕、點閘京城九門、存恤軍士、編發軍犯及看本部題本。

車駕清吏司

郎中一員，員外郎一員，主事三員。内一員督理會同館，一員管理太僕寺收放馬價，并各關交兑馬匹。

武庫清吏司

郎中一員，員外郎一員，主事二員。内一員管理京衛武學官生。

所屬衙門

會同館

大使一員，副使二員。内一員後添設。

大通關

大使一員。

刑部

正官

尚書一員，左右侍郎各一員。

首領官

司務二員。

照磨所

照磨一員，檢校一員。

屬官

國初設子部四：曰憲部、比部、司門部、都官部。設郎中、員外郎各一員。洪武二十三年，改爲浙江等十二部，仍分憲比司門都官四科。二十九年，改爲十二部清吏司，以首領官主事爲司官，司各一員。宣德間，定爲十三司。正統以後，各司俱添設主事二員。成化元年，廣西、四川二司添設主事各一員，後革。萬曆九年，裁革十三司主事各一員。十一年，復設浙江、江西、廣東、廣西、河南、山西、四川、雲南、貴州九司主事各一員。

浙江清吏司

郎中一員，員外郎一員，主事三員。

江西清吏司

郎中一員，員外郎一員，主事三員。

湖廣清吏司

郎中一員，員外郎一員，主事二員。

陝西清吏司

郎中一員，員外郎一員，主事二員。

廣東清吏司

郎中一員，員外郎一員，主事三員。

山東清吏司

郎中一員，員外郎一員，主事二員。

福建清吏司

郎中一員，員外郎一員，主事二員。

河南清吏司

郎中一員，員外郎一員，主事三員。

山西清吏司

郎中一員，員外郎一員，主事三員。

四川清吏司

郎中一員，員外郎一員，主事三員。

廣西清吏司

郎中一員，員外郎一員，主事三員。

雲南清吏司

郎中一員，員外郎一員，主事三員。

貴州清吏司

郎中一員，員外郎一員，主事三員。

所屬衙門

司獄司

司獄六員。

工部

正官

尚書一員，左右侍郎各一員。舊有提督易州山場侍郎一員，嘉靖八年改用司官管理。

首領官

司務二員。

屬官

國初設子部四：曰營部、虞部、水部、屯部。設郎中、員外郎各一員，後改爲營繕、虞衡、都水、屯田四清吏司，以首領官主事爲司官，司各一員，後陸續添設營繕司員外郎二員，主事四員。虞衡司郎中二員，員外郎一員，主事二員。都水司郎中三員，主事九員。屯田司郎中一員，主事一員。嘉靖四十三年，革虞衡司管盔甲廠郎中一員，添主事一員管理。四十四年，革屯田司管易州山廠郎中一員，改設主事一員。隆慶二年，改都水司管沽頭閘主事於夏鎮閘。三年，革都水司管濟寧閘主事一員。六年，革都水司管清江造船主事一員，添設協理司事主事一員。萬曆五年，添設都水司管徐淮河道郎中一員，革都水司管呂梁洪主事一員。六年，革都水司管徐州洪主事一員。九年，革虞衡司管遵化鐵冶郎中一員。

營繕清吏司

郎中一員，員外郎三員，內一員管重城，一員管臨清甎廠。主事五員。內一員管清匠司，一員管繕工司，一員管修理京倉。

虞衡清吏司

郎中一員，員外郎二員，內一員管街道溝渠。主事四員。內一員管節慎庫，一員管軍器局。

都水清吏司

郎中五員，內一員管理沙河至儀真河道，一員管理静海至濟寧河道，一員督理通惠閘河並天津河道，一員管徐淮河道。員外郎一員，主事七員。內一員管器皿廠，一員管六科廊，一員管徂徠等泉，兼管濟寧閘，一員管夏鎮閘。

屯田清吏司

郎中一員，員外郎一員，主事三員。內一員管易州山廠，一員管臺基廠柴炭。

所屬衙門

文思院

大使一員，副使二員。洪熙元年，添設大使副使共六員，後裁革。

巾帽局今設於內府，舊有大使副使各一員，俱革。

鍼工局今設於內府，舊有大使副使各一員，俱革。

營繕所

所正一員，舊二員，後革一員。所副二員，所丞二員。舊有添設一員，隆慶三年革。

皮作局

大使一員舊有副使二員，後革。

顔料局後革。舊有大使一員，革。

寶源局

大使一員舊有副使一員，嘉靖四十三年革。

鞍轡局舊有大使副使各一員，隆慶元年革。

軍器局

大使一員，副使一員。舊二員，後革一員。

節慎庫嘉靖八年添設。

大使一員。

織染所雜造局

大使一員，副使一員。

廣積抽分竹木局舊有大使副使各一員，隆慶五年革。

通積抽分竹木局

副使一員，兼管廣濟白河二局，舊有大使一員，後革。

蘆溝橋抽分竹木局

大使一員。舊有副使一員，後革。

通州抽分竹木局

大使一員。舊有副使一員，後革。

白河抽分竹木局舊有大使副使各一員，後革。

大通關提舉司舊有提舉一員，萬曆二年革。有副提舉二員，典史一員，久革。

柴炭司

大使一員，副使一員。

都察院

正官

左右都御史二員，左右副都御史二員，左右僉都御史四員。以上坐院官，後不全設。其總督軍務、漕運、糧儲、巡撫地方等項，因事添設，無定員。或以都御史，或以副都僉都御史，無定銜，見都察院。

首領官

司務二員。舊四員，後革二員。

經歷司

經歷一員，都事一員。

照磨所

照磨一員，檢校一員。

屬官

國初設浙江等十二道，監察御史六十員。後增爲十三道，一百一十員，後不全設。

浙江道監察御史十員，江西道監察御史十員，湖廣道監察御史八員，陝西道監察御史八員，廣東道監察御史七員，山東道監察御史十員，福建道監察御史七員，河南道監察御史十員，山西道監察御史八員，四川道監察御史七員，廣西道監察御史七員，雲南道監察御史十一員，貴州道監察御史七員。

所屬衙門

司獄司

司獄一員。舊六員，嘉靖八年，革三員。萬曆九年，革一員。又住補一員。

通政使司

正官

通政使一員，左右通政二員，後添設謄黄右通政一員，萬曆九年，革右通政及謄黄右通政。十一年，復右通政。左右叅議二員。

首領官

經歷司

經歷一員，知事一員。

大理寺

正官

卿一員，左右少卿二員，左右寺丞二員。

首領官

司務二員。

屬官

左寺

左寺正一員，左寺副二員，左評事四員。萬曆九年，革一員。十一年復設。

右寺

右寺正一員，右寺副二員，右評事四員。舊八員，後革四員。

詹事府

正官

詹事一員，少詹事二員，府丞二員。

首領官

主簿一員，録事二員。內一員後添設，萬曆九年革。十一年復設。

屬官

通事舍人二員。

左春坊

大學士一員，左庶子一員，左諭德一員，左中允二員，左贊善二員，左司直郎二員，左清紀郎一員，左司諫二員。

右春坊

大學士一員，右庶子一員，右諭德一員，右中允二員，右贊善二員，右司直郎二員，右清紀郎一員，右司諫二員。

司經局

洗馬二員，校書二員，正字二員。以上詹事府及坊局官後不全設，亦無定員。

太常寺舊爲太常司。

正官

卿一員，少卿二員，寺丞二員。舊爲司丞，或因事添設，無定員。

首領官

典簿二員。內隆慶三年革一員，萬曆十一年復設。

屬官

博士二員，內萬曆九年裁一員，十一年復設。協律郎五員，舊二員，嘉靖間增至五員，隆慶二年革二員，萬曆六年復，九年革一員，十一年復。贊禮郎三十一員，舊六員，嘉靖間增至三十三員，隆慶三年革十五員，萬曆六年復，九年革五員，十一年復設三員。司樂三十四員。舊二員，嘉靖間增至三十九員，隆慶三年革二十一員，萬曆六年復，九年革十二員，十一年復設七員。

天地壇祠祭署舊有奉祀一員，祀丞二員，嘉靖三十七年革。

天壇、地壇、朝日壇、夕月壇各祠祭署俱嘉靖九年設。

奉祀各一員，祀丞各一員。

先農壇祠祭署舊爲山川壇耤田祠祭署，嘉靖九年，改爲神祇壇。萬曆四年，改今名。

奉祀一員，祀丞二員。

長陵、獻陵、景陵、裕陵、茂陵、泰陵、顯陵、康陵、永陵、昭陵各祠祭署

奉祀各一員，祀丞各一員。

犧牲所舊有吏目一員，後革。

光禄寺舊爲光禄司。

正官

卿一員，少卿二員，寺丞二員。舊爲司丞。

首領官

典簿二員，内萬曆九年革一員，十一年復設。録事一員。舊二員，後革一員。

屬官

大官署

署正一員，署丞四員。内萬曆九年革一員，十一年復設。監事四員。内萬曆九年革一員，十一年復設。

珍羞署

署正一員，署丞四員，監事四員。

良醖署

署正一員，署丞四員，監事四員。

掌醢署

署正一員，署丞三員，舊四員，後革一員。監事四員。

司牲司

大使一員。舊有副使一員，後革。

司牧局舊有大使一員，嘉靖七年革。

銀庫

大使一員。萬曆二年添設。

太僕寺

正官

卿一員，少卿三員，舊二員，正德十一年添設一員，萬曆九年革一員，十一年復設。寺丞三員。舊四員，後增至十二員，又裁革止存三員。萬曆九年革一員，十一年復設。

首領官

主簿一員。

常盈庫

大使一員。

所屬衙門

各牧監後革。舊有監正、監副、録事各一員，俱革。

各羣後革。舊有羣長各一員，俱革。

順天府

正官

府尹一員，府丞一員，治中一員，通判三員，舊六員，内一員管糧，一員管匠，一員管馬，一員清軍，一員管河，一員管柴炭。嘉靖八年，革管河、管柴炭二員。萬曆九年，革管匠清軍二員。十一年，復設一員，兼管軍匠。推官一員。

首領官

經歷司

經歷一員，知事一員。

照磨所

照磨一員，檢校一員。

所屬衙門

宛平大興二縣餘縣分在外者，見户部州縣項下。

知縣各一員，縣丞各二員，舊各一員，復各設三員。嘉靖四十二年，各革一員。萬曆九年，各革一員。十一年，各復設一員。主簿各一員，後添革不一。典史各一員。

儒學

教授一員，訓導六員。内二員永樂十九年添設。

陰陽學

正術一員。

醫學

正科一員。

司獄司

司獄一員。

庫

大使一員，副使一員。久住補。

都税司後革。舊有大使副使各一員，萬曆十一年革。

正陽門宣課司後革。舊有大使一員，萬曆十一年革。副使一員，萬曆九年革。

崇文門分司

副使一員。

安定門税課司

大使一員。

德勝門分司

副使一員。

張家灣宣課司

大使一員，副使一員。久住補。

蘆溝橋宣課司後革。舊有大使副使各一員，革。

王平口巡檢司屬宛平縣。

巡檢一員。

石港口巡檢司屬宛平縣。

巡檢一員。

齊家莊巡檢司屬宛平縣。

巡檢一員。

蘆溝橋巡檢司屬宛平縣。

巡檢一員。

大興縣遞運所

大使一員。

批驗茶引所舊有大使一員，萬曆十一年革。

壩上倉、壩上東馬房倉、壩上北馬房倉、壩上南倉、壩上北倉、黄土倉、北草場倉、湯山草場倉、鄭家莊馬房倉、臺基廠草場、明智坊草場、北新草場、安仁坊草場

大使各一員。舊有副使一員，嘉靖三十六年革。

義河倉、北高倉、涆石橋倉、南石渠倉

大使各一員。

金盞兒甸倉、湖渠馬房倉、涆石橋南倉、南石渠西倉、吴家駝牛房倉、東直門裏牛房倉

副使各一員。

東直門外牛房倉舊有副使一員，嘉靖三十六年革。

廣源閘、屬宛平縣。慶豐閘屬大興縣。

閘官各一員。

鴻臚寺舊爲儀禮司，列禮部屬官下。

正官

卿一員，舊爲司正。左右少卿二員，舊爲左右司副。左右寺丞二員。舊爲左右司丞四員，後革二員。弘治以後，又因朝賀執事必用堂上官五員，恐臨時事故缺人，預於額外選官品稍卑者，以原職隨堂辦事，無定員，見設二員。

首領官

主簿一員。

屬官

鳴贊九員，舊五員，後添設三員。隆慶三年添設一員，隨住補。十一年，復設一員。序班五十員。舊四十四員，後添設十員。嘉靖三十六年，革八員。萬曆十一年，復設四員。

司儀署

署丞一員。

司賓署

署丞一員。

國子監

正官

祭酒一員，司業一員。

首領官

典簿一員。

屬官

監丞一員，舊二員。博士五員，助教九員，舊一十五員，後革二員。萬曆九年革四員。學正七員，內一員塡注孔氏世襲，舊十一員，革四員。學録四員，舊七員，後革二員，萬曆九年，革一員。典籍一員，掌饌一員。舊二員。

中都國子監後革。舊有祭酒、司業各一員，監丞二員，典簿、博士各一員，助教二員，學正、學録、掌饌各一員，俱革。

翰林院

正官

學士一員，侍讀學士二員，侍講學士二員。

首領官

孔目一員。

屬官

侍讀二員，侍講二員，博士五員，典籍二員，侍書二員，待詔六員。

史官

修撰三員，編修四員，檢討四員。以上翰林官後無定員，博士、待詔亦不常設。

提督四夷館官一員。永樂五年，四夷朝貢言語文字不通，始設韃靼、女直、西番、西天、回回、百夷、高昌、緬甸八館。正德六年，又增八百館。萬曆七年，又增暹羅館，凡十館。先是選國子生習譯，宣德元年，兼選官民子弟，委官爲教師，命翰林院學士稽考課程。正統九年，又諭寺副主事提督。弘治七年，內閣題設太常寺卿、少卿各一員提督。嘉靖二十五年以後，裁革卿，止存少卿，仍聽內閣稽考。一切公移，俱呈翰林院轉行。其習譯官鴻臚寺帶銜。

尚寶司

正官

卿一員，少卿一員，司丞三員。後以恩廕添注，無定員，卿少卿亦同。

中書舍人二十員後裁四員，其以恩廕添注纂修陞授者，不在額數。如文華、武英二殿，制勅、誥勅兩房亦多有帶銜者。

吏科

都給事中一員，左右給事中二員，給事中四員。

户科

都給事中一員，左右給事中二員，給事中六員。舊八員，萬曆九年，革四員。十一年，復設二員。

禮科

都給事中一員，左右給事中二員，給事中五員。舊六員，萬曆九年，革二員。十一年，復設一員。

兵科

都給事中一員，左右給事中二員，給事中七員。舊十員，萬曆九年，革五員。十一年，復設二員。

刑科

都給事中一員，左右給事中二員，給事中六員。舊八員，萬曆九年，革四員。十一年，復設二員。

工科

都給事中一員，左右給事中二員，給事中四員。

承天門待詔一員，閤門使四員，觀察使十員，後俱革。

欽天監

正官

監正一員，監副二員。

首領官

主簿一員。

屬官

春夏中秋冬官正各一員，五官靈臺郎四員，舊八員。五官保章正一員，舊二員。五官挈壺正一員，舊二員。五官監候二員，舊三員。五官司曆二員，五官司晨二員，舊六員。漏刻博士一員，舊六員。舊有回回監官，後俱革，止設回回科博士三員，今亦革。

太醫院

正官

院使一員，院判二員。舊一員。

首領官

吏目十員。舊止一員，後以醫士年深考陞，不拘定員。在内於聖濟殿，在外於本院，及各差供事，隆慶五年，定爲十員。

屬官

御醫十員。舊止四員，後增至十八員，隆慶五年，定爲十員。

所屬衙門

惠民藥局

大使一員，副使一員。

生藥庫

大使一員，副使一員。

上林苑監

正官

左右監正二員，左右監副二員，左右監丞二員。後監正、監副俱不常設，止設監丞，署掌印信。

首領官

典簿一員。

屬官

良牧署

典署一員，久住補。署丞一員，舊二員。録事一員。舊二員，後革一員。萬曆九年盡革，十一年復設一員。

蕃育署

署丞一員，舊二員。録事一員。舊二員，後革一員。萬曆九年盡革，十一年復設一員。舊有典署一員，隆慶元年革。

林衡署

典署一員，久住補。署丞一員。舊二員。舊有録事二員，後革。

嘉蔬署

署丞一員。舊二員。舊有典署、録事各一員，嘉靖三十一年革。

中左右前後五軍都督府經歷司

經歷各一員，都事各一員。

斷事司後革。舊有斷事官一員，左右斷事官二員，提控案牘二員，司務二員，司獄一員，中左右前後五司稽仁、稽義、稽禮、稽智、稽信各一員，後俱革。

錦衣衛經歷司

經歷一員。

各衛經歷司

經歷各一員，共七十三員，舊各有知事一員，革。濟洲等五衛各添收糧經歷一員，萬曆九年革。倉副使各一員。舊有大使各一員，後革。

京衛武學

教授一員，訓導四員。舊六員。

留守中等衛各門千户所舊有吏目各一員，後革。

牧馬千户所

吏目一員。

蕃牧千户所

吏目一員。

奠靖千户所

吏目一員。

中東西南北五城兵馬指揮司惟中城止稱中兵馬指揮司。

正官

指揮各一員，副指揮各四員。舊各四員，後增至六員。嘉靖三十六年，五司各革一員。隆慶三年，五司各革一員。今各設四員。

首領官

吏目各一員。

僧録司

左右善世二員，左右闡教二員，左右講經二員，左右覺義二員。俱不支俸。

道録司

左右正一二員，左右演法二員，左右至靈二員，左右玄義二員。俱不支俸。

神樂觀

提點一員，知觀二員。

《大明會典》卷三《吏部·官制·南京官》 南京官裁減不一，今止書其見設者。

南京宗人府

經歷一員。

南京吏部

尚書一員，右侍郎一員，萬曆三年革，十一年復設。司務一員。文選清吏司郎中一員，主事一員。驗封清吏司郎中一員。舊有主事一員，隆慶四年革。稽勳清吏司郎中一員。舊有主事一員，後革。考功清吏司郎中一員，主事一員。

南京户部

尚書一員，右侍郎一員，嘉靖二十六年革南京糧儲都御史，以本部侍郎督理糧儲。司務一員。

照磨所

照磨一員。

浙江清吏司郎中一員，員外郎一員，主事一員。

江西清吏司郎中一員，員外郎一員，隆慶四年革，萬曆十一年復設。主事二員。舊一員。

福建清吏司郎中一員，員外郎一員，主事一員。

湖廣清吏司郎中一員，員外郎一員，萬曆九年革，十一年復設。主事一員。

廣東清吏司郎中一員，員外郎一員，主事一員。舊二員，内一員管黄册，隆慶三年革一員。

廣西清吏司郎中一員，舊有員外郎一員，隆慶三年革。主事二員。内一員管黄册。

河南清吏司郎中一員，主事一員。

山東清吏司郎中一員，主事一員。

山西清吏司郎中一員，舊有員外郎一員，嘉靖三十七年革。主事二員。内萬曆九年革一員，十一年復役。

陝西清吏司郎中一員，舊有員外郎一員，嘉靖三十七年革。主事一員。

四川清吏司郎中一員，主事一員。

雲南清吏司郎中一員，舊有員外郎一員，隆慶四年革。主事二員。内萬曆九年革一員，十一年復役。

貴州清吏司郎中一員，主事一員。

所屬衙門

寶鈔提舉司舊有提舉一員，隆慶三年革，歸併九庫大使兼管。

廣積庫

大使一員。

承運庫

大使一員。

贓罰庫

大使一員。

甲乙丙丁戊字庫

大使各一員。

寶鈔廣惠庫

大使一員。

軍儲倉舊有大使一員，隆慶三年革。

長安門倉

副使一員。

東安西安北安門倉舊有副使各一員，隆慶三年革。

龍江鹽倉檢校批驗所

大使一員。

南京禮部

尚書一員，右侍郎一員，萬曆三年革，十一年復設。司務一員。儀制清吏司郎中一員，主事一員。隆慶四年革，萬曆十一年復設。祠祭清吏司郎中一員，主事一員。萬曆九年革，十一年復設。主客清吏司郎中一員。精膳清吏司郎中一員。

所屬衙門

行人司

左司副一員。

鑄印局

副使一員。

教坊司

右韶舞一員，左右司樂各一員。

南京兵部

尚書一員，右侍郎一員，萬曆三年革，十一年復設。司務一員。武選清吏司郎中一員，主事一員。職方清吏司郎中一員，員外郎一員，主事一員。車駕清吏司郎中一員，員外郎一員，主事二員。武庫清吏司郎中一員，主事一員。

所屬衙門

典牧所

提領一員。

會同館

大使一員。

大勝關

大使一員。

南京刑部

尚書一員，右侍郎一員，萬曆三年革，十一年復設。司務一員。

照磨所

照磨一員。

浙江清吏司郎中一員，舊有員外郎一員，隆慶三年革。主事一員。萬曆九年革，十一年復設。江西清吏司郎中一員，舊有員外郎一員，隆慶三年革。主事一員。福建清吏司郎中一員，主事一員。湖廣清吏司郎中一員，主事一員。萬曆九年革，十一年復設。廣東清吏司郎中一員，員外郎一員，主事一員。舊二員，隆慶三年革一員。廣西清吏司郎中一員，主事一員。萬曆九年革，十一年復設。河南清吏司郎中一員，舊有員外郎一員，嘉靖三十七年革。主事一員。萬曆九年革，十一年復設。山東清吏司郎中一員，主事一員。山西清吏司郎中一員，主事一員。陝西清吏司郎中一員，舊有員外郎一員，嘉靖三十七年革。主事一員。四川清吏司郎中一員。舊有主事一員，隆慶四年革。雲南清吏司郎中一員。舊有主事一員，隆慶三年革。貴州清吏司郎中一員。舊有主事一員，嘉靖三十七年革。

司獄司

司獄二員。

南京工部

尚書一員，右侍郎一員，萬曆三年革，十一年復設。司務一員。營繕清吏司郎中一員，員外郎一員，嘉靖三十七年革，萬曆十一年復設。主事二員。舊有三員，嘉靖三十七年革一員。虞衡清吏司郎中一員，主事二員。萬曆九年革一員，十一年復設。都水清吏司郎中一員，舊有員外郎一員，嘉靖三十七年革。主事二員。內一員管新江口船隻。屯田清吏司郎中一員，主事二員。內一員嘉靖二年添設。

所屬衙門

營繕所

所正一員，所副一員，所丞一員。

龍江提舉司

提舉一員。

文思院舊有大使一員，嘉靖三十七年革。

寶源局

大使一員。

軍器局

大使一員。舊有副使一員，後革。

織染所

大使一員。

龍江抽分竹木局

大使一員。

瓦屑壩抽分竹木局

大使一員。

清江提舉司

提舉一員。

南京都察院

右都御史一員，右副都御史一員，右僉都御史一員，提督操江，兼管巡江，或副都或僉都不並設。司務一員。

經歷司舊有都事一員，隆慶四年革。

經歷一員。

照磨所

照磨一員。

浙江等十三道

監察御史三十員。舊每道各三員，後定浙江、江西、河南、山東、山西、陝西、四川、雲南、貴州等九道各二員，福建、湖廣、廣東、廣西等四道各三員。近年不全設，常以一員兼管數道。

司獄司

司獄一員。舊二員，嘉靖三十七年革一員。

南京通政使司

右通政一員，右參議一員。隆慶四年革，萬曆十一年復設。

經歷司

經歷一員。

南京大理寺

卿一員，右寺丞一員，萬曆三年革，十一年復設。

司務一員，左右寺正各一員，左評事二員，舊三員，隆慶三年革一員，萬曆九年革一員，十一年復設一員。右評事二員。舊三員，隆慶三年革一員，萬曆九年革一員，十一年復設一員。

南京詹事府堂上官今不設。

主簿一員。

南京太常寺

卿一員，少卿一員。萬曆九年革，十一年復設。典簿一員，博士一員，協律郎二員，贊禮郎六員，舊七員，嘉靖三十七年革二員，萬曆十一年復設一員。

司樂二員。

天地壇祠祭署

奉祀一員。舊有祀丞一員，嘉靖三十七年革。

山川壇耤田祠祭署

奉祀一員。萬曆九年革，十一年復設。

祖陵祠祭署

奉祀一員。舊有祀丞一員，後革。

皇陵祠祭署

奉祀二員。祀丞二員。

孝陵祠祭署

奉祀一員。祀丞一員。

揚王墳祠祭署

奉祀一員。舊有祀丞一員，後革。

徐王墳祠祭署

奉祀一員。祀丞一員。

神樂觀

提點一員。舊有知觀一員，嘉靖三十七年革。

南京光禄寺

卿一員。舊有少卿一員，隆慶四年革。典簿一員。

大官署

署正一員，署丞一員。

珍羞署

署正一員。舊有署丞一員，萬曆五年革。

良醖署

署正一員。舊有署丞一員，嘉靖三十七年革。

掌醢署

署正一員。舊有署丞一員，嘉靖三十七年革。

南京太僕寺

卿一員，少卿一員，舊二員，隆慶二年革一員。寺丞一員。舊二員，隆慶四年革一員。主簿一員。

應天府

府尹一員，府丞一員，治中一員，通判二員。一員兼管巡捕，一員管馬，萬曆九年革管馬通判，十一年復設。推官一員。經歷一員，知事一員。照磨一員，檢校一員。

所屬衙門

上元江寧二縣其餘縣分在外者，見户部州縣項下。

知縣各一員，縣丞各一員，主簿各一員，後添設上元縣管馬一員，嘉靖四十一年革。典史各一員。

儒學
教授一員，訓導六員。後添設。
陰陽學
正術一員。
醫學
正科一員。
司獄司
司獄一員。
廣積庫
副使一員。
都稅司
大使一員。
龍江稅課局舊有大使副使各一員，嘉靖三十七年革，併入龍江宣課司。
龍江宣課司
大使一員。
聚寶門宣課司
大使一員。
聚寶門宣課司朝陽門外分司
副使一員。
江東宣課司
大使一員。
太平門宣課司初爲稅課司，舊有大使一員，嘉靖三十七年革，併入朝陽門分司兼管。
龍江水馬驛
驛丞一員。
江東驛
驛丞一員。
江寧驛屬江寧縣。
驛丞一員。
大勝驛屬江寧縣。
驛丞一員。
龍江遞運所
大使一員。
批驗茶引所
大使一員。
龍江裏外河泊所
所官一員。
江東巡檢司
巡檢一員。
江淮巡檢司
巡檢一員。
秣陵鎮巡檢司
巡檢一員。
淳化鎮巡檢司屬上元縣。
巡檢一員。
石灰山關
大使一員。
龍江關
大使一員。舊有副使一員，嘉靖三十七年革。
常平倉
大使一員。
南京鴻臚寺
卿一員。主簿一員，鳴贊四員，萬曆九年革一員，十一年復設。序班九員。舊設十二員，內三員久住補。嘉靖三十七年革二員，萬曆九年革一員，十一年復設三員。
司儀署
署丞一員。
司賓署
署丞一員。
南京國子監

祭酒一員，司業一員，監丞一員，典簿一員，博士二員，舊三員，隆慶四年革一員。助教四員，舊六員，嘉靖三十七年革二員。學正四員，舊五員，隆慶四年革一員。學録二員，典籍一員。舊有掌饌一員，嘉靖三十七年革。

南京翰林院

掌印官一員，或用侍讀學士，或以春坊庶子、諭德、中允、侍讀署掌。孔目一員。

南京尚寶司

卿一員。

南京吏科

給事中一員。

南京户科

給事中二員。内一員管後湖黄册。

南京禮科

給事中一員。

南京兵科

給事中一員。

南京刑科

給事中一員。

南京工科

給事中一員。

南京欽天監

監正一員，舊有監副一員，後革。主簿一員。春夏中秋冬官正各一員，内正選一員。五官靈臺郎二員，五官監候一員，五官司曆一員。

南京太醫院

院判一員，吏目一員。

惠民藥局

大使一員。

生藥庫

大使一員。

南京中左右前後五軍都督府經歷司

經歷各一員，都事各一員。

南京錦衣衛經歷司

經歷一員，知事一員。

南京各衛經歷司

經歷各一員，共四十八員。倉副使各一員。

南京京衛武學

教授一員，訓導一員。舊三員，嘉靖八年革一員，三十七年又革一員。

南京留守左衛通濟門千户所舊有吏目一員，嘉靖三十七年革，併入聚寶門千户所兼管。

南京留守左衛聚寶門千户所舊有吏目一員，萬曆九年革。

南京留守右衛石城千户所舊有吏目一員，萬曆九年革。

南京留守中衛金川門千户所舊有吏目一員，萬曆九年革。

南京留守前衛上方高橋門千户所舊有吏目一員，萬曆九年革。

南京留守後衛觀音佛寧門千户所舊有吏目一員，萬曆九年革。

南京牧馬千户所

吏目一員。

南京中東西南北五城兵馬司

指揮各一員，副指揮各一員，舊各三員，萬曆九年各革二員。吏目各一員。

南京僧録司

左右善世二員，左右闡教二員，左右講經二員，左右覺義二員。

南京道録司

左右正一二員，左右演法二員，左右至靈二員，左右玄義二員。

《大明會典》卷四《吏部·官制·外官》 各承宣布政使司

正官

左右布政使各一員，貴州止設左布政使一員。左右參政，舊各一員，後因事添革不一。今浙江、江西、福建、湖廣、廣東、廣西、四川、河南、山西、陝西、雲南、貴州左參政各一員，山東左參政二員，福建、廣東、廣西、四川、陝西、山東、雲南右參政各一員，浙江、江西、湖廣、河南、山西右參政各二員。貴州無。左右參議。舊各一員，後因事添革不一。今浙江、福建、湖廣、廣西、四川、河南、山東、山西、雲南、貴州左參議各一員，江西、廣東、陝西左參議各二員，浙江、江西、福建、廣東、廣西、雲南右參議各一員，四川、山東、山西、貴州右參議各二員，陝西、湖廣右參議二員，河南無。以上參政、參議臨時照資敍互用，無定銜。

首領官

經歷司

經歷一員，都事一員。萬曆九年革，十二年復設。

照磨所

照磨一員，檢校一員。後添設，內浙江、廣東、山東、山西、陝西、貴州俱革。

理問所

理問一員，副理問一員，內廣西、山東、雲南、貴州俱革。提控案牘一員。內江西、湖廣、山東、山西、貴州俱革。

所屬衙門

司獄司

司獄一員。內湖廣、廣西、山東、貴州俱革。

倉庫雜造織染局

大使各一員，副使各一員。

軍器寶泉二局舊有大使副使各一員，後革。

陝西茶馬司

大使一員，副使一員。

四川茶課司、廣西裕民司、雲南滇池魚課局舊有大使副使各一員，後革。

各提刑按察司

正官

按察使一員，副使，舊各二員，後添設兵備海道等項副使，員數不一。今福建三員，貴州四員，廣西五員，廣東、浙江、江西、河南各六員，四川七員，湖廣、雲南各八員，山西十員，山東十三員，陝西十六員。僉事。員數不一。今廣西、貴州各二員，江西、陝西、雲南各三員，浙江、廣東各四員，福建、河南、山東、山西各五員，湖廣、四川各六員。以上副使、僉事臨時照資敍互用，無定銜。提學官每省各一員，或副使或僉事，無定銜。

首領官

經歷司

經歷一員，知事一員。

照磨所

照磨一員，檢校一員。內浙江、廣東、山東、貴州俱革。

所屬衙門

司獄司

司獄一員。

各府

正官

知府一員，同知一員，通判一員，推官一員。後同知通判因事添革，無定員，推官，江西吉安府增設一員，後革。

首領官

經歷司

經歷一員，知事一員。事簡府分多有裁革。

照磨所

照磨一員，檢校一員。事簡府分多有裁革。

所屬衙門

司獄司

司獄一員。

儒學

教授一員，訓導四員。小府或三員或二員，多不全設。

倉庫、税課司、雜造、織染局、税課分司、草場

大使各一員，副使各一員。

陰陽學

正術一員。

醫學

正科一員。

僧綱司

都綱一員，副都綱一員。

道紀司

都紀一員，副都紀一員。

府州縣巡檢司
巡檢各一員。
府州縣水馬驛
驛丞各一員。
府州縣遞運所
大使各一員。
府州縣河泊所
所官各一員。
各州若編户不及三十里，有所屬縣分者裁減同知，無所屬縣分者裁減同知判官。
正官
知州一員，同知一員，判官一員。後同知判官因事添革，無定員。
首領官
吏目一員。
所屬衙門
儒學
學正一員，訓導三員。小州二員或一員，多不全設。
陰陽學
典術一員。
醫學
典科一員。
各處税課局茶課司
大使各一員，副使各一員。
長淮廣濟二關舊有大使副使各一員，後革。
各處鐵冶批驗茶引所
大使各一員。久住補。
各處閘壩
閘官各一員，壩官各一員。
各處倉草場
大使各一員，副使各一員。
僧正司
僧正一員。
道正司
道正一員。
各縣若編户不及二十里者，裁減縣丞主簿。
正官
知縣一員，縣丞一員，主簿一員。後縣丞主簿因事添設，無定員。
首領官
典史一員。
所屬衙門
儒學
教諭一員，訓導二員。後添設，小縣或止一員或無設。
税課司
大使一員。
陰陽學
訓術一員。
醫學
訓科一員。
僧會司
僧會一員。
道會司
道會一員。
四川阜民司、福建銀屏山銀場舊有大使副使各一員，後革。
陝西司竹局舊有大使二員，後革。
直隸山陽縣管堤
大使一員。
各都轉運鹽使司
正官
運使一員，同知一員，副使一員，判官。員數不等。
首領官
經歷司

經歷一員，知事一員。

各鹽課提舉司

正官

提舉一員，同提舉一員，隆慶二年裁革。副提舉。員數不等。

首領官

吏目一員。

各煎鹽提舉司舊有提舉、同提舉、副提舉、典史各一員，後革。

鹽運提舉二司所屬衙門

鹽課司倉庫

大使各一員，副使各一員。

各處市舶提舉司後浙江福建俱革，今止存廣東。

正官

提舉一員。

首領官

吏目一員。

行太僕寺內遼東卿、少卿、寺丞、主簿各一員，俱革。

正官

卿一員，少卿一員，陝西二員，甘肅山西各一員，俱革。寺丞。員數不等，今革。

首領官

主簿一員。

苑馬寺

正官

卿一員，少卿二員，內遼東久革。寺丞。員數不等，今革。

首領官

主簿一員。

所屬衙門

各牧監

監正一員，監副一員，録事一員，圉長一員。遼東止設監正一員，圉長二員。陝西各監止設監正七員，餘俱革。

中都興都留守司並各都指揮使司、經歷司

經歷各一員，都事各一員。

斷事司

斷事各一員，副斷事各一員，吏目各一員。

各衛經歷司

經歷一員，後添設。知事一員。後止設八十三員，萬曆八年以後裁四十員。

各守禦千户所

吏目一員。

各宮觀

提點，靈官，副靈官。俱後添設。

王府官

長史司

正官

左右長史各一員。

首領官

典簿一員。

屬官審理、典膳、奉祠、典寶、良醫、工正、六所舊各有副一員，嘉靖四十四年革。

審理所

審理正一員。

典膳所

典膳正一員。

奉祠所

奉祠正一員，典樂一員。

典寶所

典寶正一員。

紀善所

紀善二員。

良醫所

良醫正一員。

典儀所

典儀正一員，典儀副一員，伴讀一員，後添設。教授一員，後添設。引禮舍人一員。舊三員，後革二員。

工正所

工正一員。

各倉庫

大使各一員。舊有副使各一員，後革。

郡王府

教授一員，典膳一員。俱後添設。

各宣慰使司

正官

宣慰使一員，同知一員，副使一員，僉事一員。

首領官

經歷司

經歷一員，都事一員。

各宣撫司

正官

宣撫一員，同知一員，副使一員，僉事一員。

首領官

經歷司

經歷一員，知事一員。

各安撫司

正官

安撫一員，同知一員，副使一員，僉事一員。

首領官

吏目一員。舊爲知事。

招討司

正官

招討，副招討。

首領官

吏目。

長官司

正官

長官，副長官。

首領官

吏目。

蠻夷長官司

長官，副長官。

蠻夷官

苗民官

千夫長，副千夫長，百夫長。

軍民萬户府經歷司

經歷一員，知事一員。自蠻夷官以下，後不選。

《大明會典》卷六《吏部·驗封清吏司》 郎中、員外郎、主事掌百官之封爵誥敕，與夫置吏、訓官、給符、考成之事，咸綜理之。

《大明會典》卷一〇《吏部·稽勳清吏司》 郎中、員外郎、主事掌邦國官人之勳級及名籍、喪制、歸寧之事，皆覈實然後定擬。

《大明會典》卷一二《吏部·考功清吏司》 郎中、員外郎、主事掌文職官吏之考課及内外官之考察。凡旌別訪舉及諸事故皆得稽之。

《大明會典》卷一三《吏部·南京吏部》 文選清吏司

凡南京六部等衙門堂上正佐官皆缺，洪武永樂以來委給事中郎中等官署掌印信。弘治十二年奏准：如吏户禮兵工五部及通政司缺，就於各衙門堂上官内推舉一員署掌，三法司缺，就於三法司堂上官内推舉一員署掌，仍將推舉過職名奏聞。

凡南京各衙門新除復任官員，吏部咨開職名副部，各取到任日期並各衙門繳到各官文憑收候年終類繳吏部。如遇丁憂者，先行咨繳。

凡南京大小衙門陞轉丁憂事故等項官員作缺到部，類咨吏部。

凡南京各道御史有缺，吏部咨送試職理刑等官到部，轉咨南京都察院分撥各道，取到院日期咨吏部。至試職理刑滿日，本院考過移文本部，咨送吏部奏請實授。

凡南京各衙門官員奏行給假省親，本部劄送應天府，給引定限回任。若違限一年半以上，本部暫令到任管事，具奏請旨，照例送問。

凡南京各衙門官吏告送幼子還鄉，行勘明白，定限送應天府給引照回。

凡南京法司送到還職官員，係在京所屬送原衙門復任。直隸所屬具揭帖赴南京吏科，填給文憑復任日期繳報。

凡南京坐監監生不願出仕者，具告到部，行本監查勘無礙，照例擬授職名，填注衙門，給與散官，奏令冠帶閒住。

凡南京國子監呈送願就教職監生到部，咨送吏部施行。

凡南京各衙門歷事監生，舊例考過勤謹逐起差人具奏。成化九年奏准：本部案候每季通類具奏。

凡南京各衙門寫本監生，俱行本部轉行南京國子監取撥，惟户工二部徑自行取。弘治三年奏准：俱本部取撥轉送。

凡後湖查册監生，正德十二年題准：三箇月滿日，准作實歷，其餘九箇月於各衙門歷補。

凡南京五府六部等衙門知印有缺，本部咨吏部請旨點撥到部，轉送該衙門著役。三年役滿到部，咨送吏部考試，同九年周歲考滿官類奏。

凡南京各衙門三考役滿吏典，成化十一年詔：免其赴京，從本部照例考試，中式者就令冠帶辦事，不中者徑發爲民。二十三年詔：考試不中者，給與冠帶閒住。

凡本部每季考過三考吏典，一等二等冠帶，分撥各衙門辦事。滿日，從七品出身者起送吏部聽選。其餘俱給引照回原籍省祭，三等冠帶閒住，每年類奏。

驗封清吏司

凡南京文職散官，每年正月以裏通行各衙門取勘歷任親供，應請初授陞授加授散官，類咨吏部，具奏給授。

凡民瘼事，每年正月、九月、十一月三次通類勘合，行十三布政司並南北直隸府州，如有蝗蟲生發即行撲滅，毋貽民患。

凡本部編置各布政司直隸府州勘合紙張底簿書填盡日，復行編置。

凡南京各衙門辦事吏典，弘治十年奏准：大小二石辦事半年，大小一石並州所吏辦事一年，方許實撥京考。若缺多，照例以次陞叅。

凡在京各衙門辦事已滿吏，聽撥當該，願告南京者，吏部咨到，本部收附撥簿與南京各衙門應撥當該吏，相兼取用。

凡南京各衙門老疾吏典，行應天府撥醫看驗，並告貧難者，取同鄉人執結，給引放回爲民。

凡南京兵部，三年一次差官清查軍册。嘉靖十九年題准：南京吏部揀撥辦事吏十二名送用。

稽勳清吏司

凡南京各衙門堂上官丁憂，本部咨送吏部關領，內府勘合，其餘官員就送南京吏科，關填勘合給與。若辦事官吏監生俱送應天府給引照回守制，按季開咨吏部並南京都察院，轉行原籍官司查勘。嘉靖十一年題准：南京堂屬官俱於南京關領勘合。

凡倉官聞父母喪，盤糧交割明白，户部咨送，方許關給勘合守制。

凡當該辦事官吏攢典丁憂告有通狀者，候各衙門起送前來，别無違礙，方許給引回籍守制。

凡起復官吏監生到部，扣算聞喪服滿年月日比對相同，其在京丁憂者，查有類勘保結在卷，辦事官、監生付文選司，吏付驗封司，查無類勘保結者，仍付該司暫撥行查。在外丁憂吏典付考功司。若有洗改咨批緊關字樣者，送問。

凡起復官吏批文，經由本布政司。係直隸府州縣者，經由本管上司。違者，叅問。

凡丁憂辦事官過限年久到部者，羈候本司行查，果無别項事故方許補辦。

凡兩考役滿，接喪丁憂服滿，遷延三年之上不行起復者，發爲民。其未及三年者，果有事故實跡，各該衙門保結，起送吏部，查照定奪。雖在三年之内起送，過限到部者，送問重歷。

凡本部并南京太醫院官吏及南京行人司監生俸糧，按月支放，仍用手本將支過數目委官該吏赴南京户科注銷。

凡當該吏典患者病一箇月者，勘實，俸糧截日住支，撥補名缺。病痊，仍送原役衙門收候叅補。若有奸懶託故者，問發為民。

凡清理文職貼黄，三年一次，通行各衙門造册類繳。

考功清吏司

凡南京官員六年考察，候吏部咨到，南京吏部都察院照例會官考察，徑自具題。除自陳拾遺，兩京事體相同。其南京庶官拾遺者，仍由吏部覆題。

凡南京各衙門官員考滿到部，舊例三年六年九年起送赴京，應考覈者，本部咨南京都察院考過，咨送吏部覆考。景泰元年奏准：應考覈者。從本部覆考連人咨送吏部。成化二十二年奏准：六年者，本部考覈類奏，免其赴京。

凡應天府所屬在外六縣縣官、學官，三年六年九年考滿，俱本府考覈送本部，咨送吏部。

凡南直隸所屬司獄司、税課司局、驛遞、閘壩、河泊等官，三年六年考滿，景泰元年奏准：俱赴本部給由考覈復職，行南京吏科填給文憑復任，其牌册差人類送吏部查考。

凡南京各衙門願告致仕養病官員，行勘明白，具奏放回。

凡各處兩考役滿吏典，永樂間定擬廣東、廣西、四川三布政司分隸本部。宣德十年奏准：添撥江西南安、贛州二府，福建漳州泉州二府，湖廣永州辰州寶慶三府及靖州。正統元年奏准：添撥湖廣常德長沙衡州三府並郴州，福建汀州興化二府。弘治三年奏准：添撥福建邵武、湖廣德安二府。十年奏准：添撥福建行都司並所屬建寧左等五衛，二十五所並武平等守禦千户所。正德元年奏准：浙江、江西、湖廣、福建四布政司蘇松二府，兩考役滿吏，起送赴部。係布政司者，三人同一咨批。係府者，二人同一批申。不許單人起送。

凡南京皇城四門及江北七倉攢典，嘉靖三年奏准：俱周歲考滿冠帶，仍發該倉守支盡絶，給引照回省祭。

（明）李日華《官制備考》卷上《吏部》 吏部雖昉于漢，其實原于殷冢宰，周太宰。太宰于殷爲六太，于周爲六卿也。亦曰冢宰。漢末，改爲選部，魏復爲吏部，晋宋爲吏部尚書，資位特重。梁陳亦然。後魏北齊吏部統吏部、考功、主爵三曹。隋吏部統吏部、主爵、司勳、考功四曹。唐龍朔間，改吏部尚書爲司列太常伯。光宅初，改爲天官。天寶間，改爲文部，掌文官選舉，總判吏部、司封、司勳、考功四曹事。隋置侍郎，貳尚書之事。六品以下，銓補多以歸之。宋典選之職，自分爲二。文選二：曰審官東院，曰流内銓。武選二：曰審官西院，曰三班院。元豐定制，以審官東院爲尚書左選，審官西院爲尚書右選。流内銓爲侍郎左選，三班院爲侍郎右選。掌文武官選，較勳封考課之政令。今立吏部尚書一人，主天下官吏選授勳封考課之政。侍郎二人爲之貳。其屬清吏司四：文選、驗封、稽勳、考功。司各置郎中一人，員外一人，主事或二人或一人，綜其事。司務二人，省署抄目，受發文移，爲首領官。文選，掌天下文吏銓選作缺改調保舉推陞之事，以署職試職寔授，奠年資，以裁革並省兼攝添設注選。量繁簡，以薦舉起廢徵召。達賢儁，以帶俸添注。寄恩冗，以降調除名。馭罪過，以官程課吏治，以寧假悉人情。凡入選釐流品，平注擢，毋得相先後。凡陞必滿考，不待滿考曰推陞、類推、單推、廷推，勅推，惟上所命。《周官·太宰》之屬上士，盍員外郎之任也。主事雖遡源在前，而選部主事又昉于隋。驗封掌封爵襲廕褒贈及吏筭之事。凡公侯伯勳列，外戚恩澤及闕里大宗，各徵其誥券適孽功罪封號，以第其世流降除之等。以土流馭夷官，以誥勅授封贈，以進階貤封加贈追奪勵愆良，以廕叙録任子，以等級給散官，以考撥差胥筭，以須知訓入官。則古之執秩主爵司封，即今驗封之任也。稽勳掌勳級名籍喪制之事。凡文官五品上始授勳，百官黄類登之内府，有故則除之。凡三年喪解職，糾奪喪禁短喪謫匿喪。欽天監奔喪，三月復。父母老七十鮮兄弟得終養。更名名有諱，復姓無漏役，名姓更復必登版。則古之司勳郎，今稽勳之任也。考功掌官吏考課黜陟之事。凡内外官三年初考，六年再考，引請，九年通考，奏請。大臣不註考，京官五品以下巳亥年考，不職者除名冠帶閑住致仕有差。晋用者，有復職，有降調。四品以上自陳。外官辰戌丑未年考，不職者留用者如之。内外官有劾章，若大臣自陳下者，品其良不肖，擬去留，聽上。諸請塋祭贈謚廕，必按其滿考被劾與否，傅公議以聞，以閒劇量殿最，以旌異廉政績，以貢舉搜遺逸，以保留達民情，以紀録懲愆過，以謫成糾罷閒官吏。則古之考功，定課功論司績郎，即今考功之任也。

（明）徐石麒《官爵志》卷二《吏部》 漢成帝置常侍曹，光武改爲吏部。今尚書即周天官卿也，侍郎即周少宰也。所屬有四清吏司：曰文選。因隋選部，今掌天下文吏班秩品命。曰驗封。因唐司封，今掌邦之封爵。曰稽勳。因周司勳，今掌邦國官人之勳級。曰考功。因魏考功，今掌文職官吏考課。

《明史》卷七二《職官志》　吏部。尚書一人，正二品。左、右侍郎各一人，正三品。其屬，司務廳，司務二人，從九品。文選、驗封、稽勳、考功四清吏司，各郎中一人，正五品，員外郎一人，從五品，主事一人，正六品。洪武三十一年增設文選司主事一人。正統十一年增設考功司主事一人。

尚書掌天下官吏選授、封勳、考課之政令，以甄別人才，贊天子治。蓋古冢宰之職，視五部爲特重。侍郎爲之貳。

司務掌催督、稽緩、勾銷、簿書。明初，設主事、司務各四人，爲首領官，有主事印。洪武二十九年改主事爲司官，裁司務二人。各部並同。

文選掌官吏班秩遷陞、改調之事，以贊尚書。凡文官之品九，品有正從，爲級一十八。不及九品曰未入流。凡選，每歲有大選，有急選，有遠方選，有歲貢就教選，間有揀選，有舉人乞恩選。選人咸登資簿，釐其流品，平其銓注而序遷之。凡陞必考滿，若員缺當補，不待考滿，曰推陞。類推上一人，單推上二人。三品以上，九卿及僉都御史、祭酒，廷推上二人或三人。內閣，吏、兵二部尚書，廷推上二人。凡王官不外調，王姻不內除，大臣之族不得任科道，僚屬同族則以下避上。外官才地不相宜，則酌其繁簡互換之。有傳陞、乞陞者，並得執奏。以署職、試職、實授奠年資，以開設、裁併、兼攝適繁簡，以薦舉、起廢、徵召振幽滯，以帶俸、添注寄恩冗，以降調、除名馭罪過，以官程督吏治，以寧假悉人情。

驗封掌封爵、襲廕、褒贈、吏算之事，以贊尚書。凡爵非社稷軍功不得封，封號非特旨不得與。或世，或不世，皆給誥券。衍聖公及戚里恩澤封，不給券。凡券，左右各一，左藏內府，右給功臣之家。襲封則徵其誥券，稽其功過，覈其宗支，以第其世流降除之等。土官則勘其應襲與否，移文選司注擬。宣慰、宣撫、安撫、長官諸司領土兵者，則隸兵部。【略】

稽勳掌勳級、名籍、喪養之事，以贊尚書。凡文勳十。正一品，左、右柱國。從一品，柱國。正二品，正治上卿。從二品，正治卿。正三品，資治尹。從三品，資治少尹。正四品，贊治尹。從四品，贊治少尹。正五品，修正庶尹。從五品，協正庶尹。自五品以上，歷再考，乃授勳。凡百官遷除、降調皆開寫年甲、鄉貫、出身。每歲十二月貼黃，春秋清黃，皆赴內府。有故，揭而去之。凡父母年七十，無兄弟，得歸養。凡三年喪，解職守制，糾擿其奪喪、匿喪、短喪者。惟欽天監官，奔喪三月復任。

考功掌官吏考課、黜陟之事，以贊尚書。凡內外官給由，三年初考，六年再考，並引請九年通考，奏請綜其稱職、平常、不稱職而陟黜之。陟無過二等，降無過三等，其甚者黜之、罪之。京官六年一察，察以巳、亥年。五品下考察其不職者，降罰有差；四品上自陳，去留取旨。外官三年一朝，朝以辰、戌、丑、未年。前期移撫、按官，各綜其屬三年內功過狀註考，彙送覆核以定黜陟。倉場庫官一年考，巡檢三年考，教官九年考。府州縣官之考，以地之繁簡爲差。吏之考，三、六年滿，移驗封司撥用。九年滿，又試授官。惟王官及欽天、御用等監官不考。凡內外官彈章，稽其功過，擬去留以請上裁。薦舉、保留，則核其政績旌異焉。

明初，設四部於中書省，分掌錢穀、禮儀、刑名、營造之務。洪武元年始置吏、户、禮、兵、刑、工六部，設尚書、侍郎、郎中、員外郎、主事，尚書正三品，侍郎正四品，郎中正五品，員外郎正六品，主事正七品，仍隸中書省。六年，部設尚書二人，侍郎二人。吏部設總部、司勳、考功三屬部，部設郎中、員外郎各一人，主事各二人。十三年罷中書省，倣《周官》六卿之制，陞六部秩，各設尚書、侍郎一人。惟户部侍郎二人。每部分四屬部，吏部屬部加司封。每屬部設郎中、員外郎、主事各一人，尋增侍郎一人。二十二年改總部爲選部。二十九年定爲文選、驗封、稽勳、考功四司並五部屬，皆稱清吏司。建文中，改六部尚書爲正一品，設左、右侍中正二品，位侍郎上，除去諸司清吏字。成祖初，悉復舊制。

永樂元年，以北平爲北京，置北京行部尚書二人，侍郎四人，其屬置六曹清吏司。吏、户、禮、兵、工五曹，郎中、員外郎、主事各一人。刑曹，郎中一人，員外郎一人，主事四人，照磨、檢校各一人，司獄一人。尋户曹亦增設主事三人。後又分置六部，各稱行在某部。十八年定都北京，罷行部及六曹，以六部官屬移之北，不稱行在。其留南京者，加南京字，洪熙元年復置各部官屬於南京，去南京字，而以在北京者加行在字，仍置行部。宣德三年復罷行部。正統六年，於北京去行在字，於南京仍加南京字，遂爲定制。景泰中，吏部嘗設二尚書。天順初，復罷其一。

按吏部尚書，表率百僚，進退庶官，銓衡重地，其禮數殊異，無與並者。永樂初，選翰林官入直内閣。其後大學士楊士奇等加至三孤，兼尚書銜，然品叙列尚書蹇義、夏原吉下。景泰中，左都御史王文陞吏部尚書，兼學士，入内閣，其班位猶以原銜爲序次。自弘治六年二月，内宴，大學士丘濬遂以太子太保、禮部尚書，居太子太保、吏部尚書王恕之上。其後由侍郎、詹事入閣者，班皆列六部上矣。

《明史》卷七五《職官志》 吏部。尚書一人，右侍郎一人。六部侍郎，至弘治後始專設右。萬曆三年俱革。十一年復設。天啓中，每部增侍郎一人。崇禎間革。其屬，司務廳，司務一人。文選、考功、驗封、稽勳四清吏司，各郎中一人，主事一人。驗封、稽勳二司主事，後並革。凡南京官，六年考察，考功掌之，不由北吏部。

《諸司職掌·吏户部職掌·户部》 尚書、侍郎之職掌：天下户口、田糧、政令。按古其屬有四，曰：民部、度支、金部、倉部。洪武二十三年，爲天下庶務浩繁，欽改爲十二部，曰：浙江、江西、湖廣、陝西、廣東、山東、福建、北平、河南、山西、四川、廣西，各令清理一布政司户口錢糧等事。仍量其繁簡，帶管直隸府州。每一部内，仍分爲民、度、金、倉四科，以領其事。其有應合行移内外衙門文書，俱各案呈本部參詳允當，以憑施行。十二子部郎中、員外郎、主事各掌該部所屬户口、田糧等項。

民科

州縣

圖志

凡十二部所屬布政司府州縣，地理人物圖志所載，古今沿革山川險易，户口賦税多寡之數，俱要周知。【略】

户口

丁口

凡各處户口，每歲取勘明白，分豁舊管、新收、開除、實在總數，縣報於州，州類總報之於府，府類總報之於布政司，布政司類總呈達本部立案，以憑稽考。仍每十年，本部具奏，行移各布政司府州縣，攢造黄册，編排里甲，分豁上、中、下三等人户，遇有差役，以憑點差。若有逃移者，所在有司必須窮究所逃去處，移文勾取，赴官依律問罪，仍令復業。十二布政司並直隸府州人户，總計一千六十五萬二千八百七十户，人口總計六千五十四萬五千八百二十一口。【略】

度支科【略】

廩禄

俸給

凡在京五軍都督府首領官吏，並六部、通政司、大理寺等衙門官吏俸給，本部每歲於秋糧内會定數目，起運撥赴各衙門倉内收貯。按月造册，照依品從等第，分豁該支糧數，委官驗名支給。其各衛軍官俸給，已將人户對定編給勘合，自行依期送納供給。其首領官吏俸給，該衛造册到部定倉放支，年終通爲稽考。及在外各布政司府州縣官吏俸給，照例每米一石折鈔二貫五佰文，按月於係官錢鈔内支給。其支過數目，通行歲報本部，以憑查考。

正一品，每員月支米八十七石，歲該一千四十四石：五軍左、右都督。

從一品，每員月支米七十四石，歲該八百八十八石：五軍左、右都督同知。

正二品，每員月支米六十一石，歲該七百三十二石：六部尚書、左、右都御史、五軍僉都督、中都留守正、都指揮使。

從二品，每員月支米四十八石，歲該五百七十六石：左、右布政使、都指揮同知。

正三品，每員月支米三十五石，歲該四百二十石：六部侍郎、副都御史、通政使、太常司卿、大理寺卿、按察使、應天府尹、都指揮僉事、各衛指揮使、中都留守副。

從三品，每員月支米二十六石，歲該三百一十二石：光禄司卿、太僕寺卿、布政司參政、鹽運使、宣慰使、各衛指揮同知。

正四品，每員月支米二十四石，歲該二百八十八石：僉都御史、太常司少卿、左右通政、大理寺少卿、太僕寺少卿、應天府丞、按察司副使、各府知府、宣慰司同知、各衛指揮僉事。

從四品，每員月支米二十一石，歲該二百五十二石：國子監祭酒、布政司參議、鹽運司同知、宣慰司副使、宣撫司宣撫、中都國子監祭酒。

正五品，每員月支米一十六石，歲該一百九十二石：宗人府經歷、尚寶司卿、六部郎中、通政司參議、太醫院使、光禄司少卿、欽天監正、欽天回回監正、大理寺丞、翰林院學士、左、右春坊大學士、左、右春坊左右庶子、應天府治中、按察司僉事、各府同知、宣撫司同知、五軍斷事官、王府長史、各千户所正千户。

從五品，每員月支米一十四石，歲該一百六十八石：尚寶司少卿、五軍都督府經歷、六部員外郎、侍讀學士、侍講學士、鹽運司副使、各州知州、鹽課司提舉、宣慰司僉事、宣撫司副使、招討司招討、安撫司安撫、左、右春坊左右諭德、各衛鎮撫、各千户所副千户、司經局洗馬。

正六品，每員月支米一十石，歲該一百二十石：尚寶司丞、六部主事、太常司丞、太僕寺丞、欽天監副、欽天監五官正、欽天回回監副、欽天回回監五官正、翰林侍讀、翰林侍講、大理寺正、太醫院判、都察院經歷、兵馬指揮、國子監司業、京縣知縣、各府通判、都司經歷、斷事司斷事、安撫司同知、各長官司長官、宣撫司僉事、招討司副招討、留守司經歷、左右春坊左、右中允、中都國子監司業、王府審理正、各百户所百户、儀衛司儀衛正。

從六品，每員月支米八石，歲該九十六石：大理寺副、光禄司丞、翰林修撰、光禄司各署正、應天府推官、布政司經歷、理問所理問、鹽運司判官、各州同知、鹽運司同提舉、安撫司副使、各長官司副長官、左右春坊左右司直郎、左右贊善、各千户所鎮撫。

正七品，每員月支米七石五斗，歲該九十石：太常司博士、太常司典簿、五軍都督府都事、都察院都事、監察御史、通政司經歷、大理寺評事、翰林編修、營繕所正、兵馬司指揮、京縣縣丞、各縣知縣、王府審理副、按察司經歷、各府推官、安撫司僉事、都司都事、斷事司副斷事、各衛經歷、煎鹽提舉、中都留守司都事、五軍斷事司都事。稽仁、稽義、稽禮、稽智、稽信，並同。

從七品，每員月支米七石，歲該八十四石：中書舍人、翰林檢討、光禄司典簿、光禄司各署丞、光禄司各署奉祀、欽天監五官靈臺郎、欽天回回監同、應天府經歷、太僕寺主簿、布政司都事、理問所副理問、各州判官、鹽運司經歷、宣慰司經歷、儀衛司儀衛副、鹽課提舉司副提舉。

正八品，每員月支米六石五斗，歲該七十八石：都給事中、太常司協律郎、通政司知事、翰林院五經博士、太醫院御醫、欽天監主簿、欽天監五官保章正、京縣主簿、國子監丞、典牧所提領、寶鈔提舉司提舉、龍江提舉司提舉、各府經歷、各縣縣丞、按察司知事、宣慰司都事、中都國子監丞、各衛知事、遼東煎鹽同提舉、王府典膳正、典寶正、奉祀正、紀善、良醫正、照磨所照磨、營膳所副。

從八品，每員月支米六石，歲該七十二石：左右給事中、國子監典簿、國子監博士、助教，光禄司録事、各署監事，翰林典籍、儀禮司正、五官挈壺正、各署祀丞，王府典膳副、典寶副、奉祠副、良醫副，應天府知事、鹽運司知事、宣撫司經歷、儀衛司典仗。

正九品，每員月支米五石五斗，歲該六十六石：太常司贊禮郎、翰林侍書、儀禮司副司丞、國子監學正、行人司正、寶鈔提舉司副提舉、五官監候、文思院大使、會同館大使、寶源局大使、給事中、太僕寺各牧監正、鞍轡局大使、皮作局大使、應天府織染局大使、龍江提舉司副提舉、各府知事、各縣主簿、茶馬司大使、宣撫司知事、典牧所大使、安撫司知事，王府典簿、典樂、典儀正，教坊司奉鑾、五官司曆、內府庫大使、甲乙丙丁戊字等庫大使、承運庫大使、照磨所檢校，寶鈔、廣源、廣惠、廣積、贓罰等庫大使，營繕所丞。

從九品，每員月支米五石，歲該六十石：太常司司樂、翰林待詔，五官司晨、漏刻博士，行人司副、國子監學録、典籍，司經局校書、正字，儀禮司鳴贊、序班，都税司大使、會同館副使、典牧所副使、宣課司大使、文思院副使、寶源副使、鞍轡局副使、軍儲倉大使、皮作局副使、各牧監副、監丞、馭良，司牲局大使、司牧局大使、寶泉局大使、軍器局大使、斷事官提控案牘、王府典儀副、各布政司庫大使、府學教授、各府司獄、巡檢、雜造局大使、應天府織染局副使、府倉大使，茶馬司副使、吏目，教坊司韶舞、教坊司司樂，內府庫副使，甲、乙、丙、丁、戊字庫副使，寶鈔、廣源、廣惠、廣積、贓罰等庫副使，承運庫副使。

廩給

凡公差人員廩給，已有定例。其驛傳並府州縣應合支用去處，必須照依文憑驗日支給。仍將歲支數目，通類開報合干上司，以憑稽考。

《大明會典》卷一四《户部》 尚書、左右侍郎掌天下户口田糧之政令。其屬初曰民部，曰度支部，曰金部，曰倉部。後改爲十三清吏司：曰浙江、江西、湖廣、福建、山東、山西、河南、陝西、四川、廣東、廣西、雲南、貴州，建置沿革詳見吏部官制中。

十三司職掌

浙江等十三司各設郎中、員外郎、主事，分掌錢穀諸務。有註差者，從吏部選授。有題差者，疏名上請。有部差者，本部劄委。其限或三年，或一年，或一季而代。散見別款。其各司分轄，萬曆三年議准：以北直隸府州衛所歸併福建司，南直隸府州衛所歸併四川司。鹽政併山東司，在外臨德諸倉併雲南司，在内御馬象房等倉歸廣西司，崇文門及滸墅等關税歸貴州司，其在京衛分及各衙門分屬仍舊。

（明）李日華《官制備考》卷上《户部》 户部，《周禮·地官·大司徒》之任也。漢成帝始置尚書四人，其一人主財帛委輸。至魏文帝置度支尚書，爲大司徒。隋改爲民部，唐改民部爲户部。龍朔初爲司元太常伯，武后改爲地官，復改爲户部。部尚書一人，侍郎二人，掌天下户口井田之政令。凡傜役職貢之方，經費賙給之筭，藏貨贏儲之准，悉以咨之。其屬有四：一曰户部，二曰度支，三曰金部，四曰倉部。宋判户部事，兩制以上充。凡户口田産錢穀食貨之政令，皆歸于三司。本曹但受天下之土貢元會，陳于庭而已。後罷三司之名，復歸户部。明興，立户部，部尚書一人爲地官，主天下人民户口田賦征役經費之政令，經鹽法邊儲金穀出納之制。侍郎二人爲之貳。復有一人，出總倉場者或尚書，或侍郎。司務二人，炤磨一人，簡較二人，典磨勘計筭，爲首領官。其屬清吏司四：曰民部，主天下省府州縣之圖志，土田肥瘠寬狹，户口物産多寡，登耗之數。曰度支，主會計天下存留起運。曰金部，主天下魚鹽税課。曰倉部，主兩歲起運倉庾之委積。已上念地曹務繁，更定爲十三清吏司。各郎中一人，員外郎一人，主事一人。添浙江、湖廣、廣東、福建、河南、四川、廣西、貴州司各主事三人。山東司郎中一人，主事三人。陝西司郎中二人，主事三人。山西司郎中三人，主事三人。雲南司主事四人。司各理一布政使司户口錢穀賦役課程之事，而司分民度金倉爲四科，郎中、員外、主事所添設繁簡，視所司劇易，兼直隸府州之貢賦，贊尚書邦政焉。

（明）徐石麒《官爵志》卷二《户部》 吴有户部，今尚書即周之所謂地官卿也，侍郎即周之小司徒也。首領官：照磨所照磨一員，正八品，檢校一員，正九品。所屬隋曰民部，魏曰度支、金部、倉部，今改爲浙江、江西、湖廣、陝西、廣東、廣西、山東、山西、福建、河南、四川、雲南、貴州十三清吏司。各掌一布政司户口錢糧，仍量繁簡帶管直隸州縣。每司内分民度金倉四科，以領其事。

《明史》卷七二《職官志》 户部。尚書一人，正二品，左、右侍郎各一人，正三品。其屬，司務廳，司務二人，從九品。浙江、江西、湖廣、陝西、廣東、山東、福建、河南、山西、四川、廣西、貴州、雲南十三清吏司，各郎中一人，正五品。宣德以後增設山西司郎中三人，陝西、貴州、雲南三司郎中各二人，山東司郎中一人。員外郎一人，從五品。宣德七年增設四川、雲南二司員外郎各一人，後仍革。主事二人，正六品。宣德以後增設雲南司主事七人，浙江、江西、湖廣、陝西、福建、河南、山西七司主事各二人，山東、四川、貴州三司主事各一人。照磨所，照磨一人，正八品，檢校一人，正九品。所轄，寶鈔提舉司，提舉一人，正八品，副提舉一人，正九品，典史一人，後副提舉、典史俱革。鈔紙局，大使、副使各一人，後革副使。印鈔局，大使、副使各一人，後俱革。寶鈔廣惠庫，大使一人，正九品，副使二人，從九品，嘉靖中革。廣積庫，大使一人，正九品，副使一人，從九品，典史一人，嘉靖中，副使、典史俱革。贓罰庫，大使一人，正九品，副使二人，從九品，嘉靖中革。甲字、乙字、丙字、丁字、戊字庫，大使五人，正九品，副使六人，從九品。丁字庫二人，嘉靖中革一人，並革乙字、戊字二庫副使。廣盈庫，大使一人，從九品，副使二人，嘉靖中革。外承運庫，大使二人，正九品，副使二人，從九品。後大使、副使俱革。承運庫，大使一人，正九品，副使一人，從九品。嘉靖中革。行用庫，大使、副使各一人，後俱革。太倉銀庫，大使、副使各一人，嘉靖中，革副使。御馬倉，大使一人，從九品，副使一人。軍儲倉，大使一人，從九品，副使一人，後大使、副使俱革。長安、東安、西安、北安門倉，各副使一人，東安門倉舊二人，萬曆八年革一人。張家灣鹽倉檢校批驗所，大使、副使各一人，隆慶六年並革。

尚書掌天下户口、田賦之政令。侍郎貳之。稽版籍、歲會、賦役實徵之數，以下所司。十年攢黄册，差其户上下畸零之等，以周知其登耗。凡田土之侵占、投獻、詭寄、影射有禁，人户之隱漏、逃亡、朋充、花分有禁，繼嗣、婚姻不如令有禁。皆綜覈而糾正之。天子耕耤，則尚書進耒耜。以墾荒業貧民，以占籍附流民，以限田裁異端之民，以圖帳抑兼并之民，以樹藝課農官，以芻地給馬牧，以召佃盡地利，以銷豁清賠累，以撥給廣恩澤，以給除差優復，以鈔錠節賞賚，以讀法訓吏民，以權量和市糴，以時估平物價，以積貯之政恤民困，以山澤、陂池、關市、坑冶之政佐邦國，贍軍輸，以支兑、改兑之規利漕運，以蠲減、振貸、均糴、捕蝗之令憫災荒，以輸轉、屯種、糴買、召納之法實邊儲，以禄廩之制馭貴賤。洪武二十五年重定内外文武官歲給禄俸之制。正一品，一千四十四石。從一品，八百八十八石。正二品，七百三十二石。從二品，五百七十六石。正三品，四百二十石。從三品，三百一十二石。正四品，二百八十八石。從四品，二百五十二石。正五品，一百九十二石。從五品，一百六十八石。正六品，一百二十石。從六品，九十六石。正七品，九十石。從七品，八十四石。正八品，七十八石。從八品，七十二石。正九品，六十六石。從九品，六十石。未入流，三十六石。俱米鈔本折兼支。

十三司各掌其分省之事，兼領所分兩京、直隸貢賦，及諸司、衛所禄俸，邊鎮糧餉，并各倉場鹽課、鈔關。

浙江司帶管在京羽林右、留守左、龍虎、應天、龍驤、義勇右、康陵七衛，神機營。

江西司帶管在京旗手、金吾前、金吾後、金吾左、濟陽五衛。

湖廣司帶管國子監、教坊司，在京羽林前、通州、和陽、豹韜、永陵、昭陵六衛，及興都留守司。

福建司帶管順天府，在京燕山左、武驤左、武驤右、驍騎右、虎賁右、留守後、武成中、茂陵八衛，五軍、巡捕、勇士、四衛各營，及北直隸永平、保定、河間、真定、順德、廣平、大名七府，延慶、保安二州，大寧都司、萬全都司，并北直隸所轄各衛所，山口、永盈、通濟各倉。

山東司帶管在京錦衣、大寧中、大寧前三衛及遼東都司，兩淮、兩浙、長蘆、河東、山東、福建各鹽運司，四川、廣東、海北、雲南黑鹽井、白鹽井、安寧、五井各鹽課提舉司，陝西靈州鹽課司，江西南贛鹽税。

山西司帶管在京燕山前、鎮南、興武、永清左、永清右五衛，及宣府、大同、山西各鎮。

河南司帶管在京府軍前、燕山右、大興左、裕陵四衛，牧馬千户所及直隸潼關衛、蒲州千户所。

陝西司帶管宗人府、五軍都督府、六部、都察院、通政司、大理寺、詹事府、翰林院、太僕寺、鴻臚寺、尚寶司、六科、中書舍人、行人司、欽天監、太醫院、五城兵馬司、京衛武學、文思院、皮作局，在京留守右、長陵、獻陵、景陵四衛，神樞、隨侍二營，及延綏、寧夏、甘肅、固原各鎮。

四川司帶管在京府軍後、金吾右、騰驤左、騰驤右、武德、神策、忠義後、武功中、武功左、武功右、彭城十一衛及應天府，南京四十九衛，南直隸安慶、蘇州、松江、常州、鎮江、徽州、寧國、池州、太平、廬州、鳳陽、淮安、揚州十三府，徐、滁、和、廣德四州，中都留守司并南直隸所轄各衛所。

廣東司帶管在京羽林左、留守中、鷹揚、神武左、義勇前、義勇後六衛，蕃牧、奠靖二千户所。

廣西司帶管太常寺、光禄寺、神樂觀、犧牲所、司牧司、太倉銀庫、内府十庫，在京瀋陽左、瀋陽右、留守前、寬河、蔚州左五衛，及二十三馬房倉，各象房、牛房倉，京府各草場。

雲南司帶管在京府軍、府軍左、府軍右、虎賁左、忠義右、忠義前、泰陵七衛，及大軍倉，皇城四門倉，并在外臨清、德州、徐州、淮安、天津各倉。

貴州司帶管上林苑監，寶鈔提舉司，都税司，正陽門、張家灣各宣課司，德勝門、安定門各税課司，崇文門分司，在京濟州、會州、富峪三衛，及薊州、永平、密雲、昌平、易州各鎮，臨清、許墅、九江、淮安、北新、揚州、河西務各鈔關。

條爲四科：曰民科，主所屬省府州縣地理、人物、圖志、古今沿革、山川險易，土地肥瘠寬狹，户口物產多寡登耗之數；曰度支，主會計夏税、秋糧，存留、起運及賞賚，禄秩之經費；曰金科，主市舶、魚鹽、茶鈔税課，及贓罰之收折；曰倉科，主漕運、軍儲出納料糧。

凡差三等，由吏部選授曰註差，疏名上請曰題差，劄委曰部差。或三年，或一年，或三月而代。

初，洪武元年置户部。六年設尚書二人，侍郎二人。分爲五科：一科，二科，三科，四科，總科。每科設郎中，員外郎各一人，主事四人。惟總科郎中、員外郎各二人，主事五人。八年，中書省奏户、刑、工三部事繁，户部五科，每科設尚書、侍郎各一人，郎中、員外郎各二人，主事五人，内會總科主事六人，外牽照科主事二人，司計四人，照磨二人，管勾一人。又置在京行用庫，隸户部。設大使一人，副使二人，典史一人，都監二人。十三年陞部秩，定設尚書一人，侍郎二人。分四屬部：總部，度支部，金部，倉部。每部郎中、員外郎各一人。總部主事四人，度支部、金部主事各三人，倉部主事二人。尋罷在京行用庫。二十二年改總部爲民部。二十三年又分四部爲河南、北平、山東、山西、陝西、浙江、江西、湖廣、廣東、廣西、四川、福建十二部。四川部兼領雲南。部設郎中、員外郎各一人，主事二人，各領一布政司户口、錢糧等事，量其繁簡，帶管京畿。每一部内仍分四科管理。又置照磨、檢校各一人，稽文書出入之數，而程督之。

十九年復置寶鈔提舉司。洪武七年初置寶鈔提舉司，提舉一人，正七品；副提舉一人，從七品；吏目一人，省注。所屬鈔紙、印鈔二局，各大使一人，正八品；副使一人，正九品；典史一人，省注。寶鈔、行用二庫，各大使二人，正八品；副使二人，正九品；典史一人，省注。尋陞提舉爲正四品。十三年罷，至是年復置。秩正八品。

二十六年令浙江、江西、蘇松人毋得任户部。二十九年改十二部爲十二清吏司。建文中，仍爲四司。餘見吏部。成祖復舊制。

永樂元年改北平司爲北京司。十八年革北京司，設雲南、貴州、交阯三清吏司。宣德十年革交阯司，定爲十三司。其後歸併職掌。凡宗室、勳戚、文武官吏之廩禄，陝西司兼領之。北直隸府州衛所，福建司兼領之。南直隸府州衛所，四川司兼領之。天下鹽課，山東司兼領之。關税，貴州司兼領之。漕運及臨、德諸倉，雲南司兼領之。御馬、象房諸倉，廣西司兼領之。

明初，嘗置司農司，尋罷。吴元年置司農司。卿，正三品；少卿，正四品；丞，正五品；庸田署令，正五品；典簿、司計，正七品。洪武元年罷。三年復置司農司，開治所於河南，設卿一人，少卿二人，丞四人，主簿、録事各二人。四年又罷。後置判録司，亦罷。洪武十三年置判録司，掌在京官吏俸給、文移、勘合。設判録一人，正七品；副判二人，從七品。尋改判録爲司正，副判爲左，右司副。十八年罷。皆不隸户部。

總督倉場一人，掌督在京及通州等處倉場糧儲。洪武初，置軍儲倉二十所，各設官司其事。永樂中，遷都北京，置京倉及通州諸倉，以户部司員經理之。宣德五年始命李昶爲户部尚書，專督其事，遂爲定制。以後，或尚書，或侍郎，俱不治部事。嘉靖十五年又命兼督西苑農事。隆慶初，罷兼理。萬曆二年另撥户部主事一人陪庫，每日偕管庫主事收放銀兩，季終更替。九年裁革，命本部侍郎分理之。十一年復設。二十五年以右侍郎張養蒙督遼餉。四十七年增設督餉侍郎。崇禎間，有督遼餉、寇餉、宣大餉，增設三四人。天啓五年又增設督理錢法侍郎。

《明史》卷七五《職官志》 户部。尚書一人，右侍郎一人，司務一人，照磨一人。十三司，郎中十三人，員外郎九人，浙江、江西、湖廣、廣東、廣西、福建、山西、陝西、雲南九司各一人，嘉靖三十七年革山西、陝西二司員外郎各一人，隆慶中又革廣西、雲南二司員外郎各一人。主事十七人，山西、廣東、廣西、雲南四司各二人，隆慶三年革廣東司主事一人。所轄，寶鈔提舉司，提舉一人。廣積庫、承運庫、贓罰庫、甲乙丙丁戊五字庫、寶鈔廣惠庫、軍儲倉，各大使一人。長安門倉、東安門倉、西安門倉、北安門倉各副使一人。龍江鹽倉檢校批驗所，大使一人。隆慶三年革寶鈔司提舉、軍儲倉大使。總督糧儲一人。嘉靖以前，特設都御史。二十六年革，以户部右侍郎加都御史銜領之。

《諸司職掌·禮部職掌》 尚書、侍郎之職，掌天下禮儀、祭祀、宴享、貢舉之政令。其屬有四：曰儀部，曰祠部，曰膳部，曰主客部。

儀部

郎中、員外郎、主事，掌貳尚書、侍郎，舉其儀制而辨其名數。【略】

表箋

一、天壽聖節，在外五品以上衙門，止進表文一通。正旦、冬至拜進皇帝表文、中宫箋文、東宫箋文各一通。在外各王府並各布政司、按察司及直隸府州表箋，俱各差官賫進禮部。各州表箋進於各府，各府進於布政司，其餘五品以上衙門隸布政司者，亦進於布政司，布政司差官類進禮部。其各都司及直隸衛所，差官賫進五軍都督府。至日，禮部官以各處所進表箋目通類奏聞。

貢舉

一、凡舉保孝廉人才秀才及山林隱逸，本部即行所屬，委自正官，選求民間果係名實相副素無過犯之人，有司起送到部，咨發吏部聽用。

一、歲貢生員到部，本部奏聞，送翰林院考試。如果中式者，送國子監讀書。其入學五年以上，及二次不中者，發充吏典。提調官吏及教官、訓導照例决罰。

學校

一、在京國子監、中都國子監及天下府州縣學校，本部悉掌之。

一、科舉。凡遇子午卯酉年則鄉試，辰戌丑未則會試。畢，則殿試，其取中舉人，咨發吏部聽用。

一、禮射書算已有定式，各處學校生員務要講習精熟，以備考試。

旌表

一、本部據各處申來孝子、順孫、義夫、節婦，理當旌表之人，直隷府州咨都察院，差委監察御史覈實。各布政司所屬從按察司覈實，著落府州縣官同里甲親隣保勘相同，然後明白奏聞，即行移本處，旌表門閭，以勵風俗。

印信

一、凡開設各處衙門合用印信，劄付，鑄印局官依式鑄造，給降。其有改鑄銷毁等項，悉領之。

雜行

一、凡本部缺吏員皂隷，即行移當該衙門撥補。

祠部

郎中、員外郎、主事，掌祠祀、享祭、天文、漏刻、國忌、廟諱、卜筮、醫藥、道、佛之事。【略】

膳部

郎中、員外郎、主事，掌邦國牲豆酒膳，辨其品數。【略】

俸給

一、每歲會計合用俸米數目，户部定撥糧長到部送納。本部劄付膳部，並委官眼同依數交收在倉。隨即出給倉鈔，付納户收領候齊足出給通關，一樣三本，交付糧長收領。仍將收過米數通咨户部，其所收糧米專一放支本部並合屬衙門官吏月俸。

一、本部官吏該支月俸，每月初本部通類立案，劄付膳部，及委官或儀部、祠部、主客部官一員，眼同放支。膳部主事廳出給印信俸帖，付官吏收執赴倉關支。仍將放過某字號倉糧米數目，分豁正米數目，回呈本部，判送膳部立案。

一、帶支太常司、翰林院等衙門官吏俸給，每月預先將合支數目開呈本部，立案通類劄付膳部，委官照依各衙門賫到印信俸帖，赴倉依數關支。畢日依數開呈。

一、帶支衙門：太常司、光禄司、翰林院、春坊、儀禮司、司經局、欽天監、行人司、鑄印局、教坊司、欽天回回監。【略】

行移

一、凡有一應行移在外事務，儀部等四部各開事件移付，通具印信手本，赴禮科關填勘合，照會及各布政司，並劄付直隷府州，照依坐去勘合内事件，轉行所屬作急理辦。如有遲誤不完，仍行催督。每於年終，各該有司分豁已未完結事件，連原填去勘合張數造册，差人親賫奏繳。仍用備細開報本部，以憑查銷。

主客部

郎中、員外郎、主事，掌諸番朝貢等事。【略】

給賜

一、凡諸番四夷朝貢人員及公侯官員人等，一切給賜，如往年有例者，止照其例。無例者，斟酌高下等第，題奏定奪。然後本部官具本奏聞，關領給賞。

一、凡賞賜金銀鈔錠疋帛之類，金銀請長隨内官關領，疋帛係内承運庫收貯，冠帶衣靴係工科工部官收掌，鈔錠係户部官收掌。主客部官分投關領其物，或於奉天門，或奉天殿丹陛，或華蓋殿，用桌頓放，引受賜人朝北立置物所，引受賜人叩頭畢，以物授之。如多至十人、百人，則先以所賜之物唱名分授，各人行列叩頭畢，於該科出帖，赴午門倒換勘合，照出所賜之物。復令次日謝恩。

一、凡遠夷之人，或有長行頭疋及諸般物貨，不係貢獻之數，附帶到京，願納入官者，照依官例具奏，關給鈔錠，酬其價值。

《大明會典》卷八一《禮部》 尚書左右侍郎掌天下禮樂、祭祀、封建、朝貢、宴享、貢舉之政令。其屬初曰儀部，曰祠部，曰膳部，曰主客部，後改儀部爲儀制，祠部爲祠祭，膳部爲精膳，主客仍舊，俱稱清吏司。

《大明會典》卷八一《禮部·儀制清吏司》 郎中、員外郎、主事分掌禮儀、宗封、學校、科貢，舉其儀度而辯其名數。

《大明會典》卷八一《禮部·祠祭清吏司》　郎中、員外郎、主事分掌郊廟群祀之典，及喪禮曆日方伎之事。

《大明會典》卷八一《禮部·精膳清吏司》　郎中、員外郎、主事掌宴享牲豆酒膳之事，會其品數，程其出納。

《大明會典》卷一〇五《禮部·主客清吏司》　郎中、員外郎、主事分掌諸番朝貢接待給賜之事。簡其譯伴，明其禁令。凡百官恩賚各省土貢亦隸焉。

（明）李日華《官制備考》卷上《禮部》　禮部，唐虞之秩宗，周之春官大宗伯也。漢成帝時爲客曹，魏尚書有祠部曹，晋祠部尚書，宋祠部尚書領祠部儀曹二曹，後魏稱儀曹尚書，北齊亦爲祠部尚書，統祠部、主客、虞曹、屯田、起部五曹。又有儀曹主吉兇禮制，屬殿中尚書。後周依周官，置春官府，大宗伯，卿一人。隋更爲禮部尚書，唐因之。龍朔初改爲司禮太常伯，光宅初改爲春官尚書，無幾復故。尚書一人，侍郎亦一人。《周官》小宗伯，中大夫也，改爲司禮少常伯，專掌天下禮儀、祠祭、燕饗、貢舉之政令。其屬有四：一曰禮部，二曰祠部，三曰膳部，四曰主客。宋判部事二人，以兩制朝官充。禮事悉歸太常禮院，而貢舉領于知貢舉官，本曹但補奏齋郎，集權章，申舉祥瑞，出納牌印而已。元豐官制行，始正其職。凡關于禮樂者悉歸焉。

明興，立禮部部尚書一人，擬春官，掌天下禮儀、祭祀、封建、朝賀、宴饗、貢舉之政令。侍郎二人爲之貳。清吏司四：曰儀制，曰祠祭，曰主客，曰精膳。儀制郎中一，員外一，主事二，掌禮文、宗封、學校、貢舉之事。祠祭郎中、員外各一，主事二，掌祭饗、獻薦、天文、國卹、廟諱之事。主客郎中、員外郎各一，主事二，掌夷戎朝貢往來宴賜之事。精膳郎中、員外郎各一，主事二，掌宴饗牲勞酒膳之事。凡膳品領于光禄，而會其數，程其出納，則本司之任也。

（明）徐石麒《官爵志》卷二《禮部》　漢成帝置客曹，隋爲禮部。今尚書即周春官大宗伯卿也，侍郎即周小宗伯也。所屬有四清吏司：曰儀制，因魏儀曹，今掌舉其儀制而辨其名數。曰祠祭，因晋祠部，今臺祭饗天文漏山國忌廟諱卜筮醫藥道佛之事。曰主客，因《周官》，今掌諸番朝貢等事。曰精膳，因北齊膳部，今掌邦國牲牢酒膳，辨其品數。

《明史》卷七二《職官志》　禮部。尚書一人，正二品，左、右侍郎各一人，正三品。其屬，司務廳，司務二人，從九品。儀制、祠祭、主客、精膳四清吏司，各郎中一人，正五品，員外郎一人，從五品，主事一人，正六品。正統六年增設儀制、祠祭二司主事各一人。又增設儀制司主事一人，教習駙馬。弘治五年增設主客司主事一人，提督會同館。所轄，鑄印局，大使一人，副使二人。萬曆九年革一人。

尚書掌天下禮儀、祭祀、宴饗、貢舉之政令。侍郎佐之。

儀制分掌諸禮文、宗封、貢舉、學校之事。天子即位，天子冠、大婚，册立皇太子、妃嬪、太子妃、上慈宫徽號，朝賀、朝見、大饗、宴饗，大射、宴射，則舉諸儀注條上之。若經筵、日講、耕耤、視學、策士、傳臚、巡狩、親征、進曆、進春、獻俘、奏捷，若皇太子出閤、監國，親王讀書、之藩，皇子女誕生、命名，以及百官、命婦朝賀皇太子、后妃之禮，與諸王國之禮，皆頒儀式於諸司。

凡傳制、誥，開讀詔、敕、表、箋及上下百官往來移文，皆授以程式焉。凡歲請封宗室王、郡王、將軍、中尉、妃、主、君，各以其親疏爲等。百官於宗王，具官稱名而不臣。王臣稱臣於其王。凡宗室、駙馬都尉、内命婦、蕃王之誥命，則會吏部以請。凡諸司之印信，領其制度。內閣，銀印，直紐，方一寸七分，厚六分，玉箸篆文。征西、鎮朔、平羌、平蠻等將軍，銀印，虎紐，方三寸三分，厚九分，柳葉篆文。宗人府、五軍都督府，俱正一品，銀印，三臺，方三寸四分，厚一寸。六部都察院、各都司，俱正二品，銀印，二臺，方三寸二分，厚八分。衍聖公、張真人、中都留守司，俱正二品，各布政司，從二品，銀印，二臺，方三寸一分，厚七分。後賜衍聖公三臺銀印。順天、應天二府，俱正三品，銀印，方二寸九分，厚六分五釐。通政司、大理寺、太常寺、詹事府、京衛、各按察司、各衛，俱正三品，苑馬寺、宣慰司，俱從三品，銅印，方二寸七分，厚六分。太僕寺、光禄寺、各鹽運司，俱從三品，銅印，方二寸六分，厚五分五釐。鴻臚寺，各府，俱正四品，國子監、宣撫司，俱從四品，銅印，方二寸五分，厚五分。翰林院、左右春坊、尚寶司、欽天監、太醫院、上林苑監、六部各司、宗人府經歷司、王府長史司、各衛千户所，俱正五品，司經局、五府經歷司、招討司、安撫司，俱從五品，銅印，方二寸四分，厚四分五釐。各州，從五品，銅印，方二寸三分，厚四分。都察院經歷司、大理寺左右司、五城兵馬司，大興、宛平、上元、江寧四縣，僧録司、道録司、中都留守司經歷司、斷事司，各都司經歷司、斷事司，各衛百户所、長官司，王府審理所，俱正六品，光禄司各署，各布政司經歷司、理問所，俱從六品，銅印，方二寸二分，厚三分五釐。六科行人司、通政司經歷司、工部營繕所、太常寺典簿廳、上林苑監各署、各按察司經歷司、各縣，俱正七品，中書舍人，順天應天二府經歷司、京衛經歷司、光禄寺典簿廳、太僕寺主簿廳、詹事府主簿廳、各衛經歷司、各鹽運司經歷司、苑馬寺主簿廳、宣慰司經歷司，俱從七品，銅印，方二寸一分，厚三分。户部、刑部、都察院各照磨所，兵部典牧所，國子監繩愆廳、博士廳、典簿廳，鴻臚寺主簿廳，欽天監主簿廳，各布政司照磨所，各府經歷司，王府紀善、典寶、典膳、奉祀、良醫、工正各所，宣撫司經歷司，俱正從八品，銅印，方二寸，厚二分五釐。刑部、都察院各司獄司，順天、應天二府照磨所、司獄司，鴻臚寺各署，國子監典籍廳，上林苑監典簿廳，内府寶鈔等各庫，御馬倉、草倉，會同館，織染所，文思院，皮作局，顔料局，鞍轡局，寶源局，軍器局，都税司，教坊司，留守司司獄司，各都司司獄司，各按察司照磨所、司獄司，各府照磨所、司獄司，王府長史司典簿廳、教授、典儀所，各府衛儒學，税課司，陰陽學、醫學、僧綱司、道紀司、各巡檢司，俱正從九品，銅印，方一寸九分，厚二分二釐。各州縣儒學、倉庫、驛遞、閘壩批驗所、抽分竹木局、河泊所、織染局、税課局、陰陽學、醫學、僧正司、道正司、僧會司、道會司，俱未入流，銅條記，闊一寸三分，長二寸五分，厚二分一釐。已上俱直紐，九疊篆文。

監察御史，銅印，直紐，有眼，方一寸五分，厚三分，八疊篆文。

總制、總督、巡撫并鎮守，公差等官，銅關防，直紐，闊一寸九分五釐，長二寸九分，厚三分，九疊篆文。

外國王印三等：曰金，曰鍍金，曰銀。

刓敝則換給之。凡祥瑞，辨其名物，無請封禪以蕩上心。以學校之政育士類，以貢舉之法羅賢才，以鄉飲酒禮教齒讓，以養老尊高年，以制度定等威，以恤貧廣仁政，以旌表示勸勵，以建言會議悉利病，以禁自宫遏奸民。

祠祭分掌諸祀典及天文、國恤、廟諱之事。凡祭有三，曰天神、地祇、人鬼。辨其大祀、中祀、小祀而敬供之。飭其壇壝、祠廟、陵寢而數省閲之。蠲其牢醴、玉帛、粢羹、水陸瘞燎之品，第其配侑、從食、功德之上下而秩舉之。天下神祇在祀典者，則稽諸令甲，播之有司，以時謹其祀事。督日官頒曆象於天下。日月交食，移内外諸司救護。有災異即奏聞，甚者乞祭告修省。

凡喪葬、祭祀，貴賤有等，皆定其程則而頒行之。凡謚，帝十七字，后十三字，妃、太子、太子妃並二字，親王一字，郡王二字，以字爲差。勳戚、文武大臣請葬祭贈謚，必移所司，覈行能，傅公論，定議以聞。其侍從勤勞、忠諫死者，官品未應謚，皆得特賜。凡帝后愍忌，祀於陵，輟朝不廢務。凡天文、地理、醫藥、卜筮、師巫、音樂、僧道人，並籍領之，有興造妖妄者罪無赦。

主客分掌諸蕃朝貢接待給賜之事。諸蕃朝貢，辨其貢道、貢使、貢物遠近多寡豐約之數，以定王若使迎送、宴勞、廬帳、食料之等，賞賚之差。凡貢必省閲之，然後登内府，有附載物貨，則給直。若蕃國請嗣封，則遣頒册於其國。使還，上其風土、方物之宜，贈遺禮文之節。諸蕃有保塞功，則授勅印封之。各國使人往來，有誥敕則驗誥敕，有勘籍則驗勘籍，毋令闌入。土官朝貢，亦驗勘籍。其返，則以鏤金敕諭行之，必與銅符相比。凡審言語，譯文字，送迎館伴，考稽四夷館譯字生、通事之能否，而禁飭其交通漏泄。凡朝廷賜賚之典，各省土物之貢，咸掌之。

精膳分掌宴饗、牲豆、酒膳之事。凡御賜百官禮食，曰宴，曰酒飯，爲上中下三等，視其品秩。蕃使、土官有宴，有下程，宴有一次，有二次，下程有常例，有欽賜，皆辨其等。親王之藩，王、公、將軍來朝，及其使人，亦如之。凡膳羞、酒醴、品料，光禄是供，會其數，而程其出納焉。凡廚役，僉諸民，以給使於太常、光禄；年深者，得選充王府典膳。凡歲藏冰、出冰，移所司謹潔之。

初，洪武元年置禮部。六年設尚書二人，侍郎二人。分四屬部：總部，祠部，膳部，主客部。每部設郎中、員外郎各一人，主事各三人。十三年陞部秩，設尚書、侍郎各一人，每屬部設郎中、員外郎、主事各一人。尋復增置侍郎一人。二十二年改總部爲儀部。二十九年改儀部、祠部、膳部爲儀制、祠祭、精膳，惟主客仍舊，俱稱爲清吏司。

按周宗伯之職雖掌邦禮，而司徒既掌邦教，所謂禮者，僅鬼神祠祀而已。至合典樂典教，内而宗藩，外而諸蕃，上自天官，下逮醫師、膳夫、伶人之屬，靡不兼綜，則自明始也。成、弘以後，率以翰林儒臣爲之。其由此登公孤任輔導者，蓋冠於諸部焉。

《明史》卷七五《職官志》 禮部。尚書一人，右侍郎一人，司務一人。儀制、祠祭、主客、精膳四司，各郎中一人。儀制、祠祭二司，各主事一人。所轄，鑄印局，副使一人。教坊司，右韶舞一人，左、右司樂各一人。

《諸司職掌·兵刑工都通大職掌·兵部》尚書、侍郎之職，掌天下軍衛、武官選授之政。其屬有四，曰：司馬、職方、駕部、庫部。

司馬部

郎中、員外郎、主事，掌武官勛、禄、品、命。

銓選

官制

凡内外大小軍職衙門官員，俱有額數。

都督府：左都督，右都督，都督同知，都督僉事。

留守司：正留守，副留守，指揮同知。

都指揮司：都指揮使二員，都指揮同知二員，都指揮僉事四員。

衛：指揮使一員，指揮同知二員，指揮僉事四員，衛鎮撫二員。

所：正千户一員，副千户二員，所鎮撫二員，百户一十員。

儀衛司：儀衛正一員，儀衛副二員，典仗六員。

勛禄

凡武官，一品至六品，所授上柱國至武騎尉，曰勛。歲支俸米，曰禄。遇有除授官員，須要明白照品定擬，其品級次第詳於吏部職掌。

武官資格

凡内外軍職官員俱有原定資格。

正一品：左都督，右都督。

從一品：都督同知。

正二品：都督僉事，正留守，都指揮使。

從二品：都指揮同知。

正三品：副留守，都指揮僉事，各衛指揮使。

從三品：留守司指揮同知，各衛指揮同知。

正四品：各衛指揮僉事。

正五品：儀衛正，正千户。

從五品：衛鎮撫，儀衛副，副千户。

正六品：典仗，百户。

從六品：所鎮撫。

除授官員

凡武官，或有功陞除，或調除別衛，或爲事復職，若現缺官員應合調補，遇有前項官員到部，須要審取從軍腳色，委官賫赴内府，比對貼黄。中間歸附年月，征克地方，陞轉月日，衛所、流官、世襲相同，然後具本明著緣由，連人引至御前陳奏，請旨轉調除授，或奉特旨陞遷，隨將欽與職事、花名、衛所、流官、世襲及陞調緣由，就於御前陞選。仍照選簿内條寫榜文，次日入奏，將引選過官員看畢，抄榜給憑，定限到任。仍行該府，轉行所在衛所，催任繳憑。

襲職替職

凡軍官亡故、年老、征傷，須以嫡長兒男承襲替職。或嫡長男早喪及篤廢殘疾，則嫡孫襲替。如無嫡子、嫡孫，則庶長子孫襲替。若嫡庶子孫俱無，方許弟侄襲替。其應合承繼弟男子侄，務要曾經操練，弓馬熟閑，並當該衛所正官保結、呈送，其審供查黄引選等項緣由，並與除授官員相同。

陞用總小旗

凡總小旗缺役，務選年深精壯勇敢軍人小旗併鎗。軍人併鎗得勝，陞小旗。小旗併鎗得勝，陞總旗。須憑各府照會開繳，當該衛所保結文狀到部，然後類寫具奏，請旨准用。仍咨呈該府，行下各該衛所收補，或奉旨取用年深總旗除授。須自各衛取勘從軍腳色保結，呈送到部，仍審實來歷相同，具本引奏選用，其附選、出榜、抄榜、給憑、催任，一如除授官員施行。

貼黄

寫黄續黄

凡除官，開寫年籍、從軍腳色，赴内府清理明白寫黄。仍寫内外貼黄與正黄關防走號合同，請寶鈐記。正黄送銅櫃收貯，内外黄各置文簿附貼，亦於内府收掌。遇有陞調襲替官員，次日即具陞轉襲替緣由奏聞。貼揭續附，如有事故，亦須總爲置簿，揭下附貼，以憑稽考。

缺官

凡遷調致仕，並犯罪罷職等項官員，行移到部知會，即便作缺，類寫缺本，進赴內府。遇有欽依除調補缺官員，隨於御前銓注，以憑附選。

更名復姓

凡軍官，或年幼過房乞養，今將本姓或幼名到部更改，必須明著緣由，奏聞准改，仍將改換緣由續附貼黃。

優給

凡軍官亡故，遺下嫡長子女，年未出幼，或母年老，或無嫡子、嫡孫，次及庶子，或弟或姪，合得優給養贍者，須憑各衛保結，起送到部，審取故官從軍腳色，一體委官賫赴內府，比對貼黃相同，具奏。如是奉旨欽與優給，隨即於御前附寫欽與優給文簿，扣算出幼年分，明白開寫歲數，至某年住支。或奉特旨陞等優給，及流官特與世襲，亦須隨即明白注寫，通行抄出緣由，立案行移錦衣衛，作數放支。其征進陣亡傷故病故總小旗兒男，一體引奏定奪。

誥敕

給授

凡武官，所授一品至五品曰誥命，六品以下曰敕命。其有應合給授者，須憑各官報到從軍腳色，比對內外貼黃年籍並現授職事流世相同，然後奏聞。謄黃照品定奪，散官寫誥給授。如犯法得罪，應合追奪，刑部進送內府收貯。若充軍征進者，置簿編收，其典刑及亡故無嗣者會官燒毁。

正一品：初授特進榮禄大夫，陞授特進光禄大夫。
從一品：初授榮禄大夫，陞授光禄大夫。
正二品：初授驃騎將軍，加授龍虎將軍，陞授金吾將軍。
從二品：初授鎮國將軍，加授奉國將軍，陞授定國將軍。
正三品：初授昭勇將軍，加授昭武將軍，陞授昭毅將軍。
從三品：初授懷遠將軍，加授安遠將軍，陞授定遠將軍。
正四品：初授明威將軍，加授廣威將軍，陞授宣威將軍。
從四品：初授宣武將軍，加授信武將軍，陞授顯武將軍。
正五品：初授武德將軍，陞授武節將軍。
從五品：初授武略將軍，陞授武毅將軍。
正六品：初授昭信校尉，陞授承信校尉。
從六品：初授忠顯校尉，陞授忠武校尉。

封贈

凡武職有功，應封贈祖父母、父母、妻室者，照依欽定資格，一品封贈三代，二品、三品封贈二代，四品以下封贈一代。各照現任職事依例封贈。

正一品至從六品：曾祖父、祖父、父，各照現授職事對品封贈。
正、從一品：曾祖母、祖母、母、妻，各封贈夫人。
正、從二品：祖母、母、妻，各封贈夫人。
正、從三品：祖母、母、妻各封贈淑人。
正、從四品：母、妻，各封贈恭人。
正、從五品：母、妻各封贈宜人。
正、從六品：母、妻各封贈安人。

加贈

凡武官歿於王事者，照依生前職事，加贈二等，死於鋒鏑者，照依生前職事，褒贈三等。

軍務【略】

職方部

郎中、員外郎、主事之職，掌天下地圖及城隍、鎮戍，烽堠之政。

城隍謂城池也

凡天下都司並衛所城池，軍馬數目必合周知。或遇所司移文修築，須要奏聞，差人相度，准令守禦軍士或所在民人築造，然後施行。

計天下都司衛所：都司一十七處，留守司一處，內外衛三百二十九處，守禦千户所六十五處。【略】

軍役【略】

關津【略】

設置巡檢司

凡天下要衝去處，設立巡檢司，專一盤詰往來奸細，及販賣私鹽犯人、逃軍、逃囚，無引面生可疑之人，須要常加提督。或遇所司呈稟設置巡檢司，差人踏勘，果係緊關地面，奏聞准設，行移工部，蓋造衙門，吏部銓官，禮部鑄印，行移有司，照例於丁糧相應人户內，僉點弓兵應役。

圖本

凡天下要衝及險阻去處，合畫圖本，並軍人版籍，須令所司成造送部，務知險易。

駕部

郎中、員外郎、主事，掌邦國輿輦、車乘及天下傳驛、廄牧。

鹵簿

凡正旦冬至聖節，會同錦衣衛陳鹵簿大駕於殿之東西。須要各依次序，毋得錯亂，有失朝儀。【略】

儀仗

凡皇太子、親王出入，合用儀仗依制陳導，如有損壞移咨工部，如法修飾。【略】

驛傳

凡天下水馬驛遞運所，專一遞送使客，飛報軍情，轉運軍需等項。合用馬驢船車人夫，必因地理要衝偏僻，量宜設置。其僉點人夫，設置馬驢船車什物等項，俱有定例，須要常加提督有司整治，或差人點視，不許空歇。但有人夫馬驢船車什物損壞缺少，將有司並驛所當該官吏坐罪，仍督並修理補買。【略】

馬政

廄牧

凡太僕寺所屬十四牧監、九十八羣，專一提調牧養孳生馬騾驢牛。其養户俱係近京民人，或五户、十户共養一匹，每騾馬歲該生駒一匹。若人户不行用心孳牧，致有虧欠倒死，就便著令補買還官。每歲將上年所生馬駒，起解赴京調撥。本寺每遇年終比較，或羣監管員怠惰，或人户奸頑，致有馬匹瘦損虧欠數多，依例坐罪。【略】

力士校尉

凡力士校尉，俱係隨駕人數，於民間丁多相應人户內，僉點有力少壯無過犯體氣之人應當，皆撥錦衣、旗手等衛著役。如有事故，即照原籍另户僉補。如解到部，照依所補姓名送發該衛。果係在逃正身，就送該衛發落。若正身不獲，解到户丁，照地方發遣充軍，仍挨勾正身。

庫部

郎中、員外郎、主事掌邦國戎器儀仗，辨其出入之數。【略】

俸給

凡本部官吏人等，並合屬五城兵馬司、典牧所、大勝關、會同館等衙門官吏俸給，每月初明白立案。將實支官吏姓名，並該支米數劄付該部，填給勘合，委官下倉放支。如有事故，臨倉扣除還官。仍將實支米數回呈立案。

印色

凡本部合用印色，支銷盡絶，移咨工部，轉行該庫放支。

紙劄

凡本部合用紙劄，移咨刑部，於贓罰鈔內關支價鈔買用，明白立案開銷，以憑稽考。

考覈

凡本部所屬太僕寺，並各牧監羣、五城兵馬司、典牧所、大勝關、會同館等衙門官吏，但有考滿，必從本衙門開報年籍、鄉貫、脚色、職役，並行過事蹟，到部以憑考覈，咨送吏部定奪。

拘收皮張【略】

軍士鹽糧

凡馬步軍士月支糧鹽，並典牧所養馬象人冬夏布疋，月支鹽糧，遇有公文到部，總其名數，行移該部放支。

皂隸

凡各衙門官員合用跟隨皂隸，俱於法司取撥笞杖囚人應役。必須明立文案簿籍，開寫姓名、鄉貫，應該拘役年月，發送其衙門著役，遇滿撥替。其有在逃，即便根捉，仍送法司問罪。若病故者，照名行移法司撥補。

《大明會典》卷一一八《兵部》 尚書、左右侍郎掌天下武衛官軍選授、簡練、鎮戍、廄牧、郵傳輿皂之政令。其屬初曰司馬，曰職方，曰駕部，曰庫部。後改司馬爲武選，駕部爲車駕，庫部爲武庫，職方仍舊，俱稱清吏司。

武選清吏司

郎中、員外郎、主事分掌武官陞調、襲替、優給、誥勅、功賞之事。

《大明會典》卷一一八《兵部·銓選·官制》 凡內外大小軍職衙門

官員，具在職掌，俱有額數及原定資格。其後武職陞授漸多，不復能拘額數，但有見任帶俸之別，其資格仍舊。

武官額員及資格：

都督府

左都督，正一品。右都督，正一品。都督同知，從一品。都督僉事。正二品。

留守司洪武初，置中都留守司，嘉靖十八年增置興都留守司，次中都而序，設官同。

正留守，正二品。副留守，正三品。指揮同知。從三品。

都指揮使司

都指揮使二員，正二品。都指揮同知二員，從二品。都指揮僉事四員。正三品。

衛

指揮使一員，正三品。指揮同知二員，從三品。指揮僉事四員，正四品。衛鎮撫二員。從五品。

所

正千户一員，正五品。副千户二員，從五品。所鎮撫二員，從六品。百户一十員。正六品。

儀衛司

儀衛正一員，正五品。儀衛副二員。從五品。典仗六員。正六品。

百户所鎮撫各有試職，試職起永樂十五年，作一級，支半俸。

都督同知、都督僉事、都指揮使同知僉事、指揮使同知僉事、正副千户、試百户、試所鎮撫各有署職，凡署職，遞加本職一級，署副千户，以實授百户，署試百户，試所鎮撫，俱以冠帶總旗。署職起景泰元年，作半級，不支俸。

土官額數及資格：舊屬吏部文選司，洪武三十年改屬兵部。

宣慰使司

宣慰使一員，從三品。同知一員，正四品。副使一員，從四品。僉事一員。正五品。

宣撫司

宣撫一員，從四品。同知一員，正五品。副使一員，從五品。僉事一員。正六品。

安撫司

安撫一員，從五品。同知一員，正六品。副使一員，從六品。僉事一員。正七品。

招討司

招討，從五品。副招討，正六品。

長官司

長官，正六品。副長官，從七品。

蠻夷官、苗民官、千夫長、副千夫長、土官中頭目原無專職品級。

《大明會典》卷一二四《兵部・職方清吏司》 郎中、員外郎、主事職掌天下地圖及城隍、鎮戍、營操、武舉、巡邏關津之政。

《大明會典》卷一四〇《兵部・車駕清吏司》 郎中、員外郎、主事分掌鹵簿、儀仗、禁衛及驛傳、廄牧之事。

《大明會典》卷一五四《兵部・武庫清吏司》 郎中、員外郎、主事掌軍政、武學及戎器、儀仗，辨其出入之數並諸雜行冗務。

《大明會典》卷一五八《兵部・南京兵部》 本部尚書，成化二十三年始奉勅諭參贊機務，同内外守備官操練軍馬，撫卹人民，禁戢盜賊，振舉庶務，故其職視五部爲特重云。

（明）李日華《官制備考》卷上《兵部》 兵部，周夏官大司馬之職也。古者兵車一車四馬，故以馬名官。司馬掌以九伐之法，正邦國，制軍詰禁，以糾邦國，領較人牧司職方司兵之屬。漢署五曹，未有主兵之任，蓋有太尉掌之也。魏始置五兵尚書，謂中兵、外兵、騎兵、别兵、都兵也。晉太康中，又置七兵尚書，以中兵外兵分爲左右。宋復置五兵尚書，歷代無改。後魏又置七兵尚書，後周置大司馬卿，至隋改爲兵部尚書，增置侍郎二人，唐因之。龍朔初改爲司戎太常伯，侍郎爲少常伯。光宅初改爲夏官，天寶改爲武官。掌武官選舉，總判兵部、職方、駕部、庫部事。宋判兵部一人，以兩制充。軍國政令悉歸樞密院，本曹但掌儀仗鹵簿釋奠武成及武舉事，歲終上義勇寨兵諸數而已。元豐更置尚書一，侍郎一，郎中員外郎二，以什五之法教民爲兵，以選舉之法試武事。凡廂軍蕃兵剩員及金吾御仗司人兵，稽其數而振整其藝焉。

明興，立兵部，擬夏官。尚書一人，掌天下武衛官軍選授簡練，若鎮戍、廄牧、郵傳之政令。侍郎二人爲之貳。司務二人省署抄目，受發文移。屬清吏司四：曰武選，曰車駕，曰職方，曰武庫。武選郎中二，員外郎一，主事五，掌武官選陞、襲替、功賞之事。車駕郎中二，員外郎一，主事三，掌輿輦車乘、守衛、廄牧、郵傳之事。職方郎中二，員外郎一，主事五，山海關又一人，掌地圖、軍政、城隍、鎮戍、簡練、征討之事。武庫郎中、員外郎各一人，主事三，掌戎器符勘、尺籍武學、輿隸之事。

（明）徐石麒《官爵志》卷二《兵部》 魏置五兵，隋爲兵部。今尚書即周夏官大司馬卿也，侍郎即小司馬也。所屬有四清吏司：曰武選，因魏五部郎曹，今掌天下武職班秩品命。職方，因《周官》，今掌天下地圖及城隍、鎮戍、烽堠之政。曰車駕，因魏駕部，今掌邦國輦車及天下傳驛廄牧。曰武庫，因魏庫部，今掌邦國戎器儀仗，辨其出入之數。

《明史》卷七二《職官志》 兵部。尚書一人，正二品，左、右侍郎各一人，正三品。其屬，司務廳，司務二人，從九品。武選、職方、車駕、武庫四清吏司，各郎中一人，正五品。正統十年增設武選、職方二司郎中各一人。成化三年增設車駕司郎中一人。萬曆九年並革。員外郎一人，從五品。正統十年增設武選司員外郎一人。弘治九年增設武庫司員外郎一人。後俱革。嘉靖十二年增設職方司員外郎一人。主事二人，正六品。洪武、宣德間，增設武選司主事三人，職方司主事四人。正統十四年增設車駕、武庫二司主事各一人。後革。萬曆十一年又增設車駕司主事一人。所轄，會同館大使一人，正九品，副使二人，從九品。大通關大使，副使各一人。俱未入流。

尚書掌天下武衛官軍選授、簡練之政令。侍郎佐之。

武選掌衛所土官選授、陞調、襲替、功賞之事。

凡武官六品，其勳十有二。正一品，左、右柱國。從一品，柱國。正二品，上護軍。從二品，護軍。正三品，上輕車都尉。從三品，輕車都尉。正四品，上騎都尉。從四品，騎都尉。正五品，驍騎尉。從五品，飛騎尉。正六品，雲騎尉。從六品，武騎尉。散階三十。正一品，初授特進榮祿大夫，陞授特進光祿大夫。從一品，初授榮祿大夫，陞授光祿大夫。正二品，初授驃騎將軍，陞授金吾將軍，加授龍虎將軍。從二品，初授鎮國將軍，陞授定國將軍，加授奉國將軍。正三品，初授昭勇將軍，陞授昭毅將軍，加授昭武將軍。從三品，初授懷遠將軍，陞授定遠將軍，加授安遠將軍。正四品，初授明威將軍，陞授宣威將軍，加授廣威將軍。從四品，初授宣武將軍，陞授顯武將軍，加授信武將軍。正五品，初授武德將軍，陞授武節將軍。從五品，初授武略將軍，陞授武毅將軍。正六品，初授昭信校尉，陞授承信校尉。從六品，初授忠顯校尉，陞授忠武校尉。

歲凡六選。有世官，有流官。世官九等，指揮使，指揮同知，指揮僉事，衛鎮撫，正千户，副千户，百户，試百户，所鎮撫，皆有襲職，有替職。其幼也，有優給。其不得世也，有減革，有通革。流官八等，左右都督，都督同知，都督僉事，都指揮使，都指揮同知，都指揮僉事，正留守，副留守，以世官陞授，或由武舉用之，皆不得世。即有世者，出特恩。非真授者曰署職，署職，遞加本職一級作半級，不支俸，非軍功，毋得實授。曰試職，試職作一級，支半俸，不給誥。曰納職，納職帶俸，不莅事。戰功二等：奇功爲上，頭功次之。首功四等：迤北爲大，遼東次之，西番、苗蠻又次之，內地反寇又次之。

凡比試，有舊官，洪武三十一年以前爲舊，有新官，成祖以後爲新。軍政，五年一考選，先期撫、按官上功過狀，覆核而去留之。五府、錦衣衛堂上各總兵官，皆自陳，取上裁。推舉上二人，都指揮以下上一人。

凡土司之官九級，自從三品至從七品，皆無歲祿。其子弟、族屬、妻女、若壻及甥之襲替，胥從其俗。附塞之官，自都督至鎮撫，凡十四等，皆以誥敕辨其僞冒。贈官死於王事，加二等；死於戰陣，加三等。

凡除授出自中旨者，必覆奏然後行之。以貼黃徵圖狀，以初績徵誥敕，以効功課將領，以比試練卒徒，以優養恩故絕，以褒恤勵死戰，以寄祿馭恩倖，以殺降、失陷、避敵、激叛之法肅軍機，以典刑、敗倫、行劫、退陣之科斷世祿。

職方掌輿圖、軍制、城隍、鎮戍、簡練、征討之事。凡天下地里險易遠近，邊腹疆界，俱有圖本，三歲一報，與官軍車騎之數偕上。凡軍制內外相維，武官不得輒下符徵發。自都督府，都指揮司，留守司，內外衛守禦、屯田、羣牧千户所，儀衛司，土司，諸番都司衛所，各統其官軍及其部落，以聽征調、守衛、朝貢、保塞之令。以時修浚其城池而閱視之。凡鎮戍將校五等：曰鎮守，曰協守，曰分守，曰守備，曰備倭。皆因事增置，視地險要，設兵屯戍之。凡京營操練，統以文武大臣，皆科道官巡視之。若將軍營練，將軍四衛營練，及勇士、幼官、舍人等營練，則討其軍實，稽其什伍，察其存逸閒否，以教其坐作、進退、疾徐、疏數之節，金鼓、麾旗之號。征討請命將出師，懸賞罰，調兵食，紀功過，以黜陟之。以堡塞障邊徼，以烽火傳聲息，以關津詰姦細，以緝捕弭盜賊，以快壯簡鄉民，以勾解、收充、抽選、併豁、疏放、存恤之法整軍伍。

車駕掌鹵簿、儀仗、禁衛、驛傳、廄牧之事。凡鹵簿大駕，大典禮、大朝會設之；丹陛駕，常朝設之；武陳駕，世宗南巡時設之。皆辨其物數，以授所司。慈宮、中宮之鹵簿，東宮、宗藩之儀仗，亦如之。凡侍衛，御殿全直，常朝番直，守衛、親軍衛，晝前、後、左、右四門爲四行，而日夜巡警之。守衛皇城，前午門爲一行，後玄武門爲一行，左東華門爲一行，右西華門爲一行。凡郵傳，在京師曰會同館，在外曰驛，曰遞運所，皆以符驗關券行之。凡馬政，其專理者，太僕、苑馬二寺，稽其簿籍，以時程其登耗，惟內廄不會。

武庫掌戎器、符勘、尺籍、武學、薪隸之事。凡內外官軍有征行，移工部給器仗，籍紀其數，制敕下各邊徼發。及使人出關，必驗勘合。軍伍缺，下諸省府州縣勾之。以跟捕、紀録、開户、給除、停勾之法，覈其召募、垛集、罪謫、改調營丁尺籍之數。凡武職幼官，及子弟未嗣官者，於武學習業，以主事一人監督之。考稽學官之賢否、肄習之勤怠以聞。諸司官署供應有柴薪，直衙有皁隸，視官品爲差。

初，洪武元年置兵部。六年增尚書一人，侍郎一人。置總部、駕部并職方三部，設郎中、員外郎、主事，如吏部之數。十三年陞部秩，設尚書、侍郎各一人，又增置庫部爲四屬部，部設郎中、員外郎、主事各一人。十四年增試侍郎一人。二十二年改總部爲司馬部。二十九年定改四部爲武選、職方、車駕、武庫四清吏司。惟職方仍舊名。景泰中，增設尚書一人，協理部事，天順初罷。隆慶四年添注侍郎二人，尋罷。萬曆末年復置。

協理京營戎政一人，或尚書，或侍郎，或右都御史，掌京營操練之事。

永樂初，設三大營，總於武將。景泰元年始設提督團營，命兵部尚書于謙兼領之，後罷。成化三年復設，率以本部尚書或都御史兼之。嘉靖二十年始命尚書劉天和輟部務，另給關防，專理戎政。二十九年以總督京營戎政之印畀仇鸞，而改設本部侍郎協理戎政，不給關防。萬曆九年裁革，十一年復設。天啓初，增設協理一人，尋革。崇禎二年復增一人，以庶吉士劉之綸爲兵部侍郎充之。

《明史》卷七五《職官志》 兵部。尚書參贊機務一人，右侍郎一人，司務一人。武選、職方、車駕、武庫四司，郎中四人，員外郎二人，武選、武庫無員外郎，主事五人，車駕主事二人。所轄，典牧所，提領一人，正八品。會同館，大勝關，各大使一人。按參贊機務，自宣德八年黃福始。成化二十三年始奉敕諭，專以本部尚書參贊機務，同內外守備官操練軍馬，撫卹人民，禁戢盜賊，振舉庶務，故其職視五部爲特重云。

《諸司職掌·兵刑工都通大職掌·刑部》 尚書、侍郎之職，掌天下刑名，及徒隸、勾覆、關禁之政令。其屬古有四部，曰：憲部、比部、司門部、都官部。洪武二十三年，因天下庶務浩繁，欽改爲十二部，曰：浙江、江西、福建、山東、北平、四川、山西、湖廣、廣東、廣西、河南、陝西，各令清理一布政司刑名等事。其雲南布政司隸陝西部。仍量其繁簡，帶管直隸府州並在京衙門。每部仍分憲、比、司門、都官四科，以領其事。凡遇刑名各照部分送問發落。

（明）何良俊《四友齋叢説》卷一二《史八》 南都之事，有一至大而且要者尚未裁正。蓋祖宗之法，特設立三法司，凡各衙門之事，干係刑名者即參送法司，而各衙門不得擅自定罪。無非詳刑慎獄之意。今各衙門尚參送，而巡城有事徑發兵馬司取供，此則道中之新例，而非祖宗之成法矣。然事關科道，誰敢言之。

《大明會典》卷一五九《刑部》 尚書、左右侍郎掌天下刑名及徒隸勾覆關禁之政令。其屬初曰憲部，曰比部，曰司門部，曰都官部。後改爲十三清吏司：曰浙江、江西、福建、山東、四川、山西、湖廣、廣東、廣西、河南、陝西、雲南、貴州，建置沿革，詳見吏部官制中。

十三司職掌

浙江等十三司各設郎中、員外郎、主事，令各清理所隸布政司刑名，仍量其繁簡帶管直隸府州並在京衙門。凡遇刑名，各照部分送問發落。

（明）李日華《官制備考》卷上《刑部》 《周禮·秋官·大司寇》掌邦之三典，以佐刑邦國。即今刑部尚書之任也。漢成帝初置三公曹，主斷獄。後漢以二千石曹主中都水火盜賊詞訟罪法，亦謂之賊曹。晉初依漢置三公尚書，掌刑獄。宋三公比部皆主法，又置都官尚書，主軍刑獄，領都官、水部、庫部、功論四曹。後周依《周官》，置大司寇卿，掌刑邦國。隋初復曰都官尚書。開皇三年改刑部，又置刑部侍郎，唐因之。龍朔初，改尚書爲司刑太常伯，侍郎爲少常伯。光宅初改刑部爲秋官，天寶改爲憲部。宋判部事，以御史知襍充。而尚書、侍郎、郎中止爲階官矣。元豐更制，始專其官。

明興，立刑部部尚書一人，準古秋官，掌天下刑名、徒隸、勾覆、關禁之政令。侍郎二人爲之貳。司務二，炤磨、簡較各一人，爲首領官。置十三清吏司，司郎中一，員外郎一，主事三，漕運理刑主事一，兩京十三省之奏尚。凡宗室、勳戚、官吏、軍民麗于法者，詰其辭，察其情僞，傅律例而比其罪之輕重。律凡六百有六條，例凡三百七十有六條，其所不及者，比而議請焉。凡五歲，請勅遣官出京府兩京十三省審録，減釋冤濫者，謂之恤刑。凡夏月録囚，免笞刑，減徒流而下刑，辨重刑，謂之熱審。凡四方有獄，受命而往成之，歲遣主事往關内江南江北監斬，謂之審決。

（明）徐石麒《官爵志》卷二《刑部》 宋置都官，隋爲刑部。今尚書即周秋官大司寇卿也，侍郎即周小司寇也，照磨、檢校品與户同，司獄司司獄六員，從九品，古屬有四：曰憲部、比部、司門部、都官部。今故爲浙江等十三清吏司，各掌一布政司刑名，仍量繁簡帶管直隸州縣並在京衙門。每司分憲、比、司門、都官四科，以領其事。

《明史》卷七二《職官志》 刑部。尚書一人，正二品，左、右侍郎各一人，正三品。其屬，司務廳，司務二人，從九品。浙江、江西、湖廣、陝西、廣東、山東、福建、河南、山西、四川、廣西、貴州、雲南十三清吏司，各郎中一人，正五品，員外郎一人，從五品，主事二人，正六品。正統六年，十三司俱增設主事一人。成化元年增設四川、廣西二司主事各一人，後革。萬曆中，又革湖廣、陝西、山東、福建四司主事各一人。照磨所，照磨正八品，檢校正九品，各一人。司獄司，司獄六人，從九品。

尚書掌天下刑名及徒隸、勾覆、關禁之政令。侍郎佐之。

十三司各掌其分省及兼領所分京府、直隸之刑名。

浙江司帶管崇府、中軍都督府、刑科、内官、御用、司設等監，在京金吾前、騰驤左、瀋陽右、留守中、神策、和陽、武功右、廣洋八衛，蕃牧千户所，及兩浙鹽運司，直隸和州，涿鹿左、涿鹿中二衛。

江西司帶管淮、益、弋陽、建安、樂安五府，前軍都督府，御馬監，火藥、酒醋、麵觔等局，在京府軍前、燕山左、留守前、龍驤、寬河、忠義前、忠義後、永清右、龍江左、龍江右十衛，及直隸廬州府，廬州、六安、九江、武清、宣府前、龍門各衛。

湖廣司帶管楚、岷、吉、榮、遼五府，右軍都督府，司禮、尚寶、尚膳、神宫等監，天財庫，在京留守右、虎賁右、忠義右、武功左、茂陵、永陵、江淮、濟川、水軍右九衛，及興都留守司，直隸寧國、池州二府，宣州、神武中、定州、茂山、保安左、保安右各衛，渤海千户所。

福建司帶管户部、太僕寺、户科、寶鈔提舉司、印綬、都知等監，甲字等十庫，在京金吾後、應天、會州、武成中、武功中、孝陵、獻陵、景陵、裕陵、泰陵十衛，牧馬千户所，及福建鹽運司，直隸常州府、廣德州，中都留守左、留守中、定邊、開平中屯各衛，美峪千户所。

山東司帶管魯、德、衡、涇四府，左軍都督府，宗人府，兵部，尚寶司，兵科，典牧所，會同館，供用庫，戈戟司，司苑局，在京羽林右、瀋陽左、長陵三衛，奠靖千户所，及山東鹽運司，中都留守司，遼東都司，遼東行太僕寺，直隸鳳陽府，滁州、鳳陽、皇陵、長淮、泗州、壽州、滁州、沂州、德州、德州左、保定後各衛，安東中護衛，潮河、龍門、寧靖各千户所。

山西司帶管晉、代、瀋，懷仁、慶成五府，翰林院，欽天監，上林苑監，南、北二城兵馬司，混堂司，甜食房，在京旗手、金吾右、驍騎右、龍虎、大寧中、義勇前、義勇後、英武八衛，及直隸鎮江府、徐州，鎮江、徐州、瀋陽中屯各衛，瀋陽中護衛，倒馬關、平定各千户所。

河南司帶管周、唐、趙、鄭、徽、伊、汝七府，禮部，太常寺，光禄寺，鴻臚寺，詹事府，國子監，禮科，中書舍人，神樂觀，犧牲所，兵仗局，靈臺、鐘鼓等司，東城兵馬司，教坊司，在京羽林左、府軍右、武德、留守後、神武左、彭城六衛，及兩淮鹽運司，直隸淮安、揚州二府，淮安、大河、邳州、揚州、高郵、儀真、宿州、武平、歸德、寧山、神武右各衛，海州、鹽城、通州、汝寧各千户所。

陝西司帶管秦、韓、慶、肅四府，後軍都督府，大理寺，行人司，尚衣監，針工局，西城兵馬司，在京府軍後、騰驤右、豹韜、鷹揚、興武、義勇右、康陵、昭陵、龍虎左、横海、江陰十一衛，及河東鹽運司，陝西行太僕寺，甘肅行太僕寺，直隸太平府，建陽、保定左、保定右、保定中、保定前各衛，平涼中護衛。

四川司帶管蜀府，工部，工科，巾帽、織染二局，僧道録司，在京府軍、金吾左、濟川、武驤右、大寧前、蔚州左、永清左、廣武八衛，及直隸松江、大名二府，金山、懷安、懷來各衞，神木千户所。

廣東司帶管應天府，在京錦衣、府軍左、虎賁左、濟陽、留守左、水軍左、飛熊七衞，及直隸延慶州，懷來千户所。

廣西司帶管靖江府，通政司，五軍斷事司，中城兵馬司，寶鈔、銀作二局，在京羽林前、燕山右、燕山前、大興左、通州、武驤左、鎮南、富峪八衞，及直隸安慶、徽州二府，安慶、新安、通州左、通州右、延慶、延慶左、延慶右各衞。

雲南司帶管順天府，太醫院，儀衞、惜薪等司，承運庫，及直隸永平、廣平二府，鎮海、真定、永平、山海、盧龍、東勝左、東勝右、撫寧、密雲中、密雲後、大同中屯、潼關、營州五屯、萬全左、萬全右各衞，寬河、武定、蒲州各千户所。

貴州司帶管吏部，吏科，司菜局，及長蘆鹽運司，大寧都司，萬全都司，直隸蘇州、保定、河間、真定、順德五府，蘇州、太倉、薊州、遵化、鎮朔、興州五屯，忠義中、涿鹿、河間、天津、天津左、天津右、德州、宣府左、宣府右、開平、保安、蔚州、永寧各衞，梁城、興和、廣昌各千户所。

照磨、檢校，照刷文卷，計録贓贖。司獄，率獄吏，典囚徒。凡軍民、官吏及宗室、勳戚麗於法者，詰其辭，察其情僞，傅律例而比議其罪之輕重以請。詔獄必據爰書，不得逢迎上意。凡有殊旨、別敕、詔例、榜例，非經請議著爲令甲者，不得引比。凡死刑，即決及秋後決，並三覆奏。兩京、十三布政司，死罪囚歲讞平之。五歲請敕遣官，審録冤滯。霜降録重囚，會五府、九卿、科道官共録之。矜疑者戍邊，有詞者調所司再問，比律者監候。夏月熱審，免笞刑，減徒、流，出輕繫。遇歲旱，特旨録囚亦如之。凡大祭止刑。凡贖罪，視罪輕重，斬、絞、雜犯、徒末減者，聽收贖。詞訴必自下而上，有事重而迫者，許擊登聞鼓。四方有大獄，則受命往鞫之。四方決囚，遣司官二人往涖。凡斷獄，歲疏其名數以聞，曰歲報；月上其拘釋存亡之數，曰月報。獄成，移大理寺覆審，必期平允。凡提牢，月更主事一人，修葺囹圄，嚴固扃鑰，省其酷濫，給其衣糧。囚病，許家人入視，脱械鎖醫藥之。簿録俘囚，配没官私奴婢，咸籍知之，官吏有過，並記録之。歲終請湔滌之。以名例攝科條，以八字括辭議，以、准、皆、各、其、及、即、若，以五服參情法，以墨涅識盜賊。籍產不入塋墓，籍財不入度支，宗人不即市，宫人不即獄，悼耄疲癃不即訊。詳《刑法志》。

洪武元年置刑部。六年增尚書、侍郎各一人。設總部、比部、都官部、司門部，部設郎中、員外郎各二人，惟都官各一人。總部、比部主事各六人，都官、司門主事各四人。八年，以部事浩繁，增設四科，科設尚書、侍郎、郎中各一人，員外郎二人，主事五人。十三年陞部秩，設尚書一人，侍郎一人，仍分四屬部，部設郎中、員外郎各一人，總部、比部主事各四人，都官、司門主事各二人，尋增侍郎一人。始分左、右侍郎。二十二年改總部爲憲部。二十三年分四部爲河南、北平、山東、山西、陝西、浙江、江西、湖廣、廣東、廣西、四川、福建十二部，浙江部兼領雲南。部各設官，如户部之制。二十九年改爲十二清吏司。永樂元年以北平爲北京。十八年革北京司，增置雲南、貴州、交阯三司宣德十年革交阯司，遂定爲十三清吏司。

《明史》卷七五《職官志》 刑部。尚書一人，右侍郎一人，司務、照磨各一人。十三司郎中十三人，員外郎五人，惟浙江、江西、河南、陝西、廣東五司設。主事十四人，廣東司二人。分掌南京諸司，及公、侯、伯、五府、京衞所刑名之事。司獄二人。

《諸司職掌·兵刑工都通大職掌·工部》 尚書、侍郎之職，掌天下百工、山澤之政令，其屬有四，曰：營部、虞部、水部、屯部。

營部

郎中、員外郎、主事，掌經營興造之衆務。【略】

虞部

郎中、員外郎、主事，掌天下虞衡、山澤之事，而辦其時禁採捕。【略】

水部

郎中、員外郎、主事，掌天下陂池、川瀆之政令。【略】

誥敕

凡文武官員誥敕，照依品級制度，如式製造。所用五色紵絲，誥身、誥帶，黄蠟、花椒、白麪、紙劄等項，差人赴内府織染局等衙門關支。其公侯襲封鐵券，行下寶源局依式打造。所用瓜鐵木炭，須於丁字庫抽分竹木局關支，如遇完備進赴内府鏤嵌。

鐵券尺寸：

公：一樣高一尺，闊一尺六寸五分。二樣高九寸五分，闊一尺六寸。

侯：三樣高九寸，闊一尺五寸五分。四樣高八寸五分，闊一尺五寸。

五樣高八寸，闊一尺四寸五分。

伯：六樣高七寸五分，闊一尺三寸五分。七樣高六寸五分，闊一尺二寸五分。【略】

屯部

郎中、員外郎、主事，掌天下屯田之政令。【略】

雜行

凡催促軍需物料，勾提囚匠等項，欽置勘合，如遇四子部合行事理，或五件十件，類具手本，責差該吏齎赴內府工科，關填勘合，行移各司，承奉理辦。如有不完，舉奏提問。其官吏給由、缺官條格等項，及本部並合屬官吏俸給，按月放支，仍每歲會計，行移户部撥支。遇有當行，行移吏部等衙門，定奪施行。

《大明會典》卷一八一《工部》 尚書、左右侍郎掌天下百工營作、山澤採捕、窯冶、屯種、榷税、河渠、織造之政令。其屬初曰營部，曰虞部，曰水部，曰屯部。後改營部爲營繕，虞部爲虞衡，水部爲都水，屯部爲屯田，俱稱清吏司。

營繕清吏司

郎中、員外郎、主事分掌宮府器仗、城垣壇廟經營興造之事。

《大明會典》卷一九一《工部·虞衡清吏司》 郎中、員外郎、主事分掌天下山澤採捕陶冶之事。

《大明會典》卷一九六《工部·都水清吏司》 郎中、員外郎、主事分掌川瀆陂池橋道舟車織造衡量之事。內一員提督清江浦造船，隆慶六年加設。

《大明會典》卷二〇二《工部·屯田清吏司》 郎中、員外郎、主事分掌屯種、墳塋、抽分柴炭之事。

（明）李日華《官制備考》卷上《工部》 《周禮·冬官·大司空》即今工部尚書之任，其屬有考工，掌百工之事，故曰工部。漢魏領于民曹，自晉迄陳，有所營作，權置起部尚書，役竣則省。後周依《周官》置大司空卿，其屬有工部中大夫。隋開皇初，始置工部尚書，統工部、屯田二曹，唐初因之。龍朔改爲司平太常伯，光宅改爲冬官侍郎，昉于周冬官，小司空，中大夫，名少常伯。隋始更名工部侍郎，唐因之。龍朔改爲司平少常伯，尋復故。唐工部尚書、侍郎之職，掌天下百工屯田、山澤之政令，其屬有四：一曰工部，二曰屯田，三曰虞部，四曰水部。尚書侍郎總其職務而奉行其制命。凡中外百司之事出于所屬，咸質正焉。宋判工部者，以兩制充。土木一役，悉隸三司，本部無所事事。元豐始制尚書一，侍郎一，掌天下城池、宮室、舟車、器械、符印、錢寶及百工、山澤、屯田之政令。

明興，立工部，部尚書一人，準古冬官，掌天下工役、農田、山川、藪澤、河渠之政令。侍郎二人爲之貳。司務二人，爲首領官。其屬清吏司四：曰營繕，曰虞衡，曰都水，曰屯田。營繕郎中一，員外郎三，主事六，掌經營興造之事。虞衡郎中三，員外郎三，主事二，掌山澤採捕、厲禁陶冶之事。都水郎中五，員外郎一，主事十，掌州澤、陂池、泉濼、洪淺、道路、橋梁、舟車、織造、券器、衡量之事。屯田郎中二，員外郎一，主事二，掌屯農、墳墓、抽分、薪炭、夫役之事。

（明）徐石麒《官爵志》卷二《工部》 晋有起部，隋爲工部。今尚書即周冬官大司空卿也，侍郎即周小司空也，所屬有四清吏司：曰營繕，今掌經營興造衆務。曰虞衡，因《周禮》虞衡之官，今掌天下山澤而辨其時禁。曰都水，因隋水部，今掌天下陂池川瀆政令。曰屯田，因晋，今掌天下屯種政令。

《明史》卷七二《職官志》 工部。尚書一人，正二品，左、右侍郎各一人，正三品。其屬，司務廳，司務二人，從九品。營繕、虞衡、都水、屯田四清吏司，各郎中一人，正五品，後增設都水司郎中四人。員外郎一人，從五品，後增設營膳司員外郎二人，虞衡司員外郎一人。主事二人，正六品。後增設都水司主事五人。營膳司主事三人，虞衡司主事二人，屯田司主事一人。所轄，營繕所，所正一人，正七品，所副二人，正八品，所丞二人，正九品。文思院，大使一人，正九品，副使二人，從九品。皮作局，大使一人，正九品，副使二人，從九品，後革。鞍轡局，大使一人，正九品，副使一人，從九品。隆慶元年，大使、副使俱革。寶源局，大使一人，正九品，副使一人，從九品，嘉靖間革。顏料局，大使一人，正九品，後革。軍器局，大使一人，正九品，副使二人，後革一人。節慎庫，大使一人，從九品。嘉靖八年設。織染所、雜造局、大使一人，正九品，副使一人，從九品。廣積、通積、盧溝橋、通州、白河各抽分竹木局，大使各一人，副使各一人。大通關提舉司，提舉一人，正八品，萬曆二年革。副提舉二人，正九品，典史一人。後副提舉、典史俱革。柴炭司，大使一人，從九品，副使一人。

尚書掌天下百官、山澤之政令。侍郎佐之。

營繕典經營興作之事。凡宮殿、陵寢、城郭、壇場、祠廟、倉庫、廨宇、營房、王府邸第之役，鳩工會材，以時程督之。凡鹵簿、儀仗、樂器，移內府及所司，各以其職治之，而以時省其堅潔，而董其窳濫。凡置獄具，必如律。凡工匠二等：曰輪班，三歲一役，役不過三月，皆復其家；曰住坐，月役一旬，有稍食。工役二等，以處罪人輸作者，曰正工，曰雜工。雜工三日當正工一日，皆視役大小而撥節之。凡物料儲偫，曰神木廠，曰大木廠，以蓄材木，曰黑窯廠，曰琉璃廠，以陶瓦器，曰臺基廠，以貯薪葦，皆籍其數以供修作之用。

虞衡典山澤採捕、陶冶之事。凡鳥獸之肉、皮革、骨角、羽毛，可以供祭祀、賓客、膳羞之需，禮器、軍實之用，歲下諸司採捕。水課禽十八、獸十二，陸課獸十八、禽十二，皆以其時。冬春之交，罝罛不施川澤；春夏之交，毒藥不施原野。苗盛禁蹂躪，穀登禁焚燎。若害獸，聽爲陷穽獲之，賞有差。凡諸陵山麓，不得入斧斤、開窯冶、置墓墳。凡帝王、聖賢、忠義、名山、岳鎮、陵墓、祠廟有功德於民者，禁樵牧。凡山場、園林之利，聽民取而薄征之。凡軍裝、兵械，下所司造，同兵部省之，必程其堅緻。凡陶甄之事，有幾供，有暫供。有停減，籍其數，會其入，毋輕毀以費民。凡諸冶，飭其材，審其模範，付有司。錢必準銖兩，進於內府而頒之，牌符、火器，鑄於內府，禁其以法式洩於外。凡顏料，非其土產不以征。

都水典川澤、陂池、橋道、舟車、織造、券契、量衡之事。水利曰轉漕，曰灌田。歲儲其金石、竹木、卷埽，以時修其閘壩、洪淺、堰圩、隄防，謹蓄洩以備旱潦，無使壞田廬、墳隧、禾稼。舟楫、磑碾者不得與灌田争利，灌田者不得與轉漕争利。凡諸水要會，遣京朝官專理，以督有司。役民必以農隙，不能至農隙，則僝功成之。凡道路、津梁，時其葺治。有巡幸及大喪、大禮，則修除而較比之。凡舟車之制，曰黄船，以供御用，曰遮洋船，以轉漕於海，曰淺船，以轉漕於河，曰馬船、曰風快船，以供送官物，曰備倭船、曰戰船，以禦寇賊，曰大車，曰獨轅車，曰戰車，皆會其財用，酌其多寡、久近、勞逸而均劑之。凡織造冕服、誥敕、制帛、祭服、淨衣諸幣布，移內府、南京、浙江諸處，周知其數而慎節之。凡公、侯、伯鐵券，差其高廣。制式詳禮志。凡祭器、册寶、乘輿、符牌、雜器皆會則於內府。凡度量、權衡，謹其校勘而頒之，懸式於市，而罪其不中度者。

屯田典屯種、抽分、薪炭、夫役、墳塋之事。凡軍馬守鎮之處，其有轉運不給，則設屯以益軍儲。其規辦營造、木植、城磚、軍營、官屋及戰衣、器械、耕牛、農具之屬。凡抽分征諸商，視其財物各有差。凡薪炭，南取洲汀，北取山麓，或徵諸民，有本、折色，酌其多寡而撙節之。夫役伐薪、轉薪，皆僱役。凡墳塋及堂碑、碣獸之制，第宗室、勳戚、文武官之等而定其差。墳塋制度，詳《禮志》。

洪武初，置工部及官屬，以將作司隸焉。吴元年置將作司，卿，正三品，少卿，正四品，丞，正五品。左、右提舉司提舉，正六品，同提舉，從六品，司程、典簿、副提舉，正七品。軍需庫大使，從八品，副使，正九品。洪武元年以將作司隸工部。六年增尚書、侍郎各一人，設總部、虞部、水部並屯田爲四屬部。總部設郎中、員外郎各二人，餘各一人。總部主事八人，餘各四人。又置營造提舉司。洪武六年改將作司爲正六品，所屬提舉司，改正七品。尋更置營造提舉司及營造提舉分司，每司設正提舉一人，副提舉二人，隸將作司。八年增立四科，科設尚書、侍郎、郎中各一人。員外郎二人，主事五人，照磨二人。十年罷將作司。十三年定官制，設尚書一人，侍郎一人，四屬部以屯田部爲屯部，各郎中、員外郎一人，主事二人。十五年增侍郎一人。二十二年改總部爲營部。二十五年置營繕所。改將作司爲營繕所，秩正七品，設所正、所副、所丞各二人，以諸匠之精藝者爲之。二十九年又改四屬部爲營繕、虞衡、都水、屯田四清吏司。嘉靖後添設尚書一人，專督大工。

提督易州山廠一人，掌督御用柴炭之事。明初，於沿江蘆洲并龍江、瓦屑二場，取用柴炭。永樂間，遷都於北，則於白羊口、黄花鎮、紅螺山等處採辦。宣德四年始設易州山廠專官總理。景泰間，移於平山，又移於滿城，相繼以本部尚書或侍郎督廠事。天順元年仍移於易州。嘉靖八年罷革，改設主事管理。

《明史》卷七五《職官志》 工部。尚書一人，右侍郎一人，司務一人。營繕、虞衡、都水、屯田四司，郎中四人，員外郎二人，營繕司一人，都水司一人，嘉靖三十七年革都水員外郎。主事八人，營繕司三人，屯田司一人，餘各二人。所轄，營繕所，所正、所副、所丞各一人。龍江、清江二提舉司，各提舉一人，副提舉後革。文思院、寶源局、軍器局、織染所、龍江抽分竹木局、瓦屑壩抽分竹木局，各大使一人，嘉靖三十七年革文思院大使。

紀事

（明）何棟如《皇祖四大法》卷四《治法》〔洪武四年〕五月壬子朔丁巳，以李守道詹同爲吏部尚書。諭之曰：吏部者，衡鑑之司。鑑明則物之妍媸無所遁，衡平則物之輕重得其當。蓋政事之得失在庶官，任官之賢否由吏部。任得其人，則政理民安。任非其人，則瘝官曠職。卿等居持衡秉鑑之任，宜任公平以辨別賢否，毋但庸庸碌碌，充位而已。

（明）何棟如《皇祖四大法》卷五《治法》〔洪武十二年三月〕乙酉，以萊州府知府董俊爲兵部尚書，明州府知府余文昇爲工部尚書，俱賜以誥。俊之誥曰：兵部掌五官之選，天下已定，諸臣之勳績已彰，朝廷之爵禄已著，載之令典，惟在遵守而施行之，此兵部之職也，而又有職方以掌郡國地圖，番夷歸附之事，有駕部以知廄牧、驛傳、儀仗鹵簿之政。凡天下山川之險易，風俗之美惡，靡不周知。其任亦重矣，是豈可以輕受乎？爾俊學優才敏，達於爲政，今以爾爲兵部尚書，爾其以公平之心，慎才能之選，務使官得其人，事得其理，以稱朕委任之意。文昇誥曰：工部之職繁矣，矧當造作之時，百役並興，欲得才識明敏者任之，庶幾度材料工輕重不差。凡有興作，計日可成。爾文昇爲政有年，不負任使，故以爾爲工部尚書。欽哉。

（明）何棟如《皇祖四大法》卷五《治法》〔洪武十二年十一月〕戊午，以刑部員外郎吕宗藝爲尚書。誥曰：古者秋官明五刑，以弼五教，以期於治也。必得通敏練達，持文平而用法當者方稱。兹選爾宗藝立心公平，用律詳審，今命爾爲刑部尚書，必期民協於中，以副朕意。欽哉。

（明）何棟如《皇祖四大法》卷五《治法》〔洪武十三年春正月〕庚子，召山西布政使司左叅政偰斯爲吏部尚書，河南按察使鄭九成爲禮部尚書，前北平按察副使劉崧爲禮部侍郎，以應天府尹徐鐸爲户部尚書，俱賜以誥。偰斯誥曰：朕惟國家之用人也，去取雖在於人主，銓選必由於吏部。得人則拔擢才良，甄别流品，清濁臧否不致混淆，而庶職理矣。爾斯事朕有年，奉職惟謹，察其設施，誠爲允當。其以爾爲吏部尚書，爾其懋哉。九成誥曰：禮之爲用大矣，施之郊廟朝廷，所以治神人和上下。然自三代漢唐以迄于今，其儀物度數亦繁矣哉。朕有天下，命議禮之臣斟酌損益，已有定制，惟在得人遵守而施行之。惟爾九成諳達典故，進退詳審。其以爾爲禮部尚書，爾惟敬哉。徐鐸誥曰：國家以户口土田賦役税銀之事與夫倉廩府庫會計出入之方一歸户部，古之制也，非才識周徧練達時務者，安能居此任乎。爾鐸在職公勤，處事通敏。今以爾爲户部尚書，爾尚明生財之道，務培邦本，使食貨充而國用足，以副朕節用愛人之意。崧之誥曰：國家以禮導民，將使天下之人皆由之。其品節之分，制度之詳，亦既考定而頒行之矣，非得明達朝章者，典掌而遵守焉，豈足以儀表中外乎。爾崧學通古今，舉止詳雅。故命爾爲禮部侍郎，爾其敬以持身，恭以行事，俾朝廷之禮粲然有倫，則海内嚮風，而有化民成俗之效矣。往居乃職，爾惟懋哉。

《明實録》洪武元年八月〔丁丑〕中書省奏定六部官制。【略】以滕毅爲吏部尚書，樊魯璞爲侍郎。前司農卿楊思義爲户部尚書，少卿劉誠爲侍郎。錢用壬爲禮部尚書，世家寶爲侍郎。陳亮爲兵部尚書，朱珍爲侍郎。周禎爲刑部尚書，盛原輔、張仁爲侍郎。單安仁爲工部尚書，張文爲侍郎。

《明實録》洪武二十三年九月〔戊戌〕分户部四部爲十二部：曰河南，曰北平，曰山東，曰山西，曰陝西，曰浙江，曰江西，曰湖廣，曰廣東，曰廣西，曰四川，曰福建，每部分領一布政司及直隸府州錢穀金帛之事。其雲南則以四川部兼領焉。又置照磨檢（教）〔校〕各一人，以稽文書出入之數，而程督之。更印十二文，曰户部某布政印。每部置郎中、員外各一人，主事二人。

《明實録》成化元年五月〔戊申〕添設户部四川、湖廣、貴州、廣西四司及刑部四川、廣西二司主事各一員，以六司事繁故也。

《明實録》弘治元年閏正月〔乙亥〕南京工部請設主事一員，管鎮江至九江沿江蘆洲。命本部簡司屬一員，奏敕理之，官不必增設。于是工部奏，差其屬郎中毛科。賜之敕曰：南京自鎮江至九江一帶，俱有蘆洲，近江洲縣並巡檢司每年斫辦本色蘆柴及折收銀兩解送南京工部，燒造、買辦應用，已有定額，然洲場年久，坍漲不一，或因淤塞而新生，或因移徙而重出，多被富豪軍民人等占爲己業。又或投獻官豪勢要之家，以一包十，恣意霸占，而舊額洲場日見侵削。所在有司因而交通富民，阿順勢要，怠惰不理，甚至不復取蘆于洲，但科民陪償。又有不近大江縣分，原無蘆洲處所，亦一概科取。積弊多端，以致小民受害，連年告訐不已。國課虧少，遇有南京工部燒造、修理等項工程緊急，未免拘並各該鋪行、窑頭人等揭借應用，累及無辜。今特命爾不妨司事，提督清理沿江一帶蘆洲，禁約富豪軍民人等及官豪勢要之家强占侵奪，有司科擾小民之弊。舊額洲場如有坍塌，即將新佃柴課依數轃補。本處舊額見存或有新生別洲，許令撥補附近坍塌之數，俱要丈量明白，令各該府州縣具造文册，申繳該部及存留本處備照。其餘一應積弊，敕不該載者，悉照本部所奏而行。所在府州縣官員人等，敢有故違不遵，六品以下聽爾徑自提問；五品以上及軍職，參奏處治。爾受茲委任，尤須持廉秉公，毋暴毋刻，俾事妥民安，國課不虧，斯爲爾能。如或纖毫不謹，以致擾人壞事，事發一體治罪，不宥。故敕。

《明實録》正德十年九月〔壬辰〕設工部署郎中二人催運大木。吴允禎自儀真邗溝至衛河，達于京師；王宗自荆湖至大江，達于儀真。從工部右侍郎劉丙請也。

《明實録》萬曆九年正月〔辛未〕吏部查議裁革在京各衙門官。户部：浙江、湖廣、河南、福建、廣東、廣西司主事各二員，江西、雲南、山東、四川、山西、貴州各二員。

《明實録》萬曆九年七月〔丙寅〕兵部言：國初設立巡簡司，皆在州邑交界及扼塞之處緝盗安民，法制至善。嘉靖末年，有司率意條陳，撫按輕聽改革，至有移巡簡司于城内，以便聽事差遣者，遂至盗賊易生，緝捕不便。今應天撫按等官欲將婺源、涇縣、旌德各巡簡司照舊復設，有裨地方，乞如議施行。允之。

《明太祖寶訓》卷六《諭群臣》〔洪武元年〕八月戊寅，太祖將復幸北京，諭六部官曰：自古帝王肇造之初所用人材，率資於前代，如漢唐宋元皆用隋五代宋金舊人。朕始定中原，卿等多前代良材，悉歸於朕。既設六部，選用卿等各任其事。凡銓選、錢穀、典禮、軍政、刑名、役作等事，須用心經理，勿使委人。蓋任人弗當，不能無失。朕將北巡，卿等留守京師，宜體朕意，以供厥職，毋或廢怠。

《明太祖寶訓》卷三《任官》洪武七年正月庚午，吏部奏主事員多，欲改主事王性任户部。

太祖不許，曰：自古設官分職，以理庶務，政有煩簡，故官有多寡。當因時制宜，豈得盡拘一律乎。況初入仕者，政非素習，事何由治，職何由稱哉。自今六部官毋得輕調，如有年老者，就本部陞用。

《明憲宗寶訓》卷二《諭臣下》〔成化二十二年六月〕甲午，上諭法司曰：法司職典刑獄，關係甚重，必詳慎明允，毋少苛縱，庶副委託。近聞堂上並所屬官多怠玩不謹，往往遲去公署，早回私家。及問刑又多受囑容情，觀望延調，事久不結，甚至肆意出入人罪，致使刑獄不公，人心抑鬱。本當究治，姑置不問。今後務須各加省悔，堂上官當正己率下，嚴督所屬，勤於職業，明慎用刑，毋蹈前失。敢有不遵約束曠職作弊者，指實具奏區處。若容隱不問，一體治罪。

《明世宗寶訓》卷七《重銓衡》嘉靖十年三月戊戌，上諭吏部曰：朕惟政治以得賢爲本，吏部尚書古稱冢宰，表率百僚，人材進退寔司鑒別。朕以此任重大，懸缺已久，兹特付諸廷推以協公論。諸臣宜體朕心，慎選惟公與明忠誠爲國練達事體者二三人以聞，朕將親擇焉。毋得視事之常，以應故事。

《明穆宗寶訓》卷二《專委任》隆慶元年七月己未，先是宣大總督王之誥、宣府巡撫冀鍊以修理南山軍費爲請，而户兵二部互相推諉，莫有應者，之誥等復疏白之。

上命户兵二部會同科臣定議費所從出，於是户部左侍郎徐養正、兵部尚書郭乾、户科都給事中李用敬、兵科都給事中歐陽一敬等議，言主客官軍本折芻餉則隸户部，募兵及本折馬匹則隸兵部，賞功則隸禮部，業有專任矣。惟修邊一節往歲皆各鎮自辦，後以工大始開請乞之端，而户兵二部當事之臣因爲酌量調停之術，馬價有餘則兵部多發，馬價不足則户部多發。蓋以二部事本相關，義當共濟云耳。行之既久，在兵部則惟恐馬價無餘，在户部則惟恐芻藏之不充。持議紛紜，迄無定説。自今以後，凡各鎮以此請者，以十分爲率，户部十之七，兵部給十之三，永爲定例。

上是其言，命此後各如議行，不許推諉誤事。

（清）谷應泰《明史紀事本末》卷一四《開國規模》〔洪武元年八月〕始置六部官。先是，中書省惟設四部，掌錢穀、禮儀、刑名、營造。至是，乃定置吏、户、禮、兵、刑、工六部，分理庶務。

《明史》卷二《太祖紀》〔洪武元年八月〕丁丑，定六部官制。

翰林院

綜　述

（明）黄佐《翰林記》卷一《官制因革》　聖祖高皇帝定天下之初首闢人文建翰林院，吴元年五月己亥，設本院學士正三品，侍講學士正四品，直學士正五品，修撰典簿正七品，編修正八品。洪武三年正月戊申，定本院學士承旨正三品，學士從三品，侍講學士正四品，侍讀學士從四品，直學士正五品，典簿正七品，屬官待制從五品，修撰正六品，應奉正七品，編修正八品，典籍從八品。九年閏九月癸巳，詔定百官品級，承旨與六部尚書俱正三品，學士從三品，侍講學士從四品。十三年八月己卯，增設檢閲，從九品。十四年五月癸未，改正五品衙門，設學士一人，侍講學士二人，侍讀學士二人，孔目一人。屬官侍講二人，侍讀二人，五經博士五人，典籍二人，侍書二人，待詔六人，史官修撰三人，編修四人，檢討四人。革承旨直學士、待制、應奉、檢閲、典簿。十八年三月丁丑，命吏部定正官學士一人，正五品，侍讀學士、侍講學士各二人，從五品。首領官孔目一人，未入流屬官侍讀、侍講各二人，正六品。五經博士五人，正八品。典籍二人，從八品。侍書二人，正九品。待詔六人，從九品。史官修撰三人從六品，編修四人正七品，檢討四人從七品。又定華蓋殿、武英殿、文華殿、文淵閣、東閣設大學士各一人，俱正五品，班在本院學士上。其後簡用，取自上裁，官無定員，而侍讀先侍講，則始於此。革除年間，更易官制，仍設正官學士承旨一員，在學士之上，改侍讀學士、侍講學士俱爲文學博士。設文翰、文史二館，文翰館以居侍讀、侍講、侍書、五經博士、典籍、待詔，其侍書陞正七品；文史館以居修撰、編修、檢討，改孔目爲典簿，創置典簿廳，而革中書舍人，改爲侍書，以隸翰林。又增設文淵閣待詔及拾遺、補闕等官。永樂初，皆復舊制，即洪武十八年所定者也。尋命編修等官於文淵閣參預機務，謂之内閣，漸陞至學士及詹事府諸職。洪熙元年，以輔導任重，加陞至師保及尚書、侍郎、卿，使仍兼學士、大學士，自後因之，或止以侍讀等官入預閣事。其入閣者雖登穹秩，朝旨公移，止稱翰林院焉。永樂七年，以順天府爲北京，本院官扈從者稱行在翰林院，後定北京爲京師，遂革行在之稱。既建今衙門，遂以舊署之在留都者爲南京翰林院。其南京翰林院止設學士一員掌之，遇有員缺，從内閣推舉。其後侍講以上官皆得往掌院事，仍設孔目一人掌文案，若修撰等官或因事始添設焉。

《大明會典》卷二二一《翰林院》　國初置翰林院，正三品衙門。設學士、承旨學士、侍講學士、侍讀學士、直學士、典簿、待制、修撰、應奉、編修、典籍、檢閲等官。職專制誥文册文翰等事。洪武十四年，改正五品衙門，革承旨、直學士、待制、應奉、檢閲、典簿，設孔目、五經博士、侍書、待詔、檢討。十八年，定設學士、侍讀學士、侍講學士爲正官，孔目爲首領官，侍讀、侍講、五經博士、典籍、侍書、待詔爲屬官，修撰、編修、檢討爲史官。又有秘書監、弘文館及起居注等官，後皆不設。其華蓋殿大學士，今爲中極殿大學士。武英殿大學士，文華殿大學士，文淵閣大學士，東閣大學士，俱洪武中設，職正五品，班在學士上。

永樂初，簡命編修等官，直文淵閣參預機務，謂之入閣辦事。後漸陞至學士及大學士。洪熙中，又添設謹身殿大學士。今爲建極殿大學士。有加尚書至三少者，後又有以他官兼學士、大學士入閣者。文淵閣銀印，自宣德中特賜。凡機密文字，鈐封進至御前開拆。其餘公務行移各衙門，皆用翰林院印。而各衙門章奏文移，亦止曰行翰林院。後閣臣又奏于本院設公座，于是内閣翰林稱同官。其院事主于内閣，而掌印則以學士或侍郎詹事等官兼學士或春坊官署，掌從内閣題請云。

凡經筵，欽命內閣大學士知經筵事，或同知經筵事，班俱在尚書都御史上。講書展書等官及日講官，俱從內閣於本院，及詹事府春坊司經局官內具名題請。其經筵講章，日講直解，俱送內閣看定。經筵講章，先三日進呈。日講直解，先一日進呈。

凡東宮出閣講學，內閣官提調講讀，其講讀侍班及校書正字官，從內閣於本院及詹事府春坊司經局官內具名題請，工字例以制勅房官兼職。

凡親王出閣讀書，內閣官提調檢討等官講讀，擬定經書起止，所習倣字每日送看。

凡上徽號議勸進箋登極表，并一應奉旨應制文字，俱從內閣撰進。

凡修實録史志等書，內閣官充總裁，本院學士等官充副總裁，皆出欽命。纂修從內閣於本院及詹事府春坊司經局官內具名題請。謄録催纂，制勅誥勅房官皆預，纂修完日進呈。其實録草稿，會同司禮監官於內府燒燬。

凡玉牒，十年一次，內閣奏請命學士等官二員纂修。

凡皇子名，及各王府奏請子名，親王、公主、郡王、郡主、縣主、郡君、縣君、鄉君封號，俱內閣擬奏，請旨點用，禮部抄出施行。

凡朝廷祭告祝文，各王府謚册、壙誌、論祭文，及文武大臣論祭文，俱內閣擬撰。其謚册等文，禮部抄出施行。

凡內閣擬撰文官誥勅，正統間以學士專管，後久不設。弘治七年復設一員，常以尚書兼學士者爲之。嘉靖二十四年裁革，以講讀編檢等官五員專管。

凡親王及文武大臣賜謚，禮部奏准開具揭帖，送內閣擬奏，請旨點用，抄出施行。

凡內閣擬撰各衙門公差官員勅書。嘉靖十年令，官員請勅，該部照成化以前事例，應與者奏來照舊。其餘濫行奏添者，俱革去。兵部題准：京營提督坐營并府衛提督巡捕，及臨時差遣官員。在外巡撫總兵副參遊擊等官，照舊坐名請勅。其兵備海道撫治捕盗守備備倭領班留守管領達官撫管夷人，及太僕寺管理馬匹等官請勅，不必坐定職名。新任官員，就彼交代接管具奏。制勅房及該部各置文簿一扇查照登記。日後責任與原載事體不同者，聽奏換。二十六年吏部題准：請勅官員，惟提督京營邊關馬政少卿，管理寄養馬匹少卿，點閘京營科道官不坐名，餘俱坐名。今管理寄養馬匹少卿仍坐名。

凡內閣所掌制勅、詔旨、誥命、册表、寶文、玉牒、講章、碑額及題奏揭帖等項，一應機密文書，各王府勅符底簿，制勅房書辦，文官誥勅及番譯勅書，并四夷來文揭帖，兵部紀功勘合底簿等項，誥勅房書辦，各用中書舍人等官，於本院或各該衙門帶俸。遇有陞遷仍舊供職。其有堪別用者，亦從吏部推舉。

凡記注起居及編纂章奏，萬曆三年，內閣題准：倣國初起居注官遺意，令日講官，日輪一員，專記注起居，録聖諭詔勅册文等項。其諸司章奏，另選講讀并史官六員專管編纂，以吏户禮兵刑工分六曹，每曹一員常川在館供事。聖諭詔勅等項，令兩房官録送記注。其各曹章奏，六科奉旨發抄到部，即全録送閣轉發編纂。月終，將記注編纂等藁送內閣公同各官投匱封鎖，年終并入大匱藏之東閣左右。每常朝，御皇極門，即輪該日記注起居并編纂官共四員，列于東班各科給事中之上。若午朝，御會極門。列于御座西稍南。及遇郊祀、耕耤、幸學、大閱諸典禮，亦令侍班隨從紀録。

凡駕詣郊壇或巡狩、行幸、親征，內閣官扈從，制勅房官隨行書辦。遇有勅旨，即時撰寫。

凡內閣收貯御製文字，實録、玉牒副本，古今書籍及紙劄筆墨等項，典籍等官收掌。嘉靖七年，令學士一員，編纂御劄。

凡內閣擬撰各王府册誥及文官誥勅，進稿畢，編類勘合。中書舍人領出書寫，原稿繳納。奏捷并賀謝等致詞，鴻臚寺領出宣念。

凡兩京鄉試及會試考試官，禮部奏行本院，會試於大學士學士等官，鄉試於春坊司經局官，及本院講讀修撰內，內閣具名奏請欽命。其會試同考試官，於本院講讀史官及春坊司經局官內，與各衙門官相兼推選。收掌試卷，用制勅房官一員。

凡武舉會試考試官，兵部奏行內閣，於本院學士講讀修撰及坊局官內，具名奏請欽命。

凡殿試讀卷官，內閣於大學士學士等官內具名，從禮部奏請，至日，與各衙門該讀卷官詳定試卷，次日同詣文華殿。內閣官，將第一甲三卷以次進讀，俟御筆批定，出，將二甲三甲姓名填寫黄榜。又次日早，同詣中極殿，内閣官進至御座前，以次拆卷將姓名籍貫面奏。司禮監官授制勑房官填榜畢，開寫傳臚帖子。内閣官一員，捧榜至皇極殿，授禮部尚書。制勑房官將帖子授鴻臚寺官傳臚。其受卷、彌封、掌卷官，從内閣於本院及春坊等官并制勑房官内推選，與各衙門官相兼執事。

凡進士登科立石題名于國子監，從禮部奏請欽命内閣大學士一員撰文。

凡頒詔，内閣官一員捧詔自皇極殿左門入，至中極殿，候駕興，捧出至皇極殿，授于禮部尚書。

凡朝鮮等國頒詔等差，學士等官充正使，從禮部奏請欽點。

凡東宫及親王冠禮，内閣官充賓贊。婚禮，充納徵等使。從禮部奏請欽命。

凡册封親王、郡王，本院官及坊局等官充正副使，從禮部奏請欽點。其祭告祈禱，或遣學士。

凡兵部清理武官貼黄，奏請命學士等官一員，同該部及都察院堂上官於闕右門清理，本院官專管撰述。

凡聖節冬至正旦大朝賀，及頒詔進實録等大禮，本院講讀編檢等官四員，于皇極殿寶座東，向西，與中書舍人對立侍班。

凡東宫千秋節，及冬至正旦朝賀，本院修撰等官二員，於文華殿内與春坊司經局官對立侍班。

凡郊祀慶成等宴，本院學士侍坐殿内，在文官四品之上。正統三年内閣辦事者，六品亦坐殿内，列學士之下。成化四年，令修撰等官，另列于丹陛之東西稍北。其預經筵者，與講讀官俱坐于中左門。

凡聖駕幸國子監聽講，本院學士侍坐于三品之次。

凡本院詹事府春坊司經局印信，缺官掌管俱從内閣題請，奉旨吏部補本銓注。

凡每年春秋祭文廟，傳制專遣内閣大學士或禮部尚書。其分獻，用本院官二員。

凡庶吉士，内閣會同吏禮二部考選送院讀書，奏請學士以上等官二員教習。本院仍行户部給燈油錢，兵部撥皂隸，刑部給紙劄，工部修理房屋具器用，順天府給筆墨，光禄寺給酒飯。内閣按月考試，俟有成效奏請送吏部銓注本院，并除各衙門職事。

凡禮部奏請考試歲貢生員，及乞恩就教舉人，吏部奏請考試願就教職歲貢生員，該部官赴内閣領題送卷，本院官批定進呈後送部奏請施行。

凡各處儒學訓導九年考滿，吏部出題考試，印封文卷，送内閣委本院官，批定去取，送部奏請施行。

凡各處舉到幼童，奉旨送院讀書習字者，月給食米。内閣稽考課業，俟有成效，奏請擢用。其願科舉出身者聽。

凡四方番夷翻譯文字，永樂五年，設四夷館。内分八館，曰韃靼、女直、西番、西天、回回、百夷、高昌、緬甸，選國子監生習譯。宣德元年，兼選官民子弟，委官爲教師，本院學士稽考課程。後内閣委官提督。弘治初奏准，科目出身四品以上官二員提督。其官生公會，按月從本院印給，仍繳送稽考。及食糧授職，從吏禮二部，奏會内閣，出題考試，中否仍從該部奏請施行。正德六年，增設八百館。萬曆七年，增設暹羅館。取本國人爲教師，選世業子弟習學。

凡四夷館習譯監生子弟，舊例月支米一石，會官考試，一年通習者與冠帶，全不通者黜退。正統元年奏定：考中一等者冠帶，爲譯字官。又一年再考中，授職。弘治三年奏准：子弟不許別圖出身，三年後考中，食糧月給米一石。又三年考中，冠帶，爲譯字官。又三年考中，授序班職事。初試不中者，許再試。三試不中者，黜退爲民。監生初入館，照坐監例食糧。三年考中，食糧一石，家小糧仍舊。又三年考中，冠帶。又三年考中，授從八品職事。三試不中者，送回本監別用。其曾習舉業者，非精通譯字，不准應試。八年奏准：子弟有願科舉者，考送順天府應試。嘉靖元年令：譯字生習學三年，會考不中，徑黜爲民。六年不中，給與冠帶。九年不中，授應得職銜。俱回籍閒住，免其雜泛差徭。其有資稟年歲相應，尚堪作養者，聽翰林院酌量，許其再試。二十一年題准：譯字生初試譯業精通者，照例食糧，習學辦事。譯業粗通，資稟年歲尚堪策勵者，姑送館習學，不許食糧，候三年滿日再試。其譯字差謬，習學無成，畏避考試，臨考不到，與未經起送，及原保納賄夤緣者，俱革黜爲民。

凡該繼軍丁，告願科舉者，兵部奏送本院出題考試，批定中否，送部施行。今不行。

凡國子監監生課簿，按月送內閣稽考。

凡五府六部都察院等衙門，關給內府精微文簿，開寫日行事務，註銷前件。按月奏送本院稽考，年終類送司禮監交收。萬曆元年題准：各部院章奏，覆奉欽依，轉行各衙門覆勘提問議審催督查覈，一應考成事件，立限造册，每月終送內閣註銷稽考。

凡會議大政事大典禮，正統十年，令內閣與各衙門會議。或合儒臣會議者，則本院官詹事府坊局官及國子監堂上官皆預。

凡各衙門領敕官員，俱赴內閣，會有敕書，方赴鴻臚寺報名，辭朝領敕。嘉靖九年，令以學士坊局等官一員，捧授。儀見禮部。

凡教習內官，正統初年，於內府開設書堂，選翰林檢討等官教習。後復用修撰編修等官二員，漸增至四員。

凡一應官員閒雜人等，不許擅入內閣，違者治罪。

凡習儀，宣德以後本院官俱不習儀。成化間，學士而下，仍依常叅官俱習儀，惟內閣及兩房官仍舊。

凡內閣合用筆墨，及雌黄、硃墨俱于司禮監關給，紙劄該監及刑部都察院關給，木炭惜薪司及工部關給。本院紙劄，刑部都察院關給。

凡內閣官，光禄寺日逐支給物料，撥廚役製造酒飯。司禮監撥匠作，裝製書籍紙劄，工部撥輪班匠供役。本院官酒飯，俱于光禄寺支給。

凡本院官吏，及帶俸官俸糧，舊於禮部帶支，後奏准本院自行收支。今改禄米倉關支。

凡本院公署，設內閣公座于中堂，而掌印及學士等座俱旁列。嘉靖七年，勅建敬一亭于公署之後，每年行順天府，於宛平大興二縣均徭內各撥門子二名，看守灑掃。

南京翰林院

凡本院官，永樂後止設學士等官一員掌印，員缺從內閣推舉。

凡南京各衙門遇朝廷册立大禮，及上徽號等項，合用慶賀表箋，南京禮部行本院撰述。

凡本院官吏俸糧，與翰林院同。

凡本院合用匠役，於南京工部撥給。

（明）李日華《官制備考》卷上《翰林院》 漢制尚書郎，主作文書起草，五日一美食，下天子一等。魏改秘書令爲中書令，掌贊誥命，記會時事，典文書，而擬爲鳳凰池。唐貞觀間，名儒學士，時時召以草制，然猶未有名號。乾封以後，始召文士等草諸文詞，常于北門候進止，時人謂之北門學士。玄宗初置翰林待詔乃選文學之士，號翰林供奉，與集賢院學士分掌制詔書勅。開元又改翰林供奉爲學士，别置學士院，專掌內命，而翰林學士之名始定矣。號爲內相，天子私人，內宴則居宰相之下。宋翰林學士掌制誥教勅圖書，及宫禁所用文詞。乘輿行幸，則侍從備顧問，有所獻納，則請對，或奏對。凡初命爲學士，皆遣使就第，宣詔召入院中。

唐開元三年，始置集賢院侍講學士，侍講學士□，宋仍之。

國家初制翰林國史院，定設學士、承旨學士、侍講學士、侍讀學士、直學士、典簿、待制、修撰、應奉、編修、典籍、簡閲，尋改翰林院爲正五品。革承旨直學士、待制、應奉、簡閲、典簿，定設學士一人，侍讀、侍講學士各二人，五經博士五人，典籍二人，侍書二人，待詔六人，史官修撰三人，編修四人，簡討四人。而孔目一人，爲首領官。學士掌詞翰禮文章誥勅詳正圖籍考議制度，以文學備顧問，出入侍從，叅決謀議。凡經筵日講修書，皆承受而統領焉。講讀職專勸講經史，五經博士業專經，佐學士講讀，典籍守古。今四庫書籍，侍書主侍揮洒，待詔主奉應對，修撰主秉筆執簡，而編修主論次，簡討主討論。凡國史實録，御牒日曆會要勅令，無不直局而共成焉。故天文地理宗潢禮樂兵刑諸大政，上所下勅書詔檄，謹藉而記之。孔目典文移出入，凡學士講讀史官爲上所簡注，得入內閣預機務。省直鄉試，禮部會試，充考試同考試官。庶吉士者，洪武初稱中書六科庶吉士，後又有翰林院承勅監庶吉士，永樂二年始定爲翰林庶吉士。蓋初開文華堂，選天下舉人，年少美質可進學者，擢翰林編修，入肄業其中，詔大儒宋濂桂茂良爲之師。已又選成均之秀者，入武英堂，俾聞習政事，尋擢給事中矣。今乃選進士爲庶吉士，而教養之，無定員。試而留者二甲爲編修，二甲爲簡討。

（明）徐石麒《官爵志》卷二《翰林院》 學士之稱始自漢晋，而命官起于宋齊，唐明皇始置翰林院，改供奉爲學士，禁中亦有侍講侍讀學士，至宋真宗始置二職于翰林，明皇始置史館脩撰編修。今學士正五品，侍講侍讀正士從五品，首領官孔目未入流，屬官侍講侍讀正六品，五經博士正八品，典籍從八品，侍書正九品，待詔從九品，史官脩撰從六品，編修正七品，檢討從七品，職掌制誥史册文翰等事。庶吉士，永樂間選二甲三甲中進士爲庶吉士，隸本院，命學士教之。學業成者，二甲除編修，三甲除檢討，餘除科道部屬。

（明）徐石麒《官爵志》卷二《翰林陞用》 《漢溪雜記》云自來陞用六部堂上官，不拘出身，何衙門初無内閣禮部必用翰林出身人之例。成化弘治以來吏部必同翰林一人，禮部非翰林出身者不得陞入，由是翰林人多陟顯要矣。

（明）徐石麒《官爵志》卷二《司經局》 《國語》曰勾踐爲夫差洗馬，如淳曰前驅也。晋太子詹事屬官，有洗馬八人，掌太子圖籍經書。漢蘭臺東觀藏書有校書之職，後以郎居其任，故謂校書郎。元魏始命爲官，齊集書省有正書官，北齊爲正字。今洗馬從五品，校書正九品，正字從九品。凡本府官皆以東宮輔導侍從爲職。

（清）查繼佐《罪惟録》志卷二七《職官志·初制文職》 翰林國史院，吴元年置。初爲翰林院使、學士，正三品，改設學士承旨、學士侍講、學士侍讀、學士、直學士、典簿、待制、脩撰、應奉、編脩、典籍、檢校。洪武十四年，改翰林院正五品，革承旨、直學士、待制、應奉、檢校、典簿，設孔目、五經博士、侍書、待詔、檢討。十八年，又有秘書監、弘文館及起居注等官，未幾皆革。又中書、六科庶吉士，及承勅監，尋革。

《明史》卷七三《職官志》 翰林院。學士一人，正五品，侍讀學士、侍講學士各二人，並從五品，侍讀、侍講各二人，並正六品，《五經》博士九人，正八品，並世襲，别見。典籍二人，從八品，侍書二人，正九品，後不常設。待詔六人，從九品，不常設。孔目一人，未入流。史官修撰，從六品，編修，正七品，檢討，從七品，庶吉士，無定員。

學士掌制誥、史册、文翰之事，以考議制度，詳正文書，備天子顧問。凡經筵日講，纂修實録、玉牒、史志諸書，編纂六曹章奏，皆奉敕而統承之。誥敕，以學士一人兼領。正統中，王直、王英以禮部侍郎兼學士，專領誥敕，後罷。弘治七年復設。正德中，白鉞、費宏等由禮部尚書入東閣，專典誥敕。嘉靖六年復罷，以講、讀、編、檢等官管之。大政事、大典禮，集諸臣會議，則與諸司參決其可否。車駕幸太學聽講，凡郊祀慶成諸宴，則學士侍坐於四品京卿上。

侍讀、侍講掌講讀經史。《五經》博士，初置五人，各掌專經講義，繼以優給聖賢先儒後裔世襲，不治院事。

史官掌修國史。凡天文、地理、宗潢、禮樂、兵刑諸大政，及詔敕、書檄，批答王言，皆籍而記之，以備實録。國家有纂修著作之書，則分掌考輯撰述之事。經筵充展卷官，鄉試充考試官，會試充同考官，殿試充收卷官。凡記注起居，編纂六曹章奏，謄黄册封等咸充之。庶吉士讀書翰林院，以學士一人教習之。侍書掌以六書供侍。待詔掌應對。孔目掌文移。

吴元年，初置翰林院，秩正三品，設學士，正三品，侍講學士，正四品，直學士，正五品，修撰、典簿，正七品，編修，正八品。洪武二年置學士承旨，正三品，改學士，從三品。侍講學士，正四品，侍讀學士，從四品，修撰，正六品。增設待制，從五品，應奉，正七品，典籍，從八品，等官。十三年增設檢閲，從九品。十四年定學士爲正五品，革承旨、直學士、待制、應奉、檢閲、典簿，設孔目、《五經》博士、侍書、待詔、檢討。令編修、檢討、典籍同左春坊左司直郎、正字、贊讀考駁諸司奏啓，平允則署其銜曰翰林院兼平駁諸司文章事某官某，列名書之。十八年更定品員，如前所列，獨未有庶吉士，以侍讀先侍講。建文時，仍設承旨，改侍讀、侍講兩學士爲文學博士，設文翰、文史二館，文翰以居侍讀、侍講、侍書、《五經》博士、典籍、待詔，文史以居修撰、編修、檢討。改孔目爲典簿，改中書舍人爲侍書，以隸翰林。又設文淵閣待詔及拾遺、補闕等官。成祖初復舊。其年九月，特簡講、讀、編、檢等官參預機務，簡用無定員，謂之内閣。然解縉、胡廣等既直文淵閣，猶相繼署院事。至洪熙以後，楊士奇等加至師保，禮絶百僚，始不復署。正統七年，翰林院落成，學士錢習禮不設楊士奇、楊溥公座，曰此非三公府也，二楊以聞。乃命工部具椅案，禮部定位次，以内閣固翰林職也。嘉、隆以前，文移關白，猶稱翰林院，以後則意稱内閣矣。其在六部，自成化時，周洪謨以後，禮部尚書、侍郎必由翰林，吏部兩侍郎必有一由於翰林。其由翰林者，尚書則兼學士，六部皆然，侍郎則兼侍讀、侍講學士。其在詹事府暨坊、局官，視其品級，必帶本院銜。詹事、少詹事帶學士銜，春坊大學士不常設，庶子、諭德、中允、贊善、洗馬等則帶講、讀學士以下至編、檢銜。

史官，自洪武十四年置修撰三人，編修、檢討各四人。其後由一甲進士除授及庶吉士留館授職，往往溢額，無定員。嘉靖八年復定講、讀、修撰各三人，編修、檢討各六人，皆從吏部推補，如諸司例。然未幾，即以侍從人少，詔采方正有學術者以充其選，因改御史胡經、員外郎陳束、主事唐順之等七人俱爲編修。以後仍循舊例，由庶吉士除授，卒無定額。崇禎七年又考選推官、知縣爲編修、檢討，蓋亦創舉，非常制也。

庶吉士自洪武初有六科庶吉士。十八年以進士在翰林院、承敕監等近侍者，俱稱庶吉士。永樂二年始定爲翰林院庶吉士，選進士文學優等及善書者爲之。三年試之。其留者，二甲授編修，三甲授檢討；不得留者，則爲給事中、御史，或出爲州縣官。宣德五年始命學士教習。萬曆以後，掌教習者，專以吏、禮二部侍郎二人。

明初，嘗置弘文館學士，洪武三年置，以胡鉉爲學士，又命劉基、危素、王本中、睢稼皆兼弘文館學士，未幾罷。宣德間，復建弘文閣於思善門右，以翰林學士楊溥掌閣印，尋併入文淵閣。秘書監，洪武三年置，秩正六品，除監丞一人，直長二人，尋定設令一人，丞、直長各二人，掌內府書籍。十三年併入翰林院典籍。起居注，甲辰年置。吴元年定秩正五品。洪武四年改正七品。六年陞從六品。九年定起居注二人，後革。十四年復置，秩從七品，尋罷。至萬曆間，命翰林院官兼攝之。已復罷。尋皆罷。

《明史》卷七五《職官志》 翰林院。學士一人，不常置，以翰林坊局官署職。孔目一人。

紀事

（明）沈德符《萬曆野獲編》卷一〇《翰林權重》 內閣輔臣，俱繫職詞林，至今上任視事仍在翰苑，凡文移俱以翰林院印行之。人謂詞臣偏重爲非是，未知太祖時故事也。洪武十四年十月，命法司論囚擬律奏聞，從翰林春坊會擬平允，然後覆奏論決，是生殺大事，主於詞臣矣。至十二月，又命翰林、編修、檢討、典籍、左右春坊、司直、正字等官，考駁諸司奏啓以聞，如平允，則序銜曰翰林院兼平駁諸司文章事，某官某列名書之以進，則唐宋平章參政之任又兼之矣。十五年廢四輔官，遂設華蓋等殿閣大學士，以邵質等爲之。二十三年止稱學士，而任事如故也。惟建文不設學士，而永樂仍爲殿閣大學士。秩本尊於史官，坊局安得不司禁密之寄，議者紛紛，正未考夫典故耳。

《明實録》洪武十七年六月 〔己丑〕增設翰林院尚書博士二人，秩從八品。以儒士饒仲恭、張庸爲之。

《明實録》成化四年七月 丙戌，太子少保兵部尚書兼文淵閣大學士彭時等言：翰林院所屬四夷館，教習（子弟）譯寫番字。事體雖〔似〕輕而干系重〔關系甚重〕，凡朝廷頒下撫諭四夷誥敕，及各處（進到）番文，若（一時）譯寫不精，或名物不對，（文理欠順），非惟于夷情有失，且于國體有損。今在館人固〔雖〕多，新（進）者志不專一，年深者業或荒疏，若不預爲作興，豈不臨期誤事。今將合行事宜，條具以聞。

一、教習翻譯，全憑老師。先時，每館有三、四員或五、六員，即今事故數多，惟回回館現有教師四員，其餘多缺。今宜于達達、女直、西番三館文書繁冗，各設教師三員，百夷等三館各設教師二員，（西天館教師一員），令提督本館郎中等官推訪，不容濫舉。

一、譯字官陞遷俱有常例。自景泰年來〔間〕，因序班王瓊等善楷書，取入內閣寫誥敕、揭帖，九年考滿皆得越次陞授。其同類不由此陞者，反怨淹滯，（而）怠于翻譯。今後不許取入內閣貼寫。設或用人貼寫，至考滿陞授，止循常例。庶使人無舍此慕彼之心，本業可精矣。

一、永樂年間，俱于監生、舉人內選取譯字。以此凡遇開科不妨入試，許寫番字于（試）卷後以別。提調官將三場卷封進內閣，委官考試。中否，仍送科場，照依批語去取。近年譯字人員俱出身民間子弟，仍前考試，事有未當。（蓋）既開倖門以示人，孰不假此出身？其間固有文字宜在中列者，而人亦概視爲僥幸。賢否混淆，亦復何益？今後子弟入館，俱令專習本業。如有志科舉者，宜如科場（體）例告試，不必仍寫番字送內閣。如此，庶（使）譯者不必〔以〕習舉而分其志；中舉者不必〔以〕兼譯（而）損其名。譯書、科目兩無所誤。若系監生、舉人選充者，仍如前例。從之〔上是其言，下所司行之〕。

《明仁宗寶訓》卷一《興學》　永樂二十二年十月丁卯，禮部引羣縣歲貢生奏送翰林院考試。上召大學士楊士奇等諭曰：朝廷所重安百姓，而百姓不得蒙福者由牧守匪人，牧守匪人由學校失教。故歲貢中古事不通道理不明十率七八，此豈可授安民之寄？自今宜戒因循之弊，嚴考之本經四書義，不在文詞之工拙，但取有理致者。如或難得，即數百人中得一人，亦可。蓋取之嚴，則無學者不復萌僥倖之望，而有嚮進之志矣。

《明仁宗寶訓》卷一《求言》　永樂二十二年九月丁亥，上謂翰林儒臣曰：爲政所大患者上下之情不通，比來朝野物議何如？凡軍民中利有當興，害有當革者，卿等悉爲朕言。當審其可否即行之，庶幾少紓人困。【略】

洪熙元年正月己卯，建弘文閣於思善門，作印章，命翰林院學士楊溥掌閣事，翰林侍讀王進等佐之。上親舉印綬溥曰：朕用卿等於左右，非止助益學問，亦欲廣知民事，爲理道之助。卿等如有建白，即以此封識進來。

《明英宗寶訓》卷三《育人材》　正統十二年二月甲寅，上諭禮部尚書胡濙等曰：朝廷人材須要作養方獲實用，今命翰林院侍講等官杜寧裴綸劉儼商輅江淵陳文楊鼎呂原劉俊王玉，每日俱在東閣進學作文，仍令以學士曹鼐陳循馬愉嚴督考試，務期成效。凡會講時輪流經筵，侍班治事。

《明史》卷三《太祖紀》〔洪武十九年〕秋七月癸未，詔舉經明行修練達時務之士。年六十以上者，置翰林備顧問，六十以下，於六部、布按二司用之。

都督府

綜　述

《諸司職掌·兵刑工都通大職掌·五軍都督府斷事官》　斷事官、左右斷事官，職專總督左右中前後五司官，問斷五軍所轄都司衛所軍官、軍人刑名。其五司官稽仁、稽義、稽禮、稽智、稽信，則分問各司該管地方都司衛所刑名等事。

左右中前後五司

問擬刑名

凡奉五軍都督府劄付，發下犯人若干名到廳，連案送該司承行。該司隨即立案，將送到一干人證當官引問，對證明白，取訖各人親書招供服辦在官。如因別無冤枉，依律定擬罪名，具本備云原發事由，問擬招罪前件，議得照行事理，官吏僉書完備，引囚赴廳，圓審無異，將奏本連囚牒繳大理寺審録。候本寺將各囚審録無冤，比律允當，勘合平允，回報該司，照依擬定罪名發落。如囚犯該死罪者，發下司獄司牢固監收，聽候處決。犯該徒、流者，照例送工部，轉發工役。犯該杖、笞合決斷者，具手本會請監察御史、刑部、大理寺等衙門官公同斷決。供證明白無罪者，軍送該府轉發屬衛着役，民送兵部給引寧家。本宗事內或有照出合問軍官，呈廳具奏請旨，行移該府提取，如干問有司入流官員，亦須具奏請旨，行移兵部提取發來歸結。若有干問衛所令典旗軍，及有司令典民人，不須具奏，就行該府兵部提發歸結。

起解贓罰

凡各司問過犯人所受贓物，或金或銀，或錢鈔段疋等件，照數於犯人名下追足，責付庫子下庫收貯。按季各司關官一員點閘，辯驗無僞，細開各起犯人原受金銀、鈔緞等件，具呈本廳，備呈該府，出給長單，責令原管官員並經手庫子，進赴內府贓罰庫，交納足備，取獲實收附卷存照。

月報軍官

凡各司見行監問爲事軍官，每月初旬，分豁某衛指揮、千、百户、衛所鎮撫，爲某事某年月日入監，逐一開呈本廳，備呈該府，以憑具奏。

處決重囚

凡各司問過重囚，除十惡決不待時外，有該秋後處決者，發下司獄司牢固監收，候大理寺秋分後覆奏聞訖，回報各司，即將合決犯人押赴法場，仍具手本，會請監察御史、刑部、大理寺等衙門官公同處決，批回附卷。

詳擬罪名

凡各都司據各斷事官問擬犯人，招罪明白，備呈該府定奪，各府連呈判送五軍斷事官參詳擬。本廳連案送該司承行，該司隨即抄案所問招詞，或原擬笞杖徒流絞斬罪名，比律允當，具本備開原發事由，問擬招罪，照行事理，牒繳大理寺覆擬，候平允回報到司，連案繳呈本廳，具呈該府，轉行各都司如擬施行。

雜行

工役囚人

凡各司問擬囚人犯，該笞、杖、徒、流、准工者，開坐招犯，具呈本廳，編立字號，造册二本。一本進繳內府工科，一本連囚牒發工部，轉發工役。候工滿，本部仍將各囚送回本廳，查照原擬工限相同，扣算工程無欠，明白具手本，赴工科於進繳字號册內，銷訖原號，就將囚人引赴承天門，叩頭疎放。

官吏俸給

凡五司並司獄司官吏俸給，按月初旬，呈申到廳，同將本廳官吏俸給，通行造册一本，備開官吏姓名，合得俸糧數目，牒繳吏部主事廳，照數放支。本廳仍出印信俸帖，差人賫領，前去吏部倉，依數開支施行。

公用紙劄

凡本廳並五司合用紙劄，於官收贓罰鈔內關支。差官一員，照依按月時估價值，兩平收買，於各宗卷內銷用，仍將用過紙數，盡實花銷明白附卷。

牢獄

司獄司額設司獄一員，專一監收五司見問囚人，驗罪輕重，如法枷鎖。按月五司輪委官一員，親臨提調，其監禁事理，並與刑部同。

分問衙門

左司

在京

驍騎右衛　英武衛　鎮南衛　龍虎衛　留守左衛　水軍左衛　瀋陽左衛　瀋陽右衛　府軍左衛　羽林左衛

在外

浙江都司　山東都司　遼東都司

右司

在京

府軍右衛　水軍右衛　留守右衛　虎賁右衛　廣武衛　武德衛

在外

陝西都司　四川都司　廣西都司　貴州都司　雲南都司

中司

在京

旗手衛　和陽衛　廣洋衛　留守右衛　牧馬所　神策衛　應天衛　府軍衛　虎賁左衛

在外

直隸衛所　河南都司

前司

在京

豹韜衛　龍江衛　飛熊衛　金吾前衛　府軍前衛　天策衛　龍驤衛

在外

湖廣都司　江西都司　廣東都司　福建都司　福建行都司

後司

在京

錦衣衛　興武衛　金吾後衛　府軍後衛　橫海衛　鷹揚衛　江陰衛　蒙古右衛　留守後衛　蒙古左衛

在外

北平都司　北平行都司　山西都司　山西行都司

《大明會典》卷二二七《五軍都督府》　國初置統軍大元師府，後改樞密院，又改爲大都督府。秩正一品，設左右都督、都督同知、都督僉事等官。洪武十三年，始分中左右前後五軍都督府。各府都督，初間以公侯伯爲之，參與軍國大事，後率以公侯伯署府事。同知、僉事則參贊軍事。永樂元年，建行都督府於北京，後仍分五府稱行在某都督府。十八年，定都北京，除行在字。在應天者稱南京某府。洪熙元年，復稱行在。宣德三年，革行都督府。正統六年，復建五府，其職分領都司衛所，掌一應從駕儀衛，諸武職替襲優給等項。所屬悉上之府，府爲轉送兵部請選。其他若武臣誥勅，水陸操練、俸糧屯種、軍情聲息、清勾替補、薪炭荊葦諸事，各分移所司而綜理之。蓋職專軍旅，其任特重云。

中軍都督府

所屬衛所見兵部職方司。

凡郊廟社稷祭祀，耕耤田，幸太學及萬壽聖節、正旦、冬至、大婚禮等項，本府先期奏行五軍十衛，於各營撥軍圍宿。其合用叉刀圍子手，奏請赴内府關領金鎗，以備儀衛。事畢，仍赴交收。

凡駕詣郊壇，例用公侯駙馬伯等官一人，守承天正陽等門，俱本府奏請欽定。其隨駕守衛公侯伯將軍，及守衛圍子手把總管隊官金牌，俱行尚寶司關給。錦衣衛上直官軍刀甲簿，印記送午門附寫姓名畫押。

凡京城九門，原降守門子丑字號銅令牌十八面，鎖鑰二十把，並於本府收貯。每日晚各門官軍齎令牌赴府，兑領門鑰徃放門。次日齎鎖鑰赴府交納，仍領出原兑令牌。其鎖，掌印官親封，隨發領回。

凡京城夜巡，原降寅字號銅令牌二面，卯辰字號銅令牌十八面，編定金吾等衛，并五軍屬衛鎮撫六十員，作二十直。每直鎮撫三員，軍人九名，輪赴本府，應長巡者領寅字號，應撞門者領卯辰字號牌。每夜一更三點發卯字號牌，三更一點發辰字號牌，徃九門巡撞及點守門官軍。如有姦弊，具奏施行。

凡旗手等二十衛帶刀官員，各有懸帶全銅字號牌面，俱本府管理，每三年一次考選。有年老事故不堪任用者革退，另選年力精壯勤勞無過者頂補。其牌面有無損壞，俱造册送府，以憑稽考。

凡守門守城官軍有逃亡病故者，每年終各門造册送府查明更補。

凡月食，文武官俱於本府行救護禮。

凡在京在外衛所官舍比試，兵部開送本府審實行移各府并錦衣衛及兵科委官。至期，奏請内官於大教場内公同比試。中否仍送兵部施行。

凡在京衛所總小旗，及在外衛所係京操者，例該併鎗，俱送本府審實，會各府錦衣衛兵科各委官。至期奏請内官於本府前監併，開具勝負送兵部施行。

凡應付，准兵部職方司手本内稱欽差各衙門官員出京公幹。本府行所屬和陽等四衛，輪流摘撥軍夫起關應付。

凡番僧剌麻哈密土魯番等夷人進貢還賜叚疋，并乞討食茶，俱本府出給勘合，驗過潼關。

凡武舉開科，兵部該司預行本府知會光禄寺辦宴，於本府設席，欽命内閣大臣一人主席，名會武宴。

凡遇在京在外都司衛所起送未及六十歲老疾官舍到府替職，本府照例於雙月比試畢，五府會日引奏，候有明旨，開送兵部入選。

凡每年十二月，督令各門官軍及時打冰藏用，至明年五六月發冰。

凡本府行所屬都司勘合，遵照題奉欽依編置字號類填發行，年終類繳。【略】

左軍都督府

所屬衛所見兵部職方司。

凡遼東都司所屬衛所會試舉人、歲貢生員、援例監生起文赴府轉送禮部，其中式武舉轉送兵部，科舉生員轉送順天府。

凡遼東歲進藥材，投文到府轉送禮部交收。

凡本府行所屬都司勘合，遵照題奉欽依編置字號類填發行年終類繳。

浙江都司守字號，山東都司智字號，遼東都司保字號。

右軍都督府

所屬衛所見兵部職方司。

凡本府行所屬都司勘合，遵照題奉欽依編置字號類填發行，年終類繳。

陝西都行二司右字號，四川都行二司四字號，雲南都司雲字號，貴州都司貴字號，廣西都司廣字號，直隸宣州衛宣字號。

前軍都督府

所屬衛所見兵部職方司

凡兵部開送投降夷人到府，差官伴送兩廣總督轉發闕少達目衛分安插取具收管繳。

凡本府行所屬都司勘合，遵照題奉欽依編置字號類填發行，年終類繳。

湖廣都司湖字號，湖廣行都司行字號，興都留守司承字號，福建都司福字號，福建行都司禄字號，江西都司江字號，廣東都司廣字號。

後軍都督府

所屬衛所見兵部職方司，本府原額所屬京衛二十四衛，內神武後衛等七衛，今改守備昭陵等陵，見在止十七衛。

凡京城內外十六門，俱本府委官守把。每門指揮二員，千百户四員移文中府查點。

凡本府僉書每五日巡城一次，夜點守衛官軍。

凡軍民人等過山海居庸等關公文，俱於本府掛號驗放。

凡居庸等關口，本府每季奏差舍人二名，輪流守把按季更替。

凡本府所轄盤石秀嶺石匣等驛，分委衛屬官一員前去管理軍士傳遞警報。

凡通州灣泊，上用水殿黃船每三年一修五年一造，本府委官擋駕前往南京工部修造。

凡皇親及公侯附馬伯等官已故，有奉欽依造墳者，工部移文本府取用軍夫，每名折銀一兩照數分派各衛所，解納給與喪家自行造葬。

凡大同等處總兵官，遇秋深草木枯槁，行令副參守備選率官軍出境燒荒以便瞭望。仍將撥過官軍姓名燒過地方里數造册送府轉送兵部。

凡每年冬節後，內官監行揭帖取打冰旗軍到府，劄委武成中等十七衛共撥旗軍二百七十餘名送監打冰以備上用。

凡本部應供柴二百三十萬斤，炭二百萬斤，每年分派所屬都司衛所出辦。柴一萬斤徵銀三十五兩，炭一萬斤徵銀八十兩。各衛所委官俱限八月以裏，解府收庫，出給手本，付委官同商人市買運惜薪司取通關回照。弘治十一年奏准：柴一萬斤止徵銀三十兩，炭一萬斤銀七十兩。正德十三年，以柴價湧貴奏准每柴一萬斤徵銀四十兩，其炭價每一萬斤仍徵銀八十兩。隆慶六年，兵部題准：後府每年分派所屬都司衛所出辦柴炭，每柴一萬斤徵銀四十兩，每炭一萬斤徵銀八十兩。仍限二月以裏俱解部收庫，責令商人自備上納，取惜薪司印信實收給價。萬曆十年，兵部題準：召商常川應役設立公所，預給價銀，赴惜薪司上納，取實收赴科道銷掛號，投司附卷。

凡本府應供本色楊木長柴三萬斤，蘆葦一萬斤，荊條一萬斤，黃穰苗一萬一千斤，馬連根五百斤。每年分派所屬都司衛所出辦。

凡本府行所屬都司勘合。遵照題奉欽依編置字號類填發行，年終類繳。【略】

凡五府所屬都司衛所，每年差官齎進萬壽聖節冬至正旦令節各表文到府，轉送禮部類進。

凡五府精微簿，每月二十二日於內府司禮監領出各二扇。一扇登記每日行出公文內填各都司衛所勘合字號硃語，一扇登記每日收入公文填寫各項申送襲替併比陞降改調清理補役等項事由。至次月二十六日，齎赴兵部掛號送精微科，年終類繳原領衙門收貯。

凡公侯伯等爵年三十以下，及應襲舍人年十四以上者，嘉靖九年題准：通送國子監將大學語孟諸書點授，令其在家講讀。十日一次赴團營提督操演，年終該監該營備開各爵舍勤惰進否報兵部附簿，以備叅考推用。萬曆三年題准：各爵請襲之日，吏部查曾入監方許承襲。其三十歲以下者，仍送監肄業，兵部咨行禮部查有進益方行推任。

凡在京在外武職襲替優給，都司衛所呈送該府引奏過，送兵部奏請定奪，咨呈該府填勘令類行各該都司衛所到任支俸。後引奏俱改屬兵部，止老疾舍人尚在本府引奏，文憑按季送府查驗。

凡都司衛所指揮千百户等官年未六十患痼疾不能供職，其應襲舍人，起文到府，勘明引奏轉送兵部類選。

凡吏部除授都司衛所首領官及斷事司獄等官，送該府行都司衛所到任。其考滿給由，申該府送部黜陟。

凡武職誥勑，都司衛所保勘，呈該府行兵部送內府查黃類奏，送中書舍人續寫頒給。

凡天下衛所歲勘大小官員從軍陞職腳色，類册呈該府兵部備照。嘉靖三十三年題准：五府各屬軍職應該揭黃者，五年一次查揭。但有爲事革發并故絕官舍，取具官吏供結明白，候揭黃之日會官燒燬。

凡五府帶俸侯伯歲支祿米，移咨本府轉行户部太倉銀庫關支。

凡在京所屬衛所官軍俸糧，每月造册申該府。在外京操軍士月糧該營提督官送該府，行户部定倉支給。

凡在京所屬衛所軍官折色俸銀，每季造册申該府勘實，行户部赴內府承運庫領給。其折色絹布并胡椒蘇木等項，每年造册申府，轉送內府該庫支給。

凡所屬在京衛所武官故絶，有妻室具告通狀。兵部行府劄行該衛優養。

凡都司衛所屯糧，每年收過數目通關類繳。其支用過總數，造册送該府，轉行户部知會。

凡在京所屬衛所軍士冬衣布花，該府取勘造册，類行中府轉行户部送甲字庫關出給散。

凡各營騎操馬匹草料，每月該營具册呈兵部行移到府照會户部定撥倉場放支。

凡各管提督坐營官及各邊總兵官有失，兵部會五府推舉。

凡各邊馳奏聲息，鴻臚寺引奏，兵部定擬，職方司行五府轉行各邊俱送車駕司付馳驛人賫去。所屬都司衛所一應軍機重務具奏送兵部定擬，轉行該府類行所屬施行。或有緊急事情，送車駕司付馳驛人賫去。

凡所屬衛所逃故軍士，每年造册類送該府行兵部發屬清勾。其有司清解到軍士，衛所著伍，造册送府轉送兵部。

凡所屬都司衛所孳牧馬匹每歲造册送府，轉行兵部。其官軍馬騾文册送府類造，其事故總揭帖年終送内府知會。

凡五府所屬都司衛所，每年終將歲支歲用并採打秋青馬草文册解府轉送户部。

凡各邊，將官每三年一次取勘地方險易城堡墩臺畫圖帖説，咨送五府轉送兵部以備查考。

凡天下衛所，每三年一次，取勘官軍户下舍餘實有事故備細花名文册呈送五府轉送兵部查考。

凡五府六房并所屬衛所文卷，每三年一次，送京畿道照刷。

凡所屬都司衛所按季成造軍器并屯種牛隻各造册，送該府行工部。其都司衛所有城垣頽壞及沿海備倭戰船當改造者，奏下工部行五府類行所屬修造。

凡法司行提各衛人犯，該府類行所屬提解。其送到復還職役者，發屬收操。各處京操官軍在逃自首法司問擬納鈔兵部轉送到府者，送營收操。

凡法司問擬充軍囚犯，該府差官押發所屬衛所取收管回照。其有欽發充軍者，關領精微批文差官押發，回還，批送内府銷繳。嘉靖八年，兵部題准：解發兩廣雲貴衛分軍人，但開有邊遠及煙瘴字様押解官舍止解赴各該都司交割。都司差人按察司給批，轉解著伍，定限取具收管，辨驗印文真正，就付原去官舍，賫回銷繳仍赴本部註銷。二十七年題准：今後解送軍犯止許將有職官員挨次編定。查照舊規，置立簿籍三扇，一存本府一送本部一送兵科。遇該解送即令應差官員賫執手本赴部赴科，註寫前往某處，限在某時回還，本部該科月終類查。如原限一年過三箇月，半年過一月者，先行本衛將本官家屬拘送兵馬司監候，到日送問。仍查違限久近，如延過一年之上，俱調外衛。

凡五府軍機密務封本進呈，其常事於朝班内奏，通政司奏事干係五府者，該府官出班承旨。

凡五府直堂并看守朝房皂隸及柴薪折銀，四季造册送巡視京營科道掛號畢，赴兵部武庫司關支。

凡每年筆炭銀，中府該七十六兩五錢六分，左右前後四府各該四十八兩六錢，節年俱於刑部贓罰支用。萬曆十年題准：改派順天府宛大二縣徵解。

凡五府日用印色，每年各該銀四兩八錢，有閏月加銀四錢，行順天府額解買用。

凡五府公用紙劄，春秋二季刑部關領，夏冬二季都察院關領。

凡五府官吏俸給，舊於吏部關支，後從户部定撥江南糧運送各府自行收放。今歸禄米倉。

凡五府不許令各衛首領官聽事，各衛千百户所亦不許差人詣府聽候，致使首領官吏生事支吾有妨公務。

五軍都督府經歷司

都督府舊設五司斷事官，有稽仁稽義稽禮稽智稽信等官，革除間俱罷，刑名俱歸法司問理。永樂初，諸司皆復舊制，惟斷事等官不復設。後置五軍都督府經歷司，各經歷一員，都事一員，典出納文移，爲五府首領官。又設知印一名，提控一名，掾史六名，今裁一名。典吏十九名。其斷事官分理事務，詳在諸司職掌，今不載。

凡五府，并在京各衛首領官，每月初二十六日各具堂上官辦事緣由，御前奏知。

凡五府歷事考勤監生，堂上官同首領官引奏。

南京五軍都督府

五府建置沿革具列如前。永樂定都北京，始命中府掌府事官守備南京通行節制南京衛所。洪熙元年，始以內臣同守備。宣德十年，設叅贊機務官。景泰三年，添設協同守備官，守備廳辦理軍務，舊設經歷一員，今革。審事用鎮撫，或千百户一員。

凡守備協同用公侯伯都督，叅贊以文臣兼之，初無定職，後多委南京兵部尚書。其職掌具載於後。

南京中軍都督府

所屬在京留守中等六衛所，詳見兵部職方司。其親軍錦衣等十七衛，并左軍所屬十衛，右軍五衛，前軍七衛，後軍五衛，並聽節制。

凡每月朔望日，守備叅贊等官及各府堂上官會同中內守備官議合行事務。

凡守備一應機務，每日會同叅贊等官於守備廳署理畢仍理府事。

凡遇賚捧聖節表文，五府堂上官輪流一員賚進。其奉祀孝陵及守備有干係地方官員不差外，其每年長至正旦本府預於正月內通行直隸蘇州等各衛所差官賚捧到府類進。遇皇太子千秋箋文該差南京錦衣衛指揮一員賚捧，各屬衛所差府屬指揮一員類賚。如有過期悮類進者，責令原差官自賚行。

凡每年長至正旦該直隸滁州衛例進活天鵝二隻，活鷹六隻、活鷀[illegible]二隻，鵪鶉二十二隻、鯽魚六百尾，正旦多鯽魚二百尾。差官管進赴府轉行南京禮部，送南京光禄寺薦新。

凡京城各門鎖鑰牌面，俱本府收掌。其晨昏啓閉交兑牌鎖及各衛發牌長巡撞門等項，悉如舊制。

凡裏外各城門，每歲春秋二季會同內守備協同叅贊官巡視。其守把官軍有老弱不堪及事故者，具奏會同選補。

凡皇城守衛官軍，委留守五衛官照例巡點。有不到者先行提問，仍按季類本奏聞。遇缺照例選補。

凡孝陵墻垣，守備官不時親行巡視。

凡大小教場操練軍士，新江口操習戰船，神機營演放火器，俱各府公侯伯都督及都指揮等官專管。遇該操日，守備官會同內守備叅贊等官親詣閱視。

凡各營操備官軍并馬匹數目，每年二次奏報。地方圖本及軍馬文册，每三年一次奏報。

凡龍江大勝江淮新江口等關，不時差官巡點。其浦子口九江等處，每歲差官巡點二次。

凡每年春秋二季，直隸建陽安慶新安宣州鎮江滁州等衛官軍，輪班京操。每員名每月各支口糧米四斗，管操指揮造册呈府轉行南京户部關支。

凡兵仗局造完一應軍器，會同內守備等官驗視。每歲進貢黄船，差官監撥。

凡地方盜賊，每年委各衛官分行緝捕。南京各衛屯田地方，奏准專設官一員巡視。

凡南京錦衣衛巡江官回還，具報捉獲鹽徒盗賊名數。五城兵馬司，應天府上元江寧二縣捕盗官及江東等處巡檢司，悉聽督理。

凡南京户部於水次兑支官軍俸糧差官監兑，工部龍江瓦屑壩抽分竹木局每季具抽分數目以憑奏報。

凡南京一應安插夷人，督令應天府屬縣依時犒賞。

凡本府所屬在京衛所，五年一次例應考選軍政官員，兵部具題行南京兵部轉行到府劄行各該衛所，將應考官員腳色履歷開具揭帖送府。本府采訪賢否實跡，手註考詞轉送南京兵部，至期會同本府堂上官考選。

凡本府所屬衛所經歷吏目并倉副使等官，五年一次例該考察。吏部咨行南京吏部，備行到府，劄行各該衛所，將六年以裏應考人員腳色履歷緣由開具揭帖送府。本府從公覈實賢否，手註考詞，轉送南京吏部都察院，以備叅考。

凡本府經歷都事，并所屬衛所經歷等官，合得散官。每年准南京吏部驗封清吏司手本，行經歷司呈府劄行所屬衛所將新除未及三年考滿應請初授散官官員備開歷任緣由，并具親供申府轉行南京吏部，移咨吏部請給。

凡本府所屬衛所軍職官員年及六十歲例該襲替，准令應襲兒男具告到府劄行該衛查勘本舍，親供宗圖具申前來。覆查明實照會南京兵部，轉送兵部奏准襲替。其年未及六十歲患病而子孫告襲，本府亦照例題請。若年六十無子者，許令的親弟姪借襲，後老官生有兒男，仍舊還職。

凡本府十年一次南京兵部行文到府，劄行所屬衛所，將各指揮鎮撫千百户等官續生兒孫弟姪查審明白，開具揭帖送府并南京兵部勘實方許造入圖內。仍於授職項下註寫年歲及分別次序，造册一樣三本，一本送府二本送部，候襲替之日稽查。

凡武學官生課業，每月會同南京兵部堂上官比較。南京及直隸衛所總小旗併鎗，照例會同監併。

凡本府官吏監生俸糧及所屬衛所官軍俸糧運軍快船甲餘行糧，每年終先期具數申府，照行南京户部坐派。遇有奉例收充及替補等項軍士加增糧米，亦先期申府預行該部派加。

凡本府所屬衛所官軍，每月將應支俸糧數目備造軍册申府，照會南京户部定倉按月關支。遇有事故，即行開除。

凡本府官吏監生知印月支俸糧，原派府分解到折色，收貯本府，按月支放。逐月開具放支過數目，赴南京户科并總督巡視倉場户部等衙門註銷。每年終備開收支總數揭帖送總督衙門類造奏繳。

凡本府所屬衛所軍士，賞賜冬夏布鈔每季據各造册，申府勘實，照行南京户部，坐派本折銀兩鈔貫布疋數目，送內府填給勘合，比對相同赴甲字等庫關出，科道同户部司屬官唱名給散。

凡本府并合屬官吏每年該支户口食鹽，官該户口十五丁，吏該户口七丁，每丁納鈔十二貫，每貫折銀一釐一毫四絲三忽。官該銀一錢七分一釐四毫五絲支鹽一百八十斤，吏該銀八分一絲支鹽八十四斤，照例赴南京户部上納鈔銀，行文兩淮鹽運使司關支。

凡本府所屬在京衛所并在外都司衛所官軍馬贏户口文册，舊例五年一次造報。嘉靖十年題准：十年一次，止開總數不必細開。隨該南京兵部題准：前項文册照例五年一次，造送該府備照。其該造奏繳者，則十年一次。在京衛所送本府類進，在外都司衛所，開造一本送府一本徑自奏繳。

凡本府所屬衛所逃故軍士，每年據各開造單册申府轉行南京兵部，發單原籍府州縣清勾。及各處府州縣解到新軍，南京兵部轉送本府劄發該衛收管著伍。

凡南京刑部問發軍犯抄招送南京兵部，編發本府所屬各衛所充軍者，抄招送府，差撥官舍押解劄發該衛著伍，行移兵部填給勘合，應付到彼交割取具該衛所印信收管，照會兵部查銷。

南京左軍都督府，南京右軍都督府，南京前軍都督府，南京後軍都督府。凡各府掌府事及協同管事官各一員，分理所屬衛所軍務。或奉勅管領大教場及江上操備等事，其衛所仍聽守備衙門節制施行。

（明）李日華《官制備考》卷下《督府》　周末置前後左右將軍，秦因之，位上卿，更置太尉掌武事。漢省太尉，置大將軍、驃騎將軍，位次丞相。車騎將軍、左右前後將軍，位次上卿。掌京師兵衛，即秦太尉之任也。後漢建武初，權置督軍御史，未有都督之名。魏始置都督諸州軍事，至有加大都督持節，假黄鉞專戮者，都督之名始此。漢踵秦法，於郡國置材官，而京師有南北軍之屯。文帝增置中壘營，於是有中前後左右五軍是爲五軍都督之始。江右以來，都督中外尤重，然未置府。後魏始立府，置佐，後周改爲總管，至隋以都督爲散官，而加使持節悉罷矣。唐諸州復有總管，後改爲都督府，有大中下都督之稱，以察御史以下善惡。後罷，自後不置。宋制禁軍，收天下勁兵，列營京畿，分隷於殿前侍衛都總官司，爲宿衛，籍藏於樞府密院掌之。紹興中，秦檜欲奪吕元直相權，議元直以左僕射都督軍事，自是多宰相兼都督者。國初置統軍大元帥府、樞密院，尋革樞密院、元帥府，乃立大都督府。洪武十三年，分大都督府爲左右中前後五軍都督府，以分領兵衛。左右都督各一人，正一品，都督同知二人從一品，都督僉事二人正二品。恩功寄禄無常員。都督掌軍旅，各領其都司衛所，以達於兵部，而以公侯伯三等叙武功。都督府員缺，于列爵中遴其人以充，居曰軍政掌印，出充總兵，掛印以行。首領，初置五軍參軍府，五軍斷事司。後革斷事官，置經歷司，經歷一人、都事一人，典出納文移，聽吏部選授，給由亦如之。

（明）佚名《仁廟聖政記》卷下〔洪熙元年四月〕戊戌，命諸司在北京悉加行在二字。復建北京行部及行後軍都督府。

（清）谷應泰《明史紀事本末》卷一三《胡藍之獄》〔洪武十三年〕癸卯，詔罷中書省，陞六部官秩。倣古六卿之制，改大都督府爲中、左、右、前、後五軍都督府。《祖訓》云：自古三公論道，六卿分職，不聞設立丞相。自秦始置丞相，不旋踵而亡。漢、唐、宋雖有賢相，然其中多小人專權亂政。今罷丞相，設五府、六部、都察院、通政司、大理寺等衙門，分理天下庶務，事皆朝廷總之。

《明史》卷七六《職官志》 中軍、左軍、右軍、前軍、後軍五都督府，每府左、右都督，正一品，都督同知，從一品，都督僉事，正二品。恩功寄禄，無定員。其屬，經歷司，經歷，從五品，都事，從七品，各一人。

都督府掌軍旅之事，各領其都司、衛所，詳見《兵志》衛所中，以達於兵部。凡武職，世官流官、土官襲替、優養、優給，所屬上之府，移兵部請選。既選，移府，以下之都司、衛所。首領官斷事官爲五軍斷事官。十五年置五軍十衛參軍府，設左、右參軍。十七年，五軍各設左、右斷事二人，提控案牘一人，並從九品。二十三年陞五軍斷事官爲正五品，總治五軍刑獄。分爲五司，司設稽仁、稽義、稽禮、稽智、稽信五人，俱正七品，各理其軍之刑獄。二十九年置五軍照磨所，專掌文牘。建文中，革斷事及五司官。

永樂元年設北京留守行後軍都督府，置左、右都督，都督同知，都督僉事，無定員，經歷、都事各一人。後又分五府，稱行在五軍都督府。十八年除行在字，在應天者加南京字。洪熙元年復稱行在，仍設行後府。宣德三年又革。正統六年復除行在字。

《明史》卷七六《職官志》 南京五軍都督府，左、右都督，都督同知，都督僉事，不全設。其掌印、僉書，皆以勳爵及三等都督爲之。分掌南京衛所，以達於南京兵部。凡管領大教場及江上操備等事，各府奉敕分掌之。城門之管鑰，中府專掌之。初設城門郎，洪武十八年革，以門禁鎖鑰銅牌，命中軍都督府掌之。其屬，經歷、都事各一人。

紀事

《明實録》宣德三年八月 辛卯，革北京行後軍都督府及行部。永樂初建北京，置行後軍都督府、行部。及遷都北京，置五府六部，皆如南京行都督府，行部猶存，凡五府六部文移合行北京。直隸衛所府縣及直隸衛所府縣申達五府六部者，必經行都督府、行部，文移重複，事或稽誤。上命公侯伯尚書都御史學士議，于是英國公張輔、吏部尚書蹇義等言：北京既有五府六部，大小衙門其行府行部宜革。上從之，命掌行後軍都督府事駙馬都尉廣平侯袁容掌行在後軍都督府事，行部尚書李友直改行在工部侍郎，李昶改行在户部，李嘉改行在禮部，特命蘇瓚致仕，凡首領官、屬官及吏命吏郎改調。

都察院

綜述

《大明會典》卷二〇九《都察院》 國初，置御史臺，從一品衙門。設左右御史大夫、御史中丞、侍御史、治書侍御史、殿中侍御史、經歷、都事、照磨、管勾、監察御史、譯事、引進使等官。洪武十三年，改正二品衙門，止設左右中丞。十四年，改都察院，正七品衙門，止設監察御史。分設浙江、江西、福建、北平、廣西、四川、山東、廣東、河南、陝西、湖廣、山西十二道。鑄監察御史印，文曰繩愆糾繆。十六年，陞正三品衙門，設司務。十七年，始定爲正二品衙門，設左右都御史、左右副都御史、左右僉都御史、經歷、都事、十二道監察御史。二十九年，置照磨所照磨、檢校。永樂元年，改北平道爲北京道。十九年，北京道革，添設貴州、交阯、雲南三道。宣德十年，交阯道革，定爲十三道。

風憲總例

在京都察院及十三道，在外按察司，俱稱風憲衙門，以肅政飭法爲職。見《諸司職掌》及正統中所定《憲綱》，條例甚備，各以類分列。其通行難附者載此。

洪武二十六年定：

左右都御史、副都御史、僉都御史職專糾劾百司，辯明冤枉，提督各道，及一應不公不法等事。其屬有十二道監察御史。凡遇刑名，各照道分送問發落。其有差委監察御史，出巡追問審理刷卷等事，各具事目，請旨點差。

正統四年定：

凡都察院，并監察御史、按察司，綱紀所繫，其任非輕，行事之際，一應諸衙門官員人等不許挾私沮壞，違者杖八十。若有干礙合問人數，敢無故占恡不發者，與犯人同罪。

凡都察院官及監察御史、按察司官吏人等，不許於各衙門囑託公事。違者比常人加三等，有贓者從重論。

凡監察御史行過文卷，從都察院磨勘。按察分司行過文卷，聽總司磨勘。如有遲錯，即便舉正。中間果有枉問事理，應請旨者，具實奏聞。

凡監察御史、按察司官巡歷去處，所問公事，有擬斷不當者，都察院、按察總司隨即改正。當該吏典，罪之如律。仍將原問御史及分司官，擬斷不當事理，具奏得旨，方許取問。

凡告有司官吏人等取受或出首贓私等事，直隸赴巡按監察御史，在外赴按察司并分司及巡按監察御史處陳告。追問明白，依律施行。其應請旨者，奏聞拏問。若軍官有犯，在京從都察院，在外從巡按監察御史、按察司并分司密切奏請施行。其各都司及衛所首領官有犯，即便拏問。

凡監察御史、按察司官巡歷去處，所聞有司等官，守法奉公，廉能昭著，隨即舉聞。若奸貪廢事，蠹政害民者，即便拏問。其應請旨者，具實奏聞。若知善不舉，見惡不拏，杖一百，發煙瘴地面安置。有贓，從重論。

凡國家政令得失，軍民利病，一切興利除害等事，並聽監察御史、按察司官各陳所見，直言無隱。若建言創行事理，必須公同評議，互相可否，務在得宜，方許實封陳奏。

凡按察司官斷理不公不法等事，果有冤枉者，許赴巡按監察御史處聲冤。監察御史枉問，許赴通政司遞狀，送都察院伸理。都察院不與理斷，或枉問者，許擊登聞鼓陳訴。

凡都察院及按察司吏典，須於考退生員與應取吏員相叅補用，不許用曾犯奸貪罪名之人。

凡都察院合用筆墨心紅，具奏劄付京府。按察司合用筆墨心紅紙劄，行移附郭府分。監察御史、按察分司巡歷去處，合用紙筆硃墨燈油柴炭，行移所在有司，並支給官鈔，收買應用，具實銷算。

《明史》卷七三《職官志》　都察院。左、右都御史，正二品，左、右副都御史，正三品，左、右僉都御史，正四品。其屬，經歷司，經歷一人，正六品，都事一人，正七品。司務聽，司務二人，從九品。初設四人，後革二人。照磨所，照磨，正八品，檢校，正九品，司獄司，司獄，從九品。初設六人，後革五人。各一人。十三道監察御史一百十人，正七品，浙江、江西、河南、山東各十人，福建、廣東、廣西、四川、貴州各七人，陝西、湖廣、山西各八人，雲南十一人。其在外加都御史或副、僉都御史銜者，有總督，有提督，有巡撫，有總督兼巡撫，提督兼巡撫，及經略、總理、贊理、巡視、撫治等員。巡撫之名，起於懿文太子巡撫陝西。永樂十九年遣尚書蹇義等二十六人巡行天下，安撫軍民。以後不拘尚書、侍郎、都御史、少卿等官，事畢復命，即或停遣。初名巡撫，或名鎮守，後以鎮守侍郎與巡按御史不相統屬，文移窒礙，定爲都御史巡撫兼軍務者加提督，有總兵地方加贊理或參贊，所轄多、事重者加總管。他如整飭、撫治、巡治、總理等項，皆因事特設。其以尚書、侍郎任總督軍務者，皆兼都御史，以便行事。

都御史職專糾劾百司，辯明冤枉，提督各道，爲天子耳目風紀之司。凡大臣姦邪、小人搆黨、作威福亂政者，劾。凡百官猥茸貪冒壞官紀者，劾。凡學術不正、上書陳言變亂成憲、希進用者，劾。遇朝覲、考察，同吏部司賢否陟黜。大獄重囚會鞫於外朝，偕刑部、大理讞平之。其奉敕內地，拊循外地，各專其敕行事。

十三道監察御史，主察糾內外百司之官邪，或露章面劾，或封章奏劾。在內兩京刷卷，巡視京營，監臨鄉、會試及武舉，巡視光禄，巡視倉場，巡視內庫、皇城、五城，輪值登聞鼓。後改科員。在外巡按，北直隸二人，南直隸三人，宣大一人，遼東一人，甘肅一人，十三省各一人。清軍，提督學校，兩京各一人，萬曆末，南京增設一人。巡鹽，兩淮一人，長蘆一人，河東一人。茶馬，陝西。巡漕，巡關，宣德四年設立鈔關御史，至正統十年始遣主事。儹運，印馬，屯田。師行則監軍紀功，各以其事專監察。而巡按則代天子巡狩，所按藩服大臣、府州縣官諸考察，舉劾尤專，大事奏裁，小事立斷。按臨所至，必先審録罪囚，弔刷案卷，有故出入者理辯之。諸祭祀壇場，省其墻宇祭器。存恤孤老，巡視倉庫，查算錢糧，勉勵學校，表揚善類，翦除豪蠹，以正風俗，振綱紀。凡朝會糾儀，祭祀監禮。凡政事得失，軍民利病，皆得直言無避。有大政，集闕廷預議焉。蓋六部至重，然有專司，而都察院總憲綱，惟所見聞得糾察。諸御史糾劾，務明著實跡，開寫年月，毋虚文泛詆，訐拾細瑣。出按復命，都御史覆劾其稱職不稱職以聞。凡御史犯罪，加三等，有贓從重論。

十三道各協管兩京、直隸衙門；而都察院衙門分屬河南道，獨專諸内外考察。

浙江道協管中軍都督府，在京府軍左、金吾左、金吾右、金吾前、留守中、神策、應天、和陽、廣洋、武功中、武功後、茂陵十二衛，牧馬千户所，及直隸廬州府，廬州、六安二衛。

江西道協管前軍都督府，在京府軍前、燕山左、龍江左、龍江右、龍驤、豹韜、天策、寬河八衛，及直隸淮安府，淮安、大河、邳州、九江、武清、龍門各衛。

福建道協管户部，寶鈔提舉司，鈔紙、印鈔二局，承運、廣惠、廣積、廣盈、贓罰、甲乙丙丁戊字、天財、軍儲、供用、行用各庫，在京金吾後、武成中、飛態、武功左、武功右、武功前、獻陵、景陵、裕陵、泰陵十衛，及直隸常州、池州二府，定邊、開平中屯二衛，美峪千户所。

四川道協管工部，營繕所，文思院，御用、司設、神宫、尚衣、都知等監，惜薪司，兵仗、銀作、巾帽、鍼工、器皿、盔甲、軍器、寶源、皮作、鞍轡、織染、柴炭、抽分竹木各局，僧、道録司，在京府軍、濟州、大寧前、蔚州左、永清左五衛，蕃牧千户所，及直隸松江府、廣德州，金山、懷安、懷來各衛，神木千户所，播州宣慰司，石砫、酉陽等宣撫司，天全六番招討司。

陝西道協管後軍都督府，大理寺，行人司，在京府軍後、鷹揚、興武、義勇右、横海、江陰、康陵、昭陵八衛，敢勇、報效二營，韓、秦、慶、安化四府，及直隸和州，保定左、右、中、前四衛。

雲南道協管順天府，廣備庫，在京羽林前、通州二衛，及直隸永平、廣平二府，通州左、通州右、涿鹿、涿鹿左、涿鹿中、密雲中、密雲後、永平、山海、盧龍、撫寧、東勝左、東勝右、大同中屯、營州五屯、延慶、延慶左、延慶右、萬全左、萬全右各衛，居庸關、黄花鎮、寬河、武定各千户所。

河南道協管禮部，都察院，翰林院，國子監，太常寺，光禄寺，鴻臚寺，尚寶司，中書舍人，欽天監，太醫院，司禮、尚膳、尚寶、直殿等監，酒醋麵局，鐘鼓司，教坊司，在京羽林左、留守前、留守後、神武左、神武前、彭城六衛，伊、唐、周、鄭四府，及兩淮鹽運司，直隸揚州、大名二府，揚州、高郵、儀真、歸德、寧山、潼關、神武右各衛，泰州、通州、汝寧各千户所。

廣西道協管通政司，六科，在京燕山右、燕山前、大興左、騰驤左、騰驤右、武驤左、鎮南、瀋陽左、會州、富峪、忠義前、忠義後十二衛，及直隸安慶、徽州、保定、真定四府，安慶、新安、鎮武、真定各衛，紫荊關、倒馬關、廣昌各千户所。

廣東道協管刑部，應天府，在京虎賁左、濟陽、武驤右、瀋陽右、武功左、武功右、孝陵、長陵八衛，及直隸延慶州，開平中屯衛。

山西道協管左軍都督府，在京錦衣、府軍右、留守左、驍騎左、驍騎右、龍虎、龍虎左、大寧中、義勇前、義勇後、英武、水軍左十二衛，晋府長史司，及直隸鎮江、太平二府，鎮江、建陽、瀋陽中屯各衛，平定、蒲州二千户所。

山東道協管宗人府，兵部，會同館，御馬監，典牧所，大通關，在京羽林右、永清右、濟川三衛，及中都留守司，遼東都司，直隸鳳陽府，徐、滁二州，中都留守左、留守中、鳳陽、鳳陽中、鳳陽右、皇陵、長淮、懷遠、徐州、滁州、泗州、壽州、宿州、武平、沂州、德州、德州左、保定後、瀋陽中各衛，洪塘千户所。

湖廣道協管右軍都督府，五城兵馬司，在京留守右、武德、忠義右、虎賁右、廣武、水軍右、江淮、永陵八衛，遼、梁、岷、吉、華陽五府，荊、襄、楚三府長史司，及興都留守司，直隸寧國府，寧國、宣州、神武中、定州、茂山各衛。

貴州道協管吏部，太僕寺，上林苑監，内官、印綬二監，在京旗手衛，及長蘆鹽運司，大寧都司，萬全都司，直隸蘇州、河間、順德三府，保安州、蘇州、太倉、鎮海、薊州、遵化、鎮朔、興州五屯、忠義中、河間、天津、天津左、天津右、宣府前、宣府左、宣府右、開平、保安右、蔚州、永寧各衛，嘉興、吴淞江、梁城、滄州、興和、長安、龍門各千户所。

初，吴元年置御史臺，設左、右御史大夫，從一品，御史中丞，正二品，侍御史，從二品，治書侍御史，正三品，殿中侍御史，正五品，察院監察御史，正七品，經歷，從五品，都事，正七品，照磨、管勾，正八品。以鄧愈、湯和爲御史大夫，劉基、章溢爲御史中丞，諭之曰：國家立三大府，中書總政事，都督掌軍旅，御史掌糾察。朝廷紀綱盡繫於此，而臺察之任尤清要。卿等當正己以率下，忠勤以事上，毋委靡因循以縱姦，毋假公濟私以害物。洪武九年汰侍御史及治書、殿中侍御史。十年七月詔遣監察御史巡按州縣。十三年專設左、右中丞，正二品，左、右侍御史，正四品。尋罷御史臺。十五年更置都察院，設監察都御史八人，秩正七品。分監察御史爲浙江、河南、山東、北平、山西、陝西、湖廣、福建、江西、廣東、廣西、四川十二道，各道置御史或五人或三、四人，秩正九品。每道鑄印二，一畀御史久次者掌之，一藏内府，有事受印以出，既事納之，文曰繩愆糾繆。以秀才李原名、詹徽等爲都御史，吴荃等爲試監察御史。試御史，一年後實授。又有理刑進士、理刑知縣、理都察院刑獄，半年實授。正德中革。十六年陞都察院爲正三品，設左、右都御史各一人，正三品，左、右副都御史各一人，正四品，左、右僉都御史各二人，正五品，經歷一人，正七品，知事一人，正八品。十七年陞都御史正二品，副都御史正三品，僉都御史正四品，十二道監察御史正七品。二十三年，左副都御史袁泰言，各道印篆相同，慮有詐僞，乃更鑄監察御史印曰某道監察御史印，其巡按印曰巡按某處監察御史印。建文元年改設都御史一人，革僉都御史。二年改爲御史府，設御史大夫，改十二道爲左、右兩院，止設御史二十八人。成祖復舊制。

永樂元年改北平道爲北京道。十八年罷北京道，增設貴州、雲南、交阯三道。洪熙元年稱行在都察院，同六部，又定巡按以八月出巡。宣德十年罷交阯道，始定爲十三道。正統中，去行在字。嘉靖中，以清屯，增副都御史三人，尋罷。隆慶中，以提督京營，增右都御史三人，尋亦罷。

《明史》卷七五《職官志》 都察院。右都御史一人，右副都御史一人，右僉都御史一人，司務、經歷、都事、照磨各一人，司獄二人。嘉靖三十七年革司獄一人。隆慶四年革都事。浙江、江西、河南、山東、山西、陝西、四川、雲南、貴州九道，各御史二人。福建、湖廣、廣東、廣西四道，各御史三人。嘉靖後不全設，恒以一人兼數道。凡刷卷、巡倉、巡江、巡城、屯田、印馬、巡視糧儲、監收糧斛、點閘軍士、管理京營、比驗軍器，皆敘而差之。清軍，則偕兵部、兵科。覈後湖黄挡幔瑒偕户部、户科。

提督操江一人，以副僉都御史爲之，領上下江防之事。

寺 監

綜 述

《諸司職掌·兵刑工都通大職掌·大理寺》 本寺官其所屬左右二寺官職，專審録天下刑名。凡罪有出入者，依律照駁。事有冤枉者，推情辯明。務必刑歸有罪，不陷無辜。

審録囚人參詳罪名

凡刑部十二部、都察院十二道、五軍都督府斷事官五司問擬一應囚人，犯該死罪，徒、流者，具寫奏本發審；笞、杖罪名者，行移公文發審，另行入遞。預先差人連案同囚送發到寺，照依該管地方，先從左右寺審録。若審得囚無冤枉者，取訖各囚服辯在官，案呈本寺，連囚引領赴堂，圓審無異，取據原問衙門司獄司印信，收管入卷。將囚連案責付原押人收領回監，聽候發落。候遞到各項奏本公文到寺，將奏本抄白立案，務要仔細參詳情犯罪名，比照律條，如罪名合律者准擬，本寺依式具本，同將原來奏本繳送該科給事中，編號收掌，然後印押平允，回報原衙門如擬施行。如罪名不合律者，依律照駁，亦依式具本，將原來奏本繳送該科收編，駁回原衙門再擬。如二次改擬不當，仍前駁回議擬。候三次改擬不當，照例將當該官吏具奏送問。或中間招情有未明者，必須駁回再問。若公文不必抄白，就即立案，其參詳罪名，准擬合律，照駁不合律及送問等項，並如前行。若審得囚人告訴冤枉，果有明白證佐，取責所訴詞狀，案呈本寺，連囚引領赴堂，圓審相同，將囚連案依前發回原問衙門，聽候發落。奏本公文到寺，將原來奏本依式具本如前，繳送該科，公文止留本寺立案，然後仰令左右寺抄案，備開囚人供詞，行移隔别衙門再問。若二次番異者，再取本囚供狀在官，照例具奏，會同六部都察院、通政司等衙門堂上圓審，回奏施行。

合律照駁式

大理寺卿臣某等謹奏，爲李甲告不應事。刑部某部問擬李甲等一十六名，數内合律一十五名，不合律張丙一名，有照駁，謹具奏聞。

一、照駁

前件，本寺照律，張丙合得計贓准竊盜一貫之上律，杖七十，罪無出入。其刑部某部卻依《不應律》，笞四十，未審故失，已出張丙杖罪三十。所據不當，官吏除尚書某侍郎某取自上裁，其子部某部官吏某人合送法司問罪，仍令改正。

一、准擬

事内干連人王乙等，合得笞罪十名。陳丁等合得杖罪四名。李甲一名無罪釋放。洪武　年　月　日

番異式

大理寺卿臣某等，謹奏爲某事。某衙門問擬某人一名，審問番異原招，罪囚合隔別衙門再問，謹具奏聞。洪武　年　月　日

二次番異式

大理寺卿臣某等，謹奏爲某事。某衙門問擬某人等二名，除審擬允當外，數內某人一名，先爲某衙門具本發審，若係公文者則云移文發審。本囚告訴冤枉，取責供詞在官，已經照例行移隔別衙門再問。去後，今據某衙門發審，仍前執稱冤枉，除再取供詞在官外，本囚合照例會各衙門堂上官圓審，謹具奏聞。

准擬某人合得某罪一名。洪武　年　月　日

請旨發落

凡律內該載請旨發落者，本寺具本開寫犯由罪名奏聞，取自上裁。即將奉到旨意，於奏本年月後批寫訖，就寫某官批，於下押字。其餘有奉旨意者，亦同此。批寫訖，回寺立案，備云前項旨意，於平允內開寫回報，於各衙門施行。

詳擬罪名

凡在外都司、布政司、按察司並直隸衛所府州一應刑名，問擬完備，將犯人就彼監收，具由申達合干上司，都司並衛所申都督府，布政司並直隸府州申呈刑部，按察司呈都察院。其各衙門備開招罪，轉行到寺詳擬。凡罪名合律者，回報如擬施行。內有犯該重刑，本寺奏聞回報。不合律者，駁回再擬。中間或有招詞事情含糊不明者，駁回再問。

月報囚數

凡本寺每月審過刑部等衙門一應囚數，分豁死罪、徒、流、杖、笞等項罪名，置立印信文册，着令架閣庫典吏日逐明白附寫，候至月終，通類具本奏聞。

處決重囚

凡本寺審過刑部等衙門死罪囚人犯，該十惡決不待時者，每月具本覆奏聞訖，移文回報各該衙門處決。不係十惡者，待秋分後覆奏處決。

《大明會典》卷二一四《大理寺》　國初，置大理司，正三品衙門。設卿、少卿、丞。洪武元年革。十四年復置，改爲大理寺，正五品衙門。其屬置左右二寺，設左右寺正，左右寺副，左右評事，及審刑司官。十九年，審刑司革。二十二年，陞正三品衙門。二十六年設司務。二十九年，寺革。後復置，改左右寺爲司，官爲都評，副都評，司務爲都典簿。永樂初，左右寺及官俱復舊。左右寺職專主審録天下刑名，凡罪有出入者，依律照駁，事有冤枉者推情辯明，務俾刑歸有罪，不陷無辜。

二寺分屬

洪武初，令刑部、都察院、五軍斷事官所按輕重獄囚，連案牘俱送左右二寺覆審冤濫。然後送審刑司，評駁是非。復轉送磨勘司，磨考當否以聞。後革去二司，諸司刑獄，惟二寺分審。十四年，遣御史分按各道罪囚，罪重者送京，令大理寺詳讞。其在京刑獄，係軍者屬左寺，係民者屬右寺。又定以在京諸司及直隸衛所府州縣衙門屬左寺，在外十三布政司都司所轄衛所府州縣屬右寺。續又定南北兩京五府六部內府京衛等衙門，及長史司之未出京城者，屬左寺。應天順天二府，南北直隸衛所府州縣，并在外浙江等布政司都司所轄衛所府州縣，及邊衛外夷屬右寺。萬曆九年，以二寺事務煩簡不均，題准以刑部十三司、都察院十三道分管衙門，分左右二寺審讞。今左寺審浙江等六司道，右寺審江西等七司道，無外詳日行，與軍民之分矣。【略】

南京大理寺

本寺左右二寺分審衙門與在京同。

（明）李日華《官制備考》卷上《大理寺》　唐虞皐陶爲士，理官也。秦爲廷尉，兵獄同制，故曰尉。漢初亦名廷尉，景帝改爲大理，後復爲廷尉。宣帝復置廷尉平，合尉正尉監爲廷尉三官。魏增置律博士。晋因之。歷宋齊皆爲廷尉，梁爲秋卿復置廷尉三官，陳因之。北齊曰大理寺，置卿少卿各一人。唐龍朔改詳刑寺，神龍復舊，卿一，少卿一，正二，丞六，主簿二，録事二，獄丞四，司直六，評事十二。卿掌邦國折獄詳刑之事，少卿正丞爲之貳。宋初置判寺事一人，兼少卿事一人，以朝官以上充。元豐官制行，卿一，少卿二，正三，推丞四，斷丞四，司直六，評事十有二，簿二。元承宋制。國朝仍古大理名，寺卿一人，少卿二人，丞二人，其屬司務二人，分左右寺，寺正、寺副、評事。卿掌刑獄之政令，少卿丞爲之貳，贊天子詳刑。與刑部都察院，竝列爲三法司。凡刑部都察院

十三道，所問罪獄，必俟平允，然後法司定罪。若不當罪，駁回再訊，必服乃決。

（明）徐石麒《官爵志》卷二《大理事》　黄帝立后土辨乎北方，故爲李，理官也。舜命皋陶作士。士，理官也。秦置廷尉，漢因之，景帝復爲大理，取天官貴人之牢曰夫理之義。梁爲秋卿，後魏置少卿，晋置丞，唐因之。今卿正三品，左右少卿正四品，左右寺丞正五品，首領官司務從九品。其屬左右二寺，左右寺正正六品，即秦廷尉正也。左右寺副從六品，左右評事正七品，因隋官也。職專審録天下刑名，凡刑部都察院司道罪有出入者，依律照駁，事有冤枉者，推事辨明。

（清）查繼佐《罪惟録》志卷二七《職官志・初制文職》　大理寺：吴元年置，設卿、少卿、丞、評事。洪武元年革。十四年，復置，設審刑司，屬寺。寺復置磨勘司，司有令，有左右丞。十七年，改建刑部都察院、大理寺、審刑司、五軍斷事官署于太平門外，署曰貫城。尋罷審刑司。二十三年，陞寺正三品，與六部、都察院、通政使並。二十九年復革，案牘盡移後湖。

《明史》卷七三《職官志》　大理寺。卿一人，正三品，左、右少卿各一人，正四品，左、右寺丞各一人，正五品。其屬，司務廳，司務二人，從九品。左、右二寺，各寺正一人，正六品，寺副二人，從六品，後革右寺副一人。評事四人，正七品。初設右評事八人，後革四人。

卿掌審讞平反刑獄之政令。少卿、寺丞贊之。左、右寺分理京畿、十三布政司刑名之事。凡刑部、都察院、五軍斷事官所推問獄訟，皆移案牘，引囚徒，詣寺詳讞。左、右寺寺正，各隨其所轄而覆審之。既按律例，必復問其款狀，情允罪服，始呈堂準擬具奏。不則駁令改擬，曰照駁。三擬不當，則糾問官，曰參駁。有牾律失入者，調他司再訊，曰番異。猶不愜，則請下九卿會訊，曰圓審。已評允而招由未明，移再訊，曰追駁。屢駁不合，則請旨發落，曰制決。凡獄既具，未經本寺評允，諸司毋得發遣。誤則糾之。

初，吴元年置大理司卿，秩正三品。洪武元年革。三年置磨勘司，凡諸司刑名、錢糧，有冤濫隱匿者，稽其功過以聞。尋亦革。洪武三年置磨勘司，設司令、司丞。七年增設司令一人，司丞五人，首領官五人，分爲四科。十年革。十四年復置磨勘司，設司令一人，左、右司丞各一人，左、右司副各一人。二十年復罷。十四年復置大理寺，改卿秩正五品，左、右少卿從五品，左、右寺丞正六品。其屬，左、右寺正各一人，寺副各二人，左評事四人，右評事八人。又置審刑司，共平庶獄。凡大理寺所理之刑，審刑司復詳議之。審刑司設左、右審刑各一人，正六品；左、右詳議各三人，正七品。十七年改建刑部、都察院、大理寺、審刑司、五軍斷事官署於太平門外，名其所曰貫城。十九年罷審刑司。二十二年復，卿秩正三品。少卿二人，正四品，丞三人，正五品。其左、右寺官如故。二十九年又罷，盡移案牘於後湖。建文初復置，改左、右寺爲司，寺正爲都評事，寺副爲副都評事，司務爲都典簿。司務，洪武二十六年置。

成祖初，仍置大理寺，其左、右寺設官，得如洪武時。又因左、右二寺評事多寡不等，所治事亦繁簡不均，以二寺評事均分，左、右各六人，如刑部、都察院十二司道，各帶管直隸地方審録。初，太祖設左評事四員，分管在京諸司及直隸衛所、府州縣刑名。右評事八員，分管在外十三布政司、都司、衛所、府州縣刑名。永樂二年仍復舊。後定都北京，又改分寺屬。兩京、五府、六部、京衛等衙門刑名，屬左寺。順天、應天二府，南、北直隸衛所、府州縣並在外浙江等布政司、都司、衛所刑名，屬右寺。弘治元年裁減右評事四人。時天下罪囚，類不解審，右寺事頗簡於左寺。

萬曆九年，更定左、右寺分理天下刑獄。浙江、福建、山東、廣東、四川、貴州六司道，左寺理之。江西、陝西、河南、山西、湖廣、廣西、雲南七司道，右寺理之。以能按律出人罪者爲稱職。大理寺之設，爲慎刑也。三法司會審，初審，刑部、都察院爲主，覆審，本寺爲主。明初，猶置刑具、牢獄。弘治以後，止閱案卷，囚徒俱不到寺。司務典出納文移。

《明史》卷七五《職官志》　大理寺。卿一人，右寺丞一人，司務一人，左、右寺正各一人，左、右評事各三人。隆慶三年革左、右評事各一人。

（清）嵇璜等《續通典》卷二九《職官・諸卿上・大理寺》　唐置大理寺卿一人，少卿二人，掌折獄詳刑。凡罪抵流死，皆上刑部覆於中書門下。宋初置判寺一人，兼少卿事一人。建隆三年，以工部尚書竇儀判寺事。凡獄訟之事隨官司決劾，本寺不復聽訊，但掌斷天下奏獄，送審刑院詳訖，同署以上於朝。元豐時帝以國初廢大理獄非是以問孫洙，洙對合旨，遂命官起寺十七日而成。至官制行，置卿一人，少卿二人。手詔：大理寺近舉墜典，俾治獄事。宜依推制院及御史臺例，不供報糾察司。三年，詔依舊供報。及詔糾察司察訪本寺斷徒以上出入不當者，索案點檢。遼聖宗統和十二年南面官置大理寺，有提點大理寺大理正等官。金海陵天德二年置大理寺卿少卿掌檢斷刑名。元世祖至元二十年，置大理寺掌領舊州城，及畏吾兒之居漢地者，有詞訟則聽之。二十二年改爲大都護府，置大都護四人，同知二人，副都護二人，廢大理不置。明大理寺卿一人，左右少卿各一人，掌審讞平反刑獄之政令。南京大理寺卿一人。

《大明會典》卷二一五《太常寺》 國初置太常司，正三品衙門。設卿、少卿、司丞、博士、典簿、協律郎、贊禮郎、司樂、大祝等官，及祠祭署署令、署丞，職專祭祀之事。洪武三年，置神牲所，設廩犧令，大使副使等官。四年，神牲所革。七年設典樂。二十四年，改署令爲奉祀，署丞爲祀丞。三十年，改司爲寺，司丞爲寺丞。三十五年，革大祝。

（明）李日華《官制備考》卷上《太常寺》 今太常主郊廟禮樂，古之秩宗也。周曰宗伯，秦改奉常，漢初曰太常。卿一人，有丞。屬有太樂、太祝、太宰、太史卜、太醫。六丞又均官都水兩長丞，又雍太宰太祝令丞五人，又博士，及諸陵縣皆屬焉。魏晋因之，置功曹主簿等員。鹵簿之制，太常駕四馬主簿車前八乘也，卿品第三，銀章青綬。宋齊皆有之，常用尚書爲太常，亦轉爲尚書。梁視金紫光禄大夫。陳因之。後魏太常與光禄勳衛尉爲上卿，兼置少卿，即《周禮》小宗伯也。後周以太常卿爲宗伯，少卿爲小宗伯。隋增置二人，太常丞，唐因之。宋太常同唐，惟初置判事，以兩制充丞以禮官久次秩高者充。別置太常禮院，有判院事、同知院事，及樂律樂舞樂章協律一人主大樂，奉禮一人主奉幣，上祝一人主讀册。郊社籍田太廟宫闈各有令。郊廟祭器庫、什物庫、教坊所、諸陵祠墳所皆隸焉。我朝立太常寺，卿一人，少卿二人。提督四夷館少卿一人，其屬主簿二人，博士二人，神樂觀提點一人，知觀二人，協律郎二人，贊禮郎九人，司樂二十人。天地朝夕祈穀各有祠祭署，署有奉祀，有丞，陵有祠祭署，署亦有奉祀，有丞。犧牲所，所有吏目，卿專祭祀禮樂之司。凡天地神祇之祀饗，總其官屬，藉其政令，以聽于禮部祠祭司。凡國有册封，冠婚營繕出師，歲時有旱澇，國有大災，請告于郊廟社稷。提督四夷館少卿，掌譯書之事，以聽于翰林。諸夷館譯字生，覈其業裁倖進焉。典簿、典勾較金穀，察視禮數，省署文移。博士講習禮文，請填祝板，導贊禮儀。提點以下皆黄冠者流。自樂舞生，積以歲月，漸爲遷補，至提點至寺丞。

（明）徐石麒《官爵志》卷二《太常寺》 《周禮》春官職也。秦曰奉常，王者旌旗，畫日月，大事則達以行，禮官主奉持之。漢改曰太常，尊大之義也。後漢有卿，隋有少卿，秦有丞。今卿正三品，少卿正四品，寺丞正六品。職專祭祀之事。首領典簿正七品，因漢官也。屬官博士正七品，因秦官也。協律郎正八品，因後魏也。贊禮郎正九品，因漢治禮郎也。司樂從九品，神樂觀提點正六品，知觀從八品，犧牲所吏目從九品。隋有郊社令，漢文帝有籍田令，唐有陵臺令。今天地壇山川壇籍田孝陵長陵獻陵景陵裕陵茂陵各祠祭署奉祠各一員，俱從七品。祠丞各一員，俱從八品。

《太常續考》卷七《太常寺》 吴元年設太常寺正三品衙門，凡朝廷朝會贈謚册封冠婚喪祭等項，俱本寺講究儀式，計量物料移文各該衙門施行。其禮樂祭祀，宴賞犒賚賓客工匠俱隸本寺。洪武元年定官制，本寺止掌天地宗廟社稷山川神祇等祭祀，餘分隸各衙門。三十年，改司爲寺。文皇帝都燕，建今署，稱行在太常寺。正統六年，詔去行在二字。正官卿一人，少卿二人，寺丞二人。國初設卿一人，少卿二人，司丞二人。洪武三十年改司丞爲寺丞，是後增損不常。卿，天順八年、景泰六年俱二人，成化二十年三人。少卿，景泰六年、弘治五年俱三人。寺丞，正統九年、成化十三年俱三人，成化二十三年弘治十一年俱四人。至世宗改建郊廟制禮作樂官取其備，故嘉靖十四年卿三人，十五年寺丞六人，十八年以行大享禮又添設寺丞四人。二十七年吏部題准，本寺添設員缺不補。三十年，大報吏部題本寺堂上官仍舊五員，奉旨寺丞仍加三員。隆慶元年，裁堂上官爲五員，如舊制。其提督四夷館少卿一人，止帶本寺官銜，隨本寺關支俸薪。

（清）查繼佐《罪惟録》志卷二七《職官志·初制文職》 太常寺，正三品。洪武二年置神牲所，設廩犧令大使副使。四年，革神牲所。十二年，置神樂觀。二十四年，設各祠祭署，署有奉祠祠丞。三十年，改司爲寺。

《明史》卷七四《職官志》 太常寺。卿一人，正三品。少卿二人，正四品，寺丞二人，正六品。其屬，典簿廳，典簿二人，正七品，博士二人，正七品，協律郎二人，正八品，嘉靖中增至五人。贊禮郎九人，正九品，嘉靖中增至三十三人，後革二人。司樂二十人，從九品，嘉靖中增至三十九人，後革五人。天壇、地壇、朝日壇、夕月壇、先農壇、帝王廟、祈穀殿、長陵、獻陵、景陵、裕陵、茂陵、泰陵、顯陵、康陵、永陵、照陵各祠祭署，俱奉祀一人，從七品，祀丞二人，從八品。犧牲所，吏目一人，從九品。

太常寺祭祀禮樂之事，總其官屬，籍其政令，以聽於禮部。凡天神、地祇、人鬼，歲祭有常。先冬十二月朔，奏進明年祭日，天子御奉天殿受之，乃頒於諸司。天子親祭，則贊相禮儀。大臣攝事，亦如之。凡國有册立、册封、冠婚、營繕、征討、大喪諸典禮，歲時旱澇大災變，則請告宗廟社稷。薦新則移光禄寺供其品物。祭祀先期請省牲，進祝版、銅人，上殿奏請齋戒，親署御名。省牲偕光禄卿。惟大祀車駕親省，大臣日一省之。凡祭，滌器、爨埋、香燭、玉帛，整拂神幄，必恭潔。掌燎、看燎、讀祝、奏禮、對引、司香、進俎、舉麾、陳設、收支、導引、設位、典儀、通贊、奉帛、執爵、司樽、司罍洗、卿貳屬各領其事，罔有不共。凡玉四等：曰蒼璧，以祀天，曰黃琮，以祀地，曰赤璋、白琥，以朝日、夕月，曰兩圭有邸，以祭太社、太稷。帛五等：曰郊祀制帛，祀天地，曰奉先制帛，薦祖考，曰禮神制帛，祭社稷、羣神、帝王、先師，曰展親制帛，祭享親王，曰報功制帛，祭享功臣。牲四等：曰犢，曰牛，曰太牢，曰少牢。色尚騂或黝。大祀入滌三月，中祀一月，小祀一旬。樂四等：曰九奏，用祀天地，曰八奏，神祇、太歲，曰七奏，大明、太社、太稷、帝王，曰六奏，夜明、帝社、帝稷、宗廟、先師。舞二：曰文舞，曰武舞。樂器不徙。陵園之祭無樂。歲終合祭五祀之神，則少卿攝事。

初，吴元年置太常司，設卿，正三品，少卿，正四品，丞，正五品，典簿、協律郎、博士，正七品，贊禮郎，從八品。洪武初，置各祠祭署，設署令、署丞。十三年更定協律郎等官品秩。協律郎正八品，贊禮郎正九品，司樂從九品。二十四年改各署令爲奉祀，署丞爲祀丞。三十年改司爲寺，官制仍舊。二十五年已定司丞正六品。建文中，增設贊禮郎二人，太祝一人，以及各祠祭署俱有更革。天壇祠祭署爲南郊祠祭署，泗州祠祭署爲泗濱祠祭署，宿州祠祭署爲新豐祠祭署，孝陵置鍾山祠祭署，各司圃所增神樂觀知觀一人。成祖初，惟易天壇爲天地壇，餘悉復洪武間制。建文時，南郊祠祭署爲郊壇祠祭署，已又改爲天地壇祠祭署。洪熙元年置犧牲所，吏目典掌文移。先是，洪武三年置神牲所，設廩牲令、大使、副使等官。四年革。世宗釐祀典，分天地壇爲天壇、地壇，山川壇、耤田祠祭署爲神祇壇，大祀殿爲祈穀殿，增置朝日、夕月二壇，各設祠祭署。又增設協律郎、贊禮郎、司樂等員。隆慶三年革協律郎等官四十八員。萬曆六年復設，如嘉靖間制。萬曆四年改神祇壇爲先農壇。

提督四夷館。少卿一人，正四品，掌譯書之事。自永樂五年，外國朝貢，特設蒙古、女直、西番、西天、回回、百夷、高昌、緬甸八館，置譯字生、通事，通事初隸通政使司，通譯語言文字。正德中，增設八百館。八百國蘭者哥進貢。萬曆中，又增設暹羅館。

初設四夷館隸翰林院，選國子監生習譯。宣德元年兼選官民子弟，委官教肄，學士稽考程課。弘治七年始增設太常寺卿、少卿各一員爲提督，遂改隸太常。嘉靖中，裁卿，止少卿一人。按太常寺卿在南京者，多由科目。北寺自永樂間用樂舞生，累資陞至寺卿，甚或加禮部侍郎、尚書掌寺，後多沿襲。至隆慶初，乃重推科甲出身者補任。譯字生，明初甚重。與考者，與鄉、會試額科甲一體出身。後止爲雜流。其在館者，陞轉皆在鴻臚寺。

《明史》卷七五《職官志》 太常寺。卿一人，少卿一人，典簿一人，博士一人，協律郎二人，贊禮郎七人，嘉靖中，革贊禮郎一人。司樂二人。各祠祭署合奉祀八人，祀丞七人。天、地壇奉祀一、祀丞一。山川壇、耤田奉祀一。祖陵奉祀、祀丞各一。皇陵奉祀、祀丞各二。孝陵、揚王墳、徐王墳各奉祀一，祀丞一。嘉靖後，革天地壇、祖陵、揚王墳三祠祭署祀丞。

（清）嵇璜等《續通典》卷二九《職官・諸卿上・太常寺》 唐太常寺卿一人，少卿二人，卿掌禮樂郊廟社稷之事，總郊社、太樂、鼓吹、太醫、太卜、廩犧、諸祠廟等署，少卿爲之貳。凡大禮，則贊引；有司攝事，則爲亞獻；三公行園陵，則爲副；大祭祀省牲器，則謁者爲之導；小祀及公卿嘉禮，命謁者贊相。凡巡幸出師克獲皆擇日告太廟。宋初置判寺，無常員，以兩制以上充。別置太常禮儀院，雖隸本寺其實專達，有判院同知院四人，與禮院事不相兼。仁宗康定元年，置判寺同判事始並兼禮院事。元豐官制行，置太常寺卿一人，少卿一人，掌禮樂、郊廟、社稷壇壝陵寢之事，少卿爲之貳。祭祀有大祠有小祠。有犧牲、幣玉、酒醴、薦獻、器服各辨其等。掌樂律、樂舞、樂章以定宮架、特架之制。祭祀享則分樂而序之。凡親祠及四孟月朝獻景靈宮，郊祀告享太廟，掌贊相禮儀升降之節。歲時朝拜陵寢，則視法式辨具以授祠官。凡祠事差官、卜日、齋戒皆檢舉以聞。郊祀已領御札則撰儀以進。宮架、鼓吹警場率前期按閱即習。餘祀及朝會、宴享、上壽、封册之儀物亦如之。若禮樂有所損益，及祀典、神祇、爵號與封爵、繼嗣之事當考定者，擬上於禮部。哲宗元祐三年，詔各寺監互置長貳，惟太常寺長貳兼置。徽宗宣和三年，令本寺因革禮五年一檢舉，接續編修。孝宗隆興元年，以光禄寺並歸太常。

遼南面官有太常寺卿少卿，掌祭祀之事。金熙宗皇統三年，始置太常寺。凡太廟廩犧郊社諸陵大樂等署隸焉。設卿一人，少卿一人，掌禮樂郊廟社稷祠祀之事。元設太常禮儀院，掌大禮樂、祭享宗廟社稷、封贈謚號等事。凡大廟郊祀廩犧社稷大樂等署隸焉。世祖中統元年，中都立太常寺，止設寺丞一人。至元二年，翰林兼攝太常寺。九年立太常寺設卿一人，少卿以下五人。十三年，以侍衛司省併太常寺。十六年，又增法物庫子，掌公服法服之藏。武宗至大元年，改陞爲院設官十二員。四年，復爲太常寺。仁宗延祐元年，復改陞院以大司徒領之。文宗天歷二年，定置院使二人，同知二人，僉院二人，同僉二人，院判二人。又置大禧宗禋院，設院使都典制神御殿事六人，同知兼佐儀神御殿事二人，副使兼奉贊神御殿事二人，僉院兼祇承神御殿事二人，同僉兼肅治神御殿事二人，院判供應神御殿事二人，叅議二人，掌朔望歲時諱忌日辰禋享禮典。明洪武元年，置太掌司設卿少卿等官。三十年，改司爲寺，卿一人，少卿二人，掌祭祀禮樂之事，總其官屬，籍其政令以聽於禮部。洪武以後間有以樂舞生累資陞至卿，甚或加禮部尚書侍郎銜者。穆宗隆慶初，乃始定制，重推科甲出身者爲卿。凡天神、地祇、人鬼，歲祭有常。先冬十二月朔，奏請明年祭日，天子御奉天殿受之，乃頒於諸司。天子親祭，則贊相禮儀。大臣攝事，亦如之。凡國有册立、册封、冠婚、營繕、征討、大喪諸典禮，歲時旱澇大災變，則請告宗廟社稷。薦新則移光禄寺供其品物。祭祀先期請省牲，進祝版銅人，殿殿奏請齋戒，親署御名。省牲偕光禄卿。惟大祀車駕親省，大臣日一省之。凡祭，滌器、爨理、香燭、玉帛，整拂神幄，掌燎、看燎、讀祝、奏禮、對引、司香、進俎、舉麾、陳設、收支、導引、設位、典儀、通贊、奉帛、執爵、司樽、司罍洗，凡卿貳皆率屬各供其事。孝宗弘治七年，增設卿少卿各一人，提督四譯館事。世宗嘉靖中，裁卿，止設少卿一人，用本寺銜名不治寺事。

《大明會典》卷二一七《光禄寺》 國初置宣徽院，尚食尚醴二局，設院使同知、院判、典簿統之。繼改光禄寺，正四品衙門。設卿、少卿、寺丞、主簿等官，職專膳羞享宴等事，移太常寺供需庫隸之。洪武四年，又置法酒庫，設內酒坊大使、副使。八年改寺爲司，陞從三品衙門，改主簿爲典簿。又設録事，置大官、珍羞、良醞、掌醢四署。每署設令、丞、監事。又設孳牧所大使、副使，局庫俱革。三十年，復改司爲寺，署令爲署正。又設司牲局。仍改孳牧所爲司牧局。嘉靖七年，司牧局革。萬曆二年，添設銀庫大使一員。【略】

南京光禄寺

建置見前。

凡奉旨諭祭等項，俱從禮部行本寺辦送。本寺歲用器皿，俱南京工部造辦。官吏俸糧，南京禮部帶支。廚役替代勾補，俱南京禮部查行。供應文卷，每月送南京浙江等道，輪流照刷。

（明）李日華《官制備考》卷上《光禄寺》 《周禮·天官》膳夫爲食官之長，自膳夫以下，有庖人內饔外饔等官，皆以上士中士下士爲之，屬于冢宰，以掌王之飲食膳羞，即今光禄官之職。秦漢以來，官則是而所職非也。葢秦有郎中令，掌宮殿掖門户。漢因之。卿一人，有丞。至武帝更名光禄勳。後漢所掌同，典三署郎更直執戟宿衛郊祀之事，掌三獻。魏晋以來，無三署郎，光禄勳不復居禁中，宮殿門户猶屬焉。宋齊因之，梁除勳字，爲光禄卿。後魏增置少卿，北濟曰光禄寺，置卿、少卿，兼掌諸膳食帳幕。隋廢入司農，不久復置。唐因之，後改爲司宰寺，又改爲司膳寺。神龍復舊，大要卿掌邦國酒醴膳羞，總大官珍羞良醖掌醢四署官屬，修儲備謹出納。少卿丞貳之。自此與漢光禄勳絶，特襲其名耳。宋仍唐初，置判寺事一人，朝官以上充。元豐官制行，卿一，少卿一，丞一，主簿一，掌祭祀、朝會、宴饗、酒醴、膳羞事。其屬有大官令，主割烹，上林司主果實茗菜。有牛羊司，乳酪院，油醋庫，法酒庫，內酒坊大官物料庫，外物料庫。紹興廢，并入禮都。而自宋及元復有宣徽院，客省使，亦掌會燕饗酒饌饔餼，任實光禄，而不及舊名。我朝初置宣徽院，尚食尚禮二屬，累改爲光禄寺。卿一人，少卿二人，寺丞二人，其屬典簿二人，録事一人。大官珍羞良醞掌醢四署，各署正一人，署丞四人，監事四人。司牲司牧二屬，各大使一人。卿掌祭饗宴勞膳羞之事，辨名數，會出入，量豐約，以聽于禮部。光禄寺丞貳之。典簿録事，職掌仍古。

（明）徐石麒《官爵志》卷二《光禄寺》 漢有光禄勳，梁改光禄卿。今卿從三品，少卿正五品，寺丞從六品。職專膳羞宴饗等事。首領典簿從七品，録事從八品，屬官大官珍羞良醞掌醢四署署正俱從六品，署丞俱從七品，監事俱從八品，司牲司司牧局大使俱從九品，副使使未入流。

（清）查繼佐《罪惟録》志卷二七《職官志・初制文職》 宣徽院，吴元年置，置尚禮、尚食二局，設院使、同知、院判、典簿，以統二局。旋改光禄寺，正四品，移太常司供需庫隸之。洪武四年，置法酒庫，設內酒房大使副使。八年，改寺爲司，從三品，設四署，署有令。又設孳牧所，前局庫俱革。又改孳牧所爲司牧局。

《明史》卷七四《職官志》 光禄寺。卿一人，從三品，少卿二人，正五品，寺丞二人，從六品。其屬，典簿廳，典簿二人，從七品，録事一人，從八品。大官、珍羞、良醞、掌醢四署，各署正一人，從六品，署丞四人，從七品，監事四人，從八品。司牲司，大使一人，從九品，副使一人，後革。司牧局，大使一人，從九品，嘉靖七年革。銀庫，大使一人。

卿掌祭享、宴勞、酒醴、膳羞之事，率少卿、寺丞官屬，辨其名數，會其出入，量其豐約，以聽於禮部。凡祭祀，同太常省牲；天子親祭，進飲福受胙；薦新，循月令獻其品物；喪葬供奠饌。所用牲、果、菜物，取之上林苑；不給，市諸民，視時估十加一，其市直季支天財庫。四方貢獻果鮮廚料，省納惟謹。器皿移工部及募工兼作之，歲省其成敗。凡筵宴酒食及外使、降人，俱差其等而供給焉。傳奉宣索，籍記而覆奏之。監以科道官一員，察其出入，糾禁其姦弊。歲四月至九月，凡御用物及祭祀之品皆用冰。大官供祭品宮膳、節令筵席、蕃使宴犒之事。珍羞供宮膳肴核之事。良醞供酒醴之事。掌醢供餳、油、醯、醬、梅、鹽之事。司牲養牲，視其肥瘠而蠲滌之。司牧亦如之。

初，吴元年置宣徽院，設院使，正三品，同知，正四品，院判，正五品，典簿，正七品。以尚食、尚醴二局隸之。局設大使，從六品，副使，從七品。洪武元年改爲光禄寺，設光禄卿，正四品，少卿，正五品，寺丞，正六品，主簿，正八品。所屬尚食等局，又移太常司供需庫隸之。局庫官品仍舊。二年設直長四人，遇百官賜食御前者，則令供事。四年置法酒庫。設內酒坊大使，從八品，副使，從九品。八年改寺爲司，陞卿秩，卿從三品，少卿從四品，以寺丞爲司丞，從六品，主簿爲典簿，從七品，增設録事，從八品。又置所屬大官、珍羞、良醞、掌醢四署，每署令一人，從六品，丞一人，從七品，監事一人，從八品。孳牧所，大使一人，從九品，副使一人，未入流。十年定光禄司散官品秩。時所用光禄司官，或內官，或流官，或庖人，出身不同，同授散官。至是定，內官除授者，照內官散官給授。流官除授者，照文官散官給授。庖人除授者，卿從三品，授尚膳大夫；少卿正五品，授奉膳大夫；司丞從六品，授司膳郎；各署丞從七品，授掌膳郎；監事從八品，授執膳郎。尋罷各局庫，置司牲司，又改孳牧所爲司牧司。後爲司牧局。三十年復改爲光禄寺，官制仍舊。少卿已定正五品。

建文中，陞少卿、寺丞品秩。少卿陞四品，寺丞陞五品。增設司圃所，改司牲司爲孳牲所，陞其品級。

成祖復舊制。正統六年裁四署冗員。先是，光禄卿奈亨以供應事繁，奏增各署官，至是復奏裁之。裁署正四人，署丞五人，監事七人。嘉靖七年革司牧局。萬曆二年添設銀庫大使一人。

《明史》卷七五《職官志》 光禄寺。卿一人，少卿一人，隆慶四年革少卿。典簿一人。大官、珍羞、良醞、掌醢四署，各署正一人，署丞一人。嘉靖中，革良醞、掌醢二署署丞。萬曆中，革珍羞署丞。

（清）嵇璜等《續通典》卷二九《職官・諸卿上・光禄卿》 唐制光禄卿一人，少卿二人，掌酒醴膳羞之政。凡祭祀，省牲鑊濯溉，三公攝祭則爲終獻，朝會享則節其等差。宋初，光禄寺置判寺事一人，以朝官以上充。光禄卿少卿皆爲寄禄。元豐官制行，始置卿一人，少卿一人。卿掌祭祀朝會宴饗酒醴膳羞等事，修其儲備而謹其出納之政。少卿爲之貳。元祐三年，詔長貳互置。徽宗政和六年，監察御史王桓奏祭祀牢醴之具掌於光禄而寺官未嘗臨視，請大祠以長貳，朔祭及中祠以丞簿監視宰割，從之。建炎以後廢寺併入禮部。遼南面官初設光禄後改爲崇禄寺，有卿少卿丞主簿等官。金宣徽院監知御膳，太府監掌造酒醴，無光禄寺。元至元十五年，設光禄寺卿一人，少卿一人。二十三年增卿一人，二十四年增少卿一人，隸宣徽院。二十五年撥隸省部。三十四年復隸宣徽院，定置卿四人，少卿二人。明初置宣徽院，設院使同知院判典簿等官，以尚食尚醴二局隸之，繼即改爲光禄寺。設卿一人，少卿二人，掌祭享宴勞酒醴膳羞之事，率其官屬辨名數，會出入，量豐約以聽於禮部。凡祭祀同太常寺省牲，天子祭親進飲福受胙，薦新，循月令獻其品物。凡筵宴酒食及外使、降人，俱差其等而供給之。監以科道官一人，察其出入，糾禁其姦弊。南京光禄寺卿一人，少卿一人。隆慶四年罷少卿。

《大明會典》卷二一八《太僕寺》 國初，設羣牧所牧養馬匹。洪武六年，始置太僕寺，從三品衙門，在滁州。設卿、少卿、寺丞、典簿等官。職專馬政。三十年，置北平及遼東、山西、陝西、甘肅等處行太僕寺。永樂元年，改北平行太僕寺爲北京行太僕寺。十八年，改稱太僕寺。洪熙元年，復稱北京行太僕寺。正統六年，定今名。以原置在滁州者，爲南京太僕寺云。

凡所屬地方。永樂四年，設北京苑馬寺，領清河金臺等六監，常春順義等二十四苑。十六年裁革。以其馬屬北京行太僕寺，牧於民間。其原額草場，今議徵銀兩，備草料支用。【略】

凡分管，少卿，舊設二員。一員巡視京營及各邊騎操馬匹，一員提督順天河間保定三府所屬寄牧馬匹。俱領勅，一年更替。正德七年，添設一員，收兑馬匹。及會同科道官，兵部委官，秤收馬價子粒，各營椿朋銀兩。隆慶三年題准：少卿一員，仍提督京邊馬政，二員分管東西二路，各兼寄牧孳牧驗烙巡養之事。俱領勅不更替。萬曆九年，裁革一員。十一年，復舊。

凡分管寺丞，舊設十二員。以九員分管順天、保定、真定、河間、永平、大名、濟南、兗州、東昌九府，一員管順德、廣平二府，一員管開封、衛輝、彰德三府各馬匹，一員管京衛孳牧騎操馬匹。弘治十八年，裁革四員。正德九年，添設一員，專管寄養馬匹。嘉靖八年，裁革三員。以寄養馬匹，令該管地方官帶管。其六員，一員分管順天、順德、廣平三府，并京衛孳牧騎操馬匹，一員分管真定、保定二府，一員分管大名、永平二府，一員分管河間及濟南府，一員分管兗州、東昌二府，一員分管開封、衛輝、彰德三府。俱三年更代。每歲二八月出巡。照依兵部馬政事例，逐一興舉，歲終比較。遇更代之年，具所行事蹟，造册繳部查照。其山東等都司所屬衛所，各從本司委官提督。遇有解到孳生馬匹，照例發屬寄養。隆慶三年題准：定爲三員，以一員提督庫藏兼協理京邊，二員協理東西二路。萬曆九年，裁革一員。尋復舊。少卿勅内兼載寺丞職名，遇少卿缺，是寺丞暫攝行事。【略】

南京太僕寺

洪武七年，設羣牧監，隸本寺。二十三年，定爲十四牧監，九十八羣。二十八年，裁革，以其馬屬有司提調孳牧。今所領府衛州縣，總六十七處。

（明）何棟如《皇祖四大法》卷五《治法》 〔洪武六年二月〕戊子，改群牧監爲太僕寺，秩如舊，以監令唐原亨爲太僕寺卿，監丞孫楧爲少卿。始定養馬之法，命應天廬州鎮江鳳陽等府，滁和等州之民，養馬江北，以便水草，一户養馬一匹，江南民十一户養馬一匹。官給善馬爲種，率三牝馬置一牡馬。每一百匹爲一群，群設群頭群副掌之。牧馬歲課一駒，牧飼不如法，至缺駒損斃者，責償之。其牧地擇近水草豐曠之地，春時牧放游牧，秋冬而入寺。官以時巡行群牧，視馬肥瘠而勸懲之。任滿，吏部考其生息多寡，以爲殿最焉。

（明）李日華《官制備考》卷上《太僕寺》 按《周禮》有太僕下大夫，掌正王之服位，出入王之大命。而周穆置太僕正，以伯冏爲之。秦特襲其名耳。漢太僕秩二千石，有兩丞，領五監六廄。王莽改爲太御，後漢仍謂太僕。卿一，丞一，亦掌車馬。魏因之。晉太僕銀章青綬，置功曹主簿五官等員，領典牧乘黄驊騮龍馬等廄令。晉宋以來不常置，郊祀則權置太僕執轡，事畢則省，齊亦然。梁太僕從視黄門侍郎，統南牧，左右牧，龍廄，内外廄。陳因之。北齊太僕寺，統驊騮，左右龍，左右牧，乘黄車府諸署。隋如北齊，煬帝增置少卿一人。龍朔改爲司馭，光宅改爲司僕，後復舊。領乘黄典廄典牧車府等四署。宋初，邦國輿馬之政，分隸郡牧司騏驥院，太僕但掌天子五輅屬車，給大小中祀羊，以朝官以上及兩省以上充。元豐制行，卿少卿丞簿各一人，掌奉輅廄牧之政令。車輅院，左右騏驥院，天駟監，鞍轡庫，養象所，駞坊，車營務，遠務，牧養上下監隸焉。國朝太僕寺，洪武初移駐滁州。及令都設於京師而除山西陝遼東，設太僕苑馬監治焉。卿掌政令，以聽于兵部。少卿則一人督營馬，一人督畿馬。寺丞分理畿府，及山東河南六部孳牧寄牧馬。三年而更其屬。主簿一人，掌盈庫大使一人。

（明）徐石麒《官爵志》卷二《太僕寺》 洪武初置太僕寺，在滁州，置北平遼東陝西甘肅爲行太僕寺。永樂間改北平稱太僕寺正。正統間定滁爲南京太僕寺。按《周官》有太僕，秦與漢有丞，梁有主簿。今卿從三品，少卿正四品，寺丞正六品。職專司牧馬之事。首領主簿官從七品，常盈庫大使俱未入流。太僕寺官品同。

（清）查繼佐《罪惟録》志卷二七《職官志·初制文職》 羣牧所，國初京師置，即北平行太僕寺。洪武六年，移滁州。

（清）查繼佐《罪惟録》志卷二七《職官志·初制文職》 行太僕寺，洪武三十年，置于山西、北平、陝西、遼東。

《明史》卷七四《職官志》 太僕寺。卿一人，從三品，少卿二人，正四品，正德十一年增設一人。寺丞四人，正六品。其屬，主簿廳，主簿一人，從七品。常盈庫，大使一人。所轄，各牧監，監正一人，正九品，監副一人，從九品，録事一人，後監正、監副、録事俱革。各羣，羣長一人，後革。

卿掌牧馬之政令，以聽於兵部。少卿一人佐寺事，一人督營馬，一人督畿馬。寺丞分理京衛、畿内及山東、河南六郡孳牧、寄牧馬匹。濟南、兗州、東昌、開封、彰德、衛輝。凡軍民孳牧，視其丁產，授之種馬。牡十之二，牝十之八，爲一羣。南方以四牝、一牡爲羣。歲徵其駒，曰備用馬，齊其力以給將士。將士足，則寄牧於畿內府州縣，肥瘠登耗，籍其毛齒而時閱之。三歲偕御史一人印烙，選其健良而汰其羸劣。其草場已墾成田者，歲斂其租金，災祲則出之以佐市馬。其賠償折納，則征馬金輸兵部。主簿典勾省文移。大使典貯庫馬金。

初，洪武四年置羣牧監於答答失里營所，隨水草利便立官署，專司牧養。六年更置羣牧監於滁州，旋改爲太僕寺，秩從三品，設卿、少卿、寺丞，又設首領官知事、主簿各一人。七年增設牧監，羣官二十七處，隸太僕寺。尋定羣牧監品秩。令，正五品，丞，正六品，鎮撫，從六品，羣頭十人、吏目一人，省注。十年增置滁陽等各牧監及所屬各羣。改牧監令、丞爲監正、監副。監正，從八品，監副，正九品，御良，從九品。後又定監正爲正九品。二十二年定滁陽等十二牧監，每監設監正一人，監副二人，録事一人。來安等一百二十七羣，每羣設羣長一人。初設羣副二人，至是革。二十三年增置江東、當塗二牧監及所屬各羣。又罷烏衣等五十四羣，改置永安等七羣，定爲牧監十四，【略】羣九十有七。【略】二十八年悉罷羣牧監，以其馬隸有司牧養。三十年置行太僕寺於北平，秩如太僕寺。建文中，陞寺丞品秩，舊六品，陞五品。又改其首領官職名，增設録事，及典廄、典牧二署，驌驦等十八羣，滁陽等八牧監，龍山等九十二羣。成祖復舊制。永樂元年改北平行太僕寺爲北京行太僕寺。十八年定都北京，遂以行太僕寺爲太僕寺。洪熙元年復稱北京行太僕寺。正統六年定爲太僕寺。其舊在滁州者，改爲南京太僕寺。寺丞，初置四人。正統中，又增八人，共十二人，以一人領京衛，一人領順德、廣平二府，一人領開封、衛輝、彰德三府，九人分領順天、保定、真定、河間、永平、大名、濟南、兗州、東昌九府孳牧、寄牧各馬匹。弘治六年革四人。正德九年復增一人，專領寄牧之事。嘉靖八年又革三人，共六人分領，三年更代，而以寄牧者令府州縣兼理。隆慶三年又革三人，止設三人，以一人提督庫藏兼協理京邊，二人分理東西二路各馬政。

《明史》卷七五《職官志》 行太僕寺。卿一人，從三品，少卿一人，正四品，寺丞無定員，正六品。其屬，主簿一人，從七品。掌各邊衛所營堡之馬政，以聽於兵部。凡騎操馬匹印烙、俵散、課掌、孳牧，以時督察之。歲春秋，閱視其增耗、齒色，三歲一稽比，布、按二司不得與。有瘠損，則聽兵部參罰。苑馬寺亦如之。

洪武三十年置行太僕寺於山西、北平、陝西、甘肅、遼東。山西、北平、陝西，每寺設少卿一人，丞三人；甘肅、遼東，每寺設少卿、丞各一人，擇致仕指揮、千百户爲之。永樂四年許令寺官按治所轄衛所鎮撫首領官吏。十八年以北京行太僕寺爲太僕寺。宣德七年發雜犯死罪應充軍者，於陝西行太僕寺養馬。弘治十年簡推素有才望者補本寺官，視太僕寺官陞擢。嘉靖三年，從御史陳講請，增設陝西、甘肅二寺各少卿一員，分管延綏、寧夏。二十九年令寺官遇聖節，輪年齎進表文。

《明史》卷七五《職官志》　太僕寺。卿一人，少卿二人，寺丞二人，隆慶中，革少卿一人，寺丞一人。主簿一人。

（清）嵇璜等《續通典》卷二九《職官·諸卿上·太僕卿》　唐制太僕寺卿一人，少卿二人，掌廄牧輦輿之政。凡監牧籍帳，歲受而會之，上駕部以議考課。宋初置判寺事一人，以朝官以上充。元豐官制行，置卿一人，少卿一人，掌車輅廄牧之政令，國有大禮，供其輦輅、屬車，前期戒有司教閲象馬。若有事於南北郊，侍中請升輅卿授綏，總國之馬政。凡閲馬，差次其高下，應給賜則如格授。歲終鈎覆帳籍，以上駕部。建炎後廢太僕寺，併入兵部。遼北面官有尚廄使、尚廄副使、飛龍使、飛龍副使，總領内外廄馬等官。南面官亦設太僕寺。金無太僕寺，設尚廄局提點使、副使，掌御馬調習牧養。直長一人，司馬牛羣。所屬有掌廄都轄，副轄，隸殿前都點檢司。元中統四年，設羣牧所。至元十六年，改尚牧監。十九年又改爲太僕院，二十年改爲衛尉院。二十四年罷院立太僕寺，又別置尚乘寺以管鞍轡，而太僕寺止管阿迪斯馬匹。二十五年隸中書省，置提調官二人。大德十一年復改太僕院。至大四年仍爲寺，卿二人，少卿二人。明洪武四年，置羣牧監於達勒達錫里營所，隨水草利便立官署，專司牧養。六年更置羣牧監於滁州，旋改爲太僕寺，設卿少卿。三十年，置行太僕寺於北平，後定都北京遂去行字。其舊在滁州者，改爲南京太僕寺，遂定制。卿一人，少卿二人。正德十一年，增設少卿一人。卿掌牧馬之政令以聽於兵部。少卿一人佐寺事，一人督營馬，一人督畿馬。

《大明會典》卷二一九《鴻臚寺》　國初置侍儀司，爲從六品衙門。職專朝會賓客吉兇禮儀之事。洪武九年，改爲殿庭儀禮司。設使、副、承奉、鳴贊、序班。十三年，革承奉，添設司儀。十九年，更使爲司正，副爲左右司副。三十年，始改鴻臚寺，陞正四品衙門。定設卿、左右少卿、左右寺丞，屬官主簿司儀司賓署各署丞鳴贊序班等官。後又設外夷通事亦隸焉。【略】

南京鴻臚寺

建置見前。

凡遇萬壽聖節、正旦、冬至行慶賀禮，俱先于南京朝天宮習儀，至期行禮。本寺堂上官祝贊，鳴贊贊禮，序班執事，其禮與在外同。【略】

凡孝陵官員，隆慶四年奏准：俱赴本寺報名，差序班二員贊禮。

（明）李日華《官制備考》卷上《鴻臚寺》　《周官》有大行人，掌大賓客之禮，象胥掌蠻夷閩洛之國使。秦官有典客，掌諸侯及歸義蠻夷，即是官也。漢名鴻臚，應劭曰：鴻，聲也。臚，傳也。所以傳聲贊導，故曰鴻臚。掌贊郊廟行禮，諸侯及歸義蠻夷，掌迎勞，贊禮儀，上郡國計。景帝改名大行令，武帝更名大鴻臚。秦有典屬國，掌蠻夷降者，漢因之。成帝併入大鴻臚，北齊曰鴻臚寺。隋廢鴻臚寺，入太常，尋復置領典客司儀崇玄三署，有卿有丞。唐龍朔改名司文，咸亨復舊。光宅改司賓，神龍復舊。卿一人，少卿二人，丞二人，領典客司儀二署。宋初置判寺事一人，以朝官以上充。元豐署卿少卿丞主簿各一人。國朝初曰侍儀司，曰殿庭儀禮司，累改始定爲鴻臚寺。卿一，少卿二，丞二，主簿一。屬署二，曰司賓，曰司儀。而外夷通事隸焉。卿掌朝會賓客吉兇禮儀之事，少卿寺丞爲之貳。主簿典出納文移，司賓司儀二署鳴贊八人，主贊禮。序班五十餘，立侍班齊班，而引禮糾儀焉。

（明）李日華《官制備考》卷上《行人司》　《周禮》有大行人，掌諸侯朝覲會同之禮，及時聘會同之事。小行人掌邦國之禮籍，以待四方之使者。秦之典客，漢之鴻臚，皆其職也。漢又有大行，爲鴻臚屬官，事之尊重者遣大鴻臚，而輕賤者遣大行人。武帝時更名行人，爲大行令。其後事歸鴻臚。唐之典客司儀，宋之懷遠禮賓，其名不一，然皆鴻臚之事，無復有行人之名矣。皇朝建文中，并行人司于鴻臚寺。靖難後復故，司正一人，司副二人，行人三十六人，職耑奉使之事。凡頒行詔敕，册封宗藩，撫諭蕃夷，徵聘才賢，及賞賜慰問，賑濟軍旅，祭祀叙差焉。凡法司讞成，囚徒送五府者，填精微繳内府。

（明）徐石麒《官爵志》卷二《鴻臚寺》　《周官》大行人，秦爲典客，漢改曰鴻臚，鴻聲，臚傳之也，傳聲贊道也。隋有丞，唐有主簿。今卿正四品，左右少卿從五品，左右寺丞從六品，首領主簿從八品，屬官司儀署司賓署，署丞正九品，鳴贊序班俱從九品。職專朝儀宣贊等事。

（清）查繼佐《罪惟録》志卷二七《職官志·初制文職》　侍儀司，從六品。洪武九年，改爲殿廷儀禮司，設使、副使、承奉、鳴贊、序班。

十三年，革承奉，增司儀。十九年，更使爲司正副，爲左右司副。三十年，始改鴻臚寺，外彝通事亦隸之。

《明史》卷七四《職官志》　鴻臚寺。卿一人，正四品。左、右少卿各一人，從五品。左、右寺丞各一人，從六品。其屬，主簿廳，主簿一人，從八品。司儀、司賓二署，各署丞一人，正九品。鳴贊四人，從九品。後增設五人。序班五十人，從九品。嘉靖三十六年革八人，萬曆十一年復設六人。

鴻臚掌朝會、賓客、吉凶儀禮之事。凡國家大典禮、郊廟、祭祀、朝會、宴饗、經筵、册封、進曆、進春、傳制、奏捷，各供其事。外吏朝覲，諸蕃入貢，與夫百官使臣之復命、謝恩，若見若辭者，並鴻臚引奏。歲正旦、上元、重午、重九、長至賜假，賜宴，四月賜字扇、壽縷，十一月賜戴煖耳，陪祀畢，頒胙賜，皆贊百官行禮。司儀典陳設、引奏，外吏來朝，必先演儀於寺。司賓典外國朝貢之使，辨其等而教其拜跪儀節。鳴贊典贊儀禮。凡內贊、通贊、對贊、接贊、傳贊咸職之。序班典侍班、齊班、糾儀及傳贊。

初，吴元年置侍儀司，秩從五品。洪武四年定侍儀使，從七品，引進使，正八品，奉班都知，正九品，通贊、通事舍人，從九品，俱爲七品以下官。九年改爲殿庭儀禮司，設使一人，正七品，副三人，正八品，承奉一人，從八品，鳴贊二人，正九品，序班十六人，從九品，九關通事使一人，正八品，副六人，從八品。十三年改使爲司正，分左、右司副各一人，增序班至四十四人，革承奉，增設司儀四人。二十二年增設左、右司丞四人，正九品。三十年始改爲鴻臚寺，陞秩正四品，設官六十二員。卿以下員數，品級如前所列。又設外夷通事隸焉。建文中，陞少卿以下品秩。少卿陞正五品，寺丞陞正六品。又改其首領官職名，與鳴贊、序班皆陞品級。罷司儀、司賓二署，而以行人隸鴻臚寺。成祖初，悉復舊制。

《明史》卷七四《職官志》　行人司。司正一人，正七品，左、右司副各一人，從七品，行人三十七人，正八品。職專捧節、奉使之事。凡頒行詔赦，册封宗室，撫諭諸蕃，徵聘賢才，與夫賞賜、慰問、賑濟、軍旅、祭祀，咸叙差焉。每歲朝審，則行人持節傳旨法司，遣戍囚徒，送五府填精微册，批繳內府。

初，洪武十三年置行人司，設行人，秩正九品。左、右行人，從九品。尋改行人爲司正，左、右行人爲左、右司副，更設行人三百四十五人。二十七年陞品秩，以所任行人多孝廉人材，奉使率不稱旨。定設行人司官四十員，咸以進士爲之。非奉旨，不得擅遣，行人之職始重。建文中，罷行人司，而以行人隸鴻臚寺。成祖復舊制。

《明史》卷七五《職官志》　鴻臚寺。卿一人，主簿一人。司儀、司賓二署，各署丞一人，鳴贊四人，序班九人。

（清）嵇璜等《續通典》卷三〇《職官・諸卿中・鴻臚寺》　唐鴻臚寺卿一人，少卿二人，凡四國君長以番望高下爲簿朝見。凡大臣喪葬則本寺官贊相之示以禮制。宋初置判寺事一人，以朝官以上充。官制行，置卿一人，少卿一人。卿掌四方朝貢宴勞給賜送迎之事，及國之凶儀中都祠廟道釋籍帳除附之禁令，少卿爲之貳。高宗建炎後罷鴻臚寺併入禮部。遼北面官有客省局使副使等官，南面官客省有都客省，客省使、左客省使、右客省使、客省副使等官。南面官鴻臚寺亦置卿、少卿。金不設鴻臚寺，有客省使副使，掌接伴人使見辭之事。引進使副使，掌進外方人使貢獻禮物事。內承奉班押班掌總率本班承奉之事，御院通進四員掌諸貢獻禮物及薦享編位次序。屬宣徽院。元不設鴻臚寺，有侍儀司會同館，屬禮部，廩給司屬通政院。其侍儀司掌外國朝覲之禮。世祖至元八年始置左右侍儀奉御二人，禮部侍郎知侍儀事一人，引進使知侍儀事一人，左右侍儀使二人，左右直侍儀使二人，左右侍儀副使二人，左右侍儀僉事二人，引進副使侍儀令各一人，以後增損不一。英宗至治元年，定置侍儀司四人，引進使知侍儀事二人，通事舍人十六人，侍儀舍人十四人，會同館領館事一人，大使一人，副使二人。掌接伴引見諸番蠻及峒官之來朝貢者。成宗元貞元年，以禮部尚書領館事，遂爲定制。廩給司提領一人，司令一人，司丞一人，掌諸王諸番各省四方邊遠使客飲食供帳等事。明初置侍儀司，太祖洪武四年定侍儀使引進使，品秩俱爲七品以下官。十三年改使爲司正，分左右司副各一人。二十二年增設左右司丞四人。三十年改爲鴻臚寺卿一人，左右少卿各一人，掌朝會賓客吉凶儀禮之事。

（清）嵇璜等《續通典》卷二九《職官・諸卿上・衛尉卿》　衛尉寺卿，唐置一人，少卿二人，掌器械文物，總武庫武器守宮三署兵器。祭祀朝會，則供羽儀、節鉞、金鼓、帷帟、茵席。宋初衛尉寺置判事一人，以郎官以上充。凡武庫武器歸内庫，守宮歸儀鸞司，本無所掌。元豐官制行，乃歸本寺，始置卿一人，少卿一人，掌儀衛兵械甲胄之政令。凡内外作坊輸納兵器，辨其名數，驗其良窳以歸於武庫。歲終上計帳於兵部。掌凡幄帟及鹵簿儀仗，遇大禮則長貳晝夜巡徼察其張設不如儀者。凡仗衛器物之敝者移少府軍器監修焉。建炎以後廢衛尉寺併入工部。遼北面官有北面御帳官侍衛司，近侍詳袞司，北護衛府南護衛府宿衛司官屬，掌巡徼御帳。南面官亦有衛尉寺。金衛尉司有中衛尉副尉掌中宫事務，左右常侍掌周護導從儀仗之事。元至元二十年，立衛尉院，改軍器監爲武備監隸衛尉院。二十一年改監爲寺，與衛尉院並立。二十四年，罷衛尉院。專卿武備寺卿四人，同判六人，少卿四人，丞四人，掌繕治戎器兼典受給。明初置拱衛司，後改爲拱衛指揮使司，尋又改爲都尉司，屬都督府。設儀鸞司隸焉。洪武十五年，罷儀鸞司，改置錦衣衛，恒以勳戚都督領之。凡朝會巡幸則具鹵簿儀仗，率大漢將軍等侍從扈行。宿衛則分番入直。直屬有鑾輿、擎蓋、扇手、旌節、旛幢、班劍、斧鉞、弋戟、弓矢、馴馬十司，各領將軍校尉，以備法駕。其營造軍器之事俱掌於兵部。

（清）嵇璜等《續通典》卷三〇《職官・諸卿中・司農卿》　唐司農寺卿一人，少卿二人，掌倉儲委積之事。宋初司農寺置判寺事二人，以兩制朝官以上充。神宗熙寧二年，置制置條例司，立常平斂散法，遣諸路提舉官推行之。三年，詔制置司均天下之財，以常平新法付司農寺，而農田、水利、免役、保甲等法悉自司農講行。以太子中允吕惠卿判司農寺，改同判寺胡宗愈爲兼判。官制行，寺監不治外事，司農事舊職務悉歸户部右曹。置卿一人，少卿二人。卿掌倉儲委積之政令，總苑囿庫務之事而謹其出納，天子有事親耕則奉耒耜，少卿爲之貳。建炎三年，罷司農寺，以事務併隸倉部。紹興四年，復置寺，仍置卿少卿。遼南面官有司農寺，置卿少卿等官。金宣宗興定六年，置司農司，設兼採訪公事，大司農一人，卿三人，少卿三人。于陝西河南置行司農司。哀宗正大元年，又于歸德許州置行司農司，各設卿少卿等官。凡卿以下各出巡按察官吏臧否而陞黜之，使節所過，姦吏屏息，數年之間民政修舉實賴其力。元至元七年，始置大司農司，設官五人。凡農桑水利學校饑荒之事悉掌之。十四年罷，以按察司兼領勸農事。十八年，改立農政院，置官六人。二十年又改立務農司，置達嚕噶齊一人，務農使一人，同知二人。是年又改爲司農寺，達嚕噶齊一人，司農卿二人。二十三年仍改爲大司農司。成宗大德元年增領大司農寺一人。仁宗皇慶二年增大司農一人，繼又定置四人，大司農卿二人，少卿二人。順帝至正十三年，置分司農司，命中書右丞烏蘭哈達、左丞烏克遜良楨兼大司農卿，給分司農印。西自西山南至保定河間，北至檀順州，東至遷民鎮，凡係官地及元管各處屯田悉從分司農司立法，募民耕種。明初置司農司，設卿少卿等官，尋即罷。洪武三年復置司農司，開治所于河南，設卿一人，少卿一人。四年又罷之，悉以其所掌歸户部。

《大明會典》卷二二〇《國子監》　國初於南京置子學，正四品衙門。設博士、助教、學正、學録、典樂、典書、典膳等官，所以專司風化，教育人材，職任最重。後添設祭酒、司業、典簿，改典膳爲掌饌。洪武八年，置中都國子學。十五年，改國子學爲國子監，中都國子學爲中都國子監，從四品衙門。以祭酒司業爲堂上官，監丞、博士、助教、學正、學録、典籍、掌饌爲屬官，典簿爲首領官。二十六年，革中都國子監。永樂元年，置國子監于北京，設官同。嘉靖七年，建敬一亭於本監正堂之北，中樹御製敬一箴，聖諭六道，御註范氏心箴，程子視聽言動四箴，凡七碑，如翰林之制。本監以累經車駕臨視，正官不敢中堂而坐，及中門出入，兩京皆同。

監視

洪武十五年定：一、本監正官，每日清晨升堂，就坐，各屬官以次赴堂序立，行揖禮，正官坐受。後各屬官分列東西，相向對揖，禮畢就立。俟各堂生員行列恭揖，禮畢方退，晚亦如之。一、本監屬官，每遇赴堂稟議事務，質問經史，皆須拱立聽受，取次講説，不得即便坐列。其正官亦不得要求虚譽，輒自起身，有紊禮制。務在綱紀秩然足爲矜式。一、本監正官職專總理，一應事務須要整飭威儀嚴立規矩表率屬官模範後進，不可屍位素餐因而怠惰。一、監丞之職所以叅領監事，凡教官怠於師訓，生員有戾規矩，并課業不精，廩膳不潔，並從糾舉懲治，務要夙夜盡公，嚴行約束，毋得徇情以致廢弛。一、博士、助教、學正、學録等官職專教誨，務在嚴立工程，用心講解，以臻成效。如或怠惰不能自立，以致生員有戾規矩者，舉覺到官，各有責罰。一、生員在學讀書，務要明體適用，以須仕進。各宜遵承師訓，循規蹈矩。凡出入起居升堂會饌，毋得有犯學規，違者痛治。一、掌饌職備廩食，供給師生。須要恪恭乃事，務在豐潔，毋得通同膳夫廚役人等因而剋減，以致不充。違者依律問罪。一、典簿職專文案，凡一應學務，并支銷錢糧，季報課業文册等項，皆須明白稽考。毋得通同吏典人等，侵損漏落作弊。違者並依律處治施行。一、每月背講書日期，初一日假，初二日初三日會講，初四日背書，初五日初六日復講，初七日背書，初八日會講，初九日初十日背書，十一日復講，十二日十三日背書，十四日會講，十五日假，十六日十七日背書，十八日復講，十九日二十日背書，二十一日會講，二十二日二十三日背書，二十四日復講，二十五日會講，二十六日背書，二十七日二十八日復講，二十九日背書，三十日復講。

本年又定：一、學校之所，禮義爲先。各堂生員，每日誦授書史，並在師前立聽講解。其有疑問，必須跪聽，毋得傲慢，有乖禮法。一、在學生員，當以孝悌忠信禮義廉恥爲本，必先隆師親友，養成忠厚之心，以爲他日之用。敢有毀辱師長，及生事告訐者，即係干名犯義，有傷風化，定將犯人杖一百發雲南地面充軍。一、開設太學，教育諸生，所以講學性理，務在明體適用。今後諸生止許本堂講明肄業，尊於爲己，目就月將，毋得到於别堂往來相引議論他人長短，因而交結爲非。違者從繩愆廳究察，嚴加治罪。一、師生廩膳，既設掌饌以專其職，廚役人等以任其役，升堂會饌已有成規。今後不許再立監饌生員，每日諸生會食務要赴會饌堂，公同飲食。毋得擅入廚房議論飲食美惡，及鞭撻膳夫。違者笞五十，發回原籍親身當差。一、各堂教官，每班選重厚勤敏生員一名，以充齋長，表率諸生。每日各齋通輪齋長四名，於彝倫堂直日，整點禮儀序立班次，及催督各齋工課。不許仍設掌儀專總事務，有妨本名肄業。一、堂宇宿舍俱各整飭，應用什物皆已備具，務在常加潔净。閒雜人等不許輒入，其在學人員敢有毀汙作踐者，從繩愆廳糾察懲治。一、本監官員及官民生，不許將帶家人僮僕輒擅入學紛擾汙雜，違者從繩愆廳糾治。一、掌饌職專供給飲食，務在恪恭乃事，毋得簡慢。師生如有患病不能行履者，許令膳夫供送。若無病不行隨衆會食者，不與當日飲食。一、除三飯之後，並不許另外茶飯，及澡浴湯水。敢有刁蹬索取者，繩愆廳糾治，仍將本名附集愆册紀録之。一、監丞置立集愆册一本，各堂生員凡有不遵學規，即便究治，仍將所犯附寫文册，以憑通考。初犯，紀録。再犯，決竹箆五下。三犯，決竹箆十下。四犯，照依前例，發遣安置。一、師生所用飯食物料，一一備具在學，並無缺少。若掌管之官，蹈前官典簿之弊，不將官有見在物料放支，節令差到市夫廚役人等日逐補辦油鹽醬醋等物。今後新官典簿，若有此弊，許生員面奏。一、在學生員或千數之廣，或七八百人以爲中，或百人以爲下。體知有等無志之徒，往往不行求師問道，專務結黨恃頑，故言飯食汙惡。切詳此等之徒，果係何人之子，其所造飲食，千百人所用皆善，獨爾以爲不善。果君子歟，小人歟。是後必有此生事者，具實奏聞。令法司枷鐐禁錮，終身在學役使，以供生徒。

十六年定：一、正官嚴立學規，定六堂師範高下。六堂講誦課業，定生員三等高下。一、以二司業分爲左右，各提調三堂。一、博士五員，雖分五經，共於彝倫堂西，設座教訓，六堂依本經考課。一、凡生員通四書未通經者，居正義崇志廣業堂。一年半之上，文理條暢者，許升修道誠心堂。坐堂一年半之上，經史兼通，文理俱優者，升率性堂。一、生員坐堂，各堂置立勘合文簿，於上横列生員姓名，於下界畫作十方，一月通作三十日。坐堂一日，印紅圈一箇。如有事故，用黑圈記。每名須至坐堂圈七百之上，方許升率性堂。一、凡生員日講，務置講誦簿。每日須於本名下，書寫所講所誦所習，以憑稽考。一、凡生員遇有事故者須置文簿，但遇生員請假，須至祭酒處呈稟批限，不許於本堂擅請離堂。一、凡生員升率性堂，方許積分。積分之法，孟月，試本經義一道。仲月，試論一道，詔誥表章，内科一道。季月，試經史策一道，判語二條。每試文理俱優與一分，理優文劣者半分，文理紕繆者無分。歲内積至八分者爲及格，與出身。不及分者，仍坐堂肄業。試法一如科舉之制。果有材學超越異常者，取自上裁。

二十年定：一、各堂教官，所以表儀諸生，必當躬修禮節，正其衣冠，率先勤謹，使其有所觀瞻，庶幾模範後學。今後故粧闒茸怠惰，有失威儀者，許監丞糾舉，以憑區處。若監丞故不舉覺，及懷私糾舉不當者，從監官奏聞區處。一、諸生衣巾務要遵依朝廷制度，不許穿戴常人巾服，與衆混淆。違者痛決。一、三日一次背書，每次須讀《大誥》一百字，本經一百字，四書一百字，不但熟記文詞，務要通曉義理。若背誦講解，全不通者，痛決十下。一、每月務要作課六道，本經義二道，四書義二道，詔誥表章策論判語内科二道，不許不及道數。仍要逐月作完送改，以憑類進。違者痛決。一、每日寫倣一幅，每幅務要十六行，行十六字，不拘家格，或羲獻智永歐虞顔柳，點畫撇捺必須端楷有體，合於書法。本日寫完就於本班先生處呈改，以圈改字少爲最，逐月通考。違者痛決。一、朔望行釋菜禮，各班生員務要一名名赴廟隨班行禮。敢有怠惰失儀，及點閘不到者，痛決。一、生員凡遇師長出入，必當端拱立俟其過，有問即答。毋得倨然輕慢，有乖禮體。違者痛決。一、生員講解，如有疑難，即當再三從容請問。毋得輕慢師長，置之不問，蓄疑於心。違者痛決。一、各班生員凡有一應事務，先於本堂教官處稟知，令堂長率領赴堂稟覆，毋得徑行煩紊，違者痛決。一、每班給與出恭入敬牌一面，責令各班直日生員掌管。凡遇出入，務要有牌。若無牌擅離本班，及敢有藏匿牌面者，痛決。一、生員果有病患，無家小者，許於養病房安養，不許號房内四散宿歇。有家小者，只就本家。若無病而稱病，出外遊蕩者，驗閘得實，痛決，即令到班。一、生員於各衙門辦事者，每晚必須回監。不許於外宿歇，因而生事。若晝酉不到，及點閘不在者，痛決。一、凡會食，務要禮儀整肅，敬恭飲食。不許諠譁起坐，仍不許私自逼令膳夫打飯出外，冒費廩膳。違者痛决。一、凡早晚升堂，務要各人親自放牌點閘。及要衣冠嚴肅，步趨中節，不許攙越班次，諠譁失禮。違者及點閘不到者，痛決。一、凡坐堂生員，務要禮貌端嚴，恭勤誦讀，隆師親友，講明道義，互相勸勉爲善。不許燕安怠惰，脱巾解衣，諠譁嬉笑，往來别班，談論是非。違者痛決。一、凡赴堂背書務要各照班次序立，以憑抽籤背誦。若前後攙越，諠閧雜亂者，痛決。一、生員每夜務要在號宿歇，不許酣歌夜飲，因而乘醉高聲諠閧。違者及點閘不在者，各加決責。一、朔望假日毋得在外醉飲，倒街卧巷，及因而生事，互相闘毆，有傷風化。違者痛決。一、内外號房，務要常川潔净。如是點閘各生號房前，但有作穢者，痛決。一、内外號房，各生毋得將引家人，在内宿歇，因而生事，引惹是非。違者痛決。一、生員撥住號房，俱已編定號數。不許私下那借他人住坐，違者痛決。一、凡選人除授，及差使辦事等項，敢有畏避躲閃，不行赴堂聽選者，奏聞區處。一、凡生員於各衙門辦事完結，務要隨即回監肄業。不許在外，因而生事。違者痛決。一、凡生員省親搬取，已有定例。敢有不行遵守，輒自奏啓者，治罪。一、丁憂成婚，人倫大節。假託詐冒非惟明有定律，其人不堪教養可知。今後生員，如有丁憂成婚等事，許於本監告知，具呈禮部。除丁憂已有定制外，其成婚者，定立限期，給引回還，隨即移文照勘。如有詐冒，就便依律施行。一、生員所有一切事務，合先於本監告知。本監具呈禮部定奪，奏聞區處。所告是實，本監不准，方許赴禮部陳告，毋得隔越。一、生員但有違犯前項學規，決畢，即送繩愆廳紀過。若累犯不悛者，奏聞區處。

生員入監

洪武初，令品官子弟及民間俊秀能通文義者，充國子學生。十年，令武臣子弟，入國子學讀書。十五年：令各按察司選府州縣學生員年二十以上，厚重端秀者，送京考留。十六年令：考中歲貢生員，送監再考等第，分堂肄業。十八年令：會試下第舉人，送監卒業。二十六年令：併中都國子監生入監。永樂元年令：選順天府學，并大興宛平二縣學，通經能文生員，及考順天等八府原報科舉生員，俱充北京國子監生。十九年令：監生係南人，送南監。宣德八年令：生員年四十五以上者，考選送監。正統二年令：副榜舉人不願就教職者，入監卒業。三年令：歲貢生南人願入北監者聽。十年令：生員年四十以上者考選送監。十四年令：南直隸歲貢生，俱送北監。景泰間令：生員納馬納粟入監。七年令：雲南歲貢生改送北監。天順元年詔：在京三品以上官子孫，願入監讀書者聽。務須科目出身。成化三年奏准：在京三品以上官子孫，許一人送監讀書，照監例出身。有志科目者聽。十二年奏准：南直隸歲貢生，仍送南監。十四年令：南方舉人願入南監者聽。弘治十七年奏准：歲貢生願就教者聽。禮部考試不中者，分送南北監肄業。嘉靖六年奏准：監生告改南監者，禮部儀制司給與號紙，令備寫入監坐班，告改年月日緊關字面，用印鈐蓋，親賫赴南京禮部投驗。自南改北者亦如之。萬曆三年奏准：舉人未經入監，及監事未畢者，俱以文書到日爲始，限三箇月起送入監肄業。若未經入監，雖有原籍公文，不准入場。以後每科會試畢日，凡舉人下第，及中副榜不願就教者，盡數分送兩京國子監肄業。並不許假借名色，告送順天府給引回籍。順天府亦不許徑自給引。違者叅究。其赴部會試者，除監滿撥歷外，其餘必由兩監起送，方准入場。

課試

宣德十年奏准：監生課業倣書，按季送翰林院考較。年終，奏繳文册數目。嘉靖十年奏准：以後起送歲貢到監，遵祖宗監規，通送廣業堂，每月嚴加考試。學業進修，方許以次升至率性堂，撥送各衙門歷事，中間如有累經考居優等，行誼著聞，堪以任用者，於年終具奏，本部會同吏部覆考得實，奏請送吏部同聽選監生，一體相兼選用。其覆考不上者，仍發該監照常撥歷。又奏准：歲貢坐監，遵照監規，由廣業堂漸升至率性堂，然後積分，量與出身。果有才學超然異常，取自上裁擢用。隆慶三年奏准：凡遇鄉試年分，一應援例生，暫收入監。未經查回實歷者，不論生員民生出身，不拘前例後入監，不許考送應試。

廩饌

洪武初，定官吏師生會饌。三月至十月終，日食三飡，每人日支米一升。十一月至次年二月終，日食二飡，每人日支米八合五勺。若監生有家小者，三月至十月終減支，每人日支米六合九勺。十一月至二月終，不減支。其監生家小，月支食米六斗。若雲南所屬，并四川土官生，許帶家人一名，同食廩米。其會饌物料，每人日支青菜三兩，醃菜則一兩五錢，豆腐、黄豆一合磨造，鹽三錢，醬二錢，花椒五分，香油三分，醋每四十人共一瓶，麫三日一飡，每人八兩造饅頭，豬肉四兩作餡，酵醋三錢，豆粉一兩，乾粉索爲湯。乾魚三日一次，每人二兩。柴每人日支二斤。十八年勑：師生廩膳，該司年終通考原收歲支數目，僚屬不得干預。永樂二年奏准：北京國子監廩饌等項，俱照在京國子監例。宣德三年，停止會饌。其饅頭餡肉，逐月照依時估，於順天府都稅司，門攤課鈔內折支。乾魚椒鹽等料，仍辦本色。七年令：監生有家小者，照南監例，月給食米六斗。正統七年奏准：會饌魚鹽等料，俱照時估折支鈔貫。其饅頭、粉湯、豆腐，照饌米例，支給麥豆。嘉靖六年奏准：監生入監，即與支糧。隆慶三年奏准：援例廩增附生員，邊方優等次等生，武學曾經科舉生入監者，支廩撥歷，俱各照舊。其青衣發社沙汰附學名目生，俊秀隨任等子弟，武學未經科舉生，武舉生入監者，實坐班一年以後，如果用心向學，能通文理者，給與全廩。僅守監規，略知文理者，給與半廩。若愚頑弗率，全不識文理者，仍不給廩。俱各再令實坐班一年，然後上序。給廩者，撥正歷。不給廩者，撥雜歷。如坐班一年半以上，願撥長差者，聽。

給賜

洪武二年，給監生冬夏衣。十三年奏准：監生讀書燈油，按月申部關用。十四年，給監生鈔每人二錠製秋衣。又令定撥菜地，量畝供菜，給監生用。十五年令：監生病故者，有司給棺具，歸其喪。十六年，給監生讀書燈油，每月人一斤。十八年令：監生患病，官給醫藥。久病不痊者，遣行人送還其家，俟愈入監。經過所司供藥物。死亡者，給棺殮之，仍歸其喪。二十一年，令工部於監前別造房百餘間，具竈釜牀榻，以處監生疾病者。撥膳夫二十名給役。二十二年，給監生北平山西陝西山東廣東廣西四川福建人在監年深者，各鈔五錠，年淺者各二錠，製冬衣。又給雲南選貢生員鈔錠、衣被、靴韈，撥房居住。二十三年，給監生直隸人各鈔四錠製冬衣。各布政司者，給以衣被。又給雲南四川土官生鈔錠，衣被靴韈。又令本監闢射圃，給監生弓矢習射。永樂二年，申明監生燈油紙劄於順天府官錢給辦。燈油，無家小，作課者，每人日支五錢。自五月下半月，至八月上半月炎暑，不支。課倣紙，月大盡，每人三十一張。小盡，三十張。十八年，給貴州選貢生員鈔，照雲南例。正統十年令，監生之家，優免二丁差役。又令順天府撥醫士二名，監生患病，於本府醫學，給藥療治。弘治十四年奏准：監生病故本監移文順天府，給銀三兩，以爲殯殮之具。兵部應付口糧脚力，遞送還鄉。凡雲南貴州，并四川土官生，每年於禮部關領冬夏衣，各一套。

給假

洪武十六年令：監生入監三年，有父母者，照地遠近，定限歸省。其欲搬取家小，及成婚者，亦如之，俱不許過限。父母喪，照例丁憂。如同居伯叔兄長喪，而無子者，亦許立限奔喪。十八年令：監生有父母年老，無次丁者，許回原籍侍養。其妻故子幼者，許送還鄉，給與脚力，立限回監。二十一年奏准：畢姻搬取照省親例，亦須入監三年者方許。三十年，定省親等項限期。其在路往回月日，直隸限四箇月。河南、山東、江西、浙江、湖廣，六箇月。北平、兩廣、福建、四川、山西、陝西，八箇月。其住家月日，省親三箇月，畢姻兩箇月，送幼子還鄉一箇月，丁憂照官員例，不計閏二十七箇月。凡過限兩箇月之上者，送問復監。不及一月有患病文憑者，送監。其四川兩廣福建過一年之上，北平山西陝西湖廣半年之上，浙江山東河南江西五箇月之上，直隸三箇月之上，俱發充吏。禮部引奏發落。永樂元年令：監生患病，許回原籍調治，痊日復監。四年令：北京監生省親等項，照在京國子監例，從行部定限回監。違限引奏發落。宣德元年令：監生給假還鄉，久不復監者，量地遠近定限，以文憑到日爲始，雲南貴州交趾十箇月，浙江江西山東河南五箇月，兩直隸四箇月。如再不到，皆發充吏。成化四年令：監生患病還鄉，一年之外不復監者，放爲民。又令：監生告畢姻者，須本處官司預先申部，方許。弘治十四年奏准：監生原籍地方災傷，查報是實，照例定限，送順天府給引，照回原籍省災，依限復監。又令：監生除三年省親，照依舊例外，其畢姻搬取者，務要坐監半年之上，本監查勘是實，取具本堂教官，及本班監生結狀，呈部照例定限放回。如有虛詐扶同，一體坐罪。嘉靖六年奏准：監生到監半年之上，父祖年老，更無次丁，或身老子幼，俱許取具鄉里保結，放回省視。千里之內者，准放六月，二千里之內者准放八月，餘皆一年。其復監違限一月以上，雖有患帖，通不作實在之數。隆慶元年奏准：凡監生坐班歷事，務要依期完事，給引還鄉。如有告假及丁憂等項，須保勘的實，方許給引放回，勒限起送，補班補歷。如有託故遷延，直至科舉，臨期方到者，不准入試。其回籍監生，有志進取者，聽令於本省科舉，提學官一體考送。如拆卷填榜，監生已經取中者，不許避嫌棄置。

依親

洪武二十六年令：監生願回原籍讀書者，聽。正統十四年令：監生年淺者，放回原學依親肄業，聽取復班。天順三年令：依親監生丁憂者，有司隨申禮部，以憑稽考。若預無申文，止於起復日，扶捏文書到部，經該官吏并監生一體究治。成化五年令：依親監生，例該原學疑業者，提學官嚴加約束。違者罪之。六年令：復班監生，起送文憑，務於本布政司。若路不經布政司，并南北直隸，俱各於本府，不許止給於州縣。其有隨父兄任所讀書者，俱憑本處官司保結。不係任所，不准。十四年令：坐監舉人，撥歷未及願回依親者，聽提學并分巡官及各該有司正官，照例提督考校。弘治十二年奏准：歲貢并舉人官生入監者，俱留坐監，暫止依親。若丁憂、成婚、省親、送幼子等項，仍照舊例。其已經依親，行取未到者，各處提學官，督同所屬正官，查審嚴限復監。如行取三年之上，無故在家延住，有衰老殘疾等項，不堪作養，及不願復監者，取具親供，并原引繳送禮部，轉送吏部，照例授以有司職名，冠帶閒住。若已給上司明文起送，而私回延住，過違批限一年之上到部者，俱行送問。十五年令：監生有願告依親者，仍照舊例放回。又令：納粟等項監生，俱照例放回依親讀書。其未冠者，提學并教官，嚴加考校，以入監日爲始，扣滿十年，方許起送赴部復監。嘉靖十四年題准：納銀生員年二十四歲以下者，本監限定，放回依親，候明文行取作養。

撥歷

洪武間令：監生分撥在京各衙門歷練事務，三箇月考覈引奏。勤謹者，送吏部附選，仍令歷事，遇有缺官，挨次取用。平常者再歷，才力不及者送監讀書，奸懶者發充吏。宣德三年令：在京各衙門辦事監生，以半年更代。正統三年奏准：監生撥歷，計其坐監月日淺深。給假違限者，並同虛曠。五年奏准：三法司寫本分巡，一年出身者，於應該歷事內取用。兵部户部清軍，寫誥，天財庫辦事，三年出身者，於入監五年內取用。印綬監清黃續黃三年，仍歷事二年，共五年出身者，於入監三年內取用。七年令：監生丁憂省祭等項，俱不作坐監月日。景泰二年奏准：監生清匠滿者，照清軍監生例出身。四年令：監生坐堂五年者，辦事歷事二年出身。坐堂四年者，辦事歷事三年出身。坐堂三年者，辦事歷事四年出身。坐堂二年者，止令辦事，不許歷事出身。又令：監生正歷一年三箇月，寫本一年，長差三年。天順二年令：監生清黃，以三年爲限，送吏部選用。又令：本監六堂，各置通知簿一扇，附寫監生年甲籍貫，并到監日期。後遇丁憂省祭等項，亦各附寫，如有患病等項事故，開寫虛曠若干外，實坐堂若干，憑此查考撥歷。三年令：丁憂復班監生，坐堂或辦事半年，方許撥歷。六年令：歷事監生三箇月考勤後，仍歷九箇月，通前一年寫本者，亦以一年爲滿。八年令：正歷六箇月寫本八箇月，長差一年半。成化五年奏准：監生歷事，仍照天順六年例。其清軍寫誥，及天財庫書辦等項，仍照例與歷事監生，相等分撥。弘治十年令：監生依親水程，俱不算實坐，止循食糧月日淺深撥歷。其舉人會試水程，仍舊。十二年令：監生内府雜差，准歷事一年，滿日上選。十四年奏准：監生六科辦事，照歷事例，一年滿日上選。正德十一年奏准：各項應復監監生，違限一年以上者，俱送問。私回原籍日久，已經呈部行提之後，月内到者，送監痛治壓撥。一月外到者送問，雖有患帖公文不准。其養病痊可監生，除往回水程外，扣至三年之上到部者，暫送肄業原籍行查無礙，方准撥歷。若有别故，仍行送問。但行查監生，俱照此例。十二年奏准：吏部查理須知文册監生，比南京後湖查册例。五箇月准作實歷，送部上選聽用。嘉靖十年奏准：各衙門歷事監生，三箇月考勤之後，仍歷一年。其餘寫本一年，清黄寫誥清軍清匠三年，以至出巡等項，俱照舊制日月爲滿，方許更替。其歷事并出巡，奏内既例該監生僉名，凡事可否，許其公同議擬，舉察奸弊。隆慶五年，以監生數多，歷缺不敷，奏准各衙門正歷，每三名量增一名。仍減歷期三月，止歷九箇月爲滿，暫行二年。萬曆九年，吏部又以人多歷少，題准照隆慶五年例，增歷減期，以後通行遵守。

凡納粟等項監生，照例坐堂十年，挨次撥歷。若中鄉試者，通計先年坐監月日撥歷。其未冠願坐監者，亦滿十年，方作復監之數。

凡歷事監生名數。吏部四十一名，户部五十三名，禮部一十三名，兵部二十五名，刑部七十名，工部二十四名，都察院六十三名，大理寺二十八名，通政司五名，行人司四名，五軍都督府五十名，謂之正歷。三箇月上選，滿日增減不定。又有各衙門寫本，户部十名，禮部十八名，兵部二十名，刑部十四名，工部八名，都察院十四名，大理寺四名，通政司四名，隨御史出巡四十二名，謂之雜歷。一年滿日上選。又有各項辦事，清黄一百名，寫誥四十名，續黄五十名，清軍四十名，天財庫十名，初皆三年，謂之長差。近俱准減一年上選。承運庫十五名，司禮監六十名，尚寶司六名，六科四十名，初作短差，近亦准寫本例，一年滿日上選。又有隨御史刷卷一百七十八名，工部清匠六十名，俱以事完日上選。此外又有禮部寫民情條例等項七十二名，光禄寺刷卷四名，修齋八佝，叅表二十名，報計二十名，齎捧十二名，錦衣衛四名，兵部查馬册三十名，工部大木廠二十名，後府磨算十名，御馬監四名，天財庫四名，正陽門四名，崇文宣武朝陽東直四門各三名，阜成西直安定德勝四門各二名，俱爲短差，半年滿日回監。

考選

宣德二年奏准：兩京國子監生及各衙門歷事者，六部都察院通政司大理寺翰林院堂上官，六科給事中，公同監官揀選。凡年五十五以上，及殘疾鄙陋，不堪教養任用者，皆罷爲民。仍令錦衣衛指揮一員巡視。正統七年，免揀選。成化二年令：兩京監生，禮部都察院堂上官，公同祭酒一年一次考選，其老疾鄙陋，不堪作養者，給與冠帶，原籍閒住。五年，仍免揀選。嘉靖六年令：見在肄業監生，有年老願告冠帶榮身者，聽。

禁令

景泰二年令法司，凡監生詞訟不預己，及因事連逮，輕者送本監自治。成化六年令：放回監生，凡遇迎接詔勅、拜賀聖節等儀，務服本等衣服，隨班行禮。不許戴大帽，繫鸞帶，及輒入公門囑託，或往他處邀求。弘治十二年，申明監生生員，撒潑嗜酒，挾制師長，不守監規學規者，問發充吏。挾妓賭博，出入官府，起滅詞訟，説事過錢，包攬物料等項者，問發爲民。嘉靖八年奏准：各衙門歷事監生，如果患病，止許在外調治，不許放回作缺。有恃頑私自逃回者，各衙門開送吏部，酌量地方遠近，定限行提到部，送問完日補歷。如違限半年以上者，革爲民。十五年奏准：南北直隸并浙江等布政司，將原在部在監告病并依親搬取畢姻等舉人，俱以文書到日爲始，限三月内，起送發監肄業。如違限半年者准在監作曠三月，計月加曠。若有違至半年，并通未入監，會試臨期方至者，送問查勘明白，方准入試。凡依親給假在家援例生員，限三月内起送發監肄業，如有違限，照例送問。其私自逃回者，許該監查報本部，轉行法司，提問治罪。又奏准：納銀監生，私逃二月以上者，發回原學肄業。十九年奏准：兩京國子監生，不分在監在歷，私逃回籍三月以外者，發回原學肄業。半年以上，一體革退爲民。二十四年題准：各衙門撥到歷事監生，俱要常川在公供事，講習律令。每三月考勤之時，嚴加考校。如有律意不通者，不送附選，仍責習學以俟再考。其有私自回家，雇人代替者，查究得實，即將代替人叅送法司問罪，監生仍照行止有虧，革罷爲民。萬曆元年奏准：今後援例生儒俊秀子弟，及歷事考勤監生，報名朝見，查出不係正身，即將替身糸送法司問罪，本生徑行革退。其投文併歷事撥到之日，如有仍犯前項情弊，一槩不許准收，仍將雇替之人重究。

膳夫廟户等役附

洪武十三年，令兵部於皂隸内，歲撥三十五名充膳夫廚子。二十七年定：膳夫二百二十名，以法司犯笞杖者應充。内一百名，給飲饌灑掃等用。二十名，栽種菜蔬等用。永樂二年奏准：北京國子監膳夫，以北京刑部囚人撥充。每監生二十五名，用膳夫一名。廟户、菜户、門子就於膳夫内撥用。廚子二名，於順天府撥用，按季更替。後膳夫，以順天保定永平河間四府民僉充一百名。法司囚徒，發充一百五十名。其廟夫十名，庫子一名，亦以四府民僉充。斗級不拘額數，亦以囚徒發充。又刷印匠四名，大興宛平二縣均撥。正統二年令：膳夫以糧僉充者，准諸司皂隸例，一年一换。以事發充者，不得用竊盜刺字之徒。弘治十四年奏准：博士等官，每員給膳夫一名跟用。其餘膳夫雇役銀兩，本監明立文簿，委官收庫，以備公用。年終，扣算支銷存留數目，呈堂立案。嘉靖六年奏准：膳夫銀兩，照椒油等例，師生隨數分給。

勳戚習學

洪武五年令：將官子弟承襲年幼者，入監讀書。成化十年令：公侯伯并駙馬初襲授者，送監讀書習禮。祭酒一依學規教之。其不能背書，及懶惰不律者，奏聞。十一年令：公侯伯初襲，并駙馬年二十五以下者，俱送監。弘治七年奏准：公侯伯駙馬下子孫，聽從專官教誨，立定起上工程，置立文簿，每間月引赴本監考校。嘉靖元年令：公侯伯未經事任，年三十以下者，照例送監讀書。六年，令於國子監博士等官或附近教官内，選有學行者一員，專在駙馬府教習經書，禮部以時稽校。教有成效，奏薦擢用。尋題准，陞授禮部主事職銜教習。八年題准：公侯伯等爵，無分已襲未襲，已任未任，但年三十以下，十四以上者，通行查出，開送禮部，轉送本監，行祭酒司業，將《大學》《語》《孟》諸書，相兼點授，令其在家講讀。仍每十日赴營觀操。十五年奏准：公侯伯子孫，已未襲爵管事，并駙馬年二十五歲以下者，俱遵照舊規，送監讀書習禮。三十八年奏准：襲封衍聖公年少未學，照公侯伯例，送監讀書習禮。萬曆二年奏准：五軍都督府，將見在未任公侯伯等爵，及應襲子弟，但年十四以上三十以下者，通行查出，送監習學，不許隱匿。違者糸究。仍行吏兵二部知會，於襲爵之日，查其曾否入監，方准承襲。其襲後，但年三十以下者，仍送回本監肄業。應任用者，兵部查其習學有無進益，方行推任。遇有册封差遣，亦照舊規，查其曾經在監習禮者，方許差用。其送監習學者，除赴京營操演外，餘日俱要赴監讀書觀禮。本監堂上官，用心教習，務臻成效。但有不行赴監，及縱肆自恣者，糸治。如果在監日久，學業有成者，亦聽本監官酌量出學待用。若仍願在監者，聽令照舊肄業，本監官更加優異，仍報部紀録以示激勸。

南京國子監

建置見前，事規與國子監同者，不更載。

凡本監博士等官，嘉靖十四年題准：吏部酌量年資才識，具奏行取，考選科道等官。

凡後湖查册監生，正德十二年奏准：三箇月滿日准作實歷，其餘九箇月，於别衙門歷事奏補，完日上選。嘉靖二年奏准：後湖查册監生，實取三百五十名。

凡日本、琉球、暹羅諸國官生，洪武永樂宣德間，俱入監讀書，賜冬夏衣，鈔被靴襪，及從人衣服。成化正德中，惟琉球官生有至者，或五名或三四名，俱入監。

凡膳夫，宣德三年奏准：額設三百名，如有事故，法司撥補。後止存一百名，每年每名解雇役銀十兩。嘉靖十年奏准：膳夫銀兩，以十分爲率。九分按季均散師生，一分備朔望香燭及各堂心紅筆墨紙劄等項公用。十四年奏准：於見在膳夫内，撥十名充廟户。

（明）李日華《官制備考》卷上《國子監》

《周禮》師氏以三德三行教國子，凡國之貴游子弟學焉。保氏養國子以道，教之以六藝六儀。漢置博士祭酒，秩二百石。後漢增置十四人，以聰明有威重者一人，爲祭酒。魏因之。晋立國子學，置祭酒一人，博士一人，助教十五人。宋以國學廢，初置聰明觀祭酒一人，有玄儒文史四科。科置學士，各十人。齊梁號爲國師，北齊改爲國子寺，隋改爲國子監。仍置祭酒一人，司業一人，丞三人，主簿一人，録事一人，博士一人，助教四人。唐改爲司成館，又改祭酒爲大司成，司業爲少司成，博士爲司成。又改國子監爲成均監，置廣文館。宋初置判監事二人，以兩制或帶職朝官充。直講八人，丞簿各一人。元豐官制行，祭酒一人，司業一，丞一，簿一，博士十，太學博士十，正録各五，武學博士二，教諭律學博士及正各一，又有書庫官隸焉。皇明建國子監，監有祭酒，掌國學，舉人貢生官生恩生功生例生夷生幼勳臣教訓之事，司業爲之貳。凡教訓諸臣，奉監規而損益焉，要在明體適用，以孝悌忠信禮義廉恥爲本，隆師親友，讀書寫字爲業。有不率者扑之，不悛徙謫之。其率教者有升堂積分及格叙用之法。且以廩餼膳師生，以力役給廚膳，以賜予示恩賚，以寧假悉人情，以撥歴練吏事，以考選汰冗濫。其屬有監丞，坐繩愆廳，叅領監事。有博士，坐博士廳，分經訓授。助教學正學録坐廣業崇志正義誠心修道率性六堂，專教誨，嚴程課。典簿，典出納文移，受支金錢，爲師生餼。季報諸生課業倣書，以聽于翰林。典籍，掌經史子集及制書。典饌，掌飲食師生。

（明）徐石麒《官爵志》卷二《國子監》　國子周制也，晋武帝初立國子學，隋煬帝改爲監。正官名祭酒，皆一位之元長。古者得主人饌，則老者一人舉酒以祭地，故以祭酒爲稱。周封兄弟同姓，成王時彤伯爲祭酒，主親屬。秦漢因之，晋武帝始置國子祭酒，國子博士，助教。隋煬帝置司業，取樂正司業之義。亦置監丞。北齊置立簿。今祭酒從四品，司業正六品，繩愆廳監丞正八品，博士廳五經博士典簿廳典簿俱從八品，典籍廳典籍從九品，掌饌廳掌饌未入流。率性修道誠心正義崇志廣業六堂助教俱從八品，學正正九品，學録從九品，職專教化之事。

《明實録》洪武十五年閏二月　丙辰，改國子學爲國子監。設祭酒一人從四品、司業一人正六品、監丞一人正八品、典簿一人、博士三人、助教一十六人，俱從八品，學正三人正九品、學録三人從九品、掌饌一人雜職。其文移則六部札付國子監，國子監呈六部，中都國子監制同。

（清）查繼佐《罪惟録》志卷二七《職官志·初制文職》　國子學，正四品，設博士、助教、學正、學録、典樂、典書、典膳。吴元年，添設祭酒、司業、典簿，改典膳爲掌饌。洪武八年，又置中都國子學。十五年，始改爲監，車駕往往臨視。後監官遂不中廳坐中門行。二十六年，革中都國子學。

《明史》卷七三《職官志》　國子監。祭酒一人，從四品，司業一人，正六品。其屬，繩愆廳，監承一人，正八品。博士廳，《五經》博士五人，從八品。率性、修道、誠心、正義、崇志、廣業六堂，助教十五人，從八品，學正十人，正九品，學録七人，從九品。典簿廳，典簿一人，從八品。典籍廳，典籍一人，從九品。掌饌廳，掌饌二人，未入流。

祭酒、司業，掌國學諸生訓導之政令。凡舉人、貢生、官生、恩生、功生、例生、土官、外國生、幼勳臣及勳戚大臣子弟之入監者，奉監規而訓課之，造以明體達用之學，以孝弟、禮義、忠信、廉恥爲之本，以六經、諸史爲之業，務各期以敦倫善行，敬業樂羣，以修舉古樂正、成均之師道。有不率者，扑以夏楚，不悛，徙謫之。其率教者，有升堂積分超格叙用之法。課業倣書，季呈翰林院考校，文册歲終奏上。每歲仲春秋上丁，遣大臣祀先師，則總其禮儀。車駕幸學，則執經坐講。新進士釋褐，則坐而受拜。監丞掌繩愆廳之事，以參領監務，堅明其約束，諸師生有過及廩膳不潔，並糾懲之，而書之於集愆册。博士掌分經講授，而時其考課。凡經，以《易》、《詩》、《書》、《春秋》、《禮記》，人專一經，《大學》、《中庸》、《論語》、《孟子》兼習之。助教、學正、學録掌六堂之訓誨，士子肄業本堂，則爲講説經義文字，導約之以規矩。典簿典文移金錢出納支受。典籍典書籍。掌饌掌飲饌。

明初，即置國子學。乙巳九月置國子學，以故集慶路學爲之。洪武十四年改建國子學於雞鳴山下。設博士、助教、學正、學録、典樂、典書、典膳等官。吴元年定國子學官制，增設祭酒、司業、典簿。祭酒，正四品，司業，正五品，博士，正七品，典簿，正八品，助教，從八品，學正，正九品，學録，從九品，典膳，省注。洪武八年又置中都國子學，秩正四品，命國子學分官領之。十三年改典膳爲掌饌。十五年改爲國子監，秩從四品，設祭酒一人，司業一人，監丞、典簿各一人，博士三人，助教十六人，學正、學録各三人，掌饌一人。各官品秩，如前所列。中都國子監制亦如之。十六年以宋訥爲祭酒，敕諭之曰：太學天下賢關，禮義所由出，人材所由興。卿夙學耆德，故特命爲祭酒。尚體朕立教之意，俾諸生有成，士習丕變，國家其有賴焉。又命曹國公李文忠領監事，車駕時幸。以故監官不得中廳而坐，中門而行。二十四年更定國子監品秩、員數。俱如前所列。中都國子監設祭酒、司業、監丞、典簿、博士、學正、學録、掌饌各一人，助教二人，品秩與在京同。二十六年罷中都國子監。建文中，陞監丞爲堂上官，革學正、學録。成祖復舊制。永樂元年置國子監於北京，設祭酒、司業、監丞、典簿、博士、學正、學録、掌饌各一人，助教二人。後增設不常，助教至十五人，學正至十一人，學録至七人。後革助教二人，學正四人，學録二人。萬曆九年又革助教四人，學録一人。宣德九年省司業。弘治十五年復設。明初，祭酒、司業，擇有學行者任之，後皆由翰林院官遷轉。

《明史》卷七五《職官志》 國子監。祭酒一人，司業一人，監丞一人，典簿一人，博士三人，助教六人，學正五人，學録二人，典籍一人，掌饌一人。嘉靖三十七年革助教二人及掌饌。隆慶四年革博士一人，學正一人。

（清）嵇璜等《續通典》卷三一《職官·諸卿下·國子監》 唐制國子監祭酒一人，掌儒學訓導之政，總國子、太學、廣文、四門、律、書、算凡七學。天子視學，皇太子齒胄，則講義。釋奠，執經論議，奏京文武七品以上觀禮。凡授經，以《周易》《尚書》《周禮》《儀禮》《禮記》《毛詩》《春秋》《左氏傳》《公羊傳》《穀梁傳》各爲一經，兼習《孝經》《論語》《老子》，歲終考學官訓導殿最。宋初置判監事二人，以兩制或帶職朝官充，凡監事皆總之。元豐官制行，始置祭酒一人，掌國子太學武學律學小學之政令。凡諸生之隸於太學者分三舍。始入學，驗所隸州公據，以試補中者充外舍。齋長、諭月書其行藝於籍，季終考於學諭，次學録，次學正，次博士，然後考於長貳。歲終校定，具注於籍以俟覆試，視其校定之數，參驗而序進之。凡私試，孟月經義，仲月論，季月策。公試，初場以經義，次場以論策。試上舍如省試法。凡內舍行藝與所試之等俱優者，爲上舍上等，取旨命官；一優一平爲中，以俟殿試；一優一否或俱平爲下，以俟省試。唯國子省不預考選。凡課試升黜教導之事，長貳皆總焉。車駕幸學，則率官屬諸生班迎，即行在距學百步亦如之。凡釋奠於先聖先師及武成王，則率官屬諸生共薦獻之禮。歲計所隸三舍生升降多寡之數，以爲學官之殿最賞罰。遼南面上京國子監有祭酒，中京亦有國子監，設官與上京同。金國子監亦有祭酒。元至元初以許衡爲集賢館大學士、國子祭酒，教國子與蒙古大姓四集賽人員。選七品以上朝官子孫爲國子生，隨朝三品以上官得舉。凡民之俊秀者入學，爲陪堂生伴讀。二十四年，始置監設祭酒一人，屬集賢院。又蒙古國子監祭酒一人，屬蒙古翰林院。仁宗延祐元年，又別置回回國子監學，屬翰林國史院。明國子監祭酒一人，掌國學諸生訓導之政令。凡舉人貢生官生恩生功生例生土官外國生幼勳臣及勳戚大臣子弟之入監者，奉監規而訓課之，有不率者扑以夏楚，不悛徙謫之。其率教者，有升堂積分超格叙用之法。課業倣書，季呈翰林院考校，文册歲終奏上。每歲仲春秋上丁，遣大臣祀先師，則總其禮儀。車駕幸學則執經坐講。新進士釋褐則坐而受拜。

《大明會典》卷二二三《欽天監》 國初置太史監，設太史令、通判太史監事、僉判太史監事、校事郎并五官正等官。後改監爲院，設院使、同知、院判、五官正、典簿、雨暘司時序郎、紀候郎等官。洪武元年，改太史院爲司天監，設監令、少監、監丞、主簿、主事、五官正副、及監候、司晨、漏刻博士。又置回回司天監，設監令少監監丞。三年，始改欽天監，正五品衙門。四年，改監令爲正儀大夫，少監分朔大夫，五官正司玄大夫，監丞靈臺郎，五官保章正平秩郎，五官靈臺郎司正郎，五官挈壺正挈壺郎等散官。十四年，定品級員數，其散官，從文職給授。二十二年，改監令爲監正，監丞爲監副。三十一年，革回回監，而其曆法亦隸之本監。

（明）李日華《官制備考》卷上《欽天監》 天文之掌，所從來遠矣。自少皞以鳳鳥氏爲曆正，顓頊命重黎司天地，唐虞之羲和，周之馮相保章，皆其職也。然《周官》又因夏殷設大史，鄭氏以爲史官之長，又日官也。秦漢以來，蓋併周之大史馮相保章三職。唐改太史局爲秘書閣，改令爲郎中，又改爲渾儀監，其後又改爲太史監。宋有司天監、天文院、鐘鼓院，各有攸司。至元豐正官制，則以太史局隸祕書省，而官有令有正，而春官夏官中官秋官冬官之屬備矣。皇朝欽天監，初名太史監。洪武元年，改爲司天監，又置回回監。三年始改爲欽天監。三十一年革回回監，回回曆法隸焉。監正一人，掌察天文，定曆數。監副二人爲之貳。其屬主簿一人，春夏中秋冬官正各一人，五官靈臺郎四人，五官保章正二人，五官挈壺正一人，五官監候二人，五官司曆二人，五官司晨二人，漏刻博士二人。凡玄象圖書密疏上，非其職不得預。凡習業者，分爲四科，曰天文，曰漏刻，曰回回，曰曆日，五官正至天文生、陰陽人各專科肄焉。

（明）徐石麒《官爵志》卷二《欽天監》 少昊鳳鳥氏爲曆正，夏曰大使，《周禮》春官有保章氏，夏官有挈壺氏，唐改司天監，唐有少監，宋置大使正，唐有五官正靈臺郎。今設監正正五品，監副正六品，首領主簿正八品，屬官春夏中秋冬官正正六品，五官靈臺郎從六品，五官保章正正八品，五官挈壺正從八品，五官監候五官司曆俱正九品，五官司晨漏刻博士俱從九品。職掌曆數天文地理之事。

（清）谷應泰《明史紀事本末》卷七三《修明曆法》 〔洪武〕三年六月，改司天監爲欽天監。設欽天監官，其習業者分四科：曰天文，曰漏刻，曰《大統曆》，曰《回回曆》，自五官正而下，至天文生，各專科肄焉。五官正理曆法，造曆。歲造《大統曆》、《御覽月令曆》、《六壬遁甲曆》、《御覽天象七政躔度曆》。凡曆註上御曆三十事，民曆三十二事，壬遁曆六十七事。靈臺郎辨日月星辰之躔次分野以占候。保章正專志天文之變，辨吉凶之占。挈壺正知漏，孔壺爲漏，浮箭爲刻，以考中星昏明之度，而統於監正丞。

《明史》卷七四《職官志》 欽天監。監正一人，正五品，監副二人，正六品，其屬，主簿廳，主簿一人，正八品，春、夏、中、秋、冬官正各一人，正六品，五官靈臺郎八人，從七品，後革四人，五官保章正二人，正八品，後革一人，五官挈壺正二人，從八品，後革一人，五官監候三人，正九品，後革一人，五官司曆二人，正九品，五官司晨八人，從九品，後革六人，漏刻博士六人，從九品，後革五人。

監正、副掌察天文、定曆數、占候、推步之事。凡日月、晨辰、風雲、氣色，率其屬而測候焉。有變異，密疏以聞。凡習業分四科：曰天文，曰漏刻，曰回回，曰曆。自五官正下至天文生、陰陽人，各分科肄業。每歲冬至日，呈奏明歲《大統曆》，成化十五年改頒明歲曆於十月朔日，移送禮部頒行。其《御覽月令曆》、《七政躔度曆》、《六壬遁甲曆》、《四季天象録》，並先期進呈。凡曆註，御曆注三十事，如祭祀、頒詔、行幸等類，民曆三十二事，壬遁曆七十二事。凡祭日，前一年會選以進，移知太常。凡營建、征討、冠婚、山陵之事，則選地而擇日。立春，則預候氣於東郊。大朝賀，於文樓設定時鼓，漏刻報時，司晨、雞唱，各供其事。日月交食，先期算其分秒時刻、起復方位以聞，下禮部，移內外諸司救之，仍按占書條奏。若食不及一分，與《回回曆》雖食一分以上，則奏而不救。監官毋得改他官，子孫毋得徙他業。乏人，則移禮部訪取而試用焉。五官正推曆法，定四時。司曆、監候佐之。靈臺郎辨日月星辰之躔次、分野，以占候天文之變。觀象臺四面，面四天文生，輪司測候。保章正專志天文之變，定其吉凶之占。挈壺正知刻漏。孔壺爲漏，浮箭爲刻，以考中星昏旦之次。漏刻博士定時以漏，換時以牌，報更以鼓，警晨昏以鐘鼓。司晨佐之。

明初，即置太史監，設太史令，通判太史監事，僉判太史監事，校事郎，五官正，靈臺郎，保章正、副，挈壺正，掌曆，管勾等官。以劉基爲太史令。吴元年改監爲院，秩正三品。院使，正三品，同知，正四品，院判，正五品，五官正，正六品，典簿、雨暘司、時叙郎、紀候郎、正七品，靈臺郎、保章正，正八品，副，從八品，掌曆、管勾，從九品。洪武元年徵元太史張佑、張沂等十四人，改太史院爲司天監，設監令一人，正三品，少監二人，正四品，監丞一人，正六品，主簿一人，正七品，主事一人，正八品，五官正五人，正五品，五官副五人，正六品，靈臺郎二人，正七品，保章正二人，從七品，監候三人，正八品，司辰八人，正九品，漏刻博士六人，從九品。又置回回司天監，設監令一人，正四品，少監二人，正五品，監丞二人，正六品。徵元回回司天監鄭阿里等議曆。三年改司天監爲欽天監。四年詔監官職專司天，非特旨不得陞調。又定監官散官。監令，正儀大夫；少監，分朔大夫；五官司，司玄大夫；監丞，靈臺郎；五官保章正，平秩郎；五官靈臺郎，司正郎；五官挈壺正，挈壺郎。十四年改欽天監爲正五品，設令一人，丞一人，屬官五官正以下，員數如前所列，俱從品級授以文職散官。二十二年改令爲監正，丞爲監副。三十一年罷回回欽天監，以其曆法隸本監。明初，又置稽疑司，以掌卜筮，未幾罷。洪武十七年置稽疑司，設司令一人，正六品，左、右丞各一人，從六品，屬官司筮，正九品，無定員。尋罷。

《明史》卷七五《職官志》 欽天監。監正一人，監副一人，主簿一人。五官正一人，五官靈臺郎二人，五官監候一人，五官司曆一人。

《大明會典》卷二二五《上林苑監》 洪武中，議設上林苑監，以妨民業，遂止。永樂五年開設，定爲正五品衙門，設左右監正、左右監副、左右監丞、典簿。所屬良牧、蕃育、嘉蔬、林衡、川衡、冰鑑、典察左右前後十署。每署設典署、署丞、録事。洪熙元年，止存左監丞典簿，餘官不除。又以蕃育署帶管良牧川衡兩署，嘉蔬署帶管冰鑑林衡兩署。四署人户，并四典察署人户，俱撥二署暫管。宣德十年，止存蕃育嘉蔬良牧林衡四署，餘皆革。近年仍設右監丞。

（明）李日華《官制備考》卷上《上林院》 上林苑之設，自漢始，蓋漢武帝元鼎中，初置水衡都尉，本于虞周山澤之官，然實以掌上林苑主上林離宫燕休之處。後漢上林苑有令丞，主苑中禽獸。唐因隋屬司農，亦有令丞，掌諸苑囿池沼種蔬菓藏冰之事。宋四園苑，提舉官無常員，元豐後四園苑屬司農。

聖祖洪武二十五年，議開上林苑，比圖上。上曰：妨民業，不可。遂止。永樂五年始設今上林苑，其屬良牧等凡十署。宣德十年，定四署，左右監正各一人，掌苑囿園池牧畜種樹之事。左右監副各一人，左右監丞各一人，爲之貳。凡禽獸草木蔬菓，率其屬，督其養户栽户，以時經理。其養地栽地而畜植之，以供祭祀賓客宫府之膳羞。其屬，典簿一人，良牧、蕃育、林衡、嘉蔬四署，各典署一人，署丞一人，録事二人。

《明史》卷七四《職官志》 上林苑監。左、右監正各一人，正五品，左、右監副各一人，正六品。監正、監副後不常設，以監丞署職。左、右監丞各一人，正七品。其屬，典簿廳，典簿一人，正九品。良牧、蕃育、林衡、嘉蔬四署，各典署一人，正七品，署丞一人，正八品，録事一人。正九品。

監正掌苑囿、園池、牧畜、樹種之事。凡禽獸、草木、蔬果，率其屬督其養户、栽户，以時經理其養地、栽地，而畜植之，以供祭祀、賓客、宫府之膳羞。凡苑地，東至白河，西至西山，南至武清，北至居庸關，西南至渾河，並禁圍獵。良牧牧牛羊豕，蕃育育鵝鴨雞，皆籍其牝牡之數，而課孳卵焉。林衡典果實、花木，嘉蔬典時藝瓜菜，皆計其町畦、樹植之數，而以時苞進焉。

洪武二十五年議開上林院，度地城南。自牛首山接方山，西並河涯。比圖上，太祖謂有妨民業，遂止。永樂五年始置上林苑監，設良牧、蕃育、嘉蔬、林衡、川衡、冰鑑及典察左右前後十屬署。洪熙中，併爲蕃育、嘉蔬二署。以良牧、川衡併蕃育，冰鑑、林衡併嘉蔬，典察四署分併入。宣德十年始定四署。正德間，增設監督内臣共九十九員。嘉靖元年裁汰八十員，革蕃育、嘉蔬二署典署，林衡、嘉蔬二署録事。

（清）嵇璜等《續通典》卷三一《職官・諸卿下・將作監》 唐制將作監監一人，少監二人，掌土木工匠之政，總左校、右校、中校、甄官等署，百工等監。太明興慶上陽宫中書門下六軍仗舍閑廄謂之内作，郊廟城門省寺臺監十六衛東宫王府諸廨謂之外作。自十月距二月，休冶功，自冬至距九月休土功。凡治宫廟太常擇日以聞。宋初制判監事一人，以朝官以上充。凡土木工匠之政，京都繕修隸三司，修造案本監，但掌祠祀之事。元豐官制行始置監一人，少監一人。監掌宫室城郭橋梁舟車營繕之事，少監爲之貳。遼南面官將作監有太監少監等官。金不設將作監，有修内司，有使副使等官，掌宫中營造之事。直長二人，部役官二人，掌監督工役。受給官二人，掌支納諸物。都城所有提舉同提舉等官，掌修完廟社及城隍門鑰百司公廨係官舍屋并栽植樹木工役等事。左右廂官各二人，掌監督工役。受給官二人，掌支納諸物及埏埴等事。祗應司有提點令丞直長等官，掌給宫中諸色工作。覆實司管勾一人，掌覆實營造材物工匠價值等事，屬工部。元將作院置院使七人，同知二人，同僉二人，院判二人，經歷一人，都事一人，照磨管勾一人，掌成造金玉珠翠犀象寶貝冠佩器皿織造刺繡段疋紗羅異樣百色造作，銜號同而職掌與古異焉。其昭功萬户都總使司所屬有繕工司卿一人，少卿二人，丞二人，經歷知事照磨提控案牘管勾承發架閣各一人，掌人匠營造之事。大都留守司所屬有修内司提點一人，大使一人，副使一人，直長一人，吏目照磨各一人，部役七人，司吏六人，掌修造宫殿及大都造作等事。領工匠一千二百七十有二户。祗應司大使一人，副使一人，直長三人，吏目一人，掌内府及諸王邸第異巧工作修禳應辦寺觀營繕，領工匠七百户。上都留守所屬修内司大使一人，副使三人，直長三人，掌營修内府之事。祗應司大使一人，副使二人，直長三人，掌粧鑾油染裱褙之事。明宫殿陵寢城郭壇祠廟宇營房王府邸第之役，掌於工部營繕司，不設將作監。

（清）嵇璜等《續通典》卷三一《職官・諸卿下・少府監》 唐制少府監一人，少監二人，掌百工技巧之政，總中尚左尚右尚織染，掌冶五署及諸冶鑄錢互市等監。供天子器御、后妃服飾及郊廟圭玉、百官儀物。凡武庫袍襦，皆識其輕重乃藏之。冬至元日以給衛士。諸州市牛皮角以供用，牧畜角筋腦革悉輸焉。細鏤之工教以四年，車路樂器之工三年，平漫刀矟之工二年，矢鏃竹漆屈柳之工半焉，冠冕弁幘之工九月。教作者傳家技，四季以令丞試之，歲終以監試之，皆物勒工名。宋初置判監事一人，以朝官充。凡進御器玩、后妃服飾、雕文錯綵工巧之事，分隸文思院、後苑造作所，本監但掌造門戟、神衣、旌節、郊廟諸壇祭玉、法物，鑄牌印諸記，百官拜表案褥之事。凡祭祀則供祭器爵瓚照燭。元豐官制行，始置監一人，掌百工技巧之政令，少監爲之貳。凡乘輿服御、寶册、符印、旌節、度量權衡之制，與夫祭祀、朝會展采備物，皆率其屬以供焉。庀其工徒，察其程課，作止勞逸及寒暑早晚之節視將作匠法，物勒工名，以法式察其良窳。凡金玉、犀象、羽毛、齒革、膠漆、材竹，辨其名物而頒其制度，事當損益則審其可否，議定以聞。遼南面官亦有少府監。金少府監有監少，監掌邦國百工營造之事，尚方圖畫、織染、文思、裁造、文繡等署隸焉。元以大都留守司兼知少府監事。仁宗皇慶元年，别置少府監。延祐七年，罷少府監，復以留守兼監事。其大都留守五人，同知二人，副留守二人，判官二人，其屬經歷一人，都事二人，管勾承發架閣庫一人，照磨兼覆料官一人，部役官兼壕寨一人。掌守衛宫闕都城，調度本路供億諸務，兼理營繕内府諸邸、都宫原廟、尚方車服、殿廡供帳、内苑花木及行幸湯沐宴遊之所，門禁關鑰啓閉之事。明不設少府監皆總於工部。

紀事

（明）余繼登《典故紀聞》卷一　太祖嘗謂大理寺卿周禎曰：律令之設所以使人不犯法，田野之民豈能悉曉其意。有誤犯者赦之則廢法，盡法則無民。爾等所定律令除禮樂制度錢糧選法之外，凡民間所行事宜類聚成編直解其義，頒之郡縣，使民家喻户曉。禎等乃爲《律令直解》以進。太祖覽之喜曰：前代所行《通制條格》之書非不繁密，但資官吏弄法，民間知者絶少，是聾瞽天下之民使之不覺犯法也。今吾以《律令直解》頒行，人人通曉，則犯法者自少矣。

《明實録》洪武三十五年秋七月〔乙酉〕大理寺言：本寺原設左右二寺：其左寺評事四員，審録在京軍民衙門及直隸衛所府州縣刑名。右寺評事八員，審録在外十二布政司都司衛所府州縣刑名。後因二寺所設評事多寡不等，所治事煩簡不均，將二寺評事均分六員，依刑部都察院十二司道各帶管直隸地方審録。今吏部仍照舊制銓注，於事勞逸不均，命會同曹國公李景隆、兵部尚書茹瑺等議之。景隆等奏以爲均設評事繁簡適宜。上從之。

《明實録》洪熙元年閏七月〔庚戌〕行在大理寺卿虞謙奏：大理原設左、右二寺，洪武中，在外浙江等布政司、都司、衛府州縣罪囚俱右寺審録；在京軍民衙門、直隸衛府州縣罪囚俱左寺審録。永樂間，又以北京軍衛及順天等府、山東、遼東都司、衛府州縣改屬左寺。左寺設評事六員而事繁，右寺多評事二員而事簡，勞逸不均。今請以北京所屬軍衛及南京六部等衙門並直隸府州縣罪囚，俱屬左寺；順天等八府及山東、遼東都司、布政司並所屬罪囚，仍屬右寺，庶勞逸適均。上曰：祖宗行之已久，朕初嗣位，惟應奉守成憲而已。

《明實録》弘治元年三月〔丁亥〕裁減大理寺右評事四員。舊例：左寺分管在内文武衙門有犯官吏，及各衛所並北直隸軍旗，南直隸軍民罪囚，以事簡止設評事四員；右寺分管北直隸及天下司府州縣衛所官吏、軍民罪囚，以事繁設評事八員。既而，天下罪囚，例不解審，右寺事顧簡于左寺。至是，右評事魯永清以爲言。下吏部議，遂減其半。

（明）余繼登《典故紀聞》卷一六　弘治間，孝廟曾有旨命光禄寺置簿籍，凡進上供物于宫中，其戧金硃紅等器皿俱附寫驗入尚膳監，并各宫直日太監照數發出，如有損少，聽提督太監參奏。該寺每季具損失之數以聞。至十七年，卿李鐩言本年春季進膳并脩齋等項器皿共二萬三千三百四十五件未出，命尚膳監將未出器皿查還本寺。

（明）余繼登《典故紀聞》卷一七　嘉靖時，光禄歲用銀計三十六萬，世宗以爲多，疑有乾没，乃諭内閣：今無論祖宗時兩宫大分盡省，九嬪僅十餘，宫中罷宴設二十年矣。朕日用膳品悉下料無堪御者，十壇供品不當一次茶飯，朕不省此三十餘萬安所用也。閣臣對：祖宗時光禄寺除米豆果品外徵解本色歲額定二十四萬，彼時該寺歲用不過十二三萬，節年積有餘剩，後加添至四十萬。近年稍減，乃用三十六萬，其花費情弊可知。而冗費之弊有四，一、傳取錢糧原無印記止憑手票取討，莫敢問其真僞。一內外各衙門關支酒飯，或一人而支數分者，或其事已完而酒飯尚支者。一門禁不嚴，下人侵盜無算。一、每歲增買磁器數多。臣查得《會典》內一欵，凡本寺供用物件，每月差御史一員照刷具奏。內府尚膳監刊刻花攔印票，遇有上用諸物，某日於光禄寺取物若干，用印鈐蓋，照數支領進用。本寺仍置文簿登記，歲終會計稽查。此一例不知何年停罷，若查復舊規則諸弊可革矣。乃切責該寺官而添差御史，月籍該寺支費進覽。從之。

《明實録》成化二年九月〔乙未〕光禄寺以供應不足，奏添歲費。禮部言：正統間令寺雞鵞羊豕之類歲費不過三四萬，天順以來增至十六七萬。費用過多，暴殄天物，莫此爲甚。宜從元年正月詔例，令本寺仰承聖意，裁節冗費，歲用不得過原定之數，庶不暴殄天物，糜耗民財。從之。

《明英宗寶訓》卷三《節財用》 正統二年八月丙子，勑諭尚膳監及光禄寺曰：比聞進宫中食物所用器皿扛索十還一二，光禄寺不以奏，尚膳監不以言，重復造用甚費財擾民。今後凡進食物必須印信揭帖備書器皿扛索之數，與收領內官姓名。尚膳監如數還之，有一不還即以奏聞。敢隱瞞扶同者，悉坐以罪。遂勑宫中六尚司曰：凡光禄寺進食所用器皿扛索皆國賦與民力所給，不可妄費。今後悉照光禄寺所具之數付尚膳監還之，有誤損者，奏聞註銷。敢匿一器一索以上，皆治罪不恕。

（明）卜世昌《皇明通紀述遺》卷二《太祖高皇帝》〔洪武六年〕二月，改羣牧監爲太僕寺。

《明實録》洪武二十三年十一月〔戊戌〕罷太僕寺牧監九、群五十四，改置大興等牧監三、永安等群七。

《明實録》永樂十三年八月 丙寅，以北京軍民養馬者多增，置行太僕寺卿、少卿各一員，寺丞八員。

《明太祖寶訓》卷三《理財》 洪武十年三月戊戌，增置滁陽儀真香泉六合天長五牧監。太祖謂中書省臣曰：自古有天下國家者莫不以馬政爲重，故問國君之富者必數馬以對。《周禮》六卿夏官以司馬爲職，特重其事也。後世掌以太僕，今仍其舊，又設羣監以分其責任，庶名實相副，民不勞而孳息蕃。但恐所司不爲究心，民又怠惰，馬政不修，則督責之令行，豈不因馬而疲民。國以民爲本，若因馬而疲民非善政也。其下太僕及諸牧監各令修職，毋怠所事。

《明太宗寶訓》卷二《恤民》 永樂十三年春正月己酉，行太僕寺卿楊砥奏畿內民皆養馬，近見順天等府所屬多有官軍老幼無賦役者，宜令兵部户部取勘循例養馬。上語砥曰：民間養馬已甚煩擾，但以國家武備所急不可止。官軍老幼艱難者多，政當存恤，何忍又令養馬。爾用心過矣。不聽。

《明憲宗寶訓》卷三《馬政》 成化三年九月己丑，禮科給事中侯祥等奏各府縣管馬官既多非其人，其太僕寺官有經年不至所隷者，馬政日益廢弛。上曰：馬政務在得人，今太僕寺丞員缺，吏部宜慎選有司廉能者授之。

《明史》卷三《太祖紀》〔洪武三十年春正月〕丁卯，置行太僕寺於山西、北平、陝西、甘肅、遼東，掌馬政。

《明實録》正德三年冬十月〔丙子〕鴻臚寺奏：本寺職掌朝貢禮儀，故有司賓署十八國通事之設，欲其閑習朝儀，兼通夷語而便于行禮也。大通事王喜奏：各國通事勿于該畫卯，則事無統屬，非祖宗設官之意。詔如舊制行之。

《明仁宗寶訓》卷一《求言》〔永樂二十二年九月〕庚寅，上諭鴻臚寺卿楊善等曰：朕初即位，凡吏治賢否民情休戚皆欲聞之，而四方遠者無由盡達。自今方岳大臣來朝，即皆引見，朕親問之，庶幾以悉下情。

《明仁宗寶訓》卷二《革弊》〔永樂二十二年〕十月庚戌，上諭鴻臚寺臣曰：故事視朝後諸司有急切機務不得面陳者，許具題本，於宫門投進，冀得速達。今訴私事丐私恩者亦進題本，掩姦欺衆，以圖僥倖，壞法亂政，弊莫甚焉。今後惟警急機務不得即面陳者許封進題本，其餘大小公私之事並令公朝陳奏。違者論以重罪。仍令三法司知之。

《明憲宗寶訓》卷二《寛宥》 成化二十三年七月甲辰，鴻臚寺寺丞孫繩宣讀有誤，爲御史所劾。上宥之，且曰：鴻臚寺官宣讀無大失者，後勿劾。

（明）何棟如《皇祖四大法》卷七《治法》〔洪武二十三年五月〕己酉，播州貴州宣慰使司，并所屬宣撫司官，各遣其子來朝，請入太學。

上勑國子監官曰：移風善俗，禮爲之本。敷訓導民，教爲之先。故禮教明于朝廷，而後風化達于四海。今西南夷土官，各遣子弟來朝，請入太學，因其慕義，特允其請。爾等善爲訓教，俾有成就，庶不負遠人慕學之心。

（明）何棟如《皇祖四大法》卷八《治法》 〔洪武三十年二月〕戊戌，禮部侍郎張炳言：今考中歲貢生員葉憲等七百二十三人，已送國子監肄業。其不中式一百十八人，遣歸本學，停廩肄業。教官訓導，及提調官，例皆罰俸。上曰：師不嚴訓，有司失於勉勵者，罰如例。諸生不中式者，且遣歸肄業，勿停其膳。四川生去京師道遠，往復實難，可留國子監肄業，勿遣。

《明實録》乙巳九月 丙辰朔，置國子學，以故集慶路學爲之。設博士、助教、學正、學録、典藥、典書、典膳等官。以許存仁爲博士。

《明實録》洪武元年冬十月 〔丙午〕定國子學官制，祭酒正四品、司業正五品、博士正七品，典簿正八品，助教從八品，學正正九品，學録從九品、典膳省注。升博士許存仁爲祭酒，劉承直爲司業學録，蘇伯衡爲學正，以陳世昌署典簿，陳宗義署博士，高暉署助教，張溥爲學録。

《明實録》洪武八年三月 〔癸未〕置中都國子學，秩正四品，命國子學分官領之。

《明實録》洪武十三年八月 〔辛未〕改國子學典膳爲掌饌。

《明實録》洪武十五年五月 〔庚午〕命禮部頒學規于國子監，俾師生謹守。祭酒每旦升堂，屬官序進行揖禮，祭酒坐受，屬官分列東西，相向對揖畢，六堂諸生進揖如之，唯無分揖禮。屬官升堂，票議事務或問經史，須拱立聽命，不得違越禮法。監丞之職，凡教官怠于訓誨，生員有戾規矩，課業不精，廩膳房舍不潔，並從糾舉懲治。博士助教學正學録職專訓教諸生，講讀經史，明體適用以待仕，使有不遵師教廢業者罰之。典簿掌饌務致廩潔食豐，錢穀出入明白及課業進呈以時，他無所預。

《明實録》洪武十六年十二月 〔乙卯〕禮部奏考試歲貢生員文字中式者送國子監，監官再考等第，分堂肄業；不中者，生員、教官、提調官罰每各如制。從之。等命生員中試，上等者送國子監，次等者送中都國子監。

《明實録》洪武二十六年冬十月 〔己丑〕革中都國子監，以其師生并入國子監。

《明實録》宣德三年三月 〔甲寅〕敕諭兩京國子監曰：太學者，教化之本，賢才之所自出，帝王之政必先于斯。我國家奄有天下，太祖皇帝、太宗皇帝、仁宗皇帝致理興化，率由學政。簡道德爲以爲師，明條制以立教，勸勵勤至，廩養豐厚，士之成才，畢效于用。而比歲以來，士習卑陋，有不事學問，蒙昧罔知；有不飭容儀，猥瑣自棄。甚者穢置無慚心，雜居俊秀之群，深孤教養之意，考其馴致之故，亦由師道未善。太學之官，本皆茂選人之難，識心有不同，中懷端厚者，恒守道以範物所志；險僻者，率違理而鶩私，有懶慢縱肆累日不赴公廨；有掇拾過誤，動輒把持官長，習爲偷薄之風，何望教成之效。監生無成者，比已澄汰；學官未善者，尚資訓勵。其祭酒、司業以下，必秉道義，以惇俗化，必勤教導，以成賢才。如博士、助教、學正、學録，有學行端正、教訓不倦者，祭酒、司業必以禮待，或仍偷薄不悛前過者，從祭酒、司業具名來聞，厥罰匪輕。監丞學之司直，其務嚴肅整齊舊制，學規申飭無怠。諸生宜立志遠大，勉力進修，以昔賢自期，以勛業自奮，毋負朝廷作養之意。監中一應錢糧，悉爲養賢而設，比年典簿掌饌，姦弊百出，祭酒、司業、監丞宜嚴加督察，如仍踵前弊，輕即量情責罰，重則奏聞區處。朕孜孜夙夜，興學育賢，其勉遵承，庶臻明效，欽哉。

《明實録》正統二年六月 〔乙亥〕命副榜舉人不願就教職者入監讀書，從寧國府南陵縣教諭任倫奏請也。

《明實録》正統五年六月 甲午，敕諭北京國子監祭酒、司業等官貝泰等曰：夫太學者，國家成賢育才之地，昔我祖宗監御教之，用之，咸有定規。朕嗣統以來，一切庶政咸循舊章，諸司亦皆修職。爾北京國子監官不務敬慎，隳弛學規，玩愒歲月。洪武、永樂中六堂諸生咸有季試，考第高下，以伸勸勵。今南監尚循舊規，北監廢而不舉，其間爲師能勤講授，爲弟子能勤問學，大率計之什不二、三，此非師長之惰慢乎。尤有甚者，莫之顧義，惟利是興，有入監數月，或一、二年，即得撥諸司辦事者；有坐監十餘年不得出身者；又與諸司交通，凡辦事一人有闕，即被千求者得之，借曰爲勢所逼，何爲不執以奏？師之所行如此，何以表勵學者。朕推天地之量，姑皆曲宥不問，自今宜洗心滌慮，改過自新。凡洪武、永樂監學常行之規，不許隳廢；撥歷事者，秘依資次，不許攙越；辦事者亦須公當，不許徇私，但有私相囑托，輒便聽從、不奏聞者，必罪不恕。繼今務明聖賢之道，正己以淑。生徒毋背義苟利，以壞名禍己，如復不悛，悔將無及。

《明實録》天順元年冬十月　丁巳，禮部奏：朝廷設國子監，所以儲養天下科貢之士以備任用。近年内外官員子孫多有敷叙父祖遠年事功，希求入監，名雖補報朝廷，實則苟幸進取，宜敕自後京官三品以上子孫愿入監讀書者聽，然必責其科目出身，其四品以下子孫不許。上曰：國子監乃育材之地，其可濫進豢養之子以啓奔競之風，禮部言是，宜申禁之。

《明實録》天順三年二月　〔辛巳〕禮部左侍郎鄒干等奏：永樂年間，翰林院譯寫番字俱于國子監選取監生習用。近年以來，官員、軍民、匠作、廚役子弟投托教師，私自習學，濫求進用。況番字文書多關邊務，教習既濫，不免透漏夷情，乞敕翰林院今後各館有缺仍照永樂間例，選取年幼俊秀監生送館習學，其教師不許擅留各家子弟私習及徇私舉保。上命今後敢有私自教習走漏夷情者，皆重罪不宥。

《明實録》成化十二年夏四月　〔戊子〕禮部言：南直隸府縣歲貢生員考中者例送南監。景泰間，因北監充撥數少，暫留。今宜仍舊例。從之。

《明實録》嘉靖十四年九月　丙戌，命浙江監察御史朱廷立提調直隸學校。

南京國子監祭酒費寀條奏太學事宜六條：一、南監故有先朝所降書籍，久多殘缺。請考監志所載及近年御制新開諸書，一體頒賜。仍將修完二十一史分給六館以備諸生講習。一、舉貢、恩宫生入監者，通當三千餘人。而南京正、雜歷止二百七十人。請將正歷、雜歷每名遞減日月，或令諸司量許添注，仍查舊例，放回依親讀書。一、科道員缺，乞將南監博士、助教等官一體行取，以備選用。一、諸生歷滿還鄉，凡遇鄉試，皆令所在巡按御史收考入試。一、南監自革膳夫久無廟户，乃以法司囚徒洒掃。請如北監例改僉廟丁。一、本監號房故有一千餘間，請令有司體勘修造。仍將南監各官俸米改支折銀，如兩京文武百官事例。奏上，所司勘議以聞。已而吏部言：先年監生十年乃得撥歷，三年乃得上選。今到監未及一年即得上選，皆相沿姑息之弊。若又再減月日、添注撥歷，則監生候選愈多，選法愈冗，流弊愈不可救矣。其行取依親宜從其請。餘所言，部議復，皆允行之。

《明仁宗寶訓》卷一《興學》　〔永樂二十二年〕十二月甲辰，上諭吏部臣曰：師儒之職不可濫授，此欲其成就人才德，古以模範稱之，模範不正，其所造器何能得正。比來國子生務實學者甚少，大率於諸司歷事苟延歲月以圖出身，固是學者志趣卑下，亦由師範失職所致。卿等每引選國子監官皆循資格陞之，不聞舉一道德老成之士，如何望太學之師皆得人。自今慎重其選。

《明宣宗寶訓》卷三《禮羣臣》　宣德七年三月辛巳，南京國子監奏請給學官皂隸充使令。上曰：舊不與皂隸者，以其非常叅官，然貴賤相承禮之常分。遂命兵部如例與之。

《明憲宗寶訓》卷一《遵舊制》　成化二年三月癸亥，禮部尚書姚夔言：近者南京叅賛機務兵部尚書李賓奏南京饑荒，欲令各處生員及南京文武官子弟納米入監。切惟國學乃育材之地，朝廷所資以致治者，恐不宜以貨爲賢，宜別爲處置賑濟。上曰：祖宗設太學以教育賢材，非由科貢者，不得濫進。今賓等建議欲令官民子弟出錢穀以賑饑民補太學生，古無此比。且天下財賦所出，其途孔多，學校豈出錢穀巡察之所哉。禮部議是。其勿許。

《明憲宗寶訓》卷一《重恩典》　成化四年四月己亥，尚寶司卿朱奎乞以其子賓入國子監讀書，既得請矣，科道官交章劾奎違例罔上，乞寘于法。上曰：廕叙子孫，此朝廷優禮大臣之典，若槩而施之則名器混淆無復差等。奎秩不應廕而乃朦朧奏乞，論法當治其罪，姑宥之，罷其子，無令入監。

《明憲宗寶訓》卷一《重恩典》　〔成化四年四月〕庚子，户科給事中李森言：在京三品以上子孫生於貴族，鮮克由禮，乞停其入監之例。上曰：先王之政，仕者世禄。京官仕至三品以上蓋亦積歷久而勞勩著矣，朝廷録其子孫一人入監，固未爲過。矧祖宗明有故事乎，李森昧於古訓持論刻薄，不體朝廷忠厚之意，朕所未諭。但古者賞延於世，所以報有功。

（明）卜世昌《皇明通紀述遺》卷二《太祖高皇帝》〔洪武元年二月〕改太史院爲司天監，又置回回司天監。

自今三品以上官，非歷任年久，政績素著者，不許濫叙其子孫，庶幾人知所勸。

《明憲宗寶訓》卷一《重恩典》　成化二十三年十月庚辰，故南京刑部右侍郎陳儼子祖援例乞爲國子監生。上不許，且勑所司：今後大臣子孫乞恩入監，須審其父祖歷任久而政聲著者方許奏聞。

《明憲宗寶訓》卷一《睦親》　〔天順八年〕九月戊辰，郢府南漳郡主奏乞命其子周堈入國子監讀書。上曰：南漳郡主係宗室之親，其子周堈既有志讀書，宜令入監照例出身。

《明憲宗寶訓》卷二《興學》　成化三年二月甲辰，上以祖宗以來欽降國子監勑諭學規，勸勵師生之道罔不周備，因命祭酒邢讓等募工鐫石樹太學中門外，使師生永遠遵守。

《明憲宗寶訓》卷二《體群臣》　成化二十二年三月壬申，南京國子監琉球國官生蔡賓等五人乞歸省親，禮部爲覆請。上曰：昔陽城在太學，諸生三年不歸省者斥之。矧在遠方外國豈可長留不遣，其即歸本國以遂其定省之私。

《明憲宗寶訓》卷二《優大臣》　成化三年三月甲午，國子監助教李伸上言欲蔭大臣之子，下大臣議。上曰：爵以待賢，理不可濫，教養之法，義不可缺。其令在京三品以上官子孫各一人入監讀書，如議行之。

《明憲宗寶訓》卷二《優大臣》　成化二十三年四月甲戌，贈太師楊榮曾孫昂援例乞爲國子監生。上諭禮部臣曰：仕者世禄，王政之所先也。楊榮歷事先朝四十餘年，有討安社稷之功，其子孫雖嘗蔭叙猶未稱朝廷報功之典，宜令昂入監讀書用示殊恩以爲後來盡忠于國者勸。

《明孝宗寶訓》卷二《儲材》　弘治元年十二月丁巳，兵部覆議禮科給事中王綸、兵部郎中陸容言，請令公侯伯都督應襲子孫十五歲以上三十歲以下者俱入國子監讀書，皆爲朝廷儲養將材之意。然都督以下子孫已有例作養於武學，惟公侯伯駙馬子孫宜如其言。令國子監依監生讀書作課講書習禮成法行各家專官教之，每歲間月一赴監考校文事，間月一赴教場操練武藝，若在閒公侯伯駙馬讀書，并欲乞聖明每季御武英殿則請自聖裁。上曰：公侯駙馬伯子孫令讀書習禮，將來朝廷庶幾得世臣之用，宜悉如所奏行。在閒侯伯駙馬隨操其仍議處以聞，御殿詢訪朕自處置。

地方分部

行省

論說

（明）吕坤《實政録》卷一《明職·布政司之職》　行中書省與中書省分表裏，秩皆二品，至崇重也。爲外僚領袖，爲朝政橐籥。表率吏治，通達民情，至樞要也。其司名曰承宣布政，蓋政者，天子之惠澤，使臣承其流而宣布於一省，俾一省之政教號令雷厲風行，一民一物無不得其所，一政一事無不得其宜者也。兩院之所監臨，監臨此政；按察之所廉訪，廉訪此政；守巡之所分理，分理此政；府州縣之所推行，推行此政。元人黜之名曰外政府。姑無論職掌之全，惟是學校之政，總屬其提調，故貢舉起送，無不由焉。境內人材，總屬其體察，故選官保結，無不由焉。錢糧完欠，總屬其稽考，故徵收起解，無不由焉。官吏淑慝，總屬其品題，故舉刺考察，無不由焉。土田賦役，總屬其均釐，故差糧册籍，無不由焉。軍匠户口，總屬其清理，故内府圖籍，無不由焉。至於典常經制，水利農桑，養老恤孤，儲畜蠲賑，凡關係軍民利病，地方安危，風教盛衰，政治得失，無不由之。

而今也，止知其爲錢糧衙門耳。經年以催解爲職，終日以收放爲事。或宗室官吏起送保結，或復命覲賀造送册揭，雖皆衙門事體所關，而以此畢承宣布政之職，恐小之乎？其爲藩司矣，執事者果顧斯名也，協分守四道，督郡邑百司，盡地力以開利源，戒侈靡以節耗費，課桑麻以詰惰農，通商販以裕財用，引水利以備旱潦，驅遊民使著生業，禁異端以息煽誘，均地糧以蘇偏累，定徵收以杜侵牟，嚴起解以足國用，罪包攬以重錢糧，善催科以革積弊，停濫役以息民肩，懲衙蠹以除民害，清苛税以恤民貧，定斗秤以息姦僞，訪把持以通市情，興禮教以端士習，定社學以正蒙養，重鄉約以善風俗，崇節孝以興行誼，嚴保甲以弭竊劫，簡詞訟以省勞費，修祀典以事鬼神，嚴鄉飲以示觀感，廣收鰥寡孤獨、疲癃殘疾而設法存活以哀煢民。各道不率循者規正之，有司不奉行者督責之，虛文罔上生弊擾下者參治之。全省之民庶幾其得所乎。不然承宣布政四字毫無關涉，而建官之本意迷失愈遠矣。

《明實録》萬曆三十三年正月〔乙未〕　四川巡按御史李時華言：故事，吏部司官兩廣、雲、貴共一員，吏科右給事中梁有年奏：謂四省一員，爲數太隘，欲于四司十四員之外增置主事一員，以待雲貴官之相應者。俱未奉旨，迄今三年有餘。前缺尚懸未補，臣竊惑之，夫銓司之隨地置員非備官也。蓋一省之官，評吏治一省之人，聞見必精。祖宗創制立法，原有深意。至于兩廣、雲貴共置一員，多因先年風氣未開，人文未盛，年來漸染聖化，風氣大開。比隆各省解額漸增，制科接武選館行取未嘗乏人，則科臣所謂設官分職，宜令四方寬然，各盡其材，不宜使一隅有偏祐之嘆，請廣新額增置一員，俾雲貴共之，所費無多，所關者大。疏下有司。

綜述

（明）龔輝《全陝政要》卷一《陝西省》　陝西省：陝西，古雍州地。國朝汛掃胡元，開拓疆境，東抵河南，西抵番戎，南抵四川，北抵沙漠。河山限隔，幅幀萬里，置承宣布政使司，領府八，以代中書省；置提刑按察司，分六道，以代廉訪；置都指揮使司，領衛二十八、所三；增置行都指揮使司，領衛十二、守禦所三，以代宣撫，三司並治西安。而行都司則分治甘州，至京師二千六百五十里，至南京二千四百三十里。【略】

公署：由省以達四封凡三千三十。有六，或繫衙於署，若部院、守巡，有非地所得專之類是也，或繫署以事，若倉庫、驛遞、稅課之類。其職止是或闕而弗書，如各行署，如陰醫僧道，雖非行署，徒備制爾，然亦有所必有，故惟列之首郡以見例。

都察院：府治北巡撫都御史駐劄，撫治八府並固原邊鎮。

察院三：一府治西北，巡按御史駐劄，按治西鳳平慶延漢六府，固原、寧夏、榆林三鎮。一府治東南，清軍御史駐劄，清理八府三邊軍伍。一府治南巡，茶御史駐劄，巡歷西鳳、平漢、臨鞏、西寧等處。

布政司：經歷司，理問所，雜造局，照磨所，廣積庫。

清軍道　管册道　督糧道　關内道

按察司：經歷司，司獄司，照磨所。

清軍道　糧斛道　提學道　分巡道

都司：經歷司，司獄司，斷事司。

貢院：　教場

衆賛、彌縫、輔相，左右皆有職乎署，署固非虚器也，是故繚表以象綱，錯置以象紀，恢廓以象公，亭直以象正，峻潔洞達以象廉、象明，故君子恒致思焉，出入起居必求無愧於署，弗徒爲尊大焉爾矣。

官師：自藩臬長佐以逮百僚，其文與武凡五千六百二十有六，部院不書，非守土者例也，於郡書太僕、苑馬而不書守巡。守巡既列之省，故不得而復書。

布政使：左右各一員。左叅政：一員。右叅政：四員，内添設管糧、黄册、西寧分守，凡三員。左叅議：一員。右叅議：三員，内二員添設商洛撫民、花馬池監收。經歷：一員。都事：一員。照磨：一員。庫官：二員。大使：一員。理問：二員。案牘：一員。司獄：一員。

按察使：一員。副使：十二員，内添設糧斛、提學，暨關、南鄜州撫治，肅州、洮岷邊備，甘州管糧，固原、西寧、潼關、平鞏兵備，凡十一員。僉事：六員，内添設屯田并榆林靖邊、寧夏監收，凡五員。經歷：一員。照磨：一員。知事：一員。檢校：一員。司獄：一員。

都指揮：三員。掌印一員，僉書二員。經歷：一員。斷事：一員。司獄：一員。

國家建官分職，品秩雖殊，而要之職所當舉則一。敷觀往昔，司政教，若文翁、丙魏；主錢穀，若劉晏、趙過；典刑獄，若釋之、定國；勤撫字，若龔黄、卓魯；涖戎行，若頗、牧、充國、孔明、韓、範，彼固猶夫官爾，而炳炳烺烺獨與衆異，譬之射焉，固官師者之鵠也，苟志於鵠，而有弗中，不限於才，則厄於時、於勢，吾不得而盡尤夫人也。

《皇明詔令》卷三《太祖高皇帝下・諭藩臬郡縣敕洪武二十三年三月十五日》敕諭：方今所用布政司、府、州、縣、按察司官，多係民間起取秀才、人才、孝廉。各人授職到任之後，略不以到任須知爲重，公事不謀，體統不行，聽信小人浸潤，謀取贓私，酷害下民。以此仁義之心淪没，殺身之計日生。一旦繫獄臨刑，神魂倉皇，至於哀告懇切。奈何虐民在先，當此之際，雖欲自新，不可得矣。如此者往往相繼而犯，上累朝廷，下辱父母，悲哀妻子，孰曾有監其非而改過者哉？所有責任，條例備陳於後：

一、布政司理治，親臨屬府歲月，稽求所行事務，察其勤惰，辨其廉能。剛舉到任，須知内事，一一務必施行。少有汗漫及貪污，坐視恬忍害民者，驗其實跡，奏聞提問。設有用心提調，催督宣布條章，去惡安善。倘耳目有所不及，精神有所不至，遺下貪官污吏及無藉頑民，按察司方乃是清。

一、府屬州治，一體布政司施行。耳目有所不及，精神有所不至，遺下貪官污吏及無藉頑民，布政司方乃是清。

一、州臨縣治，一體府治施行。耳目有所不及，精神有所不至，遺下貪官污吏及無藉頑民，本府方乃是清。

一、縣親里甲，務要明播條章，去惡安善，不致長姦損良。如此上下之分定，民志有所依，臣細事務悉有所歸，上不紊政於朝廷，下不啣冤於滿地，此其治也歟。若耳目有所不及，精神有所不至，遺下無藉姦惡人民，本府州縣官方乃是清。

一、若布政司不能清府，府不能清州，州不能清縣，縣不能清里甲，去惡安民，遺下不公不法，按察司方乃是清。

一、按察司治理布政司府州縣，務要盡除姦弊，肅清一方。耳目有所不及，精神有所不至，巡按御史方乃是清。倘有通同貪官污吏，以致民冤事枉，一體糾治。

一、此令一出，諸司置立文簿，將行過事跡，逐一開寫，每季輪差吏典一名，賫送本管上司查考。布政司考府，府考州，州考縣，務從實效，毋得誑惑繁文，因而生事科擾。每歲進呈之時，布政司將本司事蹟，並府州縣各賫考過考蹟文簿，赴京通考。敢有坐視不理，有違責任者，罪以重刑。

於戲，今之布政司不拿所屬貪贓官吏，又不申聞闒茸不才，諸等不公不法，亦不究問。府文到司，並不審其爲何，但知遞送而已。府亦以州文如此。自布政司至府州，皆不異郵亭耳。所以不治，爲此故也。

《嘉隆新例·吏例》 嘉靖 年 月吏部等衙門題准，布、按二司守、巡官，每年二月出巡，五月回。七月出巡，十一月回司。所至地方，問民疾苦，稽查姦弊，查訪官吏，問理詞訟，辯明冤抑，催徵錢糧，督捕盜賊，脩濬城池，操練兵馬，審編均徭，存恤孤老，百凡政務一一舉行。雖偏州僻縣，各要遍歷。如無故回司一二次者，提吏怠忽誤事者，指名參劾。

（明）何棟如《皇祖四大法》卷八《治法》 〔洪武二十七年春正月〕丙寅，置各處布政司、按察司，並各府照磨、檢校官。上諭六部都察院諸大臣曰：頃者朕以各部案牘填委，往往淹積不行，吏緣爲姦，事愈浩繁，於是各設司務職，專紀其出入，督其稽遲而察其姦弊，不旬日間事多完集。今在外布政司按察司並各府，亦宜設照磨、檢校，如司務之職。於是各司府置照磨所，設照磨檢校各一人，不署文案及不許差遣。

（明）李日華《官制備考》卷下《布政司》 布政，古方伯，爲一州之表率者。昉于堯之四岳，舜之十二牧，禹之九州九牧，周之八命作牧也。漢魏以來爲刺史，或爲單車刺史，或爲州牧。唐神龍初，分天下爲十邑，邑置巡察使，廉按郡縣。開元置採訪處置使，治於所部之大郡，其有戎旅之地，即爲節度使。宋有轉運使副判官，使按察官吏，又有提舉常平茶鹽司。是唐之州縣，不過一使臨之。而宋則有帥漕憲倉四司，監司各有建臺之所，每司專有長官，專有椽佐。而號令之行于統屬者始煩矣。元外道各置行中書省，有左右丞參政等諸官。

國初分天下爲十三省，初爲行中書省，已定爲承宣布政使司。司設左右布政使、左右參政、左右參議。布政使掌一省之政令，朝廷有德澤禁令，承流宣播，以下於有司。凡僚屬文武官歲廉其稱職不稱職者，上下其攷，報撫按，以達于吏部、兵部、都察院。三年則率所屬州縣正□官及首領官朝覲於京師，詳第其稱職不稱職，於部院聽廢置。十年合户版，以登民數。三歲大比，貢合省之士而提調之。參政、參議分莞清軍、屯田、水利、撫民、驛傳、督糧、邊備之事。距省會遠，分道守土，首領官經歷典文移，都事佐之；照磨理卷宗，簡較佐之。理問典刑名，辨疑請允，副理問若提控案牘佐之。

（明）徐石麒《官爵志》卷三《十三省承宣布政使司》 唐有參知政事，宋下宰相一等，元尚書省亦置爲宰相之貳。行省亦有左右參政，唐高祖有檢校，隋改都令史爲都事。今左右布政使從二品，左右參政從三品，左右參議從四品，首領經歷司經歷從六品，都事從七品，照磨所照磨從八品，檢校正九品，理問所理問從六品，副理問從七品，提控案牘未入流。各省所屬庫造織染局大使副使、陝西四川茶馬司，洪武初令陝西洮州、河州、西寧各設茶馬司收貯官茶，每三年一次，差在京官選調邊軍賚捧金牌、信符，徃附近番夷將運去茶馬給與邊軍。騎操大使正九品，副使從九品，廣西裕民司、雲南滇池魚課司大使、副使俱未入流。

《明實録》丙午春二月 己巳，置兩淮都轉運鹽使司，設運使、同知、判官、經歷、知事、照磨，並置所屬富安、何垛、丁溪、草堰、小海、角斜、拼茶、安豐、梁垛、東臺、白駒、劉莊、伍祐、新興、廟灣、西亭、石港、餘西、餘中、金沙、豐利、馬塘、板浦、掘港、吕四、臨洪、徐瀆、餘東、莞瀆二十九場鹽課司。歲辦鹽三十五萬二千五百九十引，每引重四百斤，官給區工本米一石。其法：竈户自置竈房，官給鐵角，或一二角，或三四角，揩甃成盤，以青灰石灰泥飾貯滷煎燒，納官有餘，聽其貨賣。

《明實録》洪武元年冬十月 庚寅，以懷慶、衛輝、彰德、廣平、順德、大名、河間、保定、真定九府隸河南分省，以德安府隸湖廣，北平府隸山東。

《明實録》洪武二年春正月 〔戊申〕置廣東海北鹽課提舉司。提舉從五品，同提舉從六品，副提舉從七品。吏目省注，計廣東提舉司所屬十四場，歲辦鹽四萬四千六百三十一引有奇。北海提舉司所屬十五場，歲辦鹽二萬七千九百二十二引有奇。每引重四百斤。

《明實録》洪武二年二月 癸丑，置北平廣西二行省，以山東參政盛原輔爲北平參政，中書參政劉惟敬爲廣西參政。廣西州縣先隸湖廣，及北平之真定等府州縣隸山東、河南者皆復其舊。凡北平所轄府八，州三十七，縣百三十六，長蘆鹽運司一。

《明實録》洪武二年五月〔癸丑〕置福建行省，以福、汀、漳、泉、建寧、邵武、興化、延平八府隸之。

《明實録》洪武二年六月 戊子，以廣西海南、海北府州隸廣東省。

《明實録》洪武十二年正月 〔甲午〕復置陝西行都指揮使司于莊浪。後徙于甘州。

《明實録》洪武十四年二月 〔乙卯〕更設各處承宣布政使司左右布政使各一人。先是，上設布政使一人，至是更定其制。

《明實録》洪武二十年二月 〔壬辰〕設四川鹽課提舉司提舉一人，從五品；同提舉二人，從六品；副提舉二人，從七品；吏目一人。轄鹽井並五十一處。

《明實録》洪武二十一年秋七月 甲申，置北平行都指揮使司于大寧。

《明實録》永樂元年八月 〔丁巳〕上以海外番國朝貢之使附帶物貨前來交易者須有官專主之，遂命吏部依洪武初制，于浙江、福建、廣東設市舶提舉司，隸布政司，每司置提舉一員，從五品，副提舉二員，從六品，吏目一員，從九品。

《明實録》永樂十一年五月 〔壬辰〕設甘肅茶馬司于陝西行都司城內，官制悉如西寧茶馬司，隸陝西布政司。

《明實録》正統十三年九月 〔庚戌〕改設四川松潘、疊溪諸倉，俱隸布政司。

《明實録》成化十五年二月 〔乙巳〕增設四川松潘倉、茂州廣備倉副使各二員，威州安遠倉副使一員。

《明實録》嘉靖四十二年十月 〔甲子〕裁革山東布政司管糧參政、按察司屯田副使各一員。以其事併于各分巡道，從山東撫按官張鑑等議也。

（清）查繼佐《罪惟録》志卷二七《職官志・初制文職》 行中書省或分中書省：六部尚書往往出爲參知政事，參政入爲尚書。洪武九年，詔改浙江等十二行省爲承宣布政司，正二品。十二年，改正三品。十五年，置雲南布政司。二十二年，改從二品。

（清）查繼佐《罪惟録》志卷二七《職官志・初制文職》 肅政廉訪使：甲辰，改置按察使于湖廣道，正三品，設僉事。洪武十年，改正四品。十三年，罷各道按察使，復定各道按察公司，以儒士五百三十一人爲試僉事，人按二縣，諭以官吏賢否軍民利病皆得糾舉。二十年，改按察分司爲四十一道，尋復正三品。三十年，始置雲南按察使司。

（清）查繼佐《罪惟録》志卷二七《職官志・初制文職》 爲承宣布政司，正二品。十二年，改正三品。十五年，置雲南布政司。二十二年，改從二品。

（清）谷應泰《明史紀事本末》卷一二《太祖平滇》 〔洪武十五年〕二月，置雲南布政司，改中慶路爲雲南府，命汝南侯梅思祖、平章潘原明署司事，以張紞等爲參政、參議等官。【略】

三月，藍玉遣兵攻拔三營萬户砦，更定雲南所屬府五十二、州六十三、縣五十四。傅友德遣使以故元威順王之子伯伯及梁王家屬三百一十八人送京師，並奏云：雲南自元世祖至今百有餘年，屢經兵燹，圖籍不存，兵數無從稽考，但當以今要害，量宜設衛戍守。其賦税則故元司徒平章達里麻等言：元末田土，多爲豪右隱佔。今循元舊制，歲用不足，已督布政司覆諸衛所，以給軍食。恐有不足，宜以今年所徵糧，并故官院寺入官田與土官供輸，鹽商中納，戍兵屯田所入，並給之。上悉可其奏。未幾，置雲南鹽課司以益軍費。

《明史》卷二《太祖紀》 〔洪武九年〕六月甲午，改行中書省爲承宣布政使司。

《明史》卷七五《職官志》 布政司參政、參議分司諸道。督糧道，十三布政司各一員，俱駐省城。督册道，江西、陝西等間設。分守道：浙江杭嘉湖道，寧紹台道，金衢嚴道，温處道，俱駐省。江西南瑞道，駐省，湖東道，駐廣信，湖西道，駐臨江，饒南九江道，駐九江，贛南道，駐南安。山東濟南道，東兖道，海右道，俱駐省。山西冀寧道，駐省，河東道，駐蒲州，冀北道，駐大同，冀南道，駐汾州。陝西關內道，駐省，關西道，駐鳳翔，西寧道，駐涼州，關南道，駐興安，河西道，駐慶陽，隴右道，駐鞏昌。河南大梁道，駐省，河南道，駐河南，汝南道，駐南陽，河北道，駐懷慶。湖廣武昌道，下荊南道，駐鄖陽，上荊南道，兼兵備，駐澧州，荊西道，兼兵備，駐安陸，上湖南道，下湖南道，上江防道，或駐荊州、岳州，下江防道。福建興泉道，駐泉州，福寧道，駐興化，漳南道，駐漳州，建南道，駐延平，汀漳道，駐上杭縣。廣東嶺東道，駐潮州，嶺西道，駐高州，羅定道，兼兵備，駐羅定州，嶺北道，嶺南道，駐南雄。四川川西道，川北道，駐保寧，上下川東道，駐涪州，上川南道，雅州、嘉定二署，下川南道，敘州、瀘州二署。廣西桂平道，駐省，蒼梧道，駐梧州，左江道，駐潯州，右江道，駐柳州。貴州安平道，貴寧道，駐省，新鎮道，駐平越，思仁道，駐思南。雲南臨安道，騰衝道，瀾滄道。以上或參政，或參議。

《明史》卷七五《職官志》 承宣布政使司。左、右布政使各一人，從二品。左、右參政，從三品。左、右參議，無定員，從四品。參政、參議因事添設，各省不等，詳諸道。經歷司，經歷一人，從六品，都事一人，從七品。照磨所，照磨一人，從八品，檢校一人，正九品。理問所，理問一人，從六品，副理問一人，從七品，提控案牘一人。司獄司，司獄一人，從九品。庫大使一人，從九品，副使一人。倉大使一人，從九品，副使一人。雜造局、軍器局、寶泉局、織染局，各大使一人，從九品，副使一人。所轄衙門各省不同，詳見雜職。

布政使掌一省之政，朝廷有德澤、禁令，承流宣播，以下於有司。凡僚屬滿秩，廉其稱職、不稱職，上下其考，報撫、按以達於吏部、都察院。三年，率其府州縣正官，朝覲京師，以聽察典。十年，會户版以登民數、田數。賓興，貢合省之士而提調之。宗室、官吏、師生、軍伍，以時班其禄俸、廩糧。祀典神祇，謹其時祀。民鰥寡孤獨者養之，孝弟貞烈者表揚之，水旱疾疫災祲，則請於上蠲振之。凡貢賦役，視府州縣土地人民豐瘠多寡，而均其數。凡有大興革及諸政務，會都、按議，經畫定而請於撫、按若總督。其國慶國哀，遣僚貳朝賀弔祭於京師。天子即位，則左布政使親至。參政、參議分守各道，及派管糧儲、屯田、清軍、驛傳、水利、撫民等事，併分司協管京畿。兩京不設布、按，無參政、參議、副使、僉事，故於旁近布、按分司帶管，詳見各道。經歷、都事，典受發文移，其詳巡按、巡鹽御史文書，用經歷印。照磨、檢校典勘理卷宗。理問典刑名。

初，太祖下集慶，自領江南行中書省。戊戌，置中書分省於婺州。後每略定地方，即置行省，其官自平章政事以下，大略與中書省同。設行省平章政事，從一品，左、右丞，正二品，參知政事，從二品。左、右司，郎中，從五品，員外郎，從六品，都事、檢校，從七品，照磨、管勾，從八品。理問所，正理問，正四品，副理問，正五品，知事，從八品。尋改知事爲提控案牘，省注。

洪武九年改浙江、江西、福建、北平、廣西、四川、山東、廣東、河南、陝西、湖廣、山西諸行省俱爲承宣布政使司，罷行省平章政事，左、右丞等官，改參知政事爲布政使，秩正二品，左、右參政，從二品，改左、右司爲經歷司。十三年改布政使，正三品，參政，從三品。十四年增置左、右參議，正四品，尋增設左、右布政使各一人。十五年置雲南布政司。二十二年定秩從二品。建文中，陞正二品，裁一人。成祖復舊制。永樂元年以北平布政司爲北京。五年置交阯布政司。十一年置貴州布政司。止設使一人，餘官如各布政司。宣德三年罷交阯布政司，除兩京外，定爲十三布政司。初置藩司，與六部均重。布政使入爲尚書、侍郎，副都御史每出爲布政使。宣德、正統間猶然，自後無之。

紀事

《嘉靖事例·仍設陝西布按管糧管屯官》 陝西清吏司案呈，奉本部送該本司呈，照得嘉靖八年八月十五日節該欽奉敕諭：凡近日所行事務，有未當者，都着條奏更正，不許一概混開。欽此。查得陝西一省邊儲爲重，近該吏部題奉欽依，將陝西管糧參政羅方、管屯僉事劉雍，裁革回司，聽委別用，經理錢糧分委各該守巡兼管。但前項民屯糧草，俱係緊急邊餉，若非專官管理，自難其成（救）〔效〕，合無議處，照舊復設管糧參政、管屯僉事，專理民屯糧草，實爲有益等因，送司案照。先爲地方事，該巡撫陝西都御史蕭禎奏稱内一件，裁省官員以專委任。據陝西布政（使）〔司〕呈稱，本司原設管糧參政一員，奉敕督理西安等府及西安左等衛所軍民糧草，委任既專，事亦克濟。後又添除參議一員，奉敕亦管糧儲，雖分管地方不同，（怠）〔逮〕事互相推調。今照本司右參議李衍去任，文卷交與右參議王哲管理。若照先年事例，止令參政王哲專理軍民糧草，再有新除參議，改理別項公務，庶使兩便。又據按察司呈稱，本司額設僉事一員，專一提督陝西都、行二司所屬四十七衛、所屯種，兼管莊浪至肅州一十五衛所水利，後因僉事宋賓去任，蒙巡撫衙門奏行户部請敕本司僉事李鉎職專管理。續又銓選僉事周寧領敕前來，實與李旻事同一體，政出多門，人難遵守。今照僉事周寧致仕，李旻丁憂去訖，其管屯僉事員缺，呈訖照舊止選一員，請敕前來，專管屯糧兼管水利等因。各呈到臣，看得陝西布、按二司，前項管糧、管屯官員，委的各多設一員，合依其所擬，布政司將管糧官止令參政王哲專管，新除參議，另委分守地方，按察司管屯僉事，照舊止選一員，請敕專一提督。則官不冗而任專，事不分而責成矣。弘治三年九月二十三日，户部等衙門尚書李敏等會議前件，吏部查行具題。節奉孝宗皇帝聖旨：是。欽此。

又爲復舊例以便邊務事，該巡撫陝西都御史王宗彝題稱，查得該前都御史蕭禎，因見陝西設有管屯僉事二員，奏准一員註選，亦爲省費廩禄。今止有僉事李紀一員，領敕管理都、行二司所屬四十七衛所屯田，然各該衛所布列三邊八府，以地理計之，東西南北紆繞營回，不下七千餘里，一日行一百里，須得七十餘日方纔行盡。以衛所計之，每一衛所徵催比較大率必得十餘日事方就緒，亦得四百七十日方能周遍。通計五百四十日，管屯官始得巡歷一次，是一年零六個月。近者（亦）〔以〕來衛所官軍人等頑潑，屯田之法漸壞，糧草經年不完，以致沿邊與腹裏倉場在〔在〕缺乏，全靠管屯風憲周流催納。今計算一年有餘方歷一次，欲望屯糧依期納完，決無是理。當時雖暫省一官之費用，未（兑）〔免〕遲滯一方之屯糧。乞要添選僉事一員，照依原撥領敕，前來管理糧儲水利，提督陝西行都司所屬屯田糧草。該本部議照，都御史王宗彝既以開題明白，合無准其所擬，本部移咨吏部銓註僉事一員，領敕一道，前去管理前項糧儲水利及提督行都司所屬甘州等一十五衛所屯田，李紀專管陝西都司所屬三十七衛所屯種。如此，則委任既專，而屯田不致廢馳矣。弘治五年四月十三日題。奉孝宗皇帝聖旨：是。欽此。

又爲缺官事，該吏部咨呈，題奉欽依，劉安陞陝西布政司右參政，咨部送司。查得陝西布政司，右布政使二員，右、左參政二員，左右參議二員。正統年間，添設右參政一員，右參議二員，與額設官輪流分管西安等八府地方。天順六年，該本部議得本布政司錢糧多有拖欠。體得本司右參政婁良公勤，堪以委任，具題請敕一道，付本官欽遵行事，以後接續更替。查得成化元年右參政殷謙、成年二年右參政余子俊、成化三年右參政龐勝、成化十一年右參政秦紘、成化二十三年右參政王哲、弘治六年右參政汪奎、弘治九年右參政韓鏞、弘治十一年右參政李瓚、弘治十二年右參政李旻、弘治十五年右參政王琰、弘治十七年右參政李思名、弘治十八年右參政安惟學、正德三年右參政彭桓、正德五年右參政陳璘、正德七年右參政方綱、正德八年右參政徐翊，俱經本部請敕管理糧儲。及查今陞右參政劉安，更替右參政劉瑜，更替右參政潘鐸，潘鐸更替右參政李岱，俱該吏部失開提督税糧字樣，本部失於查照請敕，管錯官吏俱遇蒙恩例宥免。今劉安更替劉瑜，應合改正。案呈到部，查得陝西布政司現陞右參政劉麟更替徐翊，請敕管理糧儲，係是天順六年本部議得，管理相沿至今。其參政劉安係該輪流分管地方官員，因近年失於查照開寫提督税糧字樣，以致一布政司設有管糧官二員，一員有敕，一員無敕，委的事體不便，相應改正。合無以後，陞除更替管糧右參政劉麟官員，照舊請敕總理一省税糧，其右參政劉安以後官員，俱照舊輪流分守地方，分管一道税糧，庶事體歸一，職掌不紊。正德九年二月二十八日題。奉武宗皇帝聖旨：是。欽此。

又查得陝西右參政羅方、按察司僉事劉雍，各管理西安等八府、陝西都司三十八衛所一應民屯糧草。其右參議許翔鳳、按察使司僉事盧耿麟，各管陝西行都司甘肅等一十五衛所民屯水利、糧草，俱經本部請敕，付各官欽遵行事外，及查得陝西布政司原額夏税秋糧，除抛荒等項外，實徵税糧一百八十三萬八千六十三石六斗，馬草一百二十八萬五百一十二束十斤一十兩。陝西都司所屬三十七衛所，該徵屯糧六十二萬一千四百十五石。行都司所屬一十五衛所，該徵屯糧二十一萬三千八百八十五石。内除存留禄米俸廩外，俱係起運延綏、寧夏、甘肅、固原各鎮軍餉。

又爲乞會計年例錢糧以制國用事，該巡撫延綏都御史（肖）〔蕭〕淮題内開延、慶二府，並榆林等衛，共拖欠民屯糧草，自嘉靖元年至嘉靖三年，共二十二萬三千八百九十餘石，草二十二萬六千五百餘束，（以）〔已〕經盡行蠲免。查得嘉靖四年至（加）〔嘉〕靖六年止，未完糧料七十一萬九千五百餘石，草六十二萬一千餘束。巡撫寧夏都御史翟鵬亦題前事内開，嘉靖三年以前遇例蠲免外，嘉靖四年以後，共拖欠民屯糧七萬三千六百四十餘石，草五十四萬一千九百餘束。總制尚書王瓊、巡撫甘肅都御史唐澤、屯政都御史劉天和會題，爲急處官運免民解以接濟邊儲事內開：西、鳳等府自正德八年起至嘉靖六年止，共拖欠甘肅邊糧四十萬九千一百餘石，除嘉靖三年以前拖欠蠲免外，嘉靖四年起至嘉靖六年止，拖欠糧一十二萬九千七百餘石。今該前因，通查案呈到部，看得該司所呈，欲復陝西管糧參政、管屯僉事，（都）〔督〕理西安等八府，都、司、衛、所一應錢糧及措置預備倉糧一節。爲照前項管糧、管屯官員，近奉欽依，裁革未久，似難輕議。但陝西一省，外控三邊，供餉浩繁，徵輸爲急，比與腹裏地方大有不同。自正統、天順、弘治等年節經議設，各請敕旨，欽遵行事，迄今百有餘年，邊方糧餉頗有賴。即今全陝災傷，除奏行蠲免外，接年拖欠民屯錢糧數多。若令分守、分巡官員兼理催督，事非專委，終難責成。及照浙江等十三省，俱有管糧、管屯官員，而全陝邊儲（撥）〔揆〕之事勢，宜全設。況今陝西布政司參政羅方、按察司僉事劉雍，雖經裁革，尚未起送，暫留本司，聽以守巡事體委用，相應查復以濟邊儲。如蒙伏望皇上軫念邊陲重地，軍餉爲先，乞敕吏部再加詳議，查照舊規，將陝西布政司管糧參政羅方、按察司管屯僉事劉雍，行令遵奉原領敕書，各照舊管理陝西一省民屯糧草，不許干預別事。及將前項歷年拖欠各邊糧草並屯田子粒，除奉例蠲免外，應徵之數，上緊用心督催徵納，仍查照節行題准事例着實舉行。如此，則設官分職，各有所司；責任既專，而邊儲有賴矣。緣係查復舊規專責任以裕邊儲事理，未敢擅便，謹題請旨等因。嘉靖九年正月十二日，本部尚書梁等具題。本月十五日，奉聖旨：是。依擬行。

（明）何棟如《皇祖四大法》卷五《治法》 〔洪武十四年春正月〕

乙巳，以國子學助教趙新爲山西布政使司，郝仲誠爲陝西布政使司左參政，馬懿爲江西布政使司左參議，王景範爲湖廣布政使司右參政，試司業張勵爲山東布政使司右參議。上諭之曰：今布政使司視古之州牧，其任甚重。所以重者何？重在承流宣化，通達民情也。若上德不下究，則鬱而不彰，下情不上達，則塞而不通，爲政鬱塞，則遠邇乖隔，上下不親，得失無所聞，美惡無所見。如此則弊政百出，民不可得而治矣。卿等所學常懷致君澤民之志，朕所以用卿等，冀儒術之有異於常人也，尚宜勉之。

（明）何棟如《皇祖四大法》卷六《治法》 〔洪武十五年二月〕

乙卯，置雲南布政使司，改中慶路爲雲南府，命汝南侯梅思祖、平章潘原明署布政使司事。勅諭征南將軍潁川侯傅友德、左副將軍永昌侯藍玉、右副將軍西平侯沐英曰：雲南之地其民尚兵，上古以爲遐荒，中古禹跡所至以別中土。故屬梁州之域，自漢隋唐皆中國所統，曩元既立行省，數出朝臣望重者鎮之。今思鎮彼，非名臣望重者不能守也，故特命汝南侯梅思祖、平章潘原明暫署雲南布政使司事，事定之後，除官代還。

（明）何棟如《皇祖四大法》卷七《治法》 〔洪武十七年閏十月〕

乙巳，上諭禮部臣曰：近聞在外方面官多侵郡縣之職，甚乖治體，其申諭之。自今民間庶事皆自州縣始，縣有不公則州理之，州有不公則府理之，府有不公則布政司理之，布政司所任非人，從按察司糾之。如仍前亂政，以擾吾民者，罪之無赦。

（明）何棟如《皇祖四大法》卷七《治法》 〔洪武十七年閏十月〕

癸丑，雲南布政使司言：所屬大小土官，有世襲者，有選用者，如景東府知府俄陶、阿迷州知州和寧則世襲者，雲南府羅次縣主簿趙和姚、安府普昌巡檢李智則選用者。世襲者世居本土，素有儲蓄，不資俸祿養廉可也。選用者多因流寓本土，爲衆所服，故一時用之，非給俸祿無以養廉。況律官吏受財有祿、無祿分爲二等，今土官犯罪，律條無所據依，乞加定議。上命六部官會議：凡土官選用者，有犯依流官律定罪。世襲者所司不許擅問，先以干證之人推得其實，定議奏聞，杖以下則紀錄在職，徒流則從之北平。著爲令。

《明實録》甲辰秋七月 〔乙卯〕改廬州路爲府，置江淮行省，命平章俞通海攝省事以鎮之。兵革之際，民多竄匿，通海日加招輯，爲政有惠愛。由是，復業者衆。

《明實録》洪武四年秋七月 〔丙子〕置四川等處行中書省，以刑部尚書劉惟謙爲參政。

《明實録》正統八年七月 〔戊辰〕命福建布按二司並府縣清軍官兼管催糧，從右參政宋彰奏請也。

《明實録》成化二年元月 〔己巳〕令各按察分司官，但有追出囚犯贓罰金銀、布絹等物，悉起解總司，轉發布政司官庫收貯。支銷仍歲造文册奏報，以憑稽考。

《明實録》弘治十二年八月 〔己酉〕兵部尚書馬文升奏：江西九

江府當長江上流，實荊南江西之襟喉，南京之藩屏。比來湖廣、江西盜起，沿江亦有鹽徒爲患，請增設江西按察司副使一員，專理九江、安慶、池州、建陽等府衛地方整飭兵備。從之。

《明實録》正德五年秋七月 壬午，廣東市舶司太監畢真奏：舊例，泛海諸船俱市舶司專理。邇者，許鎮巡及三司官兼管。乞如舊便。禮部議：市舶職司進貢方物，其泛海客商及風泊番船非敕書所載，例不當預奏入。詔如熊宣舊例行。宣，先任市舶太監也，常以不預滿剌加等國番船抽分，奏請兼理，爲禮部所劾而罷。劉瑾私真，謬以爲例云。

《明實録》萬曆八年六月〔丙寅〕裁革廣東監軍副使、廣州兵備僉事、貴州督糧參政各一員；其河南、淮、鳳營田僉事，俟核實事完並裁。

《明實録》萬曆八年十一月〔丙子〕裁四川督糧右參政及鹽茶、水利驛傳僉事與叙、馬瀘兵備僉事。糧務歸併右布政，鹽茶、水利、驛傳歸併清軍副使，叙、馬、瀘兵備歸併分巡副使。

《明實録》萬曆三十一年正月〔癸未〕故事吏部司官兩廣、雲、貴四省共一員。時四川巡按李時華，黔人也。請增一員以待雲貴，其舊額一員，專異兩廣，下之所司。

《明太祖寶訓》卷三《任官》〔洪武二年〕五月癸丑，置福建行省，以福、汀、漳、泉、建寧、邵武、興化、延平八府隸之，命中書省參政蔡哲爲參政。

《明太祖寶訓》卷六《諭群臣》 洪武三年正月癸巳，以駙馬都尉王恭爲福建行省參政。太祖諭恭曰：國家用人惟才是與，使苟賢無間於疎遠，使不肖何恤於親昵。福建從昔富庶，元末因於弊政朘剥尤甚，民病未蘇。今命汝往撫綏之，汝無恃親故以生驕縱貽患於民，國家政令一本至公，爾不能守法夫人臣之道，朕亦豈敢縱法違天下公議，汝其欽哉。

府

論説

（明）呂坤《實政録》卷一《明職・同知通判推官之職》 府總州縣之政，事務繁多，又設佐貳以分之。同知、通判之職掌不同，大率清軍、捕盜、水利、鹽法、管糧、管馬，而推官則專理刑名者也。刑名，余詳之《風憲約》；捕盜，余詳之《獄政》，而清軍、水利、管糧，似不必專曹設職，故余獨不言。

三官職掌，惟是查盤一事，府佐所同，而利不勝言，余每病之。何者？稱物者必持衡，照物者必持鑑。今應查、應盤錢糧，必須我有底册，以爲衡鑑，方能印證彼弊，知其有無。今也，開除收在，止憑所查州縣造來；收解起存，亦據收掌人員開送。侵欺者徑不登造，冒破者巧爲彌縫，查盤官何從而知之？夫求隙於塗塞之餘，洗垢於湯沐之後，即有一二發摘，衹是犯人疎拙。乃於庫銀輕重毫釐，倉穀多寡升合，草束底蓋浥爛，便問侵欺徒贖，人夫點閘不到，馬匹鞍仗不齊，解發批收違限，多問世有力不合，是查盤者，兩院科贖之官也。且其跟從吏書，自有應得常例，即嚴刑亦不懲誡，果何術能盡關防？其不肖者，簡傲自尊，以敬慢爲賢否；苛刻爲事，以搜索爲精明。所在官員，甚者以酒席花幣相牢籠，以報門遠接相媚悦，而採訪開報官吏土豪，半由積年皂快，多出窩訪通家。近雖名爲革訪，其實賢否從來，豈能心通耳報乎？賢者知過求之無益也，一以安静爲事，銀收庫簿，倉遞廒經，或掣封抽斗，或指一概千，或任憑所在官員捏報幾名罪贖，又非查盤本意。

以後查盤官吏，先於兩院領上次查盤底册，雖難盡憑，尚有半據。其餘情節微細，事體含糊，不必概入供招，不必概擬有力。總之一罪衆攤，牽累多人，或貧棍坐贓，多延年限，何益之有？至於錢糧拖欠，州縣間點欠户三二十名，親審不完緣故，其待支錢糧，不應動支而輒申請動支，如本色解剩之類，官吏從重參究，責令扣俸抵補。庶苟且之吏不得夤緣以破法，而倉庫錢糧不至借名而乾没矣。

（明）呂坤《實政録》卷一《明職·知府之職》一尺之地，不屬某州某里，則屬某縣某里，未有曰屬某府地土者。一丁之民，不屬某州民籍，則屬某縣軍籍，未有曰屬某府人民者，然則府不虛設而無用乎？曰：無用而爲有用之資者，府是已。何者？府非州非縣，而州縣之政無一不與相干。府官非知州知縣，而知州知縣之事無一不與相同。是知府一身，州縣之領袖，而知州、知縣之總督也。

今之爲知府者，廉愛嚴明，公誠勤慎，便自謂好官。而課知府者，見其能是，亦以好官稱之矣。不知此八字者，知州、知縣之職，而非知府之職也。知府無此八字，固爲不肖；僅有此八字，是增一好知州、知縣耳。設府治、建府官之意豈謂是哉？

爲知府者，或奉院司之科條，董督寮屬；或酌郡邑之利病，細與興除。所屬州縣掌印正官及佐領合屬一切大小官員，有用刑不當者，持己不廉者，政不宜民者，怠不修政者，昏不察姦者，塗飾耳目者，虛文搪塞者，前件廢格者，阿徇權勢者，差糧不均者，催科無法者，收解累民者，竊劫公行者，姦暴爲害者，風俗無良者，教化不行者，倉庫不慎者，獄囚失所者，老幼殘疾失養者，聽訟淹濫者，橋梁道路不修者，荒蕪不治、流移不招者，衙役縱横不禁者，屬官如是，知府皆得以師帥之。師帥不從，知府得以讓責之。讓責不改，知府得以提問其首領吏書。提問不警，知府得以指事申呈於兩院該道。

譬之一人，一肢病不得謂之完身；譬之一裘，一幅斜不得謂之完衣。所屬州縣有一不肖之吏，有一失所之民，有一不妥之事，不能安輯而處置之，尚得謂之完府乎？務俾所屬之吏，廉愛嚴明，公誠勤慎，如我一身；所屬之政，廢興墜舉，弊革姦除，如我一堂。所屬之民，無一不得其所；所屬之物，無一不得其理。循良者署以上考，無論卑微；鄙惡者署以下考，無附炎熱。使屬吏知有府之可畏，不敢不守官；知有府之可服，不患不共命。如是而千里封疆凛凛風生，萬井之黎民瀼瀼雨潤。知府之職不當如是乎？賢太守其細思之，果能如是邪，是謂真知府。果未能如是邪，即盡得以前八字，尚不得謂之稱職。況此八字者，未必身有之邪。夫帥之不能，知之當審，乃一切從厚徇情，而寮屬署考十九稱賢，又極其裝點，無乃行私罔上，紀法不蕩然盡廢乎？賢太守其熟念之。

綜述

《大明令·吏令》　凡府、州、縣長官到任，須要將交割前官應有户口田糧，先申上司，轉達都省，以憑考驗。

《大明令·吏令》　各府以秋糧爲額：貳拾萬石之上，壹拾肆名；壹拾萬石之上，壹拾名；壹拾萬石之下，捌名。

（明）龔輝《全陝政要》卷一《西安府》　西安府：領州六，縣三十。城周四十里，高三丈，濶四丈，池深二丈，濶八丈。界至東山西蒲州三百五十里，西鳳翔扶風縣三百四十，南漢中金州六百八十，北延安宜君縣三百五十。

藩封：秦府，末興府，保安府，永壽府，汧陽府。

公署：以下并所屬凡二百三十八。府治，經歷司，司獄司，陰陽醫學，照磨所，常濟庫，僧綱道紀司。儒學，學倉，射圃。税課司，額課二百八兩八錢二分零，遇閏加税。諸課同。永豐倉：末糧本色一萬九百二十二石六斗五升零，折色銀二萬二千九百八十一兩八錢八分零，王糧本色二萬七千三百三十五石八斗一升零，折色銀二萬六百一十七兩七錢九分零，屯糧本色一十一萬六千七百五十九石一斗七升零，折色銀一萬三百五十四兩二錢五分。京兆驛，上中馬各一十八匹，下馬四匹，每馬貼差一匹，諸驛準此。驢四十頭，南馬九匹，鋪陳八十副，支直日三兩五錢，秋青草三千五百六十束，館夫二十五名，庫子四名。遞運所二，一、西安，附郭。夫三百名，牛三百隻，車七十五輛，防夫四十名，秋青草一萬四千四百束。一、灞橋，府東三十里。夫二百名，牛二百隻，車五十輛，防夫三十名，秋青草一萬四百束。西安左前後三衛，各經歷司一，五千户所，鎮撫司一，五十百户所。長史司，典簿廳，良醫所，審理所，典寶所，紀善所，典膳所，奉祠所，工正所，典儀所。右護衛，經歷司，五千户所，鎮撫司，五十百户所。儀衛司，軍器局，每衛盔甲各一百六十副，弓撒袋、腰刀各二百件，箭六千四百枝，斬馬刀、長牌各四十件，軍三民七辦料。以後諸局準此。

官師：以下并所屬凡七百三十五。知府而下同知三員，内添設撫民、監收各一員，通判一員，推官一員，經歷、知事、照磨各一員，司獄一員，庫大使一員，倉大使、副使各一員，教授一員，訓導四員，税課大使一員，遞運大使二員，驛丞一員，陰、醫官各一員，僧、道官各二員。指揮五十四員，千户六十七員，百户一百一十員，鎮撫七員，經歷三員。左右長史、典簿、伴讀各一員，教授七員，審理、紀善、典寶、奉祠、典儀、典膳、良醫正副各一員，工正一員，倉官正副各一員。護衛指揮七員，千户七員，百户三十六員，所鎮撫二員，經歷一員，儀衛正副各一員。

（明）龔輝《全陝政要》卷二《延安府》 延安府：領州三，縣十六。城周九里三分，高三丈，濶一丈五尺，池深二丈，濶六丈。界至東黄河山西界三百五十里，西慶陽合水縣三百八十，南西安同官縣四百三十，北沙漠六百五十，至省七百四十。

公署：以下并所屬凡一百六十四。府治，經歷司，司獄司，照磨所，豐潤庫。儒學，倉。税課司，額課九十六兩九錢四分零。延豐倉，民糧本色六千七百三十四石八斗零，屯糧七千一百七十四石四斗六升零，草二萬五百二十七束零。金明驛，附郭。上馬三匹，中二，下六，驢十二頭，鋪陳二十三副，支直日一兩六錢，額收糧三百二十五石二斗六升零，秋青草九百二十束，庫子二名，舘夫五名，路通三處。延安衛，經歷司，千户所，鎮撫司，百户所。軍器局，歲造盔甲各一百六十副，腰刀、撒袋、弓鎗各一百六十件，弦三百二十條，箭四千八百枝，圓牌八十面。

官師：以下并所屬凡七百一十八。知府而下同知二員，內添設管糧一員，通判三員，內添設監收二員，經歷、知事、照磨三員，司獄、倉大使、副使各一員，教授一員，訓導四員，驛丞一員。指揮五十四員，千户三十七員，百户九十五員，鎮撫四員，經歷一員。

（明）龔輝《全陝政要》卷二《慶陽府》 慶陽府：領州一，縣四。踐山爲城，因河爲池，雖金湯亦不是過。界至東延安鄜州二百五十里，西平涼鎮原縣一百五十，南西安邠州二百六十，北沙漠七百，至省六百。

公署：以下并所屬凡七十四。河西道，叅政駐劄，分守延慶地方。府治：經歷司，司獄司，照磨所，慶儲庫。儒學，倉。税課司，額課五十四兩五錢零，羊皮九十二張。永盈倉：民糧一萬二千七百一十一石九斗零，屯糧一萬八千二百五十五石九升零，地畝草一萬九千六十五束零。弘化驛，附郭。上中馬各三匹，下九，驢二十四頭，鋪陳三十九副，支直日一兩，額收糧一百五十石六斗六升零，地畝草一萬五千六十五束零，秋青草一千五百六十束，舘夫六名，庫子六名，路通四處。弘化遞運所，附郭。百户一員，甲軍一百二名，秋青草二千五百二十束。靈州巡檢司，府北五百里，弓手三十名。萌城批驗所，府北四百里。慶陽衛，領環縣安邊，經歷司，千户所，千户所二，鎮撫司，百户所。雜造局，歲造盔甲、腰刀、弓、撒袋各八十件，弦一百六十條，箭二千四百枝，斬馬刀、長牌各二十件。

官師：以下并所屬凡二百三十六。知府而下同知一員，通判五員內添設三員，監收一員，管塩推官一員，經歷、知事、照磨三員，教授、訓導五員，庫税課、遞運、批驗大使各一員，倉大使一員，副使二員，司獄、驛丞、巡檢二員。指揮二十七員，千户四十一員，百户五十七員，衛所鎮撫各一員，經歷一員。

（明）龔輝《全陝政要》卷二《鳳翔府》 鳳翔府：領州一，縣七。城周一十二里，高三丈，闊四丈，池深二丈，闊三丈。界至東西安府武功縣一百四十里，西鞏昌清水三百二十，南漢中鳳縣二百一十，北平涼靈臺二百二十，至省三百六十。

公署：以下并所屬共七十。關西道，分巡僉事駐劄。府治，經歷司，司獄司，照磨所，富聚庫。儒學，廣倉，民糧七百八十五石七斗七升，屯糧八千五百九石六升五合。税課司，額課一百二兩一錢五分零，巡撫四名。守禦千户所，鎮撫司，百户所。軍器局，歲造盔甲共四十副，襯盔帽二十頂，大刀四把，腰刀三十把，弓二十六張，弦五十條，箭八十枝，撒袋一十六副，長牌四面。

官師：以下并所屬凡一百三員。知府而下同知、通判、推官各一員，經歷、知事、照磨三員，司獄、倉大使、副使各一員，教授、訓導五員，税課、遞運大使各一員。千户十二員，鎮撫二員，百户十二員，吏目一員。

（明）龔輝《全陝政要》卷三《漢中府》 漢中府：領州二，縣十四。城周九里三分，高三丈，闊二丈，池深一丈八尺，闊十丈。界至東湖廣鄖西縣一千三百里，西四川廣元縣四百五十，南四川巴縣四百，北鳳翔府寶雞縣六百三十，至省一千二百。

公署：以下并所屬凡一百五十八。關南道，撫民兼分巡副使駐劄。府治，經歷司，司獄司，照磨所，大有庫。儒學，倉。税課司，額課四十九兩七錢七分零，餘課一百一十四兩三錢零，羊税三兩六錢。倉二：一、廣積民糧三百八十五石，屯糧一萬三千七百一十八石六斗。一、故縣民糧三百石。漢中衛，經歷司，千户所，鎮撫司，百户所。軍器局，歲造盔甲各一百二十八副，弓、腰刀、撒袋各一百六十件，斬馬刀、長牌各三十二件，弦三百二十條，箭五千一百二十枝。

官師：以下并所屬凡二百六十七。知府而下同知一員，通判二員，內添設一員，捕盗推官一員，經歷、照磨各一員，司獄一員，庫大使一員，倉大使一員，副使一員，教授一員，訓導四員，税課大使一員。指揮十一員，千户十一員，百户三十員，鎮撫三員，經歷一員。

（明）龔輝《全陝政要》卷三《臨洮府》 臨洮府：領州二、縣三。城周九里三分，高三丈，濶二丈，池深二丈，濶一丈八尺。界至東鞏昌隴西縣一百三十里，西西寧古善驛七百，南洮州衛三百，北莊浪衛二百七十，至省一千五百六十。

公署：以下并所屬凡一百四十五。府治，經歷司，司獄司，照磨所，廣實庫。廣儲倉，民糧二千六百三十六石零，屯糧二萬一千四百三十一石一升零。儒學，倉。税課司，額課五十七兩四錢六分零。驛二，一、洮陽附郭。上中馬各三匹，下六，驢十頭，鋪陳二十二副，支直日四錢，額收糧二百八十石，秋青草八百八十束，舘夫五名，路通六處。一、沙泥府北九十里，上中馬各二匹，下四，驢六頭，鋪陳一十四副，支直日一錢六分，額收糧一百三十一石四斗七升零，秋青草五百六十束，舘夫三名，路通二處。以上二驛俱庫子一名。臨洮衛，經歷司，千户所，鎮撫司，百户所。軍器局，歲造盔甲各一百六十副，腰刀、撒袋各二百件，斬馬刀、長牌各四十件，弓一百二十張，弦四百條，箭六千四百枝，鞓帶四百四十條。

官師：以下并所屬凡四百九十。知府而下同知、通判各二員，內各添設一員，監收推官一員，經歷、照磨、司獄各一員，教授訓導凡五員，倉税課大使各一員，驛丞二員。指揮一十四員，經歷一員，鎮撫三員，千户二十一員，百户五十員，所鎮撫四員。

（明）龔輝《全陝政要》卷三《鞏昌府》 鞏昌府：領州三、縣十四。城周九里，高三丈，闊二丈，池深一丈八尺，闊六尺。界至東鳳翔府隴州五百五十里，西臨洮渭源縣七十五，南漢中鳳縣一千三百，北平涼固原州六百，至省一千一百。

公署：以下并所屬凡一百九十四。察院二，一、巡按駐劄。按：治臨鞏并河以西地方。一、巡茶駐劄。隴右道，兵備兼分巡駐劄。府治，經歷司，司獄司，照磨所，廣益庫。儒學，倉。豐贍倉，民糧一萬三千七石一斗五升零，屯糧二萬八千七百九十石。税課司，額課五百五十二兩四錢七分。通遠驛，附郭。上馬四匹，中六，下十，驢十六頭，鋪陳三十六副，支直日一兩六錢，額收糧四百八十四石七斗五升零，秋青草一萬一百六十束，豆一百二十五石，舘夫十名，庫子二名，路通七處。鞏昌衛，經歷司，鎮撫司，千户所，照磨所，大盈庫，百户所。軍器局，歲造盔甲各一百六十副，腰刀、撒袋、弓各二百件，弦四百條，箭六千四百枝，鞓帶、提携各四百四十條。

官師：以下并所屬凡四百四十八。知府而下同知一員，通判六員，內添設五員，管糧推官一員，經歷、知事照磨各一員，司獄、倉大使、副使各一員，教授、訓導凡五員，税課大使、驛丞各一員。指揮一十四員，千户三十三員，百户三十四員，衛所鎮撫各一員，經歷一員。

（明）何棟如《皇祖四大法》卷四《治法》〔洪武二年春正月〕壬戌，湖廣行省臣言：慶遠府地接八番、溪洞，所轄南丹、宜山等處。宋元皆用其夷酋爲安撫使以統之。天兵下廣西，安撫使莫天護首來欵附，宜如宋元制録用，以統其民，則蠻情易服，守兵可減。上從之。詔改慶遠府爲慶遠南丹軍民安撫司，置安撫使、同知、副使、經歷、知事各一員，以天護爲同知，通判王毅爲副使。

（明）何棟如《皇祖四大法》卷四《治法》〔洪武三年六月辛巳〕監察御史鄭沂言：京師爲天下根本，四方之所瞻仰。爵位之設，當使內尊而外卑，內重而外輕，所以隆國勢而安天下也。今南京、北京知府與在外散府知府同稱，甚失內外之統。宜改應天府知府爲南京尹，則國體尊而爵位當矣。人命至重，古人所矜，各府宜設推官一員，顓掌刑名，不預他政，庶責有所歸，而人無冤抑。又，殿中侍御史之設，所以備顧問、司諫諍，其員不可一日缺也。今久虚其職，豈以天下之大、人材之衆而無能勝其任者哉？宜從銓注以肅朝儀。又，各處雖立遞運，而凡轉送官物多僦民船，每致擾民。今當廣增遞運船數，於税糧內定民貲力之厚者充之。國家征伐必資於馬匹，宜於兩淮空閑之地設牧馬之官，選牝馬養于其中，數年之後孳息蕃衍，足以備武事。上皆從之，惟開封有行省府仍其舊。

（明）李日華《官制備考》卷上《京府》 秦分天下爲三十六郡，京師爲內史。漢因之，景帝分爲左右內史，武帝更右史名京兆尹，更左內史名左馮翊。秦官有主爵中尉，掌列矦，漢景更名都尉，武帝更名右扶風，與左馮翊、京兆尹，是爲三輔，治長安城中，尹一人，丞二人。後漢都雒陽，置河南尹，以三輔陵廟所在，不改其號，但減其秩，與太守等。魏晋因之，爲京兆太守。歷代所都皆爲尹，江左曰爲丹陽尹，後魏曰代尹，東魏曰魏尹，北齊爲清都尹，後周及隋復爲京兆尹。唐京兆本雍州，置牧一人，多親王領之，别駕一人，貳牧。永徽中改别駕爲長史。開中元，改雍州長史爲京兆尹，亦兩漢京兆之任也，少尹二人。魏晋以下，有治中，治中之名始此。隋文帝改爲司馬，煬帝改爲贊治，後改爲丞。唐初復曰治中。五代都汴，爲開封尹。宋朝牧尹不常置，置權知府一人，以待詔以上充，後置牧尹，各一員，專總府事，牧以皇子領，尹以文臣充。國家定鼎金陵，以集慶路爲應天府，置尹，視九卿正三。已定都北平，改北平爲順天府，置尹。視應天府，有丞，有治中，有通判，而順天劇要，設通判六員。府尹掌京府之政令，宣化和人，勸農問俗，均貢賦，節征徭，謹祭祀，閲實户口，糾治豪猾，賑恤窮困，清録罪囚，歲攢實徵，十歲造黄册，凡學校、軍實、積貯、牧馬、柴炭、河渠、隄偃、僧道、醫學之事，率其僚而分理焉。首領官、經歷司典出入文移，知事佐之，炤磨所炤磨主磨勘卷宗，簡較佐之。

（明）李日華《官制備考》卷下《外府州》　知府者，即古建侯州之任也。秦滅諸侯以其地爲郡，置守丞尉三官。守治民，秩二千石，丞佐之，尉典兵。漢景初，更名太守，掌治民、進賢、勸功、決訟、簡姦。歲盡遣上計椽吏，條上郡内衆事，謂之計偕。郡□諸侯王國者，置内史，以掌太守之任。成帝初省内史，以相治民，則相職爲太守。王莽改太守曰太尹。後漢常以尚書令僕射出爲郡，自郡守及爲三公重之也。魏時有郡守國相内史，晋郡守皆加將軍。後魏初，郡置三太守，孝文初，二千石能静二郡至三郡者，遷爲刺史。北齊置郡爲上中下三等，後周郡守各以户多少定品命。隋如北齊之制。至開皇，罷天下諸郡，以州統縣。大業間，又改州爲郡，郡置太守。唐武德初，改郡爲州，改太守爲刺史，加號持節，後加號爲使，持節諸軍事，而寔無節，但頒銅魚符而已。天寶初，改州爲郡，刺史爲太守。自是州郡史守更相爲名，其寔一也。開元中，定天下州府，以近畿之州爲四輔，其餘爲六雄、十望、十緊及上中下之差。五代時，仍刺州之號。宋命朝臣出守列郡，號權知軍州事。軍謂兵，州謂民政焉。其後文武官衆爲知州軍事及帶中書樞密院宣徽使職事，稱判太守，其屬官視地望高下與職務煩簡而置之。胡元置上路總管兼府尹，正三品；下路總管，從三品；上州尹，從四品；中州知州，正五品；下州知州，從五品，又有諸州刺史。

郡守自漢以來，未之有易也。然秦有郡丞，以佐守在邊爲長史，掌兵馬。漢因之，于定國條州大小，爲設官員，治中别駕諸郡從事。晋因之，至隋改别駕治中爲長史司馬，煬帝罷之，而置通守，又置郡贊治。唐廢郡丞，改别駕，已復爲長史。宋置諸州通判，詔知府公事，並須長史通判僉議聯書，方許行下。時大郡置兩員，餘置一員，州不及萬户不置。宣和間，詔諸州茶鹽香礬並委通判。胡元總管府，置治中。又考唐天寶後，有判官之名。後漢長興間，詔有兩使判官、防團推官、軍事判官寺，於時判官多本州自辟舉。清泰中，始擇朝士爲之。宋兩使置判官、推官，餘州亦置判推二官。胡元亦置司馬，本武職爲軍府之官理軍事。

國初府定爲三等，賦三十萬石上爲上府，從三品；二十萬石爲中府，正四品；十萬石下爲下府，從四品，已而定爲正四品。知府一，同知通判一，推官一，因事添設同知通判，無定員。其屬經歷、知事、炤磨、簡較、司獄各一，所屬衙門儒學教授一、訓導四。知府掌教養萬民，同知通判、推官爲之貳，賓興科貢，均平賦役，崇慎祀典，禁詰姦頑，表異良善，訊聽刑獄，審達寃滯，存恤困窮，糾察吏治而上下其攷，以告撫按藩臬，達於吏部。州無上中下，並從五品，有知州、同知、判官。里不及三十而無屬縣，裁同知、判官；有屬縣，裁同知，因事添設，專設無常員。其屬吏目一人，所屬衙門儒學學正一、訓導三，餘官具如府。

（明）徐石麒《官爵志》卷三《各府》　秦罷侯置守，漢景帝更名太守，王莽改曰太尹。今知府一員正四品，同知正五品，通判正六品，添設無定員，推官一員正七品，首領，經歷正八品，知事正九品，照磨從九品，檢校未入流。所屬司獄司司獄從九品，儒學教授一員從九品，訓導四員未入流，陰陽學正術、醫學正科、僧綱司都綱、道紀司都紀俱從九品，副都綱、副都紀俱未入流。税課司分司倉庫局雜造織染局大使俱從九品，副使及茶塩批驗所茶倉魚課司金銀場局鐵冶所大使副使俱未入流。府州縣巡檢司巡檢從九品，水馬驛丞、遞運所大使、河泊所官閘官壩官俱未入流。

《明實録》乙未夏六月〔丁巳〕改太平路爲太平府，以李習知府事。

《明實録》丁酉七月　〔乙酉〕改徽州路爲興安府，立雄峰翼元帥府，命鄧愈守之。

《明實録》辛丑八月　〔壬寅〕改安慶府爲寧江府，以儒士吴去疾同知府事。復立寧江翼。【略】

改池州路爲九華府，以劉行任爲知府，尋改爲池州府。

《明實録》壬寅四月　〔癸未〕復以西寧府爲南康府，寧江府爲安慶府。

《明實録》甲辰十二月　〔辛卯〕裁革諸處通課司一十六所。鎮江府二：曰丹陽縣，金壇縣；太平府二：曰涇縣、南陵縣；徽州府二：曰績溪縣，巖寺鎮；滁州一、知州一、無爲州一、巢縣一；金華府四：曰浦江、武義、義烏、東陽縣；處州府二：曰寶定、鮑村。新置通課司二十三。

《明實録》洪武元年八月　〔壬午〕詔改大都路爲北平府。

《明實録》洪武二年春正月　〔癸亥〕改中山府爲定州，隸真定府。復以真定府隸山東。

《明實録》洪武二年六月　戊子，以廣西海南、海北府州隸廣東省。

《明實録》洪武四年十二月　〔戊申〕吏部奏：擬馬湖府知府一人，從四品，同知一人，從五品，通判一人，正七品，經歷一人，從八品，知事一人，從九品。沐州知州一人，從五品，同知一人，正七品，州判一人，正八品。泥溪蠻夷平、雷坡長官司皆正六品。施州宣慰司從三品，金洞、隆奉、忠孝、世平溪、東鄉等五路長官司皆正六品，以流官土官參用。從之。

《明實録》洪武七年八月　〔庚子〕改中立府爲鳳陽府，析臨淮縣之太平、清光、廣德、永豐四鄉置鳳陽縣。

《明實録》洪武九年夏四月　〔甲午〕改四川嘉定府爲嘉定州，革所屬龍游縣；改邛、眉、榮三州俱爲縣，潼川爲潼川州，革所屬郪縣；改遂寧州爲縣，廣元府爲州，革所屬劍州綿谷縣；改巴州爲縣，隸保寧府；改廣安府爲州，渠州爲縣，隸順慶府；改夔州府爲大寧州，達州爲縣，革所屬奉節縣，隸重慶府。俱隸四川省。

《明實録》洪武十四年二月　己未，改北平府鄚州爲鄚縣。

《明實録》永樂六年三月　〔乙卯〕設陝西鞏昌府、徽州火鈷峪批驗茶引所，置大使一員。

《明實録》正統十年八月　〔壬子〕巡撫河南、山西大理寺左少卿于謙奏：各府逃民衆多，宜命一官專理其事，開封委同知王靖，南陽生同知汪庭訓，汝寧委通判周海。陳州逋逃尤衆，宜增設知州一員，俱令不預府州事，專任撫綏，無致失所或非爲生事，責有所歸。又陳州、項城壤地與鳳陽相接，兩界之交難于管束，宜立界道巡檢司一所于陳州界溝驛，香臺巡檢司一所于項城乳香臺，各設官吏、號兵，專一防範，俾逃民有所畏懼，則自不敢爲非。奏下户部議，以爲便。上曰：民流徙而至于非爲者，亦安集失其道耳。今豈可徒致意于防範之嚴而不加優恤哉。其自明年爲始，免逃民復業者糧差三年。專官之請，俱從謙言。

《明實録》嘉靖十年閏六月　〔辛丑〕裁革直隸太平、寧國二府通判各一員，黟宣城二縣縣主簿各一員，當涂、繁昌、東流、青陽、石埭、建德、宿松七縣各主簿一員，太平、寧國、池州、安慶、徽州五府各檢校一員，五府及所屬一州三十三縣各訓導一員，徽州府税課司，休寧、桐城二縣税課局，各大使一員，池州府豐濟倉副使一員，懷寧縣東河石牌段塘後江、江洑、當涂縣三湖新溝，東流縣張家灘，貴池縣清溪五河泊所，河泊各一員，婺源縣大容、澆嶺二巡檢司，東流縣雁議巡檢司巡檢各一員。

《明實録》嘉靖十年閏六月　〔戊申〕裁革直隸鳳陽、廬州二府通判檢校各一員。揚州府通判一員，泗、潁、亳、海、邳、無爲、六安、通、泰九州通判官一員，定遠、太和、如皋、海門、碭山五縣各縣丞一員。懷遠、盱眙、靈壁、宿遷、睢寧、安東、沐陽、贛榆、鹽城、合肥、舒城、廬江、寶應、江都、興化、泰興十六縣各主簿一員。四府三州並所屬州縣共六十一儒學，各訓導一員。和、泗二州，懷遠、沐陽、舒城、霍山、沛五縣及吕梁洪各税課局大使一員。鳳陽、新城分司，壽、泗、潁、宿、高郵五州倉，兩淮運司，馬塘莞瀆、臨洪三鹽課司各副使一員。邳州、江都縣各河泊所，河泊一員。壽州遞運所大使，新站驛驛丞，五河縣上店巡檢司巡檢，吕梁洪下閘閘官各一員。留守司都司副斷事各一員。壽州、泗州、武平、宿州四衛各知事一員。改淮安府管馬通判，山陽縣管馬主簿各一員爲管河。

《明實録》嘉靖三十九年八月〔壬戌〕裁革蘇州府領兵同知一員，新堰閘官一員，長洲吴縣各税課司大使一員，徽州、寧國二府各織染局副使一員，安慶府桐城縣石塘、孔城、竹子、破堽四河泊所，望江揚溪、武昌二河泊所，各所官一員。

《明實録》隆慶六年六月〔庚午〕提督操江兼管巡江南京都察院右僉都御史張鹵疏請復設應、安、徽、寧、池、太、廣德兵備副使。言：應天等六府一册，幅員四千餘里。山溪盤鬱，江面遼闊，殊爲要害之區。年來，戎伍廢馳，盜賊叢生。臣因備查，當嘉靖三十四年，因倭奴之變，專設應天兵備副使一員，駐扎廣德州，上下相安，號稱得策。至四十一年，給事中林命始議裁革。徽州原不屬金、衢、嚴兵備。至四十五年，因礦賊由開化突掠婺源，浙撫劉畿始議分屬。至以安慶屬九江，亦因都御史歐陽鋒、御史宋茂熙等議設應天守備，姑爲遷就調停之計，實非確然久遠之圖。至今年春，安慶事作，臣得報，即移檄經略安撫九江兵備方入會城，領府職官，固無干涉。不得已，委應天通判以行。幸賴朝廷威靈，反側即安，事機旋安。不然，將騷動地方，不無費事。夫鑒之往昔，徽之見事，則此一兵備，誠不可不急爲地方復設，以圖萬全。乞賴該部計處，復設按察副使一員，專司兵備。關防字樣，易以徽、寧，駐扎處所，移於池州。其安慶、徽州，舊屬江浙，遥制空名，悉皆罷去，庶事有責成，法無廢墜。應天巡撫張佳胤亦以爲言。俱得旨：下部。

（清）查繼佐《罪惟録》志卷二七《職官志·初制文職》府：洪武六年定爲三等，賦二十萬石以上爲上府，從三品；二十萬石以下爲中府，正四品；十萬石以下爲下府，從四品。後一概正四品。

（清）查繼佐《罪惟録》志卷二七《職官志·初制文職》北平府：洪武二年以爲行省。已改行省爲布政司，北平爲會府。永樂四年，改知府爲府尹。

《明史》卷七五《職官志》府。知府一人，正四品，同知，正五品，通判無定員，正六品，推官一人，正七品。其屬，經歷司經歷一人，正八品，知事一人，正九品。照磨所，照磨一人，從九品，檢校一人。司獄司，司獄一人。所轄別見。

知府掌一府之政，宣風化，平獄訟，均賦役，以教養百姓。每三歲，察屬吏之賢否，上下其考，以達於省，上吏部。凡朝賀、弔祭，視布政使司，直隸府得專達。凡詔赦、例令、勘劄至，謹受之，下所屬奉行。所屬之政，皆受約束於府，劑量輕重而令之，大者白於撫、按、布、按，議允乃行。凡賓興科貢，提調學校，修明祀典之事，咸掌之。若籍帳、軍匠、驛遞、馬牧、盜賊、倉庫、河渠、溝防、道路之事，雖有專官，皆總領而稽覈之。同知、通判分掌清軍、巡捕、管糧、治農、水利、屯田、牧馬等事。無常職，各府所掌不同，如延安、延綏同知又兼牧民，餘不盡載。無定員。邊府同知有增至六、七員者。推官理刑名，贊計典。各府推官，洪武三年始設。經歷、照磨、檢校受發上下文移，磨勘六房宗卷。

明初，改諸路爲府。洪武六年分天下府三等：糧二十萬石以上爲上府，知府，秩從三品；二十萬石以下爲中府，知府，正四品；十萬石以下爲下府，知府，從四品。已，並爲正四品。七年減北方府州縣官三百八人。十三年選國子學生二十四人爲府州縣官。六月罷各府照磨。二十七年復置。自宣德三年棄交阯布政司，計天下府凡一百五十有九。

紀事

《明實録》吴元年夏四月〔壬申〕復以宣州府爲寧國府。

《明實録》洪武三年三月　甲午，以永平府所屬宜興、龍慶二州及懷來縣俱隸北平府。

《明實録》洪武四年冬十月〔乙未〕改廣興府爲廣德州。

《明實録》洪武六年正月〔庚戌〕河州衛請設州縣，專掌錢糧。詔從其請，置河州各府、州、縣。尋罷之。

《明實録》洪武八年三月〔戊辰〕平陽府言：所屬蒲、解二州，道里迂遠，凡有文移，經月不報。乞以二州隸山西行省爲便。廷議以蒲州近陝，宜隸西安；解州宜隸山西。上曰：蒲州在河北，去西安亦遠，豈宜遽改。不許。

《明實録》宣德六年三月〔丁卯〕增除府縣佐貳官，專撫逃民。先是巡按貴州監察御史陳斌言：各處復業逃民，有司不能撫綏，仍有逃竄者，乞令户部、都察院各遣官同布政司、按察司取勘名數及所逃之處，取回復業。府縣仍增除佐貳官一員，專職撫綏。上命行在户部、兵部議。太子太師郭資等議：在外逃民多有復業而再逃者，今當重造籍册。民若逃亡，籍皆虚妄。今擬南北直隸遣御史二員，各布政司、府州縣皆添設佐貳官一員，專撫逃民。上曰：凡郡縣官俱以撫民爲職，何用增設。官多徒爲民蠹。其更令吏部議擬以聞。至是吏部言：河南、山東、山西、湖廣、浙江、江西有巡撫侍郎，其府州縣七百三十五處，已于額處增官一員，凡七百三十五員，宜改爲撫民官；其餘府州縣宜各添設佐貳官一員。上從之，曰：此亦從權，若造册完，取回别用。于是增除府州縣佐貳官三百七十一員。

《明實録》宣德八年十二月〔戊辰〕直隸鳳陽府知府熊觀言：本府臨淮河，洪武中商賈衆多，故設廣濟、長淮二關給印記。關置大使一員，副使二員，收掌户部所給勘合，書填商船物貨，送税課司徵税。永樂中新開會通河，商船多自淮安、清河，經濟寧、臨清赴北京，而二關商船遂少，税亦不多。官考滿者止開填過勘合，别無功績，請減副使二員，以省冗費。從之。

《明實録》正統十年十一月〔丙戌〕置山東東昌府濮州同知，直隸鳳陽府穎州亳縣縣丞各一員。以巡撫侍郎薛希璉、寺丞張驥言其收籍逃户里分數增，宜設官分理也。

《明實録》正統十一年正月〔戊子〕添設直隸鳳陽、大名二府並開州同知各一員，長垣縣、滑縣縣丞各一員，職專撫民；泗洲天長縣縣丞一員，撫民兼理詞訟。從巡撫侍郎薛希璉奏請也。

《明實録》景泰三年九月〔癸卯〕復設直隸松江府管糧通判，華亭縣縣丞、主簿，上海縣縣丞各一員。

《明實録》成化元年五月〔丙寅〕添設陝西西安府同知一員，專理糧儲。從巡撫都御史項忠請也。

《明實録》弘治二年十月〔庚戌〕户部上會議事宜：【略】一、擬添設直隸寧國府通判一員，宣城、太平二縣各縣丞一員，俱管糧兼管水利【略】上曰：俱准議。

《明實録》正德六年五月〔戊寅〕增設江西九江府兵備副使，移守備都指揮於安慶，以撫按官奏，其地多盗故也。

《明實録》正德十年六月〔壬戌〕添設山東兗州府同知，直隸大名府通判，長垣、東明、曹縣、城武四縣主簿各一員，專管修河。以河决陳家等口，爲患甚劇，從巡撫山東都御史趙璜等奏也。

《明實録》嘉靖二十六年閏九月〔乙酉〕復設山東袞州府管河同知、單縣管河主簿各一員。

《明實録》嘉靖三十八年六月〔壬寅〕裁革山東萊州、登州府管糧通判各一員，改注于濟南、兖州二府，以濟兖地廣糧多。從巡按御史段顧言奏也。

《明實録》嘉靖四十二年十一月〔庚辰〕增設山東兖州府通判一員，於張秋鎮捕盗。

《明實録》隆慶元年九月〔乙卯〕裁革淮安府太軍、東新二倉副使各一員，清河縣洪澤驛丞一員，仍將廢驛改爲巡檢司，徐州治農判官一員，桃源、宿遷、沛縣治農主簿各一員，邳州管糧、治家判官一員，徐州衛知事一員，海州及桃源、宿遷、鹽城、沭陽、蕭、碭、豐、沛八縣各訓導一員，儀真縣清江閘閘官一員，無爲、六安、和、泗四州及鳳陽、盱眙、盧江、巢、霍丘縣各訓導一員，靈璧主簿一員，鳳陽府廣儲一倉、廣儲二倉、廣儲四倉及本府倉各副使一員，及無爲、六安二州各税課局大使一員，無爲州河泊所官一員，泗州龍窩驛驛丞一員。

《明實録》隆慶六年二月〔乙未〕增設直隸鳳陽府、河南歸德府通判各一員，陝西漢中府石泉縣、漢陰縣主簿各一員，俱專管捕盗，從撫臣王宗沐、凌雲翼奏也。

《明實録》萬曆十一年十月〔甲子〕復設鳳陽府知事一員，簡較一員；壽州倉副使一員；【略】霍丘縣巡簡一員；鳳陽府太和縣倪丘集已革巡簡司，改復於洪山廟地方，名洪山巡簡司；盧州府焦湖已革河泊所，復焦湖巡簡司。各復設巡簡一員。

《明實録》泰昌元年十二月〔甲辰朔〕添設鳳陽府通判，命鑄關防曰：鳳陽府捕盗收鈔兼壽州衛屯糧通判。

《明實録》天啓二年九月〔乙未〕裁直隸太平府知事一員、應天府河泊所官二員，池州府貴池、東流河泊所官二員。從巡按御史易應昌之奏也。《明太祖寶訓》卷六《諭群臣》〔洪武元年〕十二月辛卯，以宋冕爲開封府知府。太祖諭之曰：元以六事責守令，徒具虛文。今喪亂之後，中原草莽人民稀少，所謂田野闢、户口增，此正中原今日之急務。若江南則無此曠土流民矣，汝往治郡，務在安輯民人，勸課農桑，以求實效，勿學迂儒但能談論而已。

〔清〕谷應泰《明史紀事本末》卷三八《平鄖陽盗》〔成化十二年〕十一月，開設湖廣鄖陽府，即其地設湖廣行都司、衛、所及縣。時都御史原傑徧歷諸郡縣，深山窮谷，無不親至。至則宣朝廷德意，問民疾苦。諸父老皆忻然願附版籍爲良民。於是大會湖廣、河南、陝西撫、按、藩、臬之臣，籍流民得十一萬三千餘户，遣歸故土者一萬六千餘户，其願留者九萬六千餘户，許各自占曠土，官爲計丁力限給之，令開墾爲永業，以供賦役，置郡縣統之。於是湖廣割竹山地，分置竹溪縣，割鄖、津地，分置鄖西縣；河南割南陽、汝州、唐縣地，分置桐柏、南召、伊陽三縣；陝西析商縣地，爲商南、山陽二縣，而以商縣爲商州。使流寓土著者參錯以居。又即鄖縣城置鄖陽府，以統鄖、（及）〔房〕、據《鴻猷録》卷十一改。竹山、竹溪、鄖西、上津六縣，且立行都司、衛於鄖陽，以保障控禦之。經畫既定，乃上其事。因薦鄧州知州吳遠爲鄖陽知府，諸州、縣皆選鄰境良能吏，習知其事者爲之。又以地界三省，無統紀，薦御史吳道宏才望，請代己任，得兼制三省，撫治八郡，居鄖陽。上遂擢道宏爲大理少卿，代傑撫治。馳璽書賜傑召還，以爲南京兵部尚書。傑勞苦成疾，南還，竟卒於驛舍。荊、襄之民聞之，無不流泣者。尋以撫治鄖陽大理少卿吳道宏爲右僉都御史，開府鄖陽，著爲令。

州

論說

〔明〕吕坤《實政録》卷一《明職·知州知縣之職》士君子無濟人利物之心，則希清華、慕通顯。總之無益於蒼生，不若聽其求富貴。苟平生疾惡抱不平之氣，悲民懷欲救之心，朝興一利而朝即澤被閭閻，夕除一害而夕即仁流市井。隨事推恩，聽我自便；因心出治，惟我施行，則莫妙於知州、知縣矣。

夫朝廷設官，自公卿以至驛遞，中外職銜，不啻百矣，而惟守令，人稱之曰父母。父母云者，生我養我者也。稱我以父母，望其生我養我者也。故地土不均，我爲均之。差糧不明，我爲明之。樹木不植，我爲植之。荒蕪不墾，我爲墾之。逃亡不復，我爲復之。山林川澤，果否有利，我爲興之。訟獄不平，我爲平之。兇豪肆逞，良善含冤，我爲除之。狡詐百端，愚樸受害，我爲翦之。嫖風賭博，扛幫癡幼，我爲刑之。寡婦孤兒，族屬侮奪，我爲鎮之。盗賊劫竊，民不安生，我爲弭之。老幼殘疾，鰥寡孤獨，我爲收之。教化不行，風俗不美，我爲正之。遠里無師，貧兒失學，我爲教之。倉廪不實，民命所關，我爲積之。獄中囚犯，果否得所，我爲恤之。斛斗秤尺，市鎮爲姦，我爲一之。貧民交易，税課濫征，我爲省之。衙門積蠹，狼虎吾民，我爲逐之。吏書需索，刁勒吾民，我爲禁之。徵收無法，起解困民，我爲處之。遊手閒民，蕩産廢業，我爲懲之。異端邪教，亂俗惑民，我爲驅之。庸醫亂行，民命枉死，我爲訓之。士風學政，頽敗廢極，我爲興之。市豪集霸，專利虐民，我爲治之。捏空造虚，起禍誣人，我爲杜之。聚衆黨惡，主謀唆訟，我爲殄之。火甲負累，鄉夫騷擾，我爲安之。某事久廢當舉，我爲舉之。某事及時當修，我爲修之。民情所好，如己之欲，我爲聚之。民情所惡，如己之讎，我爲去之。使四境之内，無一事不得其宜，無一民不得其所。深山窮谷之中，無隱弗達；婦人孺子之情，無微不照。是謂知此州，是謂知此縣。俾一郡邑愛戴吾身如坐慈母之懷，如含慈母之乳，一時不可離，一日不可少，是謂真父母。各官試自點檢，果能如是否乎？

耽詩賦者以豪放自高，好宴安者以懶散自適，嗜驕泰者以奢侈自縱。工媚悦者剥民膏以事人，計身家者括民財以肥己。民生疾苦，昏昏絶不聞知；風俗美惡，夢夢那復理會。一般坐轎打人，前呼後擁，招摇大市稠人之中，面目亦安否乎？意念無愧否乎？大街小巷，千百人環視，愛我乎？敬我乎？恨我乎？笑我乎？厭惡而鄙夷我乎？此不必揆之人情，一反已而可知已。如此作官，果稱職否乎？

夫醫者之治人也，診其脈息，望其形氣，投以湯丸，曰一服去甚，再服卻疾，三服減半，四服全愈。病家驗之，日異而月不同，計期而卒有效，曰此良醫也。若攜藥裹而來，守治數月，病無損於分毫，仍攜藥裹而去，何辭以復主人？守令到任之時，便察此郡邑受病標本，施治後先，何困可蘇，何害當除，何俗當正，何民可懲，何廢可舉。洞其弊原，酌其治法，日積月累，責效觀成。自初仕以至去任，光景改觀幾何？民愁蘇醒幾何？政事修舉幾何？或享利於目前，或垂恩於永久，庶幾士民數其事而稱之曰：吾父母到任以來，某事某事有功吾民。吾臨去而自點檢之曰：吾於地方興得某利，除得某害。疲瘵之苦頓蘇，膏澤之施亦足。如此治民，即是良醫治病，何快如之？儻到任時，地方是這般景象；離任時，地方依舊是這般景象。如此等官，虛享數年俸薪，無益百姓毫釐，試一省察，稱職廢職？兩院之獎薦有愧無愧？戒勑有屈無屈？自有一點不死之真心在，又何暇計較考語優劣，歸咎他人誣陷哉，賢者必不謂吾言過激云。

綜　述

《大明令・吏令》　各州以秋糧爲額：壹拾萬石之上，壹拾名；伍萬石之上，捌名；伍萬石之下，陸名。各縣不拘糧額，并設陸名。

（明）龔輝《全陝政要》卷一《同州》　同州：領朝邑、郃陽、韓城、澄城、白水五縣。編户三十九里，今三十五。城周九里三分，高二丈三尺，池深二丈。操守民兵一百六十七名。東至朝邑縣界一十里，西蒲城，南華州，北澄城，各四十，至府二百四十。

公署：州治，儒學，州倉，預備倉，學倉，養濟院。

官師：知州，同知，判官，吏目各一員。學正，訓導。凡四員。

（明）龔輝《全陝政要》卷一《華州》　華州：領華陰、渭南、蒲城三縣。編户四十九里，今四十一。城周七里餘，高二丈五尺，池深一丈五尺。操守民兵二百二十二名。東至華陰縣界二十五里，西渭南三十，南路南七十，北蒲城五十，至府一百九十。

公署：州治，儒學，州倉，預備倉，學倉，養濟院。華山驛，附郭。上馬五匹，中六，下十，南馬九匹，驢四十頭，鋪陳七十一付，支直日一兩二錢，秋青草二千四百八十束，舘夫七名，庫子二名，路通四處。羅汶橋遞運所。州東一十里。夫二百名，牛二百隻，車五十輛，防夫三十名，秋青草一萬四百束。

官師：知州、同知、判官、吏目，各一員。學正、訓導，四員。驛丞大使。二員。

（明）龔輝《全陝政要》卷一《乾州》　乾州：領永壽、醴泉、武功三縣。編户二十七里。城周九里三分，高二丈，池深一丈。操守民兵一百四十名。東至醴泉縣界四十里，西扶風一百三十，南興平九十，北永壽九十，至府一百六十。

公署：州治，儒學，州倉，預備倉，學倉，養濟院。威勝驛，附郭。上馬四匹，中五，下十一，驢三十五頭，鋪陳五十五副，支直日八錢，額收糧五百三十七石九斗九升零，秋青草一萬五千四百束，舘夫六名，庫子二名，路通三處。乾州遞運所。附郭。夫二百名，牛二百隻，車五十輛，防夫三十名。

官師：知州、判官、吏目，各一員。學正、訓導，凡四員。驛丞大使。各一員。

（明）龔輝《全陝政要》卷一《耀州》　耀州：領富平、同官二縣。編户一十八里，今一十四。城周九里，高二丈一尺，壕深二丈五尺。操守民兵七十五名。東富平縣界三里，西淳化九十，南三原一十五，北同官一十，至府一百八十。

公署：州治，儒學，州倉，預備倉，學倉，養濟院。順義驛。附郭。上中馬各二匹，下四，驢十頭，鋪陳十八副，支直日三錢五分，額收糧五十石，秋青草七百二十束，舘夫五名，庫子一名，路通四處。

官師：知州、判官、吏目，各一員。學正、訓導，凡三員。驛丞一員。

（明）龔輝《全陝政要》卷一《邠州》　邠州：領淳化、三水二縣。編户二十七里。城周九里三分，高二丈，池深一丈。操守民兵一百三十名。東至淳化縣界五十里，西涇州一百一十，南永壽三十五，北真寧四十，至府三百五十。

公署：州治，儒學，州倉，預備倉，學倉，養濟院。驛二：一、新平附郭。額收糧五百五十石，秋青草一萬一千束，路通五處。一、宜禄州西八十里。額收糧九百石，秋青草一萬九千八百束，路通四處。俱上馬四匹，中五，下十一，驢三十五頭，鋪陳五十副，支直日八錢，舘夫六名，庫子四名。遞運所三：一、邠州附郭，一、停口州西四十里，一、宜禄州西八十里，俱夫二百名，牛二百隻，車二百輛，防夫二十名。冉店巡檢司。州西六十里，弓手三十名。

官師：知州、判官、吏目，三員。學正、訓導，四員。驛丞，二員。大使，三員。巡檢。一員。

（明）徐石麒《官爵志》卷三《各州》 唐代宗勅御史有故及闕，但令上佐依次知州事，隋使府判官爲諸使官屬，五代始領郡事爲州府職。今知州一員從五品，同知從六品，判官從七品，添設無定員。若不及三十里長有屬縣者，裁減同知；無屬縣者，裁減同知、判官。首領吏目一員，從九品，所屬儒學學正一員，訓導二員。陰陽學典術，醫學典科，僧正司僧正，道正司道正，縣州倉税課局、茶課司大使副使，俱未入流。

《明實録》洪武二年三月 〔庚子〕改福清州爲縣。

《明實録》洪武二年八月 〔庚寅〕改福寧州爲福寧縣。

《明實録》洪武二年九月 〔癸卯〕以臨濠之泗州、壽州直隸中書省。

《明實録》洪武二年九月 〔乙巳〕復以歷陽縣爲和州。時歷陽知縣陳善言，歷陽舊爲和州，今以爲縣，隸廬州，公務期會遥遠不便。又近歲民四租科不同，人皆流亡，地多荒穢，乞均一税糧，招民復業。詔從之。仍以歷陽爲和州，隸中書省。民田畝税五升，州民子弟之歿于戎行者，悉免其役，又徙流移人居之。由是，户口日增。

《明實録》洪武五年三月 〔乙酉〕以泗州隸臨濠府。

《明實録》洪武六年十二月 〔丙午〕置四川龍州，以土官薛文勝爲知州。置四川天全六番招討司，秩從五品，以前土官高英爲正招討，王藏卜爲副招討。

《明實録》洪武十六年五月 〔乙卯〕改洮州、秦州、河州三茶馬司、白渡、納溪二鹽馬司皆爲正九品，設大使、副使各一人。

《明實録》洪武十九年二月 〔乙巳〕置雅州碉門茶馬司秩正九品，設大使、副使各一人。

《明實録》永樂四年二月 〔丁丑〕直隸應天、太平、鎮江、揚州、廬州、鳳陽六府所轄五州二十九縣，滁、和二州，全椒、含山二縣，各增設州判官一員，縣主簿一員，專理馬政。

《明實録》永樂七年十一月 〔辛卯〕增置鳳陽府泗州判官一員，專掌馬政。

《明實録》成化二年八月 〔乙卯〕設直隸無爲州黄落河巡檢司。

《明實録》成化十六年三月 〔甲申〕增設四川嘉定等十四州、成都等九十六縣判官、主簿各一員，專撫民捕盗。先是巡撫都御史孫仁言：叙、瀘、重慶一帶歲饑盗發，乞各增官一員，撫民捕盗。俟二三年地方寧靖，聽補額設缺員。從之。

《明實録》弘治二年十月 〔壬寅〕工部議復：南京監察御史徐禮等所言，乞革杭州、荊州、蕪湖三處抽分司，及原非奏擬處悉令停罷。謂凡修造供應所需物料，皆仰給于三處，抽分之税難以停止。川、廣板木既抽分于荊州，復抽分于湖廣、蕪湖，是地方隔遠、原非奏擬去處，所宜停止。從之。

《明實録》弘治九年十月 〔癸卯〕升直隸鳳陽府亳縣爲亳州，設知州、同知、判官、吏目、儒學學正各一員，訓導三員，並添設管馬判官一員。軍儲倉大使、税課局大使、義門巡檢司巡檢及陰陽、醫學、僧道司俱隨州而改。

《明實録》弘治十六年四月 〔庚申〕移直隸六安州故埠巡檢司于千羅後畈，改爲千羅巡檢司。

《明實録》正德九年四月 〔己亥〕復以昌平縣爲昌平州，領密雲、順義、懷柔三縣。昌平以寢陵所在，供億滋煩，民不聊生。正德初從南京吏部尚書林瀚言，升縣爲州，以密雲等三縣來屬，協濟供應。未幾，劉瑾廢州爲縣。至是縣丞張懷以聞，且疏民有十苦。言甚切至。下户部議可，乃復爲州。

《明實録》嘉靖十一年四月 〔甲申〕裁革直隸潁州、宿州、亳州、邳州、興化縣、泰興縣及邵伯閘七税課司。從巡撫都御史劉節請也。

《明實録》嘉靖四十四年三月 〔己酉〕革直隸潁州沈立鄉巡檢司，潁上縣甘城驛，壽州税額局及壽春驛。減海門縣主簿一員，儒學訓導一員，高郵州五河縣儒學訓導二員。

《明史》卷七五《職官志》 州。知州一人，從五品，同知，從六品，判官無定員，從七品。里不及三十而無屬縣，裁同知、判官。有屬縣，裁同知。其屬，吏目一人，從九品。所轄别見。

知州掌一州之政。凡州二：有屬州，有直隸州。屬州視縣，直隸州視府，而品秩則同。同知、判官，俱視其州事之繁簡，以供厥職。計天下州凡二百三十有四。

紀事

《明實録》洪武元年十二月 丙戌，改順州爲順義縣【略】仍改檀州爲密雲、懷柔二縣。時廷議以各處州治有連轄數縣，有不轄縣而親隸民事者，于體未善，詔從其議。

《明實録》正統七年十一月 〔丙寅〕增置直隸鳳陽府潁州同知一員。先是以州人户不滿二十里，止設正官及幕官。至是，通政司右參議王錫言土著及客户寄籍者日以繁盛，宜增官管理，故命增之。

《明實録》正統十年十二月 〔丁未〕設山東兖州府曹州，置知州、同知、判官、吏目各一員。升曹縣知縣范希正爲知州。先是巡撫大理寺寺丞張驥言：曹縣地廣民稠，難于撫治，請割本縣黄河南北岸土民十七里，附籍逃民二十三里爲曹州，置于黄河北舊土城内。其餘土著及附籍三十八里仍屬曹縣，與附近定陶縣俱改隸曹州。且州新建，必得舊官乃能撫馭。曹縣知縣范希正歷練老成，人民信服，乞升爲知州。庶民情相安，政務易舉。事下吏部、户部，咸以爲宜。上從之，仍諭其用心撫恤新附籍之民，禁戢里胥毋容擾害，所部上司巡視撫安，敢有違者，俱治以罪。

《明實録》成化二年閏三月 丁丑，復置保定州判官五員、吏目一員，隆慶州判官四員、吏目四員，分管各營堡倉糧，從巡撫都御史葉盛請也。

《明實録》正德元年七月 〔癸卯〕改昌平縣爲昌平州，以密雲、順義、懷柔三縣隸之。改設知州、判官、吏目各一員，儒學、學正一員，訓導二員，陰陽學改典術，醫學改典科，僧會司改僧正各一員，從南京吏部尚書林瀚等奏也。

《明實録》正德六年二月 〔丙申〕增設壽州守備官，以東昌衛指揮同知鄧桂充之，以都指揮體統行事。

縣

論説

（明）吕坤《實政録》卷一《明職·州縣佐貳之職》 州同、州判、縣丞、主簿，分守令之政，共州縣之民者也。官雖有正副而權不輕，位雖有尊卑而事不異。本院做秀才時，嘗懷濟人利物之心，無當事臨民之位，徒有念頭，無處展布。

今汝佐貳各官，有管糧者，當思如何恤民，如何足國。姦頑富勢如何催徵，負累荒逃如何處置。簿籍之清查，欲明欠少欠多，不要胡敲亂打；比較之規則，要定正名正户，不許代納陰侵。里書之弊，不妨察見淵魚；皂快之姦，切莫縱令吃餵。須是常例革而後法令行，要知分別明而後鞭扑少。清軍者，須清本户，莫賣放本户，欲著隔里同姓含冤。巡捕者須獲真賊，莫漏網真賊，卻將無辜良民受拷。奉堂官批詞，不分貧富，俱問有力稍力以奉承；受富勢囑託，不問曲直，只是要打要錢以出氣。耳軟聽皂快支使，一吞其餌，則貓鼠同眠；性慵任左右通同，一入其籠，則雞犬受害。至於私接呈狀，濫罰紙紅，擅作威福，重用拷掠，署印則隨事科財，營差則所至媒利，此皆不肖常態，而有志向上者之所耻也。

況佐貳之中，容易出色，有一好官，自然薦拔，自得優陞。若欲速見小，如前所爲，輕則戒飭，重則拏問，後悔何追？近見一二佐貳，既能潔己，又肯惠民，本院深所愛重。各官勉乎哉。

綜述

（明）龔輝《全陝政要》卷一《臨潼縣》 臨潼縣：編户五十里，今四十一。城周四里，高一丈七尺，濠深一丈五尺。操守民兵二百二十一名。東至渭南縣界四十五里，西咸寧六十，南藍田六十，北富平七十，至府六十。

公署：縣治，儒學，縣倉，預備倉，學倉，養濟院。新豐驛，附郭，上馬五匹，中六，下十一，驢四十頭，南馬九匹，鋪陳六十二副，支直日一兩二錢，額收糧五十石，秋青草二千四百八十束，舘夫七名，庫子二名，路通四處。新豐遞運所。夫二百名，牛二百隻，車五十輛，防夫三十名。

官師：知縣、縣丞、主簿、典史，各一員。教諭、訓導，三員。驛丞、大使。各一員。

（明）龔輝《全陝政要》卷一《咸陽縣》　咸陽縣：編户十二里，今一十。城周四里餘，高一丈五尺，池深一丈。操守民兵五十七名。東至長安縣界二十里，西興平二十五，南鄠縣一十八，北涇陽三十八，至府五十。

公署：縣治，儒學，縣倉，預備倉，學倉，養濟院。渭水驛，附郭，上馬五匹，中六，下十一，驢四十頭，鋪陳六十二付，支直日一兩二錢，額收糧三百石，秋青草一萬一千六百八十束，舘夫八名，庫子三名，路通八處。咸陽遞運所，夫二百名，牛三百隻，車五十輛，防夫三十名。

官師：知縣、縣丞、典史，各一員。教諭、訓導，凡三員。驛丞、大使。各一員。

（明）龔輝《全陝政要》卷一《長安縣》　長安縣：編户五十五里，今四十九，附郭。操守民兵二百四十二名。東至咸寧縣界二里，西咸陽三十，南鄠縣七十，北涇陽二十。

公署：縣治，儒學，縣倉，預備倉，學倉，養濟院。

官師：知縣、縣丞、主簿、典史，各一員。教諭、訓導。凡三員。

（明）龔輝《全陝政要》卷一《興平縣》　興平縣：編户一十七里，今十五。城周七里三分，高三丈八尺，壕深一丈五尺。操守民兵七十五名。東至咸陽縣界二十五里，西武功四十五，南盩厔二十，北醴泉二十，至府一百。

公署：縣治，儒學，縣倉，預備倉，學倉，養濟院。驛二，一、白渠附郭，上馬二匹，中下各四，驢十五頭，鋪陳二十五副，支直日八錢，草一千二百束。一、底張縣北四十里，上馬四匹，中六，下十一，驢三十五頭，鋪陳五十五副，支直日九錢，額收糧三百九十四石，秋青草二萬一千四百束，二驛俱舘夫六名，庫子二名，路通四處。底張遞運所。夫二百名，牛二百隻，車五十輛，防夫二十名，縣北三十里。

官師：知縣、縣丞、典史，各一員。教諭、訓導，凡三員。驛丞，二員。大使。一員。

（明）龔輝《全陝政要》卷一《藍田縣》　藍田縣：編户一十九里，今二十。城周四里四分，高二丈五尺，池深二丈。操守民兵一百名。東至洛南縣界六十里，西咸寧五十，南商州一百，北臨潼五十，至府九十。

公署：縣治，儒學。縣倉，預備倉，學倉，養濟院。

官師：知縣、縣丞、主簿、典史，各一員。教諭、訓導。凡三員。

（明）龔輝《全陝政要》卷一《高陵縣》　高陵縣：編户一十里，今一十五。城周四里二百二十步，高三丈，池深一丈。操守民兵七十名。東至渭南縣界五十里，西涇陽二十五，南咸寧三十五，北富平三十，至府七十。

公署：縣治，儒學。縣倉，預備倉，學倉，養濟院。

官師：知縣、典史，各一員。教諭、訓導。凡三員。

（明）龔輝《全陝政要》卷一《涇陽縣》　涇陽縣：編户五十八里，今四十四。城周三里餘，高三丈五尺，池深一丈。操守民兵二百名。東至高陵縣界二十五里，西醴泉五十五，南咸陽一十五，北淳化五十，至府七十。

公署：縣治，儒學。縣倉，預備倉，學倉，養濟院。

官師：知縣、縣丞、主簿、典史，各一員。教諭、訓導。凡三員。

（明）龔輝《全陝政要》卷一《盩厔縣》　盩厔縣：編户四十四里，今四十。城周五里餘，高二丈二尺，池深一丈三尺。操守民兵二百名。東至鄠縣界七十里，西郿縣四十五，南洋縣五百五十，北武功八里，至府一百五十。

公署：縣治，儒學，縣倉，預備倉，學倉，養濟院。巡檢司二。一、柴家關，一、十八盤，弓手各四十名。

官師：知縣、縣丞、主簿、典史，各一員。教諭、訓導，凡三員。巡檢。一員。

（明）龔輝《全陝政要》卷一《三原縣》　三原縣：編户三十一里，今三十。城周九里一百八十步，高一丈三尺，池深一丈。操守民兵一百五十名。東至臨潼縣界四十里，西涇陽八里，南咸寧三十五，北耀州四十，至府九十。

公署：縣治，儒學。縣倉，預備倉，學倉，養濟院。税課司，商税銀一百七十六兩六錢八分，巡攔四名。建忠驛。附郭。上中馬各二匹，下四，驢十頭，鋪陳一十八副，支直日八錢，額收糧一百一十石，秋青草七百二十束，舘夫五名，庫子一名，路通九處。

官師：知縣、縣丞、主簿、典史，各一員。教諭、訓導，三員。驛丞、大使。二員。

（明）龔輝《全陝政要》卷一《鄠縣》　鄠縣：編户二十三里。城周二里，高二丈，壕深一丈五尺。操守民兵一百四名。東至長安縣界三十里，西盩厔一十，南洋縣三百一十，北咸陽三十，至府九十里。

公署：縣治，儒學。縣倉，預備倉，學倉，養濟院。

官師：知縣、主簿、典史，各一員。教諭、訓導。凡三員。

（明）龔輝《全陝政要》卷一《咸寧縣》 咸寧縣：編户八十二里，今六十六，附郭。操守民兵三百八名。東至臨潼縣界四十五里，西長安二里，南鎮安三百，北三原三十五。

公署：縣治，儒學。縣倉，預備倉，學倉，養濟院。

官師：知縣、縣丞、主簿、典史，各一員。教諭、訓導。凡三員。

（明）龔輝《全陝政要》卷一《武功縣》 武功縣：編户一十六里，今一十五。城周四里餘，高二丈，池深八尺。操守民兵一百名。東至興平縣界四十五里，西扶風二十五，南盩厔三十，北乾州五十，至府一百九十。

公署：縣治，儒學。縣倉，預備倉，學倉，養濟院。郃城驛。附郭，上馬二匹，中下各四，驢十五頭，鋪陳二十五副，支直日八錢，額糧五十石，秋青草一千一百六十束，舘夫五名，庫子一名，路通四處。

官師：知縣、縣丞、典史，各一員。教諭、訓導，凡三員。驛丞，一員。

（明）龔輝《全陝政要》卷一《醴泉縣》 醴泉縣：編户二十一里，今十八。城五里餘，高二丈五尺，池深一丈三尺。操守民兵八十八名。東至涇陽縣界五十里，西本州四十，南興平八十，北三水一百二十，至府一百二十。

公署：縣治，儒學。縣倉，預備倉，學倉，養濟院。

官師：知縣、主簿、典史，各一員。教諭、訓導。凡三員。

（明）龔輝《全陝政要》卷一《永壽縣》 永壽縣：編户一十里。城周五里三分，高三丈二尺，池深一丈。操守民兵五十名。東至淳化縣界九十里，西麟遊四十，南本州四十五，北邠州三十五，至州九十，至府二百五十。

公署：縣治，儒學。縣倉，預備倉，學倉，養濟院。永安驛，附郭，上馬四匹，中五，下十一，驢三十五頭，鋪陳五十五副，支直日八錢，額收糧五百四石一斗八升零，銀易糧二百二十一石五斗五升零，秋青草併遞運所共一萬七千一百六十束，舘夫六名，庫子二名，路通三處。遞運所二。一、蒿店縣南一十里，一、底窖縣北三十里，俱夫二百名，車牛稱是，防夫二十名。

官師：知縣、縣丞、典史，各一員。教諭、訓導，各一員。驛丞，一員。大使。二員。

（明）龔輝《全陝政要》卷一《蒲城縣》 蒲城縣：編户六十七里，今五十四。城周九里，高二丈，池深一丈五尺。操守民兵三百四名。東至同州界五十里，西富平五十，南渭南五十，北白水四十，至州一百二十，至府二百四十。

公署：縣治，儒學。縣倉，預備倉，學倉，養濟院。

官師：知縣、縣丞、主簿、典史，各一員。教諭、訓導，凡三員。

（明）龔輝《全陝政要》卷一《渭南縣》 渭南縣：編户六十六里，今五十六。城周七里，高三丈，池深一丈。操守民兵三百二名。東至本州界二十里，西臨潼四十，南商州二百，北蒲城七十，至州五十，至府一百四十。

公署：縣治，儒學，縣倉，預備倉，學倉，養濟院。豐原驛，附郭，上馬五匹，中六，下一十一，驢四十頭，南馬九匹，鋪陳六十二副，支直日一兩二錢，秋青草併遞運所共一萬二千八百八十束，舘夫七名，庫子三名，路通四處。豐原遞運所。縣東關，夫二百名，牛二百只，車五十輛，防夫三十名。

官師：知縣、縣丞、主簿、典史，四員。教諭、訓導，三員。驛丞、大使二員。

（明）龔輝《全陝政要》卷一《華陰縣》 華陰縣：編户三十四里，今三十。城周二里九分，高二丈，池深八尺，操守民兵一百五十名。東至河南閿鄉縣界四十里，西華州四十，南洛南一百，北朝邑十五，至州七十，至府二百七十。

公署：縣治，儒學，縣倉，預備倉，學倉，養濟院。潼津驛，附郭，上馬五匹，中六，下十一，驢四十頭，南馬九匹，鋪陳六十二副，支直日一兩二錢，秋青草並所共一萬三千八十束，舘夫七名，庫子三名，路通三處。華陰遞運所。附郭，夫二百名，牛二百隻，車五十輛，防夫三十名。

官師：知縣、縣丞、主簿、典史，各一員。教諭、訓導，三員。驛丞，大使，二員。

（明）龔輝《全陝政要》卷一《白水縣》 白水縣：編户二十八里，今二十二。城周三里，高三丈，池深二丈。操守民兵二百五十七名。東至澄城縣界三十里，西同官七十，南蒲城一十五，北宜君五十，至州一百二十，至府三百。

公署：縣治，儒學。縣倉，預備倉，學倉，養濟院。

官師：知縣、典史，各一員。教諭、訓導。各一員。

（明）龔輝《全陝政要》卷一《澄城縣》 澄城縣：編户六十四里，今四十。城周三里，高二丈五尺，池深一丈三尺。操守民兵二百四十名。東至郃陽縣界二十里，南朝邑五十，西白水三十，北洛川八十，至州一百一十，至府三百三十。

公署：縣治，儒學。縣倉，預備倉，學倉，養濟院。

官師：知縣、縣丞、主簿、典史，各一員。教諭、訓導。凡三員。

（明）龔輝《全陝政要》卷一《韓城縣》　韓城縣：編户五十里，今三十六。城周四里餘，高二丈，池深二丈。操守民兵二百名。東至黄河界一十里，西洛川一百三十，南部陽三十七，北宜川一百七十七，至州一百八十，至府四百八十。

公署：縣治，儒學，縣倉，預備倉，學倉，養濟院。税課局。商税三十九兩五錢三分，巡攔六名。

官師：知縣、縣丞、主簿、典史，各一員。教諭、訓導，各一員。大使。一員。

《皇明詔令》卷九《宣宗章皇帝下·選授郡守敕宣德五年五月二十七日》

國家之政，重在安民；安民之方，先擇守令。朕臨御以來，孜孜夙夜，保民爲心。比歲田里之民，鮮得其所，究其所自，蓋守令匪人。或恣肆貪刻，剥削無厭，或闒茸慵懦，坐視民患，相爲蒙蔽，悉不以聞，致下情不得上通，上澤不得下施。今慎簡爾等，付以郡寄。夫方千里之民，安危皆係於爾，宜體朕心，以保養爲務。必使其衣食有資，禮義有教，而察其休戚，均其徭役，興利除害，一順民情。毋徒玩愒，毋事苟簡，毋爲權勢所脅，毋爲姦吏所欺。凡公差官員人等，有違法害民者，即具實奏聞。所屬官員人等作弊害人，爾就提下差人解京。爾等亦宜奉法循理，始終不違，無負朕之委任。欽哉，故諭。

（明）沈榜《宛署雜記》卷三《職官》　職官：設知縣一員，縣丞二員，主簿一員，典史一員。洪武中定知縣秩七品，其佐領以漸而殺。宛平亦與外同。永樂中，行在北平，革去布政司，乃陞宛平、大興爲京縣。知縣秩正六品，縣丞正七品，主簿正八品，惟典史秩仍視外縣。萬曆六年，併軍匠事入糧馬廳，革去縣丞一員。萬曆十二年，復設如故。前朝名宦無可考，我朝知縣：賀銀洪武中任。剛毅果斷，材略兼優，永樂中以守城功累遷工部右侍郎。見《一統志·名宦傳》。楊思恭永樂中任。政尚寬簡，【略】夫官、倌也，又管也。一職皆立一官，使之典管而以治人爲重，故又從倌。然都城建縣設官與外縣同，而官之所職，不專治人，與外縣異，非屑屑守在四封已也。上自郊廟朝廷，下至九卿百執事，各奉典管之役。而鳴玉趨漏，謁見奏請，受賜蒙恩，亦視京秩以爲差，又非外縣之可同者，故秩較外縣增二級。下至吏胥參補起送，亦比外縣稍殊，而治人之責，視外縣又數倍焉。非惟官之賢不肖，明主無勞咨詢，而廟堂之下，皆得耳而目之。一事失理，一民失所，救過不暇，譴斥隨至。曾是京縣與外縣同乎？按周制，四百里爲縣。官，晉謂之大夫，魯謂之宰，楚謂之令尹，唐使權知縣事，宋以朝官知縣。秦置令丞，漢置主簿，曰督郵，今典史，即尉也，今各史，即府史胥徒也，各役執事，亦庶人在官也。我國家定都建縣，準古設官，而於京師之令、丞、簿、尉，特增其秩，是名雖縣官，而實則内之。況成祖超遷賀銀以一縣令至少司空，待之何嘗不厚？而賀銀之後，僅有一楊思恭。是何宛平之無賢官，抑亦賀、楊之芳躅難踵耶？夫以賀之剛果也，楊之寬簡也，皆能垂蔭甘棠，流芳史册。誠使酌於兩公之間，而師法其治人之術，以之事君，以之奉公，此何難於宛平，而遽謂前人之芳躅難踵，無乃不可乎。剛則集事，而貴介豪賢之間，太剛必折；寬則得衆，而里巷闤闠之内，太柔必廢。跋前疐後，畏譏憂讒，雖有治人之心，而官之不得其職也多矣。語曰：松柏之下，其土不肥。故爲宛平者，當知其職則然也。愚是以讀賀、楊兩公之傳，每三致意於師資云。若夫僚屬之賢不肖，吏胥之才不才，則前之者既已名數而臚列之矣，往鑑在前，憲令在後，又誰不思曰，此已不得與外縣同，而甘自戾棄乎。

《大明會典》卷一五《户部·州縣》　國初沿元制，立行中書省於外，以統府州縣。州縣俱隸府，縣或又隸州，州或直隸省。洪武七年，以京畿應天等府直隸六部，改行中書省爲浙江等十二布政使司。十五年，添設雲南布政使司。永樂十八年，革北平布政使司爲直隸，添設貴州交阯二布政使司。宣德十年，革交阯布政使司。今備列順天府、應天府、南北直隸各府十三布政使司，並所屬府州縣于後。其有開設添設改設者，亦繫於下。其土官衙門隸布政司者，具各司之下，隸都司者則見《兵部》云。

（明）李日華《官制備考》卷下《外縣》　周制：四百爲縣，官有縣正，各掌其縣之政令而賞罰之。春秋時列國相滅，多以其地爲縣，則縣大而郡小，至於戰國則郡大而縣小矣。秦制：列侯所食縣曰國，皇太后公主所食曰邑，有蠻夷曰道。凡縣萬户以上爲令，減萬户爲長，侯國爲相，秩次亦如之。漢因之，秋冬集課，上計於所屬郡國。晉制：大縣令有治績官報以大郡，不經宰縣，不得入爲臺郎。宋諸縣署令，銅印墨綬。自晉宋以後，令長相□□□漢制。後魏縣置三令長，北齊制縣上中下三等，每等各有上中下之差，自上上縣至下下縣凡九等。隋縣有令有長，兩京置四縣，增秩爲正五品，諸縣皆視所管間劇及衝要以爲等級。唐縣有赤畿緊望上中下六等之差。宋建隆初，諸縣除赤畿外，有望緊上中下三等，始以朝臣爲知縣。政和間，詔縣令以十二事勸課，上副朝廷。嗣是，人皆重內輕外，士大夫皆輕縣令之選，乃議所以增重激勸之法。紹興間，詔將寺監丞簿等，任滿已改官夫歷民事者，各與堂除知縣一次，並借緋章服。乾道初，詔京官知縣以三年爲任，雖屢有更革，率以三年爲任，尋又詔非兩任縣令不除監察御史。慶元初，復詔除殿試上第各省元外，並作邑，後至宰相子，殿試科甲人無不試吏爲權輿也。胡元縣各有達魯花赤掌縣印，以知縣爲縣尹，掌判縣事，而丞也、尉也、主簿也皆古有之。丞主刑獄囚徒，後魏署文書，典知倉獄，然皆大邑有之。宋熙寧後，不論邑之大小，皆得置丞，使主常平坑，治農田水利。嘉定□，小邑不置丞，以簿兼。國朝置知縣一人，正七品，掌教養縣民之事。縣丞、主簿各一人，爲之貳，丞掌錢糧，簿掌巡捕、水利。典史二人，掌文移。縣不及二十里者，裁減縣丞主簿，地大事煩者，因事添設，或丞、或簿，與州同，無定員。所屬衙門如州。

（明）徐石麒《官爵志》卷三《各縣》 周置四百里爲縣，官有縣正。晉謂之大夫，魯衛謂之宰，楚謂之令尹。唐大中年，裴讓權知縣事，定以朝官。知縣，秦置令丞，後漢有郡主簿，亦曰督郵。隋諸縣始置堂勾稽簿籍。今知縣正七品，縣丞正八品，主簿正九品，添設無定員。若不及二十里長，裁革縣丞、主簿，首領典史一員，未入流。所屬儒學教諭一員，訓導二員，陰陽學訓術、醫學訓科、僧會司僧會、道會司道會俱未入流。

《明實録》洪武元年十一月 壬子，併懷柔、密雲二縣地入檀州。

《明實録》洪武元年十一月 〔甲辰〕置磁州及武安縣，隸廣平府。

《明實録》洪武二年三月 己酉，以封州之封川、開建二縣隸德慶府，陽山縣隸連州，尋併封州于新州、桂陽州于連州。

《明實録》洪武二年三月 〔癸丑〕改英德州爲縣，隸韶州府。

《明實録》洪武二年夏四月 〔甲戌〕割廣東新州之新興、陽江、陽春三縣隸肇慶府，罷連州，以所轄陽山、連山二縣隸韶州府，罷梅、循二州，以所轄龍川、長樂、興寧三縣隸惠州府，程鄉縣隸潮州府。

《明實録》洪武五年十二月 〔己卯〕罷重慶之黔江縣，併入彭水縣。

《明實録》洪武六年九月 〔己亥朔〕置重慶府涪州長壽縣。改夔州府開州爲開縣。

《明實録》洪武九年三月 〔乙丑〕置江浦縣，割滁、和二州及六合縣之地屬之，隸應天府。

《明實録》洪武十年二月 己未，革北平府香河縣，以其地益漷州，改漷州爲縣。【略】復以武清、寶坻二縣隸通州。

《明實録》洪武十三年十一月 〔庚戌〕復置四川保寧府劍州及直隸鳳陽府滁州之來安、全椒二縣，和州含山縣。

《明實録》洪武三十年三月 〔戊寅〕置寧國府南陵縣峨嶺巡檢司。

《明實録》永樂四年八月 〔癸丑〕裁省直隸池州府建德縣縣丞、主簿。

《明實録》永樂十二年三月 丁丑，設隆慶州並永寧縣，隸北京行部。

《明實録》景泰三年三月 〔癸丑〕設直隸鳳陽府霍丘縣開順鎮巡檢司。

《明實録》弘治六年十月 〔戊辰〕增設直隸廬州府舒城縣廬鎮關巡檢司。

《明實録》正德十三年八月 〔戊寅〕增設廣東惠州府和平縣，割龍川、河源之地以隸之。改和平巡檢司爲浰頭巡檢司。

《明實録》正德十四年六月 〔辛巳〕增設福建漳州府平和縣，主治于南靖縣之河頭大洋陂，析南靖縣清寧里七圖，新安里五圖隸之。設知縣、典史、儒學、教諭、訓導、陰陽學、訓術、醫學、訓科、僧會、道會各一員。裁南靖縣縣丞主簿訓導一員。

《明實録》嘉靖三十二年十一月 〔乙卯〕建浙江平湖、蕭山、奉化三縣城，福建福清、惠安二縣城。

《明實録》嘉靖三十八年五月 〔丁亥〕革直隸懷遠縣柳灘驛，霍丘縣丁塔店巡檢司，高郵州河泊所，滁州税課司。裁省鳳陽府知事一員，儒學訓導一員，壽州判官一員，淮安府清河、睢寧、贛榆三縣儒學訓導各一員，海州永濟、通濟二倉副使各一員，揚州府高郵州管馬判官一員，寶應縣主簿一員，和州判官一員，滁州同知、儒學訓導各一員。

《明實録》嘉靖四十五年十二月〔甲午〕初設福建海澄、寧陽二縣，以其地多盜故也。

《明實録》隆慶元年八月〔癸卯〕裁革應天府屬溧陽、溧水二縣各税課局大使一員，江浦縣東葛驛驛丞一員，蘇州府織染局大使、副使各一員，太倉州茜涇、長洲縣塘浦、吴縣横金、吴江縣因瀆各巡檢一員，昆山縣巡鹽主簿一員，松江府上海縣税課局大使一員，鎮江府丹徒縣新港垻官各一員，池州府東流縣訓導一員，香口河泊所官一員，香口鎮巡檢司巡檢一員，太平府蕪湖縣天城河泊所官一員，安慶府懷寧縣觀音港巡檢一員，張家港、小口各河泊所官各一員，太湖縣小池巡檢司巡檢一員，廣德州税課局大使一員。

（清）查繼佐《罪惟録》志卷二七《職官志·初制文職》 縣：吴元年定爲三等，賦十萬石以下爲上縣，從六品；六萬石以下爲中縣，正七品；三萬石以下爲下縣，從七品。後一概正七品，獨京縣正六品。

《明史》卷七五《職官志》 縣。知縣一人，正七品，縣丞一人，正八品，主簿一人，正九品。其屬，典史一人。所轄别見。

知縣掌一縣之政。凡賦役，歲會實征，十年造黄册，以丁產爲差。賦有金穀、布帛及諸貨物之賦，役有力役、雇役、借倩不時之役，皆視天時休咎，地利豐耗，人力貧富，調劑而均節之。歲歉則請於府若省蠲减之。凡養老、祀神、貢士、讀法、表善良、恤窮乏、稽保甲、嚴緝捕、聽獄訟，皆躬親厥職而勤慎焉。若山海澤藪之産，足以資國用者，則按籍而致貢。縣丞、主簿分掌糧馬、巡捕之事。典史典文移出納。如無縣丞，或無主簿，則分領丞簿職。縣丞、主簿，添革不一。若編户不及二十里者並裁。

吴元年定縣三等：糧十萬石以下爲上縣，知縣從六品；六萬石以下爲中縣，知縣正七品；三萬石以下爲下縣，知縣從七品。已，並爲正七品。凡新授郡縣官，給道里費。洪武元年徵天下賢才爲府州縣職，敕命厚賜，以勵其廉恥，又敕諭之至於再。三十七年定府州縣條例八事，頒示天下，永爲遵守。是時，天下府州縣官廉能正直者，必遣行人齎敕往勞，增秩賜金。仁、宣之際猶然，英、憲而下日罕。自後益重内輕外，此風絶矣。計天下縣凡一千一百七十有一。

紀事

（明）張選《忠諫静思張公遺集》卷四《作縣事宜》 一、作縣重事，在審糧長、編均徭、徵解錢糧三事，若處置得宜，功過半矣。大略具左：

審糧長，宜一編五年，則民一勞而五逸，須弟前次審編簿籍案卷，查考中間固有消乏應換之家，而用克者尚多，此外責里老舊役糧長一時開報可也。某作縣時，欲審糧長，不露機括，先期點閘，各役各缺者多發放，姑記這次，下次若缺，定然不恕。下次各役懼，查俱到，乃分付某役在布政分司聽二衙點，某役在按察分司聽三衙點，某役在本縣堂上聽點。因密語同寮封閉司門，各令報堪當糧長姓名，一時呈遞，堂上亦然，遂將各役所報參互查考，仍以舊編爲主，拘攝而審，不許各役再報，以開騙局。編審時，忽往分司自帶米菜，著分司門子站堂，其隨身吏書門皁一槩趕出，住司三日。一編五年出榜造册，通申上司，卒無一人告擾，由慎其初故也。

編均徭，須先期三月逐啚而審，親注人丁，中間殷實孤貧，暗自記號，並查清黄二册，有漏丁，亦收作數。每啚各具審册一本，上半截寫徭户姓名、籍貫，應免腳色，下半截寫丁若干、田若干。審後，每一鄉或二鄉類釘作一本，從中用刀截斷，上叚留衙封識，下叚發書算手，關閉公所攢數，田十畝作一丁。通縣該年人丁若干，本縣銀力二差共銀若干，各置一簿。每丁該科銀若干，算成總數，然後將下截入衙比對上截，親填差役於上叚。如一户田多丁多，既編以重差一名或二名，其餘量與輕差。或有貧民告願近便力差或銀差者，中間有最貧下者，量免。庶幾謂之均矣。攢丁時，量空餘銀一二十兩，若不空，則恐有悮編。及告優免者無措，或空多，則防吏胥侵漁且招物議。編時略謝縣事，以夜補日，一一親注差役。登榜時，多取書辦，盡日繼夜，寫完對讀正貼，俱登榜上，懸掛衙門，使衆通曉。近見縣官編均徭，全憑吏書，先編正户，而貼户有半年不編者，非也。又竈户一丁免田二十五畝，尚欲貼以私丁三丁之説，則是四丁作一丁也。在竈册人丁不分在黄册，則分於各甲，須以該年黄册上人丁爲主。如竈册人丁此對黄册不同，决散居各甲諉不可查，不可使其濫免也。某嘗有一申文，載《政蹟志》，試觀之，庶見其詳矣。

徵解錢糧照司府帖文算數，共正米若干，耗米若干，折銀米若干，每田一畝該起耗若干，或有低下坍江田畝若干，例該減耗若干，算定總數，然後出榜文由帖，細開各倉米數及起耗緣由。其分派折銀須糧最重者多與，以漸而降，若民糧不過六七升，雖不與折銀可也。算數時，須經過數人，慎勿餘剩有，則大開弊端。徵糧時，須預示槩縣定爲三限，依期上納，限内完者，該催里長量賞花酒；有糧户恃頑者，摘其尤一二重治，或枷號。兵貴先聲，催科亦然，須親臨倉數次，理其大綱，若專托管糧佐二，解不悮事也。起解時，須銀數稱足，糧米斛盡。南糧不便過江，聽其外郡收糴，亦須驗過銀數，然後給文，或差官押運。解後，即行文各倉、各衙門，查理曾否解到。若虚文起解，或積書妄注自運，其弊一開，任内錢糧恐難清結矣。最有傾銀呈樣一節，有從旁禀云該作公堂用者，此釣餌也，宜亟斥之。點各倉運頭，如南糧耗多，願者頗衆，其餘輕重不等，宜斟酌點定，隨即登簿，取認狀付卷以杜弊端。

一、聽訟當虚心研審，務得真情，勿先施刑杖。威嚴之下，小民未免畏懼，言不能盡。俟衆証既明，然後加刑，自然心服。

一、詞狀中所告事件多爲牽扯，若上司批行者，須逐件開寫審單，逐件面審，親注虚實，乃執其要領而剖决之。若本縣情輕者，宜量情發落，親注狀尾，雖不取供可也。

一、受狀一月三次而審爲上，先審儒生，次婦女，次殘疾，次常人。中間有男子在外故令老婦者，有壯健在外故令老疾者，有非生員已事而干冒者，宜細詧之，預禁之。

一、告人命，度地遠近，親臨相視，數里内者即日遂行，二三十里外者明日早往，不須多帶跟隨。非檢屍不用鼓樂，一驗便見真偽，隨時取供，真者候檢，問徒者申。其餘縊死及無干等項，一二日發落，以□百姓身家。真人命，具由先申本府，候覆檢，具招轉達上司，未可先擬罪通中也。今時，相視委之佐貳已非，乃有委屬官，該吏甚至帖仰老人者，何哉？

一、檢屍，須天晴正午親臨看視，親手取骨對衆定驗，不可只憑吏作遠喝依樣面葫蘆也。有肉屍肋稍嫩，骨多紅，此血未乾，非傷也。有僞傷一刮即去，有真傷被藥掩者，用梅白等物罨之載。《洗冤録》甚詳，宜常觀。

一、六房及承發司將晚取明日應簽文書牌票各入紙套中，上署曰某房簽套。每房備細開寫應簽件數、用印若干，如曰一件爲某事印若干云云，俱分付值印吏送入中衙，親自看閲。如不許簽者明早發出，或塗抹中上司文書有洗改者，責書辦合再寫，次日起鼓後，坐後堂，照房科依次，先簽日期花押，然後直印吏請用印，高聲曰某房用印，一一報數。自將印單對看有多有少，便見弊端及錯悮處，俟各房俱印畢，將各印單粘連，尾後粘直印吏甘結，狀與各單一樣長短，親判某日背用鈐印，收入中衙備查。其各房所簽事件，俱發印鈐號簿，不許空頭。若申上司文書，親看入封筒粘定，或差人或發舖簽押後，日已出，各色齊，乃升堂。升堂後，非至緊事，再不開印。

一、簽牌票，一事止用一附批，或轉限，或添差，俱親注。原批上雖數次，亦無害，事完，即以此批附卷。若吏書重復寫牌，乘忙時□簽，即是大弊。事既雖完，民多受害。某作縣時，牢守此法，吏胥不敢爲姦民，多稱便。

一、中衙臺門出衙時，須用問封，不可容家人出入。

一、祭祀以誠潔爲主。某作縣時，齋戒日决不飲酒食肉，齊宿夜衙内，取米半升，豆腐小菜，至公所沐浴。及期敬謹至祭徐飲福酒一□之外，更不執盃。直至諸祀壇場事畢，飲食乃復初。嘗見縣學官員於祭祀之夕暢飲作樂，非徒靡費民財，於祭禮掃地盡矣。又某值祈晴祈雨，閤衙俱茹素，不留斤兩魚肉在内，自己宿於壇廟，不入私衙，祈禱無不應者。

一、問過上司並本縣狀詞應追紙價贓罰用一，刊板紙票，備寫各項於計開之後，差的當人催完，就將此票附卷。凡出此票承發房，俱先登印鈐號簿，以百葉爲度。票亦一印百幅，承發房俱領用，不可一件遺漏。考滿時，照此簿造功績册，簡便執甚焉。

一、出批票須要半印在紙，半印在簿，乃可查考。雖中上司文書亦然。若謾然批押，悞事不小。

一、差人拘攝，俱用里長，輪比較，必不得已，方用一二甲首民壯。若皂快，斷不可下鄉也。

一、行杖用簽筒，書皂隸姓名於簽上。欲打一人，先掣一簽執板，後掣一簽捉縛，直堂者喝數。其餘不許亂搶，大失體貌。又，用刑當分輕重，某於重板寫一西字，署花押於下，輕板寫一東字，不署押。用刑時，量情輕重，分付用。某邊板子亦未嘗打過十五下，蓋不畏吾威而畏吾公。苟刑罰不當，雖多亦奚以爲。

一、縣官固以牧民爲職，剛明果決尤不可少，若用意爲慈或失之恕，用意爲嚴或失之暴。嘗見作縣者不忍行刑，後來拘攝且不至。又見縣官自恃清廉忍用刑法，不少般借不知不要錢，只是自家本等。若一意尚刻，豈爲民父母之道哉？

一、庫藏須仔細開防，每夜合庫子進收，過及支消數目，登印鈐簿，以備查考。交盤時，須封封開驗，稱明銀封上寫庫子銀匠姓名，以防姦弊。

一、獄中墻閏棘須審，不可容內作竄，不時下監看視。獄囚有疾病，須令好醫生用藥調理，天熱時，須灑掃潔净，以防纏染。罪輕者不必監滯，罪重者不可寬縱，恐召不虞。

一、禁中置循環簿二扇，每日將現監囚犯分六房，開寫下注，曰某月日。收監簿內要開舊管若干人、新收若干人、開除若干人、實在若干人，於舊管、新收、開除項下，俱細寫姓名。每早將一扇呈遞，判日留案存照，欲取人就將此扇點紅去取。隔日一扇發禁子造，明日囚數循去環來，所關不細。此簿月月留下，以備弔查。又各衙不許私自監繫。

一、縣中所用手本揭帖，俱要先發式樣於裱褙匠及粘縣堂壁上，不可長短不齊。所用紙劄，只以古干爲上，不必用連四費事也。

一、知縣無所不知，職斯稱矣。其大者，如官民田地若干，錢糧若干，中間起運存留各若干，本色折銀各若干，起運某倉爲重、某倉爲輕、共耗米若干，某年已完某年未完，某項已起解曾否獲有批單，某項現在起解某項未徵，均徭銀力二差共銀若干，某役爲重某役爲輕，遠方各驛馬匹上中下若干，各價若干，共銀若干，本處水夫工食銀若干，丁田銀若干，內分淺船、荒絲、胖襖、祭祀、科貢等項銀若干，在學生員共若干，本縣士夫若干，某爲現任、某爲致仕、某爲大臣已故、有否子孫、舉人、監生、省祭若干，先賢並義夫節婦若干，善人惡人顯著若干，在監囚犯若干，某人爲某事或欠某項錢糧若干，或已問結或未問結或監若干，年養濟院男婦孤老幾名口，四境所距何縣，有無關隘田地，何處爲高何處爲下，何處肥饒，民風何處爲淳何處爲薄，皆所當知。緊要者，宜備手摺袖而藏之，時時一覽以備遺忘，以待顧問。推此尚多，不能殫述。

一、上司將按臨，先期親往分司點視家伙，週廻墻壁，下至溷厠亦須親看有無漏。窗壞或坐椅脱鍵，門槅欠罏，鈕鎖鑰有一疎缺，皆責在有司，不可不慎也。

一、孤老月糧薪布銀，俱要依期給放糧。或委佐貳，銀須自放，每名口一封，中間信手取一二封稱驗。如銀低數少，責治該管當堂唱名給發，庶沾實惠。其有不應做孤老者，亦須審革。

一、上司批詞批申，隨所到日時登記，承發號簿，轉發各房，仍用紙一條，細書奉到年月日時，粘貼狀與文書背。而次第完結事完之日，即做成卷宗，存留各房，以備查刷。

一、河下支應，某作縣時，計丁田派銀分上下半年，當堂收貯。給誠篤老人輪月買辦。每日開具用過數目驗筭銀兩，判日付工房登記鈐簿上，以備查盤。月終，總算共銀若干，有餘剩，即將抵辦本年維派。如水手擡表夫之類付支，應卷存照此，餘銀有留亦可。他縣止令里長自行支應，漫無稽查，官取不義之名，民受横征之實，執得執失必有知者。

一、本縣詞訟問結後，原告有告紙，被告有罪贖，有民紙，官吏有官紙，該二分納本色公堂支用，八分行合羅穀備賑。各記簿籍決不可一槩取用，以招物議及上司查究。今時縣官有所謂供明紙者，狀內有一姓名便取紙一分。夫既無罪矣，安得有紙？即此是贓，不可不慎。

一、聽訟，真見所犯罪律，乃執筆判定。如意未決，默將律例叅考，切不可虚聲恐喝，應問杖者曰問徒，應問徒者曰問軍。積年書吏從旁竊聽，便開騙局，或指官詐財，所係不小。

一、各縣有所謂中衙馬頭及園公者，皆積年白役也。一開馬頭非但索取徭審、馬夫之家草料等項，且圖浸潤官長，通同近視人役作弊詐財，闔公亦然。某一切不用。

一、衙中公辦家伙，某初到縣時，合工房間一樣，手本二箇，親判合同一存衙、一發房。至行取將回時，取合同手本照數查點，一槩發出關堂備點。有損壞者，明注其下，卓幃錫硯亦隨年給還坊長，取領自存。蓋此等家伙物件皆非帶去取之，固不爲貪，亦未免傷廉也。

一、浙中正官入覲，止有未水銀四名爲應得之物。此外有稟派擡夫者，即贓也。又有留縣門皂等役幫貼跟隨上京者，盤纏二三十兩。就中有老實者，人自掌治，備各役僱車賃房之費。此亦勉狥舊規，非正當道理；若能併去，尤善也。

一、作縣不可刋刻書籍，廣行人情，輕設酒席，朝令夕改，偏聽人言，有意拒絶。士夫不留心學校，大家未必專虐小民，小民未必不侵大姓。若先直意，未免偏私，上司批委不可逢迎喜怒，要在婉轉歸正。若一意奉承，事定之日反取嗔罪矣。

以上若干條，有一條具數事者，皆非勦說。某作縣時，身親行之，而尤以誠爲主。惟誠故表裏如一，終始不渝，未有僞行於外而可恒久者，然此皆醫書死方焉耳。若夫引伸觸類，隨時變化醫國者，自能之非言可傳也，辱下問不敢不告。所恨隨手條陳初無次序，中間遺漏疎拙者，惟恕其狂愚而教正之。

（明）何棟如《皇祖四大法》卷七《治法》〔洪武十七年十一月〕

己巳，上以孔子五十六世孫希文爲曲阜世職知縣。勑曰：朕惟孔子，德侔天地，道合四時，删述之功，萬世永賴。故帝王相繼，歷代優崇，封號至極，享祀無窮，嫡泒子孫，世有爵禄。邇者曲阜知縣缺員，爾希文系出先聖，宗族推賢。今特命爾爲曲阜知縣，闕里鄉邑，廟堂所在，民庶具瞻，爾其敬哉。

《明實録》洪武四年二月〔癸酉〕上謂中書省臣曰：臨濠爲朕興王之地，今置中都，宜以傍近州縣通水路漕運者隸之。于是，省臣議以壽、邳、徐、宿、潁、息、光、六安、信陽九州，五河、懷遠、中立、定遠、蒙城、霍丘、英山、宿遷、睢寧、碭山、靈璧、潁上、泰和、固始、光山、豐、沛、蕭一十八縣悉隸中都。

《明實録》洪武七年六月〔戊午〕汰北方府州縣官。上命吏部臣曰：古稱任官惟賢材，凡郡得一賢守，縣得一賢令，足以致治。如潁川有黄霸，中牟有魯恭，何憂不治。今北方郡縣，有民稀事閑者，而設官與煩劇，同禄入供給，未免疲民，可量減之。于是吏部議，減北方府州縣官三百八人【略】北平行省府減同知知事者五；州減知州者一，知州及判官者二，同知者十二，減同知及判官者四；縣減知縣及簿者一，丞者四十三，主簿者九，減丞及簿者四十八。

《明實録》洪武七年秋七月〔己丑〕以泗州所屬虹縣直隸中立府。

《明實録》洪武七年八月〔庚申〕吏部奏：鳳陽臨淮縣地要事繁，宜增丞、簿、典史各一人，碭山、盱眙、天長、光山、蒙城、霍丘、羅山、潁上、定遠、五河、太和、虹、亳、息、沛、豐一十六縣皆糧不滿千石，宜各減丞一人。並從之。以羅山去鳳陽遠，命隸河南汝寧府。

《明實録》洪武十三年夏四月〔己丑〕革廣德州之廣陽縣。

《明實録》洪武十四年六月〔癸未〕置黔江縣。初，黔江縣之地，元季陷入蠻夷，國朝立千户所招諭其民。至是，漸復故業，遂置縣以安撫之。

《明實録》永樂二十一年三月 丁未，復置河間之任丘、阜城二縣及山東之阿縣縣丞、主簿各一員，蓋近歲人民復盛故也。

《明實録》洪熙元年七月〔癸丑〕置山東館陶縣縣丞、主簿各一員，以户口增也。

《明實録》洪熙元年八月 丙戌，裁減順天府懷柔縣縣丞主簿各一員。

《明實録》宣德元年九月〔辛亥〕增置廣平府成安縣縣丞主簿各一員。初成安有民十三社，只設知縣典史，今增山西遷民八屯，行在吏部請增置丞簿。故從之。

《明實録》正統八年三月〔丙子〕應天府溧水縣奏：三湖葛家埠、三湖新溝二河泊所雖爲本縣所屬衙門，其捕魚等户俱在太平府當塗縣，難于鉗制，請改隸當塗縣爲便。從之。

《明實録》正統九年六月〔甲午〕設直隸寧國府宣城縣黄池鎮巡檢司，置巡檢一員，從知府袁旭奏本鎮路當衝要故也。

《明實録》正統十年十二月〔癸卯〕設直隸鳳陽府潁州亳縣義門巡

檢司，置巡檢一員，從巡撫侍郎薛希璉言地迫黃河，居人叢集，正逋亡往來之路，宜設巡司以盤詰之也。

《明實録》正統十三年十二月〔庚辰〕添設浙江處州麗水等縣縣丞各一員。先是，福建蒲城縣知縣張鏞言，麗水等縣民相聚劫礦，宜各增置縣佐，職專撫民，編成甲次，務令互相覺舉，各安生業，不許冒給路引，影射出遠，庶盗弭民安。上從之，故有是命。

《明實録》正統十四年七月〔辛巳〕設直隸鳳陽府太和縣北和原巡檢司，以有司言其地衝而多盗也。

《明實録》景泰二年五月〔甲寅〕設山東萊陽縣爲山埠巡檢司，置巡檢一員。

《明實録》景泰二年九月〔丁巳〕設直隸蕭縣趙家圈巡檢司，以其地屯軍多爲盗也。

《明實録》景泰七年春正月〔戊寅〕設山東莒州葛溝店巡檢司，以巡撫尚書薛希璉奏請也。

《明實録》景泰七年八月〔乙卯〕遷直隸鳳陽府懷遠縣洛河巡檢司于壽州，爲北爐橋巡檢司，淮安府山陽縣戚家橋巡檢司于宿遷縣，爲劉家莊巡檢司，以巡撫副都御史王竑奏無益者當革，而地衝要者當設也。

《明實録》天順三年九月〔丙午〕福建建安縣老人賀煬言四事：一、縣令之職民生休戚所繫，即令銓授多年老監生，有近六十歲者，其意豈不以逮滿九載年幾七十，非惟高顯升擢所不敢覬，抑且吏部勒令致仕有所不免，曷若多索金銀爲子女計，縱獲罪罷職，亦不失爲富翁。此所以貪酷庸懦者衆，廉能仁惠者少。宜敕吏部今後縣令必于進士舉人監生年力壯富者，試有才能詮選，及令方面御史，廉訪屈在下僚，並山林隱士才德勝任者薦舉。

《明實録》天順八年八月〔甲申〕添設直隸碭山縣河南上蔡縣縣丞主簿各一員，以户口比前增羡故也。

《明實録》天順八年八月〔戊子〕裁省湖廣衡縣縣丞主簿二員，以户口消耗故也。

《明實録》成化元年七月〔己酉〕設四川鄰水等四縣，鄰水縣隸順天府，樂至縣隸潼川（府）州，東鄉縣隸夔州府，資陽縣隸成都府。時逆賊趙鐸既剿滅，鎮守（鎮）巡撫等官言：古有此四縣，俱要害之地，先年廢革，請因其故址，復置縣設官，以撫治人民。從之。

《明實録》成化元年十一月〔丁巳〕省廣西武緣縣縣丞主簿各一員，以户口逃亡數多也。

《明實録》成化三年十一月〔戊辰〕增設直隸江陰縣縣丞一員，于本縣與馱沙分理縣事。

《明實録》成化八年春正月〔戊午〕復設四川安岳縣縣丞。先是安岳編户二十六里，分敛民等七鄉爲樂至縣，裁革縣丞、主簿。既而因民奏，復以永康鄉隸安岳。右布正使楊文琳等請復設縣丞一員，從之。

《明實録》成化九年十二月〔癸酉〕復設陜西河州及文縣、禮縣。巡撫都御史馬文升奏：陜西布政司原有河州及文縣、禮縣，後革河州，而以其民屬河州衛，又以衛爲軍民指揮使司。革文縣，而以其民屬文縣千户所。革禮縣，而以其民屬秦州。然各州、縣所管轄者皆土達人户，實被軍職擾害，且地相隔遠，賦役不便。乞復河州，仍隸臨洮府，除知州同知、吏目各一員，專除判官各一員，監收河州衛倉糧。于文縣千户所設文縣，隸階州；禮店千户所設禮縣，隸秦州，各除之縣典吏一員。從之。

《明實録》成化十一年六月〔壬午〕增設應天府上元、溧陽、溧水三縣，太平府當塗、繁昌二縣主簿各一員勸農。

《明實録》成化十八年五月〔甲申〕設四川洪雅縣。以守臣言夾江縣洪川等六鄉去所治遠，山林險惡，流民猥多，難於禁補故也。

《明實録》成化十八年九月〔己亥〕户部等衙門會議漕運、巡撫等官所奏事宜：【略】池州府銅陵、青陽、石埭、東流、建德五縣，宜各添設主簿一員，以分佐縣政。【略】。上批答曰：通州添蓋倉厫便酌量來奏，私茶夾帶至五百斤者充軍。餘如議行。

《明實録》成化十九年三月〔丙辰〕復設四川璧山縣。璧山古有縣，後併入重慶府之巴縣。里民訴稱其地去巴縣三百餘里，在萬山之中，乞仍設縣，鎮守等官勘奏以爲宜，從之。

《明實録》成化二十二年冬十月〔己丑〕户部會官議復漕運、巡撫等官所陳事宜：【略】鳳陽府亳縣與武平衛錯處，階品不敵，事多齟齬。宜以縣爲州，使勢位稍等，易于行事；廬州府六安州之麻埠、和尚灘及鳳陽府霍丘縣之丁塔店、高塘店宜各立巡檢司【略】。議入，上曰：卿等言是。利州守備，廣元、亳縣升州，官多民憂，姑置之。四川茶鹽但令巡守官嚴加禁治，愈事不必設。繩律盛忠準更調分守。召納賑濟再行一年。永平雞免仍舊支官價收買。餘悉如議。

《明實録》弘治七年三月〔壬辰〕裁革【略】望江縣縣丞、主簿、浙江餘杭縣治農縣丞、直隸隆慶州雕鶚堡並長安嶺二倉收糧吏目各一員。

《明實録》弘治七年六月 丁丑，改貴州思南府印江長官司爲印江縣，設知縣、典史各一員。原土官正長官張鶴齡以有罪革罷，其副長官楊德勝改調爲隨府辦事。

《明實録》弘治九年四月〔庚寅〕裁革直隸寧國府涇縣考坑巡檢司，遷參溪巡檢司于茹麻嶺。

《明實録》弘治九年九月〔壬子〕兩廣總鎮等官言：慶遠府天河縣舊十八里，後漸爲壯賊所據，止餘殘民八里，請分設一長官司治之。下兵部復奏。遂增設永安長官司，仍隸慶遠府，授士人韋萬妙爲正長官，韋金保、韋公利、覃應填爲副長官，並置流官吏目一員。

《明實録》正德八年十一月〔甲戌〕添設婺源縣大容、澆嶺二巡檢司；革寧國府水陽驛，從巡撫都御史王縝奏也。

《明實録》正德十年十二月〔甲戌〕添設靈璧縣固鎮集巡檢司，以撫按官言其地當衝要，盜賊竊發也。

《明實録》嘉靖元年八月〔癸未〕建立廣東惠州府和平縣，仍添設捕盜主捕一員。先是都御史王守仁奏：惠州府龍川、河源等縣和平都浰頭等處，皆深山窮谷，屢爲盜據。今幸剿平，宜建立縣治，以絶禍萌。報可。至是，户部以縣名請並乞選官鑄印，遂有是命。

《明實録》嘉靖三十五年四月〔辛卯〕裁革山東濟南府新泰縣縣丞、主簿各一員，訓導二員。

《明實録》嘉靖四十年二月〔辛卯〕裁革山東鄒平、泗水二縣縣丞各一員，金鄉、魚臺、費、曹、單、鉅野、汶上、陽谷、鄒城等縣治農主簿各一員，泗水、郯城、費縣、嘉詳各儒學訓導一員。

《明實録》嘉靖四十一年四月〔戊寅〕裁革直隸淮安府清河縣主簿一員，量復本縣存留錢糧三年。以鳳陽撫臣言，其地小民因逃亡數多故也。

《明實録》嘉靖四十一年九月 丁未，裁革山東新城、濟陽、陽信、商河、高苑、日照縣丞共六員。長山、齊東、樂陵、蒲臺、蒙陰主簿共五員。武定州倉副使一員。陵縣、樂陵、寧陽、嶧縣、丘縣、觀城、高苑、蒙陰、日照、福山、栖霞、招遠、寧海州儒學訓導，共十三員。

《明實録》嘉靖四十五年十二月〔壬辰〕初，設四川隆昌縣于瀘州、富順、榮昌縣之中，屬叙州府。先是，三州縣中有驛曰隆橋，居山谷間，爲盜淵藪，設重慶府通判一員督軍守之。至是守臣建言：設通判不如設縣治，令事有專統，可以責成，然後地方無患。部覆從之。

《明實録》隆慶元年九月 丁卯，裁革廣州府屬三水縣主簿，訓導各一員；清遠縣縣丞訓導、横石遞運所大使各一員。增江驛驛丞一員，馬岡巡檢司一員，南雄府訓導二員，税課小嶺中站、遞運所各大使一員，常平副使、保昌縣訓導各一員，韶州府知事、通濟倉副使各一員，曲江、英德二縣，訓導一員，高州府並吴川縣各河泊所官一員，雷白、石域二縣各訓導一員，永豐存積在城倉副使各一員，信宜巡檢司巡檢一員，肇慶府知事、訓導各一員，德慶州訓導、廣備倉副使、河泊所官各一員，高要縣河泊所官一員，惠州府知事一員，歸善、博羅、河源、海豐、龍川、興寧、長樂七縣各訓導一員，歸善河泊所官、清溪巡檢各一員，潮州府屬揭陽、澄清各縣丞一員，饒平、平遠各主簿一員，潮州府揭陽、澄海各縣丞一員，桃山驛驛丞一員，饒平、澄海、程鄉、平遠各訓導一員，楓洋、白堠、磁竈各巡檢一員，雷州府屬遂溪縣、瀏川巡檢一員，徐聞縣河泊所官各一員【略】清瀾、調器、蓮池、延德各巡檢一員，海州遞運所大使一員，清瀾、南豐、廣儲廣積大豐。軍儲倉副使一員，歸善、太平都許驛各驛丞一員，廣州左、右、前、後、肇慶、海南六衛各知事一員。

《明實録》隆慶四年二月〔丁巳〕裁革江浦縣儒學訓導、桐城縣源子港巡檢、建平縣陳村巡檢各一員。

《明實録》萬曆十八年四月〔甲午〕四川撫按奏：請添設龍安縣治，並請欽定縣名。命：縣爲平武。

《明實録》天啓七年十月 庚戌，裁山東丘縣主簿訓導、博平縣訓導、朝城縣訓導、觀城縣訓導、日照縣主簿、昌樂縣丞、招遠縣主簿各一員。

《明太祖寶訓》卷三《任官》　吴元年十二月，是月，太祖以山東郡縣，既下命官往撫輯之，諭之曰：百姓安否在守令，守令之賢者以才德，有才則可以應變集事，有德則足以善治。爲治之道亦有難易，當天下無事，民狃於奢縱，治化爲難。及更喪亂，斯民凋敝，撫綏尤難。元之所以致亂者，雖上失其操柄，亦州郡官吏不得，其人懦者不立，流於縱弛，强者急遽，發於暴横。又皆以胡人爲之長，不惟屍位而已，反爲姦吏愚弄，假威竊權，以生亂階。今山東郡縣新附之民望治，猶負疾者之望良醫。醫之。爲術有攻，治有保養，攻治者伐外邪，保養者扶元氣。今民出喪亂是外邪去矣，可望休養生息耳，休養生息即扶元氣之謂也。汝等今有守令之寄，當體予意以撫字爲心，毋重困之。

《明太祖寶訓》卷六《諭群臣》　洪武六年正月己巳，太祖諭來朝守令曰：朕設置百官各司厥職以分理庶務，惟郡守縣令爲牧民之官。凡賦斂、徭役、訴訟，皆先由縣，次方至府。若縣令賢明，則賦斂平、徭役均、訴訟簡，一縣之事既治則府可以無憂矣。苟縣官貪虐以毒民，或怠弛以廢事，民間利病屍坐不聞，不惟民受其殃，府亦受其弊矣。爲府官者知其弊，能繩其姦貪，去其闒茸，請更賢者而任之，則上下皆安矣。若知而不一，上下蒙蔽，雖苟且一時，終必爲其所累。智人君子必能察於此矣。爾等勿謂身居遠外，朕不能知。異日政績有聞，必有嘉賞，顧爾等爲政何如耳。命賜以酒食，明日陛辭。

《明太祖寶訓》卷六《諭群臣》　洪武十五年二月己卯，吏部奏引除縣官五十餘人。太祖悉召前諭之曰：縣官之職，最親於民，古之稱循吏者，多由此出。苟有善政及民而民稱之，美名即傳於遠邇。若蠹政害民而民怨之，惡聲亦不可揜也。爲善爲惡朝廷公論有在，爾等其慎之。苟治民而有成績，他日不患不至崇要也。

《明仁宗寶訓》卷一《求言》〔永樂二十二年十一月〕丙子，上召大興、宛平二縣官，諭之曰：朕即位之初，首罷不急之務，以紓民力。爾爲京縣親民官，正宜加意撫綏，使民先受其惠。比聞在京百姓猶有困於徭役者，此皆爾等不職之故。昨勑羣臣詢民瘼，固有知而不言者，亦有欲言而不知者。爾切近民非不知也，而亦不言，何也？今與爾約三日，凡民間何事便，何事不便，悉具來聞，朕爲爾處置。若復坐視不理，必罪不貸。因顧侍臣歎曰：朕憂憫百姓，蚤暮不忘，而一城之中猶上下不通如此，況數千里外哉？古人所以戒無逸也。

《明憲宗寶訓》卷三《明賞罰》　成化元年二月辛卯，福建上杭縣賊闕永華攻破縣治，知縣黄希禮不能禦而遁。及永華被執，乃言嘗賄希禮，故縱之。法司坐希禮罪死。希禮遣人上京愬，下巡按及三司，以永華已誅，言不可質，恐誣良善有如希禮之愬。上曰：此誠可疑。《書》曰：罪疑惟輕。其宥希禮死，但身爲縣令，不能以死守城，君臣之義安在？其謫戍邊衛，以警偷生苟免者。

（清）谷應泰《明史紀事本末》卷二八《仁宣致治》〔洪熙元年六月〕御史何文淵言：太祖令州縣設老人，以年高有德者爲之。比年所用，多非其才，或出自僕隸，憑藉官府，肆虐閭閻。上令户部申舊制，違者並有司置之法。

（清）谷應泰《明史紀事本末》卷三一《平浙閩盗》〔景泰〕二年（辛未）秋七月，鎮守浙江、福建侍郎孫原貞以處州盗平，奏析麗水、青田二縣，置雲和、宣平、景寧三縣。福建置永安、壽寧二縣。從之。

藩　國

綜　述

《皇明詔令》卷一《太祖高皇帝上・封諸王詔洪武三年四月初一日》

皇帝詔曰：朕荷天地、百神之祐，祖宗之靈，當郡雄鼎沸之秋，奮興淮右，賴將帥宣力，創業江右。曩者，命大將軍徐達總率諸將，以定中原。不二年間，海宇肅清，盧遁沙漠。大統既正，黎庶靖安。欲先論武功，以行爵賞。緣吐蕃之境，未入版圖，今年春，復命徐達等再征，是以報功之事未及舉行。朕聞昔帝王之子，居嫡長者必正儲位，其衆子當封以王爵，分茅胙土，錫以其國。朕今有子十人，即位之初，已立長子標爲皇太子；諸子之封，本待報賞功臣之後，然尊卑之分，所宜早定。乃以四月初七日，封第二子樉爲秦王，第三子棡爲晉王，第四子棣爲燕王，第五子橚爲吳王，第六子楨爲楚王，第七子榑爲齊王，第八子梓爲潭王，第九子杞爲趙王，第十子檀爲魯王，姪孫守謙爲靖江王，皆授以册寶，設置相傅。官屬及諸禮儀，已有定制。於戲，奉天法古，實爲生民。明此彝倫，非文武、賢能、三軍用命，江右人民之助，何以致此？尚賴各盡心力，以成治功。故茲詔示，咸使聞知。

《皇明詔令》卷五《成祖文皇帝中・立皇太子並封諸王詔永樂二年四月初四日》 皇帝詔曰：立太子，以尊宗廟，重社稷；樹王國，以廣藩輔，隆本支：非一家之私，爲天下之公。夏、商、周、漢、唐、宋之盛，用此道也。朕皇考聖神文武欽明啓運俊德成功統天大孝高皇帝、皇妣孝慈昭憲至仁文德承天順聖高皇后，聖靈陟降，敷祐朕躬，君臨大寶，夙夜匪寧；思惟賢德，傳序維承，繼續神明之統紀，益爲皇妣之光華，監觀簡畀，延歷于茲。周王以宗室之長，屢表請立太子，封建諸王宗室；群臣合辭累表，謂朕長子承嗣宗廟，諸子皆足以夾輔邦家。惟天下之通義，徇衆志之僉同，乃於永樂二年四月初四日，立長子高熾爲皇太子，授以册寶，正位東宮；第二子高煦爲漢王，第三子高燧爲趙王。尚念宗親，溥施恩禮，封楚王第五子孟煒爲崇陽王，第六子孟[illegible]爲通山王，第七子孟燦爲通城王，第八子孟炤爲景陵王，第九子孟爟爲岳陽王。蜀王第二子悅燿爲華陽王，第三子悅燇爲崇寧王，第四子悅炘爲崇慶王，第五子悅燓爲保寧王。代王長子遜煓爲代世子，第二子遜炾爲廣靈王。遼王第二子貴烚爲長陽王，第三子貴燮爲遠安王，第四子貴煖爲興山王，第五子貴煊爲巴東王，第六子貴炖爲潛江王，第七子貴熮爲宜都王，第八子貴烆爲松滋王。寧王長子磐烒爲寧世子。岷王長子徽糧[illegible]爲岷世子，第二子徽煣爲鎮南王。谷王長子賦炤爲谷世子，第二子賦[illegible]爲醴陵王。韓王長子沖烕爲韓世子，第二子沖烼爲襄陵王，第三子沖[illegible]爲臨汾王。秦王長子志均爲秦世子。晉王長子美圭爲晉世子。於戲，治法前王，統承列聖。内外相繼，保宗社萬年之福。華夷同樂，亙古今全盛之基。布告天下，咸使聞知。

（明）陳儒《芹山集》卷二七《藩司事宜》 山東等處承宣布政使司爲陳愚見安地方以固城池事。蒙欽差巡撫山東都御史曾批，據兗州府申據生員董承宗呈內開：一、重親王以安人心，切照正德年間，流賊猖獗，蒙撫按案驗，行長史司啓，親王知會，遇寇臨城，王當自重，請勿輕離王府上城，比時魯莊王在城護守宗廟，未敢輕出，其郡主、將軍、中尉、儀賓各帶家人校從的親人等，自備器械，長史司會同兗州府將各宗室分派四城，協同軍衛有司防守，方保無虞。況今兗城地方，虜寇臨城，王府宗廟尤重，王當照正德年間事例，謹守內城，不可輕出，及照兗州，義勇好漢，精利器械，俱出宗室之家，遇警守城，尤爲切要，乞爲轉達。撫按必須題議藩府方知遵依，如此藩王自重，人心安而城固矣，等因，□此看得，本生所呈內開親王照依正德年間事例，謹守內城，不可輕出，郡王將軍等自備器械，兗州府將各宗室分派四城，以防不虞，俱爲有理。伏乞本院批示轉行長史司徑自啓王知會等因，蒙批，仰三司會議妥當呈報，仍呈巡按衙門，此繳。蒙此依蒙行該本司左布政使陳，命同按察司按察使劉，都司署都指揮事左參政雒，會議得：宗藩爲朝廷懿親，故國家設有藩封以屏翰之，又設有軍衛有司以羽翼之，蓋惟欲其坐守王城，永奠磐石之宗爾矣。其他甲兵巡警之事，非所敢勞也。古云：千金之子，坐不垂堂。而況泒衍天潢，位居千乘，顧可輕身以近不韙乎，維茲賊虜犯順，節該兵部題奉欽依，令所司嚴加防禦，其在該府寔有專城之寄，該衛亦有瓜牙之司，萬一賊至，自當嬰城固守，用保無虞，所據親王暨諸郡王、將軍、中尉等項，亦各在內協心崇護宗廟，豈可輕出，動搖人心。今該府謂生員董承宗具呈有理，乞照正德年間事例請王謹守內城，不可輕出，似亦知慎重之意。至謂將各宗室分派四城，晝夜巡視，揆之事體，甚非所宜。蓋親王、郡王以至中尉，雖名位崇卑不同，要之皆聯名王牒，爲我皇上宗親則一也。親王可自重矣，而郡王獨不可自重乎。郡王可自重矣，而鎮輔奉國將軍獨不可重乎。人在臨城，等威莫辯，萬一踈虞，咎將誰任。其稱兗州義勇好漢，精利器械俱出宗室之家，遇警守城，較之軍民人等尤爲切要，此盖不通。夫義勇出自民間，器械屬之軍衛，此惟在府衛官同心固守。如義勇不足，則蚤爲申請動調，各州各縣壯夫可以千計。如器械不足，亦蚤爲置造，或申請兵備道調度施行，亦必有賴其晝夜巡警，則府衛行委佐貳官巡捕，嚴加督察。各該掌印官，仍仹來提調，其有失事者，則從重叅提究問，此皆地方干繫，寔爲有官守者之責，而可諉之宗藩乎。所據該府擬議本生之說，似爲窒礙難行。如蒙合候詳允之日，備行兗州府將城池應修潴者，作速修潴。器械應修理者，作速修理。仍將府衛在小職官並軍民人等預先通行分派各門各城，籍記在官，以後遇有聲息，至日該府衛縣官員各守城門，信地督率地方民壯義勇人等，併力防禦，自可無虞。該府仍行長史司啓王知會，如遇寇臨城，王當自重，請勿輕出，其郡王將軍等項亦隨親王居守，不必紛然四出，親自提兵，致多騷動，中間果有家人校從義勇好漢，並精利器械，就行送赴本府，照依住居府第分派，令其同加防守，以後有功，一體陞賞。如有悞事，亦聽該府並長史司會同究治。如此則職守明，而人心思奮。體統正，而國勢尊安矣。

（明）李日華《官制備考》卷上《宗藩》 自人皇分天下爲九區，軒后復分州畫野，竝建萬國，是爲建封之始。唐虞以來，執玉帛者萬國，成周則選建明德，以爲藩屏，封國數百，而同姓五十有餘，列爵公侯伯子男，凡五等。秦並天下姍笑三代，盪滅古法，尊爲皇帝，而子弟爲匹夫。漢功臣侯者百有餘邑，爵止通侯，非劉氏不王，尊王子弟，大啓九國，其後諸侯王連城數十，地方千里漸啓逆萌，致釀七國之亂，天子乃詔諸侯王，推私恩，分子弟國邑，以殺其勢，大國十餘城，小國數十里，而漢郡八九，形錯諸侯間。光武興復宗統，封爵廣地，後復去王稱公，公支庶子爲侯，疏者鄉侯亭侯，禄給既不侈縱而復尊經受學，餘有禍敗，竝列三公，親賢竝建，亦猶行古之道也。魏疏骨肉，爵王惟寄空名，晉懲封建之侈，稍示裁抑。其後猜嫌互起，四夷乘亂爲變于外矣。宋齊梁陳以後，惟逞忮害子孫，自相屠戮。唐興廣封宗室以鎮天下，封王宗子，遂以服屬差次，降郡公縣侯，惟有功者數人得王，皇兄弟皇子皆封親王，世嗣、王府，各置官屬，皇太子諸子封郡王，親王諸子功業特盛者，亦封郡王，次者國公，次郡公，又次縣公、縣侯、縣伯、縣子、縣男，凡九等，無官土，加實封者，則食其地，以租調給。宋本漢非劉氏不王之制，皇期親爲王，其次屬近行尊者，止封郡王而已。若皇子出閣，亦封郡王。及納妃外第，始封真王，然皆無爵土之封。我太祖定天下之三年，詔封皇子十人爲王。諸儀衛規制下天子一等，歲禄多者至五萬石，金册金寶。親王之子，封郡王，歲禄二千石，塗金册銀印，俱嫡長襲，郡王子爲鎮國將軍，禄千石。孫爲輔國將軍，禄八百石。曾孫爲奉國將軍，禄六百石。代而降爲鎮國中尉，輔國中尉、奉國中尉，即屬籍最疎遠者，皆得封奉國中尉，禄二百石，無不封與禄者。然親王郡王，禄給多寡，出一時權制，無常數。封皇女公主，尚駙馬都尉，而諸親王郡王將軍中尉女，有郡主、縣主、郡君、縣君、鄉君之號，尚儀賓從二品，而遞降焉。諸册封，及宫室婚姻喪葬諸鉅費，咸仰給于縣官。當是時，天子都金陵，去塞垣遠且萬里，近且數千里，虜出没塞下難制，于是酌周漢啓諸王之封，亘匝于亙垂，迄十餘朝，封建親王者五十餘國，而今存者三十餘國。郡王則四百有奇，而將軍，而中尉，又不啻數萬計。其土地稅入，不能加多，而宗室子孫，日益煩衍，宗室之困日甚。今自將軍以下，裁其禄數，而務實其惠，中尉以下，寬其禁，使其賢者，得與寒士角長而受任，其不肖者，食力以周其身焉。

（清）查繼佐《罪惟録》志卷二五《宗藩志總論》 明制處同姓諸王大不如古，蓋勢使然也。而又善後之無其時，亦善後之無其法。即善後之有其法，而不果於行。究之國計坐以詘，其裏也，維城無所賴。何則？太祖時，非親王而世，獨靖江一府，枝葉單子，誠欲大啓藩封，俾光世守，且念東宫早世，太孫慈柔，不工遠略，益勤禪輔，謂即不幸，本撥而支存，此夢寐隱矢，不能以告人者。又況和林以外，金陵遥制特難，于是分樹九王，自燕以往，延錯萬里，優以聲靈，顧盼特重，是誠有不得不然者。以是葉高甫、賈晁之策入，輒蒙譴怒。然則謂開國分王措處失計，是則淺之乎論太祖哉。自燕之南飛，太祖所謂夢寐不能告人者，天實默贊之，善建不拔，已愜九京矣。但洪武之日實憂寡輔，永樂以後又慮繁枝。建文之所以善諸王者無法，非無法也，無情以輔法，徒任此斤斤拘古數人，欲毋令尊屬擅制，所謂以理之名，求事之實，鮮有得當。若燕王之才，可以抑抗同姓，顧欲即以身受者加人，未免口吃。時齊、谷等王已形不靖，乃明知傲慢起於膝下，而不能爲之所，猶之太祖夢寐之不能告人者也，幸宣廟之不愜太宗九京耳。爾時漢滅而趙僅存，晉幾不免，諸疎屬惕息恐後。惜三楊粉飾有餘，不策久長，下此益無論矣。迨乎世廟，商孫不億，禄俸缺匱，不妨因鐇濠之故，特見更制，而又以安陸暴興，優視戚屬，其所爲計，但無令諸王顯爲不善，而究不能以蕃諸王。失此三時，國初偏重之勢不得衰，于是即有法而行之輒沮。誠如王弇洲所云：以天子三葉懿親，無罪圄之一城之內。夫人不智則愚，智則負才，愚則負力。才無所見，雖擁華貲都榮名不樂，其敝不至矯篰不止。力無所試，雖逸井里酣寢食不樂，其敝不至搏擊不止。吾初故饒之，豈意久之年四十不婚，喪十年不葬，共蓬而居，分餅而膳，甚則併室而雉經者有之。吾初故逸之，豈意久之烝淫不道，殘忍無止，睨骨肉而爲仇，拾道路以爲嗣，甚至宫闈不肅，而滋生外議者有之。是無法以善其後也。善後之法不足以奪其故優異之情，諸臣以爲天子家事，持之不力，而求天子之能自齊其家，豈易得哉。卒之其國小有警變，率棄社稷去，爲民望，朝廷釋不問，又曲慰之，王獨非人臣哉。王之國，王不當爲天子守之哉？至流氛孔熾，諸藩之助城守者百不得一，而所在大臣輒以護藩爲名，委封疆如莛。司寇之論失事者不及，嗟乎。勢之積不返，而法不足以善之也。

（清）查繼佐《罪惟録》志卷二五《宗藩志》 同姓諸王，各有列傳，自帝系成祖下，預派二十字；世以輔名，名傍按五行取相生義，爲高、瞻、祁、見、祐、厚、載、翊、常、由慈、和、怡、伯、簡、靖、迪、先、猷，而親王亦各派二十字，載玉牒，惟靖江府不拘。

凡爵品，親王以一字行，親王之嫡以世。其支爲郡王，以二字行，郡王之嫡以世。支爲將軍。自鎮國將軍遞降爲輔國、奉國。奉國將軍之支爲中尉，復以鎮國、輔國、奉國爲差。蓋郡王以上不列品，自鎮國將軍爲從一品，遞降至奉國中尉，而品以正四止。下此無官，率冒中尉，不肯自以爲庶人，官廢始爲庶人也。親王之女爲郡主，郡王之女爲縣主，遞降爲郡君、縣君、鄉君，凡五等。尚主與君者，統爲儀賓。凡禄制，洪武初親王禄米五萬石，他用又不下萬石，吉兇之賜不預。未幾，輒裁六分之五。以後親王遂以萬石爲定額。郡王額二千石。三將軍以千石、八百、六百爲差。三中尉以四百、三百、二百爲差。其郡王以下五等，亦以八百、六百、四百、三百、二百爲差。外自册封宫室婚嫁喪祭諸費，皆給於官。按祖訓，有襲封郡王減半支禄之例，後兼以鈔抵。

凡官屬，稱王官，在《職官志》中。洪武二十六年，勑宗人有文武才能堪任用者，府上其名，考驗陞轉，如百官常選法。有罪即訊，至奪爵爲庶人而法止。

凡護衛，每府護衛三，衛五千户所，團子手二所。初，雄邊者至萬六千人，馬數千匹，後辭給不等，或亦不及給。其自廚役及齋郎較尉鋪排等役，皆給於民。

凡屬籍，嘉靖八年，宗室載屬籍八千二百三人，親王三十位，郡王二百三位，世子五位，長子四十一位，將軍鎮國四百三十八位，輔國一千七十位，奉國一千一百三十七位，中尉鎮國三百二十七位，輔國一百八位，奉國二百八十位，未名封四千三百位，庶人二百七位。至四十四年，御史林潤等稱，天潢之派，已盈三萬餘位。萬曆中稱周宗三萬三千，似太繁，存考。

凡冠服，親王九旒九章，車旂服飾下天子一等。郡王以次殺。公侯大臣無與抗禮。惟内侍，雖權勢，執卑。

凡修玉牒，定十年一次，用翰林官一人主之。或即附史舘並行之。

凡宗議，出諸臣何起鳴、林潤、陳庭、周弘祖、王世貞、鄭曉、王宗沐、戚元佐、黄汝享、馬文昇等。有宗學之議；有定子女以防詐之議；有限媵妾别嫡之議；有年四十無子方許置妾，及世子外嫡子庶子不得封，嫡子封不過三人，庶子封不過一人之議；有同門異室之議；有襲封親王減半支給之議；有初封爲親王，其支爲郡王，襲封者遞減爲將軍之議；有鎮國中尉而下准宗制孤遺俸給之議；有限禄及激勸舉刺之議；有五世親盡之議；有媵妾不名封，所生比庶人之議。

按賓興之議，始于陳建，親盡之議，始於周弘祖，似可並行，但須先之以學政，而後通之以文武之用。太祖開國，首重立學，顧所以教諸王特疎，止設一教授，不能周及郡王，體分不尊，名耳，無益也。果每藩設一宗學，擇别宗之有學行者填之，官教論，降親王教授一等，領四訓導，或宗多議添，予教授特勑，而併□之以諭訓，府中事無所不聞，有不聞，其罪也，而事可因教諭直達于撫按，撫按亦遂得以賢否加之。教諭所才，擇其工制藝者，上督學，鄉會不以額。久之，以額授外官，從皇親無京職之例也，凡就學科者，自將軍以下輒不存原銜，官陞降唯吏部，如常選。又按祖訓换授一例推之，材能豈即殊等，姑以能養貧宗者當之，從武銜降授，養百人以上遞爲率，即令董貧宗懇田。邊官陞降惟兵部，亦不存原銜如文例。其郡王以上，所犯除高墻外，别犯如民律，以次裁禄，世不復。然則諸藩之無過者寡，諸藩之食禄者亦寡矣。

諸藩之有過者寡，諸藩之無禄者亦寡矣。

凡通變，崇禎中通文武量授祖訓，始有换授。乃鄉會試中式，亦遂有奮義殉國諸彰彰者。

（清）嵇璜等《續通典》卷三五《王侯總敘》 封建起於黄唐，郡縣創自秦漢，師古者欲復封建，宜今者必置郡縣。唐臣杜佑作《王侯總敘》，雖備陳其利病，而終之曰：莫可究詳。曹冏陸機著論謂必宜法古，魏徵李百藥上疏又力排其議。夫救分離之難，莫若建諸侯，削尾大之勢，莫若置守宰。而今昔異時，欲行古道，勢莫能遵。故自唐以迄，宋遼金元皆無封建，至明初，封皇子爲諸王，置藩府於各直省。雖非如三代之分茅胙土，得專生殺，而護衛甲士爲數甚夥，其不能謹守藩條者，每足滋生民之擾。是以惠帝始立，方欲因事削除，致有靖難之師。且成祖既併取寧藩，徙之南昌，傳世未幾，宸濠踵而生變，徒貽國患。古法之不可復泥，又其明驗。然五等之號，歷代不廢，品秩之差，前後各殊。史傳所載及各朝會典典章集禮所傳，班班可考，爰列敘於左。

紀事

（明）余繼登《典故紀聞》卷一〇 宣宗與侍臣論及封建，曰：周秦享國長短非但封建也，周自后稷公劉以農事啓國，至文武積德累仁，乃有天下，繼之以成康保恤烝民，克紹先業。秦自孝公據崤函以窺周室，惠文武昭蒙其故業，至始皇吞二周滅六國，專詐力刑罰以制天下，繼之以胡亥殘忍刻薄。周得之以忠厚，守之以忠厚，故其祚長。秦取之以詐力，守之以詐力。故其祚短。非但封建也。

（明）沈德符《萬曆野獲編》卷四《論建藩府》 嘉靖十年，上未有子，中外憂之，行人司正薛侃建議，謂先朝分封各藩，必留親王一人在京，謂之守城王，或代行禮，遇有事則膺監國撫軍之任。至正德初，而逆瑾削之，盡行出封。乞查舊典，擇親藩一人爲守城王。若東宮誕生，則以爲輔貳，如再生皇子，始遣出封王國。其言甚危，且守城王之名亦不載典故。而侃同年彭澤者，素媚張永嘉，又與夏貴溪争爲都御史，恨之甚，因促令亟上，便可坐夏主使，且云張少傅甚善此疏，當從中力贊上成之。疏上，上大怒，會官廷訊，五毒備下，時汪鋐、彭澤令侃引夏言主使。侃抗詈不服，乃得不死。而澤遣戍，永嘉亦罷歸。穆宗初崩，新鄭當國，時有大俠名吕光者，爲故相華亭所遣，行間於京師，因别遣客以奇計干新鄭，謂主少國疑，宜如高皇初制，命親王爲宗人令，領宗人府，以鎮安社稷。新鄭大喜，納其謀。吕又宣言於内廷云，高閣老已遣牌迎立所厚周王入紹，身取世襲國公，新帝位不安矣，兩宫大駭。偵知果有宗人之説，遂從中出旨，立逐新鄭。時先帝升遐甫二旬，距今上即位甫六日耳，兩説俱關宗祧大計，然其事創見，人所不習聞，處人骨肉間，尚不可深言，況君臣哉。薛之狂躁，高之粗淺，落人度内，俱不自覺，掇禍至此，不致爲郭損菴中允，亦幸矣。正德二年，榮王之國常德府，時廷臣抗章争之，其意蓋與薛侃同，而終不允，榮王爲憲宗少子，於武宗爲季父使其果得留京師，則辛巳之春，興邸龍飛，將有不可知者，況唐宣宗皇太叔故事在史册乎。薛侃之言，正觸上忌諱，且其時雖前星未耀，而上富於春秋，遽建此計，是待上以終無胤嗣如武宗也，安得不干天怒乎，賴上寬仁，偶不死耳。

（明）沈德符《萬曆野獲編》卷四《藩國隨封官》 先朝親王出閣，例選翰林二人侍講讀。天順初，英宗從李賢議，改用進士二人，授翰林檢討。及之國，即陞其國左右長史，從行歲久，加服俸，終身不得他遷，士人苦之。弘治間進士十人被選，至與太宰耿文恪相詬詈，互呼爲畜生。嘉靖間，吴秀水鵬秉銓，亦以選藩僚爲中書劉芬所窘辱，雖皆受重譴不顧也。及萬曆戊寅，潞王出閣，輔臣始議定，即授史官，劾勞年久，俸滿陞參議以出，諸進士始免曳裾之憂。此江陵公曲體人情處也，是時先人同年董樾、徐聯芳，俱以此官外轉藩臣，遂爲本朝創典，然二公俱不振。至萬曆壬寅，福王講讀，用韓孫愛、陳翔龍拜檢討，亦遵董、徐往例，需次參藩。然在都下時，雖隸人亦以假翰林呼之，又絶望華要，居平多邑邑，至於長史，皆于藩封定期之頃，吏部乘間奏用進士部郎充之，膺此選者，如長流安置，舉家哀慟。因思史官爲王官，固爲失意。永樂二十二年，仁宗第八子滕王，之國雲南，上命左庶子姚友直陞雲南參政，掌滕府長史司事，雖其時親王體峻，特屈宫僚爲相，然其法自可師。後世若遵此例，人必樂就，無論史職郎官，俱無辭矣。況以三品大吏，統八所屬官，體統截然，郡縣亦無敢相撓，此最善法也。姚後終太常寺卿，時同封者，有鄭、越、襄、荆、淮、梁、衛七國。如鄭府左長史，則以春坊左司直王淪陞任，尋入爲户部郎中，陞左侍郎，巡撫兩浙，卒于景泰初元。右長史，則以吏部考功員外郎何源陞任，尋入爲文選司郎中，後終江西布政使，卒于正統初年。越府右長史，則以刑部員外周忱陞任，入爲户部侍郎，撫江南，終尚書，卒于景泰四年，謚文襄。襄府左長史，則以詹事府丞周孟簡陞任，至宣德五年庚戌終于官。梁府右長史，則以吏部郎中宋子環改任，後改越府，宣德八年終于官。衛府左長史，則以春坊左司直金實陞任，至正統四年，爲會試同考，卒于京。右長史，則以四川道御史楊勷陞任，後亦卒於官，皆不幸早歿，未得他徙，初未嘗錮之也。英憲以後，始漸不然矣。長史驟貴者，無如世宗入紹之張、袁二公，俱峻登揆地，然張景明爲左長史，二十年而殁，距上龍飛未浹月也，雖得贈太子少保，禮部尚書，文淵閣大學士，謚恭僖，然緣慳極矣。右長史袁宗皋，亦二十年自興邸來，峻拜禮書文淵閣，不三月而卒于位，猶之不用也，豈設醴禄料，天賦自有限耶。

《明實録》洪武四年正月〔庚辰〕置福州衛指揮使司。

《明實録》洪武十八年三月　庚辰，詔定蕃國進表禮儀。

《明實録》洪武三十五年秋七月〔戊戌〕復沈陽左右二衛。初建文中，改沈陽左衛爲衡山護衛，右衛爲臨安護衛。至是，兵部奏復舊制，遂命凡天下軍衛，建文所改革者，悉復其舊。

《明實録》洪武三十五年十一月　乙未，復荊州中護衛，隸遼王府，改宣府護衛爲長沙護衛，仍隸谷王府。以宣府所餘官軍設宣府左右二衛，左衛于保定屯守，右衛于定州屯守。改廣寧三護衛爲廣寧左右中三衛，隸遼東都司。

《明實録》永樂六年十二月〔丙戌〕敕晋王濟熺曰：近者，西番烏思藏闡化王（奏），爾以青錦、纻絲遺之。春秋人臣無外交，所以遠嫌别疑防微杜漸也。爾爲國宗藩，不能恪守憲度，前與西番互市矣，今復不改，亦何恃而然歟。作福作威，人君大柄，爾以物賜外蕃，則是以國王〔王國〕行天子之事矣。戒之，慎之，不宜復爾。

敕晋府長史司等官曰：朝廷衆建親藩，簡用僚屬，以專輔導，所以成其德器，保其家國，期與朝廷相爲悠久。晋王前與西番互市，又賜烏思藏闡化王青錦等物，違春秋無外交之義，不聞爾等有一言匡救。古語危而不持，顛而不扶，焉用彼相，爾等陷王于不義，罪何可容？今姑宥之，宜改過自新，朝夕以善道諭王，勿令有過。若復坐視所爲之失，默而不言，國典具在〔存〕，朕不爾貸。

《明實録》永樂七年閏四月〔丁巳〕賜肅王楧書曰：得奏必力工瓦國師等饋方物，令長史司受以俟命，已見忠實不欺之美。昔春秋致謹外交，所以防微杜漸。今既以相饋，宜姑受之，後來亦宜拒絶，庶免小人讒間，而賢弟永保令名于無窮矣。

《明實録》弘治十五年八月〔辛亥〕徽王見沛奏：各王府儀賓選既不精，教又無法，至有邪淫放僻靡所不爲者，今後乞將年三十以下者，送本個儒學讀書習禮，以成厥德。禮部覆奏，宜從王所請，凡儀賓年二十五以下者，不分新舊，悉送本府州儒學讀書，本學教官同長史司逐月考驗，提調學校這按季考較勤惰，量加賞罰，候年三十以上，考其學業有進，行止無虧，方令停免。從之。

《明太祖寶訓》卷一《封建》　洪武三年四月辛酉，以封建諸王告太廟禮成，宴羣臣于奉天門及文華殿。太祖諭廷臣曰：昔者元失其馭，羣雄並起，四方鼎沸，民□塗炭，朕躬率師徒以靖大難。皇天眷佑，海宇寧謐，然天下之大，必建藩屏，上衛國家，下安生民。今諸子既長，宜各有爵封，分鎮諸國。朕非私其親，乃遵古先哲王之制，爲長久長治之計。羣臣稽首對曰：陛下封建諸王，以衛宗社，天下萬世之公議。太祖曰：先王封建，所以庇民，周行之而久遠，秦廢之而速亡，漢晋以來，莫不皆然。其間治亂不齊，特顧施爲何如耳。要之，爲長久之計，莫過於此。

《明太祖寶訓》卷二《教太子諸王》　洪武元年正月戊寅，劉基、陶安言於太祖曰：適聞中書及都督府議倣元舊制設中書令，欲奏以太子爲之。太祖曰：取法于古，必擇其善者而從之。苟惟不善，而一槩是從，將欲望治譬猶登高岡而却步，渡長江而回楫，豈能達哉。元氏胡人，事不師古，設官不以任賢，惟其類是與，名不足以副實，行不足以服衆，豈可取法。且吾子年未長，學未充，更事未多，所宜尊禮師傅，講習經傳，博通古今，識達機宜，他日軍國重務，皆令啓聞，何必倣彼作中書令乎。乃命詹同取東宮官制觀之，謂同等曰：朕今立東宮，官取廷臣，勳德老成兼其職，老成舊人動有其則，若新進之賢者，亦選擇參用。夫舉賢任才，立國之長，榮德尚齒，尊賢之道，輔導得人，人各盡職，故連抱之木，必以授良匠，萬金之璧，不以付拙工。同對曰：陛下立法垂憲之意，寔深遠矣。於是以李善長等皆兼東宮官。乃諭善長等曰：朕於東宮官屬不别議府寮，而以卿等兼之者，盖軍旅未息，朕若有事于外，必留太子監國。若設府寮，卿等在內，事當啓聞太子，或有聽斷不明，而與卿等意見不同，卿等必謂府寮導之，嫌隙將由是而生。朕所以特置賓客諭德等官，以輔成太子德性，且選名儒爲之賓友。昔周公教成王，告以克詰戎兵。召公教康王，告以張皇六師。此居安慮危，不忘武備，盖繼世之君，生長富貴，泥於安逸，軍旅之事，多忽而不務，一有緩急，罔知所措，二公所言，不可忘也。

《明太祖寶訓》卷二《教太子諸王》　洪武三年四月丙寅，太祖召東宮官屬及王府官屬，諭之曰：輔導之臣，猶法度之器，先必正己，而後正人。盖德義者，正人之法度。善惡者，修身之衡鑑。汝等輔導諸子，必匡其德義，明其善惡，使知趨正，而不流于邪。如此則能盡輔導之職。觀之梓匠，雖有材木，必加繩削，乃能成器。太子諸王，必得賢輔開導贊助，乃能成德。朕擇爾等宮僚，各宜盡心。又加經史中古人已行之事可爲鑒戒者，采擴其事，編次成集，朝夕觀覽，以廣智識，亦有助于輔導。羣臣頓首受命而退。又諭秦王右相鄭九成等曰：朕封建諸子，選用傅相，委託匪輕。凡與王言，當廣學問以充其行義，陳忠孝以啓其良心。事有弗善，必求其善。政有未美，必求其美。使其聰明無蔽，上下相親，庶幾道德有成，以弘長世之業，而輔相者亦克盡其職矣。復顧劉基等曰：朕觀古聖賢之君，雖治平之世，不忘修省，誠以富貴易至於驕奢，必至於荒縱，未有荒縱而無顛覆者。故嘗戒太子諸王，以爲士不能正身修德，則殃及身家。爲士且然，況於爲君爲王者乎。基頓首對曰：陛下此言，萬世之福也。

《明太宗寶訓》卷四《諭群臣》　〔永樂元年〕十月甲子，勅晋府長史龍鐔等曰：朝廷封建親藩，而選賢命材爲之輔導，冀以賛成德善，不至于有過也。古之爲人臣者，無外交。今王府擅與西番往來，又私以車遞選。王年少寡學，而不知古。長史儒者，謂不知古可乎。廷臣皆欲寘汝于法，朕恐傷親親之意，姑宥不問，今後慎毋復爾，戒之戒之。

《明憲宗寶訓》卷一《戒飭諸王》　天順八年六月甲辰，晋王鍾鉉保陞承奉副張泰等二十員爲承奉正等官，皆預定其職以聞。上以書戒王曰：得奏欲以承奉副等官張泰等二十員陞授承奉正等職，既已定擬職名，復何奏請。且陞除王府內官，出自朝廷。若遇員缺，只宜具實并開相應者奏知，以憑陞補。王乃擅自定職，泛濫陞除，是何理也。此必下人撥置，今皆不准，亦不究問，特書戒王。王宜自省，今後行事當遵祖宗法度，毋得任情妄爲，庶可保全令名，王其戒之，慎之。

《明憲宗寶訓》卷一《遵舊制》　成化十一年五月丙辰，户部奏靈丘王長子北塝未受封，其庶長男成鈠次男成鏜成銅俱尚爲輔國，而所司失行槩封鎮國，請爲改正，計其始封至今幾十年，多支禄米亦當扣除。上曰：封爵乃祖宗舊制，不可不正，其濫支禄米亦當追奪，但既往不咎，其勿復除。

《明憲宗寶訓》卷一《諭宗室》　成化十四年十月辛丑，韓府漢陰王徵鍉無子，臨薨時，其妃父周恂教以託言宮中有將育者至期密取他姓子女養宮中，王母妃平氏亦與聞其事，既請封，爲恂姻家所發，恂凌遲處死，冒封男女及平氏周氏俱賜自盡，追降徵鍉爲庶人。上乃貽書各王府曰：朕惟徵鍉乃韓憲王曾孫，憲王實太祖高皇帝之子高皇帝奄有天下封建諸王藩屏國家以爲千萬世不拔之基，豈意徵鍉祇因乏嗣，顧戀房闈私愛，輕信外人邪謀，致使其母暨妃下挹汙池之流，上溷天潢之派，其得罪於祖宗豈小小哉。身雖淪亡，咎難容貸，已革其封爵，削其謚號，追廢爲庶人，用彰朝廷大法，用慰祖宗靈明，以爲將來警戒。嗚呼，莒人滅鄫，春秋所誅，而徵鍉忍心害理，一至于此，祖宗以來所未有也。夫人聞之，莫不憤怒，況於朕乎，況於宗室乎，尚恐各宗室親王未知其詳，特命所司抄詞並書，偏告親藩，尚其亮之。

《明憲宗寶訓》卷一《重宗支》　成化元年二月乙未，廣昌安僖王美堅生母劉氏奏，王生時嘗以從兄雲丘王第二子鍾御爲嗣，今王薨無嗣，請以鍾御龍封王爵。上曰：過繼子封王無例，鍾御仍准本封爲鎮國將軍，承廣昌王祀。

《明憲宗寶訓》卷一《重宗支》　成化十五年閏十月丁巳，衡山恭惠王妃陳氏乞以衡陽莊和王次子鎮國將軍豪邽爲繼嗣，且欲進襲王爵。上曰：祖宗舊制，王爵至重，前此未有以從子襲爵者，朕何敢專。且豪邽既係衡山王姪，同氣至親，只以將軍承繼宗祀，管理府事，何不可乎？若從其請，則是衡陽之子有二王矣，違祖訓而徇私情，朕不爲也，其已之。

《明憲宗寶訓》卷一《重宗支》 成化十七年正月乙未，慶懷王薨。弟岐陽王邃塀襲爵，邃塀以其父秩熒乃慶靖王長子，奏乞查處。于是懷王母妃孟氏奏邃塀紊亂宗派，謀奪封爵。事下禮部，言靖王子康王秩煃雖云第四，係嫡出，真寧莊惠王秩。熒雖居長，乃庶生，當時一日同受封爵，及各子承襲已定，正統四年莊惠王奏奪封襲。英宗睿皇帝已嘗降勑切責，乞遣勑諭王宜遵祖宗定規，永保禄位。上是其言，既而邃塀復奏前事，禮部乞下所司轉行該府教授啓王遵奉先勑，毋再覬覦非分，詔如所議，行未至而邃塀又奏，岐陽王冒伯作父，不無背義。于是禮部言：自康王論之，則岐陽以子繼父，自懷王論之，則岐陽以弟繼兄，揆之于義，皆無不可。上以康王傳序已定，而真寧王累次奏擾，降勑切責，削禄米三之一，復以教授不行諫止，命巡按御史逮問之。

土司

綜述

《皇明成化二十三年條例·七月·禁革雲南土吏不許父子兄弟相繼營充》 成化二十三年七月初五日，吏部爲建言民情等事。准禮部咨，成化二十二年月日不等，於禮科抄出吏部等衙門聽選等官人等支宣等建言明情事件。該通政使司官奏，看係建言事理，合着禮部抄出，會官議。奉聖旨：是。欽此。欽遵抄出到部，會同各部都察院、通政使司、大理寺、六科給事中，議得數內議。奉聖旨：是。欽此。欽遵抄出到部，會同各部都察院、通政使司、大理寺、六科給事中，議得數內五十四件，合准所言，宜從吏部等衙門勘定奪施行，未敢擅便，照例各官奏。奉聖旨：照例。欽此。欽遵。內一件，雲南布政司（空）〔理〕問所提控案牘蕭智奏稱：雲南各衙門設有土吏書辦，不得出身。有例許充八考，革罷。此處土人就行僉緣初考，布政司二考，按察司三考，都司四五六考，轉府縣七八考，又至三司。此等之人不顧出身廉恥，惟務作弊。況腹裏地方不許兄出弟入、父出子入。此處有父子兄弟姪男縱橫交充，上下僉緣。任是清官，被〔其〕蒙蔽。設有重務，未曾行府、州縣先知。每有爲事到官，稱說我（你）〔是〕土吏，又無出身。犯罪革罷，還有弟男子姪在各衙門。如此縱橫交充作弊，難於防範。如蒙乞剌該部計議，合無將雲南土吏照依腹裏、在外兩考起送赴部辦事。考中，冠帶資格出身。如此，人有前程，保守廉恥，不敢作弊。仍乞禁革，不許一門父子兄弟叔姪接續充吏。如是不悛，許人（有）〔首〕告，連保勘鄰人里老一體治罪。移咨定奪等因，到部送司。查得洪武二十七年九月初三日，雲南土吏兩考役滿到部。奏奉太祖高皇帝聖旨：他是雲南土吏，還發回本處做吏。欽此。續該巡按雲南監察御史雷璲建言，本部議得雲南生員充吏並土吏，今後兩考到部，俱各發回。本布政司調撥衙門，參用終身等因。宣德元年三月二十日，奏奉宣宗皇帝聖旨：是。欽此。及查得成化四年九月二十六日，節該欽奉詔書，內開：雲南土吏兩考役滿，今後免起送赴部，就與本布政司給由，照例調撥。欽此。俱欽遵外，又查得雲南按察使錢璡奏，要將雲南吏典六年考滿起送赴部，與天下吏典一體歷役者用等因。本部看係舊制，錢璡要行輒便更改，沽惠釣名，姑免參究。成化八年八月十二日，類行雲南布政司轉行本官，遵守舊制訖，（人）〔又〕查得直隸、滁州、全椒縣（官）〔管〕馬主簿劉富奏稱，吏典不許還俗僧道、罷學生員、市户、倡優、隸卒、門禁、賤品之人及父出子入、弟入兄出等項參充等因。已於成化十二年正月十三日通行天下（不）遵行查革去後，今該前因，通查案呈。看得雲南布政司理問所提控案牘蕭智奏，具將雲南土吏照依腹裏吏典辦事考試出身，及要禁革一門父子兄弟叔姪接續充吏一節。除土吏原無出身，係祖宗舊制，行之年久，難便更改外，所據禁革一門父子兄弟叔姪接續充吏，雖係舊制，已經通行，但恐行之年久，因循弊出，合再申明。

《皇明條法事類纂》卷七《吏部類·蔭襲土官例》 成化十四年七月十八日，兵部尚書余等題，爲蔭襲土官事。該總兵官黔國公沐琮題，竊照雲南地方，遠在萬里遐（萬）〔荒〕。自聖朝開闢，統一華夷，命臣曾祖西平侯浴等鎮守其地，招來遠邇民人，素所信服。獻表奉准開設土官衙門，量授官職，以夷治夷。無非綏治一方，永爲邊境。比年（開）〔間〕，土官、土人，懼怕法度，不敢妄爲，從實將本户宗枝圖册，分（諮）〔豁〕嫡庶親屬，明白造册繳報。子孫得以承襲，並無争競，百姓獲安，地方無擾。近年以來，各處土官，不肯安分守己，保境恤民，惟務貪戀酒色，妾（勝）〔媵〕無數，偏向溺愛，恣逞夷（怪）〔性〕，靡所不爲。又初無籍通事人等家奴（傅）〔專〕一取財害民，百計撥置，將大作小，以庶爲嫡，變亂宗枝。雖有（應）〔蔭〕襲文册，朦朧造報不明。及至土官亡故，下人得遂姦計，任其搆引刁頑之徒，巧捏虚詞，妄行告保外族別枝。上司因無的確宗（徒）〔圖〕查（爲）〔考〕，所以夷民不服，連年讎殺，地方不寧。今會同鎮守雲南太監錢能、巡按御史甄希賢、都布按三司都指揮僉事方明、左布政使唐瑜、副使董傑勘議得，雲南布政司該管大小土官衙門數多，所部人民俱係（請）〔諸〕衆蠻夷等數，性習獷戾，叛服不常，必得同類之人管治，庶幾可以保障無虞。見今元江、廣南、武定、永寧等府，當陽州阿迷州、師宗彌勒維摩、蘭州、羅雄、蒙自等州縣並巡檢長官司等衙門土官，俱各事故。爲因先前造册不明，累被平昔撥弄害人通事人等，通同朋計，糾引族人，捏詞告狀，與蔭襲之人互相争（職）〔襲〕。（繼）〔煽〕搆别處人馬，不時讎殺，生民被其荼毒，官司爲之紛擾。致使夷人無所歸服，流移各處爲盜爲非，（因而）聚衆搶殺人財。雖經三司保勘，各避嫌疑，不行從公定執回報，以息争端。卻乃輾轉托故，移文因循，歲久不能歸結。設或前項夷羅（典）〔無〕官統束，變生不（惻）〔測〕，異日之患，難保必無。不惟見今争襲者，固有前項弊病，尤恐見任土官，亦有此情。若不通行取勘，從實造報蔭襲文册，以備查考，誠恐日就月將，積弊愈深，人心離散，以强凌弱，以衆（報）〔暴〕寡，互相倣效，别搆禍亂，貽患將來，事有未便。如蒙乞敕該部計議，合無行移雲南鎮守、巡撫、巡按、三司等官查勘，但有争襲土官未曾定論者，仍着各該堂上官作急從公保勘，定執蔭襲之人姓名，具奏定奪，不許似前推避。仍行布政司，轉行所屬土官衙門，公同各該土流官吏並長營、火甲、通事及親族人等，從公取勘見任土官宗祖歷任根由，（即）〔及〕流派到於某枝某人承襲，所娶妻妾，某人有無嫡庶男女，某人本宗，不該承襲親族某人，備開宗枝圖本，分豁年歲始末腳色，通行造册。俱要土流官吏、營把、火頭、親族人等，一體僉名，用印鈐蓋。並取各人不致扶同妄保重甘結狀。一年一造，固封，差人賫繳。臣與合干衙門查考，遇有土官事故，作急保勘，憑此定報應該之人。各具本會奏，定奪承襲土官管事。如此，則事體有一定之規，地方免受擾害之弊。奏奉聖旨：該部知道。欽此。欽遵。查得先該户部奏准，今後土官襲職，六品以下者，俱要納穀一百五十石，以備兇荒。續於天順八年三月初八日，節該欽奉詔書，内一款：雲南、貴州、廣西、湖廣、四川土官襲職者，該部行委三司體勘。其委官多有循私圖利，取勘不公，以致互相争襲，累年紛擾。今後有告襲者，委官務要從公體勘會奏。該部行令就彼冠帶襲職，不必參駁。中間如有循私不公，許巡按御史糾舉，罪坐原勘官員。欽此。本部爲照前項納穀及詔書内事例，係土官互相争襲，累年紛擾，照勘應合承襲之人承襲。其遠年爲事停革，不該承襲者，不曾該載。其雲南、廣西、四川，多有洪武、永樂年間各因撫按蠻民，或因從軍征進有功，除授土官。以後子孫爲因讎殺，或以（事）〔替〕職等項停革，止做把事（官）〔冠〕帶舍人等項名目，撫轄當地蠻民。若不分遠近，一概濫襲，非但夷人受害，抑且官司得以寅緣作弊，妄行保舉，以通賄賂。合行都、布、按三司各行所屬，凡土官病故，務要查審無礙應該承襲之人，方許送赴該倉上納米穀，通取通關，會官具奏明白，准令就彼冠帶襲職。不許將例前不曾赴京奏告，遠年不該承襲土官，一概朦朧舉保。若是見（伊）〔任〕把事冠帶舍人病故，應該承襲者，照舊止襲把事冠帶舍人。仍行各土官衙門，通行遵守。具題。奏奉聖旨：是。欽此。續爲替職事，該本部議得，前該詔書所載，土官今後有告襲者，三司委官保勘，定名會奏，行令就彼冠帶襲職，不許參駁。乃朝廷俯就土官，以省勞費之意。以後不拘前項申明之例，土官應否襲職者，俱免赴京奏告，止許本管衙門告申合干上司，即與具奏，行三司勘保參詳，奏請襲替。具題。奉聖旨：是。欽此。今該前因。參照雲南總兵官黔國公沐琮奏稱，比先年間，土官人等懼法，從實將嫡庶宗枝，造册繳報。子孫承襲，並無争（兢）〔競〕。近年土官妾（勝）〔媵〕無數，偏向溺愛，又被把〔通〕事家奴人等撥置，〔以〕庶爲嫡，變亂宗枝，造報不明。連年讎殺，地方不寧。會同鎮守、巡撫、巡按、三司官員，議要三司委官將見任土官從實勘造蔭襲文册，以備查考。

但有爭襲，未曾定論者，三司官作急保勘，定執應襲之人，具奏定奪，不許似前推避一節，切中〔時〕病。但恐要造襲蔭文册，從前無土官，衙門不收。如此欲行雲南鎮守總兵等官、太監錢能、黔國公沐琮並巡按御史督同三司分巡、分守等官，即將見今爭競土官，未有定論，照依前例，作急保勘，定執應襲之人，一面具奏定奪，一面行令六品以下者，照例上納米穀。在家聽候（官）〔冠〕帶，不必赴京，徒自勞擾。果有推避不定者，若非聽許財物，即係（何）〔阿〕從自勞擾。果有推避不定者，若非聽許財物，即係（何）〔阿〕從主使，巡按御史即爲（科）〔糾〕舉。一年雖滿，不（計）〔許〕替换。仍查造册一事，從前若有依擬，准造。如此即成減者。仍行貴州、廣西、湖廣、四川鎮守、巡撫、巡按並總兵、總督等官，照例施行，永爲定（制）例。奉聖旨：是。欽此。

《皇明條法事類纂》卷九《吏部類·納粟除授土官六品以下官犯罪就便提問例》 成化二年閏三月十九日，都察院左都御史李等題，爲陳言事。雲南道呈該兵部武庫清吏司手本，奉本部送禮科抄出該巡按雲南監察御史王祥奏，欽蒙差遣〔雲〕南巡按，除欽遵外，今將巡歷去處所見，合當奏請事宜，（聲）〔罄〕竭（遇衷）〔愚衷〕，合立前件，干冒天威，伏望聖明采而行之，誠爲便益等因，開坐具本。該通政使司官奏，奉聖旨：該衙門知道。欽此。欽遵抄出。除選武職另行外，將〔禁治〕土官並〔崇重風憲〕二件，抄行備單到道，具呈到院。臣等參看得御史王祥所奏納米等項除授土官文職六品以下者犯罪，要行依律就便提問，及各處按察司官無故不許與都〔布〕按三司合同宴戲等因，誠爲有理。合無准其言，通行各處巡撫、巡按及按察司等衙門遵守施行。緣係事例及奉欽依該衙門知道事理，未敢擅便，議擬前件，開坐具題。次日奉聖旨：是。欽此。

計開：禁治土官事。節該伏覩《大明律》內開：在〔外〕五品以上官有犯，奏聞請旨，〔不許擅問〕。六品以下，聽巡按御史、按察司官〔並〕分司取問。見問公事，但有干連軍職及呈告軍官不（分）〔公〕不法等事，須要實封奏聞，不許擅自勾問。欽此。欽遵外，今照雲南、貴州等處先因總（甲）〔兵〕等官到彼克復，〔有〕等土人頭目投降歸附者，及隨軍征進取勝獲功者，總兵人等爲其奏請除授文武職官，傳之子孫襲蔭，以夷管夷，兼安邊境。但有犯法必須具奏，方許拿問。又有殷實旗軍士人上納穀米等物，亦各量其多寡委〔授〕文武官員，填註本處管事。奈何各官不體朝廷安撫之意，恃其富豪，逞其官威，（咨）〔恣〕意妄爲，暴横鄉里。軍民受害，莫敢誰何。間有告發到官，不拘職分大小，具本參奏，動延歲月，多被幸免。以致土官愈肆（充）〔兇〕暴，下人益遭陷害。竊詳投降歸附並隨軍征進得授土官者，固當念其勳勞，亦如有功軍職，不許擅便勾問。其納米等項得授官職，一二十年者有之，四五十年者有之，冠帶管事，光輝里閭，酬其上納，已過分矣。若不嚴加禁治，恐暴横日甚，軍民不能聊生，深爲未便。如蒙乞敕法司計議，將投附獲功土官有犯法者，仍照見行事例具奏拿問。其餘納米等項得授土官者，但有被人告發，軍職依律請旨提問明白，開具伊父祖或本身先前上納穀米授官緣由同所犯情罪，奏請量其輕重（獄）〔懲〕治。六品以下文職亦（職）〔聽〕巡按御史、按察司並分司就便拿問，照依流官一般發落。如此，則律意不背，土官知警，軍民得以安生矣。前件，合行雲南、貴州、湖廣、四川、兩廣有土官去處巡撫都御史、巡按御史、按察司官，今後有犯，除投降歸附、隨軍征進得授土官及納米等項武職並文職五品以上者，仍〔照〕舊例奏請提問，其納米等項除授文職六品以下官員有犯，照依提問六品以下文職律例，就便提問發落。

（明）郭應聘《郭襄靖公遺集》卷一四《申嚴土官賞罰檄》 爲申嚴土官賞罰以肅軍令事，照得本省各府州縣司尚土官世享封土，富貴亦云極矣。揆其所由，皆上賴朝廷德威，下有軍門號令，以致四隣和睦，各守封疆，羣下歸心，各守法度，汝等方得以長保人民土地，傳之子孫，無侵奪爭鬭之禍。若非天威在上，則强者侵弱，衆者暴寡，少者欺長，卑者凌尊，隣封無非敵國，左右無非讎人，欲長守富貴，其可得乎。欲常保土地人民，其可得乎。如昔年南丹州叔姪之爭，近年向武州兄弟之爭，非有軍門爲之主張處置，則相讎相戕無有寧日，是汝等坐享富貴，毫髪皆天恩所及也。汝等奉命出兵，竭力討賊者，正所以圖報天恩，亦所以爲自全自保之長計也。廼近年以來各土官有驕蹇恣肆，玩慢抗違，或應調愆期，或出兵虛數，或駕言内亂，或託疾避難，或縱兵擄掠，或臨敵退縮，是不畏朝廷之威，不遵軍門之法，莫甚於此。日漸月積，馴致厲階，是豈汝等之福哉。獨不思先年思恩土官岑濬何嘗真有叛逆之心，只是抗命不恭，肆行無忌，自取滅亡之禍。近年忠州土官黄賢相，羅陽土官黄金彪皆緣驕恣自罹法網，可不深以爲鑒哉。軍門今特開諭汝等知悉，以前罪過姑不追論，自兹以後，有功必賞，有罪必罰，奉調務要如期，出兵務要實數，土官務要親領，目兵務要精鋭，臨陣對敵務要奮勇先登。有一抗違即屬不法，定行從重處治，官族頭目即以軍法殉衆，土官盡法題參，决不姑息。如各土官果能竭忠效力，奪險衝鋒，獲有奇功，即將軍門預發空頭加恩劄付聽總統監督道即於軍前核實等第先行填給，原無冠帶者，給冠帶。有冠帶者，准署職。署職者，准實授。實授者，准加服色。仍動支銀牌花紅鼓吹迎至行營加奬以示優異。其土兵斬獲功次，仍照近行事例查實，即時照格給賞。功罪賞罰，一毫不爽。凡汝大小土官人等，各宜省悟，遵守施行，毋得執迷，自貽後悔，文到各具遵奉日期，依准甘結，先行呈報，查考。

右發兩江各土官遵照。

（明）沈德符《萬曆野獲編補遺》卷四《土官承襲》 武官襲替，例有貲爲憑，其紀載生時鄰佑，及收生婦人甚詳，蓋防異姓假冒，及乞養之溷也，近世作僞者多憑空捏造，苟得金錢，兵部武選司吏胥概爲准行，誰訐誰當爲雖字，訐字衍文。姦弊可恨。然仗此爲隄防，稍杜争競。至於土官則全憑宗支一圖爲據，今惟雲南布政司貯有各土司宗系，以故襲替最便。而貴州廣西諸土官，竟自以所藏譜牒上請，以致彼此紛争，累年不决，稱兵搆難，而不肖監司，又借以收漁人之利，此最大弊事。

（明）李日華《官制備考》卷下《土官》 土官始於洪武七年，西南諸蠻夷來朝貢者，多因無官授之。稍與約束，定糧徭差發，曰宣慰使司十一，曰招討使司一，曰宣撫使司九，曰安撫司二十，曰長官司七十三，各置官屬使附輯諸蠻，謹守疆土，修其職貢而供其差發，無敢攜貳。有相讎者，疏上，聽於天子。有流官者，銓於吏部兵部。又有蠻夷官、苗民官、千夫長、百夫長、軍民萬户府。

（明）徐石麒《官爵志》卷三《土官宣慰使司》 唐以藩方不靖，遣重臣宣諭慰安之，故有宣慰使之名。今宣慰使從三品，同知正四品，副使從四品，僉事正五品，首領經歷司經歷從七品，都事正八品，儒學教授正九品，訓導未入流，宣撫司學同。

（清）查繼佐《罪惟録》志卷二七《職官志・初制雜流》 土官：國初諸蠻彝朝貢者多，因元官授之，定糧徭差發。曰宣慰使司十一，曰招討使司一，曰宣撫使司九，曰安撫司二十，曰長官司百七十三，曰府州縣正貳幕屬。番彝都指揮使司三，指揮使司三百三十五，宣慰司三，招討使六，萬户府四，千户所四十一，站七，地面七，寨一。

（清）查繼佐《罪惟録》志卷二七《職官志・定制土官》 宣慰使司：宣慰使一人從三，同知一人正四，副使一人從四，僉事一人從五。其屬經歷司經歷一人從七，都事一人正八。

宣撫使司：宣撫使一人從四，同知一人正五，副使一人從五，僉事一人正六。其屬經歷司經歷一人，知事一人。

安撫使司：安撫使一人從五，同知一人正六，副使一人從六，僉事一人正七。其屬吏目一人。

招討使司：招討使一人從五。其屬吏目一人。或置副招討，沿革不一。

長官司：長官一人正七，副長官一人。其屬吏目一人。蠻彝長官司：長官正七，副長官從七自宣慰以下，皆係土官，掌戢附諸蠻，謹守疆土，修其職貢，而供其差發。有相讎者，疏聞聽於天子。有流者，銓於吏兵二部。又有蠻彝官、苗民官、千夫長、副千夫長、百夫長、軍民萬户府、經歷司經歷、知事，並苗銓司，有儒學，制如府。

按：土官，國初隸吏部驗封。洪武三十年，改隸兵部。其襲替關乎武選。洪武中，土官妻與女壻皆得襲。踰十年，文不達部，免。永樂中，出十年亦聽。天順八年，以兩宮恩例，許土官繳呈奏勘，即與襲替，免其陋規。成化十五年，增納穀備賑之例，弘治中革。正德中復有陋規。嘉靖九年，稍有條約，凡雲南，知府十人，知州十七人，知縣六人，同知十四人，知事一人，經歷一人，判官三人，縣丞六人，主簿六人，吏目一人，副使二人，驛丞十二人，巡檢四十五人。改流官知府三人，知縣四人，同知一人，照磨一人，典史一人，副使一人，驛丞五人，巡檢十二人共土官一百五十一。凡貴州，同知二人，通判一人，推官一人，判官一人，縣丞一人，巡檢六人，司獄一人。改流宮知縣一人，巡檢一人共土官二十五。凡廣西，知府四人，知州三十三人，同知一人，知縣六人，縣丞一人，主簿一人，典史二人，巡檢十三人，副巡檢一百二人。嘉靖中增設知州一人，吏目一人，巡檢二十八人。改流官知州二人，知縣一人。共土官一百二十七。凡四川，知府四人，同知一人，判官一人，知事一人，把事一人，巡檢八人，驛丞七人。改流官知府一人共土官二十五。凡湖廣，知州三人，巡檢二人共土官五。凡廣東，巡檢一人。以上通共三百六十，隸吏部驗封司者。凡雲南布政司，領宣慰司七、宣撫司三、長官司二十。雲南都司領安撫司三、長官司三。凡湖廣都司，領宣慰司二、宣撫司四、安撫司九、長官司二十、蠻夷長官司五。凡貴州布政司，領宣慰司、安撫司一、長官司五十二、蠻夷長官司二十。貴州都司領長官司十一。凡四川布政司，領宣慰司一、宣撫司二、安撫使三、長官司十二。四川都司，領宣撫司二、招討司一、安撫司四、長官司二十二。四川行都司領長官司五。凡廣西布政司，領長官司三。以上通共一百三十二，隸兵部武選司者。嘉靖中，除雜職女官外，凡正官必赴部候襲。

鐵冶所，凡十有三。洪武七年設有大使一人、副使一人。

《明史》卷七六《職官志》 土官，宣慰使司，宣慰使一人，從三品，同知一人，正四品，副使一人，從四品，僉事一人，正五品。經歷司，經歷一人，從七品，都事一人，正八品。

宣撫司，宣撫使一人，從四品，同知一人，正五品，副使一人，從五品，僉事一人，正六品。經歷司，經歷一人，從八品，知事一人，正九品，照磨一人，從九品。

安撫司，安撫使一人，從五品，同知一人，正六品，副使一人，從六品，僉事一人，正七品。其屬，吏目一人，從九品。

招討司，招討使一人，從五品，副招討一人，正六品。其屬，吏目一人，從九品。

長官司，長官一人，正六品，副長官一人，從七品。其屬，吏目一人，未入流。

蠻夷長官司，長官、副長官各一人，品同上。又有蠻夷官、苗民官及千夫長、副千夫長等官。

軍民府、土州、土縣，設官如府州縣。

洪武七年，西南諸蠻夷朝貢，多因元官授之，稍與約束，定征徭差發之法。漸爲宣慰司者十一，爲宣撫司者十，爲安撫司者十九，爲長官司者百七十有三。其府州縣正貳屬官，或土或流，大率宣慰等司經歷皆流官，府州縣佐貳多流官，皆因其俗，使之附輯諸蠻，謹守疆土，修職貢，供征調，無相攜貳。有相讎者，疏上聽命於天子。又有番夷都指揮使司三，衛指揮使司三百八十五，宣慰司三，招討司六，萬户府四，千户所四十一，站七，地面七，寨一，詳見《兵志》衛所中，並以附寨番夷官其地。

紀事

《明實録》洪武二年五月〔甲午〕遣使持詔諭吐蕃。詔曰：昔我帝王之治中國，以至德要道民用和睦推及四夷，莫不安靖。向者胡人竊據華夏百有餘年，冠履倒置，凡百有心孰不興憤。比歲以來，胡君失政，四方云擾，群雄分争，生靈涂炭，朕乃命將率師悉平海内，臣民推戴爲天下主，國號大明，建元洪武。式我前王之道，用康黎庶。惟爾吐蕃邦居西土，今中國一統，恐尚未聞，故兹詔示使者至吐蕃。吐蕃未即歸命，尋復遣陝西行省員外郎許允德往招〔詔〕諭之。

《明實録》洪武三年五月〔辛亥〕左副將軍鄧愈自臨洮進克河州，遣人招諭吐蕃諸酋。

《明實録》洪武三年六月〔癸亥〕命僧克新等三人往西域招諭吐蕃，仍命圖其所過山川地形以歸。

《明實録》洪武三年六月〔乙酉〕故元陝西行省吐蕃宣慰使何鎖南普等，以元所授金銀牌印宣敕詣左副將鄧愈軍門降，及鎮西武靖王卜納剌亦以吐蕃諸部來降。先是，命陝西行省員外郎許允德招諭吐蕃十八族、大石門、鐵城、洮州、岷州等處，至是何鎖南普等來降。

《明實録》洪武三年八月〔庚申〕遣通事舍人鞏哥鎖南等往西域招諭吐蕃。

《明實録》洪武三年十二月〔辛巳〕吐蕃宣慰使何鎖南普等一十三人來朝，進馬及方物。

《明實録》洪武三年十二月〔壬午〕賜土〔吐〕蕃宣慰使何鎖南普及知院汪家奴等襲衣。

《明實録》洪武四年正月〔辛卯〕以何瑣〔鎖〕南普爲河州衛指揮同知，朵兒只、汪家奴爲僉事。置所屬千户所八：曰鐵城、曰岷州、曰十八族、曰常陽、曰積石州、曰蒙古軍、曰滅乞軍、曰招藏軍，軍户千户所一，曰洮州，百户所七：曰上寨、曰李家五族、曰七族、曰番客、曰化州等處、曰常家族、曰爪黎族，漢番軍民百户所二：曰階文扶州、曰陽呱等處。仍令何鎖南普子孫世襲其職。

《明實録》洪武四年四月〔乙巳〕置文州漢蕃千户所，以王均諒爲副千户，賜文綺十匹及襲衣、靴袜。先是均諒爲漢蕃千户〔守備〕受夏主命攝禮店元帥府同知，至是來朝貢馬，因授以職，使還戍其地。

《明實録》洪武四年十月〔乙未〕置朵甘衛指揮使司。

《明實録》洪武四年十一月〔庚午〕置禮店千户所，以孫忠諒、趙伯壽爲正千户，石添壽等爲副千户。忠諒本文州漢軍，爲西番萬户府正萬户，夏主授以禮店副元帥，達魯花赤聞穎川侯傅友德征蜀，師次秦州，率所部降，與漢番千户王均諒俱從友德克階、文二州，至是蜀平。忠諒率其軍民千户世襲達魯花赤趙阿南、趙伯壽、東寨千户唐兀不花、達魯花赤石添壽等入朝貢馬。詔賜文綺衣各一襲，及文綺有差。遂置千户所並所屬百户所，以忠諒（等）爲千户。

《明實録》洪武五年三月〔壬戌〕置金筑、程番長官司，秩正六品，隸四川行省。以密定、程谷英等爲長官，世襲其職。

《明實録》洪武六年二月〔癸酉〕詔置烏思藏、朵甘衛指揮使司宣慰司二、元帥府一、招討司四、萬户府十三、千户所四。以故元國公南哥思丹八亦監藏等爲指揮同知、僉事、宣慰使同知、副使、元帥、招討、萬户等官凡六十人。以攝帝師喃加巴藏卜爲熾盛佛寶國師。先是遣員外郎許允德使吐蕃，令各族酋長舉故官至京授職，至是喃加巴藏卜以所舉故元國公南哥思丹八亦監藏等來朝貢，乞授職名。

省臺臣言：來朝者宜與官職，未來者宜勿與。上曰：我以誠心待人，彼若不誠，曲在彼矣。況此人萬里來朝，若俟其再請，豈不負遠人歸向之心。遂皆授職名，賜衣帽、鈔錠有差。仍遣詔諭朵甘、烏思藏等處曰：我國家受天明命，統馭萬方，恩撫善良，武威不服，凡在幅員之内，咸推一視之仁。近者攝帝師喃加巴藏卜以所舉烏思藏、朵甘思地面故元國公、司徒、各宣慰司、招討司、元帥府、萬户、千户等官，自遠來朝，陳請職名，以安各族。朕嘉其誠達天命，慕義來庭，不勞師旅之征，俱效職方之貢，宜從所請，以綏遠人。以攝帝師喃加巴藏卜爲熾盛佛寶國師，給賜玉印；南哥思丹八亦監藏等爲朵甘、烏思藏武衛諸司等官，鎮撫軍民，皆給誥印。自今爲官者，務遵朝廷之法，撫安一方；爲僧者，務敦化導之誠，率民爲善，以共樂太平。初，玉人造賜喃加巴藏卜印既成以進，上覲其玉未美，亟命工易之，其制獸紐塗金銀印池。仍加賜喃加巴藏卜綵段表裏二十匹。未幾，喃加巴藏卜等辭歸，命河州衛鎮撫韓加里麻等持敕同至西番，招諭未附土酋。

《明實録》洪武六年七月〔癸丑〕故元僉院脱火赤等自朵甘來降，詔賜文綺、布帛，用爲蒙古衛鎮撫、千、百户等官。

《明實録》洪武六年八月〔戊寅〕以故元蒙古世襲萬户阿卜束等十五人爲必里千户所千、百户，領其土人，鎮御番溪界首。

《明實録》洪武六年十二月〔丙午〕置四川天全六蕃〔番〕招討司，秩從五品。以前土官高英爲正招討，王〔楊〕藏卜爲副招討。

《明實録》洪武十八年正月〔丁卯〕定朵甘思宣慰使秩正三品，朵甘萬户府、朵甘招討司、朵甘東道萬户府、烏思藏必力公瓦萬户府秩皆正四品，朵甘塔爾千户所、烏思藏葛剌湯千户所秩皆正五品。

《明實録》洪武二十年正月〔乙丑〕改四川松潘安撫司爲龍州。

《明實録》洪武二十一年二月〔庚午〕詔更四川天全六番招討司爲武職。先是，天全六番招討高敬嚴、副招討楊藏卜奏請簡土民爲兵，以守禦邊境，詔許之。敬嚴等遂招選其民，教以戰陣，得馬步卒千餘人。至是，藏卜來朝，因奏其事，仍命改爲武職，令戍守邊界，控制西番。仍命景川侯曹震閱其士馬部伍之數。

《明實録》洪武三十年二月〔壬子〕立西寧僧綱司，以僧三剌爲都綱，河州衛漢僧綱司，以故元國師魏失剌監藏〔爲〕都綱。復置河州衛番僧綱司，以僧端月監藏爲都綱。上以西番俗尚浮屠，故立之以來遠人也。

《明實録》洪武三十五年十二月 設雲南孟養、木邦、孟定三府，威遠、鎮沅二州，以土官頭目刀木旦爲孟養知府，罕的法爲木邦知府，刀渾立爲孟定知府，刀算黨爲威遠知州，千夫長刀平爲鎮沅知州。

《明實録》**永樂元年一月**　甲辰，設普安安撫司，以土酋慈長爲安撫。時慈長來朝，言建文時于其地置貢寧安撫司，以故父者昌爲安撫，近吏部遵舊制奏罷安撫司。然本境地闊民稠，歲于普安軍民府輸糧三千餘石，且路當要衝，舊有湘滿等驛，乞仍設安撫司督治爲便。上曰：祖宗大經大法萬世不可改，其他若時有不同，後世當因時損益以便民，豈可執一而不知變通之道。天下人既以爲便則當從之。命吏部仍置安撫司，改貢寧爲普安，賜以掌印，置流官吏目一員，隸四川布政司。復設古州、龍里、歐陽、湖耳、中林驗洞、八舟、漕滴洞、潭溪、福禄永從、洪州泊里、亮寨、新化、赤溪湳洞、西山陽洞十四蠻夷長官司，俱隸貴州。蓋洪武初各設長官司，後苗蠻吴面兒梗化發兵討平之，遂廢。至是招輯其民復業者，衆故復設焉，仍以土人爲長官。

《明實録》**永樂二年三月**　〔壬寅〕安定衛千户三即等來朝。陞三即等三人爲指揮僉事，餘爲千户、鎮撫等官。仍賜本衛指揮同知哈三及三即等曰〔白〕金、綵幣有差。遂敕安定衛指揮、千、百户年老及亡殁者，悉聽子弟代襲。

《明實録》**永樂三年十月**　〔癸酉〕設沙州衛，以歸附頭目困即來買住一人爲指揮使，給賜誥印、冠帶、襲衣。沙州與赤斤接境云。

《明實録》**永樂四年正月**　〔甲辰〕設四川天全六番招討司醫學。時招討高敬讓言，其地瘴癘，疾病者多，乞開設醫學，降印授官。又言土人鍾銘諳通醫學〔藥〕，乞命爲醫學官。從之，以銘爲典科。

《明實録》**永樂四年正月**　〔己酉〕置四川叠溪、鬱即二長官司流官吏目各一員。

《明實録》**永樂四年正月**　〔乙未〕設鎮道、楊塘二安撫司，隸雲南都司。其地屬西蕃〔番〕，與麗江府接境。先是麗江通事禾節等往諭招〔招諭〕還，其土酋阿密末吉等與俱來朝，故設二安撫司，以阿密末吉等爲安撫，給以印章，仍各置流官吏目一員。

《明實録》**永樂十二年閏九月**　〔壬戌〕勒木瓦諸寨頭目納木等來朝貢馬，言其地蠻民無所統屬，乞授職以撫輯之。遂命納木等俱〔爲〕百夫長，俾領諸寨隸四川鹽井衛。

《明實録》**永樂十四年五月**　〔庚申〕是月，設西番領思〔司〕奔寨行都指揮使司，以頭目喃葛加兒卜爲都指揮僉事。遣使給誥、命〔印〕。

《明實録》**宣德四年九月**　〔癸丑〕掌岷州衛都指揮僉事後能奏：臣祖后朵爾只，初爲岷州宣慰司土官同知，洪武初歸附，除岷州衛指揮僉事。父后安襲職，被召至京，改大寧右衛，從征討戰殁。臣又自立功，〔陞〕授指揮使。宣德二年以土官還岷州，征松潘有功，陞都指揮僉事，掌岷州衛事。土官例無俸給，臣父祖舊有田地、房屋、水磨，今悉爲人占據，乞令還臣，以代俸禄。上諭尚書郭敦曰：古者公卿有圭田，免其租税，使耕以自給。今文武官皆有廩禄代耕，而土官無俸，固當給田土，況是其父祖舊業。其即移文有司，悉令還之。

《明實録》**宣德五年正月**　〔戊申〕行在吏部奏：朝覲官未到者廣東崖州、寧遠等處土官凡三十餘處，法當逮問。上曰：瓊、崖諸州遠在海外，但移文審勘，不必追逮。

《明實録》**宣德九年十一月**　〔戊寅〕置四川龍州宣撫經歷司經歷、知事各一員。改龍州武平驛、小河驛、水進驛、小溪驛、古城驛隸龍州宣撫司。

《明實録》**正統元年二月**　〔乙巳〕以四川長寧安撫司改隸疊溪守禦千户所。先是，都督方政平歷日諸寨，設長寧安撫司，隸松潘指揮使司。至是，總兵官都督同知蔣貴言：長寧與松潘相去遼邈，難以管轄，而疊溪與松潘邇，改隸爲便。從之。

《明實録》**正統二年二月**　〔壬戌〕給陝西河州等八衛備邊土官俸。舊制土官不給俸，至是，選調赴邊策應，遂暫給之，如漢官制。

《明實録》**正統十三年九月**　〔丙戌〕四川天全六番招討使司奏：本司廳治倚山濱河，累被山水沖壞，不堪署事，愿自備工料，徙置于城東隙地。從之。

《明實録》**成化五年七月**　〔甲申〕鎮守雲南太監錢能奏：雲南所屬衛所軍馬錢糧屯田之屬，自來任官分理，必由總兵官會議而行，比年掌印、管屯、管操、管馬、管操官員，獨令巡按御史推選，及邊夷土官襲職，布政司徑爲處置，總兵全不得與，深爲不便。奏下吏部，尚書姚夔等覆奏，謂：先有詔雲南、貴州、廣西、湖廣、四川土官襲職者，本部移文三司核實，定名會奏，方許襲職。如有徇私不公，聽巡按御史糾舉，罪坐原職官。遵奉詔旨，行之已久，今能又以爲言，請進止。止曰：仍如詔例行。

《明實録》成化十四年秋七月〔戊寅〕雲南總兵官黔國公沐琮奏：所屬土官不能分別嫡庶，以致身死之後，或用〔同〕族異姓，與其應襲之子互相争立，三司等保勘之官又各依違不決，恐生他虞。乞下所司移文鎮守、巡按等官急爲剖決。仍行布政司轉行土〔流〕官吏人等公核在職土官宗派嫡庶始末，詳其譜圖，歲選册藉，遇有土官事故，藉此定之，則事有定規，争端可息。事下兵部議：其言甚切，請行琮等督三司巡按〔守〕官，凡土官争襲未定者，亟從公剖決，毋得仍前避事。兼行六品以下如例入粟聽用。免其至京。或三司等官避事不決，聽巡按御史察舉，雖巡守滿歲勿代。即以此著爲定例，凡貴州、廣西、湖廣、四川皆遵行之。其册藉舊有者準造，否則〔印〕減省爲便。從之。

《明實録》弘治十年十二月〔己卯〕湖廣左布政使兼按察司副使管廣東嶺西道陶魯奏：比年兩廣用多藉士兵之力，其土官、土舍、族目人等有功，乞定爲陞賞之例。兵部議謂：士兵有功祇于行賞，例不升官，但其愿賞者固多，愿陞者亦有之，若概不加陞，恐無以示勸，欲賞官世襲又事體難行，請自今族目人等有功，仍舊給賞；土官、土舍則聽守臣第其功，代聞奏陞，授祇終本身，如長官陞宣撫，知州陞知府者，仍舊管長官知州之事，衙門不得更易。從之。

《明實録》弘治十二年七月〔甲申〕廣西按察司僉事黄肅奏：廣西土官襲職時，雖經巡守等官保勘明白，而布政司避嫌猶豫，不與奏襲，以致旁枝異姓競起争端，互相殺掠。乞賜裁處。兵部覆奏，〔謂：肅所奏〕，不獨廣西爲然，云、貴、四川、湖廣亦有此弊，請通行各三司官，毋蹈前失，違者，巡按監察御史察〔舉〕其罪。上從之，令今後遇有土官襲替，即與保勘明白具奏，不許似前遲誤。

《明實録》正德元年五月〔辛卯〕巡撫四川右副都御史劉洪奏松潘、疊溪御夷八事：一、查襲。土官祈命族等八長官司所攝番夷，多者至三十〔三十餘〕寨，少亦二十餘寨，環布松、疊兩河。其土官已故，子孫自相承管，未嘗請襲。宜命查勘有原降印信者，必請而襲；自相承管者，別爲處置，以盡羈縻之道。

《明實録》嘉靖十五年閏十二月〔癸亥〕上御奉天殿，以初定廟制，上兩宫徽號，頒詔天下曰：【略】一、雲、貴、廣西、湖廣、四川等處地官告襲者，詔書到日，各該三司官員作速體勘明白，定名〔明〕具奏，暫免赴部，行令就彼襲職，後不爲例。

《明實録》嘉靖二十五年九月〔戊寅〕時雲、貴、兩廣、四川等處土官有十餘年不得襲者，皆相率赴京，奏乞章疏紛委，吏部奏言：皆撫按官避嫌遠怨，不與給勘所致〔耳〕，請立嚴限促之。得旨：土官襲替事關地方夷情，所司視爲泛常，漫不如意，姑貰其罪，令速勘以聞。今後有延緩不報者，經該各官及撫按官該部指名參治。

《明實録》嘉靖二十九年七月〔丁巳〕總督湖廣、川貴右都御史張岳奏：川貴地方連歲多事，其土官宜如兩廣例，令其領兵立功，已實授者查核功次量，如散官未實授功多者免赴京襲替，功少者令就彼冠帶鈐束夷民。事下兵部議，以土官保送襲替乃累朝御夷之成法，今兵興之際，固宜從權，然得濫叙無功及未嘗聽調者。制可。

《明英宗實訓》卷三《優遠人》〔正統二年〕十一月壬辰，命優恤交阯歸附官民。先是交阯諒山府廣源等州縣土官知州閉玄成，頭目丁攅等率五百餘人歸附。上命廣西布政司撥田給耕，而廣西無閑田，奏言湖廣民稀地廣，宜于彼給田造册籍編里甲，三年之後一體當差。上曰：遠人來歸，當加存恤，不必編里甲，免其徭税，仍給二年廪食，其閉玄成等五人令吏部選用，不願者勿强，亦給俸二年。

《明憲宗寶訓》卷一《遵舊制》成化六年九月丁亥，鎮守雲南黔國公沐琮言：近奉詔書，土官襲替止令御史三司保勘，多有不知夷情，或聽請囑，以至土官争襲，或相讎殺。乞仍舊例令臣與聞區處。上曰：琮先世爲雲南邊夷信服義矣，今土官襲替琮不與聞，人將致疑，其遵正統年間事例行。

《明憲宗寶訓》卷三《馭夷狄》成化十四年十月壬辰，雲南總兵官黔國公沐琮等奏：廣西府土官知府昂貴與彌勒州千户長龍判等互相讎殺，不服撫捕。

上諭兵部臣曰：貴等構亂之初，使守土之臣因俗而治，必不稔惡至此。顧乃椎託隱蔽，以致邊夷效尤，莫能禁止。宜移文併勘，凡其境內讎殺事情，如此類者，降勑鎮守巡撫等官，分委官屬躬親處畫，不竟者毋輒更代，三司府衛以下職官，未停俸者俱令停俸。

《明武宗寶訓》卷二《優遠人》 正德三年十月丙子，禮部以大通事王喜奏雲南百夷緬甸及宣尉土官衙門例用三年一貢，今皆不通，宜移文鎮巡等官，以時促之。

上曰：土官貢賦，自有舊制，其勿紛擾，仍行各省鎮巡等官知之。

正德九年九月戊辰，先是巡撫貴州都御史沈林等奏，埀西苗賊阿雜等之叛由宣慰宋然激之，今然既罷職，復使其子姓承襲，恐夷民不安，宜將貴竹平伐等七長官司、並洪邊十二馬頭地方、金筑安撫二司總設爲府，洪邊貴竹各設縣，皆以流官撫理。然姪儲及長官宋齊改授軍職，兵部請下鎮巡等官詳議。至是，巡撫御史陳天祥等復奏：各長官司夷民不願開設府縣，況貴竹二司舊隸水西宣慰，安萬鍾金筑等司舊隸種蕃龍里府衛。初非然所部儲及齊宜各襲授原職，兵部覆奏。詔曰：夷俗有不可盡以常法治者，儲齊准仍襲原職，令與萬鍾等俱用心管束夷民，毋得科害激變。再有違犯者，鎮巡官劾奏罪之。

正德十二年三月己丑，海西嘔罕河衛夷人褚養哈等入貢，道永平擾害驛遞，遼東伴送舍人傳鐸奏之，禮部議覆詔大通事譯審明白嚴加撫諭，禮部仍量差通事送歸。既而海西兀者等衛夷斡黑能等歸伴送舍人亦請遣通事護送，遂著爲令。

（清）谷應泰《明史紀事本末》卷三九《平藤峽盜》 〔成化元年〕即平，雍乃上言：〔諸瑤之性，惲見官吏，攝以流官，終難靖亂。有上隆州土知州岑鐸以罪在禁，而事屬曖昧。蠻戎之族，不必責以彝倫。請復其職，俾領藤峽，開設州縣，仍隸潯州。又以各處巡檢，俱係流官，不諳民情，不辨地里，往來遷轉，難以責成。而部下有功土人李昇等，效有勤勞，請量授土巡檢官秩。彼皆感恩圖報，必能保障一方。又請移周沖巡檢司于勒馬，移靖寧巡檢司于獻俘，移思隆巡檢于碧灘，東鄉、龍山各宜添設。〕又〔謂〕〔據《鴻猷録》卷十一補〕：別類僮人，國初曾充戎伍。近用兵時，遣千户李慶招之，多肯效順。請即本地開設千户所，因其故俗，即以李慶爲之渠帥統之，亦可羈縻獷悍、藉以保障地方。奏上，上皆納之。即斷藤峽設武靖州，以岑鐸爲知州，屬潯州府。班師論功，擢雍左副都御史，賜文綵幣六，官一子錦衣鎮撫。封趙輔武靖伯，子孫世襲。初出軍時，趙輔知雍才，軍事一聽雍，而輔但用命戰，故所向有功。

衛所

綜述

《洪武永樂榜文》 洪武二十二年三月二十五日，奉聖旨：如今在外衛所軍官，不肯操練軍人，又不肯教他兒子演習弓馬。爲這般有來告替的，將他孩兒比試，馬也不會騎，弓也不會射，在家只是喫酒、學唱、下棋、打雙陸、蹴圓。又有街上做賣買，與民爭利。如此高貴復賤，所以行出號令，在京但有軍官軍人，學唱的割了舌頭，下棋打雙陸的斷手，蹴圓的卸腳，做賣買的發邊遠充軍。府軍衛千户虞讓男虞端故違，吹蕭唱曲，將上唇連鼻尖割了。今後軍官舍人，但犯一件，與虞端一般治他。若爲父的不好生教子演習弓馬，後來赴京告替，比驗他弓馬不慣熟，一時連父子都發去極邊上、生蠻地面裏守禦，不與俸給，直待他操練成人時，方准他替。及龍江衛指揮伏顒與本衛小旗姚昂保蹴圓，卸了右腳，全家發赴雲南去訖。

《皇明詔令》卷五《成祖文皇帝中·開設交阯衙門詔永樂五年六月初一日》 皇帝詔曰：朕祇奉皇圖，恪遵成憲，弘敷至治，期四海之樂康，永保太和，俾萬物之咸遂，夙夜兢業，弗敢怠遑。仰惟皇考太祖高皇帝混一天下，懷柔遠人，安南國陳日烓慕義嚮風，率先職貢，嘉其勤悃，頒賜鴻恩，封爲安南王，長有其土，子孫世襲，與國咸休。比者賊臣黎季犛、子黎蒼，久畜虎狼之心，竟爲吞噬之舉，殺其國主，戕其闔宗，覃被陪臣，盡罹慘酷，掊剋殺戮，荼毒生民，雞犬弗寧，怨聲載路。狐疑徂狡，鼠黠狼貪。詭異姓名爲胡一元、子胡奎，隱蔽其實，矯稱陳甥，誑言陳氏絕嗣，請求詔襲王封。朕念國人無所統屬，不逆其詐，聽信所云。倖成奸譎之謀，輒逞跳梁之念，全無忌憚，靡悪不爲。自以爲聖優於三皇，德高於五帝，以文、武爲不足法，以周、孔爲不足師，毀孟子爲盜儒，謗程、朱爲剽竊。欺聖欺天，無倫無理，僭國曰大虞，竊紀年爲天聖，稱爲兩宮皇帝，冒用朝廷禮儀。非惟恣横於偏方，實欲抗衡於中國。佯奉正朔，受頒曆而焚之；招納逋逃，聞追索而隱匿。朝貢之禮不行，兇暴之情益肆。涵淹卵育，薦有圖大之心；鋒蝟斧螗，益動侵陵之勢。覬覦南詔，窺視廣西，據恩明府之數州，侵陵遠州之七寨。劫朝廷之命吏，供彼家之歲令。據其女子，以備髡鉗。毆其人民，以蹈湯火。欺占城之孱主，伐其國以遭喪，奪其土疆，要其貢賦，逼受僞印、冠服，令其從己。背朝屬被殘殃，數來告急。朕矜其愚昧，未終絶之，特遣使臣曉以禍福，啓其自新之路，開其向善之門，諄切再三，俾其改悟。益見冥頑狠愎，稔惡弗悛。未幾，安南王孫奔竄來京，訴陳其事。黎賊一聞，謬來效款，來釋誣罔之罪，迎立陳氏之孫，示彼至公，曾何芥蒂？及遣送歸國，黎賊乃伏兵，要殺於途，并殺朝使。朕遣人賜占城禮物，又殺使臣而奪之。朝臣使請加兵征討，謂昔苗民逆命，禹有徂征之兵；葛伯仇餉，湯有徯蘇之旅。茲兇豎積惡如山，四海之所不容，神人之所憤怒，此而可紓，孰其懲戒？朕以五兵戢櫜之日，正萬國久安之時。獨茲叛夷，妄干天憲，蛇虺之毒無厭，生靈之害曷已？興言及此，盡然傷懷，志在吊民，豈忍窮武？寔不得已，告于神祇，聿興問罪之師，爰舉九伐之典，用除殘暴，以解倒懸，撲兇焰於方張，興陳氏於既絶。乃命征夷將軍成國公朱能等，率偏師帶甲八十萬以討之。特敕將士，其臨陳來敵者，殺無赦；其來降者，悉宥之。師渡富良江，賊率衆號七百萬來拒戰，尚逞怒蛙之勇，以嬰霆擊之威。兵刃纔交，勢即披靡，我師輾之，如摧枯拉朽，斬首百萬級，直擣東都，遂平西都。四郊無結草之固，前徒有倒戈之師。黎賊孽黨，即時殄滅。其有投兵乞命者，即釋不誅。所至秋毫無犯，市不易肆，人民安堵。遍求陳氏子孫立之，其國官吏耆老人等累稱爲黎賊滅盡，無可繼承。陳請安南本古交州，爲中國郡縣，淪污夷習，于茲有年，今幸遇迅掃，攙搶剗磢蕪穢，願復古州縣，與民更新，庶再覩華夏之淳風，復見禮樂之盛治。俯徇輿情，從其所請，置交阯都指揮使司，交阯承宣布政使司、按察司及軍民衙門，設官分理，廓清海徼之妖氛，變革遐邦之陋俗。所有合行事宜，條列于後：

一、安南王陳氏爲黎賊所殺，死於非命，誠爲可矜，宜贈謚以慰幽冥。其子孫、宗族有爲黎賊所害者，宜贈以官。有司即具名來聞，用伸恤典。

一、陳王爲黎賊所殺，死於非命，宗祀廢絶。今特建祠立碑，設官主典，歲時祭祀，仍給看廟三十户，以供灑掃。

一、陳王墳墓蕪廢已久，宜令有司看視，傾頹即爲修理以聞。仍給三十户以備祭掃。

一、安南官吏軍民人等，俱爲黎賊兇威所逼，毆之以冒白刃，死亡者衆，暴露可憫。有司即爲掩骼埋胔。

一、安南郡縣官吏，皆陳氏舊人，爲黎賊威脅不得已。詔書到日，凡在職役者，悉仍其舊，俱各不動。然其民久染夷俗，未閑華禮，朝廷仍設官相兼治理，教以中國禮法。

一、黎賊數年以來，爲政苛猛，毒害其民，今後除之。宣朝政令，以安衆庶。各宜遵守，永享太平。

一、安南各處關隘，有結聚人民守把營寨及逃避海島者，詔書到日，即便宜解散還家，以安生理。

一、安南之民，久被黎賊困苦，有司宜加意撫恤，使各安生業，毋致失所。

一、安南官吏軍民，有黎賊所害，或黥刺、徒、流、配，或全家流徙不得其所，及一應被害之人，詔書到日，悉放回原籍復業。所在有司，即便起發，毋得停留。其民囚繫於獄者，即便發遣。

一、安南境内懷才抱德有用之士，有司以禮敦遣至京，量才於本土叙用。

一、安南境土，毋致侵越，亦不許軍民人等私通外境，及下海販鬻番貨。違者，依律治罪。

於戲，威武戴揚，豈予心之所欲？元惡既殛，實有衆之同情。廣施一視之仁，永樂太平之治。布告于中外，咸使聞知。

（明）龔輝《全陝政要》卷一《潼關衛》 潼關衛：隸中軍都督府，而官軍則陝西例得調用，城周十一里，七十二步，高一丈八尺，因河爲池，西北至陝西省二百九十里。公署：按察分司，兵備副使駐駐劄兼分巡同華，轄河南閿鄉靈寶山西蒲州地方。潼關衛，經歷司、千户所、鎮撫司、百户所。儒學，隸陝西。衛倉。學倉。稅課局，隸陝西，商稅銀二千三百二兩九錢二分。潼關驛，附郭隸華陰，上馬五匹，中六，下十一，驢四十頭，南馬九匹。鋪陳四十副，支直日一兩二錢，秋青草并所共一萬二百八十束，館夫七名，庫子三名。路通三處。潼關遞運所，附郭隸華陰，夫二百名，牛二百隻，車五十輛，防夫三十名。軍器局。

官師：指揮，十一員。千百户，九一百一十員。經歷知事，各一員。衛鎮撫，二員。所鎮撫三員。教授訓導，各一員。驛丞大使。各一員。

（明）龔輝《全陝政要》卷三《岷州衛》　岷州衛：領西固城守禦千户所編户七里，城周九里三分，高三丈，池深一丈五尺，東至鞏昌府漳縣二百一十里，西生番五十，南疊州生番二百，北臨洮府三百，至省二千七百。

公署：邊備道，邊備副使駐劄撫治番夷。衛治，經歷司、鎮撫司、千户所、百户所。儒學，倉岷州倉，民糧四萬三千三十四石五斗六升，屯糧一萬一千一百六十二石一斗六升。驛四，一、岷山附郭，支直日五錢，館夫五名。一、酒店子衛東北九十里，額收糧一百石，秋青草二千四百束，館夫四名，併岷山俱上中馬各三匹，下四，驢十頭，鋪陳二十三副。一、岩昌衛南一百一十五里，中下馬各二匹，鋪陳八副，秋青草六百束，併酒店子俱支直日二錢四分。一、西津衛西四十里，上中馬各二匹，下四，驢十頭，鋪陳十八副，支直日一錢六分，秋青草八百束，併西津俱館夫三名。四驛俱庫子一名，路通二處。遞運所二，一、酒店子，一、梅州衛東三十里，二所俱夫四十名，車牛稱是。一、野狐橋衛西四十五里，夫二十五名，車牛稱是。以上三所俱防夫十二名。軍器局。歲造盔甲各一百六十副，腰刀撒袋各二百件，斬馬刀四十把，弓二百張，弦四百條，箭一千二百枝。

官師：指揮，十八員。千户，二十員。百户，五十七員。經歷知事，各一員。鎮撫二員。教授，一員。訓導，四員。驛丞，四員。遞軍所大使，一員。倉大使正、副。二員。

（明）龔輝《全陝政要》卷三《洮州衛》　洮州衛：城周九里，高三丈，闊二丈。東至岷州衛，一百二十里。西河州衛，一百五十。南生番，一百二十七，北臨洮府，二百五十。至省一千五百。

公署：參將廳，新設分守兆岷地方。衛治，經歷司、鎮撫司、千户所、百户所。儒學，衛倉、學倉。茶馬司，收貯漢中課茶易馬。洮州驛，附郭上中馬各二匹，下四。驢十頭，鋪陳一十八副，支直日一錢六分，額收糧二百八十石，秋青草七百二十束，館夫三名，庫子一名，路通二處。軍器局。歲造盔甲各一百六十副，腰刀撒袋、弓弦、鎗各四十件，箭一千三百枝，鋭箭四百枝，信砲二十箇。

官師：參將，一員。指揮，一十八員。千户，一十七員。百户，五十員。鎮撫，四員。經歷知事，各一員。教授訓導，各一員。驛丞。一員。

（明）龔輝《全陝政要》卷二《靖虜衛》　靖虜衛：隸固原。領五千户所。城周六里，高三丈，闊二丈，壕深二丈。東至海剌都二百里，西虎豹口一十五，南郭城驛九十，北黄河三里，至固原三百，至省一千五百。

公署：守備廳，靖虜衛，經歷司，五千户所，鎮撫司五十百户所。儒學，廣盈倉，學倉。會州驛，附郭，上中下馬俱九匹，驢九頭，鋪陳三十六副，支直日二錢六分，庫子一名，館夫二名，路通四處。軍器局。歲造盔甲各一百二十副，腰刀、撒袋、弓各一百六十，箭五千一百枝，弦三百二十條，斬馬刀三十把。

官師：守備，一員。指揮，四員。經歷、知事，各一員。鎮撫，一員。千户，三員。百户，二十七員。所鎮撫，三員。教授、訓導，各一員。倉大使、副使，各一員。驛丞。一員。

（明）李日華《官制備考》卷下《都司各衛指揮》　都指揮使者，本唐方鎮軍校之名。自梁起宣武軍，乃以其鎮兵仍舊號，置在京馬步軍都指揮使自將之，而其職始重。宋初都指揮使以節度爲之，而副都指揮使以刺史以上充。中興以後，遂間虛不除矣。

皇朝都指揮使司，初爲翼元帥府，又改爲行都督府，省城稱都衛都鎮撫司，八年改爲都指揮使司。都指揮使二人，同知二人，僉事四人，掌官軍之政令，各率其衛所，以歷于五府，而聽于兵部。其屬經歷都事斷事副斷事吏目司獄各一人。統司事者曰軍政掌印，練兵屯田者曰軍政僉書。巡捕漕運京操備禦諸雜務，並選充之，曰見任管事，否曰帶俸。凡備倭守備行都指揮事者，不得升牙公座。凡朝廷吉兇之禮，視布政司。

外衛指揮使司，指揮使一人，同知二人，僉事二人，鎮撫二人，掌軍旅防禦之事，使同知僉事，考選掌管御事，陞授改調，增置無定員。每歲藩臬撫按，考察其賢否，五歲一考選，軍政廢置之，鎮撫則掌此獄者也。其屬經歷知事各一人，千户所正千户一人，副千户二人，所鎮撫二人，百户十人，陞授改調無常員。凡治軍之政，必聽于衛，衛下千户所，千户督百户，百户下總旗小旗，率其伍卒以聽。

《明史》卷七六《職官志》　衛指揮使司，設官如京衛。品秩並同。外衛各統於都司、行都司或留守司。率世官，或有流官。凡襲替、陞授、優給、優養及屬所軍政，掌印、僉書報都指揮使司，達所隸都督府，移兵部。每歲，撫、按察其賢否，五歲一考選軍政，廢置之。凡管理衛事，惟屬掌印、僉書。不論指揮使、同知、僉事，考選其才者充之。分理屯田、驗軍、營操、巡捕、漕運、備禦、出哨、入衛、戍守、軍器諸雜務，曰見任管事；不任事入隊，曰帶俸差操。征行，則率其屬，聽所命主帥調度。

所，千户所，正千户一人，正五品，副千户二人，從五品，鎮撫二人，從六品。其屬，吏目一人。所轄百户所凡十，共百户十人，正六品。陞授、改調、增置無定員。總旗二十人，小旗百人。其守禦千户所，軍民千户所設官並同。凡千户，一人掌印，一人僉書，曰管庫。千户、百户，有試，有實授。其掌印，恒以一人兼數印。凡軍政，衛下於所，千户督百户，百户下總旗、小旗，率其卒伍以聽令。鎮撫無獄事，則管軍，百户缺，則代之。其守禦千户所，不隸衛，而自達於都司。凡衛所皆隸都司，而都司又分隸五軍都督府。浙江都司、山東都司、遼東都司，隸左軍都督府。陝西都司、四川都司、四川行都司、廣西都司、雲南都司、貴州都司，隸右軍都督府。中都留守司、河南都司，隸中軍都督府。興都留守司、湖廣都司、湖廣行都司、福建都司、福建行都司、江西都司、廣東都司，隸前軍都督府。大寧都司、萬全都司、山西都司、山西行都司，隸後軍都督府。

明初，置千户所，設正千户，正五品，副千户，從五品，鎮撫、百户，正六品。又立各萬户府，設正萬户，正四品，副萬户，從四品，知事，從八品，照磨，正九品。尋以名不稱實，遂罷萬户府，而設指揮使及千户等官。覈諸將所部有兵五千者爲指揮使，千人者爲千户，百人者爲百户，五十人爲總旗，十人爲小旗。

洪武二年置刻期百户所，選能疾行者二百人，以百户領之。七年申定衛所之制。先是，内外衛所，凡一衛統十千户，一千户統十百户，百户領總旗二，總旗領小旗五，小旗領軍十。至是更定其制，每衛設前、後、中、左、右五千户所，大率以五千六百人爲一衛，一千一百二十人爲一千户所，一百一十二人爲一百户所，每百户所設總旗二人，小旗十人。二十年始命各衛立掌印、僉書，專職理事，以指揮使掌印，同知、僉事各領一所。士卒有武藝不嫻，器械不利者，皆責所領之官。二十三年又設軍民指揮使司、軍民千户所，計天下内外衛凡五百四十有七，所凡二千五百九十有三。自衛指揮以下其官多世襲，其軍士亦父子相繼，爲一代定制。

《明史》卷七六《職官志》 京衛指揮使司，指揮使一人，正三品，指揮同知二人，從三品，指揮僉事四人，正四品。鎮撫司，鎮撫二人，從五品。其屬，經歷司，經歷，從七品，知事，正八品，吏目，從九品，倉大使、副使各一人。所轄千户所，多寡各不等。

京衛有上直衛，有南、北京衛，品秩並同。各有掌印，有僉書。其以恩廕寄禄，無定員。凡上直衛親軍指揮使司，二十有六。曰錦衣衛，曰旗手衛，曰金吾前衛，曰金吾後衛，曰羽林左衛，曰羽林右衛，曰府軍衛，曰府軍左衛，曰府軍右衛，曰府軍前衛，曰府軍後衛，曰虎賁左衛，是爲上十二衛，洪武中置。曰金吾左衛，曰金吾右衛，曰羽林前衛，曰燕山左衛，曰燕山右衛，曰燕山前衛，曰大興左衛，曰濟陽衛，曰濟州衛，曰通州衛，是爲上十衛，永樂中置。曰騰驤左衛，曰騰驤右衛，曰武驤左衛，曰武驤右衛，宣德八年置。番上宿衛名親軍，以護宫禁，不隸五都督府。

其京衛隸都督府者，三十有三。曰留守左衛，曰鎮南衛，曰驍騎右衛，曰龍虎衛，曰瀋陽左衛，曰瀋陽右衛，隸左軍都督府。曰留守右衛，曰虎賁右衛，曰武德衛，隸右軍都督府。曰留守中衛，曰神策衛，曰應天衛，曰和陽衛及牧馬千户所、蕃牧千户所，俱隸中軍都督府。曰留守前衛，曰龍驤衛，曰豹韜衛，隸前軍都督府。曰留守後衛，曰鷹揚衛，曰興武衛，曰大寧中衛，曰大寧前衛，曰會州衛，曰富峪衛，曰寬河衛，曰神武左衛，曰忠義右衛，曰忠義前衛，曰忠義後衛，曰義勇右衛，曰義勇前衛，曰義勇後衛，曰武成中衛，曰蔚州左衛，隸後軍都督府。

又京衛非親軍而不隸都督府者，十有五。曰武功中衛，曰武功左衛，曰武功右衛，已上三衛以匠故，隸工部。曰永清左衛，曰永清右衛，曰彭城衛，曰長陵衛，曰獻陵衛，曰景陵衛，曰裕陵衛，曰茂陵衛，曰泰陵衛，曰康陵衛，曰永陵衛，曰昭陵衛。

明初，置帳前總制親軍都指揮使司，以馮國用爲都指揮使。後改置金吾侍衛親軍都護府，設都護，從二品，經歷，正六品，知事，從七品，照磨，從八品，又置各衛親軍指揮使司，設指揮使，正三品，同知指揮使，從三品，副使，正四品，經歷，正七品，知事，從八品，照磨，正九品，千户所正千户，正五品，副千户，從五品，鎮撫、百户，正六品。因置武德、龍驤、豹韜、飛熊、威武、廣武、興武、英武、鷹揚、驍騎、神武、雄武、鳳翔、天策、振武、宣武、羽林十七衛親軍指揮使司，此設親軍衛之始。尋罷金吾侍衛親軍都護府。洪武、永樂間，增設親軍諸衛，各爲上二十二衛，分掌宿衛。而錦衣衛主巡察、緝捕、理詔獄，以都督、都指揮領之，蓋特異於諸衛焉。

留守五衛，舊爲都鎮撫司，總領禁衛，先屬中書省，改隸大都督府，設都鎮撫從四品，副鎮撫從五品，知事。從八品。尋改宿衛鎮撫司，設宿衛鎮撫、宿衛知事。洪武三年改爲留守衛指揮使司，專領軍馬守禦各城門，及巡警皇城與城垣造作之事。後陞爲留守都衛，統轄天策、豹韜、飛熊、鷹揚、江陰、廣洋、横海、龍江、水軍左、右十衛。八年，復爲留守衛，與天策等八衛俱爲親軍指揮使司，惟水軍左、右二衛爲指揮使司。並隸大都督府。十一年改爲留守中衛，增置留守左、右、前、後四衛，仍爲親軍。十三年始分隸五都督府。

《明史》卷六六《兵志·衛所》 太祖下集慶路爲吴王，罷諸翼統軍元帥，置武德、龍驤、豹韜、飛熊、威武、廣武、興武、英武、鷹揚、驍騎、神武、雄武、鳳翔、天策、振武、宣武、羽林十七衛親軍指揮使司。革諸將襲元舊制樞密、平章、元帥、總管、萬户諸官號，而覈其所部兵五千人爲指揮，千人爲千户，百人爲百户，五十人爲總旗，十人爲小旗。天下既定，度要害地，係一郡者設所，連郡者設衛。大率五千六百人爲衛，千一百二十人爲千户所，百十有二人爲百户所。所設總旗二，小旗十，大小聯比以成軍。其取兵，有從征，有歸附，有謫發。從征者，諸將所部兵，既定其地，因以留戍。歸附，則勝國及僭僞諸降卒。謫發，以罪遷隸爲兵者。其軍皆世籍。此其大略也。

洪武三年陞杭州、江西、燕山、青州四衛爲都衛，復置河南、西安、太原、武昌四都衛。四年造用寶金符及調發走馬符牌。用寶符爲小金牌二，中書省、大都督府各藏其一。有詔發兵，省府以牌入，内府出寶用之。走馬符牌，鐵爲之，共四十，金字、銀字者各半，藏之内府有急務調發，使者佩以行。尋改爲金符。凡軍機文書，自都督府、中書省長官外，不許擅奏。有詔調軍，省、府同覆奏，然後納符請寶。五年置親王護衛指揮使司，每府三護衛，衛設左、右、中、前、後五所；所，千户二，百户十。圍子手所二；所，千户一。七年申定衛之政，征調則統於諸將，事平則散歸各衛。

八年改在京留守都衛爲留守衛指揮使司，在外都衛爲都指揮使司，凡十三：北平、陝西、山西、浙江、江西、山東、四川、福建、湖廣、廣東、廣西、遼東、河南。又行都指揮使司二：甘州、大同。俱隸大都督府。九年選公、侯、都督、各衛指揮嫡長次子爲散騎、參侍舍人，隸都督府，充宿衛，或署各衛所事。十三年，丞相胡惟庸謀反誅，革中書省，因改大都督府爲五，分統諸軍司衛所。明年復置中都留守司及貴州、雲南都指揮使司。十五年三月頒軍法定律。十六年詔各都司上衛所城池水陸地里圖。二十年置大寧都指揮使司。是年，命兵部置軍籍勘合，載從軍履歷、調補衛所年月、在營丁口之數，給内外衛所軍士，而藏其副於内府。三十年定武官役軍之制：指揮、同知、僉事四，千户三，百户、鎮撫二，皆取正軍，三日一番上，下直歸伍操練。衛所直廳六，守門二，守監四，守庫一，皆任老軍，月一更。

建文帝嗣位，置河北都司、湖廣行都司。文皇入立，皆罷之，而陞燕山三護衛爲親軍，並建文時所立孝陵衛，皆不隸五府。後諸陵設衛皆如之。移山西行都司所屬諸衛軍於北平，設衛屯種。永樂元年罷北平都司，設留守行後軍都督府，遷大寧都司於保定。明年更定衛所屯守軍士。臨邊險要者，守多於屯。在内平僻，或地雖險要而運輸難至者，皆屯多於守。七年置調軍勘合，以勇、敢、鋒、鋭、神、奇、精、壯、强、毅、克、勝、英、雄、威、猛十六字，編百號。制敕調軍及遣將，此號同，方准行。十八年，北京建，在南諸衛多北調。宣德五年從平江伯陳瑄言，以衛官職漕運，東南之卒由是困。八年減衛軍餘丁，正軍外每軍留一，餘悉遣歸。已，復以幼軍備操者不足，三丁至七八丁者選一，餘聽治生，給軍裝。正軍有故，即令補伍，毋再勾攝。

當是時，都指揮使與布、按並稱三司，爲封疆大吏。而專閫重臣，文武亦無定職，世猶以武爲重，軍政修飭。正德以來，軍職冒濫，爲世所輕。内之部科，外之監軍、督撫，疊相彈壓，五軍府如贅疣，弁帥如走卒。總兵官領敕於兵部，皆跽，間爲長揖，既謂非體。至於末季，衛所軍士，雖一諸生可役使之。積輕積弱，重以隱占、虚冒諸弊，至舉天下之兵，不足以任戰守，而明遂亡矣。

崇禎三年，范景文以兵部侍郎守通州，上言：祖制，邊腹內外，衛所棊置，以軍隸衛，以屯養軍。後失其制，軍外募民爲兵，屯外賦民出餉，使如鱗尺籍，不能爲衝鋒之事，并不知帶甲之人。陛下百度振刷，豈可令有定之軍數付之不可問，有用之軍糈投之不可知？因條上清覈數事，不果行。

初，洪武二十六年定天下都司衛所，共計都司十有七，留守司一，內外衛三百二十九，守禦千户所六十五。及成祖在位二十餘年，多所增改。【略】

從定天下都司衛所，共計都司二十一，留守司二，內外衛四百九十三，守禦屯田羣牧千户所三百五十九，儀衛司三十三，自儀衛司以下，舊無，後以次漸添設。宣慰使司二，招討使司二，宣撫司六，安撫司十六，長官司七十，原五十九。番邊都司衛所等四百七。後作四百六十三。

親軍上二十二衛，舊制止十二衛，後增設金吾左以下十衛，俱稱親軍指揮使司，不屬五府。又設騰驤等四衛，亦係親軍，并武功、永清、彭城及長陵等十五衛，俱不屬府。

《明史》卷六六《兵志·班軍》 班軍者衛所之軍番上京師，總爲三大營者也。初，永樂十三年詔邊將及河南、山東、山西、陝西各都司，中都留守司，江南、北諸衛官，簡所部卒赴北京，以俟臨閱。京操自此始。

仁宗初，因英國公張輔等言，調直隸及近京軍番上操備，諭以畢農而來，先農務遣歸。既而輔言：邊軍比悉放還，京軍少，請調味山東、河南、中都、淮、揚諸衛校閱。制曰可。又敕河南、山東、山西、大寧及中都將領，凡軍還取衣裝者，以三月畢務，七月至京，老弱者選代，官給之馬。歲春秋番上，共十六萬人：大寧七萬七百餘，中都、山東遞殺，河南最少，僅一萬四千有奇。定爲例。後允成國公朱勇等請，罷鞏昌諸衛及階、文千户所班軍，代以陝西內地卒。山東衛士沿海備倭，沿海衛士復內調，通州衛士漕淮安粟，安慶衛士赴京操，不便，皆更之。已，并放還陝西班軍。正統中，京操軍皆戍邊，乃遣御史於江北、山東、北直選卒，爲京師備。景泰初，邊事棘，班軍悉留京，間歲乃放還取衣裝。于是于謙、石亨議三分之，留兩番操備。保定、河間、天津放五十日，河南、山東九十日，淮、揚、中都百日，紫荊、倒馬、白羊三關及保定諸城戍卒，屬山東、河南者，亦如之。逃者，官鐫秩三等，卒盡室謫邊衛。明年，謙又言：班軍分十營團練，久不得休，請仍分兩番。報可。

成化間，河南秋班軍二千餘不至，下御史趣之。海內燕安，外衛卒在京祇供營繕諸役，勢家私占復半之。卒多畏苦，往往愆期，乃定違限罪：輕者發居庸、密雲、山海關罰班六月，重者發邊衛罰班至年半。令雖具，然不能革也。

弘治中，兵部言占役之害，罰治如議。於是選衛兵八萬團操，內外各半。外衛四萬，兩番迭上。李東陽極言工作困軍，班軍逾期不至，大率坐此。帝然之。末年，歸大寧卒兩班萬人。正德中，宣府軍及京營互調，春秋番換如班軍例。迄世宗立乃已。

嘉靖初，尚書李承勛言：永樂中調軍番上京師，後遂踵爲故事，衛伍半空，而在京者徒供營造。不若省行糧之費，以募工作。御史鮑象賢請分班軍爲三，二人營操，一以赴役。通政司陳經復請半放之，收其糧募工。皆不行。久之，從翊國公郭勛言，寬河南京因災不至班軍，而諭後犯者罪必如法。兵部因條議，軍士失期，治將領之罪，以多寡爲差，重者至鐫秩戍邊。報可。其後邊警棘，乃併番上軍爲一班，五月赴京，十一月放還，每歲秋防見兵十五六萬。仇鸞用事，抽邊卒入衛，凡選士六萬八千餘。又免大寧等衛軍京操，改防薊鎮，班軍遂耗減。豐城侯李熙覈其數，僅四萬人，因請改徵銀召募，而以見軍四萬歸營操練。嚴嵩議以各衛兵雖有折乾之弊，然清覈令下，猶凜凜畏罪。若奉旨徵銀，恐借爲口實，祖宗良法深意，一旦蕩然。帝是之。折乾者，衛卒納銀將弁以免其行，有事則召募以應。亡何，從平江伯陳圭奏，仍令中都、山東、河南軍分春秋兩班，别爲一營，春以三月至，八月還；秋以九月至，來歲二月還，工作毋擅役。

隆慶初，大發卒治河，軍人憚久役，逃亡多。部議於見役軍中，簡鋭者著伍，而以老弱供畚鍤。

萬曆二年，科臣言，班軍非爲工作設。下兵部，止議以小工不得概派而已。時積弊已久，軍士苦役甚，多愆期不至。故事，失班脱逃者，罰工銀，追月糈。其後額外多徵，軍益逃，中都尤甚。自嘉靖四十三年後，積逋工銀至五十餘萬兩。巡撫都御史張翀乞蠲額外工價，軍三犯者，不必罰工，竟調邊衛。而巡視京營給事中王道成則言：凡軍一班不到，即係一年脱伍，盡扣月糧。本軍仍如例解京，罰補正班。三年脱班，仍調邊衛。並報可。衛軍益大困。

後二十九年，帝以班軍多老弱雇倩，令嚴飭之。職方主事沈朝煥給班軍餉，皆傭諸丐，因言：班軍本處有大糧，到京有行糧，又有鹽斤銀，所費十餘萬金，今皆虛冒。請解大糧貯庫，有警可召募，有工可雇役。部議請先申飭，俟大工竣行之。是時專以班軍爲役夫，番上之初意盡失矣。

又五年，内庭有小營繕，中官陳永壽請仍用班軍，可節省。給事中宋一韓争之，謂：班軍輪操即三大營軍，所係甚重。今邊鄙多事，萬一關吏不謹，而京師團練之軍多召募，游徼之役多役占，皇城宿衛多白徒，四衛扈從多厮役。即得三都司分健卒三萬，猶不能無恐，况動以興作朘削，名存實亡，緩急何賴哉？不聽。四十年，給事中麻僖請恤班操之苦。後六年，順天巡撫都御史劉曰梧言班軍無濟實用，因陳募兵十利。是時，法益弛，軍不營操，皆居京師爲商販、工藝，以錢入班將。

啓、禎時，邊事洶洶，乃移班軍於邊，築垣、負米無休期，而糗糧缺，軍多死，班將往往逮革。特敕兵部右侍郎專督理，鑄印給之，然已無及。

紀事

（明）何棟如《皇祖四大法》卷一二《兵法》 〔洪武七年〕秋八月甲午朔。丁酉，申定兵衛之政。先是，上以前代兵多虛數，乃監其失，設置内外衛所。凡一衛統十千户，一千户統十百户，百户領總旗二，總旗領小旗五，小旗領軍十，皆有實籍。至是，重定其制。大率以五千六百人爲一衛，而千百户總小旗所領之數則同，遇有事征調，則分統於諸將，無事則散還各衛，管軍官員不許擅自調用，操練撫綏務在得宜，違者俱論如律。

《明實録》甲辰三月 〔庚午〕置武德、龍驤、豹韜、飛熊、威武、方武、興武、英武、鷹揚、驍騎、神武、雄武、鳳翔、天策、振武、宣武、羽林十七衛親軍指揮使司。先是，所得江左州郡置各翼統軍無帥府。至是，乃悉罷諸翼而設衛焉。

《明實録》甲辰九月 〔庚午〕置千户所于滁州。置合肥、六安二衛于廬州。

《明實録》甲辰十二月 〔丙辰〕改雄峰翼爲興安衛，尋又改爲徽州衛。

《明實録》吴元年春正月 〔乙未〕置寧國衛，以無帥陳德成爲指揮同知，劉仲才爲副使。

《明實録》吴元年六月 〔庚寅〕置徐州及濟南二衛。

《明實録》吴元年九月 〔癸卯〕置金吾左、金吾右、虎賁左、虎賁右及興化、和陽、廣陵、通州、天長、懷遠、崇仁、長河、神策等衛。尋改金吾左、右爲金吾前、後二衛，羽林衛爲羽林左、右二衛。

《明實録》吴元年冬十月 〔辛亥〕置長淮衛指揮使司于臨濠。

《明實録》吴元年冬十月 〔癸丑〕置定遠衛親軍指揮使司，以龐龍戈予爲指揮僉事。

《明實録》洪武元年八月 〔癸未〕詔大將軍徐達置燕山等六衛，以守禦北平。于是達改飛熊衛爲大興左衛，淮安衛爲大興右衛，樂安衛爲燕山左衛，濟守衛爲燕山右衛，青州衛爲永清左衛，徐州五所爲永清右衛。

《明實録》洪武元年十一月 置潁州衛，命指揮僉事李勝守之。潁州自元季韓咬兒作亂，民多逃亡，城野空虛。上因如汴，道過其地，遂命勝築城立衛，招輯流亡，民始復業。

《明實録》洪武二年二月 〔壬辰〕立驍騎前衛親軍指揮使司。

《明實録》洪武二年三月 置密云衛。

《明實録》洪武二年八月 〔庚寅〕置燕山前後二衛。

《明實録》洪武二年冬十月 〔乙酉〕置延安衛，命懷遠衛指揮使許良領兵守之。

《明實録》洪武三年正月 〔丁巳〕置大同左右二衛。【略】置永平衛。

《明實録》洪武三年正月 〔庚子〕置通州衛指揮使司，以安吉衛軍隸之。置蔚州衛指揮使司。

《明實録》洪武三年正月 〔辛卯朔〕置鞏昌、平涼二衛指揮使司。

《明實録》洪武三年春正月 〔壬子〕改合淝衛爲廬州守禦千户所。

《明實録》洪武三年二月（丁亥）置留守衛指揮使司。國初，嘗設都鎮撫司總領禁衛，後隸大都督府，秩從四品，統率各門千户所。尋改宿衛鎮撫司。至是，升爲衛，專領軍馬，守禦各城門及巡警皇城與城垣造作之事。

《明實録》洪武三年三月（丙辰）置靖州衛，命指揮同知劉才、僉事孫維、劉福等筑城戍守，以統湖廣等處土官。

《明實録》洪武三年四月（癸亥）改六安衛爲守禦千户所。

《明實録》洪武三年四月（丁亥）置龍江左衛親軍指揮使司。

《明實録》洪武三年四月（丁丑）改徽州衛爲守禦千户所。

《明實録》洪武四年正月（庚寅）置福州衛指揮使司。置武靖、岐山、高昌三衛指揮使司。

《明實録》洪武四年正月（甲午）置建寧都衛指揮使司。

《明實録》洪武四年正月（丁未）置大同衛都指揮使司。

《明實録》洪武四年正月（庚寅）置福州衛指揮使司。

（甲午）置建寧都衛指揮使司。

（己亥）以建寧衛正千户宋晟爲建寧都衛指揮同知。

《明實録》洪武四年三月（丙申）置濠梁後衛、南陽衛二指揮使司。

《明實録》洪武四年閏三月（甲寅朔）置延平衛指揮使司。【略】

（辛酉）置太原左右二衛指揮使司。置仁和衛指揮使司。

《明實録》洪武四年夏四月（乙未）置長淮衛于臨濠統領水軍。

《明實録》洪武四年六月（甲辰）置彭城、濟川、濟陽三衛于北平，平山衛于山東。

《明實録》洪武四年七月（辛未）置薊州衛指揮使司。

《明實録》洪武四年八月（辛巳朔）詔置振武衛親軍指揮使司。

《明實録》洪武四年九月（是月）置保寧守禦千户所。初王師克保寧，潁川侯傅友德留和陽衛指揮黄榮駐守。至是，曹國公李文忠調濠梁等衛官軍置行户所守之。

《明實録》洪武四年九月（丙子）置成都衛及右、中、前、後四衛。初，成都既克，潁川侯傅友德等留軍官守之。及曹國公李文忠經理四川，以城（成）都舊城低隘，乃增筑新城，高壘深池，規模粗備。而友德猶駐兵保守，中山侯湯和駐兵重慶，各遣人撫輯番漢人民及明氏潰亡士卒，來歸者衆，因籍其丁壯，置各衛以分隸之。

《明實録》洪武四年十月（乙未）置朵甘衛指揮使司。

《明實録》洪武四年十一月（丁丑）置必里千户所，屬河州衛，以朵兒只星吉爲世襲千户。必里在吐番朵甘思界，故元設必里萬户府，朵兒只星吉爲萬户。至是來降，河州衛指揮使韋正遣送至京。故有是命。

《明實録》洪武四年十二月（丙申）置永寧、貴州二衛及瞿塘關、漢中、階汶三守禦千户所。時曹國公李文忠理軍務于四川，奏：貴州今隸湖廣，而其地在城（成）都西南，計成都水路至重慶三十六驛，重慶陸路至播南九驛，播南陸路至貴州五驛，凡五十驛。貴州路由播南、思州界至沅州，以達辰溪二十一驛，辰溪至湖廣一十六驛，凡三十七驛。比之成都至貴州，水路少二十驛，陸路少七驛。如遇發兵，自成都至重慶，雖三十六驛，然順流而下，舟行捷疾以及貴州，陸路止一十四驛，若湖廣至辰溪一十六驛，辰溪至貴州二十一驛，皆泝上流，驛雖少而路遠于成都矣。今議以貴州衛屬成都都衛，便于節制。而凡軍務之急者，貴州一移文成都都衛，一移文武昌都衛，若民職有司則屬河（湖）廣行省爲便。詔：可之。

《明實録》洪武五年正月（甲戌）置廣東衛都指揮使司。

《明實録》洪武五年二月（庚寅）并長淮，大河二衛分司爲大河衛指揮使司。

《明實録》洪武五年三月（癸酉）置膠州守禦千户所。

《明實録》洪武五年六月（癸巳）置沂州衛指揮使司。

《明實録》洪武五年十一月（丁未）（以）天長衛并定遠衛，振武衛并興武衛，和陽衛并神策衛，通州、吴興二衛并龍驤衛。尋復設和陽、神策二衛。

《明實録》洪武五年十一月（壬子）置甘肅衛都指揮使司、莊浪衛指揮使司。

《明實録》洪武六年正月（己未）置西寧衛，以朵兒只失結爲指揮僉事。朵兒只失結，西寧人，仕元爲甘肅行省右丞。初，王師下關陝，與太尉朶兒只班在青海，朶兒只班遣其來朝進馬。上賜以襲衣、文綺，令還招諭其部曲，朶兒只班不奉詔，遁甘肅。朶兒只失結自率所部二千餘人還西寧遣其弟賫達等赴京，言朶兒只班不奉詔之故。及宋國公馮勝總兵征甘肅，遂以所部從行。勝乃命朶兒只失結同指揮徐景追襲朶兒只班，獲其金銀印及軍士馬匹，遣其弟答立麻送京師。至是，立西寧衛，命朶兒只失結爲指揮僉事。

《明實録》洪武六年二月〔庚辰〕置洮州常陽十八族等處千户所六、百户所九、各族都管十七，俱以故元舊官韃韃等爲之。

《明實録》洪武六年十一月〔癸酉〕置定遼右衛於遼陽城之北，立所屬千户所五。命定遼都衛指揮僉事王才等領原將山東諸衛軍馬屯守。

《明實録》洪武七年九月〔丁丑〕改中立大都督府爲鳳陽行都督府，濠梁後衛爲鳳陽衛。

《明實録》洪武八年正月〔庚午〕詔置俄力思軍民元帥府、帕木竹巴萬户府、烏思藏籠答千户所，設官一十三人。

《明實録》洪武八年正月〔丁亥〕罷鍾山衛，并其兵于興武、神策、廣武、驍騎左四衛；罷雄武衛，并其兵于驍騎右及定遠、神策三衛；罷龍驤衛，并入定遠衛。諸衛所餘軍調北平諸處守禦。尋復改定遠衛爲龍驤衛。

《明實録》洪武八年九月〔癸丑〕以在外各處所設都衛，并改爲都指揮使司【略】青州都衛爲山東都指揮使司，置青州左右二衛指揮使司。

《明實録》洪武八年十月〔癸丑〕以在外各處所設都衛并改爲都指揮使司。燕山都衛爲北平都指揮使司；北平衛爲燕山前衛指揮使司；西安都衛爲陝西都指揮使司；西安行都衛爲陝西行都指揮使司；太原都衛爲山西都指揮使司，置太原前衛指揮使司；大同都衛爲山西行都指揮使司；杭州都衛爲浙江都指揮使司；錢塘衛爲杭州左衛指揮使司；仁和衛爲杭州右衛指揮使司；江西都衛爲江西都指揮使司；置南昌左衛指揮使司；青州都衛爲山東都指揮使快速，置青州左、右二衛指揮使司；成都都衛爲四川都指揮使司，置成都中衛指揮使司；福州都衛爲福建都指揮使司，置福州左、右二衛指揮使司；建寧都衛爲福建行都指揮使司，置建寧左、右二衛指揮使司；武昌都衛爲湖廣都指揮使司，置武昌左、右二衛指揮使司；廣東都衛爲廣東都指揮使司，置廣州左、右二衛指揮使司；廣西都衛爲廣西都指揮使司，置桂林左、右二衛指揮使司；定遼都衛爲遼東都指揮使司，置定遼前衛指揮使司，以遼東衛爲定遼後衛指揮使司；河南都衛爲河南都指揮使司；在京留宋都衛爲留守衛指揮使司；原轄天策、豹韜、飛熊、鷹揚、江陰、廣洋、横海、龍江八衛俱爲親軍指揮使司；水軍左、右二衛爲指揮使司，俱隸大都督府。

《明實録》洪武八年十二月〔癸卯〕置西安中護衛指揮使司。

《明實録》洪武九年十月〔乙卯〕是月置杭州前衛、登州衛。

《明實録》洪武十年五月〔甲申〕置宿州守禦千户所，以鳳陽衛官軍往實之。

《明實録》洪武十年秋七月〔甲申〕置四川叙南衛，以安陸衛指揮僉事王承署衛事。

《明實録》洪武十一年二月〔是月〕置茂州衛指揮使司。時四川都司遣兵修灌縣橋梁，至天陶關，汶川縣土酋孟道貴疑之，集部落阻陶關道。都司遣指揮胡淵、童勝等統兵分二道擊之【略】乃詔立茂州衛，留指揮楚華將兵三千守之。

《明實録》洪武十一年四月〔辛未〕置寧海衛指揮使司于山東之寧海州。

《明實録》洪武十一年四月〔戊午〕置寧川衛指揮使司于成都府。

《明實録》洪武十一年五月〔甲申〕置府軍衛指揮使司。

《明實録》洪武十一年六月〔丙寅〕置燕山中、左二護衛指揮使司。

《明實録》洪武十一年七月〔癸未〕置寧山衛指揮使司。

《明實録》洪武十一年七月〔壬辰〕置弘農衛指揮使司。

《明實録》洪武十一年八月〔戊申〕置鳳陽中、右二衛指揮使司。

《明實録》洪武十一年九月〔甲申〕置黔江守禦千户所。

《明實録》洪武十一年九月〔丁亥〕置遵化衛指揮使司。

《明實録》洪武十一年九月〔丙申〕置府軍左、右二衛指揮使司。

《明實録》洪武十一年八月〔戊申〕置鳳陽中、右二衛指揮使司。

《明實録》洪武十一年冬十月〔戊午〕改驍騎左衛爲府軍右衛。改武德衛爲府軍前衛。

《明實録》洪武十二年三月〔壬申〕以河南都司所屬徐州衛指揮使司隸鳳陽行都督府。

《明實録》洪武十二年四月〔丙寅〕是月，置松州衛指揮使司。初，松州平，御史大夫丁玉遣寧州衛指揮高顯等城其地，請立軍衛。至是降印設官，領軍鎮守。

《明實録》洪武十二年九月〔戊申〕置四川威州衛指揮使司。

《明實録》洪武十二年九月〔丙辰〕置北平永寧衛指揮使司及左北口守禦千户所。

《明實録》洪武十二年九月〔己酉〕置鳳陽留守左衛指揮使司。

《明實録》洪武十二年九月〔己酉〕改鳳陽行大都督府留守司爲留守中衛指揮使司，以指揮僉事舒皖、王貴陸續領衛事。

《明實録》洪武十三年正月〔癸卯〕罷中書省，升六部，改大都督府爲五軍都督府，布告天下。詔曰：【略】其左軍都督府統屬在京驍騎、左水軍、左留守、左龍虎、英武五衛，在外山東、遼東、浙江、廣東四都司并所轄衛所。右軍都督府統屬在京虎賁、右水軍、右留守、右武德、廣武五衛，在外陝西、四川、江西三都司并所轄衛所，中軍都督府統屬在京神策、廣洋、留守中、應天、和陽五衛，在外蘇州、太倉、鎮海、揚州、高郵、大河、淮安、沂州、鳳陽左、鳳陽右、鳳陽中、皇陵、長淮、懷遠、留守中、留守左、徐州十七衛、滁州、徽州、六安、廬州、鎮江、安豐、信陽、宿州、洪塘九千户所及河南都司所轄衛所。前軍都督府統屬在京天策、豹韜、龍驤、飛雄、龍江五衛，在外湖廣、福建、廣西三都司及福建行都司并所轄衛所。後軍都督府統屬在京鷹揚、江陰、興武、横海、蒙古左、蒙古右六衛，在外北平、山西二都司及山西行都司并所轄衛所。

《明實録》洪武十三年正月〔乙巳〕置邳州衛指揮使司。

《明實録》洪武十三年三月〔戊午〕置長沙護衛、漢中衛二指揮使司。

《明實録》洪武十三年八月〔辛酉〕置壽州、泗州、廬州、儀真四衛指揮使司。

《明實録》洪武十四年六月〔戊辰〕置施州衛軍民指揮使司。

《明實録》洪武十四年八月〔辛巳〕置南衛于廣州東莞縣及大鵬、東莞、香山三守禦千户所。

《明實録》洪武十四年九月〔丁酉〕置中都留守司，統鳳陽、長淮等八衛。留守一人，正二品；左、右副留守各一人，正三品；經歷司經一人，正六品；都司一人，正七品；斷事司斷事一人，正六品；副斷事一人，正七品；吏目一人，未入流。以附馬都尉黄琛爲留守。

《明實録》洪武十四年冬十月〔甲子〕改鳳陽左衛爲河南左護衛指揮使司。

《明實録》洪武十四年十二月〔乙卯〕置莊浪、西寧馬驛四。莊浪衛二，曰在城，曰大通河；西寧衛二，曰在城，曰老鴉城。每驛給以河州茶馬司所市馬十四，以兵十一〔二〕人牧之，就屯田焉。

《明實録》洪武十五年正月〔丁亥〕置貴州都指揮使司。【略】置雲南左、右、前、後、普定、黄平、建昌、東川、烏撒、普安、水西、烏蒙、芒部、尾酒一十四衛指揮使司。

《明實録》洪武十五年三月〔丙辰〕置大理衛指揮使司。

《明實録》洪武十五年三月〔丁丑〕置永昌衛指揮使司，隸陝西行都司。

《明實録》洪武十五年四月〔乙巳〕改岷州衛爲軍民指揮使司，西固城千户所爲軍民千户所。

《明實録》洪武十五年冬十月〔丙戌〕置徽州守禦千户所。

《明實録》洪武十六年十月〔丁亥〕置飛熊、豹韜二衛指揮使司于河南開封府。

《明實録》洪武十八年二月〔己未〕置金齒衛指揮使司。

《明實録》洪武十九年三月〔壬午〕置建陽衛指揮使司，隸福建行省。

《明實録》洪武十九年八月〔辛丑〕置沈陽中、左二衛，命指揮鮑成領原將河南、山東校卒一萬三百二十八人分隸焉。

《明實録》洪武二十年正月〔甲子〕改松州衛爲松潘等處軍民指揮使司。

《明實録》洪武二十年二月〔甲辰〕置定海、盤石、金鄉、海門四衛指揮使司于浙江濱海之地以防倭寇。

《明實録》洪武二十年九月〔癸未〕置大寧都指揮使司及大寧中、左、右三衛，會州、木榆、新城等衛悉隸之。

《明實録》洪武二十一年二月〔己酉〕置福建沿海五衛指揮使司：曰福寧、鎮東、平海、永寧、鎮海。所屬千户所十二，曰大金、定海、梅花、萬安、莆禧、崇武、福金、金門、高浦、元鰲、銅山、玄鍾，以防倭寇。

〔丁巳〕置福州中衛指揮使司。

《明實録》洪武二十一年十月〔庚午〕置瀘州、赤水、層臺三衛指揮使司。置四川蘇州衛指揮使司。

《明實録》洪武二十二年四月〔丙辰〕置安慶、九江二衛指揮使司。

《明實録》洪武二十二年五月〔辛卯〕置泰寧、朶顔、福餘三衛指揮使司于兀良哈之地，以居降胡。

《明實録》洪武二十二年六月〔辛巳〕置湖廣鎮遠衛指揮使司。

《明實録》洪武二十二年九月〔辛未〕改四川龍州爲軍民各户所。

《明實録》洪武二十三年二月〔癸亥〕置陸涼衛指揮使司。初，越州阿資叛，西平侯沐英等討平之。以陸涼西南要沖之地，請設衛屯守。

《明實録》洪武二十三年三月〔癸巳〕置荊州衛指揮使司，改德州千户所爲德州衛指揮使司。

置平溪衛指揮使司于思州。

置普市守禦千户所于永寧宣撫司境内。時蠻僚叛服不常，故置所屯兵鎮之。

置遼海衛指揮使司于三萬衛北城。

《明實録》洪武二十三年夏四月〔戊午〕改徽州千户所爲新安衛指揮使司。

《明實録》洪武二十三年夏四月〔辛酉〕置清浪、偏橋二衛指揮于思南宣慰司之地。

《明實録》洪武二十三年閏四月〔壬辰〕置平壩衛指揮使司于貴州咸清驛。

《明實録》洪武二十三年冬十月〔辛未〕置馬隆衛。初，西平侯沐英以越州阿資叛服不常，馬隆地當沖要，故請置衛以鎮之。

《明實録》洪武二十四年正月〔甲午〕置四川龍州軍民千户所。

《明實録》洪武二十五年六月〔癸丑〕置建昌、蘇州二軍民指揮使司及會川軍民千户所，調京衛及陝西兵萬五千餘人往戍之。時上以月魯帖木兒叛，故置衛鎮守。

《明實録》洪武二十六年春正月〔庚戌〕置四川越雋衛。

《明實録》洪武二十七年六月〔甲申〕置建昌前衛。先是，西平侯沐春奏：層臺衛地多山林，少平衍，難于耕稼，軍餉不給。至是命置衛于建昌，徙層臺衛官軍實之。

《明實録》洪武二十八年七月〔丙辰〕置河源守禦千户所。

《明實録》洪武三十五年七月〔丁酉〕復設山東平守禦千户所。

《明實録》永樂元年一月〔丙申〕改寧夏左護衛爲寧夏衛，寧夏右護衛爲寧夏中衛。

《明實録》永樂元年二月〔丁卯〕改南昌左衛爲南昌護衛，隸寧夏王府。營州左護衛爲隆慶左衛，右護衛爲隆慶右衛，中護衛寬河衛。

《明實録》永樂二年二月〔癸酉〕忽刺温等處女直野人頭目把刺答哈來朝。置奴兒干衛，以把刺答哈、刺孫等四人爲指揮同知。

《明實録》永樂二年二月〔癸巳〕下令天下都司衛所，屯軍百人以上者止以百户一人督耕，三百人以上者千户一人，五百人以上者指揮一人，毋多曠軍職，其舍人餘丁愿耕者聽。

《明實録》永樂四年三月〔丁未〕復置曲先衛。時安定衛指揮哈三、散即思、三即等奉〔奏〕：安定、曲先二衛俱洪武中所置，後爲朶兒只巴所攻，因併曲先入安定，居阿真之地。比又爲西〔吐〕番把禿侵擾，不獲寧居。乞復設曲先衛，且請徙治所。從之。以三即掌曲先衛事，給以印章，徙治藥王淮之地，安定衛亦從于昔〔苦〕兒丁之地。

《明實録》永樂五年三月〔乙丑〕設陝西甘肅〔州〕左衛及莊浪衛僧綱司。

《明實録》永樂六年十月〔戊子〕改蔚州、德州二衛及樂安守衛御千户所，所俱隸北行後軍都督府。

《明實録》永樂七年春正月〔戊辰〕改河南寧山衛隸北京行後軍都

督府，睢陽、歸德、武平、汝寧四衛直隸中軍都督府。

《明實録》永樂七年閏四月〔戊申〕設四川鹽井衛道紀司。

《明實録》永樂七年閏四月〔己酉〕設奴兒干都指揮使司。初，頭目忽剌冬奴等來朝，已立衛。至是，復奏其地沖要，宜立元帥府。故置都司。

《明實録》永樂七年五月〔丁丑〕升宿州千户所爲宿州衛，改汝寧千户所，調汝寧所餘官軍益宿州。

《明實録》永樂九年十月〔辛卯〕鎮守河州衛都指揮劉昭言：河州歸德千户所，去衛七百餘里，東距川卜千户所，西距必里衛番族，南距朵土川藏，北距黄河罕東衛界。舊于河州衛七所撥軍二百守禦，浮食寓居，不敷調遣。宜全調一所，選精鋭二百守城，八百屯種，及運入番買馬茶。從之。

《明實録》永樂二十二年冬十月〔丙辰〕忽石門衛指揮沙籠加率頭目亦失哈等來朝，乞授亦失哈本衛指揮。上諭之曰：今一來朝，遽授指揮。有先帝時累來朝今尚爲千户者，其心必不安矣。彼既不安，汝得此職豈能自安？但永堅忠誠，不患無官職也。遂賜沙籠加及亦失哈等鈔幣有差，命禮部厚待之遣還。因謂尚書呂震曰：祖宗官職，當爲祖宗惜之。震對曰：外夷人授之官而非有俸禄之費，似亦可與。上曰：先帝所授外夷人官亦非有俸禄，何爲不輕授哉？吾授官職以寵此徒而又自輕之，可乎？且得一人而失衆人，亦不可也。

《明實録》宣德元年八月〔甲申〕命置武定守禦千户所。調德州衛前所官軍實之。

《明實録》宣德元年九月〔辛亥〕置武定州守禦千户所使目一員。時調德州衛一千户所于武定州守禦，故置首領官。

《明實録》宣德四年九月〔壬戌〕初巡按山東監察御史包德懷言四事：其一、遼東地臨外境，寇賊之所窺伺，自高嶺至凌河凡七站往來每被寇擾，請于曹莊驛東陽池置一衛七站，各設千户，所置軍半以護送行者，半以屯糧養贍，則可保無虞。其二、人才之生各有所長，苟有所長，皆可任用，今武職之家除長子廕襲，其諸子豈無諳練武藝才略出衆之人，欲成功名無階可進，請開武科，除應襲之人及有過者，其餘弓馬諳熟韜略精通者，許赴都司比試，拔其能者，兵部復試，如果堪用，先與試職守邊，待其顯立功勞，一體實授，如此則有才之人皆得效用。其三、遼東自滿武中設立馬驛及遞運所，各置旗軍一百人，百户一員領之，屯田自備給馬驢車輛供具，以待使臣往來，視地險易閒劇制其多寡之數，今歷年久旗軍逃亡者十率八九，供具之物日漸減損，以至于無，邊境有報豈不誤事。請令兵部取勘各處旗軍，有不及八十人者，就令都司于附近衛所以多餘軍補之，如舊供辦遞送則道路往來，無有稽滯。其四、沈陽中衛舊置撫順遞運所，及撫順驛止通本衛九十里更無他處往來，洪武中以其間僻而鐵嶺嚚州驛至開原路遠地荒，乃移驛于鐵嶺東北五十里設置，名沙河、撫順驛，行者便之，而遞所仍在舊地，今開原一路往來滋多，請移撫順遞運所于沙河，與驛并置，則彼無間曠之人，此得協助之力，實爲兩便。上命行在禮部集議，至是尚書胡濙等議，開武科非舊制，增置衛所難于遥度，當令都督巫凱等計議可否，驛夫有缺請以爲事發遼東充軍者補役。從之。

《明實録》宣德七年十一月〔丁卯〕改西寧衛爲軍民指揮使司，從都督劉昭奏也。

《明實録》宣德七年十二月〔壬寅〕置遼東都司寧遠衛、貴州都司烏撒衛、陝西都司寧夏群牧千户所、中都留守司洪塘湖屯田千户所倉副使各一員，山西太原府保德州倉大使、副使各一員。

《明實録》正統元年三月〔戊子〕改在京蔚州衛爲蔚州左衛，并内外各衛守衛該軍入京衛。時行在五軍都督府言：守衛該軍系内外四十衛官軍，衛所繁多，無衙門印信公文，難以稽考，請并入上二十衛收伍，仍令直守。又萬全都司及在京皆有蔚州衛，兩衛名同，請改其一，庶軍伍歸一，官制有倫。上俱從之，故有是命。

《明實録》景泰七年春正月〔辛卯〕敕諭朵顔等衛大小頭目人等曰：朝廷建置爾等衛分，管束人民，使各安生業，惟時節進貢及報緊急聲息許差人從永平地界入境。近者爾等差人每次有至一二百人，不由舊路，四散進入，況今時節已過，猶絡繹不絶，非但有違舊例，實妨爾等耕種生業。今後凡遇時節，量差數十人朝貢，過時節即止，若遇有緊急聲息，止許差三五人奏報，俱從永平地界入境，已敕將軍通知，違者擒來處置。特諭爾等知之。

《明實録》天順七年六月〔甲戌〕敕諭泰寧衛兀南帖木兒劉王曰：

昔我太宗皇帝主宰天下，念爾前人野處無依，特設衛分，授以官職，俾率部屬任意牧放。爾前人亦能歲時朝貢，無有二心。近年也先逼脅爾三衛爲惡，也先敗滅，爾等改過，復來朝貢。朝廷弘天地之量，恩待如初。今孛來又誘爾等同來犯邊，爾等乃能堅志不從，遣使奏報，足見敬順天道、忠事朝廷之心，朕甚嘉悦。今後宜長久不改此心，自然永遠享福。使回時賜彩幣表里用荅爾誠，至可收領。

《明實録》天順八年十二月〔癸卯〕移陝西綏德衛魚兒河堡於迤東山頭，并添設魚河驛，不設官吏，專委百户一員，撥軍走遞。

《明實録》成化二年九月〔戊寅〕朵顔衛右都督朵羅干遣使臣傳報夷情具奏求印信帳房等物，更乞差來使臣不須限定五十人，事下禮部，會官議：祖宗設置朵顔、泰寧、福餘三衛，爲東北藩籬，每年朝貢宴賜特厚，而乃背逆天道，隨虜賊毛里孩犯邊，今遣人來朝，雖稱奏報邊情，不過挾勢求索。今宜量加賞賜，仍乞降勅責以大義，用數其姦宄之意。

上賜之勅曰：爾三衛皆我祖宗所立，授以官職，衛我邊境，爾之前人，歲時朝貢，無有二心，爾等正當繼體前人之志，感恩圖報，卻乃隨從毛里孩爲非，抑不思昔有從也先作歹者，也先今安在哉。今爾等年年來朝，受賞賜，陞官職，誰與爾邪。今既改改悔，差人來朝，并奏報事情，特從寬貸，仍賜表裏以合爾意，并准爾所奏歲時差人朝貢，每衛許放百人，須以本衛印信文書爲照。爾等今後宜以也先孛來等作歹自取滅亡爲戒，體念朝廷優待之意，不可仍聽外人哄誘爲非，須效爾前人所爲，各守境土，防護邊疆，勉於爲善，竭誠報國，庶幾享太平之福。欽此。己卯，雲南車里并老撾八百大甸宣慰司遣頭目來朝貢象、馬，賜衣服綵段等物有差。

《明實録》成化三年夏四月〔癸卯〕兵部尚書王復等言：今衛所因循日久，姦弊愈滋，以致軍士有名無實。有私役跟官者，有辦納月錢者，及聞上司查點，輒開作守城、把門、看廠、種菜、當匠、差操等項。破調影射甚者，新軍解到，百計騷擾，索要財物，或逼迫在逃，或隨即賣放，情弊非一，故有司雖有清理之名，而衛所無充實之效。今各營軍士已蒙查理，而在京在外衛所亦當如之。如有私役跟官、辦納月錢、索要財物、逼迫賣放者，該營官員革去管軍管事。若新解軍到，逼迫賣放十名以上，降一級；多者，計數遞降；其不及十名者，如常例發落。在京衛分行令見委管理存恤軍士，本部員外郎、給事中、御史稽考遞年各衛食糧文册，要見某衛軍士原數若干，見在若干，在衛差占并空閑各若干，逐一查出，將精壯者送營操備。在外衛所、兩直隸行移巡按御史同所在知府，十三布政司行移布政司同分巡按察司官，查吊各衛食糧文册，照例清出操練，仍將清理之數造册繳部。每年一次查考，如有前項作弊情由，一體參奏問罪。如所擬著爲例，庶幾有司不致煩擾，軍伍得清。上可其奏。

《明實録》弘治十八年七月〔壬寅〕改武平衛屯田諸務隸南直隸管屯副使。衛在亳州，舊隸河南僉事不便，故改之。

《明實録》嘉靖二十七年十月〔乙未〕朵顔衛夷人影克差舍人董沙等請承襲。影克，革蘭臺子也。舊規：三衛夷人應襲者，咸以入貢時襲于闕下。至革蘭臺始，遣人代貢請襲。及是革蘭臺死，影克復援其父例以請。詔：仍許之。給敕宴賚如例。

《明實録》隆慶元年八月〔甲申〕政〔改〕設肅州、西寧二倉監收通判各一〔二〕員。裁革肅州、西寧二衛知事各一員。

（清）谷應泰《明史紀事本末》卷一四《開國規模》〔洪武元年二月〕定衛、所官軍及將帥將兵之法。自京師及郡縣皆立衛、所，大率以五千六百人爲一衛，一千一百二十人爲一所，一百一十二人爲百户所。每百户所設總旗二名，小旗十名，官領鈐束，通以指揮使等官領之。大小相連，以成隊伍。有事征伐，則詔總兵官佩將印領之。既旋，則上所佩將印於朝，官軍各回本衛，大將軍身還第。權皆出於朝廷，不敢有專擅。自是征伐，率以爲常。

（清）谷應泰《明史紀事本末》卷二〇《設立三衛》成祖永樂元年三月，改北平行都司爲大寧都司，徙保定，以大寧故地畀三衛。大寧，故兀良哈地也。在烏龍江南，漁陽塞北。

（清）谷應泰《明史紀事本末》卷二〇《設立三衛》〔宣德〕五年，徙開平衛於獨石。洪武初，李文忠克元上都，設開平衛守之，置驛八：東曰涼亭、泥河、賽峰、黄崖四驛，接大寧、古北口；西曰桓州、威虜、明安、隰寧四驛，接獨石。永樂間，大寧既棄，而開平勢孤難守。至是，遂城獨石，徙開平衛於此，棄地蓋三百里，自是盡失龍岡、灤河之險，邊陲斗絶，益騷然矣。

清朝部

朝廷分部

總敘

論説

（清）李塨《平書訂》卷三《建官第三上》　平書曰：近代建官之弊七，而取士之弊不與焉。任之不專，十羊九牧，可以諉過，不可以見功，使政事日壞而不知。弊一。用之不久，官如傳舍，賢者不能盡其才，不肖者苟且以免罪，舉天下無一任事之人。弊二。人才長短各有宜，乃司兵者轉而司農，司刑者轉而司禮，但以官之大小爲升降，不論其才與職之稱否，似天下皆通才，遂致天下皆廢才。弊三。碩德奇才，應不次用之，庸衆即終身末職不爲過，乃銓選以掣籤聽之命，遷次以資格聽之法，人才何由得乎。弊四。法密如牛毛，建官使守法，法孰習之，習之者吏耳。官不得不聽於吏，是謂不任官而任吏。不任官而任吏，吏之姦弊，遂日深而不可除。弊五。凡養民造士，錢穀刑名，無鉅無細，皆本於縣。今之州縣可比古諸侯之國，諸侯之卿大夫士，爲之分理者何其衆。今之佐貳，爲縣令分理者何其寡。諸侯之上，爲之總者，不過方伯。今縣之上有府與府佐貳，府之上有監司，監司之上有布按，布按之上有督撫，且兵有監司，糧有監司，河有監司，學有監司，糧又有督，河又有督，以數十長官，林立督之於上，而佐貳其下者，不過二三人，吏治何由善乎。弊六。官之應設者不設，而不應設之宂官徒縻廩禄者不可勝數。弊七。夫奸貪不法與庸惰無能，臣之罪也。若此七弊，朝廷實貽之，可歸咎於臣下哉。唐虞建官惟百，亮天工者，不過二十有二人。周官三百六十。所任卿大夫亦不過數十人。故官不在多，在專與久。不在全才，在用其長。不在任法，在任人。

試酌古準今而爲之制，官之設於京師者，曰四府，曰六部，曰三院，曰二衛，曰四司。四府者：一曰公孤府，設於禁中，師保之官也。天子師事而不臣，以致仕大臣年高有德望者爲之，不預政事，但朝夕爲天子陳説帝王之道，以格君心，成君德。或二三人，或四五人，無不可。無僚屬，而宦官聽其黜陟如屬吏，賤者可杖也。太子之師保亦然，同設於府中而另一地。二曰端揆府，設於宫城内之東，輔弼之官也。立相二，左相國、右相國，佐天子明政用人，統百官，均四海，侍郎四爲之副。其屬中書令八，中書舍人十有六，分領簿書，掌機務士六十四人。三曰御史府，設於朝門左，風憲之官也。都御史一，左右副都御史各一，繩愆糾謬，陳利弊，劾姦貪，達民隱。其屬監察御史六十人，職與都御史等。而分理簿書者八人，巡按州藩，每歲各一人，巡視京城二人，士四十人。四曰成均府，設於都城内東南，教化之官也。大司成一，左右少司成各一，敷五教於天下，教皇子公侯伯之子，總天下州藩之學師，而試太學生。其屬司業八，士三十二人。六部者：一曰農部，士農軍商工各有籍，而總其户口於端揆，農官但有農之籍，不可概以户稱，故改稱農部。設於宫城外東，課農之官也。大司農一，左右少司農各一，總天下州藩之農官，督其政而稽其入。其屬中大夫各州藩一人，分察之。如今制，士堂上八人，每司四人。二曰禮部，設於宫城外西，典禮之官也。大宗伯一，左右少宗伯各一，掌禮樂大典，統禮樂經史文學之臣，總天下州藩之禮官。其屬中大夫六，禮二樂一，經學一，史學一，文學一，士三十二人，堂上八人，每司四人。三曰兵部，設於宫城東，農部南，備武之官也。大司馬一，左右少司馬各一，掌天子之六軍而訓練之，討不庭平叛亂，供田狩，總天下州藩之司馬。其屬中大夫十二，分統六軍，繕器甲，備車馬。士五十六人，堂上八人，每司四人。四曰刑部，設於宫城西，禮部南，明刑之官也。大司寇一，左右少司寇各一，詰姦禁暴，總天下州藩之刑官而平其獄。凡大獄死刑，必歸刑部。其屬中大夫每州藩一人，如今制士，堂上八人，每司四人。五曰地部，設於宫城東，兵部南，方域之官也。大司空一，左右少司空各一，掌天下之土地，山川城池，阨塞輿圖，總天下司地之官而督其理。其屬中大夫八，分督之士四十人。六曰貨部，即《周官》内府、外府、泉府，後世鹽鐵使轉運司之職。設於宫城西，刑部南，司財用之官也。大司均一，左右少司均各一，掌財貨出入，節朝廷經費。其屬中大夫每州藩各一人，分核之。士堂上八人，每司四人。三院者：一曰通政院，設於朝門右，天子耳目之官也。左右通政使各一，中外大小臣士庶凡有封章即與奏，阻隔者誅。其屬納言四，士十有二人。一曰黄門院，設於宫城内之西，封駁之官也。都給事一，給事中十有二。凡詔令之下必由之，有不便者駁還之。士六人。設登聞鼓於宫城北門之内，歲命一給事司之。凡有告變或奇寃，登樓撾鼓者，即以狀聞，阻隔者誅，妄告者誅。一曰翰林院，設於宫城内之北，侍從文學之官也。侍中一，其屬令史十，禮樂經史文學各二，備顧問，撰制誥。士二十四人。二衛者：一曰金吾衛，分左右列宫城内，金吾大將軍各一，侍衛之官也。守宫門，稽出入。百官俱懸牙牌出入，以便稽查。舊制也，司之以禮部。司儀衛，其屬都尉八，士二十四人。一曰羽林衛，亦分左右列宫城外，羽林大將軍各一，典禁旅之官也。司徼巡，備非常。其屬羽林郎十有二，士三十二人。四司者：一曰歷象司，一曰大卜司，一曰考工司，一曰岐黄司。不統於府部院衛，以出身非士也。都城内擇地設之。歷象司，治歷之官也。司正一，司副二，其屬同知四，天文生十有六，附生無定數。大卜司，陰陽卜筮之官也。司正一，司副二，其屬同知四，卜生八，附生無定數。考工司，興建製造之官也。司正一，司副二，其屬攻土、攻木、攻金、攻石、攻玉、攻皮、畫繪、織造，爲八所，供天子宫室輿仗、冠服器皿之具，備禮樂兵農器械之用。每所同知一，工生四，附生無定數。岐黄司，醫藥之官也。司正一，司副二，其數分科，每科如眼科、痘科之類。同知一，醫生四，附生無定數。京師之官盡此矣。官之設於州藩者，一府、一院、一堂、六曹、三監。府者，州牧藩王也。領一州一藩之事，統佐屬與守令而總其成。院者，巡按御史也。察州牧藩王與其佐及守令之賢否，郡縣佐不問也。地有豪強按之，寃抑雪之，民事不問也。堂者，州藩之學師也。敷五教於州藩，統郡縣之學師而總其成。六曹者：司農、宗伯、司馬、司寇、司空、司均，以農禮兵刑地貨爲曹也。獨禮曹於宗伯外，有禮樂經史文學五宗伯以副之，各統其郡之六廳而總其成。士則府二十四，院十二，堂與六曹各八。三監者：工監、卜監、醫監，各置一尹也，生則每監四。官之設於郡者，二堂、六廳、三監。二堂者，太守郡師也。守統其屬與縣令，師統其縣師而總其成。六廳者，藝郎、治中、別駕、司理、典方、節史，以農禮兵刑地貨爲廳也。禮廳於治中外，有禮樂經史文學五治中以副之，各統其縣之六衙而總其成。士則守十六，師與六廳各八。三監者，卜工醫各置一丞也，生則每監四。官之設於縣者，二堂、六衙、三監。二堂者，縣令縣師也。令統其屬，合一縣之事而總其成。師教學生，統一縣之鄉師而總其成也。六衙者，縣丞、縣正、縣尉、縣督、縣郵、縣同，以農禮兵刑地貨爲衙，而各修其職也。禮衙於縣正外，有禮樂經史文學五正以副之。士則倍於郡，以其所理者多也。三監者，卜工醫各置一判也，生亦倍於郡，且有附生而習其業者。外官盡此矣。由是品級以等之，服色以别之，廪禄以厚之，銓選考績，舉劾以操縱而進退之。天下人才猶不得其用，而政事猶不舉者，未之有也。

陸桴亭論司兵有功陞司農、司刑有功陞司禮諸法曰：是得一善攻木者而賞之使削鐵也，不可解矣。

高岱論法詳之弊曰：事有宜密，雖腹心不得開也，而必須關白。人有可用，雖將相不爲過也，而必循資格。錢穀出納，有足以利民者，專之可也。而憚於稽考之嚴，刑獄重輕，有當以情處者，遂之可也。而涉於出入之議，機當速應，畏法易逗留，勢宜有待，畏法多張皇，一金之費，干歷諸司，一令之行，徧咨羣長，甲乙可否，吏胥上下，關政理之志輕，而稽簿書之念重，敷治化之日少，而辦文移之日多。少有蕩軼，則下以廢法而訐其非，上以悖法而重其譴。君子不敢爲善，殆甚於小人不敢爲惡矣。痛乎其言之也，而漢法疏闊而長，秦隋法繁密而促，爲治者宜何從。

《思辨録》曰：魏莊渠嘗言古縣邑官較後世多，府史較後世少。今在官者千百爲羣，積姦叢弊，蠹害生民，此古今盛衰之制也。古之治也以道，卿士大夫同寅協恭，清心致理。後世上下相疑，不復推誠，委任天下之事，一決簿書，變成吏胥世界矣。

六部之吏典，六部之事皆出其手矣。布政按察之吏典，布政按察之事皆出其手矣。郡縣之吏典，郡縣之事皆出其手矣。乃士子羞爲之，而爲之者必狡猾臾詬之人，天下事安得而治也。夫以狡猾臾詬者爲吏典，是以狡猾臾詬者爲六部也、藩臬也、郡縣也，天下事安得而治也。蘇軾曰：用之則不絶，絶之則不用。爲吏典者，不過官至典史吏目而止，是用之而復絶之。彼其心以爲榮功顯名，無與於我也，尚何廉恥之足惜，而行誼之可矜耶。今議府部下辦事者皆以士，以至郡縣，六房稱六官，下皆以士辦事，皆可爲官。其役於下者，不過寥寥胥徒而已，誠良法也。予嘗謂治天下有四大端：曰仕與學合，文與武合，官與吏合，兵與民合。此官與吏合也。不然，以白面書生爲官，以矯虔乾没爲吏，欲天下之平治，斷未之有。

宋楊億上疏曰：國家憂銓擬不允，置審官之司。慮議讞或濫，設審刑之署。恐命令或失，建封駮之局。臣以爲在於紀綱植立，不在琴瑟更張。若辨論官才歸於相府，則審官之司可廢矣。詳評刑辟屬於司寇，即審刑之署可去矣。出納詔令關於給事中，即封駮之局可罷矣。嗟乎，不責其治事，不罪其不治事，而多設官，十羊九牧，徒資推諉，何爲哉。況今憂郡縣不理，而重加長官於上，正東坡所謂監圉卒以廄長而馬益瘦者也，民何辜耶。

顧寧人曰：一鄉之中，官備而法詳，然後天下之治，有條而不亂，至今蕩然無存。守令之上，積尊累重，而下乃無與分其職者。雖得公廉勤幹之吏猶不能以爲治，而況非其人者乎。柳子厚云：有里胥而後有縣大夫，有縣大夫而後有諸侯，有諸侯而後有方伯連帥，有方伯連帥而後有天子。則天下之治始於里胥，終於天子，其灼然者矣。故自古及今，小官多者其世盛，大官多者其世衰。興亡之塗，罔不由此。陸道威曰：治天下必自鄉始，分鄉乃小封建法也。二子之言善矣。平書官制從六衙縣令起，愚意從鄉官六衙起，公正陞縣令，以其既爲士，復理民，有績始可膺百里親民之任也。以下正畯巡有功加九品官，及保長有功加九品冠帶者，保長可量才間爲正畯巡，正畯巡可量才間爲六衙，以其所長除之。若才止其任者，雖甚有功，加品與禄而任終身焉。

師保一官，不在臣内，最是。顏習齋先生嘗言曰：《中庸》大臣羣臣之外，先有尊賢一經，乃論道傳學，不可臣使之人也。漢光武不知此義，而屈嚴子陵以官，故不能留耳。據此則致仕大臣外，碩德高隱，皆可聘致之。成均敷五教於天下，似爲不妥。《周禮》司樂教士，司徒教民，原屬兩事。成均教士而兼教民，非職也。況縣之專教民者，鄉正也。鄉正若以縣師督之，不惟教士不暇，且嚴則分縣令教民之權，或與令忤，寬則鄉民不畏，漫無可稽。是必縣令統之，而縣正分統之，乃可責成。以上考核教民之官皆然，則敷五教於天下之民者，歸之禮部爲宜。以今户部不稱司徒，而齊民以禮，正禮部事也。

三代而上，以躬行實踐爲主，不惟經史之名不見於命官，即學校之内，惟教以禮樂德行。其誦詩也，所以習樂；其觀書也，所以考政，亦無所謂經學史學之名也。自秦火後，聖道之識大識小，口傳身授者，盡委於地，無從尋覓，於是求夫載道之籍，朝購詩書，士多箋註，而經史始重。沿至宋明，虚文日多，實學日衰，以誦讀爲高致，以政事爲粗庸。邱濬爲大學士，著《大學衍義補》，不期實行，但期立言。孫爌坐大司馬堂上，手持書卷，時邊事孔棘，爲侯執蒲所劾。此風一成，朝廷將相競以讀書著述爲名。至於明末，萬卷經史，滿腹文詞，不能發一策，彎一矢，甘心敗北，肝腦塗地，而宗社墟，生民熸矣。禍尚忍言哉。今乃儼然立一經學中大夫、史學中大夫之名，是猶之導其流而益其焰也。可乎哉。《周禮》建官至詳悉，而中惟有外史一官，職不過上士，掌天下之志，而兼及三墳五典。今仿其意，改經學爲制誥，掌朝廷敕命諸文，改史學爲太史，掌起居注及修史志。至於古經古史，成均教士及内覽者，隨在以人司之，不必專官。而藩郡以下，則制誥太史之事無之，有翰墨事，兼以司禮樂之人可也。此非輕經史也，士自學校來，皆令通經史矣，何爲專名一官。且後世之學，實難而虚易，朝廷不貴浮華，而承平日久，士猶將弄柔翰以自文也，而況導之與。即如言語豈非聖門一科，而孔子屢曰訥言、恥言、言之不出，亦以行難言易，防其流之不可救也。

至於文學一官，專主古文詩賦，更爲不可。子游子夏曰文學，觀之《檀弓》，子游長於禮，而子夏著《喪服傳》。則所謂文學，猶是考證禮樂諸學，夫子文章斯文之分體也，而豈後世詞章浮華之文耶。以詩文爲文而立之官，恐聖學并爲所亂矣。古文詩賦，即朝廷間有用及，以司誥司史者爲之，無憂不足也。

藩郡縣禮官即司禮樂，亦不必復設副，以與他曹不倫也。若云禮樂事繁，他曹事無繁者乎。繁者可多置士耳。

馬政當入於兵部，以兵必須馬，而天下之馬不可不蓄也。明令民養種馬課駒，其後甚擾民。今思蕃馬之法有四：朝廷養馬於西北邊，如周非子、唐王毛仲故事，一也。復明之茶馬舊制，以茶易蕃馬，二也。取士必試其騎射，則士之養馬者多矣。田賦出兵，今若千家養一馬爲兵用，而民乘馬者不禁，則民之養馬者多矣。

崑繩以爲地域所關者大，而百工末技也，不得與諸部等，故改工部爲地部，而别設工曰司。然地域至承平時無多事，專立一部，與農禮兵刑不倫。且每縣有縣郵司地，則縣中儘有無山川阨塞者，亦有一二年不須修城浚池者，當爲何事乎。且料理阨塞城池，即工事也。古制工爲四民之一，今士統於成均，農統於司農，商統於司均，則工統於一部，亦不爲褻。莫如仍稱工部，而并地域司之，考工司不必另立。凡天下土地山川阨塞及封濬建國立邑、宫室溝洫以及百工，皆屬其任。而分中大夫理之，任亦重矣。《周禮·考工》即統理國邑城池溝洫可證也。州藩以下皆然。

《周禮·冬官》曰大司空者，以分天地四時，象冬也。今下尚有貨部而稱大司空，非宜矣。工部宜改稱曰大司事，以郟子論官有鶻鳩司事一名，而《周禮》云冬官掌邦事也。

《周禮》六官之外無官，陸桴亭曰：鴻臚、太常、光禄可并入禮部，太僕、宛馬或并入兵部，翰林、尚寶、欽天可并入吏部。何者？緒紛也。今擬御史府、黄門院特設，爲職司言責有所束，恐不得盡也。成均特設，尊教也。通政特設，爲達章奏，亦不可更有鈐制者也。金吾、羽林特設，兵權不可專一，且隱然天子自將也。若歷象太卜，《周禮》原屬宗伯，二司宜入禮部。岐黄《周禮》屬冢宰，今無吏部，宜入之工部，以製藥亦工事也。都給事即今之掌印給事中也，與他給事職品并同。院官凡十三人，而士止六人，何獨少也，意誤耳。

至翰林院則直常去之，《思辨録》曰：翰林院始於唐。唐制乘輿所在，必有文詞經學之士，下至醫卜伎術之流，皆置於别院，以備燕見。而文書詔令則掌於中書舍人，未之及也。乾封以後，始召文士元萬頃等草文詞，謂之北門學士。玄宗初置翰林待詔，以陸九齡、張説等爲之，掌四方表疏批答。又改翰林供奉爲學士，别置學士院，專掌内命。凡拜免將相，號令征伐，皆用白麻。其後選用益重，禮遇益親，至號爲内相，又爲天子私人，而翰林院始甚重。然所謂學士，皆以親疏遠近爲貴賤，未嘗有一定之品秩也。宋始有定制，職始貴顯。至於今制，則直以爲儲相之地。夫宰相，天下安危之所寄也。當取洞悉國體民情者，豈可徒取文詞之士乎。明代大學士即相臣也，不用歷練禮樂兵農親嘗民事之官爲之，而但以科舉高第選入翰林，弄筆磨墨，坐至館閣。高拱、于慎行等身爲學士，而即非之矣。今即不用以儲相，而尚存其官，何爲者？禮樂制誥諸事，已在禮部，備顧問則師保端揆任也，何爲重出？顔習齋先生曰：今世以翰林修撰編檢爲第一清要之職，何唐虞聖帝命官詔牧，竟忘此一銜也。誦讀浮文之禍，害及官政民生，可歎也夫。

歷象、太卜、考工、岐黄不用士，謂之雜途，則猶宋明書生氣習，而非古也。天下當爲不可不爲者，皆正途，不可言雜，有其途雜而帝王尚用之者乎，名之曰雜，是教之輕節自喪矣。《周禮》醫師上士，獸醫下士，考工埒於六卿，太卜爲下大夫，太師下大夫，小師上士，矧羲知欽若昊天，以授人時，爲堯舜行政用人之首，而乃曰雜途，令出身非士者爲之乎。今擬縣醫官以藝能科習醫者爲士，屬縣工查核，縣卜官以天文科不貢於京師歷象司者爲士，屬縣正查核。惟伶官或士或非士，不拘，然必以品端業精者爲之，不名之雜流也。至其下之非舞扮而但吹彈歌詠者，仍當用矇瞍，以使瞽人有用。

六曹即以農曹禮曹名之可也，不必别立一名，以下廳衙皆然。郵驛近於兵，當隸之縣兵，而縣司工者不可官名，縣郵即曰工衙爲宜。

《大學》釋平治，申戒好貨，貨部之名不雅也。泉貨當如《周禮》寄於農曹，不必專部，即冢宰别爲相府，而但留五部，如漢后稱五曹五尚書者，未爲不可也。

（清）袁枚《小倉山房文集》卷一《釋官一篇送李晴江》 心，天官也。耳、目、口、鼻，五官也。公、卿、大夫，百官也。天官、五官，豈我有哉？天與之。百官豈我有哉？人與之。以偶然之有，逢不可必與之數，而又未有而求之，既有而呢之，業已無有而思之，是制于與不與也。夫與不與，彼又有所制也。天制于氣數，而不敢與，不敢不與；人制于天，而不能與，不能不與；吾又受制于所受制之天與人，而望其與，震其不與。吁，其惑哉。

雖然，有天官而後有五官，有五官而後有百官。以公、卿、大夫，易耳、目、口、鼻，愚者不爲也。以耳、目、口、鼻，易其心，愚者亦不爲也。乃以公、卿、大夫之故，而累其身，并累其心，是以千金之珠易土苴也。

李先生搖組鳴轂，之乎中州，不逾年，解果其冠，傫然氓矣。則又搖組鳴轂，之乎江南，不逾年，解果其冠，傫然氓矣。邦之人甚怪之，甚避之。子才子曳先生之背，披先生之胸，暴之乎項氏之園，大暑日中而眄之曰：嘻，先生其有道者歟？始吾見先生之頭，棄其蟬冕，以爲頭無官也；先生之身，解其印綬，以爲身無官也；今日光耀先生之方寸，蕩蕩然，榮華之不知，奧渫之不分，然則先生之臟腑百竅俱無官也。以無官之先生，而人必與之官，先生不辭；以有官之先生，而人不與之官，先生不惋。吾知之矣，我之生也，是天之有求于我也。畀之耳、目、口、鼻以粉飾太虛，而非我有所求于天也。我之仕也，是人之有求于我也，畀之爵、禄、車、馬以受其利濟，而非我有所求于人也。赤子之哭，不願生也；初生之哭是，則將死之哭非矣。丹穴之逃，懼爲君也；人君之逃是，則人臣之不逃非矣。今之人已無求于先生，今之天猶有求于先生。于是，有鼻而且甘乎椒桂，有目而且玩乎白雲，有耳而且耽乎松泉，有口而且論乎是非。而且耳不隨人聽，目不隨人視，四支不隨人約束。臥，可也；坐，可也；居，可也；行，可也。一日，可也；百年，可也。不以百官病其五官，而五官全；不以五官病其天官，而先生全。

言未畢，先生蹶然興曰：吾聞中民之士榮官。吾非中民也，而子又奚稱？

（清）錢大昕《潛研堂文集》卷三四《答袁簡齋書》　得手教，循環雒誦，懽喜無量。先生研精史學，于古今官制異同之故，燭照數計，洞見癥結，而猶虛懷若谷，示以所疑，俾馬勃牛溲，得備扁和之采，其爲榮幸，非所敢望。謹就問目，述其一二，惟先生詳察。夫檢校、兼、守、判、知之名，皆起于唐，但唐初所謂檢校者，雖非正授，却辦本職事，如檢校侍中、檢校中書令、檢校納言、檢校左相之類，皆列于《宰相表》，與真授者無別。而宇文士及檢校凉州都督，魏元忠檢校并州長史，亦是實履其任。蓋內外各官，皆得有檢校，若今署事矣。中葉以後，諸將多以軍功得檢校官，三公、三師、僕射、尚書、常侍，車載斗量，有名無實，故《唐書·宰相表》三公、三師七十一人，檢校之公、師不與焉，猶使相之不列于宰相也。而自公、師、兩僕射、六尚書、兩散騎常侍、太子賓客、國子祭酒而外，它官亦罕有除檢校者。《宋史》所列檢校官一十有九，蓋即沿唐末之制矣。公、師之班，首太師，次太尉，次太傅，次太保，次司徒，次司空。王建由檢校太師纔遷司徒，曹佾以檢校太師守司徒，又數年始除守太保，然則檢校太師尚在真三公之下也。若夫行、守、試三者，則以官與職之高下而別。《長編》載元豐四年詔：自今除授職事官，并以寄禄官品高下爲法，高一品者爲行，下一品者爲守，二品以下爲試，品同者不用行、守、試。偶檢柳公權書苻璘碑，其題云輔國大將軍行左神策軍將軍，輔國大將軍階正二品，左神策將軍官從三品，此高一品爲行之證也。其結銜云朝議大夫守尚書工部侍郎，朝議大夫階正五品，侍郎官正四品，此下一品爲守之證也。五代時李琪爲宰相，所私吏當得試官，琪改試爲守，遂爲同官所糾，此試不如守之證也。判與知之分，則宋次道《春明退朝録》所云品同爲知，隔品爲判者得之。宋初，曹翰以觀察使判潁州，蓋用隔品爲判之例，後來惟輔臣及官僕射以上領州府事稱判，其餘皆稱知，不稱判矣。判知之外，又有云權發遣者，則以其資輕而驟進，故于結銜稍示區別。程大昌云以知縣資序隔二等而作州者謂之權發遣，以通判資序隔一等而作州者謂之權知是也。宋制，六曹尚書從二品，而權尚書則正三品，侍郎從三品，而權侍郎從四品，則權知與知亦大有別矣。元祐元年，文彥博落致仕加太師平章軍國重事，潞公本以守太師致仕，今復召用，故有落致仕之命。同一落也，落職則爲罷免，落致仕則爲復用，其云落者，謂結銜內去此字也。元豐三年，彥博落兼侍中，除守太尉，蓋其時改官制，以侍中、中書令爲宰相，職事官非退閑者所宜授，故落侍中而進太尉以寵之，亦非罷免之謂也。富弼、吕公著之守司空，與蔡京之司空，皆真三公也，而京不云守，則尤貴。三師、三公初拜，有臨軒受册儀，宋時居此職者皆固辭而止。若檢校官固無所謂册拜也。差遣之名，惟宋時有之。宋時百官除授，有官、有職、有差遣，如東坡以學士知定州，知州事，差遣也。端明殿學士，職也，朝奉郎，則官也；差遣罷而官職尚存，職落而官如故，古之優禮臣工如此，非有大罪，斷無儕于編户之有理。至明而待士之禮薄矣。方密之謂古宰相無印，支俸皆借翰林院印，此特謂明之大學士耳。唐、宋宰相皆有印，故有分日知印之法，其文曰中書門下印。元中書令、左右丞相皆銀印。若明之大學士本無宰相之名，然亦未嘗無印。《明史》内閣銀印，直紐，方一寸七分，厚六分，玉箸篆文，其文曰文淵閣印。但文移用翰林院印，不用此印，而方遂以爲無之耳。本朝大學士無印，文移用内閣典籍廳印，即明之翰林院典籍也。明之閣臣皆出翰林，故典籍即爲内閣之屬，今改典籍隸内閣，而翰林院别設典簿，稍區而二之矣。《隋書·百官志》：官一品，每歲禄八百匹，二百匹爲一秩。雖未明言何匹，細檢下文，有云禄率一分以帛，一分以粟，一分以錢，則匹當是絹匹之匹，非馬匹也。尊集體大思精，直追唐、宋作者，蒙委讎校，謹就鄙見所及，證據一二，開具别紙。暑暍恐勞起居，得雨稍凉，當走謁。不宣。

（清）賀長齡《皇朝經世文編》卷一三《治體七·用人·論官制陸世儀》

設官分職，所以爲民極也，故官制清則民志定。周制，在天下惟公侯伯子男，在一國惟卿大夫士而已。自秦罷侯置守，分爵二十級，而漢唐宋因之，愈棼愈亂。其制有爵有職官有加官，又有散階勳爵，或一官而兼數銜，或一事而設數官，或古貴而今卑，或古卑而今貴。名目混淆，等第雜亂。欲居官者顧名思義，難矣。于以治民，不亦謬哉。故愚謂治天下斷自清官制，始三代以官爲治事之司，故其制簡而清，後世以官爲賞人之物，故其制繁而亂。

周制，地官司徒主教養萬民。今之户部，但主户口田賦貢役經費，非古制也。葢古者王畿千里，千里之外，以封諸侯，而千里之内，又分采地。九賦之歛，其入無多，故可專意教養。今則海内之田賦皆屬户部，勢不得不以教之一字聽之學校，而全部專心會計矣。明初止分四司，而其後又分十三司，十三司各分四科，誠以庶務之浩繁也。然古者有教有養，而後世但聞取民，世代升降，感慨係之矣。

夏殷周皆有九卿，即少師少傅少保及六官，外此無卿。今制六部都通大，謂之大九卿，而鴻臚、太常、光禄寺又謂之小九卿。以今觀之，殊可併省。如鴻臚、太常、光禄、國子監可併入禮部，太僕、苑馬可併入兵部，翰林、尚寶、欽天可併入吏部，此勢之至便，而制之至善者也。昔宋初雖有九卿之名，皆以爲命官之品秩而無執事。元豐正名，始有執掌。中興初，併省冗職，衛尉、太僕併兵部，太府、司農併户部，光禄、鴻臚併禮部，亦惡其頭緒之紛也。立官制而能使頭緒井然，則治天下之道，思過半矣。

昔人謂《周禮》無諫官，凡官皆可諫者，其言似是而實非也。地官之屬師氏詔王善，保氏諫王惡，則保氏便是諫官。故後世之設諫官，非《周禮》意也，其必復師氏保氏之舊，而在于王所乎。

翰林院始于唐，唐制乘輿所在，必有文詞經學之士，下至醫卜伎術之流，皆直于别院，以備燕見。而文書詔令則掌于中書舍人，未之及也。乾封以後，始召文士元萬頃等草文辭，謂之北門學士。元宗初置翰林待詔，以張九齡、張説等爲之，掌四方表疏批答。又改翰林供奉爲學士，别置學士院，專掌内命。凡拜免將相號令征伐皆用白麻，其後選用益重，禮遇益親，至號爲内相，又爲天子私人，而翰林院始大重。然所謂學士，皆以親踈遠近爲貴賤，未嘗有一定之品秩也。宋始有定制，職始貴顯。至于明制，則直以爲儲相之地。士子登高第者竟入翰林，不數年可坐致館閣。夫宰相天下安危之所寄也，人主擇相，當務取洞悉國體民情者，豈可徒取文章華國乎。竊謂翰林既爲儲相地，當即以相業期之。入院之後，宜講貫歷朝經制，務爲明體適用之學，則得之矣。

（清）章炳麟《太炎文録初編》卷一《官制索隱》

九服崩離，天地既閉，吾乃感前王之成迹，而爲《官制索隱》四篇。蓋古今言是者多矣，高者比次典章，然弗能推既見以至微隱。其次期于致用，一切黠污之迹，故非所曉，雖曉亦不欲説。吾今爲此，獨奇觚與衆異，其趣在實事求是，非致用之術。乃亦不待排比，推迹經脈，盡於孫絡，相其陰陽，嘗其臭味，其作始至微眇，而終甚鉅，爲傭衆所弗能理者，乃著之於篇。其微旨，在使人周知古始，以興感慕，耿然識旃裘引弓之非吾族。思古人也，而非期於取法，故不欲掩其黠污。與胡伯始、杜君卿諸公，尚殊其意，況若端臨之佊佊者乎？或曰：凡事之使人興慕者，在其可崇可貴。今子爲《天子居山》、《宰相用奴》諸《説》，適足釀嘲，而起鄙夷宗國之念，毋乃其自刺謬耶？曰：吾曩者嘗言之，以爲祖宗手澤，雖至儜拙，其後昆猶寶貴之。若曰盡善，則非也。昔顧寧人丁明絶胙，發憤考帝王陵寢，彼蒿里中陳死人，豈有豪末足用於當世？然識其兆域，則使人感懷不忘。且今之觀優者，求其事迹，蓋負慙德而姦惡可惎者衆矣。優人固未嘗爲掩諱，且暴露愈甚，則觀者愈益奮興。豈非以漢官威儀，於此得其放物，故弗計事狀之淑慝耶？若徒就官制言，吾中國專制之世，宰相則用近臣，其樂爲近臣者誠醜。然歐、美君主共和之政，抑豈有以愈是乎？凡爲代議士者，營求入選，所費金無慮鉅萬，斯與行賄得官何異？民主立憲，世人矜美，法二國以爲美談。今法之政治，以賄賂成，而美人亦多以苞苴致貴顯。夫佞悦衆人，與佞悦一君者，其細大雖有異，要之，猥賤則同也。然則承天下之下流者，莫政府與官吏議士若。行誼不修，賕賂公行，斯爲官吏議士，而總其維綱者爲政府。政府之可鄙厭，寧獨專制？雖民主立憲，猶將撥而去之。藉令死者有知，當操金椎以趨冢墓，下見拿破侖、華盛頓，則敲其頭矣。凡政體稍優者，特能擁護吏民，爲之興利，愈於專制所爲耳。然其官僚，猶頑頓無廉恥，非是，則弗能被任用。故嘗論政府之於生民，其猶乾矢鳥糞之孳殖百穀耶？百穀無乾矢鳥糞不得孳殖，然其穢惡固自若。求無政府而自治者，猶去乾矢鳥糞而望百穀之自長。以生民之待政府而頌美之者，猶見百穀之孳殖，而并以乾矢鳥糞爲馨香也。吾儕所志，在光復中國而已。光復者，義所任、情所迫也。光復以後，復設共和政府，則不得已而爲之也，非義所任、情所迫也。以是反觀，則無欣厭於甘辛黑白矣。

神權時代天子居山説。惠定宇作《明堂大道録》，考明堂者，經師所有事，其言大道則夸也。明堂、清廟、辟雍之制，古今興廢雖不同，然麗王公奠天位者，其實、其名，大抵不出山麓。古之王者，以神道設教，草昧之世，神、人未分，而天子爲代天之官，因高就丘，爲其近於穹蒼。是故封泰山、禪梁父，後代以爲曠典，然上古視之至恒也。《山海經》云：鼓鐘之山，帝臺之所以觴百神也。又云：帝堯臺、帝嚳臺、帝丹朱臺、帝舜臺，各二臺，臺四方，在昆侖東北。西王母之山，有軒轅之臺。係昆之山，有共工之臺。蓋人君恒居山上，雖宮室既備，猶必放而爲之。有時亦直營岡阜，以爲中都。《説文》云：京，人所爲絶高丘也。《詩》稱公劉：乃陟南岡，乃覯于京，京師之野，于時處處，于時廬旅。此蓋在夏衰，戎狄雜居之世。其後則《春秋》以天子所居爲京師，亦放物其意而名之。《爾雅·釋詁》曰：林、烝，君也。林爲山林，烝即薪蒸。是天子在山林中明甚。後代此制既絶，而古語流傳，其迹尚在。故秦、漢謂天子所居爲禁中。禁從林聲，禁者，林也。言禁、言籞，皆山林之儲胥也。亡友陳鏡泉説。《五經異義》鄭君駁云：《禮記·王制》：天子命之教，然後爲學。小學在公宮之左，大學在郊。天子曰辟雍，諸侯曰泮宮。天子將出征，受命於祖，受成於學。出征執有罪反，釋奠於學，以訊馘告。然則大學即辟雍也。《詩·頌·泮水》云：既作泮宮，淮夷攸服，矯矯虎臣，在泮獻馘。此復與辟雍同義之證也。《大雅·靈臺》一篇之詩，有靈臺，有靈囿，有靈沼，有辟雍，其如是也，則辟雍及三靈，皆同處在郊矣。囿也、沼也，同言靈，於臺下爲囿、爲沼可知。衆家之説，各不昭晢。雖然，於郊差近之耳，在廟則遠矣。鄭説雖是，然不悟廟亦在郊。《書説》云：明堂在近郊，近郊，三十里。講學大夫淳于登説，明堂在國之陽，丙巳之地，三里之外，七里之内。二説遠近雖小殊，然同在近郊，則一。明堂宗祀，所以嚴父配天，古之廟止此而已。其在三代之禮，五廟與明堂各異，則不可以概太古。三靈、辟雍與明堂同處，亦得言廟。在《周禮》言之，則非也，在太古言之，則是也。明堂在郊，郊字古借用蒿，《周禮·載師注》：故書郊或爲蒿。故郊宮或作蒿宮。然自《大戴禮·盛德》篇，已不識蒿、郊同字，乃曰：周時德澤洽和，蒿茂大以爲宮柱，名爲蒿宮。此詭誕之言，不可爲典要矣。雖然，明堂在郊，亦只就三代言也。其在上古，則圜丘正爲王宮之地，故附於郊丘者，有王宮祭日之典。《祭法》：祭日之壇，而命之曰王宮，明王宮與日壇同處。朝覲於是，祭享於是，治事於是，授學於是。後世既不能繼，故猶放物其意，而建明堂、辟雍、三靈於郊野。靈臺者，其所以擬羣帝之臺耶？又尋山字之聲類考之，則《説文》云：山，宣也。以聲爲訓，明古音山、宣不殊，而宣爲天子正居。周有宣謝，漢有宣室，此皆因仍古語。彼天子正居，所以名宣者，正以其在山耳。周之宣謝，《漢五行志》以爲講武之坐屋。此固未備。據《顧命》路寢所設，大訓、天球、河圖皆在焉；而蕢鼓、赤刀、兑之戈、和之弓、垂之竹矢，則講武之具也。蔡邕云：古言天者三家：一曰蓋天，二曰宣夜，三曰渾天。尋謝字古但作射，而射與夜相通。《左氏·文六年經》：狐射姑，《穀梁》作狐夜姑。又《左氏·昭二十五年傳》：申夜姑，《釋文》云：夜，本或作射。是宣夜即宣射。天子正室，有觀天之器，其在後世，始分觀天之處於靈臺。然太古靈臺、宣室，未始有異，皆在山顛而已。復觀《祭法》：夜明爲祭月之壇，與日壇稱王宮者密邇。至於漢世，而宣夜、夜明之語，轉爲掖庭。掖也、夜也、射也、謝也、榭也、豫也、序也，此七字皆同音，而義相聯者也。又尋《尚書》有納于大麓之文，古文家太史公説曰：堯使舜入山林川澤。此讀麓爲本字，所謂林屬於山爲麓也。今文家歐陽夏侯説曰：昔堯試於大麓者，領録天子事，如今尚書官矣。劉昭注《續漢書·百官志》引《新論》如此。又曰：入於大麓。言大麓三公之位也，居一公之位，大總録二公之事。《論衡·正説》篇。古文於字義爲得，顧於官制矢之；今文得其官制，其字義又不合。即實言之，則天子居山，三公居麓。麓在山外，所以衛山也。堯時君相已居棟宇，而猶當納于大麓者，洪水方滔，去古未遠，其故事尚在禮官。初拜三公，當準則典禮而爲之，則必入大麓，以爲赴官踐事之明徵。《左傳》曰：山林之木，衡鹿守之。鹿即麓也。衡麓在後世，只爲虞衡之官，而古代正爲宰相。如伊尹官阿衡，亦名曰保衡，猶是衡麓之故名也。説者以爲阿，倚；衡，平。則望文生訓也。至漢時有光禄勳，爲天子門衛。勳者，閽也。胡廣已言之。獨光禄之義，至今未有塙解。其實光禄即是衡麓，衡、横古通。又《尚書》今文横被四表，古文作光被四表。是衡、横、光三字爲一也。古音同在陽部。漢時爲天子主門者，又有黄門。黄門復即横門、衡門。在水之衡，則曰水衡，係於天象，則有五潢。《天官書》曰：咸池曰天五潢。《叶圖徵》曰：咸池五車，天關也。《合誠圖》曰：天潢主河梁。是潢亦關梁之屬，與衡音義皆同。故主門闥者曰黄門，即横字，又即潢字。衡、光一也。董巴曰：禁門曰黄闥，以中人主之，號曰黄門令。此望文生義。然則古天子居於山林，而衛門者名爲衡鹿，亦即宰相。宰相以近臣爲之。見下篇。至漢時天子雖居宫室，然爲之守衛者，猶曰衡鹿，此亦因於古名。後人不解，隨文作訓。應劭乃曰：光者，明也；禄者，爵也。劭生漢末，去武帝纔三百歲，而已不知其義矣。漢武時去古甚近，其名號多有取法《史記·樂書》云：今上即位，作十九章。通一經之士，不能獨知其辭，皆集會五經家，相與共講習，讀之乃能通知其意，多爾雅之文。是漢武時所用古名古訓，當時經師已不能解，無論東漢以後矣。然證之以郎官，郎者，光禄勳之屬，亦天子守門之官也。《漢書·楊惲傳》云：郎官故事，令郎出錢市財用，給文書，迺得出，名曰山郎。張晏曰：山，財之所出，故取名焉。此未必得其本義也。大抵古天子端居岡阜，而從官以射獵爲事，多得其饒，故漢世因之，猶名財之所出爲山郎。斯語雖見於漢，然自殷、周時已有此意。《周語》曰：夫周，高山廣川大藪也，而幽王蕩以爲魁陵，糞土溝瀆，其有悛乎？又曰：夫旱麓之榛楛殖，故君子得以易樂干禄焉。若夫山林匱竭，林麓散亡，藪澤肆既，民力彫盡，田疇荒蕪，資用乏匱，君子將險哀之不暇，而何易樂之有焉？是則天子在山，取其饒用，從官得以干禄。至殷、周雖已居城郭，猶必宅於高山旱麓之地。漢代因之，遂有山郎之名，其所從來遠矣。綜考古之帝都，則顓頊所居曰帝丘，虞舜所居曰蒲阪，夏禹所居曰嵩山。夏都陽城，陽城即嵩山所在。古無嵩字，但以崇字爲之。故《周語》稱鯀爲崇伯鯀。《逸周書》稱禹爲崇禹。商之先，相土居商丘。其後又有適山之文。《盤庚》曰：古我先王將多于前功，適于山。周之先，公劉居京，其後又處旱麓之地。夫曰山、曰丘、曰阪、曰京，皆實地而非虚號。上古橧巢，後王宫室，其質文雖世異，而據山立邑則同。《左氏》言三墳、九丘，賈侍中云：三墳，三皇之書；九丘，九州亡國之戒。言墳、言丘，並以都山爲義。及其亡滅，宫室邑里，皆已泯絶，惟丘陵之形獨存。甚者或夷爲汙澤。故伍員哀吴之亡，則言吴其爲沼。而屠滅者，至於瀦其宫室。蓋以爲高丘者，君上之所居，通於神明；洿澤者，亡虜之所處，淪於幽谷也。然則天子居山，其意在尊嚴神秘，而設險守固之義，特其後起者也。

專制時代宰相用奴説。《尚書》載唐、虞之世，與天子議大事者，爲四岳貴族世侯。去共主不過咫尺，議有怫忤，亦無以面折廷争爲也。直持之使不得遂其行耳。小者卿尹之屬，雖貴不及岳牧，其勢常足以自植。於是專制之君厭之，則爲己心腹者，惟奴僕與近侍，此義至易明。觀今時州縣，不任佐貳吏員，而獨任己之閽人。以佐貳有官位，吏員有世及，皆不能曲從己意，故惟閽人爲可恃。昔之人主，其心豈異是耶？蓋伊尹嘗爲阿衡，《商頌》。亦爲保衡。《書·君奭》。衡之義前已發之，所謂衡鹿，即光禄也。而阿保爲女師之稱。《後漢書·崔寔傳》：或因常侍阿保，别自通達。《注》：阿保，謂傅母。阿之爲名，見於《禮記》，稱爲可者，《説文》阿字作娿。然而《吕覽·本味》篇，稱有姺氏以伊尹媵女，斯不誣矣。孰謂其躬耕樂道耶？湯既引伊尹爲腹心，而阿保之名無改，其後相襲，遂以阿保爲三公。周有太保，王莽置太阿、少阿，皆自此出。而説者以爲阿，倚；衡，平。則不尋其本柢矣。又《本味》篇云：伊尹説湯以至味。

然則割烹要湯之説，亦不誣也。《曲禮》述夏、商之制，太宰尚卑，是其職本在治膳。然自伊尹任政，而冢宰之望始隆。孔子言高宗以前，君薨，則百官總己，以聽冢宰。明冢宰之貴，商時已然。至《周禮・天官》，太宰遂正位爲五官長。然其所屬冗官，猶是宮中治膳之職。若膳夫、庖人、內饔、外饔、亨人、獸人、漁人、鼈人、腊人、酒正、酒人、漿人、籩人、醢人、醯人、鹽人，皆治庖宰之事者也。又伊尹能治湯液，故《周禮》沿之，醫師、食醫、疾醫、瘍醫、獸醫等官，亦隸太宰。伊尹本爲女師，故《周禮》沿之，使小宰治王宮之政令，而宮正、宮伯、宮人、內小臣、閽人、寺人、內豎皆屬之；以至九嬪、世婦、女御之屬，皆以太宰爲其長官。後儒不審沿革，謂特使宮掖冗官，隸於冢宰，使不得阻撓外政，所謂宮中府中，皆爲一體者。不知周制實由沿襲而成，非別有深意也。宰夫之官，于《周禮》爲左右太宰者，掌治朝之法，羣吏之治，百官府之徵令，以治法考百官府、羣都縣鄙之治，乘其財用之出入，其職崇矣。然見於《春秋傳》者，則列國之宰夫，猶是庖人。而漢世奉常屬官有雍太宰，專主熟食。由夏、商本是一官，其後分之，或從本職，則爲庖人；或從差遣，則爲執政。相沿有宰相之名，其源委至曖昧也。相之爲名，本瞽師之扶掖者耳。稍進而贊揖讓、槃辟之禮者，亦名爲相，其本皆至賤矣。然自堯時舉十六相，已漸崇貴。仲虺爲湯左相，召公爲周伯相，遂以其名被之執政。即觀孔子之在夾谷，本贊正服位之相耳，而《史記》言由大司寇行攝相事，則以執政歸之。蓋昵近之臣，易得君旨，故二者往往相兼。此又相國、丞相之名所由起矣。御之爲名，《詩》言謽御，是也。周之御史，本居柱下，乃亦出巡邦國。至秦世遂以御史監郡。蓋其始，本以天子近臣，刺探邦國密事，猶後世以中貴人銜命也。秦之御史，已較周時爲貴，其長官御史大夫，則遂在三公之列。按《大雅・崧高》篇：王命傅御，遷其私人。鄭云：傅御者，貳王治事，謂冢宰也。是周世宰相，既以御名，而秦特沿襲其制耳。僕射者，亦賤官之名也。《禮記・檀弓》言：君疾，僕人師扶右，射人師扶左。此近臣最微末者。自春秋時，以僕人通書札，《左傳》言魏絳授僕人書，此猶近世投刺者，必由閽人傳入耳。秦時，謁者掌賓贊受事；尚書，屬少府；博士，通古今；與侍中皆天子近臣，而皆有僕射以領之。由是僕人、射人之名，始合爲一，其被名非無故也。《漢書・百官公卿表》言：古者重武，有主射以督課之。其説不合。近孫仲容始以僕人、射人之説正之。漢時有尚書令一人，承秦所置。武帝初用宦者，其後更爲中書，司馬遷嘗爲之。後漢有尚書令、尚書僕射，爲國政之大湊，三公備位而已。至漢以後，中書又任朝政。及唐則尚書令、尚書僕射、中書令，皆爲真宰相。奄豎之稱，施於執政，而世不以爲恥者，由其習慣然矣。侍中者，又賤官之名也。漢初侍中，非奉唾壺，即執虎子。至東漢，則侍中比二千石。元魏以降，漸益顯著。唐時亦以侍中爲真宰相。然其所居猶曰門下，斯與閽椓之徒何異？形迹之不可掩如此。綜此數者，則知古之宰相，皆以僕從小臣，得人主之信任。其始權藉雖崇，階位猶下，最後乃直取其名以號公輔。然至於正位之後，而人主所信任者，又在彼不在此。漢之丞相、御史，權位皆至重也。東漢謂之司徒、司空，而國政已移于尚書矣。唐之尚書令、僕射、中書令、侍中，權位皆至重也。其後只爲虛銜，而謀議國事者曰平章矣。明初，亦置中書省左右丞相，自胡維庸謀反以後，禁不得設，而天子所與論道者，歸之內閣矣。明之大學士，秩不過正五品，至滿洲乃以此爲公輔之正名，而政權復移於軍機處矣。是知正位居體之臣，爲人君所特惡，必以近幸參之，或以差委易之，然後能得其歡心，知其要領。彼與奄人柄政，固未有以大殊也。其他古之言寺者，本爲寺人。至漢而百官治所，皆稱爲寺。近人或謂寺人本當作侍，此拘泥《説文》之過。古之言官者，本即館字。《周禮・遺人》言候館有積，《詩》言適子之館，授子之粲，《孟子》言帝館甥于貳室，亦饗舜。此館字所以從食，至今猶謂賣酒食家爲館子，其義取此。乃漢時有太官令丞，主治膳食。足明官、館同字。《周易》：官有渝，蜀才官作館，亦其證。官本食舍，引伸之則以官爲版圖文書之處。《曲禮》在官言官《注》。而《禮記》言官師，《荀子》言官人失要，猶爲府史之稱。最後引伸乃爲吏事君者。古之言臣者，《書》言臣妾逋逃，《説文》謂臣象屈服之形。臥字從臣，正象其伏。臧獲之臧，亦從臣字。《説文》訓臧爲善，非本義。最後引伸乃訓爲事君者。觀於寺字、官字、臣字之得名，而知古代所貴，唯天子與封君，其非有土子民之臣僚，則皆等於奴隸陪屬。觀於太阿、太保、冢宰、丞相、御史、僕射、侍中之得名，而知侍帷幄、參密議者，名爲帝師，或曰王佐，其實乃佞幸之尤。世之乘時竊權，而以致君堯舜自伐者，可無愧耶？

古官制發原於法吏説。上述神權專制之世，所以藩王室、建公輔者，梗概略具。乃夫卿尹百司，非以闒奴備位，其始作者爲誰耶？曰：本於法吏。自三苗作五虐之刑，而皇帝哀矜庶戮，其時法吏已貴矣。余尋古之言士者，《説文》云：士，事也。是士、事本爲一字。事字，從史，之聲。事、史本亦同部。是其聲義相禪，原一而流殊。史官之文，或借里字爲之，而《左傳》史克，《魯語》作里革，是也。或借李字爲之，則老耼爲徵藏史，稱爲李耳，是也。按李耳之李，本借爲史。春秋史官，皆以史爲氏。而刑官名士師，亦或名理。《月令》：命理瞻傷。鄭云：治獄官，有虞氏曰士，夏曰大理，是也。士、理同部，以聲相通。《晋語》曰：昔隰叔子違周難於晋國，生子輿爲理。韋昭曰：子輿，士蔿字，理，士官也。士蔿既以官爲氏，則知士、理不殊。理官亦借李字爲之，《管子》云：臯陶爲李。《法法》篇。《漢書・胡建傳》引黄帝《李法》。此皆假借之字也。而吏從史聲，使又復從吏聲，行人之官，其名曰使，亦或借理爲之。《周語》云：行理以節逆之，是也。亦或借李爲之，《左氏》云：行李之往來，是也。理官受罪人之語，則謂之辭。《書》稱獄之兩辭，是也。籀文辭字從司。《説文》：司，臣司事于外者。又吏，亦從史聲，爲百官之通號。吏、事或有相通，則《詩》言三事大夫，《左氏》言王使委於三吏。三事、三吏，並即三公。是吏、事爲一也。大凡士、事、史、吏、使、李、理、辭、司九字，古本一言，聲義無二。是故觀其會通，則有密移之迹。蓋太古治民之官，獨有士師而已。士任其職，斯之謂事；士聽其訟，斯之謂辭。訟辭繁而不殺，不得徒以結繩爲斷，於是初造書契，百官以治，萬民以察。而記録訟辭者謂之史。邦國有獄，士師遣其屬官就地聽之，亦時有密行以詗察者，謂之行理、行李。而變其文謂之使。觀《周禮》大行人之官，屬於司寇，其貳有小行人，復書邦國之犯令作慝爲一書。斯又史官之職與御史爲官聯者。由是而汎記國事者，皆以史名；由是而汎通聘問者，皆以使及行李名。由士師而分其權，凡長民者皆謂之吏，凡治事者皆謂之司。而羣吏之長謂之三吏、三事，稍次者謂之卿士。夫史以載籍，吏以長民，使以宣情，而原皆出於士師者，何也？曰：法吏未置以前，已先有戰争矣。軍容、國容，既不理析，則以將校分部其民。其遺迹存於周世者，《傳》曰：官之師旅。又曰：師不陵正，旅不逼師。是官秩之崇卑，因部曲以爲號也。將校自馬上得之，本無待文史册籍之紛紛者。然自黄帝既有《李法》，申明紀律，執訊醜虜，不得無刑獄事，而聽辯受辭，必有待於書契。其事繁碎，非躬擐甲胄者所能兼辨，於是乎有軍正、元尉，以司刑法。及軍事既解，將校各歸其部，而法吏獨不廢，名曰士師。徵之《春秋》，凡言尉者，皆軍官也。及秦，而國家司法之吏，亦曰廷尉。此因軍尉而移之國中者也。況上古官制未備，寧得不轉相推移耶？士師者，所謂刀筆吏也，其務在簿書期會。於是分裂，而史職始興。借觀秦世，程邈之造隸書，本爲吏事作也。漢初，蕭何自主吏起，而獨留意圖書之事，時大篆已不行，蕭何獨明習之，以題未央前殿。故知書契文史，本法吏所有事。其分而爲史官者，用在是也。士師既建，其屬吏徧布寰内矣。然所掌止於兩家訐訟，其無主名控告者，則士師所不與聞。必將有發奸摘伏之吏，以彌其闕。於是乎置小行人，於是乎置御史，既掌刺探，亦兼記録，且其人又必明習文字者也。故屬瞽史諭書名，則行人職之。既而邦國相聯，互有聘問，言之無文，行而不遠，則惟辭令之務。有草創者，有討論者，有修飾者，有潤色者，此又非法吏不能爲也。是故行李交馳，結軌千里，亦不得不由法吏分裂而成也。治民之官，其始獨有法吏，以主訟獄。自餘賦税繇役，人自供給而已。及夫姦僞萌興，自占不實，則經界版籍之事興，而是非法吏莫能爲。於法吏中，又非小行人莫能爲。必身歷其壤，手寫其圖，持籌以計之，著籍以定之，上之長官，以知地域廣輪、户口多少之數。於是分裂其職，而始有邦國都鄙之官也。是故司徒、司空之職，亦不得不由士師分裂而成也。夫法字從廌，謂訟有不直者，則神羊觸之。斯固古之神話，然以斯知法字本義，獨限於刑律而已。乃其後一切制度，皆得稱法，此非官制起於士師之明證乎？鋪觀載籍，以法律爲《詩》、《書》者，其治必盛；而反是者，其治必衰。且民所望於國家者，不在經國遠猷，爲民興利，特欲綜核名實，略得其平耳。是故韓、范、三楊爲世名臣，民無德而稱焉。而宋之包拯、明之況鍾、近代之施閏章，稍能慎守法律，爲民理寃，則傳之歌謡，著之戲劇，名聲吟口，逾於日月，雖婦孺皆知敬禮者，豈非人心所尚，歷五千歲而不變耶？

古今官名略例。從一官言者用定名，從數官之相聯相屬言者用假名。從職守言者用定名，從階位言者用假名。從經制之實職言者用定名，從特殊之差遣言者用假名。此古今所不能外。今時司法者，有刑部都察院、大理寺、按察司；行政者，有布政司、知府、知州、知縣。此一官而用定名者也。然自其相聯相屬言之，則前者皆可云風憲官，後者皆可云地方官。此用假名者也。今時碑版，皆書死者所官，此職守而用定名者也。然自其階位言之，則三品以上，虛擬以古之三公，而稱爲公；三品以下，虛擬以古之封君，而稱爲君。此用假名者也。明時兵部侍郎、副都御史、僉都御史之屬，此實職而用定名者也。然自其特殊差遣言之，則治軍、治漕、治河者，亦可直稱爲總督，巡撫、總漕、總河。此用假名者也。不明斯旨，則説古者，或多陵亂，而滋疑殆。《立政》有常伯、常任、準人，此皆《周禮》所無，説者遂以是疑《周禮》。不知《周禮》自一官言，從其定名。《立政》自數官之相聯相屬言，從其假名也。《史記·十二諸侯年表》言上大夫董仲舒，《佞幸傳》言鄧通官至上大夫。按《百官公卿表》，但有大中大夫、中大夫、諫大夫諸官，無所謂上大夫者，説者遂以是疑《漢表》。不知《漢表》自職守言，從其定名。《史記》自階位言，從其假名也。商、周有冢宰而無相，春秋時以卿將中軍、上軍、下軍，而無將軍，《顧命》稱召公爲伯相，《左氏》稱仲虺爲湯左相，《老子》言偏將軍、上將軍，《左氏》言魏舒爲將軍。説者遂以是疑《顧命》、《老子》、《左氏》。不知宰云、卿云，自實職言，從其定名。相云、將軍云，自差遣言，從其假名也。夫數官之相聯相屬，與夫階位，易明也。其特殊之差遣者，則古今尤多變亂。大率官制以實職爲定者，前有《周禮》、《漢官》，後有明制而已。而春秋、六代、唐、宋之世，則差遣著而實職微。宋時官名，幾無實職可道，此稍習歷史者所周知。然歷代相沿之制，往往於前代則爲差遣，易世而後，則就其差遣以爲實職之名。如明代總督、巡撫，皆差遣也，而滿洲以爲實職。明代總兵、副參將、游擊守備、千總，皆差遣也，而滿洲以爲實職。武員之沿明實職者，獨有都司，而權藉官位，已大殊絶。彼與布政、按察二司，參列而居，一省戎事，靡不統之。而此特爲微末小校，斯名存而實殊矣。若夫明代所謂道者，其官爲參議僉事，而非直以道爲官名。至清中葉，乃直名之爲道，此於名義皆不可通。雖然，尚論古初，亦非絶無其例。蓋有以官名號其地者，若漢之京兆尹、左馮翊、右扶風、司隸校尉、河南尹，是也。明時稱某省爲某布政司，亦同此。有以國名號其君者，《管子》言斬孤竹，《大匡》篇。《左氏》言殺斟灌，及後漢人以青州、豫州、荊州等名，稱其刺史，是也。有以治所號其官者，《史記·酷吏傳》言：小吏畏誅，雖有盜不敢發，恐不能得，坐課累府，府亦使其不言。直稱太守爲府。又衛候天子廊屋之官，直稱爲郎，是也。有以疆域號其君者，如漢世稱天子爲縣官，縣即寰字，所謂天子之縣內也。是也。有以古人姓名號其官者，如王莽置羲和，本於古占日者羲和；周初置師尚父，本於古占月者尚儀；漢置佽飛，本於古善射者佽飛，是也。有合古之二官以號一官者，如周時僕人、射人本二官，秦合僕射爲一；楚國連尹、莫敖本二官，項楚合連敖爲一，是也。有取於古之典禮以號其爵者，如《周禮》公侯執圭，孤卿執幣；戰國、項楚則有執圭執帛之爵，是也。綜此七例，而名號展轉變遷者，略具於斯。今之稱參議僉事爲道，則從第三、第四之例也。抑余謂實職、差遣轉相禪者，三代、秦、漢，其制相因。魏、晉、唐初，又因秦、漢。中唐變制，宋世因之。明室創制，滿洲因之。盲儒不察，輒於三代、秦、漢間，畫分畛域。因封建一統之制有異，而謂百度皆殊，轉以唐、宋至今，上同秦、漢。斯誣妄之甚者也。秦、漢官名，多循周制。若內史、太史、御史、太僕、大行、司隸、中大夫，同爲實職，固勿論已。其有職掌稍殊者，若衡鹿轉爲光祿，與周時侯國之法少殊，而轉近唐、虞帝制。十亭一鄉，置嗇夫，以理訟獄，與《左氏》言掌幣者有殊，而合於《管子》之人嗇夫、吏嗇夫。此非無所受也。外吏建置，天子使其大夫監於方伯之國，國三人，謂之三監。此差遣也。其君亦得稱監，《天官·太宰》云：乃施典於邦國，而建其牧，立其監。鄭云：監謂公、侯、伯、子、男，各監一國。此假名也。秦因之以御史監郡，《漢書》直稱平爲泗川監，則差遣而爲直稱矣。周名大國之相爲守，故管仲稱高、國爲天子二守；欒盈稱士匄爲王之守臣。此差遣也。大國之卿，命於天子。與漢時王國傅相同，故言差遣。其君亦得稱守，故諸侯對天子，稱其祖父爲先守某公。《左·襄十二年傳》。此假名也。至晉文置原守，魏時吳起爲西河守。及秦、漢，治郡者皆以守名，則因差遣而爲實職矣。周名小國之相爲令，故楚以子男之國而置令尹。此實職也。其君亦得稱令，故屈原稱其君爲靈修，即是令長。長字避淮南諱作修，非其本文。長亦周時舊名。《天官・太宰》云：乃施則于都鄙，而建其長。鄭云：長謂食采邑者。此假名也。至魏西門豹爲鄴令，及秦、漢，治縣者皆以令名，或以長名，則因假名而爲定名矣。由是言之，見六國、秦、漢之有監、守、令、長，而謂周時未有監、守、令、長，必不可也。彼相與將軍者，亦何以異此乎？復以他事例之：元帥之官，秦、漢且未嘗置，唐時方顯著耳。《春秋》言某某帥師，亦只爲差遣，非實職也。然《左氏》已有子爲元帥之語。政府之官，古今所未嘗設，特其語已早著，至今亦尚爲通稱。其真以政府爲法定之名者，獨李自成而已。李自成改六部爲六政府。然前此固亦有政府之語。今見秦有相國，六國以來有將軍，而謂古所未有，何異見唐時之設元帥，李自成之置政府，而謂古之言元帥、政府者，皆唐人及李自成所改竄耶？是故不辨定名、假名之異，而強以實職相稽，則疑古者自此始。得其會通，能無爽然自失耶？余每恨王伯厚作《漢制考》，徒能比附事狀，而溝通古制者希。近世經師，又鮮以秦、漢事通之六藝。夫胡廣解《漢官》，多原周制；康成説《周禮》，又附漢儀。明其俞脈相通，非苟爲皮附而已。近人陳澧亦教人觀《歷代職官表》。《歷代職官表》之爲書，固差可推見沿革，然其學職膚淺，未知貫穿之法。乃如《周官》冢宰，於漢、唐爲尚書令，而今之吏部，在《周禮》特爲司士之官，此則杜君卿已明言之。然自唐至今，皆以吏部上比冢宰，作《表》者亦未能是正。異者則強爲同，同者則見爲異，其不可爲典要亦明矣。因論假名、定名之事，而類及之。

內閣

綜述

《盛京滿文檔案中的律令》天命七年三月　初三日，八子進見父汗問曰：天賜基業，何以底定，何以永承天休？汗曰：夫繼父爲國君者，毋令力強者爲君。倘以力強者爲國君，恐尚力恣縱而獲罪於天，一人雖有知識，能及衆人之謀耶？故命爾等八子爲八王，八王同議，必然無失。爾八王中擇其能受諫者即嗣父爲國君。若不納諫，所行非善，爾八王即更擇其能受諫而好善者立之。更立時，若不樂從商議，艴然作色而拒之，豈容似此惡人而任其所爲耶？如此，則強行換之也。爾八王治理國政，一人心有所得，直陳所見，其餘七人則讚成之。如己無能，又不讚成他人之能而緘默坐視，則當易之，擇其子弟爲王。更易時，若不樂從商議，艴然作色拒之，亦豈容似此惡人而任其所爲耶？如此，亦強行易之也。若因事他出，宜告衆商議，未經商議，不可私往。爾八王面君時，勿一、二人相聚，須衆人皆聚之，共議國政，商辦國事。如有祭祀等事，皆告於衆而往。八王商議，設諸申大臣八人，漢大臣八人，蒙古大臣八人，八大臣下，設諸申審事八人，漢審事八人，蒙古審事八人。衆審事審理後，報於大臣，大臣擬定後，奏於八王知，由八王審斷定罪。八王斥奸佞而舉忠直。八王之前設諸申巴克什八人，漢巴克什八人，蒙古巴克什八人。國君於每月初五日、二十日，御殿二次。除夕謁堂子拜神主後，先由國君親自叩拜衆叔、諸兄，然後坐汗位，汗與受汗叩拜之衆叔、兄，皆併坐於一列，受國人叩拜。各以務記汗父訓誨，勿存暴亂之心，他人讒言，切勿得隱瞞，即行訐發等語。立書爲誓，繫之於頸。即居鄉閭，不得私議誰善誰惡，設有一或二貝勒議論汗父之善惡者，勿當面質對，退而會議，經衆人議斷善惡是實，乃無怨尤。若憑一、二人聽斷，則怨尤生矣。八旗諸貝勒凡本人獲罪，而不准他人入告者，乃爲邪惡之人也。一人獲罪而告之，另一人獲罪則不告，可乎歟？征戰之時，八旗諸貝勒，不論爾旗下人或他旗下人有事故，非經衆人審理不得單獨入告。若單獨入告，則必相争矣。經衆人審理而後入告，則無怨尤也。貝勒等欲放鷹行圍以取樂，不與衆人商議，勿得前往。凡見行爲悖逆之人，勿得放過，即行責之。一人譴責之言如是，則衆人共責之。爾若以獨自受責而心懷讎怨，則爾乃沮壞衆人生計之惡人也。凡諸兄弟，互有怨尤，可以明言，若匿怨不言，而訴於衆者，乃爲居心邪惡、專行哄騙之人也。日後，爾將爲衆人所斥。若逾父汗所定八份所得以外，另行貪隱一物，隱一次，即免除一次所得之份，隱兩次，即免除兩次所得之份。隱三次，則永免其所得之份。若不記父汗訓誨之言，不納衆兄弟之諫，竟行背逆之事，則初犯者罰之，再犯者奪其諸申。若奪諸申而不抱怨，修身度日則已。若執拗不服，不致殺爾，將囚禁之。若負此言，仍行邪道，則天地佛神皆加譴責，身罹災殃，壽算未盡，即令夭殂。若謹記父汗訓誨之言而不違，心存忠義，則天地佛神皆加眷祐，即使之延年益壽矣。〔《滿文老檔》〕

《盛京滿文檔案中的律令》天命八年二月　初七是日，八旗設都堂八員，每旗設審事官二員，蒙古審事官八員，漢審事官八員，爲貝勒掛文啓示者四人。〔略〕汗曰：於八和碩貝勒，設八大臣副之，以觀察諸貝勒之心。誰以己事及他人之事，視爲一體，持以公論。誰己身之過，不自引咎，而艴然變色。八大臣共察之，如知其非，即責之，如不受責，即告於汗。此其一。凡國事之何以成，何以敗，當深爲籌劃之。有堪輔政業者，則以此人賢良，可勝任事而薦之。不勝任者，則以此人卑劣無能而劾之。此其二。其自總兵官以下諸武臣，凡軍旅之事，何以勝，何以負，當妥爲計謀之。野戰，以何器械爲宜，又攻城，須何器具，一應物件皆齊備之。其治軍能勝者，則曰此人善於治軍。不能勝任者，即曰此人帶兵無能，悉以奏聞。此其三。不肖者不降不革，何以懲惡。賢者不舉不用，何以勸善。爾等如能經理各項國事，我之心將以子孫繁衍，大臣林立，而感欣慰矣。

《盛京滿文檔案中的律令》崇德元年三月　初四日，汗定文館三院之名，分任職掌。國史院：該院職掌記注汗之詔令，收藏御制文字，凡汗起居、用兵、行政事宜，編纂史書，撰擬祭天祝文、陞殿宣讀之表文、祭祀宗廟祭文，編修歷代祖宗史書，墓碑銘文，一切機密文移、官員陞降文册及諸臣奏章，匯纂史書，撰擬追封諸貝勒册文，六部所辦事宜，可入史册者，選擇記載，撰擬功臣母妻誥命、印文，凡外國、鄰邦來往文書，俱編爲史册。秘書院：該院職掌撰擬與外國來往文書，掌録國中一應奏疏及辯冤詞狀、汗之敕諭、文武官員敕書，遣祭孔夫子廟、撰擬死人祭文。弘文院：該院職掌注釋歷代行事善惡，爲汗進講，侍講太子，並教諸親王，頒行制度。〔《滿文老檔》〕

（清）牛天宿《百僚金鑑》卷一《宰相總論》　蓋自黄帝得六相而天下治，有天下者，皆重爰立。如舜相堯，禹相舜，益相禹，伊尹相湯，説相高宗，所從來矣。《周官》始以太師、太傅、太保爲三公，少師、少傅、少保爲三孤。外朝之法，左九棘孤卿大夫位焉，右三槐三公位焉。三公任宰相，三孤任次輔，而道始備。

秦漢而後，廢置不常。在秦爲丞相，漢初爲相國，孝惠時爲左右丞相，成帝時爲司空，哀帝改丞相爲大司徒，魏黄初改司徒爲大丞相，晋罷司徒，爲中書監，令並掌機務，或叅知政事。

唐武德初，定令以太尉、司徒、司空爲三公，尚書省、門下省、中書省爲三省。貞觀中復本周官，以三太爲三公。繼是有同中書門下三品之名，有平章政事之名。開元中置左右丞相，宋爲同平章事、參知政事。元豐間置平章政事，參知政事不設，獨設中書、門下、尚書三省，如唐官可爲尚書、左右僕射。建炎中，復改僕射，置同中書門下平章事，改中書門下侍郎，復爲參知政事，皆是職。

明洪武中，倣宋制置殿閣大學士，侍左右，備顧問。永樂中，簡侍詔解縉等七人，入内閣，直文淵，凡六部大政咸共平章，閣學士預机務自此始。嘉靖中，又名奉天殿，爲皇極文華殿，爲中極謹身殿，爲建極，而大學士名官如其初，兼領吏部尚書，而宅揆之任有獨重。我朝設内三院：曰秘書、曰國史、曰弘文。皆設大學士，滿漢各一人，學士多寡不一，侍讀學士、侍講等官。

（清）鄭端《政學録》卷一《内閣》　今之内閣，即虞揆殷衡周宰之職也。治亂安危，恒係於斯。我世祖章皇帝時，内院諸臣俱在内直辦事，凡部院衙門啓奏本章即日看詳票擬，面賜裁決。政本之地，嚴密神速，其意深矣，而官職體統則因明制爲損益。按明初凡入内閣，云直文淵閣，得預機務點檢題奏擬議批答。凡上所下，一曰詔，二曰誥，三曰制，四曰勅，五曰册文，六曰諭，七曰書，八曰符，九曰令，十曰檄。皆審署而調劑焉，平允乃行之。凡下所上，一曰題，二曰奏啓，三曰表箋，四曰講章，五曰書狀，六曰文册，七曰揭帖，八曰會議，九曰露布，十曰譯。皆審署而調劑焉，平允乃行之。凡東宮出閣講讀領其事，叙其官，而授之職業。凡修《實録》史志諸書，充總裁官。《實録》成，呈上，焚其草禁中。凡宗室請名請封及諸臣請謚，竝擬上焉。凡圖書繕寫讎校皆課而察之。凡郊祀巡狩親征扈行。凡累朝御文、《實録》、《寶訓》、玉牒之副、古今書皆籍而藏之。凡會勅稽其由狀而叙述上請焉。凡禮部會試、廷試，貢士、國子生月課，歲貢生廷試，夷館譯生皆總領之。其屬制勅、詔旨、誥命、册表、寶文、玉牒、講章、碑額、題奏、揭帖一應機密文書，及王府勅符底簿、誥勅房書辦、文官誥勅、番譯勅書，并夷書揭帖紀功勘合皆稽按典故起草進畫，若漏洩、稽緩、遺失、妄誤皆有罰。

《大清會典（康熙朝）》卷二《内閣》 内閣爲機務要地，掌宣綸綍，贊理庶政，職任綦重。

國初置文館，後改爲内三院。曰内國史院，曰内秘書院，曰内弘文院。設大學士、學士。順治二年，定爲正二品衙門，以翰林官分隷内三院，稱内翰林國史院、内翰林秘書院、内翰林弘文院。增設侍讀學士、侍讀等官。九年，設典籍。十五年，改内三院爲内閣。大學士兼各部尚書銜，學士兼禮部侍郎銜，另設翰林院。十六年，止設大學士及典籍、撰文辦事中書，裁學士、侍讀學士、侍讀等官。十八年，復改内閣爲内國史院、内秘書院、内弘文院，裁翰林院。康熙九年，仍改爲内閣，另設翰林院。十年，仍補授學士以下等官，其滿漢大學士員缺無定，出自上裁。滿學士六員，漢軍漢學士四員。滿侍讀學士四員，蒙古侍讀學士二員，漢軍侍讀學士二員。滿侍讀十一員，蒙古侍讀二員，漢軍侍讀二員。滿洲漢軍漢典籍各二員，滿中書七十五員，蒙古中書十九員，漢軍中書十三員，漢中書三十六員。詳見吏部官制。

凡加上徽號由内閣撰擬，奏請欽定。

凡皇帝奏書由翰林院撰擬，送内閣閲定，進呈後，内閣繕寫。

凡登極賀表由内閣撰擬繕寫，禮部奏讀。

凡内外慶賀表箋文式由翰林院撰擬，内閣奏定頒發。在内諸王貝勒文武官員表文，内閣繕寫，交禮部宣讀。在外文武官員及外國賚進表箋，慶賀畢，禮部彙送内閣收貯。

凡纂修《實録》、《聖訓》，大學士充監修總裁並總裁官，各給勅書，學士充副總裁官，俱題請欽定。侍讀學士、侍讀充纂修官，典籍、中書爲收掌謄録翻譯官，俱由監修總裁等擬定具題。

凡纂修《典訓》《方略》《會典》《明史》等書，俱如前例。有用侍讀學士、侍讀爲提調官者，亦由總裁具題。

凡纂修玉牒，大學士、學士充副總裁官，由宗人府具題。侍讀學士、侍讀充纂修官，由大學士擬定，移送宗人府具題。

凡加上尊號徽號，册立皇后、皇太子，册封皇貴妃、貴妃、妃、嬪，册寶、印由禮工二部辦造，册文由翰林院撰擬，大學士等閲定，並寶文寶式一體進呈。御覽後，内閣繕寫，内閣官員同翰林院禮工二部官員公同監視刊刻，填金填青。至封諸王貝勒公主王妃等及外國王等，册寶誥命亦由禮工二部製造，册誥文由翰林院撰擬，大學士等閲定進呈。

御覽後，中書科繕寫，該部鐫刻填青，其應給紙册誥命中書科繕寫，送閣用寶。

凡選擬皇太子、皇子名，大學士承旨選擬，奏請欽定。

凡親王公主等封號俱大學士選擬，奏請欽定。

凡用御寶，順治初，内三院大學士、學士公同驗用。十年，設尚寶監官員承收。十二年，設尚寶司。每遇用寶，内院會同兩衙門官驗用。十三年，裁上寶司。十八年，裁上寶監，專令内監承收。每遇用寶，内院先期知會，同内監驗用。康熙九年題准：駕幸南苑後，一應誥勅用寶，内閣同總管在乾清門驗用。十二年題准：凡誥命勅命勅書用寶，不必請旨，仍同總管驗用。如遇要務用寶，仍行請旨。

凡每年終封印日洗寶，前期大學士啓奏。是日典籍隨學士赴乾清門，内監捧出，洗净入匣。其洗寶應用器物，向該部取用。

凡寶色，行文工部取用。御寶二十九顆，官内收貯六顆：皇帝奉天之寶、即傳國璽。兩郊大祀及聖節宫中告天青詞用。大清受命之寶、以章皇序。皇帝之寶、以布詔赦。天子之寶、以祀百神。制誥之寶、凡制用。勅命之寶。凡勅用。

内庫收貯二十三顆：皇帝之寶、皇帝行寶、以頒賚賜。皇帝信寶、以徵戎伍。天子行寶、以册外蠻。天子信寶、以調番卒。制誥之寶、勅命之寶、廣運之寶、以謚臣僚。御前之寶、以肅法駕，謹封識。皇帝尊親之寶、以薦徽號。皇帝親親之寶、以展宗盟。敬天勤民之寶、以飭覲吏。表章經史之寶、以崇古訓。欽文之寶、以重文教。丹符出驗四方、以識御封，證殊方。巡狩天下之寶、以從省方。垂訓之寶、以揚國憲。命德之寶、以獎忠良。奉天法祖親賢愛民、御書特書大政要務布告等事。討罪安民之寶、以張征伐。勅正萬邦之寶、以誥外國。勅正萬民之寶、以誥四方。制馭六師之寶。御駕親征行營之用。

凡內外衙門啓奏本章並各官條奏有滿文者，大學士、學士公同票擬，進呈請旨。如止有漢文蒙古文者，發中書翻譯，或全譯，或止譯貼黄。侍讀學士、侍讀校正對閱，送大學士等票擬，進呈請旨。

凡恩詔，大學士、學士承旨撰擬，應行詔欵，密請欽定。黄紙繕寫，用寶畢，典籍恭捧在前，學士隨後，至太和殿，安設黄案上，候上陞座，閣臣捧授禮部堂官，儀詳禮部。其直隸各省及朝鮮等國應頒詔書幾道，由禮部開送內閣繕寫用寶，交該部蒙古王等。應頒詔書係禮部刷印，送閣用寶，交理藩院。

凡頒發各部院衙門上諭，大學士等奏呈御覽後，用硃筆謄寫黄摺，傳該衙門堂官親領。至加上徽號，頒發禮部勅諭，用墨筆繕寫香箋，用寶。其頒發在外文武大臣及蒙古王等朝鮮各國勅諭，用墨筆謄寫黄紙，用寶。頒發朝覲官員勅諭，俱刷印黄紙用寶。

凡給功臣世襲罔替誥命，分別世次勅書，由該衙門開載功績，移送內閣，交中書科繕寫，送閣用寶，仍行該衙門給發。其子孫承襲時，令該衙門將原給誥勅送閣，中書科填寫承襲人名年月，仍送閣用寶。至大內收貯世襲官賞册，遇有改寫處，該衙門先期知會，次日該衙門官同學士等詣保和殿，內監請出賞册，改寫畢，仍請收貯大內。

凡封贈誥勅，文武官員五品以上者應給誥命，六品以下者應給勅命。順治初，俱由翰林院開列翰林官職名送內閣具題，撰擬文字。十年題准：自一品至九品官誥勅，限定句數。一品起六句，中入事實十四句，結六句。二品起六句，中十二句，結六句。三品起六句，中十句，結六句。四五品起四句，中八句，結四句。六七品起四句，中六句，結四句。八九品起二句，中四句，結二句。康熙十年題准：一應誥勅，於內閣侍讀學士、侍讀內酌派一二人專司其事。若有應給誥勅官員，該衙門將職銜開明送閣，令該管官照式發中書科繕寫，送閣用寶，仍交該衙門給發。如有應另撰擬文字者，仍令翰林院撰擬。二十四年議准：各按官職撰定文式頒給。

凡督撫提鎮等官勅書，順治初，由內院撰擬給發。四年題准：令吏兵二部撰寫給發。八年題准：仍歸內院，照該部移交撰寫，用寶後，發該部給發。如各官內有離任者，將原勅繳部，轉送內院收銷。又題准：將軍督撫提鎮並一切欽差官員俱給坐名勅書，布政按察守巡各官，副叅遊等官止給傳勅，不坐名。其勅書內有題定者，照該衙門開明管轄地方職掌事宜寫給。如有應更改者，具題更改。康熙十三年題准：援勦副將等官亦有給坐名勅書者，出自上裁。其督撫提鎮等官勅書，俱交該衙門給發。巡鹽御史、巡倉御史勅書，學士於午門外給發。

凡給各關監督精微批文，由該科揭送內閣，將該差職名填註文簿，掛號用寶。學士於午門外同該科給事中給發。

凡文殿試，大學士、學士充讀卷官，侍讀學士、侍讀、典籍、中書充受卷彌封掌卷官。

殿試前一日，讀卷大學士、學士擬策問數事，奏請欽定，捧回撰合成題，進呈後，中書繕寫，執事官監看刊刻刷印。次日典籍捧題紙前行，學士隨後，進太和殿內，學士捧置黄案上，俟諸進士進午門，兩傍排立，學士舉題紙授禮部堂官分給。試畢，讀卷大學士等公同閱定，於傳臚前一日揀選上卷，進至御前奏讀。欽定一甲三名，其二甲以下名次，讀卷大學士等奏請欽定。是夕批定試卷名次，中書寫成大小金榜，三傳摺子。次日，典籍捧榜，隨不讀卷學士至乾清門，以小金榜交內侍進呈。大金榜用寶畢，典籍恭捧前行，學士及執事官隨後，至太和殿，學士捧置黄案上，典籍捧三傳摺子授鴻臚寺官，候上陞殿，不讀卷大學士或學士捧金榜授禮部堂官傳臚。詳見禮部。

凡武殿試事例與文殿試同。詳見兵部。

凡御屏，順治二年，令御用監製造，送至內院。內院移文吏兵二部，開送內外大小文武官員職名填寫。十三年，照例移文吏兵二部，造册送院。十五年，復移文吏兵二部，造册送院。

凡宮殿等處扁額對聯及勅賜一應牌扁，俱由翰林院撰擬，大學士等奏請欽定，中書繕寫。

凡撰寫壇廟陵寢神牌字樣，由工部製造牌式，禮部送至內閣繕寫。仍交該部刊刻填青，禮部奏請，遣內閣大臣等行禮。

凡壇廟祝版，由太常寺繕寫送閣，學士恭填御名，授該寺官。至一應祭告祝文由翰林院撰擬送閣，奏請欽定。

凡山陵封號，內閣撰擬，奏請欽定。

凡撰擬諸王貝勒及文武大臣謚號，由宗人府禮部題准，移文內閣撰擬，奏請欽定。康熙二十年題准：親王郡王謚號用一字，貝勒以下輔國將軍以上謚號用二字。

凡諸王貝勒文武大臣祭文碑文，順治間，由內閣撰定成式，填名給發。康熙十七年諭：賜謚諸王大臣等祭文碑文交翰林院撰擬，內閣奏閲。

凡大將軍、將軍等印，俱係內閣收貯。如遇命將征討，大學士等酌擬將軍名號，奏請欽定。如名號與存貯印文相符者，取給。如不相符，移文該部，另行鑄給。師旋之日，仍繳內閣。

凡御駕行幸，大學士、學士等承旨扈從，侍讀學士以下官員由大學士等酌派隨行。

凡遣大將軍、將軍出征各地方，大學士等酌量差遣內閣官員隨征，管理章奏文移。

凡賫詔，內閣以應遣官員職名開送禮部，具題差遣。

凡冊立冊封，有欽命大學士、學士充正副使者，有用侍讀學士等官者，俱由禮部照例題請。

凡文會試，大學士、學士充正副主考官，中書充收掌試卷官。武會試，學士充主考官，俱由各該部移取職名，題請欽定。

凡直省文鄉試主考官並順天文鄉試同考官俱由各該部移取典籍、中書職名，題請欽點。

凡遇上陞殿，內閣該直官員陳設筆硯等項於禮部所設黃案上。如遇各官謝恩日期，將鴻臚寺開送職名摺帖陳列，以備御覽。

凡每年春秋祭祀文廟，欽遣大學士一員行禮。

凡祭告五嶽、四瀆、長白山及歷代帝王陵、孔子闕里，開列學士、侍讀學士職名，送禮部題請欽點。

凡《實録》《聖訓》告成，繕寫三部，一呈御覽，一藏皇史宬，一貯內閣。

凡發六科紅本，該科謄録底簿，原本送閣存貯。其密封發部者，該部仍密封送科，由科繳閣，亦謄録底簿，一並收貯，以備編纂。

凡部院衙門及直省督撫等奏銷冊籍，奉旨留覽者，俱於年終自內發出，付典籍貯庫。

凡各項書籍收藏內閣，典籍記冊，以備查考。

凡出師吉日俱由內閣選擇。

凡遇習射之期，內閣官員每月二次於侍衛教場內習射，兵部官查點。

凡內閣需用筆墨紙張、本匣及銀硃、黃蠟、木炭、白麪等項，於户工二部及光禄寺支取。

（清）陳枚輯《憑山閣增輯留青新集》卷一九《古今官制·殿閣學士》 古今曰六相始於黃帝，唐虞夏商代有相職。周以太師、太傅、太保爲三公，少師、少傅、少保爲三孤。秦號爲丞相。漢初以太傅、太尉爲相國，丞相、太尉、御史大夫爲三公。孝惠時爲左右丞相，成帝加置太師、太保、大司徒、大司空，哀帝定大司馬、大司徒、大司空爲三公。魏黃初改大丞相。晉罷司徒置中書監令。唐武德初以太尉，司徒、司空爲三公，尚書省、門下省、中書省爲三省。貞觀復本周制，以三太爲三師，繼是有同中書門下三品及平章政事之名。開元置左右丞相。宋初三師、三公如唐後仍定三公三孤，如周三孤，亦稱三少同平章事、參知政事。元豐獨設尚書、門下、中書三省，又爲尚書左右僕射。建炎復改置同中書門下平章事，改中書門下侍郎復爲參知政事。明洪武設左右丞相，後罷中書省，置殿閣大學士。永樂罷三孤，洪熙復設三公三孤，嘉靖大學士名官如其初。今職如左：

名號：內閣，閣，便殿小門也。唐制天子御便殿見羣臣，謂之入閣。政府、黃屏。唐制門下省以黃塗門，故稱。亦稱黃閣，俗从閣非。

大學士從一品，加銜正一品。

名號：宰相、中堂、中堂，中殿也。謂直殿閣之意。閣老、閣即內閣長官，曰老，猶曰元老也。相國。

稱呼：大柱國、陸凱疏曰：宰相，國之柱也。大柱石、三嘉傳確然有柱石之固。大元輔、元，大也。輔，弼也。大元宰。宰者，調和膳羞之名。宰亦能調和衆官，故稱。

內閣學士品未確查，下同。

名號：次相、亦稱次輔。貳公。《周官》貳公弘住。貳，副也。副公以弼君，故曰貳公。

稱呼：同前大柱國、大柱石。

內閣侍讀學士

內閣侍讀

名號、稱呼：同翰林院。

內閣撰文辦事。中書舍人從七品，下同。中書科詳建置。

內閣誥敕撰文中書舍人

內閣典籍從八品。

名號、稱呼：同中書科。

《大清會典（雍正朝）》卷二《內閣》 內閣爲機務要地，掌宣綸綍，贊理庶政，職任綦重。國初，置文館，後改爲內三院：曰內國史院、曰內秘書院、曰內弘文院。設大學士、學士。順治二年，定爲正二品衙門。以翰林官分隸內三院，稱內翰林國史院、內翰林秘書院、內翰林弘文院。增設侍讀學士、侍讀等官。九年，設典籍。十五年，改內三院爲內閣大學士兼各部尚書銜，學士兼禮部侍郎銜，另設翰林院。十六年，止設大學士及典籍、撰文、辦事、中書，裁學士、侍讀學士等官。十八年，復改內閣爲內國史院、內秘書院、內弘文院，裁翰林院。康熙九年，仍改爲內閣，另設翰林院。十年，仍補授學士以下等官，其滿漢大學士員缺無定，出自簡在。滿學士六員，漢學士四員，滿侍讀學士四員，蒙古侍讀學士二員，漢軍侍讀學士二員，滿侍讀十一員，蒙古侍讀二員，漢軍侍讀二員，滿洲漢軍漢典籍各二員，滿中書七十五員，蒙古中書十九員，漢軍中書十三員，漢中書三十六員。康熙三十八年，裁滿侍讀三員，滿中書十一員，蒙古中書三員，漢軍中書五員，漢中書四員。雍正四年，設漢侍讀二員。詳見吏部官制。

凡加上徽號，由內閣撰擬，奏請欽定。

凡恭擬皇帝上太皇太后皇太后奏書，由翰林院撰擬，送內閣閱定，進呈御覽後，內閣繕寫。

凡登極賀表，由內閣撰擬繕寫，禮部奏讀。

凡內外慶賀進御表箋文式，由翰林院撰擬，內閣奏定頒發。在內諸王貝勒文武官員進御表文，內閣繕寫，交禮部宣讀。在外文武官員及外國進御表箋，慶賀畢，禮部彙送內閣收貯。

凡纂修《實録》、《聖訓》，大學士充監修總裁並總裁官，各給敕書，學士充副總裁官，俱題請欽定。侍讀學士、侍讀充纂修並提調官，典籍中書爲收掌、謄録、翻譯官，俱由監修總裁等擬定具題。

凡纂修國史、《典訓》、《方略》、《會典》、《一統志》、《明史》等書，俱如前例。

凡纂修玉牒，大學士、學士充副總裁官，由宗人府具題。侍讀學士、侍讀充纂修官，由大學士擬定，移送宗人府具題。

凡《實録》、《聖訓》等書告成，繕寫三部，一呈御覽，一藏皇史宬，一貯內閣。

凡各項書籍，收藏內閣，典籍記册以備查考。凡加上尊號、徽號，册立皇后、皇太子，册封皇貴妃、貴妃、妃、嬪，册寶印由禮部工部辦造，册文由翰林院撰擬，大學士等閱定，並寶文寶式一體進呈御覽後，內閣繕寫。內閣官員同翰林院、禮部、工部官員公同監視刊刻，填金填青。至封諸王、貝勒、公主、王妃等，及外國王等册寶、誥命，亦由禮部工部製造，册誥文由翰林院撰擬，大學士等閱定，進呈御覽後，中書科繕寫，該部鐫刻填青，其應給紙册誥命，俱中書科繕寫，送閣用寶。

凡選擬皇太子、皇子名，大學士承旨選擬，奏請欽定。

凡用御寶，順治初，內三院大學士、學士公同騐用。十年，設尚寶監官員承收。十二年，設尚寶司，每遇用御寶，內院會同兩衙門官騐用。十三年，裁尚寶司。十八年，裁尚寶監，專令內監承收。每遇用御寶，內院先期知會，同內監騐用。康熙九年題准：駕幸南苑後，一應誥敕用寶，內閣同內務府大臣在乾清門騐用。十二年題准：凡誥命、敕命、敕書用御寶，不必奏請，同內務府大臣騐用。如遇要務用御寶，仍行奏請。

凡每年至封印日，洗御寶。前期，大學士啓奏。是日，典籍隨學士赴乾清門，內監捧出，洗净入匣。其洗御寶應用器物，向該部取用。

凡御寶色，行文工部取用。御寶二十九顆，宮內收貯六顆：皇帝奉天之寶，即傳國璽。兩郊大祀及聖節，宮中告天青詞用之。大清受命之寶，以章皇序。皇帝之寶，以布詔赦。天子之寶，以祀百神。制誥之寶，凡制用之。敕命之寶，凡敕用之。

內庫收貯二十三顆：皇帝之寶。皇帝行寶，以頒賚賜。皇帝信寶，以徵戎伍。天子行寶，以册外蠻。天子信寶，以調番卒。制誥之寶。敕命之寶。廣運之寶，以諭臣僚。御前之寶，以肅法駕，謹封識。皇帝尊親之寶，以薦徽號。皇帝親親之寶，以展宗盟。敬天勤民之寶，以飭覲吏。表章經史之寶，以崇古訓。欽文之寶，以重文教。丹符出驗四方，以識御封，證殊方。巡狩天下之寶，以從省方。垂訓之寶，以揚國憲。命德之寶，以獎忠良。奉天法祖親賢愛民，御書及特書大政要務布告等事用之。討罪安民之寶，以張征伐。勅正萬邦之寶，以誥外國。勅正萬民之寶，以誥四方。制馭六師之寶，御駕親征行營用之。

凡內外衙門啓奏本章，並各官條奏有滿文者，大學士、學士公同票擬進呈請旨。如止有漢文蒙古文者，發中書翻譯，或全譯，或止譯貼黄。侍讀學士、侍讀校正對閲，送大學士等票擬，進呈請旨。

凡各部院衙門奉特旨所交一切事務，並揀選引見人員等項，雍正五年題准：各部院衙門，將每月事件已結未結情由聲明送內閣，於月底彙齊奏聞。

凡恩詔，大學士、學士承旨撰擬，應行詔款，密請欽定。黄紙繕寫用御寶畢，典籍恭捧在前，學士隨後，至太和殿，安設御前黄案上。候陞寶座，閣臣捧授禮部堂官。儀詳禮部。其直隸各省及朝鮮等國應頒詔書幾道，由禮部開送，內閣繕寫，用御寶，交該部。蒙古王等應頒詔書，係禮部刷印送閣用御寶，交理藩院。

凡頒發各部院衙門上諭，大學士等奏呈御覽後，用硃筆謄寫黄摺，傳該衙門堂官親領。至加上徽號頒發禮部敕諭，用墨筆繕寫，香箋，用御寶。其頒發在外文武大臣及蒙古王等朝鮮各國勅諭，用墨筆謄寫，黄紙，用御寶。頒發朝覲官員勅諭，俱刷印黄紙，用御寶。

凡親王公主等封號，俱大學士選擬，奏請欽定。

凡給功臣世襲罔替誥命，分別世次勅書，由該衙門開載功績，移送內閣，交中書科繕寫，送閣，用御寶，仍行該衙門給發。其子孫承襲時，令該衙門將原給誥勅送內閣，中書科填寫承襲人名年月，仍送閣用御寶。至大內收貯世襲官賞册，遇有改寫處，該衙門先期知會，次日，該衙門官同學士等詣保和殿，內監請出賞册，改寫畢，仍請收貯大內。

凡入八分公以下奉恩將軍以上兼大臣侍衛等官，及閑散宗室補授大臣侍衛等官，封贈誥命。康熙四十三年議准：各按官職撰定文式頒給。

凡內外文武官員誥勅，五品以上者，應給誥命。六品以下者，應給勅命。順治初，俱由翰林院開列翰林官職名，送內閣具題撰擬文字。十年題准：自一品至九品官誥勅，限定句數。一品起六句，中入事實十四句，結六句。二品起六句，中十二句，結六句。三品起六句，中十句，結六句。四五品起四句，中八句，結四句。六七品起四句，中六句，結四句。八九品起二句，中四句，結二句。康熙十年題准：一應誥勅，於內閣侍讀學士、侍讀內酌派一二人專司其事。若有應給誥勅官員，該衙門將職銜開明送閣，令該管官照式發中書科繕寫，送閣用御寶，仍交該衙門給發。如有應另撰擬文字者，仍令翰林院撰擬。二十四年議准：各按官職撰定文式頒給。

凡督撫提鎮等官勅書，順治初，由內院撰擬給發。四年題准：令吏部兵部撰寫給發。八年題准：仍歸內院，照該部移文撰寫，用御寶後，發該部給發。如各官內有離任者，將原勅繳部，轉送內院收銷。又題准：將軍督撫提鎮並一切欽差官員，俱給坐名勅書。布政按察守巡各官、副叅遊等官，止給傳勅，不坐名。其勅書內有題定者，照該衙門開明管轄地方、職掌事宜寫給。如有應更改者，具題更改。康熙十三年題准：援勦副將等官，亦有給坐名勅書者，出自欽定。其督撫提鎮等官勅書，俱交該衙門給發。巡鹽御史、巡倉御史勅書，學士於午門外給發。雍正三年，直隸等處設巡察御史，勅書由內閣撰給。四年，浙江設觀風整俗使，勅書由內閣撰給。

凡給各關監督精微批文，由該科揭送，內閣將該職名填註文簿，掛號用御寶，學士於午門外同該科給事中給發。

凡文殿試，大學士、學士充讀卷官，侍讀學士、侍讀、典籍、中書充受卷彌封掌卷官。

殿試前一日，讀卷大學士、學士擬策問數事，奏請欽定。捧回撰合成題，進呈御覽後，中書繕寫，執事官監看刊刻刷印。次日，典籍捧題紙前行，學士隨後，進太和殿內，學士捧置黄案上，俟諸進士進午門，兩傍排立，學士捧題紙授禮部堂官分給。試畢，讀卷大學士等公同閲定，於傳臚前一日，揀選上卷，進呈御前奏讀。欽定一甲三名，其二甲以下名次，讀卷大學士等奏請欽定。是夕，批定試卷名次，中書寫成大小金榜，三傳摺子。次日，典籍捧榜隨不讀卷學士至乾清門，以小金榜交內侍進呈御覽，大金榜用御寶畢，典籍恭捧前行，學士及執事官隨後，至太和殿，學士捧置黄案上，典籍捧三傳摺子授鴻臚寺官。候陞寶座，不讀卷大學士或學士捧金榜授禮部堂官。

傳臚。詳見禮部。

凡武殿試事例，與文殿試同。詳見兵部。

凡御屏，順治二年定：御用監製造送至內院，內院移文吏部兵部，開送內外大小文武官員職名填寫。

凡宫殿等處扁額對聯及勅賜一應牌扁，俱由翰林院撰擬，大學士等奏請欽定，中書繕寫。

凡撰寫壇、廟、陵寢神牌字樣，由工部製造牌式，禮部送至內閣繕寫，仍交該部刊刻填青，禮部奏請命內閣大臣等行禮。

凡壇廟祝版，由太常寺繕寫，送閣，學士恭填御名，授該寺官。至一應祭告祝文，由翰林院撰擬，送閣，奏請欽定。康熙四十四年定：凡壇廟祝版，俱改由內閣繕寫。

凡加上太廟尊謚，由內閣撰擬，奏請欽定。

凡陵山封號，內閣撰擬，奏請欽定。

凡改設府州縣名，由內閣撰擬，奏請欽定。

凡撰擬諸王、貝勒及文武大臣等謚號，由宗人府、禮部題准，移文內閣撰擬，奏請欽定。康熙二十年題准：親王、郡王謚號用一字，貝勒以下輔國將軍以上，謚號用二字。

凡諸王貝勒文武大臣祭文、碑文，順治間，由內閣撰定成式，填名給發。康熙十七年諭：賜謚諸王大臣等祭文、碑文交翰林院撰擬，內閣奏閱。三十七年奏准：賜謚諸王大臣等祭文、碑文，俱由翰林院自行奏請欽定，停止內閣奏閱。

凡御駕行幸，大學士、學士等承旨扈從。侍讀學士以下官員由大學士等酌泒隨行。

凡大將軍、將軍等印，俱係內閣收貯。如遇命將征討，大學士等酌擬將軍名號，奏請欽定。如名號與存貯印文相符者，取給，如不相符，移文該部另行鑄給。師旋之日，仍繳內閣。

凡遣大將軍、將軍出征各地方，大學士等酌量差內閣官員隨征，管理章奏文移。

凡出師吉日，俱由內閣選擇。

凡賚詔，內閣以應遣官員職名開送禮部具題差遣。

凡册立、册封，有欽命大學士、學士充正副使者，有用侍讀學士等官者，俱由禮部照例題請。

凡文會試，大學士、學士充正副主考官，中書充收掌試卷官。武會試，學士充主考官。俱由各該部移取職名，題請欽定。

凡翻譯會試，雍正元年議准：學士充主考官亦由該部移取職名，題請欽點。

凡直省文鄉試主考官並順天文鄉試同考官，俱由該部移取典籍中書職名，題請欽點。

凡遇陞殿日，內閣該直官員陳設筆硯等項於禮部所設黄案上。如遇各官謝恩日期，將鴻臚寺開送職名摺帖陳列，以備御覽。

凡每年春秋祭先師文廟，欽遣大學士一員行禮。

凡祭告五嶽、四瀆、長白山及歷代帝王陵寢、孔子闕里，開列學士、侍讀學士職名，送禮部題請欽點。

凡發六科紅本，該科謄録底簿，原本送閣存貯。其密封發部者，該部仍密封送科，由科繳閣，亦謄録底簿，一並收貯，以備編纂。

凡部院衙門及直省督撫等奏銷册籍，奉旨留覽者，俱於年底自內發出，付典籍貯庫。

凡遇習射之期，內閣官員每月二次，於侍衛教場內習射，兵部官查點。

凡遇用筆墨紙張、本匣及銀硃、黄蠟、木炭、白麪等項，於户部工部及光禄寺支取，其綾子紙張銀硃等項，年底開寫數目奏聞。

《大清會典（乾隆朝）》卷二《內閣》　大學士，滿漢各二人，均由特簡。贊理機務，表率百寮。補授後請旨兼殿閣及六部尚書銜。欽定殿閣名：保和殿、文華殿、武英殿、體仁閣、文淵閣、東閣。尚書協辦閣務，滿漢各一人。學士兼禮部侍郎銜，滿六人，漢四人。掌敷奏本章，傳宣綸綍。侍讀學士，滿四人，蒙古二人，漢二人。掌收發本章，總稽繙譯。侍讀，滿十人，蒙古漢軍漢人各二人。掌勘對本章，檢校籤票。典籍，滿洲漢軍漢人各二人。掌收貯圖籍，出納文移。中書，滿七十人，蒙古十有六人，漢軍八人，漢三十人。貼寫中書，滿四十人，蒙古六人。掌撰擬、紀載、繙譯、繕書之事。中書科中書舍人，滿二人，漢四人，筆帖式十人。掌書誥勅。

凡朝廷德音下逮，宣示百官曰制，布告天下曰詔，昭垂訓行曰誥，申明職守曰勅。中外封章上達慶賀皇帝、皇太后曰表，皇后曰箋，陳事曰疏。內閣檢校出納惟允。皇帝登極，諸王貝勒文武各官賀表內閣撰擬，其餘慶賀表箋翰林院撰擬，均由大學士奏定，頒中外遵行。各部院及直省題疏到內閣，舊制公事用題本，私事用奏本。乾隆十三年定並改題本。大學士票擬進呈，得旨，轉下六科鈔發各部院施行。以副本録旨送皇史宬存貯。如原疏折出未定處分，竢御門聽政時滿學士一人敷奏折本，大學士面奉諭旨，如前施行。

凡恭上皇太后尊號、徽號奏書冊寶，冊立皇后、皇太子冊寶，由大學士恭閱所司撰擬文篆進呈欽定，勅下禮部奉行。尊封皇貴太妃、皇太妃，冊封皇貴妃、貴妃、妃、嬪各冊寶皆大學士恭閱所司撰擬文篆進呈欽定，勅下禮部施行。

凡命皇太子、皇子、皇孫名，大學士承旨選擬，奏請欽定。諸王公主封號亦如之。

凡封諸王公主福晋以下冊寶誥命，由大學士奏定。封外藩王以下及公侯伯以下誥命亦如之。其子孫襲封，即於原奉誥勅內開注人名年月，加用御寶給還。中外文武各官遇覃恩封贈，五品以上者誥命，六品以下者勅命。宗室自鎮國公以下用爲大臣侍衛者，封贈與文武官同。外任官督撫、學政、鹽政、織造、提督、總兵等官撰給坐名勅書，布政使、按察使、道員、運使及副將、叅游等官止給傳勅。

凡覃恩肆赦，大學士承旨擬恩詔應行事款，恭請欽定。

凡請用御寶，先期知會內務府轉行宮殿監，至期，學士率典籍官赴乾清門驗用。如遇行幸駐驛，以內務府總管一人監視之。

交泰殿貯御寶二十有五：大清受命之寶，以章皇序。白玉，方四寸四分，厚一寸，盤龍紐，高二寸。皇帝奉天之寶，以章奉若。碧玉，方四寸四分，厚一寸一分，盤龍紐，高三寸五分。大清嗣天子寶，以章繼繩。金，方二寸四分，厚八分，交龍紐，高一寸七分。皇帝之寶，以布詔赦。青玉，方三寸九分，厚一寸，交龍紐，高二寸一分。皇帝之寶，以肅法駕。栴檀香木，方四寸八分，厚一寸八分，盤龍紐，高三寸五分。天子之寶，以祀百神。白玉、方二寸四分，厚八分，交龍紐，高一寸三分。皇帝尊親之寶，以薦徽號。白玉，方二寸一分，厚七分，盤龍紐，高一寸三分。皇帝親親之寶，以展宗盟。白玉，方二寸二分，厚一寸二分，交龍紐，高一寸二分。皇帝行寶，以頒錫賚。碧玉，方四寸八分，厚一寸九分，蹲龍紐，高二寸五分。皇帝信寶，以徵戎伍。白玉，方三寸三分，厚六分，交龍紐，高一寸六分。天子行寶，以冊外蠻，碧玉，方四寸八分，厚一寸九分，蹲龍紐，高二寸三分。天子信寶，以命殊方。青玉，方三寸八分，厚一寸三分，交龍紐，高一寸七分。敬天勤民之寶，以飭覲吏。白玉，方三寸一分，厚一寸五分，交龍紐，高一寸七分。制誥之寶，以諭臣僚。青玉，方四寸，厚二寸，交龍紐，高二寸七分。勅命之寶，以鈐誥勅。碧玉，方三寸五分，厚一寸三分，交龍紐，高一寸八分。垂訓之寶，以揚國憲。碧玉，方四寸，厚一寸五分，交龍紐，高二寸。命德之寶，以獎忠良。青玉，方四寸，厚一寸四分，交龍紐，高二寸一分。欽文之璽，以重文教。墨玉，方三寸六分，厚一寸五分，交龍紐，高一寸六分。表章經史之寶，以崇古訓。碧玉，方四寸七分，厚二寸一分，交龍紐，高二寸二分。巡狩天下之寶，以從省方。青玉，方四寸七分，厚二寸，交龍紐，高二寸五分。討罪安民之寶，以張征伐。青玉，方四寸八分，厚二寸，交龍紐，高二寸五分。制馭六師之寶，以整戎行。墨玉，方五寸三分，厚一寸四分，交龍紐，高二寸二分。勅正萬邦之寶，以誥外國。青玉，方三寸八分，厚一寸五分，盤龍紐，高二寸三分。勅正萬民之寶，以誥四方。青玉，方四寸一分，厚一寸五分，交龍紐，高二寸。廣運之寶，以謹討識。墨玉，方六寸，厚二寸一分，交龍紐，高二寸。

盛京尊藏御寶十：大清受命之寶、碧玉，方四寸八分，厚一寸九分，蹲龍紐，高二寸四分。皇帝之寶、青玉，方四寸八分，厚一寸九分，交龍紐，高二寸七分。皇帝之寶、碧玉，方五寸，厚一寸八分，盤龍紐，高三寸。皇帝之寶、栴檀香木，方三寸八分，厚六分，素紐，高五分。奉天之寶、金，方三寸七分，厚九分，交龍紐，高二寸。天子之寶、金，方三寸七分，厚九分，交龍紐，高二寸。奉天法祖親賢愛民、碧玉、方四寸九分，厚一寸五分，交龍紐，高二寸。丹符出驗四方、青玉，方四寸七分，厚二寸，交龍紐，高二寸二分。勅命之寶、青玉，方三寸七分，厚一寸八分，交龍紐，高二寸五分。廣運之寶。金，方二寸四分，厚八分，交龍紐，高一寸五分。

凡纂修《實録》《聖訓》《會典》諸書，皆由内閣題請監修總裁等官。書成，於皇史宬及内閣各尊藏一部，並送一部至盛京尊藏。内閣尊藏列聖《實録》以次進呈皇帝恭閲，周而復始，日以爲常。

凡起居注記載，每歲終送内閣大學士、學士監視加封入庫收藏。

凡每月欽奉諭旨於次月彙録進呈，各部院奉旨特交之事，覆奏後具册送内閣，其有未結者，聲明緣由送覈，月終則會計具奏。

凡壇廟陵寢神牌由工部送内閣中書敬書清文，翰林官敬書漢文，命大學士行禮。

凡尊謚册謚，大學士承旨恭擬，奏請欽定，勅下禮部奉行。册文寶篆由翰林院撰擬，大學士恭閲進呈。諸王以下及文武大臣謚法均由大學士奏定，諸王以一字爲謚，貝勒以下及大臣以二字爲謚。

凡陵山封號，大學士承旨恭擬，封各山川神祇亦如之。

凡祭告祝文，由翰林院撰擬，大學士恭閲進呈。壇廟祝版由太常寺送内閣中書繕寫，大學士敬書御名。每歲春秋祀先師孔子，命大學士一人行禮。御經筵日遣大學士一人祗告傳心殿。

凡賜祭、賜葬由翰林院撰擬祭文碑文，大學士閲定進呈。

凡殿試天下貢士，由讀卷大學士等奏請制策，以卷進呈。

皇帝親定甲第，下内閣中書書榜傳臚。武殿試亦如之。

凡庶吉士散館由内閣請期御試，大學士翰林院掌院學士同引見留館者授編檢職，餘以各部額外主事及知縣用，勅下吏部奉行。

凡命將征討，大將軍、經略將軍勅書，内閣撰擬。大將軍、經略將軍或給印或關防，並諏出師吉日，皆奏請欽定。仍遣内閣官隨行管理。

凡勾决京外重囚，刑部以秋朝審情實姓名册送内閣，於冬日至前六十日次第奏請勾决。皇帝素服，大學士、學士及刑部堂官、起居注官咸常服，祗候召入，滿學士一人跪奏囚册，漢大學士一人秉筆遵旨勾訖，密封下所司施行。

《大清會典則例（乾隆朝）》卷二《内閣》 乾隆十三年諭：《大清會典》開載内閣滿漢大學士員數無定出自簡在等語，本朝由内三院改設内閣大學士未有定數，自是官不必備，惟其人之意。而康熙年間滿漢大學士率用四人，至雍正年間以來多用至六人，更或增置一二人協辦。朕思内閣居六卿之上，滿漢大學士應有定員，方合體制。嗣後著定爲滿漢各二人，其協辦滿漢或一人或二人，因人酌用。又大學士官銜例兼殿閣，《會典》所載四殿二閣未爲畫一，其中和殿名從未有用者，即不必開載，著增入體仁閣名，則三殿三閣較爲整齊。再大學士員闕，定例請旨開列，亦有遲至一月後始行請旨者。朕思大學士職司襄贊，如其宣力有年，遇有告休病故不忍遽行開列，應俟至一月以後者，乃國家眷念舊臣加恩輔弼之意。若緣事降革則機務重地未容久曠，自應即行開列，不必請旨，將此載入《會典》，永著爲例。欽此。又諭：向來協辦大學士之設，原因大學士有在内廷行走或奉差在外者，閣務需人坐辦，是以别簡人員協同辦理，初無額設之官，若由協辦而簡任封疆則不必仍帶虚銜。嗣後大學士兼管總督者著帶大學士銜，其協辦大學士兼管總督者，不必帶協辦大學士銜，著爲例。欽此。

一、侍讀學士以下辦理本章分五所：曰滿本房，滿侍讀學士二人、侍讀四人、中書三十九人、貼寫中書二十四人，專司繕寫清字、校正清文。曰漢本房，滿侍讀學士二人、漢侍讀學士二人、滿侍讀三人、漢軍侍讀二人、滿中書三十一人、漢軍中書八人、滿貼寫中書十有六人，專司繙譯清漢文，漢中書三人，繕寫本單。曰蒙古本房，蒙古侍讀學士二人、侍讀二人、中書十有六人，貼寫中書六人，專司繙譯外藩章奏及繕寫頒行西番屬國詔勅。曰滿票籤處，滿侍讀三人、滿漢本房兼票籤處滿中書二十人，貼寫中書八人、蒙古本房兼票籤處中書二人。曰漢票籤處，漢侍讀二人、漢中書二十七人，專司繕寫清漢票籤、記載諭旨及撰文之事。

一、各部院本章兼用清漢文，該衙門委官送内閣大學士票擬，發票籤處書籤進呈。直省本章不兼清文，由通政使司送内閣發漢本房繙譯，滿本房謄寫校對無訛，侍讀學士、侍讀等閲定，送大學士票擬，發票籤處書籤進呈。乾隆四年諭：本章出入關繫重大，防微杜漸不可不慎。嗣後凡有應發本章，批本處未發内閣，即奏聞；内閣未發部院，即奏聞，不必轉相詢問。庶將來朦溷遲延之弊，可以永杜矣。十三年諭：向來各處本章有題本奏本之别，地方公事則用題本，一己之事則用奏本。題本用印，奏本不用印。其式沿自前明，蓋因其時綱紀廢弛，内閣通政使司借公私之名以便上下其手，究之同一入告何必分别名色。著將向用奏本之處，槩用題本以示行簡之意。欽此。

《大清會典則例（乾隆朝）》卷二《内閣》 乾隆五年諭：前曾定八旗事件及引見官員照六部例三月一次彙奏，今各旗雖遵例具奏，但無專司稽察之處，仍不免有將遲延事件作爲限内完結、將違誤事件妄行推諉等弊。部院事件既由内閣按月稽察，其八旗事件著交稽察欽奉上諭事件處照内閣例詳悉稽察，仍三月一次彙奏。欽此。九年諭：各館所修之書，理宜上緊纂輯，漸次告竣。乃纂修官皆怠忽成習，經歷年久，率多未成。雖天心月窟，討論務須精詳。魚魯亥豕，考據恐其訛謬。亦何至易成者亦不即成，輾轉躭延，竟視爲不急之務。韋編三易，非積日以成者乎。其意不過借此多得公費，以資養贍，所爲事君敬其事而後其食者何居。且見在所修之書，告成後尚有應行編輯者，又當開館修輯未嘗不可載筆從事也。夫今日之翰林即異日之公卿，若所見如此卑鄙，其器識豈足以當鉅任。嗣後除内廷所修各書未經開館者不必稽察外，其餘各館皆著稽察上諭之大臣按月察覈。倘仍前怠玩，責有攸歸。欽此。

《大清會典則例（乾隆朝）》卷二《内閣》 乾隆十四年諭：近用新定清文篆書鑄造各衙門印信，所司檢閲庫中所藏經略大將軍、將軍諸印，凡百餘顆，皆前此因事頒給經用繳還未經銷燬者，《會典》復有命將出師請旨將庫中印信頒給之文，遂至濫觴。朕思虎符鵲紐用之軍旅，所以昭信，無取繁多。庫中所藏，其中振揚威武建立膚功者，具載歷朝實録，班班可考，今擇其克捷奏凱底定迅速者，經略印一，大將軍將軍印各七，分匣收貯，稽其事跡始末，刻諸文笥，足以傳示奕禩，即仍其清漢舊文而配以今製清文篆書，如數重造。遇有應用，具奏請旨頒給。一并藏之皇史宬，其餘悉交該部銷燬。此後若遇請自皇史宬而用者，蕆事仍歸之皇史宬。若遇因一事特行頒給印信者，事完交部銷燬。將此載入《會典》。欽此。

（清）錢大昕《潛研堂文集》卷二八《跋兩房題名録》 《兩房題名録》者，真定梁維樞所撰。明時，部、院、寺、監諸司皆有題名碑，内閣在禁地，故題名闕焉。維樞始考而録之。又以閣臣之屬有中書舍人，有翰林典籍，亦有以它官入辦事，如徐叔明、歸熙甫者，故以兩房該之云。中書舍人在唐、宋爲詞臣之榮選，與學士對掌内外制，謂之兩制。明太祖罷中書省而別設中書科，主書寫誥勅，秩正七品。其後又有文華殿中書舍人，主書寫扁聯；武英殿中書舍人，主繪畫；而内閣亦有中書舍人，若古之省掾。蓋其時稱中書者凡四，而中書科則三甲進士以選授，大臣子弟以廕授，舉人有軍功者亦間授焉；四者之中，較爲清選。兩殿舍人則考授者少，納粟者多，而武英之選尤輕，内臣得而統屬之。兩房則有撰文、辦事之分，舉人、監生、譯字生皆得考授，而進士亦間有授者。嘉、隆以後，閣權重，而中書亦或倚以作奸，由于出身之濫也。我朝康熙初，始專用進士、舉人，試而後授，由是資望出中書科之右，而躋九列、登方面者，彬彬然盛矣。大昕以召試登薇省，從前輩盧召弓假得此書，鈔而存之，因題其後。

《大清會典（嘉慶朝）》卷二《内閣》 内閣大學士，例兼殿閣銜。曰保和殿大學士，文華殿大學士，武英殿大學士，文淵閣大學士，體仁閣大學士，東閣大學士。凡補授大學士，由内閣開列請旨。滿洲二人，漢二人。協辦大學士。於尚書内特簡，滿漢或一人或二人。

掌議天下之政，宣布絲綸，釐治憲典，總鈞衡之任，以贊上理庶務。凡大典禮，則率百寮以將事。

凡大祀中祀，前期書祝版，【略】奉神位於壇廟，則視鐫與其飾青。【略】製册寶亦如之。【略】皇帝登極則奉詔，【略】授受大典，奉寶亦如之。【略】册立册封則授節。【略】命將出師，授勑印亦如之。【略】文武傳臚則奉牓。【略】凡大朝會，進表則展表以聽宣焉。【略】凡綸音之下達者，曰制，曰詔，曰誥，曰勑，皆擬其式而進焉。凡大典禮，宣示百寮則有制辭。大政事，布告臣民垂示彝憲則有詔有誥。覃恩封贈五品以上官及世爵承襲罔替者曰誥命。勑封外藩、覃恩封贈六品以下官及世爵有襲次者曰勑命。諭告外藩及外任官坐名勑、傳勑，曰勑諭。皆先期撰擬呈進，恭候欽定。惟覃恩封贈誥勑則定有成式，按品繕軸。祝辭亦如之。祭告祝辭，有由翰林院撰擬者，有由内閣撰擬者。先期擬式呈進後，乃書之。進賀表，若致辭亦如之。每歲三大節朝賀及恭遇慶典王大臣慶賀表文，《實録》《聖訓》告成臣工慶賀致辭，亦豫擬呈進。凡承宣諭旨，若章奏之批答者，既下，乃布於百司而抄焉。每日欽奉上諭，由軍機處承旨，其應發抄者皆下於閣。内外陳奏事件，有摺奏，有題本，摺奏或奉硃筆，或由軍機處擬寫隨旨。題本或票擬欽定，或奉旨改籤。下閣後，諭旨及摺奏則傳知各衙門抄録遵行，題本則發於六科，由六科傳抄。

定進本之式。【略】凡本，有通本，各省將軍、督撫、提鎮、學政、鹽政、順天奉天府尹、盛京五部本章，俱齎至通政司，由通政司送閣爲通本。有部本。六部本章及各院府寺監衙門本章，附於六部之後，統爲部本。先期以達於閣，通本到閣，不兼清漢文者，由漢本房繙貼黄，滿本房照繕清字，移送票簽處。其有書寫違式，印信模糊及年月挖補者，通政司加揭帖。部本於前期一日送閣，有密題者加封。刑部則於例進本外，另具備本二件以備撤换，不用仍領回。外藩朝貢呈進金葉蒲葉表文及各處表牋方物狀，另繕清漢文合璧一分，與原表文一併呈遞。發下後，將原表文交典籍廳存貯。皆備其副。通本、部本正本外另繕副本一分，正本於得旨後發科，副本存貯以備查。若圖若册，河工報銷及各項營建工程，例應繪圖繕册，隨本進呈。各處錢糧報銷及朝審秋審本皆繕册，其鄉會試試録、題名録，欽天監時憲書式及隨本奏摺如之。若單，本内有例應開單進呈，如名單、缺單、履歷單、祭祀點單之類，覈其應留應發者，皆於票簽内分别擬寫。其不在應留應發之例者，不列於簽。若夾簽，刑部本内有罪應重辟，或案關服制罪名加重而覈其情有可原，或死者在保辜限外例得減等者，刑部另繕夾簽隨本聲明請旨。皆附焉。票擬則繕簽，每日應進通本部本，侍讀等詳細校閲，擬寫草簽。大學士閲定後，令票簽處中書繕寫清漢字合璧正簽，次日黎明恭遞。其票擬之式，凡通本内應議覆者，則交各部院議奏。或查議，或察議，或議處，或嚴議，或速議。無庸議覆者，則交各部院知道。錢糧出納則交部察覈，刑名本罪至斬絞者由三法司覈擬，軍流以下由刑部覈擬。官員應降革勒休者，情罪重則照擬票寫。各院寺衙門本有應交部議者，俱如通本之例。部本内議叙議處事件，在京文職編檢科道以上，武職副都統以上，各省文職臬司以上及學政鹽政，武職總兵以上，皆出名。外官題陞調補，文職鹽大使以上及河工佐雜，武職守備以上，皆出名。實降實革者，不論品秩皆出名。刑部本罪至死者皆出名。京堂五品以上，翰詹中允以上，各省臬司以上，學政、鹽政、試差、關差及各項差使開列請簡，俱票空名簽。文武會試中額則空其名數，其餘尋常事件，皆票依議及知道了等簽。又有該部院所議未協隨時更正票擬或奉旨另擬者，及違式錯誤應飭行、應議處者，各就情事審定。有圖册者，應留應發皆列於簽。夾單有票寫者，有不票寫者，惟刑部夾簽皆不票寫。有兩擬者繕雙簽，【略】若三簽，若四簽，皆備擬以候欽定。【略】申以説帖，【略】得旨則批本，【略】乃發於六科，【略】御門聽政則進折本。【略】朝審秋審之勾決者，得旨則予勾。【略】凡進本，逾二日乃下焉。其即下者不越日。【略】

貯御寶於交泰殿，凡二十有五：一曰大清受命之寶、白玉，方四寸四分，厚一寸，盤龍紐，高二寸。二曰皇帝奉天之寶、碧玉，方四寸，厚一寸一分，盤龍紐，高三寸五分。三曰大清嗣天子寶、金，方二寸四分，厚八分，交龍紐，高一寸七分。四曰皇帝之寶、青玉，方三寸九分，厚一寸，交龍紐，高二寸一分。五亦曰皇帝之寶、栴檀香木，方四寸八分，厚一寸八分，盤龍紐，高三寸五分。六曰天子之寶、白玉，方二寸四分，厚八分，交龍紐，高一寸二分。七曰皇帝尊親之寶、白玉，方二寸二分，厚七分，盤龍紐，高一寸三分。八曰皇帝親親之寶、白玉，方二寸二分，厚一寸二分，交龍紐，高一寸二分。九曰皇帝行寶、碧玉，方四寸八分，厚一寸九分，蹲龍紐，高二寸五分。十曰皇帝信寶、白玉，方三寸三分，厚六分，交龍紐，高一寸六分。十有一曰天子行寶、碧玉，方四寸八分，厚一寸九分，蹲龍紐，高二寸三分。十有二曰天子信寶、青玉，方三寸八分，厚一寸三分，交龍紐，高一寸七分。十有三曰敬天勤民之寶、白玉，方三寸一分，厚一寸五分，交龍紐，高一寸七分。十有四曰制誥之寶、青玉，方四寸，厚二寸，交龍紐，高二寸七分。十有五曰勅命之寶、碧玉，方三寸五分，厚一寸三分，交龍紐，高一寸八分。十有六曰垂訓之寶、碧玉，方四寸，厚一寸五分，交龍紐，高二寸。十有七曰命德之寶、青玉，方四寸，厚一寸四分，交龍紐，高二寸一分。十有八曰欽文之璽、墨玉，方三寸六分，厚一寸五分，交龍紐，高一寸六分。十有九曰表章經史之寶、碧玉，方四寸七分，厚二寸一分，交龍紐，高二寸二分。二十曰巡狩天下之寶、青玉，方四寸七分，厚二寸，交龍紐，高二寸五分。二十有一曰討罪安民之寶、青玉、方四寸八分，厚二寸，交龍紐，高二寸五分。二十有二曰制馭六師之寶、墨玉，方五寸三分，厚一寸四分，交龍紐，高二寸二分。二十有三曰勅正萬邦之寶、青玉，方三寸八分，厚一寸五分，盤龍紐，高二寸二分。二十有四曰勅正萬民之寶、青玉，方四寸一分，厚一寸五分，交龍紐，高二寸。二十有五曰廣運之寶。墨玉，方六寸，厚二寸一分，交龍紐，高二寸。凡宣綸音，皆請寶而用焉。請用御寶，先期將用寶之數奏明。及期，學士率侍讀學士、侍讀、典籍等赴乾清門恭接，與内監公同驗用。如遇巡幸，則會内務府大臣一人在乾清門驗用。惟誥命勅命勅書常行之事則不奏。巡幸則奉以從。巡幸請寶隨往行在，學士率典籍一人赴乾清門接出，交齎寶中書，服采服乘馬在華蓋前行，如不設騎駕鹵簿，則常服在豹尾班後隨行。回鑾日，學士及典籍公同驗視，奉至乾清門，交内監恭收。歲終，乃洗寶。每歲封寶日洗寶，學士率典籍一人赴乾清門接出洗畢，交内監恭收。其貯盛京者，備尊藏焉。【略】

凡謚法，各考其字義而著於册，定爲上中下三册，曰鴻稱通用。上册分上中下三卷，中册分上下二卷，下册一卷。上册之上，列聖廟號取焉。【略】上册之中，列聖尊謚取焉。【略】上册之下，列后尊謚取焉。【略】中册之上，以謚妃嬪。【略】中册之下，以謚王。【略】下册則羣臣賜謚者得用之。【略】皆擬上而請定焉。【略】凡封號，若建置，則擬其美名。

《大清會典（光緒朝）》卷二《內閣》 內閣大學士，例兼殿閣銜，曰保和殿大學士，文華殿大學士，武英殿大學士，文淵閣大學士，體仁閣大學士，東閣大學士。凡補授大學士，由內閣開列請旨。滿洲二人，漢二人。協辦大學士。於尚書內特簡，滿漢或一人，或二人。

掌議天下之政，宣布絲綸，釐治憲典，總鈞衡之任，以贊上理庶務。凡大典禮，則率百寮以將事。凡大祀中祀，前期書祝版，【略】奉神位於壇廟，則視鐫與其飾青，【略】製册寶亦如之。【略】皇帝登極則奉詔。【略】授受大典，奉寶亦如之。【略】册立册封則授節。【略】命將出師，授敕印亦如之。文武傳臚則奉榜。凡大朝會，進表，則展表以聽宣焉。

凡綸音之下達者，曰制，曰詔，曰誥，曰敕，皆擬其式而進焉。【略】祝辭亦如之。【略】進賀表，若致辭，亦如之。【略】凡承宣諭旨，若章奏之批答者，既下，乃布於百司而鈔焉。【略】定進本之式。【略】凡本，有通本，【略】有部本，【略】先期以達於閣，【略】皆備其副【略】若圖若册，【略】若單，【略】若夾籤，【略】皆附焉。票擬則繕籤，【略】有兩擬者繕雙籤，【略】若三籤，若四籤，皆備擬以候欽定。【略】申以說帖，【略】得旨則批本，【略】乃發於六科。【略】御門聽政則進折本。【略】朝審秋審之勾決者，得旨則予勾。【略】凡進本逾二日乃下焉，其即下者不越日。【略】儲御寶於交泰殿，凡二十有五：一曰大清受命之寶。【略】二曰皇帝奉天之寶，【略】三曰大清嗣天子寶，【略】四曰皇帝之寶，【略】五亦曰皇帝之寶，【略】六曰天子之寶，【略】七曰皇帝尊親之寶，【略】八曰皇帝親親之寶，【略】九曰皇帝行寶，【略】十曰皇帝信寶，【略】十有一曰天子行寶，【略】十有二曰天子信寶，【略】十有三曰敬天勤民之寶，【略】十有四曰制誥之寶，【略】十有五曰敕命之寶，【略】十有六曰垂訓之寶，【略】十有七曰命德之寶，【略】十有八曰欽文之寶，【略】十有九曰表章經史之寶，【略】二十曰巡狩天下之寶，【略】二十有一曰討罪安民之寶，【略】二十有二曰制馭六師之寶，【略】二十有三曰敕正萬邦之寶，【略】二十有四曰勅正萬民之寶，【略】二十有五曰廣運之寶，【略】凡宣綸音，皆請寶而用焉。【略】巡幸則奉以從。【略】歲終，乃洗寶。【略】其儲盛京者，備尊藏焉。【略】

凡謚法，各考其字義而著於册。【略】上册之上，列聖廟號取焉。【略】上册之中，列聖尊謚取焉。【略】上册之下，列后尊謚取焉。【略】中册之上，以謚妃嬪。【略】中册之下，以謚王。【略】下册則羣臣賜謚者得用之。【略】皆擬上而請定焉。【略】凡封號，若建置，則擬其美名。【略】

《大清會典事例（光緒朝）》卷一一《內閣·建置》 內三院沿革。

天聰三年，設文館於盛京。十年，改文館爲內三院：曰內國史院，掌記注詔令，編纂史書，及撰擬諸表章之屬。曰內祕書院，掌撰外國往來書狀，及敕諭祭文之屬。曰內宏文院，掌註釋歷代行事善惡，勸講御前，侍講皇子並教諸親王，及德行制度之屬。各設大學士掌之。順治二年，以翰林院官分隸內三院，稱內翰林國史院、內翰林祕書院、內翰林宏文院。十五年，改內三院爲內閣，大學士俱改內閣銜。十八年，復改內閣爲內國史院、內祕書院、內宏文院，裁翰林院。康熙九年，仍改內閣，另設翰林院如舊制。設官。天聰十年，設內國史院、內祕書院、內宏文院大學士各一人。順治初年，設滿漢大學士，不備官，兼各部尚書銜。設滿洲學士三人，漢軍學士三人，漢學士無定員。滿洲典籍三人，漢軍典籍三人，漢典籍三人。滿洲清文侍讀五人，清漢文侍讀六人，蒙古侍讀三人，漢軍侍讀三人，漢侍讀三人。滿洲中書七十五人，清文撰文二十人，辦事二十人，清漢文撰文十七人，辦事十八人。蒙古中書十九人，撰文九人，辦事十人。漢軍中書十三人，撰文五人，辦事八人。漢中書三十六人，撰文六人，辦事三十人。八年，設滿洲侍讀學士三人，蒙古侍讀學士三人，漢軍侍讀學士三人。十五年改內三院爲內閣。定：以大學士分兼殿閣，稱中和殿大學士、保和殿大學士、文華殿大學士、武英殿大學士、文淵閣大學士、東閣大學士。是年，裁蒙古侍讀學士一人，侍讀二人，滿洲漢軍漢典籍各一人。十六年，裁滿漢學士，其滿洲侍讀學士以下俱改爲中書舍人，照現在品級加卿寺銜。十八年，改內閣爲內三院。設三院大學士，滿洲各二人，漢各一人。學士滿洲各二人，漢軍及漢學士俱各一人。增設滿洲侍讀學士三人，蒙古侍讀學士三人。康熙八年，裁內三院滿洲學士缺各一。九年，改內三院爲內閣，其大學士等官銜俱照順治十五年之例。設滿洲學士二人，滿洲侍讀學士四人，蒙古侍讀學士二人，漢軍侍讀學士二人，滿洲侍讀八人，蒙古漢軍侍讀各二人，滿洲漢軍漢典籍各二人。十年，增設滿洲學士四人，設漢軍學士二人，漢學士二人，滿漢均兼禮部侍郎銜。十二年定：漢軍學士併入漢缺，共爲四人。十六年，增設滿洲侍讀三人。二十一年諭：學士乃參贊政事之官，如有所見，應行啓奏。近來並無與議者，若惟送本接本，用一筆帖式足矣，何必設立學士。此後各有所見，俱令敷陳。三十八年，裁滿洲侍讀二人，中書五人，清文撰文辦事各一人，清漢文撰文一人，辦事二人。蒙古中書三人，撰文一人，辦事二人。漢軍中書五人，撰文一人，辦事四人。漢中書八人，撰文二人，辦事六人。雍正四年，設漢侍讀二人。七年諭：內閣大學士滿漢俱各全備，辦理事務亦屬妥協，毋庸再爲增添。朕因聖祖仁皇帝時所有年久老臣目今在朝者甚少，時深注念，禮部尚書陳元龍、左都御史尹泰歷奉聖祖仁皇帝多年，屢經任使，今雖年近八旬而精力尚健，特加恩授爲額外大學士，以示朕優眷老臣成全耆舊之至意。八年，增設漢中書四人。乾隆十三年諭：向來協辦大學士之設，原因大學士有在內廷行走或奉差在外者，閣務需人坐辦，是以另簡人員協同辦理。初非額設之缺，若因協辦而簡任封疆則不必仍帶虛銜。嗣後大學士兼管總督者，著帶大學士銜。其協辦大學士兼管總督者，不必仍帶協辦大學士銜，著爲例。又諭：《大清會典》開載內閣滿漢大學士員缺無定出自簡任等語。本朝由內三院改設內閣，大學士未有定數，自是官不必備惟其人之意。而康熙年間，滿漢大學士率用四員。至雍正年間以來，多用至六員，更或增置一二人協辦。朕思內閣居六卿之首，滿漢大學士應有定員，方合體制。嗣後著定爲滿漢各二員，其協辦滿漢或一員或二員，因人酌派。又大學士官銜例兼殿閣，《會典》所載中和、保和、文華、武英四殿，文淵、東閣二閣，未爲畫一，其中和殿名從未有用者，即不必開載，著增入體仁閣名，則三殿三閣較爲整齊。再大學士缺出，定例請旨開列，亦有遲至一月後始行請旨者，朕思大學士職司贊襄，如其宣力有年，遇有告休病故，不忍遽行開列。應俟至一月以後，乃國家眷念舊臣加恩輔弼之意。若緣事降革，則機務重地未容久曠，自應即行開列，不必請旨。將此載入《會典》，永著爲例。是年，裁漢中書二人。十七年定：漢軍侍讀學士改爲漢缺。互見吏部事例。四十一年，設文淵閣領閣事二人，以大學士、協辦大學士及翰林院掌院學士兼充。直閣事六人，以內閣學士及詹事、少詹事、翰林院讀講學士兼充。檢閱八人，尋改六人。以科甲出身之中書兼充。詳翰林院事例。五十五年諭：前經禮部奏內閣中書一項，據吏部咨稱，現在候補者僅有七員，自本年至下屆癸丑科，三年之內恐不敷用，請照例於會試落卷內録取三十名等語。向例録取中書，係於會試揭曉後將未經中式墨卷送入內簾，交主考閱取。朕思移送落卷時拆閱彌封，查對紅號，恐有漏洩情弊，而考官閱看墨卷，筆蹟亦易於認識。且其時會闈已經撤棘，復行甄録中書，尤非慎重關防之道。向來定例本未周密，況中式進士引見歸班者，十年方能銓選知縣，而落第者録取中書，轉可即日得官。補缺後六年俸滿，又可內用主事，外用同知，比縣令階級轉大，實未平允。著將落卷內録取中書及學正學録之例即行停止，俟帶領覆試合式之新進士引見後，除已經録用之庶吉士部屬即用知縣外，其餘歸班進士再交吏部按照甲第名次通行帶領引見。候朕記名二三十人以中書録用，不記名者，仍行歸班。如此則考官無從滋弊，而歸班進士添一録用之途，實屬兩有裨益。所有本年會試落卷如未經録取，竟可毋庸辦理。即已經録取，亦可不必。嗣後如挑取學正學録，亦照此辦理。五十八年諭：本朝設官分職，品秩釐然。如大學士職居正一品，又何用復兼從一品之尚書虛銜爲耶。著交吏部詳細查明，將內外文職似此無關職任兼用虛銜者分別刪除，酌覈定議具奏，以示循名責實之義。欽此。遵旨議定：嗣後各部院衙門所有兼攝虛銜，一體裁汰。同治三年，奏定侍讀補缺班次。勞績保升人員作爲一班，一等資深人員作爲一班，遇有侍讀缺出，先用保舉班次，按照奉旨日期先後升用。嗣後如保舉內有不拘班次暨遇缺儘先字樣，即請作爲本班之先升用。次有侍讀缺出，以一等應升人員按資升用。如無一等，即以二等資深人員擬補。兩班輪流間用，不得攙越。互見吏部事例。

辦理軍機處

綜述

《大清會典（嘉慶朝）》卷三《辦理軍機處》 辦理軍機處。軍機大臣，於滿漢大學士、尚書侍郎京堂內特簡，無定員。掌書諭旨，綜軍國之要，以贊上治機務。

常日，直禁庭以待召見。【略】駐蹕圓明園入直亦如之。【略】行在所亦如之。【略】凡諭旨明降者，既述，則下於内閣。【略】諭軍機大臣行者，既述，則封寄焉。【略】凡有旨存記者，皆書於册而藏之，届時則提奏。【略】議大政，讞大獄，得旨則與。【略】軍旅，則考其山川道里與兵馬錢糧之數，以備顧問。【略】凡大臣之换防於西北兩路者，則稽其班，【略】書其名以備覽，旬有五日而更之。【略】凡文武官記名者，遇缺則奏其名。【略】道若府記名者，遇請旨缺則奏焉。【略】新疆章京之用廢員者，【略】豫期集而選焉以引見，記名則用以其次。【略】凡賜予，得旨則進名單以候欽定。【略】西北兩路大臣賜藥物，若果餌亦如之。【略】外藩外國之朝正者，擬其頒賜。【略】慶祝萬壽來庭者亦如之。【略】皇帝幸山莊，若木蘭，頒賜亦如之。【略】凡試題欽命者，豫期以其上届之題繕單以進御。【略】皇帝舉鉅典，紀成憲，有旨考證，則書其事之本末進焉。【略】凡清字漢字之檔，歲久則繕。【略】越三歲，則舉其章京以聞而叙焉。【略】凡章京，豫期考取以引見，記名傳補以其次。【略】軍機章京，滿洲十有六人，漢十有六人。各分爲二班，每班滿洲章京八人，漢章京八人。其八人内各以一人領班，曰達拉密，由軍機大臣揀派。掌分辦清字漢字之事。繕寫諭旨，記載檔案，查覈奏議。係清字者，皆歸滿洲章京辦理。係漢字者，皆歸漢章京辦理。在京旗營及各省駐防西北兩路補放應進單者，内外蒙古藩部及喇嘛並哈薩克霍罕廓爾喀朝貢應擬賞者，皆隸滿洲章京。在京部院及各省文員緑營武員補放應進單者，王公内外大臣應擬賞者，及朝鮮琉球越南暹羅緬甸南掌等各外國朝貢應擬賞者，皆隸漢章京。惟承審案件，無論滿漢章京，一體由軍機大臣酌派。

方略館總裁，係軍機大臣兼充。掌修方略。每次軍功告蕆，及遇有政事之大者，奉旨纂輯成書紀其始末，或曰方略，或曰紀略，皆由館承辦。凡書有旨交輯者，各編録以候欽定。方略紀略之外，遇有奉旨特交纂輯之書，亦率在館人員敬謹辦理。

《大清會典（光緒朝）》卷三《辦理軍機處・軍機大臣職掌》

辦理軍機處。軍機大臣，於滿漢大學士、尚書侍郎京堂内特簡，無定員。掌書諭旨，綜軍國之要，以贊上治機務。

常日，直禁庭以待召見。軍機堂在隆宗門内，每日寅時，軍機大臣入直於此。至辦事畢，内奏事太監傳旨令散，乃下直。召見無時，或一次，或數次。軍機大臣至上前，豫敷席於地，賜坐。凡發下各處奏摺，奉硃批另有旨即有旨及未奉硃批者，皆捧入以候旨。承旨畢，乃出。駕幸景山或詣雍和宫，如在臨幸處所召見者，軍機大臣隨往。如在宫召見，即不隨往。駐蹕圓明園入直亦如之。【略】西苑入直亦如之。【略】行在所亦如之。【略】諭旨明降者，既述，則下於内閣。特降者爲諭，因所奏請而降者爲旨，其或因所奏請而即以宣示中外者亦爲諭。其式，諭曰内閣奉上諭。旨曰奉旨。各載其所奉之年月日，擬寫述上，俟欽定發下後，特降者即發鈔，因奏請而降者即同摺發鈔。其餘奏摺，如奉硃批該部議奏、該部知道者，亦即發鈔。其硃批覽，或硃批知道了，或硃批准駁其事，或硃批訓飭嘉勉之詞，皆視其事係部院應辦者即發鈔，不涉部院者不發鈔。其發鈔者，皆交内閣中書領出傳鈔。凡未奉硃批之摺，即以原摺發鈔。奉有硃批之摺發鈔不發鈔，皆另録一分。其硃批原摺，如在京衙門之摺，即存軍機處彙繳，如各省各城之摺，俱即發還。係專差賫奏者，交内奏事封發。由驛馳奏者，即由軍機處封交兵部捷報處遞往。如本由驛奏而發還不須亟亟者，封存遇便發往。其内閣傳鈔畢，即將所領之摺交回，同不發鈔之摺一併備案。諭軍機大臣行者，既述，則封寄焉。或速諭，或密諭，不由内閣明降者爲廷寄，徑由軍機處封交兵部捷報處遞往，視事之緩急，或馬上飛遞，或四百里，或五百里，或六百里，或六百里加緊。其式，行經略大將軍、欽差大臣、將軍、參贊大臣、都統、副都統、辦事領隊大臣、總督、巡撫、學政，曰軍機大臣字寄。行關差、藩臬，曰軍機大臣傳諭。皆載奉旨之年月日。凡有旨存記者，皆書於册而藏之，届時則提奏。設存記簿，凡奉旨存記事件，皆以面奉諭旨書於簿，至應行時提奏請旨，其應密存事件，則密封存記，亦於届時拆封辦理。議大政，讞大獄，得旨則與。奉旨交議事件，如特交軍機大臣議奏者，即由本處查議。其交軍機大臣會同該衙門議奏者，或由本處主稿，或由所會衙門主稿，臨時酌定。奉旨交審事件，如特交軍機大臣審辦者，即由本處傳訊。其應刑訊者，或就内務府公所，或就步軍統領衙門公所提訊。其皁役刑具，皆於刑部傳用。如會同刑部者，或刑部堂官前來會訊，或就刑部會訊，臨時酌定。其秋審勾到事件，同大學士一體承旨。軍旅，則考其山川道里與兵馬錢糧之數，以備顧問。山川險夷，道里遠近，皆稽諸圖史，並參考今昔情形，按其實在。其邊裔絶域，古書茫昧者，則追尋新舊册檔，並加諮訪，使皆可徵驗。兵馬錢糧，各就户部、兵部、理藩院等衙門行取簡明確數備查。遇有旨詢問，或繪圖，或繕單，即時呈遞。文武官特簡者，承旨則進其名單缺單。文職大學士以下至京堂，武職御前大臣以下至步軍前鋒護軍統領，外任將軍、總督、巡撫、布政使、按察使缺出，有旨令開列應補應升人員，即繕遞名單。鹽運使缺出，有旨進單，即交吏部查開俸深道十員，知府十員，開單呈遞。其文武大臣職任多者，遇出缺應補、出差應署者，有旨令查開管轄處所，即繕遞缺單。差特簡者亦如之。會試順天鄉試主考官，會試鄉試後覆試殿試朝考庶吉士散館翰林大考，及各項考試閲卷官，有旨令查開應點人員，即繕遞名單。各省學政屆子午卯酉年八月應行更換之期，有旨進單，即將各學政到任年月及曾否歲考註明開單，並將由進士出身之侍郎京堂開單。其曾否得過試差學差皆註明，得差者，並註明次數。又奉天府府丞，係兼奉天學政，並將進士出身對品應調之通政司副使、大理寺少卿、太常寺少卿、太僕寺少卿、鴻臚寺卿順天府府丞銜名，另繕一單，一併呈遞。内務府京察一等記名之郎中員外郎，例得用各關監督，除山海關、張家口、殺虎口三處監督及將軍總督巡撫兼管之各關外，遇有關差更换之期，由户部題本到閣後，即將内務府一等人員應用關差名單交紅本處隨本呈遞。凡大臣之換防於西北兩路者，則稽其班，【略】書其名以備覽，旬有五日而更之。【略】凡文武官記名者，遇缺則奏其名。文職運使道員，記名以按察使用。武職一等侍衛、翼長、參領、協領、長史、總管、城守尉，記名以副都統用。總兵記名以提督用，副將記名以總兵用。遇缺出，各將記名人員繕單呈遞以備簡放。道若府記名者，遇請旨缺則奏焉。道府請旨缺，不由銓選保題，皆係特旨簡放。遇缺出，則由軍機處請旨，其或選缺道府在部無應選之人，由吏部請旨，又或題缺道府該省無可題之人，由督撫請旨，皆軍機處進單。京察一等記名之給事中、御史、郎中、員外郎、内閣侍讀、翰林院侍讀侍講修撰編修檢討、詹事府洗馬中允贊善，以滿洲蒙古人員爲一單，漢員爲一單，皆道府兼用。内務府郎中員外郎爲一單，以道府關差兼用。其或遇引見，或因保舉奉特旨記名者，皆各爲一單，知府以道用，同知直隸州知州以知府用，京員視奉旨指明或以道用，或以知府用，或道府兼用。道府兼用者，遇請旨道府缺皆進單。以道用者，遇請旨道缺進單。以知府用者，遇請旨知府缺進單。其漢給事中、御史、郎中俸滿截取記名以繁缺用者，除由部銓選繁缺道府外，遇請旨道缺，給事中一體進單。遇請旨知府缺，御史郎中一體進單。又原任請旨道府丁憂起復者，降革離任原案開復者，到部後，由吏部知照軍機處，亦一體進單。其原任請旨道府因告病或終養開缺，其病痊及養親事畢例應坐補原缺，到部後，由吏部知照軍機處，遇該員坐補缺出，亦一體進單。其有知州知縣奉旨記名者，應用同知直隸州知州，遇有同知直隸州知州簡放知府遺缺，即將該知州知縣名單呈遞，請旨補放。伊犂章京之用廢員者，【略】豫期集而選焉以引見，記名則用以其次。【略】凡賜予，得旨則進名單以候欽定。【略】西北兩路大臣賜果餌亦如之。【略】外藩之朝正者，擬其頒賜。【略】慶祝萬壽來庭者亦如之。【略】皇帝幸山莊，若木蘭，頒賜亦如之。【略】凡試題欽命者，豫期以其上届之題繕單以進御。【略】皇帝舉鉅典，紀成憲，有旨考證，則書其事之本末進焉。【略】凡清字漢字之檔，歲久則繕。越三歲，則舉其章京以聞而敘焉。【略】凡章京，豫期考取以引見，記名傳補以其次。

《大清會典（光緒朝）》卷三《辦理軍機處・章京職掌》 軍機章京，滿洲十有六人，漢十有六人。各分爲二班，每班滿洲章京八人，漢章京八人，各以一人領班，曰達拉密，各以四人兼在總理各國事務衙門額外行走。其額外漢章京無定員，均由軍機王大臣揀派。

掌分辦清字漢字之事。繕寫諭旨，記載檔案，查覈奏議。係清字者，皆歸滿洲章京辦理。係漢字者，皆歸漢章京辦理。在京旗營及各省駐防西北兩路補放應進單者，内外蒙古藩部及喇嘛並哈薩克廓爾喀朝貢應擬賞者，皆隸滿洲章京。在京部院及各省文員緑營武員補放應進單者，王公内外大臣應擬賞者，皆隸漢章京。惟承審案件，無論滿漢章京，一體由軍機大臣酌派。

六　部

綜　述

《天聰朝臣工奏議》卷上《馬光遠敬獻愚忠奏六年十一月二十八日**》**

藍旗總兵官臣馬光遠謹奏：爲敬獻愚忠以正國本事。臣一介庸流，荷蒙皇録用，雖材力不能補報於萬一，然一點犬馬報主之心，無日不爲我皇上深謀遠慮也。臣仰見我皇上威服列國，德治群雄，中原漸爲我有，四海指日歸寧，而深根固本之著，亦宜早早安排。庶可以救生民而宣德政也。竊謂如六部設而總裁無人，未免各是其事，書房立而經理不專，未免互相推委；情面礙於當權，奸弊溺於欺謊，言及於此，誠無撫贅太息者矣。如其勵兵秣馬，破陣沖鋒，皇上自有神謀妙算，非臣敢贅言也。至於治國撫民之事，臣當仿古效今，以獻一得之愚，伏乞皇上垂聽采納施行。謹奏。

一件，六經既設，總裁無人，即如車無輓，船無舵，憑何主持？即有偏苦疑難之事，皇上不能盡知也。伏乞皇上早選清正練達二三臣立爲總裁，於皇上大門迤里，蓋建内閣三間，令各總裁每日黎明入閣，凡八家固山，六部承政，有疑難大事，先赴内閣公議，務要便國利民，方得奏請聖旨裁奪。施行如此，則聖慮不繁，國政不亂矣。伏乞上裁。一件，六部既設，不設六科，則衣無領袖也，耳目之寄，上下之情，賴何通達？伏乞皇上早選公直勤慎之人，立爲六科，經理六部之事，凡有上傳下奏事情，各照各科回奏，不許互相推諉，不許參差泄露，如此則國政分明，諸事不致壅悮矣。伏乞上裁。一件，臣仰見我皇上治國爲民之心無所不誠，而群下辦事者率多欺謊，若不設法糾察，使真材縮手、魑魅公行，是有法如無法也。伏乞皇上早選鐵面鯁直之人，立爲八道言官，不時訪察，如有奸盗邪淫、謀逆貪惡、謊詐欺公、含冤抱屈者，許據實指名參奏以聽，皇上拿問處分。如有廉能公勇者，許即時奏聞，以聽皇上試用。如此則忠良進步，狐鼠潛蹤，而國家事無不大治矣。伏乞上裁。

《天聰朝臣工奏議》卷中《寧完我請變通大明會典設六部通事奏七年八月初九日》 參將寧完我謹奏。我國六部之名，原是照蠻子家立的，其部中當舉事宜，金官原來不知。漢官承政當看《會典》上事體，某一宗我國行得，某一宗我國且行不得，某一宗可增，某一宗可減，參漢酌金，用心籌思，就今日規模立個金典出來，每日教率金官到汗面前，擔當講説，各使去因循之習，漸就中國之制。必如此，庶日後得了蠻子地方，不至手忙腳亂。然《大明會典》雖是好書，我國今日全照他行不得。他家天下二三百年，他家疆域，横亘萬里，他家財賦不可計數。況《會典》一書，自洪武到今，不知增減改易了幾番，何我今日不敢把《會典》打動他一字。他們必説：律令之事，非聖人不可定，我等何人擅敢更議。此大不通變之言。獨不思有一代君臣，必有一代制作。昔漢高繼暴秦而王，禮律未定，肖何、叔孫通一個擔當造律，一個擔當制禮，他二人不過也是個人，平空的尚然造律制禮，我們挐著會典成法，反不能通變一毫，果何謂也。臣于三年前，不自揣庸愚，造我國行軍律一册，見今存書房柜中，大海説我國且行不得，是以未奏汗知。臣又想六部漢官，開口就推不會金話，乞汗把國中會金話的漢人，會漢話的金人，挑選若干名，把六部承政一人與他一個通事，他若有話，徑帶通事奏汗，再悮了事體，他又何辭。汗之左右，亦該常存兩個好通事，若有漢官進見，以便問難，覘其才調；不然同于木石，何以知他好歹。選給通事一事，實爲後日幹事的好根本，見在漢官知局勢，可大用者少，臨期不得不任用新官，則通事更緊要矣。謹奏。

《盛京滿文檔案中的律令》崇德三年七月 二十五日，寬温仁聖汗命吏部和碩睿親王更定八衛門官制。

吏部設承政一員，以阿拜任之。參政五員，滿洲二員、漢人二員、蒙古一員，色勒、祖澤洪爲左參政，薩璧翰、滿珠習禮、鮑承先爲右參政。理事官四員：庫拜、巴達、朱瑪喇、喀喀木。副理事官六員：克宜福、席特庫、楚庫巴圖魯、阿玉希、屯泰、盧登科。啓心郎三員：滿洲索尼、漢人董天機、焦安民。主事二員：寧古里、費齊。

户部承政一員：以英俄爾岱任之。參政五員：滿洲二員、漢人二員、蒙古一員，馬福塔、吴守進爲左參政，塞冷車臣、鄧長春、得穆圖爲右參政。理事官十員：綽博依、崔應泰、馬光輝、喀愷、賈隆阿、庫里、俄屯、塞冷、海薩海、塞黑。副理事官十六員：孫塔、昂金、吴魯喀、敖德、車克、羅洛、納爾泰、特木魯、木户、殷達禮、吴勒木、伊木布、鐘古、布舒庫、克布圖、巴雅木。啓心郎三員：滿洲布丹、漢人張尚、蘇弘祖。主事二員：吴爾朱、克衣克德。

禮部設承政一員：以滿達爾漢任之。參政五員：滿洲二員、漢人二員、蒙古一員，巴顔、超哈爾爲左參政，阿賴庫魯克達爾漢、陳邦選、俄莫克圖爲右參政。理事官四員：圖爾寨、朱世起、郭汝極、喇瑪。副理事官六員：哈爾松阿、尼堪、瓦户達、哈希談、温都里、高修極，外加副理事官高俊一員。啓心郎三員：滿洲祁充格、漢人二員。主事二員：馬爾漢、吴爾山。

兵部設承政一員，以伊孫任之。參政五員：滿洲二員、漢人二員、蒙古一員，祖澤潤、穆成格爲左參政。古爾布希、葉克書、佟圖賴爲右參政。理事官十員：甘都、明安達禮、董世禄、俄莫克圖巴圖魯、尼喀里巴圖魯、郎紹禎、葉赫朱瑪喇、達爾泰、薩畢圖、喀喇爾代。副理事官十六員：巴爾泰、喀木戚哈、孟庫魯、封喇、傅喀、宜理布、唐貴、輝山、塞古德、巴牙爾圖、金維城、滿丕、顧魯户、席林、阿爾機闌、孟格。啓心郎三員：滿洲詹霸、漢人丁文盛、趙福星。主事二員：松愛、商古圖。

刑部設承政一員，以郎球任之。參政五員：滿洲二員、漢人二員、蒙古一員，吴達海、孟喬芳爲左參政，布當、李雲、星訥爲右參政。理事官六員：邵占、張大猷、李國翰、納爾賽、羅奇、巴哈納。副理事官八員：襲衮、康喀喇、邦紐、阿薩里、宜爾喀、蘭泰、耿格、得特。啓心郎三員：滿洲額爾格圖、漢人申朝紀、王廷選。主事二員：勞察、穆成格。

工部設承政一員，以薩穆希喀任之。參政五員：滿洲二員、漢人二員、蒙古一員，車爾格依、裴國珍爲左參政，囊努克、吴善、楊文魁爲右參政。理事官八員：哈爾薩、星内、藏國祚、傅喀納、西爾都、阿福尼、巴山、塞紐克。副理事官十員：法談、烏朱阿木巴、海塞、佟國陰、舒寧阿、閣代、薩哈納、萬塔希、阿爾塞、吴泰，外加理事官額蘇圖、副理事官翁阿岱、任名世。啓心郎三員：滿洲喀木圖、漢人馬名珮、王來用。主事二員：阿爾泰、吴什巴。

理藩院設承政一員，以貝子博洛任之。參政二員：塞冷爲左參政、尼堪爲右參政。副事事官八員：諾木圖、希福訥、胡希格、扈什布、羅畢、阿布達理、艾松古、羅多里。啓心郎敦多惠。

都察院設承政一員，以阿希達爾漢任之。參政四員：滿洲一員，漢人二員、蒙古一員，索海、多爾濟達爾漢諾顔爲左參政，祖可法、張存仁爲右參政。理事官六員：滿洲二員、漢人二員、蒙古二員，庫爾禪、馬喇希、馬國柱、雷興、巴郎、阿津。

（清）牛天宿《百僚金鑑》卷四《吏部》　吏部雖昉於漢，光武改常侍曹爲吏部曹，立選舉，其實昉於堯命羲和司天，舜禹尊稷爲天官，殷冢宰，周爲太宰，太宰於殷爲六太，於周爲六卿也。漢末改爲選部，魏復爲吏部。晋宋爲吏部尚書，資位特重。梁陳亦然。後魏北齊吏部，考功、主爵三曹，隋吏部統吏部、主爵、司勳、考功四曹。唐龍朔間，改吏部尚書爲司列太常伯，光宅初改爲天官。天寶間改爲文部，掌文官選舉，揔判吏部、司封、司勳、考功四曹事。隋置侍郎，貳尚書之事。六品以下銓補多以歸之。宋典選之職，自分爲二：文選二，曰審官東院，曰流内銓。武選二，曰審官西院，曰三班院。元豐定制，以審官東院爲尚書左選，審官西院爲尚書右選，流内銓爲侍郎左選，三班院爲侍郎右選，掌文武官選授勳封考課之政令。今立吏部尚書一人，主天下官之選授勳封考課之政。侍郎二人，爲之貳。其屬清吏司四：文選、驗封、稽勳、考功。司各置郎中一人，員外一人，主事二人，綜其事。司務二人，省署抄目，受發文移，爲首領官。文選掌天下文吏銓選，作缺、改調、保舉、推陞之事。驗封掌封爵、襲廕、褒贈及吏等之事。稽勳掌勳級、名藉、喪制之事。考功掌官吏考課、黜陟之事。四司各率其屬，奉其職，贊尚書之政令。寧部尚書，首六卿，擬天官冢宰。即諸郎優重，過於諸曹遠矣。

《大清會典（康熙朝）》卷三《吏部》　尚書、左右侍郎，掌滿洲、蒙古、漢軍、漢人文職選補、考課、封授、襲勳之政。其屬有四清吏司，曰文選、曰考功、曰驗封、曰稽勳，其首領則有司務。建置沿革，詳見官制。

文選清吏司

郎中、員外郎、主事，掌官吏班秩、品級及選授、推陞之典。

官制一

國初創建八旗，各設貝勒大臣，專司政事。繼置吏户禮兵刑工六部，及理藩院、都察院，復置内三院：曰國史、曰秘書、曰弘文。順治元年，定鼎京師，各部院府司寺監等衙門，設官分職，莫不體統相維，品式具備，嗣後隨時度務，斟酌損益，詳具於後：

京官

太師、太傅、太保，少師、少傅、少保，太子太師、太子太傅、太子太保，太子少師、太子少傅、太子少保。已上不專設，但爲大臣加官及贈官。

内閣初爲内國史、秘書、弘文三院。順治十五年，改稱内閣。十八年，復爲内秘書、國史、弘文三院。康熙九年，仍改爲内閣。

中和殿大學士、保和殿大學士、文華殿大學士、武英殿大學士、文淵閣大學士、東閣大學士。已上滿漢俱專設，不備官，兼各部尚書銜。滿學士六員，初設三員，順治元年後增減不一。康熙九年定二員，十年增四員。漢軍漢人學士四員，初設漢軍三員，順治元年後，漢人增減不一。康熙十年定漢軍二員，漢人二員，十二年以漢軍並入漢缺，共四員。已上俱兼禮部侍郎銜。滿侍讀學士四員，順治八年設三員，十八年增三員。康熙九年定滿文二員，滿漢文二員。蒙古侍讀學士二員，順治十八年設三員，康熙九年定二員。漢軍侍讀學士二員。順治八年設三員，康熙九年定二員。

首領官

滿典籍二員，漢軍典籍二員，漢典籍二員。已上初制各設三員，康熙九年定各設二員，俱以中書舍人掌理。

屬官

滿侍讀十一員，內滿文五員，滿漢文六員。蒙古侍讀二員，漢軍侍讀二員，滿中書舍人七十五員，內滿文撰文二十員，辦事二十員，滿漢文撰文十七員，辦事十八員。蒙古中書舍人十九員，內撰文九員，辦事十員。漢軍中書舍人十三員，內撰文五員，辦事八員。漢中書舍人三十六員。內撰文六員，辦事三十員。

宗人府

順治九年，設宗人府，以親王、郡王總理府事，左右宗正或貝勒、貝子，左右宗人或公與將軍兼攝，俱由宗人府具題請旨。

正官

漢府丞一員。舊有覺羅啓心郎一員，漢軍啓心郎二員，康熙十二年裁。

首領官

滿經歷四員，內滿文二員，滿漢文二員。漢經歷一員。

屬官

滿理事官六員，滿副理官六員，滿主事二員，已上理事官、副理官、主事初俱係覺羅員缺，後不分覺羅滿洲補授。滿筆帖式二十六員。內滿文二十員，滿漢文六員。

吏部

國初設六部，各以貝勒總理部務，後俱撤。順治八年，各部復令親王、郡王兼攝。九年，亦撤。漢銜初稱承政者，後改爲尚書，參政改爲侍郎，理事官改爲郎中，副理事官改爲員外郎，額者庫改爲主事。又初設滿洲漢軍啓心郎，後俱裁。又初設他赤哈哈畨、筆帖式哈畨，後改設六品、七品、八品無頂帶筆帖式。各部院衙門同。

正官

滿漢尚書各一員，初制增減不一，順治五年定滿漢各一員，七年增滿洲一員，十年裁。滿漢左右侍郎各一員。初制增減不一，順治十五年定滿漢左右各一員。

首領官

滿漢司務各一員。初設漢司務二員，順治四年裁一員，十五年定滿漢各一員。各部院司務建革同。

屬官

滿洲、蒙古、漢軍司官筆帖式，不論司分，悉聽堂官調撥，漢司官仍論司分。各部院同。滿郎中八員，初設四員，順治十二年增四員。漢軍郎中二員，滿員外郎八員，初定不分滿洲、蒙古陞補，順治十二年止設滿洲八員，十八年復設蒙古八員，康熙元年蒙古缺裁。漢軍員外郎六員，滿主事八員，堂主事滿文二員，滿漢文二員，司主事四員。漢軍主事一員。係堂主事。

文選清吏司

漢郎中一員，漢員外郎一員，漢主事二員。

考功清吏司

漢郎中一員，漢員外郎一員，漢主事一員。

驗封清吏司

漢郎中一員，漢員外郎一員，漢主事一員。

稽勳清吏司

漢郎中一員，漢員外郎一員，漢主事一員。

滿筆帖式六十五員，內滿文三十二員，滿漢文三十三員。蒙古筆帖式二員，漢軍筆帖式十六員。

户部

正官

滿漢尚書各一員，初制增減不一，順治五年定滿漢各一員，七年增滿洲一員，十年裁。康熙六年復增滿洲一員，八年裁。滿漢左右侍郎各一員，初制增減不一，順治元年定滿漢左右各一員。滿漢總督倉場侍郎各一員，初設漢侍郎一員，康熙七年裁，止設滿侍郎一員，八年定滿漢侍郎各一員。

首領官

滿漢司務各一員。

屬官

滿郎中二十二員，初設十員，順治元年後續增十二員，內管理銀庫、緞庫、顔料庫各一員。蒙古郎中三員，漢軍郎中二員，滿員外郎三十九員，初設十六員，順治元年後續增二十三員，內管理三庫各一員。蒙古員外郎五員，漢軍員外郎六員，滿主事十八員，堂主事滿文二員，滿漢文二員，司主事十四員。漢軍主事二員，係堂主事。滿司庫六員。初三庫各設三員，康熙八年各裁一員。

江南清吏司

漢郎中一員，漢員外郎一員，漢主事一員。

浙江清吏司

漢郎中一員，漢員外郎一員，漢主事一員。

江西清吏司

漢郎中一員，漢員外郎一員，漢主事一員。

湖廣清吏司

漢郎中一員，漢員外郎一員，漢主事一員。

福建清吏司

漢郎中一員，漢員外郎一員，漢主事一員。

山東清吏司

漢郎中一員，漢員外郎一員，漢主事二員。

山西清吏司

漢郎中一員，漢員外郎一員，漢主事二員。

河南清吏司

漢郎中一員，漢員外郎一員，漢主事一員。

陝西清吏司

漢郎中一員，漢員外郎一員，漢主事一員。

四川清吏司

漢郎中一員，漢員外郎一員，漢主事一員。

廣東清吏司

漢郎中一員，漢員外郎一員，漢主事二員。

廣西清吏司

漢郎中一員，漢員外郎一員，漢主事一員。

雲南清吏司

漢郎中一員，漢員外郎一員，漢主事二員。

貴州清吏司

漢郎中一員，漢員外郎一員，漢主事一員。已上漢主事，初每司各設三員，順治十一年各裁一員。康熙六年復裁江南、浙江、江西、湖廣、福建、河南、陝西、廣西、四川、貴州司各一員。

滿筆帖式一百三十五員，內滿文七十一員，滿漢文六十四員。漢軍筆帖式三十二員，倉場滿筆帖式四員。俱滿漢文。

所屬衙門

寶泉局

大使一員。漢缺。

禮部

正官

滿漢尚書各一員，初制增減不一，順治五年定滿漢各一員。滿漢左右侍郎各一員。初制增減不一，順治元年定滿漢左右各一員。

首領官

滿漢司務各一員。

屬官

滿郎中六員，初設四員，順治十八年增二員。蒙古郎中一員，初設蒙古章京四員，康熙九年裁二員，以一員改爲郎中，一員改爲員外郎。漢軍郎中一員，初設漢軍章京八員，康熙九年裁二員，以一員改爲郎中，五員改爲員外郎。滿員外郎十員，初設六員，順治十二年增四員。蒙古員外郎一員，漢軍員外郎五員，滿主事七員，堂主事滿文二員，滿漢文一員，司主事四員。漢軍主事一員。係堂主事。

儀制清吏司

漢郎中一員，漢員外郎一員，漢主事一員。

祠祭清吏司

漢郎中一員，漢員外郎一員，漢主事一員。

主客清吏司

漢郎中一員，漢主事一員。

精膳清吏司

漢郎中一員，漢主事一員。主客、精膳二司，初設員外郎各一員，順治二年裁。

滿筆帖式三十九員，內滿文三十一員，滿漢文八員。漢軍筆帖式四員，滿讀祝官二員，初設六員，後裁四員。守堂子滿官八員，內七品官二員，八品官六員。守皇史宬滿官三員，係七品。蒙古司牲官二員，朝鮮通事十二員。

所屬衙門已下俱漢缺。

行人司

司正一員，司副一員，行人十二員。初設十九員，順治五年裁一員，十五年裁六員。

鑄印局初設滿員外郎一員，滿漢文筆帖式二員，後裁。

大使一員。

會同館

大使一員。

教坊司

奉鑾一員，左右韶舞各一員，左右司樂各一員，協同官十員，俳長。無定員。

兵部

正官

滿漢尚書各一員，初制增減不一，順治五年定滿漢各一員。滿漢左右侍郎各一員。初制增減不一，順治元年定滿漢左右各一員。

首領官

滿漢司務各一員。

屬官

滿郎中十一員，初設八員，順治十二年增三員。蒙古郎中四員，漢軍郎中二員，滿員外郎十三員，初設八員，順治十二年增五員。蒙古員外郎四員，漢軍員外郎六員，滿主事八員，堂主事滿文二員，滿漢文二員，司主事四員。漢軍主事一員。係堂主事。

武選清吏司

漢郎中一員，漢員外郎一員，漢主事一員。

職方清吏司

漢郎中一員，漢員外郎一員，漢主事二員。

車駕清吏司

漢郎中一員，漢主事一員。

武庫清吏司

漢郎中一員，漢主事一員。車駕、武庫二司，初設員外郎各一員，順治十一年裁。

滿筆帖式六十七員，內滿文四十八員，滿漢文十九員。蒙古筆帖式八員，漢軍筆帖式十一員。

所屬衙門

會同館

大使一員。

兵部督捕順治十一年設。

正官

滿左侍郎一員，漢右侍郎一員，滿漢左右理事官各一員。

首領官

滿漢司務各一員。

屬官

滿郎中一員，漢郎中一員，滿員外郎十五員，初設七員，順治十二年增設每旗各一員。漢軍員外郎八員，漢員外郎一員，滿主事三員，堂主事滿文一員，滿漢文一員，司主事一員。漢軍主事一員，係堂主事。漢主事六員，滿筆帖式三十四員，內滿文十六員，滿漢文十八員。漢軍筆帖式十六員。

所屬衙門

司獄司

漢司獄二員。

刑部

正官

滿漢尚書各一員，初制增減不一，順治五年定滿漢各一員，七年增滿洲一員，十年裁。滿漢左右侍郎各一員。初制增減不一，順治元年定滿漢左右各一員。

首領官

滿漢司務各一員。

屬官

滿郎中十四員，初設六員，順治元年後增八員。漢軍郎中四員，滿員外郎十八員，初設八員，順治元年後增十員，十八年設蒙古員外郎八員，康熙元年裁。漢軍員外郎十二員，滿主事十九員，堂主事滿文二員，滿漢文三員，司主事十四員。漢軍主事一員，係堂主事。滿司庫一員。

江南清吏司

漢郎中一員，漢員外郎一員，漢主事一員。

浙江清吏司

漢郎中一員，漢員外郎一員，漢主事一員。

福建清吏司

漢郎中一員，漢員外郎一員，漢主事一員。

四川清吏司

漢郎中一員，漢員外郎一員，

湖廣清吏司

漢郎中一員，漢主事一員。

廣西清吏司

漢郎中一員，漢主事一員。

陝西清吏司

漢郎中一員，漢員外郎一員。

雲南清吏司

漢郎中一員，漢主事一員。

貴州清吏司

漢郎中一員，漢員外郎一員。

河南清吏司

漢郎中一員，漢員外郎一員。

廣東清吏司

漢郎中一員，漢主事一員。

山西清吏司

漢郎中一員，漢員外郎一員，漢主事一員。

山東清吏司

漢郎中一員，漢員外郎一員，漢主事一員。

江西清吏司

漢郎中一員，漢員外郎一員，漢主事一員。已上湖廣、廣西、雲南、廣東四司，初設員外郎各一員，順治十五年裁。四川、陝西、河南、貴州四司，初設主事各一員，順治十五年裁。

滿筆帖式九十六員，內滿文四十九員，滿漢文四十七員。漢軍筆帖式十九員。

所屬衙門

司獄司

漢司獄四員。

工部

正官

滿漢尚書各一員，初制增減不一，順治五年定滿漢各一員。滿漢左右侍郎各一員。初制增減不一，順治元年定滿漢左右各一員。

首領官

滿漢司務各一員。

屬官

滿郎中十六員，初設八員，順治元年後增八員，內一員管節慎庫。蒙古郎中一員，漢軍郎中二員，滿員外郎十七員。初設九員，順治十二年增八員。蒙古員外郎三員，漢軍員外郎六員，滿主事十五員，堂主事滿文二員，滿漢文一員，司主事初設四員，康熙二十二年增設每旗各一員。漢軍主事一員，係堂主事。

節慎庫滿司庫二員。舊有漢大使一員，順治十五年裁。

營繕清吏司

漢郎中一員，初設二員，內管理三山物料錢糧一員，順治十五年裁，十八年復設，康熙元年又裁。漢員外郎一員，初設二員，順治十五年裁一員。漢主事二員。初設三員，順治十四年增三員，十六年裁二員，康熙元年裁一員，六年裁一員。

虞衡清吏司

漢郎中二員，初設一員，順治十六年增一員，管製造庫。漢員外郎一員，初設二員，順治十年裁一員。漢主事二員。初設三員，康熙六年裁一員。

都水清吏司

漢郎中一員，漢員外郎三員，初設二員，順治十五年裁一員，康熙十一年增二員，一管京城內外河道，一管玉泉山河道。漢主事二員。初設十一員，順治十五年裁一員，康熙六年裁四員，十二年裁四員。

屯田清吏司

漢郎中一員，漢員外郎一員，漢主事二員，初設三員，康熙六年裁一員。

滿筆帖式九十員，內滿文五十七員，滿漢文三十三員。漢軍筆帖式十四員。

所屬衙門

製造庫

滿郎中二員，滿員外郎二員，滿司庫二員，滿司匠二員，滿筆帖式五員，內滿文四員，滿漢文一員。漢軍筆帖式一員。

營繕所

漢所丞一員。順治十四年設二員，一管清江廠，一管臨清石磚廠。十五年裁臨清磚廠一員。舊設所正一員，所副一員，順治十五年裁。舊有文思院寶源局、廣積庫、柴炭司、通州抽分竹木局大使各一員，後俱裁。

理藩院

正官不分滿洲蒙古補授。

尚書一員，初設尚書，順治十六年以禮部尚書銜掌理藩院事，十八年仍爲理藩院尚書。左右侍郎各一員。初設侍郎，順治十六年以禮部侍郎銜協理理藩院事，十八年仍爲理藩院侍郎。舊有滿洲啓心郎一員，漢軍啓心郎二員，順治十五年裁。

首領官

滿洲蒙古司務各一員，漢院判一員，漢知事一員，漢副使一員。

屬官不分滿洲蒙古補授。

郎中十一員，員外郎二十九員，初設八員，順治元年後增十三員，康熙二十年增八員。堂主事四員。初設二員，康熙二十年增蒙古文二員。

録勳清吏司

主事一員。

賓客清吏司

主事一員。

柔遠清吏司

主事一員。

理刑清吏司

主事一員。

滿筆帖式十一員，俱滿文。蒙古筆帖式四十一員，漢軍筆帖式二員。

都察院

正官

滿漢左都御史各一員，初制增減不一，順治五年定滿漢各一員。漢銜初稱承政，後改爲左都御史。滿漢左副都御史各二員，初制增減不一，順治三年定滿漢各二員。漢銜初稱參政，後改爲副都御史。漢左僉都御史一員，右都御史，右副都御史，右僉都御史。已上三項不專設，但爲督撫兼銜，其總督軍務、漕運、河道、巡撫地方等官，因事裁設無定額。詳見都察院。舊有滿洲啓心郎一員，漢軍啓心郎二員，順治十五年裁。

首領官

滿漢經歷各一員，初稱司務，後改爲經歷。滿都事二員，內滿文一員，滿漢文一員。漢軍都事一員。

屬官

滿監察御史二十三員，初設六員，順治元年後增十七員。漢軍監察御史八員，漢江南道監察御史二員，初設五員，順治十八年裁一員，康熙七年裁二員。漢浙江道監察御史二員，初設六員，順治九年裁一員，十八年裁二員，康熙七年裁一員。漢江西道監察御史一員，初設六員，順治十年裁一員，十六年裁一員，十八年裁二員，康熙七年裁一員。漢福建道監察御史二員，初設五員，順治十年裁一員，康熙七年裁二員。漢湖廣道監察御史二員，初設六員，順治八年裁一員，九年裁一員，十五年裁一員，康熙七年裁一員。漢河南道監察御史二員，初設六員，順治十年裁一員，十八年裁一員，康熙七年裁二員。漢山東道監察御史二員，初設五員，順治十八年裁二員，康熙七年裁一員。漢山西道監察御史二員，初設五員，順治十年裁一員，十八年裁二員。漢陝西道監察御史二員，初設四員，順治十八年裁二員。漢四川道監察御史一員，初設四員，順治十八年裁二員，康熙七年裁一員。漢廣東道監察御史一員，初設五員，順治十八年裁二員，康熙七年裁二員。漢廣西道監察御史二員，初設四員，順治十八年裁一員，康熙七年裁一員。漢雲南道監察御史二員，初設四員，順治十八年裁一員，康熙七年裁一員。漢貴州道監察御史一員，初設四員，順治十八年裁二員，康熙七年裁一員。滿筆帖式五十一員，內滿文三十一員，滿漢文二十員。滿軍筆帖式七員。

通政使司

正官

滿漢通政使各一員，滿漢左右通政四員，內滿左通政一員，漢左通政一員，漢右通政二員。滿漢左右參議六員。內滿左參議二員，漢左右參議各二員。

首領官

滿漢經歷各一員。初稱司務，後改爲經歷。

屬官

滿知事二員，內滿文一員，滿漢文一員。漢軍知事一員，滿筆帖式八員，內滿文四員，滿漢文四員。漢軍筆帖式二員。

大理寺

正官

滿漢卿各一員，滿漢少卿三員，內滿一員，漢二員。漢寺丞一員。

首領官

滿漢司務各一員。

屬官

滿左右寺正各一員，漢軍左右寺正各一員，漢左右寺正各一員，漢左右寺副各一員，堂評事二員，內滿洲一員，漢軍一員。漢左右評事各一員，滿筆帖式六員，內滿文四員，滿漢文二員。漢軍筆帖式二員。

內務府各官陞補除授，俱由內務府具題。其建置裁復職銜員額，詳見本衙門。

翰林院初係專設，順治二年裁併內三院，十五年復設，十八年裁併內三院，康熙九年復設。

正官

滿漢掌院學士各一員，俱兼禮部侍郎銜。滿漢侍讀學士各三員，滿漢侍講學士各三員，滿漢侍讀各三員，滿漢侍講各三員。

史官

修撰，編修，檢討，已上俱無定員。庶吉士。無定員。

首領官

滿漢典簿各一員，滿漢孔目各一員。

屬官

滿漢待詔各二員，滿筆帖式四十八員，內滿文三十員，滿漢文十八員。漢軍筆帖式八員。

起居注館日講起居注官不專設，係滿漢翰林詹事坊局官以原銜兼充。

滿主事三員，內滿文一員，滿漢文二員。漢軍主事一員，滿筆帖式十四員，內滿文八員，滿漢文六員。漢軍筆帖式四員。

提督四譯館太常寺漢少卿一員，帶翰林院銜，提督館事，其教習譯字官，帶鴻臚寺序班銜。

五經博士。孔氏後裔二員，顏魯孟仲程朱後裔各一員，康熙二十五年增設周公及周惇頤後裔各一員。

詹事府順治九年設，十五年裁，康熙十四年復設。

正官

滿漢詹事各一員，漢詹事兼翰林院侍讀學士銜。滿漢少詹事各二員。漢少詹事兼翰林院侍講學士銜。

首領官

滿漢主簿各一員，滿漢録事各二員。舊有屬官漢通事舍人二員，順治十五年裁。

左春坊

滿漢左庶子各一員，漢左庶子兼翰林院侍讀銜。滿漢左諭德各一員，漢諭德兼翰林院修撰銜，右同。滿漢左中允各二員，漢中允兼翰林院編修銜。右同。滿漢左贊善各二員。漢贊善兼翰林院檢討銜。右同。

右春坊

滿漢右庶子各一員，漢右庶子兼翰林院侍講銜。滿漢右諭德各一員，滿漢右中允各二員，滿漢右贊善各二員。

司經局

滿漢洗馬各一員，漢洗馬兼翰林院修撰銜。滿漢正字各二員，漢官以應授內閣中書舍人改管。府坊局滿筆帖式共十員。內滿文五員，滿漢文五員。

太常寺

正官

滿漢卿各一員，滿漢少卿各一員，滿寺丞一員，漢左右寺丞各一員。

首領官

滿漢典簿各一員。

屬官

滿洲漢軍漢人博士各一員，孔氏世襲博士一員，滿讀祝官四員，漢協律郎五員，滿贊禮郎十六員，漢贊禮郎十六員，漢司樂二十六員，滿筆帖式十八員，內滿文十六員，滿漢文二員。漢軍筆帖式二員，守天壇滿官八員。內五品官一員，六品官七員。

祠祭署

漢奉祀一員，漢祀丞一員，守地壇滿官八員。內五品官一員，六品官七員。

祠祭署

漢奉祀一員，漢祀丞一員，守太廟滿官十員，內四品官二員，五品官八員。守社稷壇滿官五員。內五品官一員，六品官四員。

朝日壇夕月壇各祠祭署

漢奉祀各一員。初設祀丞各一員，後裁。

先農壇祠祭署

漢奉祀一員，漢祀丞一員。

神樂觀

漢提點一員，漢左右知觀各一員，歷代帝王廟漢司樂一員。

光禄寺

正官

滿漢卿各一員，滿漢少卿三員，內滿一員，漢二員。漢寺丞一員。

首領官

滿漢典簿各一員。

屬官

大官署

滿漢署正各一員，滿署丞一員。

珍羞署

滿漢署正各一員，滿署丞一員。

良醞署

滿漢署正各一員，滿署丞一員。

掌醢署

滿漢署正各一員，滿署丞一員。四署初設漢署丞各一員，順治十五年裁。漢監事各一員，順治十三年裁。

滿司庫二員，滿筆帖式二十一員，內滿文十四員，滿漢文七員。漢軍筆帖式二員。舊有司牲司漢大使一員，後裁。

太僕寺

正官

滿漢卿各一員，滿漢少卿三員。內滿少卿二員，漢少卿初設三員，後裁二員。舊有滿漢寺丞各一員，順治十五年裁，十六年復設，康熙二年裁。舊有首領官漢主簿一員，康熙二年裁。

屬官

滿員外郎八員，滿筆帖式十一員，內滿文十員，滿漢文一員。漢軍筆帖式二員。舊有常盈庫漢大使一員，順治八年裁。

順天府俱漢缺。

正官

府尹一員，府丞一員，治中一員，通判一員。初設三員，一管糧，一管馬政，一管軍匠，順治六年裁馬政、軍匠二員。舊有推官一員，康熙六年裁。

首領官

經歷司

經歷一員。舊有知事一員，後裁。

照磨所

照磨一員。舊有檢校一員，後裁。

所屬衙門

宛平太興二縣餘縣在外者見户部州縣項下。

知縣各一員，縣丞各一員，典史各一員。舊有主簿各一員，順治三年裁。

儒學

教授一員，訓導一員。初設六員，順治三年裁四員，康熙四年悉裁，十五年復設一員。

陰陽學

正術一員。

醫學

正科一員。

司獄司

司獄一員。

庫

大使一員。

崇文門分司

副使一員。
張家灣宣課司
大使一員。
蘆溝橋巡檢司屬宛平縣。
巡檢一員。
王平口巡檢司屬宛平縣。
巡檢一員。
石港口巡檢司屬宛平縣。
巡檢一員。
齊家莊巡檢司屬宛平縣。
巡檢一員。
大興縣遞運所
大使一員。
慶豐閘屬大興縣。
閘官一員。舊有廣源閘閘官一員，屬宛平縣，順治十三年裁。
鴻臚寺
正官
滿漢卿各一員，滿漢少卿各一員，初設漢少卿二員，順治十五年裁一員。
漢寺丞一員。初設左右寺丞各一員，順治十五年裁一員。
首領官
滿漢主簿各一員。舊設各館主簿，後裁。
屬官
滿鳴贊十六員，漢鳴贊四員，初設八員，順治二年裁一員，十二年裁一員，十三年裁二員。漢序班十二員，初設二十二員，內司賓二員，順治十五年裁序班十員。滿筆帖式十員，內滿文八員，滿漢文二員。漢軍筆帖式二員。
國子監
正官
滿漢祭酒各一員，滿漢司業三員。內滿司業二員，漢司業一員。
首領官
滿漢典簿各一員。
屬官
滿漢監丞各一員，滿漢博士三員，初設漢博士三員，順治十五年裁一員，十八年設滿博士一員。滿助教十六員，內滿文八員，滿漢文八員。蒙古助教四員，初設八員，順治十八年裁四員。漢助教六員，初設十二員，順治十五年裁六員。漢學正六員，孔氏世襲學正一員，初設二員，後裁一員。漢學録二員，初設六員，順治十五年裁四員。漢典籍一員，滿筆帖式五員，內滿文四員，滿漢文一員。漢軍筆帖式四員。
尚寶司初設卿一員，少卿一員，司丞一員，順治十五年裁。
中書科
滿中書舍人一員，漢中書舍人八員。滿筆帖式十六員。內滿文十三員，滿漢文三員。
吏科初制增減不一，順治十八年設滿漢都給事中各一員，滿漢左右給事中各一員，漢給事中二員。康熙四年滿漢各留給事中一員，餘悉裁。五年增設滿漢掌印給事中各一員。六科同。
滿漢掌印給事中各一員，滿漢給事中各一員，滿筆帖式二十一員。內滿文十六員，滿漢文五員。
户科
滿漢掌印給事中各一員，滿漢給事中各一員，滿筆帖式二十一員，內滿文十七員，滿漢文四員。
禮科
滿漢掌印給事中各一員，滿漢給事中各一員，滿筆帖式十二員。內滿文七員，滿漢文五員。
兵科
滿漢掌印給事中各一員，滿漢給事中各一員，滿筆帖式二十一員。內滿文十六員，滿漢文五員。
刑科
滿漢掌印給事中各一員，滿漢給事中各一員，滿筆帖式二十一員。內滿文十六員，滿漢文五員。
工科
滿漢掌印給事中各一員，滿漢給事中各一員，滿筆帖式十一員。內滿文六員，滿漢文五員。

登聞鼓衙門官不專設，以滿漢科道各一員，輪差管理。

滿筆帖式三員，內滿文二員，滿漢文一員。漢軍筆帖式一員。

欽天監初專設漢官，康熙四年始設滿官。

正官

滿漢監正各一員，滿漢左右監副各二員。

首領官

滿漢主簿各一員。

屬官

滿五官正二員，漢軍秋官正一員，漢春夏中秋冬官正各一員，滿五官靈臺郎三員，漢軍五官靈臺郎一員，漢五官靈臺郎四員，舊有漢五官保章正二員，後裁。滿五官挈壺正二員，漢五官挈壺正二員，漢五官監候正一員，漢五官司曆一員，初設二員，康熙十四年裁一員。漢軍五官司晨一員，初設漢五官，司晨一員，康熙十四年裁。滿博士六員，漢軍博士一員，漢博士二十五員，初設三十九員，康熙四年裁十四員。滿筆帖式十二員，俱滿漢文。蒙古筆帖式二員，漢軍筆帖式六員。

太醫院俱漢缺。

正官

院使一員，左右院判各一員。

首領官

吏目二十員。初設三十員，順治十八年裁二十員，康熙九年復增二十員，十四年裁十員。

屬官

御醫十員。

上林苑監俱漢缺。

正官

監丞一員。

屬官

良牧署

署丞一員。

蕃育署

署丞一員。舊有林衡、嘉蔬二署，設署丞各一員，順治十五年俱裁。

鑾儀衛鑾儀衛官，係武職，隸兵部，文職止設主事、筆帖式及經歷。

滿主事一員，滿筆帖式七員，漢軍筆帖式三員。

經歷司

漢經歷一員。

京衛經歷司俱漢缺。

金吾左衛經歷一員，彭城衛經歷一員，神武左衛經歷一員，騰驤右衛經歷一員，永清左衛經歷一員，燕山右衛經歷一員。舊有濟陽衛，羽林前衛，燕山前衛，蔚州左衛，義勇右衛、後衛，騰驤左衛，富峪衛，金吾前衛、後衛，武功衛，永清右衛，濟州衛，武驤左衛，右衛，寬河衛，府軍前衛，忠義右衛，大寧前衛，經歷各一員，順治七年裁。旗手衛中府後府經歷各一員，十五年裁。忠義前衛、龍驤衛、金吾右衛、燕山左衛經歷各一員，康熙三年裁。

京衛武學俱漢缺。

教授一員，訓導一員。初設二員，順治二年裁，康熙十五年復設一員。

中東西南北五城兵馬指揮司俱漢缺。

正官

指揮各一員，副指揮各一員。初各設二員，順治十五年各裁一員。

首領官

吏目各一員。

孝陵已下俱滿缺。

郎中一員，員外郎二員，讀祝官二員，贊禮郎四員，筆帖式八員，內滿文四員，滿漢文四員。總管處筆帖式二員，掌關防官處筆帖式二員。

陵寢

郎中一員，員外郎二員，讀祝官二員，贊禮郎四員，筆帖式八員，內滿文四員，滿漢文四員。總管處筆帖式二員，掌關防官處筆帖式二員。

慧妃墳

讀祝官二員，贊禮郎三員，郎中一員，管理陵工修理事務。員外郎一員，管理陵工修理事務。筆帖式二員，內滿文一員，滿漢文一員。

內禁門筆帖式八十四員，上三旗侍衛筆帖式十二員，八旗滿洲都統下筆帖式各七員，內滿文各四員，滿漢文各一員，漢軍各一員，隨身滿筆帖式各一員。

八旗蒙古都統下筆帖式各六員，内滿文各二員，滿漢文各一員，蒙古各一員，漢軍各一員，隨身蒙古筆帖式各一員。八旗漢軍都統下筆帖式各七員，内滿文各三員，滿漢文各一員，漢軍各一員，隨身滿筆帖式各一員，漢軍筆帖式各一員。兩翼前鋒統領下筆帖式各一員，八旗護軍統領下筆帖式各一員，步軍統領下筆帖式四員，内滿文二員，滿漢文二員。鎮江將軍下筆帖式六員，江寧、西安、福建、杭州、荊州、廣東將軍下筆帖式各四員，内滿文各二員，滿漢文各二員。漕運滿總督下筆帖式五員，漢總督隨帶與否，聽其具題。已下督撫藩臬筆帖式，俱滿漢文。川陝滿總督下筆帖式六員，各省漢軍漢人總督下筆帖式各二員，直省滿巡撫下筆帖式各四員，直省漢軍漢人巡撫下筆帖式各一員，後裁。山西、陝西、甘肅各布政司按察司筆帖式各二員，保定、滄州、德州、太原城守尉筆帖式各二員。俱滿文。

霸州、灤州、昌平州、良鄉縣、順義縣、寶坻縣、三河縣、東安縣、雄縣、玉田縣、固安縣、采育城守尉筆帖式各一員，俱滿漢文。張家口邊門獨石口邊門、喜峯口邊門、古北口邊門筆帖式各二員，俱滿文。冷口門、羅文峪門筆帖式各一員。俱滿文。

僧録司已下俱漢缺。

左右善世各一員，左右闡教各一員，左右講經各一員，左右覺義各一員。

道録司已下俱漢缺。

左右正一各一員，左右演法各一員，左右至靈各一員，左右至義各一員。

親王府官已下俱滿缺。

包衣大四員，阿敦大二員，布大衣大一員，烏林大二員，法克師大四員，衣杭大二員。

郡王府官已下俱滿缺。

包衣大三員，阿敦大一員，布大衣大一員，烏林大二員，法克師大四員，衣杭大二員，五旗弓匠固山大各一員。

（清）陳枚輯《憑山閣增輯留青新集》卷一九《古今官制・六部》

建置：自周官六卿而後，西漢五曹，東漢六曹，郎官三十六人。魏尚書六曹，郎官二十五曹。西晋尚書六曹，郎官三十五曹。東晋尚書五曹，郎官十五曹。宋齊梁陳尚書六曹，郎官多寡不等。北魏置五尚書，增置七尚書，郎官分左右爲三十六曹。北齊尚書六曹，郎官三十人。隋尚書六曹，郎官二十四司。唐宋元明郎官增減不同。尚書之名，昉於秦。秦及漢初，止爲司牘小吏，而後世爲宰輔。漢時持戟入衛者皆稱侍郎，趙飛燕多通侍郎，官奴是也。後世爲宰輔兼官。歷代尚書郎凖今郎中，郎中之仕則自唐始。員外之名古亦有之，員外之官則自隋置。隋唐尚書承務郎，凖今員外郎。漢時雖有主事之職，至唐始置是官。

名號：六曹、六卿。

尚書正二品，六部同。

名號：中臺，漢靈帝號尚書曹爲中臺。都省，北齊尚書省謂之都省。都臺，唐垂拱改文昌臺爲都臺。太常伯。

侍郎正三品，六部同。

名號：亞卿，尚書曰卿，侍郎亞之，亦稱貳卿。少常伯。

郎中正五品，六部同。

員外從五品，六部同。

名號：星置，漢光武曰郎官，上應列宿，郎署稱星本此。星郎，亦稱望郎。尚書郎，郎中。尚書承務郎。員外。

主事正六品。

名號：主政，亦稱主曹。部屬，郎中員外同。亦可用星署等稱。

吏部

建置：吏部雖昉於漢，實原於殷之冢宰，周之太宰。漢末，改爲選部，魏復爲吏部，晋宋爲吏部，尚書資位特重，梁陳亦然。後魏北齊吏部統吏部、考功、主爵三曹，隋吏部統吏部、主爵、司勳、考功四曹。唐龍朔改吏部尚書爲司列太常伯，光宅改爲天官。天寶改爲文部，掌文官選舉，總判吏部、司封、司勳、考功四曹事。宋如唐制。元初併吏禮爲一部，尋復舊。明立吏部尚書，主天下官吏，侍郎貳之。司務省署抄目，受發文書，爲首領官屬，有文選、驗封、稽勳、考功四司。司各置郎中、員外、主事。今職如左：

名號：天部，唐武后定天地四時六官，吏部其天也，亦稱文部。銓曹，銓，量度也。唐選法，尚書銓，掌七品以上選，亦稱銓部。東曹。

尚書

名號：天官，冢宰，太宰。
稱呼：大銓衡、大司列。
左右侍郎
名號：少宰、司列少常伯。
稱呼：同前大銓衡。亦稱大中銓。
郎中文選、考功、驗封、稽勳四司。
員外四司。
堂主事、司主事四司。
名號：銓司，文選。鶴廳，考功。典封，驗封。勳府，稽勳。
冢宰大人，四司同。
稱呼：大提衡，文選，亦稱大典選。大司績，考功。大司封，驗封，亦稱大執爵。大司勳，稽勳。亦稱大主爵。
司務從九品，别部同。
名號、稱呼：酌用。號統署，稱大贊部，六部通。

户部

建置：户部，《周禮・地官》大司徒之任也。漢成帝置尚書四人，其一人主財帛委輸。魏文帝置度支尚書，爲大司徒。隋改爲民部，唐改民部爲户部，龍朔爲司元太常伯，武后改爲地官，復改爲户部。部尚書侍郎下有户部、度支、金部、倉部四屬。宋判户部事歸於三司，後罷三司之名，復歸户部。明立户部，部尚書爲地官，侍郎爲之貳，復有一人出總倉場，有司務、照磨、簡較，典磨勘計算，爲首領官，其屬民部、度支、金部、倉部，後因地官曹繁，更定爲十三清吏司。各郎中、員外、主事一人，添設浙江、湖廣、廣東、福建、河南、貴州、廣西、四川主事，及山東司、陝西司、山西司、雲南司郎中主事，司各理一布政使司户口錢糧賦役課程之事，而司分民度金倉爲四科。今職如左：
名號：民部，亦稱版部、稼部。地曹，亦稱人曹。
尚書
名號：地官。亦稱地卿。
稱呼：大司農、大司徒、大司元。
左右侍郎
倉場侍郎
名號：少司農、少司徒、司元少常伯，倉部司農。專指倉場，亦稱倉部司徒。凡屬倉場官，俱加倉部。
稱呼：同前大司農、大司徒、大司儲，雖指倉場，亦可通稱。大司庾。註上。
郎中江南、浙江、江西、福建、湖廣、山東、山西、河南、陝西、四川、廣東、廣西、雲南、貴州十四司。
員外註前。
堂主事、司主事註前。
名號：地官大夫、度支大夫。
稱呼：大司度。亦可稱大司儲、大司庾，酌用。
司庫從九品。
名號：金部。
稱呼：大司金。亦稱大司珍。
司務
名號、稱呼：酌用。
税課、錢局、各倉、抽分、鈔關
名號：酌用。
稱呼：大掌課，税課。大司圜，錢局。太公立九府圜法，故稱。亦稱大司泉。錢曰泉布，謂錢若流泉之遠布也。大掌庾，各倉。大司榷，抽分、鈔關同。横水要津曰榷，便稽室也。

禮部

建置：禮部，唐虞之秩宗，周之春官大宗伯也。漢成帝時爲客曹，魏尚書有祠部曹，晋祠部尚書，宋齊梁陳無異。北齊祠部尚書統儀曹、祠部、主客、膳部四曹。隋更爲禮部尚書，唐因之，龍朔改爲司禮太常伯，光宅改爲春官，未幾復故。宋元俱爲禮部。明禮部尚書擬春官，侍郎爲之貳，屬分儀制、祠祭、主客、精膳，各郎中員外一，主事二焉。今職如左：
名號：祠部，容臺，《史記》商禮樂官知禮容，稱本此。春曹。亦稱南省。
尚書
名號：春官，亦稱宗伯。宗伯。亦稱宗邦，《周官》宗邦掌邦禮。

稱呼：大秩宗，秩，叙也。宗，主也。謂主叙次百神也。亦稱大宗伯。大典禮，《虞書》典朕三禮。典，主也。祀天神，享人鬼，祭地祇，爲三禮。

左右侍郎

名號：少宗伯、司禮少常伯。亦稱少司禮。

稱呼：同前大秩宗、大典禮。

郎中儀制、祠祭、主客、精膳四司。

員外註前。

堂主事、司主事註前。

名號：司禮大夫，儀制，亦稱宗伯大夫。司禋大夫，祠祭。司賓大夫，主客。司烹大夫，精膳。儀曹，儀制。祠曹，祠祭，亦稱禋曹。典賓，主客。膳部。精膳。

稱呼：同前大典禮、大掌儀、儀制。大主禋、祠祭。大典賓。主客。

讀禮郎

司牲官

司務

名號、稱呼：酌用。

兵部

建置：兵部，昉於周官司馬。秦漢未有專任，魏始置五兵尚書。晋又置七兵尚書，宋復置五兵尚書。後魏又置七兵尚書，後周置大司馬卿，隋改爲兵部尚書，唐龍朔改爲司戎太常伯，光宅改爲夏官。天寶左相兼武部尚書。宋軍國政令悉歸樞密院，元豐更置尚書侍郎及郎中員外。明尚書侍郎下屬有武選、車駕、職方、武庫四司，司各置郎中、員外、主事、司務，省署抄目，受發文移。今職如左：

名號：武部，西曹，西方屬金，主兵刑之義，故與刑部同稱。樞省，樞，兵樞。兵曹。

尚書

名號：夏官。《周禮·夏官》大司馬亦稱夏卿。

稱呼：大司馬、大掌戎。亦稱大司戎。

左右侍郎

名號：少司馬、司戎少常伯。

稱呼：同前大掌戎、大司戎。

郎中武選、職方、車駕、武庫四司。

員外註前。

堂主事、司主事註前。

名號：夏官大夫，亦稱司馬大夫，司戎大夫。南選曹，武選。司城大夫，職方。司輿大夫，車駕。亦稱駕部。庫部。武庫。亦稱司戟大夫。

稱呼：大掌樞、大兵卿。

司務

名號、稱呼：酌用。

名號、稱呼：同前侍郎。

督捕侍郎東漢尚書五曹外，增設一尚書，名中都曹，主盜賊，疑今職準此。

左右理事官

名號、稱呼：酌用。

郎中

員外

主事

名號稱呼。

司務

名號、稱呼：酌用。

刑部

建置：《周禮·秋官》大司寇即今刑部尚書職也。漢成帝初置三公曹，主斷獄。東晋依漢法置三公尚書，北魏比部主法，北齊都官尚書主軍刑獄。隋開皇改都官爲刑部，唐龍朔改尚書爲司刑太常伯，光宅改刑官爲秋官，天寶改爲憲部。宋判部事以御史知褋充，元豐更制，始專其官。明立尚書侍郎貳之，部有司務、照磨、簡較，置十三清吏司，司各郎中員外主事隸焉。今職如左：

名號：比部，亦稱憲部。秋曹，秋氣肅殺，刑象也，亦稱西曹、法曹、□曹。西臺。

尚書

名號：秋官。亦稱秋卿。

稱呼：大司寇，大秉憲，憲，法也。大秋臺。

左右侍郎

名號：少司寇、司刑少常伯。

稱呼：同前大秉憲、大秋臺。

郎中與户部十四司同。

員外註前。

堂主事、司主事註前。

名號：計部，亦稱勾司。都官曹，秋官大夫，亦稱司寇大夫、司刑大夫。

稱呼：大秋憲。

司務

名號、稱呼：酌用。

工部

建置：是官昉於《周禮》司空。漢魏民曹兼領，自晋迄陳有所營作，權置起部尚書。隋開皇始置工部，唐龍朔改稱司平，尋復故。其屬曰工部、屯田、虞部、木部。宋以兩制充，土木之役悉隸三司，元豐始更制尚書侍郎。明尚書侍郎下司有營膳、虞衡、都水、屯田四屬，各郎中員外主事分治所司，其司務爲首領官。今職如左：

名號：起部，亦稱起曹。冬曹，古者有興作，必以農隙役民，故於冬。

尚書

名號：冬官，亦称冬卿。司平太常伯。

稱呼：大司空、大司平。

左右侍郎

名號：少司空、司平少常伯。

稱呼：同前大司空、大司平。

郎中營繕、虞衡、都水、屯田四司。

員外註前。

堂主事、司主事註前。

名號：冬官大夫，亦稱司空大夫、司平大夫。劇曹，四司總稱。繕部，營繕。虞部，虞衡。水部，都水。屯曹。屯田。亦稱司田大夫。

稱呼：大考工，營繕。《周禮·考工》掌百工之事。大掌虞，虞衡。大司漕，都水。大司田。屯田。亦稱大農正。

司庫

司匠疑同古將作匠。

司務

名號、稱呼：酌用。

督理織造與古尚衣之職略同。

名號：司服。

稱呼：大黼黻。

管理街道、提督河道、提督瑠璃黑窑、錢局、抽分、鈔關

名號、稱呼：酌用。河道同前都水，錢局、抽分、鈔關同前户部屬，街道黑窑酌用。

《大清會典（康熙朝）》卷四《吏部·官制二·盛京官》 國初建立盛京，設官詳備。順治元年定鼎燕京，盛京官不備設。十四年後，置盛京户禮刑工四部及奉天府等衙門，設侍郎府尹以下各官，其職銜員額，具列於後。

盛京户部俱滿缺。

正官

侍郎一員。

屬官

郎中二員，員外郎六員，主事二員，司庫二員，筆帖式十五員。內滿文十二員，滿漢文三員。

盛京禮部俱滿缺。

正官

侍郎一員。

屬官

郎中二員，員外郎四員，主事一員，讀祝官八員，贊禮郎十六員，筆帖式十二員。內滿文十一員，滿漢文一員。

盛京刑部係滿缺，內有漢軍四員，漢人一員。

正官

侍郎一員。

屬官

郎中二員，員外郎七員，内滿六員，漢軍一員。主事二員，内滿一員，漢軍一員。司獄一員，係漢缺。筆帖式十五員。内滿文八員，滿漢文五員，漢軍二員。

盛京工部俱滿缺。

正官

侍郎一員。

屬官

郎中二員，員外郎六員，主事二員，内滿文一員，滿漢文一員。司庫二員，司匠二員，筆帖式十六員。内滿文十二員，滿漢文四員。

奉天府俱漢缺。

正官

府尹一員，府丞一員，治中一員，通判一員。舊有推官一員，康熙六年裁。

首領官

經歷一員。

所屬衙門

承德縣其餘縣分在外者，見户部州縣項下。

知縣一員，典史一員。

儒學

教授一員，訓導一員。

醫學

正科一員。

司獄司

司獄一員。

巨流河巡檢司

巡檢一員。

永陵、福陵、昭陵各總管處筆帖式各二員，掌關防官處筆帖式各二員。寧古塔將軍下筆帖式十四員，内滿文十二員，滿漢文二員。奉天將軍下筆帖式十一員，内滿文八員，滿漢文二員，蒙古一員。黑龍江將軍下筆帖式十員，

内滿文六員，滿漢文二員，蒙古二員。索倫地方左右翼筆帖式各一員，山海關、錦州、義州、廣寧、蓋州各城守尉筆帖式各二員，俱滿文。北關臺邊門、愛哈門、清和門、卧佛寺門、新臺門、鵰哥門、音德門、北途長門、松子門、長陵山門、章古泰門、平川營門、家木檅門、法庫門、左翼邊門、鳳凰城、牛莊、黑莊、口等各邊門，筆帖式各一員。

《大清會典（康熙朝）》卷一〇《吏部・考功清吏司》 郎中、員外郎、主事，掌内外文職官吏考察之典。凡論劾、釋免及引年、稱疾諸事，皆得稽之。

《大清會典（康熙朝）》卷一三《吏部・驗封清吏司》 郎中、員外郎、主事，掌百官之封爵誥勅贈廕叙功置吏之事，真人土司承襲咸綜理之。

《大清會典（康熙朝）》卷一六《吏部・稽勳清吏司》 郎中、員外郎、主事，掌百官之喪制、終養及復姓更名之事，而八旗世職繼絶爭襲亦兼理焉。

《大清會典（雍正朝）》卷三《吏部・文選清吏司》 尚書左右侍郎掌滿洲、蒙古、漢軍、漢人文職選補、考課、封授、襲勳之政。其屬有四清吏司：曰文選，曰考功，曰驗封，曰稽勳，其首領則有司務。建置沿革，詳見官制。

文選清吏司

郎中、員外郎、主事，掌官吏班秩品級及選授推陞之典。

《大清會典（雍正朝）》卷三《吏部・官制一・京官》 國初，創建八旗，各設貝勒大臣，專司政事。繼置吏户禮兵刑工六部及理藩院、都察院，復置内三院：曰國史，曰秘書，曰弘文。後改内閣。順治元年，定鼎京師，部院府司寺監各衙門設官分職，體統相維，品式具備。嗣後隨時度務，斟酌損益，詳具於後。

京官

太師、太傅、太保，少師、少傅、少保，太子太師、太子太傅、太子太保，太子少師、太子少傅、太子少保。

已上不專設，但爲大臣加官及贈官。

内閣初爲内國史、秘書、弘文三院，順治十五年，改稱内閣。十八年，復爲内國

史、秘書、弘文三院。康熙九年，仍改爲内閣。

中和殿大學士、保和殿大學士、文華殿大學士、武英殿大學士、文淵閣大學士、東閣大學士。已上滿漢俱專設，不備官，兼各部尚書銜。

滿學士六員，初設三員，順治元年後，增減不一。康熙九年定：二員。十年，增四員。漢軍漢人學士四員，初設漢軍三員，順治元年後，漢人增減不一。康熙十年定：漢軍二員，漢人二員。十二年，以漢軍併入漢缺，共四員。已上俱兼禮部侍郎銜。滿侍讀學士四員，順治八年，設三員。十八年，增三員。康熙九年定：滿文二員，滿漢文二員。蒙古侍讀學士二員，順治十八年，設三員。康熙九年定：二員。漢軍侍讀學士二員。順治八年，設三員。康熙九年定：二員。

首領官

滿典籍二員，漢軍典籍二員，漢典籍二員。已上初制各設三員，康熙九年定：各設二員，俱以中書舍人掌理。

屬官

滿侍讀八員，初設滿文五員，滿漢文六員，共十一員。康熙三十八年，裁滿文一員，滿漢文二員。蒙古侍讀二員，漢軍侍讀二員，漢侍讀二員，雍正四年設。滿中書舍人六十四員，初設滿文撰文二十員，辦事二十員，滿漢文撰文十七員，辦事十八員，共七十五員。康熙三十八年，裁滿文撰文四員，辦事四員，滿漢文撰文一員，辦事二員。蒙古中書舍人十六員，初設撰文九員，辦事十員，共十九員。康熙三十八年，裁撰文一員，辦事二員。漢軍中書舍人八員，初設撰文五員，辦事八員，共十三員。康熙三十八年，裁撰文一員，辦事四員。漢中書舍人三十二員。初設撰文六員，辦事三十員，共三十六員。康熙三十八年，裁撰文二員，辦事二員。

宗人府

順治九年，設宗人府。宗令一員，以親王郡王總理府事。左右宗正二員，貝勒貝子兼攝。左右宗人二員，公與將軍兼攝。俱由宗人府具題請旨。

正官

漢府丞一員。舊有覺羅啓心郎一員，漢軍啓心郎二員，康熙十二年裁。

首領官

滿經歷四員。内滿文二員，滿漢文二員。舊有漢經歷一員，康熙三十八年裁。

屬官分左右二司。

滿郎中六員，滿員外郎四員，舊設六員，康熙三十八年，裁二員。滿主事六員。順治九年，設三員。康熙十二年，增設一員，又設立左右二司，每司各設一員。已上郎中員外郎主事初俱係覺羅員缺，後不分覺羅滿洲補授。雍正二年議准：每項用宗室一半。

漢主事二員，雍正元年設。滿筆帖式二十六員。滿文二十員，滿漢文六員。雍正二年議准：用宗室一半。

吏部

國初，設六部，各以貝勒總理部務，後俱撤。順治八年，各部復令親王郡王兼攝。九年，亦撤。雍正元年，間有以親王郡王管理部務者。漢銜，崇德間稱承政者，順治元年改爲尚書，稱叅政者改爲侍郎，稱理事官者改爲郎中，稱副理事官者改爲員外郎，稱額者庫者改爲主事。又初設滿洲漢軍啓心郎。順治十五年俱裁。又初設他赤哈哈番、筆帖式哈番，後改爲六品七品八品無頂帶筆帖式。各部院衙門同。凡云初云後不著年分者，康熙二十六年所修《會典》原文，今將查得年分載明，其無憑可稽者，仍照舊本開載。後仿此。

正官

滿漢尚書各一員，初制增減不一，順治五年定：滿漢各一員。七年，增滿洲一員。十年裁。滿漢左右侍郎各一員。初制增減不一，順治十五年定：滿漢左右各一員，漢右侍郎兼翰林院學士銜，其非翰林出身者不兼。

首領官

滿漢司務各一員，初設漢司務二員，順治四年，裁一員。十五年定：滿漢各一員。各部院司務建革同。

屬官

滿洲蒙古漢軍司官、筆帖式不論司分，悉聽堂官調撥。漢司官仍論司分。各部院同。滿郎中八員，初設四員，順治十二年，增四員。蒙古郎中一員，康熙五十七年增設。滿員外郎八員，初制不分滿洲蒙古陞補，順治十二年，止設滿洲八員。蒙古員外郎一員，順治十八年，設八員。康熙元年裁，五十七年復設一員。滿主事八員，堂主事，滿文二員，滿漢文二員。司主事，四員。蒙古主事一員，係司主事，康熙五十七年增設。漢軍主事一員，係堂主事。舊有漢軍郎中二員，雍正五年裁。漢軍員外郎六員，康熙三十八年，裁四員。雍正五年，並裁。

文選清吏司

漢郎中一員，漢員外郎二員，初設一員。雍正五年，添一員。漢主事二員。

考功清吏司

漢郎中一員，漢員外郎一員，漢主事二員。初設一員，雍正五年，添一員。

驗封清吏司

漢郎中一員，漢員外郎一員，漢主事一員。

稽勳清吏司

漢郎中一員，漢員外郎一員，漢主事一員，滿筆帖式六十五員，內滿文三十二員，滿漢文三十三員。蒙古筆帖式二員，漢軍筆帖式十二員。初設十六員，康熙三十八年，裁四員。

户部

正官

滿漢尚書各一員，初制增減不一，順治五年定：滿漢各一員，七年，增滿洲一員。十年裁。康熙六年，復增滿洲一員，八年裁。滿漢左右侍郎各一員，初制增減不一，順治元年定：滿漢左右各一員。錢法堂右侍郎管理。滿漢總督倉場侍郎各一員。初設漢侍郎一員，康熙七年裁，止設滿侍郎一員。八年定：滿漢侍郎各一員。

首領官

滿漢司務各一員。

屬官

滿郎中二十二員，初設十員，順治元年後，續增十二員，內管理銀庫緞庫顏料庫各一員。蒙古郎中一員，初設四員，康熙三十八年，俱裁。五十七年，復設一員。滿員外郎三十九員，初設十六員，順治元年後，續增二十三員，內管理三庫各一員。蒙三員外郎一員，初設五員，康熙三十八年，俱裁。五十七年，復設一員。滿主事十八員，堂主事，滿文二員，滿漢文二員。司主事，十四員。蒙古主事一員，係司主事，康熙五十七年增設。漢軍主事二員，係堂主事。三庫稽查檔案滿主事一員，雍正三年增設。滿司庫六員，初三庫各設三員，康熙八年，各裁一員。三庫滿大使三員。雍正三年設。舊有漢軍郎中二員，漢軍員外郎六員，俱於康熙三十八年裁。

江南清吏司

漢郎中一員，漢員外郎一員，漢主事一員。

浙江清吏司

漢郎中一員，漢員外郎一員，漢主事一員。

江西清吏司

漢郎中一員，漢員外郎一員，漢主事一員。

湖廣清吏司

漢郎中一員，漢員外郎一員，漢主事一員。

福建清吏司

漢郎中一員，漢員外郎一員，漢主事一員。

山東清吏司

漢郎中一員，漢員外郎一員，漢主事一員。

山西清吏司

漢郎中一員，漢員外郎一員，漢主事一員。

河南清吏司

漢郎中一員，漢員外郎一員，漢主事一員。

陝西清吏司

漢郎中一員，漢員外郎一員，漢主事一員。

四川清吏司

漢郎中一員，漢員外郎一員，漢主事一員。

廣東清吏司

漢郎中一員，漢員外郎一員，漢主事一員。

廣西清吏司

漢郎中一員，漢員外郎一員，漢主事一員。

雲南清吏司

漢郎中一員，漢員外郎一員，漢主事一員。

貴州清吏司

漢郎中一員，漢員外郎一員，漢主事一員。

已上漢主事，初每司各設三員，順治十一年，各裁一員。康熙六年，復裁江南、浙江、江西、湖廣、福建、河南、陝西、廣西、四川、貴州司各一員。三十八年，復裁山東、山西、廣東、雲南司各一員。

滿筆帖式一百三十五員，內滿文七十一員，滿漢文六十四員。漢軍筆帖式三十二員，倉場滿筆帖式四員。俱滿漢文。

所屬衙門

寶泉局

大使一員。漢缺。

禮部

正官

滿漢尚書各一員，初制增減不一，順治五年定：滿漢各一員。滿漢左右侍郎各一員。初制增減不一，順治元年定：滿漢左右各一員，漢侍郎兼翰林院學士銜，其非翰林出身者不兼。

首領官

滿漢司務各一員。

屬官

滿郎中六員，初設四員，順治十八年，增二員。蒙古郎中一員，初設蒙古章京四員，康熙九年，裁二員，以一員改爲郎中，一員改爲員外郎。三十八年，俱裁。五十七年，俱復設。滿員外郎十員，初設六員，順治十二年，增四員。蒙古員外郎一員，滿主事七員，堂主事，滿文二員，滿漢文一員。司主事，四員。蒙古主事一員，係司主事，康熙五十七年增設。漢軍主事一員。係堂主事。舊有漢軍郎中八員，康熙九年，裁七員。漢軍員外郎五員，康熙三十八年，裁二員。雍正五年，俱裁。

儀制清吏司

漢郎中一員，漢員外郎一員，漢主事一員。

祠祭清吏司

漢郎中一員，漢員外郎一員，漢主事一員。

主客清吏司

漢郎中一員，漢主事一員。

精膳清吏司

漢郎中一員，漢主事一員。主客、精膳二司初設員外郎各一員，順治二年裁。

滿筆帖式三十九員，內滿文三十一員，滿漢文八員。漢軍筆帖式四員，滿讀祝官二員，初設六員，後裁四員。守皇史宬滿官三員，係七品。蒙古司牲官二員，朝鮮通事十二員。

所屬衙門已下俱漢缺。

大使一員。

鑄印局初設滿員外郎一員，滿漢文筆帖式二員，後裁。

會同館

大使一員

教坊司

奉鑾一員，左右韶舞各一員，左右司樂各一員，協同官十員，俳長。無定員。

兵部

正官

滿漢尚書各一員，初制增減不一，順治五年定：滿漢各一員。滿漢左右侍郎各一員。初制增減不一，順治元年定：滿漢左右各一員。

首領官

滿漢司務各一員。

屬官

滿郎中十一員，初設八員，順治十二年，增三員。蒙古郎中一員，初設四員，康熙三十八年裁。五十七年，復設一員。滿員外郎十員，初設八員，順治十二年，增五員。康熙三十八年，裁三員。蒙古員外郎三員，初設四員，康熙三十八年裁。五十七年，復設三員。滿主事八員，堂主事，滿文二員，滿漢文二員。司主事，四員。蒙古主事一員，係司主事，康熙五十七年增設。漢軍主事一員。係堂主事。舊有漢軍郎中二員，雍正五年裁。漢軍員外郎六員，康熙三十八年，裁四員。雍正五年並裁。

武選清吏司

漢郎中一員，漢員外郎二員，初設一員，雍正五年，添一員。漢主事一員。

職方清吏司

漢郎中二員，初設一員，雍正五年，添一員。漢員外郎一員，漢主事二員。

車駕清吏司

漢郎中一員，漢主事一員。

武庫清吏司

漢郎中一員，漢主事一員。車駕、武庫二司初設員外郎各一員，順治十一年裁。

滿筆帖式六十七員，內滿文四十八員，滿漢文十九員。蒙古筆帖式八員，漢軍筆帖式十一員。

所屬衙門

會同館初設大使一員，康熙三十八年裁。

兵部督捕順治十一年，設滿左侍郎一員，漢右侍郎一員，滿漢左右理事官各一員，滿漢司務各一員，滿漢郎中各一員。滿員外郎，初設七員，十二年增設每旗各一員，共十五員。漢軍員外郎八員，漢員外郎一員。滿文堂主事一員，滿漢文堂主事一員，司主事一員，共三員。漢軍堂主事一員，漢主事六員，滿文筆帖式十六員，滿漢文筆帖式十八員，共三十四員。漢軍筆帖式十六員，司獄司漢司獄二員，俱於康熙三十八年裁。

刑部

正官

滿漢尚書各一員，初制增減不一，順治五年定：滿漢各一員。七年，增滿洲一員。十年裁。滿漢左右侍郎各一員。初制增減不一，順治元年定：滿漢左右各一員。

首領官

滿漢司務各一員。

屬官

滿郎中十四員，初設六員，順治元年後，增八員。蒙古郎中一員，康熙五十七年增設。滿員外郎十八員，初設八員，順治元年後，增十員。蒙古員外郎一員，順治十八年，設八員。康熙元年裁，五十七年復設一員。滿主事十九員，堂主事，滿文二員，滿漢文三員。司主事，十四員。蒙古主事一員，係司主事，康熙五十七年增設。漢軍主事一員，係堂主事。滿司庫一員。舊有漢軍郎中四員，漢軍員外郎十二員，雍正五年裁。

江南清吏司

漢郎中二員，初設一員，雍正五年，添一員。漢員外郎一員，漢主事一員。

浙江清吏司

漢郎中一員，漢員外郎二員，初設一員，雍正五年，添一員。漢主事一員。

福建清吏司

漢郎中一員，漢員外郎一員，漢主事一員。

四川清吏司

漢郎中一員，漢員外郎一員，漢主事一員。順治十五年裁，雍正三年復設。

湖廣清吏司

漢郎中二員，初設一員，雍正五年，添一員。漢員外郎一員，順治十五年裁，雍正三年復設。漢主事一員。

廣西清吏司

漢郎中一員，漢員外郎一員，順治十五年裁，雍正三年復設。漢主事一員。

陝西清吏司

漢郎中二員，初設一員，雍正五年，添一員。漢員外郎一員，漢主事一員。順治十五年裁，雍正三年復設。

雲南清吏司

漢郎中一員，漢員外郎一員，順治十五年裁，雍正三年復設。漢主事一員。

貴州清吏司

漢郎中一員，漢員外郎一員，漢主事一員。順治十五年裁，雍正三年復設。

河南清吏司

漢郎中一員，漢員外郎一員，漢主事一員。順治十五年裁，雍正三年復設。

廣東清吏司

漢郎中一員，漢員外郎一員，順治十五年裁，雍正三年復設。漢主事一員。

山西清吏司

漢郎中一員，漢員外郎一員，漢主事一員。

山東清吏司

漢郎中一員，漢員外郎二員，初設一員，雍正五年，添一員。漢主事一員。

江西清吏司

漢郎中一員，漢員外郎一員，漢主事一員。

督捕清吏司康熙三十九年增設。

滿郎中一員，漢郎中一員，滿員外郎二員，滿主事一員，漢主事一員，滿筆帖式一百四員，初設滿文四十九員，滿漢文四十七員，共九十六員。康熙三十九年，增設督捕司八員。漢軍筆帖式二十三員。初設十九員，康熙三十九年，增設督捕司四員。

所屬衙門

司獄司

滿司獄四員，康熙五十一年增設。漢司獄四員。

工部

正官

滿漢尚書各一員，初制增減不一，順治五年定：滿漢各一員。滿漢左右侍郎各一員。初制增減不一，順治元年定：滿漢左右各一員。

首領官

滿漢司務各一員。

屬官

滿郎中十六員，初設八員，順治元年後，增八員，內一員管節慎庫。蒙古郎中一員，康熙三十八年裁，五十七年復設。滿員外郎十七員，初設九員，順治十二年，增八員。蒙古員外郎一員，初設三員，康熙三十八年裁，五十七年，復設一員。滿主事十五員，堂主事，滿文二員，滿漢文一員。司主事，初設四員，康熙二十二年，增設每旗各一員。蒙古主事一員，係司主事，康熙五十七年增設。漢軍主事一員，係堂主事。節慎庫滿司庫二員。舊有漢軍郎中二員，雍正五年裁。漢軍員外郎六員，康熙三十八年，裁四員。雍正五年並裁。漢大使一員，順治十五年裁。

營繕清吏司

漢郎中一員，初設二員，內管理三山物料錢糧一員。順治十五年裁，十八年復設，康熙元年仍裁。漢員外郎一員，初設二員，順治十五年，裁一員。漢主事二員。初設三員，順治十四年，增三員。十六年，裁二員。康熙元年，裁一員。六年，裁一員。

虞衡清吏司

漢郎中二員，初設一員，順治十六年增一員，管製造庫。漢員外郎一員，初設二員，順治十五年，裁一員。漢主事二員。初設三員，康熙六年，裁一員。

都水清吏司

漢郎中一員，漢員外郎一員，初設二員，順治十五年，裁一員。康熙十一年，增二員。一管京城內外河道，一管玉泉山河道，共三員。三十八年，裁二員。漢主事二員。初設十一員，順治十五年，裁一員。康熙六年，裁四員。十二年，裁四員。

屯田清吏司

漢郎中一員，漢員外郎一員，漢主事二員。初設三員，康熙六年，裁一員。滿筆帖式九十員，內滿文五十七員，滿漢文三十三員。漢軍筆帖式十四員。

所屬衙門

製造庫

滿郎中二員，滿員外郎二員，滿司庫二員，滿司匠二員，滿筆帖式五員，內滿文四員，滿漢文一員。漢軍筆帖式一員。

營繕所舊設所正一員，所副一員，俱於順治十五年裁。所丞二員，順治十四年設。一員管清江廠，一員管臨清磚廠。十五年，裁臨清磚廠一員，其清江廠一員，康熙六年議准：部差裁革，歸併地方官管理。九年題准：仍復部差。雍正四年並裁。舊有文思院、寶源局、廣積庫、柴炭司、通州抽分竹木局大使各一員，後俱裁。

理藩院

正官不分滿洲蒙古補授。

尚書一員，初設尚書，順治十六年，以禮部尚書銜掌理藩院事。十八年，仍爲理藩院尚書。左右侍郎各一員。初設侍郎，順治十六年，以禮部侍郎銜協理理藩院事。十八年，仍爲理藩院侍郎。舊有滿洲啓心郎一員，漢軍啓心郎二員，順治十五年裁。

首領官

初設滿洲蒙古司務各一員，漢院判一員，漢知事一員，漢副使一員，俱於康熙三十八年裁。

屬官不分滿洲蒙古補授。

郎中十一員，員外郎二十九員，初設八員，順治元年後，增十三員。康熙二十年，增八員。堂主事六員，初設二員，康熙二十年，增蒙古文二員。二十八年，增漢文二員。滿筆帖式十九員，初設十一員，俱滿文。康熙二十八年，每旗添漢文各一員。蒙古筆帖式四十一員，漢軍筆帖式六員。初設二員，康熙二十八年，添每翼各二員。舊設録勳清吏司漢主事一員，賓客清吏司漢主事一員，柔遠清吏司漢主事一員，理刑清吏司漢主事一員，俱於康熙三十八年裁。

都察院

正官

滿漢左都御史各一員，初制增減不一，順治五年定：滿漢各一員。漢銜，崇德間稱承政，順治元年改爲左都御史。滿漢左副都御史各二員，初制增減不一，順治三年定：滿漢各二員。漢銜，崇德間稱叅政，順治元年改爲副都御史。漢左僉都御史一員。右都御史，右副都御史，右僉都御史。

已上三項無京員，但爲督撫坐銜，其總督軍務、漕運、河道、巡撫地方等官，因事裁設，無定額。詳見都察院。舊有滿洲啓心郎一員，漢軍啓心郎二員，順治十五年裁。

首領官

滿漢經歷各一員，初稱司務，後改爲經歷。滿都事二員。內滿文一員，滿漢文一員。舊有漢軍都事一員，康熙三十九年裁。

屬官

滿監察御史二十四員，初設六員，順治元年後，增十七員。康熙二十八年，增一員。蒙古監察御史二員，初設蒙古章京二員，康熙元年裁。五十七年，增設御史二員。漢軍監察御史五員，初設八員，康熙三十九年，裁三員。漢江南道監察御史三員，初設五員，順治十八年，裁一員。康熙七年，裁二員。雍正四年，增一員。漢浙江道監察御史三員，初設六員，順治九年，裁一員。十八年，裁二員。康熙七年，裁一員。雍正四年，增一員。漢江西道監察御史二員，初設六員，順治十年，裁一員。十六年，裁一員。十八年，裁二員。康熙七年，裁一員。雍正四年，增一員。漢福建道監察御史二員，初設五員，順治十年，裁一員。康熙七年，裁二員。漢湖廣道監察御史三員，初設六員，順治八年，裁一員。九年，裁一員。十五年，裁一員。康熙七年，裁一員。雍正四年，增一員。漢河南道監察御史二員，初設六員，順治十年，裁一員。十八年，裁一員。康熙七年，裁二員。漢山東道監察御史二員，初設五員，順治十八年，裁二員。康熙七年，裁一員。漢山西道監察御史二員，初設五員，順治十年，裁一員。十八年，裁二員。漢陝西道監察御史三員，初設四員，順治十八年，裁二員。雍正四年，增一員。漢四川道監察御史二員，初設四員，順治十八年，裁二員。康熙七年，裁一員。雍正四年，增一員。漢廣東道監察御史二員，初設五員，順治十八年，裁二員。康熙七年，裁二員。雍正四年，增一員。漢廣西道監察御史二員，初設四員，順治十八年，裁一員。康熙七年，裁一員。漢雲南道監察御史二員，初設四員，順治十八年，裁一員。康熙七年，裁一員。漢貴州道監察御史二員，初設四員，順治十八年，裁二員。康熙七年，裁一員。雍正四年，增一員。宗室御史二員，雍正五年設。內務府御史四員，雍正四年設。滿筆帖式三十五員，初設滿文三十一員，滿漢文二十員，共五十一員。康熙三十八年，裁滿文十一員，滿漢文五員。漢軍筆帖式五員。初設七員，康熙三十八年，裁二員。

通政使司

正官

滿漢通政使各一員，滿漢左右通政四員，內滿左通政一員，漢左通政一員，漢右通政二員。滿漢左右叅議四員。初設滿左叅議二員，漢左右叅議各二員，共六員。康熙三十八年，裁漢右叅議一員。五十二年，裁漢左叅議一員。

首領官

滿漢經歷各一員。初稱司務，後改爲經歷。

屬官

滿知事二員，內滿文一員，滿漢文一員。漢軍知事一員，滿筆帖式八員，內滿文四員，滿漢文四員。漢軍筆帖式二員，登聞鼓滿筆帖式一員、漢軍筆帖式一員。舊隸科衙門，康熙六十一年歸併。

大理寺

正官

滿漢卿各一員，滿漢少卿三員。內滿一員，漢二員。初設漢寺丞一員，康熙三十八年裁。

首領官

滿漢司務各一員。

屬官

滿左右寺正各一員，漢軍左右寺正各一員，漢左右寺正各一員，漢右寺副一員，初設左右寺副各一員，康熙三十八年，裁左寺副一員。堂評事一員，初設滿洲一員，漢軍一員，康熙三十八年，裁漢軍一員。漢左右評事各一員，滿筆帖式六員，內滿文四員，滿漢文二員。漢軍筆帖式二員。

內務府各官陞補除授俱由內務府具題，其建置裁復職銜員額，詳見本衙門。

翰林院初係專設，順治二年，裁併內三院。十五年，復設。十八年，裁併內三院。康熙九年，復設。

正官

滿漢掌院學士各一員，俱兼禮部侍郎銜，順治元年，止設漢掌院學士一員。十五年，復設翰林院衙門，設滿漢掌院學士各一員。滿漢侍讀學士各三員，順治元年，設漢侍讀學士一員，十五年，增設二員。康熙九年，增設滿侍讀學士三員。侍講學士同。滿漢侍講學士各三員，滿漢侍讀各三員，順治元年，設漢侍讀二員。十五年，增設一員。康熙九年，增設滿侍讀三員。侍講同。滿漢侍講各三員。

史官

修撰，編修，檢討，已上無定員。庶吉士。無定員。

首領官

滿漢典簿各一員，順治元年，設漢典簿二員。十五年，改設滿漢典簿各一員。

滿漢孔目各一員，順治元年，設漢孔目一員。十五年，增設滿孔目一員。

屬官

滿漢待詔各二員，順治十五年，設滿待詔四員，漢待詔二員。康熙九年，裁滿待詔二員。滿筆帖式四十二員，初設滿文三十員，滿漢文十八員，共四十八員。康熙三十四年，裁滿文六員。漢軍筆帖式四員。初設八員，康熙三十四年，裁四員。

起居注館日講起居注官不專設，係滿漢翰林、詹事、坊、局官以原銜兼充。康熙九年，設滿記注官四員，漢記注官八員。十二年，增設滿記注官一員，漢記注官二員。十六年，增設滿記注官一員。二十年，增設漢記注官八員。三十一年定：漢記注官十二員。五十七年俱裁。雍正元年，復設滿記注官六員，漢記注官十二員。

滿主事二員。初設滿文一員，滿漢文一員。康熙五十七年裁。雍正元年，復設滿漢文二員。舊有漢軍主事一員，康熙五十七年裁。滿筆帖式十四員，初設滿文四員，滿漢文四員。康熙十一年，增設滿文四員，滿漢文二員。五十七年，俱裁。雍正元年，復設。漢軍筆帖式二員。初設四員，康熙五十七年裁，雍正元年復設二員。

提督四譯館太常寺漢少卿一員。帶翰林院銜，提督館事，其教習譯字官，帶鴻臚寺序班銜。

屬官

序班九員，內一員管典務廳典務事，初設二十員。順治十五年，裁四員。康熙三十八年，裁四員。五十二年，裁三員。五經博士十八員。詳見聖賢後裔。

詹事府順治元年設，本年裁併內三院。九年復設，十五年裁。康熙十四年復設。

正官

滿漢詹事各一員，漢詹事兼翰林院侍讀學士銜。滿少詹事一員，初設二員，康熙三十七年，裁一員。漢少詹事二員。兼翰林院侍講學士銜。

首領官

滿漢主簿各一員。舊設滿漢録事各二員，康熙三十七年，裁滿録事二員，漢録事一員。五十二年，裁漢録事一員。舊有漢通事舍人二員，順治十五年裁。

左春坊

滿漢左庶子各一員，漢左庶子兼翰林院侍讀銜。滿漢左諭德各一員，漢諭德兼翰林院修撰銜，右諭德同。滿漢左中允各一員，漢中允兼翰林院編修銜，右中允同。初設各二員，康熙三十七年，裁滿左中允一員。五十二年，裁漢左中允一員。

滿漢左贊善各一員。漢贊善兼翰林院檢討銜，右贊善同。初設各二員，康熙三十七年，裁滿左贊善一員。五十二年，裁漢左贊善一員。

右春坊

滿漢右庶子各一員，漢右庶子兼翰林院侍講銜。滿漢右中允各一員，初設各二員。康熙三十七年，裁滿右中允一員。三十八年，裁漢右中允一員。滿漢右贊善各一員。初設各二員，康熙三十七年，裁滿右贊善一員。三十八年，裁漢右贊善一員。舊設滿漢右諭德各一員，康熙三十七年，裁滿右諭德一員。五十七年，裁漢右諭德一員。

司經局

滿漢洗馬各一員，漢洗馬兼翰林院修撰銜。

屬官

漢正字一員。初設滿漢各二員，康熙三十七年，裁滿正字二員。三十八年，裁漢正字一員。舊有漢録事一員，康熙三十八年裁。府坊局筆帖式六員。初設滿文五員，滿漢文五員，共十員。康熙三十八年，裁滿文二員，滿漢文二員。

太常寺

正官

滿漢卿各一員，滿漢少卿各一員，滿寺丞一員，漢左右寺丞各一員。

首領官

滿漢典簿各一員。

屬官奉祀等官另載。

滿洲漢軍漢博士各一員，孔氏世襲博士一員，滿讀祝官四員，漢協律郎五員，康熙三十八年，裁一員。雍正元年復設。滿贊禮郎十六員，漢贊禮郎十六員，康熙三十八年，裁二員。雍正元年復設。漢司樂二十六員，康熙三十八年，裁二員。雍正元年復設。滿筆帖式九員，初設滿文十六員，滿漢文二員。康熙三十八年，裁九員。漢軍筆帖式一員。初設二員，康熙三十八年，裁一員。

光禄寺

正官

滿漢卿各一員，滿漢少卿各一員。初設滿一員，漢二員。康熙三十八年，裁漢少卿一員。舊設漢寺丞一員，康熙三十八年裁。

首領官

滿漢典簿各一員。

屬官

大官署

滿漢署正各一員，滿署丞一員。

珍羞署

滿漢署正各一員，滿署丞一員。

良醞署

滿漢署正各一員，滿署丞一員。

掌醢署

滿漢署正各一員，滿署丞一員。四署，舊設漢署丞各一員，順治十五年裁。漢監事各一員，順治十三年裁。

滿司庫二員，滿筆帖式二十一員，內滿文十四員，滿漢文七員。漢軍筆帖式二員。舊有司牲司漢大使一員，後裁。

太僕寺

正官

滿漢卿各一員，滿漢少卿三員。內滿少卿二員，漢少卿初設三員，後裁二員。舊有滿漢寺丞各一員，順治十五年裁，十六年復設。康熙二年裁。舊有首領官漢主簿一員，康熙二年裁。

屬官

滿員外郎六員，初設八員，雍正三年，裁二員。蒙古員外郎二員，雍正三年設。滿筆帖式十一員，內滿文十員，滿漢文一員。漢軍筆帖式二員。舊有常盈庫漢大使一員，順治八年裁。

順天府

正官俱漢缺。

府尹一員，府丞一員，治中一員，通判一員。初設三員，一管糧，一管馬政，一管軍匠。順治六年，裁馬政軍匠二員。舊有推官一員，康熙六年裁。

首領官俱漢缺。

經歷司

經歷一員。舊有知事一員，後裁。

照磨所

照磨一員。舊有檢校一員，後裁。

所屬衙門

宛平大興二縣餘縣在外者，見户部州縣項下。

知縣各一員，縣丞各一員，典史各一員。舊有主簿各一員，順治三年裁。

儒學

滿教授一員，雍正四年設。漢教授一員，滿訓導一員，雍正四年設。漢訓導一員。初設六員，順治三年，裁四員。康熙四年悉裁。十五年復設一員。舊有京衛武學，設教授一員，訓導二員。順治二年，裁訓導缺，康熙十五年，復設訓導一員。雍正三年，改爲順天府武學。四年裁。

陰陽學

正術一員。

醫學

正科一員。

司獄司

司獄一員。舊有庫大使一員，康熙三十九年裁。

崇文門分司

副使一員。舊有張家灣宣課司大使一員，康熙四十年裁。

蘆溝橋巡檢司屬宛平縣。

巡檢一員。

王平口巡檢司屬宛平縣。

巡檢一員。

石港口巡檢司屬宛平縣。

巡檢一員。

齊家莊巡檢司屬宛平縣。

巡檢一員。

慶豐閘屬大興縣。

閘官一員。

雷家閘屬大興縣。

閘官一員。康熙四十七年設。

舊有廣源閘閘官一員，屬宛平縣。順治十三年裁。大興縣遞運所大使一員，康熙三十八年裁。

鴻臚寺隸禮部。

正官

滿漢卿各一員，滿漢少卿各一員。初設漢少卿二員，順治十五年，裁一員。舊有漢左右寺丞各一員，順治十五年，裁一員。康熙五十二年並裁。

首領官

滿漢主簿各一員。舊設各館主簿，後裁。

屬官

滿鳴贊十六員，漢鳴贊四員，初設八員，順治二年，裁一員。十二年，裁一員。十三年，裁二員。漢序班六員，初設二十二員，內司賓二員，順治十五年裁。序班十員，康熙三十八年，裁序班六員。滿筆帖式十員，內滿文八員，滿漢文二員。

漢軍筆帖式二員。

國子監

正官

滿漢祭酒各一員，滿漢司業三員。內滿司業二員，漢司業一員。

首領官

滿漢典簿各一員。

屬官

滿漢監丞各一員，滿漢博士二員，初設漢博士三員，順治十五年，裁一員。十八年，設滿博士一員。康熙五十二年，裁漢博士一員。滿助教十六員，內滿文八員，滿漢文八員，康熙五十七年，裁滿文四員。雍正三年，復設。蒙古助教四員，初設八員，順治十八年，裁四員。漢助教六員，初設十二員，順治十五年，裁六員。漢學正四員，初設十二員，康熙三十八年，裁六員。五十二年，裁二員。孔氏世襲學正一員，初設二員，後裁一員。漢學録二員，初設六員，順治十五年，裁四員。漢典籍一員，滿筆帖式五員，內滿文四員，滿漢文一員。漢軍筆帖式二員。

尚寶司順治十五年裁。

初設卿一員，少卿一員，司丞一員，俱於順治十五年裁。

中書科

滿中書舍人一員，漢中書舍人八員，滿筆帖式十六員。內滿文十三員，滿漢文三員。

吏科初制增減不一，順治十八年，設滿漢都給事中各一員，滿漢左右給事中各一員，漢給事中二員。康熙四年，滿漢各留給事中一員，餘悉裁。五年，增設滿漢掌印給事中各一員。雍正元年定：隸都察院。六科同。

滿漢掌印給事中各一員，滿漢給事中各一員，滿筆帖式二十一員。內滿文十六員，滿漢文五員。

户科

滿漢掌印給事中各一員，滿漢給事中各一員，滿筆帖式二十一員。內滿文十七員，滿漢文四員。

禮科

滿漢掌印給事中各一員，滿漢給事中各一員，滿筆帖式十二員。內滿文七員，滿漢文五員。

兵科

滿漢掌印給事中各一員，滿漢給事中各一員，滿筆帖式二十一員。內滿文十六員，滿漢文五員。

刑科

滿漢掌印給事中各一員，滿漢給事中各一員，滿筆帖式二十一員。內滿文十六員，滿漢文五員。

工科

滿漢掌印給事中各一員，滿漢給事中各一員，滿筆帖式十一員，內滿文六員，滿漢文五員。

登聞鼓衙門官不專設，以滿漢科道各一員輪差管理。康熙六十一年，歸併通政使衙門。所有滿筆帖式一員，漢軍筆帖式一員，一同歸併。

欽天監康熙四年，始設滿缺。八年，漢監正用西洋人，稱治理曆法。雍正三年，實授監正。

正官

滿漢監正各一員，滿漢左右監副各二員。

首領官

滿漢主簿各一員。

屬官

滿五官正二員，漢軍秋官正一員，漢春夏中秋冬官正各一員，滿五官靈臺郎三員，漢軍五官靈臺郎一員，漢五官靈臺郎四員，滿五官挈壺正二員，漢五官挈壺正二員，漢五官監候正一員，漢五官司曆一員，初設二員，康熙十四年，裁一員。漢軍五官司晨一員，初設漢五官司晨一員，康熙十四年裁。滿博士六員，漢軍博士一員，漢博士二十七員，初設三十九員，康熙四年，裁十四員。五年，增二員。滿筆帖式十二員，俱滿漢文。蒙古筆帖式二員，漢軍筆帖式六員。舊有漢五官保章正二員，後裁。

行人司俱漢缺，屬禮部。

司正一員，司副一員，行人四員。初設十九員，順治五年，裁一員。十五年，裁六員。康熙三十八年，裁四員。五十二年，裁四員。

太醫院俱漢缺，隸吏部。

正官

院使一員，左右院判各一員。

首領官

吏目三十員。順治十八年，裁二十員。康熙九年，復增二十員。十四年，裁十員。雍正元年，復增十員。舊有預授吏目十員，順治十八年裁。康熙九年，復設。三十一年仍裁。雍正元年，改爲吏目。

屬官

御醫十員。

上林苑監康熙三十七年裁。

舊設正官漢監丞一員，康熙三十七年裁。

屬官林衡嘉蔬二署，設漢署丞各一員，順治十五年裁。良牧蕃育二署，設漢署丞各一員，康熙三十七年裁。

鑾儀衛鑾儀衛官係武職，隸兵部，文職止設主事、筆帖式及經歷。

滿主事一員，滿筆帖式七員，漢軍筆帖式三員。

經歷司

漢經歷一員。

京衛經歷司俱漢缺並裁。舊有濟陽衛，羽林前衛，燕山前衛，蔚州左衛，義勇右衛，後衛，騰驤左衛，富峪衛，金吾前衛，後衛，武功衛，永清右衛，濟州衛，武驤左衛，右衛，寬河衛，府軍前衛，忠義右衛，大寧前衛，經歷各一員，順治七年裁。旗手衛，中府，後府，經歷各一員，十五年裁。忠義前衛，龍驤衛，金吾右衛，燕山左衛，經歷各一員，康熙三年裁。金吾左衛，彭城衛，神武左衛，騰驤右衛，永清左衛，燕山右衛，經歷各一員，康熙二十六年裁。

中東西南北五城兵馬指揮司俱漢缺。

正官

指揮各一員，副指揮各一員。初各設二員，順治十五年，各裁一員。

首領官

吏目各一員，內禁門筆帖式三十員，初設八十四員，康熙四十六年俱裁。雍正三年，於親軍內挑取三十人爲貼寫筆帖式，五年滿後，調補部院衙門。上三旗侍衛筆帖式十二員，雍正元年裁。今於親軍內挑取十二人爲貼寫筆帖式，五年滿後，調補部院衙門。八旗滿洲都統下筆帖式各四員，初設滿文各四員，滿漢文各一員，漢軍各一員，隨身滿文筆帖式各一員，共七員。康熙四十六年，俱裁。雍正二年，每旗復設四員。八旗蒙古都統下筆帖式各二員，初設滿文各二員，滿漢文各一員，蒙古各一員，漢軍各一員，隨身蒙古筆帖式各一員，共六員。康熙四十六年，俱裁。雍正二年，每旗復設二員。八旗漢軍都統下筆帖式各二員，初設滿文各三員，滿漢文各一員，漢軍各一員，隨身滿筆帖式各一員，漢軍筆帖式各一員，共七員。康熙四十六年，俱裁。雍正二年，每旗復設二員。兩翼前鋒統領下筆帖式各二員，初設各一員，康熙四十六年裁。雍正三年，每翼復設二員。八旗護軍統領下筆帖式各二員，初設各一員，康熙四十六年裁。雍正三年，每旗復設二員。步軍統領下筆帖式八員，初設滿文二員，滿漢文二員，康熙三十二年，滿文滿漢文各增二員。鎮江將軍下筆帖式四員，初設六員，後裁二員。江寧、西安、福建、杭州、荊州、廣東將軍下筆帖式各四員，內滿文各二員，滿漢文各二員。漕運滿總督下筆帖式五員。俱滿漢文。漢總督隨帶與否聽其具題。直省督撫下筆帖式，俱滿漢文，無定員。聽督撫題請隨帶。保定、滄州、德州、太原城守尉筆帖式各二員，俱滿文。霸州、灤州、昌平州、良鄉縣、順義縣、寶坻縣、三河縣、東安縣、雄縣、玉田縣、固安縣、采育城守尉筆帖式各一員，俱滿漢文。張家口邊門、獨石口邊門、喜峰口邊門、古北口邊門筆帖式各二員，俱滿文。冷口門、羅文峪門筆帖式各一員。俱滿文。舊有直省漢軍漢人巡撫下筆帖式各一員，山西、陝西、甘肅各布政司按察司筆帖式各二員，後俱裁。

僧録司已下俱漢缺。

左右善世各一員，左右闡教各一員，左右講經各一員，左右覺義各一員。

道録司

左右正一各一員，左右演法各一員，左右至靈各一員，左右至義各一員。

親王府官已下俱滿缺。

王府管領四員，馬羣頭目二員，飯房頭目一員，司庫二員，匠役頭目四員，牛羣頭目二員。

郡王府官

王府管領三員，馬羣頭目一員，飯房頭目一員，司庫二員，匠役頭目四員，牛羣頭目二員，五旗弓匠協領各一員。

《大清會典（雍正朝）》卷四《吏部·官制二·盛京官》 國初，建立盛京，設官詳備。順治元年，定鼎燕京，盛京官不備設。十四年後，置盛京户禮刑工四部及奉天府等衙門，設侍郎府尹以下各官。康熙三十年，復置盛京兵部衙門，設侍郎以下等官。各部堂官，俱係滿缺，間用漢軍漢人，出自特簡，司官向亦俱係滿缺。雍正五年，添設漢缺。其各衙門職銜員額，具列於後。

户部

正官

侍郎一員。康熙二十九年，增設理事官一員。六十年，裁。各部同。

屬官

滿郎中二員，漢郎中一員，雍正五年設。滿員外郎十員，初設六員，康熙二十九年，增四員。漢員外郎二員，雍正五年設。滿主事二員，漢主事一員，雍正五年設。滿司庫二員，筆帖式二十三員。初設滿文十二員，滿漢文三員。康熙二十九年，增滿文六員，滿漢文二員。

禮部

正官

侍郎一員。

屬官俱滿缺。

郎中二員，員外郎四員，主事一員，讀祝官八員，贊禮郎十六員，筆帖式十二員。內滿文十一員，滿漢文一員。

兵部康熙三十年設。

正官

侍郎一員。

屬官俱滿缺。

郎中二員，員外郎六員，主事二員，筆帖式十二員。內滿文八員，滿漢文四員。

刑部

正官

侍郎一員。

屬官

滿郎中四員，初設二員，康熙二十八年，增二員。漢郎中一員，雍正五年設。滿員外郎十員，初設六員，康熙二十八年，增四員。漢員外郎二員，雍正五年設。滿主事一員，漢主事一員，雍正五年設。舊設漢軍員外郎一員，漢軍主事一員，雍正五年裁。漢司獄一員，筆帖式二十九員。初設滿文八員，滿漢文五員，漢軍二員。康熙二十九年，增設十四員。

工部

正官

侍郎一員。

屬官

滿郎中二員，漢郎中一員，雍正五年設。滿員外郎六員，漢員外郎二員，雍正五年設。滿主事二員，內滿文一員，滿漢文一員。漢主事一員，雍正五年設。滿司庫二員，滿司匠一員，筆帖式十六員。內滿文十二員，滿漢文四員。

奉天府俱漢缺。

正官

府尹一員，府丞一員，治中一員，通判一員。舊有推官一員，康熙六年裁。

首領官

經歷一員。

所屬衙門

承德縣餘見戶部州縣項下。

知縣一員，典史一員。

儒學

教授一員，訓導一員。

醫學

正科一員。

司獄司

司獄一員。

巨流河巡檢司

巡檢一員。

奉天等處助教共七員，隸禮部。寧古塔將軍下筆帖式十五員，初設滿文十二員，滿漢文二員，共十四員。康熙二十七年，增蒙古一員。奉天將軍下筆帖式十一員，內滿文八員，滿漢文二員，蒙古一員。黑龍江將軍下筆帖式十員，內滿文六員，滿漢文二員，蒙古二員。索倫地方左右翼筆帖式各一員，山海關、錦州、義州、廣寧、蓋州各城守尉筆帖式各二員，俱滿文。北關臺邊門、愛哈門、清和門、卧佛寺門、新臺門、鵰哥門、音德門、北途長門、松陵子門、長陵山門、章古泰門、平川營門、家木㦸門、法庫門、左翼邊門、鳳凰城、牛莊、黑莊口等各邊門筆帖式各一員。

《大清會典（雍正朝）》卷一五《吏部·考功清吏司》 郎中、員外郎、主事，掌內外文職官吏考察之典。凡論劾、釋免及引年、稱疾諸事，皆得稽之。

《大清會典（雍正朝）》卷一九《吏部·驗封清吏司》 郎中、員外郎、主事，掌百官之封爵、誥勅、贈廕、叙功、置吏之事。真人、土司承襲，咸綜理之。

《大清會典（雍正朝）》卷二二《吏部·稽勳清吏司》 郎中、員外郎、主事，掌百官之喪制、終養及復姓、更名之事。而八旗世職，繼絶爭襲，亦兼理焉。

《大清會典（乾隆朝）》卷三《吏部》 尚書，滿漢各一人。左右侍郎，滿漢各一人。掌中外文職銓叙黜陟之政，釐飭官常，以贊邦治。所屬有文選、考功、稽勳、驗封四司。文選清吏司：郎中，滿三人，蒙古漢各一人。員外郎，滿漢各二人。主事，滿一人，漢二人。掌班秩遷除均平銓法。考功清吏司：郎中，滿三人，漢一人。員外郎，滿二人，蒙古漢各一人。主事，滿一人，漢二人。掌論劾考察旌別功過。稽勳清吏司：郎中，滿漢各一人。員外郎，滿二人，漢一人。主事，滿漢各一人。掌更名改籍終養服制，兼稽在京文員俸廩。驗封清吏司：郎中，滿漢各一人。員外郎，滿二人，漢一人。主事，滿蒙古漢各一人。掌封贈襲廕土司嗣職。堂主事掌文案者，滿二人。掌章奏者，滿二人，漢軍一人。司務，滿漢各一人。掌出納文書稽察胥吏。各部同。筆帖式，滿五十七人，蒙古四人，漢軍十有二人。分隸各司，視事之繁簡以爲額。掌繙譯清漢章奏文籍。各部同。

文選清吏司

官制一

京官

國家稽古建官，立綱陳紀。宗人府宗令、宗正、宗人皆王公領之，所屬左右司半用宗室，其制不隸於吏部，惟漢府丞及司屬旗員之半以類相從，列六部之次。內閣絲綸是職，政本繫焉，六部、都察院、通政使司、大理寺爲九卿，刑部、都察院、大理寺爲三法司，以詳議國是，均平政刑。理藩院、內務府、翰林院、詹事府、太常、光禄、太僕、鴻臚諸寺，國子監、欽天監，各治一官，京尹敷化郊圻，各修廼職，率厥典常，熙庶績焉。

太師、太傅、太保，少師、少傅、少保，太子太師、太子太傅、太子太保，太子少師、太子少傅、太子少保。已上皆不專設，以待大臣加銜及追贈。

內閣：大學士，滿漢各二人，正一品。協辦大學士，滿漢各一人。由各部尚書簡用，仍從一品。學士兼禮部侍郎，滿六人，漢四人，從二品。侍讀學士，滿四人，蒙古二人，漢二人，從四品。侍讀，滿十人，蒙古漢軍漢各二人，正六品。典籍，滿洲漢軍漢各二人，正七品。中書，滿七十人，蒙古十有六人，漢軍八人，漢三十人；貼寫中書，滿四十人，蒙古六人。均從七品。中書科：中書舍人，滿二人，漢四人，從七品。筆帖式滿十人。皇史宬尉，滿三人，正七品。

吏部、户部、禮部、兵部、刑部、工部：尚書，滿漢各一人，從一品。左右侍郎，滿漢各一人，正二品。所屬滿漢郎中，正五品。員外郎，從五品。主事，正六品。司務，從九品。筆帖式，自七品至九品，以出身爲差。

吏部：屬司四。郎中，滿八人，蒙古一人，漢四人。員外郎，滿八人，蒙古一人，漢五人。主事，滿四人，蒙古一人，漢六人。堂主事，滿四人，漢軍一人。司務，滿漢各一人。筆帖式，滿五十七人，蒙古四人，漢軍十有二人。

户部：屬司十有四。郎中，滿十有八人，蒙古一人，漢十有四人。員外郎，滿三十八人，蒙古一人，漢十有四人。主事，滿十有四人，蒙古一人，漢十有四人。堂主事，滿四人，漢軍二人。司務，滿漢各一人。筆帖式，滿九十九人，蒙古四人，漢軍十有六人。內倉監督，滿二人。寶泉局監督，滿漢各一人。大使，滿五人。總理三庫，無定員，於大臣內簡用。所屬郎中三人，員外郎六人，堂主事一人，司庫五人，正七品。大使四人，筆帖式十有五人。以上均滿員。總督倉場，户部右侍郎，滿漢各一人。所屬坐糧廳，滿漢各一人。由科道及各部司官內奏委。倉監督，滿漢各十有四人。由各衙門司官內奏委。大通橋監督，滿漢各一人。由各倉監督內奏調。筆帖式，滿四人。

禮部：屬司四。郎中，滿六人，蒙古一人，漢四人。員外郎，滿十人，蒙古一人，漢二人。主事，滿四人，蒙古一人，漢四人。堂主事，滿三人，漢軍一人。司務，滿漢各一人。筆帖式，滿三十四人，蒙古二人，漢軍二人。鑄印局：員外郎，漢一人。大使，漢一人。未入流筆帖式，滿一人。會同四譯館：郎中兼鴻臚寺少卿銜一人。由本部郎中內奏委。大使，漢一人，正九品。序班，漢二人，從九品。朝鮮通事十有二人。六品六人，七品四人，八品二人。馬館監督二人。由禮部、理藩院司官內奏委。

樂部：以禮部滿尚書、內務府總管及各部院尚書侍郎知樂者兼管。所屬和聲署署正，滿漢各一人。署丞，滿漢各一人。供用官三十人。均以禮部、內務府、太常寺、鴻臚寺司官贊禮郎筆帖式兼理。

兵部：屬司四。郎中，滿十有二人，蒙古一人，漢五人。員外郎，滿十人，蒙古三人，漢三人。主事，滿四人，蒙古一人，漢五人。堂主事，滿四人，漢軍一人。司務，滿漢各一人。筆帖式，滿六十二人，蒙古八人，漢軍八人。馬館監督一人。由本部司官內奏委。

刑部：屬司十有八。郎中，滿十有七人，蒙古一人，漢二十人。員外郎，滿二十四人，蒙古一人，漢十有九人。主事，滿十有七人，蒙古一人，漢十有八人。堂主事，滿五人，漢軍一人。司務，滿漢各一人。筆帖式，滿一百有五人，蒙古四人，漢軍十有五人。贓罰庫：司庫，滿一人，正七品。提牢滿漢各一人。由本部司官內專委。司獄，滿四人，漢軍二人，均由本部筆帖式內奏補。漢二人，從九品。

工部：屬司四。郎中，滿十有七人，蒙古一人，漢四人。員外郎，滿十有九人，蒙古一人，漢四人。主事，滿十有二人，蒙古一人，漢八人。堂主事，滿三人，漢軍一人。司務，滿漢各一人。筆帖式，滿七十七人，蒙古一人，漢軍八人。節慎庫：員外郎，滿一人。由本部司官內奏調。司庫，滿二人，正七品。筆帖式，滿二人。庫使，十一人。製造庫：郎中，滿二人，漢一人。司庫，滿二人，正七品。司匠，滿二人，從九品。筆帖式，滿四人，蒙古一人，漢軍二人。庫使二十二人。寶源局監督，滿漢各一人。大使，滿二人。琉璃窑監督，滿漢各一人。街道監督，滿漢各一人。木倉監督，滿漢各一人。柴廠監督，滿二人。煤炭廠監督，滿一人。寶源局以下滿漢監督、大使均由本部司官筆帖式內奏委。

宗人府：府丞，漢一人，正三品。左右二司理事官各一人，正五品。

副理官各一人，從五品。主事各一人，經歷一人，正六品。以上均滿員。堂主事，滿一人，漢二人。筆帖式，滿十有二人。

理藩院：尚書一人，從一品。左右侍郎各一人，正二品。均滿員或以蒙古補授。所屬司五。郎中，滿六人，蒙古五人。員外郎，滿十有八人，蒙古十有八人。主事，滿四人，蒙古五人。堂主事，滿二人，蒙古三人，漢軍一人。司務，滿洲蒙古各一人。筆帖式，滿三十六人，蒙古五十五人，漢軍六人。銀庫司官二人。由本院司官內奏委。司庫，滿一人，正七品。筆帖式，滿二人。蒙古繙譯房員外郎一人，主事一人。唐古忒學司業，蒙古一人，正六品。助教，蒙古一人，從七品。筆帖式，蒙古四人。內館外館監督二人。由科道司官內奏委。游牧處員外郎，蒙古十有六人。張家口、喜峯口、獨石口、殺虎口、古北口管理驛站官各一人。由本院司官內奏委。

都察院：左都御史，滿漢各一人，從一品。左副都御史，滿漢各二人，正三品。十五道監察御史，從五品。京畿道、河南道監察御史，滿漢各二人。江南道監察御史，滿漢各四人。浙江道、山西道監察御史，滿漢各二人。山東道監察御史，滿漢各三人。陝西道、湖廣道、江西道、福建道監察御史，滿漢各二人。四川道、廣東道、廣西道、雲南道、貴州道監察御史，滿漢各一人。經歷，滿漢各一人，正六品。都事，滿漢各一人，正六品。筆帖式，滿三十五人，蒙古二人，漢軍五人。

吏科、户科、禮科、兵科、刑科、工科：掌印給事中，滿漢各一人；給事中，滿漢各一人。均正五品。筆帖式，滿八十人。

巡視五城，滿漢各一人。科道兼用。五城正指揮各一人，正六品。副指揮各一人，正七品。吏目各一人，未入流。

內務府：總管正二品。以侍衛府屬郎中、內三院卿簡補，或以王公內大臣尚書侍郎兼攝，無定員。所屬郎中、員外郎、主事、司庫品級均與各部院同。郎中二十一人，員外郎五十九人，主事十有二人，司俎官五人，正六品。內管領三十人，正五品。副內管領三十人，正六品。司庫十有二人，司匠二十人，正八品。贊禮郎十有七人，正九品。筆帖式二百九十八人。

武備院卿二人，由侍衛補授一人，由內務府郎中補授一人。上駟院、奉宸苑卿同。正三品。所屬郎中一人，員外郎八人，主事二人，筆帖式二十八人，庫掌八人，掌蓋三人，正六品。司弓八人，司韇三人，均正七品。司矢三人，司匠八人，均正八品。上駟院卿二人，正三品。所屬郎中一人，員外郎四人，主事二人，堂主事二人，筆帖式二十五人。廄長十有七人，牧長十有一人，均正七品。大凌河牧長三十人，正七品。奉宸苑卿二人，正三品。所屬郎中六人，員外郎八人，主事三人，苑丞三十二人，六品十人，七品五人，八品十有七人。苑副三十九人，七品十有六人，八品二十三人。庫掌二人，六品七品各一人。筆帖式五十九人，漢牐官一人，未入流。

通政使司：通政使正三品，副使正四品，叅議正五品，均滿漢各一人。所屬經歷、知事均正七品，滿漢各一人。筆帖式，滿六人，漢軍二人。掌登聞鼓筆帖式，滿洲漢軍各一人。

大理寺：卿正三品，少卿正四品，均滿漢各一人。所屬左右寺丞正六品，滿洲漢軍漢各一人。左右評事，漢各一人；堂評事，滿一人。均正七品。司務，滿漢各一人，從九品。筆帖式，滿四人，漢軍二人。

翰林院：掌院學士兼禮部侍郎，滿漢各一人，從二品。侍讀學士、侍講學士均從四品。侍讀、侍講均從五品，滿漢各三人。修撰從六品，編修正七品，檢討從七品，庶吉士食七品俸，均無定員。所屬典簿從八品，孔目待詔均從九品，滿漢各一人。筆帖式，滿四十人，漢軍四人。

起居注館記注官，滿八人，漢十有二人。由翰林詹事坊局官簡用，以原銜充補。主事，滿二人，漢一人。筆帖式，滿十有四人，漢軍二人。

詹事府：詹事正三品，少詹事正四品，均滿漢各一人。所屬主簿，滿漢各一人，從七品。筆帖式，滿六人。左右春坊，左右庶子正五品，左右中允正六品，左右贊善從六品，均滿漢各一人。司經局洗馬，滿漢各一人，從五品。所屬正字，漢一人，從九品。

太常寺：卿正三品，少卿正四品，均滿漢各一人。所屬寺丞，滿一人，漢二人，均正六品。典簿，滿漢各一人。博士，滿洲漢軍漢各一人。司庫，滿一人。均正七品。所牧，漢一人，從七品。協律郎，漢五人，正八品。讀祝官，滿八人。贊禮郎，滿二十四人，漢十有四人。均正九品。司樂，漢二十三人，從九品。筆帖式，滿九人，漢軍一人。

光禄寺：卿從三品，少卿正五品，均滿漢各一人。所屬署四。署正，滿漢各四人，從六品。署丞，滿八人。典簿，滿漢各一人。均從七品。筆帖式，滿十有六人。銀庫司庫，滿二人，正七品。筆帖式，滿二人。

太僕寺：卿從三品，少卿正四品，均滿漢各一人。所屬司二。員外郎，滿二人，蒙古二人。主事，滿二人，蒙古二人。主簿，滿一人，正七品。筆帖式，滿八人，蒙古八人。

順天府：尹一人，正三品。丞一人，正四品。所屬治中一人，正五品。通判一人，正六品。經歷一人，從七品。照磨一人，從九品。崇文門分司副使一人，未入流。司獄一人，從九品。轄京縣二。大興縣知縣一人，正六品。縣丞一人，正七品。典史一人，未入流，巡檢三人，從九品。牐官一人，未入流。宛平縣知縣一人，正六品。縣丞二人，正七品。主簿一人，正九品。典史一人，未入流。巡檢四人，從九品。牐官一人，未入流。儒學教授，滿漢各一人，正七品。訓導，滿一人，正七品；漢一人，從七品。

鴻臚寺：卿正四品，少卿從五品，均滿漢各一人。所屬主簿，滿漢各一人，從八品。鳴贊，滿十有六人，漢二人。序班，漢四人，均從九品。筆帖式，滿四人。

國子監：祭酒，滿漢各一人，從四品。司業，滿洲蒙古漢各一人，正六品。所屬監丞，滿漢各一人，正七品。博士，滿漢各一人，從七品。助教，滿十有六人，蒙古八人，漢六人，從七品。學正，漢四人。學録，漢二人。均正八品。典簿，滿漢各一人，從八品。典籍，漢一人，從九品。筆帖式，滿四人，蒙古二人，漢軍二人。鄂羅斯館助教，滿漢各一人。算法館助教，漢一人。

欽天監：監正，滿一人，西洋一人，正五品。監副，滿漢各一人。左右監副，西洋各一人。均正六品。春夏中秋冬五官正，滿洲蒙古各二人，漢軍一人，漢五人，均從六品。主簿，滿漢各一人，正八品。靈臺郎，滿三人，漢軍一人，漢四人，從七品。五官挈壺正，滿漢各二人，從八品。五官監候，漢一人，正九品。五官司書，漢一人，正九品。五官司晨，漢軍一人，從九品。博士，滿六人，漢軍二人，漢二十四人，從九品。天文生，滿十有六人，漢軍八人，漢二十四人，食從九品俸。不食俸者不載。筆帖式，滿十有一人，蒙古四人，漢軍二人。

太醫院：院使一人，正五品。左右院判各一人，正六品。所屬御醫十有五人，正八品。吏目三十人。八品十有五人，九品十有五人。

武職衙門司官凡武職隸兵部，其武職衙門所設文員，仍屬吏部銓選。

鑾儀衛：主事，滿一人。經歷，漢一人。筆帖式，滿七人，漢軍三人。

三旗領侍衛府：主事，滿一人。筆帖式，十有二人。

步軍統領衙門：員外郎，滿二人。主事，滿二人。司務，滿一人。筆帖式，滿十有二人。

親王府：管領四人，正六品。典膳一人，從六品。司庫二人，從七品。司匠四人，從八品。馬羣牧長二人，從六品。牛羣牧長、羊羣牧長各一人，均從八品。

郡王府：管領三人，正六品。典膳一人，從六品。司庫二人，從七品。司匠四人，從八品。馬羣牧長一人，從六品。牛羣牧長羊羣牧長各一人，均從八品。

《大清會典（乾隆朝）》卷四《吏部・官制三・盛京官》 盛京户部、禮部、兵部、刑部、工部侍郎各一人，正二品。所屬郎中、員外郎、主事品級與在京部院同。堂司官均滿員，惟刑部有漢軍。堂主事一人，蒙古主事二人，漢司獄一人。

户部：屬司三。郎中二人，員外郎五人，主事四人，堂主事二人。筆帖式，滿二十一人，漢軍二人。銀庫掌關防監督一人，副監督一人，司庫二人，正七品。正副倉監督各一人。管官屯六品官二人。

禮部：屬司二。郎中二人，員外郎四人，堂主事一人。筆帖式，滿十人。鳳凰城迎送官三人，正五品。助教四人。讀祝官八人，贊禮郎十有六人，均正九品。

兵部：屬司二。郎中二人，員外郎四人，主事二人，堂主事二人，筆帖式十有二人。驛站正副監督各一人。

刑部：屬司四。郎中四人。員外郎，滿六人，蒙古二人。主事四人。堂主事，滿一人，漢軍一人。筆帖式，滿二十四人，蒙古二人，漢軍五人。贓罰庫司庫一人，正七品。司獄，漢一人，從九品。

工部：屬司二。郎中二人，員外郎四人，主事二人，堂主事二人。筆帖式，滿十有六人，漢軍一人。銀庫司庫二人，正七品。製造庫司匠一人，從九品。管理琉璃窑官二人，正六品。管理威遠堡等六關口事務侍郎一人。以五部侍郎內一人兼理。所屬威遠堡、英額門、鹻廠、汪清靄哈、鳳凰城守口官各一人，筆帖式各一人。

奉天府：尹一人，正三品。丞一人，正四品。治中一人，正五品。理事通判，滿一人，正六品。所屬經歷一人，從七品，轄京縣一。承德縣知縣一人，正六品。典史一人，未入流。司獄一人，從九品。巨流河巡檢一人，從九品。儒學教授一人，正七品。

盛京將軍衙門主事一人，筆帖式十有一人。牛莊、開原、遼陽、錦州、蓋州、寧遠、廣寧、義州等處倉官各一人。清河、河莊口、白土廠、彰武臺、新臺、松嶺、法庫、明水塘、寬邦、九關臺等處邊門並中後所筆帖式各一人。吉林將軍衙門主事一人，助教一人，筆帖式一人。寧古塔錦州驛站官各二人，正七品。寧古塔倉官二人。白都訥、拉林倉官各一人，筆帖式各一人。黑龍江將軍衙門主事三人，筆帖式二人。黑龍江、齊齊哈爾、默爾根城等處驛站官各一人，正七品。黑龍江、齊齊哈爾、默爾根城、胡蘭等處倉官各一人。熊岳、錦州副都統衙門筆帖式各二人。興京、遼陽、復州、義州、岫巖、金州、開原、鳳凰城城守尉衙門筆帖式各一人。牛莊、蓋州防守尉衙門筆帖式各一人。旅順水師營、廣寧寧遠協領衙門筆帖式各一人。

各省駐防筆帖式外省將軍督撫等衙門筆帖式仍屬京官，具詳於左，其止給月廩不食禄者不載。

江寧、杭州、荊州、西安、涼州、綏遠城、寧夏、青州、福州、廣州將軍衙門，天津水師營都統衙門筆帖式各三人。直隸、雲南總督衙門筆帖式各一人。陝甘總督，四川總督衙門筆帖式各二人。山西、甘肅巡撫衙門筆帖式各二人。陝西巡撫衙門筆帖式一人。山海關、京口副都統衙門筆帖式各三人。莊浪、熱河、乍浦右衛、四川副都統衙門筆帖式各二人。保定府、滄州、德州、太原府、開封府、鄭家莊城守尉衙門筆帖式各一人。永平府、三河縣、玉田縣防守尉衙門筆帖式各一人。獨石口、古北口，冷口防守尉衙門筆帖式各二人。喜峯口防守尉衙門筆帖式一人。羅文峪防守尉衙門筆帖式二人。張家口總管衙門筆帖式二人。歸化城、和林格爾、崑都崙、托克托城、薩拉齊、清水河、善岱協辦同知筆帖式各一人。

（清）蔣良騏《東華録》崇德三年七月 更定六部、理藩院、都察院八衙門官制，每衙門設滿洲承政一員，以下設左右參政、理事、副理事、主事等官，共五等。

《大清會典（嘉慶朝）》卷四《吏部・尚書侍郎職掌》 吏部尚書，滿洲一人，漢一人。左侍郎，滿洲一人，漢一人。右侍郎，滿洲一人，漢一人。

掌天下文職官吏之政令，以贊上治萬民。凡品秩銓叙之制，考課黜陟之方，封授策賞之典，定籍終制之法，百司以達於部，尚書侍郎率其屬以定議，大事上之，小事則行，以布邦職。

凡引見文職官於乾清宮，若養心殿，如遇三大祀齋戒，則引見於齋宮。駐蹕圓明園，則引見於勤政殿。巡幸則引見於行宮。尚書侍郎以緑頭名籤進於上，得旨，出而宣焉。引見之次日是，具摺述旨後，始由部頒布。如奉旨交部記名，亦於述旨後記名於册，遇缺分別陞用。如交軍機處記名。即傳旨由軍機處述旨記名，遇缺請旨陞用。

皇帝御門，則引見六部官。御門奏事畢，引見六部滿洲官四人，漢官四人，以次輪直。周而復始，以備識認。月選，堂議乃出叙，滿洲官月選，以月之十四日堂議，漢官月選，以月之二十三日堂議，乃定應選官名單，日出叙。尚書侍郎會河南道御史掣籤於天安門外。漢月官選以二十五日掣籤於天安門外，滿洲官選以初五日，筆帖式選以二十日，則尚書侍郎掣籤於堂。三歲，則傳舉人以揀選。近省舉人，會試三科後揀選。遠省舉人，會試一科後揀選。例以福建、湖南、四川、廣東、廣西、雲南、貴州爲遠省，餘爲近省。分發掣籤以定省。分部亦如之。京察則關防其屬而覈之。及竣，則令過堂而徧察焉。京察官過堂，尚書侍郎會同大學士、左都御史、左副都御史、吏科、京畿道於吏部堂。傳入，京察各官畢赴，聽候察驗。乃引見，歲終，註世爵之數於皇册。滿洲右侍郎會内閣學士於保和殿，率中書而書之。乃頒職於天下。凡京畿盛京十有八省之屬，皆受治於尹與總督巡撫而以達於部。尹分其治於府、奉天府所轄有錦州府。廳、順天府所轄有京畿四路廳。州縣。順天府轄京畿州縣，奉天府轄盛京州縣。總督巡撫分其治於布政司、於按察司、於分守分巡道。司道分其治於府於直隸廳、凡撫民同知直隸於布政司者爲直隸廳。於直隸州。凡州直隸於布政司者爲直隸州。府分其治於廳，凡撫民同知通判、理事同知通判，有專管地方者爲廳，其無專管地方之同知通判，是爲府佐貳，不列於廳焉。州縣。直隸廳、直隸州復分其治於縣。直隸州皆有屬縣，直隸廳有屬縣者，惟四川直隸叙永廳。而治其吏户禮兵刑工之事，佐貳而下，皆任其彈壓。

《大清會典（嘉慶朝）》卷六《吏部·文選清吏司》 文選清吏司。郎中，滿洲三人，蒙古一人，漢一人。員外郎，滿洲二人，漢二人。主事，滿洲一人，漢一人。掌考文職官之品級與其開列、考授、揀選、陞調之事。掌月選之政令。

《大清會典（嘉慶朝）》卷八《吏部·考功清吏司》 考功清吏司。郎中，滿洲三人，漢一人。員外郎，滿洲二人，蒙古一人，漢一人。主事，滿洲一人，漢二人。掌文職官之處分與其議叙，三歲京察及大計則掌其政令。

《大清會典（嘉慶朝）》卷八《吏部·稽勳清吏司》 稽勳清吏司。郎中，滿洲一人，漢一人。員外郎，宗室一人，滿洲一人，漢一人。主事，宗室一人，漢一人。掌文職官守制、終養之事。凡官出繼者、入籍者、更名復姓者，皆掌其政令。

《大清會典（嘉慶朝）》卷九《吏部·驗封清吏司》 驗封清吏司。郎中，滿洲一人，漢二人。員外郎，滿洲二人，漢一人。主事，滿洲一人，蒙古一人，漢一人。掌頒世爵及土官之世職，凡文官之封與其卹，文武官之恩廕，皆掌之。掌凡吏之政令。

《大清會典（光緒朝）》卷四《吏部·尚書侍郎職掌》 吏部。尚書，滿洲一人，漢一人。左侍郎，滿洲一人，漢一人。右侍郎，滿洲一人，漢一人。掌天下文職官吏之政令，以贊上治萬民。凡品秩銓叙之制，考課黜陟之方，封授策賞之典，定籍終制之法，百司以達於部。尚書侍郎率其屬以定議，大事上之，小事則行，以布邦職。

《大清會典（光緒朝）》卷七《吏部·文選清吏司》 文選清吏司。郎中，滿洲四人，蒙古一人，漢二人。員外郎，滿洲三人，漢三人。主事，滿洲二人，漢三人。掌考文職官之品級與其開列、考授、揀選、升調之事。掌月選之政令。

《大清會典（光緒朝）》卷一一《吏部·考功清吏司》 考功清吏司。郎中，滿洲三人，漢一人。員外郎，滿洲二人，蒙古一人，漢一人，主事，滿洲一人，漢二人。掌文職官之處分與其議叙，三歲京察及大計則掌其政令。

《大清會典（光緒朝）》卷一一《吏部·稽勳清吏司》 稽勳清吏司。郎中，滿洲一人，漢一人。員外郎，宗室一人，滿洲一人，漢一人。主事，宗室一人，漢一人。掌文職官守制、終養之事。凡官出繼者、入籍者、更名復姓者，皆掌其政令。

《大清會典（光緒朝）》卷一二《吏部·驗封清吏司》 驗封清吏司。郎中，滿洲一人，漢二人。員外郎，滿洲二人，漢一人。主事，滿洲一人，蒙古一人，漢一人。掌頒世爵及土官之世職，凡文官之封與其卹，文武官之恩廕，皆掌之。掌凡吏之政令。

（清）牛天宿《百僚金鑑》卷四《户部總考》 按户部雖同《周禮·地官》之任，實本於古度支，故爲度支尚書，爲大司徒，爲民部。唐永徽初，以廟諱改民部爲户部。龍朔初，爲司元太常伯。咸亨初，復武后改爲地官。神龍復改地官爲户部。尚書一人，侍郎二人。掌天下户口井田之政令。凡徭役職貢之方，經費賙給之算，藏貨贏儲之準，悉以咨之。其屬有四：一曰户部，二曰度支，三曰金部，四曰倉部。宋判户部事兩制以上充，凡户口田産錢穀食貨之政令，皆歸於三司，本曹但受天下之土貢，元會陳於庭而已。後罷三司之名，復歸户部。明興，立户部尚書一人，爲地官，主天下人民户口田賦征役經費之政。司經鹽法邊儲金穀出納之制，以贊於天子。侍郎二人爲之貳，復有一人出總倉場者，或尚書，或侍郎。司務二人，照磨二人，檢校一人，典磨勘計算，爲首領官。其屬清吏司四：曰民部，主天下省府州縣之圖志，以周知其地理。古今沿革，山川險易，土田肥瘠寬狹，户口物産多寡登耗之數。曰度支，主會計天下存留起運，若廩初俸給之經費。曰金部，主天下魚鹽税課，若贓罰之折收。曰倉部，主兩税起運倉庾之委積。已上念地曹務繁，更定爲十三清吏司，其後添設繁簡視所司劇易，兼直隸府州之貢賦，贊尚書邦政焉。

（清）鄭端《政學録》卷一《户部》 錢糧總歸户部。康熙二年四月，户部會覆科臣吴國龍條議，將一應錢糧俱歸户部總理。責令各撫將府州縣衛所丁地各若干，應徵本折錢糧各若干，及不在丁地之内雜項租税各若干，分別起存，將《賦役全書》訂後續增添丁地錢糧數目，一并算成總數，每省各造一本簡明賦役之書，明白刊送户部，較對前訂《賦役全書》以作查核之據。諸凡內外催提徵解錢糧俱稱爲丁地錢糧名色，至於易知由單內止開丁地銀米各若干頒發民間，其餘別項名色一槩停止，外省兵餉户部每年正月全撥，餘賸全解户部。各部寺應用錢糧年前將銀兩物料等數目算明，具題户部，照錢糧解到陸續給發，仍令該部寺年終將收放細數查核明確題報。

《大清會典（康熙朝）》卷一七《户部》尚書、左右侍郎掌天下户口田土，及倉庫漕艘等項錢糧、官兵俸餉。其屬十四清吏司：曰江南、浙江、江西、湖廣、福建、山東、山西、河南、陜西、四川、廣東、廣西、雲南、貴州。其首領則有司務，至總督倉場，更設右侍郎專理。其建置沿革，詳見吏部官制。

十四司職掌：江南等十四司各設郎中、員外郎、主事，分掌錢穀諸務，又設八旗司官管理旗下户口田房等事，八旗事務以各司本旗滿官兼理，其蒙古漢軍官則係專設。又設三庫掌印官分管金銀、緞疋、顔料等庫。其倉關等差事宜散見別款。

《大清會典（康熙朝）》卷三九《盛京户部》國初建置，盛京設户部承政、參政、啓心郎、筆帖式等官，順治元年後，止設滿洲郎中一員，員外郎一員，筆帖式七員。庫設司庫二員，烏林人九名，馬法十六名。倉設筆帖式二員，漢軍倉官一員。稅課司設滿洲筆帖式二員，馬法二名。一應糧餉事務俱歸奉天將軍管理。十六年，設滿洲侍郎一員，綜核糧餉。十七年，添設滿洲員外郎四員，主事一員，筆帖式三員，管庫筆帖式二員。十八年，改員外郎一員爲郎中。康熙九年，添設管庫筆帖式一員，掌地丁賦稅及支給糧草什物等事。

《大清會典（雍正朝）》卷二三《户部》尚書、左右侍郎掌天下户口田土及倉庫、漕艘等項錢糧、官兵俸餉。其屬十四清吏司：曰江南、浙江、江西、湖廣、福建、山東、山西、河南、陜西、四川、廣東、廣西、雲南、貴州。其首領官則有司務，至總督倉場，更設右侍郎專理。金銀、緞疋、顔料三庫，亦設員總理。建置沿革，詳見吏部官制。

十四司職掌：江南等十四司，各設郎中、員外郎、主事，分掌錢穀諸務。又八旗户口田房等事，分員管理，稱八旗司。三庫各設掌印郎中及員外郎、主事、大使等官以司出納。

《大清會典（乾隆朝）》卷八《户部・敘官》尚書，滿漢各一人。左右侍郎，滿漢各一人。掌天下土田、户口、財穀之政，平準出納，以均邦賦。屬司十有四。

《大清會典（乾隆朝）》卷七八《盛京户部》盛京户部，侍郎一人，掌盛京賦稅之出納。其屬經會司，郎中一人，員外郎一人，主事一人。糧儲司郎中、員外郎各一人，主事二人。農田司員外郎二人，主事一人。銀庫郎中一人，員外郎一人，堂主事二人，司庫二人。掌官莊六品官二人，筆帖式二十三人。內倉監督正副各一人。

《大清會典（嘉慶朝）》卷一〇《户部・尚書侍郎職掌》户部尚書，滿洲一人，漢一人。左侍郎，滿洲一人，漢一人。右侍郎，滿洲一人，漢一人。掌天下之地政與其版籍，以贊上養萬民。凡賦稅徵課之則，俸餉頒給之制，倉庫出納之數，川陸轉運之宜，百司以達於部，尚書侍郎率其屬以定議，大事上之，小事則行，以足邦用。

凡耕耤，前期皇帝閱耕具，尚書侍郎率其屬進耒鞭及箱於中和殿。既事，則徹而授順天府尹。及幸耤田，尚書進耒，皇帝三推，雍正二年、乾隆九年皆有旨四推四返，今每歲耕耤皇帝舉三推禮，皆加一推。侍郎取種於箱而播之。凡引見户部分司之監關者及監倉者、監局者，尚書侍郎以綠頭名籤進於上，得旨，出而宣焉。運官解官之引見者亦如之。

乃經天下之疆理。凡尹與總督巡撫所統曰府廳州縣，府廳州縣，統以總督巡撫，領以布政司。府領廳州縣，亦有親轄地方者。直隸廳、直隸州皆親轄地方，亦領縣。惟京畿四路廳領州縣而無親轄，廳州縣皆分轄地方。將軍大臣所統曰城。城統以將軍，分屬於大臣，副都統總管城守尉防守尉。各治其所隸之地，以分井里而任衆庶。

《大清會典（嘉慶朝）》卷一三《户部・江南清吏司》江南清吏司。郎中，滿洲一人，漢一人。員外郎，滿洲三人，漢一人。主事，滿洲一人，漢一人。掌覈江南三布政司之錢糧及江寧蘇州織造之奏銷。凡各省之平餘與其地丁之踰限而未結者，皆彙而察焉。掌官之借養廉於部者。

《大清會典（嘉慶朝）》卷一三《户部・浙江清吏司》浙江清吏司。郎中，滿洲一人，漢一人。員外郎，滿洲二人，漢一人。主事，滿洲一人，漢一人。掌覈浙江布政司之錢糧及織造之奏銷。織造奏銷與江寧蘇州同例。凡天下之民數穀數掌焉。每歲仲冬，各省各城督撫、府尹、將軍將所屬民屯户口增減倉穀存用實數詳查具奏，造册隨奏咨部。户部於次年年底彙繕黄册具題。

《大清會典（嘉慶朝）》卷一三《户部·江西清吏司》 江西清吏司。郎中，宗室一人，漢一人。員外郎，滿洲二人，漢一人。主事，滿洲一人，漢一人。掌覈江西布政司之錢糧，凡各省之協餉則稽其數。每年直隸、福建、陝西、甘肅、四川、廣西、雲南、貴州不敷兵餉銀，由北檔房覈明，在鄰省協撥，限四月九月兩起完解。各督撫將起解日期銀數具題報部，户部於年終彙案具題。

《大清會典（嘉慶朝）》卷一三《户部·福建清吏司》 福建清吏司。郎中，滿洲二人，漢一人。員外郎，滿洲五人，漢一人。主事，滿洲一人，蒙古一人，漢一人。掌覈直隸、福建兩布政司之錢糧與天津之海税。【略】凡直隸之雜款，劄放於部者皆覈焉。【略】掌賑鬻之政令，掌覈入官之旗地。

《大清會典（嘉慶朝）》卷一三《户部·湖廣清吏司》 湖廣清吏司。郎中，滿洲二人，漢一人。員外郎，滿洲二人，漢一人。主事，滿洲一人，漢一人。掌覈湖北湖南兩布政司之錢糧與其廠課。【略】凡耗羨之政掌焉。

《大清會典（嘉慶朝）》卷一三《户部·山東清吏司》 山東清吏司。郎中，滿洲二人，漢一人。員外郎，滿洲三人，漢一人。主事，滿洲一人，漢一人。掌覈山東布政司及東三省之錢糧，凡八旗官之養廉察而給焉。掌鹽課參課之政令。

《大清會典（嘉慶朝）》卷一三《户部·山西清吏司》 山西清吏司。郎中，滿洲一人，漢一人。員外郎，滿洲一人，蒙古一人，漢一人。主事，滿洲一人，漢一人。掌覈山西布政司之錢糧，凡各省歲入歲出之數掌焉。

《大清會典（嘉慶朝）》卷一三《户部·河南清吏司》 河南清吏司。郎中，滿洲一人，漢一人。員外郎，滿洲二人，漢一人。主事，滿洲一人，漢一人。掌覈河南布政司之錢糧及察哈爾之俸餉。察哈爾官俸兵餉，歲以春秋二季支給，每季約需官俸銀一萬八千三百十九兩有奇，兵餉銀七萬三千八百六十三兩，由都統造册委員赴部關支。凡硃批之下於户部者彙而奏焉。乾隆三十一年諭：前因各省奏報動用耗羨章程各摺批交該部知道者，仍令户部按例查覈辦理，不得僅以動支各數存案了事。嗣後各該部遇有照例彙奏事件及一切督撫題奏經批交該部知道者，將應否准駁之處，俱於年終詳查覈議具奏。掌報銷之未結者。乾隆十九年諭：外省動用錢糧及工程報銷，應駁應准，俱有定例。乃督撫於部駁後，輒轉行查，不即剋期辦結，或據屬員詳稟疊覆請銷，該部仍復往復駁詰，以致塵案纍積。嗣後報銷之案例符者，該部不得漫行駁詰。例應駁查者，至三次後，該部具摺聲奏。或按例駁減照數追賠完案，或據情酌予豁銷，務令剋期速結，仍於每歲底將未完各案彙摺奏聞。又四十四年户部奏：嗣後直隸等省動用錢糧報銷已未完結案件，均令各督撫一體自行具奏，於每年十二月以前奏到，由部逐案覈明，照例於次年二月彙奏。

《大清會典（嘉慶朝）》卷一四《户部·陝西清吏司》 陝西清吏司。郎中，滿洲一人，蒙古一人，漢一人。員外郎，滿洲三人，漢一人。主事，滿洲一人，漢一人。掌覈陝甘兩布政司及糧儲道之錢糧與新疆之經費。凡茶法掌焉。掌在京之支款。

《大清會典（嘉慶朝）》卷一四《户部·四川清吏司》 四川清吏司。郎中，滿洲一人，漢一人。員外郎，滿洲二人，漢一人。主事，滿洲一人，漢一人。掌覈四川布政司之錢糧與其關税，【略】稽草廠之出納，紙硃覈其奏銷。掌入官之款。京城入官人口房屋由各衙門估變發賣，價銀解交部庫，贓罰銀亦如之。凡天下收成之數，彙而奏焉。

《大清會典（嘉慶朝）》卷一四《户部·廣東清吏司》 廣東清吏司。郎中，滿洲一人，漢一人。員外郎，宗室一人，滿洲二人，漢一人。主事，滿洲一人，漢一人。掌覈廣東布政司之錢糧與八旗繼嗣之政令。【略】凡户差之更代，【略】本部漢官之陞補，皆掌焉。

《大清會典（嘉慶朝）》卷一四《户部·廣西清吏司》 廣西清吏司。郎中，滿洲一人，漢一人。員外郎，宗室一人，滿洲三人，漢一人。主事，滿洲一人，漢一人。掌覈廣西布政司之錢糧及其廠税。【略】凡礦政皆覈之。掌天下之錢法，內倉則稽其出納。

《大清會典（嘉慶朝）》卷一五《户部·雲南清吏司》 雲南清吏司。郎中，滿洲二人，漢一人。員外郎，滿洲三人，漢一人。主事，滿洲一人，漢一人。掌覈雲南布政司糧儲道之錢糧，稽其廠課。【略】凡漕政皆掌之。

《大清會典（嘉慶朝）》卷一六《户部·貴州清吏司》 貴州清吏司。郎中，滿洲一人，漢一人。員外郎，滿洲三人，漢一人。主事，滿洲一人，漢一人。掌稽貴州布政司糧儲道之錢糧，凡門關之税皆頒其政令，掌覈貂貢。

《大清會典（嘉慶朝）》卷一八《盛京户部・侍郎職掌》 盛京户部侍郎，滿洲一人。掌治盛京之財賦。

凡官莊，一曰糧莊，【略】二曰鹽莊，三曰棉花莊，【略】皆給以官牛。【略】凡徵莊賦，有折色，有本色。【略】秋成，則請簡在京大臣會視而納焉。官莊租賦，每歲由部奏請欽派在京部院堂官一人詣盛京監收。量旗地之遠近而飭徵其税，【略】雜税當税亦如之。【略】中江税亦如之。【略】各登其數於册，歲終則題銷。【略】凡布帛紙麪之物，皆請於京師以備用。【略】銀庫掌關防郎中，滿洲一人。由京師六部郎中内揀選充補。堂主事，滿洲一人。掌檔案文移。經會司，郎中，滿洲一人，員外郎，滿洲二人。主事，滿洲二人。掌泉貨之出納。

《大清會典（光緒朝）》卷一三《户部・尚書侍郎職掌》 户部尚書，滿洲一人，漢一人。左侍郎，滿洲一人，漢一人。右侍郎，滿洲一人，漢一人。掌天下之地政與其版籍，以贊上養萬民。凡賦税徵課之則，俸餉頒給之制，倉庫出納之數，川陸轉運之宜，百司以達於部，尚書侍郎率其屬以定議，大事上之，小事則行，以足邦用。

《大清會典（光緒朝）》卷二〇《户部・江南清吏司》 江南清吏司。郎中，滿洲一人，漢一人。員外郎，滿洲三人，漢一人。主事，滿洲一人，漢一人。掌覈江南三布政司之錢糧及江甯、蘇州織造之奏銷。凡各省之平餘與其地丁之踰限而未結者，皆彙而察焉。

《大清會典（光緒朝）》卷二〇《户部・浙江清吏司》 浙江清吏司。郎中，滿洲一人，漢一人，員外郎，滿洲二人，漢一人，主事，滿洲一人，漢一人。掌覈浙江布政司之錢糧及織造之奏銷。織造奏銷與江甯蘇州同例。凡天下之民數穀數掌焉。每歲仲冬，各省各城督撫、府尹、將軍將所屬民屯户口增減倉穀存用實數詳查具奏，造册隨奏咨部，户部於次年年底彙繕黄册具題。

《大清會典（光緒朝）》卷二〇《户部・江西清吏司》 江西清吏司。郎中，宗室一人，漢一人。員外郎，滿洲二人，漢一人。主事，滿洲一人，漢一人。掌覈江西布政司之錢糧，凡各省之協餉，則稽其數。每年直隸、福建、陝西、甘肅、四川、廣西、雲南、貴州不敷兵餉銀，由北檔房覈明，在鄰省協撥，限四月九月兩起完解。各督撫將起解日期銀數具題報部，户部於年終彙案具題。

《大清會典（光緒朝）》卷二〇《户部・福建清吏司》 福建清吏司。郎中，滿洲二人，漢一人。員外郎，滿洲五人，漢一人。主事，滿洲一人，蒙古一人，漢一人。掌覈直隸、福建兩布政司之錢糧與天津之海税。天津海税，嘉慶十三年定額正銀四萬兩，以二萬六千兩解部，以一萬四千兩解直隸留充公用，贏餘銀儘收儘解無定額，由直隸總督委天津道管理。凡直隸之雜款，劄放於部者皆覈焉。【略】掌賑饗之政令。【略】官房稽其租入。

《大清會典（光緒朝）》卷二〇《户部・湖廣清吏司》 湖廣清吏司。郎中，滿洲二人，漢一人。員外郎，滿洲二人，漢一人。主事，滿洲一人，漢一人。掌覈湖北、湖南兩布政司之錢糧與其廠課。【略】凡耗羨之政掌焉。

《大清會典（光緒朝）》卷二〇《户部・山東清吏司》 山東清吏司。郎中，滿洲二人，漢一人。員外郎，滿洲三人，漢一人。主事，滿洲一人，漢一人。掌覈山東布政司及東三省之錢糧，凡八旗官之養廉察而給焉。掌鹽課薓課之政令。

《大清會典（光緒朝）》卷二〇《户部・山西清吏司》 山西清吏司。郎中，滿洲一人，漢一人。員外郎，滿洲一人，蒙古一人，漢一人。主事，滿洲一人，漢一人。掌覈山西布政司之錢糧。

《大清會典（光緒朝）》卷二〇《户部・河南清吏司》 河南清吏司。郎中，滿洲一人，漢一人。員外郎，滿洲二人，漢一人。主事，滿洲一人，漢一人。掌覈河南布政司之錢糧及察哈爾之俸餉。察哈爾官俸兵餉，歲以春秋二季支給。每季約需官俸銀一萬八千三百十九兩有奇，兵餉銀七萬三千八百六十三兩，由都統造册委員赴部關支。凡硃批之下於户部者，彙而奏焉。【略】掌報銷之未結者。

《大清會典（光緒朝）》卷二一《户部・陝西清吏司》 陝西清吏司。郎中，滿洲一人，蒙古一人，漢一人。員外郎，滿洲三人，漢一人。主事，滿洲一人，漢一人。掌覈陝甘新疆三布政司及糧儲道之錢糧，凡茶法掌焉。掌在京之支款。

《大清會典（光緒朝）》卷二一《户部・四川清吏司》 四川清吏司。

郎中，滿洲一人，漢一人。員外郎，滿洲二人，漢一人。主事，滿洲一人，漢一人。掌覈四川布政司之錢糧與其關稅。【略】稽草廠之出納，紙硃覈其奏銷。掌入官之款，【略】凡天下收成之數。彙而奏焉。

《大清會典（光緒朝）》卷二一《户部·廣東清吏司》 廣東清吏司。郎中，滿洲一人，漢一人。員外郎，宗室一人，滿洲二人，漢一人。主事，滿洲一人，漢一人。掌覈廣東布政司之錢糧與八旗繼嗣之政令。【略】凡户差之更代，【略】本部漢官之升補，皆掌焉。

《大清會典（光緒朝）》卷二一《户部·廣西清吏司》 廣西清吏司。郎中，滿洲一人，漢一人。員外郎，宗室一人，滿洲三人，漢一人。主事，滿洲一人，漢一人。掌覈廣西布政司之錢糧及其廠稅。【略】凡礦政皆覈之。掌天下之錢法，內倉則稽其出納。

《大清會典（光緒朝）》卷二二《户部·雲南清吏司》 雲南清吏司。郎中，滿洲二人，漢一人。員外郎，滿洲三人，漢一人。主事，滿洲一人，漢一人。掌覈雲南布政司糧儲道之錢糧，稽其廠課。【略】凡漕政皆掌之。

《大清會典（光緒朝）》卷二三《户部·貴州清吏司》 貴州清吏司。郎中，滿洲一人，漢一人。員外郎，滿洲三人，漢一人。主事，滿洲一人，漢一人。掌稽貴州布政司糧儲道之錢糧，凡門關之稅，皆頒其政令，掌覈貂貢。

（清）牛天宿《百僚金鑑》卷四《禮部總考》 按禮部昉於唐虞之秩宗，周之春官大宗伯也。漢成帝時爲客曹，魏尚書有祠部曹，晋祠部尚書，掌與右僕射通職。若右僕射缺，則以祠部尚書知右事。宋祠部尚書領祠部、儀曹二曹。至後魏始稱儀曹尚書。北齊亦爲祠部尚書，統祠部、主客、虞曹、屯田、起部五曹。又有儀曹，至吉凶禮制，屬殿中尚書。後周依《周官》，置春官大宗伯，卿一人，更爲禮部尚書。唐因之。龍朔初改爲司禮太常伯，光宅初改爲春官尚書，無幾復故。尚書一人，侍郎亦一人。《周官》：小宗伯，中大夫也。隋置，唐因之。龍朔初，改司禮少常伯，專掌天下禮儀、祠祭宴饗貢舉之政令。其屬有四：一曰禮部，二曰祠部，三曰膳部，四曰主客。明興，立禮部尚書一人，擬春官，掌天下禮儀祭祀、封建朝賀、宴饗貢舉之政令，敘辦階秩，以贊於天子。侍郎二人爲之貳。屬清吏司四：曰儀制，掌禮文宗封學校貢舉之事。曰祭祠，掌祭享獻薦天文國卹廟諱之事。曰主客，掌戎彝朝貢往來宴賜之事。曰精繕，掌宴饗牲勞酒膳之事。凡膳品，領于光禄，而會其數，程其出納，則本司之任也。

《大清會典（康熙朝）》卷四〇《禮部》 尚書左右侍郎，掌天下禮樂、祭祀、册封、朝貢、燕享、貢舉之政令。其屬有四清吏司：曰儀制，曰祠祭，曰主客，曰精膳。其首領則有司務，又有讀祝官、司牲官、鑄印局、會同館等官。建置沿革，詳見吏部官制。

儀制清吏司：郎中、員外郎、主事，分掌朝會、宗封、學校、貢舉、輿服、婚娶之事，舉其儀度而辨其名數。

《大清會典（康熙朝）》卷五五《禮部·祠祭清吏司》 郎中、員外郎、主事，分掌郊壇、宗廟、陵寢、群祀諸大典及喪禮、贈卹、曆日、方技之事。

《大清會典（康熙朝）》卷七二《禮部·主客清吏司》 郎中、員外郎、主事，分掌諸番朝貢接待給賜之事。簡其譯伴，申其禁令，併提督會同館。凡官員賞賜及各省土貢亦隸焉。

《大清會典（康熙朝）》卷七五《禮部·精膳清吏司》 郎中、員外郎、主事，掌宴享牲豆酒膳，兼轄牛羊館，會其品數，程其出納，并會估價值等事。

《大清會典（康熙朝）》卷八〇《盛京禮部》 國初建置，盛京設禮部承政、參政、啓心郎、筆帖式等官。順治元年，一應禮儀屬奉天將軍管理。十五年，設滿洲侍郎一員，續設郎中二員，員外郎四員，主事一員，讀祝官八員，贊禮郎十六員，筆帖式十二員。掌陵寢山川祠廟各祀，并番國貢獻往來筵宴等事。

《大清會典（雍正朝）》卷五七《禮部》 尚書、左右侍郎，掌天下禮樂、祭祀、册封、朝貢、燕享、貢舉之政令。其屬有四清吏司：曰儀制，曰祠祭，曰主客，曰精膳。其首領則有司務，又有讀祝官、司牲官、鑄印局、會同館等官。建置沿革，詳見吏部官制。

儀制清吏司：郎中、員外郎、主事，分掌朝會、宗封、學校、貢舉、輿服、婚娶之事，舉其儀度而辨其名數。

《大清會典（雍正朝）》卷七八《禮部·祠祭清吏司》郎中、員外郎、主事，分掌郊壇、宗廟、陵寢、羣祀諸大典及凡祭事、曆日、方技之事。

《大清會典（雍正朝）》卷一〇四《禮部·主客清吏司》郎中、員外郎、主事，分掌諸番朝貢接待給賜之事，擇其譯伴，申其禁令，併提督會同館。凡官員賞賜及各省土貢亦隸焉。

《大清會典（雍正朝）》卷一〇七《禮部·精膳清吏司》郎中、員外郎、主事，掌筵宴牲豆酒膳，兼轄牛羊館，會其品數，程其出納，并會估價值等事。

《大清會典（乾隆朝）》卷二〇《禮部》尚書，滿漢各一人。左右侍郎，滿漢各二人。掌吉嘉軍賓凶之秩序，學校貢舉之法，以贊邦禮。所屬有儀制、祠祭、主客、精膳四司。

儀制清吏司。郎中，滿二人，漢一人。員外郎，滿三人，漢一人。主事，滿漢各一人。掌嘉禮、軍禮，學校、貢舉並隸焉。鑄印局員外郎，漢一人，筆帖式署主事，滿一人。二年稱職升主事。大使，漢一人。掌鑄造寶印。

祠祭清吏司。郎中，滿二人，漢一人。員外郎，滿三人，蒙古漢各一人。主事，滿漢各一人。掌吉禮凶禮。

主客清吏司。郎中，滿一人，蒙古一人，漢一人。員外郎，滿二人。主事，滿漢各一人。掌賓禮。提督會同四譯館兼鴻臚寺少卿一人。以本部滿漢郎中奏請簡攝，三年更代。大使，漢一人。序班，漢二人。朝鮮通事八人。掌通外國語言，治館舍委積。馬館監督正一人，以本部司官兼攝。副一人。以理藩院司官兼攝，均一年更代。掌圉人牧芻以待外藩朝覲。

精膳清吏司。郎中，滿漢各一人。員外郎，滿二人。主事，滿一人，蒙古一人，漢一人。掌五禮燕饗之儀與其牲牷。

堂主事，滿三人，漢軍一人。司務，滿漢各一人。筆帖式，滿三十四人，蒙古二人，漢軍四人。分隸各司，視事之繁簡以爲額。

《大清會典（乾隆朝）》卷七八《盛京禮部》侍郎一人，掌盛京朝祭之禮儀。其屬左右二司，各郎中一人，員外郎二人，堂主事一人，讀祝官八人，贊禮郎十有六人，筆帖式十人，管千丁六品官一人，七品官一人。

《大清會典（嘉慶朝）》卷一九《禮部·尚書侍郎職掌》禮部尚書，滿洲一人，漢一人。左侍郎，滿洲一人，漢一人。右侍郎，滿洲一人，漢一人。右侍郎，滿洲一人，漢一人。掌考五禮之用，達於天下，以贊上導萬民。凡班制論材之典，達誠致慎之經，會同職貢之政，燕饗餼廩之式，百司以達於部，尚書侍郎率其屬以定議，大事上之，小事則行，以布邦教。

《大清會典（嘉慶朝）》卷二〇《禮部·儀制清吏司》儀制清吏司。郎中，滿洲二人，漢一人。員外郎，滿洲三人，漢一人。主事，滿洲一人，漢一人。掌朝廷府署鄉國之禮，稽天下之學校，凡科舉掌其政令。

《大清會典（嘉慶朝）》卷二八《禮部·祠祭清吏司》祠祭清吏司。郎中，滿洲二人，漢一人。員外郎，滿洲三人，蒙古一人，漢一人。主事，滿洲一人，漢一人。掌考禋祀之典以達誠敬，救告頒朔皆掌之。凡史祝醫巫之官，則覈其除授。掌凡卹事。

《大清會典（嘉慶朝）》卷三一《禮部·主客清吏司》主客清吏司。郎中，滿洲一人，蒙古一人，漢一人。員外郎，宗室一人，滿洲一人。主事，滿洲一人，漢一人。掌四裔職貢，封賚之事。霍茶則稽其歲額。每歲安徽六安州霍山縣額進芽茶七百斤，限穀雨後十日内委員起解，五十日内到京，由部具奏，行文内務府照收，仍由部給發批迴。頒《實録》、玉牒告成之賞。

《大清會典（嘉慶朝）》卷三二《禮部·精膳清吏司》精膳清吏司。郎中，滿洲一人，漢一人。員外郎，滿洲二人。主事，宗室一人，蒙古一人，漢一人。掌燕饗廩餼牲牢之事。凡本衙門之題銷，則彙而覈焉。禮部各司及鑄印局，每年製造簪花，刊刻進呈會試録、登科録，祭外藩王公等牛羊折價，鑄造印信諸項，共領銀兩物料數目，均於次年造册付司詳覈題銷，造清漢字黄册進呈。又每年部用心紅紙張物料數目，由司於年終彙奏。

《大清會典（嘉慶朝）》卷三二《盛京禮部》盛京禮部侍郎，滿洲一人。掌盛京朝祭之儀。【略】堂主事：滿洲一人。掌檔案文移。左司郎中：滿洲一人。員外郎：滿洲二人。掌供祭祀之物，司其關領。【略】右司郎中：滿洲一人。員外郎：滿洲二人。掌供祭祀之物，贍其僧道。【略】讀祝官，滿洲八人。贊禮郎，滿洲十六人。掌祭祀之儀。筆帖式，滿洲十人，掌繙譯。

《大清會典（光緒朝）》卷二六《禮部·尚書侍郎職掌》 禮部尚書，滿洲一人，漢一人。左侍郎，滿洲一人，漢一人。右侍郎，滿洲一人，漢一人。掌考五禮之用，達於天下，以贊上導萬民。凡班制論材之典，達誠致慎之經，會同職貢之政，燕饗餼廩之式，百司以達於部，尚書侍郎率其屬以定議，大事上之，小事則行，以布邦教。

《大清會典（光緒朝）》卷二七《禮部·儀制清吏司》 儀制清吏司。郎中，滿洲二人，漢一人。員外郎，滿洲三人，漢一人。主事，滿洲一人，漢一人。掌朝廷府署鄉國之禮，稽天下之學校，凡科舉掌其政令。

《大清會典（光緒朝）》卷三五《禮部·祠祭清吏司》 祠祭清吏司。郎中，滿洲一人，漢一人。員外郎，滿洲一人，蒙古一人，漢一人。主事，滿洲一人，漢一人。掌禋祀之典，以達誠敬，救眚頒朔皆掌之。凡史祝醫巫之官，則覈其除授，掌凡卹事。

《大清會典（光緒朝）》卷三九《禮部·主客清吏司》 主客清吏司：郎中，滿洲一人，蒙古一人，漢一人。員外郎，宗室一人，滿洲一人。主事，滿洲一人，漢一人。掌四裔職貢封賚之事。霍茶則稽其歲額，每歲安徽六安州霍山縣額進芽茶七百斤，限穀雨後十日内委員起解，五十日内到京，由部具奏，行文内務府照收，仍由部給發批迴。頒《實録》、玉牒告成之賞。

《大清會典（光緒朝）》卷四〇《禮部·精膳清吏司》 精膳清吏司。郎中，滿洲一人，漢一人。員外郎，滿洲一人。主事，宗室一人，蒙古一人，漢一人。掌燕饗廩餼牲牢之事。凡本衙門之題銷，則彙而覈焉。禮部各司及鑄印局，每年製造簪花，刊刻進呈會試録、登科録，祭外藩王公等牛羊折價，鑄造印信諸項，共領銀兩物料數目，均於次年造册付司詳覈題銷，造清漢字黄册進呈。又每年部用心紅紙張物料數目，由司於年終彙奏。

《大清會典（光緒朝）》卷四〇《盛京禮部·侍郎職掌》 盛京禮部侍郎，滿洲一人。掌盛京朝祭之儀。

（清）牛天宿《百僚金鑑》卷四《兵部總考》 按兵部周夏官大司馬之職也。古者兵車，一車四馬，故以馬名官。司馬掌以九伐之法正邦國，制軍詰禁以糾邦國，領校人、牧司、職方、司兵之屬。魏始置五兵尚書，謂中兵、外兵、騎兵、別兵、都兵。晉太始中省，太康中又置七兵尚書，以中兵、外兵分爲左右。宋太明中又省，昇明復五兵尚書。歷代無改。魏又置七兵尚書，後周置大司馬卿，至隋改爲兵部尚書，增置侍郎二人，蓋因後周兵部尚書之名，兼前代五兵之職也。唐因之，龍朔改兵部尚書爲司戎太常伯，侍郎爲少常伯。光宅初爲夏官，天寶改爲武官，掌五官選舉，総判兵部、職方、駕部、庫部事。宋元以後代有變更。明興，立兵部，擬夏官。尚書一人，掌天下武衛官軍選授簡練，若鎮戍廄牧郵傳之政令，經戎馬之政，以賛天子。侍郎二人爲之貳，司務二人，省署抄同受發文移。屬清吏司四：曰武選，掌武官選陞襲替功賞之事。曰車駕，掌輿輦車乘守衛廄牧郵傳之事。曰武庫，掌戎器符勘尺籍武學輿隸之事。

《大清會典（康熙朝）》卷八一《兵部》 尚書、左右侍郎，掌天下武職官軍選授、簡練、廕襲、鎮戍、軍功、郵傳之政令。其屬有四清吏司：曰武選，曰職方，曰車駕，曰武庫。其首領則有司務。建置沿革，詳見吏部官制。

武選清吏司： 郎中、員外郎、主事，分掌八旗、衛所、土司銓選駐防誥勅廕襲之事。

《大清會典（康熙朝）》卷八六《兵部·職方清吏司》 郎中、員外郎、主事，分掌天下輿圖及京營鎮戍、緑旗武職銓選軍政、武舉會試、巡邏關津之政。

《大清會典（康熙朝）》卷一〇〇《兵部·車駕清吏司》 郎中、員外郎、主事，分掌天下水陸驛遞、夫馬車船、驛站錢糧及營伍馬匹等事。

《大清會典（康熙朝）》卷一〇五《兵部·武庫清吏司》 郎中、員外郎、主事，分掌軍令、功次、卹賞、軍器、畋獵、京察、武舉、武生及考用員役、發遣戍軍等事。

《大清會典（康熙朝）》卷一〇七《兵部·兵部督捕》 侍郎、理事官，掌八旗逃人及考核捕營之政。其屬有四司：曰東司、西司、南司、北司。其首領則有司務，又設司獄等官。

《大清會典（雍正朝）》卷一一一《兵部》 尚書、左右侍郎，掌天下武職、官軍選授、簡練、廕襲、鎮戍、軍功、郵傳之政令。其屬有四清吏司：曰武選，曰職方，曰車駕，曰武庫。其首領則有司務。建置沿革，詳見吏部官制。

武選清吏司：　郎中、員外郎、主事，分掌八旗、衛所、土司銓選駐防誥敕廕襲之事。

《大清會典（雍正朝）》卷一二〇《兵部·職方清吏司》　郎中、員外郎、主事，分掌天下輿圖及京營鎮戍、甲兵馬匹并緑旗武職銓選、軍政、武舉、會試、巡邏關津之政。

《大清會典（雍正朝）》卷一四一《兵部·車駕清吏司》　郎中、主事，分掌天下水陸驛遞夫馬、車船、驛站錢糧及營伍馬匹等事。舊設員外郎一員，順治十一年裁。

《大清會典（雍正朝）》卷一四五《兵部·武庫清吏司》　郎中、主事，分掌軍令、功次、卹賞、軍器、畋獵、京察、武舉、武生及考用員役發遣戍軍等事。舊設員外郎一員，順治十一年裁。

《大清會典（乾隆朝）》卷五九《兵部·叙官》　尚書，滿漢各一人，左右侍郎滿漢各一人。掌中外武職銓選，簡覈軍實，以贊邦政。所屬有武選、車駕、職方、武庫四司。

武選清吏司。郎中，滿三人，蒙古一人，漢一人。員外郎，滿四人，漢二人。主事，滿漢各一人。掌武職除選、封廕及征伐訓誥，頒其政令。

車駕清吏司。郎中，滿三人，漢一人。員外郎，滿二人，蒙古一人。主事，滿漢各一人。掌驛傳、郵符，中外馬政。

職方清吏司。郎中，滿四人，漢二人。員外郎，滿三人，蒙古一人，漢一人。主事，滿洲蒙古各一人，漢二人。掌天下輿圖以周知險要，叙功覈過以待賞罰黜陟。

武庫清吏司。郎中，滿二人，漢一人。員外郎，滿洲蒙古各一人。主事，滿漢各一人。掌兵籍、戎器、鄉會武科及編發戍軍。

堂主事，掌文案者，滿二人。掌章奏者，滿二人，漢軍一人。司務，滿漢各一人。館所監督，滿漢各一人。以司官兼攝。筆帖式，滿六十二人，蒙古八人，漢軍八人，分隸各司，視事之繁簡以爲額。

《大清會典（乾隆朝）》卷七八《盛京兵部》　侍郎一人，掌盛京武備及郵驛邊防之政。其屬左右二司，各郎中一人，員外郎二人，主事一人，堂主事二人，筆帖式十有二人。

《大清會典（嘉慶朝）》卷三五《兵部·尚書侍郎職掌》　兵部尚書，滿洲一人，漢一人。左侍郎，滿洲一人，漢一人。右侍郎，滿洲一人，漢一人。掌中外武職官之政令，以贊上衛萬民。凡除授封廕之典，乘載郵傳之制，甄覈簡練之方，士籍軍實之數，百司以達於部，尚書侍郎率其屬以定議，大事上之，小事則行，以整邦樞。

《大清會典（嘉慶朝）》卷三七《兵部·武選清吏司》　武選清吏司。郎中，滿洲三人，蒙古一人，漢一人。員外郎，滿洲四人，漢二人。主事，滿洲一人，漢一人。掌考武職官之品級而覈其銓選封授儀式之事。凡營制掌焉，掌上司之政令。

《大清會典（嘉慶朝）》卷三八《兵部·職方清吏司》　職方清吏司。郎中，滿洲五人，漢二人。員外郎，滿洲二人，蒙古一人，漢一人。主事，滿洲一人，蒙古一人，漢二人。掌武職官議處、議叙、議卹與其甄別、考察、簡閱、巡防之事。掌凡關禁海禁。

《大清會典（嘉慶朝）》卷三九《兵部·車駕清吏司》　車駕清吏司。郎中，宗室二人，滿洲一人，漢一人。員外郎，宗室一人，滿洲二人，蒙古一人。主事，滿洲一人，漢一人。掌頒天下之馬政以裕戎備。凡郵驛皆掌之。選鑾儀衛司更者。鑾儀衛更夫四十人，缺出，由部於八旗漢軍另户內無論馬甲閒散俱准挑補。

《大清會典（嘉慶朝）》卷四〇《兵部·武庫清吏司》　武庫清吏司。郎中，滿洲二人，漢一人。員外郎，滿洲一人，蒙古一人。主事，滿洲一人，漢一人。掌稽天下之兵籍，凡軍器，掌其政令，掌武科之事。

《大清會典（嘉慶朝）》卷四〇《盛京兵部·侍郎職掌》　盛京兵部侍郎，滿洲一人。掌盛京之戎政，治其郵驛。凡銓除之事皆掌焉。

《大清會典（光緒朝）》卷四三《兵部·尚書侍郎職掌》　兵部尚書，滿洲一人，漢一人。左侍郎，滿洲一人，漢一人。右侍郎，滿洲一人，漢一人。掌中外武職官之政令，以贊上衛萬民。凡除授封廕之典，乘載郵傳之制，甄覈簡練之方，士籍軍實之數，百司以達於部，尚書侍郎率其屬以定議，大事上之，小事則行，以整邦樞。

《大清會典（光緒朝）》卷四六《兵部·武選清吏司》　武選清吏司。郎中，滿洲三人，蒙古一人，漢一人。員外郎，滿洲四人，漢二人。主事，滿洲一人，漢一人。掌考武職官之品級而覈其銓選封授儀式之事。凡營制掌焉，掌土司之政令。

《大清會典（光緒朝）》卷四八《兵部·職方清吏司》 職方清吏司。郎中，滿洲五人，漢二人。員外郎，滿洲二人，蒙古一人，漢一人。主事，滿洲一人，蒙古一人，漢二人。

掌武職官議處、議叙、議卹與其甄别考察簡閱巡防之事。掌凡關禁海禁。

《大清會典（光緒朝）》卷五〇《兵部·車駕清吏司》 車駕清吏司。郎中，宗室一人，滿洲一人，漢一人。員外郎，宗室一人，滿洲二人，蒙古一人。主事，滿洲一人，漢一人。掌頒天下之馬政以裕戎備。凡郵驛皆掌之。選鑾儀衛司更者。鑾儀衛更夫四十人，缺出，由部於八旗漢軍另户內無論馬甲閒散俱准挑補。

《大清會典（光緒朝）》卷五二《兵部·武庫清吏司》 武庫清吏司。郎中，滿洲二人，漢一人。員外郎，滿洲一人，蒙古一人。主事，滿洲一人，漢一人。掌稽天下之兵籍，凡軍器，掌其政令，掌武科之事。

《大清會典（光緒朝）》卷五二《盛京兵部·侍郎職掌》 盛京兵部侍郎，滿洲一人。掌盛京之戎政，治其郵驛，凡銓除之事皆掌焉。凡盛京之軍實，三年則簡閱。

（清）牛天宿《百僚金鑑》卷四《刑部總考》 按《周禮·秋官·大司寇》掌邦之三典，以佐刑邦國，即今刑部尚書之任也。漢成帝初，置三公曹，主斷獄。後漢以二千石曹主中都水火盜賊詞訟罪法，亦謂之賊曹，重於諸曹。晉初依漢置三公，尚書掌刑獄。太康中省三公尚書，以吏部尚書兼領刑獄。宋三公比部皆主法，又置都官尚書，主軍刑獄，領都官水部庫部功論四曹。後周依周官，置大司寇卿，掌刑邦國。隋初復由都官尚書。開皇三年，改刑部，又置刑部侍郎。唐因之，龍朔初，改尚書爲司刑太常伯，侍郎爲少常伯。光宅初改刑部爲秋官，天寶改爲憲部。宋判部事，以御史知雜充，而尚書侍郎中正，爲階官矣。元豐更制，始專其官。明興，立刑部尚書一人，準古秋官，掌天下刑名徒隸勾覆關禁之政令。欽卹明慎，以贊天子。侍郎二人爲之貳，司務照磨檢校一，爲首領官。屬如户部置十三清吏司。凡宗室勳戚，官吏軍民，麗於法者，詰其詞，察其情僞傳律例，而比其罪之輕重。律凡六百有六條，例成三百七十有六條，其所不及者，比而議請焉。

《大清會典（康熙朝）》卷一〇九《刑部》 尚書、左右侍郎，掌天下刑名及徒隸勾覆關禁之政令。其屬十四清吏司：曰江南、浙江、福建、四川、湖廣、廣西、陝西、雲南、貴州、河南、廣東、山西、山東、江西。其首領則有司務，又有贓罰庫、司獄司。建置沿革，詳見吏部官制。

十四司職掌：江南等十四司，各設郎中、員外郎、主事，令各清理所隸本省刑名，仍量其繁簡，帶官直隸府州縣并在京衙門。盛京地方寧古塔將軍衙門事件，各照司分承審發落。至內務府、盛京刑部、各省將軍咨送事件，八旗詞訟，均分事簡諸司審理。

《大清會典（康熙朝）》卷一三〇《刑部·盛京刑部》 國初建置，盛京設刑部承政、參政、啓心郎、筆帖式等官。順治元年，裁併奉天將軍等管理。至康熙三年，復設滿洲侍郎一員，郎中二員，員外郎六員，主事一員，筆帖式十一員，漢軍筆帖式一員。十二年，增設滿洲員外郎一員，漢軍員外郎主事各一員，滿洲筆帖式二員，蒙古筆帖式一員，漢軍筆帖式二員。二十三年，裁漢軍筆帖式一員，增設滿洲筆帖式一員。二十四年，增設司獄一員。開元鳳凰城邊城以內，山海關、奉天府所屬地方，一應刑名事件，聽本部審讞。犯軍罪以下者，按律例審結。死罪以上者，取供定招，移咨刑部，具題發落。康熙十一年，復將逃人事件俱令管理，照督捕定例遵行。其每年秋審重囚，聽刑部會同九卿道官員會議，將情真緩决矜疑情由，分别具題，請旨定奪。命下之日，咨行本部，將情真者遵照定限行刑，矜疑者照例發落。其餘緩决人犯，牢固監候。二十四年題准：司獄司設醫生一名，調治監犯。

《大清會典（雍正朝）》卷一四九《刑部》 尚書、左右侍郎掌天下刑名及徒隸、勾覆、關禁之政令，其屬十五清吏司。初設十四司：曰江南、浙江、福建、四川、湖廣、廣西、陝西、雲南、貴州、河南、廣東、山西、山東、江西。康熙三十八年，裁改兵部督捕衙門爲督捕司，隸刑部，併原額爲十五焉。其首領則有司務，有贓罰庫、司獄司，建置沿革，詳見吏部官制。

十五司職掌：江南等十五司各設郎中、員外郎、主事，令各清理所隸本省刑名，仍量其繁簡帶管直隸府州縣併在京衙門。

盛京地方、寧古塔將軍衙門事件，各照司分辦理。至內務府、盛京刑部、各省將軍咨送事件、八旗詞訟、五城移申一切現審人犯，初分江南等十四司承審，雍正元年，另立現審左右二司，於司員中揀選滿漢各六員專管奉旨所交事件，審理重案。督捕司於一司中分爲前後，前司郎中掌之，後司主事掌之，專理直省申解逃人，又有督捕廳以司投牌銷牌之事。

《大清會典（乾隆朝）》卷六八《刑部·敘官》 尚書，滿漢各一人。左右侍郎，滿漢各一人。掌法律刑名以肅邦憲。所屬十有八司：

直隸清吏司。郎中，滿漢各一人。員外郎，滿一人，蒙古一人，漢二人。主事，滿漢各一人。掌直隸及八旗游牧察哈爾左翼所屬正黃東半旗，鑲黃、正白、鑲白、正藍四旗。刑名。

奉天清吏司。郎中，蒙古一人，漢一人。員外郎，滿漢各一人。主事，滿漢各一人。掌盛京黑龍江吉林將軍及奉天府所屬刑名，兼宗人府理藩院文移關白之事。

江蘇清吏司。郎中，滿漢各一人。員外郎，滿二人，漢一人。主事，滿漢各一人。掌江蘇所屬刑名。

安徽清吏司。郎中，滿漢各一人。員外郎，滿漢各一人。主事，滿漢各一人。掌安徽所屬刑名，兼鑲紅旗文移關白之事。

江西清吏司。郎中，滿漢各一人。員外郎，滿漢各一人。主事，滿漢各一人。掌江西所屬刑名，兼正黃旗文移關白之事。

福建清吏司。郎中，滿漢各一人。員外郎，滿漢各一人。主事，滿漢各一人。掌福建所屬刑名，兼户部、户科鑲藍旗文移關白之事。

浙江清吏司。郎中，滿漢各一人。員外郎，滿一人，漢二人。主事，滿漢各一人。掌浙江所屬刑名及都察院刑科文移關白之事，兼司本部條奏彙題及各司爰書駁正者會其成，比年一奏。

湖廣清吏司。郎中，滿一人，漢二人。員外郎，滿二人，漢一人。主事，滿漢各一人。掌湖北湖南所屬刑名。

河南清吏司。郎中，滿漢各一人。員外郎，滿二人，漢一人。主事，滿漢各一人。掌河南所屬刑名，兼禮部、詹事府、太常寺、光禄寺、國子監、鴻臚寺、禮科正紅旗文移關白之事。凡夏令熱審則布告各司，頒行天下，欽䘏如制。

山東清吏司。郎中，滿漢各一人。員外郎，滿二人，漢一人。主事，滿漢各一人。掌山東所屬刑名兼兵部太僕寺兵科文移關白之事。凡步軍營捕獲盜竊，歲登其數，請敘。

山西清吏司。郎中，滿漢各一人。員外郎，滿漢各一人。主事，蒙古一人，漢一人。掌山西及八旗游牧察哈爾右翼正黃西半旗，正紅、鑲紅、鑲藍三旗。建威將軍右衛都統所屬刑名，兼內閣、翰林院、起居注館、中書科、內務府、奉宸苑、武備院、上駟院、欽天監、鑲白旗文移關白之事。

陝西清吏司。郎中，滿一人，漢二人。員外郎，滿二人，漢一人。主事，滿漢各一人。掌陝西甘肅所屬刑名，兼大理寺文移關白之事。並稽覈囚糧出納，俾無侵冒。

四川清吏司。郎中，滿漢各一人。員外郎，滿漢各一人。主事，滿漢各一人。掌四川所屬刑名，兼工部、工科文移關白之事。秋審則序次直省之爰書而稽覈之。總辦秋審滿漢司官各四人，於通部司官內簡委。

廣東清吏司。郎中，滿漢各一人。員外郎，滿二人，漢一人。主事，滿漢各一人。掌廣東所屬刑名，兼鑾儀衛、正白旗文移關白之事。

廣西清吏司。郎中，滿漢各一人。員外郎，滿漢各一人。主事，滿漢各一人。掌廣西所屬刑名，兼通政使司文移關白之事，及以時散給囚衣，朝審則序其爰書而稽覈之。

雲南清吏司。郎中，滿漢各一人。員外郎，滿漢各一人。主事，滿漢各一人。掌雲南所屬刑名，兼太醫院、鑲黃旗文移關白之事。

貴州清吏司。郎中，滿漢各一人。員外郎，滿漢各一人。主事，滿漢各一人。掌貴州所屬刑名，兼吏部、吏科正藍旗文移關白之事。

督捕清吏司。郎中，滿漢各一人。員外郎，滿一人。主事，滿漢各一人。掌中外旗人逃亡之事。

堂主事，掌文案者滿二人，掌章奏者滿三人，漢軍一人。

司務，滿漢各一人。掌巡察出入約束胥隸。凡直省解囚投文登其數給以批廻，訟者收其狀呈堂分司聽之。

筆帖式，百二十有四人，滿百有五人，蒙古四人，漢軍十有五人。分隸各司，視事之繁簡以爲額。提牢主事，於額外及試俸主事內簡選，滿漢各一人，掌之歲周更代。掌稽覈罪囚出入。所屬司獄滿四人，漢軍二人，漢二人。分掌南北監禁官。醫二人，以療囚之疾病。禁卒更夫晝夜巡警，凌虐需索者問如法。贓罰庫司庫一人，庫使二人。皆滿員。掌收見審贓贖銀。律例館以滿漢司官提調纂修，五年一編輯。

《大清會典（乾隆朝）》卷七八《盛京刑部》 侍郎一人，掌盛京旗民之獄訟。其屬肅紀前司，郎中一人，員外郎二人，主事一人。肅紀左司郎中一人，員外郎二人，主事一人。肅紀右司郎中一人，主事一人，蒙古主事二人。肅紀後司郎中一人，員外郎一人，主事一人，堂主事二人。贓罰庫司庫一人，漢司獄一人，筆帖式三十一人。

凡讞獄，盛京所屬旗人訟者，所在理事官讞之。旗民交訟者，所在理事官會州縣官讞之。輕者判斷省釋，重者送部，侍郎會奉天府尹共讞之。邊外蒙古訟者，侍郎會該扎薩克之副台吉共讞之。皆依律定擬，按罪之輕重以別咨題，由法司覆覈題結，與直省同。

凡秋審，每歲秋侍郎總本部及奉天府讞定重囚會盛京戶禮兵工侍郎、奉天府尹、巡察御史虛公詳慎分別情實、緩決、可矜疑冊送刑部。

凡審斷，私採人參，部會盛京將軍及管轄威遠堡六邊侍郎、奉天府尹按參數輕重律擬定罪。

《大清會典（嘉慶朝）》卷四一《刑部・尚書侍郎職掌》 刑部尚書，滿洲一人，漢一人。左侍郎，滿洲一人，漢一人。右侍郎，滿洲一人，漢一人。掌天下刑罰之政令，以贊上正萬民。凡律例輕重之適，聽斷出入之孚，決宥緩速之宜，贓罰追貸之數，各司以達於部。尚書侍郎率其屬以定議，大事上之，小事則行，以肅邦紀。

《大清會典（嘉慶朝）》卷四四《刑部・直隸清吏司》 直隸清吏司。郎中，滿洲一人，漢一人。員外郎，滿洲一人，蒙古一人，漢二人。主事，滿洲一人，漢一人。

掌覈直隸省及察哈爾左翼察哈爾，鑲黃、正白、鑲白、正藍四旗，又正黄東半旗。刑名之事。

《大清會典（嘉慶朝）》卷四四《刑部・奉天清吏司》 奉天清吏司。郎中，蒙古一人，漢一人。員外郎，滿洲一人，漢一人。主事，滿洲一人，漢一人。

掌覈奉天府及盛京、吉林、黑龍江刑名之事，分所理衙門之文移。宗人府、理藩院文移由司收辦，凡各司現審及外省題咨案内免死减等之盜犯應發吉林黑龍江爲奴者，移付本司定地。

《大清會典（嘉慶朝）》卷四四《刑部・江蘇清吏司》 江蘇清吏司。郎中，滿洲一人，漢一人。員外郎，滿洲二人，漢一人。主事，滿洲一人，漢一人。

掌覈江蘇省刑名之事。

《大清會典（嘉慶朝）》卷四四《刑部・安徽清吏司》 安徽清吏司。郎中，滿洲一人，漢一人。員外郎，滿洲一人，漢一人。主事，滿洲一人，漢一人。

掌覈安徽省刑名之事，分所理衙門之文移。鑲紅旗、宣武門文移，由司收辦。

《大清會典（嘉慶朝）》卷四四《刑部・江西清吏司》 江西清吏司。郎中，滿洲一人，漢一人。員外郎，滿洲一人，漢一人。主事，滿洲一人，漢一人。

掌覈江西省刑名之事，分所理衙門之文移。中城御史、正黄旗、西直門各文移，由司收辦。

《大清會典（嘉慶朝）》卷四四《刑部・福建清吏司》 福建清吏司。郎中，滿洲一人，漢一人。員外郎，滿洲一人，漢一人。主事，滿洲一人，漢一人。

掌覈福建省刑名之事，分所理衙門之文移。戶部、戶科、倉場衙門、左右兩翼監督、鑲藍旗、阜成門文移，由司收辦。又漢官之俸及滿洲漢官公費，由司關領。

《大清會典（嘉慶朝）》卷四四《刑部・浙江清吏司》 浙江清吏司。郎中，滿洲一人，漢一人。員外郎，滿洲一人，漢二人。主事，滿洲一人。漢一人。

掌覈浙江省刑名之事，分所理衙門之文移。都察院、刑科、南城御史文移，由司收辦。

《大清會典（嘉慶朝）》卷四四《刑部・湖廣清吏司》 湖廣清吏司。郎中，宗室一人，漢二人。員外郎，滿洲二人，漢一人。主事，滿洲一人，漢一人。

掌覈湖北湖南二省刑名之事。

《大清會典（嘉慶朝）》卷四四《刑部·河南清吏司》　河南清吏司。郎中，滿洲一人，漢一人。員外郎，滿洲一人，漢一人。主事，滿洲一人，漢一人。

掌覈河南省刑名之事，分所理衙門之文移。禮部、太常寺、光禄寺、國子監、鴻臚寺、禮科、欽天監、太醫院、東城御史、正紅旗、德勝門文移，由司收辦。

《大清會典（嘉慶朝）》卷四四《刑部·山東清吏司》　山東清吏司。郎中，滿洲一人，漢一人。員外郎，滿洲二人，漢一人。主事，滿洲一人，漢一人。

掌覈山東省刑名之事，分所理衙門之文移。兵部、太僕寺、兵科文移，由司收辦。又每歲步軍營所獲竊賊，准步軍統領衙門移知，覈其名數是否相符，咨兵部議叙。

《大清會典（嘉慶朝）》卷四四《刑部·山西清吏司》　山西清吏司。郎中，滿洲一人，漢一人。員外郎，滿洲一人，漢一人。主事，蒙古一人，漢一人。

掌覈山西省及察哈爾右翼與迆北各城察哈爾正黃半旗，正紅、鑲紅、鑲藍三旗及綏遠城將軍、歸化城副都統、定邊左副將軍、科布多參贊大臣、庫倫辦事大臣所屬。刑名之事，分所理衙門之文移。軍機處、內閣、翰林院、詹事府、起居注、中書科、內廷各館、內務府、北城御史、鑲白旗、崇文門文移，由司收辦。又各司應用各色紙張及黃綾、銀硃、廣膠、蘇木、錠粉、鹻礬、靛花、胭脂等項，皆由司具咨支領，歲底以用過若干，存剩若干，並上年領過若干，具摺奏銷。

《大清會典（嘉慶朝）》卷四四《刑部·陝西清吏司》　陝西清吏司。郎中，滿洲一人，漢二人。員外郎，滿洲二人，漢一人。主事，滿洲一人，漢一人。

掌覈陝西甘肅二省及迆西各城伊犁南北二路。刑名之事，分所理衙門之文移。大理寺、西城御史文移，由司收辦。掌給囚糧。凡支給囚糧，准提牢廳移知，則覈其數，移咨户部關領。

《大清會典（嘉慶朝）》卷四四《刑部·四川清吏司》　四川清吏司。郎中，滿洲一人，漢一人。員外郎，滿洲一人，漢一人。主事，滿洲一人，漢一人。

掌覈四川省刑名之事，分所理衙門之文移。工部、工科文移，由司收辦。又秋審條例有更定者，及九卿等商定之案應聲覆者，皆由司行文。掌刑具。

《大清會典（嘉慶朝）》卷四四《刑部·廣東清吏司》　廣東清吏司。郎中，滿洲一人，漢一人。員外郎，滿洲二人，漢一人。主事，滿洲一人，漢一人。

掌覈廣東省刑名之事，分所理衙門之文移。鑾儀衛、正白旗、安定門文移，由司收辦。

《大清會典（嘉慶朝）》卷四四《刑部·廣西清吏司》　廣西清吏司。郎中，滿洲一人，漢一人。員外郎，宗室一人，漢一人。主事，宗室一人，漢一人。

掌覈廣西省刑名之事，分所理衙門之文移。通政司文移由司收辦。朝審則具題稿。朝審應行事先期題請，及九卿議定，復彙各司之案辦題。掌給囚衣。

《大清會典（嘉慶朝）》卷四四《刑部·雲南清吏司》　雲南清吏司。郎中，滿洲一人，漢一人。員外郎，滿洲一人，漢一人。主事，滿洲一人，漢一人。

掌覈雲南省刑名之事，分所理衙門之文移。鑲黃旗、東直門文移，由司收辦。凡堂印之封啓掌焉。

《大清會典（嘉慶朝）》卷四四《刑部·貴州清吏司》　貴州清吏司。郎中，滿洲一人，漢一人。員外郎，滿洲一人，漢一人。主事，滿洲一人，漢一人。

掌覈貴州省刑名之事，分所理衙門之文移。吏部、吏科、正藍旗、朝陽門文移，由司收辦。凡本衙門漢員之陞補皆掌焉。漢司員題陞題補保舉奏留等事，回堂定奪，具稿以奏。書吏役滿，簡缺書吏。則試之，得職者咨吏部而給以照。如繁缺役滿之例。

《大清會典（嘉慶朝）》卷四四《刑部·督捕清吏司》　督捕清吏司。郎中，滿洲一人，漢一人。員外郎，滿洲一人。主事，滿洲一人，漢一人。

掌督捕旗人逃亡之事。

《大清會典（嘉慶朝）》卷四四《盛京刑部·侍郎職掌》　盛京刑部侍郎，滿洲一人。掌讞盛京旗人及邊外蒙古之獄，凡盜參者皆治焉。凡秋審，會各衙門以定讞。本部重犯每歲秋審，會同四部侍郎、奉天府尹酌定。別其情實緩決可矜者而彙題焉。奉天府囚亦如之。奉天府重犯秋審亦由本部會同酌定具題。

堂主事，滿洲一人，漢軍一人。掌檔案文移。肅紀前司。郎中，滿洲一人。員外郎，滿洲二人。主事，滿洲一人。肅紀左司。郎中，滿洲一人。員外郎，滿洲二人。主事，滿洲一人。掌治十五城旗人之獄，及其與民交涉者。凡聽獄，近者親聽之，案在盛京所屬六十里以內，皆由部員審訊。應驗視者，會同地方官往驗。踰六十里則界官以報於部，各以廳州縣聽焉。盛京城所屬六十里以外及各外城所屬界址，各由該廳州縣就近驗訊。獄具，令解於部以定讞。命盜重案及軍流徒罪案內之首從，併緊要人證，俱解部審擬，其餘訊供詳報，若尋常案犯罪止枷杖者，各州縣審擬完結按月造册詳報。肅紀右司。郎中，滿洲一人。員外郎，滿洲一人。主事，滿洲一人。蒙古二人。掌治邊外蒙古之獄。盛京法庫柳條邊外蒙古犯竊盜人命與旗民交涉之案，由將軍奉天府尹或該蒙古扎薩克咨送者，皆提犯到部審訊。應驗視者，行奉天府尹酌派附近州縣往驗，填格録供報部。肅紀後司。郎中，滿洲一人。員外郎，滿洲一人。主事，滿洲一人。掌治私刨參者與私販者。私刨人參，無論已得未得，一兩至十兩上下及私販者，俱會同將軍、管轄六邊侍郎、奉天府府尹審訊定擬。司獄，滿洲一人，漢一人。掌獄。司庫，滿洲一人。庫使，滿洲二人。掌守贓罰之鍰。筆帖式，滿洲二十有三人，蒙古二人，漢軍五人。掌繙譯。

《大清會典（光緒朝）》卷五三《刑部・尚書侍郎職掌》　刑部。尚書，滿洲一人，漢一人。左侍郎，滿洲一人，漢一人。右侍郎，滿洲一人，漢一人。

掌天下刑罰之政令，以贊上正萬民。凡律例輕重之適，聽斷出入之孚，決宥緩速之宜，贓罰追貸之數，各司以達於部，尚書侍郎率其屬以定議，大事上之，小事則行，以肅邦紀。

《大清會典（光緒朝）》卷五七《刑部・直隸清吏司》　直隸清吏司。郎中，滿洲二人，漢二人。員外郎，滿洲一人，蒙古一人，漢二人。主事，滿洲一人，漢一人。

掌覈直隸省及察哈爾左翼察哈爾，鑲黄、正白、鑲白、正藍四旗，又正黄東半旗。刑名之事。分所理衙門之文移。京畿道御史、順天府府尹、東西陵、熱河都統、圍場總管、密雲副都統、山海關副都統，古北口、張家口、獨石口、喜峯口、盧峯口、塔子溝、三座塔、八溝、烏蘭哈達、喀拉河屯、多倫諾爾各文移，由司收辦。凡外省刑名之案，題者咨者到部，各憑其供勘，察其證據，按其律例，覆其斷擬，具稿呈堂而定以准駁。凡十有七司皆倣焉。惟督捕一司，不掌外省刑名。

《大清會典（光緒朝）》卷五七《刑部・奉天清吏司》　奉天清吏司。郎中，蒙古一人，漢一人。員外郎，滿洲一人，漢一人。主事，滿洲一人，漢一人。

掌覈奉天府及盛京、吉林、黑龍江刑名之事，分所理衙門之文移。宗人府、理藩院文移由司收辦，凡各司現審及外省題咨案内免死減等之盜犯應發吉林黑龍江爲奴者，移付本司定地。

《大清會典（光緒朝）》卷五七《刑部・江蘇清吏司》　江蘇清吏司。郎中，滿洲一人，漢一人。員外郎，滿洲二人，漢一人。主事，滿洲一人，漢一人。

掌覈江蘇省刑名之事，分所理衙門之文移。江南道御史、江甯將軍、京口副都統、漕運總督、南河總督各文移，由司收辦。恩赦則察案以具奏。每遇恩詔肆赦，將應否准其減免各案詳細覈定，按省分遠近分次具奏，得旨則行知各省。

《大清會典（光緒朝）》卷五七《刑部・安徽清吏司》　安徽清吏司。郎中，滿洲一人，漢一人。員外郎，滿洲一人，漢一人。主事，滿洲一人，漢一人。掌覈安徽省刑名之事，分所理衙門之文移。鑲紅旗、宣武門文移，由司收辦。

《大清會典（光緒朝）》卷五七《刑部・江西清吏司》　江西清吏司。郎中，滿洲一人，漢一人。員外郎，滿洲一人，漢一人。主事，滿洲一人，漢一人。

掌覈江西省刑名之事，分所理衙門之文移。江西道御史、中城御史、正黄旗、西直門各文移，由司收辦。

《大清會典（光緒朝）》卷五七《刑部・福建清吏司》　福建清吏司。郎中，滿洲一人，漢一人。員外郎，滿洲一人，漢一人。主事，滿洲一人，漢一人。

掌覈福建省刑名之事，分所理衙門之文移。户部、户科、倉場衙門、左右兩翼監督、鑲藍旗、阜成門、福州將軍各文移，由司收辦。又漢官之俸及滿洲漢官公費，由司關領。

《大清會典（光緒朝）》卷五七《刑部・浙江清吏司》　浙江清吏司。郎中，滿洲一人，漢一人。員外郎，滿洲一人，漢二人。主事，滿洲一人。漢一人。

掌覈浙江省刑名之事，分所理衙門之文移。都察院、刑科、浙江道御史、南城御史、杭州將軍、乍浦副都統各文移，由司收辦。凡本部彙題彙奏之件，定稿以呈於堂。有按季彙題者，如現審輕罪案件，贓銀請豁之類。有年底彙題者，如題駁議叙、斬絞監犯病故、五城贓罰之類。其官犯等軍流以下罪名，隨結隨題，各省遞籍人犯，三月彙奏一次。書吏役滿者，行吏部而給以照。繁缺書吏役滿，由司具咨移吏部籤掣職銜及執照到部，交該司取具領狀，給付該吏。

《大清會典（光緒朝）》卷五七《刑部·湖廣清吏司》 湖廣清吏司。郎中，宗室一人，漢二人。員外郎，滿洲二人，漢一人。主事，滿洲一人，漢一人。

掌覈湖北湖南二省刑名之事，分所理衙門之文移，湖廣道御史、荊州將軍文移，由司收辦。

《大清會典（光緒朝）》卷五七《刑部·河南清吏司》 河南清吏司。郎中，滿洲一人，漢一人。員外郎，滿洲一人，漢一人。主事，滿洲一人，漢一人。

掌覈河南省刑名之事，分所理衙門之文移。禮部、禮科、河南道御史、太常寺、光禄寺、國子監、鴻臚寺、欽天監、太醫院、東城御史、正紅旗、德勝門各文移，由司收辦。凡熱審則定其期。每年熱審減等，本部照例題請，則審定日期以咨行於各省。

《大清會典（光緒朝）》卷五七《刑部·山東清吏司》 山東清吏司。郎中，滿洲一人，漢一人。員外郎，滿洲二人，漢一人。主事，滿洲一人，漢一人。

掌覈山東省刑名之事，分所理衙門之文移。兵部、兵科、山東道御史、太僕寺、青州副都統、東河總督各文移，由司收辦。又每歲步軍營所獲竊賊，准步軍統領衙門移知，覈其名數是否相符，咨兵部議叙。

《大清會典（光緒朝）》卷五七《刑部·山西清吏司》 山西清吏司。郎中，滿洲一人，漢一人。員外郎，滿洲一人，漢一人。主事，蒙古一人，漢一人。

掌覈山西省及察哈爾右翼與迆北各城察哈爾正黄半旗，正紅、鑲紅、鑲藍三旗及綏遠城將軍、歸化城副都統、定邊左副將軍、科布多參贊大臣、庫倫辦事大臣所屬。刑名之事，分所理衙門之文移。軍機處、內閣、翰林院、詹事府、起居注、中書科、內廷各館、內務府、奉宸苑、上駟院、武備院、山西道御史、北城御史、鑲白旗、崇文門各文移，由司收辦。又各司應用各色紙張及黄綾、銀硃、廣膠、蘇木、錠粉、龘礬、靛花、胭脂等項，皆由司具咨支領，歲底以用過若干，存賸若干，並上年領過若干，具摺奏銷。凡各省年例咨報之件，則察而彙題。各省彙咨之件，如命盗已未獲破，竊案記功過，各項遣犯有無脱逃，已未拏獲，盗贓未起，應令地方官罰賠。私藏鳥槍收繳數目，各處並無私設班館刑具，新疆等處並無邪教異端生事之人，又四川匪徒搶奪傷人及新疆各廠局當差人犯年滿爲民數目，各城回子命案，福建民人私渡臺灣等款，各省俱於每年十月截數，咨報本部及軍機處，限十二月初咨齊。除咨軍機處者，由軍機大臣自行查覈外，其咨報本部者，由部分别覈議具題。其覈對各款，與該省原咨並册造數目是否相符，又或有某款某省未經咨報，俟咨到再行覈題。均於本内詳細聲叙，有應議叙議處等件，咨送吏兵二部辦理。

《大清會典（光緒朝）》卷五七《刑部·陝西清吏司》 陝西清吏司。郎中，滿洲一人，漢二人。員外郎，滿洲二人，漢一人。主事，滿洲一人，漢一人。

掌覈陝西、甘肅、新疆三省刑名之事，分所理衙門之文移。大理寺、陝西道御史、西城御史、西安將軍、甯夏將軍、涼州副都統、伊犂將軍各文移，由司收辦。掌給囚糧。凡支給囚糧，准提牢廳移知，則覈其數，移咨户部關領。

《大清會典（光緒朝）》卷五七《刑部·四川清吏司》 四川清吏司。郎中，滿洲一人，漢一人。員外郎，滿洲一人，漢一人。主事，滿洲一人，漢一人。

掌覈四川省刑名之事，分所理衙門之文移。工部、工科、四川道御史、成都將軍各文移，由司收辦。又秋審條例有更定者，及九卿等商定之案應聲覆者，皆由司行文。掌刑具。

《大清會典（光緒朝）》卷五七《刑部·廣東清吏司》 廣東清吏司。郎中，滿洲一人，漢一人。員外郎，滿洲二人，漢一人。主事，滿洲一人，漢一人。

掌覈廣東省刑名之事，分所理衙門之文移。鑾儀衛、正白旗、安定門、廣東道御史、廣州將軍各文移，由司收辦。

《大清會典（光緒朝）》卷五七《刑部·廣西清吏司》 廣西清吏司。郎中，滿洲一人，漢一人。員外郎，宗室一人，漢一人。主事，宗室一人，漢一人。

掌覈廣西省刑名之事，分所理衙門之文移。通政司、廣西道御史文移由司收辦。朝審則具題稿。朝審應行事先期題請，及九卿議定，復彙各司之案辦題。掌給囚衣。

《大清會典（光緒朝）》卷五七《刑部·雲南清吏司》 雲南清吏司。郎中，滿洲一人，漢一人。員外郎，滿洲一人，漢一人。主事，滿洲一人，漢一人。

掌覈雲南省刑名之事，分所理衙門之文移。鑲黃旗、東直門、雲南道御史各文移，由司收辦。凡堂印之封啓掌焉。

《大清會典（光緒朝）》卷五七《刑部·貴州清吏司》 貴州清吏司。郎中，滿洲一人，漢一人。員外郎，滿洲一人，漢一人。主事，滿洲一人，漢一人。

掌覈貴州省刑名之事，分所理衙門之文移。吏部、吏科、貴州道御史、正藍旗、朝陽門各文移，由司收辦。凡本衙門漢員之升補皆掌焉。漢司員題升題補保舉奏留等事，回堂定奪，具稿以奏。書吏役滿，簡缺書吏。則試之，得職者咨吏部而給以照。如繁缺役滿之例。

《大清會典（光緒朝）》卷五七《刑部·督捕清吏司》 督捕清吏司。郎中，滿洲一人，漢一人。員外郎，滿洲一人。主事，滿洲一人，漢一人。掌督捕旗人逃亡之事。

《大清會典（光緒朝）》卷五七《盛京刑部·侍郎職掌》 盛京刑部侍郎，滿洲一人。

掌讞盛京旗人及邊外蒙古之獄。凡盗蔓者皆治焉。凡秋審，會各衙門以定讞，本部重犯每歲秋審，會同四部侍郎、奉天府尹酌定。別其情實緩決可矜者而彙題焉。奉天府囚亦如之。奉天府重犯秋審，亦由本部會同酌定具題。

（清）牛天宿《百僚金鑑》卷四《工部總考》 按《周禮·冬官》大司空即今工部尚書之任。其屬有考工，掌百工之事，故曰工部。漢魏領於民曹，自晉迄陳，有所營作，權置起部尚書，役竣則省。後周依周官，置大司空卿，其屬有工部中大夫。隋開皇初始置工部尚書，統工部屯田二曹。蓋因後周工部之名，兼前代起部之職也。唐初因之，龍朔改爲司空太常伯，光宅改爲冬官侍郎，昉於周冬官，小司空，中大夫，名少常伯，尋復故。唐工部尚書侍郎之職，掌天下百工屯田山澤之政令。其屬有四：一曰工部，二曰屯田，三曰虞部，四曰水部。尚書侍郎總其職務而奉行其制命。凡中外百司之事，出於所屬，咸質正焉。宋判工部者以兩制充。土水一役悉隸三司，本部無所事事。元豐始制尚書一，侍郎一。掌天下城池空室，舟車器械，符印錢寶及百工山澤屯田之政。明興，立工部尚書一人，準古冬官。掌天下工役、農田山川、藪澤河渠之政令，經制規畫以賛天子。侍郎二人爲之貳，司務二人爲首領官。其屬清吏司四：曰營膳，掌經營興造之事。曰虞衡，掌山澤採捕厲禁陶冶之事。曰都水，掌川澤陂地泉深洪淺、道路橋梁、舟車織造、券器衡量之事。曰屯田，掌屯農墳墓抽分薪炭夫役之事。

《大清會典（康熙朝）》卷一三一《工部》 尚書、左右侍郎，掌天下百工營作、山澤採捕、窑冶、榷税、河渠、織造之政令。其屬有四清吏司：曰營繕，曰虞衡，曰都水，曰屯田。其首領則有司務，又有製造庫、節慎庫等官。建置沿革，詳見吏部官制。

營繕清吏司：郎中、員外郎、主事，分掌宮府城垣、壇廟倉庫經營興造之事。

《大清會典（康熙朝）》卷一三三《工部·虞衡清吏司》 郎中、員外郎、主事，分掌天下山澤、採捕、陶冶、軍裝、量衡之事。

《大清會典（康熙朝）》卷一三四《工部·都水清吏司》 郎中、員外郎、主事，分掌器仗、織造、河渠、水利、橋道、船隻之事。

《大清會典（康熙朝）》卷一四〇《工部·屯田清吏司》 郎中、員外郎、主事，分掌山陵、墳塋、柴炭之事。

《大清會典（康熙朝）》卷一四一《盛京工部》 國初建置，盛京設工部承政、叅政、啓心郎、筆帖式等官。順治元年，裁併奉天將軍管理，後復設滿洲侍郎一員，郎中二員，員外郎六員，主事二員，司庫二員，筆帖式十七員，烏林人七名，管匠役官一員，管理修陵夫役物料漢軍四品官一員，五品官一員，管理各項匠役漢軍六品官一員，看守篤恭殿漢軍六品管一員。分掌百工營作，山澤採捕等事。

《大清會典（乾隆朝）》卷七〇《工部·叙官》 尚書，滿漢各一人。左右侍郎，滿漢各二人。掌天下工虞器用辦物庀材，以飭邦事。所屬有營繕、虞衡、都水、屯田四司。

營繕清吏司。郎中，滿四人，蒙古一人，漢一人。員外郎，滿五人，漢一人。主事，滿二人，蒙古一人，漢二人。掌繕治壇廟、宫府、城垣、倉庫、廨宇、營房。料估所滿漢各三人，司官簡委。掌審曲面勢以鳩百工。琉璃窑監督，滿漢各一人。司官簡委，歲一更代。掌大工陶冶。木倉監督，滿漢各一人。司官簡委，二年更代。掌儲偫木材。皇木廠監督，滿一人。司官簡委，歲一更代。掌稽收運木。

虞衡清吏司。郎中，滿四人，漢一人。員外郎，滿四人，蒙古一人，漢一人。主事，滿三人，漢二人。掌山澤採捕及陶冶器用修造權衡武備。寶源局監督，滿漢各一人。司官簡委，二年更代。大使，滿漢各一人。掌鼓鑄泉布。

都水清吏司。郎中，滿五人，漢一人。員外郎，滿五人，漢一人。主事，滿四人，漢二人。掌水利河防橋梁道路。街道廳，滿漢各一人。司官簡委，歲一更代。掌平治道塗，清理溝洫。

屯田清吏司。郎中，滿四人，漢一人。員外郎，滿五人，漢一人。主事，滿三人，漢二人。掌修繕陵寢，供億薪炭。柴薪監督，滿正副各一人。正監督一年期滿，以副作正，別簡司官副之。煤炭監督，滿二人。一以本部司官兼攝，一以内務府司官兼攝，均歲一更代。掌採取薪炭以供宫府。

節慎庫。滿郎中一人，司官簡委，歲一更代。滿員外郎一人，司庫二人，庫使十有一人。掌出納金錢。製造庫。郎中，滿二人，漢一人。司官題補。司匠二人，司庫二人，庫使二十二人。掌攻治金革。堂主事四人，掌章奏者，滿一人，漢軍一人。掌案牘者，滿二人。司務，滿漢各一人。筆帖式，滿九十三人，蒙古二人，漢軍十有二人。視各司之繁簡以爲額，掌繙譯清漢章奏文籍。

《大清會典（乾隆朝）》卷七八《盛京工部》 侍郎一人，掌盛京營作之事。其屬左右二司，各郎中一人，員外郎二人，主事一人，堂主事二人，四品官五品官各一人，六品官二人，司庫二人，司匠一人，筆帖式十有七人。凡土木工作陵寢殿宇遇有修葺，據掌關防官移文，城垣據盛京將軍，宫殿壇廟據内務府，公廨倉庫據所司各移文，度物用，計工直移工部會覈。竣覆到移取盛京户部庫帑庀材鳩工，工竣疏報册送工部覈銷。

《大清會典（嘉慶朝）》卷四五《工部·尚書侍郎職掌》 工部尚書，滿洲一人，漢一人。左侍郎，滿洲一人，漢一人。右侍郎，滿洲一人，漢一人。

掌天下造作之政令與其經費，以贊上奠萬民。凡土木興建之制，器物利用之式，渠堰疏障之法，陵寢供億之典，百司以達於部，尚書侍郎率其屬以定議，大事上之，小事則行，以飭邦事。

《大清會典（嘉慶朝）》卷四五《工部·營繕清吏司》 營繕清吏司。郎中，滿洲四人，蒙古一人，漢一人。員外郎，滿洲五人，漢一人。主事，滿洲二人，蒙古一人，漢二人。

掌營建之事，凡木税葦税皆覈焉。

《大清會典（嘉慶朝）》卷四六《工部·虞衡清吏司》 虞衡清吏司。郎中，滿洲四人，漢一人。員外郎，宗室一人，滿洲三人，蒙古一人，漢一人。主事，滿洲三人，漢二人。

掌製器用，凡軍裝軍火皆覈焉，别東珠之等。

《大清會典（嘉慶朝）》卷四七《工部·都水清吏司》 都水清吏司。郎中，滿洲五人，漢一人。員外郎，滿洲五人，漢一人。主事，滿洲四人，漢二人。掌天下河渠關梁川塗之政令，凡殿廷之供具皆掌焉。

《大清會典（嘉慶朝）》卷四八《工部·屯田清吏司》 屯田清吏司。郎中，滿洲四人，漢一人。員外郎，滿洲五人，漢一人。主事，宗室一人，滿洲二人，漢二人。

掌陵寢修繕之事，凡供薪炭皆覈焉。掌本衙門漢官之陞補，治其匠役。

《大清會典（嘉慶朝）》卷四八《盛京工部·侍郎職掌》 盛京工部侍郎，滿洲一人。掌盛京營作之政令。稽其採伐，制其經費。凡營作，各循其舊制。

《大清會典（光緒朝）》卷五八《工部·尚書侍郎職掌》 工部尚書，滿洲一人，漢一人。左侍郎，滿洲一人，漢一人。右侍郎，滿洲一人，漢一人。

掌天下造作之政令與其經費，以贊上奠萬民。凡土木興建之制，器物利用之式，渠堰疏障之法，陵寢供億之典，百司以達於部，尚書侍郎率其屬以定議，大事上之，小事則行，以飭邦事。

《大清會典（光緒朝）》卷五八《工部·營繕清吏司》營繕清吏司。郎中，滿洲四人，蒙古一人，漢一人。員外郎，滿洲四人，漢一人。主事，滿洲二人，蒙古一人，漢二人。掌營建之事，凡木税葦税皆覈焉。

《大清會典（光緒朝）》卷五九《工部·虞衡清吏司》虞衡清吏司。郎中，滿洲四人，漢一人。員外郎，宗室一人，滿洲三人，蒙古一人，漢一人。主事，滿洲三人，漢一人。

掌製器用，凡軍裝軍火皆覈焉，别東珠之等。

《大清會典（光緒朝）》卷六〇《工部·都水清吏司》都水清吏司。郎中，滿洲五人，漢一人。員外郎，滿洲五人，漢一人。主事，滿洲四人，漢二人。掌天下河渠關梁川塗之政令，凡壇廟殿廷之供具皆掌焉。

《大清會典（光緒朝）》卷六一《工部·屯田清吏司》屯田清吏司。郎中，滿洲四人，漢一人。員外郎，滿洲五人，漢一人。主事，宗室一人，滿洲二人，漢二人。掌陵寢修繕之事，凡供薪炭皆覈焉。掌本衙門漢官之升補，治其匠役。

《大清會典（光緒朝）》卷五八《盛京工部》盛京工部侍郎，滿洲一人，掌盛京營作之政令。稽其採伐，制其經費。

理藩院

綜述

《大清會典（康熙朝）》卷一四二《理藩院》我朝始興，威德漸立，聲教所暨，莫不來庭。凡蒙古部落之率先歸附者悉隸版籍，視猶一體。及後至者彌衆，皆傾國舉部樂輸厥誠。既地廣人繁矣，乃令各守其地。朝歲時，奉職貢焉。户口蕃殖，幅幀遼遠，前古以來，未之有也。始於六部之外，設理藩院，置尚書左右侍郎，董其黜陟賞罰、朝會往來之事。其屬四清吏司：曰録勳、曰賓客、曰柔遠、曰理刑。各設郎中、員外郎、主事，又設司務漢院判知事副使，其增設裁減，具載吏部。

《大清會典（乾隆朝）》卷七九《理藩院》尚書一人，左右侍郎各一人，均滿洲或以蒙古補授。額外侍郎一人。特簡蒙古貝勒貝子之賢能者任之。掌内外藩蒙古回部之政令，控馭撫綏以固邦翰。所屬有旗籍、王會、典屬、柔遠、徠遠、理刑六司。

旗籍清吏司。郎中，滿二人，蒙古一人。員外郎，滿三人，蒙古四人。主事，蒙古一人。掌蒙古科爾沁等諸部落封爵會盟及歸化城索倫除授官校之事。

王會清吏司。郎中，滿洲蒙古各一人。員外郎，滿三人，蒙古二人。主事，滿洲蒙古各一人。掌科爾沁等諸部落朝貢禄賜之事。

典屬清吏司。郎中，滿洲蒙古各一人。員外郎，滿五人，蒙古四人。主事，滿洲蒙古各一人。掌喀爾喀及西徼蒙古厄魯特諸部落封爵會盟、準疆屯田游牧、察哈爾喇嘛番僧承襲之事。

柔遠清吏司。郎中，滿一人。員外郎，滿二人，蒙古三人。主事，蒙古一人。掌喀爾喀等部落及喇嘛番僧朝貢禄賜之事。

徠遠清吏司。郎中，蒙古一人。員外郎，滿洲蒙古各二人。主事，滿洲蒙古各一人。掌哈密吐魯番及回部諸城爵禄貢賦并移駐回民耕牧之事。

理刑清吏司。郎中，滿洲蒙古各一人。員外郎，滿洲蒙古各三人。主事，滿一人。掌蒙古及番回刑罰之事。

銀庫司官二人，於本院司官内奏委。司庫滿一人，筆帖式滿二人，庫使滿二人，掌帑金出納。蒙古繙譯房員外郎主事各一人。於本院司官内簡委。唐古忒學司業助教各一人，筆帖式蒙古四人，稽察内館外館二人。由科道各部司官内奏委。堂主事，滿二人，蒙古三人，漢軍一人。譯書漢文堂主事，滿洲漢軍各一人。校正，漢文官二人。於内閣翰林院侍讀學士、侍讀内奏委，每三年更代。司務，滿洲蒙古各一人。筆帖式，滿三十六人，蒙古五十五人，漢軍六人，分隸各司，視事之繁簡以爲額。

《大清會典（乾隆朝）》卷八〇《理藩院·典屬清吏司》國初，蒙古北部喀爾喀三汗同時納貢，厥後朔漠蕩平，庇我宇下，與漠南諸部落等承平以來，懷柔益遠，北踰瀚海，西絶羌荒，青海厄魯特、西藏準噶爾之地，咸入版圖，其封爵會盟、屯防游牧諸政事厥有專司。

《大清會典（嘉慶朝）》卷四九《理藩院·尚書侍郎職掌》理藩院。尚書，滿洲一人。左侍郎，滿洲一人。右侍郎，滿洲一人。額外侍郎，蒙古一人，額外侍郎以蒙古貝勒貝子之賢能者任之。掌外藩之政令，制其爵禄，以定其朝會，正其刑罰。尚書侍郎率其屬以定議，大事上之，小事則行，以布國之威德。

乃經其遊牧之治。大漠以南曰内蒙古，部二十有四，爲旗四十有九。【略】踰大漠曰外蒙古，喀爾喀部四，附以二，爲旗八十有六。【略】環青海而居者曰青海蒙古，部五，爲旗二十有九。【略】賀蘭山之陰曰西套額魯特，西套額魯特係和碩特，亦曰阿拉善。額濟納河之陽曰額濟納土爾扈特、錯處於金山天山之間曰杜爾伯特、土爾扈特，和碩特。凡部十，附以一，爲旗三十有四。【略】回部爲旗二，【略】旗各建其長曰扎薩克，而治其事。扎薩克之衆曰阿爾巴圖，其治皆統於扎薩克。無扎薩克，則繫於將軍，若都統若大臣而轄之。【略】凡喇嘛之轄衆者，令治其事如扎薩克焉。

《大清會典（嘉慶朝）》卷五〇《理藩院・旗籍清吏司》 旗籍清吏司。郎中，滿洲一人，蒙古二人。員外郎，宗室一人，滿洲一人，蒙古二人。主事，滿洲一人。掌考内扎薩克之疆理，叙其封爵與其譜系。凡官屬部衆會盟軍旅郵傳之事皆掌之。掌游牧之内屬者。

《大清會典（嘉慶朝）》卷五一《理藩院・王會清吏司》 王會清吏司。郎中，滿洲一人，蒙古二人。員外郎，滿洲二人，蒙古三人。主事，蒙古二人。掌頒禄於内扎薩克，而治其朝貢燕饗賚予之事。

《大清會典（嘉慶朝）》卷五二《理藩院・典屬清吏司》 典屬清吏司。郎中，滿洲一人，蒙古一人。員外郎，滿洲二人，蒙古六人。主事，滿洲一人，蒙古一人。掌嚴外扎薩克部旗之事，治其郵驛。互市則頒其禁令。凡内外之喇嘛皆掌之。掌遊牧之内屬者。

《大清會典（嘉慶朝）》卷五三《理藩院・柔遠清吏司》 柔遠清吏司。郎中，宗室一人。員外郎，滿洲二人，蒙古五人。主事，蒙古一人。掌外扎薩克喇嘛禄廩朝貢之事。

《大清會典（嘉慶朝）》卷五三《理藩院・徠遠清吏司》 徠遠清吏司。郎中，蒙古一人。員外郎，滿洲二人，蒙古三人。主事，蒙古二人。掌回部扎薩克伯克之政令。凡回番之年班皆掌之。掌外裔之朝貢。

《大清會典（嘉慶朝）》卷五三《理藩院・理刑清吏司》 理刑清吏司。郎中，蒙古二人。員外郎，滿洲二人，蒙古四人。主事，蒙古一人。掌外藩各部刑罰之事。

《大清會典（光緒朝）》卷六三《理藩院・尚書侍郎職掌》 理藩院尚書，滿洲一人。左侍郎，滿洲一人，右侍郎，滿洲一人。額外侍郎，蒙古一人。額外侍郎，以蒙古貝勒貝子之賢能者任之。掌外藩之政令，制其爵禄，定其朝會，正其刑罰。尚書侍郎率其屬以定議，大事上之，小事則行，以布國之威德。

乃經其遊牧之治。大漠以南曰内蒙古，部二十有四，爲旗四十有九。【略】踰大漠曰外蒙古，喀爾喀部四，附以二，爲旗八十有六。【略】環青海而居者曰青海蒙古，部五，爲旗二十有八。【略】賀蘭山之陰曰西套額魯特，【略】額濟納河之陽曰額濟納土爾扈特，錯處於金山天山之閒曰杜爾伯特、土爾扈特、和碩特。凡部十，附以一，爲旗三十有四。【略】回部爲旗二，【略】旗各建其長曰札薩克，而治其事。【略】無札薩克，則繫於將軍，若都統若大臣而轄之。【略】凡喇嘛之轄衆者，令治其事如札薩克焉。

《大清會典（光緒朝）》卷六四《理藩院・旗籍清吏司》 旗籍清吏司。郎中，滿洲一人，蒙古二人。員外郎，宗室一人，滿洲一人，蒙古二人。主事，滿洲一人。掌考内札薩克之疆理，叙其封爵與其譜系。凡官屬部衆會盟軍旅郵傳之事皆掌之。掌游牧之内屬者。

《大清會典（光緒朝）》卷六五《理藩院・王會清吏司》 王會清吏司。郎中，滿洲一人，蒙古二人。員外郎，滿洲二人，蒙古三人。主事，蒙古二人。

掌頒禄於内扎薩克，而治其朝貢燕饗賚予之事。

《大清會典（光緒朝）》卷六六《理藩院・典屬清吏司一》 典屬清吏司。郎中，滿洲一人，蒙古一人。員外郎，滿洲二人，蒙古六人。主事，滿洲一人，蒙古一人。掌嚴外札薩克部旗之事，治其郵驛，互市則頒其禁令。凡内外之喇嘛皆掌之。掌游牧之内屬者。

《大清會典（光緒朝）》卷六八《理藩院・柔遠清吏司》 柔遠清吏司。郎中，宗室一人。員外郎，滿洲二人，蒙古五人。主事，蒙古一人。

掌外札薩克喇嘛禄廩朝貢之事。

《大清會典（光緒朝）》卷六八《理藩院・徠遠清吏司》 徠遠清吏

司。郎中，蒙古一人。員外郎，滿洲二人，蒙古三人。主事，蒙古二人。掌回部札薩克之政令。凡回番之年班皆掌之。掌外裔之朝貢。

《大清會典（光緒朝）》卷六八《理藩院・理刑清吏司》 理刑清吏司。郎中，蒙古二人。員外郎，滿洲二人，蒙古四人。主事，蒙古一人。掌外藩各部刑罰之事。

都察院

綜述

《大清會典（康熙朝）》卷一四六《都察院》 都察院，係正二品衙門，設滿漢左都御史各一員，滿漢左副都御史各二員，漢左僉都御史一員。其屬，有滿監察御史二十三員，漢軍監察御史八員，漢監察御史，江南、浙江、湖廣、陝西、山東、山西、河南、福建、廣西、雲南道各二員，江西、廣東四川、貴州道各一員，共二十四員。堂上滿文筆帖式十五員，滿漢文筆帖式十五員。京畿道，滿文筆帖式四員，滿漢文筆帖式四員。五城，每城滿文筆帖式各二員，滿漢文筆帖式各二員。其首領，有滿漢經歷各一員，滿都事二員，漢軍都事一員。其沿革，詳見吏部官制。

風憲總例

都察院爲風憲衙門，以整綱肅紀爲職。凡政事得失，官方邪正，有關於國計民生之大利害者，皆得言之。今載其總例而各以事類分列於後。

天聰十年諭：凡有政事背謬，及貝勒大臣等有驕肆慢上貪酷不法無禮妄行者，許都察院直陳毋隱。即所奏涉虛亦不坐罪。倘知情蒙蔽，以誤國論。如盡心職業秉公矢行，三年考滿，定加陞賞。崇德元年諭：都察院各官皆係朝廷諫諍之臣，朕躬如有不親政務，忠良失職，奸邪得位，有罪者録用有功者降謫等事，爾等有所見聞，即行規諫。至於諸王貝勒大臣，有廣廢職掌，耽酒色，好逸樂，取民財物，奪民婦女或朝會輕慢，冠服不具，及以不適己意，託病偷安，不朝參入署者，禮部稽察。若禮部徇情容隱，爾等察奏。或六部斷事偏謬，及事未審結，誑奏已結者，爾等亦稽察奏聞。凡人在部控告，未經審結，又赴告於爾衙門者，爾等公議，應奏者奏，不應奏者逐之。至爾衙門有受賄之弊，須互相防檢。若以私讎誣劾，定加爾罪。其餘所奏，是者即爲允從，非者亦不加罪，并不令爾等與被劾之人質對，順治元年定：凡貪污枉法、暴戾殃民者，都察院指實糾參，其六部卿寺大小官員，宜從公舉劾。賢者實稱其賢，内勿避親，外勿避讎。不肖者實指其不肖，勿狥私情，勿畏權勢。如黨同伐異誣陷私讐者，必置重法。九年諭：設立都察院，原爲有益於國家，凡宜言者言之。倘官員勤惰、政事修廢，遇有宜言之處，狥情不言，被旁人彖論，雖悔無益。宜謹慎勉勵。欽哉。又諭：都察院爲朝廷耳目之官，上至諸王，下至諸臣，孰爲忠勤與否，及内外官員之勤惰、各衙門政事之脩廢，皆令盡言。如滿漢各官有賢有否，督撫按各官有廉有貪，鎮守駐防各官有捍禦勤慎者，有擾害地方者，俱著分别察奏。其推舉銓用與黜革降罰及内外各衙門條陳章奏有從公起見者，有事恣狥私者，俱著明白糾駁。十年題准：都察院職司糾劾，倘各衙門有保舉未當者，或有未與保舉之人，心懷忿嫉，沮壞良法者，俱令糾參。十一年諭：凡言官務要知無不言，言無不實，庶使憸壬屏跡中外肅清。若緘默苟容，顛倒黑白，狥私報怨，明知奸惡庇護黨類，不肯糾參，而誣陷良善，驅除異己，混淆國是者，定行重治。又諭：凡事關政治得失、民生休戚、大利大害，應興應革，切實可行者，言路各官俱要悉心條奏，直言無隱。如果爲抒誠，有裨政事，朕自不靳懋賞。十八年題准：都察院職專糾劾百司，辨明冤枉，及一應不公不法事，如本院堂官，及各道監察御史，有不公不法，廣職廢事，貪淫暴横者，令互相糾舉，毋得狥私容弊。其所糾舉，並要明具實跡奏請按問，有挾私妄奏者，抵罪。

《大清會典（乾隆朝）》卷八一《都察院》 左都御史滿漢各一人，左副都御史滿漢各二人，掌察覈官常整飭綱紀。右都御史、右副都御史。均爲督撫兼銜。經歷滿漢各一人，都事滿漢各一人，筆帖式十人。

給事中滿漢各十有二人，掌傳達綸音稽考庶政。吏科掌印給事中滿漢各一人，給事中滿漢各一人，分稽銓衡注銷吏部順天府文卷。户科掌印給事中滿漢各一人，給事中滿漢各一人，分稽財賦注銷户部文卷。禮科掌印給事中滿漢各一人，給事中滿漢各一人，分稽典禮，注銷禮部、宗人府、理藩院、太常寺、光禄寺、鴻臚寺、國子監、欽天監文卷。兵科掌印給事中滿漢各一人，給事中滿漢各一人，分稽戎政，注銷兵部、太僕寺、鑾儀衛文卷。刑科掌印給事中滿漢各一人，給事中滿漢各一人，分稽刑名，注銷刑部、通政使司、大理寺文卷。工科掌印給事中滿漢各一人，給事中滿漢各一人，分稽工程，注銷工部文卷。筆帖式吏科、户科、兵科、刑科、各十有五人，禮科、工科各十人。

監察御史滿漢各二十八人，宗室二人，蒙古二人，在滿御史額内。掌糾劾官邪條陳治道。京畿道掌印監察御史滿漢各一人，監察御史滿漢各一人，分理院事及直隸盛京刑名，稽察内閣、順天府、大興、宛平縣。河南道掌印監察御史滿漢各一人，監察御史滿漢各一人，分理河南刑名，照刷部院諸司卷宗，稽察吏部、詹事府、步軍統領、五城。江南道掌印監察御史滿漢各一人，監察御史滿漢各三人，分理江南刑名，稽察户部寶泉局宣課司左右翼，監督在京十有二倉，總督漕運，磨勘三庫，月終奏銷之籍。浙江道掌印監察御史滿漢各一人，監察御史滿漢各一人，分理浙江刑名，稽察禮部都察院。山西道掌印監察御史滿漢各一人，監察御史滿漢各一人，分理山西刑名，稽察兵部、翰林院、六科、中書科，總督倉場坐糧廳大通橋，監督通州二倉。山東道掌印監察御史滿漢各一人，監察御史滿漢各二人，分理山東刑名，稽察刑部太醫院，總督河道，催比五城命盜案牘緝捕之事。陝西道掌印監察御史滿漢各一人，監察御史滿漢各一人，分理陝西刑名，稽察工部寶源局，覈勘在京工程。湖廣道掌印監察御史滿漢各一人，監察御史滿漢各一人，分理湖廣刑名，稽察通政使司、國子監。江西道掌印監察御史滿漢各一人，監察御史滿漢各一人，分理江西刑名，稽察光禄寺。福建道掌印監察御史滿漢各一人，監察御史滿漢各一人，分理福建刑名，稽察太常寺。四川道掌印監察御史滿漢各一人，分理四川刑名，稽察鑾儀衛。廣東道掌印監察御史滿漢各一人，分理廣東刑名，稽察大理寺。廣西道掌印監察御史滿漢各一人，分理廣西刑名，稽察太僕寺。雲南道掌印監察御史滿漢各一人，分理雲南刑名，稽察理藩院、欽天監。貴州道掌印監察御史滿漢各一人，分理貴州刑名，稽察鴻臚寺。筆帖式，京畿道、江南道各三人，河南、浙江、山西、山東、陝西、湖廣、江西、福建、四川、廣東、廣西、雲南、貴州道各二人。

巡視五城分中東南西北，每城給事中或御史滿漢各一人。於六科十五道内奏委，二年更代。掌彈壓地方，釐剔姦弊，其屬兵馬司指揮副指揮吏目各一人。凡憲綱左都御史給事中御史皆許風聞言事，事關朝政得失、民生利弊、大臣徇私骫法、不飭簠簋，並聽據實陳奏。摭拾陳言及瑣屑傷治體者不得瀆告。官民冤枉，所司不受理及受理不得伸者，許赴院陳愬，鞫實，大事奏請上裁，小事立予昭雪。奏章奉旨後給事中録送吏科，御史録送京畿道，封貯。如奉旨褒奬或經訓飭備著於册，三年一次進呈。

凡科鈔。中外疏章既上，旨下内閣日，以給事中一人詣内閣祗領分致各科備録。諭旨及原疏發所司奉行豫定注銷日期，事涉數衙門者，以主稾衙門爲正鈔，會稾及應關白之衙門爲外鈔。鈔畢别録二通，敬謹校對鈐蓋印信，一送内閣曰史書，一貯科垣曰録書，歲終還原疏於内閣。

凡封駮。奉旨事理確有未便施行者，封還執奏。閣臣擬旨批答字句舛錯，部院督撫疏章事有謬誤者，並聽駮正。

凡頒給勅書。直省總督巡撫由吏科，總督漕運總督倉場坐糧廳監督各關監督、各鹽政由户科，學政由禮科，提督總兵官由兵科，總督河道及各關監督之隸工部者由工科，均於午門外授本官祗領。如由外任升轉給該省提塘官賫往，任滿各送科繳内閣。

凡掌察部院諸司所治之事，以六科十五道分掌稽察，月以已結未結之數兩次具册分送注銷，月終各具題。直省督撫題達之案具揭各科道察覈，事有難結者，歲終彙題罣漏及易結不結者劾。宗人府以宗室御史二人，内務府以滿御史二人，專司稽察，别給印信注銷具題同。八旗各以滿給事中或御史一人稽察，月一注銷，月終奏聞，滿洲蒙古漢軍同。八旗暨九卿奉旨會議之事以滿漢御史各一人稽察，無故不到者，劾。巡視五城科道審理之事，歲委滿漢御史各一人，督催月具册申院送刑部者，兩月具題。五城振濟平糶左都御史左副都御史分城親察以絶弊端。

凡考覈中外文武官，三歲京察大計，五歲軍政，均由本院吏科兵科京畿道會吏兵二部覈實具疏。宗人府吏部有奉旨議處之事由院咨取職名定議。各關監督任滿由户科考覈。鹽政任滿由京畿道考覈。驗視月選官列掌印給事中御史名，咨吏部奏請簡命滿漢各二人，隨班察覈。文職司道以下，武職副將以下，由吏兵二科給與赴任文憑，違限者劾。五城司坊官三年俸滿堪列薦剡者，巡城科道詳具政蹟申院覈實咨吏部引見。

凡監試。順天鄉試禮部會試外場以滿漢御史各二人外簾同內簾各一人，殿試各二人。順天武鄉試兵部會試外場兼外簾滿漢御史各二人，會試內簾一人，殿試各二人。考校見任筆帖式考取中書官學教習各館謄録生選拔貢生朝考貢監生考授職銜均滿漢御史各一人。有潛通關節懷挾及傳遞文字冒名代考，武場選入好字號覆校技勇不符者並劾。順天府考試文童滿漢御史各一人，會府丞審音劾冒籍者。

凡讞獄重囚審案勅下三法司會覈定擬者，虛公擬斷期於明允，或所見不同徃復詳議以歸一是，若始終不能畫一，許兩議並陳，恭候上裁，不得一衙門爲一議，及用夾單申明前議指駁後議。刑部見審之犯罪應死者，承審司官録初供移知該道定期滿漢御史各一人至刑部會大理寺官公審，既定讞左都御史左副都御史會刑部大理寺堂官詳審覈擬具題，不得據稾定擬草率從事。秋審給事中御史皆與議。御史不掌印者則分省與議。朝審給事中及各道之掌印者與議，京畿道不掌印亦與。秋審勾决由各道具題刑科覆奏。朝審勾决由京畿道具題刑科三覆奏，均候命下各道御史齎本授刑部施行。朝審决因刑科給事中監視行刑。熱審期內薄刑小罪院道皆與議。刑部獄因及各門枷犯每月滿漢御史各一人稽察。

凡侍儀。朝會御殿，左都御史、左副都御史均於殿檐下西第三柱序立，躬祀壇廟，滿漢各一人於西南隅序立。

凡糾儀。朝會御殿以滿御史十有四人，漢御史八人。皇帝率羣臣詣皇太后宫行禮以滿御史四人漢御史六人，御門給事中御史滿漢各二人，御經筵給事中御史滿漢各一人。車駕出入午門耕耤、常朝坐班、天安門宣詔、午門頒朔頒賞、中式舉人進士詣闕謝恩，均滿漢御史各二人。有紊越班行言語喧譁威儀不肅者劾。壇廟祭祀以滿漢御史各四人，告祀各二人，救護日、月食各四人，祈雨報祀各二人，祭祀宰牲監視各一人，有臨事不共牲幣不潔或刑餘喪服有隱疾之人濫與祀典，齋期有違戒令，齋宿不於其所，及行禮失儀者並劾。

凡差遣巡視鹽政，長蘆河東兩淮各一人，均給勅書一年更代。巡察京師通州十有四倉，每倉給事中或御史一人，一年更代。巡視漕運，以給事中或御史瓜儀濟寧每處一人，楊村通州每處二人。舊駐淮安今移瓜儀，舊駐天津今移楊村。歲以次奏請，各給關防，事竣復命濟寧巡漕兼理疏濬運河之事。巡察盛京、吉林、黑龍江各以滿給事中或御史一人，福建臺灣府以給事中或御史滿漢各一人，均閱三年奏請候旨差遣，事竣復命。稽察宗人府銀庫、理藩院內外館銀庫、鄂羅斯來京貿易，各以滿給事中或御史一人。銀庫三年期滿，奏請更代，餘事竣即還。給事中御史奉旨離任在一年外者，題請署理。一年內者，由院委署。先奉差不離任繼奉別差離任，其任其差署理亦如之。

凡升遷。給事中御史三年內升，滿漢各一人，外轉宗室不與。各一人，由院覆無降革事故者序俸列疏，並彙其任內敷陳奏章繕册進呈，候旨簡用。六科給事中員闕，由院列御史無降革事故者，咨吏部引見簡用。科道掌印六科及京畿河南兩道由院於給事中御史內簡選正陪疏請補授，餘以本道見任資深者轉補。

凡五城地方各以巡視科道爲統轄官，指揮爲專管官，副指揮吏目爲分管官，各治一坊，中城中西、中東二坊，東城崇南、朝陽二坊，南城東南、正東二坊，西城宣南、關外二坊，北城日南、靈中二坊。

凡條教。每月朔望巡城科道率司坊各官集衆於公所，令鄉約一人宣講聖諭，孝父母敬長上睦鄉里教子孫各安生理毋作非爲。

凡辭訟。司坊各官分職而理，各依限審訊録供詳報應解審者，解犯送本城覆審定議完結。事有疑竇，駁令再審，不得草率結案。徒罪以上概送刑部，每月二次以已結未結之數造册申院注銷。

凡禁令，首嚴邪教傳造妖言，私銷私鑄，聚衆開窰燒炭，及書吏招摇骫法役滿逗遛，寺院坊店容留行踪詭秘之人，巡城科道率所屬隨時稽察以儆姦邪。至於使酒罵街，見即逮治，不得以地非所屬過而不問。

凡平糶，五城各設廠二，遇米價騰貴，由户部奏請酌撥京倉成色米分給各城減價平糶。巡城科道率指揮副指揮經理其事。

凡振濟，歲於十月初一日至次年三月二十日，每城各設廠二日，支京倉米二石柴薪銀一兩，煮飲以振貧民。巡城科道率指揮副指揮吏目經理其事。

凡棲流所中東南北城各一，西城二。流民無依及衢巷臥病者，總甲即報指揮，悉令入所日給薪米，病給醫藥，冬給絮衣布被，病故者給棺木。

巡城科道以時親察勿致屯膏。

凡承追承緝承變承驗傷痕，並內外問刑衙門行提人犯或遞解回籍及各公事差委，令副指揮吏目分任驗屍專委指揮。

《大清會典（嘉慶朝）》卷五四《都察院·左都御史左副都御史》

都察院左都御史，滿洲一人，漢一人。左副都御史，滿洲二人，漢二人。掌司風紀，察中外百司之職，辨其治之得失與其人之邪正，率科道官而各矢其言責，科道陳奏或邀褒獎，或經訓飭，奉旨後皆鈔録呈堂。遇開列及引見，摘其事由，咨吏部開單進呈御覽。以飭官常以秉國憲，率京畿道以治其考察處分辨訴之事。京察大計軍政，都察院皆與考察。鹽政差滿，由都察院考覈，吏部官應議處議叙者，由都察院議奏。官民冤抑陳訴，都察院鞫實奏聞，皆令京畿道查覈，呈堂定議。大政事下九卿議者則與焉。六部都察院通政使司大理寺爲九卿。凡重辟，則會刑部大理寺以定讞。刑部都察院大理寺爲三法司。與秋審朝審，大祭祀則侍儀，【略】。朝會亦如之，【略】皇帝御經筵亦如之，【略】臨雍亦如之。

《大清會典（光緒朝）》卷六九《都察院·左都御史左副都御史職掌》

都察院，左都御史，滿洲一人，漢一人，左副都御史，滿洲二人、漢二人。掌司風紀，察中外百司之職，辨其治之得失，與其人之邪正，率科道官而各矢其言責。科道陳奏，或邀褒獎，或經訓飭，奉旨後皆鈔録呈堂。遇開列及引見，摘其事由，咨吏部開單進呈御覽。以飭官常，以秉國憲，率京畿道以治其考察處分辨訴之事。京察大計軍政，都察院皆與考察。吏部官應議處議叙者，由都察院議奏。官民冤抑陳訴，都察院鞫實奏聞。皆令京畿道查覈，呈堂定議。大政事下九卿議者則與焉，六部都察院通政使司大理寺爲九卿。凡重辟，則會刑部大理寺以定讞。刑部都察院大理寺爲三法司。與秋審朝審，大祭祀則侍儀。【略】朝會亦如之，【略】皇帝御經筵亦如之，【略】臨雍亦如之。

五寺二監

綜　述

（清）牛天宿《百僚金鑑》卷三《大理考略》　按唐虞臯陶爲士，秦爲廷尉，漢景帝改名大理，宣帝復置廷尉平，合尉正、尉監、尉平爲廷尉三官。魏增置律博士，晉因之，增置丞主簿明法掾。歷宋齊皆爲廷尉，梁爲秋卿，復置廷尉三官。北齊曰大理寺，置卿少卿各一人。後周有刑部中大夫，掌五刑之法，附萬人之罪，屬大司寇，亦其任也。唐龍朔改爲詳刑寺，卿掌邦國折獄詳刑之事，少卿正丞爲之貳。宋置判寺事一人，兼少卿事一人，以朝官以上充。詳斷官八人，以京官充。元承宋制。明仍古大理名寺，卿一，少卿二，丞三。其屬司務二。分左右寺二，寺正、寺副、評事，卿掌折讞允官刑獄之政令，少卿丞之爲貳，贊天子詳刑。與刑部、都察院並列爲三法司焉。

《大清會典（康熙朝）》卷一四八《大理寺》　大理寺，正三品衙門。設滿漢卿各一員，滿少卿一員，漢少卿二員，漢寺丞一員。其屬置滿洲漢軍漢寺正各二員。漢寺副二員，滿洲漢軍評事各一員，漢評事二員，筆帖式八員。其首領，有滿漢司務各一員。沿革詳見吏部官制。

職掌

大理寺，掌管天下刑名，內而刑部，外而督撫。有具題重辟事情，奉旨三法司核擬者，直省原有招揭到寺。該左右寺官即行據揭詳核，查所擬罪名是否與律例相符，出具看語呈堂。俟刑部定立稿案送寺畫題時，視其看語意見果屬相同、別無疑義者，堂屬一體畫題。或其間情罪未明，律例未協，將稿案交還刑部，再行叅酌。若彼此意見仍有異同，該左右寺官即擬稿另爲一議呈堂，送刑部都察院酌量議覆。其在京現番事件，止取刑部原案口供詳核，有未協者，呈堂。赴刑部會同該司及該道御史，審擬真確，務期明允，方行畫題。

二寺分屬

左右二寺，分管在京各衙門，暨直隸盛京各省刑名，與刑部十四司、都察院六掌道會同審讞。

（清）陳枚輯《憑山閣增輯留青新集》卷一九《古今官制·大理寺》

建置：始於唐虞臯陶作士，自後爲士師。秦爲廷尉，漢景帝改爲大理，後復爲廷尉。宣帝復置廷尉平，合尉正、尉監爲三官。魏增置律博士，梁爲秋卿，北齊曰大理寺，置卿及少卿。唐龍朔改詳刑寺，神龍復舊，置卿及少卿。正丞并主簿録事，獄丞司直評事。宋元豐官制，有卿及少卿、正、推丞、斷丞、司直、評事、主簿等官。元因之。明仍古大理名，置寺卿、少卿、丞。其屬分左右寺，有寺正、寺副、評事，又司務二人。與刑部、都察院並列爲三法司。今職如左：

名號：北寺、雲司、棘寺。《王制》大司寇聽之棘木之下。聽，聽訟。棘木，外朝，卿位也。亦稱棘司、棘署。

正卿正三品。

名號：廷尉、亦稱廷平。大棘。

稱呼：大司允。《虞書》惟明克允。亦稱大司平。

左右少卿正四品。

名號：佐棘、糸平。二稱下通。

稱呼：同前大司允、大司平。

寺丞正五品。

名號：議司、詳刑大夫、詳或作祥。二稱，下寺正寺副通。推丞。亦稱斷丞。

稱呼：大司直。宋熙寧中，置大理獄。至元豐，命陳嗣先四人爲之司直。

左右寺正正六品。

名號：廷正。寺正。亦稱司刑正。

寺副從六品。

稱呼：同前大司直。

左右評事正七品。

名號：廷評、緊官。

稱呼：同前大司直。

司務從九品。

名號、稱呼：酌用。

《大清會典（乾隆朝）》卷八一《大理寺》　卿滿漢各一人，少卿滿漢各一人，掌平反重辟以貳邦刑。

左寺正，滿一人，漢軍一人，漢一人。評事漢一人。

右寺正，滿一人，漢軍一人，漢一人。寺副漢一人。評事漢一人。分掌京師五城、順天府屬、直省府洲縣衛死罪之刑。

堂評事滿一人，掌文案。司務滿漢各一人，掌收發文移。筆帖式滿四人，漢軍二人，掌繙譯。凡直省重辟，寺受各省牒下其事於左右寺。司讞者準律定讞，卿受其中，竢刑部簡正既孚致辭於寺，迺叅覈焉。議合者弊之，不合者反之。刑部重辟囚，以左右寺司讞者暨御史會刑司察其辭，辨其死刑之罪，而要之。致辭於卿，迺詣刑部暨都御史會聽之，各麗其法以議獄。議合者弊之，不合者覆之，必盡合迺會疏，互異者各疏所見以聞。

凡秋審直省候决之囚，刑部會其獄成，寺受而覈之，歲以八月會九卿詹事科道於天安門外察於獄辭之麗而求其情，別其情實者、緩決者、矜疑者，會疏以聞，以爲處決留繫減等之差。

凡朝審刑部候决之囚，歲以霜降後旬日出囚，於天安門外會九卿詹事科道察於獄辭之麗而質訊之，別其情實、緩決、可矜疑者，與秋審同。

凡熱審，每歲小滿後旬日，刑部小大之獄以左右寺官暨御史會刑司聽之，質其成於卿，笞者免，杖者折減，荷校者暫釋，竢立秋浹旬一會疏。俾夏暑無留獄，至立秋前一日迺蕆事。

《大清會典（嘉慶朝）》卷五四《大理寺》　大理寺。卿，滿洲一人，漢一人。少卿，滿洲一人，漢一人。

掌平天下之刑名，凡重辟，則率其屬而會勘。罪應斬絞之犯，在京由三法司會審，在外由三法司會覆。大政事下九卿議者則與焉，與秋審朝審。

《大清會典（光緒朝）》卷六九《大理寺》　大理寺。卿，滿洲一人，漢一人。少卿，滿洲一人，漢一人。

掌平天下之刑名，凡重辟，則率其屬而會勘。罪應斬絞之犯，在京由三法司會審，在外由三法司會覆。大政事下九卿議者則與焉，與秋審朝審。

（清）牛天宿《百僚金鑑》卷二《太常》　太常主郊廟禮樂，古之秩宗也。周曰宗伯，秦改奉常，漢初更曰太常。卿一人，有丞。奉常丞亦秦官也，屬有太樂、太祝、太宰、太史、太卜、太醫六丞。王莽改曰秩宗，後漢復名太常，秩中二千石。建安中爲奉常，梁視金紫光禄大夫，後魏太常與光禄勳、衛尉爲上卿，兼置少卿。《周禮·小宗伯》中大夫二人，即其任也。後周以太常爲宗伯，少卿爲小宗伯。隋太常寺卿一人，正三品。少卿一人，正四品。煬帝增置二人，太常丞。唐置太常卿一人，掌禮儀祭祀，揔判等事。少卿二人，丞二人，主簿二人，博士四人，太祝三人，奉禮郎二人，協律郎二人。太醫、太卜、廩犧八署，署各有令丞。宋置太常寺卿一人，少卿一人，丞一，主簿一，博士四。掌五禮之制度儀式及樂律、樂舞、樂章，協律主大樂，奉禮主奉幣，太祝主讀册。郊社籍田，太廟宮闈，各有令。郊廟祭器庫，什物庫，教坊所，諸陵祠墳所，皆隸焉。明置太常寺卿一，少卿一，提督四譯館少卿一，其屬典簿二，博士二，神樂觀提點一，知觀二，協律郎二，贊禮郎九，司樂二十人。天地朝夕祈穀各有祠祭署，署有奉祀，有丞。十餘陵，陵有祠祭署，署亦有奉祀，有丞。犧牲所，所有吏目。

《大清會典（康熙朝）》卷一五六《太常寺》 太常寺，正三品衙門。設滿漢卿各一員，滿漢少卿各一員，滿寺丞一員，漢寺丞二員，滿洲漢軍漢博士各一員，滿漢典簿各一員，滿讀祝官四員，滿贊禮郎十六員，滿筆帖式十八員，漢軍筆帖式二員。又設看守壇廟各官及神樂觀犧牲所各官，並隸焉。本寺官員職專壇廟祭祀一應典禮及祝版樂舞牲帛器用備辦陳設等事。自順治元年，本寺屬於禮部，凡祭祀事宜俱禮部掌行。十六年，析歸本寺。康熙二年，復屬禮部。十年，仍以祠祭司所掌歸之本寺。其應題應行一切事宜，俱由本寺奏請施行。

（清）陳枚輯《憑山閣增輯留青新集》卷一九《古今官制・太常寺》

建置： 太常即古秩宗也。周曰宗伯，秦曰奉常，漢爲太常，魏晋因之。梁太常號春卿，後魏兼置少卿，隋增置太常丞，唐如隋制。宋太常同唐別置太常禮院，有判院事、同知院事，及大樂奉幣讀册等屬。凡郊社籍田太廟宮闈各有令。其郊廟祭器庫、什物庫、教坊所、諸陵祠墳所悉隸焉。明立太常寺卿、少卿，下屬有主簿、博士、神樂觀提點、知觀、協律郎、贊禮郎、司樂，及各祠祭署奉祀、犧牲所吏目，又有提督四譯館少卿一人，專主四譯往來之事。今職如左：

名號： 曲臺、司禮寺。亦稱禮院。

正卿正二品。

名號： 奉常。亦稱宗伯。

稱呼： 大禮宗。亦稱大典禮。

少卿正四品。

名號： 奉常大夫。亦稱小宗伯。

稱呼： 同前。

左右寺丞正六品。

名號： 同前奉常大夫。

稱呼： 大貳儀。亦稱大掌儀。

博士正七品。

典簿正七品。

名號： 禮官大夫。

稱呼： 大粲儀。亦稱大掌儀。

讀祝官協禮郎正八品。贊禮郎正九品。司樂從九品。各壇奉祀圜丘、方澤、朝日夕月、先農、王壇。帝王廟奉祭從七品，上同。祀丞從八品。

神樂觀提點正八品。左右知觀從八品。

名號、稱呼： 酌用。

翰林院提督四譯館、太常寺少卿正四品。漢典屬國。宋四方館接伴使，準今職。

名號： 典屬、亦稱典客。象胥。《周禮・象胥》掌蠻彝之國使，即今職。

稱呼： 大司譯。

《大清會典（乾隆朝）》卷八二《太常寺》 卿滿漢各一人，少卿滿漢各一人，掌典守壇壝廟社，以歲時序其祭祀。所屬寺丞，滿一人，漢二人。博士，滿一人，漢軍一人，漢一人。讀祝官滿八人。贊禮郎滿二十四人，漢十有四人。掌相儀序事，備物絜器。典簿，滿漢各一人，掌文移。筆帖式，滿九人，漢軍一人，掌繙譯。

司庫，滿一人。庫使，滿二人。掌庫藏。

犧牲所牧，滿漢各一人，掌繫牲牷而芻牧之，以待祭祀。

神樂署漢署正一人，署丞二人，協律郎五人，司樂二十三人，掌樂舞之節奏以詔樂舞生。執事生九十人，樂生百八十人，舞生三百人咸隸焉。

《大清會典（嘉慶朝）》卷五六《太常寺》 太常寺。兼管事務大臣一人。以禮部滿洲尚書兼之。卿，滿洲一人，漢一人。少卿，滿洲一人，漢一人。

掌相祭祀之儀，辨其器數與其品物，大祀、中祀、羣祀各率其屬以共事。

《大清會典（光緒朝）》卷七一《太常寺》 太常寺。兼管事務大臣一人。以禮部滿洲尚書兼之。卿，滿洲一人，漢一人。少卿，滿洲一人。漢一人。

掌相祭祀之儀，辨其器數與其品物。大祀、中祀、羣祀各率其屬以共事。

（清）牛天宿《百僚金鑑》卷二《太僕》　按《周禮》有太僕，下大夫，掌正王之服位，出入王之大命。而周穆置太僕正，以伯冏爲之。秦特襲其名耳。漢太僕秩二千石，有兩丞，領五監六廄與邊郡牧司院令丞。王莽改太御，後漢仍謂太僕，卿一，丞一，亦掌車馬。天子每出，奏駕上鹵簿，用大駕則執御。魏因之。晋太僕銀章青綬，五時朝服，進賢兩梁冠，佩水蒼玉，丞一人，部丞五人，置功曹主簿五官等員，領典牧乘黄驊騮龍馬等廄令。梁太僕位視黄門侍郎，統南牧左右牧、龍廄内外廄。陳因之。後魏丞卿之外增置少卿。北齊太僕寺統驊騮左右龍、左右乘黄、車府諸署。卿少卿各一人。隋煬帝增置少卿一人。龍朔二年，改太僕爲司馭，光宅改司僕。神龍復舊，卿一，少卿二，丞四，主簿二，録事二，領乘黄、典廄、典牧、車府等四署。署各有令，天下監牧置八使五十六監。宋初邦國輿馬之政分隸郡牧司、騏驥院，太僕但掌天子五輅屬車。元豐官制行，卿少卿丞簿各一人，掌奉輅廄牧之政令。車輅院、左右騏驥院、天駟監、鞍轡庫、養象所、駞坊車營、務遠、牧養上下監隸焉。元祐置左右天廄坊，紹聖置孳生監，紹興復廢，仍入兵部。明洪武初移駐滁州，及令都設於京師，而除山西陜西遼東設太僕苑馬監治焉。卿掌政令，以聽於兵部。少卿則分督京營，馬丞理京衛，若畿甸及山東河南六部孳牧寄牧，馬三年而更。凡牧人視其丁産以授馬，蠲賦而更乏焉。

《大清會典（康熙朝）》卷一五九《太僕寺》　順治元年，置太僕寺。設滿漢卿各一員，滿漢少卿各二員，滿漢寺丞各一員，漢主簿一員，筆帖式六員。十五年，裁漢卿一員，滿漢少卿各一員，漢寺丞一員。康熙二年，裁滿寺丞一員，漢主簿一員，筆帖式三員。九年，復設漢卿一員，滿少卿一員，增設滿員外郎八員，筆帖式十一員。

國初馬政，止設大庫口外騍騸二群，孳牧調習，兵部掌之。順治元年，除外省馬匹折色外，又預備欽賞行幸馬匹駱駝，太僕寺與兵部分司焉。康熙九年，以大庫種馬二場歸併本寺專理。

（清）陳枚輯《憑山閣增輯留青新集》卷一九《古今官制·太僕寺》

建置：《周禮》有太僕，下大夫，穆王置太僕正。漢太僕有兩丞，領五監六廄。王莽改爲太御，後漢仍謂太僕，置卿丞，掌車馬。晋太僕置功曹、主簿、五官等員領各廄令。梁陳北齊太僕各有所領。隋煬帝增置少卿。龍朔曰司馭，光宅曰司僕，領四署。宋元豐置卿少卿丞簿，掌奉輅廄牧之政令。明太僕掌政令以聽於兵部，少卿分督營馬畿馬，寺丞佐之。今職如左：

名號：冏臺、周以伯冏爲太僕正，稱本此。車輅院。亦稱騏驥院。

正卿從三品。

名號：冏卿。

稱呼：大司僕。亦稱大冏伯。

少卿正四品。

寺丞

員外從五品。

名號、稱呼：同前。

《大清會典（乾隆朝）》卷八五《太僕寺》　卿，滿漢各一人。少卿，滿漢各一人。掌兩翼牧馬場均齊賞罰之政，所屬有左右二司。

左司員外郎，滿一人，蒙古一人。主事，滿一人，蒙古一人。掌馱載幔城網城之駝以備巡幸之用。

右司員外郎，滿一人，蒙古一人。主事，滿一人，蒙古一人。掌察驗牧場馬匹盈虧以時印烙。

主簿，滿一人。掌章奏文移。筆帖式，滿八人，蒙古八人。掌繙譯。

《大清會典（嘉慶朝）》卷五七《太僕寺》　太僕寺。卿，滿洲一人，漢一人。少卿，滿洲一人，漢一人。

掌牧馬之政令。課其孳息，戒其馴習。三歲則滿洲卿少卿一人莅而閱焉。遂均齊其數以聞，而聽覈於兵部。

《大清會典（光緒朝）》卷七二《太僕寺》　太僕寺。卿，滿洲一人，漢一人。少卿，滿洲一人，漢一人。

掌牧馬之政令，課其孳息，戒其馴習。三歲則滿洲卿少卿一人莅而閲焉。遂均齊其數以聞，而聽覈於兵部。

（清）牛天宿《百僚金鑑》卷二《光禄》 按秦有郎中，令掌宫殿掖門户。漢因之，卿一人，有丞。至武帝太初元年，改光禄勳。勳之言閽也。閽，主門之官。後漢亦名光禄勳，所掌同典三署郎更直執戟宿衛。魏晋以來，無三署郎，光禄勳不復居禁中，宫殿門户猶屬焉。梁改爲光禄卿，北齊曰光禄寺，置卿少卿，兼掌諸膳食帳幕。唐龍朔改爲司宰寺，光宅改爲司膳寺。大要卿掌邦國酒醴膳羞，總大官、珍羞、良醖、掌醢四署。官屬修儲偫，謹出納。少卿丞貳之。自此與漢光禄勳絶，特襲其名耳。元豐官制行，卿一，少卿一，丞一，主簿一，掌祭祀、朝會、酒醴、宴饗、膳羞事。其屬有大官令，主割烹；上林司，主果實茗菜。有牛羊司、乳酪院、油醋庫、法酒庫、内酒坊、大官物料庫、外物料庫。紹興廢，并入禮部。而自宋及元，復有宣徽院、客省使，亦掌會宴饗酒饌饔飧。任實光禄而不襲舊名也。明初置宣徽院，尚食尚禮二屬，設院使同知、院判典簿，統二屬，累改爲光禄寺，卿一，少卿二，寺丞二，其屬典簿二，録事一。大官珍羞良醖掌醢四署，各署正一，署丞四，監事四人。司牲司牧二屬，各大使一人。卿掌祭享宴勞膳羞之事，辨名數，會出入，量豐約，以聽於禮部。光禄寺丞貳之，典簿、録事職掌仍古。

《大清會典（康熙朝）》卷一五八《光禄寺》 光禄寺，從三品衙門。設滿漢卿各一員，滿少卿一員，漢少卿二員，漢寺丞一員。所屬大官、珍羞、良醖、掌醢四署及司庫。員額詳見於後。又滿漢典簿各一員，滿筆帖式二十一員，漢軍筆帖式二員，職專膳羞享宴等事，及各項錢糧。順治初，本寺事宜由禮部具題，劄寺遵行。十年，户部以本寺項下果品雜糧等銀題歸禮部，直省錢糧，起解禮部，劄寺照收。司府州縣查核完欠，參罰開復，俱屬部行。十五年，禮部題准：外解錢糧，分析光禄寺驗收，徑給批迴。各官考成，亦聽本寺行。十八年，復歸禮部，將解到錢糧總貯一庫，公同出納，其催參開復等事，仍屬部行。所用物料，户部禮部科道官及本寺公同照時價估給，本寺歲終奏銷。康熙三年，各項錢糧悉歸户部，其本寺應用錢糧，每歲具題，由户部給發，貯庫候用。十年，禮部分析職掌，錢糧出入俱交本寺經管，併筵宴備用各器皿及司庫官筆帖式，總歸本寺。所用每年錢糧數目，俱本寺自行奏銷。

（清）陳枚輯《憑山閣增輯留青新集》卷一九《古今官制·光禄寺》

建置：光禄之職昉於《周禮·天官·膳夫》。漢之光禄勳，梁之光禄卿，名雖是所職非也。北齊曰光禄寺，始司羞膳。隋因之，後遂爲例。唐改爲司宰寺，又改爲司膳事，神龍復舊。宋元豐置卿、少卿、丞、簿。明初置宣徽院、尚食、尚禮二屬，累改爲光禄寺卿、少卿，掌祭饗宴勞膳羞之事，以聽於禮部。丞貳之。其屬典簿監事并大官、珍羞、良醖、掌醢四署正丞及司牲司牧大使。今職如左：

名號：司宰寺、亦稱司膳事。宣徽院。宋元有宣徽院、客省使，掌燕饗酒饌饔飧，任實光禄。

正卿從三品。

名號：飽卿。亦稱令卿。

稱呼：大鼎相。鼎，烹飪器。稱鼎相者，本於《説命》和羹之意也。

少卿正五品。

名號：奉膳大夫。

稱呼：大司膳。亦稱大和羹。

寺丞正六品。

名號、稱呼：同前。

司庫典簿正七品。

各署署正從六品。大官珍羞良醖掌醢四署。署丞從七品。

名號、稱呼：酌用。

《大清會典（乾隆朝）》卷八五《光禄寺》 兼管寺事大臣。特簡，無定員。卿，滿漢各一人。少卿，滿漢各一人。掌大内膳羞及燕饗饔飧之需，辨其物品以待供饋。所屬大官署正滿漢各一人，丞滿二人。珍羞署正滿漢各一人，丞滿二人。良醖署正滿漢各一人，丞滿二人。掌醢署正滿漢各一人，丞滿二人。分掌飧牽禽魚酒醴鹽醢果蔬之物，以時供具。典簿，滿漢各一人，掌奏疏文移。司庫，滿二人。掌庫帑出納。筆帖式十有八人，掌繙譯。

《大清會典（嘉慶朝）》卷五八《光禄寺》 光禄寺。管理事務大臣，滿洲一人。於部院大臣内特簡。卿，滿洲一人，漢一人。少卿，滿洲一人，漢一人。

掌燕勞薦饗之政令，辨其品式，稽其經費。凡治具，則戒其屬以供事。

《大清會典（光緒朝）》卷七三《光禄寺》 光禄寺。管理事務大臣，滿洲一人。於部院大臣内特簡。卿，滿洲一人，漢一人。少卿，滿洲一人，漢一人。

掌燕勞薦饗之政令，辨其品式，稽其經費。凡治具，則戒其屬以供事。

（清）牛天宿《百僚金鑑》卷二《鴻臚》 按《周官》有大行人，掌大賓客之禮。象胥掌蠻彝閩貉之國使。秦官有典客，掌諸侯及歸義蠻彝，即是官也。漢名鴻臚，卿一人，丞一人。屬官有行人、譯官、别火三令丞及郡邸長丞卿丞掌贊郊廟行禮諸侯及歸義蠻彝，掌迎勞，贊禮儀，上郡國計，得可以命諸司。凡事之重大者，遣大鴻臚。而輕賤者，遣大行人也。景帝更名大行令，武帝更名大鴻臚。秦有典屬國，成帝併爲大鴻臚，王莽更名典樂。梁曰鴻臚，卿位視尚書左丞。後魏曰大鴻臚，北齊曰鴻臚寺。隋開皇三年，廢鴻臚寺入太常，復置領典客司儀崇元三署，有卿有丞。唐龍朔改爲司文，光宅改爲司賓，領典客司儀二署。宋初置判寺一人，以朝官以上充。元豐署卿少卿丞主簿各一人，南渡並入禮部。明初曰侍儀司，曰殿庭儀禮司，累改，始定爲鴻臚寺。卿一，少卿二，丞二，主簿一。屬署二：曰司賓，曰司儀。卿掌朝會賓客吉凶禮儀之事，少卿寺丞爲之貳。主簿典出納文移，司賓司儀二署，鳴贊八人，主贊禮。序班五十餘，主侍班齊班，而引禮糾儀焉。

《大清會典（康熙朝）》卷一五九《鴻臚寺》 鴻臚寺，正四品衙門。設滿漢卿各一員，滿漢少卿各一員，漢寺丞一員，所屬滿漢主簿各一員，滿鳴贊十六員，漢鳴贊四員，漢司儀序班十員，漢司賓序班二員，滿筆帖式十員，漢軍筆帖式二員，肄業官生十一名。掌朝會賓客吉凶禮儀之事。順治初，鴻臚寺一應事宜俱由禮部題行。十六年，分析鴻臚寺職掌。十八年，仍屬禮部。康熙十年，復歸鴻臚寺，其行禮儀注，已詳見於禮部者，茲不復載。

（清）陳枚輯《憑山閣增輯留青新集》卷一九《古今官制・鴻臚寺》

建置：鴻臚掌贊行禮之官。鴻，聲也。臚，傳也。所以傳聲贊導，故名。漢景帝名大行令，武帝更名大鴻臚。北齊曰鴻臚寺，隋廢，併入太常，尋復置。唐龍朔改名司文，咸亨復舊。光宅改名司賓，神龍復舊。明初曰侍儀司，曰殿庭儀禮司，累改始定爲鴻臚寺。卿掌朝會賓客禮儀之事，少卿寺丞貳之。主簿典出納文移，司賓、司儀，鳴贊主贊禮，序班主侍班齊班，而引禮糾儀焉。今職如左：

名號：儀臺。

正卿正四品。

名號：同文卿。亦稱大行令。

稱呼：大典客。亦稱大司賓。

少卿從五品。

寺丞從六品。

名號：同前大行令。

稱呼：大司儀。亦稱大典客、大司賓。

主簿從八品。

名號、稱呼：酌用。

司賓正九品。鳴贊從九品。序班從九品。

名號：治禮郎。

稱呼：大禮賓、司賓。大典謁。鳴贊序班同前，亦稱大贊謁。

《大清會典（乾隆朝）》卷八五《鴻臚寺》 卿，滿漢各一人。少卿，滿漢各一人。掌朝會祭祀燕饗之儀。鳴贊，滿十有六人，漢二人。掌導引行禮唱贊。序班，漢四人。掌序百官之班位。主簿，滿漢各一人，掌文移。筆帖式，滿四人，掌繙譯。

凡常朝御殿豫期由寺奏請得旨傳知王公百官，届期疏謝恩官姓名陳於殿内東案。

凡糾察文武各官，有失誤朝賀及行禮失儀者，由寺題叅。外任官員辭朝逾期叅劾亦如之。凡習儀新進士傳臚習儀於禮部，外國貢使入朝習儀於本寺，均委鳴贊序班教以升降拜跪之儀。

《大清會典（嘉慶朝）》卷六〇《鴻臚寺》 鴻臚寺。兼管事務大臣一人。以禮部滿洲尚書兼之。卿，滿洲一人，漢一人。少卿，滿洲一人，漢一人。

掌襄朝會燕饗之禮，率其屬而贊導，陪祀則引其儀。

《大清會典（光緒朝）》卷七五《鴻臚寺》 鴻臚寺。兼管事務大臣一人。以禮部滿洲尚書兼之。卿，滿洲一人，漢一人。少卿，滿洲一人，漢一人。

掌襄朝會燕饗之禮，率其屬而贊導，陪祀則引其儀。

（清）牛天宿《百僚金鑑》卷七《學校總考》 按《虞書》命夔典樂敬胄子。《周禮》有師氏保氏。《禮記》天子學曰辟雍。成王時彤伯入爲祭酒，戰國荀卿爲祭酒，漢吴王濞年老不朝，爲劉氏祭酒，祭酒之名久矣。漢置博士祭酒一人，秩二百石。後漢增置十四人，以士聰明有威重者一人爲祭酒。魏因之。晋立國子學，置祭酒一人，博士十一人，助教十五人。宋太始六年，以國學廢，初置聰明觀，祭酒一人。有元儒文史四科，科置學士各十人。齊梁歸爲國師，北齊改爲國子寺。隋置太學，省祭酒，置太學博士，揔知學事。大業改爲國子監，仍置祭酒一人，司業一人，丞三人，主簿録事博士各一人，助教四人。唐龍朔二年改爲司成舘，改祭酒爲大司成，司業爲少司成，博士爲司成，光宅改國子監爲成均監。天寶置廣文舘學士、進士。宋初置判監事二人，直講八人，丞簿各一人。元豐官制行，祭酒司業丞簿各一人，博士十人，太學博士十，正録各五，武學博士二，教諭律學博士及正各一，又有書庫官隸焉。明初建國子監，祭酒掌國學舉人貢士官生恩生勳臣教訓之事，司業爲之貳。要在明體適用，以孝弟忠信禮義廉恥爲本。隆師親友讀書寫字爲業。有不率者朴之，不悛徙謫之。其率教者，有升堂積分及叙用之法。且以廪餼膳師生，以力役給厨膳，以賜予示恩賚，以寧假悉人情，以撥歷練吏事，以考選汰冗濫。歲仲春秋上下曰祀先師，則総其禮儀上謁先師，率太學。祭酒司業執經進講，其屬有監丞，坐繩愆廳，叅領監事。有博士坐博士廳，分經訓授。助教學正文録坐廣業、崇志、正義、誠心、脩道、率性六堂，專教誨，嚴程課，税經義，約以規矩。典簿典出納文移，受支金錢爲師生餼。典籍掌經史子集及制書。於是禮部翰林詹事春坊，若國子監，官聯相綰而遷補因之，獨稱華重矣。下而府有教授訓導，州有學正，縣有教諭等官，皆古庠序學校之遺意也。

《大清會典（康熙朝）》卷一六〇《國子監》 國子監，從四品衙門。設滿漢祭酒各一員，滿司業二員，漢司業一員，滿漢監丞各一員，滿博士一員，漢博士二員，滿文助教八員，滿漢文助教八員，蒙古助教四員，漢助教六員，漢學正六員，漢學録二員，漢典籍一員，滿漢典簿各一員，滿文筆帖式一員，滿漢文筆帖式四員，漢軍筆帖式四員。自順治元年，本監事件俱屬禮部公同料理。十五年，照各衙門分析。康熙二年，仍歸禮部。十年，復行分析，其應題應行事宜，俱本監堂官自行題請施行。

（清）陳枚輯《憑山閣增輯留青新集》卷一九《古今官制·國子監》

建置：國子學之設始於晋，北齊改爲國子寺，隋改爲國子監，唐又改爲司成舘，後又改爲成均監，置廣文舘。宋元豐官制，祭酒主監事，司業副焉。監有丞簿及博士等員。明祭酒司業下其屬監丞叅領監事博士，分經訓授，助教學正學録專教訓，嚴程課。典簿典出納文移，典籍掌經史，典饌掌飲食師生。今職如左：

名號：太學、虎闈、成均、澤宫、辟雍。亦作廦广。

祭酒從四品。

名號：國師、齊梁號爲國。大司成、大師氏。歸崇敬請以祭酒爲大師氏，以司業爲左師右師。

稱呼：大掌教。

司業正六品。

名號：少司成。

稱呼：同前大掌教。

監丞正八品。

名號：東廳。號繩愆廳，監丞所坐。

稱呼：大襄教。

博士從八品。助教正九品。學正正九品。學録從九品。典簿從八品。典籍從九品。

名號：司成。唐以博士爲司成。西廳、號博士廳，博士所坐。國博、亦稱經博。以上俱博士。國子先生、助教學正學録同。國簿、典簿。司籍。典籍。

稱呼：大典教、大傅經、博士助教學正學録二稱同。典簿典籍酌用。

孔顔曾孟四氏學教授從九品。

名號：酌用。

稱呼：同前大典教、大傅經。

至聖廟管勾、典籍、司樂

名號、稱呼： 酌用

《大清會典（乾隆朝）》卷八五《國子監》 兼管監事大臣。特簡，無定員。祭酒，滿漢各一人。司業，滿蒙古漢各一人，掌成均之法，以教國子及俊選之士。監丞，掌學規以督教課，糾勤惰均廩餼。博士，掌闡明經説以助啓迪。典簿，掌簿書以稽文移之出入。均滿漢各一人。典籍，漢一人，掌經史以備諸生誦習。率性堂漢助教一人，學正一人。修道堂漢助教一人，學正一人。誠心堂漢助教一人，學正一人。正義堂漢助教一人，學正一人。崇志堂漢助教一人，學録一人。廣業堂漢助教一人，學録一人，掌教直省俊選之士。八旗官學助教滿洲十有六人，蒙古八人，掌分教八旗子弟。算法館助教漢一人，掌分教算學生。鄂羅斯學助教滿漢各一人，掌分教鄂羅斯子弟，於官學及六堂助教内委員兼司之。筆帖式滿四人，蒙古漢軍各二人，掌文移繙譯。

凡成均之教分經義、治事以教諸生。經義以御纂經説爲宗，旁及諸家。治事若兵刑、天官、河渠、樂律之類，各名一家，皆綜其源流，詳其得失。助教、學正、學録，課以制藝策論，司業月試，祭酒季考，以辨其詣力之勤惰，學業之優劣，而董勸之。

凡直省貢監生到監，持本籍文書赴監考到，分堂學習。貢生積十有四月期滿，監生積二十四月期滿。恩貢生、選拔貢生、副榜貢生、歲貢生、優貢生願就教職及州縣佐貳者，移吏部分班序選，遇鄉試之年與援例貢監均送吏部考職。廕監生由覃恩者積二十四月，由賜卹者積六月，均移吏部銓用。

凡留學肄業貢監生考到列一二等者，復加考驗。恩拔副歲優貢生考列一二等，援例貢監生考列一等者，準其肄業，在學肄業者百五十六人，在外肄業赴學考課者百二十人，積三十六月擇其才學優異者，保薦引見録用，餘移吏部。滿肄業生以筆帖式用。遇官學助教員闕，同與考選。漢軍準簡選川廣雲貴州縣佐貳官。漢肄業生以教職先用，恩拔副優貢生選入武英殿供書者，由該管處按年議叙。

凡官學之教，八旗各立學，選子弟年少資敏者，滿洲六十人，蒙古漢軍各二十人，令入學讀書。滿助教教以清文國語，蒙古教習教以蒙古語言文字，漢教習教以經書文藝。月試繙譯四子書藝校射各六次，祭酒司業以時入學稽其勤惰，春秋會文會射於太學。三年學成者請命大臣考試，取其尤者升爲監生，工繙譯者考充各部寺庫使，在學年久者考充本旗外郎。

凡算學之教，設肄業生滿洲十有二人，蒙古漢軍各六人，於各旗官學内考取，漢十有二人於舉人貢監生童内考取，附學生二十四人，由欽天監選送，教以天文算法諸書。五年學業有成舉人引見以欽天監博士用，貢監生童以天文生補用。

凡四夷之學，番夷諸國有願遣其子弟詣學觀光者，準其肄業，以滿漢助教各一人教以語言文字，所司供其居室服食器用，業成願歸國者聽。

凡考取教習，蒙古教習於領催護軍内選補，五年期滿以本旗護軍校驍騎校用。漢教習奏請欽命大臣會本監於肄業之恩拔副歲及優貢生内考取，按名次序補，三年期滿以知縣教職用。均由監引見候旨咨吏兵二部銓選。漢教習有勤職列一等者，請旨再留學三年，以知縣即用。算學教習於習算有成之學生内考補，五年期滿以欽天監博士叙用。

凡録送鄉試在監肄業貢監生及武英殿供書、各學教習、欽天監天文生，遇大比之歲，均由監集試校文録科册送順天府鄉試。

凡進士題名，每科進士詣學釋褐後，移取工部庫帑百兩，按諸進士甲第先後詳其姓名里居勒碑於戟門外。

凡成均膏火歲支户部庫帑六千兩，月給内外肄業生廩餼有差。

凡各學膏火教習月給銀二兩、米二斛，學生給銀有差，均於户部支領。官學漢教習歲給夏衣、秋衣各一襲，二歲給冬裘一襲，均於工部支領。

《大清會典（嘉慶朝）》卷六一《國子監》 國子監。管理監事大臣一人。或滿洲或漢，於大學士尚書侍郎内特簡。祭酒，滿洲一人，漢一人。司業，滿洲一人，蒙古一人，漢一人。掌國學之政令，凡貢生監生學生之肄於監者皆教焉。

《大清會典（光緒朝）》卷七六《國子監》 國子監。管理監事大臣一人。或滿洲或漢，於大學士尚書侍郎内特簡。祭酒，滿洲一人，漢一人。司業，滿洲一人，蒙古一人，漢一人。掌國學之政令，凡貢生監生學生及舉人之入監者皆教焉。

《大清會典（康熙朝）》卷一六一《欽天監》　欽天監，正五品衙門。設滿監正一員，掌理印務。漢治理曆法一員，管理曆法天文等事。滿漢左監副各一員，滿漢右監副各一員，滿漢主簿各一員，筆帖式二十員。所屬曆科、天文科、漏刻科等官，各有職掌，分列於後。其裁設沿革，具載吏部。

凡職掌，順治元年，本監遇有具題行文等事，俱屬禮部。十五年，本監與禮部分析職掌。康熙二年，仍歸禮部。十年題准：分析職掌，除立春日春牛芒神，仍由禮部進呈外，其餘一應職掌，俱歸本監掌行。

（清）陳枚輯《憑山閣增輯留青新集》卷一九《古今官制·欽天監》

建置：大文之掌出來遠矣。周官因夏殷設太史，秦漢以來，號太史局。唐改爲渾儀監，後又改爲太史監。宋有司天監，天文、鐘鼓兩院。至元豐正官制以太史局隸秘書省，官有令有正，而五官之屬備。明初名太史監，改爲司天，後始爲欽天監。正掌察天文定曆數，監副貳之。其屬主簿、五官正、靈臺郎、保章正、挈壺正、監候、司曆、司晨、漏刻博士，又分天文、漏刻、回回、曆日四科，習業者各專科隸焉。今職如左：

名號：太史局、渾儀監、太史監、司天監、鳳司。

監正正五品。治理曆法

名號：日官。亦稱星官。

稱呼：大司天、大馮相。亦稱大保章。

左右監副正六品。

曆科五官正、正六品下同。曆科春官正、夏官正、中官正、秋官正、冬官正

主簿正八品。

天文科五官靈臺郎、漏刻科五官挈壺正、從八品，上同。五官司曆、五官監候正九品上同。

名號、稱呼：同前。

曆科博士、天文科博士、漏刻科博士從五品，上同。

名號、稱呼：同前酌用。

曆科天文生、天文科、漏刻科

名號、稱呼：酌用。

《大清會典（乾隆朝）》卷八六《欽天監》　兼管監事大臣，特簡，無定員。監正，滿一人，西洋一人。監副，滿漢各一人。左右監副，各西洋一人。掌測候推步之法，占天象以授人時。所屬時憲科春夏中秋冬五官正，滿二人，蒙古二人，漢軍一人，漢五人。博士，滿三人，漢軍二人，漢十有六人。天文生，滿十有二人，漢軍八人，漢二十四人。五官司書，漢一人。掌推天行之度，驗歲差以均節氣。天文科五官靈臺郎，滿三人，漢軍一人，漢四人。五官監候，漢一人。博士，滿三人，漢二人。天文生，滿二人，漢三十二人。掌觀天象之垂，書雲物以協歲占。漏刻科五官挈壺正，滿二人，漢二人。五官司晨，漢軍一人。博士，漢六人。天文生，滿二人，漢六人。陰陽生，漢十人。掌調壺漏測中星相陰陽以卜營建。主簿，滿漢各一人，掌章奏文移簿籍。筆帖式，十有七人，掌繙譯。

《大清會典（嘉慶朝）》卷六二《欽天監》　欽天監。管理監事大臣。特簡，無定員。監正，滿洲一人，漢一人。西洋人兼用。監副，滿洲一人，漢一人。左監副，西洋一人。右監副，西洋一人。掌測候推步之政令，以協天紀，以授人時。凡占驗選擇之事皆掌之。

《大清會典（光緒朝）》卷七七《欽天監》　欽天監。管理監事大臣。特簡，無定員。監正，滿洲一人，漢一人。左監副，滿洲一人，漢一人。右監副，滿洲一人，漢一人。掌測候推步之政令，以協天紀，以授人時。凡觀象占驗選擇候時之事皆掌之。

翰林院

論說

（清）姚鼐《惜抱軒文集》卷一《論·翰林論》　爲天子侍從之臣，拾遺補闕，其常任也。天子雖明聖，不謂無失。人臣雖非大賢，不謂當職。而不陳君之失，與其有失播諸天下而改之，不若傳諸朝廷而改之之善也。傳諸朝廷而改之，不若初見聞諸左右而改之之善也。翰林居天子左右，爲近臣，則諫其失也宜。先于衆人見君之失而智不及辨與則不明智，

及辨之而諱言與則不忠，侍從者擇其忠且明而居之者也。唐之初設翰林，百工皆入焉，猥下之職也。其後乃益親益尊，益親益尊故責之益重。今有人焉，其于官也受其親與尊，而辭其責之重，將不蒙世譏乎。官之失職也，不亦久乎。以宜蒙世譏者而上下皆謂其當然，是以晏然而無可爲，安居而食其禄。自唐及宋及元明官制因革六七百年，其不革者，御史有彈劾之責而兼諫争，翰林有制造文章之事而兼諫争，彈劾制造文章所別也，諫争所同也。其爲言官也奚以異，入而面争於左右，出而上書陳事。其爲諫也奚以異，今也獨謂御史言官，而翰林不當有諫書，是知其一而失其一也。是故君子求乎道，細人求乎技。君子之職以道，細人之職以技。使世之君子賦若相如、鄒枚，善叙史事若太史公、班固，詩若李杜，文若韓柳歐曾蘇氏，雖至工猶技也。技之中固有道焉，不若極忠諫争爲道之大也。徒以文字居翰林者，是技而已。若唐初之翰林者，則若是可矣。今之翰林固不可云皆親近居左右，然固有親近居左右者，且翰詹立班于科道上，謂其近臣也。居近臣之班，不知近臣之職，可乎？明之翰林皆知其職也，諫争之人接踵，諫争之辭連篋而時書。今之人不以爲其職也，或取其忠而議其言爲出位，夫以盡職爲出位，世孰肯爲盡職者，余竊有惑焉。作《翰林論》

綜述

（清）牛天宿《百僚金鑑》卷二《翰林總考》 按翰林爲樞機宥密之地，極清華之選，自魏則有秘書令，掌贊誥命，記會時事，典作文書，所謂鳳凰池也。漢制爲侍中之選，出入禁闥，掌直承明，潤色典誥，謀議政事，其暱就爲差近也。唐貞觀間，名儒學士時時召以草制，有十八學士登瀛州之語。乾封以後，始有文士等草諸文詞於北門，候進止，謂之北門學士。明皇初置翰林待詔，乃選文學之士號翰林供俸，與集賢院學士分掌制誥書勑，而翰林學士之名始定矣。宋翰林學士掌制誥書勑國書及宮禁所用文詞，乘輿行幸則侍從備顧問，有所獻納則請封，或奏對。凡初命爲學士，皆遣使就第宣詔召入院中，其學士承旨，始自永貞也。直學士院，始自開寶也。侍講學士、侍讀學士，始自開元也。明初置翰林國史院，定設學士承旨、學士、侍講學士、侍讀學士、直學士、典簿待制、脩撰應奉、編脩典籍、檢閱之屬。又選進士爲庶吉士，而教養之。二甲爲編修，三甲爲檢討。不得留者爲給事中、御史主事，或出爲州縣官云。

《大清會典（康熙朝）》卷一五五《翰林院》 翰林官員，職在侍從禁庭，進直講筵，記注起居，撰擬册誥等文，纂修國史諸書。順治元年，置翰林院爲正三品衙門，設漢學士一員，侍讀學士、侍講學士各二員，侍讀、侍講各二員，修撰、編修、檢討、庶吉士俱無定員，典籍二員，孔目一員。二年，裁翰林院，以翰林官分屬內三院。十五年，復置翰林院，設滿漢掌院學士各一員，兼禮部侍郎銜。漢侍讀學士、侍講學士各三員，漢侍讀、侍講各三員，修撰、編修、檢討、庶吉士俱無定員，滿漢典簿各一員，滿待詔四員，漢待詔二員，滿漢孔目各一員，滿文筆帖式八員，漢滿文筆帖式八員。十八年，復裁翰林院。康熙九年，仍置翰林院，員額與順治十五年同。增設滿侍讀學士、侍講學士、侍讀、侍講各三員，裁滿待詔二員，增設滿文筆帖式八員，漢軍筆帖式八員。十一年，增設滿文筆帖式十四員，滿漢文筆帖式十員。

（清）陳枚輯《憑山閣增輯留青新集》卷一九《古今官制・翰林院》

漢石渠、天禄、蘭臺、東觀，魏晉後秘書集書省，俱準今職。

建置：漢制尚書郎主作文書起草，魏改秘書令爲中書令，掌贊誥命，記會時事，典文書。唐玄宗置翰林待詔，選文學之士號翰林供奉，與集賢學士分掌制詔書勑。開元又改翰林供奉爲學士，別置學士院，專掌內命，而翰林學士之名始定。宋仍之。明制有定設學士、侍讀侍講學士、五經博士、典籍、侍書、待詔、及史官、修撰、編修、檢討、孔目等官。今職如左：

名號：蘭臺、《漢書》內掌蘭臺秘，外督諸州刺史。麟臺、《漢官》有麒麟天禄一閣藏秘書。唐改秘書爲麟臺。芸臺、芸，香草可辟蠹。漢改秘書監曰芸臺。鸞坡、《翰林志》唐德宗移學士院於金鸞坡。鸞一作鑾，亦稱鸞禁。玉堂、楊雄《解嘲》歷金門上玉堂。秘閣、謂閣中藏秘書也，凡稱秘府、秘署義同。木天。署式穹如天。故稱。

掌院學士正五品。

名號：內相。唐翰林學士、居宰相之下，號爲內相。

稱呼：大太史、掌史館事，故稱。大詞翰。翰，筆也。翰林主文事，故稱。凡稱文翰、宸翰，義同。

侍讀講學士從五品。

侍讀講正六品。

名號：同前內相。

稱呼：同前大太史、大詞翰。

修撰從六品。殿試進士一甲一名授此職。

編修正七品。殿試進士一甲二三名、二甲。進士、散館俱授此職。

檢討從七品。三甲進士散館授此職。

庶吉士正八品。進士考選號庶常。

名號：詞林、翰苑。

稱呼：同前大太史、大詞翰。

五經博士正八品。係至聖、孔子。復聖、顔子淵。宗聖、曾子輿。亞聖、孟子輿。衛侯、仲子路。徽國公、朱晦菴。豫國公、程明道。洛國公、程伊川。後裔世襲。

名號：博士。餘稱註國子監博士下。

稱呼：大翰博。

典簿從八品。

待詔從九品。

孔目未入流。

《大清會典（乾隆朝）》卷八四《翰林院》　掌院學士兼禮部侍郎滿漢各一人，掌國史、圖籍、制誥、文章之事。侍讀學士、侍講學士、侍讀、侍講均滿漢各三人，修撰、編修、檢討無定員，掌撰述編輯纂直經幄。庶吉士無定員，入館肄業，不任以事。典簿滿漢各一人，掌出納文移。孔目滿漢各一人，掌收貯圖籍。待詔滿漢各二人，掌校對章疏文史。筆帖式，滿四十人，漢軍四人，掌繕書繙譯。

（清）錢大昕《潛研堂文集》卷二八《跋麟臺故事》　宋時翰林與館職各有司存。錢文僖之《金坡遺事》、李昌武之《翰林雜記》、洪文安之《翰苑群書》、何同叔之《中興學士院題名》，此翰林故事也。宋匪躬之《館閣録》、羅畸之《蓬山志》、程俱之《麟臺故事》、陳騤之《中興館閣録》，此館職故事也。館職亦呼學士，用儕輩相尊之稱，如武臣例稱太尉耳，非真學士也。翰林掌制誥，館職典圖籍，班秩不同，職事亦異。然館職之名亦再變。宋初沿唐舊，以昭文、國史、集賢爲三館。昭文有學士、有直館；集賢有學士、有直院、有校理；史館有修撰、有直館、有校勘。學士不常置，自直館以下皆館職也。太宗時又建秘閣，設直閣、校理、校勘，與三館并列，故有館閣之稱。元豐改官制，罷三館職事，歸之于秘書省，其官曰監、曰少監、曰丞、曰秘書郎、曰著作郎、曰著作佐郎、曰校書郎、曰正字，自丞郎以下皆爲館職矣。若元豐以前，校書、正字、著作但爲虚銜，其秩甚卑，州郡幕僚與知縣皆得帶之，非若後來之清要也。前後官稱既改，後之言官制者漫不能辯，因讀此書爲略叙之。唐時嘗改秘書爲麟臺，故北山以名其書。

《大清會典（嘉慶朝）》卷五五《翰林院》　翰林院。掌院學士，滿洲一人，漢一人。於大學士尚書侍郎內特簡。掌論撰文史之事。率在院之列而勵其學行，以備任使，以充侍從。【略】經筵直講官，滿洲二人，漢二人。豫開列以候欽定。【略】侍讀學士，滿洲二人，漢三人。侍講學士，滿洲二人，漢三人。侍讀，滿洲二人，漢三人。侍講，滿洲二人，漢三人。修撰，以每科第一甲第一名進士授修撰，無定員。編修，一甲第二三名進士授編修，二甲進士散館後亦授編修，無定員。檢討。三甲進士散館後授檢討，無定員。掌撰著文章與於侍從。

《大清會典（光緒朝）》卷七〇《翰林院》　翰林院。掌院學士，滿洲一人，漢一人。於大學士尚書侍郎內特簡。掌論撰文史之事。率在院之列而勵其學行，以備任使，以充侍從。【略】經筵直講官，滿洲二人，漢二人。豫開列以候欽定。【略】侍讀學士，滿洲二人，漢三人。侍講學士，滿洲二人，漢三人。侍讀，滿洲二人，漢三人。侍講，滿洲二人，漢三人。修撰，以每科第一甲第一名進士授修撰，無定員。編修，一甲第二三名進士授編修，二甲進士散館後亦授編修，無定員。檢討。三甲進士散館後授檢討，無定員。掌撰著文章與於侍從。

地方分部

省

綜述

（清）牛天宿《百僚金鑑》卷五《布政》　按布政古方伯，爲一州之表率者。昉於堯之四岳，舜之十二牧，禹之九州九牧，周之八命作牧也。漢魏以來爲刺史，或爲單車刺史，或爲州牧。唐太守爲刺史，而雍州置牧。神龍初，分天下爲十邑，邑置巡察使，廉按郡縣。再期而開元來，置採訪處置使，治於所部之大郡，其有戎武之地，即爲節度使。宋有轉運使、副判官使、桉察官吏，又有提舉常平茶鹽司。元外道各置行中書省，有左右丞、參政等官。明初分天下十三省，初爲行中書省，已定爲承宣布政使司。司設左右布政、左右參政、左右參議。布政司掌一省之政令，朝廷有德澤禁令，承流宣播，以下於有司。凡僚屬文武官，歲覈其稱職不稱職者，上下其考，報撫按以達於吏部、兵部、都察院。三年則率所屬州縣正印官及首領官朝覲於京師，詳第其稱職不稱職，於部院聽廢置。十年，令户版以登民數，三歲大比貢，合者之士而提調之。其職掌甚衆。大抵今之藩司，實古之岳牧。而漢謂之刺史，元謂之行中書省，唐宋改爲使，致不一也。

（清）牛天宿《百僚金鑑》卷五《按察司》　按察亦漢刺史，唐十道觀察使，宋轉運諸使之職。但唐宋諸使或兼領無專官，或因事權設，事竣即省。元於行中書之外各道別置提刑按察使，有副使僉事，僉事爲之貳，而更有經歷知事焉。明初各省置提刑按察司，有按察使，有副事，有僉事。按察使掌糾所屬府州縣官司及一省刑名按劾之事。諸官吏奸邪貪酷罷軟，得以糾察擒治，平讞刑獄雪冤枉，禁誥官私豪猾之干治者，以振揚風紀。大者暨布都二司會議，告撫按以聽於部院。凡朝覲慶賀吊祭之禮，具如布政司，副使僉事分巡道，察其兵備，提學撫民，巡海清軍監軍各專事，置無常員。首領官經歷、知事、照磨、檢校、司獄。

《大清會典（康熙朝）》卷五《吏部·官制三·外官》　在外直省各官，惟山西陝西甘肅布政使、按察使，康熙七年定爲滿缺，其餘俱係漢軍漢人補授。直隸爲畿輔地，不置藩臬，設口北守道兼山西布政司銜，大名巡道兼河南按察司銜，通永、天津巡道俱兼山東按察司銜，霸昌、井陘巡道俱兼山西按察司銜。康熙八年，直隸增設守道一員，總司錢穀。巡道一員，總理刑名。凡參政、參議，名曰守道。副使、僉事，名曰巡道。

各承宣布政使司

正官

布政使一員，舊設左右布政使各一員，康熙六年裁一員，改稱爲布政使。江南、湖廣、陝西各二員，浙江、江西、福建、山東、山西、河南、四川、廣東、廣西、雲南、貴州各一員。參政，舊設左右參政，康熙六年定止稱參政。各省員數因事添革不一，今浙江、江南、福建、山東各二員，湖廣、山西、河南、陝西、廣西、貴州各一員，他省無。參議。舊設左右參議，康熙六年定止稱參議，各省員數因事添革不一，今湖廣四員，陝西、山西各二員，江南、江西、山東、廣東、雲南各一員，他省無。

首領官

經歷司

經歷一員，都事一員。江西、福建、山西、河南各一員。他省無。

照磨所

照磨一員，檢校一員。初各省俱設，今止江西一員，餘悉裁。

理問所

理問一員。各省俱設，惟貴州無。舊有副理問一員，後裁。

所屬衙門

司獄司

司獄一員。初各省俱設，今止江西、河南，各一員，餘悉裁。

庫

大使，山西三員，江南、湖廣各二員，浙江、江西、福建、山東、河南、陝西、廣東、廣西、雲南、貴州各一員。副使。浙江、江西、山西、陝西、雲南各一員，他省無。舊有寶源局大使副使各一員，後裁。

陝西茶馬司
大使三員。
陝西涼莊倉
大使一員。
陝西涼州草場
大使一員。
陝西涼莊道所屬各驛
驛丞十八員。舊有河西靈州倉大使一員，四川建昌、鹽井、越嶲、寧番、會川、鎮西六倉大使各一員，後俱裁。

各提刑按察使司

正官
按察使，江南、湖廣、陝西各二員。餘省各一員。副使，各省員數因事添革不一，今陝西九員，廣東五員，江西、湖廣、福建、四川各三員，江南、浙江、河南、雲南各二員，山東、廣西各一員，餘省無。僉事，各省員數因事添革不一，今江南、山東各二員，浙江、湖廣、福建、陝西、四川、廣西、貴州各一員，餘省無。提學道。每省各一員，或副使或僉事無定銜，其直隸、江南、浙江提督學政，詳見翰林院。
首領官
經歷司
經歷一員，知事一員。江西、福建、山西、廣東、廣西各一員，他省無。
照磨所
照磨一員，檢校一員。江西、福建、山西、陝西各一員，他省無。
所屬衙門
司獄司
司獄。江南湖廣各二員，浙江、江西、山東、河南、陝西、廣東、廣西、雲南、貴州各一員，他省無。
西寧道所屬倉
大使一員。舊設五員，後裁四員。舊有肅州、靖遠兩道所屬倉大使各一員，後裁。舊有倉副使，草場大使，後俱裁。
西寧道所屬各驛
驛丞六員。舊設七員，康熙六年裁一員。
寧夏道所屬各驛
驛丞三員。

各府

正官
知府一員，同知，通判。同知通判，因事添革，無定員。舊有推官一員，康熙六年裁。
首領官
經歷司
經歷一員，知事一員。事簡府分不設。
照磨所
照磨一員，檢校一員。事簡府分不設。
所屬衙門
司獄司
司獄一員。
儒學
教授一員，訓導一員。康熙三年裁，十五年復設。
倉、庫、稅課司、雜造織染局、稅課分司、草場大使，副使。以上大使副使，俱因事設立，無定員。
陰陽學
正術一員。
醫學
正科一員。
僧綱司
都綱一員，副都綱一員。
道紀司
都紀一員，副都紀一員。
各府州縣巡檢司
巡檢一員。
各府州縣水馬驛
驛丞一員。

各府州縣遞運所
大使一員。
各府州縣河泊所
所官一員。以上驛丞、大使、所官，俱因事設立。
江寧龍江關
大使一員。舊有石灰山大使一員，後裁。
江寧批驗茶引所
大使一員。
各州
正官
知州一員，同知，判官。同知判官，因事添革，無定員。
首領官
吏目一員。
所屬衙門
儒學
學正一員，訓導一員。康熙三年裁，十五年復設。
陰陽學
典術一員。
醫學
典科一員。
倉、庫、税課司、草場
大使，副使。以上大使、副使俱因事設立，無定員。
各閘
閘官一員。
僧正司
僧正一員。
道正司
道正一員。
各縣
正官
知縣一員，縣丞，主簿。縣丞、主簿因事添革，無定員。
首領官
典史一員。
所屬衙門
儒學
教諭一員，訓導一員。康熙三年，大縣裁訓導，小縣裁教諭，十五年復設。
倉税課司
大使，副使。大使、副使因事設立，無定員。
陰陽學
訓術一員。
醫學
訓科一員。
僧會司
僧會一員。
道會司
道會一員。
江南山陽縣河堤
堤官一員。舊有浙江上虞縣管壩官一員，後裁。
各都轉運鹽使司
正官
運使一員，同知一員，康熙十六年裁，十七年復設。長蘆山東兩浙福建各一員。副使，康熙十六年裁，十七年復設。兩浙一員。判官。兩淮四員，兩浙一員，長蘆一員，山東一員，河東一員。
首領官
經歷一員，知事。兩淮、兩浙、長蘆、河東各一員。
各鹽課提舉司
正官
提舉。廣東一員，雲南三員。
首領官
吏目。廣東、雲南各一員。

鹽運提舉二司所屬衙門

各場鹽課司批驗鹽引所倉庫

大使各一員，舊有副使各一員，後裁。巡檢。止兩淮二員。

舊有廣東市舶提舉司，設提舉七員，吏目一員。康熙五年裁併鹽課提舉司。

舊有陝西苑馬寺卿一員，主簿一員，各牧監監正七員，康熙二年裁。録事四員，順治十三年裁。

各省都司

經歷一員，斷事。山西、陝西各一員，他省無。

各衛

經歷一員，税課司大使。陝西三員。

各宫觀

提點。

各宣慰司

經歷。湖廣二員，四川一員。

招討司

經歷。四川一員。

各長官司

吏目。湖廣、四川各一員，貴州十員。

（清）陳枚輯《憑山閣增輯留青新集》卷一九《古今官制・布政使》

建置：布政，古方伯也，歷攷唐虞之四岳、十二牧，夏之九州九牧，周之八命作牧，漢魏以來之刺史，唐之巡察使及采訪處置使，宋之轉運使。要其品秩，與今督撫相似。元外道各置行中書省，有左右丞、參政等官。明更定爲承宣布政使司，司設左右布政使、左右參政、左右參議。布政使掌一省之政令，參政、參議分管清軍、屯田、水利、撫民、驛傳、督糧、邊備之事。首領官經歷典文移，都事佐之。照磨理卷宗，檢較佐之。理問典刑名，副理問佐之。今職如左：

名號：藩鎮，亦稱外鎮。紫薇省，左司。

布政使從二品。

名號：藩司、方伯。《王制》千里之外設方伯。

稱呼，大藩侯，亦稱大藩憲。大方岳。亦稱大岳牧、大方伯。大旬宣。

參政從三品。或督糧，或分守。參議同。

參議從四品。

名號：大參、參政，亦稱參知。少參、參議。監司。參政參議及按察司副使、僉事同。

稱呼：大參憲、參政、參議同。督糧分守别稱酌用。

經歷從六品。都事從七品。理問從六品。照磨從八品。檢較正九品。

名號：司幕。按察司經歷等職同。

稱呼：大贊司。亦稱大統署，按察司經歷等職稱同。

庫大使從九品

名號：典庫。

稱呼：大司藏。

《大清會典（雍正朝）》卷五《吏部・官制三・外官》　在外直省各官，惟山西、陝西、甘肅布政使，按察使，康熙七年定爲滿缺，其餘俱係漢軍漢人補授。間有互用者，出自特簡。

初直隸不置藩臬，設口北守道兼山西布政司銜，大名巡道兼河南按察司銜，通永、天津巡道俱兼山東按察司銜，霸昌、井陘巡道俱兼山西按察司銜。康熙八年，直隸增設守道一員，總司錢穀，巡道一員，總理刑名。雍正二年諭：直隸總司錢穀守道，改爲布政使。總理刑名巡道，改爲按察使。三年奏准：通永、天津、霸昌、大名等巡道，俱改從直隸按察司銜。口北守道，改從直隸布政司銜。四年議准：通永、天津、大名等巡道，俱改爲河道。井陘巡道員缺，康熙三十八年裁。

各承宣布政使司

正官

布政使，舊設左右布政使各一員，康熙六年，裁一員，止稱布政使。直隸一員，江南、湖廣、陝西各二員，浙江、江西、福建、山東、山西、河南、四川、廣東、廣西、雲南、貴州各一員。參政。舊設左右參政，康熙六年定止稱參政，各省員數無定，視何項官推陞者，即爲何項道。參議、副使、僉事同。凡參政、參議名曰守道，副使、僉事名曰巡道。參議。舊設左右參議，康熙六年定止稱參議。

首領官

經歷司

經歷一員，都事一員。初設河南、福建、江西、山西各一員，他省無。康熙三十八年，裁江西、山西員缺。

照磨所

照磨一員。初各省俱設，康熙三十八年，裁山東、河南、廣西、雲南員缺。舊各省俱設檢校一員，後止江西一員，餘悉裁。雍正二年，并裁江西員缺。

理問所

理問一員。初各省俱設，惟貴州無。康熙三十八年，裁福建、廣東、廣西、四川等員缺。雍正二年，裁山東、山西等員缺。舊有副理問一員，康熙三十八年裁。

所屬衙門

庫

大使。山西三員。康熙三十八年，裁一員。江南、湖廣各二員，浙江、江西、福建、山東、河南、陝西、廣東、廣西、雲南、貴州各一員。副使。浙江、江西、山西、陝西、雲南各一員，他省無。舊有寶源局大使、副使各一員，後裁。

陝西茶馬司

大使一員。

舊有陝西涼莊倉大使一員，陝西涼州草場大使一員，俱於康熙二十九年裁。

陝西涼莊道所屬各驛

驛丞十八員。舊各省俱設司獄司司獄一員，後止江西、河南各一員，餘悉裁。康熙三十八年，并裁江西、河南等員缺。舊有河西靈州倉大使一員，四川建昌、鹽井、越嶲、寧番、會川、鎮西六倉大使各一員，後俱裁。

各提刑按察使司

正官

按察使，直隸一員，江南、湖廣、陝西各二員，餘省各一員。副使，注見叅政條下。僉事。注見叅政條下。舊有提學道，或副使或僉事無定銜，每省各一員，惟順天、江南、浙江爲提督學政。雍正四年，俱改爲提督學政。

首領官

經歷司

經歷一員，知事一員。江西、福建、山西、廣東、廣西各一員，他省無。康熙三十八年，裁福建、山西、廣東、廣西等員缺。

照磨所

照磨一員，初各省俱設，康熙三十八年，裁山東、河南、江西、廣西、雲南等各員缺。檢校一員。福建、江西、山西、陝西各一員，他省無。康熙三十八年，裁江西、山西、陝西等員缺。

所屬衙門

司獄司

司獄。江南、湖廣各二員，浙江、江西、山東、河南、陝西、廣東、廣西、雲南、貴州各一員，他省無。

舊有肅州、靖遠兩道所屬倉大使各一員，後裁。又設西寧道所屬倉大使五員，後裁四員，存一員。康熙十六年，并裁。舊有倉副使、草場大使，後俱裁。

西寧道所屬各驛

驛丞六員。舊設七員，康熙六年，裁一員。

寧夏道所屬各驛

驛丞三員。

各府

正官

知府一員，同知，通判。同知、通判因事添革，無定員。

舊有推官一員，康熙六年裁。

首領官

經歷司

經歷一員，事簡府分裁汰。知事一員。事簡府分不設。

照磨所

照磨一員，事簡府分裁汰。檢校一員。事簡府分不設。

所屬衙門

司獄司

司獄一員。事簡府分裁汰。

儒學

教授一員，訓導一員。康熙三年裁，十五年復設。

倉、庫、税課司、雜造織染局、税課分司、草場大使，副使。以上大使、副使俱因事設立，無定員。

陰陽學

正術一員。

醫學
正科一員。
僧綱司
都綱一員，副都綱一員。
道紀司
都紀一員，副都紀一員。
各府州縣巡檢司
巡檢一員。
各府州縣水馬驛
驛丞一員。
各府州縣遞運所
大使一員。
各府州縣河泊所
所官一員。
以上驛丞、大使、所官俱因事設立，無定員。
江寧龍江關
大使一員。
舊有石灰山大使一員，後裁。
江寧批驗茶引所
大使一員。
各州
正官
知州一員，同知，判官。同知、判官因事添革，無定員。
首領官
吏目一員。
所屬衙門
儒學
學正一員，訓導一員。康熙三年裁，十五年復設。
陰陽學
典術一員。
醫學
典科一員。
倉庫稅課司草場
大使，副使。以上大使、副使。俱因事設立，無定員。
各閘
閘官一員。
僧正司
僧正一員。
道正司
道正一員。
各縣
正官
知縣一員，縣丞，主簿。縣丞、主簿因事添革，無定員。
首領官
典史一員。
所屬衙門
儒學
教諭一員，訓導一員。康熙三年，大縣裁訓導，小縣裁教諭。十五年，復設。
倉稅課司
大使，副使。大使、副使因事設立，無定員。
陰陽學
訓術一員。
醫學
訓科一員。
僧會司
僧會一員。
道會司
道會一員。
江南山陽河堤
堤官一員。

舊有浙江上虞縣管墦官一員，後裁。

各都轉運鹽使司

正官

運使，兩淮、長蘆、河東、山東、兩廣各一員。兩浙運使，康熙四十九年改爲驛鹽道。福建運使，雍正四年改爲鹽驛道。同知，康熙十六年裁。十七年，復設長蘆、山東、兩浙、福建各一員，四十三年，裁兩浙、福建員缺。雍正二年，增設河東、兩廣各一員。副使，康熙十六年裁。十七年，復設兩浙一員。判官。兩淮，初設四員。康熙三十八年，裁一員。兩浙、長蘆、山東、河東各一員，五十八年，裁山東員缺。雍正二年，裁河東員缺。

首領官

經歷一員，知事。兩淮、兩浙、長蘆、河東各一員，康熙三十八年，裁兩浙員缺。

各鹽課提舉司

正官

提舉。雲南三員，廣東一員，康熙三十二年，裁廣東員缺。

首領官

吏目。雲南、廣東各一員，康熙三十二年，裁廣東員缺。

鹽運提舉二司所屬衙門

各場鹽課司批驗鹽引所倉庫

大使各一員，巡檢。止兩淮二員。舊有廣東市舶提舉司，設提舉七員，吏目一員。康熙五年，裁并鹽課提舉司。舊有陝西苑馬寺卿一員，主簿一員，各牧監監正七員。康熙二年裁。録事四員，順治十三年裁。舊有各省都司經歷一員，雍正二年均裁。斷事，山西、陝西各一員，他省無。康熙三十九年裁山西員缺，雍正二年并裁陝西員缺。

各衛

經歷一員，止江南金山衛一員，餘俱雍正三年裁。税課司大使。陝西三員，雍正二年裁。

各宫觀

提點。

各長官司

吏目。湖廣、四川各一員，貴州十員。舊有各宣慰司經歷，湖廣二員，四川一員，雍正四年裁。舊有招討司經歷，四川一員，雍正四年裁。

《大清會典（乾隆朝）》卷四《吏部・官制四・外官》直省設總督統轄文武，詰治軍民。巡撫綜理教養刑政，承宣布政使司掌財賦，提刑按察使司主刑名。糧儲、驛傳、鹽法、兵備、河庫、茶馬、屯田及守巡各道，覈官吏、課農桑、興賢能、礪風俗、簡軍實、固封守，督撫挈其綱領，司道布其教令，以倡各府。府有知府、同知、通判，以倡州縣。州有知州、同知、判官，縣有知縣、有丞、有主簿，各治其土田、户口、賦税、辭訟。司學校者，府曰教授，州曰學正，縣曰教諭，其貳皆曰訓導。修四術造士以倡四民，共成治化。司府首領州縣雜職則有經歷、都事、理問、照磨、檢校、知事、司獄、吏目、典史、驛丞、巡檢、牐官、倉庫大使，或司一事，或任差委，皆尊卑有紀，小大相承，以分猷効職，阜成兆民。

總督正二品。加尚書銜，從一品。直隸一人，江南、江西一人，福建、浙江一人，湖北、湖南一人，陝甘一人，廣東、廣西一人，四川一人，雲南、貴州一人。

漕運總督一人，正二品。加尚書銜，從一品。

河道總督正二品。加尚書銜，從一品。山東、河南一人，江南一人，直隸河道以總督兼理。

巡撫從二品。加侍郎銜，正二品。山東、山西、河南、江蘇、安徽、江西、福建、浙江、湖北、湖南、陝西、甘肅、廣東、廣西、雲南、貴州各一人。直隸、四川繫總督兼管。

學政，直隸、山東、山西、河南、江蘇、安徽、江西、福建、浙江、湖北、湖南、陝西、四川、廣東、廣西、雲南、貴州各一人。各帶原銜品級。奉天學政以奉天府丞兼理，福建、臺灣府學政以臺灣道兼理。

鹽政，長蘆、河東、兩淮各一人，由特旨簡用，或都察院奏差。各帶原銜品級。福建、兩廣以總督兼理，兩浙以巡撫兼理，甘肅、四川、雲南、貴州均巡撫管理。

織造，江寧府、蘇州府、杭州府各一人。均於内務府司官内簡用，各帶原銜品級。

巡察，福建、臺灣滿漢各一人。由都察院奏差，各帶原銜品級。

承宣布政使司：布政使從二品，直隸、山東、山西、河南、江蘇、安徽、江西、福建、浙江、湖北、湖南、陝西、甘肅、四川、廣東、廣西、雲南、貴州各一人。經歷從六品，直隸、山東、山西、河南、安徽、江西、福建、浙江、湖北、陝西、四川、廣東、廣西、雲南、貴州各一人。理問從六品，直隸、江蘇、江西、浙江、湖南、陝西、雲南各一人。都事從七品，河南、福建各一人。照磨從八品，山西、福建、浙江、湖北、甘肅、四川、廣東各一人。庫大使正八品，直隸、山東、山西、河南、江蘇、安徽、江西、福建、浙江、湖北、湖南、陝西、甘肅、四川、廣東、廣西、雲南、貴州各一人。倉大使從九品，安徽一人。

提刑按察使司：按察使正三品，直隸、山東、山西、河南、江蘇、安徽、江西、福建、浙江、湖北、湖南、陝西、甘肅、四川、廣東、廣西、雲南、貴州各一人。經歷正七品，直隸、山東、山西、河南、江蘇、江西、福建、浙江、湖北、陝西、四川、廣東、廣西、雲南各一人。知事正八品，江西一人。照磨正九品，安徽、福建、浙江、湖南、甘肅、廣東、貴州各一人。司獄從九品，直隸、山東、山西、河南、江蘇、安徽、江西、福建、浙江、湖北、湖南、陝西、四川、廣東、廣西、雲南、貴州各一人。

糧儲道，江南二人，山東、河南、江西、福建、浙江、湖北、湖南、廣東、雲南、貴州各一人。驛傳鹽法道，江蘇、江西、浙江、湖北、湖南、陝西、四川、雲南各一人。鹽法道，福建一人。河道，直隸四人，山東一人，河南二人，江蘇三人。分巡道，直隸、山西、福建、浙江、陝西各四人，山東、江蘇、湖北、湖南、廣西各三人，河南、安徽、江西、雲南、貴州各二人，甘肅八人，四川、廣東各五人，均正四品。庫大使從九品，直隸、山東、江西、福建、湖北、湖南、雲南各一人，江蘇三人。倉大使未入流，陝西、廣東各一人。

都轉運鹽使司：運使從三品，長蘆、山東、河東、兩淮、兩廣各一人。運同從四品，長蘆、山東、河東、兩廣各一人。運副從五品，兩浙一人。運判從六品，長蘆、山東、兩浙各一人，兩淮三人。監掣官正六品，兩淮儀所一人。鹽課提舉司提舉正五品，雲南三人。鹽課司大使正八品，長蘆十人，山東十人，兩淮二十五人，兩浙三十二人，陝西、甘肅各一人，四川九人，廣東十有三人，雲南十有一人。鹽引批驗所大使正八品，長蘆、山東、兩淮各二人，兩浙四人，兩廣一人。庫大使正八品，長蘆、山東、河東、兩淮、兩廣各一人。倉大使正八品，河東三人。經歷從七品，長蘆、山東、河東、兩淮、兩浙、兩廣各一人。知事從八品，長蘆、河東、兩淮、兩廣各一人。巡檢從九品，兩淮一人。

知府從四品，直隸、山西、河南、湖南各九人，奉天一人，江蘇、安徽、甘肅各八人，江西、貴州各十有三人，浙江、四川、廣西各十有一人，山東、福建、湖北、廣東各十人，陝西六人，雲南二十一人。同知正五品，府或一二人，或三四人。分理督糧、捕盜、海防、江防、清軍、理事、撫苗、水利諸務，量地置員，事簡之府不設。直隸二十四人，奉天一人，山東十有二人，山西、江西各十有一人，河南、廣西各八人，江蘇二十二人，安徽七人，福建、湖北、甘肅、四川、廣東各十人，浙江十有五人，湖南九人，陝西、貴州各六人，雲南十有三人。通判正六品，府或一二人，或三四人。管糧、督捕、水利、理事諸務，量地置員，事簡之府不設。直隸二十七人，奉天二人，山東、河南各十有一人，山西十有三人，江蘇十有八人，安徽、雲南各八人，江西、湖南、湖北、四川各十人，福建、廣東、貴州各七人，浙江九人，陝西四人，甘肅、廣西各五人。經歷正八品，直隸、山西、福建、湖南各九人，奉天一人，山東、湖北、廣東、廣西各十人，河南、江蘇、安徽、甘肅各八人，江西、貴州各十有三人，浙江、四川各十有一人，陝西四人，雲南十有七人。同知、經歷品級同，湖南一人。衛經歷從七品，四川一人。知事正九品，江蘇四人，浙江、陝西各一人，廣西二人，雲南七人。照磨從九品，江蘇六人，安徽、湖北各三人，江西十有二人，河南、福建、貴州各一人，浙江五人，陝西四人。同知、照磨品級同，江西一人，四川五人。司獄從九品，直隸四人，山東十人，山西、貴州各二人，河南、安徽、四川各一人，福建、廣東各九人，浙江、湖北、廣西各七人，湖南、雲南各五人，陝西三人。通判、司獄品級同，山西二人。茶馬司大使正九品，甘肅二人。宣課司大使從九品，江蘇二人。稅課司大使從九品，江蘇二人，浙江四人，廣東一人。倉大使從九品，直隸三人，山東、山西、福建各二人，江蘇一人，廣東六人。庫大使未入流，山西一人。茶引批驗所大使未入流，江蘇一人。鹽茶大使未入流，四川一人。遞運所大使未入流，江蘇一人。檢校未入流，江蘇四人。長官司吏目未入流，貴州四人。

直隸州知州從五品，直隸、陝西各六人，山西十人，河南、湖南各四人，江蘇、甘肅、廣東各三人，安徽五人，江西、廣西各一人，福建二人，四川十有九人。州同從六品，直隸、江蘇、安徽、四川各三人，福建、陝西、甘肅各二人，河南、湖南、廣東各一人。州判從七品，直隸五人，山西四人，河南、湖南、甘肅各三人，江蘇、陝西、廣東各二人，安徽、江西、廣西各一人，四川七人。吏目從九品，直隸、陝西各六人，山西十人，河南、湖南各四人，江蘇、甘肅、廣東各三人，安徽五人，江西一人，福建、廣西各二人，四川九人。税課司大使未入流，江蘇一人。

知州從五品，直隸十有六人，奉天、安徽各四人，山東、四川各十有一人，山西、河南各六人，江蘇、湖南各三人，江西、浙江各一人，湖北、甘肅各八人，陝西五人，廣東七人，廣西十有五人，雲南三十一人，貴州十有四人。州同從六品，直隸、江蘇、湖北、雲南各三人，山東九人，廣西十有三人，河南、江西、湖南、甘肅、四川各一人，安徽四人，陝西、貴州各二人。州判從七品，直隸十有七人，奉天、安徽、江西、浙江、廣東各一人，山東、廣西各六人，河南、湖北各五人，江蘇、甘肅、貴州各三人，湖南、四川各二人，雲南四人。吏目從九品，直隸十有八人，奉天、安徽各四人，山東、四川各十有一人，山西、河南各六人，江蘇、湖南各三人，江西、浙江各一人，湖北、甘肅各八人，陝西五人，廣東七人，廣西二十三人，雲南三十一人，貴州十有四人。税課司大使未入流，山東一人。倉大使未入流，山東二人。庫大使未入流，直隸一人。

知縣正七品，直隸一百十有八人，奉天府七人，山東九十六人，山西八十九人，河南九十九人，江蘇六十一人，安徽五十一人，江西、浙江各七十六人，福建六十二人，湖北六十人，湖南六十四人，陝西七十三人，甘肅四十四人，四川一百十有二人，廣東八十人，廣西四十七人，雲南三十三人，貴州三十四人。縣丞正八品，直隸三十六人，山東三十五人，山西三人，河南三十三人，江蘇、江西各四十八人，安徽十有七人，福建二十九人，浙江四十五人，湖北二十一人，湖南十有三人，陝西、廣東各十有九人，甘肅五人，四川十有八人，廣西六人，雲南三人，貴州八人。主簿正九品，直隸二十二人，山東十有三人，河南十有四人，江蘇四十人，安徽五人，浙江十有一人，湖北、甘肅、廣東各一人。典史未入流，直隸一百十有八人，奉天七人，山東九十六人，山西八十九人，河南九十九人，江蘇六十一人，安徽五十一人，江西、浙江各七十六人，福建六十二人，湖北六十人，湖南六十四人，陝西七十三人，甘肅四十四人，四川一百十有二人，廣東八十人，廣西四十七人，雲南三十三人，貴州三十四人。税課司大使未入流，河南一人，江蘇二人，浙江三人。倉大使未入流，直隸一人。河泊所未入流，廣東二人。

巡檢從九品，直隸四十六人，奉天六人，山東三十人，山西四十四人，河南十有七人，江蘇九十九人，安徽六十二人，江西九十二人，福建、湖北各七十四人，浙江三十九人，湖南五十七人，陝西十有一人，甘肅二人，四川二十六人，廣東一百四十八人，廣西六十三人，雲南二十五人，貴州八人。

驛丞未入流，直隸十有三人，山西、陝西各九人，河南、湖北各八人，江西、貴州各二人，浙江四人，湖南十有五人，四川三人。

牐官未入流，直隸一人，山東二十八人，江蘇十有三人。

教授正七品，直隸、河南、湖北、湖南各九人，奉天一人，山東、山西、福建、甘肅、廣東各十人，江蘇、安徽各八人，浙江、廣西各十有一人，江西、貴州各十有三人，陝西六人，四川十有二人，雲南二十二人。

學正正八品，直隸二十二人，奉天四人，山東、陝西、甘肅各十有一人，山西、廣西各十有六人，河南、廣東各十人，江蘇六人，安徽九人，江西、福建各二人，浙江一人，湖北、湖南各七人，四川八人，雲南三十一人，貴州十有四人。

教諭正八品，直隸一百十有五人，奉天二人，山東九十一人，山西六十二人，河南九十九人，江蘇四十六人，安徽四十九人，江西七十五人，福建五十八人，浙江七十六人，湖北五十四人，湖南五十七人，陝西四十三人，甘肅二十人，四川八十六人，廣東七十三人，廣西四十二人，雲南二十八人，貴州三十三人。

訓導從八品，直隸一百四十人，奉天五人，山東百有十人，山西九十六人，河南一百有五人，江蘇五十九人，安徽六十六人，江西九十一人，福建七十二人，浙江八十八人，湖北七十人，湖南七十七人，陝西八十四人，甘肅五十三人，四川一百二十二人，廣東九十四人，廣西六十四人，雲南七十五人，貴州六十人。

（清）趙翼《陔餘叢考》卷二七《省》　今制分天下爲各省，蓋仍前明之制，而明則因元之舊也。元時諸路各設行中書省，是以有省之名。前明改行省爲布政使司，而口語相沿不改，故猶稱省耳。原省之名之所起，則本於漢。按《漢書·昭帝紀》：帝年幼，帝姊鄂邑公主共養省中。注：伏儼曰：蔡邕云本爲禁中，門閤有禁也，後以孝元皇后父名禁，故避之曰省中也。衛宏《漢官舊儀》注亦曰：省中，禁中也。成帝外家王禁，貴重朝中，諱禁故曰省。然則本由禁中，改曰省中。後世以中書、尚書諸官署，設在省中，遂移爲官署之名，曰中書省、尚書省。《唐書·楊收傳》：漢制，總制羣官曰省，分務而治曰寺是也。至元設行中書省於各路，遂又移爲方州之名曰各直省也。然行省之稱，亦不自元始。陸放翁詩：往者行省臨秦中，我亦急服叨從戎。又云：行省當年駐隴頭，腐儒隨牒欲西遊。是南宋已有行省之稱。然惟四川安撫大使則稱之，他尚無此名。金宣宗時，州縣爲元兵殘破，乃隨處設行省，以治一方。如興定三年，有東平行省，蒙古綱，河北行省侯摯。又《苗道潤傳》：詔山東行省諭李琛與道潤和解，又靖安民願隸潞州，詔河北行省審處之。是金末亦已有行省矣。

（清）剛毅《晉政輯要》卷一《吏制·官制文職》　凡通省文職官制，額設四百九十九員。《會典》内載凡十有八省之屬皆受治於總督、巡撫而以達於部。總督、巡撫分其治於布政司、按察司，分守、分巡道、司道分其治於府、於直隸廳、直隸州，府分其治於廳州縣，直隸廳、直隸州復分其治於縣，而治其吏户禮兵刑工之事，佐貳而下皆任其彈壓，首領官給差委焉。注云：凡撫民同知通判、理事同知通判有專管地方者爲廳，其無專管地方之同知、通判爲府，佐貳不列於廳焉。又注云：府佐貳爲同知通判所管。或理事，或理饟，督糧監兑，或清軍或總捕，或驛或茶或鹽或馬，或營田或水利，或江防或海防，或撫邊撫夷撫番撫猺撫黎。州佐貳爲州同、州判，縣佐貳爲縣丞、主簿，所管或糧或捕或水利。凡府州縣之佐貳或同城，或分防，其雜職内之巡檢皆分防管捕，或兼管水利。又注云：布政司首領有經歷、理問、都事、照磨，按察司首領有經歷、知事、照磨，府首領有經歷、知事、照磨、檢校，廳首領有經歷、知事、照磨，州首領有吏目，縣首領有典史。廳無司獄者，即以首領兼司獄，州縣首領即爲管獄官，兼與巡檢分管捕務。又載學則學政督之，分府廳州縣學以教士。又載糧則漕運總督分其治於糧儲道，道分其治於押運官。以治運總督巡撫分其治於糧儲道，道分其治於地方府州縣官，督糧官以治饟。註云：不轉漕運之各省兵米皆統以總督、巡撫。又註云：山西、福建、甘肅、四川、廣西不設糧儲道，係布政司兼治其事。又載鹽則鹽政分其治於運使鹽法道，運使分其治於場於井於池，分司督之以治課，所官則任其制掣驗，首領給差委焉。又載雜職則官各舉其一職。又載國初布政司、按察司所屬經歷等官，每府同知、通判、經歷等官，每直隸州每州州同、州判、巡檢等官，每縣縣丞、主簿、巡檢等官，各府廳州縣儒學教諭等官，各鹽政經歷等官，皆因時因事增減，無定員。又載康熙三年裁各府州訓導一人，大縣訓導一人，小縣教諭一人。又載康熙十五年復設各訓導教諭。卷查雍正九年廣西巡撫金鉷奏定：以路當孔道者爲衝，政務紛繁者爲繁，賦多逋欠者爲疲，民刁俗悍命盗案多者爲難。嗣後四項三項之缺令該督撫於現任屬員内揀選調補，其二項一項之缺歸於月分銓選。又查乾隆六年吏部議准：四項俱全者爲最要缺，三項者爲要缺，二項者爲中缺，一項及四項俱無者爲簡缺。《會典》内載外官督撫藩臬以開列道府，有請旨，有揀，有題，有調，有留。餘則選廳州縣之缺，有揀，有題，有調，有留。餘則選佐雜要缺則留，餘則咨與選分缺焉。教職亦如之，鹽官亦如之。巡撫兼鹽政一人，特旨簡放。學政一人，特旨簡派。布政使一人，特旨簡放。按察使一人，特旨簡放。道員冀甯道、雁平道、河東道兼鹽法道、歸綏道。四人，請旨簡放。缺二，雁平道、河東道由部揀送簡放。缺一，歸綏道題。缺一，冀甯道。《會典》内載乾隆十八年定守巡各道秩正四品。知府太原府、潞安府、汾州府、澤州府、大同府、朔平府、甯武府、平陽府、蒲州府。九人，請旨簡放。缺六，太原府、汾州府、大同府、朔平府、平陽府、蒲州府，題調。缺一，潞安府選。缺二，澤州府、甯武府。《會典》内載乾隆二十八年知府由正四品改爲從四品。同知太原府、潞安府、汾州府、澤州府、蒲州府。五人，題缺四，太原府、潞安府、汾州府、澤州府。選缺一，蒲州府。理事同知朔平府、綏遠城。二人，均由部揀補。撫民理事同知歸化城廳、薩拉齊廳、豐鎮廳。三人，均在外題調。監掣同知河東。一人，題缺。通判汾州府、大同府、平陽府。三人，均選缺。理事通判太原府。一人，由部揀補。撫民理事通判清水河廳、托克托城廳、甯遠廳、和林格爾廳。四人。題缺一，甯遠廳。其三缺均在外調補。直隸州知州遼州、沁州、平定州、忻州、代州、保德州、解州、絳州、霍州、隰州。十人，題缺七，平定州、忻州、代州、保德州、解州、絳州、霍州。其三缺，均歸選。《會典》内載乾隆三十二年議準：直隸州知州向係從五品，改爲正五品。知州岢嵐州、永甯州、渾源州、應州、朔州、吉州。六人，題調缺一，永甯州。題缺朔州。其四缺均歸選。知縣陽曲縣、太原縣、榆次縣、太谷縣、祁縣、徐溝縣、交城縣、文水縣、嵐縣、興縣、長治縣、長子縣、屯留縣、襄垣縣、潞城縣、壺關縣、黎城縣、汾陽縣、孝義縣、平遥縣、介休縣、石樓縣、臨縣、甯鄉縣、鳳臺縣、高平縣、陽城縣、陵川縣、沁水縣、和順縣、榆社縣、沁源縣、武鄉縣、盂縣、壽陽縣、大同縣、懷仁縣、山陰縣、陽高縣、天鎮縣、廣靈縣、靈邱縣、右玉縣、左雲縣、平魯縣、甯武縣、神池縣、偏關縣、五寨縣、定襄縣、静樂縣、五臺縣、崞縣、繁峙縣、河曲縣、臨汾縣、洪洞縣、浮山縣、岳陽縣、曲沃縣、翼城縣、太平縣、襄陵縣、汾西縣、鄉甯縣、永濟縣、臨晉縣、虞鄉縣、榮河縣、萬泉縣、猗氏縣、安邑縣、夏縣、平陸縣、芮城縣、垣曲縣、聞喜縣、絳縣、稷山縣、河津縣、趙城縣、靈石縣、大甯縣、蒲縣、永和縣。八十五人，題缺十二，陽曲縣、榆次縣、平遥縣、介休縣、鳳臺縣、大同縣、臨汾縣、曲沃縣、永濟縣、臨晉縣、安邑縣、聞喜縣。調缺三，徐溝縣、汾陽縣、太平縣。其七十缺均歸選。筆帖式巡撫衙門二人，綏遠城將軍衙門三人，太原城守尉衙門一人，右衛城守尉衙門一人。七人。由部揀調缺二，巡撫衙門筆帖式，其五缺均由本處考補。布政使司經歷一人，選缺。按察使司經歷一人。選缺。府學教授額缺，與知府同。九人，均選缺。《會典》內載：初制教授止九品，雍正十三年定爲正七品。直隸州州判平定州、代州、解州、絳州。四人。調缺一，解州。其三缺均歸選。鹽法經歷河東。一人，在外揀補。布政使司庫大使豐贍庫。一人，由部揀補。鹽庫大使河東。一人，由部揀補。府經歷額缺，與知府同。九人，均選缺。縣丞陽曲縣、長治縣、長子縣、大同縣、永濟縣、平陸縣。六人，調缺二，永濟縣、平陸縣。其四缺均歸選。鹽場大使河東中場、東場、西場。三人，調缺一，東場。其二缺由部揀補。《河東鹽法備覽》內載鹽場大使國初係未入流，雍正六年加爲正八品。州學學正額缺，與直隸州暨府屬州同。十六人，均選缺。廳縣學教諭陽曲縣學、太原縣學、榆次縣學、太谷縣學、祁縣學、徐溝縣學、交城縣學、文水縣學、興縣學、長治縣學、長子縣學、屯留縣學、襄垣縣學、壺關縣學、黎城縣學、汾陽縣學、孝義縣學、平遥縣學、介休縣學、鳳臺縣學、高平縣學、陽城縣學、陵川縣學、沁水縣學、榆社縣學、武鄉縣學、平定州樂平鄉學、盂縣學、壽陽縣學、大同縣學、右玉縣學、甯武縣學、五臺縣學、崞縣學、繁峙縣學、臨汾縣學、洪洞縣學、浮山縣學、曲沃縣學、翼城縣學、太平縣學、襄陵縣學、永濟縣學、臨晉縣學、榮河縣學、萬泉縣學、猗氏縣學、安邑縣學、夏縣學、平陸縣學、芮城縣學、垣曲縣學、聞喜縣學、絳縣學、稷山縣學、河津縣學、趙城縣學、靈石縣學、歸化廳學。五十九人。均選缺。《會典》內載初制教諭無品級，雍正十三年定爲正八品。布政使司照磨一人，選缺。府州縣學訓導太原府學、陽曲縣學、太原縣學、榆次縣學、太谷縣學、徐溝縣清源鄉學、文水縣學、嵐縣學、興縣學、潞安府學、長治縣學、長子縣學、屯留縣學、襄垣縣學、潞城縣學、潞城縣平順鄉學、壺關縣學、汾州府學、汾陽縣學、孝義縣學、平遥縣學、介休縣學、石樓縣學、臨縣學、永甯州學、甯鄉縣學、鳳臺縣學、高平縣學、陽城縣學、沁水縣學、遼州學、和順縣學、沁源縣學、平定州學、盂縣學、壽陽縣學、大同府學、大同縣學、懷仁縣學、渾源州學、山陰縣學、陽高縣學、天鎮縣學、廣靈縣學、靈邱縣學、朔平府學、朔州學、朔州馬邑鄉學、左雲縣學、平魯縣學、甯武府學、神池縣學、偏關縣學、五寨縣學、忻州學、定襄縣學、静樂縣學、代州學、五臺縣學、崞縣學、河曲縣學、平陽府學、臨汾縣學、洪洞縣學、岳陽縣學、曲沃縣學、翼城縣學、太平縣學、襄陵縣學、汾西縣學、鄉甯縣學、永濟縣學、虞鄉縣學、榮河縣學、猗氏縣學、解州學、安邑縣學、夏縣學、平陸縣學、芮城縣學、絳州學、垣曲縣學、聞喜縣學、絳縣學、稷山縣學、河津縣學、霍州學、趙城縣學、靈石縣學、大甯縣學、蒲縣學、永和縣學。九十二人。均選缺。《會典》內載初制訓導無品級，雍正十三年定爲從八品。縣主簿陽曲縣、太谷縣。二人，調缺一，太谷縣。選缺一，陽曲縣。州吏目額缺，與直隸州并知州同。十六人，均選缺。按察使司司獄一人，選缺。府司獄太原府。一人，選缺。同知司獄豐鎮廳。一人，選缺。通判司獄甯遠廳。一人，選缺。巡檢陽曲縣石嶺關、徐溝縣清源鄉、交城縣故交村、潞城縣虹梯關、汾陽縣冀村、永甯州柳林鎮、永甯州方山堡、沁水縣端氏鎮、遼州十八盤、和順縣八賦嶺、渾源州王莊堡、應州安東衛、山陰縣岱岳站、右玉縣威遠堡、右玉縣殺虎口、甯武縣甯化所、静樂縣婁煩鎮、代州廣武城、五臺縣臺懷鎮、繁峙縣平刑關、河曲縣河邑城、曲沃縣侯馬鎮、河津縣禹門渡、靈石縣仁義鎮、隰州廣武莊、歸化城廳、歸化城廳畢齊克齊、薩拉齊廳、薩拉齊廳包頭、豐鎮廳二道河、豐鎮廳張皋兒、清水河廳、托克托廳、甯遠廳、科布爾和林格爾廳。三十五人，調缺二，薩拉齊廳包頭鎮、豐鎮廳張皋兒。其三十三缺均歸選。鹽巡檢鹽池司、長樂司、聖惠司。三人，均選缺。府倉大使太原府大盈倉。一人，額缺，與知縣同。八十五人，調缺一，陽曲縣。其八十四缺均歸選。同知庫大使綏遠城盈甯庫。一人，選缺。驛丞鳳臺縣星軺驛、平定州柏井驛、壽陽縣太安驛、太平縣史村驛。四人。均選缺。

巡撫：《會典》內載國初設山西巡撫一人，駐太原府。又載乾隆十四年議定：巡撫授都察院右副都御史銜，其應否兼兵部侍郎銜，請旨定奪。又載：雍正十二年山西巡撫管理山西提督事務，通省武弁聽其管轄。《中樞政考》內載山西巡撫缺出，奉旨補放。後兵部將山西提督印信應否即令兼管奏聞請旨。《會典》內載乾隆四十三年河東鹽政令山西巡撫兼管。又載：乾隆五十五年太原城守尉歸山西巡撫節制。特旨簡放。

學政：《會典》內載國初設督學道。又載：順治十五年裁宣大二鎮學政，併於山西提學道管理。又載：雍正四年定督學一體稱爲學院。《欽定職官表》內載山西提督學政一人，以侍郎京堂翰林科道部屬等官由進士出身者充，各帶原銜品級。特旨簡派。

布政使：《會典》內載國初各省皆設承宣布政使司，左右布政使各一人。又載：康熙六年定山西全省布政使一人。特旨簡放。經歷：《會典》內載國初設，無定員。又載：康熙六年定山西布政使司經歷一人。原定歸部銓選。豐贍庫大使：《會典》內載國初設，無定員。又載：康熙六年定山西布政使司庫大使三人，副使一人。又載：康熙三十九年裁大使一人。又載：乾隆元年裁大使一人。又載：乾隆十六年議準：山西布政司庫大使一人足資辦理，裁副使一人。原定由部揀補。照磨：《會典》內載國初設，無定員。又載：康熙六年定山西布政使司照磨一人。原定歸部銓選。

按察使：《會典》內載國初各省皆設提刑按察使司，按察使一人。又載：康熙六年定山西按察使一人。又載：乾隆四十三年諭：各省驛傳事務皆令各守巡道按其所屬府州縣分司其事，而以按察使總其成。特旨簡放。經歷：《會典》內載國初設，無定員。又載：康熙六年定山西按察使司經歷一人。原定歸部銓選。司獄：《會典》內載國初設，無定員。又載康熙六年定山西按察使司司獄司司獄一人。原定歸部銓選。

府

綜述

（清）牛天宿《百僚金鑑》卷六《郡守總考》 郡守，秦官。秦滅諸侯，以其地爲郡，置守丞尉三官。守治民，秩二千石。丞佐之，尉典兵。漢景初更名太守，掌治民，進賢勸功，決訟檢奸，常以春行所主縣，秋冬遣無過吏按訊諸囚，平其罪法，課論殿最，并舉孝廉。歲盡遣十計掾吏，條上郡內衆事，謂之計偕。郡爲諸侯王國者，置內吏，以掌太守之任。成帝初，省內史，以相治民，則相職爲太守。王莽改太守曰太尹。後漢常以尚書令僕射出爲太守，自郡守入爲三公重之也。後魏初置三太守，孝文初二千石，能靜二郡至三郡者，遷爲刺史。唐武德初，改郡爲州，改太守爲刺史。天寶初，又改州爲郡，刺史爲太守。自是州郡史守更相爲名，其實一也。明初，府定爲三等，賦三十萬石。上爲上府，從三品，二十萬石。爲中府，正四品，十萬石。爲下府，從四品，已而定爲正四品。知府一，同知通判一，推官一，因事添設。其屬經歷一，知事一，照磨一，檢校一，司獄一。所屬衙門儒學教授一，訓導四。知府掌教養萬民，同知通判椎官爲之貳，賓興科貢，均平賦役，崇慎祀典，禁詰奸頑，表異良善，訊聽刑獄，審達冤滯，存恤困窮，糾察吏治，而上下其考，以告撫按藩臬，達於吏部。按秦用商鞅之法，并小鄉聚集爲一縣，縣置令丞，凡三十一縣。分天下爲三十六郡，置守尉，監守者郡守，爲天子守土治民者也。尉者丞尉，掌佐官典武職甲辛者也。監者御史，掌監郡者也。漢文帝時，吴公爲河南守，治平爲天下第一，召以爲廷尉。武帝時，詔戒二千石，修職事。二千石太守之俸也，知府之重自此始。

（清）陳枚輯《憑山閣增輯留青新集》卷一九《古今官制·京府》

建置：秦分天下三十六郡，京師主郡者爲內史。漢武帝更內史名，爲京兆尹、左馮翊、右扶風，號稱三輔，治長安城中。自漢而後，歷代所都皆爲尹，但不仍京兆名，至後周復爲京兆尹。唐東西北三都牧多親王領之。宋開封尹亦親王遥領，别令待制以上官權知開封府事，以代京兆之任。明京府置尹，有丞與治中、通判佐尹，首領官經歷司，知事佐之，照磨所簡較佐之。今職如左：

名號：京部。蔡延慶制云召典京部。

府尹正三品。

名號：京尹、亦稱京兆。長史。亦稱內史明府。

稱呼：大畿牧、亦稱大京兆。大保釐、大邦伯。

府丞正四品。

名號：少京兆、亦稱少府。京少尹。

稱呼：大貳牧。亦稱大貳侯。

治中正五品。

名號：司馬。治中之名始于晉魏，隋文帝改爲司馬，煬帝改爲贊治。

稱呼：大端寮、大贊治。

通判正六品。
名號：別駕。唐置別駕貳京兆，即今職。
稱呼：同前大端寮、大贊治。
經歷從七品。照磨從九品。
名號、稱呼：酌用。
京縣知縣正六品。縣丞正七品。典史未入流。
名號、稱呼：同外縣。官制不與外縣並列，尊皇畿也。京學亦云然。
京學教授從九品。訓導未入流。
京衛武學教授品同上。訓導同上。按明洪武二十年禮部請立武學，不許。建文四年始置學，靖難復革。正統中復設，掌京衛教。
名號、稱呼：同外學。

（清）陳枚輯《憑山閣增輯留青新集》卷一九《古今官制·府》 建置：秦分天下爲郡，置守丞尉三官。漢置太守、郡丞、別駕、治中。王莽改太守曰太尹。後魏郡置三太守。隋開皇迄唐天寶，中間或改郡爲州，太守改稱刺史，或復改州爲郡，刺史改稱太守。更相爲名，其實一也。宋有權知軍州事及判太守等號。元於諸路皆立郡，始以知府稱。明知府掌政令，同知、通判、推官佐之，經歷、知事、照磨、檢較隸焉。今職如左：
知府正四品。
名號：專城、劇郡。
名號：黄堂、太守堂塗以雌黄，厭火災也，故稱。五馬大夫、刺史、亦稱太守。使君。
稱呼：大郡侯。亦稱大郡伯。
同知正五品。
通判正六品。
名號：郡丞、亦稱郡副。貳守、司馬大夫、以上同知。別駕、亦稱別乘。通守、郡倅、副車曰倅，猶別駕之義。監郡。以上通判。
稱呼：大貳侯、同知。大端佐、亦稱大端寮，一通判。大贊治。同知通判同。
經歷正七品。知事正八品。照磨從九品。檢較未入流。
名號：郡曹。
稱呼：大郡幕、亦稱大司録。大贊府。
司獄從九品。
名號、稱呼：同按察司司獄。

（清）錢大昕《潛研堂文集》卷三四《三答袁簡齋書》 別來又逾旬日，溽暑未退，不得時奉誨言，伏惟台候萬福。昨蒙詢及史事數則，謹就記憶所及，略陳一二，以備采擇。宋時諸州設通判，其結銜云通判某州軍州事，元諸路總管府置同知，其結銜亦云同知某路總管府事。其稱某府同知、某府通判，則始于明時，亦猶宋之郡守稱知某府軍府事，而明直稱某府知府也。通判在宋初雖有監州之諺，然其權仍出知州之下，中葉以後，其選益輕。東坡通判杭州，寄子由詩有餘杭別駕無功勞之句，則通判之稱別駕，宋時已然。若同知俗稱司馬，想是起于明時。然以唐制言之，別駕、司馬雖均爲刺史之佐，而司馬卻在別駕之下。更溯而上之至于兩漢，則司馬乃典兵之官，本非郡僚。考《續漢書·百官志》，將軍之下有司馬一人，其領軍皆有部曲，部有軍司馬一人，曲有軍侯一人，又有軍假司馬、軍假侯，其別營領屬，爲別部司馬。今人所得漢印，有軍司馬、軍假司馬、別部司馬、軍曲侯諸稱，皆將軍之屬領兵者。若郡守之貳爲丞，爲長史，無所謂司馬也。刺史之下，只有從事掾史，亦無司馬也。晉、宋以降，除刺史者必加將軍，持節都督軍事，故刺史之屬得置司馬。隋、唐改太守爲刺史，因以司馬爲郡佐，亦習焉不察耳。漢制：刺史之屬有治中從事、別駕從事，皆州自辟除，秩止百石，較之縣令爲卑。而魯子敬稱龐士元非百里才，使處治中、別駕之任，始當展其驥足者，蓋其時州牧專制一方，幕府元僚得參生殺予奪之柄，較之百里作宰者，輕重大不侔矣。元中書省有右丞相、左丞相，有平章政事，有右丞、左丞，有參知政事，皆稱宰輔，而秉政者丞相也，皆蒙古、色目世家爲之。平章間有用事者，右丞以下雖曰與聞國政，其委任已輕矣。世祖之世，平章兼用漢人，成宗以後，漢人授平章不過李孟、張珪、王毅三人，右丞以下，始參以漢人。然南人初無入中書者，順帝時始有危素一人，亦僅得參政耳。色目三十一種，《輟耕録》具載其目，要其最貴者，回回、畏吾、康里、唐兀、欽察、雍古數種而已，契丹、女直謂之漢人，不在色目之列。斡耳朵者，蒙古語猶言營盤也。太祖四斡耳朵，皆有皇后數人。元時稱皇后者，不必正宮，猶之皇子皆稱太子，宗女悉號公主也。元時，各路總管府及州縣俱置達魯花赤，王圻謂達魯花赤，國言荷包壓口，蓋取管轄之義。然元人稱州達魯花赤曰監州，縣達魯花赤曰監縣，則又有監察之義矣。遼、金之世，所云一字王者，如秦王、魏王之類，皆國王也。郡王則必兩字，如混同郡王、金源郡王是也。《金史・百官志》，諸乣，詳穩一員，在部族節度使之後，諸移里堇司之前，則乣亦部落之稱。古今字書俱無乣字，記有一書，讀乣作管音，亦不知所據也。客中未携書籍，兼之多病善忘，詿漏舛錯，不知所裁，惟執事教之。

《大清會典（光緒朝）》卷五《吏部・尚書侍郎職掌》 佐貳，京府治中一人，通判二人，府同知百一十人，通判八十八人。直隸州州同二十人，直隸州州判三十有五人。州同三十有二人，州判三十有五人。京縣縣丞二人，縣丞三百四十五人，主簿五十有五人。【略】府廳州縣屬之巡檢司九百三十有五人。首領，布政司經歷十有六人，理問七人，都事一人，照磨七人。按察司經歷十有四人，知事一人，照磨五人。京府經歷二人，府經歷百六十有七人，知事十人。照磨二十有五人，檢校一人。廳經歷十八人，知事七人。照磨三十有五人，州吏目二百二十有一人，長官司吏目三人，縣典史千二百九十有六人。

州

綜述

（清）牛天宿《百僚金鑑》卷六《知州總考》 知州，古刺史之職。孝文初以二千石，能静二郡至三郡者，遷爲刺史。唐武德初，改郡爲州，改太守爲刺史，故唐無太守之號。天寶初又改州爲郡，改刺史爲太守。自是州郡史守相更爲名，其實一也。明改爲知州，無上中下，皆泛五品。有知州，有判官，里不及三十，而無屬縣，裁同知判官。有屬縣，裁同知。因事添設，專設無常員。其屬吏目一人，所屬衙門儒學學正一，訓導一，餘官俱如府。宋太祖置諸州通判，凡軍民之政皆統治之。事得專達，與長史均禮焉。

《大清會典（康熙朝）》卷一八《户部・州縣一》 國初，建置盛京，順治元年定鼎京師，以順天等八府直隸六部，各省設布政使司，以統府州縣，州縣俱隸府，縣或隸州，州或直隸省。二年，改南直隸爲江南布政使司。十八年，江南省分設江蘇、安徽布政使司。康熙二年，陝西省分設西安鞏昌布政使司。三年，湖廣省分設湖北、湖南布政使司。

（清）陳枚輯《憑山閣增輯留青新集》卷一九《古今官制・州》 建置：唐宋以前，州郡迭改，刺史太守之名迭更，其時所謂州者，或如今之一省，或如今之一府。至元諸路皆立府，於是因府分州，别爲上州中州下州三等。知州事者，品各不同。明州無上中下，並從五品。置同知通判，以貳知州，其屬吏目一人。今職如左：

名號：緊州、大州也，亦稱雄州。斗州。小州也。

知州從五品。

名號：州刺史、亦稱州太守。明使君。

稱呼：大州牧。亦稱大邦伯。

州同知從六品。

州通判從七品。

名號：州貳守。州司馬、以上同知。州别駕、貳幕、亦稱州佐。以上通判。

稱呼：大參軍、同知。大僉判。通判。

吏目從九品。

名號：録事。

稱呼：大功曹、大州幕。

縣

論說

（清）賀長齡《皇朝經世文編》卷一八《吏政四・官制・覆議分立州

縣書沈起元》　某月日，憲臺以福興泉漳汀邵六郡内欲分立州縣，飭行查議。敢不竭其所知，以仰佐萬一。竊以封疆事重，度勢審時，有未易舉行者，夫畫疆定界，割此分彼，其建治之處，必扼形勝之地。其分裂之境，必帶山谿之險。是必專委能員，親身遊歷，相度地勢，揆其去舊治遠近若何，編隸之户多寡若何，犬牙勾制之勢又當若何，而後可定。非可坐一邑按圖計里，即可發一議者也。卑府識見既淺，履跡未周，何敢妄議。竊以爲此時最難措置而宜先籌畫者，莫如分縣之經費。往者江南蘇松諸郡於州縣之大者設官分縣，止以漕賦太重，非一令所能辦理，故分立州縣。此專從賦税起見，不爲控制地方而設。故所分新縣，率皆同城而治。第設官署牢獄，更不添造倉庫學宫，然資用公帑頗費經營。所設廨宇，皆苟且完葺，率非久遠之計。若閩省之議及分縣，自專以控制地方爲重，爲控制計，則斷無不築城池之理。以閩藩庫較之蘇松藩庫，其多寡虛實，憲臺所灼見者也。以設立城池之分縣較之不立城池之分縣，其經費之萬萬相懸，尤憲臺所灼見者也。夫以蘇藩之財力，經理不設城池之分縣，猶且不支。況以閩省之財力而欲添設幾縣城池，新立幾縣官署學宫、倉庫牢獄，此項經費正恐不貲。將取之民間，則百萬窮黎，欲加以一絲一粟而勢有所不能。將取之公帑，則公帑不足。將取之公費，則自憲臺以下官斯土者，其蕭然意境，上下通知，合一省之公費議養廉而不足，而顧有餘力乎。以此而論，慮雖區畫已定，而終難舉行耳。自古有治人無治法，紛更易以滋擾，安静所以養恬。誠慮地里寥廓，政教難於浹洽，國賦每多逋欠，意惟加意遴選練達廉恕之員，寬其歲月，無繩以苛細，使得從容展布，久於其地，則四境雖遠，政教可以漸洽。在上者如治其家事，在下者如戴其父母。誠意相孚，董率自聽。頑者可以漸馴，玩者可以漸振。所患屢易縣令，如客投逆旅，門户啓閉之法，前堂後宇之徑，東鄰西舍之家，且不及周知，而匆匆又去矣。縱使分邑盡如彈丸，亦何所施哉。夫邇年大吏動以添設改制，爲經理民生之要，實則意在逢時，此固大人之所不爲，卑府亦不願大人爲之也。至興化一郡，濱海要衝，地接漳泉，止轄兩邑，莆田錢穀較多，民俗頗淳，仙遊民俗狡黠，錢穀數少，似不必更有損益。承憲諭諄諄，忘其狂率，謹陳管見，伏候採擇。

（清）賀長齡《皇朝經世文編》卷一八《吏政四・官制・分縣議陳祖範》　《周禮・序官》首云：惟王建國，辨方正位，體國經野。《王制》云：量地以制邑，度地以居民。地邑民居，必參相得。形方氏掌制邦國之地域，而正其封疆，無有華離之地。華者，折而不絕也。離者，絕而不續也。此皆古聖人經世要旨也。邇者聞制府有分設十三縣之請，方候旨舉行，而常熟所分之縣，即福山小城建廨宇焉。夫利不什不變法，害不什不易制。分縣之利未見，而害頗多端，然非草茅所敢言也。就分言分，似宜即城中另設一署。如長吴兩縣，東西分轄，倉厫不必更造，黌序不必更立，市肆不必更張。民之輸將控訴者，仍不易其所。則在官有分理之逸，在民無分給之擾。不勞民，不傷財，更制之善者也。福山僻在海壖，現受海災，平地水深三尺，營作新邑，竊恐者後患。即欲別建縣治，亦不宜在彼。然而上臺既有定見，亦非草茅所敢言矣。請就福山而言分土之法，古者建國必度土中，爲其四方貢賦道里均也。建邑亦然。常熟治四境之中，東西南北，遠者不過四十餘里。今也割其半，則當以虞山爲樞，循山而西，以浪澄塘爲界。循山而東，以梅李塘爲界。不足則以縣治東之白茅港抵徐陸涇爲界，凡在虞山之陽者，東南西南仍隸常熟。凡在虞山之陰者，東北西北割隸福山。如此則管轄近而道里均矣。今聞欲斜跨西南以州塘爲界，而四十九都等處反舍近而隸遠，是《周禮》所謂華離之地也，非辨方正位，地邑民居，必參相得之道也。何則？四十九都等處到常熟南門水路五十里，又四十里而後至福山，別無捷徑可通，一往反則百七十里矣。動涉百七十里，而欲其依限完銀，是日日道途也。失農業，害一矣。差吏到鄉，其資糧扉履勞費倍往時，則需索民錢必益横，害二矣。冬月載米上倉，或遇風雨，竟日不得達。達又不得即交卸，棲宿無所，狼藉道路，浮費五斗而致一石，其爲毒痛，不可勝言，害三矣。民有控訴人命盜賊之事，所貴朝聞而夕報也。今來告一日矣，拘提一日矣，案驗又幾日矣。分縣之意，本爲地近則力易及，劾易奏耳。今坐福山而遥控四十九都等處，愈覺鞭長不及，而奏劾難也。即上官按圖而稽之，毋乃亦有疑於此乎。夫數百年壯縣，一旦刳而裂之，闌出北門一步，便異縣。或家在此而輸糧於彼，或事在近而赴訴於遠，固已牽制擾攘而不便矣。盡心於民者，爲之公心區畫，不計田之肥磽，糧之多少，於業已不便之中，重慮其大不便之處，勿以一時苟且，成千百年不可挽回之局。使此一方，永有向隅之悲，則庶乎民之父母哉。謹議。

（清）強汝詢《求益齋文集》卷二《知縣説》　宋以京朝官爲縣令，曰知某縣事，後遂名其官曰知縣。爲是官者，顧名思義，則一縣之事孰有不當知者哉。所當知者奈何，曰是不勝言也。請言其略：宰是縣也，則當知其境土廣袤幾何，爲田幾何，孰爲腴，孰爲瘠。有荒而未闢者乎，有旱不得溉者乎，有潦不得泄者乎。山之可稼者幾何，可樹可芻者幾何。水孰大孰小，孰可通舟楫，孰可資灌溉，有當濬未濬當隄未隄者乎。縣之田賦幾何，雜税幾何，民病於輸將否乎，困于徭役否乎。有當蠲未蠲者乎，有不均當均者乎。境以内市集幾何，村聚幾何，户口幾何，爲農者幾何，爲工若商者幾何，鰥寡孤獨廢疾不能自養者幾何。有游惰無業者乎，有縱博酗酒鬭很無賴爲民害者乎，有豪强欺凌愚弱者乎，有奸猾唆民訟者乎。訟之未質者若干事，獄囚幾人，縣之吏幾人，役幾人，有可省者乎。其害民也多矣，何事爲甚。其爲惡者衆矣，何人爲尤。其中猶有稍謹愿者乎。民所疾苦者何事，孰富孰貧，民之貧何故，何道可以富之民。有蓋藏可以備兇年否乎，勤乎惰乎奢乎儉乎。工有作奇技淫巧者乎，市價有不一、度量衡有不同者乎。民苦賊盗否乎，有陰主之者乎。盗發而未得者幾何，僧尼道士幾何，有以異教邪説惑民者乎，媚神賽會祈禱布施足以傷民財壞民俗者有之乎。凡利民之事當興而未興者幾何，何者當先。凡病民之事當革而未革者幾何，何者爲急。縣之士大夫其賢而可爲矜式者何人，其達而可備諮訪者何人，其能而可屬以事者何人。有放縱爲害者乎，有恃勢而梗吾治者乎。士有篤志正學躬行不怠者乎，有嬉游放蕩不學無行者乎。學校之教當作興者何事，士習之未正者何事，風俗之未善者何事，教化所當先者何事，民有能孝能弟能睦族黨恤貧乏者乎，有不孝不弟刻薄專利以病民者乎。婦有孝于舅姑者乎，有不孝者乎。有苦節未褒者乎，有卑犯尊壯侮老婦凌夫者乎。嫁娶喪祭俗之所行奚若有奢僭鄙謬而必當革者乎，有可姑仍其俗者乎。夫必盡知之而後能思所以治之，能思之而後能行之。使一縣之内，荒者闢，惰者勸，侈者樸，暴者戢，冤者雪，匱者饒，困者蘇，莠者革，善者勸，而名曰知縣，爲不愧矣。一知縣如此，則一縣治。衆知縣皆如此，則天下治矣。今之號爲知縣者，吾惑焉。其愚者固瞀瞀無所知也，其黠者則知其所知，知嚴以催科也，知貪以肥己也，知上官之喜媚也，知簿書之巧爲欺也，知考課之求無過也。能如是，則其父兄親友皆相慶曰是果能知縣矣，上官亦稱之曰是果可知縣矣。民生之日蹙，獄訟之日煩，盗賊之日横，風俗之日壞，彼固聞之如未嘗聞，見之如未嘗見，而猶居之不疑，曰吾知縣也。其亦可恥否乎，縱彼不自恥，斯民陷溺日深而莫之拯，則亂將隨之，其不可衰也哉，其不可懼也哉。使爲是官者得吾説而存之，則必用心於民。使在上者得吾説而存之，則必慎擇其人，庶幾其稍瘳乎。

綜　述

（清）牛天宿《百僚金鑑》卷七《縣令總考》　按周制四百里爲縣，官有縣正，各掌其縣之政令，而賞罰之。春秋時列國相滅，多以其地爲縣，則縣大而郡小。故《左傳》「上大夫受縣，下大夫受郡」。至於戰國，則郡大而縣小矣。秦制列侯所食縣曰國，皇太后公主所食曰邑，有蠻夷曰道。凡縣萬石以上爲令，咸萬户爲長，侯國爲相，秩次亦如之。漢因之。晋制：大縣令有治績，報以大郡。不經縣宰，不得入爲臺郎。自晋宋以後，令長相國，皆如漢制。北齊分爲九等，隋有令有長，兩京置四縣，增秩爲正五品。唐有上中下六等之差。宋詔非兩任縣令，不除監察御史。慶元初，復詔除殿試上第，各省元外並作邑，後至宰相。凡殿試科甲，人無不試吏爲權與也。元縣各有達魯花赤掌縣印，以知縣爲縣尹，掌判縣事。而丞也，尉也，主簿也，皆古有之。明初定縣三等，上縣令從五品，中縣令正七品，下縣令從七品，已定令並七品，京縣令正六品。知縣一，縣丞、主簿一，不及二十里裁丞簿，因事增設，無定員。其屬典史一，所屬衙門儒學教諭一，訓導一，其餘諸屬如府州。

（清）陳枚輯《憑山閣增輯留青新集》卷一九《古今官制·縣》　建置：唐制西百里爲縣，官有縣正。秦漢縣或曰國，或曰邑，所設官有令長、相之異。晋宋以後，令長、相皆如秦漢制。後魏縣置三令長，北齊制縣九等，凡分上中下三等，每等又各有上中下之差。唐縣有赤畿緊望上中下六等。宋建隆初，諸縣除赤畿外，有緊望上中下三等，始以朝臣爲知縣。至慶元詔除殿試上第及各省元外並作邑。明知縣掌教養縣民之事，縣丞掌錢糧，主簿掌巡捕水利，爲之貳。典史掌文移屬焉。今職如左：

名號：劇邑、大縣也，亦稱雄邑。斗城。小縣也，亦稱瘠邑。岩邑、山縣也，亦稱山城。琴堂。宓子賤宰單父，鳴琴而治，故稱。

知縣正七品。

名號：邑宰、亦稱邑侯。令尹、明府。

稱呼：大茂宰。亦稱大邑侯。

縣丞正八品。

名號：貳尹、長吏。

稱呼：大贊侯。

典史未入流。

名號：邑尉、邑曹。

稱呼：大少府。亦稱大贊政。

（清）俞正燮《癸巳類稿》卷八《駐劄大臣原始》 太宗文皇帝滿洲國天聰九年，得傳國璽於元小王子裔察哈爾林丹汗。先是林丹汗屢犯邊，睿親王征之，林丹汗走死。其蘇泰福晋，以其子額哲，籍衆來歸，封額哲親王，游牧義州。於是時，外藩蒙古十六部，四十九貝勒，及土默特天聰二年來歸。兩旗，會於天眷盛京，合辭上尊號。明年太歲丙子改元，是爲我大清崇德元年。崇德三年正月，左翼土默特天聰六年來歸奏喀爾喀札薩克圖汗犯歸化城。二月丁酉，太宗親征出邊。科爾沁天命四年來歸、札賚特天命、柰曼天聰元年、敖漢元年、札魯特二年、阿魯科爾沁六年、四子部落七年、茂明安八年、巴林二年、翁牛特七年、烏珠穆秦八年十一部從征。又郭爾羅斯、都爾伯特，以天命時來歸，吴拉忒、喀拉沁，天聰七年來歸；蒿齊特、克什克屯，天聰八年歸；阿霸垓、蘇尼特、鄂爾多斯，天聰九年來歸。未赴調，不列。又阿霸哈納爾，於崇德時來歸，皆爲内札蘇克。壬子，過興安嶺，而明之邊臣懼喀爾喀侵軼，以大清兵報示之，喀爾喀探之而信，遂遁，是年明崇禎十一年也。三月，喀爾喀三汗使來。六月，設理藩院，治各蒙古事。七月丁卯，諭遣喀爾喀使，漠北喀爾喀、西域厄魯特，皆元故臣也。元裔察哈爾既臣服，而札魯特、柰曼、敖漢、巴林，又喀爾喀舊部，故太宗諭召喀爾喀。喀爾喀，亦元青吉斯汗後也。是年，厄魯特伊札胡圖克圖、下宰桑十七人來朝。七年，西藏黄教第五輩達賴喇嘛、班禪胡圖克圖、和碩特、顧實汗使人來朝，約同行善事。第五輩達賴阿旺羅卜藏嘉睦燦，顧實汗孫也。先是唐古特四部，曰青海、曰喀木、曰衛、曰藏。顧實汗逐唐古特汗，自處青海、喀木，而以藏、衛處達賴、班禪，乃逐紅帽大寶法王、花帽二寶法王、黑帽三寶法王。是以顧實汗與達賴、班禪三使同來，時自藏、衛、青海東北行，阻于喀爾喀。顧實汗又與別部厄魯特不睦，使者自言繞仇敵之國，行經四萬里也。始者蒙古番子尚紅教，宗喀巴者，爲觀世音化身，學紅教於薩迦廟，而忽歸黄教，二弟子達賴、班禪，轉世行教，持咒至驗，當明中葉時，已出紅教上。番部向服喇嘛，下設第巴，第巴下始爲汗王，東西南北數萬里，視爲天神。喀爾喀以入藏隔於厄魯特，則自別奉大喇嘛哲卜尊丹巴胡圖克圖，而亦本於宗喀巴。藏衛二喇嘛卜言東土有聖人出，當一統，故遣使貢方物，以振興黄教爲言。八年，賜達賴、班禪書，喀爾喀託雅泰等來歸，時欲全收喀爾喀，而太宗賓天，世祖章皇帝御極受朝，時喀爾喀使臣在列也。是年天下定，三部喀爾喀無事。

順治二年，撫顧實汗鄰部西寧暨河西各土司。三年，蘇尼特騰吉思與睿親王不合，偕公主北走，投喀爾喀，我兵追之。圖舍圖汗子及碩雷汗子，以兵五萬迎騰吉思，我師敗之。初，喀爾喀欲害公主，騰吉思哭曰：太宗皇帝仁育萬國，我柰何背恩害公主耶。喀爾喀乃止，我師亦迎公主還。五年，喀爾喀來犯喀倫，敗去。六年二月，睿親王征姜瓖，欲並征喀爾喀，行三日，馬瘠道乏水止。八月，瓖誅。十月，徵敖漢札魯特、察哈爾、烏喇特、土默特、四子部落兵，征喀爾喀，至喀屯布拉特，不見賊而還。七年，厄魯特渾台吉使來朝。九年，達賴喇嘛朝京師，築北黄寺居之。其行也，接見於南苑德壽寺，賜金册印，遣王貝勒等護送之，賜厄魯特、顧實汗金册印。十年，圖舍圖汗、車臣汗兩部、喀爾喀掠巴林部，又來索歸順同部蒙古，命宣威大將軍安親王岳樂討之，尋以喀爾喀入貢撤兵。十三年，厄魯特糾邊夷入犯西寧，劫奪牛馬，拒官兵，詔大臣至西寧衛訊理，按例賠償。番子在明屬蒙古者，歸厄魯特，德納進。其舊屬明者，役於中國，厄魯特不得爲寇災。番子自西寧北沿甘涼，西至回地，南自河州以南，至四川各邊，抵察木多，南迄雲南，在唐爲吐蕃，後分二三百部，不相統，忽弱忽強，明人謂之海寇。明季，厄魯特自甘涼北邊，越中國地橫侵之，遂役於厄魯特。厄魯特居青海者，和碩特最強，其他土爾扈特、輝特、喀爾喀寄牧十八家，時時盜竊，遂移臨鞏總兵於西寧衛以鎮之。十七年，詔禁歸化城喇嘛私往厄魯特喀爾喀。十八年，賜喀爾喀丹津喇嘛敕印，時喀爾喀七部，跳梁漠北，厄魯特四部，據西域，綽羅斯特渾台吉最強盛，伊犂雅爾、額爾奇斯、烏魯木齊、巴里坤，縱横五六千里，皆所轄，和碩特、顧實汗既據青海，又以兵入藏，滅藏巴汗，據有其地之圖伯特衆，勢俱張，盛甚。世祖時，天下初定，聖祖仁皇帝嗣位，四輔臣未遑治也。

康熙三年，喀爾喀貝勒古木布伊爾登來歸。四年，台吉巴爾布冰圖來歸。十年，禁藏中唐古特喇嘛無故來京。十三年，賜喀爾喀札薩克阿海岱青喇嘛敕印。時吴三桂反，三桂與達賴喇嘛通好，達賴爲三桂請赦罪，不許。十四年，察哈爾布爾尼反。先是額哲卒，弟阿布柰襲，阿布柰以罪禁錮，立其子布爾尼。至是吴三桂反，調其兵南征，布爾尼遂反，命撫遠大將軍信郡王鄂札及副將軍圖海討之，布爾尼走至札魯特貴勒蘇台，科爾沁部沙津赴調，遇而射之殪，乃分其衆爲八旗，移宣化、大同邊外，西至歸化城，東至克什克屯，北至蘇尼特至四子部落，南自太僕寺牧廠，中抵朔平邊。是年，青海諸番部與厄魯特戰，有功。十六年，厄魯特、綽羅斯特破青海和碩特。初，綽羅斯特渾台吉卒，子僧格立，僧格爲其兄車臣巴圖魯所殺，立其子索諾木阿拉布坦，僧格弟噶爾丹入藏爲喇嘛，還伊犂，殺索諾木阿拉布坦，而遣使乞封於達賴喇嘛，達賴喇嘛封爲準噶爾博碩克圖汗，是爲準噶爾，其衆曰厄魯特，其部曰衛拉特。古曰瓦拉。其居曰伊犂，其派曰綽羅斯特。噶爾丹既立，取青海和碩特車臣汗女，而往青海殺車臣汗，擄其人畜歸。五月甲午，使來告功，進所獲弓刀，聖祖卻之。是時，聖祖方鋭意討三藩，亦未暇治噶爾丹。噶爾丹經歷既多，能忍多謀，所屬人又最強悍，耐苦戰，其所破者，回部之撒馬爾罕、布哈爾、哈薩克、布魯特、葉爾羌、喀什噶爾、寨拉木、木魯番、哈密，皆素號強富敢戰之國，噶爾丹所向，皆摧服屬之。又約東都爾伯特、輝特南向，威令至衛藏。喀爾喀者，全據古北匈奴地，元人所由起也，西域原所制，自厄魯特日習戰鬥，武藝遂強，喀爾喀自阿魯泰已不及之。其地背負俄羅斯。俄羅斯爲近百年域外絶大之國。東南接漠南，則又皆我內札薩克，以是局促益不及厄魯特。又內亂年饑，人心離散，圖舍圖汗又執札薩克圖汗殺之，而奪其妾策凌。三部亂，聖祖憫之，二十五年春，使大臣偕第五輩達賴喇嘛使，爲之和解。第五輩達賴已於二十一年死矣。初，達賴既立噶爾丹，又通吴世璠雲南書，噶爾丹以爲可挾而逞也，及其死，則使藏第巴桑結僞爲達賴猶在者，言喇嘛入定不見人，中國未之知也。達賴使行，噶爾丹使其弟多爾濟札布台吉隨覘之，以圖舍圖汗待達賴使無加禮，罵圖舍圖汗，圖舍圖汗怒，殺多爾濟札布台吉，興師攻噶爾丹。噶爾丹大憤，謂喀爾喀大悖逆，不敬佛，乃敢輕蔑喇嘛使，又殺其弟，遂使喇嘛千餘人，入游牧於喀爾喀。二十六年九月，圖舍圖汗以噶丹分兩路入占牧地，出兵迎擊不勝，即亦安之，噶爾丹遂揚言借俄羅斯兵且至矣。喀爾喀探之，無其事，喀爾喀守備懈，而噶爾丹言之不已。二十七年，聖祖遣理藩院尚書阿爾尼備邊，兼約達賴喇嘛使和解之。噶爾丹故與謀達賴喇嘛事者，使至，又偏護噶爾丹。噶爾丹既至，則壓喀爾喀而軍，游牧喇嘛從中應之，圖舍圖汗倉卒拒戰，大敗，傾國東走。時俄羅斯方與我爭雅克薩，用兵四十年矣。聖祖意不欲與戰，俄羅斯新汗亦請和，既有成約，內大臣索額圖等奉使，經喀爾喀東部車臣汗地，喀爾喀揚言大兵來救己。六月庚申，使來乞援，使臣不許，阿爾尼亦入於軍。丁卯，噶爾丹具書來，使臣具檄曉諭之，得畢使事。噶爾丹復踐之，喀爾喀部落散亡，牲牽盡，其地皆空，噶爾丹據之。圖舍圖汗、札薩克圖汗子厄爾克阿海巴朗、車臣汗子烏墨特，及哲卜尊丹巴胡圖克圖，前後糾餘衆投漠南，叩關求撫，聖祖以此太宗聖意也，收而贍養之。又以曲在喀爾喀，遣使慰噶爾丹，使率衆西歸。噶爾丹兼有西域回部、青海漠北，則益驕蹇，不奉詔，二十九年，侵託多厄爾德尼，又揚言來侵昆都侖。五月，遂犯汛界，至烏爾會河。當是時，聖祖既平三藩，定隴蜀，收臺灣，和俄羅斯，天下無事，以噶爾丹勢熾，既入犯，其志不在小，且喀爾喀不可使無游牧也。六月辛丑，集大臣於朝，下詔親征。賊既破喀倫，復東趨，越烏蘭布通而南，距京城僅七百里。甲申，遣人齎敕諭之，七月乙未，撫遠大將軍裕親王福全師出古北口，壬寅，駕至邊墻，噶爾丹人來，其書言：喀爾喀，我仇也，因追之，闌入天朝汛界，我在大皇帝道法中，不敢妄行。因乞圖舍圖汗及哲卜尊丹巴胡圖克圖。乙巳，安北大將軍恭親王常寧師出喜峯口，康親王、信郡王奉命屯歸化城。噶爾丹書以六月二十七日丙戌發。明日丁亥，噶爾丹北去，至烏蘭布通，撫遠軍及之，噶爾丹大敗，奔高山頂，相持久之，始得去。我師追之，噶爾丹頂威靈佛立誓，不復内犯，捷奏至烏朱穆秦御營。八月己未朔，迴鑾。丙寅，還宫。丁丑，命簡出征各佐領下各十數人留備之，餘俱撤歸。十一月甲辰，噶爾丹使達賴喇嘛領厄魯特各台吉上尊號，聖祖既疑達賴喇嘛數偏護噶爾丹，長惡作慝，無勸誡意，其道行不類，噶爾丹又久據漠北不肯歸，虚言頌揚，無爲也，卻其表，貢物發還。三十四年四月丁卯，聖祖出塞，五月，駐蹕獨石口外多倫諾爾。喀爾喀三汗、哲卜尊丹巴胡圖克圖及各台吉朝見，皆還其職，以其七部爲三部。東路曰車臣汗烏巴什，中路曰圖舍圖汗察琿多爾濟，西路曰札薩克圖汗策妄札布，爲三十七旗，此本數也，今滋息八十二旗。暫指游牧地。使比内札薩克四十九旗，本五十九旗，歸化城土默特兩旗，察哈爾八旗，皆不世襲，不在此數。復詔建彙宗寺，以示興黄教。癸卯，還京師。三十一年，以前征噶爾丹時，鳥鎗便利，立火器營，朝鮮國王進鳥鎗三千桿，得旨嘉奬，永停朝鮮黄金及藍青紅木棉布貢。三十二年，達賴喇嘛入貢，賜第巴桑結爵藏王，羅西寧番族給蒙古納進例。是年，噶爾丹兩遣人窺根敦岱青，三十三年正月，噶爾丹居庫克朔東之杭幾爾察克，窺根敦岱青，無所獲，遂侵喀爾喀，又誘喀爾喀札薩克叛歸舊游牧。喀爾喀以聞。是年，賜西藏第巴金印，頒三十四年時憲法，列蒙古各游牧節氣。三十四年二月，噶爾丹奏索圖舍圖汗及哲卜尊丹巴胡圖克圖，七月，又奏言之；八月，犯汛界，至克魯倫河，搶掠那睦札爾託音，詔杉穆巴岱青、墨爾根濟農謹備之。噶爾丹使私約喀爾喀圖舍圖沙津爲内應。夏，駕行圍木蘭，沙津奏之，得旨誘之來，於是噶爾丹進屯巴顔烏蘭。三十五年二月丙辰，聖祖親征，出獨石口，過噶爾圖，至西巴勒台，遣人諭之，且告以皇帝出塞，爾當來決戰，若不戰而逃，是無耻也。噶爾丹亦僞言傾國東來，且借俄羅斯兵六萬至。大軍遂進至枯庫車爾，噶爾丹猶不信親征也。内行至克魯倫河，登北孟納蘭山，望見布隆御營黄幄布城網城，大驚遁去。五月，駕至克魯倫河，獲其輜重。噶爾丹趨西路軍於土喇河，於是北路平北大將軍馬思哈至巴顔烏蘭搜討，而西路撫遠大將軍費揚古、將軍孫思克、康調元邀噶爾丹於特埒克濟，敗之。轉戰至昭莫多，大敗之，斬其妻阿努喀通，殺帳下厄魯特二千餘人，又降其丁壯，獲其牛羊一千餘萬。噶爾丹既懾於聖祖威靈，不敢敵，其所喪亡，又皆部中精鋭，則自盡殺其部中婦女老弱，輕騎以逃，道中遺漿渾脱及牘酪無算，我軍盡收其逃散部落。捷奏至，聖祖自克勒和碩迴蹕，御筆銘察罕七羅拖諾、山昭莫多各三十二字。八月，策妄阿拉布坦使來，甲午，諭策妄阿拉布坦送噶爾丹。策妄阿拉布坦者，索諾木阿拉布坦弟也。噶爾丹殺索諾木阿拉布坦、僧格舊臣七人，偕策妄阿拉布坦逃居土魯番，畏噶爾丹，故恭朝命。時噶爾丹居札薩克圖之博羅烏那罕空津札巴哈。九月，聖祖以噶爾丹窮蹙，欲降之，親巡塞外。十月，至白塔，進至鄂爾多斯旗，噶爾丹使人來。詔數其犯汛界之罪，又示以待喀爾喀恩例招撫之。諭之曰：以七十日爲期，噶爾丹若不親至者，必進兵矣。十一月，自東斯垓班師，命理藩院豫立台站，自獨石口至寧夏，並察勘行塗，宿次以待。方噶爾丹之遣使也，授以書，歎息曰：天下人果不相同，中國仁聖太平皇帝神靈奇異，我所屬之人，皆往屬之矣。爾至大皇帝所，觀其侍從大臣行止若何，歸日商之。因泣下。使者至，漏言於我大臣，聖祖聞而憐之，故益欲其降，而噶爾丹卒不至。是年，哈密内附。

三十六年二月丁亥，親征，駕出寧夏，策妄阿拉布坦與哈密回子都拉達爾罕，執送噶爾丹子色布騰巴爾珠爾，而噶爾丹逃於薩克薩圖呼魯克之南格隔特哈朗古特，大兵循賀蘭山而西，時方得達賴喇嘛詐僞事，乃降敕召噶爾丹。我使至薩克薩圖呼魯克，噶爾丹遣人受書去，不報，聖祖親征時，第巴桑結遣尼瑪瑭胡圖克圖至，具言達賴以戊年故，今十六年，小達賴生十五歲矣。達賴遺言小達賴有避忌，不宜參拜，故未具奏。今案其期，達賴以今年十月二十五日出定，迎呼畢爾罕坐床，振興黄教，是在大皇帝，求大皇帝勿豫示人，并封達賴臨終床簀尸鹽拌像。聖祖以其事神異，且十六年兵戈之劫，情事悉合，許爲秘之，使尼瑪瑭胡圖克圖固封表文拌像，而遣之歸，約以十月後再入覲。而第巴又自遣使於策妄阿拉布坦，我使臣於三月約策妄阿拉布坦兵擒噶爾丹。策妄阿拉布坦兵已行，路遇第巴使，呼曰：達賴死十六年矣，小達賴今年坐床，爾等各安本土，無妄起兵也。策妄阿拉布坦聞之，即率衆遥拜，哭歸土魯番。使者還奏，聖祖以其事已昭布，即追尼瑪瑭胡圖克圖還。閏三月壬午，御行營，傳齊大臣及各蒙古使，尼瑪瑭胡圖克圖開密封，出表讀之，及開拌像函，而頭已墮落在旁。尼瑪瑭胡圖克圖大驚，仆於地，衆蒙古皆合掌歎異曰：大皇帝十六年來疑喇嘛，今知喇嘛已死十六年，十六年事，果非喇嘛所爲，益信大皇帝明並日月，且至誠振興黄教，喇嘛已死，亦當感護法之意。於是以其事宣示各札薩克，爲第五輩達賴喇嘛誦經致賻，拌像者以第五輩達賴尸鹽，證第六輩達賴化身，古番王鑄像遺意也。忽示凶兆，藏中皆危懼，藏中初比噶爾丹，秘達賴事，又阻班禪胡圖克圖不與中國通，至是噶爾丹失所恃，薩克薩圖呼魯克獸已盡，部衆離散，妻子死亡，以戀喀爾喀地，舊部多爲策妄阿布坦裹去。策妄阿拉布坦復於阿爾泰伺之，噶爾丹不敢西，使人入藏，至青海，又被獲，不能達。所至之處，頻逢怪異，烈風淫雨隨之，噶爾丹心迷惑，壬辰，於阿察阿木塔台仰藥死。其將死也，欲自殺其幼子策凌撒魯布、女忠濟哈，既念色布騰巴爾柱爾在中國安樂，聖祖又屢詔召之，必非欲置之死，已以倔強故至此，於是僅自戕。其族丹濟拉以其尸及子女來歸，至阿爾泰，策妄阿拉布坦奪之，丹濟拉自以其屬人來降。四月庚戌朔，聖祖御筆銘狼居胥山三十二字。甲寅，迴鑾。使責策妄阿拉布坦，使歸噶爾丹尸及其子女，乃謂其尸已焚。三十七年八月，始來歸其尸，四十年九月來歸其女。朔漠平，受賀立碑，告成太學，以漠北地賜喀爾喀。塔爾巴哈台山以東，爲札薩克圖汗，居杭愛山；自鄂爾渾河以東，爲圖舍圖汗，居土喇河；自肯特山察罕齊老山以東，爲車臣汗，居克魯倫河。東至黑龍江、庫倫諾爾，南至各内札薩克，西至雅爾，北至俄羅斯界，東西五千餘里，南北三千里。以準噶爾舊游牧地賜策妄阿拉布坦，授色布騰巴爾柱爾頭等侍衛，後又嫁忠濟哈於侍衛沙克都爾，於策妄阿拉布坦還和博克薩里，收僧格舊人，及噶爾丹餘衆，復成西方大部落。當聖祖出塞，顧實汗子札什巴圖倫等八台吉有勞績，賜親王、公爵。顧實汗部曰和碩特，爲四衛拉之一，其子在藏爲達賴汗，傳達顏汗，至拉藏汗。在青海爲鄂齊爾圖車臣汗，爲阿拉善王。噶爾丹以密親殺車臣汗，而阿拉善王逃入中國，聖祖指與賀蘭山游牧地。青海汗絶，至是八家復振。策妄阿拉布坦既立，亦娶和碩特拉藏汗姊，窺藏中殷富，欲奪之，則先訐奏藏王第巴桑結處事不公。三十九年，又奏書欲攻青海，詔青海勿輕動。四十一年，以青海番族日繁，命喇嘛商南多爾濟招撫清釐之，即留辦青海事。四十二年，札什巴圖倫孫羅卜藏丹金襲親王。四十四年，拉藏汗殺藏王第巴桑結。桑結既首達賴事，則傾心内附，拉藏汗受策妄阿拉布坦唆使，故殺桑結。中國亦以其先懷欺謾，不之究也。初，第六輩達賴喇嘛呼畢勒罕噶爾藏嘉睦粲出裏塘，才二年，青海各部落請於西寧塔兒寺坐牀。塔兒寺者，西寧衛城西南四十里有塔山，爲宗喀巴出世地，胞衣埋焉，後人就其地立寺，黄教祖廟也。而藏中別訪呼畢勒罕博克達立之。班禪欲入覲，又禁絶之。聖祖以桑結既死，恐策妄阿拉布坦據博克達爲亂，四十五年，詔取之歸京師，而送噶爾藏嘉睦粲入藏。時和碩特、輝特皆歸順，獨綽羅斯特有異議，其使在藏跳梁不奉詔。五十二年，封班禪胡圖克圖爲班禪厄爾德尼，賜金册印，鑒其欲來朝之誠也。衛拉特分四部時，曰綽羅斯特，曰都爾伯特，曰土爾扈特，曰和碩特。土爾扈特與綽羅斯特不協，率衆北歸俄羅斯，俄羅斯處之於額濟納河濱，而都爾伯特分出一支，曰輝特，仍爲四部。策妄阿拉布坦取拉藏汗姊，又娶土爾扈特阿玉奇汗女，離間阿玉奇子散札布台吉，攜衆萬五千户至，而没入之。阿玉奇嫂，攜其子阿拉布珠兒入藏禮佛，策妄阿拉布坦闌之，不得歸，又不使阿玉奇入藏熬茶。阿玉奇使來貢方物，聖祖厚賜之，策妄阿拉布坦邀奪於路，而絶土爾扈特貢道。阿拉布珠爾歸路斷，則自藏投中國，聖祖厚賜以游牧，方思所以送之歸者，而阿玉奇貢使假道俄羅斯至。五月，使職方郎中圖理琛由俄羅斯報之。阿玉奇妹，和碩特鄂齊爾圖車臣汗妻也。車臣爲噶爾丹所殺，攜其女歸依阿玉奇，即以妻阿玉奇子。阿玉奇又故渾台吉外孫。我使臣至，阿玉奇全家念聖祖所以待阿拉布珠爾、色布騰巴爾柱爾、忠濟哈及阿拉善王者，無不感泣，爭置酒請使臣，請大皇帝安，阿玉奇妹語尤切。圖理琛之歸也，阿玉奇曰：我遣貢，必經俄羅斯，數則厭，慮阻遏我；我屬俄羅斯，持教衣冠俱不同，我終歸中國矣。垂涕而别。阿玉奇欲來歸，道不通，阿拉布珠爾亦遂游牧甘州邊外。策妄阿拉布坦左右兼并，馳突奔逸不可制，將窺藏，聖祖賜之敕，不得騷擾唐古忒，而策妄阿拉布坦於五十四年反來侵哈密、青海及土默特，還犯巴里坤。哈密游擊潘至善等擊之，敗去，我前使圖理琛，移書俄羅斯西畢爾斯科、噶噶林、馬諦飛費達拉魚持收其逃亡，策妄阿拉布坦聞之，亦不敢復東。拉藏汗既殺第巴桑結，則日昏憒，以策妄阿拉布坦姊夫也，子丹衷又娶策妄阿拉布坦女，密親可恃，一聽策妄阿拉布坦唆使。策妄阿拉布坦於五十五年十月，遣台吉大策楞敦多布領綽羅斯特六千人，徒步繞戈壁，晝伏夜行，五十六年七月至藏，至則殺拉藏汗，盡并其衆，入布達拉廟，搜喇嘛重器送伊犁。留大策楞敦多布守藏，以拉藏汗印與第巴達則，遂據達賴喇嘛博克達以自重。又自將攻青海和碩特。拉藏汗二子，其一丹衷，在伊犂，依婦居；其一索爾札，游牧青海，策妄阿拉布坦擄之歸。既至伊犂，有告丹衷詛咒者，策妄阿拉布坦怒殺丹衷，而以其妻博特洛克妻唐古特之輝特韋徵和碩齊。以歸道哈密爲我師所敗也。興師來犯，於是振武將軍傅爾丹駐兵阿爾泰，靖逆將軍富寧安駐兵巴里坤。是年城哈密。五十七年，置靖逆衛、赤金衛、柳溝所，我師經理衛藏，出打箭爐裏塘，而是年我將軍額倫特、都統色倫額、提督康泰，進兵至哈喇烏蘇，糧餉爲賊所截，軍士皆没。五十八年，協理將軍祁里德，偕富寧安兵至闢展，傅爾丹兵至格爾額爾格，策妄阿拉布坦方策應我西北路兵，而五十九年，我師已南入藏，平逆將軍貝勒延信兵出青海，大策楞敦多布來逆，敗之，定西將軍噶爾弼出打箭爐。達瓦里章巴者，青海人也，於裏塘謀逆，副將岳鐘琪於五十八年誅之。拉里黑喇嘛，自稱河州喇嘛迎師，而陰遣番子截奪軍糧，將軍覺亦誅之。先是三十九年，桑結遣昌側集烈等據明正土司，四川提督唐希順誅之。四十七年，準噶爾擾藏，工布土司死守不下，至是降於岳鐘琪，察木多亦納款，大策楞敦多布逃回伊犂。是年，增西寧火器兵二千。五十四年，置赤金、靖逆二衛。五十九年，傅爾丹進兵蹂烏蘭呼爾吉屯牧，賊兵北顧，撫遠大將軍固山貝子胤禵鎮青海，延信等帥江寧、杭州、荊州、滿洲兵，四川、雲南、山東、緑營兵，於八月由察木多送達賴喇嘛噶爾藏嘉睦粲入藏。癸亥，得三廟，收準部所置大小喇嘛。九月庚午，達賴喇嘛噶爾藏嘉睦粲坐牀，我師誅厄魯特各喇嘛，取厄魯特所立達賴喇嘛博克達及桑結妻子歸，於是康、衛、藏阿里，東西六千五百里，南北五千里俱定。六十年九月丁巳，立碑於達賴所居之布達拉昭地，聖祖御製文也。六十一年，我師進駐烏魯木齊，策妄阿拉布坦既失達賴，則自於伊犂河濱，立固爾札廟，以奉喇嘛，以五十六年所刼布達拉供器實之。尋使人至。

雍正元年正月丙午，世宗憲皇帝命大臣傳諭其使臣，以我聖祖之恩不可再邀，策妄阿拉布坦當自戢，尋命撤阿爾泰、巴里坤兩路大兵。定準噶爾使臣大第三班，朝鮮使後上朝，而策妄阿拉布坦無回奏。是年置安西衛及沙州所。青海喇嘛及親王羅卜藏丹金、丹津渾台吉等，糾蒙古番子犯邊，命撫遠大將軍年羹堯討之，毁西寧衛郭隆寺、大通衛郭莽寺，師出青海。十月，降貝勒、貝子、公、台吉二十餘人，撫其衆數十萬，編喇嘛所屬奔拉番子爲佐領。二年二月戊午，奮威將軍岳鐘琪領兵復出青海，壬申，大捷，獲羅卜藏丹金母及輜重歸。三月庚辰，奏凱，四月壬戌行受俘禮，誅惡頭目助逆者，六月乙酉，立碑太學，世宗御製文也。十月，岳鐘琪復出師，獲丹津渾台吉及其妻子。羅卜藏丹金逃青海，故隸四川、雲南邊外，於是分其地賜各蒙古，又移山北厄魯特居之。置大通衛兵，而增西寧西二千里哈吉爾西北二千一百里塞爾騰馬步兵五千人，城布隆吉爾，置安西衛。青海與準噶爾，故世姻也，亦世仇，羅卜藏丹金卒歸策妄阿拉布坦，策妄阿拉布坦死，子噶爾丹策楞立，能用其父人，亦卒匿羅卜藏丹金，而與和碩特修好，給索爾札及丹衷子班珠爾户。策妄阿拉布坦又一女，曰達什色布騰，亦嫁和碩特羅卜藏策楞。噶爾丹策楞謂羅卜藏策楞欲歸土爾扈特，則執之，亦以達什色布騰與韋徵和碩齊。久之，藏中熬茶使通，噶爾丹策楞不忘藏地也，適羅卜藏丹金謀殺噶爾丹策楞，爲所覺，即執之，欲送中國，而奏書言其父已成佛矣，己欲振興黄教，使天下衆生安樂，世宗怒，責以非伊分位所當言。而噶爾丹策楞，方與藏中阿勒布巴隆布柰札爾柰等，謀奪康熙五十九年中國所立拉藏舊臣貝子康濟柰權，騷擾藏地，台吉頗羅柰以聞。三年，命寧遠大將軍岳鐘琪征之，時雲南兵由中甸察木多入藏。是年，改西寧衛爲西寧府，築西寧西北大通、白塔、永安三城，皆屬西寧府，設青海辦事大臣署，分青海、蒙古二十九旗，設大通總兵，又升沙州爲衛，而以靖逆之柳溝所隸安西。四年，岳鐘琪移甘肅貧民，屯田沙州，改柳溝所爲衛，青海番子地升科，以河州歸德所隸臨洮。五年，建安西鎮於大灣城，都爾伯勒津移安西衛治之，收西寧各寺明國師禪師敕印。是年，藏中殺康濟柰，改中甸維西屬雲南。六年，噶爾丹策楞來犯噶斯，我師擊敗之，獲其將棚楚克。六月，青海台吉諾爾布反於屯格里，我師擒之，吏部尚書查郎阿至藏，奉命誅阿勒布巴等。十一月，打箭爐西裏塘建惠遠廟，移達賴喇嘛居之，時噶爾丹策楞勢熾，懼其篡取之也。十二月，封頗羅柰爲貝子，使總理藏事。七年四月壬寅，以征噶爾丹策楞告太廟，免甘肅錢糧，募增甘肅各營馬步戰兵守兵，以傅爾丹爲靖邊大將軍，巴賽及查弼納爲副將軍，會岳鐘琪出師。是年，收巴塘、裏塘，屬四川。八年正月，遷達賴喇嘛於噶達，適噶爾丹策楞有送羅卜藏丹金信至。五月，兩大將軍皆入朝請訓，以提督紀成斌護寧遠大將軍、巴賽護靖邊大將軍，噶爾丹策楞窺之。十二月，使小策楞敦多布及梟將禡木特以二萬人劫西路牧廠於科舍圖，總兵樊廷、副將冶大雄拒之，賊獲利去。九年四月，傅爾丹進屯科布多，築城居之。六月，噶爾丹策楞來犯，傅爾丹拒之，軍敗於和通淖爾，副將軍巴賽、查弼納皆戰歿。當是時，西路寧遠營巴里坤馬廠被劫，北路靖邊營科布多又失事，西路聞之，則使提督紀成斌進攻烏魯木齊，以分賊勢。賊亦兩路設兵，大策楞敦多布駐華鄂爾奇斯，小策楞敦多布駐喀喇鄂爾奇斯，我北路軍營改屯察罕瘦爾。噶爾丹策楞乃率二策楞乘勝嗚角東趨，犯喀爾喀，額駙喀爾喀郡王策楞勒兵敗之，噶爾丹策楞遁去，晋額駙策楞和碩親王，授大札薩克。時圖舍圖汗十七旗滋息至三十八旗，分二十旗與策楞，爲賽音諾顏札薩克親王部，今二十二旗，圖舍圖亦二十旗。以鄂爾渾河以東，至喀魯特哈河爲游牧，以翁金河爲王庭。其喀魯特哈河以東，屬圖舍圖汗。自是喀爾喀爲四部。十一月，傅爾丹改振武將軍，以振武將軍順承親王錫保爲靖邊大將軍，進屯科布多，又以康親王爲撫遠大將軍。是年，城巴里坤。十年，塞卜屯策楞納木札爾自烏魯木齊擾哈密，岳鍾琪遣曹勷、紀成斌敗之。七月，以張廣泗護寧遠大將軍。賊又犯科布多，噶爾丹策楞潛越阿爾泰察罕瘦爾、杭愛山，搶奪哲卜尊丹巴胡圖克圖，副將軍丹律多爾濟拒之，值額駙策楞入覲，噶爾丹策楞突至，據其地，額駙聞之，斷髮誓復仇，疾馳歸，力戰敗之。噶爾丹策楞棄輜重走，追之自辰至午，即又大敗之，斬其梟將喀喇巴圖魯，又率喀爾喀二萬，於喀喇森齊淖爾蹴之，又敗之於鄂爾渾河厄爾德尼昭，賊三萬人幾盡。敗卒由歸化城下，綏遠將軍馬爾賽擁兵不出，賊始一一脱去，乃斬馬爾賽。凡兩創噶爾丹策楞，額駙超勇親王策楞功最多。十一年，設安西道，分青海南巴喀地，居西寧、四川、西藏中者，玉書、納克書等番子三十九族，四千八百八十九户，隸駐藏大臣，建西寧廣惠、寧佑二寺，復郭莽郭隆舊制，以安黄教。署寧遠大將軍查郎阿、副將軍張廣泗駐西路。四月，溲吉卡倫車輛被劫，斬紀成斌。七月，以定邊大將軍平郡王福彭代錫保駐北路烏里雅蘇台，尋移科布多。十二年春，我師越厄爾齊斯探擊賊，賊移帳去。噶爾丹策楞下令部中，通察所掠人數。時我師守巴里坤，賊不能南侵，又懲厄爾德尼昭之敗也，不敢深入，以是欲罷兵。七月庚子，世宗召王大臣，問應罷兵與否，莊親王允祿等言應勦之，大學士張廷玉等言且撫之，若不順，則進勦。兩議上，高宗純皇帝時爲寶親王，言應罷兵，世宗憲皇帝即降旨罷兵。八月，量撤北路兵，畫哲爾格西拉呼魯蘇爲界，準噶爾兵事稍息。是年春，布魯克巴、巴勒布入貢。布魯克巴在天竺北，藏西南。巴勒布亦藏西南邊外，國分三汗，曰布彦汗、曰葉楞汗、曰庫枯睦汗，與布魯克巴同遣使入覲。十三年，撥兵駐防鄂爾渾，於厄爾德尼昭迤北築城戍之，而遣使送達賴喇嘛入藏。設河州鎮，改大通爲協。

乾隆三年，移臨洮，歸德所屬西寧。噶爾丹策楞遣人來，請以阿爾泰山爲界，喀爾喀游牧，亦不得過札布堪，高宗純皇帝許之，撤兩路大兵，準噶爾得入藏熬茶如故，而噶爾丹策楞復於固爾札廟南增立海努克廟，自奉喇嘛，凡衛拉供喇嘛者九集賽萬六百户，喇嘛六千餘人。是年，章嘉圖克圖爲達賴喇嘛請巴塘裏塘地。時維西土司喇嘛廟，巴塘裏塘最宏麗，以達賴所降生也，故章嘉爲請之。詔以巴塘裏塘商税賜喇嘛，地仍内屬。四年，進封頗羅鼐郡王。十年，噶爾丹策楞死，子策妄多爾濟納木札爾立而幼，其姊鄂蘭巴雅爾執其政。策妄多爾濟納木札爾聞其姊欲自立爲叩肯汗。叩肯汗者，俄羅斯女汗號也。則縶其姊，而亦無威儀智略，至以夜出偷狗爲樂，其先世雄桀之風盡矣。鄂蘭巴雅爾之夫曰撒音伯勒克，輔噶爾丹策楞幼子喇嘛達爾札攻執之，篡其位，而達爾札昏暴益甚，其宰桑撒拉爾率千户來歸，高宗納之。十五年，藏王頗羅鼐之子朱爾墨特，既襲藏王，欲以藏地應準噶爾，則奏請撤回駐藏大臣。時駐藏大臣傅清布拉敦，以朱爾墨特逆謀不可止，不如先誅之，其黨必反，已去其首惡，即反亦易平。即誅朱爾墨特，其黨果反，四川總督策楞、提督尚書公岳鍾琪討平之，遂除藏王。凡衛藏事，皆駐藏大臣與達賴、班禪定議，付噶布倫四人行之。十七年，準噶爾阿睦爾撒納殺達爾札，而立渾台吉第七子布木之曾孫大策楞敦多布之孫曰達瓦齊，達爾札兄弟行也。阿睦爾撒納者，輝特台吉韋徵和碩齊娶博特洛克時所生，實丹衷遺腹子，亦和碩特貴種也。和碩特兩汗亡，拉藏汗孫在伊犂者，阿睦爾撒納、班珠爾及索爾札子納哈查皆爲台吉。阿睦爾撒納幼育於輝特，得輝特衆親，表兄弟中與噶爾丹策楞幼子策妄達什善，見綽羅斯特内亂，與班珠爾謀立策妄達什，達爾札知其謀，則殺策妄達什，以絶其謀。阿睦爾撒納、班珠爾遂挾達瓦齊，三人者同逃之哈薩克，已而三人復歸舊游牧。阿睦爾撒納襲殺韋徵和碩齊子沙克都爾，而并其衆，遂通伊犂喇嘛，帥各宰桑殺達爾札而立達瓦齊。初，丹衷以兩釜夾身烙死最慘，阿睦爾撒納生，偏身血出，其母祝曰：吉利吉利，無爲寃仇也。及阿睦爾撒納得志，其外祖策妄阿拉布坦基壞，汗位外傳，而大策楞敦多布親殺拉藏汗者，二人反不仇達瓦齊。達瓦齊既立，阿睦爾撒納歸舊游牧，有渾台吉弟墨爾根岱青、六世孫納墨庫吉拉噶拉者，突領兵萬餘至伊犂，與達瓦齊分地，達瓦齊戰不勝，走厄彌爾舊游牧，適阿睦爾撒納來會，誘納默庫吉拉噶拉至雅爾，殺之。達瓦齊復歸伊犂。四衛拉之分界也，綽羅斯特治伊犂，和碩特治青海，都爾伯特治額爾齊斯，土爾扈特治雅爾。土爾扈特北去，輝特治之。綽羅斯特自渾台吉始爲四部盟長，非有君臣之分也。自噶爾丹策楞死，益無遠略，阿睦爾撒納據輝特，欲借綽羅斯特，以收和碩特、都爾伯特，爲四部總台吉。伊犂所奉之固爾札廟、海努克廟喇嘛，道行卑惡，畏阿睦爾撒納如虎，坐食無事，則又生讒慝，搆之於達瓦齊，於是綽羅斯特、輝特遂有隙。和碩特本以連姻伊犂亡，而阿睦爾撒納娶都爾伯特達什女德勒克多爾濟，又以妹庫克妻達什子納默庫，而襲殺達什，收納默庫爲台吉，自遷帳於額爾齊斯。當是時，阿睦爾撒納令行兩部，和碩特又親屬偏向之。初，阿睦爾撒納欲繼渾台吉霸業，故經理綽羅斯，既與達瓦齊不合，則與和碩特班珠爾、納哈查、都爾伯特納默庫會哈薩克，踐達瓦齊舊厄彌爾地，達瓦齊三遣人攻之，皆不克。十九年，達瓦齊自領精兵三萬，又使梟將瑪木特將烏梁哈兵八千，攻額爾齊斯。阿睦爾撒納倉卒戰，不勝。七月，與其兄輝特札睦粲，率宰桑二十餘來歸，十一月至，高宗納之，使處札布堪。五月，都爾伯特策楞、策楞伍巴什已先至，和碩特班珠爾亦來，瑪木特亦以達瓦齊不可輔，脱身來歸，綽羅斯特紛紛來降，高宗均納之。使處於喀爾喀，以非久計也，欲以二十年秋進兵取伊犂。阿睦爾撒納以爲塞外用兵例以秋，乘馬力也，我馬肥，彼馬亦肥，不如以春，彼馬未肥，不能遠遁，一戰擒之，無後患。高宗是之。二十年二月丙辰、丁巳，兩路師啓行。五月乙亥，北路師至伊犂。伊犂素無雷雨，是日霹靂一聲，雨下如注。丁亥，大捷。六月庚戌，擒達瓦齊，準噶爾平。是役也。定北將軍班第、定邊左副將軍阿睦爾撒納爵親王，出北路；定西將軍永常、定邊右副將軍撒拉爾出西路。北路師至綽羅斯特，噶爾藏多爾濟先降，百萬控弦之士，皆望風降，達瓦齊方縱樂飲酒不知也。師逼伊犂，達瓦齊走格登山，遣二人出調兵，爲我師所獲。既知達瓦齊所在，丁亥夜，緑營兵二十二人，歸誠厄魯特三人，斫其營，營皆驚，大軍乘之，則皆降。達瓦齊走天山南，至烏什，阿奇木伯克霍吉斯執送之，並獲羅卜藏丹金，送京師。六月、十月，兩行受俘禮，赦其死罪而贍養之。而阿睦爾撒納論功，晋封雙親王。時高宗分封四汗治衛拉，欲其如喀爾喀之長久安治也。重兵皆撤，獨留兵五百，隨班第駐伊犂河北尼楚袞，經理善後事宜。阿睦爾撒納知四汗已封，心狂惑，必欲得四部總台吉。額駙科爾沁親王色布騰巴爾珠爾自軍中還朝，託之入奏，期以七月下旬信可到，而額駙不敢奏，阿睦爾撒納乃倡言哈薩克、布魯特皆畏已，故不敢動。藉緩朝期，其與厄魯特言，諱其降也，曰：我帶滿洲漢人及喀爾喀各蒙古來平伊犂。在伊犂不服賜衣翎頂，不用定邊左副將軍印，取渾台吉菊形篆印，行文宰桑及鄰部。渾台吉印形圓，其行最遠，西域皆信其能借天朝兵歸定難也。阿睦爾撒納又寄信藏中熬茶，言已總四部時，善待達賴喇嘛，振興黄教。兼四部之意已決，第欲恩出自上，則無後患，故未反。既不得額駙信，則使固爾札喇嘛見將軍，中國若不使阿睦爾撒納主伊犂者，喇嘛等當自刎死，將軍笑而頷之。其事漸積上聞，高宗以阿睦爾撒納反已定，馳諭班第，於其未發先誅之；彼若入朝，是借此逃也，可追及，則追誅之。信未到，阿睦爾撒納已定計離伊犂，八月，偕喀爾喀親王額楞青多爾濟入朝，九月，至烏隆古，遣人取其妻孥不得，則以副將軍印交額楞青多爾濟而北竄，忽反顧西行。四部亂，從逆者蠭起，哈薩克沙津等方入貢，亦應之。台站斷，班第，瑪木特及參贊大臣鄂容安等死之，撒拉爾等間道出迎師，永常自木壘南退，巴里坤軍糧移屯哈密。阿睦爾撒納至伊犂上書，猶稱定邊左副將軍雙親王，言大臣等乖張狂傲，踞高坐見喇嘛，口稱大皇帝命我管轄汝等，奴數勸之不聽，奴慮伊犂必變，奴行，伊犂果變，奴聞亂馳歸鎮撫，求皇上封奴阿睦爾撒納四部總台吉。高宗以其書及班第所上書，隨前後敕諭班第及烏里雅蘇台收妻孥密旨，頒示中外，革額駙色布騰巴爾珠爾親王爵，賜額楞青多爾濟自盡，命策楞爲定西將軍，代永常，以玉保爲參贊，進討賊，我師已數敗之。二十一年正月，玉保以大軍至特克埒，距阿睦爾撒納僅一程，阿睦爾撒納使人僞爲台吉伯什阿噶什諾爾布，使言阿睦爾撒納已就擒，即檻送至，玉保與策楞即發紅旗入報，且駐軍待之，阿睦爾撒納得整旅去。二月，我師進復伊犂，阿睦爾撒納入左哈薩克，左哈薩克納之，同拒我師，值將軍、參贊不和，緩師。五月，逮策楞、玉保，命定邊右副將軍達爾黨阿爲定西將軍，追阿睦爾撒納，破之。定邊左副將軍哈達哈至伊什爾。伊什爾者，左哈薩克庭也。左哈薩克遠徙，去數千里，右副將軍之參贊富德，師至右部莽格勒特伊，右哈薩克亦降。達爾黨阿又被紿，與左哈薩克使命往還，頓兵月餘，而阿睦爾撒納復歸博羅塔拉。伊犂復震，領隊將軍和起陣亡，策楞、玉保亦被戕於塗。定邊右副將軍兆惠自伊犂整旅出，至濟爾哈朗遇賊，力戰而東，屯巴里坤。時喀爾喀和託輝忒郡王青袞札卜，以北路台站繁費，且以額楞沁多爾濟之死也，曰：喀爾喀，青吉思汗後裔，向不治罪，阿睦爾撒納心欲爲惡，額楞青多爾濟何由知之。軍興，大人往來者多，將日日有死罪也。衆喀爾喀皆以爲然。六月，自十六台至二十九台，一時皆撤，綽羅斯特聞之，則皆反，故伊犂益亂。高宗以超勇親王子親王成袞札卜爲定邊將軍。及參贊納木札爾擒治青袞札卜，台站復。兆惠自十月至二十二年正月，無日不戰。二十二年二月圍解，兆惠兵進伊犂，詔逮達爾黨阿、哈達哈。時四衛拉患痘死者已過半，其新封綽羅斯特汗噶爾藏多爾濟叛，其姪札魯噶爾布又從而篡之，部內自殘殺幾盡。和碩特汗沙克都爾曼津依巴里坤以居，參贊大臣雅爾哈善得旨察其動静，輒殺之，屠其部衆。班珠爾亦以叛誅。輝特汗巴雅爾反，殺和起，又戰敗而走索倫，海蘭察追至其游牧塔爾巴哈台，射而擒之。三汗皆亡，其部下屠戮未盡者，逃入山爲瑪哈沁，以食人爲生。方二十年之出師也，撒拉爾言阿睦爾撒納不可專任，高宗以爲阿睦爾撒納欲平伊犂，與吴三桂滅明唐王心事同，要在有以制其死命而已；撒拉爾又言噶爾藏多爾濟不可爲汗，至是其言驗，而厄魯特殺劫亦盡矣。蒙古番子奉黄教而喜劫掠，兼佛與夜叉二義用之，故其盛也。喇嘛食肉殺人，取皮骨作供器，及其計無復之，爲瑪哈沁食人。其在西藏供養怪異，刑慘法酷，喇嘛猶依違佛教。伊犂喇嘛則益無恥，又無忌憚，厄魯特以死奉之。我大臣坐見喇嘛，即附阿睦爾撒納，嗾厄魯特反。又值青袞札卜之變，謂可不通聲教，遂使厄魯特等支體屠折，身首異處，部落逃散，千里蕭條。我師再趨伊犂時，遠望火光燭天，則固爾札廟遭天災，火勢猛甚，喇嘛皆焦，人心始知所向。伊犂復平，高宗命於熱河仿固爾札式爲安遠廟，又肖西藏摩耶寺，爲普寧寺，爲置高行喇嘛，以安四衛拉特歸順之衆。阿睦爾撒納方聞軍營失律，四部搆亂，自博羅塔拉來覷覺，至則台吉達瓦又殺札魯噶爾布，迎阿睦爾撒納。六月，突遇兆惠兵，跳而走。兆惠、富德窮追之。沿左哈薩克，左哈薩克降，進表貢馬。追至俄羅斯額爾圖拉喀倫。七月，阿睦爾撒納擕八人逃入俄羅斯，俄羅斯納之。時成袞札卜改定邊左副將軍，治喀爾喀事，兆惠以定邊將軍辦賊，俄羅斯喀畀潭瑪玉拉堅稱阿睦爾撒納六月渡額爾濟納河溺死其國置月法各異，而達瓦齊舊人自俄羅斯逃歸者，言七月於俄羅斯親見阿睦爾撒納。兆惠以聞，高宗命理藩院移文俄羅斯薩那忒衙門，使送阿睦爾撒納，適阿睦爾撒納於俄羅斯發痘死。二十三年二月，俄羅斯西畢爾斯科噶噶林畀爾哈迪爾舁出其尸於恰克圖，喀爾喀親王桑齊多爾濟入奏，命侍郎三泰、喀爾喀親王齊巴克雅蘭丕爾，馳往驗實以聞。自噶爾丹犯喀倫以來，中國運糧屯甲於科布多左右，及嘉峪關外設軍營，時時接仗誅殺者七十餘年，至是厄魯特底定。定邊將軍兆惠、定邊右副將軍富德追沙喇，過東布魯特，東布魯特五部皆降。初，準噶爾强盛時，回部爲之役，天山南各居國，財富地大，準噶爾留其長於伊犂，歲徵其財，至哈薩克等行國，納馬而已。康熙二十一年，噶爾丹以嫌縶山南阿布都爾實特。三十五年，噶爾丹敗，阿布都爾實特脱出來歸，聖祖優賜之，遣人護至哈密，使歸葉爾羌。然以準噶爾勢大，年年納貢賦，噶爾丹策楞以事疑回部，則幽縶和卓木墨特，死於伊犂，又縶其子大和卓木布拉敦、小和卓木霍集占。乾隆二十年，我師至伊犂，於阿巴噶斯岳託釋大和卓木歸葉爾羌，釋小和卓木，禮之於伊犂，使辦回部事。阿睦爾撒納反，小和卓木和之，我師復至，逃歸，兆惠使副都統阿敏道往視之，將招撫之。回及厄魯特，本異類也，初相爲仇，回人恨厄魯特抄掠，及多求年例，私欲食其肉，中國至，盡除其苛條，回人安樂無事，即又相與議論曰：我初屬於厄魯特何可背也，烏什霍吉斯不得爲義士矣。且我回人何可爲人屬？中國使來，不可納也。小和卓木議論定，則挾大和卓木，殺回子之異己者，擇精兵守庫車，拘阿敏道而又害之。事聞，高宗震怒。二十三年，命靖逆將軍雅爾哈善、參贊大臣哈寧阿討之，互有勝負，久之，兩和卓木走入葉爾羌，我軍入庫車，空城也。於是斬雅爾哈善，以納木札爾、爲靖逆將軍，三泰爲參贊，又調兆惠自天山北路移師而南。先是高宗以兆惠久於外，使之搜殺厄魯特反者三部逸賊畢，即回師休息，而兆惠以回部未平，願助靖逆軍攻剿，以蕆西師之局，書奏，高宗壯其志，因而用之。兆惠至，阿克蘇已前降，則撫庫車、阿克蘇，定烏什、和闐。十月己未，進至葉爾羌。我師三千人攻之，數與戰，皆勝。丙寅，兆惠偵知回部牲牧在城南大河之南，思奪取之。由城東橋度，度半，橋忽斷，賊盡出城中精鋭，及我軍血戰一晝夜，總兵高天喜、副都統三寶等死之。兆惠左右衝擊，馬斃又易者屢矣。河南散卒漸復合，力疲不能復戰，穿塹喀喇烏蘇南，以死守，賊築長圍困我。先是，兆惠遣愛隆阿以兵八百人，迎靖逆將軍納木札爾。納木札爾既見愛隆阿，知兆惠軍急，疾趨則前，夜遇賊，亦死之。二十四年正月戊子，富德自北路移師來援，至呼爾璊，未及將軍三百里，又被圍。辛卯，提督豆斌力戰死之。兩軍皆重困萬里外，適二十三年六月，命阿里袞等檢索倫察哈爾健鋭營，及陝西、甘肅官兵，帶馬匹糗糧赴軍營，接應定邊、靖逆兩軍，聞定邊軍困，詔促之速行，於二十四年正月癸巳至，馬蹄駝蹟所過，塵埃坌起漲天，回人來偵者不辨多少也，皆駭而返。我兵與愛隆阿齊驅之，夜至一處，望見燈火，方十餘里，如螢繞，忽離忽合，知是呼爾璊也，相率鼓譟而前，呼聲震山林，前薄之，回軍亂，富德聞之，方夜炊，率衆犯圍出。富德、阿里袞轉戰赴將軍營，丙申，將軍整陣迎之，內外夾擊，我軍新舊合，士皆喜而奮也。丁酉，盡劙其圍，賊被重創，入城自守，我軍亦以久勞苦，退保阿克蘇。高宗既厚集兵力付兆惠，兆惠既休息，修理軍裝。閏六月，兩路出師，兆惠收喀什噶爾，富德攻葉爾羌。兩和卓木聞喀什噶爾失，則大懼，棄葉爾羌走，富德邀擊於賀斯庫魯克，敗之，再敗之於阿拉楚拉及哈拉庫拉，追至洱西洱庫拉淖拉，從亡者萬餘人皆降。兩和卓木挈妻孥及舊僕三百人，走入拔達克善。拔達克善，亦回部也。我師索之，拔達克善汗素爾坦沙聚其阿渾議論曰：布拉敦、霍集占，罕帕爾子孫也。回教經典，不得執罕帕爾子孫與人。議論未定，而兩和卓木欲邀鄰部亂其國，爲所覺，則擊殺之，送其尸，中途，大和卓木首爲其從者劫去。拔達克善以和卓木尸，偕愛烏罕、博羅爾二國來降。回部平，並收西布魯特、塔失干、瑪爾哈朗、霍罕納睦干諸國，安集延之浩罕四城，貢表。九月庚午，捷奏至京師。是役，天山南北，東連喀爾喀，北至俄羅斯哈薩克，西至哈薩克布魯特，南連藏，東南連青海，辟地二萬餘里，高宗神武，竟兩朝未竟之志。凡戰處皆立碑，天章照曜絶域矣。凡大典禮，皆案故事舉行。二十五年二月壬寅，聖駕郊勞將軍兆惠等於良鄉城南三里，在事有功諸臣，圖像紫光閣，達瓦齊、霍吉斯皆封王，入旗籍。先是二十年，命都御史何國宗等攜儀器，徧測各部天地經緯度。二十二年，頒時憲書，刊各蒙古節氣、日出入早晚。至是，遣明安圖增測立回部時節、日出入表。是年，立哈密廳，以安西、沙州、柳溝、靖逆、赤金五衛地，置安西府。以柳溝衛、安西衛爲淵泉縣，靖逆衛、赤金衛爲玉門縣，沙州衛爲燉煌縣。後藏烏特噶里畢爾奇碩拉汗入貢。二十六年，改大通衛爲縣。二十九年，伊犂設寶伊局，回部亦於葉爾羌開鑄乾隆通寶錢。三十六年，土爾扈特烏巴錫聞綽羅斯特、和碩特、輝特皆亡，可以竊據伊犂游牧也，即棄俄羅斯，率衆南來。六月，至喀倫，知伊犂規模已定，不敢逞，乃籍衆歸順，曰俄羅斯不興黄教，願依大皇帝興黄教之地，以安部衆，遂入覲於熱河。是年，高宗建普提宗乘之廟於熱河，祝皇太后釐，廟成而烏巴錫至。烏巴錫者，康熙時入貢阿玉奇曾孫也。於是四衛拉之人全。四衛拉，惟達什達瓦妻以屬下人來歸，無後，編其人爲兵，居於熱河。其外游牧者，都爾伯特汗策楞、親王策楞烏巴什，在舊游牧額爾奇斯東古木，及土爾扈特卓里克圖汗烏巴錫。其三部無汗。綽羅斯特則康熙二十五年來歸，一部在烏蘭烏蘇，和碩特、輝特先時來歸各部，王台吉貝勒貝子公等，雍正二年，俱處之青海，土爾扈特游牧汗依雅爾親王在喀拉沙爾與古木都爾伯特，皆高宗所指也。三十八年，以烏魯木齊置迪化州，以巴里坤置鎮西府，改安西府爲安西州，裁安西道。四十六年七月，第六輩班禪厄爾德尼來朝，祝高宗七旬萬壽。康熙時，班禪欲來不得達，至是來，如達賴故事。蒙古番子皆歡喜奔走承事，詔仿札什倫布式，建須彌福壽之廟於熱河。班禪厄爾德尼至，接見於避暑山莊澹泊敬誠殿。班禪跪請聖安，從至京，接見於南苑德壽寺，世祖接見達賴處也。又接見於静宜園昭廟，使居西黄寺。十一月，班禪卒。明年二月，送之歸。凡賞賚賻贐，及經由草地，番子蒙古輪納，其徒擁之歸者，總數十萬金，而珠冠袈沙，金玉磁茶器用，奇珍異采，不可勝計。班禪親兄仲巴胡圖克圖習黄教，爲班禪治商上事，遂有其財。弟舍瑪爾巴習紅教，不得分班禪財。班禪所居之札什倫布，在拉薩西南五百六十里，爲藏西則阿里地。其言拉薩者，衛也。古之烏斯，即唐古特，俗謂之前藏者也，在打箭爐西北三千四百八十里。達賴居拉薩之布達拉，中國言普提宗乘也。其東則察木多，爲康，爲帕克巴拉呼圖克圖所居。康、衛、藏阿里，在唐爲北中西三印度地，印度後退保厄納特阿克，其他屬吐蕃，今爲圖伯特。班禪、達賴轉世遞相爲師，圖伯特衆所仰望。班禪所居札什倫布以外地，即屬達賴。凡藏阿里之戴琫、第巴，皆達賴補放，仲巴胡圖克圖外視之，私擁班禪遺貲，不以分賚，衆皆怒，舍瑪爾巴遂唆廓爾喀以兵擾藏。廓爾喀在藏西南喀倫外，先已侵蝕巴勒布三汗地，而與藏之聶拉木、濟瀧、江孜、宗喀接。五十三年，廓爾喀既入舍瑪爾巴，言又以藏中噶布倫、丹津班珠爾等增加廓爾喀商税，予鹽則和以土，積忿不能平，遂侵蝕藏邊聶拉木諸地。藏中驚擾，成都將軍鄂輝馳往治之。乾清門侍衛巴忠以解唐古特語，奉命往經理其事。至，則丹津班珠爾等與廓爾喀議和，退回聶拉木，以聶拉木外札木隙地予廓爾喀，又歲予廓爾喀元寶三百，立會同分執之。巴忠則與聞也，乃爲廓爾喀部長拉特那巴圖魯，與其叔巴圖魯薩音具認罪表，求天朝罷兵。五將軍以其輸地，具奏請旨。高宗詔罷兵，其私立會同，中外皆不知也。五十四年，廓爾喀入貢。五十五年，使臣入都，祝八旬萬壽，封拉特那巴圖魯廓爾喀國王，巴圖魯薩音亦加公爵。而五十六年，廓爾喀大至，陷邊，高宗方狩於熱河，疑之，既而大臣奏，理藩院侍郎巴忠落水死，乃命窮治其事，始知元許元寶，仲巴胡圖克圖惜費，五十五年，不肯予，故廓爾喀以是年至。高宗以巴忠輸幣讓地，不顧大體，邊境大事，又欺謾不奏，當極典，而其身已死，乃徙其家於邊。是時廓爾喀已裹丹津班珠爾去，直趨札什倫布。仲巴胡圖克圖棄其貲，走前藏，札什倫布有喇嘛四五千人，尚可守也。濟仲喇嘛、札蒼喇嘛卜於吉祥天母，傳神意，言不可戰，衆潰。廓爾喀數百人，入廟肆掠，不敢東，亦不肯遂歸，退并大衆，伺於邊上，而藏中自驚擾。駐藏大臣欲援惠遠廟故事，移達賴喇嘛於泰寧，高宗怒，治駐藏大臣罪，革廓爾喀國王爵，命大學士福康安、參贊大臣海蘭察、惠齡帥師討之。五十七年五月，師至，以倡言失守，逮濟仲喇嘛，剥黄正法，而解送仲巴胡圖克圖及札蒼喇嘛於京師。鄂輝及領隊大臣成德進師，收復聶拉木宗喀諸地。大軍追剿至濟瀧、海蘭察，成德進至熱索橋，橋斷。海蘭察潛師上游，札筏浮渡，奪其險，遂入廓爾喀界。凡前後七戰七克之，大軍齊至帕朗古，又克之，直逼廓爾喀所居陽布。廓爾喀窮蹙，送出所掠金册及賞件，言知是天朝物，不敢燬也。舍瑪爾巴已死於陽布，即送出骨殖，退回札木地，繳元寶會同，具永不敢滋事結請命。奏至，八月，詔許其歸順，赦其罪，復封爵。五十八年，設寶藏局以贍之。設鄂博於江孜，定日更，定制度，噶布倫轄於駐藏大臣，如內地例。喇嘛自明宗喀巴以來，所謂汗喇嘛，在古則天帝釋也。至是與我大臣平行。在事有功諸臣，圖像紫光閣，凡四圖像：西師、廓爾喀及金川、臺灣也。藏西北二十程至和闐，爲天山南路，衛東北四千二百里至西寧，又一路三千六百七十里至西寧。西寧，青海大臣所建牙也。自阿里以北以東，圖伯特四分青海二十九旗，厄魯特汗王各旗，喀爾喀八十二旗，游牧五十九旗，番子數百部，各土司，皆喇嘛教，獨回部居國行國，佛教不能行。中國興黄教以撫諸藩，諸藩悉爲內地，而喇嘛亦諸藩矣。《宗喀巴經》言：達賴、班禪六七輩後，即不復轉世。時班禪第七輩，達賴第八輩，宗喀巴若先知其事者。高宗神聖，百族稟命，慮藩部心無所繫也，詔令達賴、班禪兩呼畢勒罕，當永生西土，以興黄教，安藩部。鑄金奔巴瓶，賜布達拉，兩呼畢勒罕互報差異者，納名瓶中，於宗喀巴前掣之。吹忠降神納賄啓争之弊盡革除，喀爾喀及內札薩克胡圖克圖之呼畢勒罕出，報名理藩院掣之，瓶供雍和宮，兩喇嘛與內札薩克、外札薩克諸喇嘛，各統其衆，服屬中國。凡乾隆年間，兩定準噶爾，一定回部，兩定廓爾喀，皆事涉駐劄大臣者。又兩定金川，一定臺灣，及安南、緬甸初叛後歸順，總爲十全武功。文在皇帝嘉慶元年恭上太上皇帝寶册。

嘉慶五年二月，皇帝敬念新疆開闢，始自乾隆年間，詔新疆乾隆通寶錢，每年鼓鑄二成，永以爲例。七年六月，詔以春秋致祭伊犂山河祭文，億萬年遵用乾隆二十六年所頒者，朕字敬改書高宗纯皇帝。九年，伊犂建社稷壇。是年，八輩達賴卒。十一年十二月，新攝達賴羅卜藏的達以謀殺莊户，得旨剥黄，交駐藏大臣穆克登額等嚴訊。而呼畢勒罕實以十年十二月出甸麻春科土司家，是爲九輩。凡游牧內札薩克科爾沁等四十九部，及小部厄魯特，及舊依中國土爾扈特四旗，朝期分三班，治事分六會，欽派大世臨視之。其駐劄大臣，移徙不定，今以嘉慶十一年列之，治土默特者，綏遠城將軍一人，歸化城副都統一人；治察哈爾者，察哈爾游牧都統一人，副都統一人；治喀爾喀者，烏里雅蘇台將軍一人，初爲定邊左副將軍，兼領唐努烏梁海二十五佐領。參贊大臣一人，科布多參贊大臣一人，屬烏里雅蘇台，兼治都爾伯特汗古本游牧十四旗，阿爾泰諾爾烏梁海旗。庫倫辦事大臣二人；治喀爾喀，兼理恰克圖俄羅斯邊事、初止一人，後增一人。治西域者，伊犁將軍一人，總統天山南北路，初爲定邊右副將軍，道光八年後，因張格爾平，增伊犁參贊大臣。惠遠城領隊大臣四人，惠寧城領隊大臣一人，烏魯木齊都統一人，本都爾伯特地。領隊副都統一人，庫爾喀拉烏蘇領隊大臣一人，巴里坤領隊副都統一人，古城領隊副都統一人，塔爾巴哈台參贊大臣一人，即雅爾，本土爾扈特輝特地，參贊伊里，兼理土爾扈特汗游牧，乾隆三十一年，移城楚呼楚地。領隊大臣二人，喀什噶爾參贊大臣一人，山南回部，參贊伊犁，初治葉爾羌，後移此。乾隆三十年，烏什亂，移烏什。五十三年，復移此。道光十一年，改參贊於葉爾羌，其喀什噶爾幫辦大臣，改爲辦事領隊大臣。協辦大臣一人，葉爾羌辦事大臣一人，協理大臣一人，和闐辦事大臣一人，幫辦大臣一人，烏什辦事大臣一人，阿克蘇辦事大臣一人，兼轄賽里木城、拜城。英吉沙爾領隊大臣一人，庫車辦事大臣一人兼轄沙雅爾城，喀拉沙爾辦事大臣一人兼理土爾扈特親王游牧，土魯番領隊大臣一人，哈密辦事大臣一人，幫辦大臣一人；治青海者，西寧辦事大臣一人；領衛拉特二十九旗，玉樹等三十九土司。治圖伯特者，西藏辦事大臣一人，幫辦大臣一人，治康衛藏，領達木、蒙古八旗，及納書克等三十九土司。嘉慶十二年正月。

6卷